LONGMAN
Dicionário Escolar

Inglês-Português • Português-Inglês

Pearson Education Limited
Edinburgh Gate
Harlow
Essex CM20 2JE
Inglaterra
e Empresas Associadas em todo o mundo

Visite nosso site em: http://www.longman.com/dictionaries

© Pearson Education Limited 2002, 2009
Todos os direitos reservados. Nenhuma parte deste livro poderá ser reproduzida, armazenada em um sistema de recuperação ou transmitida sob qualquer forma ou por quaisquer meios, quer eletrônicos, mecânicos, fotocópia, gravação ou outros, sem a autorização prévia por escrito da editora.

Primeira edição 2002
Segunda reimpressão 2004
Segunda edição 2008
Primeira reimpressão em março de 2009

ISBN 978 8576 592860 (sem CD-ROM)
     978 8576 592877 (com CD-ROM)

Diretor Geral de Obras de Referência
Michael Mayor

Editor-Chefe
Laurence Delacroix

Equipe Lexicográfica
Rita de Cássia Marinho Bueno de Abreu,
Claudia Maria de Souza Amorim, Susana d'Ávila,
Heloisa Gonçalves Barbosa, Robert Clevenger,
Regina Lyra, Kathleen Micham,
José Ferreira Newman, Adalgisa Campos da Silva,
João Mario Werner

Editora de Texto
Angela Janes

Assistência Editorial
Željka Letica Finnerty

Fonética
Dinah Jackson

Revisores
Margaret Jull Costa, Vitoria Davies, Bill Martin,
Meic Haines, Maria Amelia Marin

Editoração Eletrônica
Letterpart, Reigate, Surrey, UK

Impresso no Brasil
Gráfica Braspor BRSP 224075

Coordenação Editorial e Edição Lexicográfica
Vitoria Davies, John Whitlam

Gerente Administrativo
Alan Savill

Assistência Administrativa
Denise McKeough, Angela Wright

Suporte Técnico
Trevor Satchell, Kim Lee-Amies

Corpus e Análise Computacional
Steve Crowdy

Edição Visual
Jonathan Barnard, Jenny Fleet, Marcela Grez,
Michael Harris

Ilustrações
John Dillon (Beehive Illustration)

Gerente de Produção
David Gilmour

CD-ROM
Andrew Roberts

ÍNDICE

Prefácio ... iv–vii
Bilingual breakthrough ... iv–v
Rompendo as barreiras do dicionário bilíngue ... vi–vii
Dez coisas que você necessita saber sobre este dicionário ... viii
Como usar este dicionário – Guia rápido ... ix

Dicionário inglês-português A–Z ... 1–422

Caderno de atividades ... A2 – A6
Dicionário ilustrado ... A7–A21
Guia de gramática ... A22–A30
Guia de aspectos culturais ... A31–A34
Guia para comunicação ... A35–A44

Dicionário português-inglês A–Z ... 423–770

BILINGUAL BREAKTHROUGH
by Jeremy Harmer

Versão em português na página vi

For years, teachers and methodologists have complained about bilingual dictionaries. Among their perceived weaknesses are the fact that the information they give is often misleading, that they give few, if any examples, and that they ignore collocational language combinations. In particular, they have often been shown to be especially unreliable for students who wish to express themselves in English with new or only partly-known words, by looking for English equivalents for words in their own language.

Despite these weaknesses, the problem for teachers has been that students, quite naturally, like bilingual dictionaries and insist on using them. What is needed, therefore, is a new approach to their design which will avoid all the pitfalls that have been identified, and, instead, not only help students to understand what English words mean, but also (and this is the crucial point) allow them to find the right English word for a word in their language and then use that English word appropriately, with confidence.

The **Longman Dicionário Escolar** is just such a dictionary. It is designed for secondary school students in Brazil. It is based on a corpus of English, of course, but it also uses a Brazilian Portuguese corpus especially created for this dictionary, with written and spoken samples relevant to teenagers. This ensures that the Portuguese words for which students want English equivalents are words that they use themselves, and the Portuguese equivalents for English words are words they are familiar with.

All the explanations in the **Longman Dicionário Escolar** are in Portuguese, and the examples ('Abriram uma discoteca nova na Barra' for *abrir* or 'The skateboard's not mine. I borrowed it from a friend' for 'borrow') reflect the world that the students live in.

But what makes this dictionary significantly different from other bilingual dictionaries is that it is equally useful for students whether they want to find the meaning of an English word, or find the English equivalent of a word in Portuguese. For example, when users want to know what 'win' means, they find the Portuguese equivalent *ganhar*. But if they need to know how to say *ganhar* in English, the dictionary helpfully tells them (in Portuguese, but with English examples) that it can be either 'win', 'earn', 'beat' or 'gain' – and it explains what the difference is. When users look up the word 'answer', they are presented with all the collocations that are common with this word (not just 'answer a question', but 'answer the door', 'the phone', 'a letter', 'criticism' …). If students want to know how to translate *adolescente*, they are offered first the noun 'teenager' as an equivalent, with both Portuguese and English versions of the sentence 'He's a typical teenager', and then the adjective with the example 'She has two teenage children'. The entry then explains that, although 'adolescent' exists in English, we use it in more technical or formal contexts. With this kind of clear information students can use the words 'teenager' and 'adolescent' with confidence, even if they have not previously come across them.

The **Longman Dicionário Escolar** is not the kind of bilingual dictionary we're used to. It is a radical rethink of what students need and how this need can be met. This is a bilingual dictionary that is not only reliable, but which also works. It is just the kind of tool that students at this age and level need in order to understand and produce English, and it has the great virtue of helping its users to build good learning habits as they go along.

The old bilingual dictionary is dead. Long live the new one!

This second edition of the **Longman Dicionário Escolar** has been fully updated with new words and phrases that have entered the language since the first edition, ensuring that it remains the most comprehensive and up-to-date bilingual dictionary at this level. The text has also been fully revised to comply with the new Spelling Reforms in Brazil.

Jeremy Harmer is an author of coursebooks and books about how to teach English. He has also been an English teacher for many years.

ROMPENDO AS BARREIRAS DO DICIONÁRIO BILÍNGUE
por Jeremy Harmer

Versão em inglês na página iv

Faz muito tempo que professores e outros profissionais da educação reclamam dos dicionários bilíngues. Percebem neles deficiências como informações enganosas, insuficiência ou falta de exemplos e a quase inexistência de combinações comuns da língua. A principal crítica, porém, é que esses dicionários não são confiáveis – especialmente para os estudantes que desejam se expressar em inglês com palavras novas ou que conhecem pouco.

Para os professores, o problema é que, apesar dessas deficiências, seus alunos gostam de dicionários bilíngues e insistem em usá-los. Esses dicionários precisam, portanto, de uma nova abordagem que evite as deficiências apontadas e, ao mesmo tempo, auxilie os alunos a entender o significado das palavras inglesas e também (e este é o ponto-chave) lhes permita encontrar o vocábulo certo em inglês e empregá-lo corretamente, com confiança.

O **Longman Dicionário Escolar** faz exatamente isso. Concebido para alunos do ensino médio no Brasil, baseia-se não apenas em um *corpus* do inglês, mas também em um *corpus* do português brasileiro criado especialmente para ele e dotado de exemplos da língua escrita e falada relevantes para os adolescentes. Isso assegura que os alunos encontrarão os termos em inglês que eles mais utilizam em português, sem que o sentido dessas palavras se perca.

Todas as explicações contidas no **Longman Dicionário Escolar** são dadas em português, e os exemplos ("Abriram uma discoteca nova na Barra" para 'abrir' ou *The skateboard's not mine. I borrowed it from a friend* para *borrow*) refletem o mundo em que os alunos vivem.

Mas o que torna este dicionário significativamente diferente de outros dicionários bilíngues é o fato de ser útil tanto para os alunos que querem encontrar o significado de uma palavra em inglês quanto para os que buscam o equivalente em inglês de uma palavra em português. Por exemplo, quando um usuário procurar o significado de *win*, encontrará o equivalente 'ganhar' em português. Mas se precisar saber como se diz 'ganhar' em inglês, o dicionário lhe mostrará (em português, porém com exemplos em inglês) os possíveis correspondentes – *win*, *earn*, *beat* ou *gain* – e a diferença entre eles.

Se a palavra consultada for *answer*, serão encontrados os usos mais frequentes (não apenas *answer a question*, mas também *answer the door, the phone, a letter, criticism* …). Se o aluno quiser saber a tradução de 'adolescente', encontrará primeiro o substantivo *teenager* como seu equivalente (com versões em português e inglês da frase *He's a typical teenager*) e, em seguida, o adjetivo, com o exemplo *She has two teenage children*. O verbete explica então que, embora a palavra *adolescent* exista em inglês, ela é usada em contextos mais técnicos ou formais. Com essas informações claras, o aluno poderá utilizar as palavras *teenager* e *adolescent* com toda a segurança, mesmo que não as conheça antes.

O **Longman Dicionário Escolar** não é o tipo de dicionário bilíngue com que estamos acostumados. Ele é baseado em uma reavaliação total das necessidades dos alunos e de como supri-las. Trata-se de um dicionário que, além de ser confiável, funciona. É a ferramenta exata de que os alunos nessa idade e desse nível precisam para compreender e falar inglês. Além de tudo isso, tem a grande virtude de auxiliar seus usuários a criar bons hábitos de aprendizagem à medida que o utilizam.

O velho dicionário bilíngue está morto. Que viva o novo!

Esta segunda edição do **Longman Dicionário Escolar** foi totalmente atualizada com novas palavras e expressões incorporadas ao idioma desde a primeira edição, garantindo que este dicionário bilíngue permaneça como o mais abrangente e atualizado de sua categoria. O texto foi totalmente revisado de acordo com as novas normas ortográficas vigentes no Brasil.

Jeremy Harmer é autor de livros didáticos e sobre o ensino de inglês, área em que atua como professor há muitos anos.

Dez coisas que você necessita saber sobre este dicionário

1. Este dicionário foi criado especialmente para estudantes brasileiros que estão aprendendo inglês.

2. Para a confecção deste dicionário, foi utilizado um *corpus* do inglês e um *corpus* do português. Um **corpus** é um conjunto muito grande de textos e gravações em um determinado idioma que se usa para decidir quais significados das palavras são mais importantes, e também para oferecer exemplos reais de uso das palavras. Está comprovado que o uso de um *corpus* ajuda a produzir dicionários mais confiáveis.

3. Às vezes, é difícil entender o que significa ou como se usa uma palavra isolada e, por isso, este dicionário tem **exemplos de uso** para todas as palavras que oferecem dificuldades e para as palavras mais usadas, ilustrando seus contextos mais frequentes. Este dicionário contém muito mais exemplos do que os demais dicionários para este nível.

4. Para ajudar a compreender melhor os textos em inglês, este dicionário inclui as **frases** mais típicas e as **expressões idiomáticas** mais frequentes que se formam com várias palavras. Por exemplo, em *agreement*, há frases como *to come to/reach an agreement*; em *bargain*, há expressões idiomáticas como *into the bargain*.

5. Para ajudar a produzir mensagens que pareçam mais naturais, este dicionário inclui as **frases** mais típicas e as **expressões idiomáticas** mais frequentes que se formam com palavras do português. Por exemplo, em *vexame*, há frases como *dar vexame*; em *bomba*, há expressões idiomáticas como *levar bomba*.

6. Nos casos em que é preciso explicar por que várias palavras em inglês correspondem a uma só em português, e vice-versa, essa informação aparece em um quadro. Para a maioria das preposições, e também para os verbos e adjetivos mais usados em português e em inglês, há **quadros** que explicam as diversas traduções.

7. Este dicionário contém muitas **notas culturais** para esclarecer conceitos ou costumes relacionados com palavras inglesas, que são desconhecidos em nossa cultura. Nesses casos, por exemplo, *A level* ou *bed and breakfast*, que não têm tradução em português, a nota explica o que significa a palavra ou expressão.

8. As situações mais comuns em que o indivíduo necessita comunicar-se com outros estão no **Guia para comunicação**. Ali encontram-se, para cada situação, várias frases úteis, com sua tradução em inglês. Por exemplo, "Moro em Recife/São Paulo" diz-se *I live in Recife/São Paulo*.

9. As dificuldades gramaticais mais comum do estudante brasileiro que aprende inglês são tratadas no **Guia de gramática**. Nele, há explicações simples, com exemplos de substantivos contáveis e incontáveis, verbos modais, *phrasal verbs*, etc.

10. Este dicionário inclui centenas de ilustrações que ajudam o usuário a compreender melhor o significado de muitas palavras. Por exemplo, veja os verbetes **bolsa** ou **cadeira**, e o **Dicionário ilustrado** nas páginas centrais.

Como usar este dicionário – Guia rápido

Entrada — **bolsa** s **1** bag: *bolsa a tiracolo* shoulder bag **2 bolsa (de estudo)** scholarship: *Ela está tentando conseguir uma bolsa.* She's trying to get a scholarship. **3 Bolsa (de Valores)** stock exchange: *Meu pai é corretor da Bolsa.* My father is a stockbroker.

Diferentes acepções da palavra

Tradução da palavra

Ilustrações com legendas

purse (AmE)/handbag (BrE)
grocery bag
satchel
backpack
carryall (AmE)/holdall (BrE)
suitcase

Quando uma palavra pertence a mais de uma classe gramatical (p. ex., substantivo e verbo), elas são apresentadas desta maneira

Pronúncia, com indicação do acento tônico — **answer** /'ænsər/ *verbo & substantivo*

- ***v*** **1** [intr] responder, [tr] responder a [pessoa]: *He wouldn't answer me.* Ele não quis me responder. **2 to answer the phone/door** atender o telefone/a porta **3 to answer a letter/an advertisement** responder uma carta/um anúncio **4 to answer criticism/an accusation** responder a críticas/a uma acusação **5 to answer a description** corresponder a uma descrição **6 to answer a need** atender a uma necessidade

Classe gramatical

Exemplo de como a palavra é usada

Tradução do exemplo

Palavras que normalmente ocorrem juntas

Verbos com partícula —
answer back responder com atrevimento
answer sb back responder a alguém [com atrevimento]
answer for sth responder por algo **answer for sb** responder por alguém
answer to sb dar satisfações a alguém

- ***s*** **1** resposta: *In answer to your question, it won't be possible.* Em resposta à sua pergunta, não vai ser possível. | **there's no answer (a)** (ao telefonar) ninguém atende **(b)** (ao bater na porta de alguém) ninguém responde **2** resultado [de um cálculo] **3** solução [para um problema]

Contexto em que se usa a palavra ou expressão

borrow /'bɑroʊ/ *v* [tr/intr] ▶ ver quadro

borrow

1 Para dizer que pedimos algo emprestado e que nos foi emprestado:
I borrowed Martin's camera. Peguei emprestado a câmera do Martin. | *The skateboard's not mine. I borrowed it from a friend.* O skate não é meu. Peguei emprestado de um amigo. | *They borrowed money from the bank.* Eles pegaram um empréstimo no banco.

2 Para pedir algo emprestado:
Can I borrow the car? Você me empresta o carro?

3 Para falar de empréstimos de uma biblioteca:
You can borrow up to eight books. Pode-se pegar até oito livros de cada vez.

As palavras-chave são apresentadas em quadros

Preposição usada com o verbo

Photo acknowledgements

The publisher would like to thank the following for their kind permission to reproduce their photographs:

61 iStockphoto: Jaroslaw Wojcik.
202 iStockphoto: Alexandra Draghici.
A12 www.dreamstime.com. **Alamy Images**: GoGo Images Corporation. **iStockphoto**. **Jupiter Unlimited**.
A13 Alamy Images: ImageDJ. **DK Images**: Gary Ombler. **Hemera Photo Objects**.
A14 DK Images. **Hemera Photo Objects**. **iStockphoto:** Jakub Semeniuk. PunchStock.
A15 DK Images. **Getty Images**: Photodisc. **Hemera Photo Objects**. **iStockphoto**: Ivan Stevanovic; Jaroslaw Wojcik; Laurie Knight; Long Ha; Vladimir Mucibabic; Winston Davidian.
A34 DK Images: Howard Shooter. Hemera Photo Objects.
A37 Hemera Photo Objects. **iStockphoto**.
A38 Alamy Images. **Hemera Photo Objects**.
446 Getty Images: **Photodisc**. **Hemera Photo Objects**.

Guia de Estudo Dirigido: **Alamy Images**: Massive Pixels / Robert Ashton. **Hemera Photo Objects**. **iStockphoto**: Vuk Vukmirovic. **PunchStock**: Digital Vision.

Cover images: Front: **Alamy Images**: David Eastley; Purestock. **iStockphoto**: Chris Schmidt; Christopher Steer.

All other images © Pearson Education

Every effort has been made to trace the copyright holders and we apologise in advance for any unintentional omissions. We would be pleased to insert the appropriate acknowledgement in any subsequent edition of this publication.

Dicionário inglês-português

A¹, a /eɪ/ s (letra) A, a ▶ ver "Active Box" **letters** em **letter**

A² s **1** (nota musical) lá **2** (conceito escolar) A ▶ ver quadro em **grade** **3 from A to B** de um lugar a outro

a /ə/, acentuado eɪ/, também **an** /ən, acentuado æn/ art ▶ ver quadro

aback /əˈbæk/ adv **to be taken aback** ficar espantado/pasmo

abandon /əˈbændən/ v [tr] abandonar: *The baby was abandoned outside the hospital.* A criança foi abandonada na porta do hospital.

abbey /ˈæbi/ s abadia

abbreviate /əˈbriviːeɪt/ v [tr] abreviar

abbreviation /əbriviˈeɪʃən/ s abreviatura

ABCs /eɪ bi ˈsiːz/ s abecedário

abdicate /ˈæbdɪkeɪt/ v [intr] abdicar

abdomen /ˈæbdəmən/ s abdome

abdominal /æbˈdɑmənəl/ adj abdominal

abduction /əbˈdʌkʃən/ s sequestro

ability /əˈbɪləti/ s (pl **-ties**) aptidão, capacidade: *She has great musical ability.* Ela tem grande aptidão musical. | *his ability to make friends* sua capacidade de fazer amigos

abject /ˈæbdʒɛkt/ adj **abject poverty** a mais absoluta pobreza

ablaze /əˈbleɪz/ adj **to be ablaze** estar em chamas

able /ˈeɪbəl/ adj **1 to be able to do sth** poder/conseguir/saber fazer algo: *Will you be able to come to the party?* Você vai poder vir à festa? | *Is she able to walk without a cane?* Ela consegue andar sem bengala? | *I've always wanted to be able to speak Japanese.* Eu sempre quis saber falar japonês. ▶ BE ABLE TO OU CAN? ver nota em **poder** **2** capaz: *He's a very able student.* Ele é um aluno muito capaz.

ably /ˈeɪbli/ adv competentemente, habilmente

abnormal /æbˈnɔrməl/ adj anormal

aboard /əˈbɔrd/ advérbio & preposição
- **adv** a bordo | **to go aboard** embarcar
- **prep** a bordo de

abolish /əˈbɑlɪʃ/ v [tr] (3a pess sing **-shes**) abolir

abolition /æbəˈlɪʃən/ s abolição

abort /əˈbɔrt/ v **1** [tr] suspender, cancelar [campanha, voo], abandonar [tentativa]: *The satellite mission had to be aborted.* A missão do satélite teve que ser suspensa. **2** [intr] (em medicina) abortar

---

a

1 Na maioria dos casos, o artigo **a** equivale a *um/uma*. Antes de palavra iniciada por vogal, ou som vocálico, usa-se **an** em vez de **a**:

a cat um gato | *an island* uma ilha | *an hour* uma hora

2 Usos de **a/an** que não correspondem aos de *um/uma*:

PROFISSÕES

My boyfriend is a musician. Meu namorado é músico.

PERTENCES

Do you have a car? Você tem carro?

EXCLAMAÇÕES

What a ridiculous hat! Que chapéu ridículo!

NÚMEROS

a thousand pounds mil libras | *a hundred people* cem pessoas

PREÇO, FREQUÊNCIA, PROPORÇÃO

They cost $2 a dozen. Custam $2 a dúzia. | *I see her twice a week.* Eu a vejo duas vezes por semana. | *100 miles an hour* 100 milhas por hora

---

abortion /əˈbɔrʃən/ s aborto [provocado] | **to have an abortion** fazer um aborto ▶ ABORTION OU MISCARRIAGE? ver **aborto**

abortive /əˈbɔrtɪv/ adj fracassado: *an abortive attempt to kill the the president* uma tentativa fracassada de matar o presidente

about /əˈbaʊt/ preposição & advérbio
- **prep 1** sobre, a respeito de: *a book about dinosaurs* um livro sobre dinossauros | *I'm thinking about quitting school.* Estou pensando em abandonar os estudos. **2 what about/how about? (a)** (para fazer uma sugestão) que tal?: *How about a drink?* Que tal tomarmos um drinque? **(b)** para pedir a opinião de alguém: *What about Jack? Shall we invite him?* E o Jack? Vamos convidá-lo? **3** para indicar causa: *I'm very sorry about what happened.* Sinto muito pelo que aconteceu. | *They were very excited about the idea.* Eles ficaram muito entusiasmados com a ideia. **4** BrE (por um lugar) por: *Clothes were scattered about the room.* Tinha roupa espalhada pelo quarto.
- **adv 1** mais ou menos, uns, umas: *I live about half an hour's drive from here.* Moro a mais ou menos meia hora de carro daqui. | *It's about seven o'clock.* São umas sete horas. | *A pizza costs about $12.* Uma pizza custa uns $12. | *We left the restaurant at about 10:30.* Saímos do restaurante por volta das 10:30. **2 to be (just) about to do sth** estar prestes a fazer algo: *We were about to leave when Jerry arrived.* Estávamos prestes a sair quando Jerry chegou. | *I was just about to say that.* Eu ia dizer isso agora. **3** BrE por todos os lados, por aí: *Don't leave your*

above

clothes lying about! Não deixe a sua roupa jogada por todos os lados. **4** BrE por aí, por ali: *Is Patrick about?* O Patrick está por aí? | *There was nobody about.* Não havia ninguém por ali. ▶ **About** também forma parte de vários **phrasal verbs**, tais como **bring about, come about,** etc., que são tratados no verbete do verbo correspondente

above /əˈbʌv/ preposição & advérbio

● **prep 1** em cima de, acima de: *There's a light above the door.* Tem uma luz em cima da porta. | *500 meters above sea level* 500 metros acima do nível do mar **2** acima de: *temperatures above 35 degrees* temperaturas acima de 35 graus **3 above all** acima de tudo ▶ ver também **reproach**

● **adv 1** (numa posição mais alta) de cima, acima: *the room above* o quarto de cima **2** Superior a um número: *children aged 12 and above* crianças a partir de 12 anos **3** (num texto) acima: *For more information, see above.* Para mais informações, veja acima.

abreast /əˈbrɛst/ *adv* **to keep abreast of sth** ficar a par de algo, manter-se em dia com algo

abroad /əˈbrɔd/ *adv* no exterior/estrangeiro, para o exterior/estrangeiro | **to go abroad** viajar para o exterior

abrupt /əˈbrʌpt/ *adj* **1** repentino, inesperado | **to come to an abrupt halt/end** parar/terminar abruptamente **2** brusco

ABS /ˌeɪ bi ˈɛs/ *s* (= **anti-lock braking system**) ABS [sistema de freio antitravamento]

abs /æbz/ *s pl* (informal) (músculos) abdominais

abscess /ˈæbsɛs/ *s* (pl **-sses**) abscesso

absence /ˈæbsəns/ *s* **1** falta, ausência [ao colégio, trabalho, etc.]: *her frequent absences from work* suas frequentes faltas ao trabalho | **in/during sb's absence** na/durante a ausência de alguém **2 in the absence of sth** por/na falta de algo

absent /ˈæbsənt/ *adj* **1** ausente | **to mark sb absent** dar falta a alguém: *The teacher marked her absent.* O professor lhe deu falta. | **to be absent (from sth)** faltar (a algo): *children who are often absent from school* crianças que faltam muito à escola **2** ausente: *an absent expression* uma expressão ausente

absentee /æbsənˈti/ *s* ausente

absent-ˈminded *adj* distraído

absolute /ˈæbsəlut/ *adj* **1** (para enfatizar) absoluto, total: *I have absolute confidence in her.* Tenho confiança absoluta nela. | *The show was an absolute disaster.* O show foi um desastre total. | *You're an absolute genius!* Você é um gênio! | **absolute nonsense** pura bobagem **2** (não relativo) absoluto

absolutely /æbsəˈlutli/ *adv* **1** absolutamente: *Are you absolutely sure?* Você tem certeza absoluta? | *She's absolutely right.* Ela tem toda razão.

2 absolutely! claro (que sim)!, com certeza! **3 absolutely not!** absolutamente!, de jeito nenhum!

absorb /əbˈsɔrb/ *v* [tr] **1** absorver **2 to be absorbed in sth** estar absorto/compenetrado em algo **3** assimilar [informação]

absorbent /əbˈsɔrbənt/ *adj* absorvente

absorbing /əbˈsɔrbɪŋ/ *adj* empolgante, envolvente

abstain /əbˈsteɪn/ *v* [intr] **1** (numa votação) abster-se **2** (formal) (de fumar, beber, etc.) abster-se | **to abstain from sth** abster-se de algo: *He was advised to abstain from alcohol.* Ele foi aconselhado a se abster de bebidas alcoólicas.

abstention /əbˈstɛnʃən/ *s* abstenção (de voto)

abstinence /ˈæbstənəns/ *s* abstinência

abstract /əbˈstrækt/ *adj* abstrato

absurd /əbˈsɜrd/ *adj* absurdo [ideia, situação], ridículo [aparência]: *He looked absolutely absurd in that hat.* Ele estava totalmente ridículo com aquele chapéu.

abundance /əˈbʌndəns/ *s* **1 an abundance of sth** uma fartura de algo: *He had an abundance of thick red hair.* Ele tinha uma basta cabeleira ruiva. **2 in abundance** em abundância

abundant /əˈbʌndənt/ *adj* abundante

abundantly /əˈbʌndəntli/ *adv* **1** em abundância **2 abundantly clear** claríssimo

abuse¹ /əˈbjus/ *s* **1** abuso ▶ ver também **drug abuse** em **drug 2** abuso, maus-tratos ▶ ver também **child abuse** em **child 3** desaforos, insultos | **to shout/hurl abuse at sb** xingar alguém

abuse² /əˈbjuz/ *v* [tr] **1** maltratar, molestar **2** abusar de: *I think he is abusing his position.* Acho que ele está abusando de sua posição. **3** xingar, descompor

abusive /əˈbjusɪv/ *adj* **1** desaforado | **to become abusive** começar a engrossar **2** violento

abysmal /əˈbɪzməl/ *adj* péssimo, terrível

abysmally /əˈbɪzməli/ *adv* pessimamente

abyss /əˈbɪs/ *s* (pl **-sses**) (literário) abismo

academic /ækəˈdɛmɪk/ adjetivo & substantivo

● **adj 1** (relativo a estudo) acadêmico: *the academic year* o ano letivo **2** estudioso **3** (discussão, questão) puramente teórico

● **s** professor -a universitário -ria

academy /əˈkædəmi/ *s* (pl **-mies**) academia

accelerate /əkˈsɛləreɪt/ *v* **1** [intr] (ao dirigir) acelerar **2** (referente a processo) [intr] acelerar-se, [tr] acelerar

accelerator /əkˈsɛləreɪtər/ *s* acelerador

accent /ˈæksɛnt/ *s* **1** sotaque: *She has an American accent.* Ela tem sotaque americano. **2** acento (prosódico)

accept /əkˈsɛpt/ *v* **1** [tr/intr] aceitar: *We don't accept credit cards.* Não aceitamos cartão de crédito. | *I've been offered a job and I've decided* *to accept.* Ofereceram-me um emprego e resolvi aceitar. **2 to accept that** admitir que: *She refused to accept that she was wrong.* Ela se recusou a admitir que estava errada.

acceptable /ək'sɛptəbəl/ *adj* aceitável: *I don't think it's acceptable for her to behave like that.* Não acho aceitável ela se comportar assim. | *Is that acceptable to you?* Isso é aceitável para você?

acceptance /ək'sɛptəns/ *s* aceitação

accepted /ək'sɛptɪd/ *adj* aceito

access /'æksɛs/ *substantivo & verbo*

- *s* acesso: *Students need to have access to computers.* Os alunos têm que ter acesso a computadores.

- *v* [tr] acessar [informação, um site], abrir [um arquivo]

accessible /ək'sɛsəbəl/ *adj* **1** (fácil de obter, de entender) acessível **2** (local) de fácil acesso

accessory /ək'sɛsəri/ *s* (pl **-ries**) **1** (de roupa) acessório **2** (de carro, computador, etc.) acessório **3** cúmplice: *an accessory to murder* um cúmplice de assassinato

accident /'æksədənt/ *s* **1** acidente | **to have an accident** ter/sofrer um acidente | **a road accident** um acidente de trânsito **2** acidente [em que se causam danos] **3 by accident (a)** por acaso **(b)** sem querer

accidental /æksə'dɛntl/ *adj* **1** acidental **2** casual

accidentally /æksə'dɛntli/ *adv* **1** acidentalmente, sem querer **2** por acaso

'accident-,prone *adj* propenso a acidentes

acclaim /ə'kleɪm/ *verbo & substantivo*

- *v* [tr] aclamar: *His last play was acclaimed as a masterpiece.* Sua última peça teatral foi aclamada como uma obra-prima.

- *s* elogio(s)

accommodate /ə'kɑmədeɪt/ *v* [tr] acomodar, alojar

accommodating /ə'kɑmədeɪtɪŋ/ *adj* prestativo, flexível

accommodations /əkɑmə'deɪʃənz/ AmE, **accommodation** /əkɑmə'deɪʃən/ BrE *s* acomodação, hospedagem

accompaniment /ə'kʌmpənimənt/ *s* (em música) acompanhamento

accompany /ə'kʌmpəni/ *v* [tr] (3a pess sing **-nies**) **1** (formal) (ir com) acompanhar **2** (em música) acompanhar

accomplice /ə'kɑmplɪs/ *s* cúmplice

accomplish /ə'kɑmplɪʃ/ *v* [tr] (3a pess sing **-shes**) **1** cumprir [uma missão, uma tarefa] **2** realizar [um objetivo]

accomplished /ə'kɑmplɪʃt/ *adj* consumado, talentoso: *an accomplished musician* um músico consumado

accomplishment /ə'kɑmplɪʃmənt/ *s* realização

accord /ə'kɔrd/ *s* **1 of your own accord** de livre e espontânea vontade **2** acordo

accordingly /ə'kɔrdɪŋli/ *adv* **1** de acordo **2** (formal) consequentemente

a'ccording to *prep* **1** segundo, conforme: *According to Tom, she isn't coming.* Segundo o Tom, ela não virá. | *Students are grouped according to ability.* Os alunos são agrupados conforme sua capacidade. **2 to go according to plan** sair como planejado

accost /ə'kɔst/ *v* [tr] abordar [de modo ameaçador]

account /ə'kaʊnt/ *substantivo, substantivo plural & verbo*

- *s* **1** relato, descrição | **to give an account of sth** relatar/descrever algo **2** conta [em banco ou empresa] **3 take sth into account** levar em conta algo: *We didn't take the time difference into account.* Não levamos em conta a diferença de horário. **4 by all accounts** segundo dizem **5 on account of** devido a, por causa de **6 on no account** em hipótese nenhuma

- **accounts** *s pl* demonstrações financeiras (contábeis)

- *v* **account for sth 1** representar algo: *Labor costs account for 40% of the total.* Os custos de mão de obra representam 40% do total. **2** explicar algo

accountable /ə'kaʊntəbəl/ *adj* responsável [obrigado a responder por seus atos] | **to be accountable for sth** ser responsável por algo, responder por algo | **to hold sb accountable for sth** responsabilizar alguém por algo

accountancy /ə'kaʊntənsi/ *s* contabilidade

accountant /ə'kaʊntənt/ *s* contador -a

accounting /ə'kaʊntɪŋ/ *s* contabilidade

accumulate /ək'jumjəleɪt/ *v* **1** [tr] acumular **2** [intr] acumular-se

accuracy /'ækjərəsi/ *s* precisão

accurate /'ækjərət/ *adj* **1** preciso [instrumento, informação, etc.] **2** exato [medida, descrição] **3** certeiro [tiro, etc.]

accusation /ækjə'zeɪʃən/ *s* acusação

accuse /ə'kjuz/ *v* **to accuse sb of (doing) sth** acusar alguém de (fazer) algo: *How dare you accuse me of lying!* Como você ousa me acusar de mentir!

accused /ə'kjuzd/ *s* **the accused** o/a acusado -da, os/as acusados -das

accusing /ə'kjuzɪŋ/ *adj* acusador

accustom /ə'kʌstəm/ *v* **to accustom yourself to sth/to doing sth** (formal) acostumar-se com algo/a fazer algo

accustomed /ə'kʌstəmd/ *adj* (formal) **to be accustomed to (doing) sth** estar acostumado a (fazer) algo | **to become/grow accustomed to sth** acostumar-se com algo

ace /eɪs/ *substantivo, adjetivo & verbo*
- *s* **1** (carta de baralho) ás **2** (em tênis) ace
- *adj* (informal) **1 an ace driver/skier etc.** um craque de automobilismo/esqui etc. **2** muito legal
- *v* [tr] AmE (informal) dar-se bem em: *I think I aced the history test.* Acho que me dei bem na prova de História.

ache /eɪk/ *verbo & substantivo*
- *v* [intr] doer [com dor fraca porém contínua]: *My legs are aching.* Minhas pernas estão doendo. ▶ ACHE OU HURT? ver nota em **doer**
- *s* dor [fraca e contínua] | **aches and pains** mazelas ▶ ACHE OU PAIN? ver nota em **dor**

achieve /əˈtʃiv/ *v* [tr] alcançar, conseguir

achievement /əˈtʃivmənt/ *s* façanha, conquista

acid /ˈæsɪd/ *substantivo & adjetivo*
- *s* ácido
- *adj* amargo, azedo

acidic /əˈsɪdɪk/ *adj* amargo, azedo

acidity /əˈsɪdəti/ *s* acidez

ˌacid ˈrain *s* chuva ácida

acknowledge /əkˈnɑlɪdʒ/ *v* [tr] **1** reconhecer, admitir **2 to be acknowledged as sth** ser reconhecido como algo **3** acusar o recebimento de

acknowledgement /əkˈnɑlɪdʒmənt/ *substantivo & substantivo plural*
- *s* (também **acknowledgment**) **1** reconhecimento, admissão **2** notificação de recebimento **3 in acknowledgement of** em reconhecimento por
- **acknowledgements** *s pl* agradecimentos

acne /ˈækni/ *s* acne

acorn /ˈeɪkɔrn/ *s* glande [de carvalho]

acoustic /əˈkustɪk/ *adj* acústico: *an acoustic guitar* uma guitarra acústica

electric guitar

acoustic guitar

acquaintance /əˈkweɪntns/ *s* **1** conhecido -da **2 to make sb's acquaintance** (formal) conhecer alguém [pela primeira vez]

acquainted /əˈkweɪntɪd/ *adj* **1 to be acquainted** conhecer(-se): *I am acquainted with him.* Eu o conheço. | *We are already acquainted.* Já nos conhecemos. **2 to get acquainted** conhecer(-se) [travar conhecimento] **3 to be acquainted with sth** conhecer algo, estar familiarizado com algo

acquire /əˈkwaɪr/ *v* [tr] (formal) adquirir: *The museum acquired the painting for $8 million.* O museu adquiriu o quadro por $8 milhões.

acquisition /ækwəˈzɪʃən/ *s* **1** (ato de adquirir) aquisição **2** (coisa adquirida) aquisição

acquit /əˈkwɪt/ *v* [tr] (**-tted, -tting**) absolver: *Simpson was **acquitted of** murder.* Simpson foi absolvido de homicídio.

acre /ˈeɪkər/ *s* acre [0,405 hectares]

acrimonious /ækrəˈmoʊniəs/ *adj* (formal) acrimonioso

acrobat /ˈækrəbæt/ *s* acrobata

acronym /ˈækrənɪm/ *s* sigla

across /əˈkrɔs/ *prep & adv* ▶ ver quadro

acrylic /əˈkrɪlɪk/ *adjetivo & substantivo*
- *adj* de acrílico, acrílico
- *s* acrílico

act /ækt/ *verbo & substantivo*
- *v* **1** [intr] agir: *She acted as if she didn't know me.* Ela agiu como se não me conhecesse. | *Stan was acting really weird last night.* Stan estava muito estranho ontem à noite. **2** [intr] agir, tomar uma atitude **3** [intr] ser ator/atriz, atuar **4 to act the part of Romeo/the witch etc.** fazer o papel de Romeu/da bruxa etc. **5** [intr] (fazer efeito) atuar, agir **6 to act as sth** exercer a função de algo, funcionar como algo
- *s* **1** (ação) ato | **an act of violence** um ato de violência | **an act of kindness** uma caridade

---

across

▶ PREPOSIÇÃO

1 DE UM LADO A OUTRO

QUANDO EXPRESSA MOVIMENTO

We walked across the field. Atravessamos o campo. | *She walked across to the window.* Ela foi até a janela. | *A dog ran across the street.* Um cachorro atravessou a rua correndo.

QUANDO NÃO EXPRESSA MOVIMENTO

They built a new bridge across the river. Construíram uma nova ponte sobre o rio. | *He was lying across the bed.* Ele estava atravessado na cama. | *Mark looked out across the valley.* Mark olhou para o outro lado do vale.

2 DO OUTRO LADO DE

They live across the street. Eles moram do outro lado da rua. | *Jim called to me from across the room.* Jim me chamou do outro lado da sala.

▶ ADVÉRBIO

1 DISTÂNCIAS, MEDIDAS

The river is two miles across. O rio tem duas milhas de largura.

2 Across também faz parte de vários **phrasal verbs**, tais como **come across, put across**, etc., que são tratados no verbete do verbo correspondente.

---

*Gostaria de uma lista de frases úteis para falar de si mesmo em inglês? Consulte o **guia para a comunicação**, no final do livro.*

2 encenação, fingimento: *He wasn't really frightened. It was all an act.* Ele não estava com medo. Foi tudo encenação. **3** (em peça teatral) ato **4** (de humorista, artista, etc.) número, show **5 to get your act together** (informal) tomar jeito **6 to catch sb in the act** pegar alguém em flagrante

acting /'æktɪŋ/ *substantivo & adjetivo*

- *s* **1** (profissão) teatro: *I want to get into acting.* Quero fazer teatro. | *acting lessons/classes* aulas de teatro **2** (em peça teatral) atuação
- *adj* **acting vice-president** vice-presidente interino -na

action /'ækʃən/ *s* **1** ação | **to take action** tomar medidas | **to put sth into action** pôr em ação algo, executar algo **2 in action** em ação **3 out of action** fora de ação, fora de serviço **4** ato: *You can't be held responsible for other people's actions.* Você não pode ser responsabilizado por atos alheios. **5** combate | **killed/wounded/missing in action** morto/ferido/desaparecido em combate

,**action-'packed** *adj* cheio de ação

,**action 'replay** *s* BrE replay ▶ No inglês americano diz-se **instant replay**

activate /'æktəveɪt/ *v* [tr] acionar

active /'æktɪv/ *adjetivo & substantivo*

- *adj* **1** ativo: *Grandpa's very active for his age.* Vovô é muito ativo para a sua idade. | *They take an active interest in their children's education.* Eles se envolvem ativamente na educação dos filhos. **2** atuante, ativo **3** ativo [vulcão]
- *s* **the active (voice)** a voz ativa

actively /'æktɪvli/ *adv* ativamente

activist /'æktɪvɪst/ *s* ativista, militante

activity /æk'tɪvəti/ *s* (pl -ties) atividade: *after-school activities* atividades extraescolares

actor /'æktər/ *s* ator, atriz

actress /'æktrəs/ *s* (pl -sses) atriz ▶ Atualmente, algumas atrizes preferem o termo **actor** para referir-se a si mesmas

actual /'æktʃuəl/ *adj* real, próprio: *The actual cost was much higher.* O preço real foi muito mais alto. | *Were those his actual words?* Foram essas suas palavras textuais? | **in actual fact** na verdade

actually /'æktʃuəli/ *adv* **1** (para contradizer, esclarecer, expressar surpresa) na verdade: *I don't actually enjoy watching soccer.* Na verdade, não gosto de assistir ao futebol. | *The movie wasn't bad. Actually it was pretty good.* O filme não era ruim. Era até bastante bom. | *Did she actually say that?* Ela disse mesmo isso? **2** (para dar ênfase) na verdade: *She actually expected me to do the work for her.* Na verdade, ela esperava que eu fizesse o trabalho para ela. | *I was so angry I actually slapped him.* Fiquei com tanta raiva que cheguei a lhe dar um tapa.

acupuncture /'ækjəpʌŋktʃər/ *s* acupuntura

acute /ə'kjut/ *adj* **1 an acute pain** uma dor violenta | **an acute shortage** uma grave escassez **2** perspicaz [pessoa, observação, etc.] **3** aguçado [faro, audição] **4** enorme [sofrimento, ansiedade, etc.] **5 acute bronchitis/appendicitis etc.** bronquite/apendicite etc. aguda **6 an acute accent** um acento agudo

acutely /ə'kjutli/ *adv* extremamente, muito

A.D. /eɪ 'di/ (= **Anno Domini**) d. C.

ad /æd/ *s* (informal) anúncio

adamant /'ædəmənt/ *adj* (formal) **to be adamant that** estar decidido que: *She is adamant that she will not change her mind.* Ela está decidida a não mudar de ideia.

adapt /ə'dæpt/ *v* **1** [intr] adaptar-se: *She found it hard to adapt to her new way of life.* Foi difícil para ela se adaptar ao novo estilo de vida. **2** [tr] adaptar

adaptable /ə'dæptəbəl/ *adj* adaptável

adaptation /ædæp'teɪʃən/ *s* adaptação

adapter, também **adaptor** /ə'dæptər/ *s* **1** (para conectar aparelhos entre si) adaptador **2** BrE (tomada) benjamim

add /æd/ *v* **1** [tr] adicionar, acrescentar: *I gave him some stamps to add to his collection.* Dei-lhe alguns selos para acrescentar à sua coleção. **2** [tr/intr] somar: *Add the totals together.* Some os totais. **3 to add to sth** aumentar algo: *Every delay adds to the cost of the project.* Cada atraso aumenta o custo do projeto.

add up not to add up (informal) não fazer sentido: *It just doesn't add up, she would never do a thing like that.* Simplesmente não faz sentido, ela nunca faria uma coisa dessas. **add sth up** somar algo

added /'ædɪd/ *adj* **1 added advantage/bonus** vantagem adicional **2 with added vitamins** vitaminado

addict /'ædɪkt/ *s* viciado -da: *a heroin addict* um viciado em heroína | *He's a TV addict.* Ele é viciado em televisão. ▶ ver também **drug**

addicted /ə'dɪktɪd/ *adj* viciado: *He was heavily addicted to smoking.* Ele era muito viciado em cigarro.

addiction /ə'dɪkʃən/ *s* vício, dependência

addictive /ə'dɪktɪv/ *adj* viciante: *an addictive pastime* um passatempo que vicia

addition /ə'dɪʃən/ *s* **1 in addition** além disso | **in addition to sth** além de algo **2** (em aritmética) adição **3** coisa, pessoa: *The tower is a later addition.* A torre é uma construção posterior. | *She will make a valuable addition to the team.* Ela será uma valiosa aquisição para a equipe.

additional /ə'dɪʃənəl/ *adj* adicional

additive /'ædətɪv/ *s* aditivo

address¹ /ə'drɛs, 'ædrɛs/ *s* (pl -sses) endereço: *What's your address?* Qual é o seu endereço?

address² /ə'drɛs/ *s* (pl -sses) discurso

address³ /əˈdrɛs/ v [tr] (3a pess sing -sses) **1** endereçar | **to be addressed to sb** ser endereçado a alguém **2** (formal) dirigir-se a **3** (formal) dirigir | **to address a meeting** tomar a palavra **4** tratar de, lidar com [um problema] **5 to address sb as sth** tratar alguém de algo

adept /əˈdɛpt/ adj **adept at (doing) sth** perito em algo, hábil em fazer algo

adequacy /ˈædəkwəsi/ s adequação

adequate /ˈædəkwət/ adj **1** suficiente **2** aceitável, satisfatório

adequately /ˈædəkwətli/ adv **1** suficientemente **2** satisfatoriamente

adhere /ədˈhɪr/ v **adhere to sth 1** aderir a algo **2** manter-se fiel a algo [a crença, princípio, etc.] **3** cumprir algo [um acordo, etc.]

adhesive /ədˈhisɪv/ adj (para colar) adesivo

adjacent /əˈdʒeɪsənt/ adj (formal) adjacente, contíguo

adjective /ˈædʒɪktɪv/ s adjetivo

adjoining /əˈdʒɔɪnɪŋ/ adj (formal) contíguo, vizinho

adjourn /əˈdʒɜrn/ v **1** [tr] suspender [uma reunião, uma audiência, etc.] **2** [intr] fazer uma pausa

adjournment /əˈdʒɜrnmənt/ s recesso

adjudicate /əˈdʒudɪkeɪt/ v (formal) arbitrar

adjust /əˈdʒʌst/ v **1** [tr] regular, ajustar **2** [intr] adaptar-se, acostumar-se

adjustable /əˈdʒʌstəbəl/ adj ajustável, regulável

adjustment /əˈdʒʌstmənt/ s **1** ajuste **2** adaptação

ad-lib /æd ˈlɪb/ v [tr/intr] (-bbed, -bbing) improvisar

administer /ədˈmɪnəstər/ v [tr] **1** administrar [uma organização, fundos, etc.] **2** aplicar [um castigo, um teste, justiça] **3 to administer a drug (to sb)** (formal) ministrar um remédio (a alguém)

administration /ədmɪnəˈstreɪʃən/ s **1** administração **2** governo

administrative /ədˈmɪnəstreɪtɪv/ adj administrativo

ad͵ministrative asˈsistant s assistente administrativo -va

administrator /ədˈmɪnəstreɪtər/ s administrador -a

admirable /ˈædmərəbəl/ adj admirável

admirably /ˈædmərəbli/ adv admiravelmente, de maneira admirável

admiral /ˈædmərəl/ s almirante

admiration /ædməˈreɪʃən/ s admiração

admire /ədˈmaɪr/ v [tr] **1** (respeitar) admirar **2** (observar) admirar

admirer /ədˈmaɪrər/ s (formal) admirador -a

admission /ədˈmɪʃən/ s **1** admissão [de culpa, fracasso, etc.] **2** admissão [em universidade, instituição] **3** internação [em hospital] **4** entrada: *"Admission $10."* "Entrada $10."

admit /ədˈmɪt/ v (-tted, -tting) **1** [tr] admitir, reconhecer: *I must admit I didn't try very hard.* Tenho de admitir que não me esforcei muito. **2** [tr] (formal) (permitir a entrada) admitir **3** [tr] (como sócio, aluno, etc.) admitir **4 to be admitted (to the hospital)** ser internado (num hospital)

admittance /ədˈmɪtns/ s (formal) entrada: *"No admittance."* "Entrada proibida."

admittedly /ədˈmɪtɪdli/ adv sem dúvida: *Admittedly he's inexperienced, but he'll learn fast.* Ele é inexperiente, sem dúvida, mas vai aprender rápido.

adolescence /ædlˈɛsəns/ s adolescência

adolescent /ædlˈɛsənt/ adj adolescente

adopt /əˈdɑpt/ v **1** [tr/intr] adotar [uma criança] **2** [tr] adotar [um método, uma tática, etc.] **3** [tr] aprovar

adopted /əˈdɑptɪd/ adj adotivo, adotado

adoption /əˈdɑpʃən/ s adoção

adorable /əˈdɔrəbəl/ adj adorável

adore /əˈdɔr/ v [tr] adorar

adorn /əˈdɔrn/ v [tr] (formal) adornar, decorar

adrenaline, também **adrenalin** /əˈdrɛnl-ɪn/ s adrenalina

adrift /əˈdrɪft/ adj à deriva

adult /əˈdʌlt, ˈædʌlt/ substantivo & adjetivo
• s adulto -ta
• adj **1** adulto **2** para adultos [filme, livro, etc.]

adultery /əˈdʌltəri/ s adultério

adulthood /əˈdʌlthʊd/ s idade adulta

advance /ədˈvæns/ substantivo, substantivo plural, verbo & adjetivo
• s **1 in advance** com antecedência, antecipadamente **2** avanço **3** adiantamento [de salário, etc.]
• **advances** s pl investidas, cantadas [sexuais]
• v **1** [intr] avançar **2** [tr] ampliar [conhecimentos, compreensão] **3** [tr] promover [uma causa] **4** [tr] (formal) apresentar [uma teoria, uma proposta]
• adj prévio

advanced /ədˈvænst/ adj avançado

advantage /ədˈvæntɪdʒ/ s **1** vantagem | **to have an advantage over sb** levar vantagem sobre alguém **2 to take advantage of sth** tirar proveito de algo, aproveitar algo **3 to take advantage of sb** aproveitar-se de alguém, abusar de alguém **4** (em tênis) vantagem

advantageous /ædvænˈteɪdʒəs/ adj (formal) vantajoso

Advent /ˈædvɛnt/ s Advento

advent /ˈædvɛnt/ s **the advent of sth** o advento de algo

adventure /əd'vɛntʃər/ s **1** aventura **2 adventure story** história de aventuras

adventurous /əd'vɛntʃərəs/ adj **1** criativo, inventivo **2** cheio de aventuras **3** aventureiro

adverb /'ædvɜrb/ s advérbio

adversary /'ædvərsɛri/ s (pl -ries) (formal) adversário -ria

adverse /əd'vɜrs/ adj (formal) adverso

adversity /əd'vɜrsəti/ s (formal) adversidade

advert /'ædvɜrt/ s BrE anúncio

advertise /'ædvərtaɪz/ v **1** [tr/intr] anunciar **2 to advertise for sth** pôr um anúncio para algo

advertisement /ˌædvər'taɪzmənt, BrE əd'vɜtɪsmənt/ s anúncio, propaganda | **an advertisement for sth** um anúncio de algo

advertising /'ædvərtaɪzɪŋ/ s **1** publicidade **2 advertising campaign** campanha publicitária

advice /əd'vaɪs/ s **1** conselhos | **a piece/word of advice** um conselho | **to ask sb's advice** pedir conselho a alguém | **to take/follow sb's advice** seguir o conselho de alguém **2 to seek professional/legal advice** procurar aconselhamento profissional/legal

advisable /əd'vaɪzəbəl/ adj aconselhável

advise /əd'vaɪz/ v **1** [tr/intr] aconselhar | **to advise sb to do sth** aconselhar alguém a fazer algo | **to advise sb against doing sth** aconselhar alguém a não fazer algo | **to advise against sth** desaconselhar algo: *I wanted to buy it but he advised against it.* Eu queria comprá-lo, mas ele desaconselhou-me. | **you would be well/ill advised to do sth** é/não é aconselhável fazer algo **2 to advise (sb) on sth** assessorar (alguém) em algo

adviser, também **advisor** AmE /əd'vaɪzər/ s assessor -a, consultor -a

advisory /əd'vaɪzəri/ adj consultivo

advocacy /'ædvəkəsi/ s **advocacy of sth** defesa de algo

advocate¹ /'ædvəkət/ s defensor -a

advocate² /'ædvəkeɪt/ v [tr] defender, advogar

aerial /'ɛriəl/ adjetivo & substantivo
* adj aéreo
* s BrE antena [de TV, rádio, etc.]

aerobics /ə'roʊbɪks/ s aeróbica

aerodynamic /ˌɛroʊdaɪ'næmɪks/ adj aerodinâmico

aeroplane BrE ▶ ver **airplane**

aerosol /'ɛrəsɔl/ s aerossol

aesthetic /ɛs'θɛtɪk/ adj estético

affair /ə'fɛr/ substantivo & substantivo plural
* s **1** caso: *the Watergate affair* o caso Watergate | *My private life is my own affair.* Minha vida particular é assunto meu. **2** (relação amorosa) caso | **to have an affair (with sb)** ter um caso (com alguém)

* **affairs** s pl negócios ▶ ver também **current affairs**

affect /ə'fɛkt/ v [tr] **1** afetar, influir em: *a disease that affects the nervous system* uma doença que afeta o sistema nervoso **2** (emocionalmente) afetar

affected /ə'fɛktɪd/ adj afetado [voz, modos, etc.]

affection /ə'fɛkʃən/ s afeto, carinho: *his affection for his sister* o carinho que ele tem pela irmã

affectionate /ə'fɛkʃənət/ adj afetuoso, carinhoso: *She was very affectionate toward her grandparents.* Ela era muito carinhosa com os avós.

affiliate¹ /ə'fɪliət/ s **1** afiliado -da [de federação] **2** subsidiária [de empresa]

affiliate² /ə'fɪlieɪt/ v **to affiliate to sth** filiar-se a algo | **to be affiliated to/with sth** ser filiado a algo

affinity /ə'fɪnəti/ s (pl -ties) afinidade | **affinity for/with sth/sb** afinidade com algo/alguém

affirm /ə'fɜrm/ v [tr] (formal) confirmar

affirmative /ə'fɜrmətɪv/ adjetivo & substantivo
* adj afirmativo
* s **to answer in the affirmative** responder afirmativamente

afflict /ə'flɪkt/ v [tr] (formal) (fazer sofrer) afligir | **to be afflicted with/by sth** sofrer de/com algo

affliction /ə'flɪkʃən/ s (formal) doença, mal

affluence /'æfluəns/ s afluência, riqueza

affluent /'æfluənt/ adj afluente, rico

afford /ə'fɔrd/ v [tr] ▶ ver quadro

affordable /ə'fɔrdəbəl/ adj acessível

---

afford

1 Usado com **can** e **could** pode expressar as seguintes ideias:

TER RECURSOS PARA ALGO

I'd love to go to the concert but I can't afford it. Eu adoraria ir ao show, mas não tenho dinheiro. | *They couldn't afford the school fees.* Eles não tinham condições de pagar a mensalidade do colégio. | *He can't afford to buy a new computer.* Ele não tem condições de comprar um computador novo.

TER TEMPO PARA ALGO

She can't afford the time. Ela não dispõe de tempo.

PODER FAZER ALGO SEM TER PREJUÍZO

We can't afford to offend our best customer. Não podemos nos dar ao luxo de ofender nosso melhor cliente.

2 Também significa *proporcionar*. Este uso é formal.

The job afforded him the opportunity to travel. O emprego lhe proporcionou a chance de viajar.

afield /əˈfild/ adv **far afield** muito longe | **farther afield** mais longe

afloat /əˈfloʊt/ adj flutuante: *The ship was barely afloat.* O navio mal conseguia flutuar. | **to stay afloat (a)** (na água) manter-se à tona **(b)** (financeiramente) manter-se de pé

afraid /əˈfreɪd/ adj **1 I'm afraid...** sinto muito, mas..., infelizmente...: *That's the most we can offer, I'm afraid.* Sinto muito, mas é o máximo que podemos oferecer. | *I'm afraid you're too late.* Infelizmente, você veio tarde demais. | **I'm afraid so** infelizmente sim | **I'm afraid not** infelizmente não
2 to be afraid ter medo: *He was afraid they would laugh at him.* Ele tinha medo de que rissem dele. | **to be afraid (of sth/sb)** ter medo (de algo/alguém) | **to be afraid to do sth/of doing sth** ter medo de fazer algo: *I was afraid of hurting her.* Eu tinha medo de magoá-la.

afresh /əˈfrɛʃ/ adv **to start afresh** começar do zero

Africa /ˈæfrɪkə/ s África

African /ˈæfrɪkən/ adj & s africano -na

after /ˈæftər/ preposição, advérbio & conjunção
• **prep 1** depois de: *He plays soccer after school.* Ele joga futebol depois da escola. | *It's after midnight.* Já passa da meia-noite. | *I'm after her in the line.* Estou depois dela na fila. | *Shut the door after you.* Feche a porta ao sair.
2 day after day/year after year etc. dia após dia/ano após ano etc. ▶ ver também **time**
3 to be after sth/sb estar atrás de algo/alguém: *He knew the police were after him.* Ele sabia que a polícia estava atrás dele. | *Are you after anything in particular?* Você está atrás de algo em especial? | *I think he's after your girlfriend.* Acho que ele está a fim da sua namorada.
4 after all afinal (de contas): *He's not coming after all.* Afinal de contas, ele não vem.
5 to name/call sb after sb chamar alguém de algo, em homenagem a alguém: *They named him George, after his grandfather.* Chamaram-no de George, em homenagem ao avô.
• **adv** depois: *Are you doing anything after?* Você vai fazer alguma coisa depois? | **the day after** no dia seguinte | **not long after** pouco tempo depois | **soon/shortly after** logo/pouco depois
• **conj** depois que: *Shortly after she left, Matt arrived.* Logo depois que ela saiu, chegou o Matt.

aftereffect /ˈæftərəfɛkt/ s efeito

aftermath /ˈæftərmæθ/ s consequências [de uma guerra, um desastre, etc.] | **in the aftermath of the war/the coup etc.** logo depois da guerra/do golpe de estado etc.

afternoon /æftərˈnun/ s tarde: *Can you come this afternoon?* Você pode vir hoje à tarde? | *She goes for a walk in the afternoon.* Ela faz uma caminhada à tarde. | *We could meet on Tuesday afternoon.* Poderíamos nos encontrar na terça-feira à tarde. | *It starts at two in the afternoon.* Começa às três da tarde. | *Shall we go shopping tomorrow afternoon?* Vamos fazer compras amanhã à tarde?

aftershave /ˈæftərʃeɪv/ s loção pós-barba

afterthought /ˈæftərθɔt/ s ideia posterior

afterward /ˈæftərwərd/, também **afterwards** /ˈæftərwərdz/ adv depois | **two days/five years etc. afterward** dois dias/cinco anos etc. depois

again /əˈgɛn/ adv **1** de novo, novamente: *Try again.* Tente de novo. | *It won't happen again.* Isso não vai mais acontecer. | **once again** mais uma vez | **never again** nunca mais | **all over again** tudo de novo: *I had to do it all over again.* Tive que fazer tudo de novo. | *They made the same mistakes all over again.* Eles voltaram a cometer os mesmos erros. | **again and again** muitas e muitas vezes, repetidamente
2 (but) then/there again (mas) por outro lado: *He didn't succeed, but then again, few people do.* Ele não conseguiu, mas, por outro lado, são poucos os que conseguem.

against /əˈgɛnst/ prep **1** (expressando oposição) contra: *He voted against the motion.* Ele votou contra a moção. | *I had to swim against the current.* Tive que nadar contra a corrente. | *Who are we playing against on Saturday?* Contra quem vamos jogar no sábado? **2** (expressando contraste) contra: *a figure silhouetted against the sunlight* uma silhueta delineada contra a luz do sol **3** (expressando contato) contra, em: *I leaned my bike against the wall.* Encostei minha bicicleta na parede.

age /eɪdʒ/ substantivo & verbo
• **s 1** idade: *What age is she?* Que idade ela tem? | *She's the same age as me.* Ela tem a mesma idade que eu. | *He's tall for his age.* É alto para a sua idade. | **at the age of 12/45 etc.** aos 12/45 etc. anos de idade | **4/18 etc. years of age** 4/18 etc. anos (de idade) **2 under age** menor de idade **3** (fato de ser mais velho) idade: *the experience that comes with age* a experiência que vem com a idade **4** era, idade: *the Stone Age* a Idade da Pedra **5 ages** (informal) séculos: *It's been ages since I bought a new dress.* Há séculos que não compro um vestido. | *I haven't seen him for ages.* Não o vejo há séculos. **6 age group** faixa etária
• **v** [tr/intr] (gerúndio **aging** ou **ageing**) envelhecer

aged¹ /eɪdʒd/ adj **aged 12/17 etc.** de 12/17 etc. anos (de idade): *girls aged 12 and over* meninas acima de 12 anos | *a man aged between 25 and 30* um homem entre 25 e 30 anos

aged² /ˈeɪdʒɪd/ adj **1** idoso **2 the aged** os idosos

ageing ▶ ver **aging**

agency /ˈeɪdʒənsi/ s (pl -cies) **1** agência ▶ ver também **travel agency 2** órgão [governamental ou internacional]

agenda /əˈdʒɛndə/ s **1** (de uma reunião, etc.) pauta **2** planos, agenda

---

Diz-se *I arrived in Rio* ou *I arrived to Rio*? Veja o verbete **arrive**.

agent /'eɪdʒənt/ s **1** (de uma empresa) representante **2** (de serviço secreto) agente **3** (de um artista, etc.) empresário -ria

aggravate /'ægrəveɪt/ v [tr] **1** agravar, piorar **2** irritar

aggravating /'ægrəveɪtɪŋ/ adj irritante

aggravation /ægrə'veɪʃən/ s **1** agravamento **2** aborrecimento

aggression /ə'grɛʃən/ s **1** agressividade **2** agressão

aggressive /ə'grɛsɪv/ adj agressivo | **to become/get aggressive** tornar-se/ficar agressivo

agile /'ædʒəl, BrE 'ædʒaɪl/ adj ágil

agility /ə'dʒɪləti/ s agilidade

aging, também **ageing** /'eɪdʒɪŋ/ adjetivo & substantivo
- **adj** envelhecido
- **s** envelhecimento

agitated /'ædʒəteɪtɪd/ adj agitado | **to get agitated** ficar nervoso

agitation /ædʒə'teɪʃən/ s agitação [de pessoa]

ago /ə'goʊ/ adv **a week/two years etc. ago** há uma semana/dois anos etc. atrás: *She left five minutes ago.* Ela saiu cinco minutos atrás. | *How long ago did you learn of this?* Há quanto tempo você soube disso? | *She had a baby **not long ago**.* Ela teve um filho há pouco tempo. | *This method was used **as long ago as** 1870.* Esse método já era usado em 1870. ▶ O advérbio **ago** deve ser usado com o pretérito simples, e jamais com tempos compostos

agonize, -ise BrE /'ægənaɪz/ v [intr] ficar angustiado | **to agonize over/about sth** angustiar-se tentando decidir algo

agonizing, -ising BrE /'ægənaɪzɪŋ/ adj **1** angustiante [espera] **2** muito difícil [decisão] **3** excruciante [dor] **4** aflitivo [lentidão]

agony /'ægəni/ s (pl -nies) **1** dor excruciante | **be in agony** estar desesperado de dor **2** (informal) tortura: *It was agony waiting for the results.* A espera dos resultados foi uma tortura.

agree /ə'gri/ v **1** [intr] concordar, estar de acordo | **to agree with sb (on sth)** concordar com alguém (sobre algo)
2 [intr] chegar a um acordo: *They have yet to agree on a date.* Eles ainda têm que chegar a um acordo sobre a data.
3 [tr/intr] acertar, combinar: *We soon agreed a price.* Logo acertamos um preço. | *It was agreed that all the money would go to charity.* Foi combinado que todo o dinheiro iria para instituições de caridade. | **to agree to do sth** combinar de fazer algo: *We agreed to meet at Tim's.* Combinamos de nos encontrar na casa do Tim.
4 [tr/intr] concordar, aceitar: *He **agreed** to let me have the day off.* Ele concordou em eu ter o dia livre. | **to agree to sth** aceitar algo
5 [intr] bater [versões diferentes]
6 [tr] aprovar

agree with sth concordar com algo **agree with sb** fazer bem a alguém: *Radishes don't agree with me.* Rabanete não me faz bem.

agreeable /ə'griəbəl/ adj **1** agradável **2 to be agreeable (to sth)** (formal) estar de acordo (com algo), ser favorável (a algo) **3 to be agreeable (to sb)** (formal) ser conveniente (para alguém)

agreed /ə'grid/ adj **1** combinado, acertado **2 to be agreed (on sth)** estar de acordo (sobre algo)

agreement /ə'grimənt/ s **1** (acerto) acordo, trato | **to come to/reach an agreement** chegar a um acordo **2** (coincidência de opiniões) consenso **3** (documento) acordo

agricultural /ægrɪ'kʌltʃərəl/ adj agrícola

agriculture /'ægrɪkʌltʃər/ s agricultura

ah! /ɑ/ interj ah!

ahead /ə'hɛd/ adv **1** na frente, à frente, da frente: *The car ahead suddenly braked.* O carro da frente freou de repente. | *She was staring straight ahead.* Ela estava olhando fixamente para frente. | *Tom ran ahead.* Tom correu na frente. | *There were three people ahead of me in the line.* Tinha três pessoas na minha frente na fila. **2** (no futuro): *the years/months ahead* os anos/meses vindouros | *He has his whole life ahead of him.* Ele tem toda a vida pela frente. **3** (em corridas, etc.) à frente, na frente **4 to be ahead of sb** estar à frente de alguém, estar mais adiantado do que alguém **5 ahead of time** antes da hora | **ahead of schedule** antes do tempo ▶ **Ahead** também faz parte de vários **phrasal verbs**, como **go ahead**, **plan ahead**, etc., que são tratados no verbete do verbo correspondente

aid /eɪd/ substantivo & verbo
- **s 1** ajuda, auxílio **2 in aid of** em benefício de **3** suporte [para facilitar uma tarefa] **4 to come/go to sb's aid** socorrer alguém
- **v** [tr] (formal) auxiliar

AIDS /eɪdz/ s (= **acquired immune deficiency syndrome**) AIDS

aim /eɪm/ verbo & substantivo
- **v 1 to aim for/at sth** almejar algo: *She's aiming at a gold medal.* Ela almeja uma medalha de ouro. | **to aim to do sth** pretender fazer algo
2 to be aimed at sb ser dirigido a alguém, destinar-se a alguém: *TV advertising aimed at children* publicidade na televisão dirigida a crianças **3 to be aimed at doing sth** visar fazer algo
4 [tr/intr] apontar [uma arma]: *He **aimed** the gun **at** my head.* Ele apontou o revólver para a

taking aim

aimless

minha cabeça. **5** [tr] desferir [um soco, etc.]
- **s 1** objetivo **2** pontaria | **to take aim** fazer pontaria

aimless /'eɪmləs/ *adj* sem rumo

aimlessly /'eɪmləsli/ *adv* sem rumo, desnorteadamente

ain't /eɪnt/

> **Ain't** é a contração de **am not, is not, are not, has not** ou **have not**. A maioria dos falantes considera esse uso incorreto.

air /ɛr/ *substantivo & verbo*
- **s 1** ar: *He threw the ball up into the air.* Ele jogou a bola para o ar. | **by air** de avião, por via aérea **2** (aspecto) ar: *an air of authority/mystery* um ar de autoridade/mistério **3** (no rádio, na TV) **to be on (the) air** estar no ar **4 to disappear/vanish into thin air** desaparecer, sumir de vista **5 to put on airs/to give yourself airs** fazer pose **6 to be up in the air** estar no ar [planos, situação] **7 air pollution** poluição do ar | **air travel** viagens aéreas
- **v 1** [tr/intr] arejar [roupa, lençóis, etc.] **2** [tr] arejar, ventilar [um quarto] **3** [tr] expor [opiniões], apresentar [queixas] **4** [intr] ir ao ar, [tr] transmitir

airbrush /'ɛrbrʌʃ/ *substantivo & verbo*
- **s** aerógrafo
- **v** [tr] retocar [com aerógrafo]
  airbrush sth out apagar algo com aerógrafo

'air-con,ditioned *adj* refrigerado

'air con,ditioning *s* ar-condicionado

aircraft /'ɛrkræft/ *s* (pl **aircraft**) avião, aeronave

airfare /'ɛrfɛr/ *s* passagem aérea, tarifa aérea

airfield /'ɛrfild/ *s* campo de aviação, aeródromo

'air force *s* aeronáutica, força aérea

'air ,hostess *s* (pl **-sses**) BrE aeromoça

airlift /'ɛrlɪft/ *substantivo & verbo*
- **s** ponte aérea [em zona de guerra etc.]
- **v** [tr] transportar por ponte aérea

airline /'ɛrlaɪn/ *s* companhia aérea

airmail /'ɛrmeɪl/ *s* via aérea | **to send sth (by) airmail** enviar algo por via aérea

'air ,marshall *s* vigilante aéreo [agente federal armado, em voo comercial]

airplane /'ɛrpleɪn/ AmE, **aeroplane** /'ɛrəpleɪn/ BrE *s* avião

airport /'ɛrpɔrt/ *s* aeroporto

'air raid *s* ataque aéreo

airtight /'ɛrtaɪt/ *adj* hermético

aisle /aɪl/ *s* corredor [num avião, num teatro]

airplane — tail, wing, cockpit, undercarriage

ajar /ə'dʒɑr/ *adj* entreaberto

akin /ə'kɪn/ *adj* (formal) **akin to sth** parecido com algo

alarm /ə'lɑrm/ *substantivo & verbo*
- **s 1** (medo) alarme: *People fled in alarm.* As pessoas fugiram alarmadas. **2** (dispositivo) alarme: *The alarm went off.* O alarme disparou. **3 to sound/raise the alarm** dar o alarme **4** (também **alarm clock**) despertador
- **v** [tr] alarmar

alarmed /ə'lɑrmd/ *adj* assustado, alarmado: *Don't be alarmed.* Não fique assustado.

alarming /ə'lɑrmɪŋ/ *adj* alarmante

albeit /ɔl'biɪt/ *conj* (formal) embora

album /'ælbəm/ *s* **1** (disco) álbum **2** (para fotos, etc.) álbum

alcohol /'ælkəhɔl/ *s* bebida alcoólica, álcool

alcoholic /ælkə'hɔlɪk/ *substantivo & adjetivo*
- **s** alcoólatra
- **adj 1** alcoólico **2** alcoólatra

alcoholism /'ælkəhɔlɪzəm/ *s* alcoolismo

ale /eɪl/ *s* tipo de cerveja

alert /ə'lɜrt/ *adjetivo, verbo & substantivo*
- **adj** alerta | **to be alert to sth** estar/ficar atento a algo
- **v** [tr] alertar | **to alert sb to sth** alertar alguém sobre algo
- **s 1** alerta **2 to be on the alert (for sth)** estar alerta (para algo)

A level /'eɪ lɛvəl/ *s* BrE

> **O que é?**
>
> É um exame, também chamado **Advanced level**, que os alunos britânicos fazem em duas ou três matérias, aos 18 anos. Prepara-se para os **A levels** nos dois últimos anos do segundo grau; o exame é requisito para ingresso nas universidades.

> **Como se usa?**
>
> O termo **A level** refere-se ao exame, ao curso preparatório, ou ao certificado que se obtém: *He takes his A levels this summer.* Ele vai fazer os (exames de) A levels este verão. | *I did French and German at A level.* Fiz francês e alemão no (curso de) A level. | *How many A levels does she have?* Quantos A-levels ela tem?

algebra /'ældʒəbrə/ *s* álgebra

alias /'eɪliəs/ *preposição & substantivo*
- **prep** vulgo
- **s** (pl **-ses**) nome falso

alibi /'æləbaɪ/ *s* álibi

alien /'eɪliən/ *adjetivo & substantivo*
- **adj 1** estranho | **alien to sb** estranho a alguém

2 extraterrestre **3** (literário) estrangeiro
- s **1** estrangeiro **2** extraterrestre

alienate /'eɪliəneɪt/ v [tr] **1** afastar **2** to be/feel alienated from sth estar/sentir-se alienado de algo

alight /ə'laɪt/ adj **1** em chamas | **to set sth alight** incendiar algo, atear fogo em algo **2** radiante [rosto, olhos]

align /ə'laɪn/ v [tr] **1 to align yourself with sb** alinhar-se com alguém **2** alinhar

alignment /ə'laɪnmənt/ s **1** alinhamento **2** aliança

alike /ə'laɪk/ adjetivo & advérbio
- adj **to be alike** parecer-se, serem parecidos: *My sister and I are not at all alike.* Eu e minha irmã não nos parecemos em nada. | **to look alike** serem parecidos [no aspecto, fisicamente]
- adv **1** igual: *The twins were dressed alike.* Os gêmeos estavam vestidos igual. **2** igualmente: *a principal who is popular with students and teachers alike* um diretor igualmente querido pelos alunos e professores

alive /ə'laɪv/ adj **1 to be alive** ser/estar vivo: *None of my grandparents are alive.* Nenhum dos meus avós é vivo. | **to stay alive** sobreviver | **to keep sb alive** manter alguém vivo **2 to keep a tradition/hope etc. alive** manter viva uma tradição/esperança etc. **3 to be alive and well** estar muito bem **4 to be alive and kicking** estar em boa forma e ativo

all /ɔl/ adjetivo, pronome & advérbio
- adj & pron **1** todo: *He worked there all his life.* Ele trabalhou lá a vida toda. | *I stayed in bed all day.* Fiquei na cama o dia todo. | *He talks about her all the time.* Ele fala dela o tempo todo. | *We are all invited.* Estamos todos convidados. | *He owns all of this land.* Ele é dono de toda esta terra. | *Listen, all of you.* Escutem todos.
2 Uso enfático: *It has been proved beyond all doubt.* Foi comprovado sem dúvida alguma. | *All I want to do is sleep.* Tudo o que eu quero é dormir.
3 in all ao todo | **all in all** em geral
4 not at all: *"Does it bother you?" "Not at all."* – Te incomoda? – De jeito nenhum. | *He hasn't changed at all.* Ele não mudou nada.
- adv **1** todo, completamente: *I'm all wet!* Estou todo molhado! | *She was sitting all alone.* Ela estava sentada completamente sozinha.
2 all along (informal) o tempo todo, sempre
3 all but praticamente, quase: *The meeting was all but over.* A reunião estava quase terminando.
4 all over por toda parte: *I've been looking all over for that book.* Tenho procurado esse livro por toda parte. | **all over the floor/carpet etc.** pelo chão/carpete etc. todo | **to be all over** acabar: *I was glad when it was all over.* Fiquei contente quando acabou. | *It's all over between us.* O nosso namoro acabou. | **that's Sue/Anne etc. all over** isso é típico da Sue/Anne etc.

5 all the easier/more difficult etc. muito mais fácil/difícil etc.
6 all the same mesmo assim
7 all too soon/often etc. depressa demais/com demasiada frequência etc.
8 one all/fifteen all etc. um a um/quinze a quinze etc.

,all-a'round AmE, **all-round** BrE adj versátil [atleta], geral [educação]

,all-'clear s **the all-clear** o sinal verde [permissão]

allegation /ælə'geɪʃən/ s denúncia

allege /ə'lɛdʒ/ v [tr] alegar, afirmar

alleged /ə'lɛdʒd/ adj suposto

allegedly /ə'lɛdʒədli/ adv supostamente

allegiance /ə'lidʒəns/ s fidelidade

alleluia /ælə'luyə/ interj aleluia

allergic /ə'lɜrdʒɪk/ adj **to be allergic to sth** ser alérgico a algo

allergy /'ælərdʒi/ s (pl **-gies**) alergia

alleviate /ə'livieɪt/ v [tr] aliviar [uma dor, um sintoma], reduzir [pobreza, tráfego]

alley /'æli/, também **alleyway** /'æliweɪ/ s beco

alliance /ə'laɪəns/ s aliança [de países, partidos]

allied /ə'laɪd/ adj **1 Allied** aliado [nas guerras mundiais] **2** afim | **to be allied to sth** estar relacionado a algo

alligator /'æləgeɪtər/ s jacaré

all-'nighter s (informal) **1** festa, show ou exibição de filmes que dura a noite inteira **2 to pull an all-nighter** varar a noite

allocate /'æləkeɪt/ v [tr] alocar, distribuir

allocation /ælə'keɪʃən/ s alocação

allot /ə'lɑt/ v [tr] (**-tted**, **-tting**) destinar, dar

allotment /ə'lɑtmənt/ s **1** dotação **2** BrE na Grã-Bretanha, terreno que a prefeitura aluga a particulares para o cultivo de verduras e frutas

,all-'out adj **an all-out war** uma guerra total | **an all-out strike** uma greve geral | **an all-out effort** um esforço supremo

allow /ə'laʊ/ v [tr] **1** deixar, permitir ▶ Nesta acepção, o verbo **to allow** é comumente usado na voz passiva. Veja os exemplos: *She's not allowed to go out on her own.* Não a deixam sair sozinha. | *I can't come. I'm not allowed.* Não posso ir. Não me deixam. | *Children are not allowed in this bar.* Não é permitida a entrada de crianças neste bar. | *He's not allowed candy.* Não o deixam comer balas. | *Fishing in the lake is not allowed.* Não é permitido pescar no lago. **2** (possibilitar) permitir: *The money she inherited allowed her to give up her job.* O dinheiro que ela herdou permitiu-lhe largar o emprego. **3** (ao planejar o que se vai precisar) calcular: *We should allow about two hours for the journey.* Devemos calcular cerca de duas horas para a viagem.

allow for sth levar em conta algo

allowance /əˈlauəns/ s   **1** AmE mesada [para filho]   **2** ajuda de custo [para funcionário]   **3** (máximo permitido) limite: *The baggage allowance is 75 pounds per person.* O limite de bagagem é de 35 kg por pessoa.   **4** auxílio, pensão [pago pela previdência social]   **5 to make allowances (for sb)** (ser compreensivo) dar um desconto (a alguém) | **to make allowances for sth** levar em consideração algo

alloy /ˈæləɪ/ s liga [de metais]

all right, também **alright** /ɔlˈraɪt/ *adjetivo, advérbio & interjeição*

• *adj*   **1** (saudável, ileso, satisfeito) bem: *Are you all right? You look very pale.* Você está bem? Está muito pálido.   **2** (conveniente) bom: *Is Thursday all right for you?* Terça-feira é bom para você?   **3** (passável) razoável: *"How was the hotel?" "It was all right."* – Que tal era o hotel? – Razoável.   **4 that's all right (a)** (como resposta a agradecimento) de nada: *"Thanks for lunch." "That's all right."* – Obrigado pelo almoço. – De nada. **(b)** (como resposta a pedido de desculpa) tudo bem: *"I'm sorry I lost my temper." "That's all right."* – Desculpe por ter perdido a calma. – Tudo bem.

• *adv*   **1** bem: *Did everything go all right?* Correu tudo bem?   **2** (para expressar certeza) com certeza: *She'll be back all right.* Ela vai voltar com certeza.

• *interj*   **1** (para concordar) está bom, está bem: *"Let's go to a movie tonight." "All right."* – Vamos ao cinema hoje à noite. – Está bom.   **2** (para introduzir uma sugestão) bom: *All right, let's get started.* Bom, vamos começar.

all-round BrE ▶ ver **all-around**

all-ˈtime *adj* de todos os tempos: *an all-time high/low* o valor mais alto/baixo de todos os tempos

ally[1] /ˈælaɪ/ s (pl **allies**) aliado

ally[2] /əˈlaɪ/ v [tr] (3a pess sing **allies**, passado & particípio **allied**) **to ally yourself with/to sb** aliar-se a alguém

almighty /ɔlˈmaɪti/ *adj*   **1** todo-poderoso   **2** (informal) tremendo

almond /ˈɑmənd/ s   **1** (fruto) amêndoa   **2** (também **almond tree**) (árvore) amendoeira

almost /ˈɔlmoʊst/ *adv* quase: *He almost died.* Ele quase morreu. | *He will **almost certainly** go to jail.* É quase certo que ele vá para a cadeia. ▶ ver nota em **quase**

alone /əˈloʊn/ *adj & adv*   **1** sozinho: *She's not alone.* Ela não está sozinha. | *I felt so alone.* Me senti tão sozinho. | *At last they were alone together.* Finalmente ficaram a sós. | *He lives alone.* Ele mora sozinho. | *He was sitting there all alone.* Estava sentado lá, completamente sozinho. | **to leave/let sb alone** deixar alguém em paz | **to leave/let sth alone** parar de mexer em algo, largar algo ▶ ALONE, LONELY, ON YOUR OWN OU BY YOURSELF? ver **sozinho**   **2** só: *The shirt alone costs $70.* Só a camisa custa $70.   **3 you/he etc. alone** só você/ele etc.: *He alone has the key to the safe.* Só ele tem a chave do cofre.   **4 to go it alone** ser/ficar independente

along /əˈlɔŋ/ *prep & adv* ▶ ver quadro

alongside /əlɔŋˈsaɪd/ *preposição & advérbio*

• *prep*   **1** junto a   **2** junto com, em conjunto com

• *adv* ao lado: *He moored his boat alongside.* Ele amarrou o barco ao lado do nosso.

aloud /əˈlaʊd/ *adv*   **1** em voz alta   **2** alto

alphabet /ˈælfəbet/ s alfabeto, abecedário

alphabetical /ælfəˈbetɪkəl/ *adj* alfabético

already /ɔlˈredi/ *adv* já: *He had already left by the time I got there.* Ele já tinha saído quando eu cheguei. | *I think we've already met.* Acho que já nos conhecemos. | *Is it 5 o'clock already?* Já são 5 horas? ▶ ver nota em **já**

alright ▶ ver **all right**

also /ˈɔlsoʊ/ *adv*   **1** também ▶ **also** usa-se antes do verbo principal, ou logo após o primeiro modal

---

along

▶ PREPOSIÇÃO

1 MOVIMENTO (= por, ao longo de)

We went for a walk along the river. Fomos caminhar ao longo do rio.

2 POSIÇÃO

There was a row of chairs along one of the walls. Havia uma fileira de cadeiras ao longo de uma das paredes. | *The bathroom is along the corridor from my room.* O banheiro fica no corredor a alguns passos do meu quarto.

▶ ADVÉRBIO

1 O advérbio **along** não tem equivalente em português. É usado com verbos de movimento:

The dog was running along beside me. O cachorro ia correndo ao meu lado. | *There'll be another bus along in a couple of minutes.* Vai passar outro ônibus daqui a alguns minutos.

2 Às vezes, expressa *com alguém*:

We're going for a drink. Why don't you come along? Nós vamos sair para tomar algo. Não quer ir com a gente? | *Come along! We'll be late!* Venha logo! Vamos nos atrasar! | *Mandy had brought a few friends along.* Mandy tinha trazido alguns amigos com ela.

3 Along with significa *junto com*:

He drowned, along with all the other passengers. Ele se afogou junto com todos os outros passageiros.

4 along também faz parte de vários phrasal verbs, como **get along, play along**, etc., que são tratados no verbete do verbo correspondente.

ou auxiliar: *We also visited the museum.* Visitamos também o museu. | *He can also play the piano.* Ele também sabe tocar piano. ▶ ver também nota em **também** **2** além disso: *It's raining. Also, I don't have enough money.* Está chovendo. Além disso, não tenho dinheiro suficiente.

altar /'ɔltər/ s altar

alter /'ɔltər/ v **1** [tr] alterar, mudar, [intr] mudar **2** [tr] consertar [para encurtar, alargar, apertar, etc.]

alteration /ɔltə'reɪʃən/ s **1** alteração, modificação **2** (de roupa) conserto

alter ego /ˌæltər 'iɡoʊ, ˌɔl-/ s alter ego

alternate¹ /'ɔltərnət, BrE ɔl'tɜːnət/ adj **1** alternado **2** alternado, um sim, um não: *She works on alternate days.* Ela trabalha em dias alternados.

alternate² /'ɔltərneɪt/ v [tr/intr] alternar

alternative /ɔl'tɜrnətɪv/ substantivo & adjetivo

• s **1** alternativa **2 to have no alternative (but to do sth)** não ter outra alternativa (a não ser fazer algo): *I had no alternative but to sell the house.* Não tive outra alternativa a não ser vender a casa.

• adj alternativo: *alternative medicine* medicina alternativa

alternatively /ɔl'tɜrnətɪvli/ adv senão

although /ɔl'ðoʊ/ conj **1** embora **2** se bem que, apesar de

altitude /'æltɪtud/ s altitude

altogether /ɔltə'ɡɛðər/ adv **1** totalmente, completamente: *I'm not altogether convinced he's right.* Não estou totalmente convencido de que ele tenha razão. **2** de maneira geral, em geral **3** ao todo

aluminum /ə'lumɪnəm/ AmE, **aluminium** /ælə'mɪniəm/ BrE s **1** alumínio **2 aluminum foil** papel-alumínio

always /'ɔlweɪz/ adv **1** sempre: *Have you always lived here?* Você sempre morou aqui? ▶ ver abaixo **2** (para fazer uma sugestão) também: *You could always leave a message on his answering machine.* Você também pode deixar uma mensagem com a secretária dele.

---

advérbios de frequência

Os advérbios de frequência, como **always, never, often, usually,** etc. vêm antes do verbo principal, ou logo após o auxiliar:
We usually go out on Saturdays. Geralmente saímos aos sábados. | *I had never heard her sing.* Eu nunca a tinha ouvido cantar. | *Have you ever been to New York?* Você já foi a Nova York? | *She is always complaining.* Ela está sempre reclamando.

Se o verbo principal é o verbo **to be**, o advérbio deve vir depois do verbo:
I am always hungry. Estou sempre com fome.

Alzheimer's Disease /'ɑltshaɪmərz dɪˌziz, 'æl-/, também **Alzheimer's** s mal de Alzheimer

a.m., A.M., am /eɪ 'ɛm/ da manhã: *We are open from 9 a.m. to 5 p.m.* Ficamos abertos das 9 da manhã às 5 da tarde.

am /əm, acentuado æm/ ▶ 1a pess sing presente de **be**

amalgamate /ə'mælɡəmeɪt/ v **1** [tr] fundir **2** [intr] fundir-se

amateur /'æmətʃər/ adj & s amador -a

amaze /ə'meɪz/ v [tr] impressionar, deixar impressionado

amazed /ə'meɪzd/ adj impressionado, pasmo: *I was amazed at the change in her.* Fiquei impressionado com o quanto ela tinha mudado.

amazement /ə'meɪzmənt/ s espanto, choque: *He gasped in amazement.* Ele reprimiu um grito de espanto. | **to my/her etc. amazement** para meu/seu etc. espanto, para minha/sua etc. grande surpresa

amazing /ə'meɪzɪŋ/ adj **1** fantástico, incrível **2** incrível, impressionante

amazingly /ə'meɪzɪŋli/ adv incrivelmente: *Amazingly, he'd never heard of that.* Por incrível que pareça, ele nunca tinha ouvido falar disso.

ambassador /æm'bæsədər/ s embaixador -a

amber /'æmbər/ substantivo & adjetivo

• s **1** âmbar **2** (cor) âmbar

• adj **1** de âmbar **2** (cor) âmbar

ambiguity /æmbɪ'ɡjuəti/ s (pl -ties) ambiguidade

ambiguous /æm'bɪɡjuəs/ adj ambíguo

ambition /æm'bɪʃən/ s ambição

ambitious /æm'bɪʃəs/ adj **1** ambicioso [pessoa] **2** ambicioso [plano, proposta, etc.]

ambulance /'æmbjələns/ s ambulância

ambush /'æmbʊʃ/ substantivo & verbo

• s (pl -shes) emboscada

• v [tr] (3a pess sing -shes) emboscar

amen /eɪ'mɛn/ interj & s amém

amend /ə'mɛnd/ v [tr] alterar

amendment /ə'mɛndmənt/ s alteração, emenda

amends /ə'mɛndz/ s pl **to make amends** desculpar-se, reparar o erro cometido | **to make amends for sth** reparar algo

amenity /ə'mɛnəti/ substantivo & substantivo plural

• s (pl -ties) (serviço) comodidade

• **amenities** s pl instalações

America /ə'mɛrɪkə/ s **1** Estados Unidos **2** América

American /ə'mɛrɪkən/ adj & s americano -na

American football

A,merican 'football s BrE futebol americano ▶ No inglês americano diz-se **football**

football
helmet
pads
American football

amiable /'eɪmiəbəl/ adj amável

amicable /'æmɪkəbəl/ adj amigável [acordo, solução, etc.]

amid /ə'mɪd/, também **amidst** /ə'mɪdst/ prep (formal) em meio a

amiss /ə'mɪs/ advérbio & adjetivo

• **adv would not go amiss** cairia bem: *An apology wouldn't go amiss.* Cairia bem você pedir desculpas.

• **adj something was amiss** havia algum problema

ammunition /ˌæmjə'nɪʃən/ s **1** munição **2** argumentos

amnesty /'æmnəsti/ s (pl -ties) anistia

among /ə'mʌŋ/, também **amongst** /ə'mʌŋst/ prep entre [mais de dois elementos ou pessoas]: *You're among friends now.* Você agora está entre amigos. | *They were arguing among themselves.* Estavam discutindo entre si. ▶ AMONG OU BETWEEN? ver nota em **entre**

amount /ə'maʊnt/ substantivo & verbo

• s **1** (de dinheiro) soma, quantia **2** (de outras coisas) quantidade: *There has been a fair amount of opposition to the proposal.* Houve bastante oposição à proposta. | *There are any amount of things you can do.* Há muitas coisas que você pode fazer. | *No amount of lying will get him out of this one.* Por mais que minta, não vai se safar desta.

• v **amount to sth** **1** equivaler a algo, vir a ser o mesmo que algo **2** somar algo **3 not to amount to much** não ser grande coisa: *Her contribution didn't amount to much.* A sua contribuição não foi grande coisa. | *He'll never amount to much.* Ele nunca vai ser grande coisa.

amphetamine /æm'fɛtəmin/ s anfetamina

amphibian /æm'fɪbiən/ adj & s anfíbio

amphitheater AmE, **amphitheatre** BrE /'æmfəθiətər/ s anfiteatro

ample /'æmpəl/ adj **1** amplo, muito [oportunidades, recursos, etc.] **2** de sobra [tempo, lugar] **3** (grande) amplo

amplification /ˌæmpləfə'keɪʃən/ s **1** amplificação **2** aprofundamento

amplifier /'æmpləfaɪər/ s amplificador

amplify /'æmpləfaɪ/ v [tr] (3a pess sing -fies, passado & particípio -fied) **1** amplificar **2** aprofundar, desenvolver

amply /'æmpli/ adv amplamente

amputate /'æmpjəteɪt/ v [tr/intr] amputar

amuse /ə'mjuz/ v [tr] **1** fazer rir, divertir **2** entreter | **to amuse yourself** distrair-se, entreter-se

amused /ə'mjuzd/ adj divertido [sorriso, olhar] | **to be amused** achar engraçado, achar graça: *I was amused at his reaction.* Achei engraçada a reação dele. | **to keep sb amused** manter alguém entretido

amusement /ə'mjuzmənt/ s **1** divertimento: *I watched with amusement as he tried to stand up.* Observei, divertido, ele tentando se levantar. | **To our amusement,** *he fell into the swimming pool.* Ele caiu sem querer na piscina, o que nos fez rir. **2** diversão **3 amusement arcade** BrE galeria com fliperama ▶ No inglês americano diz-se **video arcade amusement park** parque de diversões

amusing /ə'mjuzɪŋ/ adj divertido

an art ▶ ver **a**

anabolic steroid /ˌænəbɑlɪk 'stɛrɔɪd, 'stɪr-/ s (esteróide) anabolizante

anaconda /ˌænə'kɑndə/ s anaconda

anaemia BrE ▶ ver **anemia**

anaemic BrE ▶ ver **anemic**

anaesthetic BrE ▶ ver **anesthetic**

anagram /'ænəgræm/ s anagrama

analogy /ə'nælədʒi/ s (pl -gies) analogia | **by analogy (with sth)** por analogia (com algo) | **to draw an analogy** fazer uma analogia

analysis /ə'næləsɪs/ s (pl -ses /-siz/) **1** análise **2 in the final/last analysis** em última análise

analyst /'ænl-ɪst/ s analista

analytic /ˌænl'ɪtɪk/, também **analytical** /-/ˌænl'ɪtɪkəl/ adj analítico

analyze AmE, **analyse** BrE /'ænl-aɪz/ v [tr] analisar

anarchist /'ænərkɪst/ s anarquista

anarchy /'ænərki/ s anarquia

anatomy /ə'nætəmi/ s (pl -mies) anatomia

ancestor /'ænsɛstər/ s antepassado

ancestry /'ænsɛstri/ s ascendência

anchor /'æŋkər/ substantivo & verbo

• s **1** âncora | **to drop/weigh anchor** largar a âncora | **to be at anchor** estar fundeado **2** AmE âncora [de noticiário televisivo] **3** esteio [emocional ou espiritual]

• v **1** [tr/intr] ancorar **2** [tr] firmar, prender

ancient /'eɪnʃənt/ adj **1** antigo [civilização, cidade, etc.] **2** muito velho

and /ənd/, acentuado ænd/ conj ▶ ver quadro

anecdote /'ænɪkdoʊt/ s história

anemia AmE, **anaemia** BrE /ə'nimiə/ s anemia

anemic AmE, **anaemic** BrE /ə'nimɪk/ adj anêmico

Gostaria de saber mais sobre as diferenças entre os **possessivos** em inglês e português? Leia a explicação na seção de gramática.

and

1 Na maioria dos casos, a conjunção **and** equivale a *e*:

a girl and a boy uma menina e um menino

2 Outros usos de **and**:

DEPOIS DE CERTOS VERBOS

I'll try and fix the TV. Vou tentar consertar a televisão. | *Come and sit here.* Vem sentar aqui. | *Go and see.* Vai lá ver.

EM ALGUNS NÚMEROS

two hundred and four duzentos e quatro | *five hundred and fifty* quinhentos e cinquenta

ENTRE COMPARATIVOS, SIGNIFICANDO "CADA VEZ MAIS"

It's getting hotter and hotter. Está cada vez mais quente. | *More and more people are leaving the country.* Cada vez mais gente está deixando o país.

EM REPETIÇÕES, PARA ENFATIZAR

It rained and rained. Não parava de chover. | *He repeated it again and again.* Ele repetiu isso inúmeras vezes.

EM NOMES DE PRATOS E BEBIDAS

fish and chips peixe frito com batata frita | *a gin and tonic* um gim-tônica

---

anesthetic AmE, **anaesthetic** BrE /ænəsˈθetɪk/ s anestesia | **under anesthetic** com anestesia | **a local/general anesthetic** anestesia local/geral

angel /ˈeɪndʒəl/ s anjo

anger /ˈæŋɡər/ *substantivo & verbo*
- *s* raiva
- *v* **1** [tr] enfurecer, irritar **2** [intr] zangar-se, irritar-se

angle /ˈæŋɡəl/ s **1** (em geometria) ângulo **2** (ponto de vista) ângulo, perspectiva **3 at an angle** inclinado: *The tree was growing at an angle.* A árvore estava crescendo inclinada.

angling /ˈæŋɡlɪŋ/ s (esporte) pesca [com vara]

angrily /ˈæŋɡrəli/ adv com raiva

angry /ˈæŋɡri/ adj (-grier, -griest) zangado, revoltado: *I was angry with him for lying to me.* Fiquei zangado com ele por ter mentido para mim. | *Don't be angry.* Não fique zangado. | **to get angry** ficar zangado, ficar irritado | **to make sb angry** deixar alguém zangado, dar raiva a alguém

anguish /ˈæŋɡwɪʃ/ s angústia

angular /ˈæŋɡjələr/ adj **1** angular **2** ossudo

animal /ˈænəməl/ s animal

animate /ˈænəmət/ adj vivo

animated /ˈænəmeɪtɪd/ adj **1** animado [debate], vivo, alegre [expressão, rosto] **2 an animated film** um desenho animado

animation /ænəˈmeɪʃən/ s **1** (em cinematografia) animação **2** animação [de uma pessoa], vivacidade, alegria [na expressão, no rosto]

animosity /ænəˈmɑsəti/ s animosidade

ankle /ˈæŋkəl/ s tornozelo

annex AmE, **annexe** BrE /ˈæneks/ s anexo [de um prédio]

anniversary /ænəˈvɜrsəri/ s (pl -ries) aniversário [de um acontecimento, de casamento]

announce /əˈnaʊns/ v [tr] anunciar [uma notícia, um resultado, etc.]

announcement /əˈnaʊnsmənt/ s anúncio [de notícia, informação, etc.] | **to make an announcement**: *I have an announcement to make.* Tenho uma declaração a fazer.

announcer /əˈnaʊnsər/ s locutor -a

annoy /əˈnɔɪ/ v [tr] irritar, incomodar

annoyance /əˈnɔɪəns/ s **1** irritação: *To his annoyance, she had already left.* Para irritação dele, ela já tinha ido embora. **2** chateação

annoyed /əˈnɔɪd/ adj irritado: *She was annoyed at being made to wait.* Ela ficou irritada por ter sido obrigada a esperar. | *What's he so annoyed about?* Por que ele está tão irritado? | **to get annoyed** ficar irritado

annoying /əˈnɔɪɪŋ/ adj irritante

annual /ˈænjuəl/ adj anual

annually /ˈænjuəli/ adv **1** anualmente, uma vez por ano **2** anualmente, por ano

anomaly /əˈnɑməli/ s (pl -lies) (formal) anomalia

anonymity /ænəˈnɪməti/ s anonimato

anonymous /əˈnɑnəməs/ adj anônimo

anorak /ˈænəræk/ s anoraque

anorexia /ænəˈreksiə/ s anorexia

anorexic /ænəˈreksɪk/ adj anoréxico

another /əˈnʌðər/ adj & pron ▶ ver quadro na pág. 16

answer /ˈænsər/ *verbo & substantivo*
- *v* **1** [intr] responder, [tr] responder a [pessoa]: *He wouldn't answer me.* Ele não quis me responder. **2 to answer the phone/door** atender o telefone/a porta **3 to answer a letter/an advertisement** responder uma carta/um anúncio **4 to answer criticism/an accusation** responder a críticas/a uma acusação **5 to answer a description** corresponder a uma descrição **6 to answer a need** atender a uma necessidade

  answer back responder com atrevimento
  answer sb back responder a alguém [com atrevimento]
  answer for sth responder por algo **answer for sb** responder por alguém
  answer to sb dar satisfações a alguém

- *s* **1** resposta: *In answer to your question, it won't be possible.* Em resposta à sua pergunta, não vai ser possível. | **there's no answer (a)** (ao telefonar) ninguém atende **(b)** (ao bater na porta

another

1 Quando é seguido de um substantivo no singular, equivale a *outro* ou *outra*:
Can you get another chair? Você podia trazer outra cadeira? | *We'll talk about that another time.* Falaremos sobre isso outra hora.

2 Quando é seguido de um número e de um substantivo no plural, equivale a *mais*:
I ordered another two beers. Pedi mais duas cervejas. | *A room with a private bathroom costs another $20.* Um quarto com banheiro privativo custa mais $20.

3 Quando não é seguido de substantivo, pode-se usar tanto **another** como **another one**:
He dropped his ice cream cone so I had to buy him another (one). Ele deixou cair o sorvete e, assim, tive que comprar outro.

4 A expressão **of one kind or another** significa *de um tipo ou de outro*:
All these kids have problems of one kind or another. Todas essas crianças têm problemas de um tipo ou de outro. | *One way or another, it has to be ready by tomorrow.* De uma maneira ou de outra, isso tem que estar pronto até amanhã.

---

de alguém) ninguém responde **2** resultado [de um cálculo] **3** solução [para um problema]

answerable /ˈænsərəbəl/ *adj* **to be answerable to sb** dever satisfação a alguém

answering ma͵chine também **answerphone** /ˈænsərfoʊn/ BrE *s* secretária eletrônica

ant /ænt/ *s* formiga

antagonism /ænˈtægənɪzəm/ *s* antagonismo, hostilidade

antagonistic /æntægəˈnɪstɪk/ *adj* hostil

antagonize, -ise BrE /ænˈtægənaɪz/ *v* [tr] hostilizar, contrariar

Antarctic /æntˈɑrktɪk/ *s* **the Antarctic** a Antártida

Antarctica /æntˈɑrktɪkə/ *s* a Antártida

antelope /ˈæntl-oʊp/ *s* antílope

antenna /ænˈtɛnə/ *s* **1** (pl **-nnae**) (de um inseto) antena **2** (pl **-s**) AmE (de TV, etc.) antena

anthem /ˈænθəm/ *s* hino

anthology /ænˈθɑlədʒi/ *s* (pl **-gies**) antologia

anthrax /ˈænθræks/ *s* antraz

anthropologist /ænθrəˈpɑlədʒɪst/ *s* antropólogo -ga

anthropology /ænθrəˈpɑlədʒi/ *s* antropologia

antibiotic /æntɪbaɪˈɑtɪk/ *s* antibiótico

antibody /ˈæntɪbɑdi/ *s* (pl **-dies**) anticorpo

anticipate /ænˈtɪsəpeɪt/ *v* [tr] **1** prever: *It is anticipated that prices will rise.* Está previsto que os preços vão subir. | *We don't anticipate any problems.* Não cremos que vá haver nenhum problema. **2** prever, antecipar-se a: *I anticipated his reaction and interrupted him.* Antecipei-me à reação dele e o interrompi. **3** aguardar [ansiosamente]

anticipation /æntɪsəˈpeɪʃən/ *s* **1** expectativa **2 in anticipation of** na expectativa de

anticlockwise BrE ▶ ver **counterclockwise**

antics /ˈæntɪks/ *s pl* palhaçadas [quando tem graça], ataques [quando é desagradável]

antidote /ˈæntɪdoʊt/ *s* antídoto: *There is no antidote to this poison.* Não há antídoto para esse veneno.

antiquated /ˈæntɪkweɪtɪd/ *adj* antiquado

antique /ænˈtik/ *adj & substantivo*
- *s* **1** antiguidade [objeto antigo] **2 antique dealer** antiquário -ria **antique store** antiquário, loja de antiguidades
- *adj* antigo [móveis, joias, etc.]

antiquity /ænˈtɪkwəti/ *s* **1** (época) antiguidade **2** (pl **-ties**) (objeto, prédio) antiguidade **3** (qualidade de antigo) antiguidade

antiseptic /æntəˈsɛptɪk/ *s & adj* antisséptico

antisocial /æntiˈsoʊʃəl/ *adj* **1** (comportamento) antissocial **2** (pessoa) antissocial, pouco sociável

antithesis /ænˈtɪθəsɪs/ *s* (pl **-ses** /-siz/) (formal) antítese

antler /ˈæntlər/ *s* chifre [de um cervo]

antonym /ˈæntənɪm/ *s* antônimo

anus /ˈeɪnəs/ *s* (pl **-ses**) ânus

anxiety /æŋˈzaɪəti/ *s* (pl **-ties**) **1** ansiedade | **anxiety about sth** apreensão sobre algo **2 anxiety to do sth** ânsia de fazer algo

anxious /ˈæŋkʃəs/ *adj* **1** ansioso, preocupado | **to be anxious about sth** estar nervoso com algo **2** (desejoso): *We are anxious that no one else finds out.* Queremos muito que ninguém mais fique sabendo disso. **to be anxious to do sth** estar ansioso para fazer algo **3 anxious moments/days etc.** momentos/dias etc. de aflição

anxiously /ˈæŋkʃəsli/ *adv* ansiosamente

any /ˈɛni/ *adj, pron & adv* ▶ ver quadro

anybody /ˈɛnibɑdi/ ▶ ver **anyone**

anyhow /ˈɛnihaʊ/ *adv* **1** ▶ ver **anyway** **2** (também **any old how**) BrE (desordenadamente) de qualquer jeito: *Clothes were thrown in the cupboard anyhow.* As roupas foram jogadas de qualquer jeito no armário.

anymore /ɛniˈmɔr/ *adv* mais: *He doesn't work here anymore.* Ele não trabalha mais aqui.

anyone /ˈɛniwʌn/ *pron* ▶ ver quadro

anyplace AmE ▶ ver **anywhere**

anything /ˈɛniθɪŋ/ *pron* ▶ ver quadro

anytime /ˈɛnitaɪm/ *adv* a qualquer hora: *Call me anytime.* Você pode me ligar a qualquer hora. | *Are you going to see him anytime soon?* Você vai vê-lo em breve?

Você está em dúvida se deve usar **make** *ou* **do**? *Veja os verbetes* **fazer**, **make** *e* **do**.

any

ADJETIVO & PRONOME

1 COM VERBO NEGATIVO, OU PALAVRAS NEGATIVAS COMO "HARDLY"

We don't have any pets in the house. Não temos nenhum animal em casa. | *The recipe says butter, but I don't have any.* A receita pede manteiga, mas não tenho. | *She didn't like **any** of the colors I'd chosen.* Ela não gostou de nenhuma das cores que eu tinha escolhido. | *There's hardly any room.* Não há quase espaço. | *Few of them had any experience.* Poucos tinham experiência.

2 EM PERGUNTAS

Is there any milk? Tem leite? | *Are there **any** other questions?* Tem alguma outra pergunta? | *Were **any** of her friends there?* Algum dos amigos dela estava lá?

3 DEPOIS DE "IF"

If I need any help, I'll let you know. Se eu precisar de ajuda, te aviso. | *If you find any shoes, they're mine.* Se encontrar uns sapatos, são meus.

4 EM FRASES AFIRMATIVAS (= qualquer)

You can get them in any supermarket. Você pode encontrá-los em qualquer supermercado. | *Any suggestions will be welcome.* Qualquer sugestão será bem-vinda. | ***Any** other person would have understood.* Qualquer outra pessoa teria compreendido.

ADVÉRBIO

É usado em frases negativas para dar ênfase a uma comparação:

She couldn't walk any farther. Ela não podia andar mais. | *The situation won't get any better.* A situação não vai mesmo melhorar.

anyway /'ɛniweɪ/, **anyhow** adv **1** assim mesmo, de qualquer jeito: *Tim couldn't come, but we went anyway.* O Tim não pôde vir, mas nós fomos assim mesmo. | *It's no problem. I have to go into town anyway.* Não tem problema. Tenho que ir ao centro de qualquer jeito. **2** (para mudar de assunto, resumir, etc.) bem: *Anyway, to get back to what I was saying…* Bem, voltando ao que eu estava dizendo…

anywhere /'ɛniwɛr/, também **anyplace** /'ɛnipleɪs/ AmE adv & pron ▶ ver quadro na pág. 18

apart /ə'pɑrt/ advérbio & adjetivo

• **adv 1** (expressando separação no tempo e no espaço): *The posts were three meters apart.* Os postes ficavam a três metros um do outro. | *How far apart are the two towns?* Qual é a distância entre as duas cidades? | *Our birthdays are only a week apart.* Há só uma semana de diferença entre nossos aniversários. **2 to come/fall apart** desfazer-se: *The book fell apart in my hands.* O livro se desfez nas minhas mãos. | **to take sth apart** desmontar algo **3** separado: *He stood apart from the rest of the group.* Ele ficou separado do resto do grupo. | *They're living apart*

anyone

1 EM PERGUNTAS E DEPOIS DE "IF" (= alguém)

Is there anyone at home? Tem alguém em casa? | *If anyone sees Lisa, tell her to call me.* Se alguém vir a Lisa, diga-lhe para me ligar. | *Do you know anyone else who might be interested?* Conhece alguma outra pessoa que possa se interessar?

2 COM VERBO NEGATIVO OU PALAVRAS NEGATIVAS COMO "HARDLY" (= ninguém)

She's new here and doesn't know anyone. Ela é nova aqui e não conhece ninguém. | *There was hardly anyone there.* Não havia quase ninguém lá.

3 EM FRASES AFIRMATIVAS (= qualquer pessoa, qualquer um)

Anyone can learn to swim. Qualquer pessoa pode aprender a nadar. | *Anyone else would have known I was joking.* Qualquer outra pessoa teria percebido que eu estava brincando.

4 EM FRASES COMPARATIVAS (= qualquer pessoa)

She's smarter than anyone I know. Ela é mais esperta do que qualquer pessoa que conheço.

anything

1 EM PERGUNTAS E DEPOIS DE "IF" (= alguma coisa)

Did you buy anything? Você comprou alguma coisa? | *If anything happens, I'll be responsible.* Se alguma coisa acontecer, eu serei responsável por isso. | *Would you like anything else to eat?* Gostaria de comer mais alguma coisa? | *Does she look anything like her sister?* Ela tem alguma semelhança com a irmã?

2 COM VERBO NEGATIVO OU PALAVRAS NEGATIVAS COMO "HARDLY" (= nada)

I didn't see anything. Não vi nada. | *There was hardly anything left.* Não sobrou quase nada.

3 EM FRASES AFIRMATIVAS (= qualquer coisa)

That cat will eat anything. Esse gato come qualquer coisa.

4 EM FRASES COMPARATIVAS (= tudo)

It's better than anything I've tried before. É melhor do que tudo que eu já experimentei.

5 EXPRESSÕES

anything but nem um pouco: *His explanation was anything but clear.* A explicação dele não foi nem um pouco clara. | *"Was she pleased?" "Anything but."* – Ela ficou satisfeita? – Nem um pouco. | **if anything** pelo contrário: *I've put on weight, if anything.* Pelo contrário, eu engordei.

---

*Você não sabe como pronunciar uma determinada palavra? Consulte o quadro de **símbolos fonéticos**.*

anywhere

1 EM FRASES AFIRMATIVAS (= em qualquer lugar, a qualquer lugar)

You can buy apples anywhere. Você pode comprar maçãs em qualquer lugar. | *Sit anywhere in the front three rows.* Sente em qualquer lugar nas três primeiras filas. | *I'll let you know if I find anywhere nice to eat.* Eu te falo se descobrir um lugar bom para comer.

2 EM PERGUNTAS (= em algum lugar, a algum lugar)

Did you go anywhere last night? Você foi a algum lugar ontem à noite?

3 COM VERBO NEGATIVO OU PALAVRAS NEGATIVAS COMO "HARDLY" (= em lugar nenhum, a lugar nenhum)

I can't find my keys anywhere. Não encontro minhas chaves em lugar nenhum. | *There was hardly anywhere to sit.* Não havia quase nenhum lugar para sentar. | *What they're offering isn't anywhere near enough.* O que eles estão oferecendo está longe de ser suficiente.

---

now. Eles estão morando separados agora. **4 apart from, aside from** AmE **(a)** com exceção de, tirando: *Apart from a few spelling mistakes, the essay is pretty good.* Tirando alguns erros de ortografia, a redação está bastante boa. **(b)** além de: *Who was there apart from you and Tim?* Quem estava lá, além de você e do Tim?
- *adj* separados: *I like to keep my work and my private life apart.* Gosto de manter meu trabalho e minha vida particular separados.

apartment /ə'pɑrtmənt/ *s* AmE apartamento

apathetic /æpə'θɛtɪk/ *adj* apático

apathy /'æpəθi/ *s* apatia

ape /eɪp/ *substantivo & verbo*
- *s* macaco
- *v* [tr] macaquear, copiar

apologetic /əpɑlə'dʒɛtɪk/ *adj* **1 to be apologetic about sth** desculpar-se por algo **2 an apologetic letter/message** uma carta/mensagem com pedido de desculpa

apologize, -ise BrE /ə'pɑlədʒaɪz/ *v* [intr] pedir desculpas, desculpar-se: *Apologize to your mother for being so rude!* Peça desculpas à sua mãe por ter sido tão grosseiro.

apology /ə'pɑlədʒi/ *s* (pl **-gies**) **1** pedido de desculpas, satisfação: *a letter of apology* uma carta pedindo desculpas | *I think I owe you an apology for last night.* Acho que lhe devo uma satisfação por ontem à noite. **2 to make no apology for sth** permitir-se fazer algo

apostle /ə'pɑsəl/ *s* apóstolo

apostrophe /ə'pɑstrəfi/ *s* apóstrofe

appall AmE, **appal** BrE /ə'pɔl/ *v* [tr] (**-lled, -lling**) horrorizar

appalled /ə'pɔld/ *adj* horrorizado: *They were appalled by what they saw.* Ficaram horrorizados com o que viram.

appalling /ə'pɔlɪŋ/ *adj* **1** terrível **2** péssimo

apparatus /æpə'rætəs/ *s* aparelhagem, aparelhos [de laboratório ou de academia de ginástica]

apparent /ə'pærənt/ *adj* **1** evidente, óbvio | **to become apparent** ficar evidente, aparecer **2** aparente **3 for no apparent reason** sem motivo aparente

apparently /ə'pærəntli/ *adv* parece que, aparentemente: *Apparently, she's left him for someone else.* Parece que ela o deixou por outro.

appeal /ə'pil/ *substantivo & verbo*
- *s* **1** apelo | **an appeal for sth** um apelo por algo **2** atrativo **3** apelação [na Justiça]
- *v* [intr] **1** fazer um apelo: *Turkey has appealed to other countries for help.* A Turquia fez um apelo pedindo auxílio a outros países. **2 to appeal to sb** atrair alguém, agradar a alguém **3** apelar [na Justiça] | **to appeal against a sentence/decision** apelar contra uma sentença/decisão

appealing /ə'pilɪŋ/ *adj* **1** atraente **2 an appealing look** um olhar comprido

appear /ə'pɪr/ *v* [intr] **1** parecer: *She appeared very nervous.* Ela parecia muito nervosa. | *He appeared to have forgotten.* Ele parecia ter esquecido. **2** aparecer: *A face appeared at the window.* Apareceu um rosto na janela. **3** (na TV) aparecer **4** (no teatro) representar **5** (nas lojas) chegar [produto alimentício, etc.], ser publicado [livro] **6** (na Justiça) comparecer **7** aparecer [fantasma, visão]

appearance /ə'pɪrəns/ *s* **1** aparência | **to keep up appearances** manter as aparências | **to give the appearance of (being/doing) sth** aparentar (ser/fazer) algo **2** surgimento, chegada **3** apresentação [em televisão, concerto], representação [em filme, peça] **4 to put in an appearance** aparecer

appendicitis /əpɛndə'saɪtɪs/ *s* apendicite

appendix /ə'pɛndɪks/ *s* (pl **-xes** o **-dices** /-dɪsiz/) **1** (de um livro) apêndice **2** (no corpo) apêndice

appetite /'æpətaɪt/ *s* **1** apetite, fome: *All that walking has given me an appetite.* Esta longa caminhada me abriu o apetite. | **to lose your appetite** perder o apetite **2 appetite for adventure/knowledge etc.** fome de aventura/conhecimento etc.

applaud /ə'plɔd/ *v* **1** [tr/intr] aplaudir **2** [tr] aprovar, aplaudir

applause /ə'plɔz/ *s* aplauso(s) | **a round of applause** uma salva de palmas, um aplauso

apple /'æpəl/ *s* **1** maçã **2 apple pie** torta de maçã **apple tree** macieira

appliance /ə'plaɪəns/ *s* aparelho | **domestic/electrical appliances** eletrodomésticos

applicable /'æplɪkəbəl, BrE ə'plɪkəbəl/ adj **1** aplicável **2 if applicable** (em formulários) se for o caso

applicant /'æplɪkənt/ s candidato -ta [a uma vaga] | **applicant for sth** candidato a algo

application /æplɪ'keɪʃən/ s **1** requerimento | **an application for sth** um requerimento/pedido de algo **2 application form** formulário (de inscrição, solicitação, etc.) **3** (maneira de usar) aplicação **4** (em informática) aplicativo

apply /ə'plaɪ/ v (3a pess sing -lies, passado & particípio -lied) **1** [intr] candidatar-se | **to apply for a job/a scholarship** candidatar-se a um emprego/uma bolsa de estudos **2** [intr] estar em vigor, ser pertinente | **to apply to sth/sb** concernir a algo/alguém, dizer respeito a algo/ alguém: *This question only applies to single people.* Esta pergunta só concerne a solteiros. **3** [tr] aplicar [uma regra, um método, etc.] **4** [tr] aplicar [tinta, cosmético, etc.]

appoint /ə'pɔɪnt/ v [tr] **1** nomear: *She has been appointed principal.* Ela foi nomeada diretora. **2** (formal) marcar [uma hora, uma data]

appointment /ə'pɔɪntmənt/ s **1** (com médico, dentista) consulta, (com cabeleireiro) hora marcada | **to make an appointment** marcar uma consulta, marcar uma hora **2** nomeação

a'ppointment ‚book s AmE agenda

appraisal /ə'preɪzəl/ s avaliação

appreciable /ə'priʃəbəl/ adj (formal) considerável

appreciate /ə'priʃieɪt/ v **1** [tr] valorizar, dar valor a: *Her work is not appreciated.* O trabalho dela não é valorizado. **2** [tr] agradecer, ser grato por: *I would appreciate it if you could let me know by Friday.* Eu agradeceria se você pudesse me avisar até sexta. **3** [tr] ter noção de, dar-se conta de **4** [tr] saber apreciar [vinho, música]

appreciation /əprɪʃi'eɪʃən/ s **1** gratidão: *You could show a little more appreciation!* Você podia se mostrar um pouco mais agradecido! **2** compreensão

appreciative /ə'priʃətɪv/ adj **1 an appreciative audience** um público apreciador | **an appreciative glance** um olhar de admiração **2 to be appreciative of sth** ficar agradecido por algo

apprehension /æprɪ'hɛnʃən/ s apreensão

apprehensive /æprɪ'hɛnsɪv/ adj apreensivo: *I was apprehensive about seeing her again.* A ideia de revê-la me deixava apreensivo.

apprentice /ə'prɛntɪs/ s aprendiz

apprenticeship /ə'prɛntɪʃɪp/ s aprendizado

approach /ə'proʊtʃ/ verbo & substantivo

• v (3a pess sing -ches) **1** [tr/intr] (chegar perto) aproximar-se (de) **2** [tr] procurar: *She was approached by a rival firm.* Uma empresa rival a procurou. | **to approach sb for sth** procurar alguém para pedir ou propor algo: *He approached the bank for a loan.* Ele pediu um empréstimo ao banco. **3** [intr] (dia, época, evento) chegar **4** [tr] abordar [um problema]

• s (pl **-ches**) **1** abordagem: *Let's try a different approach.* Vamos tentar uma abordagem diferente. | *a new approach to teaching languages* uma nova abordagem para o ensino de idiomas **2** (ato de chegar perto) aproximação: *At his approach, the dog began to growl.* Quando ele se aproximou, o cachorro começou a latir. **3** ato de procurar alguém com uma proposta ou pedido: *He has had approaches from several potential buyers.* Vários compradores em potencial o procuraram.

approachable /ə'proʊtʃəbəl/ adj acessível [pessoa]

appropriate¹ /ə'proʊpriət/ adj apropriado, adequado

appropriate² /ə'proʊprieɪt/ v [tr] (formal) apropriar-se de

appropriately /ə'proʊpriətli/ adv apropriadamente

approval /ə'pruvəl/ s **1** autorização **2** (agrado) aprovação **3** aprovação [de um projeto, uma proposta]

approve /ə'pruv/ v **1** [intr] (estar de acordo) aprovar | **to approve of sth/sb** aprovar algo/ alguém: *My parents don't approve of my friends.* Meus pais não aprovam os meus amigos. **2** [tr] aprovar [uma proposta, um projeto]

approving /ə'pruvɪŋ/ adj **an approving nod/ glance etc.** um sinal/olhar etc. de aprovação

approximate¹ /ə'prɑksəmət/ adj aproximado

approximate² /ə'prɑksəmeɪt/ v (formal) **to approximate to sth** (ser quase igual) aproximar-se de algo

approximately /ə'prɑksəmətli/ adv aproximadamente

approximation /əprɑksə'meɪʃən/ s **1** número aproximado, custo aproximado etc. **2** (versão parecida) aproximação

APR /‚eɪ pi 'ɑr/ s (= **annual percentage rate**) taxa percentual anual

apricot /'eɪprɪkɑt/ substantivo & adjetivo

• s **1** damasco, abricó **2** (cor) damasco

• adj damasco

April /'eɪprəl/ s abril ▶ ver "Active Box" **months** em **month**

apron /'eɪprən/ s avental

apt /æpt/ adj **1 to be apt to do sth** ser dado a fazer algo, ser capaz de fazer algo **2** apropriado

aptitude /'æptətud/ s aptidão, talento: *She has an aptitude for music.* Ela tem aptidão musical.

aptly /'æptli/ adv apropriadamente

aquarium /ə'kwɛriəm/ s (pl **aquariums**, **aquaria**) **1** (recipiente) aquário **2** (lugar) aquário

Aquarius /əˈkweriəs/ s **1** (signo) Aquário **2** aquariano -na: *She's an Aquarius.* Ela é aquariana./Ela é de Aquário.
aquatic /əˈkwætɪk/ adj aquático
Arab /ˈærəb/ adj & s árabe
Arabic /ˈærəbɪk/ adj & s árabe [referente ao idioma]
arable /ˈærəbəl/ adj arável
arbitrary /ˈɑrbəˌtreri, BrE ˈɑbɪtrəri/ adj arbitrário
arbitrate /ˈɑrbətreɪt/ v [tr/intr] arbitrar
arbitration /ɑrbəˈtreɪʃən/ s arbitragem
arc /ɑrk/ s arco [forma]
arcade /ɑrˈkeɪd/ s **1** galeria com fliperama **2** galeria [de lojas]
arch /ɑrtʃ/ substantivo & verbo
• s (pl -ches) arco [em arquitetura]
• v (3a pess sing -ches) [tr] arquear
archaeologist, também **archeologist** AmE /ɑrkiˈɑlədʒɪst/ s arqueólogo -ga
archaeology, também **archeology** AmE /ɑrkiˈɑlədʒi/ s arqueologia
archaic /ɑrˈkeɪ-ɪk/ adj arcaico
archbishop /ɑrtʃˈbɪʃəp/ s arcebispo
archer /ˈɑrtʃər/ s arqueiro -ra
archery /ˈɑrtʃəri/ s tiro com arco
architect /ˈɑrkətekt/ s arquiteto -ta
architectural /ɑrkəˈtektʃərəl/ adj arquitetônico
architecture /ˈɑrkətektʃər/ s arquitetura
archive /ˈɑrkaɪv/ s arquivo [de documentos históricos]
archway /ˈɑrtʃweɪ/ s arcada [em uma entrada]
arctic, Arctic /ˈɑrktɪk/ adjetivo & substantivo
• adj ártico
• s the Arctic o Ártico
ardent /ˈɑrdnt/ adj fervoroso, entusiasta
arduous /ˈɑrdʒuəs/ adj árduo, difícil
are /ər, acentuado ɑr/ ▶ ver be
area /ˈɛriə/ s **1** (de um país, uma cidade, etc.) área, zona: *Is there a good supermarket in the area?* Há um bom supermercado nessa área? | *rural areas* zonas rurais **2** (de um prédio, etc.) área: *a no-smoking area* uma área de não fumantes **3** (de estudo, atividade, etc.) área **4** (de um terreno) superfície **5** area code AmE código DDD
arena /əˈrinə/ s arena
aren't /ˈɑrənt/ • contração de are not
• contração de am not ▶ Aren't no sentido de am not é usado em perguntas, ex.: *I am your friend, aren't I?*
Argentina /ɑrdʒənˈtinə/ s Argentina
Argentinian /ɑrdʒənˈtɪniən/ adj & s argentino -na
arguable /ˈɑrgjuəbəl/ adj **1** discutível **2** it is arguable that é razoável afirmar que

arguably /ˈɑrgjuəbli/ adv possivelmente
argue /ˈɑrgju/ v **1** [intr] discutir, brigar | to argue with sb (about/over sth) discutir/brigar com alguém (por algo) **2** to argue for/against sth argumentar a favor de/contra algo **3** [tr] argumentar: *I argued that we needed more staff.* Argumentei que precisávamos de mais pessoal.
argument /ˈɑrgjəmənt/ s **1** discussão, briga | to have an argument with sb (about/over sth) ter uma discussão/brigar com alguém (sobre/por algo) **2** argumento | an argument for/against sth um argumento a favor de/contra algo

argument

argumentative /ɑrgjəˈmentətɪv/ adj briguento
arid /ˈærɪd/ adj árido
Aries /ˈɛriz/ s **1** (signo) Áries **2** ariano -na: *I'm an Aries.* Sou ariano./Sou de Áries.
arise /əˈraɪz/ v [intr] (passado arose, particípio arisen) **1** surgir | to arise from sth resultar de algo **2** should the need arise se houver necessidade
arisen /əˈrɪzən/ particípio de arose
aristocracy /ærəˈstɑkrəsi/ s (pl -cies) aristocracia
aristocrat /əˈrɪstəkræt, BrE ˈærɪstəkræt/ s aristocrata
aristocratic /ərɪstəˈkrætɪk/ adj aristocrático
arithmetic /əˈrɪθmətɪk/ s aritmética
arm /ɑrm/ substantivo, substantivo plural & verbo
• s **1** braço: *She broke her arm.* Ela quebrou o braço. | arm in arm (with sb) de braço dado (com alguém) | with your arms folded/crossed de braços cruzados **2** (de poltrona) braço **3** (de uma camisa, um suéter, etc.) manga
• arms s pl **1** armas **2** to be up in arms (informal) estar em pé de guerra
• v **1** [tr] armar **2** [intr] armar-se
armaments /ˈɑrməmənts/ s pl armamento(s)
armchair /ˈɑrmtʃer/ s poltrona
armed /ɑrmd/ adj **1** armado [com arma] **2** the armed forces as forças armadas **3** armed robbery assalto à mão armada
armor AmE, **armour** BrE /ˈɑrmər/ s **1** armadura: *a suit of armor* uma armadura **2** blindagem
armored AmE, **armoured** BrE /ˈɑrmərd/ adj blindado
armpit /ˈɑrmpɪt/ s axila

army /'ɑrmi/ s (pl -mies) exército | **to join the army** entrar para o exército

aroma /ə'roumə/ s aroma

arose /ə'rouz/ passado de **arise**

around /ə'raund/ adv & prep ▶ ver quadro

arouse /ə'rauz/ v [tr] **1 to arouse suspicion/interest** despertar suspeitas/interesse **2** excitar [sexualmente]

arrange /ə'reɪndʒ/ v [tr] **1** marcar [um encontro, uma reunião], organizar [uma festa, uma viagem] | **to arrange to do sth** combinar de fazer algo: *I've arranged to go with Helen.* Combinei de ir com a Helen. | *I've **arranged for him to** pick you up.* Combinei com ele para te pegar aí. **2 as arranged** como combinado **3** arrumar, dispor **4** arranjar [música]

around

▶ ADVÉRBIO

1 RODEANDO

Reporters crowded around as she came out. Os repórteres a rodearam quando ela saiu.

2 MOVIMENTO CIRCULAR

Water pushes the wheel around. A água faz a roda girar.

3 POR TODOS OS LADOS

She leaves her things lying around. Ela deixa suas coisas jogadas. | *I traveled around for a year before going to college.* Passei um ano viajando antes de começar a faculdade.

4 NAS IMEDIAÇÕES

There was no one around, so I went in. Não tinha ninguém por ali, então entrei.

5 EXISTENTE

They're one of the best new bands around. É uma das melhores bandas novas no momento.

6 Around também faz parte de vários **phrasal verbs**, tais como **ask around, push around**, etc., que são tratados no verbete do verbo correspondente.

▶ PREPOSIÇÃO

1 EM VOLTA DE

We sat around the table. Sentamos em volta da mesa. | *He put his arm around her waist.* Ele passou o braço em volta da cintura dela.

2 POR VÁRIAS PARTES DE (= por)

We had a walk around the town. Demos uma volta pela cidade.

3 PERTO DE (= por)

Is there a bank around here? Tem algum banco por aqui?

4 APROXIMADAMENTE (= por volta de)

I'll be back around six. Retorno por volta das seis.

arrangement /ə'reɪndʒmənt/ *substantivo & substantivo plural*

- **s 1** combinação [acordo] | **to come to some/an arrangement** chegar a um acordo **2** arrumação, disposição [de objetos] **3** arranjo [de flores]

- **arrangements s pl** preparativos, planejamento: *the arrangements for the wedding* os preparativos para o casamento | *If you tell me what date you want to travel, I'll **make** all the **arrangements***. Se você me disser a data em que quer viajar, providencio tudo. | *travel arrangements* planejamento da viagem

array /ə'reɪ/ s coleção

arrears /ə'rɪrz/ s pl **1 to be in arrears** estar atrasado [com pagamento]: *They are three months in arrears with the rent payments.* Eles estão com o aluguel três meses atrasado. **2** atrasados

arrest /ə'rɛst/ *verbo & substantivo*

- **v** [tr] **1** deter, prender | **to arrest sb for (doing) sth** deter/prender alguém por (fazer) algo **2** (formal) retardar

- **s** detenção, prisão | **to make an arrest** deter um suspeito | **to be under arrest** estar detido, estar preso

arrival /ə'raɪvəl/ s **1** chegada **2** advento, chegada **3 new/recent arrival (a)** (pessoa) recém-chegado -da **(b)** (produto) novidade

arrive /ə'raɪv/ v [intr] **1** chegar: *She **arrived in** Miami at 3 p.m.* Ela chegou em Miami às 15h00. | *When we **arrived at** the house, no one was in.* Quando chegamos na casa, não havia ninguém. ▶ ver **chegar 2** aparecer [um produto], chegar [nas lojas]

arrogance /'ærəgəns/ s arrogância

arrogant /'ærəgənt/ adj arrogante

arrow /'æroʊ/ s **1** flecha **2** seta

arrows

arse BrE (chulo) ▶ ver **ass¹**

arson /'ɑrsən/ s incêndio criminoso

art /ɑrt/ *substantivo & substantivo plural*

- **s 1** arte: *a work of art* uma obra de arte **2** (habilidade) arte: *the art of conversation* a arte da conversação

- **arts s pl 1 the arts** as artes, a cultura **2 (the) arts** ciências humanas, letras

artefact ▶ ver **artifact**

artery /'ɑrtəri/ s (pl -ries) artéria

'art ,gallery s (pl **-ries**) **1** museu (de arte) **2** galeria de arte
arthritis /ɑrˈθraɪtɪs/ s artrite
artichoke /ˈɑrtɪtʃoʊk/ s alcachofra
article /ˈɑrtɪkəl/ s **1** (de jornal, revista, etc.) artigo **2** objeto, artigo: *articles of value* objetos de valor | *household articles* artigos domésticos | *an article of clothing* uma peça de roupa | *an article of furniture* um móvel **3** (em gramática) artigo | **the definite/indefinite article** o artigo definido/indefinido
articulate¹ /ɑrˈtɪkjələt/ adj **1** articulado [pessoa]: *He is very articulate for a six-year-old.* Ele se expressa muito bem para uma criança de seis anos. **2** claro [argumentação, descrição]
articulate² /ɑrˈtɪkjəleɪt/ v **1** [tr] expressar [sentimentos] **2** [tr] concatenar [ideias] **3** [tr/intr] articular (as palavras)
artifact AmE, **artefact** BrE /ˈɑrtɪfækt/ s artefato
artificial /ɑrtəˈfɪʃəl/ adj **1** artificial **2** artificial, afetado **3 artificial intelligence** inteligência artificial **4 artificial respiration** respiração artificial
artificially /ɑrtəˈfɪʃəli/ adv artificialmente
artillery /ɑrˈtɪləri/ s artilharia
artist /ˈɑrtɪst/ s artista
artistic /ɑrˈtɪstɪk/ adj **1** artístico **2** criativo
artwork /ˈɑrtwɜrk/ s **1** arte-final **2** obra de arte
as /əz, acentuado æz/ *conjunção, advérbio & preposição*

• **conj & adv 1 as... as...** tanto/tão... quanto...: *I can't run as fast as I used to.* Não consigo correr tanto quanto antes. | *I'm as tall as him.* Sou tão alto quanto ele. | *Try to eat as much as you can.* Tente comer o mais que puder. | **as soon as possible** assim que possível
2 como: *We left everything as it was.* Deixamos tudo como estava. | *Do as I say!* Faça o que estou mandando! | *She is very busy, as you know.* Ela é muito ocupada, como você sabe.
3 quando: *He came up to me as I was leaving.* Ele se aproximou de mim quando eu estava saindo.
4 enquanto: *She sang as she worked.* Ela cantava enquanto trabalhava.
5 à medida que, conforme: *as I get older* à medida que vou ficando mais velho | *as time goes by* com o tempo
6 como, já que: *As I was tired, I decided not to go.* Como eu estava cansada, resolvi não ir. | *Could you get my book, as you're going upstairs?* Você pode pegar meu livro, já que vai lá em cima?
7 as for sth/sb quanto a algo/alguém
8 as if/as though como se: *She behaved as if nothing had happened.* Ela agiu como se nada tivesse acontecido.
9 as it is do jeito que as coisas vão: *He's in enough trouble as it is.* A situação dele já é bastante difícil do jeito que as coisas vão.
10 as of/as from a partir de: *As from next year, learning English will be mandatory.* A partir do próximo ano, Inglês será matéria obrigatória.
11 as to sobre: *She gave no explanation as to why she was late.* Ela não deu nenhuma explicação sobre o motivo de seu atraso.

• **prep 1** como: *I'm speaking as a friend.* Estou falando como amigo. | *She works as a hairdresser.* Ela trabalha como cabeleireira. ▶ **AS OU LIKE?** ver nota em **como**
2 que: *Jim works in the same office as my sister.* Jim trabalha no mesmo escritório que minha irmã.
3 as a child/young man etc. quando criança/jovem etc.: *I used to go there as a child.* Eu costumava ir lá quando criança.
ASAP, asap /eɪ ɛs eɪ ˈpi/ (= **as soon as possible**) o quanto antes, o mais rápido possível
asbestos /æsˈbɛstəs/ s asbesto
ascend /əˈsɛnd/ (formal) v [tr/intr] subir | **in ascending order** em ordem ascendente
ascent /əˈsɛnt/ s **1** subida **2** escalada [de uma montanha, etc.]
ascertain /æsərˈteɪn/ v [tr] (formal) averiguar, verificar
ascribe /əˈskraɪb/ v [tr] (formal) **to ascribe sth to sth/sb** atribuir algo a algo/alguém
ash /æʃ/ s **1** cinza **2** (também **ash tree**) freixo [árvore] **3** madeira de freixo
ashamed /əˈʃeɪmd/ adj **to be ashamed** estar/ficar envergonhado: *I was ashamed that I hadn't thanked her.* Fiquei envergonhado por não lhe ter agradecido. | *I was ashamed to admit that I couldn't speak French.* Fiquei envergonhado de admitir que não falava francês. | **to be ashamed of sth** envergonhar-se de algo | **to be ashamed of sb** envergonhar-se de alguém: *I'm ashamed of you!* Você me envergonha! | **to be ashamed of yourself** envergonhar-se: *You should be ashamed of yourself!* Você devia se envergonhar!
ashore /əˈʃɔr/ adv **1** para terra, até a praia | **to go ashore** desembarcar **2** em terra firme, na praia
ashtray /ˈæʃtreɪ/ s cinzeiro
,Ash 'Wednesday s Quarta-feira de Cinzas
Asia /ˈeɪʒə/ s Ásia
Asian /ˈeɪʒən/ adj & s asiático -ca
aside /əˈsaɪd/ adv **1 to step aside** afastar-se para o lado | **to take sb aside** chamar alguém de lado **2 to put/set sth aside** pôr algo de lado, reservar algo **3 aside from** com exceção de
ask /æsk/ v **1** [tr/intr] perguntar | **to ask sb sth** perguntar algo a alguém: *I asked him the time.* Perguntei-lhe as horas | **to ask (sb) a question** fazer uma pergunta (a alguém) | **to ask (sb) about sth** perguntar (a alguém) sobre algo | **to ask yourself** perguntar-se | **don't ask me!** sei lá! | **if you ask me** na minha opinião
2 [tr/intr] pedir: *If you need anything, you only have to ask.* Se precisar de alguma coisa, é só

ⓘ Deve-se dizer *on the table* ou *in the table*? Veja o verbete **em**.

pedir. | **to ask (sb) for sth** pedir algo (a alguém) | **to ask sb to do sth** pedir a alguém que faça algo, pedir a alguém para fazer algo | **to ask to do sth** pedir para fazer algo: *I asked to see the manager.* Pedi para falar com o gerente.
3 [tr] convidar, chamar: *I've asked them to dinner.* Convidei-os para jantar.
4 [tr] (ao vender algo) pedir: *How much is he asking for the car?* Quanto ele está pedindo pelo carro?
5 to ask for it (informal) fazer por onde: *It serves him right. He was asking for it.* Bem feito! Ele fez por onde. | **to be asking for trouble** (informal) estar procurando problema

PHRASAL VERBS
ask after sb perguntar por alguém
ask around perguntar (por aí)
ask for sb pedir para falar com alguém, procurar por alguém
ask sb in convidar alguém para entrar, mandar alguém entrar
ask sb out convidar alguém para sair

asleep /ə'slip/ *adj* **to be asleep** estar dormindo | **fast/sound asleep** dormindo profundamente | **to fall asleep** dormir, cair no sono | **half asleep** quase dormindo

asparagus /ə'spærəgəs/ *s* aspargo

aspect /'æspɛkt/ *s* aspecto [de uma questão, situação, etc.]

asphalt /'æsfɔlt/ *s* asfalto

asphyxiate /ə'sfɪksieɪt/ *v* [tr/intr] asfixiar

aspiration /æspə'reɪʃən/ *s* aspiração

aspirin /'æsprɪn/ *s* (pl aspirin, -s) aspirina

ass¹ /æs/ AmE, **arse** /ɑrs/ BrE *s* **1** (chulo) bunda **2** (chulo) cu

ass² /æs/ *s* (pl asses) burro -ra [pessoa]

assailant /ə'seɪlənt/ *s* (formal) agressor -a

assassin /ə'sæsən/ *s* assassino -na [de pessoa importante] ▶ ASSASSIN OU MURDERER? ver **assassino**

assassinate /ə'sæsəneɪt/ *v* [tr] assassinar [uma pessoa importante] ▶ ASSASSINATE OU MURDER? ver **assassinar**

assassination /əsæsə'neɪʃən/ *s* assassinato [de uma pessoa importante] ▶ ASSASSINATION OU MURDER? ver **assassinato**

assault /ə'sɔlt/ *substantivo & verbo*
• *s* **1** agressão **2** ataque: *the assault on Tobruk* o ataque a Tobruk
• *v* [tr] agredir

assemble /ə'sɛmbəl/ *v* **1** [tr] reunir **2** [intr] reunir-se **3** [tr] montar

assembly /ə'sɛmbli/ *s* (pl -blies) **1** reunião dos alunos e professores de uma escola no início do dia ou da semana, ou por motivo específico **2** assembleia **3** montagem **4 assembly line** linha de montagem **assembly plant** montadora

assert /ə'sɜrt/ *v* [tr] **1** afirmar **2 to assert your authority** impor sua autoridade **3 to assert yourself** impor-se

assertion /ə'sɜrʃən/ *s* **1** (declaração) afirmação **2** (de direitos, etc.) afirmação

assertive /ə'sɜrtɪv/ *adj* autoconfiante, decidido

assess /ə'sɛs/ *v* [tr] (3a pess sing assesses) **1** avaliar **2** calcular, estimar [o valor ou custo de algo]

assessment /ə'sɛsmənt/ *s* **1** avaliação **2** estimativa [do valor ou custo de algo]

asset /'æsɛt/ *substantivo & substantivo plural*
• *s* **1** vantagem, trunfo **2** alguém muito valioso: *Rachel is an asset to the department.* Rachel é uma pessoa muito valiosa para o departamento.
• **assets** *s pl* **1** ativos [de uma empresa] **2** bens [de uma pessoa]

assign /ə'saɪn/ *v* [tr] **1** designar [tarefa], alocar [verbas] | **to assign sth to sb** designar algo para alguém **2** transferir: *I was assigned to the Glasgow office.* Fui transferido para a sucursal de Glasgow.

assignment /ə'saɪnmənt/ *s* **1** dever de casa, trabalho **2** missão **3** atribuição

assimilate /ə'sɪmɪleɪt/ *v* **1** [tr] assimilar **2** [intr] adaptar-se, integrar-se

assist /ə'sɪst/ *v* [tr/intr] (formal) auxiliar

assistance /ə'sɪstəns/ *s* ajuda, auxílio: *Can I be of any assistance?* Quer ajuda em alguma coisa?

assistant /ə'sɪstənt/ *s* **1** assistente, auxiliar **2** vendedor -a [de loja] **3 assistant director** subdiretor -a **assistant manager** subgerente

associate¹ /ə'souʃieɪt/ *v* **1 to associate sth/sb with sth** associar algo/alguém com algo **2 to be associated with sth** ser ligado a algo **3 to associate with sb** relacionar-se com alguém

associate² /ə'souʃiət/ *s* sócio -cia [em negócios]

association /əsousi'eɪʃən/ *s* **1** ligação **2 in association with** em parceria com **3** associação

assorted /ə'sɔrtɪd/ *adj* sortido

assortment /ə'sɔrtmənt/ *s* **1** variedade, sortimento **2** coleção [de coisas muito diferentes]

assume /ə'sum/ *v* [tr] **1** supor, presumir: *Assuming that he agrees, when is he going to start?* Supondo que ele concorde, quando ele começaria? **2** assumir [o poder, uma responsabilidade] **3 to assume an air/expression of sth** assumir um ar de algo **4 an assumed name** um nome falso

assumption /ə'sʌmpʃən/ *s* suposição | **to make the assumption that** supor que | **on the assumption that** na suposição de que

assurance /ə'ʃʊrəns/ *s* **1** garantia | **to give sb an/your assurance that** garantir a alguém que **2** segurança

assure /ə'ʃʊr/ *v* [tr] **1** garantir a, assegurar a **2 to assure success/victory** garantir êxito/a vitória

assured /ə'ʃʊrd/ *adj* **1** certo | **to be assured of sth** ter algo garantido **2** autoconfiante

asterisk /'æstərɪsk/ s asterisco

asthma /'æzmə/ s asma

astonish /ə'stɑnɪʃ/ v [tr] (3a pess sing **-shes**) deixar estupefato, espantar

astonished /ə'stɑnɪʃt/ adj assombrado, estupefato: *We were astonished to discover that she was still alive.* Ficamos assombrados ao descobrir que ela ainda estava viva.

astonished

astonishing /ə'stɑnɪʃɪŋ/ adj espantoso, extraordinário

astonishment /ə'stɑnɪʃmənt/ s assombro: *I stared in astonishment.* Fiquei olhando assombrado.

astound /ə'staʊnd/ v [tr] deixar pasmo, estarrecer

astounded /ə'staʊndɪd/ adj estarrecido, estupefato

astounding /ə'staʊndɪŋ/ adj incrível, assombroso

astray /ə'streɪ/ adv **1 to go astray** extraviar-se **2 to lead sb astray** desencaminhar alguém

astride /ə'straɪd/ adv **to sit astride sth** sentar-se em algo com uma perna para cada lado

astrology /ə'strɑlədʒi/ s astrologia

astronaut /'æstrənɔt/ s astronauta

astronomer /ə'strɑnəmər/ s astrônomo -ma

astronomical /æstrə'nɑmɪkəl/ adj astronômico

astronomy /ə'strɑnəmi/ s astronomia

astute /ə'stut/ adj perspicaz, inteligente

asylum /ə'saɪləm/ s **1** asilo [político] **2** (old-fashioned) manicômio

at /ət, acentuado æt/ prep ▶ ver quadro

ate /eɪt/ passado de **eat**

atheist /'eɪθiɪst/ s ateu, ateia

athlete /'æθlit/ s atleta

athletic /æθ'lɛtɪk/ adj atlético

athletics /æθ'lɛtɪks/ s BrE atletismo ▶ No inglês americano diz-se **track and field**

atlas /'ætləs/ s (pl **-ses**) atlas

ATM /eɪ ti 'ɛm/ s (= **automated teller machine**) AmE caixa eletrônico

atmosphere /'ætməsfɪr/ s **1** (de um bar, uma reunião, etc.) ambiente, clima **2** (dentro de um lugar fechado) ambiente: *a smoky atmosphere* um ambiente enfumaçado **3** (de um planeta) atmosfera

atmospheric /ætməs'fɪrɪk/ adj **1** atmosférico **2** sugestivo [música], aconchegante [iluminação]

atom /'ætəm/ s átomo

---

at

1 POSIÇÃO (= em)

We'll meet at my house. Vamos nos encontrar na minha casa. | *There was no one at home.* Não tinha ninguém em casa.

2 TEMPO

The train leaves at eight. O trem sai às oito. | *She often works at night.* Ela frequentemente trabalha à noite. | *What are you doing at Christmas?* O que você vai fazer no Natal? | **at the moment** no momento

3 DIREÇÃO

I threw a book at him. Joguei um livro nele. | *Look at that!* Olhe aquilo!

4 CAUSA

No one laughed at his jokes. Ninguém riu das piadas dele. | *We were horrified at the news.* Ficamos horrorizados com a notícia.

5 PREÇOS, VELOCIDADE, NÍVEL, IDADE (= a)

T-shirts at ten dollars each camisetas a dez dólares cada | *The train travels at 120 miles an hour.* O trem anda a 120 milhas por hora. | *I left home at 17.* Saí de casa aos 17 anos.

6 ESTADO, ATIVIDADE

We were at dinner when the phone rang. Estávamos jantando quando o telefone tocou. | *The two countries were at war.* Os dois países estavam em guerra.

---

atomic /ə'tɑmɪk/ adj atômico: *atomic energy* energia atômica

atrocious /ə'troʊʃəs/ adj péssimo, horrível

atrocity /ə'trɑsəti/ s (pl **-ties**) atrocidade

attach /ə'tætʃ/ v [tr] (3a pess sing **-ches**) **1** prender, amarrar **2** anexar **3 to attach importance/significance to sth** dar importância a algo

attached /ə'tætʃt/ adj **to be attached to sth/sb** ser apegado a algo/alguém | **to become attached to sth/sb** apegar-se a algo/alguém

attachment /ə'tætʃmənt/ s **1** apego, carinho **2** acessório [de um aparelho] **3** (arquivo) anexo [em informática]

attack /ə'tæk/ substantivo & verbo

• s **1** ataque, agressão: *an attack on enemy air bases* um ataque a bases aéreas inimigas | **to be/come under attack (from sth)** ser atacado (por algo) **2** (em medicina) acesso, crise **3** (em esportes) ataque

• v [tr/intr] atacar, agredir

attacker /ə'tækər/ s agressor -a

attain /ə'teɪn/ v [tr] (formal) alcançar

attainment /ə'teɪnmənt/ s (formal) realização, obtenção

attempt /ə'tɛmpt/ verbo & substantivo

• v [tr] **1** tentar fazer [uma tarefa] | **to attempt to**

do sth tentar fazer algo **2** tentar responder a [uma pergunta]

• *s* tentativa | **an attempt to do sth/at doing sth** uma tentativa de fazer algo | **to make no attempt to do sth** nem tentar fazer algo

attempted /ə'tɛmptɪd/ *adj* **attempted murder/robbery etc.** tentativa de assassinato/assalto etc.

attend /ə'tɛnd/ *v* **1** [tr] comparecer a, ir/vir a: *She didn't attend the meeting.* Ela não compareceu à reunião. **2** [intr] comparecer, ir/vir **3** [tr] frequentar [escola, igreja]
  attend to sth tratar de algo, cuidar de algo
  attend to sb atender alguém

attendance /ə'tɛndəns/ *s* **1** frequência, concorrência **2** presença: *Attendance at the dress rehearsal is compulsory.* É obrigatória a presença no ensaio geral.

attendant /ə'tɛndənt/ *s* atendente [em lugar público], frentista [em posto de gasolina]

attention /ə'tɛnʃən/ *s* **1** atenção: *Can I have your attention, please?* Sua atenção, por favor. | **to pay attention (to sth/sb)** prestar atenção (a algo/alguém): *Don't pay any attention to her.* Ignore-a. | **to attract sb's attention** chamar a atenção de alguém | **the center/focus of attention** o centro das atenções **2 attention!** atenção!

attentive /ə'tɛntɪv/ *adj* **1** atento **2** atencioso

attic /'ætɪk/ *s* sótão

attitude /'ætətud/ *s* atitude: *His attitude toward women has changed.* Sua atitude para com as mulheres mudou.

attorney /ə'tɜrni/ *s* AmE advogado -da

At͵torney 'General *s* **1** procurador(a)-geral da Justiça **2** AmE procurador(a)-geral do Estado

attract /ə'trækt/ *v* **1** [tr] atrair | **to be attracted to sb** sentir atração por alguém **2 to attract (sb's) attention** chamar (a) atenção (de alguém): *I tried to attract the waiter's attention.* Tentei chamar a atenção do garçom. | *I was trying not to attract attention.* Eu estava tentando não chamar atenção.

attraction /ə'trækʃən/ *s* **1** atração **2** atrativo

attractive /ə'træktɪv/ *adj* atraente

attributable /ə'trɪbjətəbəl/ *adj* **to be attributable to sth** ser atribuível a algo

attribute¹ /ə'trɪbjut/ *v* (formal) **to attribute sth to sth/sb** atribuir algo a algo/alguém

attribute² /'ætrəbjut/ *s* atributo

aubergine /'oʊbərʒin/ *s* BrE beringela ► No inglês americano diz-se **eggplant**

auburn /'ɔbərn/ *adj* (cor de cabelo) castanho

auction /'ɔkʃən/ *substantivo & verbo*

• *s* leilão

• *v* (também **auction off**) [tr] leiloar

auctioneer /ɔkʃə'nɪr/ *s* leiloeiro -ra

audible /'ɔdəbəl/ *adj* audível

audience /'ɔdiəns/ *s* **1** (num teatro, num show, etc.) plateia, público, (num programa de TV) auditório **2** (de programa de TV ou rádio) audiência **3** (com pessoa importante) audiência

audiovisual /ɔdioʊ'vɪʒuəl/ *adj* audiovisual

audit /'ɔdɪt/ *substantivo & verbo*

• *s* auditoria

• *v* [tr] auditar

audition /ɔ'dɪʃən/ *substantivo & verbo*

• *s* teste [para ator, cantor, etc.]

• *v* **1** [intr] fazer um teste **2** [tr] fazer um teste para: *She auditioned for the part of Ophelia.* Ela fez um teste para o papel de Ofélia.

auditorium /ɔdɪ'tɔriəm/ *s* (pl **-ria, -riums**) auditório [para concertos]

August /'ɔgəst/ *s* agosto ► ver "Active Box" **months** em **month**

aunt /ænt/ *s* tia

auntie, também **aunty** /'ænti/ *s* (informal) tia, titia

au pair /oʊ 'pɛr/ *s*

> Chama-se **au pair** a pessoa, geralmente uma moça, que mora um tempo com uma família num país estrangeiro para aprender a língua. Os **au pairs** ajudam nas tarefas domésticas em troca de casa, comida e uma pequena remuneração.

austere /ɔ'stɪr/ *adj* austero, sóbrio

austerity /ɔ'stɛrəti/ *s* austeridade

Australia /ɔ'streɪljə/ *s* Austrália

Australian /ɔ'streɪljən/ *adj & s* australiano -na

Austria /'ɔstriə/ *s* Áustria

Austrian /'ɔstriən/ *adj & s* austríaco -ca

authentic /ɔ'θɛntɪk/ *adj* autêntico

authenticity /ɔθən'tɪsəti/ *s* autenticidade

author /'ɔθər/ *s* autor -a

authoritarian /əθɔrə'tɛriən/ *adj* autoritário

authoritative /ə'θɔrəteɪtɪv/ *adj* **1** fidedigno **2 an authoritative voice/manner** uma voz/uma atitude que denota autoridade

authority /ə'θɔrəti/ *s* (pl **-ties**) **1** (de uma pessoa) autoridade **2** (órgão) autoridade | **the authorities** as autoridades **3** autoridade, especialista: *one of the world's greatest authorities on tropical diseases* uma das maiores autoridades em doenças tropicais no mundo

authorization, -isation BrE /ɔθərə'zeɪʃən/ *s* autorização

authorize, -ise BrE /'ɔθəraɪz/ *v* [tr] autorizar: *I'm not authorized to sign checks.* Não estou autorizado a assinar cheques.

autobiographical /ɔtəbaɪə'græfɪkəl/ *adj* autobiográfico

autobiography /ɔtəbaɪ'ɑgrəfi/ *s* (pl **-phies**) autobiografia

autograph /'ɔtəgræf/ s autógrafo
automatic /ɔtə'mætɪk/ adjetivo & substantivo
• *adj* automático
• *s* **1** arma automática **2** carro com câmbio automático
automatically /ɔtə'mætɪkli/ *adv* automaticamente
automation /ɔtə'meɪʃən/ s automação
automobile /ɔtəmə'bil/ s AmE automóvel
autonomous /ɔ'tɑnəməs/ *adj* autônomo
autonomy /ɔ'tɑnəmi/ s autonomia
autopsy /'ɔtɑpsi/ s (pl **-sies**) autópsia
autumn /'ɔtəm/ s **1** outono ▶ ver "Active Box" **seasons** em **season** **2** [anteposto a outro substantivo] do outono, outonal
auxiliary /ɔg'zɪləri/ *adjetivo & substantivo*
• *adj* **1** auxiliar **2 auxiliary verb** verbo auxiliar
• *s* (pl **-ries**) auxiliar
avail /ə'veɪl/ s **to no avail** em vão
availability /əveɪlə'bɪləti/ s disponibilidade
available /ə'veɪləbəl/ *adj* **1** disponível **2 to be available** estar livre/disponível [pessoa]
avalanche /'ævəlæntʃ/ s avalanche
avant-garde /ævɑnt'gɑrd/ *adj* de vanguarda
avenue /'ævənu/ s **1** avenida **2** caminho [para conseguir algo]
average /'ævrɪdʒ/ *adjetivo, substantivo & verbo*
• *adj* **1** médio: *His average speed was 110 mph.* Ele dirigia a uma velocidade média de 110 milhas por hora. | *the average family* a família média **2** medíocre, regular
• *s* média | **above/below average** acima/abaixo da média | **on average** em média
• *v* [tr] consumir, fazer, etc. em média: *I average about five cups of coffee a day.* Tomo em média cinco cafés por dia.
average out at sth dar uma média de algo
average sth out tirar a média de algo
aversion /ə'vɜrʒən/ s aversão
avert /ə'vɜrt/ *v* [tr] **1** evitar [uma crise, uma tragédia, etc.] **2 to avert your eyes/gaze** desviar os olhos/o olhar
aviation /eɪvi'eɪʃən/ s aviação
avid /'ævɪd/ *adj* ávido
avocado /ævə'kɑdoʊ/, também **avocado pear** /ˌ... '../ s abacate
avoid /ə'vɔɪd/ *v* [tr] **1** evitar | **to avoid doing sth** evitar fazer algo: *I avoid driving in the rush hour.* Evito dirigir na hora do rush. **2** evitar bater em [um poste, uma árvore, etc.], esquivar-se de [um soco]
await /ə'weɪt/ *v* [tr] (formal) **1** aguardar: *people awaiting the arrival of the Paris flight* pessoas aguardando a chegada do voo de Paris **2** esperar: *A warm welcome awaited us.* Uma acolhida calorosa nos esperava.

away

▶ ADVÉRBIO

1 AFASTAMENTO (= embora)

He walked slowly away. Ele se foi caminhando lentamente. | *Go away!* Vá embora! | *Keep away from the fire.* Fique longe do fogo.

2 DISTÂNCIA, TEMPO

The ocean is only five miles away. O mar fica a apenas cinco milhas daqui. | *Christmas is only two weeks away.* Faltam só duas semanas para o Natal.

3 AUSÊNCIA

She was away from school for a week. Ela faltou às aulas durante uma semana. | *I watered their plants while they were away.* Reguei as plantas enquanto eles estavam fora.

4 DESAPARECIMENTO

The water had boiled away. A água secou de tanto ferver.

5 AÇÃO CONTÍNUA

He was singing away in the shower. Ele estava cantando no chuveiro. | **to play away** jogar fora de casa

6 Away também faz parte de vários **phrasal verbs**, tais como **put away**, **give away**, etc., que são tratados no verbete do verbo correspondente.

▶ ADJETIVO

away game jogo fora de casa | **away team** time visitante

awake /ə'weɪk/ *adjetivo & verbo*
• *adj* **1 to be/stay awake** estar/ficar acordado | **to keep sb awake** não deixar alguém dormir | **to lie awake** não conseguir dormir **2 to be awake to sth** estar atento a algo
• *v* [intr/tr] (passado **awoke**, particípio **awoken**) (literário) despertar
awaken /ə'weɪkən/ *v* (literário) [tr] despertar
award /ə'wɔrd/ *verbo & substantivo*
• *v* **1** dar [um prêmio, uma medalha, etc.] | **to award sb sth** dar algo a alguém | **to be awarded sth** obter/receber algo **2** dar [uma indenização]
• *s* **1** prêmio **2** indenização
aware /ə'wɛr/ *adj* **1 to be aware of sth** ter consciência de algo | **to be aware (that)** estar ciente (de que), saber (que): *I wasn't aware that I was doing anything wrong.* Eu não sabia que estava fazendo algo errado. | **not that I'm aware (of)** que eu saiba, não **2 to become aware of sth** perceber/notar algo **3 to be politically/environmentally etc. aware** ter consciência política/ecológica etc.
awareness /ə'wɛrnəs/ s consciência [de uma questão, um problema]
away /ə'weɪ/ *adv & adj* ▶ ver quadro

awe /ɔ/ s admiração, deslumbramento | **to be in awe of sb/sth** ter uma grande admiração por alguém/algo

awesome /'ɔsəm/ adj **1** impressionante, enorme **2** (informal) bárbaro

awful /'ɔfəl/ adj **1** horrível **2** (para enfatizar): *I have an **awful** lot of work to do.* Tenho tanto trabalho para fazer. **3 to feel/look awful** sentir-se/estar péssimo

awfully /'ɔfli/ adv advérbio usado para enfatizar: *I'm awfully sorry.* Sinto muito. | *It's awfully good of you.* É muito amável da sua parte.

awkward /'ɔkwərd/ adj **1** constrangedor, delicado [pergunta, situação] **2** inoportuno [momento] **3** constrangido, sem graça **4** complicado: *The village is awkward to get to.* É complicado chegar à aldeia. **5** difícil [pessoa]

awoke /ə'woʊk/ passado de **awake**

awoken /ə'woʊkən/ particípio de **awake**

axe, também **ax** AmE /æks/ substantivo & verbo
- s (pl **axes**) **1** machado **2 to get the ax** (informal) ser cortado
- v [tr] (3a pess sing **axes**) cortar

axis /'æksɪs/ s (pl **axes** /'æksiz/) eixo

axle /'æksəl/ s eixo [de veículo]

B¹ /bi/ s (letra) B, b ▶ ver "Active Box" **letters** em **letter**

B² s **1** (nota musical) si **2** (conceito escolar) B ▶ ver quadro em **grade**

B & B s ▶ ver **bed and breakfast**

B.A. /bi 'eɪ/ s (= **Bachelor of Arts**) grau de bacharel, ou bacharelado, em uma ou mais ciências humanas: *He has a BA in English literature.* Ele tem bacharelado em Literatura Inglesa./Ele se formou em Literatura Inglesa.

baby /'beɪbi/ s (pl **-bies**) **1** bebê, neném | **a baby girl/boy** uma menina/um menino | **to have a baby** ter um filho **2** AmE (informal) querido -da, meu amor [falando com a pessoa amada]

'**baby boom** s baby boom [período histórico em que nascem muitas crianças]

'**baby ,carriage** s AmE carrinho [de bebê]

babysit /'beɪbisɪt/ v [intr] (gerúndio **-sitting**, passado & particípio **-sat**) tomar conta de crianças | **to babysit for sb** tomar conta das crianças de alguém

babysitter /'beɪbisɪtər/ s babysitter

baby carriage

bachelor /'bætʃələr/ s solteiro | **an eligible bachelor** um bom partido

back /bæk/ substantivo, advérbio, verbo & adjetivo
- s **1** costas
2 coluna (vertebral)
3 (de prédio) fundos: *a small store with an office in the back* uma loja pequena com um escritório nos fundos
4 (de carro) traseira | **in back** AmE, **in the back** BrE atrás
5 (de sala, quarto) fundo
6 around/out back AmE, **around/out the back** BrE (informal) nos fundos
7 (de uma cadeira) encosto
8 (de um papel, um cheque, etc.) verso: *Please write your name on the back.* Favor escrever o seu nome no verso.
9 (de um livro) costas: *at the back of the book* nas costas do livro
10 the back of your head a parte de trás da cabeça
11 back to back de costas (um para o outro) | **back to front** BrE pelo/do avesso, ao contrário
12 behind sb's back nas costas de alguém [falar mal, etc.]
13 at/in the back of your mind no seu pensamento
14 get off my back! me deixa!
15 to be on sb's back estar em cima de alguém
16 to have your back to/against the wall (informal) estar num sufoco, estar entre a cruz e a caldeirinha

- adv ▶ ver quadro na pág. 28

- v **1** [tr] apoiar
2 [tr] bancar, custear
3 [intr] recuar: *He backed into the corner.* Ele recuou até o canto. | *I backed out of the garage.* Saí de ré da garagem.
4 [tr] apostar em

PHRASAL VERBS
back away recuar
back down ceder
back off 1 recuar, afastar-se **2** AmE deixar alguém em paz
back onto sth dar de fundos para algo
back out desistir, voltar atrás | **to back out of a deal/agreement etc.** desistir de um negócio/acordo etc.
back sth up 1 fazer o back-up de algo, becapar algo **2** dar marcha a ré com algo **back sth/sb up** respaldar algo/alguém, apoiar algo/alguém

back *advérbio*

1 RETORNO

He'll be back in an hour. Ele estará de volta daqui a uma hora. | *I couldn't get back to sleep.* Não consegui voltar a dormir.

2 DIREÇÃO (= para trás)

I didn't look back. Não olhei para trás. | *He took a few steps back.* Ele deu uns passos para trás. | **back and forth** de um lado para outro

3 RESPOSTA OU REAÇÃO

He hit me, so I hit him back. Ele me bateu, então revidei. | *Can you ask her to call me back?* Pode pedir-lhe para me ligar de volta?

4 REFERENTE AO PASSADO

back in the fifties nos anos 50 | **three years/two months etc. back** há três anos/dois meses etc. atrás

5 Back também faz parte de vários **phrasal verbs**, tais como **put back, give back,** etc., que são tratados no verbete do verbo correspondente.

- *adj* **1** dos fundos, de trás: *the back door* a porta dos fundos | *the back page* a última página **2 a back issue/number** um número atrasado

backache /'bækeɪk/ *s* dor nas costas
backboard /'bækbɔrd/ *s* tabela [de basquete]
backbone /'bækboʊn/ *s* **1** coluna (vertebral) **2** esteio
backfire /'bækfaɪr/ *v* [intr] ter resultado oposto ao que se espera: *His plan backfired (on him).* O tiro lhe saiu pela culatra.
background /'bækgraʊnd/ *s* **1** Este termo pode referir-se tanto às origens de uma pessoa ou à classe social da qual provém, como à sua educação ou experiência profissional: *He comes from a working-class background.* Ele vem de uma família de classe baixa. | *My background is in computing.* Minha formação é em computação. **2 in the background (a)** ao fundo: *background music* música de fundo **(b)** ao fundo, em segundo plano
backhand /'bækhænd/ *s* backhand, revés [em tênis, squash etc.]
backing /'bækɪŋ/ *s* **1** apoio, respaldo **2** acompanhamento [musical]
backlash /'bæklæʃ/ *s* (pl **-shes**) reação forte
backlog /'bæklɒg/ *s* trabalho acumulado: *We have an enormous backlog of orders.* Temos uma quantidade enorme de pedidos pendentes. | *It will take a while to clear the backlog.* Vai demorar um pouco para pôr o trabalho em dia.
backpack /'bækpæk/ *substantivo & verbo*

- *s* mochila
- *v* **to go backpacking** viajar como mochileiro

,back 'seat *s* **1** banco de trás **2 to take a back seat** ficar em segundo plano

backside /'bæksaɪd/ *s* (informal) traseiro
backslash /'bækslæʃ/ *s* contrabarra [símbolo gráfico (\)]
backstage /bæk'steɪdʒ/ *adv* nos bastidores
backstroke /'bækstroʊk/ *s* nado de costas
backup /'bækʌp/ *s* **1** becape, back-up **2** reforço, apoio
backward /'bækwərd/ *adjetivo & advérbio*

- *adj* **1** para trás | **without a backward glance** sem olhar para trás **2** atrasado [país, região] **3** retardado [criança]
- *adv* (também **backwards** AmE) **1** para trás: *a step backward* um passo para trás **2** de trás para frente **3** ao avesso, ao contrário **4 backward and forward** para frente e para trás

backyard /bæk'jɑrd/ *s* **1** AmE quintal [com jardim] **2** BrE quintal
bacon /'beɪkən/ *s* bacon
bacteria /bæk'tɪriə/ *s* bactéria(s)
bad /bæd/ *adj* (comparativo **worse**, superlativo **worst**) **1** (desagradável) ruim, mau: *a bad smell* um cheiro ruim | *bad news* más notícias
2 (de baixo nível) ruim: *a bad teacher* um professor ruim | **to be bad at sth** ser ruim em algo
3 to be bad for sth/sb fazer mal a algo/alguém: *Smoking is bad for your health.* O fumo faz mal à saúde.
4 a bad wound/accident etc. uma ferida/um acidente etc. grave | **a bad cold/headache etc.** um resfriado/uma dor de cabeça etc. forte
5 (moralmente) mau
6 to go bad apodrecer [alimentos]
7 not bad (a) (aceitável): *"How was the food?" "Not bad."* – Como estava a comida? – Mais ou menos. **(b)** (bastante bom): *That's not bad for a beginner.* Não é nada mau para um principiante.
8 too bad (a) (lamentando): *It's too bad you couldn't come to the party.* É uma pena que você não pôde vir à festa. **(b)** (expressando despreocupação): *"I don't have an umbrella." "Too bad. You'll have to get wet."* – Estou sem guarda-chuva. – Azar o seu. Vai se molhar.
9 (culpado) **to feel bad about doing sth** sentir-se mal por ter feito algo
10 to have a bad heart/back etc. ter um problema cardíaco/estar com dor nas costas etc.
bade /beɪd, bæd/ passado & particípio de **bid**
badge /bædʒ/ *s* **1** (para se identificar) crachá **2** (de policial) distintivo **3** (de metal, preso com alfinete) emblema **4** BrE (de escola, time) emblema
badger /'bædʒər/ *s* texugo
badly /'bædli/ *adv* (comparativo **worse**, superlativo **worst**) **1** (não bem) mal: *a badly written book* um livro mal escrito | *She did really badly in her exams.* Ela foi muito mal nas provas.
2 (muito): *The car was not badly damaged.* O carro não foi muito danificado. | *Two people were badly injured.* Duas pessoas ficaram gravemente feridas. **to be badly in need of sth** precisar muito de algo | **to go badly wrong** ir muito mal

badminton /'bædmɪntən/ s badminton

bad-'tempered adj mal-humorado | **to be bad-tempered** ser mal-humorado

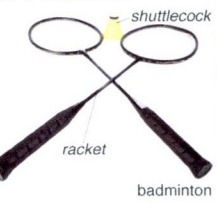
shuttlecock
racket
badminton

baffle /'bæfəl/ v [tr] deixar perplexo: *Scientists are baffled by the results.* Os cientistas estão perplexos com os resultados.

baffling /'bæflɪŋ/ adj intrigante, inexplicável

bag /bæg/ s **1** saco, sacola [de papel, plástico]: *a shopping bag* uma sacola de compras **2** bolsa [de mulher] **3** mala, bolsa [para viagem] **4 bags under the/your eyes** olheiras **5 old bag** (chulo) velha rabugenta

baggage /'bægɪdʒ/ s bagagem

baggy /'bægi/ adj (-ggier, -ggiest) largo, folgado [roupa]: *baggy pants* calça larga

bagpipe /'bægpaɪp/, também **bagpipes** s gaita de foles

baguette /bæ'gɛt/ s baguete

bail /beɪl/ *substantivo & verbo*

• s liberdade sob fiança | **to be released on bail** ser libertado sob fiança

• v **bail sb out** socorrer alguém

bait /beɪt/ s **1** isca **2** chamariz, atrativo | **to take the bait** engolir a isca

bake /beɪk/ v **1** [intr] fazer bolo **2** [tr] fazer [bolo, pão]

baked beans s pl feijão branco em molho de tomate, geralmente enlatado

baker /'beɪkər/ s **1** padeiro -ra **2 baker's** BrE padaria

bakery /'beɪkəri/ s padaria

balance /'bæləns/ *substantivo & verbo*

• s **1** (estabilidade) equilíbrio | **to keep/lose your balance** manter/perder o equilíbrio **2** (entre vários fatores) equilíbrio **3** (de conta bancária) saldo **4** (para pesar) balança **5 on balance** de uma maneira geral **6 to be/hang in the balance** estar por um fio

• v **1** [intr] equilibrar-se **2** [tr] equilibrar **3 to balance sth against sth** pesar algo com algo **4 to balance the books/budget** equilibrar as contas/o orçamento

balanced /'bælənst/ adj equilibrado | **a balanced diet** uma alimentação equilibrada

balcony /'bælkəni/ s (pl -nies) sacada

bald /bɔld/ adj careca, calvo | **to go bald** ficar careca

ball /bɔl/ s **1** (para jogos) bola: *a tennis ball* bola de tênis **2** (objeto redondo) bola **3** baile **4 to be on the ball** (informal) estar/ficar ligado **5 to have a ball** (informal) fazer a festa **6 to get/start the ball rolling** (informal) dar o pontapé inicial [para as coisas acontecerem]

ballad /'bæləd/ s canção, balada

ballerina /bælə'rinə/ s bailarina

ballet /bæ'leɪ, BrE 'bæleɪ/ s balé

'ball game s **1** AmE jogo **2 a whole new ball game/a different ball game** outra história

balloon /bə'lun/ s bola [de gás], balão

ballot /'bælət/ *substantivo & verbo*

• s **1** votação **2 ballot box** urna **ballot paper** cédula de voto

• v [tr] eleger (com votação)

ballpark /'bɔlpɑrk/ s **1** AmE campo de beisebol **2 a ballpark figure** uma cifra aproximada

ballpoint pen /bɔlpɔɪnt 'pɛn/, também **ballpoint** /'bɔlpɔɪnt/ s caneta esferográfica

ballroom /'bɔlrum/ s salão de baile

bamboo /bæm'bu/ s bambu

ban /bæn/ *substantivo & verbo*

• s proibição: *a ban on nuclear testing* uma proibição de testes nucleares

• v [tr] (-nned, -nning) proibir | **to ban sb from doing sth** proibir alguém de fazer algo

banana /bə'nænə/ s banana

band /bænd/ s **1** banda [de músicos] | **rock/jazz etc. band** banda de rock/jazz etc. **2** bando [de ladrões, terroristas] **3** grupo, bando [de fãs, ajudantes, etc.] **4** faixa, tira ▶ ver também **rubber band** **5** listra

bandage /'bændɪdʒ/ *substantivo & verbo*

• s atadura

• v [tr] enfaixar [com atadura]

Band-Aid® /'bænd eɪd/ s AmE Band-Aid®

bandit /'bændɪt/ s bandido -da

bandwagon /'bændwægən/ s **to jump/climb on the bandwagon** entrar na onda

bandwidth /'bændwɪdθ/ s largura de banda

bang /bæŋ/ *verbo, substantivo, advérbio & interjeição*

• v **1** [intr] bater [fazendo barulho]: *Who's banging next door?* Quem está batendo na porta ao lado? | **to bang on sth** bater em algo: *She was banging on the door with her fists.* Ela estava esmurrando a porta. **2** [tr] bater: *He banged the phone down.* Ele bateu o telefone. | **to bang sth on sth** bater com algo em algo **3** [intr] bater [porta, janela, etc.] **4** [tr] bater com: *I banged my head on the corner of the cupboard.* Bati com a cabeça na quina do armário.

• s **1** estrondo **2** pancada

• adv (informal) bem | **bang in the middle** bem no meio | **bang on time** bem na hora

• interj pum!

banger /'bæŋər/ s BrE (informal) **1** salsicha **2** calhambeque **3** busca-pé

bangs /bæŋz/ s pl AmE franja [de cabelo]

banish /'bænɪʃ/ v [tr] (3a pess sing **-shes**)
1 to banish sb from sth expulsar alguém de algo | **to banish sb to Siberia/to an island** etc. desterrar alguém para a Sibéria/uma ilha etc. **2** dissipar | **to banish sb/sth from your mind** tirar alguém/algo da cabeça

banister /'bænəstər/ s corrimão

bank /bæŋk/ substantivo & verbo
- s **1** banco [instituição, agência] **2** margem [de um rio]
- v **1** [tr] depositar [em um banco] **2 to bank with Westland/Central** etc. ter conta no Westland/Central etc.
bank on sth/sb contar com algo/alguém

,bank 'holiday s BrE feriado (nacional) | **bank holiday weekend** feriadão

'bank note s nota, cédula [de dinheiro]

bankrupt /'bæŋkrʌpt/ adjetivo & verbo
- adj falido | **to go bankrupt** ir à falência
- v [tr] levar à falência

bankruptcy /'bæŋkrʌptsi/ s (pl **-cies**) falência

banner /'bænər/ s faixa [com mensagem escrita]

banquet /'bæŋkwɪt/ s banquete

baptism /'bæptɪzəm/ s batizado

baptize, -ise BrE /'bæptaɪz/ v [tr] batizar

bar /bɑr/ substantivo, verbo & preposição
- s **1** bar **2** balcão [de um bar] **3** barra [de metal, ouro] **4 a bar of chocolate** uma barra de chocolate **5 a bar of soap** um sabonete **6** grade | **behind bars** atrás das grades **7** compasso
- v [tr] (**-rred, -rring**) **1** barrar: *He was barred from the club.* Ele foi barrado na boate. **2 to bar sb from doing sth** proibir alguém de fazer algo **3** bloquear [com barra, etc.] **4 to bar sb's way** proibir a passagem/entrada de alguém
- **prep** com exceção de, salvo

barbarian /bɑr'bɛriən/ s bárbaro -ra

barbaric /bɑr'bærɪk/ adj (cruel) bárbaro

barbecue /'bɑrbɪkju/ s
1 churrasqueira
2 churrasco

barbecued /'bɑrbɪkjud/
adj grelhado [na
churrasqueira]

barbed wire /ˌbɑrbd
'waɪr/, também **barb-
wire** /'bɑrbwaɪr/ AmE s
arame farpado

barber /'bɑrbər/ s
1 barbeiro [pessoa]
2 barber's BrE barbeiro
[local]

barbecue

'bar chart s gráfico de barras

'bar code s código de barras

bare /bɛr/ adjetivo & verbo
- adj **1** nu | **in/with bare feet** descalço **2** (sem enfeite, sem folhas) nu, sem vegetação: *The walls were completely bare.* As paredes estavam completamente nuas. **3** (essencial): *Sam does the bare minimum of work.* Sam trabalha o estritamente necessário. | **the bare essentials/necessities** o mínimo indispensável **4 with your bare hands** com as próprias mãos
- v **1 to bare your teeth** mostrar os dentes **2 to bare your breast/head** descobrir o peito/a cabeça

barefoot /'bɛrfʊt/ adj & adv descalço

barely /'bɛrli/ adv mal: *I could barely stay awake.* Eu mal conseguia ficar acordado. ▶ **Barely** ocorre antes do verbo principal ou depois do primeiro modal ou auxiliar, se houver

bargain /'bɑrgən/ substantivo & verbo
- s **1** pechincha **2** acordo | **to make/strike a bargain** fazer um trato **3 into the bargain** de quebra
- v [intr] **1** negociar [aumento salarial, etc.] **2** pechinchar [no preço]
bargain for sth 1 contar com algo: *We didn't bargain for the cold weather.* Nós não contávamos com esse tempo frio. **2 more than I/you** etc. **bargained for:** *He got more than he bargained for.* Foi pior do que ele esperava.

bargaining /'bɑrgənɪŋ/ s negociações

barge /bɑrdʒ/ substantivo & verbo
- s barcaça
- v **to barge into a room/house** etc. entrar com violência num quarto/numa casa etc.
barge in ir entrando (com violência)

baritone /'bærətoʊn/ s barítono

bark /bɑrk/ verbo & substantivo
- v [intr] latir
- s **1** latido **2** casca [de árvore]

barley /'bɑrli/ s cevada

barmaid /'bɑrmeɪd/ s nos bares, mulher que prepara e/ou serve coquetéis

barman /'bɑrmən/ s (pl **barmen**) barman

barn /bɑrn/ s **1** (para grãos) celeiro **2** (para animais) estábulo

barometer /bə'rɑmətər/ s barômetro

barracks /'bærəks/ s pl quartel

barrage /bə'rɑʒ, BrE 'bærɑʒ/ s **a barrage of criticism/questions** etc. uma enxurrada de críticas/perguntas etc.

barrel /'bærəl/ s **1** barril **2** cano [de arma de fogo]

barren /'bærən/ adj estéril, árido

barrette /bæ'rɛt/ s AmE presilha, prendedor [de cabelo]

barricade /'bærəkeɪd/ substantivo & verbo
- s barricada

- **v** **1** [tr] fechar com barricadas [uma rua] **2** [tr] obstruir [uma porta com móveis, etc.]

barrier /ˈbæriər/ s **1 a barrier to sth** uma barreira para algo **2** (cerca) barreira

barrister /ˈbærɪstər/ s advogado -da ▶ ver nota em **advogado -da**

barrow /ˈbæroʊ/ s carrinho de mão

bartender /ˈbɑrtɛndər/ s AmE barman [homem], barmaid [mulher]

base /beɪs/ verbo & substantivo

- **v** **1 to base sth on sth** basear algo em algo: *The movie is based on the novel.* O filme é baseado no romance. **2 to be based in/at (a)** estar sediado em **(b)** estar morando em
- **s** **1** (parte de baixo) base **2** (posição) base: *This village is a good base from which to explore the region.* O vilarejo é uma boa base para quem quer conhecer a região. **3** (de empresa, organização) sede **4** (militar) base

baseball /ˈbeɪsbɔl/ s **1** beisebol **2 baseball bat** taco de beisebol **baseball cap** boné de beisebol **baseball player** jogador de beisebol **baseball stadium** estádio de beisebol **baseball team** time de beisebol

basement /ˈbeɪsmənt/ s subsolo, porão

bash /bæʃ/ verbo & substantivo

- **v** [tr] (3a pess sing **-shes**) (informal) bater [com força], espancar | **to bash sb's head in** quebrar a cara de alguém
- **s** **1** (pl **-shes**) festança **2** BrE **to have a bash (at sth)** tentar (fazer algo)

basic /ˈbeɪsɪk/ adj **1** básico, fundamental: *the basic principles of mathematics* os princípios básicos da Matemática | *basic human rights* direitos humanos fundamentais **2** básico [ferramenta] **3** elementar [conhecimento]: *My knowledge of German is pretty basic.* Meu conhecimento de Alemão é bastante elementar. **4** simples [alojamento]

basically /ˈbeɪsɪkli/ adv **1** basicamente: *Basically, I don't have enough money.* Basicamente, eu não tenho dinheiro suficiente. **2** basicamente, no fundo

basics /ˈbeɪsɪks/ s pl **the basics (of sth)** o básico (sobre algo)

basil /ˈbeɪzəl, BrE ˈbæzəl/ s manjericão

basin /ˈbeɪsən/ s **1** bacia [de um rio] **2** BrE pia **3** BrE bacia [vasilha]

basis /ˈbeɪsɪs/ s (pl **bases** /-siz/) **1** base **2 on the basis of sth** com base em algo **3 on a regular/daily etc. basis** regularmente/diariamente etc.

basket /ˈbæskɪt/ s **1** cesta, cesto **2** (em basquete) cesta

basketball /ˈbæskɪtbɔl/ s **1** basquete **2 basketball court** quadra de basquete **3 basketball game** jogo de basquete **4 basketball player** jogador de basquete

bass /beɪs/ substantivo & adjetivo

- **s** **1** grave [som] **2** (também **bass guitar**) baixo [guitarra] **3** baixo [cantor] **4** contrabaixo
- **adj** grave, de baixo [voz], baixo [instrumento]

bat /bæt/ substantivo & verbo

- **s** **1** (de beisebol) taco **2** (animal) morcego
- **v** (**-tted**, **-tting**) **1** [intr] rebater **2 not to bat an eye(lid)** nem pestanejar

baseball bat   golf club   tennis racket   pool cue

batch /bætʃ/ s **1** lote [de trabalho, mercadorias] **2** leva [de pessoas] **3** fornada [de pães, biscoitos]

bath /bæθ/ substantivo & verbo

- **s** **1** banho [de banheira] | **to take a bath** AmE, **to have a bath** BrE tomar banho [de banheira] **2** BrE banheira ▶ No inglês americano diz-se **bathtub**
- **v** **1** BrE [tr] dar banho em **2** BrE [intr] tomar banho [de banheira]

bathe /beɪð/ v **1** [tr] lavar [uma ferida, os olhos] **2** [intr] tomar banho [de banheira], banhar-se [no mar]

bathrobe /ˈbæθroʊb/ s roupão

bathroom /ˈbæθrum/ s **1** (numa casa) banheiro **2** AmE (em lugar público) banheiro | **to go to the bathroom** ir ao banheiro

bathtub /ˈbæθtʌb/ s AmE banheira

baton /bəˈtɑn, BrE ˈbætɑn/ s **1** batuta **2** bastão [num revezamento] **3** cassetete

battalion /bəˈtæljən/ s batalhão

batter /ˈbætər/ substantivo & verbo

- **s** **1** (de panqueca, para frituras) massa **2** AmE (de bolo) massa
- **v** **1 to batter (on) sth** esmurrar algo, açoitar algo: *They battered on the door.* Eles esmurraram a porta. **2 to batter sb to death** espancar alguém até matar

battered /ˈbætərd/ adj **1** vítima da violência: *a refuge for battered women* um abrigo para mulheres vítimas da violência **2** surrado [mala], desgastado [mobília], arrebentado [livro, carro]

battery /ˈbætəri/ s (pl **-ries**) **1** bateria [de carro, relógio, etc.] **2** pilha [para brinquedo, walkman, etc.]

battle /ˈbætl/ substantivo & verbo

- **s** **1** batalha **2** luta **3 to be fighting a losing battle** estar dando murro em ponta de faca
- **v** **1** [tr] AmE combater **2 to battle with/against**

Diz-se I arrived in Rio ou I arrived to Rio? Veja o verbete **arrive**.

battlefield

sth lutar com/contra algo **3 to battle to do sth** lutar para fazer algo: *Doctors battled to save the boy's life.* Os médicos lutaram para salvar a vida do menino. **4 to battle on** continuar lutando

battlefield /'bætlfild/, também **battleground** /'bætlgraʊnd/ *s* campo de batalha

battleship /'bætlʃɪp/ *s* couraçado

bawl /bɔl/ (informal) *v* **1** [tr/intr] (gritar) berrar **2** [intr] (chorar) berrar

bay /beɪ/ *s* **1** baía **2 to keep/hold sth at bay** evitar algo, manter algo afastado **3 a loading bay** uma área de carga e descarga

'bay leaf *s* folha de louro

bayonet /'beɪənɛt/ *s* baioneta

,bay 'window *s* janela saliente

bazaar /bə'zɑr/ *s* **1** bazar [em país oriental] **2** bazar [para arrecadar fundos]

B.C. /bi 'si/ *adv* a. C.

be /bi/, acentuado bi/ *verbo & verbo auxiliar*

• *v* **1** (descrição) ser: *Laura is small and dark.* Laura é baixa e morena. | *The game was exciting.* O jogo foi empolgante.
2 (estado) estar: *She was very angry.* Ela estava muito zangada. | **to be cold/hungry/thirsty etc.** estar com frio/fome/sede etc.: *I'm hot.* Estou com calor.
3 (posição temporária) estar: *Where's Simon?* Onde está o Simon? | *The children are upstairs.* As crianças estão lá em cima.
4 (posição permanente) ser, ficar: *Where's the post office?* Onde é o correio? | *The church is on the left.* A igreja fica à esquerda.
5 (tempo, lugar) ser: *The concert is on Saturday.* O concerto é no sábado. | *Where's the party?* Onde é a festa?
6 to have been to ter ido a: *I've never been to New York.* Nunca fui a Nova York.
7 (hora) ser: *What time is it?/What's the time?* Que horas são? | *It's five o'clock.* São cinco horas.
8 (idade) ter: *How old are you?* Quantos anos você tem? | *I'm twelve.* Tenho doze anos.
9 (medida) medir, ter: *He's six feet tall.* Ele mede seis pés. | *The room is four meters by three.* O quarto tem quatro metros por três.
10 (profissão) ser: *I'm a teacher.* Sou professora.
11 (nacionalidade) ser: *Are you American?* Você é americano? | *Where is she from?* De onde ela é?
12 Usado com "it" para a pessoa se identificar: *Hello, it's Jane.* Alô, é a Jane. | *Who is it?* Quem é? | *It's me.* Sou eu.
13 (preço, custo) ser, custar: *How much is this shirt?* Quanto é esta camisa? | *The CDs were $15 each.* Os CDs custaram $15 cada.
14 there is/are há, tem: *There's a chicken in the refrigerator.* Tem um frango na geladeira. | **there was/were** havia/houve, tinha/teve: *Was there anyone at home?* Tinha alguém em casa?
15 Usado para fazer recomendações ou dar ordens: *Be good!* Juízo! | *Be quiet!* Fica quieto! | *Be careful.* Toma cuidado.
16 (tempo, clima) estar: *It's cold today.* Está frio hoje. | *It was very windy.* Estava ventando muito.

• *v* [aux] **1** (com o gerúndio, para referir-se ao que está ou estava acontecendo) estar: *What are you doing?* O que você está fazendo? | *Jane was reading by the fire.* Jane estava lendo ao pé da lareira.
2 (com o gerúndio, para referir-se ao futuro): *We're leaving tomorrow.* Vamos embora amanhã. | *Are you going to the game?* Você vai ao jogo?
3 (com o particípio, na voz passiva): *Smoking is not permitted.* É proibido fumar. | *They were killed in a car accident.* Eles morreram num acidente de carro. | *I wasn't invited to the party.* Não fui convidado para a festa.
4 (seguido de um infinitivo, em ordens, regras) ter que: *The children are to be in bed by ten.* As crianças têm que ir para a cama antes das dez.

beach /bitʃ/ *s* (pl **-ches**) praia: *We had a picnic on the beach.* Fizemos um piquenique na praia.

beacon /'bikən/ *s* **1** (para orientar barcos) farol **2** (para o trânsito) sinal **3** radiofarol **4** fogueira

bead /bid/ *s* **1** conta [de um colar, rosário, etc.] **2** gota

beak /bik/ *s* bico [de pássaro]

beaker /'bikər/ *s* copo [alto, de plástico]

beam /bim/ *substantivo & verbo*

• *s* **1** raio [de luz, de radiação] **2** facho [de uma lanterna, um holofote, etc.] **3** viga **4** sorriso (radiante)

• *v* **1** [intr] sorrir, dar um sorriso radiante: *He beamed at me.* Ele sorriu para mim radiante. **2** [tr] transmitir [um programa, um sinal] **3** [intr] brilhar [luz do sol]

bean /bin/ *s* **1** feijão **2** vagem **3** grão [de café], semente [de cacau] ▶ ver também **broad bean, fava bean**

bear /bɛr/ *substantivo & verbo*

• *s* urso

• *v* [tr] (passado **bore**, particípio **borne**) **1** aguentar, suportar: *I can't bear people smoking when I'm eating.* Eu não suporto que as pessoas fumem quando estou comendo. **2** suportar [peso, carga] **3 to bear left/right** virar à esquerda/direita **4 to bear (the) responsibility for sth** ser responsável por algo **5 to bear the cost/expense** (formal) arcar com o custo/as despesas **6 bear with me** aguarde um momento **7 it doesn't bear thinking about** dá medo/arrepio só de pensar **8** (formal) trazer [a assinatura, uma marca, etc.] **9** (formal) ter [filhos] ▶ **to bear** também forma parte de expressões como **bear in mind**, etc., que são tratadas no verbete do substantivo correspondente

bear down on sth vir para cima de algo

bear sth out confirmar algo **bear sb out** confirmar o que alguém diz

bearable /'berəbəl/ adj suportável

beard /bɪrd/ s barba

bearded /'bɪrdɪd/ adj barbudo

bearer /'berər/ s **1 to be the bearer of bad/good news** ser portador de más/boas notícias **2** carregador -a

bearing /'berɪŋ/ s **1 to have a bearing on sth** influir em algo: *Their opinions have no bearing on the matter.* As opiniões deles não influem no caso. **2 to get/find your bearings** orientar-se **3 to lose your bearings** desorientar-se

beast /bist/ s **1** animal, bicho **2** bruto -ta

beat /bit/ verbo & substantivo

• *v* (passado **beat**, particípio **beaten** /'bitn/)
1 [tr] vencer: *My brother always beats me at tennis.* Meu irmão sempre me vence no tênis.
2 bater [um recorde], superar [uma marca]
3 to beat sb to it adiantar-se a alguém
4 [tr] bater em, espancar | **to beat sb to death** espancar alguém até matar
5 [tr] tocar [tambor]
6 [tr] bater [chuva, ondas]: *Rain was beating on the roof.* A chuva estava batendo no telhado.
7 [tr] bater [ovos, creme]
8 [intr] bater [coração]: *My heart was beating fast.* Meu coração estava batendo muito rápido.
9 [tr] (informal) ser melhor do que: *It beats working in a restaurant!* É melhor do que trabalhar num restaurante!
10 (it) beats me (informal) sei lá: *"Why does he do it?" "Beats me."* – Por que ele faz isso? – Sei lá.
beat sb up espancar alguém
beat up on sb AmE espancar alguém

• *s* **1** batimento [cardíaco]
2 batida [de tambor]
3 ritmo: *a funky beat* um ritmo funk
4 batida [em música]
5 ronda [policial]

beautiful /'bjutəfəl/ adj bonito, lindo

beautifully /'bjutəfli/ adv maravilhosamente bem

beauty /'bjuti/ (pl **-ties**) s **1** (qualidade) beleza **2** (pessoa, objeto) beleza **3 beauty parlor** AmE, **beauty salon** salão de beleza **beauty queen** miss **beauty spot** lugar pitoresco

beaver /'bivər/ s castor

became /bɪ'keɪm/ passado de **become**

because /bɪ'kɔz/ conj **1** porque: *She went to bed early because she was tired.* Ela foi para cama cedo porque estava cansada. **2 because of** por causa de: *We came home early because of the rain.* Voltamos para casa cedo por causa da chuva. | *I missed the train because of you.* Perdi o trem por sua causa.

beckon /'bekən/ v [intr] acenar, fazer sinal, [tr] acenar para, fazer sinal para: *He beckoned to the waiter.* Ele acenou para o garçom. | *I beckoned her over.* Eu fiz sinal para ela vir até mim.

become /bɪ'kʌm/ v [intr] (passado **became**, particípio **become**) ▶ ver quadro na pág. 34

bed /bed/ s **1** cama: *a single/double bed* uma cama de solteiro/casal | *twin beds* duas camas de solteiro | *He's still in bed.* Ele ainda está na cama. | **to go to bed** ir dormir, ir para a cama | **to get into bed** entrar na cama | **to make the/your bed** fazer a/sua cama **2** fundo [do mar] **3** leito [de um rio] **4** canteiro

bed and 'breakfast, também **B & B** /bi ən 'bi/ s

> Assim se denomina uma pensão ou casa de família que oferece hospedagem, com café da manhã incluído, a preços que costumam ser mais baixos que os dos hotéis.

bedclothes /'bedkloʊðz/ s pl roupa de cama

bedding /'bedɪŋ/ s roupa de cama

bedroom /'bedrum/ s quarto

bedside /'bedsaɪd/ s **1** cabeceira [usado frequentemente para se referir à cama de um doente] **2 bedside table** mesa de cabeceira, criado-mudo

bedsit /'bedsɪt/, também **bedsitter** /'bedsɪtər/ s BrE conjugado, kitchenette

bedspread /'bedspred/ s colcha

bedtime /'bedtaɪm/ s hora de dormir

bee /bi/ s abelha

beech /bitʃ/ s **1** (também **beech tree**) (árvore) faia **2** madeira de faia

beef /bif/ s carne (bovina) | **roast beef** rosbife, carne assada

beefburger /'bifbɜrgər/ s BrE hambúrguer ▶ Existe também **burger**, que é usado tanto no inglês americano como no britânico

beehive /'bihaɪv/ s colmeia

been /bɪn/ particípio de **be**

beep /bip/ verbo & substantivo

• *v* **1** [intr] apitar [aparelho eletrônico] **2 to beep (your horn)** buzinar **3** [tr] ligar para o bip de

• *s* **1** bip, sinal: *Please leave your message after the beep.* Por favor, deixe a sua mensagem depois do bip. **2** buzinada

beeper /'bipər/ s bip, bipe

beer /bɪr/ s cerveja: *Would you like another beer?* Quer outra cerveja?

beet /bit/ AmE, **beetroot** /'bitrut/ BrE s beterraba

beetle /'bitl/ s besouro

before /bɪ'fɔr/ preposição, advérbio & conjunção

• *prep* **1** antes de: *before the end of the year* antes do fim do ano | *He arrived home before me.* Ele chegou em casa antes de mim. | *Turn right just before you get to the intersection.* Vire à

become

1 Quando é seguido por um adjetivo, **to become** geralmente equivale a *tornar-se* ou *ficar*:

He becomes violent when he drinks. Ele se torna violento quando bebe. | *It soon became obvious that she would not win.* Ficou logo evidente que ela não ia vencer.

Às vezes, **to become** + adjetivo corresponde em português a um verbo pronominal ou intransitivo, como *acostumar-se*, *emagrecer*, etc.:

I gradually became accustomed to the idea. Pouco a pouco fui me acostumando à ideia. | *He was becoming thinner and thinner.* Ele estava emagrecendo cada vez mais.

2 Quando é seguido por um substantivo, **to become** geralmente equivale a *tornar-se* ou *ficar*:

We soon became friends. Ficamos logo amigos. | *He became an accomplished musician.* Ele se tornou um músico consumado. | *William has become a father.* William já é pai. | **what/whatever became of?** o que é feito de?/o que aconteceu com?: *Whatever became of Kate?* O que é feito da Kate? | **what will become of?** o que será de?

---

direita logo antes de chegar no cruzamento. **2** diante de: *She knelt down before the altar.* Ela ajoelhou diante do altar. **3 to come before sth** vir na frente de algo [em importância]

- *adv* antes: *a year before* um ano antes | *We had both been to Chile before.* Nós dois já tínhamos ido ao Chile antes.

- *conj* **1** (no tempo) antes de, antes que: *John wants to talk to you before you go.* O John quer falar com você antes de você sair. **2** (para prevenir algo) antes que: *You'd better lock your bike before it gets stolen.* É melhor você trancar sua bicicleta antes que ela seja roubada. **3 before you know it** daqui a pouco: *It'll be dark before you know it.* Vai escurecer daqui a pouco.

beforehand /bɪˈfɔrhænd/ *adv* antes, de antemão: *I had prepared everything beforehand.* Eu tinha preparado tudo antes.

befriend /bɪˈfrɛnd/ *v* [tr] fazer amizade com

beg /bɛg/ *v* (**-gged**, **-gging**) **1** [tr] implorar a: *I'm begging you for help, Kate.* Estou te implorando ajuda, Kate. | **to beg sb to do sth** implorar a alguém que faça algo **2** [intr] implorar **3** [intr] pedir esmola, mendigar

began /bɪˈgæn/ passado de **begin**

beggar /ˈbɛgər/ *s* **1** mendigo **2** BrE (informal) **a lucky/lazy beggar** um sortudo/preguiçoso

begin /bɪˈgɪn/ *v* (passado **began**, particípio **begun**, gerúndio **beginning**) **1** [tr/intr] começar: *The movie begins at 7 p.m.* O filme começa às 7 da noite. | *It began to rain.* Começou a chover. | *I began working here in 1998.* Comecei a trabalhar aqui em 1998. **2 to begin with (a)** para começar: *To begin with, you shouldn't take the car without asking.* Para começar, você não devia pegar o carro sem pedir. **(b)** já... antes: *It was like that to begin with.* Já estava assim antes. **(c)** no começo, no início: *To begin with, they were very enthusiastic.* No começo, estavam muito empolgados.

beginner /bɪˈgɪnər/ *s* principiante

beginning /bɪˈgɪnɪŋ/ *s* início, começo: *It will be ready at the beginning of next week.* Estará pronto no início da semana que vem.

begrudge /bɪˈgrʌdʒ/ *v* **to begrudge sb sth** invejar algo de alguém

beguile /bɪˈgaɪl/ *v* (formal) persuadir

begun /bɪˈgʌn/ particípio de **begin**

behalf /bɪˈhæf/ *s* **on behalf of sb/on sb's behalf** em nome de alguém

behave /bɪˈheɪv/ *v* **1** [intr] agir: *She behaved bravely in a very difficult situation.* Ela agiu corajosamente numa situação muito difícil. **2** [intr] comportar-se: *Children these days just don't know how to behave.* As crianças hoje em dia não sabem se comportar. **3 to behave yourself** comportar-se: *If you behave yourself you can have some ice cream.* Se você se comportar, ganha um sorvete.

behavior AmE, **behaviour** BrE /bɪˈheɪvjər/ *s* comportamento | **good/bad behavior** bom/mau comportamento

behead /bɪˈhɛd/ *v* [tr] decapitar

behind /bɪˈhaɪnd/ *prep* & *adv* ▶ ver quadro na pág. 35

beige /beɪʒ/ *s* & *adj* bege ▶ ver "Active Box" **colors** em **color**

being /ˈbiɪŋ/ *s* **1** ser: *a human being* um ser humano **2 to come into being** tomar forma

belated /bɪˈleɪtɪd/ *adj* atrasado

belch /bɛltʃ/ *v* (3a pess sing **-ches**) **1** [intr] arrotar **2** [intr] sair [fumaça, fogo] **3** [tr] lançar para fora [fumaça]

Belgian /ˈbɛldʒən/ *adj* & *s* belga

Belgium /ˈbɛldʒəm/ *s* Bélgica

belief /bəˈlif/ *s* **1** crença, convicção | **contrary to popular belief** ao contrário do que se diz **2 beyond belief** incrivelmente: *tired beyond belief* incrivelmente cansado | *This is beyond belief!* Isso é inacreditável! **3** fé, confiança

believable /bəˈlivəbəl/ *adj* verossímil

believe /bəˈliv/ *v* **1** [tr] acreditar em: *Don't believe everything you read.* Não acredite em tudo que você lê. **2** [tr] achar: *I believe she'll be back on Monday.* Acho que ela estará de volta segunda-feira. **3** [intr] ter fé [religiosa] **4 believe it or not** acredite ou não **5 can't/don't believe sth** (usado para expressar surpresa): *I can't believe he's only 25!* Não posso acreditar que ele só tenha 25 anos!

behind

PREPOSIÇÃO

1 POSIÇÃO (= atrás de)

The cat was hiding behind a tree. O gato estava escondido atrás de uma árvore. | *The park is **right behind** the supermarket.* O parque fica logo atrás do supermercado.

2 ATRASO

*Work on the new building is three months **behind schedule**.* A construção do novo prédio está três meses atrasada. | *We're three points behind the Bears.* Estamos três pontos atrás dos Bears.

3 RESPONSABILIDADE

to be behind a plan/an attack etc. estar por trás de um plano/atentado etc.: *Police think that a local gang is behind the robberies.* A polícia acha que uma gangue local está por trás dos assaltos.

4 APOIO

to be behind sth/sb apoiar algo/alguém: *Whatever you do, I'll be right behind you.* O que quer que você faça, vou te apoiar.

| **to be behind sb all the way** apoiar alguém cem por cento: *We're behind you all the way on this one.* Te apoiamos cem por cento nisso.

ADVÉRBIO

1 POSIÇÃO (= atrás)

They live in a beautiful house with a huge lake behind. Eles moram numa bela casa com um lago enorme atrás. | *Several other runners were following close behind.* Vários outros corredores vinham seguindo logo atrás.

2 ATRASO

to be behind with the payments/rent etc. estar atrasado com as prestações/o aluguel etc.: *We're three months behind with the rent.* Estamos três meses atrasados com o aluguel.

| **to get behind with the payments/rent etc.** ficar atrasado com as prestações/o aluguel etc.

3 Behind também faz parte de vários **phrasal verbs**, tais como **leave behind, fall behind,** etc., que são tratados no verbete do verbo correspondente.

believe in sth acreditar em algo: *Do you believe in ghosts?* Você acredita em fantasmas?

believer /bə'livər/ s **1** fiel [de uma religião] **2 a firm/great believer in sth** um grande defensor de algo

bell /bɛl/ s sino [de igreja, escola], campainha [de porta] | **to ring the bell** tocar a campainha

belligerent /bə'lɪdʒərənt/ adj belicoso, agressivo

bellow /'bɛloʊ/ v [tr/intr] berrar

belly /'bɛli/ s (informal) barriga

'belly ˌbutton s (informal) umbigo

belong /bɪ'lɔŋ/ v **to belong in/under sth** ir em/embaixo de algo: *The books belong on that shelf.* Os livros vão naquela prateleira.

belong to sb pertencer a alguém, ser de alguém: *Who does this umbrella belong to?* De quem é esse guarda-chuva? **belong to sth** ser sócio -cia de algo

belongings /bɪ'lɔŋɪŋz/ s pl pertences

beloved /bɪ'lʌvd/ adj (literário) amado

below /bɪ'loʊ/ preposição & advérbio

- **prep** **1** abaixo de: *Fish were swimming below the surface of the water.* Alguns peixes estavam nadando logo abaixo da superfície da água. **2** abaixo de: *Anything below $500 would be a good price.* Qualquer preço abaixo de $500 seria bom. | *The temperature fell below freezing.* A temperatura chegou abaixo de zero.

- **adv** **1** de baixo, abaixo: *Jack lives in the apartment below.* Jack mora no apartamento de baixo. **2** (num texto) abaixo

belt /bɛlt/ s **1** cinto **2** correia **3** região **4 to have sth under your belt** ter emplacado algo: *They already have three hit records under their belts.* Já emplacaram três sucessos.

bemused /bɪ'mjuzd/ adj bestificado, desconcertado

bench /bɛntʃ/ s
1 banco [num parque, etc.]
2 the bench a magistratura

bend /bɛnd/ verbo & substantivo

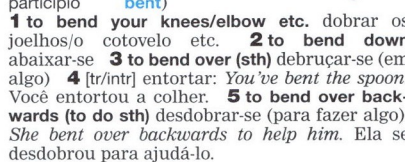

park bench

- **v** (passado & particípio **bent**)

1 to bend your knees/elbow etc. dobrar os joelhos/o cotovelo etc. **2 to bend down** abaixar-se **3 to bend over (sth)** debruçar-se (em algo) **4** [tr/intr] entortar: *You've bent the spoon.* Você entortou a colher. **5 to bend over backwards (to do sth)** desdobrar-se (para fazer algo): *She bent over backwards to help him.* Ela se desdobrou para ajudá-lo.

- **s** curva

beneath /bɪ'niθ/ preposição & advérbio

- **prep** **1** sob: *She felt the warm sand beneath her feet.* Ela sentiu a areia quente sob os pés. **2 to be beneath sb** não ser digno de alguém

- **adv** embaixo, por baixo: *vibrations from the trains that ran beneath* as vibrações dos trens que passavam embaixo

beneficial /bɛnə'fɪʃəl/ adj vantajoso

benefit /'bɛnəfɪt/ substantivo & verbo

- **s** **1** auxílio [do governo] **2** vantagem, benefício: *She had the benefit of a first-class education.* Ela teve a vantagem de ter tido uma educação de primeira qualidade. **3 for sb's benefit** para ajudar alguém, para o benefício de alguém **4 to be of benefit to sb** (formal) beneficiar alguém **5 to give sb the benefit of the doubt** dar a alguém o benefício da dúvida **6 benefit concert** show beneficente

- *v* [tr] beneficiar
benefit from sth beneficiar-se de algo

bent¹ /bɛnt/ *adj* **1** empenado, torto **2 to be bent on doing sth** estar decidido a fazer algo **3** BrE (informal) corrupto

bent² passado & particípio de **bend**

bereaved /bəˈriːvd/ *adj* **1** (formal) de luto pela morte de um parente ou amigo: *a bereaved mother* uma mãe que acabou de perder um filho **2 the bereaved** os enlutados

beret /bəˈreɪ, BrE ˈbɛreɪ/ *s* boina

berry /ˈbɛri/ *s* termo genérico para frutas pequenas de cor vermelha, roxa ou preta, como a amora, a framboesa, etc.

berserk /bərˈsɜrk/ *adj* **to go berserk** (informal) ficar fora de si, pirar

berth /bɜrθ/ *s* **1** beliche [num barco] **2** cais (de atracação)

beset /bɪˈsɛt/ (passado & particípio **beset**, gerúndio **besetting**) *v* [tr] (formal) acossar

beside /bɪˈsaɪd/ *prep* **1** ao lado de: *Gary sat down beside me.* Gary se sentou ao meu lado. **2** em comparação com **3 to be beside the point** ser irrelevante, não ter nada a ver **4 to be beside yourself (with anger/grief)** estar/ficar fora de si (de raiva/de desespero) | **to be beside yourself with joy** não caber em si de alegria

besides /bɪˈsaɪdz/ *advérbio & preposição*

- *adv* além disso, além do mais: *I don't want to go and, besides, I don't have any money.* Não quero ir e, além do mais, estou sem dinheiro.

- *prep* além de: *Who's going to be there besides David and me?* Quem vai estar lá além de mim e do David? | *Besides going to college, she works fifteen hours a week.* Além de fazer faculdade, ela trabalha quinze horas por semana.

besiege /bɪˈsiːdʒ/ *v* **besieged by people/fans etc.** assediado por gente/fãs etc.

best /bɛst/ *adjetivo, advérbio & substantivo*

- *adj* **1** melhor, o/a melhor: *He's the best player on the team.* Ele é o melhor jogador do time. | *It's best to clean the wall before you paint it.* É melhor limpar a parede antes de pintá-la. **2 best friend** melhor amigo -ga

- *adv* **1** melhor: *It works best if you oil it first.* Funciona melhor se você colocar óleo primeiro. | *Which song do you like best?* De que música você gosta mais? **2 as best you/she etc. can** como puder, da melhor forma possível: *She would have to manage as best she could.* Ela teria que se virar como pudesse.

- *s* **1 the best** o/a melhor: *Which CD player is the best?* Qual é o melhor CD player? | *I've read all of her books but this one is by far the best.* Já li todos os livros dela, mas esse é, disparado, o melhor. **2 to want/deserve the best** querer/merecer o melhor **3 to do/try your best** fazer o possível, fazer o máximo: *We'll do our best to finish on time.* Vamos fazer o possível para terminar a tempo. **4 at best (a)** no máximo **(b)** no mínimo **5 at your/its best** em sua melhor forma **6 to make the best of sth** aproveitar algo (ao máximo) | **to make the best of it** aproveitar ao máximo **7 to be (all) for the best** ser melhor

best ˈman *s* padrinho [de casamento]

> Geralmente, há somente um padrinho, que, além de se encarregar das alianças, faz um discurso homenageando o noivo, na recepção.

bestseller /bɛstˈsɛlər/ *s* best-seller

bet /bɛt/ *verbo & substantivo*

- *v* [tr/intr] (passado & particípio **bet**, gerúndio **betting**) **1** [tr/intr] apostar: *Sally bet me $10 I wouldn't pass my driving test.* Sally apostou $10 comigo que eu não passaria no exame de habilitação. | **to bet sth on sth** apostar algo em algo **2 I bet/I'll bet (a)** (para expressar certeza): *I bet it'll rain tomorrow.* Aposto que vai chover amanhã. | *"I was furious!" "I bet you were!"* – Fiquei furioso! – Posso imaginar! **(b)** (para expressar incredulidade) até parece: *"I was really worried about you." "Yeah, I bet."* – Fiquei super preocupado com você. – Até parece. **3 you bet (your life)** (para concordar enfaticamente) é lógico, com certeza: *"Are you coming along?" "You bet!"* – Você vem também? – É lógico!

- *s* **1 to have a bet on sth** apostar em algo **2** aposta **3 a good/safe bet** uma boa opção **4 your best bet** o melhor: *Your best bet would be to avoid the freeway.* O melhor seria evitar a autoestrada.

betray /bɪˈtreɪ/ *v* [tr] **1** (atraiçoar) trair **2 to betray your principles/beliefs etc.** trair seus princípios/suas convicções etc. **3** trair, mostrar [um sentimento]

betrayal /bɪˈtreɪəl/ *s* traição

better /ˈbɛtər/ *adjetivo, advérbio, substantivo & verbo*

- *adj* **1** melhor: *He's applied for a better job.* Ele se candidatou a um emprego melhor. | *Your computer is better than mine.* Seu computador é melhor do que o meu. **2** (em processo de recuperação) melhor: *Eva's had the flu but she's much better now.* A Eva pegou uma gripe, mas já está muito melhor. | **to get better** melhorar: *I hope you get better soon.* Espero que você melhore logo. | **to feel better** sentir-se melhor

3 (recuperado) estar/ficar bom: *Can we go swimming when I'm better?* Podemos ir nadar quando eu ficar bom?
4 to get better melhorar [situação, qualidade, etc.]
5 to have seen better days (informal) estar muito ruim
6 it would be better (to do sth) seria melhor (fazer algo): *It would be better to tell him.* Seria melhor contar para ele.
7 the sooner the better/the bigger the better etc. quanto mais cedo melhor/quanto maior melhor etc.

• *adv* **1** melhor: *Caroline knows Paris a lot better than I do.* A Caroline conhece Paris muito melhor do que eu. | *I like this one better.* Gosto mais desse.
2 had better do sth frase usada para dar conselhos ou fazer advertências: *It's late; you'd better get changed.* Está tarde; é melhor você ir se trocar. | *Hadn't you better get ready for school?* Não é melhor você ir se aprontar para ir para a escola?

• *s* **1 to get the better of sb (a)** não conseguir dominar algo, ser mais forte que algo: *Curiosity got the better of him and he read Diane's letter.* Ele não conseguiu dominar a curiosidade, e leu a carta da Diane. **(b)** levar a melhor sobre alguém, vencer alguém
2 for the better para melhor

• *v* [tr] **1** superar
2 to better yourself progredir

,better 'off *adj* **1** em melhor situação (econômica) **2 you'd/we'd etc. be better off (doing sth)** seria melhor você fazer/nós fazermos etc. | **to be better off without sth/sb** estar melhor sem algo/alguém

between /bɪˈtwin/ *preposição & advérbio*

• *prep* **1** entre: *Judy was sitting between Kate and me.* Judy estava sentada entre a Kate e eu. | *Try not to eat between meals.* Tente não comer entre as refeições. | *The project will cost between 10 and 12 million dollars.* O projeto custará entre 10 e 12 milhões de dólares.
2 (em partilha) entre: *Tom divided his money between his three children.* Tom dividiu seu dinheiro entre os três filhos.
3 (expressando colaboração) junto: *Between the four of us, we managed to lift it.* Conseguimos levantá-lo, os quatro juntos.
4 (ao comparar) entre: *What's the difference between the two computers?* Qual é a diferença entre os dois computadores? ▶ AMONG OU BETWEEN? ver nota em **entre**

• *adv* (também **in between**) no meio: *two houses with a fence between* duas casas com uma cerca no meio | *periods of frantic activity with brief pauses in between* períodos de atividade frenética com breves pausas no meio

beverage /ˈbɛvərɪdʒ/ *s* bebida

beware /bɪˈwɛr/ *v* [intr] tomar cuidado: *We were told to beware of signing anything.* Disseram-nos para tomar cuidado e não assinar nada. | *Beware of the dog!* Cuidado com o cão! ▶ Este verbo só é usado no imperativo ou no infinitivo

bewildered /bɪˈwɪldərd/ *adj* desnorteado
bewildering /bɪˈwɪldərɪŋ/ *adj* desnorteante
beyond /bɪˈjɑnd/ *preposição & advérbio*

• *prep* **1** além de, para lá de: *Beyond the mountains was the border territory.* O território limítrofe ficava além das montanhas.
2 para além de: *The ban was extended beyond 1998.* A proibição foi prolongada para além de 1998.
3 expressando impossibilidade: *The watch was beyond repair.* O relógio não tinha mais conserto. | *The salaries they earn are beyond belief.* São inacreditáveis os salários que eles ganham. | *due to circumstances beyond our control* devido a circunstâncias que fogem ao nosso controle
4 it's beyond me (why/how etc.) não consigo entender (por que/como etc.): *It's beyond me why they got married.* Não consigo entender por que eles se casaram.

• *adv* **1** mais além: *the mountains and the plains beyond* as montanhas e as planícies mais além
2 depois: *2004 and beyond* 2004 e depois

bias /ˈbaɪəs/ *s* viés | **bias against sth/sb** preconceito contra algo/alguém | **bias toward sth/sb** parcialidade a favor de algo/alguém

biased /ˈbaɪəst/ *adj* tendencioso | **to be biased against sth/sb** ter preconceito contra algo/alguém | **to be biased toward sth/sb** favorecer algo/alguém

bib /bɪb/ *s* babador
bible /ˈbaɪbəl/ *s* **1 the Bible** a Bíblia **2** (exemplar) bíblia **3** (livro essencial) bíblia: *the medical student's bible* a bíblia do estudante de Medicina

bibliography /bɪbliˈɑɡrəfi/ *s* bibliografia
bicker /ˈbɪkər/ *v* [intr] brigar, bater boca
bicycle /ˈbaɪsɪkəl/ *s* bicicleta: *Jason was riding his bicycle out in the street.* Jason estava andando de bicicleta na rua.

bid /bɪd/ *substantivo & verbo*

• *s* **1** tentativa | **bid to do sth** tentativa de fazer algo **2** lance [num leilão] | **to put in a bid** fazer um lance

• *v* (passado & particípio **bid**, gerúndio **bidding**) [tr/intr] fazer um lance (de): *We bid $5000 for the painting.* Fizemos um lance de $5000 pelo quadro.

big /bɪɡ/ *adj* (comparativo **-gger**, superlativo **-ggest**)
1 grande: *a big red balloon* uma bola de gás vermelha e grande | *How big is their new house?* Qual é o tamanho da casa nova deles? | *There's a big age difference between them.* Há uma grande diferença de idade entre eles. ▶ BIG OU LARGE? ver **grande 2** importante, grande: *The*

*Gostaria de saber mais sobre as diferenças entre os **possessivos** em inglês e português? Leia a explicação na seção de gramática.*

big game is on Friday. O jogo importante é na sexta-feira. **3 your big sister/big brother** (informal) seu irmão mais velho/sua irmã mais velha **4** (informal) badalado: *a big star* uma atriz badalada | **to be big** ser badalado [banda, artista, etc.], ser forte [empresa]: *The group is also big in the United States.* O grupo também está estourando nos EUA. | **to make it big** estourar, fazer sucesso

Big 'Bang *s* **the Big Bang** o Big Bang [grande explosão que, segundo muitos cientistas, deu origem ao universo]

bigheaded /ˈbɪɡhedɪd/ *adj* convencido, besta

bigot /ˈbɪɡət/ *s* preconceituoso -sa

bigoted /ˈbɪɡətɪd/ *adj* preconceituoso

bigotry /ˈbɪɡətri/ *s* preconceito

'big time *s* **the big time** o estrelato

bike /baɪk/ *s* **1** bicicleta: *How old were you when you learned to ride a bike?* Com quantos anos você aprendeu a andar de bicicleta? **2** (informal) moto

biker /ˈbaɪkər/ *s* motoqueiro -ra

bikini /bɪˈkini/ *s* biquíni

bilingual /baɪˈlɪŋɡwəl/ *adj* bilíngue

bill /bɪl/ *substantivo & verbo*

• *s* **1** conta, fatura: *a bill for $49.50* uma conta de $49.50 **2** projeto de lei **3** AmE nota, cédula: *a twenty dollar bill* uma nota de vinte dólares **4** BrE conta: *Can we have the bill please?* A conta, por favor. ▶ No inglês americano diz-se **check 5 to foot the bill (for sth)** (informal) pagar a conta (de algo)

• *v* [tr] **1 to be billed as sth** ser anunciado como algo **2** cobrar

billboard /ˈbɪlbɔrd/ *s* outdoor

billfold /ˈbɪlfoʊld/ *s* AmE carteira [de dinheiro]

billiards /ˈbɪljərdz/ *s pl* bilhar

billion /ˈbɪljən/ *s* (pl **billion** ou **billions**) bilhão: *five billion dollars* cinco bilhões de dólares ▶ Só se usa o plural **billions** quando a quantidade não é especificada, como em *billions of years/dollars*

bin /bɪn/ *substantivo & verbo*

• *s* BrE lata de lixo, lixeira [dentro de casa], lixeira [do lado de fora da casa ou em lugares públicos] ▶ No inglês americano diz-se **garbage can**

• *v* [tr] (**-nned, -nning**) BrE (informal) jogar no lixo

binary /ˈbaɪnəri/ *adj* binário

bind /baɪnd/ *verbo & substantivo*

• *v* [tr] (passado & particípio **bound**) **1** (formal) amarrar, atar **2** (formal) (laços, passado) unir **3** (acordo, promessa) comprometer

• *s* **1** (informal) chatice **2** enrascada

binder /ˈbaɪndər/ *s* pasta: *a ring binder* um fichário

binding /ˈbaɪndɪŋ/ *adjetivo & substantivo*

• *adj* comprometedor

• *s* encadernação

binge /bɪndʒ/ *s* **1** (de comida) comilança **2** (de bebida) porre **3 to go on a binge (a)** (de comida) comer vorazmente **(b)** (de bebida) tomar um porre

bingo /ˈbɪŋɡoʊ/ *s* bingo

binoculars /bɪˈnɑkjələrz/ *s pl* binóculo: *a pair of binoculars* um binóculo

biochemical /baɪoʊˈkemɪkəl/ *adj* bioquímico

biochemistry /baɪoʊˈkemɪstri/ *s* bioquímica

biodegradable /baɪoʊdɪˈɡreɪdəbəl/ *adj* biodegradável

biodiesel /ˈbaɪoʊdizəl/ *s* biodiesel

biodiversity /baɪoʊdɪˈvɜrsəti/ *s* biodiversidade

biofuel /ˈbaɪoʊfyuəl/ *s* biocombustível

biographer /baɪˈɑɡrəfər/ *s* biógrafo -fa

biographical /baɪəˈɡræfɪkəl/ *adj* biográfico

biography /baɪˈɑɡrəfi/ *s* (pl **-phies**) s biografia

biological /baɪəˈlɑdʒɪkəl/ *adj* **1** biológico **2 biological warfare/weapons** guerra biológica/armas biológicas **3 biological mother/father** mãe biológica/pai biológico

biologically /baɪəˈlɑdʒɪkli/ *adv* biologicamente

biologist /baɪˈɑlədʒɪst/ *s* biólogo -ga

biology /baɪˈɑlədʒi/ *s* biologia

biometric /baɪəˈmetrɪk/ *adj* biométrico

biosecurity /baɪoʊsɪˈkjʊrəti/ *s* biossegurança

bird /bɜrd/ *s* pássaro, ave

bird of 'prey *s* ave de rapina

biro® /ˈbaɪroʊ/ *s* BrE caneta esferográfica

birth /bɜrθ/ *s* **1 to give birth (to)** dar à luz **2** nascimento **3** origem | **by birth** de nascença

birthday /ˈbɜrθdeɪ/ *s* **1** aniversário: *Happy Birthday!* Feliz aniversário! **2 birthday cake** bolo de aniversário **birthday card** cartão de aniversário **birthday party** festa de aniversário **birthday present** presente de aniversário

birthmark /ˈbɜrθmɑrk/ *s* sinal de nascença

birthplace /ˈbɜrθpleɪs/ *s* cidade natal, lugar de nascimento

'birth rate *s* taxa de natalidade

biscuit /ˈbɪskɪt/ *s* **1** BrE biscoito [doce] **2** BrE bolacha, biscoito [salgado] **3** AmE pão de minuto

bishop /ˈbɪʃəp/ *s* **1** (na Igreja) bispo -pa **2** (no xadrez) bispo

bit¹ /bɪt/ *s* **1** (informal) **a bit (of)** um pouco (de): *I'm a bit tired this morning.* Estou um pouco cansada hoje. | *I need a bit of help with my homework.* Preciso de um pouco de ajuda com esse dever de casa. | *a bit upset/sad/worried* meio chateado/triste/preocupado | **not a bit** nem um pouco: *I don't mind a bit.* Não me incomodo nem um pouco. | **a little bit** um pouquinho **2** pedacinho, pedaço: *The floor was covered in bits of glass.* O chão estava coberto de cacos de vidro. | **to fall to bits** cair aos pedaços | **to blow sth to bits** explodir algo [com bomba] **3 quite a**

bit bem, muito: *She's quite a bit older than me.* Ela é bem mais velha do que eu. **4** (informal) um pouquinho [de tempo]: *Could you wait a bit?* Você pode esperar um pouquinho? | *Let's sit here for a bit.* Vamos sentar aqui um pouquinho. **5 bit by bit** pouco a pouco **6** (em informática) bit **7** (de broca) peça (perfurante) **8** (de cavalo) freio

bit² passado de **bite**

bite /baɪt/ *verbo & substantivo*
- *v* (tr/intr) (passado **bit**, particípio **bitten**) **1** morder: *Watch out for that dog, he bites.* Cuidado com o cachorro, ele morde. | *I bit my tongue.* Mordi minha língua. | *Don't bite your nails.* Não roa as unhas. | **to bite into sth** dar uma mordida em algo **2** morder, picar: *She was bitten by a mosquito.* Ela foi mordida por um mosquito.
- *s* **1** dentada | **to have/take a bite of sth** dar uma dentada em algo, comer um pedaço de algo **2** mordida, picada: *insect bites* mordidas de insetos **3** (informal) **to have a bite (to eat)** fazer uma boquinha, comer alguma coisa

bitten /'bɪtn/ particípio de **bite**

bitter /'bɪtər/ *adj* **1** amargo, ressentido **2** grande [decepção], amargo [derrota] | **a bitter blow** um duro golpe **3** acirrado [luta, disputa]: *bitter enemies* inimigos mortais **4** amargo [gosto] **5** gelado, glacial [vento, clima]

bitterly /'bɪtərli/ *adv* **1** amargamente | **bitterly disappointed** profundamente decepcionado **2 bitterly cold**: *a bitterly cold wind* um vento gelado | *It was bitterly cold.* Fazia um frio bárbaro.

bitterness /'bɪtərnəs/ *s* amargura, ressentimento

bizarre /bɪ'zɑr/ *adj* estranho, esquisito

black /blæk/ *adjetivo, substantivo & verbo*
- *adj* **1** preto ▶ ver "Active Box" **colors** em **color** **2** (de raça negra) negro: **3** *black coffee* café (preto) **4** encardido **5** (nefasto) negro: *a black day for professional football* um dia negro para o futebol profissional **6 black humor** humor negro | **black comedy** comédia de humor negro **7 black and blue** cheio de hematomas
- *s* **1** preto ▶ ver "Active Box" **colors** em **color** **2** (também **Black**) negro -gra ▶ Muitos consideram este substantivo ofensivo e preferem usar **black person 3 in black and white** por escrito
- *v* **black out** desmaiar

blackberry /'blækberi/ (pl **-rries**) *s* amora

blackboard /'blækbɔrd/ *s* quadro-negro, lousa

black 'box *s* caixa-preta [de aeronave]

blackcurrant /'blækkərənt/ *s* cassis

black 'eye *s* olho roxo

blacklist /'blæklɪst/ *substantivo & verbo*
- *s* lista negra
- *v* [tr] colocar na lista negra

blackmail /'blækmeɪl/ *substantivo & verbo*
- *s* chantagem
- *v* [tr] chantagear

black 'market *s* mercado negro

blackout /'blækaʊt/ *s* blecaute, apagão

black 'sheep *s* ovelha negra

blacksmith /'blæksmɪθ/ *s* ferreiro -ra

bladder /'blædər/ *s* bexiga

blade /bleɪd/ *s* **1** lâmina [de faca, espada, etc.] **2** folha [de grama] **3** pá [de hélice, ventilador] **4** lâmina [de patins] **5** pá [de remo]

blame /bleɪm/ *verbo & substantivo*
- *v* [tr] **1** culpar: *They tried to blame everything on Joey.* Tentaram pôr a culpa de tudo no Joey. | *You shouldn't blame yourself for what happened.* Você não devia se culpar pelo que aconteceu. | **to be to blame (for sth)** ter culpa (de algo) **2 I don't blame you/him etc.** pudera: *"I lost my temper with him." "I don't blame you."* – Perdi a cabeça com ele. – Pudera.
- *s* culpa | **to get the blame (for sth)** levar a culpa (por algo): *I always get the blame.* Eu sempre levo a culpa. | **to take the blame (for sth)** assumir a culpa (por algo)

bland /blænd/ *adj* **1** (pouco interessante) insípido **2** (sem sabor) insosso

blank /blæŋk/ *adjetivo & substantivo*
- *adj* **1** em branco [página, cheque] **2** virgem [fita] **3** inexpressivo [rosto, olhar] **4 to go blank (a)** apagar [tela] **(b)** (referente a uma pessoa): *My mind went blank.* Me deu um branco.
- *s* **1** espaço em branco: *Fill in the blanks.* Preencha os espaços em branco. **2** bala de festim **3 to draw a blank** não encontrar nenhuma pista

blanket /'blæŋkɪt/ *s* cobertor

blare /blɛr/, também **blare out** *v* [intr] estar no volume máximo [TV, rádio], tocar a todo volume [sirene, música]

blasphemy /'blæsfəmi/ *s* blasfêmia

blast /blæst/ *substantivo & verbo*
- *s* **1** explosão **2** rajada **3 a blast** AmE (informal) um barato, o máximo: *"How was your night?" "It was a blast."* – Como foi a sua noite? – Foi um barato. | *We had a blast at David's party.* A festa de David foi o máximo. **4 (at) full blast** no volume máximo [música, TV]
- *v* [tr] **1** abrir [com explosivos] | **to blast a hole/tunnel in sth** abrir um buraco/um túnel em algo **2** balear

blast off ser lançado [foguete, nave espacial]

blatant /'bleɪtnt/ *adj* descarado, gritante

blaze /bleɪz/ *substantivo & verbo*
- *s* **1** incêndio **2 a blaze of light/color** um esplendor de luz/cor **3 a blaze of publicity** uma explosão de publicidade
- *v* **1** [intr] arder [fogo] **2** [intr] resplandecer

blazer /'bleɪzər/ *s* blazer

bleach

bleach /blitʃ/ *substantivo & verbo*
- *s* água sanitária, alvejante
- *v* [tr] (3a pess sing -ches) branquear, alvejar [um tecido, uma roupa], descolorir [o cabelo]

bleachers /'blitʃərz/ *s pl* AmE arquibancada

bleak /blik/ *adj* **1** sombrio [futuro, perspectiva] **2** inóspito, árido [lugar, paisagem]

bleat /blit/ *v* [intr] balir

bleed /blid/ *v* [intr] (passado & particípio **bled** /bled/) sangrar | **to bleed to death** sangrar até morrer

bleeding /'blidɪŋ/ *s* sangramento

bleep /blip/ *substantivo & verbo*
- *s* bipe [de um aparelho eletrônico]
- *v* [intr] fazer um bipe, apitar [aparelho eletrônico]

bleeper /'blipər/ *s* BrE bipe ► No inglês americano diz-se **pager**

blemish /'blemɪʃ/ *s* (pl -shes) mancha

blend /blend/ *verbo & substantivo*
- *v* **1** [tr] misturar, combinar: *Blend all the ingredients together.* Misture todos os ingredientes. | *The book blends history and fiction.* O livro combina história e ficção. **2** [intr] misturar-se, combinar
  blend in 1 harmonizar-se **2** passar despercebido, não sobressair
- *s* mistura

blender /'blendər/ *s* liquidificador

bless /bles/ *v* [tr] (3a pess sing -sses) **1** abençoar **2 to be blessed with sth** ter a sorte de ser dotado de algo **3 bless you!** saúde! [dito quando alguém espirra]

blessed /'blesɪd/ *adj* **1** bem-aventurado **2 a blessed relief** um grande alívio

blessing /'blesɪŋ/ *s* **1** (de Deus, dos pais, etc.) bênção **2** (coisa boa) bênção **3 to be a mixed blessing** ter vantagens e desvantagens **4 a blessing in disguise** um mal que veio para o bem

blew /blu/ passado de **blow**

blind /blaɪnd/ *adjetivo, substantivo & verbo*
- *adj* **1** cego | **to go blind** ficar cego | **the blind** os cegos **2 to be blind to sth** não enxergar algo
- *s* persiana: *a Venetian blind* uma veneziana
- *v* [tr] **1** ofuscar **2** cegar

blind 'date *s* encontro marcado com um desconhecido

blindfold /'blaɪndfoʊld/ *verbo & substantivo*
- *v* [tr] vendar os olhos de
- *s* venda

blindly /'blaɪndli/ *adj* **1** às cegas **2** cegamente

blindness /'blaɪndnəs/ *s* cegueira

blink /blɪŋk/ *verbo & substantivo*
- *v* [tr/intr] piscar | **to blink your eyes** piscar os olhos
- *s* piscar de olhos

bliss /blɪs/ *s* delícia, felicidade

blissful /'blɪsfəl/ *adj* maravilhoso, divino [experiência]

blister /'blɪstər/ *s* **1** bolha [no pé, na mão, etc.] **2** bolha [de tinta]

blitz /blɪts/ *s* ataque-relâmpago

blizzard /'blɪzərd/ *s* **1** nevasca **2** AmE (informal) enxurrada [de cartas, etc.]

bloated /'bloʊtɪd/ *adj* inchado

blob /blɑb/ *s* pingo [de algo grosso como tinta]

block /blɑk/ *substantivo & verbo*
- *s* **1** AmE quadra, quarteirão **2** bloco [de madeira, pedra, gelo] **3** grupo [de lugares] **4** bloco [de texto] **5** lote [de ações] **6** BrE prédio: *a block of flats* um prédio de apartamentos **7 block booking** BrE reserva em grupo
- *v* [tr] **1** bloquear [uma passagem], interromper [o trânsito] | **to block sb's way** impedir a passagem de alguém **2** (também **block up**) entupir: *My nose is blocked.* Estou com o nariz entupido. **3** vetar **4** tapar [a vista, a luz]

blockade /blɑ'keɪd/ *substantivo & verbo*
- *s* bloqueio
- *v* [tr] bloquear [um porto, uma cidade]

blockage /'blɑkɪdʒ/ *s* entupimento

blockbuster /'blɑkbʌstər/ *s* (informal) **1** (filme) sucesso de bilheteria **2** (romance) best-seller

block 'capitals, também **block 'letters** *s pl* letra de forma

blog /blɑg/ *s* blog

blogger /'blɑgər/ *s* blogueiro -ra

blogosphere /'blɑgəsfɪr/ *s* blogosfera

bloke /bloʊk/ *s* BrE (informal) cara: *a nice bloke* um cara legal

blonde, blond /blɑnd/ *adj & s* louro -ra ► Geralmente se usa **blonde** para mulheres e **blond** para homens

blood /blʌd/ *s* **1** sangue **2 in cold blood** a sangue frio **3 new blood** sangue novo **4 blood group** grupo sanguíneo **blood pressure** pressão arterial **blood vessel** vaso sanguíneo

bloodshed /'blʌdʃed/ *s* derramamento de sangue

'blood sports *s pl* esportes cruentos

bloodstream /'blʌdstrim/ *s* corrente sanguínea

bloody /'blʌdi/ (-dier, -diest) *adjetivo & advérbio*
- *adj* **1** ensanguentado, sangrento **2** BrE (informal) adjetivo que se usa para dar ênfase, para qualificar algo de muito ruim: *This bloody weather!* Essa droga de tempo! | *You bloody fool!* Seu idiota!
- *adv* BrE (informal) advérbio que se usa para dar ênfase: *It's bloody cold out there.* Está um frio danado lá fora.

bloom /blum/ *substantivo & verbo*
- *s* flor | **in bloom** em flor
- *v* [intr] florescer

blossom /'blɒsəm/ *substantivo & verbo*
- *s* flor(es) [de uma árvore ou arbusto]
- *v* [intr] florir

blot /blɑt/ *verbo & substantivo*
- *v* [tr] (**-tted**, **-tting**) secar [com papel absorvente] **blot sth out 1** apagar algo da mente [uma lembrança] **2** tapar algo
- *s* **1** borrão **2** (na reputação de alguém) mácula

blotch /blɑtʃ/ *s* (pl **-ches**) mancha [na pele]

blouse /blaʊs, BrE blaʊz/ *s* blusa

blow /bloʊ/ *verbo & substantivo*
- *v* (passado **blew**, particípio **blown**) **1** [intr] soprar **2** [intr/tr] mover ou mover-se pela ação do vento: *The door blew open.* A porta abriu com o vento. | *The wind blew his hat off.* O vento fez voar o chapéu dele. **3** [tr] tocar [um instrumento de sopro] | **to blow a/your whistle** apitar **4** [tr] tocar [apito] **5** [tr/intr] queimar [fusível] **6 to blow sth apart/to bits** fazer algo ir pelos ares: *The car was blown to bits.* O carro foi pelos ares. **7 to blow your nose** assoar o nariz
blow out apagar [fósforo, fogo] **blow sth out** apagar algo [soprando]
blow over passar, acabar [tempestade, problemas]
blow up 1 explodir **2** (informal) (de raiva) explodir **blow sth up 1** explodir algo **2** encher algo (de ar) **3** ampliar algo [uma foto]
- *s* **1** golpe, soco: *a blow to the head* uma pancada na cabeça **2** baque, golpe: *a blow to his pride* um golpe para o orgulho dele **3 to come to blows** engalfinhar-se, sair no tapa

'blow-dry *verbo & substantivo*
- *v* [tr] (3a pess sing **-dries**) secar com escova
- *s* (pl **-dries**) escova [penteado]

'blow ,dryer *s* secador de cabelo

blown /bloʊn/ particípio de **blow**

BLT /ˌbi ɛl 'ti/ *s* (= **bacon, lettuce and tomato**) sanduíche de bacon, alface e tomate

blue /blu/ *adjetivo, substantivo & substantivo plural*
- *adj* **1** azul ▶ ver "Active Box" **colors** em **color 2** (informal) deprimido **3** (informal) erótico, de sacanagem [filme, piada, etc.]
- *s* **1** azul ▶ ver "Active Box" **colors** em **color 2 out of the blue** (informal) sem mais nem menos, inesperadamente
- **blues** *s pl* **1** blues **2 to have the blues** (informal) estar/entrar em depressão, estar/ficar de baixo-astral

blueprint /'bluprɪnt/ *s* plano

bluff /blʌf/ *verbo & substantivo*
- *v* [tr/intr] blefar
- *s* blefe

blunder /'blʌndər/ *substantivo & verbo*
- *s* asneira, erro crasso
- *v* [intr] **1** fazer uma asneira, cometer um erro crasso **2 to blunder into sth** esbarrar em algo

blunt /blʌnt/ *adjetivo & verbo*
- *adj* **1** cego [faca, tesoura] **2** sem ponta [lápis] **3** direto, franco [resposta, pessoa, etc.] | **to be blunt with sb** ser franco com alguém
- *v* [tr] cegar

blur /blɜr/ *substantivo & verbo*
- *s* **1** borrão [imagem indistinta] **2** lembrança confusa
- *v* (**-rred**, **-rring**) **1** [intr] tornar-se indistinto, toldar-se **2** [tr] tornar indistinto, toldar

blurred /blɜrd/ *adj* indistinto

blurt /blɜrt/ *v* **blurt sth out** soltar algo, deixar escapar algo [ao falar]

blush /blʌʃ/ *verbo & substantivo*
- *v* [intr] (3a pess sing **-shes**) corar: *He blushed with pride.* Ele corou de orgulho.
- *s* **1** (pl **-shes**) rubor **2** AmE blush

blusher /'blʌʃər/ *s* blush

B-movie /'bi ˌmuvi/ *s* filme B [filme de baixa qualidade]

board /bɔrd/ *substantivo & verbo*
- *s* **1** tábua [de madeira] **2** tabuleiro [de jogo] **3** quadro de avisos **4** (também **blackboard, chalkboard**) quadro(-negro), lousa: *Copy down what I've written on the board.* Copiem o que escrevi no quadro. **5** diretoria [de empresa] **6 on board** a bordo **7 across the board** geral: *an across-the-board pay increase* um aumento geral de salário **8 half board** BrE meia pensão | **full board** BrE pensão completa | **board and lodging** casa e comida ▶ ver também **chopping board, ironing board**

ironing board blackboard
cheeseboard chopping board chessboard

- *v* [tr/intr] (formal) embarcar (em)
board sth up fechar algo com tábuas

boarder /'bɔrdər/ *s* **1** aluno -na interno -na **2** hóspede, pensionista

'boarding ,card, também **'boarding ,pass** *s* cartão de embarque

'boarding ,school *s* internato

boast /boʊst/ *verbo & substantivo*
- *v* [tr] gabar-se de, [intr] gabar-se: *He boasted that*

he was the best player. Ele se gabou de ser o melhor jogador.
- *s* alarde, bazófia

boat /boʊt/ *s* **1** barco | **by boat** de barco **2** (informal) navio **3 to be in the same boat (as sb)** estar no mesmo barco (que alguém) ▶ ver também **fishing boat**

bob /bɑb/ *verbo & substantivo*
- *v* [intr] (-bbed, -bbing) boiar, flutuar | **to bob up and down** balançar [barco]
- *s* pajem [penteado]

bobby /'bɑbi/ *s* (pl -bbies) BrE (old-fashioned) policial

bobby pin /'bɑbi pɪn/ *s* grampo [para cabelo]

bode /boʊd/ *v* **to bode well/ill for sth/sb** (literário) ser de bom/mau agouro para algo/alguém

bodice /'bɑdɪs/ *s* corpete [de vestido]

bodily /'bɑdl-i/ *adj* físico | **bodily functions** funções fisiológicas | **bodily harm** lesão corporal

body /'bɑdi/ *s* (pl -dies) **1** (de uma pessoa) corpo **2** (morto) corpo, cadáver **3** (organização) órgão **4** (de pessoas) grupo **5** (de carro) carroceria, chassi **6** BrE collant, body **7 a body of evidence** um conjunto de provas **8 body building** halterofilismo **body language** expressão corporal **body odor** AmE, **body odour** BrE cheiro, odor [do corpo]

bodyguard /'bɑdigɑrd/ *s* guarda-costas, segurança

bodysuit /'bɑdisut/ *s* AmE collant, body

bodywork /'bɑdiwɜrk/ *s* **1** carroceria, chassi **2** AmE lanternagem

bog /bɑg/ *substantivo & verbo*
- *s* atoleiro
- *v* **to get bogged down** ficar emperrado

bogus /'boʊgəs/ *adj* (informal) falso, falsificado [documento, etc.]

boil /bɔɪl/ *verbo & substantivo*
- *v* [tr/intr] ferver: *The kettle's boiling.* A água na chaleira está fervendo. | *boiled rice* arroz cozido
boil away evaporar todo
boil down to sth resumir-se a/em algo: *What it boils down to is that he doesn't care.* Em resumo, ele está pouco se importando.
boil over transbordar [de um recipiente]
- *s* **1 to bring sth to a boil** ferver algo | **to come to a boil** levantar a fervura **2** furúnculo

boiler /'bɔɪlər/ *s* boiler

boiling /'bɔɪlɪŋ/ *adj* fervendo: *boiling water* água fervendo | *I'm boiling!* Estou morrendo de calor!

boiling point *s* fervura

boisterous /'bɔɪstərəs/ *adj* espevitado, agitado

bold /boʊld/ *adj* **1** arrojado, ousado **2** atrevido **3** bem definido [traço, forma] **4** vivo [cor] **5 in bold (type)** em negrito

boldly /'boʊldli/ *adv* corajosamente, audaciosamente

Bolivia /bə'lɪviə/ *s* Bolívia

Bolivian /bə'lɪviən/ *adj & s* boliviano -na

bolster /'boʊlstər/ *verbo & substantivo*
- *v* [tr] (também **bolster up**) aumentar, fortalecer
- *s* rolo [de cama]

bolt /boʊlt/ *substantivo & verbo*
- *s* **1** ferrolho **2** parafuso [de porca] **3 a bolt of lightning** um raio
- *v* **1** [intr] sair correndo [pessoa] **2** [intr] disparar [cavalo] **3** [tr] fechar com ferrolho **4 to bolt sth to sth** aparafusar algo em algo

bomb /bɑm/ *substantivo & verbo*
- *s* **1** bomba | **to plant a bomb** colocar uma bomba **2 the bomb** a bomba atômica/de hidrogênio **3 to cost a bomb** BrE (informal) custar uma nota **4 to go like a bomb** BrE (informal) ir a mil
- *v* **1** [tr] bombardear **2** [intr] (informal) ser um fracasso

bombard /bɑm'bɑrd/ *v* [tr] **1** bombardear **2 to bombard sb with questions/information** bombardear alguém com perguntas/ informações

bombardment /bɑm'bɑrdmənt/ *s* bombardeio

bomber /'bɑmər/ *s* **1** bombardeiro **2** pessoa que coloca uma bomba

bombing /'bɑmɪŋ/ *s* **1** bombardeio **2** atentado a bomba

bombshell /'bɑmʃɛl/ *s* (informal) bomba: *The news came as a complete bombshell.* A notícia caiu como uma bomba.

bond /bɑnd/ *substantivo, substantivo plural & verbo*
- *s* **1** laço **2** título [de dívida]
- **bonds** *s pl* amarras
- *v* **1** [tr/intr] colar **2** [intr] entrosar-se | **to bond with sb** criar laços afetivos com alguém

bone /boʊn/ *s* **1** osso [de pessoa, animal] **2** espinha [de peixe] **3 bone dry** totalmente seco

bone marrow *s* medula óssea

bonfire /'bɑnfaɪr/ *s* fogueira

Bonfire Night *s*

Na Grã-Bretanha, a noite de 5 de novembro, quando se acendem fogueiras e se soltam fogos para comemorar a tentativa frustrada de Guy Fawkes de explodir o Parlamento em 1605

bonnet /'bɑnɪt/ *s* **1** touca [de bebê] **2** BrE capô ▶ No inglês americano diz-se **hood** **3** touca [usada antigamente pelas mulheres]

bonus /'boʊnəs/ *s* (pl -ses) **1** gratificação **2** vantagem

bony /'boʊni/ *adj* (-nier, -niest) **1** ossudo **2** ósseo

boo /bu/ *verbo & substantivo*
- *v* [tr/intr] vaiar
- *s* vaia

booby trap /'bubi træp/ *s* **1** armadilha [para pregar uma peça em alguém] **2** bomba [escondida num pacote, carro, etc.]

book /buk/ *substantivo, substantivo plural & verbo*
- *s* **1** livro: *a book by John Updike* um livro de John Updike | *a book on Indian cooking* um livro de cozinha indiana **2** caderno **3 a book of stamps** um caderno de selos **4 by the book** de acordo com as regras
- **books** *s pl* livro-caixa | **to do the books** fazer a contabilidade
- *v* **1** [tr/intr] reservar: *I'd like to book a table for four.* Queria reservar uma mesa para quatro pessoas. **2** [tr] contratar [um artista] **3 to be booked up/to be fully booked (a)** estar lotado, estar cheio [hotel, voo, etc.] **(b)** estar cheio de compromissos **4** [tr] BrE dar cartão amarelo a

book into sth BrE **to book into a hotel (a)** registrar-se num hotel **(b)** reservar um quarto num hotel

bookcase /'buk-keɪs/ *s* armário, estante [para livros]

booking /'bukɪŋ/ *s* BrE reserva: *I've **made a booking** for Saturday at 8.* Fiz uma reserva para sábado às oito.

'booking ˌoffice *s* BrE bilheteria

booklet /'buklət/ *s* prospecto, folheto

bookmaker /'bukmeɪkər/ *s* corretor -a de apostas, bookmaker

bookmark /'bukmark/ *substantivo & verbo*
- *s* **1** (de livro) marcador **2** (em informática) marcador
- *v* [tr] (em informática) adicionar aos favoritos, inserir um marcador em

bookseller /'bukselər/ *s* **1** livraria **2** livreiro -ra

bookshelf /'bukʃelf/ *s* (pl **-shelves** /-ʃɛlvz/) estante [para livros]

bookstore /'bukstɔr/ AmE, **bookshop** /'bukʃɑp/ BrE *s* livraria

boom /bum/ *substantivo & verbo*
- *s* **1** boom **2** estrondo
- *v* [intr] **1** ter um boom **2** retumbar

boost /bust/ *verbo & substantivo*
- *v* [tr] **1** aumentar, incrementar **2 to boost sb's morale** levantar o moral de alguém **3 to boost sb's confidence** aumentar a autoconfiança de alguém
- *s* **a boost to sth/sb** um incentivo para algo/alguém: *Last night's win was a tremendous boost to the team.* A vitória de ontem à noite foi um tremendo incentivo para o time. | **to give sb a boost (a)** dar uma força a alguém **(b)** AmE dar um impulso a alguém

boot /but/ *substantivo & verbo*
- *s* **1** bota **2** BrE porta-malas, mala [de carro] ▶ No inglês americano diz-se **trunk 3 to give sb the boot** (informal) **(a)** mandar alguém embora [de emprego] **(b)** dar um chute em alguém [em namorado, namorada]
- *v* [tr] (também **boot up**) (em informática) dar um boot em

booth /buθ/ *s* **1** cabine, barraca **2** balcão [de informações, para compra de ingressos] **3** reservado [num restaurante] ▶ ver também **phone booth**

booty /'buti/ *s* butim, despojo

booze /buz/ (informal) *substantivo & verbo*
- *s* bebida (alcoólica)
- *v* [intr] encher a cara

border /'bɔrdər/ *substantivo & verbo*
- *s* **1** fronteira: *on the border between Brazil and Argentina* na fronteira do Brasil com a Argentina **2** borda [em roupa], margem [em papel, desenho] **3** canteiro
- *v* [tr] **1** margear **2** fazer fronteira com

border on sth chegar às raias de algo

borderline /'bɔrdərlaɪn/ *adjetivo & substantivo*
- *adj* **1 to be borderline** estar no limite **2 a borderline case** um caso de difícil decisão
- *s* **to be on the borderline** estar no limite [entre duas situações]

bore¹ /bɔr/ *verbo & substantivo*
- *v* **1** [tr] entediar, chatear: *I won't **bore you with** the details.* Não vou te chatear com os detalhes. **2 to bore a hole** fazer um buraco
- *s* **1** chato -ta **2** chatice

bore² passado de **bear**

bored /bɔrd/ *adj* entediado: *I'm so **bored with** doing the same thing every day.* Estou tão cansado de fazer a mesma coisa todo dia. | **to get bored** ficar entediado | **to be bored stiff/to death/to tears** (informal) estar morrendo de tédio

boredom /'bɔrdəm/ *s* tédio

boring /'bɔrɪŋ/ *adj* chato: *She thinks school is boring.* Ela acha a escola chata.

born /bɔrn/ *verbo & adjetivo*
- *v* **to be born** nascer: *She was born on Christmas Day.* Ela nasceu no dia de Natal.
- *adj* nato: *She was a born leader.* Ela era uma líder nata.

borne /bɔrn/ particípio de **bear**

borough /'bɜroʊ/ *s* município [cidade pequena ou parte municipalizada de uma cidade grande]

borrow /'bɑroʊ/ *v* [tr/intr] ▶ ver quadro na pág. 44

bosom /'buzəm/ *s* peito, colo [de mulher]

boss /bɑs/ *substantivo & verbo*
- *s* (pl **bosses**) **1** chefe **2 to be (the) boss** (informal) ser quem manda: *You have to let the horse*

borrow

1 Para dizer que pedimos algo emprestado e que nos foi emprestado:
I borrowed Martin's camera. Peguei emprestada a câmera do Martin. | *The skateboard's not mine. I **borrowed** it **from** a friend.* O skate não é meu. Peguei emprestado de um amigo. | *They **borrowed** money **from** the bank.* Eles pegaram um empréstimo no banco.

2 Para pedir algo emprestado:
Can I borrow the car? Você me empresta o carro?

3 Para falar de empréstimos de uma biblioteca:
You can borrow up to eight books. Pode-se pegar até oito livros de cada vez.

know who's boss. Você tem que mostrar ao cavalo quem manda.
• *v* [tr] (também **boss around**) mandar em

bossy /'bɔsi/ *adj* (-ssier, -ssiest) mandão
botanical garden /bətænıkəl 'gɑrdn/ *s* jardim botânico
botanist /'bɑtn-ɪst/ *s* botânico -ca
botany /'bɑtn-i/ *s* botânica
both /boʊθ/ *adj & pron* **1** ambos -bas, os dois/as duas: *He broke both legs.* Ele quebrou ambas as pernas. | *Hold it in both hands.* Segure com as duas mãos. | *They both started speaking at the same time.* Os dois começaram a falar ao mesmo tempo. | *Jim and I both love dancing.* Tanto o Jim como eu adoramos dançar. | *I can't decide. I'll take both of them.* Não consigo me decidir. Vou levar os dois. **2 both... and...:** tanto... como...: *Both Tony and Rita agree with me.* Tanto o Tony como a Rita concordam comigo. | *The book is both funny and moving.* O livro é engraçado e comovente ao mesmo tempo.
bother /'bɑðər/ *verbo & substantivo*
• *v* **1** [tr] incomodar: *Sorry to bother you, but do you know what time it is?* Desculpe incomodar, mas você sabe as horas? **2** [tr] preocupar: *Going on my own doesn't bother me.* Ir sozinha não me preocupa. **3** [intr] incomodar-se: *"Should I wait for you?" "No, don't bother."* – Quer que eu espere por você? – Não se incomode. | **to bother to do sth/to bother doing sth** dar-se ao trabalho de fazer algo: *She didn't even bother to call.* Ele nem se deu ao trabalho de telefonar. | *I never bother locking the door.* Eu nunca me dou ao trabalho de trancar a porta. **4 I/he etc. can't be bothered** BrE (informal) eu, ele não estou/está com a menor vontade, eu/ele etc. estou/está com preguiça: *I ought to go and see her but I can't be bothered.* Eu devia ir vê-la, mas estou com preguiça. **5 I'm/he's etc. not bothered** BrE (informal) para mim/ele etc. tanto faz
• *s* problema, chateação | **it's no bother** não custa nada

Botox® /'boʊtɑks/ *s* Botox®
bottle¹ /'bɑtl/ *s* **1** (de leite, cerveja, vinho) garrafa ▶ ver abaixo **2** (de perfume) vidro **3** mamadeira

---
A bottle of wine ou a wine bottle?

A bottle of milk/wine refere-se a uma garrafa cheia de leite ou vinho. **A milk/wine bottle** designa a garrafa usada para leite ou vinho.

---

bottle² *v* [tr] engarrafar
'bottle ˌbank *s* BrE depósito de reciclagem de vidro
bottleneck /'bɑtlnɛk/ *s* engarrafamento [no trânsito], acúmulo [de trabalho, etc.]
bottom /'bɑtəm/ *substantivo, substantivo plural & adjetivo*
• *s* **1** (de escada, de página) pé, (de um morro) sopé **2** (de um objeto) parte de baixo, (de sapato) sola **3** (do mar, de um lago, de um recipiente) fundo: *It sank to the bottom of the lake.* Foi parar no fundo do lago. | *Can you touch the bottom?* Dá pé aí? **4** (numa lista, numa hierarquia) o último lugar, o último: *The team is at the bottom of the league.* O time está em último lugar na liga. | *He is bottom of the class.* Ele é o último da classe. **5** (de um jardim, quintal) fundo **6** traseiro **7 to get to the bottom of sth** descobrir o que está por trás de algo, tirar algo a limpo
• **bottoms** *s pl* (de pijama) calças
• *adj* **1** de baixo, inferior: *the bottom shelf* a prateleira de baixo | *the bottom right-hand corner of the page* o canto inferior direito da página **2** último: *They're in the bottom three in the league.* Eles estão entre os três últimos da liga.
bough /baʊ/ *s* (literário) ramo
bought /bɔt/ passado & particípio de **buy**
boulder /'boʊldər/ *s* pedregulho
boulevard /'bʊləvɑrd/ *s* avenida
bounce /baʊns/ *verbo & substantivo*
• *v* **1** [tr/intr] quicar: *I was bouncing the ball against the wall.* Eu estava quicando a bola na parede. | *The ball bounced off the roof into the next yard.* A bola ricocheteou do telhado para o quintal vizinho. **2** [intr] pular **3** [intr] ser devolvido [cheque sem fundos]
bounce back recuperar-se
• *s* quique
bouncer /'baʊnsər/ *s* leão de chácara
bouncy /'baʊnsi/ *adj* (-cier, -ciest) alegre [pessoa, personalidade]
bound¹ /baʊnd/ *adjetivo, verbo & substantivo*
• *adj* **1 to be bound to do sth** frase que expressa que algo é muito provável: *He's bound to forget.* Provavelmente ele vai se esquecer. | *It was bound to happen sooner or later.* Isso ia acontecer

mais cedo ou mais tarde. **2** obrigado **3 bound for** com destino a

• **v** [intr] andar rápido, a passos largos ou em saltos: *He bounded up the stairs.* Ele subiu a escada a passos largos. | *The dog came bounding toward me.* O cachorro veio correndo em minha direção.

• **s** salto ▶ ver também **leap**

bound² passado & particípio de **bind**

boundary /'baʊndəri/ s (pl -ries) divisa: *the city boundary* a divisa da cidade | *the boundaries of technology* as fronteiras da tecnologia

bounds /baʊndz/ s pl **out of bounds** frase que expressa que a entrada é proibida: *This office is out of bounds to students.* Não é permitida a entrada dos alunos nesta sala.

bouquet /boʊ'keɪ/ s **1** (de flores) buquê **2** (de um vinho) buquê, perfume

bourgeois /bʊr'ʒwɑ/ adjetivo & substantivo

• **adj** burguês

• **s** (pl **bourgeois**) burguês -esa

bout /baʊt/ s **1 a bout of depression** uma crise de depressão | **a bout of flu** uma gripe **2** disputa [de boxe]

boutique /bu'tik/ s butique

bow¹ /boʊ/ s **1** laço | **to tie sth in a bow** dar um laço em algo **2** (para flechas) arco **3** (de violino, violoncelo, etc.) arco

violin bow

bow

bow² /baʊ/ verbo & substantivo

• **v 1** [intr] fazer reverência [inclinando-se], agradecer os aplausos [fazendo reverência] **2** [tr] **to bow your head** abaixar a cabeça

• **s 1** reverência | **to take a bow** agradecer os aplausos [fazendo reverência] **2** (também **bows**) proa

bowel /'baʊəl/ s (também **bowels**) intestino

bowl /boʊl/ substantivo, substantivo plural & verbo

• **s 1** (recipiente) tigela **2** (também **bowlful**) (conteúdo) tigela: *a bowl of rice/soup* uma tigela de arroz/sopa **3** (grande, de plástico) vasilha ▶ ver também **sugar bowl**

• **bowls** s pl BrE bocha [espécie de boliche] | **to play bowls** jogar bocha

• **v** [tr/intr] **1** arremessar [em boliche, críquete] **2 to go bowling** ir jogar boliche

bowler /'boʊlər/ s **1** arremessador -a **2** (também **bowler hat**) BrE chapéu-coco

bowling /'boʊlɪŋ/ s **1** boliche **2 bowling alley** pista de boliche **bowling green** campo de bocha

bow tie /'boʊ taɪ/ s gravata-borboleta

box /bɑks/ substantivo & verbo

• **s 1** caixa: *a cardboard box* uma caixa de papelão | *a box of chocolates* uma caixa de bombons **2** quadradinho: *Check the box.* Insira um x no quadradinho. **3** camarote [em teatro] **4** (também **telephone box**) BrE cabine (telefônica) **5** caixa de correio **6** pequena área [em futebol] **7 the box** BrE (informal) televisão: *on the box* na televisão

• **v** (3a pess sing **-xes**) **1** [intr] lutar boxe **2** [tr] (também **box up**) encaixotar

boxer /'bɑksər/ s boxeador -a, pugilista

boxer shorts, também **boxers** /'bɑksərz/ s pl cueca samba-canção: *a pair of boxer shorts* uma cueca samba-canção

boxing /'bɑksɪŋ/ s **1** boxe **2 boxing gloves** luvas de boxe

Boxing Day s O dia 26 de dezembro, feriado nacional na Grã-Bretanha.

box office s bilheteria [de cinema, teatro, etc.]

boy /bɔɪ/ substantivo & interjeição

• **s 1** (criança) menino, garoto: *a boy of about nine* um menino de uns nove anos | *Their last child was a boy.* O último filho deles foi um menino. | *a little boy* um menininho **2** (jovem) rapaz, garoto **3** filho: *Her youngest boy has just started school.* O filho mais novo dela acabou de entrar para a escola.

• **interj** (também **oh boy**) nossa!: *Boy, that's some car he has!* Nossa, que carro lindo o dele!

boycott /'bɔɪkɑt/ verbo & substantivo

• **v** [tr] boicotar

• **s** boicote

boyfriend /'bɔɪfrɛnd/ s namorado: *Do you have a boyfriend?* Você tem namorado?

boyhood /'bɔɪhʊd/ s infância [de um menino]

boyish /'bɔɪɪʃ/ adj de garoto

Boy Scout s escoteiro

bps, BPS /ˌbi pi 'ɛs/ (= **bits per second**) bps [bits por segundo]

bra /brɑ/ s sutiã

brace /breɪs/ substantivo, substantivo plural & verbo

• **s** (também **braces**) aparelho [para os dentes]

• **braces** s pl BrE suspensórios ▶ No inglês americano diz-se **suspenders**

• **v to brace yourself** preparar-se [para algo desagradável]

bracelet /'breɪslət/ s pulseira

bracket /'brækɪt/ *substantivo & verbo*
- *s* **1** AmE chave [sinal gráfico] **2** BrE parênteses: *The children's ages are given in brackets.* As idades das crianças aparecem entre parênteses. | *square brackets* colchetes **3** mão-francesa, braçadeira
- *v* [tr] pôr entre parênteses

brag /bræg/ *v* [tr/intr] (-gged, -gging) gabar-se, contar vantagem: *He was bragging about his new car.* Ele estava se gabando do carro novo.

braid /breɪd/ *s* **1** galão **2** AmE trança

braille /breɪl/ *s* braile

brain /breɪn/ *s* **1** (órgão) cérebro **2** (também **brains**) (inteligência) cabeça, cérebro: *Use your brain!* Use a cabeça! **3** (pessoa) cabeça **4** *to have sth on the brain* (informal) estar com a ideia fixa em algo **5 brain damage** dano cerebral **brain tumor** AmE, **brain tumour** BrE tumor cerebral

brainpower /'breɪnpaʊər/ *s* capacidade intelectual, inteligência

brainstorm /'breɪnstɔrm/ AmE, **brainwave** /'breɪnweɪv/ BrE *s* estalo, ideia brilhante

brainwash /'breɪnwɑʃ/ *v* [tr] (3a pess sing -shes) fazer lavagem cerebral em

brainwave BrE ▶ ver brainstorm

brainy /'breɪni/ *adj* (-nier, -niest) (informal) inteligente

brake /breɪk/ *substantivo & verbo*
- *s* freio
- *v* [intr] frear: *I had to brake hard.* Tive que frear bruscamente. Tive que dar uma freada brusca.

bramble /'bræmbəl/ *s* sarça

bran /bræn/ *s* farelo de trigo (integral)

branch /bræntʃ/ *substantivo & verbo*
- *s* (pl **-ches**) **1** galho **2** filial [de empresa, loja], agência [de banco] **3** ramo [de uma família, de uma disciplina]
- *v* (3a pess sing **-ches**) **branch off** bifurcar-se [rua, estrada]
branch out ampliar os horizontes, expandir as atividades

brand /brænd/ *substantivo & verbo*
- *s* marca ▶ BRAND OU MAKE? ver marca
- *v* [tr] **1** *to brand sb (as) sth* rotular alguém de algo: *He was branded a troublemaker.* Ele foi rotulado de encrenqueiro. **2** marcar (com ferro em brasa) [o gado]

brandish /'brændɪʃ/ *v* [tr] (3a pess sing -shes) brandir

brand-'new *adj* novo em folha, zero-quilômetro

brandy /'brændi/ *s* (pl **-dies**) conhaque

brash /bræʃ/ *adj* insolente

brass /bræs/ *s* **1** latão [em ferragens, etc.] **2 the brass (section)** os metais [numa orquestra] **3 brass band** banda (de música) [composta por metais]

brat /bræt/ *s* (informal) peste [criança mimada]

bravado /brə'vɑdoʊ/ *s* bazófia

brave /breɪv/ *adjetivo & verbo*
- *adj* corajoso
- *v* [tr] enfrentar

bravely /'breɪvli/ *adv* bravamente, corajosamente

bravery /'breɪvəri/ *s* bravura, coragem

bravo! /'brɑvoʊ/ *interj* bravo!

brawl /brɔl/ *s* briga, pancadaria

Brazil /brə'zɪl/ *s* Brasil

Brazilian /brə'zɪliən/ *adj & s* brasileiro -ra

breach /britʃ/ *substantivo & verbo*
- *s* (pl **-ches**) **1** violação, infração | *to be in breach of sth* ter infringido algo | *a breach of security* uma falha na segurança **2** ruptura
- *v* [tr] (3a pess sing **-ches**) **1** violar, infringir **2** furar, abrir uma brecha em

bread /brɛd/ *s*: *whole wheat bread* pão integral | *white bread* pão branco | *a loaf of bread* um pão | *a slice of bread* uma fatia de pão | *bread and butter* pão com manteiga

breadcrumbs /'brɛdkrʌmz/ *s pl* farinha de rosca

breadth /brɛdθ/ *s* largura | *five meters/three feet etc. in breadth* cinco metros/três pés etc. de largura ▶ ver também **length**

breadwinner /'brɛdwɪnər/ *s* arrimo de família

break /breɪk/ *verbo & substantivo*
- *v* (passado **broke**, particípio **broken**) **1** [tr/intr] (em pedaços) quebrar, arrebentar: *He broke a window.* Ele quebrou uma janela. | *The branch broke under his weight.* O galho arrebentou com o peso dele. | *to break sth in two/in half* partir algo em dois/ao meio | *to break your leg/arm etc.* quebrar a perna/o braço etc.
2 [tr/intr] (falando de máquinas) quebrar: *He's broken the CD player.* Ele quebrou o aparelho de CD. | *My watch has broken.* Meu relógio quebrou.
3 *to break the law* violar a lei
4 *to break a promise* quebrar uma promessa | *to break your word* faltar com a palavra
5 *to break even* não ter lucro nem prejuízo
6 *to break loose/free* **(a)** soltar-se **(b)** libertar-se
7 *to break a record* bater/quebrar um recorde
8 *to break a strike* acabar com uma greve
9 *dawn/the day was breaking* o dia estava amanhecendo
10 [intr] tornar-se público, vir à tona [escândalo, notícia]
11 [intr] cair [tempestade]
12 [intr] mudar [a voz de um menino na puberdade]
13 [intr] quebrar [onda]
PHRASAL VERBS
break away 1 desvencilhar-se de alguém **2** *to break away from sb* **(a)** tomar a dianteira de

alguém [numa corrida] **(b)** escapar de alguém **3** desligar-se, afastar-se
break down **1** quebrar, enguiçar: *The car broke down.* O carro quebrou. **2** fracassar: *Their marriage broke down.* O casamento deles acabou. **3 to break down (in tears)** desatar a chorar **break sth down** arrombar algo [uma porta], pôr algo abaixo [um muro, etc.]
break in **1** invadir um local **2** interromper
break into sth **1 to break into a house/a store etc.** arrombar uma casa/uma loja etc. **2 to break into a run/gallop/trot** desatar a correr/galopar/trotar **3** entrar em algo [numa área de atividade, num mercado]
break off parar [no meio de conversa ou atividade] **break sth off** **1** partir algo: *I broke off a piece of cheese.* Parti um pedaço de queijo. **2** romper algo [um noivado, relações diplomáticas, etc.]
break out **1** estourar [guerra] **2** começar [incêndio, tumulto] **3** surgir [epidemia] **4 I broke out in spots/in a rash** fiquei cheio de espinhas/brotoeja **5** fugir: *They broke out of jail.* Eles fugiram da cadeia.
break through sth atravessar algo, abrir caminho por entre algo [à força]
break up **1** despedaçar-se **2** terminar [festa, reunião] **3** dispersar-se [multidão] **4** acabar [casamento], desfazer-se [família] **5** separar [casal] **6** BrE entrar de férias: *When do you break up for Christmas?* Quando começam as suas férias de Natal? **7** terminar [um namoro]: *Elizabeth has broken up with her boyfriend.* A Elizabeth terminou com o namorado. **break sth up** **1** despedaçar algo **2** dividir algo **3** acabar com, dissolver [uma reunião], dispersar [uma multidão] **4 to break up a fight** apartar uma briga

• *s* **1** pausa: *I worked five hours without a break.* Trabalhei cinco horas sem nenhuma pausa. | **to have/take a break** fazer uma pausa
2 feriado: *Are you doing anything over the Easter break?* Você vai fazer alguma coisa no feriado da Páscoa?
3 (também **break time**) BrE recreio [em escola] ▶ No inglês americano diz-se **recess**
4 pausa, intervalo [em conversa, atividade, etc.], quebra [na rotina]
5 brecha: *a break in the trees/clouds* uma brecha entre as árvores/nuvens
6 fratura
7 (informal) oportunidade | **my/his etc. lucky break** a minha/sua etc. grande chance | **give me a break!** Me deixa em paz!
8 to make a break for it tentar fugir

breakage /ˈbreɪkɪdʒ/ *s* objeto que se quebra: *All breakages must be paid for.* Qualquer coisa quebrada terá que ser indenizada.

breakdown /ˈbreɪkdaʊn/ *s* **1** desagregação [de uma família], fracasso [de um relacionamento, em negociações] **2** avaria | **to have a breakdown** enguiçar: *They had a breakdown on the way to the airport.* O carro deles enguiçou na ida para o aeroporto. **3** (também **nervous breakdown**) esgotamento nervoso | **to have/suffer a breakdown** ter/sofrer um esgotamento nervoso **4** especificação, detalhamento

breaker /ˈbreɪkər/ *s* onda de rebentação

breakfast /ˈbrɛkfəst/ *s* **1** café da manhã | **to have breakfast** tomar café (da manhã): *I haven't had breakfast yet.* Ainda não tomei café. | **to have sth for breakfast** tomar algo no café (da manhã): *I have coffee and toast for breakfast.* Tomo café e como torradas no café da manhã. **2 breakfast television** BrE programação matutina [na TV] **breakfast time** hora do café da manhã

break-in *s* assalto [a um prédio, uma loja]

breakthrough /ˈbreɪkθru/ *s* avanço | **to make a (major) breakthrough** fazer um (grande) avanço

breakup /ˈbreɪkʌp/ *s* **1** rompimento, fim [de uma relação, casamento] **2** dissolução [de uma organização, um Estado]

breast /brɛst/ *s* **1** seio, peito **2** peito [de um pássaro] **3** peito [carne]: *a chicken breast* um peito de frango **4 breast cancer** câncer de mama

breaststroke /ˈbrɛststroʊk/ *s* nado de peito | **to do the breaststroke** nadar de peito

breath /brɛθ/ *s* **1** hálito, respiração | **to be out of breath** estar sem fôlego, estar ofegante | **to hold your breath** prender a respiração | **to get your breath back** recuperar o fôlego | **bad breath** mau hálito **2 to take a breath** respirar: *I took a deep breath and dove in.* Respirei fundo e mergulhei. **3 a breath of fresh air (a)** um pouco de ar puro **(b)** novo fôlego **4 to take sb's breath away** deixar alguém boquiaberto, impressionar alguém: *a view that takes your breath away* uma vista de tirar o fôlego **5 to say under your breath** sussurrar **6 breath test** teste do bafômetro

breathe /brið/ *v* **1** [tr/intr] respirar **2 to be breathing down sb's neck** estar em cima de alguém
breathe in inspirar **breathe in sth** inspirar algo
breathe out expirar

breathing /ˈbriðɪŋ/ *s* **1** respiração **2 breathing space** pausa para tomar fôlego

breathless /ˈbrɛθləs/ *adj* sem fôlego, esbaforido

breathtaking /ˈbrɛθteɪkɪŋ/ *adj* impressionante, de tirar o fôlego

breed /brid/ *verbo & substantivo*

• *v* (passado & particípio **bred** /brɛd/) **1** [intr] reproduzir-se [animais] **2** [tr] criar [animais], cultivar [plantas] **3** [tr] gerar, provocar [violência, ressentimento, etc.]

• *s* **1** (de animal) raça **2** (de planta) gênero **3** (de pessoa ou coisa) tipo

breeder /ˈbridər/ *s* criador -a [de animais]

breeding /'briːdɪŋ/ s **1** reprodução [de animais] **2** criação [de animais]

breeze /briːz/ s brisa

brew /bruː/ v **1 to be brewing** estar se formando [tempestade, crise] **2** [tr] produzir [cerveja] **3** [tr] fazer [chá, café] **4** [intr] ficar pronto (após a infusão) [chá], ser coado/filtrado [café]

brewery /'bruːəri/ s (pl -ries) cervejaria

brew pub s bar ou restaurante que serve cervejas artesanais

bribe /braɪb/ substantivo & verbo
- s suborno
- v [tr] subornar: *They bribed him to keep quiet about it.* Subornaram-no para que não dissesse nada.

bribery /'braɪbəri/ s suborno

brick /brɪk/ substantivo & verbo
- s **1** tijolo **2** BrE bloco [brinquedo] ▶ No inglês americano diz-se **block**
- v **brick sth up** fechar algo com tijolos

bridal /'braɪdl/ adj **1 bridal gown** vestido de noiva **2 bridal suite** suíte matrimonial **3 bridal wear** artigos para noivas

bride /braɪd/ s noiva [num casamento] | **the bride and groom** os noivos

bridegroom /'braɪdɡruːm/ s noivo [num casamento]

bridesmaid /'braɪdzmeɪd/ s dama de honra

bridge /brɪdʒ/ substantivo & verbo
- s **1** ponte **2** (de um barco) ponte de comando **3 the bridge of your nose** o cavalete do seu nariz **4** (jogo) bridge
- v [tr] **1 to bridge the gap between sth and sth** reduzir a diferença entre algo e algo **2** fazer uma ponte sobre

bridle /'braɪdl/ s cabeçada [arreio]

brief /briːf/ adjetivo & verbo
- adj **1** rápido, curto: *He paid us a brief visit.* Ele nos fez uma visita rápida. | *He wrote a brief note.* Ele escreveu um bilhete curto. **2** breve: *I know you're busy, so I'll be brief.* Sei que você está ocupado, assim, serei breve. **3 in brief** em resumo
- v **to brief sb on sth** informar alguém sobre algo

briefcase /'briːfkeɪs/ s pasta [de couro, metal, etc.]

briefly /'briːfli/ adv **1** rapidamente **2** em resumo

briefs /briːfs/ s pl **1** (de homem) cueca [tipo sunga]: *a pair of briefs* uma cueca **2** (de mulher) calcinha: *a pair of briefs* uma calcinha

brigade /brɪ'ɡeɪd/ s brigada

bright /braɪt/ adj **1** brilhante [luz, estrela], claro [quarto]: *a bright sunny day* um dia ensolarado **2** vivo [cor]: *bright red lipstick* um batom vermelho vivo **3** inteligente [pessoa] **4** brilhante [ideia]: *Whose bright idea was this?* De quem foi essa ideia brilhante? **5** alegre [personalidade, sorriso] **6** promissor [futuro]

brighten /'braɪtn/, também **brighten up** v **1** [intr] abrir [tempo, céu] **2** [tr] alegrar [uma casa, um ambiente] **3** [intr] alegrar-se, animar-se [pessoa, expressão]

brightly /'braɪtli/ adv **1** com muita luz: *a brightly lit street* uma rua bem iluminada | *The sun shone brightly.* O sol brilhava forte. **2 brightly colored** de cores vivas | **brightly painted** pintado de cores vivas **3** alegremente

brightness /'braɪtnəs/ s brilho

brilliance /'brɪliəns/ s **1** (de uma pessoa) talento, inteligência **2** (de uma estrela, de uma luz) brilho

brilliant /'brɪliənt/ adj **1** brilhante: *a brilliant young violinist* um violinista jovem e brilhante | **to be brilliant at sth** ser brilhante em algo, ser um gênio em algo **2** BrE (informal) bárbaro: *It was a brilliant party.* Foi uma festa bárbara.

brim /brɪm/ s **1 to be full to the brim with sth** estar cheio até a borda, estar entupido de algo **2** aba [de chapéu]

bring /brɪŋ/ v [tr] (passado & particípio **brought**)
1 trazer: *I forgot to bring an umbrella.* Esqueci de trazer um guarda-chuva. | *Could you bring me a glass of water?* Podia me trazer um copo d'água? | *The party's at Rick's. Bring a friend if you like.* A festa é na casa do Rick. Leve um amigo, se quiser. | *He asked me to bring him a glass of water.* Ele me pediu para lhe levar um copo d'água. | **to bring sth/sb with you** trazer algo/alguém: *Jenny brought her new boyfriend with her.* Jenny trouxe o novo namorado. ▶ **BRING** ou **TAKE**? ver nota em **levar**

2 provocar, trazer: *He's brought nothing but trouble.* Ele só trouxe encrenca. | *Seeing them together brought tears to her eyes.* Ao vê-los juntos, seus olhos se encheram de lágrimas.

3 (fazer vir) trazer: *What brings you here?* O que o traz aqui?

4 to bring yourself to do sth frase que se usa com "can't" ou "couldn't" para expressar que alguém não tem ou não teve coragem de fazer algo: *I can't bring myself to touch it.* Não tenho coragem de tocar naquilo. | *She couldn't bring herself to tell him the truth.* Ela não teve coragem de lhe dizer a verdade.

5 to bring sth to sb's attention/notice levar algo ao conhecimento de alguém

PHRASAL VERBS
bring sth about provocar algo, acarretar algo
bring sb around reanimar alguém
bring sth back **1** trazer algo: *He brought some wonderful presents back from Egypt.* Ele trouxe uns presentes maravilhosos do Egito. **2** trazer algo de volta, devolver algo **3** reintroduzir algo [prática] | **to bring back memories** trazer recordações
bring sth down **1** trazer algo (para baixo) **2 to bring down prices/taxes etc.** reduzir os

preços/impostos etc. **3 to bring down the government** derrubar o governo **4 to bring a plane down** abater um avião
bring sth forward antecipar algo [uma viagem, reunião, etc.]
bring sth in 1 trazer algo (para dentro) **2 to bring in a law/system etc.** introduzir uma lei/um sistema etc. **bring in sth** render algo [dinheiro]
bring sb in 1 mandar alguém entrar **2** chamar alguém [para participar, ajudar]
bring sth on provocar algo [uma dor, uma crise]
bring sth out 1 tirar algo [de um recipiente, do bolso, etc.] **2** lançar algo [um produto] **3** realçar algo **4 to bring out the best/worst in sb** fazer aflorar o que há de melhor/pior em alguém
bring round ▶ ver **bring around**
bring sb together unir alguém [duas pessoas]
bring sth up 1 mencionar algo: *Why did you have to bring that up?* Por que você mencionou isso? **2** vomitar algo
bring sb up criar alguém: *He was brought up in Chile.* Ele foi criado no Chile. | *She was brought up as a Catholic.* Ela teve uma educação católica. | **well/badly brought up** bem-educado/mal-educado
brink /brɪŋk/ s **to be on the brink of sth** estar à beira de algo
brisk /brɪsk/ adj rápido
bristle /ˈbrɪsəl/ s **1** (de barba) pelo **2** (de escova) cerda
Britain /ˈbrɪtn/ s Grã-Bretanha
British /ˈbrɪtɪʃ/ adjetivo & substantivo
• adj britânico
• s **the British** os britânicos
Briton /ˈbrɪtn/ s (formal) britânico -ca
brittle /ˈbrɪtl/ adj quebradiço, frágil
broach /broʊtʃ/ v [tr] (3a pess sing **-ches**) **to broach the subject/matter** abordar o assunto
broad /brɔd/ adj **1** largo [ombros, quadris, rio] ▶ **BROAD OU WIDE?** ver **largo 2** amplo [gama, espectro] **3** amplo [definição, sentido]: *He gave us a broad outline of his plan.* Ele nos fez um esboço geral do seu plano. **4 a broad grin/smile** um sorriso largo **5 in broad daylight** em plena luz do dia
broadband /ˈbrɔdbænd/ s banda larga
'broad bean s BrE fava ▶ No inglês americano diz-se **fava bean**
broadcast /ˈbrɔdkæst/ v [tr/intr] (passado & particípio **broadcast**) transmitir [por rádio ou TV]
broadcaster /ˈbrɔdkæstər/ s locutor -a
broadcasting /ˈbrɔdkæstɪŋ/ s televisão, radiodifusão
broaden /ˈbrɔdn/ v **1** [tr] ampliar [conhecimentos, experiência] **2** [intr] (também **broaden out**) alargar

broadly /ˈbrɔdli/ adj em linhas gerais, em geral | **broadly speaking** de maneira geral
'broad-ˌminded adj liberal, aberto
broccoli /ˈbrɑkəli/ s brócolis
brochure /broʊˈʃʊr, BrE ˈbroʊʃə/ s folheto: *travel brochures* folhetos de viagem
broke[1] /broʊk/ adj (informal) **1** duro [sem dinheiro] **2 to go broke** quebrar, falir
broke[2] passado de **break**
broken[1] /ˈbroʊkən/ adj **1** quebrado [aparelho, máquina] **2** quebrado [vidro, prato, osso] **3** descontínuo [linha] **4 a broken heart** um coração partido **5 in broken English/French etc.** num inglês/francês etc. mal falado **6 a broken home/marriage** um lar/casamento desfeito

broken

broken[2] particípio de **break**
broker /ˈbroʊkər/ s **1** corretor -a **2** AmE corretor -a de imóveis
bronchitis /brɑŋˈkaɪtɪs/ s bronquite
bronze /brɑnz/ substantivo & adjetivo
• s **1** (metal) bronze **2** (estátua, escultura) bronze
• adj **1** de bronze **2** cor de bronze
brooch /broʊtʃ/ s (pl **-ches**) broche
brood /brud/ v [intr] matutar | **to brood over/about sth** matutar sobre algo, remoer algo
brook /brʊk/ s riacho
broom /brum/ s vassoura
broomstick /ˈbrumstɪk/ s vassoura [de bruxa]
brother /ˈbrʌðər/ s **1** (parente) irmão: *Does he have any brothers and sisters?* Ele tem algum irmão ou irmã? | **elder/older/big brother** irmão mais velho | **younger/little brother** irmão mais novo **2** (camarada) irmão **3** (monge) irmão
brotherhood /ˈbrʌðərhʊd/ s **1** fraternidade **2** irmandade, confraria
'brother-in-ˌlaw s (pl **brothers-in-law**) cunhado
brought /brɔt/ passado & particípio de **bring**
brow /braʊ/ s **1** fronte **2** sobrancelha **3 the brow of the hill** o topo da colina
brown /braʊn/ adjetivo, substantivo & verbo
• adj **1** marrom [cor] ▶ ver "Active Box" **colors** em **color 2** castanho [olhos, cabelos] **3** bronzeado, moreno | **to go brown** ficar bronzeado, queimar-se **4 brown bread** BrE pão integral ▶ No inglês americano diz-se **whole wheat bread**
brown paper papel pardo **brown rice** arroz integral **brown sugar** açúcar mascavo
• s **1** marrom [cor] ▶ ver "Active Box" **colors** em

color 2 castanho [dos olhos, do cabelo]
• *v* [tr/intr] dourar [alimentos]
Brownie /'brauni/ *s*

> Menina de menor idade que faz parte do grupo das **Girl Scouts** (bandeirantes). O grupo em si se chama **the Brownies**

brownie /'brauni/ *s* brownie
browse /brauz/ *v* **1** [intr] olhar, dar uma olhada [numa loja] **2 to browse through a book/magazine** folhear um livro/uma revista
browser /'brauzər/ *s* browser, navegador
bruise /bruz/ *substantivo & verbo*
• *s* **1** (na pele) hematoma, mancha roxa **2** (em fruta) amassado
• *v* **1** [tr] machucar, [intr] machucar-se [provocando hematomas] **2** (falando de fruta) [tr] amassar, machucar, [intr] ficar amassado, ficar machucado
brunette /bru'nɛt/ *s* morena
brunt /brʌnt/ *s* **to bear/take the brunt of sth** ser o mais afetado por algo
brush /brʌʃ/ *substantivo & verbo*
• *s* (pl **brushes**) **1** escova **2** pincel **3** pincel [para pintar] **4 to give sth a brush** dar uma escovada em algo **5 a brush with death** uma experiência quase fatal **6 a brush with the law** um problema com a polícia
• *v* (3a pess sing **brushes**) **1** [tr] escovar: *Go and brush your hair.* Vá escovar o cabelo. | *He hasn't brushed his teeth.* Ele não escovou os dentes. **2 to brush sth off/away** tirar algo [com uma escova ou com a mão]: *He brushed his hair out of his eyes.* Ele tirou o cabelo dos olhos. | *Let me brush that mud off.* Deixe-me tirar essa lama. **3** [tr] roçar | **to brush against sth/sb** roçar em algo/alguém
brush sth aside repelir algo
brush up on sth, também **brush sth up** melhorar, desenferrujar algo: *I need to brush up my German before I go to Vienna.* Preciso melhorar meu alemão antes de ir para Viena.
Brussels sprout /'brʌsəl spraut/ *s* couve-de-bruxelas
brutal /'brutl/ *adj* brutal, cruel
brutality /bru'tæləti/ *s* brutalidade, crueldade
brutally /'brutl-i/ *adv* brutalmente
brute /brut/ *substantivo & adjetivo*
• *s* bruto
• *adj* **brute force** força bruta
B.S. /bi 'ɛs/ AmE, **BSc** /bi ɛs 'si/ BrE *s* (= **Bachelor of Science**) grau de bacharel, ou bacharelado, em uma ou mais ciências exatas: *She has a B.S. from Duke University.* Ela tem bacharelado em Ciências pela Duke University./Ela se formou em Ciências pela Duke University.

bubble /'bʌbəl/ *substantivo & verbo*
• *s* **1** bolha [num líquido, de sabão], bola [de chiclete] **2 to blow bubbles** fazer bolhas [num líquido], fazer bolas [com chiclete] **3 bubble bath** espuma para banho **bubble gum** chiclete de bola
• *v* [intr] borbulhar | **to bubble up** sair aos borbotões
bubbly /'bʌbli/ *adj* (**-bblier**, **-bbliest**) animado, alegre
buck /bʌk/ *substantivo & verbo*
• *s* **1** (informal) dólar [americano ou australiano] **2 to pass the buck** passar a responsabilidade a outrem **3** cervo [macho]
• *v* [intr] corcovear
buck sb up (informal) **1** animar alguém **2 to buck your ideas up** BrE tomar jeito
bucket /'bʌkɪt/ *s* **1** (recipiente) balde **2** (também **bucketful**) (conteúdo) balde: *a bucket of water* um balde de água **3 to kick the bucket** (informal) bater as botas
buckle /'bʌkəl/ *substantivo & verbo*
• *s* fivela [de cinto, sapato, etc.]
• *v* **1** (também **buckle up**) [tr] afivelar, [intr] fechar [com fivela] **2** [intr] falsear [pernas] **3** [intr] empenar [metal]
bud /bʌd/ *s* botão [de flor]
Buddhism /'budɪzəm/ *s* budismo
Buddhist /'budɪst/ *s* & *adj* budista
buddy /'bʌdi/ *s* (pl **-ddies**) (informal) **1** AmE amigo -ga **2** AmE (ao falar com um homem, estranho ou estranho) cara: *Hey, buddy! Leave her alone!* Ei, cara! Deixa-a em paz!
budge /bʌdʒ/ *v* (informal) **1** [intr] mover-se: *Mark hasn't budged from his room all day.* Mark não saiu do quarto o dia inteiro. **2** [tr] mover
budget /'bʌdʒɪt/ *substantivo, verbo & adjetivo*
• *s* orçamento | **over budget** acima do orçamento | **to be on a tight budget** ter um orçamento apertado
• *v* **to budget for sth** incluir algo [num orçamento]
• *adj* barato
buff /bʌf/ *s* **wine/computer/opera etc. buff** fanático -ca por vinho/computador/ópera etc.
buffalo /'bʌfəlou/ *s* (pl **buffaloes**, **buffalo**) **1** búfalo **2** bisão
buffet¹ /bə'feɪ/ *s* bufê [comida]
buffet² /'bʌfɪt/ *v* [tr] fustigar [vento, chuva, etc.]
bug /bʌg/ *substantivo & verbo*
• *s* **1** AmE (informal) inseto (pequeno) **2** (informal) qualquer micróbio ou vírus que provoca doença ou mal-estar: *a flu bug* uma gripe | *The baby has a stomach bug.* O bebê está com uma infecção intestinal. **3** bug [em informática] **4** grampo [para escuta clandestina]
• *v* [tr] (**-gged**, **-gging**) **1** (informal) atazanar **2** grampear [para escuta clandestina]

burden

buggy /'bʌgi/ s **1** AmE carrinho (de bebê) [em forma de cama] **2** BrE carrinho (de criança) [em forma de cadeira] ▶ No inglês americano diz-se **stroller**

build /bɪld/ (passado & particípio **built**) v **1** [tr] construir: *They're building more homes near the lake*. Estão construindo mais casas perto do lago. **2** [intr] edificar: *Are they going to build on this land?* Vão edificar nesse terreno?
build on sth capitalizar em cima de algo para progredir
to build sth up 1 aumentar algo, desenvolver algo **2 to build your hopes up** alimentar suas esperanças
to build up to sth preparar o caminho para algo

builder /'bɪldər/ s **1** pedreiro **2** construtor -a

building /'bɪldɪŋ/ s **1** prédio, edifício **2** construção, edificação

building site s obra [local]

build-up s **1** acúmulo **2 build-up of traffic** aumento do tráfego

built /bɪlt/ passado & particípio de **build**

built-'in adj embutido [armário, forno, microfone, etc.]

bulb /bʌlb/ s **1** lâmpada **2** bulbo

bulge /bʌldʒ/ substantivo & verbo
• s bojo, protuberância
• v **to bulge with sth** estar cheio de algo

bulk /bʌlk/ s **1 the bulk of sth** a maior parte de algo, o grosso de algo **2 in bulk** em grandes quantidades, a granel

bulky /'bʌlki/ adj volumoso

bull /bʊl/ s touro

bulldoze /'bʊldoʊz/ v [tr] passar o buldôzer em

bulldozer /'bʊldoʊzər/ s buldôzer

bullet /'bʊlɪt/ s **1** bala [de arma] **2 bullet hole** buraco de bala **bullet wound** ferimento a bala

bulletin /'bʊlətn/ s **1** (na TV, no rádio) boletim **2** (impresso) boletim

bulletin board s AmE **1** quadro de avisos **2** BBS

bullfight /'bʊlfaɪt/ s tourada

bull's-eye s mosca [de alvo]

bully /'bʊli/ verbo & substantivo
• v [tr] (3a pess sing **-llies**, passado & particípio **-llied**) intimidar [um colega de classe ou de trabalho]
• s (pl **-llies**) provocador -a

bum /bʌm/ substantivo & verbo
• s (informal) **1** AmE mendigo -ga **2** AmE preguiçoso -sa **3** BrE bunda
• v [tr] (**-mmed, -mming**) (informal) filar: *Can I bum a cigarette off you?* Posso filar um cigarro seu?
bum around viajar [sem destino fixo]

bump /bʌmp/ verbo & substantivo
• v [tr] bater (com): *Be careful not to bump your head!* Cuidado para não bater com a cabeça!
bump into sb (informal) topar com alguém
bump into sth/sb esbarrar em algo/alguém
bump sb off (informal) acabar com alguém [matar]
• s **1** galo [na pele] **2** ressalto **3** baque

bumper /'bʌmpər/ substantivo & adjetivo
• s para-choque
• adj **1 a bumper crop** uma safra recorde **2 a bumper year** um ano excepcional **3 a bumper issue** edição especial de uma revista, com mais páginas

bumpy /'bʌmpi/ adj (**-pier, -piest**) **1** irregular [superfície], acidentado [estrada] **2** referente a viagens: com sacolejos, solavancos ou turbulência

bun /bʌn/ s **1** pãozinho **2** BrE pão (doce) **3** coque

bunch /bʌntʃ/ s (pl **-ches**) **1 bunch of flowers** ramo de flores **2 bunch of grapes** cacho de uvas **3 bunch of bananas** penca de bananas **4** (informal) turma **5 a bunch of** AmE (informal) um monte de: *a bunch of questions* um monte de perguntas

bundle /'bʌndl/ substantivo & verbo
• s trouxa [de roupa], maço [de papéis], feixe [de lenha]
• v **1 to bundle sb into/out of sth** enfiar alguém em algo/tirar alguém de algo aos empurrões **2 to come/be bundled with sth** vir com algo incluído

bung /bʌŋ/ substantivo & verbo
• s tampão
• v BrE **bung sth up** (informal) tapar algo **be bunged up** estar entupido

bungalow /'bʌŋgəloʊ/ s bangalô

bungalow

bungee jump /'bʌndʒi dʒʌmp/ s salto de bungee jump

bungee jumping /'bʌndʒi ˌdʒʌmpɪŋ/ s bungee jump [esporte que consiste em saltar de um ponto alto, com os pés amarrados a um cabo flexível e comprido]

bunk /bʌŋk/ s **1** (também **bunk bed**) cama de beliche | **bunk beds** beliche **2** (em trem ou navio) beliche

bunker /'bʌŋkər/ s **1** (militar) bunker **2** (num campo de golfe) bunker

buoy /'bui, BrE bɔɪ/ s boia [baliza]

burden /'bɜrdn/ verbo & substantivo
• v **1 to burden sb with your problems** incomodar alguém com seus problemas | **to burden sb with responsibilities** sobrecarregar alguém com responsabilidades **2 to be burdened with bags/**

parcels etc. estar carregado de sacolas/embrulhos etc.

- **s** peso: *I don't want to be a burden on you.* Não quero ser um peso para você.

bureau /'bjʊroʊ/ s (pl **bureaus**, também **bureaux** /-roʊz/ BrE) **1** agência: *an employment bureau* uma agência de empregos **2** departamento [do Estado] **3** AmE cômoda **4** BrE escrivaninha

bureaucracy /bju'rɑkrəsi/ s burocracia

bureaucrat /'bjʊrəkræt/ s burocrata

bureaucratic /bjʊrə'krætɪk/ adj burocrático

burger /'bɜrgər/ s hambúrguer

burglar /'bɜrglər/ s ladrão -dra [que rouba uma casa, um escritório, etc.] ▶ BURGLAR, ROBBER OU THIEF? ver nota em **ladrão**

burglar alarm s alarme antirroubo

burglarize /'bɜrglərɑɪz/ AmE, **burgle** /'bɜrgəl/ BrE v [tr] assaltar, roubar [uma casa, um escritório, etc.]: *We've been burglarized three times since we've lived here.* Fomos roubados três vezes desde que moramos aqui. | *The apartment had been burglarized.* O apartamento tinha sido assaltado. ▶ BURGLARIZE, ROB OU STEAL? ver nota em **roubar**

burglary /'bɜrgləri/ s roubo [em uma casa, um escritório, etc.] ▶ BURGLARY, ROBBERY OU THEFT? ver nota em **roubo**

burial /'bɛriəl/ s enterro

burn /bɜrn/ verbo & substantivo

- **v** (passado & particípio **burned** o **burnt**) **1** [tr/intr] queimar: *I burned all his letters.* Queimei todas as cartas dele. | *Quick! The toast is burning!* Corre! A torrada está queimando! | **to burn your arm/leg/sleeve etc. on sth** queimar o braço/a perna/a manga etc. em algo | **to burn to the ground** ser consumido pelo fogo **2** [intr] arder: *Is the fire still burning?* O fogo ainda está ardendo? **3 to burn gas/oil etc.** funcionar a gás/óleo etc. **4** [tr] consumir: *His new car burns a lot of fuel.* O carro novo dele consome muito combustível. **5** (também **burn up**) (sentir muito calor) pegar fogo
burn down ficar reduzido a cinzas **burn sth down** incendiar algo
burn out 1 apagar(-se) **2** ficar saturado [uma pessoa] **burn itself out** apagar(-se) sozinho

- **s** queimadura | **severe/minor burns** queimaduras graves/leves

burning /'bɜrnɪŋ/ adj **1** em chamas **2** afogueado **3 burning issue/question** questão/pergunta crucial

burnt¹ /bɜrnt/ adj queimado

burnt² passado & particípio de **burn**

burp /bɜrp/ (informal) verbo & substantivo

- **v 1** [intr] arrotar **2** [tr] pôr para arrotar [um bebê]

- **s** arroto

burrow /'bɜroʊ/ s toca

bursary /'bɜrsəri/ s (pl **-ries**) BrE bolsa de estudos ▶ Existe também **scholarship**, que é usado tanto no inglês americano como no britânico

burst /bɜrst/ verbo & adjetivo

- **v** (passado & particípio **burst**) [tr/intr] estourar [um balão, uma bolha de ar, etc.]
burst in on sb entrar de supetão num lugar onde alguém está: *I'm sorry to burst in on you like this.* Desculpe entrar assim, sem avisar.
to burst into sth 1 to burst into a room entrar de supetão numa sala/num quarto **2 to burst into tears** desfazer-se em lágrimas **3 to burst into song** desandar a cantar **4 to burst into flames** pegar fogo
burst out laughing/crying desatar a rir/chorar

- **adj** furado: *a burst pipe* um cano furado

bury /'bɛri/ v [tr] (3a pess sing **-ries**) **1** (um morto) enterrar **2** (um tesouro, um osso) enterrar **3 to be buried under/in sth** estar metido embaixo de algo **4 to bury your face/head in sth** esconder o rosto/a cabeça em algo

bus /bʌs/ s (pl **buses**) **1** ônibus: *Hurry up or we'll miss the bus!* Anda logo, senão vamos perder o ônibus! | *Shall we take a bus into town?* Vamos pegar um ônibus para a cidade? | **by bus** de ônibus

school bus

2 bus driver motorista de ônibus **bus fare** passagem de ônibus, dinheiro para a passagem de ônibus: *Don't forget your bus fare!* Não se esqueça do dinheiro (para a passagem) do ônibus!

bush /bʊʃ/ s (pl **bushes**) **1** arbusto **2 beat around/about the bush** falar/responder com rodeios

busily /'bɪzəli/ adv **to be busily doing sth** estar ocupado fazendo algo

business /'bɪznɪs/ s **1** negócios: *We do a lot of business with Italian companies.* Fazemos muitos negócios com empresas italianas. ▶ BUSINESS OU DEAL? ver **negócio**
2 on business a trabalho: *Chris is in Dallas on business today.* Chris está em Dallas a trabalho hoje.
3 to go out of business fechar, quebrar [empresa]
4 business is good/bad/slow os negócios vão bem/mal/devagar
5 (pl **-sses**) **to run a business** dirigir um negócio
6 questão ou assunto pessoal: *"Are you going out with Ben tonight?" "That's my business."* – Você vai sair com o Ben hoje à noite? – Não é da sua conta. | *"How much do you earn?" "None of your business."* – Quanto você ganha? – Não é da sua conta. | **mind your own business** cuida da sua

vida, não é da sua conta
7 (assunto, atividade, evento) negócio
8 to have no business doing sth não ter nada que fazer algo, não ter direito de fazer algo: *You had no business going into my private files!* Você não tinha nada que mexer nos meus arquivos particulares!
9 business card cartão de visitas **business lunch** almoço para tratar de negócios **business trip** viagem de negócios

businesslike /'bɪznɪslaɪk/ *adj* prático, sério

businessman /'bɪznɪsmən/ *s* (pl **-men**) executivo, empresário

businesswoman /'bɪznɪswʊmən/ *s* (pl **-women** /-wɪmɪn/) executiva, empresária

busk /bʌsk/ *v* [intr] No inglês britânico, **to busk** significa cantar ou tocar um instrumento num lugar público em troca de esmolas dos transeuntes. Os indivíduos que fazem isso são denominados **buskers**

'bus pass *s* (pl **-sses**) passe de ônibus

'bus stop *s* ponto de ônibus

bust /bʌst/ *verbo, substantivo & adjetivo*
- *v* [tr] **1** (passado & particípio **bust**) (informal) quebrar **2** (passado & particípio **busted**) (informal) prender [um criminoso]
- *s* **1** busto **2** (informal) batida [policial] **3** (escultura) busto
- *adj* **1 to go bust** quebrar, falir **2** (informal) quebrado [relógio, televisão, etc.]

bustle /'bʌsəl/ *s* **1** movimento [nas ruas, etc.] **2 hustle and bustle** alvoroço, animação

busy /'bɪzi/ *adj* (**-sier, -siest**) **1** ocupado, atarefado: *I'm very busy at the moment. Can I call you back?* Estou muito ocupado agora. Posso ligar para você depois? | *The children were busy with their homework.* As crianças estavam ocupadas fazendo o dever. **2** cheio [dia, ano, etc.]: *I've had a really busy day.* Tive um dia muito cheio. **3** movimentado [rua, aeroporto, etc.] **4** ocupado [linha telefônica]: *The number's busy. I'll try again later.* Está ocupado. Vou tentar mais tarde.

busybody /'bɪzibɑdi/ *s* (pl **-dies**) intrometido -da, enxerido -da

but /bət/, acentuado /bʌt/ *conjunção & preposição*
- *conj* **1** mas: *It's cheap, but it's very good.* É barato, mas é bastante bom. | *I'd love to come, but I'm too busy.* Eu adoraria ir, mas estou muito ocupado. **2** (para expressar surpresa) mas: *"I'm leaving this afternoon." "But you only arrived yesterday evening!"* – Vou partir hoje à tarde. – Mas você só chegou ontem à noite! **3 but then (again)** mas também: *We all did really well on our math test, but then again it was pretty easy.* Nós todos fomos muito bem no teste de Matemática, mas também estava bem fácil.
- *prep* menos, além de: *You can come any day but Monday.* Você pode vir qualquer dia menos segunda-feira. | *Nobody but George knows the truth.* Ninguém sabe a verdade, além do George.

butcher /'bʊtʃər/ *substantivo & verbo*
- *s* **1** açougueiro -ra **2 butcher's** BrE açougue **3** assassino
- *v* [tr] **1** abater **2** trucidar

butler /'bʌtlər/ *s* mordomo

butt /bʌt/ *s* **1** AmE (informal) bunda **2 the butt of sb's jokes** o alvo das piadas de alguém

butter /'bʌtər/ *s* manteiga: *a slice of bread and butter* uma fatia de pão com manteiga

butterfly /'bʌtərflaɪ/ *s* (pl **-flies**) **1** borboleta **2 to have butterflies (in your stomach)** sentir um frio na barriga

buttock /'bʌtək/ *s* nádega

button /'bʌtn/ *substantivo & verbo*
- *s* **1** (em roupa) botão | **to do up/undo a button** fechar/abrir um botão **2** (em máquina) botão | **to press a button** apertar um botão **3** AmE distintivo
- *v* [tr/intr] (também **button up**) abotoar

buy /baɪ/ *verbo & substantivo*
- *v* (passado & particípio **bought**) **1** [tr/intr] comprar: *Have you bought any Christmas presents yet?* Você já comprou algum presente de Natal? | **to buy sth for sb** comprar algo para alguém: *I want to buy some flowers for Mom.* Quero comprar umas flores para a mamãe. | **to buy sth from sb** comprar algo de alguém: *Jack bought the car from a friend.* Jack comprou o carro de um amigo. | **to buy sth for $10/$200 etc.** comprar algo por $10/$200 etc.: *I bought the printer for $100.* Comprei a impressora por $100. **2** [tr] (informal) acreditar em, engolir [uma história, uma desculpa, etc.]
buy into sth 1 to buy into a business entrar de sócio em uma empresa **2** comprar algo [uma ideia]
buy sb off comprar alguém
buy sth up comprar tudo o que há de algo
- *s* compra | **to be a good buy** ser uma boa compra

buyer /'baɪər/ *s* comprador -a

buzz /bʌz/ *verbo & substantivo*
- *v* [intr] (3a pess sing **buzzes**) **1** fazer um zumbido, zumbir **2** tocar a campainha
- *s* **1** zumbido **2 to get a (real) buzz from sth** (informal) curtir muito algo

buzzer /'bʌzər/ *s* campainha [que produz um zumbido]

by

PREPOSIÇÃO

1 COM A VOZ PASSIVA (= por)

Sylvie was hit by a car. Sylvie foi atropelada por um carro. | *a letter signed by the principal* uma carta assinada pelo diretor | *a play by Shakespeare* uma obra de Shakespeare

2 POSIÇÃO (= ao lado de)

Come and sit by me. Venha sentar ao meu lado.

3 MEIO, MÉTODO (= por)

I grabbed the hammer by the handle. Peguei o martelo pelo cabo. | *Send the letter by airmail.* Envie a carta por via aérea. | **by train/plane/car etc.** de trem/avião/carro etc.: *We go to school by bus.* Vamos para a escola de ônibus. | **by doing sth** fazendo algo: *She earns extra money by babysitting.* Ela ganha um dinheiro extra trabalhando de babysitter.

4 TEMPO (= até, antes de)

I want you to finish the report by 5 p.m. Quero que você termine o relatório até as 5:00 da tarde. | *The movie should be over by 9:30 p.m.* O filme deve terminar antes das 9:30 da noite.

5 COMO RESULTADO DE (= por)

by mistake/chance por engano/acaso: *Hugh locked the door by mistake.* Hugh trancou a porta por engano. | **by accident** sem querer

6 COM NÚMEROS, MEDIDAS (= por)

The room is 6 meters by 4 meters. O quarto tem 6 metros por 4 metros.

7 SEQUÊNCIA

day by day a cada dia | **little by little** pouco a pouco | **one by one** um por um

ADVÉRBIO

to go by passar: *Several cars went by but nobody stopped.* Passaram vários carros, mas ninguém parou. | **to walk/run etc. by** passar andando/correndo etc. (por): *Just at that moment a white car drove by.* Naquele exato momento passou um carro branco por ali.

by /baɪ/ *prep & adv* ▶ ver quadro

bye /baɪ/, também **bye-'bye** *interj* (informal) tchau: *Bye Mary! See you tomorrow!* Tchau, Mary! Até amanhã!

bystander /'baɪstændər/ *s* curioso, espectador [num acidente, numa cena, etc.]

byte /baɪt/ *s* byte

black cab

C¹, c /si/ *s* (letra) C, c ▶ ver "Active Box" **letters** em **letter**

C² *s* **1** (nota musical) dó **2** (conceito escolar) C ▶ ver quadro em **grade**

cab /kæb/ *s* táxi

cabbage /'kæbɪdʒ/ *s* repolho

cabin /'kæbɪn/ *s* **1** cabine [num navio] **2** cabana

cabinet /'kæbənət/ *s* **1** armário **2** (também **Cabinet**) gabinete, ministros: *The Cabinet meets every Tuesday.* Os ministros se reúnem toda terça-feira.

cable /'keɪbəl/ *s* **1** cabo **2** TV a cabo: *We saw it last week on cable.* Assistimos a isso semana passada na TV a cabo.

'cable ˌcar *s* teleférico

ˌcable teleˈvision, também **ˌcable TˈV** *s* televisão a cabo

cactus /'kæktəs/ *s* (pl **cactuses** ou **cacti** /-taɪ/) cacto

cadet /kə'dɛt/ *s* cadete

caesarean BrE ▶ ver **cesarean**

café /kæ'feɪ, BrE 'kæfeɪ/ *s* café [estabelecimento]

cafeteria /kæfə'tɪriə/ *s* **1** (em escola, fábrica, etc.) cantina, refeitório **2** (em lugar público) café, cafeteria

caffeine /kæ'fin, BrE 'kæfin/ *s* cafeína

cage /keɪdʒ/ *s* gaiola, jaula

cagey /'keɪdʒi/ *adj* (informal) misterioso, esquivo

cake /keɪk/ *s* **1** bolo: *a piece/slice of cake* um pedaço/uma fatia de bolo | *a birthday cake* um bolo de aniversário **2** bolinho **3 a piece of cake** (informal) uma moleza: *"How was the exam?" "A piece of cake."* – Como foi a prova? – Foi uma moleza.

caked /keɪkt/ *adj* **to be caked with mud/blood** estar coberto de lama/sangue

calcium /'kælsiəm/ *s* cálcio

calculate /'kælkjəleɪt/ *v* [tr] **1** calcular **2** avaliar

calculation /kælkjə'leɪʃən/ *s* cálculo

calculator /'kælkjəleɪtər/ *s* calculadora

calendar /'kæləndər/ *s* calendário

---

*Diz-se I arrived in Rio ou I arrived to Rio? Veja o verbete **arrive**.*

calf /kæf/ s (pl **calves**) **1** novilho, bezerro -ra **2** filhote [de elefante, baleia, etc.] **3** panturrilha, batata da perna

caliber AmE, **calibre** BrE /'kæləbər/ s calibre

call /kɔl/ verbo & substantivo

• *v* **1 to be called** chamar-se: *Their daughter's called Claire.* A filha deles se chama Claire. | *What was that movie called?* Como se chamava aquele filme?
2 to call sb sth (a) (ao dirigir-se a alguém) chamar alguém de algo: *His name's Michael but everyone calls him Mike.* O nome dele é Michael, mas todos o chamam de Mike. | *He called me an idiot!* Ele me chamou de idiota! **(b)** dar um nome a alguém: *They've called him Daniel.* Eles lhe deram o nome Daniel.
3 (por telefone) [tr] telefonar para, ligar para, [intr] telefonar, ligar: *I'll call you tomorrow.* Te ligo amanhã.
4 [tr/intr] (para que alguém venha) chamar: *Will you call the kids, dinner's ready.* Chame as crianças, o jantar está pronto.
5 [intr] BrE passar aqui/aí [de visita]: *Natasha called to see you.* Natasha passou aqui para te ver.
6 BrE **to call at Richmond/Harlow etc.** parar em Richmond/Harlow etc. [trem]
7 to call a meeting/an election/a strike etc. convocar uma reunião/uma eleição/uma greve etc.

PHRASAL VERBS
call back ligar de volta: *Could you call back around 3?* Você pode ligar de volta por volta das 3:00? **call sb back** ligar de volta para alguém
call for sb BrE apanhar alguém: *I'll call for you around 8.* Vou te apanhar por volta das 8:00. **call for sth** exigir algo
call in BrE passar (aqui/aí): *Could you call in at the bakery and pick up some rolls?* Você podia passar na padaria e trazer uns pãezinhos?
call sth off cancelar algo
call on sb passar na casa de alguém
call sb out BrE chamar [um encanador, um médico, etc.]
call round BrE passar aqui/aí [de visita]
call sb up telefonar para alguém, ligar para alguém

• *s* **1** telefonema, ligação: *Calls are cheaper after 6 p.m.* As ligações são mais baratas depois das 18:00h. | *I had a call from Maria – she can't come.* A Maria ligou. Ela não pode vir. | **to make a (phone) call** dar um telefonema, fazer uma ligação | **to give sb a call** telefonar para alguém, ligar para alguém: *If you have any problems, just give me a call.* Se você tiver algum problema, é só me ligar.
2 to be on call estar/ficar de plantão
3 grito
4 pedido: *There have been calls for an investigation.* Houve pedidos para que se faça uma investigação.

'**call box** s (pl **-xes**) BrE cabine telefônica

'**call ,center** AmE, **call centre** BrE s call center, central de telemarketing

caller /'kɔlər/ s pessoa que faz um telefonema

call 'waiting s chamada em espera

calm /kɑm/ adjetivo, verbo & substantivo
• *adj* **1** calmo [pessoa, lugar] | **to keep/stay calm** ficar calmo **2** calmo [mar] **3** bom [tempo]
• *v* [tr] acalmar
calm down acalmar-se: *Just calm down and tell me what happened.* Acalme-se e me conte o que houve. **calm sb down** acalmar alguém
• *s* calma, tranquilidade

calorie /'kæləri/ s caloria

calves /kævz/ plural de **calf**

camcorder /'kæmkɔrdər/ s filmadora

came /keɪm/ passado de **come**

camel /'kæməl/ s camelo

camera /'kæmrə/ s câmera, máquina (fotográfica): *a video camera* uma câmera de vídeo

cameraman /'kæmrəmæn/ s (pl **-men** /-men/) câmara, cinegrafista

camouflage /'kæməflɑʒ/ substantivo & verbo
• *s* camuflagem | **in camouflage** camuflado
• *v* [tr] camuflar

camp /kæmp/ substantivo & verbo
• *s* **1** acampamento ▶ ver também **summer**
2 campo [de refugiados, etc.] ▶ ver também **concentration camp**, **refugee camp**
• *v* [intr] acampar | **to go camping** ir acampar

campaign /kæm'peɪn/ substantivo & verbo
• *s* campanha ▶ ver também **advertising campaign** em **advertising**
• *v* [intr] fazer campanha: *The group is campaigning for equal pay for women.* O grupo está fazendo campanha para conseguir salários iguais para as mulheres.

campsite /'kæmpsaɪt/, também **campground** /'kæmpgraʊnd/ AmE s camping

campus /'kæmpəs/ s (pl **-ses**) campus: *Most students live on campus in their first year.* A maioria dos estudantes mora no campus no primeiro ano.

can¹ /kən, acentuado kæn/ v [modal] ▶ ver quadro na pág. 56

can² /kæn/ s **1** lata: *a can of tuna* uma lata de atum **2** galão

Canada /'kænədə/ s Canadá

Canadian /kə'neɪdiən/ adj & s canadense

canal /kə'næl/ s canal: *the Suez Canal* o canal de Suez

cancel /'kænsəl/ v [tr] (**-led**, **-ling** AmE, **-lled**, **-lling** BrE) **1** cancelar [um evento, um compromisso, etc.] **2** suspender [uma assinatura, etc.]

cancellation /kænsə'leɪʃən/ s **1** cancelamento **2** desistência

can *verbo modal*

1 PERMISSÃO (= posso, pode, etc.)

Can I go to the cinema with Chris tonight? Posso ir ao cinema com o Chris hoje à noite? | *You can watch television when you've finished your homework.* Você pode ver televisão quando terminar o dever. | *She can't come out because she's grounded.* Ela não pode sair porque está de castigo.

2 CAPACIDADE FÍSICA (= consigo, consegue, etc.)

He's broken his leg and can't walk. Ele quebrou a perna e não consegue andar.

3 HABILIDADE ADQUIRIDA (= sei, sabe, etc.)

Can you swim across the lake? Você consegue atravessar o lago a nado? | *I can't swim.* Não sei nadar. | *They can all read and write now.* Todos agora sabem ler e escrever.

4 COM VERBOS RELATIVOS AOS SENTIDOS

Can you hear me? Você está me ouvindo? | *Well, I can't see anything.* Bom, não estou enxergando nada.

5 POSSIBILIDADE (= posso, pode, etc.)

That figure can't be right. Essa cifra não pode estar certa. | *You can get an application form from Reception.* Você pode pegar um formulário de inscrição na recepção.

6 PARA PEDIR AJUDA, FAVORES

Can you help me with the cases? Você me ajuda com as malas?

Cancer /'kænsər/ s **1** (signo) Câncer **2** canceriano -na: *My boyfriend's a Cancer.* Meu namorado é canceriano./Meu namorado é de Câncer.

cancer /'kænsər/ s câncer | **breast/lung etc. cancer** câncer de mama/pulmão etc.

candidate /'kændədeɪt/ s **1** (em eleições) candidato -ta **2** (a um emprego) candidato -ta **3** BrE (numa prova) candidato -ta

candle /'kændl/ s vela

candlelight /'kændl-laɪt/ s **by candlelight** à luz de vela

candlestick /'kændlstɪk/ s castiçal

candy /'kændi/ s AmE

No inglês americano essa palavra é usada para fazer referência a balas ou chocolates, ou a uma bala ou um chocolate (neste caso, o plural é **candies**):

I've brought you some candy. Trouxe umas balas para você. | *a box of candy* uma caixa de balas/chocolates

cane /keɪn/ s **1** (usado na fabricação de móveis) bambu, palha **2** bengala **3** (para castigo corporal) vara

cannabis /'kænəbɪs/ s maconha

canned /kænd/ *adj* enlatado

cannon /'kænən/ s (pl **cannon** ou **cannons**) canhão

cannot /'kænɑt/ Esta é uma das formas negativas de **can**, muito usada na língua escrita. É empregada na língua falada para dar ênfase. O negativo de **can** também pode ser **can't** ou **can not**: *We cannot expect teachers to be perfect.* Não podemos esperar que os professores sejam perfeitos. | *You cannot be serious!* Você está brincando!

canoe /kə'nu/ *substantivo & verbo*

• *s* canoa

• *v* andar de canoa | **to go canoeing** fazer canoagem

'can ,opener s abridor de latas

canopy /'kænəpi/ s (pl **-pies**) **1** caramanchão **2** toldo [em terraço] **3** dossel [em cama]

can't /kænt/ contração de **cannot**

canteen /kæn'tin/ s cantina, refeitório

canvas /'kænvəs/ s
1 lona [tecido]
2 tela [para pintar]

artist's canvas

canvas bag

canvass /'kænvəs/ *v* (3a pess sing **-sses**)
1 [intr] angariar votos **2** [tr] entrevistar [numa enquete]

canyon /'kænjən/ s desfiladeiro

cap /kæp/ s **1** boné **2** tampa [de caneta, garrafa, tanque de gasolina] **3** restrição, limite

capability /keɪpə'bɪləti/ s (pl **-ties**) capacidade

capable /'keɪpəbəl/ *adj* **1 to be capable of (doing) sth** ser capaz de (fazer) algo, conseguir fazer algo: *Is she capable of dressing herself?* Ela consegue se vestir sozinha? | *He was capable of acts of great heroism.* Ele era capaz de grandes atos de heroísmo. **2** capaz, competente: *a capable lawyer* um advogado competente

capacity /kə'pæsəti/ s (pl **-ties**) **1** capacidade [de uma sala, um tanque, etc.] | **filled to capacity** lotado **2** capacidade, aptidão

cape /keɪp/ s **1** capa [sem mangas] **2** cabo: *Cape Horn* o cabo Horn

capital /'kæpətl/ *substantivo & adjetivo*

• *s* **1** (também **capital city**) (cidade) capital

2 (também **capital letter**) maiúscula **3** (dinheiro) capital

• *adj* **a capital S/T etc.** S/T etc. maiúscula

capitalism /ˈkæpətl-ɪzəm/ *s* capitalismo

capitalist /ˈkæpətl-ɪst/ *s* & *adj* capitalista

capitalize /ˈkæpətl-aɪz/ *v* **capitalize on sth** capitalizar em cima de algo, tirar partido de algo

,**capital ˈpunishment** *s* pena de morte

capitulate /kəˈpɪtʃəleɪt/ *v* [intr] (formal) capitular

cappuccino /ˌkæpəˈtʃinoʊ/ *s* (pl **-os**) cappuccino [café]

capricious /kəˈprɪʃəs/ *adj* **1** volúvel [pessoa] **2** variável [clima]

Capricorn /ˈkæprɪkɔrn/ *s* **1** (signo) Capricórnio **2** capricorniano -na: *She's a Capricorn.* Ela é capricorniana./Ela é de Carpicórnio.

capsize /ˈkæpsaɪz/ *v* **1** [tr] fazer virar [um barco] **2** [intr] virar [barco]

capsule /ˈkæpsəl, BrE ˈkæpsjul/ *s* **1** (medicinal) cápsula **2** (espacial) cápsula

captain /ˈkæptən/ *substantivo & verbo*

• *s* **1** (de barco ou avião) comandante **2** (nas forças armadas) capitão -tã **3** (de time) capitão -tã

• *v* [tr] capitanear

captaincy /ˈkæptənsi/ *s* liderança [de time]

caption /ˈkæpʃən/ *s* **1** (de foto, gravura ou charge) legenda **2** (na TV) legenda

captivate /ˈkæptəveɪt/ *v* [tr] cativar

captivating /ˈkæptəveɪtɪŋ/ *adj* cativante

captive /ˈkæptɪv/ *adjetivo & substantivo*

• *adj* **1** cativo, em cativeiro | **to hold sb captive** manter alguém em cativeiro | **to take sb captive** capturar alguém **2** em cativeiro [reprodução de animais]

• *s* prisioneiro -ra

captivity /kæpˈtɪvəti/ *s* cativeiro | **in captivity** em cativeiro

captor /ˈkæptər/ *s* (formal) captor -a

capture /ˈkæptʃər/ *verbo & substantivo*

• *v* [tr] **1** capturar [um fugitivo, etc.] **2** tomar [uma cidade] **3** captar [o espírito de algo] **4 to capture sb's imagination** captar a imaginação de alguém | **to capture sb's attention/interest** atrair a atenção/o interesse de alguém

• *s* **1** captura [de um fugitivo, etc.] **2** tomada [de uma cidade]

car /kɑr/ *s* **1** carro: *We came by car.* Viemos de carro. **2** (de um trem) vagão **3 car bomb** carro-bomba **car crash**, também **car accident** acidente de carro

caramel /ˈkærəmel/ *s* **1** (bala) caramelo **2** (calda) caramelo

carat /ˈkærət/ *s* quilate

caravan /ˈkærəvæn/ *s* **1** BrE trailer ▶ No inglês americano diz-se **trailer 2** BrE carroça ▶ No inglês americano diz-se **wagon 3** caravana

carbohydrate /karboʊˈhaɪdreɪt/ *s* carboidrato

carbon /ˈkarbən/ *s* carbono

,**carbon ˈcopy** *s* (pl **carbon copies**) **1** cópia feita com papel-carbono **2** cópia

,**carbon ˈcredit** *s* crédito de carbono

carbon dioxide /karbən daɪˈɑksaɪd/ *s* dióxido de carbono

carbon ˈfootprint *s* pegada de carbono

carbon monoxide /karbən məˈnɑksaɪd/ *s* monóxido de carbono

carbon ˈneutral *adj* neutro em carbono

carbon offsetting /ˌkarbən ˈɔfsetɪŋ/ *s* compensação de carbono

,**carbon ˌpaper** *s* papel-carbono

,**car ˈboot ˌsale** *s* BrE venda de artigos de segunda mão expostos na mala de carros, num estacionamento

carburetor /ˈkarbəreɪtər/ AmE, **carburettor** /kʌbjuˈretə/ BrE *s* carburador

carcass /ˈkarkəs/ *s* (pl **-ses**) carcaça

card /kard/ *s* **1** (postal, de aniversário, etc.) cartão **2** (de sócio, estudante, etc.) carteira **3** (de crédito, etc.) cartão **4** (de fichário) ficha **5** (de baralho) carta | **to play cards** jogar cartas **6** BrE cartolina **7 to put/lay your cards on the table** abrir o jogo **8 to be in the cards** AmE, **to be on the cards** BrE ser provável

cardboard /ˈkardbɔrd/ *s* papelão | **a cardboard box/folder etc.** uma caixa/pasta etc. de papelão

cardholder /ˈkardhoʊldər/ *s* titular [de cartão de crédito, etc.]

cardiac /ˈkardiæk/ *adj* cardíaco

cardigan /ˈkardɪɡən/ *s* cardigã

cardinal /ˈkardn-əl/ *substantivo & adjetivo*

• *s* cardeal

• *adj* **1 the cardinal rule/principle** a regra/o princípio fundamental **2 of cardinal importance** de importância capital **3 a cardinal sin/error** um pecado/erro capital

,**cardinal ˈnumber** *s* número cardinal

care /ker/ *verbo & substantivo*

• *v* [intr] **1** importar-se ou interessar-se: *I don't care what you think.* Não me interessa o que você pensa. | *The only thing he cares about is money.* A única coisa que importa para ele é dinheiro. **2 who cares?**: *"We're going to be late." "Who cares?"* – Vamos chegar atrasados. – E daí? **3 I/she etc. couldn't care less** eu não estou/ela não está etc. nem aí

care for sth 1 cuidar de algo **2** Usado em lugar de "like" em perguntas e frases negativas: *Would you care for a drink?* Quer tomar alguma coisa? **care for sb 1** cuidar de alguém **2** gostar de alguém, importar-se com alguém: *She felt nobody cared for her.* Ela achava que ninguém gostava dela./Ela achava que ninguém se importava com ela. | *I don't much care for him.* Não gosto muito dele.

- **s 1** (ato de cuidar) cuidado(s), assistência **2 to take care of sth/sb (a)** cuidar de algo/alguém **(b)** encarregar-se de algo/alguém: *I'll take care of the food*. Eu me encarrego da comida. **3** (para não quebrar algo, cometer erros, etc.) cuidado | **to take care over/with sth** ter cuidado com algo, empenhar-se em algo **4 take care! (a)** (ao se despedir de alguém) se cuida!, vai com Deus! **(b)** tome cuidado!

career /kəˈrɪr/ *substantivo & verbo*
- **s 1** (tipo de trabalho) profissão, carreira: *I'm interested in a career in teaching*. Estou interessado em seguir a carreira de professor. **2** (trajetória profissional) carreira: *His acting career was over*. Sua carreira de ator estava encerrada.
- **v to career along/down etc. sth** ir/descer etc. a toda velocidade por algo: *She was careering along the hall on roller skates*. Ela estava patinando a toda velocidade pelo corredor.

carefree /ˈkɛrfri/ *adj* despreocupado

careful /ˈkɛrfəl/ *adj* **1** cuidadoso, cauteloso | **to be careful with/about sth** tomar cuidado com algo, ser cuidadoso com algo | **to be careful (not) to do sth** tomar cuidado para (não) fazer algo, ter o cuidado de (não) fazer algo **2** (usado como interjeição) cuidado: *Careful you don't fall!* Cuidado para não cair! **3** meticuloso, criterioso [estudo, avaliação]

carefully /ˈkɛrfəli/ *adv* com cuidado, cuidadosamente: *Drive carefully!* Dirija com cuidado! | *Think carefully before you decide*. Pense bem antes de tomar uma decisão.

careless /ˈkɛrləs/ *adj* **1** relapso, descuidado **2 that was careless of you/him etc.** foi descuido seu/dele etc. **3 a careless mistake** um erro de falta de atenção

carelessly /ˈkɛrləsli/ *adv* descuidadamente, por descuido

carelessness /ˈkɛrləsnəs/ *s* falta de cuidado, descuido

carer /ˈkɛrər/ *s* BrE acompanhante [de doente, idoso] ▶ No inglês americano diz-se **caretaker**

caress /kəˈrɛs/ *substantivo & verbo*
- **s** (pl **-sses**) carícia
- **v** [tr] (3a pess sing **-sses**) acariciar

caretaker /ˈkɛrteɪkər/ *s* **1** AmE acompanhante [de doente, idoso] **2** BrE zelador -a ▶ No inglês americano diz-se **janitor**

cargo /ˈkɑrgoʊ/ *s* (pl **-goes** ou **-gos**) carregamento, carga

caricature /ˈkærəkətʃər/ *substantivo & verbo*
- **s** caricatura
- **v** [tr] caricaturar

caring /ˈkɛrɪŋ/ *adj* atencioso, afetuoso

carnation /kɑrˈneɪʃən/ *s* cravo [flor]

carnival /ˈkɑrnəvəl/ *s* carnaval

carnivore /ˈkɑrnəvɔr/ *s* carnívoro

carnivorous /kɑrˈnɪvərəs/ *adj* carnívoro

carol /ˈkærəl/ *s* (também **Christmas carol**) cântico natalino

carousel /kærəˈsɛl/ *s* **1** esteira rolante **2** AmE carrossel [num parque de diversões]

'car park *s* BrE estacionamento ▶ No inglês americano diz-se **parking lot** ou **parking garage**

carpenter /ˈkɑrpəntər/ *s* carpinteiro -ra

carpentry /ˈkɑrpəntri/ *s* carpintaria

carpet /ˈkɑrpɪt/ *substantivo & verbo*
- **s 1** carpete **2** BrE tapete: *a Persian carpet* um tapete persa ▶ No inglês americano diz-se **rug**
- **v** [tr] atapetar

carriage /ˈkærɪdʒ/ *s* **1** carruagem **2** BrE vagão

carrier /ˈkæriər/ *s* **1** transportadora **2** companhia aérea **3** portador -a

'carrier ˌbag *s* BrE sacola

carrot /ˈkærət/ *s* cenoura

carry /ˈkæri/ *v* (**-rries, -rried**) **1** [tr] carregar: *Can you carry this bag for me?* Você pode carregar essa sacola para mim? | *I'm not going to carry that around all day*. Não vou ficar carregando isso o dia inteiro. | *I carried the trunk into the house*. Carreguei o baú para dentro de casa. **2** [tr] transportar, levar [mercadorias, passageiros] **3** [tr] ser portador -a de [uma doença] **4** [tr] andar com, levar [dinheiro]: *I don't usually carry that much cash with me*. Em geral não ando com muito dinheiro. **5 to carry arms** usar armas | **to carry a gun** estar armado **6** [intr] ouvir-se de longe, projetar-se [som]: *She has the sort of voice that carries*. Ela tem o tipo de voz que se ouve de longe. **7** [tr] aguentar [um peso] **8 to get carried away (a)** (entusiasmar-se) empolgar-se: *I got carried away and bought three pairs of shoes*. Eu me empolguei e comprei três pares de sapatos. **(b)** (passar dos limites) extrapolar: *There's no need to get carried away*. Não precisa extrapolar. **9 to carry sth too far** exagerar em algo

PHRASAL VERBS

carry sth off conseguir fazer algo sem problema ou sem cair no ridículo

carry on continuar: *Carry on with your work*. Continuem trabalhando. | **to carry on doing sth** continuar fazendo algo **carry on sth 1** continuar (com) algo **2 to carry on a conversation** levar uma conversa

carry sth out 1 realizar algo, levar algo adiante **2** cumprir (com) algo [promessas, ordens]

carry sth through levar algo a cabo

'carry-ˌon *adj* de mão [bagagem]

cart /kɑrt/ *substantivo & verbo*
- **s 1** carroça **2** AmE carrinho [de supermercado]

- **v** [tr] (informal) carregar: *I've been carting these books around all day*. Passei o dia carregando esses livros para lá e para cá.

carton /'kɑrtn/ s **1** caixa [de leite, suco, ovos, etc.]: *a carton of milk* uma caixa de leite **2** pote [de creme, de iogurte, etc.]

cartoon /kɑr'tun/ s **1** desenho animado **2** charge **3** história em quadrinhos

cartoonist /kɑr'tunɪst/ s cartunista, chargista

cartridge /'kɑrtrɪdʒ/ s cartucho

carve /kɑrv/ v **1** [tr/intr] esculpir, talhar: *a figure carved in/from marble* uma figura esculpida em mármore. **2** [tr] gravar, entalhar **3** [tr/intr] trinchar
carve sth out *to carve out a career/a reputation for yourself* construir uma carreira/conquistar uma reputação
carve sth up repartir algo

carving /'kɑrvɪŋ/ s **1** (objeto) escultura, talha **2** (atividade) gravura

cascade /kæ'skeɪd/ *substantivo & verbo*
- **s** cascata
- **v** [intr] cair em cascata, cascatear

case /keɪs/ s **1** caso: *They made an exception in my case*. No meu caso, abriram uma exceção. | *It's a case of getting there early*. É o caso de chegarmos lá cedo.
2 (de doença) caso: *a bad case of the flu* um caso grave de gripe
3 to be the case ser assim: *That is not the case*. Não é assim.
4 in that case nesse caso
5 in any case de qualquer forma
6 (just) in case por via das dúvidas, para o caso de: *We should leave early just in case*. Deveríamos sair cedo, por via das dúvidas. | *Take an umbrella in case it rains*. Leve um guarda-chuva para o caso de chover.
7 (para óculos, lápis, etc.) estojo
8 (para instrumento musical) caixa
9 BrE (para viagem) mala
10 (para embalagem) caixa, caixote
11 (de vinho) caixa
12 (na Justiça) processo, causa
13 (policial) caso
14 the case for/against sth os argumentos a favor de/contra algo | **to argue/make your case** argumentar

cash /kæʃ/ *substantivo & verbo*
- **s 1** (notas e moedas) dinheiro (em espécie) | **to pay (in) cash** pagar em dinheiro/em espécie. **2** (capital) dinheiro: *I'm a little short of cash*. Estou com pouco dinheiro. **3 cash card** cartão de saque **cash desk** caixa [onde se paga] **cash machine**, também **cash dispenser** BrE caixa eletrônico ▶ No inglês americano diz-se **ATM cash register** AmE caixa (registradora)
- **v** [tr] (3a pess sing **cashes**) descontar [um cheque]

cash sth in converter algo em dinheiro [títulos, ações, etc.]
cash in on sth lucrar com algo

cashew /'kæʃu/ s (também **cashew nut**) castanha-de-caju

cashier /kæ'ʃɪr/ s caixa (pessoa)

'cash ma,chine s caixa eletrônico

cashmere /'kæʒmɪr/ s cashmere

cashpoint /'kæʃpɔɪnt/ s BrE caixa eletrônico ▶ No inglês americano diz-se **ATM**

casino /kə'sinoʊ/ s cassino

cask /kæsk/ s barril

casket /'kæskɪt/ s **1** caixa, porta-joias **2** AmE caixão

casserole /'kæsəroʊl/ s **1** (também **casserole dish**) pirex®, prato de servir refratário **2** ensopado

cassette /kə'sɛt/ s **1** fita [cassete, de vídeo] **2 cassette player** toca-fitas **cassette recorder** gravador

cast /kæst/ *verbo & substantivo*
- **v** [tr] (passado & particípio **cast**) **1** escolher alguém para o papel de: *Tom Cruise was cast as the vampire*. Tom Cruise foi escolhido para o papel do vampiro. **2** jogar (na água) [uma rede de pesca, linha, etc.] **3 to cast a look/glance (at sth/sb)** lançar um olhar (para algo/alguém) | **to cast an/your eye over sth** dar uma olhada em algo **4 to cast your vote** votar
cast sth aside desfazer-se de algo, deixar algo de lado **cast sb aside** deixar alguém de lado
- **s 1** elenco **2** gesso [para fraturas]

castaway /'kæstəweɪ/ s náufrago -ga

caste /kæst/ s casta

cast 'iron s ferro fundido

castle /'kæsəl/ s **1** castelo: *Windsor Castle* O castelo de Windsor **2** torre [no xadrez]

castrate /'kæstreɪt/ v [tr] castrar

casual /'kæʒuəl/ adj **1** displicente, despreocupado [pessoa, modos]: *his casual attitude to work* a falta de seriedade dele no trabalho **2** sem compromisso [relacionamento] **3 a casual acquaintance** um conhecido/uma conhecida **4** esportivo, informal [roupa] **5** ocasional [trabalho] **6** casual [encontro] **7** en passant, fortuito [comentário] **8 a casual glance** uma olhada rápida, uma espiada

casually /'kæʒuəli/ adv **1** com naturalidade, como quem não quer nada **2** informalmente, com roupa esportiva **3** por acaso

casualty /'kæʒəlti,/ s (pl **-ties**) **1** vítima, ferido -da **2** BrE pronto-socorro ▶ No inglês americano diz-se **emergency room**

cat /kæt/ s **1** gato **2** felino

catalog AmE, **catalogue** BrE /'kætl-ɔg/ *substantivo & verbo*
- **s** catálogo
- **v** [tr] catalogar

catalyst /'kætl-ɪst/ s catalisador

catapult /'kætəpʌlt/ substantivo & verbo
- s **1** atiradeira, estilingue ▶ No inglês americano diz-se **slingshot** **2** catapulta
- v **1** lançar **2 to catapult sb to fame/stardom** fazer alguém conquistar fama/o estrelato

cataract /'kætərækt/ s catarata [no olho]

catastrophe /kə'tæstrəfi/ s catástrofe

catastrophic /kætə'strɑfɪk/ adj catastrófico

catch /kætʃ/ verbo & substantivo
- v (3a pess sing **-ches**, passado & particípio **caught**) **1** [tr/intr] pegar, agarrar [uma bola, um objeto]
2 [tr] pegar [um bandido, um fugitivo, etc.]: *You can't catch me!* Você não me pega!
3 [tr] pegar, flagrar: *His mom caught him smoking in the yard.* A mãe o pegou fumando no quintal.
4 [tr] pegar [um ônibus, um avião]
5 [tr] pegar [uma doença] | **to catch a cold** pegar um resfriado
6 [tr] pegar [um peixe]
7 [intr] ficar preso, [tr] prender: *My skirt caught in the car door.* Minha saia ficou presa na porta do carro. | *He caught his finger in the drawer.* Ele prendeu o dedo na gaveta.
8 [tr] ouvir, entender: *I didn't catch your name.* Não ouvi bem o seu nome.
9 to catch sight/a glimpse of sth/sb avistar algo/alguém, ver algo/alguém
PHRASAL VERBS
catch on 1 virar moda **2** entender: *You catch on fast!* Você pega as coisas rápido!
catch sb out BrE pegar alguém mentindo/em erro
catch up 1 alcançar quem está à frente: *I had to run to catch up.* Tive que correr para alcançá-los. **to catch up with sb** alcançar alguém: *He soon caught up with them.* Ele logo os alcançou.
2 to catch up (with sb) nivelar-se com alguém
3 to catch up on your sleep recuperar o sono perdido **4 to catch up on your work/reading etc.** pôr o trabalho/a leitura etc. em dia **catch sb up** alcançar alguém
- s (pl **-ches**) **1** armação, mutreta: *It's so cheap, there must be a catch.* É tão barato, deve haver uma armação.
2 pegada [de uma bola]
3 to play catch jogar bola [para o outro pegar]
4 pesca
5 fecho
6 (informal) bom partido [referente a pessoa]

catching /'kætʃɪŋ/ adj contagioso

catchphrase /'kætʃfreɪz/ s bordão

catchy /'kætʃi/ adj (**-chier**, **-iest**) contagiante [música]

catechism /'kætəkɪzəm/ s catecismo

categorical /kætə'gɔrɪkəl/ adj categórico

categorically /kætə'gɔrɪkli/ adv categoricamente

categorize, -ise BrE /'kætəgəraɪz/ v [tr] classificar

category /'kætəgɔri/ s (pl **-ries**) categoria

cater /'keɪtər/ v [intr] fazer o bufê [para uma festa, um evento]
cater to sth AmE, **cater for sth** BrE atender a algo [uma necessidade, a demanda de algo]: *London has stores that cater to every need.* Em Londres há lojas para atender a todas as necessidades. **cater to sb** AmE, **cater for sb** BrE atender às necessidades de alguém: *a travel company catering more for older people* uma agência de viagens que atende mais às necessidades dos idosos

caterer /'keɪtərər/ s banqueteiro -ra

catering /'keɪtərɪŋ/ s **1** (serviço de) bufê **2** (também **the catering industry**) hotelaria e restaurantes

caterpillar /'kætərpɪlər/ s lagarta

cathedral /kə'θidrəl/ s catedral

Catholic /'kæθəlɪk/ adj & s católico -ca

Catholicism /kə'θɑləsɪzəm/ s Catolicismo

cattle /'kætl/ s pl gado

caught /kɔt/ passado & particípio de **catch**

cauldron /'kɔldrən/ s caldeirão

cauliflower /'kɔlɪflaʊr/ s couve-flor

cause /kɔz/ substantivo & verbo
- s **1** (razão) causa: *What was the cause of the accident?* Qual foi a causa do acidente? **2 cause for concern/celebration** motivo para preocupação/comemoração: *There is no cause for alarm.* Não há motivo para alarme. **3** (projeto, ideal) causa
- v **1** [tr] causar [um acidente, danos, demora, etc.], causar, criar [confusão, problemas]: *She's always trying to cause trouble.* Ela está sempre tentando criar problemas. **2 to cause sth/sb to do sth** fazer com que algo/alguém faça algo: *What caused the computer to crash?* O que fez o computador dar pau?

causeway /'kɔzweɪ/ s via elevada

caustic /'kɔstɪk/ adj **1** cáustico, mordaz [comentário, linguagem, etc.] **2** cáustico [substância]

caution /'kɔʃən/ substantivo & verbo
- s **1** cautela **2** advertência

throwing a ball

catching a ball

*Gostaria de saber mais sobre as diferenças entre os **possessivos** em inglês e português? Leia a explicação na seção de gramática.*

cerebral

- **v 1** (formal) **to caution sb against sth/to caution sb not to do sth** advertir alguém contra algo/a não fazer algo **2** [tr] fazer uma advertência a

cautious /'kɔʃəs/ adj cauteloso, prudente

cautiously /'kɔʃəsli/ adv cautelosamente

cavalry /'kævəlri/ s cavalaria

cave /keɪv/ substantivo & verbo
- **s** caverna
- **v cave in 1** desabar **2** ceder [a pressões]

caveman /'keɪvmæn/ s (pl **-men** /-men/) homem das cavernas

cavern /'kævərn/ s caverna

cavity /'kævəti/ s (pl **-ties**) **1** cavidade **2** cárie

CD /si 'di/ s (= **compact disc**) CD

'C'D ˌplayer s aparelho de CD, CD-player

CD-ROM /si di 'rɑm/ s (= **compact disc read-only memory**) CD-ROM

cease /sis/ v [intr] (formal) cessar | **to cease to do sth/to cease doing sth** parar de fazer algo

ceasefire /'sisfaɪr/ s cessar-fogo

ceaseless /'sisləs/ adj (formal) incessante

cedar /'sidər/ s cedro

cede /sid/ v [tr] ceder [territórios]

ceiling /'silɪŋ/ s **1** (de um aposento) teto **2** (de preços, salários, etc.) teto

celebrate /'sɛləbreɪt/ v **1** [tr/intr] comemorar [com festa, etc.] **2** [tr/intr] fazer [bodas de prata, etc.]

celebrated /'sɛləbreɪtɪd/ adj célebre

celebration /sɛlə'breɪʃən/ s comemoração | **in celebration of sth** em comemoração a algo: *a party in celebration of their success* uma festa em comemoração ao sucesso deles

celebratory /'sɛləbrətɔri/ adj **a celebratory meal/drink etc.** um jantar/drinque etc. comemorativo

celebrity /sə'lɛbrəti/ s (pl **-ties**) celebridade

celery /'sɛləri/ s aipo

cell /sɛl/ s **1** cela **2** célula

cellar /'sɛlər/ s **1** porão **2** adega

cellist /'tʃɛlɪst/ s violoncelista

cello /'tʃɛloʊ/ s violoncelo

cell phone, cellphone /'sɛl foʊn/ s AmE celular

cellular /'sɛljələr/ adj celular

ˌcellular 'phone s (formal) telefone celular

cement /sɪ'mɛnt/ s cimento

cemetery /'sɛmətɛri/ s (pl **-teries**) cemitério

censor /'sɛnsər/ verbo & substantivo
- **v** [tr] censurar [um filme, um livro, etc.]
- **s** censor -a

censorship /'sɛnsərʃɪp/ s censura

cell phone

censure /'sɛnʃər/ verbo & substantivo
- **v** (formal) censurar [numa declaração]
- **s** (formal) censura [de pessoa, ação, etc.]

census /'sɛnsəs/ s (pl **censuses**) censo

cent /sɛnt/ s centavo

centenary /sɛn'tɛnəri/ s (pl **-ries**) BrE centenário ▶ No inglês americano diz-se **centennial**

centennial /sɛn'tɛniəl/ s AmE centenário

center AmE, **centre** BrE /'sɛntər/ substantivo & verbo

- **s 1** (de um espaço, um objeto) centro: *There was a table in the center of the room.* Havia uma mesa no centro da sala. **2** (para uma atividade) centro: *a commercial/financial center* um centro comercial/financeiro **3** meio-campo **4** BrE (de uma cidade) centro
- **v** [tr] centralizar

center around/on sth ser centrado em algo, girar em torno de algo

ˌcenter 'forward s centroavante

ˌcenter 'half s (pl **center halves**) meia-direita/meia-esquerda

Centigrade /'sɛntɪgreɪd/ s centígrado

centimeter AmE, **centimetre** BrE /'sɛntəmitər/ s centímetro

centipede /'sɛntəpid/ s centopeia

central /'sɛntrəl/ adj **1** (no centro) central: *central government* o governo central | *central Europe/Africa* Europa/África central | *central London* o centro de Londres **2** (hotel, etc.) central: *Our hotel is not very central.* Nosso hotel não é muito central. **3** (muito importante) crucial: *He played a central part in Tom's victory.* Ele teve um papel crucial na vitória de Tom.

ˌcentral 'air conˌditioning s ar-condicionado central

ˌCentral A'merica s América Central

ˌCentral A'merican adj da América Central

ˌcentral 'heating s aquecimento central

centralization, -isation BrE /sɛntrələ'zeɪʃən/ s centralização

centralize, -ise BrE /'sɛntrəlaɪz/ v [tr] centralizar

centrally /'sɛntrəli/ adv **1** centralizado: *a centrally planned economy* uma economia centralizada **2** no centro, perto do centro: *a centrally located hotel* um hotel central

centre BrE ▶ ver **center**

century /'sɛntʃəri/ s (pl **-ries**) século: *the 21st century* o século XXI

ceramics /sə'ræmɪks/ s cerâmica

cereal /'sɪriəl/ s **1** (cultivo) cereal **2** (flocos de milho, etc.) cereal

cerebral /sə'ribrəl, BrE 'sɛrəbrəl/ adj **1** cerebral [pessoa, atividade] **2** cerebral [hemorragia, artéria, etc.]

ceremonial /ˌsɛrə'mouniəl/ *adjetivo & substantivo*
- *adj* **1** formal [ocasião, evento] **2** ritual [veste, etc.]
- *s* cerimonial

ceremony /'sɛrəmouni/ *s* (pl **-nies**) cerimônia

certain /'sɜrtn/ *adj* **1 to be certain** ter certeza: *I'm **certain** that I've met him before.* Tenho certeza de que já o conheço.
2 for certain com certeza: *We don't know for certain what caused it.* Não sabemos com certeza o que causou isso.
3 (algum, determinado) certo: *There are certain things we don't talk about.* Há certas coisas sobre as quais não falamos. | *A certain Mr. Roberts called.* Ligou um tal de Sr. Roberts.
4 to a certain extent/degree até certo ponto: *I agree with you to a certain degree.* Concordo com você até certo ponto.
5 to make certain (that) certificar-se (de que), para ter certeza (de que): *I had another look, just to make certain.* Dei mais uma olhada, só para ter certeza.
6 (que há de acontecer) certo: *They are **certain** to win.* Eles vão ganhar com certeza.

certainly /'sɜrtnli/ *adv* **1** com certeza: *I certainly won't be going there again.* Com certeza não volto mais lá. **2** (como resposta) claro, pois não: *"Two cups of coffee please." "Certainly, madam."* – Dois cafés, por favor. – Pois não, senhora. | *"Can I come too?" "Certainly not!"* – Posso ir também? – De jeito nenhum!

certainty /'sɜrtnti/ *s* (pl **-ties**) certeza

certificate /sər'tɪfɪkət/ *s* **1** certificado **2** (de nascimento) certidão

certified /'sɜrtəfaɪd/ *adj* **a certified teacher** um professor diplomado/uma professora diplomada | **a certified nurse** um enfermeiro diplomado/uma enfermeira diplomada

certify /'sɜrtəfaɪ/ *v* [tr] (**-fies**, **-fied**) **1** atestar [a veracidade de algo] **2** Significa o médico atestar que o indivíduo não está em condições mentais de se responsabilizar por seus atos; como ato jurídico, o termo usado é "interditar"

cesarean AmE, **caesarean** BrE /sə'zɛriən/ *s* cesariana

CGI /ˌsi dʒi 'aɪ/ *s* (= **computer-generated imagery**) CGI [imagens geradas por computador]

chain /tʃeɪn/ *substantivo & verbo*
- *s* **1** corrente [de metal, etc.] | **in chains** acorrentado **2** cadeia [de hotéis, restaurantes, etc.]
- *v* [tr] **1 to chain sth to sth** acorrentar algo a algo **2** (também **chain up**) acorrentar

chainsaw /'tʃeɪnsɔ/ *s* motosserra

'chain-ˌsmoke *v* [tr] fumar um atrás do outro, [intr] fumar um cigarro atrás do outro

'chain store *s* loja [pertencente a uma rede]

chair /tʃɛr/ *substantivo & verbo*
- *s* **1** cadeira **2** presidente [de uma reunião, comissão, etc.] **3** cátedra **4 the chair** (informal) a cadeira elétrica
- *v* [tr] presidir [uma reunião, uma comissão, etc.]

chairman /'tʃɛrmən/ *s* (pl **-men**) **1** (de uma assembleia, comitê, etc.) presidente **2** (de uma empresa) presidente

chairperson /'tʃɛrpɜrsən/ *s* (pl **chairpersons**) presidente -ta [de assembleia, comitê, etc.]
▶ Prefere-se usar **chairperson** ao invés de **chairman** quando se quer referir tanto a homem quanto a mulher

chairwoman /'tʃɛrwumən/ *s* (pl **-women** /wɪmɪn/) **1** (de uma reunião, comissão, etc.) presidenta, presidente **2** (de uma empresa) presidenta, presidente

chalet /ʃæ'leɪ, BrE 'ʃæleɪ/ *s* chalé

chalk /tʃɔk/ *substantivo & verbo*
- *s* **1** giz: *a piece of chalk* um pedaço de giz **2** calcário
- *v* [tr/intr] escrever com giz

challenge /'tʃæləndʒ/ *substantivo & verbo*
- *s* desafio: *He resisted any **challenge** to his authority.* Ele resistia a qualquer desafio à sua autoridade.
- *v* [tr] **1** (chamar para jogar, brigar) desafiar: *We **challenged** them to a game of tennis.* Nós os desafiamos para um jogo de tênis. **2** (testar) desafiar **3** contestar [uma decisão, a autoridade de alguém, etc.]

challenger /'tʃæləndʒər/ *s* **1** rival **2** (a um título) aspirante

challenging /'tʃæləndʒɪŋ/ *adj* desafiante

chamber /'tʃeɪmbər/ *s* **1** sala de audiências **2** câmara [de um corpo legislativo]: *the upper/lower chamber* a câmara superior/inferior

chambermaid /'tʃeɪmbərmeɪd/ *s* camareira

champagne /ʃæm'peɪn/ *s* champanhe

champion /'tʃæmpiən/ *substantivo & verbo*
- *s* **1** campeão -ã: *the defending champion* o atual campeão/a atual campeã | *the world champion* o campeão mundial/a campeã mundial **2** defensor -a
- *v* [tr] defender

championship /'tʃæmpiənʃɪp/ *s* campeonato

chance /tʃæns/ *substantivo, verbo & adjetivo*
- *s* **1** (possibilidade) chance: *He has a good chance of winning.* Ele tem boas chances de ganhar. | **there's a chance (that)** há uma chance (de que): *There's a good chance that someone saw the robber.* Há uma grande chance de alguém ter visto o ladrão. | **not to have/stand a chance** não ter chance alguma
2 (oportunidade) chance: *I'll explain if you'll give me the chance.* Vou explicar se você me der chance.
3 acaso | **by chance** por acaso
4 by any chance por acaso: *Are you making*

coffee, by any chance? Você vai fazer café, por acaso?
5 (the) chances are (that) (informal) provavelmente
6 no chance (informal) sem chance: *"Do you think she'll go out with me?" "No chance!"* – Você acha que ela vai sair comigo? – Sem chance!
7 to take a chance arriscar-se, correr risco
• **v to chance it** (informal) arriscar
• **adj a chance encounter/discovery etc.** um encontro/uma descoberta etc. casual

chancellor /ˈtʃænsələr/ s **1** (também **Chancellor of the Exchequer**) (na Grã-Bretanha) ministro da Fazenda **2** reitor -a [de universidade] **3** (na Alemanha e na Áustria) chanceler

chandelier /ʃændəˈlɪr/ s candelabro

change /tʃeɪndʒ/ verbo & substantivo
• **v 1** [tr/intr] (tornar ou tornar-se diferente) mudar: *The club changed its name in 1998.* O clube mudou de nome em 1998. | **to change from sth to sth** mudar de algo para algo: *The lights changed from green to red.* O sinal mudou do verde para o vermelho. | **to change into sth** transformar-se em algo, virar algo
2 [tr] (uma coisa por outra) trocar: *Do you know how to change a tire?* Você sabe trocar um pneu? | *Can I change these earrings?* Posso trocar estes brincos? | **to change schools/jobs etc.** mudar de escola/emprego etc.
3 [intr] trocar de roupa, [tr] trocar: *Aren't you going to change?* Você não vai trocar de roupa? | *I changed my shirt.* Troquei a camisa. | **to get changed** trocar de roupa: *Wait here while I get changed.* Espere aqui enquanto eu troco de roupa. | **to change into sth** pôr algo: *At least change into a clean T-shirt.* Ao menos ponha uma camiseta limpa. | **to change out of sth** tirar algo
4 [intr] fazer baldeação
5 [tr] (dinheiro) trocar: *I changed some reais into dollars.* Troquei alguns reais em dólares. ▶ ver também **change your mind**, **change of heart**

change over mudar: *when we change over to the new system* quando mudarmos para o novo sistema

• **s 1** mudança: *a change in the law* uma mudança na lei | **a change for the better/worse** uma mudança para melhor/pior | **a change of heart** uma mudança de atitude | **to have a change of heart** mudar de ideia/atitude
2 for a change para variar: *Why don't we go to your house for a change?* Por que não vamos à sua casa para variar? | **it makes a change** frase que expressa que uma mudança é bem-vinda: *It makes a change to eat out once in a while.* É bom jantar fora de vez em quando.
3 troco: *Here's your change.* Aqui está o seu troco.
4 trocado: *I don't have any change for the bus.* Não tenho trocado para o ônibus.

changeable /ˈtʃeɪndʒəbəl/ adj instável, variável

changeover /ˈtʃeɪndʒoʊvər/ s mudança, transição

ˈchanging ˌroom s vestiário [em clube, etc.], provador [em loja]

channel /ˈtʃænl/ substantivo & verbo
• **s 1** (de televisão) canal: *a movie on the Disney Channel* um filme no canal Disney **2** (de comunicação) via, trâmite **3** (para navegação, irrigação) canal **4 the Channel**, também **the English Channel** o Canal da Mancha
• **v** [tr] (**-led**, **-ling** AmE, **-lled**, **-lling** BrE) canalizar

ˈchannel-ˌsurf AmE, **ˈchannel-ˌhop** BrE v [intr] zapear

chant /tʃænt/ substantivo & verbo
• **s 1** grito [de torcida, multidão] **2** cântico: *Gregorian chant* canto gregoriano
• **v** [tr/intr] **1** gritar **2** entoar

chaos /ˈkeɪɑs/ s caos: *The kitchen was in chaos.* A cozinha estava um caos.

chaotic /keɪˈɑtɪk/ adj caótico

chap /tʃæp/ s BrE (informal) cara, sujeito: *He was a nice chap.* Ele era um cara legal.

chapel /ˈtʃæpəl/ s capela

chaplain /ˈtʃæplɪn/ s capelão

chapped /tʃæpt/ adj rachado [lábios, pele]

chapter /ˈtʃæptər/ s **1** (de livro, da vida de alguém, etc.) capítulo **2** AmE (de lei) capítulo

char /tʃɑr/ v (**-rred**, **-rring**) **1** [tr] carbonizar **2** [intr] carbonizar-se

character /ˈkærəktər/ s **1** caráter | **to be in/out of character (for sb)** ser da/contra a natureza (de alguém) **2** (de um livro, filme, etc.) personagem **3** (de uma casa, etc.) caráter **4** (pessoa) figura | **a real character/quite a character** uma figura

characteristic /kærəktəˈrɪstɪk/ substantivo & adjetivo
• **s** característica
• **adj** característico | **to be characteristic of sth/sb** ser típico de algo/alguém

characterization, -isation BrE /kærəktərəˈzeɪʃən/ s **1** criação de personagens **2** caracterização

characterize, -ise BrE /ˈkærəktəraɪz/ v [tr] **1** (distinguir) caracterizar **2** (descrever) caracterizar | **to characterize sth/sb as sth** classificar algo/alguém como algo

charade /ʃəˈreɪd, BrE ʃəˈrɑd/ s farsa

charcoal /ˈtʃɑrkoʊl/ substantivo & adjetivo
• **s 1** (para churrasqueira, etc.) carvão **2** (para desenhar) carvão
• **adj** (também **charcoal gray**) cinza-escuro ▶ ver "Active Box" **colors** em **color**

charge /tʃɑrdʒ/ substantivo & verbo
• **s 1** taxa: *There is no charge for making a reservation.* Não há taxa de reserva. | **free of charge** de graça, grátis **2 to be in charge** ser o/a

responsável: *Who's in charge?* Quem é o responsável? | **to be in charge of sth** estar encarregado de algo, ser o/a responsável por algo: *Andy's in charge of the music.* Andy é o responsável pela música. | **to take charge of sth** encarregar-se de algo **3 to be in/under sb's charge** estar sob os cuidados de alguém **4** (na Justiça) acusação | **to bring/press charges (against sb)** fazer uma denúncia (contra alguém) **5** (da cavalaria) carga **6** (de um animal) investida **7** (de eletricidade) carga

- *v* **1** [tr/intr] cobrar: *How much did they charge you for the flowers?* Quanto te cobraram pelas flores? | *We charge by the hour.* Cobramos por hora. **2** [tr] AmE pôr no cartão/crediário **3** [tr] acusar | **to be charged with sth** ser acusado de algo **4** [intr] investir, [tr] investir contra **5** [intr] (informal) ir rápida e agressivamente: *He charged into my office.* Ele entrou no meu escritório como um furacão. **6** [tr/intr] (com energia elétrica) carregar

'**charge card** *s* **1** cartão de crédito [emitido por uma loja] **2** cartão de crédito

chariot /'tʃæriət/ *s* biga

charisma /kə'rızmə/ *s* carisma

charismatic /kærız'mætɪk/ *adj* carismático

charitable /'tʃærətəbəl/ *adj* **1** de caridade **2** caridoso

charity /'tʃærəti/ *s* **1** obras de caridade **2** (pl -ties) instituição de caridade **3** caridade

charm /tʃɑrm/ *substantivo & verbo*
- *s* **1** charme, encanto **2** amuleto **3** feitiço **4 to work like a charm** funcionar direitinho
- *v* [tr] encantar

charming /'tʃɑrmɪŋ/ *adj* **1** charmoso, encantador **2 charming!** que ótimo!, que simpático! [em sentido irônico]

chart /tʃɑrt/ *substantivo & verbo*
- *s* **1** gráfico, tabela **2** (de meteorologia) mapa **3** carta náutica **4 the charts** as paradas (de sucesso)
- *v* [tr] registrar

charter /'tʃɑrtər/ *substantivo & verbo*
- *s* **1** estatuto(s) **2** autorização
- *v* [tr] fretar

'**charter ,flight** *s* voo fretado

'**charter ,school** *s* AmE combinação de escola pública e particular, em que a verba vem do governo e o controle sobre o currículo e admissão de alunos é privado

chase /tʃeɪs/ *verbo & substantivo*
- *v* **1** perseguir | **to chase after sb** correr atrás de alguém: *I chased after the thief, but he got away.* Corri atrás do ladrão, mas ele escapou. **2 to chase sb away/off/out** enxotar alguém **3** [tr] correr atrás de

chase sth down AmE caçar algo **chase sb down** AmE (tentar) localizar alguém **chase sth up** BrE indagar sobre algo

- *s* perseguição

chasm /'kæzəm/ *s* abismo

chassis /'ʃæsi/ *s* (pl **chassis** /-siz/) chassi

chastity /'tʃæstəti/ *s* castidade

chat /tʃæt/ *verbo & substantivo*
- *v* [intr] (**-tted, -tting**) conversar | **to chat with/to sb** conversar com alguém | **to chat about sth** conversar sobre algo

chat sb up BrE (informal) cantar alguém

- *s* conversa | **to have a chat with sb (about sth)** ter uma conversa com alguém (sobre algo)

'**chat room** *s* sala de bate-papo

chatter /'tʃætər/ *verbo & substantivo*
- *v* [intr] **1** tagarelar | **to chatter away (to sb)** papear (com alguém) **2 my/her etc. teeth are chattering** eu estou/ela está etc. batendo queixo **3** gorjear [pássaros] **4** guinchar [macacos]
- *s* falatório

chatty /'tʃæti/ *adj* (**-ttier, -ttiest**) (informal) **1** falante **2** cheio de novidades [carta]

chauffeur /'ʃoufər/ *s* motorista [particular]

chauvinism /'ʃouvənızəm/ *s* **1 (male) chauvinism** machismo **2** chauvinismo

chauvinist /'ʃouvənıst/ *s & adj* **1 (male) chauvinist** machista **2** chauvinista

cheap /tʃip/ *adjetivo, advérbio & substantivo*
- *adj* **1** barato **2** ordinário, fuleiro **3** AmE (informal) pão-duro **4** mesquinho, baixo | **a cheap joke** uma brincadeira de mau gosto
- *adv* (informal) **to get sth cheap** comprar algo barato | **not to come cheap** custar caro | **to be going cheap** estar em promoção
- *s* **to do sth on the cheap** fazer algo sem gastar muito

cheapen /'tʃipən/ *v* [tr] **1** baratear **2** desvalorizar, desonrar

cheaply /'tʃipli/ *adv* barato, a preço (mais) baixo

cheapskate /'tʃipskeɪt/ *s* (informal) pão-duro

cheat /tʃit/ *verbo & substantivo*
- *v* **1** [intr] (em prova) colar: *Any student caught cheating will be expelled.* Qualquer aluno pego colando será expulso. **2** [intr] (em jogo) roubar | **to cheat at sth** roubar em algo: *He always cheats at cards.* Ele sempre rouba no jogo de cartas. **3** [tr] enganar | **to cheat sb out of sth** enganar alguém para conseguir algo

cheat on sb trair alguém, chifrar alguém

- *s* trapaceiro -ra

check /tʃɛk/ *verbo, substantivo & adjetivo*
- *v* **1** [tr/intr] verificar, ver: *Could you check if we have any coffee?* Você podia ver se tem café? | *Check with your parents to make sure it's OK.* Fale com seus pais para ter certeza de que não tem problema.

Há uma tabela com os **números** em inglês na seção de gramática.

2 [tr/intr] verificar, checar: ***Check your work for mistakes before you hand it in.*** Verifique seu trabalho para ver se tem erros, antes de entregá-lo.
3 [tr] deter

PHRASAL VERBS

check in 1 fazer o check-in **2** registrar-se [num hotel]: *Can you wait while I check in?* Pode esperar enquanto eu me registro? | **to check in at/into sth** registrar-se em algo **check sth in** despachar algo [bagagem]

check sth off ticar algo [numa lista]

check out deixar o hotel/o quarto [após pagar a conta]: *Ms. Sinclair checked out this morning.* A Sra. Sinclair deixou o hotel hoje de manhã. | **to check out of a hotel** deixar um hotel [após pagar a conta] **check sth out** averiguar/conferir algo: *Have you checked out the new club yet?* Você já esteve na nova boate?

check up on sth verificar algo **check up on sb** controlar/vigiar alguém

• *s* **1** AmE conta [num restaurante]: *Can we get the check, please?* Você pode trazer a conta, por favor?
2 AmE cheque: *a check for $5,000* um cheque de $5.000 | **to pay by check** pagar com cheque
3 AmE tique [para marcar um item numa lista, etc.]
4 controle, fiscalização: *a security check* um controle de segurança | **to carry out/run a check on sth** fazer uma verificação em algo: *They ran a few checks on the system.* Eles fizeram algumas verificações no sistema. | **to keep a check on sth** controlar algo
5 a check on sth um obstáculo para algo | **to keep/hold sth in check** manter algo sob controle, conter algo
6 xeque [em xadrez]

• *adj* ▶ ver **checked**

checkbook AmE, **chequebook** BrE /'tʃɛkbʊk/ *s* talão de cheques

checked /tʃɛkt/, também **check** /tʃɛk/ *adj* xadrez [padronagem]: *a checked shirt* uma camisa xadrez

checkers /'tʃɛkərz/ *s* AmE (jogo de) damas

'**check-in** *s* **1** (também **check-in desk**) balcão de check-in **2** check-in

'**checking ac,count** *s* AmE conta corrente

checklist /'tʃɛklɪst/ *s* lista [de coisas a serem conferidas]

checkmate /'tʃɛkmeɪt/ *s* xeque-mate

checkout /'tʃɛk-aʊt/ *s* caixa [em supermercado]

checkpoint /'tʃɛkpɔɪnt/ *s* ponto de controle

checkup /'tʃɛk-ʌp/ *s* **1** (com médico) exame, checkup **2** (com dentista) revisão

cheek /tʃik/ *s* **1** bochecha, face **2** BrE audácia, atrevimento: *What a cheek!* Que audácia! | **to have the cheek to do sth** ter a cara-de-pau de fazer algo ▶ ver também **tongue**

cheeky /'tʃiki/ *adj* (**-kier**, **-kiest**) BrE atrevido, abusado: *He's so cheeky to his mother.* Ele é tão abusado com a mãe. | *a cheeky grin* um sorriso atrevido

cheer /tʃɪr/ *verbo & substantivo*

• *v* **1** [tr/intr] aplaudir [gritando] **2** [tr] animar, alegrar

cheer sb on torcer por alguém

cheer up animar-se: *Cheer up!* Anime-se! **cheer sb up** alegrar alguém

• *s* viva, aplauso | **three cheers for the winners/the girls etc.!** três vivas para os vencedores/as meninas etc.!

cheerful /'tʃɪrfəl/ *adj* **1** alegre **2 to be cheerful (about sth)** estar alegre (com algo)

cheerfully /'tʃɪrfəli/ *adv* alegremente

cheerfulness /'tʃɪrfəlnəs/ *s* alegria

cheering /'tʃɪrɪŋ/ *s* aclamação

cheerio! /tʃɪri'oʊ/ *interj* BrE (informal) Tchau!

cheerleader /'tʃɪrlidər/ *s* animadora de torcida

cheers! /tʃɪrz/ *interj*
1 saúde! [ao fazer brinde] **2** BrE (informal) obrigado!
3 BrE (informal) tchau!

cheery /'tʃɪri/ *adj* (**-rier**, **-riest**) alegre, animado

cheese /tʃiz/ *s* queijo

cheeseburger /'tʃizbɜrgər/ *s* cheeseburger

cheesecake /'tʃizkeɪk/ *s* torta de queijo, cheesecake

↙ cheerleader

cheetah /'tʃitə/ *s* chita

chef /ʃɛf/ *s* chef, cozinheiro -ra

chemical /'kɛmɪkəl/ *substantivo & adjetivo*

• *s* substância química, produto químico

• *adj* químico

chemist /'kɛmɪst/ *s* **1** químico -ca **2** BrE farmacêutico -ca ▶ No inglês americano diz-se **pharmacist 3** BrE **chemist's (shop)** farmácia ▶ No inglês americano diz-se **drugstore** ou **pharmacy**

chemistry /'kɛməstri/ *s* química

cheque /tʃɛk/ *s* BrE cheque | **to pay by cheque** pagar com cheque ▶ No inglês americano diz-se **check**

chequebook BrE ▶ ver **checkbook**

cherish /'tʃɛrɪʃ/ *v* [tr] **1** querer bem a [uma pessoa] **2** valorizar [uma amizade, independência, etc.]: *his most cherished possession* seu bem mais querido **3 to cherish the memory of sth/sb** guardar com carinho a lembrança de algo/alguém

cherry

cherry /'tʃɛri/ *substantivo & adjetivo*
- *s* (pl **-rries**) **1** cereja **2** (também **cherry tree**) cerejeira **3** (cor) cereja
- *adj* (cor) cereja

chess /tʃɛs/ *s* **1** xadrez: *We played chess.* Jogamos xadrez. **2 chess set** jogo de xadrez

chessboard /'tʃɛsbɔrd/ *s* tabuleiro de xadrez

chest /tʃɛst/ *s* **1** peito [tórax] **2** arca **3 to get sth off your chest** desabafar algo

chestnut /'tʃɛsnʌt/ *substantivo & adjetivo*
- *s* **1** castanha **2** (também **chestnut tree**) castanheiro **3** castanho
- *adj* castanho

chest of 'drawers *s* cômoda

chew /tʃu/ *v* [tr/intr] mastigar, mascar
chew sth over pensar bem sobre algo

'chewing ,gum *s* chiclete

chewy /'tʃui/ *adj* (**-wier, -wiest**) **1** puxa-puxa [bala] **2** duro [carne]

chick /tʃɪk/ *s* **1** pinto **2** filhote (de pássaro)

chicken /'tʃɪkən/ *substantivo, adjetivo & verbo*
- *s* **1** (carne) galinha, frango: *roast chicken* frango assado **2** (ave) galinha **3** (informal) medroso [pessoa]
- *adj* (informal) medroso
- *v* **chicken out** (informal) dar para trás [por medo]

chickenpox /'tʃɪkənpɑks/ *s* catapora

chickpea /'tʃɪkpi/ *s* grão-de-bico

chicory /'tʃɪkəri/ *s* **1** chicória **2** BrE endívia
▶ No inglês americano diz-se **endive**

chief /tʃif/ *adjetivo & substantivo*
- *adj* **1** principal: *Our chief concern is safety.* Nossa principal preocupação é a segurança. **2** -chefe: *the chief architect* o arquiteto-chefe
- *s* **1** (de uma tribo) chefe, cacique **2** (de uma organização) chefe: *the chief of police* o chefe de polícia

chiefly /'tʃifli/ *adv* principalmente, sobretudo

child /tʃaɪld/ *s* (pl **-dren**) **1** criança: *a four-year-old child* uma criança de quatro anos | *children's TV* programas de TV infantis | **as a child** quando criança **2** filho -lha: *They have three children.* Eles têm três filhos. | **to be an only child** ser filho -lha único -ca **3 to be child's play** ser muito fácil **4 child abuse** abuso sexual de menores

childbirth /'tʃaɪldbɜrθ/ *s* parto

childcare /'tʃaɪldkɛr/ *s* creche

childhood /'tʃaɪldhʊd/ *s* infância

childish /'tʃaɪldɪʃ/ *adj* infantil, imaturo

childless /'tʃaɪldləs/ *adj* sem filhos

childlike /'tʃaɪldlaɪk/ *adj* de criança, infantil

childminder /'tʃaɪldmaɪndər/ *s* BrE babysitter

children /'tʃɪldrən/ plural de **child**

Chile /'tʃɪli/ *s* Chile

Chilean /'tʃɪliən/ *adj & s* chileno

chili AmE, **chilli** BrE /'tʃɪli/ *s* (pl **-lies** AmE, **-llies** BrE) **1** pimenta calabresa **2** pimenta-malagueta **3 chili pepper** pimenta-malagueta **chili sauce** molho de pimenta

chill /tʃɪl/ *verbo & substantivo*
- *v* [tr/intr] **1** gelar, resfriar **2 to be/feel chilled** estar gelado
- *s* **1** frio, friagem **2 to catch/get a chill** resfriar-se **3 to send a chill down sb's spine** dar calafrios em alguém

chilling /'tʃɪlɪŋ/ *adj* arrepiante, assustador

chilly /'tʃɪli/ *adj* (**-llier, -lliest**) **1** (temperatura) frio **2** (antipático) frio

chime /tʃaɪm/ *v* **1** [intr] repicar [sino] **2** [intr] bater as horas [relógio] **3** [intr] tocar [campainha] **4 to chime the hour/five o'clock etc.** bater as horas/cinco horas etc.

chimney /'tʃɪmni/ *s* chaminé

chimpanzee /tʃɪmpæn'zi/, também **chimp** /tʃɪmp/ *s* chimpanzé

chin /tʃɪn/ *s* **1** queixo **2 (keep your) chin up!** ânimo!

China /'tʃaɪnə/ *s* China

china /'tʃaɪnə/ *s* **1** porcelana **2** louça **3 a china cup/vase** uma xícara/um vaso de porcelana

Chinese /tʃaɪ'niz/ *adjetivo & substantivo*
- *adj* chinês
- *s* **1** (idioma) chinês **2 the Chinese** os chineses

chink /tʃɪŋk/ *s* **1** fresta, rachadura **2** tilintar

chinos /'tʃinoʊz/ *s pl* calça de algodão grosso, geralmente bege

chintzy /'tʃɪntsi/ *adj* (informal) **1** fuleiro: *a chintzy chest of drawers* uma cômoda fuleira **2** pão-duro

chip /tʃɪp/ *substantivo & verbo*
- *s* **1** AmE batata frita [em saco] **2** BrE batata frita [feita na hora]: *egg and chips* ovo estalado com batata frita ▶ No inglês americano diz-se **French fry 3** (também **microchip**) chip **4** lasca **5** rachadura **6** ficha [de jogo] **7 to have a chip on your shoulder** (informal) ter complexo de inferioridade
- *v* [tr/intr] (**-pped, -pping**) lascar
chip away to chip away at sth minar algo
chip in 1 interromper [uma conversa] **2** contribuir [com dinheiro]

chirp /tʃɜrp/, também **chirrup** /'tʃɪrəp/ *v* [intr] **1** piar, pipilar [pássaro] **2** cricrilar [inseto]

chirpy /'tʃɜrpi/ *adj* (**-pier, -piest**) (informal) animado, alegre

chisel /'tʃɪzəl/ *substantivo & verbo*
- *s* cinzel, formão
- *v* [tr] (**-led, -ling** AmE, **-lled, -lling** BrE) entalhar, esculpir

chivalry /'ʃɪvəlri/ *s* cavalheirismo

chives /tʃaɪvz/ s pl cebolinha
chlorine /'klɔrin/ s cloro
chock-a-block /'tʃak ə blak/ adj (informal) apinhado
chocolate /'tʃaklıt/ s **1** chocolate: *a bar of chocolate* uma barra de chocolate | **a chocolate cake/cookie etc.** um bolo/um biscoito etc. de chocolate **2** chocolate, bombom: *a box of chocolates* uma caixa de bombons **3** (bebida) chocolate **4** (também **chocolate brown**) (cor) chocolate

choice /tʃɔɪs/ *substantivo & adjetivo*
- *s* **1** (possibilidade de escolher) escolha | **to have a choice** poder escolher: *If you had a choice, where would you live?* Se você pudesse escolher, onde moraria? | **to have no choice** não ter (outra) opção: *They had no choice but to pay.* Não tiveram outra opção senão pagar. **2** (ação de escolher) escolha: *It was a difficult choice.* Foi uma escolha difícil. | *I think you've made the right choice.* Acho que você fez a escolha certa. **3** (sortimento) opção: *There is a choice of three main courses.* Há três opções de pratos principais.
- *adj* (formal) selecionado, de primeira

choir /kwaɪr/ s coro, coral

choke /tʃoʊk/ *verbo & substantivo*
- *v* **1** [tr/intr] sufocar | **to choke on sth** engasgar com algo | **to choke to death (a)** morrer asfixiado **(b)** morrer engasgado **2** [tr] estrangular **3** [tr] entupir
- *s* afogador

cholera /'kɑlərə/ s cólera [doença]
cholesterol /kə'lɛstərɔl/ s colesterol
choose /tʃuz/ v [intr] (passado **chose**, particípio **chosen**) **1** escolher: *Students may choose from a range of topics.* Os alunos podem escolher entre vários temas. | *They chose Rickie as team captain.* Escolheram Rickie como capitão do time. | *I have to choose between selling the car and repairing it.* Tenho que escolher entre vender o carro e consertá-lo. **2 to choose to do sth** optar por fazer algo, resolver fazer algo: *Mike chose to go abroad to study.* Mike optou por estudar no exterior. **3** preferir: *They can stay behind if they choose.* Eles podem ficar, se preferirem. **4 there's little/not much to choose between them** não há muita diferença entre eles

choosy /'tʃuzi/ adj (-sier, -siest) exigente | **to be choosy about sth** ser seletivo com algo

chop /tʃap/ *verbo & substantivo*
- *v* [tr] (-pped, -pping) **1** (também **chop up**) picar [carne, legumes] **2** (também **chop up**) cortar [lenha] **3 to chop sth into cubes/pieces etc.** cortar algo em cubinhos/pedaços etc.
chop sth down cortar algo, derrubar algo
chop sth off cortar (fora) algo
- *s* **1** costeleta: *pork chops* costeletas de porco **2** golpe [com a mão esticada]

chopper /'tʃapər/ s **1** (informal) helicóptero **2** BrE cutelo, machadinha
'chopping ,board s tábua de cortar
choppy /'tʃapi/ adj (-ppier, -ppiest) agitado [mar]
chopsticks /'tʃapstıks/ s pl pauzinhos [para comida oriental]
choral /'kɔrəl/ adj coral: *choral music* música coral
chord /kɔrd/ s acorde
chore /tʃɔr/ s **1** tarefa: *household chores* afazeres domésticos **2** chatice [tarefa chata]
choreographer /kɔri'agrəfər/ s coreógrafo -fa
choreography /kɔri'agrəfi/ s coreografia
chorus /'kɔrəs/ s (pl **-ses**) **1** refrão **2** (música para coral) coro **3** (grupo) coro **4 the chorus** (numa ópera ou musical) o coro
chose /tʃoʊz/ passado de **choose**
chosen /'tʃoʊzən/ particípio de **choose**
Christ /kraɪst/ s Cristo
christen /'krɪsən/ v [tr] batizar
christening /'krɪsənıŋ/ s batizado
Christian /'krɪstʃən/ s & adj cristão -tã
Christianity /krıstʃi'ænəti/ s cristianismo
'Christian ,name, também **'first name** s (primeiro) nome, nome de batismo
Christmas /'krɪsməs/ s (pl **-ses**) **1** Natal: *Merry Christmas!* Feliz Natal! | **at Christmas** no Natal **2 Christmas cake** BrE bolo típico de Natal, com passas, frutas cristalizadas e frutas secas **Christmas card** cartão de Natal **Christmas carol** cântico natalino **Christmas cracker** presente colocado ao lado do prato de cada comensal na ceia de Natal, consistindo em um tubo embrulhado em papel colorido, que contém pequenos mimos e um chapéu de papel, usado durante a refeição. Ao abri-lo, puxando suas extremidades com a ajuda de outro comensal, produz um estalido. **Christmas present** presente de Natal **Christmas stocking** meia que as crianças penduram na véspera de Natal à espera de presentes do Papai Noel **Christmas tree** árvore de Natal

Christmas stocking
Christmas cracker
Christmas present

Christmas 'Day s dia de Natal
Christmas 'Eve s véspera de Natal
chrome /kroʊm/, também **chromium** /'kroʊmiəm/ s cromo
chromosome /'kroʊməsoʊm/ s cromossomo
chronic /'krɑnık/ adj crônico

chronicle /'krɑnɪkəl/ s crônica

chronological /krɑnə'lɑdʒɪkəl/ adj cronológico

chrysalis /'krɪsəlɪs/ s (pl -ses) crisálida

chrysanthemum /krɪ'sænθəməm/ s crisântemo

chubby /'tʃʌbi/ adj (-bier, -biest) gorducho, rechonchudo

chuck /tʃʌk/ v [tr] (informal) **1** tacar, jogar: *Chuck it out of the window!* Jogue-o pela janela! **2** BrE **to chuck sb** dar o fora em alguém
chuck sth away jogar algo fora
chuck sth in BrE largar algo [um emprego, um curso, etc.]
chuck sth out ▶ ver **chuck sth away chuck sb out** pôr alguém para fora, expulsar alguém

chuckle /'tʃʌkəl/ v [intr] rir [baixo] | **to chuckle about/over sth** rir de algo

chunk /tʃʌŋk/ s pedaço

chunky /'tʃʌŋki/ adj (-kier, -kiest) pesado

church /tʃɜrtʃ/ s (pl -ches) **1** igreja **2 to go to church** ir à igreja **3 the church**, também **the Church** a Igreja

churchyard /'tʃɜrtʃjɑrd/ s cemitério (da igreja)

churn /tʃɜrn/ v **1** [tr] (também **churn up**) revolver [lama, solo] **2** [intr] revolver-se
churn sth out (informal) produzir algo por atacado

cider /'saɪdər/ s sidra ▶ **Cider** é uma bebida feita de maçã. A versão americana não contém álcool, a versão inglesa, sim

cigar /sɪ'gɑr/ s charuto

cigarette /'sɪgəret/ s cigarro

cinch /sɪntʃ/ s **to be a cinch** (informal) ser uma moleza

cinder /'sɪndər/ s cinza

cinema /'sɪnəmə/ s **1** (arte) cinema **2** BrE (estabelecimento) cinema ▶ No inglês americano diz-se **movie theater**

cinnamon /'sɪnəmən/ s canela

circle /'sɜrkəl/ substantivo & verbo
• s **1** (em geometria) círculo **2** (de pessoas, objetos) círculo, roda: *The teacher got the children to stand in a circle.* O professor mandou as crianças fazerem uma roda. **3** BrE balcão [de teatro] **4** (grupo) círculo: *a wide circle of friends* um grande círculo de amigos
• v **1** [intr] voar em círculos **2** [tr] fazer um círculo à volta de

circuit /'sɜrkɪt/ s **1** (de corridas) circuito **2** volta, giro **3** (em eletricidade) circuito

circular /'sɜrkjələr/ adj & s circular

circulate /'sɜrkjəleɪt/ v **1** [intr] circular [sangue, ar] **2** [intr] circular [boatos] **3** [tr] espalhar [um boato]

circulation /sɜrkjə'leɪʃən/ s **1** circulação [sanguínea] **2** tiragem [de um jornal ou revista]

circumference /sər'kʌmfərəns/ s circunferência

circumstance /'sɜrkəmstæns/ s **1** circunstância **2 in/under the circumstances** nessas/diante dessas circunstâncias **3 under no/any circumstances** de maneira alguma

circus /'sɜrkəs/ s (pl -ses) circo

cistern /'sɪstərn/ s cisterna

cite /saɪt/ v [tr] (formal) **1** (mencionar) citar **2** (de um texto) citar **3** AmE intimar

citizen /'sɪtəzən/ s cidadão -dã: *a U.S. citizen* um cidadão americano

citizenship /'sɪtəzənʃɪp/ s cidadania

city /'sɪti/ s (pl -ties) **1** cidade ▶ CITY OU TOWN? ver nota em **cidade 2 city centre** BrE centro (da cidade) ▶ No inglês americano diz-se **downtown 3 the City** a City [centro financeiro de Londres]

city 'hall s prefeitura [prédio]

civic /'sɪvɪk/ adj municipal | **civic center** centro administrativo

civil /'sɪvəl/ adj **1** civil **2 civil war** guerra civil | **civil liberties/rights** liberdades/direitos civis

civil 'engineer s engenheiro -ra civil

civilian /sə'vɪljən/ adjetivo & substantivo
• adj **1** civil [governo, população, etc.] **2** à paisana [traje]
• s (pessoa) civil

civilization, -isation BrE /sɪvələ'zeɪʃən/ s civilização

civilized, -ised BrE /'sɪvəlaɪzd/ adj **1** civilizado **2** educado, civilizado

civil 'liberty s (pl -ties) liberdade civil

civil 'servant s funcionário -ria público -ca

Civil 'Service s funcionalismo público na Grã-Bretanha

clad /klæd/ adj (literário) **clad in sth** vestido com algo

claim /kleɪm/ verbo & substantivo
• v **1** [tr] alegar, afirmar: *He claimed that someone had tried to kill him.* Ele alegou que alguém tinha tentado matá-lo. | **to claim to be sth** dizer-se algo, alegar ser algo: *A man turned up claiming to be my brother.* Apareceu um homem dizendo-se meu irmão. | *I don't claim to be an expert.* Não alego ser um perito. ▶ ver também **responsibility 2** [tr] reclamar [prêmio, benefício, uma coisa sua] **3** [tr] reivindicar [direitos] **4** [tr] custar [vidas]
• s **1** pedido: *Her claim for compensation is being dealt with.* Seu pedido de indenização está sendo avaliado. | **to put in/make a claim (for sth)** entrar com/fazer uma reivindicação (de algo) **2** alegação

clairvoyant /kler'vɔɪənt/ substantivo & adjetivo
• s vidente
• adj clarividente

Deve-se dizer on the table ou in the table? Veja o verbete **em**.

clam /klæm/ *substantivo & verbo*

- *s* marisco, vôngole
- *v* (-mmed, -mming) **clam up** (informal) fazer boca de siri

clamber /'klæmbər/ *v* [intr] subir em algo ou mover-se com dificuldade, usando mãos e pernas: *We all clambered onto the roof.* Subimos todos no telhado.

clammy /'klæmi/ *adj* (-mmier, -mmiest) pegajoso

clamor AmE, **clamour** BrE /'klæmər/ *substantivo & verbo*

- *s* clamor
- *v* **to clamor for sth** clamar por algo

clamp /klæmp/ *verbo & substantivo*

- *v* [tr] **1 to clamp two things together** apertar uma coisa contra outra | **to clamp your hand over sb's mouth** tapar a boca de alguém com a mão **2** travar a roda de [um veículo]
  clamp down to clamp down on sth/sb tomar medidas drásticas contra algo/alguém
- *s* **1** grampo [ferramenta] **2** trava de roda

clampdown /'klæmpdaʊn/ *s* repressão [policial]: *a clampdown on drug dealers* uma repressão a traficantes

clamshell phone /'klæmʃɛl foʊn/ *s* celular clamshell [em formato de concha]

clan /klæn/ *s* clã

clandestine /klæn'dɛstɪn/ *adj* (formal) clandestino

clang /klæŋ/ *v* [intr] tinir, retinir

clank /klæŋk/ *v* [intr] tilintar, tinir

clap /klæp/ *verbo & substantivo*

- *v* (-pping, -pped) **1** [intr] aplaudir **2 to clap your hands** bater palmas
- *s* **1 to give sb a clap** dar uma salva de palmas a alguém **2 a clap of thunder** um trovão

clarification /klærəfə'keɪʃən/ *s* esclarecimento

clarify /'klærəfaɪ/ *v* [tr] (-fies, -fied) esclarecer

clarinet /klærə'nɛt/ *s* clarineta

clarity /'klærəti/ *s* clareza

clash /klæʃ/ *verbo & substantivo*

- *v* [intr] **1** confrontar-se | **to clash with sb** confrontar-se com alguém **2 to clash with sb (over sth)** entrar em conflito com alguém (sobre algo) **3** não combinar [cores]: *That red clashes with her skirt.* Esse vermelho não combina com a saia dela. **4** coincidir [datas, eventos]
- *s* confronto

clasp /klæsp/ *substantivo & verbo*

- *s* fecho [de uma carteira, colar, etc.]
- *v* [tr] apertar, agarrar

class /klæs/ *substantivo & verbo*

- *s* (pl -sses) **1** (grupo de alunos) classe, turma: *What class are you in?* Em que turma você está? **2** (lição) aula: *When's your next class?* Quando é a sua próxima aula? | *He was told off for talking in class.* Ele levou uma bronca por conversar durante aula. **3** (social) classe **4** (numa classificação) categoria | **to be in a class of your own** ser incomparável **5** (estilo) classe: *She certainly has class.* Ela tem muita classe.
- *v* [tr] (-sses) **to class sth/sb as sth** classificar algo/alguém como algo

classic /'klæsɪk/ *adjetivo & substantivo*

- *adj* **1** clássico **2 a classic case/example etc.** um caso/exemplo etc. clássico
- *s* clássico

classical /'klæsɪkəl/ *adj* **1** clássico **2 classical music** música clássica

classics /'klæsɪks/ *s pl* estudo das línguas, literatura e história das antigas Roma e Grécia

classified /'klæsəfaɪd/ *adjetivo & substantivo*

- *adj* confidencial
- *s* AmE classificado

classified 'ad, também **classified adver'tisement** *s* (anúncio) classificado

classify /'klæsəfaɪ/ *v* [tr] (-fies, -fied) classificar

classless /'klæsləs/ *adj* sem classes sociais

classmate /'klæsmeɪt/ *s* colega de classe

classroom /'klæsrum/ *s* sala de aula

classy /'klæsi/ *adj* (-ssier, -ssiest) (informal) chique, de primeira linha

clatter /'klætər/ *verbo & substantivo*

- *v* [intr] chocar-se ou cair fazendo grande barulho: *The tray clattered to the ground.* A bandeja caiu no chão com estrondo.
- *s* barulho dos objetos duros ao se chocarem

clause /klɔz/ *s* **1** cláusula [em contrato], artigo [em lei] **2** oração [em gramática]

claustrophobia /klɔstrə'foʊbiə/ *s* claustrofobia

claustrophobic /klɔstrə'foʊbɪk/ *adj* claustrofóbico

claw /klɔ/ *substantivo & verbo*

- *s* **1** (de um felino ou ave de rapina) garra, (de gato) unha **2** (de um caranguejo, lagosta, etc.) tenaz
- *v* [tr] arranhar | **to claw at sth** arranhar algo

clay /kleɪ/ *s* barro, argila

clean /klin/ *adjetivo, verbo & advérbio*

- *adj* **1** (sem sujeira) limpo: *Their house is always neat and clean.* A casa deles está sempre arrumada e limpa. **2** puro [água, ar] **3** limpo [jogo, luta] **4** saudável [vida, diversão] **5 to come clean** (informal) abrir o jogo
- *v* [tr/intr] limpar
  clean sth out limpar algo **clean sb out** (informal) deixar alguém a zero/sem um tostão
  clean up limpar e arrumar **clean sth up** limpar/sanear algo **clean yourself up** lavar-se
- *adv* completamente: *I clean forgot about it.* Esqueci completamente disso.

cleaner /'klinər/ s **1** faxineiro -ra **2** limpador [produto] **3 the cleaners** a tinturaria

cleaning /'klinɪŋ/ s limpeza, faxina | **to do the cleaning** fazer a limpeza

cleanliness /'klɛnlinəs/ s asseio

cleanly /'klinli/ adv por inteiro [cortar, quebrar], em cheio [bater, chutar]

cleanse /klɛnz/ v [tr] limpar [a pele, uma ferida]

cleanser /'klɛnzər/ s creme de limpeza

cleanup /'klinʌp/ s limpeza [ação de limpar]

clear /klɪr/ adjetivo, verbo, advérbio & substantivo
- adj **1** (fácil de entender) claro: *It wasn't clear what he wanted.* Não ficou claro o que ele queria. | **to make yourself clear** fazer-se entender **2** (óbvio) claro | **to make sth clear** deixar algo claro **3 to be clear about sth** estar certo de algo: *I'm not clear about what we're meant to do.* Não estou certo do que temos que fazer. **4** transparente, cristalino [água, vidro], puro [ar] **5** nítido **6** aberto, limpo [céu], claro [dia, tempo] **7** livre ▶ ver também **conscience**
- v **1 to clear sth from/off sth, to clear sth of sth** tirar algo de algo, limpar algo de algo: *I had to go out and clear the snow from the driveway.* Tive que sair e limpar a neve da entrada. **2** [tr] desimpedir [uma estrada, a passagem], esvaziar [uma área, um prédio] | **to clear a space in/on sth** abrir um espaço em algo **3** [tr] absolver, inocentar: *He was eventually cleared of murder.* Ele acabou sendo inocentado de homicídio. **4 to clear sth with sb** obter a autorização de alguém para algo **5** [tr] autorizar

PHRASAL VERBS
clear sth away arrumar algo
clear off BrE (informal) sair daqui/dali: *Clear off!* Sai daqui!
clear sth out fazer uma limpeza em algo [jogando coisas fora]
clear up 1 arrumar **2** abrir, melhorar [tempo] **3** sarar **clear sth up 1** arrumar algo **2** esclarecer algo [um mal-entendido, uma questão]

- adv **1 clear of sth** fora de algo: *We'll soon be clear of the town.* Logo estaremos fora da cidade. | **to keep/steer/stand clear of sth/sb** manter distância de algo/alguém, afastar-se de algo/alguém **2 clear of sb** à frente de alguém ▶ ver também **loud and clear** em **loud**
- s **to be in the clear (a)** estar livre de qualquer suspeita **(b)** estar curado

clearance /'klɪrəns/ s **1** autorização [oficial] **2** remoção [de neve, minas, etc.], desmatamento [de florestas]

clear-'cut adj claro

clearing /'klɪrɪŋ/ s clareira

clearly /'klɪrli/ adv **1** obviamente, evidentemente: *He was clearly lying.* Ele estava obviamente mentindo. **2** claramente, com clareza

clef /klɛf/ s clave

clench /klɛntʃ/ v (3a pess sing -ches) **to clench your fist/your teeth** cerrar o punho/os dentes

clergy /'klɜrdʒi/ s **the clergy** o clero

clergyman /'klɜrdʒimən/ s (pl -men) clérigo

clerical /'klɛrɪkəl/ adj **1** burocrático [de escritório]: *clerical work* trabalho burocrático | *a clerical worker* um funcionário burocrático **2** clerical

clerk /klɜrk, BrE klɑk/ s **1** funcionário -ria [num escritório] **2** (também **desk clerk**) AmE recepcionista

clever /'klɛvər/ adj **1** inteligente: *She's much cleverer than her sister.* Ela é muito mais inteligente do que a irmã. **2** habilidoso **3** boa, inteligente [ideia, solução, etc.]

cleverly /'klɛvərli/ adv **1** inteligentemente **2** habilmente

cleverness /'klɛvərnəs/ s **1** inteligência **2** habilidade **3** engenhosidade [de uma ideia, um plano]

cliché /kli'ʃeɪ, BrE 'kliʃeɪ/ s clichê

click /klɪk/ verbo & substantivo

- v **1** [tr/intr] estalar, clicar | **to click open/shut** abrir/fechar com um estalido | **to click your fingers/tongue** estalar os dedos/a língua **2** [tr/intr] (com o mouse) clicar: *Now click on "Send".* Agora clique em "Enviar". **3** *it clicked* (informal) me/lhe etc. deu um estalo: *I couldn't remember where I'd met her, then it suddenly clicked.* Não conseguia me lembrar de onde a conhecia, mas de repente me deu um estalo. **4** [intr] (informal) entrosar (de cara) [com alguém]

- s **1** estalido **2** clique [do mouse]

client /'klaɪənt/ s cliente

clientele /klaɪən'tɛl/ s clientela

cliff /klɪf/ s penhasco

climate /'klaɪmət/ s **1** clima: *a hot/cold/mild climate* um clima quente/frio/temperado **2 economic/political** etc. **climate** clima econômico/político etc.

climatic /klaɪ'mætɪk/ adj climático

climax /'klaɪmæks/ s (pl -xes) clímax, auge

climb /klaɪm/ verbo & substantivo

- v **1** [tr] (também **climb up**) subir: *The truck climbed slowly up the hill.* O caminhão subiu o morro devagar. **2** [tr] trepar em: *He had climbed a tree and couldn't get down.* Ele tinha trepado

numa árvore e não conseguia descer. | *She had to **climb out** of the window.* Ela teve que sair pela janela. | *They **climbed into** the back of the truck.* Eles subiram na caçamba do caminhão. **3** [tr/intr] escalar | **to go climbing** fazer alpinismo **4** [intr] subir [avião, sol, trilha] **5** [intr] subir [temperatura, preços, etc.]
climb down 1 descer **2** BrE voltar atrás

• *s* **1** subida **2** escalada, subida

climber /'klaɪmər/ *s* alpinista

climbing /'klaɪmɪŋ/ *s* alpinismo

clinch /klɪntʃ/ *v* **1** [tr] garantir [uma vitória] **2** [tr] fechar [um contrato]

cling /klɪŋ/ *v* [intr] (passado & particípio clung) **to cling to/onto sth/sb** agarrar-se a algo/alguém

clingfilm /'klɪŋfɪlm/ *s* BrE filme de PVC ▶ No inglês americano diz-se **plastic wrap**

clinic /'klɪnɪk/ *s* **1** clínica **2** consulta [de um médico]

clinical /'klɪnɪkəl/ *adj* **1** clínico **2** frio

clink /klɪŋk/ *verbo & substantivo*

• *v* [tr/intr] tilintar, tinir

• *s* tinido

clip /klɪp/ *substantivo & verbo*

• *s* **1** (para prender algo) clipe **2** (para cabelo) presilha **3** (de filme ou TV) clipe

• *v* (-pped, -pping) **1** [tr] juntar com um clipe: *Clip the papers together.* Junte os papéis com um clipe. | **to clip sth to/onto sth** prender algo a/em algo **2** [tr] aparar | **to clip your nails** cortar as unhas

clipboard /'klɪpbɔrd/ *s* **1** prancheta [de mão] **2** área de transferência

clippers /'klɪpərz/ *s pl* **1** (para cortar o cabelo) máquina **2** (para as unhas) alicate

clipping /'klɪpɪŋ/ *s* **1** recorte [de jornal, revista] **2** apara [de unha, cabelo, grama, etc.]

clipboard

clique /klik/ *s* panelinha

cloak /kloʊk/ *s* capa [sem manga]

cloakroom /'kloʊk-rum/ *s* **1** guarda-volumes **2** BrE toalete ▶ No inglês americano diz-se **restroom 3** BrE lavabo **4** vestiário

clock /klɑk/ *s* **1** relógio [de pé, parede, etc.] | **the kitchen/church etc. clock** o relógio da cozinha/igreja etc. **2** around the clock direto, 24 horas
clock in/on bater/assinar o ponto [na entrada]
clock off/out bater/assinar o ponto [na saída]

clockwise /'klɑk-waɪz/ *advérbio & adjetivo*

• *adv* no sentido horário

• *adj* **in a clockwise direction** no sentido horário

clockwork /'klɑk-wɜrk/ *s* **1** mecanismo de corda **2 to go like clockwork** correr como um relógio **3 a clockwork toy/train etc.** um brinquedo/trem etc. de corda

clog /klɑg/ *v* [tr] (-gged, -gging) (também **clog up**) entupir, obstruir: *The roads were clogged with traffic.* As estradas estavam entupidas de tráfego.

cloister /'klɔɪstər/ *s* claustro [de uma catedral, um mosteiro, etc.]

clone /kloʊn/ *substantivo & verbo*

• *s* clone

• *v* [tr] clonar

close¹ /kloʊz/ *v* **1** (referente a portas, livros, olhos) [tr] fechar, [intr] fechar-se: *Do you mind if I close the window?* Você se importa se eu fechar a janela? | *The door closed behind her.* A porta se fechou atrás dela. **2** [intr/tr] (referente a lojas, escritórios) fechar: *What time do you close?* A que horas vocês fecham? **3** [intr/tr] (definitivamente) fechar: *when the factory closed* quando a fábrica fechou
close down fechar **close sth down** fechar algo [uma empresa, uma instituição, definitivamente]
close in 1 fechar o cerco | **to close in on sth/sb** fechar o cerco sobre algo/alguém **2 the days are/were closing in** os dias estão/estavam ficando mais curtos

close² /kloʊs/ *adjetivo & advérbio*

• *adj* **1** próximo | **to be close** ser/estar perto | **close to sth** perto de algo | **to be close to tears** estar à beira das lágrimas **2** íntimo, chegado: *close friends* amigos íntimos | *We were very close as children.* Éramos muito chegados quando crianças. | **to be close to sb** ser chegado a alguém, ter intimidade com alguém **3 a close relation/relative** um parente próximo **4** estreito [laços, cooperação] **5** minucioso, cuidadoso [exame, análise] | **to pay close attention** prestar muita atenção | **to take a close look at sth** examinar bem algo | **to keep a close eye/watch on sth/sb** ficar de olho em algo/alguém **6** apertado [jogo, competição] **7** abafado [tempo, dia, etc.]

• *adv* **1 close by** perto **2 close together** juntos um do outro **3 to get closer** aproximar-se **4 to come close to doing sth** quase fazer algo: *I came close to hitting him.* Quase bati nele. **5 close up/close to/up close** de perto

close³ /kloʊz/ *s* (formal) **1 at the close of** no final de, no encerramento de **2 to draw to a close** chegar ao fim

close⁴ /kloʊs/ *s* BrE rua ▶ Só usado em nomes de ruas: *26 Hillside Close*

closed /kloʊzd/ *adj* fechado: *All the stores were closed.* Todas as lojas estavam fechadas.

close-knit /kloʊs 'nɪt/ *adj* unido [família, comunidade]

i Você sabe como funcionam os **phrasal verbs**? Leia a explicação na seção de gramática.

closely

closely /'klousli/ adv **1** atentamente: *I examined the letter closely.* Examinei atentamente a carta. **2** estreitamente | **to work closely with sb** trabalhar em estreito contato com alguém **3** perto: *Jack left, closely followed by the others.* Jack saiu, seguido de perto pelos outros. **4 a closely fought contest** uma disputa acirrada | **a closely fought game** um jogo disputado

closet /'klɑzɪt/ s AmE armário embutido

close-up /'klous ʌp/ s close

closing /'klouzɪŋ/ adj **1** final **2 closing date** encerramento, último dia **3 closing time** horário de encerramento

closure /'klouʒər/ s fechamento [de uma empresa, um hospital, etc.]

clot /klɑt/ s **1** coágulo **2** BrE (informal) idiota

cloth /klɔθ/ s **1** tecido **2** pano **3** (também **tablecloth**) toalha (de mesa)

clothe /klouð/ v [tr] vestir: *enough to feed and clothe her children* suficiente para alimentar e vestir os filhos | **fully clothed** totalmente vestido

clothes /klouðz/ s pl roupa: *I need some new clothes.* Preciso de roupas novas. | *His clothes were dirty.* Ele estava com a roupa suja.

clothesline /'klouðzlaɪn/ s corda, varal [para secar roupa]

clothespin /'klouðzpɪn/ AmE, **'clothes peg** BrE s pregador (de roupa)

clothing /'klouðɪŋ/ s (formal) roupas, trajes | **an item/article of clothing** uma peça de vestuário

cloud /klaud/ substantivo & verbo
- s nuvem
- v **1** (também **cloud up/over**) [intr] ficar embaçado, [tr] embaçar [uma janela, um espelho] **2** [intr] (também **cloud over**) tornar-se sombrio [rosto, expressão]
cloud over ficar nublado, fechar

cloudy /'klaudi/ adj (-dier, -diest) **1** nublado **2** turvo

clout /klaut/ substantivo & verbo
- s **1** (informal) influência, peso **2** BrE tapa
- v [tr] (informal) dar um tapa em

clove /klouv/ s **1** cravo [tempero] **2 a clove of garlic** um dente de alho

clover /'klouvər/ s trevo

clown /klaun/ s palhaço -ça

club /klʌb/ substantivo, substantivo plural & verbo
- s **1** clube **2** boate **3** taco [de golfe] **4** porrete
- **clubs** s pl paus [naipe do baralho]
- v [tr] (-bbed, -bbing) **1** dar uma paulada/pauladas em | **to club sb to death** matar alguém a pancadas [com um pau, etc.] **2 to go clubbing** ir a uma discoteca
club together BrE fazer uma vaquinha: *They clubbed together to buy her some flowers.* Fizeram uma vaquinha para comprar flores para ela.

clue /klu/ s **1** pista [para solucionar crime, mistério]: *There are no clues to the killer's identity.* Não há pistas sobre a identidade do assassino. **2** deixa [para palavras cruzadas] **3 not to have a clue** (informal) não ter a menor ideia

clueless /'kluləs/ adj que não sabe nada de nada, ignorante: *Jason is clueless when it comes to women.* Jason é ignorante em matéria de mulher.

clump /klʌmp/ s (de árvores) grupo, (de plantas, flores) maço, (de grama) tufo

clumsy /'klʌmzi/ adj (-sier, -siest) **1** estabanado, desajeitado **2** canhestro **3** incômodo

clung /klʌŋ/ passado de **cling**

cluster /'klʌstər/ substantivo & verbo
- s aglomerado, amontoado [de casas, de objetos, etc.]
- v [intr] **to cluster together** aglomerar-se | **to cluster around sth/sb** aglomerar-se à volta de algo/alguém

clutch /klʌtʃ/ verbo, substantivo & substantivo plural
- v [tr] **1** apertar [para não deixar cair] **2** agarrar **3 to clutch at sth/sb** (tentar) agarrar algo/alguém
- s embreagem
- **clutches** s pl **in sb's clutches** nas garras de alguém

clutter /'klʌtər/ verbo & substantivo
- v [tr] (também **clutter up**) atravancar
- s bagunça, desordem

cm (= **centimeter**) cm

Co. (= **Company**) Cia.

coach /koutʃ/ substantivo & verbo
- s (pl -ches) **1** (em esporte) técnico -ca, treinador -a **2** BrE ônibus [de turismo] | **by coach** de ônibus **3** BrE vagão [de trem] **4** carruagem, diligência
- v [tr/intr] (3a pess sing -ches) **1** treinar **2** [tr] dar aulas de reforço a, [intr] dar aulas de reforço

coaching /'koutʃɪŋ/ s **1** treinamento **2** aulas de reforço

coal /koul/ s carvão

coalition /kouə'lɪʃən/ s coalizão

'coal mine s mina de carvão

coarse /kɔrs/ adj **1** grosso [areia, farinha, etc.] **2** áspero [pele, textura] **3** grosseiro [pessoa, piada]

coast /koust/ substantivo & verbo
- s costa
- v [intr] deslizar em ponto morto, ou sem pedalar

coastal /'koustl/ adj costeiro

'coast guard s guarda costeira | **the Coast Guard** a Guarda Costeira

coastline /'koʊstlaɪn/ s litoral

coat /koʊt/ *substantivo & verbo*
- *s* **1** casaco **2** AmE paletó **3** jaleco **4** demão [de tinta] **5** pelagem
- *v* [tr] cobrir [com uma camada de algo]

'coat ˌhanger s cabide

coating /'koʊtɪŋ/ s camada, cobertura

coax /koʊks/ *v* [tr] (-xes) **1** persuadir | **to coax sb into doing sth/to coax sb to do sth** persuadir alguém a fazer algo **2 to coax sth out of sb** extrair algo de alguém [uma informação, um segredo]

cobble /'kɑbəl/, também **cobblestone** *substantivo & verbo*
- *s* paralelepípedo
- *v* **cobble sth together** (informal) improvisar algo

cobblestone /'kɑbəlstoʊn/ s paralelepípedo

cobweb /'kɑbwɛb/ s teia de aranha

cocaine /koʊ'keɪn/ s cocaína

cock /kɑk/ *substantivo & verbo*
- *s* **1** galo **2** macho de qualquer ave
- *v* [tr] **1 to cock your head to one side** inclinar a cabeça para um lado **2** engatilhar [uma arma]

cockney /'kɑkni/ *substantivo & adjetivo*
- *s* cockney [pessoa oriunda do leste de Londres, geralmente da classe trabalhadora; refere-se também ao sotaque típico dessas pessoas]
- *adj* cockney

cockpit /'kɑkpɪt/ s cabine [de piloto]

cockroach /'kɑkroʊtʃ/ s (pl -ches) barata

cocktail /'kɑkteɪl/ s coquetel

cocky /'kɑki/ *adj* (-ier, -iest) (informal) convencido, besta

cocoa /'koʊkoʊ/ s **1** cacau **2** (bebida) chocolate quente

coconut /'koʊkənʌt/ s coco

cocoon /kə'kun/ s casulo

cod /kɑd/ s bacalhau ▶ Nos países de língua inglesa, **cod** geralmente se refere ao peixe fresco, e não ao bacalhau seco e salgado conhecido no Brasil

code /koʊd/ s **1** (regulamento) código: *a code of conduct* um código de conduta | *a code of practice* uma prática **2** BrE código DDD **3** (para mensagens secretas) código

coed, também **co-ed** /koʊ'ɛd/ *adj* AmE misto [escola, faculdade]

coercion /koʊ'ɜrʒən/ s coação

coffee /'kɔfi/ s **1** (bebida) café: *black coffee* café preto | *coffee with cream* AmE, *white coffee* BrE café com leite **2** café

'coffee ˌshop, também **'coffee ˌbar** s café, cafeteria

'coffee ˌtable s mesa de centro

coffin /'kɔfɪn/ s caixão

cog /kɑg/ s roda dentada

coherent /koʊ'hɪrənt/ *adj* coerente

coil /kɔɪl/ *substantivo & verbo*
- *s* **1** (de corda, arame) rolo **2** (de fumaça) espiral **3** (de uma cobra) rosca
- *v* [tr] enrolar, enroscar, [intr] enrolar-se, enroscar-se: *The snake was coiled around a branch.* A cobra estava enroscada num galho.

coin /kɔɪn/ *substantivo & verbo*
- *s* moeda: *a 50-cent coin* uma moeda de 50 centavos
- *v* [tr] criar [uma palavra]

coincide /koʊɪn'saɪd/ *v* [intr] coincidir

coincidence /koʊ'ɪnsədəns/ s coincidência: *What a coincidence!* Que coincidência! | **by coincidence** por coincidência

coke /koʊk/ s **1** (combustível) coque **2** (cocaína) coca

Coke® /koʊk/ s Coca [bebida]

cold /koʊld/ *adjetivo & substantivo*
- *adj* **1** (temperatura) frio: *It's very cold in here.* Está muito frio aqui dentro. | *a cold drink* uma bebida gelada | *The weather turned cold.* O tempo esfriou. | **to be/feel cold** estar com frio: *Are you cold?* Você está com frio? | **to get/go cold** esfriar **2** (pessoa, olhar, etc.) frio ▶ ver também **blood, foot**
- *s* **1** resfriado | **to have a cold** estar resfriado | **to catch (a) cold** pegar um resfriado **2** frio

cold-'blooded *adj* **1** impiedoso | **cold-blooded murder** assassinato a sangue frio **2** de sangue frio [animal]

coleslaw /'koʊlslɔ/ s salada de repolho cru cortado fino, cenouras e cebolas, misturados com maionese

collaborate /kə'læbəreɪt/ *v* [intr] colaborar

collaboration /kəlæbə'reɪʃən/ s colaboração | **in collaboration with** em colaboração com

collapse /kə'læps/ *verbo & substantivo*
- *v* [intr] **1** desabar, desmoronar [prédio, ponte] **2** falir [instituição, economia] **3** ter um colapso
- *s* **1** colapso, queda [de um sistema] **2** desabamento **3** colapso [de uma pessoa]

collar /'kɑlər/ s **1** (de camisa) colarinho, (de casaco, paletó) gola **2** coleira

collarbone /'kɑlərboʊn/ s clavícula

colleague /'kɑlig/ s colega [de trabalho]

collect /kə'lɛkt/ *verbo & advérbio*
- *v* **1** [tr] recolher, juntar: *I'll collect the dirty glasses.* Vou recolher os copos sujos. | *the collected works of Shakespeare* a obra completa de Shakespeare **2** [tr] colecionar [moedas, selos, etc.] **3** [intr] arrecadar dinheiro: *They're collecting for charity.* Estão arrecadando dinheiro para

obras de caridade. **4** [intr] juntar-se **5** [tr] BrE buscar, apanhar: *Dad's collecting us from school.* Papai vai nos buscar na escola.
- *adv* **to call sb collect** AmE ligar para alguém a cobrar

collection /kəˈlɛkʃən/ *s* **1** coleção **2** coletânea **3** coleta [de dados, material, etc.]: *Your car is ready for collection.* Você já pode vir apanhar seu carro. **4** acervo **5** conjunto

collective /kəˈlɛktɪv/ *adjetivo & substantivo*
- *adj* coletivo
- *s* cooperativa

collector /kəˈlɛktər/ *s* colecionador -a

college /ˈkɑlɪdʒ/ *s* AmE faculdade | **to go to college** fazer faculdade

> Na Grã-Bretanha, um **college** pode ser um estabelecimento de ensino superior especializado numa matéria específica, como **Art College** (Escola de Belas-Artes), ou uma das faculdades que integram as universidades de Oxford e Cambridge, como **King's College**, ou uma escola de segundo grau.

collide /kəˈlaɪd/ *v* [intr] colidir

collision /kəˈlɪʒən/ *s* colisão | **a head-on collision** uma batida de frente

cologne /kəˈloʊn/ *s* colônia

Colombia /kəˈlʌmbiə/ *s* Colômbia

Colombian /kəˈlʌmbiən/ *adj & s* colombiano -na

colon /ˈkoʊlən/ *s* **1** dois-pontos [sinal de pontuação] **2** cólon

colonel /ˈkɜrnl/ *s* coronel

colonial /kəˈloʊniəl/ *adj* colonial, colonialista

colony /ˈkɑləni/ *s* (-nies) colônia [território, grupo]

color AmE, **colour** BrE /ˈkʌlər/ *substantivo, substantivo plural & verbo*
- *s* **1** cor: *What color's your car?* De que cor é o seu carro? ▶ ver "Active Box" **colors 2 to be/feel off color** não se sentir muito bem **3 color scheme** (combinação de cores [na decoração] **color television**, também **color TV** TV a cores
- **colors** *s pl* (de um time, clube, etc.) cores
- *v* [tr] **1** pintar **2** (também **color in**) colorir **3 to color sb's attitudes/views etc.** influenciar as atitudes/opiniões etc. de alguém

coloring

ˈcolor-ˌblind AmE, **ˈcolour-ˌblind** BrE *adj* daltônico

Active Box: colors

Os exemplos neste **Active Box** servem de orientação para ajudá-lo a construir frases com referências a cores:

She was wearing **red** pants.	Ela estava usando uma calça vermelha.
It is **black**.	É preto.
Blue is my favorite color.	Azul é a minha cor predileta.
I like **yellow**.	Gosto de amarelo.
They painted the living room **white**.	Eles pintaram a sala de branco.
She was dressed **in blue**.	Ela estava vestida de azul.
the man **in the brown** suit	o homem de terno marrom

colored AmE, **coloured** BrE /ˈkʌlərd/ *adj* **1** de cor, de cores: *colored glass* vidro de cor | *a brightly colored shirt* uma camisa de cores vivas **2** (pessoa) de cor ▶ Muitas pessoas consideram este uso ofensivo e preferem usar **black** ou **Asian**

colorful AmE, **colourful** BrE /ˈkʌlərfəl/ *adj* **1** colorido **2** interessante

coloring AmE, **colouring** BrE /ˈkʌlərɪŋ/ *s* **1** cor da pele, do cabelo e dos olhos: *She inherited her mother's coloring.* Ela herdou a cor de pele da mãe. **2** corante **3** colorido [de um animal]

colorless AmE, **colourless** BrE /ˈkʌlərləs/ *adj* **1** incolor **2** sem graça [personalidade, estilo, etc.]

colossal /kəˈlɑsəl/ *adj* colossal

colour BrE ▶ ver **color**

colt /koʊlt/ *s* potro

column /ˈkɑləm/ *s* **1** coluna **2** (de soldados, veículos, etc.) fileira

com /kɑm/ *s* (= **commercial organization**) com [em endereços na internet]

coma /ˈkoʊmə/ *s* coma | **to fall into a coma** entrar em coma

comb /koʊm/ *substantivo & verbo*
- *s* pente
- *v* [tr] **1 to comb your hair** pentear o cabelo **2** vasculhar: *Police combed the area for more bombs.* A polícia vasculhou a área em busca de outras bombas.

combat /ˈkɑmbæt/ *substantivo & verbo*
- *s* combate
- *v* [tr] (-ted, -ting AmE, -tted, -tting BrE) combater

combination /kɑmbəˈneɪʃən/ *s* combinação [de coisas]

combine /kəmˈbaɪn/ *v* **1** [tr] combinar [duas coisas] | **to combine sth with sth** conciliar algo com algo: *It's hard to combine family life with a career.* É difícil conciliar a vida familiar com uma carreira. **2** [tr] juntar [ingredientes], [intr] juntar-se [substâncias]

come /kʌm/ *v* [intr] (passado **came**, particípio **come**) ▶ **Come** se combina com muitos substantivos e adjetivos para formar diversas expressões, tais como **to come to an agreement, to come true**, etc., que são tratadas no verbete do substantivo ou adjetivo correspondente **1** vir: *Come with me.* Venha comigo. | *Here comes Karen now.* Aí vem a Karen. | *I'm coming.* Estou indo.
2 chegar: *The letter came this morning.* A carta chegou esta manhã.
3 (numa sequência) vir: *What comes after "u"?* Que letra vem depois do "u"? | **to come second/last etc.** chegar em segundo/último etc. lugar
4 to come up/down to chegar até: *The water came up to their knees.* A água chegava até os joelhos deles.
5 (referente a um produto) vir: *It doesn't come in my size.* Não vem no meu tamanho.
6 to come undone descosturar-se, desfazer-se | **to come loose** soltar
7 to come as a shock/surprise etc. ser um choque/uma surpresa etc.
8 to come easily/naturally etc. to sb ser muito fácil/natural etc. para alguém: *Acting came naturally to her.* Atuar era muito fácil para ela.
9 come to think of it (informal) pensando bem
PHRASAL VERBS
come about surgir, acontecer: *How did this situation come about?* Como surgiu esta situação? | *How did it come about that you moved into the apartment?* O que aconteceu que fez você se mudar para o apartamento?
come across dar a impressão de ser: *He comes across as a very nice guy.* Ele dá a impressão de ser um cara muito legal. **come across sth** encontrar algo [por acaso] **come across sb** conhecer alguém, topar com alguém
come along 1 aparecer [oportunidade, oferta, etc.] **2** ir/vir junto: *We're going into town, do you want to come along?* Nós vamos à cidade, você não quer ir junto? **3** ir: *How's your French coming along?* Como vai indo o seu francês?
come apart desfazer-se
come around 1 voltar a si **2** acabar concordando: *She'll come around to the idea eventually.* Ela vai acabar concordando com a ideia, mais cedo ou mais tarde.
come away 1 soltar-se **2** vir embora: *Come away from there!* Saia daí!
come back voltar
come by aparecer [de visita] **come by sth 1** achar algo **2 to be hard to come by** ser difícil de encontrar
come down 1 baixar: *Cell phones have come down in price.* Os celulares baixaram de preço. **2** cair, vir abaixo
come down to sth resumir-se em algo

come down with sth pegar algo [uma doença]
come forward apresentar-se, manifestar-se
come from sth 1 ser de: *Where do you come from?* De onde você é? **2** vir de: *Many English words come from Latin.* Muitas palavras inglesas vêm do latim.
come in 1 entrar | **come in!** entre! **2** chegar [notícias, cartas, etc.] **3** entrar [dinheiro]: *I have no money coming in.* Não tenho dinheiro entrando.
come in for sth receber algo [críticas, elogios]
come into sth 1 herdar algo [dinheiro, herança] **2** ter a ver com algo: *Where do I come into this?* O que eu tenho a ver com isso?
come off 1 soltar-se, cair: *A button has come off my coat.* Caiu um botão do meu casaco. **2** sair [mancha] **3** concretizar-se [plano, negócio, etc.]: *If the sale comes off they'll all be millionaires.* Se a venda se concretizar, eles vão todos ficar milionários. **4 come off it!** (informal) essa não!
come on 1 come on! vamos!, anda logo!: *Come on, we're going to be late.* Vamos, ou chegaremos atrasados. **2** acender-se [luzes], começar a funcionar/tocar [calefação, rádio] **3** ir [progredir]
come out 1 vir à tona **2** sair [produto, livro, etc.] **3 to come out in support of sth** declarar-se a favor de algo **4** sair [mancha] **5** sair [foto] **6** sair [sol, lua] **7 I came out in spots/a rash etc.** apareceram erupções/manchas etc. na minha pele **8 to come out with sth** dizer algo surpreendente **9** assumir (a sua homossexualidade)
come over 1 vir aqui em casa: *They came over last night.* Eles vieram aqui em casa ontem à noite. **2** vir [aproximar-se] **come over sb** dar em alguém [sensação, desejo, etc.]: *I'm sorry, I don't know what came over me.* Desculpe, não sei o que me deu.
come round BrE **1** vir aqui (em casa) [para visita] **2** ▶ ver **come around**
come through sth passar por algo [momentos difíceis, etc.]
come to vir a si **come to sth 1** custar algo, sair por algo: *How much does it come to?* Quanto é que deu? | *The meal came to $50.* O jantar saiu por $50. **2** dar em algo: *The project never came to anything.* O projeto nunca deu em nada. | **when it comes to (doing) sth** quando se trata de (fazer) algo, na hora de (fazer) algo
come up 1 vir à tona [assunto] **2** surgir [problema] **3** nascer [sol, lua]
come up against sth enfrentar algo
come up to sb aproximar-se de alguém
come up with sth ter algo [uma ideia], pensar em algo [um plano], arrumar [uma desculpa]

comeback /'kʌmbæk/ *s* **to make a comeback** voltar à cena [ator, político, etc.], voltar à moda [salto alto, etc.]

comedian /kə'midiən/ *s* comediante, humorista

comedy /'kɑmədi/ s (pl **-dies**) comédia
comet /'kɑmɪt/ s cometa
comfort /'kʌmfərt/ substantivo & verbo
- s **1** conforto | **in comfort** com conforto **2** consolo ▶ ver também **creature**
- v [tr] confortar

comfortable /'kʌmftərbəl/ adj **1** confortável, cômodo [sofá, sapatos, casa, etc.] | **to make yourself comfortable** acomodar-se, ficar à vontade **2** que está numa boa situação financeira [pessoa], confortável [vida] **3** (maioria, margem) amplo

comfortably /'kʌmftərbli/ adv confortavelmente | **to be comfortably off** estar bem de vida

comforting /'kʌmfərtɪŋ/ adj reconfortante
comic /'kɑmɪk/ adjetivo & substantivo
- adj cômico, engraçado
- s **1** comediante, humorista **2** BrE gibi **3 comic book** AmE gibi **comic strip** história em quadrinhos

comical /'kɑmɪkəl/ adj cômico, engraçado
coming /'kʌmɪŋ/ substantivo & adjetivo
- s **1 the coming of spring/the cellphone etc.** a chegada da primavera/do telefone celular etc. | **the coming of Christ** o advento de Cristo **2 comings and goings** (informal) idas e vindas
- adj próximo, vindouro

comma /'kɑmə/ s vírgula
command /kə'mænd/ substantivo & verbo
- s **1** ordem **2** (de uma situação) domínio | **to be in command** estar no comando | **to be in command of a situation** ter o domínio de uma situação **3** comando [em informática] **4** (de um idioma, etc.) domínio: *She has a good command of English.* Ela tem bom domínio do inglês.
- v **1** [tr] ordenar | **to command sb to do sth** ordenar a alguém que faça algo **2** [tr] comandar **3** [intr] dar as ordens **4** [tr] inspirar [respeito, admiração], chamar [atenção], obter [um salário alto]

commander /kə'mændər/ s comandante
commemorate /kə'mɛməreɪt/ v [tr] comemorar, homenagear
commence /kə'mɛns/ v (formal) **1** [tr] iniciar **2** [intr] iniciar-se
commend /kə'mɛnd/ v [tr] (formal) elogiar, louvar
commendable /kə'mɛndəbəl/ adj (formal) louvável
comment /'kɑmɛnt/ substantivo & verbo
- s **1** comentário, observação **2 no comment** sem comentários
- v [intr] fazer comentários, [tr] comentar: *Everyone commented on his new hairstyle.* Todos fizeram comentários sobre o novo penteado dele.

commentary /'kɑmənteri/ s (pl **-ries**) **1** narração [de um jogo] **2** comentário [sobre um texto, um acontecimento, etc.]
commentator /'kɑmənteɪtər/ s **1** (de esportes) comentarista **2** (de política, economia, etc.) comentarista
commerce /'kɑmərs/ s comércio [compra e venda]
commercial /kə'mərʃəl/ adjetivo & substantivo
- adj comercial
- s comercial

commission /kə'mɪʃən/ substantivo & verbo
- s **1** (órgão) comitê, comissão **2** (dinheiro) comissão | **on commission** sob comissão **3** comissão, incumbência
- v [tr] incumbir | **to commission sb to do sth** incumbir alguém de fazer algo

commissioner /kə'mɪʃənər/ s comissário -ria
commit /kə'mɪt/ v [tr] (**-tted, -tting**) **1** cometer [um crime, um pecado] **2** obrigar | **to commit yourself (to doing sth)** comprometer-se (a fazer algo) **3** destinar [dinheiro, recursos]
commitment /kə'mɪtmənt/ s **1** compromisso, engajamento: *a commitment to equal opportunity* um compromisso com a igualdade de oportunidades | *her commitment to the cause* seu engajamento na causa **2** compromisso: *a prior commitment* um compromisso anterior
committed /kə'mɪtɪd/ adj dedicado, engajado
committee /kə'mɪti/ s comitê | **to be on a committee** ser membro de um comitê
commodity /kə'mɑdəti/ s (pl **-ties**) produto, mercadoria
common /'kɑmən/ adjetivo & substantivo
- adj **1** (generalizado) comum, usual: *It's a common mistake.* É um erro comum. **2** (compartilhado) comum: *This problem is common to all big cities.* Este problema é comum a todas as cidades grandes. | *They shared a common interest in music.* Eles tinham um interesse comum por música. | *It's common knowledge that they have split up.* É de conhecimento geral que eles se separaram. | **common ground** base comum **3** (referente a pessoas, seus modos, etc.) vulgar
- s **1 in common** em comum: *I have nothing in common with him.* Não tenho nada em comum com ele. **2** terreno arborizado ou coberto de grama para uso comum dos moradores de uma cidade ou bairro ▶ ver também **the House of Commons** em **house¹**

commonly /'kɑmənli/ adv em geral, comumente
commonplace /'kɑmənpleɪs/ adj comum
common 'sense s bom senso
commotion /kə'moʊʃən/ s tumulto, alvoroço
communal /kə'mjunl/ adj comunitário
commune /'kɑmjun/ s comunidade [em que se compartilha tudo]

communicate /kəˈmjunəkeɪt/ v [intr] comunicar-se, [tr] comunicar: *They communicated with each other frequently.* Eles se comunicavam com frequência. | **to communicate sth to sb** transmitir algo para alguém

communication /kəmjunəˈkeɪʃən/ *substantivo & substantivo plural*

• s **1** comunicação **2** (formal) mensagem

• **communications** *s pl* comunicações

communion /kəˈmjunjən/ s (também **Holy Communion**) comunhão | **to take communion** comungar

Communism /ˈkɑmjənɪzəm/ s comunismo

Communist /ˈkɑmjənɪst/ *adj & s* comunista

community /kəˈmjunəti/ s (pl **-ties**) **1** (localidade) comunidade **2** (de pessoas que têm algo em comum) comunidade

commute /kəˈmjut/ v **1** [intr] viajar uma distância considerável diariamente, para ir trabalhar **2** [tr] comutar

commuter /kəˈmjutər/ s pessoa que faz viagens diárias de casa para o trabalho

compact /kəmˈpækt/ *adj* compacto

compact disc /kɑmpækt ˈdɪsk/ s CD

companion /kəmˈpænjən/ s companheiro -ra

companionship /kəmˈpænjənʃɪp/ s companheirismo

company /ˈkʌmpəni/ s (pl **-nies**) **1** empresa **2** (convívio) companhia | **to keep sb company** fazer companhia a alguém **3** (de atores, bailarinos) companhia

comparable /ˈkɑmpərəbəl/ *adj* comparável | **to be comparable to/with sth** ser comparável a algo

comparative /kəmˈpærətɪv/ *adjetivo & substantivo*

• *adj* **1** comparativo **2** relativo

• *s* (em gramática) comparativo

comparatively /kəmˈpærətɪvli/ *adv* relativamente

compare /kəmˈpɛr/ v **1** [tr] comparar | **to compare sth to/with sth** comparar algo com algo: *Their house is huge compared to ours.* A casa deles é enorme, comparada com a nossa. **2** [intr] comparar-se | **to compare well/favorably etc. with/to sth** ser bom/melhor etc. em comparação com algo

comparison /kəmˈpærəsən/ s **1** comparação **2 by/in comparison** em comparação: *We were wealthy in comparison with some families.* Éramos ricos em comparação com algumas famílias. **3 there's no comparison** não há comparação

compartment /kəmˈpɑrtmənt/ s **1** compartimento **2** cabine [de um trem]

compass /ˈkʌmpəs/ s (pl **-sses**) **1** bússola **2** (também **compasses** BrE) compasso [para traçar círculos]

compassion /kəmˈpæʃən/ s compaixão

compassionate /kəmˈpæʃənət/ *adj* compassivo, compreensivo

compatible /kəmˈpætəbəl/ *adj* compatível

compel /kəmˈpɛl/ v [tr] (**-lled, -lling**) **to compel sb to do sth** compelir alguém a fazer algo | **to feel compelled to do sth** sentir-se obrigado a fazer algo

compelling /kəmˈpɛlɪŋ/ *adj* **1** envolvente [livro, filme] **2** convincente, persuasivo [argumento, razão] **3** imperioso [necessidade]

compensate /ˈkɑmpənseɪt/ v **1** [tr/intr] compensar | **to compensate for sth** compensar algo: *Their enthusiasm more than compensates for their lack of experience.* O entusiasmo deles compensa largamente a falta de experiência. **2 to compensate sb for sth** indenizar alguém por algo

compensation /kɑmpənˈseɪʃən/ s **1** indenização: *She received $25,000 in compensation.* Ela recebeu $25.000 de indenização. **2** compensação

compete /kəmˈpit/ v [intr] competir | **to compete for sth** disputar algo: *hundreds of candidates competing for two jobs* centenas de candidatos disputando duas vagas | **to compete with/against sth/sb** competir com algo/alguém

competence /ˈkɑmpətəns/ s competência

competent /ˈkɑmpətənt/ *adj* **1** competente **2** satisfatório

competition /kɑmpəˈtɪʃən/ s **1** competição, concorrência: *There is fierce competition between the local teams.* Existe uma concorrência acirrada entre os times locais. | *She is in competition with 200 other children for the place.* Ela está concorrendo à vaga com outras 200 crianças. **2** concurso, competição | **to enter a competition** participar de um concurso

competitive /kəmˈpɛtətɪv/ *adj* **1** (referente a pessoas, atividades) competitivo **2** (referente a preços) competitivo

competitor /kəmˈpɛtətər/ s **1** competidor -a **2** concorrente

compilation /kɑmpəˈleɪʃən/ s **1** compilação, coletânea **2 compilation album** coletânea (musical)

compile /kəmˈpaɪl/ v [tr] compilar, redigir

complacency /kəmˈpleɪsənsi/ s acomodação

complacent /kəmˈpleɪsənt/ *adj* acomodado

complain /kəmˈpleɪn/ v reclamar, queixar-se: *The kids complain that there is nowhere for them to play.* As crianças reclamam que não têm onde brincar. | **to complain (to sb) about sth** reclamar (com alguém) de algo

complain of sth queixar-se de algo [de uma dor, etc.]

complaint /kəmˈpleɪnt/ s **1** reclamação | **to make a complaint about sth** reclamar de algo **2** problema [doença]

ⓘ Diz-se I arrived in Rio *ou* I arrived to Rio*? Veja o verbete* **arrive**.

complement¹ /ˈkɑmpləmɛnt/ v [tr] complementar

complement² /ˈkɑmpləmənt/ s **1** complemento **2 full complement** quadro completo

complementary /kɑmpləˈmɛntri/ adj (formal) complementar

complete /kəmˈplit/ adjetivo & verbo
- adj **1** total: *The party was a complete disaster.* A festa foi um desastre total. **2** completo: *a complete set of knives* um jogo completo de facas **3** pronto: *The construction work is now complete.* A obra do prédio já está pronta. **4 complete with sth** com algo incluído: *The computer comes complete with speakers.* O computador vem com alto-falantes incluídos.
- v [tr] **1** concluir, terminar [um trabalho] **2** completar [uma coleção, um jogo] **3** preencher [um formulário]

completely /kəmˈplitli/ adv completamente

completion /kəmˈpliʃən/ s conclusão | **on completion of sth** na conclusão de algo

complex /kɑmˈplɛks, BrE ˈkɑmplɛks/ adjetivo & substantivo
- adj complexo
- s **1** (de prédios, instalações) complexo **2** (psicológico) complexo

complexion /kəmˈplɛkʃən/ s tez, cútis

compliance /kəmˈplaɪəns/ s (formal) **compliance with sth** o cumprimento de algo | **in compliance with sth** de acordo com algo

complicate /ˈkɑmpləkeɪt/ v [tr] complicar

complicated /ˈkɑmpləkeɪtɪd/ adj complicado

complication /kɑmpləˈkeɪʃən/ s complicação

compliment¹ /ˈkɑmpləmənt/ s **1** elogio | **to pay sb a compliment** fazer um elogio a alguém **2 with the compliments of** com os cumprimentos de

compliment² /ˈkɑmpləmənt/ v **to compliment sb (on sth)** elogiar alguém (por algo)

complimentary /kɑmpləˈmɛntri/ adj **1** elogioso **2** grátis, de cortesia [ingresso, bebida, etc.]

comply /kəmˈplaɪ/ v [intr] (-plies, -plied) (formal) cumprir | **to comply with sth** cumprir algo

component /kəmˈpoʊnənt/ s componente, peça

compose /kəmˈpoʊz/ v **1 to be composed of** compor-se de **2** [tr/intr] compor [música] **3 to compose yourself** recompor-se **4** [tr] redigir, compor [uma carta, poesia, etc.]

composed /kəmˈpoʊzd/ adj composto, sereno

composer /kəmˈpoʊzər/ s compositor -a

composition /kɑmpəˈzɪʃən/ s **1** composição **2** redação

composure /kəmˈpoʊʒər/ s serenidade, compostura

compound¹ /ˈkɑmpaʊnd/ substantivo & adjetivo
- s composto
- adj composto

compound² /kəmˈpaʊnd/ v [tr] (formal) agravar

comprehend /kɑmprɪˈhɛnd/ v [tr/intr] (formal) compreender

comprehensible /kɑmprɪˈhɛnsəbəl/ adj compreensível

comprehension /kɑmprɪˈhɛnʃən/ s **1** compreensão **2** exercício de compreensão

comprehensive /kɑmprɪˈhɛnsɪv/ adj abrangente

compreˈhensive ˌschool, também **comprehensive** s BrE Na Grã-Bretanha, escola pública de ensino médio

compress /kəmˈprɛs/ v [tr/intr] **1** comprimir **2** condensar

comprise /kəmˈpraɪz/ v [tr] (formal) **1** (também **be comprised of**) compor-se de **2** constituir: *Women comprise over 50% of college students.* As mulheres constituem mais de 50% dos alunos universitários.

compromise /ˈkɑmprəmaɪz/ substantivo & verbo
- s acordo, concessão
- v **1** [intr] ceder **2 to compromise your principles, beliefs etc.** violentar seus princípios, convicções etc. **3 to compromise yourself** comprometer-se

compulsion /kəmˈpʌlʃən/ s **1** compulsão **2** obrigação

compulsive /kəmˈpʌlsɪv/ adj compulsivo | **to be compulsive viewing/reading** ser impossível deixar de ver/ler

compulsory /kəmˈpʌlsəri/ adj obrigatório

computer /kəmˈpjutər/ s **1** computador **2 computer game** jogo de computador **computer system** sistema computacional

computerize, -ise BrE /kəmˈpjutəraɪz/ v [tr] computadorizar, informatizar

computing /kəmˈpjutɪŋ/ s computação, informática

con /kɑn/ verbo & substantivo
- v [tr] (-nned, -nning) (informal) enrolar [enganar] | **to con sb into doing sth** enganar alguém para que faça algo
- s armação, roubo

conceal /kənˈsil/ v [tr] ocultar, esconder | **to conceal sth from sb** esconder algo de alguém

concede /kənˈsid/ v **1** [tr] admitir: *She conceded that I was right.* Ela admitiu que eu tinha razão. | **to concede defeat** admitir a derrota, dar-se por vencido **2** [intr] dar-se por vencido, render-se **3** [tr] ceder [um gol, um jogo, etc.] **4** [tr] conceder [um direito]

conceited /kənˈsitɪd/ adj convencido, metido

conceivable /kənˈsivəbəl/ *adj* possível: *It **is conceivable that** the experts are wrong.* É possível que os peritos estejam equivocados.

conceivably /kənˈsivəbli/ *adv* advérbio usado para indicar possibilidade: *The painting could conceivably be genuine.* É possível que o quadro seja autêntico.

conceive /kənˈsiv/ *v* **1** [tr] conceber [um plano] **2** [tr/intr] conceber [um filho]

concentrate /ˈkɑnsəntreɪt/ *v* **1** [tr/intr] concentrar-se: *I found it impossible to **concentrate on** my work.* Achei impossível me concentrar no meu trabalho. **2** [tr] concentrar [esforços, energia, etc.]

concentrated /ˈkɑnsəntreɪtɪd/ *adj* concentrado [solução, líquido]

concentration /kɑnsənˈtreɪʃən/ *s* concentração [da mente]: *her powers of concentration* sua capacidade de concentração

concenˈtration ˌcamp *s* campo de concentração

concept /ˈkɑnsɛpt/ *s* conceito

conception /kənˈsɛpʃən/ *s* **1** concepção **2** ideia, noção

concern /kənˈsɜrn/ *substantivo & verbo*

• *s* **1** (sentimento) preocupação: *There is growing **concern for** his safety.* Cresce a preocupação com a segurança dele. **2** (motivo de preocupação) preocupação **3 to be sb's concern** ser da conta de alguém, estar por conta de alguém: *It's no concern of yours.* Isso não é da sua conta.

• *v* [tr] **1** dizer respeito a: *This matter does not concern you.* Esse assunto não lhe diz respeito. **2** tratar de **3 to concern yourself with/about sth** ocupar-se com algo

concerned /kənˈsɜrnd/ *adj* **1** preocupado: *I'm **concerned about** you.* Estou preocupado com você. **2** interessado, envolvido: *All those concerned will be informed.* Todos os interessados serão informados. | *Divorce is always painful, especially when children are concerned.* O divórcio é sempre doloroso, sobretudo quando há crianças envolvidas. | **as far as I'm/she's etc. concerned** no que me/lhe etc. diz respeito **3** para expressar interesse: *All we are **concerned with** is establishing the truth.* Nossa única preocupação é saber a verdade.

concerning /kənˈsɜrnɪŋ/ *prep* a respeito de, sobre

concert /ˈkɑnsərt/ *s* concerto

concerted /kənˈsɜrtɪd/ *adj* conjunto [ação] | **to make a concerted effort to do sth** fazer um esforço conjunto para fazer algo

ˈconcert ˌhall *s* sala de concertos

concerto /kənˈtʃɛrtoʊ/ *s* concerto [composição musical]

concession /kənˈsɛʃən/ *s* **1** concessão: *The government will not **make** any **concessions to** terrorists.* O governo não fará concessões aos terroristas. **2** BrE tarifa reduzida

conˈcession ˌstand *s* AmE quiosque [que vende doces, bebidas, etc.]

concise /kənˈsaɪs/ *adj* conciso

conclude /kənˈklud/ *v* **1** [tr] chegar à conclusão de que, concluir que: *I concluded that my help was no longer required.* Cheguei à conclusão de que a minha ajuda já não era necessária. **2** (formal) [tr] encerrar, [intr] encerrar-se **3** [tr] fechar [um acordo]

concluding /kənˈkludɪŋ/ *adj* final

conclusion /kənˈkluʒən/ *s* **1** conclusão: *I had **come to the conclusion** that he was lying.* Tinha chegado à conclusão de que ele estava mentindo. | **to jump to conclusions** tirar conclusões precipitadas, precipitar-se (em tirar conclusões) **2** conclusão, final

conclusive /kənˈklusɪv/ *adj* decisivo [prova, vitória]

concoct /kənˈkɑkt/ *v* [tr] **1** inventar, bolar **2** preparar [comida]

concourse /ˈkɑŋkɔrs/ *s* saguão

concrete¹ /kɑnˈkrit, BrE ˈkɑŋkrit/ *adj* **1** de concreto **2** concreto

concrete² /ˈkɑŋkrit/ *s* concreto

concurrent /kənˈkɜrənt/ *adj* simultâneo

concurrently /kənˈkɜrəntli/ *adv* simultaneamente

concussion /kənˈkʌʃən/ *s* concussão

condemn /kənˈdɛm/ *v* [tr] **1** condenar [um atentado, uma decisão, etc.] **2 to be condemned to sth** ser condenado a algo

condemnation /kɑndəmˈneɪʃən/ *s* condenação

condensation /kɑndənˈseɪʃən/ *s* condensação [em janelas, paredes, etc.]

condense /kənˈdɛns/ *v* **1** [intr] condensar-se **2** [tr] condensar, resumir [uma obra literária]

condescend /kɑndɪˈsɛnd/ *v* **to condescend to do sth** dignar-se a fazer algo

condescending /kɑndɪˈsɛndɪŋ/ *adj* **a condescending attitude/tone etc.** um ar/um tom etc. de superioridade

condition /kənˈdɪʃən/ *substantivo, substantivo plural & verbo*

• *s* **1** estado, condições | **to be in good/poor etc. condition** estar em boas/más etc. condições | **to be in no condition to do sth** não estar em condições de fazer algo **2 to be out of condition** estar fora de forma **3** condição: *I'll lend you the money **on condition that** you pay it back next month.* Vou lhe emprestar o dinheiro com a condição de que você me pague no mês que vem. **4** doença, problemas: *He has a heart condition.* Ele sofre de doença cardíaca./Ele tem problemas cardíacos.

• **conditions** *s pl* (situação) condições: *adverse*

weather conditions condições climáticas adversas | **working/living conditions** condições de trabalho/moradia
• *v* [tr] **1** condicionar [uma pessoa, seu comportamento] **2** condicionar [o cabelo]

conditional /kənˈdɪʃənəl/ *adj* **1** (sujeito a condições) condicional | **to be conditional on/upon sth** estar condicionado a algo **2** (em gramática) condicional

conditioner /kənˈdɪʃənər/ *s* **1** condicionador [de cabelo] **2** amaciante [de roupas]

condolence /kənˈdoʊləns/ *s* pêsames, condolências | **to offer your condolences** dar os pêsames

condom /ˈkɑndəm/ *s* camisinha, preservativo

condone /kənˈdoʊn/ *v* [tr] tolerar, aceitar

conducive /kənˈdusɪv/ *adj* (formal) **to be conducive to sth** ser propício a algo

conduct¹ /ˈkɑndʌkt/ *s* (formal) conduta

conduct² /kənˈdʌkt/ *v* **1** [tr] realizar [uma pesquisa, uma experiência, etc.] **2** [tr/intr] reger [uma orquestra] **3** [tr] conduzir [eletricidade, calor]

conductor /kənˈdʌktər/ *s* **1** maestro, regente **2** AmE guarda-freios **3** BrE cobrador [de ônibus] **4** condutor [de eletricidade, calor]

cone /koʊn/ *s* **1** cone **2** pinha **3** casquinha [de sorvete]

confectioners' sugar /kənˌfɛkʃənərz ˈʃʊgər/ *s* AmE açúcar de confeiteiro

confederation /kənfɛdəreɪʃən/ *s* confederação

confer /kənˈfɜr/ (-rred, -rring) *v* **1** [tr] **to confer sth on/upon sb** conferir algo a alguém **2** [intr] deliberar, consultar

conference /ˈkɑnfərəns/ *s* conferência, congresso

confess /kənˈfɛs/ *v* [tr/intr] **1** confessar: *She confessed that she didn't speak any French.* Ela confessou que não falava nada de francês. | **to confess to (doing) sth** confessar (ter feito) algo **2** to confess your sins confessar seus pecados

confession /kənˈfɛʃən/ *s* **1** (de crime) confissão | **to make a confession** fazer uma confissão: *I have a confession to make.* Tenho uma confissão a fazer. **2** (sacramento) confissão | **to go to confession** ir confessar-se

confide /kənˈfaɪd/ *v* **to confide to sb that** confidenciar a alguém que
confide in sb fazer confidências/uma confidência a alguém

confidence /ˈkɑnfədəns/ *s* **1** confiança: *I have confidence in his ability to do the job.* Tenho confiança na capacidade dele em fazer esse trabalho. **2** autoconfiança, confiança em si mesmo **3** to gain sb's confidence ganhar a confiança de alguém **4 in (the strictest) confidence** (muito) confidencialmente

confident /ˈkɑnfədənt/ *adj* **1** autoconfiante, seguro **2 to be confident of sth** estar confiante em algo: *We are confident of winning.* Estamos confiantes na nossa vitória.

confidential /kɑnfəˈdɛnʃəl/ *adj* confidencial

confidently /ˈkɑnfədəntli/ *adv* **1** (com desembaraço) com segurança **2** (sem dúvida) com segurança

configuration /kənfɪɡjəˈreɪʃən/ *s* configuração

confine /kənˈfaɪn/ *v* [tr] **1 to be confined to sth** estar restrito a algo, afetar só algo | **to confine yourself to sth** restringir-se a algo **2** confinar | **to be confined to bed** ficar de cama

confined /kənˈfaɪnd/ *adj* **a confined space** um espaço reduzido

confinement /kənˈfaɪnmənt/ *s* confinamento

confirm /kənˈfɜrm/ *v* [tr] confirmar

confirmation /kɑnfərˈmeɪʃən/ *s* confirmação

confirmed /kənˈfɜrmd/ *adj* **a confirmed bachelor** um solteirão convicto

confiscate /ˈkɑnfɪskeɪt/ *v* [tr] confiscar

conflict¹ /ˈkɑnflɪkt/ *s* conflito: *She was always in conflict with her parents.* Ele estava sempre em conflito com os pais.

conflict² /kənˈflɪkt/ *v* [intr] divergir | **to conflict with sth** divergir de algo

conflicting /kənˈflɪktɪŋ/ *adj* divergente, conflitante

conform /kənˈfɔrm/ *v* [intr] **1** adaptar-se [às convenções sociais] **2 to conform to a standard/a rule** seguir um padrão/uma norma

confront /kənˈfrʌnt/ *v* [tr] **1** ir pedir satisfações a: *I confronted him, but he denied having anything to do with it.* Eu fui lhe pedir satisfações, mas ele negou ter algo a ver com aquilo. | **to confront sb with the evidence** confrontar alguém com as provas **2** (de maneira ameaçadora) abordar | **to be confronted by sb** ser abordado por alguém: *I was confronted by two armed men.* Fui abordado por dois homens armados. **3** enfrentar [um perigo, um problema] **4 to be confronted with sth** ser confrontado com algo

confrontation /kɑnfrənˈteɪʃən/ *s* confronto

confuse /kənˈfjuz/ *v* [tr] **1** confundir [uma pessoa] **2 to confuse sth/sb with sth/sb** confundir algo/alguém com algo/alguém: *I always confuse her with her sister.* Sempre a confundo com a irmã.

confused /kənˈfjuzd/ *adj* **1** confuso [pessoa] | **to get confused** ficar confuso **2** confuso [ideias, argumentos]

confusing /kənˈfjuzɪŋ/ *adj* (que confunde) confuso

confusion /kənˈfjuʒən/ *s* confusão [de ideias]: *There is a lot of confusion about the new rules.* Há muita confusão quanto às novas regras.

congenial /kənˈdʒinjəl/ *adj* agradável, cordial

congenital /kənˈdʒɛnətl/ *adj* congênito

congested /kən'dʒestɪd/ *adj* **1** congestionado **2** entupido [nariz]

congestion /kən'dʒestʃən/ *s* **1** congestionamento **2** congestão

conglomerate /kən'glɑmərət/ *s* conglomerado

congratulate /kən'grætʃəleɪt/ *v* [tr] congratular | **to congratulate sb on sth** congratular alguém por algo: *Sue congratulated me on my engagement.* Sue me congratulou pelo meu noivado.

congratulation /kəngrætʃə'leɪʃən/ *substantivo & substantivo plural*
- *s* congratulação
- **congratulations** *s pl* parabéns | **congratulations!** parabéns!

congregate /'kɑngrəgeɪt/ *v* [intr] reunir-se

congregation /kɑngrə'geɪʃən/ *s* **1** fiéis **2** congregação

congress /'kɑngrɪs/ *s* **1** convenção **2 Congress** o Congresso [dos EUA]

conifer /'kɑnəfər/ *s* conífera

conjecture /kən'dʒektʃər/ *s* (formal) conjetura, suposição

conjunction /kən'dʒʌŋkʃən/ *s* **1 in conjunction with** junto com **2** conjunção

conjure /'kʌndʒər/ *v* **conjure sth up** **1** invocar [uma ideia, uma imagem mental] **2** fazer algo

conjurer, também **conjuror** /'kʌndʒərər/ *s* mágico -ca, ilusionista

'con man *s* (pl **con men**) vigarista

connect /kə'nɛkt/ *v* **1** [tr/intr] conectar: *Have you connected the printer?* Você já conectou a impressora? **2** [tr] ligar: *Highway 1 connects Los Angeles and Santa Barbara.* A autoestrada 1 liga Los Angeles e Santa Bárbara. **3** [tr] associar: *At first they did not connect her with the crime.* No início não a associaram ao crime. **4** [tr] (no telefone) conectar: *Hold the line, I'm trying to connect you.* Não desligue, estou tentando conectá-lo. **5** [intr] fazer conexão: *This bus connects with the 11.20 to Greenville.* Este ônibus faz conexão com o das 11:20h para Greenville.

connected /kə'nɛktɪd/ *adj* **1** conectado: *All the computers are connected to this printer.* Todos os computadores estão conectados a esta impressora. **2** relacionado: *This is connected with what I was saying earlier.* Isso está relacionado ao que eu dizia antes.

connection /kə'nɛkʃən/ *substantivo & substantivo plural*
- *s* **1** ligação, relação [entre ideias, acontecimentos, etc.]: *the connection between smoking and lung cancer* a ligação entre o tabagismo e o câncer de pulmão | *That has no connection with what I was saying.* Isso não tem nenhuma relação com o que eu estava dizendo. **2** (elétrica, telefônica) conexão **3** (de transportes) conexão **4 in connection with** com relação a
- **connections** *s pl* contatos: *his Mafia connections* seus contatos na Máfia

connoisseur /kɑnə'sɜr/ *s* conhecedor -a, entendido -da

conquer /'kɑŋkər/ *v* [tr] **1** conquistar **2** dominar [um medo, um vício]

conquest /'kɑŋkwɛst/ *s* conquista [de um país, do espaço, etc.]

conscience /'kɑnʃəns/ *s* (senso de responsabilidade) consciência | *I can go out tonight with a clear conscience.* Posso sair hoje à noite com a consciência limpa. | *She had a guilty conscience about leaving him on his own.* Ela ficou com a consciência pesada por deixá-lo sozinho. | **to have sth on your conscience** ter algo pesando na consciência

conscientious /kɑnʃi'ɛnʃəs/ *adj* consciencioso, responsável

consci,entious ob'jector *s* objetor -a de consciência [pessoa que por motivos éticos ou religiosos se recusa a participar de uma guerra]

conscious /'kɑnʃəs/ *adj* **1** consciente [paciente, doente] **2 to be conscious (of sth)** estar consciente (de algo): *She was conscious of him watching her.* Ela estava consciente de que ele a observava. **3** consciente [esforço, decisão]

consciously /'kɑnʃəsli/ *adv* conscientemente, deliberadamente

consciousness /'kɑnʃəsnəs/ *s* **1** (estado de desperto) consciência | **to lose/regain consciousness** perder/recuperar a consciência **2** (percepção) consciência: *There is a growing consciousness of the risks involved.* Há uma crescente consciência dos riscos envolvidos.

conscript /'kɑnskrɪpt/ *s* recruta

conscription /kən'skrɪpʃən/ *s* serviço militar obrigatório

consecutive /kən'sɛkjətɪv/ *adj* consecutivo

consensus /kən'sɛnsəs/ *s* consenso | **to reach a consensus** chegar a um consenso

consent /kən'sɛnt/ *substantivo & verbo*
- *s* **1** consentimento, autorização: *He refused to give his consent to the marriage.* Ele se recusou a dar seu consentimento para o casamento. **2 by mutual/common consent** de comum acordo
- *v* [intr] consentir | **to consent to sth** consentir em algo

consequence /'kɑnsəkwɛns/ *s* **1** consequência | **to take/suffer the consequences of sth** assumir/sofrer as consequências de algo **2 to be of little/no consequence** (formal) ter pouca importância/não ter importância

consequently /'kɑnsəkwɛntli/ *adv* consequentemente

conservation /kɑnsər'veɪʃən/ *s* **1** preservação [do meio ambiente]: *wildlife conservation* preservação da fauna silvestre **2** economia: *energy* *conservation* economia de energia **3 conservation area** área de preservação da fauna e da flora

Conservative /kənˈsɜrvətɪv/ *adj & s* conservador -a [do Partido Conservador britânico]

conservative /kənˈsɜrvətɪv/ *adj* conservador [ideias, opiniões, etc.]

conservatory /kənˈsɜrvətɔri/ *s* (pl -ries) **1** jardim de inverno **2** AmE conservatório

conserve /kənˈsɜrv/ *v* [tr] **1** preservar **2** economizar, poupar

consider /kənˈsɪdər/ *v* [tr] **1** (pensar em) estudar, analisar: *I need some time to consider your offer.* Preciso de algum tempo para estudar sua oferta. | *Have you ever considered living abroad?* Você já considerou a possibilidade de morar no exterior? **2** (ver como) considerar: *I consider it an honor to be invited.* Considero uma honra ser convidado. | *She is considered to be the best.* Ela é considerada a melhor. **3** considerar, levar em consideração

considerable /kənˈsɪdərəbəl/ *adj* considerável

considerably /kənˈsɪdərəbli/ *adv* consideravelmente, bastante

considerate /kənˈsɪdərət/ *adj* atencioso | **to be considerate towards sb** ser atencioso com alguém

consideration /kənsɪdəˈreɪʃən/ *s* **1** deliberação: *There are several proposals under consideration.* Há várias propostas sendo analisadas. | **to take sth into consideration** levar algo em consideração **2** atenção, compreensão | **to show consideration for sth/sb** ter consideração por algo/alguém | **out of consideration for** em consideração a **3** (fator) consideração

considering /kənˈsɪdərɪŋ/ *preposição & conjunção*

• *prep* considerando, tendo em vista

• *conj* levando-se em conta que

consign /kənˈsaɪn/ *v* [tr] **to consign sth/sb to sth** relegar algo/alguém a algo

consignment /kənˈsaɪnmənt/ *s* **1** partida [de mercadorias] **2 on consignment** AmE em consignação

consist /kənˈsɪst/ *v* **consist of sth** consistir em algo: *The collection consists of paintings, drawings and sculptures.* O acervo consiste em pinturas, desenhos e esculturas.

consistency /kənˈsɪstənsi/ *s* (pl -cies) **1** constância **2** coerência **3** consistência [de textura]

consistent /kənˈsɪstənt/ *adj* **1** constante: *His work has shown consistent improvement this term.* O trabalho dele mostrou constante melhora neste período. **2** coerente **3 to be consistent with sth** ser consistente com algo

consistently /kənˈsɪstəntli/ *adv* consistentemente, sistematicamente

consolation /kɑnsəˈleɪʃən/ *s* consolo

console¹ /kənˈsoʊl/ *v* [tr] consolar

console² /ˈkɑnsoʊl/ *s* painel: *a games console* um painel para jogos eletrônicos

consolidate /kənˈsɑlədeɪt/ *v* [tr] consolidar

consonant /ˈkɑnsənənt/ *s* consoante

consortium /kənˈsɔrtiəm/ *s* (pl -s ou **consortia** /-tiə/) consórcio [de empresas]

conspicuous /kənˈspɪkjuəs/ *adj* **1** que chama atenção: *I felt very conspicuous in my party dress.* Senti que chamava muita atenção com meu vestido de festa. **2 to be conspicuous by your absence** Usa-se para dizer que a ausência de alguém foi notada: *You were conspicuous by your absence.* A sua ausência foi notada.

conspiracy /kənˈspɪrəsi/ *s* (pl -cies) conspiração

conspire /kənˈspaɪr/ *v* [intr] **to conspire (with sb) to do sth** conspirar (com alguém) para fazer algo

constable /ˈkɑnstəbəl/ *s* guarda, policial [na Grã-Bretanha]

constant /ˈkɑnstənt/ *adj* constante

constantly /ˈkɑnstəntli/ *adv* constantemente

constipation /kɑnstəˈpeɪʃən/ *s* constipação, prisão de ventre

constituency /kənˈstɪtʃuənsi/ *s* (pl -cies) distrito eleitoral

constituent /kənˈstɪtʃuənt/ *s* **1** eleitor -a **2** componente

constitute /ˈkɑnstətut/ *v* [tr] constituir

constitution /kɑnstəˈtuʃən/ *s* constituição [de um país]

constitutional /kɑnstəˈtuʃənəl/ *adj* constitucional

constraint /kənˈstreɪnt/ *s* restrição

constrict /kənˈstrɪkt/ *v* [intr] constringir-se

construct /kənˈstrʌkt/ *v* [tr] construir

construction /kənˈstrʌkʃən/ *s* construção

constructive /kənˈstrʌktɪv/ *adj* construtivo

construe /kənˈstru/ *v* [tr] **to construe sth as sth** interpretar/entender algo como algo

consul /ˈkɑnsəl/ *s* consul -esa

consulate /ˈkɑnsəlɪt/ *s* consulado

consult /kənˈsʌlt/ *v* [tr] consultar

consultancy /kənˈsʌltənsi/ *s* (pl -cies) **1** empresa de consultoria **2** consultoria

consultant /kənˈsʌltənt/ *s* **1** consultor -a **2** BrE especialista [médico] ▶ No inglês americano diz-se **specialist**

consultation /kɑnsəlˈteɪʃən/ *s* **1** (pedido de opinião, debate) consulta | **in consultation with sb** em consulta com alguém **2** (com profissional) consulta

consume /kənˈsum/ *v* [tr] **1** consumir **2 to be consumed with guilt** estar roendo-se de culpa

consumer /kənˈsumər/ *s* consumidor -a

consumption /kənˈsʌmpʃən/ *s* consumo

contact /'kɒntækt/ *substantivo & verbo*

• *s* **1** (físico, social, profissional) contato | **to get in contact/make contact (with sb)** entrar em contato (com alguém) | **to come into contact with sth** entrar em contato com algo [água, germes, etc.], encontrar algo [problemas] **2** (pessoa) contato **3** (elétrico) contato

• *v* [tr] contatar

'contact ,lens *s* lente de contato

contagious /kən'teɪdʒəs/ *adj* **1** contagioso **2** contagiante

contain /kən'teɪn/ *v* [tr] **1** (ter dentro) conter **2** (controlar) conter [emoções, uma epidemia, etc.] | **to contain yourself** conter-se, controlar-se

container /kən'teɪnər/ *s* **1** recipiente **2** contêiner

contaminate /kən'tæməneɪt/ *v* [tr] contaminar

contamination /kəntæmə'neɪʃən/ *s* contaminação

contemplate /'kɒntəmpleɪt/ *v* [tr] **1** pensar em, considerar | **to contemplate doing sth** cogitar fazer algo **2** contemplar

contemporary /kən'tempəreri/ *adjetivo & substantivo*

• *adj* **1** (moderno) contemporâneo, atual **2** (da mesma época) contemporâneo

• *s* (pl -ries) contemporâneo -nea

contempt /kən'tempt/ *s* **1** desdém, desprezo | **to be beneath contempt** não merecer qualquer consideração **2** (também **contempt of court**) desacato (a tribunal)

contemptuous /kən'temptʃuəs/ *adj* de desdém | **to be contemptuous of sth/sb** desdenhar algo/alguém

contend /kən'tend/ *v* **1 to contend (with sb) for sth** disputar algo (com alguém) **2 to contend that** sustentar que
contend with sth enfrentar algo, lidar com algo: *We've had all kinds of problems to contend with.* Tivemos que enfrentar todo tipo de problema.

contender /kən'tendər/ *s* competidor -a | **a contender for sth** um(a) concorrente a algo

content¹ /'kɒntent/ *substantivo & substantivo plural*

• *s* **1** conteúdo **2** teor

• **contents** *s pl* **1** conteúdo: *the contents of the letter* o conteúdo da carta **2** (também **table of contents**) índice [em livro]

content² /kən'tent/ *adjetivo & verbo*

• *adj* satisfeito | **to be content with sth** estar satisfeito com algo | **to be content to do sth** contentar-se em fazer algo

• *v* [tr] **to content yourself with sth** contentar-se com algo

contented /kən'tentɪd/ *adj* satisfeito, contente

contention /kən'tenʃən/ *s* **1** afirmação | **it is my/his etc. contention that** eu sustento/ele etc. sustenta que **2** polêmica

contentious /kən'tenʃəs/ *adj* polêmico

contest¹ /'kɒntest/ *s* **1** competição **2** disputa

contest² /kən'test/ *v* [tr] **1** contestar **2** concorrer a [eleição, cargo]

contestant /kən'testənt/ *s* concorrente

context /'kɒntekst/ *s* contexto

continent /'kɒntənənt/ *s* **1** continente **2 the Continent** BrE Europa continental [sem incluir as Ilhas Britânicas]

continental /kɒntən'entl/ *adj* **1** continental **2** relativo a Europa ocidental, sem incluir as Ilhas Britânicas **3 continental breakfast** café da manhã com café e pães somente, em contraste com **English breakfast**, o café da manhã tradicional britânico, que inclui ovos, bacon, etc.

continental breakfast

,continental di'vide *s* divisa continental

contingency /kən'tɪndʒənsi/ *s* (pl -cies) **1** eventualidade **2 contingency plan** plano alternativo/de emergência

contingent /kən'tɪndʒənt/ *s* contingente

continual /kən'tɪnjuəl/ *adj* constante

continually /kən'tɪnjuəli/ *adv* continuamente, sem parar

continuation /kəntɪnju'eɪʃən/ *s* **1** continuidade **2** continuação

continue /kən'tɪnju/ *v* **1** [tr/intr] continuar, prosseguir: *The city's population will continue to grow.* A população da cidade continuará crescendo. **2** [intr] (andando) seguir: *Continue along this road.* Siga por esta rua.

continued /kən'tɪnjud/ *adj* contínuo, constante | **the continued existence of sth** a continuidade de algo

continuity /kɒntə'nuəti/ *s* continuidade

continuous /kən'tɪnjuəs/ *adj* contínuo

continuously /kən'tɪnjuəsli/ *adv* sem parar, continuamente

contour /'kɒntʊr/ *s* **1** contorno **2** (também **contour line**) curva de nível

contraception /kɒntrə'sepʃən/ *s* anticoncepção

contraceptive /kɒntrə'septɪv/ *adj & s* anticoncepcional

contract¹ /'kɒntrækt/ *s* contrato | **to be under contract (to sb)** estar sob contrato (com alguém)

contract² /kən'trækt/ *v* **1** [intr] contrair-se **2** [tr] contrair [uma doença] **3** [intr] **to contract (with sb) to do sth** assinar um contrato (com alguém) para fazer algo

Gostaria de saber mais sobre as diferenças entre os **possessivos** *em inglês e português? Leia a explicação na seção de gramática.*

contraction /kənˈtrækʃən/ s **1** (redução do tamanho) diminuição, contração **2** (em parto) contração **3** (de palavra) contração

contractor /ˈkɑntræktər, BrE kənˈtræktə/ s empreiteiro -a

contradict /kɑntrəˈdɪkt/ v [tr] **1** contrariar **2** contradizer **3 to contradict yourself** contradizer-se

contradiction /kɑntrəˈdɪkʃən/ s contradição

contradictory /kɑntrəˈdɪktəri/ adj contraditório

contrary /ˈkɑntreri/ substantivo & adjetivo

- s (formal) **the contrary** o contrário: *quite the contrary* muito pelo contrário | **on the contrary** pelo contrário | **to the contrary** em contrário
- adj contrário | **contrary to popular belief/opinion** contrariamente à crença/opinião popular

contrast¹ /ˈkɑntræst/ s contraste | **in contrast/by contrast** por contraste, em comparação | **in contrast to** ao contrário de

contrast² /kənˈtræst/ v **1** [tr] **to contrast sth with sth** comparar algo com algo **2** [intr] **to contrast with sth** contrastar com algo

contribute /kənˈtrɪbjut/ v **1** [tr] contribuir com: *I contributed $100 to the campaign.* Contribuí com $100 para a campanha. **2** [intr] **to contribute to sth** contribuir para algo: *Various factors contributed to his downfall.* Vários fatores contribuíram para a sua queda. **3** [intr] participar [num debate, uma conversa] **4** [tr/intr] escrever [para uma revista, obra conjunta]

contribution /kɑntrəˈbjuʃən/ s **1** contribuição **2** colaboração [de escritor]

contributor /kənˈtrɪbjətər/ s colaborador -a

contributory /kənˈtrɪbjətɔri/ adj **a contributory cause of sth/factor in sth** causa/fator que contribui para algo

control /kənˈtroʊl/ substantivo & verbo

- s **1** controle | **to lose control (of sth)** perder o controle (de algo) | **to be under control** estar sob controle | **to be out of control** estar fora de controle | **to get/go out of control** ficar fora de controle, desgovernar-se: *The situation is getting out of control.* A situação está ficando fora de controle. | *The truck went out of control.* O caminhão desgovernou-se. **2** controle, domínio [de uma área, um país, etc.] | **to be in control of sth** ter o controle de algo **3** (em aparelho) botão [de volume, etc.] | **the controls** os comandos
- v [tr] (-lled, -lling) **1** controlar | **to control yourself** controlar-se **2** controlar, regular [a temperatura, o volume, etc.] **3** dominar [uma área, um país, etc.] **4** controlar [a inflação, uma epidemia, etc.]

controlled /kənˈtroʊld/ adj controlado

controversial /kɑntrəˈvɜrʃəl/ adj polêmico, controverso

controversy /ˈkɑntrəvɜrsi/ s (pl -sies) polêmica, controvérsia | **controversy surrounding/over sth** controvérsia em torno de/sobre algo

convene /kənˈvin/ v **1** [tr] convocar **2** [intr] reunir-se

convenience /kənˈvinjəns/ s **1** conveniência, conforto **2** comodidade **3** (também **public convenience**) (formal) banheiro público, sanitário

con'venience food s comida pronta

con'venience ˌstore s AmE loja de conveniências

convenient /kənˈvinjənt/ adj **1** conveniente: *at a convenient time* numa hora conveniente | *Would tomorrow be convenient?* Amanhã seria conveniente? **2** próximo, de fácil acesso: *The house is convenient for the school.* A casa fica a dois passos da escola.

conveniently /kənˈvinjəntli/ adv **1** convenientemente **2** (em sentido irônico) convenientemente

convent /ˈkɑnvɛnt/ s convento

convention /kənˈvɛnʃən/ s **1** (da sociedade) convenção, convenções **2** (acordo) convenção **3** (evento) convenção

conventional /kənˈvɛnʃənəl/ adj **1** (normal) convencional **2** conservador **3** (não nuclear) convencional

converge /kənˈvɜrdʒ/ v [intr] **1** convergir **2 to converge on...** afluir a..., dirigir-se para...

convergence /kənˈvɜrdʒəns/ s convergência

conversation /kɑnvərˈseɪʃən/ s conversa: *I only said it to make conversation.* Só falei isso para puxar conversa. | **to have a conversation (with sb)** ter uma conversa (com alguém)

converse¹ /kənˈvɜrs/ v [intr] conversar

converse² /ˈkɑnvɜrs/ s inverso

conversely /kənˈvɜrsli/ adv no sentido inverso

conversion /kənˈvɜrʒən/ s **1** conversão, transformação: *the conversion of water into wine* a transformação da água em vinho **2** reforma [de um prédio, para um uso diferente] **3** conversão: *his conversion from Christianity to Islam* a sua conversão do Cristianismo para o Islamismo

convert¹ /kənˈvɜrt/ v **1** [tr] transformar, adaptar, [intr] transformar-se, mudar: *when we convert to the new system* quando mudarmos para o novo sistema | **to convert sth to/into sth** transformar algo em algo **2** [tr] reformar [um prédio, para outro uso]: *a converted barn* um celeiro reformado **3 to convert to Judaism/Catholicism etc.** converter-se ao Judaísmo/Catolicismo etc.

convert² /ˈkɑnvɜrt/ s convertido -da | **to become a convert to sth (a)** (a uma religião) converter-se a algo **(b)** (a uma ideia, um modismo, etc.) virar adepto de algo

convertible /kənˈvɜrtəbəl/ adj & s conversível

convey /kənˈveɪ/ v [tr] (formal) **1** transmitir [informações, uma mensagem], mandar [parabéns] **2** enviar

con'veyor ‚belt, também **conveyor** /kənˈveɪər/ s esteira [para transportar malas, etc.]

convict¹ /kənˈvɪkt/ v [tr] condenar [um réu] | **to be convicted of sth** ser condenado por algo

convict² /ˈkɑnvɪkt/ s preso -sa, presidiário -ria: *an escaped convict* um presidiário foragido

conviction /kənˈvɪkʃən/ s **1** convicção **2 with/without conviction** com/sem convicção | **to lack conviction/to carry no conviction** não convencer **3** condenação

convince /kənˈvɪns/ v [tr] convencer: *I convinced him that it was worth going.* Eu consegui convencê-lo de que valia a pena ir. | **to convince sb of sth** convencer alguém de algo ▶ CONVINCE OU PERSUADE? ver **convencer**

convinced /kənˈvɪnst/ adj convicto, convencido

convincing /kənˈvɪnsɪŋ/ adj convincente

convoy /ˈkɑnvɔɪ/ s comboio [de navios, caminhões]

convulsion /kənˈvʌlʃən/ s **to have convulsions** ter convulsões

cook /kʊk/ verbo & substantivo

• **v 1** [intr] (preparar comida) cozinhar: *I can't cook.* Não sei cozinhar. **2** [tr] (fazer) cozinhar, preparar [comida]: *How do you cook your rice?* Como você prepara o arroz? | *This meat is not cooked.* Esta carne não está cozida. | **to cook (the) lunch/dinner etc.** fazer o almoço/jantar etc. **3** [intr] (ficar cozido) cozinhar
cook sth up (informal) inventar algo

• **s 1** cozinheiro -ra **2 to be a good/poor etc. cook** cozinhar bem/mal etc.

cookbook /ˈkʊkbʊk/, também **'cookery ‚book** BrE s livro de receitas

cooker /ˈkʊkər/ s BrE fogão ▶ No inglês americano diz-se **stove**

cookery /ˈkʊkəri/ s BrE culinária

cookie /ˈkʊki/ s AmE biscoito, cookie

'cookie ‚cutter substantivo & adjetivo

• **s** cortador de biscoito

• **adj** similar: *cookie cutter houses* casas similares

'cookie ‚sheet s assadeira, tabuleiro

cooking /ˈkʊkɪŋ/ s: **1** *I hate cooking.* Detesto cozinhar. | *Who does the cooking?* Quem é que cozinha? **2** comida, culinária: *Italian cooking* a comida italiana

cool /kul/ adjetivo, verbo & substantivo

• **adj 1** fresco **2 to stay/keep cool** manter a calma **3 to be cool towards sb** ser frio com alguém **4** (informal) fashion: *a really cool jacket* uma jaqueta muito fashion | *You look really cool in those sunglasses.* Você ficou super fashion com esses óculos escuros.

• **v 1** [tr/intr] (também **cool down**) esfriar, refrescar **2** [intr] esfriar [entusiasmo, ânimos]
cool down/off acalmar-se

• **s 1 the cool** o frescor **2** (informal) **to keep/lose your cool** manter/perder a calma

coolbox /ˈkulbɑks/ s (pl **-xes**) BrE isopor [para manter bebidas etc. refrigeradas] ▶ No inglês americano usa-se **cooler**

cooler /ˈkulər/ s AmE isopor [para manter bebidas etc. refrigeradas]

coop /kup/ v **coop sb up** prender alguém [dentro de casa, etc.] | **to be cooped up** estar enfurnado

cooperate /koʊˈɑpəreɪt/ v [intr] cooperar | **to cooperate with sb (to do sth)** cooperar com alguém (para fazer algo)

cooperation /koʊɑpəˈreɪʃən/ s cooperação

cooperative /koʊˈɑprətɪv/ adjetivo & substantivo

• **adj 1** prestativo, solícito **2** cooperativo **3 a cooperative effort** um esforço conjunto

• **s** cooperativa

coordinate /koʊˈɔrdneɪt/ v [tr] coordenar

coordination /koʊɔrdnˈeɪʃən/ s coordenação

cop /kɑp/ s (informal) guarda

cope /koʊp/ v [intr] **1** aguentar, conseguir (dar conta do recado): *I can't cope any more.* Eu não aguento mais. | *I think I can cope.* Acho que consigo dar conta do recado. **2 to cope with sth (a)** dar conta de algo: *Can you cope with all that?* Você vai dar conta de tudo isso? | *They can't cope with the number of orders.* Eles não dão conta do número de pedidos. **(b)** aguentar algo

copper /ˈkɑpər/ substantivo & adjetivo

• **s 1** cobre **2** BrE (informal) guarda

• **adj** de cobre

copy /ˈkɑpi/ substantivo & verbo

• **s** (pl **-pies**) **1** cópia **2** exemplar [de um livro], número [de uma revista], edição [de um jornal] **3** texto, material [para uma publicação]

• **v** (**-pies, -pied**) **1** [tr] tirar cópia de **2** [tr] (imitar) copiar: *I copied the idea from a magazine.* Copiei a ideia de uma revista. **3** [tr/intr] (em prova) colar
copy sth down copiar algo, anotar algo
copy sth out copiar algo [por escrito]

copyright /ˈkɑpiraɪt/ s direitos autorais

coral /ˈkɔrəl/ substantivo & adjetivo

• **s** coral [no mar]

• **adj** de coral: *a coral necklace* um colar de coral

cord /kɔrd/ substantivo & substantivo plural

• **s 1** corda, cordão **2** AmE fio [elétrico]

• **cords** s pl calça de veludo cotelê

cordless /ˈkɔrdləs/ adj sem fio

cordon /ˈkɔrdn/ v **cordon sth off** isolar [com cordão de isolamento]

corduroy /ˈkɔrdərɔɪ/ s veludo cotelê

core /kɔr/ s **1** caroço [de uma maçã ou pera] **2** âmago, cerne: *the core of the problem* o cerne do problema | **to the core** até a alma **3 core subject** matéria obrigatória [de curso acadêmico]

coriander /ˈkɔriændər/ s coentro

cork /kɔrk/ *substantivo & adjetivo*
- *s* **1** rolha **2** cortiça
- *adj* de cortiça

corkscrew /ˈkɔrkskru/ s saca-rolhas

corn /kɔrn/ s **1** AmE milho | **corn on the cob** espiga de milho **2** BrE cereais **3** calo

corner /ˈkɔrnər/ *substantivo & verbo*
- *s* **1** canto [de mesa, etc.], ponta [de página, lenço etc.] **2** esquina | **(just) around the corner** a um pulo daqui: *a store around the corner from my school* uma loja a um pulo da minha escola **3** canto [de um aposento, da boca] **4** (também **corner kick**) escanteio **5 to see sth out of the corner of your eye** ver algo com o canto do olho/de relance
- *v* **1** [tr] acuar, encurralar **2 to corner the market (in sth)** monopolizar o mercado (de algo) **3** [intr] fazer curva [veículo]

cornerstone /ˈkɔrnərstoun/ s alicerce, pedra fundamental

cornflakes /ˈkɔrnfleɪks/ s pl flocos de milho [cereal matinal]

cornstarch /ˈkɔrnstɑrtʃ/ AmE, **cornflour** /ˈkɔrnflaʊr/ BrE s maisena®

ˈcorn ˌsyrup s Karo®, glucose de milho

coronation /kɔrəˈneɪʃən/ s coroação

coroner /ˈkɔrənər/ s médico -ca legista

corporal /ˈkɔrpərəl/ s cabo [nas forças armadas]

ˌcorporal ˈpunishment s castigo corporal

corporate /ˈkɔrpərət/ adj **1** empresarial **2** comum [em conjunto]

corporation /kɔrpəˈreɪʃən/ s corporação, empresa

corps /kɔr/ s corpo [grupo de pessoas]

corpse /kɔrps/ s cadáver, corpo

correct /kəˈrɛkt/ *adjetivo & verbo*
- *adj* **1** (sem erro) correto **2** (apropriado) correto **3** (de comportamento) correto
- *v* [tr] corrigir | **correct me if I'm wrong** se eu não me engano

correction /kəˈrɛkʃən/ s correção

correctly /kəˈrɛktli/ adv corretamente

correlation /kɔrəˈleɪʃən/ s correlação | **a correlation with/between** uma correlação com/entre

correspond /kɔrəˈspɑnd/ v [intr] **1** conferir, coincidir | **to correspond with/to sth** corresponder a algo: *His version corresponds with what she told us.* A versão dele corresponde ao que ela nos contou. **2** (equivaler) **to correspond to sth** corresponder a algo **3** (por carta, e-mail, etc.) **to correspond (with sb)** corresponder-se (com alguém)

correspondence /kɔrəˈspɑndəns/ s **1** (correio) correspondência **2** (relação) correspondência

correspondent /kɔrəˈspɑndənt/ s correspondente

corresponding /kɔrəˈspɑndɪŋ/ adj correspondente

corridor /ˈkɔrədər/ s corredor

corrugated /ˈkɔrəgeɪtɪd/ adj corrugado

corrupt /kəˈrʌpt/ *adjetivo & verbo*
- *adj* corrupto
- *v* [tr] corromper

corruption /kəˈrʌpʃən/ s **1** corrupção **2** corruptela

cosmetic /kɑzˈmɛtɪk/ adj **1** estético **2** superficial

cosmetics /kɑzˈmɛtɪks/ s pl cosméticos

cosˌmetic ˈsurgery s (cirurgia) plástica | **to have cosmetic surgery** fazer uma plástica

cosmopolitan /kɑzməˈpɑlətn/ adj & s cosmopolita

cost /kɔst/ *substantivo, substantivo plural & verbo*
- *s* **1** custo | **at a cost of** pelo valor de | **the cost of living** o custo de vida **2 at all costs/at any cost** a todo custo **3 whatever the cost** a qualquer preço, custe o que custar
- **costs** *s pl* **1** custos **2** custas [judiciais]
- *v* [tr] **1** (passado & particípio cost) custar: *This suit cost me $400.* Este terno me custou $400. **2** (passado & particípio costed) orçar

co-star /ˈkoʊ stɑr/ *substantivo & verbo*
- *s* coadjuvante
- *v* (-rred, -rring) **to co-star with sb** contracenar com alguém

Costa Rica /kɑstə ˈrikə/ s Costa Rica

Costa Rican /kɑstə ˈrikən/ adj & s costarriquenho -nha

ˈcost-eˌffective adj rentável

costly /ˈkɔstli/ adj (-lier, -liest) caro

costume /ˈkɑstum/ *substantivo & substantivo plural*
- *s* **1** fantasia [para festa, etc.] **2** traje [típico, regional] **3 a costume party** AmE uma festa à fantasia
- **costumes** *s pl* (de teatro) figurinos

cosy BrE ▶ ver **cozy**

cot /kɑt/ s **1** AmE cama de lona **2** BrE berço ▶ No inglês americano diz-se **crib**

cottage /ˈkɑtɪdʒ/ s casa de campo, chalé

ˌcottage ˈcheese s queijo cottage

cotton /ˈkɑtn/ s **1** (tecido) algodão **2** AmE (de uso farmacêutico, etc.) algodão **3** BrE linha [de costura] ▶ No inglês americano diz-se **thread**

ˌcotton ˈwool s BrE algodão [de uso farmacêutico, etc.]

couch /kaʊtʃ/ *substantivo & verbo*
- **s** (pl **-ches**) sofá
- **v** [tr] (3a pess sing presente **-ches**) (formal) expressar

cough /kɔf/ *verbo & substantivo*
- **v** 1 [intr] tossir 2 **to cough (up) blood** cuspir sangue
  cough (sth) up desembolsar (algo): *I had to cough up $200 for a new printer.* Tive que desembolsar $200 por uma impressora nova.
- **s** tosse | **to have a (bad) cough** estar com (muita) tosse

could /kəd, acentuado kʊd/ *v* [modal] ▶ ver quadro

couldn't /ˈkʊdnt/ contração de **could not**

could've /ˈkʊdəv/ contração de **could have**

council /ˈkaʊnsəl/ *s* 1 conselho [grupo de pessoas] 2 prefeitura | **city/town council** câmara municipal 3 **council house** BrE casa popular

councilor AmE, **councillor** BrE /ˈkaʊnsələr/ *s* vereador -a

counsel /ˈkaʊnsəl/ *substantivo & verbo*
- **s** 1 (pl **counsel**) advogado -da 2 (literário) conselho(s)
- **v** (**-lled, -lling** BrE) (literário) **to counsel sb to do sth** aconselhar alguém a fazer algo

counseling AmE, **counselling** BrE /ˈkaʊnsəlɪŋ/ *s* psicoterapia (de apoio)

counselor AmE, **counsellor** BrE /ˈkaʊnsələr/ *s* psicoterapeuta (de apoio)

count /kaʊnt/ *verbo & substantivo*
- **v** 1 [tr/intr] contar: *There were 23 of us, not counting the guide.* Éramos 23 pessoas, sem contar o guia. 2 [intr] (ser considerado) contar: *This work counts as overtime.* Esse trabalho conta como hora extra. 3 [tr] considerar: *I've always counted him as a friend.* Eu sempre o considerei um amigo. | **to count yourself lucky** considerar-se sortudo 4 [intr] (ser válido) valer, contar 5 [intr] (ser importante) contar: *My opinion doesn't count for anything around here.* Minha opinião não conta para nada aqui.
  PHRASAL VERBS
  count sb in (informal) (incluir) contar com alguém
  count on sth contar com algo: *Can we count on your vote?* Podemos contar com o seu voto?
  count on sb contar com alguém
  count sb out (informal) (não incluir) não contar com alguém
  count toward sth (valer) contar para algo
- **s** 1 contagem | **to keep/lose count (of sth)** manter/perder a conta (de algo) 2 **on two/several etc. counts** em dois/vários etc. aspectos 3 conde

could

1 PERMISSÃO
Could I use your phone? Posso usar seu telefone? | *He said I could go.* Ele disse que eu podia ir.

2 CAPACIDADE FÍSICA
He couldn't walk. Ele não podia/conseguia andar.

3 POSSIBILIDADE
You could be right. Talvez você tenha razão. | *You could have been killed.* Você poderia ter morrido.

4 HABILIDADE ADQUIRIDA
She could read when she was four. Ela já sabia ler aos quatro anos.

5 COM VERBOS RELATIVOS AOS SENTIDOS
I couldn't hear what she was saying. Eu não conseguia ouvir o que ela dizia.

6 PARA FAZER PEDIDOS
Could you close the door, please? Você podia fechar a porta, por favor?

7 PARA DAR SUGESTÕES
We could take the bus. Podíamos pegar o ônibus.

8 EXPRESSANDO IRRITAÇÃO
I could have killed him when he said that! Tive vontade de matá-lo quando ele disse aquilo!

countable /ˈkaʊntəbəl/ *adj* contável [referente a um substantivo que se pode usar precedido do artigo "a" ou de um número, e que, geralmente, se pode pluralizar]

countdown /ˈkaʊntdaʊn/ *s* contagem regressiva: *the countdown to the takeoff* a contagem regressiva para a decolagem

counter /ˈkaʊntər/ *substantivo, verbo & advérbio*
- **s** 1 balcão [de loja] 2 AmE bancada [de cozinha] 3 ficha [em jogos] 4 contador [mecanismo]
- **v** 1 [tr] reverter 2 [tr/intr] responder 3 [tr] contestar
- **adv to run/go counter to sth** contrariar algo

counteract /kaʊntərˈækt/ *v* [tr] contrapor-se a, neutralizar

counterattack /ˈkaʊntərətæk/ *s* contra-ataque

counterclockwise /kaʊntərˈklɑkwaɪz/ AmE, **anticlockwise** /æntiˈklɑkwaɪz/ BrE *advérbio & adjetivo*
- **adv** no sentido anti-horário
- **adj in a counterclockwise direction** em sentido anti-horário

counterfeit /ˈkaʊntərfɪt/ *adj* falsificado, falso [moeda, cédula]

counterpart /ˈkaʊntərpɑrt/ *s* 1 (pessoa com a mesma função) homônimo 2 (coisa, órgão parecidos) equivalente

counterproductive /kaʊntərprə'dʌktɪv/ adj contraproducente

countess /'kaʊntɪs/ s condessa

countless /'kaʊntləs/ adj inúmeros

country /'kʌntri/ s (pl -tries) **1** país: *a very poor country* um país muito pobre **2** pátria: *He did it for his country.* Ele fez isso pela pátria. **3 the country** o campo, o interior: *a day in the country* um dia no campo **4** região: *Iowa is farming country.* Iowa é uma região agropecuária.

‚country and ˈwestern, também **ˈcountry ‚music** s música country

countryman /'kʌntrimən/ s (pl -men) **1** (também **fellow countryman**) compatriota **2** camponês

countryside /'kʌntrisaɪd/ s **1** campo, interior **2** paisagem [no interior]

countrywoman /'kʌntriwʊmən/ s (pl -women /wɪmɪn/) **1** (também **fellow countrywoman**) compatriota **2** camponesa

county /'kaʊnti/ s (pl -ties) condado

coup /ku/ s **1** (também **coup d'état** /ku de 'ta/) (pl **coups d'état**) golpe (de Estado) **2** êxito, conquista

couple /'kʌpəl/ substantivo & verbo
- s **1 a couple of** uns/umas, alguns/algumas: *She brought a couple of her friends with her.* Ela trouxe uns amigos com ela. | *We waited a couple of hours.* Esperamos algumas horas. | *Could you bring a couple more chairs?* Você pode trazer mais umas cadeiras? **2** casal | **a married couple** um casal [cônjuges]
- v [tr] **1** acoplar **2 coupled with** junto com, associado a

coupon /'kupɑn/ s cupom

courage /'kɜrɪdʒ/ s coragem

courageous /kə'reɪdʒəs/ adj corajoso

courgette /kʊr'ʒet/ s BrE abobrinha ▶ No inglês americano diz-se **zucchini**

courier /'kʊriər/ s **1** mensageiro -ra **2** BrE guia (turístico)

course /kɔrs/ s **1 of course** (é) claro | **of course not** (é) claro que não **2** (aulas) curso | **a course in/on sth** um curso de algo: *a course on French literature* um curso de literatura francesa **3** (de avião, navio) rota, rumo | **to be/go off course** estar fora da rota/sair da rota **4** (parte de uma refeição) prato | **first course** entrada | **second/main course** prato principal **5** (de golfe) campo **6** (de turfe) pista **7** (linha de ação) alternativa, solução: *One course of action would be to increase the price.* Uma alternativa seria aumentar o preço. **8** (dos acontecimentos) curso | **in/during the course of** no decorrer de **9** (em medicina) tratamento | **a course of treatment** um tratamento

coursebook BrE ▶ ver **textbook**

court /kɔrt/ substantivo & verbo
- s **1** tribunal | **to go to court** entrar na Justiça | **to take sb to court** processar alguém **2 court case** ação judicial **3** quadra [de tênis, basquete, etc.] **4** corte [de um monarca]
- v **1 to court disaster** estar correndo risco | **to court danger/death** brincar com a morte **2** [tr/intr] (antiquado) cortejar

courteous /'kɜrtiəs/ adj cortês, educado

courtesy /'kɜrtəsi/ s (pl -sies) **1** cortesia, delicadeza **2 courtesy of** por cortesia/gentileza de

ˈcourt-‚martial s (pl **courts-martial** ou **court-martials**) corte marcial

courtship /'kɔrtʃɪp/ s corte, namoro

courtyard /'kɔrtjɑrd/ s pátio

cousin /'kʌzən/ s primo -ma | **first cousin** primo-irmão/prima-irmã | **second cousin** primo -ma de segundo grau

cove /koʊv/ s enseada

cover /'kʌvər/ verbo, substantivo & substantivo plural
- v **1** [tr] (também **cover up**) tampar, cobrir: *She covered him with a blanket.* Ela o cobriu com um cobertor. **2** [tr] cobrir | **to be covered in/with sth** estar coberto de/por algo **3** [tr] ocupar **4** [tr] fazer, percorrer **5** [tr] abranger, abordar **6** [tr] cobrir [uma matéria, uma notícia] **7** [tr] Ser suficiente para algo: *My salary just about covers the rent.* Meu salário mal dá para pagar o aluguel. | *Will $20 cover it?* $20 é suficiente? **8 to cover for sb** substituir alguém **cover sth up** encobrir algo **cover up for sb** acobertar alguém
- s **1** capa [de proteção] **2** capa [de livro] | **to read sth from cover to cover** ler algo do início ao fim **3** capa [de revista] **4** proteção, abrigo | **to run for cover** correr em busca de abrigo | **to take cover (from sth)** abrigar-se (de algo) **5** cobertura [de seguro] **6** fachada [para encobrir algo] **7 under cover of darkness** protegido pela escuridão
- **covers** s pl **the covers** as cobertas

coverage /'kʌvərɪdʒ/ s cobertura [na imprensa, etc.]

covering /'kʌvərɪŋ/ s **1** capa, revestimento **2** camada [de poeira, etc.]

covert /'koʊvɜrt/ adj secreto

ˈcover-‚up s acobertamento

covet /'kʌvət/ v [tr] (formal) cobiçar

cow /kaʊ/ s vaca

coward /'kaʊərd/ s covarde

cowardice /'kaʊərdɪs/ s covardia

cowardly /'kaʊərdli/ adj covarde

cowboy /'kaʊbɔɪ/ s **1** vaqueiro **2** BrE (informal) trambiqueiro -ra

coy /kɔɪ/ adj acanhado, tímido [fazendo charme ou sendo falso]

cozy AmE, **cosy** BrE /'kouzi/ adj (-ier, -iest) **1** aconchegante **2 a cozy chat** uma conversa agradável

crab /kræb/ noun caranguejo

crack /kræk/ verbo & substantivo

- v **1** [tr/intr] rachar, quebrar: *The ice cracked when I stepped on it.* O gelo rachou quando pisei nele. | *Don't stack those plates up like that – they might crack.* Não empilhe os pratos desse jeito – eles podem quebrar. | *a cracked mirror* um espelho rachado **2** [intr] estalar **3** [tr] dar um estalo com [um chicote] **4** [tr] bater (com/em): *She fell and cracked her head on the step.* Ela caiu e bateu com a cabeça no degrau. **5** [intr] pirar **6** [intr] falhar [a voz de alguém] **7** [tr] quebrar [ovos, nozes], arrombar [cofre] **8** [tr] resolver [um problema], decifrar [um código] **9 to crack a joke** (informal) caçoar **10 to get cracking** (informal) mandar brasa

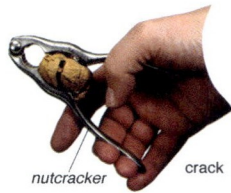
nutcracker / crack

crack down (on sth/sb) tomar medidas severas (contra algo/alguém)

crack up (informal) pirar

- s **1** fenda **2** rachadura **3** aresta, falha **4** estalo **5 to have/take a crack at sth** (informal) tentar algo **6 at the crack of dawn** ao raiar do dia

crackdown /'krækdaun/ s medidas severas: *They're having a crackdown on traffic offenses.* Estão tomando medidas severas contra infrações de trânsito.

cracked /krækt/ adj **1** rachado, quebrado [copo, espelho] **2** rachado [pele, lábios] **3** (informal) pirado, doido

cracker /'krækər/ s **1** bolacha d'água **2** ▶ ver **Christmas cracker** em **Christmas**

crackle /'krækəl/ verbo & substantivo

- v [intr] **1** estalar, crepitar **2** estar com interferência
- s **1** estalo, crepitar **2** interferência

cradle /'kreɪdl/ substantivo & verbo

- s berço
- v [tr] aninhar

craft /kræft/ substantivo & verbo

- s **1** (pl craft) embarcação **2** (pl crafts) artesanato **3** ofício
- v [tr] fazer/fabricar artesanalmente

craftsman /'kræftsmən/ s (pl -men) artesão -sã, artífice

craftsmanship /'kræftsmənʃɪp/ s **1** habilidade artesanal **2** trabalho artesanal

crafty /'kræfti/ adj (-ier, -iest) esperto

crag /kræg/ s penhasco

cram /kræm/ v (-mmed, -mming) **1 to cram sth into sth** entulhar algo em algo, enfiar algo em algo: *I crammed as much as I could into one suitcase.* Entulhei tudo o que pude em uma mala. **2** [tr] lotar, abarrotar: *The shelves were crammed with books.* As estantes estavam abarrotadas de livros. **3 to cram into sth** espremer-se em algo, lotar algo: *Eight of us crammed into her little car.* Oito de nós nos espremeos no carro pequeno dela. **4** [intr] dar uma virada [nos estudos]

cramp /kræmp/ substantivo & substantivo plural

- s cãibra
- **cramps** s pl (também **stomach cramps**) cólica

cramped /kræmpt/ adj **1** apertado [lugar] | **cramped conditions** espaço reduzido **2 to be cramped** estar apertado: *We're a bit cramped in here.* Estamos um pouco apertados aqui dentro. **3** espremido [letra]

cranberry /'krænbɛri/ s oxicoco
cranberry sauce molho de oxicoco

crane /kreɪn/ substantivo & verbo

- s **1** guindaste, grua **2** garça
- v [tr/intr] (também **crane forward**) esticar-se | **to crane your neck** esticar o pescoço

crank /kræŋk/ s **1** manivela **2** (informal) excêntrico -ca, fanático -ca

crash /kræʃ/ verbo & substantivo

- v (3a pess sing -shes) **1** [tr] bater com [um veículo]: *He crashed his father's new car.* Ele bateu com o carro novo do pai. **2** [intr] cair [avião]: *The plane crashed on takeoff.* O avião caiu ao decolar. | **to crash into sth** bater em algo **3** [intr] (fazer estrondo): *The roof came crashing down.* O telhado despencou com um grande estrondo. **4** [intr] travar [programa, computador], cair [sistema, rede]
- s (pl -shes) **1** batida, acidente [de carro] | **plane/train crash** acidente de avião/trem **2** estrondo **3** quebra [da bolsa de valores]

,crash 'course s curso intensivo
'crash ,helmet s capacete
,crash 'landing s aterrissagem forçada

crate /kreɪt/ s engradado [para garrafas], caixote [para livros, frutas, etc.]

crater /'kreɪtər/ s cratera

crave /kreɪv/ v [tr] **1** ansiar por [atenção, aprovação] **2** (também **crave for**) precisar desesperadamente de [drogas], morrer de vontade de comer [uma comida]

craving /'kreɪvɪŋ/ s desejo (forte) | **to have/get a craving for sth** estar/ficar louco por algo

crawl /krɔl/ verbo & substantivo

- v [intr] **1** engatinhar [bebê], andar [inseto], arrastar-se [pessoa]: *We crawled through a hole in the fence.* Passamos por um buraco na cerca nos arrastando. **2** (também **crawl along**) estar

lento [trânsito] **3 to crawl to sb** bajular alguém **4 to be crawling with sth** estar coberto de algo
- **s** **1** passo lento **2** crawl | **to do the crawl** nadar crawl

crayon /'kreɪɑn/ s **1** lápis de cor **2** lápis de cera

craze /kreɪz/ s moda, febre | **craze for sth** moda de algo

crazy /'kreɪzi/ adj (-zier, -ziest) (informal) **1** louco | **to go crazy** ficar louco, enlouquecer **2 to be crazy about sth/sb** ser louco por algo/alguém

creak /krik/ verbo & substantivo
- **v** [intr] ranger
- **s** rangido

cream /krim/ substantivo & adjetivo
- **s** **1** creme (de leite) **2** (para fins cosméticos, medicinais) creme, pomada **3** (para limpeza) pasta **4 the cream of sth** a nata de algo **5** (cor) creme
- **adj** (cor) creme

'cream cheese s queijo cremoso

creamy /'krimi/ adj (-mier, -miest) cremoso

crease /kris/ substantivo & verbo
- **s** **1** ruga **2** dobra [em papel], vinco [em roupa]
- **v** [tr/intr] amarrotar, amassar

create /kri'eɪt/ v [tr] criar: *All it does is create more problems.* Tudo o que isso faz é criar mais problemas.

creation /kri'eɪʃən/ s criação

creative /kri'eɪtɪv/ adj criativo

creativity /kriɛɪ'tɪvəti/ s criatividade

creator /kri'eɪtər/ s criador -a

creature /'kritʃər/ s **1** bicho, ser: *all living creatures* todos os seres vivos | *sea creatures* animais marinhos **2** ser (estranho), monstro **3 to be a creature of habit** ser preso a hábitos **4 creature comforts** confortos (básicos)

crèche /krɛʃ/ s BrE creche

credentials /krɪ'dɛnʃəlz/ s pl credenciais

credibility /krɛdə'bɪləti/ s credibilidade

credible /'krɛdəbəl/ adj verossímil [filme, história], insuspeito [testemunha]

credit /'krɛdɪt/ substantivo & verbo
- **s** **1** (empréstimo) crédito | **to buy sth on credit** comprar algo a crédito **2** (reconhecimento) crédito | **to give sb credit for sth** dar crédito a alguém por algo **3 to be a credit to sb** ser uma honra para alguém | **to do sth/sb credit** ser motivo de honra para algo/alguém **4** (numa conta bancária) crédito **5 to be in credit** ter saldo positivo **6 the credits** os créditos [de filme]
- **v** [tr] **1** (formal) acreditar **2** creditar [dinheiro numa conta bancária] **3 to credit sb with sth** dar o crédito a alguém por algo

'credit ˌcard s cartão de crédito

creditor /'krɛdətər/ s credor -a

creek /krik, krɪk/ s **1** AmE riacho **2** BrE enseada **3 to be up the creek (without a paddle)** (informal) estar numa enrascada

creep /krip/ verbo & substantivo
- **v** [intr] (passado & particípio crept) **1** mover-se furtivamente: *They crept into the room.* Entraram de mansinho no quarto. | *I crept upstairs.* Subi a escada de mansinho. **2** surgir: *A few mistakes have crept into the text.* Apareceram alguns erros no texto. | *Doubts crept into her mind.* Surgiram-lhe algumas dúvidas.
creep up on sb **1** chegar perto de alguém sorrateiramente **2** chegar sem alguém sentir: *Old age creeps up on you.* A velhice chega sem você sentir.
- **s** **1** (informal) nojento **2** BrE (informal) puxa-saco **3 to give sb the creeps** dar arrepios em alguém

creepy /'kripi/ adj (-pier, -piest) sinistro, arrepiante

cremate /'krimeɪt/ v [tr] cremar

cremation /krɪ'meɪʃən/ s cremação

crematorium /krimə'tɔriəm/ s (pl **crematoriums** ou **crematoria**) crematório

crematory /'krimətɔri/ s (pl -ries) AmE crematório

crept /krɛpt/ passado & particípio de **creep**

crescendo /krə'ʃɛndoʊ/ s crescendo

crescent /'krɛsənt/ s **1** (arco) meia-lua **2** rua em forma de meia-lua **3 crescent moon** meia-lua [quarto crescente ou minguante]

cress /krɛs/ s broto de plantas diversas, usado em saladas e sanduíches

crest /krɛst/ s **1** (de uma colina, serra) crista, cume **2** (de uma onda) crista **3** (de uma ave) crista **4** (de uma cidade, organização, etc.) emblema

crevice /'krɛvɪs/ s greta, fenda [numa rocha]

crew /kru/ s **1** tripulação | **a member of the crew/a crew member** um(a) tripulante **2** equipe

'crew cut s corte à escovinha

crib /krɪb/ s **1** AmE berço **2** BrE presépio

cricket /'krɪkɪt/ s **1** grilo **2** críquete

crime /kraɪm/ s **1** criminalidade: *juvenile crime* a criminalidade de menores **2** crime: *They never found out who committed the crime.* Nunca descobriram quem cometeu o crime. **3 crime prevention** prevenção da criminalidade **crime rate** índice de criminalidade

criminal /'krɪmənəl/ adjetivo & substantivo
- **adj** **1** criminoso | **a criminal offense** um crime | **criminal record** antecedentes criminais **2** penal **3** criminoso, vergonhoso [usado como crítica]
- **s** criminoso -sa

cross-reference

crimson /'krɪmzən/ adj & s (cor) carmesim ▶ ver "Active Box" **colors** em **color**

cringe /krɪndʒ/ v [intr] **1** encolher-se [de medo] **2** morrer de vergonha

cripple /'krɪpəl/ substantivo & verbo
- s aleijado -da ▶ Algumas pessoas consideram esta palavra ofensiva e preferem usar **disabled person**
- v [tr] **1** aleijar **2** prejudicar seriamente

crippling /'krɪplɪŋ/ adj **1** paralisante **2** muito danoso

crisis /'kraɪsɪs/ s crise

crisp /krɪsp/ substantivo & adjetivo
- s (também **potato crisp**) BrE batata frita [de saco] ▶ No inglês americano diz-se **chip** ou **potato chip**
- adj **1** crocante [bacon, torrada], crepitante [neve, folhas secas] **2** fresco e crocante [verduras] **3** frio e seco [tempo] **4** limpo, bem passado [lençol, camisa, etc.], bem novinho [papel, nota] **5** seco [pessoa]

crispy /'krɪspi/ adj (-pier, -piest) crocante

criterion /kraɪ'tɪriən/ s (pl -ria /-riə/) critério

critic /'krɪtɪk/ s **1** (de arte, cinema, etc.) crítico -ca **2** (pessoa que critica) crítico -ca

critical /'krɪtɪkəl/ adj **1** (que coloca defeito) crítico: *She's always so **critical of** everything he does.* Ela é sempre muito crítica em relação a tudo o que ele faz. **2** (importante, decisivo) crítico, crucial | **to be critical to sth** ser crítico para algo **3** (grave, perigoso) crítico

critically /'krɪtɪkli/ adv **1 critically ill/injured** gravemente doente/ferido | **critically important** extremamente importante **2** criticamente

criticism /'krɪtəsɪzəm/ s **1** (censura) crítica: *That is my only criticism.* Essa é a minha única crítica. | *He's never been able to accept criticism.* Ele nunca foi capaz de aceitar críticas. **2** (literária, de arte) crítica

criticize, -ise BrE /'krɪtəsaɪz/ v [tr/intr] criticar

critique /krɪ'tik/ s análise crítica

croak /kroʊk/ verbo & substantivo
- v [intr] **1** coaxar **2** falar com voz rouca
- s **1** (também **croaking**) coaxar **2** som grave emitido ao falar

crochet /kroʊ'ʃeɪ/ s crochê

crockery /'krɑkəri/ s BrE louça

cup, bowl, plate

crocodile /'krɑkədaɪl/ s crocodilo

crocus /'kroʊkəs/ s (pl -ses) açafrão [flor]

croissant /krwɑ'sɑnt/ s croissant

crook /krʊk/ s (informal) vigarista

crooked /'krʊkɪd/ adj **1** (informal) corrupto, trambiqueiro **2** torto

crop /krɑp/ substantivo & verbo
- s **1** (planta comestível) cultura, cultivo **2** (produção) safra **3** (informal) (grupo) safra: *this year's crop of graduates* a safra de formandos este ano
- v [tr] (-pped, -pping) **1** tosar [cabelo] **2 to crop the grass** pastar

crop up surgir

cross /krɔs/ verbo, substantivo & adjetivo
- v (3a pess sing -sses) **1** [tr/intr] atravessar: *We can **cross over** now.* Podemos atravessar agora. **2** [tr] (ultrapassar) cruzar **3** [tr] (uma estrada, um trilho) cruzar, [intr] cruzar-se **4 to cross your arms/legs** cruzar os braços/as pernas **5** [tr] (acasalar) cruzar **6** [intr] (em esportes) cruzar: *He crossed to Zola.* Ele cruzou para Zola. **7 to cross yourself** fazer o sinal da cruz ▶ ver também **mind**

cross sth off riscar algo **cross sb off** tirar alguém da lista

cross sth out riscar algo

- s (pl -sses) **1** (objeto) cruz **2** BrE (marca) cruz **3 a cross between sth and sth** um cruzamento entre algo e algo
- adj BrE zangado: *Are you **cross with** me?* Você está zangado comigo? | *Don't be cross.* Não fique zangado. | **to get cross** ficar zangado

crossbar /'krɔsbɑr/ s **1** travessão [do gol] **2** quadro [de bicicleta]

cross-'country adjetivo & advérbio
- adj **1** pelo campo **2 cross-country running** corrida cross-country **3 cross-country skiing** esqui cross-country
- adv pelo campo

cross-e'xamine v [tr] interrogar [uma testemunha]

'cross-eyed adj vesgo

crossing /'krɔsɪŋ/ s **1** faixa de pedestres **2** cruzamento [de ruas] **3** travessia

cross-legged /'krɔs legɪd/ adv de pernas cruzadas

crossly /'krɔsli/ adv BrE com irritação: *He looked at me crossly.* Ele me olhou irritado.

crossover /'krɔsoʊvər/ s mudança [que faz um ator, cantor, etc. de uma atividade artística a outra]

cross-'purposes s **1 to be at cross-purposes** não se entender **2 to be talking at cross-purposes** estar falando de coisas diferentes

'cross-reference s remissão [num texto]

Deve-se dizer on the table ou in the table? Veja o verbete em.

crossroads /ˈkrɔsroʊdz/ s **1** cruzamento **2** encruzilhada

ˈcross ˌsection s **1** corte/seção transversal **2** amostra representativa [em estatística]

ˈcross-ˌtraining s cross-training [treinamento em uma de uma modalidade esportiva]

crossword /ˈkrɔswɜrd/, também ˈ**crossword ˌpuzzle** s palavras cruzadas

crotch /krɑtʃ/, também **crutch** /krʌtʃ/ BrE s (pl -ches) **1** virilha **2** fundilho [de roupa]

crouch /kraʊtʃ/ v [intr] (3a pess sing -ches) (também **crouch down**) agachar-se

crow /kroʊ/ substantivo & verbo
- s corvo, gralha | **as the crow flies** em linha reta
- v [intr] **1** cantar [galo] **2** gabar-se, contar vantagem | **to crow over/about sth** gabar-se de algo

crowbar /ˈkroʊbɑr/ s pé de cabra

crowd /kraʊd/ substantivo & verbo
- s **1** multidão: *crowds of people* multidões de gente **2** público, espectadores [num jogo, etc.] **3** (informal) turma [de amigos, conhecidos, etc.] **4 to go with/follow the crowd** ir na onda
- v **1** [tr] lotar **2 to crowd around sth/sb** amontoar-se em volta de algo/alguém **3 to crowd into/onto sth** apinhar-se em algo: *Fans were crowding into the stadium.* Os fãs estavam se apinhando no estádio. | *The passengers crowded onto the train.* Os passageiros se apinharam no trem.

crowded /ˈkraʊdɪd/ adj lotado | **to be crowded with people/tourists etc.** estar apinhado de gente/turistas etc.

crown /kraʊn/ substantivo & verbo
- s **1** (de monarca) coroa **2 the Crown** a Coroa **3** (de chapéu) copa **4** (da cabeça, de um morro) topo **5** (moeda) coroa **6** (em odontologia) coroa
- v [tr] **1** coroar **2 to crown it all** (informal) para culminar

crucial /ˈkruʃəl/ adj crucial | **to be crucial to sth** ser crucial para algo

crucifix /ˈkrusəfɪks/ s (pl -xes) crucifixo

crucifixion /krusəˈfɪkʃən/ s crucificação

crucify /ˈkrusəfaɪ/ v [tr] (-fies, -fied) **1** (numa cruz) crucificar **2** (informal) (criticar, castigar) crucificar

crude /krud/ adj **1** grosseiro **2** tosco **3 crude oil** petróleo bruto

cruel /ˈkruəl/ adj cruel | **to be cruel to sb** ser cruel com alguém

cruelty /ˈkruəlti/ s (pl -ties) crueldade | **cruelty to sth/sb** crueldade (para) com algo/alguém

cruise /kruz/ verbo & substantivo
- v **1** [intr] fazer um cruzeiro **2** [intr] voar [em velocidade de cruzeiro], ir [em velocidade constante]
- s **1** cruzeiro [marítimo] | **to go on a cruise** fazer um cruzeiro **2 cruise ship** navio de cruzeiro

ˈcruise ˌmissile s míssil cruise

cruiser /ˈkruzər/ s **1** cruzador [nave] **2** lancha **3** AmE radiopatrulha

crumb /krʌm/ s **1** migalha, miolo de pão **2 a crumb of comfort** um pouco de consolo

crumble /ˈkrʌmbəl/ v **1** [tr] esfarelar **2** [intr] esfarelar-se **3** [intr] (também **crumble away**) desmoronar [parede, prédio] **4** [intr] desmoronar, ir por água abaixo [governo, economia, poder]

crumple /ˈkrʌmpəl/ v [tr/intr] (também **crumple up**) amassar

crunch /krʌntʃ/ substantivo & verbo
- s **1** rangido **2 when/if it comes to the crunch** na hora do aperto
- v (3a pess sing -ches) **1** [intr] ranger **2** [intr] morder [com ruído] | **to crunch on sth** mastigar/roer algo

crunchy /ˈkrʌntʃi/ adj (-chier, -chiest) crocante

crusade /kruˈseɪd/ s cruzada

crusader /kruˈseɪdər/ s **1** cruzado [medieval] **2 to be a crusader against sth** lutar contra algo

crush /krʌʃ/ verbo & substantivo
- v [tr] (3a pess sing -shes) **1** esmagar | **to be crushed to death** morrer esmagado **2** moer [pedra, gelo], amassar [alho] **3** dominar [uma rebelião, uma revolta, etc.] **4** acabar com [as esperanças, o entusiasmo de alguém]
- s **1** empurra-empurra **2** (pl -shes) paixonite | **to have a crush on sb** ter uma queda por alguém **3 orange/lemon etc. crush** suco de laranja/limão etc.

crushing /ˈkrʌʃɪŋ/ adj **a crushing defeat** uma derrota arrasadora

crust /krʌst/ s **1** casca [de pão] **2** crosta [de torta] **3 the earth's crust** a crosta terrestre

crusty /ˈkrʌsti/ adj (-tier, -tiest) crocante

crutch /krʌtʃ/ s (pl -ches) **1** muleta: *She was on crutches.* Ela estava de muleta. **2** suporte **3** BrE ▶ ver **crotch**

crux /krʌks/ s ponto central [de um argumento, etc.] | **the crux of the matter** o x da questão

cry /kraɪ/ verbo & substantivo
- v (passado & particípio **cried**) **1** [intr] chorar: *She was crying with frustration.* Ela estava chorando de frustração. | *It's stupid to cry over that.* É besteira chorar por isso. **2** [tr/intr] (também **cry out**) gritar | **to cry for help** gritar por socorro **3 to cry your eyes/heart out** estar/ficar aos prantos **4 to be crying out for sth** estar precisando urgentemente de algo

cry off BrE desistir, dar para trás

- s (pl **cries**) **1** grito **2** choro **3** guincho [de gaivota, águia], uivo [de raposa] **4 to have a**

(good) cry chorar bastante **5 to be a far cry from sth** ser muito diferente de algo

crypt /krɪpt/ s cripta

cryptic /'krɪptɪk/ adj enigmático

crystal /'krɪstəl/ s **1** cristal (de rocha) **2** cristal [vidro] **3 crystal ball** bola de cristal

crystal 'clear adj **1** cristalino **2** claríssimo, cristalino

cub /kʌb/ s filhote [de fera]

Cuba /'kjubə/ s Cuba

Cuban /'kjubən/ adj & s cubano -na

cube /kjub/ s **1** (corpo geométrico) cubo **2** (potência em matemática) cubo **3** (de carne, queijo, etc.) cubo, cubinho ▶ ver também **ice cube**

cubic /'kjubɪk/ adj cúbico

cubicle /'kjubɪkəl/ s **1** provador, cabine [em loja] **2** compartimento [em banheiro público] **3** boxe [de chuveiro]

cuckoo /'kuku/ s cuco [pássaro]

cucumber /'kjukʌmbər/ s pepino

cuddle /'kʌdl/ substantivo & verbo
- s abraço, aconchego
- v **1** [tr] abraçar **2** [intr] abraçar-se
  cuddle up to cuddle up to sb aconchegar-se a alguém

cuddly /'kʌdli/ adj (-lier, -liest) **1** fofo **2** **cuddly toy** bicho de pelúcia

cue /kju/ s **1 cue for sth** sinal para algo | **cue to do sth** sinal para fazer algo **2** deixa **3** **(right) on cue** bem na hora **4 to take your cue from sb** seguir o exemplo de alguém **5** taco [de bilhar]

cuff /kʌf/ substantivo & verbo
- s **1** punho [de manga] **2** AmE bainha virada **3** tapa
- v [tr] dar um tapa em

'cuff link s abotoadura

cuisine /kwɪ'zin/ s cozinha [estilo de culinária]

cul-de-sac /'kʌl də sæk/ s (pl cul-de-sacs) **1** rua sem saída **2** impasse

cull /kʌl/ verbo & substantivo
- v [tr] **1** selecionar [informações, documentos, etc.] **2** fazer um abate seletivo de
- s abate seletivo

culminate /'kʌlməneɪt/ v **to culminate in sth** culminar em algo

culmination /kʌlmə'neɪʃən/ s coroamento [de trabalho, etc.]

culprit /'kʌlprɪt/ s culpado -da

cult /kʌlt/ s **1** seita **2** culto **3 a cult movie/figure** um filme cultuado/uma figura cultuada

cultivate /'kʌltəveɪt/ v [tr] **1** (em agricultura) cultivar **2** (fomentar) cultivar

cultivated /'kʌltəveɪtɪd/ adj **1** culto **2** cultivado

cultivation /kʌltə'veɪʃən/ s cultivo

cultural /'kʌltʃərəl/ adj cultural

culture /'kʌltʃər/ s **1** (civilização, artes) cultura **2** (em biologia) cultura **3 culture shock** choque cultural

cultured /'kʌltʃərd/ adj culto

cumbersome /'kʌmbərsəm/ adj **1** lento e complicado [trâmites, sistema] **2** volumoso

cumulative /'kjumjələtɪv/ adj cumulativo

cunning /'kʌnɪŋ/ adjetivo & substantivo
- adj **1** esperto, astuto [pessoa] **2** engenhoso [plano, aparelho]
- s astúcia

cup¹ /kʌp/ s **1** (recipiente) xícara: *a cup of coffee* uma xícara de café ▶ ver abaixo **2** (também **cupful**) (conteúdo) xícara **3** (troféu, campeonato) taça, copa: *the Davis Cup* a Taça Davis **4 cup final** BrE final da copa **5 not to be my/her etc. cup of tea** não fazer o meu gênero/o gênero dela etc., não ser a minha praia/a praia dela etc.

---

a cup of coffee ou a coffee cup?

A cup of coffee se refere a uma xícara cheia de café. A coffee cup designa a xícara usada para café.

---

cup² v (-pped, -pping) **to cup your hands** juntar as mãos em concha | **to cup your hands around sth** colocar as mãos em volta de algo

cupboard /'kʌbərd/ s armário

curate /'kjʊrət/ s cura [padre]

curator /'kjʊreɪtər/ s curador -a

curb /kɜrb/ verbo & substantivo
- v [tr] controlar, conter
- s **1 a curb on sth** uma restrição a algo **2** AmE meio-fio

cure /kjʊr/ verbo & substantivo
- v [tr] **1** curar **2** sanar **3** curtir [couro] **4** curar [presunto]
- s **1** (para doença) cura **2** (para problema) remédio

curfew /'kɜrfju/ s toque de recolher

curiosity /kjʊri'ɑsəti/ s curiosidade | **out of curiosity** por curiosidade

curious /'kjʊriəs/ adj **1** (abelhudo) curioso: *I'm curious to know where she got the money.* Tenho curiosidade de saber onde ela arranjou o dinheiro. | **to be curious about sth/sb** ter curiosidade por algo/de saber sobre alguém **2** (estranho) curioso

curiously /'kjʊriəsli/ adv **1** com curiosidade **2** curiosamente

curl /kɜrl/ *substantivo & verbo*
- *s* **1** cacho **2** espiral [de fumaça]
- *v* **1** [tr] enrolar, encaracolar **2** [intr] encrespar-se, encaracolar-se **3** [intr] (também **curl up**) enrolar-se [papel, folha] **4** [intr] sair/subir em espiral [fumaça]
  curl up enroscar-se

curler /'kɜrlər/ *s* rolo [para cabelo]

curly /'kɜrli/ *adj* (**-lier, -liest**) crespo, cacheado: *She has curly hair.* Ela tem cabelo crespo.

currant /'kɜrənt/ *s* passa diminuta e escura

currency /'kɜrənsi/ *s* (pl **-cies**) **1** moeda [sistema]: *foreign currency* divisas **2** aceitação | **to gain currency** ganhar aceitação

current /'kɜrənt/ *adjetivo & substantivo*
- *adj* **1** atual: *her current boyfriend* seu namorado atual | *the current issue of Vogue* a última edição da Vogue **2** corrente
- *s* corrente, correnteza

'**current ac,count** *s* BrE conta corrente ▶ No inglês americano diz-se **checking account**

,**current af'fairs** *s pl* atualidades

currently /'kɜrəntli/ *adv* atualmente

curriculum /kə'rɪkjələm/ *s* (pl **-s**, **curricula** /-lə/) currículo [de um curso]

curry /'kɜri/ *s* (pl **-rries**) curry, caril: *fish curry* curry de peixe

curse /kɜrs/ *verbo & substantivo*
- *v* **1** [intr] praguejar **2** [tr] xingar **3** [tr] amaldiçoar **4 to be cursed with sth** sofrer de algo
- *s* **1** palavrão **2** maldição | **to put a curse on sb/sth** rogar uma praga para alguém/algo **3** praga

cursor /'kɜrsər/ *s* cursor

cursory /'kɜrsəri/ *adj* rápido, superficial

curt /kɜrt/ *adj* seco, lacônico

curtail /kər'teɪl/ *v* [tr] (formal) **1** abreviar [uma visita] **2** cortar [gastos, serviços]

curtain /'kɜrtn/ *s* **1** (em janela, etc.) cortina | **to draw the curtains** fechar/abrir a cortina **2** (em teatro) cortina

curtsy, curtsey /'kɜrtsi/ *substantivo & verbo*
- *s* (pl **-sies, -seys**) reverência
- *v* [intr] (**-sies** ou **-seys**, **-sied** ou **-seyed**) fazer uma reverência

curve /kɜrv/ *substantivo & verbo*
- *s* curva
- *v* [intr] **1** fazer uma curva: *The road curves to the left.* A estrada faz uma curva para a esquerda. **2** descrever uma curva

curved /kɜrvd/ *adj* curvo

cushion /'kʊʃən/ *substantivo & verbo*
- *s* **1** almofada **2** colchão [de ar]
- *v* [tr] **1** amortecer **2 to cushion sb against sth** proteger alguém contra algo

cushy /'kʊʃi/ *adj* (**-shier, -shiest**) (informal) **a cushy job/number** (informal) um trabalho mole

custard /'kʌstərd/ *s* **1** (também **egg custard**) pudim de leite **2** BrE creme [à base de gemas, leite, açúcar e farinha]

custody /'kʌstədi/ *s* **1** guarda [de um menor] **2 to be in custody** estar preso | **to take sb into custody** prender alguém

custom /'kʌstəm/ *s* **1** costume, hábito **2** clientela

customary /'kʌstəmeri/ *adj* **1** habitual **2 it is customary to do sth** é costume fazer algo

customer /'kʌstəmər/ *s* cliente

customize, -ise BrE /'kʌstəmaɪz/ *v* [tr] personalizar [para o usuário]

customs /'kʌstəms/ *s pl* **1** alfândega | **to go through customs** passar pela alfândega **2** (também **customs duty**) tarifa alfandegária

cut /kʌt/ *verbo & substantivo*
- *v* (passado & particípio **cut**, gerúndio **-tting**) **1** [tr/intr] (com faca, tesoura, etc.) cortar: *My mom cuts my hair.* Minha mãe corta o meu cabelo. | *These scissors don't cut.* Esta tesoura não corta. | **to cut sth in half/in two** cortar algo ao meio/em dois | **to cut yourself (on sth)** cortar-se (com algo) | **to have/get your hair cut** cortar o cabelo [no cabeleireiro] **2** [tr] (reduzir) cortar: *The budget was cut by 10%.* O orçamento foi cortado em 10%. **3** [tr] (censurar) cortar **4** [tr/intr] (um baralho) cortar **5 to cut sth/sb short** interromper algo/alguém **6 to cut class/school** AmE matar aula **7 to cut it fine** (informal) deixar pouca margem de tempo

PHRASAL VERBS
cut across sth 1 cortar caminho por algo **2** permear algo
cut back fazer cortes | **to cut back on spending/staffing etc.** fazer cortes nas despesas/no quadro de funcionários etc. **cut sth back 1** reduzir algo [os gastos, os investimentos, etc.] **2** podar algo [uma planta]
cut down diminuir: *I'm trying to cut down on smoking.* Estou tentando fumar menos. **cut sth down 1** derrubar algo [uma árvore] **2** reduzir algo [as despesas, o consumo]
cut in 1 interromper **2** dar uma fechada [no trânsito]: *This idiot cut in right in front of us.* Este idiota nos deu uma fechada.
cut sth off 1 cortar algo [para separá-lo]: *She cut a piece off the rope.* Ela cortou um pedaço da corda. **2** isolar algo [um lugar de outros] **3** cortar algo [o gás, a luz] **cut sb off 1** desconectar alguém: *I got cut off.* Caiu a linha. **2** deserdar alguém
cut sth out 1 recortar algo **2** tirar algo [a claridade, a luminosidade] **3** cortar algo [uma cena, um parágrafo, etc.] **4** cortar algo [da dieta] | **cut it/that out!** pare com isso! **5 to be**

*Você sabe como funcionam os **phrasal verbs**? Leia a explicação na seção de gramática.*

cut out for sth/to be sth (informal) nascer para algo/para ser algo
cut sth up picar algo

• *s* **1** (ferida) corte **2** incisão **3** (redução) corte: *a tax/pay cut* um corte nos impostos/no pagamento **4** (de cabelo, roupa) corte **5** (de carne) corte **6** (parte censurada) corte **7** (informal) (numa partilha) parte **8 to be a cut above sb/sth** ser melhor do que alguém/algo

cutback /'kʌtbæk/ *s* corte [nos gastos, no pessoal, etc.]

cute /kjut/ *adj* **1** bonitinho: *What a cute little puppy!* Que gracinha de filhote! **2** atraente: *I wouldn't mind going out with him. I think he's really cute.* Eu bem que gostaria de sair com ele. Ele é uma graça.

cutlery /'kʌtləri/ *s* talheres

cutlet /'kʌtlət/ *s* costeleta

cutoff, também **cut-off** BrE /'kʌtɔf/ *s* **1** cutoff (point) limite **2** cutoff (date) data limite

cut-'price *adj* com desconto

cutting /'kʌtɪŋ/ *substantivo & adjetivo*

• *s* **1** muda [de planta] **2** BrE recorte [de jornal] ▶ No inglês americano, diz-se **clipping**

• *adj* **1** mordaz **2 to be at the cutting edge (of sth)** estar na crista da onda (de algo)

CV /si 'vi/ *s* (= curriculum vitae) BrE currículo, CV ▶ No inglês americano diz-se **résumé**

cyberbully /'saɪbərbʊli/ *s* pessoa que pratica o cyberbullying ▶ ver **cyberbullying**

cyberbullying /'saɪbərbʊliɪŋ/ *s* agressão e intimidação via e-mail, internet e mensagens de texto

cyberspace /'saɪbərspeɪs/ *s* ciberespaço

cycle /'saɪkəl/ *substantivo & verbo*

• *s* **1** ciclo **2** bicicleta

• *v* [intr] ir de bicicleta | **to go cycling** andar de bicicleta

cycling /'saɪklɪŋ/ *s* ciclismo

cyclist /'saɪklɪst/ *s* ciclista

cyclone /'saɪkloʊn/ *s* ciclone

cylinder /'sɪləndər/ *s* **1** cilindro **2** botijão

cylindrical /sə'lɪndrɪkəl/ *adj* cilíndrico

cymbal /'sɪmbəl/ *s* címbalo

cynic /'sɪnɪk/ *s* cínico -a

cynical /'sɪnɪkəl/ *adj* cínico

cynicism /'sɪnɪsɪzəm/ *s* cinismo

cyst /sɪst/ *s* quisto

cystic fibrosis /ˌsɪstɪk faɪ'broʊsɪs/ *s* fibrose cística

D¹ /di/ *s* (letra) D, d ▶ ver "Active Box" **letters** em **letter**

D² *s* **1** (nota musical) ré **2** (conceito escolar) D ▶ ver quadro em **grade**

dab /dæb/ *verbo & substantivo*

• *v* (-bbed, -bbing) **1 to dab (at) your eyes/lips etc.** limpar levemente os olhos/os lábios etc. **2** [tr] passar um pouco de: *They dabbed some sun tan lotion onto their shoulders.* Eles passaram um pouco de protetor solar nos ombros.

• *s* um pouco

dabble /'dæbəl/ *v* [intr] distrair-se

dad /dæd/ *s* (informal) pai

daddy /'dædi/ (pl -ddies) *s* (informal) papai

daffodil /'dæfədɪl/ *s* narciso

daft /dæft/ *adj* BrE (informal) idiota

dagger /'dægər/ *s* adaga, punhal

daily /'deɪli/ *adjetivo & advérbio*

• *adj* diário: *a daily paper* um jornal diário | *daily life* o dia-a-dia

• *adv* diariamente

dainty /'deɪnti/ *adj* (-tier, -tiest) delicado

dairy /'dɛri/ *s* (-ries) **1** leiteria **2 dairy farm** fazenda de gado leiteiro **dairy farmer** produtor -a de leite **dairy produce/products** laticínios

daisy /'deɪzi/ *s* (pl -sies) margarida

dale /deɪl/ *s* vale

dam /dæm/ *substantivo & verbo*

• *s* barragem, represa

• *v* [tr] (-mmed, -mming) represar

damage /'dæmɪdʒ/ *substantivo, substantivo plural & verbo*

• *s* danos: *The storm caused considerable damage to the house.* A tempestade causou danos consideráveis à casa.

• **damages** *s pl* perdas e danos

• *v* [tr] **1** danificar **2** fazer mal a, prejudicar: *Smoking damages your health.* Fumar faz mal à saúde.

damaging /'dæmɪdʒɪŋ/ *adj* prejudicial

damn /dæm/ *adjetivo, substantivo, interjeição & verbo*

• *adj* (também **damned** /dæmd/) (informal) maldito

• *s* (informal) **I don't/she doesn't etc. give a damn** eu estou me lixando/ela está se lixando etc.

• *interj* (informal) **damn (it)!** droga!

damning

- *v* [tr] **1** (informal) Usado em exclamações: *Damn you!* Dane-se! **2** execrar

damning /'dæmɪŋ/ *adj* condenador

damp /dæmp/ *adjetivo, substantivo & verbo*
- *adj* úmido ▶ DAMP, HUMID OU MOIST? ver nota em **úmido**
- *s* umidade
- *v* [tr] umedecer

dampen /'dæmpən/ *v* [tr] **1** umedecer **2 to dampen sb's enthusiasm** arrefecer o entusiasmo de alguém

dance /dæns/ *verbo & substantivo*
- *v* [tr/intr] dançar
- *s* **1** dança **2** baile

dancer /'dænsər/ *s* **1** dançarino -na **2** (numa companhia) bailarino -na **3** (não profissional) **to be a good dancer** dançar bem

dancing /'dænsɪŋ/ *s* dança [atividade]

dandelion /'dændəlaɪən/ *s* dente-de-leão [flor]

dandruff /'dændrəf/ *s* caspa

Dane /deɪn/ *s* dinamarquês -esa

danger /'deɪndʒər/ *s* **1** perigo | **in danger** em perigo **2 to be in danger of (doing) sth** correr o risco de (fazer) algo

dangerous /'deɪndʒərəs/ *adj* perigoso

dangle /'dæŋgəl/ *v* **1** [intr] pender **2** [tr] balançar

Danish /'deɪnɪʃ/ *adjetivo & substantivo*
- *adj* dinamarquês
- *s* **1** (idioma) dinamarquês **2 the Danish** os dinamarqueses

dank /dæŋk/ *adj* frio e úmido

dare /dɛr/ *verbo & substantivo*
- *v* ▶ **Dare** pode ocorrer seguido por um infinitivo e **to**, ou como verbo modal, seguido por um infinitivo sem **to** **1** [intr] ter coragem, atrever-se: *Would you dare to do a parachute jump?* Você teria coragem de saltar de paraquedas? | *I didn't dare tell her.* Não tive coragem de contar para ela. **2 how dare you/he etc.!** como você/ele etc. se atreve!: *How dare they accuse you of lying!* Como eles se atrevem a chamar você de mentiroso! **3** (informal) **don't you dare!** não se atreva! **4 I dare say** Eu acredito que **5** [tr] desafiar | **to dare sb to do sth** desafiar alguém a fazer algo
- *s* provocação

daren't /dɛrənt/ contração de **dare not**

daring /'dɛrɪŋ/ *adjetivo & substantivo*
- *adj* **1** audaz **2** ousado, audacioso
- *s* ousadia

dark /dɑrk/ *adjetivo & substantivo*
- *adj* **1** (sem luz) escuro | **to get/grow dark** escurecer, anoitecer **2** escuro [olhos] | **dark blue/green etc.** azul-escuro/verde-escuro etc. **3** moreno [cabelo, pessoa]: *a tall, dark man* um homem alto e moreno **4** sombrio
- *s* **1 the dark** o escuro **2 before/after dark** antes/depois do anoitecer

darken /'dɑrkən/ *v* [tr/intr] escurecer: *a darkened room* um aposento escuro

dark 'glasses *s pl* óculos escuros

darkness /'dɑrknəs/ *s* escuridão | **in darkness** às escuras | **darkness fell** anoiteceu

darkroom /'dɑrkrum/ *s* quarto escuro [para revelar fotos]

darling /'dɑrlɪŋ/ *substantivo & adjetivo*
- *s* **1** querido -a, meu amor: *What's the matter, darling?* Qual é o problema, meu amor? **2** amor: *He's an absolute darling.* Ele é um amor (de pessoa).
- *adj* querido

dart /dɑrt/ *substantivo & verbo*
- *s* dardo | **to play darts** jogar dardos
- *v* [intr] correr, disparar: *The child darted into the road.* A criança correu para a rua.

dash /dæʃ/ *verbo & substantivo*
- *v* **1** [intr] correr: *Alice dashed into the house.* Alice entrou correndo em casa. | *He dashed off to catch the train.* Ele saiu correndo para pegar o trem. **2 I must dash** tenho que correr **3 to dash sb's hopes** tirar as esperanças de alguém
  dash sth off escrever/mandar algo logo
- *s* **1** corrida | **to make a dash for the door/exit etc.** precipitar-se para a porta/saída etc. **2** AmE arrancada **3** gota: *a dash of lemon juice* umas gotas de limão **4** travessão

dashboard /'dæʃbɔrd/ *s* painel de instrumentos

data /'deɪtə, 'dætə/ *s* **1** dados [informações] **2 data processing** processamento de dados

database /'deɪtəbeɪs/ *s* banco de dados

date /deɪt/ *substantivo & verbo*
- *s* **1** data: *date of birth* data de nascimento | **to date** até hoje ▶ ver também **out of date**, **up to date** **2** encontro [de namorados]: *Mike has a date tonight.* Mike tem um encontro hoje à noite. | *Did he ask you for a date?* Ele a convidou para sair? **3** AmE par [num encontro]: *My date's taking me out to dinner.* Meu par vai me levar para jantar. **4** tâmara
- *v* **1** [tr] (pôr a data em) datar **2** [tr] (determinar a idade de) datar **3** [tr/intr] AmE namorar: *How long has he been dating Monica?* Há quanto tempo ele está namorando a Monica? | *We've been dating for six months.* Estamos namorando há seis meses.
  date back to datar de
  date from datar de

dated /'deɪtɪd/ *adj* antiquado, fora de moda

daughter /'dɔtər/ *s* filha

'daughter-in-,law *s* (pl **daughters-in-law**) nora

daunting /'dɔntɪŋ/ *adj* (que intimida) assustador

dawn /dɔn/ *substantivo & verbo*
- *s* amanhecer, alvorecer
- *v* [intr] amanhecer
  dawn on sb it dawned on me/him etc. that eu me dei/ele se deu etc. conta de que

day /deɪ/ *s* **1** dia: *I saw her again the following day.* Eu a vi novamente no dia seguinte. | *I've had an awful day.* Tive um dia péssimo. | **all day** o dia todo | **by day** de dia | **day after day**, também **day in day out** dia após dia | **day by day** a cada dia | **the day after tomorrow** depois de amanhã | **the day before yesterday** anteontem | **one day** (no passado) um dia | **one/some day** (no futuro) um dia | **the other day** (informal) outro dia ▶ ver "Active Box" **days of the week 2 in my/his etc. day** no meu/seu etc. tempo | **to this day** até hoje | **these days** hoje em dia **3 to call it a day** (informal) parar (por aqui)

daycare /'deɪkɛr/ *s* **1** AmE creche: *Her kids are in daycare.* Os filhos dela estão numa creche. **2 daycare center** AmE creche

daydream /'deɪdrim/ *verbo & substantivo*
- *v* [intr] sonhar acordado
- *s* sonho, devaneio

daylight /'deɪlaɪt/ *s* luz do dia, claridade | **in broad daylight** em plena luz do dia

,day 'off *s* (pl **days off**) (dia de) folga

,day re'turn *s* BrE passagem de ida e volta [para voltar no mesmo dia]

daytime /'deɪtaɪm/ *s* dia [em oposição a noite] | **in/during the daytime** de dia, durante o dia

,day-to-'day *adj* cotidiano, do dia-a-dia

'day trip *s* excursão [de um dia]

daze /deɪz/ *s* **in a daze** atordoado

dazed /deɪzd/ *adj* atordoado

dazzle /'dæzəl/ *v* [tr] **1** ofuscar **2** deslumbrar: *Everyone was dazzled by her charm.* Todos se deslumbraram com o charme dela.

dazzling /'dæzlɪŋ/ *adj* **1** ofuscante **2** deslumbrante

dead /dɛd/ *adjetivo, advérbio & substantivo*
- *adj* **1** morto | **a dead body** um cadáver ▶ ver também **drop 2** gasto [pilha] **3** mudo [telefone] **4** BrE dormente [pé, perna, etc.]
- *adv* **1** (informal) usado para enfatizar: *You're dead right.* Você tem toda razão. | *I'm dead against it.* Sou totalmente contra. **2** BrE (informal) com o significado de "muito": *It's dead easy.* É facílimo. **3** bem | **dead ahead** sempre em frente
- *s* **1 the dead** os mortos **2 in the dead of night/winter** no meio da noite/do inverno

deaden /'dɛdn/ *v* [tr] **1** aliviar [uma dor] **2** abafar [um som]

,dead 'end *s* beco sem saída

,dead 'heat *s* empate [em corrida]

Active Box: days of the week

Os exemplos neste **Active Box** servem de orientação para ajudá-lo a construir frases com os dias da semana:

We could go and see her **Thursday** *morning.*	Poderíamos ir vê-la quinta de manhã.
What are you doing **Saturday** *night?*	O que você vai fazer sábado à noite?
See you **on Tuesday.**	Te vejo na terça.
We're not open **(on) Sundays.**	Não abrimos aos domingos.
There was an advertisement in **Friday's** *paper.*	Tinha um anúncio no jornal de sexta.
I missed school **last Friday.**	Faltei às aulas sexta-feira passada.
The party is **next Saturday.**	A festa é no sábado que vem.
She visits me **every Wednesday.**	Ela me visita todas as quartas.
The club meets **every other Thursday.**	O clube se reúne uma quinta sim, uma não.
We are leaving **a week on Monday.**	Vamos embora sem ser segunda agora, a outra.
He arrived **the Sunday before last.**	Ele chegou domingo retrasado.
They are getting married **the Saturday after next.**	Eles vão se casar sem ser este sábado, o outro.

deadline /'dɛdlaɪn/ *s* prazo | **to meet/make a deadline** cumprir o prazo

deadlock /'dɛdlɑk/ *s* impasse

deadly /'dɛdli/ *adjetivo & advérbio*
- *adj* (**-lier**, **-liest**) **1** mortal, letal **2 deadly enemies** inimigos mortais
- *adv* **deadly serious/boring** muito sério/chato

deaf /dɛf/ *adjetivo & substantivo*
- *adj* surdo | **to go deaf** ficar surdo
- *s* **the deaf** os surdos

deafen /'dɛfən/ *v* [tr] ensurdecer

deafening /'dɛfənɪŋ/ *adj* ensurdecedor

deafness /'dɛfnəs/ *s* surdez

deal /dil/ *substantivo & verbo*
- *s* **1** trato | **to strike/make a deal** fazer um trato | **it's a deal!** negócio fechado **2** negócio: *a multi-million-dollar deal* um negócio de um milhão de dólares | *It's a good deal.* É um bom negócio. ▶ DEAL OU BUSINESS? ver **negócio 3 big**

deal! (informal) grande coisa! **4 a great/good deal** muito, bastante: *She earns a great deal of money.* Ela ganha muito dinheiro.

- *v* [tr/intr] (passado & particípio **dealt**) **1** dar [cartas] **2** traficar
deal in sth 1 mexer com algo [como comerciante] **2** traficar algo
deal with sth 1 fazer algo **2** resolver algo **3** tratar de algo **deal with sb 1** tratar com alguém **2** fazer negócios com alguém **3** castigar alguém, lidar com alguém

dealer /'dilər/ *s* **1** negociante **2** traficante **3** pessoa que dá as cartas num jogo de baralho

dealings /'dilɪŋz/ *s pl* **1** relações, trato **2** negócios **3 to have dealings with sb (a)** tratar com alguém **(b)** fazer negócios com alguém

dean /din/ *s* **1** diretor -a [de uma faculdade] **2** na Igreja anglicana, clérigo que administra uma catedral

'**dean's list** *s* rol dos melhores alunos de uma faculdade

dear /dɪr/ *interjeição, adjetivo & substantivo*

- *interj* **oh dear!** ah, meu Deus! [expressando pena ou contrariedade]
- *adj* **1** (no começo de uma carta) caro, querido: *Dear Laura* Cara Laura | *Dear Sir* Prezado Senhor **2** (amado) querido **3** BrE (preço, etc.) caro
- *s* querido -a

dearly /'dɪrli/ *adv* **1** muito **2 to pay dearly for sth** pagar caro por algo

death /dɛθ/ *s* **1** morte | **to choke/starve etc. to death** morrer engasgado/de fome etc. | **to stab sb to death** matar alguém a facadas: *He was stabbed to death in a fight.* Ele foi morto a facadas numa briga. | **to put sb to death** executar alguém ▶ ver também **bored**, **matter**, **sick** **2 death penalty** pena de morte **death sentence** pena de morte [sentença] **death trap** (informal) arapuca

deathly /'dɛθli/ *adjetivo & advérbio*

- *adj* **a deathly silence/hush** um silêncio sepulcral
- *adv* **deathly pale/cold** pálido/frio como um defunto

debacle /deɪ'bɑkəl, -'bæ-/ *s* fiasco

debatable /dɪ'beɪtəbəl/ *adj* discutível

debate /dɪ'beɪt/ *substantivo & verbo*

- *s* debate
- *v* [tr/intr] debater

debit /'dɛbɪt/ *substantivo & verbo*

- *s* débito
- *v* [tr] debitar [uma soma]

'**debit card** *s* cartão de débito

debris /də'bri, BrE 'deɪbri/ *s* destroços, escombros

debt /dɛt/ *s* **1** dívida | **to be in debt** estar devendo, estar endividado | **to be \$100/\$1,000 etc. in debt** estar devendo \$100/\$1.000 etc. **2 to be in sb's debt** dever a alguém [por favor, apoio]

debtor /'dɛtər/ *s* devedor -a

debut /deɪ'bju/ *s* **1** estreia **2 debut album** álbum de estreia

decade /'dɛkeɪd/ *s* década

decadence /'dɛkədəns/ *s* decadência

decadent /'dɛkədənt/ *adj* decadente

decaffeinated /di'kæfəneɪtɪd/ *adj* descafeinado

decapitate /dɪ'kæpəteɪt/ *v* [tr] decapitar

decay /dɪ'keɪ/ *verbo & substantivo*

- *v* **1** [intr] cariar [dentes] **2** [intr] decompor-se [cadáver, alimentos] **3** [intr] deteriorar-se [bairro, prédio]
- *s* **1** cáries **2** deterioração [de um bairro, prédio]

deceased /dɪ'sist/ *adjetivo & substantivo*

- *adj* (formal) falecido
- *s* **the deceased** (formal) o falecido, a falecida

deceit /dɪ'sit/ *s* engano(s)

deceitful /dɪ'sitfəl/ *adj* falso

deceive /dɪ'siv/ *v* [tr] enganar | **to deceive yourself** enganar a si mesmo

December /dɪ'sɛmbər/ *s* dezembro ▶ ver "Active Box" **months** em **month**

decency /'disənsi/ *s* **1** decência **2** decoro **3 to have the decency to do sth** ter a decência de fazer algo

decent /'disənt/ *adj* **1** (adequado) decente: *a decent salary* um salário decente **2** gentil, justo **3** (moralmente) sério **4 to be decent** estar vestido

deception /dɪ'sɛpʃən/ *s* fraude, trapaça

deceptive /dɪ'sɛptɪv/ *adj* enganador, traiçoeiro: *Appearances can be deceptive.* As aparências enganam.

decide /dɪ'saɪd/ *v* **1** [tr/intr] decidir: *We've decided to sell the house.* Decidimos vender a casa. | **to decide against doing sth** decidir não fazer algo **2** [tr] convencer: *What decided you to give up your studies?* O que te levou a largar os estudos? **3** [tr] decidir [o resultado]: *That goal decided the game.* Aquele gol decidiu o jogo. **decide on sth** escolher algo: *I decided on the red one.* Escolhi o vermelho.

decided /dɪ'saɪdɪd/ *adj* **1** evidente [melhora, mudança, vantagem] **2 to be decided (about/on sth)** estar convencido (sobre/de algo) **3** definido [opiniões]

decidedly /dɪ'saɪdɪdli/ *adv* decididamente

decimal /'dɛsəməl/ *adj & s* decimal: *the decimal system* o sistema decimal

'**decimal ,point** *s* ponto decimal ▶ Em inglês, usa-se um ponto (em vez da vírgula decimal) para separar os números inteiros dos decimais

decimate /'dɛsəmeɪt/ *v* [tr] dizimar

decipher /dɪ'saɪfər/ v [tr] decifrar

decision /dɪ'sɪʒən/ s decisão | **to make/take a decision** tomar uma decisão

decisive /dɪ'saɪsɪv/ adj **1** decisivo **2** decidido

deck /dɛk/ s **1** convés [de um navio] **2** AmE baralho **3** deque [terraço de tábuas] **4** andar [de ônibus de dois andares]

deckchair /'dɛktʃɛr/ s espreguiçadeira

declaration /dɛklə'reɪʃən/ s declaração

declare /dɪ'klɛr/ v [tr] **1** declarar | **to declare sth open** declarar aberto algo **2** declarar [para o pagamento de impostos]

decline /dɪ'klaɪn/ substantivo & verbo
- s **1** redução: *a decline in profits* uma redução nos lucros **2 to go into decline** entrar em decadência
- v **1** [intr] diminuir **2** [tr] (formal) declinar de, recusar | **to decline to do sth** recusar-se a fazer algo

decompose /dikəm'poʊz/ v [intr] decompor-se [organismo]

decor /'deɪkɔr/ s decoração

decorate /'dɛkəreɪt/ v [tr] **1** decorar, pintar **2** decorar, enfeitar **3 to decorate sb for sth** condecorar alguém por algo

decorating the Christmas tree

decoration /dɛkə'reɪʃən/ s **1** decorar, enfeite **2** decoração

decorative /'dɛkərətɪv/ adj decorativo

decorator /'dɛkəreɪtər/ s pintor -a [de casas]

decoy /'dikɔɪ/ s chamariz

decrease¹ /dɪ'kris/ v **1** [intr] diminuir, cair **2** [tr] diminuir, reduzir

decrease² /'dikris/ s redução, queda | **a decrease in sth** uma redução/queda em algo

decree /dɪ'kri/ substantivo & verbo
- s decreto
- v [tr] (passado & particípio decreed) decretar

decrepit /dɪ'krɛpɪt/ adj decrépito, caquético

dedicate /'dɛdəkeɪt/ v **1 to dedicate yourself/your life to sth** dedicar-se/dedicar a vida a algo **2 to dedicate sth to sb** dedicar algo a alguém

dedicated /'dɛdəkeɪtɪd/ adj dedicado

dedication /dɛdɪ'keɪʃən/ s **1** dedicação **2** dedicatória

deduce /dɪ'dus/ v deduzir: *What can we deduce from these results?* O que podemos deduzir desses resultados?

deduct /dɪ'dʌkt/ v [tr] descontar, deduzir

deduction /dɪ'dʌkʃən/ s **1** dedução **2** desconto, dedução

deed /did/ s (formal) ato, feito

deem /dim/ v [tr] (formal) considerar

deep /dip/ adjetivo & advérbio
- adj **1** fundo, profundo: *a deep hole in the ground* um buraco fundo no chão | *The ditch is two meters deep.* A vala tem dois metros de profundidade. **2** profundo [amor, admiração] **3** grave [voz] **4** intenso [cor] **5 to take a deep breath** respirar fundo
- adv **1** fundo: *You'll have to dig deeper.* Você vai ter que cavar mais fundo. **2 deep down** no fundo: *Deep down, I knew she was right.* No fundo, eu sabia que ela estava certa.

deepen /'dipən/ v **1** [intr] aumentar, aprofundar-se **2** [tr] aumentar, aprofundar **3** [intr] agravar-se

'deep freeze s freezer

deeply /'dipli/ adv **1** profundamente: *She is deeply grateful for all your help.* Ela está profundamente grata por toda a sua ajuda. | *It's deeply worrying.* É muito preocupante. **2 to sleep deeply** dormir profundamente | **to breathe deeply** respirar fundo

deer /dɪr/ s (pl deer) cervo, veado

default /dɪ'fɔlt/ substantivo & adjetivo
- s **1 by default** por falta de outra alternativa **2 to win by default** vencer por não comparecimento do concorrente
- adj padrão [em informática]

defeat /dɪ'fit/ substantivo & verbo
- s **1** derrota **2 to admit defeat** dar-se por vencido
- v [tr] derrotar

defect¹ /'difɛkt/ s defeito

defect² /dɪ'fɛkt/ v [intr] desertar [de seu país]

defective /dɪ'fɛktɪv/ adj defeituoso

defence BrE ▶ ver **defense**

defenceless BrE ▶ ver **defenseless**

defend /dɪ'fɛnd/ v **1** [tr] (proteger) defender: *They had to defend the town against rebel attacks.* Tiveram que defender a cidade contra os ataques dos rebeldes. **2** [tr] (justificar) defender **3** [intr] (em futebol, basquete, etc.) defender **4** [tr] **the defending champion** o atual campeão/a atual campeã **5** [tr] (na Justiça) defender

defendant /dɪ'fɛndənt/ s réu, ré

defense¹ AmE, **defence** BrE /dɪ'fɛns/ s **1** defesa **2 the defense** (na Justiça) a defesa

defense² /'difɛns/ AmE, **defence** /dɪ'fɛns/ BrE s (em esportes) defesa

defenseless AmE, **defenceless** BrE /dɪ'fɛnsləs/ adj indefeso

defensive /dɪ'fɛnsɪv/ adj defensivo

defer /dɪ'fɜr/ v [tr] (-rred, -rring) adiar

deference /'dɛfərəns/ s (formal) deferência, respeito | **in deference to sth/sb** em deferência/respeito a algo/alguém

defiance /dɪ'faɪəns/ s desafio, desobediência

defiant /dɪ'faɪənt/ adj desafiador, provocador

deficiency /dɪ'fɪʃənsi/ s (pl -cies) deficiência

deficient /dɪ'fɪʃənt/ adj deficiente

deficit /'dɛfəsət/ s déficit

define /dɪ'faɪn/ v [tr] definir

definite /'dɛfənət/ adj **1** claro, evidente **2** definitivo, definido

definite article s artigo definido

definitely /'dɛfənətli/ adv decididamente, sem dúvida: *She's definitely the best player.* Ela é sem dúvida a melhor jogadora. | **definitely not** de jeito nenhum

definition /dɛfə'nɪʃən/ s definição

definitive /dɪ'fɪnətɪv/ adj definitivo

deflate /dɪ'fleɪt/ v [intr] desinflar-se

deflect /dɪ'flɛkt/ v [tr] desviar [uma bala, uma crítica, etc.]

deforestation /difɔrə'steɪʃən/ s desmatamento, desflorestamento

deform /dɪ'fɔrm/ v [tr] deformar

deformed /dɪ'fɔrmd/ adj deformado, disforme

deformity /dɪ'fɔrməti/ s (pl -ties) deformidade, deformação

defraud /dɪ'frɔd/ v [tr] fraudar | **to defraud sb of sth** fraudar alguém em algo

defrost /dɪ'frɔst/ v [tr/intr] descongelar

deft /dɛft/ adj habilidoso

defunct /dɪ'fʌŋkt/ adj extinto [organização]

defuse /dɪ'fjuz/ v [tr] **1** acalmar [uma situação, uma crise, a tensão] **2** desativar [uma bomba]

defy /dɪ'faɪ/ v [tr] (-fies, -fied) desafiar

degenerate /dɪ'dʒɛnəreɪt/ v [intr] degenerar, deteriorar-se | **to degenerate into sth** degenerar em algo

degradation /dɛgrə'deɪʃən/ s degradação

degrade /dɪ'greɪd/ v **1** [tr] degradar **2** [intr] degradar-se

degrading /dɪ'greɪdɪŋ/ adj degradante

degree /dɪ'gri/ s **1** grau: *temperatures as high as 35 degrees* temperaturas que chegam a 35 graus **2** grau, ponto | **to some/a certain degree** até certo ponto **3** diploma [universitário] | **to have a degree in history/philosophy etc.** ser formado em História/Filosofia etc. **4** BrE **to do a degree** fazer faculdade

deity /'diəti, 'deɪ-/ s (pl -ties) divindade

dejected /dɪ'dʒɛktɪd/ adj desanimado, abatido

delay /dɪ'leɪ/ *substantivo & verbo*

• *s* demora, atraso

• *v* **1** [tr] adiar, atrasar **2** [intr] demorar | **to delay doing sth** demorar a fazer algo **3** [tr] atrasar: *Our flight was delayed by fog.* Nosso voo atrasou por causa da neblina.

delegate¹ /'dɛləgət/ s delegado, representante

delegate² /'dɛləgeɪt/ v **1** [tr/intr] delegar | **to delegate sth to sb** delegar algo a alguém **2** **to delegate sb to do sth** encarregar alguém de fazer algo

delegation /dɛlə'geɪʃən/ s delegação

delete /dɪ'lit/ v [tr] apagar, deletar

deletion /dɪ'liʃən/ s supressão [num texto, num programa, etc.]

deliberate¹ /dɪ'lɪbərət/ adj deliberado, intencional

deliberate² /dɪ'lɪbəreɪt/ v [intr] deliberar

deliberately /dɪ'lɪbərətli/ adv deliberadamente, de propósito

deliberation /dɪlɪbə'reɪʃən/ s deliberação

delicacy /'dɛlɪkəsi/ s (pl -cies) **1** iguaria **2** delicadeza

delicate /'dɛlɪkət/ adj delicado

delicatessen /dɛlɪkə'tɛsən/ s delicatessen

delicious /dɪ'lɪʃəs/ adj delicioso [comida]

delight /dɪ'laɪt/ *substantivo & verbo*

• *s* **1** prazer | **to my/her etc. delight** para minha/sua etc. delight **2** alegria **3** **to take delight in doing sth** adorar fazer algo

• *v* **1** [tr] encantar **2** **to delight in doing sth** ter prazer em fazer algo

delighted /dɪ'laɪtɪd/ adj encantado | **to be delighted with/at sth** estar/ficar encantado com algo

delightful /dɪ'laɪtfəl/ adj **1** encantador **2** maravilhoso, agradável

delinquency /dɪ'lɪŋkwənsi/ s delinquencia

delinquent /dɪ'lɪŋkwənt/ s & adj delinquente

delirious /dɪ'lɪriəs/ adj delirante | **to be delirious** delirar

deliver /dɪ'lɪvər/ v **1** [tr/intr] entregar **2** **to deliver a speech/lecture etc.** fazer um discurso/uma palestra etc. **3** **to deliver a baby (a)** dar à luz **(b)** ajudar no parto **4** [intr] cumprir o prometido | **to deliver on sth** cumprir algo

delivering newspapers

delivery /dɪ'lɪvəri/ s (pl -ries) **1** entrega **2** parto

delta /'dɛltə/ s delta

delude /dɪ'lud/ v **to delude yourself** iludir-se

deluge /'dɛljudʒ/ *substantivo & verbo*

• *s* **1** dilúvio **2** (de queixas, cartas) enxurrada

Diz-se I arrived in Rio ou I arrived to Rio? Veja o verbete **arrive**.

- ***v*** **to be deluged with orders/applications etc.** ser inundado de pedidos/inscrições etc.

delusion /dɪˈluʒən/ *s* ilusão

deluxe, também **de luxe** /dɪˈlʌks/ *adj* de luxo

demand /dɪˈmænd/ *substantivo & verbo*

- ***s*** **1** exigência **2** reivindicação **3 demand for a product/service etc.** demanda por um produto/serviço etc. | **to be in demand** ser muito procurado
- ***v*** [tr] **1** exigir: *I demand to know what's going on!* Exijo saber o que está acontecendo! **2** reivindicar **3** exigir, requerer

demanding /dɪˈmændɪŋ/ *adj* exigente [pessoa], desgastante [trabalho]

demeaning /dɪˈminɪŋ/ *adj* humilhante

demise /dɪˈmaɪz/ *s* (formal) **1** extinção, fim **2** falecimento

demo /ˈdɛmoʊ/ *s* (informal) **1** manifestação, passeata **2** demo [de uma música, de um programa]

democracy /dɪˈmɑkrəsi/ *s* (pl -cies) democracia

Democrat /ˈdɛməkræt/ *s* democrata [do Partido Democrata americano]

democrat /ˈdɛməkræt/ *s* democrata

Democratic /dɛməˈkrætɪk/ *adj* democrata [do Partido Democrata americano]

democratic /dɛməˈkrætɪk/ *adj* democrático

demolish /dɪˈmɑlɪʃ/ *v* [tr] (3a pess sing -shes) demolir

demolition /dɛməˈlɪʃən/ *s* demolição

demon /ˈdimən/ *s* demônio

demonstrate /ˈdɛmənstreɪt/ *v* **1** [tr] (comprovar) demonstrar **2** [tr] (explicar) demonstrar **3** [intr] fazer uma manifestação | **to demonstrate in support of/against sth** manifestar-se a favor de/contra algo

demonstration /dɛmənˈstreɪʃən/ *s* **1** passeata, manifestação | **a demonstration in support of/against sth** uma passeata em apoio a/contra algo **2** demonstração

demonstrator /ˈdɛmənstreɪtər/ *s* manifestante

demoralize, -ise BrE /dɪˈmɔrəlaɪz/ *v* [tr] desmoralizar [desanimar]

demoralizing, -sing BrE /dɪˈmɔrəlaɪzɪŋ/ *adj* desmoralizante

den /dɛn/ *s* **1** AmE sala íntima **2** toca [de um animal] **3** antro

denial /dɪˈnaɪəl/ *s* negação, desmentido

denim /ˈdɛnəm/ *s* **1** brim **2 denim jacket** jaqueta de brim **denim jeans** jeans de brim

Denmark /ˈdɛnmɑrk/ *s* Dinamarca

denomination /dɪnɑməˈneɪʃən/ *s* **1** valor [de uma nota ou moeda] **2** denominação [crença religiosa]

denote /dɪˈnoʊt/ *v* [tr] (formal) **1** denotar **2** significar

denounce /dɪˈnaʊns/ *v* [tr] condenar: *The bishop denounced the movie as immoral.* O bispo condenou o filme como imoral.

dense /dɛns/ *adj* **1** denso, cerrado [vegetação, etc.] **2** denso [nuvem, fumaça] **3** (informal) tapado

density /ˈdɛnsəti/ *s* (pl -ties) densidade

dent /dɛnt/ *substantivo & verbo*

- ***s*** mossa
- ***v*** [tr] **1** amassar **2 to dent sb's confidence** abalar a autoconfiança de alguém

dental /ˈdɛntl/ *adj* dental, dentário

dental floss /ˈdɛntl flɔs/ *s* fio dental

dentist /ˈdɛntɪst/ *s* dentista | **to go to the dentist** ir ao dentista

deny /dɪˈnaɪ/ *v* [tr] (-nies, -nied) **1** (desmentir) negar | **to deny doing sth** negar fazer/ter feito algo **2** (recusar) negar: *The authorities denied her a visa.* As autoridades lhe negaram um visto.

deodorant /diˈoʊdərənt/ *s* desodorante

depart /dɪˈpɑrt/ *v* [intr] partir

department /dɪˈpɑrtmənt/ *s* **1** departamento **2** seção [de loja] **3** ministério, secretaria: *the U.S. State Department* o Departamento de Estado dos EUA

deˈpartment ˌstore *s* loja de departamentos, magazine

departure /dɪˈpɑrtʃər/ *s* partida, saída

depend /dɪˈpɛnd/ *v* **it/that depends** depende: *"Are you going on Thursday?" "Well, it depends."* – Você vai na quinta-feira? – Bem, depende.

depend on/upon sth 1 depender de algo: *The island depends on tourism.* A ilha depende do turismo. **2** contar com algo **depend on/upon sb 1** depender de alguém: *She depends on her daughter for transportation.* Ele depende da filha para se locomover. **2** contar com alguém

dependable /dɪˈpɛndəbəl/ *adj* (digno) de confiança, confiável [pessoa], seguro [fonte de renda]

dependant /dɪˈpɛndənt/ *s* BrE ▶ ver **dependent**

dependence /dɪˈpɛndəns/, também **dependency** /dɪˈpɛndənsi/ *s* **dependence on/upon sth/sb** dependência de algo/alguém

dependent /dɪˈpɛndənt/ *adjetivo & substantivo*

- ***adj*** **1 to be dependent on/upon sth/sb** ser dependente de algo/alguém, depender de algo/alguém **2 dependent children/relatives** filhos/parentes dependentes
- ***s*** AmE dependente [filho, parente]

depict /dɪˈpɪkt/ *v* [tr] retratar, descrever

deplete /dɪˈplit/ *v* [tr] reduzir

deplorable /dɪˈplɔrəbəl/ *adj* deplorável

deplore /dɪˈplɔr/ *v* [tr] condenar

deploy /dɪˈplɔɪ/ *v* [tr] posicionar [tropas, armas]

deport /dɪˈpɔrt/ v [tr] deportar

depose /dɪˈpouz/ v [tr] depor [um ditador, o presidente]

deposit /dɪˈpɑzɪt/ *substantivo & verbo*

- s **1** depósito, sinal [na compra de algo] | **to put down a deposit on sth** dar a entrada na compra de algo **2** depósito [como garantia] **3** depósito [numa conta bancária] **4 deposit account** conta de poupança

- v [tr] **1** depositar [dinheiro, um cheque] **2** (formal) depositar [no chão, na mesa etc.]

depot /ˈdipou, BrE ˈdɛpou/ s **1** depósito **2** terminal

depreciation /dɪpriʃiˈeɪʃən/ s depreciação

depress /dɪˈprɛs/ v [tr] (3a pess sing -sses) deprimir

depressed /dɪˈprɛst/ adj deprimido | **to get/become depressed** ficar deprimido

depressing /dɪˈprɛsɪŋ/ adj deprimente

depression /dɪˈprɛʃən/ s depressão

deprivation /dɛprəˈveɪʃən/ s **1** (miséria) privações **2** (de sono, liberdade) privação

deprive /dɪˈpraɪv/ v **to deprive sb of sth** privar alguém de algo

deprived /dɪˈpraɪvd/ adj carente

depth /dɛpθ/ s **1** (dimensão) profundidade **2** (de análise, pensamento, etc.) profundidade, (de conhecimento) extensão | **in depth** a fundo **3 to be out of your depth (a)** sentir-se perdido, não entender **(b)** estar sem pé

deputize, -ise BrE /ˈdɛpjətaɪz/ v **to deputize for sb** substituir alguém

deputy /ˈdɛpjəti/ s (pl -ties) **1** assessor -a, segundo -da em comando **2** deputado -da **3** nos EUA, auxiliar de xerife **4 deputy director** vice-diretor -a **deputy editor** vice-editor -a

derelict /ˈdɛrəlɪkt/ adj abandonado, em ruínas [casa, prédio]

derivative /dɪˈrɪvətɪv/ s derivado

derive /dɪˈraɪv/ v **1** [tr] **I/they etc. derive great pleasure/satisfaction from sth** algo me/lhes etc. dá muito prazer/enorme satisfação **2** [tr/intr] **to derive/be derived from sth** derivar de algo

dermatologist /ˌdɜrməˈtɑlədʒɪst/ s dermatologista

dermatology /dɜrməˈtɑlədʒi/ s dermatologia

derogatory /dɪˈrɑgətɔri/ adj depreciativo

descend /dɪˈsɛnd/ v [tr/intr] (formal) descer **descend from** **to be descended from sb** ser descendente de alguém

descendant /dɪˈsɛndənt/ s descendente

descent /dɪˈsɛnt/ s (formal) **1** descida **2 to be of Polish/Spanish etc. descent** ter ascendência polonesa/espanhola etc.

describe /dɪˈskraɪb/ v [tr] **1** descrever: *Describe him to me.* Descreva-o para mim. **2 to describe sth/sb as sth** descrever algo/alguém como algo, qualificar algo/alguém de algo: *Conditions in the camps were described as atrocious.* As condições nos campos foram qualificadas de atrozes.

description /dɪˈskrɪpʃən/ s **1** descrição **2 of every description/of all descriptions** de todo tipo | **of some description** algum tipo de: *It looks like a weapon of some description.* Parece algum tipo de arma.

desert¹ /ˈdɛzərt/ s deserto

desert² /dɪˈzɜrt/ v **1** [tr] abandonar **2** [intr] desertar

deserted /dɪˈzɜrtɪd/ adj deserto

desert ˈisland s ilha deserta

deserve /dɪˈzɜrv/ v [tr] **1** merecer | **to deserve to win/pass etc.** merecer vencer/ser aprovado etc. **2 to deserve consideration/investigation etc.** merecer ser examinado/investigado etc.

design /dɪˈzaɪn/ *substantivo & verbo*

- s **1** projeto, design **2** estampa, motivo [num tecido etc.] ▶ ver também **graphic design**

- v [tr] **1** projetar **2 to be designed to do sth** ser destinado a fazer algo | **to be designed for sb** destinar-se a alguém: *The course is designed for beginners.* O curso se destina a principiantes.

designate /ˈdɛzɪgneɪt/ v [tr] **1 to designate sth as sth** escolher algo para ser algo: *The building was designated as a temporary hospital.* O prédio foi escolhido para ser um hospital provisório. | **to designate sb as sth** designar alguém como algo **2** (num mapa, etc.) indicar

designer /dɪˈzaɪnər/ *substantivo & adjetivo*

- s designer

- adj **designer jeans/clothes** jeans/roupas de grife

desirable /dɪˈzaɪrəbəl/ adj **1** desejável **2** sensual, atraente

desire /dɪˈzaɪr/ *substantivo & verbo*

- s **1** desejo | **desire for sth** desejo de algo | **desire to do sth** vontade de fazer algo **2** desejo [sexual]

- v [tr] **1** (formal) desejar **2 to leave a lot to be desired** deixar muito a desejar

desk /dɛsk/ noun **1** mesa [de trabalho] **2** carteira [escolar] **3** balcão [de informações], recepção [de um hotel]

desktop /ˈdɛsktɑp/ s **1** área de trabalho [em informática] **2 desktop computer** computador de mesa **desktop publishing** editoração eletrônica

desolate /ˈdɛsələt/ adj desolado

despair /dɪˈspɛr/ *substantivo & verbo*

- s desespero | **in despair** em desespero, desesperado

- v [intr] **1** desesperar **2 to despair of sb** achar que alguém não tem jeito **3 to despair of doing sth** perder a esperança de fazer algo

despatch BrE ▶ ver **dispatch**

desperate /'dɛspərət/ adj **1** desesperado | **to get/become desperate** ficar desesperado **2 to be desperate for a drink/a cigarette etc.** estar louco para beber algo/fumar um cigarro etc. | **to be desperate to do sth** estar louco para fazer algo, estar desesperado para fazer algo **3** desesperador: *The situation is desperate.* A situação é desesperadora.

desperately /'dɛsprətli/ adv **1** desesperadamente, desesperado **2** urgentemente **3** extremamente

desperation /dɛspə'reɪʃən/ s desespero

despicable /dɪ'spɪkəbəl/ adj abominável, desprezível

despise /dɪ'spaɪz/ v [tr] desprezar, menosprezar

despite /dɪ'spaɪt/ prep apesar de: *Despite our protests the school was closed.* Apesar dos nossos protestos, a escola foi fechada.

despondent /dɪ'spɑndənt/ adj desanimado

dessert /dɪ'zɜrt/ s sobremesa: *What's for dessert?* O que tem de sobremesa?

dessertspoon /dɪ'zɜrtspun/ s **1** colher de sobremesa **2** (também **dessertspoonful**) colher de sobremesa

destination /dɛstə'neɪʃən/ s destino: *He never reached his destination.* Ele nunca chegou ao seu destino.

destined /'dɛstənd/ adj **1 to be destined for sth** estar fadado/predestinado a algo | **to be destined to do sth** estar predestinado a fazer algo **2 destined for** com destino a: *a cargo destined for New York* um carregamento com destino a Nova York

destiny /'dɛstəni/ s (pl -nies) destino [sina]

destitute /'dɛstətut/ adj **to be destitute** estar na miséria

destroy /dɪ'strɔɪ/ v [tr] **1** destruir **2** acabar com **3** sacrificar [um animal]

destroyer /dɪ'strɔɪər/ s destróier

destruction /dɪ'strʌkʃən/ s destruição

destructive /dɪ'strʌktɪv/ adj destrutivo

detach /dɪ'tætʃ/ v [tr] (3a pess sing **-ches**) **1** remover, destacar | **to detach sth from sth** tirar algo de algo **2 to detach yourself (from sth)** distanciar-se (de algo)/tomar distância (de algo)

detachable /dɪ'tætʃəbəl/ adj removível

detached /dɪ'tætʃt/ adj **1** imparcial, neutro **2 detached house** casa em centro de terreno

detachment /dɪ'tætʃmənt/ s **1** distância **2** destacamento

detail /'diteɪl, dɪ'teɪl/ *substantivo & verbo*

• s detalhe: *I don't want to know the details.* Não quero saber dos detalhes. | *For further details, please visit our website.* Para mais informações, visite o nosso site. | **in detail** em detalhe, detalhadamente | **in great detail** muito detalhadamente | **to go into detail** entrar em detalhe

• v [tr] detalhar

detailed /dɪ'teɪld, 'diteɪld/ adj detalhado

detain /dɪ'teɪn/ v [tr] **1** (prender) deter **2** (retardar) deter

detect /dɪ'tɛkt/ v [tr] **1** detectar **2** notar

detection /dɪ'tɛkʃən/ s **1** investigação [de crimes] **2** diagnóstico [de uma doença]

detective /dɪ'tɛktɪv/ s **1** policial [investigador] **2** detetive **3 detective story** história policial

detector /dɪ'tɛktər/ s detector

detention /dɪ'tɛnʃən/ s **1** detenção | **in detention** preso **2** castigo que consiste em ficar retido na escola após o horário de aula: *He got detention for talking in class.* Ele ficou de castigo na escola por conversar na aula. **3 detention center** AmE, **detention centre** BrE **(a)** centro de detenção para menores **(b)** centro de detenção para imigrantes ilegais

deter /dɪ'tɜr/ v [tr] (**-rred, -rring**) dissuadir, coibir | **to deter sb from doing sth** desestimular alguém de fazer algo

detergent /dɪ'tɜrdʒənt/ s **1** sabão [para roupas] **2** detergente [para lavar louça]

deteriorate /dɪ'tɪriəreɪt/ v [intr] deteriorar-se

deterioration /dɪtɪriə'reɪʃən/ s deterioração | **deterioration in sth** deterioração em algo

determination /dɪtɜrmə'neɪʃən/ s determinação

determine /dɪ'tɜrmɪn/ v [tr] **1** (descobrir) determinar **2** (condicionar) determinar **3** (decidir) determinar

determined /dɪ'tɜrmɪnd/ adj determinado, decidido | **to be determined to do sth** estar determinado a fazer algo

determiner /dɪ'tɜrmənər/ s determinante

deterrence /dɪ'tɜrəns/ s dissuasão: *nuclear deterrence* dissuasão nuclear

deterrent /dɪ'tɜrənt/ s **1** elemento de dissuasão | **to act as a deterrent to thieves/vandals etc.** intimidar ladrões/vândalos etc. **2 nuclear deterrent** arsenal nuclear [mantido como elemento de dissuasão]

detest /dɪ'tɛst/ v [tr] detestar

detonate /'dɛtn-eɪt/ v [tr] detonar

detour /'ditʊr/ s desvio, volta

detract /dɪ'trækt/ v **to detract from sth** diminuir algo, desmerecer algo

detriment /'dɛtrəmənt/ s **to the detriment of sth** em detrimento de algo

detrimental /dɛtrə'mɛntl/ adj prejudicial | **to be detrimental to sth** ser prejudicial a algo

devaluation /divælju'eɪʃən/ s desvalorização

devalue /di'vælju/ v [tr] desvalorizar, [intr] desvalorizar a moeda

devastate /ˈdɛvəsteɪt/ v [tr] devastar

devastated /ˈdɛvəsteɪtɪd/ adj arrasado: *I was devastated by the news.* Fiquei arrasado com a notícia.

devastating /ˈdɛvəsteɪtɪŋ/ adj **1** devastador **2** arrasador

develop /dɪˈvɛləp/ v **1** [intr] desenvolver-se: *Children develop very quickly.* As crianças se desenvolvem muito rápido. | **to develop into sth** transformar-se em algo: *She developed into a charming young woman.* Ela se transformou numa jovem encantadora. **2** [tr] desenvolver [os músculos, etc.]. **3** [tr] desenvolver, elaborar [um produto, um plano] **4** [tr] passar a ter: *She developed a liking for herbal tea.* Ela passou a gostar de chá de ervas. | *He developed pneumonia.* Ele contraiu uma pneumonia. **5** [tr] revelar [um filme] **6** [tr] urbanizar, desenvolver

developed /dɪˈvɛləpt/ adj desenvolvido

developer /dɪˈvɛləpər/ s construtora

developing /dɪˈvɛləpɪŋ/ adj em desenvolvimento

development /dɪˈvɛləpmənt/ s **1** desenvolvimento **2** notícia, desdobramento: *the latest developments in the peace talks* as últimas notícias sobre as negociações de paz **3** urbanização **4** complexo [de prédios]: *a new housing development* um novo complexo residencial

deviate /ˈdivieɪt/ v **to deviate from sth** desviar-se de algo

deviation /diviˈeɪʃən/ s desvio

device /dɪˈvaɪs/ s **1** dispositivo, aparelho: *a handy little device for peeling potatoes* um aparelho prático para descascar batatas **2** **to be left to your own devices** fazer as coisas por conta própria

devil /ˈdɛvəl/ s **1** demônio **2** **the Devil** o Diabo **3** (informal) termo usado, frequentemente de forma carinhosa, para referir-se a uma pessoa travessa: *the cunning devil* o danado | *that little devil* esse pestinha **4** **be a devil!** BrE frase usada para incentivar alguém a fazer algo que não deveria: *Go on, be a devil, have another piece!* Vai, deixa de besteira, coma outro pedaço! **5** **you lucky devil!** seu sortudo! **6** **talk of the devil** falando no diabo…

devious /ˈdiviəs/ adj ardiloso

devise /dɪˈvaɪz/ v [tr] criar, elaborar

devoid /dɪˈvɔɪd/ adj **to be devoid of sth** ser/estar desprovido de algo, não ter algo

devolution /dɛvəˈluʃən/ s transferência de poderes de um governo central a um regional

devote /dɪˈvoʊt/ v **1** **to devote time/effort/energy to sth** dedicar tempo/esforços/energia a algo: *She devoted her life to helping the poor.* Ela dedicou a vida a ajudar os pobres. **2** **to devote yourself to sth/sb** dedicar-se a algo/alguém **3** **to devote money/resources to sth** destinar dinheiro/recursos a algo

devoted /dɪˈvoʊtɪd/ adj **1** dedicado **2** **to be devoted to sth/sb** ser dedicado a algo/alguém

devotion /dɪˈvoʊʃən/ s **1** devoção, carinho **2** **devotion to sth/sb** devoção a algo/alguém

devour /dɪˈvaʊr/ v [tr] devorar [comida, livros]

devout /dɪˈvaʊt/ adj devoto

dew /du/ s orvalho

diabetes /daɪəˈbitiz/ s diabete, diabetes

diabetic /daɪəˈbɛtɪk/ adjetivo & substantivo

• adj **1** diabético **2** para diabéticos: *diabetic chocolate* chocolate para diabéticos

• s diabético -ca

diabolical /daɪəˈbɑlɪkəl/ adj **1** (também **diabolic**) diabólico **2** BrE (informal) terrível

diagnose /daɪəgˈnoʊs/ v [tr] **1** diagnosticar | **to be diagnosed with cancer/diabetes etc.** ser diagnosticado com câncer/diabetes etc. **2** encontrar [um erro, um problema]

diagnosis /daɪəgˈnoʊsɪs/ s (pl **diagnoses** /-siz/) diagnóstico

diagonal /daɪˈægənəl/ adj diagonal

diagonally /daɪˈægənl-i/ adv na diagonal

diagram /ˈdaɪəgræm/ s diagrama

dial /ˈdaɪəl/ verbo & substantivo

• v [tr/intr] (**-led**, **-ling** AmE, **-lled**, **-lling** BrE) discar: *I dialed the wrong number.* Disquei o número errado.

• s **1** mostrador [de relógio, velocímetro, etc.] **2** dial [de um rádio]

dialect /ˈdaɪəlɛkt/ s dialeto

'dialling ˌcode s BrE código DDD ▶ No inglês americano diz-se **area code**

dialogue, também **dialog** AmE /ˈdaɪəlɔg/ s **1** (conversa) diálogo **2** (em filme, livro) diálogos

'dial ˌtone AmE, **'dialling ˌtone** BrE s sinal (de discar)

diameter /daɪˈæmətər/ s diâmetro: *It is two meters in diameter.* Tem dois metros de diâmetro.

diamond /ˈdaɪmənd/ substantivo & substantivo plural

• s **1** diamante, brilhante **2** losango **3** **diamond anniversary** AmE, também **diamond wedding (anniversary)** BrE bodas de diamante

• **diamonds s pl** ouros [naipe de baralho]

diaper /ˈdaɪpər/ s AmE fralda

diaphragm /ˈdaɪəfræm/ s **1** (músculo) diafragma **2** (dispositivo anticoncepcional) diafragma

diarrhea AmE, **diarrhoea** BrE /daɪəˈriə/ s diarreia

diary /ˈdaɪri/ s (pl **-ries**) **1** diário | **to keep a diary** manter um diário **2** BrE agenda ▶ No inglês americano diz-se **appointment book**

dice /daɪs/ *substantivo & verbo*
- *s* **1** (pl **dice**) dado | **to throw/roll the dice** jogar os dados **2** (jogo de) dado | **to play dice** jogar dados
- *v* [tr] (também **dice up**) cortar em cubinhos

dictate /'dɪkteɪt/ *v* **1** [tr/intr] (para alguém escrever) ditar **2** [tr] determinar, decidir **3** [tr] (impor) ditar
dictate to sb dar ordens a alguém

dictation /dɪk'teɪʃən/ *s* ditado | **to take dictation** tomar ditados

dictator /'dɪkteɪtər/ *s* ditador -a

dictatorship /dɪk'teɪtərʃɪp/ *s* ditadura

dictionary /'dɪkʃəneri/ *s* (pl **-ries**) dicionário

did /dɪd/ passado de **do**

didn't /'dɪdnt/ contração de **did not**

die /daɪ/ *v* (passado & particípio **died**, gerúndio **dying**) [intr] morrer | **to die of/from sth** morrer de algo: *They died of starvation.* Eles morreram de fome. | **to die for sth/sb** morrer por algo/alguém: *He died for his country.* Ele morreu pela pátria. | **to be dying for sth** estar louco por algo: *I'm dying for a cup of coffee.* Estou louco por um café. | **to be dying to do sth** estar louco para fazer algo
die down 1 acalmar [tempestade, vento] **2** diminuir [chuva] **3** baixar [fogo, chamas] **4** passar [interesse, escândalo]
die off morrer [aos poucos]
die out 1 desaparecer **2** extinguir-se

diesel /'dizəl/ *s* **1** diesel **2** carro/locomotiva a diesel

diet /'daɪət/ *substantivo & verbo*
- *s* **1** dieta, alimentação: *They live on a diet of fruits and insects.* Eles vivem de frutas e insetos. **2** dieta, regime | **to be/go on a diet** estar de dieta/fazer uma dieta
- *v* [intr] fazer dieta/regime

differ /'dɪfər/ *v* [intr] **1** variar, ser diferente | **to differ from sth/sb** diferir de algo/alguém **2** **to differ with sb on/about sth** discordar de alguém sobre algo

difference /'dɪfrəns/ *s* **1** diferença: *I see no difference between them.* Não vejo nenhuma diferença entre eles. | *There is a big **difference in price**.* Há uma grande diferença de preço. **2 a difference of opinion** uma divergência | **to have your differences** ter suas diferenças: *We've had our differences.* Já tivemos as nossas diferenças. **3 it makes no difference** dá no mesmo, não adianta (nada): *Even if you'd tried to help it would have made no difference.* Mesmo você tentando ajudar, não teria adiantado. | **it makes no difference to sb** para alguém tanto faz: *It makes no difference to her if I'm there or not.* Para ela, tanto faz eu estar lá ou não.

different /'dɪfrənt/ *adj* diferente | **different from sth/sb** diferente de algo/alguém: *It's different from the one I saw in the store.* É diferente daquele que eu vi na loja. ▶ Há também as estruturas **different than sth/sb**, comum no inglês americano falado, e **different to sth/sb**, muito usada no inglês britânico falado

differentiate /dɪfə'renʃieɪt/ *v* **1 to differentiate between** diferenciar entre: *Most people can't differentiate between the two drinks.* A maioria das pessoas não distingue uma bebida da outra. | **to differentiate sth from sth** diferenciar algo de algo **2** [tr] (fazer diferente) diferenciar | **to differentiate sth from sth** distinguir algo de algo

differently /'dɪfrəntli/ *adv* (de maneira) diferente

difficult /'dɪfəkʌlt/ *adj* **1** difícil: *It was **difficult** to concentrate.* Foi difícil me concentrar. | **to make things difficult for sb** dificultar a vida/as coisas para alguém **2** difícil [pessoa]: *a difficult customer* um cliente difícil | *He's just being difficult.* Ele está querendo criar caso.

difficulty /'dɪfɪkʌlti/ *s* (pl **-ties**) **1 to have difficulty (in) doing sth** ter dificuldade para fazer algo | **with difficulty** com dificuldade: *She got out of her chair with difficulty.* Ela se levantou da cadeira com dificuldade. | **to be in difficulty/difficulties** estar em dificuldades | **to get/run into difficulty/difficulties** enfrentar/ver-se em dificuldades **2** dificuldade

diffuse /dɪ'fjuz/ *v* [tr] difundir

dig /dɪɡ/ *verbo & substantivo*
- *v* (gerúndio **digging**, passado & particípio **dug**) **1** [intr] cavar, escavar | **to dig for sth** procurar algo [cavando] **2 to dig a hole/tunnel etc.** cavar um buraco/um túnel etc. **3 to dig sth into sth** cravar algo em algo | **to dig into sth** cravar-se em algo: *The stones on the ground dug into my back.* As pedras no chão se cravavam nas minhas costas.

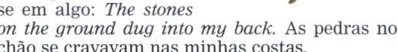
digging

dig in (informal) atacar [começar a comer]
dig sth out 1 desenterrar algo **2** (informal) desencavar algo [escondido ou guardado]
dig sth up 1 arrancar algo, desenterrar algo **2** desencavar algo [informações]

- *s* **1 to give sb a dig** dar uma cutucada em alguém **2 to have a dig at sb** (informal) gozar alguém **3** escavação [arqueológica]

digest /daɪ'dʒɛst/ *v* [tr] **1** digerir **2** assimilar, digerir

digestion /daɪ'dʒɛstʃən/ *s* digestão

digestive /daɪ'dʒɛstɪv/ *adj* digestivo

digger /'dɪɡər/ *s* escavadeira

digit /'dɪdʒɪt/ *s* dígito: *an eight-digit identification number* um número de identificação de oito dígitos

digital /'dɪdʒɪtl/ *adj* digital: *digital television* televisão digital

dignified /'dɪgnəfaɪd/ *adj* digno

dignity /'dɪgnəti/ *s* dignidade

dike, também **dyke** /daɪk/ *s* **1** dique **2** BrE vala

dilapidated /də'læpədeɪtɪd/ *adj* dilapidado, deteriorado

dilemma /də'lɛmə/ *s* dilema | **to be in a dilemma** estar num dilema

diligence /'dɪlədʒəns/ *s* diligência, zelo

diligent /'dɪlədʒənt/ *adj* **1** esforçado [aluno, trabalhador, etc.] **2** cuidadoso [trabalho, pesquisa, etc.]

dilute /dɪ'lut/ *v* [tr] **1** diluir **2** enfraquecer

dim /dɪm/ *adjetivo & verbo*
- *adj* (-mmer, -mmest) **1** fraco [luz] **2** indistinto [contorno, figura, etc.] **3** vago [lembrança, noção, etc.] **4** (informal) burro
- *v* [tr/intr] (-mmed, -mming) diminuir: *Can you dim the lights a little?* Dá para diminuir um pouco a luz?

dime /daɪm/ *s* (moeda de) dez centavos [de dólar americano ou canadense]

dimension /dɪ'mɛnʃən/ *substantivo & substantivo plural*
- *s* dimensão
- **dimensions** *s pl* **1** dimensões, medidas **2** dimensão [de um problema]

diminish /dɪ'mɪnɪʃ/ *v* [tr/intr] (3a pess sing -shes) diminuir, reduzir

diminutive /dɪ'mɪnjətɪv/ *adjetivo & substantivo*
- *adj* baixinho
- *s* diminutivo

dimly /'dɪmli/ *adv* **1 dimly lit** mal-iluminado **2** vagamente

din /dɪn/ *s* barulheira

dine /daɪn/ *v* [intr] (formal) jantar | **to dine on sth** jantar algo
dine out jantar fora

diner /'daɪnər/ *s* **1** AmE lanchonete **2** comensal

dinghy /'dɪŋi/ *s* (pl -ghies) **1** barco [pequeno, a vela] **2** bote

dingy /'dɪndʒi/ *adj* (-gier, -giest) sórdido [rua, quarto, etc.]

¹**dining room** *s* sala de jantar

dinner /'dɪnər/ *s* jantar | **What's for dinner?** O que tem para jantar? | **to have/eat dinner** jantar: *We usually have dinner at about 8 p.m.* Geralmente jantamos lá pelas 8. | **to have sth for dinner** comer algo no jantar: *What do you want for dinner?* O que você quer comer no jantar? | **to ask sb to dinner** convidar alguém para jantar | **to go out to dinner** jantar fora, sair para jantar ▶ ver abaixo

> Na linguagem coloquial da Grã-Bretanha, a palavra **dinner** é usada para designar a refeição principal do dia, que, em algumas famílias, é feita ao meio-dia. Nesse caso, a tradução apropriada seria "almoço".

¹**dinner jacket** *s* BrE smoking ▶ No inglês americano diz-se **tuxedo**

¹**dinner party** *s* (pl -ties) jantar [para convidados]

dinnertime /'dɪnərtaɪm/ *s* hora do jantar ▶ ver nota em **dinner**

dinosaur /'daɪnəsɔr/ *s* dinossauro

dip /dɪp/ *verbo & substantivo*
- *v* (-pped, -pping) **1 to dip sth in/into sth** enfiar algo em algo, mergulhar algo em algo: *I dipped my foot into the water.* Mergulhei o pé na água. **2** [intr] cair: *The sun dipped below the horizon.* O sol foi desaparecendo no horizonte. **3 to dip your headlights** BrE abaixar o farol
dip into sth **to dip into your savings** recorrer à sua poupança
- *s* **1** (informal) mergulho [no mar, na piscina, etc.] | **to go for a dip** ir dar um mergulho **2 a dip in sth** uma queda em algo [temperaturas, preços] **3** depressão [numa estrada] **4** pasta [para acompanhar salgadinhos]

diploma /dɪ'ploumə/ *s* diploma | **a diploma in sth** um diploma em algo

diplomacy /dɪ'ploʊməsi/ *s* diplomacia

diplomat /'dɪpləmæt/ *s* diplomata

diplomatic /dɪplə'mætɪk/ *adj* diplomático

dire /daɪr/ *adj* **1** terrível, calamitoso **2 to be in dire need of sth** estar com extrema necessidade de algo **3** (informal) péssimo

direct /də'rɛkt/ *adjetivo, verbo & advérbio*
- *adj* **1** direto: *the most direct route* o caminho mais direto **2** direto [resultado, consequência] **3** direto, franco
- *v* **1** [tr] (chefiar) dirigir **2** [tr] dirigir: *My criticisms were directed at her, not at you.* Minhas críticas foram dirigidas a ela, não a você. **3 to direct sb to the station/the city hall etc.** dizer a alguém como chegar à estação/prefeitura etc.: *Could you direct me to the hospital?* Pode me dizer como chegar ao hospital? **4** [tr/intr] (em filme, teatro) dirigir
- *adv* direto, diretamente

di,rect 'billing AmE, **di,rect 'debit** BrE *s* débito automático

direction /də'rɛkʃən/ *substantivo & substantivo plural*
- *s* **1** direção, rumo | **in the direction of** em direção a | **in the opposite direction** na direção

disconcerting

oposta, no sentido contrário **2 under sb's direction** sob a direção de alguém

- **directions** *s pl* **to ask sb for directions** pedir uma indicação [do caminho] | **to give sb directions** indicar o caminho para alguém

directly /dəˈrɛktli/ *adv* **1** diretamente **2 directly in front of/behind etc.** bem em frente/atrás de etc.: *She lives directly opposite me.* Ela mora bem em frente à minha casa. **3** abertamente, diretamente

director /dəˈrɛktər/ *s* **1** (de uma empresa, organização, etc.) diretor -a **2** (de um filme, uma peça) diretor -a

directory /dəˈrɛktəri/ *s* (pl **-ries**) **1** lista (telefônica) **2** catálogo, lista **3** diretório [em informática] **4 directory assistance** AmE, **directory enquiries** BrE auxílio à lista

dirt /dɜrt/ *s* **1** sujeira **2** terra | **a dirt track/road** um caminho/uma estrada de terra **3 to treat sb like dirt** tratar alguém mal

dirty /ˈdɜrti/ *adjetivo & verbo*

- *adj* (**-tier**, **-tiest**) **1** sujo: *Your hands are dirty.* Suas mãos estão sujas. **2 a dirty joke** uma piada grossa | **a dirty movie/magazine** um filme pornográfico/uma revista pornográfica **3 a dirty trick** um golpe baixo **4 to do sb's dirty work** fazer o trabalho chato de alguém

- *v* (**-ties**, **-tied**) **1** [tr] sujar **2** [intr] sujar-se

disability /dɪsəˈbɪləti/ *s* (pl **-ties**) deficiência [física ou mental]

disabled /dɪsˈeɪbəld/ *adj* **1** deficiente, inválido **2 the disabled** os deficientes

disadvantage /dɪsədˈvæntɪdʒ/ *s* desvantagem | **to be at a disadvantage** estar em desvantagem

disadvantaged /dɪsədˈvæntɪdʒd/ *adj* carente, desfavorecido

disadvantageous /dɪsædvænˈteɪdʒəs/ *adj* desvantajoso

disagree /dɪsəˈɡri/ *v* [intr] (passado & particípio **disagreed**) não concordar, discordar: *I'm sorry but I disagree with you.* Desculpe, mas não concordo com você. | **to disagree on/about sth** discordar sobre algo: *We disagree on most things.* Discordamos sobre a maioria das coisas. **disagree with sb** (falando de comida) fazer mal a alguém: *Radishes disagree with me.* Rabanete me faz mal.

disagreeable /dɪsəˈɡriəbəl/ *adj* desagradável

disagreement /dɪsəˈɡrimənt/ *s* **1** divergência **2** discussão, desentendimento

disappear /dɪsəˈpɪr/ *v* [intr] sumir, desaparecer: *My keys have disappeared.* Minhas chaves sumiram. | *He disappeared into the kitchen.* Ele se enfiou na cozinha. | **to disappear from view/sight** sumir

disappearance /dɪsəˈpɪrəns/ *s* desaparecimento

disappoint /dɪsəˈpɔɪnt/ *v* [tr] decepcionar, desapontar

disappointed /dɪsəˈpɔɪntɪd/ *adj* decepcionado, desapontado: *He's disappointed about not being able to go.* Ele está decepcionado por não poder ir. | *I was disappointed with the hotel.* Fiquei decepcionado com o hotel. | *I'm disappointed in you, Sarah.* Estou decepcionado com você, Sarah.

disappointing /dɪsəˈpɔɪntɪŋ/ *adj* decepcionante

disappointment /dɪsəˈpɔɪntmənt/ *s* **1** (sentimento) decepção, desapontamento **2** (coisa ou pessoa) decepção: *The vacation was a real disappointment.* O passeio foi uma grande decepção. | **to be a disappointment to sb** ser uma decepção para alguém

disapproval /dɪsəˈpruvəl/ *s* desaprovação

disapprove /dɪsəˈpruv/ *v* **to disapprove of sth/sb** desaprovar algo/alguém: *I disapprove of him going out every night.* Sou contra ele sair toda noite. | *My parents disapprove of my boyfriend.* Meus pais desaprovam meu namorado.

disarm /dɪsˈɑrm/ *v* **1** [tr] desarmar **2** [intr] desarmar-se

disarmament /dɪsˈɑrməmənt/ *s* desarmamento

disarray /dɪsəˈreɪ/ *s* (formal) **in disarray (a)** em desordem [quarto, casa, etc.] **(b)** em desalinho [cabelo] **(c)** desarmando-se a uma organização, subentende-se uma situação caótica: *The administration is in complete disarray.* O governo está num caos total.

disassociate *v* ▶ ver **dissociate**

disaster /dɪˈzæstər/ *s* **1** desastre, calamidade **2** (fracasso) desastre

disastrous /dɪˈzæstrəs/ *adj* desastroso

disbelief /dɪsbəˈlif/ *s* incredulidade

disc BrE ▶ ver **disk**

discard /dɪsˈkɑrd/ *v* [tr] (formal) desfazer-se de, descartar

discern /dɪˈsɜrn/ *v* [tr] (formal) distinguir, discernir

discernible /dɪˈsɜrnəbəl/ *adj* (formal) perceptível

discharge¹ /dɪsˈtʃɑrdʒ/ *v* [tr] **1** (de hospital) dar alta a, (das forças armadas) dar baixa em: *He was discharged from the hospital the same day.* Ele recebeu alta do hospital no mesmo dia. **2** liberar, lançar

discharge² /ˈdɪstʃɑrdʒ/ *s* **1** descarga, emissão **2** secreção **3** alta [de hospital] **4** baixa [das forças armadas]

discipline /ˈdɪsəplɪn/ *substantivo & verbo*

- *s* disciplina
- *v* [tr] punir

disc jockey BrE ▶ ver **disk jockey**

disclose /dɪsˈkloʊz/ *v* [tr] (formal) revelar

disco /ˈdɪskoʊ/ *s* discoteca, boate

discomfort /dɪsˈkʌmfərt/ *s* desconforto, incômodo

disconcerting /dɪskənˈsɜrtɪŋ/ *adj* desconcertante

As 2.000 palavras mais importantes do inglês estão assinaladas no texto.

disconnect /dɪskə'nɛkt/ v [tr] desligar, desconectar

discontented /dɪskən'tɛntɪd/ adj insatisfeito, desgostoso

discount¹ /'dɪskaʊnt/ s desconto: *They gave me a 20% discount.* Eles me deram um desconto de 20%. | **at a discount** com desconto

discount² /'dɪskaʊnt, BrE dɪs'kaʊnt/ v [tr] **1** descartar **2** abater o preço de [um produto]

discourage /dɪ'skɜrɪdʒ/ v [tr] **1** desencorajar, dissuadir | **to discourage sb from doing sth** dissuadir alguém de fazer algo **2** desencorajar

discover /dɪ'skʌvər/ v [tr] descobrir: *Pluto was discovered in 1930.* Plutão foi descoberto em 1930. | *Did you ever discover who sent you the flowers?* Você descobriu afinal quem lhe mandou as flores?

discovery /dɪ'skʌvəri/ s (pl -ries) descoberta: *an important scientific discovery* uma importante descoberta científica | *the discovery of oil in Texas* a descoberta de petróleo no Texas | **to make a discovery** fazer uma descoberta

discredit /dɪs'krɛdɪt/ v [tr] desmoralizar, desacreditar

discreet /dɪ'skrit/ adj discreto

discreetly /dɪ'skritli/ adv discretamente

discrepancy /dɪ'skrɛpənsi/ s (pl -cies) discrepância

discretion /dɪ'skrɛʃən/ s **1** critério | **at sb's discretion** a critério de alguém **2** discrição

discriminate /dɪ'skrɪməneɪt/ v **1** [intr] discriminar: *It is illegal to discriminate against anyone on the grounds of race.* É ilegal discriminar uma pessoa por motivo racial. **2** [tr/intr] discernir, distinguir

discrimination /dɪskrɪmə'neɪʃən/ s discriminação

discuss /dɪ'skʌs/ v [tr] (3a pess sing -sses) conversar sobre: *Have you discussed this with your mother?* Você conversou com sua mãe sobre isso?

discussion /dɪ'skʌʃən/ s conversa | **to have a discussion about sth** ter uma conversa sobre algo

disdain /dɪs'deɪn/ s desdém

disease /dɪ'ziz/ s doença: *a contagious disease* uma doença contagiosa | *the risk of heart disease* o risco de doença cardíaca ▶ **DISEASE OU ILL-NESS?** ver nota em **doença**

disembark /dɪsɪm'bɑrk/ v [intr] desembarcar

disenchanted /dɪsɪn'tʃæntɪd/ adj desiludido

disfigure /dɪs'fɪgjər/ v [tr] desfigurar

disgrace /dɪs'greɪs/ *substantivo & verbo*

• **s 1** desonra **2** vergonha: *The food was a disgrace.* A comida estava uma vergonha. **3 in disgrace** de castigo: *We were sent to bed in disgrace.* Fomos mandados de castigo para a cama.

• **v** [tr] **1** envergonhar **2 to disgrace yourself** dar um vexame

disgraceful /dɪs'greɪsfəl/ adj vergonhoso

disgruntled /dɪs'grʌntld/ adj aborrecido, desgostoso

disguise /dɪs'gaɪz/ *substantivo & verbo*

• **s 1** disfarce **2 in disguise** disfarçado

• **v** [tr] **1** (mudar a aparência de) disfarçar **2** (esconder) disfarçar

disgust /dɪs'gʌst/ *substantivo & verbo*

• **s** nojo, revolta | **in disgust** revoltado: *We left in disgust.* Revoltados, fomos embora. | **with disgust** horrorizado: *Everyone was looking at her with disgust.* Todos olhavam para ela horrorizados.

• **v** [tr] dar nojo a, horrorizar: *You disgust me!* Você me dá nojo!

disgusting /dɪs'gʌstɪŋ/ adj nojento, horroroso: *What's that disgusting smell?* Que cheiro horroroso é este?

dish /dɪʃ/ *substantivo, substantivo plural & verbo*

• **s** (pl **dishes**) **1** prato [fundo] **2** travessa **3** (comida) prato: *a seafood dish* um prato de mariscos

• **dishes** *s pl* **the dishes** a louça | **to do/wash the dishes** lavar a louça

• **v dish sth out** (informal) distribuir algo
dish sth up servir algo

disheartened /dɪs'hɑrtnd/ adj desanimado

disheveled AmE, **dishevelled** BrE /dɪ'ʃɛvəld/ adj amarfanhado, em desalinho

dishonest /dɪs'ɑnɪst/ adj desonesto

dishonestly /dɪs'ɑnɪstli/ adv desonestamente

dishonesty /dɪs'ɑnɪsti/ s desonestidade

dishonor AmE, **dishonour** BrE /dɪs'ɑnər/ *substantivo & verbo*

• **s** (formal) desonra

• **v** [tr] (formal) desonrar

dishonorable AmE, **dishonourable** BrE /dɪs'ɑnərəbəl/ adj desonroso, infame

'dish ˌtowel s AmE pano de prato

dishwasher /'dɪʃwɑʃər/ s lava-louça

'dishwashing ˌliquid s detergente [para lavar louças]

disillusioned /dɪsə'luʒənd/ adj desiludido

disinfect /dɪsɪn'fɛkt/ v [tr] desinfetar

disinfectant /dɪsɪn'fɛktənt/ s desinfetante

disintegrate /dɪs'ɪntəgreɪt/ v [intr] desintegrar-se

disinterested /dɪs'ɪntrɪstɪd/ adj (formal) imparcial, desinteressado

---

Você está em dúvida se deve usar **make** *ou* **do**? *Veja os verbetes* **fazer**, **make** *e* **do**.

disk AmE, **disc** BrE /dɪsk/ s **1** disco [em informática] ▶ ver também **floppy disk, hard disk** **2** AmE disco [de qualquer tipo]

disk drive s unidade de disco, drive

diskette /dɪˈskɛt/ s disquete

ˈdisk ˌjockey AmE, **ˈdisc ˌjockey** BrE s discotecário -ria, disk jockey

dislike /dɪsˈlaɪk/ verbo & substantivo
- v [tr] não gostar de: *I dislike getting up early.* Não gosto de acordar cedo.
- s **1 a dislike of/for sth** uma aversão a/por algo **2 to take a dislike to sb** sentir antipatia por alguém, antipatizar com alguém: *I took an instant dislike to her.* Senti uma antipatia instantânea por ela. | **to take a dislike to sth** tomar aversão por algo

dislocate /ˈdɪsloʊkeɪt/ v [tr] deslocar

dislodge /dɪsˈlɑdʒ/ v [tr] desalojar, derrubar

disloyal /dɪsˈlɔɪəl/ adj desleal: *He had been disloyal to his friends.* Ele tinha sido desleal com os amigos.

dismal /ˈdɪzməl/ adj **1** deprimente **2** desanimador

dismantle /dɪsˈmæntl/ v [tr] desmontar

dismay /dɪsˈmeɪ/ substantivo & verbo
- s (formal) consternação | **with/in dismay** consternado
- v [tr] (formal) consternar

dismiss /dɪsˈmɪs/ v [tr] (3a pess sing **-sses**) **1** rejeitar, descartar **2** (formal) demitir

dismissal /dɪsˈmɪsəl/ s (formal) demissão [forçada]

dismissive /dɪsˈmɪsɪv/ adj desdenhoso

disobedience /dɪsəˈbidiəns/ s desobediência

disobedient /dɪsəˈbidiənt/ adj desobediente

disobey /dɪsəˈbeɪ/ v [tr] desobedecer a, [intr] desobedecer

disorder /dɪsˈɔrdər/ s **1** desordem | **in disorder** em desordem **2** distúrbios, agitação

disorganized, -ised BrE /dɪsˈɔrgənaɪzd/ adj desorganizado

disoriented /dɪsˈɔrientɪd/ (**disorientated** /dɪsˈɔrienteɪtɪd/ BrE) adj desorientado

disown /dɪsˈoʊn/ v [tr] renegar

disparity /dɪsˈpærəti/ s (pl **-ties**) disparidade

dispatch, também **despatch** BrE /dɪsˈpætʃ/ v [tr] (3a pess sing **-ches**) enviar, despachar

dispel /dɪsˈpɛl/ v [tr] (**-lled, -lling**) **1** dissipar [temores, dúvidas, etc.] **2** afastar [crenças, ideias, etc.]

dispense /dɪsˈpɛns/ v [tr] (formal) **1** distribuir [remédios, alimentos] **2** fornecer [bebidas] **dispense with sth** dispensar algo

dispenser /dɪsˈpɛnsər/ s **1** máquina (de vender balas, etc.) **2 soap dispenser** porta-sabão ▶ ver também **cash dispenser** em **cash**

disperse /dɪsˈpɜrs/ v **1** [tr] dispersar **2** [intr] dispersar-se

displace /dɪsˈpleɪs/ v [tr] **1** substituir **2** desalojar

display /dɪsˈpleɪ/ substantivo & verbo
- s **1** arranjo, exposição | **on display** exposto, em exposição **2** demonstração [de raiva, talento, etc.] **3** espetáculo **4** tela [de computador], mostrador [de relógio]
- v [tr] **1** exibir, expor **2** demonstrar

disposable /dɪsˈpoʊzəbəl/ adj descartável

disposal /dɪsˈpoʊzəl/ s **1** despojo [de lixo, etc.] **2 at your/my etc. disposal** à sua/minha etc. disposição, ao seu/meu etc. dispor

dispose /dɪsˈpoʊz/ v **dispose of sth** desfazer-se de algo

disposed /dɪsˈpoʊzd/ adj (formal) **to be disposed to do sth** estar disposto a fazer algo

disprove /dɪsˈpruv/ v [tr] refutar

dispute¹ /dɪsˈpjut/ s **1** disputa | **to be in dispute with sb** estar em disputa com alguém **2** desavença, briga **3 to be in dispute** estar em discussão

dispute² v [tr] contestar, questionar

disqualify /dɪsˈkwɑləfaɪ/ v [tr] (**-fies, -fied**) desqualificar, desclassificar

disregard /dɪsrɪˈgɑrd/ v [tr] (formal) ignorar, desconsiderar

disrepute /dɪsrɪˈpjut/ s **to bring sth into disrepute** desacreditar algo

disrespect /dɪsrɪˈspɛkt/ s desrespeito

disrupt /dɪsˈrʌpt/ v [tr] tumultuar, interromper

disruption /dɪsˈrʌpʃən/ s transtorno(s)

disruptive /dɪsˈrʌptɪv/ adj indisciplinado [aluno, comportamento], prejudicial, negativo [mudança, influência]

dissatisfaction /dɪsætɪsˈfækʃən/ s insatisfação

dissatisfied /dɪˈsætɪsfaɪd/ adj insatisfeito | **to be dissatisfied with sth/sb** estar insatisfeito com algo/alguém

dissect /dɪˈsɛkt/ v [tr] dissecar

dissent /dɪˈsɛnt/ s dissenção

dissertation /dɪsərˈteɪʃən/ s dissertação

dissident /ˈdɪsədənt/ s dissidente

dissociate /dɪˈsoʊʃieɪt/, também **disassociate** /dɪsəˈsoʊʃieɪt/ v **to dissociate yourself from sth/sb** dissociar-se de algo/alguém

dissolve /dɪˈzɑlv/ v **1** [tr/intr] (num líquido) dissolver **2** [tr] (pôr termo a) dissolver [um parlamento, uma organização], anular [um casamento]

dissuade /dɪˈsweɪd/ v **to dissuade sb (from doing sth)** dissuadir alguém (de fazer algo)

distance /ˈdɪstəns/ substantivo & verbo
- s **1** distância: *a vast distance* uma enorme distância | *The coast is only a **short distance** away.* A costa fica perto daqui. | *I live **within***

***walking distance** of school.* Dá para ir a pé da minha casa à escola. **2 at/from a distance** de longe | **in the distance** ao longe **3 to keep your distance (a)** passar longe, manter distância **(b)** ficar distante

- *v* **to distance yourself from sth/sb** distanciar-se de algo/alguém

distant /'dɪstənt/ *adj* **1** distante, remoto: *in the distant past* no passado remoto | *distant lands* terras longínquas **2** distante [parente] **3** distante [no trato]

distaste /dɪs'teɪst/ *s* desagrado

distill AmE, **distil** BrE /dɪ'stɪl/ *v* [tr] (**-lled, -lling**) destilar

distillery /dɪ'stɪləri/ *s* (pl **-ries**) alambique

distinct /dɪ'stɪŋkt/ *adj* **1** distinto: *The two languages are completely **distinct from** each other.* As duas línguas são completamente distintas uma da outra. **2** claro, nítido

distinction /dɪ'stɪŋkʃən/ *s* **1** distinção: *She loved all her children **without distinction**.* Ela amava todos os filhos sem distinção. | **to make/draw a distinction** fazer uma distinção **2** honra, mérito **3 with distinction** com distinção

distinctive /dɪ'stɪŋktɪv/ *adj* característico

distinguish /dɪ'stɪŋgwɪʃ/ *v* [tr] (3a pess sing **-shes**) **1** distinguir, diferenciar: *She sometimes has trouble **distinguishing between** fantasy and reality.* Às vezes, ela tem dificuldade de distinguir a fantasia da realidade. | *Few people could **distinguish** one twin **from** the other.* Poucas pessoas conseguiam diferenciar um gêmeo do outro. **2 to distinguish yourself** distinguir-se

distinguished /dɪ'stɪŋgwɪʃt/ *adj* **1** eminente **2** distinto

distort /dɪ'stɔrt/ *v* [tr] **1** distorcer **2** deformar

distortion /dɪ'stɔrʃən/ *s* **1** distorção [da verdade, das palavras de alguém, etc.] **2** distorção [de uma forma, imagem, etc.]

distract /dɪ'strækt/ *v* [tr] distrair: *Don't distract me when I'm studying.* Não me distraia quando eu estiver estudando.

distraction /dɪ'strækʃən/ *s* distração

distraught /dɪ'strɔt/ *adj* desesperado

distress /dɪ'strɛs/ *substantivo & verbo*

- *s* angústia, agonia | **in distress (a)** aflito, angustiado **(b)** em perigo [barco]
- *v* [tr] afligir, perturbar

distressed /dɪ'strɛst/ *adj* angustiado

distressing /dɪ'strɛsfəl/ *adj* angustiante, doloroso

distribute /dɪ'strɪbjət/ *v* [tr] distribuir [repartir]

distribution /dɪstrə'bjuʃən/ *s* distribuição

distributor /dɪ'strɪbjətər/ *s* **1** distribuidora **2** distribuidor [em motor de carro]

district /'dɪstrɪkt/ *s* bairro, distrito

distrust /dɪs'trʌst/ *substantivo & verbo*

- *s* desconfiança
- *v* [tr] desconfiar de, não confiar em

disturb /dɪ'stɜrb/ *v* [tr] **1** perturbar, atrapalhar: *I hope I'm not disturbing you.* Espero não o estar atrapalhando. | *"Do not disturb."* "Não perturbe." **2** incomodar

disturbance /dɪ'stɜrbəns/ *s* **1** transtorno **2** tumulto

disturbed /dɪ'stɜrbd/ *adj* desequilibrado [mentalmente]

disturbing /dɪ'stɜrbɪŋ/ *adj* preocupante, perturbador

disused /dɪs'juzd/ *adj* desativado [presídio, hospital etc.]

ditch /dɪtʃ/ *substantivo & verbo*

- *s* (pl **-ches**) vala
- *v* [tr] (3a pess sing **-ches**) (informal) **1** dar um chute em [pessoa] **2** abandonar [um objeto, um plano]

dither /'dɪðər/ *v* [intr] vacilar, titubear

ditto /'dɪtoʊ/ *adv* idem

diva /'divə/ *s* diva

dive /daɪv/ *verbo & substantivo*

- *v* [intr] (passado **dived** ou **dove**, particípio **dived**) **1** mergulhar: *A man **dived in** and rescued her.* Um homem mergulhou e resgatou-a. **2** jogar-se: *The goalkeeper **dived for** the ball.* O goleiro se jogou para pegar a bola.
- *s* **1** mergulho **2** salto ornamental

dive
mask
wetsuit
flippers

diver /'daɪvər/ *s* mergulhador -a

diverse /də'vɜrs/ *adj* diverso, variado

diversify /də'vɜrsəfaɪ/ *v* [intr/tr] (**-fies, -fied**) diversificar

diversion /də'vɜrʒən/ *s* **1** distração **2** BrE desvio ▶ No inglês americano diz-se **detour**

diversity /də'vɜrsəti/ *s* diversidade

divert /də'vɜrt/ *v* [tr] **1** desviar **2 to divert attention from sth** desviar a atenção de algo

divide /də'vaɪd/ *verbo & substantivo*

- *v* **1 to divide sth/sb (up) into sth** dividir algo/alguém em algo: *The teacher divided the class into two groups.* O professor dividiu a turma em dois grupos. | **to divide (up) into sth** dividir-se em algo: *We divided up into groups of four.* Nós nos dividimos em grupos de quatro. **2** [tr] separar | **to divide sth from sth** separar algo de algo **3 to divide sth between/among sb** dividir algo entre alguém: *His fortune will be divided among*

his three children. A fortuna dele será dividida entre os três filhos. **4** [tr/intr] dividir: *100 divided by 20 is 5.* 100 dividido por 20 são 5.
- s divisão

di‚vided 'highway s AmE pista dupla [em estrada]

dividend /'dɪvədend/ s dividendo | **to pay dividends** trazer vantagens

divine /də'vaɪn/ adj divino

diving /'daɪvɪŋ/ s **1** mergulho **2** salto ornamental

'diving ‚board s trampolim [de piscina]

division /də'vɪʒən/ s **1** (separação) divisão **2** (em matemática) divisão **3** seção **4** (desacordo) divisão, cisão **5** (em esporte) divisão

divorce /də'vɔrs/ *substantivo & verbo*
- s divórcio | **to get a divorce** divorciar-se
- v **1** [tr] divorciar-se de **2** [intr] divorciar-se **3 to get divorced** divorciar-se

divorcé /dəvɔr'si/ s AmE divorciado

divorcee /dəvɔr'si/ s **1** (também **divorcée**) AmE divorciada **2** BrE divorciado -da

divulge /də'vʌldʒ/ v [tr] (formal) **1** divulgar **2 to divulge sth to sb** revelar algo a alguém

DIY /di aɪ 'waɪ/ s (= **do-it-yourself**) BrE faça você mesmo, bricolagem

dizzy /'dɪzi/ adj (-zzier, -zziest) tonto, zonzo | **to feel dizzy** sentir-se tonto, ficar tonto: *I felt dizzy.* Fiquei tonto.

DJ /'di dʒeɪ/ s (= **disk jockey**) DJ

do /du:/ *verbo & substantivo*
- v [aux] ▶ ver quadro
- v [tr] **1** fazer: *Are you doing anything this weekend?* Você vai fazer alguma coisa este fim de semana? | *Have you done your homework?* Já fez o seu dever de casa? | *I did German at college.* Fiz alemão na faculdade. ▶ DO OU MAKE? ver nota em **fazer**

2 what do you do for a living? você trabalha em quê?

3 what can I do for you? em que lhe posso ser útil?

4 to do the dishes lavar a louça

5 to do your hair pentear o cabelo | **to have your hair done** ir ao cabeleireiro

6 (sair-se) ir: *How did I do?* Como é que eu fui? | *The team is doing very well.* O time está indo muito bem. | *I did terribly in my audition.* Me dei muito mal no teste. | *How are you doing?* Como vai?

7 (com períodos de tempo) ficar, passar: *He did five years in jail.* Ele passou cinco anos na cadeia. | *I did two years as a teacher.* Trabalhei dois anos como professor.

8 (falando de alimentos) preparar, fazer: *Can you do the vegetables?* Você pode preparar os legumes? | *She did roast chicken.* Ela fez um frango assado.

9 (falando de produtos à venda) ter, vender: *Do you do perfumed candles?* Vocês têm velas perfumadas?

10 (referente a serviço de restaurante) servir: *We don't do food in the evenings.* Não servimos comida à noite.

11 (com velocidades) estar a: *She was doing 120 mph.* Ela estava a 120 milhas por hora.

12 (ser adequado) servir, dar: *Here's $20. That should do.* Aqui tem $20. Deve dar. | *I have this old blanket. Will that do?* Tenho esse cobertor velho. Serve? | **that will do!** chega!

PHRASAL VERBS

do away with sth abolir algo, acabar com algo

do for to be done for (informal) estar ferrado: *If he finds me here, I'm done for!* Se ele me encontrar aqui, estou ferrado!

do sth up 1 to do your shirt/jacket/buttons etc. up abotoar a camisa/a jaqueta/os botões etc. | **to do your zipper up** fechar o zíper: *Can you do my zipper up?* Você podia fechar meu zíper? | **to do your laces/shoes up** amarrar os sapatos **2 to do a house/an apartment etc. up** (informal) reformar uma casa/um apartamento etc.

do with sth 1 could do with sth frase que se usa para dizer que algo cairia bem: *I could do with a drink.* Eu queria beber uma coisa. | *The door could do with some oil.* A porta está precisando de um pouco de óleo. **2 to be/to have to do with sth/sb** ter a ver com algo/alguém: *Her job is something to do with television.* O trabalho dela tem a ver com televisão. | *It has nothing to do with you.* Isso não tem nada a ver com você.

do without sth passar sem algo, ficar sem algo: *I can't do without the car.* Não posso passar sem carro.

---

do verbo auxiliar

1 NA FORMAÇÃO DE FRASES INTERROGATIVAS

Do you like bananas? Você gosta de banana? | *Does Matt play in your band?* O Matt toca na sua banda? | *What did you say?* O que você disse?

2 NA FORMAÇÃO DE FRASES NEGATIVAS

Don't touch that. Não toque nisso. | *We didn't go out.* Não saímos. | *She doesn't live here.* Ela não mora aqui.

3 PARA NÃO REPETIR O VERBO, E EM "QUESTION TAGS"

She eats a lot more than I do. Ela come muito mais do que eu. | *"Who made the cake?" "I did."* – Quem fez o bolo? – Eu. | *"I love chocolate." "So do I."* – Eu adoro chocolate. – Eu também. | *You know Tony, don't you?* Você conhece o Tony, não é? | *She didn't stay, did she?* Ela não ficou, ficou?

4 PARA ENFATIZAR

Do be careful! Vê se toma cuidado! | *I did tell you. You must have forgotten.* Eu te falei sim. Você deve ter esquecido.

- *s* **1** dos and don'ts o que se deve e o que não se deve fazer, as normas **2** BrE (informal) festa

docile /'dɑsəl, BrE 'dousaɪl/ *adj* dócil, manso

dock /dɑk/ *substantivo & verbo*

- *s* **1** cais | **in dock** atracado **2** estaleiro | **in dock** no estaleiro **3 the docks** o porto **4** AmE píer **5 in the dock (a)** no banco dos réus **(b)** sob suspeita **6** azedinha [planta]
- *v* **1** [intr/tr] atracar: *We docked in Rio the next morning.* Atracamos no Rio na manhã seguinte. **2** [tr] **dock sb's wages/pay/salary** descontar o salário de alguém **3** [tr] conectar [computadores] | **to dock sth to/into/with sth** conectar algo a algo **4** [intr] acoplar-se [naves espaciais] **5** [tr] cortar o rabo de [um animal]

doctor /'dɑktər/ *substantivo & verbo*

- *s* **1** médico -ca | **to go to the doctor** ir ao médico **2** doutor -a: *a Doctor of Philosophy* um doutor em Filosofia
- *v* [tr] adulterar, falsificar [números, provas, etc.]

doctorate /'dɑktərət/ *s* doutorado

doctrine /'dɑktrɪn/ *s* doutrina

document¹ /'dɑkjəmənt/ *s* documento

document² /'dɑkjəmɛnt/ *v* [tr] documentar

documentary /dɑkjə'mɛntri/ *substantivo & adjetivo*

- *s* (pl -ries) documentário
- *adj* documental

documentation /dɑkjəmən'teɪʃən/ *s* documentação

dodge /dɑdʒ/ *v* **1** [tr] desviar-se de, esquivar-se de **2** [intr] desviar-se **3 to dodge behind a tree/a car etc.** esconder-se atrás de uma árvore/um carro etc. **4** [tr] escapar de [um perseguidor] **5 to dodge the issue/question** evitar falar no assunto

dodgy /'dɑdʒi/ *adj* (-gier, -giest) BrE (informal) **1** suspeito: *He's a pretty dodgy character.* Ele é um cara bastante suspeito. **2** pouco confiável, fraco: *The brakes are dodgy.* Os freios são pouco confiáveis. | *He has a dodgy heart.* O coração dele é fraco. **3** complicado [situação]

doe /dou/ *s* fêmea [de veado, coelho ou lebre]

does /dəz, acentuado dʌz/ 3a pess sing presente de **do**

doesn't /'dʌzənt/ contração de **does not**

dog /dɔg/ *substantivo & verbo*

- *s* cachorro, cão
- *v* **to be dogged by misfortune/ill health etc.** ser perseguido pelo azar/ter problemas de saúde etc.

dogged /'dɔgɪd/ *adj* obstinado, tenaz

dogsbody /'dɔgzbɑdi/ *s* (pl -dies) BrE burro de carga

doing /'duɪŋ/ *s* **1 to be your/his etc. doing** ser obra sua/dele etc.: *This is your doing, isn't it?* Isso é obra sua, não é? **2 to take some doing** ser fogo, não ser moleza

,do-it-your'self *s* faça você mesmo, bricolagem

doll /dɑl/ *s* boneca

dollar /'dɑlər/ *s* dólar | **a dollar bill** uma nota de um dólar

dolphin /'dɑlfɪn/ *s* golfinho

domain name /dou'meɪn neɪm/ *s* nome de domínio

dome /doum/ *s* abóbada

domestic /də'mɛstɪk/ *adj* **1 domestic affairs/market** assuntos internos/mercado interno | **domestic flights** voos domésticos **2** doméstico [trabalho, vida] | **domestic appliance** eletrodoméstico

domesticated /də'mɛstɪkeɪtɪd/ *adj* **1** domesticado [animal] **2** caseiro, prendado

dominance /'dɑmənəns/ *s* domínio, supremacia

dominant /'dɑmənənt/ *adj* dominante

dominate /'dɑməneɪt/ *v* [tr/intr] dominar

domination /dɑmə'neɪʃən/ *s* dominação

domineering /dɑmə'nɪrɪŋ/ *adj* dominador

Dominican /də'mɪnɪkən/ *adj & s* **1** dominicano -na [relativo à ordem religiosa] **2** dominicano -na [relativo à República Dominicana]

Do,minican Re'public *s* República Dominicana

domino /'dɑmənou/ *s* **1** (pl -noes) peça [de dominó] **2 dominoes** dominó | **to play dominoes** jogar dominó **3 domino effect** efeito dominó

donate /'douneɪt/ *v* [tr] doar

donation /dou'neɪʃən/ *s* donativo, doação | **to make a donation (to sth)** fazer uma doação (para algo)

done¹ /dʌn/ *adj* **1** pronto: *Are you done yet?* Você já terminou? **2** cozido **3 it's not the done thing** não se usa **4 done!** fechado!

done² particípio de **do**

donkey /'dɑŋki/ *s* burro [animal]

donor /'dounər/ *s* doador -a

don't /dount/ contração de **do not**

donut AmE ▶ ver **doughnut**

doom /dum/ *v* **to be doomed to sth** estar fadado a algo

door /dɔr/ *s* **1** porta: *There's someone at the door.* Tem alguém na porta. | **to answer/get the door** atender a porta **2** casa: *He lives two doors down from us.* Ele mora a duas casas de nós. **3 (from) door to door** de porta em porta, de porta a porta

doorbell /'dɔrbɛl/ *s* campainha

doorknob /'dɔrnɑb/ *s* maçaneta

doorman /'dɔrmæn/ *s* (pl -men) porteiro

doormat /'dɔrmæt/ *s* capacho [em porta]

doorstep /'dɔrstɛp/ *s* **1** soleira (de porta) **2 on/at your doorstep** na porta de casa

door-to-'door adj a domicílio
doorway /'dɔrweɪ/ s (vão da) porta, entrada
dope /doʊp/ (informal) substantivo & verbo
• s **1** maconha, droga **2** idiota, burro
• v [tr] dopar
dormant /'dɔrmənt/ adj **1** latente **2 a dormant volcano** um vulcão inativo
dormitory /'dɔrmətɔri/ s (pl -ries) **1** AmE alojamento [em universidade] **2** dormitório [em albergue, internato, etc.]
dosage /'doʊsɪdʒ/ s dose
dose /doʊs/ s dose
dot /dɑt/ substantivo & verbo
• s **1** ponto **2 on the dot** em ponto: *at five on the dot* às cinco em ponto
• v [tr] (-tted, -tting) **1** pôr um ponto em [vogal] **2 to be dotted with sth** estar pontilhado de algo: *The lake was dotted with boats.* O lago estava pontilhado de barcos.
dot-com, dot.com, dot com /dɑt 'kɑm/ adj (informal) ponto-com: *a dot-com company* uma empresa ponto-com
dote /doʊt/ v **dote on sb** ser louco por alguém, adorar alguém
doting /'doʊtɪŋ/ adj **a doting father/mother etc.** um pai/uma mãe etc. coruja
dotted 'line s **1** linha pontilhada **2 to sign on the dotted line** assinar na linha pontilhada
double /'dʌbəl/ adjetivo, verbo, substantivo, substantivo plural & advérbio
• adj **1** duplo: *a double helping of ice cream* uma dose dupla de sorvete | *a double room* um quarto de casal | *double doors* portas duplas **2** BrE Usado quando se fala um número de telefone, etc.: *My number is two nine double five.* Meu número é dois nove cinco cinco. **3 double figures** duas cifras [um número superior a 9]: *His score barely reached double figures.* O escore dele mal chegou a duas cifras.
• v **1** [tr/intr] (salário, vendas, etc.) dobrar **2** [tr] (também **double over**) dobrar [um papel, uma toalha, etc.] **3 to double (up) as sth** fazer as vezes de algo
double back dar meia volta
double up to double up with pain/laughter, também **to be doubled up with pain/laughter** morrer de dor/de rir
• s **1** dobro **2** duplo **3** sósia **4** dublê
• **doubles** s pl duplas [em tênis] | **men's/women's/mixed doubles** duplas masculinas/femininas/mistas
• adv **1 to see double** ver dobrado **2 to be bent double** estar vergado em dois **3 to fold sth double** dobrar algo em dois
double-'barreled AmE, **double-'barrelled** BrE adj **1** de cano duplo [fuzil] **2** BrE **a double-barrelled name/surname** um sobrenome composto
double bass /ˌdʌbəl 'beɪs/ s contrabaixo
double 'bed s cama de casal
double-'breasted adj transpassado [blusa, casaco]
double-'check v [tr/intr] verificar de novo
double-'click v [intr] clicar duas vezes
double 'cream s BrE creme de leite gordo
double-'cross v [tr] passar a perna em
double-'decker, também **double-decker 'bus** s ônibus de dois andares
double 'digits s [pl] dígitos duplos
double-'glazing s janela com vidro duplo
doubly /'dʌbli/ adv duplamente

double-decker

doubt /daʊt/ substantivo & verbo
• s **1** dúvida: *She expressed doubts about his ability.* Ela manifestou dúvidas quanto à competência dele. **2 no doubt** sem dúvida **3 to have your doubts (about sb/sth)** ter suas dúvidas (sobre alguém/algo) **4 if/when in doubt** na dúvida **5 to be in doubt** estar em dúvida, ser duvidoso **6 beyond doubt** inquestionável **7 without doubt** sem dúvida
• v [tr] duvidar (de): *I doubt she'll be back.* Duvido que ela volte.
doubtful /'daʊtfəl/ adj **1** indeciso, incerto: *She agreed, but still looked doubtful.* Ela concordou, mas ainda parecia indecisa. | **to be doubtful about (doing) sth** estar em dúvida sobre (fazer ou não) algo **2** duvidoso **3** dúbio
doubtfully /'daʊtfəli/ adv em dúvida
doubtless /'daʊtləs/ adv (formal) sem dúvida, certamente
dough /doʊ/ s massa [para pão, torta, etc.]
doughnut, também **donut** AmE /'doʊnʌt/ s **1** donut [tipo de rosca] **2** sonho [com recheio de geleia, etc.]
douse, também **dowse** /daʊs/ v [tr] **1** apagar [com água] **2 to douse sth/sb with sth** encharcar algo/alguém de algo
dove¹ /dʌv/ s pomba
dove² /doʊv/ AmE passado de **dive**
down /daʊn/ advérbio, preposição, adjetivo & substantivo
• adv & prep ▶ ver quadro na pág. 114
• adj **1 to be/feel down** estar/sentir-se deprimido **2** (informal) já feito: *That's eight down, two to go.* Temos oito já feitos, faltam dois. **3** (em informática): *The system is down.* O sistema caiu.
• s **1** penas **2** BrE lanugem
downcast /'daʊnkæst/ adj deprimido, abatido

down

ADVÉRBIO

1 ABAIXO OU PARA BAIXO

Don't look down! Não olhe para baixo! | *He walked with his head down.* Ele estava andando de cabeça baixa.

2 EM DIREÇÃO AO SUL

I went down to Florida on the train. Fui à Flórida de trem.

3 AFASTANDO-SE DE QUEM FALA

They've gone down to the beach. Eles foram à praia.

4 NÚMEROS, PREÇOS

Prices had come down. Os preços tinham baixado. | *I'm down to my last $20.* Só me restam $20. | *I'm five down.* Me faltam cinco. | *They were two goals down.* Eles estavam perdendo por dois gols. | **to be down to sb** depender de alguém | **down with the government/Jackson! etc.** abaixo o governo/o Jackson! etc.

5 O advérbio **down** também faz parte de vários phrasal verbs, tratados como **go down, turn down**, etc., que são tratados no verbete do verbo correspondente.

PREPOSIÇÃO

DIREÇÃO

We ran down the hill. Corremos morro abaixo. | *The bathroom is down those stairs.* O banheiro é descendo aquela escada. | *I glanced down the list.* Dei uma olhada na lista. | *They live farther down the road.* Eles moram mais abaixo nessa rua. | *I was walking down the street.* Eu estava descendo a rua.

downfall /'daʊnfɔl/ s **1** ruína, queda **2** perdição: *Greed will be his downfall.* A ganância vai ser a perdição dele.

downgrade /'daʊngreɪd/ v [tr] **1** rebaixar [um funcionário] **2** desvalorizar, minimizar

downhearted /daʊn'hɑrtɪd/ adj desanimado

downhill /daʊn'hɪl/ *advérbio & adjetivo*
- *adv* **1** ladeira abaixo **2 to go downhill** decair, degringolar
- *adj* **1** em declive **2 downhill skiing** esqui alpino **3 it's downhill all the way/it's all downhill from here** daqui para frente é fácil

download /'daʊnloʊd/ v [tr] baixar [da Internet]

downmarket /'daʊnmɑrkɪt/ adj BrE popular

down 'payment s sinal, entrada [pagamento] | **to make a down payment (on sth)** dar uma entrada (na compra de algo)

downpour /'daʊnpɔr/ s aguaceiro, chuvarada

downright /'daʊnraɪt/ *advérbio & adjetivo*
- *adv* totalmente, realmente: *She was downright rude.* Ela foi totalmente grosseira. | *He's downright lazy.* Ele é realmente preguiçoso.
- *adj* **a downright lie** uma mentira deslavada

downside /'daʊnsaɪd/ s desvantagem, lado negativo

downspout /'daʊnspaʊt/ s AmE esgoto de calha

Down's syndrome /'daʊnz sɪndroʊm/ s síndrome de Down

downstairs /'daʊnstɜrz/ *advérbio, adjetivo & substantivo*
- *adv* lá embaixo: *He's downstairs in the kitchen.* Ele está lá embaixo na cozinha. | *I ran downstairs.* Desci a escada correndo.
- *adj* no andar de baixo: *a downstairs bedroom* um quarto no andar de baixo
- *s* **the downstairs** o andar de baixo

downstream /daʊn'strim/ adv rio abaixo

down-to-'earth adj prático, realista

downtown /'daʊntaʊn/ *advérbio & adjetivo*
- *adv* AmE no centro (da cidade), na cidade | **to go downtown** ir ao centro/à cidade
- *adj* AmE **1 downtown Los Angeles/San Francisco etc.** o centro de Los Angeles/San Francisco etc. **2** do/no centro

downturn /'daʊntɜrn/ s queda [na economia, etc.]: *a downturn in orders* uma queda nas encomendas

downward /'daʊnwərd/ *adjetivo & advérbio*
- *adj* para baixo
- *adv* (também **downwards**) para baixo: *everyone from the director downward* todo mundo do diretor para baixo

downwind /daʊn'wɪnd/ adv a favor do vento

dowry /'daʊri/ s (pl -ries) dote [de casamento]

dowse ▶ ver **douse**

doze /doʊz/ *verbo & substantivo*
- *v* [intr] cochilar
  doze off cochilar
- *s* **to have a doze** tirar um cochilo

dozen /'dʌzən/ s **1** dúzia: *six dozen boxes* seis dúzias de caixas **2 dozens (of)** milhares (de): *I've been there dozens of times.* Já estive lá milhares de vezes.

Dr. /'dɑktər/ (= **Doctor**) Dr., Dra.

drab /dræb/ adj **1** sombrio, deprimente [aposento, prédio] **2** sem graça [roupa]

draft /dræft/ *substantivo, adjetivo & verbo*
- *s* **1** rascunho **2 draft copy/version** cópia/versão em rascunho **3** AmE corrente de ar **4 the draft** AmE a convocação [militar] **5 on draft** AmE em barril **6** (também **bank draft**) cheque bancário
- *adj* **draft beer** chope
- *v* [tr] **1** rascunhar, redigir **2** AmE convocar [para servir nas forças armadas]

draftsman AmE, **draughtsman** BrE /'drɑːftsmən/ s (pl **-men**) projetista, desenhista

drafty AmE, **draughty** BrE /'drɑːfti/ adj (**-tier, -tiest**) com muita corrente de ar

drag /dræg/ (**-gged, -gging**) verbo & substantivo

- **v 1** [tr] arrastar: *Don't drag your feet!* Não arraste os pés! | *Protesters were **dragged away** by the police.* Os manifestantes foram arrastados do local pela polícia. **2** à força: *I managed to drag myself out of bed.* Consegui me forçar a levantar (da cama). | *I don't want to get dragged into their argument.* Não quero ser envolvido na briga deles. **3** [intr] (também **drag on**) arrastar-se [tempo] **4** [intr] (falando de roupa) arrastar: *Your skirt is dragging in the mud.* Sua saia está arrastando na lama. **5** [tr] dragar

- **s 1** (informal) **a drag** um saco: *What a drag!* Que saco! **2** tragada **3 in drag** (homem) vestido de mulher

dragon /'drægən/ s dragão

dragonfly /'drægənflaɪ/ s (pl **-flies**) libélula

drain /dreɪn/ verbo & substantivo

- **v 1** [tr/intr] escorrer [verduras, pratos, etc.] | **to drain sth from sth** drenar/deixar escorrer algo de algo **2** [tr] drenar **3** [intr] (também **drain away**) escorrer [líquido] **4** [tr] esvaziar [um copo]

- **s 1** esgoto, bueiro **2 to be a drain on sb's resources/the economy etc.** causar um rombo nas finanças de alguém/na economia etc. **3 to go down the drain** ser jogado fora

drainage /'dreɪnɪdʒ/ s **1** esgotos **2** drenagem

drained /dreɪnd/ adj **to be/feel drained** estar esgotado

'draining ,board também **'drain board** AmE s escorredor

drainpipe /'dreɪnpaɪp/ s cano de esgoto

drama /'drɑːmə, 'dræmə/ s **1** (obra de teatro) drama **2** teatro **3** (situação emocionante) drama **4 drama school** escola de teatro **drama series** drama [seriado de TV]

dramatic /drə'mætɪk/ adj **1** (grande) drástico, radical **2** (emocionante) dramático, espetacular **3** (relativo a teatro) teatral **4** (exagerado) dramático

dramatically /drə'mætɪkli/ adv **1** radicalmente, drasticamente **2** de modo dramático

dramatist /'dræmətɪst, 'drɑː-/ s dramaturgo -ga

dramatize, -ise BrE /'dræmətaɪz/ v [tr] **1** adaptar [para o cinema, a TV, etc.] **2** dramatizar

drank /dræŋk/ passado de **drink**

drape /dreɪp/ v [tr] ▶ To drape significa colocar um pano por cima de algo, formando um drapeado: *She **draped** a towel **around** her shoulders.* Ela colocou uma toalha nos ombros. | *The casket had been **draped in** the national flag.* O caixão tinha sido coberto pela bandeira nacional.

drapes /dreɪps/ s pl AmE cortina(s)

drastic /'dræstɪk/ adj drástico

drastically /'dræstɪkli/ adv drasticamente

draught /drɑːft/ s BrE corrente de ar ▶ No inglês americano, diz-se **draft**

draughts /drɑːfts/ s pl BrE (jogo de) damas

draughtsman BrE ▶ ver **draftsman**

draughty BrE ▶ ver **drafty**

draw /drɔː/ verbo & substantivo

- **v** (passado **drew**, particípio **drawn**)
1 [tr/intr] desenhar
2 [intr] mover-se em determinada direção: *The train drew into the station.* O trem entrou na estação. **to draw alongside**

draw

(sth/sb) ficar do lado (de algo/alguém) | **to draw level with sb** alcançar alguém [numa corrida] | **to draw near** aproximar-se
3 [tr] puxar
4 to draw sb aside puxar alguém para um canto | **to draw the curtains** abrir/fechar a cortina
5 [tr] sacar [uma arma]
6 [tr] **to draw comfort from sth** confortar-se com algo | **to draw (your) inspiration from sth** inspirar-se em algo | **to draw a comparison/distinction between sth and sth** fazer uma comparação/distinção entre algo e algo | **to draw a parallel/an analogy between sth and sth** traçar um paralelo/fazer uma analogia entre algo e algo | **to draw a conclusion (from sth)** tirar uma conclusão (de algo)
7 [tr] provocar [uma reação, uma resposta]
8 [tr] atrair: *What originally **drew** you **to** teaching?* O que originalmente o atraiu ao magistério? | **to draw (sb's) attention to sth** chamar a atenção (de alguém) para algo
9 [tr] receber [um salário]
10 [tr] tirar [uma carta, um bilhete num sorteio] | **to draw lots** tirar a sorte | **to be drawn against sb** tirar alguém como adversário [num sorteio]
11 [tr/intr] BrE empatar ▶ No inglês americano diz-se **tie**

PHRASAL VERBS

draw back recuar

draw in the nights are drawing in está anoitecendo mais cedo

draw on sth lançar mão de algo, apoiar-se em algo

draw out the days are drawing out os dias estão ficando mais longos **draw sth out 1** sacar algo [dinheiro do banco] **2** alongar algo [uma reunião] **draw sb out** fazer com que alguém se abra

draw up parar [veículo] **draw sth up 1 to draw up a list** fazer uma lista **2 to draw up a contract** lavrar um contrato **3 to draw up a chair** puxar uma cadeira

- **s 1** empate
2 sorteio

 Gostaria de estudar o vocabulário por temas? Consulte o pequeno **dicionário ilustrado**.

drawback /ˈdrɔbæk/ s lado negativo, desvantagem | **drawback of/to sth** lado negativo em/de algo: *I couldn't see any drawbacks to the plan.* Eu não via nenhum lado negativo no plano.

drawer /drɔr/ s gaveta

drawing /ˈdrɔ-ɪŋ/ s **1** desenho: *a drawing of a woman's head* um desenho da cabeça de uma mulher **2** desenho: *drawing classes* aulas de desenho **3** AmE sorteio

ˈ**drawing ˌpin** s BrE tachinha ▶ No inglês americano diz-se **thumbtack**

ˈ**drawing ˌroom** s sala [de uma casa]

drawl /drɔl/ verbo & substantivo
• v [tr/intr] falar arrastado
• s fala arrastada

drawn¹ /drɔn/ adj abatido

drawn² particípio de **draw**

dread /drɛd/ verbo & substantivo
• v [tr] morrer de medo de: *I dreaded our meetings.* Eu morria de medo de nossos encontros. | *I dread to think what the children will get up to.* Não quero nem pensar no que as crianças vão aprontar.
• s pavor, temor

dreadful /ˈdrɛdfəl/ adj **1** péssimo, terrível: *She looks dreadful in that dress.* Ela fica péssima naquele vestido. | *It was a dreadful mistake.* Foi um erro terrível. **2 to feel dreadful** sentir-se péssimo

dreadfully /ˈdrɛdfəli/ adv **1** terrivelmente: *They're dreadfully busy.* Eles estão terrivelmente ocupados. **2** pessimamente: *They played dreadfully.* Eles jogaram pessimamente. **3** demais: *He misses her dreadfully.* Ele sente demais a falta dela.

dream /drim/ substantivo & verbo
• s **1** sonho | **to have a dream (about sth/sb)** ter um sonho (com algo/alguém) | **a bad dream** um pesadelo **2 a dream house/job etc.** a casa/o emprego etc. dos seus sonhos **3 to go around in a dream** viver no mundo da lua
• v (passado & particípio **dreamed** ou **dreamt**) **1** [tr/intr] (ao dormir) sonhar: *I dreamed I was falling.* Eu sonhei que estava caindo. | **to dream about sth/sb** sonhar com algo/alguém **2 to dream of/about doing sth** sonhar em fazer algo: *He'd always dreamed of owning a Ferrari.* Ele sempre tinha sonhado em ter uma Ferrari. **3** [tr] (imaginar) sonhar: *You must have dreamt it.* Você deve ter sonhado. **4** contemplar a possibilidade: *I wouldn't dream of letting her go on her own.* Eu nunca a deixaria ir sozinha.

dreamer /ˈdrimər/ s sonhador -a

dreamy /ˈdrimi/ adj (**-mier**, **-miest**) **1** aéreo [pessoa] **2** sonhador **3** de sonho

dreary /ˈdrɪri/ adj (**-rier**, **-riest**) deprimente, sombrio

dredge /drɛdʒ/ v [tr] dragar

dregs /drɛgz/ s pl **1** borra **2 the dregs of society** a escória (da sociedade)

drench /drɛntʃ/ v [tr] encharcar | **drenched to the skin** encharcado até a alma

dress /drɛs/ verbo & substantivo
• v **1** [intr] vestir-se: *He always dresses well.* Ele sempre se veste bem. | *Dress warmly. It's cold out.* Vista uma roupa quente. Está frio lá fora. **2** [tr] vestir **3** [tr] fazer um curativo em [um ferimento] **4** [tr] temperar [uma salada]
dress up 1 fantasiar-se | **to dress up as sth** fantasiar-se de algo **2** vestir-se de maneira formal **dress sth up** disfarçar algo: *However you dress it up, the job is basically that of a servant.* Não importa como você o disfarce, o trabalho é basicamente o de um serviçal. **dress sb up to dress sb up as sth** fantasiar alguém de algo
• s **1** vestido **2** traje: *informal dress* traje informal

ˈ**dress ˌcircle** s BrE balcão [em teatro]

dressed /drɛst/ adj vestido | **to get dressed** vestir-se | **dressed in/as sth** vestido de algo

dresser /ˈdrɛsər/ s **1** AmE cômoda **2** BrE armário de cozinha ▶ No inglês americano diz-se **hutch**

dressing /ˈdrɛsɪŋ/ s **1** molho [para salada] | **vinaigrette dressing** molho vinagrete **2** AmE recheio **3** curativo

ˈ**dressing ˌgown** s BrE roupão, robe ▶ No inglês americano diz-se **bathrobe** ou **robe**

ˈ**dressing ˌroom** s **1** camarim **2** vestiário

ˈ**dressing ˌtable** s penteadeira

dressmaker /ˈdrɛsmeɪkər/ s costureiro -ra

ˈ**dress reˌhearsal** s ensaio geral

drew /dru/ passado de **draw**

dribble /ˈdrɪbəl/ v **1** [intr] babar **2** [tr/intr] driblar **3** [tr/intr] pingar, gotejar

dried¹ /draɪd/ adj **1** seco [flores, cogumelos] **2** em pó [leite] | **dried fruit** frutas secas

dried² passado & particípio de **dry**

drier ▶ ver **dryer**

drift /drɪft/ verbo & substantivo
• v [intr] **1** mover-se lentamente, impulsionado pelo ar ou pela água: *The raft drifted out to sea.* A balsa foi indo lentamente mar adentro. | *We had drifted off course.* Tínhamos nos desviado do rumo. **2** estar à deriva **3** mudar de situação, ou entrar numa situação sem querer: *She drifted from one job to another.* Ela entrava e saía de um emprego para outro. **4** acumular-se [neve, areia]
• s **1** acúmulo [de neve] **2** ideia geral | **to catch/get the drift** captar o essencial | **if you get my drift** se você entende o que eu quero dizer

drill /drɪl/ *substantivo & verbo*
- *s* **1** furadeira, broca **2** exercício [para decorar algo] **3** treinamento [militar]
- *v* **1** [tr] perfurar [madeira, gesso, etc.] | **to drill a hole (in sth)** fazer um furo (em algo) [com uma furadeira] **2** [tr] usar a broca em [um dente] **3 to drill for oil** procurar petróleo [perfurando o solo] **4 to drill sb in sth** fazer alguém exercitar algo [por repetição] **5** [tr/intr] treinar [soldados]

drily ▶ ver **dryly**

drink /drɪŋk/ *verbo & substantivo*
- *v* (passado **drank**, particípio **drunk**) **1** [tr/intr] beber | **to drink (to) sb's health** brindar alguém **2** [intr] beber [bebida alcoólica] | **to drink and drive** dirigir alcoolizado
  drink to sth/sb brindar (a) algo/alguém
  drink up beber logo **drink sth up** beber algo todo: *Drink up your milk.* Beba seu leite todo.
- *s* **1** bebida: *a hot drink* uma bebida quente | *Can I have a drink of water?* Pode me dar um copo d'água? **2** drinque: *We had a drink to celebrate.* Tomamos um drinque para comemorar. | **to go (out) for a drink** sair para tomar um drinque **3** BrE bebida (alcoólica)

drinker /'drɪŋkər/ *s* pessoa que costuma tomar bebida alcoólica **to be a heavy drinker** ser um beberrão

'drinking ˌwater *s* água potável

drip /drɪp/ *verbo & substantivo*
- *v* (-pped, -pping) [intr/tr] pingar: *The faucet is dripping.* A torneira está pingando. | *Water was dripping from the ceiling.* Estava pingando água do teto. | **to be dripping with sth** estar pingando de algo
- *s* **1** pingo **2** pinga-pinga **3** BrE tubo por onde escoa o soro, em hospital: *He was being fed from a drip.* Ele estava sendo alimentado por meio de soro. **to be on a drip** estar/ficar no soro

drive /draɪv/ *verbo & substantivo*
- *v* (passado **drove**, particípio **driven**) **1** [tr/intr] dirigir: *I can't drive.* Não sei dirigir. | *She drives a red Honda.* Ela tem um Honda vermelho.
  2 [intr] ir/andar de carro: *Should we drive or go on the train?* Vamos de carro ou de trem?
  3 [tr] levar (de carro): *Can you drive me to the airport?* Você pode me levar ao aeroporto?
  4 to drive sb crazy levar alguém à loucura | **to drive sb to drink** levar alguém a beber
  5 [tr] **to drive sb to do sth** levar alguém a fazer algo
  6 [tr] fincar: *He drove the stakes into the ground.* Ele fincou as estacas na terra.
  7 what are you/is he etc. driving at? onde você/ele etc. quer chegar?
  drive sth away espantar algo **drive sb away** afastar alguém
  drive off ir embora [de carro] **drive sth/sb off** afugentar alguém/algo

- *s* **1** viagem, passeio [de carro]: *It's a three-day drive to Vienna.* São três dias de carro até Viena. | **to go for a drive** dar uma volta de carro
  2 (também **driveway**) entrada (para automóvel) [numa residência]
  3 drive [em tênis ou golfe]
  4 campanha: *an economy drive* uma campanha para economizar
  5 instinto, impulso | **sex drive** libido
  6 energia, pique
  7 a four-wheel drive vehicle um veículo com tração nas quatro rodas
  8 drive [em informática]

'drive-in *s* **1** drive-in **2** drive-thru

driven /'drɪvən/ particípio de **drive**

driver /'draɪvər/ *s* motorista: *The driver of the vehicle was killed.* O motorista do veículo morreu. | *a truck/taxi driver* um caminhoneiro/taxista | *He's not a very good driver.* Ele não dirige muito bem.

'driver's ˌlicense AmE, **'driving ˌlicence** BrE *s* carteira de motorista

driveway /'draɪvweɪ/ *s* entrada (para automóvel) [numa residência]

driving /'draɪvɪŋ/ *s* direção [ação de dirigir um veículo]: *I did most of the driving.* Fiquei na direção a maior parte do caminho. | *His driving is terrible.* Ele dirige pessimamente.

'driving ˌschool *s* autoescola

'driving ˌtest *s* exame de direção/habilitação

drizzle /'drɪzəl/ *substantivo & verbo*
- *s* garoa
- *v* [intr] garoar

drone /droʊn/ *verbo & substantivo*
- *v* [intr] **1** zumbir **2 to drone on (about sth)** alongar-se (sobre algo)
- *s* zoeira [de um avião, o trânsito, etc.]

drool /drul/ *v* [intr] **1** babar [bebê, cachorro] **2 to drool over sth/sb**: *I hate to see her drooling over him like that.* Odeio vê-la se babando por ele desse jeito.

droop /drup/ *v* [intr] **1** murchar [plantas, flores] **2** cair [cabeça, ombros] **3** abater-se: *Our spirits drooped.* Nossos ânimos se abateram.

drop /drɑp/ *verbo & substantivo*
- *v* (-pped, -pping) **1** [tr] deixar cair, largar: *The dog dropped the stick at my feet.* O cachorro largou o pau aos meus pés. | *I must have dropped my wallet.* Eu devo ter deixado minha carteira cair. | *Don't drop it!* Não deixe isso cair! | **to drop a bomb** jogar uma bomba
  2 [intr] cair: *I dropped into a chair, exhausted.* Caí, exausta, numa cadeira.
  3 [intr] cair [preços, temperatura]
  4 [tr] baixar, reduzir [preços, temperatura]
  5 [tr] abandonar [uma ideia, um plano, etc.]: *I dropped history and did music instead.* Abandonei História e fiz Música. | **to drop everything** largar tudo: *I can't just drop everything at a*

moment's notice. Não posso simplesmente largar tudo de uma hora para outra.
6 [tr] dispensar, dar um chute em [um namorado, uma namorada]
7 to drop it/drop the subject não falar mais nisso/nesse assunto: *Just drop it, will you?* Não fala mais nisso, está bom? | *Let's drop the subject.* Não vamos mais falar nesse assunto. | **to let it drop/to let the matter drop** parar de falar nisso/deixar o assunto morrer
8 [tr] cortar [um jogador, um parágrafo]: *He's been dropped from the team.* Ele foi cortado do time.
9 [tr] (também **drop off**) deixar: *I can drop you on my way to work.* Posso te deixar lá quando eu for para o trabalho.
10 to work until you drop trabalhar até cair
11 to drop dead cair morto | **drop dead!** (informal) vá para o inferno!
PHRASAL VERBS
drop around ▶ ver **drop in drop sth around** passar para entregar algo [na casa de alguém]
drop back ficar para trás
drop behind ficar para trás
drop by ▶ ver **drop in**
drop in aparecer [para visitar]: *Drop in any time.* Apareça quando quiser. | **to drop in on sb** dar um pulo na casa de alguém
drop off 1 dormir **2** declinar **drop sth off** deixar algo **drop sb off** deixar alguém: *Can you drop Tom off at school?* Você pode deixar o Tom na escola?
drop out 1 abandonar, desistir | **to drop out of a race** abandonar uma corrida | **to drop out of college** largar a faculdade **2** afastar-se da sociedade

• *s* **1** gota | **eye drops** colírio | **ear drops** remédio de ouvido
2 pingo | **a drop of milk/vinegar etc.** um pingo de leite/vinagre etc.: *I like a drop of whiskey now and again.* Gosto de tomar um pouco de uísque de vez em quando.
3 queda: *It's a 100-meter drop from the edge of the road.* É uma queda de 100 metros da beira da estrada.
4 a drop in temperature/prices etc. uma queda na temperatura/nos preços etc.

5 at the drop of a hat num piscar de olhos
6 a drop in the ocean uma gota de água no oceano

'drop-down ˌmenu *s* menu suspenso
dropout /'drɑp-aʊt/ *s* marginal [pessoa]
drought /draʊt/ *s* seca
drove /droʊv/ passado de **drive**
drown /draʊn/ *v* **1** [intr] afogar-se, [tr] afogar **2** [tr] (também **drown out**) abafar [um som]
drowsy /'draʊzi/ *adj* (**-sier, -siest**) sonolento | **to feel drowsy** sentir-se sonolento
drug /drʌg/ *substantivo & verbo*

• *s* **1** droga | **to take/use drugs** tomar drogas, drogar-se | **to be on drugs** estar drogado **2** remédio **3 drug abuse** abuso de drogas **drug addict** viciado -da em drogas **drug trafficking** tráfico de drogas

• *v* [tr] (**-gged, -gging**) drogar

drugstore /'drʌgstɔr/ *s* AmE drogaria
drum /drʌm/ *substantivo, substantivo plural & verbo*

• *s* **1** (instrumento musical) tambor **2** (de uma máquina) tambor **3** (de petróleo) tambor

• **drums** *s pl* bateria | **to play (the) drums** tocar bateria

• *v* (**-mmed, -mming**) **1** [tr/intr] tamborilar: *The rain drummed on the roof.* A chuva tamborilava no telhado. | **to drum your fingers (on sth)** tamborilar os dedos (sobre algo) **2 to drum sth into sb** inculcar algo em alguém
drum sth up to drum up support (for sth) obter apoio (para algo) | **to drum up interest (in sth)** despertar interesse (em algo)

drummer /'drʌmər/ *s* baterista
drumstick /'drʌmstɪk/ *s* **1** coxa [de frango] **2** vareta [para tocar bateria]
drunk¹ /drʌŋk/ *adjetivo & substantivo*

• *adj* **1** bêbado | **to get drunk (on sth)** embebedar-se (de algo) **2 to be drunk with happiness** estar morrendo de felicidade | **to be drunk with power** estar embriagado de poder

• *s* (também **drunkard**) bêbado -da

drunk² particípio de **drink**
ˌdrunk ˈdriving *s* embriaguez ao volante
drunken /'drʌŋkən/ *adj* bêbado [pessoa], de bêbados [gritaria, festa]
dry /draɪ/ *adjetivo & verbo*

• *adj* (**drier, driest**) **1** seco | **to run dry** secar [um rio, um lago, etc.] | **dry land** terra firme **2** (referente ao tempo) sem chuvas: *Tomorrow will be warm and dry.* O dia amanhã vai ser quente e sem chuvas. | *I hope it stays dry this weekend.* Espero que não chova este fim de semana. **3** (referente a senso de humor, etc.) refinado e irônico **4** (referente a vinho) seco

• *v* (passado & particípio **dried**) **1** [intr] secar **2** [tr] secar, enxugar | **to dry your eyes** enxugar as lágrimas

falling dropping

dry off ▶ ver **dry out**
dry out secar **dry sth out** pôr algo para secar
dry up **1** secar [um rio, um lago, etc.] **2** BrE enxugar a louça **3** acabar, esgotar-se [dinheiro, recursos, etc.] **dry sth up** **1** enxugar algo [a louça] **2** fazer algo secar [um rio, um lago, etc.]

'dry-clean v [tr] lavar a seco

,dry 'cleaner's s tinturaria

,dry 'cleaning s lavagem a seco

dryer, também **drier** /'draɪər/ s **1** secador [de cabelo] **2** secadora [de roupa]

dryly, também **drily** /'draɪli/ adv sarcasticamente

dryness /'draɪnəs/ s secura

'dry wall s painel de gesso acartonado

dual /'duəl/ adj duplo | **dual nationality/citizenship** dupla nacionalidade/cidadania

dual carriageway /,duəl 'kærɪdʒweɪ/ s BrE pista dupla [em estrada] ▶ No inglês americano, diz-se **divided highway**

dub /dʌb/ v [tr] (-bbed, -bbing) dublar | **to dub a movie into English/Italian etc.** dublar um filme em inglês/italiano etc.

dubious /'dubiəs/ adj **1 to be dubious about sth** ter as suas dúvidas sobre algo **2** duvidoso **3** dúbio

duchess /'dʌtʃɪs/ s (pl -sses) duquesa

duck /dʌk/ s substantivo & verbo

- s pato

- v **1** [intr] abaixar-se | **to duck behind sth** abaixar-se atrás de algo **2 to duck your head** abaixar a cabeça **3 to duck the issue/question** evitar falar no assunto

duck out (of) (informal) **to duck out of sth/doing sth** livrar-se de algo/de fazer algo

duckling /'dʌklɪŋ/ s patinho

dud /dʌd/ adjetivo & substantivo

- adj (informal) pifado [pilha, rojão, etc.], frio [nota, moeda], sem fundos [cheque]

- s (informal) algo que não funciona: *This light bulb's a dud.* Esta lâmpada está pifada.

due /du/ adjetivo, advérbio, substantivo & substantivo plural

- adj **1** previsto: *When is your baby due?* Para quando está previsto o seu bebê? | *The flight is due at 9:30.* A chegada do voo está prevista para as 9:30. | *The meeting is due to start at three.* A reunião está prevista para começar às três. | *She's not due back until Monday.* Ela deve voltar só na segunda-feira. | *My library books are due back tomorrow.* Tenho que devolver os livros à biblioteca até amanhã. **2 due to** devido a: *The game was canceled due to bad weather.* O jogo foi cancelado devido ao mau tempo. **3** (caber a alguém): *He never got the recognition due to him.* Ele nunca teve o reconhecimento devido. | *I think she's due for a pay raise.* Acho que está na hora de ela receber aumento. **4 with (all) due respect** com todo o respeito **5 in due course** na ocasião oportuna, oportunamente

- adv **due north/south/east/west** bem ao norte/sul/leste/oeste

- s **to give sb his/her due** ser justo com ele/ela

- **dues** s pl contribuições, mensalidade [de clube, sindicato, etc.]

duel /'duəl/ s duelo

duet /du'ɛt/ s dueto, duo

duffel coat, também **duffle coat** /'dʌfəl koʊt/ s BrE japona com capuz

dug /dʌɡ/ passado & particípio de **dig**

duke /duk/ s duque

dull /dʌl/ adjetivo & verbo

- adj **1** chato, monótono [rotina, pessoa] **2** opaco, embaçado | **a dull brown/green etc.** um marrom/verde etc. opaco **3** surdo [som] **4** insistente [dor] **5** nublado [dia, tempo, céu] **6** lerdo [pessoa] **7** cego [faca, lâmina]

- v [tr] **1** amenizar [uma dor] **2** embotar [os sentidos]

duly /'duli/ adv **1** devidamente **2** pontualmente, na hora prevista

dumb /dʌm/ adj **1** mudo | **deaf and dumb** surdo-mudo ▶ Algumas pessoas consideram este adjetivo ofensivo e preferem usar **mute** **2** (informal) idiota

dummy /'dʌmi/ s (pl dummies) **1** manequim, boneco **2** BrE chupeta ▶ No inglês americano, diz-se **pacifier** **3** cópia fiel, porém inutilizável, de um objeto real **4** (informal) idiota, besta

dump /dʌmp/ verbo & substantivo

- v [tr] **1** (colocar desordenadamente) largar **2** (referente ao lixo) jogar **3** largar **4** dar o fora em [um namorado ou uma namorada]

- s **1** (para lixo) depósito **2** (para munição, etc.) depósito **3** (informal) (lugar desagradável) lixo: *This town's a dump.* Esta cidade é um lixo. **4 to be down in the dumps** (informal) estar mal, estar deprimido

dune /dun/ s duna

dung /dʌŋ/ s esterco, bosta

dungarees /,dʌŋɡə'riz/ s pl BrE macacão [tipo jardineira] ▶ No inglês americano diz-se **overalls**

dungeon /'dʌndʒən/ s calabouço, masmorra

dunno /'dʌnoʊ/ (non standard) não sei

duo /'duoʊ/ s (pl -s) **1** duo **2** dupla

dupe /dup/ v [tr] tapear | **to dupe sb into doing sth** engambelar alguém para fazer algo

duplicate¹ /'dupləkət/ adjetivo & substantivo

- adj **a duplicate copy** uma cópia | **a duplicate key** uma chave duplicada

- s duplicata

duplicate² /'dupləkeɪt/ v [tr] **1** copiar **2** reproduzir

durable /'dʊrəbəl/ adj durável

duration /dʊˈreɪʃən/ s (formal) duração | **for the duration of sth** enquanto algo durar/durou

during /ˈdʊrɪŋ/ prep durante ► DURING OU FOR? ver nota em **durante**

dusk /dʌsk/ s crepúsculo | **at dusk** ao anoitecer

dust /dʌst/ substantivo & verbo
- s **1** poeira **2 to give sth a dust** dar uma espanada em algo
- v [tr/intr] tirar o pó (de)
dust sth down/off escovar algo, tirar o pó de algo

dustbin /ˈdʌstbɪn/ s BrE lixeira [do lado de fora da casa] ► No inglês americano diz-se **garbage can** ou **trash can**

duster /ˈdʌstər/ s pano de pó

dustman /ˈdʌstmən/ s (pl -men) BrE lixeiro ► No inglês americano, diz-se **garbage man**

dustpan /ˈdʌstpæn/ s pá [de lixo]

dusty /ˈdʌsti/ adj (-tier, -tiest) empoeirado

Dutch /dʌtʃ/ adjetivo & substantivo
- adj holandês -esa
- s **1** (idioma) holandês **2 the Dutch** os holandeses

Dutchman /ˈdʌtʃmən/ s (pl -men) holandês

Dutchwoman /ˈdʌtʃwʊmən/ s (pl -women /wɪmɪn/) holandesa

dutiful /ˈdutɪfəl/ adj responsável, obediente

duty /ˈduti/ s (pl -ties) **1** dever, obrigação | **to do your duty** cumprir o seu dever | **to have a duty to do sth** ter a obrigação de fazer algo **2** função **3 to be on/off duty** estar em serviço/de folga **4** imposto, tarifa [alfandegária]: *The duty on wine has gone up.* O imposto sobre o vinho subiu.

duty-ˈfree adj **1** livre de impostos **2 duty-free store** free shop

duvet /duˈveɪ, BrE ˈdjuveɪ/ s edredom

DVD /ˌdi vi ˈdi/ s DVD

DVD player /ˌdi vi ˈdi ˌpleɪər/ s tocador de DVD

dwarf /dwɔrf/ substantivo & verbo
- s (pl dwarfs, dwarves /dwɔrvz/) anão, anã
- v [tr] fazer parecer baixinho: *The cathedral is dwarfed by the surrounding buildings.* A catedral parece baixa perto dos prédios à sua volta.

dwell /dwɛl/ v [intr] (passado & particípio dwelled, dwelt /dwɛlt/) (literário) habitar
dwell on/upon sth 1 estender-se sobre algo **2** ficar remoendo algo

dwelling /ˈdwɛlɪŋ/ s (formal) moradia, morada

dwindle /ˈdwɪndl/ v [intr] (também **dwindle away**) minguar | **to dwindle (away) to nothing** reduzir-se a zero

dye /daɪ/ substantivo & verbo
- s tintura
- v [tr] (3a pess sing presente dyes, passado & particípio dyed, gerúndio dyeing) tingir | **to dye sth black/red etc.** tingir algo de preto/vermelho etc.: *She dyed her hair blonde.* Ela tingiu o cabelo de louro.

dying[1] /ˈdaɪ-ɪŋ/ adjetivo & substantivo
- adj **1** moribundo **2** último: *his dying wish* o seu último desejo | *He scored in the dying minutes of the game.* Ele fez gol nos últimos minutos da partida.
- s **the dying** os moribundos

dying[2] gerúndio de **die**

dyke ► ver **dike**

dynamic /daɪˈnæmɪk/ adj dinâmico

dynamics /daɪˈnæmɪks/ s dinâmica

dynamite /ˈdaɪnəmaɪt/ s dinamite

dynasty /ˈdaɪnəsti, BrE ˈdɪnəsti/ s (pl -ties) dinastia

dyslexia /dɪsˈlɛksiə/ s dislexia

dyslexic /dɪsˈlɛksɪk/ adj & s disléxico -ca

E[1], **e** /i/ E, e ► ver "Active Box" **letters** em **letter**

E[2] s **1** (nota musical) mi **2** (conceito escolar) E ► ver quadro em **grade**

E[3] (= **East**) L

each /itʃ/ adjetivo, pronome & advérbio
- adj cada: *She had a blister on each foot.* Ela tinha uma bolha em cada pé. | *Each bedroom has its own shower.* Cada quarto tem um chuveiro. ► EACH OU EVERY? ver **cada**
- pron **1** cada um/uma: *I gave a piece of cake to each of them.* Dei um pedaço de bolo para cada um. | *The children each have a bike.* Cada criança tem uma bicicleta. **2 each and every one of us** todos/todas: *issues that affect each and every one of us* questões que afetam todos nós
- adv cada: *The tickets are $10 each.* Os ingressos custam $10 cada.

ˌeach ˈother pron **Each other** indica que uma ação é recíproca. Em português, a reciprocidade é frequentemente expressa por meio de verbos pronominais: *Do you know each other?* Vocês se conhecem? | *They looked at each other.* Eles se olharam. | *They blame each other for what happened.* Eles se culpam um ao outro pelo que aconteceu.

eager /ˈigər/ adj **1** ansioso: *a line of eager children* uma fila de crianças ansiosas | *We were all* *eager to get started.* Estávamos todos ansiosos para começar. **2 to be eager to please** querer agradar

eagerly /'igərli/ *adv* ansiosamente

eagerness /'igərnəs/ s **eagerness to do sth** ânsia/afã de fazer algo: *In his eagerness to help, he knocked over the jug of water.* Na ânsia de ajudar, ele derrubou a jarra d'água.

eagle /'igəl/ s águia

ear /ɪr/ s **1** orelha **2** ouvido | **to have an ear for music/languages etc.** ter ouvido para música/línguas etc. **3** espiga **4 to be all ears** (informal) ser todo ouvidos **5 to play it by ear** ver o que vai acontecer/rolar **6 to be up to your ears in debt/work etc.** (informal) estar endividado até o pescoço/atolado de trabalho etc.

earache /'ɪreɪk/ s dor de ouvido

earl /ɜrl/ s conde

early /'ɜrli/ adjetivo & advérbio
• *adj* (-lier, -liest) **1** no início de: *in early April* no início de abril | *his early life* a primeira parte da vida dele | *a woman in her early thirties* uma mulher de pouco mais de 30 anos **in the early morning/afternoon** de manhã cedo/no início da tarde
2 to be early chegar adiantado: *You're early!* Você chegou cedo! | *The flight was an hour early.* O voo chegou uma hora adiantado.
3 early death morte prematura | **early retirement** aposentadoria precoce
4 primeiro: *early settlers in Virginia* os primeiros colonos na Virginia
5 at the earliest não antes de
6 at/from an early age cedo na vida
7 in the early hours (of the morning) de madrugada
8 to have an early start madrugar
9 to have an early night dormir cedo
• *adv* **1** cedo: *I got up very early.* Eu me levantei muito cedo.
2 no início de: *early next year* no início do ano que vem | *early in the morning* de manhã cedo | *It happens early in the book.* Isso acontece no início do livro.
3 early on logo

earmark /'ɪrmɑrk/ v **to be earmarked for sth** estar reservado para algo

earn /ɜrn/ v **1** [tr] ganhar: *She earns $35,000 a year.* Ela ganha $35.000 por ano. **2** [tr] merecer: *Enjoy your vacation. You've earned it.* Aproveite as férias. Você merece. **3 to earn a/your living** ganhar a vida

earnest /'ɜrnɪst/ adj **1** sério **2 in earnest** para valer: *Then it started raining in earnest.* Aí começou a chover para valer. **3 to be in (deadly) earnest** falar (muito) sério

earnings /'ɜrnɪŋz/ s *pl* **1** rendimentos, renda **2** receitas

earphones /'ɪrfoʊnz/ s *pl* fones [de ouvido]

earring /'ɪrɪŋ/ s brinco

earshot /'ɪrʃɑt/ s **within earshot** perto o suficiente para ouvir: *Everyone within earshot soon knew what she thought.* Todos os que estavam por perto logo souberam o que ela achava. | **out of earshot** muito longe para ouvir

earth /ɜrθ/ s **1 (the) earth**, também **(the) Earth** a Terra, o mundo: *the tallest building on earth* o prédio mais alto do mundo | *the planet Earth* o planeta Terra **2** (substância) terra **3** (superfície da terra) chão **4** BrE (em fiação elétrica) terra ▶ No inglês americano, diz-se **ground 5 to come back down to earth (with a bump)** cair na real **6 to cost/pay/charge the earth** (informal) custar/pagar/cobrar uma fortuna **7 what/how/why etc. on earth...?** (informal) mas o que/como/por que etc....?

earthly /'ɜrθli/ adj **1 there is no earthly reason** não há razão no mundo | **there is no earthly use/point** não faz o menor sentido, não adianta nada **2** terreno, mundano

earthquake /'ɜrθkweɪk/ s terremoto

ease /iz/ substantivo & verbo
• *s* **1 with ease** com facilidade **2** desembaraço | **to be/feel at ease** estar/sentir-se à vontade | **to be ill at ease** não se sentir à vontade
• *v* **1** [tr] facilitar **2** [tr] mover-se lenta e cuidadosamente: *She eased herself up into a sitting position.* Ela foi se levantando devagarinho até ficar sentada. **3** [tr] diminuir [dor, pressão, tensão] **4** [intr] abrandar [temporal, vento] **5 to ease sb's mind** tranquilizar alguém
ease off diminuir [chuva, dor, pressão]
ease up 1 ▶ ver **ease off 2** desacelerar **3 to ease up on sb** tratar melhor alguém

easel /'izəl/ s cavalete [de pintor]

easily /'izəli/ adv **1** facilmente **2** de longe: *She is easily the most intelligent student in the class.* Ela é de longe a aluna mais inteligente da sala dela. **3** para expressar probabilidade: *I'd better remind him. He could easily forget.* É melhor eu lembrar-lhe. Ele é capaz de esquecer.

east /ist/ substantivo, adjetivo & advérbio
• *s* **1** leste: *Which way is east?* Para que lado é o leste? | **to the east (of)** a leste (de) **2 the East (a)** o Oriente **(b)** o leste [dos EUA]
• *adj* (do) leste: *There was a strong east wind.* Havia um forte vento leste.
• *adv* para o leste, em direção ao leste: *The house faces east.* A casa é voltada para o leste.

eastbound /'istbaʊnd/ adj na direção leste

Easter /'istər/ s Páscoa | **at Easter** na Páscoa

Easter egg s ovo de Páscoa

easterly /'istərli/ adj leste | **in an easterly direction** na direção leste

eastern, também **Eastern** /'istərn/ adj **1** (asiático) oriental **2** (do leste) oriental

eastward /'istwərd/, também **eastwards** /'istwərdz/ *adv* em direção ao leste

easy /'izi/ *adjetivo & advérbio*
- *adj* (**-sier, -siest**) **1** fácil: *It's easy to make a mistake.* É fácil cometer um erro. **2** tranquilo: *I would feel easier if I knew where she was.* Eu ficaria mais tranquila se soubesse onde ela está. **3 an easy life** uma vida fácil **4 to take the easy way out** optar pela saída mais fácil **5 I'm easy** (informal) para mim tanto faz
- *adv* (**-sier, -siest**) **1 to take it/things easy** ir com calma **2 take it easy!** calma! **3 to go easy on/with sth** maneirar em/com algo: *Go easy on the garlic.* É melhor maneirar no alho. **4 to go easy on sb** pegar leve com alguém **5 that's/ it's easier said than done** falar é fácil, difícil é fazer

easygoing /izi'gouɪŋ/ *adj* **1** fácil [temperamento, pessoa] **2** tranquilo [atitude]

eat /it/ *v* (tr/intr) (passado **ate**, particípio **eaten**) **1** comer: *Would you like something to eat?* Quer comer alguma coisa? **2 what's eating him/ her etc.?** que bicho o/te etc. mordeu? **3 to have sb eating out of your hand** ter alguém na palma da mão

PHRASAL VERBS
eat away to eat away at sth/to eat sth away corroer algo, carcomer algo
eat into sth 1 corroer algo **2 to eat into sb's savings** consumir a poupança de alguém
eat out jantar fora
eat up comer logo **eat sth up 1** comer algo todo **2** ser um sorvedouro de algo

eaten /'itn/ particípio de **eat**

eater /'itər/ *s* **1 to be a big eater** ser um comilão **2 to be a fussy eater** ser enjoado para comer

eatery /'itəri/ *s* (pl **-ries**) restaurante

eavesdrop /'ivzdrɑp/ *v* [intr] (**-pped, -pping**) **to eavesdrop on sth/sb** escutar escondido algo/alguém

ebb /ɛb/ *substantivo & verbo*
- *s* **1 the ebb (tide)** a (maré) vazante **2 to be at a low ebb (a)** estar na pior **(b)** passar por uma fase ruim **3 the ebb and flow of sth** o ir e vir de algo [da demanda, da moda, etc.]
- *v* [intr] **1** baixar [maré] **2** (também **ebb away**) decair, enfraquecer

ebony /'ɛbəni/ *s* ébano

e-business /'i ˌbɪznɪs/ *s* negócios eletrônicos

eccentric /ɪk'sɛntrɪk/ *adj & s* excêntrico -ca

echo /'ɛkoʊ/ *substantivo & verbo*
- *s* (pl **echoes**) **1** eco **2** semelhança
- *v* **1** [intr] ecoar: *The hall echoed with laughter.* As gargalhadas ecoaram no auditório. **2** [tr] ecoar

eclipse /ɪ'klɪps/ *substantivo & verbo*
- *s* eclipse
- *v* [tr] eclipsar

ecological /ikə'lɑdʒɪkəl/ *adj* ecológico

ecologically /ikə'lɑdʒɪkli/ *adv* ecologicamente

ecologist /ɪ'kɑlədʒɪst/ *s* ecologista

ecology /ɪ'kɑlədʒi/ *s* ecologia

e-commerce /'i ˌkɑmərs/ *s* comércio eletrônico

economic /ɛkə'nɑmɪk/ *adj* **1** econômico ▶ ECONOMIC OU ECONOMICAL? ver **econômico** **2** lucrativo

economical /ɛkə'nɑmɪkəl/ *adj* **1** econômico: *This car is very economical to run.* Este carro é bastante econômico. ▶ ECONOMICAL OU ECONOMIC? ver **econômico** **2 to be economical with the truth** omitir parte da verdade

economically /ɛkə'nɑmɪkli/ *adv* **1** economicamente **2** de forma econômica

economics /ɛkə'nɑmɪks/ *s* **1** economia [ciência] ▶ ECONOMY OU ECONOMICS? ver **economia** **2 the economics of sth** os aspectos econômicos de algo

economist /ɪ'kɑnəmɪst/ *s* economista

economize, -ise BrE /ɪ'kɑnəmaɪz/ *v* [intr] economizar | **to economize on sth** economizar (em) algo: *We're trying to economize on heating.* Estamos tentando economizar no aquecimento.

economy /ɪ'kɑnəmi/ *s* (pl **-mies**) **1** economia [de um país, uma região] ▶ ECONOMY OU ECONOMICS? ver **economia** **2 to make economies** BrE fazer economia **3 economy class** classe econômica **economy size/pack** tamanho econômico/embalagem econômica

ecotourism /ikoʊ'tʊrɪzəm/ *s* ecoturismo

ecstasy /'ɛkstəsi/ *s* (pl **-sies**) **1** êxtase **2** (também **Ecstasy**) ecstasy [droga] **3 to go into ecstasies over sth** entrar em êxtase com algo

ecstatic /ɪk'stætɪk/ *adj* extático, eufórico

Ecuador /'ɛkwədɔr/ *s* Equador

Ecuadorian /ɛkwə'dɔriən/ *adj & s* equatoriano -na

edge /ɛdʒ/ *substantivo & verbo*
- *s* **1** borda, beirada: *the edge of the bed* a beirada da cama | *on the edge of town* na periferia da cidade | *at the water's edge* à beira d'água **2** fio [de faca, lâmina] **3 to have the edge on/over sb** levar vantagem sobre alguém **4 to be on edge** estar tenso **5 to take the edge off sb's hunger/pain** aliviar a fome/dor de alguém
- *v* [intr] mover-se devagar: *The car edged forward.* O carro avançou devagar. | *He edged his chair closer to mine.* Ele foi movendo a cadeira para perto da minha. | **to edge away (from sth/sb)** afastar-se devagar (de algo/alguém) | **to edge your way along sth** avançar pouco a pouco por algo: *I edged my way through the crowd.* Fui abrindo caminho por entre a multidão.

edgy /'ɛdʒi/ *adj* (**-gier, -giest**) nervoso

edible /'ɛdəbəl/ *adj* comestível

edit /'ɛdɪt/ v [tr] **1** editar [um livro, um filme] **2** revisar [um texto] **3** editar [um jornal, uma revista]

edition /ɪ'dɪʃən/ s edição

editor /'ɛdətər/ s **1** (de jornal, revista) editor -a **2** (numa editora) editor -a **3** (de filmes) editor -a

educate /'ɛdʒəkeɪt/ v [tr] instruir, educar: *She was educated in France.* Ela foi educada na França.

educated /'ɛdʒəkeɪtɪd/ adj **1** instruído **2 an educated guess** uma suposição fundada em determinada informação

education /ɛdʒə'keɪʃən/ s **1** instrução, formação **2** educação, ensino **3** pedagogia

educational /ɛdʒə'keɪʃənəl/ adj **1** educacional **2** educativo, instrutivo

eel /il/ s enguia

eerie /'ɪri/ adj **1** estranho, sinistro [ruído] **2** inquietante [silêncio]

effect /ɪ'fɛkt/ substantivo, substantivo plural & verbo

• s **1** efeito | **to have an effect (on sth/sb)** ter efeito (sobre algo/alguém): *Their taunts had no effect.* Suas zombarias não tiveram efeito. **2 to put sth into effect** pôr algo em prática | **to come into effect** entrar em vigor **3 to take effect (a)** fazer efeito [remédio] **(b)** entrar em vigor [lei] **4 in effect** na verdade **5 to this effect** com esta finalidade **6 to do sth for effect** fazer algo para impressionar

• **effects** s pl **1** (formal) bens | **personal effects** pertences (pessoais) **2** efeitos | **special effects** efeitos especiais

• v [tr] (formal) **1** promover [uma reconciliação, uma mudança] **2** encontrar [uma cura]

effective /ɪ'fɛktɪv/ adj **1** eficaz: *The policy has been effective in reducing crime.* A política adotada tem sido eficaz na redução da criminalidade. **2** de grande efeito: *The commercials were simple but very effective.* Os comerciais eram simples, mas de grande efeito.

effectively /ɪ'fɛktɪvli/ adv **1** eficazmente **2** efetivamente

effectiveness /ɪ'fɛktɪvnəs/ s eficácia

effeminate /ɪ'fɛmənət/ adj afeminado

efficiency /ɪ'fɪʃənsi/ s eficiência

efficient /ɪ'fɪʃənt/ adj eficiente

efficiently /ɪ'fɪʃəntli/ adv eficientemente

effort /'ɛfərt/ s **1** (empenho) esforço | **to put a lot of effort into sth** esforçar-se muito em algo: *I put a lot of effort into organizing the party.* Eu me esforcei muito para organizar a festa. | **to put some effort into sth** esforçar-se em algo **2** (tentativa) esforço: *We worked all night in an effort to finish it on time.* Trabalhamos a noite toda, para terminá-lo dentro do prazo. **3 to make an effort to do sth** fazer um esforço para fazer algo **4 it's (not) worth the effort** (não) vale a pena

EFL /i ɛf 'ɛl/ (= **English as a Foreign Language**) inglês como língua estrangeira

e.g., também **eg** BrE /i 'dʒi/ (= **for example**) ex.

egg /ɛg/ substantivo & verbo

• s **1** ovo **2** óvulo **3 to put all your eggs in one basket** arriscar tudo em uma só coisa

• v **egg sb on** incitar alguém

eggplant /'ɛgplænt/ s AmE berinjela

eggshell /'ɛgʃɛl/ s casca de ovo

ego /'igoʊ/ s **1** ego **2 to boost sb's ego** levantar o moral de alguém

eight /eɪt/ numeral oito

eighteen /eɪ'tin/ numeral dezoito

eighteenth /eɪ'tinθ/ numeral **1** (numa ordem) décimo oitavo **2** (em data) (dia) dezoito **3** (fração) dezoito avos

eighth /eɪtθ/ numeral **1** (numa ordem) oitavo **2** (em data) (dia) oito **3** (fração) oitavo

eightieth /'eɪtiəθ/ numeral **1** octogésimo **2** oitenta avos

eighty /'eɪti/ numeral **1** oitenta **2 the eighties** os anos 80 **3 to be in your eighties** ter uns oitenta e poucos anos

either /'iðər, BrE 'aɪðə/ conjunção, adjetivo, pronome & advérbio

• conj **either... or... (a)** (em frases afirmativas) ou... ou...: *Either she leaves or I do!* Ou sai ela ou saio eu! **(b)** (em frases negativas) nem... nem...: *He hasn't been to either Rome or Florence.* Ele não conhece nem Roma nem Florença.

• adj & pron **1** (em perguntas) algum/alguma [de dois/duas]: *Do either of you have a pen?* Algum de vocês tem uma caneta?
2 (em frases afirmativas) qualquer um/uma (dos dois/das duas): *In my opinion, either team could win.* Na minha opinião, qualquer um dos times pode vencer.
3 (em frases negativas) nenhum/nenhuma (dos dois/das duas): *I've tried windsurfing and sailing, but I didn't like either much.* Tentei windsurfe e vela, mas não gostei muito de nenhum dos dois.
4 either way (a) de qualquer jeito **(b)** numa direção ou na outra
5 cada: *on either side* de cada lado | *at either end of the beach* em cada ponta da praia

• adv nem: *"I don't like rap." "I don't either."* – Não gosto de rap. – Nem eu.

eject /ɪ'dʒɛkt/ v **1** [tr] (formal) retirar, expulsar **2** [tr] ejetar [um CD, uma fita, etc.] **3** [intr] ejetar-se [de um avião]

 Diz-se *I arrived in Rio* ou *I arrived to Rio*? Veja o verbete **arrive**.

elaborate¹ /ɪˈlæbərət/ adj elaborado

elaborate² /ɪˈlæbəreɪt/ v [intr] dar detalhes | **to elaborate on sth** explicar algo em mais detalhe

elapse /ɪˈlæps/ v [intr] (formal) decorrer

elastic /ɪˈlæstɪk/ adj & s elástico

e,lastic 'band ▶ ver **rubber band**

elbow /ˈɛlboʊ/ substantivo & verbo
- s cotovelo
- v [tr] dar uma cotovelada em: *Dan elbowed his way through the crowd*. Dan abriu caminho na multidão às cotoveladas.

elder /ˈɛldər/ adjetivo & substantivo
- adj mais velho ▶ ver a seguir
- s your/his etc. elders os mais velhos

> **elder ou older?**
>
> Elder é uma forma alternativa de **older**, usada quando se refere a membros da família:
> *She has two elder brothers*. Ele tem dois irmãos mais velhos.
>
> Como superlativo, **elder** só é usado quando se trata de duas pessoas:
> *Sarah is the elder of the two sisters*. Sarah é a mais velha das duas irmãs.
>
> Elder não pode vir seguido de than. Para se dizer que uma pessoa é mais velha do que a outra, usa-se **older**:
> *John is older than Lizzie*. O John é mais velho do que a Lizzie.

elderly /ˈɛldərli/ adj **1** idoso: *an elderly relative* um parente idoso **2 the elderly** os idosos

eldest /ˈɛldɪst/ adj **1 eldest sister/daughter** etc. irmã/filha etc. mais velha **2 the eldest** o mais velho/a mais velha ▶ ver abaixo

> **eldest ou oldest?**
>
> Eldest é usado somente para referir-se a pessoas, especialmente os membros de uma família:
> *I'm the eldest of three sisters*. Sou a mais velha de três irmãs.

elect /ɪˈlɛkt/ v [tr] eleger

election /ɪˈlɛkʃən/ s eleição

electoral /ɪˈlɛktərəl/ adj eleitoral | **the electoral college** o colégio eleitoral

electorate /ɪˈlɛktərət/ s eleitorado

electric /ɪˈlɛktrɪk/ adj **1** elétrico ▶ ELECTRIC OU ELECTRICAL? ver **elétrico 2** eletrizante

electrical /ɪˈlɛktrɪkəl/ adj elétrico ▶ ELECTRIC OU ELECTRICAL? ver **elétrico**

electrician /ɪlɛkˈtrɪʃən/ s eletricista

electricity /ɪlɛkˈtrɪsəti/ s eletricidade

e,lectric 'shock s choque elétrico

electrify /ɪˈlɛktrəfaɪ/ v [tr] (-fies, -fied) **1** eletrificar **2** eletrizar [o público]

electrocute /ɪˈlɛktrəkjut/ v [tr] eletrocutar

electrode /ɪˈlɛktroʊd/ s eletrodo

electron /ɪˈlɛktrɑn/ s elétron

electronic /ɪlɛkˈtrɑnɪk/ adj eletrônico

electronics /ɪlɛkˈtrɑnɪks/ s eletrônica

elegance /ˈɛləgəns/ s elegância

elegant /ˈɛləgənt/ adj elegante

element /ˈɛləmənt/ s **1** elemento **2 an element of truth/risk** etc. uma parcela de verdade/risco **3** (em química) elemento **4 the elements** os elementos, a intempérie

elementary /ɛləˈmɛntri/ adj elementar, básico

ele'mentary ,school, também **'grade school** s AmE Nos Estados Unidos, escola para crianças entre 5 e 11 anos

elephant /ˈɛləfənt/ s elefante

elevator /ˈɛləveɪtər/ s AmE elevador

eleven /ɪˈlɛvən/ numeral onze

eleventh /ɪˈlɛvənθ/ numeral **1** (numa ordem) décimoprimeiro **2** (em data) (dia) onze **3** (fração) onze avos

elicit /ɪˈlɪsɪt/ v [tr] (formal) obter [uma resposta, informação, etc.]

eligible /ˈɛlədʒəbəl/ adj **1** qualificado, habilitado | **to be eligible for sth** ter direito a algo | **to be eligible to do sth** ter direito a fazer algo **2 an eligible bachelor** um bom partido

eliminate /ɪˈlɪməneɪt/ v [tr] **1** eliminar **2** erradicar [uma doença]

elimination /ɪlɪməˈneɪʃən/ s **1** eliminação **2** erradicação [de uma doença] **3 by (a process of) elimination** por exclusão

elite /eɪˈlit/ s elite

elm /ɛlm/ s olmo

El Niño /ɛl ˈninjoʊ/ s El Niño

elope /ɪˈloʊp/ v [intr] fugir [com namorado ou namorada, etc.]

eloquent /ˈɛləkwənt/ adj eloquente

El Salvador /ɛl ˈsælvədɔr/ s El Salvador

else /ɛls/ adv ▶ ver quadro

elsewhere /ˈɛlswɛr/ adv em/para outro(s) lugar(es)

ELT /i ɛl ˈti/ s (= English Language Teaching) ensino de inglês para estrangeiros

elude /ɪˈlud/ v [tr] despistar

elusive /ɪˈlusɪv/ adj **1** difícil de alcançar [objetivo, felicidade] **2** arisco [animal] **3 an elusive word** uma palavra difícil de lembrar **4** difícil de compreender [conceito]

e-mail, também **email** /ˈi meɪl/ substantivo & verbo
- s **1** (sistema) e-mail, correio eletrônico **2** (mensagem) e-mail

else

1. **else** vem sempre precedido por palavras que começam com **any-, no-, some-,** ou por palavras interrogativas: **what, who,** etc.
2. Às vezes, tem o significado de *mais*:

   Do you need anything else? Você precisa de mais alguma coisa? | *Who else was at the party?* Quem mais estava na festa? | *There's nothing else to do.* Não há mais nada a fazer.
3. Às vezes, significa *outro*:

   It wasn't Joe, it was someone else. Não era Joe, era outra pessoa. | *What else could she have done?* Que outra coisa ela poderia ter feito? | *Let's go somewhere else.* Vamos para outro lugar.
4. É também usado na expressão **or else,** que significa *senão*:

   We'd better hurry, or else we'll be late. É melhor nos apressarmos, senão vamos chegar atrasados. | *You keep quiet, or else!* Fica quieto, senão você vai ver!

- **v** **1** [tr] mandar um e-mail para [uma pessoa] **2** [tr] mandar por e-mail [uma mensagem]

emanate /ˈɛmənɛɪt/ v (formal) **emanate from sth** provir/emanar de algo

emancipation /ɪmænsəˈpeɪʃən/ s emancipação

embankment /ɪmˈbæŋkmənt/ s barragem, terraplenagem

embargo /ɪmˈbɑrgoʊ/ s (pl -goes) embargo

embark /ɪmˈbɑrk/ v [intr] embarcar: *He embarked for New York in 1892.* Ele embarcou para Nova York em 1892.

   embark on/upon sth partir para algo, empreender algo

embarrass /ɪmˈbærəs/ v [tr] (3a pess sing -sses) envergonhar

embarrassed /ɪmˈbærəst/ adj **1 to be/feel embarrassed** ficar sem graça: *He felt so embarrassed.* Ele ficou tão sem graça. | *I was embarrassed by her directness.* Sua franqueza me deixou sem graça. **2 an embarrassed silence** um silêncio constrangedor

embarrassing /ɪmˈbærəsɪŋ/ adj constrangedor, embaraçoso

embarrassment /ɪmˈbærəsmənt/ s **1** constrangimento **2** vergonha: *He finds his early albums an embarrassment.* Ele considera seus discos antigos uma vergonha. | *Her family was an embarrassment to her.* Sua família lhe causava constrangimento.

embassy /ˈɛmbəsi/ s (pl -ssies) embaixada

embedded /ɪmˈbɛdɪd/ adj **to be embedded in sth** estar incrustado em algo

ember /ˈɛmbər/ s brasa

emblem /ˈɛmbləm/ s emblema

embodiment /ɪmˈbɑdɪmənt/ s (formal) **the embodiment of sth** a personificação de algo

embody /ɪmˈbɑdi/ v [tr] (-dies, -died) (formal) personificar

embrace /ɪmˈbreɪs/ verbo & substantivo

- **v** **1** (falando de pessoas) [tr] abraçar, [intr] abraçar-se **2** [tr] (formal) adotar [uma religião, um estilo de vida, etc.]
- **s** abraço

embroider /ɪmˈbrɔɪdər/ v [tr/intr] bordar

embroidery /ɪmˈbrɔɪdəri/ s bordado

embryo /ˈɛmbrioʊ/ s embrião

emerald /ˈɛmərəld/ substantivo & adjetivo

- **s** esmeralda
- **adj** (cor) esmeralda

emerge /ɪˈmɜrdʒ/ v [intr] (formal) **1** emergir, surgir | **to emerge from sth** emergir de algo, sair de algo **2** vir à tona | **it has emerged that** veio à tona que

emergence /ɪˈmɜrdʒəns/ s surgimento, aparecimento

emergency /ɪˈmɜrdʒənsi/ s (pl -cies) **1** emergência **2** de emergência **emergency brake** AmE freio de mão **emergency exit** saída de emergência **emergency room** AmE pronto-socorro

emigrant /ˈɛməgrənt/ s emigrante

emigrate /ˈɛməgreɪt/ v [intr] emigrar

emigration /ɛməˈgreɪʃən/ s emigração

eminent /ˈɛmənənt/ adj eminente

eminently /ˈɛmənəntli/ adv (formal) eminentemente

emission /ɪˈmɪʃən/ s emissão, descarga

emit /ɪˈmɪt/ v [tr] (-tted, -tting) (formal) emitir

emotion /ɪˈmoʊʃən/ s emoção

emotional /ɪˈmoʊʃənəl/ adj **1** emocional, emocionante **2** emotivo | **to become/get emotional** ficar emocionado **3** emocional

emotionally /ɪˈmoʊʃənəli/ adv **1** emocionalmente **2** emotivamente

emotive /ɪˈmoʊtɪv/ adj polêmico

empathy /ˈɛmpəθi/ s empatia

emperor /ˈɛmpərər/ s imperador

emphasis /ˈɛmfəsɪs/ s (pl -ses /-siz/) **1** ênfase | **to place/put emphasis on sth** dar ênfase a algo **2** tônica

emphasize, -ise BrE /ˈɛmfəsaɪz/ v [tr] enfatizar

emphatic /ɪmˈfætɪk/ adj **1** enfático [gesto, expressão] **2** categórico [negativa]

empire /ˈɛmpaɪr/ s império

employ /ɪmˈplɔɪ/ v [tr] empregar: *He was employed as a gardener.* Ele trabalhava como jardineiro.

employee /ɪmˈplɔɪ-i/ s empregado -da, funcionário -ria

employer /ɪmˈplɔɪər/ s empregador -a, patrão -troa

employment /ɪmˈplɔɪmənt/ s emprego, trabalho

empress /'ɛmprɪs/ s (pl **-sses**) imperatriz
emptiness /'ɛmptinəs/ s **1** vazio **2** vácuo
empty /'ɛmpti/ adjetivo & verbo
- adj (**-tier**, **-tiest**) **1** vazio **2** vão [ameaça, promessa, etc.]
- v (**-ties**, **-tied**) **1** [tr] esvaziar | **to empty sth into/onto sth** esvaziar algo em algo [recipiente], verter algo em algo [conteúdo]: *She emptied her bag onto the floor.* Ela esvaziou a bolsa no chão. **2** [intr] ficar vazio, esvaziar-se

empty-'handed adj com as mãos abanando

enable /ɪ'neɪbəl/ v **to enable sb to do sth** permitir a alguém fazer algo [possibilitar]

enamel /ɪ'næməl/ s esmalte

enchanting /ɪn'tʃæntɪŋ/ adj encantador

encircle /ɪn'sɜrkəl/ v [tr] circundar, rodear

enclose /ɪn'klouz/ v [tr] **1** anexar **2** cercar

enclosure /ɪn'klouʒər/ s cercado, recinto

encore /'aŋkɔr/ substantivo & interjeição
- s bis
- interj encore! bis!

encounter /ɪn'kaʊntər/ verbo & substantivo
- v [tr] (formal) enfrentar, deparar-se com
- s encontro, contato

encourage /ɪn'kɜrɪdʒ/ v [tr] **1** encorajar | **to encourage sb to do sth** encorajar alguém a fazer algo **2** incentivar, estimular

encouragement /ɪn'kɜrɪdʒmənt/ s estímulo

encouraging /ɪn'kɜrɪdʒɪŋ/ adj animador, encorajador

encyclopedia, também **encyclopaedia** BrE /ɪnsaɪklə'pidiə/ s enciclopédia

end /ɛnd/ substantivo & verbo
- s **1** (de um período de tempo) fim, final: *They're given us until the end of the month to pay.* Eles nos deram até o final do mês para pagar. | **at the end of sth** no final de algo **2** (de um livro, filme, etc.) final **3** (de uma rua) final **4** (de uma corda, uma barra, uma mesa) ponta, extremidade **5 the deep/shallow end** a parte funda/rasa [de uma piscina] **6** fim, objetivo **7 to be at an end** ter acabado/terminado | **to come to an end** acabar, terminar | **to put an end to sth** acabar com algo, pôr fim a algo **8 in the end** no final **9 to change ends** trocar de lado [num jogo] **10 to be at a loose end** não ter nada que fazer **11 to make ends meet** ter (dinheiro) suficiente para viver
- v [tr/intr] terminar
  end in sth acabar em algo: *Their marriage ended in divorce.* O casamento deles acabou em divórcio.
  end up acabar: *He'll end up in jail.* Ele vai acabar na cadeia. | **to end up doing sth** acabar fazendo algo: *I always end up picking up the tab.* Eu sempre acabo pagando a conta.

endanger /ɪn'deɪndʒər/ v [tr] pôr em risco, arriscar

endeavor AmE, **endeavour** BrE /ɪn'dɛvər/ substantivo & verbo
- s (formal) **1** empenho, esforço **2** empreendimento
- v (formal) **to endeavor to do sth** empenhar-se para fazer algo

ending /'ɛndɪŋ/ s **1** final, desfecho **2** terminação, desinência

endive /'ɛndaɪv, BrE 'ɛndɪv/ s AmE endívia

endless /'ɛndləs/ adj **1** interminável **2** sem fim

endlessly /'ɛndləsli/ adv constantemente, continuamente

endorse /ɪn'dɔrs/ v [tr] endossar

endorsement /ɪn'dɔrsmənt/ s **1** aval, aprovação **2** BrE pontos na carteira de motorista

endow /ɪn'daʊ/ v **to be endowed with sth** ser dotado de algo

endurance /ɪn'dʊrəns/ s resistência

endure /ɪn'dʊr/ v [tr] suportar

enduring /ɪn'dʊrɪŋ/ adj duradouro, durável

enemy /'ɛnəmi/ s (pl **-mies**) inimigo -ga

energetic /ɛnər'dʒɛtɪk/ adj **1** dinâmico [pessoa] | **to feel energetic** estar com muita energia **2** vigoroso [exercício, atividade]

energize /'ɛnərdʒaɪz/ v [tr] energizar

energy /'ɛnərdʒi/ s (pl **-gies**) energia

enforce /ɪn'fɔrs/ v [tr] fazer cumprir

enforcement /ɪn'fɔrsmənt/ s aplicação [de uma lei, norma, etc.]

engage /ɪn'geɪdʒ/ v [tr] (formal) **1** cativar **2** contratar: *We engaged a nanny to take care of the children.* Contratamos uma babá para cuidar das crianças.
engage in sth envolver-se em algo, dedicar-se a algo **engage sb in sth** **to engage sb in conversation** (formal) travar conversa com alguém

engaged /ɪn'geɪdʒd/ adj **1** noivo | **to get engaged** ficar noivo | **to be engaged to sb** estar noivo de alguém **2** BrE ocupado [linha telefônica] ▶ No inglês americano, diz-se **busy**

engagement /ɪn'geɪdʒmənt/ s **1** noivado **2** (formal) compromisso

engine /'ɛndʒɪn/ s **1** motor [de um veículo] **2** locomotiva

engineer /ɛndʒə'nɪr/ s **1** engenheiro -ra **2** BrE técnico -ca [de manutenção] **3** AmE (de trem) maquinista **4** (de navio) maquinista

engineering /ɛndʒə'nɪrɪŋ/ s engenharia

England /'ɪŋglənd/ s Inglaterra

English /'ɪŋglɪʃ/ *adjetivo & substantivo*

- *adj* **1** inglês **2 English breakfast** ▶ ver **continental**
- *s* **1** (idioma) inglês **2 the English** os ingleses

Englishman /'ɪŋglɪʃmən/ *s* (pl -men) inglês

full English breakfast

Englishwoman /'ɪŋglɪʃwumən/ *s* (pl -women /-wɪmɪn/) inglesa

engrave /ɪn'greɪv/ *v* [tr] gravar

engrossed /ɪn'groust/ *adj* **to be engrossed in sth** estar absorto em algo

enhance /ɪn'hæns/ *v* [tr] **1** realçar [a beleza] **2** acentuar [o sabor] **3** aumentar, melhorar

enigmatic /ˌɛnɪg'mætɪk/ *adj* enigmático

enigmatically /ˌɛnɪg'mætɪkli/ *adv* de forma enigmática, de maneira misteriosa

enjoy /ɪn'dʒɔɪ/ *v* [tr] **1** gostar de, aproveitar: *Did you enjoy the movie?* Você gostou do filme? | *She knows how to enjoy life.* Ela sabe aproveitar a vida. | **to enjoy doing something** gostar de fazer algo | **to enjoy yourself** divertir-se **2** desfrutar de, gozar de

enjoyable /ɪn'dʒɔɪəbəl/ *adj* agradável, divertido

enlarge /ɪn'lɑrdʒ/ *v* [tr] ampliar

enlargement /ɪn'lɑrdʒmənt/ *s* ampliação

enlighten /ɪn'laɪtn/ *v* (formal) **to enlighten sb (as to sth/about sth)** esclarecer alguém (a respeito de algo/sobre algo)

enlightened /ɪn'laɪtnd/ *adj* **1** progressista [visão, política] **2** culto [pessoa]

enlightenment /ɪn'laɪtnmənt/ *s* (formal) esclarecimento

enlist /ɪn'lɪst/ *v* **1 to enlist the help/services of sb** procurar a ajuda de alguém/os serviços de alguém **2** [intr] alistar-se

ennui /ɑn'wi/ *s* (literário) fastio, tédio

enormous /ɪ'nɔrməs/ *adj* enorme

enormously /ɪ'nɔrməsli/ *adv* enormemente, muitíssimo

enough /ɪ'nʌf/ *advérbio, adjetivo & pronome*

- *adv* **1** suficientemente, o suficiente: *He's old enough to understand.* Ele tem idade suficiente para entender. **2** Um adjetivo positivo como **friendly** (simpático) ou **happy** (contente) seguido de **enough** pode indicar reserva (bastante simpático/contente, mas só até certo ponto): *She's nice enough, but she can be a little boring.* Ela é bastante simpática, mas pode ser meio cansativa. **3** Um adjetivo negativo como **difficult** (difícil) ou **bad** (ruim) seguido de **enough** geralmente precede uma frase expressando que a interferência de algo ou alguém poderia piorar a situação: *Things are bad enough without you interfering.* As coisas já andam mal sem você se meter. **4 oddly/funnily etc. enough** por incrível que pareça ▶ ver também **sure**
- *adj* suficiente: *There aren't enough chairs here.* Não há cadeiras suficientes aqui.
- *pron* **1** suficiente, bastante: *I think we've done enough for one day.* Acho que fizemos bastante para um dia. **2 to have had enough (of sth/sb)** (informal) estar cheio (de algo/alguém) **3 that's enough!** chega!

enquire *v* [intr] ▶ ver **inquire**

enquiry *s* ▶ ver **inquiry**

enrage /ɪn'reɪdʒ/ *v* [tr] enfurecer

enrich /ɪn'rɪtʃ/ *v* [tr] (3a pess sing -ches) enriquecer

enroll AmE, **enrol** BrE /ɪn'roʊl/ *v* (-lled, -lling) **1** [intr] matricular-se, inscrever-se | **to enroll in sth** inscrever-se/matricular-se em algo **2** [tr] matricular, inscrever

enrollment AmE, **enrolment** BrE /ɪn'roʊlmənt/ *s* **1** inscrição, matrícula **2** taxa de matrícula

ensuing /ɪn'suɪŋ/ *adj* subsequente

ensure, também **insure** AmE /ɪn'ʃʊr/ *v* [tr] garantir | **to ensure that** certificar-se de que

entail /ɪn'teɪl/ *v* [tr] envolver, implicar em

entangle /ɪn'tæŋgəl/ *v* [tr] emaranhar | **to become/get entangled in sth (a)** ficar emaranhado em algo, emaranhar-se em algo **(b)** meter-se em algo

enter /'ɛntər/ *v* **1** (formal) [tr] entrar em, [intr] entrar: *He tried to enter the country with a false passport.* Ele tentou entrar no país com um passaporte falso. **2** [tr] (numa instituição) ingressar em **3** (falando de competições) [intr] participar, inscrever-se, [tr] inscrever-se em, participar de **4** [tr] (em computação) entrar com, inserir [dados] **5** [tr] (ao preencher um formulário) escrever

enter into sth 1 to enter into a contract/agreement (formal) assinar um contrato/acordo **2 to enter into discussions/negotiations etc.** entrar em discussões/negociações etc. **3 money/age etc. does not enter into it** o dinheiro/a idade etc. não tem nada a ver

enterprise /'ɛntərpraɪz/ *s* **1** empresa **2** empreendimento **3** iniciativa [capacidade de tomar decisões, etc.]

enterprising /'ɛntərpraɪzɪŋ/ *adj* empreendedor

entertain /ɛntər'teɪn/ *v* **1** [tr/intr] receber [visitas, convidados] **2** [tr] divertir, entreter

entertainer /ɛntər'teɪnər/ *s* **1** artista [de variedades] **2** animador -a [de festas]

entertaining /ɛntər'teɪnɪŋ/ *adj* divertido, interessante

entertainment /ɛntər'teɪnmənt/ *s* **1** diversão, entretenimento **2** espetáculo

enthralling /ɪn'θrɔlɪŋ/ *adj* fascinante, apaixonante

enthusiasm /ɪn'θuziæzəm/ s entusiasmo: *their enthusiasm for the idea* seu entusiasmo pela ideia

enthusiast /ɪn'θuziæst/ s entusiasta, aficionado -da

enthusiastic /ɪnθuzi'æstɪk/ adj entusiasmado | **to be enthusiastic about sth** estar entusiasmado com algo

entice /ɪn'taɪs/ v [tr] atrair, seduzir

entire /ɪn'taɪr/ adj inteiro, todo

entirely /ɪn'taɪrli/ adv inteiramente, totalmente

entitle /ɪn'taɪtl/ v [tr] **1 to entitle sb to sth/to do sth** dar a alguém o direito a algo/de fazer algo | **to be entitled to sth/to do sth** ter direito a algo/de fazer algo **2** intitular

entitlement /ɪn'taɪtlmənt/ s direito [de fazer algo]

entrance /'ɛntrəns/ s **1** entrada [de lugar] | **the entrance to/of sth** a entrada de algo **2 entrance fee** preço do ingresso

entrant /'ɛntrənt/ s participante [de concurso]

entrée /'antreɪ/ s prato principal

entrepreneur /antrəprə'nɜr/ s empresário -ria

entrust /ɪn'trʌst/ v **to entrust sb with sth/to entrust sth to sb** confiar algo a alguém

entry /'ɛntri/ s (pl **-tries**) **1** entrada, ingresso: *Spain's entry into the EEC* o ingresso da Espanha na CEE | **to gain entry** (conseguir) entrar **2** trabalho que se apresenta em um concurso **3** verbete [num dicionário, numa enciclopédia] **4** anotação [num diário]

envelope /'ɛnvəloʊp/ s envelope

enviable /'ɛnviəbəl/ adj invejável

envious /'ɛnviəs/ adj **1 to be envious of sb/sth** ter inveja de alguém/algo, invejar alguém/algo | **to be envious of sth** invejar algo | **to be envious** estar com inveja **2** Quando **envious** precede um substantivo, indica uma característica mais permanente e equivale a *invejoso*: *I'm not a naturally envious person.* Não sou uma pessoa invejosa por natureza.

environment /ɪn'vaɪərnmənt/ s **1 the environment** o meio ambiente **2** ambiente

environmental /ɪnvaɪərn'mɛntl/ adj ambiental | **environmental protection** defesa do meio ambiente

environmentalist /ɪnvaɪərn'mɛntl-ɪst/ s ambientalista

environˌmentally 'friendly adj que não causa(m) danos ao meio ambiente

envisage /ɪn'vɪzɪdʒ/ v [tr] prever, imaginar

envoy /'ɛnvɔɪ/ s enviado -da

envy /'ɛnvi/ verbo & substantivo
• **v** [tr] (**-vies**, **-vied**) invejar
• **s** inveja

enzyme /'ɛnzaɪm/ s enzima

eon /'iɑn/ s eternidade

epic /'ɛpɪk/ adjetivo & substantivo
• **adj** épico
• **s** epopeia

epidemic /ɛpə'dɛmɪk/ s epidemia

epilepsy /'ɛpəlɛpsi/ s epilepsia

epileptic /ɛpə'lɛptɪk/ adj & s epilético -ca

epiphany /ɪ'pɪfəni/ s **1** (pl **-nies**) momento de epifania **2 Epiphany** Dia de Reis

episode /'ɛpəsoʊd/ s **1** (de um programa de TV ou rádio) episódio, capítulo **2** (na história, na vida de alguém) episódio

epitaph /'ɛpətæf/ s epitáfio

epitome /ɪ'pɪtəmi/ s **to be the epitome of sth** ser o exemplo máximo de algo, ser a personificação de algo

equal /'ikwəl/ adjetivo, substantivo & verbo
• **adj 1** igual: *A pound is equal to 454 grams.* Uma libra é igual a 454 gramas. **2 equal opportunities/rights** oportunidades/direitos iguais **3 on an equal footing/on equal terms** em pé de igualdade
• **s** igual: *Young people want adults to treat them as equals.* Os jovens querem que os adultos os tratem como seus iguais.
• **v** [tr] (**-led**, **-ling** AmE, **-lled**, **-lling** BrE) **1** ser igual a: *Four plus four equals eight.* Quatro mais quatro é igual a oito. **2** igualar

equality /ɪ'kwɑləti/ s igualdade

equalize, -ise BrE /'ikwəlaɪz/ v **1** [tr] igualar, uniformizar **2** [intr] BrE empatar ▶ No inglês americano diz-se **tie**

equally /'ikwəli/ adv **1** igualmente **2** em partes iguais **3** equitativamente **4** do mesmo modo

equate /ɪ'kweɪt/ v **to equate sth with sth** equiparar algo a algo

equation /ɪ'kweɪʒən/ s equação

equator /ɪ'kweɪtər/ s **the equator** o equador

equilibrium /ikwə'lɪbriəm/ s equilíbrio

equip /ɪ'kwɪp/ v [tr] (**-pped**, **-pping**) **1** equipar | **to equip sth/sb with sth** equipar algo/alguém com algo **2 to equip sb to do sth** preparar alguém para fazer algo

equipment /ɪ'kwɪpmənt/ s equipamento, material

equitable /'ɛkwətəbəl/ adj equitativo, justo

equivalent /ɪ'kwɪvələnt/ adjetivo & substantivo
• **adj** equivalente | **equivalent to sth** equivalente a algo
• **s** equivalente

era /'ɪrə, 'ɛrə/ s era

eradicate /ɪ'rædəkeɪt/ v [tr] erradicar

fishing equipment (basket, net, rod, reel)

erase /ɪ'reɪs/ v [tr] apagar: *Important data had been erased from the disk.* Dados importantes tinham sido apagados do disquete.

eraser /ɪ'reɪsər/ s AmE borracha [para apagar]

erect /ɪ'rɛkt/ *adjetivo & verbo*
- *adj* ereto, em pé
- *v* [tr] construir, erguer

erection /ɪ'rɛkʃən/ s ereção

erode /ɪ'roʊd/ v **1** [tr] erodir **2** [intr] erodir-se **3** [tr] minar

erosion /ɪ'roʊʒən/ s erosão

erotic /ɪ'rɑtɪk/ adj erótico

errand /'ɛrənd/ s **to run an errand for sb** fazer um serviço de rua para alguém

erratic /ɪ'rætɪk/ adj irregular, imprevisível

error /'ɛrər/ s erro: *The letter was opened in error.* A carta foi aberta por engano. | **human error** falha humana

erupt /ɪ'rʌpt/ v [intr] **1** irromper, estourar [crise, violência, etc.] **2** entrar em erupção **3** explodir [de raiva, alegria, etc.]

eruption /ɪ'rʌpʃən/ s erupção

escalate /'ɛskəleɪt/ v **1** [intr] intensificar-se, agravar-se **2** [tr] intensificar, agravar **3** [intr] disparar [preços]

escalation /ɛskə'leɪʃən/ s agravamento, intensificação

escalator /'ɛskəleɪtər/ s escada rolante

escape /ɪ'skeɪp/ *verbo & substantivo*
- *v* **1** [intr] (de um lugar, de uma pessoa) escapar, fugir: *Three men have escaped from the prison.* Três homens fugiram da prisão. **2** (de um perigo) [intr] escapar, [tr] escapar de | **to escape unhurt** escapar ileso **3 the name/date etc. escapes me** não me lembro do nome/da data etc. **4 to escape sb's attention/notice** passar despercebido a alguém
- *s* **1** fuga: *There's no escape.* Não há como fugir. **2 to have a narrow/lucky escape** escapar por um triz

escort¹ /ɪ'skɔrt/ v [tr] **1** escoltar **2** acompanhar

escort² /'ɛskɔrt/ s **1** escolta **2** acompanhante

Eskimo /'ɛskəmoʊ/ s esquimó ▶ Alguns consideram o termo **Eskimo** ofensivo e preferem usar **Inuit** ou **Aleut**

ESL /i ɛs 'ɛl/ (= **English as a Second Language**) inglês como segunda língua

especially /ɪ'spɛʃəli/ adv **1** (em particular) especialmente: *She likes science, especially biology.* Ela gosta de ciências, especialmente de Biologia. **2** (especificamente) especialmente: *especially for you* especialmente para você ▶ ESPECIALLY OU SPECIALLY? ver **especialmente**

espionage /'ɛspiənɑʒ/ s espionagem

essay /'ɛseɪ/ s **1** (exercício escolar) redação **2** (na faculdade) dissertação **3** (obra literária) ensaio

essence /'ɛsəns/ s essência | **in essence** essencialmente

essential /ɪ'sɛnʃəl/ *adjetivo & substantivo*
- *adj* essencial
- *s* coisa essencial, necessidade | **the bare essentials** o essencial

essentially /ɪ'sɛnʃəli/ adv essencialmente

establish /ɪ'stæblɪʃ/ v [tr] (3a pess sing **-shes**) **1** fundar, estabelecer **2** determinar, constatar **3 to establish yourself (as sth)** estabelecer-se (como algo), adquirir uma reputação (como algo)

established /ɪ'stæblɪʃt/ adj **1** estabelecido, consagrado **2** respeitado, consagrado [profissional] **3** oficial [religião]

establishment /ɪ'stæblɪʃmənt/ s **1** estabelecimento **2** fundação **3 the Establishment** o Establishment [as instituições que detêm o poder]

estate /ɪ'steɪt/ s **1** propriedade [terreno] **2** herança **3** BrE conjunto residencial **4** (também **estate car**) BrE perua [carro] ▶ No inglês americano, diz-se **station wagon**

e'state ˌagent s BrE corretor -a de imóveis ▶ No inglês americano, diz-se **real estate agent** ou **realtor**

esteem /ɪ'stim/ s estima, apreço | **to hold sth/sb in high esteem** respeitar algo/alguém

esthetic AmE, **aesthetic** BrE /ɛs'θɛtɪk/ adj estético

estimate¹ /'ɛstəmət/ s **1** estimativa | **a rough estimate** uma estimativa aproximada **2** orçamento [para um trabalho, conserto, etc.]

estimate² /'ɛstəmeɪt/ v [tr] calcular, orçar

estimation /ɛstə'meɪʃən/ s **1** opinião **2** cálculo

estuary /'ɛstʃuɛri/ s (pl **-ries**) estuário

ETA /ˌi ti 'eɪ/ s (= **estimated time of arrival**) horário previsto de chegada

e-tailer /'i ˌteɪlər/ s (= **electronic retailer**) varejista eletrônico

et cetera /ɛt 'sɛtrə, -'sɛtərə/ adv (formal) et cetera

etching /'ɛtʃɪŋ/ s água-forte, gravura

eternal /ɪ'tɜrnl/ adj eterno

eternity /ɪ'tɜrnəti/ s eternidade

ethical /'ɛθɪkəl/ adj ético

ethics /'ɛθɪks/ s ética

ethnic /'ɛθnɪk/ adj étnico

ˌethnic 'cleansing s limpeza étnica

ˌethnic 'group s etnia, grupo étnico

ˌethnic mi'nority s minoria étnica

ethos /'iθɑs/ s espírito [valores e atitudes]

e-ticket /'i ˌtɪkɪt/ s (= **electronic ticket**) bilhete eletrônico

etiquette /'ɛtɪkɛt/ s etiqueta [regras de comportamento]

EU /i 'ju/ s (= European Union) UE

euphemism /'jufəmɪzəm/ s eufemismo

euro /'jʊroʊ/ s euro

Europe /'jʊrəp/ s Europa

European /jʊrə'piən/ adj & s europeu -peia

European Union s União Europeia

evacuate /ɪ'vækjueɪt/ v [tr] evacuar [um prédio, pessoas]

evade /ɪ'veɪd/ v [tr] fugir de | **to evade the issue/question etc.** fugir do assunto/da questão etc.

evaluate /ɪ'væljueɪt/ v [tr] avaliar

evaporate /ɪ'væpəreɪt/ v **1** [intr/tr] evaporar **2** [intr] desaparecer [apoio, esperança]

evasion /ɪ'veɪʒən/ s **1** evasão **2** evasiva

evasive /ɪ'veɪsɪv/ adj evasivo

eve /iv/ s **on the eve of their departure/the race etc.** na véspera da sua partida/da corrida etc. | **on the eve of the elections/the war etc.** às vésperas das eleições/da guerra etc.

even /'ivən/ advérbio, adjetivo & verbo
- adv **1** até, mesmo: *Everyone enjoyed it, even the children.* Todo mundo gostou, até as crianças. | **even if** mesmo que, nem que: *I'll finish it, even if it takes me all day.* Vou terminá-lo, mesmo que leve o dia inteiro. | **even though** embora | **not even** nem (sequer) **2 even bigger/better etc.** maior/melhor etc. ainda **3 even so/then** mesmo assim
- adj **1** plano, liso [superfície] **2** uniforme [cor], equilibrado [distribuição] **3** constante [ritmo, temperatura] **4 an even number** um número par **5** empatado [competição, jogo] **6 to get even with sb** (informal) vingar-se de alguém
- v **even sth out** nivelar algo

evening /'ivnɪŋ/ s **1** noitinha [ao anoitecer], noite [depois do jantar]: *What are you doing this evening?* O que você vai fazer hoje à noite? | *We went to a concert in the evening.* Fomos a um concerto à noite. | *I have a class on Thursday evenings.* Tenho aula às quintas-feiras à noite. | *They're open until ten o'clock in the evening.* Eles ficam abertos até as dez da noite. | **good evening** boa-noite ▶ EVENING OU NIGHT? ver nota em **noite** **2 evening class** curso à noite para adultos **evening dress** traje passeio **evening meal** jantar

evenly /'ivənli/ adv **1** uniformemente **2** equitativamente **3 evenly matched** do mesmo nível

event /ɪ'vɛnt/ s **1** acontecimento **2** evento **3** modalidade [esportiva] **4 in any event/at all events** de qualquer maneira **5 in the event** no final **6 in the event of fire/an accident** (formal) em caso de incêndio/acidente

eventful /ɪ'vɛntfəl/ adj cheio de acontecimentos/incidentes [dia, viagem, etc.]

eventual /ɪ'vɛntʃuəl/ adj final

eventually /ɪ'vɛntʃuəli/ adv **1** finalmente, por fim **2** um dia

ever /'ɛvər/ adv **1** (em perguntas) já: *Have you ever been to China?* Você já esteve na China? ▶ ver nota em **always**
2 (em frases condicionais) um dia: *if you're ever in Chicago* se você for a Chicago
3 (com comparativos e superlativos) **better/worse etc. than ever** melhor/pior etc. que nunca | **the best book I've ever read/the biggest mistake he's ever made etc.** o melhor livro que já li/o maior erro que ele já cometeu etc.
4 (com negativos) nunca: *I don't think I've ever had oysters.* Acho que nunca comi ostras. | **hardly ever** quase nunca
5 ever since (a) desde então: *We've been friends ever since.* Somos amigos desde então. **(b)** desde que: *ever since I met him* desde que o conheci
6 for ever para sempre

every /'ɛvri/ adj ▶ ver quadro na pág. 131

everybody /'ɛvribɑdi/ pron ▶ ver **everyone**

everyday /'ɛvrideɪ/ adj cotidiano, diário: *everyday life* a vida cotidiana | *It's too good for everyday use.* É bom demais para uso diário.

everyone /'ɛvriwʌn/ pron todo mundo, todos/todas

everything /'ɛvriθɪŋ/ pron tudo

everywhere /'ɛvriwɛr/ adv por toda parte

evict /ɪ'vɪkt/ v [tr] despejar [um inquilino]

evidence /'ɛvədəns/ s **1** provas, indícios | **a piece of evidence** uma prova, um indício **2** (na Justiça) testemunho | **to give evidence** testemunhar

evident /'ɛvədənt/ adj evidente, óbvio

evidently /'ɛvədɛntli/ adv **1** evidentemente, aparentemente **2** visivelmente

evil /'ivəl/ adjetivo & substantivo
- adj **1** mau **2 evil spirit** espírito do mal **3** nocivo
- s mal

evoke /ɪ'voʊk/ v [tr] **1** evocar [recordações, um ambiente, etc.] **2** provocar [uma resposta, uma reação]

evolution /ɛvə'luʃən/ s evolução

evolve /ɪ'vɑlv/ v [intr] evoluir

ewe /ju/ s ovelha [fêmea]

exact /ɪg'zækt/ adj **1** exato | **to be exact** para ser exato **2 the exact opposite** o oposto

exacting /ɪg'zæktɪŋ/ adj exigente, rigoroso

exactly /ɪg'zæktli/ adv **1** exatamente **2 not exactly (a)** Em respostas: *"Did she agree to do it?" "Well, not exactly."* – Ela concordou? – Bem, não exatamente. **(b)** Para contradizer o que foi dito: *Why is Tim on a diet? He's not exactly fat!* Por que o Tim está de dieta? Ele não é tão gordo assim! **3 exactly!** exato!, exatamente!

exaggerate /ɪg'zædʒəreɪt/ v [tr/intr] exagerar

every

1 Every equivale, em alguns casos, a *todos os* ou *todas as*, e, em outros, a *cada*:

Every student will take the test. Todos os alunos farão o teste. | *Every page had a mistake on it.* Em cada página havia um erro. | **every Sunday/Monday etc.** todo domingo/toda segunda etc. | **every two months/five years etc.** a cada dois meses/cinco anos etc. | **every May/June etc.** todo ano em maio/junho etc.

Para enfatizar, usa-se **every single**:

He told Jan every single thing I said. Ele contou a Jan absolutamente tudo o que eu disse. | *He writes to her every single day.* Ele escreve para ela todo santo dia.

2 Em expressões:

every now and then/every so often de vez em quando | **every other day/Monday etc.** dia sim, dia não/segunda sim, segunda não etc.

3 Ver também nota em **cada** sobre as diferenças entre *every* e *each*.

---

exaggerated /ɪgˈzædʒəreɪtɪd/ *adj* exagerado

exaggeration /ɪgzædʒəˈreɪʃən/ *s* exagero

exam /ɪgˈzæm/ *s* **1** prova: *a chemistry exam* uma prova de Química | **to take an exam**, também **to sit an exam** BrE fazer uma prova: *He'll be taking his final exams in May.* Ele vai fazer as provas finais em maio. **2** AmE exame [médico]

examination /ɪgzæməˈneɪʃən/ *s* (formal) **1** (na escola, etc.) exame, prova **2** (em medicina) exame **3** (observação) exame

examine /ɪgˈzæmɪn/ *v* [tr] **1** (estudar) examinar **2** (em medicina) examinar

example /ɪgˈzæmpəl/ *s* **1** exemplo | **for example** por exemplo **2** **to set an example (to sb)** dar o exemplo (a alguém)

exasperate /ɪgˈzæspəreɪt/ *v* [tr] exasperar

exasperation /ɪgzæspəˈreɪʃən/ *s* irritação

excavate /ˈɛkskəveɪt/ *v* [tr/intr] escavar

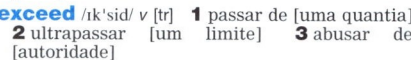
examining a patient

exceed /ɪkˈsid/ *v* [tr] **1** passar de [uma quantia] **2** ultrapassar [um limite] **3** abusar de [autoridade]

exceedingly /ɪkˈsidɪŋli/ *adv* extremamente

excel /ɪkˈsɛl/ *v* [intr] (**-lled**, **-lling**) destacar-se | **to excel at/in sth** destacar-se em algo | **to excel yourself** superar-se

excellence /ˈɛksələns/ *s* excelência

excellent /ˈɛksələnt/ *adj* excelente

except /ɪkˈsɛpt/ *preposição & conjunção*
- *prep* **except (for)** exceto, menos
- *conj* **except (that)** só que

exception /ɪkˈsɛpʃən/ *s* **1** exceção | **with the exception of** exceto **2** **to take exception to sth** (formal) fazer objeção a algo

exceptional /ɪkˈsɛpʃənəl/ *adj* excepcional

excerpt /ˈɛksɜrpt/ *s* trecho [de música, livro, filme, etc.]

excess /ɪkˈsɛs/ *s* **1** excesso **2** **in excess of** superior a **3** **to excess** em excesso **4** **excess baggage** excesso de bagagem

excessive /ɪkˈsɛsɪv/ *adj* excessivo

exchange /ɪksˈtʃeɪndʒ/ *substantivo & verbo*
- *s* **1** troca | **in exchange (for)** em troca (de): *What does he want in exchange?* O que ele quer em troca? **2** intercâmbio **3** câmbio [de dinheiro] | **foreign exchange** divisas **4** **exchange rate** (taxa de) câmbio **exchange program** programa de intercâmbio
- *v* [tr] trocar | **to exchange sth for sth** trocar algo por algo

excite /ɪkˈsaɪt/ *v* [tr] **1** despertar [interesse, curiosidade, compaixão] **2** empolgar

excited /ɪkˈsaɪtɪd/ *adj* excitado, empolgado | **to get excited (about sth)** ficar empolgado (com algo)

excitement /ɪkˈsaɪtmənt/ *s* emoção, empolgação

exciting /ɪkˈsaɪtɪŋ/ *adj* emocionante, empolgante

exclaim /ɪkˈskleɪm/ *v* [tr/intr] (formal) exclamar

exclamation /ɛkskləˈmeɪʃən/ *s* exclamação

excla'mation ,**point** AmE, também **excla'mation** ,**mark** *s* ponto de exclamação

exclude /ɪkˈsklud/ *v* [tr] **1** excluir | **to exclude sth/sb from sth** excluir algo/alguém de algo **2** descartar [uma possibilidade]

excluding /ɪkˈskludɪŋ/ *prep* (formal) sem incluir

exclusion /ɪkˈskluʒən/ *s* exclusão: *China's exclusion from the United Nations* a exclusão da China das Nações Unidas

exclusive /ɪkˈsklusɪv/ *adj* **1** exclusivo **2** **exclusive of sth** fora algo: *The price of the trip is $700, exclusive of meals.* O preço da viagem é $700, excluindo as refeições.

exclusively /ɪkˈsklusɪvli/ *adv* exclusivamente

excursion /ɪkˈskɜrʒən/ *s* excursão

excuse¹ /ɪkˈskjus/ *s* desculpa: *What was his excuse for not sending the money?* Qual foi a desculpa dele por não ter enviado o dinheiro? | *There's no excuse for rudeness.* Não há justificativa para grosserias. | **to make excuses for sth/sb** defender algo/alguém

excuse² /ɪkˈskjuz/ *v* [tr] **1 excuse me (a)** desculpe: *Excuse me! Are these your gloves?* Desculpe! Essas luvas são suas? **(b)** com licença: *Excuse me. I need to get through.* Com licença. Preciso passar. **(c)** AmE como? **(d)** AmE desculpe!

[dito quando se pisa no pé de alguém, etc.] **2** desculpar | **to excuse sb for (doing) sth** desculpar alguém por (ter feito) algo **3** justificar **4 to excuse sb from doing sth** dispensar alguém de fazer algo

execute /'ɛksɪkjut/ *v* [tr] **1** (matar) executar **2** (formal) (levar a cabo) executar

execution /ɛksɪ'kjuʃən/ *s* **1** (morte) execução **2** (formal) (realização) execução

executioner /ɛksɪ'kjuʃənər/ *s* carrasco -ca

executive /ɪg'zɛkjətɪv/ *s* **1** (pessoa) executivo -va **2** executiva [de partido político, sindicato, etc.] **3 the executive** o (Poder) Executivo

exempt /ɪg'zɛmpt/ *adjetivo & verbo*
- *adj* **to be exempt (from sth)** ser isento (de algo)
- *v* **to exempt sth/sb (from sth)** isentar algo/alguém (de algo)

exemption /ɪg'zɛmpʃən/ *s* isenção

exercise /'ɛksərsaɪz/ *substantivo & verbo*
- *s* **1** (físico) exercício: *I need to get more exercise.* Preciso fazer mais exercício. **2** (para treinar) exercício
- *v* **1** [intr] fazer exercício, exercitar-se **2** [tr] exercitar **3** [tr] (formal) exercer

exert /ɪg'zɜrt/ *v* [tr] **1** exercer [pressão, influência, autoridade] **2 to exert yourself** esforçar-se

exertion /ɪg'zɜrʃən/ *s* esforço

exhaust /ɪg'zɔst/ *verbo & substantivo*
- *v* [tr] **1** exaurir, cansar muito **2** esgotar
- *s* **1** (também **exhaust pipe**) (cano de) escapamento **2** (também **exhaust fumes**) fumaça de escapamento

exhausted /ɪg'zɔstɪd/ *adj* exausto

exhausting /ɪg'zɔstɪŋ/ *adj* exaustivo [viagem, dia, etc.]

exhaustion /ɪg'zɔstʃən/ *s* exaustão

exhaustive /ɪg'zɔstɪv/ *adj* exaustivo [estudo, busca, etc.]

exhibit /ɪg'zɪbɪt/ *verbo & substantivo*
- *v* **1** [tr/intr] expor [num museu, numa galeria, etc.] **2** [tr] (formal) mostrar
- *s* objeto ou obra exposta num museu, galeria, etc.

exhibition /ɛksə'bɪʃən/ *s* exposição

exhilarating /ɪg'zɪləreɪtɪŋ/ *adj* inebriante, revigorante

exile /'ɛgzaɪl/ *substantivo & verbo*
- *s* **1** exílio **2** exilado -da
- *v* [tr] exilar

exist /ɪg'zɪst/ *v* [intr] **1** existir **2** sobreviver | **to exist on sth** sobreviver à base de algo

existence /ɪg'zɪstəns/ *s* existência | **to be in existence** existir

existing /ɪg'zɪstɪŋ/ *adj* existente, atual

exit /'ɛgzɪt/ *substantivo & verbo*
- *s* saída: *an emergency exit* uma saída de emergência | **to make an exit** sair: *He made a hasty exit.* Ele saiu às pressas.
- *v* (em informática) [tr] sair de, [intr] sair

exotic /ɪg'zɑtɪk/ *adj* exótico

expand /ɪk'spænd/ *v* **1** [tr] expandir, [intr] expandir-se [um serviço, uma empresa] **2** [tr] dilatar, [intr] dilatar-se [um metal] **3** [tr] expandir, [intr] expandir-se [um gás]
expand on sth desenvolver algo [um comentário, uma ideia, etc.]

expanse /ɪk'spæns/ *s* extensão

expansion /ɪk'spænʃən/ *s* **1** expansão **2** dilatação [de um metal] **3** expansão [de um gás]

expatriate /ɛks'peɪtriət/ *s & adj* expatriado -da

expect /ɪk'spɛkt/ *v* [tr] **1** esperar: *You don't expect me to pay, do you?* Você não espera que eu pague, espera? | **to expect to do sth** esperar fazer algo, dever fazer algo: *I expect to be there by lunchtime.* Espero chegar aí até a hora do almoço. **2 to expect sth of/from sb** esperar algo de alguém **3** para expressar uma suposição: *I expect you're tired.* Você deve estar cansado. | **I expect so** imagino que sim

expectancy /ɪk'spɛktənsi/ *s* expectativa

expectant /ɪk'spɛktənt/ *adj* **1** cheio de expectativa **2 an expectant mother** uma gestante

expectation /ɛkspɛk'teɪʃən/ *s* esperança, expectativa | **in (the) expectation of sth** na expectativa de algo | **contrary to expectation(s)** contrariando a(s) expectativa(s)

expedition /ɛkspə'dɪʃən/ *s* **1** expedição **2 to go on a shopping expedition** ir fazer compras

expel /ɪk'spɛl/ *v* [tr] (**-lled, -lling**) expulsar: *He was expelled from school when he was 15.* Ele foi expulso do colégio quando tinha 15 anos.

expenditure /ɪk'spɛndətʃər/ *s* (formal) despesas

expense /ɪk'spɛns/ *s* **1** despesa **2 at sb's expense** às custas de alguém: *We stayed there at his expense.* Ficamos lá às custas dele. | *They were making jokes at my expense.* Estavam fazendo piadas às minhas custas. **3 all expenses paid** com todas as despesas pagas, com tudo pago

expensive /ɪk'spɛnsɪv/ *adj* caro: *It was an expensive mistake.* Foi um erro que custou caro.

experience /ɪk'spɪriəns/ *substantivo & verbo*
- *s* experiência | **to know sth from experience** saber algo por experiência própria
- *v* [tr] **1** sentir [uma dor, uma emoção] **2** ter [problemas, uma sensação] **3** viver [aventuras, etc.]

experienced /ɪk'spɪriənst/ *adj* experiente

experiment /ɪk'spɛrəmənt/ *substantivo & verbo*
- *s* experiência [teste]
- *v* [intr] fazer experiências, experimentar | **to**

experiment on sth/sb fazer experiências com algo/alguém | **to experiment with sth** experimentar algo

expert /'ɛkspərt/ *substantivo & adjetivo*

• *s* especialista | **to be an expert on/in sth** ser especialista em algo, ser uma autoridade em algo

• *adj* de especialista: *We need your expert advice.* Precisamos de uma orientação sua como especialista no assunto.

expertise /ɛkspər'tiz/ *s* capacidade, competência

expiration /ɛkspə'reɪʃən/ AmE, **expiry** /ɪk'spaɪri/ BrE *s* **1** vencimento **2 expiration date** data de vencimento

expire /ɪk'spaɪr/ *v* [intr] vencer [contrato, passaporte, etc.]

explain /ɪk'spleɪn/ *v* **1** [tr/intr] explicar | **to explain sth to sb** explicar algo a alguém **2 to explain yourself** explicar-se

explanation /ɛksplə'neɪʃən/ *s* explicação | **to give an explanation of sth** dar uma explicação de/sobre algo: *She gave us an explanation of the system.* Ela nos deu uma explicação sobre o sistema.

explanatory /ɪk'splænətɔri/ *adj* explicativo

explicit /ɪk'splɪsɪt/ *adj* explícito

explode /ɪk'sploud/ *v* **1** [intr/tr] explodir [uma bomba, etc.] **2** [intr] explodir [de raiva]

exploit[1] /ɪk'sploɪt/ *v* [tr] explorar [pessoas, recursos]

exploit[2] /'ɛksploɪt/ *s* proeza

exploitation /ɛksploɪ'teɪʃən/ *s* exploração [de pessoas, recursos, etc.]

exploration /ɛksplə'reɪʃən/ *s* **1** exploração [do espaço, à procura de petróleo, etc.] **2** investigação

explore /ɪk'splɔr/ *v* **1** [tr/intr] explorar [uma região, uma cidade, etc.] | **to explore for sth** procurar algo **2** [tr] investigar

explorer /ɪk'splɔrər/ *s* explorador -a

explosion /ɪk'splouʒən/ *s* explosão

explosive /ɪk'splousɪv/ *s & adj* explosivo

export[1] /'ɛkspɔrt/ *s* **1** exportação **2** (produto de) exportação

export[2] /ɪk'spɔrt/ *v* [tr/intr] exportar

expose /ɪk'spouz/ *v* [tr] **1** revelar **2 to expose sth/sb to sth** expor algo/alguém a algo | **to expose yourself to sth** expor-se a algo **3** desmascarar

exposure /ɪk'spouʒər/ *s* **1** exposição: *the risks of prolonged exposure to the sun* os riscos da exposição prolongada ao sol **2** desmascaramento, revelação **3** congelamento | **to die of exposure** morrer congelado **4** (em fotografia) pose

express /ɪk'sprɛs/ *verbo, adjetivo & substantivo*

• *v* [tr] **1** expressar [uma opinião, um sentimento] **2** manifestar [interesse, um desejo, etc.] **3 to express yourself** expressar-se

• *adj* expresso

• *s* **1** expresso **2 express train** trem expresso

expression /ɪk'sprɛʃən/ *s* **1** (frase) expressão **2** (no rosto) expressão **3** (sinal) expressão | **as an expression of my/her etc. gratitude** como prova de minha/sua etc. gratidão **4** expressividade

expressive /ɪk'sprɛsɪv/ *adj* expressivo

expressly /ɪk'sprɛsli/ *adv* (formal) expressamente

expressway /ɪk'sprɛsweɪ/ *s* AmE via expressa

expulsion /ɪk'spʌlʃən/ *s* expulsão

exquisite /ɪk'skwɪzɪt/ *adj* **1** primoroso [trabalho] **2** belíssimo [joia] **3** requintadíssimo [gosto]

extend /ɪk'stɛnd/ *v* **1** [intr] estender-se: *The sea extended as far as the eye could see.* O mar estendia-se até onde a vista podia alcançar. **2** [tr] aumentar [um prédio, um aposento], alargar [uma estrada] **3** [tr] prorrogar [um visto, um contrato], estender [um prazo], prolongar [uma estadia, uma visita] **4 to extend credit** oferecer crédito **5 to extend a welcome to sb** dar as boas-vindas a alguém **6** [tr] estender [a mão], abrir [os braços]

extension /ɪk'stɛnʃən/ *s* **1** aumento, anexo: *the extension to the gallery* o anexo à galeria **2** prolongamento [de uma estrada, linha de metrô, etc.] **3** expansão [da influência, do poder] **4** ramal **5** extensão [telefone adicional] **6** prorrogação **7** (também **extension cord** AmE) extensão [de cabo]

extensive /ɪk'stɛnsɪv/ *adj* **1** extenso [território] **2** amplo [conhecimento, pesquisa, etc.] **3** grande [danos, reparos]: *The storm caused extensive damage.* A tempestade causou grandes estragos.

extensively /ɪk'stɛnsɪvli/ *adv* **1** amplamente **2 to travel extensively** viajar muito

extent /ɪk'stɛnt/ *s* **1** grau | **to a certain extent/to some extent** até certo ponto | **to a great/large extent** em grande parte | **to a lesser/greater extent** em menor/maior grau | **to such an extent that** a tal ponto que | **to what extent** até que ponto **2** gravidade [de ferimentos] **3** dimensão [de um problema, de danos] **4** extensão [de uma região]

exterior /ɪk'stɪriər/ *substantivo & adjetivo*

• *s* **1** exterior [de um objeto] **2** aparência [de uma pessoa]

• *adj* externo

exterminate /ɪk'stɜrməneɪt/ *v* [tr] exterminar

external /ɪk'stɜrnl/ *adj* **1** externo **2 external affairs** relações exteriores

extinct /ɪk'stɪŋkt/ *adj* **1** extinto [animal, planta, etc.] | **to become extinct** tornar-se extinto **2** extinto [vulcão]

extinction /ɪk'stɪŋkʃən/ *s* extinção

extinguish /ɪkˈstɪŋgwɪʃ/ v (3a pess sing -shes) [tr] (formal) extinguir, apagar

extinguisher /ɪkˈstɪŋgwɪʃər/ s extintor

extortionate /ɪkˈstɔrʃənət/ adj exorbitante

extra /ˈɛkstrə/ adjetivo, advérbio & substantivo
- adj **1** extra: *She asked for an extra pillow.* Ela pediu um travesseiro extra. | *Shipping is extra.* O transporte não está incluído. | **at no extra cost** sem custo adicional **2 extra time** prorrogação
- adv **1** adicional: *I had to pay $20 extra for a single room.* Tive que pagar $20 adicionais por um quarto de solteiro. **2** extra: *extra strong coffee* café extra forte
- s **1** (de um carro, computador) acessório opcional | **optional extras** opcionais não incluídos | **hidden extras** adicionais não explícitos **2** figurante

extract¹ /ɪkˈstrækt/ v [tr] **1** (formal) extrair **2 to extract information/a confession from sb** arrancar informações/uma confissão de alguém

extract² /ˈɛkstrækt/ s **1** trecho **2** extrato: *vanilla extract* extrato de baunilha

extraction /ɪkˈstrækʃən/ s extração

extraordinary /ɪkˈstrɔrdneri/ adj **1** extraordinário **2** incrível

extravagance /ɪkˈstrævəgəns/ s **1** esbanjamento **2** extravagância

extravagant /ɪkˈstrævəgənt/ adj **1** esbanjador, extravagante [pessoa] **2** extravagante [vida, festa, presente, etc.]

extreme /ɪkˈstrim/ adjetivo & substantivo
- adj **1** extremo: *people who live in extreme poverty* pessoas que vivem em extrema pobreza **2** radical | **the extreme left/right** a extrema esquerda/direita
- s extremo | **to go to extremes** chegar ao extremo | **to take sth to extremes** levar algo ao extremo

extremely /ɪkˈstrimli/ adv extremamente

extremist /ɪkˈstrimɪst/ s extremista

extrovert /ˈɛkstrəvɜrt/ adj extrovertido -da

extroverted /ˈɛkstrəvɜrtɪd/ adj ▶ ver **extrovert**

eye /aɪ/ substantivo & verbo
- s **1** olho: *She has brown eyes.* Ela tem olhos castanhos. | **I/he couldn't believe my/his eyes** eu/ele não podia acreditar no que estava vendo | **not to take your eyes off sth/sb** não desgrudar os olhos de algo/alguém **2 to have your eye on sth/sb** estar de olho em algo/alguém **3 to keep your eye on sth/sb** ficar de olho em algo/alguém **4 to keep an eye out for sth/sb** ficar atento a algo/alguém **5 to lay/set eyes on sth/sb** pôr os olhos em algo/alguém **6 before my/your very eyes** diante dos meus/seus próprios olhos **7 to catch sb's eye** chamar a atenção de alguém **8 to turn a blind eye to sth** fazer vista grossa a algo
- v [tr] (passado & particípio eyed, gerúndio eyeing ou eying) fitar, olhar

eyeball /ˈaɪbɔl/ s globo ocular

eyebrow /ˈaɪbraʊ/ s sobrancelha

'eye-ˌcatching adj chamativo

eyelash /ˈaɪlæʃ/ s (pl -shes) cílio, pestana

eyelid /ˈaɪlɪd/ s pálpebra

eyeliner /ˈaɪlaɪnər/ s delineador (de olhos)

'eye ˌshadow s sombra (de olhos)

eyesight /ˈaɪsaɪt/ s visão

eyesore /ˈaɪsɔr/ s monstruosidade

eyewitness /aɪˈwɪtnɪs/ s (pl -sses) testemunha ocular

F¹, f /ɛf/ s (letra) F, f ▶ ver "Active Box" **letters** em **letter**

F² s **1** (nota musical) fá **2** (conceito escolar) F ▶ ver quadro em **grade**

fable /ˈfeɪbəl/ s fábula

fabric /ˈfæbrɪk/ s tecido

fabulous /ˈfæbjələs/ adj fabuloso

facade, façade /fəˈsɑd/ s **1** (de um prédio) fachada **2** (aparência) fachada

face /feɪs/ substantivo & verbo
- s **1** rosto: *a pimpled face* um rosto cheio de espinhas **2** cara, expressão: *a sad/happy face* uma cara triste/feliz | **to make a face** fazer careta | **to keep a straight face** fazer uma cara séria **3 face to face** cara a cara **4 to sb's face** na cara de alguém: *I would never tell him to his face.* Eu jamais diria isso na cara dele. **5 face down/downward** de bruços, virado para baixo **6 face up/upward** virado para cima **7 in the face of sth** diante de algo **8 to lose face** perder o prestígio | **to save face** salvar as aparências **9** face [de uma montanha, um penhasco] **10** mostrador [de um relógio] **11** lado [de um corpo geométrico]
- v [tr] **1** enfrentar: *He faces a prison sentence.* Ele vai ter que enfrentar uma pena de prisão. | *I can't face doing it all again.* Não aguento ter que fazer isso tudo outra vez. | **to be faced with sth** estar diante de algo

2 aceitar: *She has to face the fact that she will*

never walk again. Ela terá que aceitar o fato de que não vai mais poder andar. | **let's face it** sejamos realistas
3 ficar de frente para: *They stood facing each other.* Ficaram de frente um para o outro.
4 estar voltado para: *The house faces south.* A casa está voltada para o sul.

face up to sth 1 assumir algo **2** aceitar algo

Facebook® /'feɪsbʊk/ *s* site de relacionamentos semelhante ao Orkut®

facelift /'feɪslɪft/ *s* **1** lifting **2 to give sth a facelift** fazer uma reforma em algo

'face-saving *adj* para manter as aparências: *a face-saving agreement* um acordo para manter as aparências

facet /'fæsɪt/ *s* faceta

face-to-'face *adj* face a face, cara a cara: *a face-to-face talk* uma conversa face a face

'face ˌvalue *s* **1 to take sth at face value** levar algo ao pé da letra **2** valor nominal

facial /'feɪʃəl/ *adjetivo & substantivo*
• *adj* facial: *facial hair* pelo facial
• *s* limpeza de pele

facilitate /fə'sɪləteɪt/ *v* [tr] (formal) facilitar

facility /fə'sɪləti/ *substantivo & substantivo plural*
• *s* recurso, função
• **facilities** *s pl* instalações: *The hotel has excellent facilities.* O hotel tem excelentes instalações. | **sports/recreational facilities** instalações esportivas/recreativas

fact /fækt/ *s* **1** fato **2 facts and figures** dados concretos **3 to know sth for a fact** saber algo com certeza **4** fatos reais: *The novel is based on fact.* O romance é baseado em fatos reais. **5 in fact** na verdade **6 the facts of life** conhecimento básico sobre sexualidade e reprodução

faction /'fækʃən/ *s* facção

factor /'fæktər/ *s* fator

factory /'fæktəri/ *s* (pl **-ries**) fábrica: *an automobile factory* uma fábrica de automóveis

factual /'fæktʃuəl/ *adj* factual

faculty /'fækəlti/ *s* (pl **-ties**) **1** (capacidade) faculdade **2** (parte de uma universidade) faculdade: *the Faculty of Engineering* a Faculdade de Engenharia **3 the faculty** AmE o corpo docente

fad /fæd/ *s* **1** moda **2** mania

fade /feɪd/ *v* **1** [intr] desvanecer-se, apagar-se **2** [intr] (também **fade away**) ir sumindo [som, música] **3** [tr/intr] desbotar: *a pair of faded denim jeans* uma calça jeans desbotada

fail /feɪl/ *verbo & substantivo*
• *v* **1** [intr] fracassar, falhar **2 to fail to do sth** deixar de fazer algo, não conseguir fazer algo: *She failed to turn up for the interview.* Ela não apareceu para a entrevista. | *The team failed to qualify for the championship.* O time não conseguiu se classificar para o campeonato. **3** [tr/intr] ser reprovado | **to fail an exam/test** ser reprovado num prova/num teste: *He failed his driving test.* Ele foi reprovado no exame de habilitação. **4 to fail a student/a candidate** reprovar um aluno/um candidato **5** [intr] falir [empresa] **6** [intr] falhar [motor, peça] **7** [intr] perder-se [colheita] **8** [intr] falhar [memória] **9** [intr] deteriorar-se [saúde]
• *s* **1** without fail sem falta **2** reprovação

failing /'feɪlɪŋ/ *adjetivo, substantivo & preposição*
• *adj* **failing health** saúde precária | **failing memory** memória fraca
• *s* defeito
• *prep* **1** na falta de **2 failing that** se isso não for possível

failure /'feɪljər/ *s* **1** fracasso: *The project was doomed to failure.* O projeto estava fadado ao fracasso. **2 failure to do sth** o fato de não fazer algo: *Her failure to call worried me.* O fato de ela não ligar me preocupou. **3** fracasso, fracassado -da: *I feel like such a failure.* Eu me sinto um fracasso! **4 heart/kidney etc. failure** insuficiência cardíaca/renal etc. | **engine failure** falha no motor

faint /feɪnt/ *adjetivo & verbo*
• *adj* **1** leve [ruído, brisa] **2** fraco [luz] **3** indistinto [contorno] **4** remoto [esperança, possibilidade] **5 to feel faint** sentir-se tonto
• *v* [intr] desmaiar

faintly /'feɪntli/ *adv* **1** com voz fraca [falar] **2** levemente [brilhar] **3** ligeiramente, vagamente

fair /fɛr/ *adjetivo, advérbio & substantivo*
• *adj* **1** justo: *It's not fair!* Não é justo! | **to be fair to sb** ser justo com alguém: *It's not fair to the children.* Não é justo com as crianças. | *The current law is not fair to women.* A lei atual não é justa com as mulheres. **2 a fair amount of money/water/food etc.** bastante dinheiro/água/comida etc. | **a fair number of cases/vehicles etc.** um número considerável de casos/veículos etc. | **a fair distance etc.** uma boa distância etc.: *We have a fair distance to go yet.* Ainda temos um bom caminho pela frente. **3** claro [pele], louro [cabelo] **4** limpo [luta, eleição, etc.] **5** razoável **6 fair weather** tempo bom **7 fair enough** tudo bem **8 to be fair** justiça seja feita
• *adv* **1 to play fair** jogar limpo **2 to win fair and square** ganhar por honra e mérito
• *s* **1** (também **funfair** BrE) parque de diversões **2** feira: *a craft fair* uma feira de artesanato

fairground /'fɛrɡraʊnd/ *s* espaço para feiras

ˌfair-'haired *adj* de cabelo claro/louro

fairly /'fɛrli/ *adv* **1** bastante: *The house has a fairly large yard.* A casa tem um quintal bastante espaçoso. **2** com justiça

fairy /'fɛri/ *s* (pl **-ries**) fada

'fairy ˌtale, também **'fairy ˌstory** BrE s conto de fadas

faith /feɪθ/ s **1** fé | **to have faith in sth/sb** ter confiança em algo/alguém | **to lose faith in sth/sb** perder a confiança em algo/alguém | **to put your faith in sth/sb** depositar a sua confiança em algo/alguém **2** (religião) fé **3 in good faith** de boa-fé

faithful /'feɪθfəl/ adj **1** (dedicado) leal **2** (numa relação amorosa) fiel | **to be faithful to sb** ser fiel a alguém **3** (verídico) fiel

faithfully /'feɪθfəli/ adv **1** lealmente **2 Yours faithfully** BrE (finalizando uma carta) Atenciosamente ▶ ver nota em **yours**

fake /feɪk/ substantivo, adjetivo & verbo
- s falsificação
- adj **1** falso [joia] **2** sintético [pele]
- v **1** [tr/intr] fingir **2** [tr] forjar, falsificar

falcon /'fælkən/ s falcão

fall /fɔl/ verbo, substantivo & substantivo plural
- v [intr] (passado **fell**, particípio **fallen**) **1** cair: *I fell and hit my head.* Caí e bati com a cabeça. **2** cair, baixar [preço, temperatura] **3 to fall asleep** dormir **4 to fall in love (with sb)** apaixonar-se (por alguém) **5** cair: *Christmas falls on a Saturday this year.* O Natal cai num sábado este ano. **6 night/darkness fell** a noite caiu

PHRASAL VERBS
fall apart desmanchar-se, cair aos pedaços
fall back on sth recorrer a algo
fall behind 1 ficar para trás **2 to fall behind with sth** ficar atrasado em algo **fall behind sb** não conseguir acompanhar alguém
fall down 1 cair: *She fell down and twisted her ankle.* Ela caiu e torceu o tornozelo. **2** falhar [argumento, teoria] **fall down sth to fall down the stairs** cair da escada | **to fall down a hole** cair num buraco
fall for sth (informal) cair em algo [um golpe, uma desculpa] **fall for sb** (informal) ficar caído por alguém
fall off 1 soltar-se, cair **2** diminuir [demanda, vendas]
fall out 1 cair [cabelo, dente] **2** brigar: *I fell out with my brother years ago.* Cortei relações com meu irmão anos atrás. **fall out of sth** cair de algo: *He fell out of the window.* Ele caiu da janela.
fall over tombar, cair (no chão) **fall over sth** tropeçar em algo: *He fell over a pile of books.* Ele tropeçou numa pilha de livros.
fall through ir por água abaixo

- s **1** queda, tombo | **to have a fall** levar um tombo **2** queda: *the recent fall in prices* a recente queda nos preços **3** AmE outono ▶ ver "Active Box" **seasons** em **season 4** queda [de um governo, etc.]
- **falls** s pl cataratas

fallen¹ /'fɔlən/ adj caído
fallen² particípio de **fall**

false /fɔls/ adj **1** falso [informação, acusação, etc.] **2 false teeth** dentadura | **false eyelashes/nails** cílios postiços/unhas postiças **3 a false alarm** um alarme falso

falsify /'fɔlsəfaɪ/ v [tr] (-fies, -fied) falsificar

falter /'fɔltər/ v [intr] vacilar, titubear

fame /feɪm/ s fama | **to rise to fame** alcançar a fama

familiar /fə'mɪljər/ adj **1** conhecido: *in familiar surroundings* num ambiente conhecido | *That name sounds familiar.* Esse nome não me é estranho. **2 to be familiar with sth** estar familiarizado com algo **3 to be too familiar with sb** tomar liberdades com alguém

familiarity /fəmɪli'ærəti/ s **1** (sentimento) intimidade **2** (conhecimento) **familiarity with sth** familiaridade com algo

familiarize, -ise BrE /fə'mɪljəraɪz/ v **to familiarize yourself with sth** familiarizar-se com algo

family /'fæmli/ s (pl **-lies**) **1** família **2** filhos | **to start a family** ter filhos **3** família [de animais, plantas, etc.] **4 family name** sobrenome **family tree** árvore genealógica

famine /'fæmɪn/ s fome [que assola um povo, uma região, etc.]

famous /'feɪməs/ adj famoso: *Cuba is famous for its cigars.* Cuba é famosa por seus charutos.

fan /fæn/ substantivo & verbo
- s **1** fã: *He's a big fan of Madonna.* Ele é um grande fã de Madonna. **2** torcedor -a **3** ventilador **4** leque **5 fan club** fã-clube **fan mail** cartas dos fãs
- v [tr] (-nned, -nning) **1** abanar | **to fan yourself** abanar-se **2** atiçar

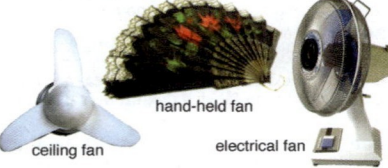
ceiling fan | hand-held fan | electrical fan

fanatic /fə'nætɪk/ s fanático -ca
fanatical /fə'nætɪkəl/ adj fanático

fancy /'fænsi/ adjetivo & verbo
- adj (-cier, -ciest) **1** chique [hotel, restaurante] **2** sofisticado: *I'm only making spaghetti, nothing fancy.* Só estou fazendo spaghetti, nada sofisticado.
- v [tr] (3a pess sing **-cies**, passado & particípio **-cied**) **1** imagina-, vê se pode...: *Fancy walking out without paying!* Vê se pode, sair sem pagar! | **fancy!/fancy that!** imagine só! **2** BrE (querer) estar a fim de, ter vontade de: *I fancy a pizza.* Estou a fim de uma pizza.

3 BrE (informal) (sentir atração por) estar a fim de: *All the girls fancied him.* Todas as garotas estavam a fim dele. **4 to fancy yourself** BrE (informal) achar-se o máximo

fancy 'dress *s* BrE fantasia [roupa] | **a fancy dress party** uma festa à fantasia

fantasize, -ise BrE /ˈfæntəsaɪz/ *v* [intr] fazer fantasias | **to fantasize about sth** fantasiar sobre algo

fantastic /fænˈtæstɪk/ *adj* fantástico

fantasy /ˈfæntəsi/ *s* (pl -sies) fantasia

FAQ /fæk, ɛf eɪ ˈkju/ *s* (= **frequently asked question**) pergunta frequente

far /fɑr/ *advérbio & adjetivo*

- *adv* (comparativo **farther** ou **further**, superlativo **farthest** ou **furthest**) **1** longe: *It's not far from the library.* Não é longe da biblioteca. | *Let's see who can swim the farthest.* Vamos ver quem consegue nadar mais longe. | **how far is it to the station/the hospital etc.?** qual a distância daqui até a estação/o hospital etc.? | **far away** longe: *He lives too far away.* Ele mora muito longe.
2 muito: *It's far better this way.* É muito melhor assim. | **by far** de longe: *They're the best team by far.* É de longe o melhor time.
3 as far as até: *as far as the bridge* até a ponte
4 as far as I'm/we're etc. concerned no que me/nos etc. diz respeito, por mim/nós etc.
5 as far as I know que eu saiba
6 far from longe de: *Far from helping, you've made matters worse.* Longe de ajudar, você piorou as coisas. | *He's far from pleased.* Ele não está nada satisfeito.
7 so far até agora
8 to go too far ir longe demais
9 to go far ir longe: *That girl has talent. She'll go far.* Aquela garota tem talento. Ela vai longe. | *$100 doesn't go very far these days.* Hoje em dia $100 não dá para muito.

- *adj* (comparativo **farther** ou **further**, superlativo **farthest** ou **furthest**) **1 in the far distance** bem ao longe
2 the far side o outro lado, o lado de lá | **the far end** o outro extremo, o final
3 the far north/south etc. o extremo norte/sul etc.
4 the far left/right a extrema esquerda/direita

faraway /ˈfɑrəweɪ/ *adj* **1** distante **2 a faraway look** um olhar distante

farce /fɑrs/ *s* **1** bagunça **2** farsa [peça teatral]

fare /fɛr/ *substantivo & verbo*

- *s* fare significa tanto o preço da passagem como o dinheiro para pagá-la: *He offered to pay my fare.* Ele se ofereceu para pagar a minha passagem. | *Air fares have come down.* Os preços das passagens aéreas caíram.

- *v* [intr] (formal) **to fare well/badly** sair-se bem/mal

farewell /fɛrˈwɛl/ *s* despedida | **to say your farewells** despedir-se | **a farewell party** uma festa de despedida

far-ˈfetched *adj* forçado

farm /fɑrm/ *substantivo & verbo*

- *s* fazenda
- *v* [intr] dedicar-se à agropecuária

farmer /ˈfɑrmər/ *s* fazendeiro -ra, agricultor -a

farmhouse /ˈfɑrmhaʊs/ *s* casa [de uma fazenda]

farming /ˈfɑrmɪŋ/ *s* agropecuária, agricultura

farmyard /ˈfɑrmjɑrd/ *s* terreiro [de fazenda]

fart /fɑrt/ *verbo & substantivo*

- *v* [intr] (informal) peidar
- *s* (informal) peido, pum

farther /ˈfɑrðər/ *adv* comparativo de **far**

farthest /ˈfɑrðəst/ *adv* superlativo de **far**

fascinate /ˈfæsəneɪt/ *v* [tr] fascinar

fascinating /ˈfæsəneɪtɪŋ/ *adj* fascinante

fascination /fæsəˈneɪʃən/ *s* **1** fascinação | **to have a fascination with/for sth** ter fascinação por algo **2** fascínio

fascism /ˈfæʃɪzəm/ *s* fascismo

fascist /ˈfæʃɪst/ *s* & *adj* fascista

fashion /ˈfæʃən/ *s* **1** moda | **to be in fashion** estar na moda | **to be out of fashion** estar fora de moda | **to go out of fashion** sair de moda **2** (formal) forma: *in a similar fashion* de forma similar

fashionable /ˈfæʃənəbəl/ *adj* da moda, chique

fast /fæst/ *adjetivo, advérbio, verbo & substantivo*

- *adj* **1** rápido, veloz: *a fast car* um carro veloz | *She's a fast reader.* Ela lê rápido. ▶ **FAST OU QUICK?** ver **rápido 2** adiantado: *My watch is five minutes fast.* Meu relógio está cinco minutos adiantado. **3** que não desbota [cor]

- *adv* **1** rápido: *He talks too fast.* Ele fala rápido demais. | *How fast can this car go?* Qual a velocidade máxima desse carro? **2 fast asleep** dormindo profundamente

- *v* [intr] jejuar
- *s* jejum

fasten /ˈfæsən/ *v* **1** [tr/intr] fechar [um casaco, um cinto, etc.]: *The dress fastens at the back.* O vestido fecha nas costas. **2** [tr] fechar [uma janela, porta, etc.] **3** [tr] (com pregos, corda, etc.) prender

Deve-se dizer *on the table* ou *in the table*? Veja o verbete **em**.

,fast 'food s fast-food [lanches]

fast food
fries
hotdog
cheeseburger
pizza

,fast 'forward verbo & substantivo
- **v** [tr] (também **fast-forward**) adiantar [uma fita, um CD, etc.]
- **s** fast forward [num toca-fitas, CD player, etc.]

fat /fæt/ adjetivo & substantivo
- **adj** (-tter, -ttest) **1** gordo: *I'm too fat. I must try to get more exercise.* Estou muito gordo! Tenho que tentar fazer mais exercícios. | **to get fat** engordar **2** grosso: *a big fat book* um livro grande e grosso
- **s** gordura

fatal /'feɪtl/ adj **1** (mortal) fatal: *a fatal accident* um acidente fatal **2** (nefasto) fatal: *She made the fatal mistake of giving him the money.* Ela cometeu o erro fatal de dar o dinheiro a ele.

fate /feɪt/ s destino: *His friends suffered the same fate.* Os amigos dele tiveram o mesmo destino. | *It was fate that brought us together.* Foi o destino que nos uniu.

fateful /'feɪtfəl/ adj fatídico

father /'fɑðər/ substantivo & verbo
- **s 1** pai: *Her father is Canadian.* O pai dela é canadense. **2 Father** padre: *Father Thomas* padre Thomas
- **v to father a child** tornar-se pai ► O verbo **to father** só é usado quando o sujeito da frase é um homem

Father 'Christmas s BrE Papai Noel ► Existe também **Santa Claus**, que é usado tanto no inglês americano como no britânico

'father ,figure s figura paterna

'father-in-,law s (pl fathers-in-law) sogro

fatigue /fə'tiːɡ/ s cansaço, fadiga

fatten /'fætn/ v [tr] engordar [porcos, etc.]

fattening /'fætn-ɪŋ/ adj engordativo | **to be fattening** engordar: *Cake is fattening.* Bolo engorda.

fatty /'fæti/ adj (-ttier, -ttiest) gorduroso [comida]

faucet /'fɔsət/ AmE torneira

fault /fɔlt/ substantivo & verbo
- **s 1 to be sb's fault** ser culpa de alguém: *It's all Martin's fault.* É tudo culpa do Martin. **2 to be at fault** estar errado **3 to find fault with sth** botar defeito em algo **4** (de uma máquina, um sistema etc.) defeito **5** (referente ao caráter) defeito **6** (na superfície terrestre) falha
- **v** [tr] criticar

faultless /'fɔltləs/ adj perfeito

faulty /'fɔlti/ adj (-tier, -tiest) defeituoso

'fava bean /'fɑvə bin/ s fava

favor AmE, **favour** BrE /'feɪvər/ substantivo & verbo
- **s 1** favor | **to ask sb a favor/to ask a favor of sb** pedir um favor a alguém: *Can I ask you a huge favor?* Posso lhe pedir um grande favor? | **to do sb a favor** fazer um favor para alguém: *Could you do me a favor and shut that window, please?* Quer me fazer o favor de fechar aquela janela? **2 to be in favor of (doing) sth** ser a favor de (fazer) algo: *Most of the students are in favor of the idea.* A maioria dos alunos é a favor da ideia. **3 in sb's favor** favorável a alguém, a favor de alguém
- **v** [tr] **1** apoiar, ser a favor de **2** favorecer

favorable AmE, **favourable** BrE /'feɪvərəbəl/ adj favorável

favorite AmE, **favourite** BrE /'feɪvrət/ adjetivo & substantivo
- **adj** favorito: *my favorite movie* meu filme favorito
- **s 1** favorito -ta: *I like all her books, but this is my favorite.* Gosto de todos os livros dela, mas este é o meu favorito. **2** preferido -da: *He always was Dad's favorite.* Ele sempre foi o preferido do papai. **3** (numa corrida, competição, etc.) favorito -ta

fax /fæks/ substantivo & verbo
- **s** (pl -xes) **1** fax | **to send sth by fax** mandar algo por fax **2** (também **fax machine**) fax
- **v** (3a pess sing -xes) **to fax sth to sb** mandar algo por fax para alguém

fear /fɪr/ substantivo & verbo
- **s 1** medo | **fear of sth** medo de algo **2** temor
- **v 1** [tr] (estar preocupado) temer: *They fear that he may not recover.* Temem que ele não se recupere. **2** [tr] (ter medo de) temer **3 to fear for sth** temer por algo

fearful /'fɪrfəl/ adj **1 fearful of (doing) sth** temeroso de (fazer) algo **2** amedrontado

fearless /'fɪrləs/ adj destemido

feasibility /fizə'bɪləti/ s viabilidade

feasible /'fizəbəl/ adj viável

feast /fist/ s festa, banquete

feat /fit/ s façanha

feather /'fɛðər/ s pena, pluma

feature /'fitʃər/ substantivo, substantivo plural & verbo
- **s** característica
- **features** *s pl* feições [do rosto]
- **v** [tr] apresentar: *featuring Marlon Brando as the Godfather* apresentando Marlon Brando como o Chefão

February /'fɛbjuɛri/ s fevereiro ▶ ver "Active Box" **months** em **month**

fed /fɛd/ passado & particípio de **feed**

fed 'up adj (informal) cheio: *I'm fed up with being treated like a servant.* Estou cheio de ser tratado como um criado. | **to get fed up with sth** ficar cheio de algo

fee /fi/ s **1** honorários: *They paid all my medical fees.* Eles pagaram todas as minhas despesas médicas. **2** taxa, mensalidade: *school fees* a mensalidade escolar | *There is no entrance fee.* A entrada é grátis.

feeble /'fibəl/ adj **1** fraco **2 a feeble excuse** uma desculpa esfarrapada

feed /fid/ v (passado & particípio **fed**) **1** [tr] dar de comer a [uma pessoa, um animal] | **to feed the baby** dar de comer ao bebê, amamentar o bebê **2** [intr] mamar, alimentar-se | **to feed on sth** alimentar-se de algo **3** [tr] alimentar

feedback /'fidbæk/ s retorno, comentário

feel /fil/ verbo & substantivo
- **v** (passado & particípio **felt**) **1** [intr] sentir-se: *I feel better today.* Estou me sentindo melhor hoje. | **to feel hungry/cold** estar com fome/frio | **to feel tired/guilty etc.** sentir-se cansado/culpado etc.

feeding a baby

2 [tr] sentir: *She felt something climbing up her leg.* Ela sentiu algo lhe subindo pela perna.
3 [intr] **it feels great/strange etc.** é ótimo/estranho etc.: *It feels great to be home again.* É ótimo estar de volta em casa.
4 [tr] **to feel (that)** achar que: *I feel we should do something to help them.* Acho que deveríamos fazer algo para ajudá-los.
5 [tr] apalpar, sentir (com a mão): *She felt his ankle but it wasn't broken.* Ela apalpou o tornozelo dele e viu que não estava quebrado.
6 [intr] tatear
7 not to feel yourself não estar bem
feel for sb ter pena de alguém
feel like sth **1** parecer algo: *I was there for two days but it felt like two weeks.* Estive lá dois dias, mas pareceu duas semanas. **2** estar com vontade de algo, estar a fim de algo: *I feel like a walk.* Estou a fim de dar uma volta. | *She didn't feel like going to school.* Ela não estava com vontade de ir ao colégio.
- **s** **1** sensação **2 to have a modern/cozy etc. feel** ter um toque de modernidade/ser aconchegante etc.

'feel-good adj **feel-good movie/comedy/music etc.** filme/comédia/música etc. alto-astral

feeling /'filɪŋ/ s **1** sentimento, sensação: *feelings of guilt* sentimentos de culpa **2** opinião: *What are his feelings on the matter?* Qual é a opinião dele sobre o assunto? **3 to have/get the feeling (that)** ter a impressão/sensação (de que) **4** sensação [física] **5** sensibilidade [nas pernas, nos braços, etc.] **6 I know the feeling** sei como é

feet /fit/ plural de **foot**

fell¹ /fɛl/ v [tr] cortar [uma árvore]

fell² passado de **fall**

fellow /'fɛloʊ/ s **1** sujeito [homem] **2 fellow countrymen** compatriotas **fellow passengers** companheiros de viagem

fellowship /'fɛloʊʃɪp/ s **1** companheirismo **2** AmE bolsa de estudos

felt¹ /fɛlt/ s feltro

felt² passado & particípio de **feel**

felt tip 'pen, também **'felt tip** s caneta pilot

female /'fimeɪl/ adjetivo & substantivo
- **adj** **1** feminino ▶ FEMALE OU FEMININE? ver **feminino** **2** fêmea: *a female giraffe* uma girafa fêmea
- **s** **1** fêmea **2** (formal) mulher

feminine /'fɛmənɪn/ adj feminino ▶ FEMALE OU FEMININE? ver **feminino**

feminism /'fɛmənɪzəm/ s feminismo

feminist /'fɛmənɪst/ s & adj feminista

fence /fɛns/ substantivo & verbo
- **s** **1** cerca **2** obstáculo [em eventos hípicos]
- **v** **1** [tr] (também **fence off**) cercar **2** [intr] fazer esgrima

fencing /'fɛnsɪŋ/ s **1** esgrima **2** cerca

fend /fɛnd/ v **to fend for yourself** defender-se sozinho

fern /fɜrn/ s samambaia

ferocious /fə'roʊʃəs/ adj **1** feroz **2 a ferocious battle** uma batalha encarniçada

ferry /'fɛri/ substantivo & verbo
- **s** (pl **-rries**) barca, balsa
- **v** (**-rries, -rried**) **to ferry sb from/to etc. somewhere** levar alguém de/a etc. um lugar

fertile /'fɜrtl/ adj fértil

fertilize, -ise BrE /'fɜrtl-aɪz/ v [tr] **1** fecundar **2** fertilizar

fertilizer, -iser BrE /'fɜrtl-aɪzər/ s fertilizante, adubo

fester /'fɛstər/ v [intr] infeccionar

festival /'fɛstəvəl/ s festival

 Você já leu a explicação de como usar este dicionário?

fetch /fɛtʃ/ v [tr] (3a pess sing **-tches**)
1 the painting/vase etc. fetched $100,000 o quadro/vaso etc. atingiu $100.000
2 BrE apanhar, buscar: *I had to go and fetch her from the station.* Tive que apanhá-la na estação.
3 BrE **to fetch sb sth/to fetch sth for sb** pegar algo para alguém: *She fetched him his glasses.* Ela pegou os óculos para ele.

fete /feɪt/ s BrE quermesse

fetus AmE, **foetus** BrE /'fitəs/ s feto

feud /fjud/ *substantivo & verbo*
- s disputa
- v [intr] brigar | **to feud (with sb) over sth** brigar (com alguém) por algo

fever /'fivər/ s febre

feverish /'fivərɪʃ/ adj **1** febril | **to be/feel feverish** estar febril, estar com febre **2** febril [movimentação, preparativos, etc.]

few /fju/ adj & pron ▶ ver quadro

fiancé /fiɑnˈseɪ/ s noivo [antes de casar]

fiancée /fiɑnˈseɪ/ s noiva [antes de casar]

fiasco /fiˈæskoʊ/ s fiasco

fib /fɪb/ (informal) *substantivo & verbo*
- s mentira, lorota | **to tell fibs** contar lorotas
- v [intr] (**-bbed**, **-bbing**) mentir

fiber AmE, **fibre** BrE /'faɪbər/ s **1** fibra **2** filamento

fiberglass AmE, **fibreglass** BrE /'faɪbərglæs/ s fibra de vidro

fickle /'fɪkəl/ adj volúvel, instável

fiction /'fɪkʃən/ s **1** ficção **2** simulacro

fictional /'fɪkʃənəl/ adj fictício

fictitious /fɪkˈtɪʃəs/ adj **1** fictício **2** falso

fiddle /'fɪdl/ *verbo & substantivo*
- v **1 to fiddle (around) with sth (a)** brincar/mexer com algo **(b)** mexer em algo **2** [tr] (informal) fraudar
- s **1** violino **2** BrE (informal) fraude

fiddly /'fɪdli/ adj (**-lier**, **-liest**) (informal) complicado, enrolado

fidelity /fəˈdɛləti/ s fidelidade

fidget /'fɪdʒət/ v [intr] mexer-se, não parar quieto

field /fild/ *substantivo & verbo*
- s **1** (para cultivos, gado, etc.) campo **2** (de futebol, beisebol, etc.) campo **3** área: *an expert in the field* um especialista nessa área
- v **1** [intr] num jogo de beisebol, jogar no time que tenta interceptar a bola **2** [tr] interceptar, pegar [a bola]

fielder /'fildər/ s no beisebol, jogador situado no field para interceptar a bola

fiendish /'findɪʃ/ adj **1** maquiavélico [trama, plano] **2** dificílimo [perguntas, questões, etc.]

fierce /fɪrs/ adj **1** feroz, brabo **2** violento [ataque, oposição] **3** ferrenho, acirrado [concorrência, luta]

---

few

1 a few ou **few**?

a few alguns/algumas: *Let's wait a few minutes.* Vamos esperar alguns minutos. | *There are a few things I'd like to ask.* Há algumas coisas que eu queria perguntar. | **few** poucos/poucas: *Few of my friends know.* Poucos amigos meus sabem disso. | *The library had very few books on the subject.* A biblioteca tinha pouquíssimos livros sobre o assunto.

2 Outras construções:

quite a few bastantes: *He's made quite a few friends at his new school.* Ele já fez bastantes amigos no novo colégio. | *Don't eat any more chocolates. You've eaten quite a few already.* Não coma mais chocolates. Você já comeu bastante. | **the next few days/months etc.** os próximos dias/meses etc. **the last few days/months etc.** os últimos dias/meses etc. **fewer than** menos de: *Fewer than 20 people came.* Vieram menos de 20 pessoas.

---

fifteen /fɪfˈtin/ *numeral* quinze

fifteenth /fɪfˈtinθ/ *numeral* **1** (numa ordem) décimoquinto **2** (em data) (dia) quinze **3** (fração) quinze avos

fifth /fɪfθ/ *numeral* **1** (numa ordem) quinto **2** (em data) (dia) cinco **3** (fração) quinto

fiftieth /'fɪftiəθ/ *numeral* **1** quinquagésimo **2** cinquenta avos

fifty /'fɪfti/ *numeral* **1** cinquenta **2 the fifties** os anos 50 **3 to be in your fifties** ter uns cinquenta e poucos anos

fifty-'fifty *advérbio & adjetivo*
- adv **1** meio a meio **2 to go fifty-fifty (on sth)** rachar (o valor de algo)
- adj **a fifty-fifty chance** cinquenta por cento de chance

fig /fɪg/ s **1** figo **2 fig tree** figueira

fight /faɪt/ *verbo & substantivo*
- v (passado & particípio **fought**) **1** (numa guerra, no boxe) [intr] lutar, [tr] lutar contra, combater: *They had fought the Russians at Stalingrad.* Eles tinham lutado contra os russos em Estalingrado. | **to fight a war/battle** travar uma guerra/batalha

2 (corpo a corpo) [intr] brigar, [tr] brigar com: *Two men were fighting in the street.* Dois homens estavam brigando na rua.

3 [intr] (verbalmente) discutir | **to fight over/about sth** discutir por causa de algo

4 [intr] (por uma causa) lutar: *We must fight for our rights.* Devemos lutar pelos nossos direitos.

5 [tr] combater [a criminalidade, a pobreza, etc.]
fight back 1 revidar **2** defender-se
fight sb off repelir alguém

- s **1** (corpo a corpo) briga | **to get into a fight**

meter-se numa briga | **to pick a fight** comprar uma briga
2 (verbal) discussão | **to have a fight with sb** ter uma discussão com alguém
3 (de boxe) luta
4 (por uma causa) luta: *the fight against crime* a luta contra a criminalidade | *the fight for justice* a luta pela justiça

fighter /'faɪtər/ s **1** lutador -a **2** guerreiro -ra **3** (também **fighter plane**) caça [avião]

figure /'fɪɡjər, BrE 'fɪɡə/ *substantivo & verbo*

- *s* **1** número, cifra: *the unemployment figures* os números do desemprego **2** algarismo: *a six-figure number* um número de seis algarismos **3** quantia | **to put a figure on sth** dar uma estimativa de algo **4** silhueta **5** figura **6** vulto

- *v* **1 to figure in sth** figurar em algo, fazer parte de algo **2** [tr] achar: *I figured it was time we left.* Achei que estava na hora de partirmos. **3 it/that figures** (informal) faz sentido
figure sth/sb out entender algo/alguém

file /faɪl/ *substantivo & verbo*

- *s* **1** ficha | **to have a file on sb** ter a ficha de alguém **2** pasta, fichário **3** (em informática) arquivo **4** (ferramenta) lima, lixa **5 in single file** em fila única

- *v* **1** [tr] arquivar: *It's filed under "Paraguay".* Está arquivado em "Paraguai". **2 to file past sth** desfilar em frente de algo **3** [tr] limar | **to file your nails** lixar as unhas

fill /fɪl/ *v* **1** [tr] (também **fill up**) encher: *Crowds of people filled the streets.* Multidões enchiam as ruas. | *I filled a bucket with water.* Enchi um balde com água. **2** [intr] (também **fill up**) encher(-se): *The hall was starting to fill up.* A sala estava começando a se encher. | **to fill with sth** encher(-se) de algo **3** [tr] (também **fill in**) tapar [um buraco, uma fresta]
fill in to fill in for sb substituir alguém **fill sth in** ▶ ver **fill sth out fill sb in** pôr alguém a par **fill sth out** preencher algo [um formulário, um cupom]

fillet, também **filet** AmE /fɪ'leɪ, BrE 'fɪlət/ s filé

filling /'fɪlɪŋ/ *substantivo & adjetivo*

- *s* **1** obturação **2** recheio

- *adj* (comida) pesado

film /fɪlm/ *substantivo & verbo*

- *s* **1** (de cinema ou TV) filme **2** (para máquina fotográfica) filme **3** película **4 film industry** indústria cinematográfica

- *v* [tr/intr] filmar

film-ˌmaker s cineasta

film star s astro/estrela de cinema

filter /'fɪltər/ *substantivo & verbo*

- *s* filtro

- *v* **1** [tr/intr] filtrar **2 to filter in/out** entrar/sair aos poucos

filth /fɪlθ/ s **1** (sujeira) imundície **2** (obscenidade) imundície

filthy /'fɪlθi/ *adj* (**-thier, -thiest**) **1** imundo **2** obsceno

fin /fɪn/ s barbatana

final /'faɪnl/ *adjetivo, substantivo & substantivo plural*

- *adj* **1** último, final **2** definitivo | **my/your etc. final offer** minha/sua etc. oferta final

- *s* final [de campeonato, concurso, etc.]

- **finals** *s pl* provas de final de semestre

finalist /'faɪnl-ɪst/ s finalista

finalize, -ise BrE /'faɪnl-aɪz/ v [tr] ultimar

finally /'faɪnl-i/ *adv* **1** afinal, finalmente: *The plane finally took off at 11:30.* O avião afinal decolou às 11:30h. **2** por último: *Finally, I would like to thank all my colleagues.* Por último, quero agradecer a todos os meus colegas.

finance /fə'næns, 'faɪnæns/ *substantivo & verbo*

- *s* **1** finanças **2** financiamento

- *v* [tr] financiar

financial /fə'nænʃəl/ *adj* financeiro, econômico

financially /fə'nænʃəli/ *adv* financeiramente

find /faɪnd/ *v* (passado & particípio **found**) **1** encontrar, achar: *I can't find my keys.* Não consigo encontrar minhas chaves. | *He found a wallet on the street.* Ele achou uma carteira na rua. **2** encontrar: *She found that the door was locked.* Ela encontrou a porta trancada. **3 to find sth useful/easy etc.** achar algo útil/fácil etc. | **to find sb attractive/boring etc.** achar alguém atraente/chato etc.
find out descobrir | **to find out about sth (a)** descobrir algo **(b)** saber sobre algo, informar-se sobre algo **find out sth** descobrir algo: *I'll find out what time it arrives.* Vou descobrir a que horas chega. **find sb out** apanhar alguém [cometendo infração]

finding /'faɪndɪŋ/ *substantivo & substantivo plural*

- *s* conclusão

- **findings** *s pl* conclusões, laudo

fine /faɪn/ *adjetivo, advérbio, substantivo & verbo*

- *adj* **1** bem: *"How are you?" "Fine, thanks."* – Como vai? – Bem, obrigado. | **that's fine by/with me** por mim, tudo bem **2** bom: *a fine performance* um bom desempenho **3** (referente ao tempo) bom, bonito: *If it's fine, we'll go for a walk.* Se o tempo estiver bom, vamos dar uma volta. **4** fino

- *adv* bem: *Tomorrow suits me fine.* Amanhã está bem para mim.

- *s* multa

- *v* [tr] multar

finely /'faɪnli/ *adv* fino: *Chop the onion finely.* Corte a cebola bem fina.

finger

finger /'fɪŋɡər/ s **1** dedo: *I've cut my finger.* Cortei meu dedo. | **index/first finger** (dedo) indicador | **little finger** (dedo) mindinho | **middle finger** (dedo) médio | **ring/third finger** (dedo) anular **2 not to lift a finger (to help)** não levantar um dedo (para ajudar)

fingernail /'fɪŋɡərneɪl/ s unha [da mão]

fingerprint /'fɪŋɡərprɪnt/ s impressão digital

fingertip /'fɪŋɡərtɪp/ s **1** ponta do dedo **2 to have sth at your fingertips** ter algo na ponta da língua

finish /'fɪnɪʃ/ verbo & substantivo

- **v** (3a pess sing **-shes**) **1** [tr/intr] terminar, acabar: *I've finished my homework.* Terminei meu dever de casa. | *What time does the game finish?* A que horas termina o jogo? | **to finish doing sth** terminar de fazer algo **2** [tr] (falando de comida, bebida, etc.) acabar, terminar: *Hurry up and finish your breakfast.* Anda logo e acaba de tomar seu café da manhã. **3 to finish first/second/last etc.** chegar em primeiro/segundo/último etc.

finish sth off 1 terminar algo: *You can finish it off tomorrow.* Você pode terminar amanhã. **2** acabar (com) algo: *Who finished off the cake?* Quem acabou com o bolo?

finish up BrE acabar, ir parar: *We finished up in a nightclub.* Acabamos numa boate. **finish sth up** acabar algo

finish with sth terminar com algo: *Have you finished with the scissors?* Você já terminou com a tesoura? **finish with sb** terminar com alguém

- **s** (pl **-shes**) final [de uma corrida] | **a close finish** um final apertado

finished¹ /'fɪnɪʃt/ adj **1 finished product/article** produto acabado **2 to be finished (a)** estar acabado **(b)** (informal) ter terminado: *Hold on, I'm not finished yet.* Espera aí, não terminei ainda.

finished² passado & particípio de **finish**

'**finish ˌline** AmE, '**finishing ˌline** BrE s linha de chegada

finite /'faɪnaɪt/ adj finito, limitado

Finland /'fɪnlənd/ s Finlândia

Finn /fɪn/ s finlandês -esa

Finnish /'fɪnɪʃ/ adjetivo & substantivo

- **adj** finlandês -esa
- **s** (idioma) finlandês

fir /fɜr/, também '**fir tree** s abeto

fire /faɪr/ substantivo & verbo

- **s** **1** (chamas) fogo | **to be on fire** estar em chamas | **to catch fire** pegar fogo | **to set fire to sth/to set sth on fire** incendiar algo, atear fogo em algo **2** incêndio **3** (fogueira) fogo | **to light a fire** fazer fogo **4** disparos | **to come under fire** ficar sob fogo inimigo | **to open fire (on sb)** abrir fogo (em alguém) **5** BrE aquecedor
- **v** **1** [tr/intr] disparar, atirar | **to fire at/on/into sth/sb** atirar em algo/alguém: *The man started firing at the crowd.* O homem começou a atirar na multidão. **2** [tr] AmE demitir

'**fire ˌalarm** s alarme de incêndio

firearm /'faɪrɑrm/ s (formal) arma de fogo

'**fire deˌpartment** AmE, '**fire ˌbrigade** BrE s corpo de bombeiros

'**fire ˌengine** s carro de bombeiros

'**fire esˌcape** s escada de incêndio

'**fire exˌtinguisher** s extintor de incêndio

firefighter /'faɪrfaɪtər/ s bombeiro -ra

fireman /'faɪrmən/ s (pl **-men**) bombeiro [que apaga incêndio]

fireplace /'faɪrpleɪs/ s lareira

'**fire ˌstation** s quartel dos bombeiros

'**fire truck** s AmE carro de bombeiros

firewood /'faɪrwʊd/ s lenha

firework /'faɪrwɜrk/ s fogo de artifício

firing /'faɪrɪŋ/ s tiros, disparos

'**firing ˌsquad** s pelotão de fuzilamento

firm /fɜrm/ adjetivo & substantivo

- **adj** **1** (duro) firme **2** (estável) firme, sólido **3 a firm offer/date etc.** uma oferta/data etc. definitiva | **a firm decision/belief etc.** uma decisão/crença etc. firme **4** (rigoroso) firme | **to be firm with sb** ser firme com alguém **5** (apertado) firme
- **s** firma [empresa]

first /fɜrst/ adjetivo, advérbio & substantivo

- **adj** **1** primeiro: *We were first in line.* Éramos os primeiros da fila. **2** primordial [responsabilidade, objetivo, etc.] | **first things first** vamos tratar do que é mais importante primeiro **3 at first sight/glance** à primeira vista **4 first thing** a primeira coisa **5 in the first place** em primeiro lugar **6 (in the) first person** (na) primeira pessoa
- **adv** **1** primeiro **2 to come first (a)** (numa corrida, competição) chegar em primeiro lugar **(b)** (ter prioridade) vir em primeiro lugar **3 first of all (a)** antes de mais nada **(b)** em primeiro lugar **4** pela primeira vez: *We first met at a party.* Nós nos conhecemos numa festa. **5 at first** a princípio, no começo **6 first come, first served** por ordem de chegada
- **s** **1** primeiro -ra | **to be the first (to do sth)** ser o primeiro/a primeira (a fazer algo) **2 the first** (em data) o (dia) primeiro: *the first of May* o primeiro de maio **3 from the first** desde o começo **4** (também **first gear**) primeira [marcha]

first 'aid s primeiros socorros

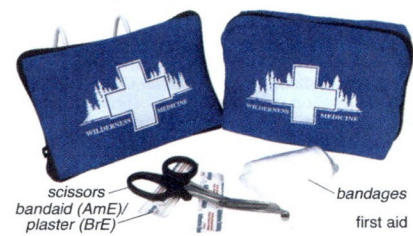

scissors
bandaid (AmE)/
plaster (BrE)
bandages
first aid

first 'class *advérbio & adjetivo*
- *adv* **1 to travel first class** viajar de primeira classe **2 to send sth first class** ver abaixo
- **first-class** *adj* **1** de primeira: *a first-class doctor* um médico de primeira **2 a first-class ticket** uma passagem de primeira classe **3 first-class post** Na Grã-Bretanha há dois tipos de serviço postal – o de "primeira classe" custa mais caro e é mais rápido do que o de "segunda classe"

first 'floor s **1** AmE (andar) térreo **2** BrE primeiro andar ▶ ver nota em **floor**

firsthand /ˌfɜrstˈhænd/ *adjetivo & advérbio*
- *adj* de primeira mão
- *adv* pessoalmente

firstly /ˈfɜrstli/ *adv* em primeiro lugar, primeiro

'first name s nome, nome de batismo

first-'rate *adj* de primeira, excelente

fiscal year /ˌfɪskəl ˈjɪr/ s ano fiscal

fish /fɪʃ/ *substantivo & verbo*
- *s* (pl fish) peixe
- *v* [intr] pescar | **to go fishing** ir pescar
  fish around procurar, remexer: *I fished around in my bag for a pen.* Remexi na bolsa procurando uma caneta.
  fish sth out tirar algo

fisherman /ˈfɪʃərmən/ s (pl -men) pescador

fishing /ˈfɪʃɪŋ/ s pesca

'fishing ˌboat barco de pesca

'fishing ˌrod, também **'fishing ˌpole** AmE s vara de pesca, caniço

fishmonger /ˈfɪʃmʌŋgər/ s BrE peixeiro -ra | **fishmonger's** peixaria

fishy /ˈfɪʃi/ *adj* (-shier, -shiest) **1** (informal) suspeito: *There's something fishy about this.* Tem algo suspeito nisso. **2 a fishy smell/taste** um cheiro/gosto de peixe

fist /fɪst/ s punho

fit /fɪt/ *verbo, adjetivo & substantivo*
- *v* (passado & particípio -tted ou fit AmE, gerúndio -tting) **1** falando de roupas: *Do the pants fit?* A calça coube em você? | *These shoes don't fit.* Esses sapatos não cabem em mim. | *Does that red dress still fit you?* Aquele vestido vermelho ainda cabe em você?

2 [intr] caber, [tr] fazer caber: *Will we all fit in your car?* Cabemos todos no seu carro? | **to fit sth into sth** pôr algo em algo: *I couldn't fit everything into one suitcase.* Não consegui fazer com que coubesse tudo dentro de uma mala.
3 [tr] colocar [um carpete, um alarme, etc.]
4 [tr] instalar [uma cozinha, um banheiro]
5 to fit (sth) together encaixar (algo)
6 to be fitted with sth ser equipado com algo
7 [tr] encaixar-se em [uma descrição]
fit in 1 entrosar-se: *I never really felt that I fit in.* Nunca me senti entrosado. **2 to fit in with sb's plans** ajustar-se aos planos de alguém | **fit sth in** encaixar algo [arranjar tempo para]

- *adj* (-tter, -ttest) **1** adequado | **to be fit to do sth (a)** ter capacidade de fazer algo **(b)** estar em condições de fazer algo | **to be fit to eat/drink** ser próprio para comer/beber
2 em boa forma | **to keep/stay fit** ficar em forma

- *s* **1 to have/throw a fit** (informal) ter um ataque [de raiva]
2 acesso, ataque [de tosse, riso, raiva, etc.]
3 convulsão, acesso
4 to be a good/tight/perfect etc. fit cair bem/ficar apertado/ficar perfeito etc. [roupa]: *The jacket's a perfect fit.* O paletó ficou perfeito.

fitness /ˈfɪtnəs/ s **1** preparo físico, boa forma **2** aptidão

fitted /ˈfɪtɪd/ *adj* BrE **fitted wardrobe/cupboard** um armário embutido | **fitted kitchen** cozinha equipada | **fitted carpet(s)** carpete

fitting /ˈfɪtɪŋ/ *substantivo, substantivo plural & adjetivo*
- *s* prova [com costureira, alfaiate, etc.]
- **fittings** *s pl* acessórios, utensílios
- *adj* digno [final, homenagem]

'fitting room s provador

five /faɪv/ *numeral* cinco

fiver /ˈfaɪvər/ s BrE (nota de) cinco libras

fix /fɪks/ *verbo & substantivo*
- *v* [tr] (3a pess sing -xes) **1** consertar: *Can you fix my bike?* Você pode consertar minha bicicleta? **2** preparar [uma comida, etc]: *Can I fix you a drink?* Posso lhe preparar uma bebida? **3** marcar [uma data, uma hora] **4 to fix sth to/onto sth** prender algo em algo **5** manipular [um jogo], fraudar [uma eleição]
fix sth up 1 organizar/acertar algo [um encontro, uma viagem, etc.] **2** melhorar algo
fix sb up (informal) **1 to fix sb up with sth** arranjar algo para alguém **2 to fix sb up with sb** arranjar alguém para alguém [um namorado]

- *s* (pl -xes) **1 to be in a fix** estar numa enrascada **2** dose [de droga, de chocolate, etc.] **3 a quick fix** uma solução fácil

fixed /fɪkst/ *adj* **1** fixo, estabelecido **2 of no fixed abode/address** sem domicílio/endereço fixo

fixings /'fɪksɪŋz/ s pl **the fixings** AmE os acompanhamentos [numa refeição]

fixture /'fɪkstʃər/ s **1** acessório [numa casa] **2** BrE evento, jogo

fizz /fɪz/ verbo & substantivo
- **v** [intr] borbulhar
- **s** gás [de bebida]

fizzy /'fɪzi/ adj (-zzier, -zziest) gasoso: *fizzy mineral water* água mineral gasosa

flabby /'flæbi/ adj (-bbier, -bbiest) flácido

flag /flæg/ substantivo & verbo
- **s** bandeira
- **v** [intr] (-gged, -gging) **1** fraquejar [pessoa] **2** diminuir [entusiasmo, conversa]

flair /fler/ s **to have a flair for sth** ter talento/facilidade para algo: *Carla has a flair for design.* Carla tem talento para *design*.

flake /fleɪk/ verbo & substantivo
- **v** [intr] (também **flake off/away**) descascar
- **s 1** floco [de neve] **2** lasca [de tinta] **3** AmE (informal) pirado -da

flaky /'fleɪki/ adj **1** quebradiço **2** AmE (informal) excêntrico

flamboyant /flæm'bɔɪənt/ adj **1** extravagante [pessoa, comportamento] **2** chamativo [roupa]

flame /fleɪm/ s chama | **to burst into flames** pegar fogo

flamingo /flə'mɪŋgoʊ/ s (pl -goes) flamingo

flammable /'flæməbəl/ adj inflamável

flan /flæn/ s **1** AmE pudim **2** torta [doce ou salgada]

flank /flæŋk/ substantivo & verbo
- **s 1** (de animal) flanco **2** (de exército) flanco
- **v** [tr] flanquear, ladear

flannel /'flænl/ s **1** flanela **2** BrE toalhinha [para lavar-se] ▶ No inglês americano, diz-se **washcloth**

flap /flæp/ substantivo & verbo
- **s 1** aba [de envelope, bolso, mesa] **2** abertura [de tenda] **3** flape
- **v** (-pped, -pping) **1** [tr] bater [as asas] **2** [intr/tr] agitar-se [cortinas, velas, etc.], agitar [os braços]

flare /fler/ verbo & substantivo
- **v** [intr] **1** (também **flare up**) acender-se **2** (também **flare up**) deflagrar, estourar
  flare up voltar [uma doença]
- **s** sinal luminoso

flared /flerd/ adj **flared pants** calça boca-de-sino | **a flared skirt** uma saia evasê

flash /flæʃ/ verbo & substantivo
- **v** (3a pess sing -shes) **1** [intr/tr] piscar: *The driver flashed his headlights at me.* O motorista piscou os faróis para mim. | **to flash on and off** acender e apagar **2 to flash by/past (a)** passar voando **(b)** voar [tempo] **3** [intr] aparecer rápida e repentinamente: *An image flashed up on the screen.* De repente, apareceu uma imagem na tela.
- **s** (pl **-shes**) **1** clarão | **a flash of lightning** um relâmpago **2** flash [de máquina fotográfica] **3 in/like a flash** num piscar de olhos **4 a flash of inspiration** um lampejo de inspiração

'flash drive s pendrive

'flash flood s enchente repentina

flashlight /'flæʃlaɪt/ s AmE lanterna

flashy /'flæʃi/ adj (-shier, -shiest) (informal) chamativo

flask /flæsk/ s **1** garrafa [de bolso, para bebida alcoólica] **2** BrE garrafa térmica: *a flask of coffee* uma garrafa de café ▶ No inglês americano, diz-se **thermos®**

flat /flæt/ adjetivo, substantivo & advérbio
- **adj** (-tter, -ttest) **1** plano, chato **2** vazio [pneu, bola] **3** choco [bebida] **4 E flat/B flat etc.** mi bemol/si bemol etc. **5** desafinado **6** único [preço, tarifa, etc.] **7** baixo [sapato, salto] **8** BrE descarregado [bateria, pilha] ▶ No inglês americano, diz-se **dead**
- **s 1** AmE pneu furado **2** (em música) bemol **3** BrE apartamento **4 the flat of your hand** a palma da mão
- **adv 1 to lie flat (a)** deitar(-se) [ato] **(b)** deitado [estado] **2 in ten seconds/two minutes etc. flat** (informal) em apenas dez segundos/dois minutos etc. **3 flat out** (informal) a toda [trabalhar, etc.] **4 to fall flat** não agradar [piada, festa]

flatly /'flætli/ adv terminantemente [negar, rejeitar, etc.]

flatmate /'flætmeɪt/ s BrE ▶ ver **roommate**

'flat screen s tela plana

flatscreen /'flætskrin/ adj de tela plana

flatten /'flætn/ v **1** [tr] (também **flatten out**) achatar, alisar **2** [tr] arrasar
  flatten out aplainar-se [terreno, caminho, etc.]

flatter /'flætər/ v [tr] **1** lisonjear: *I was flattered by her interest.* Fiquei lisonjeado com o interesse dela. **2** [tr] favorecer [cor, roupa, etc.] **3 to flatter yourself** iludir-se: *Don't flatter yourself!* Não se iluda!

flattering /'flætərɪŋ/ adj que favorece [cor, roupa, etc.]

flattery /'flætəri/ s bajulação

flaunt /flɔnt/ v [tr] ostentar

flavor AmE, **flavour** BrE /'fleɪvər/ substantivo & verbo
- **s 1** sabor: *Which flavor do you want?* Que sabor você quer? **2** gosto, sabor: *The meat didn't have much flavor.* A carne estava meio sem gosto.
- **v** [tr] temperar

flavoring AmE, **flavouring** BrE /'fleɪvərɪŋ/ s essência, aromatizante

flaw /flɔ/ s **1** (num objeto) defeito **2** (num argumento, plano) falha **3** (na personalidade) defeito

flawed /flɔd/ adj falho

flawless /'flɔləs/ adj impecável

flea /fli/ s pulga

flee /fli/ v (passado & particípio **fled**) **1** [intr] fugir **2** [tr] fugir de

fleece /flis/ s **1** (tecido) pelúcia **2** casaco ou suéter de pelúcia **3** velo

fleet /flit/ s frota [de navios, veículos]

flesh /flɛʃ/ s **1** carne [de uma pessoa, de um animal vivo] **2** polpa [de fruta] **3 in the flesh** em pessoa **4 my/his etc. own flesh and blood** meu/seu etc. próprio parente

flew /flu/ passado de **fly**

flex /flɛks/ verbo & substantivo

- v [tr] (-xes) flexionar
- s (pl -xes) BrE fio elétrico ▶ No inglês americano, diz-se **cord**

flexible /'flɛksəbəl/ adj flexível

flick /flɪk/ verbo & substantivo

- v **1** [tr] jogar ou afastar com um movimento rápido da mão, ou dando uma pancada leve: *They were flicking balls of paper at each other.* Estavam jogando bolinhas de papel um no outro. **2** [tr/intr] mover-se rapidamente: *The cow's tail flicked from side to side.* O rabo da vaca balançava de um lado para o outro. **3** [tr] ligar [um interruptor]

flick through sth folhear algo

- s **1** AmE (informal) filme **2** movimento rápido: *a flick of the wrist* um movimento do pulso **3 at the flick of a switch** ao apertar um botão

flicker /'flɪkər/ verbo & substantivo

- v [intr] piscar, bruxulear [luz, vela]
- s piscar

flier, também **flyer** /'flaɪər/ s **1** panfleto, folheto **2** aviador -a

flight /flaɪt/ s **1** vôo **2 in flight** em pleno voo **3** lance [de escada], andar **4** fuga [de uma situação de perigo]

'flight a,ttendant s comissário -ria de bordo

flimsy /'flɪmzi/ adj (-sier, -siest) **1** fino [roupa, parede, etc.] **2** frágil [móvel] **3** esfarrapado [desculpa] **4** fraco [trama, prova, etc.]

flinch /flɪntʃ/ v [intr] (-ches) **1** recuar, estremecer [de medo, dor, etc.] **2 to flinch from sth/from doing sth** esquivar-se de algo/de fazer algo

fling /flɪŋ/ verbo & substantivo

- v [tr] (passado & particípio **flung**) **1** jogar: *He flung his coat down on a chair.* Ele jogou o casaco numa cadeira. | *She flung her arms around his neck.* Ela jogou os braços em volta do pescoço dele. **2 to fling open a door/window** escancarar uma porta/janela
- s (informal) caso [amoroso]

flint /flɪnt/ s **1** pederneira **2** pedra de isqueiro

flip /flɪp/ v (-pped, -pping) **1** [tr] mover rapidamente: *I flipped the pages until I came to the article.* Fui virando as páginas até achar o artigo. **2 to flip over** virar: *He flipped over onto his back.* Ele virou de costas. | **to flip sth over** virar algo **3 to flip a coin** tirar cara ou coroa

'flip chart s flip chart [grande bloco de papel montado sobre um cavalete, usado em apresentações]

'flip-flop substantivo & verbo

- s **1** AmE (informal) mudança de posição **2** sandália de dedo
- v [intr] (-pped, -pping) AmE (informal) mudar de posição

flippant /'flɪpənt/ adj frívolo

flipper /'flɪpər/ s **1** (de foca, etc.) nadadeira **2** (de mergulhador) pé de pato

'flip phone s celular com flip

flirt /flɜrt/ verbo & substantivo

- v [intr] paquerar, flertar
- s paquerador -a

float /floʊt/ verbo & substantivo

- v **1** [intr] flutuar, boiar: *They floated down the river.* Foram flutuando rio abaixo. | *Paul was floating on his back.* Paul estava boiando de costas. **2** [tr] pôr para flutuar **3** [tr] propor [uma ideia]
- s **1** carro alegórico **2** AmE refrigerante com uma bola de sorvete: *a Coke float* uma vaca-preta **3** flutuador **4** BrE boia [para nadar]

flock /flɑk/ substantivo & verbo

- s **1** rebanho [de ovelhas, etc.] **2** bando [de aves] **3** multidão, grupo [de pessoas]
- v [intr] ir em massa: *People flocked to see the show.* As pessoas foram em massa assistir ao show.

flog /flɑg/ v [tr] (-gged, -gging) espancar

flood /flʌd/ verbo & substantivo

- v **1** [intr] inundar-se, alagar-se **2** [intr] inundar, alagar **3** [tr] transbordar [rio] **4** [intr] chegar ou ir em grande número: *Tourists flooded into the city.* Os turistas chegaram em grande número à cidade. | *refugees flooding across the border* uma enxurrada de refugiados cruzando a fronteira
- s **1** enchente **2 a flood of complaints/letters etc.** uma enxurrada de queixas/cartas etc. **3 in floods of tears** aos prantos

flooding /'flʌdɪŋ/ s enchentes

floodlight /'flʌdlaɪt/ s holofote

floodlit /'flʌdlɪt/ adj iluminado com holofotes

floor¹ /flɔr/ s **1** chão | **on the floor** no chão ▶ FLOOR OU GROUND? ver **chão** **2** andar [de prédio]:

We live on the third floor. Moramos no terceiro andar. ▶ ver nota abaixo **3** (de um oceano) fundo **4** (de uma floresta) solo

First/second etc. floor

Nos EUA, o andar térreo se chama **the first floor**. Por conseguinte, o que para nós é o primeiro andar corresponde ao **second floor** em inglês americano, e assim por diante.
Na Grã-Bretanha, a contagem dos andares corresponde ao sistema brasileiro, começando por **the ground floor** (o térreo), o primeiro andar se chama **the first floor**, etc.

floor² v [tr] **1** derrubar **2** confundir

floorboard /'flɔrbɔrd/ s tábua [de assoalho]

flop /flɑp/ *verbo & substantivo*

- *v* [intr] (**-pped, -pping**) **1 to flop into/onto etc. sth** atirar-se em algo: *They flopped down on the grass.* Eles se atiraram na grama. **2** (informal) fracassar [filme, espetáculo, etc.]

- *s* (informal) fracasso

floppy /'flɑpi/ *adjetivo & substantivo*

- *adj* (**-ppier, -ppiest**) caído [orelhas, chapéu]

- *s* (pl **-ppies**) disquete

floppy 'disk s disquete

floral /'flɔrəl/ *adj* floral

florist /'flɔrɪst/ s **1** florista [pessoa] **2** AmE florista, floricultura [loja] **3** (**florist's** BrE) florista, floricultura

flounder /'flaʊndər/ v [intr] **1** atrapalhar-se **2** chapinhar

flour /flaʊr/ s farinha

flourish /'flɜrɪʃ/ v (3a pess sing **-shes**) **1** [intr] vicejar [plantas, jardim, etc.] **2** [intr] prosperar [pessoa, empresa, economia] **3** [tr] brandir

flow /floʊ/ *substantivo & verbo*

- *s* **1** fluxo: *the flow of traffic* o fluxo do tráfego **2 to interrupt sb's flow** fazer alguém perder o fio da meada, atrapalhar o raciocínio de alguém **3 to go with the flow** (informal) ir na onda

- *v* [intr] **1** correr [líquido]: *Tears flowed down her cheeks.* As lágrimas corriam-lhe pelas faces. | *The river flows into the lake.* O rio deságua no lago. **2** fluir [trânsito] **3** fluir [palavras, ideias]

flower /'flaʊər/ *substantivo & verbo*

- *s* flor

- *v* [intr] florir

flower bed /'flaʊərbɛd/ s canteiro

flowerpot /'flaʊərpɑt/ s vaso [para plantar flores]

flown /floʊn/ particípio de **fly**

flu /flu/ s gripe

fluctuate /'flʌktʃueɪt/ v [intr] variar, oscilar [preço, temperatura]

fluency /'fluənsi/ s fluência

fluent /'fluənt/ *adj* **1 to be fluent in Chinese/German etc.** falar chinês/alemão etc. fluentemente **2 to speak fluent Chinese/German etc.** falar chinês/alemão etc. fluentemente **3 to be a fluent reader** ler corretamente

fluff /flʌf/ s **1** felpa **2** penugem, lanugem **3** AmE (informal) amenidades

fluffy /'flʌfi/ *adj* (**-ffier, -ffiest**) fofo

fluid /'fluɪd/ *substantivo & adjetivo*

- *s* (formal) líquido, fluido

- *adj* **1** flexível **2** instável, incerto [situação] **3** ágil

fluke /fluk/ s golpe de sorte

flung /flʌŋ/ passado & particípio **fling**

flunk /flʌŋk/ v AmE (informal) [intr] levar bomba, [tr] levar bomba em

flunk out of sth to flunk out of college ser jubilado da faculdade

fluorescent /flʊ'rɛsənt/ *adj* fluorescente

fluoride /'flɔraɪd/ s flúor

flurry /'flɜri/ s (pl **-rries**) **1 a flurry of activity** uma onda de atividade **2** temporal [de neve]

flush /flʌʃ/ *verbo & substantivo*

- *v* (3a pess sing **-shes**) **1 to flush the toilet** dar descarga na privada | **to flush sth down the toilet** jogar algo na privada **2** [intr] corar

- *s* (pl **-shes**) rubor

flustered /'flʌstərd/ *adj* nervoso

flute /flut/ s flauta transversa

flutter /'flʌtər/ *verbo & substantivo*

- *v* **1** [intr] tremular [bandeira] **2** [intr] esvoaçar [pássaro, borboleta] **3** [tr] agitar, [intr] agitar-se [asas] **4** [intr] palpitar [coração]

- *s* bater [de asas]

fly /flaɪ/ *verbo & substantivo*

- *v* (3a pess presente **flies**, passado **flew**, particípio **flown**) **1** [intr] (pessoa) voar, ir de avião: *We flew from New York to Buenos Aires.* Voamos de Nova York para Buenos Aires. | **to fly in/out/back** chegar/partir/voltar [de avião]: *When do you fly out?* Quando você parte?
2 [intr] (avião, pássaro, inseto) voar | **to fly away/off** voar
3 [intr] pilotar um avião, [tr] pilotar
4 [tr] transportar/enviar de avião: *He was flown to the city by helicopter.* Ele foi levado de helicóptero para a cidade.
5 [intr] mover-se muito rápido: *She flew down the stairs.* Ela desceu as escadas voando. **to fly open** abrir-se de repente [porta]
6 [intr] voar [tempo]
7 [tr] desfraldar [uma bandeira]
8 [tr] soltar [uma pipa]
9 [intr] tremular [bandeira]

- *s* (pl **flies**) **1** mosca **2** (também **flies** BrE) braguilha

flyer ▶ ver **flier**

flying /'flaɪ-ɪŋ/ *substantivo & adjetivo*
- *s* **1** voo(s), aviação **2** viajar de avião
- *adj* **1** voador: *flying insects* insetos voadores **2 flying glass** estilhaços de vidro

flying 'saucer *s* disco voador

flyover /'flaɪoʊvər/ *s* BrE viaduto ▶ No inglês americano, diz-se **overpass**

foam /foʊm/ *substantivo & verbo*
- *s* **1** (em líquido) espuma **2** (também **foam rubber**) (para estofar) espuma
- *v* [intr] espumar

focus /'foʊkəs/ *verbo & substantivo*
- *v* (3a pess sing **-ses**) **1 to focus on sth** enfocar algo, concentrar-se em algo **2** [tr/intr] focalizar [objetiva, câmera] **3 to focus (your eyes) on sth** focalizar (a vista em) algo
- *s* **1** enfoque **2 in focus** em foco | **out of focus** fora de foco

fodder /'fɑdər/ *s* forragem

foetus BrE ▶ ver **fetus**

fog /fɑg/ *s* nevoeiro, cerração

foggy /'fɑgi/ *adj* (**-ggier, -ggiest**) de neblina, com nevoeiro: *It was foggy.* Havia nevoeiro.

foil /fɔɪl/ *substantivo & verbo*
- *s* (também **tinfoil**) papel de alumínio
- *v* [tr] frustrar [um plano, etc.]

fold /foʊld/ *verbo & substantivo*
- *v* **1** [tr] dobrar [roupa, papel] | **to fold sth in half/two** dobrar algo em dois **2** [tr/intr] (também **fold up**) dobrar [para guardar] | **a folding chair/table etc.** uma cadeira/mesa etc. dobrável **3 to fold your arms** cruzar os braços **4** [intr] fechar [empresa] **5** [intr] sair de cartaz [espetáculo]
- *s* prega, dobra

folder /'foʊldər/ *s* (para papéis, em informática) pasta

foliage /'foʊli-ɪdʒ/ *s* folhagem

folk /foʊk/ *adjetivo, substantivo & substantivo plural*
- *adj* folclórico | **folk music** música folk/folclórica
- *s* gente: *city folk* gente da cidade
- **folks** *s pl* (informal) **1** gente, pessoal **2** pais **3** parentes

'folk tale *s* conto popular, lenda

follow /'fɑloʊ/ *v* **1** [tr/intr] seguir: *Follow that car!* Siga aquele carro! | *Did you follow the instructions?* Você seguiu as instruções? **2** [tr/intr] acompanhar: *Please follow me.* Queira me acompanhar. | *The road follows the river for several miles.* A estrada acompanha o rio por várias milhas. **3** (no tempo) [intr] seguir-se, [tr] seguir, seguir-se a: *in the weeks that followed* nas semanas seguintes | *The movie will be followed by a talk.* O filme vai ser seguido de uma palestra. **4 as follows (a)** (para citar algo): *The winning numbers are as follows:* Os números vencedores são os seguintes: **(b)** (ao dar uma explicação) da seguinte maneira **5** [tr/intr] entender, acompanhar [uma explicação, trama, etc.]

follow sb around andar atrás de alguém

follow sth through levar algo até o fim [um plano, um projeto, etc.]

follow sth up 1 investigar algo [uma pista] **2** levar algo adiante [uma sugestão, ideia, etc.] **3** consolidar/reforçar algo

follower /'fɑloʊər/ *s* seguidor -a

following /'fɑloʊɪŋ/ *adjetivo, substantivo & preposição*
- *adj* seguinte
- *s* **1** seguidores **2 the following** o seguinte
- *prep* após: *Following the success of her first movie, she moved to Hollywood.* Após o sucesso de seu primeiro filme, ela se mudou para Hollywood.

'follow-up *s* **1** acompanhamento **2** continuação [de livro ou filme]

fond /fɑnd/ *adj* **1 to be fond of sb** ter carinho por alguém **2 to be fond of (doing) sth** gostar de (fazer) algo: *He's very fond of criticizing.* Ele gosta muito de criticar. **3** carinhoso [olhar, sorriso] **4 to have fond memories of sth/sb** ter boas recordações de algo/alguém

fondle /'fɑndl/ *v* [tr] acariciar

food /fud/ *s* **1** comida, alimento **2 to give sb food for thought** dar a alguém o que pensar

'food miles *s* [pl] food miles [trajeto do alimento desde a sua colheita até o prato do consumidor]

'food ,poisoning *s* intoxicação alimentar

'food ,processor *s* processador de alimentos

fool /ful/ *substantivo & verbo*
- *s* **1** idiota, bobo: *You fool!* Seu idiota! **2 to make a fool of yourself** dar vexame **3 to make a fool (out) of sb** fazer alguém de bobo
- *v* [tr] enganar

fool around 1 vadiar **2 to fool around with sth** brincar com algo [de modo irresponsável]

foolish /'fulɪʃ/ *adj* insensato, bobo: *It was a foolish thing to do.* Foi uma besteira fazer isto.

foolproof /'fulpruf/ *adj* infalível

foot /fʊt/ *s* **1** (pl **feet**) pé | **on foot** a pé **2 at the foot of the bed/tree etc.** ao pé da cama/árvore etc. | **at the foot of the hill/mountain** no sopé do morro/da montanha **3** (pl **feet** ou **foot**) (unidade de comprimento) pé [30,48 cm] ▶ ver nota abaixo **4 to be on your feet** estar em pé | **to rise/get to your feet** pôr-se/ficar de pé **5 to put your feet up** descansar **6 to put your foot down** bater o pé [não ceder] **7 to put your foot in your mouth**

AmE, **to put your foot in it** BrE (informal) dar o maior fora, cometer uma gafe **8 to get cold feet** ficar com medo

> **5/6 etc. feet**
>
> Em inglês, a altura das pessoas e dos objetos é frequentemente expressa em pés (**feet**) e polegadas (**inches**).
> **5ft 7** (cinco pés e sete polegadas) equivale a 1,70m, **6ft** (seis pés) equivale a 1,80m, etc.

football /'fʊtbɔl/ s **1** AmE futebol americano ▶ Nos EUA, o nosso futebol se chama **soccer** **2** bola (de futebol) **3** BrE futebol

footballer /'fʊtbɔlər/ s BrE jogador -a de futebol

footing /'fʊtɪŋ/ s **1 on a sound/firm footing** numa base sólida ▶ ver também **equal** **2** equilíbrio [ao pisar] | **to lose/miss your footing** perder o equilíbrio

footnote /'fʊtnoʊt/ s nota de pé de página

footpath /'fʊtpæθ/ s trilha

footprint /'fʊtprɪnt/ s pegada

footstep /'fʊtstɛp/ s **1** passo [som] **2 to follow in sb's footsteps** seguir os passos de alguém

footwear /'fʊtwɛr/ s calçados

footprint

for /fər/, acentuado /fɔr/ prep ▶ ver quadro

forbid /fər'bɪd/ v [tr] (passado **forbade** ou **forbid**, particípio **forbidden**) **1** (formal) proibir: *Smoking is forbidden*. É proibido fumar. | **to forbid sb to do sth/to forbid sb from doing sth** proibir alguém de fazer algo: *Her family forbade her to see him.* A família dela proibiu-a de vê-lo. **2 God/Heaven forbid** tomara que não, Deus me livre

forbidding /fər'bɪdɪŋ/ adj **1** intimidante [pessoa, atitude] **2** amedrontador [lugar]

force /fɔrs/ *substantivo & verbo*

- *s* **1** (violência) força | **by force** à força **2** (influência) força **3** (grupo de pessoas) força: *the armed forces* as forças armadas **4 to join forces (to do sth)** unir forças (para fazer algo) **5 to be in force/to come into force** estar/entrar em vigor

- *v* [tr] **1** obrigar, forçar | **to force sb to do sth** obrigar/forçar alguém a fazer algo **2** forçar [uma porta, uma fechadura]: *They forced their way into the building.* Entraram à força no prédio.

force sth on sb impor algo a alguém

forced /fɔrst/ adj **1** forçado [sorriso] **2** forçado [pouso, marcha]

forceful /'fɔrsfəl/ adj **1** forte [pessoa, personalidade] **2** convincente [motivo, argumento]

---

for

1 DESTINO, PROPÓSITO (= para)

I have a present for Dave. Tenho um presente para o Dave. | *What's this gadget for?* Para que serve esse aparelho? | *Is this the train for New York?* Este é o trem para Nova York? | *He plays for the Boston Red Sox.* Ele joga no Boston Red Sox.

2 AJUDA

Let me carry that for you. Deixa que eu carrego isto para você. | *What can I do for you?* Em que posso ajudar?

3 CAUSA (= por)

I was told off for arriving late. Levei uma bronca por chegar atrasado. | *She won a prize for her poem.* Ela ganhou um prêmio pelo poema que escreveu.

4 RELATIVO A PERÍODO DE TEMPO

I've known Chris for years. Conheço o Chris há anos. | *Bake the cake for 40 minutes.* Asse o bolo durante 40 minutos. | *I'm going away for ten days.* Vou viajar por dez dias.

Qual é a diferença entre **for** e **since**? **For** é usado para indicar a duração de algo. **Since** é usado quando se especifica o momento no passado a partir do qual algo veio a acontecer, equivalendo a *desde*:

I've been here for half an hour./*I've been here since five o'clock.* Faz meia hora que estou aqui./Estou aqui desde as cinco.

5 COM INFINITIVO

We were waiting for Joe to arrive. Estávamos esperando o Joe chegar. | *There'll be another opportunity for you to go.* Você terá outra oportunidade para ir.

6 COM QUANTIDADES

a check for $100 um cheque de $100 | *We walked for miles.* Andamos quilômetros.

7 COM OCASIÕES

What are you doing for Christmas? O que você vai fazer no Natal?

8 SIGNIFICADO

M for monkey M de macaco | *What's the Portuguese for "oil"?* Como se diz "oil" em português?

9 EXPRESSÕES

to be for sth ser a favor de algo: *Is he for or against the proposal?* Ele é a favor ou contra a proposta? | **to be in for it** estar frito: *You'll be in for it if they find out.* Você está frito se eles descobrirem.

10 for também faz parte de vários **phrasal verbs**, tais como **bargain for, stand for**, etc., que são tratados no verbete do verbo correspondente.

ⓘ Gostaria de saber mais sobre as diferenças entre os **artigos** em inglês e português? Leia a explicação na seção de gramática.

forcibly /'fɔrsəbli/ *adv* à força

fore /fɔr/ *s* **to come to the fore** ganhar relevância

forearm /'fɔrɑrm/ *s* antebraço

forebear /'fɔrbɛr/ *s* (formal) antepassado -da

forecast /'fɔrkæst/ *substantivo & verbo*
- *s* previsão
- *v* [tr] (passado & particípio **forecast**, **forecasted**) prever

forefinger /'fɔrfɪŋɡər/ *s* (dedo) indicador

forefront /'fɔrfrʌnt/ **to be in/at the forefront of sth** estar à frente de algo

foregone conclusion /ˌfɔrɡɔn kən'kluʒən/ *s* **to be a foregone conclusion** ser absolutamente previsível

foreground /'fɔrɡraʊnd/ *s* primeiro plano

forehead /'fɔrhɛd, 'fɔrɪd/ *s* testa

foreign /'fɔrɪn/ *adj* **1** estrangeiro: *foreign languages* línguas estrangeiras **2** externo [política, etc.]: *the French Foreign Ministry* o Ministério das Relações Exteriores da França **3 to be foreign to sb/sth** ser estranho a alguém/algo

foreign af'fairs *s* [pl] relações exteriores

foreigner /'fɔrənər/ *s* estrangeiro -ra

foreman /'fɔrmən/ *s* (pl **-men**) capataz

foremost /'fɔrmoʊst/ *adj* principal, mais importante

forerunner /'fɔrrʌnər/ *s* precursor -a

foresee /fɔr'si/ *v* [tr] (passado **foresaw**, particípio **foreseen**) prever

foreseeable /fɔr'siəbəl/ **1** previsível **2 for/in the foreseeable future** no/num futuro próximo

foresight /'fɔrsaɪt/ *s* visão, previdência [qualidade]

forest /'fɔrɪst/ *s* floresta

foretell /fɔr'tɛl/ *v* [tr] (passado & particípio **foretold**) (formal) prever, vaticinar

forever /fə'rɛvər/ *adv* **1** para sempre **2** sempre: *I'm forever telling him that.* Vivo dizendo isso para ele. **3 to take/last forever** demorar/durar uma eternidade

foreword /'fɔrwərd/ *s* prefácio

forfeit /'fɔrfɪt/ *v* [tr] perder [um direito]

forgave /fər'ɡeɪv/ passado de **forgive**

forge /fɔrdʒ/ *verbo & substantivo*
- *v* [tr] **1** falsificar | **a forged passport/banknote etc.** um passaporte falso/uma nota falsa etc. **2** estabelecer, criar [laços, uma ligação, etc.] **forge ahead** tomar a dianteira
- *s* forja

forgery /'fɔrdʒəri/ *s* (pl **-ries**) falsificação

forget /fər'ɡɛt/ *v* (passado **forgot**, particípio **forgotten**, gerúndio **forgetting**) **1** [tr/intr] (não lembrar) esquecer: *He never forgets my birthday.* Ele nunca esquece o meu aniversário. | **to forget to do sth** esquecer de fazer algo **2** (deixar de pensar em) esquecer: *I'll never forget him.* Nunca vou esquecê-lo. **3 to forget about sth/sb** esquecer algo/alguém: *I'd forgotten all about the party.* Tinha esquecido da festa completamente. **4 forget it (a)** (como resposta a um pedido de desculpas) tudo bem/não faz mal **(b)** (para negar enfaticamente) nada

forgetful /fər'ɡɛtfəl/ *adj* esquecido [pessoa]

forgive /fər'ɡɪv/ *v* [tr/intr] (passado **forgave**, particípio **forgiven**) perdoar | **to forgive sb for (doing) sth** perdoar alguém por (fazer) algo

forgiveness /fər'ɡɪvnəs/ *s* perdão

forgiving /fər'ɡɪvɪŋ/ *adj* magnânimo, disposto a perdoar

forgot /fər'ɡɑt/ passado de **forget**

forgotten /fər'ɡɑtn/ particípio de **forget**

fork /fɔrk/ *substantivo & verbo*
- *s* **1** garfo **2** forcado **3** bifurcação
- *v* [intr] **1** bifurcar **2 to fork left/right** (pessoa) virar à esquerda/direita
  fork out/over (informal) **to fork out/over for sth** bancar algo **fork out/over sth** (informal) **to fork over/out $50/$200 etc.** desembolsar $50/$200 etc.

forlorn /fər'lɔrn/ *adj* **1** triste [pessoa] **2** abandonado [lugar]

form /fɔrm/ *substantivo & verbo*
- *s* **1** tipo: *a rare form of cancer* um tipo de câncer raro **2** formulário | **to fill in/out a form** preencher um formulário **3 in the form of** em/na forma de **4** vulto **5** BrE forma [de um time, jogador, etc.] **6 to be in/on form** BrE estar em boa forma **7** BrE série [ano escolar] ▶ No inglês americano diz-se **grade**
- *v* **1** [tr] formar **2** [intr] formar-se **3 to form an opinion/an idea** formar uma opinião/fazer uma ideia **4** [tr] constituir

formal /'fɔrməl/ *adj* **1** formal [jantar, roupa, etc.] **2** oficial [declaração] **3** formal [queixa] **4 formal education** educação formal | **formal training** formação acadêmica

formality /fɔr'mæləti/ *s* (pl **-ties**) **1** formalidade, trâmite **2** formalidade, cerimônia

formally /'fɔrməli/ *adv* **1** (anunciar, reconhecer, etc.) oficialmente **2** (vestir-se) formalmente

format /'fɔrmæt/ *substantivo & verbo*
- *s* formato [de um livro, programa, etc.]
- *v* [tr] (**-tted**, **-tting**) formatar [um texto, um disquete]

formation /fɔr'meɪʃən/ *s* formação

former /'fɔrmər/ *adjetivo & substantivo*
- *adj* antigo: *the former USSR* a antiga URSS | **former president/wife etc.** ex-presidente/mulher etc. | **in former times** antigamente
- *s* **the former** (formal) o primeiro/a primeira: *Of the two possibilities, the former seems more likely.* Das duas possibilidades, a primeira parece mais provável.

formerly /'fɔrmərli/ *adv* antes, antigamente

formidable /'fɔrmədəbəl, fɔr'mɪdəbəl/ *adj* **1** impressionante, formidável **2** tremendo, dificílimo [tarefa, desafio]

formula /'fɔrmjələ/ *s* (pl **-las** ou **-lae** /-li/) fórmula

formulate /'fɔrmjəleɪt/ *v* [tr] formular

forsake /fər'seɪk/ *v* [tr] (passado **forsook** /fər'sʊk/, particípio **forsaken** /fər'seɪkən/) (formal) **1** abandonar **2** renunciar a [princípios, ideais, etc.]

fort /fɔrt/ *s* forte

forthcoming /fɔrθ'kʌmɪŋ/ *adj* **1** (formal) próximo [evento, reunião, etc.] **2 to be forthcoming** ser dado/oferecido

forthright /'fɔrθraɪt/ *adj* direto, franco [pessoa, resposta]

fortieth /'fɔrtiəθ/ *numeral* **1** quadragésimo **2** quarenta avos

fortifications /fɔrtəfə'keɪʃənz/ *s pl* fortificações

fortify /'fɔrtəfaɪ/ *v* [tr] (**-fies, -fied**) **1** fortificar **2** fortalecer, encorajar

fortnight /'fɔrtnaɪt/ *s* BrE quinze dias, quinzena: *once a fortnight* uma vez a cada quinze dias

fortnightly /'fɔrtnaɪtli/ *adjetivo & advérbio*

- *adj* BrE quinzenal

- *adv* BrE quinzenalmente, a cada quinze dias

fortress /'fɔrtrəs/ *s* fortaleza

fortunate /'fɔrtʃənət/ *adj* afortunado, de sorte: *a fortunate man* um homem de sorte | *It was fortunate that he arrived when he did.* Foi sorte que ele tenha chegado quando chegou.

fortunately /'fɔrtʃənətli/ *adv* felizmente

fortune /'fɔrtʃən/ *substantivo & substantivo plural*

- *s* **1** fortuna | **to make a fortune** ganhar uma fortuna | **to cost/spend a fortune** custar/gastar uma fortuna | **to be worth a fortune** valer uma fortuna **2 to have the good fortune to do sth** ter a sorte de fazer algo **3 to tell sb's fortune** ler a sorte de alguém

- **fortunes** *s pl* sorte

forty /'fɔrti/ *numeral* **1** quarenta **2 the forties** os anos 40 **3 to be in your forties** ter uns quarenta e poucos anos

forward /'fɔrwərd/ *advérbio, adjetivo, verbo & substantivo*

- *adv* **1** (também **forwards**) (movimento) para frente: *She leaned forward to hear better.* Ela se inclinou para frente para ouvir melhor. **2** (indicando progresso) para a frente: *I can't see any way forward.* Não vejo nenhuma solução para isso. **3 from that day/time etc. forward** desse dia/momento etc. em diante ▶ **forward** também faz parte de vários **phrasal verbs**, tais como **come forward, look forward to**, etc., que são tratados no verbete do verbo correspondente

- *adj* **1** para frente: *a sudden forward movement.* um movimento súbito para frente **2 forward planning** planejamento antecipado | **forward thinking** previdência **3** (formal) dianteiro: *the forward section of the plane* a parte dianteira do avião **4** atrevido, abusado

- *v* **to forward sth to sb** enviar algo para alguém [para um novo endereço]

- *s* atacante [em basquete]

'forward slash *s* barra [símbolo gráfico (/)]

fossil /'fɑsəl/ *s* fóssil

foster /'fɔstər/ *verbo & adjetivo*

- *v* [tr] **1** ter a guarda de um menor, sem adotá-lo **2** promover, fomentar

- *adj* **foster mother/father** mãe/pai de criação | **foster child** filho -lha de criação

fought /fɔt/ passado & particípio de **fight**

foul /faʊl/ *adjetivo, substantivo & verbo*

- *adj* **1** ruim [cheiro, gosto] **2 to be in a foul mood** estar de péssimo humor **3** obsceno, grosseiro [palavreado, linguagem] **4** horrível [tempo, dia, etc.]: *The weather's been foul all week.* O tempo tem andado horrível a semana toda.

- *s* falta [em esporte]

- *v* [tr] cometer falta em
foul sth up (informal) estragar algo [um plano, uma prova, etc.]

'foul-up *s* (informal) mancada, erro: *an administrative foul-up* uma mancada administrativa

found¹ /faʊnd/ *v* [tr] fundar

found² passado & particípio de **find**

foundation /faʊn'deɪʃən/ *substantivo & substantivo plural*

- *s* **1** fundamento, base **2** fundação **3** base [maquiagem]

- **foundations** *s pl* fundações

founder /'faʊndər/ *s* fundador -a

fountain /'faʊntən/ *s* chafariz, fonte

'fountain ˌpen *s* caneta-tinteiro

four /fɔr/ *numeral* quatro

fourteen /fɔr'tin/ *numeral* quatorze

fourteenth /fɔr'tinθ/ *numeral* **1** (numa ordem) décimo quarto **2** (em data) (dia) quatorze **3** (fração) quatorze avos

fourth /fɔrθ/ *numeral* **1** (numa ordem) quarto **2** (em data) (dia) quatro **3** (fração) quarto **4** (também **fourth gear**) quarta [marcha]

fowl /faʊl/ *s* (pl **fowl** ou **fowls**) ave [doméstica]

fox /fɑks/ *s* (pl **-xes**) raposa

foyer /'fɔɪər/ *s* **1** saguão **2** AmE hall de entrada

fraction /'frækʃən/ *s* **1** (em matemática) fração **2** (parte mínima) fração: *a fraction of a second* uma fração de segundo

fracture /'fræktʃər/ *verbo & substantivo*

- *v* [tr/intr] fraturar

- *s* fratura

French windows

fragile /'frædʒəl, BrE 'frædʒaɪl/ *adj* frágil
fragment¹ /'frægmənt/ *s* fragmento
fragment² /fræg'ment/ *v* [intr] fragmentar-se
fragrance /'freɪgrəns/ *s* **1** fragrância **2** perfume
fragrant /'freɪgrənt/ *adj* perfumado, aromático
frail /freɪl/ *adj* fraco, frágil
frame /freɪm/ *substantivo & verbo*
- *s* **1** moldura [de quadro, porta, janela, etc.] **2** porta-retrato **3** armação, estrutura **4** quadro [de uma bicicleta] **5** armação [de óculos] **6 frame of mind** estado de espírito | **to be in the right frame of mind for sth** estar com cabeça para algo
- *v* [tr] **1** emoldurar **2** (informal) fazer uma armação contra [incriminar falsamente]

framework /'freɪmwɜrk/ *s* **1** armação, estrutura **2** quadro [de fatos, ideias, etc.]
France /fræns/ *s* França
frank /fræŋk/ *adj* franco: *I'll be perfectly frank with you.* Vou ser absolutamente franco com você. | **to be frank** para ser franco: *To be frank, I don't know.* Para ser franco, eu não sei.
frankly /'fræŋkli/ *adv* francamente
frantic /'fræntɪk/ *adj* **1** frenético **2** desesperado: *I was frantic with worry.* Eu estava desesperado de preocupação.
fraternity /frə'tɜrnəti/ *s* (pl **-ties**) **1** AmE confraria [de estudantes] **2 the legal/medical etc. fraternity** os advogados/os médicos etc. **3** fraternidade
fraud /frɔd/ *s* **1** fraude **2** impostor -a
fraught /frɔt/ *adj* **1** tenso **2 to be fraught with problems** estar cheio de problemas
fray /freɪ/ *v* [intr] puir, desfiar-se
freak /frik/ *substantivo, adjetivo & verbo*
- *s* **1** excêntrico -ca, esquisitão -tona **2** (informal) maníaco -ca: *a fitness freak* um maníaco por malhação
- *adj* **a freak accident** um acidente inusitado | **a freak wave/storm** uma onda/tempestade inesperada
- *v* (também **freak out**) (informal) ficar furioso

freckle /'frɛkəl/ *s* sarda
free /fri/ *adjetivo, verbo & advérbio*
- *adj* **1** livre: *free elections* eleições livres | **to be free to do sth** ser livre para fazer algo: *She is free to do what she likes.* Ela é livre para fazer o que quiser. | **to set sb free** libertar alguém | **free speech** liberdade de expressão **2** grátis: *Entrance to the museum is free.* A entrada no museu é grátis | **a free gift** um brinde [promocional] **3** livre: *Are you free this weekend?* Você está livre este fim de semana? | **free time** tempo livre **4** vago, desocupado: *Is this seat free?* Esta cadeira está vaga? **5 free from/of sth** livre de algo, sem algo: *free from artificial colorings* sem corantes artificiais | *free from pain* sem dor **6 -free** sem: *sugar-free* sem açúcar **7 feel free** fique à vontade: *"Can I borrow this pen?" "Feel free."* – Posso pegar essa caneta emprestada? – Fique à vontade. | *Feel free to ask questions.* Se quiser fazer perguntas, fique à vontade.
- *v* [tr] (passado & particípio **freed**) **1** soltar, libertar **2 to free sb from/of sth** livrar alguém de algo **3** (também **free up**) liberar [recursos, tempo]
- *adv* **1** de graça | **free of charge/for free** de graça **2 to break free** soltar-se

free 'agent *s* free agent [esportista profissional liberado de seu contrato]
freedom /'fridəm/ *s* liberdade | **freedom of speech/choice etc.** liberdade de expressão/de escolha etc.
free 'kick *s* cobrança de falta [em futebol]
freelance /'frilæns/ *adjetivo & advérbio*
- *adj* freelance, freelancer
- *adv* como freelancer, por conta própria

freely /'frili/ *adv* **1 to move/travel freely** locomover-se/viajar livremente | **to speak freely** falar abertamente **2 I freely admit/acknowledge that** admito/reconheço que **3** generosamente **4 to be freely available** conseguir-se facilmente
free-'range *adj* caipira, de granja [ovos, galinhas, etc.]
free 'spirit *s* pessoa de espírito livre
free-'trade zone *s* zona de livre comércio
freeway /'friweɪ/ *s* AmE via expressa
freeze /friz/ *verbo & substantivo*
- *v* (passado **froze**, particípio **frozen**) **1** [tr/intr] congelar **2** [intr] gear **3** [intr] morrer de frio **4** [tr] congelar [salários, preços] **5** [intr] (de medo, etc.) gelar | **freeze!** não se mova!
- *s* **1** congelamento [de preços, salários, etc.] **2** onda de frio

freezer /'frizər/ *s* **1** (também **deep freeze**) freezer **2** AmE (parte da geladeira) congelador
freezing /'frizɪŋ/ *adjetivo & substantivo*
- *adj* **1** (informal) gelado: *It's freezing in here.* Está gelado aqui. | **I'm/he's etc. freezing** eu estou/ele está etc. morrendo de frio **2 freezing temperatures/conditions** temperaturas abaixo de zero
- *s* **1 above/below freezing** acima/abaixo de zero **2 freezing point** ponto de congelamento

freight /freɪt/ *s* **1** carga, frete **2 freight train** AmE trem de carga
French /frɛntʃ/ *adjetivo & substantivo*
- *adj* francês
- *s* **1** (idioma) francês **2 the French** os franceses

French 'fries *s pl* AmE batata frita
Frenchman /'frɛntʃmən/ *s* (pl **-men**) francês
French 'windows *s pl* porta envidraçada

Frenchwoman /'frentʃwʊmən/ s (pl **-women** /wɪmɪn/) francesa

frenzied /'frenzid/ adj frenético

frenzy /'frenzi/ s frenesi | **a frenzy of activity** polvorosa

frequency /'frikwənsi/ s (pl **-cies**) **1** (de um acontecimento) frequência **2** (de rádio, etc.) frequência

frequent¹ /'frikwənt/ adj frequente

frequent² /fri'kwent/ v [tr] (formal) frequentar

frequently /'frikwəntli/ adv frequentemente

fresh /freʃ/ adj **1** novo: *She started again on a fresh sheet of paper.* Ela recomeçou numa nova folha. **2** limpo [lençol, toalha, etc.] **3** fresco [legumes, leite, flores, etc.] **4** fresco [tempo, brisa]: *It's very fresh out.* Está muito fresco lá fora. **5** descansado **6 fresh water** água doce **7 fresh air** ar puro **8 fresh in your mind/memory** fresco em sua memória **9 to make a fresh start** começar vida nova

fresh bread

freshen /'freʃən/ v **freshen up** refrescar-se

freshly /'freʃli/ adv na hora: *freshly squeezed orange juice* suco de laranja feito na hora | *freshly baked bread* pão saído do forno

freshman /'freʃmən/ s (pl **-men**) AmE calouro -ra [estudante]

freshwater /'freʃwɔtər/ adj de água doce

friction /'frɪkʃən/ s **1** atrito, desavença: *I don't want to cause any friction between them.* Não quero causar nenhum atrito entre eles. **2** (em Física) atrito(s)

Friday /'fraɪdi, -deɪ/ s sexta-feira ▶ ver "Active Box" **days of the week** em **day**

fridge /frɪdʒ/ s geladeira

fridge-'freezer s BrE geladeira e freezer

fried¹ /fraɪd/ adj frito

fried² /fraɪd/ passado & particípio de **fry**

friend /frend/ substantivo & verbo

• s amigo -ga: *She's my best friend.* Ela é minha melhor amiga. | *I invited a friend of his.* Convidei um amigo dele. | **to be friends with sb** ser amigo de alguém | **to make friends** fazer amigos | **to make friends with sb** fazer amizade com alguém

• v [tr] (informal) adicionar à sua lista de amigos [em site de relacionamentos]: *You can friend me if you want to talk more.* Você pode me adicionar à sua lista de amigos, se quiser conversar mais.

friendly /'frendli/ adjetivo & substantivo

• adj (**-lier**, **-liest**) **1** simpático [pessoa, sorriso, etc.] **2** manso [animal] **3 to be friendly to/toward sb** ser simpático/amável com alguém **4 to be friendly with sb** ser amigo de alguém **5** acolhedor [ambiente] **6** amistoso [jogo]

• s (pl **-lies**) BrE amistoso [jogo]

friendship /'frendʃɪp/ s amizade

fright /fraɪt/ s **1** susto | **to give sb a fright** dar um susto em alguém | **to get/have a fright** levar um susto **2** medo

frighten /'fraɪtn/ v [tr] assustar
frighten sb away/off espantar alguém

frightened /'fraɪtnd/ adj assustado | **to be frightened of sth/sb** ter medo de algo/alguém

frightening /'fraɪtnɪŋ/ adj assustador

frightful /'fraɪtfəl/ adj terrível: *a frightful accident* um acidente terrível

frill /frɪl/ s babado

fringe /frɪndʒ/ s **1** (debrum) franja **2** BrE (de cabelo) franja ▶ No inglês americano, diz-se **bangs**

frivolous /'frɪvələs/ adj fútil, frívolo

fro /froʊ/ adv ▶ ver **to and fro** em **to³**

frog /frɔɡ/ s rã

from /frəm, acentuado frʌm/ prep ▶ ver quadro

front /frʌnt/ substantivo & adjetivo

• s **1 the front** a frente: *I got a seat at the front of the theater.* Consegui um lugar na frente do

---

from

1 INDICANDO PROCEDÊNCIA, ORIGEM (= de)

She drove all the way from Houston. Ela dirigiu de Houston até aqui. | *It is translated from the French.* Está traduzido do francês. | *"Where are you from?" "I'm from São Paulo."* – De onde você é? – Sou de São Paulo. | *It was a present from my mother.* Foi um presente da minha mãe.

2 EM EXPRESSÕES DE TEMPO (= de)

The class is from 9 to 11. A aula é das 9 às 11. | **from now on** de agora em diante | **a week/a year etc. from now** daqui a uma semana/um ano etc.

3 COM PREÇOS, NÚMEROS (= de, a partir de)

Prices range from $5 to $50. Os preços vão de $5 a $50.

4 INDICANDO DISTÂNCIA (= de)

20 kilometers from Boston a 20 quilômetros de Boston

5 SUBTRAINDO

I subtracted 45 from the total. Subtraí 45 do total. | *3 from 10 is 7* 10 menos 3 são 7

6 INDICANDO CAUSA (= por, de)

He died from cancer. Ele morreu de câncer.

7 EXPRESSÕES

to take sth (away) from sb tomar algo de alguém | **to make sth from sth** fazer algo de algo: *sandals made from old car tyres* sandálias feitas de pneus de carro velhos

auditório. | *He sits at the front of the class.* Ele senta na frente da sala. **2** (de prédio) fachada **3** (de revista) capa **4 in front of sth** na frente de algo, em frente a algo **5 in front of sb** na frente de alguém **6 the car/runner etc. in front** o carro/corredor etc. à frente **7 to be in front** estar na frente **8 to lie on your front** deitar de bruços **9** (numa guerra) front [frente de batalha]

• *adj* da frente: *Two of his front teeth fell out.* Dois dos dentes da frente dele caíram. | *I don't like sitting in the front row.* Não gosto de sentar na primeira fila.

front

back

,front 'cover s capa [de livro, revista]

,front 'door s porta de entrada

frontier /frʌn'tɪr/ s **1** fronteira: *the frontier between Brazil and Peru* a fronteira entre o Brasil e o Peru/a fronteira do Brasil com o Peru | *the frontier with Bolivia* a fronteira com a Bolívia **2 the frontiers of knowledge/science** as fronteiras do conhecimento/da ciência

,front 'page s primeira página [de jornal]

frost /frɔst/ s geada

frosty /'frɔsti/ *adj* (**-ier, -iest**) **1 a frosty day/night** um dia/uma noite de geada | **in frosty weather** quando tem geada **2** coberto de geada **3** gelado [acolhida, olhar, etc.]

froth /frɔθ/ *substantivo & verbo*

• *s* espuma

• *v* [intr] espumar

frown /fraʊn/ *verbo & substantivo*

• *v* [intr] amarrar a cara
frown on/upon sth desaprovar algo

• *s* carranca, cara fechada

froze /froʊz/ passado de **freeze**

frozen¹ /'froʊzən/ *adj* **1** congelado [alimento] **2** gelado [pés, terra, lago, etc.] **3 to be frozen** estar morrendo de frio [pessoa]

frozen² particípio de **freeze**

fruit /frut/ s (pl **fruit** ou **fruits**) **1** fruta: *I eat a lot of fruit.* Como muita fruta. **2** fruto **3** fruto [resultado]: *the fruit of more than ten years' hard work* o fruto de mais de dez anos de trabalho duro **4 fruit salad** salada de frutas

fruitful /'frutfəl/ *adj* frutífero, proveitoso

fruition /fru'ɪʃən/ s **to come to fruition** realizar-se

fruitless /'frutləs/ *adj* infrutífero, inútil

'fruit ma,chine s BrE caça-níqueis ▶ Existe também **slot machine**, usado tanto no inglês americano como no britânico

frustrate /'frʌstreɪt/ *v* [tr] frustrar

frustrated /'frʌstreɪtɪd/ *adj* frustrado | **to get frustrated** ficar frustrado

frustrating /'frʌstreɪtɪŋ/ *adj* frustrante

frustration /frʌ'streɪʃən/ s frustração | **in/with frustration** com/de frustração

fry /fraɪ/ *v* [tr/intr] (**fries, fried**) fritar

'frying ,pan s frigideira

ft. (= foot) pé(s) [medida] ▶ ver nota em **foot**

fuel /fjul/ s combustível

fugitive /'fjudʒətɪv/ s fugitivo -va

fulfill AmE, **fulfil** BrE /fʊl'fɪl/ *v* [tr] (**-lled, -lling**) **1 to fulfill my/your etc. promise** cumprir a minha/sua etc. promessa | **to fulfill my/your etc. obligations** cumprir com as minhas/suas etc. obrigações **2 to fulfill an ambition** realizar uma ambição **3 to fulfill a need** satisfazer uma necessidade **4 to fulfill a function** desempenhar uma função **5 to fulfill sb's expectations** corresponder às expectativas de alguém

full /fʊl/ *adjetivo & advérbio*

• *adj* **1** cheio: *The kitchen was full of smoke.* A cozinha estava cheia de fumaça. **2** lotado [hotel, voo, cinema, etc.] **3** completo: *Give your full name and address.* Dê seu nome e endereço completos. | *the full price* o preço total **4** completo, detalhado [descrição, relatório] **5 at full speed/volume etc.** a toda velocidade/a todo volume etc. **6** (também **full up** BrE) (informal) satisfeito [depois de comer] **7 in full view of the students/the neighbors etc.** na frente dos alunos/vizinhos etc. **8 to pay sth in full** pagar algo integralmente **9 to the full** ao máximo **10 to be full of yourself** ser/estar cheio de si

• *adv* **1** em cheio: *The ball hit him full in the face.* A bola o acertou em cheio no rosto. **2 to know full well (that)** saber muito bem (que)

fullback /'fʊlbæk/ s zagueiro -ra

,full 'board s BrE pensão completa

,full-'length *adj* **a full-length dress/coat** um vestido/casaco comprido

,full 'moon s lua cheia

,full-'scale *adj* **1 a full-scale inquiry** um inquérito cabal | **a full-scale war** uma guerra total **2** de tamanho natural

,full 'stop s BrE ponto final ▶ No inglês americano, diz-se **period**

,full-'time *adjetivo & advérbio*

• *adj* de período integral

• *adv* em período integral

fully /'fʊli/ *adv* totalmente, plenamente

fumble /'fʌmbəl/ *v* **1 to fumble with sth** atrapalhar-se com algo [chaves, botões, etc.] **2 to fumble for sth** tatear à procura de algo **3** [intr] AmE perder a bola

fume /fjum/ *v* [intr] estar furioso

fumes /fjumz/ s *pl* fumaça, gases

fun /fʌn/ *substantivo & adjetivo*
- *s* **1 to be fun** ser divertido | **to have fun** divertir-se **2 to make fun of sth/sb** gozar algo/alguém **3 for fun** por prazer
- *adj* divertido: *We had a fun day at the beach.* Passamos um dia divertido na praia. ▶ **fun** significa que distrai, diferente de **funny**, que qualifica quem ou o que é cômico

function /'fʌŋkʃən/ *substantivo & verbo*
- *s* **1** função **2** cerimônia, evento
- *v* [intr] **1** funcionar **2 to function as sth** servir de algo

functional /'fʌŋkʃənəl/ *adj* funcional

fund /fʌnd/ *substantivo, substantivo plural & verbo*
- *s* fundo [de dinheiro]
- **funds** *s pl* fundos | **to raise funds for sth** arrecadar fundos para algo
- *v* [tr] financiar, custear

fundamental /fʌndə'mentl/ *adj* fundamental

funding /'fʌndɪŋ/ *s* financiamento

fund-raising *s* arrecadação de fundos

funeral /'fjunərəl/ *s* funeral, enterro **funeral home** casa funerária **funeral procession** cortejo fúnebre

funfair /'fʌnfɛr/ *s* BrE parque de diversões

fungus /'fʌŋgəs/ *s* (pl **-gi** /-gaɪ, -dʒaɪ/ ou **-guses**) fungo

funky /'fʌŋki/ *adj* (**-kier**, **-kiest**) (informal) **1** funk **2** maneiro, fashion

funnel /'fʌnl/ *s* **1** funil **2** BrE chaminé [de navio ou trem]

funny /'fʌni/ *adj* (**-nnier**, **-nniest**) **1** engraçado: *I don't find his jokes funny at all.* Não acho as piadas dele nem um pouco engraçadas. **2** esquisito, estranho: *It's funny Brian didn't come.* É estranho que Brian não tenha vindo. | *There's something funny going on here.* Há algo estranho acontecendo aqui.

fur /fɜr/ *s* **1** pelo [de gato, urso, etc.] **2** pele [de animal] **fur coat** casaco de pele

furious /'fjʊriəs/ *adj* **1** furioso | **to be furious at/about sth** estar furioso com algo **2 a furious argument** uma discussão acalorada **3 a furious battle** uma batalha acirrada **4 a furious pace** um ritmo alucinante

furnace /'fɜrnɪs/ *s* fornalha

furnish /'fɜrnɪʃ/ *v* [tr] (3a pess sing **-shes**) **1** mobiliar **2** apresentar | **to furnish sb with sth** suprir alguém de algo

furnishings /'fɜrnɪʃɪŋz/ *s pl* móveis e acessórios

furniture /'fɜrnɪtʃər/ *s* móveis: *All the furniture was smashed.* Todos os móveis estavam quebrados. | *a beautiful piece of furniture* um móvel lindo

furrow /'fɜroʊ/ *s* sulco

furry /'fɜri/ *adj* (**-rrier**, **-rriest**) peludo [animal]

further /'fɜrðər/ *advérbio & adjetivo*
- *adv* **1** (ainda) mais: *This scandal will further damage his reputation.* Este escândalo vai prejudicar mais ainda a reputação dele. **2** (também **farther**) mais longe: *It was further than we thought.* Era mais longe do que pensávamos. | *How much further is it?* Quanto falta para chegar lá? | **further along/down/up etc. (the road)** mais adiante: *Their house is further along (the road).* A casa deles fica mais adiante. ▶ No inglês americano, o uso de **farther** nesta acepção é considerado mais correto **3** (no tempo) **further on** depois **4 to get further** avançar
- *adj* mais: *I wrote off for further details.* Escrevi pedindo mais informações.

further edu'cation *s* BrE formação adicional

furthermore /'fɜrðərmɔr/ *adv* (formal) além do mais

furthest /'fɜrðɪst/ *adjetivo & advérbio*
- *adj* (também **farthest**) mais afastado: *the seat furthest from the door* o assento mais afastado da porta
- *adv* (também **farthest**) mais longe: *Who can throw the ball furthest?* Quem consegue jogar a bola mais longe?

fury /'fjʊri/ *s* fúria

fuse /fjuz/ *substantivo & verbo*
- *s* fusível
- *v* [intr] BrE queimar [aparelho elétrico]

fusion /'fjuʒən/ *s* **1** fusão [nuclear] **2** mistura

fuss /fʌs/ *substantivo & verbo*
- *s* **1** alvoroço, estardalhaço: *I don't know what all the fuss is about.* Não sei o porquê de tanto alvoroço. **2 to kick up/make a fuss (about sth)** fazer um escândalo (por algo) **3 to make a fuss over sb** AmE, **to make a fuss of sb** BrE fazer muita festa para alguém
- *v* [intr] preocupar-se à toa

fussy /'fʌsi/ *adj* (**-ssier**, **-ssiest**) **1** difícil, exigente [pessoa]: *She's very fussy about what she eats.* Ela é muito exigente com comida. **2** detalhista **3 I'm/we're not fussy** para mim/nós tanto faz

futile /'fjutl, BrE 'fjutaɪl/ *adj* vão, inútil

future /'fjutʃər/ *substantivo & adjetivo*
- *s* **1 the future** o futuro: *What are his plans for the future?* Quais são os planos dele para o futuro? **2 in future** da próxima vez: *In future, please ask before you borrow my bicycle.* Da próxima vez, peça permissão antes de pegar minha bicicleta emprestada. **3 in (the) future** no futuro **4 in the near/immediate future** num futuro próximo **5** (perspectivas) futuro
- *adj* futuro | **future wife/husband etc.** futura esposa/futuro marido etc.

fuzzy /'fʌzi/ *adj* (**-zzier**, **-zziest**) fora de foco

G¹, **g** /dʒi/ s (letra) G, g ▶ ver "Active Box" **letters** em **letter**

G² s (nota musical) sol

g (= gram) g

gadget /'gædʒɪt/ s aparelho, dispositivo

gag /gæg/ verbo & substantivo
- v (-gged, -gging) **1** [tr] amordaçar **2** [intr] engasgar
- s **1** (informal) piada **2** mordaça

gage AmE ▶ ver **gauge**

gain /geɪn/ verbo & substantivo
- v **1** [tr] conseguir, obter | **to gain experience/a reputation** adquirir experiência/fama | **to gain control of sth** assumir o controle de algo **2 to gain weight** engordar | **to gain 5/10 etc. kilos** engordar 5/10 etc. quilos **3** [intr] adiantar [relógio]

gain on sb alcançar alguém [que vai na frente]
- s **1** aumento [de peso, etc.] **2** progresso, avanço

galaxy /'gæləksi/ s (pl **-xies**) galáxia

gale /geɪl/ s vendaval

gallant /'gælənt/ adj **1** corajoso **2** cortês

gallery /'gæləri/ s (pl **-ries**) **1** (prédio público) galeria, museu (de belas-artes) **2** (loja) galeria de arte **3** (em teatro ou igreja) galeria

galley /'gæli/ s **1** cozinha [de navio ou avião] **2** galera [navio]

gallon /'gælən/ s galão [3,78 litros nos EUA; 4,52 litros na Grã-Bretanha]

gallop /'gæləp/ verbo & substantivo
- v [intr] galopar
- s galope | **at a gallop** a galope

gallows /'gælouz/ s (pl **gallows**) cadafalso, forca

gamble /'gæmbəl/ verbo & substantivo
- v [tr/intr] **1** jogar [jogos de azar] **2 to gamble on sb doing sth** apostar que alguém faz algo: *She gambled on him not turning up.* Ela apostou que ele não vinha.
- s **to be a gamble** ser uma loteria | **to take a gamble** correr um risco

gambler /'gæmblər/ s jogador -a [de jogos de azar]

gambling /'gæmblɪŋ/ s jogo [de jogos de azar]

game /geɪm/ substantivo
- s **1** jogo [de futebol, cartas, etc.]: *Did you see the basketball game on TV last night?* Você assistiu ao jogo de basquete na tevê ontem? | *Chess is a game of skill.* O xadrez é um jogo que requer habilidade. | *a game of cards* um jogo de cartas **2** (em tênis) game **3** caça [carne]
- **games** s BrE Educação Física ▶ ver também **Olympic Games**

'**game show** s jogo [programa de TV]

gang /gæŋ/ substantivo & verbo
- s **1** bando **2** gangue **3** turma [de amigos]
- v **gang up on sb** unir-se contra alguém

gangster /'gæŋstər/ s gângster

gangway /'gæŋweɪ/ s **1** escada [de avião], rampa [de navio] **2** BrE corredor

gaol BrE ▶ ver **jail**

gap /gæp/ s **1** (entre objetos) vão: *the gap between his two front teeth* o vão entre seus dois dentes da frente **2** (num texto) espaço em branco **3** (numa cerca) fresta **4** abismo, diferença: *the widening gap between the rich and the poor* o abismo cada vez maior entre ricos e pobres | *a big age gap* uma grande diferença de idade

gape /geɪp/ v [intr] **to gape at sth/sb** olhar algo/alguém boquiaberto

gaping /'geɪpɪŋ/ adj enorme [buraco, ferida, etc.]

garage /gə'rɑʒ, BrE 'gærɑʒ/ s **1** garagem **2** oficina **3** BrE posto de gasolina ▶ No inglês americano, diz-se **gas station**

garbage /'gɑrbɪdʒ/ s AmE **1** lixo **2** lata de lixo, lixeira [dentro de casa], lixeira [do lado de fora da casa ou em lugares públicos] **3** (informal) besteira

'**garbage ,can** s AmE lata de lixo, lixeira [dentro de casa], lixeira [do lado de fora da casa ou em lugares públicos]

'**garbage ,dump** s AmE depósito de lixo

'**garbage ,man** s lixeiro

garbled /'gɑrbəld/ adj truncado

garden /'gɑrdn/ s **1** AmE jardim, horta **2** BrE jardim

gardener /'gɑrdnər/ s jardineiro -ra

garbage can

gardening /'gɑrdnɪŋ/ s jardinagem | **to do the/some gardening** fazer jardinagem

gargle /'gɑrgəl/ v [intr] gargarejar

garish /'gærɪʃ/ adj espalhafatoso, chamativo [cores, roupa, etc.]

garland /'gɑrlənd/ s guirlanda

garlic /'gɑrlɪk/ s alho

garment /'gɑrmənt/ s (peça de) roupa

garnish

garnish /'gɑrnɪʃ/ *verbo & substantivo*
- *v* [tr] (3a pess sing **-shes**) enfeitar [comida]
- *s* guarnição, enfeite

garrison /'gærəsən/ *s* guarnição

garter /'gɑrtər/ *s* liga [para meias]

gas /gæs/ *substantivo & verbo*
- *s* (pl **gases** ou **gasses** AmE) **1** gás **2** AmE gasolina **3 gas cylinder** botijão de gás **4** AmE gases [no intestino]
- *v* [tr] (**-ssed**, **-ssing**) asfixiar (com gás)

gash /gæʃ/ *s* (pl **-shes**) corte

gasoline /'gæsəlin/ *s* AmE gasolina

gasp /gæsp/ *verbo & substantivo*
- *v* **1** [intr] ofegar | **to be gasping for air/breath** estar sem fôlego **2** [intr] prender a respiração [de surpresa, medo, etc.]
- *s* grito sufocado

gas ˌstation *s* AmE posto de gasolina

gate /geɪt/ *s* **1** (de um jardim, prédio, etc.) portão **2** (de um curral, num campo etc.) porteira **3** (de uma cidade) porta **4** (num aeroporto) portão (de embarque)

gatecrash /'geɪtkræʃ/ *v* (3a pess sing **-shes**) [intr] entrar de penetra, [tr] entrar de penetra em [uma festa]

gate

gateway /'geɪtweɪ/ *s* entrada [abertura num muro ou numa cerca]

gather /'gæðər/ *v* **1** [intr] juntar-se, [tr] juntar: *A crowd had gathered.* Juntou uma multidão. **2** [tr] presumir | **from what I can gather/as far as I can gather** pelo que sei **3** [tr] colher [frutas, cogumelos, etc.] **4** [tr] colher [informação, dados, etc.] **5 to gather speed** ganhar velocidade

gathering /'gæðərɪŋ/ *s* reunião

gaudy /'gɔdi/ *adj* (**-dier**, **-diest**) espalhafatoso, berrante

gauge, também **gage** AmE /geɪdʒ/ *substantivo & verbo*
- *s* medidor [de combustível, óleo, etc.]
- *v* [tr] **1** avaliar **2** medir, calcular

gaunt /gɔnt/ *adj* abatido

gauze /gɔz/ *s* gaze

gave /geɪv/ passado de **give**

gay /geɪ/ *adjetivo & substantivo plural*
- *adj* **1** gay, homossexual **2** alegre **3** festivo
▶ Hoje em dia, o significado mais comum de **gay** é o de homossexual, e por isso há uma tendência a evitar o uso da palavra nas outras acepções
- **gays** *s pl* gays, homossexuais

gaze /geɪz/ *verbo & substantivo*
- *v* **to gaze at sth/sb** olhar fixamente (para) algo/alguém
- *s* olhar fixo

GCSE /dʒi si ɛs 'i/ *s*

> É um exame de ensino fundamental (**General Certificate of Secondary Education**) que os estudantes ingleses e galeses fazem aos 16 anos. Há uma prova para cada matéria, e a abreviatura **GCSE** se refere tanto ao exame como ao certificado obtido.

GDP /ˌdʒi di 'pi/ *s* (= **gross domestic product**) PIB

gear /gɪr/ *substantivo & verbo*
- *s* **1** marcha [de carro, bicicleta] | **to shift gear** passar a marcha **2** equipamento: *camping gear* equipamento de campismo **3** (informal) roupa **4** (informal) coisas
- *v* **1 to be geared to/toward sth/sb** destinar-se a algo/alguém: *The activities are geared toward younger children.* As atividades se destinam a crianças pequenas. **2 to be geared up for sth/to do sth** estar preparado para algo/para fazer algo

gearbox /'gɪrbɑks/ *s* (pl **-xes**) caixa de câmbio

geese /gis/ plural de **goose**

gel /dʒɛl/ *s* gel

gem /dʒɛm/ *s* **1** pedra preciosa **2 to be a gem** ser uma joia de pessoa: *Your cousin is a real gem.* Sua prima é uma joia de pessoa.

Gemini /'dʒɛmənaɪ/ *s* **1** (signo) Gêmeos **2** Gêmeos: *She's a Gemini.* Ela é Gêmeos/Ela é de Gêmeos.

gender /'dʒɛndər/ *s* **1** sexo **2** gênero [em gramática]

gene /dʒin/ *s* gene

general /'dʒɛnərəl/ *adjetivo & substantivo*
- *adj* **1** geral: *a general strike* uma greve geral **2** (sem detalhes) geral **3 in general** em geral **4 as a general rule** de modo geral **5 the general public** o grande público
- *s* general

ˌgeneral eˈlection *s* eleições gerais

generalization, **-isation** BrE /ˌdʒɛnərələˈzeɪʃən/ *s* generalização

generalize, -ise BrE /'dʒɛnərəlaɪz/ *v* **to generalize about sth** generalizar a respeito de algo

ˌgeneral ˈknowledge *s* conhecimentos gerais

generally /'dʒɛnərəli/ *adv* **1** geralmente: *She generally gets home about 7.* Ela geralmente chega em casa em torno das 7. **2** em geral **3** no geral, de maneira geral **4 generally speaking** de modo geral

ˌgeneral ˈpractice *s* clínica geral | **to be in general practice** fazer clínica geral

ˌgeneral pracˈtitioner BrE ▶ ver **G.P.**

general-purpose *adj* de uso geral
generate /'dʒɛnəreɪt/ *v* [tr] gerar
generation /dʒɛnə'reɪʃən/ *s* **1** geração **2 the generation gap** o conflito de gerações
generator /'dʒɛnəreɪtər/ *s* gerador
generosity /dʒɛnə'rɑsəti/ *s* generosidade
generous /'dʒɛnərəs/ *adj* **1** (mão-aberta) generoso: *It was very generous of him to offer.* Foi muito generoso da parte dele fazer essa oferta. | **to be generous to sb** ser generoso com alguém **2** generoso: *The portions are generous.* As porções são generosas.
generously /'dʒɛnərəsli/ *adv* generosamente
genetic /dʒə'nɛtɪk/ *adj* genético
ge‚netically 'modified *adj* transgênico, geneticamente modificado
genetics /dʒə'nɛtɪks/ *s* genética
genial /'dʒiniəl/ *adj* simpático, cordial
genitals /'dʒɛnətlz/, também **genitalia** /dʒɛnə'teɪljə/ *s pl* órgãos genitais
genius /'dʒinjəs/ *s* (pl **-ses**) gênio
genocide /'dʒɛnəsaɪd/ *s* genocídio
genome /'dʒinoʊm/ *s* genoma: *the human genome* o genoma humano
genre /'ʒɑnrə/ *s* gênero [de obra literária]
gent /dʒɛnt/ *s* BrE **1** (informal) cavalheiro **2 the gents** banheiro masculino ▶ No inglês americano diz-se **men's room**
gentle /'dʒɛntl/ *adj* **1** gentil, delicado | **to be gentle with sth/sb** ser delicado com algo/alguém **2 a gentle breeze/voice** uma brisa/voz suave **3 gentle exercise** exercícios suaves
gentleman /'dʒɛntlmən/ *s* (pl **-men**) **1** cavalheiro **2** senhor
gentleness /'dʒɛntlnəs/ *s* delicadeza
gently /'dʒɛntli/ *adv* **1** delicadamente **2** suavemente
genuine /'dʒɛnjuɪn/ *adj* **1** autêntico [quadro, etc.], verdadeiro [joia, etc.] **2** genuíno [interesse, sentimento]
genuinely /'dʒɛnjuɪnli/ *adv* realmente
geography /dʒi'ɑɡrəfi/ *s* geografia
geological /dʒiə'lɑdʒɪkəl/ *adj* geológico
geologist /dʒi'ɑlədʒɪst/ *s* geólogo -ga
geology /dʒi'ɑlədʒi/ *s* geologia
geometric /dʒiə'mɛtrɪk/, também **geometrical** /dʒiə'mɛtrɪkəl/ *adj* geométrico
geometry /dʒi'ɑmətri/ *s* geometria
geranium /dʒə'reɪniəm/ *s* gerânio
geriatric /dʒɛri'ætrɪk/ *adj* geriátrico
germ /dʒɜrm/ *s* germe
German /'dʒɜrmən/ *adjetivo & substantivo*
- *adj* alemão -mã
- *s* **1** (idioma) alemão **2 the Germans** os alemães
‚German 'measles *s* rubéola

Germany /'dʒɜrməni/ *s* Alemanha
gesture /'dʒɛstʃər/ *substantivo & verbo*
- *s* gesto
- *v* [intr] gesticular | **to gesture at/toward sth** apontar em direção a algo

get /ɡɛt/ *v* (passado **got**, particípio **gotten** AmE, ou **got** BrE, gerúndio **-tting**) ▶ ver quadro na pág. 158
PHRASAL VERBS
get about BrE **1** espalhar-se, circular [notícia, informação] **2** sair
get sth across transmitir algo [ideias]
get ahead progredir
get along 1 ir: *How's he getting along at school?* Como ele está indo na escola? **2 to get along (with sb)** dar-se bem (com alguém)
get around 1 espalhar-se, circular [notícia, informação] **2** sair **get around sth** driblar algo **get around sb** convencer alguém
get around to (doing) sth ter tempo para (fazer) algo
get at sth querer chegar a algo: *I couldn't understand what he was getting at.* Não consegui entender aonde ele queria chegar. **get at sb** (informal) pegar no pé de alguém
get away 1 sair **2** fugir | **to get away from sth/sb** escapar de algo/alguém **3 to get away from it all** desligar-se de tudo
get away with sth ficar impune: *You won't get away with this!* Não pense você que isso vai ficar assim!
get back 1 voltar **2 to get back at sb** vingar-se de alguém **get sth back** recuperar algo
get back to sb ligar para alguém mais tarde, dar um retorno a alguém
get behind ficar para trás | **to get behind with sth** atrasar-se em algo
get by sobreviver, virar-se: *She has to get by on $60 a week.* Ela tem que sobreviver com $60 por semana.
get down descer **get sb down** (informal) deixar alguém deprimido
get down to sth **to get down to (doing) sth** começar a fazer algo
get in 1 entrar **2** chegar [avião, trem] **3** chegar [em casa] **get sth in** colher algo
get into sth 1 ser aceito em algo [em um curso, uma faculdade, etc.] **2** entrar em algo [uma roupa]: *I can't get into these jeans anymore.* Não consigo mais entrar nestes jeans. **3** entrar em algo [num ramo de atividade]: *He got into politics after graduating.* Ele entrou na política depois de formado. **4 what's gotten into you/her etc.?** o que deu em você/ela etc.?
get off 1 descer [de um ônibus, trem, etc.] **2 get off!** sai! **3** safar-se | **to get off with sth** safar-se com algo **4 to get off (work)** sair do trabalho **get off sth** descer de algo
get on 1 subir [num ônibus, numa bicicleta, etc.] **2 to get on (with sb)** BrE dar-se bem (com alguém) **3** BrE sair-se: *How is he getting on in*

get

1 CONSEGUIR, ARRANJAR

I couldn't get tickets for the concert. Não consegui ingressos para o concerto. | *I couldn't **get** the car **to** start.* Não consegui fazer o carro pegar.

2 COMPRAR

What did you get Paul for Christmas? O que você comprou para o Paul de Natal?

3 RECEBER, GANHAR

*I **got** an e-mail **from** her yesterday.* Recebi um e-mail dela ontem. | *She got a present from the teacher.* Ela ganhou um presente da professora. | *How much did you **get for** the car?* Quanto você conseguiu pelo carro?

4 CHEGAR

We didn't get home until five in the morning. Chegamos em casa só as cinco da manhã. | *Do you know how to get to Lucy's?* Você sabe chegar à casa da Lucy?

5 PEGAR

We got the last train. Pegamos o último trem. | *Then he got the measles.* Aí ele pegou sarampo. | *You can't get channel 5 here.* Aqui não se pega o canal 5.

6 FICAR

*Don't **get** angry.* Não fique zangado. | *He **got** bored and left.* Ele ficou entediado e foi embora. | *Don't get your feet wet.* Não molhe os pés.

7 COLOCAR

to get sth into/out of etc. sth enfiar algo em algo/tirar algo de algo etc.: *I can't get the laces through the holes.* Não consigo enfiar os cadarços nos furos.

8 IR BUSCAR

I went to get her from the airport. Fui buscá-la no aeroporto.

9 EXPRESSANDO OPORTUNIDADE

to get to do sth ter chance de fazer algo: *He always gets to choose!* É sempre ele quem escolhe!

10 FAZER

to get sth done: *I have to get this finished today.* Tenho que terminar isso hoje. | *You need to get that bike fixed.* Você precisa mandar consertar essa bicicleta. | **to get lunch/dinner etc.** fazer o almoço/jantar etc.

11 ENTENDER, SACAR

You don't get it, do you? Você não entende, não é?

12 ATENDER

to get the phone/the door atender o telefone/a porta

13 As expressões **to have got** e **to have got to** são tratadas no verbete do verbo **to have**.

his new job? Como ele está se saindo no novo emprego? **4 to get on with sth** ir em frente com algo **get on sth** subir em algo, pegar algo
get onto sb contatar alguém **get onto sth** começar a falar de algo
get out 1 escapar, sair | **get out!** fora daqui! | **to get out of sth** sair/escapar de algo **2** descer, saltar [de um carro, ônibus, etc.] **3** vazar [segredo, notícia] **get out of (doing) sth** livrar-se de (fazer) algo **get sth out (of sth)** tirar algo (de algo) **get sth out of sb** arrancar algo de alguém
get over sth 1 recuperar-se de algo **2** superar algo **get sth over with** acabar logo com algo
get round BrE ▶ ver **get around**
get through completar a ligação | **to get through to sb** conseguir falar com alguém **get through sth 1** sobreviver a algo **2** torrar algo [dinheiro], acabar com algo [com estoque] **get through to sb** fazer alguém entender algo
get together (with sb) encontrar-se (com alguém) **get sth/sb together** reunir algo/alguém
get up levantar-se **get sb up** acordar alguém **get up to sth 1** aprontar algo **2** chegar até algo: *Where did we get up to last week?* Até onde chegamos na semana passada?

getaway /'gɛtəweɪ/ s **1 to make a/your getaway** fugir **2 getaway car** carro utilizado numa fuga

'get-go s **from the get-go** AmE (informal) desde o início

ghastly /'gæstli/ adj (**-lier**, **-liest**) **1** horrível **2 to look ghastly** estar com uma cara horrível

ghetto /'gɛtoʊ/ s (pl **-s** ou **-es**) gueto

ghost /goʊst/ s **1** fantasma **2 to give up the ghost** (informal) pifar **3 ghost story** história de assombração

ghostly /'goʊstli/ adj fantasmagórico

ghost writer, ghost·writ·er /'goʊstraɪtər/ s ghost writer, escritor -a fantasma

giant /'dʒaɪənt/ substantivo & adjetivo

• s gigante

• adj gigante

giddy /'gɪdi/ adj (**-ddier**, **-ddiest**) tonto: *It made me feel giddy.* Isso me fez ficar tonto.

gift /gɪft/ s **1** presente: *It was a gift from my wife.* Foi um presente da minha mulher. **2** dom | **to have a gift for (doing) sth** ter um dom para (fazer) algo **3 a gift (from God)** AmE (informal) uma dádiva **4 gift shop** loja de presentes

'gift cer,tificate s AmE vale-presente

gifted /'gɪftɪd/ adj talentoso

'gift ,token, também **'gift ,voucher** s BrE ▶ ver **gift certificate**

gig /gɪg/ s (informal) show

gigabyte /'gɪgəbaɪt/ s gigabyte

gigantic /dʒaɪ'gæntɪk/ adj gigantesco

giggle /ˈgɪgəl/ *verbo & substantivo*

- *v* [intr] rir [tentando conter o riso]
- *s* **1** riso | **to get the giggles** (informal) ter um ataque de riso **2 to do sth for a giggle** BrE fazer algo para fazer graça

giggling

gilt /gɪlt/ *adj* dourado

gimmick /ˈgɪmɪk/ *s* golpe, truque [publicitário]

gin /dʒɪn/ *s* gim | **a gin and tonic** um gim-tônica

ginger /ˈdʒɪndʒər/ *substantivo & adjetivo*

- *s* gengibre
- *adj* **1** BrE ruivo [cabelo]: *the girl with ginger hair* a menina ruiva ▶ No inglês americano, diz-se **red** **2** BrE ruivo [gato]: *a ginger cat* um gato ruivo ▶ No inglês americano, diz-se **orange**

gingerly /ˈdʒɪndʒərli/ *adv* cautelosamente

gipsy /ˈdʒɪpsi/ ▶ ver **gypsy**

giraffe /dʒəˈræf/ *s* girafa

girl /gɜrl/ *s* **1** menina **2** moça **3** filha

girlfriend /ˈgɜrlfrɛnd/ *s* **1** namorada **2** AmE amiga

gist /dʒɪst/ *s* **the gist (of sth)** o ponto essencial (de algo) | **to get the gist (of sth)** pegar o sentido (de algo), entender (algo)

give /gɪv/ *v* (passado **gave**, particípio **given**) ▶ ver quadro

PHRASAL VERBS

give sth away 1 dar algo **2** deixar escapar [um segredo] **give sb away** entregar alguém **give yourself away** trair-se

give sth back devolver algo | **to give sth back to sb/give sb back sth** devolver algo a alguém: *I must give Jane back the money I owe her.* Preciso devolver a Jane o dinheiro que lhe devo.

give in 1 ceder | **to give in to sth/sb** ceder a algo/alguém **2** render-se **give sth in** BrE entregar algo [um trabalho escolar]

give sth out distribuir algo

give up desistir **give sth up 1** desistir de algo: *He's given up trying to teach me Russian.* Ele desistiu de tentar me ensinar russo. **2** deixar/abandonar algo: *He's given up smoking.* Ele deixou de fumar. | **to give up doing sth** parar/deixar de fazer algo **give yourself up** entregar-se [à polícia, etc.]

given¹ /ˈgɪvən/ *adjetivo, preposição & substantivo*

- *adj* determinado [momento, quantidade]
- *prep* dado: *given the circumstances* dadas as circunstâncias | **given that** dado que
- *s* **to be a given** AmE ser certo

given² particípio de **give**

glacier /ˈgleɪʃər, BrE ˈglæsiə/ *s* geleira, glaciar

glad /glæd/ *adj* (-dder, -ddest) **1** contente: *We're glad that you decided to stay.* Estamos contentes por você ter resolvido ficar. | **to be glad to see/hear (that)** ficar feliz em ver/saber (que)

give

1 DAR

Diz-se **to give sb sth** ou **to give sth to sb**:

He gave me the information I needed. Ele me deu as informações que eu precisava. | *Give this to your brother.* Dê isso a seu irmão. | *How much did they give you for your old computer?* Quanto te deram pelo teu computador velho? | *They gave her a CD player for Christmas.* Eles deram a ela um CD player de Natal.

2 FAZER

His parents gave a party for his graduation. Os pais fizeram uma festa pela formatura dele. | **to give a speech** fazer um discurso | **to give a wonderful/excellent etc. performance** fazer uma apresentação maravilhosa/excelente etc.

3 CONTRIBUIR

Do you give to charity? Você contribui para obras de caridade?

4 PASSAR

I don't want to give him my cold. Não quero passar meu resfriado para ele.

5 CEDER

The leather will give a little. O couro vai ceder um pouco.

6 EXPRESSÕES

don't give me that não vem com essa | **give or take a few minutes/centimeters etc.** alguns minutos/centímetros etc. a mais ou a menos **to give** também forma parte de expressões como **not to give a damn, to give way**, etc., que são tratadas no verbete do substantivo correspondente (**damn, way**, etc.).

2 to be glad to do sth expressando disposição: *"Can you give me a hand?" "I'd be glad to."* – Pode me dar uma ajuda? – Com prazer. **3 to be glad of sth** apreciar algo

gladly /ˈglædli/ *adv* com prazer

glamorous /ˈglæmərəs/ *adj* glamouroso

glamour, também **glamor** AmE /ˈglæmər/ *s* glamour

glance /glæns/ *verbo & substantivo*

- *v* **1 to glance at/through sth** dar uma olhada em algo **2 to glance at/toward sb** olhar para alguém de relance
- *s* **1** olhada | **to cast/take a glance at sth** dar uma olhada em algo **2 at a glance** de cara **3 at first glance** à primeira vista

gland /glænd/ *s* glândula

glare /glɛr/ *verbo & substantivo*

- *v* [intr] **1** brilhar com uma luz ofuscante **2 to glare at sb** olhar para alguém com ódio
- *s* **1** brilho ofuscante **2** olhar de ódio

glaring /'glɛrɪŋ/ adj **1** brilhante, ofuscante **2** gritante [erro, omissão, etc.]

glass /glæs/ s **1** vidro **2** (pl -sses) copo: *a wine glass* um copo de vinho **3** vidros [objetos]

glasses /'glæsɪz/ s pl óculos: *a pair of glasses* um par de óculos

glaze /gleɪz/ verbo & substantivo
- v [tr] vitrificar
  glaze over his/their etc. eyes glazed over ele ficou/eles ficaram etc. com o olhar distante
- s **1** verniz [para cerâmica] **2** glacê [para bolos]

gleam /glim/ verbo & substantivo
- v [intr] brilhar, luzir
- s **1** brilho **2** lampejo [de humor, etc.]

glean /glin/ v **to glean sth from sth/sb** extrair algo de algo/alguém

glee /gli/ s satisfação [maldosa]

glide /glaɪd/ v [intr] **1** deslizar **2** planar

glider /'glaɪdər/ s planador

gliding /'glaɪdɪŋ/ s voo de planador

glimmer /'glɪmər/ substantivo & verbo
- s **1 a glimmer of hope** um fio de esperança **2** bruxuleio | **a glimmer of light** uma luz tênue
- v [intr] bruxulear

glimpse /glɪmps/ substantivo & verbo
- s visão (de relance), vislumbre | **to get/catch a glimpse of sth** vislumbrar algo
- v [tr] vislumbrar

glint /glɪnt/ verbo & substantivo
- v [intr] faiscar
- s brilho

glisten /'glɪsən/ v [intr] brilhar

glitter /'glɪtər/ verbo & substantivo
- v [intr] brilhar, cintilar
- s **1** brilho **2** purpurina

gloat /gloʊt/ v **to gloat over sth** gabar-se de algo

global /'gloʊbəl/ adj global | **global warming** aquecimento global

globe /gloʊb/ s **1 the globe** o mundo **2** (com mapa-múndi) globo **3** (literário) (objeto redondo) globo

gloom /glum/ s **1** penumbra, obscuridade **2** tristeza

gloomy /'glumi/ adj (-mier, -miest) **1** desalentador **2** tristonho **3** lúgubre [lugar]

glorious /'glɔriəs/ adj **1** glorioso **2** maravilhoso

glory /'glɔri/ substantivo & verbo
- s (pl -ries) **1** glória **2** esplendor
- v (3a pess sing -sses) **glory in sth** regozijar-se com algo

gloss /glɔs/ substantivo & verbo
- s **1** brilho **2** (também **gloss paint**) tinta esmalte
- v (3a pess sing -sses) **gloss over sth** mencionar algo por alto

glossary /'glɔsəri/ s (pl -ries) glossário

glossy /'glɔsi/ adj (-ssier, -ssiest) **1** lustroso **2 a glossy magazine** uma revista em papel lustroso

glove /glʌv/ s luva

glow /gloʊ/ substantivo & verbo
- s **1** brilho **2 to feel a glow of pride/satisfaction etc.** sentir um grande orgulho/uma grande satisfação etc.
- v [intr] **1** brilhar **2** estar com o rosto vermelho **3 to glow with happiness/pride** irradiar felicidade/orgulho

glucose /'glukoʊs/ s glicose

glue /glu/ substantivo & verbo
- s cola
- v (gerúndio **gluing** ou **glueing**) **to glue sth to sth** colar algo em algo | **to glue sth together** grudar algo com cola

gm. (= **gram**) g

gnaw /nɔ/ v **to gnaw (at) sth** roer algo
  gnaw at sb consumir alguém [culpa], torturar alguém [um problema, uma dor]

go /goʊ/ verbo & substantivo
- v (passado **went**, particípio **gone**) ▶ ver quadro na pág. 161
  PHRASAL VERBS
  go about BrE ▶ ver **go around go about sth** fazer algo: *How do you go about getting a work permit?* Como se faz para conseguir um visto de trabalho?
  go after sth correr atrás de algo **go after sb** ir atrás de alguém
  go against sth ir de encontro a algo, contrariar algo **go against sb** **1** ser contra alguém [voto, decisão, etc.] **2** contrariar alguém
  go ahead **1** ir em frente: *We're going ahead with the changes.* Vamos em frente com as mudanças. **2** acontecer
  go along as I/you etc. go along à medida que eu/você etc. faço/faz algo
  go along with sth concordar com algo **go along with sb** concordar com alguém
  go around **1** girar **2** sair por aí: *You shouldn't go around saying things like that.* Você não devia sair por aí falando esse tipo de coisa. **3** circular [boato] **4** ser suficiente para todos: *Are there enough glasses to go around?* Há copos para todos?
  go away **1** ir embora **2** viajar **3** passar [dor] **4** resolver-se [problema]
  go back voltar
  go back on sth voltar atrás em algo
  go by passar **go by sth** orientar-se por algo
  go down **1** descer **2** cair [temperatura,

go verbo

1 IR

A UM LUGAR

Where are you going? Aonde você vai? | *Let's go and see if it's open.* Vamos lá ver se está aberto. | *Dad has gone to get the paper.* Papai foi comprar o jornal.

Neste sentido, o particípio pode ser **gone** ou **been**: *they've gone to church* significa que foram à igreja e ainda estão lá, *they've been to church* significa que foram e já voltaram.

to go home ir para casa | **to go for a walk/run** ir dar uma caminhada/ir correr | **to go shopping/swimming** ir fazer compras/ir nadar

DE UM LUGAR

I don't want to go yet. Não quero ir embora ainda. | *We ought to be going.* Temos que ir embora.

NUM LUGAR

Where does this go? Onde eu ponho isso?

2 INTENÇÃO, ACONTECIMENTO FUTURO

to be going to do sth ir fazer algo: *I'm going to paint my room white.* Vou pintar meu quarto de branco. | *It's going to rain.* Vai chover.

3 TORNAR-SE

She went red. Ela ficou vermelha. | *He's going deaf.* Ele está ficando surdo.

4 TRANSCORRER

The party went really well. A festa correu muito bem. | *Everything's going fine.* Está tudo indo bem. | *How's it going?* Como vai?

5 DESTINO

The road goes all the way to Alaska. A estrada vai até o Alasca.

6 FUNCIONAR

The car won't go. O carro não quer funcionar.

7 SUMIR

My pen's gone. Minha caneta sumiu.

8 PASSAR

The summer's gone so fast! O verão passou tão rápido! | *Has your headache gone?* Passou a sua dor de cabeça?

9 DEIXAR DE FUNCIONAR

The light bulb's gone. A lâmpada queimou. | *His sight's starting to go.* A vista dele está começando a falhar.

10 EMITIR UM SOM

Then the bell went. Aí o sino tocou. | *Cows go "moo."* As vacas fazem "mu".

11 COMBINAR

This sauce doesn't go with pork. Esse molho não combina com carne de porco.

preços, etc.] **3** pôr-se [sol] **4** afundar [navio] **5** cair [avião] **6** sair do ar [em informática] **7 to go down well/badly etc.** agradar/pegar mal etc.: *His jokes didn't go down well with my parents.* As piadas dele não agradaram a meus pais.

go down with sth BrE (informal) cair de cama com algo (doença) ▶ Há também **to come down with sth**, usado no inglês americano e no britânico

go for sth 1 escolher algo, optar por algo **2** ir tentar algo **go for sb 1** investir contra alguém **2 and that goes for you/him etc. too** (informal) e isso se aplica a você/ele etc. também

go in entrar

go in for sth 1 gostar de algo **2 to go in for a competition/contest** participar de um concurso

go into sth 1 dedicar-se a algo **2** entrar em algo [num assunto, em detalhes, etc.]

go off 1 ir embora | **to go off with sth** levar algo **2** explodir **3** disparar [arma] **4** disparar [alarme, despertador] **5** apagar [luz], desligar [aquecimento, etc.] **6** BrE estragar-se [alimento] **7 to go off well/badly etc.** transcorrer bem/mal etc.

go on 1 continuar: *Go on with what you were doing.* Continue com o que você estava fazendo. | *Go on, I'm listening.* Continue, estou escutando. | **to go on doing sth** continuar fazendo algo | **to go on for weeks/three hours etc.** durar semanas/três horas etc. **3** acontecer: *What's going on in there?* O que está acontecendo aí dentro? **4** passar [tempo] **5** acender [luz], ligar [aquecimento, etc.] **6** (informal) insistir | **to go on at sb (to do sth)** pegar no pé de alguém (para alguém fazer algo) **7** (para incentivar alguém) vai: *Go on. Have some more cake.* Vai. Come mais um pouco de bolo.

go out 1 sair **2** apagar(-se)

go over sth 1 analisar algo **2** repassar algo

go round BrE ▶ ver **go around**

go through sth ser aprovado **go through sth 1** passar por algo [por uma experiência difícil] **2** examinar algo **3** remexer em algo, vasculhar algo **4** repassar algo **5** consumir algo

go through with sth ir em frente com algo

go together combinar

go up 1 subir, aumentar **2** erguer [prédio] **3** ir pelos ares | **to go up in flames** incendiar-se

go without (sth) ficar/passar sem (algo)

• *s* (pl **goes**) **1 to have a go at (doing) sth** tentar (fazer) algo **2** vez [num jogo]: *It's your go.* É a sua vez. **3 to be on the go** estar num corre-corre/numa roda-viva **4 to make a go of sth** tentar fazer algo dar certo

'go-,ahead *s* **to give sb the go-ahead** (informal) dar o sinal verde para alguém

goal /goʊl/ *s* **1** gol | **to score a goal** fazer um gol **2** baliza, gol **3** meta

goalie /'goʊli/ *s* (informal) goleiro -ra

goalkeeper /ˈgoʊlkipər/, também **goaltender** /ˈgoʊltɛndər/ AmE s goleiro -ra

goalpost /ˈgoʊlpoʊst/ s trave [do gol]

goat /goʊt/ s bode, cabra

gobble /ˈgɑbəl/, também **gobble up** v [tr] (informal) devorar

'go-cart AmE, **'go-kart** BrE s kart

god /gɑd/ s **1** deus **2** God Deus **3** (my) God! (informal) meu Deus! | God knows (informal) sei lá

godchild /ˈgɑdtʃaɪld/ (pl godchildren /-tʃɪldrən/) s afilhado -da

goddaughter /ˈgɑddɔtər/ s afilhada

goddess /ˈgɑdɪs/ s (pl **-sses**) deusa

godfather /ˈgɑdfɑðər/ s padrinho

godmother /ˈgɑdmʌðər/ s madrinha

godparent /ˈgɑdpɛrənt/ s padrinho, madrinha: *my godparents* meus padrinhos

godsend /ˈgɑdsɛnd/ s bênção

godson /ˈgɑdsʌn/ s afilhado

goggles /ˈgɑgəlz/ s pl óculos [de natação, de proteção, etc.]

going /ˈgoʊɪŋ/ substantivo & adjetivo

- *s* **1 to be good/heavy etc. going** (informal) referente à rapidez ou facilidade com que se faz algo: *We got there in three hours, which was pretty good going.* Chegamos lá em três horas, o que não foi nada mau. | *I find his novels heavy going.* Acho os romances dele pesados. **2 while the going's good** enquanto podemos
- *adj* **1 the going rate** o preço de mercado **2 a going concern** um negócio lucrativo

go-kart BrE ▶ ver **go-cart**

gold /goʊld/ substantivo & adjetivo

- *s* **1** ouro **2** (cor) amarelo-ouro
- *adj* **1** de ouro **2** dourado ▶ ver "Active Box" colors em color

golden /ˈgoʊldən/ adj **1** de ouro **2** dourado **3 a golden opportunity** uma oportunidade de ouro

goldfish /ˈgoʊldfɪʃ/ s (pl goldfish) peixinho dourado

golf /gɑlf/ s **1** golfe **2 golf club (a)** taco de golfe **(b)** clube de golfe **golf course** campo de golfe

golfer /ˈgɑlfər/ s golfista

gone¹ /gɔn/ prep BrE **it was gone midnight/six o'clock etc.** passava da meia-noite/das seis horas etc.

gone² particípio de go

gonna /ˈgɔnə, gənə/

> gonna é a contração de going to, usada para expressar uma ação futura. Muitos consideram este uso incorreto:
> *You're gonna like it.* Você vai gostar.

good /gʊd/ adjetivo & substantivo

- *adj* (comparativo better, superlativo best) **1** bom: *a good book* um bom livro | *a good opportunity* uma boa oportunidade | *Did you have a good weekend?* Foi bom o seu fim de semana? | *Fruit is good for you.* As frutas fazem bem à saúde. **2 to be good at sth** ser bom em algo: *I'm not very good at math.* Não sou muito bom em Matemática. **3** (gentil) bom: *They were very good to me.* Eles foram muito bons para mim. **4 to be/taste good** ser/estar gostoso **5** bonzinho [criança] | **to be good** comportar-se **6 as good as** praticamente **7 (as) good as new** como novo
- *s* **1** bem | **to do sb good** fazer bem a alguém | **it's for your/her etc. own good** é para seu próprio bem **2 to be no good (a)** (sem sentido) não adiantar **(b)** (ruim) não prestar (para nada) **3 for good** para sempre

goodbye /gʊdˈbaɪ/ interj **1** até logo ▶ A forma coloquial bye é muito mais comum **2 to say goodbye (to sb)** despedir-se (de alguém)

good-'humored AmE, **good-'humoured** BrE adj **1** bem-humorado [pessoa] **2** sem más intenções [brincadeira]

good-'looking adj bonito

good-'natured adj **1** afável [pessoa] **2** sem más intenções [brincadeira]

goodness /ˈgʊdnəs/ s **1** bondade **2** (informal) **thank goodness!** graças a Deus! | **goodness knows!** sei lá! | **for goodness' sake!** pelo amor de Deus!

good 'night interj boa noite: *Good night. Sleep well.* Boa noite. Durma bem. | **to say good night (to sb)** dar boa-noite (a alguém)

goods /gʊdz/ s pl produtos, artigos | **manufactured goods** produtos manufaturados

goodwill /gʊdˈwɪl/ s boa vontade

gooey /ˈgui/ adj (informal) grudento

goof /guf/ verbo & substantivo

- *v* AmE (informal) [intr] dar uma mancada **goof off** vadiar
- *s* AmE (informal) **1** mancada **2** pateta

Google® /ˈgugəl/ s Google® [site de busca]

google /ˈgugəl/ v [tr] fazer uma pesquisa no Google sobre: *I googled her before we met.* Fiz uma pesquisa no Google sobre ela antes de nos encontrarmos.

goose /gus/ s (pl geese) ganso

gooseberry /ˈgʊsbɛri/ s (pl -rries) fruta pequena, verde, de sabor ácido

'goose ˌbumps, também **'goose ˌpimples** s pl **to get goose bumps** ficar arrepiado | **to give sb goose bumps** deixar alguém arrepiado

gorge /gɔrdʒ/ s desfiladeiro

gorgeous /ˈgɔrdʒəs/ adj (informal) maravilhoso

gorilla /gəˈrɪlə/ s gorila

gory /'gɔri/ adj (-rier, -riest) **1** sangrento, violento **2 the gory details** os detalhes escabrosos

gosh /gɑʃ/ interj nossa, puxa

gospel /'gɑspəl/ s **1** evangelho **2** (também **gospel music**) música gospel

gossip /'gɑsəp/ substantivo & verbo
- s **1** fofoqueiro -ra **2** fofoca(s)
- v [intr] fofocar | **to gossip about sb/sth** fofocar sobre alguém/algo

got /gɑt/ passado & particípio de **get**

Gothic /'gɑθɪk/ adj gótico

gotta /'gɑtə/

> **gotta** é a contração de **got to** ou **have got to**. Muitos consideram este uso incorreto:
> *I gotta go.* Tenho que ir. | *You've gotta help me.* Você tem que me ajudar.

gotten /'gɑtn/ AmE particípio de **get**

gouge /gaʊdʒ/ v [tr] abrir [um corte, um furo]

govern /'gʌvərn/ v [tr/intr] governar

governess /'gʌvərnɪs/ s (pl -sses) governanta, preceptora

government /'gʌvərmənt/ s governo

governor /'gʌvənər/ s **1** governador -a: *the governor of California* o governador da Califórnia **2** (de escola, hospital) membro da diretoria **3** BrE (de prisão) diretor -a

gown /gaʊn/ s **1** vestido [de festa] **2** avental [de médico, enfermeira, etc.]

G.P. /dʒi 'pi/ s (= general practitioner) BrE clínico -ca geral

GPA /dʒi pi 'eɪ/ s (= grade point average) ▶ ver **grade point average**

GPS /dʒi pi 'ɛs/ s (= Global Positioning System) **1** GPS [sistema de posicionamento por satélite] **2** (pl **GPSes**) (aparelho de) GPS

grab /græb/ v [tr] (-bbed, -bbing) **1** agarrar: *The thief grabbed my purse and ran off.* O ladrão agarrou a minha bolsa e fugiu. **2** (informal) **to grab some food/sleep etc.** engolir uma comida/tirar uma soneca etc. **3 to grab a chance/opportunity** agarrar uma chance/oportunidade

grace /greɪs/ s **1** graça, elegância **2 to have the grace to do sth** ter a decência de fazer algo **3 a day's/week's etc. grace** um adiamento de um dia/uma semana etc. **4 to say grace** dar graças [antes de comer]

graceful /'greɪsfəl/ adj gracioso

gracious /'greɪʃəs/ adj **1** amável, gentil **2** refinado

grade¹ /greɪd/ s **1** (conceito) nota | **to get good/bad grades** tirar notas boas/ruins ▶ ver a seguir **2** nível, qualidade **3 first/second/third etc. grade** AmE primeira/segunda/terceira etc. série: *Becky's in fifth grade.* Becky está na quinta série. **4 to make the grade** ter êxito **5** AmE ladeira

> **conceito escolar**
>
> As letras A, B, C, D, E e F são usadas como conceitos de avaliação de trabalhos escolares, provas, etc. Às vezes, um sinal de mais (+) ou de menos (-) é adicionado à letra (por exemplo, C+, A-), para maior diferenciação. A frase **to get straight As** significa *tirar A em todas as matérias*.

grade² v [tr] **1** classificar [por tamanho ou qualidade] **2** AmE corrigir [dando nota]

'grade ,crossing s AmE passagem de nível

'grade point ,average s AmE No sistema educacional americano, número que representa a média de todas as notas do aluno (a nota A equivale a 4 pontos; B, a 3; C, a 2; D, a 1; F, a 0)

'grade school s AmE escola de primeiro grau

gradient /'greɪdiənt/ s BrE gradiente

gradual /'grædʒuəl/ adj gradual

gradually /'grædʒuəli/ adv gradualmente, aos poucos

graduate¹ /'grædʒuət/ substantivo & adjetivo
- s **1** AmE formando **2** AmE pessoa formada **3** BrE bacharel
- adj AmE **graduate student** estudante de pós-graduação | **graduate course** (curso de) pós-graduação

graduate

graduate² /'grædʒueɪt/ v [intr] **1** (na faculdade) formar-se: *Ruth has just graduated from Stanford.* Ruth acabou de se formar em Stanford. **2** AmE (no colégio) formar-se

graduation /grædʒu'eɪʃən/ s formatura | **after graduation** depois de formado

graffiti /grə'fiti/ s pichações

graft /græft/ substantivo & verbo
- s **1** (tecido para) enxerto **2** AmE corrupção
- v [tr] enxertar

grain /greɪn/ s **1** grão | **a grain of rice/sand etc.** um grão de arroz/areia etc. **2** cereais **3** (em madeira) veio

gram /græm/ s grama

grammar /'græmər/ s **1** gramática **2 grammar book** (livro de) gramática

 Você sabe como funcionam os **phrasal verbs**? Leia a explicação na seção de gramática.

grammar school s escola na Grã-Bretanha para crianças acima de 11 anos, que são submetidas a exame de admissão

grammatical /grəˈmætɪkəl/ adj gramatical

gran /græn/ s BrE (informal) vovó

grand /grænd/ adjetivo & substantivo
- adj **1** (imponente) grandioso **2** (ambicioso) grandioso **3** importante
- s (pl grand) (informal) mil dólares/libras

grandchild /ˈgræntʃaɪld/ s (pl **-children** /-tʃɪldrən/) neto -ta

granddad, também **grandad** /ˈgrændæd/ s (informal) vovô

granddaughter /ˈgrændɔtər/ s neta

grandeur /ˈgrændʒər/ s grandiosidade

grandfather /ˈgrænfɑðər/ s avô

grandma /ˈgrænmɑ/ s (informal) vovó

grandmother /ˈgrænmʌðər/ s avó

grandpa /ˈgrænpɑ/ s (informal) vovô

grandparent /ˈgrænperənt/ s avô, avó

Grand Prix /grɑn ˈpri/ s Grande Prêmio: *the Brazilian Grand Prix* o Grande Prêmio do Brasil

grandson /ˈgrænsʌn/ s neto

grandstand /ˈgrændstænd/ s arquibancada

granite /ˈgrænɪt/ s granito

granny /ˈgræni/ s (pl **-nnies**) (informal) vovó

grant /grænt/ verbo & substantivo
- v [tr] **1 to take it for granted (that)** dar como certo (que) **2 to take sth for granted** não dar valor a algo **3** conceder
- s **1** subsídio **2** bolsa (de estudos)

grape /greɪp/ s **1** uva: *a bunch of grapes* um cacho de uvas **2 grape juice** suco de uva

grapefruit /ˈgreɪpfrut/ s **1** grapefruit **2 grapefruit juice** suco de grapefruit

grapevine /ˈgreɪpvaɪn/ s **1 I/we etc. heard through the grapevine (that)** Eu soube/nós soubemos (que) **2** parreira

graph /græf/ s gráfico

graphic /ˈgræfɪk/ adj explícito

graphic deˈsign s design gráfico

graphic ˈnovel s novela gráfica

graphics /ˈgræfɪks/ s pl gráficos [desenhos feitos por computador]

grapple /ˈgræpəl/ v [intr] atracar-se **grapple with sth** encarar algo **grapple with sb** engalfinhar-se com alguém

grasp /græsp/ verbo & substantivo
- v [tr] **1** agarrar: *Grasp the rope with both hands.* Agarre a corda com ambas as mãos. **2** entender
- s **1 to fall/slip from sb's grasp** cair/escorregar da mão de alguém **2** compreensão **3 to be within sb's grasp** estar ao alcance de alguém

grass /græs/ s **1** grama: *"Please keep off the grass."* "Não pise na grama." **2** (informal) maconha

grasshopper /ˈgræshɑpər/ s gafanhoto

grassland /ˈgræslænd/ s pasto

grass ˈroots s pl base [de um partido]

grate /greɪt/ verbo & substantivo
- v [tr] **1** ralar: *grated cheese* queijo ralado **2** [intr] irritar | **to grate on sb's nerves** dar nos nervos de alguém **3** [intr] ranger
- s grade [da lareira]

grateful /ˈgreɪtfəl/ adj agradecido, grato: *I'm very grateful to Paul for all his help.* Sou muito grato a Paul por toda sua ajuda.

grater /ˈgreɪtər/ s ralador

gratifying /ˈgrætəfaɪ-ɪŋ/ adj (formal) gratificante

gratitude /ˈgrætətud/ s gratidão

gratuity /grəˈtuəti/ s (pl **-ties**) (formal) gratificação

grave /greɪv/ substantivo & adjetivo
- s túmulo
- adj sério

gravel /ˈgrævəl/ s cascalho

gravestone /ˈgreɪvstoʊn/ s lápide

graveyard /ˈgreɪvjɑrd/ s cemitério

ˈgraveyard shift s turno da madrugada

gravity /ˈgrævəti/ s **1** (força) gravidade **2** (formal) (seriedade) gravidade

gravy /ˈgreɪvi/ s molho feito do caldo produzido durante o cozimento da carne

ˈgravy train s (informal) trem da alegria

gray AmE, **grey** BrE /greɪ/ adjetivo & substantivo
- adj **1** cinzento, cinza ▶ ver "Active Box" **colors** em **color 2 gray hairs** cabelos brancos | **to go gray** ficar grisalho **3** chuvoso [tempo, dia]
- s cinza [cor] ▶ ver "Active Box" **colors** em **color**

graze /greɪz/ verbo & substantivo
- v **1** [intr] pastar **2** [tr] esfolar: *He grazed his elbow on the wall.* Ele esfolou o cotovelo na parede. **3** [tr] roçar
- s arranhão

grease /gris/ substantivo & verbo
- s **1** gordura **2** graxa [lubrificante]
- v **1** [tr] lubrificar [peças, engrenagens, etc.] **2** [tr] untar

greasy /ˈgrisi/ adj (**-sier**, **-siest**) **1** engordurado, gorduroso **2** oleoso [cabelo]

great /greɪt/ adj **1** (informal) ótimo: *It was great to see him again.* Foi ótimo vê-lo de novo. | **to feel great** estar ótimo | **to have a great time** divertir-se à beça **2** (informal) (em sentido irônico) ótimo: *"The car won't start." "Oh, great!"* – O carro não quer pegar. – Que ótimo! **3** grande: *She's a great friend of mine.* Ela é uma grande amiga minha. | *He's not a great talker.* Ele não é de falar muito. **4 a great big house/car/dog**

etc. uma casa/um carro/um cachorro etc. enorme **5** grande: *the great civilizations of the past* as grandes civilizações do passado ▶ ver também **deal**

,great-'granddaughter s bisneta

,great-'grandfather s bisavô

,great-'grandmother s bisavó

,great-'grandson s bisneto

greatly /'greɪtli/ *adv* muito, profundamente: *I was greatly impressed by their efficiency.* Fiquei muito impressionado com a eficiência deles.

greed /griːd/ *s* **1** gula **2** ganância

greedily /'griːdəli/ *adv* avidamente

greedy /'griːdi/ *adj* (**-dier**, **-diest**) **1** guloso **2** ganancioso | **to be greedy for sth** ser ávido de algo

green /griːn/ *adjetivo, substantivo & substantivo plural*

- *adj* **1** (cor) verde: *green eyes* olhos verdes | *The traffic lights are green.* O sinal está verde. ▶ ver "Active Box" **colors** em **color** **2** (com vegetação) verde: *the green areas of the city* as áreas verdes da cidade **3** (não maduro) verde **4** inexperiente **5** ecológico, verde

- *s* **1** verde ▶ ver "Active Box" **colors** em **color** **2** (também **village green**) gramado no centro de um vilarejo **3** green [em golfe]

- **greens** *s pl* verduras

'**green belt** *s* cinturão verde

'**green card** *s* nos EUA, visto de trabalho e residência para um estrangeiro

greenery /'griːnəri/ *s* folhagem

greengrocer /'griːngrəʊsər/ *s* **1** quitandeiro -ra **2** BrE **greengrocer's** quitanda

greenhouse /'griːnhaʊs/ *s* estufa

'**greenhouse e,ffect** *s* efeito estufa

'**greenhouse gas** *s* gás de efeito estufa

greenhouse

greet /griːt/ *v* [tr] **1** cumprimentar, receber **2 to be greeted with sth** ser recebido com algo: *The proposal was greeted with anger.* A proposta foi recebida com irritação.

greeting /'griːtɪŋ/ *s* cumprimento | **to return sb's greeting** retribuir o cumprimento de alguém

grenade /grə'neɪd/ *s* granada

grew /gruː/ passado de **grow**

grey BrE ▶ ver **gray**

greyhound /'greɪhaʊnd/ *s* galgo

grid /grɪd/ *s* **1** grade [de metal] **2** rede [de ruas] **3** grade [de mapa] **4** grid (de largada)

gridlock /'grɪdlɑk/ *s* paralisação total do trânsito

grief /griːf/ *s* **1** sofrimento, pesar **2 good grief!** nossa!

grievance /'griːvəns/ *s* queixa

grieve /griːv/ *v* [intr] estar de luto | **to grieve for sb** sofrer pela morte de alguém

grill /grɪl/ *verbo & substantivo*

- *v* **1** [tr] grelhar **2** [tr] (informal) interrogar
- *s* **1** grelha **2** grelhado

grille /grɪl/ *s* grade

grim /grɪm/ *adj* (**-mmer**, **-mmest**) **1** sombrio **2** desalentador **3** lúgubre, deprimente

grimace /'grɪməs/ *v* [intr] fazer careta [de dor ou nojo]

grime /graɪm/ *s* sujeira

grimy /'graɪmi/ *adj* (**-mier**, **-miest**) encardido, imundo

grin /grɪn/ *verbo & substantivo*

- *v* [intr] (**-nned**, **-nning**) **1** sorrir [de orelha a orelha] | **to grin at sb** sorrir para alguém **2 to grin and bear it** aguentar firme
- *s* sorriso [de orelha a orelha]

grind /graɪnd/ *v* (passado & particípio **ground**) **1** [tr] moer [café, pimenta, etc.] **2** [tr] AmE moer [carne] **3 to grind your teeth** ranger os dentes

grinning

grip /grɪp/ *substantivo & verbo*

- *s* **1 to get a grip on sth** agarrar algo | **to tighten your grip on sth** apertar algo, agarrar algo com mais força **2** cabo **3** aderência [de um pneu, etc.]
- *v* (**-pped**, **-pping**) **1** [tr] agarrar **2** [tr] aderir a [uma superfície]

gripping /'grɪpɪŋ/ *adj* envolvente

grit /grɪt/ *substantivo & verbo*

- *s* **1** saibro, areia **2** garra
- *v* [tr] (**-tted**, **-tting**) **1 to grit your teeth** aguentar firme **2** cobrir com saibro [uma estrada]

groan /groʊn/ *verbo & substantivo*

- *v* [intr] **1** gemer [de dor] **2** resmungar, chiar
- *s* **1** gemido [de dor] **2** resmungo, suspiro

grocer /'groʊsər/ *s* **1** dono -na de mercearia **2** BrE **grocer's** mercearia

grocery /'groʊsəri/ *substantivo & substantivo plural*

- *s* (pl **-ries**) **1** (também **grocery store**) AmE armazém, mercearia **2 grocery cart** AmE carrinho de compras
- **groceries** *s pl* mantimentos

groggy /'grɑgi/ *adj* (**-ggier**, **-ggiest**) grogue

groin /grɔɪn/ *s* virilha

groom /gruːm/ *verbo & substantivo*

- *v* [tr] tratar [um cavalo]
- *s* **1** noivo [na cerimônia de casamento] **2** cavalariço

*Gostaria de uma lista de frases úteis para falar de si mesmo em inglês? Consulte o **guia para a comunicação**, no final do livro.*

groove /gruv/ s sulco, ranhura

grope /groʊp/ v [intr] tatear: *He was groping around in the dark.* Ele tateava no escuro. | **to grope for sth** procurar algo às apalpadelas

gross /groʊs/ adj **1 gross profit/weight** lucro/peso bruto **2 gross injustice** injustiça extrema **3** (informal) nojento **4** imenso (de gordo)

grossly /'groʊsli/ adv excessivamente

grotesque /groʊ'tɛsk/ adj grotesco

grouchy /'graʊtʃi/ adj (-chier, -chiest) (informal) rabugento

ground¹ /graʊnd/ substantivo, substantivo plural, verbo & adjetivo
- s **1** chão: *We sat on the ground.* Sentamos no chão. | *We work long hours below ground.* Trabalhamos muitas horas debaixo da terra. ▶ GROUND OU FLOOR? ver **chão** **2** solo: *stony ground* solo pedregoso **3** terreno: *Ahead of them lay open ground.* À frente deles o terreno era descampado. **4** AmE (em circuito elétrico) terra **5** BrE campo [para esportes] ▶ Existe também **stadium** que é usado tanto no inglês americano como no britânico **6** hunting/fishing ground área de caça/pesca **7** to get off the ground deslanchar **8** to gain/lose ground ganhar/perder terreno **9** to hold/stand your ground ficar firme
- **grounds** s pl **1** terreno **2 grounds for sth** motivo para algo
- v **1** [tr] reter em terra [um avião] **2** (informal) **to ground sb** não deixar alguém sair como castigo: *You're grounded for a week.* Você não vai sair durante uma semana.
- adj **1** moído **2 ground beef** AmE carne moída

ground² passado & particípio de **grind**

ground 'floor s andar térreo | **on the ground floor** no andar térreo ▶ ver nota em **floor**

'ground-floor adj BrE térreo, do andar térreo ▶ ver nota em **floor**

grounding /'graʊndɪŋ/ s **a grounding in mathematics/chemistry etc.** uma base em Matemática/Química etc.

groundless /'graʊndləs/ adj infundado

ground 'zero s **1** ponto zero [de explosão] **2 Ground Zero** Marco Zero [local dos ataques de 11 de setembro de 2001 contra as Torres Gêmeas em Nova York]

group /grup/ substantivo & verbo
- s **1** (de pessoas) grupo **2** (de músicos) grupo: *a pop group* um grupo pop
- v **1** [tr] classificar: *The stones can be grouped into four categories.* As pedras podem ser classificadas em quatro categorias. | **to group sth/sb together** agrupar algo/alguém **2** [intr] agrupar-se, formar um grupo

grove /groʊv/ s bosque pequeno

grovel /'grɑvəl/ v [intr] (-led, -ling AmE, -lled, -lling BrE) humilhar-se | **to grovel to sb** humilhar-se diante de alguém

grow /groʊ/ v (passado **grew**, particípio **grown**) **1** [intr] crescer: *Hasn't she grown!* Como ela cresceu! | *He's grown two centimeters.* Ele cresceu dois centímetros.
2 [tr] cultivar: *They grow their own vegetables.* Eles cultivam suas próprias verduras.
3 to grow a beard deixar crescer a barba
4 [intr] crescer, aumentar | **to grow in strength/popularity** ganhar força/popularidade | *her music/this sport etc. is growing in popularity* está aumentando a popularidade da música dela/desse esporte etc.
5 [intr] (tornar-se) **to grow old/strong/cold etc.** ficar velho/forte/frio etc.: *She grew tired of waiting.* Ela ficou cansada de esperar.
PHRASAL VERBS
grow into sth transformar-se em algo
grow on sb começar a gostar, com o tempo: *I hated it at first but then the place began to grow on me.* No início odiei o lugar, mas, com o tempo, comecei a gostar.
grow out of sth perder algo [devido a crescimento]: *He'll grow out of that coat in no time.* Ele vai perder este casaco em breve.
grow up 1 crescer [tornar-se adulto] | **when I/you etc. grow up** quando eu/você etc. crescer | **grow up!** vê se cresce! **2** ser criado: *I grew up on a farm.* Fui criado numa fazenda.

growing /'groʊɪŋ/ adj **1** crescente, cada vez mais/maior | **a growing number** um número cada vez maior **2 a growing boy/girl** um menino/uma menina em fase de crescimento

growl /graʊl/ verbo & substantivo
- v [intr] rosnar | **to growl at sb** rosnar para alguém
- s rosnado

grown¹ /groʊn/ adj **a grown man** um homem feito

grown² particípio de **grow**

'grown-up s & adj adulto -ta

growth /groʊθ/ s **1** (aumento) crescimento | **growth in/of sth** crescimento de algo **2** (desenvolvimento) crescimento **3** tumor

grub /grʌb/ s **1** (informal) rango **2** larva

grubby /'grʌbi/ adj (-bbier, -bbiest) sujo

grudge /grʌdʒ/ substantivo & verbo
- s **to bear sb a grudge** guardar ressentimento contra alguém | **to have a grudge against sb** ter raiva de alguém
- v ▶ ver **begrudge**

grudgingly /'grʌdʒɪŋli/ adv a contragosto

gruesome /'grusəm/ adj horripilante

gruff /grʌf/ adj grosseiro, brusco

grumble /'grʌmbəl/ *verbo & substantivo*
- *v* [intr] resmungar | **to grumble about/at sth** resmungar por causa de algo
- *s* resmungo

grumpy /'grʌmpi/ *adj* (-pier, -piest) de mau humor, ranzinza

grunt /grʌnt/ *verbo & substantivo*
- *v* [intr] grunhir
- *s* grunhido

guarantee /gærən'ti/ *verbo & substantivo*
- *v* [tr] **1** garantir: *We **guarantee** to deliver the package before 10 o'clock.* Garantimos entregar o pacote antes das 10 horas. **2** garantir [um relógio, um vídeo, etc.]
- *s* **1** garantia | **to be under guarantee** BrE estar na garantia **2** (certeza) garantia

guard /gɑrd/ *substantivo & verbo*
- *s* **1** vigia, guarda **2 to be on guard** estar de guarda **3** (grupo) guarda | **under (armed) guard** sob escolta (armada) **4** protetor **5 to be on your guard** estar/ficar alerta **6 to catch sb off guard** pegar alguém desprevenido **7** BrE guarda-freios [de um trem] ▶ No inglês americano diz-se **conductor**
- *v* [tr] vigiar
guard against sth proteger-se contra algo, evitar algo

guarded /'gɑrdɪd/ *adj* cauteloso

guardian /'gɑrdiən/ *s* **1** tutor -a, responsável [por um menor] **2** guardião -diã

Guatemala /gwɑtə'mɑlə/ *s* Guatemala

Guatemalan /gwɑtə'mɑlən/ *adj & s* guatemalteco -ca

guerrilla /gə'rɪlə/ *s* **1** guerrilheiro -ra **2 guerrilla warfare** guerrilha

guess /gɛs/ *verbo & substantivo*
- *v* [tr/intr] **1** adivinhar: *You have to guess the weight of the cake.* Você tem que adivinhar o peso do bolo. | *I'd guess that he's French.* Eu diria que ele é francês. | *You'll never guess who I've just seen.* Você não adivinha quem eu acabei de ver. | **guess what!** você não sabe da maior!: *Guess what! Jane's getting married!* Você não sabe da maior! A Jane vai se casar! | **to guess right** acertar | **to guess wrong** errar
2 achar: *I guess she didn't feel like coming.* Acho que ela não estava a fim de vir. | **I guess so/not** acho que sim/não
- *s* palpite: *I'll give you three guesses.* Você tem direito a três palpites. | *At a guess, I'd say he's about 25.* Como palpite, eu diria que ele tem uns 25 anos. | **to take/make a guess** tentar adivinhar: *If you don't know the answer, take a guess.* Se você não sabe a resposta, tente adivinhar.

guest /gɛst/ *s* **1** (em casa) convidado -da, visita **2** hóspede **3** (num programa de TV) convidado -da

guesthouse /'gɛsthaʊs/ *s* **1** pensão **2** AmE casa de hóspedes

guidance /'gaɪdns/ *s* orientação | **guidance on sth** orientação sobre algo

guide /gaɪd/ *substantivo & verbo*
- *s* **1** (em turismo) guia [pessoa] **2** (também **guidebook**) guia [livro] **3 (Girl) Guide** BrE bandeirante
- *v* [tr] **1** conduzir [uma pessoa] | **a guided tour** uma visita guiada **2** orientar, guiar

guidebook /'gaɪdbʊk/ *s* guia [livro]

guideline /'gaɪdlaɪn/ *s* diretriz

guilt /gɪlt/ *s* culpa

guilty /'gɪlti/ *adj* (-tier, -tiest) **1** (arrependido) culpado | **to feel guilty about sth** sentir-se culpado de algo **2** (de crime) culpado | **to find sb guilty/not guilty of sth** declarar alguém culpado/inocente de algo

guinea pig /'gɪni pɪg/ *s* **1** porquinho-da-índia **2** cobaia

guitar /gɪ'tɑr/ *s* **1** violão **2** guitarra

guitarist /gɪ'tɑrɪst/ *s* **1** guitarrista **2** violonista

gulf /gʌlf/ *s* **1** golfo **2** abismo

gull /gʌl/ *s* gaivota

gullible /'gʌləbəl/ *adj* crédulo, incauto

gulp /gʌlp/ *v* **1** [tr] (também **gulp down**) engolir [de uma vez só] **2** [intr] engolir em seco

gum /gʌm/ *s* **1** gengiva **2** chiclete

gun /gʌn/ *substantivo & verbo*
- *s* arma (de fogo)
- *v* (-nned, -nning) **gun sb down** balear alguém

'gun con,trol *s* controle de armas

gunfire /'gʌnfaɪr/ *s* tiroteio, tiros

gunman /'gʌnmən/ *s* (pl -men) pistoleiro

gunpoint /'gʌnpɔɪnt/ *s* **at gunpoint** sob a mira de uma arma

gunpowder /'gʌnpaʊdər/ *s* pólvora

gunshot /'gʌnʃɑt/ *s* **1** tiro **2 gunshot wound** ferimento à bala

gurgle /'gɜrgəl/ *v* [intr] **1** gorgolejar **2** fazer gu-gu [bebê]

gush /gʌʃ/ *v* (3a pess sing -shes) **to gush (out) from sth** jorrar de algo

gust /gʌst/ *s* rajada

gut /gʌt/ *substantivo, substantivo plural & verbo*
- *s* **1** intestino **2 gut feeling** intuição **gut reaction** reação instintiva
- **guts** *s pl* **1** (informal) coragem | **to have the guts to do sth** ter coragem de fazer algo **2 to hate sb's guts** (informal) ter ódio de alguém **3** vísceras, entranhas
- *v* [tr] (-tted, -tting) **1** limpar [um peixe] **2** destruir o interior de [um prédio] **3 to be gutted** BrE (informal) ficar arrasado

gutter /ˈgʌtər/ s **1** sarjeta **2** calha

guy /gaɪ/ s **1** (informal) cara [homem]: *a really nice guy* um cara muito legal **2** ▶ Na linguagem coloquial, **guys** é usado para chamar ou interpelar um grupo de pessoas: *I'll see you guys later, OK?* Gente, vejo vocês mais tarde, OK?

guzzle /ˈgʌzəl/ v [tr] (informal) beber [bebida, gasolina]

gym /dʒɪm/ s academia [de ginástica]

gymnasium /dʒɪmˈneɪziəm/ s (pl **-nasiums** ou **-nasia** /-neɪziə/) ginásio

gymnastics /dʒɪmˈnæstɪks/ s ginástica olímpica

gynecologist AmE, **gynaecologist** BrE /ˌgaɪnəˈkɑlədʒɪst/ s ginecologista

gypsy, também **gipsy** /ˈdʒɪpsi/ s (pl **-sies**) cigano -na

H /eɪtʃ/ s (letra) H, h ▶ ver "Active Box" **letters** em **letter**

ha /hɑ/ interj ah!

habit /ˈhæbɪt/ s **1** (costume) hábito **2 to be in the habit of doing sth** ter o hábito de fazer algo **3 to get into/in the habit of doing sth** criar o hábito de fazer algo **4 out of habit/from habit** por força do hábito **5** (vício) hábito | **to break/kick the habit** largar o vício

habitat /ˈhæbətæt/ s habitat

habitual /həˈbɪtʃuəl/ adj habitual

hack /hæk/ v **1** [tr/intr] cortar ou esquartejar (algo) a facadas, machadadas, etc. **2** [tr] (também **hack into**) entrar em [sistema computacional como hacker]

hacksaw /ˈhæksɔ/ s serra [para metais]

had /əd, həd, acentuado hæd/ passado & part de **have**

hadn't /ˈhædnt/ contração de **had not**

hag /hæg/ s bruxa [velha feia e rabugenta]

haggard /ˈhægərd/ adj abatido, acabado [rosto, pessoa]

haggle /ˈhægəl/ v **to haggle over the price of sth** pechinchar o preço de algo

hah /hɑ/ interj ah!

ha 'ha interj ha, ha!

hail /heɪl/ verbo & substantivo

• v **1 to hail a taxi/cab** chamar um táxi **2** [intr] chover granizo/pedra
hail sb/sth as sth aclamar alguém/algo como algo: *He was hailed as a hero.* Ele foi aclamado como um herói.

• s **1** granizo **2 a hail of bullets/stones** etc. uma rajada de balas/pedras etc.

hailstorm /ˈheɪlstɔrm/ s chuva de pedra

hair /hɛr/ s **1** cabelo: *She brushed her hair.* Ela escovou o cabelo. | *He has short, dark hair.* Ele tem cabelo curto e escuro. **2** (nas pernas, axilas, etc.) pelo **3** (de animal) pelo **4 dark-haired** de cabelo escuro | **fair-haired** de cabelo claro, louro | **short-haired** de cabelo curto **5 to let your hair down** (informal) soltar-se [relaxar]

hairbrush /ˈhɛrbrʌʃ/ s escova de cabelo

haircut /ˈhɛrkʌt/ s corte de cabelo | **to have/get a haircut** cortar o cabelo [no cabeleireiro]

hairdo /ˈhɛrdu/ s (informal) penteado

hairdresser /ˈhɛrdrɛsər/ s **1** cabeleireiro -ra **2 hairdresser's** BrE cabeleireiro

hairdryer /ˈhɛrdraɪər/ s secador de cabelo

hairpin /ˈhɛrpɪn/ s grampo [para cabelo]

'hair-ˌraising adj de arrepiar os cabelos, arrepiante

hairstyle /ˈhɛrstaɪl/ s penteado

hairy /ˈhɛri/ adj (**-rier, -riest**) **1** peludo, cabeludo **2** (informal) arrepiante

half /hæf/ substantivo, adjetivo & advérbio

• s (pl **halves**) **1** metade: *He spent half of the money on candy.* Ele gastou metade do dinheiro em balas. | **in half** ao meio: *She cut the apple in half.* Ela cortou a maçã ao meio. | **one/two etc. and a half** um/dois etc. e meio: *My son is two and a half.* Meu filho tem dois anos e meio. | **to cut/reduce sth by half** cortar/reduzir algo pela metade

2 half past one/two etc. uma/duas etc. e meia: *I'll pick you up at half past three.* Vou te buscar às três e meia.

3 (em esportes) **the first/second half** o primeiro/segundo tempo

• adj meio | **half a mile/half a second/half an hour** etc. meia milha/meio segundo/meia hora etc.: *He won by half a meter.* Ele ganhou por meio metro. | **half the population/the books/the wine** etc. metade da população/dos livros/do vinho etc.: *She only ate half her dinner.* Ela só comeu metade do jantar.

• adv **1** meio que: *I half expected her to shout at me.* Eu meio que esperava que ela fosse brigar comigo.
2 half-full/half-empty pela metade: *a half-empty bottle* uma garrafa pela metade | **half-open/half-closed** entreaberto/meio fechado

halfbrother /ˈhæfbrʌðər/ s meio-irmão

ˌhalf-ˈhearted adj não muito entusiástico

'half note s mínima [em música]

halfsister /ˈhæfsɪstər/ s meia-irmã

ˌhalf 'term s BrE semana de férias no meio do trimestre escolar

halftime /ˈhæftaɪm/ s intervalo [em jogo]

halfway /hæfˈweɪ/ *advérbio & adjetivo*
- *adv* a meio caminho | **halfway between** a meio caminho entre | **halfway up the stairs/through the season etc.** no meio da escada/da temporada etc.
- *adj* **the halfway mark** o meio do caminho [entre dois pontos]

hall /hɔl/ *s* **1** hall de entrada **2** corredor **3** salão, auditório **4 hall of residence** BrE alojamento [em universidade]

hallo /həˈloʊ/ *interj* BrE ▶ ver **hello**

Halloween /hæləˈwin/ *s* Dia das Bruxas

> Assim se chama o Dia das Bruxas (31 de outubro), em que as crianças se fantasiam de bruxas, fantasmas, etc. e vão de porta em porta pedindo balas e chocolates. É uma festa muito mais importante nos EUA do que nos outros países de língua inglesa.

hallucinate /həˈlusəneɪt/ *v* [intr] ter alucinações
hallucination /həlusəˈneɪʃən/ *s* alucinação
hallway /ˈhɔlweɪ/ *s* corredor
halo /ˈheɪloʊ/ *s* auréola
halt /hɔlt/ *verbo & substantivo*
- *v* (formal) **1** [tr] suspender, interromper **2** [intr] parar
- *s* **1 to come/grind to a halt** parar **2 to bring sth to a halt** paralisar algo

halve /hæv/ *v* [tr] **1** reduzir pela metade **2** cortar ao meio
halves /hævz/ plural de **half**
ham /hæm/ *s* presunto
hamburger /ˈhæmbɜrɡər/ *s* **1** hambúrguer **2** AmE carne moída
hammer /ˈhæmər/ *substantivo & verbo*
- *s* martelo
- *v* [intr/tr] martelar

hammock /ˈhæmək/ *s* rede [para relaxar, dormir]
hamper /ˈhæmpər/ *verbo & substantivo*
- *v* [tr] dificultar, tolher
- *s* **1** AmE cesta de roupa suja **2** cesta [de Natal, de piquenique]

hamster /ˈhæmstər/ *s* hamster
hand /hænd/ *substantivo & verbo*
- *s* **1** mão: *Go and wash your hands, please.* Vá lavar as mãos, por favor. | **to hold hands** ficar de mãos dadas: *They held hands through the entire movie.* Ficaram de mãos dadas durante todo o filme. | **to hold sb's hand** dar a mão a alguém: *I held his hand and we crossed the street.* Eu lhe dei a mão e atravessamos a rua.
2 left-handed canhoto | **right-handed** destro
3 on hand/to hand à mão [disponível]
4 (por perto) **(near/close) at hand** à mão
5 by hand à mão [escrever, lavar, etc.] | **to deliver sth by hand** entregar algo em mãos
6 to give/lend sb a hand dar uma ajuda/mãozinha para alguém | **to need a hand** precisar de ajuda
7 in sb's hands/in the hands of sb nas mãos de alguém
8 to get/lay your hands on sth encontrar algo: *I read every book I can get my hands on.* Leio todo livro que encontro.
9 to get out of hand ficar fora de controle
10 hand in hand de mãos dadas
11 on the one hand... on the other hand por um lado... por outro lado
12 to have your hands full não ter tempo para mais nada
13 ponteiro [de relógio]
14 mão [de cartas]
- *v* **to hand sb sth/to hand sth to sb** passar algo para alguém, entregar algo a alguém
PHRASAL VERBS
hand sth around passar algo, repartir algo
hand sth in entregar algo [um trabalho, um pedido, etc.]
hand sth out distribuir algo
hand sth/sb over entregar algo/alguém

handbag /ˈhændbæɡ/ *s* bolsa [de mulher]
handbook /ˈhændbʊk/ *s* manual
handbrake /ˈhændbreɪk/ *s* BrE freio de mão
handcuffs /ˈhændkʌfs/ *s pl* algemas
handful /ˈhændfʊl/ *s* **1** punhado **2 a handful of people/cars etc.** umas poucas pessoas/uns poucos carros etc.
hand grenade *s* granada
handheld /ˈhændhɛld/ *adj* de mão: *a handheld computer* um computador de mão
handicap /ˈhændikæp/ *s* **1** deficiência **2** desvantagem
handicapped /ˈhændikæpt/ *adj* **to be mentally/physically handicapped** ser deficiente mental/físico ▶ Alguns consideram a palavra **handicapped** ofensiva e preferem usar **to have learning difficulties/to have a disability** em lugar da frase acima

handkerchief /ˈhæŋkərtʃɪf/ *s* lenço [para assoar o nariz]
handle /ˈhændl/ *verbo & substantivo*
- *v* [tr] **1** encarregar-se: *My assistant will handle the travel arrangements.* Meu assistente vai encarregar-se da organização da viagem. **2** aguentar, suportar **3** pegar, manusear **4 to handle sth well/badly** conduzir algo bem/mal, lidar bem/mal com algo
- *s* **1** (também **door handle**) maçaneta **2** asa [de xícara] **3** cabo [de panela, frigideira] **4** alça [de bolsa, mala, etc.] **5** cabo [de faca, chave de fenda, vassoura]

handlebars /ˈhændlbɑrz/ *s pl* guidom
handmade /hændˈmeɪd/ *adj* feito à mão

handout /ˈhændaʊt/ s **1** material impresso [distribuído na aula, etc.] **2** esmola

handover /ˈhændoʊvər/ s cessão

handset /ˈhændsɛt/ s **1** fone **2** aparelho celular

handsfree /ˌhændzˈfri/ adj hands-free [que dispensa o uso das mãos]

handshake /ˈhændʃeɪk/ s aperto de mão

handsome /ˈhænsəm/ adj **1** bonito **2 to make a handsome profit** fazer um belo lucro

ˈhands-on adj **hands-on training etc.** treinamento etc. prático

ˌhand to ˈmouth adv precariamente: *For years they had been living hand to mouth.* Fazia anos que viviam precariamente.

handwriting /ˈhændraɪtɪŋ/ s letra, caligrafia

handy /ˈhændi/ adj (-dier, -diest) **1** útil | **to come in handy** ser uma mão na roda **2** (informal) à mão

hang /hæŋ/ verbo & substantivo

• v (passado & particípio **hung**) **1** [tr] pendurar: *Hang your coat on the hook.* Pendure seu casaco no gancho. **2** [intr] estar pendurado **3** [intr] cair [cabelo, tecido] **4** [tr] (passado & particípio **hanged**) enforcar | **to hang yourself** enforcar-se **5** [intr] pairar [névoa, cheiro, etc.] **6 to hang your head** ficar sem graça

PHRASAL VERBS

hang around (informal) **1** ficar à toa: *They just hang around the mall all day.* Eles ficam o dia inteiro à toa no shopping. **2** ficar esperando
hang around with sb andar com alguém
hang on 1 segurar firme **2 hang on!** (informal) espere aí!
hang sth out estender algo [a roupa lavada]
hang up desligar [o telefone] | **to hang up on sb** desligar na cara de alguém **hang sth up** pendurar algo

• s **to get the hang of (doing) sth** (informal) pegar o jeito de (fazer) algo

hangar /ˈhæŋər/ s hangar

hanger /ˈhæŋər/ s cabide

ˈhang ˌglider s asa-delta

hangover /ˈhæŋoʊvər/ s ressaca [depois de beber]

ˈhang-up s (informal) complexo, grilo

hankie, também **hanky** /ˈhæŋki/ s (pl -kies) (informal) lenço [para assoar-se]

happen /ˈhæpən/ v [intr] **1** acontecer: *Something strange happened to me today.* Aconteceu uma coisa estranha comigo hoje. **2 to happen to do sth** acontecer de por acaso: *If you happen to see John, could you tell him?* Se por acaso você vir o John, pode avisá-lo? **3 as it happens/it so happens** por acaso

happening /ˈhæpənɪŋ/ s acontecimento

happily /ˈhæpəli/ adv **1** alegremente | **happily married** bem casado **2** felizmente **3** com prazer

happiness /ˈhæpinəs/ s felicidade

happy /ˈhæpi/ adj (-ppier, -ppiest) **1** feliz: *a happy ending* um final feliz **2** alegre: *She's a happy little girl.* Ela é uma menininha alegre. **3** contente: *I'm very happy for you.* Estou muito contente por você. **4 to be happy to do sth** fazer algo com prazer

harass /həˈræs, ˈhærəs/ v [tr] (3a pess sing -sses) perseguir, assediar

harassment /həˈræsmənt, ˈhærəs-/ s assédio [sexual, racial]

harbor AmE, **harbour** BrE /ˈhɑrbər/ substantivo & verbo

• s porto

• v [tr] **1 to harbor suspicions/doubts** nutrir suspeitas/dúvidas | **to harbor a grudge** guardar rancor **2** dar guarida a [um criminoso, um fugitivo]

hard /hɑrd/ adjetivo & advérbio

• adj **1** duro: *a hard mattress* um colchão duro **2** difícil [pergunta, prova, etc.]: *It's hard for her to accept defeat.* É difícil para ela aceitar uma derrota. **3 hard work** Ver exemplos: *I want to thank you all for your hard work.* Quero agradecer a todos pelo esforço. | *It was hard work persuading him.* Foi duro convencê-lo. **4** (severo) duro [pessoa], rigoroso [inverno] | **to be hard on sb** ser duro com alguém **5 to give sb a hard time** (informal) implicar com alguém **6 hard cash** dinheiro (vivo) **7 hard copy** cópia impressa [de um arquivo de computador] **8 hard facts/evidence** fatos concretos/provas concretas

• adv **1** (trabalhar, pensar, chover) muito | **to try hard** esforçar-se, fazer força **2** (olhar) fixamente **3** (bater, empurrar, puxar) com força **4 to be hard up** estar duro [sem dinheiro]

hardback /ˈhɑrdbæk/, também **hardcover** /ˈhɑrdkʌvər/ s livro de capa dura

ˌhard-ˈboiled adj **hard-boiled egg** ovo duro

ˌhard ˈdisk s disco rígido

harden /ˈhɑrdn/ v [tr/intr] endurecer

hardly /ˈhɑrdli/ adv **1** quase não, mal: *I hardly know him.* Eu mal o conheço. | **hardly anyone/anything** quase ninguém/nada: *She'd eaten hardly anything.* Ela não tinha comido quase nada. | **hardly ever** quase nunca: *He hardly ever goes out.* Ele quase nunca sai de casa. ▶ ver também nota em **quase 2** Às vezes usa-se **hardly** em vez de **not**: *It's hardly an ideal situation.* Não é exatamente uma situação ideal.

hardship /ˈhɑrdʃɪp/ s dificuldades, privações

ˌhard ˈup adj ▶ ver **hard**

hardware /ˈhɑrdwɛr/ s **1** ferragens **2** hardware **3 hardware store** loja de ferragens

ˌhard-ˈworking adj esforçado, trabalhador

hardy /ˈhɑrdi/ adj (-dier, -diest) resistente

hare /hɛr/ s lebre

harm /hɑrm/ substantivo & verbo

- **s** **1** dano, mal: *One glass of wine won't do you any harm.* Um copo de vinho não vai te fazer mal. | *Luckily they came to no harm.* Felizmente não aconteceu nada com eles. | **to do sb harm** fazer mal a alguém, prejudicar alguém **2** Expressões que não se referem a um mal físico: *There's no harm in trying.* Não custa nada tentar. | *I didn't mean any harm.* Não fiz por mal.
- **v** [tr] prejudicar

harmful /'hɑrmfəl/ adj nocivo, prejudicial: ***harmful to health*** prejudicial à saúde

harmless /'hɑrmləs/ adj **1** inofensivo **2** inocente [diversão, brincadeira]

harmony /'hɑrməni/ s (pl **-nies**) harmonia

harness /'hɑrnɪs/ substantivo & verbo

- **s** (pl **-sses**) arreio
- **v** [tr] (3a pess sing **-sses**) **1** arrear **2** aproveitar [a energia solar, do vento, etc.]

harp /hɑrp/ s harpa

harsh /hɑrʃ/ adj **1** severo [pessoa, crítica, castigo] **2** rigoroso [clima, condições] **3** berrante [cor], forte [iluminação] **4 harsh voice** voz áspera

harshly /'hɑrʃli/ adv **1** severamente, duramente **2** asperamente, em tom áspero

harvest /'hɑrvɪst/ substantivo & verbo

- **s** **1** colheita **2** safra
- **v** [tr] colher [a safra]

has /həz, acentuado hæz/ 3a pess sing presente de **have**

hasn't /'hæznt/ contração de **has not**

hassle /'hæsəl/ (informal) substantivo & verbo

- **s** trabalheira, chatice
- **v** [tr] atazanar

haste /heɪst/ s pressa | **in haste** com pressa

hasten /'heɪsən/ v **1** [tr] apressar **2 to hasten to do sth** apressar-se em fazer algo

hastily /'heɪstəli/ adv **1** precipitadamente [agir] **2** às pressas [vestir-se, comer, etc.]

hasty /'heɪsti/ adj (**-stier**, **-stiest**) **1** precipitado **2** apressado, rápido

hat /hæt/ s chapéu

hatch /hætʃ/ verbo & substantivo

- **v** (3a pess sing **-ches**) **1** [intr/tr] (ovos) chocar **2** [intr] (também **hatch out**) nascer [pintinhos, peixinhos, etc.]: *All the chicks have hatched out now.* Todos os pintinhos já nasceram.

chicks hatching

3 to hatch a plot/plan tramar um complô/plano

- **s** (pl **-ches**) **1** escotilha **2** (entre cozinha e sala de jantar) comunicação

hate /heɪt/ verbo & substantivo

- **v** [tr] **1** odiar, detestar: *She hates having her picture taken.* Ela odeia ser fotografada. **2 to hate to do sth** (usado para pedir desculpas): *I hate to disappoint you, but it's been sold.* Sinto muito desapontá-lo, mas já foi vendido.
- **s** **1** ódio **2 my/his etc. pet hate** BrE a coisa que mais odeio/que ele mais odeia etc.

'hate crime s crime de ódio

hateful /'heɪtfəl/ adj odioso, grosso

hatred /'heɪtrəd/ s ódio

haul /hɔl/ verbo & substantivo

- **v** [tr] mover ou arrastar algo pesado: *I hauled myself into the saddle.* Montei como pude na sela.
- **s** **1** roubo [o que se rouba] **2** arrastão [de peixes] **3 a long haul** um longo caminho

haunt /hɔnt/ verbo & substantivo

- **v** [tr] **1** assombrar [fantasma] **2** atormentar [pensamento, lembrança, etc.]
- **s** lugar predileto

haunted /'hɔntɪd/ adj assombrado [casa, castelo]

have¹ /hæv/ v [transitivo] ▶ ver quadro na pág. 172

have² /həv, acentuado hæv/ v [auxiliar e modal] ▶ ver quadro na pág. 172

haven /'heɪvən/ s refúgio

haven't /'hævənt/ contração de **have not**

havoc /'hævək/ s **to cause/wreak havoc** fazer estragos | **to play havoc with sth** acabar com algo

hawk /hɔk/ s falcão

hay /heɪ/ s feno

'hay ˌfever s febre do feno

hazard /'hæzərd/ s perigo, risco: *a health hazard* um risco para a saúde

hazardous /'hæzərdəs/ adj perigoso

haze /heɪz/ s **1** bruma **2 a haze of dust/smoke etc.** uma nuvem de poeira/fumaça etc.

hazel /'heɪzəl/ substantivo & adjetivo

- **s** aveleira
- **adj** (cor) castanho-claro

hazelnut /'heɪzəlnʌt/ s avelã

hazy /'heɪzi/ adj (**-zier**, **-ziest**) **1** nebuloso **2** vago, confuso [lembrança, ideia]

he /hi/ pron ele ▶ Os pronomes com função de sujeito nunca são omitidos em inglês: *He's not my boyfriend, he's my brother.* Ele não é meu namorado, é meu irmão.

head /hɛd/ substantivo, substantivo plural & verbo

- **s** **1** cabeça: *I said the first thing that came into my head.* Falei a primeira coisa que me veio à cabeça. | **a head/per head** por cabeça: *$15 a head* $15 por cabeça | **(from) head to foot/toe** da

headache

have *verbo transitivo*

1 POSSE (= ter)

They have a house in France. Eles têm uma casa na França. | *He didn't **have** his passport with him.* Ele estava sem o passaporte.

Em inglês britânico também se usa **to have got**. **to have** e **to have got** significam o mesmo, mas formam o negativo e o interrogativo de maneiras diferentes:

He has brown eyes./He's got brown eyes. Ele tem olhos castanhos. | *He doesn't have time./He hasn't got time.* Ele não tem tempo. | *Do you have a computer?/Have you got a computer?* Você tem computador?

2 ATIVIDADES, EXPERIÊNCIAS

I had a quick shower. Tomei um banho rápido. | *We're having a party.* Vamos dar uma festa. | *Did you have a good vacation?* Foram boas as suas férias?

3 CONSUMIR

Have you had breakfast? Você já tomou café? | *I'll have the fish, please.* Vou querer o peixe, por favor. | *Can I have a drink of water?* Você podia me dar um copo d'água?

4 RECEBER

I had lots of phone calls. Recebi muitos telefonemas. | *Have you had any news from Michael?* Você teve alguma notícia do Michael?

5 EXPRESSÕES E PHRASAL VERBS

to have sth done Ver exemplos: *I've had a dress made for the wedding.* Mandei fazer um vestido para o casamento. | *Have you had your hair done?* Você foi ao cabeleireiro? | *She had her camera stolen.* Roubaram a máquina fotográfica dela. | **to have had it** já ter dado o que tinha que dar: *These jeans have had it.* Este jeans já deu o que tinha que dar. | **to have sth on/to have got sth on** estar usando algo: *He had a denim jacket on.* Ele estava usando uma jaqueta de brim. | **to be having sb on** BrE estar brincando com alguém | **to have sth out:** *She had her wisdom teeth out.* Ela arrancou os dentes de siso.

6 have também forma parte de muitas expressões, tais como **to have a cold, to have a go**, etc., que são tratadas no verbete do substantivo correspondente (**cold, go**, etc.)

Há um quadro à parte para os usos de **have** como verbo auxiliar e modal.

have *verbo auxiliar e modal*

1 Usa-se o auxiliar **to have** seguido de um particípio para formar os tempos compostos:

"Have you seen my keys?" "No, I haven't." – Você viu as minhas chaves? – Não. | *He had lived there all his life.* Ele tinha morado lá a vida inteira. | *You haven't told him, have you?* Você não contou para ele, contou?

2 O modal **to have** é usado na estrutura **to have to do sth** ou **to have got to do sth**, que equivale a *ter que fazer algo*:

I have to go and see my grandma./I've got to go and see my grandma. Tenho que ir visitar a minha avó.

to have e **to have got** formam o negativo e o interrogativo de maneiras diferentes:

Do we have to do this exercise?/Have we got to do this exercise? Nós temos que fazer este exercício? | *We don't have to go./We haven't got to go.* Nós não temos obrigação de ir.

3 A construção **to have just done sth** é tratada no verbete da palavra **just**.

Há um quadro à parte para os usos transitivos de **have**.

---

botar algo na cabeça | **to be/go over sb's head** estar acima da compreensão de alguém | **to go to sb's head** subir à cabeça de alguém [bebida alcoólica, sucesso]

• **heads** *s pl* **heads or tails?** cara ou coroa?

• *v* **1 to head for/toward sth/sb** dirigir-se para algo/ir na direção de alguém **2 to be heading for sth**, também **to be headed for sth** AmE ir rumo a algo **3** [tr] (também **head up**) chefiar **4** [tr] cabecear [uma bola]

headache /ˈhɛdeɪk/ *s* dor de cabeça

heading /ˈhɛdɪŋ/ *s* cabeçalho, tópico [de um texto]

headlight /ˈhɛdlaɪt/, também **headlamp** /ˈhɛdlæmp/ *s* farol [de veículo]

headline /ˈhɛdlaɪn/ *s* **1** manchete [de jornal] **2 the headlines** os destaques das principais notícias

headmaster /ˈhɛdmæstər/ *s* BrE diretor [de escola] ▶ No inglês americano, diz-se **principal**

headmistress /ˈhɛdmɪstrɪs/ *s* (pl **-es**) BrE diretora [de escola] ▶ No inglês americano, diz-se **principal**

‚head ˈoffice *s* sede [de uma empresa]

‚head-ˈon *advérbio & adjetivo*

• *adv* de frente [colidir, encarar]

• *adj* **a head-on collision/crash** uma colisão de frente

headphones /ˈhɛdfoʊnz/ *s pl* fones de ouvido

headquarters /ˈhɛdkwɔrtərz/, também **HQ** *s* **1** sede [de empresa] **2** quartel-general

---

cabeça aos pés **2** chefe [de uma organização]: *the head of the department* o chefe do departamento **3** cabeceira [de cama, mesa] **4** topo [de lista] **5** frente [de fila] **6** topo [de página] **7** BrE diretor -a [de escola] ▶ No inglês americano, diz-se **principal 8 to laugh/scream etc. your head off** rir/berrar etc. até não poder mais | **to get sth into your head** (informal)

,head 'start s vantagem | to have a head start (over/on sb) levar vantagem (sobre alguém)

headteacher /ˈhɛdˌtitʃər/ s BrE diretor -a [de escola] ▶ No inglês americano, usa-se **principal**

headway /ˈhɛdweɪ/ s **to make headway** progredir, avançar

heal /hil/, também **heal up** v [tr/intr] cicatrizar

health /hɛlθ/ s **1** saúde | **to be in good/poor health** estar bem/mal de saúde **2 health center** posto de saúde **health club** academia [de ginástica] **health food** comida natural

healthy /ˈhɛlθi/ adj (-thier, -thiest) **1** (pessoa, comida, dieta) saudável **2** (empresa, economia, etc.) saudável

heap /hip/ substantivo & verbo

• s **1** pilha **2 to collapse in a heap** desabar [pessoa]

• v [tr] **1** (também **heap up**) empilhar, amontoar **2 to be heaped with sth** estar cheio de algo [prato, mesa, etc.]

hear /hɪr/ v (passado & particípio **heard**) **1** [tr/intr] ouvir, escutar: *Can you hear that noise?* Está ouvindo esse barulho? | *I heard someone crying.* Ouvi alguém chorando. **2** [tr] saber, ouvir dizer: *We were sorry to hear that you were sick.* Sentimos saber que você estava doente. | **to hear about sth** saber de algo **3 to hear a case** apreciar um caso [em audiência]

hear from sb ter notícias de alguém
hear of sb/sth ouvir falar em alguém/algo
hear sb out ouvir alguém [até o fim]

heard /hɜrd/ passado & particípio de **hear**

hearing /ˈhɪrɪŋ/ s **1** audição **2** audiência **3 to give sb a (fair) hearing** dar a alguém uma chance de se explicar

'**hearing ˌaid** s aparelho para surdez

hearse /hɜrs/ s carro fúnebre

heart /hɑrt/ substantivo & substantivo plural

• s **1** coração **2 to break sb's heart** partir o coração de alguém **3** (centro) **in the heart of the country/city** em pleno campo/no coração da cidade **4** (o essencial) **the heart of the matter/problem** o xis da questão/do problema **5** (de alface, alcachofra) coração **6 to know sth by heart** saber algo de cor | **to learn sth by heart** decorar algo **7 at heart/in your heart** no fundo **8 my/his etc. heart sank** perdi/ele perdeu etc. o ânimo **9 not to have the heart to do sth** não ter coragem de fazer algo **10 to take/lose heart** animar-se/desanimar-se

• **hearts** s pl copas [naipe]

'**heart aˌttack** s ataque cardíaco, enfarte

heartbeat /ˈhɑrtbit/ s batimento cardíaco

heartbreaking /ˈhɑrtbreɪkɪŋ/ adj doloroso, pungente

heartbroken /ˈhɑrtbroʊkən/ adj desconsolado, de coração partido

heartfelt /ˈhɑrtfɛlt/ adj sincero

hearth /hɑrθ/ s lareira

heartily /ˈhɑrtl-i/ adv **1** com vontade [comer] **2** pra valer [rir]

heartless /ˈhɑrtləs/ adj cruel

hearty /ˈhɑrti/ adj (-tier, -tiest) **1** substancial, abundante [comida] **2** caloroso [acolhida] **3 a hearty laugh** uma gargalhada **4** expansivo

heat /hit/ substantivo & verbo

• s **1** calor **2** temperatura: *I turned down the heat on the thermostat.* Baixei a temperatura no termostato. **3** eliminatória

• v **1** [tr/intr] (também **heat up**) aquecer, esquentar **2** [tr] aquecer [uma casa]

heated /ˈhitɪd/ adj **1** aquecido **2** inflamado [debate, discussão]

heater /ˈhitər/ s aquecedor, calefação

heath /hiθ/ s descampado

heather /ˈhɛðər/ s urze

heating /ˈhitɪŋ/ s aquecimento, calefação

'**heat wave** s onda de calor

heave /hiv/ v **1** [tr/intr] levantar, empurrar ou puxar algo com muita força: *We heaved the sacks onto the truck.* Colocamos os sacos no caminhão com esforço. **2** [tr] lançar [com esforço]

heaven /ˈhɛvən/ s **1** (também **Heaven**) céu **2 for heaven's sake** (informal) pelo amor de Deus **3 (good) heavens!** meu Deus!

heavenly /ˈhɛvənli/ adj **1** celestial **2** celeste **3** divino

heavily /ˈhɛvəli/ adv **1** muito [beber, chover, depender, etc.]: *He drinks heavily.* Ele bebe muito. | *He was heavily influenced by Picasso.* Ele foi muito influenciado por Picasso. **2** pesadamente

heavy /ˈhɛvi/ adj (-vier, -viest) **1** pesado: *This box is heavy.* Essa caixa é pesada. | **how heavy?**: *How heavy is she?* Quanto ela pesa? **2** forte [chuva, resfriado] **3** pesado [multa] **4 to be a heavy smoker/drinker** fumar/beber muito **5 heavy traffic** tráfego intenso

heavyweight /ˈhɛviweɪt/ s **1** nome de peso [pessoa importante]: *a political heavyweight* um político de peso **2** peso-pesado [pugilista]

heckle /ˈhɛkəl/ v [tr] interromper, vaiar [um orador, com perguntas ou comentários agressivos]

hectare /ˈhɛktɛr/ s hectare

hectic /ˈhɛktɪk/ adj frenético, agitado [vida, semana, etc.]

he'd /hid/ • contração de **he had**
• contração de **he would**

hedge /hɛdʒ/ s sebe, cerca viva

hedgehog /ˈhɛdʒhɑg/ s porco-espinho

heel /hil/ s **1** calcanhar **2** salto [de sapato] **3 to dig in your heels** manter-se firme

hefty /ˈhɛfti/ adj (-tier, -tiest) (informal) **1** grandão [pessoa, objeto] **2** alto [conta, multa, etc.]

height /haɪt/ s **1** altura: *We're about the same height.* Temos mais ou menos a mesma altura. | *It is over 200 feet in height.* Tem mais de 200 pés de altura. **2** auge | **at the height of summer/the tourist season etc.** em pleno verão/em plena temporada de turismo etc. **3 to be the height of fashion** ser a última moda

heighten /'haɪtn/ v **1** [tr/intr] aumentar [a tensão] **2** [tr/intr] aumentar [um efeito, uma impressão]

heir /ɛr/ s herdeiro -ra | **the heir to sth** o herdeiro/a herdeira de algo

heiress /'ɛrɪs/ s (pl **-sses**) herdeira

held /hɛld/ passado & particípio de **hold**

helicopter /'hɛlɪkɑptər/ s helicóptero

he'll /hil/ contração de **he will**

hell /hɛl/ s **1** (também **Hell**) inferno **2 to be hell** (informal) ser um inferno: *The journey was absolute hell.* A viagem foi um inferno. **3 who/what/where etc. the hell?** (informal) quem/o que/onde etc. diabos? **4 a/one hell of a** (informal): *I had one hell of a time trying to get here.* Foi um inferno para chegar aqui. **5 to run/work/hurt etc. like hell** correr/trabalhar/doer etc. loucamente **6 all hell broke loose** (informal) deu a maior confusão, foi um deus-nos-acuda

hello /hə'loʊ/ interj **1** olá: *Hello, how are you?* Olá, como vai? | **to say hello to sb** cumprimentar alguém **2** (no telefone) alô

helm /hɛlm/ s leme

helmet /'hɛlmət/ s capacete

help /hɛlp/ verbo & substantivo

• v **1** [tr/intr] ajudar: *Can I help you?* Posso ajudar? | *They helped me find somewhere to live.* Eles me ajudaram a achar um lugar para morar.
2 help! socorro!
3 to help yourself to rice/wine etc. servir-se de arroz/vinho etc.: *Help yourselves to more salad.* Sirvam-se de mais salada. | **help yourself** (como resposta) pode pegar: *"Can I borrow this pen?" "Help yourself."* – Você me empresta esta caneta? – Pode pegar.
4 I can't/couldn't help it não consigo/consegui evitar isso: *I always lose my temper, but I just can't help it.* Sempre perco a paciência, mas não consigo evitar isso.
5 I can't/couldn't help doing sth não posso/pude evitar fazer algo: *I couldn't help overhearing what you said.* Não pude evitar ouvir o que você disse.
help sb out ajudar alguém

• s **1** ajuda: *If I need any help, I'll let you know.* Se eu precisar de ajuda, eu te aviso. | **to be a lot of help/a great help** dar/ser uma grande ajuda: *She's been a great help.* Ela deu uma grande ajuda.
2 with the help of sth com a ajuda de algo

helper /'hɛlpər/ s ajudante

helpful /'hɛlpfəl/ adj **1** útil: *I found her advice very helpful.* Achei o conselho dela muito útil. **2** prestativo

helping /'hɛlpɪŋ/ s porção: *an extra helping of carrots* uma porção extra de cenouras | **to have second helpings** repetir [comida]: *It was so delicious we all had second helpings.* Estava tão delicioso que todos nós repetimos. | *Do you want second helpings?* Você quer se servir mais uma vez?

helpless /'hɛlpləs/ adj **1** indefeso **2** impotente **3 to be helpless to do sth** ser incapaz de fazer algo

helpline /'hɛlplaɪn/ s disque-ajuda

hem /hɛm/ s bainha

hemisphere /'hɛməsfɪr/ s hemisfério

hen /hɛn/ s **1** galinha **2** fêmea [de outras aves]

hence /hɛns/ adv (formal) daí: *No sugar has been added, hence the bitter taste.* Não puseram açúcar, daí este gosto amargo.

henceforth /hɛns'fɔrθ/, também **henceforward** /hɛns'fɔrwərd/ adv (formal) doravante

her /hɜr/ adj & pron ▶ ver quadro

herb /ɜrb/ s erva [aromática ou medicinal]

herbal /'ɜrbəl/ adj de ervas

herd /hɜrd/ substantivo & verbo

• s rebanho

• v [tr] **1** arrebanhar **2 to herd people into a room/onto a bus etc.** juntar pessoas numa sala/num ônibus etc.

here /hɪr/ adv & interj ▶ ver quadro

hereditary /hə'rɛdəteri/ adj hereditário

heresy /'hɛrəsi/ s (pl **-sies**) heresia

heretic /'hɛrətɪk/ s herético -ca, herege

heritage /'hɛrətɪdʒ/ s patrimônio, herança [histórico, cultural]

hermit /'hɜrmɪt/ s ermitão -tã

hero /'hɪroʊ/ s (pl **-roes**) **1** herói: *a war hero* um herói de guerra **2** (num livro, filme, etc.) herói, protagonista

heroic /hɪ'roʊɪk/ adj heroico

heroin /'hɛroʊɪn/ s **1** heroína [droga] **2 heroin addict** viciado -da em heroína

heroine /'hɛroʊɪn/ s **1** (num livro, filme, etc.) heroína, protagonista **2** (mulher corajosa) heroína

heroism /'hɛroʊɪzəm/ s heroísmo

heron /'hɛrən/ s garça

herring /'hɛrɪŋ/ s (pl **herring** ou **herrings**) arenque

hers /hɜrz/ pron Como os pronomes possessivos ingleses não variam em gênero ou número, **hers** pode equivaler a *(o) dela, (a) dela, (os) dela, (as) dela*: *This is my coat. Hers is over there.* Este é o meu casaco. O dela está ali. | *My parents are older than hers.* Meus pais são mais velhos do que os dela. | *Angela is a friend of hers.* Angela é amiga dela.

her

ADJETIVO

1 Equivale, em geral, a *dela*, podendo, no português mais formal, traduzir-se por *seu, sua* ou *seus, suas*:

her car o carro dela | *her parents* os pais dela | *It's her book, not yours.* Este livro é dela, não seu.

2 Usa-se o possessivo em inglês em muitos contextos nos quais se usa o artigo em português, como, p. ex., referindo-se a partes do corpo, pertences pessoais, membros da família, etc.:

She broke her arm. Ela quebrou o braço. | *She lost her watch.* Ela perdeu o relógio.

3 É usado, por vezes, referindo-se a carros, navios ou países:

America and her allies os EUA e seus aliados

PRONOME

1 **COMO OBJETO DIRETO** (= a)

I saw her last night. Eu a vi ontem à noite.

2 **COMO OBJETO INDIRETO** (= lhe, a ela)

He told her to wait. Ele lhe disse para esperar. | *I gave it to her.* Eu o dei a ela.

3 **DEPOIS DE PREPOSIÇÃO**

This is for her. Isso é para ela.

4 **EM COMPARAÇÕES, E POSPOSTO AO VERBO "TO BE"** (= ela)

He's not as smart as her. Ele não é tão inteligente quanto ela. | *Is that her over there?* Aquela ali é ela?

5 É usado, por vezes, referindo-se a carros, navios ou países:

Fill her up, please. Encha o tanque, por favor.

herself /hərˈsɛlf/ *pron* ▶ ver quadro

he's /hiz/ ● contração de **he is**
● contração de **he has**

hesitant /ˈhɛzətənt/ *adj* 1 hesitante, reticente [resposta, voz] 2 sorriso [indeciso] 3 passos [titubeante] 4 **to be hesitant about doing sth** estar na dúvida se deve fazer ou não algo

hesitate /ˈhɛzəteɪt/ *v* [intr] 1 hesitar 2 **to hesitate to do sth** hesitar em fazer algo: *Don't hesitate to ask if you need anything.* Se precisar de alguma coisa, não hesite em pedir.

hesitation /hɛzəˈteɪʃən/ *s* hesitação | **without hesitation** sem hesitar | **to have no hesitation in doing sth** fazer algo sem hesitar

heterogeneous /hɛtərəˈdʒiniəs/, **heterogenous** /hɛtəˈrɑdʒənəs/ AmE *adj* heterogêneo

heterosexual /hɛtərəˈsɛkʃuəl/ *adj* & *s* heterossexual

hexagon /ˈhɛksəgɑn/ *s* hexágono

hey /heɪ/ *interj* ei: *Hey, look at this!* Ei, olha isso aqui!

here

ADVÉRBIO

1 Na maioria dos casos equivale a *aqui* ou *cá*:

Is George here? O George está aqui? | *Come here!* Vem cá! | **around here** por aqui: *There aren't many stores around here.* Não há muitas lojas por aqui.

2 Ocorre frequentemente precedido de **over**, principalmente quando há uma certa distância entre quem fala e a pessoa com quem se fala:

The kids are over here. As crianças estão aqui.

3 Quando a frase se inicia por **here comes**, **here come**, **here is** ou **here are** pode equivaler a *lá* ou *aqui*:

Here comes the train. Lá vem o trem. | *Here he is now.* Lá vem ele.

Note que quando a frase começa com **here** o sujeito vem depois do verbo, exceto quando o sujeito é um pronome.

4 Quando é usado ao se oferecer ou entregar algo, equivale a *aqui*:

Here's the book you lent me. Aqui está o livro que você me emprestou.

INTERJEIÇÃO

Em inglês britânico, é usado nos seguintes casos:

PARA DAR ALGO A ALGUÉM (= toma)

Here, have my paper. Toma o meu jornal.

PARA CHAMAR ALGUÉM (= ei!)

Here you! Come back! Ei, você! Volte aqui!

herself

1 **herself** é a forma reflexiva de **she**. Seu uso equivale, em geral, ao dos verbos reflexivos portugueses, ou a frases com *ela mesma*:

She's hurt herself. Ela se machucou. | *She made herself a cup of coffee.* Ela fez um café (para ela mesma). | *She is angry with herself.* Ela está braba com ela mesma. | *She was talking to herself.* Ela estava falando sozinha.

2 Tem um uso enfático que equivale ao de *ela mesma*:

It's true. She told me herself. É verdade. Ela mesma me contou.

3 A expressão **by herself** ou **all by herself** significa *sozinha* (sem companhia ou ajuda):

She lives by herself. Ela mora sozinha. | *Melanie did it all by herself.* Melanie fez tudo sozinha.

heyday /ˈheɪdeɪ/ *s* **in its/her etc. heyday** no seu apogeu

hi /haɪ/ *interj* (informal) oi

hibernation /haɪbərˈneɪʃən/ *s* hibernação

Gostaria de saber mais sobre as diferenças entre os **possessivos** *em inglês e português? Leia a explicação na seção de gramática.*

hiccup, também **hiccough** /ˈhɪkʌp/ s **1** soluço | **to get/have the hiccups** ficar/estar com soluço **2** tropeço [problema]

hid /hɪd/ passado de **hide**

hidden¹ /ˈhɪdn/ adj escondido, oculto

hidden² particípio de **hide**

hide /haɪd/ v (passado **hid**, particípio **hidden**) **1** [tr] esconder: *She hid the letter under a book.* Ela escondeu a carta debaixo de um livro. | **to hide sth from sb** esconder algo de alguém **2** [intr] esconder-se: *I hid behind the curtains.* Eu me escondi atrás das cortinas. **3** [tr] disfarçar [sentimentos]: *He couldn't hide his disappointment.* Ele não conseguiu disfarçar seu desapontamento.

,**hide-and-'seek** s esconde-esconde | **to play hide-and-seek** brincar de esconde-esconde

hideous /ˈhɪdiəs/ adj horroroso, horrendo

hiding /ˈhaɪdɪŋ/ s **1 to be in hiding** estar escondido | **to go into hiding** esconder-se **2** (informal) **to give sb a hiding** dar uma surra em alguém | **to get a hiding** levar uma surra, apanhar

hierarchy /ˈhaɪrɑrki/ s (pl **-chies**) hierarquia

hi-fi /haɪ ˈfaɪ/ s (aparelho de) som

high /haɪ/ adjetivo, advérbio & substantivo

• adj **1** alto: *a very high fence* uma cerca muito alta | *How high is Mount Everest?* Qual é a altura do Monte Everest? | *a ten-foot-high wall* um muro de dez pés de altura | **to be 100/200 etc. meters high** ter 100/200 etc. metros de altura
▶ HIGH OU TALL? ver nota em **alto**
2 alto [velocidade, temperatura, preço, etc.]: *She suffers from high blood pressure.* Ela sofre de pressão alta.
3 to be high in fat/salt etc. conter muita gordura/sal etc.
4 high season alta temporada
5 alto [nível, qualidade] | **to have a high opinion of sth/sb** admirar muito algo/alguém | **to have high hopes** ter muita esperança | **to be in high spirits** estar de alto-astral
6 agudo [nota, som]
7 high winds ventos fortes
8 to be/get high on sth (informal) estar/ficar doidão com algo [com droga]
9 high tide/high water maré alta

• adv **1** (a muita distância do chão) alto | **high above** lá no alto
2 (a um nível, valor elevado) alto

• s **1** máximo, recorde
2 (informal) barato [com drogas]
3 to be on a high estar eufórico

highbrow /ˈhaɪbraʊ/ adj intelectual, erudito

,**high-'class** adj de alto nível

'**High ,Court** s Supremo Tribunal

high-defi'nition adj de alta definição

,**higher edu'cation** s educação de nível superior

,**high 'heels** s pl salto alto

'**high jump** s salto em altura

highlands /ˈhaɪləndz/ s pl região montanhosa

,**high-'level** adj de nível alto

highlight /ˈhaɪlaɪt/ verbo, substantivo & substantivo plural

• v [tr] **1** chamar a atenção para, realçar **2** assinalar, destacar [com marca-texto] **3** (em informática) destacar

• s ponto alto

• **highlights** s pl **1** mechas **2** melhores momentos [de um jogo]

highlighter /ˈhaɪlaɪtər/ s marca-texto

highly /ˈhaɪli/ adv **1** muito: *highly paid executives* executivos muito bem pagos **2 to think highly of sb** admirar muito alguém | **to speak highly of sb** falar muito bem de alguém

Highness /ˈhaɪnəs/ s (pl **-sses**) **His/Her Highness** Sua Alteza | **Your Highness** Vossa Alteza

,**high-'pitched** adj agudo [som, voz]

,**high-'powered** adj **1** de alta potência **2** poderoso

,**high-'pressure** adj **1** estressante **2** de alta pressão

,**high-'rise** adjetivo & substantivo

• adj **a high-rise building** um prédio alto | **a high-rise apartment** um apartamento num prédio alto

• s espigão

'**high school** s

> Nos EUA e no Canadá, **high school** é uma escola de ensino médio para alunos entre 14 e 18 anos. Na Grã-Bretanha só é usado no nome de alguns colégios.

,**high-'speed** adj de alta velocidade

'**high street** s BrE rua principal [de uma cidade]

high-tech, também **hi-tech** /haɪ ˈtɛk/ adj de alta tecnologia, high tech

'**high-tops** s [pl] tênis de cano alto

highway /ˈhaɪweɪ/ s AmE autoestrada

hijack /ˈhaɪdʒæk/ verbo & substantivo

• v [tr] sequestrar [um avião, um ônibus, etc.]

• s sequestro [de avião, ônibus, etc.]

hijacker /ˈhaɪdʒækər/ s sequestrador -a [de avião, ônibus, etc.]

As 2.000 palavras mais importantes do inglês estão assinaladas no texto.

hike /haɪk/ *verbo & substantivo*

- **v** [intr] fazer caminhadas | **to go hiking** fazer trilha
- **s 1** caminhada **2** AmE (informal) aumento

hikers

hiker /'haɪkər/ *s* excursionista [que faz trilha a pé]

hilarious /hɪ'lɛriəs/ *adj* muito engraçado

hill /hɪl/ *s* **1** morro, colina **2** ladeira | **up/down the hill** morro acima/abaixo

hillside /'hɪlsaɪd/ *s* encosta

hilly /'hɪli/ *adj* (-llier, -lliest) montanhoso

hilt /hɪlt/ *s* cabo [de espada, adaga]

him /ɪm, acentuado hɪm/ *pron* **1** (como objeto direto) o [referente a pessoas ou animais]: *We saw him yesterday.* Nós o vimos ontem. **2** (como objeto indireto) lhe, a ele: *She told him what had happened.* Ela lhe contou o que tinha acontecido. | *I gave it to him.* Dei-o a ele. **3** (depois de preposição, em comparações, ou depois do verbo "to be") ele: *Are you going with him?* Você vai com ele? | *I'm younger than him.* Sou mais novo do que ele. | *I don't think it's him.* Acho que não é ele.

himself /hɪm'sɛlf/ *pron* ▶ ver quadro

hind /haɪnd/ *adj* **hind legs** patas traseiras

hinder /'hɪndər/ *v* [tr] atrapalhar, dificultar

hindrance /'hɪndrəns/ *s* estorvo, obstáculo

hindsight /'haɪndsaɪt/ *s* **with (the benefit of) hindsight** em retrospecto: *It's easy to criticize the decision, with the benefit of hindsight.* É fácil criticar a decisão, em retrospecto.

Hindu /'hɪndu/ *s & adj* hindu

Hinduism /'hɪnduɪzəm/ *s* hinduísmo

hinge /hɪndʒ/ *substantivo & verbo*

- **s** dobradiça
- **v hinge on/upon sth** depender de algo

hint /hɪnt/ *substantivo & verbo*

- **s 1** indireta | **to drop a hint** jogar uma indireta | **to take a/the hint** tocar-se, mancar-se **2** dica: *helpful hints on buying a computer* dicas úteis para a compra de um computador **3** pitada: *a hint of garlic* uma pitada de alho **4** pista, indício
- **v 1** [tr] insinuar, dar a entender **2 to hint at sth** insinuar algo

hip /hɪp/ *substantivo & adjetivo*

- **s** quadril
- **adj** (-pper, -ppest) (informal) **1** da moda, badalado [boate, restaurante, etc.] **2** descolado [pessoa]

---

himself

1 himself é a forma reflexiva de **he**. Seu uso equivale, em geral, ao dos verbos reflexivos portugueses, ou a frases com *ele mesmo*:

He enjoyed himself. Ele se divertiu. | *He looked at himself in the mirror.* Ele se olhou no espelho. | *He laughs at himself.* Ele ri dele mesmo. | *He was talking to himself.* Ele estava falando sozinho.

2 Tem um uso enfático que equivale ao de *ele mesmo*:

He can't even do it himself. Nem ele mesmo consegue fazê-lo.

3 A expressão **by himself** ou **all by himself** significa *sozinho* (sem companhia ou ajuda):

He came by himself. Ele veio sozinho. | *He can tie his shoes all by himself.* Ele sabe amarrar o sapato sozinho.

'hip-hop *s* **1** música hip-hop **2** cultura hip-hop

hippo /'hɪpoʊ/ *s* hipopótamo

hippopotamus /hɪpə'pɑtəməs/ *s* (pl -muses) hipopótamo

hire /haɪr/ *verbo & substantivo*

- **v** [tr] **1** contratar [uma pessoa] **2** BrE alugar [de alguém] ▶ No inglês americano, diz-se **rent hire sth out** BrE alugar algo [para alguém] ▶ No inglês americano, diz-se **rent**
- **s 1** AmE contratado -da **2** BrE aluguel | **for hire** aluga-se: *"Boats for hire."* "Alugam-se barcos."

his /hɪz/ *adj & pron* ▶ ver quadro na pág. 178

Hispanic /hɪ'spænɪk/ *adj & s* hispânico -ca

hiss /hɪs/ *verbo & substantivo*

- **v** (3a pess sing -sses) **1** [intr] sibilar **2** [tr/intr] vaiar **3** [tr] sibilar: *"Shut up!" she hissed.* – Cale-se!, ela sibilou.
- **s** (pl -sses) **1** silvo **2** assobio

historian /hɪ'stɔriən/ *s* historiador -a

historic /hɪ'stɔrɪk/ *adj* histórico: *a historic moment* um momento histórico ▶ HISTORIC OU HISTORICAL? ver nota em **histórico**

historical /hɪ'stɔrɪkəl/ *adj* histórico: *historical documents* documentos históricos ▶ HISTORICAL OU HISTORIC? ver nota em **histórico**

history /'hɪstəri/ *s* (pl -ries) **1** história ▶ HISTORY OU STORY? ver **história 2 to make history** entrar para a história **3 to have a history of sth** ter uma história de algo

hit /hɪt/ *verbo & substantivo*

- **v** [tr] (passado & particípio **hit**, gerúndio **-tting**) **1** bater (em): *He hit the ball into the crowd.* Ele bateu a bola para o meio do público. | *Stop hitting her!* Pare de bater nela! | *The car swerved and hit a tree.* O carro derrapou e bateu numa árvore. | **to hit sb over the head/on the nose etc.**

his

▶ ADJETIVO

1 Equivale, em geral, a *dele*, podendo, no português mais formal, traduzir-se por *seu*, *sua* ou *seus*, *suas*:

his dog o cachorro dele | *his shirts* as camisas dele | *This is his car, not yours.* Esse carro é dele, e não o seu.

2 Usa-se o possessivo em inglês em muitos contextos nos quais se usa o artigo em português, como, p. ex., referindo-se a partes do corpo, pertences pessoais, membros da família, etc.:

He broke his leg. Ele quebrou a perna. | *He forgot his umbrella.* Ele esqueceu o guarda-chuva.

▶ PRONOME

Como os pronomes possessivos ingleses não variam em gênero ou número, **his** pode equivaler a *(o) dele*, *(a) dele*, *(os) dele*, *(as) dele*, etc.:

These keys must be his. Estas chaves devem ser dele. | *This isn't Tom's jacket. His is blue.* Esta não é a jaqueta do Tom. A dele é azul. | *A friend of his painted this.* Um amigo dele pintou isto.

---

bater na cabeça/no nariz etc. de alguém: *The stone hit me on the shoulder.* A pedra bateu no meu ombro.
2 bater com | **to hit sth on/against sth** bater com algo em/contra algo: *I fell and hit my head on the table.* Caí e bati com a cabeça na mesa.
3 atingir: *the areas worst hit by the drought* as áreas mais atingidas pela seca | *Our ship was hit by a torpedo.* Nosso navio foi atingido por um torpedo. | **to hit sb in the eye/on the arm etc.** atingir o olho/o braço etc. de alguém [um projétil]
4 to hit it off (informal) entrosar-se bem
hit back rebater, revidar | **to hit back at sb** reagir ao ataque de alguém
hit on sth to hit on an idea/a plan etc. ter uma ideia/bolar um plano etc.

• *s* **1** sucesso: *the Rolling Stones' greatest hits* os maiores sucessos dos Rolling Stones
2 tacada, golpe

hitch /hɪtʃ/ *verbo & substantivo*

• *v* [intr] (3a pess sing **-ches**) **1** [intr] (também **hitchhike**) pedir carona, ir de carona: *I was planning to hitch to Los Angeles.* Estava pensando ir de carona até Los Angeles. **2 to hitch a ride (with sb)** pegar uma carona (com alguém)

• *s* problema: *a technical hitch* um problema técnico

hitchhiker /'hɪtʃhaɪkər/ *s* pessoa que viaja de carona: *We stopped to pick up a hitchhiker.* Paramos para pegar um cara que pedia carona.

hi-tech ▶ ver **high-tech**

HIV /eɪtʃ aɪ 'vi/ *s* (= **human immunodeficiency virus**) HIV | **to be HIV positive** ser portador de HIV, ser soropositivo

hive /haɪv/ *s* (também **beehive**) colmeia

hoard /hɔrd/ *substantivo & verbo*
• *s* **1** tesouro [de objetos] **2** provisão, estoque [de comida]
• *v* [tr] estocar

hoarding /'hɔrdɪŋ/ *s* BrE painel (publicitário), outdoor

hoarse /hɔrs/ *adj* rouco

hoax /hoʊks/ *s* (pl **-xes**) trote: *It was all a clever hoax.* Não passou de um trote engenhoso.

hobby /'hɑbi/ *s* (pl **-bbies**) hobby

hockey /'hɑki/ *s* hóquei ▶ Quando não se especifica, **hockey** significa hóquei no gelo, no inglês americano, e hóquei sobre a grama, no inglês britânico

hoe /hoʊ/ *s* enxada

hog /hɑg/ *substantivo & verbo*
• *s* AmE porco
• *v* [tr] (**-gged**, **-gging**) (informal) monopolizar

hoist /hɔɪst/ *v* [tr] içar [um peso, velas, uma bandeira]

hold /hoʊld/ *verbo & substantivo*

• *v* (passado & particípio **held**) **1** [tr] segurar: *She was holding a knife in one hand.* Ela segurava uma faca numa das mãos. | *He held my purse while I got the money out.* Ele segurou a minha bolsa enquanto eu pegava o dinheiro. | **to hold sb's hand** dar a mão a alguém | **to hold hands (with sb)** estar/ficar de mãos dadas (com alguém)
2 [tr] abraçar
3 [tr] segurar, agarrar: *Hold the rope tight.* Segure firme na corda.
4 [tr] **to hold a meeting/party** fazer uma reunião/festa | **to hold elections** convocar eleições
5 [tr] **to hold a conversation** manter uma conversa
6 [tr] comportar
7 [tr] manter, armazenar [informações]
8 [tr] deter [manter preso] | **to hold sb prisoner/hostage** manter alguém prisioneiro/como refém
9 [tr/intr] aguentar: *That branch won't hold his weight.* Esse galho não vai aguentar o peso dele.
10 to hold a post/job ocupar um cargo/emprego
11 [tr] deter [o recorde, um título]
12 [intr] estar de pé: *What I said yesterday still holds.* O que eu disse ontem ainda está de pé.
13 [intr] (no telefone) esperar | **to hold the line** aguardar na linha: *Hold the line, please.* Aguarde na linha, por favor.
14 to hold your own sair-se bem

PHRASAL VERBS
hold against **to hold sth against sb** ter algo contra alguém
hold sth back **1** conter algo **2 to hold back**

your laughter/tears etc. conter o riso/as lágrimas etc. **hold sb back** **1** refrear alguém **2** atrapalhar alguém
hold sth down **1** segurar algo **2** manter algo em baixa [preços] **3** to hold down a job manter um emprego **hold sb down** segurar alguém
hold on **1** segurar-se: *Hold on tight and don't let go.* Segure-se firme e não largue. **2** esperar: *Hold on a minute while I change my clothes.* Espere um minuto enquanto troco de roupa. **3** aguentar firme: *He held on to win the match.* Ele aguentou firme e ganhou o jogo.
hold onto sth **1** agarrar-se a algo **2** guardar algo **hold onto sb** agarrar-se a alguém
hold out **1** resistir **2** durar [suprimento, estoque]
hold sth up **1** levantar algo **2** atrasar algo **hold up a bank/a store etc.** assaltar um banco/uma loja etc. **hold sb up** reter alguém

• *s* **1** to tighten/loosen your hold on sth agarrar algo com mais força/soltar algo | **to take hold of sth** agarrar algo | **to keep hold of sth** não soltar algo
2 to get hold of sth conseguir/arranjar algo: *Do you know where I can get hold of a secondhand piano?* Você sabe onde posso conseguir um piano de segunda mão? | **to get hold of sb** encontrar alguém
3 to have a hold over/on sb ter controle sobre alguém
4 porão [de navio, avião]

holdall /'hoʊldɔl/ *s* BrE sacola

holder /'hoʊldər/ *s* detentor -a [de um recorde, título], portador -a [de passaporte, carteira], titular [de conta, cartão]

'hold-up *s* **1** engarrafamento **2** atraso **3** assalto

hole /hoʊl/ *s* **1** (abertura) buraco **2** furo **3** toca [de animal] **4** (em golfe) buraco **5** (informal) (lugar desagradável) buraco

holiday /'hɑlədeɪ/ *s* **1** feriado | **public holiday** feriado (nacional/municipal) ▶ ver também **bank holiday** **2** BrE férias | **to be on holiday** estar de férias | **to go on holiday** tirar férias ▶ No inglês americano diz-se **vacation**

holidaymaker /'hɑlədeɪmeɪkər/ *s* BrE veranista, turista ▶ No inglês americano diz-se **vacationer**

Holland /'hɑlənd/ *s* Holanda

hollow /'hɑloʊ/ *adjetivo & substantivo*
• *adj* **1** oco **2** falso [promessa, palavras]
• *s* depressão [em terreno]

holly /'hɑli/ *s* azevinho [planta com frutos vermelhos usada como ornamentação de Natal]

holocaust /'hɑləkɔst/ *s* holocausto

hologram /'hoʊləgræm/ *s* holograma

holy /'hoʊli/ *adj* (-lier, -liest) **1** sagrado, santo | **holy water** água benta **2** pio

holy grail /ˌhoʊli 'greɪl/ *s* **1** Santo Graal: *A cure for AIDS has become something of a medical holy grail.* A cura da AIDS se tornou uma espécie de Santo Graal da medicina. **2 the Holy Grail** o Santo Graal

homage /'hɑmɪdʒ/ *s* homenagem

home /hoʊm/ *substantivo, advérbio & adjetivo*

• *s* **1** (lugar onde se mora) lar, casa: *Most accidents happen in the home.* A maioria dos acidentes ocorre em casa. | **at home** em casa: *He stayed at home and watched TV.* Ele ficou em casa assistindo à televisão. | **to leave home** sair de casa
2 to be/feel at home ficar/sentir-se à vontade, sentir-se em casa: *They did their best to make me feel at home.* Fizeram o máximo para que eu me sentisse em casa. | **to make yourself at home** ficar à vontade
3 (em esportes) **to play/win/lose at home** jogar/ganhar/perder em casa
4 país, cidade, etc. de onde uma pessoa é: *He misses his friends back at home.* Ele sente falta dos amigos no seu país natal.
5 (imóvel) casa, moradia: *affordable homes* casas a preços acessíveis
6 asilo: *a retirement home* um asilo para idosos
7 home address endereço residencial **home comforts** *n pl* as comodidades do lar **home cooking** comida caseira **home movies** *n pl* vídeos caseiros

• *adv* para casa | **to go home** ir para casa | **to get home** chegar em casa | **to be home** estar em casa: *Is Lee home?* O Lee está em casa?

• *adj* **1 home town/country** cidade/terra natal
2 doméstico, familiar: *a happy home life* uma vida familiar feliz
3 nacional: *the home market* o mercado nacional
4 local: *the home team* o time local

homeland /'hoʊmlænd/ *s* terra natal

homeless /'hoʊmləs/ *adj* sem-teto | **the homeless** os sem-teto

homely /'hoʊmli/ *adj* (-lier, -liest) **1** AmE feioso **2** BrE ▶ ver **homey**

homemade /hoʊm'meɪd/ *adj* caseiro

'home page *s* **1** home page **2** site

'home plate *s* base principal [em beisebol]

ˌhome 'run *s* home run [volta inteira do campo de beisebol]

homesick /'hoʊmsɪk/ *adj* **to be/feel homesick** estar com/sentir saudade (de casa): *He was homesick for Recife.* Ele estava com saudade de Recife.

homeward /'hoʊmwərd/ *adjetivo & advérbio*
• *adj* **the homeward journey** a viagem de volta para casa
• *adv* (também **homewards** BrE) para casa

homework /'hoʊmwɜrk/ *s* dever de casa

homey /'hoʊmi/ *adj* AmE aconchegante

homicide /'hɑməsaɪd/ s homicídio
homogeneous /hɑmə'dʒiniəs/ adj homogêneo
homosexual /hoʊmə'sɛkʃuəl/ adj & s homossexual
homosexuality /hoʊməsɛkʃu'æləti/ s homossexualidade
Honduran /hɑn'dʊrən/ adj & s hondurenho
Honduras /hɑn'dʊrəs/ s Honduras
honest /'ɑnɪst/ adj **1** honesto **2** sincero
honestly /'ɑnɪstli/ adv **1** com sinceridade, francamente: *He answered honestly.* Ele respondeu com sinceridade. | *It wasn't me. Honestly.* Não fui eu. De verdade. **2** (para dar ênfase) sinceramente, realmente **3** expressando irritação: *Honestly! You could have told me before!* Francamente! Você podia ter me avisado! **4** honestamente
honesty /'ɑnəsti/ s **1** honestidade **2** franqueza
honey /'hʌni/ s **1** mel **2** AmE (tratamento) meu bem, querido -da
honeymoon /'hʌnimun/ s lua de mel
honor AmE, **honour** BrE /'ɑnər/ substantivo & verbo
• s **1** honradez **2** it is an honor to do sth é uma honra fazer algo | to have the honor of doing sth ter a honra de fazer algo **3** in honor of sb/in sb's honor em homenagem a alguém **4** honraria **5 Your Honor** Vossa Excelência
• v [tr] **1** reverenciar **2** to be/feel honored (to do sth) estar/sentir-se honrado (em fazer algo) **3** honrar [uma promessa, um acordo]
honorable AmE, **honourable** BrE /'ɑnərəbəl/ adj honrado, digno
honorary /'ɑnərɛri/ adj honorário
hood /hʊd/ s **1** capuz **2** AmE capô
hoof /huf/ s (pl **hooves** ou **hoofs**) casco [de cavalo]
hook /hʊk/ substantivo & verbo
• s **1** gancho **2** anzol **3 off the hook** fora do gancho
• v **1** [intr] enganchar-se **2** [tr] enganchar
hooked /hʊkt/ adj (informal) viciado | to get hooked on sth ficar viciado em algo
hooligan /'hulɪɡən/ s arruaceiro, hooligan
hoop /hup/ s aro
hooray /hʊ'reɪ/ interj hurra
hoot /hut/ v **1** [intr] piar [coruja] **2** [intr] buzinar | to hoot at sb buzinar para alguém **3 to hoot your horn** buzinar
hoover /'huvər/ v BrE [intr] passar o aspirador, [tr] passar o aspirador em ▶ Existe também **to vacuum,** que é usado tanto no inglês americano como no britânico
Hoover® /'huvər/ s BrE aspirador (de pó) ▶ Existe também **vacuum cleaner,** que é usado tanto no inglês americano como no britânico
hooves /huvz/ pl de ▶ **hoof**

hop /hɑp/ verbo & substantivo
• v [intr] (**-pped, -pping**) **1** pular num pé só | **to hop over to the door/down the street etc.** ir pulando num pé só até a porta/pela rua etc. **2** saltitar | **to hop across the lawn/along the fence etc.** ir saltitando/pulando pelo gramado/pela cerca etc. **3 to hop out of bed/into the car etc.** pular da cama/entrar no carro etc. [rapidamente]
• s pulo
hope /hoʊp/ verbo & substantivo
• v **1** [tr] esperar: *I hope it doesn't rain.* Espero que não chova. | *I was hoping that he'd help me.* Eu esperava que ele me ajudasse. | *She's hoping to study law at Harvard.* Ela espera estudar Direito em Harvard. **2 I hope so/not** espero que sim/não **3 to hope for sth** torcer por algo: *We're hoping for good weather.* Estamos torcendo para que faça tempo bom. **4 I should hope so!** pelo menos isso!: *"She did apologize." "I should hope so too!"* – Bem, ela se desculpou. – Pelo menos isso!
• s **1** esperança: *There was no hope of escape.* Não havia esperança de se conseguir fugir. | *She has little hope of being selected.* Ela tem pouca esperança de ser selecionada. | *I came by in the hope of finding him at home.* Passei aqui na esperança de encontrá-lo em casa. | **to get your hopes up** criar muita expectativa | **to have high hopes** ter muita esperança **2 to be sb's last/only hope** ser a última/única esperança de alguém
hopeful /'hoʊpfəl/ adj **1** esperançoso | **to be hopeful that** ter esperança de que **2** promissor: *Things aren't looking very hopeful.* As coisas não parecem muito promissoras.
hopefully /'hoʊpfəli/ adv **1** esperamos que: *Hopefully the problem has been fixed now.* Esperamos que o problema já esteja resolvido. **2 to ask/say sth hopefully** perguntar/dizer algo de modo esperançoso
hopeless /'hoʊpləs/ adj **1** desesperador [situação] **2** inútil [pessoa] | **to be hopeless at sth** ser péssimo em algo **3** impossível, inútil
hopelessly /'hoʊpləsli/ adv completamente
horde /hɔrd/ s horda
horizon /hə'raɪzən/ substantivo & substantivo plural
• s **the horizon** o horizonte
• **horizons** s pl **to broaden your horizons** ampliar seus horizontes
horizontal /hɔrə'zɑntl/ adjetivo & substantivo
• adj horizontal
• s **the horizontal** a horizontal

hormone /'hɔrmoʊn/ s hormônio

horn /hɔrn/ s **1** chifre **2** buzina **3** trompa, clarim

horoscope /'hɔrəskoʊp/ s horóscopo

horrendous /hə'rɛndəs/ adj **1** horripilante **2** (informal) terrível

horrible /'hɔrəbəl/ adj **1** horrível **2** grosseiro: *Don't be so horrible!* Não seja tão grosseiro!

horrid /'hɔrɪd/ adj (informal) **1** horrível [tempo, cheiro] **2** mau: *Don't be so horrid to your sister!* Não seja tão mau com sua irmã!

horrific /hə'rɪfɪk/ adj terrível [acidente, feridas]

horrify /'hɔrəfaɪ/ v [tr] (**-fies, -fied**) horrorizar: *I was horrified by what I saw.* Fiquei horrorizado com o que vi.

horrifying /'hɔrəfaɪ-ɪŋ/ adj terrível, pavoroso

horror /'hɔrər/ s **1** horror **2 to have a horror of sth** ter pavor de algo **3 horror movie, horror film** filme de terror

horse /hɔrs/ s **1** (animal) cavalo **2** (num ginásio) cavalo

horseback /'hɔrsbæk/ s **on horseback** a cavalo

'horseback ˌriding s AmE equitação | **to go horseback riding** ir andar a cavalo

horseman /'hɔrsmən/ s (pl **-men**) cavaleiro

horsepower /'hɔrspaʊr/ s (pl **horsepower**) cavalo (de força)

'horse ˌracing s corrida de cavalos, turfe

'horse ˌriding BrE ▶ ver **horseback riding**

horseshoe /'hɔrʃ-ʃu/ s ferradura

horsewoman /'hɔrswʊmən/ s (pl **-women** /wɪmɪn/) amazona

horticulture /'hɔrtəkʌltʃər/ s horticultura

hose /hoʊz/ s (também **hosepipe** /'hoʊzpaɪp/ BrE) mangueira

hospice /'hɑspɪs/ s hospital para pacientes terminais

hospitable /hɑ'spɪtəbəl/ adj hospitaleiro | **to be hospitable to sb** ser hospitaleiro com alguém

hospital /'hɑspɪtl/ s hospital | **to be in the hospital** AmE, **to be in hospital** BrE estar internado (num hospital) | **to go into/to the hospital** AmE, **to go into/to hospital** BrE ser internado, ser hospitalizado

hospitality /hɑspə'tæləti/ s hospitalidade

host /hoʊst/ substantivo & verbo

• s **1** anfitrião -triã **2** apresentador -a **3 a (whole) host of sth** (todo) um leque de algo **4 host city** sede

• v [tr] **1** sediar **2** apresentar [um programa de TV]

hostage /'hɑstɪdʒ/ s refém | **to hold sb hostage** manter alguém como refém | **to take sb hostage** fazer alguém refém

hostel /'hɑstl/ s albergue

hostess /'hoʊstɪs/ s (pl **-sses**) **1** anfitriã **2** apresentadora **3** recepcionista

hostile /'hɑstl, BrE 'hɑstaɪl/ adj **1** (agressivo) hostil **2 to be hostile to/toward sth** ser contrário a algo **3 hostile territory** território inimigo

hostility /hɑ'stɪləti/ s (pl **-ties**) **1** (inimizade) hostilidade **2** (oposição) hostilidade

hot /hɑt/ adj (**-tter, -ttest**) **1** quente: *a nice hot bath* um bom banho quente | *the hottest day of the year* o dia mais quente do ano | *This soup is too hot.* Esta sopa está quente demais. | **to be hot (a)** (referente a pessoas) estar com calor: *I was hot and tired.* Eu estava com calor e cansado. **(b)** (referente ao tempo) estar quente: *It's hot in here.* Está quente aqui dentro. **2** apimentado **3** (informal) que está na moda: *a hot new band* uma banda nova que está na moda

'hot dog s cachorro-quente

hotel /hoʊ'tɛl/ s hotel

'hot key s tecla de atalho

hotly /'hɑtli/ adv **1** energicamente **2 hotly contested/debated** muito disputado/discutido

ˌhot-'water ˌbottle s bolsa de água quente

hound /haʊnd/ substantivo & verbo

• s perdigueiro

• v [tr] perseguir, assediar

hour /aʊr/ substantivo & substantivo plural

• s **1** hora: *an hour and a half* uma hora e meia | *I'll be back in an hour.* Daqui a uma hora estou de volta. | *I've been waiting here for hours.* Estou esperando aqui há horas. | **10/50 miles etc. an hour** 10/50 milhas etc. por hora **2 on the hour** a cada hora

• **hours** s pl **opening hours** horário de funcionamento | **office/visiting hours** horário de expediente/visita

hourly /'aʊrli/ adjetivo & advérbio

• adj **hourly departures/hourly news programs** partidas/noticiários de hora em hora

• adv de hora em hora

house¹ /haʊs/ s (pl **houses** /'haʊzɪz/) **1** casa: *I'm going over to Ashley's house.* Vou à casa do Ashley. ▶ HOUSE OU HOME? ver nota em **casa** **2 the House of Representatives** a Câmara dos Representantes [nos EUA] | **the Houses of Congress** as Câmaras do Congresso **3 the House of Commons** a Câmara dos Comuns | **the House of Lords** a Câmara dos Lordes | **the Houses of Parliament** o Parlamento [na Grã-Bretanha] **4 to be on the house** ser por conta da casa, ser cortesia da casa

house² /haʊz/ v [tr] **1** acomodar, alojar **2** abrigar

household /'haʊshoʊld/ *adjetivo & substantivo*

- *adj* doméstico: *household cleaning products* produtos de limpeza domésticos
- *s* família

householder /'haʊshoʊldər/ *s* dono -na da casa

housekeeper /'haʊskipər/ *s* governanta, caseira

houseplant /'haʊsplænt/ *s* planta de casa

housewarming /'haʊswɔrmɪŋ/ *s* festa de inauguração de uma casa

housewife /'haʊswaɪf/ *s* (pl **-wives** /waɪvz/) dona de casa

housework /'haʊswɜrk/ *s* tarefas domésticas

housing /'haʊzɪŋ/ *s* **1** moradia **2** habitação

'housing de,velopment AmE, **'housing es,tate** BrE *s* conjunto habitacional

hover /'hʌvər/ *v* [intr] **1** pairar **2 to hover by/around sth** rondar algo

hovercraft /'hʌvərkræft/ *s* aerobarco

how /haʊ/ *adv & conj* ▶ ver quadro

however /haʊ'evər/ *adv* **1** mas, no entanto **2 however big/small/long etc. it is** por maior/menor/mais longo etc. que seja | **however long it takes** não importa o tempo que levar | **however much it costs** custe o que custar

howl /haʊl/ *verbo & substantivo*

- *v* [intr] uivar
- *s* uivo

HQ /eɪtʃ 'kju/ *s* (= **headquarters**) **1** sede **2** QG

hr. *s* (= **hour**) h

HTML /ˌeɪtʃ ti ɛm 'ɛl/ *s* (= **hypertext markup language**) HTML [linguagem com que se criam páginas web]

hub /hʌb/ *s* centro [ponto central]

huddle /'hʌdl/ *v* [intr] **1** (também **huddle together**) amontoar-se **2** (também **huddle up**) encolher-se

hue /hju/ *s* (literário) matiz

huff /hʌf/ *s* **in a huff** zangado

hug /hʌg/ *verbo & substantivo*

- *v* (**-gged**, **-gging**) **1** [intr] abraçar-se **2** [tr] abraçar
- *s* abraço

hugging

huge /hjudʒ/ *adj* enorme

hull /hʌl/ *s* casco [de navio]

hullo /hə'loʊ/ BrE ▶ ver **hello**

hum /hʌm/ *verbo & substantivo*

- *v* (**-mmed**, **-mming**) **1** [intr] cantarolar **2** [intr] zumbir
- *s* zumbido

human /'hjumən/ *adjetivo & substantivo*

- *adj* humano | **human nature** a natureza humana | **the human race** a raça humana | **human rights** direitos humanos | **I'm/she's etc. only human** eu/ela etc. não sou/não é de ferro
- *s* (também **human being**) ser humano

humane /hju'meɪn/ *adj* humano [tratamento, condições, métodos]

humanitarian /hjumænə'tɛriən/ *adj* humanitário

humanity /hju'mænəti/ *substantivo & substantivo plural*

- *s* humanidade
- **humanities** *s pl* ciências humanas [área]

humble /'hʌmbəl/ *adj* humilde

humid /'hjumɪd/ *adj* úmido [clima, dia] ▶ HUMID, DAMP OU MOIST? ver nota em **úmido**

humidity /hju'mɪdəti/ *s* umidade [do clima]

humiliate /hju'mɪlieɪt/ *v* [tr] humilhar

---

how

ADVÉRBIO

1 PERGUNTAS (= como)

How are you? Como vai? | *How do you spell "foyer"?* Como se escreve "foyer"? | *How do I look in this dress?* Como é que fico nesse vestido?

2 EXCLAMAÇÕES (= que)

"He lost his job." "How awful!" – Ele perdeu o emprego. – Que horror!

3 SEGUIDO DE ADJETIVOS E ADVÉRBIOS (= como, quão)

I was surprised how easy it was. Fiquei surpreso de como foi fácil. | *It depends on how important it is.* Depende de quão importante seja.

4 SUGESTÕES

how about…? que tal…?: *How about going out to eat?* Que tal sairmos para jantar? | *I can't on Thursday. How about Friday?* Na quinta não posso. Que tal sexta?

5 APRESENTAÇÕES

how do you do? prazer (em conhecê-lo) Esta é uma pergunta formal, à qual se responde **how do you do?**

6 SURPRESA

how come: *How come you didn't phone?* O que houve que você não ligou? | *"I won't be here tomorrow." "How come?"* – Não vou estar aqui amanhã. – Por que não?

7 **how tall, how old, how much, how many,** etc. são tratados no verbete do adjetivo, pronome etc. correspondente.

CONJUNÇÃO

1 EM PERGUNTAS (= como)

Do you remember how we did this? Você lembra como fizemos isso?

2 EM OUTRAS FRASES (= como, do jeito que)

I'll live my life how I like. Vou viver minha vida como eu quiser.

humiliating /hju'mɪlieɪtɪŋ/ adj humilhante
humiliation /hjumɪli'eɪʃən/ s humilhação
humility /hju'mɪləti/ s humildade
hummingbird /'hʌmɪŋbərd/ s colibri, beija-flor
humor AmE, **humour** BrE /'hjumər/ substantivo & verbo

- s **1** humor: *British humor* o humor inglês | **sense of humor** senso de humor **2** graça **3 good humor** bom humor

- v [tr] fazer a vontade de

humorous /'hjumərəs/ adj engraçado, espirituoso
hump /hʌmp/ s **1** (em terreno) corcova **2** (de camelo) corcova, giba
hunch /hʌntʃ/ s (pl **-ches**) palpite [pressentimento]
hundred /'hʌndrəd/ numeral **1** cem ▶ Quando **hundred** é usado como numeral, o plural é invariável: *two hundred kilometers* duzentos quilômetros | *a few hundred dollars* algumas centenas de dólares | **a hundred** cem: *a hundred years* cem anos **2 hundreds of** centenas de: *I have hundreds of CDs*. Tenho centenas de CDs.
hundredth /'hʌndrədθ/ numeral **1** (em ordem) centésimo **2** (fração) centésimo
hung /hʌŋ/ passado & particípio de **hang**
hunger /'hʌŋgər/ s fome
hungry /'hʌŋgri/ adj (**-rier, -riest**) **1 to be hungry** estar com fome: *I'm hungry, let's eat.* Estou com fome, vamos comer. **2** faminto: *hungry children* crianças famintas **3 to go hungry** passar fome
hunk /hʌŋk/ s **1** naco **2** (informal) (homem atraente) gato
hunt /hʌnt/ verbo & substantivo

- v **1** [tr/intr] caçar | **to go hunting** ir caçar **2 to hunt for sth/sb** procurar algo/alguém **hunt sb down** dar caça a alguém

- s **1** caçada, caça **2** busca: *the hunt for the murderer* a busca pelo assassino

hunter /'hʌntər/ s caçador -a
hunting /'hʌntɪŋ/ s caça
hurdle /'hɜrdl/ s **1** barreira [em corrida] **2** obstáculo
hurl /hɜrl/ v **1 to hurl sth across/over etc. sth** atirar algo em/por cima de etc. algo **2 to hurl abuse at sb** xingar alguém
hurrah! /hʊ'rɑ/ interj ▶ ver **hooray!**
hurricane /'hɜrɪkeɪn/ s furacão
hurried /'hɜrid/ adj apressado, rápido
hurry /'hɜri/ verbo & substantivo

- v (**-rries, -rried**) [intr] correr, apressar-se, [tr] apressar: *He hurried back to the hotel.* Ele voltou correndo para o hotel.
hurry up andar depressa, andar logo: *Hurry up! We're late.* Anda logo! Estamos atrasados. **hurry sb up** apressar alguém **hurry sth up** apressar algo

- s **1 to be in a hurry** estar com pressa **2 (there's) no hurry** não tem pressa **3 to be in no hurry** não estar com pressa

hurt /hɜrt/ verbo & adjetivo

- v (passado & particípio **hurt**) **1** [intr] doer: *My head hurts.* Minha cabeça está doendo. ▶ **HURT OU ACHE?** ver nota em **doer 2** [tr] machucar: *I've hurt my hand.* Machuquei a mão. | *Someone will get hurt.* Alguém vai se machucar. | **to hurt yourself** machucar-se **3** [tr] magoar: *I was very hurt by what he said.* Fiquei muito magoado com o que ele falou. | **to hurt sb's feelings** magoar alguém

- adj ofendido [tom, olhar]

hurtful /'hɜrtfəl/ adj cruel [comentário, ato, etc.]
hurtle /'hɜrtl/ v **to hurtle down/through etc. sth** mover-se rapida e descontroladamente: *The truck came hurtling down the hill.* O caminhão despencou ladeira abaixo.
husband /'hʌzbənd/ s marido
hush /hʌʃ/ verbo & substantivo

- v (3a pess sing **hushes**) **1** [intr] calar-se | **hush!** silêncio!, quieto! **2** [tr] mandar calar
hush sth up abafar algo

- s silêncio

husky /'hʌski/ adjetivo & substantivo

- adj (**-kier, -kiest**) **1** rouco **2** AmE forte [corpulento]

- s (pl **-kies**) husky siberiano

hustle /'hʌsəl/ verbo & substantivo

- v **1** [tr] empurrar [uma pessoa, para ela se mexer]: *She was hustled into the car.* Ela foi empurrada para dentro do carro. **2** [intr] AmE agir/ir depressa: *We hustled out the door.* Saímos depressa porta afora. **3** [tr] AmE passar para trás

- s **hustle and bustle** corre-corre, agitação

hut /hʌt/ s cabana
hutch /hʌtʃ/ s (pl **-ches**) **1** gaiola [para coelhos] **2** AmE guarda-louça
hybrid /'haɪbrɪd/ s híbrido
hydrant /'haɪdrənt/ s hidrante
hydraulic /haɪ'drɔlɪk/ adj hidráulico
hydroelectric /haɪdroʊɪ'lɛktrɪk/ adj hidroelétrico
hydrogen /'haɪdrədʒən/ s hidrogênio
hyena /haɪ'inə/ s hiena
hygiene /'haɪdʒin/ s higiene
hygienic /haɪ'dʒɛnɪk, BrE haɪ'dʒinɪk/ adj higiênico
hymn /hɪm/ s hino [religioso]
hype /haɪp/ substantivo & verbo

- s propaganda [sensacionalista]

- v [tr] (também **hype up**) promover [fazer propaganda de]

hypermarket /'haɪpərmɑrkɪt/ s BrE hipermercado
hyphen /'haɪfən/ s hífen
hypnosis /hɪp'noʊsɪs/ s hipnose

🛈 Deve-se dizer *on the table* ou *in the table*? Veja o verbete **em**.

hypnotic /hɪpˈnɒtɪk/ *adj* hipnótico
hypnotism /ˈhɪpnətɪzəm/ *s* hipnotismo
hypnotist /ˈhɪpnətɪst/ *s* hipnotizador -a
hypnotize, -ise BrE /ˈhɪpnətaɪz/ *v* [tr] hipnotizar
hypochondriac /haɪpəˈkɒndriæk/ *s* hipocondríaco -ca
hypocrisy /hɪˈpɒkrəsi/ *s* hipocrisia
hypocrite /ˈhɪpəkrɪt/ *s* hipócrita
hypocritical /hɪpəˈkrɪtɪkəl/ *adj* hipócrita
hypothesis /haɪˈpɒθəsɪs/ *s* (pl **-ses** /-siz/) hipótese [teoria]
hypothetical /haɪpəˈθetɪkəl/ *adj* hipotético
hysteria /hɪˈstɪəriə/ *s* histeria
hysterical /hɪˈsterɪkəl/ *adj* **1** histérico **2** (informal) engraçadíssimo
hysterics /hɪˈsterɪks/ *s pl* **1** histeria | **to go into hysterics** ficar histérico: *He went into hysterics.* Ele ficou histérico. **2 in hysterics** (informal) morrendo de rir

I[1], **i** /aɪ/ *s* (pl **I's, i's**) (letra) I, i ▶ ver "Active Box" **letters** em **letter**
I[2] *pron* eu ▶ Os pronomes com função de sujeito não podem ser omitidos em inglês: *I'm 13.* Tenho 13 anos. | *I love dancing.* Adoro dançar
ice /aɪs/ *s* **1** gelo **2 ice cube** pedra de gelo
iceberg /ˈaɪsbɜrg/ *s* iceberg
ice-ˈcold *adj* gelado: *ice-cold drinks* bebidas geladas
ˈice cream *s* sorvete: *strawberry ice cream* sorvete de morango
ˈice ˌhockey *s* hóquei no gelo ▶ No inglês americano diz-se também apenas **hockey**
Iceland /ˈaɪslənd/ *s* Islândia
ˈice ˌlolly *s* (pl **-llies**) BrE picolé ▶ No inglês americano diz-se **Popsicle®**
ˈice rink *s* pista de gelo
ˈice skate *verbo & substantivo*
● *v* [intr] patinar no gelo
● *s* patim de gelo
ˈice ˌskating *s* patinação no gelo
icicle /ˈaɪsɪkəl/ *s* estalactite de gelo
icing /ˈaɪsɪŋ/ *s* glacê
ˈicing ˌsugar *s* BrE açúcar de confeiteiro ▶ No inglês americano, diz-se **confectioners' sugar**
icon /ˈaɪkɒn/ *s* **1** (em informática) ícone **2** (pessoa famosa) ícone

icy /ˈaɪsi/ *adj* (**icier, iciest**) **1** glacial [vento, tempo] **2** gelado [água, mãos, etc.] **3** gelado [estrada] **4** glacial [olhar]
I'd /aɪd/ ● contração de **I had**
● contração de **I would**
ID /aɪ ˈdi/ *s* documento de identidade
idea /aɪˈdɪə/ *s* **1** ideia: *Where did you get that idea?* De onde você tirou essa ideia? **2** noção | **to have no idea** não ter a menor ideia **3 to get the idea** entender como se faz
ideal /aɪˈdɪəl/ *adjetivo & substantivo*
● *adj* ideal: *an ideal place for a picnic* um lugar ideal para um piquenique
● *s* ideal
idealism /aɪˈdɪəlɪzəm/ *s* idealismo
idealist /aɪˈdɪəlɪst/ *s* idealista
idealistic /aɪdɪəˈlɪstɪk/ *adj* idealista
idealize, -ise BrE /aɪˈdɪəlaɪz/ *v* [tr] idealizar
ideally /aɪˈdɪəli/ *adv* **1** numa situação ideal: *Ideally, I'd like a garage.* Se fosse possível, eu gostaria de ter uma garagem. | *Ideally, people should get more exercise.* O ideal seria as pessoas fazerem mais exercício. **2 to be ideally suited to/for sth** ser ideal para algo
identical /aɪˈdentɪkəl/ *adj* **1** idêntico: *Her jacket was identical to mine.* A jaqueta dela era idêntica à minha. **2 identical twins** gêmeos idênticos
identification /aɪdentəfəˈkeɪʃən/ *s* **1** identificação **2** documento de identidade
identify /aɪˈdentəfaɪ/ *v* [tr] (**-fies, -fied**) identificar **identify with sb** identificar-se com alguém
identity /aɪˈdentəti/ *s* (pl **-ties**) **1** identidade | **mistaken identity** erro de identificação **2 idenˈtity card** carteira de identidade
iˈdentity theft, também **iˈdentity fraud** *s* roubo de identidade
ideology /aɪdiˈɒlədʒi/ *s* (pl **-gies**) ideologia
idiom /ˈɪdiəm/ *s* expressão idiomática
idiosyncrasy /ˌɪdiəˈsɪŋkrəsi/ *s* (pl **-sies**) **1** mania [de pessoa] **2** peculiaridade: *the idiosyncrasies of English spelling* as peculiaridades da ortografia inglesa
idiosyncratic /ˌɪdiəʊsɪŋˈkrætɪk/ *adj* excêntrico
idiot /ˈɪdiət/ *s* idiota
idiotic /ɪdiˈɒtɪk/ *adj* idiota
idle /ˈaɪdl/ *adj* **1** preguiçoso **2 idle moments/days etc.** momentos/dias etc. de ócio **3** desocupado [trabalhador] **4** ocioso, parado [máquina] **5 idle curiosity** mera curiosidade **6 idle threats** ameaças vãs
idleness /ˈaɪdlnəs/ *s* **1** ociosidade **2** preguiça
idol /ˈaɪdl/ *s* ídolo
idolize, -ise BrE /ˈaɪdl-aɪz/ *v* [tr] idolatrar
idyllic /aɪˈdɪlɪk/ *adj* idílico
i.e. /aɪ ˈi/ isto é

if /ɪf/ *conj* ▶ ver quadro

igloo /ˈɪglu/ *s* iglu

ignite /ɪgˈnaɪt/ *v* (formal) **1** [tr] acender **2** [intr] inflamar-se

ignition /ɪgˈnɪʃən/ *s* ignição

ignorance /ˈɪgnərəns/ *s* ignorância

ignorant /ˈɪgnərənt/ *adj* ignorante | **to be ignorant of sth** não ter conhecimento de algo | **to be ignorant about sth** não saber nada sobre algo

ignore /ɪgˈnɔr/ *v* [tr] **1** ignorar [uma pessoa] **2** não fazer caso de, ignorar [um aviso, um conselho]

I'll /aɪl/ ● contração de **I will**
● contração de **I shall**

ill /ɪl/ *adj* **1 to be ill** estar doente | **to feel ill** sentir-se mal | **to fall ill/to be taken ill** BrE ficar doente/adoecer ▶ ILL ou SICK? ver nota em **doente** **2 ill health** problemas de saúde | **ill effects** efeitos prejudiciais | **ill feeling** rancor, ressentimento

illegal /ɪˈligəl/ *adj* ilegal

illegible /ɪˈlɛdʒəbəl/ *adj* ilegível

illegitimate /ɪləˈdʒɪtəmət/ *adj* ilegítimo

illicit /ɪˈlɪsɪt/ *adj* ilícito, proibido

illiterate /ɪˈlɪtərət/ *adj* analfabeto

illness /ˈɪlnəs/ *s* (pl **-sses**) doença: *serious illnesses* doenças graves | *minor illnesses* doenças de pouca gravidade ▶ ILLNESS ou DISEASE? ver nota em **doença**

illogical /ɪˈlɑdʒɪkəl/ *adj* ilógico

ill-ˈtreatment *s* maus-tratos

illuminate /ɪˈlumɪneɪt/ *v* [tr] (formal) iluminar

illuminating /ɪˈlumɪneɪtɪŋ/ *adj* (formal) esclarecedor

---

if

1 EM ORAÇÕES CONDICIONAIS (= se)

If you see him, tell him to call me. Se você o vir, peça-lhe para me ligar. | *If I go to bed late, I can't get up in the morning.* Se durmo tarde, não consigo levantar de manhã. | *Mom will be mad if I tell her.* Mamãe vai ficar brava se eu contar para ela. | *I would help you if I could.* Eu te ajudaria se pudesse.

2 EM PERGUNTAS INDIRETAS (= se)

She asked me if I had a girlfriend. Ela me perguntou se eu tinha namorada. | **if I were you** se eu fosse você: *I'd go by train if I were you.* Eu iria de trem, se eu fosse você. | **if so** caso sim: *Are you coming? If so, when?* Você vem? Caso sim, quando virá?

3 EXPRESSANDO DESEJO

if only se pelo menos: *If only he was taller!* Se pelo menos ele fosse mais alto! | *If only I hadn't spent all that money!* Se pelo menos eu não tivesse gasto todo aquele dinheiro!

4 even if é tratado no verbete de **even**.

---

illusion /ɪˈluʒən/ *s* **1** ilusão **2 to be under the illusion (that)** ter a ilusão de que

illustrate /ˈɪləstreɪt/ *v* [tr] ilustrar

illustration /ɪləˈstreɪʃən/ *s* **1** (gravura) ilustração **2** (exemplo) ilustração

I'm /aɪm/ contração de **I am**

image /ˈɪmɪdʒ/ *s* imagem: *the company's public image* a imagem pública da empresa

imaginary /ɪˈmædʒəneri/ *adj* imaginário

imagination /ɪmædʒəˈneɪʃən/ *s* imaginação

imaginative /ɪˈmædʒənətɪv/ *adj* imaginativo

imagine /ɪˈmædʒɪn/ *v* [tr] imaginar: *I can't imagine getting married.* Não consigo me imaginar casando. | *I imagine she knows.* Imagino que ela saiba.

imbalance /ɪmˈbæləns/ *s* desequilíbrio

imbecile /ˈɪmbəsəl/ *s* imbecil

IMHO (= **in my humble opinion**) abreviatura usada em salas de bate-papo = na minha humilde opinião

imitate /ˈɪməteɪt/ *v* [tr] imitar

imitation /ɪməˈteɪʃən/ *substantivo & adjetivo*

● *s* **1** (de pessoa ou ação) imitação **2** (de objeto) imitação, cópia

● *adj* de imitação, falso

immaculate /ɪˈmækjələt/ *adj* imaculado, impecável

immaterial /ɪməˈtɪriəl/ *adj* (formal) irrelevante

immature /ɪməˈtʃʊr/ *adj* imaturo

immediate /ɪˈmidiət/ *adj* **1** imediato **2 the immediate vicinity/area** as imediações **3 immediate family** família mais próxima

immediately /ɪˈmidiətli/ *adv* **1** imediatamente **2 immediately before/after sth** logo antes/depois de algo | **immediately above/behind etc. sth/sb** logo acima/atrás etc. de algo/alguém

immense /ɪˈmɛns/ *adj* imenso, enorme

immensely /ɪˈmɛnsli/ *adv* imensamente

immerse /ɪˈmɜrs/ *v* [tr] **1 to be immersed in sth** estar imerso em algo | **to immerse yourself in sth** mergulhar em algo **2** (formal) mergulhar, submergir

immersion /ɪˈmɜrʒən/ *s* imersão

immigrant /ˈɪməgrənt/ *s* imigrante

immigration /ɪməˈgreɪʃən/ *s* **1** imigração **2** (serviço de) imigração [equivalente à Polícia Federal]

imminent /ˈɪmənənt/ *adj* iminente

immobile /ɪˈmoʊbəl/ *adj* imóvel

immobilize, -ise BrE /ɪˈmoʊbəlaɪz/ *v* [tr] imobilizar, paralisar

immoral /ɪˈmɔrəl/ *adj* imoral

immortal /ɪˈmɔrtl/ *adj* imortal

immortality /ɪmɔrˈtæləti/ *s* imortalidade

immune /ɪˈmjun/ *adj* **immune (to sth)** imune (a algo)

iˈmmune ˌsystem *s* sistema imunológico

immunity /ɪˈmjunəti/ s imunidade

immunization, -isation BrE /ˌɪmjənəˈzeɪʃən/ s imunização, vacinação

immunize, -ise BrE /ˈɪmjənaɪz/ v **to immunize sb (against sth)** imunizar/vacinar alguém (contra algo)

IMO (= **in my opinion**) abreviatura usada em salas de bate-papo = na minha opinião

impact /ˈɪmpækt/ s **1** (efeito) impacto **2** (de um choque) impacto

impair /ɪmˈpɛr/ v [tr] prejudicar, afetar

impaired /ɪmˈpɛrd/ adj **1** afetado **2 visually/hearing impaired** com deficiência visual/auditiva

impart /ɪmˈpɑrt/ v [tr] (formal) **1** transmitir | **to impart sth to sb** transmitir algo a alguém **2** conferir [uma qualidade]

impartial /ɪmˈpɑrʃəl/ adj imparcial

impasse /ˈɪmpæs/ s impasse

impassive /ɪmˈpæsɪv/ adj impassível

impatience /ɪmˈpeɪʃəns/ s impaciência

impatient /ɪmˈpeɪʃənt/ adj **1** impaciente | **to be impatient to do sth** estar impaciente para fazer algo **2** (irritadiço) **to get impatient (with sb)** perder a paciência com alguém: *He gets impatient with his students.* Ele perde a paciência com seus alunos.

impeccable /ɪmˈpɛkəbəl/ adj impecável

impede /ɪmˈpid/ v [tr] atrapalhar, dificultar

impediment /ɪmˈpɛdəmənt/ s **1** (defeito físico) defeito: *a speech impediment* um defeito na fala **2** (dificuldade) empecilho

impending /ɪmˈpɛndɪŋ/ adj iminente

impenetrable /ɪmˈpɛnətrəbəl/ adj impenetrável

imperative /ɪmˈpɛrətɪv/ adjetivo & substantivo
- adj **1** imperativo | **it is imperative (that)** (formal) é imperativo/imprescindível (que) **2** imperioso [gesto, tom] **3** imperativo [verbo, oração]
- s **the imperative** o imperativo

imperceptible /ˌɪmpərˈsɛptəbəl/ adj imperceptível

imperfect /ɪmˈpɜrfɪkt/ adjetivo & substantivo
- adj **1** imperfeito **2** com defeito
- s **the imperfect** o pretérito imperfeito

imperfection /ˌɪmpərˈfɛkʃən/ s defeito

imperial /ɪmˈpɪriəl/ adj **1** imperial **2 the imperial system** sistema britânico de pesos e medidas. Inclui unidades como **inch, mile,** etc.

imperialism /ɪmˈpɪriəlɪzəm/ s imperialismo

impersonal /ɪmˈpɜrsənəl/ adj impessoal

impersonate /ɪmˈpɜrsəneɪt/ v [tr] **1** fazer-se passar por **2** imitar

impersonation /ɪmˌpɜrsəˈneɪʃən/ s imitação [de uma pessoa]

impertinent /ɪmˈpɜrt-nənt/ adj impertinente

impetus /ˈɪmpətəs/ s impulso, força

implausible /ɪmˈplɔzəbəl/ adj pouco convincente

implement¹ /ˈɪmpləmənt/ v [tr] implementar

implement² /ˈɪmpləmənt/ s **1** instrumento, ferramenta **2** (de cozinha) utensílio

implementation /ˌɪmpləmənˈteɪʃən/ s implementação

implicate /ˈɪmplɪkeɪt/ v [tr] incriminar | **to implicate sb in sth** envolver alguém em algo

implication /ˌɪmplɪˈkeɪʃən/ s **1** implicação, consequência | **the implications (of sth)** as implicações (de algo) **2** insinuação **3** envolvimento [num crime, escândalo, etc.]

implicit /ɪmˈplɪsɪt/ adj **1** implícito **2** absoluto [fé, confiança]

implore /ɪmˈplɔr/ v [tr] (formal) implorar

imply /ɪmˈplaɪ/ v [tr] (-lies, -lied) **1** insinuar **2** implicar, pressupor

impolite /ˌɪmpəˈlaɪt/ adj grosseiro, rude

import¹ /ˈɪmpɔrt/ s **1** importação **2** artigo/produto importado

import² /ɪmˈpɔrt/ v [tr] importar

importance /ɪmˈpɔrtns/ s importância | **to be of no importance** não ter importância

important /ɪmˈpɔrtnt/ adj importante: *My free time is important to me.* Meu tempo livre é muito importante para mim.

impose /ɪmˈpoʊz/ v **1** [tr] impor | **to impose sth on sth/sb** impor algo a algo/alguém **2 to impose (on/upon sb)** abusar (de alguém)

imposing /ɪmˈpoʊzɪŋ/ adj imponente

impossibility /ɪmˌpɑsəˈbɪləti/ s impossibilidade

impossible /ɪmˈpɑsəbəl/ adj **1** impossível **2** insuportável [situação] **3** intragável [pessoa]

impossibly /ɪmˈpɑsəbli/ adv **impossibly difficult/high** etc. absurdamente difícil/alto etc.

impotence /ˈɪmpətəns/ s impotência

impotent /ˈɪmpətənt/ adj impotente

impoverished /ɪmˈpɑvərɪʃt/ adj empobrecido

impractical /ɪmˈpræktɪkəl/ adj pouco prático

impress /ɪmˈprɛs/ v [tr] (3a pess sing -sses) **1** impressionar, chamar a atenção de [por ser muito bom, grande, etc.] | **to be impressed by/with sth** ficar impressionado com algo **2 to impress sth on sb** incutir algo em alguém

impression /ɪmˈprɛʃən/ s **1** impressão: *I got the impression he didn't like me.* Tive a impressão de que ele não gostou de mim. | **to make a good/bad etc. impression** causar boa/má etc. impressão **2** imitação [do jeito de falar, agir, etc. de alguém]

impressionable /ɪmˈprɛʃənəbəl/ adj impressionável

impressive /ɪmˈprɛsɪv/ adj impressionante, admirável

imprint /ˈɪmprɪnt/ s marca

imprison /ɪmˈprɪzən/ v [tr] encarcerar

imprisonment /ɪmˈprɪzənmənt/ s encarceramento

improbable /ɪmˈprɑbəbəl/ adj improvável, pouco provável

impromptu /ɪmˈprɑmptu/ adj improvisado

improper /ɪmˈprɑpər/ adj **1** indevido [uso] **2** escuso, ilegal [propósito, fim] **3** indecoroso [conduta]

improve /ɪmˈpruv/ v [tr/intr] melhorar
improve on/upon sth melhorar algo

improvement /ɪmˈpruvmənt/ s melhora, melhoria | **to be an improvement on sth** ser superior a algo

improvise /ˈɪmprəvaɪz/ v [tr/intr] improvisar

impulse /ˈɪmpʌls/ s **1** impulso **2 on impulse** por impulso, sem pensar

impulsive /ɪmˈpʌlsɪv/ adj impulsivo

in /ɪn/ preposição, advérbio & adjetivo
- **prep** ▶ ver quadro
- **adv 1 to be in** estar [em casa, no trabalho]: *She's never in when I call.* Ela nunca está quando telefono. | *I'm sorry. Mr. Spencer's not in.* Lamento, mas o Sr. Spencer não está. | **to stay in** ficar em casa
2 Referente a algo que tem que ser entregue ou enviado: *The homework has to be in by Friday.* O dever tem que ser entregue até sexta-feira.
3 Referente a trens, aviões, etc.: *The train gets in at six.* O trem chega às seis.
4 to be in for a shock/disappointment etc. para expressar que alguém vai passar por algo desagradável: *Mom's in for a shock when she sees my grades.* Mamãe vai ter um choque quando vir as minhas notas.
5 to have (got) it in for sb (informal) implicar com alguém
6 to be in on sth estar por dentro de algo
- **adj** na moda: *Long skirts are in this summer.* Saias compridas estão na moda este verão. | *the in place to go* o point mais badalado

inability /ɪnəˈbɪləti/ s **inability (to do sth)** incapacidade (de fazer algo): *his inability to make friends* sua incapacidade de fazer amigos

inaccessible /ɪnɪkˈsɛsəbəl/ adj inacessível

inaccurate /ɪnˈækjərət/ adj impreciso, errôneo

inactive /ɪnˈæktɪv/ adj inativo, inerte

inadequacy /ɪnˈædəkwəsi/ s (pl -cies) **1** deficiência **2** inépcia

inadequate /ɪnˈædəkwət/ adj **1** inadequado, insuficiente **2** (pessoa) inepto

inadvertently /ɪnədˈvɜrtntli/ adv (formal) inadvertidamente, sem perceber

inappropriate /ɪnəˈproʊpriət/ adj inadequado, impróprio

inaugural /ɪˈnɔgjərəl/ adj **1** inaugural **2** de abertura [sessão]

---

in *preposição*

1 LUGAR (= em)
We swam in the river. Nadamos no rio. | *the main character in the movie* o personagem principal do filme | **in here/in there** aqui dentro/lá dentro: *It's freezing in here!* Está um gelo aqui dentro!

2 SUPERLATIVOS (= de)
the most expensive jeans in the store o jeans mais caro da loja | *the best rock band in the country* a melhor banda de rock do país

3 MESES, ESTAÇÕES, PARTES DO DIA
I was born in May, 1986. Nasci em maio de 1986. | *He came in the afternoon.* Ele veio à tarde. | *at six in the morning* às seis da manhã

4 TEMPO (= daqui a, em)
We're moving in two weeks. Mudamos de casa daqui a duas semanas. | *I'll be ready in a few minutes.* Estarei pronto em alguns minutos.

5 ROUPA (= de)
a man in a gray suit um homem de terno cinza | *She was dressed in black.* Ela estava vestida de preto.

6 MODO (= em)
He writes to me in English. Ele me escreve em inglês. | *in a low voice* em voz baixa | *We stood in a line.* Ficamos numa fila.

7 ÁREA PROFISSIONAL, MATÉRIA (= em)
Her father's in advertising. O pai dela trabalha em publicidade.

8 SENTIMENTOS, REAÇÕES
She looked up in surprise. Ela levantou os olhos surpresa. | *He left in a rage.* Ele saiu furioso.

9 TOTALIDADE
in all/in total ao todo: *There were six of us in all.* Éramos seis ao todo.

10 In também forma parte de vários **phrasal verbs,** tais como **give in, go in,** etc., que são tratados no verbete do verbo correspondente.

---

inaugurate /ɪˈnɔgjəreɪt/ v [tr] **1 to be inaugurated (as sth)** ser empossado (como algo) **2** inaugurar

inbuilt /ˈɪnbɪlt/ adj **1** intrínseco **2** embutido

Inc. (= **Incorporated**) S.A.

incapable /ɪnˈkeɪpəbəl/ adj **1 to be incapable of (doing) sth** ser incapaz de (fazer) algo **2** desvalido

incapacity /ɪnkəˈpæsəti/ s **incapacity (to do sth)** incapacidade (de fazer algo)

incense /ˈɪnsɛns/ s incenso

incentive /ɪnˈsɛntɪv/ s incentivo | **an incentive (for sb) to do sth** um incentivo para (alguém) fazer algo

incessant /ɪnˈsɛsənt/ adj incessante

incessantly /ɪnˈsɛsəntli/ adv sem parar, incessantemente

incest /ˈɪnsɛst/ s incesto

inch /ɪntʃ/ s **1** (pl -ches) polegada [2,54 cm] **2 to not give/budge an inch** não ceder um milímetro

incidence /ˈɪnsədəns/ s (formal) incidência: *a high incidence of heart disease* uma alta incidência de doenças cardíacas

incident /ˈɪnsədənt/ s incidente | **without incident** sem incidentes

incidentally /ɪnsəˈdɛntli/ adv por falar nisso: *Incidentally, I saw Jane yesterday.* Por falar nisso, encontrei a Jane ontem.

incisive /ɪnˈsaɪsɪv/ adj **1** incisivo [comentário] **2** perspicaz [mente] **3** mordaz [humor, estilo]

incite /ɪnˈsaɪt/ v [tr] incitar | **to incite sb to do sth** incitar alguém a fazer algo

inclination /ɪŋkləˈneɪʃən/ s **1** vontade, desejo: *She had no inclination to go with them.* Ela não estava com a menor vontade de acompanhá-los. **2** inclinação, tendência

incline /ˈɪŋklaɪn/ s declive

inclined /ɪnˈklaɪnd/ adj **1 to be inclined to do sth (a)** ter tendência a fazer algo **(b)** estar disposto a fazer algo **2 I am inclined to believe/ think etc. (that)** estou inclinado a acreditar/ achar etc. (que)

include /ɪnˈklud/ v [tr] **1** incluir **2 myself/ you etc. included** inclusive eu/você etc.

including /ɪnˈkludɪŋ/ prep incluindo: *It is $10, not including postage and packing.* O preço é $10, não incluindo as despesas de porte e embalagem.

inclusion /ɪnˈkluʒən/ s inclusão

inclusive /ɪnˈklusɪv/ adj **1** com tudo incluído | **inclusive of sth** com algo incluído: *The cost is $50, inclusive of meals.* O preço é de $50, com as refeições incluídas. | **to be inclusive of sth** incluir algo **2** inclusive: *ages 5—16, inclusive* idades de 5 a 16, inclusive

incoherent /ɪnkoʊˈhɪrənt/ adj incoerente

income /ˈɪŋkʌm/ s **1** renda: *people on a low income* pessoas de baixa renda **2 income tax** imposto de renda

incoming /ˈɪnkʌmɪŋ/ adj **1 incoming flights** os voos que estão para chegar **2 incoming calls** chamadas: *This phone only takes incoming calls.* Este telefone só recebe chamadas.

incompatible /ɪnkəmˈpætəbəl/ adj incompatível

incompetence /ɪnˈkɑmpətəns/ s incompetência

incompetent /ɪnˈkɑmpətənt/ adj incompetente

incomplete /ɪnkəmˈplit/ adj incompleto

incomprehensible /ɪnkɑmpriˈhɛnsəbəl/ adj incompreensível

inconceivable /ɪnkənˈsivəbəl/ adj inconcebível

inconclusive /ɪnkənˈklusɪv/ adj inconclusivo: *The talks were inconclusive.* As conversações foram inconclusivas.

incongruous /ɪnˈkɑŋgruəs/ adj **1** deslocado **2** incompatível [casal]

inconsiderate /ɪnkənˈsɪdərət/ adj desatencioso, que demonstra falta de consideração

inconsistent /ɪnkənˈsɪstənt/ adj **1** inconstante **2** inconsistente, contraditório [versão, relato]

inconspicuous /ɪnkənˈspɪkjuəs/ adj discreto | **to look inconspicuous** não chamar atenção: *I tried to look inconspicuous.* Tentei não chamar atenção.

inconvenience /ɪnkənˈvinjəns/ substantivo & verbo

- s **1** transtorno(s) **2** inconveniência
- v [tr] causar transtornos a

inconvenient /ɪnkənˈvinjənt/ adj inconveniente [dia, localização] inoportuno [hora, momento]

incorporate /ɪnˈkɔrpəreɪt/ v [tr] incorporar | **to incorporate sth into sth** incorporar algo a algo

incorrect /ɪnkəˈrɛkt/ adj errado, incorreto

increase¹ /ɪnˈkris/ v [tr/intr] aumentar: *Prices have increased by 10%.* Os preços aumentaram em 10%.

increase² /ˈɪŋkris/ s aumento | **an increase in sth** um aumento em/de algo | **to be on the increase** estar crescendo

increasing /ɪnˈkrisɪŋ/ adj crescente

increasingly /ɪnˈkrisɪŋli/ adv cada vez mais

incredible /ɪnˈkrɛdəbəl/ adj incrível

incredibly /ɪnˈkrɛdəbli/ adv **1** por incrível que pareça **2** (para intensificar) incrivelmente, super

incubator /ˈɪŋkjəbeɪtər/ s incubadora

incur /ɪnˈkɜr/ v [tr] (-rred, -rring) **1** incorrer em [dívidas, gastos] **2** sofrer [perdas] **3** provocar [fúria]

incurable /ɪnˈkjʊrəbəl/ adj incurável

indecent /ɪnˈdisənt/ adj indecente

indecisive /ɪndɪˈsaɪsɪv/ adj indeciso

indeed /ɪnˈdid/ adv **1** Uso enfático: *Thank you very much indeed.* Muitíssimo obrigado. | *"Do you know him?" "I do indeed."* – Você o conhece? – Conheço, e muito. **2** (para introduzir uma informação adicional) na verdade: *Many people, indeed about 60%, liked the movie.* Muitos, na verdade cerca de 60% das pessoas, gostaram do filme. **3** Usado para expressar surpresa ou desaprovação: *"I got home at 3 a.m." "Did you indeed!"* – Cheguei em casa às 3 da manhã. – É mesmo? | *"They said I was too old." "Too old indeed!"* – Disseram que eu era muito velho. – Que nada!

indefensible /ɪndɪˈfɛnsəbəl/ adj indefensável

indefinite /ɪnˈdefənət/ *adj* indeterminado | **indefinite leave/imprisonment etc.** licença/prisão etc. por tempo indeterminado

in̩definite ˈarticle *s* artigo indefinido

indefinitely /ɪnˈdefənətli/ *adv* indefinidamente, por tempo indeterminado

indemnity /ɪnˈdemnəti/ *s* (pl -ties) **1** imunidade **2** indenização

independence /ˌɪndɪˈpendəns/ *s* independência

independent /ˌɪndɪˈpendənt/ *adj* **1** independente [pessoa, estado] **2** independente [investigação, relatório]

independently /ˌɪndɪˈpendəntli/ *adv* **1** de forma independente **2** separadamente

ˌin-ˈdepth *adj* **1** profundo [conhecimento] **2** detalhado, exaustivo [análise, investigação, relatório]

indescribable /ˌɪndɪˈskraɪbəbəl/ *adj* indescritível

index /ˈɪndeks/ *s* (pl **indices** ou **indexes**) **1** (de um livro) índice **2** arquivo, fichário **3** (em economia, etc.) índice

ˈindex ˌfinger *s* (dedo) indicador

India /ˈɪndiə/ *s* Índia

Indian /ˈɪndiən/ *adj* & *s* **1** indiano -na **2** índio -dia ▶ O uso de **Indian** para se referir aos povos indígenas dos EUA e do Canadá pode ser considerado ofensivo

indicate /ˈɪndəkeɪt/ *v* **1** [tr] (mostrar) indicar **2** [tr] (informar) indicar, dar a entender **3** [intr] BrE sinalizar, dar sinal ▶ No inglês americano, diz-se **signal**

indication /ˌɪndəˈkeɪʃən/ *s* sinal, indício

indicative /ɪnˈdɪkətɪv/ *adjetivo & substantivo*

• *adj* **1 to be indicative of sth** ser um indício de algo **2** indicativo

• *s* indicativo

indicator /ˈɪndəkeɪtər/ *s* **1** indicador **2** BrE seta [de carro] ▶ No inglês americano, diz-se **turn signal**

indices /ˈɪndəsiːz/ plural de **index**

indictment /ɪnˈdaɪtmənt/ *s* **1 to be an indictment of sth** ser uma denúncia contra algo **2** AmE acusação

indifference /ɪnˈdɪfrəns/ *s* indiferença

indifferent /ɪnˈdɪfrənt/ *adj* **1** indiferente **2** medíocre, regular

indigenous /ɪnˈdɪdʒənəs/ *adj* nativo | **indigenous to** nativo de

indigestion /ˌɪndɪˈdʒestʃən/ *s* indigestão | **to get indigestion** ter indigestão

indignant /ɪnˈdɪgnənt/ *adj* indignado | **to be indignant at sth** ficar indignado com algo

indignation /ˌɪndɪgˈneɪʃən/ *s* indignação

indignity /ɪnˈdɪgnəti/ *s* (pl -ties) humilhação

indirect /ˌɪndəˈrekt/ *adj* **1** indireto **2** **indirect object** objeto indireto | **indirect speech** discurso indireto

indirectly /ˌɪndəˈrektli/ *adv* indiretamente

indiscreet /ˌɪndɪˈskriːt/ *adj* indiscreto

indiscretion /ˌɪndɪˈskreʃən/ *s* indiscrição

indiscriminate /ˌɪndɪˈskrɪmənət/ *adj* **1** indiscriminado **2** sem critério

indispensable /ˌɪndɪˈspensəbəl/ *adj* indispensável

indisputable /ˌɪndɪˈspjuːtəbəl/ *adj* indiscutível

indistinct /ˌɪndɪˈstɪŋkt/ *adj* indistinto

individual /ˌɪndəˈvɪdʒuəl/ *adjetivo & substantivo*

• *adj* **1 individual cases** casos particulares | **individual schools/departments etc.** cada escola/departamento etc.: *Individual schools can make their own rules about discipline.* Cada escola estabeleceu suas próprias normas de disciplina. | **each individual customer/case/school etc.** cada cliente/caso/escola etc. | *Each individual leaf is different.* Cada folha é diferente. **2** (para uma pessoa) individual: *individual portions of rice* porções individuais de arroz **3** (de cada pessoa): *It can be varied to suit individual needs.* Pode ser adaptado às necessidades de cada um. | *Individual tastes vary enormously.* Os gostos pessoais variam muito. **4** (referente a um estilo) peculiar

• *s* indivíduo

individually /ˌɪndəˈvɪdʒuəli/ *adv* individualmente

indoctrination /ɪnˌdɑktrəˈneɪʃən/ *s* doutrinação [política, religiosa]

indoor /ˈɪndɔr/ *adj* **1** coberto [piscina] **2** de salão [jogos, atividades] **3** de interior [plantas]

indoors /ɪnˈdɔrz/ *adv* dentro de casa | **to go indoors** ir para dentro

induce /ɪnˈduːs/ *v* [tr] **1 to induce sb to do sth** induzir/levar alguém a fazer algo **2** provocar [uma reação, uma mudança, etc.] **3** induzir [um parto], induzir o parto de [uma mulher]

inducement /ɪnˈduːsmənt/ *s* incentivo

induction /ɪnˈdʌkʃən/ *s* **1** iniciação **2 induction course** BrE curso de introdução ▶ No inglês americano, diz-se **training course** ou **training session**

indulge /ɪnˈdʌldʒ/ *v* **1 to indulge in sth** permitir-se algo **2** [tr] satisfazer [uma vontade, um gosto] | **to indulge yourself** satisfazer todos os seus caprichos/desejos **3** [tr] mimar, fazer a vontade de

indulgence /ɪnˈdʌldʒəns/ *s* **1** excessos [com comida, bebida, etc.] **2** concessão, luxo **3** indulgência, complacência

indulgent /ɪnˈdʌldʒənt/ *adj* indulgente

industrial /ɪnˈdʌstriəl/ *adj* **1** industrial **2 an industrial park** AmE, **an industrial estate** BrE zona industrial **3 industrial action** BrE greve ▶ No inglês americano, diz-se **job action**

industrialization, -isation BrE /ɪnˌdʌstriələˈzeɪʃən/ *adj* industrialização

industry

industry /'ɪndəstri/ s (pl -tries) indústria
inedible /ɪn'ɛdəbəl/ adj **1** não comestível **2** incomível
ineffective /ɪnə'fɛktɪv/ adj ineficaz
inefficiency /ɪnə'fɪʃənsi/ s ineficácia
inefficient /ɪnə'fɪʃənt/ adj ineficiente
ineligible /ɪn'ɛlədʒəbəl/ adj **to be ineligible for sth/to do sth** não ter direito a algo/a fazer algo
inept /ɪ'nɛpt/ adj inepto
inequality /ɪnɪ'kwɑləti/ s (pl -ties) desigualdade
inert /ɪ'nɜrt/ adj inerte
inertia /ɪ'nɜrʃə/ s inércia
inescapable /ɪnə'skeɪpəbəl/ adj inescapável
inevitable /ɪ'nɛvətəbəl/ adj inevitável
inevitably /ɪ'nɛvətəbli/ adv inevitavelmente
inexcusable /ɪnɪk'skjuzəbəl/ adj imperdoável, indesculpável
inexhaustible /ɪnɪg'zɔstəbəl/ adj inesgotável
inexpensive /ɪnɪk'spɛnsɪv/ adj barato
inexperienced /ɪnɪk'spɪriənst/ adj inexperiente
inexplicable /ɪnɪk'splɪkəbəl/ adj inexplicável
infallible /ɪn'fæləbəl/ adj infalível
infamous /'ɪnfəməs/ adj infame, mal-afamado
infancy /'ɪnfənsi/ s **1** (primeira) infância **2 to be in its infancy** estar engatinhando
infant /'ɪnfənt/ s **1** (formal) bebê **2 infant mortality** mortalidade infantil **infant school** BrE pré-escola
infantile /'ɪnfəntaɪl/ adj infantil
infantry /'ɪnfəntri/ s infantaria
infatuated /ɪn'fætʃueɪtɪd/ adj apaixonado | **to be/become infatuated with sth/sb** estar/ficar apaixonado por algo/alguém
infatuation /ɪnfætʃu'eɪʃən/ s paixão, paixonite
infect /ɪn'fɛkt/ v [tr] **1** infectar, contagiar | **to infect sb with sth** contaminar alguém com algo **2** contagiar [um sentimento]
infected /ɪn'fɛktɪd/ adj infectado | **to become infected (a)** (pessoa) ser infectado **(b)** (ferida) ficar infeccionado
infection /ɪn'fɛkʃən/ s **1** (doença) infecção **2** (processo) infecção
infectious /ɪn'fɛkʃəs/ adj **1** contagioso **2** contagiante
infer /ɪn'fɜr/ v [tr] (-rred, -rring) **1** inferir, deduzir **2** sugerir, insinuar
inference /'ɪnfərəns/ s **1** conclusão **2 by inference** por extensão
inferior /ɪn'fɪriər/ adjetivo & substantivo
- adj **1** inferior **2** (de qualidade) inferior
- s inferior

inferiority /ɪnfɪri'ɔrəti/ s **1** inferioridade **2 inferiority complex** complexo de inferioridade
infertile /ɪn'fɜrtl, BrE ɪn'fɜrtaɪl/ adj **1** estéril **2** improdutivo

infertility /ɪnfər'tɪləti/ s infertilidade
infest /ɪn'fɛst/ v [tr] infestar
infidelity /ɪnfə'dɛləti/ s (pl -ties) infidelidade
infiltrate /ɪn'fɪltreɪt/ v **1** [intr] infiltrar-se **2** [tr] infiltrar-se em
infinite /'ɪnfənət/ adj infinito
infinitely /'ɪnfənətli/ adv infinitamente
infinitive /ɪn'fɪnətɪv/ s infinitivo
infinity /ɪn'fɪnəti/ s infinito
infirmary /ɪn'fɜrməri/ s (pl -ries) **1** (de uma prisão, escola, etc.) enfermaria **2** É usado com o significado de "hospital" nos nomes de alguns hospitais, por exemplo *Liverpool Royal Infirmary*
inflamed /ɪn'fleɪmd/ adj inflamado
inflammable /ɪn'flæməbəl/ adj inflamável
inflammation /ɪnflə'meɪʃən/ s inflamação
inflammatory /ɪn'flæmətɔri/ adj incendiário
inflatable /ɪn'fleɪtəbəl/ adj inflável
inflate /ɪn'fleɪt/ v **1** [tr/intr] inflar **2** [tr] inflacionar
inflation /ɪn'fleɪʃən/ s inflação
inflexible /ɪn'flɛksəbəl/ adj **1** inflexível [regra, atitude, pessoa] **2** rígido [material]
inflict /ɪn'flɪkt/ v **1** infligir | **to inflict suffering/pain on sb** infligir sofrimentos/dor a alguém **2 to inflict sth/sb on sb** impingir algo/alguém a alguém
influence /'ɪnfluəns/ substantivo & verbo
- s influência | **to be a good/bad influence on sb** ser uma boa/má influência em alguém
- v [tr] influenciar, influir em

influential /ɪnflu'ɛnʃəl/ adj influente
influenza /ɪnflu'ɛnzə/ s (formal) gripe
influx /'ɪnflʌks/ s (pl -xes) **1** (de pessoas) afluência **2** (de investimentos) ingresso, afluxo
inform /ɪn'fɔrm/ v **1** [tr] avisar, informar | **to inform sb of/about sth** informar alguém de/sobre algo | **to keep sb informed (about/on sth)** manter alguém a par (de algo) **2 to inform on/against sb** delatar alguém
informal /ɪn'fɔrməl/ adj **1** (reunião, clima) informal **2** (estilo, expressão) informal **3** (roupa) informal, esporte
informant /ɪn'fɔrmənt/ s informante
information /ɪnfər'meɪʃən/ s informações | **information on/about sth** informações sobre algo | **a piece of information** uma informação
information superhighway /ɪnfərˌmeɪʃən supər'haɪweɪ/ s os vários sistemas que podem ser utilizados para enviar e obter informações, fotos, etc. eletronicamente
inforˌmation techˈnology s informática
informative /ɪn'fɔrmətɪv/ adj informativo
informed /ɪn'fɔrmd/ adj **1** (bem) informado **2 to make an informed decision/choice** fazer uma decisão/opção fundamentada

*Gostaria de saber mais sobre os **verbos modais**? Há uma explicação na seção de gramática.*

informer /ɪnˈfɔrmər/ s informante

infrastructure /ˈɪnfrəstrʌktʃər/ s infraestrutura

infrequent /ɪnˈfrikwənt/ adj raro

infrequently /ɪnˈfrikwəntli/ adv raramente

infringe /ɪnˈfrɪndʒ/ v [tr] **1** infringir [uma regra] **2** violar [um direito]

infringement /ɪnˈfrɪndʒmənt/ s infração, violação

infuriate /ɪnˈfjʊrieɪt/ v [tr] enfurecer

infuriating /ɪnˈfjʊrieɪtɪŋ/ adj exasperante, enfurecedor

ingenious /ɪnˈdʒinjəs/ adj engenhoso

ingenuity /ɪndʒəˈnuəti/ s criatividade

ingredient /ɪnˈɡridiənt/ s ingrediente

inhabit /ɪnˈhæbɪt/ v [tr] habitar

inhabitant /ɪnˈhæbətənt/ s habitante

inhale /ɪnˈheɪl/ v **1** [tr/intr] inalar **2** [intr] (ao fumar) tragar

ingredients

inherent /ɪnˈhɪrənt/ adj inerente | **to be inherent in sth** ser inerente a algo

inherently /ɪnˈhɪrəntli/ adv inerentemente

inherit /ɪnˈhɛrɪt/ v [tr] herdar

inheritance /ɪnˈhɛrɪtəns/ s herança

inhibit /ɪnˈhɪbɪt/ v [tr] **1** dificultar [um processo] **2** inibir [uma pessoa] | **to inhibit sb from doing sth** impedir alguém de fazer algo

inhibited /ɪnˈhɪbɪtɪd/ adj inibido

inhibition /ɪnhɪˈbɪʃən/ s inibição

inhospitable /ɪnhɑˈspɪtəbəl/ adj **1** (lugar) inóspito **2** (pessoa) pouco hospitaleiro

inhuman /ɪnˈhjumən/ adj **1** desumano **2** inumano

initial /ɪˈnɪʃəl/ adjetivo & substantivo

• *adj* inicial: *Their initial reaction was very positive.* A reação inicial deles foi muito positiva.

• *s* inicial: *a suitcase with the initials S.H. on it* uma mala com as iniciais S.H.

initially /ɪˈnɪʃəli/ adv inicialmente, no princípio

initiate /ɪˈnɪʃieɪt/ v [tr] **1** dar início a **2** **to initiate sb into sth** iniciar alguém em algo

initiation /ɪnɪʃiˈeɪʃən/ s iniciação

initiative /ɪˈnɪʃətɪv/ s **1** iniciativa: *Show some initiative!* Mostre alguma iniciativa! | **on your own initiative** por iniciativa própria **2** (programa) iniciativa **3** **to take the initiative** tomar a iniciativa

inject /ɪnˈdʒɛkt/ v [tr] **1** injetar | **to inject sb with sth** injetar algo em alguém **2** **to inject new life into sth** injetar vida nova em algo

injection /ɪnˈdʒɛkʃən/ s injeção

injure /ˈɪndʒər/ v [tr] ferir, machucar: *She injured her knee.* Ela feriu o joelho. | *Two people were injured in the accident.* Duas pessoas ficaram feridas no acidente. | **to injure yourself** ferir-se

injured /ˈɪndʒərd/ adj **1** ferido **2** contundido [jogador, atleta] **3** ferido [orgulho] **4** magoado, ofendido [tom]

injury /ˈɪndʒəri/ s (pl -ries) **1** ferimento, lesão **2** (em jogador, atleta) contusão, lesão **3** **injury time** BrE descontos [no final de um jogo]

injustice /ɪnˈdʒʌstɪs/ s injustiça

ink /ɪŋk/ s tinta | **in ink** a tinta: *Please write in ink.* Favor escrever à tinta.

inkjet printer /ˈɪŋkdʒɛt prɪntər/ s impressora a jato de tinta

inland /ˈɪnlənd/ *adjetivo & advérbio*

• *adj* do interior

• *adv* no interior, em direção ao interior

Inland 'Revenue s BrE equivalente britânico da Receita Federal

'in-laws s pl (informal) sogros

inlet /ˈɪnlɛt/ s enseada

inmate /ˈɪnmeɪt/ s detento -ta, presidiário -ria [em prisão], interno -na [em hospital psiquiátrico]

inn /ɪn/ s pousada

innate /ɪˈneɪt/ adj inato

inner /ˈɪnər/ adj **1** interno **2** íntimo

inner 'city s (pl -ties) áreas carentes próximas ao centro de uma grande cidade

inning /ˈɪnɪŋ/ s uma das nove partes em que se divide o jogo de beisebol

innocence /ˈɪnəsəns/ s **1** inocência **2** **in my/his etc. innocence** em minha/sua etc. ingenuidade

innocent /ˈɪnəsənt/ adj **1** inocente: *He is innocent of the charges against him.* Ele é inocente das acusações que lhe fizeram. **2** ingênuo

innocuous /ɪˈnɑkjuəs/ adj **1** inofensivo [comentário] **2** inócuo, inofensivo [substância, animal]

innovation /ɪnəˈveɪʃən/ s inovação

innovative /ˈɪnəveɪtɪv/ adj inovador

innuendo /ɪnjuˈɛndoʊ/ s (pl -s ou -es) insinuação, insinuações

innumerable /ɪˈnumərəbəl/ adj inúmeros

inoculate /ɪˈnɑkjəleɪt/ v [tr] vacinar

inoculation /ɪnɑkjəˈleɪʃən/ s **1** vacina **2** vacinação

input /ˈɪnpʊt/ s **1** contribuição **2** entrada [de dados]

inquest /ˈɪŋkwɛst/ s inquérito | **to hold an inquest into sth** abrir um inquérito para apurar algo

inquire, também **enquire** /ɪnˈkwaɪr/ (formal) v **1** [intr] informar-se | **to inquire about sth** informar-se sobre algo **2** [tr] perguntar

inquiry, também **enquiry** /ɪnˈkwaɪri, ˈɪŋkwəri/ *substantivo & substantivo plural*

• s (pl **-ries**) **1** pergunta, pedido de informações | **to make inquiries** pedir informações, informar-se **2** inquérito, investigação | **an inquiry into sth** uma investigação sobre algo

• **inquiries** s pl (também **enquiries**) BrE balcão de informações

inquisitive /ɪnˈkwɪzətɪv/ adj inquisitivo, curioso

insane /ɪnˈseɪn/ adj **1** louco **2** insano

insanity /ɪnˈsænəti/ s **1** insanidade **2** loucura

inscribe /ɪnˈskraɪb/ v [tr] **to inscribe sth on/in sth** gravar/escrever algo em algo

inscription /ɪnˈskrɪpʃən/ s **1** inscrição **2** dedicatória

insect /ˈɪnsɛkt/ s inseto

insecticide /ɪnˈsɛktəsaɪd/ s inseticida

insecure /ɪnsɪˈkjʊr/ adj inseguro

insecurity /ɪnsɪˈkjʊrəti/ s **1** insegurança **2** falta de segurança

insensitive /ɪnˈsɛnsətɪv/ adj **1** insensível [pessoa] **2** inapropriado [comentário, pergunta] **3 to be insensitive to sth** ser insensível a algo

inseparable /ɪnˈsɛpərəbəl/ adj inseparável

insert /ɪnˈsɜrt/ v [tr] inserir

inside¹ /ɪnˈsaɪd, ˈɪnsaɪd/ *preposição & advérbio*

• *prep* dentro de: *What's inside this package?* O que tem dentro deste embrulho?

• *adv* dentro: *The keys were inside.* As chaves estavam dentro. | *It's raining. We'll have to go inside.* Está chovendo. Vamos ter que ir lá para dentro.

inside² /ɪnˈsaɪd, ˈɪnsaɪd/ s **1 the inside** o lado de dentro, o interior: *The door is locked from the inside.* A porta está trancada pelo lado de dentro. **2 inside out** do avesso: *He has his sweater on inside out.* A suéter dele está do avesso. | **to turn sth inside out (a)** virar algo do avesso **(b)** revirar algo | **to know sth inside out** saber algo de trás para frente **3 my/your etc. insides** (informal) o meu/seu etc. estômago

inside³ /ˈɪnsaɪd/ adj **1** interno: *an inside pocket* um bolso interno **2 the inside lane** a pista da esquerda ▶ Nos EUA, **the inside lane** é a pista mais próxima ao centro da via; na Grã-Bretanha, é a pista mais próxima ao acostamento **3 inside information** informações confidenciais obtidas dentro da própria organização

insight /ˈɪnsaɪt/ s **1** percepção, perspicácia **2** ideia, visão: *It gives you an insight into their way of life.* Isto dá uma visão do estilo de vida deles.

insignificance /ɪnsɪgˈnɪfəkəns/ s insignificância

insignificant /ɪnsɪgˈnɪfəkənt/ adj insignificante

insincere /ɪnsɪnˈsɪr/ adj insincero, falso

insincerity /ɪnsɪnˈsɛrəti/ s insinceridade, falsidade

insinuate /ɪnˈsɪnjueɪt/ v [tr] insinuar

insist /ɪnˈsɪst/ v [intr] insistir: *She insisted that she had seen him.* Ela insistiu que o tinha visto. | **to insist on (doing) sth** insistir em (fazer) algo: *He insisted on seeing the manager.* Ele insistiu em falar com o gerente.

insistence /ɪnˈsɪstəns/ s insistência, persistência

insistent /ɪnˈsɪstənt/ adj insistente | **to be insistent that** insistir em que

insolence /ˈɪnsələns/ s insolência

insolent /ˈɪnsələnt/ adj insolente

insomnia /ɪnˈsɑmniə/ s insônia

inspect /ɪnˈspɛkt/ v [tr] **1** inspecionar, vistoriar **2** examinar [um produto, um documento]

inspection /ɪnˈspɛkʃən/ s inspeção, vistoria

inspector /ɪnˈspɛktər/ s **1** (de uma escola) inspetor -a **2** BrE (num ônibus, trem) fiscal

inspiration /ɪnspəˈreɪʃən/ s inspiração

inspire /ɪnˈspaɪr/ v [tr] **1** motivar **2** (respeito, confiança) inspirar **3 to inspire sb with sth** inspirar algo em alguém, encher alguém de algo | **to inspire sth in sb** infundir algo em alguém **4 to be inspired by sth** (obra artística) ser inspirado em algo

instability /ɪnstəˈbɪləti/ s instabilidade

install /ɪnˈstɔl/ v [tr] instalar

installation /ɪnstəˈleɪʃən/ s instalação

installment AmE, **instalment** BrE /ɪnˈstɔlmənt/ s **1** prestação | **to pay for sth in/by installments** pagar algo em prestações/à prestação **2** capítulo [de novela, etc.] **3** fascículo [de uma publicação]

instance /ˈɪnstəns/ s **1 for instance** por exemplo **2** caso

instant /ˈɪnstənt/ *adjetivo & substantivo*

• *adj* **1** instantâneo, imediato **2 instant coffee** café instantâneo

• *s* **1** instante **2 this instant** neste instante

instantaneous /ɪnstənˈteɪniəs/ adj instantâneo

instantly /ˈɪnstəntli/ adv instantaneamente, na hora

instant 'replay s AmE replay

instead /ɪnˈstɛd/ adv **1 instead of** em vez de: *He took mine instead of his.* Ele levou o meu em vez do dele. **2** em vez de algo já mencionado: *Lucy couldn't go, so I went instead.* Lucy não podia ir, então fui no lugar dela. | *There was no rice, so we had potatoes instead.* Como não tinha arroz, comemos batatas.

instigate /ˈɪnstəgeɪt/ v **1** [tr] instaurar, promover **2** [tr] fomentar

---

ⓘ Diz-se *I arrived in Rio* ou *I arrived to Rio*? Veja o verbete **arrive**.

instill AmE, **instil** BrE /ɪn'stɪl/ v [tr] (-lled, -lling) **to instill sth in/into sb** incutir algo em alguém

instinct /'ɪnstɪŋkt/ s instinto: *the **instinct to survive*** o instinto de sobrevivência | *My first instinct was to say no.* Minha primeira reação foi dizer não.

instinctive /ɪn'stɪŋktɪv/ adj instintivo

institute /'ɪnstətut/ *substantivo & verbo*
- s instituto
- v [tr] (formal) instaurar, instituir

institution /ɪnstə'tuʃən/ s **1** instituição **2** (para crianças) instituição **3** (para deficientes mentais) hospital psiquiátrico

institutional /ɪnstə'tuʃənəl/ adj institucional

instruct /ɪn'strʌkt/ v [tr] **1** mandar: *He instructed us not to leave the house.* Ele nos mandou ficar em casa. **2** ensinar | **to instruct sb in sth** ensinar algo a alguém, instruir alguém sobre algo

instruction /ɪn'strʌkʃən/ *substantivo & substantivo plural*
- s **1** ordem, instrução: *He had instructions not to let anyone in.* Ele tinha ordem para não deixar ninguém entrar. **2** ensino
- **instructions** s pl instruções [de uso]

instructive /ɪn'strʌktɪv/ adj instrutivo

instructor /ɪn'strʌktər/ s professor -a, instrutor -a: *a driving instructor* um professor de direção | *a skiing instructor* um instrutor de esqui

instrument /'ɪnstrəmənt/ s **1** (utensílio) instrumento **2** (musical) instrumento

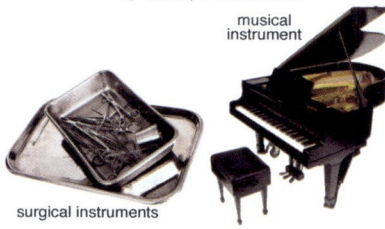

musical instrument

surgical instruments

instrumental /ɪnstrə'mentl/ adj **1 to be instrumental in sth** ter um papel fundamental em algo **2** (em música) instrumental

insufficient /ɪnsə'fɪʃənt/ adj insuficiente

insulate /'ɪnsəleɪt/ v [tr] isolar [canos, cabos, etc.]

insulation /ɪnsə'leɪʃən/ s isolamento, vedação

insult¹ /ɪn'sʌlt/ v [tr] insultar

insult² /'ɪnsʌlt/ s **1** insulto **2 to add insult to injury** para culminar

insulting /ɪn'sʌltɪŋ/ adj insultante, ofensivo

insurance /ɪn'ʃurəns/ s seguro | **to take out insurance on sth** pôr algo no seguro | **to take out insurance against sth** fazer seguro contra algo

insure /ɪn'ʃur/ v [tr] **1** segurar, pôr no seguro: *The painting is **insured** for $100,000.* O quadro é segurado por $100.000. | *Are you **insured** against theft?* Você tem seguro contra roubo? | **to insure sth/sb against sth** segurar algo/alguém contra algo **2** AmE ▶ ver **ensure**

intact /ɪn'tækt/ adj **1** intacto **2** ileso [reputação]

intake /'ɪnteɪk/ s **1** consumo: *He needs to reduce his fat intake.* Ele precisa reduzir seu consumo de gordura. **2** número de admissões: *The intake is down from last year.* As admissões caíram em relação ao ano passado.

integral /'ɪntəgrəl, ɪn'tegrəl/ adj integrante | **to be an integral part of sth** ser parte integrante de algo

integrate /'ɪntəgreɪt/ v **1** [tr] integrar **2** [intr] integrar-se

integration /ɪntə'greɪʃən/ s **integration (into sth)** integração (com algo)

integrity /ɪn'tegrəti/ s integridade

intellectual /ɪntə'lektʃuəl/ adj & s intelectual

intellectually /ɪntə'lektʃuəli/ adv intelectualmente

intelligence /ɪn'telədʒəns/ s **1** inteligência **2** inteligência, informações [sobre países inimigos]

intelligent /ɪn'telədʒənt/ adj inteligente

intelligible /ɪn'telədʒəbəl/ adj inteligível

intend /ɪn'tend/ v [tr] **1 to intend to do sth/to intend doing sth** pretender fazer algo: *She intends to go to college.* Ela pretende fazer faculdade. | **to intend sth/sb to do sth** Para expressar uma intenção em relação a algo ou alguém: *I intend Alan to oversee the whole process.* A minha intenção é que Alan supervisione todo o processo. **2 to be intended for sth/sb** ser destinado a algo/alguém: *The book is intended for beginners.* O livro é destinado a principiantes. **3 to be intended as sth** Para indicar o objetivo de algo: *It was intended as a compliment.* A minha intenção era lhe fazer um elogio.

intense /ɪn'tens/ adj **1** intenso [dor, calor] **2** profundo [interesse, antipatia] **3** intenso [pessoa]

intensely /ɪn'tensli/ adv intensamente, profundamente

intensify /ɪn'tensəfaɪ/ v (-fies, -fied) **1** [tr] intensificar **2** [intr] intensificar-se

intensity /ɪn'tensəti/ s intensidade

intensive /ɪn'tensɪv/ adj **1** intensivo **2 intensive care** tratamento intensivo

intent /ɪn'tent/ *adjetivo & substantivo*
- adj **1 to be intent on/upon doing sth** estar determinado a fazer algo **2** atento [expressão] | **to be intent on/upon sth** estar absorto em algo
- s **1 for/to all intents (and purposes)** para todos os efeitos: *For all intents and purposes, their*

intention

marriage was over. Para todos os efeitos, o casamento deles acabara. **2** intenção

intention /ɪnˈtɛnʃən/ s intenção | **to have no intention of doing sth** não ter a menor intenção de fazer algo

intentional /ɪnˈtɛnʃənəl/ *adj* intencional

intentionally /ɪnˈtɛnʃənəli/ *adv* intencionalmente, de propósito

intently /ɪnˈtɛntli/ *adv* atentamente

interact /ɪntərˈækt/ *v* [intr] interagir

interaction /ɪntərˈækʃən/ s interação

interactive /ɪntərˈæktɪv/ *adj* interativo

intercept /ɪntərˈsɛpt/ *v* [tr] interceptar

interchange¹ /ˈɪntərtʃeɪndʒ/ s **1** intercâmbio, troca **2** trevo [rodoviário]

interchange² /ɪntərˈtʃeɪndʒ/ *v* [tr] intercambiar, permutar

interchangeable /ɪntərˈtʃeɪndʒəbəl/ *adj* intercambiável, permutável

intercom /ˈɪntərkɑm/ s interfone

interconnected /ɪntərkəˈnɛktɪd/ *adj* interligado

intercourse /ˈɪntərkɔrs/ ▶ ver **sexual intercourse**

interest /ˈɪntrəst/ *substantivo & verbo*

- *s* **1** interesse: *She shows no interest at all in sports.* Ela não demonstra qualquer interesse por esporte. | **to take an interest in sth/sb** interessar-se por algo/alguém **2** passatempo **3** **to be of interest** ser interessante | **to be of no interest to sb** não interessar a alguém **4** juros **5** (benefício) interesse: *It's in everyone's interest to solve this problem.* É do interesse de todos resolver este problema. | **in the interest(s) of fairness/safety etc.** no interesse da justiça/ segurança etc.
- *v* [tr] **1** interessar **2** **to interest sb in sth** despertar o interesse de alguém por algo

interested /ˈɪntrəstɪd, ˈɪntərɛstɪd/ *adj* interessado: *She's interested in starting her own business.* Ela está interessada em abrir seu próprio negócio. | *He's not interested in politics.* Ele não tem interesse por política.

interesting /ˈɪntrəstɪŋ, ˈɪntərɛstɪŋ/ *adj* interessante

interestingly /ˈɪntrəstɪŋli, ˈɪntərɛstɪŋli/ *adv* curiosamente

interfere /ɪntərˈfɪr/ *v* [intr] **1** interferir | **to interfere in sth** interferir em algo **2** **to interfere with sth (a)** prejudicar algo **(b)** mexer em algo

interference /ɪntərˈfɪrəns/ s **1** (intromissão) interferência **2** (no rádio, na TV) interferência

interfering /ɪntərˈfɪrɪŋ/ *adj* intrometido

interior /ɪnˈtɪriər/ *substantivo & adjetivo*

- *s* interior
- *adj* interno

interjection /ɪntərˈdʒɛkʃən/ s interjeição

interlude /ˈɪntərlud/ s **1** intervalo **2** interlúdio

intermediate /ɪntərˈmidiət/ *adj* **1** de nível intermediário [estudante] **2** intermediário [estágio, nível]

intermission /ɪntərˈmɪʃən/ s intervalo

intermittent /ɪntərˈmɪtnt/ *adj* intermitente

intern¹ /ˈɪntɜrn/ s AmE **1** estagiário -ria **2** residente [médico]

intern² /ɪnˈtɜrn/ *v* [tr] confinar

internal /ɪnˈtɜrnl/ *adj* **1** interno: *internal bleeding* hemorragia interna | *a country's internal affairs* os assuntos internos de um país **2** doméstico: *an internal flight* um voo doméstico

internally /ɪnˈtɜrnl-i/ *adv* internamente

In·ternal 'Revenue ˌService s Equivalente americano da Receita Federal

international /ɪntərˈnæʃənəl/ *adjetivo & substantivo*

- *adj* internacional
- *s* **1** jogo internacional **2** BrE jogador -a da seleção

internationally /ɪntərˈnæʃənəli/ *adv* internacionalmente

Internet /ˈɪntərnɛt/ s **the Internet** a Internet: *Are you connected to the Internet?* Você usa a Internet?

ˌInternet 'Service Proˌvider s provedor (de Internet)

interpret /ɪnˈtɜrprɪt/ *v* **1** [tr] interpretar **2** [intr] atuar como intérprete, traduzir [oralmente]

interpretation /ɪntɜrprəˈteɪʃən/ s interpretação

interpreter /ɪnˈtɜrprətər/ s intérprete [de idioma estrangeiro]

interrelated /ɪntərɪˈleɪtɪd/ *adj* inter-relacionado, interligado

interrogate /ɪnˈtɛrəgeɪt/ *v* [tr] interrogar

interrogation /ɪntɛrəˈgeɪʃən/ s interrogatório

interrogative /ɪntəˈrɑgətɪv/ *adj* interrogativo

interrupt /ɪntəˈrʌpt/ *v* [tr/intr] interromper: *I hope I'm not interrupting anything.* Espero não estar interrompendo.

interruption /ɪntəˈrʌpʃən/ s interrupção

intersect /ɪntərˈsɛkt/ *v* **1** [tr] cruzar com **2** [intr] cruzar-se

intersection /ˈɪntərsɛkʃən/ s cruzamento

interval /ˈɪntərvəl/ s **1** intervalo **2** **at regular intervals** a intervalos regulares | **at hourly/six-monthly etc. intervals** a cada hora/seis meses etc. **3** **sunny intervals** períodos de sol **4** BrE (num concerto, etc.) intervalo ▶ No inglês americano, diz-se **intermission**

intervene /ɪntərˈvin/ *v* [intr] **1** intervir | **to intervene in sth** intervir em algo **2** interferir, interpor-se

*Gostaria de saber mais sobre as diferenças entre os **artigos** em inglês e português? Leia a explicação na seção de gramática.*

invent

intervening /ɪntərˈvinɪŋ/ adj **the intervening years/months etc.** os anos/meses etc. intervenientes

intervention /ɪntərˈvɛnʃən/ s intervenção

interview /ˈɪntərvju/ substantivo & verbo
- s entrevista
- v [tr] entrevistar

interviewee /ɪntərvjuˈi/ s entrevistado -da

interviewer /ˈɪntərvjuər/ s entrevistador -a

intestine /ɪnˈtɛstɪn/ s intestino | **the small/large intestine** o intestino delgado/grosso

intimacy /ˈɪntəməsi/ s intimidade

intimate /ˈɪntəmət/ adj **1** íntimo [amigo, amizade] **2** aconchegante [ambiente, restaurante] **3 to have an intimate knowledge of sth** ter um conhecimento profundo de algo

intimidate /ɪnˈtɪmədeɪt/ v [tr] intimidar

intimidating /ɪnˈtɪmədeɪtɪŋ/ adj intimidante

intimidation /ɪntɪməˈdeɪʃən/ s intimidação

into /ˈɪntə, ˈɪntʊ, acentuado ˈɪntu/ prep ▶ ver quadro

intolerable /ɪnˈtɑlərəbəl/ adj intolerável

intolerance /ɪnˈtɑlərəns/ s intolerância

intolerant /ɪnˈtɑlərənt/ adj intolerante | **to be intolerant of sth** não tolerar algo

intonation /ɪntəˈneɪʃən/ s entonação

intranet /ˈɪntrənɛt/ s intranet

intransitive /ɪnˈtrænsətɪv/ adj intransitivo

intricate /ˈɪntrɪkət/ adj intrincado

intrigue¹ /ɪnˈtrig/ v [tr] intrigar

intrigue² /ˈɪntrig/ s intriga

intriguing /ɪnˈtrigɪŋ/ adj intrigante, (pessoa) fascinante

intrinsic /ɪnˈtrɪnzɪk/ adj intrínseco

introduce /ɪntrəˈdus/ v [tr] **1** apresentar: *I was introduced to her father.* Fui apresentado ao pai dela. | **to introduce yourself** apresentar-se **2** introduzir **3 to introduce sb to sth** iniciar alguém em algo **4** apresentar [um programa de TV, rádio, etc.]

introduction

introduction /ɪntrəˈdʌkʃən/ s **1** (de uma reforma, um produto, etc.) introdução **2** (de um livro) introdução **3 sb's introduction to sth** a iniciação de alguém em algo **4** (entre pessoas) apresentação

introductory /ɪntrəˈdʌktəri/ adj **1** introdutório **2 an introductory offer** uma oferta de lançamento

---

into

1 MOVIMENTO PARA DENTRO DE ALGO

He fell into the river. Ele caiu no rio. | *I got into bed.* Entrei na cama.

2 SITUAÇÕES, PROFISSÕES

He was always getting into trouble. Ele está sempre se metendo em confusões. | *I want to go into teaching.* Quero entrar no magistério.

3 TRANSFORMAÇÃO

Make the dough into a ball. Faça uma bola da massa. | *Break the chocolate into pieces.* Quebre o chocolate em pedaços.

4 CONTATO

The car crashed into a tree. O carro bateu numa árvore.

5 DIREÇÃO

She was staring into space. Ela estava com o olhar perdido. | *Speak into the microphone.* Fale no microfone.

6 TEMPO

We talked long into the night. Ficamos conversando até altas horas da noite.

7 DIVISÕES

12 into 36 is three. 36 dividido por 12 dá três.

8 INTERESSE

to be into sth: *Dave's really into sailing.* Dave adora velejar. | *I'm not into drugs.* Não tomo drogas.

9 into também forma parte de vários **phrasal verbs**, tais como **enter into, run into,** etc., que são tratados no verbete do verbo correspondente.

---

introvert /ˈɪntrəvɜrt/ s introvertido -da

intrude /ɪnˈtrud/ v [intr] intrometer-se | **to intrude on/upon/into sth** intrometer-se em algo

intruder /ɪnˈtrudər/ s intruso -sa

intrusion /ɪnˈtruʒən/ s intrusão, intromissão

intrusive /ɪnˈtrusɪv/ adj indiscreto, invasivo

intuition /ɪntuˈɪʃən/ s intuição

intuitive /ɪnˈtuətɪv/ adj intuitivo

inundate /ˈɪnəndeɪt/ v [tr] inundar | **to be inundated with calls/complaints etc.** receber uma enxurrada de ligações/reclamações etc.

invade /ɪnˈveɪd/ v [tr/intr] invadir

invader /ɪnˈveɪdər/ s invasor -a

invalid¹ /ɪnˈvælɪd/ adj **1** sem validade [documento] | **to be invalid** não ter validade **2** sem efeito [argumento]

invalid² /ˈɪnvələd/ s inválido -da

invaluable /ɪnˈvæljəbəl/ adj inestimável

invariably /ɪnˈvɛriəbli/ adv invariavelmente

invasion /ɪnˈveɪʒən/ s invasão

invent /ɪnˈvɛnt/ v [tr] **1** (criar) inventar **2** (improvisar) inventar [uma história, uma desculpa, etc.]

invention

invention /ɪnˈvɛnʃən/ s invenção
inventive /ɪnˈvɛntɪv/ adj criativo
inventor /ɪnˈvɛntər/ s inventor -a
inventory /ˈɪnvəntɔri/ s (pl -ries) inventário
inverted commas /ɪnˌvɜrtɪd ˈkɑməz/ s pl BrE aspas | **in inverted commas** entre aspas ▶ Existe também **quotation marks**, que é usado tanto no inglês americano como no britânico
invest /ɪnˈvɛst/ v [tr/intr] **to invest (sth) in sth** investir (algo) em algo
investigate /ɪnˈvɛstəgeɪt/ v [tr/intr] investigar
investigation /ɪnvɛstəˈgeɪʃən/ s **investigation (into sth)** investigação (de/sobre algo)
investigative /ɪnˈvɛstəgeɪtɪv/ adj investigativo [trabalho, jornalismo]
investigator /ɪnˈvɛstəgeɪtər/ s investigador -a
investment /ɪnˈvɛstmənt/ s investimento
investor /ɪnˈvɛstər/ s investidor -a
invincible /ɪnˈvɪnsəbəl/ adj invencível
invisible /ɪnˈvɪzəbəl/ adj invisível
invitation /ɪnvəˈteɪʃən/ s convite: *an invitation to the wedding* um convite para o casamento
invite¹ /ɪnˈvaɪt/ v [tr] **1** convidar: *I haven't been invited.* Não fui convidado. | **to invite sb for dinner/lunch etc.** convidar alguém para jantar/almoçar etc. | **to invite sb to sth/to do sth** convidar alguém para algo/fazer algo **2 to invite questions/comments etc.** encorajar perguntas/comentários etc. **3 to invite trouble** procurar problema
PHRASAL VERBS
invite sb back 1 convidar alguém para ir a sua casa [no fim de um outro programa] **2** retribuir o convite a alguém
invite sb in convidar alguém a entrar
invite sb out convidar alguém para sair
invite sb over convidar alguém para vir à sua casa
invite sb round BrE ▶ ver **invite sb over**
invite² /ˈɪnvaɪt/ s (informal) convite
inviting /ɪnˈvaɪtɪŋ/ adj convidativo
invoice /ˈɪnvɔɪs/ s fatura
involuntary /ɪnˈvɑləntɛri/ adj involuntário
involve /ɪnˈvɑlv/ v [tr] **1** implicar, requerer: *It would involve getting up at 5 in the morning.* Implicaria acordar às 5 da manhã. | *What does the job involve?* Em que consiste o trabalho? **2** envolver: *a riot involving 45 prisoners* uma rebelião envolvendo 45 presos | *He's been involved in an accident.* Ele sofreu um acidente. **3 to involve sb (in sth)** incluir alguém (em algo) | **to be involved in sth** estar envolvido em algo, participar de algo | **to get involved in sth** envolver-se/meter-se em algo: *He got involved in a fight.* Ele se meteu numa briga. **4 to involve sb in sth** envolver alguém em algo **5 to be/get involved with sb** estar envolvido/envolver-se com alguém [em relação amorosa]

involved /ɪnˈvɑlvd/ adj complicado
involvement /ɪnˈvɑlvmənt/ s **1 involvement (in sth)** envolvimento em algo **2** envolvimento [amoroso]
inward /ˈɪnwərd/ adjetivo & advérbio
• adj **1** íntimo **2** interno
• adv AmE (também **inwards** BrE) para dentro
iPod® /ˈaɪpɑd/ s iPod®
IQ /aɪ ˈkju/ s (= **intelligence quotient**) QI
Ireland /ˈaɪrlənd/ s Irlanda
iris /ˈaɪrɪs/ s (pl -ses) **1** (flor) íris **2** (do olho) íris
Irish /ˈaɪrɪʃ/ adjetivo & substantivo
• adj irlandês
• s **the Irish** os irlandeses
Irishman /ˈaɪrɪʃmən/ s (pl -men) irlandês
Irishwoman /ˈaɪrɪʃwʊmən/ s (pl -women /wɪmɪn/) irlandesa
iron /ˈaɪərn/ substantivo & verbo
• s **1** (metal) ferro **2** (de passar roupa) ferro
• v [tr/intr] passar a ferro
iron sth out acertar/resolver algo
ironic /aɪˈrɑnɪk/ adj irônico
ironically /aɪˈrɑnɪkli/ adv ironicamente, com ironia
ironing /ˈaɪərnɪŋ/ s **1** roupa para passar | **to do the ironing** passar a roupa **2** roupa passada **3 ironing board** tábua de passar
irony /ˈaɪərni/ s (pl -nies) ironia
irrational /ɪˈræʃənəl/ adj irracional
irregular /ɪˈrɛgjələr/ adj irregular
irrelevance /ɪˈrɛləvəns/ s irrelevância
irrelevant /ɪˈrɛləvənt/ adj irrelevante | **to be irrelevant to sth** ser irrelevante para algo
irresistible /ɪrɪˈzɪstəbəl/ adj irresistível
irrespective /ɪrɪˈspɛktɪv/ adv **irrespective of** independente de
irresponsible /ɪrɪˈspɑnsəbəl/ adj irresponsável
irrigation /ɪrɪˈgeɪʃən/ s irrigação
irritable /ˈɪrətəbəl/ adj nervoso, irritadiço
irritate /ˈɪrəteɪt/ v [tr] **1** irritar | **to get irritated (with sb)** irritar-se/ficar irritado (com alguém) **2** irritar [a pele, os olhos, etc.]
irritating /ˈɪrəteɪtɪŋ/ adj irritante
irritation /ɪrəˈteɪʃən/ s **1** irritação **2** aborrecimento
IRS /aɪ ɑr ˈɛs/ s (= **Internal Revenue Service**) AmE **the IRS** equivalente americano da Receita Federal
is /ɪz/ ▶ 3a pess sing presente de **be**
Islam /ˈɪzlɑm/ s islamismo
Islamic /ɪzˈlæmɪk/ adj islâmico
island /ˈaɪlənd/ s ilha: *They live on a small island.* Eles vivem numa pequena ilha.
isle /aɪl/ s ilha ▶ Esta palavra só é usada em contextos literários ou no nome de certas ilhas, p. ex., *the Isle of Cozumel*

isn't /'ɪzənt/ contração de **is not**

isolate /'aɪsəleɪt/ v [tr] isolar

isolated /'aɪsəleɪtɪd/ adj **1** isolado **2** solitário **3** isolado [caso, incidente]

isolation /aɪsə'leɪʃən/ s **1** isolamento **2 in isolation** isoladamente

ISP /aɪ ɛs 'pi/ s (= **Internet Service Provider**) provedor (de Internet)

issue /'ɪʃu/ substantivo & verbo

- s **1** questão: *Tony raised the issue of membership fees.* Tony levantou a questão das mensalidades. **2** (de uma revista) número, edição **3 to take issue with sth/sb** discordar de algo/alguém **4 to make an issue (out) of sth** fazer um cavalo de batalha de algo **5** (de um passaporte, bilhetes, selos) emissão

- v [tr] **1** emitir [uma declaração, um alerta] **2 to issue sb with sth** munir alguém de algo **3** emitir [um passaporte, selos, etc.]

IT /aɪ 'ti/ s (= **information technology**) informática

it /ɪt/ pron ▶ ver quadro

Italian /ɪ'tæljən/ adjetivo & substantivo
- adj italiano
- s **1** (idioma) italiano **2** italiano -na

italics /ɪ'tælɪks/ s pl itálico

Italy /'ɪtl-i/ s Itália

itch /ɪtʃ/ verbo & substantivo

- v [intr] (3a pess sing presente **itches**) **1** coçar: *My arm is itching.* Meu braço está coçando. **2 to be itching to do sth** (informal) estar morrendo de vontade de fazer algo

- s (pl **itches**) comichão, coceira

itchy /'ɪtʃi/ adj (**-chier -chiest**) que coça [parte do corpo], que pinica [suéter, etc.]: *My eyes are itchy.* Meus olhos estão coçando.

it'd /'ɪtəd/ • contração de **it had**
- contração de **it would**

item /'aɪtəm/ s **1** item: *item one on the agenda* item número um da pauta | *There are over 100 items on the menu.* Há mais de 100 opções no cardápio. | *each item in the catalogue* cada item do catálogo **2 an item of clothing** uma peça de vestuário | **an item of furniture** um móvel **3** notícia, matéria [num jornal]: *a news item* uma notícia

itinerary /aɪ'tɪnəreri/ s (pl **-ries**) roteiro

it'll /'ɪtl/ contração de **it will**

---

it

1 É usado para se referir a objetos e animais. Também pode referir-se a um bebê cujo sexo é desconhecido. Pode ocorrer como sujeito ou como complemento do verbo. Em muitos casos fica sem tradução em português:

"Where's the milk?" "It's in the refrigerator." – Onde está o leite? – Está na geladeira. | *This horse needs a vet. It's in pain.* Esse cavalo precisa ser examinado por um veterinário. Ele está com dor.

Usado como objeto direto equivale a *o/a*:

What are they going to call it if it's a boy? Como vão chamá-lo se for menino?

Usado como objeto indireto equivale a *lhe*:

Give it a kick. Dê um chute nela.

Também pode vir depois de uma preposição:

a house with a stream behind it uma casa com um riacho atrás | *I put a sheet over it.* Eu o cobri com um lençol.

2 Usado em construções impessoais:

PARA FALAR DO TEMPO, DAS HORAS, DE DATAS E DISTÂNCIAS

It had been snowing. Tinha nevado. | *"What time is it?" "It's two o'clock."* – Que horas são? – São duas horas. | *It's May 10th today.* Hoje é dia 10 de maio. | *It's another 50 miles to Boston.* São mais 50 milhas até Boston.

PARA IDENTIFICAR PESSOAS OU COISAS

Hello, it's Jenny here. Could I speak to Sarah? Alô, aqui é a Jenny. Poderia falar com a Sarah? | *"What's in the package?" "It's a book."* – O que tem dentro do pacote? – É um livro.

PARA SE REFERIR A UMA SITUAÇÃO

How's it going, Bob? Como vão as coisas, Bob? | *I can't stand it any longer – I'm leaving.* Não aguento mais – vou embora.

OUTROS USOS IMPESSOAIS, E COM VERBO NA VOZ PASSIVA

It looks like he's not coming. Parece que ele não vem. | *It's so nice to see you!* É tão bom te ver! | *It is said that he's a millionaire.* Dizem que ele é milionário.

---

itself

1 **itself** é a forma reflexiva de **it**. Seu uso equivale, em geral, ao dos verbos reflexivos portugueses ou a frases com *si mesmo* ou *si mesma*:

The hedgehog curled itself into a ball. O ouriço se enrolou. | *Germany's image of itself* a imagem que a Alemanha tem de si mesma

2 Às vezes, é usado para dar ênfase:

The system itself is to blame. A culpa é do próprio sistema. | *Life itself is a battle.* A própria vida é uma batalha.

3 A expressão **by itself** ou **all by itself** significa *sozinho* (sem companhia ou ajuda):

I don't want to leave the dog by itself. Não quero deixar o cachorro sozinho. | *The door seemed to open by itself.* A porta pareceu se abrir sozinha.

4 in itself equivale a *em si*:

She passed. That in itself is quite an achievement. Ela passou. Isso em si já é uma grande conquista.

it's /ɪts/ • contração de **it is**
• contração de **it has**

its /ɪts/ *adj* seu/sua, seus/suas [de um objeto, um substantivo abstrato, um animal ou um bebê cujo sexo é desconhecido]: *The plan has its merits.* O plano tem seus méritos. ▶ Os possessivos são usados em inglês em muitos casos nos quais se usa o artigo em português, p. ex., referindo-se a partes do corpo, pertences, etc.: *The dog hurt its leg.* O cachorro machucou a perna. | *The baby dropped its rattle.* O bebê deixou cair o chocalho.

itself /ɪt'sɛlf/ *pron* ▶ ver quadro na pág. 197

I've /aɪv/ contração de **I have**

ivory /'aɪvəri/ *substantivo & adjetivo*
• *s* **1** marfim **2** cor de marfim
• *adj* cor de marfim

ivy /'aɪvi/ *s* hera

J, j /dʒeɪ/ *s* (letra) J, j ▶ ver "Active Box" **letters** em **letter**

jab /dʒæb/ *verbo & substantivo*
• *v* [tr/intr] (**-bbed, -bbing**) cutucar, espetar: *She jabbed the needle into my arm.* Ela espetou a agulha no meu braço. | *He jabbed at me with a stick.* Ele me cutucou com uma vara.
• *s* **1** cutucada, espetada **2** soco **3** BrE (informal) vacina, injeção ▶ No inglês americano diz-se **shot**

jack /dʒæk/ *s* **1** macaco [ferramenta] **2** valete [no baralho]

jacket /'dʒækɪt/ *s* **1** jaqueta **2** paletó **3** sobrecapa [de um livro]

jackpot /'dʒækpɑt/ *s* prêmio maior [em jogos de azar]

jade /dʒeɪd/ *s* jade

jaded /'dʒeɪdɪd/ *adj* **1** desgastado **2** saciado

jagged /'dʒægɪd/ *adj* **1** dentado, irregular [borda] **2** anguloso [rocha]

jaguar /'dʒægwɑr/ *s* jaguar

jail, também **gaol** BrE /dʒeɪl/ *substantivo & verbo*
• *s* cadeia, prisão
• *v* [tr] encarcerar

jam /dʒæm/ *verbo & substantivo*
• *v* (**-mmed, -mming**) **1** [tr/intr] emperrar: *The paper has jammed.* O papel emperrou. | *Hundreds of callers jammed the switchboard.* Centenas de chamadas congestionaram a mesa telefônica. **2 to jam sth into/under etc. sth** enfiar algo em/embaixo de etc. algo: *She jammed the letter into her pocket.* Ela enfiou a carta no bolso. | **to be jammed up against sth** ser imprensado contra algo **3** [tr] criar interferência em [um sinal de rádio]
• *s* **1** geleia **2** engarrafamento, congestionamento **3 to be in/get into a jam** (informal) estar/meter-se numa encrenca

Jamaica /dʒə'meɪkə/ *s* Jamaica

Jamaican /dʒə'meɪkən/ *adj & s* jamaicano -na

jangle /'dʒæŋgəl/ *v* [tr/intr] chacoalhar [emitindo som metálico]

janitor /'dʒænətər/ *s* AmE zelador -a

January /'dʒænjueri/ *s* janeiro ▶ ver "Active Box" **months** em **month**

Japan /dʒə'pæn/ *s* Japão

Japanese /dʒæpə'niz/ *adjetivo & substantivo*
• *adj* japonês
• *s* **1** (idioma) japonês **2** japonês -esa | **the Japanese** os japoneses

jar /dʒɑr/ *substantivo & verbo*
• *s* pote
• *v* (**-rred, -rring**) **1** [tr] luxar **2** [intr] **to jar on sb** irritar alguém

jargon /'dʒɑrgən/ *s* jargão

jasmine /'dʒæzmɪn/ *s* jasmim

jaundice /'dʒɔndɪs/ *s* icterícia

javelin /'dʒævəlɪn/ *s* dardo

jaw /dʒɔ/ *substantivo & substantivo plural*
• *s* **1** (superior) maxilar **2** (inferior) mandíbula, queixo
• **jaws** *s pl* mandíbulas

jazz /dʒæz/ *substantivo & verbo*
• *s* jazz
• *v* **jazz sth up** (informal) dar um realce em algo, incrementar algo

jealous /'dʒɛləs/ *adj* **1** invejoso | **to be jealous of sth/sb** ter inveja de algo/alguém **2** ciumento | **to be/get jealous (of sb)** estar/ficar com ciúmes (de alguém): *He gets jealous if I go out with my friends.* Ele fica com ciúmes se eu saio com meus amigos.

jealousy /'dʒɛləsi/ (*pl* **-sies**) *s* **1** inveja **2** ciúme(s)

jeans /dʒinz/ *s pl* jeans: *a pair of jeans* uma calça jeans | *She bought some new jeans.* Ela comprou um jeans novo.

jeep, também **Jeep®** /dʒip/ *s* jipe

jeer /dʒɪr/ *v* **1** [intr] rir da cara de alguém | **to jeer at sth/sb** rir de algo/alguém **2** [tr] xingar

Jell-O®, também **jello** /'dʒɛloʊ/ *s* AmE gelatina

jelly /'dʒɛli/ *s* (*pl* **-llies**) **1** geleia **2** BrE gelatina

jellyfish /'dʒɛlifɪʃ/ *s* (*pl* **jellyfish** ou **jellyfishes**) água-viva

jeopardize, -ise BrE /'dʒɛpərdaɪz/ v [tr] pôr em risco, comprometer

jeopardy /'dʒɛpərdi/ s **to be in jeopardy** estar ameaçado | **to put/place sth in jeopardy** pôr/colocar algo em perigo

jerk /dʒɜrk/ verbo & substantivo

• v **1** [tr/intr] mover bruscamente: *He jerked his hand away*. Ele puxou bruscamente a mão. **to jerk at/on sth** dar um puxão em algo **2** [intr] Usado para descrever o movimento brusco feito por um veículo: *The train jerked to a halt*. O trem deu um tranco e parou.

• s **1** solavanco **2** puxão **3** (informal) palhaço, idiota

jersey /'dʒɜrzi/ s **1** camisa [de time esportivo] **2** suéter, malha **3** jérsei

jet /dʒɛt/ s **1** (avião) jato **2** (de água, gás) jato **3 jet engine** motor a jato **jet lag** jet lag **jet plane**, também **jet aircraft** avião a jato

jetty /'dʒɛti/ s (pl -tties) píer, cais

Jew /dʒu/ s judeu -dia

jewel /'dʒuəl/ substantivo & substantivo plural

• s pedra preciosa

• **jewels** s pl joias

jeweler AmE, **jeweller** BrE /'dʒuələr/ s **1** joalheiro -ra **2 jeweller's** BrE joalheria

jewelry AmE, **jewellery** BrE /'dʒuəlri/ s joias | **a piece of jewelry** uma joia

Jewish /'dʒuɪʃ/ adj judeu

jigsaw /'dʒɪgsɔ/, também **'jigsaw ,puzzle** s quebra-cabeça

jingle /'dʒɪŋɡəl/ verbo & substantivo

• v [tr/intr] tilintar

• s **1** jingle **2** tilintar

jinx /dʒɪŋks/ substantivo & verbo

• s mau-olhado: *I think there's a jinx on this computer*. Acho que este computador está com mau-olhado.

• v [tr] pôr mau-olhado em | **to be jinxed** ser pé-frio

job /dʒɑb/ s **1** emprego | **to be out of a job** estar desempregado | **to lose your job** perder seu emprego ▶ **JOB OU WORK?** ver **trabalho**
2 tarefa, trabalho: *I have a job for you*. Tenho um trabalho para você fazer. | *He made a poor job of the floor*. Ele fez um serviço malfeito no piso.
3 função [responsabilidade]: *It's my job to look after the money*. É minha função cuidar do dinheiro.
4 to do the job (informal) resolver o assunto
5 good job AmE (informal) bom trabalho
6 it's a good job BrE (informal) ainda bem: *It was a good job he didn't see us*. Ainda bem que ele não nos viu.
7 BrE (informal) trabalho [dificuldade]: *I had an awful job getting the stain out*. Me deu muito trabalho tirar a mancha.

'**job ,action** s AmE greve

jobless /'dʒɑbləs/ adj desempregado

jockey /'dʒɑki/ s jóquei

jog /dʒɑg/ verbo & substantivo

• v (-gged, -gging) **1** [intr] correr [como exercício] | **to go jogging** correr, fazer jogging **2** [tr] empurrar [de leve] **3 to jog sb's memory** refrescar a memória de alguém

• s **1 to go for a jog** ir correr **2** empurrão

jogger /'dʒɑgər/ s corredor -a [praticante de jogging]

jogging /'dʒɑgɪŋ/ s jogging

join /dʒɔɪn/ verbo & substantivo

• v **1** [intr] associar-se, [tr] entrar para, tornar-se sócio de [um clube] **2** [intr] filiar-se, [tr] filiar-se a [um partido, um sindicato] **3** [tr] ingressar em [uma empresa, uma organização] **4 to join the army/navy etc.** alistar-se no Exército/na Marinha etc. **5** [tr] participar de [uma campanha, as conversações de paz, etc.] **6** [tr] juntar | **to join sth to sth** ligar algo a algo **7** (rios, estradas) [intr] encontrar-se, (tr) encontrar **8** [tr] juntar-se a uma pessoa ou um grupo: *Does he want to join us for dinner?* Ele quer jantar conosco? | *I joined them in Rome*. Fui encontrar com eles em Roma.

join in (sth) participar (de algo)
join up alistar-se

• s junção

joint /dʒɔɪnt/ substantivo & adjetivo

• s **1** articulação [dos ossos] **2** junta **3** (informal) lugar como um bar, uma discoteca, etc.: *a hamburger joint* uma lanchonete **4** baseado **5** quarto de carne

• adj conjunto: *It was a joint effort*. Foi um esforço conjunto. | **joint owner** co-proprietário -ria

joke /dʒoʊk/ substantivo & verbo

• s **1** piada | **to tell a joke** contar uma piada **2** brincadeira | **to play a joke on sb** pregar uma peça em alguém

• v [intr] **1** brincar: *Don't joke about things like that*. Não brinque com essas coisas. **2 you must be joking!** você está brincando! **3 all joking aside** falando sério

joker /'dʒoʊkər/ s **1** (informal) idiota, engraçadinho -nha **2** curinga

jolly /'dʒɑli/ adjetivo & advérbio

• adj (-llier, -lliest) alegre, jovial

• adv BrE (informal) muito: *It's jolly cold outside*. Está muito frio lá fora.

jolt /dʒoʊlt/ substantivo & verbo

• s **1** solavanco **2** choque

• v **1** [intr] sacudir, dar solavancos **2** [tr] sacudir, sacolejar

jostle /'dʒɑsəl/ v **1** [tr] empurrar **2** [intr] empurrar-se, acotovelar-se

jot /dʒɑt/ v (-tted, -tting) **jot sth down** anotar algo [rapidamente]

journal /ˈdʒɜrnl/ s **1** diário **2** revista [acadêmica]

journalism /ˈdʒɜrnl-ɪzəm/ s jornalismo

journalist /ˈdʒɜrnl-ɪst/ s jornalista

journey /ˈdʒɜrni/ s viagem | **to go on a journey** fazer uma viagem ▶ JOURNEY, TRAVEL, TRIP OU VOYAGE? ver nota em **viagem**

joy /dʒɔɪ/ s **1** alegria | **to jump for joy** pular de alegria **2 sb/sth is a joy to watch/listen to etc.** dá prazer ver/ouvir etc. algo/alguém: *She is a joy to teach.* Dá prazer dar aula para ela.

joyful /ˈdʒɔɪfəl/ adj alegre, feliz

joyriding /ˈdʒɔɪraɪdɪŋ/ s delito que consiste em roubar um carro e sair dirigindo, por diversão

joystick /ˈdʒɔɪstɪk/ s **1** joystick **2** manche

jubilant /ˈdʒubələnt/ adj exultante

jubilee /dʒubəˈli/ s jubileu

Judaism /ˈdʒudeɪ-ɪzəm/ s judaísmo

judge /dʒʌdʒ/ substantivo & verbo

- **s** **1** (na Justiça) juiz, juíza **2** (num concurso, etc.) juiz, juíza, jurado -da **3** Pessoa entendida: *I'm no judge of these things.* Não sou perito nessas coisas.
- **v** [tr/intr] **1** julgar | **judging by/from sth** a julgar por algo **2** calcular **3 to be judged (to be) sth** ser considerado algo

judgment, também **judgement** /ˈdʒʌdʒmənt/ s **1** discernimento, bom senso: *Use your own judgment.* Aja de acordo com seu bom senso. **2** julgamento **3** sentença

judo /ˈdʒudoʊ/ s judô

jug /dʒʌg/ s **1** AmE botija **2** BrE jarra ▶ No inglês americano diz-se **pitcher**

juggle /ˈdʒʌgəl/ v **1** [intr] fazer malabarismo, [tr] fazer malabarismo com **2** [tr] conciliar [compromissos diferentes]

juice /dʒus/ s **1** suco: *orange juice* suco de laranja **2** caldo

juicy /ˈdʒusi/ adj (-cier, -ciest) **1** suculento **2** (informal) malicioso, picante [fofoca, história, etc.]

jukebox /ˈdʒukbɑks/ s (pl -xes) jukebox [vitrola movida a moedas]

July /dʒuˈlaɪ/ s julho ▶ ver "Active Box" **months** em **month**

jumble /ˈdʒʌmbəl/ substantivo & verbo

- **s** **1** miscelânea, mistura **2** BrE roupas e objetos usados que se vendem para fins beneficentes ▶ No inglês americano, diz-se **rummage**
- **v** [tr] (também **jumble up**) misturar, embaralhar

jumbo /ˈdʒʌmboʊ/, também **ˈjumbo-ˌsized** adj (informal) (tamanho) jumbo

ˈjumbo ˌjet, também **jumbo** s jumbo [avião]

jump /dʒʌmp/ verbo & substantivo

jumping

- **v** **1** [tr/intr] pular, saltar: *The horse tried to jump the fence.* O cavalo tentou pular o obstáculo. | *He **jumped over** the wall.* Ele pulou o muro. | *He **jumped into** the pool.* Ele pulou na piscina. | *She **jumped out of** bed.* Ela pulou da cama. | **to jump up and down** pular, dar pulos **2** [intr] levar um susto, dar um pulo [de medo, surpresa] | **to make sb jump** dar um susto em alguém

jump at sth agarrar algo [uma oportunidade, etc.]

- **s** **1** salto, pulo **2** (barreira) salto **3** (de preços, lucros, etc.) salto

JumpDrive® /ˈdʒʌmpdraɪv/ s pendrive

jumper /ˈdʒʌmpər/ s **1** AmE (vestido) jardineira **2** BrE suéter, pulôver ▶ Existe também **sweater**, que é usado tanto no inglês americano como no britânico

ˈjump ˌrope s AmE corda de pular

junction /ˈdʒʌŋkʃən/ s cruzamento [rodoviário], entroncamento [ferroviário]

June /dʒun/ s junho ▶ ver "Active Box" **months** em **month**

jungle /ˈdʒʌŋgəl/ s selva

junior /ˈdʒunjər/ adjetivo & substantivo

- **adj** **1** júnior | **to be junior to sb** ser subalterno a alguém **2 Junior** AmE júnior, filho: *John Wallace Junior* John Wallace Júnior
- **s** **1 to be two years/six months etc. sb's junior** ser dois anos/seis meses etc. mais novo do que alguém **2** AmE aluno do penúltimo ano do ensino médio ou de um curso universitário **3** (também **junior miss**) AmE (referente a roupa) para meninas e moças **4** pessoa do escalão inferior **5** BrE aluno do ensino fundamental

ˌjunior ˈcollege s nos EUA e no Canadá, faculdade com cursos de apenas dois anos

ˌjunior ˈhigh ˌschool, também **ˌjunior ˈhigh** s nos EUA, escola para alunos entre 12 e 14 anos de idade

ˈjunior ˌschool s na Grã-Bretanha, escola para alunos entre 7 e 11 anos de idade

junk /dʒʌŋk/ s **1** cacarecos **2** (comida) porcaria **3** (informal) besteirada **4** coisas/mobília de segunda mão

---

Você está em dúvida se deve usar **make** ou **do**? Veja os verbetes **fazer**, **make** e **do**.

'junk food s porcaria [comida sem valor nutritivo]

junkie /'dʒʌŋki/ s (informal) drogado -da

'junk mail s propaganda que se recebe pelo correio

Jupiter /'dʒupətər/ s Júpiter

juror /'dʒʊrər/ s jurado -da

jury /'dʒʊri/ s (pl **-ries**) júri

'jury ˌduty s serviço do júri

just /dʒʌst/ *advérbio & adjetivo*

• *adv* **1** exatamente: *It's just what I wanted.* Era exatamente o que eu queria. | *She looks just like her mother.* Ela é igual à mãe.
2 só: *"Are there any letters?" "Just bills."* – Chegou alguma carta? – Só contas. | *I saw her just yesterday.* Ontem mesmo eu a vi.
3 to have just done sth: *He's just gone out.* Ele acabou de sair. | *I had just gone to sleep when the phone rang.* Eu tinha acabado de pegar no sono quando o telefone tocou.
4 to be just doing sth: *He's just coming.* Ele já vem. | *We were just leaving.* Nós já estávamos de saída.
5 to be just about to do sth/to be just going to do sth: *I was just about to call the police.* Eu já ia chamar a polícia.
6 just before/after etc. logo antes/depois etc. | **just over/under** um pouco mais/menos de: *It's just over two meters.* Tem um pouco mais de dois metros.
7 just as good/much etc. (as) para reforçar uma comparação: *She earns just as much as he does.* Ela ganha tanto quanto ele. | *This brand is just as good.* Esta marca é boa também.
8 (only) just: *We got there just in time.* Chegamos lá em cima da hora. | *The rope was only just long enough.* Por pouco o comprimento da corda não era suficiente.
9 just about quase: *just about everyone* quase todo mundo | *I've just about finished.* Estou quase terminando.
10 uso enfático e com imperativos: *We get along just fine.* A gente se dá muito bem. | *I just couldn't believe it.* Eu simplesmente não acreditei. | *They'll just have to wait.* Eles vão ter que esperar. | *Just let me finish this.* Espere só eu terminar isto.
11 just now (a) agora (mesmo): *I was talking to him just now.* Eu estava falando com ele agora mesmo. **(b)** no momento: *I'm busy just now.* No momento estou ocupado.
12 just in case para o caso das dúvidas
13 it's just as well (that) ainda bem (que)

• *adj* (formal) justo

justice /'dʒʌstɪs/ s **1** justiça | **to bring sb to justice** processar alguém **2 to do justice to sth/sb, do sth/sb justice** fazer justiça a algo/alguém: *This photo doesn't do her justice.* Esta foto não faz justiça a ela. **3 to do yourself justice** mostrar o que você é capaz de fazer: *She didn't do herself justice in the interview.* Ela não mostrou toda sua capacidade na entrevista.
4 (também **Justice**) desembargador -a

justifiable /dʒʌstə'faɪəbəl/ *adj* justificável, justificado

justifiably /dʒʌstə'faɪəbli/ *adv* justificadamente

justification /dʒʌstəfə'keɪʃən/ s justificativa

justified /'dʒʌstəfaɪd/ *adj* justificado | **to be justified in doing sth** ter motivo para fazer algo

justify /'dʒʌstəfaɪ/ *v* [tr] (**-fies, -fied**) justificar

justly /'dʒʌstli/ *adv* **1** com razão **2** com justiça

jut /dʒʌt/, também **jut out** *v* [intr] (**-tted, -tting**) projetar-se, sobressair

juvenile /'dʒuvənl/ *adjetivo & substantivo*

• *adj* **1** juvenil **2** infantil, pueril

• *s* menor

K, k /keɪ/ K, k ▶ ver "Active Box" **letters** em **letter**

kabob AmE, **kebab** BrE /kə'bɑb/ s brochete de carne e legumes

kaleidoscope /kə'laɪdəskoʊp/ s caleidoscópio

kangaroo /kæŋgə'ru/ s canguru

karat AmE, **carat** BrE /'kærət/ s quilate

karate /kə'rɑti/ s caratê

kebab BrE ▶ ver **kabob**

keen /kin/ *adj* **1 to be keen to do sth** ter vontade de fazer algo: *She's not keen to get back to work.* Ela não tem vontade de voltar a trabalhar.
2 to be keen on sth/sb gostar de algo/alguém: *I'm not very keen on tennis.* Não gosto muito de tênis. **3** entusiasta [fotógrafo, surfista, etc.]
4 forte, grande [interesse] **5 a keen sense of humor/smell etc.** um senso de humor/faro etc. aguçado

keep /kip/ *v* (passado & particípio **kept**)
1 [intr] ficar, manter-se: *He runs to keep in shape.* Ele corre para ficar em forma. | *Sit down and keep quiet.* Sente-se e fique quieto.
2 [tr] manter: *My job keeps me very busy.* Meu trabalho me mantém muito ocupado. | **to keep sth clean/hot etc.** manter algo limpo/quente etc. | **to keep sb waiting** fazer alguém esperar
3 [tr] deixar, reter [no mesmo lugar]
4 to keep (on) doing sth (a) continuar fazendo algo: *Keep trying./Keep on trying.* Continue tentando. **(b)** referente a ações repetidas: *He keeps hitting me.* Ele fica batendo em mim. | *I keep forgetting to mail this letter.* Nunca me lembro de pôr esta carta no correio.

5 [tr] ficar com: *You can keep the book.* Pode ficar com o livro.
6 [tr] guardar: *Where do you keep the scissors?* Onde você guarda a tesoura?
7 [tr] reter: *He kept me for half an hour.* Ele me reteve por meia hora. | *What kept you?* Por que você demorou tanto?
8 [tr] criar [animais]
9 [tr] manter, sustentar [uma família, etc.]
10 [intr] (referente a alimentos) durar
11 to keep a diary fazer um diário
12 to keep sth/sb from doing sth impedir algo/alguém de fazer algo
13 to keep a promise cumprir uma promessa | **to keep an appointment** não faltar a um encontro marcado
14 to keep a secret guardar um segredo
15 to keep sth from sb esconder algo de alguém, não contar algo a alguém
16 to keep sth to yourself guardar algo para você mesmo | **to keep yourself to yourself** BrE não ser muito sociável
17 to keep at it (informal) aguentar firme

PHRASAL VERBS
keep away ficar longe: *Keep away from the edge.* Fique longe da borda. **keep sth/sb away** manter algo/alguém afastado
keep back ficar afastado **keep sth back** esconder algo: *She was keeping something back from me.* Ela estava escondendo algo de mim. **keep sb back** segurar alguém
keep sth down to keep prices down manter os preços baixos
keep off sth 1 não pisar em [grama] **2** evitar [um assunto] **keep sth off** proteger uma coisa de algo: *Cover the food to keep the flies off.* Cubra a comida para protegê-la das moscas.
keep on to keep on about sth (informal) não parar de falar de algo | **to keep on at sb (about sth)** ficar em cima de alguém (sobre algo)
keep out 1 não entrar | **keep out!** entrada proibida **2 to keep out of sth** ficar de fora de algo
keep sth/sb out não deixar algo/alguém entrar
keep to sth 1 cumprir [uma promessa, etc.] **2** não afastar-se de algo [um caminho, um roteiro]
keep up 1 acompanhar: *She's having trouble keeping up with the others in English.* Ela está com dificuldade de acompanhar os outros em inglês. **2** manter-se atualizado **keep sth up** continuar com algo, manter algo

keeper /'kipər/ s **1** goleiro -ra **2** guarda-caça **3** tratador -a **4** curador -a

kennel /'kɛnl/ s **1** canil [casinha] **2** (também **kennels** BrE) canil [para alojar cães]

kept /kɛpt/ passado & particípio de **keep**

kerb /kɜrb/ s BrE meio-fio ▶ No inglês americano, diz-se **curb**

kerosene /'kɛrəsin/ s AmE querosene

ketchup /'kɛtʃəp/ s ketchup

kettle /'kɛtl/ s **1** (também **teakettle**) chaleira **2** AmE caldeirão

key /ki/ substantivo, adjetivo & verbo

• *s* **1** chave: *the front-door key* a chave da porta de entrada **2** tecla **3 the key to success/survival etc.** a chave do sucesso/da sobrevivência etc **4** (em música) tom **5** (de um mapa, etc.) legenda

• *adj* chave, fundamental

• *v* **key sth in** digitar algo

keyboard /'kibɔrd/ s teclado

keyhole /'kihoʊl/ s buraco da fechadura

'key ring s chaveiro

kg (= **kilogram**) kg

khaki /'kæki/ adjetivo, substantivo & substantivo plural

• *adj* & *s* cáqui [cor] ▶ ver "Active Box" **colors** em **color**

• **khakis** *s pl* AmE calça cáqui

kick /kɪk/ verbo & substantivo

• *v* **1** [tr/intr] chutar: *He kicked the ball over the wall.* Ele chutou a bola por cima do muro. | *We had to kick the door down.* Tivemos que derrubar a porta a pontapés. **2** [intr] (bebê, pessoa zangada) espernear **3 to kick yourself** querer morrer [por ter errado, esquecido, etc.] ▶ ver também **bucket**

kick in (informal) começar a fazer efeito **kick in sth** AmE (informal) contribuir com algo

kick off 1 (informal) começar **2** dar o pontapé inicial **kick sth off** (informal) dar o pontapé inicial em algo

kick sb out (informal) expulsar alguém: *He was kicked out of college.* Ele foi expulso da faculdade.

• *s* **1** chute, pontapé **2 to get a kick out of sth** informal curtir algo, ter prazer em algo: *He seems to get a kick out of annoying her.* Parece que ele tem prazer em irritá-la. **3 to do sth for kicks** (informal) fazer algo por curtição

karate kick

kick (soccer)

kickoff /'kɪk‑ɔf/ s pontapé inicial, começo

Há uma tabela com os **números** em inglês na seção de gramática.

kid /kɪd/ *substantivo & verbo*
- *s* **1** (informal) criança: *He's only a kid.* Ele não passa de uma criança. **2** (informal) filho -lha **3** cabrito **4** pelica **5 kid brother/sister** (informal) irmão mais novo/irmã mais nova
- *v* (**-dded, -dding**) (informal) **1** [intr] brincar: *I was just kidding.* Eu estava brincando. **2** [tr] **to kid sb that** enganar alguém dizendo que | **to kid yourself** iludir-se **3 no kidding** (informal) **(a)** não brinca, você está brincando **(b)** sem brincadeira

kidnap /'kɪdnæp/ *v* [tr] (**-pped, -pping**) sequestrar

kidnapper /'kɪdnæpər/ *s* sequestrador -a

kidnapping /'kɪdnæpɪŋ/ *s* sequestro

kidney /'kɪdni/ *s* rim

kill /kɪl/ *verbo & substantivo*
- *v* **1** [tr/intr] matar **2 to be killed (a)** morrer: *Three people were killed in the explosion.* Três pessoas morreram na explosão. **(b)** ser morto: *He was killed by the Mafia.* Ele foi morto pela máfia. **3 to kill yourself** matar-se, suicidar-se **4 to kill time** fazer hora
  kill sth/sb off acabar com algo/alguém
- *s* **1** presa **2** matança

killer /'kɪlər/ *s* assassino -na

killing /'kɪlɪŋ/ *s* **1** assassinato **2** matança **3 to make a killing** (informal) fazer uma fortuna

kilo /'kiloʊ/ *s* quilo

kilobyte /'kɪləbaɪt/ *s* kilobyte

kilogram, também **kilogramme** BrE /'kɪləgræm/ *s* quilograma

kilometer AmE, **kilometre** BrE /kɪ'lɑmətər, 'kɪləmitər/ *s* quilômetro

kilt /kɪlt/ *s* kilt, saia escocesa

kin /kɪn/ *s pl* família ▶ ver também **next of kin**

kind /kaɪnd/ *substantivo & adjetivo*
- *s* **1** tipo | **all kinds of** todo tipo de **2 a kind of/some kind of** um tipo de **3 kind of** (informal) meio: *He seems kind of weird to me.* Ele me parece meio estranho. **4 in kind** com mercadorias e serviços
- *adj* (**-der, -dest**) amável, gentil: *They've been so kind to me.* Eles têm sido tão amáveis comigo.

kindly /'kaɪndli/ *advérbio & adjetivo*
- *adv* **1** amavelmente **2 (will you) kindly** (formal) favor: *Kindly step this way.* Favor seguir por aqui. | *Kindly mind your own business!* Quer fazer o favor de cuidar da sua vida? **3 not to take kindly to sth/sb** não gostar de algo/alguém: *She does not take kindly to criticism.* Ela não gosta de ser criticada.
- *adj* gentil, bondoso

kindness /'kaɪndnəs/ *s* bondade, gentileza

king /kɪŋ/ *s* **1** rei **2** (em xadrez) rei

kingdom /'kɪŋdəm/ *s* reino

kinship /'kɪnʃɪp/ *s* parentesco

kiosk /'kiɑsk/ *s* quiosque

kipper /'kɪpər/ *s* arenque defumado

kiss /kɪs/ *verbo & substantivo*
- *v* (3a pess sing **kisses**) [tr] beijar, [intr] beijar-se | **to kiss sb goodbye** dar um beijo de despedida em alguém
- *s* (pl **kisses**) **1** beijo | **to give sb a kiss** dar um beijo em alguém **2 to give sb the kiss of life** fazer respiração boca a boca em alguém

kit /kɪt/ *s* **1** kit **2** uniforme [de jogador, soldado, etc.]

kitchen /'kɪtʃən/ *s* cozinha [aposento]

kite /kaɪt/ *s* pipa, papagaio

kitten /'kɪtn/ *s* filhote de gato

kitty /'kɪti/ *s* caixinha, vaquinha [fundo comum]

klutz /klʌts/ *s* AmE (informal) estabanado -da

km (= **kilometer**) km

knack /næk/ *s* (informal) jeito | **to get the knack of sth** pegar o jeito/o macete de algo

knead /nid/ *v* **1** [tr] amassar [massa de pão] **2** massagear

knee /ni/ *s* joelho | **on your knees** de joelhos, ajoelhado: *He got down on his knees and prayed.* Ele se ajoelhou e rezou.

kneecap /'nikæp/ *s* rótula

kneel /nil/, também **kneel down** *v* [intr] (passado & particípio **knelt**) ajoelhar(-se) | **to be kneeling** estar ajoelhado

knew /nu/ passado de **know**

knickers /'nɪkərz/ *s pl* BrE calcinha: *a pair of knickers* uma calcinha ▶ No inglês americano, diz-se **panties**

knife /naɪf/ *s* (pl **knives**) faca

knight /naɪt/ *substantivo & verbo*
- *s* **1** (na Idade Média) cavaleiro **2** (em xadrez) cavalo **3** (título honorífico britânico) cavaleiro ▶ Os detentores deste título usam a palavra **Sir** antes do nome
- *v* [tr] conferir o título de cavaleiro a

knighthood /'naɪthʊd/ *s* título de cavaleiro

knit /nɪt/ *v* [tr/intr] tricotar

knitting /'nɪtɪŋ/ *s* **1** tricô **2 knitting needle** agulha de tricô

knives /naɪvz/ plural de **knife**

knob /nɑb/ *s* **1** maçaneta **2** botão [de rádio]

knock /nɑk/ *verbo & substantivo*
- *v* **1** [intr] bater: *Why don't you knock before you come in?* Por que você não bate na porta antes de entrar? | **to knock at/on the door** bater na porta **2** [tr] bater com: *He knocked his head on a rock.* Ele bateu com a cabeça numa pedra. **3** [tr] derrubar [com um soco, empurrão, etc.]: *They knocked him to the floor.* Derrubaram-no com um soco. **4** [tr] (informal) criticar

knockout

PHRASAL VERBS
knock sth down **1** demolir algo **2 to knock sth down to $100/$50 etc.** (informal) baixar o preço de algo para $100/$50 etc. **3 to be/get knocked down** ser atropelado
knock off (informal) terminar de trabalhar
knock sth off **1** dar um desconto de: *I got him to knock $10 off the price.* Consegui que ele desse um desconto de $10 no preço. **2 knock it off!** (informal) dá um tempo!, para com isso!
knock sb out **1** pôr alguém nocaute, nocautear alguém **2** eliminar alguém [de um campeonato, etc.]
knock sb/sth over derrubar alguém/algo

• *s* pancada: *a knock on the head* uma pancada na cabeça | *There was a knock at the door.* Alguém bateu na porta.

knockout /'nɑk-aʊt/ *s* **1** nocaute **2** BrE eliminatória

knot /nɑt/ *substantivo & verbo*
• *s* **1** (para amarrar) nó | **to tie a knot (in sth)** dar um nó (em algo) **2** (unidade de velocidade de um barco) nó **3** (na madeira) nó **4** (de pessoas) punhado
• *v* [tr] dar um nó em | **to knot sth together** amarrar algo

know /noʊ/ *v* (passado **knew**, particípio **known**)
1 [tr/intr] saber: *I don't know where she's gone.* Não sei aonde ela foi. | *She's really upset, you know.* Ela está muito chateada, sabia? | *I know! Let's ask Michael.* Já sei! Vamos perguntar ao Michael. | **to know about sth (a)** saber de algo **(b)** entender de algo: *He knows a lot about cars.* Ele entende bastante de carros. | **to know how to do sth** saber fazer algo
2 [tr] conhecer: *Do you know Patrick Clark?* Você conhece o Patrick Clark? | **to know each other** conhecer-se: *Do you two know each other?* Vocês dois já se conhecem? | **to get to know sb** conhecer alguém (melhor) | **to get to know sth** familiarizar-se com algo ▶ KNOW OU MEET? ver nota em **conhecer**
3 [tr] reconhecer: *I'd know him anywhere.* Eu o reconheceria em qualquer lugar.
4 to let sb know avisar alguém
5 as far as I know que eu saiba
6 you never know nunca se sabe
7 he/you etc. should know better (than to do sth) ele/você etc. sabe que não deve (fazer algo)
know of sth/sb conhecer algo/alguém: *Do you know of any good restaurants around here?* Você conhece algum bom restaurante nas redondezas?

knowing /'noʊɪŋ/ *adj* **a knowing look/smile** um olhar/sorriso cúmplice

knowingly /'noʊɪŋli/ *adv* **1** deliberadamente **2** de maneira cúmplice

knowledge /'nɑlɪdʒ/ *s* **1** conhecimento(s) | **knowledge of/about sth** conhecimento(s) de/sobre algo **2 without my knowledge** sem o meu conhecimento: *They recorded it without my knowledge.* Gravaram isso sem o meu conhecimento. **3 to my knowledge** que eu saiba **4 it's common knowledge (that)** é de conhecimento geral (que)/é sabido (que)

knowledgeable /'nɑlɪdʒəbəl/ *adj* entendido: *He's very knowledgeable about wines.* Ele é muito entendido em vinhos.

known¹ /noʊn/ *adj* **1** conhecido **2 to be known for sth** ser famoso por algo

known² particípio de **know**

knuckle /'nʌkəl/ *s* junta [do dedo]

koala /koʊ'ɑlə/, também **ko'ala ˌbear** *s* coala

Korea /kə'riə/ *s* Coreia

Korean /kə'riən/ *adjetivo & substantivo*
• *adj* coreano -na
• *s* **1** (idioma) coreano **2** coreano -na

kph (= **kilometers per hour**) km/h

L, l /ɛl/ *s* L, l ▶ ver "Active Box" **letters** em **letter**

lab /læb/ *s* (informal) laboratório

label /'leɪbəl/ *substantivo & verbo*
• *s* **1** etiqueta **2** (também **record label**) selo [de gravadora]
• *v* [tr] (**-led**, **-ling** AmE, **-lled**, **-lling** BrE) **1** etiquetar **2 to label sth/sb (as) sth** rotular algo/alguém de algo

labor AmE, **labour** BrE /'leɪbər/ *substantivo & verbo*
• *s* **1** trabalho, mão de obra: *labor-saving devices* aparelhos para poupar trabalho **2** (trabalhadores) mão de obra: *There is a shortage of skilled labor.* Há uma escassez de mão de obra qualificada. **3** trabalho de parto | **to be in/go into labor** estar/entrar em trabalho de parto **4 Labour** BrE, também **the Labour Party** o Partido Trabalhista **5 labor relations** relações trabalhistas
• *v* [intr] **1** labutar **2 to labor to do sth** esforçar-se para fazer algo

laboratory /'læbrətɔri, BrE lə'bɑrətri/ *s* (pl **-ries**) laboratório

labored AmE, **laboured** BrE /'leɪbərd/ *adj* **1** (estilo) rebuscado **2** (respiração) difícil

laborer AmE, **labourer** BrE /'leɪbərər/ *s* trabalhador -a, peão [rural, de obra, etc.]

laborious /ləˈbɔːriəs/ *adj* trabalhoso

ˈlabor ˌunion *s* sindicato dos trabalhadores

labyrinth /ˈlæbərɪnθ/ *s* labirinto

lace /leɪs/ *substantivo & verbo*
- *s* **1** renda [tecido] **2** (também **shoelace**) cadarço [de sapato]
- *v* [tr/intr] (também **lace up**) amarrar

lack /læk/ *substantivo & verbo*
- *s* falta, carência | **for/through lack of sth** por falta de algo
- *v* [tr] carecer de, não ter: *He lacks imagination.* Ele carece de imaginação.

lacking /ˈlækɪŋ/ *adj* **to be lacking** faltar | **to be lacking in sth** ser carente de algo

lacquer /ˈlækər/ *s* **1** laca [verniz] **2** laquê

lacy /ˈleɪsi/ *adj* (**-cier**, **-ciest**) rendado

lad /læd/ *s* BrE (informal) garoto, rapaz

ladder /ˈlædər/ *s* **1** escada [portátil] ▶ **LADDER, STAIRS** ou **STEPS?** ver nota em **escada** **2** BrE fio corrido [numa meia] ▶ No inglês americano, diz-se **run**

stepladder

ladder

laden /ˈleɪdn/ *adj* **to be laden (with sth)** estar carregado (de algo)

ladies /ˈleɪdiz/ *s* **1** ▶ plural of **lady** **2** **the ladies' room** AmE, **the ladies'** BrE o banheiro feminino

ladle /ˈleɪdl/ *s* concha [colher]

lady /ˈleɪdi/ *s* (pl **-dies**) **1** senhora, dama: *Ladies and gentlemen.* Senhoras e senhores. **2** **Lady** (tratamento dado à esposa de quem é "Sir") Lady **3** **the ladies' room** AmE, **the ladies'** BrE o banheiro feminino

ladybug /ˈleɪdibʌɡ/ AmE, **ladybird** /ˈleɪdibɜrd/ BrE *s* joaninha

lag /læɡ/ *verbo & substantivo*
- *v* (**-gged**, **-gging**) **to lag behind** ficar para trás | **to lag behind sth/sb** estar atrás de algo/alguém
- *s* (também **time lag**) lapso (de tempo), intervalo

lager /ˈlɑːɡər/ *s* cerveja

lagoon /ləˈɡuːn/ *s* laguna

laid /leɪd/ passado & particípio de **lay**

ˌlaid-ˈback *adj* (informal) despreocupado

lain /leɪn/ particípio de **lie1**

lake /leɪk/ *s* lago

lamb /læm/ *s* cordeiro

lame /leɪm/ *adj* **1** manco **2** esfarrapado [desculpa]

lament /ləˈment/ *v* [tr] lamentar, [intr] lamentar-se | **to lament over sth** lamentar-se de algo

lamp /læmp/ *s* abajur

ˈlamp-post *s* poste (de luz)

lampshade /ˈlæmpʃeɪd/ *s* cúpula [de abajur]

LAN /læn, ˌel eɪ ˈen/ *s* (= **local area network**) LAN [rede de área local]

land /lænd/ *substantivo & verbo*
- *s* **1** (terreno) terra(s): *Who owns this land?* Quem é o proprietário destas terras? | **a piece of land** um terreno **2** (em oposição a mar) terra | **by land** por terra | **on land** na terra **3** (literário) (país) terra: *people of many lands* os povos de muitas terras **4** **the land** o campo | **to live off/work the land** viver da/trabalhar na terra
- *v* **1** [tr/intr] pousar, aterrissar **2** [intr] aportar **3** [tr] desembarcar [suprimentos, passageiros, etc.] **4** [intr] cair, ir parar: *I slipped and landed on my back.* Escorreguei e caí de costas. **5** [tr] (informal) conseguir [um emprego, um contrato, etc.]

land up acabar: *He'll land up in jail.* Ele vai acabar na cadeia.

land sb with sth/sb empurrar algo/alguém para alguém: *I got landed with all the cleaning up afterwards.* Empurraram para mim toda a arrumação.

landing /ˈlændɪŋ/ *s* **1** patamar [de escada] **2** pouso, aterrissagem **3** desembarque

landlady /ˈlændleɪdi/ *s* (pl **-dies**) **1** (de casa ou quarto alugado) senhoria, proprietária **2** BrE (de bar) dona, proprietária

landlord /ˈlændlɔrd/ *s* **1** (de casa ou quarto alugado) senhorio, proprietário **2** BrE (de bar) dono, proprietário

landmark /ˈlændmɑrk/ *s* **1** ponto de referência [para se localizar] **2** marco

land mine, land·mine /ˈlændmaɪn/ *s* mina terrestre

landowner /ˈlændoʊnər/ *s* proprietário -ria de terras, latifundiário -ria

landscape /ˈlændskeɪp/ *s* paisagem

landslide /ˈlændslaɪd/ *s* **1** deslizamento de terra **2** (também **landslide victory**) vitória esmagadora

lane /leɪn/ *s* **1** caminho **2** pista, faixa | **the slow/right lane** a pista de baixa velocidade/da direita | **the fast/left lane** a pista de alta velocidade/da esquerda **3** (em natação, atletismo) raia

language

language /'læŋgwɪdʒ/ s **1** idioma, língua **2** linguagem | **bad language** palavrões **3 language skills** conhecimentos linguísticos

lantern /'læntərn/ s lanterna [com alça]

lap /læp/ *substantivo & verbo*
- *s* **1** colo, regaço **2** volta [numa corrida]
- *v* (-pped, -pping) **1** [tr/intr] (ondas, mar) bater em **2** [tr] (também **lap up**) tomar **3** fazer uma volta a mais do que
  lap sth up (informal) engolir algo com prazer

lapel /lə'pɛl/ s lapela

lapse /læps/ *substantivo & verbo*
- *s* **1** lapso, descuido: *a lapse of concentration* um descuido **2** (também **time lapse**) lapso (de tempo), intervalo
- *v* [intr] **1** esfriar [amizade, conversa] **2** expirar [contrato, sociedade] **3 to lapse into silence** ficar calado | **to lapse into a coma** cair num coma

laptop /'læptɑp/ s laptop [computador portátil]

large /lɑrdʒ/ *adj* **1** grande: *He comes from a large family.* Ele vem de uma família grande. | *a large amount of money* uma grande soma de dinheiro ▶ LARGE OU BIG? ver **grande 2** parrudo, corpulento **3 the population/public etc. at large** a população/o público etc. em geral ▶ ver também **by**

largely /'lɑrdʒli/ *adv* em grande parte

large-'scale *adj* em grande escala

lark /lɑrk/ s cotovia [pássaro]

lasagna /lə'zɑnyə/ s lasanha

laser /'leɪzər/ s **1** laser **2 laser beam** raio laser **laser printer** impressora a laser

lash /læʃ/ *verbo & substantivo*
- *v* (3a pess sing **lashes**) **1** [tr] açoitar **2 to lash against/on sth** (ondas, chuva) chocar-se contra algo **3** [tr] sacudir, [intr] sacudir-se [o rabo, os galhos] **4** [tr] amarrar
  lash out to lash out at sb (a) investir contra alguém **(b)** dar bronca em alguém
- *s* (pl **lashes**) **1** chicotada **2** cílio

lass /læs/ s (pl **-sses**) garota, moça

last /læst/ *adjetivo, advérbio, pronome & verbo*
- *adj* **1** (mais recente) último, passado: *the last time I saw her* a última vez que a vi | *last Sunday* domingo passado | **last night** ontem à noite | **last week/year etc.** semana passada/ano passado etc. **2** (final) último: *the last chapter* o último capítulo | **last thing at night** antes de dormir | **last but one** penúltimo
- *adv* **1** a/na última vez: *when I saw him last/when I last saw him* a última vez que o vi **2** por último: *They interviewed me last.* Fui entrevistado por último. | **last but not least** por último, mas não menos importante
- *pron* **1 the last** o último/a última: *They were the last to leave.* Eles foram os últimos a sair.

2 at (long) last finalmente **3 the week/year etc. before last** semana retrasada/ano retrasado etc. **4 the last of sth** o que sobrou de algo, o resto de algo: *We drank the last of the wine.* Tomamos o resto do vinho.
- *v* **1** [tr/intr] durar: *The drought could last for months.* A seca poderia durar meses. | *These shoes are made to last.* Estes sapatos são feitos para durar. **2** [tr] **to last sb** bastar para alguém: *This money should last you till Friday.* Esse dinheiro deve te bastar até sexta-feira.

lasting /'læstɪŋ/ *adj* duradouro

lastly /'læstli/ *adv* finalmente

last-'minute *adj* de última hora

'last name s sobrenome

latch /lætʃ/ *substantivo & verbo*
- *s* (pl **-ches**) tranca
- *v* (3a pess sing **-ches**) **latch on 1** BrE (informal) sacar [entender] | **to latch on to sth (a)** sacar algo **(b)** aderir a algo [um modismo, uma tendência] **2 to latch on to sb** grudar em alguém

late /leɪt/ *adjetivo & advérbio*
- *adj* **1** atrasado: *The plane was 25 minutes late.* O avião estava 25 minutos atrasado. | *Sorry I'm late.* Desculpe o atraso. | *We had a late breakfast.* Tomamos café tarde. | **to be late for sth** atrasar-se para algo **2** Perto do fim de um período: *in the late 18th century* no final do século XVIII | *a man in his late forties* um homem de quarenta e muitos anos | *We watched the late movie.* Assistimos à sessão coruja. | **it's getting late** está ficando tarde **3** falecido
- *adv* **1** (até) tarde: *I have to work late tonight.* Esta noite tenho que trabalhar até tarde. | *Our flight arrived two hours late.* Nosso voo chegou duas horas atrasado. **2 late at night/late in the afternoon etc.** no final da noite/da tarde etc.

lately /'leɪtli/ *adv* **1** ultimamente **2** recentemente

later /'leɪtər/ *advérbio & adjetivo*
- *adv* depois: *He died three weeks later.* Ele morreu três semanas depois. | *I'll see you later.* Eu te vejo mais tarde. | ***Later on*** *it started to rain.* Mais tarde começou a chover. | **no later than** até, o mais tardar
- *adj* **1** (capítulo, data, etc.) posterior | **at a later date/stage** mais adiante, mais à frente **2** (modelo, edição, etc.) mais recente

latest /'leɪtɪst/ *adjetivo & substantivo*
- *adj* último: *their latest album* o último disco deles
- *s* **1 the latest** a última palavra: *the latest in educational software* a última palavra em software didático **2 at the latest** no mais tardar

lather /'læðər/ s espuma [de sabão]

Latin /'lætn/ *substantivo & adjetivo*
- *s* latim
- *adj* latino, em latim

Latin A'merica *s* América Latina

Latin A'merican *adj & s* latino-americano -na

latitude /'lætətud/ *s* latitude

latter /'lætər/ *adjetivo & pronome*
- *adj* **1** segundo: *in the latter half of 1996* na segunda metade de 1996 **2** último: *the latter part of his life* os últimos anos da vida dele
- *pron* **the latter** é usado para se referir ao último de dois elementos mencionados: *Of the two I prefer the latter.* Dos dois, prefiro o segundo. | *Both the green and the red are nice, but I prefer the latter.* Tanto o verde como o vermelho são bonitos, mas prefiro o último.

laugh /læf/ *verbo & substantivo*
- *v* [intr] rir: *I couldn't stop laughing.* Eu não conseguia parar de rir.
laugh at sth/sb rir de algo/alguém
- *s* **1** risada | **to give a laugh** dar uma risada **2 to do sth for a laugh** fazer algo para divertir-se **3 to have the last laugh** rir por último **4 to be a laugh** BrE ser divertido

laughter /'læftər/ *s* risos, gargalhada: *I could hear laughter.* Eu ouvia risos. | *He roared with laughter.* Ele caiu na gargalhada.

launch /lɔntʃ/ *verbo & substantivo*
- *v* [tr] (3a pess sing presente **-ches**) **1** lançar [um ataque, uma campanha, um produto] **2** lançar [um míssil, um foguete, etc.] **3** lançar ao mar [um navio]
launch into sth começar algo
- *s* (pl **-ches**) **1** lançamento **2** lancha

laundromat /'lɔndrəmæt/ AmE, **launderette** /lɔndə'ret/ BrE *s* lavanderia automática

laundry /'lɔndri/ *s* (pl **-dries**) **1** roupa [lavada ou para lavar] | **to do the laundry** lavar roupa **2** lavanderia

lava /'lavə/ *s* lava

lavatory /'lævətɔri/ *s* (pl **-ries**) (formal) **1** privada **2** toalete, banheiro

lavender /'lævəndər/ *s* alfazema, lavanda

lavish /'lævɪʃ/ *adj* **1** luxuoso **2 to be lavish with sth** ser muito generoso com algo

law /lɔ/ *s* **1 the law** a lei | **to be against the law** ser proibido por lei | **to break the law** infringir a lei | **by law** por lei | **law and order** a ordem pública **2** (norma legal) lei **3** Direito **4 law school** faculdade de Direito

lawful /'lɔfəl/ *adj* legítimo, legal

lawn /lɔn/ *s* gramado

'lawn ,mower *s* cortador de grama

'law school *s* faculdade de Direito

lawsuit /'lɔsut/ *s* ação judicial, processo | **to file/bring a lawsuit against sb** mover uma ação contra alguém

lawyer /'lɔjər/ *s* advogado -da

lax /læks/ *adj* pouco rígido [segurança, disciplina]

lay¹ /leɪ/ *verbo & adjetivo*
- *v* [tr] (passado & particípio **laid**) **1** colocar, pôr: *She laid her hand on his shoulder.* Ela colocou a mão no ombro dele. **2** colocar [carpete, cabos, tubulações] **3** colocar, assentar [alicerces, tijolos] **4** pôr [um ovo] **5** preparar, armar [uma armadilha] **6 to lay the table** pôr a mesa **7 to lay the blame (for sth) on sb** pôr a culpa (de algo) em alguém
PHRASAL VERBS
lay sth aside 1 pôr algo de lado **2** deixar algo de lado **3** separar algo
lay sth down 1 largar algo, depositar algo **2 to lay down your arms** depor as armas **3** estabelecer [normas, princípios, etc.]
lay sb off demitir alguém
lay sth on oferecer algo [comida, alojamento, etc.]
lay sth out 1 estender algo **2** planejar/projetar algo [um jardim, uma cidade]
- *adj* **1** laico **2** leigo

lay² passado de **lie¹**

'lay-by *s* BrE acostamento [em rodovia] ▶ No inglês americano diz-se **rest area**

layer /'leɪər/ *s* camada

layman /'leɪmən/ *s* (pl **-men**) leigo | **in layman's terms** em linguagem para leigos

'lay off AmE, **lay-off** BrE *s* demissão [por fechamento da empresa ou corte de pessoal]

layout /'leɪaʊt/ *s* **1** planta [de um prédio, de uma cidade] **2** projeto [de um jardim] **3** diagramação [de uma revista]

laze /leɪz/ *v* [intr] relaxar
laze around vadiar

lazy /'leɪzi/ *adj* (**-zier, -ziest**) preguiçoso

lb. (pl **lbs.**) *s* (= **pound**) libra [= 0,454 kg]

lead¹ /lid/ *verbo & substantivo*
- *v* (passado & particípio **led**) **1** levar, conduzir: *A waiter led us to a table.* Um garçom nos conduziu à mesa. | **to lead sb away** levar alguém embora **2** [tr] guiar, liderar, [intr] ir em frente **3 to lead to/down to etc. sth** levar a algo: *steps leading down to the beach* degraus que vão dar na praia.
4 to lead to confusion/chaos etc. resultar em confusão/caos etc.
5 [tr] comandar [um debate, um time]
6 [tr] ganhar de: *Brazil led Germany 1–0.* O Brasil ganhava da Alemanha por 1 a 0.
7 [intr] ganhar: *He was leading by two sets to one.* Ele estava ganhando por dois sets a um.

8 to lead sb to do sth levar alguém a fazer algo
9 to lead sb to believe (that) induzir alguém a crer (que)
10 to lead a normal/quiet etc. life levar uma vida normal/tranquila etc.
11 to lead the way (a) mostrar o caminho **(b)** ser pioneiro
lead sb on (informal) enrolar alguém
lead up to sth 1 propiciar algo: *the events leading up to the coup* os acontecimentos que propiciaram o golpe **2** chegar a algo [um assunto delicado]

- *s* **1 the lead** a liderança, a dianteira | **to be in the lead** estar na frente | **to take the lead (a)** assumir a liderança, tomar a dianteira **(b)** tomar a iniciativa
2 liderança, vantagem
3 pista [para apurar um crime]
4 papel principal | **lead singer/guitarist** vocalista/guitarrista principal
5 BrE coleira [para cachorro] ▶ No inglês americano, diz-se **leash**
6 BrE fio [elétrico] ▶ No inglês americano, diz-se **cord**
7 (em jogos de cartas) vez de jogar a primeira carta: *Whose lead is it?* Quem joga primeiro?

lead² /lɛd/ *s* **1** chumbo **2** grafite [de um lápis]

leaded /'lɛdɪd/ *adj* contendo chumbo

leader /'lidər/ *s* **1** dirigente [de país] **2** líder [de partido, grupo] **3** primeiro/primeira, líder [em competição, corrida]

leadership /'lidərʃɪp/ *s* **1** liderança, comando **2** capacidade de liderança, pulso **3** direção [os dirigentes]

leading /'lidɪŋ/ *adj* importante, principal

leaf /lif/ *substantivo & verbo*

- *s* (pl **leaves**) **1** folha **2 to take a leaf out of sb's book** seguir o exemplo de alguém **3 to turn over a new leaf** começar vida nova
- *v* **leaf through sth** folhear algo

leaflet /'liflət/ *s* folheto

league /lig/ *s* **1** (de times) liga **2** (de nações, grupos políticos, etc.) liga **3 to be in league with sb** estar mancomunado com alguém **4 league table** BrE tabela da liga ▶ No inglês americano, diz-se **standings**

leak /lik/ *verbo & substantivo*

- *v* **1** [tr/intr] (cano, recipiente) vazar: *This pipe is leaking.* Este cano está vazando. | *The roof leaks when it rains.* O telhado tem goteiras quando chove. **2** [intr] (líquido, gás) vazar: *Plutonium was leaking out of the reactor.* Estava vazando plutônio do reator. **3** [tr] deixar vazar [informações]
- *s* **1** vazamento [de líquido, gás, etc.] **2** vazamento [de informações confidenciais]

lean /lin/ *verbo & adjetivo*

lean

- *v* (passado & particípio **leaned** ou **leant** BrE)
1 [intr] **to lean forward** inclinar-se para frente | **to lean back** recostar-se | **to lean out of the window** debruçar-se na janela **2** [intr] estar inclinado [árvore, poste, etc.] **3 to lean against/on sth** apoiar-se contra/em algo | **to lean sth against/on sth** apoiar algo contra/em algo: *He leaned his bike against the wall.* Ele apoiou a bicicleta na parede.

- *adj* **1** esbelto, enxuto **2** magro [carne]

leap /lip/ *verbo & substantivo*

- *v* [intr] (passado & particípio **leapt** /lɛpt/ ou **leaped**) **1** saltar, pular: *He leapt over the stream.* Ele saltou sobre o riacho. | *I leapt up the stairs.* Subi a escada num pé só. | **to leap to your feet** pôr-se de pé num salto **2 my/his etc. heart leapt** (literário) meu/seu etc. coração disparou
- *s* **1** (movimento) salto **2 by/in leaps and bounds** com muita rapidez **3** (de preços, lucros, etc.) salto

'leap year *s* ano bissexto

learn /lɜrn/ *v* [tr/intr] (passado & particípio **learned** ou **learnt** /lɜrnt/ BrE) **1** aprender | **to learn (how) to do sth** aprender a fazer algo **2 to learn of/about sth** saber/ficar sabendo de algo

learner /'lɜrnər/ *s* **1** estudante, aprendiz: *a book for learners of English* um livro para estudantes de Inglês | **to be a slow/quick learner** ter dificuldade para aprender/aprender rápido **2** (também **learner driver** BrE) aprendiz de motorista ▶ No inglês americano diz-se **student driver**

learning /'lɜrnɪŋ/ *s* **1** aprendizado, aprendizagem **2** saber

'learning curve *s* curva de aprendizado: *I like my new job, but it's been a steep learning curve.* Estou gostando do meu novo emprego, mas o aprendizado tem sido difícil.

lease /lis/ *substantivo & verbo*

- *s* **lease (on sth)** contrato de aluguel (de algo)
- *v* [tr] **1** (também **lease out**) alugar [para alguém] **2** arrendar [de alguém]

leash /liʃ/ *s* (pl **-shes**) coleira [para cachorro]

least /list/ *pronome, advérbio & adjetivo*

- *pron* **1 the least** o mínimo: *The least he could do is apologize.* O mínimo que ele podia fazer era se desculpar. | *This is worrying, to say the least.* Isso é, no mínimo, preocupante. | **at least (a)** no mínimo, pelo menos **(b)** ao/pelo menos **2 not in the least** nem um pouco: *He wasn't in the least worried.* Ele não estava nem um pouco preocupado.

- **adv** menos: *I chose the least expensive one.* Escolhi o menos caro. | *It happened when we least expected it.* Aconteceu quando menos esperávamos. | *I wouldn't tell anyone, **least of all** her.* Eu não contaria a ninguém, muito menos a ela.
- **adj 1** menor **2 not the least bit** nem um pouco, nada: *He wasn't the least bit sorry.* Ele não estava nada arrependido.

leather /'lɛðər/ s couro

leave /liv/ *verbo & substantivo*

- **v** (passado & particípio **left**) **1** [tr] ir embora de, sair de: *I left home at the age of 17.* Saí de casa aos 17 anos.
2 [intr] ir embora, partir: *They're **leaving for** Rome in the morning.* Eles partem para Roma pela manhã.
3 [tr] (abandonar) deixar, largar: *She left her job to have a baby.* Ela largou o emprego para ter um filho. | **to leave school** sair da escola
4 [tr] (em certo estado ou lugar) deixar: *He left all the lights on.* Ele deixou todas as luzes acesas.
5 [tr] esquecer, deixar
6 to be left restar, sobrar: *Is there any milk left?* Sobrou algum leite? | **to be left over** sobrar
7 [tr] (não fazer, comer, etc.) deixar: *Let's leave the dishes until later.* Vamos lavar a louça mais tarde.
8 [tr] (num testamento) deixar ▶ ver também **alone**
leave sth behind 1 deixar algo para trás **2** esquecer algo
leave sth out deixar de incluir algo **leave sb out 1** deixar alguém de fora **2 to feel left out** sentir-se excluído
- **s** licença | **to be on leave** estar de licença

leaves /livz/ plural de **leaf**

lecture /'lɛktʃər/ *substantivo & verbo*

- **s 1** palestra | **to give a lecture (on sth)** dar uma palestra (sobre algo) **2** aula **3** sermão [advertência, repreensão]
- **v 1** [tr] fazer sermão para | **to lecture sb about sth** fazer um sermão sobre algo para alguém **2** [intr] dar palestras, lecionar | **to lecture on sth** dar uma palestra sobre algo, lecionar algo

lecturer /'lɛktʃərər/ s **1** conferencista **2** BrE professor -a [universitário] ▶ No inglês americano, diz-se **professor**

led /lɛd/ passado & particípio de **lead**

ledge /lɛdʒ/ s **1** borda [de um prédio] **2** saliência [numa montanha, etc.] ▶ ver também **window**

leek /lik/ s alho-poró

left¹ /lɛft/ *adjetivo, advérbio & substantivo*

- **adj** esquerdo
- **adv** à esquerda: *Turn left at the church.* Vire à esquerda na igreja.
- **s 1** esquerda | **on your/the left** à sua/à esquerda | **to the left of sth/sb** à esquerda de algo/alguém **2 the left/the Left** (em política) a esquerda

left² passado & particípio de **leave**

left-hand adj esquerdo | **on the left-hand side** no lado esquerdo

left-'handed adj canhoto

left 'luggage ,office s BrE guarda-volumes [numa estação, rodoviária, etc.]

leftover /'lɛftoʊvər/ adj restante, que sobrou

leftovers /'lɛftoʊvərz/ s pl sobras

left-'wing adj esquerdista, de esquerda

leg /lɛg/ s **1** (de pessoa) perna **2** (de animal) pata **3** (como alimento) perna [de cordeiro, porco], coxa [de galinha] **4** (de móvel) perna **5** (de calça) perna **6** (de viagem, corrida) etapa **7 to pull sb's leg** (informal) mexer com alguém

legacy /'lɛgəsi/ s (pl -cies) **1** legado **2** herança

legal /'ligəl/ adj **1** legal [estabelecido por lei] **2** jurídico | **to take legal action (against sb)** mover uma ação judicial (contra alguém)

legalize, -ise BrE /'ligəlaɪz/ v [tr] legalizar

legally /'ligəli/ adv legalmente

legend /'lɛdʒənd/ s **1** (história) lenda **2** (pessoa) mito

legendary /'lɛdʒənderi/ adj lendário

leggings /'lɛgɪŋz/ s pl legging: *a pair of leggings* um legging

legible /'lɛdʒəbəl/ adj legível

legislate /'lɛdʒəsleɪt/ v [intr] legislar

legislation /lɛdʒə'sleɪʃən/ s **1** legislação **2 a piece of legislation** uma lei

legislative /'lɛdʒəsleɪtɪv/ adj legislativo

legitimate /lɪ'dʒɪtəmət/ adj **1** legal, legítimo **2** justificado, válido **3** legítimo [filho]

leisure /'liʒər, BrE 'lɛʒə/ s **1** lazer **2 at leisure** com calma | **at your leisure** quando puder **4 leisure activities** atividades de lazer **leisure centre** BrE clube esportivo ▶ No inglês americano, diz-se **recreation center leisure time** tempo livre

leisurely /'liʒərli, BrE 'lɛʒəli/ adj tranquilo [ritmo, caminhada, etc.]

lemon /'lɛmən/ s **1** limão-galego ▶ O limão verde chama-se **lime 2 lemon juice** suco de limão **lemon tree** limoeiro

lemonade /lɛmə'neɪd/ s limonada

lend /lɛnd/ v [tr] (passado & particípio **lent**) emprestar | **to lend sb sth/sth to sb** emprestar algo a alguém: *I've lent my watch to John.* Emprestei meu relógio ao John. | *She asked me to lend her some money.* Ela me pediu dinheiro emprestado.

length /lɛŋkθ/ s **1** comprimento: *The room is four meters in length.* O cômodo tem quatro metros de comprimento. **2** duração **3 to go to any/great lengths to do sth** fazer tudo possível/

esforçar-se muito para fazer algo **4 at length** longamente **5** pedaço **6** (numa piscina) volta **7** (numa regata) comprimento, (numa corrida de cavalos) corpo

lengthen /'lɛŋkθən/ v **1** [tr] alongar, encompridar **2** [intr] alongar-se

lengthwise /'lɛŋkθwaɪz/, também **lengthways** /'lɛŋkθweɪz/ adv no comprimento

lengthy /'lɛŋkθi/ adj (-thier, -thiest) longo

lenient /'linjənt/ adj condescendente

lens /lɛnz/ s (pl -ses) **1** (de óculos) lente **2** (de câmera) lente, objetiva

Lent /lɛnt/ s Quaresma

lent /lɛnt/ passado & particípio de **lend**

lentil /'lɛntəl/ s lentilha

Leo /'liou/ s **1** (signo) Leão **2** leonino -na: *He's a Leo.* Ele é leonino./Ele é de Leão.

leopard /'lɛpərd/ s leopardo

leotard /'liatard/ s collant, malha de ginástica/balé

lesbian /'lɛzbiən/ s lésbica

less /lɛs/ *advérbio, pronome, adjetivo & preposição*

- *adv* menos: *The second exam was less difficult than the first.* A segunda prova foi menos difícil do que a primeira. | **less and less** cada vez menos

- *pron* **1** menos: *She gave me less than him.* Ela me deu menos do que para ele. **2 no less than** nada menos que

- *adj* menos: *I have less free time now.* Tenho menos tempo livre agora.

- *prep* fora: *$500 less tax* $500, fora o imposto

lessen /'lɛsən/ v **1** [intr] diminuir **2** [tr] diminuir, reduzir

lesser /'lɛsər/ adj menor | **the lesser of two evils** dos males o menor ▶ ver também **extent**

lesson /'lɛsən/ s **1** aula: *a piano lesson* uma aula de piano | *a French lesson* uma aula de francês | **to take lessons (in sth)** ter aulas (de algo) **2** lição | **let that be a lesson to you** tome isso como lição **3 to learn your lesson** aprender (com um erro) **4 to teach sb a lesson** (informal) dar uma lição em alguém

let /lɛt/ v [tr] (passado & particípio **let**, gerúndio **letting**) **1** deixar | **to let sb do sth** deixar alguém fazer algo, deixar que alguém faça algo: *He doesn't let us play near the river.* Ele não nos deixa brincar perto do rio. | *Let me help you with that suitcase.* Deixe-me ajudá-lo com essa mala.
2 to let sb have sth dar algo a alguém: *I can let you have a copy.* Posso lhe dar uma cópia.
3 to let yourself go (a) soltar-se **(b)** largar-se
4 to let go (of sth/sb) largar (algo/alguém)
5 to let sb know (sth) avisar alguém (de algo)
6 ▶ **let's**, contração de **let us**, é usado para fazer propostas ou exortações. A forma negativa é **let's not**. No inglês britânico também se usa **don't let's**: *Let's go home.* Vamos para casa. | *Let's eat out.* Vamos comer fora. | *Let's not argue.* Vamos parar de brigar.
7 let's see vamos ver
8 let alone quanto mais: *He can't even get out of bed, let alone walk.* Ele nem consegue se levantar da cama, quanto mais andar.
9 BrE alugar | **"to let"** "aluga-se" ▶ No inglês americano, diz-se **rent**

PHRASAL VERBS

let sb down decepcionar/desapontar alguém
let sth in deixar algo entrar [a luz, o ar] **let sb in** deixar alguém entrar
let sth off 1 disparar algo [uma arma] **2** soltar algo [fogos] **let sb off** liberar alguém: *The teacher let us off from doing homework today.* O professor nos liberou do dever de casa hoje. | *The judge let him off with a fine.* O juiz liberou-o com uma multa.
let sth out 1 deixar escoar algo [água] **2** deixar escapar algo [ar, calor] | **to let out a scream/cry etc.** soltar um grito/um berro etc.
let sb out deixar alguém sair

letdown /'lɛtdaʊn/ s (informal) decepção

lethal /'liθəl/ adj letal

lethargic /lə'θɑrdʒɪk/ adj mole, letárgico

lethargy /'lɛθərdʒi/ s letargia

let's /lɛts/ contração de **let us** ▶ ver **let 6**

letter /'lɛtər/ s **1** carta: *Can you mail this letter for me?* Você pode pôr esta carta no correio para mim? **2** letra: *a three-letter word* uma palavra de três letras ▶ ver "Active Box" **letters** na pág. 211 **3 to do sth to the letter** fazer algo ao pé da letra

letterbox /'lɛtərbɑks/ s (pl -xes) BrE **1** fenda em porta, para a correspondência ▶ No inglês americano, diz-se **mail slot 2** caixa de correio ▶ No inglês americano, diz-se **mailbox**

letterboxes

lettuce /'lɛtɪs/ s alface

leukemia AmE, **leukaemia** BrE /lu'kimiə/ s leucemia

level /'lɛvəl/ *substantivo, adjetivo & verbo*

- *s* **1** nível: *high levels of radiation* altos níveis de radiação **2** nível, altura | **at eye level** à

Active Box: letters

Os exemplos neste **Active Box** servem de orientação para ajudá-lo a construir frases com referências a letras:

D is for dog.	D de "dog".
Can you think of a name that begins with W?	Você consegue pensar num nome começado com W?
"Compaq" is spelled with a "q".	"Compaq" se escreve com "q".
Is that with a double F?	Escreve-se com dois Fs?
"Brazilian" is written with a capital "B".	"Brazilian" se escreve com B maiúsculo.

altura dos olhos **3** (de um shopping, etc.) piso
- *adj* **1** nivelado **2 to be level with sth** estar na mesma altura de algo **3 a level tablespoon/teaspoon etc.** uma colher de sopa/chá etc. rasa
- *v* [tr] (**-led, -ling** AmE, **-lled, -lling** BrE) **1** aplainar, nivelar **2** arrasar [uma cidade, um prédio]
level off/out estabilizar-se, nivelar-se
level with sb (informal) ser honesto com alguém

,level 'crossing *s* BrE passagem de nível ▶ No inglês americano, diz-se **railroad crossing**

lever /'lɛvər, 'li-/ *s* alavanca

leverage /'lɛvərɪdʒ, 'li-/ *s* influência, poder

levy /'lɛvi/ *verbo & substantivo*
- *v* (**-vies, -vied**) **to levy a tax (on sth)** cobrar um imposto (sobre algo)
- *s* taxação, imposto

liability /laɪə'bɪləti/ *s* (pl **-ties**) **1 liability (for sth)** responsabilidade (por algo) **2** perigo [pessoa ou coisa que causa problemas]

liable /'laɪəbəl/ *adj* **1 to be liable to do sth** ser capaz de fazer algo: *The dog is liable to bite if provoked.* O cachorro é capaz de morder se for provocado. **2 to be liable (for sth)** ser responsável (por algo) **3 to be liable to sth (a)** ser propenso a algo **(b)** estar sujeito a algo [um imposto, uma multa]

liaise /li'eɪz/ *v* **to liaise (with sb)** colaborar (com alguém)

liaison /li'eɪzɑn/ *s* **1** colaboração **2** caso [amoroso]

liar /'laɪər/ *s* mentiroso -sa

libel /'laɪbəl/ *s* difamação, calúnia

liberal /'lɪbərəl/ *adjetivo & substantivo*
- *adj* **1** (de mente aberta) liberal **2** (em política) liberal **3** (referente a porções, etc.) generoso
- *s* liberal

liberate /'lɪbəreɪt/ *v* [tr] **1 to liberate sb (from sth)** libertar alguém (de algo) **2** libertar [um país, um refém] **3** pôr em liberdade [preso]

liberation /lɪbə'reɪʃən/ *s* libertação

liberty /'lɪbərti/ *s* (pl **-ties**) **1** liberdade **2 to take liberties (with sth)** permitir-se liberdades (com algo) | **to take liberties (with sb)** tomar liberdades (com alguém) **3 to be at liberty to do sth** (formal) ter permissão para fazer algo

Libra /'libra/ *s* **1** (signo) Libra **2** libriano -na: *She's a libriana.*/Ela é de Libra.

librarian /laɪ'brɛriən/ *s* **1** bibliotecário -ria **2** biblioteconomista

library /'laɪbrɛri/ *s* (pl **-ries**) biblioteca: *I got this book from the library.* Peguei este livro na biblioteca.

lice /laɪs/ plural de **louse**

license[1] AmE, **licence** BrE /'laɪsəns/ *s* **1** licença, autorização ▶ ver também **driver's license 2** permissão, liberdade

license[2] *v* [tr] habilitar | **to be licensed to do sth** estar autorizado a fazer algo

'license ,plate AmE placa [de carro]

lick /lɪk/ *verbo & substantivo*
- *v* [tr] lamber
- *s* **1** lambida **2 a lick of paint** uma mão de tinta

lid /lɪd/ *s* **1** tampa **2** pálpebra

lie[1] /laɪ/ *v* [intr] (passado **lay**, particípio **lain**, gerúndio **lying**) **1** estar deitado | **to lie still/awake** ficar quieto/acordado [na cama, etc.] **2** deitar-se | **to lie on your back/front** deitar-se de costas/de bruços **3** ficar, estar situado: *The town lies in a valley.* A cidade fica num vale. **4 to lie in/with sth** residir em algo, ser de algo: *The problem lies with the computer system.* O problema é do sistema computacional. **5 to lie ahead** estar por vir: *the problems that lay ahead* os problemas que estavam por vir

PHRASAL VERBS
lie around 1 to leave sth lying around deixar algo espalhado **2** ficar à toa: *He lies around the house all day.* Ele passa o dia todo à toa em casa.
lie back recostar-se
lie down deitar-se
lie in BrE dormir até mais tarde ▶ Existe também **sleep in**, que é usado tanto no inglês americano como no britânico

lie[2] *verbo & substantivo*
- *v* [intr] (passado & particípio **lied**, gerúndio **lying**) mentir | **to lie to sb (about sth)** mentir para alguém (sobre algo)
- *s* mentira | **to tell a lie** mentir: *Don't tell lies!* Não minta!

lieutenant /lu'tɛnənt, BrE lɛf'tɛnənt/ *s* tenente

life /laɪf/ *s* (pl **lives**) **1** vida: *I've never seen him before in my life.* Nunca o vi na vida. | *She has lived in Houston all her life.* Ela morou a vida toda em Houston. | *social life* vida social | *family life* vida familiar | **to save sb's life** salvar a vida de alguém | **to lose your life** perder a vida | **to be a matter of life and death** ser uma questão de vida ou morte | **in real life** na vida real | **way of life** estilo de vida **2** (atividade, energia) vida | **to bring sth to life** reavivar algo | **to come to life** animar-se **3** (também **life imprisonment**) prisão perpétua

life belt s **1** AmE cinto salva-vidas **2** BrE boia

lifeboat /'laɪfboʊt/ s barco salva-vidas

life ,buoy s boia

life ex'pectancy s expectativa de vida

life guard s salva-vidas [pessoa]

life ,jacket s colete salva-vidas

lifeless /'laɪfləs/ adj **1** inerte, sem vida **2** sem vida, sem expressão

lifelong /'laɪflɔŋ/ adj de uma vida inteira

life pre,server s AmE salva-vidas [colete]

lifestyle s estilo de vida

lifetime /'laɪftaɪm/ s vida: *It's the chance of a lifetime.* É uma oportunidade única na vida. | *I don't think it will happen in my lifetime.* Acho que isso não acontecerá no decorrer da minha vida.

lift /lɪft/ verbo & substantivo

• v **1** [tr] levantar: *Can you lift me up so I can see?* Você pode me levantar para eu poder ver? | *I lifted the box down from the shelf.* Trouxe para baixo a caixa que estava na prateleira. | *He lifted the suitcase onto the bed.* Ele levantou a mala do chão e a pôs na cama. **2** [tr] suspender [uma proibição, uma sanção, etc.] **3** [intr] dissipar-se [neblina, etc.] **4** [intr] subir [balão, etc.]

lift off decolar [nave espacial]

• s **1** BrE carona: *Do you want a lift?* Você quer uma carona? | **to give sb a lift** dar uma carona a alguém: *Can you give me a lift?* Você pode me dar uma carona? **2** BrE elevador ▶ No inglês americano, diz-se **elevator**

light /laɪt/ substantivo, adjetivo, verbo & advérbio

• s **1** (do sol, etc.) luz
2 (elétrica) luz | **to turn/switch/put the light on** acender a luz | **to turn/switch/put the light off** apagar a luz
3 (também **traffic light**) sinal: *He ran a red light.* Ele avançou um sinal vermelho. | *The lights are green.* O sinal está verde.
4 (de um carro) farol
5 a light fogo [para acender cigarro]: *Do you have a light?* Você tem fogo?
6 to set light to sth pôr fogo em algo, incendiar algo
7 to come to light/be brought to light vir à luz

• adj **1** claro: *a light blue dress* um vestido azul-claro

2 (não pesado) leve [objeto, comida]: *He gave me the lighter case to carry.* Ele me deu a mala mais leve para carregar. | *We had a light lunch.* Almoçamos uma refeição leve.
3 (que não enjoa) leve: *a light jacket* uma jaqueta leve
4 leve [brisa, tapinha]
5 (com luz natural) claro, luminoso

• v (passado & particípio **lit, lighted**) **1** [tr] acender
2 [intr] acender(-se), pegar [fogo]: *The fire won't light.* O fogo não quer pegar.
3 [tr] iluminar | **poorly lit** mal-iluminado

light out AmE (informal) fugir

light up iluminar-se [rosto, olhos]: *His face lit up with glee.* O rosto dele se iluminou de alegria.

light sth up iluminar algo

• adv **to travel light** viajar com pouca bagagem

light bulb s lâmpada

lighten /'laɪtn/ v **1** [tr] aliviar, tornar mais leve **2** [tr/intr] clarear

lighter /'laɪtər/ s isqueiro

lightheaded /laɪt'hɛdɪd/ adj zonzo

lighthearted /laɪt'hɑrtɪd/ adj **1** leve [comédia, artigo, etc.] **2** tranquilo, bem-humorado

lighthouse /laɪt'haʊs/ s farol

lighting /'laɪtɪŋ/ s iluminação

lightly /'laɪtli/ adv **1** de leve **2** ligeiramente **3 to get off lightly/be let off lightly** ter um castigo brando

lightning /'laɪtnɪŋ/ substantivo & adjetivo

• s **1** relâmpagos: *thunder and lightning* trovões e relâmpagos | **a flash of lightning** um relâmpago | **to be struck by lightning** ser atingido por um raio **2 as quick as lightning/like lightning** como um raio

• adj -relâmpago: *a lightning visit* uma visita-relâmpago

lightweight /'laɪtweɪt/ adjetivo & substantivo

• adj **1** leve [bicicleta, jaqueta, etc.] **2** (em boxe) peso-pena **3** leve [romance, filme, etc.]

• s peso-pena

likable, também **likeable** /'laɪkəbəl/ adj simpático

like /laɪk/ verbo, preposição, substantivo & conjunção

• v [tr] ▶ ver quadro

• prep **1** como, igual a: *I want a bike like his.* Quero uma bicicleta como a dele. | **to look like sth/sb** parecer (com) algo/alguém: *She looks just like her mother.* Ela é igualzinha à mãe. | **to taste like sth** ter gosto de algo ▶ LIKE OU AS? ver nota em **como** **2 like this/that** assim **3 what is she/it etc. like?** que tal é?, como é?: *What was the hotel like?* Que tal era o hotel? **4** Típico de uma pessoa: *It's just like him to spoil things for everyone else.* É bem típico dele estragar tudo para os outros. **5** (exemplificando) como: *green vegetables like spinach* verduras, como espinafre

- ***s* 1 sb's likes and dislikes** aquilo que se gosta e aquilo que não se gosta, as preferências de alguém **2 and the like** e coisas do gênero **3 the likes of us/him etc.** (informal) gente como nós/ele etc.
- *conj* (informal) **1** como se: *He acted like he hadn't seen us.* Ele agiu como se não nos tivesse visto. **2 like I say/said** como eu disse: *Like I said, we'll be on vacation in August.* Como eu disse, estaremos de férias em agosto.

likelihood /'laɪklihʊd/ *s* probabilidade(s), possibilidade(s)

likely /'laɪkli/ *adjetivo & advérbio*

- *adj* (-lier, -liest) **1** provável: *the likely outcome of the talks* o provável resultado das conversações | **to be likely to do sth** ser capaz de fazer algo **2** Prometedor ou com boas chances: *a list of likely candidates* uma lista de possíveis candidatos
- *adv* provavelmente | **most likely** o mais provável: *Most likely he forgot.* O mais provável é que ele tenha esquecido.

likeness /'laɪknəs/ *s* **1** semelhança: *I see a strong likeness to his father.* Vejo uma forte semelhança dele com o pai. **2** retrato | **to be a good likeness of sb** ser um bom retrato de alguém

likewise /'laɪk-waɪz/ *adv* (formal) **1** igualmente | **to do likewise** fazer o mesmo **2** assim como

liking /'laɪkɪŋ/ *s* **1 a liking for sth** gosto por algo **2 to take a liking to sb** simpatizar com alguém **3 to be to sb's liking** (formal) ser do agrado de alguém **4 for my/her etc. liking** para o meu/seu etc. gosto

lilac /'laɪlək/ *substantivo & adjetivo*

- *s* **1** (flor, árvore) lilás **2** (cor) lilás ▶ ver "Active Box" **colors** em **color**
- *adj* (cor) lilás ▶ ver "Active Box" **colors** em **color**

lily /'lɪli/ *s* (pl -lies) lírio

limb /lɪm/ *s* **1** membro [do corpo] **2** ramo [de árvore]

lime /laɪm/ *s* **1** (fruta) limão ▶ **lime** é o limão de casca verde e não deve ser confundido com **lemon**, que significa limão-galego **2** (árvore) tília **3** (também **lime green**) verde-limão **4** cal

limelight /'laɪmlaɪt/ *s* **to be in the limelight** ser o centro das atenções

limestone /'laɪmstoʊn/ *s* calcário

limit /'lɪmɪt/ *substantivo & verbo*

- *s* **1** limite | **time/speed etc. limit** limite de tempo/velocidade etc. **2 within limits** dentro de certos limites **3 to be over the limit** ter bebido demais [para dirigir]
- *v* [tr] **1** limitar: *Seating is limited to 500.* A lotação é limitada a 500 lugares. **2 to limit yourself to sth** limitar-se a algo

---

like *verbo*

1 GOSTOS (= gostar de)

Do you like Chinese food? Você gosta de comida chinesa? | *How does he like his new school?* Ele está gostando da nova escola? | *He likes your sister.* Ele gosta da sua irmã. | *I don't think he likes me.* Eu acho que ele não gosta de mim.

To like pode vir seguido de um gerúndio ou de um infinitivo:

He likes playing tennis. Ele gosta de jogar tênis. | *I like to watch TV.* Gosto de assistir televisão.

Veja o verbete de **gostar**.

2 EM FORMAS DE CORTESIA

I'd like a cup of coffee, please. Eu queria um café, por favor. | *Would you like some more cake?* Você quer mais bolo? | *Would you like to go to the movies?* Você quer ir ao cinema?

3 DESEJOS

I'd like you to see this. Gostaria que você visse isso. | *I'd like you to meet Pete.* Quero que você conheça o Pete.

4 EXPRESSÕES

if you like se você quiser | **whatever/whenever etc. you like** o que/quando etc. você quiser | **whether you like it or not** quer você queira, quer não

---

limitation /lɪmə'teɪʃən/ *s* limitação

limited /'lɪmɪtɪd/ *adj* limitado

limiting /'lɪmɪtɪŋ/ *adj* limitante

limousine /'lɪməzin/ *s* limusine

limp /lɪmp/ *adjetivo, verbo & substantivo*

- *adj* **1** fraco [corpo, aperto de mão] **2** murcho [alface, etc.]
- *v* [intr] mancar
- *s* coxeadura | **to walk with a limp** mancar

line /laɪn/ *substantivo & verbo*

- *s* **1** linha: *The ball went over the line.* A bola ultrapassou a linha. | **in a straight line** em linha reta
  2 fileira | **in a line** em fila
  3 AmE fila | **to wait/stand in line** fazer fila | **to be/get in line** estar/entrar na fila
  4 (de telefone) linha: *I have Mr. Ford on the line.* Estou com o sr. Ford na linha. | *Hold the line.* Fique na linha. | *It's a bad line.* A ligação está ruim.
  5 linha, corda: *fishing line* linha de pesca | *clothes line* varal
  6 (de trem) trilhos
  7 (roteiro) linha
  8 something along those lines algo nesse sentido
  9 (de um texto) linha
  10 (de um poema) verso

Gostaria de saber mais sobre os **verbos modais**? Há uma explicação na seção de gramática.

11 to drop sb a line escrever umas linhas para alguém
12 (de ator) fala: *I have to learn my lines.* Tenho que decorar minhas falas.
13 to be in line for sth ser candidato a algo
14 to be on the right lines estar na direção certa
15 to draw the line (at sth) Usado para apontar o limite do que é aceitável: *I'd like to help him, but I draw the line at lying.* Eu gostaria de ajudá-lo, mas não a ponto de ter que mentir.

• *v* [tr] **1** forrar | **to line sth with sth** forrar algo com algo
2 margear
line up fazer fila **line sth up 1** enfileirar algo **2** (informal) arrumar algo: *John's lined up a band for the party.* John arrumou uma banda para a festa. **line sb up** enfileirar alguém

lined /laɪnd/ *adj* **1** forrado [roupa, caixa] **2** pautado [papel] **3** enrugado [rosto]

lineman /ˈlaɪnmən/ *s* (pl **-men**) AmE (em futebol americano) atacante

linen /ˈlɪnən/ *s* **1** roupa de cama e mesa **2** linho

liner /ˈlaɪnər/ *s* navio | **an ocean liner** um transatlântico

linesman /ˈlaɪnzmən/ *s* (pl **-men**) juiz de linha

lineup /ˈlaɪnʌp/ *s* **1** elenco [de um time] **2** elenco [de artistas]

linger /ˈlɪŋgər/ *v* [intr] **1** demorar-se | **to linger over sth** alongar algo **2** (também **linger on**) permanecer

linguist /ˈlɪŋgwɪst/ *s* linguista

linguistic /lɪŋˈgwɪstɪk/ *adj* linguístico

linguistics /lɪŋˈgwɪstɪks/ *s* linguística

lining /ˈlaɪnɪŋ/ *s* forro

link /lɪŋk/ *verbo & substantivo*

• *v* [tr] **1** (relacionar) ligar [fatos, acontecimentos] | **to be linked to/with sth** estar relacionado/associado a algo **2** (unir) ligar [lugares]: *A tunnel links the hotel to the beach.* Um túnel liga o hotel à praia. **3** (também **link up**) conectar [computadores, sistemas, etc.] **4 to link arms** dar o braço
link up fazer conexão, ter relação

• *s* **1** (entre fatos, acontecimentos) relação, ligação **2** (entre dois lugares ou em telecomunicações) conexão: *Rail links between the two cities are very good.* As conexões ferroviárias entre as duas cidades são muito boas. **3** (entre países, organizações) vínculo **4** (de uma corrente) elo

lion /ˈlaɪən/ *s* leão

lip /lɪp/ *s* **1** lábio **2 to read sb's lips** ler os lábios de alguém

lip-read /ˈlɪp riːd/ *v* [intr] (passado & particípio **lip-read**) ler lábios

lipstick /ˈlɪpstɪk/ *s* batom | **to put (your) lipstick on** passar batom

liqueur /lɪˈkɜːr/ *s* licor

liquid /ˈlɪkwɪd/ *substantivo & adjetivo*
• *s* líquido
• *adj* líquido

liquidizer, -iser /ˈlɪkwədaɪzər/ *s* BrE liquidificador ▶ Existe também **blender,** que é usado tanto no inglês americano como no britânico

liquor /ˈlɪkər/ *s* AmE bebidas alcoólicas [fortes]

lisp /lɪsp/ *verbo & substantivo*
• *v* [tr/intr] ciciar, falar com a língua presa
• *s* cicio

list /lɪst/ *substantivo & verbo*
• *s* lista: *I'm on the waiting list.* Estou na lista de espera.
• *v* [tr] listar

listen /ˈlɪsən/ *v* [intr] **1** escutar: *Listen! Did you hear that noise?* Escuta! Você ouviu esse barulho? | **to listen to sth/sb** escutar algo/alguém **2** ouvir: *She never listens to me.* Ela nunca me ouve.
listen for sth/sb estar/ficar atento para ouvir algo/alguém: *I was listening for the mailman.* Eu estava atento para ver se ouvia o carteiro.

listener /ˈlɪsənər/ *s* **1** ouvinte **2 to be a good listener** saber ouvir

lit /lɪt/ passado & particípio de **light**

liter AmE, **litre** BrE /ˈliːtər/ *s* litro

literacy /ˈlɪtərəsi/ *s* alfabetização

literal /ˈlɪtərəl/ *adj* literal

literally /ˈlɪtərəli/ *adv* literalmente

literary /ˈlɪtəreri/ *adj* literário

literate /ˈlɪtərət/ *adj* **1** alfabetizado **2 to be computer literate** saber usar um computador

literature /ˈlɪtərətʃər/ *s* **1** literatura **2** material (impresso), informações

litre BrE ▶ ver **liter**

litter /ˈlɪtər/ *substantivo & verbo*
• *s* **1** lixo **2** ninhada [de cães, gatos, etc.]
• *v* **to be littered with sth** estar cheio de algo: *His desk was littered with papers.* A mesa dele estava cheia de papéis.

ˈlitter ˌbin *s* BrE lixeira (em lugares públicos) ▶ No inglês americano, diz-se **garbage (can)** ou **trash can**

little /ˈlɪtl/ *adjetivo, pronome & advérbio*
• *adj* **1** pequeno: *a little table* uma mesa pequena/uma mesinha | *when I was little* quando eu era pequeno ▶ O uso de **little** antes de um substantivo equivale, em muitos casos, ao diminutivo em português: *her little brother/sister* seu irmãozinho/sua irmãzinha

2 a little bit (of sth) um pouco (de algo) | **a little while** um pouco: *He arrived a little while ago.* Ele chegou há pouco.
3 Usado para enfatizar: *a nice little restaurant* um restaurantezinho simpático | *Poor little thing!* Coitadinho!

● *pron* (comparativo less, superlativo least) **1** pouco: *I know very little about him.* Sei muito pouco sobre ele. | **as little as possible** o mínimo possível
2 a little um pouco, um pouquinho: *"Milk?" "Just a little, thanks."* – Leite? – Só um pouquinho, por favor.

● *adv* **1** pouco: *We see John very little these days.* Vemos o John muito pouco hoje em dia.
2 a little um pouco
3 little by little pouco a pouco

live¹ /lɪv/ *v* **1** [intr] morar: *Where do you live?* Onde você mora? | *She lives in Toronto.* Ela mora em Toronto. **2** [intr] viver: *She lived to be 97.* Ela viveu até os 97 anos. **3** [tr/intr] **to live a quiet/full etc. life** ter uma vida calma/cheia etc. **4 to live it up** (informal) aproveitar a vida
PHRASAL VERBS
live for sth viver para algo
live off sb viver às custas de alguém **live off sth** viver à base de algo
live on sth 1 viver com algo: *She has to live on $50 a week.* Ela tem que viver com $50 por semana. **2** viver à base de algo
live together viver junto
live up to sth cumprir algo [promessa, etc.], corresponder a algo [expectativas]
live with sth (aprender a) conviver com algo

live² /laɪv/ *adjetivo & advérbio*
● *adj* **1** vivo **2** ao vivo **3** ligado, com corrente **4** carregado, não detonado [munição, bomba]
● *adv* ao vivo

livelihood /ˈlaɪvlihʊd/ *s* subsistência [modo de ganhar a vida]: *Farming is their livelihood.* Eles vivem da agricultura.

lively /ˈlaɪvli/ *adj* (-lier, -liest) **1** alegre, animado **2** fértil [imaginação] **3** animado [debate]

liven /ˈlaɪvən/ *v* **liven up** animar-se **liven sth up** alegrar algo

liver /ˈlɪvər/ *s* fígado

lives /laɪvz/ plural de **life**

livestock /ˈlaɪvstɑk/ *s* gado

livid /ˈlɪvɪd/ *adj* furioso

living /ˈlɪvɪŋ/ *adjetivo & substantivo*
● *adj* **1** vivo | **living things/creatures** seres vivos **2 the living** os vivos
● *s* **1** ganha-pão: *What does he do for a living?* Em que ele trabalha? | **to make/earn a living** ganhar a vida **2** vida: *country living* a vida no campo

ˈliving ˌroom *s* sala (de estar)

living room
coffee table
lamp
sofa
TV

lizard /ˈlɪzərd/ *s* lagarto, lagartixa

load /loʊd/ *substantivo & verbo*
● *s* **1** carregamento **2** carga **3 a load of/loads of** (informal) um monte de: *loads of money* um monte de dinheiro | *We have loads of time.* Temos tempo de sobra. | *That's a load of nonsense!* Isso é pura bobagem!
● *v* **1** [tr/intr] carregar | **to load sth into/onto sth** colocar algo dentro de/em algo | **to load sth up with sth** carregar algo com algo **2 to load a gun** carregar uma arma | **to load a film** pôr um filme **3** [tr] carregar [um programa, um software, etc.] **load down to be loaded down with sth** estar carregado com/de algo

loaded /ˈloʊdɪd/ *adj* **1** carregado **2** (informal) cheio da grana **3 a loaded question** uma pergunta capciosa **4** AmE (informal) bêbado

loaf /loʊf/ *s* (pl **loaves**) pão [unidade]: *a white loaf* um pão branco | *a loaf of bread* um pão

loan /loʊn/ *substantivo & verbo*
● *s* **1** empréstimo | **to take out a loan** fazer/tomar um empréstimo **2 on loan** emprestado
● *v* [tr] emprestar

loathe /loʊð/ *v* [tr] detestar

loaves /loʊvz/ plural de **loaf**

lobby /ˈlɑbi/ *substantivo & verbo*
● *s* (pl -bbies) **1** saguão **2** lobby
● *v* [tr/intr] (-bbies, -bbied) **1** [tr] fazer lobby junto a **2** [intr] fazer lobby

lobster /ˈlɑbstər/ *s* lagosta

local /ˈloʊkəl/ *adjetivo & substantivo*
● *adj* local, do bairro/da região ▶ ver também **anesthetic**
● *s* morador -a: *I asked one of the locals for directions.* Pedi a um dos moradores para me indicar o caminho.

ˌlocal area ˈnetwork *s* rede de área local

,local au'thority s BrE na Grã-Bretanha, órgão de governo municipal

,local 'government s na Grã-Bretanha, sistema de administração municipal

locally /'loʊkəli/ adv na área

locate /'loʊkeɪt/ v **1** [tr] localizar **2 to be located in/near etc.** estar situado em/perto de etc.

location /loʊ'keɪʃən/ s **1** localização **2** local **3 on location** fora do estúdio onde se filma uma película: *He is on location in Africa at the moment.* No momento, ele está filmando as cenas externas na África.

loch /lɑk/ s lago [na Escócia]

lock /lɑk/ verbo & substantivo

- v **1** [tr] trancar **2** [intr] trancar-se **3** [intr] travar [freios, mecanismo, etc.]
lock sth away guardar algo à chave
lock sb in trancar alguém [num lugar]
lock sb out trancar alguém do lado de fora
lock up trancar tudo **lock sth up 1** trancar algo [num lugar] **2** fechar algo à chave **lock sb up** prender alguém [em prisão]

- s **1** fechadura | **under lock and key** a sete chaves **2** eclusa **3** cacho [de cabelo]

locker /'lɑkər/ s armário

lodge /lɑdʒ/ substantivo & verbo

- s chalé

- v **1** [intr] alojar-se [bala, etc.] **2 to lodge a complaint/an appeal etc.** apresentar uma queixa/entrar com um recurso etc. **3** [intr] hospedar-se | **to lodge with sb** hospedar-se com alguém

lodger /'lɑdʒər/ s inquilino -na [que aluga quarto numa casa de família]

lodging /'lɑdʒɪŋ/ substantivo & substantivo plural

- s acomodação

- **lodgings** s pl quarto [que se aluga numa casa de família] ▶ ver também **board**

loft /lɔft/ s **1** AmE loft **2** AmE jirau **3** paiol **4** BrE sótão

log /lɔɡ/ substantivo & verbo

- s **1** tora **2** diário de bordo

- v (-gged, -gging) [tr] registrar
log on, também **log in** conectar-se, fazer o logon [à rede]
log off, também **log out** desconectar-se, fazer o log off [da rede]

logic /'lɑdʒɪk/ s lógica

logical /'lɑdʒɪkəl/ adj lógico

logo /'loʊɡoʊ/ s logotipo

lol, LOL 1 (= **laugh out loud**) hahaha [abreviatura usada em salas de bate-papo, etc.] **2** (= **lots of love**) bjs [abreviatura usada em salas de bate-papo, etc.]

lollipop, também **lollypop** AmE /'lɑlipɑp/ s pirulito

loneliness /'loʊnlinəs/ s solidão

lonely /'loʊnli/ adj (-lier, -liest) **1** sozinho, solitário [pessoa] ▶ LONELY, ALONE, ON YOUR OWN OU BY YOURSELF? ver **sozinho 2** isolado [lugar] **3** solitário [vida]

loner /'loʊnər/ s solitário -ria, ermitão -tã

long /lɔŋ/ adjetivo, advérbio & verbo

- adj **1** (referente a objetos) comprido: *long blond hair* cabelo louro e comprido | *The kitchen is four meters long.* A cozinha tem quatro metros de comprimento.
2 (referente a duração) longo: *It was a long wait.* Foi uma longa espera. | *It's a long time since we saw you.* Faz muito tempo que não te vemos. | **a long time ago** há muito tempo atrás: *It happened a long time ago.* Isso aconteceu há muito tempo atrás. | **to be three hours/five minutes etc. long** durar três horas/cinco minutos etc.
3 (referente a distância) **to be a long way** ser muito longe: *It's a long way to the station.* A estação é muito longe daqui.
4 how long is/was...? (a) (referente a duração) qual é/foi a duração...?: *How long is the flight?* Qual é a duração do voo? **(b)** (referente a comprimento) qual é/era o comprimento...?: *How long is that shelf?* Qual é o comprimento daquela prateleira?

- adv **1** muito tempo: *Have you lived here long?* Você mora aqui há muito tempo? | *Those shoes didn't last very long.* Esses sapatos não duraram muito. | *It took me longer than I'd planned.* Isso me levou mais tempo do que eu tinha previsto. | *I haven't known her for long.* Não a conheço há muito tempo. | *You can stay as long as you like.* Você pode ficar o tempo que você quiser.
2 how long? há quanto tempo?: *How long have you been a teacher?* Há quanto tempo você é professor?
3 long before/after muito antes (de)/muito depois (de)
4 no longer/not any longer: *She no longer works here.* Ela não trabalha mais aqui. | *I can't wait any longer.* Não posso esperar mais.
5 before long em breve
6 as/so long as contanto que, desde que
7 long ago há muito (tempo)
8 all day/year etc. long o dia/ano etc. todo

- v **1 to long to do sth** estar louco para fazer algo **2 to long for sth** ansiar por algo, estar louco por algo

,long-'distance adj **1** interurbano/internacional [chamada] **2** de longa distância [corrida] | **long-distance runner** fundista

longing /'lɔŋɪŋ/ s desejo: *He felt a great longing to travel.* Ele sentia um enorme desejo de viajar.

longitude /'lɑndʒətud/ s longitude

'long jump s salto em distância

,long-'life adj de longa duração: *long-life batteries* pilhas de vida longa

long-range adj **1** de longo alcance [míssil] **2** a longo prazo [previsão, planos]

longsighted /lɔŋˈsaɪtɪd/ adj BrE hipermetrope
▶ No inglês americano, diz-se **farsighted**

long-standing adj de longa data: *a long-standing relationship* um relacionamento de longa data

long-term adj a longo prazo

look /lʊk/ verbo, substantivo & substantivo plural
- **v** [intr] **1** olhar: *I looked over the fence.* Olhei por cima da cerca. | *Look what I made!* Olha o que eu fiz! ▶ LOOK OU WATCH? ver **olhar** **2** to look tired/happy etc. estar com ar cansado/feliz etc., parecer cansado/feliz etc. | to look nice/ugly etc. estar bonito/feio etc. | to look like sth parecer algo: *It looks like an old coin.* Parece uma moeda antiga. | to look as if/though parecer que: *You look as if you haven't slept all night.* Você parece que não dormiu a noite inteira. | *It looks as though he'll be re-elected.* Parece que ele vai ser reeleito. **3** [intr] procurar: *"I can't find my keys." "Have you looked?"* – Não consigo achar as minhas chaves. – Você já procurou? **4** to look sb in the eye olhar alguém nos olhos **5** to look south/east etc. estar voltado para o sul/leste etc.

PHRASAL VERBS
look after sth/sb tomar conta de algo/alguém, cuidar de algo/alguém | to look after yourself cuidar-se
look ahead olhar à frente
look around 1 olhar **2** virar-se [para ver algo] **look around sth** ver algo, visitar algo
look at sth 1 olhar (para) algo **2** ver algo, examinar algo **3** estudar algo [situação, opções, etc.] **look at sb** olhar para alguém
look back lembrar
look down on sth/sb fazer pouco de algo/alguém
look for sth/sb procurar algo/alguém
look forward to sth estar louco para chegar algo: *I'm looking forward to Christmas.* Estou louco para chegar o Natal. **look forward to doing sth** estar ansioso/animado para fazer algo
look into sth investigar algo
look on ficar olhando [sem fazer nada]
look out look out! cuidado!
look out for sth/sb tentar achar algo/alguém: *Look out for Jane at the conference.* Tente achar a Jane no congresso.
look sth/sb over dar uma olhada em algo/alguém
look round BrE ▶ ver **look around**
look through sth 1 folhear algo **2** (ler com cuidado) examinar algo
look up 1 levantar os olhos **2** (referente a situações) melhorar **look sth up** procurar algo [num dicionário, etc.] **look sb up** procurar alguém
look up to sb admirar alguém

- **s 1** to have/take a look (at sth) dar uma olhada (em algo) **2** to have a look (for sth) procurar (algo) **3** Expressão do rosto ou no olhar: *Did you see the look on her face?* Você viu a cara que ela fez? | to give sb a funny/severe etc. look olhar para alguém com um olhar estranho/sério etc.: *He gave me a funny look.* Ele me olhou com um olhar estranho. **4** aspecto, aparência **5** visual: *the 60s look* o visual dos anos 60

- **looks** s pl aparência, beleza

lookout /ˈlʊk-aʊt/ s **1** to be on the lookout for sth estar/ficar atento a algo **2** vigia

loom /lum/ v [intr] **1** surgir: *The ship loomed up out of the fog.* O navio surgiu através da neblina. **2** ser iminente [tempestade, conflito, etc.]

loony /ˈluni/ adjetivo & substantivo
- **adj** (informal) doido -da
- **s** (pl -nies) (informal) doido -da

loop /lup/ substantivo & verbo
- **s 1** alça, laçada **2** volta, loop **3** to knock/throw sb for a loop AmE (informal) deixar alguém de boca aberta **4** to be out of the loop AmE (informal) não fazer parte da cúpula
- **v 1** to loop sth over/around etc. sth dar uma volta com algo em algo **2** [intr] mover-se em círculos

loophole /ˈluphoʊl/ s brecha: *a legal loophole* uma brecha na lei

loose /lus/ adjetivo & substantivo
- **adj 1** frouxo: *a loose knot* um nó frouxo | a loose tooth um dente mole **2** solto: *Her hair hung loose.* Ela estava de cabelo solto. **3** folgado [roupa] **4** (falando de animais, pessoas) solto: *There is a murderer loose.* Tem um assassino solto por aí. | to break loose soltar-se
- **s** to be on the loose estar solto

loosely /ˈlusli/ adv **1** folgadamente **2** loosely translated traduzido aproximadamente | to be loosely based on sth ser baseado até certo ponto em algo

loosen /ˈlusən/ v [tr/intr] afrouxar
loosen up relaxar

loot /lut/ verbo & substantivo
- **v** [tr/intr] saquear
- **s** saque

lopsided /ˈlɑpsaɪdɪd/ adj torto

lord /lɔrd/ s **1** (também **Lord**) lorde **2** (na Idade Média) senhor **3** (Deus, Jesus) Senhor **4** good Lord!/oh Lord! (informal) meu Deus! **5** the Lords a Câmara dos Lordes [na Grã-Bretanha]

lorry /ˈlɔri/ s (pl -rries) BrE caminhão ▶ No inglês americano diz-se **truck**

lose /luz/ v [tr/intr] (passado & particípio **lost**) **1** perder: *I've lost my glasses.* Perdi meus óculos. | *He lost a leg in the accident.* Ele perdeu uma perna no acidente. | *We were losing 3—0.* Estávamos perdendo de 3 a 0. **2** [tr] atrasar [relógio]

loser

3 to have nothing to lose não ter nada a perder
▶ **to lose** também forma parte de expressões como **to lose your nerve, to lose weight,** etc., que são tratadas no verbete do substantivo correspondente
lose out sair perdendo | **to lose out to sb** sair perdendo para alguém | **to lose out on sth** perder algo [uma oportunidade]

loser /'luzər/ s perdedor -a | **a good/bad loser** um bom/mau perdedor

loss /lɔs/ substantivo & substantivo plural
• s (pl **losses**) **1** perda **2** prejuízo | **to make a loss** ter um prejuízo | **to sell sth at a loss** vender algo com prejuízo **3 to be at a loss** não saber o que fazer/dizer
• **losses** s pl baixas [numa guerra]

lost¹ /lɔst/ adj **1** perdido | **to get lost** perder-se **2 get lost!** cai fora!

lost² passado & particípio de **lose**

lot /lɑt/ s **1 a lot** muito -a: *There's a lot to do.* Tem muita coisa para se feita. | **a lot of** muito(s) -ta(s): *A lot of people came to the meeting.* Muita gente veio à reunião. | **lots of** muito(s) -ta(s): *She has lots of friends.* Ela tem muitos amigos. **2 a lot quicker/better etc.** muito mais rápido/melhor etc. **3 the lot** tudo: *She ate the lot.* Ela comeu tudo. **4 thanks a lot** muito obrigado **5** AmE terreno **6** (num leilão) lote

lotion /'loʊʃən/ s loção

lottery /'lɑtəri/ s (pl **-ries**) loteria

loud /laʊd/ adjetivo & advérbio
• adj **1** alto [barulho, música, etc.] **2** chamativo [roupa] **3** berrante [cor]
• adv **1** alto: *Could you speak a little louder?* Você podia falar um pouco mais alto? **2 out loud** em voz alta **3 loud and clear** de maneira bem clara

loudspeaker /'laʊdspikər/ s alto-falante

lounge /laʊndʒ/ substantivo & verbo
• s **1** saguão [num hotel, aeroporto, etc.] **2** AmE bar **3** BrE sala (de estar)
• v **lounge around** ficar à toa

lousy /'laʊzi/ adj (**-sier, -siest**) (informal) péssimo

lovable, também **loveable** /'lʌvəbəl/ adj simpático, adorável

love /lʌv/ substantivo & verbo
• s **1** amor: *a mother's love for her child* o amor de uma mãe pelo filho | **to be in love (with sb)** estar apaixonado (por alguém) | **to fall in love (with sb)** apaixonar-se (por alguém)
2 (pessoa amada) amor: *He was my first love.* Ele foi meu primeiro amor.
3 paixão: *She has a great love of music.* Ela tem paixão por música.
4 to make love (to sb) fazer amor (com alguém)
5 love from (em carta, e-mail) um beijo
6 to send/give your love (to sb) mandar um beijo/um abraço/lembranças (para alguém)
7 love affair caso (amoroso), romance **love story** história de amor
• v [tr] **1** amar: *Children need to feel loved.* As crianças precisam se sentir amadas. | *I love you.* Eu te amo.
2 adorar: *I love chocolate.* Adoro chocolate. | *I'd love to meet her.* Eu adoraria conhecê-la.

lovely /'lʌvli/ adj (**-lier, -liest**) **1** lindo **2** ótimo: *It was lovely to see you again.* Foi ótimo te ver de novo./Adorei te ver de novo. | *Have a lovely time!* Divirta-se! **3** delicioso [comida, banho, etc.]

lover /'lʌvər/ s **1** (num relacionamento) amante **2** (fã) amante: *a music lover* um amante de música

loving /'lʌvɪŋ/ adj carinhoso, afetuoso

low /loʊ/ adjetivo, advérbio & substantivo
• adj **1** (de ou a pouca altura) baixo: *the lowest shelf* a prateleira mais baixa **2** (referente à quantidade, nível) baixo: *It's low in calories.* É de baixa caloria. | *Temperatures will be lower.* As temperaturas vão baixar mais. **3** deprimido **4** (referente a som) baixo: *The volume is too low.* O volume está baixo demais.
• adv baixo: *Turn the air conditioning down low.* Coloque o ar-condicionado bem baixo.
• s baixa, mínima: *a low of 8°* uma mínima de 8 graus

low-'calorie, também **low-cal** /loʊ-'kæl/ (informal) adj de baixa caloria, light

lower /'loʊər/ adjetivo & verbo
• adj **1** (referente a posição) mais baixo, inferior: *the lower floors of the building* os andares mais baixos do prédio | *the lower lip* o lábio inferior **2** (referente a nível, escalão) mais baixo, inferior
• v [tr] **1** baixar **2 to lower your voice** abaixar a voz

lower 'case s letra(s) minúscula(s), minúsculas

lower 'class s **the lower class** a classe baixa

lower-'class adj de classe baixa: *a lower-class family* uma família de classe baixa

low-'fat adj com baixo teor de gordura, light

low-'key adj discreto: *Their wedding was a very low-key affair.* O casamento deles foi um evento muito discreto.

low 'tide s maré baixa

loyal /'lɔɪəl/ adj leal, fiel

loyalty /'lɔɪəlti/ s (pl **-ties**) lealdade

LP /ɛl 'pi/ s LP, elepê

Ltd. (= **Limited**) Ltda.

luck /lʌk/ substantivo & verbo
• s **1** sorte | **bad luck** azar | **to be in luck/out of luck** estar com/sem sorte | **with any luck** espero que **2 good luck!/best of luck!** boa sorte! **3 hard luck!/bad luck!** que pena!
• v **luck out** AmE (informal) ter sorte

luckily /'lʌkəli/ *adv* por sorte

lucky /'lʌki/ *adj* (**-ckier, -ckiest**) sortudo | **to be lucky** ter sorte: *We've been very lucky with the weather.* Tivemos muita sorte com o tempo. | *I was lucky enough to be invited.* Tive a sorte de ser convidado.

ludicrous /'ludɪkrəs/ *adj* absurdo, ridículo

luggage /'lʌgɪdʒ/ *s* bagagem

lukewarm /luk'wɔrm/ *adj*
1 morno [água, comida, etc.]
2 morno, pouco entusiasta [receptividade, reação, etc.]

lull /lʌl/ *verbo & substantivo*

• *v* [tr] embalar [uma criança, etc.]

• *s* pausa, período calmo

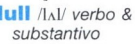
luggage

lullaby /'lʌləbaɪ/ *s* (pl **-bies**) cantiga de ninar

lumber /'lʌmbər/ *verbo & substantivo*

• *v* **to lumber toward/along etc.** mover-se pesadamente: *The bear lumbered toward us.* O urso moveu-se pesadamente em direção a nós.

• *s* AmE madeira

luminous /'lumənəs/ *adj* fosforescente

lump /lʌmp/ *substantivo & verbo*

• *s* **1** pedaço [de queijo, carvão, etc.] **2** torrão [de açúcar] **3** caroço [em molho, etc.] **4** caroço [no corpo] **5 a lump in your throat** um nó na garganta

• *v* **lump sth/sb together** misturar algo/alguém, englobar algo/alguém

lump sum *s* pagamento único, bolada

lumpy /'lʌmpi/ *adj* (**-pier, -piest**) **1** cheio de caroços [molho] **2** cheio de calombos [colchão]

lunacy /'lunəsi/ *s* loucura

lunatic /'lunətɪk/ *s* louco -ca

lunch /lʌntʃ/ *substantivo & verbo*

• *s* (pl **-ches**) **1** almoço: *I had fish for lunch.* Comi peixe no almoço. | **to have lunch** almoçar: *What time do you have lunch?* A que horas você costuma almoçar? **2 lunch hour** hora do almoço

• *v* [intr] (3a pess sing **-ches**) (formal) almoçar

lunchtime /'lʌntʃtaɪm/ *s* hora do almoço

lung /lʌŋ/ *s* pulmão

lurch /lɜrtʃ/ *verbo & substantivo*

• *v* [intr] (3a pess sing presente **-ches**) dar um solavanco: *The car lurched forward.* O carro deu um solavanco para a frente. | *He lurched to his feet.* Ele se levantou cambaleando.

• *s* (pl **-ches**) solavanco

lure /lʊr/ *v* [tr] atrair: *They were lured to Africa by the promise of gold.* Eles foram atraídos à África pela promessa de ouro.

lurk /lɜrk/ *v* [intr] estar escondido

lush /lʌʃ/ *adj* exuberante

lust /lʌst/ *substantivo & verbo*

• *s* **1** desejo sexual, atração sexual **2** ânsia: *his lust for power* sua ânsia de poder

• *v* **lust after sth** cobiçar algo **lust after sb** desejar alguém (sexualmente)

luxurious /lʌg'ʒʊriəs/ *adj* luxuoso

luxury /'lʌkʃəri/ *s* (pl **-ries**) luxo | **a luxury hotel/apartment etc.** um hotel/apartamento etc. de luxo

lying /'laɪ-ɪŋ/ gerúndio de **lie**

lyrics /'lɪrɪks/ *s* letra [de uma música]

M, m /ɛm/ (letra) M, m ▶ ver "Active Box" **letters** em **letter**

m (= **meter**) m

M.A. /ɛm 'eɪ/ *s* (= **Master of Arts**) mestrado em uma ciência humana

Mac /mæk/ *s* AmE (informal) cara [homem desconhecido]

macabre /mə'kɑbrə/ *adj* macabro

macaroni /mækə'roʊni/ *s* macarrão

machine /mə'ʃin/ *s* máquina

ma'chine ,gun *s* metralhadora

machinery /mə'ʃinəri/ *s* maquinaria

macho /'mɑtʃoʊ/ *adj* (informal) **1** (homem) machão **2** (comportamento) de machão: *macho attitudes* atitudes de machão

mackerel /'mækərəl/ *s* cavala

mad /mæd/ *adj* (**-dder, -ddest**) **1** furioso: *Lisa was really mad at me.* Lisa estava furiosa comigo. | **to get/go mad** ficar furioso **2** BrE louco | **to go mad** enlouquecer **3 to be mad about sth** ser louco por algo | **to be mad about sb** estar louco por alguém **4 like mad (a)** (gritar, rir) adoidado **(b)** (doer) demais, para caramba

madam /'mædəm/ *s* **1** (ao falar com uma mulher) (minha) senhora **2** (numa carta) senhora: *Dear Madam* Prezada Senhora

maddening /'mædn-ɪŋ/ *adj* irritante

made /meɪd/ passado & particípio de **make**

madly /'mædli/ *adv* **1 to be madly in love (with sb)** estar loucamente apaixonado (por alguém) **2** como (um) louco

madness /'mædnəs/ *s* loucura

magazine /'mægəzin/ *s* revista

maggot /'mægət/ *s* larva (de inseto)

magic /'mædʒɪk/ *substantivo & adjetivo*
- *s* **1** magia **2** mágica | **like magic/as if by magic** como num passe de mágica
- *adj* mágico

magical /'mædʒɪkəl/ *adj* mágico

magician /mə'dʒɪʃən/ *s* **1** mago -ga **2** mágico -ca

magistrate /'mædʒɪstreɪt/ *s* juiz de pequenas causas

magnet /'mægnət/ *s* ímã

magnetic /mæg'netɪk/ *adj* magnético

magnetism /'mægnətɪzəm/ *s* magnetismo

magnificence /mæg'nɪfəsəns/ *s* magnificência

magnificent /mæg'nɪfəsənt/ *adj* magnífico

magnify /'mægnəfaɪ/ *v* [tr] (-fies, -fied) **1** ampliar [uma imagem] **2** aumentar [um problema]

'magnifying ,glass *s* lupa

magnitude /'mægnɪtud/ *s* magnitude

magpie /'mægpaɪ/ *s* pega [ave]

maid /meɪd/ *s* empregada

maiden /'meɪdn/ *substantivo & adjetivo*
- *s* donzela
- *adj* **maiden flight/voyage** etc. voo/viagem etc. inaugural

'maiden ,name *s* nome de solteira

mail /meɪl/ *substantivo & verbo*
- *s* **1** correspondência **2** AmE **the mail** o correio
- *v* AmE **to mail sth (to sb) (a)** mandar algo (para alguém) pelo correio **(b)** mandar algo (para alguém) por e-mail | **to mail sb** mandar um e-mail para alguém

mailbox /'meɪlbɑks/ *s* (pl -xes) **1** AmE caixa de correio **2** AmE caixa postal **3** caixa de correio eletrônico

mailer /'meɪlər/ *s* **1** AmE embalagem postal **2** AmE remetente **3** e-mail [serviço]

mailman /'meɪlmæn/ *s* (pl -men) AmE carteiro

'mail ,order *s* encomenda postal

maim /meɪm/ *v* [tr] mutilar

main /meɪn/ *adjetivo & substantivo*
- *adj* principal: *the main meal of the day* a principal refeição do dia | **the main thing** o mais importante ▶ ver também **course**
- *s* tubulação (principal) | **the mains** BrE rede (central) [de abastecimento de energia, gás ou água]

mainland /'meɪnlænd/ *s* **1 the mainland** o continente [em relação a uma ilha]: *Most of the islanders have moved to the mainland.* A maioria dos ilhéus se mudou para o continente. **2 mainland Europe/China** etc. Europa/China etc. continental

'main ,line *s* linha-tronco [de ferrovia]

mainly /'meɪnli/ *adv* sobretudo, principalmente

,main 'road *s* rua principal

mainstream /'meɪnstrim/ *s* **the mainstream** a tendência dominante

'Main Street *s* **1** a rua principal [de uma cidade pequena] **2** AmE a população americana em geral: *The attacks had an effect on Main Street America.* Os atentados afetaram a população americana em geral.

maintain /meɪn'teɪn/ *v* [tr] **1** (continuar com) manter **2** (conservar em bom estado) manter **3** (afirmar) sustentar

maintenance /'meɪntn-əns/ *s* **1** manutenção **2** pensão [alimentícia]

maize /meɪz/ *s* BrE milho ▶ No inglês americano diz-se **corn**

majestic /mə'dʒestɪk/ *adj* majestoso

majesty /'mædʒəsti/ *s* (pl -ties) **1 Your/Her/His Majesty** Vossa/Sua Majestade **2** majestade

major /'meɪdʒər/ *adjetivo, substantivo & verbo*
- *adj* **1** (fator, papel) muito importante: *It played a major part in their success.* Isso teve um papel muito importante no sucesso deles. **2** (mudança, melhora) grande **3** (problema, dificuldade) sério: *It's not a major problem.* Não é um problema sério. **4** principal: *Europe's major cities* as principais cidades da Europa **5** (em música) maior
- *s* **1** major **2** AmE graduação **3** AmE aluno -na de graduação: *She's a physics major.* Ela faz graduação em Física.
- *v* **major in sth** AmE graduar-se em algo, fazer graduação em algo: *He majored in biology.* Ele se graduou em Biologia.

majority /mə'dʒɔrəti/ *s* (pl -ties) **1** maioria: *The majority oppose/opposes the plan.* A maioria se opõe ao plano. **2 to be in the majority** ser a maioria **3** [quando precede outro substantivo] da maioria, majoritário

make /meɪk/ *verbo & substantivo*
- *v* [tr] (passado & particípio **made**) **1** (produzir, fabricar) fazer: *She makes all her own clothes.* Ela mesma faz todas as suas roupas. | *All the furniture is made in our factory.* Todos os móveis são feitos em nossa fábrica. | **to make breakfast/lunch/dinner** fazer o café da manhã/almoço/jantar | **to make sb sth/make sth for sb** fazer algo para alguém: *I'll make you a sandwich.* Vou fazer um sanduíche para você. ▶ **MAKE OU DO?** ver nota em **fazer**

2 (efetuar) fazer, dar [uma sugestão, um telefonema], fazer [uma promessa, um esforço]: *I have to make a phone call.* Preciso fazer uma ligação. | **to make a mistake** fazer/cometer um erro | **to make a decision** tomar uma decisão | **to make a trip** fazer uma viagem

3 (provocar um determinado efeito) **to make sth easy/difficult** etc. tornar algo fácil/difícil etc. | **to make sb sad/nervous/happy** etc. deixar alguém triste/nervoso/feliz etc.

4 to make sb do sth (a) fazer alguém fazer algo: *This movie will make you laugh.* Este filme vai

te fazer rir. **(b)** obrigar alguém a fazer algo: *I didn't want to come, he made me.* Eu não queria vir, ele me obrigou.
5 to make sth into sth transformar algo em algo: *We made this room into a study.* Transformamos esse quarto em escritório. | *The book has been made into a movie.* O livro foi adaptado para o cinema.
6 to make sb sth fazer alguém algo: *They made my brother captain of the team.* Fizeram meu irmão capitão do time.
7 ganhar [dinheiro, salário]: *She makes nearly $30,000 a year.* Ela ganha quase $30.000 por ano.
8 ser: *She'd make a brilliant teacher.* Ela seria uma professora brilhante.
9 Para expressar possibilidade, sucesso: *We didn't make the final.* Não conseguimos chegar à final. | *Can you make the 13th?* O dia 13 é bom para você? | **to make it (a)** chegar a tempo: *We only just made it.* Quase não chegamos a tempo. **(b)** poder (ir): *I can't make it tonight.* Não posso ir hoje à noite. **(c)** vencer: *We made it!* Conseguimos!
10 (em contas) ser: *2 and 2 makes 4.* 2 mais 2 são 4. | *If you include Dan, that makes five of us.* Somos cinco, incluindo o Dan.
11 Usado em cálculos, conjecturas: *I make that $53 altogether.* Nos meus cálculos dá um total de $53. | *What time do you make it?* Que horas são no seu relógio?
12 to make do (with sth) virar-se (com algo)
▶ **Make** também faz parte de muitas expressões, tais como **to make friends, to make sure** etc., que são tratadas no verbete do substantivo, adjetivo, etc. correspondente (**friends, sure,** etc.)
PHRASAL VERBS
make sth of sth/sb Para expressar ou pedir opiniões: *I don't know what to make of it.* Não sei o que pensar disso. | *What did you make of her boyfriend?* O que você achou do namorado dela?
make off with sth roubar algo
make out 1 (informal) dizer-se: *He makes out he's a genius.* Ele se diz um gênio. | *She's not as stupid as she makes out.* Ela não é tão boba como diz. **2 to make out (with sb)** AmE (informal) ficar (com alguém) **make sth out to make out a check (for $50/$100 etc.)** fazer um cheque (no valor de $50/$100 etc.) | **to make a check out to sb** fazer um cheque em nome de alguém **make sth/sb out 1** (informal) entender algo/alguém: *She couldn't make out the signature.* Ela não conseguiu entender a assinatura. | *I can't make him out at all.* Não consigo entendê-lo mesmo. **2** vislumbrar algo/alguém
make up 1 fazer as pazes **2 to make up for sth** compensar algo **make up sth** compor algo, constituir algo: *Women make up 56% of the population.* As mulheres constituem 56% da população. **make sth up** inventar algo [uma desculpa, uma história]

• *s* marca [de produto] ▶ MAKE OU BRAND? ver **marca**

maker /ˈmeɪkər/ *s* fabricante

makeshift /ˈmeɪkʃɪft/ *adj* improvisado, provisório

makeup /ˈmeɪkʌp/ *s* **1** maquiagem **2** (de um time) composição **3** (de uma pessoa) jeito de ser

making /ˈmeɪkɪŋ/ *s* **1** feitura **2 in the making** em formação **3 to be the making of sb** (na vida artística ou profissional) consagrar alguém **4 to have the makings of sth** ter tudo para ser algo

malaria /məˈlɛriə/ *s* malária

male /meɪl/ *adjetivo & substantivo*

• *adj* **1** macho [animal] **2** do sexo masculino [adolescente, leitor, etc.] | **a male child** um filho homem | **male colleagues/friends** colegas/ amigos homens | **the male population** a população masculina **3** masculino, de homem: *a male voice* uma voz de homem

• *s* **1** (animal) macho **2 young/American etc. males** jovens/americanos etc. do sexo masculino

malice /ˈmælɪs/ *s* maldade, má-fé

malicious /məˈlɪʃəs/ *adj* maldoso

malignant /məˈlɪɡnənt/ *adj* maligno

mall /mɔl/ *s* shopping

malnutrition /mælnuˈtrɪʃən/ *s* desnutrição

malt /mɔlt/ *s* malte

mammal /ˈmæməl/ *s* mamífero

mammogram /ˈmæməɡræm/ *s* mamograma

mammoth /ˈmæməθ/ *adjetivo & substantivo*

• *adj* **1** descomunal [tarefa] **2** monumental [projeto]

• *s* mamute

man /mæn/ *substantivo & verbo*

• *s* (pl **men**) **1** homem: *a young man* um jovem | *an old man* um velho **2** o homem: *the history of man* a história do homem

• *v* [tr] (-**nned**, -**nning**) **1** operar [um posto de controle] **2** tripular [uma nave espacial, um navio]

manage /ˈmænɪdʒ/ *v* **1** [intr] virar-se: *Don't worry about me, I'll manage.* Não se preocupe comigo, eu me viro. **2** [tr/intr] conseguir: *How does she manage to stay so slim?* Como ela consegue se manter tão magra? **3** [tr] Para expressar possibilidade: *I can't manage Friday.* Sexta-feira eu não posso. | *Can you manage that suitcase?* Você pode carregar essa mala? | *I could manage $10.* Eu poderia contribuir com $10. **4** [tr] dirigir, gerenciar [uma empresa]

manageable /ˈmænɪdʒəbəl/ *adj* **1** fácil de manejar **2** (referente a cabelo) bom

management /ˈmænɪdʒmənt/ *s* **1** (atividade) administração, gestão **2** (diretores de uma empresa) gerência, direção **3** (matéria de estudo) administração de empresas

manager /ˈmænɪdʒər/ *s* **1** (de uma loja, empresa) gerente **2** (de uma banda, um artista) empresário -ria **3** (em esporte) técnico -ca

manageress /'mænɪdʒərəs/ s (pl -sses) gerente [mulher]

managerial /mænə'dʒɪriəl/ adj de gerência, gerencial

managing di'rector s diretor -a executivo -va

mandate /'mændeɪt/ s mandato

mandatory /'mændətɔri/ adj obrigatório

mane /meɪn/ s **1** (de cavalo) crina **2** (de leão) juba

maneuver AmE, **manoeuvre** BrE /mə'nuvər/ verbo & substantivo

- v [tr/intr] manobrar: *She **maneuvred** the car **into** a tiny space.* Ela manobrou o carro, colocando-o numa vaga mínima.
- s manobra

mango /'mæŋɡoʊ/ s (pl mangoes ou mangos) manga [fruta]

manhood /'mænhʊd/ s **1** idade adulta, maioridade [de um homem] **2** virilidade

mania /'meɪniə/ s mania

maniac /'meɪniæk/ s **1** (pessoa insana) maníaco -ca **2** (pessoa afoita) louco -ca **3** (religioso) fanático -ca **4** (sexual) tarado -da

manic /'mænɪk/ adj (informal) histérico

manicure /'mænɪkjʊr/ s **to have a manicure** fazer as unhas

manifest /'mænɪfɛst/ (formal) adjetivo & verbo

- adj evidente
- v [tr] apresentar | **to manifest itself** manifestar-se

manifestation /mænəfə'steɪʃən/ s (formal) manifestação, forma

manifesto /mænə'fɛstoʊ/ s (pl -tos ou -toes) **1** manifesto **2** (também **election manifesto**) plataforma eleitoral

manipulate /mə'nɪpjəleɪt/ v [tr] **1** manipular **2** processar [dados]

manipulation /mənɪpjə'leɪʃən/ s manipulação

manipulative /mə'nɪpjəleɪtɪv/ adj manipulador

mankind /mæn'kaɪnd/ s humanidade

manly /'mænli/ adj (-lier, -liest) másculo

man-'made adj **1** artificial [lago, ilha, etc.] **2** sintético [tecido]

manner /'mænər/ substantivo & substantivo plural

- s **1** jeito, atitude [de uma pessoa] **2** (formal) maneira, modo: *in the same manner* da mesma forma
- **manners** s pl modos | **good manners/bad manners** bons modos/falta de educação: *It's bad manners to talk with your mouth full.* É falta de educação falar com a boca cheia.

mannerism /'mænərɪzəm/ s maneirismo

manoeuvre /mə'nuvər/ BrE ▶ ver **maneuver**

manor /'mænər/, também **'manor ˌhouse** s solar

manpower /'mænpaʊr/ s mão de obra

mansion /'mænʃən/ s mansão

manslaughter /'mænslɔtər/ s homicídio culposo

mantelpiece /'mæntlpis/ s console da lareira

mantelpiece / fireplace

manual /'mænjuəl/ adjetivo & substantivo

- adj manual | **manual labor/worker** trabalho/trabalhador braçal
- s manual

manufacture /mænjə'fæktʃər/ v [tr] manufaturar, fabricar

manufacturer /mænjə'fæktʃərər/ s fabricante

manure /mə'nʊr/ s esterco

manuscript /'mænjəskrɪpt/ s manuscrito

many /'mɛni/ adj & pron **1** muitos -tas: *There aren't many tickets left.* Não sobraram muitos ingressos. | *Many of them died.* Muitos deles morreram. | *"Does he have any friends?" "Not many."* – Ele tem amigos? – Não muitos. | **too many** demais, muitos -tas: *You've eaten too many cookies already.* Você já comeu biscoitos demais. | **so many** tantos -tas

2 how many quantos -tas: *How many bedrooms does it have?* Quantos quartos tem?

3 as many... as tantos -tas... quanto: *There haven't been as many accidents as last year.* Não tem havido tantos acidentes quanto no ano passado.

4 as many as (a) quantos -tas: *You can have as many as you want.* Você pode pegar quantos quiser. **(b)** nada menos que: *As many as 60% did not know.* Nada menos que 60% não sabia. ▶ ver nota em **muito -ta**

map /mæp/ s mapa

maple /'meɪpəl/ s bordo [árvore]

marathon /'mærəθɑn/ substantivo & adjetivo

- s **1** maratona **2 marathon runner** maratonista
- adj longo [viagem, sessão]

looking at a map

marble /'mɑrbəl/ s **1** mármore | **a marble floor/statue etc.** um piso/uma estátua etc. de mármore **2** bola de gude | **to play marbles** jogar bola de gude

March /mɑrtʃ/ s março ▶ ver "Active Box" **months** em **month**

march /mɑrtʃ/ verbo & substantivo

- v [intr] **1** (soldados) marchar, (manifestantes) sair em passeata: *200,000 people marched on the capital.* 200.000 pessoas marcharam para a capital. **2 to march off/out etc.** ir embora/sair etc. pisando forte

- *s* **1** passeata **2** marcha

marcher /'mɑrtʃər/ *s* manifestante

mare /mɛr/ *s* égua

margarine /'mɑrdʒərin/ *s* margarina

margin /'mɑrdʒin/ *s* **1** margem [de uma página] **2 to win by a narrow/wide etc. margin** vencer por estreita/ampla etc. margem

marginal /'mɑrdʒənl/ *adj* **1** mínimo, leve **2** marginal [custo, benefício]

marginally /'mɑrdʒənl-i/ *adv* ligeiramente

marijuana /mærə'wɑnə/ *s* maconha

marina /mə'rinə/ *s* marina

marine /mə'rin/ *adjetivo & substantivo*

- *adj* marinho: *marine life* vida marinha

- *s* fuzileiro naval | **the Marines** o corpo dos Fuzileiros

marital /'mærətl/ *adj* conjugal | **marital status** estado civil

mark /mɑrk/ *verbo & substantivo*

- *v* [tr] **1** marcar, indicar: *A cross marks the spot.* Uma cruz indica o lugar. | *The envelope was marked "urgent".* No envelope estava escrito "urgente". **2** BrE corrigir [um trabalho escolar, uma prova] **3** deixar marca(s) em **4** comemorar [o aniversário de algo] **5** (em futebol, basquete, etc.) marcar
mark sth down reduzir o preço de algo
mark sth up aumentar o preço de algo

- *s* **1** marca **2 burn marks** marcas de queimaduras | **scratch marks** arranhões **3** sinal | **a question/exclamation etc. mark** um ponto de interrogação/exclamação etc. **4** BrE nota: *She got full marks.* Ela tirou a nota máxima. **5 as a mark of respect/of our gratitude etc.** em sinal de respeito/como prova da nossa gratidão etc. **6 to make your mark** marcar presença **7 on your marks, get set, go!** atenção, preparar, já!

marked /mɑrkt/ *adj* acentuado, notável

marker /'mɑrkər/ *s* **1** marcador **2** (também **marker pen**) caneta pilot, marcador de texto

market /'mɑrkit/ *substantivo & verbo*

- *s* **1** (onde se compra comida, etc.) feira, mercado **2** (em economia) mercado **3 on the market** à venda

- *v* [tr] comercializar

marketing /'mɑrkitiŋ/ *s* marketing

marketplace /'mɑrkitpleis/ **1** praça onde há feiras **2** (em economia) mercado

market 'research *s* pesquisa de mercado

marking /'mɑrkiŋ/ *s* mancha [na pele de um animal]

marmalade /'mɑrməleid/ *s* geleia [de frutas cítricas]

maroon /mə'run/ *adj & s* marrom (rosado) ▶ ver "Active Box" **colors** em **color**

marquee /mɑr'ki/ *s* **1** AmE cartaz [de cinema, etc.] **2** BrE tenda [onde se realiza um evento]

marriage /'mæridʒ/ *s* casamento

married /'mærid/ *adj* casado: *She's married to a Chilean.* Ela é casada com um chileno. | **to get married** casar

marrow /'mæroʊ/ *s* **1** medula, tutano **2** BrE legume similar à abobrinha, porém maior e mais comprido

marry /'mæri/ *v* (-rries, -rried) **1** [intr] casar(-se) **2 to marry sb (a)** casar(-se) com alguém **(b)** (oficiar) casar alguém

Mars /mɑrz/ *s* Marte

marsh /mɑrʃ/ *s* (pl -shes) pântano

marshal /'mɑrʃəl/ *substantivo & verbo*

- *s* **1** marechal **2** AmE espécie de xerife

- *v* [tr] (-led, -ling AmE, -lled, -lling BrE) **1** reunir [tropas] **2** concatenar [ideias, pensamentos]

martial 'art *s* arte marcial

Martian /'mɑrʃən/ *adj & s* marciano -na

martyr /'mɑrtər/ *s* mártir

martyrdom /'mɑrtərdəm/ *s* martírio

marvel /'mɑrvəl/ *substantivo & verbo*

- *s* maravilha

- *v* [intr] (-led, -ling AmE, -lled, -lling BrE) **to marvel at sth** ficar impressionado com algo

marvelous AmE, **marvellous** BrE /'mɑrvələs/ *adj* maravilhoso | **that's marvelous!** que maravilha!

Marxism /'mɑrksizəm/ *s* marxismo

Marxist /'mɑrksist/ *adj & s* marxista

marzipan /'mɑrzipæn/ *s* marzipã

mascara /mæ'skærə/ *s* rímel

mascot /'mæskət/ *s* mascote [de um time, clube, etc.]

masculine /'mæskjəlin/ *adjetivo & substantivo*

- *adj* **1** másculo **2** masculino

- *s* (em gramática) masculino

masculinity /mæskjə'linəti/ *s* masculinidade

mash /mæʃ/ *v* [tr] (3a pess sing -shes) amassar | **mashed potato(es)** purê (de batata)

mask /mæsk/ *substantivo & verbo*

- *s* **1** (de proteção) máscara **2** (para disfarçar) máscara

- *v* [tr] mascarar, disfarçar

masked /mæskt/ *adj* mascarado

mass /mæs/ *substantivo & adjetivo*

- *s* **1 a mass of sth** um monte de algo **2 the masses** as massas, o povo **3** (também **Mass**) missa

- *adj* maciço, de massa | **mass media** meios de

comunicação de massa | **mass murderer** assassino -na de muitas pessoas | **mass transit** AmE transporte coletivo

massacre /'mæsəkər/ *substantivo & verbo*
- *s* massacre
- *v* [tr] massacrar

massage /mə'sɑʒ, BrE 'mæsɑʒ/ *substantivo & verbo*
- *s* massagem
- *v* [tr] massagear

massive /'mæsɪv/ *adj* **1** gigantesco, enorme **2 a massive heart attack** um ataque cardíaco fulminante

mass pro'duction *s* fabricação em série

mast /mæst/ *s* **1** mastro **2** torre de transmissão

master /'mæstər/ *substantivo & verbo*
- *s* **1** senhor, dono | **to be your own master** ser dono do seu nariz **2 a master of sth** um mestre de algo **3** (de um livro) original, (de um disco) máster **4 master copy** (cópia) original **master plan** plano mestre
- *v* [tr] **1 to master Chinese/the violin etc.** dominar o chinês/saber tocar bem violino etc. **2** superar [o medo]

masterpiece /'mæstərpis/ *s* obra-prima

mastery /'mæstəri/ *s* domínio, comando: *her mastery of language* seu domínio da língua

mat /mæt/ *s* **1** capacho **2** jogo americano **3** descanso [para copo, travessa, etc.] **4** bolacha [de chope]

match /mætʃ/ *substantivo & verbo*
- *s* (pl **-ches**) **1** fósforo **2** jogo, partida **3 to be a good/perfect match for sth** combinar bem/perfeitamente com algo **4 to be no match for sb** não estar à altura de alguém
- *v* (3a pess sing presente **-ches**) **1** [tr] combinar com **2** [intr] combinar: *a new dress with shoes to match* um vestido novo com sapatos combinando **3** [tr] estar de acordo com, bater com, [intr] estar de acordo: *His story doesn't match the facts.* A história dele não bate com os fatos. **4** [tr] (também **match up**) (achar um elemento correspondente) combinar: *The children match the animal pictures to the sounds.* As crianças combinam as figuras dos animais com os sons. **5** [tr] igualar

match up 1 coincidir **2 to match up to sth (a)** comparar-se a algo **(b)** corresponder a algo [expectativas]

matchbox /'mætʃbɑks/ *s* caixa de fósforos

matching /'mætʃɪŋ/ *adj* igual, combinando

mate /meɪt/ *substantivo & verbo*
- *s* **1** parceiro -ra [para o acasalamento] **2** imediato [marinheiro] **3** BrE (informal) colega
  ▶ No inglês americano diz-se **buddy**
- *v* **1** [intr] acasalar-se **2** [tr] cruzar [animais]

material /mə'tɪriəl/ *s* **1** tecido **2** (para fabricar algo) material **3** (para um livro, um filme, etc.) material

materialist /mə'tɪriəlɪst/ *s* materialista

materialistic /mətɪriə'lɪstɪk/ *adj* materialista

materialize, -ise BrE /mə'tɪriəlaɪz/ *v* [intr] concretizar-se

maternal /mə'tɜrnl/ *adj* **1** maternal **2 maternal grandfather/aunt** etc. avô materno/tia materna etc.

maternity /mə'tɜrnəti/ *adj* maternidade

math /mæθ/ AmE, **maths** /mæθs/ BrE *s* Matemática

mathematical /mæθə'mætɪkəl/ *adj* matemático

mathematician /mæθmə'tɪʃən/ *s* matemático -ca

mathematics /mæθ'mætɪks/ *s* matemática

maths BrE ▶ ver **math**

matinee /mætn'eɪ, BrE 'mætɪneɪ/ *s* matinê

matrimony /'mætrəmoʊni/ *s* matrimônio

matte AmE, **matt** BrE /mæt/ *adj* fosco, opaco

matter /'mætər/ *substantivo & verbo*
- *s* **1** assunto, questão: *We need to discuss several important matters.* Precisamos discutir vários assuntos importantes. | *This is a matter for the police.* Este é um caso de responsabilidade da polícia.
2 the matter Algo que não anda bem: *Is anything the matter?* Aconteceu alguma coisa? | *What's the matter with Jan?* O que há com o Jan? | *There's something the matter with the phone.* O telefone está com algum problema.
3 as a matter of fact (a) Ao se dar mais detalhes: *As a matter of fact, I live next door to him.* Aliás, sou vizinho dele. **(b)** Para se dizer o oposto: *I wasn't annoyed. As a matter of fact, I was pleased.* Não fiquei chateado. Na verdade, fiquei contente.
4 no matter how/where/what etc.: *No matter how hard she tried, she couldn't open the door.* Por mais força que fizesse, ela não conseguia abrir a porta. | *No matter what I say, he disagrees.* Ele sempre discorda do que quer que eu diga.
5 (formal) matéria, substância: *organic matter* matéria orgânica
6 to be a matter of practice/luck etc. ser uma questão de prática/sorte etc.
7 (in) a matter of days/seconds etc. (em) uma questão de dias/segundos etc.
8 it's only/just a matter of time é só uma questão de tempo
9 it's/that's a matter of opinion é uma questão de opinião
10 a matter of life and death um caso de vida ou morte
- *v* [intr] importar, interessar: *It's the only thing that matters to him.* É a única coisa que

importa para ele. | **it doesn't matter** não tem importância, não faz mal

matter-of-'fact *adj* prático, pragmático

mattress /'mætrəs/ *s* (pl -sses) colchão

mature /mə'tʃʊr/ *adjetivo & verbo*
- *adj* maduro
- *v* [intr] **1** amadurecer **2** [tr] envelhecer [vinho], curar [queijo]

maturity /mə'tʃʊrəti/ *s* maturidade

maul /mɔl/ *v* [tr] atacar e ferir

mauve /moʊv/ *adj & s* lilás ▶ ver "Active Box" **colors** em **color**

maximize, -ise BrE /'mæksəmaɪz/ *v* [tr] **1 to maximize profits** obter maiores lucros **2** (em informática) maximizar

maximum /'mæksəməm/ *adjetivo & substantivo*
- *adj* máximo
- *s* máximo

May /meɪ/ *s* maio ▶ ver "Active Box" **months** em **month**

may /meɪ/ *v* [modal] ▶ ver quadro

maybe /'meɪbi/ *adv* **1** talvez, quem sabe: *Maybe I was wrong.* Talvez eu estivesse errado. **2** talvez: *Maybe you should lower the price.* Talvez você devesse baixar o preço.

mayonnaise /'meɪəneɪz/ *s* maionese

mayor /'meɪər, mɛr/ *s* prefeito -ta

mayoress /'meɪərəs/ *s* (pl -sses) **1** prefeita **2** mulher do prefeito

maze /meɪz/ *s* labirinto

me /mi/ *pron* **1** (como objeto direto ou indireto) me: *She hates me.* Ela me odeia. | *Give me that letter.* Me dá essa carta.
2 (depois de uma preposição) mim: *Is this for me?* Isso é para mim? | *Are you angry with me?* Você está zangado comigo?
3 (em comparações) eu: *He's older than me.* Ele é mais velho do que eu.

---

may

1 POSSIBILIDADE

Tim may be able to help us. Talvez o Tim possa nos ajudar. | *He may have missed the train.* Talvez ele tenha perdido o trem./Ele pode ter perdido o trem.

2 PERMISSÃO

Nos contextos abaixo, o uso de **may** é mais formal do que o de **can**, e considerado por alguns falantes como mais cortês:

May I borrow your pen? Posso pegar emprestado sua caneta? | *You may go now.* Você pode ir agora.

3 CONCESSÃO

She may be very intelligent but she's a bore. Ela pode ser muito inteligente, mas é chata.

---

4 (depois do verbo "to be") eu: *That's me, on the left.* Esse à esquerda sou eu.
5 me too eu também

meadow /'mɛdoʊ/ *s* prado

meager AmE, **meagre** BrE /'migər/ *adj* escasso, magro

meal /mil/ *s* refeição | **to have a meal** comer | **to go out for a meal** sair para comer fora | **midday meal** almoço | **evening meal** jantar

mean /min/ *verbo & adjetivo*
- *v* [tr] (passado & particípio **meant**) **1** querer dizer, significar: *What does "random access" mean?* O que quer dizer "random access"? | *What do you mean by that?* O que você quer dizer com isso? | *I know what you mean.* Eu sei o que você quer dizer.
2 I mean Usado para exemplificar ou corrigir o que se acabou de dizer: *He's very rude. I mean, he never even says hello!* Ele é muito grosso. Por exemplo, ele nem cumprimenta as pessoas! | *She plays the violin, I mean the viola.* Ela toca violino, aliás, viola.
3 falar sério: *Did you really mean it?* Você estava falando sério? | *Don't touch that! I mean it!* Não toque nisto! Estou falando sério!
4 Expressando uma intenção: *I've been meaning to call you for ages.* Estou para te ligar há séculos. | *She didn't mean to upset you.* Ela não teve a intenção de aborrecê-la. | *Sorry, I didn't mean to do that.* Desculpe, foi sem querer.
5 significar, acarretar: *The closure will mean the loss of 200 jobs.* O fechamento significará a perda de 200 empregos.
6 significar: *Her job means a lot to her.* O emprego significa muito para ela. | *Money doesn't mean much to him.* O dinheiro não é muito importante para ele.
7 to mean well ter boas intenções

- *adj* **1** mau: *Why are you being so **mean** to me?* Por que você está sendo tão mau comigo?
2 (informal) muito bom, bárbaro
3 BrE sovina ▶ Existe também **stingy**, que é usado tanto no inglês americano quanto no britânico

meander /mi'ændər/ *v* [intr] **1** serpentear **2** perambular, vaguear

meaning /'minɪŋ/ *s* significado, sentido

meaningful /'minɪŋfəl/ *adj* **1** significativo [experiência, estatística, etc.] **2 a meaningful look/smile** etc. um olhar/sorriso etc. significativo

meaningless /'minɪŋləs/ *adj* sem sentido

means /minz/ *s* **1** meio [método]: *their only means of transportation* seu único meio de transporte | **by means of** por meio de | **a means to an end** um meio para alcançar um objetivo **2 by all means** claro (que sim) **3 by no means** nada, de jeito nenhum: *The results are by no means certain.* Os resultados não são nada certos. **4** recursos, posses

meant /mɛnt/ passado & particípio de **mean**

meantime /ˈmintaɪm/ s **(in the) meantime** enquanto isso, nesse ínterim

meanwhile /ˈminwaɪl/ adv enquanto isso

measles /ˈmizəlz/ s sarampo

measure /ˈmɛʒər/ verbo & substantivo
- v **1** [tr/intr] medir **2** [tr] tirar as medidas de: *They measured her for her costume.* Tiraram as medidas dela para a fantasia.
  measure up (to sth) estar à altura (de algo)
- s **1** (atitude) medida: *security measures* medidas de segurança **2** (unidade de medida) medida **3 to be a measure of sth** (formal) ser uma demonstração de algo **4 for good measure** por precaução

measurement /ˈmɛʒərmənt/ s **1** medida | **to take sb's measurements** tomar as medidas de alguém **2** medição

meat /mit/ s carne | **cold meats** frios

meatball /ˈmitbɔl/ s almôndega

mechanic /mɪˈkænɪk/ s mecânico -ca

mechanical /mɪˈkænɪkəl/ adj mecânico

mechanics /mɪˈkænɪks/ s **1** mecânica **2 the mechanics of sth** o mecanismo/funcionamento de algo | **the mechanics of doing sth** como se faz para fazer algo

mechanism /ˈmɛkənɪzəm/ s mecanismo

medal /ˈmɛdl/ s medalha

medalist AmE, **medallist** BrE /ˈmɛdl-ɪst/ s **gold/silver etc. medalist** medalha de ouro/prata etc. [pessoa que a ganha]

meddle /ˈmɛdl/ v **1** [intr] intrometer-se **2 to meddle with sth** mexer em algo

media[1] /ˈmidiə/ s **1 the media** a mídia **2 media coverage** cobertura da mídia **media studies** comunicação (disciplina)

media[2] plural de **medium**

mediaeval BrE ▶ ver **medieval**

mediate /ˈmidieɪt/ v [intr] mediar, ser o mediador

medical /ˈmɛdɪkəl/ adjetivo & substantivo
- adj médico | **medical school/student** faculdade/estudante de Medicina | **the medical profession** os médicos
- s BrE exame médico ▶ No inglês americano diz-se **physical**

ˈmedical school s faculdade de Medicina

medication /mɛdɪˈkeɪʃən/ s medicação

medicine /ˈmɛdəsən/ s **1** remédio, medicamento **2** Medicina

medieval, também **mediaeval** BrE /mɪˈdivəl/ adj medieval

mediocre /midiˈoʊkər/ adj medíocre

meditate /ˈmɛdəteɪt/ v [intr] meditar

meditation /mɛdəˈteɪʃən/ s meditação

Mediterranean /mɛdətəˈreɪniən/ adjetivo & substantivo
- adj mediterrâneo
- s **the Mediterranean (Sea)** o (mar) Mediterrâneo

medium /ˈmidiəm/ substantivo & adjetivo
- s **1** (pl **media**) meio **2** (pl **mediums**) médium
- adj mediano, médio: *a man of medium build* um homem de estatura mediana | *T-shirts in small, medium or large* camisetas de tamanho pequeno, médio e grande

ˈmedium-ˌsized adj de tamanho médio, mediano

med school /ˈmɛd skul/ s (informal) faculdade de Medicina

meet /mit/ v (passado & particípio **met**) **1** [tr] conhecer | **(it's) nice to meet you** prazer em conhecê-lo/la ▶ **MEET** ou **KNOW**? ver nota em **conhecer**
2 [intr] conhecer-se: *Haven't we met before?* Não nos conhecemos de algum lugar?
3 [tr] encontrar, encontrar-se com: *I'll meet you at the bus stop.* Eu te encontro no ponto de ônibus.
4 [intr] encontrar-se: *We arranged to meet for lunch.* Combinamos de almoçar juntos.
5 [tr] ir/vir buscar: *There was no one to meet me at the airport.* Ninguém foi me buscar no aeroporto.
6 [intr] encontrar-se [estradas, linhas]
7 [tr] encontrar-se com
8 [intr] reunir-se
9 [tr] jogar contra
10 [tr] satisfazer [um requisito, uma necessidade, etc.]
meet up encontrar-se [para sair, ir comer, etc.]
meet with sth to meet with success/failure ter êxito/fracassar **meet with sb** reunir-se com alguém

meeting /ˈmitɪŋ/ s **1** reunião: *She's in a meeting.* Ela está numa reunião. | *I'd like to have a meeting with them.* Gostaria de ter uma reunião com eles. **2** encontro: *a chance meeting* um encontro casual **3 meeting place** lugar de encontro

megabyte /ˈmɛgəbaɪt/ s megabyte

megaphone /ˈmɛgəfoʊn/ s megafone

melancholy /ˈmɛlənkɑli/ adjetivo
- adj melancólico, triste
- s melancolia

melanin /ˈmɛlənɪn/ s melanina

mellow /ˈmɛloʊ/ adj **1** suave [cor, voz, música] **2** suave [vinho] **3** afável, delicado [pessoa] **4 to feel mellow** estar tranquilo e relaxado

melodrama /ˈmɛlədrɑmə/ s melodrama

melodramatic /mɛlədrəˈmætɪk/ adj melodramático

melody /ˈmɛlədi/ s melodia

melon /ˈmɛlən/ s melão

melt /mɛlt/ v **1** [tr/intr] derreter **2 to melt in your mouth** desmanchar na boca **3** [intr] amolecer [pessoa]
melt away dissolver-se

member /'mɛmbər/ s **1** (de uma organização) membro: *a member of the family* um membro da família | *a member of staff* um funcionário **2** (de um clube) sócio -cia

Member of Parliament, também **MP** s deputado -da [na Grã-Bretanha]

membership /'mɛmbərʃɪp/ s **1** Direito de ser sócio/membro: *I've taken out a year's membership.* Eu me tornei sócio por um ano. | *Turkey's membership of the EU* o ingresso da Turquia na UE **2** associados **3 membership card** carteira de sócio **membership fee** mensalidade [de um clube, etc.]

membrane /'mɛmbreɪn/ s membrana

memento /mə'mɛntoʊ/ s (pl **-toes** ou **-tos**) recordação, lembrança

memo /'mɛmoʊ/ s memorando

memoirs /'mɛmwɑrz/ s pl memórias

memorabilia /mɛmər'bɪliə/ s pl memorabilia

memorable /'mɛmrəbəl/ adj memorável

memorandum /mɛmə'rændəm/ s (pl **memorandums** ou **memoranda**) memorando

memorial /mə'mɔriəl/ adjetivo & substantivo

- **adj** comemorativo
- **s** monumento

memorize, -ise BrE /'mɛməraɪz/ v [tr] memorizar, decorar

memory /'mɛmri/ s (pl **-ries**) **1** memória | **from memory** de cabeça **2** lembrança, recordação: *That brings back memories!* Isso traz recordações! **3** (de computador) memória **4 in memory of** em memória de

memory card s cartão de memória

Memory Stick® s pendrive

men /mɛn/ plural de **man**

menace /'mɛnəs/ substantivo & verbo

- **s** ameaça: *a menace to society* uma ameaça à sociedade
- **v** [tr] ameaçar

mend /mɛnd/ v [tr] **1** consertar [um relógio, uma bicicleta, sapatos, etc.] **2** remendar, cerzir [roupa]

menial /'miniəl/ adj trivial e rotineiro [trabalho, tarefa]

meningitis /mɛnən'dʒaɪtɪs/ s meningite

menopause /'mɛnəpɔz/ s menopausa

men's room s AmE banheiro masculino

menstruation /mɛnstru'eɪʃən/ s menstruação

menswear /'mɛnzwɛr/ s roupa masculina

mental /'mɛntl/ adj mental | **a mental hospital/institution** um hospital psiquiátrico

mentality /mɛn'tæləti/ s (pl **-ties**) mentalidade

mentally /'mɛntl-i/ adv mentalmente | **the mentally ill/handicapped** os deficientes mentais

mention /'mɛnʃən/ v [tr] **1** mencionar, falar: *Was my name mentioned?* Meu nome foi mencionado? | *I'll mention it to her when I see her.* Vou dizer isso a ela quando a vir. | **it's worth mentioning that** é importante mencionar que **2 don't mention it** não tem de quê **3 not to mention** (para adicionar uma informação) sem falar em

mentor /'mɛntɔr, -tər/ s mentor

menu /'mɛnju/ s **1** cardápio: *the most expensive dish on the menu* o prato mais caro do cardápio **2** (em informática) menu

meow AmE, **miaow** BrE /mi'aʊ/ substantivo & verbo

- **s** miau
- **v** [intr] miar

mercenary /'mɜrsəneri/ substantivo & adjetivo

- **s** (pl **-ries**) mercenário -ria
- **adj** materialista

merchandise /'mɜrtʃəndaɪz/ s mercadoria(s)

merciful /'mɜrsɪfəl/ adj misericordioso, clemente

merciless /'mɜrsɪləs/ adj impiedoso

Mercury /'mɜrkjəri/ s Mercúrio

mercury /'mɜrkjəri/ s mercúrio

mercy /'mɜrsi/ s **1** piedade | **have mercy on him/us etc.** tenha piedade dele/de nós etc. **2 to be at the mercy of sth/sb** estar à mercê de algo/alguém

mere /mɪr/ adj mero, simples: *The mere thought made her furious.* A simples ideia deixava-a furiosa. | *This was no mere coincidence.* Isso não foi mera coincidência. | *He's a mere child.* Ele não passa de uma criança.

merely /'mɪrli/ adv meramente, somente

merge /mɜrdʒ/ v **1** (falando de empresas) [tr] fundir, [intr] fundir-se **2** (falando de cores, sons) [tr] fundir, [intr] fundir-se **3 to merge into the background** passar despercebido: *He preferred to merge into the background.* Ele preferia passar despercebido.

merger /'mɜrdʒər/ s fusão

meringue /mə'ræŋ/ s suspiro, merengue

merit /'mɛrɪt/ substantivo & verbo

- **s** mérito | **to judge sth on its (own) merits** julgar algo por seu próprio mérito
- **v** [tr] merecer

mermaid /'mɜrmeɪd/ s sereia

merry /'mɛri/ adj (**-rrier, -rriest**) **1** alegre **2 Merry Christmas!** Feliz Natal!

merry-go-round s **1** (num parque de diversões) carrossel **2** AmE (numa praça, etc.) carrossel

mesh /mɛʃ/ s (pl **-shes**) malha [metálica, plástica, etc.] | **wire mesh** tela de arame

mesmerize, -ise BrE /ˈmɛzməraɪz/ v [tr] hipnotizar

mess /mɛs/ substantivo & verbo

- s **1** bagunça: *Sorry about the mess.* Não repare a bagunça. | *My hair is a mess!* Meu cabelo está todo despenteado! | **to be in a mess** estar uma bagunça [casa, quarto, etc.] **2** sujeira: *Clear up this mess!* Limpe essa sujeira! **3** (referente a situações) caos: *His life was a mess.* A vida dele estava um caos. | **to get sb into a mess** meter alguém numa confusão | **to make a mess of sth** fazer uma trapalhada de algo **4** (nas forças armadas) refeitório

- v (3a pess sing -sses) **mess around**, também **mess about** BrE (informal) **1** fazer cera, vadiar **2 to mess around with sth** mexer em algo **3 to mess around with sb** ter um caso com alguém **mess sb around** enrolar alguém
mess up (informal) ir mal, pisar na bola **mess sth up 1** (informal) estragar algo [um plano, um trabalho] **2** sujar/bagunçar algo **3** dar-se mal em algo
mess with sth/sb meter-se com algo/alguém

message /ˈmɛsɪdʒ/ s **1** mensagem, recado: *Can I take a message?* Quer deixar recado? **2 to get the message** (informal) sacar, entender

messenger /ˈmɛsəndʒər/ s mensageiro -ra

Messiah /məˈsaɪə/ s Messias

messy /ˈmɛsi/ adj (-ssier, -ssiest) **1** bagunçado **2** (informal) complicado

met /mɛt/ passado de **meet**

metabolism /məˈtæbəlɪzəm/ s metabolismo

metal /ˈmɛtl/ substantivo & adjetivo
- s metal
- adj de metal

metallic /məˈtælɪk/ adj metálico

metaphor /ˈmɛtəfər/ s metáfora

meteor /ˈmitiər/ s meteoro

meteoric /mitiˈɔrɪk/ adj meteórico

meteorite /ˈmitiəraɪt/ s meteorito

meter¹ AmE, **metre** /ˈmitər/ BrE s metro

meter² s medidor

method /ˈmɛθəd/ s método: *teaching methods* métodos de ensino | *method of payment* forma de pagamento

methodical /məˈθɑdɪkəl/ adj metódico

Methodist /ˈmɛθədɪst/ adj & s metodista

methodology /mɛθəˈdɑlədʒi/ s (pl -gies) metodologia

meticulous /məˈtɪkjələs/ adj meticuloso

metre s BrE ▶ ver **meter¹**

metric /ˈmɛtrɪk/ adj métrico

metropolis /məˈtrɑpəlɪs/ s metrópole

Mexican /ˈmɛksɪkən/ adj & s mexicano -na

Mexico /ˈmɛksɪkoʊ/ s México

mg (= **milligram**) mg

miaow BrE ▶ ver **meow**

mice /maɪs/ s plural de **mouse**

microchip /ˈmaɪkroʊtʃɪp/ s microchip

microphone /ˈmaɪkrəfoʊn/ s microfone

microprocessor /maɪkroʊˈprɑsɛsər/ s microprocessador

microscope /ˈmaɪkrəskoʊp/ s microscópio

microscopic /maɪkrəˈskɑpɪk/ adj microscópico

microwave /ˈmaɪkrəweɪv/ substantivo & verbo
- s (também ˌmicrowave ˈoven) (forno de) micro-ondas
- v [tr] fazer no micro-ondas

mid /mɪd/ adj Para denotar os meados de um período: *in mid May* em meados de maio | *in the mid 70s* em meados dos anos 70 | *She's in her mid 20s.* Ela tem cerca de 25 anos. | *a mid-morning snack* um lanche no meio da manhã

midair /mɪdˈɛr/ substantivo & adjetivo
- s in midair em pleno ar
- adj a midair collision uma colisão aérea

midday /ˈmɪddeɪ/ s meio-dia

middle /ˈmɪdl/ substantivo & adjetivo
- s **1** meio, centro | **in the middle (of sth)** no meio (de algo): *in the middle of the night* no meio da noite | *We were in the middle of lunch.* Estávamos em pleno almoço. **2 in the middle of nowhere** no meio do nada, no fim do mundo
- adj do meio: *the middle drawer* a gaveta do meio | **middle age** meia-idade | **the Middle Ages** a Idade Média | **in the middle distance** no segundo plano [de um quadro, etc.] ▶ ver também **finger**

ˌmiddle-ˈaged adj de meia-idade

ˌmiddle ˈclass s **the middle class(es)** a classe média

ˌmiddle-ˈclass adj de classe média

ˌMiddle ˈEast s **the Middle East** o Oriente Médio

middleman /ˈmɪdlmæn/ s (pl -men) intermediário

ˈmiddle ˌname s

> Assim se denomina o nome, ou nomes, que vem entre o primeiro nome e o (último) sobrenome de uma pessoa, por exemplo, Jessica, em Sarah Jessica Parker. Por vezes, o **middle name** é o sobrenome da mãe, como em **Daniel Parker Stevens**.

ˈmiddle ˌschool s **1** nos EUA, escola para crianças de 11 a 14 anos **2** na Grã-Bretanha, escola para crianças de 8 a 12 anos

middleweight /ˈmɪdlweɪt/ s peso médio

midfield /ˈmɪdfild/ s meio-campo

midfielder /ˈmɪdfildər/, também ˈmidfield ˌplayer s meio de campo

midge /mɪdʒ/ s pequeno inseto que pica as pessoas

midget /'mɪdʒɪt/ s anão, anã ▶ Alguns consideram esta palavra ofensiva

midnight /'mɪdnaɪt/ s meia-noite

midriff /'mɪdrɪf/ s estômago: *a short top that exposed her midriff* uma blusa curta que a deixava de barriga de fora

midst /mɪdst/ s **in the midst of sth** em meio a algo | **in our/their etc. midst** entre nós/eles etc.

midsummer /mɪd'sʌmər/ s meio do verão

midway /'mɪdweɪ/ adv **1 midway through sth** no meio de algo [um filme, um jogo, etc.] **2 midway between** no meio do caminho entre

midweek /mɪd'wik/ adjetivo & advérbio
- *adj* **a midweek game** um jogo realizado no meio da semana
- *adv* no meio da semana

midwife /'mɪdwaɪf/ s (pl **-wives** /-waɪvz/) parteira

might /maɪt/ verbo & substantivo
- *v* [modal] ▶ ver quadro
- *s* (formal) poderio | **with all his/your etc. might** com toda a força

might've /'maɪtəv/ contração de **might have**

mighty /'maɪti/ adjetivo & advérbio
- *adj* (**-tier, -tiest**) **1** poderoso, grande **2** imponente, grande **3 a mighty kick** um chute bem forte
- *adv* AmE (informal) demais: *That food smells mighty good.* Essa comida cheira bem demais.

migraine /'maɪgreɪn/ s enxaqueca

---

might *verbo modal*

1 POSSIBILIDADE

They might come anyway. Talvez venham de qualquer jeito. | *She might not have heard.* Pode ser que ela não tenha ouvido.

Às vezes é o passado de **may**:

I thought you might be angry with me. Achei que você pudesse estar zangado comigo.

might have seguido de um particípio indica que algo que poderia ter acontecido não aconteceu:

The way he was driving, they might have been killed. Do jeito que ele dirigia, eles poderiam ter morrido.

2 Às vezes é usado para fazer reprimendas:

You might have told me she was coming! Você poderia ter me dito que ela vinha!

3 Às vezes expressa falta de surpresa com algo:

I might have known he'd forget. Eu já devia saber que ele ia esquecer.

4 PERMISSÃO

Este uso de **might** é ou muito formal ou humorístico:

Might I suggest the oysters, sir? Me permita que eu sugira as ostras, senhor? | *And what, might I ask, is that?* Posso saber o que é isso?

---

migrant /'maɪgrənt/ s **1** migrante **2** ave migratória **3 migrant worker** trabalhador -a migrante

migrate /'maɪgreɪt/ v [intr] migrar

migration /maɪ'greɪʃən/ s migração

migratory /'maɪgrətɔri/ adj migratório

mike /maɪk/ s (informal) microfone

mild /maɪld/ adj **1** ameno [clima]: *a mild winter* um inverno ameno **2** leve [castigo, sintoma, etc.]: *a mild case of the flu* uma gripe leve **3** suave [gosto, comida] **4** suave [xampu, sabão, etc.]

mildly /'maɪldli/ adv **1** um tanto, ligeiramente **2 to put it mildly** para não dizer coisa pior

mile /maɪl/ s **1** milha [= 1,609 km]: *You can see for miles.* Pode-se ver a milhas de distância. **2 to be miles away** estar no mundo da lua **3 miles from anywhere/nowhere** longe de tudo

mileage /'maɪlɪdʒ/ s **1** milhagem ▶ O equivalente nos países que usam o sistema métrico é *quilometragem* **2 to get a lot of mileage out of sth** aproveitar bastante algo

milestone /'maɪlstoʊn/ s **1** (acontecimento) marco **2** (em estrada) marco

militant /'mɪlətənt/ adjetivo & substantivo
- *adj* militante
- *s* militante

military /'mɪləteri/ adjetivo & substantivo
- *adj* militar
- *s* **the military** os militares

militia /mə'lɪʃə/ s milícia

milk /mɪlk/ substantivo & verbo
- *s* **1** leite **2 milk shake** milk-shake
- *v* [tr] ordenhar

milkman /'mɪlkmæn/ s (pl **-men**) leiteiro

milky /'mɪlki/ adj (**-kier, -kiest**) **1** com leite [café, chá, etc.] **2** leitoso [cor, líquido]

mill /mɪl/ substantivo & verbo
- *s* **1** moinho **2** fábrica: *a paper mill* uma fábrica de papel | *a steel mill* uma usina siderúrgica **3** moedor
- *v* [tr] moer

millennium /mɪ'lɛniəm/ s (pl **-nnia** /-niə/) milênio

milligram /'mɪləgræm/ s miligrama

milliliter AmE, **millilitre** BrE /'mɪləlitər/ s mililitro

millimeter AmE, **millimetre** BrE /'mɪləmitər/ s milímetro

million /'mɪljən/ numeral milhão: *350 million dollars* 350 milhões de dólares | *I've heard that excuse a million times.* Já ouvi essa desculpa um milhão de vezes.

millionaire /mɪljə'nɛr/ s milionário -ria

millionth /'mɪljənθ/ numeral milionésimo

Deve-se dizer *on the table* ou *in the table*? Veja o verbete **em**.

mime /maɪm/ *substantivo & verbo*
- *s* **1** mímico -ca [artista] **2** mímica
- *v* [intr] fazer mímica, [tr] fazer mímica de

mimic /'mɪmɪk/ *verbo & substantivo*
- *v* [tr] (passado & particípio **-cked**, gerúndio **-cking**) imitar
- *s* imitador -a

mince /mɪns/ *verbo & substantivo*
- *v* [tr] BrE moer [carne]
- *s* BrE carne moída ▶ No inglês americano diz-se **ground beef**

mincemeat /'mɪnsmit/ *s* **1** mistura de frutas secas e cristalizadas usada como recheio de torta **2 to make mincemeat (out) of sb** (informal) detonar alguém

'mince pie *s* torta individual com recheio de **mincemeat,** que se come no Natal

mind /maɪnd/ *substantivo & verbo*
- *s* **1** mente, cabeça: *My mind was on other things.* Minha cabeça estava em outras coisas. | **to get sth/sb out of your mind** tirar algo/alguém da cabeça: *I can't get her out of my mind.* Não consigo tirá-la da cabeça. | **at the back of your mind** no fundo da sua mente
2 inteligência: *one of the greatest minds of the century* uma das maiores inteligências do século
3 to change your mind mudar de ideia | **to make up your mind** decidir-se: *I can't make up my mind.* Não consigo me decidir. | **to my mind** na minha opinião | **to be in two minds** estar dividido/indeciso: *I'm in two minds about whether to accept.* Estou indeciso entre aceitar ou não.
4 to bear/keep (sth) in mind ter em mente (algo) [não esquecer]
5 to cross/enter sb's mind passar pela cabeça de alguém: *The thought never entered my mind.* A ideia nunca me passou pela cabeça.
6 to have sth/sb in mind ter algo/alguém em mente
7 to be on sb's mind estar preocupando alguém
8 to be/go out of your mind estar/ficar louco
9 to put sb's mind at rest tranquilizar alguém
10 to put your mind to sth concentrar-se em algo
11 to take sb's mind off sth distrair alguém de algo

- *v* **1** [tr/intr] importar-se, incomodar-se: *Her parents don't mind how late she stays out.* Os pais dela não se importam com a hora que ela chega. | **Do you mind...?/Would you mind...?** Você se incomoda...?/Você se incomodaria...?: *Do you mind if I close the window?* Você se incomoda se eu fechar a janela? | *Would you mind waiting a moment?* Você se incomodaria de esperar um momento?
2 never mind (informal) não se preocupe
3 I wouldn't mind... (informal) Para indicar que se quer algo: *I wouldn't mind a cup of coffee.* Um café cairia bem agora.
4 never you mind (informal) não é da sua conta, deixa isso para lá
5 don't mind him/her etc. (informal) não ligue para ele/ela etc.
6 BrE (informal) [tr] tomar cuidado com, [intr] tomar cuidado: *Mind the cat!* Cuidado com o gato! | *Mind you don't lose it.* Cuidado para não perdê-lo. | **mind!** cuidado!
7 [tr] BrE olhar [tomar conta de] ▶ ver também **business**

minder /'maɪndər/ *s* BrE guarda-costas

mindful /'maɪndfəl/ *adj* (formal) **mindful of sth** consciente de algo, atento a algo

mindless /'maɪndləs/ *adj* **1** estúpido [violência, vândalos, etc.] **2** bobo [programa de TV, trabalho, etc.]

mine /maɪn/ *pronome, substantivo & verbo*
- *pron* Como os pronomes possessivos ingleses não variam em gênero ou número, **mine** pode equivaler a *(o) meu,* *(a) minha,* *(os) meus* ou *(as) minhas*: *"Whose bag is this?" "It's mine."* – De quem é essa bolsa? – É minha. | *some friends of mine from school* uns amigos meus do colégio | *Can I borrow your watch? Mine's broken.* Posso pegar seu relógio emprestado? O meu quebrou.
- *s* **1** (de carvão, ouro, etc.) mina **2** (bomba) mina
- *v* **1** [intr] fazer mineração **2** [tr] extrair [minerais] **3** [tr] minar [com bombas]

minefield /'maɪnfild/ *s* campo minado

miner /'maɪnər/ *s* mineiro -ra

mineral /'mɪnərəl/ *s* mineral

'mineral ˌwater *s* água mineral

mingle /'mɪŋɡəl/ *v* **1** [tr] misturar **2** [intr] misturar-se | **to mingle together** misturar-se [sons, perfumes] **3** [intr] misturar-se, confraternizar [numa festa, etc.] | **to mingle with** confraternizar com: *She mingled with the audience after the show.* Depois do show ela confraternizou com o público.

miniature /'mɪniətʃər/ *adjetivo & substantivo*
- *adj* **1** em miniatura [trem] **2** anão [planta, animal]
- *s* miniatura

minibus /'mɪnibʌs/ *s* (pl **-ses**) BrE micro-ônibus

minicab /'mɪnikæb/ *s* BrE radiotáxi

minimal /'mɪnəməl/ *adj* mínimo

minimize, -ise BrE /'mɪnəmaɪz/ *v* [tr] **1** minimizar **2** (em informática) minimizar

minimum /'mɪnəməm/ *adjetivo & substantivo*
- *adj* mínimo
- *s* mínimo | **to keep sth to a minimum** reduzir algo ao mínimo

mining /'maɪnɪŋ/ *s* **1** mineração **2** minerador [empresa, cidade]

miniskirt /'mɪniskɜrt/ *s* minissaia

minister /'mɪnəstər/ s **1** pastor **2** ministro -tra: *the Minister of Agriculture* o ministro da Agricultura

ministerial /mɪnə'stɪriəl/ adj ministerial

ministry /'mɪnəstri/ s (pl **-tries**) **1** ministério: *the Health Ministry* o Ministério da Saúde **2 the ministry** o clero

minivan /'mɪnivæn/ s AmE van, perua

mink /mɪŋk/ s **1** vison **2 mink coat** casaco de vison

minor /'maɪnər/ adjetivo & substantivo

• *adj* **1** pequeno [alteração, cirurgia] **2** leve [ferimento] **3** secundário [estrada] **4** (tom musical) menor

• *s* menor (de idade)

minority /mə'nɔrəti/ s (pl **-ties**) **1** minoria: *ethnic minorities* minorias étnicas **2 to be in the/a minority** estar em minoria, ser minoria **3 minority interests/culture** interesses da minoria/cultura minoritária

mint /mɪnt/ substantivo & verbo

• *s* **1** bala de hortelã/menta **2** hortelã, menta **3** casa da moeda **4 to cost a mint** AmE custar uma nota

• *v* [tr] cunhar

minus /'maɪnəs/ preposição, substantivo & adjetivo

• *prep* **1** menos: *17 minus 12 is 5.* 17 menos 12 são 5. **2 minus 15/30 etc. degrees** 15/30 etc. graus abaixo de zero: *The temperature can go as low as minus 20.* A temperatura pode chegar a 20 abaixo de zero. **3** (informal) sem: *He came home minus his coat.* Ele chegou em casa sem o casaco.

• *s* **1** (também **minus sign**) sinal de menos **2** desvantagem | **pluses and minuses** prós e contras

• *adj* **A-minus/B-minus etc.** ▶ ver nota em **grade**

minute¹ /'mɪnɪt/ substantivo & substantivo plural

• *s* **1** (60 segundos) minuto **2** (tempo curto) minuto: *She was here a minute ago.* Ela estava aqui um minuto atrás. | **in a minute** daqui a pouco, já | **wait a minute/just a minute** espere um minuto, só um minuto **3 the minute (that)** na hora que, assim que: *The minute I saw him I knew something was wrong.* Na hora que o vi, soube que algo estava errado. **4 (at) any minute/any minute now** a qualquer momento **5 at the last minute** na última hora **6 this minute** agora mesmo, já

• **minutes** *s pl* ata | **to take the minutes** fazer a ata

minute² /maɪ'nut/ adj **1** diminuto [letra] **2** minúsculo [quantidade] **3** minucioso | **in minute detail** nos mínimos detalhes

miracle /'mɪrəkəl/ s **1** milagre **2 by a miracle** por milagre | **to work miracles** fazer milagres

miraculous /mɪ'rækjələs/ adj milagroso

mirage /mɪ'rɑʒ/ s miragem

mirror /'mɪrər/ substantivo & verbo

• *s* **1** espelho **2** (espelho) retrovisor

• *v* [tr] refletir

misbehave /mɪsbɪ'heɪv/ v [intr] comportar-se mal

miscalculate /mɪs'kælkjəleɪt/ v [tr/intr] calcular mal

miscarriage /'mɪskærɪdʒ/ s **1** aborto [natural] | **to have a miscarriage** sofrer um aborto ▶ MISCARRIAGE OU ABORTION? ver **aborto 2 a miscarriage of justice** um erro judicial

miscellaneous /mɪsə'leɪniəs/ adj variado, diverso

mischief /'mɪstʃɪf/ s **1** travessura | **to get into mischief** fazer travessura **2** malícia

mischievous /'mɪstʃəvəs/ adj **1** travesso **2** maldoso

misconception /mɪskən'sɛpʃən/ s ideia equivocada | **it is a popular/common misconception that** é um erro comum achar que

misconduct /mɪs'kɑndʌkt/ s má conduta [no exercício de uma profissão]

miser /'maɪzər/ s avarento -ta

miserable /'mɪzərəbəl/ adj **1** triste, infeliz | **to look miserable** parecer triste: *Don't look so miserable!* Anime-se! **2** deprimente: *The weather was miserable.* O tempo estava deprimente. **3** miserável [salário, renda, etc.]

miserably /'mɪzərəbli/ adv **1** tristemente **2 to fail miserably** fracassar de maneira lamentável

misery /'mɪzəri/ s (pl **-ries**) **1** sofrimento **2 to put sb out of his/her etc. misery** parar de manter alguém em suspense: *Put us out of our misery and tell us what happened.* Pare de nos manter em suspense e nos conte o que aconteceu.

misfortune /mɪs'fɔrtʃən/ s infortúnio, desgraça | **to have the misfortune to do sth** ter a infelicidade de fazer algo

misgiving /mɪs'gɪvɪŋ/ s **1** apreensão, receio | **with misgiving** com receio **2 to have misgivings about sth/about doing sth** ter dúvidas sobre algo/em relação a fazer algo

misguided /mɪs'gaɪdɪd/ adj mal orientado

mishap /'mɪshæp/ s percalço, contratempo

misinform /mɪsɪn'fɔrm/ v [tr] (formal) informar mal

misinterpret /mɪsɪn'tɜrprɪt/ v [tr] interpretar mal

misjudge /mɪs'dʒʌdʒ/ v [tr] **1** julgar mal, julgar de forma errônea **2** calcular mal

mislay /mɪs'leɪ/ v [tr] (passado & particípio **mislaid**) perder [esquecer onde deixou]: *I seem to have mislaid my gloves.* Acho que perdi minhas luvas.

mislead /mɪs'lid/ v [tr] (passado & particípio **misled** /-'lɛd/) confundir, induzir a erro | **to mislead sb about sth** enganar alguém sobre algo

misleading /mɪs'lidɪŋ/ adj enganoso

mismanagement /mɪs'mænɪdʒmənt/ s má administração

misprint /'mɪsprɪnt/ s erro de impressão

misread /mɪs'riːd/ v [tr] (passado & particípio **misread** /-'rɛd/) **1** ler mal **2** interpretar mal

Miss /mɪs/ s Srta., Senhorita: *Miss Alice Rhodes* Srta. Alice Rhodes ▶ ver também nota em **Ms.**

miss /mɪs/ verbo & substantivo

- v (3a pess sing presente **-sses**) ▶ ver quadro
miss out to miss out on sth perder algo: *I felt I was missing out on all the fun.* Senti que estava perdendo toda aquela diversão. **miss sth out** BrE pular algo **to miss sb out** BrE deixar alguém de fora, não incluir alguém

- s (pl **-sses**) erro [num jogo]

missile /'mɪsəl, BrE 'mɪsaɪl/ s **1** míssil **2** projétil

missing /'mɪsɪŋ/ adj **1 to be missing** faltar: *There's a button missing from this shirt.* Está faltando um botão nesta camisa. **2** perdido, que falta/faltava etc.: *I found the missing piece of the jigsaw.* Achei a peça perdida do quebra-cabeça. **3** desaparecido [pessoa] | **missing person** pessoa desaparecida **4 to go missing** desaparecer, sumir

mission /'mɪʃən/ s missão

missionary /'mɪʃəneri/ s (pl **-ries**) missionário -ria

mist /mɪst/ substantivo & verbo

- s névoa

- v **mist up**, também **mist over** embaçar **mist sth up** embaçar algo

mistake /mɪ'steɪk/ substantivo & verbo

- s erro | **to make a mistake** cometer um erro | **by mistake** por engano

- v [tr] (passado **mistook**, particípio **mistaken**) **1 to mistake sth/sb for sth/sb** confundir algo/alguém com algo/alguém: *I'm always being mistaken for my sister.* Estou sempre sendo confundida com minha irmã. **2 there's no mistaking sth/sb** algo/alguém é inconfundível: *There's no mistaking that accent.* Aquele sotaque é inconfundível. **3** interpretar/entender mal

mistaken /mɪ'steɪkən/ adj **1** enganado | **if I'm not mistaken** se não me engano **2** equivocado **3 mistaken identity** identificação criminal errada

mistakenly /mɪ'steɪkənli/ adv erroneamente

Mister /'mɪstər/ s forma por extenso de **Mr.** Senhor

mistletoe /'mɪsəltoʊ/ s visco

mistook /mɪ'stʊk/ ▶ passado de **mistake**

mistreat /mɪs'triːt/ v [tr] maltratar

mistress /'mɪstrəs/ s (pl **-sses**) **1** amante [mulher] **2** dona [de um animal] **3** BrE professora

---

miss *verbo*

1 UM PROGRAMA, UM JOGO, UMA OPORTUNIDADE (= perder)

He missed the match through injury. Ele perdeu o jogo por causa de uma contusão. | *I had to miss breakfast because I was late.* Não pude tomar café da manhã porque estava atrasada.

2 UMA REUNIÃO, UM ENSAIO (= faltar a)

3 O INÍCIO DE UM FILME, UM ÔNIBUS, ETC. (= perder)

We missed the start of the movie. Perdemos o início do filme. | *If you don't hurry up, we're going to miss that flight.* Se você não correr, vamos perder esse voo.

4 REFERENTE À FALTA DE ALGUÉM OU ALGO (= sentir saudade/falta de)

I really miss Steve. Sinto muita saudade do Steve. | *The thing I miss most about California is the climate.* A coisa de que mais sinto falta em relação à Califórnia é o clima.

5 UM ALVO (= errar)

He fired at the target and missed. Ele atirou no alvo e errou.

6 BOLA ARREMESSADA (= perder)

He missed an easy catch. Ele perdeu uma bola fácil.

7 ATINGIR

The bullet only just missed me. A bala por um triz não me acertou. | *The two planes missed each other by a few meters.* Os dois aviões não se chocaram por questão de alguns metros.

8 NÃO VER, NÃO NOTAR, ETC.

They missed each other in the crowd. Eles não se viram no meio da multidão. | *a mistake that everyone else had missed* um erro que os outros não tinham notado | **you can't miss it** não há como (você) errar

9 EXPRESSÃO

to miss the point não entender (o principal)

---

mistrust /mɪs'trʌst/ substantivo & verbo

- s desconfiança

- v [tr] desconfiar de

misty /'mɪsti/ adj (-tier, -tiest) enevoado

misunderstand /mɪsʌndər'stænd/ v (passado & particípio **misunderstood**) [tr/intr] entender/interpretar mal

misunderstanding /mɪsʌndər'stændɪŋ/ s **1** mal-entendido **2** desentendimento

misunderstood /mɪsʌndər'stʊd/ adj mal compreendido

misuse¹ /mɪs'jus/ s **1** uso indevido [de equipamentos] **2** abuso [de poder] **3** malversação [de dinheiro, fundos]

misuse² /mɪs'juz/ v **1** [tr] usar indevidamente [uma palavra, um equipamento, etc.] **2** [tr] abusar de [o poder, a autoridade]

mix /mɪks/ *verbo & substantivo*

- *v* (3a pess sing presente **-xes**) **1** [tr] misturar: *I mixed the flour and sugar together*. Misturei a farinha com o açúcar. **2** [intr] misturar-se: *The pigment is mixed into the paint*. O pigmento é misturado com a tinta. **3** [intr] misturar-se, confraternizar | **to mix with sb** relacionar-se com alguém
  mix sth up 1 confundir algo **2** misturar algo **mix sb up 1** confundir alguém: *People mix Sally up with her sister*. As pessoas confundem Sally com a irmã. **2 to be mixed up in sth** estar envolvido/metido em algo | **to get mixed up in sth** envolver-se/meter-se em algo

- *s* mistura, combinação

mixed /mɪkst/ *adj* **1** misto: *a mixed salad* uma salada mista **2 a mixed school** uma escola mista ▶ No inglês americano diz-se **coed** **3** muito diversos: *The play received mixed reviews*. A peça recebeu críticas muito diversas. | **to have mixed feelings (about sth)** ter sentimentos mistos (em relação a algo)

mixer /'mɪksər/ *s* **1** batedeira **2 to be a good/bad mixer** ser/não ser uma pessoa sociável

mixture /'mɪkstʃər/ *s* **1** misto, mistura **2** (remédio) composto

'**mix-up** *s* (informal) confusão

ml (= milliliter) ml

mm (= millimeter) mm

mo. (= month) mês

moan /moʊn/ *verbo & substantivo*

- *v* **1** [intr] gemer [de dor] **2** [tr/intr] queixar-se, reclamar | **to moan about sth** reclamar de algo

- *s* gemido

mob /mɑb/ *substantivo & verbo*

- *s* horda, multidão | **the mob** o povo, as massas | **the Mob** a máfia

- *v* [tr] (**-bbed, -bbing**) assediar

mobile /'moʊbəl, BrE 'moʊbaɪl/ *substantivo & adjetivo*

- *s* **1** BrE celular: *You can call me on my mobile*. Pode me ligar no meu celular. **2** móbile

- *adj* **1 mobile library/clinic** biblioteca/clínica ambulante | **mobile home** trailer **2 to be mobile** ter mobilidade: *She's less mobile now that she has arthritis*. Ela tem menos mobilidade agora que está com artrite.

,**mobile 'phone** *s* BrE telefone celular

mobility /moʊ'bɪləti/ *s* mobilidade

mobilize, -ise BrE /'moʊbəlaɪz/ *v* **1** [tr] mobilizar **2** [intr] mobilizar-se

mock /mɑk/ *verbo, adjetivo & substantivo*

- *v* **1** [tr] gozar de **2** [intr] gozar

- *adj* **1** simulado [prova, entrevista, ataque] | **a mock exam** um exame simulado **2** de imitação [produto], que imita [estilo]: *a mock Tudor house* uma casa que imita o estilo Tudor **3** falso [surpresa, seriedade, entusiasmo, etc.]

- *s* **to make (a) mock of sth** desmoralizar algo

mockery /'mɑkəri/ *s* **1** zombaria, gozação **2 to make a mockery of sth** desmoralizar algo

,**modal 'verb**, também **modal** /'moʊdl/ *s* verbo modal ▶ Como, por exemplo, **can, could,** etc.

model /'mɑdl/ *substantivo, adjetivo & verbo*

- *s* **1** (cópia em escala reduzida) maquete **2** (de moda, de pintor) modelo **3** (coisa ou pessoa exemplar) exemplo **4** (de carro, máquina) modelo

- *adj* **1 a model car/airplane** um carro/avião em miniatura **2 a model parent/student etc.** um pai/aluno etc. exemplar

- *v* (**-led, -ling** AmE, **-lled, -lling** BrE) **1** [tr] desfilar **2** [intr] desfilar, trabalhar como modelo **3 to model sth on sth/sb** tomar algo/alguém como modelo: *He had modelled himself on Martin Luther King*. Ele tinha tomado Martin Luther King como modelo.

modeling AmE, **modelling** BrE /'mɑdl-ɪŋ/ *s* a carreira de modelo/o trabalho como modelo

modem /'moʊdəm/ *s* modem

moderate¹ /'mɑdərət/ *adjetivo & substantivo*

- *adj* **1** (em quantidade, grau, nível) moderado **2** (politicamente) moderado

- *s* moderado -da

moderate² /'mɑdəreɪt/ *v* (formal) **1** [tr] moderar **2** [intr] acalmar [vento]

moderately /'mɑdərətli/ *adv* **1** relativamente **2** moderadamente, com moderação

moderation /mɑdə'reɪʃən/ *s* moderação | **in moderation** com moderação

modern /'mɑdərn/ *adj* moderno: *modern art* arte moderna | *modern languages* línguas modernas

modernity /mɑ'dɜrnəti/ *s* modernidade

modernize, -ise BrE /'mɑdərnaɪz/ *v* **1** [tr] modernizar **2** [intr] modernizar-se

modest /'mɑdɪst/ *adj* **1** (pessoa) modesto | **to be modest about sth** não fazer alarde de algo **2** (aumento, soma, melhora) modesto **3** (casa, estilo de vida, etc.) modesto **4** (roupa, comportamento) recatado

modesty /'mɑdəsti/ *s* **1** modéstia **2** pudor

modify /'mɑdəfaɪ/ *v* [tr] (**-fies, -fied**) (formal) modificar

modular /'mɑdʒələr/ *adj* (dividido) em módulos

module /'mɑdʒul/ *s* módulo

moist /mɔɪst/ *adj* úmido ▶ ver nota em **úmido**

moisten /'mɔɪsən/ *v* **1** [tr] umedecer **2** [intr] umedecer-se

moisture /'mɔɪstʃər/ *s* umidade

moisturize, -ise BrE /'mɔɪstʃəraɪz/ *v* [tr] hidratar

moisturizer, -iser BrE /'mɔɪstʃəraɪzər/ *s* (creme) hidratante

molar /'moʊlər/ *s* (dente) molar

mold AmE, **mould** BrE /moʊld/ *substantivo & verbo*

• *s* **1** mofo **2** forma

• *v* [tr] moldar

moldy AmE, **mouldy** BrE /'moʊldi/ *adj* (-dier, -diest) mofado, cheio de mofo

mole /moʊl/ *s* **1** toupeira **2** sinal, pinta [na pele] **3** espião, informante

molecular /mə'lɛkjələr/ *adj* molecular

molecule /'maləkjul/ *s* molécula

molest /mə'lɛst/ *v* [tr] abusar de [sexualmente]

molten /'moʊltn/ *adj* (metal) fundido, (lava) derretido

mom /mam/ AmE, **mum** /mʌm/ BrE *s* (informal) mãe, mamãe

moment /'moʊmənt/ *s* **1** momento: *I need to sit down for a moment.* Preciso sentar um momento. | **in a moment** daqui a pouco | **just a moment/wait a moment** só um momento/espere um momento **2 at the moment** no momento | **for the moment** por enquanto **3 the moment (that)** assim que, na hora que: *Call me the moment you arrive.* Me liga assim que você chegar. **4 (at) any moment** a qualquer momento | **at the last moment** na última hora | **until the last moment** para a última hora

momentarily /moʊmən'tɛrəli, BrE 'moʊməntərəli/ *adv* **1** por um momento, momentaneamente **2** AmE em seguida, já

momentary /'moʊməntɛri/ *adj* momentâneo

momentous /moʊ'mɛntəs/ *adj* crucial, marcante

momentum /moʊ'mɛntəm/ *s* **1** impulso | **to gain/gather momentum** ganhar impulso **2** (em física) momento

mommy /'mami/ AmE, **mummy** /'mʌmi/ BrE *s* (informal) mamãe

monarch /'manərk/ *s* monarca

monarchy /'manərki/ *s* (pl **-chies**) monarquia

monastery /'manəstɛri/ *s* (pl **-ries**) mosteiro

Monday /'mʌndi, -deɪ/ *s* segunda-feira ▶ ver "Active Box" **days of the week** em **day**

monetary /'manətɛri/ *adj* monetário

money /'mʌni/ *s* **1** dinheiro: *Do you have any money?* Você tem dinheiro? | **to earn/make money** ganhar dinheiro | **to save/spend money** economizar/gastar dinheiro **2 to get your money's worth** comprar algo que vale o preço pago: *Everything's included in the price, so you certainly get your money's worth.* Está tudo incluído no preço, portanto vale a pena. **3 to be made of money** (informal) estar nadando em dinheiro, ser cheio da grana

monitor /'manətər/ *substantivo & verbo*

• *s* (em informática, medicina, etc.) monitor

• *v* [tr] **1** monitorar, controlar **2** escutar [transmissões de rádio, ligações telefônicas]

monk /mʌŋk/ *s* monge

monkey /'mʌŋki/ *s* macaco

'monkey bars *s* [pl] trepa-trepa

monogamous /mə'nagəməs/ *adj* **1** monógamo [pessoa, animal] **2** monogâmico [relação]

monogamy /mə'nagəmi/ *s* monogamia

monologue, também **monolog** AmE /'manlɔg/ *s* monólogo

monopolize, -ise BrE /mə'napəlaɪz/ *v* [tr] monopolizar

monopoly /mə'napəli/ *s* (pl **-lies**) **monopoly (on/of sth)** monopólio (de algo)

monotonous /mə'natn-əs/ *adj* monótono

monoxide /mə'naksaɪd/ *s* monóxido

monsoon /man'sun/ *s* monção

monster /'manstər/ *s* monstro

monstrosity /man'strasəti/ *s* (pl **-ties**) monstruosidade

monstrous /'manstrəs/ *adj* monstruoso

month /mʌnθ/ *s* mês: *a six-month-old baby* um bebê de seis meses | *I haven't seen him for months.* Não o vejo há meses. | **this/next month** esse mês/o mês que vem | **once/twice etc. a month** uma vez/duas vezes etc. por mês ▶ ver "Active Box" **months** na pág. 235

monthly /'mʌnθli/ *adjetivo & advérbio*

• *adj* mensal

• *adv* mensalmente

monument /'manjəmənt/ *s* monumento | **a monument to sth/sb** um monumento a algo/alguém

monumental /manjə'mɛntl/ *adj* **1** hercúleo [tarefa] **2** gravíssimo [erro] **3** excepcional [conquista, proeza] **4** monumental [escultura, etc.]

mood /mud/ *s* **1** humor, estado de espírito | **to be in a good/bad mood** estar de bom/mau humor | **to be in a funny/an ugly etc. mood** estar estranho/irritado etc. **2 to be in the mood (for sth/doing sth)** estar a fim (de algo/fazer algo): *I'm in no mood for jokes!* Hoje não estou para brincadeiras! **3** mau humor | **to be in a mood** estar de mau humor **4** (em gramática) modo

moody /'mudi/ *adj* (-dier, -diest) **1** temperamental **2** mal-humorado

moon /mun/ *s* **1** lua: *the first man to land on the moon* o primeiro homem a pisar na Lua | *a full moon* uma lua cheia | *a new moon* uma lua nova **2 once in a blue moon** uma vez na vida, outra na morte

moonlight /'munlaɪt/ *s* luar

moonlit /'munlɪt/ *adj* iluminado pela lua [paisagem, rua, etc.] | **a moonlit night** uma noite enluarada

moonshine /'munʃaɪn/ *s* (informal) aguardente caseira

Active Box: months

Os exemplos neste **Active Box** servem de orientação para a construção de frases com os meses do ano. Note que, em inglês, os nomes dos meses são escritos com inicial maiúscula.

The elections will be **in July**.	As eleições serão em julho.
We moved here **last April**.	Mudamos para cá em abril do ano passado.
They're getting married **next September**.	Eles vão se casar em setembro do ano que vem.
The festival takes place **every December**.	O festival se realiza todo ano em dezembro.
He was born **on February** 8th.	Ele nasceu no dia 8 de fevereiro.

moor /mʊr/ *substantivo & verbo*
- *s* charneca
- *v* [tr/intr] atracar

mooring /'mʊrɪŋ/ *substantivo & substantivo plural*
- *s* ancoradouro
- **moorings** *s pl* amarras

moorland /'mʊrlənd/ *s* charneca

mop /mɑp/ *substantivo & verbo*
- *s* **1** esfregão **2** grenha
- *v* [tr] (**-pped, -pping**) **1** limpar [o chão] **2** enxugar [uma superfície, o rosto]
  mop sth up enxugar algo

moped /'moʊpɛd/ *s* lambreta

moral /'mɔrəl/ *adjetivo, substantivo & substantivo plural*
- *adj* **1** moral **2** **moral support** apoio moral
- *s* moral [de uma história]
- **morals** *s pl* moral, princípios

morale /mə'ræl/ *s* moral

morality /mə'ræləti/ *s* moralidade, moral

morally /'mɔrəli/ *adv* moralmente

morbid /'mɔrbɪd/ *adj* mórbido

more /mɔr/ *advérbio, adjetivo & pronome*
- *adv* **1** (para formar o comparativo de adjetivos e advérbios de duas ou mais sílabas) mais: *She's more intelligent than her brother.* Ela é mais inteligente do que o irmão. | *The rain started to fall more heavily.* Começou a chover mais forte. **2** (com mais frequência, em maior grau) mais: *You need to practice more.* Você precisa treinar mais. | *Children watch TV more than they used to.* As crianças assistem mais televisão do que antigamente.
  3 more or less mais ou menos
  4 more and more cada vez mais
- *adj* mais: *two more chairs* mais duas cadeiras | *Would you like some more coffee?* Quer mais café? | *More people are getting divorced than ever before.* Há mais pessoas se divorciando do que nunca.
- *pron* **1** mais: *He earns more than I do.* Ele ganha mais do que eu. | *more than 200 people* mais de 200 pessoas
  2 no/not more than 10/50 etc. não mais que 10/50 etc.: *He was no more than a boy.* Ele não passava de um menino.
  3 the more... the more quanto mais... mais: *The more he has, the more he wants.* Quanto mais ele tem, mais ele quer. | **the more... the less** quanto mais... menos ▶ ver também **any, once**

moreover /mɔr'oʊvər/ *adv* (formal) além disso

morning /'mɔrnɪŋ/ *s* **1** manhã: *I had a card from them this morning.* Recebi um cartão deles hoje de manhã. | *We could go shopping in the morning.* Poderíamos fazer compras de manhã. | *at 8 o'clock in the morning* às 8 horas da manhã | *on Sunday morning* no domingo de manhã | *on the morning of July 15th* na manhã do dia 15 de julho | **yesterday/tomorrow morning** ontem/amanhã de manhã **2 (good) morning!** bom dia! **3** [quando precede outro substantivo] matinal [rotina], matutino [jornal]: *the morning paper* o jornal matutino

moron /'mɔrɑn/ *s* (informal) imbecil

mortal /'mɔrtl/ *adj & s* mortal

mortality /mɔr'tæləti/ *s* mortalidade

mortar /'mɔrtər/ *s* **1** (para construção) argamassa **2** (arma pesada) morteiro **3** (vasilha) almofariz

mortgage /'mɔrgɪdʒ/ *substantivo & verbo*
- *s* financiamento, hipoteca [para compra de imóvel]
- *v* [tr] hipotecar

mortician /mɔr'tɪʃən/ *s* AmE agente funerário -ria

mortuary /'mɔrtʃuɛri/ *s* (pl **-ries**) necrotério

mosaic /moʊ'zeɪ-ɪk/ *s* mosaico

mosh /mɑʃ/ *v* [intr] (informal) dançar freneticamente em show de música punk ou rock pesado

Moslem /'mɑzləm/ ▶ ver **Muslim**

mosque /mɑsk/ *s* mesquita

mosquito /mə'skitoʊ/ *s* (pl **-toes** ou **-tos**) **1** mosquito **2 mosquito net** mosquiteiro

moss /mɔs/ *s* (pl **-sses**) musgo

most /moʊst/ *adjetivo, advérbio & pronome*
- *adj* **1** a maioria de: *He gets on well with most people.* Ele se dá bem com a maioria das pessoas.

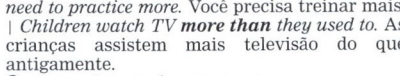

moped

| We go away most weekends. Viajamos quase todo fim de semana.
2 mais: *Who has got **the most** money?* Quem tem mais dinheiro? | *the player who scores the most points* o jogador que marcar o maior número de pontos

• **adv 1** (para formar o superlativo de adjetivos e advérbios de duas ou mais sílabas) mais: *the most beautiful girl in the world* a menina mais linda do mundo | *the question most frequently asked* a pergunta feita mais frequentemente
2 (com maior frequência, em maior grau) mais: *Which band do you listen to most?* Que banda você ouve mais? | **most of all** mais do que tudo

• **pron 1** a maioria, a maior parte: *All the rooms have a TV and most have bathrooms.* Todos os quartos têm televisão e a maioria tem banheiro. | *most of the time* a maior parte do tempo
2 Usado como superlativo: *Dan contributed most.* Dan foi quem mais contribuiu. | *The most I can give you is $100.* O máximo que posso lhe dar são $100.
3 at most no máximo
4 to make the most of sth aproveitar algo ao máximo

mostly /'moʊstli/ *adv* em geral, em sua maioria

motel /moʊ'tɛl/ *s* motel ▶ Diferentemente dos motéis brasileiros, um **motel** nos EUA é um hotel para turistas, etc.

moth /mɔθ/ *s* **1** mariposa **2** (também **clothes moth**) traça

mother /'mʌðər/ *substantivo & verbo*
• *s* mãe
• *v* **to mother sb** tratar alguém como se fosse um filho

motherhood /'mʌðərhʊd/ *s* maternidade

'**mother-in-,law** *s* (pl **mothers-in-law**) sogra

'**Mother's ,Day** *s* Dia das Mães ▶ Nos EUA, como no Brasil, ocorre no segundo domingo de maio.

,**mother 'tongue** *s* língua materna

motif /moʊ'tif/ *s* **1** tema **2** desenho, motivo

motion /'moʊʃən/ *substantivo & verbo*
• *s* **1** movimento: *the motion of the train* o movimento do trem **2** (formal) movimento **3** moção: *The motion was carried.* A moção foi aprovada. **4 to put/set sth in motion** dar andamento a algo **5 in slow motion** em câmera lenta **6 to go through the motions (of doing sth)** cumprir com a formalidade (fazendo algo)
• *v* **to motion (for) sb to do sth** fazer sinal para que alguém faça algo

motionless /'moʊʃənləs/ *adj* parado, imóvel

,**motion 'picture** *s* AmE filme

motivate /'moʊtəveɪt/ *v* [tr] **1** motivar **2 politically motivated** motivado por razões políticas

motivation /moʊtə'veɪʃən/ *s* **1** motivação **2** motivo

motive /'moʊtɪv/ *s* motivo [de uma pessoa]: *the motive for the murder* o motivo do assassinato

motor /'moʊtər/ *s* motor

motorbike /'moʊtərbaɪk/ BrE ▶ ver **motorcycle**

motorboat /'moʊtərboʊt/ *s* lancha

motorcycle /'moʊtərsaɪkəl/ *s* motocicleta

motorist /'moʊtərɪst/ *s* motorista

'**motor ,racing** *s* automobilismo

motorway /'moʊtərweɪ/ *s* BrE autoestrada, autopista

motto /'mɑtoʊ/ *s* (pl **mottoes** ou **mottos**) lema

mould BrE ▶ ver **mold**

mouldy BrE ▶ ver **moldy**

mound /maʊnd/ *s* **1** monte **2** pilha

mount /maʊnt/ *verbo & substantivo*
• *v* **1** [intr] (também **mount up**) aumentar **2** [tr] organizar [uma campanha, um ataque, um protesto] **3** [tr] montar em, subir em [um cavalo, uma bicicleta] **4** [intr] montar [num cavalo] **5** montar [uma foto, um quadro]
• *s* **1 Mount** (no nome de algumas montanhas) Monte: *Mount Everest* o Monte Everest **2** cavalgadura **3** (de uma foto, etc.) moldura

mountain /'maʊntn/ *s* **1** montanha **2** (informal) monte **3 to make a mountain out of a molehill** fazer uma tempestade em copo d'água

mountain bike mountain bike

'**mountain ,biking** *s* mountain bike [esporte]

mountaineer /maʊntn'ɪr/ *s* alpinista

mountaineering /maʊntn'ɪrɪŋ/ *s* alpinismo

mountainous /'maʊntn-əs/ *adj* montanhoso

mountainside /'maʊntnsaɪd/ *s* encosta de uma montanha

mourn /mɔrn/ *v* **1 to mourn (for) sb** estar de luto por alguém **2** [tr] chorar por [a perda de algo]

mourner /'mɔrnər/ *s* enlutado -da

mourning /'mɔrnɪŋ/ *s* luto | **to be in mourning** estar de luto

mouse /maʊs/ *s* (pl **mice**) **1** camundongo **2** (em informática) mouse

'**mouse pad** *s* mousepad

mousse /mus/ *s* **1** (em culinária) musse **2** (para o cabelo) musse

moustache BrE ▶ ver **mustache**

mouth /maʊθ/ *s* **1** boca: *Don't talk with your mouth full!* Não fale com a boca cheia! **2** (de uma caverna, de um túnel) entrada **3** (de um vidro, pote) boca **4** (de um rio) foz, desembocadura **5 to keep your mouth shut** (informal) ficar de bico calado

mouthful /'maʊθfʊl/ s **1** (de comida) bocado **2** (de bebida) gole

mouthpiece /'maʊθpis/ s **1** (de instrumento musical) boquilha, embocadura **2** (de telefone) bocal **3** (de uma organização) porta-voz

mouthwash /'maʊθwɑʃ/ s gargarejo

move /muv/ *verbo & substantivo*

• *v* **1** [tr] mexer, mover: *I couldn't move my leg.* Eu não conseguia mexer a perna.
2 [intr] mexer-se, mover-se: *Don't move, or I'll shoot!* Não se mova, senão atiro! | *She could hear someone **moving around** upstairs.* Ela podia ouvir alguém andando lá em cima.
3 [tr/intr] mudar (de lugar): *You've moved all the furniture.* Você mudou todos os móveis de lugar. | *He's been moved into a different class.* Ele foi colocado em outra sala.
4 [intr] (também **move away**) mudar-se: *They moved to Germany.* Eles se mudaram para a Alemanha.
5 to move house BrE mudar de casa
6 [tr] comover, emocionar
7 to move sb to do sth levar alguém a fazer algo
PHRASAL VERBS
move in mudar-se [para casa nova]: *When are you moving in?* Quando você vai se mudar? | **to move in with sb** ir morar com alguém
move off arrancar, pôr-se em movimento
move on **1** seguir viagem **2** continuar: *Shall we move on to the next point?* Vamos passar para o próximo ponto?
move out sair de casa, mudar-se
move over chegar para lá

• *s* **1** passo | **a good move** uma boa decisão
2 mudança [de uma casa para outra]
3 jogada: *It's your move.* É a sua vez.
4 to make a move (a) tomar uma atitude **(b)** mover-se: *He made a move for his gun.* Ele moveu-se em direção à sua arma.
5 to get a move on (informal) apressar-se

movement /'muvmənt/ s **1** movimento: *the dancer's graceful movements* os graciosos movimentos da dançarina **2** (em política, arte) movimento **3** (em música) movimento

movie /'muvi/ s filme | **to go to the movies** ir ao cinema

moviemaker s AmE cineasta

'movie ,star s AmE astro/estrela de cinema

'movie ,theater s AmE cinema

moving /'muvɪŋ/ *adj* **1** comovente, emocionante **2** móvel **3** em movimento [alvo, trem, etc.] | **fast/slow moving** rápido/lento

mow /moʊ/ *v* [tr] (particípio **mown** ou **mowed**) cortar [a grama]
mow sb down aniquilar alguém

mower /'moʊər/ s cortador de grama

MP /ɛm 'pi/ s (= **Member of Parliament**) deputado -da [na Grã-Bretanha]

mph (= **miles per hour**) milhas por hora

Mr. /'mɪstər/ s sr., senhor

Mrs. /'mɪsəz/ s sra., senhora ▶ ver também nota em **Ms.**

M.S. /ɛm 'ɛs/ s (= **Master of Science**) mestrado em uma ciência exata

Ms. /mɪz, məz/ s sra., senhora

> **Ms., Mrs. ou Miss?**
>
> **Ms.** é usado quando não se quer especificar (ou não se sabe) o estado civil da mulher. Um número cada vez maior de mulheres prefere esta forma de tratamento a **Mrs.** ou **Miss**.

MSG /ɛm ɛs 'dʒi/ s glutamato monossódico

much /mʌtʃ/ *advérbio, adjetivo & pronome*

• *adv* **1** muito: *I feel much better.* Estou me sentindo muito melhor. | *He doesn't go out much.* Ele não sai muito. | *Thank you **very much**!* Muito obrigado! | *It's **much too** big.* É grande demais. **2 too much** demais **3 so much** tanto [depois de verbo], tão [antes de adjetivo]: *I enjoyed myself so much.* Eu me diverti tanto.
4 much as por mais que: *Much as I love him, I couldn't do that.* Por mais que eu o ame, não poderia fazer isso.

• *adj & pron* **1** muito: *There isn't much time.* Não há muito tempo. | *Was there much traffic?* Havia muito trânsito? | *He didn't say much.* Ele não falou muito. **2 how much...?** Quanto...?: *How much money do you have?* Quanto dinheiro você tem? **3 so much** tanto: *Don't waste so much paper.* Não desperdice tanto papel. **4 much of** grande parte de: *Much of the city was destroyed.* Grande parte da cidade foi destruída. **5 not much of a**: *I'm not much of a cook.* Não sou muito boa cozinheira./Não sei cozinhar muito bem.

mucus /'mjukəs/ s muco

mud /mʌd/ s lama

muddy /'mʌdi/ *adj* (**-ddier, -ddiest**) lamacento

muesli /'mjusli/ s granola, müsli

muffin /'mʌfən/ s **1** muffin **2 English muffin** pãozinho redondo e achatado

muffled /'mʌfəld/ *adj* abafado [som, voz, grito]

mug /mʌg/ *substantivo & verbo*

• *s* caneca

• *v* [tr] (**-gged, -gging**) assaltar [na rua]

mug

mugger /'mʌgər/ s assaltante [na rua]

mugging /'mʌgɪŋ/ s assalto [na rua]

mule /mjul/ s **1** mula **2** mule

mull /mʌl/ *v* **mull sth over** pensar sobre algo

multi-colored AmE, **multi-coloured** BrE /ˈmʌltiˈkʌlərd/ *adj* multicolor

multiculturalism /mʌltiˈkʌltʃərəlɪzəm/ *s* multiculturalismo

multimedia /mʌltɪˈmidiə/ *adj* multimídia

multinational /mʌltɪˈnæʃənl/ *adj* & *s* multinacional

multiple /ˈmʌltəpəl/ *adjetivo & substantivo*
- *adj* múltiplo
- *s* múltiplo

multiple ˈchoice *adj* de múltipla escolha

multiple sclerosis /mʌltəpəl skləˈroʊsɪs/ *s* esclerose múltipla

multiplication /mʌltəpləˈkeɪʃən/ *s* multiplicação

multiply /ˈmʌltəplaɪ/ *v* (-plies, -plied) **1** [tr] multiplicar **2** [intr] multiplicar-se

multiracial /mʌltɪˈreɪʃəl/ *adj* multirracial

multi-ˈstorey *adj* BrE **multi-storey car park** edifício-garagem ▶ No inglês americano diz-se **parking garage**

multitude /ˈmʌltətud/ *s* (formal ou literário) **1** multidão **2 a multitude of problems/uses etc.** uma infinidade de problemas/usos etc.

mum BrE ▶ ver **mom**

mumble /ˈmʌmbəl/ *v* [tr/intr] resmungar

mummy /ˈmʌmi/ *s* **1** múmia **2** BrE ▶ ver **mommy**

mumps /mʌmps/ *s* caxumba

munch /mʌntʃ/ *v* (3a pess sing -ches) **to munch (on/at) sth** mastigar algo

mundane /mʌnˈdeɪn/ *adj* trivial

municipal /mjuˈnɪsəpəl/ *adj* municipal

murder /ˈmɜrdər/ *substantivo & verbo*
- *s* **1** assassinato, homicídio ▶ MURDER OU ASSASSINATION? ver **assassinato 2 to be murder** (informal) ser um inferno **3 to get away with murder** (informal) pintar e bordar
- *v* [tr] assassinar ▶ MURDER OU ASSASSINATE? ver **assassinar**

murderer /ˈmɜrdərər/ *s* assassino -na ▶ MURDERER OU ASSASSIN? ver nota em **assassino**

murderous /ˈmɜrdərəs/ *adj* assassino

murky /ˈmɜrki/ *adj* (-kier, -kiest) escuro, turvo

murmur /ˈmɜrmər/ *substantivo & verbo*
- *s* **1** murmúrio **2 without a murmur** sem dizer uma palavra
- *v* [tr/intr] murmurar

muscle /ˈmʌsəl/ *s* **1** músculo **2** muque **3 political/military etc. muscle** poder político/militar etc.

muscular /ˈmʌskjələr/ *adj* **1** musculoso **2** muscular

muse /mjuz/ *v* **to muse on/about sth** matutar sobre algo

museum /mjuˈziəm/ *s* museu

mushroom /ˈmʌʃrum/ *s* cogumelo

music /ˈmjuzɪk/ *s* **1** música | **a piece of music** uma música **2** partitura | **to read music** ler partitura

musical /ˈmjuzɪkəl/ *adjetivo & substantivo*
- *adj* **1** (referente à música) musical **2** (com talento para música) musical
- *s* musical

musician /mjuˈzɪʃən/ *s* músico -ca

Muslim /ˈmʌzləm/ *adj* & *s* muçulmano -na

muslin /ˈmʌzlən/ *s* musseline

mussel /ˈmʌsəl/ *s* mexilhão

must /məst, acentuado mʌst/ *verbo & substantivo*
- *v* [modal] ▶ ver quadro
- *s* **a must** algo que é imprescindível ou muito aconselhável fazer: *This movie is a must.* Esse filme é imperdível. | *Warm clothes are a must on this trip.* É essencial levar roupas quentes nessa viagem.

mustache AmE, **moustache** BrE /ˈmʌstæʃ, BrE məˈstɑʃ/ *s* bigode

mustard /ˈmʌstərd/ *s* mostarda

muster /ˈmʌstər/ *v* **1** [tr] (também **muster up**) criar [coragem], obter [apoio], reunir [forças] **2** [tr] reunir, [intr] reunir-se [exército, tropas]

mustn't /ˈmʌsənt/ contração de **must not**

---

must *verbo modal*

1 OBRIGAÇÃO (= devo, deve, tenho que, tem que, preciso, precisa, etc.)

All passengers must wear seatbelts. Todos os passageiros devem usar cinto de segurança. | *It's late. I really must go.* Está ficando tarde. Preciso mesmo ir. | *"Are you coming?" "Must I?"* – Você vem? – Tenho mesmo que ir? | *Must you always be so unpleasant?* Você precisa ser sempre tão antipático? | *"Can I put the radio on?" "If you must."* – Posso ligar o rádio? – Se você quiser muito...

mustn't expressa proibição:

You mustn't tell anyone. Você não pode contar para ninguém.

2 CONJETURA (= devo, deve, etc.)

She must be almost 80 by now. Ela já deve ter quase 80 anos. | *You must be crazy.* Você está louco.

Para fazer conjeturas sobre o passado usa-se **must have** seguido de um particípio:

He must have been drunk. Ele devia estar bêbado.

3 INTENÇÃO, CONVITES, RECOMENDAÇÕES (= tenho que, tem que, preciso, precisa, etc.)

I must phone them. Preciso ligar para eles. | *You must come around for dinner sometime.* Você precisa vir jantar aqui em casa um dia desses. | *You must see this movie.* Você tem que ver esse filme.

Diz-se *I arrived in Rio* ou *I arrived to Rio*? Veja o verbete **arrive**.

musty /'mʌsti/ adj (-tier, -tiest) com cheiro de mofo | **to smell musty** estar com cheiro de mofo

mute /mjut/ adjetivo & substantivo
- *adj* mudo
- *s* **1** mudo -da **2** (em instrumentos musicais) surdina

muted /'mjutɪd/ adj **1** apagado [cor] **2** abafado [som, voz] **3** comedido [crítica, apoio]

mutilate /'mjutl-eɪt/ v [tr] mutilar

mutiny /'mjutn-i/ s (pl -nies) motim [de marinheiros]

mutter /'mʌtər/ v [tr/intr] murmurar

mutton /'mʌtn/ s carneiro [carne]

mutual /'mjutʃuəl/ adj **1** mútuo **2 a mutual friend/interest** um amigo/interesse em comum

mutually /'mjutʃuəli/ adv **1 mutually beneficial** vantajoso para ambos | **mutually acceptable** aceitável para ambos **2 to be mutually exclusive** excluir-se mutuamente

my /maɪ/ adj meu/minha, meus/minhas: *my sister* minha irmã | *my parents* meus pais ▶ Em inglês, os possessivos são usados em muitos contextos nos quais se usa o artigo em português, por exemplo, em referência a partes do corpo, pertences pessoais, membros da família, etc.: *I've hurt my hand.* Machuquei a mão. | *Wait, I'll put my glasses on.* Espere, vou pôr os óculos.

myself /maɪ'sɛlf/ pron ▶ ver quadro

MySpace® /'maɪspeɪs/ s site de relacionamentos

mysterious /mɪ'stɪriəs/ adj misterioso

mystery /'mɪstəri/ s (pl -ries) **1** mistério | **to be a mystery to sb** ser um mistério para alguém **2** romance/peça/filme policial **3 mystery tour** passeio com destino desconhecido

mystical /'mɪstɪkəl/, também **mystic** /'mɪstɪk/ adj místico

---

myself

1 myself é a forma reflexiva de I. Seu uso equivale em geral ao dos verbos reflexivos portugueses, ou a frases com *mim mesmo/mesma*:

I hurt myself. Eu me machuquei. | *I bought myself a new computer.* Comprei um computador novo. | *I'm pleased with myself.* Estou orgulhoso de mim mesmo. | *I was just talking to myself.* Eu estava falando sozinho.

2 Tem um uso enfático que, em alguns casos, equivale ao de *eu mesmo/mesma*:

I saw them myself. Eu mesmo os vi. | *I'm a stranger here myself.* Eu também não sou daqui.

3 A expressão **by myself** ou **all by myself** significa *sozinho* (sem companhia ou ajuda):

I don't like going to the movies by myself. Não gosto de ir ao cinema sozinho. | *Look! I did it all by myself!* Olha! Fiz tudo sozinho!

---

mystify /'mɪstəfaɪ/ v [tr] (-fies, -fied) aturdir, deixar perplexo

myth /mɪθ/ s mito

mythical /'mɪθɪkəl/ adj **1** mítico **2** fantasioso

mythology /mɪ'θɑlədʒi/ s mitologia

N¹, n /ɛn/ s N, n ▶ ver "Active Box" **letters** em **letter**

N² (= **north**) N

nag /næg/ v (-gged, -gging) **1 to nag sb to do sth** azucrinar alguém para que faça algo **2** [intr] azucrinar **3** [tr/intr] preocupar [problema, receio] | **to nag at sb** afligir alguém [dúvidas]

nagging /'nægɪŋ/ adj **1 a nagging pain/doubt etc.** uma dor/uma dúvida etc. persistente **2 a nagging husband/wife etc.** um marido/uma mulher etc. ranzinza

nail /neɪl/ substantivo & verbo
- *s* **1** unha | **to bite your nails** roer as unhas **2** prego **3 to hit the nail on the head** acertar na mosca **4 nail file** lixa de unhas **nail polish**, também **nail varnish** BrE esmalte de unhas
- *v* [tr] pregar | **to nail sth to sth** pregar algo em algo

nail sth down prender algo com pregos **nail sb down 1** colocar alguém contra a parede [para obter uma resposta concreta] **2 to nail sb down to sth** conseguir que alguém se comprometa a algo

naive /nɑ'iv/ adj ingênuo

naked /'neɪkɪd/ adj **1** nu, pelado **2 with/to the naked eye** a olho nu **3 a naked bulb** uma lâmpada sem cúpula/lustre | **a naked flame** uma chama

name /neɪm/ substantivo & verbo
- *s* **1** nome: *Write your full name.* Escreva seu nome completo. | *What's your name?* Qual é o seu nome? | *My name's Peter.* Meu nome é Peter. | *an Italian by the name of Lomazzo* um italiano chamado Lomazzo

2 to put your name down for sth inscrever-se em algo

3 nome, fama | **to make a name for yourself** fazer nome

4 to call sb names xingar alguém

5 in the name of sth/sb em nome de algo/alguém

- *v* [tr] **1** Chamar alguém de: *We decided to name her Sarah.* Resolvemos chamá-la de Sarah. | *He*

*was **named after** his grandfather.* Deram-lhe o nome do avô.
2 dar o nome de, identificar
3 fixar [o preço]
4 marcar [uma data]
5 (para um cargo) nomear

namely /'neɪmli/ *adv* a saber

namesake /'neɪmseɪk/ *s* xará, homônimo -ma

nanny /'næni/ *s* (pl -nnies) babá

nanosecond /'nænoʊsɛkənd/ *s* nanossegundo

nap /næp/ *s* cochilo | **to take a nap** tirar um cochilo

nape /neɪp/ *s* **the nape of your/the neck** a nuca

napkin /'næpkɪn/, também **'table ,napkin** *s* guardanapo

nappy /'næpi/ *s* (pl -ppies) BrE fralda ▶ No inglês americano diz-se **diaper**

narcotic /nɑr'kɑtɪk/ *adj & s* narcótico

narrate /'næreɪt/ *v* [tr] narrar

narrative /'nærətɪv/ *substantivo & adjetivo*
• *s* **1** narração **2** narrativa
• *adj* narrativo

narrator /'næreɪtər/ *s* narrador -a

narrow /'næroʊ/ *adjetivo & verbo*
• *adj* **1** estreito: *a narrow corridor* um corredor estreito **2 a narrow victory/defeat** uma vitória/derrota por pouca margem **3 to have a narrow escape** escapar por um triz **4** limitado, estreito
• *v* **1** [intr] estreitar-se, [tr] estreitar [uma estrada, etc.] **2** [intr/tr] diminuir [uma diferença] **narrow sth down** reduzir algo | **to narrow sth down to sth** reduzir algo a algo

narrowly /'næroʊli/ *adv* por pouco: *The car narrowly missed a cyclist.* Por pouco o carro não pegou um ciclista.

'narrow-,minded *adj* bitolado, tacanho

nasal /'neɪzəl/ *adj* nasal

nasty /'næsti/ *adj* (-stier, -stiest) **1** antipático, desagradável | **to be nasty to sb** ser antipático com alguém **2** horrível [gosto, cheiro]: *It tastes nasty.* Tem um gosto horrível. **3** feio [ferida, acidente] **4** terrível [experiência, choque]: *It gave me a nasty shock.* Levei um choque terrível. | **to have a/the nasty habit of doing sth** ter o péssimo hábito de fazer algo

nation /'neɪʃən/ *s* nação

national /'næʃənl/ *adjetivo & substantivo*
• *adj* nacional
• *s* cidadão -dã: *US nationals* cidadãos americanos

,national 'anthem *s* hino nacional

nationalism /'næʃənl-ɪzəm/ *s* nacionalismo

nationalist /'næʃənl-ɪst/ *adj & s* nacionalista

nationality /næʃə'næləti/ *s* (pl -ties) nacionalidade

nationalize, -ise BrE /'næʃnəlaɪz/ *v* [tr] estatizar

nationally /'næʃənl-i/ *adv* em/para todo o país

,national 'park *s* parque nacional

nationwide /ˌneɪʃən'waɪd/ *adjetivo & advérbio*
• *adj* nacional
• *adv* em/para todo o país

native /'neɪtɪv/ *adjetivo & substantivo*
• *adj* **1** natal | **native land** terra natal **2 native language** língua materna | **native speaker** falante nativo **3** nativo | **native to China/India etc.** originário da China/Índia etc. **4 a native New Yorker/Bosnian etc.** um nativo de Nova Iorque/da Bósnia etc.
• *s* **1** (pessoa) nativo -va | **a native of** um nativo de: *a native of Texas* um nativo do Texas **2 to be a native of** (referente a planta, animal) ser nativo/originário de: *This plant is a native of Australia.* Esta planta é nativa da Austrália. **3** indígena, nativo -va ▶ Esse uso de **native** pode ser considerado ofensivo

natural /'nætʃərəl/ *adj* **1** natural, normal | **it's only natural that** nada mais natural do que **2** natural: *natural resources* recursos naturais **3** inato, nato: *a natural ability* um talento inato | *He's a natural actor.* Ele é um ator nato.

naturalist /'nætʃərəlɪst/ *s* naturalista

naturalize /'nætʃərəlaɪz/ *v* [tr] naturalizar

naturalized /'nætʃərəlaɪzd/ *adj* naturalizado

naturally /'nætʃərəli/ *adv* **1** naturalmente, logicamente **2** naturalmente, por natureza: *My hair is naturally curly.* Meu cabelo é naturalmente ondulado. **3 to come naturally to sb** ocorrer naturalmente a alguém **4** com naturalidade

nature /'neɪtʃər/ *s* **1** a natureza **2** (caráter) natureza, índole | **to be in sb's nature (to do sth)** ser da natureza de alguém (fazer algo) **3** (tipo) natureza: *comments of a personal nature* comentários de natureza pessoal

naughty /'nɔti/ *adj* (-tier, -tiest) **1** levado, travesso: *You naughty girl!* Sua danada! | *Has he been naughty?* Ele se portou mal? **2** malicioso

nausea /'nɔziə, 'nɔʃə/ *s* náusea, enjoo(s)

nauseating /'nɔzieɪtɪŋ/ *adj* **1** nauseante **2** nojento, irritante

nauseous /'nɔʃəs, -ziəs/ *adj* enjoado

nautical /'nɔtɪkəl/ *adj* náutico

naval /'neɪvəl/ *adj* naval

nave /neɪv/ *s* nave [de igreja]

navel /'neɪvəl/ *s* umbigo

navigate /'nævəgeɪt/ *v* **1** [intr] (em navio, avião) navegar **2** [intr] (em carro) ser o copiloto **3** [tr] governar [um navio] **4** [tr] atravessar, navegar por [mar, rio, etc.]

navigation /nævə'geɪʃən/ *s* navegação

navigator /'nævəgeɪtər/ *s* navegador -a

navy /'neɪvi/ *substantivo & adjetivo*
• *s* **1** (pl -vies) armada, marinha **2 the navy**, também **the Navy** a Marinha **3** (também **navy**

blue) azul-marinho ▶ ver "Active Box" **colors** em **color**

• *adj* (também **navy blue**) azul-marinho ▶ ver "Active Box" **colors** em **color**

NE (= **northeast**) NE

near /nɪr/ *advérbio, preposição & adjetivo*

• *adv* **1** perto | **to come/get etc. near** aproximar-se: *Don't come any nearer!* Não se aproxime mais! **2 near perfect/impossible, etc.** quase perfeito/impossível etc.

• *prep* (também **near to**) perto de: *They live near the school.* Eles moram perto da escola. | *near the end of the movie* perto do final do filme

• *adj* **1** próximo: *the nearest town* a cidade mais próxima | *Which station is nearer?* Qual é a estação mais próxima? **2 in the near future** num futuro próximo **3 the nearest thing to** o mais parecido com

nearby /nɪr'baɪ/ *adjetivo & advérbio*

• *adj* próximo

• *adv* por perto: *There was a patrol car parked nearby.* Havia uma radiopatrulha estacionada por perto.

nearly /'nɪrli/ *adv* **1** quase: *It's nearly Christmas.* É quase Natal. | **very nearly** por pouco não: *He very nearly died.* Por pouco não morreu. **2 not nearly as good/bad etc. as** nem de longe tão bom/ruim etc. quanto **3 to be not nearly enough to** não dar nem para a saída

neat /nit/ *adj* **1** arrumado [casa, pilha] **2** caprichado [letra] | **neat and clean** limpo e arrumado **3** arrumado [pessoa] **4** AmE legal [bom] **5** enxuto [solução] **6** (referente a bebidas) puro

neatly /'nitli/ *adv* **1** cuidadosamente **2** perfeitamente [caber] **3** bem [explicar, resumir, etc.]

necessarily /nɛsəˈsɛrəli/ *adv* necessariamente | **not necessarily** não necessariamente

necessary /'nɛsəsɛri/ *adj* **1** necessário: *It won't be necessary for him to be present.* Não será necessário que ele esteja presente. | **if necessary** se for preciso **2** inevitável [consequência, etc.]

necessity /nəˈsɛsəti/ *s* (pl **-ties**) **1 the necessity for sth** a necessidade de algo | **out of necessity** por necessidade **2** (coisa necessária) exigência | **the bare necessities** as necessidades básicas

neck /nɛk/ *s* **1** pescoço: *He hurt his neck.* Ele machucou o pescoço. **2** gola **3** gargalo **4 to be up to your neck in work/debt** (informal) estar até o pescoço com trabalho/dívidas **5 to be breathing down sb's neck** (informal) ficar em cima de alguém, estar atrás de alguém **6 to be neck and neck** (informal) irem emparelhados ▶ ver também **pain**

necklace /'nɛk-ləs/ *s* colar

neckline /'nɛk-laɪn/ *s* decote

necktie /'nɛktaɪ/ *s* AmE gravata

nectarine /nɛktəˈrin/ *s* nectarina

need /nid/ *verbo & substantivo*

• *v* [tr] ▶ ver quadro

• *s* **1 need (for sth/to do sth)** necessidade (de algo/fazer algo) | **there's no need** não há necessidade: *There's no **need** for you to come with me.* Não há necessidade de você ir comigo. | **to be in need of sth** estar necessitado de algo **2 if need(s) be** se for necessário

needle /'nidl/ *s* agulha

needless /'nid-ləs/ *adj* **1** desnecessário **2 needless to say** não é preciso dizer que, é claro que: *Needless to say, she was furious.* É claro que ela ficou furiosa.

needlework /'nidlwɜrk/ *s* costura

needn't /'nidnt/ contração de **need not**

needy /'nidi/ *adjetivo & substantivo*

• *adj* (**-dier, -diest**) necessitado, carente

• *s* **the needy** os necessitados

negative /'nɛɡətɪv/ *adjetivo & substantivo*

• *adj* negativo

• *s* negativo [de uma foto]

neglect /nɪˈɡlɛkt/ *verbo & substantivo*

• *v* [tr] **1** negligenciar, abandonar **2 to neglect to do sth** esquecer de fazer algo

• *s* desleixo, negligência

negligence /'nɛɡlɪdʒəns/ *s* negligência

negligent /'nɛɡlɪdʒənt/ *adj* negligente

negligible /'nɛɡlɪdʒəbəl/ *adj* insignificante

> **need** *verbo*
>
> **1** Em geral, traduz-se por **precisar de:**
>
> *I need the money.* Preciso do dinheiro. | *He badly needs help.* Ele precisa urgente de ajuda. | **to need sb to do sth** precisar que alguém faça algo | **to need cleaning/fixing etc.** precisar ser limpo/pintado etc.: *That fence needs fixing.* Aquela cerca precisa ser consertada. | **to need to do sth** precisar fazer algo: *Do we need to make a reservation?* Precisamos fazer reserva?
>
> **2** A forma **needn't** pode ser usada no lugar de **don't need to** ou **doesn't need to** como forma negativa de **need:**
>
> *He needn't come if he doesn't want to./He doesn't need to come if he doesn't want to.* Ele não precisa vir se não quiser.
>
> Esse uso corresponde ao de um verbo modal e, por isso, não se adiciona **s** na terceira pessoa do singular, e não ocorre seguido de **to**.
>
> **3** Para expressar que foi feito algo que não era necessário, usa-se a estrutura **needn't have done sth:**
>
> *You needn't have bothered.* Você não precisava ter se incomodado.

negotiate /nɪˈgoʊʃieɪt/ v **1** [tr/intr] negociar **2** [tr] transpor [um obstáculo]

negotiation /nɪgoʊʃiˈeɪʃən/ s negociação

neigh /neɪ/ verbo & substantivo
- v [intr] relinchar
- s relincho

neighbor AmE, **neighbour** BrE /ˈneɪbər/ s **1** vizinho -nha **2** próximo

neighborhood AmE, **neighbourhood** BrE /ˈneɪbərhʊd/ s **1** bairro **2** vizinhança **3 in the neighborhood** nas redondezas **4 in the neighborhood of 30%/$5 million etc.** em torno de 30%/$5 milhões etc.

neighboring AmE, **neighbouring** BrE /ˈneɪbərɪŋ/ adj vizinho

neither /ˈniðər, BrE ˈnaɪðə/ adjetivo, pronome, advérbio & conjunção
- adj & pron nenhum dos dois, nenhuma das duas: *Neither team played well.* Nenhum dos (dois) times jogou bem. | *I've asked them, but neither of them wants to go.* Eu os convidei, mas nenhum deles quer ir. | *"Tea or coffee?" "Neither, thanks."* – Chá ou café? – Nenhum dos dois, obrigado.
- adv **1 neither... nor** nem... nem: *Neither his mother nor his father spoke English.* Nem a mãe nem o pai dele falavam inglês. **2 me neither** (informal) nem eu: *"I don't want to go." "Me neither."* – Não quero ir. – Nem eu.
- conj também não: *She couldn't swim and neither could her boyfriend.* Ela não sabia nadar, e o namorado também não. ▶ ver nota em **também**

neon /ˈniɑn/ s neon

nephew /ˈnɛfju/ s sobrinho: *all his nephews and nieces* todos os sobrinhos dele

Neptune /ˈnɛptun/ s Netuno

nerve /nɜrv/ substantivo & substantivo plural
- s **1** nervo **2** coragem | **to lose your nerve** acovardar-se **3** cara de pau, atrevimento: *What nerve!* Que cara de pau!
- nerves s pl **1** nervosismo **2 to get on sb's nerves** (informal) deixar alguém nervoso, dar nos nervos de alguém

nerve-racking /ˈnɜrv rækɪŋ/ adj estressante

nervous /ˈnɜrvəs/ adj **1** nervoso [medroso] | **to be nervous about sth** estar aflito com algo | **to be nervous of sth** ter medo de algo | **to make sb nervous** pôr alguém nervoso **2 the nervous system** o sistema nervoso

nervous breakdown s esgotamento/colapso nervoso

nervousness /ˈnɜrvəsnəs/ s nervosismo

nest /nɛst/ s ninho

nestle /ˈnɛsəl/ v **1** [tr] aconchegar: *He nestled his head against her shoulder.* Ele aconchegou a cabeça no ombro dela. **2** [intr] estar situado: *a village nestling in a wooded valley* uma cidadezinha situada num vale arborizado **3 to nestle against sb** aconchegar-se com alguém

net /nɛt/ substantivo, adjetivo & verbo
- s **1** rede **2 the Net** a rede [a Internet] | **to surf the Net** navegar na rede **3** filó **4 net curtains** cortinas de voile
- adj (também **nett** BrE) líquido [renda, lucro, peso]
- v [tr] (-tted, -tting) **1** receber líquido [salário] **2** pegar [um peixe]

Netherlands /ˈnɛðərləndz/ s **the Netherlands** os Países Baixos

netiquette, Netiquette /ˈnɛtɪkɪt/ s netiqueta [conjunto de regras de conduta na internet]

netting /ˈnɛtɪŋ/ s rede [tela]

nettle /ˈnɛtl/ s urtiga

network /ˈnɛtwɜrk/ s **1** (de rádio ou TV) rede **2** (de estradas, ferrovias) rede **3** (de pessoas, organizações) rede **4** (em informática) rede

neuron /ˈnʊrɑn/ s neurônio

neurotic /nʊˈrɑtɪk/ adj & s neurótico -ca

neutral /ˈnutrəl/ adjetivo & substantivo
- adj **1** (pessoa, país) neutro **2** (cor) neutro
- s (num veículo) ponto morto

never /ˈnɛvər/ adv **1** nunca: *She's never been to Russia.* Ela nunca esteve na Rússia. | *I'll never forget her.* Nunca vou esquecê-la. ▶ ver nota em **always** **2** Nos seguintes contextos **never** equivale a um simples negativo: *I never knew you played guitar.* Eu não sabia que você tocava violão. | *I e-mailed her but she never replied.* Mandei-lhe um e-mail, mas ela nunca respondeu. **3 never again** nunca mais: *This must never happen again.* Isso não deve acontecer nunca mais. **4 never ever** jamais: *I'll never ever forgive him.* Eu jamais vou perdoá-lo. ▶ ver também **mind** e nota em **always**

nevertheless /nɛvərðəˈlɛs/ adv no entanto, contudo

new /nu/ adj **1** novo: *my new shoes* meus sapatos novos | **as good as new** como novo **2** (desconhecido) novo: *This is all new to me.* Isso tudo é novo para mim. **3** (inexperiente ou recém-chegado) novo: *She's new to the area.* Ela é nova na área. **4** (diferente) novo, outro: *I started on a new sheet of paper.* Comecei em outra folha.

newbie /ˈnubi/ s (informal) novato -ta, principiante

newborn /ˈnubɔrn/ adj recém-nascido

newcomer /ˈnukʌmər/ s iniciante, novato -ta | **to be a newcomer to sth** ser iniciante em algo

newly /ˈnuli/ adv **newly built/married etc.** recém-construído/recém-casado etc.

news /nuz/ s **1** notícia(s): *I have some good news for you.* Tenho boas notícias para você. | **a piece of news** uma notícia | **to break the news (to sb)** dar a notícia (a alguém) **2** *that's news to me!* isso é novidade para mim! **3 the news** o noticiário

newsagent /'nuzeɪdʒənt/ s BrE **1** jornaleiro -ra ► No inglês americano diz-se **news vendor 2 newsagent's** banca de jornal ► No inglês americano diz-se **newsstand**

newscast /'nuzkæst/ s AmE noticiário

newscaster /'nuzkæstər/ s AmE noticiarista

newsletter /'nuzlɛtər/ s boletim [de um clube, uma organização]

newspaper /'nuzpeɪpər/ s **1** jornal **2** papel de jornal

newsreader /'nuzridər/ s BrE noticiarista ► No inglês americano diz-se **newscaster**

newsstand /'nuzstænd/ s AmE banca de jornal

'news ˌvendor s AmE jornaleiro -ra

ˌNew 'Year s **1** Ano-Novo: *Happy New Year!* Feliz Ano-Novo! **2 in the New Year**, também **in the new year** no ano-novo

ˌNew Year's 'Day s dia de ano-bom

ˌNew Year's 'Eve s véspera de ano-novo

New Zealand /nu 'zilənd/ s Nova Zelândia

New Zealander /nu 'ziləndər/ s neozelandês -esa

next /nɛkst/ adjetivo, pronome & advérbio
• adj **1** próximo, seguinte: *the next day* no dia seguinte | *I will be busy for the next few days.* Vou estar atarefado nos próximos dias. | *Who's next?* Quem é o próximo? | **next time** na próxima vez | **next Monday/month etc.** segunda/mês etc. que vem | **next May/July etc.** em maio/julho etc. do ano que vem
2 ao lado: *in the next room* no quarto ao lado
• pron **1** próximo -ma: *Next, please!* Próximo, por favor. | **the next** o próximo/a próxima, os próximos/as próximas
2 the year/Sunday etc. after next sem ser o ano/domingo etc. que vem, o outro
• adv **1** depois: *What comes next?* O que vem depois? | *What shall we do next?* Que vamos fazer agora?
2 next to ao lado de: *I sat next to her on the bus.* Sentei ao lado dela no ônibus.
3 next to nothing quase nada

ˌnext 'door adv ao lado: *Who lives next door?* Quem mora ao lado? | *the house next door* a casa ao lado

ˌnext-'door adj vizinho [casa, etc.] | **next-door neighbor** vizinho de porta

next of 'kin s (pl **next of kin**) parentes mais próximos

nibble /'nɪbəl/ v **to nibble (on/at) sth** beliscar algo, dar uma mordida em algo

nibbling

Nicaragua /nɪkə'rɑgwə/ s Nicarágua

Nicaraguan /nɪkə'rɑgwən/ adj & s nicaraguense

nice /naɪs/ adj **1** bonito: *If it's a nice day we can go out.* Se estiver um dia bonito, podemos sair. | *You look nice today.* Você está bonita hoje. **2 to have a nice time** divertir-se: *We had a really nice time at the party.* Nós nos divertimos muito na festa. | *Have a nice time!* Divirta-se! **3** gostoso: *Those cookies look nice.* Esses biscoitos parecem gostosos. | **to taste nice** ser/estar gostoso | **to smell nice** ter um cheiro bom **4** Com o significado de simpático ou amável: *It was nice of him to ask us.* Foi amável da parte dele nos convidar. | **to be nice to sb** ser simpático/amável com alguém **5 nice to meet you/nice meeting you (a)** (ao ser apresentado) prazer (em conhecê-lo) **(b)** (ao se despedir) foi um prazer

ˌnice-'looking adj bonito

ˌnicely /'naɪsli/ adv **1** bem **2** amavelmente, com bons modos

niche /nɪtʃ, BrE niʃ/ s **1** (no mercado, numa organização) nicho **2** (numa parede) nicho

nick /nɪk/ substantivo & verbo
• s **1 in the nick of time** na hora H **2** entalhe, corte
• v [tr] cortar [fazer um corte pequeno]

nickel /'nɪkəl/ s **1** nos EUA e no Canadá, moeda de cinco centavos **2** níquel

nickname /'nɪkneɪm/ substantivo & verbo
• s apelido
• v **to nickname sb Curly/Ginger etc.** apelidar alguém de Curly/Ginger etc.

nicotine /'nɪkətin/ s nicotina

niece /nis/ s sobrinha: *my nephews and nieces* meus sobrinhos

night /naɪt/ s **1** noite: *It's very cold here at night.* Faz muito frio aqui à noite. | *at eleven o'clock at night* às onze horas da noite | *There's a party at Vicky's on Friday night.* Vai ter uma festa na casa da Vicky sexta à noite. | **all night (long)** a noite inteira ► NIGHT OU EVENING? ver nota em **noite 2 good night** boa noite | **night night** (informal) boa noite **3 to have an early/late night** dormir cedo/tarde **4 to have a night out** sair à noite **5 night train/flight etc.** trem/voo etc. noturno

nightclub /'naɪtklʌb/ s boate

nightdress /'naɪtdrɛs/ s (pl **-sses**) camisola

nightfall /'naɪtfɔl/ s anoitecer

nightgown /'naɪtgaʊn/ s camisola

nightie /'naɪti/ s (informal) camisola

nightingale /'naɪtɪŋgeɪl/ s rouxinol
nightlife /'naɪtlaɪf/ s vida noturna
nightly /'naɪtli/ adjetivo & advérbio
- *adj* **1** que é feito toda noite **2** noturno
- *adv* toda noite/todas as noites

nightmare /'naɪtmer/ s pesadelo
nighttime /'naɪt-taɪm/ s noite [horas de escuridão] | **at nighttime** à noite
nil /nɪl/ s **1** zero ▶ NIL OU ZERO? ver nota em **zero** **2** BrE (em placar) zero: *The score was three nil.* O placar foi de três a zero.
nimble /'nɪmbəl/ adj ágil
nine /naɪn/ numeral nove
nineteen /naɪn'tin/ numeral dezenove
nineteenth /naɪn'tinθ/ numeral **1** (numa ordem) décimo nono **2** (em data) (dia) dezenove **3** (fração) dezenove avos
ninetieth /'naɪntiəθ/ numeral **1** nonagésimo **2** noventa avos
ninety /'naɪnti/ numeral **1** noventa **2 the nineties** os anos 90 **3 to be in your nineties** ter uns noventa e poucos anos
ninth /naɪnθ/ numeral **1** (numa ordem) nono **2** (em data) (dia) nove **3** (fração) nono
nip /nɪp/ v (-pped, -pping) [tr] morder [de leve]
nipple /'nɪpəl/ s **1** mamilo **2** AmE bico [de mamadeira]
nitrogen /'naɪtrədʒən/ s nitrogênio
no /noʊ/ adv, adj & s ▶ ver quadro
nobility /noʊ'bɪləti/ s nobreza
noble /'noʊbəl/ adj **1** (bom) nobre, generoso **2** (da nobreza) nobre
nobody /'noʊbʌdi/ pronome & substantivo
- *pron* ninguém: *Nobody came.* Ninguém veio.
- *s* (pl **-dies**) joão-ninguém

nocturnal /nɑk'tɜrnl/ adj **1** noturno [animal, visita] **2** notívago [pessoa]
nod /nɑd/ verbo & substantivo
- *v* (-dded, -dding) **1 to nod (your head)** **(a)** (afirmando) fazer que sim [com a cabeça] **(b)** (mostrando compreensão) balançar a cabeça **2** [intr] cumprimentar com a cabeça | **to nod to sb** cumprimentar alguém com a cabeça **3** [intr] fazer um sinal com a cabeça: *He nodded at her to sit down.* Ele fez um sinal para que ela se sentasse.
nod off dormir
- *s* gesto/sinal com a cabeça | **to give (sb) a nod of approval/thanks etc.** fazer um sinal de aprovação/agradecimento etc. (para alguém) com a cabeça

noise /nɔɪz/ s barulho | **to make a noise** fazer (um) barulho: *Do you have to make so much noise?* Você precisa fazer tanto barulho assim?
noisily /'nɔɪzəli/ adv ruidosamente, fazendo muito barulho

---

no

ADVÉRBIO

1 PARA RECUSAR, NEGAR OU EXPRESSAR DESACORDO (= não)

"Would you like some coffee?" "No, thanks." – Quer um café? – Não, obrigado.

Em inglês, geralmente se completa a negação com um verbo auxiliar na negativa:

"Is she Italian?" "No, she isn't." – Ela é italiana? – Não. | *"Did you go on your own?" "No, I didn't."* – Você foi sozinho? – Não, não fui não. | **to say no** dizer não

2 ANTES DE COMPARATIVOS

no later/fewer etc. than: *no later than Thursday* no mais tardar quinta-feira | *no fewer than ten* não menos que dez | *It's no bigger than a credit card.* É menor do que um cartão de crédito.

3 Ver também nota em **não**.

ADJETIVO

1 Nos casos em que em inglês se usa **no** antes de um substantivo, frequentemente em português se aplica ao verbo:

There are no tickets left. Não sobraram ingressos. | *He has no time to help.* Ele não tem tempo para ajudar. | **to be no fool/no expert etc.** não ser nenhum bobo/nenhum especialista etc.

2 EM PROIBIÇÕES

no smoking/swimming etc. é proibido fumar/nadar etc.

SUBSTANTIVO

A tradução é *não*. O plural em inglês é **noes**: *a definite no* um não categórico

---

noisy /'nɔɪzi/ adj (-sier, -siest) barulhento: *a noisy engine* um motor barulhento | *It's very noisy in here.* Está muito barulhento aqui.
nomad /'noʊmæd/ s nômade
nomadic /noʊ'mædɪk/ adj nômade
nominal /'nɑmənl/ adj **1** simbólico [valor] **2** nominal
nominally /'nɑmənl-i/ adv nominalmente
nominate /'nɑməneɪt/ v [tr] **1** indicar [um candidato] | **to nominate sb as sth** indicar/propor alguém para algo [presidente, etc.] | **to nominate sth/sb for sth** indicar algo/alguém para algo [um Oscar, etc.] **2** nomear | **to nominate sb (as) sth** nomear alguém (como) algo
nomination /nɑmə'neɪʃən/ s **1** indicação [para um cargo, prêmio, etc.] **2** nomeação
nominee /nɑmə'ni/ s indicado -da, candidato -ta
nonalcoholic /nɑnælkə'hɔlɪk/ adj sem álcool
none /nʌn/ pron & adv ▶ ver quadro
nonetheless /nʌnðə'lɛs/ adv (formal) contudo, todavia
nonexistent /nɑnɪg'zɪstənt/ adj inexistente

none

1 **none** às vezes equivale a *nada* ou a *nenhum/nenhuma*:

None of this will affect you. Nada disso vai afetá-los. | *She had four children but none survived.* Ela teve quatro filhos mas nenhum sobreviveu.

2 Às vezes, não tem equivalente em português:

I wanted some cake but there was none left. Eu queria bolo mas não tinha mais.

3 Quando **none of** vem seguido de um substantivo plural, o verbo pode ir no singular ou no plural. O plural é mais frequente na língua falada:

None of the guests have arrived yet./None of the guests has arrived yet. Nenhum dos convidados chegou ainda.

4 EXPRESSÕES

none other than ninguém menos que: *It turned out to be none other than her own son.* Era ninguém menos que o próprio filho dela. | **none the wiser/worse:** *I was none the wiser for his explanation.* Fiquei na mesma com a explicação dele. | *She seems to be none the worse for her experience.* Parece que a experiência não lhe fez mal. | **none too clean/pleased:** *His hands were none too clean.* As mãos dele não estavam nada limpas. | *She was none too pleased when she heard.* Ela não ficou nada contente quando soube disso.

nonfiction /nɑnˈfɪkʃən/ s não ficção

nonprofit /nɑnˈprɑfɪt/ AmE, **nonprofitmaking** /nɑn ˈprɑfɪtmeɪkɪŋ/ BrE adj sem fins lucrativos

nonsense /ˈnɑnsɛns/ s besteira, bobagem: *Don't talk nonsense!* Não diga besteira!

nonsmoker /nɑnˈsmoʊkər/ s não fumante

nonsmoking /nɑnˈsmoʊkɪŋ/ adj não fumante

nonstop /nɑnˈstɑp/ advérbio & adjetivo
- *adv* **1** sem parar **2** direto
- *adj* **1** direto, sem escala **2** ininterrupto

noodles /ˈnudlz/ s pl miojo

noon /nun/ s meio-dia | **at noon** ao meio-dia: *at twelve noon* ao meio-dia

'no one, 'no-one ▶ ver **nobody**

noose /nus/ s **1** corda da forca **2** laço [da corda da forca]

nor /nɔr/ conjunção & advérbio
- *conj* nem, também não: *"I can't understand it." "Nor can I."* – Não consigo entender isso. – Nem eu. | *I don't smoke and nor does James.* Eu não fumo, e James também não.
- *adv* ▶ ver **neither**

norm /nɔrm/ s norma

normal /ˈnɔrməl/ adj normal | **to get back to normal** voltar ao normal, normalizar-se | **to be back to normal** ter voltado ao normal, ter se normalizado

normality /nɔrˈmæləti/ s normalidade

normally /ˈnɔrməli/ adv normalmente

north /nɔrθ/ substantivo, adjetivo & advérbio
- *s* norte: *Which way is north?* Para que lado fica o norte? | **to the north (of)** ao norte (de)
- *adj* (do) norte: *the north coast of Africa* a costa norte da África
- *adv* para o norte, ao norte: *The house faces north.* A casa é voltada para o norte.

North A'merica s América do Norte

North A'merican adjetivo & substantivo
- *adj* norte-americano -na, da América do Norte
- *s* norte-americano -na

northbound /ˈnɔrθbaʊnd/ adj que vai/ia em direção ao norte

northeast /nɔrθˈist/ substantivo, adjetivo & advérbio
- *s* nordeste: *the northeast of France* o nordeste da França
- *adj* (do) nordeste: *a northeast wind* um vento nordeste
- *adv* em direção ao nordeste, para o nordeste

northeastern /nɔrθˈistərn/ adj (do) nordeste

northerly /ˈnɔrðərli/ adj norte | **in a northerly direction** em direção ao norte

northern, também **Northern** /ˈnɔrðərn/ adj (do) norte, setentrional

northerner, também **Northerner** /ˈnɔrðərnər/ s nortista

North 'Pole s **the North Pole** o Polo Norte

northward /ˈnɔrθwərd/, também **northwards** /ˈnɔrθwərdz/ adv em direção ao norte

northwest /nɔrθˈwɛst/ substantivo, adjetivo & advérbio
- *s* noroeste: *in the northwest of the country* no noroeste do país
- *adj* (do) noroeste: *the northwest suburbs of the city* os subúrbios do noroeste da cidade
- *adv* em direção ao noroeste, para o noroeste

northwestern /nɔrθˈwɛstərn/ adj (do) noroeste

Norway /ˈnɔrweɪ/ s Noruega

Norwegian /nɔrˈwidʒən/ adjetivo & substantivo
- *adj* norueguês
- *s* **1** (idioma) norueguês **2** norueguês -esa

nose /noʊz/ s **1** nariz | **to blow your nose** assoar o nariz **2 (right) under sb's nose** nas barbas de alguém **3** **to poke/stick your nose into sth** (informal) meter o bedelho em algo, meter-se em algo **4 to turn your nose up at sth** torcer o nariz para algo **5** (de um avião) nariz

nosebleed /ˈnoʊzblid/ s hemorragia nasal

nostalgia /nɑˈstældʒə/ s **nostalgia (for sth)** nostalgia (de algo)

nostril /ˈnɑstrəl/ s narina

nosy, também **nosey** /ˈnoʊzi/ adj (-sier, -siest) abelhudo, xereta

not /nɑt/ adv **1** não: *We are not open on Sundays.* Não abrimos aos domingos. | *"Can we go to the park?" "Not today."* – Podemos ir ao parque? – Hoje, não. | *I told you not to go.* Eu te disse para não ir. ▶ **not** é abreviado para **n't** quando se combina com verbos auxiliares ou modais numa contração: *They aren't here.* Eles não estão aqui. | *I didn't know.* Eu não sabia. ▶ NOT OU NO? ver nota em **não**
2 I hope not espero que não
3 not at all nem um pouco
4 not a/not one nenhum -ma: *Not one of the students knew the answer.* Nenhum dos alunos sabia a resposta.
5 not even nem (sequer)
6 not only... (but) also não só... (mas) também: *She's not only funny, she's also intelligent.* Ela não só é engraçada, é inteligente também.

notable /ˈnoʊtəbəl/ adj notório | **to be notable for sth** ser notório/conhecido por algo

notably /ˈnoʊtəbli/ adv **1** notadamente, em particular **2** sensivelmente, significativamente

notarize /ˈnoʊtəraɪz/ v [tr] autenticar [documento]

notarized /ˈnoʊtəraɪzd/ adj autenticado [documento]

notary /ˈnoʊtəri/, também **notary ˈpublic** s (pl -ries) tabelião -liã

notch /nɑtʃ/ substantivo & verbo
• s (pl **-ches**) marca
• v (3a pess sing presente **-ches**) **notch sth up** emplacar algo [um sucesso, uma vitória]

note /noʊt/ substantivo, substantivo plural & verbo
• s **1** bilhete [recado] **2** (comunicado) nota | **to make a note of sth** tomar nota de algo, anotar algo **3 to take note (of sth)** prestar atenção (em algo) **4** (em música) nota **5** BrE (de dinheiro) nota: *a five-pound note* uma nota de cinco libras ▶ No inglês americano diz-se **bill** **6** tecla
• **notes** s pl anotações | **to take notes** fazer anotações, anotar
• v [tr] **1** observar, notar **2** mencionar, assinalar **3** (também **note down**) anotar

notebook /ˈnoʊtbʊk/ s caderno

noted /ˈnoʊtɪd/ adj **noted for sth** célebre/conhecido por algo

noteworthy /ˈnoʊtwɜrði/ adj (formal) digno de nota, notável

notebook and pencils

nothing /ˈnʌθɪŋ/ pronome & advérbio
• **pron 1** nada: *There was nothing to do.* Não havia nada para fazer. | *I have nothing to wear.* Não tenho nada para vestir. | *We had nothing but problems.* Só tivemos problemas. ▶ NOTHING OU ANYTHING? ver nota em **nada** **2** (em placar) zero: *We beat them three to nothing.* Nós os vencemos por três a zero. **3 for nothing (a)** de graça, grátis **(b)** à toa **4 to have nothing to do with sth/sb** não ter nada a ver com algo/alguém **5 nothing much** nada de mais
• **adv 1 to be nothing like sth/sb** não ser nada parecido com algo/alguém **2 to be nothing less than sth, to be nothing short of sth** não ser nada menos que algo

notice /ˈnoʊtɪs/ verbo & substantivo
• v **1** [tr/intr] notar, reparar: *Max noticed that I was getting nervous.* Max notou que eu estava ficando nervosa. | *I said hello but she didn't notice.* Eu disse alô mas ela não notou. **2 to be/get noticed** chamar atenção
• s **1 not to take any notice/to take no notice (of sth)** não prestar atenção (em algo) | **not to take any notice/to take no notice (of sb)** não ligar (para alguém) [ignorar] **2** (placa, cartaz) aviso **3** (de intenção) aviso, pré-aviso: *They only gave me two days' notice.* Me avisaram com apenas dois dias de antecedência. | *It's very short notice.* Está muito em cima da hora. | **at a moment's notice** de uma hora para outra | **until further notice** até segunda ordem | **without notice** sem avisar **4 to hand in/give in your notice** pedir demissão | **to give sb their notice** demitir alguém [com pré-aviso]

noticeable /ˈnoʊtɪsəbəl/ adj visível [melhora, diferença]: *It's hardly noticeable.* Quase não se nota.

noticeboard /ˈnoʊtɪsbɔrd/ s BrE quadro de avisos ▶ No inglês americano diz-se **bulletin board**

notify /ˈnoʊtəfaɪ/ v [tr] (-fies, -fied) (formal) notificar | **to notify sb of sth** notificar alguém de algo

notion /ˈnoʊʃən/ s **1** noção: *She has no notion of the difficulties involved.* Ela não tem noção das dificuldades que isto implica. **2 the notion that** a ideia de que

notorious /noʊˈtɔriəs/ adj famoso [por algo ruim] | **to be notorious for sth** ser famoso por algo

nought /nɔt/ s BrE zero ▶ Existe também **zero**, que é usado tanto no inglês americano como no britânico

noun /naʊn/ s substantivo

nourish /ˈnɜrɪʃ/ v [tr] (3a pess sing **-shes**) **1** alimentar, nutrir **2** alimentar [sentimentos]

nourishing /ˈnɜrɪʃɪŋ/ adj nutritivo

nourishment /ˈnɜrɪʃmənt/ s (formal) nutrição, alimento

novel /'nɑvəl/ *substantivo & adjetivo*

• *s* romance

• *adj* original

novelist /'nɑvəlɪst/ *s* romancista

novelty /'nɑvəlti/ *s* (pl **-ties**) **1** (coisa nova) novidade **2** (qualidade) originalidade

November /noʊ'vɛmbər/ *s* novembro ▶ ver "Active Box" **months** em **month**

novice /'nɑvɪs/ *s* novato -ta, principiante

now /naʊ/ *advérbio & conjunção*

• *adv* **1** agora | **right now** já, agora mesmo | **by now** já: *She should be back by now.* Ela já deve ter voltado. | **from now on** daqui em/por diante | **for now** por ora **2** Em frases sobre o tempo decorrido: *It's been over five years now.* Já faz mais de cinco anos. **3** (depois de uma pausa) bem, então: *Now, who wants to go first?* Bem, quem quer ser o primeiro?

• *conj* (também **now that**) agora que: *now they've gone* agora que eles se foram

nowadays /'naʊədeɪz/ *adv* hoje em dia

nowhere /'noʊwer/ *adv* **1** a/em lugar nenhum: *"Where are you going?" "Nowhere."* – Aonde você vai? – A lugar nenhum. | *They have nowhere to live.* Eles não têm onde morar. **2 to be nowhere to be found/seen** não estar em lugar nenhum **3 nowhere near (a)** muito longe de: *We were nowhere near her house.* Estávamos muito longe da casa dela. **(b)** longe de: *The house is nowhere near finished.* A casa está longe de estar pronta.

nuclear /'nukliər/ *adj* nuclear

,**nuclear re'actor** *s* reator nuclear

,**nuclear 'waste** *s* lixo nuclear, lixo atômico

nucleus /'nukliəs/ *s* (pl **nuclei**) núcleo

nude /nud/ *adjetivo & substantivo*

• *adj* nu

• *s* **1 in the nude** nu, pelado **2** (em arte) nu

nudge /nʌdʒ/ *verbo & substantivo*

• *v* [tr] cutucar [com o cotovelo] | **to nudge sth/sb toward sth** empurrar de leve algo/alguém em direção a algo

• *s* cutucada, cotovelada | **to give sb a nudge** dar uma cutucada em alguém

nuisance /'nusəns/ *s* **1** chateação | **what a nuisance!** que chato! **2** chato -ta: *Stop being a nuisance!* Pare de ser chato! | *He's a nuisance.* Ele é um chato.

null /nʌl/ *adj* **null and void** nulo e sem efeito

numb /nʌm/ *adjetivo & verbo*

• *adj* **1** dormente [dedo, rosto] **2** embotado | **numb with shock/fear etc.** paralisado de susto/de medo etc.

• *v* [tr] **1** desnortear [uma pessoa], atenuar [uma dor] **2** fazer ficar dormente

number /'nʌmbər/ *substantivo & verbo*

• *s* **1** número: *an odd number* um número ímpar **2** número (de telefone): *My new number is 789632.* Meu novo número é 789632. | *You have the wrong number.* É engano. **3** (quantidade) número: *The number of accidents has increased.* O número de acidentes aumentou. | **a number of** vários, uma série de | **any number of** uma infinidade de **4** BrE (de um veículo) (número da) placa

• *v* [tr] **1** numerar **2** Totalizar: *The victims number at least 7,000.* O número de vítimas é de no mínimo 7.000.

'**number ,plate** *s* BrE placa (de carro) ▶ No inglês americano diz-se **license plate**

numerical /nu'mɛrɪkəl/ *adj* numérico

numerous /'numərəs/ *adj* (formal) numeroso

nun /nʌn/ *s* freira

nurse /nɜrs/ *substantivo & verbo*

• *s* enfermeiro -ra

• *v* **1** [tr] cuidar de **2 to nurse an ambition/a grudge** ter uma ambição/guardar rancor **3** [tr/intr] amamentar **4** [intr] mamar

nursery /'nɜrsəri/ *s* (pl **-ries**) **1** chácara [onde se vendem plantas] **2** quarto do bebê **3** BrE creche **4 nursery rhyme** cantiga infantil **nursery school** pré-escola

nursing /'nɜrsɪŋ/ *s* enfermagem

'**nursing ,home** *s* asilo para idosos

nurture /'nɜrtʃər/ *v* [tr] **1** cuidar de [uma planta] **2** incentivar, cultivar [uma amizade, um dom]

nut /nʌt/ *s* **1 nut** é o termo genérico para frutos secos como a noz, a noz-moscada, a avelã, etc.: *I love nuts.* Adoro nozes. **2** porca **3** (informal) maluco -ca

nutcase /'nʌtkeɪs/ *s* doido -da

nutmeg /'nʌtmɛg/ *s* noz-moscada

nutrient /'nutriənt/ *s* nutriente

nutrition /nu'trɪʃən/ *s* nutrição

nutritional /nu'trɪʃənl/ *adj* nutritivo, nutricional

nutritious /nu'trɪʃəs/ *adj* nutritivo

nuts /nʌts/ *adj* **1** (informal) louco | **to go nuts** ficar louco **2 to be nuts about sth** ser louco por algo | **to be nuts about sb** ser louco por alguém

nutshell /'nʌtʃɛl/ *s* **(to put it) in a nutshell** em resumo, resumindo

nutty /'nʌti/ *adj* (-ttier, -ttiest) **1 a nutty flavor** um sabor de nozes ▶ ver nota em **nut** **2** (informal) maluca [ideia]

NW (= **northwest**) NO

nylon /'naɪlɑn/ *s* náilon

O, o /oʊ/ s **1** (letra) O, o ▶ ver "Active Box" **letters** em **letter 2** (ao se ler um número) zero

oak /oʊk/ s carvalho

oar /ɔr/ s remo

oasis /oʊˈeɪsɪs/ s (pl **oases** /-siz/) oásis

oath /oʊθ/ s **1** juramento | **to be under oath** estar sob juramento **2** praga

oatmeal /ˈoʊtmil/ s mingau de aveia

oats /oʊts/ s pl **1** (grão) aveia **2** (comida) aveia

obedience /əˈbidiəns/ s **obedience (to sth)** obediência (a algo)

obedient /əˈbidiənt/ adj obediente

obese /oʊˈbis/ adj (formal) obeso

obey /əˈbeɪ/ v [tr] obedecer a, [intr] obedecer

obituary /əˈbɪtʃueri/ s (pl -ries) obituário

object¹ /ˈɑbdʒɪkt/ s **1** (coisa) objeto **2** (propósito) objetivo **3** (em gramática) objeto

object² /əbˈdʒɛkt/ v **1** [intr] fazer/ter objeção: *I don't think anyone will object.* Não creio que alguém vá fazer alguma objeção. | *I object to being spoken to like that.* Não admito que falem assim comigo. **2** [tr] objetar

objection /əbˈdʒɛkʃən/ s objeção: *I have no objection to her being invited.* Não me incomodo que ela seja convidada. | **to make an objection** levantar uma objeção

objective /əbˈdʒɛktɪv/ substantivo & adjetivo
• *s* objetivo
• *adj* objetivo

obligated /ˈɑbləgeɪtɪd/ adj AmE **obligated (to do sth)** obrigado (a fazer algo)

obligation /ɑbləˈgeɪʃən/ s obrigação | **to be under no obligation to do sth** não ser obrigado a fazer algo, não ter obrigação de fazer algo | **without obligation** sem compromisso

obligatory /əˈblɪgətɔri/ adj (formal) obrigatório

oblige /əˈblaɪdʒ/ v **1** [tr] obrigar | **to be/feel obliged to do something** ser/sentir-se obrigado a fazer algo **2** **I'd be glad/happy to oblige** frase com que se expressa disposição para fazer um favor: *If you need a ride, I'd be happy to oblige.* Se você precisar de carona, disponha.

obliged /əˈblaɪdʒd/ adj (formal) **(I'm) much obliged (to you)** (sou) muito grato (a você) | **I'd be obliged if** eu agradeceria se

obliging /əˈblaɪdʒɪŋ/ adj prestativo, solícito

obliterate /əˈblɪtəreɪt/ v [tr] **1** arrasar **2** obliterar [uma lembrança, etc.]

oblivion /əˈblɪviən/ s **1** esquecimento **2** entorpecimento

oblivious /əˈblɪviəs/ adj **to be oblivious to/of sth** estar alheio a algo

oblong /ˈɑblɔŋ/ adjetivo & substantivo
• *adj* retangular
• *s* retângulo

obnoxious /əbˈnɑkʃəs/ adj desagradável, antipático

oboe /ˈoʊboʊ/ s oboé

obscene /əbˈsin/ adj obsceno

obscure /əbˈskjʊr/ adjetivo & verbo
• *adj* **1** obscuro, incompreensível **2** pouco conhecido
• *v* [tr] obstruir, tapar [uma vista, a lua, etc.]

observant /əbˈzɜrvənt/ adj observador

observation /ɑbzərˈveɪʃən/ s **1** observação | **to keep sb under observation (a)** manter alguém sob vigilância **(b)** (em hospital) manter alguém em observação **2** observação, comentário | **to make an observation** fazer uma observação/um comentário

observatory /əbˈzɜrvətɔri/ s (pl -ries) observatório

observe /əbˈzɜrv/ v [tr] **1** observar [vigiar] **2** notar **3** respeitar [uma regra, um cessar-fogo, etc.] **4** seguir [um costume] **5** celebrar [uma festa religiosa] **6** (formal) observar, comentar

observer /əbˈzɜrvər/ s observador -a

obsess /əbˈsɛs/ v [tr] (3a pess sing presente **-sses**) obcecar: *She's obsessed with losing weight.* Ela está obcecada por emagrecer.

obsession /əbˈsɛʃən/ s **obsession (with/for sth/sb)** obsessão (por algo/alguém)

obsessive /əbˈsɛsɪv/ adj obsessivo | **to be obsessive about sth** ser obsessivo com relação a algo, ter mania de algo

obsolete /ɑbsəˈlit/ adj obsoleto

obstacle /ˈɑbstɪkəl/ s obstáculo: *an obstacle to progress* um obstáculo para o progresso

obstinate /ˈɑbstənət/ adj obstinado

obstruct /əbˈstrʌkt/ v [tr] obstruir

obstruction /əbˈstrʌkʃən/ s obstrução

obtain /əbˈteɪn/ v [tr] (formal) obter

obtainable /əbˈteɪnəbəl/ adj disponível [para venda, uso]

obvious /ˈɑbviəs/ adj óbvio

obviously /ˈɑbviəsli/ adv obviamente: *He obviously hadn't heard me.* Obviamente ele não tinha me ouvido. | *"Does he know yet?" "Obviously not."* – É óbvio que não.

occasion /əˈkeɪʒən/ s **1** vez | **on this/that occasion** nessa/naquela vez, nesse/naquele dia | **on several occasions** várias vezes **2** ocasião, acontecimento **3** (formal) motivo

occasional /əˈkeɪʒənl/ adj **1** (que ocorre) de vez em quando: *She gets occasional headaches.*

Ela tem dor de cabeça de vez em quando. | *He smokes the occasional cigar.* Ele fuma um charuto de vez em quando. **2 occasional showers** pancadas de chuva ocasionais

occasionally /əˈkeɪʒənli/ *adv* de vez em quando
▶ ver nota em **always**

occupant /ˈɑkjəpənt/ *s* ocupante

occupation /ɑkjəˈpeɪʃən/ *s* **1** ocupação, profissão **2** passatempo **3** (de um território, um prédio, etc.) ocupação

occupational /ɑkjəˈpeɪʃənl/ *adj* ocupacional | **an occupational hazard** um dos ossos do ofício | **occupational therapy** terapia ocupacional

occupied /ˈɑkjəpaɪd/ *adj* **1** ocupado **2 to be occupied with sth** estar ocupado com algo | **to keep sb/yourself occupied** manter alguém/ manter-se ocupado

occupy /ˈɑkjəpaɪ/ *v* [tr] (-pies, -pied) **1** ocupar [o tempo, um espaço] **2** ocupar [um país, um prédio, etc.] **3 to occupy yourself** manter-se ocupado

occur /əˈkɜr/ *v* [intr] (-rred, -rring) **1** (formal) (acontecer) ocorrer **2** ocorrer [fenômeno, doença, etc.] **3 to occur to sb** ocorrer a alguém: *It didn't occur to me to call.* Não me ocorreu telefonar.

occurrence /əˈkɜrəns/ *s* **1** acontecimento | **to be a common/rare etc. occurrence** ser (um acontecimento) frequente/raro etc. **2** incidência

ocean /ˈoʊʃən/ *s* oceano

o'clock /əˈklɑk/ *adv* (at) two/three etc. o'clock (às) duas/três etc. horas

octave /ˈɑktəv/ *s* oitava [em música]

October /ɑkˈtoʊbər/ *s* outubro ▶ ver "Active Box" **months** em **month**

octopus /ˈɑktəpəs/ *s* (pl -puses) polvo

odd /ɑd/ *adj* **1** estranho **2 an odd number** um número ímpar **3 twenty/thirty etc. odd** vinte/ trinta etc. e tantos **4 odd socks/gloves etc.** meias/luvas etc. desemparelhadas **5 odd pieces of material/wood etc.** sobras de tecido/ pedaços de madeira etc. **6** BrE Dito de algo que é esporádico: *We have the odd drink together.* Tomamos um drinque juntos de vez em quando. **7 to be the odd one out** ser o/a exceção, ser o/a diferente

oddball /ˈɑdbɔl/ (informal) *adjetivo & substantivo*

• *adj* esquisitão, excêntrico

• *s* esquisitão -tona, excêntrico -ca

oddly /ˈɑdli/ *adv* **1** de modo estranho **2 oddly enough** por incrível que pareça

odds /ɑdz/ *s pl* **1** chances | **the odds are (that)** o mais provável é que **2 against all (the) odds** apesar de tudo **3 to be at odds (with sb) over sth** estar em conflito (com alguém) sobre algo **4 odds and ends** (informal) bugigangas, miudezas

odor AmE, **odour** BrE /ˈoʊdər/ *s* (formal) odor

of /ə, əv, acentuado ɑv/ *prep* **1** de: *a cup of coffee* uma xícara de café | *a girl of eight* uma menina de oito anos | *the city of New Orleans* a cidade de Nova Orleans | *It was very kind of her.* Foi muito gentil da parte dela. | *There were six of them and four of us.* Eles eram seis, e nós, quatro. **2** (com possessivos) de: *a friend of Sam's* um amigo do Sam | *a friend of hers* um amigo dela | *She wants to have a car of her own.* Ela quer ter seu próprio carro. **3** (indicando causa) de: *She died of cancer.* Ela morreu de câncer. **4** (em datas) de: *the 27th of July* dia 27 de julho **5** AmE (ao dizer as horas) para: *It's a quarter of seven.* São quinze para as sete.

off /ɔf/ *adv, prep & adj* ▶ ver quadro na pág. 250

off-ˈbalance *adj* **1** sem equilíbrio, bambo **2 to catch/throw sb off-balance** pegar alguém de surpresa

offence *s* BrE ▶ **offense**

offend /əˈfɛnd/ *v* [tr] ofender | **to be offended** ficar ofendido

offender /əˈfɛndər/ *s* **1** infrator -a **2** (causa de um problema) responsável

offense[1] AmE, **offence** BrE /əˈfɛns/ *s* **1** infração | **a criminal offense** um crime **2 to take offense (at sth)** ofender-se (com algo)

offense[2] /ˈɔfɛns/ AmE, **offence** /əˈfɛns/ BrE *s* ataque [setor de um time]

offensive /əˈfɛnsɪv/ *adjetivo & substantivo*

• *adj* **1 offensive (to sb)** ofensivo (a alguém) **2** muito ruim [cheiro] **3** de ataque [arma, tática, etc.]

• *s* **1** ofensiva [militar] **2 to be on the offensive** ter uma atitude agressiva

offer /ˈɔfər/ *verbo & substantivo*

• *v* **1 to offer sb sth/to offer sth to sb** oferecer algo a alguém **2 to offer (to do sth)** oferecer-se (para fazer algo): *It was nice of her to offer.* Foi gentil da parte dela se oferecer.

• *s* **1** oferta, oferecimento: *an offer of help* um oferecimento de ajuda **2** oferta, promoção

off ˈguard *adj* **to catch/take sb off guard** pegar alguém desprevenido

offhand /ɔfˈhænd/ *advérbio & adjetivo*

• *adv* de cabeça: *I can't remember offhand what date she arrives.* Não me lembro de cabeça a data da chegada dela.

• *adj* indelicado, pouco atencioso

office /ˈɔfɪs/ *s* **1** (num prédio) escritório **2** (de uma pessoa) sala, escritório **3** AmE consultório [médico ou odontológico] **4** cargo | **in office** no

off

▸ **ADVÉRBIO & PREPOSIÇÃO**

1 AFASTAMENTO, SEPARAÇÃO

We're off to Paris for a few days. Vamos passar uns dias em Paris. | *I can't get the lid off this jar.* Não consigo tirar a tampa desse vidro. | *She jumped off the wall.* Ela pulou do muro.

2 DESCONTO

I got 10% off. Me deram um desconto de 10%. | *20% off the total* 20% de desconto sobre o total

3 AUSÊNCIA

I have the day off tomorrow. Amanhã tenho o dia livre. | *I was off for a week with flu.* Fiquei sem trabalhar uma semana, com gripe. | *He's been off school for a week.* Há uma semana que ele não vai à escola.

4 DISTÂNCIA

Spring is still a long way off. Ainda falta muito para chegar a primavera. | *The town was another three miles off.* A cidade ficava a mais três milhas dali. | *an island off the coast of Florida* uma ilha junto à costa da Flórida. | *a street off Ocean Avenue* uma transversal da Ocean Avenue

5 EXPRESSÕES

How are you off for time/money? Como você está de tempo/dinheiro? | **off and on/on and off:** *We've been going out together for five years off and on.* Namoramos há cinco anos, com alguns intervalos.

6 O advérbio **off** também forma parte de vários phrasal verbs, tais como **put off, take off,** etc., que são tratados no verbete do verbo correspondente.

Ver também **badly, better, worse, color** e **chance.**

▸ **ADJETIVO**

1 LUZ (= apagado)

The lights were off. As luzes estavam apagadas.

2 APARELHO (= desligado)

The TV is off. A televisão está desligada.

3 TORNEIRA (= fechado)

The tap is off. A torneira está fechada.

4 SEM TAMPAR, SEM COLOCAR

He went around with his shoes and socks off. Ele andava sem sapato e sem meia.

5 CANCELAMENTO

The party's off. A festa foi cancelada.

6 ALIMENTO (= estragado)

The meat was off. A carne estava estragada. | *This milk is off.* Este leite está estragado.

7 O adjetivo **off** também é usado na expressão **to have an off day** ter um dia ruim.

cargo **5 office hours (a)** o expediente **(b)** AmE horário de consulta [de médico ou dentista]

office

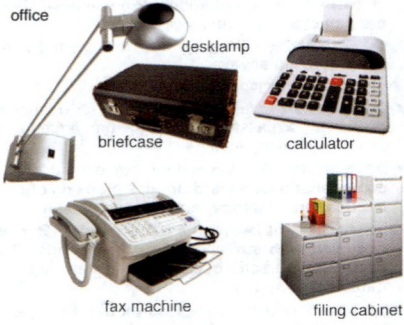

officer /'ɔfəsər/ s **1** oficial [do exército, etc.] **2** policial **3** funcionário -ria do alto escalão

official /ə'fɪʃəl/ *adjetivo & substantivo*

• *adj* oficial

• *s* **1** autoridade [do governo] **2** dirigente [de um sindicato]

officially /ə'fɪʃəli/ *adv* oficialmente

'off-,licence s BrE loja em que se vendem somente bebidas alcoólicas ▶ No inglês americano diz-se **liquor store**

offline /ɔf'laɪn/ *adjetivo & advérbio*

• *adj* off-line

• *adv* off-line

,off-'peak *adj* **1** reduzido [tarifa] **2** fora do horário de pico [telefonema, período, etc.] **3 off-peak travel** viagens na baixa estação

'off-,putting *adj* desagradável

offset /ɔf'sɛt, 'ɔfsɛt/ *v* [tr] (passado & particípio **offset,** gerúndio **offsetting**) **1** compensar [custo, quantia], descontar [despesas] **2** compensar [emissão de gás carbônico]

offshore /ɔf'ʃɔr/ *adjetivo & advérbio*

• *adj* **1** marítimo [exploração, pesca] **2** terrestre [brisa] **3** costeiro [ilha] **4** offshore [plataforma]

• *adv* ao largo da costa

offside /ɔf'saɪd/ *adjetivo & advérbio*

• *adj* impedido [em futebol]

• *adv* em impedimento

offspring /'ɔfsprɪŋ/ *s* (pl **offspring**) **1** filhos **2** cria

often /'ɔfən/ *adv* com frequência, frequentemente: *I don't see them very often.* Não os vejo com muita frequência. | **how often?** com que frequência? ▶ ver nota em **always**

oh /oʊ/ *interj* **1** ah: *Oh, I didn't know.* Ah, eu não sabia. **2** ai: *Oh, how awful!* Ai, que horror! **3** (ao contradizer) ah: *"He said he's going in your* *car.*" "*Oh no, he's not.*" – Ele disse que ia no seu carro. – Ah, não. Não vai mesmo.

oil /ɔɪl/ *substantivo, substantivo plural & verbo*

- *s* **1** petróleo **2** óleo, azeite **3 oil painting** pintura a óleo **oil rig** plataforma (de petróleo) **oil slick** mancha de óleo [no mar] **oil tanker** petroleiro [navio] **oil well** poço de petróleo
- **oils** *s pl* óleo | **to paint in oils** pintar a óleo
- *v* [tr] lubrificar

oily /ˈɔɪli/ *adj* (**-lier, -liest**) **1** oleoso [pele] **2** engordurado [pano] **3** oleoso [substância] **4** gorduroso [comida]

ointment /ˈɔɪntmənt/ *s* pomada

OK, também **okay** /oʊˈkeɪ/ *adjetivo, interjeição, advérbio, verbo & substantivo*

- *adj* **1** bem: *I feel OK now.* Já estou bem. **2** Usado para pedir ou dar permissão: *Is it OK if I do it tomorrow?* Posso deixar isso para amanhã? | *If it's OK with your dad, it's OK by me.* Se seu pai concordar, por mim tudo bem. **3** Dito de algo que é bom, bonito ou legal, mas não excelente: *This one's OK, but I liked the other one better.* Esse é bonito, mas gostei mais do outro.
- *interj* **1** bem: *OK, who left the door open?* Bem, quem deixou a porta aberta? **2** está bem, OK: "*Can I borrow this sweater?*" "*OK.*" – Posso pegar essa suéter emprestada? – Está bem.
- *adv* bem: *He's doing OK at school.* Ele está indo bem na escola.
- *v* [tr] (informal) dar o sinal verde para
- *s* **to give/get the OK** dar/conseguir permissão

old /oʊld/ *adj* **1** velho: *a pair of old shoes* um par de sapatos velhos **2** Para expressar a idade: *I'm twelve years old.* Tenho doze anos. | *How old are you?* Quantos anos você tem? | **a five-year-old (boy/girl)** um menino/uma menina de cinco anos **3** (referente à pessoa) velho: *Tina's older than me.* Tina é mais velha do que eu. **4** antigo: *the oldest university in the country* a universidade mais antiga do país **5 my old teacher/job etc.** meu antigo professor/emprego etc. **6 the old** os idosos

,**old 'age** *s* velhice

older /ˈoʊldər/ *adj* mais velho ▶ ver nota em **elder**

oldest /ˈoʊldɪst/ *adj* **1 eldest sister/daughter etc.** irmã/filha etc. mais velha **2 the eldest** o mais velho/a mais velha ▶ ver nota em **eldest**

,**old-ˈfashioned** *adj* **1** antiquado, fora de moda **2** antiquado **3** antigo, tradicional

,**Old 'Testament** *s* **the Old Testament** o Velho Testamento

olive /ˈɑlɪv/ *substantivo & adjetivo*

- *s* **1** azeitona **2 olive oil** azeite de oliva
- *adj* (também **olive green**) verde-oliva ▶ ver "Active Box" **colors** em **color**

Olympic Games /əlɪmpɪk ˈɡeɪmz/ *s pl* **the Olympic Games**, também **the Olympics** as Olimpíadas, os Jogos Olímpicos

omelette, também **omelet** AmE /ˈɑmlət/ *s* omelete

omen /ˈoʊmən/ *s* presságio, sinal

ominous /ˈɑmənəs/ *adj* sinistro

omission /oʊˈmɪʃən/ *s* omissão

omit /oʊˈmɪt/ *v* **1** [tr] (**-tted, -tting**) omitir **2 to omit to do sth** deixar de fazer algo

on /ɔn, ɑn/ *preposição, adjetivo & advérbio*

- *prep* ▶ ver quadro
- *adj* **1** aceso [luz] **2** ligado [aparelho] **3** aberto [torneira] **4** (colocado): *He had his coat on.* Ele estava de casaco. | *Cook with the lid on.* Cozinhe com a panela tampada. **5** Referente a espetáculos, eventos: *What's on at the movies?* O que está passando no cinema? | *Is the party still on?* A festa ainda está de pé?
- *adv* **1 on and on** interminavelmente, sem

---

on *preposição*

1 POSIÇÃO (= em cima de, em)

I left it on your desk. Eu o deixei na sua mesa. | *on page 44* na página 44 | *He grew up on a farm.* Ele foi criado numa fazenda. | **on the left/right** à esquerda/direita

2 DIAS, DATAS

It's closed on Mondays. Fecha às segundas-feiras. | *on the 22nd of April* no dia 22 de abril

3 TELEVISÃO, RÁDIO

Is there anything good on TV? Tem alguma coisa boa na TV? | *I heard it on the radio.* Eu ouvi isso no rádio.

4 ASSUNTO (= sobre)

a book on gardening um livro sobre jardinagem

5 APARELHOS, MÁQUINAS

I was on the phone. Eu estava ao telefone. | *I did it on the computer.* Eu fiz isso no computador.

6 CONSUMO

She's on antibiotics. Ela está tomando um antibiótico.

7 ATIVIDADES

They met on a trip to Spain. Eles se conheceram numa viagem à Espanha. | *She's on vacation.* Ela está de férias.

8 CONVITES

It's on the house. É por conta da casa./É cortesia da casa.

9 MOMENTO (= ao)

On hearing the news she fainted. Ao ouvir a notícia, ela desmaiou. | *on his arrival in Ireland* ao chegar na Irlanda

parar **2 from then/that day etc. on** dali/daquele dia etc. em diante **3 to play/read etc. on** continuar tocando/lendo etc. ▶ O advérbio **on** também faz parte de vários phrasal verbs, tais como **carry on**, **put on**, etc., que são tratados no verbete do verbo correspondente

once /wʌns/ *advérbio & conjunção*

- *adv* **1** uma vez | **once a week/month etc.** uma vez por semana/mês etc. | **once or twice** algumas vezes | **once more/once again** mais uma vez/de novo | **once in a while** de vez em quando **2 at once (a)** já **(b)** ao mesmo tempo **3 all at once** de repente **4** no passado | **once upon a time** uma vez **5 for once** pelo menos dessa vez: *Will you just listen, for once?* Será que você pode escutar, pelo menos dessa vez? **6 once and for all** de uma vez por todas

- *conj* quando: *Once he arrives, we can start.* Quando ele chegar, podemos começar.

one /wʌn/ *numeral, pronome & adjetivo*

- *numeral* **1** um/uma: *One cup of coffee and two Cokes, please.* Um café e duas Cocas, por favor. **2** (hora) a uma: *I have a meeting at one.* Tenho uma reunião à uma. **3 one or two** alguns/algumas: *We've made one or two changes.* Fizemos algumas mudanças.

- *pron* **1** um/uma: *This suitcase is too small, I need a bigger one.* Esta mala é pequena demais, preciso de uma maior. | **the one/the ones** o/a/os/as: *the one in the store window* o que está na vitrine | *the most expensive ones* as mais caras | *the one I like best* a que mais gosto | **this one/that one** este/esse, aquele, esta/essa, aquela | **which one?** qual? **2 one by one** um por um **3 one after the other/one after another** um atrás do outro **4 (all) in one** ao mesmo tempo **5** (formal) Refere-se às pessoas em geral, e não a alguém específico. Corresponde ao uso de **se** ou a expressões impessoais em português: *One has to be careful.* É preciso tomar cuidado. | *One never knows.* Nunca se sabe.

- *adj* **1 one day/afternoon etc.** um dia/uma tarde etc. **2** um: *There's one person I have to thank.* Há uma pessoa a quem devo agradecer. | *If there's one thing I hate it's liver.* Se tem uma coisa que odeio é fígado. **3** único: *My one worry is that she won't pass.* Minha única preocupação é que ela não passe.

,one a'nother *pron* um do outro, um ao outro: *They like one another very much.* Eles gostam muito um do outro. | *You have to try to help one another.* Vocês têm que tentar se ajudar. ▶ Note que a reciprocidade expressa por **one another** é frequentemente mostrada por meio de um verbo pronominal em português

,one-'off *adjetivo & substantivo*

- *adj* BrE único: *a one-off payment* um único pagamento

- *s* BrE oportunidade única

oneself /wʌn'sɛlf/ *pron* (formal) ▶ ver quadro

---

oneself

1 oneself é a forma reflexiva do pronome impessoal **one**. Seu uso equivale, em geral, ao dos verbos reflexivos portugueses:

One can easily hurt oneself. A pessoa pode facilmente se machucar.

2 Tem um uso enfático que equivale a *sozinho*:

It's quicker to do it oneself. É mais rápido fazê-lo sozinho.

3 A expressão **by oneself** significa *sozinho* (sem companhia ou sem ajuda).

,one-'way *adj* **1** de mão única **2** de ida [passagem]

ongoing /'ɔngoʊɪŋ/ *adj* em curso [processo]

onion /'ʌnjən/ *s* cebola

online /ɒn'laɪn/ *adjetivo & advérbio*

- *adj* **1** on-line: *online shopping* compras on-line/pela Internet **2** conectado

- *adv* online

onlooker /'ɒnlʊkər/ *s* curioso -sa [transeunte]

only /'oʊnli/ *advérbio, adjetivo & conjunção*

- *adv* **1** só: *I only wanted to help.* Eu só queria ajudar. | *I only heard yesterday.* Só soube ontem. **2** apenas, exclusivamente: *Parking is for customers only.* O estacionamento é exclusivamente para clientes. **3 only just (a)** agora mesmo: *She's only just left.* Ela saiu agora mesmo./Ela acabou de sair. **(b)** mal: *There's only just room for a bed.* Mal cabe uma cama. **4 not only... (but) also** não só... como também **5 only too pleased/happy etc.** (expressão enfática): *I'd be only too happy to help.* Eu teria o maior prazer em ajudar. | *He'll be only too pleased to see you.* Ele vai ficar muito contente de te ver.

- *adj* **1** único **2 the only thing is** o único problema é que ▶ ver também **child**

- *conj* (informal) só que: *I'd help you, only I'm really busy.* Eu te ajudaria, só que estou muito ocupado.

onset /'ɒnsɛt/ *s* **1** chegada [do inverno] **2** início [de hostilidades, da puberdade]

onslaught /'ɒnslɔt/ *s* investida

'**on-the-job** *adj* em serviço: *on-the-job training* treinamento em serviço

onto /'ɒntə, 'ɒntʊ/ acentuado /'ɒntu/ *prep* **1** (expressando movimento para cima de uma superfície) em, para cima de: *He climbed onto the roof.* Ele subiu no telhado. | *Water was dripping onto the floor.* A água estava pingando no chão. | *The cat jumped onto the table.* O gato pulou para cima da mesa **2 to be onto sb** (informal) estar atrás de alguém **3 to be onto a good thing/a winner** (informal) ir se dar bem

onward /'ɒnwərd/ *adj* que segue adiante: *the onward march of scientific progress* o avanço científico

---

ⓘ Deve-se dizer *on the table* ou *in the table*? Veja o verbete **em**.

onwards /ˈɔnwərdz/, também **onward** /ˈɔnwərd/ AmE adv **1** adiante **2 from two o'clock/1998 etc. onwards** das duas horas/de 1998 etc. em diante

oops! /ʊps/ interj ui!

ooze /uz/ v [tr] **1** exsudar, segregar **2 to ooze pus** supurar **3 to ooze from/out of sth** escorrer lentamente de algo **4 to ooze (with) charm/confidence etc.** irradiar charme/autoconfiança etc.

opaque /oʊˈpeɪk/ adj opaco

open /ˈoʊpən/ adjetivo, verbo & substantivo
- adj **1** aberto: *Who left the window open?* Quem deixou a janela aberta? | *We're open until 8 pm on Thursdays.* Ficamos abertos até as 8 da noite nas quintas-feiras. | *The meeting is open to all.* A reunião é aberta a todos. **2 open country(side)** campo aberto **3 in the open air** ao ar livre **4** (referente a pessoas, atitudes, etc.) aberto **5 to be open with sb** ser franco com alguém
- v **1** [tr/intr] abrir: *She opened her eyes.* Ela abriu os olhos. | *What time does the bank open?* A que horas abre o banco? **2** [tr] inaugurar [um edifício novo, etc.] **3** [intr] estrear [filme, peça, etc.] **4** [tr/intr] iniciar

open into/onto sth dar para algo: *The kitchen opens onto the back yard.* A cozinha dá para o quintal.

open up abrir **open sth up** abrir algo

- s **(out) in the open (a)** ao ar livre **(b)** a público

ˌopen-ˈair adj ao ar livre

opener /ˈoʊpənər/ s abridor

opening /ˈoʊpənɪŋ/ substantivo & adjetivo
- s **1** fresta, abertura **2** (de um evento) abertura **3** (de um edifício novo) inauguração **4** (de um romance, um filme) início **5** (trabalho) vaga **6** oportunidade
- adj **1 opening ceremony/speech etc.** cerimônia/discurso etc. de abertura | **opening chapter** capítulo inicial **2 opening hours** horário de funcionamento **3 opening night** noite de estreia

openly /ˈoʊpənli/ adv abertamente

ˌopen-ˈminded adj aberto, liberal | **to be open-minded** ter mente aberta

openness /ˈoʊpən-nəs/ s **1** franqueza **2** atitude aberta

ˌopen ˈsource adj diz-se de software de utilização livre que pode ser modificado pelo usuário

opera /ˈɑprə/ s **1** ópera **2 opera house** ópera [teatro]

operate /ˈɑpəreɪt/ v **1** [tr/intr] operar, funcionar [máquina] **2** [tr] trabalhar com [sistema], [intr] funcionar **3** [tr] oferecer [serviço], [intr] haver: *A bus service operates between here and downtown.* Há uma linha de ônibus que vai daqui ao centro. **4** [intr] (fazer cirurgia) operar | **to operate on sb/sth** operar alguém/algo: *They had to operate on his spine.* Tiveram que operar a coluna dele. **5** [intr] operar [empresa, gangue, etc.]

operation /ɑpəˈreɪʃən/ s **1** cirurgia, operação | **to have an operation** ser operado: *She had an operation on her knee.* Ela foi operada do joelho. **2** (policial, de resgate, etc.) operação **3** funcionamento **4 to be in operation (a)** estar em funcionamento [máquina] **(b)** estar em vigor [lei]

operational /ɑpəˈreɪʃənl/ adj **1** em funcionamento **2** operacional

operator /ˈɑpəreɪtər/ s **1** telefonista **2** operador -a [de uma máquina]: *a computer operator* um operador de computador **3** operadora [empresa]

opinion /əˈpɪnjən/ s opinião: *What's your opinion of her as a teacher?* Qual é sua opinião sobre ela como professora? | **in my opinion** na minha opinião

oˈpinion ˌpoll s pesquisa de opinião

opponent /əˈpoʊnənt/ s **1** adversário -ria **2** inimigo -ga | **to be an opponent of sth** opor-se a algo

opportunity /ɑpərˈtunəti/ s (pl -ties) oportunidade: *I haven't had the opportunity to thank him yet.* Ainda não tive oportunidade de lhe agradecer. | **to take the opportunity to do sth** aproveitar a oportunidade para fazer algo

oppose /əˈpoʊz/ v [tr] **1** opor-se a **2** (em competições, eleições, etc.) enfrentar

opposed /əˈpoʊzd/ adj **1** oposto [princípios, ideias] **2 to be opposed to sth** ser contra algo, opor-se a algo **3 as opposed to** em oposição a

opposing /əˈpoʊzɪŋ/ adj **1** adversário **2** oposto

opposite /ˈɑpəzɪt/ adjetivo, advérbio, preposição & substantivo
- adj **1** oposto, contrário **2 in the opposite direction** na direção oposta **3** em frente: *the building opposite* o prédio em frente | *on the opposite side of the road* do outro lado da rua **4 the opposite sex** o sexo oposto
- adv em frente: *the girl who lives opposite* a garota que mora em frente
- prep de frente para: *We put the piano opposite the couch.* Colocamos o piano de frente para o sofá.
- s oposto | **the opposite** o oposto, o contrário: *She's the complete opposite of her sister.* Ela é o oposto da irmã.

opposition /ɑpəˈzɪʃən/ s **1 opposition (to sth/sb)** oposição (a algo/alguém) **2 the opposition (a)** o adversário **(b)** (em política) a oposição

oppress /əˈprɛs/ v [tr] (3a pess sing presente -sses) **1** oprimir **2** angustiar, sufocar

oppressed /əˈprɛst/ adj oprimido

oppression /əˈprɛʃən/ s opressão

oppressive /əˈprɛsɪv/ adj **1** opressivo **2** sufocante

opt /ɑpt/ v [intr] **to opt for sth** optar por algo | **to opt to do sth** optar por fazer algo
opt out (optar por) não participar | **to opt out of sth** (optar por) não participar de algo
optical /'ɑptɪkəl/ adj óptico

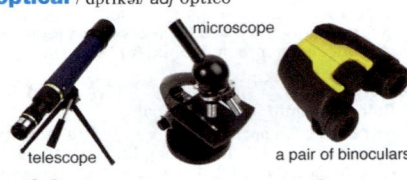

optician /ɑp'tɪʃən/ s **1** oculista **2** BrE **optician's (a)** (loja) ótica **(b)** (consultório) oculista
optimism /'ɑptəmɪzəm/ s otimismo
optimist /'ɑptəmɪst/ s otimista
optimistic /ɑptə'mɪstɪk/ adj otimista: *Tom's optimistic about finding a job.* Tom está otimista quanto a arrumar um emprego.
option /'ɑpʃən/ s opção: *I had no option but to accept.* Não tive outra opção senão aceitar.
optional /'ɑpʃənl/ adj opcional | **an optional extra** um extra opcional
or /ər, acentuado ɔr/ conj **1** ou: *Is he sick or something?* Ele está doente ou algo assim? **2** (depois de verbo negativo) nem: *They don't eat meat or fish.* Eles não comem carne nem peixe. **3** (também **or else**) senão: *Hurry, or you'll miss the train.* Corra, senão você vai perder o trem. **4 a minute/a mile etc. or so** mais ou menos um minuto/uma milha etc. ▶ ver também **either, else, other**
oral /'ɔrəl/ adjetivo & substantivo
• adj **1** oral **2** bucal
• s prova oral
orange /'ɔrɪndʒ/ substantivo & adjetivo
• s **1** (fruta) laranja **2** cor de laranja ▶ ver "Active Box" **colors** em **color**
• adj cor de laranja ▶ ver "Active Box" **colors** em **color**
orbit /'ɔrbɪt/ substantivo & verbo
• s órbita
• v **1** [tr] girar em torno de **2** [intr] estar em órbita | **to orbit around sth** girar em torno de algo
orchard /'ɔrtʃərd/ s pomar
orchestra /'ɔrkɪstrə/ s orquestra
orchid /'ɔrkɪd/ s orquídea
ordeal /ɔr'dil/ s experiência terrível, suplício
order /'ɔrdər/ substantivo & verbo
• s **1** (sequência) ordem: *in alphabetical/chronological order* em ordem alfabética/cronológica **2** (comando) ordem: *He gave the order to fire.* Ele deu ordem para atirar. **3** (num restaurante) pedido: *The waiter came to take our order.* O garçom veio anotar o nosso pedido. **4** (numa loja) **to place an order (for sth)** fazer uma encomenda (de algo) **5 in order to** para, a fim de: *politicians who make promises in order to win votes* políticos que fazem promessas para ganhar votos | **in order that** (formal) para que **6 to be in order (a)** estar em ordem **(b)** ser admissível, caber **7 to be out of order (a)** estar fora da ordem **(b)** não estar funcionando **8 order form** formulário de pedido
• v **1** [tr/intr] (num restaurante) pedir: *Are you ready to order?* Estão prontos para pedir? **2** [tr] ordenar | **to order sb to do sth** mandar alguém fazer algo **3** [tr] organizar **4** [tr/intr] (numa loja) encomendar | **to order sth for sth/sb** encomendar algo para algo/alguém
order sb about/around mandar em alguém
orderly /'ɔrdərli/ adj **1** arrumado, organizado **2** disciplinado, pacífico
ordinarily /ɔrdn'ɛrəli/ adv geralmente, normalmente
ordinary /'ɔrdn-ɛri/ adj **1** comum: *Ordinary people can't afford it.* As pessoas comuns não têm condições de pagar isso. **2** normal **3 out of the ordinary** fora do comum
ore /ɔr/ s minério
oregano /ə'rɛgənoʊ, BrE ɒrɪ'gɑnoʊ/ s orégano
organ /'ɔrgən/ s **1** (parte do corpo) órgão **2** (instrumento) órgão
organic /ɔr'gænɪk/ adj orgânico: *organic vegetables* vegetais orgânicos
organism /'ɔrgənɪzəm/ s organismo
organization, -isation BrE /ɔrgənə'zeɪʃən/ s organização
organize, -ise BrE /'ɔrgənaɪz/ v **1** [tr] organizar [uma festa, uma passeata, etc.] **2** [tr] organizar, [intr] organizar-se [trabalhadores] **3** [tr] concatenar [os pensamentos, as ideias]
organized, -ised BrE /'ɔrgənaɪzd/ adj organizado | **to get (yourself) organized** organizar-se
organizer, -iser BrE /'ɔrgənaɪzər/ s organizador -a
Orient /'ɔriənt/ s **the Orient** o Oriente
orient /'ɔriɛnt/ AmE, **orientate** /'ɔriənteɪt/ BrE v [tr] orientar | **to orient sth/sb to/towards sth** orientar algo/alguém para algo | **to orient yourself** orientar-se
oriental /ɔri'ɛntl/ adj oriental
orientate BrE ▶ ver **orient**
orientation /ɔriən'teɪʃən/ s orientação
origin /'ɔrədʒɪn/ s **1** (princípio, causa) origem **2** (também **origins**) (classe social, nacionalidade) origem, origens
original /ə'rɪdʒənl/ adjetivo & substantivo
• adj **1** (primeiro) original **2** (inovador) original **3** (não copiado) original
• s original | **in the original** no original
originality /ərɪdʒə'næləti/ s originalidade

originally /əˈrɪdʒənl-i/ *adv* originalmente: *Originally, we had planned to go to Scotland.* Originalmente, tínhamos planejado ir à Escócia. | *She is originally from Poland.* Ela é de origem polonesa.

originate /əˈrɪdʒəneɪt/ *v* **1** [intr] originar-se | **to originate in/from sth** originar-se em algo, ter sua origem em algo **2** [tr] originar, criar

ornament /ˈɔrnəmənt/ *s* enfeite, objeto

ornamental /ɔrnəˈmentl/ *adj* ornamental, de enfeite

ornate /ɔrˈneɪt/ *adj* **1** ornamentado, enfeitado **2** (em excesso) pomposo

orphan /ˈɔrfən/ *substantivo & verbo*

- *s* órfão -fã

- *v* **to be orphaned** ficar órfão

orphanage /ˈɔrfənɪdʒ/ *s* orfanato

orthodox /ˈɔrθədɑks/ *adj* ortodoxo

ostrich /ˈɑstrɪtʃ/ *s* (pl **-ches**) avestruz

other /ˈʌðər/ *adjetivo & pronome*

- *adj* **1** outro, outra: *They live on the other side of the lake.* Eles moram do outro lado do lago. | *She has three other brothers.* Ela tem mais três irmãos. | **the other one** o outro/a outra: *Here's one of the gloves. Where's the other one?* Aqui está uma das luvas. Onde está a outra? **2 some other time** uma outra hora **3 the other day** outro dia **4 other than** fora, a não ser: *Other than that, it was a very nice party.* Fora isso, foi uma festa muito agradável. ▶ ver também **every** e nota em **outro**

- *pron* **1 the other** o outro/a outra: *I'll take this bed and you can have the other.* Ficarei com essa cama e você pode ficar com a outra. | **others** outros/outras: *Others are not so sure.* Outros não têm tanta certeza. | *Some houses were in better condition than others.* Algumas casas estavam em melhor estado que outras. | **the others** os outros/as outras, os/as demais: *Two of the girls stayed. The others went home.* Duas das meninas ficaram. As outras foram para casa. **2 somehow or other** de uma maneira ou de outra | **something or other** alguma coisa ▶ ver também **none**

otherwise /ˈʌðərwaɪz/ *advérbio & conjunção*

- *adv* **1** fora isso: *The dress is a little long, but otherwise it fits all right.* O vestido está um pouco comprido, mas, fora isso, está bom. **2 to think/decide etc. otherwise** pensar/decidir etc. de outra forma/outra coisa

- *conj* senão, do contrário

otter /ˈɑtər/ *s* lontra

ouch! /aʊtʃ/ *interj* ai!

oughtn't /ˈɔtnt/ contração de **ought not**

ought to /ˈɔt tu/ *v* [modal] ▶ ver quadro

ounce /aʊns/ *s* **1** onça [= 28,35 g] **2 an ounce of sense/intelligence etc.** um pingo de bom senso/inteligência etc.

---

ought to

1 CONSELHOS, RECOMENDAÇÕES (= devia, deveria, etc.)

You ought to see a doctor. Você devia ir ao médico. | *You ought to have apologized.* Você deveria ter pedido desculpas.

2 O negativo de **ought to** é **oughtn't to** ou **ought not to:**

He oughtn't to drive if he's sleepy. Ele não devia dirigir se está com sono. | *He ought not to have taken it without permission.* Ele não devia tê-lo pego sem permissão.

3 PROBABILIDADE (= devia, deveria, etc.)

They ought to be there by now. Eles já deviam ter chegado.

---

our /aʊr/ *adj* nosso/nossa, nossos/nossas: *Our daughter lives in France.* Nossa filha mora na França. | *our customers* nossos clientes ▶ Em inglês, o possessivo é usado em muitos contextos nos quais o pronome é omitido em português, tais como referindo-se a partes do corpo, pertences pessoais, etc.: *We jumped in the pool with our clothes on.* Pulamos na piscina de roupa.

ours /aʊrz/ *pron* Como os pronomes possessivos ingleses não variam em gênero ou número, **ours** pode equivaler a *(o) nosso, (a) nossa, (os) nossos* ou *(as) nossas*: *This is your room. Ours is next door.* Este é o seu quarto. O nosso fica ao lado. | *It's a little joke of ours.* É uma brincadeira nossa.

ourselves /aʊrˈsɛlvz/ *pron* ▶ ver quadro na pág. 256

out /aʊt/ *advérbio, adjetivo & preposição*

- *adv & adj* **1** lá fora: *They're out in the back yard.* Eles estão lá fora no quintal.
2 (referente a pessoas) **to be out** não estar (em casa): *You were out when I called.* Você não estava quando eu liguei.
3 (referente a luz) **to be out** estar apagado
4 (referente ao sol) **to be out**: *The sun was out.* Fazia sol.
5 (de um concurso) **to be out** ser eliminado
6 (referente a livros, discos, etc.) **to be out** sair: *Their album is out this week.* O álbum deles sai esta semana. | *Her new novel's out.* Saiu o novo romance dela.
7 (referente a possibilidades) **to be out** estar fora de cogitação: *Skiing's out because it's too expensive.* Esquiar está fora de cogitação por ser caro demais.
8 (referente a cálculos) **to be out** estar errado | **to be out by $5/to be $5 out** errar por/em $5
9 to be out for sth/to do sth querer algo/fazer algo: *You're out for only one thing: his money.* Você só quer uma coisa: o dinheiro dele. | *He's just out to get attention.* Ele só quer chamar atenção. ▶ **Out** também faz parte de vários phrasal verbs, tais como **take out, turn out**, etc., que são tratados no verbete do verbo correspondente

---

Você sabe como funcionam os **phrasal verbs**? *Leia a explicação na seção de gramática.*

ourselves

1. **ourselves** é a forma reflexiva de **we**. Seu uso equivale em geral ao dos verbos reflexivos portugueses:

   We all introduced ourselves. Todos nós nos apresentamos. | *Let's make ourselves comfortable.* Vamos nos acomodar.

2. Tem um uso enfático que equivale a *nós mesmos* ou *nós mesmas*:

   We had to do it ourselves. Tivemos que fazê-lo nós mesmos.

3. A expressão **by ourselves** ou **all by ourselves** significa *sozinhos* ou *sozinhas* (sem companhia ou ajuda):

   We would prefer to live by ourselves. Preferiríamos morar sozinhos. | *We learned to do it all by ourselves.* Aprendemos a fazê-lo sozinhos.

- **out of** *prep* ▶ ver quadro

outbound /'aʊtbaʊnd/ *adj* de ida, de partida: *outbound flights* voos de partida

outbreak /'aʊtbreɪk/ *s* **1** deflagração [de uma guerra], explosão [de violência] **2** surto [de uma doença]

outburst /'aʊtbɜrst/ *s* **1** acesso [de raiva, riso] **2** ímpeto [de energia, atividade]

outcome /'aʊtkʌm/ *s* resultado

outcry /'aʊtkraɪ/ *s* (pl **-cries**) clamor, protesto(s)

outdated /aʊt'deɪtɪd/ *adj* ultrapassado [métodos, ideias, etc.]

outdo /aʊt'du/ *v* [tr] (3a pess sing presente **-does** /-'dʌz/, passado **-did** /-'dɪd/, particípio **-done** /-dʌn/) superar

outdoor /'aʊtdɔr/ *adj* **outdoor activities** atividades ao ar livre | **outdoor swimming pool** uma piscina ao ar livre | **outdoor clothes** roupas de sair

outdoors /aʊt'dɔrz/ *advérbio & substantivo*
- *adv* ao ar livre
- *s* **the outdoors** a vida campestre

outdoorsy /aʊt'dɔrzi/ *adj* (informal) que gosta de atividades ao ar livre

outer /'aʊtər/ *adj* **1** externo **2** exterior, mais afastado: *the outer suburbs* os bairros mais afastados | **outer space** espaço sideral

outfit /'aʊtfɪt/ *s* **1** roupa **2 a cowboy outfit** uma roupa de caubói

outgoing /'aʊtgoʊɪŋ/ *adj* **1** extrovertido **2 the outgoing president/administration etc.** o presidente/governo etc. em final de mandato **3 outgoing mail/calls** correspondência/ligações para fora | **outgoing flights** voos de saída

out of *preposição*

1. **DENTRO DE UM GRUPO MAIOR** (= de)

   Which do you like best out of these? De qual desses você gosta mais? | *two out of (every) ten women* duas em cada dez mulheres

2. **RAZÃO** (= por)

   out of curiosity/interest por curiosidade/interesse

3. **MATERIAL, ORIGEM** (= de)

   It's made out of glass. É feito de vidro. | *I got the idea out of a magazine.* Tirei a ideia de uma revista.

4. **FALTA**

   to be out of sth estar sem algo: *We're out of milk.* Não temos mais leite./Acabou o leite.

5. **Out of** também faz parte de expressões como **out of control**, **out of order**, etc., que são tratadas no verbete do substantivo correspondente.

outgrow /aʊt'groʊ/ *v* [tr] (passado **-grew** /-'gru/, particípio **-grown** /-'groʊn/) **1 to have outgrown your coat/dress etc.** (frase que expressa que a pessoa cresceu muito, e o casaco, o vestido, etc. não cabem mais): *Lucy's already outgrown her uniform.* O uniforme já não cabe mais na Lucy. **2** superar [uma tendência, um sentimento, etc.]

outing /'aʊtɪŋ/ *s* passeio

outlaw /'aʊtlɔ/ *verbo & substantivo*
- *v* [tr] banir, proibir
- *s* fora da lei

outlet /'aʊtlɛt/ *s* **1** AmE tomada [na parede] **2** válvula de escape: *an outlet for stress* uma válvula de escape para o estresse **3** loja **4** saída, escoadouro **5 outlet store** outlet

outline /'aʊtlaɪn/ *substantivo & verbo*
- *s* **1** linhas gerais, esboço **2** contorno
- *v* [tr] **1** descrever em linhas gerais **2** delinear

outlive /aʊt'lɪv/ *v* [tr] **1** sobreviver a **2 to outlive its usefulness** não servir mais

outlook /'aʊtlʊk/ *s* **1 outlook (on sth)** postura (em relação a algo), visão (de algo) **2** perspectiva, prognóstico: *The outlook for tomorrow is more rain.* A previsão para amanhã é de mais chuvas.

outnumber /aʊt'nʌmbər/ *v* [tr] ser mais numeroso que, superar

out of 'date *adj* ▶ Escreve-se com hífen quando vem seguido de um substantivo **1** desatualizado [publicação] **2** vencido [remédio, documento] **3** fora de moda [roupa] **4** ultrapassado [método]

output /'aʊtpʊt/ *s* **1** produção **2** potência [de eletricidade]

outrage /'aʊtreɪdʒ/ *substantivo & verbo*
- *s* **1** revolta, indignação **2** atrocidade **3** absurdo
- *v* [tr] indignar: *People were outraged.* As pessoas ficaram indignadas.

outrageous /aʊt'reɪdʒəs/ *adj* **1** absurdo **2** ridículo

outright¹ /'aʊtraɪt/ *adv* **1** abertamente **2** completamente **3 to win (sth) outright** vencer (algo) de maneira arrasadora **4 to be killed outright** morrer instantaneamente

outright² *adj* **1** indiscutível [vencedor] **2 an outright lie** uma mentira descarada | **an outright refusal** uma recusa categórica **3** total [proibição, abolição]

outset /'aʊtsɛt/ *s* **at/from the outset** no/desde o início

outside¹ /aʊt'saɪd, 'aʊtsaɪd/ *preposição, substantivo & advérbio*
- *prep* (também **outside of** AmE) **1** do lado de fora de: *outside the building* do lado de fora do prédio | *He left it outside the door.* Ele o deixou do lado de fora da porta. | *a small town just outside Kansas City* uma cidadezinha na entrada de Kansas City **2 outside office hours** fora do horário de expediente
- *s* **1 the outside** a parte externa | **from the outside** de fora **2 on the outside** por fora, aparentemente
- *adv* do lado de fora, lá fora: *We waited outside.* Esperamos do lado de fora. | **to go outside** ir lá (para) fora: *I went outside to get some fresh air.* Fui lá fora tomar um pouco de ar.

outside² /'aʊtsaɪd/ *adj* **1** externo [aparência, parede, etc.] **2** externo [ajuda, interferência] **3 outside interests** interesses além do trabalho

outsider /aʊt'saɪdər/ *s* **1** estranho -nha **2** azarão

outskirts /'aʊtskɜrts/ *s pl* **the outskirts** os arredores

outspoken /aʊt'spoʊkən/ *adj* franco | **to be an outspoken critic/opponent of sth** criticar algo/opor-se a algo abertamente

outstanding /aʊt'stændɪŋ/ *adj* **1** excepcional **2** marcante [característica, exemplo] **3** pendente [dívida, assunto]

outstretched /aʊt'strɛtʃt/ *adj* aberto, estendido

outward /'aʊtwərd/ *adj* **1** externo, aparente **2 outward journey/flight etc.** viagem/voo etc. de ida

outwardly /'aʊtwərdli/ *adv* por fora, aparentemente

outwards /'aʊtwərdz/, também **outward** /'aʊtwərd/ AmE *adv* para fora

outweigh /aʊt'weɪ/ *v* [tr] pesar mais que, superar

oval /'oʊvəl/ *substantivo & adjetivo*
- *s* forma oval
- *adj* oval

ovary /'oʊvəri/ *s* (pl **-ries**) ovário

oven /'ʌvən/ *s* forno: *She put the cake in the oven.* Ela pôs o bolo no forno.

over /'oʊvər/ *advérbio, preposição & adjetivo*
- *adv* ▶ ver quadro
- *prep* **1** em cima de, por cima de: *There was a sign over the door.* Havia uma placa em cima da porta. | *She was wearing a jacket over her sweater.* Ela estava usando um paletó por cima da suéter. | *I put a blanket over him.* Cobri-o com um cobertor.
  2 over the road/street do outro lado da rua: *There's a grocery store over the road.* Tem um mercado do outro lado da rua.
  3 mais de: *It cost over $500.* Custou mais de $500.
  4 durante, por: *I saw Hugh over the summer.* Vi o Hugh durante o verão. | *over a period of ten years* por um período de dez anos.
  5 over here/over there aqui/ali
  6 por, sobre: *a fuss over nothing* uma confusão por nada | *They quarreled over their inheritance.* Eles brigaram pela herança.
  7 over the phone/radio por telefone/pelo rádio
  8 over and above sth além de algo: *$500 over and above what he already owed* $500 além do que ele já devia
- *adj* **to be over** terminar: *The game's over.* O jogo terminou. | *when this program is over* quando esse programa terminar

overall /'oʊvərɔl/ *adjetivo, advérbio, substantivo & substantivo plural*
- *adj* **1** total **2** geral **3 overall winner** vencedor -a absoluto
- *adv* /oʊvər'ɔl/ **1** no total **2** de uma maneira geral

---

over *advérbio*

1 PARA O CHÃO OU PARA BAIXO

I saw him push the bike over. Eu o vi jogar a bicicleta no chão.

2 PARA UM LUGAR

I went over to say hello to Pete. Fui cumprimentar o Pete. | *Come over for supper tomorrow.* Venha jantar aqui amanhã.

3 POR CIMA

Planes fly over every few minutes. Passam aviões toda hora.

4 COM NÚMEROS, QUANTIDADES

This film is for people aged 18 or over. Este filme é para maiores de 18 anos.

5 EXPRESSÕES

(all) over again (tudo) de novo: *We had to start all over again.* Tivemos que começar tudo de novo. | **over and over again** várias vezes

6 **Over** também faz parte de vários phrasal verbs, tais como **fall over**, **take over**, etc., que são tratados no verbete do verbo correspondente.

---

*Gostaria de uma lista de frases úteis para falar de si mesmo em inglês? Consulte o **guia para a comunicação**, no final do livro.*

- **s** BrE guarda-pó ▶ Existe também **lab coat,** que é usado tanto no inglês americano como no britânico
- **overalls** *s pl* **1** AmE (calça com peitilho) macacão **2** BrE (de operário) macacão

overboard /'oʊvərbɔrd/ *adv* **1** no mar, ao mar **2 to go overboard** (informal) exagerar

overcame /oʊvər'keɪm/ passado de **overcome**

overcast /'oʊvərkæst/ *adj* encoberto [céu]

overcharge /oʊvər'tʃɑrdʒ/ *v* [tr/intr] cobrar a mais: *She overcharged me by $2.* Ela me cobrou $2 a mais.

overcoat /'oʊvərkoʊt/ *s* sobretudo [casacão]

overcome /oʊvər'kʌm/ *v* (passado **-came,** particípio **-come**) **1** [tr] superar [a timidez, o medo, um problema] **2** [tr/intr] vencer [um inimigo] **3 overcome with emotion/grief etc.** dominado pela emoção/dor etc. **4 to be overcome by fumes/smoke** ser asfixiado por gases/fumaça

overcrowded /oʊvər'kraʊdɪd/ *adj* **1** superlotado [ônibus, praia, etc.] **2** superpopuloso [cidade, planeta]

overcrowding /oʊvər'kraʊdɪŋ/ *s* superlotação

overdo /oʊvər'du/ *v* [tr] (3a pess sing **-does** /-'dʌz/, passado **-did** /-'dɪd/, particípio **-done**) **1 to overdo it (a)** exagerar: *Sunbathe for half an hour or so, but don't overdo it or you'll burn.* Fique no sol durante cerca de uma hora, e não exagere, porque senão você vai se queimar demais. **(b)** trabalhar demais **2** passar demais [um bife] **3** cozinhar demais [legumes, etc.]

overdone¹ /oʊvər'dʌn/ *adj* cozido demais

overdone² passado de **overdo**

overdose /'oʊvərdoʊs/ *s* overdose

overdraft /'oʊvərdræft/ *s* saque a descoberto

overdue /oʊvər'du/ *adj* **1** vencido [conta, pagamento] **2** com o prazo de devolução vencido [livro de biblioteca]

overestimate /oʊvər'ɛstəmeɪt/ *v* [tr] superestimar

overflow¹ /oʊvər'floʊ/ *v* **1** [intr] transbordar [líquido, recipiente] **2** [tr] transbordar (de): *The river overflowed its banks.* O rio transbordou as margens. **3** [intr] transbordar [rio] **4 to overflow into/onto sth** espalhar-se em/por algo: *The crowd overflowed into the street.* A multidão se espalhou pela rua.

overflow² /'oʊvərfloʊ/ *s* **1** transbordamento **2** ladrão [cano] **3** excedente [de hóspedes, frequentadores, etc.]

overgrown /oʊvər'groʊn/ *adj* **1** coberto de mato **2** Referente a adultos: *He acts like an overgrown child.* Ele se comporta como um criançola.

overhaul¹ /oʊvər'hɔl/ *v* [tr] rever, vistoriar

overhaul² /'oʊvərhɔl/ *s* revisão, vistoria

overhead¹ /oʊvər'hɛd/ *adv* no alto: *The moon shone overhead.* A lua brilhava no alto. | *A plane flew overhead.* Passou um avião.

overhead² /'oʊvərhɛd/ *adj* **overhead cables** cabos aéreos

overhear /oʊvər'hɪr/ *v* (tr/intr) (passado & particípio **-heard** /-'hɜrd/) ouvir [por acaso]: *I couldn't help overhearing their conversation.* Não pude evitar ouvir a conversa deles.

overjoyed /oʊvər'dʒɔɪd/ *adj* eufórico: *She was overjoyed at the prospect of moving to Florida.* Ela ficou eufórica com a perspectiva de ir morar na Flórida.

overland /'oʊvərlænd/ *advérbio & adjetivo*
- *adv* por terra
- *adj* por terra, terrestre: *an overland trip across Africa* uma viagem terrestre através da África

overlap¹ /oʊvər'læp/ *v* (**-pped, -pping**) **1** [tr] sobrepor **2** [intr] sobrepor-se **3 to overlap (with sth)** (referente a períodos de tempo, disciplinas) coincidir em parte (com algo)

overlap² /'oʊvərlæp/ *s* **1** sobreposição [de tecido, etc.] **2** coincidência [entre disciplinas, etc.]

overload¹ /oʊvər'loʊd/ *v* [tr] sobrecarregar

overload² /'oʊvərloʊd/ *s* sobrecarga, excesso

overlook /oʊvər'lʊk/ *v* [tr] **1** ter vista para, dar para: *My room overlooks the sea.* Meu quarto tem vista para o mar. **2** (não reparar) deixar passar **3** (perdoar) deixar passar: *I decided to overlook his rudeness.* Resolvi deixar passar a grosseria dele.

overnight¹ /oʊvər'naɪt/ *adv* **1** à noite, durante a noite: *They traveled overnight.* Eles viajaram durante a noite. | **to stay overnight** pernoitar **2** da noite para o dia

overnight² /'oʊvərnaɪt/ *adj* **1 overnight journey** viagem noturna | **overnight flight/train** voo/trem noturno | **overnight stay** pernoite **2 to be an overnight success** ser um sucesso instantâneo

overpass /'oʊvərpæs/ *s* AmE viaduto

overpower /oʊvər'paʊr/ *v* [tr] dominar

overpowering /oʊvər'paʊrɪŋ/ *adj* **1** insuportável [cheiro, calor] **2** intenso [desejo, sensação]

overqualified /oʊvər'kwɑləfaɪd/ *adj* superqualificado

overrated /oʊvər'reɪtɪd/ *adj* supervalorizado

overreact /oʊvəri'ækt/ *v* [intr] reagir de maneira exagerada

override /oʊvər'raɪd/ *v* [tr] (passado **-rode,** particípio **-ridden**) **1** anular [uma decisão, uma lei] **2** ignorar [um desejo, um conselho] **3** prevalecer a/sobre

overrule /oʊvər'rul/ *v* **1** [tr] rechaçar [uma objeção] **2** [tr] anular [uma decisão]

overseas¹ /oʊvər'siz/ *adv* no/para o exterior

overseas² /'oʊvərsiz/ *adj* internacional

oversee /ouvərˈsi/ v [tr] (passado **-saw**, particípio **-seen**) supervisionar

overshadow /ouvərˈʃædou/ v [tr] **1** obscurecer [um evento] **2** ofuscar [uma pessoa]

oversight /ˈouvərsaɪt/ s descuido

oversleep /ouvərˈslip/ v [intr] (passado & particípio **-slept**) dormir demais, perder a hora: *He overslept and missed the train.* Ele dormiu demais e perdeu o trem.

overt /ouˈvɜrt/ adj (formal) **1** direto [crítica] **2** declarado [hostilidade, oposição]

overtake /ouvərˈteɪk/ v (passado **-took**, particípio **-taken**) **1** [tr/intr] ultrapassar [um veículo] **2** [tr] passar à frente de

overthrow¹ /ouvərˈθrou/ v [tr] (passado **-threw**, particípio **-thrown**) derrubar [um governo, um presidente]

overthrow² /ˈouvərθrou/ s derrubada [de governo, presidente, etc.]

overtime /ˈouvərtaɪm/ s horas extras

overtone /ˈouvərtoun/ s conotação, tom

overtook /ouvərˈtuk/ passado de **overtake**

overture /ˈouvərtʃər/ s **1** (em música) abertura **2 to make overtures to sb** procurar uma aproximação com alguém

overturn /ouvərˈtɜrn/ v **1** [tr] virar, emborcar **2** [intr] virar, capotar **3 to overturn a decision/verdict etc.** revogar uma sentença/um veredito etc.

overview /ˈouvərvju/ s descrição geral

overweight /ouvərˈweɪt/ adj com excesso de peso | **to be 10 kilos/20 pounds etc. overweight** estar 10 quilos/20 libras etc. acima do peso

overwhelm /ouvərˈwɛlm/ v [tr] **1** arrasar [tristeza, desespero, etc.] *She was **overwhelmed with** grief.* Ela ficou arrasada de desgosto. **2** emocionar **3** impressionar [generosidade, alegria, etc.] **4** derrotar

overwhelming /ouvərˈwɛlmɪŋ/ adj **1** opressivo, massacrante **2** irresistível **3 an overwhelming majority** uma maioria esmagadora

overworked /ouvərˈwɜrkt/ adj sobrecarregado de trabalho

ow! /au/ interj ai!

owe /ou/ v [tr] dever [dinheiro, um favor] ▶ ver também **apology**

owing to prep devido a

owl /aul/ s coruja

owl

own /oun/ adjetivo, pronome & verbo

• adj próprio: *He wants his own computer.* Ele quer ter o seu próprio computador. | *I prefer to do it my own way.* Prefiro fazê-lo do meu jeito.

• pron **1 my own/our own etc.** o meu/o seu etc., a minha/a sua etc.: *The bed was comfortable but I prefer my own.* A cama era confortável, mas prefiro a minha. | **of my/our etc. own** próprio: *He decided to start a business of his own.* Ele resolveu abrir o próprio negócio. **2 (all) on my/your etc. own** sozinho ▶ **on your own, by yourself, alone** ou **lonely?** ver **sozinho 3 to get your own back (on sb)** (informal) vingar-se (de alguém)

• v [tr] ter, ser dono de: *He owns two houses on Long Island.* Ele tem duas casas em Long Island. | *Who owns the land?* De quem é a terra?

own up 1 assumir, confessar **2 to own up to (doing) sth** assumir (que fez) algo

owner /ˈounər/ s dono -na, proprietário -ria

ownership /ˈounərʃɪp/ s propriedade

ox /ɑks/ s (pl **oxen** /ˈɑksən/) boi

oxygen /ˈɑksɪdʒən/ s oxigênio

oyster /ˈɔɪstər/ s ostra

oz (= **ounce**) onça [unidade de peso]

ozone /ˈouzoun/ s **1** ozônio **2 ozone layer** camada de ozônio

P, p /pi/ s (letra) P, p ▶ ver "Active Box" **letters** em **letter**

p /pi/ s (= **pence**) pêni [moeda]

PA /pi ˈeɪ/ s (= **personal assistant**) BrE secretário -ria particular

pace /peɪs/ substantivo & verbo

• s **1** passo **2** ritmo | **to keep pace with sb/sth** acompanhar o ritmo de alguém/algo

• v **to pace up and down (a room/a corridor etc.)** andar de um lado para o outro (numa sala/num corredor etc.)

pacemaker /ˈpeɪsmeɪkər/ s marca-passo

pacifier /ˈpæsəfaɪr/ s AmE chupeta

pacifist /ˈpæsəfɪst/ s pacifista

pacify /ˈpæsəfaɪ/ v [tr] (-fies, -fied) acalmar

pack /pæk/ verbo & substantivo

• v **1** [intr] fazer a(s) mala(s) **2** [tr] levar, pôr na mala: *Don't forget to pack your swimsuit.* Não esqueça de levar o maiô. | **to pack a bag/case etc.** fazer uma mala **3** [tr] embalar **4** [tr] embalar **5** [tr] lotar

pack sth in BrE (informal) largar algo

pack sb off (informal) despachar alguém

pack up 1 (informal) encerrar o expediente

package

2 BrE (informal) pifar
- s **1** pacote: *a free information pack* um pacote de informações gratuito **2** AmE maço [de cigarros] **3** (também **backpack**) mochila **4** matilha **5** BrE baralho ▶ No inglês americano diz-se **deck**

package /'pækɪdʒ/ *substantivo & verbo*
- s pacote ▶ PACKAGE, PACKET OU PARCEL? ver **pacote**
- v [tr] embalar

'package ˌtour, também **ˌpackage 'holiday** BrE s pacote turístico

packaging /'pækɪdʒɪŋ/ s embalagem

packed /pækt/ *adj* **1** lotado, cheio: *The train was packed.* O trem estava lotado. **2 to be packed with/packed full of** estar cheio de, ter muitos/muitas: *The guide is packed with useful information.* O guia tem muitas informações úteis.

ˌpacked 'lunch s (pl -ches) BrE merenda [que se leva para o colégio, numa excursão, etc.]

packet /'pækɪt/ s BrE pacote ▶ PACKET, PACKAGE OU PARCEL? ver **pacote**

packing /'pækɪŋ/ s **1 to do your packing** fazer as malas **2** acondicionamento

pact /pækt/ s pacto

pad /pæd/ *substantivo & verbo*
- s **1** chumaço, almofada | **knee pads** joelheiras | **shoulder pads** ombreiras **2** bloco [de notas]
- v (-dded, -dding) [tr] acolchoar

padding /'pædɪŋ/ s estofamento, enchimento

paddle /'pædl/ *substantivo & verbo*
- s **1** remo [de cabo curto] **2** AmE raquete [de pingue-pongue]
- v **1** [tr/intr] remar **2** [intr] molhar os pés

padlock /'pædlɑk/ *substantivo & verbo*
- s cadeado
- v [tr] passar o cadeado em, trancar com cadeado

page /peɪdʒ/ *substantivo & verbo*
- s página: *on page 31* na página 31
- v [tr] **1** chamar por alto-falante **2** bipar

pager /'peɪdʒər/ s bip, bipe

paid /peɪd/ passado & particípio de **pay**

pail /peɪl/ s AmE balde

pain /peɪn/ s **1** dor: *He woke up with a terrible pain in his stomach.* Ele acordou com uma terrível dor de estômago. | *I have a pain in my foot.* Meu pé está dolorido. | **to be in pain** estar com dor: *Are you in pain?* Você está com dor? | **to feel pain** sentir dor: *Do you feel any pain?* Você está sentindo alguma dor? ▶ PAIN OU ACHE? ver nota em **dor** **2 to be a pain (in the neck)** (informal) ser dose (para leão) **3 to take pains over/with sth** esmerar-se em algo

pained /peɪnd/ *adj* aflito, aborrecido

painful /'peɪnfəl/ *adj* **1** dolorido | **to be painful** doer **2** doloroso [lembrança, experiência] **3** difícil [decisão]

painfully /'peɪnfəli/ *adv* **1** dolorosamente **2 to be painfully clear/obvious** ser mais do que claro/óbvio | **to be painfully shy/slow** ser terrivelmente tímido/lento

painkiller /'peɪnkɪlər/ s analgésico

painless /'peɪnləs/ *adj* **1** indolor **2** (informal) mole [fácil]

painstaking /'peɪnzteɪkɪŋ/ *adj* meticuloso

paint /peɪnt/ *substantivo & verbo*
- s tinta: *a can of white paint* uma lata de tinta branca
- v [tr/intr] pintar | **to paint sth red/blue etc.** pintar algo de vermelho/azul etc.

paintbrush /'peɪntbrʌʃ/ s (pl -shes) **1** pincel **2** brocha

painter /'peɪntər/ s pintor -a

painting /'peɪntɪŋ/ s **1** quadro **2** (atividade) pintura

pair /pɛr/ *substantivo & verbo*
- s **1** (de coisas) par: *a pair of shoes* um par de sapatos | *a pair of gloves* um par de luvas | *a pair of scissors* uma tesoura | *a pair of pants* uma calça **2** (de pessoas) par, dupla | **to work in pairs** trabalhar em pares
- v **pair off** encontrar um par **pair sb off** arranjar um par para alguém
pair up fazer par **pair sb up** separar as pessoas em pares

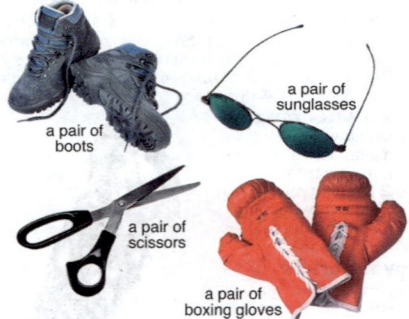

a pair of boots
a pair of sunglasses
a pair of scissors
a pair of boxing gloves

pajamas AmE, **pyjamas** BrE /pə'dʒɑməz/ s pl pijama: *a pair of pajamas* um pijama

Pakistan /pækɪ'stæn/ s Paquistão

Pakistani /pækɪ'stæni/ *adj & s* paquistanês -esa

pal /pæl/ s (informal) colega

palace /'pæləs/ s palácio

palate /'pælət/ s palato

pale /peɪl/ *adjetivo & verbo*
- *adj* **1** claro: *pale green* verde-claro **2** pálido | **to go/turn pale** ficar pálido
- *v* [intr] empalidecer

palm /pɑm/ *substantivo & verbo*
- *s* **1** palma **2** (também **palm tree**) palmeira
- *v* **palm sth off** to palm sth off on sb impingir algo a alguém **palm sb off** to palm sb off with sth enrolar alguém com algo

palmtop /'pɑmtɑp/ *s* palmtop [computador de mão]

paltry /'pɔltri/ *adj* insignificante: *a paltry 2.4% pay increase* um insignificante aumento salarial de 2,4%

pamper /'pæmpər/ *v* [tr] mimar

pamphlet /'pæmflət/ *s* panfleto, folheto

pan /pæn/ *s* **1** panela **2** AmE assadeira

Panama /'pænəmɑ/ *s* Panamá

Panamanian /pænə'meɪniən/ *adj & s* panamenho -nha

pancake /'pænkeɪk/ *s* panqueca

panda /'pændə/ *s* panda

pandemic /pæn'dɛmɪk/ *s* pandemia

pander /'pændər/ *v* **pander to sth/sb** ser complacente com algo/alguém

pane /peɪn/ *s* vidraça [de uma janela, etc.] ▶ ver também **window**

panel /'pænl/ *s* **1** painel [de uma porta, uma parede] **2** painel [de especialistas, jurados] **3 control panel** painel de controle | **instrument panel** painel de instrumentos

paneled AmE, **panelled** BrE /'pænld/ *adj* revestido de painéis [porta, teto, parede, etc.]

pang /pæŋ/ *s* ponta [de fome, culpa]

panic /'pænɪk/ *substantivo & verbo*
- *s* pânico | **in a panic** em pânico
- *v* [intr] (-cked, -cking) entrar em pânico

pant /pænt/ *v* [intr] ofegar, ficar sem fôlego

panther /'pænθər/ *s* pantera

panties /'pæntiz/ *s pl* AmE calcinha

pantomime /'pæntəmaɪm/ *s* **1** pantomima **2** na Grã-Bretanha, peça teatral cômica que se encena na época do Natal

pants /pænts/ *s pl* **1** AmE calça **2** BrE cueca ▶ No inglês americano diz-se **underpants** **3** BrE calcinha ▶ No inglês americano diz-se **panties**

pantyhose /'pæntihoʊz/ *s pl* AmE meia-calça

paparazzi /pɑpə'rɑtsi/ *s* [pl] paparazzi

paper /'peɪpər/ *substantivo, substantivo plural & verbo*
- *s* **1** papel: *a piece of paper* um (pedaço de) papel **2** jornal: *yesterday's paper* o jornal de ontem **3** ensaio [estudo] **4** prova **5 on paper (a)** por escrito **(b)** em teoria
- **papers** *s pl* **1** documentos **2** documentos [de identidade]
- *v* [tr] revestir (com papel de parede)

paperback /'peɪpərbæk/ *s* brochura

paperwork /'peɪpərwɜrk/ *s* **1** trabalho burocrático, papelada **2** papéis, documentos

par /pɑr/ *s* **1 to be on a par with** estar em pé de igualdade com algo **2 below par/not up to par** abaixo das expectativas | **to feel below/under par** não se sentir bem

parachute /'pærəʃut/ *substantivo & verbo*
- *s* paraquedas
- *v* [intr] saltar de paraquedas

parade /pə'reɪd/ *substantivo & verbo*
- *s* desfile
- *v* **1** [intr] desfilar **2** [intr] fazer passeata **3 to parade around** desfilar, exibir-se **4** [tr] exibir, ostentar

paradise /'pærədaɪs/ *s* paraíso

paradox /'pærədɑks/ *s* paradoxo

paraffin /'pærəfɪn/ *s* BrE querosene ▶ No inglês americano diz-se **kerosene**

paragraph /'pærəgræf/ *s* parágrafo

Paraguay /'pærəgwaɪ/ *s* Paraguai

Paraguayan /pærə'gwaɪən/ *adj & s* paraguaio -guaia

parallel /'pærəlɛl/ *adjetivo & substantivo*
- *adj* paralelo
- *s* **1** paralelo **2 in parallel** paralelamente

paralysis /pə'ræləsɪs/ *s* paralisia

paralyze AmE, **paralyse** BrE /'pærəlaɪz/ *v* [tr] paralisar

paramedic /pærə'mɛdɪk/ *s* paramédico -ca

paramilitary /pærə'mɪlətɛri/ *adj* paramilitar

paramount /'pærəmaʊnt/ *adj* primordial

paranoia /pærə'nɔɪə/ *s* paranoia

paranoid /'pærənɔɪd/ *adj* paranoico

paraphrase /'pærəfreɪz/ *v* [tr] parafrasear

parasite /'pærəsaɪt/ *s* parasita

parcel /'pɑrsəl/ *s* pacote, embrulho ▶ PARCEL, PACKAGE OU PACKET? ver **pacote**

pardon /'pɑrdn/ *interjeição, verbo & substantivo*
- *interj* **1 pardon?**, também **pardon me?** AmE como? **2 pardon me (a)** (para se desculpar) desculpe!, perdão! **(b)** AmE (para abordar alguém) por favor
- *v* [tr] **1** indultar **2** (formal) perdoar, desculpar
- *s* **1** indulto **2** perdão

parcel

parent

parent /'pɛrənt/ s pode referir-se ao pai ou à mãe: *my parents* meus pais ▶ ver também **single parent**

parental /pə'rɛntl/ *adj* dos pais

parentheses /pə'rɛnθəsiz/ *s pl* parênteses | **in parentheses** entre parênteses

parenthood /'pɛrənthʊd/ *s* pode referir-se a paternidade ou maternidade

parish /'pærɪʃ/ *s* (pl **-shes**) paróquia

park /pɑrk/ *substantivo & verbo*
- *s* parque
- *v* [tr/intr] estacionar

parking /'pɑrkɪŋ/ *s* lugar para estacionar, vagas: *There's plenty of parking nearby.* Tem muito lugar para estacionar por perto. | **no parking** proibido estacionar

'parking ga,rage *s* AmE edifício-garagem, estacionamento coberto

'parking ,lot *s* AmE estacionamento

'parking ,meter *s* parquímetro

'parking ,ticket *s* multa [por estacionamento proibido]

parliament, também **Parliament** /'pɑrləmənt/ *s* parlamento

parliamentary /pɑrlə'mɛntri/ *adj* parlamentar

Parmesan /'pɑrməzən/, também **'Parmesan ,cheese** *s* (queijo) parmesão

parody /'pærədi/ *substantivo & verbo*
- *s* (pl **-dies**) paródia
- *v* [tr] parodiar

parole /pə'roʊl/ *s* liberdade condicional

parrot /'pærət/ *s* papagaio

parsley /'pɑrsli/ *s* salsa

parsnip /'pɑrsnɪp/ *s* legume similar à batata-baroa

part /pɑrt/ *substantivo, verbo & advérbio*
- *s* **1** parte **2** (de uma máquina) peça **3** (também **spare part**) peça sobressalente **4** (função, atuação) papel: *He plays the part of Hamlet.* Ele faz o papel de Hamlet. | *Sport plays a big part in his life.* O esporte tem um papel importante na vida dele. **5 to take part (in sth)** participar (de algo) **6 on my/his etc. part** de minha parte/da parte dele etc.: *It was a mistake on her part.* Foi um erro da parte dela. **7 for the most part** geralmente **8 in part** em parte **9 for my/his etc. part** de minha parte/da parte dele etc.: *For my part, I was happy.* De minha parte, fiquei satisfeito. **10** AmE risca, repartido [do cabelo]
- *v* **1 to be parted from sb** ficar separado de alguém **2 to part your hair** repartir o cabelo **3** [tr] abrir, [intr] abrir-se [cortinas, lábios, etc.] **part with sth 1** desfazer-se de algo **2** desembolsar algo
- *adv* em parte: *part written, part spoken* em parte escrito, em parte oral

partial /'pɑrʃəl/ *adj* **1** (não total) parcial **2 to be partial to sth** adorar algo **3** (tendencioso) parcial

partially /'pɑrʃəli/ *adv* parcialmente

participant /pɑr'tɪsəpənt/ *s* participante

participate /pɑr'tɪsəpeɪt/ *v* **to participate (in sth)** participar (de algo)

participation /pɑrtɪsə'peɪʃən/ *s* participação

participle /'pɑrtəsɪpəl/ *s* particípio

particle /'pɑrtɪkəl/ *s* partícula

particular /pər'tɪkjələr/ *adjetivo, substantivo & substantivo plural*
- *adj* **1** particular, em especial: *on that particular occasion* naquela ocasião particular | *for no particular reason* por nenhum motivo em especial **2** especial **3 to be particular about sth** ser exigente com algo
- *s* **in particular** em particular, em especial
- **particulars** *s pl* dados [pessoais]

particularly /pər'tɪkjələrli/ *adv* particularmente, especialmente: *I'm not particularly interested.* Não estou particularmente interessado. | *"Did you enjoy the movie?" "Not particularly."* – Você gostou do filme? – Não muito.

parting /'pɑrtɪŋ/ *s* **1** despedida **2** BrE repartido, risca [de cabelo] ▶ No inglês americano diz-se **part**

partition /pɑr'tɪʃən/ *s* **1** divisória **2** divisão [de um país]

partly /'pɑrtli/ *adv* parcialmente, em parte

partner /'pɑrtnər/ *s* **1** (numa dança) par **2** (num jogo) parceiro -ra **3** (numa empresa) sócio -cia **4** (numa relação) parceiro -ra, companheiro -ra

partnership /'pɑrtnərʃɪp/ *s* **1** parceria: *a partnership between parents and the school* uma parceria entre os pais e a escola | **in partnership with sth/sb** em parceria com algo/alguém **2** (de negócios) sociedade | **to be in partnership** serem sócios, terem uma sociedade | **to go into partnership** fazer uma sociedade

,part of 'speech *s* classe gramatical

,part-'time *adjetivo & advérbio*
- *adj* de meio expediente
- *adv* em meio expediente

party /'pɑrti/ *substantivo & verbo*
- *s* (pl **-ties**) **1** festa | **to have/give a party** dar uma festa **2** (em política) partido **3** grupo: *a party of tourists* um grupo de turistas **4** (em assuntos jurídicos) parte
- *v* [intr] (**-ties, -tied**) (informal) fazer farra

pass /pæs/ *verbo & substantivo*
- *v* (3a pess sing presente **-sses**) **1** [tr] passar em frente a: *I pass the club on my way to school.* Passo em frente ao clube quando vou para a escola. | *We passed each other on the stairs.* Nós nos cruzamos na escada. **2** [intr] passar **3 pass through/behind etc.** passar por/atrás de

etc.: *The new road passes right behind our house.* A estrada nova passa bem atrás da nossa casa. **4** [intr] passar [tempo, tempestade, dor, etc.] **5 to pass the time** passar o tempo **6** (numa prova, matéria) [tr] passar em, [intr] passar **7** [tr] aprovar [uma lei] **8** [tr] (entregar) passar **9** (em esporte) [tr] passar, [intr] passar a bola
PHRASAL VERBS
pass sth around 1 passar algo [salgadinhos, etc.] **2** fazer algo circular
pass away falecer
pass by passar por: *I can pass by your house on the way.* Posso passar pela sua casa no caminho.
pass sb by não aproveitar algo: *Don't let this chance pass you by.* Não deixe escapar esta chance. | *She felt that life was passing her by.* Ela sentia que não estava aproveitando a vida.
pass for sth/sb passar por algo/alguém: *She could pass for a boy with that haircut.* Ela podia passar por um menino, com esse corte de cabelo.
pass sth/sb off as sth/sb fazer algo/alguém passar por algo/alguém
pass sth on dar/transmitir algo [um recado], passar algo adiante [informação, notícia]
pass out desmaiar
pass sth round ▶ ver **pass sth around**
pass sth up não aproveitar algo [uma oportunidade]

- *s* (pl **-sses**) **1** (em esporte) passe **2** (permissão) passe **3** (para transporte) passe **4** (numa prova) aprovação **5** (entre montanhas) desfiladeiro **6 to make a pass at sb** passar uma cantada em alguém

passable /ˈpæsəbəl/ *adj* **1** passável **2** transitável

passage /ˈpæsɪdʒ/ *s* **1** (também **passageway**) passagem, corredor **2** (num texto) passagem, trecho **3** (ato de passar) passagem, trânsito **4** (em anatomia) via

passenger /ˈpæsəndʒər/ *s* passageiro -ra

passerby /ˈpæsərˈbaɪ/ *s* (pl **passersby**) transeunte

passing /ˈpæsɪŋ/ *substantivo & adjetivo*
- *s* **1** passar [do tempo] **2 in passing** de passagem
- *adj* **1** que passa(m), que passava(m): *with each passing day* a cada dia que passava **2 a passing reference/comment etc.** uma breve referência/um breve comentário etc. **3 a passing interest/phase etc.** um interesse passageiro/ uma fase passageira etc.

passion /ˈpæʃən/ *s* paixão

passionate /ˈpæʃənət/ *adj* **1** fervoroso [crença] **2** apaixonado [discurso] **3** ardoroso [defensor, fã] **4** apaixonado [beijo, abraço] **5** passional [amor, relacionamento]

passive /ˈpæsɪv/ *adjetivo & substantivo*
- *adj* **1** passivo [pessoa, atividade] **2** (em gramática) passivo
- *s* (também **passive voice**) voz passiva | **in the passive** na voz passiva

passport /ˈpæspɔrt/ *s* passaporte
password /ˈpæswɜrd/ *s* senha

past /pæst/ *adjetivo, preposição, substantivo & advérbio*
- *adj* **1** passado: *He has learned from past experience.* Ele aprendeu com experiências passadas. **2** último: *They received over 100 letters in the past week.* Eles receberam mais de 100 cartas na última semana. **3** to be past ter acabado: *Winter is past.* O inverno acabou. **4 past champion/ president etc.** ex-campeão/ex-presidente etc.
- *prep* **1** depois de: *a mile past the bridge* uma milha depois da ponte **2** Usado com verbos de movimento: *Will you be going past the post office?* Você vai passar pelo correio? | *She walked straight past me.* Ela passou e não me viu/e não olhou para mim. **3** Usado quando se diz as horas: *It's ten past nine.* São nove e dez | *It was already past ten o'clock.* Já passava das dez horas. **4 to be past sth** ter passado de algo: *It's past your bedtime.* Já passou da sua hora de ir dormir. **5 I wouldn't put it past him/her etc. (to do sth)** não duvido de que ele/ela etc. seja capaz disso (de fazer algo)
- *s* **1** passado **2 the past**, também **the past tense** o passado
- *adv* **1** Usado com verbos de movimento: *Hal and his friends drove past.* Hal e seus amigos passaram de carro. **2 to go past** passar-se: *Several weeks went past.* Várias semanas se passaram.

pasta /ˈpɑstə/ *s* massa [macarrão]

paste /peɪst/ *substantivo & verbo*
- *s* **1** cola **2** pasta [mistura]
- *v* [tr] **1** (com cola) colar **2** (em informática) colar

pastel /pæˈstel, BrE ˈpæstl/ *adjetivo & substantivo*
- *adj* pastel [referente a cor]
- *s* pastel [para pintar]

pastime /ˈpæstaɪm/ *s* passatempo

pastor /ˈpæstər/ *s* pastor -a [de igreja]

past ˈparticiple *s* particípio passado

past ˈperfect *s* pretérito mais-que-perfeito

pastrami /pæˈstrɑmi/ *s* pastrami [carne bovina defumada e temperada, muito usada em sanduíches]

pastry /ˈpeɪstri/ *s* **1** massa [de torta] **2** (pl **-tries**) tortinha

pasture /ˈpæstʃər/ *s* pasto

pasty /ˈpæsti/ *s* BrE pequena torta, em formato de pastel, com recheio de carne ou legumes

pat /pæt/ *verbo & substantivo*
- *v* [tr] (**-tted, -tting**) dar tapinhas/um tapinha em
- *s* **1** tapinha **2 a pat on the back** um tapinha nas costas [congratulando]

patch /pætʃ/ *substantivo & verbo*
- *s* (pl **-ches**) **1** remendo **2** mancha: *damp patches on the walls* manchas de umidade na parede **3** trecho: *a patch of ice on the road* um

trecho da estrada com gelo | *a bald patch* uma careca **4** canteiro [parte de um terreno dedicada ao cultivo de vegetais]

• *v* [tr] (3a pess sing presente **-ches**) remendar **patch sth up** resolver algo [uma disputa, diferenças] | **to patch things up with sb** fazer as pazes (com alguém)

patchwork /'pætʃwɜrk/ *s* trabalho feito com retalhos

patchy /'pætʃi/ *adj* (**-chier, -chiest**)
1 patchy fog/drizzle áreas de neblina/chuvas esparsas
2 superficial [conhecimentos]
3 insuficiente [provas]
4 insatisfatório [atuação, serviço]

patchwork hat

pâté /pɑ'teɪ, BrE 'pæteɪ/ *s* patê

patent /'pætnt/ *substantivo, verbo & adjetivo*
• *s* patente
• *v* [tr] patentear
• *adj* patente, evidente

patently /'pætntli/ *adv* **patently false/ridiculous etc.** obviamente falso/ridículo etc. | **it's patently obvious** é óbvio

paternal /pə'tɜrnl/ *adj* **1** paternal **2 paternal grandmother/aunt etc.** avó/tia etc. paterna

paternity /pə'tɜrnəti/ *s* paternidade

path /pæθ/ *s* **1** trilha **2** passagem | **to make a path for sb** abrir caminho para alguém: *The crowd moved aside to make a path for him.* A multidão se afastou para abrir-lhe caminho. **3** trajetória **4** caminho | **the path to freedom/happiness etc.** o caminho para a liberdade/felicidade etc.

pathetic /pə'θetɪk/ *adj* **1** (informal) patético **2** triste

pathology /pə'θɑlədʒi/ *s* patologia

patience /'peɪʃəns/ *s* paciência | **to lose (your) patience** perder a paciência

patient /'peɪʃənt/ *substantivo & adjetivo*
• *s* paciente: *The doctor is seeing a patient.* O médico está atendendo um paciente.
• *adj* paciente

patio /'pætioʊ/ *s* pátio

patriot /'peɪtriət/ *s* patriota

patriotic /peɪtri'ɑtɪk/ *adj* patriótico

patrol /pə'troʊl/ *substantivo & verbo*
• *s* **1** ronda | **to be on patrol** estar de vigia **2** patrulha
• *v* [tr/intr] (**-lled, -lling**) patrulhar

pa'trol car *s* radiopatrulha [viatura]

patron /'peɪtrən/ *s* **1** mecenas, patrocinador -a **2** cliente

patronize, -ise BrE /'peɪtrənaɪz/ *v* [tr] **1 to patronize sb** falar com alguém como se ele fosse criança/idiota **2** (formal) frequentar [uma loja, um restaurante]

patronizing, -sing BrE /'peɪtrənaɪzɪŋ/ *adj* **1** metido a superior [pessoa] **2** de superioridade, superior [ar, atitude]

patter /'pætər/ *verbo & substantivo*
• *v* [intr] tamborilar, fazer toque-toque
• *s* toque-toque, tap-tap

pattern /'pætərn/ *s* **1** padrão: *behavior patterns* padrões de comportamento **2** desenho, motivo **3** (em costura) molde

patterned /'pætərnd/ *adj* estampado

pause /pɔz/ *verbo & substantivo*
• *v* [intr] parar, fazer uma pausa
• *s* pausa

pave /peɪv/ *v* [tr] **1** pavimentar **2 to pave the way (for sth)** preparar o caminho (para algo)

pavement /'peɪvmənt/ *s* **1** AmE pavimento **2** BrE calçada ▶ No inglês americano diz-se **sidewalk**

pavilion /pə'vɪljən/ *s* pavilhão

'paving ,stone *s* pedra (de calçamento)

paw /pɔ/ *substantivo & verbo*
• *s* **1** pata **2** (informal) pata [referente à mão de uma pessoa]
• *v* [tr] bolinar

pawn /pɔn/ *verbo & substantivo*
• *v* [tr] penhorar
• *s* **1** (em xadrez) peão **2** (pessoa manipulada) peão, fantoche

pawnbroker /'pɔnbroʊkər/ *s* penhorista

pay /peɪ/ *verbo & substantivo*
• *v* (passado & particípio **paid**) **1** [tr/intr] pagar: *How much did you pay for the tickets?* Quanto você pagou pelos ingressos? | *We paid $170,000 for this apartment.* Pagamos $170.000 por esse apartamento. | *I paid the taxi driver.* Paguei o taxista. | **to be/get paid** ser pago, receber | **to pay by check/credit card** pagar com cheque/cartão de crédito **2** [intr] valer a pena, compensar **3** [intr] dar lucro **4 to pay your way** viver à própria custa ▶ ver também **attention, compliment, visit**

PHRASAL VERBS

pay sth back pagar algo que se deve: *Did I pay you back that $5?* Eu te paguei aqueles $5 que te devia? **pay sb back** pagar a alguém o que se deve: *He hasn't paid me back.* Ele não me pagou o que me deve. | *Could you lend me $20? I'll pay you back tomorrow.* Você podia me emprestar $20? Te pago amanhã.

pay sth in depositar algo [no banco]

pay off dar frutos **pay sth off** acabar de pagar algo

pay up (informal) pagar tudo (o que se deve)

- **s 1** salário **2 pay day** dia de pagamento **pay raise/increase** aumento salarial

payable /ˈpeɪəbəl/ adj **1** a pagar, pagável **2 to make a check payable to sb** fazer um cheque nominal a alguém

payment /ˈpeɪmənt/ s **1** pagamento: *He received no payment for his work.* Ele não recebeu pagamento pelo trabalho. **2** prestação **3 as/in payment for sth** como pagamento por algo

'pay phone s telefone público

payroll /ˈpeɪroʊl/ s folha de pagamento

PC /pi ˈsi/ substantivo & adjetivo

- **s 1** (= **personal computer**) PC [computador] **2** (= **police constable**) BrE guarda, policial
- **adj** (= **politically correct**) politicamente correto

pdf, PDF /ˌpi di ˈɛf/ s (= **portable document format**) pdf [formato de arquivo]

PE /pi ˈi/ s (= **physical education**) Educação Física

pea /pi/ s ervilha

peace /pis/ s **1** paz **2** tranquilidade | **peace and quiet** paz e tranquilidade, sossego **3 peace of mind** paz de espírito **4 to make (your) peace with sb** fazer as pazes com alguém **5 peace talks** conversações de paz

'Peace Corps s **the Peace Corps** o Corpo da Paz [organização governamental americana que fornece ajuda a países em desenvolvimento por meio de seus voluntários]

peaceful /ˈpisfəl/ adj **1** pacífico **2** tranquilo

peach /pitʃ/ substantivo & adjetivo

- **s** (pl **-ches**) **1** (fruta) pêssego **2** cor de pêssego
- **adj** cor de pêssego

peacock /ˈpikɑk/ s pavão

peak /pik/ substantivo, verbo & adjetivo

- **s 1** auge, pico **2** cume, pico **3** viseira
- **v** [intr] atingir seu ponto máximo
- **adj 1 peak rate** tarifa em horário de pico | **peak season** alta temporada **2 peak times/hours** horário de pico

peanut /ˈpinʌt/ substantivo & substantivo plural

- **s** amendoim
- **peanuts** s pl (informal) uma mixaria: *They work for peanuts.* Eles trabalham por uma mixaria.

'peanut ˌbutter s manteiga de amendoim

pear /pɛr/ s **1** pera **2 pear tree** pereira

pearl /pɜrl/ s pérola

peasant /ˈpɛzənt/ s **1** camponês -esa **2** (informal) bronco -ca

peat /pit/ s turfa

pebble /ˈpɛbəl/ s seixo

peck /pɛk/ verbo & substantivo

- **v** [tr/intr] bicar
- **s 1 to give sb a peck on the cheek** dar um beijinho no rosto de alguém **2** bicada

peckish /ˈpɛkɪʃ/ adj **to be/feel peckish** BrE (informal) estar com um pouco de fome

peculiar /pɪˈkjuljər/ adj **1** estranho **2 to be peculiar to sth/sb** ser próprio de algo/alguém, ser típico de algo/alguém

peculiarity /pɪkjuliˈærəti/ s (pl **-ties**) peculiaridade

peculiarly /pɪˈkjuljərli/ adv **1** especialmente **2** de modo estranho **3 peculiarly American/male etc.** tipicamente americano/masculino etc.

pedal /ˈpɛdl/ substantivo & verbo

- **s** pedal
- **v** [intr] (**-led**, **-ling** AmE, **-lled**, **-lling** BrE) pedalar

pedantic /pəˈdæntɪk/ adj detalhista

pedestrian /pəˈdɛstriən/ s pedestre

pe desˈtrian ˈcrossing s faixa de pedestres

pedigree /ˈpɛdəgri/ substantivo & adjetivo

- **s 1** pedigree **2** genealogia
- **adj** com pedigree, de raça

pee /pi/ verbo & substantivo

- **v** [intr] fazer xixi
- **s** xixi | **to have/take a pee** fazer xixi

peek /pik/ verbo & substantivo

- **v** [intr] **1 to peek (at sth)** espiar (algo), dar uma espiada (em algo) **2 to peek out** dar uma espiada para fora
- **s to take a peek at sth/sb** dar uma olhada em algo/alguém

peel /pil/ verbo & substantivo

- **v 1** [tr] descascar [uma fruta, batatas, etc.] **2** [intr] descascar [pele, tinta, etc.]: *Your nose is peeling.* Seu nariz está descascando.
  peel off descascar **peel sth off** tirar algo [uma etiqueta, etc.]
  peel out AmE (informal) dar uma arrancada
- **s** casca [de fruta, legume]

peep /pip/ verbo & substantivo

- **v** [intr] **1** dar uma espiada: *I opened the door a crack and peeped out.* Abri ligeiramente a porta e dei uma espiada. **2** espiar: *I caught him peeping through the keyhole.* Eu o peguei espiando pelo buraco da fechadura. **3** surgir: *The sun peeped through the clouds.* O sol surgiu por entre as nuvens.
- **s 1 to take a peep at sth** dar uma espiada em algo **2 not a peep** (informal) nem um pio

peer /pɪr/ substantivo & verbo

- **s 1** colega [da mesma idade, do mesmo grupo, etc.] **2** nobre [na Grã-Bretanha]
- **v to peer at/through etc.** Olhar algo, especialmente quando é difícil de ser enxergado: *He peered at the map.* Ele olhou minuciosamente o mapa. | *Someone was peering through the window.* Alguém estava espiando pela janela.

peeved /pivd/ adj (informal) irritado

peg /pɛg/ *substantivo & verbo*
- *s* **1** gancho [para pendurar casacos, etc.] **2** (também **tent peg**) estaca [de barraca] **3** (também **clothes peg**) BrE pregador (de roupas) ▶ No inglês americano diz-se **clothespin**
- *v* (-gged, -gging) **1 to peg sth to sth** indexar algo a algo **2 to peg sb as sth** rotular alguém de algo **3** (também **peg out**) pendurar com pregador

pelican /ˈpɛlɪkən/ *s* pelicano

pellet /ˈpɛlət/ *s* **1** pelota, bolinha [de papel, pão, etc.] **2** (bala de) chumbo

pelt /pɛlt/ *verbo & substantivo*
- *v* **1 to pelt sb with sth** atirar algo em alguém **2 to be pelting down** estar chovendo a cântaros **3 to pelt along/down etc.** ir/descer etc. correndo: *He pelted down the road.* Ele foi correndo pela rua.
- *s* **1** pele, couro [de animal] **2 at full pelt** a toda (velocidade)

pen /pɛn/ *s* **1** caneta **2** cercado [para animais]

penalize, -ise BrE /ˈpiːnl-aɪz/ *v* [tr] **1** prejudicar **2** penalizar

penalty /ˈpɛnlti/ *s* (pl **-ties**) **1** multa **2** pena | **the death penalty** a pena de morte **3** (em futebol) pênalti **4** AmE (em esportes) penalidade

pence /pɛns/ BrE plural de **penny**

pencil /ˈpɛnsəl/ *s* lápis

pencil sharpener *s* apontador (de lápis)

pendant, também **pendent** /ˈpɛndənt/ *s* pingente

pending /ˈpɛndɪŋ/ *preposição & adjetivo*
- *prep* (formal) à espera de
- *adj* (formal) pendente

Pen Drive® *s* pendrive

pendulum /ˈpɛndʒələm/ *s* pêndulo

penetrate /ˈpɛnətreɪt/ *v* **1** [tr] penetrar em, [intr] penetrar | **to penetrate through sth** atravessar algo **2** [tr] infiltrar-se em

penetrating /ˈpɛnətreɪtɪŋ/ *adj* **1** penetrante [olhar, voz] **2 a penetrating question** uma pergunta perspicaz

pen friend *s* BrE amigo -ga por correspondência ▶ No inglês americano diz-se **pen pal**

penguin /ˈpɛŋgwɪn/ *s* pinguim

penicillin /pɛnəˈsɪlən/ *s* penicilina

peninsula /pəˈnɪnsələ/ *s* península

penis /ˈpiːnɪs/ *s* pênis

penitentiary /pɛnəˈtɛnʃəri/ *s* (pl **-ries**) penitenciária

penknife /ˈpɛnnaɪf/ *s* (pl **-knives** /-naɪvz/) canivete

penniless /ˈpɛnɪləs/ *adj* sem um tostão, sem dinheiro

penny /ˈpɛni/ *s* **1** (pl **pennies**) AmE (moeda de) um centavo de dólar: *It costs a few pennies.* Custa alguns centavos. | *a bag full of pennies* uma bolsa cheia de moedas de um centavo **2** (pl **pence** ou **pennies**) BrE (moeda de) um pêni ▶ Referindo-se a preços e quantias, o plural é **pence**; referindo-se à moeda, o plural é **pennies**

pen pal *s* AmE amigo -ga por correspondência

pension /ˈpɛnʃən/ *s* aposentadoria, pensão

pensioner /ˈpɛnʃənər/ *s* aposentado -da

pentagon /ˈpɛntəgən/ *s* **1** pentágono **2 the Pentagon** o Pentágono [o Ministério da Defesa dos EUA]

pentathlon /pɛnˈtæθlən, -lɑn/ *s* pentatlo

penultimate /pɪˈnʌltəmət/ *adj* penúltimo

people /ˈpipəl/ *s* **1** [pl] pessoas, gente: *People think we are sisters.* As pessoas acham que somos irmãs. | *There were five people waiting.* Havia cinco pessoas esperando. | *Were there many people at the party?* Tinha muita gente na festa? ▶ ver notas em **gente** e **pessoa** **2** [pl] população, habitantes: *the people of Rome* a população de Roma | **the people** (as massas) o povo: *The people rose up against him.* O povo se levantou contra ele. **3** [sing] (nação) povo ▶ Neste sentido usa-se também o plural: *all the peoples of the world* todos os povos do mundo

pepper /ˈpɛpər/ *s* **1** pimenta **2** pimentão: *a red pepper* um pimentão vermelho

peppermint /ˈpɛpərmɪnt/ *s* **1** hortelã-pimenta **2** bala de hortelã

per /pər/ *prep* por: *He charges $20 per lesson.* Ele cobra $20 por aula. | *Apples were 80 cents per pound.* As maças custavam 80 centavos a libra.

perceive /pərˈsiv/ *v* [tr] (formal) **1** ver, considerar **2** perceber

percent, também **per cent** BrE /pərˈsɛnt/ *adj & adv* por cento: *I agree with you one hundred percent.* Concordo com você cem por cento.

percentage /pərˈsɛntɪdʒ/ *s* porcentagem

perception /pərˈsɛpʃən/ *s* **1** visão, concepção **2** percepção **3** sensibilidade, perspicácia

perceptive /pərˈsɛptɪv/ *adj* perspicaz

perch /pɜrtʃ/ *substantivo & verbo*
- *s* (pl **-ches**) poleiro
- *v* **1 to be perched on sth** estar encarapitado em algo **2 to perch (yourself) on sth** empoleirar-se em algo **3** [intr] pousar [pássaro]

percussion /pərˈkʌʃən/ *s* percussão

perennial /pəˈrɛniəl/ *adj* **1** eterno [problema, questão, etc.] **2** perene [planta]

perfect¹ /ˈpɜrfɪkt/ *adjetivo & substantivo*
- *adj* **1** perfeito, excelente **2** perfeito, ideal: *This rug is perfect for my bedroom.* Esse tapete é perfeito para o meu quarto. **3** Usado para enfatizar: *I felt like a perfect idiot.* Me senti um perfeito idiota. | *a perfect stranger* uma pessoa totalmente desconhecida
- *s* **the perfect (tense)** o pretérito perfeito

perfect² /pərˈfɛkt/ *v* [tr] aperfeiçoar

perfection /pərˈfɛkʃən/ s **1** perfeição | **to perfection** à perfeição **2** aperfeiçoamento

perfectionist /pərˈfɛkʃənɪst/ s perfeccionista

perfectly /ˈpɜrfɪktli/ adv **1** (à perfeição) perfeitamente **2** (para enfatizar) perfeitamente, totalmente | **to know perfectly well** saber muito bem

perform /pərˈfɔrm/ v **1** [intr] apresentar-se: *She's never performed in public.* Ela nunca se apresentou em público. ▶ A tradução também pode ser cantar, dançar ou tocar, caso se trate de cantores, bailarinos ou músicos. **2** [tr] representar [uma peça de teatro] **3** [tr] tocar, executar [uma música] **4** [tr] fazer [uma cirurgia, uma tarefa] **5** [tr] desempenhar [uma função] **6 to perform well/badly etc.** ter um bom/mau etc. desempenho

performance /pərˈfɔrməns/ s **1** (num teatro, cinema) apresentação **2** (de um músico) interpretação **3** (de um ator) atuação **4** (de um carro, um aluno, etc.) desempenho **5** (de funções, deveres, etc.) desempenho

performer /pərˈfɔrmər/ s **1** (em teatro) ator, atriz **2** (em música) intérprete **3** (num circo) artista

perfume /ˈpɜrfjum, pərˈfjum/ s **1** perfume **2** (literário) perfume, aroma [de uma flor]

perhaps /pərˈhæps/ adv talvez: *Perhaps she didn't hear you.* Talvez ela não tenha te ouvido. | **perhaps not** talvez não

peril /ˈpɛrəl/ s (formal) perigo, risco

period /ˈpɪriəd/ substantivo & adjetivo

• s **1** período | **over a period of time** ao longo de um período **2** (em História) época **3** menstruação **4** AmE ponto [sinal de pontuação] **5** tempo [de aula]

• adj **period costume/furniture** trajes/móveis de época

periodic /pɪriˈɑdɪk/, também **periodical** /pɪriˈɑdɪkəl/ adj periódico

peripheral /pəˈrɪfərəl/ adjetivo & substantivo

• adj secundário

• s (em informática) periférico

perish /ˈpɛrɪʃ/ v [intr] (3a pess sing -shes) (literário) perecer

perishable /ˈpɛrɪʃəbəl/ adj perecível

perjury /ˈpɜrdʒəri/ s perjúrio

perk /pɜrk/ substantivo & verbo

• s benefício adicional, mordomia

• v **perk up** ficar mais animado **perk sb up** animar alguém

perm /pɜrm/ substantivo & verbo

• s permanente [no cabelo]

• v **to have your hair permed** fazer permanente

permanent /ˈpɜrmənənt/ adjetivo & substantivo

• adj **1** permanente [visto, etc.] | **a permanent job** um trabalho fixo **2** irreparável [danos, perda]

• s AmE permanente [no cabelo]

permanently /ˈpɜrmənəntli/ adv permanentemente, para sempre

ˌpermanent ˈpress adj que não amassa [tecido]

permissible /pərˈmɪsəbəl/ adj (formal) permissível, admissível

permission /pərˈmɪʃən/ s permissão: *Did he give you permission to use the car?* Ele te deu permissão para usar o carro?

permit¹ /pərˈmɪt/ v (-tted, -tting) [tr] (formal) permitir: *Smoking is not permitted.* Não é permitido fumar. | **to permit sb to do sth** permitir que alguém faça algo | **weather permitting** se o tempo permitir

permit² /ˈpɜrmɪt/ s **1** autorização **2 a work permit** um visto de trabalho

perpetual /pərˈpɛtʃuəl/ adj constante, permanente

perplexed /pərˈplɛkst/ adj perplexo

persecute /ˈpɜrsɪkjut/ v [tr] perseguir [por motivos políticos, religiosos, etc.]

persecution /pɜrsɪˈkjuʃən/ s perseguição

perseverance /pɜrsəˈvɪrəns/ s perseverança

persevere /pɜrsəˈvɪr/ v **to persevere (with sth)** perseverar [em algo]

persist /pərˈsɪst/ v [intr] **1** insistir | **to persist in doing sth** insistir em fazer algo **2** persistir, continuar

persistence /pərˈsɪstəns/ s **1** perseverança, tenacidade **2** persistência

persistent /pərˈsɪstənt/ adj **1** persistente [tosse, chuva, etc.] **2** teimoso, insistente [pessoa] **3** repetido [tentativa]

person /ˈpɜrsən/ s **1** (pl **people**) pessoa: *There were several people waiting.* Havia várias pessoas esperando. **2** (pl **persons**) ▶ Este plural só se usa em linguagem formal ou técnica: *a person or persons unknown* uma pessoa ou pessoas desconhecidas **3 in person** pessoalmente **4** (pl **persons**) (em gramática) pessoa

personal /ˈpɜrsənəl/ adj **1** pessoal, particular: *personal problems* problemas pessoais | *my personal life* minha vida particular | *I know from personal experience.* Sei por experiência própria. **2** particular: *his personal driver* o motorista particular dele | *personal belongings* objetos de uso pessoal **3** (dirigido a uma pessoa) pessoal [comentário, etc.] | **it's nothing personal** não é nada pessoal

personality /pɜrsəˈnæləti/ s (pl **-ties**) **1** (caráter) personalidade **2** (pessoa famosa) personalidade

personalized, -ised BrE /ˈpɜrsənəlaɪzd/ adj personalizado

personally /ˈpɜrsənəli/ adv **1** (ao dar uma opinião) pessoalmente: *Personally, I think it's a bad idea.* Pessoalmente, não acho uma boa ideia.

2 (referente a uma pessoa em particular) pessoalmente: *He's personally responsible.* Ele é pessoalmente responsável. **3 to know sb personally** conhecer alguém pessoalmente **4 to take it personally** ofender-se, levar para o lado pessoal

personal 'stereo s walkman®

personnel /pɜrsə'nɛl/ s **1** pessoal, staff **2** departamento de pessoal

perspective /pər'spɛktɪv/ s **1** (ponto de vista) perspectiva **2** (num desenho) perspectiva **3 to keep things in perspective** não exagerar a importância de algo

perspiration /pɜrspə'reɪʃən/ s (formal) transpiração

perspire /pər'spaɪr/ v [intr] (formal) transpirar

persuade /pər'sweɪd/ v **1 to persuade sb (to do sth)** convencer alguém (a fazer algo): *My parents persuaded me to go to college.* Meus pais me convenceram a fazer faculdade. ▶ PERSUADE OU CONVINCE? ver **convencer 2 to persuade sb of sth** convencer alguém de algo

persuasion /pər'sweɪʒən/ s **1** persuasão **2** (formal) convicção, opinião

persuasive /pər'sweɪsɪv/ adj convincente, persuasivo

pertinent /'pɜrtn-ənt/ adj pertinente

perturbed /pər'tɜrbd/ adj preocupado, incomodado

Peru /pə'ru/ s Peru

Peruvian /pə'ruviən/ adj & s peruano -na

perverse /pər'vɜrs/ adj **1** do contra [pessoa] **2** descabido, despropositado [opinião, crença] **3** mórbido [satisfação]

pervert¹ /pər'vɜrt/ v [tr] perverter, corromper

pervert² /'pɜrvɜrt/ s pervertido -da

pessimism /'pɛsəmɪzəm/ s pessimismo

pessimist /'pɛsəmɪst/ s pessimista

pessimistic /pɛsə'mɪstɪk/ adj pessimista

pest /pɛst/ s **1** praga [inseto ou animal] **2** (informal) peste [pessoa]

pester /'pɛstər/ v [tr] atazanar: *The children were pestering me for a story.* As crianças me atazanavam, pedindo para eu contar uma história.

pesticide /'pɛstəsaɪd/ s pesticida

pet /pɛt/ s *substantivo, adjetivo & verbo*

- s **1** animal de estimação: *Do you have any pets?* Você tem algum animal de estimação? **2** preferido -da: *the teacher's pet* o preferido do professor

- adj **1** favorito, predileto [tema, teoria, etc.] **2** her pet monkey/rabbit etc. o macaco/coelho etc. de estimação dela **3 one of my/her etc. pet peeves** AmE, **one of my/her etc. pet hates** BrE uma das coisas que mais me/a etc. irrita

- v [tr] afagar

petal /'pɛtl/ s pétala

peter /'pitər/ v **peter out 1** perder-se [trilha, estrada] **2** morrer [interesse, conversa]

petition /pə'tɪʃən/ *substantivo & verbo*

- s petição, abaixo-assinado

- v [tr] fazer uma petição a/um abaixo-assinado contra

petrified /'pɛtrəfaɪd/ adj **1** apavorado, petrificado **2** petrificado [árvores, madeira, etc.]

petrol /'pɛtrəl/ s BrE gasolina ▶ No inglês americano diz-se **gasoline** ou **gas**

petroleum /pə'trouliəm/ s petróleo

'petrol ,station s BrE posto de gasolina ▶ No inglês americano diz-se **gas station**

petticoat /'pɛtikout/ s anágua

petty /'pɛti/ adj (-ttier, -ttiest) **1** insignificante **2 petty crime** pequenos delitos **3 petty cash** caixa pequeno **4** mesquinho

pew /pju/ s banco [de igreja]

Ph.D. /pi eɪtʃ 'di/ s (= **Doctor of Philosophy**) **1** Ph.D., doutorado **2** doutor -a

phantom /'fæntəm/ *substantivo & adjetivo*

- s (literário) fantasma

- adj **1** imaginário **2** fantasmagórico

pharmaceutical /farmə'sutɪkəl/ adj farmacêutico

pharmacist /'farməsɪst/ s farmacêutico -ca

pharmacy /'farməsi/ s (pl -cies) AmE (loja) farmácia **2** (profissão) farmácia

phase /feɪz/ *substantivo & verbo*

- s fase

- v **phase sth in** introduzir algo gradualmente **phase sth out** abolir algo gradualmente

pheasant /'fɛzənt/ s (pl -s ou pheasant) faisão

phenomenal /fɪ'namənl/ adj fenomenal

phenomenon /fɪ'namənən/ s (pl **phenomena** /-nə/) fenômeno

phew /fju/ interj ufa!

philosopher /fɪ'lasəfər/ s filósofo -fa

philosophical /fɪlə'safɪkəl/ adj filosófico

philosophy /fɪ'lasəfi/ s (pl -phies) filosofia

phobia /'foubiə/ s fobia

phone /foun/ *substantivo & verbo*

- s **1** telefone | **by phone** por telefone **2 to be on the phone (a)** estar no telefone **(b)** ter telefone

- v (também **phone up** BrE) [tr] telefonar para, ligar para, [intr] telefonar, ligar: *Don't phone me at work.* Não ligue para mim no trabalho. | *I phoned to confirm.* Telefonei para confirmar.

'phone book s catálogo telefônico, lista telefônica

'phone booth AmE, **'phone box** BrE s cabine telefônica

'phone call s telefonema, ligação

'phone card s cartão telefônico

'phone-in s programa de rádio ou televisão do qual o público participa por telefone

'phone ˌnumber s (número de) telefone

phoney, também **phony** AmE /'founi/ adjetivo & substantivo

- **adj** (informal) fajuto, falso
- **s** pessoa falsa

phonics /'fɑnɪks/ s alfabetização fônica

photo /'foutou/ s foto | **to take a photo** tirar uma foto

photocopier /'foutəkɑpiər/ s fotocopiadora

photocopy /'foutəkɑpi/ substantivo & verbo

- **s** (pl -pies) fotocópia, xerox
- **v** [tr] (-pies, -pied) fotocopiar, xerocar

photograph /'foutəgræf/ substantivo & verbo

- **s** fotografia | **to take a photograph** tirar uma fotografia
- **v** [tr] fotografar

photographer /fə'tɑgrəfər/ s fotógrafo -fa

photography /fə'tɑgrəfi/ s fotografia [atividade]

ˌphrasal 'verb s

> Um **phrasal verb** é uma locução verbal composta de um verbo e um advérbio, ou uma preposição, ou ambos, tais como **to give up, to look up to,** etc. Os **phrasal verbs** são tratados no verbete do verbo correspondente.

phrase /freɪz/ substantivo & verbo

- **s** expressão, frase
- **v** [tr] formular

physical /'fɪzɪkəl/ adjetivo & substantivo

- **adj** físico
- **s** (também **physical examination**) exame médico

physically /'fɪzɪkli/ adv **1** fisicamente | **physically disabled** com deficiência física **2** **physically impossible** humanamente impossível

physician /fɪ'zɪʃən/ s (formal) médico -ca

physicist /'fɪzəsɪst/ s físico -ca [cientista]

physics /'fɪzɪks/ s física [ciência]

physiology /fɪzi'ɑlədʒi/ s fisiologia

physiotherapist /fɪziou'θɛrəpɪst/ s fisioterapeuta

physiotherapy /fɪziou'θɛrəpi/ s fisioterapia

physique /fɪ'zik/ s físico [corpo]

pianist /pi'ænɪst/ s pianista

piano /pi'ænou/ s piano: *He plays the piano beautifully.* Ele toca piano lindamente.

pick /pɪk/ verbo & substantivo

- **v** [tr] **1** escolher, selecionar **2** colher [frutas, flores, etc.] **3** arrancar [uma flor] **4** **to pick sth off/from sth** tirar algo de algo: *She was picking pieces of lint off her sweater.* Ela estava tirando fiapos da suéter. | **to pick your nose** limpar o nariz com o dedo | **to pick your teeth** palitar os dentes **5** **to pick a fight with sb** comprar uma briga com alguém **6** **to pick your way through/across etc.** caminhar com cuidado por entre/através de etc. **7** **to pick sb's pocket** bater a carteira de alguém **8** **to pick a lock** forçar uma fechadura

PHRASAL VERBS

pick on sb implicar com alguém

pick sth/sb out **1** identificar algo/alguém **2** distinguir algo/alguém

pick up **1** melhorar: *Sales should pick up before Christmas.* As vendas devem melhorar antes do Natal. **2** aumentar [vento] **pick up sth to pick up speed** ganhar velocidade **pick sth up** **1** pegar algo [do chão, da mesa, etc.] **2** pegar algo, aprender algo: *You'll soon pick up the language.* Você vai pegar rapidamente a língua. **3** adquirir algo [um mau hábito] **4** pegar algo [uma doença] **pick sb up** **1** pegar alguém no colo **2** deter alguém **3** arrumar alguém [numa festa, num bar, etc.]

- **s** **1** **take your pick!** escolha à vontade! | **to have your pick of sth/sb** poder escolher à vontade algo/alguém **2** **the pick of sth** o(s) melhor(es) de algo **3** picareta

pickax AmE, **pickaxe** BrE /'pɪk-æks/ s picareta

picket /'pɪkɪt/ verbo & substantivo

- **v** [tr] fazer piquete(s) em, [intr] fazer piquete(s)
- **s** **1** piquete **2** **picket fence** AmE cerca de estacas

pickle /'pɪkəl/ substantivo & substantivo plural

- **s** BrE picles [em forma de molho]
- **pickles** **s pl** picles

pickpocket /'pɪkpɑkɪt/ s batedor -a de carteira

pickup /'pɪkʌp/, também **'pickup ˌtruck** s picape

picky /'pɪki/ adj (-ckier, -ckiest) (informal) difícil, fresco

picnic /'pɪknɪk/ s piquenique | **to have a picnic** fazer um piquenique

picture /'pɪktʃər/ substantivo & verbo

- **s** **1** quadro **2** desenho | **to draw a picture** fazer um desenho **3** retrato, foto | **to take a picture (of sth/sb)** tirar uma foto (de algo/alguém) **4** descrição, imagem **5** imagem [de televisão] **6** filme **7** **to get the picture** (informal) sacar: *Do you get the picture?* Sacou?

having a picnic

- **v** [tr] imaginar

picturesque /pɪktʃə'rɛsk/ adj pitoresco

 Você está em dúvida se deve usar **make** ou **do**? Veja os verbetes **fazer**, **make** e **do**.

pie /paɪ/ s **1** torta: *apple pie* torta de maçã **2** empadão

piece /pis/ *substantivo & verbo*

- s **1** pedaço | **to smash/tear sth to pieces** partir/rasgar algo em pedaços **2** (elemento de um conjunto) peça | **to take sth to pieces** desmontar algo **3** A piece of é usado seguido de alguns substantivos não contáveis para designar uma unidade: *a piece of furniture* um móvel | *a piece of advice* um conselho **4** (musical) peça **5** moeda: *a 50-cent piece* uma moeda de 50 centavos **6 to go to pieces** entrar em parafuso [pessoa] **7 in one piece (a)** são e salvo [pessoa] **(b)** intacto [objeto] **8 to give sb a piece of your mind** dizer poucas e boas a alguém **9 to be a piece of cake** (informal) ser moleza

a piece of cheese

- v **piece sth together** reconstituir algo baseado nas informações disponíveis: *He eventually pieced together what had happened.* No final, ele conseguiu reconstituir o que tinha acontecido.

pier /pɪr/ s píer

pierce /pɪrs/ v [tr] **1** furar, perfurar **2 to have your ears pierced** furar a orelha

piercing /ˈpɪrsɪŋ/ adj **1** agudo [grito] **2** penetrante [olhar]

pig /pɪɡ/ s **1** porco -ca **2** (informal) guloso -sa

pigeon /ˈpɪdʒən/ s pombo

pigeonhole /ˈpɪdʒənhoʊl/ s escaninho

piglet /ˈpɪɡlət/ s leitão

pigsty /ˈpɪɡstaɪ/ s (pl -sties) chiqueiro

pigtail /ˈpɪɡteɪl/ s rabo de cavalo

pile /paɪl/ *substantivo, substantivo plural & verbo*

- s **1** pilha **2 a pile of/piles of** (informal) um monte de/quilos de

- **piles** *s pl* BrE hemorróidas ▶ No inglês americano diz-se **hemorrhoids**

- v **1** [tr] empilhar **2 piled (high) with sth** abarrotado de algo
pile into sth (informal) amontoar-se em algo: *We all piled into the car.* Nós nos amontoamos todos no carro.
pile up acumular-se, aumentar **pile sth up** empilhar algo

ˈpile-up s (informal) engavetamento [de carros]

pilgrim /ˈpɪlɡrəm/ s peregrino -na

pilgrimage /ˈpɪlɡrəmɪdʒ/ s peregrinação, romaria

pill /pɪl/ s **1** comprimido **2 the pill** a pílula (anticoncepcional): *She's on the pill.* Ela toma pílula.

pillar /ˈpɪlər/ s pilar, coluna

pillow /ˈpɪloʊ/ s travesseiro

pillowcase /ˈpɪloʊkeɪs/ s fronha

pilot /ˈpaɪlət/ *substantivo & verbo*

- s **1** piloto [de avião] **2 a pilot project/program etc.** um projeto-piloto/plano-piloto etc.

- v [tr] pilotar

pimple /ˈpɪmpəl/ s espinha [na pele]

PIN /pɪn/, também **ˈPIN ˌnumber** s (= **personal identification number**) senha [para caixa eletrônico, etc.]

pin /pɪn/ *substantivo & verbo*

- s **1** alfinete **2** AmE broche **3 pins and needles** formigamento

- v [tr] (-nned, -nning) **1 to pin sth together** prender algo com alfinetes | **to pin sth to/on sth** pregar algo em algo **2** imprensar
pin sth down identificar algo [a causa de uma doença, problema, etc.] **pin sb down** fazer alguém se comprometer

pinball /ˈpɪnbɔl/ s fliperama

pincer /ˈpɪnsər/ *substantivo & substantivo plural*

- s pinça [de crustáceo]

- **pincers** *s pl* alicate, torquês

pinch /pɪntʃ/ *verbo & substantivo*

- v (3a pess sing presente **-ches**) **1** [tr] beliscar **2** [tr/intr] (sapatos) apertar

- s (pl **-ches**) **1 a pinch of salt/pepper etc.** uma pitada de sal/pimenta etc. **2** beliscão **3 in a pinch** AmE, **at a pinch** BrE em último caso

pine /paɪn/ *substantivo & verbo*

- s **1** (também **pine tree**) pinheiro **2** pinho | **a pine table/bed etc.** uma mesa/cama etc. de pinho

- v [intr] (também **pine away**) definhar
pine for sth/sb sentir muita falta de algo/alguém

pineapple /ˈpaɪnæpəl/ s abacaxi

ping-pong /ˈpɪŋpɑŋ/ s (informal) pingue-pongue

pink /pɪŋk/ adj & s cor-de-rosa, rosa ▶ ver "Active Box" **colors** em **color**

pinnacle /ˈpɪnəkəl/ s **1** auge, ápice **2** (em arquitetura) pináculo **3** (de uma montanha) cume, pico

pinpoint /ˈpɪnpɔɪnt/ v [tr] **1** apontar [falhas, etc.] **2** localizar com precisão

pint /paɪnt/ s **1** quartilho [= 0,47 litros nos EUA e 0,57 litros na Grã-Bretanha] **2** BrE (informal) cerveja | **to go for a pint** ir tomar uma cerveja

pinup /ˈpɪnʌp/ s pin-up

pioneer /paɪəˈnɪr/ *substantivo & verbo*

- s pioneiro -ra

- v [tr] ser pioneiro em

pious /ˈpaɪəs/ adj **1** devoto **2** carola

pip /pɪp/ s BrE caroço [de maçã, laranja, etc.] ▶ No inglês americano diz-se **seed**

pipe /paɪp/ *substantivo & verbo*
- *s* **1** cano **2** cachimbo | **to smoke a pipe** fumar cachimbo **3** flauta **4 the pipes** a gaita de foles
- *v* [tr] canalizar [por canos, dutos, etc.]
  pipe down (informal) calar a boca

pipeline /ˈpaɪp-laɪn/ *s* **1** duto [oleoduto, gasoduto] **2 to be in the pipeline** estar para acontecer

piracy /ˈpaɪrəsi/ *s* pirataria

pirate /ˈpaɪrət/ *substantivo & verbo*
- *s* pirata
- *v* [tr] piratear

Pisces /ˈpaɪsiz/ *s* **1** (signo) Peixes **2** pisciano -na: *My sister's a Pisces.* Minha irmã é pisciana./Minha irmã é de Peixes.

piss /pɪs/ (chulo) *substantivo & verbo*
- *s* mijo
- *v* [intr/tr] mijar

pissed /pɪst/ *adj* (chulo) **1** AmE puto (da vida) **2 pissed off** de saco cheio, chateado **3** BrE de porre | **to get pissed** encher a cara

pistol /ˈpɪstl/ *s* pistola

piston /ˈpɪstən/ *s* pistão

pit /pɪt/ *substantivo & verbo*
- *s* **1** fosso **2** AmE caroço [de pêssego, ameixa, etc.] **3** mina **4 the pit** AmE, **the pits** BrE os boxes [num autódromo] **5 in the pit of your stomach** na boca do estômago **6 the pit** o poço da orquestra **7 to be the pits** (informal) ser o fim da picada
- *v* (-tted, -tting) **pit sb against sth/sb 1** fazer alguém entrar em confronto com algo/alguém **2 to pit your strength/wits etc. against sb** testar sua força/inteligência etc. em relação à de alguém

pita /ˈpitə/, também **ˈpita bread** *s* pão árabe

pitch /pɪtʃ/ *substantivo & verbo*
- *s* **1** grau [de tensão, emoção, etc.] **2** tom [de uma nota, instrumento, etc.] **3** lançamento [em beisebol] **4** BrE campo [de jogo] **5** lábia [de vendedor]
- *v* **1** [tr] atirar **2** [tr/intr] (em beisebol) lançar **3 to pitch forward/backward etc.** cair de cara/de costas etc., fazer cair para frente/para trás etc. **4** armar [uma barraca] | **to pitch camp** acampar **5** [intr] jogar, balançar [navio, avião] **6** destinar-se [um produto, um filme, etc.]: *The movie is pitched at a preteen audience.* O filme destina-se a um público pré-adolescente. **7** nivelar [um curso, uma prova, etc.]
  pitch in (informal) dar uma mão/ajuda | **to pitch in with sth** colaborar com algo

ˌpitch ˈblack *adj* escuro/negro como breu

pitcher /ˈpɪtʃər/ *s* **1** jarra, jarro **2** (em beisebol) lançador -a

pitfall /ˈpɪtfɔl/ *s* problema

pitiful /ˈpɪtɪfəl/ *adj* **1** de dar pena **2** lamentável

pittance /ˈpɪtns/ *s* miséria: *She earns a pittance.* Ela ganha uma miséria.

pity /ˈpɪti/ *substantivo & verbo*
- *s* **1 it's a pity (that)** é uma pena (que): *It's a pity you can't come.* É uma pena você não poder vir. | **what a pity!** que pena! **2** compaixão | **to take pity on sb** ter pena de alguém
- *v* [tr] (-ties, -tied) sentir pena de

pivot /ˈpɪvət/ *s* **1** eixo **2** pivô

pizza /ˈpitsə/ *s* pizza

pizzeria /pitsəˈriə/ *s* pizzaria

placard /ˈplækərd/ *s* **1** (de manifestante) cartaz **2** (de propaganda) cartaz

placate /ˈpleɪkeɪt/ *v* [tr] apaziguar, aplacar

place /pleɪs/ *substantivo & verbo*
- *s* **1** lugar: *Do you know any good places to eat?* Você conhece algum lugar bom onde se possa comer? | *Keep the key in a safe place.* Guarde a chave em lugar seguro. | **in place** em seu lugar **2** (informal) casa: *They have a place in the country.* Eles têm uma casa no campo. | *We went to Jeff's place for coffee.* Fomos à casa do Jeff tomar um café.
3 to take place acontecer, realizar-se, ser: *The next meeting will take place on Thursday.* A próxima reunião será na quinta-feira.
4 (num curso, num time) vaga: *She got a place on the swim team.* Ela conseguiu uma vaga na equipe de natação.
5 (para sentar) lugar: *Save me a place.* Guarde um lugar para mim.
6 to take the place of sth/sb substituir algo/alguém, tomar o lugar de algo/alguém
7 in first/second etc. place em primeiro/segundo etc. lugar [numa corrida, etc.]
8 in the first/second place em primeiro/segundo lugar [ao se dar motivos]
9 to put sb in his/her etc. place pôr alguém em seu lugar
10 all over the place (a) (informal) por todo lado **(b)** todo despenteado [cabelo]
11 out of place fora do lugar | **to feel out of place** sentir-se deslocado
- *v* [tr] **1** colocar
2 I can't place him/her etc. não me lembro de onde o/a etc. conheço: *I'm sure I've met her before, but I can't place her.* Tenho certeza de que já a conheço, mas não me lembro de onde.
3 to place an advertisement pôr um anúncio | **to place an order/a bet** fazer uma encomenda/uma aposta

placid /ˈplæsɪd/ *adj* tranquilo, calmo

plague /pleɪg/ *substantivo & verbo*
- *s* **1** peste **2 a plague of locusts/rats etc.** uma praga de gafanhotos/ratos etc.
- *v* [tr] atormentar

plaice /pleɪs/ *s* espécie de linguado

plain /pleɪn/ *adjetivo, substantivo & advérbio*
- *adj* **1** claro, evidente: *It's plain that he's not*

interested. É evidente que ele não está interessado. | **to make it plain that** deixar claro que **2** simples, básico [roupa, etc.]: *a plain gold ring* um anel de ouro simples **3** liso [de uma só cor]: *a plain carpet* um carpete liso | **plain paper** papel sem pauta **4** sem graça, feioso
- *s* planície
- *adv* (informal) simplesmente: *It's just plain stupid.* É simplesmente idiota.

plainclothes /pleɪnˈkloʊz/ *adj* à paisana [policial]

plainly /ˈpleɪnli/ *adv* **1** claramente **2** francamente, sem rodeios **3** obviamente **4** com simplicidade

plaintiff /ˈpleɪntɪf/ *s* requerente

plait /pleɪt, BrE plæt/ *verbo & substantivo*
- *v* [tr] BrE trançar ▶ No inglês americano diz-se **braid**
- *s* BrE trança ▶ No inglês americano diz-se **braid**

plan /plæn/ *substantivo & verbo*
- *s* **1** plano: *There's been a change of plan.* Houve uma mudança de planos. | **to go according to plan** correr conforme o planejado **2** planta [de um prédio, cidade, etc.] **3** plano
- *v* (-nned, -nning) **1** [tr/intr] planejar: *She'd been planning the trip for months.* Ela vinha planejando a viagem há meses. **2 to plan on doing sth/to plan to do sth** planejar fazer algo **3 to plan ahead** planejar com antecedência

plane /pleɪn/ *s* **1** avião | **by plane** de avião **2** plano [nível] **3** plaina

planet /ˈplænɪt/ *s* planeta

plank /plæŋk/ *s* tábua

planning /ˈplænɪŋ/ *s* planejamento

plant /plænt/ *substantivo & verbo*
- *s* **1** planta **2** fábrica, usina **3** maquinaria **4 plant pot** vaso [para planta com raízes]
- *v* [tr] **1** plantar **2** (informal) **to plant a kiss on sb's cheek/forehead etc.** tascar um beijo na bochecha/testa etc. de alguém | **to plant your feet on the ground** fincar os pés no chão **3** colocar [uma bomba] **4 to plant sth on sb** esconder algo nas coisas de alguém, sem a pessoa saber [como prova forjada]

plantation /plænˈteɪʃən/ *s* plantação

plaque /plæk/ *s* **1** placa **2** placa dentária

plaster /ˈplæstər/ *substantivo & verbo*
- *s* **1** gesso, reboco **2** BrE band-aid® ▶ No inglês americano diz-se **Band-Aid®** **3 in plaster** engessado | **to put sb's arm/leg etc. in plaster** engessar o braço/a perna etc. de alguém
- *v* [tr] **1 to plaster sth with sth** cobrir/encher algo de algo: *Her bedroom was plastered with posters.* O quarto dela era cheio de pôsteres. **2** rebocar

plaster ˈcast *s* gesso

plastic /ˈplæstɪk/ *substantivo & adjetivo*
- *s* plástico
- *adj* de plástico: *a plastic bag* um saco de plástico

plasticine® /ˈplæstəsin/ *s* BrE massinha [de modelagem] ▶ Existe também **Play-Doh®**, que é usado tanto no inglês americano como no britânico

plastic ˈsurgery *s* cirurgia plástica

plastic ˈwrap *s* AmE filme de PVC

plate /pleɪt/ *s* **1** prato **2** (chapa de metal) placa **3** (com inscrição) placa **4** (de veículo) placa

plateau /plæˈtoʊ/ *s* (pl **plateaus** ou **plateaux** /-ˈtoʊz/) **1** platô **2** patamar [nível]

platform /ˈplætfɔrm/ *s* **1** (numa estação de trem) plataforma **2** (para oradores) tribuna **3** (de um partido político) plataforma

platinum /ˈplætn-əm/ *s* platina

platoon /pləˈtun/ *s* pelotão

plausible /ˈplɔzəbəl/ *adj* **1** plausível [história, pretexto] **2** convincente [pessoa]

play /pleɪ/ *verbo & substantivo*
- *v* **1** [tr/intr] jogar: *I don't know how to play chess.* Não sei jogar xadrez. | *He plays for the Mariners.* Ele joga no Mariners.
2 to play (against) sb jogar contra alguém: *They are playing the Pumas tomorrow.* Eles vão jogar contra os Pumas amanhã.
3 [intr] brincar (de), jogar: *Let's play pirates.* Vamos brincar de pirata.
4 [tr/intr] tocar [um instrumento musical]: *My sister plays the flute.* Minha irmã toca flauta.
5 [intr] tocar [música]: *Music was playing in the background.* Havia um fundo musical.
6 to play a CD/tape etc. pôr um CD/uma fita etc.
7 [tr] fazer o papel de [em filme, peça teatral, etc.]
8 to play a trick/joke on sb pregar uma peça em alguém
9 to play the fool/the innocent etc. bancar o bobo/o inocente etc., fazer-se de bobo/de inocente etc.
10 to play (it) safe não arriscar

PHRASAL VERBS

play sth down minimizar algo [um escândalo, etc.]

play sb off against sb pôr alguém contra alguém [para conseguir algo]

play on sth explorar algo [os temores, as preocupações de alguém]

play up 1 (comportar-se mal) aprontar **2** dar

problema [televisor, carro, etc.] **play sth up** exagerar algo
- s **1** peça [teatral] | **to put on a play** encenar uma peça **2** (atividade) brincadeira **3** (em esportes, etc.) jogo: *Rain stopped play.* A chuva interrompeu o jogo **4 to come into play** entrar em jogo [fatores]

player /'pleɪər/ s **1** jogador -a **2** músico | **guitar/violin etc. player** guitarrista/violinista etc.

playful /'pleɪfəl/ adj **1** brincalhão [criança, animal, etc.] **2** de brincadeira [beijo] **3** alegre [sorriso, humor]

playground /'pleɪgraʊnd/ s **1** pátio [na escola] **2** num parque ou numa praça, área com balanços, escorrega, etc.

playgroup /'pleɪgrup/ s creche ▶ No inglês americano diz-se **preschool**

'**playing ,card** s carta de baralho

'**playing ,field** s campo de esportes

playlist /'pleɪlɪst/ s playlist [seleção de músicas armazenadas em um computador ou tocador de MP3]

'**play-off** s (jogo de) desempate

playtime /'pleɪtaɪm/ s (hora do) recreio

playwright /'pleɪraɪt/ s dramaturgo -ga

plc /pi ɛl 'si/ (= **public limited company**) tipo de sociedade anônima na Grã-Bretanha

plea /pli/ s **1** súplica | **a plea for sth** um pedido de algo | **to make a plea for sth** fazer um apelo por algo **2 to enter a plea of guilty/not guilty** declarar-se culpado/inocente [réu], apresentar uma declaração de culpa/inocência [advogado]

plead /plid/ v (passado & particípio **pleaded** ou **pled** AmE) **1** [intr] suplicar: *Amy pleaded with the stranger to help her.* Amy suplicou ao estranho que a ajudasse. **2 to plead guilty/not guilty** declarar-se culpado/inocente

pleasant /'plɛzənt/ adj agradável

pleasantly /'plɛzəntli/ adv **1** agradavelmente **2** amavelmente

please /pliz/ interjeição & verbo
- interj por favor ▶ **please** é mais usado em inglês do que *por favor* em português. Também é usado em contextos nos quais usamos outras fórmulas de cortesia em português: *Sit down, please.* Sente-se, por favor. | *"A little more coffee?" "Yes, please."* – Quer mais café? – Quero, sim. | *Please may I use your phone?* Posso usar seu telefone? | *"May I sit here?" "Please do."* – Posso sentar aqui? – Pois não.
- v [tr/intr] **1** agradar: *He's always been hard to please.* Ele sempre foi difícil de agradar. **2 to please yourself:** *She can please herself as far as I'm concerned.* Por mim, ela pode fazer o que quiser. **3 whatever/wherever etc. you please** o que/onde etc. você quiser

pleased /plizd/ adj **1** contente, feliz: *She's pleased about the results.* Ela está contente com os resultados. | *I'm so pleased you can come.* Estou tão feliz que você vai poder vir. | **to be pleased to do sth** estar feliz em fazer algo: *We are pleased to be able to help.* Estamos felizes em poder ajudar. **2** satisfeito: *I'm not very pleased with Jack.* Não estou muito satisfeito com o Jack. **3 pleased to meet you** (formal) prazer em conhecê-lo

pleasing /'plizɪŋ/ adj (formal) **1** agradável **2** satisfatório

pleasurable /'plɛʒərəbəl/ adj (formal) prazeroso

pleasure /'plɛʒər/ s **1** prazer: *This car is a pleasure to drive.* É um prazer dirigir este carro. | **for pleasure** por prazer **2 it's a pleasure/my pleasure** (formal) não há de quê **3 with pleasure** (formal) com prazer **4 to take pleasure in sth/in doing sth** comprazer-se com algo/em fazer algo

pleat /plit/ s prega

pleated /'plitɪd/ adj preguead0

pled /plɛd/ AmE passado & particípio de **plead**

pledge /plɛdʒ/ substantivo & verbo
- s promessa
- v [tr] **1** prometer [dinheiro, apoio, etc.] **2 to pledge yourself to do sth** comprometer-se a fazer algo

plentiful /'plɛntɪfəl/ adj abundante

plenty /'plɛnti/ pronome & advérbio
- pron **1** muito, bastante: *There was plenty to eat at the party.* Tinha muita comida na festa. | *We have plenty of time.* Temos bastante tempo./Temos tempo de sobra. **2** (suficiente) bastante: *No, thank you. I've had plenty.* Não, obrigado. Já comi bastante.
- adv **plenty more** muito mais: *There's plenty more beer in the refrigerator.* Tem muito mais cerveja na geladeira.

pliers /'plaɪərz/ s pl alicate: *a pair of pliers* um alicate

plight /plaɪt/ s situação crítica, sofrimento: *These children are in a terrible plight.* Essas crianças estão numa situação crítica.

plod /plɑd/ v (-dded, -dding) **to plod along/through etc. sth** (andar com dificuldade) arrastar-se ao longo de/por etc. algo

plot /plɑt/ substantivo & verbo
- s **1** complô **2** trama [de livro, filme, etc.] **3** terreno pequeno | **a plot of land** um terreno
- v (-tted, -tting) **1** [tr/intr] tramar **2** [tr] marcar [pontos etc. num mapa, num gráfico] **3** [tr] traçar [um rumo]

plow AmE, **plough** BrE /plaʊ/ *substantivo & verbo*
- *s* arado
- *v* [tr/intr] arar
  plow sth back reinvestir algo
  plow into sth chocar-se contra algo
  plow through sth ler algo [longo e pesado]

ploy /plɔɪ/ *s* golpe, truque [para conseguir algo]

pluck /plʌk/ *v* [tr] **1 to pluck up the courage (to do something)** criar coragem (para fazer algo) **2** dedilhar [uma corda, um violão, etc.] **3 to pluck your eyebrows** tirar as sobrancelhas **4** depenar [uma ave] **5 to pluck sth from/off sth** (literário) tirar algo de algo, arrancar algo de algo

plug /plʌg/ *substantivo & verbo*
- *s* **1** (num fio) tomada **2** (para banheira ou pia) tampa **3** (informal) **to give a book/movie etc. a plug** fazer propaganda de um livro/filme etc.
- *v* [tr] (-gged, -gging) **1** (também **plug up**) tapar **2** (informal) fazer propaganda de
  plug sth in ligar [na tomada]

plughole /ˈplʌghoʊl/ *s* BrE ralo ▶ No inglês americano diz-se **drain**

plum /plʌm/ *s* **1** ameixa **2 plum tree** ameixeira

plumage /ˈpluːmɪdʒ/ *s* plumagem

plumber /ˈplʌmər/ *s* bombeiro -ra, encanador -a

plumbing /ˈplʌmɪŋ/ *s* encanamento

plummet /ˈplʌmɪt/ *v* [intr] despencar

plump /plʌmp/ *adj* **1** rechonchudo [pessoa, bochechas] **2** carnudo [galinha] **3** cheio [almofada]

plunder /ˈplʌndər/ *v* [tr] saquear

plunge /plʌndʒ/ *verbo & substantivo*
- *v* [intr] **1** mergulhar [pessoa, veículo, etc.]: *The van plunged into the river.* A van mergulhou no rio. **2** cair [preço] **3 to plunge into sth (a)** mergulhar em algo **(b)** meter-se em algo **4 to plunge sth into sth (a)** enfiar algo em algo **(b)** mergulhar algo em algo **5 to plunge sth/sb into sth** mergulhar algo/alguém em algo [em crise, dívidas, etc.]
- *s* **1 to take the plunge** resolver arriscar **2** queda [em preço, valor, etc.]

plural /ˈplʊrəl/ *adj & s* plural

plus /plʌs/ *preposição, substantivo & adjetivo*
- *prep* **1** mais: *Three plus six is nine.* Três mais seis é igual a nove. **2** além de, e mais: *all the household chores, plus the cooking* todos os afazeres domésticos, além de cozinhar
- *s* (pl **-ses** ou **-sses**) **1** vantagem, ponto positivo **2** sinal de mais
- *adj* **1** Em excesso de: *$5,000 plus* mais de $5.000 | *a man of 50 plus* um homem de 50 e poucos anos **2 a plus factor/point** um ponto positivo/ uma vantagem

plush /plʌʃ/ *adjetivo & substantivo*
- *adj* chique
- *s* pelúcia: *a plush rabbit* um coelhinho de pelúcia

Pluto /ˈpluːtoʊ/ *s* Plutão

plutonium /pluˈtoʊniəm/ *s* plutônio

plywood /ˈplaɪwʊd/ *s* compensado [madeira]

p.m., P.M., pm /piː ˈɛm/ da tarde, da noite: *We are open from 10 a.m. to 6 p.m.* Ficamos abertos das 10 da manhã às 6 da tarde. | *at 3 p.m./8 p.m.* às 3 da tarde/8 da noite

pneumatic drill /nʊˌmætɪk ˈdrɪl/ *s* BrE britadeira ▶ No inglês americano diz-se **jack hammer**

pneumonia /nʊˈmoʊnjə/ *s* pneumonia

PO (= Post Office) correio

poach /poʊtʃ/ *v* **1** [tr] cozinhar [em leite, vinho, etc.] | **poached egg** ovo pochê **2** [tr/intr] caçar/ pescar ilegalmente **3** [tr] roubar [jogadores, ideias, etc.]

pocket /ˈpɑkɪt/ *substantivo & verbo*
- *s* **1** (numa roupa) bolso **2** (orçamento): *prices to suit every pocket* preços acessíveis a todos **3 pocket calculator/dictionary etc.** calculadora/dicionário etc. de bolso **pocket knife** canivete **pocket money** BrE mesada ▶ ver também **pick**
- *v* [tr] **1** embolsar **2** guardar no bolso

pocketbook /ˈpɑkɪtbʊk/ *s* AmE bolsa [de mulher]

'pocket-,size, também **'pocket-,sized** *adj* de bolso, tamanho de bolso

pod /pɑd/ *s* vagem [de ervilha, etc.]

podcast /ˈpɑdkæst/ *substantivo & verbo*
- *s* podcast [arquivo de áudio disponibilizado na internet]
- *v* [tr] (passado & particípio **podcast**) transmitir via podcasting

podium /ˈpoʊdiəm/ *s* pódio

poem /ˈpoʊəm/ *s* poema

poet /ˈpoʊɪt/ *s* poeta

poetic /poʊˈɛtɪk/ *adj* poético

poetry /ˈpoʊətri/ *s* poesia [a arte, o gênero]

poignant /ˈpɔɪnjənt/ *adj* comovente, pungente

point /pɔɪnt/ *substantivo & verbo*
- *s* **1** (assunto) ponto, questão | **to make a point** levantar uma questão: *He made a very interesting point.* Ele levantou uma questão muito interessante. | **to have a point** ter razão: *I think Richard may have a point there.* Acho que o Richard pode ter razão nisso. | **I see your/her etc. point** entendo o seu ponto de vista/o ponto de vista dela etc. | **to make a point of doing sth** fazer questão de fazer algo
  2 (coisa mais importante) **the point is (that)** a questão é que | **that's the point** esse é o problema: *I don't want to marry him – that's the*

point. Eu não quero me casar com ele – esse é o problema. | **that's not the point/that's beside the point** a questão não é essa, isso não vem ao caso | **to get to the point** ir ao que interessa
3 (no tempo) altura: *At that point it started to rain.* Nessa altura começou a chover. | **to be on the point of doing sth** estar prestes a fazer algo
4 (lugar) ponto: *the point where two lines cross each other* o ponto em que duas linhas se cruzam
5 (razão) sentido: *I can't see the point of stamp collecting.* Não vejo sentido em colecionar selos. | ***There's no point** in trying to persuade him.* Não adianta tentar convencê-lo. | ***What's the point** in waiting?* Para que esperar?/O que adianta esperar?
6 (de uma agulha, etc.) ponta
7 (em jogo ou competição) ponto: *They beat us by six points.* Eles nos venceram por seis pontos.
8 Em inglês usa-se um ponto (**point**), e não uma vírgula, para separar as unidades dos decimais: *four point five percent (4.5%)* quatro vírgula cinco por cento (4,5%)
9 point of view ponto de vista
10 up to a point até certo ponto
11 boiling/freezing point ponto de ebulição/congelamento

- *v* **1 to point at/to sth/sb** apontar para algo/alguém
2 to point sth at sth/sb apontar algo para algo/alguém
3 [tr] indicar: *A sign pointed the way to the beach.* Uma placa indicava o caminho para a praia.
point sth out (to sb) 1 apontar algo (para alguém) **2** chamar a atenção (de alguém) para algo/para o fato de que algo

,point-'blank *adjetivo & advérbio*
- *adj* **1 at point-blank range** à queima-roupa **2 a point-blank refusal** uma recusa categórica
- *adv* **1** à queima-roupa [atirar] **2** terminantemente [recusar-se] **3** à queima-roupa [perguntar]

pointed /'pɔɪntɪd/ *adj* **1** pontudo **2 a pointed comment/remark** um comentário sarcástico | **a pointed look** um olhar de desaprovação

pointer /'pɔɪntər/ *s* **1** (em informática, etc.) seta **2** sugestão, dica **3** ponteiro **4 a pointer (to sth)** um indicador (de algo)

pointless /'pɔɪntləs/ *adj* **1** sem sentido **2** inútil

poise /pɔɪz/ *s* **1** desembaraço [no comportamento] **2** desenvoltura [nos movimentos]

poised /pɔɪzd/ *adj* **1** pronto | **to be poised to do sth** estar de prontidão para fazer algo **2** desembaraçado

poison /'pɔɪzən/ *substantivo & verbo*
- *s* veneno
- *v* [tr] **1** envenenar **2** poluir

poisoning /'pɔɪzənɪŋ/ *s* envenenamento ▶ ver também **food poisoning**

,poison 'oak *s* espécie de sumagre venenoso que causa irritação na pele

poisonous /'pɔɪzənəs/ *adj* venenoso

poke /poʊk/ *verbo & substantivo*
- *v* **1 to poke (at) sth/sb** cutucar algo/alguém, espetar algo/alguém | **to poke sb in the eye/the stomach etc.** espetar o olho/cutucar o estômago etc. de alguém **2** [tr] (referente a uma parte do corpo) pôr, meter: *Sheila poked her head around the door.* Sheila pôs a cabeça para fora da porta. | *He poked his finger into the gap.* Ele meteu o dedo na fresta. | **to poke through/out of sth** sair por/de algo **3 to poke the fire** atiçar o fogo
- *s* cutucada: *I gave her a poke in the ribs.* Dei-lhe uma cutucada nas costelas.

poker /'poʊkər/ *s* **1** atiçador **2** pôquer

pokey, também **poky** /'poʊki/ *adj* (**-kier, -kiest**) apertado [apartamento, sala, etc.]

Poland /'poʊlənd/ *s* Polônia

polar /'poʊlər/ *adj* polar

'polar ,bear *s* urso-polar

Pole /poʊl/ *s* polonês -esa

pole /poʊl/ *s* **1** vara **2** poste **3** (em geografia, física) polo **4 to be poles apart** serem totalmente opostos

'pole vault *s* salto com vara

police /pə'lis/ *substantivo plural & verbo*
- *s pl* **1 the police** a polícia: *The police are after them.* A polícia está atrás deles. **2** policiais: *armed police* policiais armados
- *v* [tr] policiar

po'lice ,car *s* carro da polícia, radiopatrulha

po,lice 'constable *s* BrE policial ▶ No inglês americano diz-se **police officer**

po'lice ,force *s* polícia

policeman /pə'lismən/ *s* (pl **-men**) policial [homem]

po'lice ,officer *s* policial

po'lice ,station *s* BrE delegacia (de polícia) ▶ No inglês americano diz-se **precinct**

policewoman /pə'liswʊmən/ *s* (pl **-women** /-wɪmɪn/) policial [mulher]

policy /'pɑləsi/ *s* (pl **-cies**) **1 policy (on sth)** política (em relação a algo) **2** apólice

polio /'poʊlioʊ/ *s* pólio

Polish /'poʊlɪʃ/ *adjetivo & substantivo*
- *adj* polonês
- *s* **1** (idioma) polonês **2 the Polish** os poloneses

polish /'pɑlɪʃ/ *verbo & substantivo*
- *v* [tr] (3a pess sing presente **-shes**) **1** engraxar [sapatos] **2** lustrar [móveis] **3** polir [um carro]
polish sth off (informal) acabar com algo [comida]
polish sth up aprimorar algo
- *s* (pl **-shes**) **1** graxa [de sapato]

Deve-se dizer on the table *ou* in the table? *Veja o verbete* **em**.

polished

2 lustra-móveis **3 to give sth a polish** dar um polimento em algo ▶ ver também **nail polish**

polished /'pɑlɪʃt/ *adj* **1** lustroso [assoalho, sapatos, etc.] **2** brilhante [atuação] **3** requintado [pessoa, estilo]

polite /pə'laɪt/ *adj* educado, delicado [pessoa]: *She wasn't very polite to me.* Ela não foi muito delicada comigo. | *It's not polite to talk with your mouth full.* É falta de educação falar de boca cheia.

political /pə'lɪtɪkəl/ *adj* **1** político | **political asylum** asilo político **2** politizado

po‚litically cor'rect *adj* politicamente correto

politician /pɑlə'tɪʃən/ *s* político -ca

politics /'pɑlətɪks/ *s* **1** (atividade) política **2** (disciplina) ciências políticas **3 my/your etc. politics** minha/sua etc. orientação política

poll /poʊl/ *substantivo, substantivo plural & verbo*

- *s* (também **opinion poll**) pesquisa (de opinião)
- **polls** *s pl* **the polls** as eleições | **to go to the polls** ir às urnas
- *v* [tr] **1** entrevistar [em pesquisa] **2** receber [votos]

pollen /'pɑlən/ *s* **1** pólen **2 pollen count** teor de pólen no ar

pollute /pə'lut/ *v* [tr/intr] poluir

pollution /pə'luʃən/ *s* poluição

polo /'poʊloʊ/ *s* polo [esporte]

'polo ‚neck *s* BrE suéter de gola rulê ▶ No inglês americano diz-se **turtleneck**

polyester /'pɑliɛstər/ *s* poliéster

polystyrene /pɑli'staɪrin/ *s* BrE poliestireno, isopor ▶ No inglês americano diz-se **styrofoam**

pompous /'pɑmpəs/ *adj* pretensioso, pedante

pond /pɑnd/ *s* lago [pequeno] | **a duck pond** um lago com patos

ponder /'pɑndər/ *v* **to ponder (on/over) sth** refletir sobre algo

pony /'poʊni/ *s* (pl **-nies**) pônei

ponytail /'poʊniteɪl/ *s* rabo de cavalo

poodle /'pudl/ *s* poodle

pool /pul/ *substantivo & verbo*

- *s* **1** (também **swimming pool**) piscina **2** (jogo) bilhar **3** (de sangue, água, etc.) poça **4** pool, reserva [de voluntários, etc.] **5** fundo comum [de dinheiro]

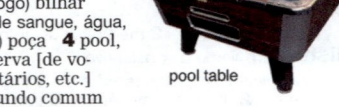
pool table

- *v* [tr] **1** juntar [recursos]: *We pooled all our money and bought a pizza.* Juntamos todo o nosso dinheiro e compramos uma pizza. **2** compartilhar [ideias]

poor /pʊr/ *adjetivo & substantivo plural*

- *adj* **1** pobre: *Her family was very poor.* A família dela era muito pobre. **2** fraco [aluno, desempenho, filme, etc.]: *Her work is very poor.* O trabalho dela é muito fraco. | *He's a poor swimmer.* Ele não é um bom nadador. | *She suffers from poor health.* Ela tem problemas de saúde. | **poor quality** (de) má qualidade **3** (para expressar compaixão) pobre: *The poor girl was soaked.* A pobre da menina estava encharcada. | *You poor thing!* Coitado (de você)!
- *s pl* **the poor** os pobres

poorly /'pʊrli/ *advérbio & adjetivo*

- *adv* mal: *a poorly paid job* um trabalho mal pago
- *adj* BrE (informal) adoentado

pop /pɑp/ *verbo & substantivo*

- *v* (**-pped, -pping**) **1 to pop sth in/on etc. sth** (informal) (pôr algo em algum lugar com um movimento rápido): *I popped the bread in the oven.* Enfiei o pão no forno. | *Harry popped his head around the door.* Harry pôs a cabeça para fora da porta. **2** [intr] espocar [rolha] **3** [tr/intr] estourar [balão]

pop in dar uma passada (aqui/aí/lá) [na casa de alguém, etc.]: *I only popped in to say hello.* Só dei uma passada aqui para dizer um alô.

pop out 1 dar uma saidinha **2 to pop out (of sth)** surgir (de algo)

pop up aparecer [de repente]

- *s* **1** (também **pop music**) música pop **2** estampido [de uma rolha, etc.] **3** (informal) refrigerante **4** AmE (informal) pai **5 pop concert** show de música pop **pop singer** cantor -a pop

popcorn /'pɑpkɔrn/ *s* pipoca

Pope /poʊp/ *s* papa | **the Pope** o Papa

poplar /'pɑplər/ *s* álamo

poppy /'pɑpi/ *s* (pl **-ppies**) papoula

Popsicle® /'pɑpsɪkəl/ *s* AmE picolé

popular /'pɑpjələr/ *adj* **1** popular, querido [aluno, professor, etc.], popular [presidente], muito conhecido [artista, escritor, etc.], concorrido [restaurante, praia, etc.], apreciado, na moda [atividade, comida, música] | **to be popular with sb** fazer sucesso com alguém **2 a popular belief/misconception** uma crença popular/um erro comum **3** popular: *the popular press* a imprensa popular

popularity /pɑpjə'lærəti/ *s* popularidade

popularize, -ise BrE /'pɑpjələraɪz/ *v* [tr] popularizar

populate /'pɑpjəleɪt/ *v* **to be populated (by)** ser povoado (por) | **densely/sparsely etc. populated** densamente/escassamente etc. povoado

population /pɑpjə'leɪʃən/ *s* **1** população **2 population explosion** explosão demográfica

Gostaria de estudar o vocabulário por temas? Consulte o pequeno **dicionário ilustrado**.

pop-up s pop-up [janela que aparece na tela do monitor, em geral contendo publicidade]

porcelain /'pɔrsəlɪn/ s **1** porcelana **2** louça

porch /pɔrtʃ/ s (pl **-ches**) **1** vestíbulo, entrada **2** AmE varanda

porcupine /'pɔrkjəpaɪn/ s porco-espinho

pore /pɔr/ substantivo & verbo
- s poro
- v **pore over sth** estudar/examinar algo

pork /pɔrk/ s **1** carne de porco **2 pork chop** costeleta de porco

pornography /pɔr'nɑgrəfi/ s pornografia

porous /'pɔrəs/ adj poroso

porridge /'pɑrɪdʒ/ s mingau (de aveia)

port /pɔrt/ s **1** porto **2** (em informática) porta **3** vinho do Porto **4** bombordo

portable /'pɔrtəbəl/ adj portátil

porter /'pɔrtər/ s **1** (em aeroporto, estação) carregador **2** (em hotel) porteiro **3** (em hospital) maqueiro

porthole /'pɔrthoʊl/ s vigia [de navio]

portion /'pɔrʃən/ s **1** parte **2** porção

portrait /'pɔrtrɪt/ s retrato

portray /pɔr'treɪ/ v [tr] **1** retratar, descrever | **to portray sth/sb as sth** apresentar algo/alguém como algo **2** interpretar [um papel, um personagem]

portrayal /pɔr'treɪəl/ s **1** retrato, descrição **2** interpretação [de um papel dramático]

Portugal /'pɔrtʃəgəl/ s Portugal

Portuguese /pɔrtʃə'giz/ adjetivo & substantivo
- adj português -esa
- s **1** (idioma) português **2 the Portuguese** os portugueses

pose /poʊz/ verbo & substantivo
- v **1** [tr] representar [uma ameaça] **2** [tr] causar [um problema] **3** [tr] fazer [uma pergunta] **4 to pose (for sth/sb)** posar (para algo/alguém) **5 to pose as sb** fazer-se passar por alguém
- s pose

posh /pɑʃ/ adj (informal) **1** chique [hotel, bairro, etc.] **2** BrE afetado [voz, sotaque]

position /pə'zɪʃən/ substantivo & verbo
- s **1** posição | **in position** no lugar | **in a sitting/kneeling position** sentado/ajoelhado **2** situação | **to be in a/no position to do sth** estar/não estar em condições de fazer algo **3 position (on sth)** postura (em relação a algo) **4** (numa corrida, competição) lugar **5** (formal) (emprego) posto
- v [tr] posicionar

positive /'pɑzətɪv/ adj **1** positivo **2 to be positive about sth/(that)** ter certeza de algo/de que: *She's absolutely positive about that.* Ela tem certeza absoluta disso. | *"Are you sure it was him?" "Positive."* – Você tem certeza de que era ele? – Absoluta. **3 a positive miracle/disgrace etc.** um verdadeiro milagre/uma verdadeira vergonha etc.

positively /'pɑzətɪvli/ adv **1** Usado para enfatizar: *This is positively the last time I'm doing this.* Esta é, decididamente, a última vez que faço isso. | *She was positively ecstatic at the news.* Ela ficou absolutamente eufórica com a notícia. **2** positivamente **3 to think positively** pensar positivamente

possess /pə'zɛs/ v [tr] (formal) **1** possuir **2 what possessed you/him etc.?** o que deu em você/nele etc.?: *What possessed you to tell your mother?* O que deu em você que o fez contar à sua mãe?

possession /pə'zɛʃən/ s **1** pertence, bem **2** (formal) posse | **to be in possession of sth/to have sth in your possession** estar de posse de algo

possessive /pə'zɛsɪv/ adj possessivo

possibility /pɑsə'bɪləti/ s (pl **-ties**) **1** possibilidade: *There is a possibility that he may never recover.* Existe a possibilidade de que ele nunca se recupere. **2** opção **3 to have possibilities** ter possibilidades/potencial

possible /'pɑsəbəl/ adj possível: *It is possible they may still be alive.* É possível que eles ainda estejam vivos. | **if possible** se possível | **as soon/quickly etc. as possible** o mais cedo/rápido etc. possível

possibly /'pɑsəbli/ adv **1** possivelmente **2 possibly** é usado com **can** e **could** como forma cortês de se fazer um pedido, ou para dar ênfase: *Could you possibly help us?* Será que você podia nos ajudar? | *I couldn't possibly accept!* Não posso aceitar de jeito algum! | *We did everything we possibly could.* Fizemos tudo o que estava ao nosso alcance.

post /poʊst/ substantivo & verbo
- s **1** BrE correio | **by post** pelo correio **2** BrE correspondência **3** poste, estaca **4** cargo
- v [tr] **1** BrE pôr no correio, mandar pelo correio **2 to keep sb posted (about sth)** manter alguém informado (sobre algo) **3** estacionar [tropas], nomear para um posto [um diplomata] **4** postar [guardas]

postage /'poʊstɪdʒ/ s **1** postagem | **postage and handling** porte e embalagem **2 postage stamp** selo (postal)

postal /'poʊstl/ adj **1** postal, de correios **2 postal vote** voto pelo correio

postbox /'poʊstbɑks/ s (pl **-xes**) BrE caixa de correio ▶ No inglês americano diz-se **mailbox**

postcard /'poʊstkɑrd/ s cartão-postal

postcode /'poʊstkoʊd/ s BrE CEP, código (de endereçamento) postal ▶ No inglês americano diz-se **zip code**

poster /'poʊstər/ s **1** pôster **2** cartaz

posterity /pɑ'stɛrəti/ s (formal) posteridade
postgraduate /poʊst'grædʒuɪt/ adjetivo & substantivo

- **adj** BrE de pós-graduação

- **s** BrE pós-graduando, aluno de pós-graduação

postman /'poʊstmən/ s (pl **-men**) BrE carteiro
▶ No inglês americano diz-se **mailman**
postmark /'poʊstmɑrk/ s carimbo (de correio)
post-mortem /poʊst 'mɔrtəm/ s autópsia
'post ,office s (agência de) correio
postpone /poʊs'poʊn/ v [tr] adiar
posture /'pɑstʃər/ s **1** (corporal) postura **2** (comportamento) postura, atitude
postwar /poʊst'wɔr/ adj do pós-guerra
pot /pɑt/ s **1** bule **2** panela: *pots and pans* panelas e frigideiras **3** pote **4** vaso **5** (informal) maconha **6 to go to pot** (informal) degringolar **7 pot plant** planta de vaso
potato /pə'teɪtoʊ/ s (pl **-toes**) batata: *roast potatoes* batatas assadas | *mashed potatoes* purê de batata
po'tato chip s AmE batata frita [de pacote]
potent /'poʊtnt/ adj potente
potential /pə'tɛnʃəl/ adjetivo & substantivo

- **adj** potencial, em potencial

- **s 1** potencial **2 potential for sth** possibilidades de algo

potentially /pə'tɛnʃəli/ adv potencialmente
pothole /'pɑthoʊl/ s buraco [em estrada]
potted /'pɑtɪd/ adj **1 a potted history/version etc.** uma história/uma versão etc. resumida **2 potted meat/shrimps etc.** BrE pasta de carne/camarão etc.
potter /'pɑtər/ verbo & substantivo

- **v** BrE ▶ ver **putter**

- **s** ceramista

pottery /'pɑtəri/ s **1** (objetos) cerâmica **2** (arte) cerâmica **3** (pl **-ries**) olaria
potty /'pɑti/ s (pl **-tties**) penico
pouch /paʊtʃ/ s (pl **-ches**) **1** pochete **2** (para tabaco) tabaqueira **3** (de canguru) bolsa
poultry /'poʊltri/ s **1** aves domésticas **2** (carne) aves
pounce /paʊns/ v **1 to pounce (on sth/sb)** atirar-se (sobre algo/alguém) **2 to pounce on sb's mistakes** chamar atenção para qualquer erro que alguém faça
pound /paʊnd/ substantivo & verbo

- **s 1** (unidade de peso) libra [= 0,45 kg] **2** (moeda) libra: *a ten-pound note* uma nota de dez libras

- **v 1 to pound (on) sth** esmurrar algo **2** [intr] disparar [coração] **3** [tr] socar [alho, nozes, etc.]

pour /pɔr/ v
1 [tr] despejar, verter: ***Pour** the milk **into** a pitcher.* Despeje o leite numa jarra. | *I **poured** the wine **down** the sink.* Despejei o vinho na pia.
2 [tr] servir: *She poured herself a glass of whiskey.* Ela se serviu de uma dose de uísque. **3 to pour from/out of sth** jorrar de algo **4 to pour (down)** chover a cântaros
pour in 1 entrar a cântaros [chuva, água] **2** chover [ofertas, donativos] **pour sth in** adicionar algo
pour out sair em massa **pour sth out 1** servir algo **2 to pour sth out to sb** desabafar algo com alguém
pout /paʊt/ v [intr] **1** ficar de tromba **2** (sensualmente) fazer beicinho
poverty /'pɑvərti/ s pobreza
'poverty ,line, também **'poverty ,level, 'poverty ,threshold** s linha de pobreza: *Fifteen percent of the city's residents live **below** the **poverty level**.* Quinze por cento dos habitantes da cidade vivem abaixo da linha de pobreza.
powder /'paʊdər/ substantivo & verbo

- **s** pó

- **v** [tr] **to powder your face/nose** passar pó-de-arroz no rosto/nariz

power /paʊr/ substantivo & verbo

- **s 1** poder | **to be in power** estar no poder **2** energia: *nuclear power* energia nuclear **3** força [de uma explosão], potência [de uma arma] **4** potência [país]: *a world power* uma potência mundial **5** poder, capacidade: *the power of speech* o poder da fala **6 to do everything in your power** fazer tudo ao seu alcance **7 the powers that be** (informal) os manda-chuvas **8 to do sb a power of good** fazer um bem enorme a alguém **9 power cut** corte de energia **power point** BrE tomada [na parede] ▶ No inglês americano diz-se **socket power plant** usina [de energia elétrica]

- **v** acionar, propulsar | **to be powered by electricity** funcionar com eletricidade | **to be powered by batteries** funcionar com pilhas, ser à pilha

powerful /'paʊrfəl/ adj **1** poderoso [organização, pessoa] **2** potente [máquina, arma] **3** forte [golpe, explosão] **4** forte [músculos, nadador] **5** forte [droga, argumento, filme, etc.]
powerless /'paʊrləs/ adj impotente: *We were powerless to prevent it.* Não pudemos fazer nada para impedi-lo.

PR /pi 'ar/ s (= **public relations**) relações públicas

practicable /'præktɪkəbəl/ adj viável

practical /'præktɪkəl/ adj **1** (concreto) prático **2** (pragmático) realista **3** (viável) prático **4** (útil) prático **5 practical joke** peça, brincadeira

practically /'præktɪkli/ adv **1** praticamente **2** de forma prática

practice /'præktɪs/ substantivo & verbo
- s **1** prática **2** (em esporte) treino: *We have soccer practice today.* Temos treino de futebol hoje. **3** prática, costume | **it's common/standard practice** é de praxe **4 in practice** na prática **5** escritório [de advogados], consultório [médico] **6** exercício [de uma profissão] **7 to be out of practice** estar destreinado
- v (AmE, **practise** BrE) **1** [tr/intr] treinar, praticar: *He wanted to practice his English on me.* Ele queria treinar seu inglês comigo. **2** [tr] praticar [uma religião, um costume] **3** [tr/intr] exercer [uma profissão] | **to practice law/medicine** advogar/clinicar

practicing AmE, **practising** BrE /'præktɪsɪŋ/ adj **a practicing Catholic/Jew etc.** um católico/judeu etc. praticante

practise v BrE ▶ ver **practice**

practitioner /præk'tɪʃənər/ s (formal) profissional | **a medical practitioner** um médico/uma médica | **a legal practitioner** um advogado/uma advogada

pragmatic /præg'mætɪk/ adj pragmático

prairie /'preri/ s pradaria

praise /preɪz/ verbo & substantivo
- v [tr] **1** elogiar **2 to praise God** louvar a Deus
- s **1** elogios | **to be full of praise for sth** só ter elogios para algo **2** louvor

pram /præm/ s BrE carrinho (de bebê) ▶ No inglês americano diz-se **baby carriage** ou **baby buggy**

prawn /prɔn/ s camarão

pray /preɪ/ v [intr] **1** rezar, orar **2 to pray for sth** (querer muito) torcer/rezar para algo

prayer /prer/ s prece, oração

preach /pritʃ/ v (3a pess sing presente **-ches**) **1** [tr/intr] (em religião) pregar **2** [tr] (preconizar) pregar [a tolerância, as virtudes de algo, etc.] **3** [intr] pontificar

preacher /'pritʃər/ s pregador -a

precarious /prɪ'keriəs/ adj precário

precaution /prɪ'kɔʃən/ s precaução | **to take the precaution of doing sth** tomar a precaução de fazer algo

precede /prɪ'sid/ v [tr] (formal) **1** (no tempo ou no espaço) preceder **2 to precede sth with sth** preceder algo de algo

precedence /'presədəns/ s **to take/have precedence over sth/sb** ter prioridade sobre algo/alguém

precedent /'presədənt/ s (formal) precedente | **to set/create a precedent** abrir/criar um precedente

preceding /prɪ'sidɪŋ/ adj anterior

precinct /'prisɪŋkt/ s **1** AmE delegacia (de polícia) **2 pedestrian precinct** BrE área para pedestres

precious /'preʃəs/ adjetivo & advérbio
- adj precioso: *He wasted precious time.* Ele desperdiçou um tempo precioso. | *These pictures are very precious to her.* Estas fotos são preciosas para ela.
- adv **precious little/few** pouquíssimo/pouquíssimos

precipice /'presəpɪs/ s precipício

precise /prɪ'saɪs/ adj **1** preciso, exato | **to be precise** para ser exato **2** preciso [descrição] **3** meticuloso [pessoa]

precisely /prɪ'saɪsli/ adv **1** exatamente | **at two/three etc. o'clock precisely** às duas/três etc. em ponto **2** precisamente, justamente **3** com precisão

precision /prɪ'sɪʒən/ s precisão

preconceived /prikən'sivd/ adj preconcebido

predator /'predətər/ s predador -a

predecessor /'predəsesər/ s antecessor -a

predicament /prɪ'dɪkəmənt/ s situação difícil

predict /prɪ'dɪkt/ v [tr] prever

predictable /prɪ'dɪktəbəl/ adj previsível

prediction /prɪ'dɪkʃən/ s previsão

predominant /prɪ'dɑmənənt/ adj predominante

predominantly /prɪ'dɑmənəntli/ adv predominantemente

preempt /pri'empt/ v [tr] antecipar-se a [algo que alguém vá dizer ou fazer]

preface /'prefəs/ s **1** prefácio [de livro] **2** introdução [de discurso]

prefer /prɪ'fɜr/ v [tr] (**-rred, -rring**) preferir: *I prefer cats to dogs.* Prefiro gatos a cachorros. | *I'd prefer it if you didn't smoke.* Eu preferia que você não fumasse. | **to prefer to do sth, to prefer doing sth** preferir fazer algo

preferable /'prefərəbəl/ adj preferível

preferably /'prefərəbli/ adv de preferência

preference /'prefərəns/ s **1** preferência: *We could eat Chinese or Indian food. Do you have any preference?* Poderíamos comer comida chinesa ou indiana. Você tem alguma preferência? **2 to give preference to sb** dar preferência a alguém

prefix /'prifɪks/ s (pl **-xes**) prefixo

pregnancy /'pregnənsi/ s (pl **-cies**) gravidez

pregnant /'pregnənt/ adj grávida | **to be three/six etc. months pregnant** estar grávida de três/seis etc. meses | **to get pregnant** engravidar

prehistoric /prihɪ'stɔrɪk/ adj pré-histórico

prejudice /ˈprɛdʒədɪs/ *substantivo & verbo*

- *s* preconceito
- *v* [tr] **1** comprometer, influir em | **to prejudice sb against sth/sb** predispor alguém contra algo/alguém **2** prejudicar

prejudiced /ˈprɛdʒədɪst/ *adj* preconceituoso | **to be prejudiced against sth/sb** ter preconceito contra algo/alguém

preliminary /prɪˈlɪmənɛri/ *adjetivo & substantivo plural*

- *adj* preliminar
- **preliminaries** *s pl* **1** preâmbulo **2 the preliminaries** (em esportes) as eliminatórias

prelude /ˈprɛljud/ *s* **1 a prelude to sth** o prelúdio de algo **2** (em música) prelúdio

premature /prɪməˈtʃʊr, BrE ˈprɛmətʃə/ *adj* prematuro

premeditated /priˈmɛdəteɪtɪd/ *adj* premeditado

premier /prɪˈmɪr, BrE ˈprɛmiə/ *substantivo & adjetivo*

- *s* primeiro-ministro, primeira-ministra
- *adj* principal

premiere /prɪˈmɪr, BrE ˈprɛmieə/ *s* estreia

premises /ˈprɛmɪsɪz/ *s pl* **1** local [de um restaurante, loja, etc.] **2** escritório(s) [de uma empresa] **3** dependências [de uma escola, hospital, clube] **4 on/off the premises** no/fora do local

premium /ˈprimiəm/ *s* **1** prêmio [de seguro] **2 to be at a premium** ser escasso

premonition /priməˈnɪʃən/ *s* premonição

preoccupation /priɑkjəˈpeɪʃən/ *s* **1** preocupação **2 preoccupation with sth** preocupação com algo

preoccupied /priˈɑkjəpaɪd/ *adj* absorto | **to be preoccupied with sth** estar absorto em algo

preparation /prɛpəˈreɪʃən/ *substantivo & substantivo plural*

- *s* preparação, preparo
- **preparations** *s pl* preparativos | **to make preparations for sth/to do sth** fazer preparativos para algo/para fazer algo

preparatory /prəˈpærətɔri/ *adj* preparatório

prepare /prɪˈpɛr/ *v* **1** [tr] preparar **2** [intr] preparar-se | **to prepare for sth/to do sth** preparar-se para algo/para fazer algo

prepared /prɪˈpɛrd/ *adj* **1 to be prepared to do sth** estar disposto a fazer algo **2 to be prepared for sth** estar preparado para algo

preposition /prɛpəˈzɪʃən/ *s* preposição

preposterous /prɪˈpɑstərəs/ *adj* absurdo

prep school /ˈprɛp skul/ *s* **1** AmE curso pré-vestibular **2** BrE colégio particular para crianças de 8 a 13 anos

prequel /ˈprikwəl/ *s* prequela [de filme ou livro]

prerequisite /priˈrɛkwəzɪt/ *s* **prerequisite (for/of sth)** pré-requisito (para algo)

preschool /ˈpriskul/ *adjetivo & substantivo*

- *adj* pré-escolar [educação], de idade pré-escolar [criança]
- *s* AmE pré-escola

prescribe /prɪˈskraɪb/ *v* [tr] **1** receitar **2** (formal) estipular

prescription /prɪˈskrɪpʃən/ *s* **1** receita [médica] **2** prescrição

presence /ˈprɛzəns/ *s* **1** presença | **in the presence of sb/in sb's presence** na presença de alguém **2** (de um ator, etc.) presença, carisma **3 presence of mind** presença de espírito

present¹ /ˈprɛzənt/ *adjetivo & substantivo*

- *adj* **1 to be present (at sth)** estar presente (em algo) [pessoa] | **to be present (in sth)** estar presente (em algo) [substância] **2** atual: *in the present situation* na situação atual | **at the present time** no (presente) momento | **to the present day** até hoje **3** (em gramática) **the present tense** o presente
- *s* **1** presente | **to give sb a present** dar um presente a alguém **2 the present** o presente **3 at present** (formal) no momento

present² /prɪˈzɛnt/ *v* [tr] **1 to present sb with sth/to present sth to sb** entregar algo a alguém **2 to present a play/TV program** apresentar uma peça/um programa de TV **3 to present a problem** constituir/ser um problema: *His inability to speak Portuguese presents a problem.* O fato dele não falar português constitui um problema. | **to present a challenge/threat** representar um desafio/uma ameaça **4 to present itself** apresentar-se [oportunidade]

presentable /prɪˈzɛntəbəl/ *adj* apresentável | **to make yourself presentable** arrumar-se

presentation /prizənˈteɪʃən/ *s* **1** apresentação | **to give a presentation (on sth)** fazer uma apresentação (sobre algo) **2** entrega [de prêmios] **3** apresentação, aspecto

present-ˈday *adj* atual

presently /ˈprɛzəntli/ *adv* (formal) **1** em breve, dentro em pouco: *The doctor will be here presently.* O médico estará aqui em breve. **2** atualmente **3** BrE logo em seguida: *Presently, she began to regain consciousness.* Logo em seguida, ela começou a recobrar a consciência.

ˌpresent ˈparticiple *s* particípio presente

preservation /prɛzərˈveɪʃən/ *s* conservação, preservação

preservative /prɪˈzɜrvətɪv/ *s* conservante

preserve /prɪˈzɜrv/ *verbo & substantivo*

- *v* [tr] **1** preservar | **to preserve sth/sb from sth** preservar algo/alguém de algo, proteger algo/alguém de algo **2** conservar [alimentos]
- *s* **1** terreno exclusivo: *Banking used to be a male preserve.* O trabalho bancário era terreno exclusivo dos homens. **2** conserva, compota

preside /prɪˈzaɪd/ v **to preside (at/over sth)** presidir algo

presidency /ˈprɛzədənsi/ s (pl -cies) presidência

president, também **President** /ˈprɛzədənt/ s presidente

presidential /prɛzəˈdɛnʃəl/ adj presidencial

press /prɛs/ verbo & substantivo

- v (3a pess sing presente -sses) **1** [tr] apertar | **to press on/against sth** pressionar algo **2** **to press a button** apertar um botão | **to press the doorbell** tocar a campainha | **to press the accelerator** pisar no acelerador **3** [tr] passar [roupa] **4** [tr] prensar [uva, azeitonas, flores] **5** [tr] pressionar [pessoa] | **to press for sth** pressionar por algo/para que se faça algo: *She pressed for changes in the law.* Ela pressionou por mudanças na lei. | **to press sb for sth** pressionar alguém para que faça algo: *He was pressing me for an answer.* Ele estava me pressionando para que eu desse uma resposta.

  press ahead with sth levar adiante algo

  press on (with sth) seguir adiante (com algo)

- s (pl -sses) **1** **the press** a imprensa: *Several reports appeared in the press.* Várias reportagens saíram na imprensa. **2** (máquina) prensa **3** (também **printing press**) prelo **4** **press conference** entrevista coletiva **press clipping** AmE, **press cutting** BrE recorte de jornal **press release** comunicado (à imprensa), release

pressed /prɛst/ adj **to be pressed for time** estar com pouco tempo | **to be pressed for money** estar apertado de dinheiro

pressing /ˈprɛsɪŋ/ adj premente, urgente

press-up BrE ▶ ver **push-up**

pressure /ˈprɛʃər/ substantivo & verbo

- s **1** pressão **2** (em pessoa) pressão: *She is under a lot of pressure at work.* Ela está sob muita pressão no trabalho. | **to put pressure on sb (to do sth)** pressionar alguém (a fazer algo)
- v [tr] **to pressure sb (to do sth/into doing sth)** pressionar alguém (a fazer algo/para que faça algo)

pressure cooker s panela de pressão

pressure group s grupo de pressão

pressurize, -ise /ˈprɛʃəraɪz/ v [tr] BrE ▶ ver **pressure**

prestige /prɛˈstiːʒ/ s prestígio

prestigious /prɛˈstɪdʒəs/ adj prestigioso

presumably /prɪˈzuːməbli/ adv **presumably you've all seen this before/you don't want anything to eat etc.** suponho que vocês já viram isso antes/que você não vai querer comer nada etc.: *Presumably they know by now.* Eles já devem saber.

presume /prɪˈzuːm/ v [tr] **1** presumir: *I presumed that he had been delayed.* Presumi que ele tinha se atrasado. **2** (formal) **to presume to do sth** atrever-se a fazer algo

presumption /prɪˈzʌmpʃən/ s **1** suposição **2** (formal) atrevimento

presumptuous /prɪˈzʌmptʃuəs/ adj presunçoso

presuppose /priːsəˈpoʊz/ v [tr] (formal) pressupor

pretend /prɪˈtɛnd/ verbo & adjetivo

- v **1** [tr/intr] fingir: *She pretended that she hadn't seen me.* Ela fingiu que não tinha me visto. | **pretend to do sth** fingir fazer algo: *The children pretended to be asleep.* As crianças fingiram estar dormindo. | *He pretended to be dead.* Ele se fingiu de morto. **2** [tr] dizer: *I don't pretend to be an expert.* Eu não diria que sou um especialista no assunto. **3** [tr/intr] fazer de conta (que): *Let's pretend we're on the moon.* Vamos fazer de conta que estamos na lua.
- adj (informal) **a pretend gun** uma arma de mentira | **pretend money** dinheiro de mentira

pretense /ˈpriːtɛns/ AmE, **pretence** /prɪˈtɛns/ BrE s **1** fingimento, mentira: *It was all a pretense.* Era tudo mentira. | *How long are you going to keep up this pretense?* Até quando você vai ficar fingindo desse jeito? | **to make a pretense of doing sth** fingir fazer algo **2** **under false pretenses** por meios fraudulentos

pretentious /prɪˈtɛnʃəs/ adj pretensioso

pretext /ˈpriːtɛkst/ s pretexto

pretty /ˈprɪti/ advérbio & adjetivo

- adv (informal) **1** bastante: *I'm pretty sure.* Estou bastante certo. | *Dad was pretty angry.* Papai estava muito zangado. **2** **pretty much/pretty well** praticamente, quase: *The town looks pretty much the same.* A cidade está praticamente igual.
- adj (-ttier, -ttiest) **1** atraente [mulher]: *She's pretty.* Ela é atraente. **2** bonito [vestido, flores, casa, etc.]: *a pretty dress* um vestido bonito **3** **he/she/it etc. was not a pretty sight** não era uma cena agradável de se olhar

prevail /prɪˈveɪl/ v [intr] **1** ser corrente [costume, atitudes] **2** prevalecer

prevail on/upon sb **to prevail on/upon sb to do sth** convencer alguém a fazer algo

prevailing /prɪˈveɪlɪŋ/ adj **1** presente, vigente [condições, situação] **2** predominante [tendência, opinião] **3** **the prevailing wind** o vento predominante

prevalent /ˈprɛvələnt/ adj **1** frequente **2** predominante

prevent /prɪˈvɛnt/ v [tr] **1** **to prevent an accident** evitar um acidente | **to prevent an illness** prevenir uma doença **2** impedir | **to prevent sb from doing sth** impedir alguém de fazer algo

prevention /prɪˈvɛnʃən/ s prevenção

preventive /prɪˈvɛntɪv/, também **preventative** /prɪˈvɛntətɪv/ adj preventivo

preview /ˈpriːvjuː/ s **1** pré-estreia **2** apresentação antecipada

previous /ˈpriːviəs/ adj **1** anterior: *the previous day* o dia anterior | **previous experience**

experiência prévia **2 previous to sth** antes de algo: *Previous to that I worked in Berlin.* Antes disso, eu trabalhei em Berlim.

previously /ˈpriːviəsli/ *adv* anteriormente, antes | **two months/ten years etc. previously** dois meses/dez anos etc. antes

prewar /priˈwɔːr/ *adj* do pré-guerra

prey /preɪ/ *substantivo & verbo*
- *s* presa ▶ ver também **bird of prey**
- *v* **prey on sth** alimentar-se de algo **prey on sb 1** aproveitar-se de alguém **2 to prey on sb's mind** preocupar alguém

price /praɪs/ *substantivo & verbo*
- *s* **1** preço: *I got it for half price.* Consegui isso pela metade do preço. | **to go up/come down in price** aumentar/baixar de preço **2 at any price** a qualquer preço | **not at any price** não a qualquer preço, por nada neste mundo
- *v* **to be priced at $50/$20 etc.** estar a $50/$20 etc.: *The rackets are priced at $75.* As raquetes estão a $75. | **to be moderately/reasonably priced** ter um preço razoável: *These shoes are very reasonably priced.* O preço destes sapatos está bem razoável.

priceless /ˈpraɪsləs/ *adj* **1** que não tem preço, inestimável **2** (informal) impagável

pricey, também **pricy** /ˈpraɪsi/ *adj* (-cier, -ciest) (informal) caro

prick /prɪk/ *verbo & substantivo*
- *v* [tr] **1** picar, ferir: *I pricked my finger on the needle.* Feri meu dedo com a agulha. | **to prick yourself** picar-se, ferir-se **2 to prick up its ears** empinar as orelhas [animal] | **to prick up your ears** aguçar os ouvidos [pessoa]
- *s* picada [de agulha, etc.]

prickle /ˈprɪkəl/ *substantivo & verbo*
- *s* espinho
- *v* [tr/intr] pinicar

cactus

hedgehog

prickly /ˈprɪkli/ *adj* (-lier, -liest) que pinica [barba, suéter], espinhoso [planta]

pricy ▶ ver **pricey**

pride /praɪd/ *substantivo & verbo*
- *s* **1** orgulho **2 to take pride in (doing) sth** orgulhar-se de (fazer) algo, ter orgulho de (fazer) algo **3 to hurt sb's pride** ferir o orgulho de alguém **4 to be sb's pride and joy** ser o orgulho de alguém
- *v* **to pride yourself on sth** orgulhar-se de algo

priest /priːst/ *s* padre, sacerdote

priesthood /ˈpriːsthʊd/ *s* **the priesthood** o sacerdócio

primarily /praɪˈmerəli/ *adv* principalmente, fundamentalmente

primary /ˈpraɪməri/ *adjetivo & substantivo*
- *adj* **1** principal **2** primário
- *s* (pl **-ries**) (também **primary election**) eleição primária

ˈprimary ˌschool *s* BrE escola primária

prime /praɪm/ *adjetivo, substantivo & verbo*
- *adj* **1** principal **2** de primeira, excelente **3 a prime example** um exemplo perfeito
- *s* **to be in your prime/in the prime of life** estar no auge da vida
- *v* **to prime sb (for sth)** preparar alguém (para algo) | **to prime sb to do sth** instruir alguém para fazer algo

ˌprime ˈminister, também **ˌPrime ˈMinister** *s* primeiro-ministro, primeira-ministra

primitive /ˈprɪmətɪv/ *adj* primitivo

primrose /ˈprɪmroʊz/ *substantivo & adjetivo*
- *s* prímula
- *adj* & *s* amarelo-claro ▶ ver 'Active Box' **colors** em **color**

prince /prɪns/ *s* príncipe

princess /ˈprɪnsəs/ *s* princesa

principal /ˈprɪnsəpəl/ *adjetivo & substantivo*
- *adj* principal
- *s* AmE diretor -a [de escola]

principle /ˈprɪnsəpəl/ *s* **1** princípio: *It's against her principles.* É contra os princípios dela. | **on principle** por princípio **2 in principle** em princípio

print /prɪnt/ *verbo & substantivo*
- *v* **1** [tr/intr] imprimir **2** [tr] publicar **3** [tr/intr] escrever em letra de forma **4** [tr] estampar [um tecido]
print sth off/out imprimir algo
- *s* **1** texto (impresso): *columns of print* colunas de texto | **in print** publicado: *She loves to see her name in print.* Ela adora ver seu nome publicado. **2** letra: *in large print* em letra grande **3 to be out of print** estar esgotado [livro] | **to be in print** estar à venda **4** (quadro) gravura **5** (de uma foto) cópia **6** pegada **7** estampa

printer /ˈprɪntər/ *s* **1** (máquina) impressora **2** (pessoa) tipógrafo -fa | **the printer's** BrE a gráfica

printing /ˈprɪntɪŋ/ *s* **1** (técnica) imprensa **2** (processo) impressão **3 printing error** erro tipográfico

printout /ˈprɪntaʊt/ *s* cópia impressa

prior /ˈpraɪr/ *advérbio & adjetivo*
- *adv* (formal) **prior to (doing) sth** antes de (fazer) algo
- *adj* (formal) **a prior engagement** um compromisso prévio

prioritize, -ise BrE /praɪˈɔrətaɪz/ *v* [tr] priorizar

priority /praɪˈɔrəti/ *s* (pl **-ties**) prioridade | **to have/take priority over sth** ter prioridade sobre algo | **to get your priorities right** saber estabelecer suas prioridades

prison /ˈprɪzən/ *s* **1** prisão: *He was sentenced to seven years in prison.* Ele foi condenado a sete anos de prisão. | **to send sb to prison/to put sb in prison** prender alguém **2 prison camp** campo de detenção

prisoner /ˈprɪzənər/ *s* **1** presidiário -ria, preso -sa **2** prisioneiro -ra | **to take sb prisoner** deter/capturar alguém

pristine /ˈprɪstin/ *adj* impecável, imaculado | **in pristine condition** em perfeito estado

privacy /ˈpraɪvəsi, BrE ˈprɪvəsi/ *s* privacidade

private /ˈpraɪvət/ *adjetivo & substantivo*
- *adj* **1** (para uso individual) particular, privado: *a private tutor* um professor particular **2** (secreto, pessoal) particular, privado: *private letters* cartas particulares | *my private life* minha vida privada **3 private school** escola particular | **private hospital** hospital particular | **private enterprise** iniciativa privada **4** privado [lugar] **5** reservado [pessoa]
- *s* **1 in private** em particular **2** (também **Private**) soldado raso

privately /ˈpraɪvətli/ *adv* **1** em particular **2 privately educated** educado em escola particular | **privately owned** privado [empresa, propriedade, etc.]

ˈprivate school *s* escola particular

privatize, -ise BrE /ˈpraɪvətaɪz/ *v* [tr] privatizar

privilege /ˈprɪvəlɪdʒ/ *s* privilégio

privileged /ˈprɪvəlɪdʒd/ *adj* privilegiado

prize /praɪz/ *substantivo, adjetivo & verbo*
- *s* prêmio
- *adj* **1** premiado **2 a prize idiot/fool etc.** (informal) um completo idiota/tolo etc.
- *v* [tr] valorizar: *his most prized possession* o bem que ele mais valoriza

pro /proʊ/ *substantivo & adjetivo*
- *s* **1** (informal) profissional: *a golf pro* um profissional do golfe **2 the pros and cons** os prós e os contras
- *adj* (informal) profissional | **to turn/go pro** tornar-se profissional

proactive /proʊˈæktɪv/ *adj* proativo

probability /prɑbəˈbɪləti/ *s* (pl **-ties**) **1** probabilidade **2 in all probability** é muito provável que: *In all probability he missed the flight.* É muito provável que ele tenha perdido o voo.

probable /ˈprɑbəbəl/ *adj* provável: *It is probable that she will make a full recovery.* É provável que ela se recupere completamente.

probably /ˈprɑbəbli/ *adv* provavelmente: *She'll probably call later.* Provavelmente ela vai ligar mais tarde.

probation /proʊˈbeɪʃən/ *s* **on probation (a)** em liberdade condicional **(b)** em experiência [funcionário]

probe /proʊb/ *verbo & substantivo*
- *v* **1 to probe (into) sth** sondar/investigar algo [a vida particular de alguém, etc.] **2** [tr] sondar [com um instrumento] **3** [tr] examinar [um dente]
- *s* **1** tenta, sonda **2** investigação

problem /ˈprɑbləm/ *s* **1** problema: *That's your problem.* Isso é problema seu. **2 no problem (a)** (informal) de nada: *"Thanks very much for your help." "No problem."* – Muito obrigado pela sua ajuda. – De nada. **(b)** sim, sem problema: *"Could you drive me to the station?" "No problem."* – Você podia me levar até a estação? – Sim, sem problema.

problematic /prɑbləˈmætɪk/, também **problematical** /prɑbləˈmætɪkəl/ *adj* problemático

procedure /prəˈsidʒər/ *s* procedimento | **to be standard procedure** ser o procedimento normal

proceed /prəˈsid/ *v* [intr] **1 to proceed (with sth)** (formal) prosseguir (em algo), continuar (com algo) **2 to proceed to do sth** em seguida fazer algo: *He grabbed his toy and proceeded to throw it at me.* Ele pegou o brinquedo e em seguida atirou-o em mim. **3** (formal) dirigir-se: *Please proceed to the nearest exit.* Por favor, dirijam-se para a saída mais próxima. **4** (formal) proceder

proceedings /prəˈsidɪŋz/ *s pl* **1 the proceedings** os acontecimentos **2** processo, ação [judicial]

proceeds /ˈproʊsidz/ *s pl* renda [de um show, de uma venda, etc.]

process /ˈprɑsɛs/ *substantivo & verbo*
- *s* (pl **-sses**) **1** processo **2 to be in the process of doing sth** estar fazendo algo: *They are in the process of moving to new premises.* Eles estão se mudando para um novo local. **3 in the process** ao fazer isso
- *v* [tr] **1** processar [alimentos] **2** processar [informações, uma solicitação, etc.] **3** revelar [um filme]

processing /ˈprɑsɛsɪŋ/ *s* **1** (de alimentos) processamento **2** (em fotografia) revelação **3** (em informática) processamento

procession /prəˈsɛʃən/ *s* procissão, cortejo

processor /ˈprɑsɛsər/ *s* processador ▶ ver também **food processor**

pro-ˈchoice *adj* pró-aborto

proclaim /proʊˈkleɪm/ v [tr] (formal) proclamar, declarar

prod /prɑd/ v (-dded, -dding) **1 to prod (at) sth/sb** cutucar algo/alguém **2 to prod sb into doing sth** encorajar alguém a fazer algo

prodigy /ˈprɑdədʒi/ s (pl -gies) prodígio

produce¹ /prəˈdus/ v [tr] **1** produzir [trigo, petróleo, vinho, etc.] **2** provocar, produzir [uma reação, um efeito] **3** dar [um resultado] **4** sacar [uma arma] **5** apresentar [provas, estatísticas] **6** (em cinema, TV, teatro) produzir

produce² /ˈprɑdus/ s **1** produtos (agrícolas) | **dairy produce** laticínios **2** AmE hortifrutigranjeiro

producer /prəˈdusər/ s **1** (país, empresa) produtor -a **2** (em cinema, TV, teatro) produtor -a

product /ˈprɑdʌkt/ s **1** produto **2 to be the product of sth** ser o produto de algo

production /prəˈdʌkʃən/ s **1** (fabricação, cultivo) produção **2** (filme, programa, musical) produção, (peça) encenação **3 on production of sth** com a apresentação de algo **4 production line** linha de produção

productive /prəˈdʌktɪv/ adj produtivo

productivity /proʊdəkˈtɪvəti/ s produtividade

profession /prəˈfɛʃən/ s profissão: *He's a lawyer by profession.* Ele é advogado por profissão. | **the medical/teaching etc. profession** os médicos/os professores etc.

professional /prəˈfɛʃənl/ adj & s profissional

professionalism /prəˈfɛʃənl-ɪzəm/ s profissionalismo

professor /prəˈfɛsər/ s **1** AmE professor -a universitário -ria **2** BrE catedrático -ca

proficiency /prəˈfɪʃənsi/ s competência

proficient /prəˈfɪʃənt/ adj competente: *a proficient student* um aluno competente | *She is proficient in three languages.* Ela fala bem três línguas.

profile /ˈproʊfaɪl/ s perfil | **in profile** de perfil

profiling /ˈproʊfaɪlɪŋ/ s definição do perfil [de determinado grupo social]

profit /ˈprɑfɪt/ substantivo & verbo

• **s** lucro: *They sold the business at a huge profit.* Eles tiveram um lucro enorme com a venda do negócio. | **to make/turn a profit** ter lucro | **to make a profit of $50/$2,000 etc.** ter um lucro de $50/$2.000 etc.

• **v to profit (from sth)** beneficiar-se (com algo)

profitable /ˈprɑfɪtəbəl/ adj **1** lucrativo **2** proveitoso

profound /prəˈfaʊnd/ adj profundo

program AmE, **programme** BrE /ˈproʊɡræm/ substantivo & verbo

• **s 1** (de TV, rádio) programa **2** (em informática) programa ▶ Nesta acepção, usa-se a grafia **program** também na Grã-Bretanha **3** (de atividades) programa: *the space program* o programa espacial **4** (de concerto, espetáculo) programa

• **v** [tr] (-mmed, -mming) **1** programar [um videocassete, um forno, etc.] **2 to be programmed to do sth** ser programado para fazer algo **3** (em informática) programar ▶ Nesta acepção, usa-se a grafia **program** também na Grã-Bretanha

programmer /ˈproʊɡræmər/ s programador -a

programming /ˈproʊɡræmɪŋ/ s programação

progress¹ /ˈprɑɡrəs, BrE ˈproʊɡrɛs/ s **1** progresso [de um aluno, de um doente] | **to make progress** progredir **2 in progress** (formal) em curso, em andamento **3** avanço

progress² /prəˈɡrɛs/ v [intr] (3a pess sing presente -sses) **1** progredir, avançar **2** passar [tempo] **3** progredir [evento]

progressive /prəˈɡrɛsɪv/ adj **1** progressista, avançado **2** progressivo

prohibit /proʊˈhɪbɪt/ v [tr] (formal) proibir: *Smoking is prohibited.* É proibido fumar. | **to prohibit sb from doing sth** proibir alguém de fazer algo

project¹ /ˈprɑdʒɛkt/ s **1** projeto **2** trabalho [escolar]: *a project on pollution* um trabalho sobre poluição **3 the projects** AmE conjunto habitacional: *He grew up in the projects.* Ele foi criado num conjunto habitacional.

project² /prəˈdʒɛkt/ v **1** [tr] projetar, prever [vendas, lucro, etc.] **2** [intr] projetar-se **3** [tr] projetar [um filme, slides, etc.]

projection /prəˈdʒɛkʃən/ s **1** (previsão) projeção **2** (parte que se sobressai) saliência

projector /prəˈdʒɛktər/ s projetor

pro-'life adj antiaborto

prolific /prəˈlɪfɪk/ adj prolífico

prologue /ˈproʊlɑɡ/ s **prologue (to sth)** prólogo (de algo)

prolong /prəˈlɔŋ/ v [tr] prolongar

prolonged /prəˈlɔŋd/ adj prolongado

prominence /ˈprɑmənəns/ s importância

prominent /ˈprɑmənənt/ adj **1** eminente, conceituado **2** proeminente

promiscuous /prəˈmɪskjuəs/ adj promíscuo

promise /ˈprɑmɪs/ verbo & substantivo

• **v** [tr/intr] prometer: *He promised to fix it.* Ele prometeu consertá-lo. | **to promise sb sth** prometer algo a alguém

• **s 1** promessa | **to break/keep a promise** quebrar/cumprir uma promessa **2 to show (a lot of) promise** prometer (muito)

promising /ˈprɑmɪsɪŋ/ adj promissor

promote /prəˈmoʊt/ v [tr] **1** promover [entendimento, etc.] **2** promover [um funcionário]: *She has been promoted to sales manager.* Ela foi promovida a gerente de vendas. **3** promover [um produto, um evento]

promoter /prəˈmoʊtər/ s **1** promotor -a [de eventos] **2** defensor -a

---

ⓘ Diz-se *I arrived in Rio* ou *I arrived to Rio*? Veja o verbete **arrive**.

promotion /prəˈmoʊʃən/ s **1** promoção [no trabalho] | **to get a promotion** ser promovido **2** promoção [de um produto, etc.]

prompt /prɑmpt/ verbo, adjetivo & advérbio
- v **1** [tr] levar a | **to prompt sb to do sth** levar alguém a fazer algo: *What prompted you to change your plans?* O que te levou a mudar de planos? **2** (no teatro) [tr] soprar para, [intr] soprar
- adj **1** rápido, imediato **2** pontual
- adv em ponto

promptly /ˈprɑmptli/ adv **1** prontamente **2** pontualmente **3** imediatamente

prone /proʊn/ adj **to be prone to sth** ser propenso a algo | **to be prone to do sth** tender a fazer algo

pronoun /ˈproʊnaʊn/ s pronome

pronounce /prəˈnaʊns/ v [tr] **1** pronunciar **2** declarar: *She pronounced herself satisfied.* Ela se declarou satisfeita.

pronounced /prəˈnaʊnst/ adj **1** carregado [sotaque] **2** acentuado [característica]

pronunciation /prənʌnsiˈeɪʃən/ s pronúncia

proof /pruf/ s **1** prova(s): *They have no proof (that) it was him.* Eles não têm prova de que foi ele. **2 proof of identity** documento de identidade: *You need proof of identity.* Você precisa de um documento de identidade.

prop /prɑp/ verbo, substantivo & substantivo plural
- v [tr] (-pped, -pping) **to prop sth (up) against sth** apoiar algo em algo
  prop sth up **1** escorar algo **2** fortalecer algo
- s **1** escora **2** apoio
- **props** s pl objetos de cena, apetrechos [numa peça, num filme, etc.]

propaganda /prɑpəˈɡændə/ s propaganda [política]

propane /ˈproʊpeɪn/ s propano

propel /prəˈpɛl/ v [tr] (-lled, -lling) impulsionar

propeller /prəˈpɛlər/ s hélice

proper /ˈprɑpər/ adj **1** apropriado, adequado: *I didn't have the proper clothes for sailing.* Eu não tinha roupa apropriada para velejar. **2** correto [pronúncia] **3 to be proper** (socialmente aceitável) ser apropriado, ficar bem **4** propriamente dito: *It's not part of the city proper.* Não faz parte da cidade propriamente dita. ▶ Neste sentido, o substantivo precede o adjetivo **5** BrE de verdade: *my first proper boyfriend* meu primeiro namorado de verdade | *a proper meal* uma refeição decente

properly /ˈprɑpərli/ adv bem, direito

proper 'noun s nome próprio

property /ˈprɑpərti/ s (pl -ties) **1** propriedade, bens: *This is government property.* Isso é propriedade do governo. | *He left all his property to his son.* Ele deixou todos os seus bens para o filho. | *stolen property* objetos roubados **2** propriedade imobiliária, imóveis **3** imóvel **4** (característica) propriedade

prophecy /ˈprɑfəsi/ s (pl -cies) profecia

prophesy /ˈprɑfəsaɪ/ v [tr] (-sies, -sied) predizer

prophet /ˈprɑfɪt/ s profeta

proportion /prəˈpɔrʃən/ substantivo & substantivo plural
- s **1** proporção **2 in proportion to** em proporção a **3 in proportion with sth** proporcional a algo | **out of proportion (with sth)** desproporcional (a algo) **4 to get things out of proportion** exagerar (as coisas)
- **proportions** s pl proporções

proportional /prəˈpɔrʃənl/ adj **proportional (to sth)** proporcional (a algo)

proposal /prəˈpoʊzəl/ s **1** proposta **2** pedido de casamento

propose /prəˈpoʊz/ v **1** [tr] propor **2 to propose to sb** pedir alguém em casamento **3 to propose to do sth, to propose doing sth** (formal) pretender fazer algo: *What do you propose to do about it?* O que você pretende fazer a respeito?

proposition /prɑpəˈzɪʃən/ s **1** proposta **2** proposição

proprietor /prəˈpraɪətər/ s dono -na, proprietário -ria

prose /proʊz/ s prosa

prosecute /ˈprɑsəkjut/ v **1** [tr] processar: *He was prosecuted for theft.* Ele foi processado por furto. **2** [intr] entrar com uma ação na Justiça

prosecution /prɑsəˈkjuʃən/ s **1 the prosecution** a acusação **2** processo, ação penal

prosecutor /ˈprɑsəkjutər/ s promotor -a [da Justiça]

prospect /ˈprɑspɛkt/ substantivo & substantivo plural
- s **1** possibilidade, chance: *There's little prospect of reaching an agreement.* Há pouca possibilidade de se chegar a um acordo. **2** perspectiva: *The prospect of speaking in public terrifies me.* A perspectiva de falar em público me deixa apavorado.
- **prospects** s pl perspectivas [para o futuro]: *a man with no prospects* um homem sem perspectivas

prospective /prəˈspɛktɪv/ adj possível, futuro

prospectus /prəˈspɛktəs/ s prospecto

prosper /ˈprɑspər/ v [intr] prosperar

prosperity /prɑˈspɛrəti/ s prosperidade

prosperous /ˈprɑspərəs/ adj próspero

prostitute /ˈprɑstətut/ s prostituta

prostitution /prɑstəˈtuʃən/ s prostituição

protagonist /proʊˈtæɡənɪst/ s protagonista

protect /prəˈtɛkt/ v [tr/intr] proteger | **to protect sth/sb from sth** proteger algo/alguém de algo | **to protect (sth/sb) against sth** proteger (algo/alguém) contra algo

protection /prəˈtɛkʃən/ s proteção

protective /prəˈtɛktɪv/ *adj* **1** de proteção [roupa, óculos], protetor [capa, envoltório] **2** protetor [pessoa, gesto]

protein /ˈproutin/ *s* proteína

protest¹ /ˈproutɛst/ *s* protesto(s): *a strike in protest against the layoffs* uma greve em protesto contra as demissões | **under protest** sob protesto

protest² /prəˈtɛst/ *v* [tr/intr] protestar | **to protest against/about sth** protestar contra/por algo

Protestant /ˈprɑtəstənt/ *adj & s* protestante

protester /ˈproutɛstər/ *s* manifestante

prototype /ˈproutətaɪp/ *s* protótipo

protrude /prouˈtrud/ *v* [intr] projetar-se | **to have protruding teeth** ser dentuço

proud /praud/ *adj* **1** (satisfeito) orgulhoso | **to be proud of sth/sb** ter orgulho de algo/alguém, orgulhar-se de algo/alguém **2** (arrogante) orgulhoso

proudly /ˈpraudli/ *adv* orgulhosamente

prove /pruv/ *v* (particípio **proved** ou **proven**) **1** [tr] provar: *They couldn't prove that she was guilty.* Não conseguiram provar que ela era culpada. | **to prove sb right/wrong** demonstrar que alguém está certo/errado **2** **to prove to be useful/easy etc.** demonstrar ser útil/fácil etc., revelar-se útil/fácil etc. **3** **to prove yourself** mostrar que se tem capacidade para fazer algo bem

proven¹ /ˈpruvən/ *adj* comprovado

proven² particípio de **prove**

proverb /ˈprɑvɜrb/ *s* provérbio

provide /prəˈvaɪd/ *v* [tr] **1** fornecer [alimento, equipamento], prover [recursos, fundos] | **to provide sb with sth** fornecer algo a alguém, prover alguém de algo: *I was provided with a car and a guide.* Me forneceram um carro e um guia. **2** oferecer [um serviço]
provide for sb sustentar alguém **provide for sth** prever algo, levar algo em conta [uma eventualidade, uma necessidade, etc.]

provided /prəˈvaɪdɪd/, também **proˈvided that** *conj* contanto que, desde que

providing /prəˈvaɪdɪŋ/, também **proˈviding that** *conj* ▶ ver **provided**

province /ˈprɑvɪns/ *s* **1** província **2** **to be sb's province** ser a área de alguém: *That's not really my province.* Essa não é bem a minha área.

provincial /prəˈvɪnʃəl/ *adj* **1** de uma província **2** provinciano

provision /prəˈvɪʒən/ *substantivo & substantivo plural*
• *s* **1** provisão **2** provisões: *There is no provision for disabled people.* Não há provisões para pessoas inválidas. | **to make provision(s) for sb** assegurar o futuro de alguém
• **provisions** *s pl* provisões, víveres

provisional /prəˈvɪʒənl/ *adj* provisório

proviso /prəˈvaɪzou/ *s* (pl **-sos**) condição | **with the proviso that** com a condição de (que)

provocation /prɑvəˈkeɪʃən/ *s* provocação

provocative /prəˈvɑkətɪv/ *adj* **1** provocador **2** provocante

provoke /prəˈvouk/ *v* [tr] **1** provocar [uma pessoa] **2** provocar [uma reação, um sentimento] **3** **to provoke sb to do sth, to provoke sb into doing sth** levar alguém a fazer algo

prow /prau/ *s* proa

prowl /praul/ *verbo & substantivo*
• *v* **to prowl around/about** rondar
• *s* **to be on the prowl** estar rondando

prude /prud/ *s* pudico -ca

prudent /ˈprudnt/ *adj* prudente

prune /prun/ *verbo & substantivo*
• *v* [tr] **1** podar **2** cortar [despesas, custos]
• *s* ameixa (seca)

pry /praɪ/ *v* [intr] (3a pess sing **pries**, passado & particípio **pried**) **to pry (into sth)** intrometer-se (em algo)

P.S. /pi ˈɛs/ (= **postscript**) PS

psalm /sɑm/ *s* salmo

pseudonym /ˈsudn-ɪm/ *s* pseudônimo

psychiatric /saɪkiˈætrɪk/ *adj* psiquiátrico

psychiatrist /saɪˈkaɪətrɪst/ *s* psiquiatra

psychiatry /saɪˈkaɪətri/ *s* psiquiatria

psychic /ˈsaɪkɪk/ *adjetivo & substantivo*
• *adj* **1** paranormal **2** **to be psychic** ser adivinho **3** psíquico
• *s* vidente

psychoanalysis /saɪkouəˈnæləsɪs/ *s* psicanálise

psychological /saɪkəˈlɑdʒɪkəl/ *adj* psicológico

psychologist /saɪˈkɑlədʒɪst/ *s* psicólogo -ga

psychology /saɪˈkɑlədʒi/ *s* psicologia

psychopath /ˈsaɪkəpæθ/ *s* psicopata

pub /pʌb/ *s* bar, pub

puberty /ˈpjubərti/ *s* puberdade

pubic /ˈpjubɪk/ *adj* púbico

public /ˈpʌblɪk/ *adjetivo & substantivo*
• *adj* público: *public opinion* a opinião pública | *public transportation* transporte público | **to make sth public** divulgar algo
• *s* **1 the (general) public** o público (em geral) **2 in public** em público

publication /pʌbləˈkeɪʃən/ *s* publicação

publicity /pəˈblɪsəti/ *s* **1** publicidade **2** **publicity campaign** campanha publicitária **publicity stunt** truque publicitário

publicize, -ise BrE /ˈpʌbləsaɪz/ *v* [tr] divulgar

publicly /ˈpʌblɪkli/ *adv* publicamente

public reˈlations *s* relações públicas

ˈpublic ˌschool *s* **1** AmE escola pública **2** BrE escola particular

ˌpublic transporˈtation *s* transporte público

publish /'pʌblɪʃ/ v [tr] (3a pess sing presente -shes) **1** publicar **2** divulgar

publisher /'pʌblɪʃər/ s **1** editora [empresa] **2** editor -a

publishing /'pʌblɪʃɪŋ/ s **1** ramo editorial **2 publishing house** editora

pudding /'pʊdɪŋ/ s **1** pudim **2** BrE sobremesa ▶ Existe também **dessert**, que é usado tanto no inglês americano como no britânico

puddle /'pʌdl/ s poça

Puerto Rican /pɔrtə 'rikən, pwɛrtoʊ-/ adj & s porto-riquenho -nha

Puerto Rico /pɔrtə 'rikoʊ, pwɛrtoʊ-/ s Porto Rico

puff /pʌf/ verbo & substantivo

• v **1** [intr] bufar, arfar **2** [tr/intr] soprar: *Don't puff smoke into my face.* Não sopre fumaça na minha cara. **3 to puff at/on sth** dar uma baforada/baforadas em algo
puff sth out ou **puff out your cheeks/chest** inflar as bochechas/o peito
puff up 1 inchar [olhos, rosto, etc.] **2** crescer [suflê] **puff sth up**, também **puff sth out** eriçar algo [penas]

• s **1** tragada [de um cigarro] **2** nuvem [de fumaça] **3** sopro [de vento] **4** sopro [ato de soprar]

puffy /'pʌfi/ adj (-ffier, -ffiest) inchado [olhos, rosto, etc.]

pull /pʊl/ verbo & substantivo

• v **1** [tr/intr] puxar: *You have to pull hard.* Você tem que puxar com força. | **to pull sth into/away from etc.** puxar algo para/para longe de etc.: *Pull the chair nearer to the fire.* Puxe a cadeira para mais perto da lareira. | **to pull sth open** abrir algo: *I managed to pull the drawer open.* Consegui abrir a gaveta. **2 to pull the trigger** apertar o gatilho **3 to pull a gun/knife on sb** ameaçar alguém com um revólver/uma faca **4 to pull a muscle** distender um músculo **5 to pull yourself together** controlar-se, acalmar-se ▶ ver também **leg, weight**
PHRASAL VERBS
pull sth apart 1 separar algo **2** desmontar algo
pull away 1 arrancar [veículo] **2** desvencilhar-se
pull sth down 1 abaixar algo **2** demolir algo
pull in 1 parar [veículo] **2** chegar [trem]
pull sth off 1 arrancar algo **2** tirar algo [uma roupa] **3** conseguir algo
pull sth on pôr/vestir algo
pull out 1 dar uma guinada [veículo] **2** mudar de faixa [para ultrapassar] | **to pull out in front of sb** dar uma fechada em alguém [no trânsito] **3 to pull out (of sth)** abandonar (algo) [um jogo, uma corrida, etc.], desistir (de algo) [um negócio, um acordo, etc.] **pull sth out** arrancar algo [um dente, um prego], sacar algo [uma arma]
pull over estacionar na beira da rua/estrada [veículo] **pull sb over** mandar alguém estacionar na beira da rua/estrada
pull through recuperar-se
pull up parar [veículo] **pull up sth to pull up a chair** puxar uma cadeira **pull sth up** arrancar algo [uma planta]

• s **1 to give sth a pull** dar um puxão em algo **2** força [da gravidade, de uma correnteza] **3 the pull of sth** a atração de algo

pulley /'pʊli/ s polia

pullover /'pʊloʊvər/ s pulôver

pulp /pʌlp/ s polpa

pulpit /'pʊlpɪt/ s púlpito

pulsate /'pʌlseɪt/ v [intr] pulsar | **pulsating rhythm** ritmo palpitante

pulse /pʌls/ substantivo & substantivo plural

• s pulso [batimento arterial]

• **pulses** s pl grãos

pump /pʌmp/ substantivo & verbo

• s **1** bomba [de água, gasolina, etc.], bomba de ar [para bicicleta] **2** AmE sapato de mulher, de salto baixo **3** BrE sapatilha

• v **1** [tr/intr] bombear **2 to pump sb for information** (informal) sondar alguém **3 to pump money into sth** injetar dinheiro em algo
pump sth up encher algo [um pneu, uma bola, etc.]

pumpkin /'pʌmpkɪn/ s abóbora

pun /pʌn/ s trocadilho

punch /pʌntʃ/ verbo & substantivo

• v [tr] (3a pess sing presente -ches) **1** dar um soco em, socar **2** perfurar [um bilhete] | **to punch a hole in sth** fazer um furo em algo

• s (pl -ches) **1** soco **2** ponche **3** furador [para papel]

punchline /'pʌntʃlaɪn/ s final [de uma piada]

punctual /'pʌŋktʃuəl/ adj pontual

punctuality /pʌŋktʃu'æləti/ s pontualidade

punctuate /'pʌŋktʃueɪt/ v **1** pontuar [um texto] **2 to be punctuated by/with sth** ser pontuado por algo

punctuation /pʌŋktʃu'eɪʃən/ s pontuação

punctu'ation ˌmark s sinal de pontuação

puncture /'pʌŋktʃər/ substantivo & verbo

• s **1** BrE pneu furado | **to have/get a puncture**: *I had/got a puncture.* Furou um pneu. ▶ No inglês americano diz-se **flat tire** ou **flat 2** furo

• v [tr/intr] furar

punish /'pʌnɪʃ/ v [tr] (3a pess sing presente -shes) castigar

punishment /'pʌnɪʃmənt/ s castigo, punição

punk /pʌŋk/ s **1** (também **punk rock**) punk **2** (também **punk rocker**) punk **3** AmE (informal) pivete

---

*Gostaria de estudar o vocabulário por temas? Consulte o pequeno **dicionário ilustrado**.*

pup /pʌp/ s **1** cachorrinho **2** filhote [de foca, etc.]

pupil /'pjupəl/ s **1** pupila **2** BrE aluno -na ▶ No inglês americano diz-se **student**

puppet /'pʌpɪt/ s **1** marionete **2** títere

puppy /'pʌpi/ s (pl **-ppies**) cachorrinho, filhote [de cão]

purchase /'pɜrtʃəs/ verbo & substantivo
- v [tr] (formal) adquirir, comprar
- s (formal) aquisição, compra

pure /pjʊr/ adj **1** puro: *pure wool* pura lã **2 by pure chance/coincidence** por pura coincidência

puree, também **purée** /pju'reɪ, BrE 'pjʊəreɪ/ s purê

purely /'pjʊrli/ adv puramente, unicamente | **purely and simply** pura e simplesmente

purge /pɜrdʒ/ verbo & substantivo
- v **to purge sth (of sth/sb)** expurgar algo (de algo/alguém), eliminar algo (de algo/alguém)
- s expurgo

purify /'pjʊrəfaɪ/ v (-fies, -fied) purificar

purity /'pjʊrəti/ s pureza

purple /'pɜrpəl/ adj & s roxo ▶ ver "Active Box" **colors** em **color**

purpose /'pɜrpəs/ s **1** propósito, objetivo: *He went there with the purpose of seeing his family.* Ele foi lá com o objetivo de visitar a família. **2 to do sth on purpose** fazer algo de propósito **3** determinação: *a woman full of purpose* uma mulher com muita determinação

purposeful /'pɜrpəsfəl/ adj decidido

purposely /'pɜrpəsli/ adv de propósito, intencionalmente

purr /pɜr/ v [intr] ronronar

purse /pɜrs/ substantivo & verbo
- s **1** AmE bolsa **2** BrE porta-níqueis ▶ No inglês americano diz-se **change purse**
- v **to purse your lips** franzir a boca

pursue /pər'su/ v [tr] **1** seguir [uma carreira] **2** adotar [uma política] **3** procurar alcançar [uma meta] **4 to pursue the matter** continuar a falar sobre esse assunto **5** perseguir

pursuit /pər'sut/ s (formal) **1 the pursuit of happiness/fame etc.** a busca da felicidade/fama etc. **2 in pursuit** em busca de, atrás de: *He ran off in pursuit of the thief.* Ele saiu correndo atrás do ladrão. **3** atividade

push /pʊʃ/ verbo & substantivo
- v (3a pess sing presente **-shes**) **1** [tr/intr] empurrar: *He tried to push me into the water.* Ele tentou me empurrar para dentro d'água. | *We pushed the car off the road.* Empurramos o carro para fora da estrada. **2** [tr] apertar [um botão] **3 to push past sb** empurrar alguém para passar | **to push your way through/toward etc.** abrir caminho aos empurrões por entre/até etc. **4 to push sb to do sth** pressionar alguém a fazer algo **5 to be pushed for time** (informal) estar com o tempo apertado **6 to be pushing 40/50 etc.** estar beirando os 40/50 etc. anos

push ahead (with sth) prosseguir (com algo)
push sb around (informal) mandar em alguém
push off BrE (informal) **1** cair fora **2 push off!** cai fora! ▶ No inglês americano diz-se **shove off**

- s (pl **-shes**) **1 to give sth/sb a push** dar um empurrão em algo/alguém **2 at the push of a button** somente apertando um botão

pushchair /'pʊʃtʃer/ s BrE carrinho de bebê [do tipo cadeira] ▶ No inglês americano diz-se **stroller**

push-up AmE, **press-up** BrE s flexão | **to do push-ups** fazer flexões

pushy /'pʊʃi/ adj (**-shier, -shiest**) insistente

pussy /'pʊsi/ s (pl **-ssies**) (informal) (também **pussycat**) gatinho

put /pʊt/ v [tr] (passado & particípio **put**, gerúndio **putting**) **1** pôr: *Put the bags on the table.* Ponha as sacolas na mesa. | *The delay put us all in a bad mood.* O atraso nos deixou de mau humor. **2 to put sb out of work/out of a job** deixar alguém desempregado **3** pôr, escrever: *Put your name at the top of the page.* Escreva seu nome no topo da folha. **4** dizer, expressar | **to put it another way** em outras palavras | **to put a question to sb** fazer uma pergunta a alguém **5 to put sth to sb** propor algo a alguém [um plano, uma ideia] ▶ **to put** também faz parte de expressões como **to put sth behind you, to put an end to sth**, etc., que são tratadas no verbete de **behind, end**, etc., respectivamente

PHRASAL VERBS
put sth across explicar algo
put sth aside 1 pôr algo de lado **2** economizar algo
put sth away guardar algo
put sth back 1 pôr algo no lugar **2** adiar algo [uma reunião, uma consulta, etc.] **3** atrasar algo [um relógio]
put sth down 1 deixar algo: *He put his suitcase down in the hall.* Ele deixou a mala no corredor. | *She put her book down and went to answer the door.* Ela parou de ler e foi atender a porta. **2** anotar algo **3** sacrificar algo [um animal] **4** debelar algo [uma rebelião, etc.] **put sb down** depreciar alguém **put sth down to sth** atribuir algo a algo
put sth forward 1 apresentar algo [uma proposta, um argumento, etc.] **2** propor algo [um plano, etc.] **3** adiantar algo [um relógio] **put sb forward** propor alguém [para um cargo]
put sth in 1 instalar algo [uma cozinha, um banheiro, etc.] **2** pôr algo [vidro duplo, etc.] **3** investir algo [tempo, esforço] **4** entrar com algo [um pedido] **5** registrar algo [uma queixa]
put sth off protelar algo, adiar algo **put sb off 1** adiar um compromisso com alguém

2 distrair alguém **3 to put sb off (doing) sth** desanimar alguém de (fazer) algo

put sth on 1 vestir algo [roupa], passar algo [creme, batom, etc.] **2** ligar algo [a TV, o rádio, etc.], acender algo [a luz], pôr algo [uma música] **3 to put on weight** engordar: *I put on almost three kilos over Christmas.* Engordei quase três quilos no Natal. **4** dar algo [um concerto] **5** encenar algo [uma peça] **6 to put it on** fingir, fazer encenação

put sth out 1 apagar algo [as luzes, um incêndio, etc.] **2** pôr algo do lado de fora/lá fora [lixo] **3 to put your tongue out** mostrar a língua **put sb out 1** incomodar alguém: *Would it put you out if I brought a friend?* Você se incomodaria se eu trouxesse um amigo? | *Don't put yourself out on my account.* Não se incomode por minha causa. **2 to be/feel put out** estar/ficar sentido

put sb through transferir alguém [por telefone]: *I'll put you through to the sales department.* Vou transferi-lo para o departamento de vendas. **put sb through sth 1** fazer alguém passar por algo [uma situação desagradável] **2** submeter alguém a algo [uma prova]

put sth together 1 juntar algo **2** montar algo **3** preparar algo: *The band is putting a new album together.* A banda está preparando um novo álbum.

put sth up. 1 construir algo [um prédio] **2** armar algo [uma barraca] **3** colocar algo [na parede] **4** aumentar algo [um preço, um aluguel] **5 to put your hand up** levantar a mão **put sb up** hospedar alguém

put up with sth/sb aguentar algo/alguém

putter /ˈpʌtər/ AmE, **potter** /ˈpɒtər/ BrE *v* **to putter about/around/in sth** entreter-se fazendo uma coisa e outra

puzzle /ˈpʌzəl/ *substantivo & verbo*

- *s*
  1 quebra-cabeça
  2 enigma

- *v* **1** [tr] intrigar
  2 to puzzle over sth refletir sobre algo

puzzle

puzzled /ˈpʌzəld/ *adj* **1** intrigado [pessoa] **2** de surpresa [ar, olhar]

puzzling /ˈpʌzlɪŋ/ *adj* **1** estranho [comportamento] **2** intrigante [declaração, resultado, fenômeno]

pyjamas BrE ▶ ver **pajamas**

pylon /ˈpaɪlɑn/ *s* torre de alta tensão

pyramid /ˈpɪrəmɪd/ *s* pirâmide

python /ˈpaɪθɑn/ *s* píton

Q, q /kju/ *s* (letra) Q, q ▶ ver "Active Box" **letters** em **letter**

quack /kwæk/ *verbo & substantivo*
- *v* [intr] grasnar
- *s* grasnido

quadruple /kwɑˈdrupəl/ *verbo & adjetivo*
- *v* [tr/intr] quadruplicar
- *adj* quádruplo

quail /kweɪl/ *substantivo & verbo*
- *s* (pl **quail** ou **quails**) codorna
- *v* **to quail (at sth)** tremer (diante de algo)

quaint /kweɪnt/ *adj* **1** pitoresco **2** antiquado

quake /kweɪk/ *substantivo & verbo*
- *s* terremoto
- *v* [intr] tremer

qualification /kwɑləfəˈkeɪʃən/ *s* **1** certificado, diploma [escolar, acadêmico, etc.] ▶ O termo **qualification** tem aplicação muito ampla, incluindo desde os exames prestados no ensino médio, em cursos profissionalizantes, até um doutorado **2** requisito **3** classificação **4** reserva

qualified /ˈkwɑləfaɪd/ *adj* **1** (profissionalmente) habilitado **2** (capaz) capacitado: *I don't feel qualified to give an opinion.* Não me sinto capacitado para opinar. **3** com reservas [aprovação, aceitação, etc.]

qualifier /ˈkwɑləfaɪər/ *s* eliminatória

qualify /ˈkwɑləfaɪ/ *v* (**-fies**, **-fied**) **1** [intr] formar-se | **to qualify as a doctor/teacher etc.** formar-se médico/professor etc. **2 to qualify sb to do sth** habilitar alguém a fazer algo **3** (em esportes) **to qualify (for sth)** classificar-se (para algo) **4 to qualify (for a discount/a grant etc.)** ter direito (a um desconto/ uma bolsa etc.) **5** [intr] contar | **to qualify as sth** ser considerado algo **6** [tr] fazer uma ressalva a

qualifying /ˈkwɑləfaɪ-ɪŋ/ *adj* eliminatório

quality /ˈkwɑləti/ *substantivo & adjetivo*
- *s* (pl **-ties**) **1** (padrão) qualidade: *high quality* alta qualidade | *The recording is of very poor quality.* A gravação é de péssima qualidade. **2** (característica) qualidade
- *adj* de qualidade: *quality materials* materiais de qualidade

qualm /kwɑm/ *s* **to have no qualms about doing sth** não ter escrúpulo de fazer algo

quandary /'kwɑndəri/ s **to be in a quandary (about/over sth)** estar na dúvida (sobre algo)

quantity /'kwɑntəti/ s (pl -ties) quantidade

quarantine /'kwɔrəntin/ s quarentena

quarrel /'kwɔrəl/ substantivo & verbo

• s **1** discussão, briga | **to have a quarrel with sb)** ter uma discussão/briga (com alguém) **2** **to have no quarrel with sth** não ter o que reclamar de algo

quarreling

• v (**-led, -ling** AmE, **-lled, -lling** BrE) **to quarrel (with sb)** discutir/brigar (com alguém): *What are they quarreling about?* Por que eles estão discutindo?

quarry /'kwɔri/ s (pl **-rries**) **1** pedreira **2** presa

quart /kwɔrt/ s medida de capacidade para líquidos, equivalente a 0,9463 litros

quarter /'kwɔrtər/ s **1** (fração) quarto: *The theater was only a quarter full.* O teatro estava apenas um quarto cheio. | *Cut the tomatoes into quarters.* Corte os tomates em quatro. **2** (em expressões de tempo) **a quarter of an hour** quinze minutos | **three quarters of an hour** quarenta e cinco minutos | **a quarter of two/three etc.** AmE, **(a) quarter to two/three etc.** BrE quinze para as duas/três etc. | **a quarter after two/three etc.** AmE, **(a) quarter past two/three etc.** BrE duas/três etc. e quinze **3** (nos EUA e no Canadá) moeda de 25 centavos **4** bairro: *the old Jewish quarter of Prague* o antigo bairro judeu em Praga

quarterback /'kwɔrtərbæk/ s (em futebol americano) zagueiro -ra

quarterfinal /kwɔrtər'faɪnl/ s quarta de final

quarterly /'kwɔrtərli/ adjetivo & advérbio
• *adj* trimestral
• *adv* trimestralmente

quartet /kwɔr'tɛt/ s quarteto

quartz /kwɔrts/ s quartzo

quash /kwɑʃ/ v [tr] (3a pess sing presente **-shes**) (formal) **1** anular [um veredicto, uma pena, etc.] **2** debelar [uma rebelião]

quay /keɪ, ki/ s cais

queen /kwin/ s **1** rainha: *Queen Victoria* a Rainha Vitória **2** (no baralho) dama

queer /kwɪr/ adjetivo & substantivo
• *adj* **1** esquisito **2** bicha ▶ Esta palavra é ofensiva
• *s* bicha ▶ Esta palavra é ofensiva

quell /kwɛl/ v [tr] **1** dominar [sentimentos] **2** sufocar [uma rebelião, etc.] **3** fazer calar [a oposição]

quench /kwɛntʃ/ v (**-ches**) **to quench your thirst** matar a sede

query /'kwɪri/ substantivo & verbo
• *s* (pl **-ries**) dúvida
• *v* (**-ries, -ried**) questionar

quest /kwɛst/ s (literário) busca

question /'kwɛstʃən/ substantivo & verbo
• *s* **1** pergunta | **to ask (sb) a question** fazer uma pergunta (a alguém) | **to answer a question** responder uma pergunta **2** questão: *the question of the environment* a questão do meio ambiente **3** dúvida: *There's no question that she should have won.* Não há dúvida de que ela deveria ter ganhado. | **beyond question** inquestionável | **to call sth into question** levantar dúvidas sobre algo | **without question (a)** sem dúvida alguma **(b)** sem questionar **4** **there's no question of me/him etc. doing sth** não há possibilidade de eu/ele etc. fazer algo | **to be out of the question** estar fora de questão **5** **the day/person etc. in question** (formal) o dia/a pessoa etc. em questão
• *v* **1** interrogar, interpelar **2** questionar

questionable /'kwɛstʃənəbəl/ adj questionável

'question ,mark s ponto de interrogação

questionnaire /kwɛstʃə'nɛr/ s questionário

'question ,tag s

> **question tag** é uma fórmula equivalente a *não é?, não vai?,* etc. que se adiciona no fim da frase. Se a frase é afirmativa, a **question tag** é feita com a forma negativa do verbo modal ou auxiliar:
> *They're Scottish, aren't they?* Eles são escoceses, não são? | *James can drive, can't he?* O James sabe dirigir, não sabe?
>
> Se não há verbo modal ou auxiliar, usa-se a forma correspondente do auxiliar **to do**:
> *You speak German, don't you?* Você fala alemão, não é?/não fala?
>
> Se a frase é negativa, o verbo auxiliar ou modal vem na forma afirmativa:
> *You didn't see them, did you?* Você não os viu, não é?

queue /kju/ substantivo & verbo
• *s* BrE fila ▶ No inglês americano diz-se **line**
• *v* [intr] (também **queue up**) BrE fazer fila ▶ No inglês americano diz-se **stand in line**

quibble /'kwɪbəl/ v **to quibble (about/over sth)** criar caso (por algo)

quick /kwɪk/ adjetivo & advérbio
• *adj* **1** rápido: *Have you finished already? That was quick!* Você já acabou? Que rápido! | *Be quick! The bus is coming!* Rápido! O ônibus está chegando! | **to be quick to do sth** apressar-se em fazer algo ▶ QUICK OU FAST? ver nota em **rápido** **2** (breve) rápido: *I need to make a quick phone*

call. Preciso dar um telefonema rápido. **3** inteligente, que pega as coisas rápido
- *adv* depressa, rápido

quicken /'kwɪkən/ *v* **1** [intr] acelerar-se **2 to quicken your pace** apressar o passo

quickly /'kwɪkli/ *adv* depressa, rápido

quick-'witted *adj* espirituoso

quid /kwɪd/ *s* (pl quid) BrE (informal) libra: *ten quid* dez libras

quiet /'kwaɪət/ *adjetivo & substantivo*
- *adj* **1** silencioso [motor] | **quiet voice** voz baixa: *He spoke in a quiet voice.* Ele falou em voz baixa. **2** quieto, calado: *He's a quiet, serious boy.* Ele é um menino quieto e sério. | **to be quiet** estar calado | **be quiet!** fica quieto! **3** tranquilo, calmo [rua, cidade, vida]
- *s* **1** silêncio **2 on the quiet** (informal) às escondidas

quieten /'kwaɪətn/, também **quiet** /'kwaɪət/ AmE *v* **to quieten (down)** sossegar, acalmar-se | **to quieten sb (down)** acalmar alguém

quietly /'kwaɪətli/ *adv* **1** silenciosamente, sem fazer barulho **2** em voz baixa **3** discretamente

quilt /kwɪlt/ *s* edredom

quintet /kwɪn'tɛt/ *s* quinteto

quirk /kwɜrk/ *s* capricho

quit /kwɪt/ *v* (passado & particípio quit, gerúndio quitting) **1** [tr] largar | **to quit school** largar os estudos | **to quit your job** largar o emprego | **to quit doing sth** parar de fazer algo **2** [intr] pedir demissão **3** [intr] desistir

quite /kwaɪt/ *adv* **1** bastante, bem: *She's quite young.* Ela é bastante jovem. ▶ ver também nota em **bastante 2** totalmente: *That's quite different.* Isso é totalmente diferente. | *I'm not quite sure.* Não tenho certeza absoluta. | *You're quite right.* Você tem toda razão. | *"Are you ready?" "Not quite."* – Você está pronto? – Quase. **3 quite a lot** bastante, muito: *We had quite a lot of problems.* Tivemos bastantes problemas. | *I go there quite a lot.* Vou muito lá. | **quite a few** bastante: *Quite a few people didn't turn up.* Bastante gente não apareceu. | **quite a bit** bastante

quiver /'kwɪvər/ *v* [intr] tremer [de raiva, nervoso, etc.]

quiz /kwɪz/ *s* (pl -zzes) **1** teste **2 quiz show** jogo [de perguntas e respostas na TV]

quota /'kwoʊtə/ *s* **1** cota **2** previsão

quotation /kwoʊ'teɪʃən/ *s* **1** citação **2** orçamento [para um serviço]

quo'tation ,marks *s pl* aspas

quote /kwoʊt/ *verbo & substantivo*
- *v* **1 to quote (from) sth/sb** citar algo/alguém **2** [tr] fazer um orçamento de, [intr] fazer um orçamento
- *s* **1** citação **2** orçamento

R, r /ɑr/ *s* (letra) R, r ▶ ver "Active Box" **letters** em **letter**

rabbit /'ræbɪt/ *s* coelho

rabies /'reɪbiz/ *s* raiva [doença]

race /reɪs/ *substantivo & verbo*
- *s* **1** corrida **2** raça **3 race relations** relações raciais
- *v* **1** [intr] competir, correr | **to race against sb** competir com alguém **2** [tr] apostar uma corrida com **3** [tr] disputar corrida com [um carro, um cavalo] **4 to race in/out etc.** entrar/sair etc. correndo: *I raced downstairs to open the door.* Corri escada abaixo para abrir a porta. | **to race through sth** fazer algo a toda/correndo **5 to race by/past** passar voando [horas, meses, etc.] **6** [intr] disparar [pulso, coração]

'race car AmE, **'racing ,car** BrE *s* carro de corrida

racecourse /'reɪs-kɔrs/ *s* **1** AmE (para atletas) pista de corrida, (para carros, motos, etc.) autódromo, circuito **2** BrE ▶ **racetrack**

racehorse /'reɪshɔrs/ *s* cavalo de corrida

racetrack /'reɪs-træk/ *s* **1** (para atletas) pista de corrida, (para carros, etc.) autódromo **2** AmE hipódromo

racial /'reɪʃəl/ *adj* racial

racing /'reɪsɪŋ/ *s* **1** (também **motor racing**) automobilismo **2** (também **horse racing**) turfe

racing car *s* BrE ▶ ver **race car**

racism /'reɪsɪzəm/ *s* racismo

racist /'reɪsɪst/ *s & adj* racista

rack /ræk/ *substantivo & verbo*
- *s* **1** (para pratos) escorredor **2** (para revistas) porta-revistas **3 the rack** (instrumento de tortura) a roda ▶ ver também **roof rack**
- *v* **to rack your brain** quebrar a cabeça

spice rack   newspaper rack

racket /'rækɪt/ *s* **1** (informal) zoeira **2** (informal) esquema (ilegal) **3** (também **racquet** BrE) raquete

radar /'reɪdɑr/ *s* radar

radiance /'reɪdiəns/ s radiância

radiant /'reɪdiənt/ adj **1** radiante | **to be radiant with joy/health** irradiar felicidade/saúde **2** radioso

radiate /'reɪdieɪt/ v **1** [tr] irradiar, [intr] irradiar-se [calor, entusiasmo] **2 to radiate from sth** sair de algo [ruas]

radiation /reɪdi'eɪʃən/ s radiação

radiator /'reɪdieɪtər/ s **1** aquecedor **2** radiador

radical /'rædɪkəl/ adj & s radical

radio /'reɪdioʊ/ substantivo & verbo
- s rádio | **on the radio** no rádio
- v [tr] **1** comunicar por rádio [uma mensagem, uma posição] **2** chamar por rádio [um lugar] **3 to radio for help** pedir ajuda por rádio

radioactive /reɪdioʊ'æktɪv/ adj radioativo

radioactivity /reɪdioʊæk'tɪvəti/ s radioatividade

'radio ˌstation s (estação de) rádio

radish /'rædɪʃ/ s rabanete

radius /'reɪdiəs/ s (pl **radii** /-diaɪ/) raio | **within a 200-mile/10-meter etc. radius** num raio de 200 milhas/10 metros etc.

raffle /'ræfəl/ s rifa

raft /ræft/ s balsa

rafter /'ræftər/ s viga (de telhado)

rag /ræg/ substantivo & substantivo plural
- s pano
- **rags** s pl trapos

rage /reɪdʒ/ substantivo & verbo
- s **1** fúria | **(to be) in a rage** (estar) furioso | **to fly into a rage** ficar furioso **2 to be all the rage** (informal) ser a última moda
- v [intr] **1** prosseguir violentamente **2 to rage at/against sth** protestar violentamente contra algo

ragged /'rægɪd/ adj **1** esfarrapado **2** maltrapilho **3** irregular [borda]

raging /'reɪdʒɪŋ/ adj **1** terrível [sede, dor de cabeça] **2** bravo [mar] **3** altíssimo [febre]: *He had a raging fever.* Ele teve uma febre altíssima.

raid /reɪd/ substantivo & verbo
- s **1** (operação militar) **a raid (on sth)** um ataque (a algo) **2** (operação policial) batida **3** (roubo) **a raid (on sth)** um assalto (a algo)
- v [tr] **1** dar uma batida em **2** assaltar [uma cidade, um banco, etc.] **3** assaltar [a geladeira, etc.]

raider /'reɪdər/ s assaltante

rail /reɪl/ s **1** parapeito [de varanda, balcão], amurada [de navio] **2** corrimão **3 clothes rail** cabide | **towel rail** porta-toalhas **4** trilho [de ferrovia] **5 by rail** de trem

railing /'reɪlɪŋ/, também **railings** /'reɪlɪŋz/ s grade

railroad /'reɪlroʊd/ AmE, **railway** /'reɪlweɪ/ BrE s **1** ferrovia **2** (também **railroad/railway line, railroad/railway track**) via férrea

'railroad ˌstation AmE, **'railway ˌstation** BrE s estação ferroviária

rain /reɪn/ substantivo & verbo
- s chuva: *I got caught in the rain.* Fui pego pela chuva. | *It looks like rain.* Parece que vai chover.
- v [intr] chover: *It was raining hard.* Estava chovendo muito.
rain out to be rained out AmE, **to be rained off** BrE ser cancelado por causa da chuva

rainbow /'reɪnboʊ/ s arco-íris

raincoat /'reɪnkoʊt/ s capa de chuva

rainfall /'reɪnfɔl/ s índice pluviométrico, chuvas

'rain ˌforest s floresta tropical

rainy /'reɪni/ adj (-nier, -niest) chuvoso | **the rainy season** a estação das chuvas

raise /reɪz/ verbo & substantivo
- v [tr] **1** levantar [a mão, a cabeça, etc.] **2** aumentar [os impostos, os preços, etc.] **3** elevar [o nível] **4** criar [filhos, animais] **5** levantar [dúvidas, suspeitas] **6** provocar [risadas, temor] **7** levantar [uma questão, uma objeção, etc.] **8** tocar em [um assunto] **9** arrecadar [fundos, dinheiro] **10** recrutar [um exército] **11 to raise your eyebrows** levantar as sobrancelhas **12 to raise your glass (to sb)** fazer um brinde (a alguém) ▶ ver também **raise your voice** em **voice**
- s AmE aumento [de salário]

raisin /'reɪzən/ s (uva) passa

rake /reɪk/ substantivo & verbo
- s ancinho
- v **1 to rake (over) sth** revolver algo **2** [tr] (também **rake up**) juntar com um ancinho [folhas]
rake sth in to be raking it in (informal) estar ganhando uma nota
rake sth up (informal) desenterrar algo [um assunto, o passado]

rally /'ræli/ verbo & substantivo
- v (-llies, -llied) **1 to rally to sb's defense/support** unir-se em defesa/apoio de alguém **2** [tr] unir [partidários, etc.] **3** [tr] reunir [apoio] **4** [intr] recuperar-se
rally around juntar-se [para ajudar]
- s (pl -llies) **1** (reunião política) comício **2** (corrida) rali **3** (em tênis) rebatida

RAM /ræm/ s (= **random access memory**) (memória) RAM

ram /ræm/ verbo & substantivo
- v (-mmed, -mming) **1 to ram (into) sth/sb** chocar-se contra algo/alguém, bater em algo/alguém [com muita força] **2 to ram sth into sth** enfiar algo (com força) em algo
- s carneiro

ramble /'ræmbəl/ *verbo & substantivo*
- *v* [intr] **1 to go rambling** fazer caminhadas [no campo] **2** divagar
  ramble on to ramble on (about sth/sb) falar horas (sobre algo/alguém)
- *s* caminhada [no campo]

ramp /ræmp/ *s* **1** rampa **2** BrE desnível [na estrada]

rampage¹ /ræm'peɪdʒ/ *v* [intr] desembestar

rampage² /'ræmpeɪdʒ/ *s* **to go on the rampage** fazer quebra-quebra [pessoas]

rampant /'ræmpənt/ *adj* **1** endêmico [criminalidade, doença] **2** galopante [inflação]

ramshackle /'ræmʃækəl/ *adj* caindo aos pedaços, em ruínas

ran /ræn/ passado de **run**

ranch /ræntʃ/ *s* **1** fazenda [de criação de gado e ovelhas] **2** haras **3** AmE fazenda [que produz algo específico] **4** (também **ranch house**) AmE casa da fazenda

rancid /'rænsɪd/ *adj* rançoso

random /'rændəm/ *adj* **1** aleatório **2 at random** aleatoriamente

rang /ræŋ/ passado de **ring**

range /reɪndʒ/ *substantivo & verbo*
- *s* **1** gama: *a wide range of subjects* uma ampla gama de assuntos **2** Limites entre os quais um valor varia: *The average age range is 25-40.* A idade média varia entre 25 e 40. | *I couldn't find anything in my price range.* Não consegui encontrar nada na minha faixa de preço. **3** (de produtos) linha **4** (de uma arma, um transmissor) alcance | **range of vision** campo visual | **within range (of sth/sb)** dentro do alcance (de algo/alguém) | **out of range** fora do alcance **5** (de montanhas) cadeia
- *v* **1 to range from sth to sth** ir de algo a algo: *Prices range from $5 to $50.* Os preços vão de $5 a $50. | **to range between sth and sth** variar entre algo e algo **2** [tr] arrumar, dispor [cadeiras, objetos, etc.]

ranger /'reɪndʒər/ *s* guarda-florestal

rank /ræŋk/ *substantivo & verbo*
- *s* **1** posto, patente [nas forças armadas, na polícia, etc.]: *He was promoted to the rank of general.* Ele foi promovido ao posto de general. **2 the ranks** a tropa **3** nível [social] **4 the rank and file** as bases [de um partido político ou sindicato]
- *v* **1 to rank among sth** estar entre algo: *She ranks among the greatest of American poets.* Ela está entre as maiores poetas americanas. **2** [tr] considerar, classificar | **to rank sth/sb as sth** considerar algo/alguém (como) algo

ransack /'rænsæk/ *v* [tr] **1** pilhar, saquear **2** vasculhar [uma gaveta, um quarto]

ransom /'rænsəm/ *s* **1** resgate **2 to hold sb (to) ransom** chantagear alguém

rap /ræp/ *verbo & substantivo*
- *v* [tr/intr] (**-pped**, **-pping**) bater [com o nó dos dedos]
- *s* **1** pancada **2** (música) rap

rape /reɪp/ *verbo & substantivo*
- *v* [tr] estuprar
- *s* **1** estupro **2** colza

rapid /'ræpɪd/ *adj* rápido

rapidly /'ræpɪdli/ *adv* rapidamente

rapids /'ræpɪdz/ *s pl* corredeiras

rapist /'reɪpɪst/ *s* estuprador

rapper /'ræpər/ *s* rapper

rapport /ræ'pɔr/ *s* relação | **to establish a rapport with sb** estabelecer uma boa relação com alguém

rapture /'ræptʃər/ *s* **1** êxtase, enlevo **2 to go into raptures over/at sth** fazer os maiores elogios a algo

rare /rɛr/ *adj* **1** raro [planta, moeda, etc.] **2** raro [caso, visita]: *It's rare for her to miss a rehearsal.* É raro ela perder um ensaio. | **on rare occasions** (nas) raras vezes **3** malpassado [bife]

rarely /'rɛrli/ *adv* raramente ▶ ver nota em **always**

rarity /'rɛrəti/ *s* (pl **-ties**) raridade | **to be a rarity** ser uma raridade

rash /ræʃ/ *adjetivo & substantivo*
- *adj* precipitado, imprudente
- *s* brotoeja | **to come out/break out in a rash** ficar cheio de brotoeja

raspberry /'ræzbɛri/ *s* (pl **-rries**) framboesa

rat /ræt/ *s* **1** rato **2** (informal) mau-caráter

rate /reɪt/ *substantivo & verbo*
- *s* **1** ritmo | **at a rate of** a uma taxa de | **at this rate** nesse ritmo **2** taxa [de juros, inflação] **3** índice [de criminalidade] **4** preço, tarifa: *There is a reduced rate for children.* Tem preço reduzido para crianças. | *We pay an hourly rate of $10.* Pagamos $10 por hora. | **rate of pay** salário **5 at any rate** de qualquer maneira
- *v* **1** [tr] classificar: *He is rated number one in the world.* Ele é classificado como o número um do mundo. **2 to be rated as sth/to rate as sth** ser considerado algo: *He is rated as one of the best guitarists around.* Ele é considerado um dos melhores guitarristas do mundo. **3 to rate sth/sb highly** achar algo/alguém excelente

rather /'ræðər/ *adv* **1** bastante: *I was rather surprised to see him.* Fiquei bastante surpresa de vê-lo. **2 I would/he would etc. rather** eu prefiro/ele prefere etc.: *I would rather stand, thank you.* Prefiro ficar em pé, obrigada. **3 rather than (a)** em vez de, ao invés de: *I'd go in the spring rather than the summer.* Eu iria na primavera em vez de ir no verão. **(b)** mais... do que: *It was a* *discussion rather than a lecture.* Foi mais um debate do que uma palestra. **4 or rather** ou melhor

rating /'reɪtɪŋ/ s **1** classificação | **popularity rating** índice de popularidade **2 the ratings** o índice de audiência, o ibope

ratio /'reɪʃioʊ/ s proporção: *The ratio of nurses to doctors is two to one.* A proporção de enfermeiros em relação a médicos é de dois para um.

ration /'ræʃən/ *verbo & substantivo*
- *v* [tr] racionar: *Bread was rationed.* O pão era racionado. | *We were rationed to two eggs a week.* Tínhamos uma ração de dois ovos por semana.
- *s* ração

rational /'ræʃənl/ *adj* racional

rationale /ræʃə'næl/ s lógica, razões: *the rationale behind their decision* as razões de sua decisão

rationalize, -ise BrE /'ræʃnəlaɪz/ *v* [tr] racionalizar, justificar

rationing /'ræʃənɪŋ/ s racionamento

rat race s **the rat race** (informal) a luta constante pelo sucesso ou poder

rattle /'rætl/ *verbo & substantivo*
- *v* **1** [tr/intr] chacoalhar **2 to rattle along/past etc.** andar/passar etc. chacoalhando **3** [tr] (informal) enervar
  rattle sth off dizer algo rapidamente e de cor
- *s* **1** tinido [de moedas, chaves, etc.] **2** chocalho

rattlesnake /'rætlsneɪk/ s cascavel

ravage /'rævɪdʒ/ *v* [tr] devastar

rave /reɪv/ *v* [intr] **1 to rave at sth/sb** esbravejar contra algo/com alguém **2** delirar **3 to rave about/over sth** elogiar muito algo

raven /'reɪvən/ s corvo

ravenous /'rævənəs/ *adj* esfomeado, morto de fome: *I'm absolutely ravenous! When's lunch?* Estou completamente esfomeado! A que horas é o almoço?

ravine /rə'vin/ s ravina, barranco

raw /rɔ/ *adj* **1** cru [carne, legume] **2** cru [seda] **3** não refinado [açúcar] **4 raw materials** matéria-prima **5** em carne viva [pele, etc.] | **raw skin** carne viva **6** gelado [vento] **7** inexperiente

ray /reɪ/ s raio [de luz, sol]

razor /'reɪzər/ s **1** barbeador **2** navalha

razor ˌblade s gilete, lâmina de barbear

Rd. s (= Road) rua

RDA /ˌar di 'eɪ/ s (= recommended daily allowance) valor diário recomendado

reach /ritʃ/ *verbo & substantivo*
- *v* (3a pess sing presente **-ches**)
  1 [tr] chegar a [um lugar, uma pessoa]: *The letter took four days to reach me.* A carta levou quatro dias para chegar a mim.
  2 to reach for sth estender a mão para pegar algo
  3 [intr] alcançar [com a mão], chegar em [água, escada, etc.]: *I can't reach.* Não alcanço. | *The water reached up to my knees.* A água chegava nos meus joelhos.
  4 [tr] (também **reach down**) alcançar, passar [um objeto]
  5 [tr] chegar a [certa idade, temperatura, etc.]: *They reached the semifinals.* Chegaram às semifinais.
  6 [tr] chegar a [um acordo, uma decisão]
  7 [tr] localizar [uma pessoa, por telefone]
- *s* **1 out of (your) reach** fora de (seu) alcance | **within (your) reach** à mão
  2 within (easy) reach of sth (muito) perto de algo

react /ri'ækt/ *v* [intr] **1 to react (to sth/sb)** reagir (a algo/alguém) | **to react by doing sth**: *She reacted by walking out.* Ela reagiu indo embora. **2 to react against sth/sb** reagir contra algo/alguém

reaction /ri'ækʃən/ s **reaction (to sth/sb)** reação (a algo/alguém)

read /rid/ *v* (passado & particípio **read** /rɛd/) **1** [tr/intr] ler: *He was reading the paper.* Ele estava lendo o jornal. | **to read about/of sth** ler sobre algo | **to read (sth) to sb** ler (algo) para alguém **2** [tr] dizer, estar escrito [aviso, texto, etc.]: *It should read "Benson", not "Fenton".* Devia estar escrito "Benson", e não "Fenton". **3** [tr] marcar [termômetro, etc.]
PHRASAL VERBS
read into to read sth into sth interpretar algo de determinada maneira: *You're reading too much into it.* Você está dando importância demais a isso.
read sth out ler algo em voz alta
read sth through ler algo do início ao fim
read up to read up on sth pesquisar algo **read sth up** repassar algo

readable /'ridəbəl/ *adj* **1** fácil de ler **2** legível

reader /'ridər/ s **1** leitor -a **2 to be a fast/slow reader** ler rápido/devagar

readership /'ridərʃɪp/ s leitorado

readily /'rɛdl-i/ *adv* **1** facilmente **2** prontamente

readiness /'rɛdinəs/ s **1 readiness to do sth** disposição em/para fazer algo **2 in readiness (for sth)** em preparação (para algo)

reading /'ridɪŋ/ s **1** (atividade) leitura: *He enjoys reading.* Ele gosta de ler. **2** (de um instrumento de medição) leitura

ready /'rɛdi/ adj (**-dier, -diest**) **1 ready (for sth/to do sth)** pronto (para algo/para fazer algo): *We're ready to leave now.* Já estamos prontos para sair. | **to get ready** preparar-se **2 ready (for sth)** pronto (para algo): *When will dinner be ready?* Em quanto tempo o jantar vai ficar pronto? | **to get sth ready** preparar algo **3 ready (for sth/to do sth)** preparado (para algo/fazer algo): *He doesn't feel ready to get married.* Ele não se sente preparado para se casar. **4 to be ready to do sth (a)** estar pronto a fazer algo **(b)** estar a ponto de fazer algo: *I was just about ready to give up.* Eu estava quase a ponto de desistir. **5 ready cash/money** dinheiro vivo

,**ready-'made** adj **1** (já confeccionado) pronto [roupa] | **ready-made curtains** cortinas prontas **2** (referente a comida) semipronto: *ready-made bolognese sauce* molho bolonhesa semipronto

real /rıəl/ adj **1** verdadeiro, de verdade: *real gold* ouro verdadeiro **2** real: *in real life* na vida real **3** verdadeiro: *What's the real reason you were late?* Qual é a verdadeira razão do seu atraso? **4** Usado para enfatizar: *He is a real idiot.* Ele é um verdadeiro idiota.

'real e,state s AmE imóveis

'real estate ,agent s AmE corretor -a de imóveis

realism /'rıəlɪzəm/ s realismo

realistic /rıə'lıstık/ adj realista

reality /rɪ'æləti/ s (pl **-ties**) **1** realidade **2 in reality** na realidade

realization, -isation BrE /rıələ'zeıʃən/ s **1** conscientização, percepção: *She finally came to the realization that Jeff had been lying all the time.* Ela finalmente percebeu que Jeff estivera mentindo o tempo todo. **2** realização

realize, -ise BrE /'rıəlaız/ v [tr] **1 to realize (that)** dar-se conta (de que), perceber (que): *Do you realize you're an hour late?* Você se dá conta de que está uma hora atrasado? | **to realize sth** dar-se conta de algo, perceber algo **2** realizar [uma ambição, um objetivo] **3 to realize your potential** desenvolver seu potencial

really² /'rıəli/ adv **1** realmente: *What really happened?* O que aconteceu realmente? | *I don't really know.* Realmente não sei. **2** (para enfatizar) mesmo: *I'm fine, really!* Estou bem, mesmo! | *I really don't know.* Não sei mesmo. **3** muito: *It's really kind of you.* É muito gentil de sua parte. | *It really annoys me.* Isso me irrita muito. **4 really?** (expressando dúvida ou interesse) é mesmo? **5 really!** (expressando surpresa) não!, você está brincando! **6 not really** não, não muito

realtor /'rıəltər, -ər/ s AmE corretor -a de imóveis

reap /rip/ v [tr] **1** colher [grãos] **2 to reap the benefits/rewards of sth** beneficiar-se com/colher os frutos de algo

reappear /riə'pır/ v [intr] reaparecer, voltar

rear /rır/ *substantivo, verbo & adjetivo*
- s **1 the rear (a)** os fundos [de um prédio] **(b)** a traseira [de um trem] **2 at the rear (of)** no(s) fundo(s) (de), na traseira (de)
- v [tr] criar
- adj traseiro, dos fundos

rearrange /riə'reındʒ/ v [tr] **1** mudar de lugar, reorganizar **2** transferir [uma reunião, uma consulta]: *The game has been rearranged for next Saturday.* O jogo foi transferido para o próximo sábado.

reason /'rizən/ *substantivo & verbo*
- s **1** razão, motivo: *The reason I bought it was because it was cheap.* O motivo pelo qual eu o comprei é porque era barato. | *I see no **reason** why she can't come.* Não vejo por que ela não pode vir. | **reason for sth** razão/motivo para algo: *What was the reason for the delay?* Qual foi a razão do atraso? | **reason(s) for doing sth** motivo(s) para fazer algo **2** bom senso | **to listen to/see reason** convencer-se | **within reason** dentro do razoável **3** razão, raciocínio
- v **to reason (that)** raciocinar (que) **reason with sb** chamar alguém à razão

reasonable /'rizənəbəl/ adj **1** sensato, razoável: *Be reasonable.* Seja sensato! **2** razoável [desempenho, resultado, etc.]: *She has a reasonable chance of passing the exam.* Ela tem bastante chance de passar no exame. **3** razoável [preço, tamanho, etc.]

reasonably /'rizənəbli/ adv **1** razoavelmente, bastante **2** de maneira sensata

reasoning /'rizənıŋ/ s argumentação

reassurance /riə'ʃurəns/ s reafirmação: *She needs constant reassurance that she is doing the right thing.* Ela precisa de reafirmação constante de que está fazendo a coisa certa.

reassure /riə'ʃur/ v [tr] assegurar a, tranquilizar

reassuring /riə'ʃurıŋ/ adj tranquilizador

rebate /'ribeıt/ s restituição

rebel¹ /'rɛbəl/ s rebelde

rebel² /rɪ'bɛl/ v [intr] (**-lled, -lling**) rebelar-se

rebellion /rɪ'bɛljən/ s **1** rebelião **2** rebeldia

rebellious /rɪ'bɛljəs/ adj rebelde

rebound¹ /rɪ'baund/ v **1 to rebound (off sth)** ricochetear (de algo) **2 to rebound on sb** voltar-se contra alguém

rebound² /'rıbaund/ s **on the rebound (a)** no rebote **(b)** na rebordosa [de uma relação]

rebuild /ri'bıld/ v [tr] (passado & particípio **rebuilt**) reconstruir

rebuke /rɪ'bjuk/ *verbo & substantivo*
- v [tr] (formal) repreender
- s (formal) reprimenda

recall /rɪˈkɔl/ v [tr] **1** (formal) recordar, lembrar | **to recall doing sth** recordar-se/lembrar-se de ter feito algo **2** fazer um recall de, retirar do mercado [um produto] **3** retirar [um embaixador, etc.] **4** reconvocar [o congresso]

recap /ˈrikæp / substantivo & verbo
- s recapitulação, resumo: *a quick recap of today's main news* um breve resumo das principais notícias de hoje
- v [tr/intr] (-pped, -pping) recapitular

recapture /riˈkæptʃər/ v [tr] **1** reviver [a juventude] **2** recriar [uma atmosfera, etc.] **3** recapturar [um animal, um fugitivo] **4** retomar [uma cidade, um território]

recede /rɪˈsid/ v [intr] **1 to recede (into the distance)** ir sumindo (à distância) **2** diminuir [esperança, possibilidade, perigo] **3** refluir [água, maré] **4** Referente a cabelo: *His hair was beginning to recede.* Ele estava começando a ficar com entradas. | **a receding hairline** entradas

receipt /rɪˈsit/ substantivo & substantivo plural
- s **1 receipt (for sth)** recibo (de algo): *Can I have a receipt please?* Pode me dar um recibo? **2** (formal) recebimento
- **receipts** s pl receita [de uma empresa, etc.]

receive /rɪˈsiv/ v [tr] **1** (formal) receber **2** sofrer [um ferimento]

receiver /rɪˈsivər/ s **1** fone [de telefone] | **to pick up/put down the receiver** pegar/desligar o fone **2** receptor [de rádio, TV]

recent /ˈrisənt/ adj **1** recente **2 in recent years** nos últimos anos

recently /ˈrisəntli/ adv **1** recentemente: *She had recently gotten married.* Ela tinha se casado recentemente. | **until recently** até pouco tempo atrás **2** ultimamente **3** (antes de particípio passado) recém-: *a recently published biography* uma biografia recém-publicada.

reception /rɪˈsɛpʃən/ s **1** (festa) recepção **2** BrE (num hotel ou prédio) recepção ▶ No inglês americano diz-se **lobby 3 reception desk** (balcão da) recepção **4** acolhida **5** (de rádio, TV) recepção

receptionist /rɪˈsɛpʃənɪst/ s recepcionista

receptive /rɪˈsɛptɪv/ adj receptivo | **receptive to sth** aberto a algo

recess /ˈrisɛs/ s **1** AmE (na escola) recreio **2** (do congresso) recesso **3** (de um tribunal) suspensão de sessão **4** nicho [numa parede]

recession /rɪˈsɛʃən/ s recessão

recharge /ˈritʃɑrdʒ/ v [tr] recarregar

recipe /ˈrɛsəpi/ s **1 recipe (for sth)** receita (de algo): *Can you give me the recipe for this cake?* Você pode me dar a receita desse bolo? **2 to be a recipe for disaster** estar fadado a acabar mal

recipient /rɪˈsɪpiənt/ s (formal) **1** destinatário -ria [de uma carta, uma encomenda] **2** receptor -a [de um órgão transplantado]

reciprocal /rɪˈsɪprəkəl/ adj (formal) recíproco

reciprocate /rɪˈsɪprəkeɪt/ v [tr/intr] (formal) retribuir

recital /rɪˈsaɪtl/ s **1** recital **2** relato

recite /rɪˈsaɪt/ v **1** [tr/intr] recitar **2** [tr] enumerar

reckless /ˈrɛkləs/ adj **1** insensato **2** imprudente, irresponsável | **reckless driving** imprudência na direção

reckon /ˈrɛkən/ v [tr] **1 to reckon (that)** acreditar/achar que: *Do you reckon they'll get married?* Você acha que eles vão se casar? **2** calcular: *How much do you reckon she earns?* Quanto você calcula que ela ganhe? **3 to be reckoned to be sth** ser considerado algo
reckon on to reckon on doing sth pensar em/contar fazer algo | **to reckon on sb doing sth** imaginar que alguém vá fazer algo
reckon with sth levar em conta algo **reckon with sb** haver-se com alguém

reckoning /ˈrɛkənɪŋ/ s cálculos | **by my reckoning** pelos meus cálculos

reclaim /rɪˈkleɪm/ v [tr] **1** tentar reaver [uma bagagem, um objeto perdido] **2** dragar [terreno do mar, do deserto, etc.]

reclamation /rɛkləˈmeɪʃən/ s **1** dragagem [de terreno] **2** aproveitamento [de materiais usados]

recline /rɪˈklaɪn/ v **1 to recline in/on sth** (formal) recostar-se em algo **2** [tr/intr] reclinar | **reclining seats** bancos reclináveis

recognition /rɛkəgˈnɪʃən/ s **1** reconhecimento | **to have changed beyond recognition** estar irreconhecível **2** reconhecimento [público] | **in recognition of sth** em reconhecimento a algo **3** (aceitação) reconhecimento **4** (de um país) reconhecimento

recognize, -ise BrE /ˈrɛkəgnaɪz/ v [tr] **1** reconhecer **2 to recognize (that)** (admitir) reconhecer (que)

recoil /rɪˈkɔɪl/ v [intr] **1** recuar **2 to recoil from sth** esquivar-se de algo

recollect /rɛkəˈlɛkt/ v [tr] recordar, lembrar-se de

recollection /rɛkəˈlɛkʃən/ s recordação, lembrança | **to have no recollection of sth** não ter lembrança de algo

recommend /rɛkəˈmɛnd/ v [tr] recomendar

recommendation /rɛkəmənˈdeɪʃən/ s recomendação | **on sb's recommendation** por recomendação de alguém

reconcile /'rɛkənsaɪl/ v **1 to be reconciled (with sb)** reconciliar-se (com alguém) **2 to reconcile sth with sth** conciliar algo com algo

reconciliation /rɛkənsɪli'eɪʃən/ s **1** reconciliação **2** conciliação

reconsider /rikən'sɪdər/ v [tr/intr] reconsiderar

reconstruct /rikən'strʌkt/ v [tr] reconstituir

reconstruction /rikən'strʌkʃən/ s **1** reconstituição **2** reconstrução

record¹ /'rɛkərd/ s **1** registro | **to keep a record of sth** anotar algo | **on record**: *Last winter was the warmest on record.* O último inverno foi o mais quente já registrado. **2** recorde | **to break/beat a record** quebrar/bater um recorde **3** disco [de música] **4** antecedentes ▶ ver também **criminal** **5 to put/set the record straight** corrigir um equívoco

record² /rɪ'kɔrd/ v **1** [tr] registrar, anotar [dados, ocorrências, etc.] **2** [tr/intr] gravar **3** [tr] registrar [temperaturas, velocidades, etc.]

'record ˌcompany s gravadora

recorder /rɪ'kɔrdər/ s **1** gravador ▶ ver também **cassette recorder** em **cassette**, **tape recorder**, e **video cassette recorder** em **video** **2** AmE registro [de nascimentos, mortes, etc.] **3** flauta doce

recording /rɪ'kɔrdɪŋ/ s gravação

'record ˌplayer s toca-discos

recover /rɪ'kʌvər/ v **1 to recover (from sth)** recuperar-se (de algo) **2** [tr] recuperar [bens roubados, a saúde, o equilíbrio]

recovery /rɪ'kʌvəri/ s **1 recovery (from sth)** recuperação (de algo) **2** recuperação [de bens roubados, dinheiro, etc.]

recreate /rikri'eɪt/ v [tr] recriar

recreation /rɛkri'eɪʃən/ s **1** recreação **2** passatempo

recruit /rɪ'krut/ verbo & substantivo
• v [tr/intr] recrutar, contratar: *They are recruiting for salespeople at the moment.* Estão recrutando vendedores no momento. | *I was recruited as Brian's replacement.* Fui contratado como substituto do Brian.
• s **1** (no exército) recruta **2** (numa organização) membro

recruitment /rɪ'krutmənt/ s recrutamento, contratação

rectangle /'rɛktæŋɡəl/ s retângulo

rectify /'rɛktəfaɪ/ v [tr] (-fies, -fied) (formal) retificar

recuperate /rɪ'kupəreɪt/ v **1 to recuperate (from sth)** recuperar-se (de algo) **2** [tr] recuperar [prejuízos, custos]

recur /rɪ'kɜr/ v [intr] (-rred, -rring) (formal) voltar a ocorrer, repetir-se

recycle /ri'saɪkəl/ v [tr] reciclar

red /rɛd/ adjetivo & substantivo

recycling bin

• adj (-dder, -ddest)
1 vermelho ▶ ver "Active Box" **colors** em **color** **2** ruivo [cabelo] | **to have red hair** ter cabelo ruivo, ser ruivo **3** vermelho [rosto, bochechas] | **to go red** ficar vermelho, corar **4 red wine** vinho tinto

• s vermelho ▶ ver "Active Box" **colors** em **color**

redeem /rɪ'dim/ v [tr] **1** redimir **2 to redeem yourself** redimir-se **3** resgatar [um objeto penhorado]

redemption /rɪ'dɛmpʃən/ s **1** redenção **2 to be past/beyond redemption** não ter mais salvação

redevelopment /ridə'vɛləpmənt/ s reurbanização

red 'flag s sinal de perigo

redhead /'rɛdhɛd/ s ruivo -va

ˌred-'hot adj em brasa

redo /ri'du/ v [tr] (passado **redid**, particípio **redone**) refazer

red 'tape s burocracia, papelada

reduce /rɪ'dus/ v [tr] **1** reduzir: *They have reduced inflation by 2%.* Reduziram a inflação em 2%. **2** reduzir (o preço de): *The shirt was reduced from $40 to $10.* A camisa foi reduzida de $40 para $10. **3 to reduce sth to rubble/ashes** reduzir algo a escombros/cinzas **4 to reduce sb to tears/silence** fazer alguém chorar/calar-se

reduction /rɪ'dʌkʃən/ s **1 a reduction (in sth)** uma redução (em algo) **2** desconto | **a reduction of $5/5% etc.** um desconto de $5/5% etc.

redundancy /rɪ'dʌndənsi/ s (pl -cies) BrE demissão [por fechamento da empresa ou corte de pessoal] ▶ No inglês americano diz-se **lay off**

redundant /rɪ'dʌndənt/ adj **1** BrE desempregado | **to make sb redundant** demitir alguém ▶ No inglês americano diz-se **to lay sb off** **2** redundante

reed /rid/ s **1** junco **2** palheta [de instrumento musical]

reef /rif/ s recife

reek /rik/ v [intr] feder | **to reek of sth (a)** (hálito, etc.) feder a algo **(b)** (caso, negócio) cheirar a algo

reel /ril/ substantivo & verbo
• s **1** (de filme, cabo) rolo **2** (de pesca) molinete
• v [intr] **1** cambalear **2** rodar [cabeça]
reel sth off citar algo de uma vez só

refer /rɪˈfɜr/ v [tr] (-rred, -rring) encaminhar: *My complaint was referred to the manager.* Minha reclamação foi encaminhada ao gerente.
refer to sth consultar algo **refer to sth/sb** referir-se a algo/alguém

referee /rɛfəˈri/ substantivo & verbo
- s **1** árbitro -tra, juiz -íza **2** BrE referência [para obtenção de emprego] ▶ No inglês americano diz-se **reference**
- v [tr/intr] arbitrar

reference /ˈrɛfrəns/ s **1** referência: *He made no reference to what had happened.* Ele não fez referência ao que acontecera. | **with reference to** (formal) com referência a **2** consulta **3** carta de referências **4** AmE referência [para obtenção de emprego]

referendum /rɛfəˈrɛndəm/ s (pl **-s** ou **referenda** /-də/) referendo

refill¹ /riˈfɪl/ v [tr] encher de novo

refill² /ˈrifɪl/ s **1** carga, refil **2** Referente a bebida: *Can I give you a refill?* Posso lhe servir mais café/chá, etc.?

refine /rɪˈfaɪn/ v [tr] **1** aperfeiçoar [um método, uma técnica, etc.] **2** refinar

refined /rɪˈfaɪnd/ adj **1** refinado [açúcar, óleo] **2** fino, requintado [pessoa, modos]

refinement /rɪˈfaɪnmənt/ s **1** refinamento **2** requinte

refinery /rɪˈfaɪnəri/ s (pl **-ries**) refinaria

reflect /rɪˈflɛkt/ v **1** [tr] (devolver) refletir [a luz, o calor, etc.] **2** [tr] (demonstrar) refletir **3** **to reflect (on/upon sth)** refletir (sobre algo)
reflect on sth to reflect badly/well on sth depor contra/a favor de algo **reflect on sb** depor contra alguém

reflection /rɪˈflɛkʃən/ s **1** reflexo **2** reflexão | **on reflection** pensando bem **3 to be no reflection on sth/sb** não se refletir em algo/alguém

reflex /ˈriflɛks/ s (pl **-xes**) **1** reflexo [resposta motora] **2 reflex action** ato reflexo

reform /rɪˈfɔrm/ verbo & substantivo
- v **1** [tr] reformar [um sistema, etc.] **2** [intr] corrigir-se, modificar-se
- s reforma [de um sistema, etc.]

refrain /rɪˈfreɪn/ v [intr] (formal) conter-se | **to refrain from (doing) sth** abster-se de (fazer) algo

refresh /rɪˈfrɛʃ/ v [tr] **1** refrescar **2 to refresh sb's memory (of/about sth)** refrescar a memória de alguém (acerca de algo)

refreshing /rɪˈfrɛʃɪŋ/ adj **1** refrescante **2** agradável

refreshment /rɪˈfrɛʃmənt/ substantivo & substantivo plural
- s (formal) comida e bebida: *They offered us no refreshment.* Não nos ofereceram nada para beber ou comer.
- **refreshments** s pl refrescos, sanduíches, etc. servidos ou vendidos numa reunião de trabalho, no intervalo de um espetáculo, etc.: *Refreshments will be served.* Serão servidos comes e bebes.

refried beans /ˌrifraɪd ˈbinz/ s [pl] feijão refrito

refrigerate /rɪˈfrɪdʒəreɪt/ v [tr] refrigerar

refrigeration /rɪfrɪdʒəˈreɪʃən/ s refrigeração

refrigerator /rɪˈfrɪdʒəreɪtər/ s AmE geladeira

refuge /ˈrɛfjudʒ/ s refúgio | **to take/seek refuge (in sth)** refugiar-se/procurar refúgio (em algo)

refugee /rɛfjuˈdʒi/ s refugiado -da

reˈfugee ˌcamp campo de refugiados

refund¹ /ˈrifʌnd/ s reembolso

refund² /rɪˈfʌnd/ v [tr] reembolsar

refurbish /riˈfɜrbɪʃ/ v [tr] reformar [um prédio]

refusal /rɪˈfjuzəl/ s **1 refusal (to do sth)** recusa (em fazer algo) **2 refusal (of sth)** recusa (de algo) [de uma oferta, convite, pedido]

refuse¹ /rɪˈfjuz/ v **1** [intr] recusar | **to refuse to do sth** recusar-se a fazer algo **2** [tr] recusar [uma autorização, etc.]: *The government refused him a visa.* O governo recusou-lhe um visto. **3** [tr] recusar [uma oferta, ajuda, etc.]

refuse² /ˈrɛfjus/ s (formal) lixo

refute /rɪˈfjut/ v [tr] refutar

regain /rɪˈɡeɪn/ v [tr] recuperar | **to regain control (of sth)** recuperar o controle (de algo)

regal /ˈriɡəl/ adj majestoso

regard /rɪˈɡɑrd/ substantivo, substantivo plural & verbo
- s **1** consideração, respeito: *She has no regard for other people's feelings.* Ela não tem consideração pelos sentimentos dos outros. | **without regard to sth** sem levar em conta algo **2 in this/that regard** (formal) com respeito a isso **3 with/in regard to** (formal) com respeito a
- **regards** s pl um abraço: *John sends his regards.* O John está mandando um abraço.
- v **to regard sth/sb as sth** considerar algo/alguém (como) algo: *I've always regarded him as a friend.* Sempre o considerei como um amigo. | **to regard sb/sth with admiration/contempt etc.** sentir admiração/desprezo etc. por alguém/algo

regarding /rɪˈɡɑrdɪŋ/ prep (formal) com respeito a

regardless /rɪˈɡɑrdləs/ adv apesar de tudo | **regardless of** independente de

reggae /ˈrɛɡeɪ/ s reggae

regime /reɪˈʒim/ s regime [governo, sistema]

regiment /ˈrɛdʒəmənt/ s regimento

region /ˈridʒən/ s **1** região [de um país, do corpo] **2 (somewhere) in the region of** (algo) em torno de

regional /ˈridʒənl/ adj regional

register /ˈrɛdʒəstər/ substantivo & verbo
- s **1** registro **2** BrE lista de chamada
- v **1** [tr] registrar [uma morte, um veículo, etc.] **2** [intr] cadastrar-se, matricular-se: *Have you registered to vote?* Você se cadastrou para votar? | *Which doctor are you registered with?*

ℹ Deve-se dizer on the table *ou* in the table*? Veja o verbete* **em**.

Quem é o seu médico? **3** [tr] mostrar [surpresa, desaprovação, etc.] **4** [tr] registrar [temperatura, velocidade, etc.]

registered /ˈrɛdʒəstərd/ *adj* registrado [carta]

registrar /ˈrɛdʒəstrɑr/ *s* **1** oficial de registro **2** (numa universidade britânica) pessoa responsável pelo registro de alunos

registration /ˌrɛdʒəˈstreɪʃən/ *s* **1** matrícula [de alunos] **2** registro [de uma morte, de um veículo] **3** BrE (número da) placa [de veículo] ▶ No inglês americano diz-se **license number**

regiˈstration ˌnumber *s* BrE (número da) placa ▶ No inglês americano diz-se **license plate number**

registry office /ˈrɛdʒəstri ˌɔfɪs/ *s* (também **register office**) BrE cartório

regret /rɪˈgrɛt/ *verbo & substantivo*

- *v* [tr] (-**tted**, -**tting**) **1** arrepender-se de: *I regret selling that painting.* Eu me arrependo de ter vendido aquele quadro. | *You won't regret it if you go.* Você não vai se arrepender se for. **2** (formal) lamentar | **I regret to inform you that** lamento informar-lhe que
- *s* pesar | **to have no regrets (about sth)** não ter nenhum arrependimento (por algo)

regrettable /rɪˈgrɛtəbəl/ *adj* lamentável

regular /ˈrɛgjələr/ *adjetivo & substantivo*

- *adj* **1** regular [pulso, respiração, renda, etc.] | **at regular intervals (a)** (no espaço) a intervalos regulares **(b)** (no tempo) regularmente | **on a regular basis** regularmente **2** regular [pagamento], habitual [cliente, usuário]: *He's a regular visitor here.* Ele vem aqui regularmente. **3** habitual, de sempre: *He's not our regular mailman.* Ele não é nosso carteiro habitual. **4** (em gramática) regular
- *s* (informal) habitué, cliente assíduo

regularity /ˌrɛgjəˈlærəti/ *s* regularidade

regularly /ˈrɛgjələrli/ *adv* regularmente

regulate /ˈrɛgjəleɪt/ *v* [tr] **1** regulamentar **2** regular

regulation /ˌrɛgjəˈleɪʃən/ *s* **1** norma: *health and safety regulations* normas de saúde e segurança **2** regulamentação

rehabilitation /ˌriəbɪləˈteɪʃən/ *s* reabilitação

rehearsal /rɪˈhɜrsəl/ *s* ensaio

rehearse /rɪˈhɜrs/ *v* [tr/intr] ensaiar

reign /reɪn/ *substantivo & verbo*

- *s* reinado
- *v* [intr] **1** reinar **2 the reigning champion** o atual campeão/a atual campeã

reimburse /ˌriɪmˈbɜrs/ *v* [tr] reembolsar: *We will reimburse you for your travel expenses.* Iremos reembolsá-lo de suas despesas de viagem.

rein /reɪn/ *s* rédea

reindeer /ˈreɪndɪr/ *s* (pl **reindeer**) rena

reinforce /ˌriɪnˈfɔrs/ *v* [tr] **1** reforçar [habilidades, preconceitos, etc.] **2** reforçar [uma estrutura]

reinforcement /ˌriɪnˈfɔrsmənt/ *substantivo & substantivo plural*

- *s* **1** reafirmação **2** reforço
- **reinforcements** *s pl* reforços [tropas]

reinstate /ˌriɪnˈsteɪt/ *v* [tr] reintegrar [um funcionário]

reiterate /riˈɪtəreɪt/ *v* [tr] reiterar

reject¹ /rɪˈdʒɛkt/ *v* [tr] **1** rejeitar **2** recusar [um candidato, uma candidatura]

reject² /ˈridʒɛkt/ *s* **1** artigo defeituoso **2** marginalizado -da

rejection /rɪˈdʒɛkʃən/ *s* **1** rejeição **2** recusa [a solicitação de emprego]

rejoice /rɪˈdʒɔɪs/ *v* (literário) **to rejoice (at/in sth)** regozijar-se (com algo)

rejoin /riˈdʒɔɪn/ *v* [tr] **1** reunir-se a **2** reincorporar-se a

relapse /rɪˈlæps/ *s* recaída | **to have a relapse** ter uma recaída

relate /rɪˈleɪt/ *v* **1** [intr] relacionar-se | **to relate to sth** estar relacionado com algo **2 to relate sth (to sth)** relacionar algo (com algo) **3** [tr] (formal) relatar

relate to sth identificar-se com algo **relate to sb** relacionar-se (bem) com alguém

related /rɪˈleɪtɪd/ *adj* **1** relacionado, ligado **2** aparentado: *Are you and Harry related?* Você e Harry são aparentados? | **to be related to sb** ser parente de alguém

relation /rɪˈleɪʃən/ *substantivo & substantivo plural*

- *s* **1** parente -ta: *He's no relation.* Ele não é meu parente. | *Is she any relation to you?* Ela é sua parenta? **2** relação (**of sth to sth/between sth and sth**) relação (de algo com algo/entre algo e algo) | **in relation to** em relação a
- **relations** *s pl* relações: *diplomatic relations* relações diplomáticas

relationship /rɪˈleɪʃənʃɪp/ *s* **1** (entre pessoas) relacionamento, relação: *The police have a good relationship with the community.* A polícia tem um bom relacionamento com a comunidade. **2** (entre coisas, ideias) **relationship (to/between sth)** relação (com/entre algo) **3** (amorosa) relação **4** parentesco

relative /ˈrɛlətɪv/ *substantivo & adjetivo*

- *s* parente -ta
- *adj* **1** relativo **2 relative to** em relação a

relatively /ˈrɛlətɪvli/ *adv* relativamente | **relatively speaking** em termos relativos

relax /rɪˈlæks/ *v* (3a pess sing presente -**xes**) **1** [intr] relaxar [pessoa] **2** [tr/intr] relaxar [músculos] **3** [tr] afrouxar [a disciplina, as restrições]

relaxation /ˌrilækˈseɪʃən/ *s* **1** (descanso) relaxamento: *I play the piano for relaxation.*

Toco piano para relaxar. **2** relaxamento [dos músculos, do corpo] **3** relaxamento [de normas, de conduta, etc.]

relaxed /rɪˈlækst/ *adj* **1** relaxado [pessoa] **2** descontraído [ambiente, clima]

relaxing /rɪˈlæksɪŋ/ *adj* relaxante

relay¹ /ˈrileɪ/ *s* **1** (também **relay race**) corrida de revezamento **2 to do sth in relays** fazer algo em turnos

relay² /ˈrileɪ, BrE ˈrɪleɪ/ *v* [tr] (passado & particípio **relayed**) **1** transmitir [um recado, uma notícia, etc.] **2** (em rádio, TV) transmitir

release /rɪˈlis/ *verbo & substantivo*
- *v* [tr] **1** libertar **2 to release your grip/hold on sth** soltar algo **3** divulgar [uma notícia] **4** estrear [um filme] **5** lançar [um CD, um clipe]
- *s* **1** libertação **2** Pode referir-se a disco, filme ou vídeo: *the latest video releases* os vídeos mais recentes **3** estreia [de um filme] **4** lançamento [de um CD]

relegate /ˈrelɚgeɪt/ *v* [tr] **1** (formal) relegar **2** BrE (em futebol, etc.) rebaixar

relegation /relɚˈgeɪʃən/ *s* BrE (em futebol, etc.) rebaixamento

relent /rɪˈlent/ *v* [intr] ceder

relentless /rɪˈlentlɚs/ *adj* **1** implacável [pessoa] **2** incessante [luta, etc.]

relevance /ˈreləvəns/, também **relevancy** /ˈreləvənsi/ *s* relevância | **to have little/no relevance to sth** ter pouca/nenhuma relevância para algo

relevant /ˈreləvənt/ *adj* relevante, pertinente [observações, informação, etc.] | **to be relevant to sth**: *That is not relevant to the point we are discussing.* Isso não é pertinente à questão que estamos discutindo.

reliability /rɪlaɪəˈbɪləti/ *s* **1** confiabilidade [de pessoa, método, etc.] **2** credibilidade [de estatísticas, etc.]

reliable /rɪˈlaɪəbəl/ *adj* **1** confiável [pessoa, carro, método, etc.] **2** fidedigno [fonte]: *reliable sources* fontes fidedignas

reliance /rɪˈlaɪəns/ *s* **reliance on sth/sb** dependência de algo/alguém

relic /ˈrelɪk/ *s* **1** resquício **2** relíquia

relief /rɪˈlif/ *s* **1** alívio | **to my/our etc. great relief** para meu/nosso etc. grande alívio **2** ajuda humanitária **3** substituto -ta **4** (em arte, geografia) relevo

relieve /rɪˈliv/ *v* [tr] **1** aliviar **2 to relieve yourself** urinar **3** render [uma sentinela, etc.] **4 to relieve sb of sth** (formal) liberar alguém de algo

relieved /rɪˈlivd/ *adj* aliviado

religion /rɪˈlɪdʒən/ *s* religião

religious /rɪˈlɪdʒəs/ *adj* religioso

relish /ˈrelɪʃ/ *verbo & substantivo*
- *v* [tr] (3a pess sing presente **-shes**) Animar-se com: *I didn't relish the prospect of spending Christmas with them.* Não me animava a ideia de passar o Natal com eles.
- *s* **1** molho picante **2 with (great) relish** com (grande) prazer

reluctance /rɪˈlʌktəns/ *s* relutância | **to show great reluctance to do sth** relutar muito em fazer algo

reluctant /rɪˈlʌktənt/ *adj* relutante | **to be reluctant to do sth** relutar em fazer algo

reluctantly /rɪˈlʌktəntli/ *adv* a contragosto

rely /rɪˈlaɪ/ *v* (**-lies, -lied**) **rely on sth** contar com algo, depender de algo: *The island relies on tourism for its income.* A ilha depende do turismo para seu sustento. **rely on sb** contar com alguém | **to rely on sb for sth** contar com alguém para algo, depender de alguém para algo

remain /rɪˈmeɪn/ *v* [intr] (formal) **1** permanecer: *Please remain seated.* Por favor, permaneçam sentados. **2** restar **3 it remains to be seen** resta saber

remainder /rɪˈmeɪndɚ/ *s* restante | **the remainder of sth** o restante de algo

remaining /rɪˈmeɪnɪŋ/ *adj* restante

remains /rɪˈmeɪnz/ *s pl* **1** sobras, restos **2** restos mortais **3** ruínas

remake /ˈrimeɪk/ *s* refilmagem

remark /rɪˈmɑrk/ *substantivo & verbo*
- *s* comentário
- *v* [tr] comentar
remark on/upon sth comentar algo

remarkable /rɪˈmɑrkəbəl/ *adj* extraordinário, notável: *There's nothing remarkable about that.* Isso não tem nada de extraordinário. | **to be remarkable for sth** destacar-se por algo

remarkably /rɪˈmɑrkəbli/ *adv* extraordinariamente

remaster /riˈmæstɚ/ *v* [tr] remasterizar

remedy /ˈremədi/ *substantivo & verbo*
- *s* (pl **-dies**) remédio [para um problema]
- *v* [tr] (**-dies, -died**) remediar, sanar

remember /rɪˈmembɚ/ *v* **1** [tr] lembrar, lembrar-se de: *Remember to lock the door.* Lembre-se de trancar a porta. | *I hope he remembered the wine.* Espero que ele tenha se lembrado do vinho. **2** [intr] lembrar(-se): *I can't remember.* Não me lembro. **3** [tr] **remember (that)** lembrar que **4** [tr] homenagear **5** Usado ao se mandar lembranças a alguém: *Remember me to Terry.* Dê lembranças ao Terry.

remind /rɪˈmaɪnd/ *v* [tr] **1** lembrar: *Why didn't you remind me?* Por que você não me lembrou? | *Remind me to go to the bank.* Me lembra de ir ao banco. | **that reminds me!** por falar nisso **2 to remind sb of sth/sb** lembrar algo/alguém a alguém, fazer alguém lembrar de algo/alguém:

The scenery reminded her of Arizona. A paisagem a fez lembrar de Arizona.
reminder /rɪ'maɪndər/ *s* **1** reminiscência, lembrança **2** lembrete
reminiscent /rɛmə'nɪsənt/ *adj* **to be reminiscent of sth** fazer lembrar algo
remnant /'rɛmnənt/ *s* **1 the remnants (of sth)** os restos (de algo) **2** retalho
remorse /rɪ'mɔrs/ *s* remorso
remorseless /rɪ'mɔrsləs/ *adj* **1** implacável **2** inexorável
remote /rɪ'moʊt/ *adjetivo & substantivo*

• *adj* **1** remoto [tempo, galáxia, etc.] **2** distante [parente] **3** afastado [lugar] **4** remoto [possibilidade] **5** distante [pessoa]

• *s* controle remoto

re,mote con'trol *s* controle remoto
remotely /rɪ'moʊtli/ *adv* **1** Usado em frases negativas: *Nobody was remotely interested.* Ninguém estava nem um pouco interessado. **2 remotely operated/controlled** operado/controlado à distância
removable /rɪ'muvəbəl/ *adj* removível
removal /rɪ'muvəl/ *s* **1** remoção **2** BrE mudança [de uma casa para outra]
remove /rɪ'muv/ *v* [tr] **1** retirar: *Three bullets were removed from his chest.* Foram retiradas três balas do peito dele. **2** (formal) tirar [uma peça de roupa] **3** remover **4 to remove sb from office/power** destituir alguém de seu cargo
Renaissance /'rɛnəzɑns, BrE rə'neɪsəns/ *s* **the Renaissance** o Renascimento
rename /ri'neɪm/ *v* [tr] rebatizar, mudar o nome de
render /'rɛndər/ *v* [tr] **1 to render sth useless/unsafe etc.** tornar algo inútil/inseguro etc. **2 to render assistance/a service** (formal) prestar assistência/um serviço **3** traduzir
rendezvous /'rɑndeɪvu/ *s* (pl **rendezvous** /-vuz/) **1** encontro **2** ponto de encontro
renew /rɪ'nu/ *v* [tr] **1** renovar [um contrato, um passaporte, etc.] **2** trocar [uma peça] **3** retomar [um ataque, etc.] **4** reatar [relações, uma amizade, etc.]
renewable /rɪ'nuəbəl/ *adj* **1** renovável **2** prorrogável
renewal /rɪ'nuəl/ *s* **1** prorrogação **2** ressurgimento
renounce /rɪ'naʊns/ *v* [tr] **1** renunciar a [um cargo, um direito, etc.] **2** renegar [crenças, valores, etc.]
renovate /'rɛnəveɪt/ *v* [tr] reformar [um prédio]
renovation /rɛnə'veɪʃən/ *s* reforma [de um prédio]
renowned /rɪ'naʊnd/ *adj* renomado | **to be renowned for/as sth** ser famoso por/como algo
rent /rɛnt/ *substantivo & verbo*

• *s* aluguel | **for rent** aluga-se

• *v* **1** [tr/intr] alugar | **to rent (sth) from sb** alugar (algo) de alguém: *I rent the house from my uncle.* Alugo a casa do meu tio. ▶ RENT OU HIRE? ver nota em **alugar 2** [tr] (também **rent out**) alugar: *We rent out the cottage to tourists.* Alugamos o chalé para turistas.
rental /'rɛntl/ *s* **1** aluguel [de um carro, vídeo, etc.] **2** AmE carro alugado, casa alugada
reopen /ri'oʊpən/ *v* [tr/intr] reabrir
reorganize, -ise BrE /ri'ɔrgənaɪz/ *v* **1** [tr] reorganizar **2** [intr] reorganizar-se
rep /rɛp/ *s* (= **representative**) (informal) representante
repaid /rɪ'peɪd/ passado & particípio de **repay**
repair /rɪ'pɛr/ *verbo & substantivo*

• *v* [tr] **1** consertar | **to get sth repaired** (mandar) consertar algo [outra pessoa] **2** reparar [um erro, danos]

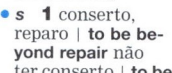
repairing a bicycle
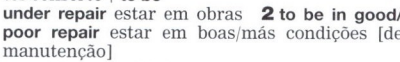

• *s* **1** conserto, reparo | **to be beyond repair** não ter conserto | **to be under repair** estar em obras **2 to be in good/poor repair** estar em boas/más condições [de manutenção]

repay /rɪ'peɪ/ *v* [tr] (passado & particípio **repaid**) **1** pagar [uma dívida, um empréstimo] | **to repay sb** pagar o que se deve a alguém **2** retribuir [uma bondade, um favor] | **to repay sb** retribuir a gentileza de alguém: *How can I ever repay you?* Como poderei retribuir a sua gentileza?
repayment /rɪ'peɪmənt/ *s* **1** prestação [de dívida] **2** reembolso
repeat /rɪ'pit/ *verbo & substantivo*

• *v* **1** [tr/intr] repetir **2** [tr] reprisar **3** [tr] contar [um segredo]: *Don't repeat this to anyone.* Não conte/repita isso para ninguém. **4 to repeat yourself** repetir-se

• *s* reprise

repeated /rɪ'pitɪd/ *adj* repetido, reiterado
repeatedly /rɪ'pitɪdli/ *adv* várias vezes, repetidamente
repel /rɪ'pɛl/ *v* [tr] (**-lled, -lling**) **1** repelir **2** rechaçar
repellent /rɪ'pɛlənt/ *substantivo & adjetivo*

• *s* repelente: *mosquito repellent* repelente contra mosquitos

• *adj* repulsivo

repent /rɪ'pɛnt/ *v* (formal) **1** [intr] arrepender-se **2 to repent (of) sth** arrepender-se de algo
repentance /rɪ'pɛntns/ *s* arrependimento
repercussion /ripər'kʌʃən/ *s* repercussão
repertoire /'rɛpərtwɑr/ *s* repertório
repetition /rɛpə'tɪʃən/ *s* repetição

 Você sabe como funcionam os **phrasal verbs**? Leia a explicação na seção de gramática.

repetitive /rɪˈpɛtətɪv/ *adj* repetitivo

replace /rɪˈpleɪs/ *v* [tr] **1** substituir: *They are not going to replace her when she leaves.* Não vão substituí-la quando ela for embora. **2 to replace sth/sb with sth/sb** substituir algo/alguém por algo/alguém: *The company is replacing its DC 10s with Boeing 747s.* A empresa está substituindo seus aviões DC 10 por Boeings 747. **3** repor [copos quebrados, etc.] **4** trocar [pilhas, cartuchos, etc.] **5** repor [no devido lugar]

replacement /rɪˈpleɪsmənt/ *s* **1** (ato) substituição, reposição **2** (pessoa) substituto -ta **3** Referente a objetos: *You'll have to get a replacement for the one you broke.* Você vai ter que repor aquele que você quebrou.

replay /ˈripleɪ/ *s* **1** (partida de) desempate **2** replay **3** reprise

replica /ˈrɛplɪkə/ *s* réplica

reply /rɪˈplaɪ/ *verbo & substantivo*
- *v* [tr/intr] (**-plies, -plied**) responder: *I haven't replied to his letter yet.* Ainda não respondi a carta dele.
- *s* (pl **-plies**) resposta: *We've had 250 replies.* Recebemos 250 respostas. | *There's no reply.* Ninguém atende.

report /rɪˈpɔrt/ *substantivo & verbo*
- *s* **1** relatório **2** reportagem **3** notícia **4** (formal) estrondo **5** BrE boletim [escolar] **6 report card** AmE boletim [escolar]
- *v* **1** [tr/intr] dizer, informar: *The neighbors reported a strong smell of gas.* Os vizinhos disseram que sentiram um cheiro forte de gás. | *70 people are reported to have died in the conflict.* Informaram que 70 pessoas tinham morrido no conflito. **2** [tr/intr] transmitir, noticiar [pela TV, rádio], noticiar [através da imprensa] | **to report on sth** cobrir algo [como jornalista] **3** [tr] denunciar [uma pessoa, um crime], comunicar [um acidente] **4 to report to** apresentar-se a: *Please report to reception.* Favor apresentar-se à recepção. **5 to report to sb** reportar-se a alguém

reˈport ˌcard *s* AmE boletim [escolar]

reportedly /rɪˈpɔrtɪdli/ *adv* segundo dizem/ consta que

reporter /rɪˈpɔrtər/ *s* repórter, jornalista

represent /rɛprɪˈzɛnt/ *v* [tr] **1** representar **2 to represent sth/sb as sth** descrever algo/ alguém como algo

representation /ˌrɛprɪzɛnˈteɪʃən/ *s* **1** representação **2** retrato

representative /ˌrɛprɪˈzɛntətɪv/ *substantivo & adjetivo*
- *s* **1** representante **2** (também **Representative**) AmE deputado -da [no Congresso dos EUA]
- *adj* representativo

repress /rɪˈprɛs/ *v* [tr] (3a pess sing presente **-sses**) **1** conter **2** reprimir, oprimir

repressed /rɪˈprɛst/ *adj* reprimido

repression /rɪˈprɛʃən/ *s* repressão

repressive /rɪˈprɛsɪv/ *adj* repressor

reprieve /rɪˈpriv/ *substantivo & verbo*
- *s* **1** adiamento **2** suspensão de execução
- *v* [tr] suspender a execução de

reprimand /ˈrɛprəmænd/ *verbo & substantivo*
- *v* [tr] repreender
- *s* reprimenda

reprisal /rɪˈpraɪzəl/ *s* represália | **in reprisal (for sth)** em represália (a algo)

reproach /rɪˈproʊtʃ/ *substantivo & verbo*
- *s* reprovação | **beyond/above reproach** irrepreensível
- *v* (3a pess sing presente **-ches**) **to reproach sb (for sth)** censurar alguém (por algo)

reproduce /riprəˈdus/ *v* **1** [tr] reproduzir **2** [intr] reproduzir-se

reproduction /riprəˈdʌkʃən/ *s* reprodução

reproductive /riprəˈdʌktɪv/ *adj* reprodutor

reptile /ˈrɛptaɪl/ *s* réptil

republic /rɪˈpʌblɪk/ *s* república

Republican /rɪˈpʌblɪkən/ *adj & s* republicano [do Partido Republicano nos EUA, ou de um dos partidos políticos católicos na Irlanda do Norte]

republican /rɪˈpʌblɪkən/ *adj* republicano

repulsive /rɪˈpʌlsɪv/ *adj* repulsivo, nojento

reputable /ˈrɛpjətəbəl/ *adj* de confiança, idôneo

reputation /ˌrɛpjəˈteɪʃən/ *s* reputação | **to have a reputation for sth** ter fama de algo

reputed /rɪˈpjutɪd/ *adj* suposto | **to be reputed to be/do sth** ser tido como algo: *She is reputed to be a millionaire.* Ela é tida como milionária./Dizem que ela é milionária.

reputedly /rɪˈpjutɪdli/ *adv* segundo dizem

request /rɪˈkwɛst/ *substantivo & verbo*
- *s* pedido, solicitação: *his request for political asylum* seu pedido de asilo político | **to make a request for sth** fazer um pedido de algo, pedir algo | **at sb's request** a pedido de alguém
- *v* (formal) **to request sth (from/of sb)** solicitar algo (de alguém) | **to request sb to do sth** solicitar a alguém que faça algo, pedir a alguém que faça algo

require /rɪˈkwaɪr/ *v* [tr] **1** exigir, requerer **2** necessitar (de) **3 to require sb to do sth** (formal) exigir que alguém faça algo | **to require sth of sb** exigir algo de alguém: *I didn't know what was required of me.* Eu não sabia o que exigiam de mim.

requirement /rɪˈkwaɪrmənt/ *s* **1** necessidade **2** exigência, requisito

rescue /ˈrɛskju/ *verbo & substantivo*
- *v* [tr] resgatar, salvar
- *s* **1** resgate | **to go/come to sb's rescue** ir/vir

em socorro de alguém **2 a rescue attempt/operation** uma tentativa/operação de resgate

research /'risɜrtʃ, rɪ'sɜrtʃ/ *substantivo & verbo*
- *s* **research (into/on sth)** pesquisa (sobre algo)
- *v* [tr/intr] (3a pess sing presente **-ches**) pesquisar | **to research into sth** pesquisar algo

researcher /rɪ'sɜrtʃər/ *s* pesquisador -a

resemblance /rɪ'zɛmbləns/ *s* semelhança | **to bear little/no resemblance to sth** ter pouca/não ter nenhuma semelhança com algo

resemble /rɪ'zɛmbəl/ *v* [tr] (formal) assemelhar-se a, lembrar

resent /rɪ'zɛnt/ *v* [tr] (sentir rancor) ressentir-se de: *I resent that comment!* Não gostei desse comentário!

resentful /rɪ'zɛntfəl/ *adj* **1** de ressentimento [olhar] **2 to be resentful at/about sth** ficar ressentido com algo **3 to be resentful of sb's success/popularity etc.** invejar o sucesso/a popularidade etc. de alguém

resentment /rɪ'zɛntmənt/ *s* ressentimento

reservation /rɛzər'veɪʃən/ *s* **1** (de uma mesa, quarto, etc.) reserva | **to make a reservation** fazer uma reserva **2** (dúvida) reserva | **to have reservations (about sth)** ter reservas (a respeito de algo) **3** (para índios americanos) reserva **4** AmE (para flora e fauna) reserva

reserve /rɪ'zɜrv/ *verbo & substantivo*
- *v* [tr] reservar
- *s* **1** (provisão) reserva | **to have/keep sth in reserve** ter algo de reserva **2** (timidez) recato, reserva **3** (jogador) reserva **4** BrE (para flora e fauna) reserva

reserved /rɪ'zɜrvd/ *adj* reservado

reservoir /'rɛzərvwɑr/ *s* reservatório

reshuffle /ri'ʃʌfəl/ *verbo & substantivo*
- *v* [tr] remanejar
- *s* remanejamento | **a cabinet reshuffle** uma reforma ministerial

reside /rɪ'zaɪd/ *v* [intr] (formal) residir

residence /'rɛzədəns/ *s* **1** (formal) (casa) residência **2 to take up residence (in sth)** fixar residência (em algo), instalar-se (em algo) **3** visto de residência ▶ ver também **hall of residence** em **hall**

resident /'rɛzədənt/ *substantivo & adjetivo*
- *s* **1** morador -a [de uma casa, um bairro, etc.] **2** hóspede [de um hotel] **3** AmE residente [médico]
- *adj* **1 to be resident in** (formal) residir em **2** residente [médico, DJ, etc.]

residential /rɛzə'dɛnʃəl/ *adj* **1** residencial **2** para internos | **a residential school** um internato

residue /'rɛzədu/ *s* resíduo(s)

resign /rɪ'zaɪn/ *v* **1** [intr] renunciar | **to resign from sth** demitir-se de algo **2** [tr] renunciar a [um cargo] **3 to resign yourself to sth/to doing sth** conformar-se com algo/em fazer algo

resignation /rɛzɪg'neɪʃən/ *s* **1** demissão **2** resignação

resigned /rɪ'zaɪnd/ *adj* **to be resigned to sth/to doing sth** estar conformado com algo/em fazer algo

resilience /rɪ'zɪljəns/, também **resiliency** /rɪ'zɪljənsi/ *s* **1** resiliência **2** elasticidade

resilient /rɪ'zɪljənt/ *adj* **1** resistente **2** flexível, elástico

resist /rɪ'zɪst/ *v* **1** [tr] resistir a [um ataque, mudanças, etc.] **2** [intr] resistir **3** [tr] resistir a [uma tentação]: *I saw this dress and I couldn't resist it.* Vi esse vestido e não pude resistir.

resistance /rɪ'zɪstəns/ *s* **resistance (to sth)** resistência (a algo): *There has been a lot of resistance to the new system.* Tem havido muita resistência ao novo sistema. | *When captured, they **offered** no **resistance**.* Ao serem presos, eles não ofereceram nenhuma resistência.

resistant /rɪ'zɪstənt/ *adj* **to be resistant to sth** ser resistente a algo, resistir a algo

resolute /'rɛzəlut/ *adj* firme [pessoa, atitude]

resolutely /'rɛzəlutli/ *adv* firmemente

resolution /rɛzə'luʃən/ *s* **1** (decisão) resolução **2** (de um problema, conflito) solução **3** (formal) (firmeza) determinação **4** (compromisso) determinação | **to make a resolution to do sth** tomar a resolução de fazer algo

resolve /rɪ'zɑlv/ *verbo & substantivo*
- *v* [tr] **1** solucionar [um problema, um conflito] **2 to resolve to do sth** resolver/decidir fazer algo | **to resolve that** decidir/determinar que
- *s* determinação

resort /rɪ'zɔrt/ *substantivo & verbo*
- *s* **1** balneário ▶ ver também **seaside 2** (hotel) resort **3 as a last resort** em último caso
- *v* **resort to sth** recorrer a algo

resounding /rɪ'zaʊndɪŋ/ *adj* **1** estrepitoso: *a resounding crash* uma queda estrepitosa **2 a resounding success/victory** um sucesso estrondoso/uma vitória esmagadora

resource /'risɔrs, rɪ'sɔrs/ *s* recurso

resourceful /rɪ'sɔrsfəl/ *adj* criativo, versátil

respect /rɪ'spɛkt/ *substantivo, substantivo plural & verbo*
- *s* **1** (estima) respeito: *I **have** great **respect** for her as a writer.* Tenho grande respeito por ela como escritora. **2** (consideração) respeito: *She shows no **respect** for other people's feelings.* Ela não demonstra nenhum respeito pelos sentimentos dos outros. | **with (all due) respect** com todo respeito **3 in this/every respect** neste aspecto/em todos os aspectos **4 with respect to** (formal) com respeito a
- **respects** *s pl* (formal) **to pay your respects**

(a) apresentar seus cumprimentos **(b)** dar seus pêsames [num velório]

• *v* [tr] respeitar

respectable /rɪ'spɛktəbəl/ *adj* **1** respeitável **2** razoável [resultado, nota, salário, etc.] **3** apresentável: *Do I look respectable?* Estou apresentável?

respectful /rɪ'spɛktfəl/ *adj* respeitoso

respective /rɪ'spɛktɪv/ *adj* respectivo: *We said goodbye and went our respective ways.* Nós nos despedimos e seguimos nossos respectivos caminhos.

respectively /rɪ'spɛktɪvli/ *adv* respectivamente

respite /'rɛspɪt/ *s* descanso, trégua

respond /rɪ'spɑnd/ *v* [intr] **1** reagir: *The government responded by sending in troops.* O governo reagiu enviando tropas. | *The cancer failed to respond to treatment.* O câncer não respondeu ao tratamento. **2** (formal) responder

response /rɪ'spɑns/ *s* **1** reação | **in response to** em resposta a **2** resposta

responsibility /rɪspɑnsə'bɪləti/ *s* (pl -ties) **1** (autoridade) responsabilidade **2** (obrigação) responsabilidade | **to have a responsibility to sb** ter certas responsabilidades para com alguém **3** (culpa) responsabilidade | **to accept/take responsibility (for sth)** assumir a responsabilidade (por algo) | **to claim responsibility (for sth)** assumir a autoria (de algo)

responsible /rɪ'spɑnsəbəl/ *adj* **1** (culpado) responsável: *Those responsible will be punished.* Os responsáveis serão punidos. | *I felt responsible for the accident.* Eu me senti responsável pelo acidente. **2** (encarregado) responsável | **to be responsible for sth/sb** ser responsável por algo/alguém **3 a responsible job/position** um emprego/cargo de responsabilidade **4** (sensato) responsável

responsibly /rɪ'spɑnsəbli/ *adv* com responsabilidade

responsive /rɪ'spɑnsɪv/ *adj* **1** prestativo [funcionário] **2** receptivo [público, etc.] **3 to be responsive to sth** ser sensível a algo

rest /rɛst/ *substantivo & verbo*

• *s* **1 the rest (a)** o resto: *He ate the rest of the pizza.* Ele comeu o resto da pizza. **(b)** os/as demais: *The rest were Japanese.* Os demais eram japoneses. **2** descanso: *I need a rest.* Preciso de um descanso. | *Try to get some rest.* Tente descansar um pouco. | **to take a rest** descansar **3 to come to rest** vir parar **4 give it a rest!** (informal) dá uma folga/um tempo! **5 to lay/put sth to rest** desmentir [boatos], dissipar [temores] ▶ ver também **mind**

• *v* **1** [tr/intr] descansar **2** [intr] estar apoiado: *The ladder was resting against the wall.* A escada estava apoiada na parede. **3** [tr] apoiar

restaurant /'rɛstərənt/ *s* restaurante

restful /'rɛstfəl/ *adj* relaxante

restless /'rɛstləs/ *adj* **1** agitado, irrequieto | **to get/grow restless** ficar agitado, ficar alvoroçado **2 to have a restless night** ter uma noite agitada

restoration /rɛstə'reɪʃən/ *s* **1** restauração [de um prédio, um quadro, etc.] **2** restabelecimento [de monarquia, democracia, pena de morte] **3** (formal) restituição [de bens, terras]

restore /rɪ'stɔr/ *v* [tr] **1** recuperar [a saúde, a confiança, as forças, etc.] **2** restabelecer [a ordem, a paz] **3** restaurar [um prédio, um quadro, etc.] **4** restabelecer [a monarquia, a pena de morte, etc.]

restrain /rɪ'streɪn/ *v* [tr] **1** conter [uma pessoa, um animal] | **to restrain sb from doing sth** impedir alguém de fazer algo [à força] | **to restrain yourself** conter-se: *I could hardly restrain myself.* Mal consegui me conter. **2** controlar [uma emoção, um impulso]

restrained /rɪ'streɪnd/ *adj* **1** contido, comedido [pessoa, comportamento] **2** sóbrio [cores, estilo]

restraint /rɪ'streɪnt/ *s* **1** compostura, moderação **2** restrição, limitação **3** (formal) força [para controlar alguém]

restrict /rɪ'strɪkt/ *v* [tr] **1** restringir **2 to restrict yourself to (doing) sth** limitar-se a (fazer) algo

restricted /rɪ'strɪktɪd/ *adj* **1** restrito **2 to be restricted to** estar restrito a, restringir-se a

restriction /rɪ'strɪkʃən/ *s* **a restriction (on sth)** uma restrição (a algo)

restroom /'rɛstrum/ *s* AmE banheiro [em cinema, restaurante, etc.]

result /rɪ'zʌlt/ *substantivo & verbo*

• *s* resultado | **as a result (of sth)** em consequência (de algo)

• *v* ser o resultado | **to result from sth** resultar de algo

result in sth resultar em algo

resume /rɪ'zum/ *v* (formal) **1** [tr] recomeçar, retomar **2** [intr] recomeçar **3 to resume your seat** retornar a seu lugar

résumé /'rɛzəmeɪ/ *s* **1** AmE currículo **2** resumo

resurgence /rɪ'sɜrdʒəns/ *s* ressurgimento

resurrect /rɛzə'rɛkt/ *v* [tr] ressuscitar

resurrection /rɛzə'rɛkʃən/ *s* ressurreição

resuscitate /rɪ'sʌsəteɪt/ *v* [tr] ressuscitar

retail /'riteɪl/ *substantivo & verbo*

• *s* **1** varejo **2 retail price** preço de varejo

• *v* **to retail for/at $10 etc.** custar $10 etc. no varejo

retailer /'riteɪlər/ *s* varejista

retain /rɪ'teɪn/ *v* [tr] (formal) **1** conservar **2** reter [na memória] **3** reter [água, calor, umidade, etc.]

retaliate /rɪ'tælieɪt/ *v* [intr] retaliar, revidar

retaliation /rɪtæli'eɪʃən/ *s* retaliação, represália | **in retaliation for** em represália a

retarded /rɪ'tɑrdɪd/ *adj* retardado ▶ Hoje em dia este adjetivo é considerado ofensivo

retch /rɛtʃ/ *v* [intr] (3a pess sing presente **-ches**) ter ânsia de vômito

rethink /ri'θɪŋk/ *v* [tr] (passado & particípio **rethought** /-'θɔt/) repensar

reticence /'rɛtəsəns/ *s* reticência

reticent /'rɛtəsənt/ *adj* reticente

retire /rɪ'taɪr/ *v* [intr] **1** aposentar-se **2** (formal) retirar-se **3** (formal) (ir dormir) recolher-se

retired /rɪ'taɪrd/ *adj* aposentado

retirement /rɪ'taɪrmənt/ *s* aposentadoria

re'tirement home *s* casa de repouso

retiring /rɪ'taɪrɪŋ/ *adj* **1** retraído **2 the retiring principal/chairperson etc.** o diretor/presidente etc. em vias de deixar o cargo

retrace /ri'treɪs/ *v* [tr] **1** seguir [a mesma rota] **2** reconstruir [os movimentos de alguém] **3 to retrace your steps** voltar atrás

retract /rɪ'trækt/ *v* **1** [intr] (formal) retratar-se **2** [tr] (formal) retirar [uma confissão, uma declaração] **3** [tr] retrair, [intr] recolher-se

retreat /rɪ'trit/ *verbo & substantivo*
- *v* [intr] **1** recuar **2 to retreat from/to sth** retirar-se de/para algo **3 to retreat from sth** desistir de algo
- *s* **1** retirada [de um exército] **2 to make/beat a retreat** bater em retirada **3** recuo **4** retiro [religioso] **5** refúgio

retrial /ri'traɪəl/ *s* novo julgamento

retribution /rɛtrɪ'bjuʃən/ *s* (formal) **1** castigo **2** vingança, represália(s)

retrieval /rɪ'trivəl/ *s* recuperação

retrieve /rɪ'triv/ *v* **1** [tr] resgatar **2** [tr] recuperar [dados, etc.] **3 to retrieve the situation** remediar a situação

retrospect /'rɛtrəspɛkt/ *s* **in retrospect** em retrospecto

retrospective /rɛtrə'spɛktɪv/ *adjetivo & substantivo*
- *adj* **1** retroativo **2** retrospectivo
- *s* retrospectiva

return /rɪ'tɜrn/ *verbo & substantivo*
- *v* **1** [intr] voltar, retornar **2** [tr] devolver **3** [tr] pôr de volta: *I returned the book to the shelf.* Pus de volta o livro na prateleira. **4** [intr] voltar [sintomas, dor] **5** [tr] retribuir [um favor, o amor de alguém] | **to return sb's call** ligar de volta para alguém **6** [tr] rebater [uma bola] **7** [tr] reeleger
- *s* **1** volta, retorno | **on my/his etc. return** na minha/sua etc. volta **2** devolução, restituição **3** reaparecimento [de sintomas, dor] **4** restabelecimento [de um sistema, regime]: *the return to democracy* o restabelecimento da democracia **5** volta [a uma atividade]: *the return to school* a volta às aulas **6 return (on sth)** (em investimentos) rendimento (de algo) **7** (tecla de computador) return **8 in return (for sth)** em troca (de algo), em retribuição (a algo) **9 many happy returns** muitas felicidades **10** BrE passagem de ida e volta ▶ No inglês americano diz-se **round trip** **11 return fare** (preço da) passagem de ida e volta **return journey** (viagem de) volta **return ticket** BrE passagem de ida e volta ▶ No inglês americano diz-se **round-trip ticket**

reunion /ri'junjən/ *s* **1** re-encontro **2** reunião [de família, ex-alunos, etc.]

reunite /riju'naɪt/ *v* **1** [tr] unir, reunificar, [intr] unir-se, reunificar-se **2** [tr] reunir [familiares, etc., depois de muito tempo] **3 to be reunited (with sb)** re-encontrar-se (com alguém)

rev /rɛv/, também **rev up** *v* [tr/intr] (**-vved**, **-vving**) acelerar

revamp /ri'væmp/ *v* [tr] (informal) renovar

reveal /rɪ'vil/ *v* [tr] **1** mostrar **2** revelar

revealing /rɪ'vilɪŋ/ *adj* **1** revelador **2** provocante [roupa]

revel /'rɛvəl/ *v* (**-led**, **-ling** AmE, **-lled**, **-lling** BrE)
revel in sth deleitar-se com algo: *She reveled in making me suffer.* Ela se deleitava em me fazer sofrer.

revelation /rɛvə'leɪʃən/ *s* **1** revelação **2 to be a revelation (to sb)** ser uma revelação (para alguém)

revenge /rɪ'vɛndʒ/ *substantivo & verbo*
- *s* vingança | **to get/take (your) revenge (on sb)** vingar-se (de alguém)
- *v* [tr] vingar

revenue /'rɛvənu/ *s* (também **revenues**) [n pl] rendimentos, receita [do Estado, de uma organização]

Reverend /'rɛvrənd/ *s* Reverendo

reversal /rɪ'vɜrsəl/ *s* **1** (numa política, num processo) mudança radical **2** (de papéis) inversão **3** (problema) revés

reverse /rɪ'vɜrs/ *verbo, substantivo & adjetivo*
- *v* **1** [tr] reverter [uma tendência, um veredito, etc.] **2** [intr] dar marcha a ré, dar ré: *She reversed out of the garage.* Ela deu marcha a ré para sair da garagem. **3** [tr] dar marcha a ré com **4 to reverse the order of sth** inverter a ordem de algo **5 to reverse the charges** BrE ligar a cobrar ▶ No inglês americano diz-se **to call collect**
- *s* **1 the reverse (of sth)** o contrário (de algo) | **quite the reverse** muito pelo contrário **2** (também **reverse gear**) marcha a ré **3** verso [de uma moeda, uma folha, etc.]
- *adj* **1 in reverse order** na ordem inversa **2 the reverse side** o verso

revert /rɪ'vɜrt/ *v* **revert to sth** reverter a algo
revert to sb reverter a alguém [propriedade]

review /rɪ'vju/ *substantivo & verbo*
- *s* **1** revisão | **under review** sendo examinado **2** crítica, resenha **3** revista [de tropas, etc.]
- *v* **1** [tr] examinar **2** [tr] fazer crítica de, resenhar **3** [tr/intr] AmE repassar [matéria de prova] | **to review for sth** estudar para algo **4** [tr] passar em revista [tropas]

reviewer /rɪ'vjuər/ *s* crítico -ca [de filmes, literário, etc.]

revise /rɪ'vaɪz/ *v* **1** [tr] rever [para alterar] **2** [tr] revisar: *a revised edition* uma edição revisada **3** BrE **to revise (for an exam/test)** estudar (para uma prova) ▶ No inglês americano diz-se **to review**

revision /rɪ'vɪʒən/ *s* **1** revisão [de um relatório, etc.] **2** BrE estudo [para uma prova] | **to do some/your revision** estudar (para uma prova)

revival /rɪ'vaɪvəl/ *s* **1** reativação [econômica] **2** revival [em moda, literatura, decoração, etc.]: *Her music is enjoying a revival.* A música dela está tendo um revival. **3** reedição **4** ressurgimento **5** (também **revival meeting**) AmE culto religioso em forma de show

revive /rɪ'vaɪv/ *v* **1** [tr] reanimar, [intr] reanimar-se [doente] **2** [tr] reativar, [intr] reativar-se [a economia] **3** [tr] revigorar, [intr] revigorar-se [pessoa, planta] **4** [tr] reavivar [lembranças, temores, etc.] **5** [tr] restabelecer [uma tradição]

revoke /rɪ'voʊk/ *v* [tr] (formal) **1** cassar [uma autorização, uma licença] **2** revogar [uma lei, uma decisão]

revolt /rɪ'voʊlt/
- *v* **1 to revolt (against sth/sb)** **(a)** revoltar-se (contra algo/alguém) **(b)** insurgir-se (contra algo/alguém) **2** [tr] dar asco a: *I was revolted by the way he ate.* Me deu asco a forma dele comer.
- *s* **1** revolta **2** rebelião

revolting /rɪ'voʊltɪŋ/ *adj* asqueroso, horrível

revolution /rɛvə'luʃən/ *s* **1** revolução **2** rotação

revolutionary /rɛvə'luʃəneri/ *adj & s* revolucionário -ria

revolve /rɪ'vɑlv/ *v* **1** [tr/intr] girar **2 to revolve around sth** girar em torno de algo

revolver /rɪ'vɑlvər/ *s* revólver

re‚volving 'door *s* porta giratória

reward /rɪ'wɔrd/ *substantivo & verbo*
- *s* recompensa
- *v* [tr] recompensar | **to reward sb for sth** recompensar alguém por algo

rewarding /rɪ'wɔrdɪŋ/ *adj* gratificante

rewind /ri'waɪnd/ *v* [tr/intr] (passado & particípio **rewound**) rebobinar

rewrite /ri'raɪt/ *v* [tr] (passado **rewrote**, particípio **rewritten**) reescrever

rhetoric /'rɛtərɪk/ *s* retórica

rhetorical question /rɪ'tɔrɪkəl 'kwɛstʃən/ *s* pergunta retórica

rheumatism /'rumətɪzəm/ *s* reumatismo

rhinoceros /raɪ'nɑsərəs/ *s* (pl **-roses**) rinoceronte

rhyme /raɪm/ *substantivo & verbo*
- *s* **1** verso **2** rima
- *v* [tr/intr] rimar

rhythm /'rɪðəm/ *s* ritmo

rib /rɪb/ *s* costela

ribbon /'rɪbən/ *s* **1** fita [para cabelo, embrulho, etc.] **2 to be in ribbons** estar todo rasgado

'rib cage *s* caixa torácica

rice /raɪs/ *s* arroz

‚rice 'pudding *s* arroz-doce

rich /rɪtʃ/ *adjetivo & substantivo*
- *adj* **1** rico: *Her family is very rich.* A família dela é muito rica. | **to get rich** ficar rico **2** rico [em vitaminas, ideias, etc.]: *Oranges are rich in vitamin C.* As laranjas são ricas em vitamina C. **3** pesado, gorduroso [comida] **4** vivo [cor]
- *s* **the rich** os ricos

riches /'rɪtʃɪz/ *s pl* (literário) riquezas

richly /'rɪtʃli/ *adv* **1** ricamente [decorado, bordado, etc.] **2 richly colored** de cores vivas **3 richly deserved** bem merecido

Richter scale /'rɪktər skeɪl/ *s* escala Richter

rickety /'rɪkəti/ *adj* desconjuntado

rid /rɪd/ *adjetivo & verbo*
- *adj* **1 to get rid of sth (a)** livrar-se de algo: *I can't get rid of this cough.* Não consigo me livrar desta tosse. **(b)** jogar algo fora **2 to get rid of sb** livrar-se de alguém: *You won't get rid of me that easily.* Você não vai se livrar de mim assim tão facilmente.
- *v* (passado **rid** ou **ridded** BrE particípio **rid**, gerúndio **ridding**) **to rid sth/sb of sth** livrar algo/alguém de algo

ridden /'rɪdn/ particípio de **ride**

riddle /'rɪdl/ *s* **1** charada **2** enigma

riddled /'rɪdld/ *adj* **to be riddled with sth** estar cheio de algo

ride /raɪd/ *verbo & substantivo*
- *v* (passado **rode**, particípio **ridden**) **1** [intr] andar a cavalo | **to go riding** (ir) andar a cavalo **2** [tr] montar **3** [tr/intr] locomover-se de bicicleta, moto, etc.: *Can you ride a bike?* Você sabe andar de bicicleta? | *She got on her bike and rode off.* Ela subiu na bicicleta e saiu pedalando. **4** [tr/intr] AmE andar de, ir de [ônibus, metrô, etc.] **5** [tr] AmE (informal) pegar no pé de
- *s* **1** carona | **to give sb a ride** AmE dar carona para alguém **2** volta [de carro, moto, etc.] | **to go for a ride** ir dar uma volta **3** cavalgada **4** brinquedo [num parque de diversões]

rider /'raɪdər/ *s* **1** cavaleiro -ra **2** ciclista **3** motociclista, motoqueiro -ra

ridge /rɪdʒ/ s **1** cume [de uma montanha] **2** saliência [numa superfície]

ridicule /'rɪdəkjul/ substantivo & verbo
- s zombaria
- v [tr] ridicularizar

ridiculous /rɪ'dɪkjələs/ adj ridículo

riding /'raɪdɪŋ/ s equitação

rife /raɪf/ adj **1 to be rife** imperar, ser generalizado [corrupção, criminalidade] **2 to be rife with sth problems/corruption etc.** ter muitos problemas/muita corrupção etc.

rifle /'raɪfəl/ s rifle

rift /rɪft/ s cisão [entre países, familiares, etc.]

rig /rɪg/ verbo & substantivo
- v [tr] (-gged, -gging) fraudar [uma eleição, um concurso, etc.]
- s **1** plataforma [de exploração de petróleo] **2** AmE (informal) carreta **3** (informal) tralha, equipamento

right /raɪt/ adjetivo, advérbio, substantivo & verbo
- adj **1** (correto) certo: *the right answer* a resposta certa | *Is that the right time?* Essa é a hora certa? | **that's right** isso mesmo
2 to be right (about sth) ter razão (em algo): *You're quite right.* Você tem toda razão.
3 como devia ser: *I knew something wasn't right.* Eu sabia que algo não ia bem. **to put sth right** remediar algo
4 direito [mão, lado, etc.]
5 certo, adequado [decisão, ferramenta, momento, etc.]: *She is the right person for the job.* Ela é a pessoa adequada para o emprego.
6 justo: *It's not right that he should pay.* Não é justo que ele pague. | *You were right to tell me.* Você fez bem em me contar.
- adv **1** bem | **right in front of sth/sb** bem na frente de algo/alguém | **right behind sth/sb** bem atrás de algo/alguém
2 já: *I'll be right with you.* Já vou ter com você. | **right away** imediatamente | **right now (a)** já: *I'll do it right now.* Vou fazer isso já. **(b)** no momento
3 direito: *They haven't spelled my name right.* Não escreveram meu nome direito. | *You guessed right.* Você acertou.
4 to get sth right acertar algo
5 à direita: *Turn right at the lights.* Vire à direita no sinal.
6 BrE bom: *Right! Let's get started.* Bom! Vamos começar.
- s **1** direito | **to have the right to sth** ter direito a algo | **to have the right to do sth** ter o direito de fazer algo | **right of way** preferência [no trânsito]
2 the right (a) a direita: *the door on the right* a porta à direita **(b)** (em política) a direita
3 certo: *the difference between right and wrong* a diferença entre o certo e o errado
4 to be in the right estar com a razão
5 in his/its etc. own right por si só
- v [tr] corrigir | **to right a wrong** corrigir um erro

right angle s ângulo reto

right-click v [intr/tr] clicar o botão direito do mouse (sobre)

righteous /'raɪtʃəs/ adj **1** com pretensões de superioridade moral: *He was full of righteous indignation.* Ele sentia que tinha todos os motivos para estar indignado. **2** honrado, justo **3** AmE (informal) legal, fenomenal

rightful /'raɪtfəl/ adj legítimo

right-hand adj **1 the right-hand lane/the bottom right-hand corner etc.** a pista da direita/o canto direito inferior etc. **2 on the right-hand side** do lado direito

right-handed adj destro

rightly /'raɪtli/ adv com razão | **quite rightly** com toda razão | **rightly or wrongly** correta ou incorretamente

right wing s **the right wing** (em política) a direita

right-wing adj de direita

rigid /'rɪdʒɪd/ adj **1** (severo) rígido **2** (rijo) rígido

rigor AmE, **rigour** BrE /'rɪgər/ s rigor

rigorous /'rɪgərəs/ adj rigoroso

rim /rɪm/ s **1** borda [de copo, etc.] **2** aro [de roda] **3** aro [de óculos]

rind /raɪnd/ s **1** casca [de limão, laranja, queijo] **2** pele [de bacon]

ring¹ /rɪŋ/ s **1** anel **2** roda, círculo: *We sat in a ring.* Sentamos numa roda. **3** rodela [de cebola, abacaxi, fumaça] **4** boca [de fogão] **5** toque [de campainha]: *There was a ring at the door.* A campainha da porta tocou. **6 to give sb a ring** BrE dar um telefonema para alguém **7 a drug/spy ring** uma quadrilha de traficantes/uma rede de espiões **8** ringue [em boxe, luta livre] **9** picadeiro [de circo] **10 to run rings around sb** (informal) ser muito melhor que alguém

ring² v (passado **rang**, particípio **rung**) **1** [tr] tocar [uma campainha] **2** [intr] tocar: *The telephone's ringing.* O telefone está tocando. **3 to ring a bell** soar familiar: *That name rings a bell.* Esse nome me soa familiar. **4** [intr] vibrar [ouvidos] **5** (também **ring up**) BrE [tr] telefonar para, ligar para, [intr] telefonar, ligar ▶ Existe também **call**, que é usado tanto no inglês americano quanto no britânico **6 to ring for sth/sb** BrE chamar algo/alguém [por telefone] ▶ Existe também **to call for sth/sb**, que é usado tanto no inglês americano quanto no britânico

ring back BrE telefonar/ligar mais tarde ▶ Existe também **to call back**, que é usado tanto no inglês americano quanto no britânico **ring sb back** BrE ligar de volta para alguém, dar um retorno a alguém ▶ Existe também **call sb back**, que é usado tanto no inglês americano quanto no britânico

*Diz-se I arrived in Rio ou I arrived to Rio? Veja o verbete **arrive**.*

ring off BrE desligar [o telefone] ▶ Existe também **hang up**, é usado tanto no inglês americano quanto no britânico

ring³ v [tr] (passado & particípio **ringed**) **1** cercar **2** marcar com um círculo [um erro, etc.] **3** pôr um anel em [uma ave]

ringleader /'rɪŋlidər/ s cabeça [de uma quadrilha]

'ring road s BrE anel rodoviário ▶ No inglês americano diz-se **beltway**

ringtone /'rɪŋtoʊn/ s toque [de celular]

rink /rɪŋk/ s rinque ▶ ver também **ice rink**

rinse /rɪns/ verbo & substantivo
- v [tr] **1** enxaguar | **to rinse sth out** enxaguar algo [roupa, cabelo], passar água em algo [um copo, etc.] **2** lavar [verduras]
- s **1** to give sth a rinse dar uma enxaguada em algo [numa roupa], passar uma água em algo [num copo, etc.] **2** rinsagem

riot /'raɪət/ substantivo & verbo
- s **1** tumulto, distúrbios **2 to run riot** causar distúrbios, fazer baderna
- v [intr] causar distúrbios, amotinar-se

rioting /'raɪətɪŋ/ s distúrbios

rip /rɪp/ verbo & substantivo
- v (-pped, -pping) **1** [tr/intr] rasgar **2 to rip sth open** abrir algo [rasgando]
  rip sb off (informal) roubar alguém [cobrando demais]
  rip sth off/out arrancar algo
  rip sth up rasgar algo em pedaços
- s rasgão

ripe /raɪp/ adj **1** maduro [fruta, queijo] **2 to be ripe for sth** ser propício a/para algo: *The organization is ripe for change.* A organização está pronta para mudanças.

ripen /'raɪpən/ v [tr/intr] amadurecer

'rip-off s (informal) roubo [em preço]

ripple /'rɪpəl/ verbo & substantivo
- v **1** [intr] encrespar-se, ondular-se [água] **2** [intr] agitar-se [grama, campos de trigo, etc.]
- s **a ripple of applause/laughter etc.** algumas palmas/risadas etc.

rise /raɪz/ verbo & substantivo
- v [intr] (passado **rose**, particípio **risen**) **1** aumentar, subir | **to rise by $5,000/2% etc.** aumentar $5.000/2% etc. | **rising unemployment/tension etc.** desemprego/tensão etc. crescente **2** subir [nível de um rio, estrada, fumaça, etc.] **3** levantar-se | **to rise to your feet** ficar de pé **4** ascender [em importância] **5** subir de tom [voz] **6** nascer [o sol] | **the rising sun** o sol nascente **7** (em culinária) crescer [massa, bolo] **8** (também **rise up**) (literário) sublevar-se | **to rise against sth/sb** insurgir-se contra algo/alguém
- s **1** aumento, alta: *a rise in temperature* um aumento da temperatura **2** BrE aumento [salarial] ▶ No inglês americano diz-se **raise** **3** ascensão [à fama, ao poder, etc.] **4 to give rise to sth** dar origem a algo **5** subida [numa rua, estrada]

risen /'rɪzən/ particípio de **rise**

risk /rɪsk/ substantivo & verbo
- s risco: *There is a risk of brain damage.* Há um risco de dano cerebral. | **to take a risk** correr um risco | **to run the risk of doing sth** correr o risco de fazer algo | **to be at risk** estar em risco, correr risco | **at your own risk** por sua conta e risco
- v [tr] **1** pôr em risco, arriscar | **to risk your neck** (informal) arriscar seu pescoço **2 to risk arrest/defeat etc.** correr o risco de ser preso/derrotado etc. **3 to risk doing sth** arriscar-se a fazer algo

risky /'rɪski/ adj (-kier, -kiest) arriscado

rite /raɪt/ s rito

ritual /'rɪtʃuəl/ s & adj ritual

rival /'raɪvəl/ substantivo, adjetivo & verbo
- s & adj rival
- v (-led, -ling AmE, -lled, -lling BrE) **to rival sth/sb for sth** competir com algo/alguém em algo

rivalry /'raɪvəlri/ s (pl -ries) rivalidade

river /'rɪvər/ s rio: *the river Nile* o rio Nilo

'river ˌbank, riverbank /'rɪvərbæŋk/ s margem do rio

riverside /'rɪvərsaɪd/ s beira do rio | **a riverside apartment/house** um apartamento/uma casa na beira do rio

rivet /'rɪvət/ verbo & substantivo
- v **1 to be riveted to/on sth** estar concentrado/grudado em algo: *He sat riveted to the TV screen.* Ele estava sentado, com os olhos grudados na tela da TV. **2** rebitar
- s rebite

riveting /'rɪvətɪŋ/ adj fascinante

road /roʊd/ s **1** estrada | **by road** por terra **2** rua | **just down the road** aqui perto | **across/over the road** do outro lado da rua, em frente ▶ Road, escrito com inicial maiúscula, é usado em nomes de ruas, por exemplo, *Maple Road*, *Richmond Road*, etc. **3 the road to success/stardom etc.** o caminho para o sucesso/estrelato etc.

'road ˌaccident s acidente de trânsito

roadblock /'roʊdblɑk/ s blitz [policial]

'road conˌstruction s AmE obras [em estrada]

'road rage s violência no trânsito

roadside /'roʊdsaɪd/ s beira da estrada

'road sign s placa de sinalização

roadway /'roʊdweɪ/ s pista

roadwork /'roʊdwɜrk/ AmE, **roadworks** /'roʊdwɜrks/ BrE s pl obras [em rua, estrada]

roam /roʊm/ v **1** [intr] vagar **2** [tr] vagar por

roar /rɔr/ verbo & substantivo
- v **1** [intr] rugir [leão, vento, fogo] **2** [tr] berrar **3 to roar (with laughter)** dar gargalhadas/uma gargalhada **4 to roar past/overhead etc.** passar fazendo um grande barulho

- **s 1** rugido [de leão, tigre] **2** brado: *There was a roar of approval.* Ouviu-se um brado de aprovação. **3** barulho [do tráfego]

roaring /'rɔrɪŋ/ *adj* **1 a roaring fire** um fogo crepitante **2 to do a roaring trade (in sth)** fazer um grande negócio (com algo)

roast /roʊst/ *verbo, adjetivo & substantivo*
- *v* **1** [tr/intr] assar **2** [tr] torrar [café, amendoim]
- *adj* **roast lamb/chicken etc.** cordeiro/frango etc. assado
- *s* assado

rob /rɑb/ *v* [tr] (**-bbed, -bbing**) assaltar [um banco] | **to rob sb of sth** roubar algo de alguém: *She felt she had been robbed of the Olympic gold medal.* Ela sentiu-se roubada da medalha de ouro olímpica. ▶ **ROB, STEAL OU BURGLARIZE?** ver nota em **roubar**

robber /'rɑbər/ *s* assaltante, ladrão -dra ▶ **ROBBER, THIEF OU BURGLAR?** ver nota em **ladrão**

robbery /'rɑbəri/ *s* (pl **-ries**) **1** roubo **2** assalto: *armed robbery* assalto à mão armada

robe /roʊb/ *s* **1** toga [de juiz, universitário] **2** AmE roupão

robin /'rɑbɪn/ *s* pintarroxo

robot /'roʊbɑt/ *s* robô

robust /roʊ'bʌst/ *adj* **1** robusto, resistente **2** forte, enérgico

rock /rɑk/ *substantivo & verbo*
- *s* **1** rocha, rochedo **2** AmE pedra **3** (também **rock music**) rock **4 to be on the rocks** (informal) estar indo por água abaixo **5 scotch/vodka etc. on the rocks** uísque/vodca etc. com gelo **6 rock band** banda de rock
- *v* **1** [tr/intr] balançar **2** [tr] embalar [um bebê] **3** [tr/intr] sacudir

,**rock and 'roll,** também ,**rock 'n' 'roll** *s* rock and roll

,**rock 'bottom** *s* (informal) **to be at rock bottom** estar no fundo do poço | **to hit/reach rock bottom** chegar ao fundo do poço

'**rock ,climbing** *s* alpinismo

rocket /'rɑkɪt/ *substantivo & verbo*
- *s* foguete
- *v* [intr] disparar [preços, etc.]

'**rocking ,chair** *s* cadeira de balanço

rocky /'rɑki/ *adj* (**-kier, -kiest**) **1** rochoso **2** (informal) instável

rod /rɑd/ *s* **1** vara [de metal, madeira] **2** (também **fishing rod**) vara [de pesca]

rode /roʊd/ *passado de* **ride**

rodent /'roʊdnt/ *s* roedor

rogue /roʊg/ *s* **1** malandro -dra **2** mau-caráter

role /roʊl/ *s* **1** (função) papel | **to play a major/key etc. role (in sth)** ter um papel primordial/fundamental etc. (em algo) **2** (em peça, filme) papel **3 role model** modelo de comportamento

roll /roʊl/ *verbo & substantivo*
- *v* **1** [tr/intr] rolar: *The ball rolled into the street.* A bola rolou para a rua. **2 to roll the dice** jogar o(s) dado(s) **3** [tr/intr] Dar voltas: *The dog had been rolling in the mud.* O cachorro tinha ficado rolando na lama. | *He rolled onto his back.* Ele virou de costas. **4 to be rolling in it** (informal) estar nadando em dinheiro **5** [tr] enrolar | **to roll a cigarette** enrolar um cigarro **6** [intr] balançar [navio, avião]
PHRASAL VERBS
roll sth down abaixar algo [vidro de carro, janela]
roll in (informal) chover [grandes quantidades]: *The money came rolling in after the appeal on TV.* Entrou dinheiro a rodo depois do apelo na tevê.
roll sth out abrir algo [massa de torta, mapa]
roll over virar
roll up (informal) aparecer **roll sth up to roll the window up** fechar o vidro [de carro] | **to roll your sleeves up** arregaçar as mangas
- *s* **1** rolo [de papel, filme] **2** maço [de notas] **3** pãozinho redondo **4** balanço [de navio, avião] **5** AmE chamada [na escola] | **to call/take the roll** AmE fazer a chamada

'**roll call** *s* AmE chamada [na escola, no exército, etc.]

roller /'roʊlər/ *s* **1** (de impressora, etc., ou para pintar) rolo **2** (para o cabelo) rolo

Rollerblades® /'roʊlərbleɪdz/ *s pl* Rollerblades®, patins inline

roller coaster /'roʊlər ˌkoʊstər/ *s* montanha-russa

'**roller ˌskate** *s* patim (de roda)

rolling /'roʊlɪŋ/ *adj* ondulado [colinas, paisagem]

'**rolling ˌpin** *s* rolo de massa

Rollerblades

ROM /rɑm/ *s* (= read-only memory) ROM

Roman /'roʊmən/ *adj & s* romano -na

romance /'roʊmæns, roʊ'mæns/ *s* **1** romance [relação amorosa] **2** romantismo **3** romance [livro]

romantic /roʊ'mæntɪk/ *adj & s* romântico

romcom /'rɑmkɑm/ *s* (informal) comédia romântica

roof /ruf/ *s* **1** (de prédio) telhado, (de carro) capota, (de túnel, caverna) teto **2 the roof of the/your mouth** o céu da boca **3 to hit the roof** (informal) subir pelas paredes

'**roof rack** *s* bagageiro

rooftop /'ruftɑp/ *s* telhado

rook /rʊk/ *s* **1** gralha **2** castelo [em xadrez]

room /rum/ *s* **1** quarto, sala | **a meeting room** uma sala de reunião **2** espaço, lugar: *There wasn't enough room to lie down.* Não havia espaço suficiente para deitar. | **to make room for sth/sb** fazer espaço para algo/dar espaço para alguém **3 room for doubt** margem para dúvida | **there's room for improvement** poder ser melhor **4 room and board** AmE casa e comida

roommate /'rum-meɪt/ *s* **1** colega de quarto **2** AmE colega com quem se divide um apartamento ou casa

'room ˌservice *s* serviço de quarto

ˌroom 'temperature *s* temperatura ambiente

roomy /'rumi/ *adj* (**-mier**, **-miest**) espaçoso [carro, armário, etc.], folgado [roupa]

root /rut, rʊt/ *substantivo & verbo*

- *s* **1** (de planta, cabelo) raiz **2** (de um problema) raiz | **the root cause (of sth)** a verdadeira causa (de algo) **3 to take root** enraizar-se **4 to put down roots** criar raízes

- *v* **to root in/through sth** vasculhar algo
root for sb (informal) torcer por alguém
root sth out 1 acabar com algo [a corrupção, o racismo, etc.] **2** (informal) procurar algo

rope /roʊp/ *substantivo & verbo*

- *s* **1** corda **2 to know the ropes** (informal) entender o riscado **3 to show sb the ropes** (informal) dar as dicas a alguém

- *v* **to rope sth to sth** amarrar algo a algo
rope sb in (informal) **to rope sb in to do sth** convencer alguém a fazer algo
rope sth off isolar algo [com uma corda]

rose¹ /roʊz/ *s* rosa

rose² passado de **rise**

rosette /roʊ'zɛt/ *s* roseta

rostrum /'rɑstrəm/ *s* (pl **-trums** ou **-tra** /-trə/) pódio, tribuna

rosy /'roʊzi/ *adj* (**-sier**, **-siest**) **1** rosado **2** promissor [futuro, perspectiva]

rot /rɑt/ *v* [tr/intr] (**-tted**, **-tting**) apodrecer

rota /'roʊtə/ *s* BrE rodízio

rotate /'roʊteɪt/ *v*
1 [tr/intr] girar
2 [tr] revezar-se em, [intr] revezar-se: *We rotate the worst jobs.* Nós nos revezamos nos piores trabalhos.

rotation /roʊ'teɪʃən/ *s* **1** rotação **2** rotatividade | **to do sth in rotation** fazer algo por turnos

rotten /'rɑtn/ *adj* **1** podre **2** (informal) horrível | **a rotten thing to do**: *That was a rotten thing to do.* Foi horrível o que você fez. **3** (informal) péssimo: *I'm a rotten cook.* Sou um péssimo cozinheiro.

rough /rʌf/ *adjetivo, substantivo, verbo & advérbio*

- *adj* **1** áspero **2** acidentado [terreno, caminho] **3** aproximado [cálculo, ideia] | **a rough copy/draft** um rascunho **4** violento [esporte, pessoa] **5** barra-pesada [bairro, área] **6 rough treatment** maus-tratos **7** (informal) difícil: *I've had a really rough day.* Tive um dia muito difícil. | **to feel rough** BrE sentir-se mal **8** injusto, duro: *It's rough on her, losing her job like that.* Para ela, é duro ter perdido o emprego desta forma. **9** bravo [mar] **10** ruim [tempo]

- *s* **to take the rough with the smooth** fazer o jogo do contente

- *v* **to rough it** (informal) viver sem conforto

- *adv* **to play rough** jogar bruto | **to sleep rough** BrE dormir na rua

roughly /'rʌfli/ *adv* **1** aproximadamente, mais ou menos | **roughly speaking** em linhas gerais **2** bruscamente, com brutalidade

round /raʊnd/ *adjetivo, advérbio, preposição, substantivo & verbo*

- *adj* **1** redondo **2 in round figures** em números redondos

- *adv* BrE **1** Para ou em um lugar: *He's round at David's.* Ele está na casa do David. | *Do you want to come round to my house?* Quer vir à minha casa? **2 all round (a)** a volta toda **(b)** em todos os aspectos **3 round about** na redondeza: *There are some nice walks round about.* Há bons passeios na redondeza. **4 round about 10/11 etc. o'clock** por volta das 10/11 etc. horas | **round about the same time** quase na mesma hora **5 to go the long way round** ir pelo caminho mais longo ► No inglês americano diz-se **around** em lugar de **round**. O mesmo se aplica no caso de **phrasal verbs**, como **show around**, **turn around**, etc., que são tratados no verbete do verbo correspondente

- *prep* BrE ► ver **around**

- *s* **1** rodada: *the latest round of peace talks* a última rodada de conversações de paz **2** (de carteiro, entregador de jornal) circuito | **to be (out) on your rounds** estar fazendo a ronda, estar fazendo visitas a domicílio [médico] **3** (de bebidas) rodada: *It's your round.* Essa rodada é sua. **4** (em golfe) partida **5** (em boxe) assalto **6** (de torneio) rodada, turno **7 a round (of ammunition)** um tiro (de munição) **8 a round of applause** uma salva de palmas

- *v* [tr] fazer [uma curva], dobrar [uma esquina]
round sth down arredondar algo para baixo [um número]
round sth off (with sth) encerrar algo (com algo)

round sth up 1 arrebanhar algo [gado, ovelhas] **2** arredondar algo para cima [um número] **round sb up 1** reunir alguém **2** prender alguém

roundabout /'raʊndəbaʊt/ *substantivo & adjetivo*
- *s* BrE **1** trevo [em estrada, etc.] ▶ No inglês americano diz-se **traffic circle** **2** carrossel [numa praça, etc.] ▶ No inglês americano diz-se **merry-go-round**
- *adj* a roundabout route um caminho mais longo | in a roundabout way de forma indireta

,round 'trip *s* **1** viagem de ida e volta **2 a round-trip ticket** uma passagem de ida e volta

rouse /raʊz/ *v* [tr] **1** (formal) despertar | **to rouse sb from his/her etc. sleep** despertar alguém de seu sono **2** provocar | **to rouse sb to action** incitar alguém a entrar em ação/a agir

rousing /'raʊzɪŋ/ *adj* inflamado [discurso, etc.]

route /rut, raʊt/ *s* caminho

router /'rutər, 'raʊtər/ *s* roteador

routine /ru'tin/ *substantivo & adjetivo*
- *s* **1** rotina **2** (de dança) coreografia, número, (de comédia) quadro
- *adj* **1** de rotina: *a routine checkup* um check-up de rotina **2** rotineiro

routinely /ru'tinli/ *adv* habitualmente

row¹ /roʊ/ *substantivo & verbo*
- *s* **1** fila, fileira | **in a row/in rows** enfileirado/em carreiras **2 three/four etc. times in a row** três/quatro etc. vezes seguidas
- *v* [tr/intr] remar: *She rowed across the lake.* Ela atravessou o lago a remo. | *Can you row me to the other side?* Pode me levar a remo até o outro lado?

row² /raʊ/ *s* BrE (informal) **1** discussão, briga | **to have a row (with sb)** ter uma discussão/briga (com alguém) | **row (about/over sth)** disputa (por algo) [em âmbito político, público] **2** barulheira

rowdy /'raʊdi/ *adj* (-dier, -diest) **1** bagunceiro, arruaceiro **2** tumultuado [reunião]

row house /'roʊ haʊs/ *s* AmE casa geminada

royal /'rɔɪəl/ *adj* real [da realeza]

royalty /'rɔɪəlti/ *s* realeza

RSI /,ɑr ɛs 'aɪ/ *s* (= **repetitive strain injury**) LER [lesão por esforço repetitivo]

rub /rʌb/ *verbo & substantivo*
- *v* (-bbed, -bbing) **1** [tr/intr] esfregar | **to rub sth into/onto sth** passar algo em algo [creme, loção] | **to rub your eyes** esfregar os olhos | **to rub your hands (together)** esfregar as mãos **2** [intr] machucar [sapatos] **3 to rub it in** (informal) repisar em algo [num erro, etc. de outrem]
rub sth down 1 esfregar algo **2** lixar algo
rub off to rub off on sb respingar em alguém, contagiar alguém **rub sth off** remover algo [esfregando]
rub sth out apagar algo (com borracha)

- *s* esfregada | **to give sth a rub (a)** esfregar algo **(b)** fazer uma fricção em algo [nos pés, nas costas, etc.]

rubber /'rʌbər/ *s* **1** (material) borracha **2** AmE (informal) camisinha **3** BrE (para apagar) borracha ▶ No inglês americano diz-se **eraser**

,rubber 'band, e,lastic 'band BrE *s* elástico [para prender papéis, etc.]

rubbish /'rʌbɪʃ/ *s* BrE **1** lixo ▶ No inglês americano diz-se **garbage** ou **trash** **2** (informal) bobagem ▶ No inglês americano diz-se **garbage**

'rubbish ,dump *s* BrE depósito de lixo ▶ No inglês americano diz-se **garbage dump**

rubble /'rʌbəl/ *s* escombros

ruby /'rubi/ *s* (pl -bies) rubi

rucksack /'rʌksæk/ *s* BrE mochila ▶ Existe também **backpack**, que é usado tanto no inglês americano quanto no britânico

rudder /'rʌdər/ *s* leme

rude /rud/ *adj* **1** grosseiro, grosso: *There's no need to be rude.* Não precisa ser grosseiro. | *It's rude to ask people's age.* É falta de educação perguntar a idade das pessoas. | **to be rude to sb** ser grosseiro com alguém **2** obsceno [livro, foto, etc.]

rudimentary /rudə'mɛntri/ *adj* rudimentar

ruffle /'rʌfəl/ *v* [tr] **1** despentear [o cabelo] **2** agitar [a água, as folhas]

ruffled /'rʌfəld/ *adj* irritado, alterado

rug /rʌg/ *s* **1** tapete **2** manta

rugby /'rʌgbi/ *s* rúgbi

rug

rugged /'rʌgɪd/ *adj* **1** escarpado [terreno, montanha] **2** anguloso [rosto, feições]

ruin /'ruɪn/ *verbo & substantivo*
- *v* [tr] **1** estragar **2** arruinar
- *s* **1** (de um prédio) ruína **2** (econômica) ruína **3 to be in ruins** estar em ruínas

ruined /'ruɪnd/ *adj* destruído

rule /rul/ *substantivo & verbo*
- *s* **1** regra | **to be against the rules** ser contra o regulamento, ser proibido **2** dominação, domínio **3** reinado **4 as a (general) rule** em geral | **a rule of thumb** uma regra geral [para cálculos, etc.]: *As a rule of thumb, allow 15 minutes for each pound in weight.* Como regra geral, calcule 15 minutos para cada libra de peso.
- *v* **1** [tr/intr] governar, reinar | **to rule over sth/sb** governar algo/alguém **2** [tr/intr] decretar, determinar
rule sth out descartar algo **rule sb out** excluir alguém

ruler /'rulər/ *s* **1** governante, soberano **2** régua

ruling /'ruliŋ/ *substantivo & adjetivo*
- *s* resolução
- *adj* dominante, governante

rum /rʌm/ *s* rum

rumble /'rʌmbəl/ *verbo & substantivo*
- *v* [intr] **1** retumbar [trovões], fazer barulho [trânsito] **2** roncar [estômago]
- *s* ruído

rummage /'rʌmɪdʒ/ *v* [intr] vasculhar [a bolsa, etc.] | **to rummage around** vasculhar | **to rummage in/through sth** vasculhar algo, revirar algo

rummage sale *s* AmE bazar [com artigos de segunda mão]

rumor AmE, **rumour** BrE /'rumər/ *s* boato | **rumor has it that** corre o boato que

rump /rʌmp/ *s* **1** ancas **2** alcatra **3 rump steak** filé de alcatra

run /rʌn/ *verbo & substantivo*
- *v* (passado **ran**, particípio **run**, gerúndio **running**) **1** [tr/intr] correr: *I run four miles every morning.* Corro quatro milhas todas as manhãs. | *Some children ran past me.* Umas crianças passaram por mim correndo. | *He ran upstairs.* Ele subiu a escada correndo.
2 [tr] dirigir [uma empresa, etc.]
3 [tr] organizar, oferecer [um curso]
4 [intr] Referente a transporte público: *The buses don't run on Sundays.* Não há ônibus aos domingos. | *The number 22 runs every ten minutes.* O 22 passa de dez em dez minutos. | **to run late/on time** estar atrasado/sair no horário
5 [intr] escorrer [líquidos]: *The sweat was running down his face.* O suor escorria pelo seu rosto. | *I must have left a faucet running.* Devo ter deixado uma torneira aberta. | *His nose was running.* O nariz dele estava escorrendo.
6 [tr] passar: *She ran her fingers through her hair.* Ela passou os dedos pelo cabelo. | **to run your eye over sth** dar uma olhada em algo
7 Estender-se no espaço: *The road runs along the valley.* A estrada corre ao longo do vale. | *There was a barbed-wire fence running around the building.* Havia uma cerca de arame farpado em volta do prédio.
8 [intr] funcionar, [tr] ligar: *Don't run the engine for too long.* Não deixe o motor muito tempo ligado. | *A car was waiting with the engine running.* Havia um carro esperando com o motor ligado. | **to run on diesel/batteries etc.** ser movido a óleo diesel/funcionar a pilha etc.
9 [tr] rodar [um programa de computador]
10 to run a bath preparar um banho (de banheira)
11 [intr] candidatar-se: *He's going to run for president.* Ele vai se candidatar a presidente.
12 [intr] correr: *The project is running to schedule.* O projeto está correndo como planejado. | **to run smoothly** correr bem
13 [intr] ficar em cartaz: *The play ran for two years.* A peça ficou dois anos em cartaz.
14 [tr] manter: *I can't afford to run a car.* Não tenho condições de manter um carro.
15 desbotar [cor, tinta]
16 to be running short of/low on sth Estar ficando sem algo: *I'm running short of money.* Meu dinheiro está acabando. | *We're running low on fuel.* A gasolina está acabando. | **time is running short** o tempo está se esgotando
17 to run in the family ser de família [característica]
18 to be running at estar em: *Inflation was running at 15%.* A inflação estava em 15%.
19 to run wild comportar-se de maneira desregrada
20 to run dry secar [rio, reservatório, etc.]

PHRASAL VERBS

run across sb/sth encontrar alguém/algo por acaso

run after sb correr atrás de alguém

run away (from sth/sb) fugir (de algo/alguém)

run down acabar [pilha, bateria] **run sb down 1** atropelar alguém **2** (informal) criticar alguém

run into sth 1 bater em algo, chocar-se contra algo [com um veículo] **2 to run into trouble/problems etc.** esbarrar com problemas | **to run into debt** endividar-se **run into sb 1** topar com alguém **2** atropelar alguém

run off fugir, sair correndo

run out 1 acabar [comida, dinheiro, etc.] | **to run out of sth** ficar sem algo **2** expirar, vencer [visto, contrato]

run sb over atropelar alguém: *He was run over by a truck.* Ele foi atropelado por um caminhão.

run through sth ensaiar/repassar algo

- *s* **1** corrida | **to go for a run** correr [fazer jogging] | **to make a run for it** tentar fugir
2 (em beisebol, críquete, etc.) tento
3 percurso, trajeto
4 to be on the run estar foragido
5 a run of good/bad luck uma maré de sorte/azar
6 in the short/long run a curto/longo prazo

runaway /'rʌnəweɪ/ *adjetivo & substantivo*
- *adj* **1** descontrolado **2** fugitivo **3** estrondoso [sucesso, etc.]
- *s* criança que fugiu de casa

run-'down *adj* **1** dilapidado **2** abatido

rung¹ /rʌŋ/ *s* **1** degrau [de escada portátil] **2** escalão [de uma organização]

rung² particípio de **ring**

runner /'rʌnər/ *s* corredor -a

runner-'up *s* (pl **runners-up**) segundo -da colocado -da

running /'rʌnɪŋ/ *adjetivo, substantivo & advérbio*
- *adj* **1 running water** água corrente **2 a running battle/argument** uma batalha/discussão contínua
- *s* **1** (ação de correr, esporte) corrida: *He's good*

at running and swimming. Ele é bom em corrida e natação. **2 the running of sth** a direção de algo [de uma empresa], o governo de algo [de um país] **3 to be in the running (for sth)** estar no páreo (por algo)

• *adv* **three years/five times etc. running** três anos consecutivos/cinco vezes consecutivas etc.

runny /'rʌni/ *adj* (**-nnier, -nniest**) **1 to have a runny nose** estar com coriza **2** ralo, aguado

runt /rʌnt/ *s* filhote menor [de ninhada]

'run-through *s* ensaio

runway /'rʌnweɪ/ *s* pista [de decolagem ou pouso]

rural /'rʊrəl/ *adj* rural

rush /rʌʃ/ *verbo & substantivo*

• *v* (3a pess sing **rushes**) **1** [intr] correr: *Everyone was rushing to buy the new album.* Todo mundo foi correndo comprar o novo álbum. | *David rushed into the bathroom.* David entrou correndo no banheiro. **2** [intr] apressar-se **3** [tr] fazer algo com pressa: *Don't rush your food.* Não coma tão depressa. **to rush (into) things** apressar as coisas **4** [tr] apressar | **to rush sb into doing sth** apressar alguém a fazer algo **5** [tr] levar às pressas: *She was rushed to the hospital with appendicitis.* Ela foi levada para o hospital às pressas por causa de uma apendicite.
rush around estar numa correria

• *s* **1** correria | **to make a rush for sth** correr em direção a algo **2** movimento [de muitas pessoas ao mesmo tempo]: *Let's leave early and avoid the rush.* Vamos sair cedo para evitar o movimento. **3** pressa: *There's no rush.* Não tem pressa. | **to be in a rush** estar com pressa **4** junco [planta]

rushed /rʌʃt/ *adj* corrido

'rush hour *s* hora do rush

Russia /'rʌʃə/ *s* Rússia

Russian /'rʌʃən/ *adjetivo & substantivo*

• *adj* russo

• *s* **1** (idioma) russo **2** russo -sa

rust /rʌst/ *substantivo & verbo*

• *s* ferrugem

• *v* [tr/intr] enferrujar

rustle /'rʌsəl/ *verbo & substantivo*

• *v* **1** [intr] farfalhar **2** [tr] estalar

• *s* farfalhar

rusty /'rʌsti/ *adj* (**-tier, -tiest**) **1** (referente a objeto) enferrujado **2** (referente a pessoa, habilidade) enferrujado: *My German is very rusty.* Meu alemão está muito enferrujado.

rut /rʌt/ *s* **1 to be (stuck) in a rut** ter caído na rotina **2** sulco

rutabaga /ruːtəˈbeɪgə/ *s* AmE nabo

ruthless /'ruːθləs/ *adj* implacável, impiedoso

ruthlessly /'ruːθləsli/ *adv* impiedosamente, sem piedade

rye /raɪ/ *s* centeio

S¹, s /ɛs/ *s* S, s ▶ ver "Active Box" **letters** em **letter**

S² (= **south**) S

sabotage /'sæbətɑːʒ/ *verbo & substantivo*

• *v* [tr] sabotar

• *s* sabotagem

saccharin /'sækərɪn/ *s* sacarina

sachet /sæˈʃeɪ, BrE 'sæʃeɪ/ *s* sachê, envelope

sack /sæk/ *substantivo & verbo*

• *s* **1** saco **2 to give sb the sack** BrE (informal) mandar alguém embora, despedir alguém | **to get the sack** BrE (informal) ser mandado embora, ser despedido

• *v* [tr] BrE (informal) mandar embora ▶ No inglês americano diz-se **to fire**

sacred /'seɪkrɪd/ *adj* sagrado

sacrifice /'sækrəfaɪs/ *verbo & substantivo*

• *v* [tr] sacrificar

• *s* sacrifício | **to make sacrifices** fazer sacrifícios

sad /sæd/ *adj* (**-dder, -ddest**) **1** triste: *He looked sad.* Ele estava com uma cara triste. | *We were sad to see her go.* Ficamos tristes com a partida dela. **2** lamentável [estado, situação] **3** (informal) careta

sadden /'sædn/ *v* [tr] entristecer

saddle /'sædl/ *s* **1** (para cavalo) sela **2** (de bicicleta) selim, banco

sadness /'sædnəs/ *s* tristeza

safe /seɪf/ *adjetivo & substantivo*

• *adj* **1** seguro: *Will my car be safe here?* Meu carro vai ficar seguro aqui? | *Is it safe to swim here?* É seguro nadar aqui? | **to be on the safe side** por segurança **2 a safe driver** um/uma motorista prudente **3** sem lesões ou danos: *Thank God you're safe!* Graças a Deus não aconteceu nada com você! | **to be safe from sth** estar a salvo de algo | **safe and sound** são e salvo | **better safe than sorry** é melhor prevenir do que remediar

• *s* cofre

safeguard /'seɪfgɑːrd/ *substantivo & verbo*

• *s* proteção

• *v* [tr] proteger, salvaguardar

safely /'seɪfli/ *adv* **1** sem correr riscos: *He cannot safely be left on his own.* Não se pode deixá-lo sozinho sem que corra riscos. **2** sem problemas **3** seguramente, com certeza [dizer, supor]

safety /'seɪfti/ s segurança: *road safety* segurança na estrada

'safety ,belt s cinto de segurança

'safety ,pin s alfinete de segurança

sag /sæg/ v [intr] (**-gged, -gging**) **1** vergar **2** afundar [cama, poltrona]

Sagittarius /sædʒə'terɪəs/ s **1** (signo) Sagitário **2** sagitariano -na: *My sister's a Sagittarius.* Minha irmã é sagitariana./Minha irmã é de Sagitário.

said /sɛd/ passado & particípio de **say**

sail /seɪl/ *verbo & substantivo*
- *v* **1** [intr] navegar, velejar | **to go sailing** velejar **2** [tr] navegar (por) | **to sail the Atlantic** atravessar o Atlântico **3** [tr/intr] governar [um barco, um navio], velejar [barco à vela] **4** [intr] zarpar
- *s* **1** vela **2 to set sail** zarpar

sailboat AmE, **'sailing ,boat** BrE s barco à vela, veleiro

sailing /'seɪlɪŋ/ s iatismo

sailor /'seɪlər/ s marinheiro -ra

saint /seɪnt/ s santo -ta: *Saint John* São João | *Saint Mary* Santa Maria

sake /seɪk/ s **for the sake of sth/sb, for sth's/sb's sake** por (o bem de) algo/alguém | **for heaven's/goodness' sake!** pelo amor de Deus!

salad /'sæləd/ s salada: *potato salad* salada de batata

salami /sə'lɑmi/ s salame

salary /'sæləri/ s (pl **-ries**) salário ▶ SALARY OU WAGE? ver nota em **wage**

sale /seɪl/ *substantivo & substantivo plural*
- *s* **1** venda | **for/on sale** à venda | **"for sale"** vende-se **2** liquidação: *the January sales* as liquidações de janeiro | *There's a sale on at Saks.* A Saks está em liquidação.
- **sales** *s pl* vendas

'sales as,sistant s vendedor -a

salesman /'seɪlzmən/ s (pl **-men**) vendedor

salesperson /'seɪlzpɜrsən/ s (pl **-people** /-pipəl/) vendedor -a

saleswoman /'seɪlzwʊmən/ s (pl **-women** /-wɪmɪn/) vendedora

saliva /sə'laɪvə/ s saliva

salmon /'sæmən/ s salmão

salmonella /ˌsælmə'nɛlə/ s salmonela

salon /sə'lɑn, BrE 'sælɒn/ s salão [de cabeleireiro, de beleza]

saloon /sə'lun/ s **1** bar **2** BrE sedã ▶ No inglês americano diz-se **sedan**

salsa /'sælsə/ s **1** (dança) salsa **2** molho de tomate apimentado

salt /sɔlt/ s sal

salted /'sɔltɪd/ adj salgado, com sal: *salted peanuts* amendoim salgado

salty /'sɔlti/ adj (**-tier, -tiest**) salgado, com muito sal

salvage /'sælvɪdʒ/ *verbo & substantivo*
- *v* [tr] **1** salvar, resgatar **2** salvar [a reputação, um acordo, etc.]
- *s* resgate

same /seɪm/ *adjetivo, pronome & advérbio*
- *adj* **the same** o mesmo: *We live in the same street.* Moramos na mesma rua. | *She goes to the same school as me.* Ela estuda na mesma escola que eu. | *We left the very same day.* Partimos naquele mesmo dia. | **at the same time** ao mesmo tempo | **to come/amount to the same thing** dar na mesma
- *pron* **1 the same** o mesmo, a mesma coisa: *It's not the same any more.* Não é mais a mesma coisa. **2 (the) same to you! (a)** igualmente!, para você também! **(b)** é você! [ao ser insultado] **3 all/just the same** mesmo assim **4 same here** (informal) eu também
- *adv* **1 the same** igual: *Everyone was dressed the same.* Todo mundo estava vestido igual. **2 (the) same as** como: *He's sixteen, same as you.* Ele tem dezesseis anos, como você.

'same-sex adj **same-sex marriage/relationship etc.** casamento/relação etc. entre pessoas do mesmo sexo

sample /'sæmpəl/ *substantivo & verbo*
- *s* amostra
- *v* [tr] provar, degustar

sanction /'sæŋkʃən/ *substantivo & verbo*
- *s* **1** sanção | **to impose sanctions against/on sb** impor sanções a alguém **2** autorização
- *v* [tr] sancionar, aprovar

sanctuary /'sæŋktʃuɛri/ s (pl **-ries**) **1** refúgio | **to seek/take sanctuary (in sth)** procurar refúgio/refugiar-se (em algo) **2** reserva [ecológica]

sand /sænd/ s areia

sandal /'sændl/ s sandália

sandcastle /'sændkæsəl/ s castelo de areia

S&L /ˌɛs ənd 'ɛl/ s (= savings and loan) abreviatura para as instituições de poupança e crédito

sandpaper /'sændpeɪpər/ s lixa

sandwich /'sændwɪtʃ/ s (pl **-ches**) sanduíche: *a cheese and tomato sandwich* um sanduíche de queijo com tomate

sandy /'sændi/ adj (**-dier, -diest**) **1** arenoso, de areia **2** cheio de areia

sane /seɪn/ adj **1** são **2** sensato

sang /sæŋ/ passado de **sing**

sanitary napkin /'sænəteri ˌnæpkɪn/ AmE, **'sanitary ˌtowel** BrE s absorvente (higiênico) ▶ Existe também **sanitary pad** que é usado tanto no inglês americano como no britânico

sanity /'sænəti/ s **1** sanidade mental **2** sensatez

sank /sæŋk/ passado de **sink**

Santa Claus /ˈsæntə klɔz/ s Papai Noel

sap /sæp/ *substantivo & verbo*
- *s* **1** seiva **2** AmE (informal) trouxa
- *v* [tr] (**sapped**, **sapping**) minar

sapphire /ˈsæfaɪr/ s safira

sarcasm /ˈsɑrkæzəm/ s sarcasmo

sarcastic /sɑrˈkæstɪk/ *adj* sarcástico

sardine /sɑrˈdin/ s sardinha

sash /sæʃ/ s (pl **-shes**) faixa [na cintura, etc.]

sass /sæs/ v [tr] (3a pess sing presente **sasses**) AmE (informal) ser abusado com

sassy /ˈsæsi/ *adj* (**-ssier**, **-ssiest**) AmE **1** abusado, insolente **2** provocante

sat /sæt/ passado & particípio de **sit**

satchel /ˈsætʃəl/ s pasta (escolar)

satellite /ˈsætl-aɪt/ s **1** satélite **2 satellite dish** antena parabólica **satellite television** televisão via satélite

satin /ˈsætn/ s cetim

satisfaction /sætɪsˈfækʃən/ s satisfação

satisfactory /sætɪsˈfæktəri/ *adj* satisfatório

satisfied /ˈsætɪsfaɪd/ *adj* **1** satisfeito: *I'm not satisfied with your work.* Não estou satisfeito com seu trabalho. **2 to be satisfied that** estar convencido de que

satisfy /ˈsætɪsfaɪ/ v [tr] (**-fies**, **-fied**) **1** satisfazer **2** agradar [clientes] **3 to satisfy sb that** convencer alguém de que

satisfying /ˈsætɪsfaɪ-ɪŋ/ *adj* que satisfaz, satisfatório

sat-nav /ˈsæt næv/ s (informal) aparelho GPS [navegador portátil para motoristas]

saturate /ˈsætʃəreɪt/ v [tr] **1** encharcar **2** saturar

Saturday /ˈsætərdi, -deɪ/ s sábado ▶ ver "Active Box" **days of the week** em **day**

Saturn /ˈsætərn/ s Saturno

sauce /sɔs/ s molho

saucepan /ˈsɔs-pæn/ s panela

saucer /ˈsɔsər/ s pires

sauna /ˈsɔnə/ s sauna | **to have/take a sauna** fazer uma sauna

sausage /ˈsɔsɪdʒ/ s salsicha

savage /ˈsævɪdʒ/ *adjetivo, substantivo & verbo*
- *adj* **1** selvagem [animal] **2** brutal [ataque, assassinato]
- *s* selvagem
- *v* [tr] atacar

save /seɪv/ *verbo & substantivo*
- *v* **1** [tr] salvar: *Nothing was saved from the fire.* Nada foi salvo do incêndio. **2** [tr/intr] (também **save up**) economizar [dinheiro] | **to save (up) for sth** economizar para algo | **to save (up) to do sth** economizar para fazer algo **3** [tr] poupar [tempo, combustível, etc.]: *We'll save time if we take a taxi.* Vamos poupar tempo se tomarmos um táxi. **4** [tr] guardar [para mais tarde]: *I'll save you a seat.* Vou guardar um lugar para você. **5** [tr] juntar [cupons, garrafas vazias, etc.] **6** [tr/intr] (em informática) salvar **7** [tr] (em esportes) defender **8 to save sb (doing) sth** poupar alguém de (fazer) algo: *She did it to save me the trouble.* Ela fez isso para me poupar do incômodo.
- *s* (em esportes) defesa [ato]

saving /ˈseɪvɪŋ/ *substantivo & substantivo plural*
- *s* economia: *a saving of 15% on the normal price* uma economia de 15% sobre o preço normal
- **savings** *s pl* economias, poupança

savior AmE, **saviour** BrE /ˈseɪvjər/ s salvador -a

savory AmE, **savoury** BrE /ˈseɪvəri/ *adj* **1** salgado [em oposição a doce] **2** saboroso

saw¹ /sɔ/ *substantivo & verbo*
- *s* serra
- *v* [tr] (particípio **sawn** /sɔn/ ou **sawed** AmE) serrar
  saw sth off serrar algo
  saw sth up cortar algo em pedaços (com uma serra)

saw² passado de **see**

sawdust /ˈsɔdʌst/ s serragem

saxophone /ˈsæksəfoʊn/ s saxofone

say /seɪ/ *verbo, substantivo & interjeição*
- *v* (passado & particípio **said**) **1** [tr/intr] dizer, falar: *What did you say?* O que você disse? | *I asked her but she wouldn't say.* Perguntei a ela, mas ela não quis dizer. | **to say yes/no** dizer que sim/que não | **to say sth to sb** dizer algo a alguém ▶ **say ou tell?** ver nota em **dizer**
  2 [tr] marcar, dizer: *The clock says nine thirty.* O relógio está marcando nove e meia. | *What do the instructions say?* O que dizem as instruções? | *What does that sign say?* O que está escrito naquela placa?
  3 (em suposições, sugestões) digamos (que): *Say you won the lottery, what would you do?* Digamos que você ganhe a loteria, o que faria? | *It'll take me a while, say a week.* Vai demorar um pouco, digamos uma semana.
  4 it goes without saying (that) é óbvio (que)
  5 you don't say! (informal) não diga!
- *s* **to have a say (in sth)** ter voz ativa (em algo) | **to have your say** dar a sua opinião
- *interj* AmE vem cá

saying /ˈseɪ-ɪŋ/ s ditado

scab /skæb/ s **1** casca [de ferida] **2** (informal) fura-greve

scaffolding /ˈskæfəldɪŋ/ s andaime

scald /skɔld/ v [tr] escaldar, queimar [com líquido quente]

scale /skeɪl/ *substantivo, substantivo plural & verbo*
- *s* **1** (tamanho) dimensão, escala: *The scale of the problem is staggering.* A dimensão do problema é assustadora. | **on a large scale** em grande escala **2** (sistema de medição) escala: *on a scale*

of 1 to 10 numa escala de 1 a 10 | *a large-scale map* um mapa em grande escala **3** (em música) escala **4** escama [de peixe, cobra, etc.]
- **scales** *s pl* (também **scale** AmE) balança
- *v* [tr] escalar
scale sth back/down reduzir algo [gastos, operações, etc.]

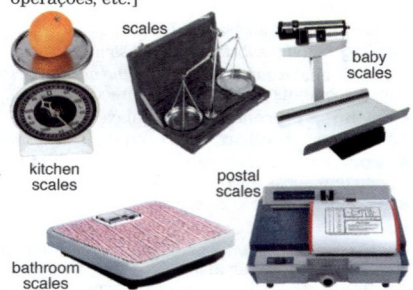

scales
baby scales
kitchen scales
postal scales
bathroom scales

scalp /skælp/ *s* couro cabeludo
scalpel /'skælpəl/ *s* bisturi
scalper /'skælpər/ *s* AmE cambista
scampi /'skæmpi/ *s* camarão à milanesa
scan /skæn/ *verbo & substantivo*
- *v* [tr] (-nned, -nning) **1** (também **scan through**) passar os olhos em, dar uma olhada em [documento, lista, etc.] **2** esquadrinhar [o céu, o horizonte, etc.] **3** (em informática) escanear **4** (em medicina) fazer uma ultrassonografia/tomografia em
- *s* ultrassonografia, tomografia

scandal /'skændl/ *s* escândalo
scandalize, -ise BrE /'skændl-aɪz/ *v* [tr] escandalizar
scandalous /'skændl-əs/ *adj* escandaloso
scanner /'skænər/ *s* **1** scanner **2** aparelho de ultrassonografia, tomógrafo **3** (num aeroporto) (aparelho de) raio X **4** (na caixa de uma loja) leitor de código de barras
scapegoat /'skeɪpgoʊt/ *s* bode expiatório
scar /skɑr/ *substantivo & verbo*
- *s* cicatriz
- *v* [tr] (-rred, -rring) deixar uma cicatriz em | **to be scarred** ter cicatrizes/uma cicatriz
scarce /skers/ *adj* escasso
scarcely /'skersli/ *adv* mal, quase não: *The city has scarcely changed.* A cidade quase não mudou.
scarcity /'skersəti/ *s* escassez
scare /sker/ *verbo & substantivo*
- *v* [tr] assustar
scare sb off/away **1** afugentar alguém **2** assustar alguém
- *s* **1** susto | **to give sb a scare** (informal) dar um susto em alguém **2** (medo generalizado) pânico **3 a bomb scare** uma ameaça de bomba
scarecrow /'skerkroʊ/ *s* espantalho
scared /skerd/ *adj* assustado, com medo | **to be scared (of sth/sb)** ter medo (de algo/alguém): *I'm scared of dogs.* Tenho medo de cachorro. | **to be scared stiff/to death** (informal) estar morrendo de medo
scarf /skɑrf/ (pl **scarves** /skɑrvz/ ou **scarfs**) *substantivo & verbo*
- *s* **1** cachecol **2** lenço [para a cabeça]
- *v* [tr] AmE (informal) devorar
scarlet /'skɑrlət/ *adj & s* escarlate ▶ ver "Active Box" **colors** em **color**
scary /'skeri/ *adj* (-rier, -riest) (informal) que dá medo [filme, história, pessoa] | **to be scary** dar medo [pessoa, situação]
scatter /'skætər/ *v* **1** [tr] dispersar, [intr] dispersar-se **2** [tr] espalhar, [intr] espalhar-se
scattered /'skætərd/ *adj* **1** espalhado **2** esparso: *scattered showers* chuvas esparsas
scenario /sɪ'nerioʊ/ *s* perspectiva | **the worst-case scenario** a pior hipótese
scene /sin/ *s* **1** (em peça ou filme) cena **2** (vista ou quadro) cena **3** local: *Firefighters arrived at the scene within minutes.* Os bombeiros chegaram ao local em minutos. **4** (discussão em público) cena, escândalo | **to make a scene** fazer (um) escândalo **5** mundo, meio: *the fashion scene* o mundo da moda | *the music scene* o cenário musical **6 behind the scenes** nos bastidores
scenery /'sinəri/ *s* **1** paisagem **2** (em teatro) cenário
scenic /'sinɪk/ *adj* pitoresco
scent /sent/ *s* **1** aroma **2** rastro **3** perfume
scented /'sentɪd/ *adj* perfumado
sceptic BrE ▶ ver **skeptic**
sceptical BrE ▶ ver **skeptical**
scepticism BrE ▶ ver **skepticism**
schedule /'skedʒəl, BrE 'ʃedjul/ *substantivo & verbo*
- *s* **1** (de compromissos) agenda: *I have a very busy schedule for today.* Tenho uma agenda muito apertada hoje. **2** (de projeto, trabalho) cronograma | **ahead of schedule** adiantado, antes do previsto: *The building was finished three months ahead of schedule.* O prédio foi terminado três meses antes do previsto. | **behind schedule** atrasado | **on schedule** dentro do prazo **3** AmE horário [de ônibus, trens, etc.]
- *v* [tr] agendar, programar [uma reunião, um evento]
scheme /skim/ *substantivo & verbo*
- *s* **1** plano **2** esquema [ilegal] **3** BrE programa [social, comunitário, etc.] ▶ No inglês americano diz-se **program** ▶ ver também **color scheme** em **color**

- *v* **to scheme (to do sth)** tramar/conspirar (para fazer algo) | **to scheme against sb** conspirar contra alguém

schizophrenia /ˌskɪtsəˈfriniə/ *s* esquizofrenia

schizophrenic /ˌskɪtsəˈfrɛnɪk/ *adj* & *s* esquizofrênico -ca

scholar /ˈskɑlər/ *s* **1** estudioso -sa, erudito -ta **2** bolsista

scholarship /ˈskɑlərʃɪp/ *s* **1** bolsa de estudos **2** erudição

school /skul/ *s* **1** escola, colégio: *What school do you go to?* Em que escola você estuda? | *He's not old enough to go to school yet.* Ele ainda não tem idade para ir para a escola. | **to be at school** estar na escola **2** aula: *There's no school tomorrow.* Amanhã não tem aula. **3** escola [de teatro, balé, etc.] **4** faculdade: *the school of medicine* a faculdade de Medicina **5 school of thought** linha de pensamento **6 the school year** o ano letivo

schoolboy /ˈskulbɔɪ/ *s* colegial [menino]

schoolchild /ˈskul-tʃaɪld/ *s* (pl **-children** /-tʃɪldrən/) colegial

schoolgirl /ˈskulgɜrl/ *s* colegial [menina]

schoolteacher /ˈskultitʃər/ *s* professor -a

science /ˈsaɪəns/ *s* ciência, ciências

science 'fiction *s* ficção científica

scientific /ˌsaɪənˈtɪfɪk/ *adj* científico

scientist /ˈsaɪəntɪst/ *s* cientista

sci-fi /saɪ ˈfaɪ/ *s* (informal) ficção científica

scissors /ˈsɪzərz/ *s pl* tesoura: *a pair of scissors* uma tesoura

scoff /skɔf/ *v* **1 to scoff (at sth)** zombar (de algo) **2** [tr] BrE (informal) devorar ▶ No inglês americano diz-se **to scarf**

scold /skoʊld/ *v* **to scold sb (for sth)** repreender alguém (por algo)

scoop /skup/ *substantivo* & *verbo*

- *s* **1** colher [para servir] **2** (também **scoopful**) bola [de sorvete], colherada: *a scoop of ice cream*/ *mashed potatoes* uma bola de sorvete/uma colherada de purê de batata **3** furo [jornalístico]

ice cream scoop

- *v* **to scoop sth out/up etc.** tirar/pegar etc. algo [com colher, ou com as mãos em concha]

scooter /ˈskutər/ *s* **1** (também **motor scooter**) lambreta **2** patinete

scope /skoʊp/ *s* **1** espectro, leque | **beyond/within the scope of sth** fora/dentro do escopo de algo **2 scope for sth/to do sth** potencial para algo/para fazer algo, oportunidade para algo/de fazer algo

scorch /skɔrtʃ/ *v* [tr/intr] (3a pess sing presente **scorches**) queimar

scorching /ˈskɔrtʃɪŋ/ *adj* escaldante [sol, areia, etc.]: *the scorching desert sun* o sol escaldante no deserto

score /skɔr/ *substantivo, substantivo plural & verbo*

- *s* **1** placar [contagem dos pontos]: *The final score was 35–17.* O placar final foi 35–17. | *What's the score?* Em quanto está o placar? | **to keep score** marcar os pontos **2** (numa prova, num concurso) nota **3** partitura **4** trilha sonora **5 on that score** a esse respeito, quanto a isso: *I have no worries on that score.* Não tenho nenhuma preocupação a esse respeito. **6 to know the score** (informal) saber das coisas

- **scores** *s pl* milhares: *scores of tourists* milhares de turistas

- *v* **1** [tr/intr] marcar: *Denver scored in the final minute of the game.* Denver marcou no último minuto do jogo. **2** [tr] tirar: *I scored 19 out of 20.* Tirei 19 sobre 20. **3** [tr] valer: *A basket from behind this line scores 3 points.* Uma cesta por trás desta linha vale três pontos. **4** [intr] (em jogo de cartas, etc.) anotar os pontos **5** [tr/intr] (informal) ter/fazer um grande sucesso

scoreboard /ˈskɔrbɔrd/ *s* placar, marcador

scorer /ˈskɔrər/ *s* (em futebol) goleador -a: *the team's top goal scorer* o artilheiro do time

scorn /skɔrn/ *substantivo* & *verbo*

- *s* desprezo

- *v* [tr] (formal) desprezar

Scorpio /ˈskɔrpioʊ/ *s* **1** (signo) Escorpião **2** escorpiano -na: *My sister is a Scorpio.* Minha irmã é escorpiana./Minha irmã é de Escorpião.

scorpion /ˈskɔrpiən/ *s* escorpião

Scot /skɑt/ *s* escocês -esa

Scotch /skɑtʃ/ *s* (pl **-ches**) uísque (escocês)

'Scotch tape® *s* AmE fita durex®

Scotland /ˈskɑtlənd/ *s* Escócia

Scotsman /ˈskɑtsmən/ *s* (pl **-men**) escocês

Scotswoman /ˈskɑtswʊmən/ *s* (pl **-women** /-wɪmɪn/) escocesa

Scottish /ˈskɑtɪʃ/ *adj* escocês

scour /skaʊr/ *v* [tr] **1 to scour sth (for sth/sb)** vasculhar algo (à procura de algo/alguém) **2** arear [uma panela]

Scout /skaʊt/ *s* **1** (também **Boy Scout**) escoteiro **2** (também **Girl Scout**) bandeirante

scout /skaʊt/ *substantivo* & *verbo*

- *s* olheiro

- *v* **to scout around (for sth)** procurar (algo) [por todos os lados]

scowl /skaʊl/ *verbo* & *substantivo*

- *v* [intr] olhar de cara feia | **to scowl at sb** olhar de cara feia para alguém

- *s* cara feia, cara amarrada

scramble /ˈskræmbəl/ *verbo* & *substantivo*

- *v* **1** [intr] **to scramble up sth** subir algo aos

trancos e barrancos | **to scramble over a wall** pular um muro [com dificuldade] **2 to scramble to do sth** lutar para fazer algo **3 to scramble for sth/to do sth** engalfinhar-se por algo/para fazer algo

- **s** atropelo | **scramble for sth** corre-corre para conseguir algo/chegar a algo: *the scramble for the best seats* o corre-corre para conseguir os melhores lugares

scrambled 'eggs *s pl* ovos mexidos

scrap /skræp/ *substantivo, substantivo plural & verbo*

- **s 1** pedacinho: *a scrap of paper* um pedaço de papel **2** (de tecido) retalho **3** sucata **4** (informal) briga **5 scrap iron/metal** sucata
scrap paper papel de rascunho

- **scraps** *s pl* sobras

- **v** [tr] (**-pped, -pping**) (informal) **1** abandonar [um projeto, uma ideia] **2** sucatear

scrapbook /'skræpbʊk/ *s* álbum de recortes

scrape /skreɪp/ *verbo & substantivo*

- **v 1 to scrape sth off/away** raspar algo: *I scraped the mud off my boots.* Raspei a lama das minhas botas. **2** [tr] esfolar [o joelho, o cotovelo]: *She fell down and scraped her knee.* Ela caiu e esfolou o joelho. **3** [tr] raspar [fazendo barulho], [intr] ranger: *Her fingernails scraped down the board.* As unhas dela rasparam no quadro. | **to scrape along/against sth** raspar em algo
scrape by sobreviver [financeiramente]
scrape through (sth) passar raspando (em algo)
scrape sth together/up juntar algo [a duras penas]

- **s 1** rangido **2 to get into a scrape** meter-se numa enrascada

'scrap ,paper *s* papel de rascunho

scratch /skrætʃ/ *verbo & substantivo*

- **v** (3a pess sing presente **-ches**) **1** [tr/intr] coçar: *Don't scratch those bites!* Não coce essas picadas! | *The dog was scratching at the door.* O cachorro estava arranhando a porta. **2** [tr] (marcar) arranhar **3** [tr/intr] (machucar) arranhar

- **s** (pl **-ches**) **1** (marca) arranhão **2** (ferida) arranhão **3 to have a scratch** dar uma coçada **4 from scratch** do zero: *I had to start from scratch again.* Tive de novo que começar do zero. **5 to be/come up to scratch** estar à altura do que deveria ser

scrawl /skrɔl/ *verbo & substantivo*

- **v** [tr] rabiscar

- **s** garrancho [letra ilegível]

scream /skrim/ *verbo & substantivo*

- **v** [tr/intr] gritar | **to scream in terror/fear** etc. gritar de pavor/medo etc. | **to scream with laughter** rir às gargalhadas

- **s 1** grito: *screams of terror* gritos de terror **2 to be a scream** (informal) ser engraçadíssimo

screech /skritʃ/ *verbo & substantivo*

- **v** (3a pess sing presente **-ches**) **1** [tr/intr] guinchar [macaco] **2** gritar com a voz esganiçada [pessoa] **3** [intr] cantar [pneus], guinchar [freios, rodas]

- **s** (pl **-ches**) **1** guincho **2** grito estridente **3** pio [de coruja]

screen /skrin/ *substantivo & verbo*

- **s 1** tela **2** cinema: *a play adapted for the screen* uma peça adaptada para o cinema **3** biombo

- **v** [tr] **1** examinar [para detectar uma doença] | **to screen sb for cancer/diabetes** etc. fazer exame de câncer/diabetes etc. em alguém **2** investigar [um candidato a uma vaga] **3** exibir [um filme, um programa]

screening /'skrinɪŋ/ *s* **1** exibição [de filme, programa de TV] **2** rastreio: *screening for breast cancer* rastreio do câncer de mama **3** fiscalização

'screen ,saver *s* protetor de tela

screw /skru/ *substantivo & verbo*

- **s** parafuso

- **v 1 to screw sth to/onto** etc. **sth** aparafusar algo em algo **2 to screw sth on/onto sth** atarraxar algo em algo **3 to screw sth (up) into a ball** fazer uma bola com algo
screw sth up 1 amassar algo **2** (informal) estragar algo **3 to screw up your face/eyes** contrair o rosto/apertar os olhos

screwdriver /'skrudraɪvər/ *s* chave de fenda

scribble /'skrɪbəl/ *verbo & substantivo*

- **v** [tr/intr] rabiscar

- **s** garrancho

script /skrɪpt/ *s* **1** roteiro [de filme, peça, programa de TV] **2** escrita: *in Arabic script* em escrita arábica **3** (formal) letra

scripture /'skrɪptʃər/ *s* **1** (também **the Holy Scriptures**) a Sagrada Escritura **2** livro sagrado

scroll /skroʊl/ *substantivo & verbo*

- **s 1** rolo **2** manuscrito

- **v to scroll up/down** rolar o texto para cima/baixo [na tela do computador]

scrounge /skraʊndʒ/ *v* [tr/intr] (informal) filar: *He's always scrounging cigarettes from me.* Ele vive filando meus cigarros.

scrub /skrʌb/ *verbo & substantivo*

- **v** [tr/intr] (**-bbed, -bbing**) esfregar [para limpar]

- **s 1** esfregada | **to give sth a scrub** esfregar algo **2** mato

scruff /skrʌf/ *s* **by the scruff of the neck** pelo pescoço

scruffy /'skrʌfi/ *adj* (**-ffier, -ffiest**) **1** desleixado **2** mal-ajambrado

scrum /skrʌm/ s em rúgbi, círculo de jogadores formado em volta da bola

scruples /'skrupəlz/ s pl escrúpulos

scrupulous /'skrupjələs/ adj escrupuloso

scrupulously /'skrupjələsli/ adv escrupulosamente | **scrupulously clean** imaculadamente limpo

scrutinize, -ise BrE /'skrutn-aɪz/ v [tr] examinar minuciosamente

scrutiny /'skrutn-i/ s exame minucioso: *The proposals are **under scrutiny***. As propostas estão sendo analisadas minuciosamente.

scuba diving /'skubə daɪvɪŋ/ s mergulho

scuff /skʌf/ v [tr] arranhar [os sapatos]

scuffle /'skʌfəl/ s tumulto

sculptor /'skʌlptər/ s escultor -a

sculpture /'skʌlptʃər/ s escultura

scum /skʌm/ s **1** espuma [suja, na superfície de um lago, etc.] **2** (informal) canalha

scurry /'skɜri/ v [intr] (**-ries, -rried**) andar com passos rápidos e curtos **to scurry away/off** sair correndo

scuttle /'skʌtl/ v [intr] correr: *The crab scuttled under a rock.* O siri correu para debaixo de uma pedra.

scythe /saɪð/ s foice [de cabo comprido]

SE (= southeast) SE

sea /si/ s **1** mar: *a house by the sea* uma casa à beira-mar | *We spent three months **at sea**.* Passamos três meses no mar. | **by sea** por via marítima, por navio **2 a sea of people/faces etc.** milhares de pessoas/rostos etc. **3** (antes de outro substantivo) marinho, marítima: *The sea air will do him good.* A brisa marítima vai lhe fazer bem.

'**sea bed** s fundo do mar

seafood /'sifud/ s frutos do mar

seagull /'sigʌl/ s gaivota

seal /sil/ substantivo & verbo
● s **1** foca **2** selo **3 seal of approval** aprovação **4** vedação
● v [tr] **1** (também **seal up**) fechar [uma entrada, um túnel, etc.] **2** fechar [um envelope, um pacote] **3** lacrar [um documento]

'**sea ,level** s nível do mar

'**sea ,lion** s leão-marinho

seam /sim/ s **1** costura [em roupa] **2** filão

séance /'seɪɑns/ s sessão espírita

search /sɜrtʃ/ substantivo & verbo
● s (pl **-ches**) **1 search (for sth/sb)** busca (de algo/alguém) | **in search of sth** à procura de algo **2** revista [de uma pessoa ou lugar]
● v (3a pess sing presente **-ches**) **1** [intr] procurar: *They are still **searching for** a solution.* Continuam procurando uma solução. **2** [tr] revistar [uma pessoa, uma casa, etc.] | **to search sth/sb for sth** revistar algo/alguém à procura de algo

'**search ,engine** s buscador, site de busca

searching /'sɜrtʃɪŋ/ adj inquisitivo

searchlight /'sɜrtʃlaɪt/ s holofote [para procurar algo]

seashell /'siʃɛl/ s concha marinha

seashore /'siʃɔr/ s **the seashore** a praia

seasick /'sisɪk/ adj **to be/feel seasick** estar/ficar enjoado [pelo movimento de um barco] | **to get seasick** enjoar

seaside /'sisaɪd/ s **1 the seaside** a beira-mar, a praia: *a day at the seaside* um dia à beira-mar **2 seaside resort** balneário

season /'sizən/ substantivo & verbo
● s **1** estação [do ano] ▶ ver "Active Box" **seasons** na pág. 320 **2** temporada | **the football/baseball etc. season** a temporada de futebol americano/beisebol etc. | **high/low season** alta/baixa temporada **3** (de frutas, vegetais) época: *Plums are **in season** now.* Agora é época de ameixa. | **out of season** fora de época
● v [tr] temperar

seasonal /'sizənəl/ adj **1** sazonal [trabalho, trabalhador] **2** da estação [frutas, vegetais]

seasoning /'sizənɪŋ/ s tempero, condimento

,**season 'ticket** s passe [para transporte, teatro]

seat /sit/ substantivo & verbo
● s **1** cadeira, poltrona [de cinema, teatro] **2** poltrona [de avião] **3** lugar [num voo, teatro, etc.]: *There are no seats left on that flight.* Não tem mais lugar nesse voo. **4 to take/have a seat** sentar-se **5** banco [de carro] | **back/front seat** banco de trás/da frente **6** selim, banco [de bicicleta, moto] **7** cadeira [em congresso, diretoria] | **to have a seat on the board** ser membro da diretoria
● v [tr] **1 to be seated** (formal) **(a)** estar sentado **(b)** sentar-se **2 to seat 500/1,000 etc. people** ter capacidade para 500/1.000 etc. pessoas [estádio, teatro, etc.]

'**seat belt** s cinto de segurança

seating /'sitɪŋ/ s assentos

seaweed /'siwid/ s alga marinha

secluded /sɪ'kludɪd/ adj **1** isolado [lugar] **2** recluso [vida]

second /'sɛkənd/ numeral, substantivo, substantivo plural & verbo
● numeral **1** segundo **2** (em data) (dia) dois
● s **1** (unidade de tempo) segundo **2** (também **second gear**) segunda [marcha] **3 second hand** ponteiro de segundos
● **seconds** s pl (numa refeição): *We all went back for seconds.* Todos nós repetimos.
● v [tr] secundar [uma moção, uma proposta]

secondary /'sɛkənderi/ adj **1** secundário **2 secondary education/teaching** ensino médio

'**secondary ,school** s escola de ensino médio

> **Active Box: seasons**
>
> Os exemplos neste **Active Box** servem de orientação para ajudá-lo a construir frases com referências às estações do ano:
>
> | | |
> |---|---|
> | *We often eat outside **in summer**.* | Frequentemente comemos lá fora no verão. |
> | *We'll come and visit you **in the summer**.* | Viremos visitá-lo no verão. |
> | *We're going to the Caribbean **next winter**.* | Vamos para o Caribe no próximo inverno. |
> | *Last summer we went on vacation to Florida.* | No verão passado/no último verão passamos as férias na Flórida. |
> | *We first met in the spring of 1999.* | Nós nos conhecemos na primavera de 1999. |

second 'best *adj* segundo melhor

second 'class *advérbio & adjetivo*
- *adv* **1 to travel second class** viajar de segunda classe/viajar de classe econômica **2 to send sth second class** ver abaixo
- **second-class** *adj* **1 a second-class ticket** uma passagem de segunda classe/uma passagem de classe econômica **2 second-class post** Na Grã-Bretanha há dois tipos de serviço postal – o de "segunda classe" é mais barato e leva mais dias para fazer a entrega do que o de "primeira classe"

secondhand /sɛkənd'hænd/ *adj & adv* de segunda mão

secondly /'sɛkəndli/ *adv* segundo, em segundo lugar

second-'rate *adj* de segunda categoria

secrecy /'sikrəsi/ *s* sigilo | **in secrecy** em sigilo

secret /'sikrɪt/ *adjetivo & substantivo*
- *adj* secreto | **to keep sth secret** manter algo em segredo
- *s* **1** segredo | **to keep a secret** guardar segredo **2 in secret** em segredo

secretarial /sɛkrə'tɛriəl/ *adj* **1** de secretário -ria [trabalho] **2** secretarial [habilidades] | **secretarial course** secretariado

secretary /'sɛkrətɛri/ *s* (pl -ries) secretário -ria

Secretary of 'State *s* **1** AmE secretário -ria de Estado **2** BrE ministro -tra

secretive /'sikrətɪv/ *adj* reservado | **to be secretive about sth** ser reservado sobre algo

secretly /'sikrɪtli/ *adv* em segredo, secretamente

sect /sɛkt/ *s* seita

section /'sɛkʃən/ *s* **1** parte, seção: *The rocket is built in three sections.* O foguete é construído em três seções. | *the smoking section of the restaurant* a área de fumantes do restaurante **2** (de um jornal) seção **3** (da população, comunidade) segmento **4** (de uma organização) setor **5** (em arquitetura, desenho) corte

sector /'sɛktər/ *s* setor | **the public/private sector** o setor público/privado

secure /sɪ'kjʊr/ *adjetivo & verbo*
- *adj* **1** seguro: *a secure job* um emprego seguro **2** trancado [janela, porta] **3** de segurança máxima [prisão]
- *v* [tr] **1** conseguir [um acordo, a libertação de alguém] **2** assegurar [o futuro de algo ou alguém] **3** trancar, amarrar bem

securely /sɪ'kjʊrli/ *adv* **securely locked/tied etc.** bem trancado/amarrado etc.

security /sɪ'kjʊrəti/ *s* **1** segurança **2** (para um empréstimo) garantia **3 security forces** forças de segurança **security guard** segurança [pessoa]

sedan /sɪ'dæn/ *s* AmE sedã

sedate /sɪ'deɪt/ *adjetivo & verbo*
- *adj* **1** solene [desfile, passo] **2** pacato [cidade, vida]
- *v* [tr] sedar

sedation /sɪ'deɪʃən/ *s* sedação | **to be under sedation** estar sedado

sedative /'sɛdətɪv/ *s & adj* sedativo

seduce /sɪ'dus/ *v* [tr] **1** seduzir **2** tentar

seduction /sɪ'dʌkʃən/ *s* sedução

seductive /sɪ'dʌktɪv/ *adj* sedutor

see /si/ *v* (passado **saw**, particípio **seen**)
1 [tr/intr] ver: *We had already seen the movie.* Já tínhamos visto o filme. | *"Can we go to the beach tomorrow?" "We'll see."* – Podemos ir à praia amanhã? – Vamos ver.
2 [tr/intr] enxergar: *I can't see without my glasses.* Não enxergo sem óculos.
3 [tr/intr] entender: *Do you see what I mean?* Entende o que eu quero dizer? | *Oh, I see!* Ah, sim!
4 [tr] (conferir) ver: *I'll see what time the train leaves.* Vou ver a que horas o trem sai. | *Go and see if Molly's ready.* Vá ver se Molly está pronta.
5 [tr] namorar: *She's seeing somebody else now.* Ela está namorando outro agora.
6 [tr] estar com: *We saw the Clarks last night.* Estivemos com os Clarks ontem à noite.
7 [tr] visitar: *I went to see her in the hospital.* Fui visitá-la no hospital.
8 [tr] **to see (that)** ver se: *See that he brushes his teeth.* Veja se ele escova os dentes.
9 let's see/let me see vamos ver/deixe eu ver
10 see you! (informal) tchau! | **see you later** até logo
11 to see sb home/to the door etc. acompanhar alguém até em casa/a porta

PHRASAL VERBS

see about sth 1 tratar de algo, providenciar

algo: *He's gone to see about his passport.* Ele foi tratar do passaporte dele. | **to see about doing sth** fazer algo **2 we'll (soon) see about that** veremos

see sb off despedir-se de alguém

see sb out acompanhar alguém até a porta: *Don't worry, I'll see myself out.* Não precisa me acompanhar até a porta.

see through sth perceber algo **see sth through** levar algo até o fim **see through sb** conhecer as intenções de alguém: *I can see right through you.* Conheço as suas intenções.

see to sth 1 encarregar-se de algo | **to see to it that** tomar providências para que **2 to get sth seen to** (mandar) consertar algo

seed /sid/ s (pl **seeds** ou **seed**) **1** semente **2 number one/three etc. seed** (em tênis) número um/três etc. do ranking

seedy /'sidi/ adj (-dier, -diest) (informal) barra-pesada, sórdido [bairro, hotel, pessoa]

,seeing 'eye dog® s AmE cão-guia

seek /sik/ (passado & particípio **sought**) (formal) v [tr] **1** procurar: *young people seeking employment* jovens procurando emprego **2** querer [atenção, publicidade, justiça, etc.] **3 to seek to do sth** procurar fazer algo **4 to seek advice/ help etc.** pedir conselho/ajuda etc.

seem /sim/ v parecer: *Henry didn't seem very sure.* Henry não parecia ter muita certeza. | *We seem to have lost the map.* Parece que perdemos o mapa. | **it seems to me/us etc. (that)** tenho/ temos etc. a impressão de que

seemingly /'simɪŋli/ adv aparentemente

seen /sin/ particípio de **see**

seep /sip/ v **to seep into/through etc.** infiltrar-se em/através de etc.

seesaw /'siso/ s gangorra

seethe /sið/ v [intr] **1 to be seething with tourists/ants etc.** estar fervilhando de turistas/ formigas etc. **2 to be seething (with rage)** estar fumegando (de raiva)

'see-through adj transparente

segment /'sɛgmənt/ s **1** segmento [da população] **2** gomo [de fruta] **3** segmento [em geometria]

segregate /'sɛgrəgeɪt/ v [tr] **to segregate sb (from sb)** segregar alguém (de alguém)

seize /siz/ v [tr] **1** agarrar: *She seized my hand.* Ela agarrou a minha mão. | **to seize sth from sb** arrancar algo de alguém **2** tomar [uma cidade, um prédio] | **to seize power** tomar o poder **3** apreender [drogas, bens, etc.] **4 to seize an opportunity/a chance** aproveitar uma oportunidade/uma chance

seize on sth valer-se de algo [de uma ideia, uma desculpa]

seize up travar [mecanismo, músculos, etc.]

seldom /'sɛldəm/ adv raramente ▶ ver nota em **always**

select /sɪ'lɛkt/ verbo & adjetivo

• *v* [tr] selecionar: *She has been selected to represent the school.* Ela foi selecionada para representar o colégio.

• *adj* **1** seleto [grupo] **2** seleto [clube, restaurante, etc.]

selection /sɪ'lɛkʃən/ s **1** seleção **2** coleção: *We stock a wide selection of swimwear.* Temos em estoque uma boa coleção de trajes de banho.

selective /sɪ'lɛktɪv/ adj seletivo: *selective education* educação seletiva | **to be selective about sth** ser seletivo em algo

self /sɛlf/ s (pl **selves**) caráter ou comportamento habitual: *She's her old self again.* Ela voltou a ser o que era. | *He's not his usual smiling self.* Ele não está sorridente como de costume.

,self-'centered AmE, **,self-'centred** BrE adj egocêntrico

,self-'confident adj seguro de si, autoconfiante

,self-'conscious adj **self-conscious (about sth)** constrangido (com algo), envergonhado (com algo)

,self-con'tained adj com cozinha, banheiro e entrada independentes

,self-con'trol s autocontrole

,self-de'fense AmE, **,self-de'fence** BrE s **1** legítima defesa **2** defesa pessoal

,self-em'ployed adj autônomo [trabalhador]

,self-es'teem s autoestima

,self-'interest s interesse (pessoal)

selfish /'sɛlfɪʃ/ adj egoísta

,self-'pity s autocompaixão

,self-'portrait s autorretrato

,self-re'liant adj autossuficiente

,self-re'spect s amor próprio, autoestima

,self-'satisfied adj convencido, vaidoso

,self-'service adj self-service

sell /sɛl/ v [tr/intr] (passado & particípio **sold**) vender: *I sold the bike to my cousin.* Vendi a bicicleta para meu primo. | **to sell at/for sth** ser vendido por algo

sell sth off liquidar algo

sell out esgotar-se: *Tickets sold out within a week.* Os ingressos se esgotaram em uma semana. | *Sorry, we've sold out of newspapers.* Sinto muito, os jornais acabaram.

sell up BrE vender tudo

'sell-by ,date s prazo de validade

seller /'sɛlər/ s vendedor -a

sellotape /'sɛlouteɪp/ s BrE fita durex®

sellout /'sɛlaut/ s Referente a um espetáculo: *The concert was a sellout.* Os ingressos do concerto se esgotaram.

selves /sɛlvz/ plural de **self**

semester /sə'mɛstər/ s AmE semestre, período [de um curso]

semi¹ /'sɛmaɪ/ s AmE carreta

ⓘ Deve-se dizer *on the table* ou *in the table*? Veja o verbete **em**.

semi² /'sɛmi/ s BrE (informal) casa geminada
semicircle /'sɛmisɜrkəl/ s semicírculo
semicolon /'sɛmikoʊlən/ s ponto e vírgula
semi-de'tached adj BrE **a semi-detached house** uma casa geminada
semifinal /'sɛmifaɪnl/ s semifinal
seminar /'sɛmənɑr/ s seminário [aula]

semi-detached house

senate, também **Senate** /'sɛnət/ s **1** senado **2** conselho administrativo [de universidade]
senator, também **Senator** /'sɛnətər/ s senador-a
send /sɛnd/ v [tr] (passado & particípio **sent**) **1** enviar, mandar [uma carta, um pacote, etc.]: *Send the bill to me.* Mande a conta para mim. **2** mandar [uma pessoa], enviar [tropas]: *The UN is sending troops to the region.* A ONU vai enviar tropas para a região. | *I sent him to buy some bread.* Mandei-o comprar pão. **3** lançar: *The explosion sent glass flying through the air.* A explosão lançou vidro para todo lado. | *The punch sent him sprawling across the floor.* O soco deixou-o estendido no chão.

PHRASAL VERBS
send away ▶ ver **send off**
send sth back devolver algo
send for sth 1 mandar vir algo | **to send for help/an ambulance etc.** pedir ajuda/uma ambulância etc. **2** pedir algo [pelo correio]
send for sb mandar chamar alguém
send sth in mandar/enviar algo [pelo correio]
send sb in 1 mandar alguém entrar **2** enviar alguém [tropas, polícia]
send off to send off for sth encomendar algo pelo correio, escrever pedindo algo (pelo correio)
send sth off mandar/enviar algo [pelo correio]
send sb off BrE expulsar alguém [jogador]: *He was sent off for swearing.* Ele foi expulso por xingar.
send sth out 1 mandar/enviar algo [convites, etc.] **2** emitir algo [um sinal, luz, calor] **send sb out** mandar alguém sair, pôr alguém para fora

sender /'sɛndər/ s remetente
'send-off s (informal) bota-fora
senile /'sinaɪl/ adj senil
senior /'sinjər/ adjetivo & substantivo

• adj **1** sênior | **to be senior to sb** ter um cargo mais alto que alguém **2** pai: *Robert Gore Senior* Robert Gore pai

• s **1 to be two/five etc. years sb's senior** ser dois/cinco etc. anos mais velho que alguém **2** AmE formando [aluno do último ano]

senior 'citizen s (também **senior**) idoso

seniority /sin'jɔrəti/ s antiguidade [no trabalho]
sensation /sɛn'seɪʃən/ s **1** (impressão, sentimento) sensação **2** (tato) sensibilidade **3** (comoção) sensação | **to cause a sensation** causar sensação

sensational /sɛn'seɪʃənl/ adj **1** sensacional **2** (também **sensationalist**) sensacionalista

sense /sɛns/ substantivo & verbo

• s **1** juízo, bom senso: *He has no sense at all.* Ele não tem juízo algum. **2** sensação: *She felt a sense of betrayal.* Ela tinha a sensação de ter sido traída. **3 to make sense** fazer sentido: *These instructions don't make sense to me.* Estas instruções não fazem sentido para mim. | **to make sense of sth** entender algo | **to make sb see sense** chamar alguém à razão **4 sense of direction/time** noção de direção/das horas | **sense of humor** senso de humor **5** sentido **6 to come to your senses** cair em si **7 in a sense** de certo modo

• v [tr] perceber | **to sense (that)** sentir/perceber que

senseless /'sɛnsləs/ adj **1** (sem razão) sem sentido **2** (desacordado) sem sentidos | **to beat/knock sb senseless** bater em alguém até deixá-lo sem sentidos

sensibility /sɛnsə'bɪləti/ s (pl -ties) **1** sensibilidade **2** suscetibilidade

sensible /'sɛnsəbəl/ adj **1** sensato [pessoa, decisão] **2** cômodo e prático [roupa, sapatos]

sensibly /'sɛnsəbli/ adv **1** sensatamente, com sensatez **2 to dress sensibly** usar roupa cômoda e prática

sensitive /'sɛnsətɪv/ adj **1** sensível [aos sentimentos de outros, ao frio, etc.] **2** suscetível: *Lara's very sensitive about her nose.* Lara é muito suscetível a respeito de seu nariz. **3** delicado [assunto, questão]

sensitivity /sɛnsə'tɪvəti/ s **1** sensibilidade [aos sentimentos alheios] **2** suscetibilidade **3** sensibilidade [da pele] **4** delicadeza [de um assunto, uma questão]

sensual /'sɛnʃuəl/ adj sensual
sensuous /'sɛnʃuəs/ adj sensual
sent /sɛnt/ passado & particípio de **send**
sentence /'sɛntns/ substantivo & verbo

• s **1** (em gramática) frase **2** pena | **to pass/pronounce sentence** dar/proferir uma sentença ▶ ver também **death sentence** em **death**

• v [tr] sentenciar | **to sentence sb to five/ten etc. years (in prison)** condenar alguém a cinco/dez etc. anos (de prisão)

sentiment /'sɛntəmənt/ s **1** (formal) sentimento, opinião **2** sentimentalismo

sentimental /sɛntə'mɛntl/ adj **1** sentimental **2** emotivo

sentimentality /sɛntəmɛn'tæləti/ s sentimentalismo

separate¹ /'sɛprət/ adj **1** separado **2** diferente, distinto: *He has been warned on three separate occasions.* Ele foi avisado em três ocasiões diferentes.

separate² /'sɛpəreɪt/ v **1** [tr] separar: *The two towns are separated by a river.* As duas cidades são separadas por um rio. **2** [tr] dividir, [intr] dividir-se: *We **separated into** four groups.* Nós nos dividimos em quatro grupos. **3** [intr] separar-se [casal] **4** [tr] apartar [pessoas que brigam]

separated /'sɛpəreɪtɪd/ adj **to be separated (from sb)** estar separado (de alguém)

separately /'sɛprətli/ adv separadamente

separation /sɛpə'reɪʃən/ s separação

September /sɛp'tɛmbər/ s setembro ▶ ver "Active Box" **months** em **month**

sequel /'sikwəl/ s **1 sequel (to sth)** continuação (de algo) [filme, livro] **2** consequência

sequence /'sikwəns/ s **1** sequência, sucessão [de fatos, acontecimentos] **2** ordem | **in/out of sequence** em/fora de ordem **3** (em filme, etc.) sequência

sequin /'sikwɪn/ s lantejoula

sergeant /'sɑrdʒənt/ s sargento

serial /'sɪriəl/ *substantivo & adjetivo*

• *s* (na TV, no rádio) série

• *adj* **1** serial | **serial killer** assassino -na em série **2 serial number** número de série

series /'sɪriz/ s (pl series) **1** série: *a series of concerts/lectures* uma série de concertos/palestras | *The project ran into a series of problems.* O projeto enfrentou uma série de problemas. **2** (na TV) seriado, série

serious /'sɪriəs/ adj **1** grave [acidente, erro, doença], sério [problema] **2 to be serious** falar sério: *He's not serious, is he?* Ele não está falando sério, está? | *Jane's **serious about** becoming a nun.* Jane está falando sério quando diz que quer ser freira. **3** sério [pessoa, expressão] **4** firme [namoro] | **to be serious about sb** levar alguém a sério

seriously /'sɪriəsli/ adv **1** seriamente, sério | **to take sth/sb seriously** levar algo/alguém a sério **2** gravemente

sermon /'sɜrmən/ s sermão

servant /'sɜrvənt/ s criado -da

serve /sɜrv/ *verbo & substantivo*

• *v* **1** [tr/intr] servir: *Breakfast is served between 7 and 9.* O café da manhã é servido das 7 às 9. | **to serve sth (up)** servir algo **2** [tr] (numa loja) atender: *Are you being served?* Você está sendo atendido? **3 to serve with/in sth** servir em algo [nas forças armadas] | **to serve on a committee** ser membro de um comitê **4** [tr] (referente a transportes, etc.) atender: *the buses that serve the surrounding towns* os ônibus que atendem as cidades nos arredores **5 it serves you/her etc. right** bem feito (para você/ela etc.) **6** [tr] cumprir [uma pena, anos de prisão] **7** [tr/intr] sacar [em tênis, etc.] **8** (formal) **to serve as sth** servir de algo

serve sth out completar algo

• *s* saque: *It's my serve.* O saque é meu.

server /'sɜrvər/ s **1** (em informática) servidor **2** (em tênis, etc.) sacador -a

service /'sɜrvɪs/ *substantivo, substantivo plural & verbo*

• *s* **1** serviço | **the postal/fire etc. service** o serviço postal/o Corpo de Bombeiros etc. | **military service** serviço militar **2 to be of service** (formal) ser útil **3** (num restaurante, etc.) serviço: *Service is not included.* O serviço não está incluído. **4** (de um veículo) revisão **5** culto, missa | **morning/evening service** culto matutino/vespertino **6** (em tênis, etc.) saque **7 tea/dinner service** aparelho de chá/jantar **8 service charge** taxa de serviço **service station** posto de gasolina

• **services** *s pl* **1 the services** as forças armadas **2** BrE posto de gasolina [com loja de conveniência]

• *v* [tr] fazer a revisão de [um veículo]

serviette /sɜrvi'ɛt/ s BrE guardanapo ▶ Existe também **napkin**, que é usado tanto no inglês americano como no britânico

serving /'sɜrvɪŋ/ s porção

session /'sɛʃən/ s sessão

set /sɛt/ *verbo, substantivo & adjetivo*

• *v* (passado & particípio set, gerúndio setting) ▶ **Set** também faz parte de muitas expressões, tais como **to set sail, to set your heart on sth,** etc., que são tratadas no verbete do substantivo correspondente **1** [tr] marcar [uma data, uma hora], estabelecer [uma meta, um objetivo]: *Have they set a date for the wedding?* Já marcaram a data do casamento? | *Don't set yourself unrealistic goals.* Não estabeleça metas impossíveis. | **to set an example** dar o exemplo | **to set a record** estabelecer um recorde

2 [tr] programar, colocar: *I've set the VCR to record that program.* Programei o vídeo para gravar aquele programa. | *Set the oven to 350 degrees.* Coloque o forno em 350 graus.

3 [tr] ambientar: *The novel is set in 17th century Japan.* O romance é ambientado no Japão do século XVII.

4 [tr] BrE dar [uma tarefa] | **to set sb sth** dar algo a alguém [uma tarefa]: *He set us an essay to do for Friday.* Ele nos deu uma redação para fazer até sexta-feira.

5 to set fire/light to sth pôr fogo em algo | **to set sb free** libertar alguém | **to set sth loose** soltar algo

6 to set to work começar o trabalho

7 [tr] (formal) colocar, depositar: *She set the tray*

setback

down on the bed. Ela colocou a bandeja sobre a cama.
8 [intr] endurecer [concreto, gelatina, etc.]
9 [intr] pôr-se [sol]
10 [tr] engastar [uma pedra preciosa]
11 [tr] pentear [o cabelo]
12 [tr/intr] calcificar [osso]

PHRASAL VERBS
set about sth começar algo | **to set about doing sth** começar a (tentar) fazer algo
set sth aside 1 economizar algo [dinheiro] **2 to set aside your differences** deixar de lado as divergências
set sth back atrasar algo [um processo] **set sb back** (informal) **to set sb back $50/$300 etc.** custar $50/$300 etc. a alguém
set off partir **set sth off 1** desencadear algo **2** detonar algo [uma bomba], disparar algo [um alarme]
set out 1 partir, sair: *We set out for Penedo the next day.* Partimos para Penedo no dia seguinte. **2 to set out to do sth** propor-se a fazer algo
set sth up 1 fundar algo [uma empresa], criar [um comitê, um órgão] **2** marcar algo [uma reunião] **3** preparar algo [uma câmera, um aparelho], armar algo [uma tenda]

• *s* **1** jogo: *a set of knives/tools* um jogo de facas/ferramentas
2 aparelho: *a TV set* um aparelho de TV/um televisor
3 (em teatro, TV) cenário
4 (em tênis, etc.) set
5 (de pessoas) grupo, turma

• *adj* **1** localizado, situado
2 fixo: *a set amount* uma quantia fixa | **set menu/meal** menu fixo
3 to be set on doing sth estar decidido a fazer algo
4 to be all set (to do sth) (informal) estar pronto (para fazer algo) | **to be/look set to do sth** (indicando probabilidade): *The demonstration looks set to go ahead as planned.* É provável que a manifestação se realize conforme planejado. | **get set**: *On your marks, get set, go!* Tomar lugar, aprontar, já!

setback /'sɛtbæk/ *s* percalço, contratempo
settee /sɛ'ti/ *s* sofá
setting /'sɛtɪŋ/ *s* **1** (de um romance, filme, etc.) cenário **2** local **3 the setting of the sun** o pôr-do-sol
settle /'sɛtl/ *v* **1** [tr] acomodar, [intr] acomodar-se **2** [intr] assentar [poeira, neve] **3 to settle on sth** pousar em algo [pássaro, inseto] **4 to settle an argument/dispute etc.** resolver uma discussão/disputa etc. **5** [tr] resolver: *That's settled, then.* Então está resolvido. | **that settles it** está resolvido **6 to settle a bill/an account etc.** pagar uma conta/uma fatura etc. **7** [tr] acalmar [os nervos], [intr] acalmar-se [pessoa] **8** [intr] fixar-se [num país, numa cidade] **9** [tr] povoar

PHRASAL VERBS
settle back recostar-se
settle down 1 acomodar-se **2** assentar, criar raízes **3** sossegar
settle for sth contentar-se com algo
settle in acomodar-se | **to settle into sth** adaptar-se a algo
settle on sth decidir-se por algo
settle up acertar as contas | **to settle up with sb** acertar as contas com alguém

settled /'sɛtld/ *adj* **1** firme [tempo] **2** assentado [vida]
settlement /'sɛtlmənt/ *s* **1** acordo **2** assentamento
setup /'sɛtʌp/ *s* **1** (informal) (modo de organizar as coisas) sistema: *once people have got used to the new setup* quando as pessoas tiverem se acostumado ao novo sistema **2** (em informática) configuração
seven /'sɛvən/ *numeral* sete
seventeen /sɛvən'tin/ *numeral* dezessete
seventeenth /sɛvən'tinθ/ *numeral* **1** (numa ordem) décimo sétimo **2** (em data) (dia) dezessete **3** (fração) dezessete avos
seventh /'sɛvənθ/ *numeral* **1** (numa ordem) sétimo **2** (em data) (dia) sete **3** (fração) sétimo
seventieth /'sɛvəntiəθ/ *numeral* **1** septuagésimo **2** setenta avos
seventy /'sɛvənti/ *numeral* **1** setenta **2 the seventies** os anos 70 **3 to be in your seventies** ter uns setenta e poucos anos
sever /'sɛvər/ *v* [tr] (formal) **1** cortar, seccionar **2** romper [relações, laços]
several /'sɛvərəl/ *adj* & *pron* vários -rias: *I've been there several times.* Já fui lá várias vezes. | *several of my friends* vários amigos meus
severe /sə'vɪr/ *adj* **1** grave [ferimento] **2** sério [problema] **3** intenso [dor] **4** rigoroso [inverno] **5** duro [crítica, golpe] **6** severo [pessoa, expressão]
severely /sə'vɪrli/ *adv* **1** seriamente, gravemente **2** (criticar) duramente **3** severamente, com severidade [punir, falar]
sew /soʊ/ *v* [tr/intr] (particípio **sewn** ou **sewed** AmE) costurar
sew sth on pregar algo: *Could you sew this button on for me?* Você pode pregar este botão para mim?
sew sth up costurar/coser algo
sewage /'suɪdʒ/ *s* esgoto [material]
sewer /'suər/ *s* esgoto [tubulação]
sewing /'soʊɪŋ/ *s* costura [atividade e resultado]
sewn /soʊn/ particípio de **sew**
sex /sɛks/ *s* (pl **-xes**) **1** sexo | **the opposite sex** o sexo oposto **2 to have sex (with sb)** ter relações sexuais (com alguém), fazer sexo (com alguém)
sexism /'sɛksɪzəm/ *s* sexismo, machismo
sexist /'sɛksɪst/ *adj* & *s* sexista, machista

sexual /ˈsɛkʃuəl/ *adj* sexual

sexual 'intercourse *s* (formal) relação sexual

sexuality /sɛkʃuˈæləti/ *s* **1** sexualidade **2** opção sexual

sexy /ˈsɛksi/ *adj* (-xier, -xiest) sensual, sexy

sh! /ʃ/, também **shh!** /ʃʃ/ *interj* psiu!

shabby /ˈʃæbi/ *adj* (-bbier, -bbiest) **1** surrado [roupa, sofá, etc.] **2** desmazelado [pessoa] **3** injusto [tratamento] | **a shabby trick** um golpe sujo

shack /ʃæk/ *s* barracão

shade /ʃeɪd/ *substantivo, substantivo plural & verbo*

- *s* **1** sombra | **in the shade** na sombra | **in the shade of sth** à sombra de algo ▶ ver **sombra** **2** cúpula [de um abajur] **3** AmE persiana **4** tom [de uma cor] **5** **a shade taller/darker etc.** um pouco mais alto/escuro etc. **6** **shades of meaning** nuances de significado

- **shades** *s pl* (informal) óculos escuros

- *v* [tr] proteger [da luz, do sol], fazer sombra em

shadow /ˈʃædoʊ/ *substantivo & verbo*

- *s* **1** sombra **2** **without a shadow of a doubt** sem sombra de dúvida

- *v* [tr] seguir [um suspeito]

shady /ˈʃeɪdi/ *adj* (-dier, -diest) **1** sombreado **2** suspeito

shaft /ʃæft/ *s* **1** haste [de lança, flecha] **2** cabo [de taco de golfe, machado] **3** poço [de elevador, mina] **4** **a shaft of light/sunlight** um raio de luz/de sol

shaggy /ˈʃægi/ *adj* (-ggier, -ggiest) **1** desgrenhado, em desalinho [cabelo, barba] **2** peludo [animal]

shake /ʃeɪk/ *verbo & substantivo*

- *v* (passado **shook**, particípio **shaken**) **1** [intr] tremer | **to shake with fear/anger etc.** tremer de medo/raiva etc. **2** [tr] agitar, sacudir **3** **to shake hands with sb, to shake sb's hand** dar um aperto de mão em alguém | **to shake hands** dar um aperto de mão **4** **to shake your head** fazer que não com a cabeça **5** [tr] abalar [emocionalmente]: *Mark was very shaken by the news.* Mark ficou muito abalado com a notícia. **6** **to shake sb's confidence/faith etc.** abalar a confiança/a fé etc. de alguém
shake sth/sb off livrar-se de algo/alguém
shake sth up reorganizar algo [uma empresa, etc.]

- *s* **1** **to give sth a shake** dar uma sacudida em algo | **a shake of the head** um abano com a cabeça **2** ▶ ver **milk shake** em **milk**

shaken /ˈʃeɪkən/ particípio de **shake**

shakeup /ˈʃeɪkʌp/ *s* reorganização

shaky /ˈʃeɪki/ *adj* (-kier, -kiest) **1** trêmulo **2** instável **3** fraco

shall /ʃəl, acentuado ʃæl/ *v* [modal] ▶ ver quadro

shall

1 FUTURO

Este uso é formal, e mais frequente no inglês britânico. Só é empregado com os pronomes **I** e **we**. Na língua falada, usa-se **will** ou a contração **'ll**.

I shall have finished by Friday. Terei terminado até sexta-feira. | *We shall be at home on Saturday.* Estaremos em casa no sábado.

2 FRASES INTERROGATIVAS

Também só é usado com **I** e **we** em perguntas e sugestões:

What shall I wear? Que roupa devo pôr? | *Shall I open the window?* Que tal se eu abrir a janela?

3 USO ENFÁTICO

Este uso é formal:

I said you could go, and so you shall. Eu disse que você poderia ir, então você vai.

shallow /ˈʃæloʊ/ *adj* **1** raso | **the shallow end** a parte rasa [de uma piscina] **2** superficial, fútil

shambles /ˈʃæmbəlz/ *s* (informal) **to be a shambles (a)** estar uma bagunça [casa, quarto] **(b)** ser muito mal organizado [evento]

shame /ʃeɪm/ *substantivo & verbo*

- *s* **1** **what a shame!** que pena! | **it's a shame (that)** é uma pena que **2** vergonha: *He has no shame.* Ele não tem vergonha **3** **shame on you!** que vergonha! **4** **to put sb to shame** envergonhar alguém

- *v* [tr] envergonhar

shameful /ˈʃeɪmfəl/ *adj* vergonhoso

shameless /ˈʃeɪmləs/ *adj* sem-vergonha, descarado

shampoo /ʃæmˈpu/ *substantivo & verbo*

- *s* **1** xampu **2** lavagem [de cabelo]

- *v* [tr] lavar | **to shampoo your hair** lavar a cabeça

shan't /ʃænt/ contração de **shall not**

shantytown /ˈʃæntitaʊn/ *s* favela

shape /ʃeɪp/ *substantivo & verbo*

- *s* **1** formato: *What shape is the table?* Que formato tem a mesa? | *a card in the shape of a heart* um cartão em formato de coração **2** forma **3** **to be in good/bad shape** estar em bom/mau estado [físico] **4** (bom estado físico) **to stay/keep in shape** ficar/manter-se em forma | **to be out of shape** estar fora de forma **5** **to take shape** tomar forma

- *v* [tr] **1** moldar **2** **to shape sth into sth** formar algo com algo: *Shape the dough into balls.* Forme bolas com a massa.

shapeless /ˈʃeɪpləs/ *adj* **1** sem forma **2** sem estrutura

share

share /ʃer/ *verbo & substantivo*

- *v* **1** [tr/intr] dividir: *I share a room with my sister.* Divido um quarto com minha irmã. **2** [tr] (também **share out**) repartir | **to share sth between/among sb** repartir/dividir algo entre alguém: *We shared the money among the four of us.* Dividimos o dinheiro entre nós quatro. **3** [tr] concordar com [uma opinião] **4 to share a secret/problem etc. with sb** compartilhar um segredo/um problema etc. com alguém

sharing

- *s* **1** parte: *I calculated my share of the check.* Calculei minha parte da conta. | *They want a share in the profits.* Eles querem uma participação nos lucros. **2** ação [de uma empresa]

shareholder /'ʃerhoʊldər/ *s* acionista

shark /ʃɑrk/ *s* tubarão

sharp /ʃɑrp/ *adjetivo, advérbio & substantivo*

- *adj* **1** afiado **2** bem apontado [lápis] **3** fechado [curva] **4** agudo [dor] **5** agudo [som] **6** acre, picante [gosto] **7** acentuado [aumento, queda] **8** nítido [imagem] **9** esperto, atento | **to have a sharp mind** ser rápido de raciocínio **10** áspero [repreenda, tom] | **to be sharp with sb** ser áspero com alguém **11** cortante [vento] **12 to look sharp** AmE estar elegante **13** F sharp/C sharp etc. fá/dó etc. sustenido

- *adv* **1** at ten thirty/two o'clock etc. **sharp** às dez e meia/duas horas etc. em ponto **2 to sing/play sharp** desafinar [em tom agudo demais]

- *s* sustenido

sharpen /'ʃɑrpən/ *v* [tr] fazer a ponta em [lápis], afiar [uma faca]

sharpener /'ʃɑrpənər/ *s* apontador [de lápis], amolador [de facas]

sharply /'ʃɑrpli/ *adv* **1** (falar) duramente, asperamente **2** (aumentar, baixar) de repente **3** (contrastar) claramente

shatter /'ʃætər/ *v* **1** [tr] estraçalhar, [intr] estraçalhar-se **2 to shatter sb's hopes/illusions** destruir as esperanças/ilusões de alguém

shattered /'ʃætərd/ *adj* **1** arrasado **2** BrE (informal) exausto

shattering /'ʃætərɪŋ/ *adj* terrível

shave /ʃeɪv/ *verbo & substantivo*

- *v* [tr] barbear, [intr] barbear-se, fazer a barba | **to shave your head/legs/armpits** raspar a cabeça/as pernas/as axilas
shave sth off raspar algo [a barba, o bigode]

- *s* Ato de fazer a barba: *You need a shave.* Você precisa fazer a barba. | **to have a shave** fazer a barba

shaver /'ʃeɪvər/ *s* barbeador

'shaving ˌcream *s* creme de barbear

shawl /ʃɔl/ *s* xale

she /ʃi, acentuado ʃi/ *pronome & substantivo*

- *pron* **1** ela ▶ Os pronomes com função de sujeito nunca são omitidos em inglês: *What did she say?* O que ela disse? **2** she é usado, às vezes, para se referir a um navio ou carro

- *s* fêmea

shear /ʃɪr/ *v* (particípio **sheared** ou **shorn**) **1** [tr] tosquiar **2** [tr/intr] (também **shear off**) partir

shears /ʃɪrz/ *s pl* tesoura de podar: *a pair of shears* uma tesoura de podar

sheath /ʃiθ/ *s* bainha [de espada, etc.]

she'd /ʃid/
- contração de **she had**
- contração de **she would**

shed /ʃed/ *substantivo & verbo*

- *s* galpão

- *v* [tr] (passado & particípio **shed**, gerúndio **shedding**) **1** lançar, dar [luz] **2** perder [folhas, cabelo], mudar [a pele] **3** perder [a inibição, o excesso de peso] **4** cortar [empregos] **5** derramar [lágrimas, sangue]

sheep /ʃip/ *s* (pl **sheep**) ovelha

sheepish /'ʃipɪʃ/ *adj* encabulado | **a sheepish look/expression** um olhar/um ar encabulado

sheer /ʃɪr/ *adj* **1** puro | **sheer chance/coincidence etc.** puro acaso/mera coincidência etc. **2 the sheer weight/size etc. of sth** o mero peso/tamanho etc. de algo **3 a sheer drop** um precipício **4** transparente [tecido]

sheet /ʃit/ *s* **1** lençol **2** folha [de papel] **3** placa [de metal, vidro] **4** camada [de gelo]

sheik, também **sheikh** /ʃik, ʃeɪk/ *s* xeque

shelf /ʃelf/ *s* (pl **shelves**) estante, prateleira

she'll /ʃil/ contração de **she will**

shell /ʃel/ *substantivo & verbo*

- *s* **1** casca [de ovo, noz] **2** casco [de tartaruga], concha [de molusco], carapaça [de crustáceo] **3** projétil, granada

- *v* [tr] bombardear

shellfish /'ʃelfɪʃ/ *s* (pl **shellfish**) **1** marisco **2** crustáceo

shelter /'ʃeltər/ *substantivo & verbo*

- *s* **1** (proteção) abrigo | **shelter from sth** refúgio contra algo | **to seek/take shelter (from sth)** abrigar-se (de algo), procurar refúgio (contra algo) **2** (construção) abrigo: *an air-raid shelter* um abrigo antiaéreo

- *v* **1 to shelter sth/sb (from sth)** proteger algo/alguém (de algo) **2** [tr] dar guarida a [um criminoso, um fugitivo] **3 to shelter (from sth)** abrigar-se (de algo)

---

i Gostaria de uma lista de frases úteis para falar de si mesmo em inglês? Consulte o **guia para a comunicação**, no final do livro.

sheltered /'ʃɛltərd/ adj **1 to lead a sheltered life** viver numa redoma **2** abrigado [lugar, praia, etc.]

shelve /ʃɛlv/ v [tr] engavetar [um projeto, etc.]

shelves /ʃɛlvz/ ▶ plural de **shelf**

shepherd /'ʃɛpərd/ s pastor -a

sherry /'ʃɛri/ s (pl **-rries**) xerez

she's /ʃiz/ • contração de **she is**
• contração de **she has**

shh! ▶ ver **sh!**

shield /ʃild/ substantivo & verbo
• s escudo
• v [tr] **to shield sth/sb (from sth)** proteger algo/ alguém (de algo)

shift /ʃɪft/ verbo & substantivo
• v **1** [intr] mexer-se: *Donna shifted in her seat.* Donna se mexeu na cadeira. **2** [tr] (informal) carregar: *Can you help me shift this table?* Você pode me ajudar a carregar essa mesa? **3** [tr] voltar [a atenção], mudar [a ênfase], [intr] voltar-se [atenção], mudar [ênfase] **4 to shift the blame (for sth) onto sb** botar a culpa (de algo) em alguém | **to shift the responsibility (for sth) onto sb** responsabilizar alguém (por algo)
• s **1 a shift in sth** uma mudança em/de algo [de opinião, ênfase, etc.] **2** turno | **to work shifts** trabalhar por turnos | **day/night shift** turno do dia/da noite **3** (também **shift key**) shift [tecla]

shifty /'ʃɪfti/ adj (**-tier, -tiest**) suspeito [pessoa, ar, olhar]

shimmer /'ʃɪmər/ v [intr] brilhar

shin /ʃɪn/ s canela [da perna]

shine /ʃaɪn/ verbo & substantivo
• v (passado & particípio **shone**) **1** [intr] (emitir luz) brilhar: *Her eyes shone.* Os olhos dela brilhavam. | *The light was shining in my eyes.* A luz estava batendo nos meus olhos. **2 to shine a light/a flashlight etc.** pôr um foco de luz/o foco de uma lanterna etc. **3** [intr] **to shine (at/in sth)** ser brilhante (em algo): *She never shone academically.* Ela nunca foi brilhante nos estudos.
• s brilho

shiny /'ʃaɪni/ adj (**-nier, -niest**) lustroso, reluzente

ship /ʃɪp/ substantivo & verbo
• s navio | **by ship** por/de navio | **on board (the) ship** a bordo
• v [tr] (**-pped, -pping**) despachar (por navio): *They're having their car shipped out later.* Eles vão despachar o carro por navio mais tarde.

shipment /'ʃɪpmənt/ s **1** (carga) carregamento **2** (ato) despacho

shipping /'ʃɪpɪŋ/ s **1** navios **2** transporte (por navio) **3** (quando precede outro substantivo) de navegação [companhia, indústria] **shipping lane** rota marítima

shipwreck /'ʃɪp-rɛk/ substantivo & verbo
• s naufrágio
• v **to be shipwrecked** naufragar

shirk /ʃɜrk/ v **1 to shirk your duties/ responsibilities etc.** fugir de seus deveres/suas responsabilidades etc. **2** [intr] fazer cera

shirt /ʃɜrt/ s camisa

shiver /'ʃɪvər/ verbo & substantivo
• v [intr] tremer | **to be shivering with cold/fear etc.** estar tremendo de frio/medo etc.
• s arrepio | **to send shivers down your spine** dar um frio na espinha

shock /ʃɑk/ substantivo & verbo
• s **1** (susto) choque: *The news came as a complete shock to me.* A notícia foi um grande choque para mim. **2** (em medicina) choque | **to be in shock, to be suffering from shock** estar em estado de choque **3** (também **electric shock**) choque [elétrico] **4** (de um terremoto, uma explosão) tremor
• v **1** [tr] (surpreender) chocar: *I was shocked to hear that she had died.* Fiquei chocado ao saber que ela havia morrido. **2** [tr/intr] (escandalizar) chocar

shocking /'ʃɑkɪŋ/ adj **1** (ofensivo) escandaloso, obsceno **2** (perturbador) chocante, impressionante **3** BrE (informal) terrível

shoddy /'ʃɑdi/ adj (**-ddier, -ddiest**) **1** de má qualidade, vagabundo **2** sujo [golpe], injusto [tratamento]

shoe /ʃu/ substantivo & verbo
• s **1** sapato **2** ferradura **3 to be in sb's shoes** estar no lugar de alguém: *I'm glad I'm not in his shoes.* Ainda bem que não estou no lugar dele. | *If I were in her shoes I'd resign.* Se eu fosse ela, eu pediria demissão.
• v [tr] (passado & particípio **shod** /ʃɑd/) ferrar [um cavalo]

shoelace /'ʃuleɪs/ s cadarço

'shoe ˌpolish s graxa de sapato

'shoe store AmE, **'shoe shop** BrE s sapataria

shoestring /'ʃustrɪŋ/ s **on a shoestring** com pouquíssimo dinheiro

shone /ʃoʊn, BrE ʃɑn/ passado & particípio de **shine**

shook /ʃʊk/ passado de **shake**

shoot /ʃut/ verbo & substantivo
• v (passado & particípio **shot**) **1** [tr] balear: *They shot him in the leg.* Ele foi baleado na perna. | **to shoot sb dead** matar alguém a tiro | **to shoot yourself** matar-se [com arma] **2 to shoot (at sth/sb)** atirar (em algo/alguém) **3** [tr] disparar [uma arma, balas], atirar [uma flecha] **4** [tr/intr] caçar **5** [tr] fuzilar **6** [intr] arremessar a bola [em basquete, etc.], chutar [em futebol]: *He shot at the goal.* Ele chutou para o gol. **7 to shoot up/past etc. sth** subir/passar etc. por

algo correndo: *He shot up the stairs.* Ele subiu a escada correndo. **8** [tr] lançar [um olhar]
shoot sth down derrubar/abater algo [um avião] **shoot sb down** matar alguém [a tiro]
shoot up 1 disparar [preços] **2** crescer muito [criança], crescer rápido [planta] **3** (informal) picar-se [com droga]

• *s* **1** broto **2** filmagem, sessão de fotos

shooting /'ʃuːtɪŋ/ *s* **1** (ato) tiroteio **2** (série de tiros) tiroteio **3** caça

shop /ʃɑp/ *substantivo & verbo*

• *s* BrE **1** loja: *a clothes/furniture shop* uma loja de roupas/móveis **2** oficina

• *v* [intr] (-pped, -pping) fazer compras | **to go shopping** ir fazer compras | **to shop for sth** procurar algo [nas lojas]: *We're shopping for Christmas presents.* Estamos procurando presentes de Natal.

shop around comparar os preços

shop as̩sistant *s* BrE vendedor -a [em loja]
▶ Existe também **sales assistant**, que é usado tanto no inglês americano como no britânico

shopkeeper /'ʃɑpkiːpər/ *s* BrE lojista ▶ No inglês americano diz-se **storekeeper**

shoplifting /'ʃɑplɪftɪŋ/ *s* furto de mercadorias, em loja: *He was accused of shoplifting.* Ele foi acusado de furto de mercadorias.

shopping /'ʃɑpɪŋ/ *s* **1** fazer compras | **to do the shopping** fazer as compras **2** compras **3 shopping bag** sacola de compras

'shopping ˌcenter AmE, **'shopping ˌcentre** BrE *s* shopping, centro comercial

'shopping ˌmall *s* AmE shopping, centro comercial

shore /ʃɔr/ *s* **1** margem: *on the shores of the Mediterranean* nas margens do Mediterrâneo **2** costa, terra (firme): *a mile off shore* a uma milha da costa | **to go on shore** desembarcar **3** praia, orla marítima

shorn /ʃɔrn/ particípio de **shear**

short /ʃɔrt/ *adjetivo, advérbio & substantivo*

• *adj* **1** curto [cabelo, saia, etc.] | **a short way** bem perto: *They only live a short way from here.* Eles moram bem perto daqui. **2** baixo [pessoa] **3** curto [visita, reunião, etc.], pequeno [atraso] | **a short time** há pouco tempo: *She was here a short time ago.* Ela estava aqui pouco tempo atrás. **4** Usado para expressar falta de algo: *I'm still $10 short.* Ainda estão me faltando $10. | *We're short of milk.* Temos pouco leite. | *I'm a little bit short of money.* Meu dinheiro está um pouco curto. **5** **to be short for sth** ser o diminutivo de algo **6 for short** para abreviar **7 in short** em resumo **8 to have a short memory** ter memória curta **9 to have a short temper** ter mau gênio **10 to be short with sb** ser ríspido/seco com alguém ▶ ver também **notice**, **term**

• *adv* ▶ ver também **cut sth/sb short** em **cut**, **in the short run** em **run**, **stop short of (doing) sth** em **stop**

• *s* **1** BrE (informal) aguardente **2** (informal) curta [filme] **3** (informal) ▶ ver **short circuit**

shortage /'ʃɔrtɪdʒ/ *s* falta, escassez

ˌshort 'circuit *s* curto-circuito

shortcoming /'ʃɔrtkʌmɪŋ/ *s* falha, deficiência

'short cut *s* **1** atalho, caminho mais curto | **to take a short cut** pegar um atalho/um caminho mais curto **2 a short cut to (doing) sth** uma maneira mais rápida de fazer algo

shorten /'ʃɔrtn/ *v* [tr] encurtar, [intr] ficar mais curto

shorthand /'ʃɔrthænd/ *s* taquigrafia

'short list *s* BrE lista de candidatos pré-selecionados

'short-list *v* BrE **to be short-listed for sth** ser pré-selecionado para algo

ˌshort-'lived *adj* de curta duração

shortly /'ʃɔrtli/ *adv* **1** logo, daqui a pouco **2** pouco: *shortly before/after midnight* pouco antes/depois da meia-noite

shorts /ʃɔrts/ *s pl* **1** calção, short: *a pair of shorts* um calção/um short **2** AmE cueca

short-sighted /ʃɔrt'saɪtɪd/ *adj* **1** míope [pessoa] **2** (referente a políticas, posturas, etc.) sem uma visão a longo prazo

ˌshort-'term *adj* a curto prazo

shot¹ /ʃɑt/ *s* **1** tiro **2** chute [em futebol], bola [em tênis], tacada [em golfe, bilhar] **3** tomada [em filme], foto **4** tentativa | **to have a shot (at doing sth)** (informal) tentar (fazer algo) **5** injeção **6 like a shot** na mesma hora

shot² passado & particípio de **shoot**

shotgun /'ʃɑtgʌn/ *s* espingarda

should /ʃəd, acentuado ʃʊd/ *v* [modal] ▶ ver quadro

shoulder /'ʃoʊldər/ *substantivo & verbo*

• *s* **1** ombro **2 a shoulder to cry on** um ombro amigo ▶ ver também **chip**

• *v* [tr] arcar com [culpa, responsabilidade]

'shoulder ˌbag *s* bolsa a tiracolo

'shoulder ˌblade *s* omoplata

shouldn't /'ʃʊdnt/ contração de **should not**

should've /'ʃʊdəv/ contração de **should have**

shout /ʃaʊt/ *verbo & substantivo*

• *v* [tr/intr] **1** gritar: *I shouted for help.* Gritei por socorro. **2 to shout at sb** (por estar nervoso) gritar com alguém: *Don't shout at me!* Não grite comigo! | **to shout to/at sb** (para avisar) gritar para alguém: *The taxi driver shouted to me to get out of the way.* O motorista de táxi gritou para eu sair do caminho.

shout sb down ficar aos gritos, impedindo alguém de falar

• *s* grito

should

1 Para expressar que algo é aconselhável ou desejável:

The oven should be very hot. O forno tem que estar bem quente. | *You should see a doctor.* Você devia ir ao médico. | *I shouldn't have told you.* Eu não deveria ter contado para você.

2 Para indicar probabilidade:

She should be back by two. Ela deve estar de volta às duas. | *How should I know?* Como vou saber?

3 As expressões **I should think so** e **I should think not** são usadas em respostas, para expressar enfaticamente acordo, indignação, etc.

"He apologized." "I should think so too!" – Ele pediu desculpas. – Bem, pelo menos isso! | *"I don't want to pay more than $100." "I should think not!"* – Não quero pagar mais de $100. – Nem deve.

shove /ʃʌv/ *verbo & substantivo*

- *v* **1** [tr/intr] empurrar **2 to shove sth into/under etc. sth** (informal) enfiar algo em/embaixo de etc. algo

- *s* empurrão

shovel /'ʃʌvəl/ *substantivo & verbo*

- *s* pá

- *v* [tr] (**-led, -ling** AmE, **-lled, -lling** BrE) remover com uma pá: *We shoveled the snow off the path.* Removemos a neve do caminho com uma pá.

show /ʃoʊ/ *verbo & substantivo*

- *v* (particípio **shown**) **1** [tr] (deixar ver) mostrar | **to show sb sth, to show sth to sb** mostrar algo para alguém: *Show me what you've bought.* Me mostra o que você comprou. | *Have you shown Pat the photos?/Have you shown the photos to Pat?* Você mostrou as fotos para a Pat? **2** [tr] (deixar claro) mostrar **3** [tr] (expressar) demonstrar, manifestar [interesse, sentimentos, etc.] **4** [tr] (apresentar) mostrar [o passaporte, um bilhete] **5 to show sb how to do sth** mostrar a alguém como fazer algo **6** [intr] transparecer [sentimentos], aparecer [mancha]: *His happiness showed in his face.* Sua felicidade transparecia em seu rosto. **7** [tr] exibir, [intr] passar [filme]: *The local theater is showing Tarzan.* O cinema local está exibindo Tarzan. ▶ ver também **rope**

PHRASAL VERBS

show sb around levar alguém para conhecer a casa/o escritório etc. | **to show sb around sth** levar alguém para conhecer algo

show sb in mandar alguém entrar

show off mostrar-se, exibir-se **show sth off 1** realçar algo **2** exibir algo

show sb out acompanhar alguém até a porta

show sb round BrE ▶ ver **show sb around**

show up (informal) aparecer **show sth up** mostrar algo **show sb up** fazer alguém passar vergonha

- *s* **1** show, espetáculo **2** programa [na TV, no rádio] **3** desfile [de moda], exposição [de quadros, artesanato, etc.], exibição [aérea, etc.] **4 to be on show** estar exposto/em exposição **5 for show** para impressionar **6 a show of strength** uma demonstração de força

show business *s* o mundo artístico, o meio artístico

showdown /'ʃoʊdaʊn/ *s* confronto

shower /'ʃaʊr/ *substantivo & verbo*

- *s* **1** chuveiro | **to take a shower** AmE, **to have a shower** BrE tomar banho [de chuveiro] **2** pancada de chuva: *scattered showers* chuvas esparsas **3 a shower of sparks/confetti etc.** uma chuva de fagulhas/confete etc.

- *v* **1** [intr] tomar banho [de chuveiro] **2 to shower sb with sth** cobrir/encher alguém de algo [de beijos, presentes, etc.]

shown /ʃoʊn/ particípio de **show**

show-off *s* (informal) exibido -da

showroom /'ʃoʊrum/ *s* showroom

shrank /ʃræŋk/ passado de **shrink**

shred /ʃrɛd/ *substantivo & verbo*

- *s* **1 there isn't a shred of doubt/evidence etc.** não há a menor dúvida/não há nenhuma prova etc. **2 to be in shreds/to be torn to shreds** estar/ficar em frangalhos

- *v* [tr] (**-dded, -dding**) destruir [cortando em tiras]

shrewd /ʃrud/ *adj* **1** perspicaz **2** inteligente [decisão, investimento]

shriek /ʃrik/ *verbo & substantivo*

- *v* [tr/intr] gritar [ao levar um susto, etc.]

- *s* grito

shrill /ʃrɪl/ *adj* esganiçado, agudo

shrimp /ʃrɪmp/ *s* **1** AmE No inglês americano, **shrimp** é um termo genérico que abrange camarões pequenos, médios e graúdos **2** BrE camarão [pequeno]

shrine /ʃraɪn/ *s* **1** (lugar sagrado) santuário **2** (de uma pessoa famosa, etc.) santuário

shrink /ʃrɪŋk/ *verbo & substantivo*

- *v* (passado **shrank** ou **shrunk** AmE, particípio **shrunk**) **1** [intr] (roupa) encolher **2** [intr] (superfície) encolher, (número) diminuir, reduzir-se **3 to shrink from sth** esquivar-se de algo, ser avesso a algo

- *s* AmE (informal) psicanalista, psiquiatra

shrivel /'ʃrɪvəl/, também **shrivel up** *v* (**-led, -ling** AmE, **-lled, -lling** BrE) [intr] (planta, flor) murchar, (pele) enrugar

shroud /ʃraʊd/ *v* **1 shrouded in mist** envolto em neblina **2 shrouded in secrecy/mystery** cercado de sigilo/mistério

shrub /ʃrʌb/ *s* arbusto

shrug /ʃrʌg/ *verbo & substantivo*
- *v* [intr] (**-gged, -gging**) dar de ombros, encolher os ombros | **to shrug your shoulders** dar de ombros
  shrug sth off ignorar algo
- *s* **with a shrug** dando de ombros

shrunk /ʃrʌŋk/ particípio de **shrink**

shudder /'ʃʌdər/ *verbo & substantivo*
- *v* [intr] **1** tremer, estremecer | **to shudder with sth** tremer de algo **2** sacolejar, sacudir
- *s* **1** arrepio, estremecimento **2** solavanco

shuffle /'ʃʌfəl/ *v* **1 to shuffle along/across sth** ir por/atravessar algo arrastando os pés **2 to shuffle your feet** mexer os pés **3** [tr/intr] embaralhar, misturar

shut /ʃʌt/ *verbo & adjetivo*
- *v* (passado & particípio **shut**, gerúndio **shutting**) **1** [tr/intr] fechar: *Could you shut the door, please?* Você podia fazer o favor de fechar a porta? **2** [intr] BrE (parar de funcionar) fechar: *The stores shut at 5:30.* As lojas fecham às 5h30. **3 to shut sth in the door/drawer etc.**: prender algo na porta/gaveta etc.: *He shut his finger in the drawer.* Ele prendeu o dedo na gaveta.

PHRASAL VERBS
shut sb away encerrar alguém, internar alguém **shut yourself away** fechar-se, isolar-se
shut down (parar de funcionar) fechar: *The factory is going to shut down next year.* A fábrica vai fechar ano que vem. **shut sth down** fechar algo
shut sb in trancar alguém [dentro de um lugar]
shut off desligar **shut sth off 1** desligar algo [um aparelho, um motor, etc.] **2** cortar algo [a água, a luz]
shut sth out isolar algo **shut sb out** trancar a porta para alguém não entrar
shut up calar a boca **shut sth up** fechar algo [temporariamente] **shut sb up** fazer alguém se calar

- *adj* fechado: *Is the door shut properly?* A porta está bem fechada?

shutter /'ʃʌtər/ *s*
1 veneziana
2 obturador

shuttle /'ʃʌtl/ *s*
1 ponte aérea
2 (também **space shuttle**) ônibus espacial
3 Serviço regular de ônibus ou trem entre dois pontos relativamente próximos: *the airport shuttle* o ônibus para o aeroporto

window   shutters

shy /ʃaɪ/ *adjetivo & verbo*
- *adj* tímido, acanhado
- *v* **shy away from sth** esquivar-se de algo

shyly /'ʃaɪli/ *adv* timidamente

shyness /'ʃaɪnəs/ *s* timidez

sick /sɪk/ *adjetivo & substantivo plural*
- *adj* **1** doente | **to be out sick** AmE, **to be off sick** BrE faltar ao trabalho por doença ▶ SICK OU ILL? ver nota em **doente**
  2 (enjoado) **to be sick** vomitar | **to feel sick** estar/ficar enjoado
  3 (informal) **to be sick of sth/sb** estar cheio de algo/alguém: *I'm sick of doing your work for you.* Estou cheio de fazer o seu trabalho por você. | **to be sick and tired of sth/sb** não aguentar mais algo/alguém | **to be sick to death of sth/sb** não aguentar mais algo/alguém
  4 to make sb sick deixar alguém revoltado
  5 doentio | **a sick joke** uma brincadeira de mau gosto
- *s pl* **the sick** os doentes

sickening /'sɪkənɪŋ/ *adj* revoltante

sickly /'sɪkli/ *adj* (**-ier, -iest**) **1** doentio **2** (gosto, cheiro) enjoativo

sickness /'sɪknəs/ *s* **1** doença **2** náusea, enjoo(s)

side /saɪd/ *substantivo, adjetivo & verbo*
- *s* **1** lado | **by sb's side** ao lado de alguém | **side by side** lado a lado, juntos | **on either side** de cada lado **2** beira **3** lateral [de um prédio, carro, etc.]: *an entrance at the side of the building* uma entrada na lateral do prédio **4** encosta **5** lado [de um cubo] **6** lado [de uma fita, folha de papel] **7** face [de uma moeda] **8 from side to side** de um lado para o outro | **from all sides** de todos os lados **9** (de um problema, uma situação) lado, aspecto **10** (numa discussão) lado | **to be on sb's side** estar do lado de alguém: *I thought you were on my side!* Achei que você estivesse do meu lado! | **to take sides** tomar partido **11** (do corpo) lado **12 to get on sb's good/bad side** (informal) agradar/irritar alguém **13** BrE time
- *adj* **1** lateral: *a side entrance* uma entrada lateral | *a side view* uma vista lateral **2 a side dish/order** um (prato de) acompanhamento | **a side salad** uma salada de acompanhamento **3 a side street/road** uma rua/estrada transversal
- *v* **to side with/against sb** ficar do lado de alguém/ficar contra alguém

sideboard /'saɪdbɔrd/ *s* aparador

'side ef,fect *s* efeito colateral

sideline /'saɪdlaɪn/ *s* **1** atividade secundária **2 the sidelines** a linha lateral

sidetrack /'saɪdtræk/ *v* **to get sidetracked** desviar-se do assunto principal

side-view mirror s espelho retrovisor (externo)

sidewalk /ˈsaɪdwɔk/ s AmE calçada

sideways /ˈsaɪdweɪz/ advérbio & adjetivo
- *adv* **1** de lado, para o lado **2 to glance sideways** olhar de soslaio
- *adj* **1** lateral [movimento] **2** de soslaio [olhar]

siege /sidʒ/ s **1** sítio **2** cerco

sieve /sɪv/ substantivo & verbo
- *s* peneira
- *v* [tr] peneirar

sift /sɪft/ *v* **1** [tr] peneirar **2 to sift through sth** examinar minuciosamente algo

sigh /saɪ/ verbo & substantivo
- *v* [intr] suspirar
- *s* suspiro

sight /saɪt/ s **1** (sentido) vista: *I'm losing my sight.* Estou perdendo a vista. **2** Ato de ver algo: *They waited for hours for a sight of the band.* Esperaram horas para ver a banda. **3** (o que se vê) cena **4 to see the sights** ver os pontos turísticos **5 at first sight** à primeira vista **6 in/within sight** à vista **7 out of sight (a)** invisível [de tão longe] **(b)** escondido **8 to know sb by sight** conhecer alguém de vista **9 I/he etc. can't stand the sight of them** eu detesto/ele detesta etc. eles

sightseeing /ˈsaɪtsiɪŋ/ s turismo, excursão turística | **to go sightseeing** fazer turismo/uma excursão turística

sign /saɪn/ substantivo & verbo
- *s* **1** (indício) sinal: *There was no sign of her.* Não havia sinal dela. | *There were signs that someone had already been there.* Havia sinais de que alguém já estivera ali. **2** placa **3** signo: *the signs of the Zodiac* os signos do zodíaco **4** (gesto) sinal
- *v* **1** [tr/intr] assinar **2** [tr] contratar **3** [intr] assinar contrato
  sign up 1 to sign up for sth inscrever-se em algo **2 to sign up with sb** assinar contrato com alguém **sign sb up** contratar alguém

signal /ˈsɪɡnəl/ substantivo & verbo
- *s* **1** (gesto) sinal **2** (indício) sinal **3** (de rádio, TV) sinal **4** (em estrada, ferrovia) sinal
- *v* (-led, -ling AmE, -lled, -lling BrE) **1 to signal (to) sb to do sth** fazer sinal para alguém fazer algo **2** [tr] marcar

signature /ˈsɪɡnətʃər/ s assinatura [nome]

significance /sɪɡˈnɪfəkəns/ s importância

significant /sɪɡˈnɪfəkənt/ adj significativo, importante

signify /ˈsɪɡnəfaɪ/ *v* [tr] (-fies, -fied) **1** significar **2** (formal) mostrar

sign language s linguagem de sinais

signpost /ˈsaɪnpoʊst/ s placa de sinalização

silence /ˈsaɪləns/ substantivo & verbo
- *s* silêncio | **in silence** em silêncio
- *v* [tr] silenciar, calar

silent /ˈsaɪlənt/ adj **1** calado, silencioso | **to fall silent** ficar em silêncio **2 silent movies** filmes mudos **3** mudo [letra]

silently /ˈsaɪləntli/ adv em silêncio, silenciosamente

silhouette /ˌsɪluˈɛt/ substantivo & verbo
- *s* silhueta [de um objeto]
- *v* **to be silhouetted against sth** estar delineado contra algo

silicon /ˈsɪlɪkən/ s silício

silk /sɪlk/ s **1** seda **2 silk shirt** camisa de seda

sill /sɪl/ s parapeito [de janela]

silly /ˈsɪli/ adj (-llier, -lliest) **1** bobo **2 that was a silly thing to do/say** o que você fez/disse foi uma bobagem

silver /ˈsɪlvər/ s **1** prata **2** prataria **3 a silver bracelet/tray** uma pulseira/bandeja de prata **4 silver paint/a silver car** tinta prateada/um carro prateado **5 silver medal** medalha de prata

silver foil s BrE papel de alumínio

silvery /ˈsɪlvəri/ adj prateado

similar /ˈsɪmələr/ adj parecido, semelhante | **to be similar to sth** ser parecido com algo: *Those shoes are very similar to mine.* Esses sapatos são muito parecidos com os meus.

similarity /ˌsɪməˈlærəti/ s (pl -ies) semelhança

similarly /ˈsɪmələrli/ adv **1** de maneira parecida, de modo similar **2** da mesma forma

simile /ˈsɪməli/ s símile

simmer /ˈsɪmər/ *v* [tr/intr] cozinhar em fogo lento

simple /ˈsɪmpəl/ adj **1** (básico) simples [vestido, decoração, etc.] **2** (fácil) simples [resposta, explicação, etc.] **3** (para dar ênfase) simples: *for the simple reason that I don't have time* pela simples razão de que não tenho tempo **4** (natural, não refinado) simples

simplicity /sɪmˈplɪsəti/ s **1** (de decoração, estilo, etc.) simplicidade **2** (facilidade) simplicidade

simplify /ˈsɪmpləfaɪ/ *v* [tr] (-fies, -fied) simplificar

simply /ˈsɪmpli/ adv **1** de maneira simples **2** simplesmente: *The food was simply fantastic.* A comida estava simplesmente maravilhosa.

simulation /ˌsɪmjəˈleɪʃən/ s simulação

simultaneous /ˌsaɪməlˈteɪniəs/ adj simultâneo

simultaneously /ˌsaɪməlˈteɪniəsli/ adv simultaneamente

sin /sɪn/ substantivo & verbo
- *s* pecado
- *v* [intr] (-nned, -nning) pecar

since /sɪns/ prep, adv & conj ▶ ver quadro na pág. 332

sincere /sɪnˈsɪr/ adj sincero

since

1 Quando denota um momento no passado, **since** equivale a *desde*, *desde que* ou *desde então*. Vem precedido de um verbo no pretérito perfeito:

He's been living here since June. Ele mora aqui desde junho. | *I've been waiting since ten o'clock.* Estou esperando desde as dez. | *I've known her since she was a child.* Eu a conheço desde que ela era criança. | *He left in 1999 and I haven't seen him since.* Ele foi embora em 1999 e, desde então, não o vi mais.

2 Quando denota uma razão, a conjunção **since** equivale a *já que* ou *como*:

We could go and see them, since we're in the area. Poderíamos ir vê-los, já que estamos perto.

sincerely /sɪnˈsɪrli/ *adv* **1** sinceramente **2 Sincerely** AmE, **Yours sincerely** BrE (finalizando uma carta) Atenciosamente ▶ ver nota em **yours**

sincerity /sɪnˈserəti/ *s* sinceridade

sing /sɪŋ/ *v* (tr/intr) (passado **sang**, particípio **sung**) cantar: *Sing us a song!* Cante uma canção para nós! | **to sing to sb** cantar para alguém

singer /ˈsɪŋər/ *s* cantor -a

singing /ˈsɪŋɪŋ/ *s* canto

single /ˈsɪŋɡəl/ *adjetivo, substantivo, substantivo plural & verbo*

• *adj* **1** único, só: *Write your answer on a single sheet of paper.* Escreva sua resposta numa única folha de papel. **2** solteiro **3 single bed** cama de solteiro | **single room** quarto de solteiro **4 every single word/day etc.** cada palavra/todo santo dia etc. **5 a single ticket** BrE uma passagem de ida

• *s* **1** compacto [disco] **2** BrE passagem de ida

• **singles** *s pl* individuais [em tênis]

• *v* **single sth out** identificar algo, assinalar algo **single sb out 1** apontar alguém [como exemplo] **2 to single sb out for praise/criticism** elogiar/criticar alguém em particular

single 'file *s* **in single file** em fila indiana

single-'handedly, também **single-'handed** *adv* sozinho, sem ajuda

single-'minded *adj* decidido, resoluto

single 'parent *s* **1** pai solteiro/mãe solteira **2 single-parent family** família monoparental

singular /ˈsɪŋɡjələr/ *adjetivo & substantivo*

• *adj* singular

• *s* singular | **in the singular** no singular

sinister /ˈsɪnɪstər/ *adj* sinistro

sink /sɪŋk/ *verbo & substantivo*

• *v* (passado **sank** ou **sunk**, particípio **sunk**) **1** [tr/intr] afundar **2** [intr] desabar: *She sank into an armchair with a sigh.* Ela desabou numa poltrona, com um suspiro **3** [intr] cair **4 to sink sth into sth (a)** cravar algo em algo **(b)** investir algo em algo
sink in **it hasn't sunk in yet** ainda não me dei conta de..., ainda não me entrou na cabeça que...

• *s* **1** pia [de cozinha] **2** AmE pia [de banheiro]

sip /sɪp/ *verbo & substantivo*

• *v* [tr] (-**pped**, -**pping**) beber aos goles

• *s* gole

Sir /sər, acentuado sɜr/ *s* **1** Sir: *Sir Winston Churchill* Sir Winston Churchill **2 Dear Sir** Prezado Senhor

sir /sər, acentuado sɜr/ *s* **1** senhor: *Can I help you, sir?* Posso ajudá-lo, senhor? **2** BrE professor [forma de tratamento]

siren /ˈsaɪrən/ *s* sirene

sister /ˈsɪstər/ *s* **1** (parentesco) irmã **2** (também **Sister**) (freira) irmã **3** (também **Sister**) BrE enfermeira-chefe **4 sister company** companhia associada **5 sister ship** navio gêmeo

'sister-in-,law *s* (pl **sisters-in-law**) cunhada

sit /sɪt/ *v* (passado & particípio **sat**, gerúndio **sitting**) **1** [intr] sentar, estar sentado: *The children were sitting on the floor.* As crianças estavam sentadas no chão. **2** [intr] (também **sit down**) sentar(-se) **3** [tr] **to sit sb on/by sth** sentar alguém em/ao lado de algo **4** [intr] estar **5** [tr] **to sit an exam** BrE fazer uma prova ▶ No inglês americano diz-se **take an exam**

PHRASAL VERBS

sit around ficar à toa: *They just sat around drinking coffee all day.* Eles passavam o dia à toa, bebendo café.

sit back 1 recostar-se **2** relaxar

sit down sentar-se

sit in on sth assistir a algo

sit up sentar-se [tendo estado deitado]

sitcom /ˈsɪtkɑm/ *s* (= **situation comedy**) comédia [na TV]

site /saɪt/ *s* **1** local, lugar **2** local | **a building/construction site** uma obra **3** (também **web site**) site **4** sítio [arqueológico]

sitting /ˈsɪtɪŋ/ *s* **1** turno **2** sessão

'sitting ,room *s* sala (de estar)

situated /ˈsɪtʃueɪtɪd/ *adj* situado

situation /sɪtʃuˈeɪʃən/ *s* **1** situação **2** localização, situação

six /sɪks/ *numeral* seis

sixteen /sɪkˈstin/ *numeral* dezesseis

sixteenth /sɪksˈtinθ/ *numeral* **1** (numa ordem) décimo sexto **2** (em data) (dia) dezesseis **3** (fração) dezesseis avos

sixth /sɪksθ/ *numeral* **1** (numa ordem) sexto **2** (em data) (dia) seis **3** (fração) sexto

'**sixth form** *s* BrE os dois últimos anos do ensino médio

sixtieth /'sɪkstiəθ/ *numeral* **1** sexagésimo **2** sessenta avos

sixty /'sɪksti/ *numeral* **1** sessenta **2 the sixties** os anos 60 **3 to be in your sixties** ter uns sessenta e poucos anos

sizable, também **sizeable** /'saɪzəbəl/ *adj* considerável

size /saɪz/ *s* **1** tamanho **2** (de roupa) tamanho, (de sapato) número: *What size do you take?* Qual é seu tamanho? | *What size shoes do you take?* Que número você calça? **3** extensão [de um problema]

,**size 'zero** *s* modelo tamanho zero [modelo magérrima]

sizzle /'sɪzəl/ *v* [intr] chiar [na frigideira, etc.]

skate /skeɪt/ *substantivo & verbo*
- *s* patim
- *v* [intr] patinar | **to go skating** ir patinar

ice skates | skateboard | roller skate

skateboard /'skeɪtbɔrd/ *s* skate

'**skate park** *s* pista de skate

skating /'skeɪtɪŋ/ *s* patinação

skeleton /'skɛlətn/ *substantivo & adjetivo*
- *s* **1** esqueleto **2** ossada
- *adj* **a skeleton staff/service** equipe reduzida/serviço reduzido [num feriado ou durante uma greve, etc.]

skeptic AmE, **sceptic** BrE /'skɛptɪk/ *s* cético -ca

skeptical AmE, **sceptical** BrE /'skɛptɪkəl/ *adj* cético

skepticism AmE, **scepticism** BrE /'skɛptəsɪzəm/ ceticismo

sketch /skɛtʃ/ *substantivo & verbo*
- *s* (pl **-ches**) **1** esboço **2** esquete, quadro
- *v* [tr/intr] (3a pess sing **-ches**) esboçar, desenhar

sketchy /'skɛtʃi/ *adj* (**-chier**, **-chiest**) **a sketchy description** uma descrição vaga

ski /ski/ *substantivo & verbo*
- *s* esqui
- *v* [intr] (passado & particípio **skied**, gerúndio **skiing**) esquiar | **to go skiing** ir esquiar

skid /skɪd/ *verbo & substantivo*
- *v* [intr] (**-dded**, **-dding**) derrapar
- *s* derrapagem

skies /skaɪz/ plural de **sky**

skiing /'ski-ɪŋ/ *s* esqui

skilful BrE ▶ ver **skillful**

skill /skɪl/ *s* habilidade: *my driving skill* minha habilidade no volante | *language skills* conhecimentos linguísticos | **skill at/in (doing) sth** habilidade em (fazer) algo

skilled /skɪld/ *adj* **1** qualificado | **to be skilled at/in sth** ser hábil em algo **2 a skilled job** um trabalho especializado

skillful AmE, **skilful** BrE /'skɪlfəl/ *adj* **1** habilidoso **2** competente, hábil

skillfully AmE, **skilfully** BrE /'skɪlfəli/ *adv* habilmente, com habilidade

skim /skɪm/ *v* (**-mmed**, **-mming**) **1** [tr] (também **skim through**) ler por alto **2** [tr] roçar em

,**skim 'milk** AmE, ,**skimmed 'milk** BrE *s* leite desnatado

skin /skɪn/ *substantivo & verbo*
- *s* **1** pele **2** (de banana, cebola, laranja) casca, (de pêssego, tomate, linguiça) pele **3** (de leite) nata **4 by the skin of your teeth** (informal) por um triz, de raspão
- *v* [tr] (**-nned**, **-nning**) **1** esfolar **2** descascar **3** ralar [o joelho, o braço, etc.]

skinhead /'skɪnhɛd/ *s* skinhead

skinny /'skɪni/ *adj* (**-nnier**, **-nniest**) (informal) magricela, magrelo

skip /skɪp/ *verbo & substantivo*
- *v* (**-pped**, **-pping**) **1** [intr] saltar, pular **2** [tr] (informal) **to skip class** matar aula | **to skip breakfast/lunch etc.** não tomar café/não almoçar etc. **3** [tr] (também **skip over**) pular [um capítulo, uma parte, etc.] **4** [intr] (também **skip rope**) AmE pular corda
- *s* **1** pulo **2** BrE caçamba [para entulhos]

'**skipping ,rope** *s* BrE corda de pular ▶ No inglês americano diz-se **jump rope**

skirt /skɜrt/ *substantivo & verbo*
- *s* saia
- *v* [tr] contornar

skull /skʌl/ *s* **1** crânio **2** caveira

sky /skaɪ/ *s* (pl **skies**) céu: *There wasn't a cloud in the sky.* Não havia uma nuvem no céu.

skylight /'skaɪlaɪt/ *s* clarabóia

'**sky ,marshall** *s* vigilante aéreo [agente federal armado, em voo comercial]

Skype® /skaɪp/ *s* Skype® [serviço de telefonia pela Internet]

skyscraper /'skaɪskreɪpər/ *s* arranha-céu

slab /slæb/ *s* **1** lajota [de pedra, concreto] **2** placa [de mármore, granito]

slack /slæk/ *adjetivo & verbo*
- *adj* **1** frouxo **2** parado [negócios] **3** negligente

- **v** [intr] (também **slack off**) relaxar

slam /slæm/ v (-mmed, -mming) **1 to slam the door (shut)** bater a porta | **the door slammed (shut)** a porta bateu **2** [tr] Para indicar um movimento rápido e violento: *He **slammed** the hood down in despair.* Desesperado, ele fechou o capô com violência. | *He **slammed** the phone down.* Ele bateu o telefone. **3** [tr] (informal) criticar duramente

slam dunk /ˈslæm dʌŋk/ *substantivo & verbo*
- **s** enterrada [em basquete]
- **v** [intr] enterrar (a bola)

slang /slæŋ/ s gíria | **a slang word/expression** uma gíria

slant /slænt/ *verbo & substantivo*
- **v** [intr] inclinar-se
- **s 1 at/on a slant** (em ângulo) inclinado **2** tendência, viés

slap /slæp/ *verbo & substantivo*
- **v** [tr] (-pped, -pping) **1** dar um tapa em | **to slap sb across the face** dar um tapa na cara de alguém | **to slap sb on the back** dar um tapinha nas costas de alguém **2** Para indicar um movimento rápido e violento: *I **slapped** the money down on the counter.* Joguei o dinheiro no balcão.

slap sth on passar algo [tinta, maquiagem, etc.]
- **s 1** tapa | **to give sb a slap** dar um tapa em alguém **2 a slap in the face** um tapa na cara **3 a slap on the wrist** (informal) uma bronca

slash /slæʃ/ *verbo & substantivo*
- **v** [tr] (3a pess sing -shes) **1** rasgar | **to slash your wrists** cortar os pulsos **2** (informal) cortar drasticamente
- **s 1** corte, facada **2** barra [sinal gráfico]

slate /sleɪt/ *substantivo & verbo*
- **s 1** ardósia **2** telha
- **v** [tr] BrE (informal) malhar [um filme, uma peça, etc.]

slaughter /ˈslɔtər/ *substantivo & verbo*
- **s 1** chacina **2** abate
- **v** [tr] **1** chacinar **2** abater [um animal] **3** (informal) massacrar [o adversário]

slave /sleɪv/ *substantivo & verbo*
- **s 1** escravo -va **2 to be a slave to sth** ser escravo de algo
- **v** [intr] (também **slave away**) trabalhar como um escravo | **to slave at/over sth** trabalhar como um escravo em algo

slavery /ˈsleɪvəri/ s escravidão

sleazy /ˈslizi/ *adj* (-zier, -ziest) (informal) decadente

sled /slɛd/ AmE, **sledge** /slɛdʒ/ BrE s trenó

sleek /slik/ *adj*
1 sedoso [cabelo]
2 a sleek car um carro com um design bonito

sleep /slip/ *verbo & substantivo*

sled/sledge

- **v** (passado & particípio **slept**) **1** [intr] dormir **2 to sleep on it** (informal) dar uma pensada sobre isso **3 to sleep 5/10 etc. people** acomodar 5/10 etc. pessoas [para dormir]
PHRASAL VERBS
sleep in dormir até tarde
sleep sth off dormir para se recuperar de algo
sleep through dormir direto **sleep through sth** continuar dormindo mesmo com algo
sleep together fazer sexo
sleep with sb dormir com alguém
- **s 1** sono: *I had no sleep at all last night.* Não consegui pegar no sono ontem à noite. | **to go to sleep** dormir, pegar no sono **2 to have a sleep** tirar uma soneca

sleeper /ˈslipər/ s **1 to be a heavy/light sleeper** ter o sono pesado/leve **2** trem com vagão-leito

ˈsleeping ˌbag s saco de dormir

sleepless /ˈsliplɪs/ *adj* **a sleepless night** uma noite em claro

sleepy /ˈslipi/ *adj* (-pier, -piest) **1** sonolento | **to be/feel sleepy** estar com sono **2 a sleepy village** um lugarejo pacato

sleet /slit/ s chuva de granizo

sleeve /sliv/ s **1** manga | **long-/short-sleeved** de manga comprida/curta **2** capa [de disco] **3 to have sth up your sleeve** (informal) ter um trunfo na manga

sleeveless /ˈslivlɪs/ *adj* sem manga

sleigh /sleɪ/ s trenó

slender /ˈslɛndər/ *adj* **1** esbelto **2** remoto [chance, esperança]

slept /slɛpt/ passado & particípio de **sleep**

sleigh

slice /slaɪs/ *substantivo & verbo*
- **s 1** fatia [de pão, presunto, etc.] **2** rodela [de limão, tomate, etc.] **3** (informal) fatia [do mercado, dos lucros, etc.]
- **v 1** [tr] (também **slice up**) fatiar **2 to slice through sth** cortar algo [com facilidade] **3 to slice sth off** cortar algo fora

slick /slɪk/ *adjetivo & substantivo*
- **adj 1** esperto, manhoso [pessoa] **2 a slick performance/production** uma performance/produção primorosa **3** hábil [manobra, movimento]
- **s** ▶ ver **oil slick**

slide /slaɪd/ *verbo & substantivo*

- *v* (passado & particípio **slid** /slɪd/) **1** [tr] fazer deslizar, [intr] deslizar **2 to slide sth into your pocket/bag etc.** enfiar algo no bolso/na bolsa etc. **3 to slide into the room/car etc.** esgueirar-se para dentro da sala/do carro etc. | **to slide out of the room/car etc.** esgueirar-se da sala/do carro etc.
- *s* **1** escorregador **2** slide **3** queda **4** BrE presilha, prendedor [de cabelo] ▶ No inglês americano diz-se **barrette**

sliding door *s* porta de correr

slight /slaɪt/ *adj* **1** leve: *I had a slight headache.* Eu estava com uma leve dor de cabeça. **2 I haven't/he hasn't etc. the slightest idea** não faço/ele não faz etc. a menor ideia **3 not in the slightest** nem um pouco

slightly /'slaɪtli/ *adv* **1 slightly bigger/higher/better etc.** um pouco maior/mais alto/melhor etc. | **to be slightly hurt** estar levemente ferido **2 to move/change etc. slightly** mover-se/mudar etc. ligeiramente

slim /slɪm/ *adjetivo & verbo*

- *adj* (-mmer, -mmest) **1** magro **2** fino **3** pequeno [chance]
- *v* [intr] (-mmed, -mming) emagrecer: *I'm trying to slim.* Estou tentando emagrecer. **slim sth down** reduzir algo

slime /slaɪm/ *s* **1** lodo **2** gosma

slimy /'slaɪmi/ *adj* **1** viscoso, gosmento **2** escorregadio [pessoa]

sling /slɪŋ/ *verbo & substantivo*

- *v* [tr] (passado & particípio **slung**) **1** jogar **2** pendurar
- *s* **1** tipoia **2** linga **3** espécie de mochila em que se carrega o bebê

slingshot /'slɪŋʃɑt/ *s* AmE atiradeira, estilingue

slip /slɪp/ *verbo & substantivo*

- *v* (-pped, -pping) **1** [intr] (pessoa, pé) escorregar **2 to slip past sb** passar por alguém sem ser visto | **to slip through sth** esgueirar-se por algo **3** [tr] passar, enfiar: *I slipped a note into his hand.* Passei um bilhete para a mão dele. | *He slipped his arm around her waist.* Ele passou o braço pela cintura dela. **4** [intr] (objeto) cair: *The knife slipped.* A faca caiu. **5** [intr] deteriorar-se **6 it completely slipped my/his etc. mind** eu me esqueci/ele se esqueceu etc. completamente
  PHRASAL VERBS
  slip into sth vestir/pôr algo [uma roupa]
  slip sth off tirar algo [uma roupa]
  slip sth on vestir/pôr algo [uma roupa]
  slip out 1 sair de mansinho **2** sair sem querer [palavras, frase]: *It just slipped out.* Saiu sem querer.
  slip out of sth 1 tirar algo [uma roupa] **2 to slip out of the room/house etc.** esgueirar-se da sala/casa etc.
  slip up bobear

- *s* **1 a slip of paper** uma tira de papel **2** erro **3 a slip of the tongue/pen** um lapso **4 to give sb the slip** (informal) driblar alguém **5** combinação

slipper /'slɪpər/ *s* chinelo

slippery /'slɪpəri/ *adj* **1** escorregadio **2 a slippery customer** (informal) uma pessoa não confiável: *He's a slippery customer.* Ele não é confiável.

slit /slɪt/ *substantivo & verbo*

- *s* fenda
- *v* [tr] (passado & particípio **slit**, gerúndio **slitting**) **1** fender | **to slit sth open** abrir algo [com uma faca] **2 to slit sb's throat** cortar a garganta de alguém

sliver /'slɪvər/ *s* **1** lasca **2** fatia pequena

slob /slɑb/ *s* (informal) preguiçoso -sa, vagabundo -da [pessoa]

slogan /'sloʊɡən/ *s* **1** slogan **2** palavra de ordem

slope /sloʊp/ *substantivo & verbo*

- *s* **1** ladeira, encosta **2** pista [de esqui] **3** ângulo
- *v* [intr] inclinar-se | **to slope down/up to sth** descer/subir em direção a algo

sloppy /'slɑpi/ *adj* (-ppier, -ppiest) **1** desleixado **2** folgado **3** piegas

slot /slɑt/ *substantivo & verbo*

- *s* **1** ranhura **2** (em rádio, TV) espaço **3** (num ranking) colocação
- *v* (-tted, -tting) **to slot into sth** encaixar-se em algo

slot machine *s* **1** caça-níqueis **2** BrE máquina que fornece cigarro, bebida, etc., ao se inserir moedas

slow /sloʊ/ *adjetivo & verbo*

- *adj* **1** lento: *a very slow process* um processo muito lento **2 to be slow to do sth/in doing sth** custar a fazer algo **3** atrasado: *My watch is ten minutes slow.* Meu relógio está dez minutos atrasado. **4 business/trade is slow** o negócio/comércio está com pouco movimento **5** que custa a entender as coisas
- *v* **1** [tr] retardar **2** [intr] diminuir a marcha
  slow down, também **slow up** ir mais devagar, diminuir a velocidade **slow sth down** tornar algo mais lento **slow sb down** deixar alguém menos ativo

slowly /'sloʊli/ *adv* **1** devagar **2** aos poucos

slow motion *s* **in slow motion** em câmera lenta

slug /slʌɡ/ *s* lesma

sluggish /'slʌɡɪʃ/ *adj* lento

slum /slʌm/ *s* favela

slump /slʌmp/ *verbo & substantivo*
- *v* [intr] **1** despencar [vendas, lucros] **2 to slump into a chair/onto the bed etc.** cair numa cadeira/na cama etc.
- *s* **1** queda [de preços, vendas, etc.] **2** recessão

slung /slʌŋ/ passado & particípio de **sling**

slur /slɜr/ *s* injúria

slush /slʌʃ/ *s* neve derretida

sly /slaɪ/ *adj* (comparativo **slier** ou **slyer**, superlativo **sliest** ou **slyest**) **1** matreiro **2** furtivo

smack /smæk/ *verbo & substantivo*
- *v* [tr] dar uma palmada em
- *s* palmada | **to give sb a smack** dar uma palmada em alguém

small /smɔl/ *adj* **1** pequeno **2 a small 'a'/'b' etc.** um 'a'/'b' etc. minúsculo **3 a small fortune** uma pequena fortuna **4 to make sb feel small** fazer alguém se sentir inferior

'**small ,ad** *s* **the small ads** BrE os classificados ▶ No inglês americano diz-se **the classifieds**

smallpox /'smɔlpɑks/ *s* varíola

,**small 'print** *s* **the small print** o que está escrito em letra miúda

'**small talk** *s* **to make small talk** falar de amenidades

smart /smɑrt/ *adj* **1** inteligente: *He's a smart kid.* Ele é um menino inteligente. **2** BrE elegante [pessoa, roupa] **3** BrE chique [hotel, restaurante]

smartphone /'smɑrtfoʊn/ *s* smartphone, telefone inteligente [aparelho que combina as funções de computador de mão e celular]

smash /smæʃ/ *verbo & substantivo*
- *v* (3a pess sing **-shes**) **1** [tr/intr] quebrar [espatifando-se] **2 to smash against/into sth** ir de encontro a algo **3 to smash sb's face/head in** (informal) quebrar a cara de alguém
smash sth up destruir algo
- *s* **1** barulheira **2** (também **smash hit**) (informal) grande sucesso **3** BrE (informal) acidente

smear /smɪr/ *substantivo & verbo*
- *s* **1** mancha **2** difamação **3** (também **smear test**) BrE (exame) preventivo ▶ No inglês americano diz-se **Pap test**
- *v* **1 to smear sth with sth (a)** besuntar algo com algo **(b)** lambuzar algo com algo **2 to smear cream/grease etc. over sth** passar creme/graxa etc. em algo

smell /smɛl/ *substantivo & verbo*
- *s* **1** cheiro **2** olfato
- *v* (passado & particípio **smelled** ou **smelt** /smɛlt/ BrE) **1** [intr] cheirar | **to smell of/like sth** ter cheiro de algo **2** [intr] feder **3** [tr] sentir cheiro de: *I can smell gas.* Estou sentindo cheiro de gás. **4** [tr] sentir o cheiro de, cheirar: *Smell my new perfume!* Sinta o cheiro do meu perfume novo!

smelly /'smɛli/ *adj* (**-llier**, **-lliest**) fedorento

smile /smaɪl/ *verbo & substantivo*
- *v* [intr] sorrir | **to smile at sb** sorrir para alguém
- *s* sorriso | **to give sb a smile** dar um sorriso para alguém

smirk /smɜrk/ *substantivo & verbo*
- *s* sorriso sádico
- *v* [intr] sorrir [com desdém, etc.]

smog /smɑg/ *s* poluição [no ar, que causa nevoeiro]

smoke /smoʊk/ *substantivo & verbo*
- *s* fumaça
- *v* **1** [tr/intr] fumar **2** [intr] fumegar **3** [tr] defumar

smoker /'smoʊkər/ *s* fumante

smoky, também **smokey** /'smoʊki/ *adj* (**-kier**, **-kiest**) **1** enfumaçado **2 smoky flavor/taste** sabor/gosto de defumado

smolder AmE, **smoulder** BrE /'smoʊldər/ *v* [intr] fumegar

smooth /smuð/ *adjetivo & verbo*
- *adj* **1** liso **2** homogêneo **3** suave, delicado [movimento] **4** suave [bebida] **5 a smooth salesman** um vendedor com muita lábia
- *v* [tr] **1** (também **smooth out**) alisar **2** (também **smooth down**) alisar
smooth sth over contornar [dificuldades, desavenças, etc.]

smoothie /'smuði/ *s* vitamina [de frutas]

smoothly /'smuðli/ *adv* **to go smoothly** correr bem

smother /'smʌðər/ *v* [tr] **1** asfixiar **2** apagar [chamas]

smudge /smʌdʒ/ *substantivo & verbo*
- *s* mancha, borrão
- *v* [tr/intr] borrar

smug /smʌg/ *adj* (**-gger**, **-ggest**) **a smug expression/smile** um ar/sorriso de satisfação | **to be/look smug** estar com ar de satisfação

smuggle /'smʌgəl/ *v* [tr] contrabandear | **to smuggle sth out of/into the country** contrabandear algo do/para o país

smuggler /'smʌglər/ *s* contrabandista

snack /snæk/ s lanche

snacks — bar of chocolate — potato chips

'snack bar s lanchonete

snag /snæg/ s problema

snail /sneɪl/ s caracol

snake /sneɪk/ s cobra

snap /snæp/ verbo, substantivo & adjetivo
- v (-pped, -pping) **1** [tr] partir, arrebentar **2** [intr] partir-se, arrebentar **3 to snap sth shut** fechar algo [com um clique] **4 to snap your fingers** estalar os dedos **5** [intr] dizer bruscamente | **to snap at sb** ser ríspido com alguém
- s **1** estalido **2** AmE pressão [para abotoar] **3** (também **snapshot**) foto
- adj **a snap decision/judgement** uma decisão precipitada/um juízo precipitado

snapshot /'snæpʃɑt/ s foto

snarl /snɑrl/ v [intr] rosnar

snatch /snætʃ/ v [tr] (3a pess sing -ches) **1** (agarrar) tirar, arrancar **2** (roubar) arrancar **3** aproveitar **4** raptar

sneak /snik/ verbo & substantivo
- v (passado & particípio **sneaked** ou **snuck** AmE) **1 to sneak in/out** entrar/sair de mansinho | **to sneak past sth/sb** passar por algo/alguém sem ser visto **2 to sneak sth up/in etc.** subir/entrar etc. com algo às escondidas **3 to sneak a look (at sth)** dar uma olhada furtiva (em algo)
  sneak on sb (informal) dedurar alguém
  sneak up on sb aproximar-se de alguém de mansinho
- s (informal) dedo-duro

sneaker /'snikər/ s AmE tênis [sapato]

sneer /snɪr/ verbo & substantivo
- v [tr/intr] desdenhar | **to sneer at sth/sb** zombar de algo/alguém
- s ar de desdém

sneeze /sniz/ verbo & substantivo
- v [intr] espirrar
- s espirro

snicker /'snɪkər/ AmE, **snigger** /'snɪgər/ BrE verbo & substantivo
- v [intr] rir [zombando] | **to snicker at sth/sb** rir de algo/alguém
- s riso contido

sniff /snɪf/ verbo & substantivo
- v **1** [intr] fungar **2** [tr/intr] cheirar | **to sniff at sth** farejar algo **3** [tr] cheirar [cola, cocaína, etc.]
- s **to take a sniff at sth** dar uma cheirada em algo

snip /snɪp/ v [tr] (-pped, -pping) cortar [com tesoura] | **to snip sth off** cortar algo (fora)

sniper /'snaɪpər/ s franco-atirador

snippet /'snɪpɪt/ s **a snippet of information/news** uma pequena informação/novidade

snob /snɑb/ s esnobe

snobbery /'snɑbəri/ s esnobismo

snooker /'snʊkər/ s sinuca

snoop /snup/ v **to snoop around/about** xeretar

snooze /snuz/ (informal) verbo & substantivo
- v [intr] cochilar
- s **to have a snooze** tirar um cochilo

snore /snɔr/ v [intr] roncar

snorkel /'snɔrkəl/ s respirador [de mergulhador]

snort /snɔrt/ v [intr] bufar

snot /snɑt/ s (informal) ranho

snout /snaʊt/ s focinho

snow /snoʊ/ substantivo & verbo
- s neve
- v [intr] **1** nevar: *It's snowing.* Está nevando. **2 to be snowed in** ficar ilhado pela neve **3 to be snowed under (with work)** estar atolado (de trabalho)

snowball /'snoʊbɔl/ substantivo & verbo
- s bola de neve
- v [intr] ir crescendo

snowboard /'snoʊbɔrd/ s prancha de snowboard

snowboarding /'snoʊbɔrdɪŋ/ s snowboard [esporte]

snowdrift /'snoʊdrɪft/ s massa de neve acumulada pelo vento

snowfall /'snoʊfɔl/ s nevasca

snowflake /'snoʊfleɪk/ s floco de neve

snowman /'snoʊmæn/ s (pl -men) boneco de neve

snowplow AmE, **snowplough** BrE /'snoʊplaʊ/ s limpa-neve

snowy /'snoʊi/ adj (-wier, -wiest) **1** coberto de neve **2 a snowy day** um dia de neve

snub /snʌb/ v [tr] (-bbed, -bbing) esnobar

snuck /snʌk/ AmE passado & particípio de **sneak**

snug /snʌg/ adj (-gger, -ggest) **1** aconchegante **2** aconchegado

snuggle /'snʌgəl/ v **to snuggle up (together)** aconchegar-se | **to snuggle up to sb/sth** aconchegar-se em alguém/algo | **to snuggle down** aninhar-se

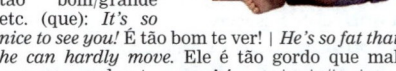
snuggle

so /sou/ advérbio & conjunção

• *adv* **1** tão | **so good/big etc. (that)** tão bom/grande etc. (que): *It's so nice to see you!* É tão bom te ver! | *He's so fat that he can hardly move.* Ele é tão gordo que mal consegue andar. | **so much/many** tanto/tantos
2 I think so acho que sim | **I don't think so** acho que não | **I hope so** espero que sim | **I told you so** bem que eu falei
3 if so nesse caso
4 so am I/so can she/so will my dad etc. eu também/ela também/meu pai também etc. ▶ ver nota em **também**
5 e então, e aí: *So, what did you think of the play?* E aí, o que você achou da peça?
6 10 meters/5 hours etc. or so cerca de 10 metros/5 horas etc.
7 and so on e assim por diante
8 so (what)? (informal) e daí?: *"You're late." "So what?"* – Você está atrasado. – E daí?

• *conj* **1** e aí: *I heard a noise so I got out of bed.* Ouvi um barulho e aí me levantei da cama.
2 so (that) para (que): *I put your keys in the drawer so they wouldn't get lost.* Pus suas chaves na gaveta para que elas não sumissem.
3 so as (not) to para (não): *I took my shoes off so as not to wake everyone up.* Tirei os sapatos para não acordar todo mundo.

soak /souk/ v **1** [tr] pôr de molho **2 to leave sth to soak** deixar algo de molho **3** [tr] encharcar | **to get soaked** ficar encharcado **4 to soak through sth** infiltrar-se em algo

soak sth up absorver algo, enxugar algo

soaked /soukt/ adj encharcado

soaking /'soukɪŋ/, também **soaking 'wet** adj encharcado

soap /soup/ s **1** sabão, sabonete **2** novela

'soap ˌopera s novela

soapy /'soupi/ adj (-pier, -piest) ensaboado | **soapy water** água com sabão

soar /sɔr/ v [intr] **1** disparar [preços, temperatura, etc.] **2** voar alto **3** subir [avião, pipa, etc.]

sob /sɑb/ verbo & substantivo

• *v* [intr] (-bbed, -bbing) soluçar [chorando]

• *s* soluço

sober /'soubər/ adjetivo & verbo

• *adj* **1** (não bêbado) sóbrio **2** sério **3** (simples, sem graça) sóbrio

• *v* **sober up** recuperar-se de uma bebedeira | **sober sb up** curar a bebedeira de alguém

ˌso-'called adj suposto: *a so-called expert* um suposto especialista

soccer /'sɑkər/ s futebol ▶ ver nota em **futebol**

sociable /'souʃəbəl/ adj sociável

social /'souʃəl/ adj **1 social problems/issues** problemas/questões sociais **2** social: *my social life* minha vida social | *a social event* um evento social

socialism /'souʃəlɪzəm/ s socialismo

socialist /'souʃəlɪst/ s & adj socialista

socialize, -ise /'souʃəlaɪz/ v [intr] ter vida social | **to socialize with sb** relacionar-se socialmente com alguém

ˌsocial 'networking ˌsite, também **ˌsocial 'networking ˌwebsite** s site de relacionamentos

ˌsocial 'science s ciências sociais

ˌsocial se'curity s **1** AmE previdência social [para idosos] **2** BrE previdência social [para desempregados ou doentes]

'social ˌworker s assistente social

society /sə'saɪəti/ s (pl -ties) **1** sociedade: *We live in a multicultural society.* Vivemos numa sociedade multicultural. **2** (clube) sociedade, associação **3** (classe alta) alta sociedade

sociologist /sousi'ɑlədʒɪst/ s sociólogo -ga

sociology /sousi'ɑlədʒi/ s sociologia

sock /sɑk/ s meia [curta]: *a pair of socks* um par de meias

socket /'sɑkɪt/ s **1** tomada [na parede] **2** encaixe, soquete

soda /'soudə/ s **1** (também **soda pop**) AmE refrigerante **2** (também **soda water**) soda

sodden /'sɑdn/ adj ensopado

sofa /'soufə/ s sofá

soft /sɔft/ adj **1** macio, mole [travesseiro, cama] | **to go soft** amolecer **2** macio [pele, cabelo, toalha, etc.] **3 soft music/a soft voice** música suave/uma voz suave **4** suave [cor, iluminação] **5** ameno [brisa, chuva] **6** (não severo) condescendente, mole | **to be soft on sb/sth** ser condescendente com alguém/algo **7** (informal) (fácil) mole | **a soft option** moleza

softball /'sɔftbɔl/ s beisebol jogado com bola macia

'soft drink s refrigerante, refresco

'soft ˌdrug s droga leve

soften /'sɔfən/ v **1** [tr/intr] amaciar, amolecer **2** [tr/intr] abrandar [tornar(-se) menos severo] **3** [tr] amenizar, suavizar [uma atitude, um golpe] **4** [intr] amenizar-se, suavizar-se [expressão, atitude, voz]

softener /'sɔfənər/ s amaciante (de roupas)

softhearted /sɔft'hɑrtɪd/ adj de bom coração

softly /'sɔftli/ adv **1** suavemente **2** baixinho [falar, tocar música, etc.]

🛈 Você está em dúvida se deve usar **make** ou **do**? Veja os verbetes **fazer**, **make** e **do**.

software /'sɔft-wɛr/ s software

soggy /'sagi/ adj (-ggier, -ggiest) **1** ensopado **2** empapado [pão, torta, etc.]

soil /sɔil/ substantivo & verbo
- s **1** solo **2 on Italian/French etc. soil** (formal) em solo italiano/francês etc.
- v [tr] (formal) sujar

solar /'soulər/ adj solar

'solar ,system s sistema solar

sold /sould/ passado & particípio de **sell**

soldier /'souldʒər/ s soldado

,sold 'out adj esgotado [livro, ingressos, etc.], com os ingressos esgotados, lotado [show, jogo, etc.]

sole /soul/ adjetivo & substantivo
- adj **1** único **2 sole importer** importador exclusivo | **sole rights** direitos exclusivos
- s **1** sola [do pé, de sapato, etc.] **2** linguado

solely /'souli/ adv somente, unicamente

solemn /'saləm/ adj **1** solene [ocasião, discurso, etc.] **2** sério [rosto, ar] **3 a solemn promise** uma promessa solene

solicitor /sə'lɪsɪtər/ s BrE advogado -da ▶ SOLICITOR OU LAWYER? ver nota em **advogado**

solid /'salɪd/ adjetivo & substantivo
- adj **1** consistente, sólido **2 solid foods** alimentos sólidos **3 to be frozen solid** estar congelado **4** sólido [móvel, estrutura] **5 made of solid gold/oak etc.** de ouro/carvalho etc. maciço **6** concreto [prova, informação] **7 two solid hours/weeks etc.** duas horas/semanas etc. a fio **8** sólido [reputação]
- s sólido

solidarity /salə'dærəti/ s solidariedade

solidify /sə'lɪdəfaɪ/ v [intr] (-fies, -fied) solidificar-se

solitaire /'salətɛr/ s AmE (jogo de cartas) paciência

solitary /'salətɛri/ adj **1** único, só **2** solitário

solo /'soulou/ adjetivo & substantivo
- adj solo [apresentação, voo, etc.]
- s solo [em música]

soloist /'soulouɪst/ s solista

soluble /'saljəbəl/ adj solúvel

solution /sə'luʃən/ s **1** (para um problema, uma charada, etc.) solução **2** (líquido) solução

solve /salv/ v [tr] **1** resolver [um problema] **2** solucionar [um mistério, um caso, etc.]

somber, também **sombre** BrE /'sambər/ adj **1** sério, sombrio **2** escuro, sombrio

some /səm, acentuado sʌm/ adj, pron & adv ▶ ver quadro

somebody ▶ ver **someone**

someday /'sʌmdeɪ/ adv algum dia

somehow /'sʌmhau/ adv de alguma forma: *Somehow she managed to get here on time.* De alguma forma ela conseguiu chegar aqui na hora. | **somehow or other** de uma forma ou de outra

someone /'sʌmwʌn/, também **somebody** /'sʌmbadi, 'sʌmbədi/ pron ▶ ver quadro na pág. 340

someplace /'sʌmpleɪs/ adv AmE ▶ ver **somewhere**

somersault /'sʌmərsɔlt/ s cambalhota, salto mortal | **to do a somersault** dar uma cambalhota

something /'sʌmθɪŋ/ pron ▶ ver quadro na pág. 340

sometime /'sʌmtaɪm/ adv num momento, dia, etc. não definido: *Can we meet sometime this afternoon?* Podemos nos encontrar alguma hora esta tarde? | *Our house was built sometime around 1900.* Nossa casa foi construída em torno de 1900. | *They're going to find out sometime.* Eles vão descobrir mais cedo ou mais tarde.

---

some

▶ ADJETIVO & PRONOME

1 Às vezes equivale a *uns/umas, alguns/algumas* ou *parte,* mas muitas vezes não tem equivalente em português, principalmente quando precede ou substitui um substantivo singular:

We need some bread. Precisamos de pão. | *He brought some cakes.* Ele trouxe uns bolos. | *Some of the cups were broken.* Algumas das xícaras estavam quebradas. | *I left some of the paper in the box.* Deixei parte do papel na caixa.

2 Em frases negativas não se usa **some,** mas sim **any:**

"I don't have any stamps." "There are some in that drawer." – Não tenho selos. – Tem alguns naquela gaveta.

3 Em frases interrogativas usa-se **some** quando se espera uma resposta afirmativa:

The coffee is still hot. Would you like some? O café ainda está quente. Você quer?

4 Às vezes equivale a *bastante* ou *vários/várias*:

It was some time before the ambulance arrived. Demorou bastante para a ambulância chegar. | *I've known them for some years now.* Conheço-os há vários anos.

▶ ADVÉRBIO

1 É usado para expressar quantidade aproximada:

some 30 people umas trinta pessoas | *It cost some $200.* Custou uns $200.

2 some more traduz-se por *mais*:

We need some more envelopes. Precisamos de mais envelopes.

someone

1 Em geral traduz-se por *alguém*:

Someone has taken my chocolate. Alguém pegou meu chocolate.

Em frases negativas não se usa **someone** nem **somebody**, mas sim **anyone** ou **anybody**.

Em frases interrogativas usa-se **someone/somebody** quando se espera uma resposta afirmativa:

Did someone help you? Alguém te ajudou?

2 someone else equivale a *outra pessoa*:

She's seeing someone else now. Ela está namorando outro rapaz agora.

something

1 Em geral traduz-se por *alguma coisa* ou *algo*:

I have something in my eye. Entrou alguma coisa no meu olho.

Em frases negativas usa-se **anything**.

Em frases interrogativas usa-se **something** quando se espera uma resposta afirmativa:

Would you like something to eat? Quer comer alguma coisa?

2 something else equivale a *outra coisa*:

I would prefer something else. Eu preferiria outra coisa.

3 CÁLCULO APROXIMADO

something like 100 cars/$40 etc. algo em torno de 100 carros/$40 etc.

4 EXPRESSÕES

to be (really) something ser demais: *It was really something to see the dolphins.* Foi demais ver os golfinhos. | **or something** ou uma coisa assim: *Her name was Judith or Julie, or something.* O nome dela era Judith ou Julie, ou uma coisa assim.

sometimes /'sʌmtaɪmz/ *adv* às vezes: *Paul sometimes comes with me.* Paul às vezes vai comigo.

somewhat /'sʌmwʌt/ *adv* (formal) um tanto, um pouco

somewhere /'sʌmwer/, também **someplace** /'sʌmpleɪs/ AmE *adv* ▶ ver quadro

son /sʌn/ *s* filho

song /sɔŋ/ *s* música, canção

'son-in-‚law *s* (pl **sons-in-law**) genro

soon /sun/ *adv* **1** logo, em breve, daqui a pouco: *It will be dark soon.* Vai escurecer daqui a pouco. | **soon after** logo depois **2 how soon...?** quando...?: *How soon could you start?* Quando você poderia começar? **3 the sooner the better** quanto mais cedo melhor: *The sooner we leave the better.* Quanto mais cedo partirmos, melhor. **4 as soon as** assim que: *We came as soon as we heard the news.* Viemos assim que soubemos da notícia. **5 as soon as possible** o mais rápido possível **6 sooner or later** mais cedo ou mais tarde **7 I'd sooner** prefiro: *I'd sooner die than marry you!* Eu prefiro morrer do que casar com você!

soot /sʊt/ *s* fuligem

soothe /suð/ *v* [tr] **1** tranquilizar **2** aliviar [dor, etc.]

sophisticated /sə'fɪstəkeɪtɪd/ *adj* **1** (pessoa) sofisticado: *He was so sophisticated.* Ele era tão sofisticado. **2** (arma, sistema, etc.) sofisticado

soprano /sə'prænoʊ/ *s* soprano

sordid /'sɔrdɪd/ *adj* sórdido

sore /sɔr/ *adjetivo & substantivo*

• *adj* **1** dolorido: *My finger's really sore.* Meu dedo está doendo muito. | *I have a sore throat.* Estou com dor de garganta. **2** AmE (informal) magoado

• *s* machucado

sorrow /'sɑroʊ/ *s* tristeza, desgosto

sorry /'sɑri/ *adj* (-rrier, -rriest) **1 sorry/I'm sorry (a)** (pedindo desculpas) desculpe: *Sorry, did I step on your foot?* Desculpe, pisei no seu pé? | *I'm sorry to bother you.* Desculpe incomodá-lo. | *I'm terribly sorry.* Sinto muito. | *I'm sorry you had to wait.* Desculpe a demora./Desculpe fazê-lo esperar. | *I'm sorry I'm late.* Desculpe o atraso. **(b)** (para expressar desacordo) sinto muito: *I'm sorry, but that isn't what I said.* Sinto muito, mas não foi isso o que eu disse.

2 to say sorry pedir desculpas

3 to feel sorry for sb sentir pena de alguém

4 arrepender-se: *I'm sorry now that I didn't*

---

somewhere

1 Em geral traduz-se por *em algum lugar* ou *a algum lugar*:

They live somewhere near Atlanta. Moram em algum lugar perto de Atlanta. | *Let's go somewhere different tonight.* Vamos a um lugar diferente hoje à noite.

Em frases negativas não se usa **somewhere**, mas sim **anywhere**.

Em frases interrogativas usa-se **somewhere** quando se espera uma resposta afirmativa:

Did you manage to find somewhere to stay? Você conseguiu achar um lugar para se hospedar?

2 somewhere else equivale a *em outro lugar* ou *para outro lugar*:

Let's go somewhere else for our holidays this year. Vamos passar as férias em outro lugar este ano.

3 CÁLCULO APROXIMADO

somewhere around cerca de/uns: *A good one costs somewhere around $600.* Um bom custa cerca de $600.

accept their offer. Eu agora me arrependo de não ter aceito a oferta deles.
5 sorry? como?

sort /sɔrt/ *substantivo & verbo*

- *s* **1** tipo: *What sort of music do you like?* De que tipo de música você gosta? | **all sorts of** todo tipo de: *They sell all sorts of things.* Eles vendem todo tipo de coisa. **2 sort of** (informal) meio, um pouco: *She looked sort of tense.* Ela parecia meio tensa. | **a sort of** BrE uma espécie de: *a sort of greenish blue* uma espécie de azul esverdeado

- *v* [tr] classificar, separar [em pilhas, etc.]
sort sth out 1 arrumar algo: *I must sort out my CDs.* Preciso arrumar meus CDs. **2** resolver algo

SOS /ɛs oʊ 'ɛs/ *s* SOS

'so-so *adv* (informal) mais ou menos: *"How are you feeling?" "So-so."* – Como você está se sentindo? – Mais ou menos.

sought /sɔt/ passado & particípio de **seek**

'sought-,after *adj* procurado

soul /soʊl/ *s* **1** alma **2 not a soul** ninguém **3** (também **soul music**) música soul

sound /saʊnd/ *substantivo, verbo, adjetivo & advérbio*

- *s* **1** barulho, ruído: *a strange sound* um barulho estranho **2** som **3** volume **4 from the sound of it** pelo jeito

- *v* **1** [intr] parecer ser, soar: *The hotel sounds absolutely awful.* O hotel parece ser realmente horrível. | **to sound like** parecer ser: *Your boyfriend sounds like a nice guy.* Pelo que você falou, seu namorado parece ser um cara legal. | **it sounds as if** parece que **2** (para descrever o sentimento revelado pelo tom da voz) **to sound upset/tired etc.** estar com uma voz triste/ cansada etc., parecer triste/cansado etc. **3** [intr] (para descrever a qualidade do som): *That piano sounds terrible!* Esse piano tem um som horrível! | *This singer sounds a little like Madonna.* A voz dessa cantora parece um pouco a da Madonna. **4** [intr] tocar [campainha, sino] **5 to sound the alarm** dar o alerta
sound sb out sondar alguém

- *adj* **1** sensato [conselho] **2** seguro [investimento] **3** sólido [conhecimentos]: *a sound knowledge of English* sólidos conhecimentos de inglês **4** em boas condições

- *adv* **sound asleep** dormindo profundamente

'sound bite *s* frase de efeito [para ser divulgada pela mídia]

'sound card *s* placa de som

'sound ef,fects *s pl* efeitos sonoros

soundly /'saʊndli/ *adv* **1 to sleep soundly** dormir profundamente **2 to be soundly beaten** levar uma surra [ser derrotado em jogo, etc.]

soundproof /'saʊndpruf/ *adj* à prova de som

soundtrack /'saʊndtræk/ *s* trilha sonora

soup /sup/ *s* sopa: *tomato soup* sopa de tomate

sour /saʊr/ *adj* **1** ácido **2** azedo **3 to go/turn sour (a)** (leite) azedar **(b)** (relação, casamento, etc.) azedar

source /sɔrs/ *s* **1** fonte [de renda, proteínas, etc.] **2** causa [de um problema] **3** fonte [de informações] **4** nascente [de um rio]

south /saʊθ/ *substantivo, adjetivo & advérbio*

- *s* sul: *Which way is south?* Para que lado é o sul? | *the south of the U.S.* o sul dos EUA | **to the south (of)** ao sul (de)

- *adj* (do) sul: *A south wind was blowing.* Soprava um vento sul.

- *adv* **1** para o sul, ao sul: *I live just south of Phoenix.* Moro bem ao sul de Fênix. **2 down south** (lá) no sul

South 'Africa *s* África do Sul

South 'African *adj & s* sul-africano -na

South A'merica *s* América do Sul

South A'merican *adjetivo & substantivo*

- *adj* sul-americano -na, da América do Sul

- *s* sul-americano -na

southbound /'saʊθbaʊnd/ *adj* que vai em direção ao sul

southeast /saʊθ'ist/ *substantivo, adjetivo & advérbio*

- *s* sudeste: *the southeast of Italy* o sudeste da Itália

- *adj* (do) sudeste: *a small town on the southeast coast* uma cidadezinha na costa sudeste

- *adv* para o sudeste, a sudeste

southeastern /saʊθ'istərn/ *adj* (do) sudeste

southerly /'sʌðərli/ *adj* meridional | **in a southerly direction** em direção ao sul

southern, também **Southern** /'sʌðərn/ *adj* meridional, do sul

southerner, também **Southerner** /'sʌðərnər/ *s* sulista

South 'Pole *s* **the South Pole** o Polo Sul

southward /'saʊθwərd/, or **southwards** /'saʊθwərdz/ *adv* para o sul

southwest /saʊθ'wɛst/ *substantivo, adjetivo & advérbio*

- *s* sudoeste: *the southwest of the U.S.* o sudoeste dos EUA

- *adj* (do) sudoeste: *the southwest wall of the compound* o muro sudoeste do complexo

- *adv* para o sudoeste, a sudoeste

southwestern /saʊθ'wɛstərn/ *adj* (do) sudoeste

souvenir /suvə'nɪr/ *s* souvenir, lembrança

sovereign /'sɑvrɪn/ *s & adj* soberano -na

sow¹ /soʊ/ *v* [intr] (passado **sowed**, particípio **sowed** ou **sown** /soʊn/) semear, plantar [semente]

sow² /saʊ/ *s* porca

soy bean /'sɔɪ bin/, também **soya bean** /'sɔɪə bin/ s soja

spa /spɑ/ s **1** estação de águas **2** AmE spa

space /speɪs/ substantivo & verbo
- s **1** (lugar) espaço: *There's space for a table and two chairs.* Tem espaço para uma mesa e duas cadeiras. | *I cleared a space for my new computer.* Abri espaço para meu novo computador. | *a parking space* uma vaga (para estacionar) **2** (além da Terra) espaço: *outer space* espaço sideral **3 in/within the space of two weeks/four years etc.** no espaço de duas semanas/quatro anos etc.
- v [tr] (também **space out**) espaçar

spaceship /'speɪsʃɪp/, também **spacecraft** /'speɪskræft/ s nave espacial

'space ‚shuttle s ônibus espacial

spacious /'speɪʃəs/ adj espaçoso

spade /speɪd/ substantivo & substantivo plural
- s pá
- **spades** s pl espadas [naipe]

spaghetti /spə'gɛti/ s espaguete

Spain /speɪn/ s Espanha

spam /spæm/ s propaganda que se recebe por e-mail

span /spæn/ v [tr] (-nned, -nning) **1** abranger **2** cruzar

Spaniard /'spænjərd/ s espanhol -a

Spanish /'spænɪʃ/ adjetivo & substantivo
- adj espanhol -a
- s **1** (idioma) espanhol **2 the Spanish** os espanhóis

spank /spæŋk/ v [tr] espancar

spanner /'spænər/ s BrE chave de porca ► No inglês americano diz-se **wrench**

spare /spɛr/ adjetivo, verbo & substantivo
- adj **1 a spare key/battery etc.** uma chave/pilha etc. de reserva | **spare part** peça avulsa/de reposição **2** de sobra, disponível: *Do you have a spare pencil?* Você tem um lápis de sobra? **3 spare room** quarto de hóspedes **4 spare time** tempo livre **5 spare tire** estepe
- v [tr] **1** ter (de sobra): *I can't spare the time.* Não tenho tempo. | **to spare sb sth** dar algo a alguém **2 time/money etc. to spare** tempo/dinheiro etc. de sobra **3 to spare sb the trouble** poupar alguém **4 to spare no expense** não poupar despesas
- s reserva

spark /spɑrk/ substantivo & verbo
- s faísca, fagulha
- v [tr] (também **spark off**) desencadear

sparkle /'spɑrkəl/ verbo & substantivo
- v [intr] faiscar, cintilar
- s brilho

sparkler /'spɑrklər/ s estrelinha

sparkling /'spɑrklɪŋ/ adj com gás, espumante: *sparkling mineral water* água mineral gasosa | *sparkling white wine* vinho branco espumante

sparrow /'spæroʊ/ s pardal

sparse /spɑrs/ adj **1** escasso **2** (cabelo) ralo

spasm /'spæzəm/ s espasmo

spat /spæt/ passado & particípio de **spit**

spate /speɪt/ s **a spate of burglaries/murders etc.** uma onda de assaltos/assassinatos etc.

spatter /'spætər/ v [tr/intr] respingar

speak /spik/ v (passado **spoke**, particípio **spoken**) **1 to speak to sb**, também **to speak with sb** AmE falar com alguém: *Could I speak to Alan, please?* Por favor, posso falar com o Alan? | **to speak about sth** falar sobre/de algo | **not to be on speaking terms with sb** não estar falando com alguém **2** [intr] falar: *Are you all right? Speak to me!* Você está bem? Fale comigo! **3** [tr] falar: *Do you speak English?* Você fala inglês? **4 so to speak** por assim dizer

speak for sb falar em nome de alguém **speak for sth to speak for itself/themselves** falar por si só | **to be spoken for** estar prometido/reservado

speak up falar mais alto

speaker /'spikər/ s **1** orador -a **2 Portuguese/English etc. speaker** falante de português/inglês etc. **3** alto-falante

spear /spɪr/ substantivo & verbo
- s lança
- v [tr] espetar [com lança, garfo, etc.]

special /'spɛʃəl/ adjetivo & substantivo
- adj especial: *special treatment* tratamento especial | *Are you looking for anything special?* Você está procurando algo em especial? | **nothing special** nada demais | **special occasion** ocasião especial | **special offer** promoção
- s **1** especial [programa de TV ou rádio] **2** sugestão do dia

‚special e'ffects s pl efeitos especiais

specialist /'spɛʃəlɪst/ s especialista

specialize, -ise BrE /'spɛʃəlaɪz/ v **to specialize in sth** especializar-se em algo

specialized, -ised BrE /'spɛʃəlaɪzd/ adj especializado

specially /'spɛʃəli/ adv **1** especialmente **2** (informal) sobretudo, em particular ► SPECIALLY OU ESPECIALLY? ver **especialmente**

specialty /'spɛʃəlti/ AmE, **speciality** /spɛʃi'æləti/ BrE *s* (pl **-ties**) **1** (assunto) especialidade **2** (prato) especialidade

species /'spiʃiz/ *s* (pl **species**) espécie

specific /spɪ'sɪfɪk/ *adj* **1** específico: *I'm not talking about any specific person.* Não estou falando de nenhuma pessoa específica. **2** preciso: *They gave us very specific instructions.* Deram-nos instruções muito precisas.

specify /'spɛsəfaɪ/ *v* [tr] (**-fies**, **-fied**) especificar

specimen /'spɛsəmən/ *s* **1** amostra **2** exemplar, espécime

speck /spɛk/ *s* **1** grão [de poeira] **2** mancha [de sangue, graxa, etc.]

speckled /'spɛkəld/ *adj* sarapintado

specs /spɛks/ *s pl* (informal) óculos

spectacle /'spɛktəkəl/ *substantivo & substantivo plural*

• *s* espetáculo

• **spectacles** *s pl* óculos

spectacular /spɛk'tækjələr/ *adj* espetacular

spectator /'spɛkteɪtər/ *s* espectador -a

speculate /'spɛkjəleɪt/ *v* [intr] **1** (adivinhar) especular **2** (com dinheiro, etc.) especular

speculator /'spɛkjəleɪtər/ *s* especulador -a

sped /spɛd/ passado & particípio de **speed**

speech /spitʃ/ *s* (pl **-ches**) **1** discurso | **to give/make a speech** fazer um discurso **2** **the power of speech** a faculdade da fala **3** **freedom of speech** liberdade de expressão **4** fala [de ator]

speechless /'spitʃləs/ *adj* sem fala, mudo: *He was speechless with rage.* Ele ficou mudo de raiva.

'**speech marks** *s pl* aspas

speed /spid/ *substantivo & verbo*

• *s* **1** velocidade: *What speed were you traveling at?* A que velocidade você ia? | **at top speed** a toda velocidade **2** rapidez

• *v* [intr] (passado & particípio **sped** ou **speeded**) **1** **to speed by/off etc.** passar/sair etc. a toda velocidade **2** **to be speeding** exceder o limite de velocidade

speed up 1 acelerar **2** andar mais depressa
speed sth up acelerar algo

speedboat /'spidboʊt/ *s* lancha

'**speed trap** *s* fiscalização de velocidade [pela polícia rodoviária]

speedy /'spidi/ *adj* (**-dier**, **-diest**) rápido

spell /spɛl/ *verbo & substantivo*

• *v* (passado & particípio **spelled** ou **spelt** BrE) [tr] escrever, soletrar: *How do you spell "Birmingham"?* Como se escreve "Birmingham"? | *Could you spell your last name for me, please?* Você podia soletrar o seu sobrenome para mim, por favor?

spell sth out dizer algo com todas as letras: *Do I have to spell it out for you?* Tenho que te dizer isso com todas as letras?

• *s* **1** feitiço | **to cast/put a spell on sb** enfeitiçar alguém **2** período, tempo

'**spell-check** *v* [intr/tr] verificar a ortografia (de) [no computador]

'**spell-ˌchecker** *s* corretor ortográfico

spelling /'spɛlɪŋ/ *s* **1** ortografia **2** grafia

spelt /spɛlt/ BrE passado & particípio de **spell**

spend /spɛnd/ *v* [tr] (passado & particípio **spent**) **1** gastar: *I spent $70 on a new dress.* Gastei $70 num vestido novo. **2** passar: *I spent four hours doing my homework.* Passei quatro horas fazendo meu dever de casa.

spending /'spɛndɪŋ/ *s* gasto

spent /spɛnt/ passado & particípio de **spend**

sperm /spɜrm/ *s* **1** (pl **sperm** ou **sperms**) espermatozóide **2** esperma

sphere /sfɪr/ *s* **1** esfera **2** área, esfera

spherical /'sfɪrɪkəl/ *adj* esférico

spice /spaɪs/ *s* especiaria

spicy /'spaɪsi/ *adj* (**-cier**, **-ciest**) picante, apimentado

spider /'spaɪdər/ *s* aranha

spiderweb /'spaɪdər,wɛb/ *s* teia de aranha

spike /spaɪk/ *s* **1** ponta [de metal] **2** espinho [de cacto, etc.]

spill /spɪl/ *verbo & substantivo*

• *v* (passado & particípio **spilled** ou **spilt** BrE) **1** [tr] derramar **2** [intr] derramar-se
spill over estender-se

• *s* vazamento | **oil spill** vazamento de óleo

spilt /spɪlt/ BrE passado & particípio de **spill**

spin /spɪn/ *verbo & substantivo*

• *v* (passado & particípio **spun**, gerúndio **spinning**) **1** [intr] girar **2** **my/her etc. head was spinning** minha/sua etc. cabeça estava girando **3** [tr/intr] fiar **4** [tr] torcer, centrifugar
spin sth out esticar algo [uma história, um trabalho, etc.]

• *s* **1** **to give sth a spin** dar uma volta em algo **2** **to go into a spin** cair em parafuso **3** **to go for a spin** (informal) dar uma volta [de carro]

spinach /'spɪnɪtʃ/ *s* espinafre

spinal /'spaɪnl/ *adj* vertebral | **spinal column** coluna vertebral | **spinal cord** medula espinhal

'**spin ˌdoctor** *s* (informal) marqueteiro -ra político -ca

spine /spaɪn/ *s* **1** espinha **2** espinho **3** lombada [de livro]

spineless /'spaɪnləs/ *adj* covarde

spinster /'spɪnstər/ *s* solteirona

spiral /'spaɪrəl/ *substantivo, adjetivo & verbo*

• *s* espiral

• *adj* espiralado | **spiral staircase** escada em caracol

Há uma lista de **termos gramaticais** no verso da capa.

spire

- *v* [intr] (**-led**, **-ling** AmE, **-lled**, **-lling** BrE) **1** subir/cair em espiral **2** subir vertiginosamente, disparar

spire /spaɪr/ *s* agulha [em torre, igreja, etc.]

spirit /'spɪrɪt/ *substantivo & substantivo plural*

- *s* **1** (alma) espírito **2** (fantasma) espírito **3** (atitude) espírito: *a true spirit of cooperation* um verdadeiro espírito de cooperação
- **spirits** *s pl* **1** ânimo | **to be in high/low spirits** estar animado/desanimado, estar de alto-astral/baixo-astral **2** BrE bebidas destiladas ▶ No inglês americano diz-se **liquor**

spiritual /'spɪrɪtʃuəl/ *adj* espiritual

spit /spɪt/ *verbo & substantivo*

- *v* (passado & particípio **spat** ou **spit** AmE, gerúndio **spitting**) **1** [intr] cuspir | **to spit at sb** cuspir em alguém **2** [tr] cuspir algo **3** **it's spitting (with rain)** está chuviscando **4** **to be the spitting image of sb** ser a cara de alguém
- *s* **1** cuspe, saliva **2** espeto

spite /spaɪt/ *substantivo & verbo*

- *s* **1** **in spite of** apesar de: *in spite of the bad weather* apesar do mau tempo **2** maldade, rancor: *She broke it out of spite.* Ela o quebrou de maldade.
- *v* [tr] irritar, contrariar

spiteful /'spaɪtfəl/ *adj* maldoso

splash /splæʃ/ *verbo & substantivo*

- *v* (3a pess sing **-shes**) **1 to splash on/over sth** respingar em algo: *The wine splashed all over my shirt.* O vinho respingou na minha camisa toda. **2** [tr] molhar | **to splash sth on sth** molhar algo com algo: *He splashed some cold water on his face.* Ele molhou o rosto com água fria. **3** [intr] (também **splash around**) chapinhar
  splash out to splash out on sth (informal) gastar uma nota em algo
- *s* (pl **-shes**) **1** barulho de algo que cai na água **2** mancha, respingo [de sangue, tinta, etc.] **3 to make a splash** (informal) fazer furor **4 a splash of milk/brandy etc.** um pingo de leite/conhaque etc.

splatter /'splætər/ *v* [tr] respingar | **to splatter on/over sth** respingar algo

splendid /'splɛndɪd/ *adj* esplêndido

splint /splɪnt/ *s* tala

splinter /'splɪntər/ *substantivo & verbo*

- *s* farpa, lasca [de madeira, metal], estilhaço [de vidro]
- *v* [intr] estilhaçar-se

split /splɪt/ *verbo & substantivo*

- *v* (passado & particípio **split**, gerúndio **splitting**) **1** [intr] partir-se, rasgar-se: *The wood had split in two.* A madeira tinha se partido em dois. **2** [tr] partir, rasgar **3** (também **split up**) [tr] dividir, separar, [intr] dividir-se, separar-se: *The class split into four groups.* A turma se dividiu em quatro grupos. **4** (também **split up**) [tr] dividir, cindir, [intr] dividir-se, cindir-se **5** [tr] dividir, rachar: *They split the money between them.* Dividiram o dinheiro entre eles.
  split up separar-se, terminar | **to split up with sb** separar-se de alguém, terminar com alguém
- *s* **1** rasgo **2** cisão **3 to do the splits** abrir spaccato [acrobata, bailarina, etc.]

split 'second *s* **a split second** uma fração de segundo

splitting /'splɪtɪŋ/ *adj* **a splitting headache** uma dor de cabeça horrível

splutter /'splʌtər/ *v* [tr/intr] gaguejar

spoil /spɔɪl/ *v* (passado & particípio **spoiled** ou **spoilt** BrE) **1** [tr] estragar **2** [tr] mimar, estragar

spoiled[1] /spɔɪld/, também **spoilt** /spɔɪlt/ BrE *adj* mimado

spoiled[2], também **spoilt** BrE passado & particípio de **spoil**

spoilsport /'spɔɪlspɔrt/ *s* (informal) desmancha-prazeres

spoke[1] /spoʊk/ *s* raio [de roda]

spoke[2] passado de **speak**

spoken /'spoʊkən/ particípio de **speak**

spokesman /'spoʊksmən/ *s* (pl **-men**) porta-voz

spokesperson /'spoʊkspɜrsən/ *s* (pl **spokespeople** /-pipəl/) porta-voz

spokeswoman /'spoʊkswʊmən/ *s* (pl **-women** /-wɪmɪn/) porta-voz [mulher]

sponge /spʌndʒ/ *substantivo & verbo*

- *s* **1** esponja **2** BrE ▶ ver **sponge cake**
- *v* (informal) **to sponge off sb** viver às custas de alguém

'sponge cake *s* pão de ló

sponsor /'spɑnsər/ *substantivo & verbo*

- *s* patrocinador -a
- *v* [tr] patrocinar

sponsored /'spɑnsərd/ *adj*

> Um **sponsored walk**, por exemplo, é uma caminhada que um grupo de pessoas faz para angariar fundos para entidades beneficentes. Cada participante tem que obter o apoio de amigos e familiares, que se comprometem a pagar uma determinada quantia por cada milha percorrida. Para pedir esse apoio pergunta-se **Will you sponsor me?** Além de **sponsored walks**, fazem-se também **sponsored swims, sponsored runs,** etc.

sponsorship /'spɑnsərʃɪp/ *s* patrocínio

spontaneous /spɑn'teɪniəs/ *adj* espontâneo

spooky /'spuki/ *adj* (**-kier**, **-kiest**) (informal) arrepiante, sinistro

spool /spul/ *s* rolo, carretel

spoon /spun/ *substantivo & verbo*

- *s* **1** colher **2** (também **spoonful**) colherada, colher

- **v to spoon sth into/over etc. sth** pôr algo em/sobre etc. algo (com uma colher)

sport /spɔrt/ s esporte

sporting /'spɔrtɪŋ/ adj **sporting events/activities** eventos esportivos/atividades esportivas

sports /spɔrts/ adj esportivo, de esporte: *a sports club* um clube esportivo

'sports car s carro esporte

'sports ˌcenter AmE, **'sports ˌcentre** BrE s centro esportivo

sportsman /'spɔrtsmən/ s (pl -men) esportista [homem]

sportswoman /'spɔrtswumən/ s (pl -women /-wɪmɪn/) esportista [mulher]

sport-u'tility ˌvehicle s utilitário esportivo, veículo 4x4

sporty /'spɔrti/ adj (informal) **to be sporty** BrE ser esportivo: *She's very sporty*. Ela é muito esportiva.

spot /spɑt/ substantivo, substantivo plural & verbo

- **s 1** local: *a beautiful spot for a picnic* um local lindo para um piquenique **2** malha, mancha **3** BrE espinha [no rosto, etc.] ▶ No inglês americano diz-se **pimple 4 on the spot (a)** na mesma hora, no ato **(b)** no local **5 to put sb on the spot** pôr alguém numa situação delicada, deixar alguém numa saia justa **6 a spot of sth** BrE (informal) um pouco de algo **7 spot:** *an advertising spot* um spot publicitário

- **spots** s pl bolinhas

- **v** [tr] (-tted, -tting) ver, avistar

spotless /'spɑtləs/ adj **1** impecável [casa, roupa] **2** imaculado [reputação, etc.]

spotlight /'spɑtlaɪt/ s **1** refletor **2 to be in the spotlight** ser o centro das atenções

spotted /'spɑtɪd/ adj de bolinhas

spotty /'spɑti/ adj (-ttier, -ttiest) BrE (informal) cheio de espinhas, espinhento

spouse /spaʊs/ s (formal) cônjuge

spout /spaʊt/ substantivo & verbo

- **s** bico [de bule, regador, etc.]

- **v** [intr/tr] jorrar

sprain /spreɪn/ verbo & substantivo

- **v to sprain your ankle/wrist etc.** torcer o tornozelo/pulso etc.

- **s** entorse

sprang /spræŋ/ passado de **spring**

sprawl /sprɔl/ v [intr] **1** (também **sprawl out**) esparramar-se **2** estender-se [cidade]

spray /spreɪ/ substantivo & verbo

- **s 1** spray, aerossol **2 hair spray** laquê **3** borrifo [do mar, de uma catarata, etc.]

- **v 1** [tr] (com água, perfume, etc.) borrifar, (com inseticida) pulverizar: *Spray the plants with water once a week*. Borrife as plantas com água uma vez por semana. **2** [tr] borrifar [um líquido, perfume, etc.] **3** [intr] jorrar

spread /sprɛd/ verbo & substantivo

- **v** (passado & particípio **spread**) **1** [tr] (também **spread out**) abrir, estender: *Alex spread the map out on the floor*. Alex abriu o mapa no chão. **2** [tr] alastrar, espalhar, [intr] alastrar-se, espalhar-se [fogo, doença, etc.] **3** [tr] espalhar, [intr] espalhar-se [notícia, boato, etc.]: *News spread quickly through the school*. As notícias logo se espalhavam pela escola. **4** [tr] espalhar, passar | **to spread butter/jelly etc. on the bread** passar manteiga/geleia etc. no pão **5** (também **spread out**) [tr] espraiar, esparramar, [intr] espraiar-se, esparramar-se | **to be evenly spread** estar bem distribuído

- **s 1** disseminação **2** pasta [para pão, etc.]

spreadsheet /'sprɛdʃit/ s planilha

spree /spri/ s **to go on a shopping/spending etc. spree** sair e fazer muitas compras/sair e torrar o dinheiro

spring /sprɪŋ/ substantivo & verbo

- **s 1** primavera ▶ ver "Active Box" **seasons** em **season 2** mola **3** nascente

- **v** [intr] (passado **sprang** ou **sprung** AmE, particípio **sprung**) **1** pular **2 to spring open/shut** abrir/ fechar de repente **3 tears sprang into my/his etc. eyes** meus/seus etc. olhos se encheram de lágrimas

spring from sth provir de algo

spring sth on sb (informal) dizer algo a alguém sem mais nem menos

springboard /'sprɪŋbɔrd/ s trampolim

ˌspring-'clean v [tr/intr] fazer uma faxina geral (em)

ˌspring-'cleaning s faxina geral

ˌspring 'onion s cebolinha

springtime /'sprɪŋtaɪm/ s primavera: *These flowers bloom in the springtime*. Essas flores florescem na primavera.

sprinkle /'sprɪŋkəl/ v **1 to sprinkle sth with sugar/cheese etc.** polvilhar algo com açúcar/ queijo etc. | **to sprinkle sugar/cheese etc. on sth** polvilhar açúcar/queijo etc. em algo | **to sprinkle water/perfume etc. on sth** borrifar algo com água/perfume etc. **2** AmE **it's sprinkling** está chuviscando

sprinkler /'sprɪŋklər/ s **1** rega automática **2** sprinkler

sprint /sprɪnt/ verbo & substantivo

- **v** [intr] correr

- **s** corrida (de velocidade), sprint

sprout /spraʊt/ verbo & substantivo

- **v** [intr] **1** (também **sprout up**) pipocar, surgir **2** brotar [folhas, brotos] **3** brotar [planta, semente] **4** crescer [pelos, asas, chifres]

- **s 1** broto **2** ▶ ver **Brussels sprout**

sprung /sprʌŋ/ particípio de **spring**

spun /spʌn/ passado & particípio de **spin**

spur /spɜr/ *substantivo & verbo*
- *s* **1 to do sth on the spur of the moment** fazer algo de um momento para outro **2** incentivo, estímulo **3** espora
- *v* [tr] (**-rred, -rring**) (também **spur on**) incentivar

spurt /spɜrt/ *verbo & substantivo*
- *v* [intr] jorrar
- *s* esguicho, jorro

spy /spaɪ/ *substantivo & verbo*
- *s* (pl **spies**) espião -piã
- *v* [intr] (**spies, spied**) espionar | **to spy on sb** espionar alguém

squabble /ˈskwɑbəl/ *verbo & substantivo*
- *v* **to squabble (about/over sth)** discutir (sobre/por causa de algo)
- *s* discussão

squad /skwɑd/ *s* **1** seleção, time **2** esquadrão **3** pelotão

squadron /ˈskwɑdrən/ *s* esquadrão

squalid /ˈskwɑlɪd/ *adj* **1** (hotel, condições de vida) sórdido, miserável **2** (imoral) sórdido

squalor /ˈskwɑlər/ *s* miséria

squander /ˈskwɑndər/ *v* [tr] desperdiçar

square /skwɛr/ *adjetivo, substantivo & verbo*
- *adj* **1** quadrado **2 square meters/feet etc.** metros/pés etc. quadrados **3 a square meal** uma boa refeição **4 to be (all) square** (informal) estar/ficar quites **5** quadrado [queixo, cara, etc.]
- *s* **1** quadrado **2** praça: *There are several cafés in the main square.* Há vários cafés na praça principal. **3 to be back to square one** voltar à estaca zero **4** casa [em jogo de tabuleiro]
- *v* [tr] elevar ao quadrado
  square up acertar (as contas) **square up to sb** encarar/enfrentar alguém [disposto a brigar]

,**square ˈroot** *s* raiz quadrada

squash /skwɑʃ/ *verbo & substantivo*
- *v* (3a pess sing **-shes**) **1** [tr] amassar | **to get squashed** amassar, ficar amassado **2 to squash into a car/elevator etc.** espremer-se num carro/elevador etc. | **to squash sth into a suitcase/drawer etc.** espremer algo dentro de uma mala/gaveta etc.
- *s* **1** squash **2** tipo de abóbora **3 it's a squash** é um aperto **4** BrE refresco [a que se adiciona água]

squat /skwɑt/ *verbo & adjetivo*
- *v* [intr] (**-tted, -tting**) **1** (também **squat down**) agachar-se **2** habitar ilegalmente um imóvel
- *adj* atarracado

squatter /ˈskwɑtər/ *s* pessoa que habita ilegalmente um imóvel

squawk /skwɔk/ *verbo & substantivo*
- *v* [intr] grasnar
- *s* grasnido

squeak /skwik/ *verbo & substantivo*
- *v* [intr] **1** guinchar [rato] **2** ranger [porta, sapato]
- *s* **1** guincho [de rato] **2** rangido [de porta, sapato]

squeaky /ˈskwiki/ *adj* (**-kier, -kiest**) **1** rangente [porta, tábua] **2 a squeaky voice** uma voz esganiçada

squeal /skwil/ *verbo & substantivo*
- *v* [intr] guinchar, gritar
- *s* guincho, grito

squeamish /ˈskwimɪʃ/ *adj* impressionável

squeeze /skwiz/ *verbo & substantivo*
- *v* **1** [tr] apertar **2** [tr] espremer [limões, laranjas, etc.] **3 to squeeze into/between etc.** espremer-se em/passar espremido entre etc.: *We all squeezed into the elevator.* Nós nos espremimos todos no elevador. | *Can I squeeze past?* Dá para eu passar? | **to squeeze sth into sth** colocar algo dentro de algo [com dificuldade]
- *s* **1 it was a (tight) squeeze** foi um aperto **2** apertão **3 a squeeze of lemon** um pouco (de suco de) limão

squid /skwɪd/ *s* (pl **squid** ou **squids**) lula

squint /skwɪnt/ *verbo & substantivo*
- *v* [intr] **1** apertar os olhos, olhar apertando os olhos **2** ser estrábico
- *s* estrabismo

squirm /skwɜrm/ *v* [intr] **1** mexer-se **2 to squirm with embarrassment** morrer de vergonha

squirrel /ˈskwɜrəl/ *s* esquilo

squirt /skwɜrt/ *verbo & substantivo*
- *v* [tr/intr] esguichar
- *s* esguicho

Sr. (= **Senior**) pai [para diferenciar, quando pai e filho têm o mesmo nome]: *James Wilson, Sr.* James Wilson, pai

St. • (= **Street**) rua
- (= **Saint**) São, Sto., Sta.

stab /stæb/ *verbo & substantivo*
- *v* [tr] (**-bbed**, **-bbing**) **1** esfaquear **2** (também **stab at**) cutucar
- *s* **1** facada **2 to have a stab at (doing) sth** (informal) tentar (fazer) algo

stabbing /'stæbɪŋ/ *adjetivo & substantivo*
- *adj* **a stabbing pain** uma pontada/pontadas
- *s* esfaqueamento

stability /stə'bɪləti/ *s* estabilidade

stabilize, **-ise** BrE /'steɪbəlaɪz/ *v* **1** [tr] estabilizar **2** [intr] estabilizar-se

stable /'steɪbəl/ *adjetivo & substantivo*
- *adj* **1** firme, sólido **2** estável [relação, país, estado, etc.] **3** equilibrado [pessoa]
- *s* estábulo

stack /stæk/ *substantivo, substantivo plural & verbo*
- *s* pilha
- **stacks** *s pl* (informal) um monte: *stacks of work* um monte de trabalho | *We have stacks of time.* Temos tempo de sobra.
- *v* [tr] (também **stack up**) empilhar

stadium /'steɪdiəm/ *s* (pl **-diums** ou **-dia** /-diə/) estádio

staff /stæf/ *substantivo & verbo*
- *s* (quadro de) funcionários
- *v* [tr] formar o quadro (de pessoal) de

stag /stæg/ *s* veado

stage /steɪdʒ/ *substantivo & verbo*
- *s* **1** etapa, fase: *Children go though various stages of development.* As crianças passam por várias etapas de desenvolvimento. **2 at this stage** a esta altura: *At this stage, it's hard to say what will happen.* A esta altura, é difícil dizer o que vai acontecer. **3 in stages**, também **by stages** por etapas **4** palco | **to go on stage** entrar em cena **5 the stage** o teatro
- *v* [tr] **1** encenar **2** organizar [uma greve, uma passeata]

stagger /'stægər/ *v* **1** [intr] cambalear: *We staggered home about two o'clock in the morning.* Voltamos para casa cambaleando, lá pelas duas da manhã. **2** [tr] escalonar

staggered /'stægərd/ *adj* pasmo | **to be staggered at sth** ficar pasmo com algo

staggering /'stægərɪŋ/ *adj* impressionante

'stag night, também **'stag ˌparty** *s* BrE despedida de solteiro ▶ No inglês americano diz-se **bachelor party**

stain /steɪn/ *substantivo & verbo*
- *s* mancha
- *v* [tr] manchar

ˌstainless 'steel *s* aço inoxidável

stair /stɛr/ *substantivo & substantivo plural*
- *s* degrau
- **stairs** *s pl* escada | **to go up/down the stairs** subir/descer a escada | **to run up/down the stairs** subir/descer a escada correndo | **to fall down the stairs** cair da escada: *I fell down the stairs and broke my leg.* Caí da escada e quebrei a perna.
▶ STAIRS, STEPS OU LADDER? ver nota em **escada**

staircase /'stɛrkeɪs/ *s* escadaria

stairway /'stɛrweɪ/ *s* escadaria

stake /steɪk/ *substantivo & substantivo plural*
- *s* **1 to be at stake** estar correndo perigo, estar em jogo **2 to have a stake in sth** ter uma participação em algo **3** estaca
- **stakes** *s pl* **1** aposta **2 the stakes are high** os interesses em jogo são altos **3 to raise the stakes** aumentar a tensão [num conflito, etc.]

stale /steɪl/ *adj* **1** duro [pão] **2** velho [bolo, biscoitos] **3** viciado [ar] **4** desinteressado [no trabalho, numa situação]

stalk /stɔk/ *substantivo & verbo*
- *s* talo
- *v* [tr] perseguir

stalker /'stɔkər/ *s* pessoa que persegue outra

stall /stɔl/ *substantivo, substantivo plural & verbo*
- *s* barraca, banca
- **stalls** *s pl* BrE plateia [área em teatro]
- *v* **1** [intr] morrer [carro]: *The car stalled as he tried to pull away.* O carro morreu quando ele arrancou. **2 I stalled the engine/I stalled** o motor morreu **3** [tr/intr] (informal) enrolar: *Stop stalling and answer me!* Pare de enrolar e me responda!

stallion /'stæljən/ *s* garanhão

stamina /'stæmənə/ *s* resistência

stammer /'stæmər/ *verbo & substantivo*
- *v* [tr/intr] gaguejar
- *s* gagueira

stamp /stæmp/ *substantivo & verbo*
- *s* **1** (para carta, etc.) selo **2** (marca) carimbo **3** (objeto) carimbo
- *v* **1 to stamp around** andar batendo o pé | **to stamp on sth** pisar em algo | **to stamp your foot** bater o pé **2** [tr] carimbar
stamp sth out acabar com algo

stance /stæns/ *s* postura

stand /stænd/ *verbo & substantivo*
- *v* (passado & particípio **stood**) **1** [intr] estar/ficar em pé: *There were no seats left so we had to stand.* Não havia mais lugares e tivemos que ficar em pé. | *He was standing by the door.* Ele estava parado junto à porta.
2 to stand still ficar parado
3 to stand back/aside afastar-se
4 [intr] (também **stand up**) levantar-se: *He stood up and opened the door.* Ele se levantou e abriu a porta.
5 [intr] ficar: *The house stands on a hill.* A casa fica num morro.
6 [tr] aguentar, suportar: *She can't stand this*

kind of music. Ela não suporta esse tipo de música. | *I **can't stand** our English teacher.* Detesto nosso professor de inglês.
7 [intr] ser válido: *What I said still stands.* O que eu disse ainda é válido.
8 to know where sb stands on sth saber o que alguém pensa sobre algo
9 [tr] resistir a
10 [intr] BrE candidatar-se ▶ No inglês americano diz-se **to run**
11 to stand in sb's way, também **stand in the way** atrapalhar a vida de alguém
12 it stands to reason é lógico
13 to stand a chance (of doing sth) ter chance (de fazer algo)
14 to stand on your own two feet virar-se sozinho
PHRASAL VERBS
stand around ficar/estar parado [sem fazer nada]
stand by 1 ficar de braços cruzados **2** ficar a postos **stand by sth** manter algo [uma promessa, um acordo] **stand by sb** apoiar alguém
stand for sth 1 querer dizer algo **2 I/he etc. won't stand for sth** eu não admito/ele não admite etc. algo, eu não vou admitir/ele não vai admitir etc. algo: *I won't stand for this sort of behavior.* Não admito este tipo de comportamento. **3** apoiar algo
stand in to stand in (for sb) substituir (alguém)
stand out 1 chamar atenção **2** sobressair-se
stand up sustentar-se [uma ideia, uma proposta, etc.] **stand sb up** dar o bolo em alguém
stand up for sb/sth defender alguém/algo
stand up to sb/sth enfrentar alguém/algo

• *s* **1** qualquer tipo de suporte para pendurar coisas; em muitos casos corresponde ao português porta-: *a coat stand* um cabide para casacos
2 banca [de jornal], barraca [de comestíveis]: *a hotdog stand* uma barraca de cachorro-quente
3 estande [em congressos, etc.]
4 postura, posição | **to take a stand on sth** tomar uma posição em relação a algo
5 (em estádio) arquibancada
6 AmE (num tribunal) banco [de réu] | **to take the stand** prestar depoimento

standard /'stændərd/ *substantivo & adjetivo*

• *s* **1** padrão, nível (de qualidade): *standard of living* padrão de vida | *safety standards* normas de segurança | **to meet a standard** atingir o nível de qualidade **2** parâmetro

• *adj* normal: *the standard rate* a tarifa normal

standardize, -ise BrE /'stændərdaɪz/ *v* [tr] estandardizar, padronizar

standby /'stændbaɪ/ *substantivo & adjetivo*

• *s* **to be on standby (a)** estar de prontidão **(b)** estar na lista de espera

• *adj* **1** de emergência **2** stand-by [passagem]

'**stand-in** *s* dublê

standing /'stændɪŋ/ *adjetivo, substantivo & substantivo plural*

• *adj* **1 to be a standing joke** ser motivo de piada/gozação **2 standing order** débito automático **3 a standing invitation** um convite permanente **4 standing ovation** ovação de pé

• *s* **1** posição [em pesquisa de opinião, etc.] **2 of many years' standing** de muitos anos | **of 5/10 etc. years' standing** de 5/10 etc. anos

• **standings** *s pl* AmE ranking

standoff /'stændɔf/ *s* impasse: *a standoff between the police and the kidnappers* um impasse entre a polícia e os sequestradores

standoffish /stæn'dɔfɪʃ/ *adj* (informal) seco, frio [pessoa]

standpoint /'stændpɔɪnt/ *s* ponto de vista

standstill /'stændstɪl/ *s* **to be at a standstill** estar parado | **to bring sth to a standstill** paralisar algo | **to come to a standstill** parar

stank /stæŋk/ passado de **stink**

staple /'steɪpəl/ *substantivo, verbo & adjetivo*

• *s* grampo [de grampeador]

• *v* [tr] grampear [papéis]

• *adj* básico [alimento, alimentação]

stapler /'steɪplər/ *s* grampeador

star /stɑr/ *substantivo & verbo*

• *s* **1** (no céu) estrela **2** (pessoa) astro, estrela: *a movie star* um astro de cinema | *a rock star* uma estrela de rock **3** (forma) estrela **4 two-star/four-star etc.** de duas/quatro etc. estrelas: *a five-star hotel* um hotel de cinco estrelas **5 my/your etc. stars** BrE (informal) meu/seu etc. horóscopo

• *v* (-rred, -rring) **1 to star in a movie/musical etc.** estrelar um filme/um musical etc. **2** [tr] ser estrelado por: *a movie starring Brad Pitt* um filme estrelado por Brad Pitt

stardom /'stɑrdəm/ *s* estrelato

stare /ster/ *verbo & substantivo*

• *v* [intr] olhar fixamente, ficar olhando | **to stare at sb/sth** olhar fixamente para alguém/algo

• *s* olhar

stark /stɑrk/ *adjetivo & advérbio*

• *adj* **1** austero, árido **2** duro [realidade] **3** acentuado [diferença, contraste]: *in stark contrast* em acentuado contraste

• *adv* **stark naked** nu em pelo

starry /'stɑri/ *adj* (-rrier, -rriest) estrelado

Stars and 'Stripes *s* **the Stars and Stripes** a bandeira americana

'**star sign** *s* signo (do zodíaco)

start /stɑrt/ *verbo & substantivo*

• *v* [tr/intr] **1** começar: *Are you ready to start?* Você está pronto para começar? | *Have you started that book yet?* Você já começou a ler aquele livro? | **to start doing sth/to start to do**

sth começar a fazer algo: *It started raining.* Começou a chover. | *She started to cry.* Ela começou a chorar. | **to start all over again** começar do zero
2 [intr] começar: *What time does the movie start?* A que horas começa o filme? | *How did the fire start?* Como foi que o incêndio começou?
3 [tr] provocar: *Are you trying to start a fight?* Você está querendo provocar uma briga?
4 to start with (a) no começo/início **(b)** para começar
5 [intr] (também **start out**) partir
6 (também **start up**) [tr] ligar, [intr] pegar [motor, carro], começar a funcionar [computador]
7 [tr] (também **start up**) fundar [uma empresa, um clube]
8 prices start at $15/$50 etc. os preços são a partir de $15/$50 etc.
9 [intr] nascer [rio]
10 [intr] assustar-se
PHRASAL VERBS
start off 1 começar: *Let's start off by reviewing what we did last week.* Vamos começar revendo o que fizemos na semana passada. **2** partir **start sth off** começar algo [uma discussão, uma reunião, etc.]
start on sth começar a fazer algo
start out 1 começar [numa profissão] **2** partir, sair
start over AmE recomeçar
- **s 1** começo: *the start of the show* o começo do espetáculo
2 largada [de corrida]
3 to get off to a good/bad start começar bem/mal
4 (right) from the start desde o início
5 for a start para começar
6 susto

starter /'stɑrtər/ s BrE entrada [prato] ▶ No inglês americano diz-se **appetizer**

startle /'stɑrtl/ v [tr] assustar

starvation /stɑr'veɪʃən/ s inanição

starve /stɑrv/ v **1** [tr] matar de fome **2** [intr] passar fome

starving /'stɑrvɪŋ/ adj **1** faminto: *starving children* crianças famintas **2** (informal) morrendo de fome: *Is dinner ready yet? I'm starving!* O jantar já está pronto? Estou morrendo de fome!

stash /stæʃ/ v [tr] (3a pess sing presente **-shes**) (também **stash away**) (informal) esconder

state /steɪt/ substantivo, substantivo plural, adjetivo & verbo
- **s 1** (condição) estado: *What state was the car in?* Em que estado estava o carro? | *state of mind* estado de espírito **2** (também **State**) (governo de um país) Estado: *The cost is refunded by the State.* A despesa é reembolsada pelo Estado. **3** país, nação **4** (também **State**) (unidade administrativa) Estado: *the state of Indiana* o Estado de Indiana **5 to be in a state** estar muito/tão nervoso

- **s pl the States** (informal) os Estados Unidos: *She lives in the States.* Ela mora nos Estados Unidos.
- **adj state visit/opening etc.** visita/inauguração etc. oficial
- **v** [tr] **1** dizer **2** estipular

statement /'steɪtmənt/ s **1** declaração | **to make/issue a statement** fazer/dar uma declaração **2** extrato [bancário]

state-of-the-'art adj **1** de ponta, de última geração [equipamento, maquinaria, etc.] | **state-of-the-art technology** tecnologia de ponta **2** ultramoderno [design] **3** ultra-avançado [técnica]

'state ˌschool s **1** AmE escola/universidade estadual **2** BrE escola pública

statesman /'steɪtsmən/ s (pl **-men**) estadista

static /'stætɪk/ adjetivo & substantivo
- **adj** estacionário [preços, nível]
- **s** (também **static electricity**) eletricidade estática

station /'steɪʃən/ substantivo & verbo
- **s 1** estação: *Could you take me to the station?* Você me leva até a estação? **2** (estação de) rádio
- **v to be stationed somewhere** estar servindo em algum lugar

stationary /'steɪʃəneri/ adj parado [trem, carro, etc.]

stationer's /'steɪʃənərz/ s BrE papelaria ▶ No inglês americano diz-se **stationery store**

stationery /'steɪʃəneri/ s **1** material de escritório, artigos de papelaria **2** papel de carta **3 stationery store** AmE papelaria

'station ˌwagon s AmE perua

statistics /stə'tɪstɪks/ s estatísticas

stats /stæts/ s [pl] (informal) estatísticas

statue /'stætʃu/ s estátua

stature /'stætʃər/ s (formal) **1** envergadura **2** estatura

status /'steɪtəs, 'stæ-/ s **1** condição: *as proof of my student status* como prova da minha condição de estudante | *marital status* estado civil **2** status

'status ˌsymbol s símbolo de status

staunch /stɔntʃ/ adj ferrenho, incondicional [opositor, partidário, etc.]

stave /steɪv/ v **stave off sth to stave off disaster/a crisis** evitar um desastre/uma crise | **to stave off hunger** enganar a fome

stay /steɪ/ verbo & substantivo
- **v** [intr] **1** (permanecer) ficar: *Stay where you are!* Fique onde está! | *Can you stay a little longer?* Você pode ficar mais um pouco? **2 to stay awake/open/dry etc.** ficar acordado/aberto/seco etc. | **to stay alive** manter-se vivo **3** (num hotel, numa cidade, etc.) ficar, estar hospedado: *How long are you staying in Denver?* Quanto tempo

steady

você vai ficar em Denver? | **to stay with sb** ficar na casa de alguém

PHRASAL VERBS

stay away from sb/sth ficar longe de alguém/algo

stay behind ficar [após a saída dos outros]: *I had to stay behind after school.* Tive que ficar depois da aula.

stay in ficar em casa: *We stayed in and watched television.* Ficamos em casa assistindo televisão.

stay on ficar [até mais tarde], continuar [num cargo, num curso, etc.]: *Sharon always stays on after 5.30.* Sharon sempre fica até depois das 5h30. | **to stay on at school** continuar estudando

stay out ficar na rua

stay out of sth não se meter em algo: *You stay out of this, Frank!* Não se meta nisso, Frank!

stay up ficar acordado

- **s** estadia

steady /'stɛdi/ *adjetivo & verbo*

- **adj** (-dier, -diest) **1** firme: *Keep the camera steady.* Mantenha a câmera firme. **2** constante [aumento, progresso, velocidade, etc.] **3** estável [emprego] **4** firme [namoro, namorada]

- **v** [tr] (-dies, -died) **1** firmar **2 to steady your nerves** acalmar-se

steak /steɪk/ *s* **1** bife, filé: *steak and fries* bife com batata frita **2** posta

steal /stil/ *v* (passado **stole**, particípio **stolen**) [tr/intr] roubar | **to steal (sth) from sb** roubar (algo) de alguém: *I stole $10 from my sister.* Roubei $10 da minha irmã. ▶ STEAL, ROB OU BURGLARIZE? ver nota em **roubar**

stealth /stɛlθ/ *s* **by stealth** furtivamente

stealthy /'stɛlθi/ *adj* (-thier, -thiest) furtivo

steam /stim/ *substantivo & verbo*

- **s** **1** vapor **2 to let/blow off steam (a)** descarregar energia **(b)** desabafar **3 to run out of steam** perder o gás **4 steam engine** máquina a vapor **steam train** locomotiva a vapor

- **v** **1** [tr] cozinhar no vapor **2** [intr] fumegar **steam up** embaçar

steamed 'up *adj* **1** embaçado **2** (informal) exaltado: *What are you so steamed up about?* Por que você está tão exaltado?

steamer /'stimər/ *s* barco a vapor

steamroller /'stimroʊlər/ *s* rolo compressor

steel /stil/ *s* aço

steep /stip/ *adj* **1** íngreme: *a very steep hill* uma ladeira muito íngreme **2** acentuado [aumento, queda] **3** (informal) salgado [preço]

steeple /'stipəl/ *s* campanário

steer /stɪr/ *v* **1** [tr] levar, conduzir **2** [tr/intr] manobrar [um veículo] **3 to steer the conversation away from sth/towards sth** fugir do assunto a respeito de algo/puxar conversa sobre algo **4 to steer sb towards sth/away from sth** direcionar alguém para algo/afastar alguém de algo **5 to steer clear of sth/sb** (informal) evitar algo/alguém

'steering ,wheel *s* volante

stem /stɛm/ *substantivo & verbo*

- **s** **1** talo **2** pé [de uma taça]

- **v** [tr] (-mmed, -mming) estancar **stem from sth** provir de algo

stench /stɛntʃ/ *s* (pl **-ches**) fedor

step /stɛp/ *substantivo, substantivo plural & verbo*

- **s** **1** (movimento) passo: *He took a step backward.* Ele deu um passo para trás. | **to be in step/out of step with sb** estar em compasso/fora de compasso com alguém **2** (atitude) passo: *an important first step* um primeiro passo importante | **to take steps to do sth** tomar providências para fazer algo | **step by step** passo a passo **3** (de escada) degrau **4 to watch your step (a)** tomar cuidado **(b)** andar com cuidado **5** (de dança) passo

- **steps** *s pl* **1** (num prédio) escada ▶ STEPS, STAIRS OU LADDER? ver nota em **escada** **2** BrE (portátil) escada

- **v** [intr] (-pped, -pping) **1 to step forward/back** dar um passo à frente/para trás | **to step in/on sth** pisar em algo | **to step over sth** passar por cima de algo **2 to step out of line** sair da linha, desobedecer

step down, também **step aside** renunciar

step in intervir

step sth up intensificar algo, redobrar algo

stepbrother /'stɛpbrʌðər/ *s* meio-irmão

,step-by-'step *adj* passo a passo

stepchild /'stɛp-tʃaɪld/ *s* (pl **-children** /-tʃɪldrən/) enteado -da

stepdaughter /'stɛpdɔtər/ *s* enteada

stepfather /'stɛpfɑðər/ *s* padrasto

stepladder /'stɛplædər/ *s* escada [portátil]

stepmother /'stɛpmʌðər/ *s* madrasta

stepparent /'stɛppɛrənt/ *s* padrasto/madrasta

'stepping ,stone *s* **1** trampolim: *She's using this post as a stepping stone to get a better job.* Ela está usando este cargo como trampolim para conseguir um emprego melhor. **2** cada umas das pedras colocadas para se atravessar um riacho

stepsister /'stɛpsɪstər/ *s* meia-irmã

stepson /'stɛpsʌn/ *s* enteado

stereo /'stɛrioʊ/ *substantivo & adjetivo*

- **s** **1** (aparelho de) som **2 in stereo** em som estéreo

- **adj** (também **stereophonic**) estereofônico

stereotype /'stɛriətaɪp/ *s* estereótipo

sterile /'stɛrəl, BrE 'stɛraɪl/ *adj* **1** esterilizado [curativo, ambiente] **2** estéril [homem, mulher]

sterilize, -ise BrE /'stɛrəlaɪz/ v [tr] **1** esterilizar [instrumentos, agulhas, etc.] **2** ligar as trompas de [uma mulher], fazer vasectomia em [homem]

sterling /'stɜrlɪŋ/ substantivo & adjetivo

● **s** libra esterlina: *ten pounds sterling* dez libras esterlinas

● **adj** *sterling silver* prata de lei

stern /stɜrn/ adjetivo & substantivo

● **adj** severo, duro

● **s** popa [de um barco]

stew /stu/ substantivo & verbo

● **s** ensopado: *beef stew* ensopado de carne

● **v** [tr/intr] **1** cozinhar, cozer [carne, peixe] **2** fazer compota de [fruta]

steward /'stuərd/ s **1** comissário de bordo
▶ Atualmente prefere-se o termo **flight attendant**, tanto para homens como para mulheres **2** camareiro -ra [de navio]

stewardess /'stuərdɛs/ s (pl **-sses**) aeromoça
▶ Atualmente prefere-se o termo **flight attendant**, tanto para homens como para mulheres

stick /stɪk/ verbo, substantivo & substantivo plural

● **v** (passado & particípio **stuck**) **1** [tr] enfiar: *The nurse stuck a needle in my arm.* A enfermeira enfiou uma agulha no meu braço.
2 [tr/intr] colar, grudar: *We stuck our vacation photos in the album.* Colamos as fotos das nossas férias no álbum. | **to stick sth to sth** grudar algo em algo
3 [tr] (informal) pôr: *Stick the boxes in the kitchen.* Ponha as caixas na cozinha.
4 [intr] emperrar

PHRASAL VERBS
stick around (informal) ficar: *I think I'll just stick around here for a while.* Acho que vou ficar por aqui um pouco.
stick at sth BrE perseverar em algo
stick by sb apoiar alguém **stick by sth** manter algo [uma promessa, uma decisão, etc.]
stick out sair para fora **stick sth out 1** estender algo | **to stick your tongue out** mostrar a língua **2** (informal) aguentar algo
stick to sth seguir com algo: *We decided to stick to our original plan.* Decidimos seguir com nosso plano original.
stick together 1 grudar (um no outro) **2** (informal) manter-se unidos
stick up 1 projetar-se **2** estar espetado [cabelo] **stick up for sb** (informal) defender alguém

● **s 1** graveto, vara
2 (também **walking stick**) bengala
3 *a stick of chewing gum* um chiclete | *a stick of celery* um talo de aipo | *a stick of dynamite* uma banana de dinamite
4 (em hóquei) taco
5 to get on the stick AmE (informal) mandar brasa [fazendo o que já devia estar sendo feito]

● **sticks s pl (out) in the sticks** (informal) (muito longe) no fim do mundo

sticker /'stɪkər/ s adesivo

'stick shift s AmE **1** alavanca de mudança [num carro] **2** carro com câmbio manual

sticky /'stɪki/ adj (**-kier**, **-kiest**) **1** pegajoso [mãos, etc.] **2** melado [balas, bolo] **3** úmido [dia, tempo]: *a hot sticky day* um dia quente e úmido **4** (informal) complicado, difícil

stiff /stɪf/ adjetivo & advérbio

● **adj 1** doído [perna, junta, etc.] | **to have a stiff back** estar com dor nas costas | **a stiff neck** torcicolo **2** duro [maçaneta, gaveta, porta, etc.] **3** duro [papel, papelão] **4** consistente [massa, mistura], em neve [clara] **5** severo [pena, sentença] | **a stiff fine** uma multa pesada | **stiff competition** competição acirrada **6 a stiff wind/breeze** um vento/uma brisa forte **7 a stiff drink** uma bebida forte

● **adv bored/scared stiff** morrendo de tédio/medo | **worried stiff** preocupadíssimo

stifle /'staɪfəl/ v [tr] **1** reprimir, refrear [a criatividade, uma iniciativa, etc.] **2** impedir [um debate, uma discussão, etc.] **3** reprimir, conter [um bocejo, um desejo, um grito]

stifling /'staɪflɪŋ/ adj abafado [dia, tempo]

stiletto /stɪ'lɛtoʊ/ (pl **-ttos** ou **-ttoes**) s **1** (sapato de) salto agulha **2** AmE estilete

still /stɪl/ advérbio & adjetivo

● **adv 1** ainda: *I still love him.* Eu ainda o amo. | *You still haven't finished your homework.* Você ainda não terminou o dever de casa. **2** mesmo assim: *He was tired but he still won the race.* Ele estava cansado, mas mesmo assim ganhou a corrida.

● **adj 1 to keep/stand still** ficar quieto/parado **2** parado [ar, água]: *The lake was completely still.* O lago estava completamente parado. **3** sem gás [água]

'still life s (pl **still lifes**) natureza morta

stilted /'stɪltɪd/ adj artificial, forçado [diálogo]

stilts /stɪlts/ s pl pernas de pau

stimulate /'stɪmjəleɪt/ v [tr] **1** estimular **2** incentivar

stimulating /'stɪmjəleɪtɪŋ/ adj estimulante

stimulus /'stɪmjələs/ s (pl **stimuli** /-laɪ/) **1** estímulo [para o desenvolvimento, o crescimento, etc.] **2** estímulo [visual, tátil, etc.]

sting /stɪŋ/ verbo & substantivo

● **v** (passado & particípio **stung**) **1** [tr] picar: *Lucy has been stung by a wasp.* Lucy foi picada por uma vespa. **2** [intr] arder: *This may sting a little.* Isto pode arder um pouco.

● **s** picada

stingy /'stɪndʒi/ adj (**-gier**, **-giest**) (informal) pão-duro, sovina

stink /stɪŋk/ *verbo & substantivo*

- *v* [intr] (passado **stank**, particípio **stunk**) **1** feder | **to stink of sth** feder a algo **2** (informal) ser nojento: *The food here stinks!* A comida aqui é nojenta! | *The way they treated her really stinks!* Foi nojenta a maneira como eles a trataram!
- *s* fedor

stinking /'stɪŋkɪŋ/ *adjetivo & advérbio*

- *adj* fedorento
- *adv* (informal) **stinking rich** podre de rico | **stinking drunk** bêbado de cair

stint /stɪnt/ *s* período

stir /stɜr/ *verbo & substantivo*

- *v* (-rred, -rring) **1** [tr] mexer [com colher, etc.]: *Stir the paint well.* Mexa bem a tinta. **2** [intr] mexer-se
  stir up sth provocar algo
- *s* **1 to give sth a stir** dar uma mexida em algo **2 to cause a stir** causar alvoroço

stir-fry *v* [tr] (3a pess sing **-fries**, passado & particípio **-fried**) refogar

stirring /'stɜrɪŋ/ *adj* empolgante, emocionante

stirrup /'stɜrəp/ *s* estribo

stitch /stɪtʃ/ *substantivo, substantivo plural & verbo*

- *s* (pl **-ches**) **1** (em costura) ponto **2** (em tricô) malha **3** (numa ferida) ponto **4** (dor) pontada
- **stitches** *s pl* **to have sb in stitches** fazer alguém morrer de rir
- *v* [tr] (3a pess sing **-ches**) costurar, pregar

stock /stɑk/ *substantivo & verbo*

- *s* **1** reserva: *stocks of coal* reservas de carvão **2** (numa loja) estoque | **in stock** em estoque: *We should have it in stock next week.* Deveremos tê-lo em estoque na semana que vem. | **to be out of stock** ter acabado [mercadoria] **3** caldo **4** ação, ações [de uma empresa] **5 to take stock (of sth)** fazer um balanço (de algo)
- *v* [tr] **to stock sth** ter em estoque
  stock up abastecer-se **stock up on sth** abastecer-se de algo

stockbroker /'stɑkbroʊkər/ *s* corretor -a de valores

'stock ex,change *s* bolsa (de valores)

stocking /'stɑkɪŋ/ *s* meia [de seda]

'stock ,market *s* bolsa (de valores)

stockpile /'stɑkpaɪl/ *v* [tr] estocar

stocky /'stɑki/ *adj* (-ckier, -ckiest) parrudo

stodgy /'stɑdʒi/ *adj* (-dgier, -dgiest) pesado [comida, torta, etc.]

stole /stoʊl/ passado de **steal**

stolen /'stoʊlən/ particípio de **steal**

stomach /'stʌmək/ *substantivo & verbo*

- *s* **1** estômago | **it turns/turned etc. my stomach** isso me embrulha/embrulhou etc. o estômago **2** barriga
- *v* [tr] aguentar

stomachache /'stʌməkeɪk/ *s* dor de estômago

stone /stoʊn/ *s* **1** pedra **2** (material) pedra | **a stone wall** um muro de pedra **3** (rubi, diamante, etc.) pedra: *precious stones* pedras preciosas **4** BrE caroço ▶ No inglês americano diz-se **pit 5** (pl **stone** ou **stones**) unidade de peso equivalente a 6,35 kg. ▶ Quando falam de seu peso, os britânicos usam as unidades **stone** e **pounds**. (Um **stone** equivale a 14 **pounds**). Os americanos só usam **pounds**

,**stone-'cold** *adj* **1** gelado **2 stone-cold sober** completamente sóbrio

stoned /stoʊnd/ *adj* (informal) (drogado) chapado

stony /'stoʊni/ *adj* (-nier, -niest) **1** pedregoso **2** sepulcral [silêncio] **3** frio [olhar, expressão, etc.]

stood /stʊd/ passado & particípio de **stand**

stool /stul/ *s* banco, tamborete

stoop /stup/ *v* [intr] (também **stoop down**) abaixar-se
stoop to doing sth rebaixar-se a ponto de fazer algo

stop /stɑp/ *verbo & substantivo*

- *v* (-pped, -pping) **1** [intr] parar: *The taxi stopped outside a big hotel.* O táxi parou na frente de um grande hotel. | *My watch has stopped.* Meu relógio parou. **2** [tr] parar: *We were stopped by the police.* A polícia nos parou. | *Can you stop the car for a minute?* Você podia parar o carro um minuto? | **to stop doing sth** parar de fazer algo: *Has it stopped raining?* Já parou de chover? | *I've stopped smoking.* Parei de fumar. **3 stop it!** pare com isso! **4** [tr] impedir | **to stop sb (from) doing sth** impedir alguém de fazer algo, impedir que alguém faça algo **5** [intr] (fazer uma pausa) parar: *At one o'clock everyone in the office stops for lunch.* À uma hora todo mundo no escritório para para almoçar. **6 to stop short of (doing) sth** não chegar a (fazer) algo, por pouco não fazer algo
  stop by dar uma passada: *He always stops by when he's in town.* Ele sempre dá uma passadinha aqui quando está na cidade.
  stop off dar uma parada: *Can we stop off at the supermarket?* Podemos dar uma parada no supermercado?
- *s* **1** ponto, parada [de ônibus]: *I get off at the next stop.* Vou saltar no próximo ponto. | *This is my stop.* Eu desço aqui. **2 to come to a stop (a)** parar **(b)** ser interrompido **3 to put a stop to sth** acabar com algo

stoplight /'stɑplaɪt/ *s* AmE sinal (de trânsito), semáforo

stopover /'stɑpoʊvər/ *s* escala [de voo]

stopper /'stɑpər/ *s* rolha

stopwatch /'stɑpwɑtʃ/ *s* (pl **-ches**) cronômetro

storage /'stɔrɪdʒ/ *s* armazenamento

store /stɔr/ *substantivo & verbo*

- *s* **1** loja: *a record store* uma loja de disco | *I'm* *going to the store to get some milk.* Vou ao mercado comprar leite. **2** estoque **3** depósito **4 to have sth in store for sb** reservar algo para alguém: *He still had a few surprises in store for us.* Ele ainda tinha umas surpresas reservadas para nós.

- *v* [tr] **1** (também **store away**) guardar **2** armazenar

storefront /'stɔrfrʌnt/ *s* **1** fachada de loja **2 storefront church/office/school etc.** igreja/escritório/escola etc. em área comercial

storekeeper /'stɔrkipər/ *s* AmE lojista

storeroom /'stɔr-rum/ *s* depósito, almoxarifado

storey /'stɔri/ *s* BrE ▶ ver story 3

stork /stɔrk/ *s* cegonha

storm /stɔrm/ *substantivo & verbo*

- *s* **1** tempestade **2 a storm of protest/criticism** uma enxurrada de protestos/críticas
- *v* **1** [tr] assaltar [um prédio] **2 to storm in/out/off etc.** entrar/sair/ir embora etc. enfurecido

stormy /'stɔrmi/ *adj* (-mier, -miest) **1** tempestuoso [tempo, noite] **2** turbulento [relacionamento]

story /'stɔri/ *s* (pl **-ries**) **1** história | **to tell/read sb a story** contar/ler uma história para alguém ▶ STORY OU HISTORY? ver **história 2** matéria [em jornal, na TV, etc.] **3** AmE andar [de um prédio]: *a five-story building* um edifício de cinco andares

stout /staut/ *adj* forte, corpulento

stove /stoʊv/ *s* **1** AmE fogão | **to leave sth on the stove** deixar algo no fogo **2** aquecedor

straddle /'strædl/ *v* [tr] **1** sentar-se em, com uma perna para cada lado, escanchar-se em **2** estender-se de ambos os lados de [um rio, a fronteira, etc.]

straggler /'stræglər/ *s* retardatário -ria

straggly /'strægli/ *adj* (-gglier, -ggliest) desgrenhado

straight /streɪt/ *adjetivo & advérbio*

- *adj* **1** reto [linha, borda, estrada] **2** liso [cabelo] **3** direito: *Is my tie straight?* Minha gravata está direita? **4** consecutivos [vitórias, derrotas] **5** franca [resposta] **6 to be straight with sb** ser franco com alguém **7 to get sth straight** esclarecer algo
- *adv* **1** reto: *The truck was heading straight for them.* O caminhão estava indo reto em direção a eles. **2 to sit/stand up straight** sentar/ficar em pé direito **3 straight after** logo depois **4 straight home/from school etc.** direto para casa/da escola etc. **5** seguidos: *fourteen hours straight* quatorze horas seguidas **6 I can't see/think straight** não consigo ver/pensar direito

straightaway /streɪtə'weɪ/ *adv* imediatamente, em seguida

straighten /'streɪtn/ *v* **1** (também **straighten out**) [tr] endireitar, [intr] endireitar-se **2** [intr] (também **straighten up**) endireitar-se **3** [tr] (também **straighten up**) arrumar **4 to straighten things out** resolver as coisas

straightforward /streɪt'fɔrwərd/ *adj* **1** simples **2** franco, direto

strain /streɪn/ *substantivo & verbo*

- *s* **1** (mental) tensão, estresse: *the strain of being a teacher* o estresse inerente à função de professor **2** sobrecarga **3** (força física) pressão **4** espécie, variedade [de uma planta, vírus, etc.]
- *v* **1** [tr] forçar [as costas, a voz, etc.] **2** [tr] distender [um músculo] **3 to strain your eyes** forçar a vista **4 to strain to hear/see sth** esforçar-se para ouvir/ver algo **5** [tr] coar **6** sobrecarregar [recursos] **7** [tr] afetar [uma relação]

strained /streɪnd/ *adj* **1** tenso [pessoa, clima, sorriso]: *Janet looked strained.* Janet parecia tensa. **2** tenso [relações]

strainer /'streɪnər/ *s* coador

strait /streɪt/ *s* **1** (também **straits**) estreito: *the Straits of Gibraltar* o estreito de Gibraltar **2 to be in dire straits** estar numa situação desesperadora

straitjacket /'streɪtdʒækɪt/ *s* camisa de força

strand /strænd/ *s* **1** fio | **a strand of hair** um fio de cabelo **2** elemento, parte [de uma história, um argumento, etc.]

stranded /'strændɪd/ *adj* preso, encalhado

strange /streɪndʒ/ *adj* **1** estranho: *He's such a strange child.* Ele é uma criança tão estranha. **2** desconhecido [pessoa], estranho [lugar, país]

strangely /'streɪndʒli/ *adv* **1** de maneira estranha **2 strangely enough** curiosamente, surpreendentemente

stranger /'streɪndʒər/ *s* estranho -nha

strangle /'stræŋɡəl/ *v* [tr] estrangular

strap /stræp/ *substantivo & verbo*

- *s* **1** alça [de vestido, bolsa, etc.] **2** pulseira [de relógio]
- *v* (-pped, -pping) **1 to strap sth on** amarrar algo **2 to strap sb in** afivelar o cinto de segurança de alguém

strategic /strə'tidʒɪk/ *adj* **1** (que faz parte de um plano) estratégico: *a strategic move* uma medida estratégica **2** estratégico: *strategic weapons* armas estratégicas

strategy /'strætədʒi/ *s* (pl **-gies**) estratégia

straw /strɔ/ *s* **1** palha | **straw hat/basket etc.** chapéu/cesta etc. de palha **2** canudo [para beber] **3 to be the last/final straw** ser a gota d'água

strawberry /'strɔberi/ *s* (pl **-rries**) **1** morango **2 strawberry ice cream** sorvete de morango **strawberry jam** geleia de morango

stray /streɪ/ *verbo, adjetivo & substantivo*

- *v* [intr] **1** afastar-se, perder-se **2** desviar

Diz-se I arrived in Rio ou I arrived to Rio? Veja o verbete **arrive**.

- *adj* a stray dog/cat etc. um cachorro/gato etc. sem dono
- *s* animal sem dono ou perdido

streak /strik/ *substantivo & verbo*
- *s* **1** risca **2** veia [traço de personalidade] **3 to be on a losing/winning streak** estar numa maré de azar/sorte
- *v* **1 to streak past/across etc.** passar/atravessar etc. como um raio **2 to be streaked with paint/sweat etc.** estar riscado de tinta/suor etc.

stream /strim/ *substantivo & verbo*
- *s* **1** riacho **2** (de pessoas, carros) fila **3** (de cartas, perguntas) sucessão
- *v* **to stream out (a)** jorrar **(b)** sair em grande número

streamer /'strimər/ *s* serpentina
streamline /'strimlaɪn/ *v* [tr] simplificar, agilizar
streamlined /'strimlaɪnd/ *adj* aerodinâmico
street /strit/ *s* **1** rua: *a busy street* uma rua movimentada | *2407 Elm Street* Elm Street 2407 **2 the street/the streets** a rua/as ruas: *She's been living on the streets for years.* Ela vive nas ruas há anos.
streetcar /'stritkɑr/ *s* AmE bonde
'street light, também **streetlight** /'stritlaɪt/ *s* poste de luz
strength /strɛŋkθ/ *s* **1** força: *with all my strength* com toda a minha força **2** resistência [de uma parede, uma corda, etc.] **3** força [de uma crença, uma relação] **4** poder [militar, político, econômico] **5** concentração [de uma solução] **6** ponto forte **7 on the strength of sth** com base em algo
strengthen /'strɛŋkθən/ *v* **1** [tr] fortalecer [os músculos, o corpo] **2** [tr] reforçar [um prédio, alicerces, etc.] **3** [tr] fortalecer, [intr] fortalecer-se [relação, vínculo] **4** [tr] fortalecer [um time, a economia, etc.]
strenuous /'strɛnjuəs/ *adj* **1** extenuante [atividade, exercício] **2** enérgico [esforços] **3** categórico [recusa, objeção]
stress /strɛs/ *substantivo & verbo*
- *s* (pl -sses) **1** estresse, tensão | **to be under a lot of stress** estar sob muita tensão **2** ênfase **3** acento tônico **4** pressão [numa estrutura, etc.]
- *v* [tr] (3a pess sing -sses) **1** enfatizar **2** acentuar

stressed /strɛst/, também **stressed 'out** *adj* estressado
stressful /'strɛsfəl/ *adj* estressante
stretch /strɛtʃ/ *verbo & substantivo*
- *v* (3a pess sing -ches) **1** [tr] esticar, alongar **2** [intr] espichar-se, alongar-se: *If I stretch I can reach it.* Se eu me espichar, consigo alcançá-lo. **3 to stretch your legs** (informal) esticar as pernas **4** [tr] deformar, [intr] ficar deformado [um suéter, uma camiseta, etc.] **5** [intr] estender-se: *Their land stretches for miles.* As terras deles se estendem por milhas. **6** [tr] estender, esticar **7** [intr] ser suficiente [dinheiro, economias, etc.]

stretch out (informal) esticar-se [numa cama, num sofá, etc.]
- *s* **1** trecho [de uma estrada, um rio, etc.] **2** período | **at a stretch** seguido **3** (em ginástica) alongamento **4 to work at full stretch** funcionar no limite de sua capacidade

stretcher /'strɛtʃər/ *s* maca
strewn /strun/ *adj* espalhado
stricken /'strɪkən/ *adj* (formal) **1** afetado, acometido **2 poverty/panic etc. stricken** na miséria/em pânico etc. **3 to be grief stricken** estar muito triste/arrasado
strict /strɪkt/ *adj* **1** severo, rígido [pais, professor, etc.] **2** estrito, rígido [regras, instruções, dieta, etc.]
strictly /'strɪktli/ *adv* **1** estritamente | **strictly speaking** estritamente falando **2 strictly prohibited/forbidden** terminantemente proibido
stride /straɪd/ *verbo & substantivo*
- *v* [intr] (passado **strode**, particípio **stridden** AmE **strode** BrE) **to stride into/out of/across sth** entrar em/sair de/atravessar algo a passos largos: *He strode across the room.* Ele atravessou a sala a passos largos.
- *s* **1** passada **2 to take sth in your stride** enfrentar bem algo

stridden /'strɪdn/ AmE particípio de **stride**
strike /straɪk/ *verbo & substantivo*
- *v* (passado & particípio **struck**) **1 it struck me that** me ocorreu que, me dei conta de que | **it strikes me that** tenho a impressão de que | **to strike sb as interesting/strange etc.** parecer interessante/estranho etc. a alguém | **to be struck by sth** ficar impressionado com algo **2** [intr] fazer greve, entrar em greve **3** [tr] (formal) acertar, atingir **4** [tr] (formal) bater em **5** [tr] atingir: *Their house was struck by lightning.* A casa deles foi atingida por um raio. **6** [tr] acender [um fósforo] **7** [tr/intr] bater [as horas]: *The clock struck four.* O relógio bateu quatro horas.

strike back revidar
strike up sth to strike up a conversation/a friendship puxar conversa/fazer amizade
- *s* **1** greve | **to be (out) on strike** estar em greve | **to go on strike** entrar em greve **2** ataque

striker /'straɪkər/ *s* **1** grevista **2** atacante [em futebol]
striking /'straɪkɪŋ/ *adj* **1** impressionante **2** atraente
string /strɪŋ/ *substantivo, substantivo plural & verbo*
- *s* **1** barbante **2 a string of pearls/beads etc.** um fio de pérolas/contas etc. **3** série [de perguntas, ataques, etc.] **4** cadeia [de hotéis, lojas, etc.] **5** corda [de violino, violão, etc.]

6 with no strings attached sem compromissos **7 to pull strings** mexer os pauzinhos

• **strings** *s pl* cordas

• *v* [tr] (passado & particípio **strung**) pendurar
string sb along (informal) embromar alguém
string sth out estender algo [uma reunião, uma conversa]

strip /strɪp/ *verbo & substantivo*

• *v* (**-pped, -pping**) **1** (também **strip off**) [tr], [intr] despir-se: *We stripped off and jumped in the water.* Nós nos despimos e pulamos na água. **2** [tr] remover a tinta/o papel de [um móvel, uma parede, etc.] **3 to strip sb of sth** destituir alguém de algo **4** [tr] (também **strip down**) desmontar

• *s* **1** tira [de papel, tecido, etc.] **2** faixa [de terra] **3** BrE uniforme [de um time] ▶ No inglês americano diz-se **uniform**

stripe /straɪp/ *s* listra

striped /straɪpt/ *adj* listrado

strip mall *s* pequeno shopping com lojas em renque e estacionamento na frente

stripy, também **stripey** /ˈstraɪpi/ *adj* BrE ▶ ver **striped**

strive /straɪv/ *v* [intr] (passado **strove**, particípio **striven**) (formal) **to strive for sth** esforçar-se por algo | **to strive to do sth** esforçar-se para fazer algo

striven /ˈstrɪvən/ particípio de **strive**

strode /stroʊd/ passado & particípio de **stride**

stroke /stroʊk/ *substantivo & verbo*

• *s* **1 at one stroke/at a stroke** de um só golpe: *All our problems were solved at one stroke.* Todos os nossos problemas foram resolvidos de um só golpe. **2** derrame [cerebral] **3** braçada **4** estilo [em natação]

stroking a dog

5 on the stroke of six/seven etc. às seis/sete etc. em ponto **6 a stroke of luck/genius** uma grande sorte/uma ideia genial

• *v* [tr] afagar

stroll /stroʊl/ *verbo & substantivo*

• *v* **to stroll across/around etc. sth** passear por/em etc. algo

• *s* passeio [a pé] | **to go for a stroll** ir dar um passeio

stroller /ˈstroʊlər/ *s* AmE carrinho (de bebê)

strong /strɔŋ/ *adj* **1** forte [pessoa, pernas, etc.] **2** resistente [corda, tecido, etc.] **3** forte [líder, moeda, etc.] **4** firme, forte [relação, laço] **5** forte [cheiro, gosto, sotaque, etc.] **6** forte [vento, correnteza] **7 there's a strong possibility/chance that** há uma grande possibilidade/chance de (que) **8 my/your etc. strong point** o meu/seu etc. forte **9 500/10,000 etc. strong** de 500/10.000 etc. pessoas: *a 50,000 strong crowd* uma multidão de 50.000 pessoas **10 strong language** palavras de baixo calão: *The movie contains strong language.* O filme contém linguajar de baixo calão.

strongly /ˈstrɔŋli/ *adv* **1** firmemente, piamente: *I strongly believe she is innocent.* Acredito piamente que ela seja inocente. **2 to smell/taste strongly of sth** ter um forte cheiro/gosto de algo

strove /stroʊv/ passado de **strive**

struck /strʌk/ passado & particípio de **strike**

structural /ˈstrʌktʃərəl/ *adj* estrutural

structure /ˈstrʌktʃər/ *substantivo & verbo*

• *s* estrutura

• *v* [tr] estruturar

struggle /ˈstrʌɡəl/ *verbo & substantivo*

• *v* [intr] **1** esforçar-se, batalhar | **to struggle to do sth** ter dificuldade para fazer algo **2** lutar: *She struggled desperately with her attacker.* Ela lutou desesperadamente com seu agressor. **3 to struggle toward/into etc.** mover-se com dificuldade em direção a/entrar com dificuldade em etc.

struggle on continuar batalhando

• *s* **1** (esforço) luta: *the struggle for independence* a luta pela independência **2** (briga) luta

strung /strʌŋ/ passado & particípio de **string**

strung out *adj* espalhado

strut /strʌt/ *verbo & substantivo*

• *v* [intr] (**-tted, -tting**) **to strut into the house/office etc.** entrar na casa/no escritório etc. todo empertigado | **to strut around** andar empertigado

• *s* escora

stub /stʌb/ *substantivo & verbo*

• *s* **1** cotoco [de lápis], guimba [de cigarro] **2** canhoto [de ingresso, cheque]

• *v* (**-bbed, -bbing**) **to stub your toe** dar uma topada

stub sth out apagar algo [um cigarro]

stubble /ˈstʌbəl/ *s* **1** barba por fazer **2** restolho

stubborn /ˈstʌbərn/ *adj* **1** teimoso **2** persistente [tosse] **3** difícil de tirar [mancha]

stuck¹ /stʌk/ *adj* **1 to be stuck (a)** estar emperrado [porta, gaveta, etc.] **(b)** estar/ficar preso [num lugar] **(c)** estar empacado: *Can you help me with my homework? I'm stuck.* Pode me ajudar com meu dever de casa? Estou empacado. | **to get stuck (a)** emperrar [porta, gaveta, etc.] **(b)** ficar preso **(c)** empacar: *I got stuck on the third question.* Empaquei na terceira questão. **2 to be stuck with sth/sb** ter que aguentar algo/alguém

stuck² passado & particípio de **stick**

stuck-'up adj (informal) esnobe

stud /stʌd/ s **1** tacha **2** brinco **3** garanhão

student /'studnt/ s **1** estudante: *a language student* um estudante de línguas **|** aluno -na: *the best student in the class* o melhor aluno da turma **3 student driver** AmE aprendiz de motorista

studio /'studioʊ/ s **1** estúdio **2** ateliê **3** (também **studio apartment** AmE) conjugado

studious /'studiəs/ adj estudioso

study /'stʌdi/ substantivo, substantivo plural & verbo

- s (pl **-dies**) **1** estudo **2** escritório
- **studies** s pl estudos
- v [tr/intr] (**-dies**, **-died**) **1** (como estudante) estudar: *I'm studying for my exams.* Estou estudando para as provas. | *She wants to study law.* Ela quer estudar Direito. **2** (examinar) estudar

stuff /stʌf/ substantivo & verbo

- s (informal) **1** coisas: *Your stuff's in my room.* Suas coisas estão no meu quarto. **2** troço [substância ou material]: *What is this stuff on the floor?* O que é esse troço no chão?
- v [tr] **1** meter **2** encher: *He stuffed his bag full of clothes and left.* Ele encheu a mala de roupas e saiu. **3** rechear [tomates, frango, etc.] **4 to stuff yourself** (informal) empanturrar-se **5** empalhar

stuffing /'stʌfɪŋ/ s **1** enchimento [de almofada] **2** recheio [para peru, etc.]

stuffy /'stʌfi/ adj (**-ffier**, **-ffiest**) **1** abafado **2** antiquado, careta

stumble /'stʌmbəl/ v [intr] tropeçar **stumble across sth**, também **stumble on sth** dar com algo, achar algo

stump /stʌmp/ substantivo & verbo

- s **1** toco **2** coto
- v [tr] aturdir, deixar perplexo

stun /stʌn/ v [tr] (**-nned**, **-nning**) **1** chocar **2** fazer ficar inconsciente [com um golpe]

stung /stʌŋ/ passado & particípio de **sting**

stunk /stʌŋk/ particípio de **stink**

stunning /'stʌnɪŋ/ adj **1** estonteante, deslumbrante **2** chocante

stunt /stʌnt/ substantivo & verbo

- s **1** cena perigosa **2** truque: *a publicity stunt* um truque de publicidade
- v **to stunt the growth of a plant/the development of a child etc.** atrofiar uma planta/o desenvolvimento de uma criança etc.

stupid /'stupɪd/ adj **1** burro: *Don't be so stupid!* Não seja tão burro! | *It was a really stupid thing to do.* Foi uma grande burrice. **2** (informal) maldito: *I can't get that stupid door open!* Não consigo abrir essa maldita porta!

stupidity /stu'pɪdəti/ s burrice, estupidez

stupor /'stupər/ s **in a drunken stupor** completamente bêbado

sturdy /'stɜrdi/ adj (**-dier**, **-diest**) **1** sólido, resistente **2** forte, robusto

stutter /'stʌtər/ verbo & substantivo

- v [tr/intr] gaguejar
- s gagueira

sty /staɪ/ s (pl **sties**) **1** chiqueiro **2** (também **stye**) (pl **styes**) terçol

style /staɪl/ substantivo & verbo

- s **1** (maneira) estilo: *his style of leadership* seu estilo de liderança **2** (de artista, escritor) estilo: *Renoir's style* o estilo de Renoir **3** modelo **4** modismo **5 to have style** ter classe
- v **to style sb's hair** fazer um corte de cabelo em alguém

stylish /'staɪlɪʃ/ adj elegante

styrofoam® /'staɪrəfoʊm/ s AmE poliestireno, isopor

sub /sʌb/ s (informal) **1** submarino **2** AmE sanduíche de baguete **3** reserva [num time de futebol, etc.] **4** AmE professor -a substituto -ta

subconscious /sʌb'kɑnʃəs/ s & adj subconsciente

subdue /səb'du/ v [tr] conter, dominar

subdued /səb'dud/ adj **1** muito quieto, muito retraído [pessoa], baixo [voz, tom] **2** tênue

subject¹ /'sʌbdʒɪkt/ substantivo & adjetivo

- s **1** assunto: *a book on the subject* um livro sobre o assunto **| to change the subject** mudar de assunto: *Don't try to change the subject.* Não tente mudar de assunto. **2** matéria: *English is my favorite subject.* Inglês é a minha matéria favorita. **3** objeto [de uma pesquisa, experiência, etc.] **4** súdito -ta: *a British subject* um súdito britânico **5** (em gramática) sujeito
- adj **subject to sth** sujeito a algo

subject² /səb'dʒɛkt/ v **to subject sth/sb to sth** submeter algo/alguém a algo

subjective /sʌb'dʒɛktɪv/ adj subjetivo

subjunctive /səb'dʒʌŋktɪv/ s subjuntivo

submarine /'sʌbmərin/ s submarino

submarine 'sandwich s AmE sanduíche de baguete

submerge /səb'mɜrdʒ/ v [tr/intr] submergir

submission /səb'mɪʃən/ s submissão

submit /səb'mɪt/ v (**-tted**, **-tting**) **1 to submit to sb/sth** submeter-se a alguém/algo **2** [tr] apresentar [uma proposta, um pedido, um trabalho, etc.]

subordinate /sə'bɔrdənət/ adjetivo & substantivo

- adj subalterno [cargo, papel] **| to be subordinate to sb** estar subordinado a alguém
- s subalterno -na

subpoena /sə'pinə/ s AmE intimação [para comparecer na Justiça]

subscribe /səbˈskraɪb/ v **1 to subscribe to a newspaper/magazine etc.** fazer/ter assinatura de um jornal/uma revista etc. **2 to subscribe to an idea/opinion etc.** (formal) aprovar uma ideia/opinião etc.

subscription /səbˈskrɪpʃən/ s assinatura [de jornal, etc.]

subsequent /ˈsʌbsəkwənt/ adj (formal) posterior | **subsequent to sth** posteriormente a algo: *subsequent to his death* posteriormente à morte dele

subsequently /ˈsʌbsəkwəntli/ adv (formal) posteriormente

subside /səbˈsaɪd/ v [intr] **1** diminuir, amainar **2** ceder [prédio, pavimento]

subsidence /səbˈsaɪdns, BrE ˈsʌbsədəns/ s afundamento [de prédio, muro, etc.]

subsidiary /səbˈsɪdiɛri/ *substantivo & adjetivo*
- *s* (pl **-ries**) subsidiária
- *adj* complementar, secundário

subsidize, -ise BrE /ˈsʌbsədaɪz/ v [tr] subsidiar

subsidy /ˈsʌbsədi/ s (pl **-dies**) subsídio

substance /ˈsʌbstəns/ s substância

substantial /səbˈstænʃəl/ adj **1** substancial **2** sólido [casa, móvel, etc.]

substantially /səbˈstænʃəli/ adv consideravelmente: *Prices have increased substantially.* Os preços aumentaram consideravelmente.

substitute /ˈsʌbstətut/ *substantivo & verbo*
- *s* **1** substituto **2** reserva [em esporte] **3** AmE professor -a substituto -ta
- *v* [tr] **to substitute X for Y** substituir Y por X: *You can substitute yogurt for the cream.* Você pode substituir o creme de leite por iogurte.

substitute 'teacher s AmE professor -a substituto -ta

subtitles /ˈsʌbtaɪtlz/ s pl legendas [num filme, programa de TV]

subtle /ˈsʌtl/ adj **1** sutil [mudança, diferença] **2** sutil [humor, piada] **3** suave [gosto, cheiro, tom] **4** sutil [comentário, pessoa]

subtlety /ˈsʌtlti/ s **1** (perspicácia) sutileza **2** (pl **-ties**) (detalhe) sutileza

subtract /səbˈtrækt/ v [tr] subtrair: *What do you get if you subtract 15 from 100?* Se você subtrair 15 de 100, quanto sobra?

subtraction /səbˈtrækʃən/ s subtração

suburb /ˈsʌbɜrb/ s bairro residencial nos arredores da cidade | **the suburbs** os arredores da cidade ▶ O termo **suburb** não tem a mesma conotação que a palavra *subúrbio*. Em inglês, um **suburb** é um bairro residencial geralmente de classe média

suburban /səˈbɜrbən/ adj (situado) nos arredores da cidade ▶ ver nota em **suburb**

subway /ˈsʌbweɪ/ s **1** AmE metrô **2** BrE passagem subterrânea

succeed /səkˈsid/ v **1** [intr] ter êxito: *If you don't succeed the first time, keep trying.* Se você não tiver êxito da primeira vez, continue tentando. | **to succeed in doing sth** conseguir fazer algo: *They succeeded in reaching the summit.* Conseguiram chegar ao cume. **2** [tr] (num cargo) suceder | **to succeed to the throne** subir ao trono **3** [intr] ter êxito [numa carreira]

succeeding /səkˈsidɪŋ/ adj sucessivo, seguinte

success /səkˈsɛs/ s (pl **-sses**) **1** (resultado desejado) sucesso: *I tried to calm her down, but without success.* Tentei acalmá-la, mas sem sucesso. **2** (referente a disco, festa, etc.) sucesso: *The party was a great success.* A festa foi um grande sucesso.

successful /səkˈsɛsfəl/ adj **1** bem-sucedido: *a successful advertising campaign* uma campanha publicitária bem-sucedida | *The operation was successful.* A operação foi bem-sucedida. **2 to be successful in doing sth** conseguir fazer algo: *The company has been very successful in selling its products to teenagers.* A empresa teve muito êxito na venda de seus produtos a adolescentes. **3** de sucesso: *a successful singer* uma cantora de sucesso **4** bem-sucedido: *a very successful company* uma empresa muito bem-sucedida | **to be successful** ser um sucesso, fazer sucesso [filme, peça]: *The movie was hugely successful in Europe.* O filme fez um sucesso enorme na Europa.

succession /səkˈsɛʃən/ s **1 five times/three years etc. in succession** cinco vezes seguidas/três anos seguidos etc. **2 a succession of** uma sucessão de **3** sucessão [a um cargo, ao trono, etc.]

successive /səkˈsɛsɪv/ adj sucessivo

successor /səkˈsɛsər/ s sucessor -a

succumb /səˈkʌm/ v (formal) **to succumb (to sth)** sucumbir (a algo)

such /sʌtʃ/ *advérbio, adjetivo & pronome*
- *adv* **1** tão: *He has such enormous feet!* Ele tem um pé tão grande! | *I feel like such an idiot!* Estou me sentindo tão idiota! | **such… (that)** tão… que: *It's such a tiny kitchen there's no room for a dishwasher.* É uma cozinha tão minúscula, que não tem espaço para lava-louça.
  2 tal: *In such a situation you should call the police immediately.* Em tal situação, você deveria chamar a polícia imediatamente.
- *adj* tal, desse tipo: *Such behavior is unacceptable.* Tal comportamento é inaceitável. | **such as** (tal) como: *big cities such as São Paulo* cidades grandes como São Paulo | **no such thing**: *There's no such thing as a perfect marriage.* Não existe casamento perfeito. | *I said no such thing!* Não falei nada disso!
- *pron* **as such** propriamente dito: *He doesn't have a diploma as such.* Ele não tem um diploma propriamente dito.

suck /sʌk/ v **1** [tr] chupar **2 to suck sth up** sorver algo **3** [intr] AmE (informal) ser uma porcaria: *This place really sucks!* Esse lugar é mesmo uma porcaria!

sudden /'sʌdn/ adj **1** repentino: *a sudden change of plan* uma mudança repentina de plano **2 all of a sudden** de repente: *All of a sudden the lights went out.* De repente as luzes se apagaram.

suddenly /'sʌdnli/ adv de repente: *Suddenly I heard a noise.* De repente ouvi um barulho.

suds /sʌdz/ s pl **1** espuma [de sabão] **2** AmE (informal) cerveja

sue /su/ v [tr/intr] processar | **to sue sb for sth** processar alguém por algo

suede /sweɪd/ s camurça

suffer /'sʌfər/ v **1** [tr/intr] sofrer: *The doctors said he didn't suffer.* Os médicos disseram que ele não sofreu. | **to suffer from sth** sofrer de algo: *Many people suffer from depression.* Muitas pessoas sofrem de depressão. **2** [intr] estar sendo afetado: *His work is suffering.* O trabalho dele está sendo afetado. **3 to suffer a loss/a defeat etc.** sofrer uma perda/uma derrota etc.

sufferer /'sʌfərər/ s **asthma/hay fever etc. sufferer** asmático -ca/pessoa que sofre de febre do feno etc.

sufficient /sə'fɪʃənt/ adj suficiente

suffix /'sʌfɪks/ s (pl **-xes**) sufixo

suffocate /'sʌfəkeɪt/ v [tr/intr] sufocar

suffocating /'sʌfəkeɪtɪŋ/ adj sufocante

sugar /'ʃʊɡər/ s açúcar

'**sugar ˌbowl** s açucareiro

suggest /səɡ'dʒɛst/ v [tr] **1** sugerir: *I suggest you wait a few minutes.* Sugiro que você espere alguns minutos. | **to suggest doing sth** sugerir fazer algo: *Tim suggested going together in one car.* Tim sugeriu irmos juntos num só carro. **2** recomendar **3** indicar: *All the evidence seems to suggest that he is guilty.* Todas as provas parecem indicar que ele é culpado. **4** insinuar

suggestion /səɡ'dʒɛstʃən/ s **1** sugestão: *Do you have a better suggestion?* Você tem uma sugestão melhor? | **to make a suggestion** dar uma sugestão **2** insinuação

suicidal /suə'saɪdl/ adj **1 suicidal tendencies** tendências suicidas **2 to be suicidal (a)** (referente a um ato) ser suicida: *It would be suicidal to attack in daylight.* Seria suicida atacar durante o dia. **(b)** (referente a uma pessoa) estar suicida

suicide /'suəsaɪd/ s suicídio | **to commit suicide** suicidar-se

suit /sut/ *substantivo & verbo*

• s **1** terno **2 to follow suit** fazer o mesmo **3** AmE roupa de banho [calção, maiô] **4** naipe **5** ação judicial

• v [tr] **1** ser conveniente para: *Does Thursday suit everybody?* Quinta-feira é conveniente para todos? **2** favorecer, ficar bem em: *Long hair doesn't suit me.* Cabelo comprido não me favorece. **3 suit yourself** faça como quiser

suitable /'sutəbl/ adj adequado, apropriado

suitably /'sutəbli/ adv apropriadamente, adequadamente: *They were suitably dressed for the occasion.* Eles estavam apropriadamente vestidos para a ocasião.

suitcase /'sutkeɪs/ s mala

suite /swit/ s **1** (num hotel) suíte **2** conjunto | **a three-piece suite** um conjunto com sofá e duas poltronas

suited /'sutɪd/ adj **1 to be suited to sth** ser adequado a algo **2 to be ideally suited for sth** ser perfeito para algo

sulfur AmE, **sulphur** BrE /'sʌlfər/ s enxofre

sulk /sʌlk/ v [intr] estar/ficar emburrado

sullen /'sʌlən/ adj emburrado

sultan /'sʌltən/ s sultão

sultana /sʌl'tænə/ s BrE passa [de uva branca] ▶ No inglês americano diz-se **golden raisin**

sum /sʌm/ *substantivo & verbo*

• s **1** quantia: *a small sum of money* uma pequena quantia de dinheiro **2** soma **3** BrE conta

• v (**-mmed, -mming**) **sum up** to sum up resumindo **sum sth up 1** resumir algo **2** formar uma opinião sobre algo [uma situação]

summarize, -ise BrE /'sʌməraɪz/ v [tr/intr] resumir

summary /'sʌməri/ s (pl **-ries**) resumo

summer /'sʌmər/ s **1** verão ▶ ver "Active Box" **seasons** em **season 2 summer camp** colônia de férias **summer clothes/dress** roupa/vestido de verão **summer vacation** férias de verão

summertime /'sʌmərtaɪm/ s verão

summit /'sʌmɪt/ s **1** cume **2** cimeira, reunião de cúpula

summon /'sʌmən/ v [tr] (formal) **1** convocar, chamar: *He was summoned to the principal's office.* Ele foi chamado ao gabinete do diretor. **2** (também **summon up**) reunir [coragem, força, etc.]

summons /'sʌmənz/ s (pl **-ses**) intimação

sun /sʌn/ *substantivo & verbo*

• s **1** sol: *The sun's come out.* Saiu o sol. | *Let's go and sit in the sun.* Vamos nos sentar no sol. **2** (estrela) sol

• v (**-nned, -nning**) **to sun yourself** tomar sol

sunbathe /'sʌnbeɪð/ v [intr] tomar sol

sunblock /'sʌnblɑk/ s protetor solar

sunburn /'sʌnbərn/ s queimaduras de sol

sunburned /'sʌnbərnd/, também **sunburnt** /'sʌnbərnt/ adj muito queimado [pelo sol]: *Your back is sunburned.* Suas costas estão muito queimadas.

'**sun cream** s BrE protetor solar

sundae /'sʌndi, -deɪ/ s sundae

Sunday /'sʌndi, -deɪ/ s domingo ▶ ver "Active Box" **days of the week** em **day**

sundry /'sʌndri/ adj **1 all and sundry** todo mundo **2** (formal) diversos

sunflower /'sʌnflaʊər/ s girassol

sung /sʌŋ/ particípio de **sing**

sunglasses /'sʌnglæsɪz/ s pl óculos escuros

sunk /sʌŋk/ passado & particípio de **sink**

sunken /'sʌŋkən/ adj afundado, naufragado

sunlight /'sʌnlaɪt/ s (luz do) sol

sunny /'sʌni/ adj (-nnier, -nniest) **1** ensolarado, de sol: *a sunny day* um dia ensolarado | *It's sunny.* Está (fazendo) sol. **2** alegre

sunrise /'sʌnraɪz/ s **1** amanhecer: *We leave at sunrise.* Partiremos ao amanhecer. **2** nascer do sol: *a beautiful sunrise* um lindo nascer do sol

sunscreen /'sʌnskrin/ s protetor solar

sunset /'sʌnsɛt/ s **1** entardecer: *before sunset* antes do entardecer **2** pôr do sol: *a beautiful sunset* um belo pôr do sol

sunshine /'sʌnʃaɪn/ s sol: *sitting in the sunshine* sentado ao sol

sunstroke /'sʌnstroʊk/ s insolação

suntan /'sʌntæn/ s bronzeado | **to get a suntan** bronzear-se

'**suntan** ,**lotion,** também '**suntan** ,**oil** s óleo de bronzear

super /'supər/ adjetivo, advérbio & substantivo

• **adj** bárbaro, ótimo: *That's a super idea!* Que ótima ideia!

• **adv** super: *The computer was super expensive.* O computador foi super caro.

• **s** AmE zelador -a

superb /sʊ'pɜrb/ adj maravilhoso, primoroso

superficial /supər'fɪʃəl/ adj **1** superficial [conhecimento, inspeção] **2** superficial [ferimento] **3** fútil

superfluous /sʊ'pɜrfluəs/ adj supérfluo

superglue® /'supərglu/ s Super Bonder®

superhero /'supərhɪroʊ/ s (pl -roes) super-herói

superintendent /supərɪn'tɛndənt/ s **1** AmE zelador -a **2** (também **superintendent of schools**) AmE inspetor -a [de escolas] **3** BrE inspetor -a [de polícia]

superimpose /supərɪm'poʊz/ v [tr] sobrepor [uma imagem a outra]

superior /sə'pɪriər/ adjetivo & substantivo

• **adj 1** (melhor) superior: *Our product is superior to theirs.* Nosso produto é superior ao deles. **2** de qualidade superior **3** (em escalão) superior **4 a superior look/smile** um olhar/sorriso de superioridade

• **s** superior

superiority /səpɪri'ɔrəti/ s **1** (melhor qualidade) superioridade **2** (arrogância) superioridade

superlative /sə'pɜrlətɪv/ adjetivo & substantivo

• **adj** (muito bom) extraordinário

• **s the superlative** o superlativo

supermarket /'supərmɑrkɪt/ s supermercado

supermodel /'supərmɑdl/ s supermodelo

supernatural /supər'nætʃərəl/ substantivo & adjetivo

• **s the supernatural** o sobrenatural

• **adj** sobrenatural

supersede /supər'sid/ v [tr] substituir

supersonic /supər'sɑnɪk/ adj supersônico

superstar /'supərstɑr/ s superstar

superstition /supər'stɪʃən/ s superstição

superstitious /supər'stɪʃəs/ adj supersticioso

superstore /'supərstɔr/ s megastore

supervise /'supərvaɪz/ v [tr] supervisionar

supervision /supər'vɪʒən/ s supervisão

supervisor /'supərvaɪzər/ s supervisor -a

supper /'sʌpər/ s **1** jantar **2** ceia

supple /'sʌpəl/ adj flexível

supplement¹ /'sʌpləmənt/ s **1** (da dieta) suplemento **2** (de jornal, revista) suplemento **3** adicional

supplement² /'sʌpləmɛnt/ v [tr] complementar

supplementary /sʌplə'mɛntəri/, também **supplemental** /sʌplə'mɛntl/ adj suplementar

supplier /sə'plaɪər/ s fornecedor

supply /sə'plaɪ/ substantivo, substantivo plural & verbo

• **s** (pl **-lies**) **1** estoque **2 to be in short supply** estar escasso: *Gasoline was in short supply.* A gasolina estava escassa. **3 the gas/water etc. supply** o abastecimento de gás/água etc.

• **supplies** s pl provisões, suprimentos

• **v** [tr] (-plies, -plied) fornecer | **to supply sb with sth/to supply sth to sb** fornecer algo a alguém

sup'ply ,**teacher** s BrE ▶ ver **substitute teacher**

support /sə'pɔrt/ verbo & substantivo

• **v** [tr] **1** apoiar: *We all support the proposal.* Nós todos apoiamos a proposta. | *We'll support you, whatever career you choose.* Vamos te apoiar, seja qual for a carreira que você escolher. **2** (falando de muros, pontes, etc.) sustentar **3** (financeiramente) sustentar: *I can't support a family on my salary.* Não posso sustentar uma família com meu salário. **4** BrE torcer por

• **s** apoio | **in support of** em apoio a

supporter /sə'pɔrtər/ s **1** partidário -ria, simpatizante **2** AmE suporte atlético **3** BrE torcedor -a

sup'port group s grupo de apoio

suppose /sə'pouz/ *v* [tr] **1** supor, achar: *I suppose we'll never know.* Acho que nunca vamos saber. | *I suppose your job must be very dangerous at times.* Imagino que seu emprego deve ser muito perigoso às vezes.
2 to be supposed to (a) Para expressar intenção, previsão: *This was supposed to be a vacation!* Isso era para ser uma viagem de férias! | *There's supposed to be a bus at four o'clock.* Supostamente deve passar um ônibus às quatro horas. **(b)** Para expressar obrigação: *I'm supposed to be home by midnight.* Tenho que estar em casa antes de meia-noite. **(c)** Para transmitir informações obtidas: *Her new book is supposed to be very interesting.* Dizem que o novo livro dela é muito interessante.
3 I suppose so (a) (dando opinião) suponho/acho que sim **(b)** (dando permissão) está bem | **I suppose not** acho que não
4 suppose.../supposing... e se...: *Suppose Mom found out.* E se a mamãe descobrisse?

supposedly /sə'pouzɪdli/ *adv* supostamente

suppress /sə'prɛs/ *v* [tr] (3a pess sing **-sses**) **1** sufocar, reprimir [uma rebelião, a oposição] **2** ocultar, omitir [provas, a verdade] **3** conter [um desejo, o riso]

supremacy /sə'prɛməsi/ *s* supremacia

supreme /sə'prim/ *adj* **1** supremo **2** extremo

surcharge /'sɜrtʃɑrdʒ/ *s* custo adicional

sure /ʃʊr/ *adjetivo & advérbio*
* *adj* **1** certo | **to be sure (about/of sth)** ter certeza (de algo): *I'm sure it was him.* Tenho certeza de que era ele. | *Are you sure about that?* Você tem certeza disso? | *I'm not sure of the exact date.* Não estou certo da data exata.
2 to make sure certificar-se: *I made sure that the doors were all locked.* Eu me certifiquei de que todas as portas estavam trancadas.
3 a sure sign of sth um sinal claro de algo
4 sure of myself/himself etc. seguro de mim/si etc.
5 he's sure to pass/call etc. Ele com certeza vai ser aprovado/ligar etc. | **be sure to tell him/call me etc.** não deixe de avisá-lo/me ligar etc.
* *adv* **1 for sure** ao certo: *We don't know for sure what happened.* Não sabemos ao certo o que houve. | **that's for sure** sem dúvida, não há a menor dúvida
2 sure enough como era de se esperar: *Sure enough, Mike got lost.* Como era de se esperar, Mike se perdeu.
3 (informal) claro: *"Can I phone my dad?" "Sure!"* – Posso ligar para o meu pai? – Claro!

surely /'ʃʊrli/ *adv* **1** Usado para expressar surpresa ou incredulidade: *Surely you don't find him attractive!* Não me diga que você o acha bonito! **2** (para expressar certeza) certamente: *There must surely be an explanation.* Certamente deve haver uma explicação.

surf /sɜrf/ *verbo & substantivo*
* *v* **1** [intr] surfar, fazer surfe | **to go surfing** ir surfar **2 to surf the Net** navegar na rede, surfar
* *s* arrebentação

surface /'sɜrfəs/ *substantivo & verbo*
* *s* **1** superfície **2 on the surface** aparentemente
* *v* [intr] emergir

surfboard /'sɜrfbɔrd/ *s* prancha (de surfe)

surfing /'sɜrfɪŋ/ *s* surfe

surge /sɜrdʒ/ *verbo & substantivo*
* *v* **to surge forward** irromper
* *s* **1** onda [de entusiasmo, emoção, etc.] **2 a surge in prices/profits etc.** um aumento repentino nos preços/lucros etc.

surgeon /'sɜrdʒən/ *s* cirurgião -giã

surgery /'sɜrdʒəri/ *s* **1** cirurgia: *My father needs heart surgery.* Meu pai precisa operar o coração. | **to have surgery** fazer uma cirurgia, operar **2** (pl **-ries**) BrE consultório [médico ou odontológico] ▶ No inglês americano diz-se **office 3** (pl **-ries**) BrE horário de consulta [de médico ou dentista] ▶ No inglês americano diz-se **office hours**

surgical /'sɜrdʒɪkəl/ *adj* cirúrgico

surname /'sɜrneɪm/ *s* sobrenome

surpass /sər'pæs/ *v* [tr] (3a pess sing **-sses**) superar

surplus /'sɜrplʌs/ *substantivo & adjetivo*
* *s* excedente, superávit
* *adj* de sobra, excedente

surprise /sər'praɪz/ *substantivo & verbo*
* *s* **1** (coisa inesperada) surpresa: *I have a little surprise for you.* Tenho uma pequena surpresa para você. **2** (espanto) surpresa: *a look of surprise* um olhar de surpresa | **to take sb by surprise** pegar alguém de surpresa
* *v* [tr] **1** surpreender **2** pegar em flagrante

surprised /sər'praɪzd/ *adj* **1** surpreso [pessoa] | **to be surprised** ficar surpreso: *Andrew was very surprised when I walked in.* Andrew ficou muito surpreso quando entrei. | *"She's left him." "Well, I'm not surprised!"* – Ela o abandonou. – Bom, isso não me surpreende. | *I was surprised by her behavior./I was surprised at her behavior.* Fiquei surpreso com o comportamento dela. **2** de surpresa [expressão, olhar]

surprising /sər'praɪzɪŋ/ *adj* surpreendente

surprisingly /sər'praɪzɪŋli/ *adv* surpreendentemente

surrender /sə'rɛndər/ *verbo & substantivo*

- *v* **1** [intr] render-se **2** [tr] (formal) entregar [a carteira de motorista, o passaporte, etc.]
- *s* rendição

surrogate mother /ˌsʌrəgət 'mʌðər/ *s* mãe de aluguel

surround /sə'raʊnd/ *v* [tr] cercar | **surrounded by sth/sb** cercado de algo/por alguém

surrounding /sə'raʊndɪŋ/ *adjetivo & substantivo plural*

- *adj* à volta, próximo
- **surroundings** *s pl* arredores

surveillance /sər'veɪləns/ *s* **1** vigilância | **to keep sth/sb under surveillance** manter algo/alguém sob vigilância **2 surveillance cameras** câmeras de vigilância **surveillance equipment** equipamentos de vigilância

survey¹ /'sɜrveɪ/ *s* **1** pesquisa **2** levantamento [de terras, de uma área] **3** BrE vistoria [de uma casa, um prédio] ▶ No inglês americano diz-se **inspection**

survey² /sər'veɪ/ *v* [tr] **1** entrevistar [para pesquisa] **2** examinar [uma cena, um mapa, etc.] **3** levantar, fazer o levantamento de [terras, uma área] **4** BrE vistoriar [um prédio, uma casa] ▶ No inglês americano diz-se **inspect**

survival /sər'vaɪvəl/ *s* sobrevivência

survive /sər'vaɪv/ *v* **1** [tr] sobreviver a, [intr] sobreviver: *The refugees may not survive the winter*. Os refugiados talvez não sobrevivam ao inverno. **2** [tr] superar [uma crise], [intr] perdurar **3 to survive on sth** sobreviver à base de algo, sobreviver com algo

survivor /sər'vaɪvər/ *s* sobrevivente

susceptible /sə'sɛptəbəl/ *adj* **to be susceptible to sth** ser propenso a algo

sushi /'suʃi/ *s* sushi

suspect¹ /sə'spɛkt/ *v* [tr] **1** suspeitar (de): *The police suspect that she has already left the country.* A polícia suspeita que ela já tenha deixado o país. **2 to suspect sb** suspeitar de alguém | **to suspect sb of (doing) sth** suspeitar que alguém faça/tenha feito algo | **to be suspected of (doing) sth** ser suspeito de (ter feito) algo

suspect² /'sʌspɛkt/ *s & adj* suspeito -ta

suspend /sə'spɛnd/ *v* [tr] **1** suspender [negociações, um jogo, a venda de um produto] **2** suspender [um aluno, um funcionário, etc.] | **to suspend sb from sth** suspender alguém de algo **3** (formal) **to suspend sth from sth** pendurar algo em algo

suspenders /sə'spɛndərz/ *s pl* **1** AmE suspensório(s) **2** BrE ligas ▶ No inglês americano diz-se **garters**

suspense /sə'spɛns/ *s* suspense | **to keep sb in suspense** deixar alguém em suspense

suspension /sə'spɛnʃən/ *s* **1** (adiamento) suspensão **2** (castigo) suspensão **3** (de veículo) suspensão

suspicion /sə'spɪʃən/ *s* **1** suspeita: *She had a suspicion that Steve might be right.* Ela suspeitava de que Steve podia estar certo. **2** desconfiança **3 on suspicion of** sob suspeita de

suspicious /sə'spɪʃəs/ *adj* **1** desconfiado | **to be suspicious of sth/sb** desconfiar de algo/alguém **2** suspeito: *a suspicious package* um pacote suspeito

suspiciously /sə'spɪʃəsli/ *adv* **1** de forma suspeita **2** com desconfiança

sustain /sə'steɪn/ *v* [tr] **1** manter [o interesse] **2** sustentar [o crescimento] **3** sustentar [alimentar] **4** (formal) sofrer [ferimentos, baixas, etc.]

SUV /ˌɛs ju 'vi/ *s* (= **sport utility vehicle**) veículo 4x4, utilitário esportivo

SW (= **southwest**) SO

swagger /'swægər/ *v* [intr] andar com ar arrogante

swallow /'swɑloʊ/ *verbo & substantivo*

- *v* **1** [tr/intr] engolir **2** [tr] (informal) (aceitar) engolir: *I find her story hard to swallow.* Acho a história dela difícil de engolir.
swallow sth up 1 encampar algo [uma empresa, etc.] **2** engolir algo [dinheiro, renda, etc.]

- *s* **1** andorinha **2** gole

swam /swæm/ passado de **swim**

swamp /swɑmp/ *substantivo & verbo*

- *s* pântano
- *v* [tr] **to be swamped with letters/calls etc.** (informal) receber uma enxurrada de cartas/telefonemas etc. | **to be swamped with work** (informal) estar atolado de trabalho

swan /swɑn/ *s* cisne

swap, também **swop** /swɑp/ *v* (**-pped, -pping**) **to swap sth (with sb)** trocar algo (com alguém), trocar algo com alguém: *I swapped hats with Natasha.* Troquei de chapéu com a Natasha. | **to swap sth for sth** trocar algo por algo | **to swap places (with sb)** trocar de lugar (com alguém): *Will you swap places so I can sit with Nick?* Você se incomoda de trocar de lugar para eu sentar perto do Nick? | **to swap sth around** (informal) trocar algo de lugar

'swap meet *s* bazar [com artigos de segunda mão]

swarm /swɔrm/ *substantivo & verbo*

- *s* **1** (de abelhas) enxame **2** (de pessoas) bando
- *v* **to swarm through sth/out of sth etc.** passar por algo/sair de algo etc. em bando | **to be swarming with people/tourists etc.** estar apinhado de gente/turistas etc.

swat /swɑt/ *v* [tr] (**-tted, -tting**) tentar acertar [um inseto, com a mão, com um jornal, etc.]

sway /sweɪ/ v **1** [intr] balançar-se **2** [tr] influenciar

swear /swer/ v (passado **swore**, particípio **sworn**) **1** [intr] falar palavrão, xingar | **to swear at sb** xingar alguém: *He was arrested for swearing at a policeman.* Foi preso por xingar um policial. **2** [tr/intr] jurar | **to swear to do sth** jurar fazer algo: *Do you swear to tell the truth?* Você jura que vai dizer a verdade?

swear by sth (informal) confiar cegamente em algo

swear sb in empossar alguém [num cargo] | **to be sworn in** (testemunhas, etc.) prestar juramento

'**swear word** s palavrão

sweat /swɛt/ verbo, substantivo & substantivo plural
- v **1** [intr] suar **2 to sweat it out** aguentar firme
- s suor
- **sweats** s pl AmE jogging [roupa]

sweater /ˈswɛtər/ s suéter, pulôver

'**sweat ˌpants** s pl AmE calça de moletom

sweatshirt /ˈswɛtʃɜrt/ s moletom

'**sweat suit** s AmE agasalho esportivo

sweaty /ˈswɛti/ adj (-tier, -tiest) **1** suado **2 sweaty socks/shirts etc.** meias/camisas etc. suadas

Swede /swid/ s sueco -ca

swede /swid/ s BrE nabo ▶ No inglês americano diz-se **rutabaga**

Sweden /ˈswidn/ s Suécia

Swedish /ˈswidɪʃ/ adjetivo & substantivo
- adj sueco
- s **1** (idioma) sueco **2 the Swedish** os suecos

sweep /swip/ v (passado & particípio **swept**) **1** [tr] varrer [o chão, a cozinha, etc.], limpar [a chaminé] **2 to sweep in/out** entrar/sair de repente [de forma arrogante] **3** [tr] varrer [vento, ondas, tempestades] **4 to sweep the country** tomar conta do país [moda, mania] **5** [tr] tirar [empurrando com a mão]: *Parkinson swept everything off the desk.* Parkinson tirou tudo que estava em cima da mesa.

sweep sth away levar algo: *Many houses were swept away by the floods.* Muitas casas foram levadas pelas enchentes.

sweep up varrer **sweep sth up** varrer algo [folhas, cacos, etc.]

sweeping /ˈswipɪŋ/ adj **1** radical [mudança, reforma, etc.] **2 a sweeping statement** uma generalização

sweet /swit/ adjetivo & substantivo
- adj **1** doce **2** gentil, amável **3** bonitinho **4** agradável [música], doce [voz, aroma]
- s BrE **1** bala ▶ No inglês americano diz-se **(piece of) candy** **2** sobremesa ▶ Existe também **dessert**, que é usado tanto no inglês americano como no britânico

sweetcorn /ˈswitkɔrn/ s milho

sweeten /ˈswitn/ v [tr] **1** adoçar **2** (também **sweeten up**) (informal) amolecer [uma pessoa]

sweetener /ˈswitn-ər/ s adoçante

sweetheart /ˈswithɑrt/ s meu bem, meu amor

sweetly /ˈswitli/ adv docemente, com doçura

sweetness /ˈswitnəs/ s **1** doçura [de uma fruta, sobremesa, etc.] **2** doçura [de uma pessoa, sorriso, etc.]

'**sweet poˌtato** s batata-doce

swell /swɛl/ verbo & substantivo
- v (particípio **swollen**) **1** [intr] (também **swell up**) inchar **2** [intr] aumentar **3** [tr] aumentar [uma quantidade, um total]
- s ondas

swelling /ˈswɛlɪŋ/ s inchaço

swept /swɛpt/ passado & particípio de **sweep**

swerve /swɜrv/ v [intr] desviar bruscamente: *The car swerved across the road into a wall.* O carro desviou bruscamente, cruzou a rua, e bateu num muro.

swift /swɪft/ adjetivo & substantivo
- adj **1** imediato, rápido: *with one swift movement* com um movimento rápido **2 to be swift to do sth** não demorar a fazer algo: *The police were swift to react.* A polícia não demorou a reagir.
- s pássaro pequeno similar à andorinha

swiftly /ˈswɪftli/ adv rapidamente, logo

swim /swɪm/ verbo & substantivo
- v (passado **swam**, particípio **swum**, gerúndio **swimming**) **1** [intr] nadar: *I can't swim.* Não sei nadar. | **to go swimming** ir nadar **2** [tr] atravessar a nado: *the first person to swim the English Channel* a primeira pessoa a atravessar a nado o Canal da Mancha **3** [intr] rodar [cabeça] **4 to be swimming in oil/sauce etc.** estar nadando em azeite/molho etc.
- s nadada, mergulho [no mar, na piscina] | **to go for a swim** dar uma nadada/um mergulho

swimmer /ˈswɪmər/ s nadador -a

swimming /ˈswɪmɪŋ/ s natação

'**swimming ˌcostume** s BrE ▶ ver **swimsuit**

'**swimming ˌpool** s piscina

'**swimming suit** s maiô

'**swimming ˌtrunks** s pl sunga, calção [de banho]

swimsuit /ˈswɪmsut/ s maiô

swindle /ˈswɪndl/ verbo & substantivo
- v [tr] trapacear: *He swindled his customers out of $200,000.* Ele trapaceou os clientes em $200.000.
- s falcatrua, fraude

swing /swɪŋ/ verbo & substantivo
- v (passado & particípio **swung**) **1** [tr/intr]

swordfish /ˈsɔrdfɪʃ/ s (pl **swordfish**) peixe-espada

swore /swɔr/ passado de **swear**

sworn¹ /swɔrn/ adj **1 to be sworn enemies** serem inimigos mortais **2 sworn statement** depoimento juramentado

sworn² particípio de **swear**

swum /swʌm/ particípio de **swim**

swung /swʌŋ/ passado & particípio de **swing**

syllable /ˈsɪləbəl/ s sílaba

syllabus /ˈsɪləbəs/ s (pl **syllabuses**) programa [de uma matéria], currículo [de um curso]

symbol /ˈsɪmbəl/ s símbolo: *The dove is a symbol of peace.* A pomba é um símbolo de paz.

symbolic /sɪmˈbɑlɪk/ adj simbólico | **to be symbolic of sth** simbolizar algo

symbolize, -ise BrE /ˈsɪmbəlaɪz/ v [tr] simbolizar

symmetrical /sɪˈmɛtrɪkəl/ adj simétrico

symmetry /ˈsɪmətri/ s simetria

sympathetic /sɪmpəˈθɛtɪk/ adj **1** solidário, compreensivo **2 to be sympathetic to/toward sth** ser favorável a algo

sympathize, -ise BrE /ˈsɪmpəθaɪz/ v [intr] ser compreensivo | **to sympathize with sth (a)** compreender algo **(b)** ser a favor de algo | **to sympathize with sb** compreender alguém

sympathy /ˈsɪmpəθi/ substantivo

- s **1** pena, compaixão: *I have no sympathy for him.* Não tenho pena dele. **2 to have sympathy with sth** apoiar algo
- **sympathies** pl **1** simpatias **2** pêsames

symphony /ˈsɪmfəni/ s (pl **-nies**) sinfonia

symptom /ˈsɪmptəm/ s **1** sintoma **2 to be a symptom of sth** ser um sintoma de algo

synagogue /ˈsɪnəgɑg/ s sinagoga

syndicate /ˈsɪndəkət/ s cartel

syndrome /ˈsɪndroʊm/ s síndrome

synonym /ˈsɪnənɪm/ s sinônimo

syntax /ˈsɪntæks/ s sintaxe

synthesizer, -iser BrE /ˈsɪnθəsaɪzər/ s sintetizador

synthetic /sɪnˈθɛtɪk/ adj sintético

syringe /səˈrɪndʒ/ s seringa

syrup /ˈsɜrəp/ s **1** calda: *peaches in syrup* pêssegos em calda **2 cough syrup** xarope (para a tosse)

system /ˈsɪstəm/ s **1** sistema: *the public transportation system* o sistema de transporte público | *a computer system* um sistema computacional | *the tax system* o sistema tributário **2** organismo | **to get sth out of your system** aliviar algo [tensão, etc.]

systematic /sɪstəˈmætɪk/ adj sistemático

---

balançar **2** [tr/intr] mover ou mover-se descrevendo uma curva: *The door swung shut behind me.* A porta se fechou atrás de mim. | *She swung the car into the drive.* Ela virou o carro para embicar na entrada. **to swing open/shut** abrir-se/fechar-se [porta, portão] **3** [intr] mudar [estado de ânimo, opinião] **4** [intr] balançar-se **swing around**, também **swing round** BrE virar-se

- s **1** balanço **2** variação [da opinião pública] **3** oscilação [no humor] **4 to take a swing at sth/sb** tentar acertar algo/alguém

swipe /swaɪp/ verbo & substantivo

- v **1 to swipe at sth/sb** (informal) tentar acertar algo/alguém **2** [tr] (informal) bater em **3** [tr] (informal) surrupiar **4** [tr] passar [um cartão magnético]
- s (informal) **to take a swipe at sth/sb** tentar acertar algo/alguém

swirl /swɜrl/ verbo & substantivo

- v [intr] girar, rodopiar
- s espiral, rodamoinho

Swiss /swɪs/ adjetivo & substantivo

- adj suíço
- s **the Swiss** os suíços

switch /swɪtʃ/ verbo & substantivo

- v (3a pess sing **-ches**) **1** [tr] mudar de: *I switched jobs in June.* Mudei de emprego em junho. **2** [intr] mudar | **to switch to sth** passar para algo: *He switches easily from Spanish to English.* Ele passa do espanhol para o inglês com facilidade. | **to switch over to sth** mudar para algo **3** [tr] trocar: *Someone has switched the labels.* Alguém trocou as etiquetas. | **to switch places (with sb)** trocar de lugar (com alguém): *I switched places with Jan so she could see.* Troquei de lugar com Jan para ela poder enxergar.
switch off apagar [luz], desligar [aquecimento, rádio] **switch sth off** apagar algo [a luz], desligar algo [a TV, o rádio, etc.]
switch on acender [luz], ligar [aquecimento, rádio] **switch sth on** acender [a luz], ligar algo [a TV, o rádio, etc.]

- s (pl **-ches**) **1** interruptor: *a light switch* um interruptor de luz **2** mudança

switchboard /ˈswɪtʃbɔrd/ s mesa telefônica

Switzerland /ˈswɪtsərlənd/ s Suíça

swivel /ˈswɪvəl/ v [tr/intr] (**-led**, **-ling** AmE, **-lled**, **-lling** BrE) girar

swollen¹ /ˈswoʊlən/ adj inchado

swollen² particípio de **swell**

swoop /swup/ verbo & substantivo

- v [intr] **1 to swoop (down)** mergulhar [pássaro, avião] **2** dar uma batida
- s batida [policial]

swop ▶ ver **swap**

sword /sɔrd/ s espada

T, t /ti/ (letra) T, t ▶ ver "Active Box" **letters** em **letter**

tab /tæb/ s **1** tabulador: *Press tab to get to the next box.* Pressione a tecla tab para passar para o campo seguinte. **2 to pick up the tab (for sth)** pagar a conta (de algo)

table /'teɪbəl/ s **1** mesa: *Put the bags on the table.* Ponha as sacolas na mesa. | *Maggie was already sitting at the table.* Maggie já estava sentada à mesa. | *I'll reserve a table for eight o'clock.* Vou reservar uma mesa para as oito. | **to set the table** pôr a mesa **2** tabela [num livro, em informática] | **table of contents** índice **3 two/ten etc. times table** tabuada de dois/dez etc.

tablecloth /'teɪbəlklɔθ/ s toalha de mesa

tablespoon /'teɪbəlspun/ s colher de sopa

tablet /'tæblət/ s comprimido

'table ˌtennis s pingue-pongue, tênis de mesa

tabloid /'tæblɔɪd/ s **1** tabloide **2 the tabloid press** a imprensa marrom

taboo /tə'bu/ *substantivo & adjetivo*
- *s* tabu
- *adj* tabu | **a taboo subject** um assunto tabu

tacit /'tæsɪt/ *adj* tácito

tack /tæk/ *substantivo & verbo*
- *s* tacha [para carpete, etc.]
- *v* **1** [tr] pregar **2** [intr] bordejar **3** [tr] alinhavar

tackle /'tækəl/ *substantivo & verbo*
- *s* **1** carrinho [em futebol], bloqueio [em futebol americano] **2 fishing tackle** equipamento de pesca
- *v* [tr] **1** lidar com, tentar resolver [um problema], dar conta de [uma tarefa] **2 to tackle sb about sth** ter uma conversa séria com alguém sobre algo

tackling

3 dar um carrinho em [em futebol], bloquear [em futebol americano]

tacky /'tæki/ *adj* (**-ckier, -ckiest**) (informal) brega

taco /'tɑkoʊ/ s taco [comida mexicana]

tact /tækt/ s tato [diplomacia]

tactful /'tæktfəl/ *adj* diplomático

tactic /'tæktɪk/ *substantivo & substantivo plural*
- *s* tática
- **tactics** *s pl* (em guerra) tática

tactless /'tæktləs/ *adj* **1** sem tato, inconveniente [pessoa] **2** inconveniente [comentário]

tadpole /'tædpoʊl/ s girino

tag /tæg/ *substantivo & verbo*
- *s* etiqueta
- *v* [tr] (**-gged, -gging**) etiquetar
  tag along (informal) ir também/junto: *Is it all right if I tag along?* Tem problema se eu for também?

tail /teɪl/ *substantivo, substantivo plural & verbo*
- *s* **1** (de animal) rabo, cauda **2** (de avião) cauda
- **tails** *s pl* **1** casaca **2** ▶ ver **heads** em **head**
- *v* [tr] (informal) seguir
  tail off diminuir [interesse, vendas, voz]

tailback /'teɪlbæk/ s BrE engarrafamento

tailgate party /'teɪlgeɪt ˌpɑrti/ s piquenique antes de evento esportivo ou show, feito no estacionamento do local

tailor /'teɪlər/ *substantivo & verbo*
- *s* alfaiate
- *v* [tr] **to tailor sth to sth** fazer algo sob medida para algo

ˌtailor-'made *adj* ideal, feito sob medida

tailpipe /'teɪlpaɪp/ s AmE (cano de) escapamento

take /teɪk/ *v* [tr] (passado **took**, particípio **taken**) ▶ ver quadro; **to take** também faz parte de expressões como **to take part, to take offense**, etc., que são tratadas no verbete do substantivo correspondente

PHRASAL VERBS
take after sb puxar a alguém, parecer com alguém
take sth apart desmontar algo
take sth away 1 tirar/confiscar algo [a carteira, o passaporte, etc.]: *They took away his passport and locked him up.* Confiscaram o passaporte dele e o trancafiaram. | **to take sth away from sb** tirar algo de alguém: *Don't take his toys away from him!* Não tire os brinquedos dele. **2 to take sth away from sth** diminuir algo de algo **take sb away** levar alguém [para a prisão, hospital, etc.]
take sth back 1 devolver algo [a uma loja] **2** retirar algo [um comentário]
take sth down 1 desarmar/desmontar algo **2** anotar algo
take sb in 1 acolher alguém **2 to be taken in** ser enganado **take sth in 1** assimilar algo

take

1 A/PARA UM LUGAR (= levar)

Can you take this up to the attic, please? Você pode levar isso para o sótão, por favor? | *She took the children to school.* Ela levou as crianças à escola.

2 TEMPO (= levar)

to take five minutes/two hours etc. levar cinco minutos/duas horas etc.: *It took me two hours to do my homework.* Levei duas horas para fazer meu dever.

3 UM REMÉDIO (= tomar)

Take a couple of aspirins. Tome duas aspirinas.

4 UM CURSO (= fazer, cursar)

I'm going to take Spanish next year. Vou fazer espanhol no ano que vem. | **to take a test** fazer uma prova

5 REQUERER

it takes courage/patience etc. é preciso coragem/paciência etc.: *It takes dedication to be a nurse.* É preciso dedicação para ser enfermeira. | **it takes a lot of money/$500 etc.** é preciso muito dinheiro/$500 etc.

6 PEGAR

He took a pen from your desk. Ele pegou uma caneta na sua mesa. | *Someone's taken my wallet!* Alguém pegou minha carteira!

7 CARTÃO DE CRÉDITO (= aceitar)

Do you take credit cards? Vocês aceitam cartão de crédito?

8 OCUPAR

Excuse me, is this seat taken? Com licença, esse lugar está ocupado?

9 TAMANHO (= vestir, calçar)

What size do you take? Que tamanho você veste?/Que número você calça? | *I take a size 12.* Visto tamanho 12.

10 UMA RUA, UM TÁXI, ETC. (= pegar)

Take the second on the right. Pegue a segunda à direita. | *We took the first train to Rye.* Pegamos o primeiro trem para Rye.

11 ANOTAR

I took (down) his number. Anotei o telefone dele. | *Can I take a message?* Quer deixar um recado?

12 UMA FOTO (= tirar)

Can I take your photo? Posso tirar uma foto sua?

13 CONSIDERAR

to take sth seriously/lightly levar algo a sério/na brincadeira

14 A PRESSÃO ARTERIAL, ETC. (= tirar)

to take sb's temperature/blood pressure etc. tirar a temperatura/a pressão arterial etc. de alguém

[uma notícia, informação] **2** apertar algo [um vestido, etc.]

take off 1 decolar **2** (informal) partir, mandar-se **3** deslanchar, decolar **take sth off 1** tirar algo [a roupa, a maquiagem, etc.] **2 to take sth off the shelf/table/bed etc.** tirar algo da prateleira/mesa/cama etc. **3 to take a day/week etc. off** tirar um dia de folga/uma semana de férias etc.

take sth on aceitar algo [trabalho]: *I've taken on too much work recently.* Aceitei muito trabalho recentemente. **take on sth** adquirir algo [interesse, importância] **take sb on 1** enfrentar alguém [num jogo, numa briga] **2** contratar alguém: *The team has taken on a new coach.* O time contratou um novo treinador.

take sth out 1 tirar/sacar algo [do bolso, da carteira, etc.]: *He took out a penknife and began to peel the orange.* Ele sacou um canivete e começou a descascar a laranja. **2 to take your tooth out** arrancar seu dente **3 to take out insurance/a loan etc.** fazer um seguro/pegar um empréstimo etc. **take sb out** convidar alguém para sair: *My parents took me out for a meal.* Meus pais me convidaram para jantar fora. | *I'd like to take her out.* Eu gostaria de convidá-la para sair.

take sth out on sb 1 to take out your anger/frustration etc. out on sb descarregar a raiva/frustração etc. em alguém **2 to take it out on sb** descontar em alguém

take over assumir a direção: *John Dale will take over when Michael leaves the company.* John Dale assumirá a direção quando Michael deixar a empresa. **take sth over** assumir a direção de algo [uma empresa, uma firma, etc.]

take to sb gostar de alguém: *The children took to him immediately.* As crianças gostaram logo dele.

take sth up 1 encurtar [uma calça, um vestido] **2 to take sth up with sb** discutir algo com alguém **take up sth 1** começar a fazer algo | **to take up golf/tennis etc.** começar a jogar golfe/tênis etc. | **to take up the piano/violin etc.** começar a estudar piano/violino etc. **2** levar algo, ocupar algo: *My English homework took up the whole afternoon.* Meu dever de inglês me levou a tarde inteira.

take sb up on sth aceitar algo de alguém [uma oferta]: *I might take you up on that.* Talvez eu aceite a sua oferta.

taken /'teɪkən/ particípio de **take**

takeoff /'teɪkɔf/ s decolagem

takeout /'teɪk-aʊt/ AmE, **takeaway** /'teɪkəweɪ/ BrE *substantivo & adjetivo*

- *s* comida para viagem: *Let's get a takeout tonight.* Vamos comprar comida para viagem hoje.

- *adj* **takeout pizza/Chinese etc.** pizza/comida chinesa etc. para viagem

talcum powder

talcum powder /'tælkəm paʊdər/, também **talc** /tælk/ s talco

tale /teɪl/ s lenda, conto

talent /'tælənt/ s talento, dom

talented /'tæləntɪd/ adj talentoso

talk /tɔk/ verbo, substantivo & substantivo plural

- v **1** [intr] falar, conversar: *We talked all night.* Conversamos a noite inteira. | **to talk about sth** falar sobre/de algo | **to talk to sb**, também **to talk with sb** AmE falar/conversar com alguém: *Sorry, were you talking to me?* Perdão, você estava falando comigo? | **to talk to yourself** falar sozinho **2** [intr] (fazer fofoca) falar: *If you leave your car outside my house, people will talk.* Se você deixar o carro na porta da minha casa, as pessoas vão falar. **3** [tr] **to talk nonsense/sense** dizer bobagem/coisas sensatas **4 to know what you are talking about** saber do que se está falando

PHRASAL VERBS
talk back responder a alguém [de maneira insolente]
talk down to sb falar com alguém como se ele fosse um idiota
talk sb into sth convencer alguém a fazer algo: *Kathy talked me into helping her.* Kathy me convenceu a ajudá-la.
talk sb out of sth convencer alguém a não fazer algo: *Dad talked me out of buying it.* Papai me convenceu a não comprá-lo.
talk sth over discutir algo

- s **1** conversa | **to have a talk (with sb)** ter uma conversa séria (com alguém): *You and I need to have a talk.* Você e eu precisamos ter uma conversa séria. **2** palestra | **to give a talk** dar uma palestra

- **talks** s pl conversações, negociações

talkative /'tɔkətɪv/ adj falante

'talk ˌradio s rádio falado

tall /tɔl/ adj **1** alto: *He's the tallest boy in the class.* Ele é o menino mais alto da turma. | **one of the tallest buildings in the world** um dos prédios mais altos do mundo | **to be six feet/ten centimeters/seventy meters etc. tall** ter seis pés/dez centímetros/setenta metros etc. de altura: *The statue was just three inches tall.* A estátua tinha apenas três polegadas de altura. | **how tall are you/is he etc.?** qual é a sua altura/a altura dele etc.?: *How tall is your dad?* Qual é a altura do seu pai?/Seu pai tem quanto de altura? ▶ TALL OU HIGH? ver nota em **alto 2 a tall tale** AmE, também **a tall story** BrE uma história muito exagerada

tambourine /tæmbə'rin/ s pandeiro

tame /teɪm/ adjetivo & verbo

- adj manso
- v [tr] domesticar

tamper /'tæmpər/ v **tamper with sth 1** mexer em algo [numa máquina]: *The brakes had been tampered with.* Alguém tinha mexido nos freios. **2** adulterar [um documento, alimentos]

tampon /'tæmpɑn/ s absorvente interno

tan /tæn/ verbo, substantivo & adjetivo

- v [tr/intr] (**-nned, -nning**) bronzear
- s bronzeado | **to get a tan** bronzear-se, queimar-se
- adj **1** marrom-claro **2** AmE bronzeado, moreno

tangerine /tændʒə'rin/ s tangerina

tangle /'tæŋɡəl/ verbo & substantivo

- v (também **tangle up**) **1** [tr] emaranhar [fios, raízes], embaraçar [cabelos] **2** [intr] emaranhar-se [fios, raízes], embaraçar [cabelos]
- s emaranhado

tangled /'tæŋɡəld/, também **ˌtangled 'up** adj emaranhado [fios, raízes], embaraçado [cabelos] | **to get tangled (up)** ficar emaranhado, ficar embaraçado

tango /'tæŋɡoʊ/ s tango

tank /tæŋk/ s **1** tanque, reservatório: *gas tank* tanque de gasolina **2** aquário **3** (veículo) tanque

tanker /'tæŋkər/ s **1** petroleiro [navio] **2** caminhão-tanque

tanned /tænd/ adj bronzeado, queimado

tantrum /'tæntrəm/ s acesso de raiva [de criança] | **to have/throw a tantrum** ter um acesso de raiva

tap /tæp/ verbo & substantivo

- v (**-pped, -pping**) **1** [tr/intr] bater de leve (em): *He tapped the screen with his finger.* Ele bateu de leve na tela com o dedo. | **to tap sb on the shoulder** bater de leve no ombro de alguém | **to tap your feet** bater o pé [no ritmo da música ou com impaciência] **2** [tr] (também **tap into**) usar **3** [tr] grampear [um telefone]
- s BrE **1** torneira **2** tapinha, pancada leve

tape /teɪp/ substantivo & verbo

- s **1** fita [para gravar] **2** fita cassete **3** fita adesiva, Durex® **4** tira, fita
- v [tr] **1** gravar **2 to tape sth to sth** colar algo em algo [com fita adesiva]
tape sth up fechar algo com fita adesiva

'tape ˌmeasure s fita métrica

'tape reˌcorder s gravador

tar /tɑr/ s alcatrão

target /'tɑrɡɪt/ substantivo & verbo

- s **1** alvo | **to hit the target** acertar no alvo **2** meta **3** alvo [de críticas]
- v [tr] ter como objetivo, ter em mira | **to target sth at sb** direcionar algo a alguém

tarmac /'tɑrmæk/ s **1** asfalto **2 the tarmac** a pista [de decolagem]

tart /tɑrt/ s torta

tartan /'tɑrtn/ s **1** tecido escocês de xadrez **2** xadrez

task /tæsk/ s tarefa

taste /teɪst/ substantivo & verbo

- s **1** (sabor) gosto: *It has a bitter taste.* Tem um gosto amargo. | **sense of taste** paladar **2** (preferência) gosto: *We both have the same taste in music.* Temos ambos o mesmo gosto musical. | **to have good/bad taste** ter bom/mau gosto **3 to have a taste (of sth)** provar (algo) **4 in good/bad taste** de bom/mau gosto
- v [tr] **1 to taste bitter/sour etc.** ter um gosto amargo/azedo etc.: *This fish tastes strange.* Esse peixe tem um gosto estranho. | **to taste of sth** ter gosto de algo: *This soup tastes of garlic.* Esta sopa tem gosto de alho. **2** provar

tasteful /ˈteɪstfəl/ adj de bom gosto, elegante

tasteless /ˈteɪstləs/ adj **1** de mau gosto, brega [vestido, decoração, móveis] **2** de mau gosto [comentário, brincadeira] **3** insosso

tasty /ˈteɪsti/ adj (-tier, -tiest) gostoso, saboroso

tattered /ˈtætərd/ adj maltrapilho, gasto

tattle /ˈtætl/ v AmE fuxicar

tattoo /tæˈtu/ substantivo & verbo

- s tatuagem
- v tatuar

taught /tɔt/ passado & particípio de **teach**

taunt /tɔnt/ verbo & substantivo

- v [tr] implicar com, provocar | **to taunt sb with/about sth** provocar alguém com algo/gozar de alguém por algo
- s gozação, zombaria

Taurus /ˈtɔrəs/ s **1** (signo) Touro **2** taurino -na: *My husband's a Taurus.* Meu marido é taurino./Meu marido é de Touro.

taut /tɔt/ adj **1** bem esticado [corda, cabo], retesado [músculo] **2** contraído, tenso [rosto, expressão]

tax /tæks/ substantivo & verbo

- s (pl **-xes**) imposto
- v [tr] (3a pess sing **-xes**) **1** tributar [lucro, mercadoria, pessoa] **2 to tax sb's patience/strength** pôr à prova a paciência/resistência de alguém

taxation /tækˈseɪʃən/ s **1** impostos **2** tributação

taxi /ˈtæksi/ substantivo & verbo

- s (também **taxicab**) táxi
- v [intr] taxiar

ˈtaxi ˌdriver s motorista de táxi, taxista

ˈtaxi ˌstand, também **ˈtaxi ˌrank** BrE s ponto de táxi

taxpayer /ˈtækspeɪər/ s contribuinte

ˈtax reˌturn s declaração de imposto de renda

tea /ti/ s **1** (bebida) chá: *a cup of tea* uma xícara de chá | *mint tea* chá de hortelã **2** BrE (lanche) chá: *Why don't you come around for tea?* Por que você não vem aqui tomar um chá? ▶ ver também **cup**

teabag /ˈtiːbæɡ/ s saquinho de chá

ˈtea break s BrE intervalo [no trabalho] ▶ Existe também **coffee break**, que é usado tanto no inglês americano como no britânico

teach /titʃ/ v (3a pess sing **-ches**, passado & particípio **taught**) **1** [tr] lecionar, dar aula de [inglês, matemática, etc.]: *She teaches French to elementary school children.* Ela leciona francês para crianças do ensino fundamental. **2** [tr] dar aula para [adultos, crianças]: *Do you prefer teaching adults or youngsters?* Você prefere dar aula para adultos ou para jovens? **3** [intr] lecionar, dar aula: *He teaches at the local school.* Ele leciona no colégio do bairro. **4 to teach sb (how) to do sth** ensinar alguém a fazer algo **5** [tr] ensinar [valores, atitudes] **6 that'll teach you!** (informal) só assim você aprende! ▶ ver também **lesson**

teacher /ˈtitʃər/ s professor -a: *my music teacher* minha professora de música

teaching /ˈtitʃɪŋ/ substantivo & substantivo plural

- s magistério
- **teachings** s pl ensinamentos

teacup /ˈtikʌp/ s xícara (de chá) ▶ ver nota em **cup**

team /tim/ substantivo & verbo

- s **1** time: *a soccer team* um time de futebol **2** equipe
- v **team up to team up (with sb)** juntar-se (a alguém)

ˈteam-mate, também **teammate** /ˈtim-meɪt/ s companheiro -ra de time

teapot /ˈtipɑt/ s bule de chá

coffee pot

teapot

tear¹ /tɛr/ verbo & substantivo

- v (passado **tore**, particípio **torn**) **1** [tr/intr] rasgar | **to tear sth out** arrancar algo **2 to tear away/off** sair correndo **3** [tr] **to tear sth off (sth)** tirar/arrancar algo (de algo) **4 to be torn between sth and sth** estar dividido entre algo e algo

  tear sth apart dividir algo [uma família, o país, etc.] **tear sb apart** arrasar alguém
  tear sth down demolir algo
  tear sth up rasgar algo

- s rasgo ▶ ver também **wear**

tear² /tɪr/ s lágrima | **to be in tears** estar chorando | **to burst into tears** desatar a chorar

tearful /ˈtɪrfəl/ adj choroso

i Deve-se dizer *on the table* ou *in the table*? Veja o verbete **em**.

tease /tiz/ v **1** [tr] implicar com: *She's always teasing her little brother.* Ela vive implicando com o irmãozinho. | **to tease sb about sth** caçoar de/gozar alguém por causa de algo **2** [intr] brincar: *I was only teasing.* Eu estava só brincando.

teaspoon /'tispun/ s **1** colher de chá **2** (também **teaspoonful**) (quantidade) colher de chá

'**tea ˌtowel** s BrE pano de prato ▶ No inglês americano diz-se **dish towel**

technical /'tɛknɪkəl/ adj técnico | **a technical problem/hitch** um problema técnico

'**technical ˌcollege** s escola técnica

technicality /tɛknɪ'kæləti/ substantivo & substantivo plural
• s (pl -ties) tecnicalidade
• **technicalities** s pl técnica

technically /'tɛknɪkli/ adv **1** a rigor **2** tecnicamente

technician /tɛk'nɪʃən/ s técnico -ca

technique /tɛk'nik/ s técnica

technological /tɛknə'lɑdʒɪkəl/ adj tecnológico

technology /tɛk'nɑlədʒi/ s (pl -gies) tecnologia

teddy /'tɛdi/ s (pl -ddies) (também **teddy bear**) ursinho de pelúcia

tedious /'tidiəs/ adj entediante

tee /ti/ s **1** (para bola de golfe) tee **2** (área) tee

teenage /'tineɪdʒ/ adj **1** (também **teenaged**) adolescente: *a teenage girl* uma adolescente **2** para adolescente

teenager /'tineɪdʒər/ s adolescente

teens /tinz/ s pl **1** adolescência | **to be in your teens** ser adolescente **2** adolescentes

'**tee shirt** ▶ ver **T-shirt**

teeth /tiθ/ plural de **tooth**

teethe /tið/ v **1 to be teething** estar com os dentes nascendo **2 teething problems/troubles** dificuldades iniciais

teetotaler AmE, **teetotaller** BrE /'titoʊtlər/ s abstêmio -mia

telecommunications /tɛləkəmjunə'keɪʃənz/ s pl telecomunicações

teleconference /'tɛləkɑnfrəns/ s teleconferência

telegram /'tɛləgræm/ s telegrama

telephone /'tɛləfoʊn/ substantivo & verbo
• s **1** telefone: *The telephone was ringing.* O telefone estava tocando. | **by telephone** por telefone **2 to be on the telephone (a)** estar no telefone **(b)** ter telefone
• v [tr/intr] (formal) telefonar: *She telephoned to say she was ill.* Ela telefonou para dizer que estava doente.

'**telephone ˌbook** s catálogo telefônico, lista telefônica

'**telephone ˌbooth** s AmE cabine telefônica

'**telephone ˌbox** s (pl -xes) BrE cabine telefônica

'**telephone ˌcall** s telefonema

'**telephone diˌrectory** s (pl -ries) catálogo telefônico, lista telefônica

'**telephone ˌnumber** s (número de) telefone

telescope /'tɛləskoʊp/ s telescópio

televangelism /tɛlə'vændʒəlɪzəm/ s televangelismo

televise /'tɛləvaɪz/ v [tr] televisionar

telephone box

television /'tɛləvɪʒən/ s **1** (também **television set**) televisor **2** televisão: *What's on television tonight?* O que tem na televisão hoje à noite? | **to watch television** assistir/ver televisão **3 television program** programa de televisão **television series** seriado/série de televisão

telex /'tɛlɛks/ s **1** (sistema) telex **2** (pl -xes) (mensagem) telex

tell /tɛl/ v (passado & particípio **told**) **1** [tr] dizer: *She told me she didn't want it.* Ela me disse que não o queria. | **I told you so!** bem que eu te disse! ▶ TELL ou SAY? ver nota em **dizer 2 to tell sb about sth** contar a alguém sobre algo: *Tell us about your trip to Japan.* Conte-nos sobre sua viagem ao Japão. **3 to tell a story/joke** contar uma história/uma piada **4 to tell the truth/a lie** falar a verdade/mentir **5 to tell sb to do sth** mandar alguém fazer algo: *He told me to shut the door.* Ele me mandou fechar a porta. **6** [tr/intr] saber: *How can you tell?* Como você sabe? | **you can/could tell (that)** dá/dava para ver (que): *You can tell he's not well.* Dá para ver que ele não está bem. **7 to tell sth from sth** diferenciar algo de algo: *Can you tell a counterfeit bill from a real one?* Você consegue diferenciar uma nota falsa de uma verdadeira? | **to tell the difference** notar a diferença **8 to tell on sb** (informal) dedurar alguém **9 to tell time** AmE, **to tell the time** BrE ver as horas **10 you're telling me!** (informal) e eu não sei disso!

PHRASAL VERBS

tell sth apart diferenciar algo (de algo): *You can't tell the two paintings apart.* É impossível diferenciar um quadro do outro. **tell sb apart** diferenciar alguém (de outra pessoa): *I can never tell the twins apart.* Nunca consigo diferenciar um gêmeo do outro.

tell sb off to tell sb off (for doing sth) brigar com alguém (por ter feito algo): *My dad told me off for swearing.* Meu pai brigou comigo por eu ter dito um palavrão. | **to get told off (for doing sth)** levar uma bronca (por fazer algo)

telling-'off s **to get a telling-off** levar uma bronca | **to give sb a telling-off** dar uma bronca em alguém

telly /'tɛli/ s (pl **-llies**) BrE (informal) televisão | **to watch telly** ver televisão ▶ Existe também **TV**, que é usado tanto no inglês americano como no britânico

temper /'tɛmpər/ s **1** gênio **2 to be in a temper** BrE estar atacado | **to be in a bad/foul temper** estar de mau humor/com um humor de cão **3 to keep/lose your temper** manter/perder a calma: *In the end I lost my temper and slammed the phone down.* No final, perdi a calma e bati o telefone.

temperament /'tɛmprəmənt/ s temperamento

temperamental /tɛmprə'mɛntl/ adj **1** (pessoa) temperamental **2** (referente a carros, máquinas, etc.) temperamental

temperate /'tɛmprət/ adj temperado

temperature /'tɛmprətʃər/ s **1** temperatura **2** (de uma pessoa) temperatura | **to have a temperature/to be running a temperature** estar com febre | **to take sb's temperature** tirar a temperatura de alguém

template /'tɛmpleɪt/ s **1** (em informática) modelo **2** (para desenhar, recortar) molde

temple /'tɛmpəl/ s **1** templo **2** têmpora

temporarily /tɛmpə'rɛrəli/ adv temporariamente

temporary /'tɛmpərɛri/ adj **1** temporário **2** provisório

tempt /tɛmpt/ v [tr] **1** tentar | **to be tempted to do sth** estar tentado a fazer algo **2 to tempt sb to do sth** persuadir alguém a fazer algo

temptation /tɛmp'teɪʃən/ s tentação | **to resist the temptation (to do sth)** resistir à tentação (de fazer algo)

tempting /'tɛmptɪŋ/ adj tentador

ten /tɛn/ numeral dez

tenant /'tɛnənt/ s inquilino -na

tend /tɛnd/ v [tr] **1 to tend to do sth** tender a fazer algo: *He tends to catch colds easily.* Ele tende a se resfriar facilmente. **2** (formal) cuidar de, atender

tendency /'tɛndənsi/ s (pl **-cies**) tendência: *people with artistic tendencies* pessoas com tendências artísticas | **a tendency to/toward sth** uma tendência para algo | **to have a tendency to do sth** ter tendência a fazer algo

tender /'tɛndər/ adjetivo & verbo
• adj **1** macio [carne, legumes] **2** dolorido, sensível **3** terno, carinhoso
• v **1 to tender for sth** tomar parte na licitação de algo **2 to tender your resignation** (formal) pedir demissão

tenderly /'tɛndərli/ adv ternamente, carinhosamente

tenderness /'tɛndərnəs/ s **1** ternura, carinho **2** dor, sensibilidade

tendon /'tɛndən/ s tendão

tenement /'tɛnəmənt/, também **'tenement building** s cortiço

tennis /'tɛnɪs/ s tênis [esporte]

tenor /'tɛnər/ s tenor

tenpin bowling /,tɛnpɪn 'boʊlɪŋ/ s BrE boliche ▶ No inglês americano diz-se **bowling**

tense /tɛns/ adjetivo, verbo & substantivo
• adj **1** tenso: *a tense silence* um silêncio tenso | *Try not to get so tense.* Procure não ficar tão tenso. **2** tensionado [músculo]
• v [intr] (também **tense up**) ficar tenso, tensionar
• s tempo [verbal]: *the present/past tense* o presente/passado

tension /'tɛnʃən/ s **1** (nervosismo) tensão: *The tension was unbearable.* A tensão era insuportável. **2** (hostilidade) tensão: *racial tensions* tensões raciais **3** (de corda, músculo, etc.) tensão

tent /tɛnt/ s barraca [para acampar] | **to put up a tent** armar uma barraca

tentacle /'tɛntəkəl/ s tentáculo

tentative /'tɛntətɪv/ adj **1** provisório **2** hesitante

tenth /tɛnθ/ numeral **1** (numa ordem) décimo **2** (em data) (dia) dez **3** (fração) décimo

tepid /'tɛpɪd/ adj **1** morno [água, café, etc.] **2** pouco entusiástico [receptividade, apoio, etc.]

term /tɜrm/ substantivo, substantivo plural & verbo
• s **1** termo: *a medical term* um termo médico **2** prazo: *the term of the loan* o prazo do empréstimo | **a 30-year/six month etc. prison term** uma pena de 30 anos/seis meses etc. de prisão | **in the long/short term** a longo/curto prazo **3 term of office** mandato **4** BrE trimestre [no colégio, na faculdade]
• **terms** s pl **1** (de um contrato, acordo, etc.) termos **2 in financial/political etc. terms** em termos financeiros/políticos etc. | **in terms of** em termos de **3 to be on good/bad etc. terms with sb** ter uma boa/má etc. relação com alguém **4 to come to terms with sth** aceitar algo
• v [tr] qualificar, chamar: *The campaign could hardly be termed a success.* Dificilmente se poderia qualificar a campanha de bem-sucedida.

terminal /ˈtɜrmənl/ *substantivo & adjetivo*
- *s* **1** (de ônibus, aviões, etc.) terminal **2** (em informática) terminal
- *adj* terminal [paciente, doença]

terminate /ˈtɜrmənəɪt/ (formal) *v* **1** [tr] rescindir [um contrato] **2** [intr] (contrato) vencer **3 to terminate at** fazer ponto final em **4** [tr] interromper [uma gravidez]

terminology /tɜrməˈnɑlədʒi/ *s* (pl **-gies**) terminologia

terminus /ˈtɜrmənəs/ *s* (pl **termini** /-naɪ/ ou **terminuses**) **1** ponto final [de ônibus] **2** final da linha [de trem]

terrace /ˈtɛrəs/ *s* **1** (de um bar, um restaurante) terraço **2** (para lavoura) terraço **3** BrE fileira de casas iguais e geminadas

terrain /təˈreɪn/ *s* terreno

terrible /ˈtɛrəbəl/ *adj* **1** terrível: *She still has terrible nightmares.* Ela continua tendo pesadelos terríveis. **2** péssimo: *I'm a terrible cook.* Sou uma péssima cozinheira.

terraced houses

terribly /ˈtɛrəbli/ *adv* **1** terrivelmente, muito | **terribly worried** preocupadíssimo **2** muito mal

terrific /təˈrɪfɪk/ *adj* (informal) **1** bárbaro, maravilhoso **2** tremendo

terrified /ˈtɛrəfaɪd/ *adj* apavorado | **to be terrified of sth** ter pavor de algo: *I'm terrified of heights.* Tenho pavor de altura.

terrify /ˈtɛrəfaɪ/ *v* [tr] (**-fies**, **-fied**) apavorar

terrifying /ˈtɛrəfaɪ.ɪŋ/ *adj* pavoroso, apavorante

territory /ˈtɛrətɔri/ *s* (pl **-ries**) **1** (terra) território **2** (de animal) território **3** (de conhecimento, experiência) área

terror /ˈtɛrər/ *s* terror | **in terror** aterrorizado

terrorism /ˈtɛrərɪzəm/ *s* terrorismo

terrorist /ˈtɛrərɪst/ *s* terrorista

test /tɛst/ *substantivo & verbo*
- *s* **1** (de conhecimentos, habilidade) teste, prova: *English test* teste de inglês | *driving test* exame de habilitação (para dirigir) | **to take a test** fazer um teste/uma prova **2** (médico) exame: *a blood test* um exame de sangue | *an eye test* um exame de vista **3** (de um produto, uma máquina) teste **4 a test of endurance/of our friendship etc.** uma prova de resistência/da nossa amizade etc. | **to put sth to the test** pôr algo à prova
- *v* [tr] **1** sabatinar | **to test sb on sth** testar algo com alguém: *Can you test me on my German?* Você pode testar o meu alemão comigo? | **to test sb's knowledge of sth** testar os conhecimentos de alguém sobre algo **2** examinar | **to test sth for sth** examinar algo para determinar a presença de algo | **to test sb for sth** examinar alguém para verificar se a pessoa sofre de algo **3** testar [uma máquina, um produto, etc.] **4** testar [a temperatura, a água, etc.]

testify /ˈtɛstəfaɪ/ *v* [tr/intr] (**-fies**, **-fied**) depor

testimony /ˈtɛstəmouni/ *s* (pl **-nies**) testemunho, depoimento

'test tube *s* tubo de ensaio

ˌtest-tube 'baby *s* (pl **-bies**) bebê de proveta

tetanus /ˈtɛtn-əs/ *s* tétano

tether /ˈtɛðər/ *s* ▶ ver **end**

Tex-Mex /ˌtɛks ˈmɛks/ *adj* (informal) referente à música, à cozinha etc. de americanos de origem mexicana

text /tɛkst/ *substantivo & verbo*
- *s* **1** texto | **the full text of sth** a íntegra de algo **2** mensagem de texto **3** AmE livro-texto, manual: *a chemistry text* um livro-texto de Química
- *v* [intr/tr] enviar uma mensagem de texto (a)

textbook /ˈtɛkstbʊk/, **coursebook** /ˈkɔrsbʊk/ BrE *s* livro (didático)

textile /ˈtɛkstaɪl/ *s* têxtil

'text ˌmessage *s* mensagem de texto

texture /ˈtɛkstʃər/ *s* textura, consistência

than /ðən, acentuado ðæn/ *conj & prep* ▶ ver quadro

thank /θæŋk/ *v* [tr] **1 thank you** ▶ ver verbete **thank you 2** agradecer | **to thank sb for (doing) sth** agradecer a alguém por (fazer) algo: *She thanked me for the flowers.* Ela me agradeceu pelas flores. **3 thank God/goodness** graças a Deus

thankful /ˈθæŋkfəl/ *adj* agradecido, grato | **to be thankful for sth** ser/ficar grato por algo

thankfully /ˈθæŋkfəli/ *adv* felizmente

thanks /θæŋks/ *interjeição & substantivo plural*
- *interj* (informal) **1** obrigado | **no thanks** não, obrigado **2 thanks for (doing) sth** obrigado por (ter feito) algo: *Thanks for the ride.* Obrigado pela carona.
- *s pl* **1** agradecimento: *a letter of thanks* uma carta de agradecimento **2 thanks to** graças a: *Thanks to everyone's hard work, we finished on time.* Graças ao esforço de todos, terminamos no prazo.

Você sabe como funcionam os **phrasal verbs**? *Leia a explicação na seção de gramática.*

Thanksgiving /ˈθæŋksˌɡɪvɪŋ/, também **Thanksgiving Day** s Dia de Ação de Graças

> Muitos dos primeiros colonos ingleses em território americano morreram de fome no primeiro inverno. Foram os índios que lhes ensinaram a cultivar milho e outros alimentos para sobreviverem. Colonos e índios realizaram juntos uma cerimônia de ação de graças por ocasião da primeira colheita, fato comemorado até hoje nos Estados Unidos no dia de **Thanksgiving**, a quarta quinta-feira de novembro, que se tornou feriado nacional. As famílias se reúnem para um refeição especial que consiste em peru assado, pão de milho, torta de abóbora, entre outras coisas.

Thanksgiving dinner

ˈthank you interj **1** obrigado: *"How are you?" "Fine, thank you."* – Como vai? – Bem, obrigado. | **no thank you** não, obrigado **2 thank you for (doing) sth** obrigado por (ter feito) algo: *Thank you for washing the car.* Obrigado por ter lavado o carro.

that /ðət, acentuado ðæt/ adj, pron, adv & conj
▶ ver quadro

thatched /θætʃt/ adj **thatched cottage** casa com telhado de sapê | **thatched roof** telhado de sapê

than

1 EM COMPARAÇÕES (= do que, de)

You're taller than me. Você é mais alto do que eu. | *It's more than 500 miles.* São mais de 500 milhas. | *It's a lot cheaper than I thought.* É muito mais barato do que eu pensava.

2 EM EXPRESSÕES

I would rather... than/I would sooner... than Prefiro... do que...: *I'd rather walk than go in his car.* Prefiro ir a pé do que ir no carro dele. | **no sooner had I finished/had he left etc. than** mal terminei/mal ele foi embora etc.: *No sooner had I walked in than the phone rang.* Mal entrei em casa, o telefone tocou.

Note que o sujeito vem depois do verbo na primeira oração, e que **than** não tem equivalente na estrutura portuguesa.

that

▶ ADJETIVO & PRONOME

1 **that** equivale a *esse/essa (aí), aquele/aquela*, e aos pronomes *isso (aí)* ou *aquilo*:

Who's that man? Quem é aquele homem? | *I prefer that color.* Prefiro essa cor./Prefiro aquela cor. | *I prefer **that one** over there.* Prefiro aquele ali. | *Who's that?* Quem é esse/ essa (aí)? | *What's that?* O que é isso? | ***That's why** she doesn't like it.* Por isso que ela não gosta disso. | *Do it **like that**.* Faça assim.

O plural de **that** é **those**, que é tratado separadamente.

2 Ao telefone:

Is that Sophie? Sophie?

3 EXPRESSÕES

that is quer dizer: *We can go on Friday. If you're free, that is.* Podemos ir na sexta. Quer dizer, se você estiver livre. | **that's that!** acabou-se!: *You're not going and that's that!* Você não vai e acabou-se!

▶ ADVÉRBIO

USOS

that big/tall etc. grande/alto etc. assim: *The fish I caught was that big.* O peixe que pesquei era grande assim. | **not (all) that big/tall etc.** não tão grande/alto etc. assim: *Come on, he's not that stupid!* Vem cá, ele não é tão burro assim! | *The food wasn't all that good.* A comida não estava tão boa assim.

▶ CONJUNÇÃO

1 PARA INTRODUZIR ORAÇÕES SUBORDINADAS (= que)

Os parênteses significam que se costuma omitir o pronome na língua falada:

She said (that) she was tired. Ela disse que estava cansada. | *The fact that you didn't know is no excuse.* O fato de você não saber não é desculpa.

2 COMO PRONOME RELATIVO (= que)

Os parênteses significam que se costuma omitir o pronome na língua falada:

Did you get the books (that) I sent? Você recebeu os livros que eu mandei? | *the day (that) she was born* o dia em que ela nasceu

3 EXPRESSANDO CONSEQUÊNCIA

so... that/such... that tão... que: *He's so annoying that no one will work with him.* Ele é tão irritante, que ninguém quer trabalhar com ele. | *She got such bad grades that she wasn't allowed to go.* Ela tirou notas tão ruins, que não a deixaram ir.

4 COM SUPERLATIVOS (= que)

the greatest player that ever lived o melhor jogador que já existiu

thaw /θɔ/ *verbo & substantivo*

- *v* [tr/intr] **1** degelar, derreter **2** (também **thaw out**) descongelar
- *s* degelo

the /ðə, acentuado ði/ *art* ▶ ver quadro

theater AmE, **theatre** BrE /'θiətər/ *s* **1** (prédio) teatro **2** (atividade) teatro **3** sala de cirurgia

theatrical /θi'ætrɪkəl/ *adj* **1** teatral **2** (exagerado) teatral

theft /θɛft/ *s* roubo, furto ▶ BURGLARY, ROBBERY OU THEFT? ver nota em **roubo**

their /ðɛr/ *adj* deles/delas, seu/sua/seus/suas: *their son* o filho deles | *their daughters* as filhas deles ▶ Os possessivos são usados em inglês em muitos contextos nos quais se usa somente o artigo em português, como em referência a partes do corpo, pertences pessoais, etc.: *They washed their hands.* Lavaram as mãos. | *They had lost their tickets.* Eles tinham perdido os ingressos. ▶ **Their** também é usado com pronomes indefinidos, como **someone, everyone,** etc.: *Everyone brought their own food.* Cada um trouxe sua própria comida.

theirs /ðɛrz/ *pron* Como os pronomes possessivos ingleses não variam em gênero ou número, **theirs** pode equivaler a *(o) deles/delas, (a) deles/delas, (os) deles/delas, (as) deles/delas,* etc.: *When my car broke down I borrowed theirs.* Quando meu carro enguiçou, peguei o deles emprestado. | *He's a friend of theirs.* Ele é amigo delas. ▶ **Theirs** também é usado com pronomes indefinidos, como **someone, everyone,** etc.: *No one would admit that the dog was theirs.* Ninguém admitiu que o cão era seu.

them /əm, ðəm, acentuado ðɛm/ *pron* **1** (como objeto direto) os, as: *Have you seen my keys? I can't find them.* Você viu as minhas chaves? Não consigo achá-las. **2** (como objeto indireto) lhes, para eles/elas: *I gave them my new address.* Eu lhes dei meu novo endereço. | *I sent it to them.* Eu a enviei para eles. **3** (depois de preposição, do verbo "to be", ou em comparações) eles, elas: *I spoke to them yesterday.* Falei com eles ontem. | *It was them who told my parents.* Foram elas que contaram para meus pais. | *We played better than them.* Jogamos melhor do que eles. **4** (Usado no lugar de "him" ou "her") lhe: *If anyone calls, tell them I'll be back later.* Se alguém ligar, diga(-lhe) que estarei de volta mais tarde.

theme /θim/ *s* tema

'theme park *s* parque temático

'theme tune, também **'theme song** *s* tema musical

themselves /ðəm'sɛlvz/ *pron* ▶ ver quadro

then /ðɛn/ *adv* **1** nessa/naquela época, na época: *Won't you be on vacation then?* Você não vai estar de férias nessa época? | *I lived in Paris then.* Eu morava em Paris na época. | **by then** até lá, a essa/àquela altura: *I will have finished by then.* Já terei terminado até lá. | **from then on** daí/dali em diante | **just then** naquele momento: *Just then the phone rang.* Naquele momento o telefone tocou. | **until then** até então: *They had never used a computer until then.* Eles nunca

---

the

1 O artigo definido **the** não varia em gênero ou número, e equivale a *o, a, os* e *as*:

the sun o sol | *the moon* a lua | *the clouds* as nuvens | *the birds* os pássaros

2 É usado também antes de adjetivos substantivados:

You're asking the impossible. Você está pedindo o impossível. | *the British* os britânicos

3 Seu uso difere do uso dos artigos em português nos seguintes exemplos:

They pay me by the hour. Eles me pagam por hora. | *Monday, May the tenth* Segunda-feira, dia dez de maio.

Outras diferenças de uso são explicadas no verbete **o**.

4 A expressão abaixo estabelece relações diretas ou inversamente proporcionais:

the... the: *The more I see him, the more I like him.* Quanto mais o vejo, mais gosto dele. | *The less said about it the better.* Quanto menos se falar nisso, melhor.

---

themselves

1 **Themselves** é a forma reflexiva de **they**. Seu uso equivale, em geral, ao dos verbos reflexivos em português, ou ao *si mesmos/si mesmas* ou *eles mesmos/elas mesmas*:

They had to protect themselves. Eles tiveram que se proteger. | *They should be proud of themselves.* Eles deveriam se sentir orgulhosos de si mesmos. | *They bought themselves a new car.* Eles compraram um carro novo.

2 Tem um uso enfático que equivale ao de *(eles/elas) mesmos/mesmas*:

They painted the house themselves. Eles mesmos pintaram a casa. | *Doctors themselves say the treatment doesn't always work.* Os próprios médicos dizem que o tratamento nem sempre funciona.

3 A expressão **by themselves** ou **all by themselves** significa *sozinhos/sozinhas* (sem companhia ou ajuda):

They did it all by themselves. Eles fizeram isso sozinhos.

4 **Themselves** também é usado para se referir a pronomes indefinidos, como **anyone, someone,** etc.:

If anyone wants a drink, they can help themselves. Quem quiser beber alguma coisa, pode se servir.

haviam usado um computador até então. ▶ ver também **there**
2 depois, em seguida: *We had lunch and then went to the store.* Almoçamos e depois fomos fazer compras.
3 então: *If she's going, then I'm going too.* Se ela vai, então também vou.
4 but then (again) mas por outro lado: *I don't spend much, but then I don't go out much.* Não gasto muito, mas, por outro lado, não saio muito.

theology /θiˈɑlədʒi/ s teologia

theoretical /θiəˈrɛtɪkəl/ adj **1** (relativo a teoria) teórico **2** (inexistente) teórico

theory /ˈθiəri/ s (pl **-ries**) teoria | **in theory** teoricamente

therapeutic /θɛrəˈpjutɪk/ adj **1** terapêutico **2** relaxante

therapist /ˈθɛrəpɪst/ s terapeuta

therapy /ˈθɛrəpi/ s (pl **-pies**) terapia | **to be in therapy** estar fazendo terapia

there /ðɛr/ pron & adv ▶ ver quadro

thereabouts /ˌðɛrəˈbaʊts/ adv **two hours/six miles/in 1900 etc. or thereabouts** duas horas/seis milhas/em 1900 etc., ou por volta disso: *There is a train at ten o'clock or thereabouts.* Tem um trem às dez, ou por volta disso.

thereby /ðɛrˈbaɪ/ adv (formal) deste modo, assim

therefore /ˈðɛrfɔr/ adv (formal) portanto, por conseguinte

thermal /ˈθɜrməl/ adj **1** térmico [energia] **2** termal **3** térmico [roupa de baixo]

thermometer /θərˈmɑmətər/ s termômetro

Thermos® /ˈθɜrməs/, também **ˈThermos® ˌflask** s garrafa térmica

these /ðiz/ adj & pron **these** é o plural de **this** e equivale a *estes/estas* ou *esses/essas (aqui)*: *Where did you get these cushions?* Onde você comprou estas almofadas? | *I'll take four of these.* Vou levar quatro desses.

thesis /ˈθisɪs/ s (pl **-ses** /-siz/) **1** tese [de mestrado, doutorado] **2** tese, teoria

they /ðeɪ/ pron eles, elas ▶ Em inglês, os pronomes que funcionam como sujeito nunca podem ser omitidos: *They never go on vacation.* Eles nunca tiram férias. | *They're English books.* São livros ingleses. ▶ **they** também é usado para se referir a uma pessoa ou a pessoas não determinadas: *If anyone saw anything, will they please contact the police.* Se alguém viu algo, favor entrar em contato com a polícia. | *They've closed the factory.* Fecharam a fábrica.

they'd /ðeɪd/ • contração de **they had**
• contração de **they would**

they'll /ðeɪl/ contração de **they will**

they're /ðər, acentuado ðɛr/ contração de **they are**

they've /ðeɪv/ contração de **they have**

thick /θɪk/ adjetivo, advérbio & substantivo

• adj **1** espesso | **to be three feet/one centimeter etc. thick** ter três pés/um centímetro etc. de espessura **2** grosso: *a thick soup* uma sopa grossa **3** denso [nuvem, fumaça] **4** cerrado [mato, barba] **5** grosso [pelo, cabelo] **6** pesado [sotaque] **7** BrE (informal) burro

• adv **to cut/slice sth thick** cortar algo grosso/em fatias grossas | **to spread sth thick** passar uma camada grossa de algo

• s **1 to be in the thick of sth** estar no centro de algo **2 through thick and thin** nas alegrias e nas tristezas

thicken /ˈθɪkən/ v [intr] **1** engrossar [molho, sopa] **2** tornar-se denso [nuvens, neblina]

---

there

PRONOME

Seguido do verbo **to be, there** equivale a *haver, ter* ou *existir*. O verbo vem no singular ou no plural, conforme o substantivo que se segue:

There's a bus stop on the corner. Há um ponto de ônibus na esquina. | *Is there any coffee?* Tem café? | *There are three bedrooms upstairs.* Tem três quartos no andar de cima. | *There are people who are terrified of dogs.* Existem pessoas que têm pavor de cachorro. | *There was a terrible storm.* Houve uma tempestade terrível. | *Were there many people?* Tinha muita gente lá? | *There seems to be a misunderstanding.* Parece ter havido um mal-entendido. | *There might be a problem.* Podia haver algum problema. | *There must be some mistake.* Deve haver algum engano. | *There were five of us.* Éramos cinco.

ADVÉRBIO

1 Na maioria dos casos equivale a *aí, ali* ou *lá*:

The book is there, on the table. O livro está ali, na mesa. | *We know you're **in there**!* Sabemos que você está aí dentro! | *Leave your boots **out there**.* Deixe as botas lá fora.

Note que quando a frase começa com **there** o sujeito vem depois do verbo, exceto quando se trata de um sujeito pronominal:

There's Peter. Lá vem o Peter. | *There he is.* Lá vem ele.

2 Muitas vezes é usado precedido de **over**, principalmente para indicar uma distância maior:

He lives in Japan and we're going over there to see him. Ele mora no Japão e vamos para lá visitá-lo.

3 Também é usado para chamar a atenção para algo:

Look! There's a squirrel! Olha! Um esquilo! | *There goes the phone again!* O telefone de novo!

4 EXPRESSÕES

there and then/then and there na hora/no ato | **there you are/there you go** pronto/aqui está

thickly /'θɪkli/ *adv* **1 thickly cut/sliced** cortado grosso/em fatias grossas | **thickly padded/carpeted** bem acolchoado/com carpetes espessos | **to spread sth thickly** passar uma camada grossa de algo **2** densamente, copiosamente

thickness /'θɪknəs/ *s* **1** espessura, grossura **2** camada

thief /θif/ *s* (pl **thieves** /θivz/) ladrão -dra ▶ ROBBER, THIEF OU BURGLAR? ver nota em **ladrão**

thigh /θaɪ/ *s* coxa

thimble /'θɪmbəl/ *s* dedal

thin /θɪn/ *adjetivo, advérbio & verbo*

• *adj* (-nner, -nnest) **1** fino [camada, fatia, etc.], leve [vestido, paletó, etc.] **2** magro **3** ralo [sopa, cabelo, mato, etc.] **4 to be thin on the ground** estar escasso ▶ ver também **thick**

• *adv* (-nner, -nnest) **to cut/slice sth thin** cortar algo fino/em fatias finas

• *v* (-nned, -nning) **1** [tr] diluir **2** (também **thin out**) [tr] desbastar, [intr] diminuir, rarear

thing /θɪŋ/ *substantivo & substantivo plural*

• *s* **1** coisa: *Can you bring me a few things from the house?* Você pode me trazer algumas coisas da casa? | *That was a stupid thing to say.* Dizer isso foi uma estupidez. | *A funny thing happened yesterday.* Uma coisa estranha aconteceu ontem. | **the main thing** o mais importante
2 Referente a pessoas ou animais: *You poor thing!* Coitadinho de você! | *She's such a sweet thing.* Ela é um doce de pessoa.
3 you won't feel a thing/I didn't see a thing etc. você não vai sentir nada/não vi nada etc.: *I don't know a thing about opera.* Não entendo nada de ópera.
4 first thing logo cedo | **last thing** no final do dia/da tarde/do expediente etc.
5 to be just the thing ser o ideal
6 the thing is o negócio é que
7 for one thing para começar
8 it's a good thing (that) ainda bem que
9 it's just one of those things essas coisas acontecem, são coisas da vida
10 to do my/your etc. own thing (informal) fazer as coisas independente dos outros, ficar independente ▶ ver também **such**

• **things** *s pl* coisas: *The way things are, we won't be able to go.* Do jeito que as coisas estão, não vamos poder ir. | *How are things with you?* Como vão as coisas com você?

think /θɪŋk/ *verbo & substantivo*

• *v* (passado & particípio **thought**) **1** [tr] (ter certa opinião sobre) achar: *She thinks I'm crazy.* Ela acha que sou louco. | *I didn't think anyone would believe me.* Não achei que fossem acreditar em mim. | **what do you think of...?** o que você acha de...?
2 [intr] (refletir) pensar: *Think carefully before you decide.* Pense bem antes de decidir. | **to think about/of sth** pensar em algo: *I've been thinking about what you said.* Venho pensando no que você disse.
3 [tr/intr] (considerar) pensar: *I thought we could eat out tonight.* Pensei que poderíamos jantar fora hoje à noite. | **to think of/about doing sth** pensar em fazer algo: *Have you ever thought about buying a car?* Você já pensou em comprar um carro?
4 [tr] (crer) achar: *I think so.* Acho que sim. | *I don't think so.* Acho que não. | *I think he's gone out.* Acho que ele saiu.
5 not to think much of sth/sb não achar algo/alguém lá essas coisas | **to think highly of sb** admirar alguém muito
6 [tr/intr] imaginar: *I can't think why he bought it.* Não consigo imaginar por que ele comprou isso. | *Who'd have thought it?* Quem diria! | *Just think!* Imagine só! | **I should think so (a)** acho que sim **(b)** pelo menos isso: *"I apologized." "I should think so!"* – Pedi desculpas. – Bom, pelo menos isso!
7 to think twice (before doing sth) pensar duas vezes (antes de fazer algo)

PHRASAL VERBS
think of sth 1 encontrar algo, bolar algo: *They're trying to think of a name for the band.* Eles estão tentando bolar um nome para a banda. | *Richard thought of a way of getting out.* Richard encontrou uma maneira de sair. **2** lembrar algo: *I can't think of the lead singer's name.* Não consigo lembrar o nome do vocalista.
think of sb pensar em alguém: *It was nice of you to think of me.* Foi legal você ter pensado em mim. | *Can you think of anyone who could do it?* Você sabe de alguém que possa fazer isso?
think sth out considerar algo com cuidado
think sth over refletir sobre algo, pensar em algo
think sth up bolar algo

• *s* **to have a think (about sth)** dar uma pensada (em algo): *Have a think and let me know.* Dê uma pensada e me avise.

thinker /'θɪŋkər/ *s* pensador -a

thinking /'θɪŋkɪŋ/ *s* **1** opinião, ideia **2 quick thinking** raciocínio rápido

thinly /'θɪnli/ *adv* **1 thinly cut/sliced** cortado fino/em fatias finas | **to spread sth thinly** passar uma camada fina de algo **2 thinly populated** escassamente povoado **3 thinly disguised/veiled etc.** mal disfarçado/velado etc.

third /θɜrd/ *numeral* **1** (numa ordem) terceiro **2** (em data) (dia) três **3** (fração) terço **4** (também **third gear**) terceira [marcha]

thirdly /'θɜrdli/ *adv* em terceiro lugar

,**third 'party** *s* (pl -ties) terceiro: *third party insurance* seguro contra terceiros

,**third 'person** *s* **the third person** a terceira pessoa

,**Third 'World** *s* **the Third World** o Terceiro Mundo

thirst /θɜrst/ s **1** sede **2 thirst for knowledge/ power etc.** sede de conhecimento/poder etc.

thirsty /'θɜrsti/ adj (-tier, -tiest) sedento, com sede | **to be thirsty** estar com sede

thirteen /θɜr'tin/ numeral treze

thirteenth /θɜr'tinθ/ numeral **1** (numa ordem) décimo terceiro **2** (em data) (dia) treze **3** (fração) treze avos

thirty /'θɜrti/ numeral **1** trinta **2 the thirties** os anos 30 **3 to be in your thirties** ter uns trinta e poucos anos

this /ðɪs/ adj, pron & adv ▶ ver quadro

thistle /'θɪsəl/ s cardo [planta espinhosa]

thongs /θɔŋz/ s pl AmE sandália de dedo

thorn /θɔrn/ s espinho [em planta]

thorough /'θɜroʊ/ adj **1** meticuloso [busca, investigação, etc.] **2** meticuloso, cuidadoso [pessoa]

thoroughly /'θɜroʊli/ adv **1** cuidadosamente, meticulosamente **2 thoroughly depressing/ miserable etc.** extremamente deprimente/infeliz etc.

those /ðoʊz/ adj & pron **those** é o plural de **that** e equivale a esses/essas (ai) ou aqueles/aquelas: Who are those people? Quem são essas pessoas?/Quem são aquelas pessoas? | I prefer those shoes. Prefiro esses sapatos./Prefiro aqueles sapatos. | I prefer **those** over there. Prefiro aqueles lá.

though /ðoʊ/ conjunção & advérbio

- **conj** **1** embora: Though she was only seven, she played the piano beautifully. Embora ela só tivesse sete anos, tocava piano maravilhosamente. **2** mas: I'm not a fan of hers, though I did enjoy her last book. Não sou fã dela, mas gostei muito de seu último livro. ▶ ver também **as**, **even**

- **adv** (informal) mas: We had to stand in line for an hour. It was worth it, though. Tivemos que ficar uma hora na fila. Mas valeu a pena.

thought¹ /θɔt/ s **1** pensamento, ideia | **the thought of (doing) sth** a ideia de (fazer) algo: The very thought of food makes me feel sick. Só de pensar em comida fico enjoado. **2** reflexão | **to give sth a lot of thought** refletir muito sobre algo | **to be deep/lost in thought** estar pensativo **3** (filosofia) pensamento

thought² passado & particípio de **think**

thoughtful /'θɔtfəl/ adj **1** pensativo **2** atencioso, delicado

thoughtfully /'θɔtfəli/ adv pensativamente

thoughtless /'θɔtləs/ adj impensado, indelicado

thousand /'θaʊzənd/ numeral **1** mil ▶ Quando **thousand** é usado como numeral, o plural é invariável: ten thousand years dez mil anos | **a thousand** mil: a thousand dollars mil dólares **2 thousands** milhares: She's had thousands of boyfriends. Ela já teve milhares de namorados.

---

this

ADJETIVO & PRONOME

1 this equivale a este/esta, esse/essa (aqui), e a isto ou isso (aqui):

Do you like this skirt? Você gosta desta saia? | I prefer this color. Prefiro essa cor. | I'd get **this one**. Eu compraria esta. | What's this? O que é isso (aqui)? | Do it **like this**. Faça assim.

O plural de **this** é **these**, que é tratado separadamente.

2 Ao telefone:

Hello Ellie, this is Paul. Oi, Ellie, aqui é o Paul.

▶ ADVÉRBIO **this big/tall etc.** grande/alto etc. assim: He's this tall. Ele é alto assim. | Give me this much. Me dá um tanto assim. | We can't call this late. Não podemos ligar assim tão tarde.

---

thousandth /'θaʊzənθ/ numeral **1** (numa ordem) milésimo **2** (fração) milésimo

thrash /θræʃ/ v (3a pess sing **-shes**) **1** [tr] (como castigo) surrar, dar uma surra em **2** [tr] (informal) (derrotar) dar uma surra em | **to be/get thrashed** levar uma surra

thrash around debater-se

thread /θrɛd/ substantivo & verbo

- s **1** linha [de costura]: a needle and thread agulha e linha **2** (de uma história, conversa, etc.) fio

- v [tr] **1** enfiar uma linha em [uma agulha] **2 to thread sth through sth** passar algo por algo **3 to thread sth onto sth** enfiar algo em algo

threat /θrɛt/ s **1** ameaça: a death threat uma ameaça de morte **2** (risco) ameaça | **a threat to sb/sth** uma ameaça para alguém/algo

threaten /'θrɛtn/ v [tr] **1** ameaçar: Don't you threaten me! Não me ameace! | **to threaten to do sth** ameaçar fazer algo | **to threaten sb with sth** ameaçar alguém com/de algo **2** (pôr em risco) ameaçar

three /θri/ numeral três

three-D, 3-D /θri 'di/ adjetivo & substantivo

- adj em 3D

- s 3D

three-'dimensional adj tridimensional

threshold /'θrɛʃhoʊld/ s **1** soleira **2 pain/ boredom threshold** resistência à dor/ao tédio

threw /θru/ passado de **throw**

thrill /θrɪl/ substantivo & verbo

- s emoção: the thrill of driving a fast car a emoção de dirigir um carro veloz | **to get a thrill out of doing sth** ficar empolgado fazendo algo

- v [tr] empolgar

 Você tem dúvidas quanto ao significado das **abreviaturas**? Veja a lista de abreviaturas no verso da capa.

thrilled /ˈθrɪld/ *adj* felicíssimo | **to be thrilled with sth** vibrar com algo | **to be thrilled to do sth** ficar muito contente em fazer algo

thriller /ˈθrɪlər/ *s* **1** romance policial **2** filme de suspense, thriller

thrilling /ˈθrɪlɪŋ/ *adj* emocionante

thrive /θraɪv/ *v* [intr] (passado **thrived** ou **throve** /θroʊv/, particípio **thrived**) **1** prosperar [empresa, economia] **2** crescer bem [planta] **3 to thrive on pressure/hard work etc.** render muito sob pressão/produzir mais quando o trabalho é duro etc.

thriving /ˈθraɪvɪŋ/ *adj* próspero

throat /θroʊt/ *s* **1** garganta: *I have a sore throat.* Estou com dor de garganta. **2** pescoço

throb /θrɑb/ *verbo & substantivo*
- *v* [intr] (**-bbed**, **-bbing**) **1** latejar [de dor] **2** vibrar [máquina, música, etc.] **3** palpitar [coração]
- *s* vibração

throne /θroʊn/ *s* **1** trono **2 to ascend to the throne** subir ao trono

throttle /ˈθrɑtl/ *v* [tr] estrangular

through, também **thru** AmE /θru/ *preposição, advérbio & adjetivo*
- *prep* **1** por, por entre: *I pushed my way through the crowd.* Abri caminho por entre a multidão. | *I saw her through the window.* Eu a vi pela janela. **2** (do início ao fim) todo: *We worked through the night to finish it.* Trabalhamos a noite toda para terminá-lo. **3** devido a, por causa de **4** através de, por meio de: *I got the job through a friend.* Consegui o emprego através de um amigo. **5 May through July/Monday through Friday etc.** AmE de maio a julho/de segunda a sexta etc.
- *adv* **1** De um lado para o outro: *Let me through!* Me deixem passar! | *We found a gap in the fence and climbed through.* Encontramos um vão na cerca e passamos por ali. | *The bullet went right through his leg.* A bala atravessou a perna dele de lado a lado. **2** (do começo ao fim) **all night through** a noite toda | **I slept/he yawned etc. all the way through** eu dormi/ele bocejou etc. do início ao fim [da aula, do filme, etc.] **3 through and through** da cabeça aos pés
- *adj* **1 to be through (doing sth)** ter terminado (de fazer sth) | **to be through with sth** ter terminado com algo [de usar uma ferramenta, um livro, etc.], ter largado algo [as drogas] | **to be through with sb** ter terminado com alguém [com namorado] **2 through train/service etc.** trem direto/linha direta etc. | **no through road** rua sem saída ▶ **Through** também faz parte de vários phrasal verbs, tais como **to look through, to sit through,** etc., que são tratados no verbete do verbo correspondente

throughout /θruˈaʊt/ *preposição & advérbio*
- *prep* **1** em todo: *throughout the country* em todo o país **2** durante todo: *throughout the concert* durante todo o concerto
- *adv* **1** it's painted white/furnished etc. **throughout** está todo pintado de branco/mobiliado etc. **2** o tempo todo, do começo ao fim: *He remained calm throughout.* Ele manteve a calma o tempo todo.

throw /θroʊ/ *verbo & substantivo*
- *v* (passado **threw**, particípio **thrown**) **1** [tr/intr] jogar, arremessar: *The crowd began throwing bottles.* A multidão começou a jogar garrafas. | **to throw sth at sth/sb** atirar algo em algo/alguém: *Someone threw a rock at the car.* Alguém atirou uma pedra no carro. | **to throw sth to sb** jogar algo para alguém: *The goalkeeper threw the ball to Alan.* O goleiro jogou a bola para o Alan. | **to throw sb sth** jogar algo para alguém: *Throw me a towel, will you?* Me joga uma toalha, por favor?
2 [tr] atirar, jogar: *He threw me to the ground.* Ele me atirou no chão.
3 to throw your arms around sb's neck jogar os braços em volta do pescoço de alguém | **to throw your head back** jogar a cabeça para trás
4 to throw sb into jail pôr alguém na cadeia | **to throw sb into confusion** deixar alguém perplexo
5 [tr] derrubar [um cavaleiro]
6 [tr] (informal) desconcertar
7 [tr] projetar [uma luz, uma sombra] ▶ ver também **throw a fit** em **fit**, **throw your weight around/about** em **weight**

throw sth away **1** jogar algo fora: *Can I throw the newspaper away?* Posso jogar o jornal fora? **2** desperdiçar algo [uma oportunidade]

throw sth out **1** jogar algo fora **2** rejeitar algo [proposta, projeto de lei] **throw sb out** expulsar alguém

throw up (informal) vomitar
- *s* **1** arremesso: *his third throw* seu terceiro arremesso | *a throw of over 80 meters* um arremesso de mais de 80 metros
2 lançamento [de dados]: *It's your throw.* É sua vez.

thrown /θroʊn/ particípio de **throw**

thru AmE ▶ ver **through**

thrust /θrʌst/ *verbo & substantivo*
- *v* [tr/intr] (passado & particípio **thrust**) empurrar | **to thrust sth into sth** enfiar algo em algo [com força] | **to thrust at sb (with sth)** dar uma estocada em alguém (com algo)

thrust on/upon to thrust sth on/upon sb impingir algo a alguém [um cargo, uma tarefa]
- *s* **1** golpe, estocada **2 the (main) thrust of sth** a ideia central de algo

thud /θʌd/ *substantivo & verbo*
- *s* baque [barulho]
- *v* [intr] (**-dded**, **-dding**) fazer um ruído surdo ao cair, ao chocar-se contra algo, etc.: *The ball thudded into a tree.* A bola bateu numa árvore. | *Her*

heart began to thud violently. O coração dela começou a bater violentamente.

thug /θʌg/ *s* barra-pesada, bandido

thumb /θʌm/ *substantivo & verbo*

- *s* **1** polegar **2 to give sth the thumbs up/down** (informal) dar o sinal verde para algo/rejeitar algo **3 to be under sb's thumb** ser controlado por alguém

- *v* (informal) **to thumb a ride** AmE, **to thumb a lift** BrE pedir carona
  thumb through sth folhear algo

thumbtack /'θʌmtæk/ *s* AmE tachinha, percevejo

thump /θʌmp/ *verbo & substantivo*

- *v* **1** [tr] dar um soco em **2** [intr] bater [com força]

- *s* **1** soco **2** baque [ruído]

thunder /'θʌndər/ *substantivo & verbo*

- *s* **1** trovões ▶ ver também **clap 2** barulheira

- *v* [intr] **1** trovejar **2** ecoar, ribombar

thunderstorm /'θʌndərstɔrm/ *s* tempestade

Thursday /'θɜrzdi, -deɪ/ *s* quinta-feira ▶ ver "Active Box" **days of the week** em **day**

thwart /θwɔrt/ *v* [tr] frustrar [um plano, etc.]

tick /tɪk/ *substantivo & verbo*

- *s* **1** tique-taque **2** BrE tique [sinal] ▶ No inglês americano diz-se **check**

- *v* **1** [intr] fazer tique-taque **2** [tr] BrE ticar ▶ No inglês americano diz-se **check**
  tick away, também **tick by** passar [tempo, minutos]
  tick sth off BrE ticar algo ▶ No inglês americano diz-se **check sth off tick sb off 1** AmE (informal) deixar alguém uma fera **2** BrE (informal) dar uma bronca em alguém

ticked-'off *adj* (informal) irritado

ticket /'tɪkɪt/ *s* **1** ingresso [para cinema, concerto, etc.] **2** passagem, bilhete **3** multa [por infração no trânsito] **4** etiqueta

tickle /'tɪkəl/ *v* **1** [tr] fazer cócegas em **2** [tr/intr] pinicar

'tidal ˌwave *s* onda gigante

tide /taɪd/ *s* maré | **the tide is in/out** a maré está alta/baixa | **at high/low tide** na maré cheia/vazante

tidy /'taɪdi/ *adjetivo & verbo*

- *adj* (**-dier, -diest**) arrumado

- *v* [tr/intr] (**-dies, -died**) (também **tidy up**) arrumar
  tidy sth away BrE guardar algo

tie /taɪ/ *verbo & substantivo*

- *v* (passado & particípio **tied**, gerúndio **tying**) **1** [tr] amarrar | **to tie sth/sb to sth** amarrar algo/alguém a algo: *The other children tied him to a tree.* As outras crianças o amarraram a uma árvore. **2** [tr] amarrar [o sapato, a gravata] | **to tie a knot in sth** dar um nó em algo **3** [intr] empatar

tie sb down prender alguém [casamento, emprego, etc.]
tie sth up 1 amarrar algo **2 to be tied up** estar empatado [dinheiro, capital] **3** finalizar algo [um contrato, detalhes, etc.] **tie sb up 1** amarrar alguém **2 to be tied up** estar ocupado

- *s* **1** gravata **2** (vínculo) laço **3** empate **4** estorvo

'tie-dye *v* [tr] tingir (tecido), usando a técnica tie-dye

tier /tɪr/ *s* **1** fila (de assentos) [em arquibancada] **2** camada [de bolo]

tiger /'taɪgər/ *s* tigre

tight /taɪt/ *adjetivo, advérbio & substantivo plural*

- *adj* **1** justo, apertado: *tight leather pants* uma calça de couro justa | *My shoes were too tight.* Meus sapatos estavam muito apertados. **2** apertado [atadura, etc.], esticado [corda, pele, etc.] **3** apertado [parafuso, nó, tampa] **4** rígido [controle, etc.]: *Security is very tight.* A segurança é muito rígida. **5** apertado [espaço], curto [dinheiro, orçamento, prazo] **6 a tight bend** uma curva fechada **7** difícil, duro [jogo]

- *adv* bem: *Hold on tight.* Segure-se bem.

- **tights** *s pl* **1** AmE collant [meia-calça de tecido grosso] **2** BrE meia-calça [de seda] ▶ No inglês americano diz-se **pantyhose**

tighten /'taɪtn/ *v* **1** [tr] apertar **2** [tr] esticar, apertar **3** [intr] esticar-se, apertar-se **4** [tr] (também **tighten up**) tornar mais rigoroso **5 to tighten your hold/grip on sth** agarrar algo com mais força

ˌtight-'lipped *adj* reservado, reticente

tightly /'taɪtli/ *adv* **1** firmemente, com firmeza **2** rigorosamente

tightrope /'taɪtroʊp/ *s* corda bamba

tile /taɪl/ *s* **1** telha **2** azulejo **3** lajota

tiled /taɪld/ *adj* **1** de telha **2** azulejado **3** de lajota

till /tɪl/ *preposição & substantivo*

- *prep* ▶ ver **until**

- *s* BrE caixa (registradora)

tilt /tɪlt/ *v* **1** [tr] inclinar **2** [intr] inclinar-se

timber /'tɪmbər/ *s* **1** AmE tronco de árvore, cortado **2** BrE madeira ▶ No inglês americano diz-se **lumber**

time /taɪm/ *substantivo & verbo*

- *s* ▶ ver quadro na pág. 378

- *v* [tr] **1** programar | **to time your arrival/departure etc. perfectly** chegar/ir embora etc. na hora certa **2 to be timed to do sth** estar programado para fazer algo **3 to be well/badly timed** ser oportuno/inoportuno **4** cronometrar

'time bomb *s* bomba-relógio

timely /'taɪmli/ *adj* (**-lier, -liest**) oportuno

ˌtime 'off *s* dias de folga

timer /'taɪmər/ *s* timer

time *substantivo*

1 TEMPO

Do you have time for a cup of coffee? Você tem tempo para um café? | *Learning a language takes time.* Demora aprender um idioma. | *I don't have to wear glasses all the time.* Não preciso usar óculos o tempo todo. | **a long time** muito (tempo): *She took a long time.* Ela demorou muito. | **I haven't seen her/I've been here etc. for some time** faz tempo que não a vejo/que estou aqui etc. | **to take your time** fazer tudo com calma: *Take your time. There's no hurry.* Faça tudo com calma. Não há pressa. | **to have a good/great etc. time** divertir-se muito | **to have a bad/difficult etc. time** passar por um mau pedaço/uma fase difícil etc.: *Did you have a good time in Búzios?* Vocês se divertiram muito em Búzios? | **in time:** *We got there in time for dinner.* Chegamos a tempo de jantar. | *You'll get used to it in time.* Com o tempo, você vai se acostumar.

2 HORA

What time is it?/What's the time? Que horas são? | *It's time to go home.* Está na hora de ir para casa. | **on time** na hora: *Try to be on time.* Tente chegar na hora.

3 VEZ

Every time I call, he's out. Toda vez que ligo, ele não está em casa. | *I go to the gym three times a week.* Vou à academia três vezes por semana. | **next time** na próxima vez | **three times as long/big etc.; three times longer/bigger etc.** três vezes mais comprido/maior etc. | **two/five etc. at a time** dois/cinco etc. de cada vez | **at times** às vezes | **from time to time** de vez em quando

4 MOMENTO

Have I come at a bad time? Vim num momento inoportuno? | **by the time** quando: *By the time you get this letter, I'll be in Canada.* Quando você receber esta carta, estarei no Canadá. | **this time tomorrow/next year etc.** amanhã a essa hora/no ano que vem nessa época etc. | **for the time being** por enquanto | **at all times** sempre | **at the time** na época | **time after time/time and time again** várias vezes

5 ÉPOCA, PERÍODO

There were no cars in those times. Naquela época não existiam carros. | *the happiest time of my life* a época mais feliz da minha vida | **for a time** (por/durante) um tempo | **in a week's time/a month's time etc.** daqui a uma semana/um mês etc.

6 COMPASSO

in time to the music no compasso da música

7 Expressões como **to bide your time**, **once upon a time**, etc. são tratadas em **bide**, **once**, etc.

times /taɪmz/ *prep* Usado em multiplicação: *Two times two is four.* Duas vezes dois são quatro.

timetable /ˈtaɪmteɪbəl/ *s* BrE **1** (tabela de) horário [de trens, ônibus, etc.] ▶ No inglês americano diz-se **schedule** **2** carga horária [de aulas] ▶ No inglês americano diz-se **schedule**

timid /ˈtɪmɪd/ *adj* **1** tímido, acanhado **2** pouco inovador

timing /ˈtaɪmɪŋ/ *s* timing

tin /tɪn/ *s* **1** estanho **2** BrE lata ▶ Existe também **can**, que é usado tanto no inglês americano como no britânico

tinfoil /ˈtɪnfɔɪl/ *s* papel de alumínio, papel laminado

tinge /tɪndʒ/ *substantivo & verbo*
- *s* **1** tom [de cor] **2 a tinge of sadness/emotion etc.** uma ponta de tristeza/emoção etc.
- *v* [tr] **to be tinged with sth (a)** ter um toque de algo [uma cor, etc.] **(b)** ter uma ponta de algo [tristeza, etc.]

tingle /ˈtɪŋɡəl/ *v* formigar

tinned /tɪnd/ *adj* BrE enlatado ▶ Existe também **canned**, que é usado tanto no inglês americano como no britânico

ˈtin ˌopener *s* BrE abridor de latas ▶ No inglês americano diz-se **can opener**

tinsel /ˈtɪnsəl/ *s* tiras de papel lustroso usadas em decorações natalinas

tint /tɪnt/ *substantivo & verbo*
- *s* **1** tom [de cor] **2** tinta [de cabelo] | **tints** luzes
- *v* [tr] tingir

tinted /ˈtɪntɪd/ *adj* **1** fumê **2** tingido

tiny /ˈtaɪni/ *adj* (**-nier**, **-niest**) pequenino, minúsculo

tip /tɪp/ *substantivo & verbo*
- *s* **1** ponta | **it's on the tip of my tongue** está na ponta da minha língua **2** gorjeta **3** dica | **to give sb a tip (on sth)** dar uma dica para alguém (sobre algo) **4** BrE lixeira
- *v* (**-pped**, **-pping**) **1** [tr] inclinar | **to tip sth up/back etc.** levantar algo/inclinar algo para trás etc. **2** [intr] inclinar-se | **to tip up/back etc.** levantar/reclinar etc. **3** to tip sth into/onto sth virar/entornar algo em algo: *I tipped the milk into the bowl.* Virei o leite na tigela. | **to tip sth out** despejar algo [no chão, na mesa, etc.] **4** [tr] dar gorjeta a **5 to be tipped to do sth** ser cotado para fazer algo: *He is being tipped to win the Oscar.* Ele está sendo cotado para ganhar o Oscar.

tip sb off alertar alguém

tip over virar **tip sth over** derrubar algo, entornar algo

tiptoe /ˈtɪptoʊ/ *substantivo & verbo*
- *s* **on tiptoe(s)** na ponta dos pés

- ***v*** [intr] ir na ponta dos pés | **to tiptoe into/out of the room** entrar em/sair de um quarto na ponta dos pés

tire /taɪr/ *verbo & substantivo*
- ***v*** **1** [tr] cansar **2** [intr] cansar-se **3 to tire of sb** cansar-se de alguém | **to tire of sth/doing sth** cansar-se de algo/de fazer algo
tire sb out deixar alguém exausto **tire yourself out** ficar exausto
- ***s*** AmE **(tyre** BrE) pneu

tired /taɪrd/ *adj* **1** cansado | **tired out** exausto **2 to be tired of sb** estar cheio de alguém | **to be tired of sth/doing sth** estar cansado de algo/de fazer algo: *She was tired of being a secretary.* Ela estava cansada de ser secretária. ▶ ver também **sick**

tiredness /ˈtaɪrdnəs/ *s* cansaço

tiresome /ˈtaɪrsəm/ *adj* cansativo, chato [tarefa, pessoa, etc.]

tiring /ˈtaɪrɪŋ/ *adj* cansativo

tissue /ˈtɪʃu/ *s* **1** lenço de papel **2** (em biologia) tecido

title /ˈtaɪtl/ *s* **1** título [de livro, música, etc.] **2** título [indicando estado civil, profissão, etc.] **3** título [de nobreza] **4** (em esportes) título

title holder *s* campeão -peã

title role *s* papel-título

T-junction /ˈti dʒʌŋkʃən/ *s* BrE cruzamento

to¹ /tə, acentuado tu/ [em infinitivos] **1** Usado para formar o infinitivo. Normalmente não é traduzido em português: *to think* pensar | *to walk* caminhar | *He wants to stay.* Ele quer ficar. | *"Why don't you go with them?" "Because I don't want to."* – Por que você não vai com eles? – Porque não quero. **2** (expressando propósito): *She left early to catch a plane.* Ela saiu cedo para pegar um avião. **3 to tell/ask etc. sb to do sth** mandar alguém fazer algo/pedir a alguém para fazer algo etc.: *They told me to wait.* Eles me mandaram esperar. **4 to be easy to do/hard to understand etc.** ser fácil de fazer/difícil de entender etc.

to² /tə, tu, acentuado tu/ *prep* ▶ ver quadro

to³ /tu/ *adv* **to and fro** de um lado para o outro

toad /toʊd/ *s* sapo

toast /toʊst/ *substantivo & verbo*
- ***s*** **1** torradas: *I made some toast.* Fiz umas torradas. | **a piece/slice of toast** uma torrada **2** brinde
- ***v*** [tr] **1** brindar a **2** torrar

toaster /ˈtoʊstər/ *s* torradeira

tobacco /təˈbækoʊ/ *s* tabaco, fumo

tobacconist /təˈbækənɪst/ *s* **1** vendedor, em tabacaria **2** (também **tobacconist's** BrE) tabacaria

today /təˈdeɪ/ *advérbio & substantivo*
- ***adv*** **1** hoje: *Are you going to town today?* Você vai à cidade hoje? **2 a week today** BrE daqui a uma semana **3** hoje em dia, atualmente
- ***s*** **1** (este dia) hoje: *Have you read today's paper yet?* Você já leu o jornal de hoje? **2** (a atualidade) hoje: *today's women* as mulheres de hoje

toddler /ˈtɒdlər/ *s* criança de um a dois anos e pouco de idade

toe /toʊ/ *substantivo & verbo*
- ***s*** **1** dedo [do pé] | **big toe** dedão [do pé] **2** ponta [de meia], bico [de sapato] **3 to step on sb's toes** AmE, **to tread on sb's toes** BrE **(a)** pisar

---

to *preposição*

1 DESTINO (= a, para)
She's gone to Australia. Ela foi à Austrália. | *I'm going to bed.* Vou para a cama. | *I walked over to the window.* Fui até a janela.

2 DIREÇÃO (= para)
Can you move to the right a little? Você pode chegar um pouco para a direita?

3 POSIÇÃO (= a)
To your left is the abbey. À sua esquerda está a abadia. | *20 miles to the south of Chicago* 20 milhas ao sul de Chicago

4 ALCANCE (= até)
The water came up to my knees. A água chegava até os meus joelhos. | *She can count to ten.* Ela sabe contar até dez. | *from Monday to Friday* de segunda a sexta | *It's only two weeks to Christmas.* Só faltam duas semanas para o Natal.

5 COM OBJETO INDIRETO (= para, a)
He gave the money to his wife. Ele deu o dinheiro para a esposa. | *Say something to me!* Me diga alguma coisa!

6 COM
to be kind/cruel etc. to sb ser gentil/cruel etc. com alguém: *You were very rude to him.* Você foi muito grosseiro com ele.

7 PERTENCIMENTO, RELAÇÃO (= de)
the key to the back door a chave da porta dos fundos | *She's secretary to the manager.* Ela é secretária do gerente.

8 EM COMPARAÇÕES (= a)
I prefer chicken to fish. Prefiro frango a peixe. | *They beat us by two goals to one.* Eles nos venceram por dois gols a um.

9 LIMITES (=)
two to three weeks/20 to 30 people etc. de duas a três semanas/de 20 a 30 pessoas etc.

10 HORA (= para)
ten to five/twenty to one etc. dez para as cinco/vinte para a uma etc.

11 OUTRAS EXPRESSÕES
to my surprise/relief etc. para minha surpresa/meu alívio etc. | **to myself/yourself etc.** só para mim/você etc.

no pé de alguém **(b)** (ofender) pisar nos calos de alguém **4 to keep sb on their toes** manter alguém em alerta

• *v* [tr] (passado & particípio **toed**, gerúndio **toeing**) ▶ ver **line**

toenail /'toʊneɪl/ *s* unha do pé

toffee /'tɔfi/ *s* caramelo

together /tə'gɛðər/ *adv* **1** (num lugar) junto: *Put it all together in that drawer.* Ponha tudo junto nessa gaveta. **2** (ao lado) junto: *The teacher doesn't let us sit together.* O professor não nos deixa sentar juntos. **3** ao mesmo tempo: *You need to press the two buttons together.* É preciso apertar os dois botões ao mesmo tempo. **4 to tie sth together** amarrar algo [com barbante, etc.] | **to add sth together** somar algo | **to join sth together** unir algo | **to mix sth and sth together** misturar algo com algo **5 together with** junto/juntamente com

toilet /'tɔɪlət/ *s* **1** privada, vaso sanitário **2** BrE toalete, banheiro ▶ No inglês americano diz-se **bathroom 3** BrE **to go to the toilet** ir ao banheiro ▶ Em inglês americano diz-se **to go to the bathroom**

'toilet ˌpaper *s* papel higiênico

toiletries /'tɔɪlətriz/ *s pl* artigos de perfumaria

'toilet ˌroll *s* BrE (rolo de) papel higiênico

token /'toʊkən/ *substantivo & adjetivo*

• *s* **1** ficha **2** sinal, prova **3 gift token** BrE vale-presente ▶ Em inglês americano diz-se **gift certificate**

• *adj* **1 a token gesture** um gesto simbólico **2 a token payment** um pagamento simbólico

told /toʊld/ passado & particípio de **tell**

tolerance /'tɑlərəns/ *s* tolerância

tolerant /'tɑlərənt/ *adj* tolerante | **to be tolerant of sth/sb** ser tolerante com algo/alguém

tolerate /'tɑləreɪt/ *v* [tr] tolerar

toll /toʊl/ *substantivo & verbo*

• *s* **1** pedágio **2** número de vítimas | **death toll** número de mortos **3 to take its toll on sth** afetar algo: *Years of smoking have taken their toll on his health.* Os muitos anos de tabagismo afetaram a saúde dele.

• *v* [intr] dobrar [sino]

tomato /tə'meɪtoʊ, BrE tə'mɑtoʊ/ *s* (pl **-toes**) tomate

tomb /tum/ *s* túmulo

tomboy /'tɑmbɔɪ/ *s* menina que só gosta de brincadeiras de meninos, que é pouco feminina no vestir etc.

tombstone /'tumstoʊn/ *s* lápide

tomorrow /tə'mɑroʊ/ *advérbio & substantivo*

• *adv* amanhã: *See you tomorrow!* Até amanhã! | *What are you doing tomorrow?* O que você vai fazer amanhã? | **tomorrow morning/night etc.** amanhã de manhã/à noite etc.: *I'll do it tomorrow morning.* Vou fazê-lo amanhã de manhã. | **the day after tomorrow** depois de amanhã | **a week tomorrow/tomorrow week** BrE de amanhã a uma semana

• *s* **1** amanhã: *tomorrow's meeting* a reunião de amanhã **2** (o futuro) amanhã

ton /tʌn/ *s* **1** (pl **-s** ou **ton**) tonelada ▶ ver abaixo **2 tons of sth** (informal) um monte de algo **3 to weigh a ton** (informal) estar um chumbo

> a ton equivale a 907 kg, no sistema americano, e a 1.016 kg, no britânico. A tonelada métrica (1.000 kg) é conhecida como **metric ton** ou **tonne**.

tone /toʊn/ *substantivo & verbo*

• *s* **1** (de voz) tom **2** (de um som) tonalidade **3** (de uma carta, conversa, etc.) tom **4** (de uma cor) tom, tonalidade **5** (em secretária eletrônica) bipe, sinal: *Leave a message after the tone.* Deixe uma mensagem após o bipe. | **engaged tone** BrE sinal de ocupado ▶ No inglês americano diz-se **busy signal**

• *v* **tone sth down** moderar algo

toner /'toʊnər/ *s* toner [para impressora ou fotocopiadora]

tongue /tʌŋ/ *s* **1** língua | **to stick your tongue out (at sb)** mostrar a língua (para alguém) **2 tongue in cheek** com ironia: *"You're going to enjoy this," he said, tongue in cheek.* "Você vai gostar disso", disse ele, com ironia. **3** (literário) (idioma) língua | **mother tongue** língua materna ▶ ver também **slip, tip**

tonic /'tɑnɪk/ *s* **1** (também **tonic water**) água tônica **2** bálsamo **3** tônico

tonight /tə'naɪt/ *advérbio & substantivo*

• *adv* hoje à noite: *Call me tonight.* Me liga hoje à noite.

• *s* esta noite: *tonight's news bulletin* as notícias desta noite

tonne /tʌn/ *s* (pl **-s** ou **tonne**) tonelada [métrica]

tonsils /'tɑnsəlz/ *s pl* amígdalas

too /tu/ *adv* **1** demais: *He talks too fast.* Ele fala rápido demais. | *It's too cold to go out.* Está frio demais para sair. | **too much/many** demais | **too little/few** muito pouco/poucos | **much too expensive/young etc.** caro/jovem etc. demais | **far too expensive/young etc.** caro/jovem etc. demais | **not too happy/worried etc.** não muito feliz/preocupado etc. **2** também: *"I'm really hungry." "Me too."* – Estou morrendo de fome. – Eu também.

took /tʊk/ passado de **take**

tool /tul/ *s* ferramenta

toolbox /'tulbɑks/ *s* caixa de ferramentas

'tool kit *s* kit de ferramentas

tooth /tuθ/ *s* (pl **teeth**) **1** dente | **to clean/brush your teeth** escovar os dentes | **to have a tooth out** arrancar um dente: *I had to have a tooth out.* Tive que arrancar um dente. **2** (de pente, serra) dente **3 to get your teeth into sth** (informal) mergulhar em algo **4 to have a sweet tooth** adorar doces **5 to grit your teeth** aguentar firme

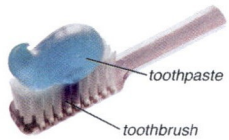

toothpaste
toothbrush
brushing teeth

toothache /'tuθeɪk/ s dor de dente | **to have a toothache** estar com dor de dente: *I have a toothache.* Estou com dor de dente.

toothbrush /'tuθbrʌʃ/ s (pl **-shes**) escova de dente

toothpaste /'tuθpeɪst/ s pasta de dente

toothpick /'tuθpɪk/ s palito

top /tɑp/ *substantivo, adjetivo & verbo*

- *s* **1** cume [de montanha]
  2 copa [de árvore]
  3 borda [de copo]: *I filled the glass right to the top.* Enchi o copo até a borda.
  4 Expressando a ideia de primeira posição: *They are at the top of the league.* Eles ocupam a primeira posição na liga. | *Your name is at the top of the list.* O seu nome está no topo da lista.
  5 alto [da página]: *at the top of the page* no alto da página
  6 tampo, tampa [de mesa, caixa, etc.]
  7 the top o topo: *at the top of her profession* no topo da carreira dela
  8 tampa [de vidro, caneta, etc.]
  9 top [roupa]: *She was wearing a sleeveless top.* Ela estava com um top sem mangas. | *bikini top* a parte de cima do biquíni
  10 the top of the street o final da rua
  11 at the top of the table na cabeceira (da mesa)
  12 on top por/em cima: *Sprinkle the cheese on top.* Polvilhe o queijo por cima.
  13 on top of (a) em cima de: *It's on top of the refrigerator.* Está em cima da geladeira. **(b)** ainda por cima
  14 to be on top of things/of the situation ter o controle das coisas/da situação
  15 off the top of your head (informal) de cabeça
  16 at the top of your voice aos berros
  17 to be on top of the world estar/ficar nas nuvens
  18 from top to bottom de cabo a rabo

- *adj* **1** de cima: *It's in the top drawer.* Está na gaveta de cima. | *They live on the top floor.* Eles moram no último andar.
  2 melhor: *one of the world's top tennis players* uma das melhores tenistas do mundo
  3 top speed/temperature etc. velocidade/temperatura etc. máxima

- *v* [tr] (**-pped, -pping**) **1** superar
  2 liderar, estar no topo de
  3 to be topped with sth estar coberto com/de algo
  4 and to top it all (off) e para culminar
  top sth up encher algo

'top ˌhat s cartola

topic /'tɑpɪk/ s tópico, assunto

topical /'tɑpɪkəl/ adj de interesse, da atualidade [assunto, tema]

topless /'tɑpləs/ adj de topless

topping /'tɑpɪŋ/ s **1** cobertura [de sorvete, bolo]: *ice cream with chocolate topping* sorvete com cobertura de chocolate **2** ingrediente que se põe sobre a massa de uma pizza: *What topping do you want on your pizza?* Você quer pizza de quê?

topple /'tɑpəl/ v **1** [intr] (também **topple over**) cair **2** [tr] derrubar [uma árvore, uma pilha, etc.] **3** [tr] derrubar [o governo, etc.]

ˌtop-'secret adj altamente confidencial

torch /tɔrtʃ/ s **1** BrE lanterna ▶ No inglês americano diz-se **flashlight** **2** tocha

tore /tɔr/ passado de **tear**

torment¹ /'tɔrmɛnt/ s tormento

torment² /tɔr'mɛnt/ v [tr] atormentar

torn /tɔrn/ particípio de **tear**

tornado /tɔr'neɪdoʊ/ s (pl **-does**) tornado

torpedo /tɔr'pidoʊ/ s (pl **-does**) torpedo

torrent /'tɔrənt/ s **1** torrente **2 a torrent of abuse/criticism** uma enxurrada de insultos/críticas

torso /'tɔrsoʊ/ s tronco [do corpo]

tortoise /'tɔrtəs/ s tartaruga [de terra]

torture /'tɔrtʃər/ *substantivo & verbo*

- *s* **1** (de um preso, etc.) tortura **2** (sofrimento) tortura

- *v* [tr] **1** (um preso) torturar **2** (atormentar) torturar

Tory /'tɔri/ s (pl **-ries**) conservador -a [do Partido Conservador britânico]

toss /tɔs/ *verbo & substantivo*

- *v* (3a pess sing **-sses**) **1** [tr] jogar: *He tossed his jacket onto the bed.* Ele jogou o casaco na cama. **2** [tr] sacudir [um barco] **3 to toss and turn** rolar na cama **4** [tr] misturar [uma salada] **5** [tr] virar [uma panqueca] **6 to toss a coin** tirar cara ou coroa | **to toss (up) for sth** decidir algo fazendo cara ou coroa **7 to toss your head** sacudir a cabeça

- *s* **to decide sth on the toss of a coin** decidir algo fazendo cara ou coroa | **to win/lose the toss** ganhar/perder o sorteio [para iniciar uma partida]

total /'toʊtl/ *adjetivo, substantivo & verbo*

- *adj* **1** total, completo | **a total stranger** uma

pessoa completamente desconhecida **2** total [número, custo, etc.]
- *s* total | **in total** no todo, no total
- *v* [tr] (**-led**, **-ling** AmE, **-lled**, **-lling** BrE) **1** (chegar a) totalizar: *Sales totaled $350,000 last year.* As vendas totalizaram $350.000 ano passado. **2** (também **total up**) (somar) totalizar

totally /'toʊtl-i/ *adv* totalmente, completamente
totter /'tɑtər/ *v* [intr] cambalear
touch /tʌtʃ/ *verbo & substantivo*

- *v* (3a pess sing **-ches**) **1** [tr] tocar (em): *Someone touched me on the shoulder.* Alguém me tocou no ombro **2** [intr] tocar-se: *Our knees were touching.* Nossos joelhos estavam se tocando. **3** [tr] comover, tocar: *It touched me that the old man remembered me.* Comoveu-me que o velho se lembrasse de mim. **4** [tr] (em frases negativas) tocar em: *You haven't touched your food.* Você não tocou na sua comida. **5** [tr] igualar
touch down aterrizar, pousar
touch on sth, também **touch upon sth** tocar em algo [um assunto]
touch sth up retocar algo

- *s* **1** tato | **to the touch** ao toque **2** (ato de tocar) toque **3** **to be in touch (with sb)** estar em contato (com alguém) | **to get in touch (with sb)** entrar em contato (com alguém) | **to keep in touch (with sb)** manter contato (com alguém) | **to lose touch (with sb)** perder contato (com alguém) **4** **to be in touch/out of touch with sth** estar/não estar a par de algo **5** (detalhe) toque **6** **to put the finishing/final touches to sth** dar o toque final em algo **7** **to lose your touch** perder o jeito **8** pitada, ponta **9** (de humor, sensualidade, etc.) toque

touchdown /'tʌtʃdaʊn/ *s* **1** aterrizagem, pouso **2** touchdown [em futebol americano]
touched /tʌtʃt/ *adj* **to be touched (by sth)** ficar comovido (com algo)
touching /'tʌtʃɪŋ/ *adj* comovente
touchy /'tʌtʃi/ *adj* (**-chier**, **-chiest**) **1** irritadiço, sensível **2** **a touchy subject** um assunto delicado
tough /tʌf/ *adj* **1** difícil: *a tough question* uma pergunta difícil **2** forte **3** resistente [material] **4** firme, severo | **to get tough with sb** ser duro com alguém **5** duro [carne, legumes, etc.] **6** (informal) (injusto) duro | **tough luck** azar
toughen /'tʌfən/ *v* [tr] tornar mais resistente
tour /tʊr/ *substantivo & verbo*

- *s* **1** turnê | **to be on tour** estar em turnê **2** visita: *a guided tour* uma visita guiada **3** excursão, roteiro: *We're going on a 10-day tour of Egypt.* Vamos fazer uma excursão de dez dias pelo Egito.
- *v* **1** [tr] fazer uma viagem por: *They were touring the Greek islands.* Eles estavam fazendo uma viagem pelas ilhas gregas. **2** [intr] viajar: *They spent the summer touring in the Middle East.* Eles passaram o verão viajando pelo Oriente Médio. **3** [intr] fazer uma turnê **4** [tr] fazer uma turnê por

tourism /'tʊrɪzəm/ *s* turismo
tourist /'tʊrɪst/ *s* turista
'tourist at,traction *s* atração turística
tournament /'tɜrnəmənt/ *s* torneio
tow /toʊ/ *verbo & substantivo*

- *v* [tr] rebocar
tow sth away rebocar algo [um carro estacionado irregularmente]
- *s* **1** **to give sb a tow** dar reboque a alguém **2** **with sb in tow** (informal) com alguém a tiracolo: *They arrived with all the kids in tow.* Chegaram com todas as crianças a tiracolo.

towards /tɔrdz/, também **toward** /tɔrd/ AmE *prep* **1** em direção a: *I saw a man coming towards me.* Vi um homem vindo em minha direção. **2** (para conseguir algo) para (chegar a): *the first step towards an agreement* o primeiro passo para chegar a um acordo **3** (falando de atitudes, sentimentos) em relação a, para com: *my feelings towards him* meus sentimentos em relação a ele **4** **to give sb money towards sth** ajudar alguém a comprar algo **5** para, perto de: *farther towards the coast* mais perto da costa
towel /'taʊəl/ *s* toalha
tower /'taʊər/ *substantivo & verbo*

- *s* torre
- *v* [intr] **to tower above sb** ser bem mais alto que alguém | **to tower above sth** erguer-se acima de algo

'tower ,block *s* BrE prédio [de apartamentos, escritórios] ▶ No inglês americano diz-se **highrise**

church tower

town /taʊn/ *s* **1** cidade: *the town of Hudson* a cidade de Hudson | *The whole town knows about it.* A cidade inteira sabe disso. ▶ TOWN OU CITY? ver nota em **cidade** **2** (bairro comercial) centro: *I got it from a store in town.* Comprei isso numa loja no centro. | **to go into town** ir ao centro **3** **to go to town on sth** (informal) fazer a festa em/com algo **4** **to go out on the town** (informal) cair na gandaia
,town 'hall *s* BrE prefeitura [prédio]
toxic /'tɑksɪk/ *adj* tóxico
toy /tɔɪ/ *substantivo & verbo*

- *s* **1** brinquedo **2** **toy gun** arma de brinquedo | **toy train** trem de brinquedo
- *v* **toy with sth** **1** considerar algo **2** mexer em algo

trace /treɪs/ *verbo & substantivo*

- *v* [tr] **1** localizar: *The police are still trying to trace her husband.* A polícia continua tentando localizar seu marido. | **to trace a call** rastrear um telefonema **2** averiguar a origem de: *Her problem can be traced back to childhood.* Seus problemas se originaram na infância. **3** reconstituir **4** decalcar **5** riscar
- *s* **1** trilha: | **to disappear/vanish without a trace** desaparecer sem deixar pistas **2** vestígio

track /træk/ *substantivo, substantivo plural & verbo*

- *s* **1** trilha: *We drove up the track to the farm.* Fomos pela trilha até a fazenda. **2** pista [de atletismo, automobilismo, etc.] **3** trilho(s) [de ferrovia] **4** faixa [num CD] **5 to be on the right/wrong track** estar no caminho certo/errado **6 to keep track of sth** controlar algo, acompanhar algo | **to keep track of sb** saber por onde alguém anda | **to lose track of sth/sb** perder de vista algo/alguém **7 off the beaten track** em/para um lugar isolado, fora dos roteiros turísticos

- **tracks** *s pl* rastro, pegadas

- *v* [tr] seguir a pista de
  track sth down encontrar algo **track sb down** localizar alguém

,track and 'field *s* AmE atletismo

'track ,record *s* experiência

tracksuit /'træksut/ *s* BrE agasalho esportivo
▶ No inglês americano diz-se **sweat suit**

tractor /'træktər/ *s* trator

trade /treɪd/ *substantivo & verbo*

- *s* **1** comércio: *Trade between Japan and Europe is increasing.* O comércio entre Japão e Europa está aumentando. **2** indústria: *the hotel/tourist trade* a indústria hoteleira/do turismo **3** ofício | **by trade** por profissão: *a jeweler by trade* um joalheiro por profissão

- *v* **1** [intr] comerciar **2** [intr] AmE trocar | **to trade (sb) sth for sth** trocar algo por algo (de alguém): *I'll trade you this CD for your computer game.* Troco esse CD pelo seu game.
  trade sth in dar algo como parte do pagamento | **to trade sth in for sth** dar algo como parte do pagamento de algo: *I traded my old car in for a new model.* Dei meu carro velho como parte do pagamento de um modelo novo.

trademark /'treɪdmɑrk/ *s* marca registrada

trader /'treɪdər/ *s* **1** comerciante **2** (na bolsa de valores) trader

tradesman /'treɪdzmən/ *s* (pl **-men**) BrE comerciante: *the tradesmen's entrance* a entrada de serviço

'trade ,union *s* BrE sindicato ▶ No inglês americano diz-se **labor union**

tradition /trə'dɪʃən/ *s* tradição

traditional /trə'dɪʃənəl/ *adj* tradicional

traffic /'træfɪk/ *substantivo & verbo*

- *s* **1** (de carros, caminhões, etc.) tráfego, trânsito: *heavy traffic* tráfego intenso **2** (de aviões, navios, etc.) tráfego **3** (de drogas, armas, etc.) tráfico

- *v* (passado & particípio **-cked**) **to traffic in sth** traficar algo

'traffic ,jam *s* engarrafamento

trafficker /'træfɪkər/ *s* traficante: *a drug trafficker* um traficante de drogas

'traffic ,light *s* sinal (de trânsito), semáforo

tragedy /'trædʒədi/ *s* (pl **-dies**) tragédia

tragic /'trædʒɪk/ *adj* trágico

trail /treɪl/ *verbo & substantivo*

- *v* **1** [tr/intr] arrastar **2 to trail along behind sth/sb** ir atrás de algo/alguém, seguir algo/alguém **3** [intr] perder [num jogo]

- *s* **1** pista [de pessoa, animal] | **to be on sb's trail** estar no encalço de alguém **2 a trail of blood/smoke etc.** um rastro de sangue/uma esteira de fumaça etc. **3** trilha

trailer /'treɪlər/ **1** reboque **2** (de filme) trailer, (de programa de TV) chamada **3** AmE (para turismo) trailer

train /treɪn/ *substantivo & verbo*

- *s* **1** trem: *When is the next train to Greenwich?* Quando sai o próximo trem para Greenwich? | **by train** de trem **2 train of events** série de acontecimentos | **my/your etc. train of thought** o fio do meu/seu etc. raciocínio

- *v* **1** [intr] preparar-se, treinar | **to train as a doctor/lawyer etc./to train to be a doctor/lawyer etc.** estudar medicina/advocacia etc. **2** [tr] preparar, treinar [para determinado trabalho] **3** [tr] adestrar **4** [tr/intr] (em esporte) treinar

trainee /treɪ'ni/ *s* **1** estagiário -ria **2 trainee manager** pessoa em treinamento para assumir como gerente **trainee teacher** BrE pessoa em treinamento para assumir como professor

trainer /'treɪnər/ *s* **1** treinador -a [de um atleta, etc.] **2** adestrador -a **3** BrE tênis [sapato]
▶ No inglês americano diz-se **sneaker**

training /'treɪnɪŋ/ *s* **1** treinamento [de funcionário, etc.] **2** treinamento [em esporte] | **to be in training for sth** estar treinando para algo

trait /treɪt/ *s* traço [de personalidade]

traitor /'treɪtər/ *s* traidor -a

tram /'træmkɑr/ *s* BrE bonde ▶ No inglês americano diz-se **streetcar**

tramp /træmp/ *substantivo & verbo*

- *s* BrE mendigo -ga, vagabundo -da

- *v* [intr] andar [pesadamente]

trample /'træmpəl/ *v* [tr] pisotear | **to trample on/over sth** pisotear algo | **to be trampled to death** morrer pisoteado

trampoline /'træmpə'lin/ *s* cama elástica

trance /træns/ s **to be in a trance** estar em transe
tranquil /ˈtræŋkwəl/ adj tranquilo
tranquilizer AmE, **tranquillizer** BrE /ˈtræŋkwəlaɪzər/ s tranquilizante, calmante
transfer¹ /trænsˈfɜr/ v (-rred, -rring) **1** [tr] transferir, [intr] transferir-se **2** [tr] transferir [fundos, dinheiro] **3** [tr] transferir [o poder] **4** [tr] transferir, passar [um telefonema]
transfer² /ˈtrænsfər/ s **1** (de funcionário) transferência **2** (de dinheiro) transferência **3** BrE (de jogador de futebol) transferência **4** (do poder) transferência **5** BrE decalcomania
transform /trænsˈfɔrm/ v [tr] transformar | **to transform sth into sth** transformar algo em algo
transformation /trænsfərˈmeɪʃən/ s transformação
transfusion /trænsˈfjuʒən/ s transfusão
transit /ˈtrænzɪt/ s **in transit** durante o transporte
transition /trænˈzɪʃən/ s transição
translate /trænzˈleɪt/ v [tr/intr] traduzir | **to translate (sth) from Portuguese into English etc.** traduzir (algo) do português para o inglês etc.
translation /trænzˈleɪʃən/ s tradução | **translation from English into Portuguese etc.** tradução do inglês para o português etc. | **to read sth in translation** ler algo em tradução
translator /trænzˈleɪtər/ s tradutor -a
transmission /trænzˈmɪʃən/ s **1** (por rádio, TV) transmissão **2** (de doença) transmissão
transmit /trænzˈmɪt/ v [tr] (-tted, -tting) **1** transmitir [um programa] **2** transmitir [uma doença]
transmitter /trænzˈmɪtər/ s emissora
transparent /trænsˈpærənt/ adj transparente
transplant¹ /ˈtrænsplænt/ s transplante: *a heart transplant* um transplante de coração
transplant² /trænsˈplænt/ v [tr] **1** (em jardinagem) transplantar **2** (em medicina) transplantar
transport /trænsˈpɔrt/ v [tr] transportar
transportation /trænspərˈteɪʃən/ AmE, **transport** /ˈtrænspɔrt/ BrE s transporte: *public transportation* transporte público | *Do you have your own transportation?* Você tem carro?

trap /træp/ *substantivo & verbo*
- s **1** (para animais) armadilha | **a mouse trap** uma ratoeira **2** (truque) armadilha, cilada | **to fall/walk into a trap** cair numa armadilha
- v [tr] (-pped, -pping) **1** prender **2** caçar **3** prender [o dedo, a perna, etc.]: *I trapped my finger in the door.* Prendi o dedo na porta.

trapdoor /ˈtræpdɔr/ s alçapão
trash /træʃ/ s **1** AmE lixo **2** (informal) porcaria: *There's so much trash on TV these days.* Tem tanta porcaria na TV hoje em dia.
trash can /ˈtræʃ kæn/ s AmE lixeira [do lado de fora da casa]

trash talk, também **trash talking** s xingamento [de um jogador em campo]
trauma /ˈtrɔmə/ s trauma
traumatic /trɔˈmætɪk/ adj traumático
travel /ˈtrævəl/ *verbo & substantivo*
- v (-led, -ling AmE, -lled, -lling BrE) **1** [intr] viajar | **to travel by train/car etc.** viajar de trem/carro etc. **2** [intr] andar: *The car was traveling at 95 mph.* O carro ia a 95 milhas por hora. | *News travels fast.* As notícias correm rápido. **3** [tr] fazer: *We traveled 200 miles before lunch.* Fizemos 200 milhas antes do almoço.
- s viagem, viagens: *foreign travel* viagens ao exterior ▶ **TRAVEL, JOURNEY, TRIP OU VOYAGE?** ver nota em **viagem**

travel agency s (pl -cies) agência de viagens
travel agent s **1** agente de viagens **2 the travel agent's** BrE a agência de viagens
traveler AmE, **traveller** BrE /ˈtrævələr/ s viajante
traveler's check AmE, **traveller's cheque** BrE s cheque de viagem
trawler /ˈtrɔlər/ s traineira
tray /treɪ/ s bandeja

drinks tray

office tray

tea tray

baking tray

treacherous /ˈtretʃərəs/ adj **1** (desleal) traiçoeiro **2** (perigoso) traiçoeiro
treachery /ˈtretʃəri/ s traição
tread /tred/ *verbo & substantivo*
- v (passado **trod**, particípio **trodden**) **1 to tread in/on sth** pisar em algo **2 to tread carefully** ir com cuidado ▶ ver também **toe 3 to tread mud into the carpet** enlamear o tapete
- s banda de rodagem

treason /ˈtrizən/ s traição
treasure /ˈtreʒər/ *substantivo & verbo*
- s tesouro
- v [tr] valorizar, guardar com carinho | **a treasured possession** um bem precioso

treasure hunt s caça ao tesouro
treasurer /ˈtreʒərər/ s tesoureiro -ra

treasury /'trɛʒəri/ *s* **the Treasury** o Tesouro

treat /trit/ *verbo & substantivo*

- *v* [tr] **1** tratar: *He treats me like a child.* Ele me trata como criança. | *We were not badly treated.* Não nos trataram mal. | *She treats everything as a joke.* Ela leva tudo na brincadeira. **2** tratar, atender [um paciente] **3** convidar | **to treat sb to sth (a)** convidar alguém para algo: *They treated me to dinner.* Eles me convidaram para jantar. **(b)** comprar algo para alguém: *I treated him to some ice cream.* Comprei um sorvete para ele. **4 to treat yourself to sth** dar-se algo de presente: *I treated myself to a new dress.* Eu me dei de presente um vestido novo. **5** tratar [um metal, madeira, etc.]
- *s* **1** presente especial: *He took me to a concert as a special treat.* Ele me levou a um concerto como um presente especial. **2 (this is) my treat** o convite é meu **3** prazer

treatment /'tritmənt/ *s* **1** (assistência médica) tratamento **2** (maneira de tratar) tratamento

treaty /'triti/ *s* (pl **-ties**) tratado

treble /'trɛbəl/ *adjetivo, substantivo & verbo*

- *adj* **1** triplo **2** de soprano
- *s* **1** triplo **2** agudo **3** soprano
- *v* [tr/intr] triplicar

tree /tri/ *s* árvore ▶ **tree** também se usa no nome de muitos tipos de árvore (por exemplo, **apple tree**, que é uma macieira, ou **pine tree**, que é um pinheiro). Nesses casos, **tree** não é traduzido. Você encontrará esta informação no verbete do primeiro elemento (isto é, em **apple, pine** etc.)

trek /trɛk/ *verbo & substantivo*

- *v* [intr] (**-kked, -kking**) **1** caminhar **2 to go trekking** fazer trilha
- *s* caminhada, jornada

tremble /'trɛmbəl/ *v* [intr] tremer | **to tremble with anger/cold etc.** tremer de raiva/frio etc.

tremendous /trɪ'mɛndəs/ *adj* **1** tremendo [estrondo, briga, esforço, etc.] | **a tremendous amount** muitíssimo **2** fantástico

tremendously /trɪ'mɛndəsli/ *adv* tremendamente, muito

tremor /'trɛmər/ *s* **1** (terremoto) tremor **2** (no corpo) tremor

trench /trɛntʃ/ *s* (pl **-ches**) **1** rego, vala **2** trincheira

trend /trɛnd/ *s* **1** tendência | **trend in/toward sth** tendência em/para algo **2** moda | **to set the trend** lançar a moda

trendy /'trɛndi/ *adj* (**-dier, -diest**) **1** fashion [roupa] **2** badalado [boate, bar] **3** descolado [pessoa]

trespass /'trɛspæs/ *v* [intr] (3a pess sing **-sses**) entrar sem permissão numa propriedade privada

trespasser /'trɛspæsər/ *s* intruso -sa

trial /'traɪəl/ *s* **1** julgamento, processo | **to be on trial (for sth)** estar sendo julgado (por algo) **2** experiência [prova] | **to take sth on trial** levar algo em experiência | **to do sth by trial and error** fazer algo por tentativa e erro **3 trial period** período de experiência | **trial run** teste

triangle /'traɪæŋgəl/ *s* triângulo

tribe /traɪb/ *s* tribo

tribute /'trɪbjut/ *s* tributo, homenagem | **to pay tribute to sb** prestar uma homenagem a alguém

trick /trɪk/ *substantivo & verbo*

- *s* **1** artifício | **a dirty/mean trick** um golpe sujo/baixo **2** brincadeira | **to play a trick on sb** pregar uma peça em alguém **3** segredo, macete: *The trick is to bend your knees as you catch the ball.* O segredo é dobrar os joelhos quando você pega a bola. **4 to do the trick** resolver o problema **5 the tricks of the trade** os truques do ofício **6** truque **7 to use every trick in the book** usar de todos os artifícios
- *v* [tr] enganar | **to trick sb into doing sth** enganar alguém para que faça algo | **to trick sb out of sth** trapacear alguém em algo

trickle /'trɪkəl/ *verbo & substantivo*

- *v* [intr] **1** pingar, escorrer **2 to trickle in/out** entrar/sair aos poucos
- *s* **1** filete [de líquido] **2** pingo: *The house only attracted a trickle of visitors.* A casa atraiu apenas um pingo de visitantes.

'**trick ,question** *s* pergunta capciosa

tricky /'trɪki/ *adj* (**-ckier, -ckiest**) **1** complicado [decisão, problema] **2** delicado, complicado [situação]

tried /traɪd/ passado & particípio de **try**

trifle /'traɪfəl/ *s* **1 a trifle nervous/angry etc.** (formal) um tanto nervoso/zangado etc. **2** doce que consiste em camadas de pão-de-ló, frutas, gelatina e creme **3** (coisa sem importância) besteira

trigger /'trɪgər/ *substantivo & verbo*

- *s* gatilho
- *v* [tr] (também **trigger off**) desencadear

trillion /'trɪljən/ *s* **1** trilhão **2 trillions of** (informal) milhões de

trim /trɪm/ *verbo & substantivo*

- *v* [tr] (**-mmed, -mming**) **1** aparar [o cabelo, a barba, etc.] | **to trim sth off sth** aparar algo de algo **2** reduzir [o orçamento, o quadro de funcionários]
- *s* **1** aparada: *My hair needs a trim.* Meu cabelo está precisando de uma aparada. **2** friso

trimming /'trɪmɪŋ/ *substantivo & substantivo plural*

- *s* debrum
- **trimmings** *s pl* acompanhamento

trip /trɪp/ *substantivo & verbo*

- *s* viagem | **a business/road trip** uma viagem de negócios/de carro | **to go on a trip** fazer uma viagem ▶ TRIP, JOURNEY, TRAVEL OU VOYAGE? ver nota em **viagem**

triple

- *v* (**-pped**, **-pping**) **1** [intr] tropeçar | **to trip on/over sth** tropeçar em algo **2** [tr] fazer tropeçar
trip up 1 tropeçar **2** incorrer em erro **trip sb up 1** fazer alguém tropeçar **2** fazer alguém se confundir [com perguntas capciosas]

triple /'trɪpəl/ *adjetivo, substantivo & verbo*
- *adj* tríplice
- *s* **1** triplo **2** AmE no beisebol, uma tacada que permite ao batedor ir até a 3a base
- *v* [tr/intr] triplicar

triplet /'trɪplət/ *s* trigêmeo -a

tripod /'traɪpɑd/ *s* tripé

triumph /'traɪəmf/ *substantivo & verbo*
- *s* triunfo: *a brave woman's triumph over adversity* o triunfo de uma mulher corajosa sobre a adversidade
- *v* [intr] triunfar | **to triumph over sth/sb** triunfar sobre algo/alguém

triumphant /traɪ'ʌmfənt/ *adj* triunfante

trivial /'trɪviəl/ *adj* insignificante

trod /trɑd/ passado de **tread**

trodden /'trɑdn/ particípio de **tread**

trolley /'trɑli/ *s* **1** (também **trolley car**) AmE bonde **2** BrE carrinho [de supermercado, para bagagem, com sobremesas, etc.] ▶ No inglês americano diz-se **cart**

trombone /trɑm'boʊn/ *s* trombone

troop /trup/ *verbo & substantivo plural*
- *v* [intr] **to troop in/out** entrar/sair em bando | **to troop into/out of somewhere** entrar em bando num lugar/sair em bando de um lugar
- **troops** *s pl* tropas

trophy /'troʊfi/ *s* (pl **-phies**) troféu

tropical /'trɑpɪkəl/ *adj* tropical

tropics /'trɑpɪks/ *s pl* **the tropics** os trópicos

trot /trɑt/ *verbo & substantivo*
- *v* [intr] (**-tted**, **-tting**) **1** trotar **2** andar apressado
- *s* **1** trote **2** **on the trot** BrE (informal) seguido: *three times on the trot* três vezes seguidas

trouble /'trʌbəl/ *substantivo, substantivo plural & verbo*
- *s* **1** problema, problemas: *What's the trouble?* Qual é o problema? | *We're having trouble with the air conditioning.* Estamos tendo problemas com o ar-condicionado. | **to have trouble doing sth** ter dificuldade para fazer algo | **the trouble with** o problema com: *The trouble with Pete is that he doesn't listen.* O problema com o Pete é que ele não escuta. | **the trouble is** o problema é que: *The trouble is, I don't have the money.* O problema é que não tenho dinheiro.
2 (de saúde) problemas: *stomach/heart trouble* problemas estomacais/cardíacos
3 trabalho: *It's no trouble.* Não é trabalho algum. | **to go to a lot of trouble over sth/to do sth** empenhar-se em algo/para fazer algo
4 confusão [briga, tumulto]
5 to be in trouble (with sb) estar com problemas (com alguém): *She's always in trouble at school.* Ela está sempre com problemas na escola. | **to get into trouble** ter problemas: *I'll get into trouble if I'm late.* Vou ter problemas se me atrasar. | **to be asking for trouble** (informal) procurar sarna para se coçar: *You're asking for trouble if you leave the car unlocked.* Deixar o carro destrancado é procurar sarna para se coçar.
- **troubles** *s pl* problemas [econômicos, sentimentais]
- *v* [tr] **1** preocupar
2 (formal) incomodar: *I'm sorry to trouble you.* Sinto muito incomodá-lo.

troubled /'trʌbəld/ *adj* **1** conturbado [época, vida, etc.] **2** perturbado, preocupado

troublemaker /'trʌbəlmeɪkər/ *s* encrenqueiro -ra

troublesome /'trʌbəlsəm/ *adj* **1** que dá problema | **to be troublesome** dar problema **2** irritante [tosse]

trough /trɔf/ *s* gamela

trousers /'traʊzərz/ *s pl* BrE calça(s): *a pair of trousers* uma calça ▶ No inglês americano diz-se **pants**

trout /traʊt/ *s* (pl **trout**) truta

trowel /'traʊəl/ *s* **1** pá [pequena] **2** colher de pedreiro

truancy /'truənsi/ *s* evasão escolar

truant /'truənt/ *adjetivo & substantivo*
- *adj* AmE **to be truant** faltar à aula
- *s* **1** AmE gazeteiro -ra **2 to play truant** BrE matar aula ▶ No inglês americano diz-se **play hooky**

truce /trus/ *s* trégua

truck /trʌk/ *s* AmE caminhão

trucker /'trʌkər/ *s* caminhoneiro -ra

trudge /trʌdʒ/ *v* [intr] arrastar-se [caminhando]

true /tru/ *adj* **1** verídico: *a true story* uma história verídica | **to be true (that)** ser verdade que: *Is it true you're leaving?* É verdade que você vai embora? | **to come true** realizar-se: *It's like a dream come true.* É como um sonho que se realiza. **2** verdadeiro: *true love* amor verdadeiro | *the true value of the necklace* o valor real do colar **3 to remain true to sth/sb** manter-se fiel a algo/alguém

truly /'truli/ *adv* **1** realmente: *That was a truly wonderful performance.* Foi realmente uma apresentação maravilhosa. **2** sinceramente: *I'm truly sorry.* Sinto muito mesmo. **3 Yours truly** (finalizando uma carta) Atenciosamente ▶ ver nota em **yours**

trumpet /'trʌmpɪt/ *s* trompete

truncheon /'trʌnʃən/ *s* cassetete

trunk /trʌŋk/ *substantivo & substantivo plural*
- *s* **1** tronco **2** AmE porta-malas **3** tromba [de elefante] **4** baú
- **trunks** *s pl* calção

trust /trʌst/ *substantivo & verbo*
- *s* **1** confiança: *a position of trust* um cargo de confiança. | **trust in sth/sb** confiança em algo/alguém **2** **to hold sth in trust** manter algo sob gestão
- *v* **1** [tr] confiar em: *I trust her completely.* Confio totalmente nela. | **to trust sb to do sth** confiar que alguém vai fazer algo: *I trusted you not to tell anyone.* Confiei que você não contaria para ninguém. **2** **to trust sb with sth** confiar algo a alguém: *Hundreds of people trusted him with their money.* Centenas de pessoas lhe confiaram seu dinheiro. **3** **I trust (that) you are well/you will forgive me etc.** (formal) espero que você esteja bem/que me perdoe etc.

trust to sth confiar em algo: *We'll have to trust to luck.* Teremos que confiar na sorte.

trusted /'trʌstɪd/ *adj* de confiança
trust fund *s* fundo fideicomisso
trustworthy /'trʌstwɜrði/ *adj* confiável
truth /truθ/ *s* verdade: *We never found out the truth.* Nunca descobrimos a verdade. | **to tell the truth** falar a verdade: *You must tell me the truth.* Você tem que me falar a verdade. | **to tell you the truth** para falar a verdade: *To tell you the truth, I don't like her.* Para falar a verdade, não gosto dela.

truthful /'truθfəl/ *adj* **1** honesto, verdadeiro **2** sincero

try /traɪ/ *verbo & substantivo*
- *v* (3a pess sing **tries**, passado & particípio **tried**) **1** **to try to do sth** tentar fazer algo: *He's only trying to help.* Ele só está tentando ajudar. | **to try not to do sth** tentar não fazer algo: *I tried not to laugh.* Tentei não rir. | **to try and do sth** tentar fazer algo: *Try and be a little more polite.* Tente ser um pouco mais educado.
2 [intr] tentar, esforçar-se: *I'm not very good at French, but at least I try.* Não sou muito bom em francês, mas pelo menos tento. | **to try hard** esforçar-se muito
3 **to try sth** tentar fazer algo: *He tried a double somersault.* Ele tentou dar uma cambalhota dupla.
4 [tr] (testar) experimentar: *I've tried all kinds of diets but nothing works.* Já experimentei todo tipo de dieta, mas nada funciona.
5 [tr] (degustar) experimentar: *Try some of this cake.* Experimente um pouco deste bolo.
6 **to try the door/window etc.** tentar abrir a porta/janela etc.
7 [tr] julgar: *He is being **tried** for murder.* Ele está sendo julgado por homicídio.

try sth on experimentar [uma roupa, sapatos]: *Can I try this dress on, please?* Por favor, posso experimentar este vestido?

try sth out testar algo

- *s* (pl **tries**) **1** tentativa | **to have a try** tentar | **it was/it's worth a try** valeu/vale a pena tentar **2** **to give sth a try (a)** tentar algo: *I don't know if I can persuade her but I'll give it a try.* Não sei se vou conseguir convencê-la, mas vou tentar. **(b)** experimentar algo: *Let's give that new restaurant a try.* Vamos experimentar aquele restaurante novo.

trying /'traɪ-ɪŋ/ *adj* difícil
T-shirt, também **tee shirt** /'ti ʃɜrt/ *s* camiseta, T-shirt
tsunami /tsʊ'nɑmi/ *s* tsunami
tub /tʌb/ *s* **1** AmE banheira **2** jardineira [para plantas] **3** pote: *a tub of margarine* um pote de margarina
tube /tub/ *s* **1** tubo **2** bisnaga, tubo **3** **the tube (a)** AmE (informal) a tevê **(b)** BrE o metrô
tuck /tʌk/ *v* **1** **to tuck sth behind/under sth** enfiar algo atrás/embaixo de algo **2** **to tuck sth into sth** enfiar algo (para) dentro de algo: *Tuck your shirt into your pants!* Enfie a camisa para dentro da calça! **3** **to tuck sth around sth** enrolar algo com algo: *I tucked the blanket around her legs.* Enrolei as pernas dela com o cobertor.

tuck sth away 1 (to be) tucked away (estar) escondido: *I found the key tucked away at the back of a cupboard.* Encontrei a chave escondida no fundo de um armário. **2** (informal) guardar [dinheiro]

tuck in (informal) atacar [a comida] **tuck sth in** enfiar algo para dentro: *Tuck your shirt in!* Enfie a sua camisa para dentro! **tuck sb in**, também **tuck sb up** cobrir alguém [na hora de dormir]

tuck into sth (informal) atacar algo [comida]

tucker /'tʌkər/ *v* **tucker sb out** AmE (informal) cansar alguém

Tuesday /'tuzdi, -deɪ/ *s* terça-feira ▶ ver "Active Box" **days of the week** em **day**
tuft /tʌft/ *s* tufo
tug /tʌg/ *verbo & substantivo*
- *v* (tr/intr) (**-gged**, **-gging**) puxar | **to tug at sth** puxar algo
- *s* **1** puxão | **to give sth a tug** dar um puxão em algo **2** (também **tugboat**) rebocador

tuition /tu'ɪʃən/ *s* **1** aulas: *private tuition* aulas particulares **2** AmE mensalidade, anuidade [de faculdade, escola]: *The tuition is $4,000 per year.* A anuidade escolar é de $4.000.

tulip /'tulɪp/ *s* tulipa
tumble /'tʌmbəl/ *verbo & substantivo*
- *v* [intr] **1** cair: *I tumbled backward.* Caí para trás. **2** despencar [preços]
tumble down desmoronar

- *s* tombo

tummy /'tʌmi/ *s* (pl **-mmies**) (informal) barriga | **tummy ache** dor de barriga

tumor

tumor AmE, **tumour** BrE /'tumər/ s tumor

tuna /'tunə/ s (pl tuna) (também **tuna fish**) atum

tune /tun/ substantivo & verbo

- s **1** música **2 in tune** afinado | **out of tune** desafinado
- v [tr] **1** afinar [um instrumento musical] **2** regular [um motor] **3 to tune to a station** sintonizar numa emissora | **to stay tuned** ficar sintonizado

tune in ver ou escutar uma transmissão pela TV ou pelo rádio: *60 million people tuned in to watch the final episode.* 60 milhões de pessoas sintonizaram o canal para assistir o último capítulo.

tune up afinar

tunic /'tunɪk/ s túnica

tunnel /'tʌnl/ substantivo & verbo

- s túnel
- v (-led, -ling AmE, -lled, -lling BrE) **to tunnel under/through sth** cavar um túnel por baixo de/por algo

turban /'tɜrbən/ s turbante

turbulence /'tɜrbjələns/ s **1** (política, etc.) turbulência **2** (durante um voo) turbulência

turbulent /'tɜrbjələnt/ adj **1** (falando do clima, do mar) turbulento **2** (falando de um período) turbulento

turf /tɜrf/ s **1** gramado **2** AmE (informal) território [de um gangue, etc.] | **a turf war/battle** guerra/briga de território

Turk /tɜrk/ s turco -ca

Turkey /'tɜrki/ s Turquia

turkey /'tɜrki/ s **1** (ave) peru -a **2** (carne) peru

Turkish /'tɜrkɪʃ/ adjetivo & substantivo

- adj turco -ca
- s (idioma) turco

turmoil /'tɜrmɔɪl/ s caos | **to be in turmoil** estar em caos

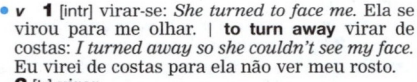
turkey

turn /tɜrn/ verbo & substantivo

- v **1** [intr] virar-se: *She turned to face me.* Ela se virou para me olhar. | **to turn away** virar de costas: *I turned away so she couldn't see my face.* Eu virei de costas para ela não ver meu rosto. **2** [tr] virar **3** [intr] dobrar: *The river turns east after a few miles.* O rio dobra para o leste depois de algumas milhas. **4** [tr/intr] girar: *He turned the key in the lock.* Ele girou a chave na fechadura. | *The wheels slowly began to turn.* As rodas aos poucos começaram a girar. **5** [intr] ficar, tornar-se: *The leaves have turned brown.* As folhas ficaram marrons. | **to turn into sth** transformar-se em/virar algo: *The argument turned into a fight.* A discussão acabou numa briga. **6** [tr] tornar | **to turn sth/sb into sth** transformar algo/alguém em algo **7 to turn thirty/forty etc.** fazer trinta/quarenta etc. anos **8 to turn the page** virar a página **9 to turn left/right** virar à esquerda/direita: *Turn left at the next intersection.* Vire à esquerda no próximo cruzamento. | **to turn off (the road/ the freeway etc.)** sair (da rodovia/da autoestrada etc.) **10 to turn sth inside out** virar algo do avesso: *Turn the sweater inside out to iron it.* Vire o suéter do avesso para passá-la. **11 to turn sth upside down** virar algo de cabeça para baixo

PHRASAL VERBS

turn against sb voltar-se contra alguém **turn sb against sb** jogar alguém contra alguém

turn around virar-se, dar meia-volta: *I turned around to face him.* Eu me virei para ficar de frente para ele. **turn sth around 1** virar algo: *Turn the card around so we can all see it.* Vire a carta para que todos nós possamos vê-la. **2 to turn a company around** recuperar uma empresa

turn sb away 1 barrar alguém: *They turned away anyone who wasn't well dressed.* Barraram os que não estavam bem vestidos. | *The hostel was full and we had to turn people away.* O albergue estava lotado e tivemos que barrar gente. **2** virar as costas para alguém [não ajudar]

turn back voltar: *It was getting dark, so we decided to turn back.* Estava escurecendo, então decidimos voltar.

turn sth in AmE entregar algo [um trabalho]

turn sth down 1 diminuir algo [o forno, o ar-condicionado], abaixar algo [o rádio, a TV]: *Can you turn the radio down, please?* Você pode abaixar o rádio, por favor? **2** recusar algo: *She has turned down several job offers.* Ela recusou várias ofertas de emprego. **turn sb down** rejeitar alguém

turn sth off 1 apagar algo [a luz, o forno, etc.], desligar algo [a TV, o motor, etc.]: *I turned off the lights and went to bed.* Apaguei as luzes e fui para a cama. **2** cortar algo: *We'll have to turn the electricity off for a couple of hours.* Teremos que cortar a luz por algumas horas. **turn sb off** afastar alguém

turn sth on 1 abrir algo [uma torneira] **2** ligar algo [o rádio, o motor] **3** acender algo [o gás, a luz] **turn on sb** partir para cima de alguém **turn sb on** (informal) excitar alguém

turn out 1 acabar: *Everything will turn out fine.* Tudo vai acabar bem. **2 it turned out that** descobri/descobriram etc. que: *It turned out that he was her cousin.* Descobri que ele era primo dela. **3** aparecer, comparecer **turn sth out to turn the light out** apagar a luz **turn sb out** pôr alguém na rua

turn over virar para o lado: *He turned over and went to sleep.* Ele virou para o lado e dormiu.

turn sth over virar algo do outro lado: *Turn the steaks over.* Vire os bifes do outro lado.
turn round BrE ▶ ver **turn around turn sth round** BrE ▶ ver **turn sth around**
turn to sth 1 voltar-se para algo 2 **to turn to page 15/100 etc.** ir para a página 15/100 etc. **turn to sb** recorrer a alguém
turn up 1 acabar aparecendo: *Don't worry, it's bound to turn up somewhere.* Não se preocupe, vai acabar aparecendo em algum lugar. 2 aparecer: *Steve turned up late as usual.* Como sempre, Steve apareceu tarde. **turn sth up** aumentar algo: *Can you turn the TV up?* Você podia aumentar a TV?

- *s* 1 **it's my/your etc. turn** é minha/sua etc. vez: *It's my turn to drive.* É minha vez de dirigir. | *Whose turn is it?* De quem é a vez?
2 in turn um de cada vez
3 **to take turns/to take it in turns** revezar-se
4 **to make a left/right turn** dobrar à esquerda/à direita
5 volta: *Give it another turn.* Dê mais uma volta.
6 **at the turn of the century** na virada do século
7 **turn of events** reviravolta [dos acontecimentos]
8 **turn of phrase** expressão
9 **to do sb a good turn** dar uma ajuda a alguém
10 **to take a turn for the better/worse** melhorar/piorar

turning /'tɜrnɪŋ/ *s* BrE rua [transversal]
'turning ,point *s* momento decisivo
turnip /'tɜrnɪp/ *s* nabo
turnout /'tɜrnaʊt/ *s* 1 comparecimento, afluência 2 comparecimento às urnas
turnover /'tɜrnoʊvər/ *s* 1 faturamento 2 pequena torta de frutas 3 AmE troca de posse da bola
'turn ,signal *s* AmE seta [de carro]
turntable /'tɜrnteɪbəl/ *s* prato [de toca-discos]
turquoise /'tɜrkwɔɪz/ *substantivo & adjetivo*

- *s* 1 (cor) (azul-)turquesa ▶ ver "Active Box" **colors** em **color** 2 (pedra) turquesa
- *adj* azul-turquesa ▶ ver "Active Box" **colors** em **color**

turret /'tɜrət/ *s* 1 torreão 2 torre [de tanque]
turtle /'tɜrtl/ *s* tartaruga
turtleneck /'tɜrtlnɛk/ *s* AmE 1 gola rulê 2 blusa/casaco de gola rulê
tusk /tʌsk/ *s* presa [de elefante]
tutor /'tutər/ *s* professor -a particular
tutorial /tu'tɔriəl/ *s* aula [individual]
tuxedo /tʌk'sidoʊ/ *s* AmE smoking
TV /ti 'vi/ *s* 1 (também **TV set**) TV, televisor 2 TV, televisão: *We were watching TV when he phoned.* Estávamos vendo televisão quando ele ligou. | *What's on TV tonight?* O que tem na televisão hoje à noite? 3 **TV program** programa de televisão **TV series** seriado/série de TV
T'V set *s* televisão, aparelho de TV
tweezers /'twizərz/ *s pl* pinça [para sobrancelhas, etc.]
twelfth /twɛlfθ/ *numeral* 1 (numa ordem) décimo segundo 2 (em data) (dia) doze 3 (fração) doze avos
twelve /twɛlv/ *numeral* doze
twentieth /'twɛntiəθ/ *numeral* 1 (numa ordem) vigésimo 2 (em data) (dia) vinte 3 (fração) vigésimo
twenty /'twɛnti/ *numeral & substantivo*

- *numeral* 1 vinte 2 **the twenties** os anos 20 3 **to be in your twenties** ter uns vinte e poucos anos
- *s* (pl **-ties**) AmE nota de vinte

twice /twaɪs/ *adv* duas vezes | **twice a day/week** duas vezes por dia/semana | **twice as much/many** o dobro: *She earns twice as much as me.* Ela ganha o dobro do que ganho. | **twice as big/long etc.** duas vezes maior/mais comprido etc.: *The interview lasted twice as long as I expected.* A entrevista demorou o dobro do tempo que eu esperava.
twiddle /'twɪdl/ *v* 1 [tr] girar [um botão etc.] 2 **to twiddle with sth** brincar com algo
twig /twɪg/ *s* graveto
twilight /'twaɪlaɪt/ *s* crepúsculo
twin /twɪn/ *substantivo & adjetivo*

- *s* 1 gêmeo -mea **twin beds** duas camas de solteiro **twin brother/sister** irmão gêmeo/irmã gêmea **twin room** quarto com duas camas de solteiro
- *adj* duplo, gêmeo

twinge /twɪndʒ/ *s* 1 pontada [de dor] 2 **a twinge of guilt/regret etc.** uma ponta de culpa/remorso etc.
twinkle /'twɪŋkəl/ *verbo & substantivo*

- *v* [intr] 1 cintilar 2 brilhar
- *s* **a twinkle in sb's eye** uma expressão matreira no olhar de alguém

twirl /twɜrl/ *v* 1 [intr] girar, rodopiar 2 [tr] girar
twist /twɪst/ *verbo & substantivo*

- *v* 1 [intr] torcer-se, contorcer-se: *The chain twisted as we pulled on it.* A corrente se torceu quando a puxamos. 2 [tr] torcer, contorcer 3 **to twist sth into sth** torcer algo para formar algo 4 **to twist your ankle** torcer o tornozelo 5 [tr] girar | **to twist the top/cap etc. off** tirar a tampa etc. (girando-a) 6 [intr] serpentear 7 [tr] distorcer
- *s* 1 volta 2 curva [de rio, estrada] 3 guinada [nos acontecimentos] 4 **a twist of lemon** uma rodela de limão

twisted /'twɪstɪd/ *adj* 1 retorcido 2 perturbado

twitch /twɪtʃ/ *verbo & substantivo*

- *v* **1** [intr] tremer **2** [tr] mexer [o rabo, as orelhas, etc.]
- *s* tique: *a nervous twitch* um tique nervoso

two /tu/ *numeral* **1** dois, duas **2 in two** em dois/duas: *I broke the chocolate bar in two.* Parti a barra de chocolate em duas. **3 to put two and two together** tirar conclusões

two-'faced *adj* falso

two-'way *adj* **a two-way mirror** espelho de duas faces | **a two-way radio** um aparelho de rádio emissor-receptor | **two-way traffic** trânsito em mão dupla | **two-way street** rua de mão dupla

tycoon /taɪˈkun/ *s* magnata

tying /ˈtaɪ-ɪŋ/ gerúndio de **tie**

type /taɪp/ *substantivo & verbo*

- *s* **1** tipo: *You need a special type of paper.* Você precisa de um tipo especial de papel. **2** (pessoa) tipo: *He's not my type.* Ele não faz o meu tipo.
- *v* [tr/intr] datilografar

typeface /ˈtaɪpfeɪs/ *s* tipo (de impressão)

typewriter /ˈtaɪpraɪtər/ *s* máquina de escrever

typhoid /ˈtaɪfɔɪd/ *s* tifo

typical /ˈtɪpɪkəl/ *adj* típico: *a typical middle-class family* uma típica família de classe média | *It's **typical of** him to lose his temper.* É típico dele estourar.

typically /ˈtɪpɪkli/ *adv* **1** tipicamente **2** geralmente

typing /ˈtaɪpɪŋ/ *s* datilografia

typist /ˈtaɪpɪst/ *s* datilógrafo -fa

tyranny /ˈtɪrəni/ *s* (pl **-nnies**) tirania

tyrant /ˈtaɪrənt/ *s* tirano -na

tyre taɪr/ *s* BrE pneu ▶ No inglês americano diz-se **tire**

U, u /ju/ *s* (letra) U, u ▶ ver "Active Box" **letters** em **letter**

UFO /ˈjufoʊ, ju ɛf ˈoʊ/ *s* (= **unidentified flying object**) OVNI

ugh! /ʊg, ʌk/ *interj* ugh!

ugly /ˈʌgli/ *adj* (**-lier, -liest**) **1** feio [pessoa, prédio, etc.] **2** feio, violento [cena, situação, etc.]

UK /ju ˈkeɪ/ *s* (= **United Kingdom**) Reino Unido ▶ ver nota em **United Kingdom**

ulcer /ˈʌlsər/ *s* **1** úlcera **2** afta

ultimate /ˈʌltəmət/ *adjetivo & substantivo*

- *adj* **1** final **2 the ultimate insult/disgrace** o pior dos insultos/a pior das vergonhas | **the ultimate challenge/sacrifice** o maior dos desafios/sacrifícios
- *s* **the ultimate in sth** a última palavra em algo

ultimately /ˈʌltəmətli/ *adv* no fim, por fim

ultimatum /ˌʌltəˈmeɪtəm/ *s* ultimato | **to give sb an ultimatum** dar um ultimato a alguém

umbrella /ʌmˈbrɛlə/ *s*
 1 guarda-chuva
 2 (também **beach umbrella**) barraca (de praia)

umpire /ˈʌmpaɪr/ *s* árbitro -tra [em beisebol, tênis]

unable /ʌnˈeɪbəl/ *adj* **to be unable to do sth** não conseguir fazer algo, não poder fazer algo: *Many people were unable to escape from the building.* Muitas pessoas não conseguiram escapar do prédio.

umbrella

unacceptable /ˌʌnəkˈsɛptəbəl/ *adj* inaceitável, inadmissível

unaffected /ˌʌnəˈfɛktɪd/ *adj* **1 unaffected by sth** não afetado por algo **2** espontâneo, natural

unaided /ʌnˈeɪdɪd/ *adv* sem ajuda

unambiguous /ˌʌnæmˈbɪgjuəs/ *adj* claro

unanimous /juˈnænəməs/ *adj* **1** unânime **2 to be unanimous (in sth)** ser unânime (em algo): *They were unanimous in rejecting the offer.* Eles foram unânimes em rejeitar a oferta. | *World leaders are unanimous in their condemnation of these acts.* Os líderes mundiais são unânimes na condenação desses atos.

unarmed /ʌnˈɑrmd/ *adj* desarmado

unattended /ˌʌnəˈtɛndɪd/ *adj* sem estar vigiado, sozinho

unattractive /ˌʌnəˈtræktɪv/ *adj* **1** feioso **2** nada atraente

unauthorized, -ised BrE /ʌnˈɔθəraɪzd/ *adj* não autorizado

unavailable /ˌʌnəˈveɪləbəl/ *adj* **1 to be unavailable** não estar à venda [artigo, produto] **2 he is/they are etc. unavailable** ele não pode/eles não podem etc. atendê-lo

unavoidable /ˌʌnəˈvɔɪdəbəl/ *adj* inevitável

unaware /ˌʌnəˈwɛr/ *adj* **to be unaware of sth** não ter noção de algo, não estar consciente de algo | **to be unaware that** não saber que

unbearable /ʌnˈbɛrəbəl/ *adj* insuportável

unbeatable /ʌnˈbitəbəl/ *adj* **1** (falando de preços, qualidade) imbatível: *Our prices are unbeatable.* Nossos preços são imbatíveis. **2** (falando de um time, competidor) imbatível

 Deve-se dizer *on the table* ou *in the table*? Veja o verbete **em**.

unbeaten /ʌn'biːtn/ *adj* invicto
unbelievable /ʌnbɪ'liːvəbəl/ *adj* incrível
unbroken /ʌn'brəʊkən/ *adj* **1** ininterrupto: *25 years of unbroken peace* 25 anos de paz ininterrupta **2** absoluto [recorde]
uncanny /ʌn'kæni/ *adj* (**-nnier**, **-nniest**) extraordinário, espantoso
uncertain /ʌn'sɜːrtn/ *adj* **1** indeciso | **to be uncertain about sth** não estar seguro de algo **2** incerto
uncertainty /ʌn'sɜːrtnti/ *s* (pl **-ties**) **1** indecisão **2** incerteza
unchanged /ʌn'tʃeɪndʒd/ *adj* **to be/remain unchanged** continuar sendo o mesmo/a mesma etc.: *My feelings remain unchanged.* Meus sentimentos continuam sendo os mesmos.
uncle /'ʌŋkəl/ *s* tio
unclear /ʌn'klɪr/ *adj* **1** confuso, pouco claro [explicação, texto] **2 to be unclear about sth** não saber exatamente algo: *I am unclear about what happened.* Não sei exatamente o que aconteceu.
uncomfortable /ʌn'kʌmftərbəl/ *adj* **1** incômodo [sofá, sapatos, vestido, etc.] **2** desconfortável, incômodo [situação, silêncio] | **to feel uncomfortable** não se sentir à vontade
uncommon /ʌn'kɒmən/ *adj* raro, pouco comum
unconditional /ʌnkən'dɪʃənəl/ *adj* incondicional
unconscious /ʌn'kɒnʃəs/ *adj* **1** inconsciente: *She was found unconscious but alive.* Ela foi encontrada inconsciente, porém com vida. **2** inconsciente [desejo, reação] **3 to be unconscious of sth** estar alheio a algo
uncontrollable /ʌnkən'trəʊləbəl/ *adj* incontrolável
uncover /ʌn'kʌvər/ *v* [tr] **1** descobrir [um plano, a verdade, etc.] **2** destampar [uma panela]
undecided /ʌndɪ'saɪdɪd/ *adj* **1 to be undecided about sth** estar indeciso sobre algo **2** indefinido [torneio, eleição, etc.]
undeniable /ʌndɪ'naɪəbəl/ *adj* inegável, incontestável
under /'ʌndər/ *preposição & advérbio*

- *prep* **1** embaixo de, debaixo de: *It's under the couch.* Está embaixo do sofá. | *She was carrying a bag under her arm.* Ela carregava uma bolsa debaixo do braço. **2** menos de: *It took me just under four hours.* Levei pouco menos de quatro horas. **3 to be under pressure** estar sob pressão **4 to be under discussion** estar em discussão, estar sendo discutido **5 to be under attack** estar sob ataque, estar sendo atacado: *The town is under attack.* A cidade está sob ataque. **6** sob: *under Communist rule* sob o regime comunista | *Everything is now under control.* Já está tudo sob controle. **7 the under-fives/under-fifteens etc.** os menores de cinco/quinze etc. anos **8** em: *You'll find her books under Science Fiction.* Você vai encontrar os livros dela em Ficção Científica. **9** sob as ordens de: *She has a team of salespeople under her.* Ela tem uma equipe de vendedores sob suas ordens. ▶ ver também **underway**

- *adv* **1** menos: *Everything costs five dollars or under.* Tudo custa cinco dólares ou menos. | *children aged 12 and under* crianças menores de 12 anos **2** debaixo, embaixo

underachieve /ʌndərə'tʃiːv/ *v* [intr] ter baixo rendimento, ter desempenho abaixo do esperado
underachiever /ʌndərə'tʃiːvər/ *s* aluno -na/funcionário -ria com baixo rendimento
undercover /ʌndər'kʌvər/ *adj* **1** secreto [operação, investigação] **2** à paisana [policial]
underdeveloped /ʌndərdɪ'vɛləpt/ *adj* subdesenvolvido
underestimate /ʌndər'ɛstəmeɪt/ *v* [tr] subestimar: *Never underestimate your opponent.* Nunca subestime seu adversário.
undergo /ʌndər'ɡoʊ/ *v* [tr] (passado **underwent**, particípio **undergone** /-'ɡɒn/) **1** fazer [um treinamento, um tratamento, uma cirurgia] **2** sofrer [uma transformação]
undergraduate /ʌndər'ɡrædʒuɪt/ *s* **1** aluno -na de graduação **2 undergraduate course** curso de graduação
underground¹ /'ʌndərɡraʊnd/ *adjetivo & substantivo*

- *adj* **1** subterrâneo **2** clandestino

- *s* **the underground (a)** a Resistência **(b)** BrE o metrô ▶ No inglês americano diz-se **the subway**

underground² /ʌndər'ɡraʊnd/ *adv* **1** debaixo da terra **2 to go underground** entrar na clandestinidade
undergrowth /'ʌndərɡroʊθ/ *s* mato
underhand /'ʌndərhænd/ *adj & adv* arremessado sem levantar o braço acima do ombro
underline /'ʌndərlaɪn/ *v* [tr] **1** sublinhar **2** enfatizar
underlying /'ʌndərlaɪ-ɪŋ/ *adj* latente
undermine /'ʌndərmaɪn/ *v* [tr] minar
underneath /ʌndər'niːθ/ *preposição, advérbio & substantivo*

- *prep* embaixo de, debaixo de: *I left the key underneath a rock.* Deixei a chave embaixo de uma pedra.

- *adv* **1** por baixo, embaixo: *She was wearing a brown jacket with a white shirt underneath.* Ela estava usando uma jaqueta marrom com uma blusa branca por baixo. | *The car was rusted underneath.* O carro estava enferrujado por baixo. **2** no fundo: *She seems aggressive, but underneath she's quite nice.* Ela parece agressiva, mas no fundo ela é bem simpática.

- *s* **the underneath** a parte de baixo

underpaid /ʌndər'peɪd/ *adj* mal pago

Gostaria de estudar o vocabulário por temas? Consulte o pequeno **dicionário ilustrado**.

underpants /'ʌndərpænts/ s pl **1** cueca **2** AmE calcinha

undershirt /'ʌndərʃɜrt/ s AmE camiseta [usada como roupa de baixo]

underside /'ʌndərsaɪd/ s **the underside** a parte de baixo, a parte inferior

understand /ʌndər'stænd/ v (passado & particípio understood) **1** [tr/intr] entender: *I'm sorry, I don't understand.* Desculpe, não entendi. **2** [tr/intr] compreender: *My parents don't understand me.* Meus pais não me compreendem. **3** [tr] (interpretar) entender: *I understood it to mean that the flight had been canceled.* Entendi com isso que o voo tinha sido cancelado. **4** [tr] (formal) **I/we etc. understand (that)** soube/soubemos etc. que: *I understand you've recently moved here.* Eu soube que você mudou para cá recentemente.

understandable /ʌndər'stændəbəl/ adj compreensível

understandably /ʌndər'stændəbli/ adv como é/era de se esperar, com razão: *She was understandably annoyed.* Ela estava aborrecida, e com razão.

understanding /ʌndər'stændɪŋ/ *substantivo & adjetivo*

● s **1** acordo, entendimento: *I'm sure we can come to some understanding.* Tenho certeza de que podemos chegar a um acordo. **2** concepção, conhecimento: *our understanding of how the brain functions* a nossa concepção de como funciona o cérebro **3** compreensão: *You could show a little understanding.* Você poderia demonstrar um pouco de compreensão. **4 my/his etc. understanding of sth** a minha/sua etc. interpretação de algo

● adj compreensivo

understatement /'ʌndərsteɪtmənt/ s Um **understatement** é uma declaração que atenua o verdadeiro grau de algo: *To say it was disappointing would be an understatement.* Dizer que foi decepcionante seria pouco./Dizer que foi decepcionante seria um eufemismo.

understood /ʌndər'stʊd/ passado & particípio de **understand**

undertake /ʌndər'teɪk/ v [tr] (passado undertook, particípio undertaken /-'teɪkən/) (formal) **1** assumir [uma tarefa] **2 to undertake to do sth** comprometer-se a fazer algo

undertaker /'ʌndərteɪkər/ s **1** agente funerário -ria **2 the undertaker's** BrE a funerária

undertaking /'ʌndərteɪkɪŋ/ s **1** empreendimento **2** (formal) compromisso

undertook /ʌndər'tʊk/ passado de **undertake**

underwater /ʌndər'wɔtər/ *adjetivo & advérbio*

● adj submarino

● adv debaixo d'água

underway /ʌndər'weɪ/, também ˌunder 'way adj **to be underway (a)** estar em andamento/curso **(b)** estar em movimento

underwear /'ʌndərwɛr/ s roupa de baixo

underwent /ʌndər'wɛnt/ passado de **undergo**

undesirable /ʌndɪ'zaɪrəbəl/ adj indesejável

undid /ʌn'dɪd/ passado de **undo**

undisturbed /ʌndɪ'stɜrbd/ adj **1** sossegado **2** intocado

undo /ʌn'du/ v [tr] (passado undid, particípio undone) **1** desfazer [um embrulho, um nó] **2 to undo (the buttons of) your shirt/coat etc.** desabotoar a camisa/o casaco etc. | **to undo your laces** desamarrar os cadarços **3** reparar [um erro, um dano] | **to undo sb's good work** arruinar o trabalho bem feito de alguém

undone¹ /ʌn'dʌn/ adj **1** desamarrado, desabotoado | **to come undone** desamarrar-se, desabotoar-se **2 to leave sth undone** deixar algo por fazer

undone² particípio de **undo**

undoubted /ʌn'daʊtɪd/ adj indubitável

undoubtedly /ʌn'daʊtɪdli/ adv sem dúvida, certamente

undress /ʌn'drɛs/ v (3a pess sing -sses) **1** [tr] despir **2** [intr] despir-se

undressed /ʌn'drɛst/ adj despido | **to get undressed** tirar a roupa, despir-se

undue /ʌn'du/ adj (formal) excessivo

unduly /ʌn'duli/ adv (formal) excessivamente

unearth /ʌn'ɜrθ/ v [tr] **1** desenterrar **2** descobrir

unease /ʌn'iz/ s mal-estar

uneasy /ʌn'izi/ adj (-sier, -siest) **1** preocupado, ansioso: *I'm uneasy about this whole affair.* Estou preocupado com essa história toda. **2** perturbador [silêncio], agitado [sono], tenso [cessar-fogo]

unemployed /ʌnɪm'plɔɪd/ *adjetivo & substantivo*

● adj desempregado: *She's been unemployed for six months.* Ela está desempregada há seis meses.

● s **the unemployed** os desempregados

unemployment /ʌnɪm'plɔɪmənt/ s desemprego

unequal /ʌn'ikwəl/ adj desigual

uneven /ʌn'ivən/ adj **1** irregular [superfície] **2** irregular [respiração, distribuição]

uneventful /ʌnɪ'vɛntfəl/ adj tranquilo [sem incidentes]

unexpected /ʌnɪk'spɛktɪd/ adj inesperado

unexpectedly /ʌnɪk'spɛktɪdli/ adv inesperadamente

unfair /ʌn'fɛr/ adj **1** injusto **2 to be unfair on sb** ser injusto com alguém **3 unfair competition** concorrência desleal

unfaithful /ʌn'feɪθfəl/ adj infiel | **to be unfaithful to sb** ser infiel a alguém

unfamiliar /ʌnfə'mɪljər/ *adj* **1** desconhecido: *in unfamiliar surroundings* num lugar desconhecido **2 to be unfamiliar with sth** não estar familiarizado com algo, não conhecer algo

unfashionable /ʌn'fæʃənəbəl/ *adj* **1** fora de moda [roupa] **2** ultrapassado, antiquado [ideias, pessoa]

unfasten /ʌn'fæsən/ *v* [tr] abrir [o cinto de segurança, um colar, etc.]

unfavorable AmE, **unfavourable** BrE /ʌn'feɪvərəbəl/ *adj* **1** desfavorável [condições, tratamento] **2** negativo [crítica, reação]

unfinished /ʌn'fɪnɪʃt/ *adj* inacabado

unfit /ʌn'fɪt/ *adj* **1** fora de forma **2 unfit for sth** inadequado para algo | **unfit to do sth** inapto para fazer algo

unfold /ʌn'foʊld/ *v* **1** [tr] desdobrar **2** [intr] desenrolar-se

unforeseen /ʌnfɔr'sin/ *adj* imprevisto

unforgettable /ʌnfər'gɛtəbəl/ *adj* inesquecível

unforgivable /ʌnfər'gɪvəbəl/ *adj* imperdoável

unfortunate /ʌn'fɔrtʃənət/ *adj* **1** desafortunado: *Several unfortunate passersby were injured.* Vários transeuntes desafortunados ficaram feridos. | *I was unfortunate enough to live next door to him.* Tive a infelicidade de ser vizinho dele. **2** lamentável **3** inconveniente, infeliz

unfortunately /ʌn'fɔrtʃənətli/ *adv* infelizmente

unfriendly /ʌn'frɛndli/ *adj* (**-lier**, **-liest**) antipático | **to be unfriendly to/toward sb** ser antipático com alguém

ungrateful /ʌn'greɪtfəl/ *adj* ingrato, mal-agradecido

unhappiness /ʌn'hæpinəs/ *s* **1** tristeza **2** descontentamento

unhappy /ʌn'hæpi/ *adj* (**-ppier**, **-ppiest**) **1** infeliz: *an unhappy childhood* uma infância infeliz | *I've never been so unhappy in my life.* Nunca me senti tão infeliz na minha vida. **2** insatisfeito: *She's unhappy in her job.* Ela está insatisfeita no emprego. | **unhappy with/about sth** insatisfeito com algo

unharmed /ʌn'hɑrmd/ *adj* ileso

unhealthy /ʌn'hɛlθi/ *adj* (**-thier**, **-thiest**) **1** pouco saudável: *a very unhealthy lifestyle* um estilo de vida muito pouco saudável **2** pouco saudável [pessoa], doentio [aparência] **3** doentio [interesse]

unheard-of /ʌn'hɜrd ʌv/ *adj* inédito, sem precedentes

unhelpful /ʌn'hɛlpfəl/ *adj* **1** pouco prestativo [pessoa] **2** pouco construtivo [comentário, sugestão]

uniform /'junəfɔrm/ *substantivo & adjetivo*
- *s* uniforme: *my school uniform* meu uniforme escolar | **in uniform** de uniforme, uniformizado
- *adj* uniforme

unify /'junəfaɪ/ *v* [tr] (**-fies**, **-fied**) unificar

unimportant /ʌnɪm'pɔrtnt/ *adj* sem importância

uninhabited /ʌnɪn'hæbɪtɪd/ *adj* desabitado

unintelligible /ʌnɪn'tɛlədʒəbəl/ *adj* ininteligível

unintentional /ʌnɪn'tɛnʃənl/ *adj* involuntário

uninterested /ʌn'ɪntrəstɪd/ *adj* desinteressado | **to be uninterested in sth/sb** ser indiferente a algo/alguém

uninterrupted /ʌnɪntə'rʌptɪd/ *adj* **1** ininterrupto **2 an uninterrupted view** uma vista total

union /'junjən/ *s* **1** (também **labor union**) sindicato: *Are you in the union?* Você é filiado ao sindicato? **2** união

Union 'Jack *s* **the Union Jack** a bandeira britânica

unique /ju'nik/ *adj* **1** único: *a unique opportunity* uma oportunidade única | *Her talent is unique.* O talento dela é excepcional. **2 to be unique to sth/sb** ser exclusivo de algo/alguém

unison /'junəsən/ *s* **in unison to say sth/speak/sing in unison** dizer algo/falar/cantar em uníssono | **to act/work in unison** agir/trabalhar em conjunto

unit /'junɪt/ *s* **1** unidade: *Turn to unit six in your textbooks.* Vão à unidade seis nos seus livros. **2** (seção) unidade **3** (de medição) unidade **4 kitchen/bathroom unit** armário (modulado) de cozinha/banheiro

unite /ju'naɪt/ *v* **1** [intr] unir-se **2** [tr] unir **3 to unite against sth/sb** unir-se contra algo/alguém

united /ju'naɪtɪd/ *adj* **1** unido **2** conjunto

U,nited 'Kingdom *s* **the United Kingdom** o Reino Unido

United Kingdom ou Britain?

O nome oficial do país é **the United Kingdom of Great Britain and Northern Ireland.** (**Great Britain** inclui a Inglaterra, a Escócia e o País de Gales, mas não a Irlanda do Norte.) Em contextos menos formais costuma-se usar **the UK,** ou mesmo **Great Britain** ou **Britain,** para referir-se ao Reino Unido.

U,nited 'States *s* **the United States (of America)** os Estados Unidos (da América)

O nome oficial do país é **the United States of America (U.S.A.).** Em contextos menos formais, usa-se **the U.S., the States** ou **America.** Quando **the United States (of America)** é o sujeito da frase, o verbo deve vir no singular: *The United States is opposed to the plan.* Os EUA se opõem ao plano.

---

unity /'junəti/ *s* **1** união **2** unidade

universal /junə'vɜrsəl/ *adj* **1** geral **2** universal

universally /junə'vɜrsəli/ *adv* mundialmente

universe /'junəvɜrs/ *s* **the universe** o universo

university /junə'vɜrsəti/ *s* (pl **-ties**) universidade, faculdade: *I studied languages at university*. Fiz Letras na universidade. | **to go to university** BrE fazer faculdade ▶ Existe também **to go to college**, que é usado tanto no inglês americano quanto no britânico

unjust /ʌn'dʒʌst/ *adj* injusto

unkind /ʌn'kaɪnd/ *adj* **1** indelicado: *It was very unkind of you to say that to her*. Foi muito indelicado da sua parte dizer aquilo para ela. | **to be unkind to sb** tratar alguém mal **2** indelicado, desagradável

unknown /ʌn'noʊn/ *adj* **1** desconhecido [quantidade, destino, território] **2** desconhecido [ator, cantor]

unleaded /ʌn'lɛdɪd/ *adjetivo & substantivo*

• *adj* sem chumbo

• *s* gasolina sem chumbo

unless /ʌn'lɛs/ *conj* **1** a menos que: *He won't go to sleep unless you read him a story*. Ele não dorme a menos que você leia uma história para ele. **2** unless I'm very much mistaken se não me engano

unlike /ʌn'laɪk/ *prep* **1** ao contrário de **2 to be unlike sth/sb** ser diferente de algo/alguém **3 it's unlike him/you etc. to do sth** ele/você etc. não é de fazer algo: *It's unlike Frank to forget my birthday*. O Frank não é de esquecer meu aniversário.

unlikely /ʌn'laɪkli/ *adj* (**-lier**, **-liest**) **1** pouco provável, improvável: *in the unlikely event of a fire* no caso improvável de um incêndio | *It's unlikely that he'll come*. É pouco provável que ele venha. **2** implausível, inverossímil

unlimited /ʌn'lɪmɪtɪd/ *adj* ilimitado

unload /ʌn'loʊd/ *v* [tr/intr] descarregar

unlock /ʌn'lɑk/ *v* [tr] destrancar

unlucky /ʌn'lʌki/ *adj* (**-ckier**, **-ckiest**) **1** infeliz, azarado: *An unlucky defeat cost them the title*. Uma derrota infeliz lhes custou o título. | *It was unlucky for her that the boss walked in*. Foi azar dela o chefe ter entrado na sala. **2 to be unlucky** ter azar: *He was so unlucky*. Ele teve tanto azar. **3** que dá azar: *It's unlucky to walk under a ladder*. Dá azar passar debaixo de uma escada.

unmarried /ʌn'mærid/ *adj* solteiro

unmistakable /ʌnmɪ'steɪkəbəl/ *adj* inconfundível

unnatural /ʌn'nætʃərəl/ *adj* **1** anormal **2** artificial **3** forçado

unnecessary /ʌn'nɛsəsɛri/ *adj* **1** desnecessário **2** dispensável

unnoticed /ʌn'noʊtɪst/ *adj* **to go unnoticed** passar despercebido: *His absence had not gone unnoticed*. A ausência dele não passou despercebida.

unoccupied /ʌn'ɑkjəpaɪd/ *adj* desocupado

unofficial /ʌnə'fɪʃəl/ *adj* **1** não oficial **2** extraoficial

unorthodox /ʌn'ɔrθədɑks/ *adj* alternativo, não convencional

unpack /ʌn'pæk/ *v* **1** [tr] desfazer [uma mala] **2** [intr] desfazer a mala

unpaid /ʌn'peɪd/ *adj* **1** não pago: *a pile of unpaid bills* uma pilha de contas não pagas **2** não remunerado

unpleasant /ʌn'plɛzənt/ *adj* **1** desagradável [cheiro, efeito, surpresa] **2** desagradável [pessoa, comentário]: *She was rather unpleasant to me*. Ela foi bem desagradável comigo.

unplug /ʌn'plʌg/ *v* [tr] (**-gged**, **-gging**) desligar (da tomada)

unpopular /ʌn'pɑpjələr/ *adj* **1** pouco popular, impopular **2 to be unpopular with sb** ser malquisto por alguém: *He is unpopular with his classmates*. Ele é malquisto pelos colegas de classe/Ele não é popular entre os colegas de classe.

unprecedented /ʌn'prɛsədɛntɪd/ *adj* inédito, sem precedentes

unpredictable /ʌnprɪ'dɪktəbəl/ *adj* imprevisível

unqualified /ʌn'kwɑləfaɪd/ *adj* não qualificado

unravel /ʌn'rævəl/ *v* (**-led**, **-ling** AmE, **-lled**, **-lling** BrE) **1** [tr] desmanchar, desfazer **2** [intr] desmanchar-se, desfazer-se **3** [tr] esclarecer [uma história, fatos]

unreal /ʌn'riəl/ *adj* **1** irreal, incrível **2** irreal

unrealistic /ʌnriə'lɪstɪk/ *adj* pouco realista

unreasonable /ʌn'rizənəbəl/ *adj* **1** pouco razoável **2** absurdo

unrelated /ʌnrɪ'leɪtɪd/ *adj* **1** não relacionado | **to be unrelated to sth** não estar relacionado com algo **2** sem parentesco | **to be unrelated (to sb)** não ter parentesco (com alguém)

unreliable /ʌnrɪ'laɪəbəl/ *adj* não confiável

unrest /ʌn'rɛst/ *s* turbulência [política], distúrbio [social], descontentamento

unruly /ʌn'ruli/ *adj* **1** indisciplinado **2** rebelde [cabelos]

unsafe /ʌn'seɪf/ *adj* **1** perigoso **2** inseguro

unsatisfactory /ʌnsætɪs'fæktəri/ *adj* insatisfatório

unscrew /ʌn'skru/ *v* [tr] **1** destarraxar **2** desparafusar

unscrupulous /ʌn'skrupjələs/ *adj* inescrupuloso

unseen /ʌn'sin/ *adjetivo & advérbio*

• *adj* despercebido, invisível

• *adv* sem ser visto

unselfish /ʌn'sɛlfɪʃ/ *adj* altruísta

unsettled /ʌn'sɛtld/ *adj* **1** instável [situação, lugar] **2** pendente **3 unsettled weather** tempo instável

upgrade

unshaven /ʌnˈʃeɪvən/ adj não barbeado, com a barba por fazer

unskilled /ʌnˈskɪld/ adj **1** não qualificado [trabalhador] **2** não especializado [trabalho]

unspoiled /ʌnˈspɔɪld/, também **unspoilt** /ʌnˈspɔɪlt/ BrE adj preservado [área]

unstable /ʌnˈsteɪbəl/ adj **1** instável [prédio, estrutura] **2** instável [situação, país] **3** (mentalmente) instável

unsteady /ʌnˈstɛdi/ adj (-dier, -diest) **1** sem firmeza [ao andar] **2** bambo

unstuck /ʌnˈstʌk/ adj **to come unstuck (a)** descolar **(b)** (informal) fracassar

unsuccessful /ʌnsəkˈsɛsfəl/ adj **1 to be unsuccessful** não ter êxito: *I'm afraid the operation was unsuccessful.* Infelizmente, a cirurgia não teve êxito. | **to be unsuccessful in sth** não ter êxito em algo: *The team were unsuccessful in their attempt to cross Antarctica.* A equipe não teve êxito em sua tentativa de atravessar a Antártida. | **to be unsuccessful in doing sth** não conseguir fazer algo **2** malsucedido, fracassado

unsuccessfully /ʌnsəkˈsɛsfəli/ adv sem sucesso

unsuitable /ʌnˈsutəbəl/ adj inadequado, inapropriado

unsure /ʌnˈʃʊr/ adj **1** incerto | **to be unsure** estar/ficar na dúvida: *We were unsure which road to take.* Ficamos na dúvida quanto a qual estrada pegar. | **to be unsure about/of sth** estar inseguro a respeito de algo | **to be unsure about doing sth** estar na dúvida se deve ou não fazer algo **2 to be unsure of yourself** estar inseguro

unsympathetic /ʌnsɪmpəˈθɛtɪk/ adj indiferente, incompreensivo

unthinkable /ʌnˈθɪŋkəbəl/ adj impensável

untidy /ʌnˈtaɪdi/ adj (-dier, -diest) **1** desarrumado, bagunçado **2** desordeiro, bagunceiro

untie /ʌnˈtaɪ/ v [tr] (passado & particípio untied, gerúndio untying) **1** desatar **2** desamarrar

until /ənˈtɪl/, também **till** *preposição & conjunção*

• **prep** até: *She's on vacation until next Monday.* Ela está de férias até segunda que vem. | *Stay on this road until the traffic lights.* Siga por esta rua até chegar ao sinal de trânsito.

• **conj** até: *He kept practicing until he got it right.* Ele ficou treinando até acertar. | *Stay here until I get back.* Fique aqui até eu voltar.

untouched /ʌnˈtʌtʃt/ adj **1** não afetado: *an area untouched by tourism* uma área não afetada pelo turismo **2** intacto **3 to leave your food/drink etc. untouched** não tocar na comida/bebida etc.

untrue /ʌnˈtru/ adj falso

unused[1] /ʌnˈjuzd/ adj sem usar

unused[2] /ʌnˈjust/ adj **to be unused to sth/sb** não estar acostumado a algo/alguém

unusual /ʌnˈjuʒuəl/ adj **1** raro, atípico | **it's unusual for sb to do sth** é raro alguém fazer algo **2** original [presente, desenho]

unusually /ʌnˈjuʒuəli/ adv excepcionalmente

unveil /ʌnˈveɪl/ v [tr] **1** revelar **2** desvelar

unwanted /ʌnˈwɒntɪd/ adj **1** indesejado: *an unwanted pregnancy* uma gravidez indesejada **2** que não se precisa

unwelcome /ʌnˈwɛlkəm/ adj **1** que não é bem-vindo [pessoa]: *They made me feel unwelcome.* Eles me fizeram sentir que eu não era bem-vindo. **2** indesejável [publicidade] **3** desagradável [notícia, acontecimento]

unwell /ʌnˈwɛl/ adj **to be/feel unwell** estar/sentir-se mal

unwilling /ʌnˈwɪlɪŋ/ adj relutante | **to be unwilling to do sth** relutar em fazer algo

unwind /ʌnˈwaɪnd/ v (passado & particípio unwound) **1** [intr] relaxar, desligar **2** [tr] desenrolar **3** [intr] desenrolar-se

unwise /ʌnˈwaɪz/ adj insensato, imprudente

unwittingly /ʌnˈwɪtɪŋli/ adv sem querer

unwound /ʌnˈwaʊnd/ passado & particípio de **unwind**

unwrap /ʌnˈræp/ v [tr] (-pped, -pping) abrir, desembrulhar: *The children unwrapped their presents.* As crianças abriram seus presentes.

unwritten /ʌnˈrɪtn/ adj **an unwritten rule** uma regra tácita

up /ʌp/ *advérbio, adjetivo, preposição & substantivo*

unwrapping a present

• **adv & adj** ▶ ver quadro na pág. 396

• **prep 1** (para cima): *We walked slowly up the hill.* Subimos o morro lentamente. | *I climbed up the ladder.* Subi a escada. **2** (por): *They live just up the road.* Eles moram um pouco mais adiante nessa rua. | *We went on a boat trip up the Mississippi.* Fizemos um passeio de barco pelo Mississippi.

• **s ups and downs** altos e baixos

upbringing /ˈʌpbrɪŋɪŋ/ s educação

update[1] /ʌpˈdeɪt/ v [tr] **1** atualizar [um arquivo, um relatório] **2 to update sb on sth** pôr alguém a par de algo **3** modernizar [a casa, o vestuário, etc.]

update[2] /ˈʌpdeɪt/ s **to give sb an update on sth** pôr alguém a par das últimas notícias/novidades a respeito de algo

upgrade[1] /ʌpˈgreɪd/ v **1** [tr] fazer um upgrade em **2** [intr] mudar [para algo melhor]

upgrade[2] /ˈʌpgreɪd/ s upgrade

Gostaria de uma lista de frases úteis para falar de si mesmo em inglês? Consulte o **guia para a comunicação**, no final do livro.

up *advérbio e adjetivo*

1 EM CIMA OU PARA CIMA

Dave's up in his room. Dave está lá em cima no quarto dele. | *Move the picture up a little.* Coloque o quadro um pouco mais para cima. | **to be up** estar acordado/estar de pé: *Are you still up?* Você ainda está acordado? | *Could you get me my glasses while you're up?* Pode pegar meus óculos, já que você está de pé? | **your time is up/the two months were up etc.** o tempo acabou/os dois meses já tinham-se passado etc.

2 AO/NO NORTE

I had to fly up to Canada. Tive que voar até o Canadá. | *They live up north.* Eles moram no norte.

3 AUMENTO

Inflation is up by 1.5%. A inflação aumentou em 1,5%. | *Air fares are going up again.* Os preços das passagens aéreas vão subir de novo. | **what's up?** e aí? | **what's up with you/him etc.?** o que você/ele etc. tem? | **something is/was etc. up** alguma coisa está/estava etc. acontecendo

4 ALCANCE

up to até: *These watches can cost up to a thousand dollars each.* Estes relógios podem custar até mil dólares cada. | *The work could take up to four weeks.* O trabalho poderia levar até quatro semanas.

5 PLACAR

to be two goals/ten points etc. up estar vencendo por dois gols/dez pontos etc.

6 DECISÕES

it's up to you/him etc.: *"Shall we go?" "It's up to you."* – Nós vamos? – Como você quiser. | *It's entirely up to you whether you come or not.* É você quem tem que decidir se vem ou não. | *It isn't up to him to decide who I go out with.* Não é ele quem decide com quem eu saio.

7 OUTRAS EXPRESSÕES

up and down: *He was jumping up and down with excitement.* Ele estava pulando de alegria. | *She was pacing impatiently up and down.* Ela andava para cima e para baixo impacientemente. | **to be up against sth/sb** enfrentar algo/alguém | **to be up to something** estar tramando algo | **to be up to no good** não estar fazendo boa coisa | **to be up to the job/the task** estar à altura do trabalho/da tarefa | **not to be up to much** deixar muito a desejar

Up também faz parte de vários **phrasal verbs**, tais como **look up**, **take up** etc., que são tratados no verbete do verbo correspondente.

upheaval /ʌpˈhivəl/ *s* caos
uphill /ʌpˈhɪl/ *adjetivo & advérbio*
• *adj* **1** **an uphill climb/slope** uma subida | *It's uphill all the way.* É uma subida o caminho todo. **2** **an uphill struggle** uma dureza
• *adv* morro/ladeira acima

uphold /ʌpˈhoʊld/ *v* [tr] (passado & particípio **upheld** /-ˈhɛld/) **1** manter **2** confirmar

upholstery /əˈpoʊlstəri/ *s* estofamento

upkeep /ˈʌpkip/ *s* manutenção

upon /əˈpɑn/ *prep* **1** (expressando proximidade no tempo) em cima: *Christmas is almost upon us.* O Natal está quase em cima. **2** (formal) ao: *Upon arrival, please proceed to passport control.* Ao chegar, favor dirigir-se ao controle de passaportes. | *Upon hearing the news, we immediately headed for the hospital.* Ao recebermos a notícia, fomos imediatamente para o hospital. **3** (formal) sobre: *She placed the box with great care upon the table.* Ela pousou a caixa cuidadosamente sobre a mesa. **4** Expressando grandes quantidades: *row upon row of tulips* carreiras e carreiras de tulipas | *thousands upon thousands of letters* milhares e milhares de cartas ▶ ver também **once**

upper /ˈʌpər/ *adj* **1** superior: *His upper lip was swollen.* Seu lábio superior estava inchado. | *the upper floors* os andares mais altos **2** alto: *the upper classes* as classes altas

'upper ˌclass *s* classe alta

ˌupper-'class *adj* de classe alta

upright /ˈʌpraɪt/ *adjetivo & advérbio*
• *adj* **1** vertical: *in an upright position* em posição vertical **2** direito, honrado
• *adv* na vertical, direito

uprising /ˈʌpraɪzɪŋ/ *s* insurreição

uproar /ˈʌp-rɔr/ *s* **1** alvoroço **2** tumulto

uproot /ʌpˈrut/ *v* [tr] **1** arrancar (pela raiz) **2** desenraizar

upset¹ /ʌpˈsɛt/ *verbo & adjetivo*
• *v* [tr] (passado & particípio **upset**, gerúndio **upsetting**) **1** chatear, aborrecer **2** atrapalhar [planos], afetar [o equilíbrio, o mercado] **3** virar [um copo, o leite] **4** AmE derrotar [inesperadamente]
• *adj* **1** chateado, aborrecido: *She's upset because he forgot her birthday.* Ela está chateada porque ele esqueceu seu aniversário. | **upset about/by sth** chateado com algo, aborrecido com algo | **to get upset** ficar chateado/aborrecido: *Don't get upset. I'm sure he didn't mean it.* Não fique chateado. Tenho certeza de que ele não fez por mal. **2 to have an upset stomach** estar com o estômago embrulhado

upset² /ˈʌpsɛt/ *s* **1** revés **2** vitória inesperada, zebra **3 to have a stomach upset** estar com o estômago embrulhado

upside /ˈʌpsaɪd/ *s* AmE lado positivo

upside down adv **1** de cabeça para baixo, ao contrário: *I put the glasses upside down to drain.* Coloquei os copos de cabeça para baixo para a água escorrer. | *You're looking at the map upside down.* Você está olhando o mapa ao contrário. **2 to turn the house/room upside down** virar a casa/o quarto de cabeça para baixo [à procura de algo]

upstairs /ʌpˈstɛrz/ advérbio & adjetivo
- adv **1** lá para cima: *The children raced upstairs to find their presents.* As crianças correram lá para cima para procurar seus presentes. | *She's gone upstairs to lie down.* Ela subiu para se deitar. **2** lá em cima: *The bathroom is upstairs on the right.* O banheiro fica lá em cima, à direita.
- adj **an upstairs window** uma janela do andar de cima | **an upstairs bathroom** um banheiro no andar de cima

upstream /ʌpˈstrim/ adv rio acima

upsurge /ˈʌpsɜrdʒ/ s **upsurge (in sth)** aumento repentino (de algo)

uptake /ˈʌpteɪk/ s **to be slow/quick on the uptake** (informal) ser lento/rápido de raciocínio

up to date adj ▶ Escreve-se com hífen quando vem seguido de um substantivo **1** moderno [tecnologia, computador] **2** atualizado [guia, mapa, lista]: *We must have up-to-date information.* Precisamos de informações atualizadas. **3 to be/keep up to date with sth** estar/manter-se a par de algo

upturn /ˈʌptɜrn/ s melhora | **upturn in sth** melhora em algo

upward /ˈʌpwərd/ adj **1** (movimento) para cima | **upward climb** subida **2** ascendente [tendência]

upwards /ˈʌpwərdz/, também **upward** /ˈʌpwərd/ AmE adv **1** para cima: *She pointed upwards.* Ela apontou para cima. **2 salaries/prices etc. are moving upwards** os salários/preços etc. estão subindo **3 upwards of** mais de: *Upwards of 20,000 people were at the game.* Havia mais de 20.000 pessoas no jogo.

uranium /jʊˈreɪniəm/ s urânio

Uranus /ˈjʊrənəs, ˈjʊrənəs/ s Urano

urban /ˈɜrbən/ adj urbano

urge /ɜrdʒ/ verbo & substantivo
- v **to urge sb to do sth** instar alguém a fazer algo
  urge sb on instigar alguém
- s vontade, impulso | **urge to do sth** vontade de fazer algo

urgency /ˈɜrdʒənsi/ s **1** urgência **2** insistência

urgent /ˈɜrdʒənt/ adj **1** urgente: *an urgent message* um recado urgente | **to be in urgent need of sth** estar precisando urgentemente de algo **2** insistente

urgently /ˈɜrdʒəntli/ adv urgentemente

urine /ˈjʊrɪn/ s urina

Uruguay /ˈjʊrəgweɪ/ s Uruguai

Uruguayan /jʊrəˈgwaɪən/ adj & s uruguaio -guaia

U.S. /ju ˈɛs/, também **U.S.A.** /ju ɛs ˈeɪ/ s (= **United States (of America)**) EUA, Estados Unidos

> the U.S. é usado tanto na língua falada como na escrita:
> *She studied in the U.S.* Ela estudou nos Estados Unidos.
>
> Também é usado com função adjetiva:
> *a U.S. citizen/soldier* um cidadão/soldado americano

us /əs, acentuado ʌs/ pron **1** (como objeto direto ou indireto) nos: *He didn't see us.* Ele não nos viu. | *He gave us the money.* Ele nos deu o dinheiro. **2** (depois de preposição, do verbo "to be", e em comparações) nós: *He went without us.* Ele foi sem nós. | *It was us.* Fomos nós. | *They're bigger than us.* Eles são maiores do que nós.

usage /ˈjusɪdʒ/ s uso

USB drive /ˌju ɛs ˈbi draɪv/ s pendrive

use¹ /juz/ v [tr] **1** usar, utilizar [objeto, recurso]: *Can I use your telephone?* Posso usar seu telefone? **2** consumir [energia, etc.] **3** usar [uma pessoa]: *I feel I've been used.* Sinto que fui usada. **4** usar [uma palavra, uma expressão]
use sth up acabar com algo [consumir até o fim]

use² /jus/ s **1** uso, utilidade: *The drug has many uses.* O medicamento tem muitos usos. **2** uso: *The pool is for the use of guests only.* A piscina é para uso exclusivo dos hóspedes. **3 to be in use** estar em uso **4 to be no use** não servir, não adiantar: *This corkscrew's no use at all.* Esse

---

used to

1 Used to é empregado para se referir ao que costumava acontecer ou à forma como era algo no passado, e que já não acontece ou é mais assim:

"Do you play tennis?" "No, but I used to." – Você joga tênis? – Não, mas costumava jogar./Não, mas antigamente jogava. | *We used to go for walks together in the park.* Costumávamos fazer caminhadas juntos no parque. | *She used to be really thin.* Antes ela era muito magra.

2 As frases negativas e interrogativas são formadas com o auxiliar did e o verbo use:

You didn't use to smoke. Você não costumava fumar./Você antes não fumava. | *Didn't he use to have a beard?* Ele não costumava usar barba?

3 Não confundir com o adjetivo **used**. Ver mais acima.

saca-rolha não serve para nada. | *It's no use. I can't fix it.* Não adianta. Não consigo consertá-lo. | *He's no use.* Ele é inútil. | **it's no use talking to him/calling them etc.** não adianta falar com ele/ligar para eles etc. **5 to be of use (to sb)** (formal) ser útil (a alguém) **6 to make use of sth** usar algo **7 what's the use?** para quê?, o que adianta?

used¹ /just/ *adj* **to be used to (doing) sth** estar acostumado a (fazer) algo: *We're used to getting up early.* Estamos acostumados a acordar cedo. | **to get used to (doing) sth** acostumar-se a (fazer) algo: *I'll have to get used to walking to work.* Vou ter que me acostumar a ir a pé para o trabalho. ▶ Não confundir com o verbo modal **used to**. Ver mais abaixo.

used² /juzd/ *adj* usado

used to /'just tu/ *v* [modal] ▶ ver quadro na pág. 397

useful /'jusfəl/ *adj* útil | **to come in useful** ser útil, ser uma mão na roda

usefulness /'jusfəlnəs/ *s* utilidade

useless /'jusləs/ *adj* **1** inútil | **to be useless** não prestar: *These scissors are useless.* Esta tesoura não presta. **2** (informal) terrível: *She's useless in the kitchen.* Ela é terrível na cozinha.

user /'juzər/ *s* usuário -ria

user-friendly *adj* fácil de usar

usual /'juʒuəl/ *adj* **1** de sempre, normal: *at the usual time* na hora de sempre | *He ate less than usual.* Ele comeu menos do que de costume. **2 as usual** como sempre

usually /'juʒuəli/ *adv* geralmente ▶ ver nota em **always**

utensil /ju'tɛnsəl/ *s* utensílio

utility /ju'tɪləti/ *s* (pl **-ties**) serviço público [água, energia elétrica, etc.]

utmost /'ʌtmoʊst/ *adjetivo & substantivo*

• *adj* extremo, maior

• *s* **to do your utmost (to do sth)** (formal) fazer todo o possível (para fazer algo)

utter /'ʌtər/ *adjetivo & verbo*

• *adj* total

• *v* [tr] (formal) pronunciar

U-turn /'ju tɜrn/ *s* **1** meia-volta [ao dirigir] | **to do a U-turn** dar meia-volta **2** mudança radical [numa política]

V, v /vi:/ *s* (letra) V, v ▶ ver "Active Box" **letters** em **letter**

vacancy /'veikənsi/ *s* (pl **-cies**) **1** quarto vago **2** vaga

vacant /'veikənt/ *adj* **1** vago [sala, apartamento, etc.] **2** vago [cargo] **3** vago [expressão, olhar]

vacation /veɪ'keɪʃən/ *substantivo & verbo*

• *s* **1** AmE férias **2** (escolares, universitárias) férias

• *v* [intr] AmE passar férias

vacationer /veɪ'keɪʃənər/ *s* AmE veranista, turista

vaccination /væksə'neɪʃən/ *s* vacinação | **to have a flu/polio etc. vaccination** tomar vacina contra gripe/poliomielite etc.

vaccine /væk'sin/ *s* vacina

vacuum /'vækjum/ *substantivo & verbo*

• *s* **1** (também **vacuum cleaner**) aspirador (de pó) **2** vácuo **3** (sensação) vazio

• *v* **1** [intr] passar o aspirador, [tr] passar o aspirador em

vagina /və'dʒaɪnə/ *s* vagina

vague /veɪg/ *adj* **1** vago [ideia, lembrança] **2** vago [descrição, resposta] | **to be vague about sth** ser vago a respeito de algo **3** vago [contorno, silhueta]

vacuuming

vaguely /'veɪgli/ *adv* **1** ligeiramente, vagamente: *Her face is vaguely familiar.* Sua fisionomia é vagamente familiar. **2** vagamente: *I vaguely remember it.* Lembro disso vagamente.

vain /veɪn/ *adj* **1** vaidoso **2** vão, inútil: *in a vain attempt to find her* numa tentativa inútil de encontrá-la **3 in vain** em vão

valentine /'væləntaɪn/ *s* ▶ ver nota em **Valentine's Day**

Valentine's Day s

> No dia 14 de fevereiro celebra-se **Valentine's Day**, dia de São Valentim, que corresponde ao nosso Dia dos Namorados. **A valentine** ou **a valentine card** é um cartão que geralmente se envia a alguém nessa data, de forma anônima. **Sb's valentine** é a pessoa amada a quem se envia o cartão ou um presente.

valid /'vælɪd/ adj **1** válido [passaporte, passagem] **2** válido [motivo, comentário]

validity /vəˈlɪdəti/ s validade

valley /'væli/ s vale

valuable /'væljəbəl/ adjetivo & substantivo plural
- adj **1** valioso [anel, quadro, etc.] **2** valioso [conselho, tempo, etc.]
- **valuables** s pl objetos de valor

valuation /vælju'eɪʃən/ s avaliação

value /'vælju/ substantivo, substantivo plural & verbo
- s **1** valor: *the value of the house* o valor da casa **2** valor, importância
- **values** s pl valores [morais]: *Western values* valores ocidentais
- v [tr] **1** dar valor a, valorizar: *I value my health too much to smoke.* Dou muito valor à minha saúde para fumar. **2** avaliar

valve /vælv/ s válvula

vampire /'væmpaɪr/ s vampiro -ra

van /væn/ s caminhonete, van

vandal /'vændl/ s vândalo

vandalism /'vændl-ɪzəm/ s vandalismo

vandalize, -ise BrE /'vændl-aɪz/ v [tr] destruir [um carro, um prédio, etc., por vandalismo]

vanilla /vəˈnɪlə/ s **1** baunilha, creme **2 vanilla ice cream** sorvete de creme

vanish /'vænɪʃ/ v [intr] desaparecer, sumir ▶ ver também **air**, **trace**

vanity /'vænəti/ s (pl -ties) vaidade

vantage point /'væntɪdʒ pɔɪnt/ s posição estratégica

vapor AmE, **vapour** BrE /'veɪpər/ s vapor

variable /'vɛriəbəl/ adj & s variável

variant /'vɛriənt/ s variante

variation /vɛriˈeɪʃən/ s variação | **variation in sth** variação em relação a algo

varied /'vɛrid/ adj variado

variety /vəˈraɪəti/ s (pl -ties) **1 a variety of** uma variedade de: *a variety of colors* uma variedade de cores **2** diversidade **3** variedade [de planta]

various /'vɛriəs/ adj vários, diversos: *I tried various places.* Tentei em vários lugares.

varnish /'vɑrnɪʃ/ substantivo & verbo
- s verniz
- v [tr] envernizar

vary /'vɛri/ v [tr/intr] (3a pess sing **varies**, passado & particípio **varied**) variar | **to vary in price/size etc.** variar de preço/em tamanho etc.

vase /veɪs, veɪz, BrE vɑz/ s vaso

vast /væst/ adj **1** enorme, vasto **2 the vast majority** a grande maioria

vastly /'væstli/ adv muito

VAT /vi eɪ 'ti, væt/ s (= **value-added tax**) ICMS (Imposto sobre a Circulação de Mercadorias e Serviços)

vat /væt/ s tonel

vault /vɔlt/ substantivo & verbo
- s **1** caixa-forte **2** cripta
- v [tr] saltar [apoiando-se nas mãos ou numa vara] | **to vault over sth** saltar algo, pular algo

VCR /vi si 'ɑr/ s (= **video cassette recorder**) videocassete [aparelho]

VDT /vi di 'ti/ s (= **video display terminal**) monitor

veal /vil/ s vitela

veer /vɪr/ v **to veer to the left/right** virar bruscamente para a esquerda/direita | **to veer off course** sair do rumo

vegan /'vigən, 'veɪ-, 'vedʒən/ s vegano -na [vegetariano que se abstém de quaisquer produtos de origem animal]

vegetable /'vedʒtəbəl/ s **1** legume, verdura **2 vegetable soup** sopa de legumes

vegetarian /vedʒəˈtɛriən/ s & adj vegetariano -na

vegetation /vedʒəˈteɪʃən/ s vegetação

veggie /'vedʒi/ substantivo & adjetivo
- s (informal) verdura
- adj **a veggie burger/sandwich etc.** (informal) um hambúrguer/sanduíche etc. vegetariano

vehement /'viəmənt/ adj veemente: *vehement protests* protestos veementes

vehemently /'viəməntli/ adv com veemência

vehicle /'viːɪkəl/ s veículo

veil /veɪl/ s véu

veiled /veɪld/ adj velado

vein /veɪn/ s **1** veia **2** veio

Velcro® /'vɛlkroʊ/ s Velcro®

velocity /vəˈlɑsəti/ s (pl -ties) velocidade

velvet /'vɛlvɪt/ s veludo | **velvet curtains/dress etc.** cortinas/vestido etc. de veludo

vending machine /'vɛndɪŋ məʃin/ s máquina [para venda de bebidas, etc.]

vendor /'vɛndər/ s vendedor -a

veneer /vəˈnɪr/ s **1** folheado [de madeira] **2** aparência [de respeitabilidade, autoconfiança, etc.]

Venetian blind /vəˌniʃən 'blaɪnd/ s persiana

Venezuela /vɛnəˈzweɪlə/ s Venezuela

Venezuelan /vɛnəˈzweɪlən/ *adj & s* venezuelano -na

vengeance /ˈvɛndʒəns/ *s* **1** vingança **2 with a vengeance** para valer

venison /ˈvɛnəsən/ *s* (carne de) veado

venom /ˈvɛnəm/ *s* **1** (substância tóxica) veneno **2** veneno, ódio

venomous /ˈvɛnəməs/ *adj* **1** venenoso [cobra] **2** venenoso [olhar, comentário]

vent /vɛnt/ *substantivo & verbo*
- *s* **1** orifício **2 to give vent to sth** (formal) desafogar, dar vazão a algo
- *v* desafogar | **to vent sth on sth/sb** descarregar algo em algo/alguém, descontar algo em algo/alguém

ventilation /vɛntlˈeɪʃən/ *s* ventilação

ventilator /ˈvɛntl-eɪtər/ *s* **1** ventilador [numa sala, etc.] **2** (equipamento médico) respirador

venture /ˈvɛntʃər/ *substantivo & verbo*
- *s* empreendimento
- *v* **1 to venture out** aventurar-se a sair | **to venture into town:** *He rarely ventures into town.* Raramente ele se aventura a ir ao centro. **2 to venture an opinion** (formal) aventurar uma opinião

venue /ˈvɛnju/ *s* local [de eventos, reuniões, etc.]

Venus /ˈvinəs/ *s* Vênus

veranda, também **verandah** /vəˈrændə/ *s* varanda [em uma casa]

verb /vɜrb/ *s* verbo

verbal /ˈvɜrbəl/ *adj* verbal

verdict /ˈvɜrdɪkt/ *s* veredito

verge /vɜrdʒ/ *substantivo & verbo*
- *s* **1 to be on the verge of sth** estar à beira de algo | **to be on the verge of doing sth** estar prestes a fazer algo **2** BrE borda de gramado
- *v* **verge on sth** beirar algo

verify /ˈvɛrəfaɪ/ *v* [tr] (-fies, -fied) **1** comprovar [uma informação, fatos] **2** confirmar [uma suspeita, um depoimento]

veritable /ˈvɛrətəbəl/ *adj* (formal) verdadeiro

versatile /ˈvɜrsətl/ *adj* versátil

verse /vɜrs/ *s* **1** estrofe **2** poesia **3** versículo

version /ˈvɜrʒən/ *s* versão

versus /ˈvɜrsəs/ *prep* **1** contra **2** em oposição a, comparado a

vertebra /ˈvɜrtəbrə/ *s* (pl -brae /-bri/) vértebra

vertical /ˈvɜrtɪkəl/ *adj* vertical

very /ˈvɛri/ *advérbio & adjetivo*
- *adv* **1** muito: *He's very tall.* Ele é muito alto. | *I'm very sorry.* Sinto muito. | *"Are you hungry?" "Not very."* – Você está com fome? – Não muito. **2 very much** muito: *I'm very much better, thanks.* Estou muito melhor, obrigado. **3 very well** muito bem, está bem **4** Para enfatizar: *by Friday at the very latest* no máximo até sexta-feira | *a room of your very own* um quarto só para você
- *adj* **1** exato, mesmo: *At that very moment the phone rang.* Naquele exato momento, o telefone tocou. | *He died in this very room.* Ele morreu neste mesmo quarto. | *You're the very person I want to speak to.* Você é exatamente a pessoa com quem eu quero falar. **2** só: *The very thought of it makes me feel sick.* Fico enjoado só de pensar nisso. **3** Para enfatizar: *right from the very beginning* desde o primeiro momento | *I stayed until the very end.* Fiquei até o último minuto.

vessel /ˈvɛsəl/ *s* (formal) **1** embarcação **2** vasilha

vest /vɛst/ *s* **1** AmE (roupa) colete **2** (de proteção, salva-vidas, etc.) colete **3** BrE camiseta [usada como roupa de baixo] ▶ No inglês americano diz-se **undershirt**

vestige /ˈvɛstɪdʒ/ *s* vestígio

vet /vɛt/ *substantivo & verbo*
- *s* **1** veterinário -ria **2** AmE (informal) ex-combatente, veterano de guerra
- *v* [tr] **1** averiguar os antecedentes de, investigar [um indivíduo, um candidato] **2** revisar [um discurso, um relatório]

veteran /ˈvɛtərən/ *substantivo & adjetivo*
- *s* **1** veterano de guerra, ex-combatente **2** veterano -na
- *adj* veterano

veto /ˈvitoʊ/ *verbo & substantivo*
- *v* [tr] (3a pess sing presente -es) vetar
- *s* (pl -es) veto

via /ˈvaɪə, ˈviə/ *prep* **1** via **2** através de [uma pessoa]

viable /ˈvaɪəbəl/ *adj* viável

vibrate /ˈvaɪbreɪt/ *v* [intr] vibrar

vibration /vaɪˈbreɪʃən/ *s* vibração

vicar /ˈvɪkər/ *s* pastor (anglicano)

vice /vaɪs/ *s* vício

vice ˈpresident *s* vice-presidente

vice versa /vaɪs ˈvɜrsə/ *adv* vice-versa

vicinity /vəˈsɪnəti/ *s* **in the vicinity (of sth)** (formal) nos arredores (de algo)

vicious /ˈvɪʃəs/ *adj* **1** brutal, violento [ataque, assassino, etc.] **2** feroz [cão] **3** maldoso, cruel [pessoa, artigo, comentário, etc.] **4 a vicious circle, a vicious cycle** AmE um círculo vicioso

victim /ˈvɪktɪm/ *s* **1** vítima **2 to fall victim to sth** ser vítima de algo, ser afetado por algo

victimize, -ise BrE /ˈvɪktəmaɪz/ *v* [tr] tratar injustamente

victorious /vɪkˈtɔriəs/ *adj* vitorioso

victory /ˈvɪktəri/ *s* (pl -ries) vitória: *their victory over Italy* a vitória deles sobre a Itália

video /ˈvɪdioʊ/ *substantivo & verbo*
- *s* (pl -s) **1** (fita) vídeo **2** videoclipe, clipe

3 (também **video cassette recorder**) BrE (aparelho) videocassete ▶ No inglês americano diz-se **VCR** **4 video camera** filmadora **video game** videogame

• **v** [tr] BrE gravar [em vídeo]

videodisk, também **videodisc** /'vɪdioʊdɪsk/ s AmE videodisco, videolaser

videotape /'vɪdioʊteɪp/ s videoteipe

view /vju/ substantivo & verbo

• s **1 view (on/about sth)** opinião (sobre algo) | **in my/your etc. view** na minha/sua etc. opinião, a meu/seu etc. ver **2** (concepção) visão, ideia **3** (campo de visão) visão: *There was a woman blocking my view.* Tinha uma mulher tapando a minha visão. **4** (panorama) vista **5 in view of sth** (formal) em vista de algo **6 with a view to doing sth** com o propósito de fazer algo ▶ ver também **point**

• **v** [tr] **1** (formal) ver **2 to view sth (as sth)** considerar algo (como algo)

viewer /'vjuər/ s **1** telespectador -a **2** visor (de diapositivos)

viewpoint /'vjupɔɪnt/ s ponto de vista

vigil /'vɪdʒəl/ s vigília

vigilant /'vɪdʒələnt/ adj atento, alerta

vigorous /'vɪgərəs/ adj **1** vigoroso [exercício, movimento] **2** grande [defensor] **3** intenso [campanha] **4** forte [pessoa]

vile /vaɪl/ adj horrível

villa /'vɪlə/ s quinta

village /'vɪlɪdʒ/ s cidade pequena, aldeia

villager /'vɪlɪdʒər/ s habitante [de uma cidade pequena ou aldeia]

villain /'vɪlən/ s vilão -lã

vine /vaɪn/ s videira

vinegar /'vɪnɪgər/ s vinagre

vineyard /'vɪnjərd/ s vinhedo

vintage /'vɪntɪdʒ/ adjetivo & substantivo

• **adj 1** de boa safra [vinho, champanhe] **2** antigo [carro] **3** clássico

• **s** safra

vinyl /'vaɪnl/ s vinil

violate /'vaɪəleɪt/ v [tr] (formal) **1** violar [um regulamento, uma norma] **2** invadir [a privacidade] **3** violar [um túmulo]

violence /'vaɪələns/ s **1** (física) violência **2** (intensidade) violência

violent /'vaɪələnt/ adj **1** violento [pessoa, crime, etc.] **2** violento [filme, cena, etc.] **3** violento [tempestade, explosão]

violet /'vaɪələt/ substantivo & adjetivo

• **s 1** (flor) violeta **2** (cor) violeta ▶ ver "Active Box" **colors** em **color**

• **adj** violeta ▶ ver "Active Box" **colors** em **color**

violin /vaɪə'lɪn/ s violino

VIP /vi aɪ 'pi/ s (= **very important person**) VIP

viral /'vaɪrəl/ adj viral: *a viral infection* uma infecção viral

virgin /'vɜrdʒɪn/ adj & s virgem

Virgo /'vɜrgoʊ/ s **1** (signo) Virgem **2** virginiano -na: *She's a Virgo.* Ela é virginiana./Ela é de Virgem.

virtual /'vɜrtʃuəl/ adj **1** Quase total: *Their victory is a virtual certainty.* A vitória deles é praticamente certa. **2** (em informática) virtual | **virtual reality** realidade virtual

virtually /'vɜrtʃuəli/ adv praticamente

virtue /'vɜrtʃu/ s **1** (moralidade, qualidade) virtude **2** vantagem **3 by virtue of** em virtude de

virus /'vaɪrəs/ s (pl **-ses**) **1** (germe) vírus **2** (em informática) vírus

visa /'vizə/ s visto

vis-à-vis /viz ə 'vi/ prep (formal) **1** com relação a **2** em comparação com

visibility /vɪzə'bɪləti/ s visibilidade

visible /'vɪzəbəl/ adj **1** visível **2** visível [mudança, melhora, etc.]

visibly /'vɪzəbli/ adv visivelmente

vision /'vɪʒən/ s **1** (sentido) visão **2** (imagem mental) visão **3** (experiência religiosa) visão **4** visão, imaginação

visit /'vɪzɪt/ verbo & substantivo

• **v 1** [tr] visitar **2** [intr] estar de visita [num país, numa cidade] **3** [tr] visitar [uma pessoa] **4 to visit the dentist/doctor etc.** ir ao dentista/ao médico etc.

• **s** visita | **to pay sb a visit** fazer uma visita a alguém

visitor /'vɪzətər/ s **1** visitante [de um país, um museu] **2** visita: *You have a visitor.* Chegou uma visita para você.

visual /'vɪʒuəl/ adj visual

visualize, -ise BrE /'vɪʒuəlaɪz/ v [tr] visualizar | **to visualize yourself doing sth** imaginar-se fazendo algo

vital /'vaɪtl/ adj vital, fundamental: *This is vital to the mission's success.* Isso é vital para o sucesso da missão.

vitality /vaɪ'tæləti/ s vitalidade

vitally /'vaɪtl-i/ adv **vitally important** de importância vital

vitamin /'vaɪtəmɪn, BrE 'vɪtəmɪn/ s vitamina

vivid /'vɪvɪd/ adj **1** vívido [descrição, lembrança] **2** fértil [imaginação] **3** vivo [cor]

V-neck /'vi nɛk/ s a **V-neck (sweater)** um pulôver com gola em V

vocabulary /vouˈkæbjəlɛri/ s (pl -ries) vocabulário

vocal /ˈvoukəl/ adj **1** vocal: *vocal cords* cordas vocais **2** contestador: *They are a small but very vocal minority.* Eles constituem uma minoria mas são bastante contestadores.

vocalist /ˈvoukəlɪst/ s vocalista

vocals /ˈvoukəlz/ s pl vocal, vocais [num grupo de música]

vocation /vouˈkeɪʃən/ s vocação: *She has no vocation for nursing.* Ela não tem vocação para enfermagem.

vocational /vouˈkeɪʃənl/ adj vocacional | **vocational course/training** curso/treinamento profissionalizante

vodcast /ˈvɑdˌkæst/ s podcast com vídeo

vodka /ˈvɑdkə/ s vodca

vogue /voug/ s **vogue (for sth)** moda (de algo) | **to be in vogue** estar na moda

voice /vɔɪs/ *substantivo & verbo*
- s **1** voz | **to lose your voice** ficar afônico | **to raise/lower your voice** levantar/abaixar a voz | **to keep your voice down** falar baixo **2** opinião | **to have a voice in sth** ter voz ativa em algo **3 voice mail** caixa postal [em telefone]
- v [tr] (formal) expressar

void /vɔɪd/ *adjetivo & substantivo*
- adj nulo ▶ ver também **null**
- s vazio

volatile /ˈvɑlətl, BrE ˈvɑlətaɪl/ adj **1** instável [situação] **2** volúvel, imprevisível [pessoa]

volcano /vɑlˈkeɪnou/ s (pl -noes) vulcão

volley /ˈvɑli/ s **1** saraivada [de tiros, pedras, golpes] **2** enxurrada [de perguntas, insultos] **3** voleio [em tênis]

volleyball /ˈvɑlibɔl/ s vôlei

volt /voult/ s volt

voltage /ˈvoultɪdʒ/ s voltagem

volume /ˈvɑljəm/ s **1** (capacidade, quantidade) volume **2** (nível de som) volume **3** (livro) volume, tomo

voluntary /ˈvɑləntɛri/ adj **1** (não remunerado) voluntário **2** (facultativo) voluntário **3 voluntary organization** entidade beneficente

volunteer /vɑlənˈtɪr/ *substantivo & verbo*
- s voluntário -ria
- v **1** [intr] **to volunteer (to do sth)** oferecer-se (para fazer algo) | **to volunteer for the army/navy etc.** alistar-se como voluntário no Exército/na Marinha etc. **2** [tr] dar [uma informação, um conselho, uma ajuda]

vomit /ˈvɑmɪt/ *verbo & substantivo*
- v [tr/intr] vomitar
- s vômito

vote /vout/ *substantivo & verbo*
- s **1** voto **2** votação | **to take a vote on sth, to put sth to a vote** pôr algo em votação **3 the vote** o direito ao voto
- v **1** [intr] votar | **to vote for/against sb** votar em/contra alguém | **to vote for/against sth** votar por/contra algo | **to vote Democrat/Republican etc.** votar nos democratas/republicanos etc. **2** eleger: *He was voted the most promising player.* Ele foi eleito o jogador mais promissor. **3** [tr] aprovar [uma verba] **4** [tr] (informal) propor: *I vote we eat out.* Proponho que a gente jante fora.

voter /ˈvoutər/ s eleitor -a

voting /ˈvoutɪŋ/ s votação

vouch /vautʃ/ v **vouch for sth** garantir algo **vouch for sb** pôr a mão no fogo por alguém

voucher /ˈvautʃər/ s vale

vow /vau/ *substantivo & verbo*
- s voto, promessa
- v **to vow (that)** jurar (que) | **to vow to do sth** jurar fazer algo

vowel /ˈvauəl/ s vogal

voyage /ˈvɔɪ-ɪdʒ/ s viagem [marítima ou espacial] ▶ VOYAGE, JOURNEY, TRIP OU TRAVEL? ver nota em **viagem**

vs. (= **versus**) x: *UCLA vs. Ohio State* UCLA x Ohio State

vulgar /ˈvʌlgər/ adj **1** grosseiro, grosso [pessoa] **2** obsceno [piada, comentário] **3** vulgar, brega [gosto, etc.]

vulnerable /ˈvʌlnərəbəl/ adj vulnerável

vulture /ˈvʌltʃər/ s urubu, abutre

W¹, w /ˈdʌbəlju/ s W, w ▶ ver "Active Box" **letters** em **letter**

W² (= **west**) O

wade /weɪd/ v andar com dificuldade por água, lama, etc. **to wade across sth** atravessar algo patinhando
wade through sth ler algo [que requer esforço]

wafer /ˈweɪfər/ s wafer

wag /wæg/ v [tr/intr] (-gged, -gging) abanar [o rabo]

wage¹ /weɪdʒ/ s (também **wages**) salário

> **wage ou salary?**
>
> a **wage** é a remuneração paga de acordo com o número de horas, dias ou semanas trabalhadas, relativa em geral a trabalhos braçais; a **salary** é a remuneração paga mensalmente.

wage² v **to wage (a) war** travar uma guerra | **to wage war on sth/sb** lutar contra algo/alguém

wagon, também **waggon** BrE /ˈwægən/ s **1** carroça **2** BrE vagão

wail /weɪl/ verbo & substantivo
- v [intr] **1** gemer [de sofrimento] **2** assoviar [vento, sirene]
- s **1** gemido **2** assovio

waist /weɪst/ s cintura

waistband /ˈweɪstbænd/ s cós

waistcoat /ˈwɛskət, BrE ˈweɪstkoʊt/ s BrE colete
▶ No inglês americano diz-se **vest**

waistline /ˈweɪstlaɪn/ s cintura

wait /weɪt/ verbo & substantivo
- v **1** [intr] esperar | **to wait for sth/sb** esperar (por) algo/alguém | **to keep sb waiting** deixar alguém esperando | **wait a minute/second** espera um minuto/um segundo | **to wait and see** esperar para ver **2** **to wait your turn** aguardar a sua vez **3 can't wait for sth/to do sth** (informal) não ver a hora de fazer algo: *I can't wait to get home.* Não vejo a hora de chegar em casa.
  wait around ficar esperando
  wait on sb servir alguém
  wait up (for sb) ficar acordado esperando alguém
- s espera: *We had a very long wait.* Enfrentamos uma longa espera./Tivemos que esperar muito.

waiter /ˈweɪtər/ s garçom

ˈwaiting ˌroom s sala de espera

waitress /ˈweɪtrəs/ s (pl -sses) garçonete

waive /weɪv/ v **1 to waive your right to do sth** abrir mão do seu direito de fazer algo **2** dispensar [uma multa, uma taxa, etc.]

wake /weɪk/ verbo & substantivo
- v [tr/intr] (passado **woke**, particípio **woken**) acordar: *I woke early that morning.* Acordei cedo naquele dia.
  wake up 1 acordar: *What time did you wake up?* A que horas você acordou? **2** (prestar atenção) acordar **wake sb up** acordar alguém
  wake up to sth dar-se conta de algo
- s **1 in the wake of sth** logo após algo, em decorrência a algo **2 to leave sth in your wake** deixar algo em seu rastro **3** velório **4** esteira [de um barco]

Wales /weɪlz/ s País de Gales

walk /wɔk/ verbo & substantivo
- v **1** [intr] andar, ir a pé: *She can hardly walk.* Ela mal consegue andar. | *He walks to work.* Ele vai a pé para o trabalho. | **to walk off/away** ir embora | **to walk up/over to sb** ir até alguém, vir até alguém | **to walk ten miles/a long way etc.** andar dez milhas/muito etc. | **I/we etc. couldn't walk another step** não conseguia/conseguíamos etc. dar nem mais um passo **3 to walk the dog** passear com o cachorro **4 to walk sb home** acompanhar alguém até em casa **5 to go walking** fazer caminhadas
  PHRASAL VERBS
  walk away 1 ir embora: *Don't walk away when I'm talking to you!* Não vá embora quando eu estiver falando com você! **2 to walk away unhurt** escapar ileso
  walk in entrar: *Everyone went quiet when I walked in.* Todos se calaram quando entrei.
  walk into sb esbarrar em alguém: *I turned the corner and walked straight into her.* Dobrei a esquina e esbarrei logo nela. **walk into sth 1** entrar em algo: *He walked into the room and looked at us.* Ele entrou na sala e nos olhou. **2** esbarrar em algo: *He was looking the other way and walked into a tree.* Ele estava olhando na outra direção e esbarrou numa árvore.
  walk off with sth (informal) **1** levar algo: *Someone has walked off with my new jacket!* Alguém levou minha jaqueta nova! **2** ganhar algo, levar algo [um prêmio]
  walk out 1 sair **2** ir embora [zangado, etc.]: *We had a fight and he walked out.* Nós brigamos e ele foi embora. **3** retirar-se [de uma reunião, etc.] **4** entrar em greve
  walk out on sb deixar alguém, abandonar alguém
  walk over to walk over (to sth/sb) ir/vir (até algo/alguém): *She walked over to the window.* Ela foi até a janela.
  walk up to walk up (to sth/sb) aproximar-se (de algo/alguém): *He walked up to me and kissed me.* Ele se aproximou de mim e me beijou.
- s **1** caminhada: *It's a long walk.* É uma longa caminhada. | *It's a five-minute walk.* São cinco minutos a pé. | **to go for a walk** ir dar uma volta a pé | **to take the dog for a walk** levar o cachorro para passear **2** passeio a pé **3** andar [modo de andar] **4 from all walks of life** de todas as classes

walker /ˈwɔkər/ s **1 to be a fast/slow walker** andar rápido/devagar [pessoa] **2** andarilho **3** AmE andador

ˈwalking ˌstick s bengala

Walkman® /ˈwɔkmən/ s walkman

wall /wɔl/ s **1** muro, muralha **2** parede **3 to drive sb up the wall** (informal) fazer alguém subir pelas paredes

walled /wɔld/ adj **1** murado **2** fortificado

wallet /ˈwɑlɪt/ s carteira

wallpaper /ˈwɔlpeɪpər/ s papel de parede

walnut /ˈwɔlnʌt/ s **1** noz **2** nogueira

waltz /wɔlts/ *substantivo & verbo*
- *s* (pl **-zes**) valsa
- *v* [intr] (3a pess sing **-zes**) valsar

wand /wɑnd/ *s* (também **magic wand**) varinha mágica

wander /'wɑndər/ *v* **1** [intr] perambular | **to wander around (sth)** perambular (por algo): *We spent the day wandering around the market.* Passamos o dia perambulando pela feira. | **to wander the streets** perambular pelas ruas **2** [intr] (também **wander off**) afastar-se, desgarrar-se **3 to wander off the point** desviar-se do assunto

wane /weɪn/ *verbo & substantivo*
- *v* [intr] diminuir
- *s* **to be on the wane** estar em declínio

wannabe /'wɑnəbi/ *s* (informal) pessoa que quer ser como alguém famoso: *Madonna wannabes* meninas que querem ser como a Madonna

want /wɑnt/ *verbo & substantivo*
- *v* [tr] **1** querer: *Do you want a ride?* Quer uma carona? | **to want to do sth** querer fazer algo: *She wants to go home.* Ela quer ir para casa. | **to want sb to do sth** querer que alguém faça algo: *They want you to go with them.* Eles querem que você vá com eles. **2** chamar: *Mom wants you in the kitchen.* A mamãe está te chamando na cozinha. | *You're wanted on the phone.* O telefonema é para você. **3** precisar (de): *You want to get your brakes checked.* Você precisa mandar verificar os freios. | **I want doing** precisa ser feito: *The car wants washing.* O carro precisa ser lavado. **4 you want to do sth** (ao dar um conselho) você deveria fazer algo: *You want to see a doctor about that cough.* Você deveria ir ao médico para ver essa tosse.
- *s* **for want of sth** por/na falta de algo: *We watched TV for want of anything better to do.* Assistimos televisão por falta de coisa melhor para fazer. | *It's not for want of trying.* Não é por não ter tentado.

'want ad *s* AmE anúncio (classificado)

wanted /'wɑntɪd/ *adj* Referente a indivíduo procurado pela polícia: *He's a wanted man.* Ele é procurado pela polícia./A polícia está à procura dele.

war /wɔr/ *s* **1** guerra | **to be at war (with sb)** estar em guerra (com alguém) **2 a war against/on sth** uma guerra contra algo | **to declare war on sb** declarar guerra a alguém **3** (de preços, etc.) guerra

'war crime *s* crime de guerra

'war ˌcriminal *s* criminoso -sa de guerra

ward /wɔrd/ *substantivo & verbo*
- *s* ala [de um hospital]
- *v* **ward sth off** repelir algo, proteger-se de algo

warden /'wɔrdn/ *s* **1** AmE (de uma prisão) diretor -a **2** BrE (de um asilo) administrador -a

warder /'wɔrdər/ *s* BrE carcereiro -ra

wardrobe /'wɔrdroʊb/ *s* **1** BrE (móvel) armário ▶ No inglês americano diz-se **closet** **2** (vestuário) guarda-roupa

warehouse /'wɛrhaʊs/ *s* armazém

'warehouse ˌstore *s* superatacado

warfare /'wɔrfɛr/ *s* **nuclear warfare** guerra nuclear | **gang warfare** guerra entre gangues

warhead /'wɔrhɛd/ *s* ogiva

warm /wɔrm/ *adjetivo & verbo*
- *adj* **1** quente: *Your hands are nice and warm.* Suas mãos estão bem quentes. | *Relax in a warm bath.* Relaxe num banho quente. **2** morno: *The water is only just warm.* A água está só morna. **3 to be warm** (pessoa) não estar sentindo frio: *Are you warm enough?* Você não está sentindo frio? | **to get warm** aquecer-se | **to keep warm** não sentir frio, ficar aquecido **4** quente, aquecido [ambiente]: *It's nice and warm in here.* Está bem quentinho aqui. **5** quente [país, clima] | **to be warm** estar quente: *It's very warm today.* Está muito quente hoje. **6** quente [roupa, luvas, etc.] **7** carinhoso [pessoa, sorriso, etc.] **8** caloroso [recepção, etc.]
- *v* [tr] esquentar: *I warmed my hands over the fire.* Esquentei as mãos na lareira.

warm up 1 fazer aquecimento [atleta] **2** esquentar [motor, aparelho] **warm sth up** esquentar algo

warming /'wɔrmɪŋ/ *s* ▶ ver **global warming** em **global**

warmly /'wɔrmli/ *adv* **1** calorosamente **2 to dress up warmly** agasalhar-se bem

warmth /wɔrmθ/ *s* **1** (do sol, fogo, etc.) calor **2** carinho

'warm-up *s* **1** aquecimento **2** AmE (roupa) jogging

warn /wɔrn/ *v* [tr] **1** avisar a, alertar: *They had been warned of the risks.* Eles tinham sido alertados dos riscos. | *I warned him about the stairs.* Eu avisei a ele que a escada era perigosa. **2 to warn sb to do sth** avisar alguém para que faça algo: *I warned him to slow down.* Avisei-o para que diminuísse a velocidade. | **to warn sb against doing sth** aconselhar alguém a não fazer algo

warning /'wɔrnɪŋ/ *s* **1** advertência, alerta **2** aviso **3** (repreensão) advertência

warp /wɔrp/ *v* [intr] empenar

warped /wɔrpt/ *adj* pervertido

'warp ˌspeed *s* (informal) **at warp speed** numa velocidade alucinante

warrant /'wɔrənt/ *s* mandado: *a search warrant* um mandado de busca

warranty /'wɔrənti/ *s* (pl **-ties**) garantia [de eletrodomésticos, etc.]

warren /'wɔrən/ *s* **1** coelheira **2** labirinto

warrior /'wɔriər/ *s* guerreiro -ra

warship /'wɔrʃɪp/ s navio de guerra

wart /wɔrt/ s verruga

wartime /'wɔrtaɪm/ s **in wartime** em tempo de guerra, durante a guerra

wary /'wɛri/ adj (-rier, -riest) **1** desconfiado **2 to be wary of sth/sb** desconfiar de algo/alguém **3 to be wary of doing sth** ficar receoso de fazer algo

was /wəz, acentuado wʌz/ passado de **be**

wash /wɑʃ/ verbo & substantivo

• v (3a pess sing -shes) **1** [tr] lavar: *Could you wash the car for me?* Você podia lavar o carro para mim? | **to wash your hands/hair** lavar as mãos/o cabelo: *How often do you wash your hair?* Com que frequência você lava o cabelo? **2** [intr] lavar-se: *She washed, dressed and had her breakfast.* Ela se lavou, se vestiu e tomou café. **3** [tr] arrastar [mar, ondas, etc.] | **to be washed overboard/ashore** ser arrastado para fora do barco/para a orla
wash sth away arrastar algo, levar algo [maré, enchente, chuva, etc.]
wash off sair [mancha, sujeira, etc.] **wash sth off** tirar algo [uma mancha, sujeira, etc.]
wash up 1 AmE lavar as mãos: *Go wash up before dinner.* Vá lavar as mãos antes de jantar. **2** BrE lavar a louça **wash sth up 1** lançar algo [à praia, à margem, etc.] **2** BrE lavar algo [pratos, copos, etc.]

• s (pl -shes) **1** lavagem, lavada: *The floor needs a good wash.* O chão precisa de uma boa lavada. | *Those jeans could do with a wash.* Esse jeans precisa ser lavado. | **to have a wash** lavar-se | **to have a quick wash** passar uma água no corpo | **to give sth a wash** lavar algo **2 to be in the wash** estar lavando [roupa] **3** esteira [de um barco]

washable /'wɑʃəbəl/ adj lavável

washbasin /'wɑʃbeɪsən/, também **washbowl** /'wɑʃboʊl/ AmE s pia

washcloth /'wɑʃklɔθ/ s AmE toalhinha [para lavar-se]

washing /'wɑʃɪŋ/ s BrE roupa [para lavar, ou no varal] | **to do the washing** lavar roupa ▶ No inglês americano diz-se **laundry**

'**washing ma,chine** s máquina de lavar, lavadora

'**washing ,powder** s BrE sabão em pó ▶ No inglês americano diz-se **detergent**

,**washing-'up** s BrE louça suja | **to do the washing-up** lavar a louça ▶ Existe também **to do the dishes**, que é usado tanto no inglês americano como no britânico

,**washing-'up ,liquid** s BrE detergente [para louça] ▶ No inglês americano diz-se **dishwashing liquid**

washroom /'wɑʃrum/ s AmE toalete [em lugar público]

wasn't /'wʌzənt/ contração de **was not**

wasp /wɑsp/ s vespa

waste /weɪst/ substantivo, verbo & adjetivo

• s **1** desperdício: *What a waste!* Que desperdício! | **to go to waste** desperdiçar-se **2 a waste of time** uma perda de tempo: *The meeting was a waste of time.* A reunião foi uma perda de tempo. **3 to be a waste of money** ser dinheiro jogado fora **4** lixo: *nuclear waste* lixo atômico

• v [tr] **1** desperdiçar [dinheiro, energia, talento, etc.] | **to waste money on sth** desperdiçar dinheiro com algo **2** perder [tempo, espaço]: *There's no time to waste!* Não há tempo a perder! | **to waste no time (in) doing sth** não perder tempo em fazer algo **3** perder [uma oportunidade]
waste away definhar

• adj usado | **waste products** rejeitos industriais

wastebasket /'weɪstbæskɪt/ s AmE cesta de papel, lixeira

wasted /'weɪstɪd/ adj perdido

wasteful /'weɪstfəl/ adj **1** esbanjador **2 a wasteful system/habit** um sistema/hábito em que há muito desperdício

wasteland /'weɪstlænd/ s terreno baldio

wastepaper basket /weɪst'peɪpər bæskɪt/ s BrE cesta de papel, lixeira ▶ No inglês americano diz-se **wastebasket**

watch /wɑtʃ/ verbo & substantivo

• v (3a pess sing -ches) **1** [tr/intr] observar, olhar: *We sat watching the birds and the squirrels.* Ficamos sentados observando os pássaros e os esquilos. | **to watch sb do sth/to watch sb doing sth** ficar olhando alguém fazer algo: *He watched her walk away.* Ele ficou olhando-a se afastar. | *She likes to sit and watch the children playing.* Ela gosta de ficar sentada olhando as crianças brincarem. | **to watch television/a movie** assistir televisão/um filme ▶ **WATCH OU LOOK?** ver **olhar**
2 [tr] tomar cuidado com | **watch it!** cuidado!
3 [tr] tomar conta de
4 [tr] vigiar
PHRASAL VERBS
watch for sth estar atento a algo **watch for sb** estar atento para ver se alguém vem
watch out tomar cuidado
watch out for sth/sb 1 ficar atento para ver se vê algo/alguém **2** tomar cuidado com algo/alguém
watch over sth vigiar algo **watch over sb** tomar conta de alguém

• s (pl -ches) **1** relógio [de pulso]
2 to keep watch ficar de guarda | **to keep a (close) watch on sth/sb** ficar atento a algo/alguém

watchful /'wɑtʃfəl/ adj atento

water /'wɔtər/ substantivo, substantivo plural & verbo

• s água: *Can I have a drink of water?* Você podia me dar um copo d'água, por favor?

watercolor

- **waters** s pl águas [territoriais, litorâneas, etc.]
- **v** **1** [tr] regar **2** [intr] lacrimejar [olhos]
  water sth down 1 amenizar algo **2** diluir algo

watercolor AmE, **watercolour** BrE /'wɔtərkʌlər/ *substantivo & substantivo plural*
- **s** aquarela [quadro]
- **watercolors** s pl aquarelas [tinta]

water ˌcooler s bebedouro

watercress /'wɔtərkrɛs/ s agrião

waterfall /'wɔtərfɔl/ s cachoeira, cascata

waterfront /'wɔtərfrʌnt/ s orla: *an old building on the waterfront* um prédio antigo na orla

ˈwatering ˌcan s regador

watermelon /'wɔtərmɛlən/ s melancia

waterproof /'wɔtərpruf/ adj impermeável

ˈwater-ˌskiing s esqui aquático | **to go water-skiing** fazer esqui aquático

ˈwater ˌsports s pl esportes aquáticos

watertight /'wɔtərtaɪt/ adj **1** hermético [recipiente], estanque [compartimento] **2** incontestável [argumento]

waterway /'wɔtərweɪ/ s hidrovia, via navegável

watery /'wɔtəri/ adj **1** aguado [sopa, etc.] **2** pálido [cor, luz]

watt /wɑt/ s watt

wave /weɪv/ *substantivo & verbo*
- **s** **1** (no mar) onda **2** (com as mãos) aceno **3** (de som, rádio) onda **4** (de protestos, crimes, etc.) onda **5** (no cabelo) onda
- **v** **1 to wave (your hand)** acenar | **to wave at/to sb** acenar para alguém | **to wave sb on/through** fazer sinal para alguém seguir em frente/passar **2** [tr] agitar [uma bandeira, um lenço] **3** [intr] tremular, balançar
  wave sth aside rejeitar algo [uma ideia, uma objeção]
  wave sb off despedir-se de alguém [acenando]

waving goodbye

wavelength /'weɪvlɛŋkθ/ s **1** comprimento de onda **2 to be on the same wavelength (as sb)** ter sintonia (com alguém) | **to be on a different wavelength** não ter a mesma sintonia

waver /'weɪvər/ v [intr] **1** fraquejar **2** hesitar **3** tremer [voz]

wavy /'weɪvi/ adj (-vier, -viest) **1** ondulado [cabelo] **2** ondulante [linha]

wax /wæks/ s cera

way /weɪ/ *substantivo & advérbio*
- **s** ▶ ver quadro
- **adv** (informal) **1 way too long/slow etc.** longo/lento etc. demais: *The movie was way too long.* O filme era longo demais. | **way above/below sth** muito acima/abaixo de algo | **way ahead/behind** muito à frente/atrás **2 way back in the 20s/70s etc.** lá pelos anos 20/70 etc., nos idos dos anos 20/70 etc. **3 way off** muito ao longe, lá longe **4 to be way out** errar por muito [em cálculo] | **to live way out** morar muito longe

ˌway ˈout s (pl ways out) BrE saída

WC /dʌbəlju 'si/ s (= water closet) BrE toalete

we /wi/ *pron* nós ▶ Os pronomes com função de sujeito nunca são omitidos em inglês: *We had dinner early.* Jantamos cedo.

weak /wik/ adj **1** (fisicamente) fraco: *She's still very weak.* Ela continua muito fraca. **2** (de caráter) fraco **3** (referente a conhecimentos, habilidades) em que se é fraco: *History is one of my weak subjects.* História é uma das matérias em que sou fraco. **4** fraco [governo, sindicato, etc.] **5** fraco [argumento, enredo, etc.] **6** fraco [café, chá]

weaken /'wikən/ v **1** [tr/intr] diminuir, enfraquecer [poder, influência] **2** [tr/intr] enfraquecer [pessoa]: *Her father was weakening daily.* O pai dela estava enfraquecendo dia a dia. **3** [tr] enfraquecer [um prédio, uma ponte]

weakness /'wiknəs/ s (pl -sses) **1** (falta de força) fraqueza **2** (falta de caráter) fraqueza **3** (falta de poder) fraqueza **4** ponto fraco, fraqueza **5 to have a weakness for sth** ter um fraco por algo

wealth /wɛlθ/ s **1** riqueza **2 a wealth of information/material etc.** uma abundância de informação/material etc. | **a wealth of experience** muita experiência

wealthy /'wɛlθi/ *adjetivo & substantivo*
- **adj** (-thier, -thiest) rico
- **s the wealthy** os ricos

weapon /'wɛpən/ s arma

wear /wɛr/ *verbo & substantivo*
- **v** (passado **wore**, particípio **worn**) **1** [tr] usar [uma roupa, um perfume, uma joia, etc.]: *Which dress should I wear?* Que vestido eu devo usar? | *Why aren't you wearing your glasses?* Por que você não está usando seus óculos? | *He was wearing a dark blue suit.* Ele estava de terno azul-escuro. ▶ WEAR OU USE? ver nota em **usar** **2** [tr/intr] gastar [pneu, sapatos, etc.] | **to wear a hole in sth** surrar algo **3** [intr] durar: *These shoes have worn well.* Esses sapatos duraram bastante.

PHRASAL VERBS
wear away apagar-se [por desgaste] **wear sth away** desgastar algo
wear down gastar [salto, pneu, etc.] **wear sth down** gastar algo [um salto, um pneu, etc.]

way substantivo

1 MANEIRA, JEITO

This is the best way to do it. Essa é a melhor maneira de fazê-lo. | *I have no way of contacting him.* Não tenho como contatá-lo. | **one way or another** de uma maneira ou de outra | **in a way** de certa forma | **way of life** estilo de vida

2 CAMINHO

We came back a different way. Voltamos por um caminho diferente. | *Can you tell me the way to the station?* Pode me dizer como chegar à estação? | **to lose your way** perder-se | **on the way** no caminho: *We stopped on the way to get the paper.* Paramos no caminho para comprar o jornal. | **on my way home/to school etc.** a caminho de casa/do colégio etc.: *I can get the milk on my way home.* Posso comprar o leite quando for para casa. | **to make your way to/towards sth** ir em direção a algo: *We made our way to the exit.* Fomos em direção à saída. | **to go out of your way to do sth** esforçar-se para fazer algo | **to pave the way for sth** preparar o caminho para algo

3 DIREÇÃO, LADO

Which way did he go? Em que direção ele foi?/Para que lado ele foi? | *Face this way.* Olhe para cá.

4 DISTÂNCIA

There's some way to go yet. Ainda falta bastante para chegar. | *I ran all the way home.* Corri o percurso todo até em casa. | **a long way** muito longe: *It's a long way to the coast.* A costa fica muito longe.

5 PASSAGEM

It was blocking my way. Estava obstruindo minha passagem. | **to be in the way** estar atrapalhando/estar no caminho: *Your bike's in the way there.* Sua bicicleta aí está atrapalhando. | *Am I in your way if I sit here?* Vou ficar no caminho se me sentar aqui? | **to get out of the way** sair da frente: *Get out of my way!* Sai da minha frente! | **to make way for sth/sb** abrir passagem para algo/alguém | **to keep/stay out of sb's way** ficar longe de alguém

6 LADO

the right way around do lado certo | **the wrong way around** ao contrário

7 OUTRAS EXPRESSÕES

by the way por falar nisso | **to get/have your (own) way** conseguir o que quer | **to give way** ceder: *Give way.* BrE Dê a preferência. (No trânsito) | **to learn sth the hard way** aprender algo a duras penas | **to pay your way** pagar a sua parte | **no way!** de jeito nenhum!

wear sb down vencer alguém pelo cansaço

wear off passar [efeito, dor, etc.]: *The novelty will soon wear off.* A novidade logo vai passar.

wear out gastar [roupa, sapatos], acabar [pilha]: *These shoes have worn out quickly.* Esses sapatos gastaram rápido. **wear sth out** acabar com algo, gastar algo [roupa, sapatos, pilha]

wear sb out deixar alguém exausto

- **s 1** desgaste | **wear and tear** desgaste natural **2** uso: *I got years of wear out of those boots.* Essas botas me deram anos de uso. **3** roupa: *casual wear* roupa esporte | *evening wear* traje a rigor

weary /'wɪri/ adj (-rier, -riest) **1** cansado **2 to be weary of sth** estar cansado de algo

weather /'wɛðər/ s **1** tempo: *What's the weather like?* Como está o tempo? **2 to be under the weather** (informal) estar indisposto

'weather ˌforecast s previsão do tempo

weave¹ /wiv/ v (passado **wove**, particípio **woven**) **1** [tr] tecer **2** [tr] entrelaçar

weave² v [intr] (passado & particípio **weaved**) ziguezaguear

web /wɛb/ s **1** teia **2 the (World Wide) Web** a rede [Internet] **3 a web of lies/deceit** um emaranhado de mentiras/enganos

'web ˌbrowser s browser, navegador [na Internet]

webcam /'wɛbkæm/ s webcam

webcast /'wɛbkæst/ (**webcast**) v [intr/tr] transmitir via webcast

'web page s página de Internet

website /'wɛbsaɪt/ s site, portal [na Internet]

we'd /wid/ • contração de **we had**
- contração de **we would**

wedding /'wɛdɪŋ/ s **1** casamento **2 wedding cake** bolo de noiva **wedding dress** vestido de noiva **wedding ring** aliança

wedge /wɛdʒ/ substantivo & verbo
- **s 1** calço **2** (de bolo, queijo, etc.) fatia [triangular]
- **v** [tr] **1 to be wedged between two things/people** estar espremido entre duas coisas/pessoas **2 to wedge sth open** calçar algo [para mantê-lo aberto]

Wednesday /'wɛnzdi, -deɪ/ s quarta-feira ▶ ver "Active Box" **days of the week** em **day**

wee /wi/ adj (informal) pequenino: *a wee boy* um menininho | **a wee bit** um pouquinho

weed /wid/ substantivo & verbo
- **s** erva daninha
- **v** capinar

weed sth/sb out eliminar algo/alguém

week /wik/ s semana | **a week today** daqui a uma semana | **a week tomorrow** de amanhã a uma semana | **a week from Tuesday/Friday etc.** AmE, **a week on Tuesday/Friday etc.** BrE sem ser essa terça/sexta etc., a outra

weekday /'wikdeɪ/ s dia de semana

weekend /'wikɛnd/ s fim de semana | **on the weekend** AmE, **at the weekend** BrE no fim de semana | **on weekends** AmE, **at weekends** BrE nos fins de semana | **a long weekend** um fim de semana prolongado

weekly /'wikli/ adjetivo, advérbio & substantivo
- **adj** semanal: *weekly magazine* revista semanal
- **adv** semanalmente
- **s** (pl -lies) revista semanal, semanário

weep /wip/ v [tr/intr] (passado & particípio wept) chorar

weigh /weɪ/ v **1** [intr] pesar: *How much do you weigh?* Quanto você pesa? | *I weigh 68 kilos.* Peso 68 quilos. **2** [tr] pesar: *Weigh the flour and add it to the mixture.* Pese a farinha e acrescente-a à mistura. **3** [tr] (também **weigh up**) considerar | **to weigh sth against sth** pesar algo contra algo **4** **to weigh against/in favor of** pesar contra/a favor de **5** **to weigh on sb's mind** pesar na consciência de alguém
weigh sb down 1 pesar muito em alguém | **to be weighed down with sth** estar carregado de algo **2** oprimir/preocupar alguém
weigh sth out pesar algo
weigh sth up pesar algo [os prós e os contras]
weigh sb up medir alguém [com o olhar]

weight /weɪt/ substantivo & verbo
- **s 1** peso: *The fruit is sold by weight.* As frutas são vendidas a peso. | **to put on weight** engordar | **to lose weight** emagrecer **2** **a (heavy) weight** um peso: *I mustn't lift heavy weights.* Não devo levantar peso. **3** (para musculação) peso **4** **to carry weight** ter peso [opinião] **5** **to pull your weight** fazer a sua parte **6** **to throw your weight around/about** (informal) botar banca **7** **that's a weight off my/your etc. mind** isso tirou um peso de cima de mim/você etc.
- **v** [tr] (também **weight down**) contrapesar

weightless /'weɪtləs/ adj sem peso [pessoa, objeto, etc.], sem gravidade [ambiente]

weightlifting /'weɪtlɪftɪŋ/ s levantamento de peso

weir /wɪr/ s represa

weird /wɪrd/ adj **1** (informal) estranho, esquisito [pessoa, nome, gosto, etc.] **2** estranho, sinistro [sonho, história]

welcome /'wɛlkəm/ verbo, adjetivo & substantivo
- **v** [tr] **1** receber, dar as boas-vindas a **2** receber com prazer sugestões, mudanças, etc.: *I would welcome any suggestions.* Quaisquer sugestões serão bem-vindas.
- **adj 1** bem-vindo [pessoa] **2** bem-vindo [mudança, oportunidade, etc.]: *A glass of water would be very welcome.* Um copo d'água seria muito bem-vindo. **3** agradável [brisa] **4** **to be welcome to do sth** Oferecendo algo: *You're welcome to borrow my racket.* Você pode usar minha raquete, se quiser. **5** **you're welcome** de nada: *"Thanks for the coffee." "You're welcome."* – Obrigado pelo café. – De nada.
- **s** recepção, acolhida

welfare /'wɛlfɛr/ s **1** bem-estar **2** AmE pensão [do Estado] **3** previdência social **4** **the welfare state** o Estado-Previdência

we'll /wɪl/
- contração de **we will**
- contração de **we shall**

well /wɛl/ advérbio, interjeição, adjetivo, substantivo & verbo
- **adv** (comparativo **better**, superlativo **best**) **1** bem: *Did you sleep well?* Você dormiu bem? | **to go well** sair bem | **well done!** muito bem! | **to do well (a)** ir bem: *He's not doing very well at school.* Ele não está indo muito bem na escola. **(b)** passar bem [paciente]
2 **well and truly** completamente: *I got well and truly soaked.* Fiquei completamente encharcado.
3 **as well** também ▶ ver nota em **também**
4 **as well as** assim como
5 **may/might/could well** Usado para expressar probabilidade: *It may well rain.* É bem capaz de chover. | *She could well be right.* É bem possível que ela esteja certa.
6 **may/might (just) as well do sth** Ver exemplos: *We may as well get started.* Acho melhor começarmos. | *I might just as well not have bothered.* Eu não precisava nem ter me incomodado. | *We might as well stay and see the movie.* Já que estamos aqui, vamos ficar e ver o filme.
7 **can't/couldn't very well do sth** Usado quando se quer dizer que algo não é aconselhável: *I can't very well leave him on his own.* Não acho bom deixá-lo sozinho. | *I couldn't very well tell her the truth.* Eu não podia contar a verdade para ela.
- **interj 1** (começando ou continuando um assunto) então: *Well, what shall we do today?* Então, o que vamos fazer hoje?
2 (dúvida, hesitação) bem: *"Can I borrow $50?" "Well, I'll think about it."* – Pode me emprestar $50? – Bem, vou pensar no seu caso.
3 (também **oh well**) (resignação) bem
4 (surpresa) olha só, nossa: *Well, well, if it isn't Richard!* Olha só quem está aí, é o Richard!
5 (em perguntas) e aí?, e então?: *Well? How did it go?* E aí, como foi?
- **adj** (comparativo **better**, superlativo **best**) **1** bem | **get well soon!** melhoras!
2 **it's just as well (that)** ainda bem (que)
- **s 1** poço
2 ▶ ver **oil well** em **oil**
- **v** [intr] (também **well up**) jorrar: *Oil was welling up out of the ground.* O petróleo jorrava da terra. | *Tears welled up in her eyes.* Os olhos dela se encheram de lágrimas.

well-'behaved adj bem-comportado

well-'being s bem-estar

well-'dressed adj bem-vestido

well-'earned adj merecido

wellington /'welıŋtən/, também **'wellington boot** s BrE galocha, bota de borracha
▶ No inglês americano diz-se **rubber boot**

a pair of wellington boots

well-'kept adj
1 bem cuidado, bem conservado [jardim, prédio]
2 bem guardado [segredo]

well-'known adj
1 conhecido **2** **it is a well-known fact that** é sabido que

well-'meaning adj bem intencionado

well-'off adj (comparative **better off**) abastado, rico | **to be well off** estar bem de vida

well-'timed adj oportuno

well-to-'do adj rico

Welsh /welʃ/ adjetivo & substantivo
• adj galês
• s **1** (idioma) galês **2** **the Welsh** os galeses

Welshman /'welʃmən/ s (pl -men) galês

Welshwoman /wumən/ s (pl -women /-wımın/) galesa

went /wɛnt/ passado de **go**

wept /wɛpt/ passado & particípio de **weep**

we're /wır/ contração de **we are**

were /wər, acentuado wɜr/ passado de **be**

weren't /'wɜrnt/ contração de **were not**

west /wɛst/ substantivo, adjetivo & advérbio
• s **1** oeste: *Which way is west?* De que lado fica o oeste? | *the west of Ireland* o oeste da Irlanda | **to the west (of)** ao oeste (de) **2** **the West** o Ocidente
• adj (do) oeste: *the west coast of Australia* a costa oeste da Austrália
• adv para o oeste, a oeste: *I live just west of Madison.* Moro a oeste de Madison.

westbound /'wɛstbaʊnd/ adj que vai na direção oeste

westerly /'wɛstərli/ adj a oeste | **in a westerly direction** na direção oeste

western, também **Western** /'wɛstərn/ adjetivo & substantivo
• adj **1** oeste **2** ocidental
• s faroeste, bangue-bangue

westerner, também **Westerner** /'wɛstərnər/ s ocidental

westward /'wɛstwərd/, também **westwards** /'wɛstwərdz/ adv para oeste

wet /wɛt/ adjetivo & verbo
• adj (-tter, -ttest) **1** molhado: *My hair's wet.* Meu cabelo está molhado. | **to get wet** molhar-se | **to get your shoes/your hair etc. wet** molhar os sapatos/o cabelo etc. | **wet through** ensopado, encharcado **2** chuvoso [dia, tempo] | **the wet** a chuva **3** fresco [tinta]: *"wet paint"* "tinta fresca"
• v [tr] (passado & particípio **wet** ou **wetted**, gerúndio **wetting**) **1** molhar **2** **to wet yourself** fazer xixi na calça | **to wet the bed** fazer xixi na cama

wet 'blanket s (informal) desmancha-prazeres

we've /wiv/ contração de **we have**

whack /wæk/ verbo & substantivo
• v [tr] (informal) bater em
• s (informal) **to give sth/sb a whack** bater em algo/alguém

whale /weıl/ s baleia

wharf /wɔrf/ s (pl **wharfs** ou **wharves** /wɔrvz/) cais

what /wʌt, BrE wɒt/ adjetivo & pronome
• adj **1** que: *What kind of dog is that?* Que raça de cachorro é essa? | *I don't know what dress to wear.* Não sei que vestido usar.
2 **what a good idea!/what a beautiful day! etc.** que boa ideia!/que dia lindo! etc.: *What a shame you can't come!* Que pena você não poder vir! | **what stupid people!/what lovely flowers! etc.** que gente burra!/que flores lindas! etc.
3 **what food there was/what money they have etc.** toda a comida que tinha/todo o dinheiro que eles têm etc.
• pron **1** o que: *What are you doing?* O que você está fazendo? | *I didn't see what happened.* Não vi o que aconteceu. | *I don't know what you're talking about.* Não sei do que você está falando.
2 **so what?** (informal) e daí?
3 **what?** como?, o quê?
4 **what about...?** que tal...?: *What about a glass of wine?* Que tal um copo de vinho? | *What about Jim? Is he coming with us?* E o Jim? Ele vem conosco?
5 **what for?** (informal) para que...?: *What's this switch for?* Para que serve este interruptor?
6 **what if...?** e se...?: *What if you lose it?* E se você o perder?

whatever /wʌt'ɛvər/ pronome, advérbio & adjetivo
• pron **1** tudo (o) que: *Take whatever you need.* Pegue tudo que precisar. **2** **whatever you decide/whatever he suggests etc.** o que quer que você decida/o que quer que ele sugira etc.: *Whatever he does, she always complains.* O que quer que ele faça, ela sempre reclama. **3** **whatever you do** (ao fazer recomendações): *Whatever you do, don't tell her.* Só te peço que não conte a ela. **4** **or whatever** ou o que seja, ou seja lá o que for: *a pizza, a sandwich, or whatever* uma pizza, um sanduíche, ou o que seja **5** de que diabos: *Whatever are you talking about?* De que diabos você está falando? | **whatever next!** só faltava essa!
• adv (também **whatsoever** /wʌtsoʊ'ɛvər/) Usado

para enfatizar uma negação: *There's no doubt whatever.* Não há dúvida alguma.
- **adj** qualquer: *I'll take whatever flight is available.* Vou pegar qualquer voo que haja.

wheat /wit/ *s* trigo

wheel /wil/ *substantivo & verbo*
- **s** **1** roda **2** volante
- **v** **1** [tr] empurrar [uma bicicleta, etc.] **2** [tr] levar [uma pessoa em cadeira de rodas, etc.] **3** [intr] voar em círculo [pássaro, avião] **4 to wheel around** dar meia-volta

wheelbarrow /ˈwilbæroʊ/ *s* carrinho de mão

wheelchair /ˈwil-tʃɛr/ *s* cadeira de rodas

wheeze /wiz/ *v* [intr] chiar [com respiração difícil]

when /wɛn/ *advérbio, pronome & conjunção*
- **adv** quando: *When is he coming?* Quando ele vem? | *I don't know when she left.* Não sei quando ela saiu.
- **pron** em que: *There are times when I want to give up.* Há horas em que me dá vontade de desistir.
- **conj** **1** quando: *I met him when I was living in Detroit.* Eu o conheci quando eu morava em Detroit. **2** se: *Why throw it away when it still works?* Por que jogá-lo fora se ainda funciona?

whenever /wɛnˈɛvər/ *conj* **1** sempre que, toda vez que: *Whenever I go it's always closed.* Sempre que vou lá, está fechado. **2** quando: *Come whenever it's convenient.* Venha quando for conveniente.

where /wɛr/ *advérbio, pronome & conjunção*
- **adv** onde, aonde: *Where did you buy it?* Onde você comprou isso? | *I asked her where she lived.* Perguntei-lhe onde morava.
- **pron** em que, onde: *the store where I bought it* a loja em que eu o comprei
- **conj** onde: *Sit where you like.* Sente-se onde quiser.

whereabouts /ˈwɛrəbaʊts/ *advérbio & substantivo*
- **adv** onde
- **s** paradeiro

whereas /wɛrˈæz/ *conj* (formal) enquanto (que)

wherever /wɛrˈɛvər/ *conjunção & advérbio*
- **conj** **1** onde quer que: *wherever I go* onde quer que eu vá **2** onde: *Sleep wherever you like.* Durma onde você quiser.
- **adv** de onde: *Wherever did you get that idea?* De onde você tirou essa ideia?

whet /wɛt/ *v* (-tted, -tting) **1 to whet sb's appetite** abrir o apetite de alguém **2 to whet sb's appetite for sth** dar vontade a alguém de fazer algo

whether /ˈwɛðər/ *conj* **1** se: *I'm not sure whether she's coming.* Não tenho certeza se ela vem. | *She doesn't know whether he's in Boston or New York.* Ela não sabe se ele está em Boston ou em Nova Iorque. **2 whether you like it or not/whether she comes or not etc.** quer você queira, quer não/quer ela venha, quer não etc.: *You're going whether you like it or not.* Você vai, quer você queira, quer não.

which /wɪtʃ/ *pronome & adjetivo*
- **pron** **1** qual, de qual: *Which of these books is yours?* Qual desses livros é seu? | *He asked me which I liked best.* Ele me perguntou de qual eu gostava mais. **2** que, o/a qual: *the house which is for sale* a casa que está à venda | *the car which we bought* o carro que compramos | *the club to which he belongs* o clube do qual ele é sócio
  ▶ Os dois últimos exemplos são formais. Na língua falada é mais comum omitir **which** e dizer *the car we bought*, *the club he belongs to*
- **adj** **1** que/qual, de que/qual, em que/qual: *I couldn't decide which CD to buy.* Eu não conseguia decidir que CD comprar. | *Which one do you like?* De qual você gosta? **2** que: *It doesn't matter which school he goes to.* Não importa para que escola ele vai. | *I arrived at 7, by which time he'd already gone.* Cheguei às 7, e nessa altura ele já tinha ido embora. **3 in which case** em cujo caso

whichever /wɪtʃˈɛvər/ *pron & adj* **1** o/a que: *You can have whichever you like.* Você pode ficar com o que quiser. | *Take whichever chair you want.* Pegue a cadeira que quiser. **2** qualquer que seja: *Whichever way you look at it he's guilty.* Qualquer que seja o ângulo por que se olhe, ele é culpado. | *Whichever day you go it will be crowded.* Qualquer dia que você vá, estará lotado.

whiff /wɪf/ *s* leve cheiro

while /waɪl/ *conjunção & substantivo*
- **conj** **1** enquanto | **while you're at it** aproveitando a ocasião **2** enquanto que: *He has plenty of money while I have none.* Ele tem muito dinheiro enquanto que eu não tenho nada. **3** (formal) embora: *While I sympathize with you, I can't help you.* Embora eu compreenda a sua situação, não posso ajudá-lo.
- **s** **1 a while** um pouco, um tempo: *Can you stay a while?* Você pode ficar um pouco? | *We lived in Miami for a while.* Moramos um tempo em Miami. | **quite a while** um bom tempo **2 to be worth sb's while** valer a pena (para alguém)

whilst /waɪlst/ *conj* BrE (formal) ▶ ver **while**

whim /wɪm/ *s* capricho, veneta

whimper /ˈwɪmpər/ *verbo & substantivo*
- **v** [intr] choramingar
- **s** gemido

whine /waɪn/ *verbo & substantivo*
- **v** **1** [tr/intr] resmungar **2** [intr] ganir
- **s** barulho

whip /wɪp/ *substantivo & verbo*
- **s** chicote

- **v** (-pped, -pping) **1** [tr] dar chicotadas/uma chicotada em **2** [tr/intr] virar-se de repente: *She whipped around to face him.* Ela se virou de repente para encará-lo. | **to whip sth out** sacar algo rapidamente | **to whip sth off** tirar algo rapidamente **3** [tr] bater [claras, creme de leite] | **whipped cream** chantili

whip sth off 1 angariar algo [apoio] **2** despertar algo [entusiasmo] **3** improvisar algo [uma refeição]

whirl /wɜrl/ *verbo & substantivo*
- **v 1** [intr] rodopiar [dançarino, poeira, folhas]: *Couples were whirling around the dance floor.* Os pares rodopiavam pela pista de dança. **2** [tr] fazer rodopiar **3** [tr] girar [cabeça]
- **s 1** rodamoinho [de poeira, etc.] **2 to be in a whirl** estar confuso [mente]

whirlpool /'wɜrlpul/ *s* rodamoinho [na água]

whirlwind /'wɜrlwɪnd/ *substantivo & adjetivo*
- **s** ciclone
- **adj a whirlwind romance/tour** um romance/uma turnê relâmpago

whirr /wɜr/ *verbo & substantivo*
- **v** [intr] (-rred, -rring) zumbir
- **s** zumbido

whisk /wɪsk/ *verbo & substantivo*
- **v** [tr] bater [ovos, creme, etc.]
  whisk sth away pegar algo rapidamente, levar algo rapidamente **whisk sb away/off**, também **whisk sb off** levar alguém às pressas
- **s** batedor

whiskers /'wɪskərz/ *s pl* (de homem) costeletas

whiskey AmE, **whisky** BrE /'wɪski/ *s* (pl **-skeys** AmE, pl **-skies** BrE) uísque

whisper /'wɪspər/ *verbo & substantivo*
- **v 1** [tr/intr] cochichar, sussurrar **2** [intr] sussurrar [vento, folhas]
- **s 1** sussurro **2** rumor

whistle /'wɪsəl/ *verbo & substantivo*
- **v 1** [tr/intr] assoviar **2** [intr] apitar
- **s 1** apito **2** assovio

white /waɪt/ *adjetivo & substantivo*
- **adj 1** branco ▶ ver "Active Box" **colors** em **color 2** (por doença, susto, etc.) pálido **3** (cor da pele) branco **4 white wine** vinho branco
- **s 1** branco ▶ ver "Active Box" **colors** em **color 2** (também **White**) (referente a pessoas) branco **3** (de um ovo) clara **4** (do olho) córnea

,**white-'collar** *adj* colarinho-branco [trabalho, trabalhador]

,**white 'lie** *s* pequena mentira [para evitar magoar alguém]

whiz kid, também **whizz kid** /'wɪz kɪd/ *s* (informal) gênio

who /hu/ *pron* **1** (em frases interrogativas diretas ou indiretas) quem: *Who are these people?* Quem são essas pessoas? | *She asked me who had done it.* Ela me perguntou quem o tinha feito. ▶ Nos exemplos abaixo, em que **who** exerce a função de objeto, e não de sujeito, em linguagem muito formal se usaria **whom** em lugar de **who**: *I'm not sure who she's invited.* Não sei quem ela convidou. | *Who were you talking to?* Com quem você estava falando? ▶ comparar com **whom 2** (pronome relativo) que: *the people who moved in next door* as pessoas que se mudaram para a casa ao lado | *I called my sister, who's a doctor.* Liguei para minha irmã, que é médica.

who'd /hud/
- contração de **who had**
- contração de **who would**

whoever /hu'ɛvər/ *pron* **1** qualquer um que: *I'll take whoever wants to go.* Eu levo qualquer um que queira ir. **2** quem: *Whoever did this will be punished.* Quem fez isso será punido. **3** quem diabos

whole /hoʊl/ *adjetivo & substantivo*
- **adj 1 the whole country/the whole morning etc.** o país inteiro/a manhã inteira etc.: *The whole town was there.* A cidade inteira estava lá. **2** (informal) Para enfatizar: *I'm sick of the whole thing.* Estou cheio disso tudo. **3** inteiro: *Place a whole onion inside the chicken.* Coloque uma cebola inteira dentro da galinha.
- **s 1 the whole of** inteiro, todo/toda: *the whole of next week* a semana que vem inteira **2 as a whole** como um todo **3 on the whole** de uma maneira geral

wholehearted /hoʊl'hɑrtɪd/ *adj* irrestrito, incondicional [apoio, aprovação]

wholemeal /'hoʊlmil/ BrE integral [pão, farinha] ▶ No inglês americano diz-se **whole wheat**

wholesale /'hoʊlseɪl/ *adjetivo & advérbio*
- **adj 1** no atacado, por atacado **2** total [destruição], radical [reforma]
- **adv** no atacado, por atacado

wholesaler /'hoʊlseɪlər/ *s* atacadista

wholesome /'hoʊlsəm/ *adj* **1** saudável **2** sadio [moralmente]

,**whole 'wheat** *adj* AmE integral [pão, farinha]

who'll /hul/ contração de **who will**

wholly /'hoʊli/ *adv* (formal) totalmente

whom /hum/ *pron* (formal) **1** quem: *Whom did you see?* Quem você viu? | *To whom are you speaking?* Com quem você está falando? | *I don't know to whom you are referring.* Não sei a quem você está se referindo. ▶ As frases que se seguem são alternativas mais comuns, e menos formais, para os exemplos anteriores: *Who did you see?*, *Who are you speaking to?*, *I don't know who you are referring to.* **2** que, o/a qual: *His wife, whom I had met earlier, was older.* Sua mulher, que eu já conhecia, era mais velha. | *The club has 200 members, most of whom are men.* O clube tem 200 sócios, a maioria dos quais são homens.

whoops /wʊps/ *interj* opa

whopping /'wɑpɪŋ/ adj (informal) monstruoso, colossal [aumento, quantidade etc.]

who's /huz/
- contração de **who is**
- contração de **who has**

whose /huz/ adj & pron **1** (em frases interrogativas diretas e indiretas) de quem: *Whose car is this?* De quem é esse carro? | *I don't know whose bag this is.* Não sei de quem é essa bolsa. | *Whose are these shoes?* De quem são esses sapatos? **2** (pronome relativo) cujo: *a friend whose house is in the same area* um amigo cuja casa fica na mesma área

who've /huv/ contração de **who have**

why /waɪ/ adv **1** por que: *Why is she crying?* Por que ela está chorando? | *Why don't you take a break?* Por que você não descansa um pouco? | **why not?** por que não? **2** (pronome relativo) **that's why he resigned/I didn't tell you etc.** por isso que ele pediu demissão/que eu não te contei etc.

wicked /'wɪkɪd/ adj **1** mau, malvado **2** maroto, malicioso [sorriso, etc.] **3** (informal) Para elogiar algo de que se gosta muito: *That's a wicked car.* Esse carro é demais.

wicker /'wɪkər/ s vime

wide /waɪd/ adjetivo & advérbio
- *adj* **1** largo: *a very wide street* uma rua muita larga | **to be two meters/five inches etc. wide** ter dois metros/cinco polegadas etc. de largura | **how wide?**: *How wide is the door?* A porta tem quanto de largura?/Qual é a largura da porta? ▶ WIDE OU BROAD? ver **largo 2** amplo, grande: *It comes in a wide variety of colors.* Vem numa ampla variedade de cores. **3** grande [contraste, diferença]
- *adv* **1 wide apart** bem afastado | **wide open** escancarado [porta], arregalado [olhos] **2 wide awake** completamente acordado

widely /'waɪdli/ adv **1** amplamente, muito: *widely publicized* amplamente divulgado | **to be widely available**: *The product is now widely available.* Hoje em dia, o produto é fácil de se encontrar. | **to be widely used** ser muito usado **2 to vary/differ widely** variar/diferir muito

widen /'waɪdn/ v **1** [tr] alargar **2** [intr] alargar-se **3** [tr] ampliar **4** [intr] ampliar-se

wide-'ranging adj **1** amplo [debate, poderes] **2** diverso [interesses]

widespread /waɪd'sprɛd/ adj **1** generalizado [uso] **2** difundido [costume, crença] **3** amplo [apoio] **4** generalizado [crítica]

widow /'wɪdoʊ/ s viúva

widowed /'wɪdoʊd/ adj viúvo

widower /'wɪdoʊər/ s viúvo

width /wɪdθ/ s largura | **two meters/five inches etc. in width** dois metros/cinco polegadas etc. de largura

wield /wild/ v [tr] **1** exercer [o poder, influência] **2** brandir [uma arma]

wife /waɪf/ s (pl **wives**) esposa, mulher

Wi-Fi®, wi-fi /'waɪ faɪ/ s Wi-Fi® [sistema de conexão sem fio]

wig /wɪg/ s peruca

wiggle /'wɪgəl/ v **1** [tr/intr] rebolar, remexer **2** [tr] mexer [os dedos dos pés]

wiki /'wɪki/ s wiki [página da web que pode ser modificada por usuários do site]

wild /waɪld/ adjetivo & substantivo
- *adj* **1** silvestre [flor, planta] **2** selvagem [animal] **3** agreste [paisagem, região] **4** entusiástico [aplausos], histérico [risada] **5 to go wild (a)** enlouquecer [com empolgação] **(b)** ficar uma fera **6** louco, incontrolável [pessoa], tresloucado [olhar] | **a wild party** uma festa de arromba **7** absurdo [conjectura] **8** impensado [acusação] **9** tempestuoso [dia, tempo]
- *s* **1 the wild** a natureza | **in the wild** em seu habitat natural **2 the wilds of Alaska/Africa etc.** as regiões remotas do Alasca/da África etc.

wilderness /'wɪldərnəs/ s selva, mata

wildlife /'waɪldlaɪf/ s fauna e flora

wildly /'waɪldli/ adv **1** incontrolavelmente, muito **2** loucamente [aplaudir, rir]

will¹ /wɪl/ v [modal] (contração **'ll**, negative **won't** ou, mais formal, **will not**) ▶ ver quadro

will² substantivo & verbo
- *s* **1 will (to do sth)** vontade (de fazer algo)

---

will *verbo modal*

1 FUTURO

There will be a party next Friday. Vai haver uma festa sexta-feira que vem. | *When will you be arriving?* Quando você vai chegar? | *You won't leave me, will you?* Não vai me deixar, vai?

2 INTENÇÃO

He won't tell me. Ele não quer me contar. | *The doctor will see you now.* O médico vai atendê-lo agora. | *The car won't start.* O carro não quer pegar.

3 PEDIDOS, SUGESTÕES

Will you call me later? Você me liga mais tarde? | *Shut the door, will you?* Você podia fechar a porta? | *Won't you have some more cake?* Você não quer mais bolo?

4 HÁBITOS, COISAS INEVITÁVEIS

He will keep interrupting! Ele fica me interrompendo! | *Accidents will happen.* Vão sempre acontecer acidentes.

5 CAPACIDADE

The hall will seat 2,000 people. A sala tem capacidade para 2.000 pessoas.

6 CONJECTURAS

"There's someone at the door." "That'll be Nick." – Tem alguém tocando a campainha. – Deve ser o Nick.

2 testamento **3** vontade **4 against your will** contra a sua vontade, a contragosto

- *v* **to will sb to do sth** torcer para alguém fazer algo: *I was willing him to turn around.* Eu estava torcendo para ele dar meia-volta.

willful AmE, **wilful** BrE /'wɪlfəl/ *adj* **1** voluntarioso **2** intencional, deliberado

willfully AmE, **wilfully** BrE /'wɪlfəli/ *adv* deliberadamente

willing /'wɪlɪŋ/ *adj* **1** disposto | **to be willing to do sth** estar disposto a fazer algo **2** prestativo, solícito

willingly /'wɪlɪŋli/ *adv* **1** de boa vontade **2** por vontade própria

willingness /'wɪlɪŋnəs/ *s* disposição | **willingness to do sth** disposição em fazer algo

willow /'wɪloʊ/, também **'willow ,tree** *s* salgueiro

willpower /'wɪlpaʊr/ *s* força de vontade

wilt /wɪlt/ *v* [intr] **1** murchar **2** sentir-se sem forças [por causa do calor]

wimp /wɪmp/ *substantivo & verbo*

- *s* (informal) banana, cagão -gona
- *v* **wimp out** (informal) amarelar

win /wɪn/ *verbo & substantivo*

- *v* (passado & particípio **won**, gerúndio **winning**) **1** [tr/intr] vencer, ganhar: *We're winning by two goals to one.* Estamos vencendo por dois a um. | *She won first prize.* Ela ganhou o primeiro prêmio. | **to win at sth** ganhar em algo **2** [tr] obter [uma vitória] **3** [tr] conquistar [amigos] **4** [tr] ganhar [apoio, reconhecimento] **win sth/sb back** reconquistar algo/alguém **win sb over**, também **win sb round** BrE convencer alguém
- *s* vitória: *Saturday's win over the Tigers* a vitória de sábado contra os Tigers

wince /wɪns/ *v* [intr] **1** contrair o rosto [expressando dor] **2** estremecer [com vergonha]

wind¹ /wɪnd/ *s* **1** vento **2 to get/catch wind of sth** (informal) tomar conhecimento de algo **3 to get your wind (back)** recobrar o fôlego **4** BrE gases [no intestino] ▶ No inglês americano diz-se **gas**

wind² /waɪnd/ *v* (passado & particípio **wound**) **1 to wind sth around sth** enrolar algo em algo **2 to wind a tape forward/back** avançar/rebobinar uma fita **3 to wind the window up/down** fechar/abrir a janela [de carro] **4** [intr] serpentear
wind down relaxar [pessoa] **wind sth down** reduzir algo aos poucos [atividade comercial, etc.]
wind up to wind up in jail/at sb's house etc. (informal) acabar na cadeia/na casa de alguém etc. **wind sth up 1** dar corda em algo **2** encerrar algo [uma reunião] **3** fechar algo [uma empresa], encerrar algo [a produção, as operações]

windmill /'wɪndmɪl/ *s* moinho de vento

windmill

window /'wɪndoʊ/ *s* **1** janela: *Can I open the window?* Posso abrir a janela? **2** (também **windowpane**) vidro (da janela) **3** (também **store window**) vitrine **4** (em informática) janela **5 to go window shopping** ir olhar vitrines **6 window ledge** peitoril da janela

windowsill /'wɪndoʊsɪl/ *s* peitoril [de janela]

windshield /'wɪndʃild/ AmE, **windscreen** /'wɪndskrin/ BrE *s* para-brisa

'windshield ,wiper AmE, **'windscreen ,wiper** BrE *s* limpador de para-brisa

windsurfing /'wɪndsɜrfɪŋ/ *s* windsurfe

windy /'wɪndi/ *adj* (-dier, -diest) ventoso, com muito vento | **to be windy** ventar, estar ventando

wine /waɪn/ *s* vinho

wineglass /'waɪnglæs/ *s* taça [de vinho]

winery /'waɪnəri/ *s* (pl -ries) vinícola

wing /wɪŋ/ *s* **1** (de pássaro, inseto, avião) asa **2** (de prédio) ala **3** (em política) ala **4** (em esportes) lateral **5** BrE (de carro) para-lama ▶ No inglês americano diz-se **fender**

wink /wɪŋk/ *verbo & substantivo*

- *v* **1** [intr] piscar (um olho) | **to wink at sb** piscar para alguém **2** [intr] piscar [luz]
- *s* **1** piscadela **2 not to sleep a wink/not to get a wink of sleep** não pregar o olho

winner /'wɪnər/ *s* vencedor -a

winning /'wɪnɪŋ/ *adjetivo & substantivo plural*

- *adj* **1** vencedor [time, jogador] | **the winning goal** o gol da vitória **2 a winning smile** um sorriso encantador
- **winnings** *s pl* ganhos [obtidos em jogo]

winter /'wɪntər/ *substantivo & verbo*

- *s* **1** inverno ▶ ver "Active Box" **seasons** em **season** **2** (antes de outro substantivo) de inverno: *a cold winter morning* uma manhã fria de inverno
- *v* [intr] passar o inverno

wipe /waɪp/ *verbo & substantivo*

- *v* **1** [tr] limpar | **to wipe your feet** limpar os pés: *Wipe your feet before you come in.* Limpe os pés antes de entrar. | **to wipe your eyes** enxugar os olhos/as lágrimas **2 to wipe sth off/from sth** limpar/enxugar algo de algo **3 to wipe sth over/across sth** passar algo em algo: *She wiped a hand over her eyes.* Ela passou a mão nos olhos. **4** [tr] apagar [dados, uma gravação]
wipe sth down limpar algo

wipe out AmE (informal) cair [de bicicleta, ao esquiar, etc.], perder a direção [veículo] **wipe sth out 1** destruir algo, aniquilar algo **2** erradicar algo **wipe sb out** levar alguém à falência

wipe sth up enxugar algo

- *s* **to give sth a wipe** dar uma limpada em algo, passar um pano em algo

wiper /'waɪpər/ ▶ ver **windshield wiper**

wire /waɪr/ *substantivo & verbo*
- *s* **1** arame **2** fio **3** AmE telegrama **4** AmE microfone [para gravar secretamente]
- *v* [tr] **1** (também **wire up**) fazer a fiação de **2** conectar, ligar | **to wire sth (up) to sth** ligar/conectar algo a algo **3** enviar [dinheiro] **4** AmE telegrafar [uma notícia], telegrafar para [uma pessoa]

wired /waɪrd/ *adj* AmE (informal) agitado, ligado

wireless /'waɪrləs/ *adj* sem fio: *wireless Internet connections* conexões sem fio à internet

wiring /'waɪrɪŋ/ *s* fiação

wisdom /'wɪzdəm/ *s* **1** sabedoria **2** sensatez [de uma decisão, etc.]

'wisdom ˌtooth *s* (pl **teeth**) dente do siso

wise /waɪz/ *adj* **1** sensato, prudente: *It would be wise to make a reservation.* Seria prudente fazer uma reserva. **2** sábio **3** **to be none the wiser** continuar sem entender, ficar na mesma: *She explained, but I'm none the wiser.* Ela explicou, mas fiquei na mesma.

wish /wɪʃ/ *verbo & substantivo*
- *v* (3a pess sing presente **-shes**) **1** [tr] Referente a situações impossíveis ou pouco prováveis: *I wish I didn't have to go to school.* Eu queria não ter que ir à escola. | *I wish you'd hurry up!* Anda logo! | *He wished it were Friday already.* Ele queria que já fosse sexta-feira. **2** **to wish for sth** desejar/querer algo: *She had always wished for a baby brother.* Ela sempre desejou ter um irmão. **3** [tr] (formal) gostar de, querer: *I wish to make a complaint.* Eu gostaria de apresentar uma queixa. **4** **to wish sb luck/a happy birthday etc.** desejar boa sorte/feliz aniversário etc. a alguém
- *s* (pl **-shes**) **1** desejo | **a wish for sth/to do sth** um desejo de algo/de fazer algo | **against sb's wishes** contra a vontade de alguém **2** **to make a wish** fazer um pedido **3** (**with**) **best wishes** **(a)** (finalizando uma carta) um abraço **(b)** (em cartão de aniversário, etc.) (com) meus/nossos melhores votos

wistful /'wɪstfəl/ *adj* triste

wit /wɪt/ *substantivo & substantivo plural*
- *s* **1** senso de humor, humor **2** pessoa espirituosa **3** **to have the wit to do sth** ter a inteligência de fazer algo
- **wits** *s pl* **1** inteligência | **to keep your wits about you** ficar alerta **2** **to scare/frighten sb out of their wits** (informal) dar um susto horrível em alguém **3** **to be at your wits' end** estar desesperado

witch /wɪtʃ/ *s* (pl **-ches**) bruxa

witchcraft /'wɪtʃkræft/ *s* bruxaria

'witch ˌdoctor *s* feiticeiro, curandeiro

with /wɪð, wɪθ/ *prep* ▶ ver quadro

withdraw /wɪθ'drɔ/ *v* (passado **withdrew** /-'dru/, particípio **withdrawn** /-'drɔn/) **1** [tr] sacar [dinheiro] **2** [tr] retirar [um produto do mercado] **3** [tr] suspender [um financiamento, uma oferta, apoio] **4** [tr] (formal) retratar [uma acusação, um comentário] **5** **to withdraw from sth** abandonar algo, sair de algo [uma competição, uma corrida, etc.]

withdrawal /wɪθ'drɔəl/ *s* **1** (de dinheiro) saque, retirada **2** (de recursos, auxílio, etc.) suspensão **3** (de tropas) retirada **4** (de torneio, negociações, etc.) saída **5** **withdrawal symptoms** síndrome de abstinência

withdrawn /wɪθ'drɔn/ *adj* introspectivo

wither /'wɪðər/ *v* [tr/intr] (também **wither away**) murchar, secar

withhold /wɪθ'hoʊld/ *v* [tr] (passado & particípio **withheld**) **1** reter [um pagamento] **2** ocultar [informações] **3** não revelar [o nome de alguém]

within /wɪð'ɪn/ *prep* **1** (tempo): *An ambulance arrived within minutes.* Uma ambulância chegou em minutos. | *He was back within the hour.* Ele voltou em menos de uma hora. **2** (distância): *The hotel is within a mile of the airport.* O hotel fica a menos de uma milha do aeroporto. | *The station is within walking distance.* Dá para ir a pé até a estação. **3** (formal) dentro de: *the changes within the department* as mudanças dentro do departamento **4** **within the law** dentro da lei

without /wɪð'aʊt/ *prep* sem: *I can't see without my glasses.* Não enxergo sem óculos. | *She left without him.* Ela foi embora sem ele. | *You have to do it without looking.* Você tem que fazê-lo sem olhar. | *She left without my knowing.* Ela foi embora sem eu saber. ▶ ver também **do without** em **do**, e **go without** em **go**

withstand /wɪθ'stænd/ *v* [tr] (passado & particípio **withstood** /-'stʊd/) resistir a

witness /'wɪtnəs/ *substantivo & verbo*
- *s* (pl **-sses**) **witness (to sth)** testemunha (de algo)
- *v* [tr] **1** presenciar, ser testemunha de **2** assinar na qualidade de testemunha [um documento]

witty /'wɪti/ *adj* (**-ttier**, **-ttiest**) espirituoso

wives /waɪvz/ plural de **wife**

with

1 Equivale a *com* na maioria dos contextos:

I saw her with him. Eu a vi com ele. | *I'll be right with you.* Já vou ter com você. | *What are you going to buy with the money?* O que você vai comprar com o dinheiro? | *Cut it with the scissors.* Corte-o com a tesoura. | *a house with a garage* uma casa com garagem | *Careful with that knife.* Cuidado com essa faca.

2 EXCEÇÕES

CAUSA

I was shivering with cold. Eu estava tremendo de frio. | *She's sick with worry.* Ela está preocupadíssima.

CARACTERÍSTICA

the girl with long hair a menina de cabelo comprido | *that guy with glasses* aquele cara de óculos

EMPREGO

Are you still with GEC? Você ainda trabalha na GEC?

3 A expressão coloquial **with it** significa *avançado, fashion* ou *devagar*:

Your mom's so with it! Sua mãe é tão avançada! | *I'm not feeling very with it today.* Estou meio devagar hoje.

4 A expressão **I'm not with you** significa *não estou entendendo*.

5 With também faz parte de vários **phrasal verbs**, tais como **put up with, deal with**, etc., que são tratados no verbete do verbo correspondente

wizard /ˈwɪzərd/ *s*
1 mago **2** craque: *She's a wizard with numbers.* Ela é uma craque com números.

wobble /ˈwɑbəl/ *v*
1 [tr/intr] balançar **2** [intr] cambalear, ir/vir cambaleando

wobbly /ˈwɑbli/ *adj* (-bblier, -bbliest) (informal) **1** bambo [mesa, cadeira] **2** mole [dente] **3** trêmulo

wok /wɑk/ *s* wok [frigideira chinesa]

woke /woʊk/ passado de **wake**

woken /ˈwoʊkən/ particípio de **wake**

wolf /wʊlf/ *substantivo & verbo*
• *s* (pl **wolves**) lobo
• *v* [tr] (informal) (também **wolf down**) devorar

woman /ˈwʊmən/ *s* (pl **women** /ˈwɪmɪn/) mulher: *a women's magazine* uma revista feminina | *a woman doctor* uma médica

womb /wum/ *s* útero

won /wʌn/ passado & particípio de **win**

wonder /ˈwʌndər/ *verbo & substantivo*
• *v* **1** [tr/intr] perguntar-se: *He wondered if she knew.* Ele se perguntava se ela já sabia. | *I wonder what's in this box.* O que será que tem nessa caixa? **2** [tr] (para fazer sugestões e pedidos corteses) será: *I wonder if I could use your phone?* Será que eu podia usar o seu telefone? | *We were wondering if you'd like to go to the movies.* Estávamos pensando se você gostaria de ir ao cinema conosco. **3 to wonder at sth** maravilhar-se com algo, admirar algo
• *s* **1** admiração **2** maravilha **3 (it's) no wonder** não me surpreende, não é de admirar **4 it's a wonder (that)** é incrível que **5 to do/work wonders** fazer milagres

wonderful /ˈwʌndərfəl/ *adj* maravilhoso | **that's wonderful!/how wonderful!** que maravilha!

won't /woʊnt/ contração de **will not**

wood /wʊd/ *s* **1** madeira, lenha **2** bosque | **the woods** o bosque

wooden /ˈwʊdn/ *adj* **1** de madeira: *a wooden box* uma caixa de madeira **2** inexpressivo [interpretação teatral]

woodland /ˈwʊdlənd/ *s* bosque, mata

woodpecker /ˈwʊdpɛkər/ *s* pica-pau

woodwind /ˈwʊdwɪnd/ *s* instrumentos de sopro, de madeira

woodwork /ˈwʊdwɜrk/ *s* **1** numa casa, peças feitas de madeira, como rodapés, portas, etc. **2** BrE ▶ ver **woodworking**

woodworking /ˈwʊdwɜrkɪŋ/ *s* AmE marcenaria

woodpecker

wool /wʊl/ *s* lã

woolen AmE, **woollen** BrE /ˈwʊlən/ *adjetivo & substantivo plural*
• *adj* de lã: *white woolen mittens* luvas brancas de lã
• **woolens** *s pl* roupas de lã

woolly, também **wooly** AmE /ˈwʊli/ *adj* (-ier, -iest) **1** lanoso, de lã **2** confuso [argumentos, raciocínio]

word /wɜrd/ *substantivo & verbo*
• *s* **1** palavra: *He didn't say a word.* Ele não disse uma palavra. | *What's the French word for "house"?* Como se diz "casa" em francês? | **in other words** em outras palavras **2** notícia: *Word soon got around.* A notícia logo se espalhou. | **not to breathe a word (about sth)** (guardar

wording

segredo) não dizer uma palavra (sobre algo) | **the word is that/word has it that** dizem que **3 to give sb your word (that)** dar a sua palavra a alguém (que) | **to keep your word** cumprir a palavra **4 to have a word with sb** falar com alguém | **to have the last/final word** ter a última palavra **5 to say the word** avisar, pedir **6 in a word** resumindo **7 to put in a (good) word for sb** recomendar alguém **8 to take sb's word for it** acreditar na palavra de alguém **9 word for word** palavra por palavra, literalmente **10 a word of advice** um conselho | **a word of warning** um aviso

- **v** [tr] **1** redigir [um documento] **2** formular [uma pergunta]

wording /'wɜrdɪŋ/ s redação, texto

'**word ˌprocessing** s processamento de textos

'**word ˌprocessor** s processador de textos

wore /wɔr/ passado de **wear**

work /wɜrk/ *verbo, substantivo & substantivo plural*

- **v 1** [intr] trabalhar: *She works for Microsoft.* Ela trabalha para a Microsoft. | *He works as a salesman.* Ele trabalha como vendedor. | *You need to work on your pronunciation.* Você precisa praticar sua pronúncia. | *He spent his life working for peace.* Ele passou a vida trabalhando pela paz.
2 [intr] funcionar: *The elevator isn't working.* O elevador não está funcionando.
3 [intr] dar certo, funcionar: *Your idea will never work.* Sua idéia nunca vai dar certo. | **to work like magic/like a charm** funcionar direitinho
4 to work (its way) loose soltar-se
5 [tr] fazer trabalhar [uma pessoa]
6 [tr] trabalhar [o couro, o barro, etc.]
7 [tr] explorar [uma mina], cultivar [uma terra]

PHRASAL VERBS

work out 1 sair, acontecer **2** dar certo **3** malhar [em academia, etc.] **4 to work out at $14 each/$20 an hour etc.** dar $14 cada/$20 por hora etc. **work sth out 1** calcular algo **2** entender algo **3** planejar algo, bolar algo [um plano, um método] **4** solucionar algo **5** decidir algo: *Have you worked out which class you're going to take?* Você já decidiu que curso vai fazer?

work up sth Expressando a ideia de estimular, criar: *I can't work up much enthusiasm for this trip.* Não consigo sentir entusiasmo por essa viagem. | *We went for a walk to work up an appetite.* Fomos dar uma volta para abrir o apetite. **work sb up** agitar alguém | **to get worked up** ficar nervoso

work up to sth preparar-se para algo, criar coragem para algo

- **s 1** emprego, trabalho: *I'll meet you after work.* Eu te encontro depois do trabalho. | **to be out of work** estar desempregado ▶ WORK ou JOB? ver **trabalho**
2 (local) trabalho: *She's at work.* Ela está no trabalho. | *I finish work at 5.30.* Saio do trabalho às 5:30.
3 (esforço) trabalho: *It must have taken a lot of work.* Deve ter dado muito trabalho. | **to get down to work** começar a trabalhar
4 (resultado) trabalho: *an example of his work* uma amostra do trabalho dele | *This is an excellent piece of work.* Este é um trabalho excelente.
5 (de literatura, pintura, etc.) obra | **a work of art** uma obra de arte

- **works** *s pl* **1** fábrica
2 obras [em rua, estrada]

workable /'wɜrkəbəl/ *adj* viável

workbook /'wɜrkbʊk/ s livro de exercícios

worker /'wɜrkər/ s trabalhador -a, funcionário -ria

workforce /'wɜrkfɔrs/ s **1** (quadro de) pessoal [de uma empresa] **2** força de trabalho [de um país]

working /'wɜrkɪŋ/ *adjetivo & substantivo plural*

- **adj 1** que trabalha(m) [mães, pais], ativo [população] **2** de trabalho [condições, horário] **3** útil [dia, semana] **4 to have a working knowledge of sth** ter um conhecimento básico de algo **5 to be in good/perfect working order** estar em bom/perfeito estado de funcionamento

- **workings** *s pl* **the workings of sth** o funcionamento de algo

'**working ˌclass** s classe trabalhadora, classe operária

ˌ**working-'class** *adj* de classe trabalhadora [bairro, família]

workload /'wɜrkloʊd/ s carga de trabalho, carga horária

workman /'wɜrkmən/ s (pl **-men**) operário

workmanship /'wɜrkmənʃɪp/ s técnica, habilidade [de pessoa]: *a high standard of workmanship* uma técnica excepcional

workmate /'wɜrkmeɪt/ s colega (de trabalho)

workout /'wɜrk-aʊt/ s exercício, ginástica | **to go for a workout** ir malhar

workplace /'wɜrkpleɪs/ s local de trabalho

workshop /'wɜrkʃɑp/ s **1** (para consertos) oficina **2** (grupo de estudo) workshop

workstation /'wɜrksteɪʃən/ s (em informática) terminal

worktop /'wɜrktɑp/, também '**work ˌsurface** s BrE bancada [em cozinha] ▶ No inglês americano diz-se **counter**

world /wɜrld/ *substantivo & adjetivo*

- **s 1** mundo: *the tallest building in the world* o prédio mais alto do mundo | **all over the world** no/pelo mundo inteiro | **the whole world** o mundo inteiro **2** (ramo) mundo: *the world of show business* o mundo/meio artístico **3 to do sb a world of good** fazer muito bem a alguém

---

*Você sabe como funcionam os **phrasal verbs**? Leia a explicação na seção de gramática.*

4 to think the world of sb achar alguém o máximo, admirar muito alguém

- *adj* mundial: *a world record* um recorde mundial | *the World Cup* a Copa do Mundo

world-'famous *adj* mundialmente famoso

worldly /'wɜrldli/ *adj* (**-lier**, **-liest**) **1** mundano | **worldly goods** bens materiais **2** experiente

worldwide /wɜrld'waɪd/ *adjetivo & advérbio*

- *adj* mundial
- *adv* mundialmente

worm /wɜrm/ *s* verme, minhoca

worn /wɔrn/ particípio de **wear**

worn 'out *adj* **1** exausto [pessoa] **2** surrado [roupa]

worried /'wɜrid/ *adj* preocupado | **to be worried about sth/sb** estar preocupado com algo/alguém | **to get worried** ficar preocupado | **to be worried (that)** ter medo de (que): *I'm worried that we won't have enough money.* Tenho medo de não termos dinheiro suficiente.

worry /'wɜri/ *verbo & substantivo*

- *v* (**-rries**, **-rried**) **1 to worry (about sth/sb)** preocupar-se (com algo/alguém) **2** [tr] preocupar: *It worries me that she hasn't called.* Me preocupa que ela não tenha telefonado.

- *s* (pl **-rries**) **1** problema, preocupação | **money worries** problemas financeiros **2** (ansiedade) preocupação

worrying /'wɜri-ɪŋ/ *adj* preocupante

worse /wɜrs/ *adjetivo, substantivo & advérbio*

- *adj* (comparativo de **bad**) **1** pior: *The weather is worse than yesterday.* O tempo está pior do que ontem. | **to get worse** piorar **2 to make matters/things worse** para piorar (a situação)

- *s* o pior: *Worse was yet to come.* O pior estava por vir.

- *adv* (comparativo de **badly**) pior: *I did worse than you in the exams.* Eu fui pior do que você nas provas.

worsen /'wɜrsən/ *v* [tr/intr] piorar

worse 'off *adj* em situação pior

worship /'wɜrʃɪp/ *verbo & substantivo*

- *v* (**-ped**, **-ping** AmE, **-pped**, **-pping** BrE) **1** [tr] adorar [uma divindade] **2** [intr] professar sua fé **3** [tr] idolatrar

- *s* culto, adoração

worshiper AmE, **worshipper** BrE /'wɜrʃɪpər/ *s* fiel, devoto -ta

worst /wɜrst/ *adjetivo, advérbio & substantivo*

- *adj* (superlativo de **bad**) pior: *He's the worst player on the team.* Ele é o pior jogador do time.

- *adv* (superlativo de **badly**) pior, mais: *the cities worst affected by the war* as cidades mais afetadas pela guerra | *the worst-dressed man* o homem mais mal vestido

- *s* **1 the worst** o/a pior: *She's the worst in the class.* Ela é a pior da classe. **2 at (the) worst**, **if the worst comes to the worst** na pior das hipóteses

worth /wɜrθ/ *adjetivo & substantivo*

- *adj* **1** no valor de: *paintings worth $3 million* quadros no valor de $3 milhões | **to be worth $10/a fortune etc.** valer $10/uma fortuna etc. *How much is it worth?* Quanto vale isso?/Qual o valor disso? **2 to be worth doing sth** valer a pena fazer algo | **it's not worth it** não vale a pena ▶ ver também **while**

- *s* **1** (mérito, importância) valor **2** Referente a valor monetário: *$8,000 worth of jewelry* joias no valor de $8.000 **3** Quantidade de tempo: *I have a week's worth of work left.* Ainda tenho uma semana de trabalho.

worthless /'wɜrθləs/ *adj* **1** inútil **2** sem valor | **to be worthless** não ter valor

worthwhile /wɜrθ'waɪl/ *adj* valioso, que vale a pena | **to be worthwhile doing sth** valer a pena fazer algo

worthy /'wɜrði/ *adj* (**-thier**, **-thiest**) **1** digno [adversário, sucessor] **2** nobre [causa] **3** digno, respeitável [pessoa] **4 to be worthy of sth** ser digno de algo

would /wʊd/ *v* [modal] (forma reduzida **'d**, forma negativa **wouldn't**, mais formal **would not**) ▶ ver quadro na pág. 418

'would-be *adj* **a would-be pop star/artist etc.** um aspirante a pop star/artista etc.

wouldn't /'wʊdnt/ contração de **would not**

would've /'wʊdəv/ contração de **would have**

wound¹ /wund/ *substantivo & verbo*

- *s* ferimento
- *v* [tr] ferir

wound² /waʊnd/ passado & particípio de **wind**

wove /woʊv/ passado de **weave**

woven /'woʊvən/ particípio de **weave**

wow /waʊ/ *interjeição & verbo*

- *interj* uau: *Wow! You look great!* Uau! Você está linda!

- *v* [tr] (informal) maravilhar

wpm /,dʌbəlju pi 'ɛm/ (= **words per minute**) palavras por minuto [medida de velocidade de digitação]

wrap /ræp/ *v* [tr] (**-pped**, **-pping**) **1** embrulhar: *Wrap the plates in newspaper.* Embrulhe os pratos em jornal. | *She wrapped the little boy in a blanket.* Ela enrolou o menino num cobertor. **2 to wrap sth around sth/sb** pôr algo em volta de algo/alguém **3 to be wrapped up in sth** estar absorto em algo | **to be wrapped up in sb** estar grudado em alguém

wrap up or **to wrap up warm/well** agasalhar-se bem **wrap sth up 1** embrulhar algo **2** (informal) encerrar algo

wrapper /'ræpər/ *s* invólucro, papel [de uma bala, etc.]

would

1 CONDICIONAL

She'd be furious if she knew. Ela ficaria furiosa se soubesse. | *What would you do if you won the lottery?* O que você faria se ganhasse na loteria? | *I would tell her if I were you.* Se eu fosse você, contaria para ela. | *I would've bought the cheapest one.* Eu teria comprado o mais barato.

2 VONTADE

He wouldn't stay. Ele não quis ficar.

3 OFERTAS, PEDIDOS

Would you like some coffee? Quer um café? | *Would you close the door, please?* Pode fechar a porta, por favor?

4 DISCURSO INDIRETO

She said she would try and come. Ela disse que tentaria vir. | *I thought she would like it but she hated it.* Achei que ela fosse gostar, mas ela odiou-o.

5 AÇÕES HABITUAIS NO PASSADO

We would often have lunch together. Almoçávamos juntos frequentemente. | *She would always insist on paying.* Ela sempre insistia em pagar.

6 DESAPROVAÇÃO

You would go and spoil everything! Você tinha que estragar tudo, não é?

---

wrapping /'ræpɪŋ/ s invólucro, embalagem

'wrapping ,paper s papel de presente

wreath /riθ/ s coroa [de flores]

wreck /rɛk/ *verbo & substantivo*

- *v* [tr] **1** arruinar, estragar **2** destruir **3 to be wrecked** naufragar

- *s* **1** destroços [de avião, carro, etc.] **2 to be a nervous wreck** (informal) estar uma pilha de nervos

wreckage /'rɛkɪdʒ/ s destroços [de avião, etc.], escombros [de prédio]

wrench /rɛntʃ/ *verbo & substantivo*

- *v* [tr] (3a pess sing presente **-ches**) **1 to wrench sth off/from sth** arrancar algo de algo | **to wrench sth/yourself free** soltar algo/desvencilhar-se **2** dar um mau jeito em [no braço, na perna, etc.]

- *s* **1** (pl **-ches**) AmE chave-inglesa **2** tristeza [numa despedida] **3** puxão

wrestle /'rɛsəl/ *v* [intr] **1** lutar [corpo a corpo] **2 to wrestle with sth** lutar com algo [um problema, etc.]

wrestling /'rɛslɪŋ/ s luta romana, luta livre

wretched /'rɛtʃɪd/ *adj* **1** péssimo **2** deplorável **3** (informal) desgraçado

wriggle /'rɪgəl/ v **1** [intr] não parar quieto: *Stop wriggling!* Para quieto! **2 to wriggle under/through etc. sth** esgueirar-se por debaixo de/por etc. algo **3 to wriggle free** desvencilhar-se

wring /rɪŋ/ v [tr] (passado & particípio **wrung**) **1** (também **wring out**) torcer [roupa molhada] **2 to wring sb's neck** (informal) torcer o pescoço de alguém **3 to wring sth from/out of sb** arrancar algo de alguém [dinheiro, uma confissão]

wrinkle /'rɪŋkəl/ *substantivo & verbo*

- *s* ruga

- *v* **1** [tr/intr] amassar [papel, tecido] **2 to wrinkle your nose/forehead** franzir o nariz/a testa

wrist /rɪst/ s pulso [do braço]

writ /rɪt/ s mandado, liminar

write /raɪt/ v (passado **wrote**, particípio **written**) **1** [tr/intr] escrever | **to write to sb** escrever para alguém **2** [tr] compor [música] **3** [tr] fazer [um cheque]

PHRASAL VERBS

write away for sth ▶ ver **write off for sth** em **write off**

write back (to sb) responder (a alguém) [por carta]

write sth down anotar algo

write in mandar uma carta: *Hundreds of viewers wrote in to complain.* Centenas de telespectadores mandaram cartas reclamando.

write off to write off for sth escrever pedindo algo **write sth off 1** descartar algo [uma ideia, um time, etc.]: *They wrote the project off as a complete disaster.* Descartaram o projeto por considerá-lo um fracasso total. **2** cancelar planos feitos para determinado dia, semana, etc.: *We had to write the rest of the day off because of the rain.* Tivemos que cancelar os planos para o resto do dia devido à chuva. **3** cancelar algo [uma dívida] **write sb off** descartar alguém

write sth out 1 redigir algo **2** fazer algo [um cheque] **3** passar algo a limpo

write sth up redigir algo, passar algo a limpo

writer /'raɪtər/ s escritor -a

writhe /raɪð/ v **to writhe in pain/agony** contorcer-se de dor

writing /'raɪtɪŋ/ *substantivo & substantivo plural*

- *s* **1** (forma de comunicação) escrita | **in writing** por escrito **2** (obra literária) livro(s), poema(s): *This is some of her best writing.* Esse é um de seus melhores livros/poemas etc. **3** Atividade: *She lives for her writing.* Ela vive para escrever. **4** (caligrafia) letra: *Your writing is very neat.* Sua letra é muito caprichada.

- **writings** *s pl* obras, escritos

'writing ,paper s papel de carta

written¹ /'rɪtn/ *adj* **1** por escrito **2** escrito [prova]

written² particípio de **write**

wrong /rɔŋ/ *adjetivo, advérbio, substantivo & verbo*

- *adj* **1** errado [resposta, endereço, decisão, etc.]: *We're going in the wrong direction.* Estamos indo

na direção errada. | *You have the wrong number.* É engano. (em telefonema)
2 to be wrong estar errado, errar [pessoa]: *I'm sorry, I was wrong.* Desculpe, eu estava errado. | *He's never wrong.* Ele nunca erra.
3 (moralmente) errado: *I haven't done anything wrong.* Não fiz nada de errado. | *It's **wrong to steal**.* É errado roubar.
4 Referente a algo impróprio ou inadequado: *You're wearing the wrong shoes for hiking.* Você não está com sapatos apropriados para fazer caminhadas.
5 Referente a problemas: *What's wrong?* O que houve?/Qual é o problema? | *What's **wrong with him**?* O que há com ele?/O que é que ele tem? | *There's something **wrong with** the car.* O carro está com algum problema.

• *adv* **1** errado: *You've spelled my name wrong.* Você escreveu meu nome errado.
2 to go wrong (a) quebrar, pifar [aparelho] **(b)** errar: *If you go wrong you can always correct it later.* Se você errar, pode corrigir depois. **(c)** dar errado, falhar
3 to get an answer/an address etc. wrong errar uma resposta/um endereço etc. | **you've/he's etc. got it wrong!** você/ele etc. está errado!
4 don't get me wrong não me entenda mal

• *s* **1** o errado
2 injustiça
3 to be in the wrong estar errado

• *v* [tr] (formal) cometer uma injustiça com

wrongful /'rɔŋfəl/ *adj* **wrongful arrest/dismissal** prisão/demissão injusta

wrongly /'rɔŋli/ *adv* **1** erroneamente, mal **2** injustamente

wrote /roʊt/ passado de **write**

wrung /rʌŋ/ passado & particípio de **wring**

wry /raɪ/ *adj* irônico

WYSIWYG /'wɪzi,wɪg/ *s* (= **what you see is what you get**) recurso pelo qual um documento é apresentado na tela exatamente como ficará quando impresso

X, x /ɛks/ *s* (letra) X, x ▶ ver "Active Box" **letters** em **letter**

XL /ɛks 'ɛl/ (= **extra large**) GG [tamanho de roupa]

Xmas /'krɪsməs, 'ɛksməs/ *s* (informal) Natal

X-ray /'ɛks reɪ/ *substantivo, substantivo plural & verbo*
• *s* radiografia
• **X-rays** *s pl* raios X
• *v* [tr] radiografar

xylophone /'zaɪləfoʊn/ *s* xilofone

Y, y /waɪ/ *s* (letra) Y, y ▶ ver "Active Box" **letters** em **letter**

yacht /jɑt/ *s* iate

yachting /'jɑtɪŋ/ *s* iatismo

yank /jæŋk/ *v* (informal) **to yank (at/on) sth** puxar algo, dar um puxão em algo

Yankee /'jæŋki/ *s* (informal) ianque [pessoa do Norte dos EUA]

yacht

yard /jɑrd/ *s* **1** AmE jardim **2** jarda [= 0,9 metros] **3** pátio

yardstick /'jɑrdstɪk/ *s* **1** medida **2** metro [instrumento para medir]

yarn /jɑrn/ *s* **1** linha [para tricotar] **2** (informal) história, caso

yawn /jɔn/ *verbo & substantivo*
• *v* [intr] bocejar
• *s* bocejo

yawning /'jɔnɪŋ/ *adj* **a yawning gap/gulf** uma fossa/distância abissal

yeah /jɛə/ *interj* (informal) sim

year /jɪr/ s **1** ano: *He's four years old.* Ele tem quatro anos. | *a six-year-old girl* uma menina de seis anos | **all (the) year round** o ano todo ▶ ver também **old 2** BrE (nos estudos) ano, série: *What year are you in?* Em que ano você está? **3 in/for years** há anos/séculos: *I haven't been there in years.* Não vou lá há anos/séculos. | **it's years since** faz anos/séculos que

yearly /'jɪrli/ *adjetivo & advérbio*
- *adj* anual | **on a yearly basis** anualmente
- *adv* por ano, anualmente: *twice yearly* duas vezes por ano

yearn /jɜrn/ *v* **to yearn for sth** ansiar por algo, querer muito algo | **to yearn to do sth** almejar fazer algo, ter muita vontade de fazer algo

yearning /'jɜrnɪŋ/ *s* **yearning for sth** ânsia por algo | **yearning to do sth** vontade de fazer algo

yeast /jist/ *s* fermento

yell /jɛl/ *verbo & substantivo*
- *v* **1** [tr/intr] (também **yell out**) berrar, gritar: *I yelled in pain.* Eu berrava de dor. **2 to yell at sb** berrar/gritar com alguém
- *s* berro, grito

yellow /'jɛloʊ/ *adj & s* amarelo ▶ ver "Active Box" **colors** em **color**

yelp /jɛlp/ *v* [intr] **1** latir **2** gritar [pessoa]

yes /jɛs/ *interjeição & substantivo*
- *interj* sim: *"Would you like some more?" "Yes, please."* – Quer mais um pouco? – Sim, por favor.
- *s* (pl **yeses**) sim

yesterday /'jɛstərdi, -deɪ/ *adv & s* ontem: *yesterday afternoon* ontem à tarde | *the day before yesterday* anteontem

yet /jɛt/ *advérbio & conjunção*
- *adv* **1** (em perguntas) já: *Are you ready yet?* Você já está pronto? ▶ ver nota em **já**
2 (em frases negativas) ainda: *I haven't finished yet.* Ainda não acabei. | *"Is dinner ready?" "Not yet."* – O jantar está pronto? – Ainda não.
3 as yet até agora: *As yet, there's been no news.* Até agora não há nenhuma notícia.
4 (referente ao futuro) ainda: *They'll be hours yet.* Eles ainda vão demorar horas. | *We may win yet.* Ainda podemos vencer.
5 (para enfatizar) ainda: *That one is yet more expensive.* Aquele é mais caro ainda. | **yet again** mais uma vez
6 (depois de superlativo) até agora/hoje: *It's their best record yet.* É o melhor disco deles até agora.
- *conj* mas, porém: *a simple yet effective solution* uma solução simples, mas eficaz

yew /ju/, também **'yew tree** *s* teixo

yield /jild/ *verbo & substantivo*
- *v* **1** [tr] dar [frutos, lucro, resultado, etc.]
2 to yield (to sth/sb) ceder (a algo/alguém)
- *s* rendimento

yogurt, também **yoghurt** /'joʊgərt, BrE 'jɒgət/ *s* iogurte: *strawberry yogurt* iogurte de morango

yolk /joʊk/ *s* gema

you /jə, jʊ, acentuado ju/ *pron* ▶ ver quadro

you'd /jud/
- contração de **you had**
- contração de **you would**

you'll /jul/
- contração de **you will**
- contração de **you shall**

---

you

1 Como sujeito da frase, pode equivaler a *você* ou *vocês*. Os pronomes com função de sujeito nunca são omitidos em inglês:

Do you want a cup of coffee? Você quer um café? | *You both have to sign it.* Vocês dois têm que assiná-lo.

2 Como objeto direto pode equivaler a *te*, *você(s)*, *o(s)/a(s)* ou *-lo(s)/-la(s)*:

I can't hear you. Não estou te ouvindo. | *Let me help you.* Deixe-me ajudá-lo. | *I haven't seen you for so long.* Faz tanto tempo que não os vejo./Faz tanto tempo que não vejo vocês.

3 Como objeto indireto pode equivaler a *te* ou *lhe(s)*:

Did I give you the money back? Eu lhe devolvi o dinheiro?

4 Depois de preposição, ou em comparações, pode equivaler a *você* ou *vocês*:

I bought this for you. Comprei isto para você. | *He's older than you.* Ele é mais velho do que você.

5 Uso impessoal:

Fruit is good for you. As frutas fazem bem à saúde. | *You can buy them anywhere.* Você pode comprá-los em qualquer lugar. | *You never know what might happen.* Nunca se sabe o que pode acontecer.

6 Ao dirigir-se a alguém:

You idiot! Seu idiota! | *You boys stay here.* Vocês, meninos, fiquem aqui.

yourself

1. **yourself/yourselves** são as formas reflexivas de **you**. Seu uso equivale, em geral, ao dos verbos reflexivos em português ou a frases com *você mesmo -ma, vocês mesmos -mas*:
   Did you hurt yourself? Você se machucou? | *Enjoy yourselves!* Divirtam-se! | *You look pleased with yourself.* Você parece satisfeito com você mesmo. | *You're talking to yourself.* Você está falando sozinho.

2. Tem um uso enfático que equivale ao de *você mesmo -ma, vocês mesmos -mas*:
   Why don't you do it yourself? Por que você mesmo não o faz?

3. A expressão **(all) by yourself/yourselves** significa *sozinho(s) -nha(s)* (sem companhia ou ajuda):
   You can't walk home by yourselves. Vocês não podem ir para casa sozinhos. | *Did you make this all by yourself?* Você fez isso sozinho?
   Ver nota em **sozinho** sobre a diferença entre *by yourself, alone, lonely* e *on your own*.

Yours faithfully/truly/sincerely

No inglês britânico **Yours faithfully** e **Yours truly** são usados para finalizar uma carta formal que se inicia com **Dear Sir/Madam**.

Quando a carta é escrita para uma pessoa específica (**Dear Mr Whitlam/Dear Ms Davies**), você se despede com **Yours sincerely**.

No inglês americano, normalmente usa-se **Sincerely** em ambos os casos.

Para encerrar uma carta menos formal, usa-se **Yours** tanto no inglês americano como no britânico:
Yours, John. Um abraço, John.

---

young /jʌŋ/ *adjetivo & substantivo plural*
- *adj* **1** jovem: *young people* gente jovem/os jovens | *a young man/woman* um jovem/uma jovem **2** moço, novo: *I have a younger brother.* Tenho um irmão mais moço. | *She's two years younger than you.* Ela é dois anos mais nova do que você.
- *s pl* **1 the young** os jovens **2** filhotes

your /jər, *acentuado* jʊr/ *adj* **1** o teu/a tua, o seu/a sua, os teus/as tuas, os seus/as suas [de vocês]: *Is that your sister?* Essa é sua irmã? ▶ Em inglês os possessivos são usados em muitos contextos nos quais usamos o artigo em português, por exemplo, em relação às partes do corpo, pertences pessoais, etc.: *You've had your hair cut.* Você cortou o cabelo. | *Put your shoes on.* Ponha os sapatos. **2** Uso impessoal: *It's good for your health.* É bom para a saúde. | *Your ears never stop growing.* As orelhas nunca param de crescer.

you're /jʊr/ contração de **you are**

yours /jʊrz/ *pron* **1** Como os pronomes possessivos em inglês não variam em gênero ou número, **yours** pode equivaler a *(o) teu/seu, (a) tua/sua, (os) teus/seus, (as) tuas/suas, (o) de você(s)*, etc.: *Are they friends of yours?* Eles são amigos teus/seus? | *This is my pen. That's yours.* Esta é a minha caneta. Aquela é a sua. **2** (finalizando uma carta) **Yours faithfully/truly/sincerely** Atenciosamente ▶ ver a seguir

yourself /jʊrˈsɛlf/ *pron* (pl **-selves** /-ˈsɛlvz/) ▶ ver quadro

youth /juθ/ *s* **1** (etapa da vida) juventude | **in my/his etc. youth** na minha/sua etc. juventude **2** (gente jovem) juventude **3** (pl **-s**) jovem

youthful /ˈjuθfəl/ *adj* juvenil, jovem

'youth ˌhostel *s* albergue da juventude

you've /juv/ contração de **you have**

Z, z /zi, BrE zɛd/ *s* (letra) Z, z ▶ ver "Active Box" **letters** em **letter**

zeal /zil/ *s* entusiasmo, empenho

zealous /ˈzɛləs/ *adj* fervoroso: *a zealous environmental activist* um ambientalista fervoroso

zealously /ˈzɛləsli/ *adv* zelosamente, fervorosamente

zebra /ˈzibrə, BrE ˈzɛbrə/ *s* (pl **zebras** ou **zebra**) zebra

ˌzebra ˈcrossing *s* BrE faixa para pedestres ▶ No inglês americano diz-se **crosswalk**

Zen /zɛn/, também **ˌZen ˈBuddhism** *s* zen

zero /ˈzɪroʊ/ *s* (pl **-os** ou **-oes**) zero ▶ **zero ou nil?** ver nota em **zero**

zest /zɛst/ *s* **1** entusiasmo, afinco | **zest for sth** disposição para algo/entusiasmo por algo **2** vibração

zebra

zigzag /ˈzɪgzæg/ *substantivo, adjetivo & verbo*
- *s* ziguezague
- *adj* em ziguezague
- *v* [intr] (-gged, -gging) ziguezaguear

zilch /zɪltʃ/ *s* (informal) absolutamente nada

zinc /zɪŋk/ *s* zinco

zip /zɪp/ *substantivo & verbo*
- *s* **1** AmE (informal) zero, nada **2** AmE (informal) CEP **3** BrE ▶ ver **zipper**
- *v* (-pped, -pping) **to zip sth open/shut** abrir/fechar o zíper de algo
  zip sth up fechar (o zíper de) algo

'zip code *s* AmE código (de endereçamento) postal, CEP

'zip file *s* arquivo compactado

zipper /ˈzɪpər/ *s* AmE zíper

zodiac /ˈzoʊdiæk/ *s* **the zodiac** o zodíaco ▶ ver também **sign**

zone /zoʊn/ *s* zona

zoo /zu/ *s* (jardim) zoológico

zoology /zoʊˈɑlədʒi/ *s* zoologia

zoom /zum/ *verbo & substantivo*
- *v* [intr] **to zoom off/past etc.** (informal) sair/passar etc. a toda velocidade
  zoom in to zoom in on sth/sb focalizar algo/alguém em close-up [câmera]
- *s* ▶ ver **zoom lens**

'zoom lens *s* (lente) zum

zucchini /zʊˈkini/ *s* AmE abobrinha

Diz-se *I arrived in Rio* ou *I arrived to Rio*? Veja o verbete **arrive**.

ÍNDICE

Caderno de atividades	A2–A5
Respostas	A6
Dicionário ilustrado	A7–A21
Guia de gramática	A22–A30
Artigos	A22
Possessivos	A23
Numerais	A24–A25
Substantivos	A26
Sujeito obrigatório	A27
Advérbios	A27
Verbos irregulares	A28–A29
Verbos modais, *phrasal verbs*	A30
Guia de aspectos culturais	A31–A34
Estados Unidos	A31–A32
Grã-Bretanha	A33–A34
Guia para comunicação	A35–A44
Para falar de você, do que você gosta, do seu país	A35
Para falar da escola, de roupas, de esportes, do tempo, da saúde	A36–A37
Para cumprimentar, agradecer, desculpar-se, pedir licença	A38
Exclamações	A38
Numa loja, na rua	A39
Num restaurante ou num café	A40–A41
Na sala de aula, na estação ferroviária	A42
No aeroporto, na farmácia, ao telefone	A43
E-mail & Internet	A44

CADERNO DE ATIVIDADES

As duas partes do dicionário bilíngue

Este dicionário possui duas partes: a primeira parte, **inglês-português**, contém palavras em inglês com sua tradução para o português; a segunda parte, **português-inglês**, contém palavras do português com sua tradução para o inglês. É comum usarmos em português palavras de origem inglesa, por exemplo, *mouse*. Assim, essa palavra aparece nos dois lados do dicionário.

Exercício 1

Em que parte do dicionário se deve procurar cada uma destas palavras?

hotel	surprise
evitar	oficina
bottle	trailer
inteligente	near
pizza	panda

A ordem alfabética

As palavras deste dicionário aparecem em ordem alfabética, tanto no lado inglês-português como no lado português-inglês.

Exercício 2

Em que ordem aparecem estas palavras no lado inglês-português e no lado português-inglês?

window	lado
something	economista
activity	sufoco
zero	julho
crazy	turismo
Thursday	massa
vacation	conselho
increase	azeitona
read	gritar
player	duplicar

Exercício 3

Estas palavras do português e do inglês começam com a mesma letra. Como ficariam em ordem alfabética?

educar	goodbye
elevador	gradually
escada	goal
eclipse	glass
enfim	glad
expirar	grand
encontro	greeting
explicar	great
empresa	grow
ecologia	group

Exercício 4

Em cada grupo de palavras abaixo há uma palavra que não respeita a ordem alfabética. Indique a que está fora da ordem.

feriado	bet
fera	better
férias	between
ferida	beverage
ferimento	beware
feroz	betrayal
judo	realmente
judge	rebaixar
judgment	rebocar
jug	recado
juggle	recanto
juice	realizar

Entradas formadas por mais de uma palavra

Chama-se **entrada** a palavra sobre a qual são dadas informações num dicionário. (O conjunto de informações dadas sobre determinada entrada chama-se **verbete**). Às vezes, porém, a entrada é composta por mais de uma palavra, como em *bed and breakfast*, *bad-tempered*, *acid rain*. Nesses casos, os espaços em branco ou os hífens entre as palavras não alteram a ordem alfabética. No exemplo a seguir, vemos que a ordem depende da letra que vem primeiro (o **o** ou o **r**), e não de quantas palavras se constitui a entrada.

air
air-conditioned
air conditioning
aircraft

Exercício 5

Ordene alfabeticamente as seguintes entradas:

chairman
chairwoman
chairperson
chair
champion
championship
chancellor
chance

As palavras compostas

Neste dicionário, são consideradas palavras compostas grupos de palavras que formam uma unidade: *dor de ouvido* e *água oxigenada* são palavras compostas. Para encontrar uma palavra composta do português neste dicionário, é necessário consultar a primeira palavra: *água oxigenada* aparece em *água*. Em muitos casos, você vai encontrar setas que indicam onde encontrar a palavra composta que está procurando. Por exemplo, se você esquecer que *água oxigenada* está em *água* e procurar em *oxigenado*, encontrará aí uma seta que o remete a *água*.

Apple pie, *night school* e *red card* são palavras compostas do inglês. Neste dicionário, as palavras compostas do inglês aparecem na primeira palavra que as forma, ou constituem uma entrada distinta.

Exercício 6

Onde podemos encontrar as seguintes palavras compostas do português?

lua de mel
posto de gasolina
avião a jato
ângulo reto

Você encontrou outras palavras compostas? Cite duas.

Exercício 7

Procure a palavra *cash* no dicionário e anote as palavras compostas que encontrar.

As expressões mais comuns e as expressões idiomáticas

Certas palavras são usadas em várias expressões. Assim, uma palavra como *cama* é usada em expressões como *ir para a cama* ou *fazer a cama*. Neste dicionário, essas expressões são encontradas em *cama*, porque o substantivo é a palavra mais importante da expressão. Também em expressões idiomáticas, como *bater um papo*, o substantivo é a palavra central; logo, a expressão aparece em *papo*. Em *ser carinhoso* a palavra mais importante é o adjetivo *carinhoso*, portanto, a expressão é encontrada ali.

Em muitos casos é difícil saber qual é a palavra mais importante de uma expressão. Se, por exemplo, você quiser encontrar *boa viagem*, talvez seja melhor procurar primeiro em *boa*. Ali você vai encontrar uma remissão para *viagem*.

Exercício 8

Onde você acha que vai encontrar expressões como estas?

estar com sede
pegar um resfriado
ficar com fome

Agora, procure-as no dicionário para confirmar.

Exercício 9

Consulte o adjetivo *small* neste dicionário:

small /smɔl/ *adj* **1** pequeno **2 a small 'a'/'b' etc.** um 'a'/'b' etc. minúsculo **3 a small fortune** uma pequena fortuna **4 to make sb feel small** fazer alguém se sentir inferior

Encontrou expressões comuns ou expressões idiomáticas? Quais?

Exercício 10

Leia estas frases:
My friend felt cold.
We stayed in a four-star hotel.
I'll get the door.

Se você não soubesse o que significam as expressões em azul, onde as procuraria no dicionário?

Agora procure-as no dicionário para confirmar.

Os *phrasal verbs* ou verbos com partícula

Os *phrasal verbs* são construções formadas por um verbo e uma partícula como *out*, *away*, *off*, *up*. Essas construções têm um significado especial, por isso é importante apresentá-las à parte. Neste dicionário, todos os *phrasal verbs* encontram-se no verbete do verbo correspondente (*get out* em *get*, *take away* em *take*, etc.). Na seção de gramática, você vai encontrar mais informações sobre os *phrasal verbs*.

Exercício 11

Com base nos exemplos, pense qual pode ser o significado de cada *phrasal verb* e marque-o com uma seta. Se tiver dúvidas, consulte *get* no dicionário. Você vai encontrar os *phrasal verbs* no final do verbete, e em ordem alfabética.

a Let's get in the car.   voltar
b What time do you   entrar
  get back?
c How's she getting   progredir
  along?
d I want to get ahead   ir
  with this project.

Os verbos irregulares

Alguns verbos ingleses têm formas irregulares no passado e/ou no particípio. O verbo *to take*, por exemplo, tem a forma *took* no passado, e *taken* no particípio. Você vai encontrar essas formas no verbete de *take*, e também como entradas, na ordem alfabética, com uma remissão para *take*.

Outras formas irregulares, como as do verbo *to be* (*am*, *is*, etc.) também aparecem como entradas, na ordem alfabética.

Exercício 12

Cada uma das frases abaixo contém um passado ou um particípio irregular em azul. Escreva ao lado o infinitivo do verbo. Se tiver alguma dúvida, consulte o dicionário.

He went to college. ....
Who made the cake? ....
I've bought some fruit. ....
Have you found your keys? ....
We saw some boats. ....

Exercício 13

Complete os espaços abaixo com as formas irregulares dos verbos. Se tiver alguma dúvida, consulte o dicionário:

_ I _	passado irregular de *do*
_ R _ _ _ _	particípio irregular de *drive*
R _ _ _	passado irregular de *rise*
_ E _ _	passado irregular de *lend*
G _ _ _	passado irregular de *give*
_ _ U _	particípio irregular de *swim*
_ L _ _ _	passado irregular e particípio irregular de *sleep*
_ A _	passado irregular de *run*
_ _ R _ _ _	passado irregular de *forget*

Os plurais irregulares

Alguns substantivos ingleses têm forma plural irregular. Por exemplo, o plural de *mouse* é *mice*. Nesses casos, você vai encontrar a forma plural no verbete de *mouse* e também como entrada, na ordem alfabética.

Os plurais regulares da forma *-ies* (para palavras terminadas em consoante + y, como *country*, *baby*, etc.) também são encontrados no verbete.

Exercício 14

Cada frase abaixo tem um substantivo plural irregular ou terminado em *-ies*, em azul. Escreva ao lado o singular. Se tiver alguma dúvida, consulte o dicionário:

a They listened to the stories. ....

b The women's department is over there. ....

c We visited a lot of countries. ....

d The horse has four hooves. ....

e There are lots of celebrities on TV. ....

f The babies are very cute. ....

g Here are the brushes. ....

h The children are in the garden. ....

Que palavra usar?

Às vezes, é difícil decidir que palavra inglesa usar quando há duas opções: *use* ou *wear*, *look* ou *watch*, *ache* ou *pain*? As explicações estão no lado português-inglês do dicionário; porém, em cada uma das palavras inglesas, há uma nota que remete à palavra portuguesa, como se vê no verbete de *look*:

> **look** /luk/ *verbo, substantivo & substantivo plural*
> • **v** [intr] **1** olhar: *I looked over the fence.* Olhei por cima da cerca. | *Look what I made!* Olha o que eu fiz! ▶ LOOK OU WATCH? ver **olhar 2 to look tired/happy etc.** estar com ar cansado/feliz etc., parecer cansado/feliz etc. | **to look nice/ugly etc.** estar bonito/feio etc. | **to look like sth** parecer algo: *It looks like an old coin.* Parece uma moeda antiga. | **to look as if/though** parecer que: *You look as if you haven't slept all night.* Você parece que não dormiu a noite inteira. | *It looks as though he'll be re-elected.* Parece que ele vai ser reeleito. **3** [intr] procurar: *"I can't find my keys." "Have you looked?"* – Não consigo achar as minhas chaves. – Você já procurou? **4 to look sb in the eye** olhar alguém nos olhos **5 to look south/east etc.** estar voltado para o sul/leste etc.

Qual o significado?

Há palavras que têm muitos significados. Em português, por exemplo, a palavra *manga* se refere a uma fruta e também à parte de uma roupa. Em inglês, a palavra *letter* pode se referir a uma carta ou a uma letra do alfabeto. Por isso, quando procuramos uma palavra no dicionário, temos que pensar em que contexto ela aparece ou em que contexto queremos usá-la, para que possamos escolher o significado certo.

Exercício 15

Consulte o verbete de *square* e concentre-se nos diferentes significados da palavra. Em seguida, escolha o significado adequado de *square* para cada frase abaixo:

a This is a square garden.
b You need to eat a square meal!
c Are we all square now?
d There's a café in the square.
e Oh no! We're back to square one!

Respostas

Exercício 1

no lado P-I   evitar, inteligente, oficina
no lado I-P   bottle, surprise, near
em ambos os lados   hotel, pizza, trailer, panda

Exercício 2

activity, crazy, increase, player, read, something, Thursday, vacation, window, zero

azeitona, conselho, duplicar, economista, gritar, julho, lado, massa, sufoco, turismo

Exercício 3

eclipse, ecologia, educar, elevador, empresa, encontro, enfim, escada, expirar, explicar

glad, glass, goal, goodbye, gradually, grand, great, greeting, group, grow

Exercício 4

fera   deve ser o primeiro da lista
betrayal   deve ser o segundo da lista
judo   deve ser o terceiro da lista
realizar   deve ser o último da lista

Exercício 5

chair, chairman, chairperson, chairwoman, champion, championship, chance, chancellor

Exercício 6

lua
posto
avião
ângulo

Exercício 7

cash card, cash desk, cash machine, cash dispenser, cash register

Exercício 8

estar com sede – em sede
pegar um resfriado – em resfriado
ficar com fome – em fome

Exercício 9

Expressão comum: a small 'a'/'b'
Expressões idiomáticas: a small fortune, to make somebody feel small

Exercício 10

cold, star, get

Exercício 11

a entrar
b voltar
c ir
d progredir

Exercício 12

to go
to make
to buy
to find
to see

Exercício 13

did, driven, rose, lent, gave, swum, slept, ran, forgot

Exercício 14

story, woman, country, hoof, celebrity, baby, brush, child

Exercício 15

a quadrado
b uma boa refeição
c estar/ficar quites
d praça
e voltar à estaca zero

DICIONÁRIO ILUSTRADO
Parts of the body

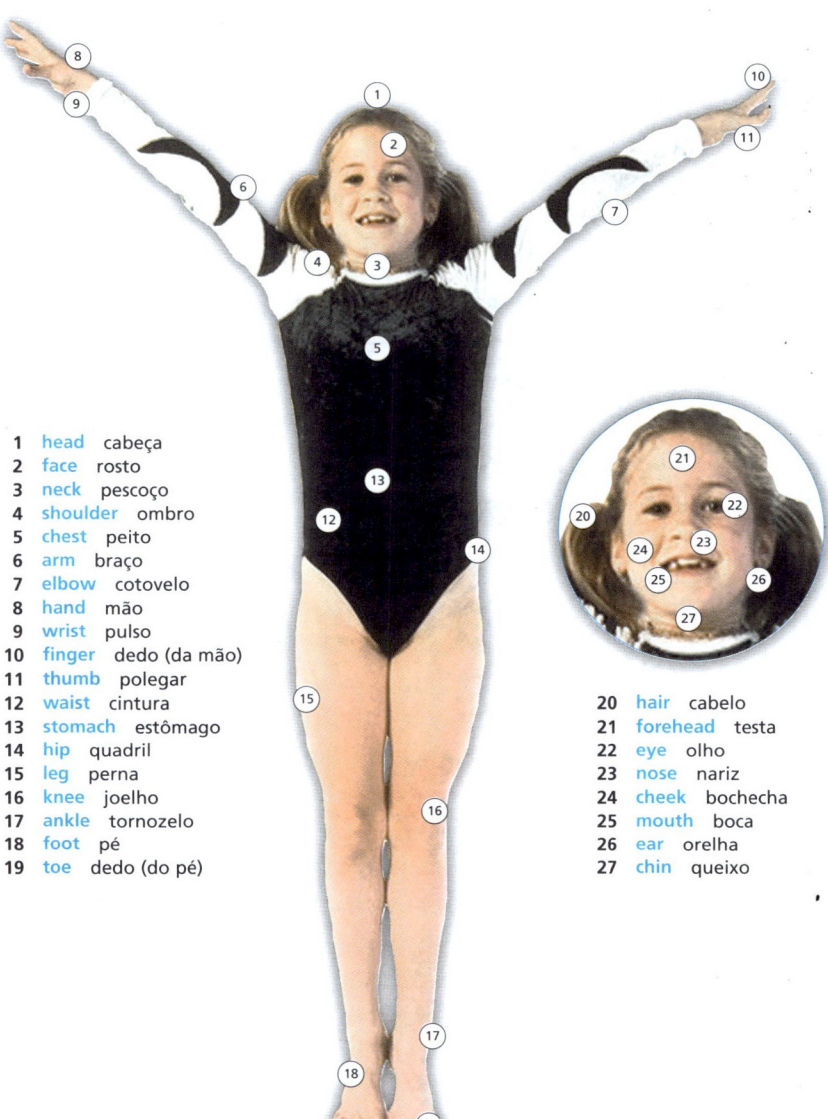

1. head — cabeça
2. face — rosto
3. neck — pescoço
4. shoulder — ombro
5. chest — peito
6. arm — braço
7. elbow — cotovelo
8. hand — mão
9. wrist — pulso
10. finger — dedo (da mão)
11. thumb — polegar
12. waist — cintura
13. stomach — estômago
14. hip — quadril
15. leg — perna
16. knee — joelho
17. ankle — tornozelo
18. foot — pé
19. toe — dedo (do pé)
20. hair — cabelo
21. forehead — testa
22. eye — olho
23. nose — nariz
24. cheek — bochecha
25. mouth — boca
26. ear — orelha
27. chin — queixo

Food and drink

- **bread** pão
- **eggs** ovos 
- **milk** leite 
- **cheese** queijo  
- **butter** manteiga
- **cold meats** frios
- **fish** peixe 
- **sugar** açúcar 
- **cereal** cereal  
- **rice** arroz
- **pasta** macarrão/massa
- **pizza** pizza
- **fries** (AmE)/**chips** (BrE) batata frita 
- **burger** hambúrguer 
- **chips** (AmE)/**crisps** (BrE) batata frita (industrializada)

DICIONÁRIO ILUSTRADO

cake
bolo

cookies (AmE)/
biscuits (BrE)
biscoito

jam
geleia

marmalade
geleia (de frutas cítricas)

chocolates
bombons

chocolate
chocolate

ice cream
sorvete

candy (AmE)/sweets (BrE)
bala

tea
chá

coffee
café

1 lemonade limonada
2 orange juice suco de laranja
3 cola refrigerante de cola
4 water água
5 white wine vinho branco
6 beer cerveja
7 red wine vinho tinto

…

Fruit

1. avocado   abacate
2. banana   banana
3. grape   uva
4. kiwi fruit   kiwi
5. mango   manga
6. melon   melão
7. papaya   mamão
8. pineapple   abacaxi

9. apple   maçã
10. nectarine   nectarina
11. peach   pêssego
12. pear   pêra
13. plum   ameixa
14. raspberry   framboesa
15. rhubarb   ruibarbo
16. strawberry   morango

lime   limão

lemon   limão-galego

orange   laranja

grapefruit   grapefruit

starfruit   carambola

cherry   cereja

coconut   coco

lychee   lichia

17. date   tâmara
18. fig   figo
19. prune   ameixa
20. raisin   uva passa

watermelon   melancia

Vegetables

1. mushroom cogumelo
2. runner bean vagem
3. spinach espinafre
4. spring onion cebolinha
5. watercress agrião
6. zucchini (AmE)/courgette (BrE) abobrinha

7. asparagus aspargo
8. celery aipo
9. eggplant (AmE)/aubergine (BrE) berinjela
10. French bean feijão-vagem
11. lettuce alface
12. peas ervilha

beetroot beterraba

carrot cenoura

cucumber pepino

13. broccoli brócolis
14. cabbage repolho
15. cauliflower couve-flor

onion cebola

red pepper pimentão vermelho

garlic alho

green pepper pimentão verde

potato batata

leek alho-poró

radish rabanete

squash tipo de abóbora

pumpkin abóbora

corn on the cob (AmE)/sweetcorn (BrE) milho

tomato tomate

turnip nabo

Clothes

1. handbag   bolsa feminina
2. coat   casaco
3. dress   vestido
4. sandals   sandália
5. baseball cap   boné de beisebol
6. sweatshirt   moletom
7. jeans   jeans
8. tie   gravata
9. shirt   camisa
10. jacket (men)   jaqueta, blazer
11. pants (AmE)/trousers (BrE)   calça(s)
12. briefcase   pasta
13. men's shoes   sapato masculino

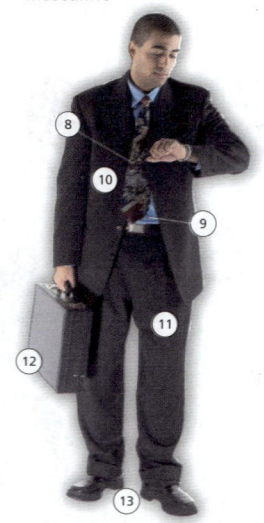

14. T-shirt   camiseta, T-shirt
15. shorts   calção, short
16. sneakers (AmE)/trainers (BrE)   tênis
17. blouse   blusa
18. jacket (women)   jaqueta, blazer
19. skirt   saia
20. women's shoes   sapato feminino

DICIONÁRIO ILUSTRADO

swimsuit
maiô

bikini
biquíni

swimming trunks
calção

thongs (AmE)/**flip-flops** (BrE)
sandália de dedo

ankle socks
meia soquete

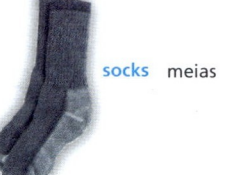

socks   meias

pajamas (AmE)/
pyjamas (BrE)
pijama

gloves
luva

sweat suit (AmE)/
tracksuit (BrE)
agasalho esportivo

Electronics and telecommunications

camera
câmera, máquina (fotográfica)

CD player
aparelho de CD, CD-player

clock radio
rádio-relógio

pocket calculator
calculadora de bolso

television
televisão

video camera
câmera de vídeo

CD-ROM
CD-ROM

photocopier
fotocopiadora

DVD player
tocador de DVD

DVD
DVD

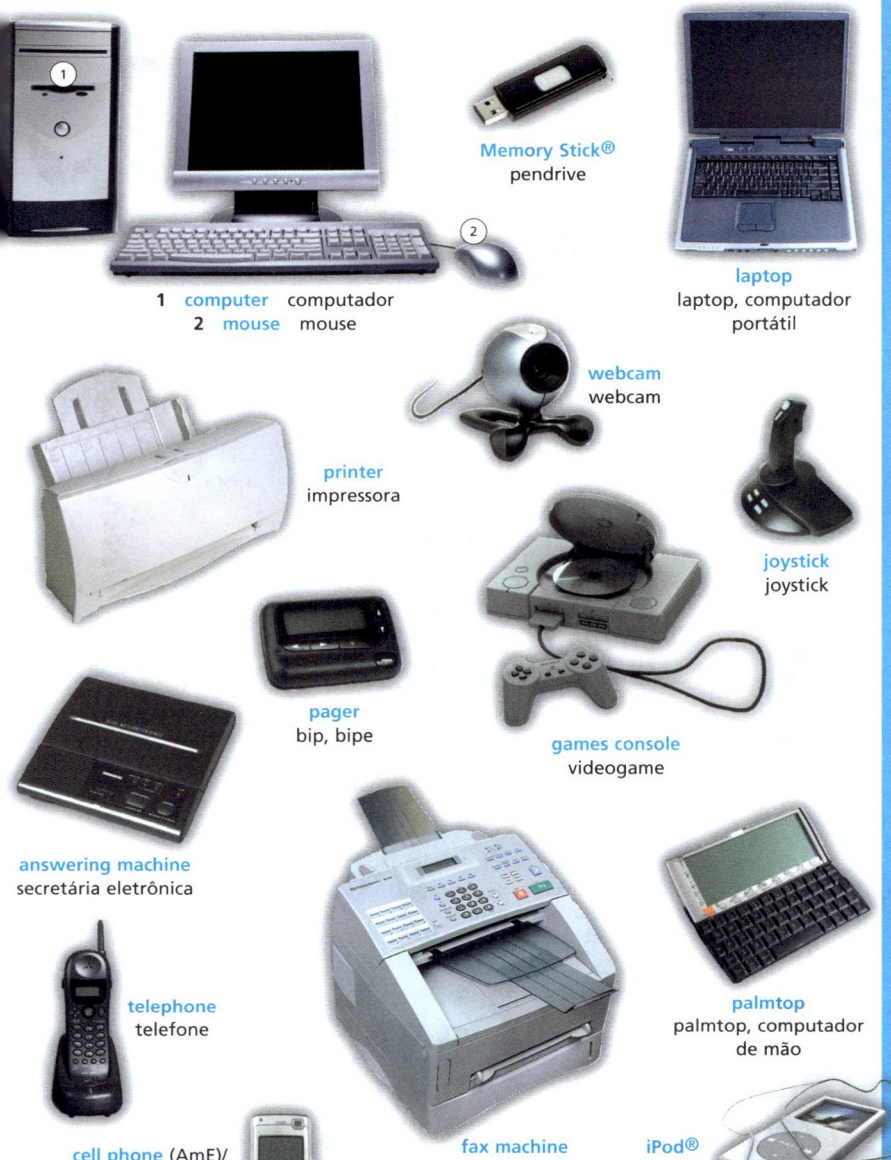

Prepositions

She is inside the house. / Ela está dentro da casa.

He is outside the house. / Ele está do lado de fora da casa.

He is waiting in front of the door. / Ele está aguardando em frente à porta.

The man is standing behind the woman. / O homem está em pé atrás da mulher.

The cat is under the table. / O gato está embaixo da mesa.

The books are on the shelf. / Os livros estão na estante.

There is a vase of flowers next to the clock. / Há um vaso de flores ao lado do relógio.

The men are sitting opposite each other. / Os dois homens estão sentados de frente um para o outro.

The motorcycle is parked between the cars. / A motocicleta está estacionada entre os carros.

There is a picture above the mantlepiece. / Há um quadro acima do console da lareira.

There is a bridge over the river. / Há uma ponte sobre o rio.

The man is getting into the car. / O homem está entrando no carro.

The man is getting out of the car. / O homem está saindo do carro.

The cat is jumping onto the table. / O gato está pulando para cima da mesa.

The ball is rolling off the table. / A bola está rolando da mesa.

The boy is walking up the stairs. / O menino está subindo a escada.

She is coming down the stairs. / Ela está descendo a escada.

The ball is rolling towards the goal. / A bola está indo em direção ao gol.

The train is going through the tunnel. / O trem está passando pelo túnel.

He is walking away from his car. / Ele está andando em direção oposta ao carro.

The car is going round the roundabout. / O carro está dando a volta no trevo.

He is climbing over the wall. / Ele está passando por cima do muro.

The car is going under the bridge. / O carro está passando por baixo da ponte.

Adjectives – opposites

neat (AmE)/**tidy** (BrE) arrumado 
messy (AmE)/**untidy** (BrE) bagunçado

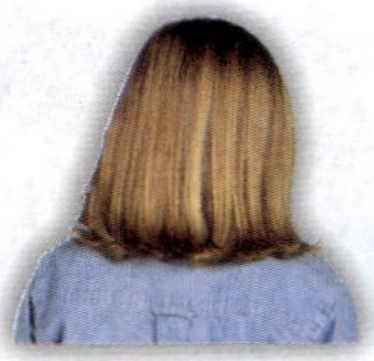

dry seco 
wet molhado

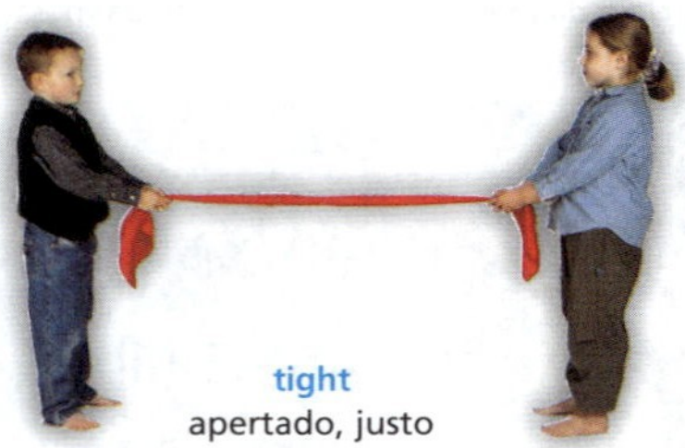

tight apertado, justo 
loose solto

heavy pesado
light leve

open aberto 
closed fechado

empty vazio 
full cheio

short curto 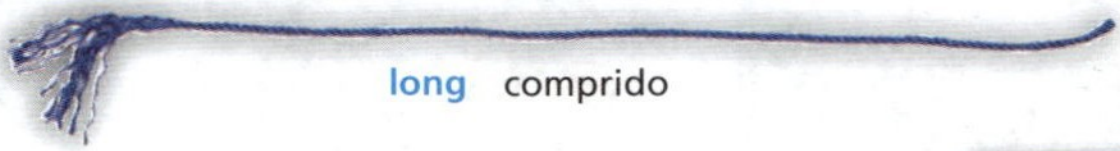
long comprido

near/close perto
far longe 

1 **narrow** estreito
2 **wide** largo
3 **hard** duro
4 **soft** macio, mole

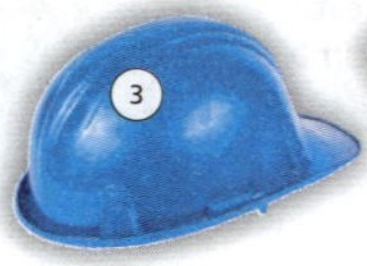

School

teacher
professor -a

pupil
aluno -a

1. eraser (AmE)/rubber (BrE) borracha
2. drawing pins tachinha
3. pencil lápis
4. (ballpoint) pen caneta esferográfica

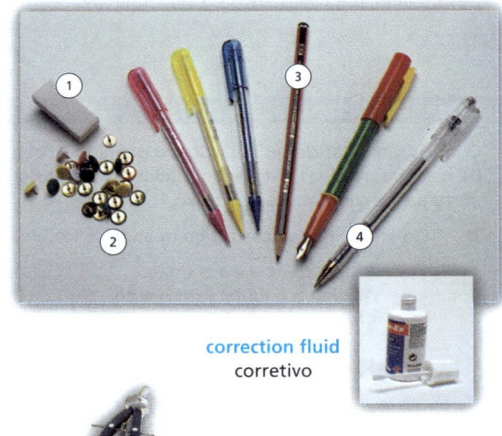

correction fluid
corretivo

compass
compasso

pencil sharpener
apontador
(de lápis)

ruler
régua

set square
esquadro

elastic bands/rubber bands
elástico (para prender
papéis, etc.)

paper clips
clipe

stapler
grampeador

hole punch
furador

sticky tape/
Sellotape
fita adesiva,
fita Durex®

GUIA DE GRAMÁTICA

Nesta seção, você vai encontrar informações sobre vários aspectos da gramática do inglês que podem ajudá-lo a entender melhor o que você escuta ou lê, e também a falar e escrever de modo mais adequado.

Como são usados os artigos?

O inglês tem duas classes de artigo: o definido (*the*) e o indefinido (*a* ou *an*). De maneira geral, os artigos são usados em inglês do mesmo modo que em português, exceto nos casos abaixo.

▶ Em inglês, **não se usa artigo** quando se faz uma generalização:

People think we are sisters.   As pessoas acham que somos irmãs.
Alcohol is bad for your health.   O álcool faz mal à saúde.
Children need a lot of attention.   As crianças precisam de muita atenção.

Students must be here at 8 a.m.   Os alunos devem estar aqui às 8 horas.

▶ Quando se fala das **partes do corpo** ou de **peças de roupa**, usa-se o **possessivo** em inglês:

*She took off **her** shoes.*   Ela tirou os sapatos.
*Have you washed **your** face?*   Você lavou o rosto?
*I brushed **my** teeth.*   Escovei os dentes.
*Put on **your** coat.*   Vista o casaco.
***Her** face was swollen.*   Ela estava com o rosto inchado.

▶ Em **expressões de tempo** com *last* e *next*, não se usa artigo em inglês:

I saw Tom last week.   Vi o Tom na semana passada.
The party is next Saturday.   A festa é no sábado que vem.
He went to Mexico last year.   Ele foi ao México no ano passado.

Como são usados os possessivos?

▶ Em inglês, os possessivos **não têm formas distintas para o singular e o plural**. Este quadro mostra que há uma só forma em inglês para as formas do singular e do plural em português:

português	inglês
meu/minha – meus/minhas	my
teu/tua – teus/tuas	your
seu/sua – seus/suas (de você)	your
seu/sua – seus/suas (dela)	her
seu/sua – seus/suas (dele)	his
seu/sua – seus/suas (dele/dela)	its
nosso/a – nossos/as	our
seu/sua – seus/suas (de vocês)	your
seu/sua – seus/suas (deles/delas)	their

Em inglês, usa-se o pronome *it* para se referir a coisas, animais, sentimentos, fenômenos naturais etc. O pronome *it* equivale aos pronomes 'ele' e 'ela' em português. No plural, usa-se o pronome *they*.

▶ Portanto, o possessivo não varia, mesmo que o substantivo a que se refere esteja plural:

my **cat** → **my** cats   Give me **your** book. → Give me **your** books.

Posse, parte, material

Em português, usamos a preposição *de* para indicar que:

▶ algo **pertence** a uma pessoa ou a um lugar.
Na frase *O livro é de Laura*, a preposição *de* indica posse.

Em inglês, quando o possuidor é uma pessoa, **não se usa preposição**; usa-se a construção com **apóstrofo** e **s**:

That is Anna's room.   *Esse é o quarto da Ana.*
My grandmother's house.   *A casa de minha avó.*

Às vezes, essa construção também é usada quando se fala de um lugar (*London's new airport*).

▶ algo faz **parte** de uma coisa ou de um lugar.
Na frase *a janela da cozinha*, a preposição *de* indica parte.

Em inglês, em muitos desses casos, **não se usa preposição**; menciona-se primeiro o lugar, etc., e depois a parte:

The kitchen window.   *A janela da cozinha.*
  1   2   2   1
I have it in my coat pocket. *Está no bolso do meu paletó.*
              1   2   2   1

▶ algo é feito ou construído com determinado **material**.
Na frase *uma gravata de seda*, a preposição *de* indica material.

Em inglês, em muitos desses casos, **não se usa preposição**; menciona-se primeiro o material e depois o objeto:

a glass door   *uma porta de vidro*
  1   2   2   1
He gave her a pearl necklace. *Ele lhe deu um colar de pérolas.*
                1   2   2   1

Numerais

cardinais		ordinais	
1	one	1st	first
2	two	2nd	second
3	three	3rd	third
4	four	4th	fourth
5	five	5th	fifth
6	six	6th	sixth
7	seven	7th	seventh
8	eight	8th	eighth
9	nine	9th	ninth
10	ten	10th	tenth
11	eleven	11th	eleventh
12	twelve	12th	twelfth
13	thirteen	13th	thirteenth
14	fourteen	14th	fourteenth
15	fifteen	15th	fifteenth
16	sixteen	16th	sixteenth
17	seventeen	17th	seventeenth
18	eighteen	18th	eighteenth
19	nineteen	19th	nineteenth
20	twenty	20th	twentieth
21	twenty-one	21st	twenty-first
25	twenty-five	25th	twenty-fifth
30	thirty	30th	thirtieth
40	forty	40th	fortieth
50	fifty	50th	fiftieth
60	sixty	60th	sixtieth
70	seventy	70th	seventieth
80	eighty	80th	eightieth
90	ninety	90th	ninetieth
100	a/one hundred	100th	hundredth
101	a/one hundred and one	101st	hundred and first
130	a/one hundred and thirty	130th	hundred and thirtieth
200	two hundred	200th	two hundredth
1,000	a/one thousand	1,000th	thousandth
3,000	three thousand	3,000th	three thousandth
10,000	ten thousand	10,000th	ten thousandth
100,000	a/one hundred thousand	100,000	hundred thousandth
1,000,000	a/one million	1,000,000th	millionth

LONGMAN DICIONÁRIO ESCOLAR — **GUIA DE GRAMÁTICA**

▶ Quando se escreve um número por extenso em inglês, põe-se um **hífen** entre a dezena e a unidade: *twenty-one, forty-six, fifty-two*.

▶ Quando se diz ou se escreve por extenso um número entre cem e mil, diz-se ou escreve-se ***and*** depois da centena: *three hundred and five, six hundred and twenty-eight, one hundred and fifty*.

▶ Em inglês, usa-se a **vírgula**, e não o ponto, para marcar as dezenas de milhar e de milhão: *2,904, 340,000, 1,500,000*.

▶ Em inglês o **ponto**, e não a vírgula, separa a unidade dos decimais: *0.5, 40.25*.

▶ Quando se pronuncia um **número de telefone**, lê-se cada algarismo separadamente: *4521 2373* lê-se *four-five-two-one, two-three-seven-three*; *65 1469* lê-se *six-five, one-four-six-nine*. Quando um algarismo se repete, usa-se a palavra *double*: 55 1932 lê-se *double five, one-nine-three-two*.

▶ O **zero** pode ser lido como *zero*, *oh* (como a letra o) ou *nought*. O número de telefone 2809, por exemplo, lê-se *two-eight-oh-nine*. No inglês americano, é mais comum dizer *zero*.

▶ Quando se trata de **anos** a partir de mil, os dois primeiros algarismos são lidos como um único número, e depois os outros dois também como um único número: *1814* lê-se *eighteen fourteen*, *1993* lê-se *nineteen ninety-three*. Os anos de 01 a 09 são lidos usando-se *oh* para o zero, como em *1906*: *nineteen-oh-six*. No entanto, a partir do ano 2000 (*two thousand*), os anos são lidos como números normais: *2001* se lê *two thousand and one*, *2002* se lê *two thousand and two*, etc.

▶ Quando se trata de **datas**, há três formas de escrevê-las:

> 5th March
> 5 March
> March 5th

Qualquer uma dessas formas pode ser lida de duas maneiras: *the fifth of March* ou *March the fifth*. No inglês britânico, as datas com números são expressas do mesmo modo que em português, indicando dia-mês-ano: 12/9/2002 indica o dia 12 do mês de setembro do ano de 2002. Já no inglês americano, a ordem é mês-dia-ano: 12/9/2002 indica o dia 9 do mês de dezembro do ano de 2002.

▶ Quando se trata de reis ou papas, usa-se o artigo *the* na língua falada, mas não na língua escrita: *Henry VIII* lê-se *Henry **the** Eighth*, *John Paul II* lê-se *John Paul **the** Second*.

▶ Quando se trata de séculos, na língua escrita usam-se os números ordinais, e não os números romanos; para referir-se ao século XIX, escreve-se *the 19th century* e diz-se *the nineteenth century*.

Substantivos contáveis e incontáveis

▶ Qual é a diferença entre um substantivo como *anel* e um substantivo como *sal*? Podemos dizer *Comprei três anéis*, mas não **Ponha três sais na comida*. Não dizemos **Tenho que comprar um álcool*, mas *Tenho que comprar álcool*. Substantivos como *sal* ou *álcool* denominam-se substantivos incontáveis, e há muitos deles em português: *água, barro, areia, alegria, silêncio* são alguns exemplos. Em geral, são os substantivos que se referem a **substâncias**, **qualidades** ou **ideias abstratas**.

▶ Em inglês, também existem substantivos contáveis e incontáveis e, como em português, também são usados de modos diferentes. Pode-se dizer *I bought a book*, mas não *I bought a sugar. Deve-se dizer *I bought sugar*, ou *I bought some sugar*. Também não se deve usar números com substantivos incontáveis como *water, fire, salt, music, love*.

▶ Há alguns substantivos que são **incontáveis em inglês, porém não em português**: por exemplo, *news, furniture, advice*. Então, para referir-se a uma notícia, um móvel ou um conselho, deve-se dizer ***a piece of** news/furniture/advice*. Nestes casos, se você consultar *paper* ou *papel*, por exemplo, vai encontrar uma nota que explica essas diferenças entre o inglês e o português.

Substantivo com função adjetiva

▶ Na língua inglesa, o substantivo é comumente usado com valor de um adjetivo, caracterizando outro substantivo:

> **Christmas** tree
> **movie** theater
> **school** year
> **shoe** store
> **space** shuttle
> **summer** vacation

▶ Essa estrutura pode equivaler, em português, a:

um substantivo seguido de um adjetivo:

school year	ano **letivo**
space shuttle	ônibus **espacial**

um substantivo seguido de uma locução adjetiva:

Christmas tree	árvore **de Natal**
summer vacation	férias **de verão**

ou a um substantivo:

movie theater	**cinema**
shoe store	**sapataria**

Sujeito obrigatório

▶ Em português, muitas vezes não expressamos o sujeito de uma oração:

Estou com pressa.   *Temos dois carros.*

Em inglês, o **sujeito** é **obrigatório** em todas as frases:

***I'm** in a hurry.*   ***We** have two cars.*

▶ Em português, as frases que fazem referência ao **clima** não têm sujeito:

Fez calor ontem.   *Está chovendo de novo.*

Em inglês, o sujeito *it* é **obrigatório** nesses casos:

***It** was hot yesterday.*   ***It's** raining again.*

▶ Em inglês, depois de palavras como *because*, *and* ou *but* é preciso **repetir o sujeito**:

NÃO	I love this room because is very big.	SIM	I love this room because **it's** very big.
NÃO	I saw the film and is really good.	SIM	I saw the film and **it's** really good.
NÃO	The city is lovely, but is very expensive.	SIM	The city is lovely, but **it's** very expensive

Posição dos advérbios

▶ Em português, os advérbios podem ocupar diferentes posições. Por exemplo, podem aparecer entre o verbo e o objeto ou depois do objeto:

Leia atentamente o texto.   *Leia o texto atentamente.*

▶ Em inglês, os **advérbios** devem vir **depois do objeto**:

NÃO *Read carefully the text.*   SIM *Read the text carefully.*

NÃO *He hit hard the ball.*   SIM *He hit the ball hard.*

NÃO *I like very much football.*   SIM *I like football very much.*

▶ Em inglês, os advérbios que indicam **frequência** devem vir **antes do verbo principal**:

I usually go there on Saturdays.
   1   2

She is always asking silly questions.
        1   2

We never saw him again.
   1   2

Verbos irregulares

Há muitos verbos irregulares em inglês. Neste dicionário, você encontrará no verbete desses verbos informação sobre suas formas irregulares no passado e no particípio. Para facilitar sua consulta, apresentamos abaixo uma lista dos verbos irregulares mais comuns em inglês.

Verbo	Passado	Particípio
awake	awoke	awoken
be	was, were	been
bear	bore	borne
become	became	become
begin	began	begun
bend	bent	bent
blow	blew	blown
break	broke	broken
bring	brought	brought
build	built	built
buy	bought	bought
catch	caught	caught
choose	chose	chosen
come	came	come
do	did	done
draw	drew	drawn
drink	drank	drunk
drive	drove	driven
eat	ate	eaten
fall	fell	fallen
feel	felt	felt
fight	fought	fought
find	found	found
fly	flew	flown
forget	forgot	forgotten
forgive	forgave	forgiven
get	got	gotten
give	gave	given
go	went	gone
grow	grew	grown
have	had	had
hear	heard	heard
hide	hid	hidden, hid
hold	held	held
keep	kept	kept
know	knew	known
lay	laid	laid
lead	led	led

Verbo	Passado	Particípio
leave	left	left
lend	lent	lent
let	let	let
lie[1]	lay	lain
lose	lost	lost
make	made	made
mean	meant	meant
meet	met	met
pay	paid	paid
put	put	put
read	read	read
ride	rode	ridden
ring	rang	rung
rise	rose	risen
run	ran	run
say	said	said
see	saw	seen
sell	sold	sold
send	sent	sent
set	set	set
shake	shook	shaken
shine	shone	shone
shoot	shot	shot
show	showed	shown
sing	sang	sung
sit	sat	sat
sleep	slept	slept
speak	spoke	spoken
spend	spent	spent
stand	stood	stood
steal	stole	stolen
strike	struck	struck
swim	swam	swum
take	took	taken
teach	taught	taught
tear	tore	torn
tell	told	told
think	thought	thought
throw	threw	thrown
wake	woke	woken
wear	wore	worn
win	won	won
write	wrote	written

O que são os verbos modais?

- Chamam-se modais verbos como *can*, *may*, *must*, *would* ou *should*, que são usados com outros verbos para agregar um **significado de possibilidade**, **obrigação**, **desejo**, **cortesia**, etc. Para saber mais sobre o significado de cada um dos modais, consulte-os no dicionário. Você vai encontrar notas com explicações e exemplos.

- Os verbos modais têm a **mesma forma** para todas as pessoas (*I can do it*, *She can do it*), quer dizer, *he/she/it*, nestes casos, não possuem a forma especial com *-s*.

- Os verbos modais **não** têm forma terminada em *-d* ou *-ed*.

- O verbo principal segue-se ao modal, e **nunca** é precedido de ***to***: *You should tell him*, *I can't go*, *She may come later*.

O que são os *phrasal verbs*?

- Os *phrasal verbs* são construções formadas por **um verbo e uma partícula** como *out*, *off*, *away*, *back*, etc. O conjunto formado pelo verbo e pela partícula tem um **significado especial**, diferente do significado do verbo. De modo geral, o verbo *put* significa *pôr*, porém o *phrasal verb* *put out*, em *He put out the fire*, significa *apagar*.

- Os *phrasal verbs* podem ser **transitivos ou intransitivos**, isto é, podem ter objeto direto ou não. Na frase *The car broke down* (*O carro quebrou*), *to break down* é um *phrasal verb* intransitivo. Na frase *I have to give the book back* (*Tenho que devolver o livro*), *give back* é um *phrasal verb* transitivo (*the book* é o objeto direto).

- Alguns *phrasal verbs* podem ser usados com ou sem objeto direto: *to make up* = maquiar-se, *to make somebody up* = maquiar alguém.

- O objeto direto pode ocorrer em **duas posições**: em seguida ao verbo e à partícula (*He took off his shoes*), ou entre o verbo e a partícula (*He took his shoes off*). Se o objeto direto é um pronome – it, them, her, him, etc. –, vem sempre entre o verbo e a partícula: *He took them off*.

GUIA DE ASPECTOS CULTURAIS

Nesta seção, você vai encontrar informações sobre vários aspectos da vida e dos costumes nos Estados Unidos e na Grã-Bretanha. Esses dados podem ajudá-lo a compreender melhor programas de TV ou filmes, bem como informações em livros ou revistas em inglês.

Estados Unidos

Sistema político

Democracia com sistema presidencialista. Os Estados Unidos são formados por 50 estados, que compartilham um governo federal. Além da Constituição nacional, que é comum a todos os estados, cada estado tem sua própria Constituição, e, às vezes, há diferenças entre os estados nas questões de segurança, saúde ou educação. O presidente é eleito a cada quatro anos, com possibilidade de reeleição. O Congresso (**Congress**) é formado por duas câmaras de representantes, a de deputados (**House of Representatives**) e a de senadores (**Senate**).

Sistema educacional

A educação é obrigatória entre os 6 e os 14 ou 16 anos, conforme o estado onde se vive. A escola primária (**elementary school**) dura seis anos, dos 6 aos 11 anos. O ensino médio consta de um ciclo de dois anos (**junior high school**), seguido por outro de quatro anos (**high school**). Os alunos que querem entrar em uma universidade prestam um exame chamado **SAT** no último ano da escola secundária.

Transporte

Os Estados Unidos têm uma ampla rede de trens (**Amtrak**) que faz a conexão entre as cidades. Uma opção mais barata para as viagens interurbanas são os ônibus intermunicipais (**Greyhound buses**). As cidades mais importantes, como Nova York ou Boston, também têm metrô (**subway**), e algumas cidades, como São Francisco, dispõem de bondes (**streetcars**).

Moeda

A unidade monetária é o dólar (**dollar**). A centésima parte do dólar é o centavo (**cent**). A moeda de um centavo se chama **penny**; a de cinco, **nickel**; a de dez, **dime**; e a de vinte e cinco, **quarter**. Na linguagem informal, *a buck* é um dólar.

Esportes

Um dos esportes mais populares nos Estados Unidos é o beisebol (**baseball**). Os times profissionais formam duas associações que promovem os campeonatos, a **American League** e a **National League**. Os campeões desses torneios jogam entre si a **World Series** para definir o campeão nacional. Outro esporte muito popular é o futebol americano (**football**). A liga de futebol americano (**National Football League** ou **NFL**) organiza dois campeonatos (chamados **conferences**); os campeões de cada um desses campeonatos jogam a partida final da temporada, chamada **Super Bowl**. O basquete (**basketball**) também é muito praticado na Estados Unidos, e os jogos da **NBA** (**National Basket Association**) são um evento importante. O futebol, chamado **soccer** no inglês americano, não é tão popular nos Estados Unidos.

Tamanhos

- As roupas femininas e masculinas têm uma numeração especial. Os tamanhos das roupas femininas são 6 (mais ou menos manequim 36), 8 (mais ou menos 38), 10 (mais ou menos 40), etc. Os tamanhos das roupas masculinas são 30 (mais ou menos manequim 40), 32 (mais ou menos 42), etc. Também é comum, em certas peças, a indicação **S** (**small**, isto é, pequeno), **M** (**medium**, médio), **L** (**large**, grande) ou **XL** (**extra large**, muito grande). Outras peças vêm em tamanho único e têm a indicação **OS** (**one size**).
- Os sapatos femininos e masculinos também têm uma numeração especial. Para as mulheres, os números são 5 (35), $5\frac{1}{2}$ (36), 6 (37), etc. Para os homens, os números são 7 (39), $7\frac{1}{2}$ (40), 8 (41), etc.

Pesos e medidas

- A unidade de peso é a libra (**pound**), que equivale a cerca de 450 gramas. Essa medida é usada tanto na pesagem de frutas, objetos, etc. como para falar do peso das pessoas; uma pessoa que pesa *134 pounds* tem cerca de 60 quilos.
- Para falar da altura de coisas e pessoas usam-se a polegada (**inch**, cerca de 2,5 cm) e o pé (**foot**, que equivale a 12 inches, cerca de 30 cm): *He is six feet tall* = Ele tem um metro e oitenta.
- Para falar de altura, largura e profundidade também se usam, além da polegada e do pé, a jarda (**yard**, cerca de 90 cm) e a milha (**mile**, cerca de 1,6 km). Se uma placa na estrada indica 50 como velocidade máxima, refere-se a 50 mph (*fifty miles per hour*, isto é, 80 km/h).
- Para falar de capacidade, usam-se o quartilho (**pint**, um pouco menos de meio litro) e o galão (**gallon**, um pouco menos de 4 litros). O quartilho é a medida habitual para bebidas como o leite. A gasolina é medida em galões.

Grã-Bretanha

Países que formam a Grã-Bretanha

Inglaterra (**England**), Escócia (**Scotland**) e País de Gales (**Wales**) são os três países que integram a maior das Ilhas Britânicas (**British Isles**). O Reino Unido (**the United Kingdom**), que é o Estado político, é formado por esses três países mais a Irlanda do Norte (**Northern Ireland**).

Sistema político

Monarquia parlamentarista. O parlamento é a instituição mais importante. Compõe-se de duas câmaras, a Câmara dos Lordes (**the House of Lords**) e a Câmara dos Comuns (**the House of Commons**). A Câmara dos Lordes é composta por membros da nobreza, bispos e outras pessoas ilustres. Os cidadãos votam somente nos membros da Câmara dos Comuns, que é a mais importante. O governo é dirigido pelo primeiro-ministro (**the Prime Minister**), líder do partido com maior representação na Câmara dos Comuns. As eleições gerais ocorrem a cada cinco anos.

Sistema educacional

A educação é obrigatória entre os 5 e os 16 anos de idade. Desses doze anos, os primeiros sete formam a escola primária (**primary school**), que, às vezes, se divide em **infant school** (três anos) e **junior school** (quatro anos). Depois, há mais cinco anos de **secondary school**. Após esse ciclo obrigatório, pode-se fazer dois anos de **sixth form**, até os 18 anos. Ao terminarem esses dois anos, os estudantes podem prestar exames que avaliam seu conhecimento em algumas matérias. É necessário ser aprovado nesses exames, que se chamam **A levels**, para poder estudar em uma universidade ou fazer um curso superior técnico.

Transporte

Na Grã-Bretanha, um dos meios de transporte mais utilizados é o trem (**train**). Muita gente usa o trem para ir de sua casa ao trabalho, já que é muito comum viver em uma cidade pequena e trabalhar em uma cidade grande. Além do trem, há ônibus intermunicipais (**coaches**) que conectam as várias cidades. A cidade de Londres possui uma rede subterrânea muito extensa, o que faz do metrô (**the underground**, ou **the tube**, como também é chamado) um dos meios de transporte mais usados na cidade. Também são típicos de Londres os ônibus vermelhos de dois andares (**double-deckers**).

Moeda

A unidade monetária é a libra (**pound**). A centésima parte da libra é o pêni (**penny**, plural **pence**). É muito comum abreviar *pence* para *p* e dizer *ten p*, em vez de *ten pence*. Na linguagem informal, *a quid* (plural *quid*) é uma libra, *a fiver* é uma nota de cinco libras, e *a tenner* é uma nota de dez libras.

Esportes

O esporte mais popular na Grã-Bretanha é o futebol (**football**). Os clubes de futebol jogam numa liga organizada em quatro divisões (**Premier League, First Division, Second Division** e **Third Division**) e, além disso, disputam uma copa: **FA Cup** (a Copa da FA). A copa da FA é um dos eventos esportivos mais importantes para os britânicos. Outro esporte popular é o rúgbi (**rugby**), que tem duas variantes: o **Rugby League** (jogado por times com treze jogadores) e o **Rugby Union** (jogado por times com quinze jogadores). Este último é o que se joga nos campeonatos internacionais, como **the Six Nations Tournament** (Campeonato das Seis Nações). O críquete (**cricket**), também popular na Grã-Bretanha, é jogado só no verão. As partidas podem durar de um a cinco dias, dependendo do tipo de torneio.

Tamanhos

- As roupas femininas e masculinas têm uma numeração especial. Os tamanhos das roupas femininas são 8 (manequim 38), 10 (manequim 40), 12 (manequim 42), etc. Os tamanhos das roupas masculinas são 30 (mais ou menos manequim 40), 32 (mais ou menos manequim 42), etc. Também é comum, em certas peças, a indicação **S** (**small**, isto é, pequeno), **M** (**medium**, médio), **L** (**large**, grande) ou **XL** (**extra large**, muito grande). Outras peças vêm em tamanho único e têm a indicação **OS** (**one size**).
- Os sapatos femininos e masculinos também têm uma numeração especial. Para a mulher, os números são $3\frac{1}{2}$ (35), 4 (36), $4\frac{1}{2}$ (37), etc. Para o homem, os números são 6 (39), $6\frac{1}{2}$ (40), 7 (41), etc.

Pesos e medidas

- Embora o sistema métrico tenha sido adotado para a maioria das coisas, algumas medidas do antigo sistema imperial ainda são comumente usadas. Por exemplo, uma unidade de peso muito usada para se falar do peso de frutas, carnes, etc. é a libra (**pound**). Para se referir ao peso das pessoas é comum o uso de stone (1 **stone** = 6,35 kg) e ounce (1 **ounce** = 28,35 g). Uma pessoa que pesa **8 stone** tem cerca de 50 quilos.
- Para falar da altura das coisas e das pessoas usam-se a polegada (**inch**, cerca de 2,5 cm) e o pé (**foot**, que equivale a 12 inches, cerca de 30 cm): *He is six feet tall* (Ele tem um metro e oitenta).
- Para falar de altura, largura e profundidade também se usam, além da polegada e do pé, a jarda (**yard**, cerca de 90 cm) e a milha (**mile**, aproximadamente 1,6 km). Quando uma placa na estrada diz *London 50*, indica que Londres fica a 50 milhas (*fifty miles*, isto é, 80 km).
- Para falar de capacidade, usam-se o quartilho (**pint**, pouco mais de meio litro) e o galão (**gallon**, cerca de 4 litros). O quartilho é a medida habitual para bebidas como a cerveja e o leite. A gasolina é medida em galões.

GUIA PARA COMUNICAÇÃO

Nesta seção, você vai encontrar palavras e frases que podem ajudá-lo a se comunicar em várias situações.

Para falar de você

Meu nome é Laura/Paulo.	My name's Laura/Paulo.
Tenho 14 anos.	I'm fourteen years old.
Tenho um irmão e uma irmã.	I have a brother and a sister.
Sou o/a mais novo/a.	I'm the youngest.
Estou no segundo grau.	I'm in high school.
Tenho um cachorro.	I have a dog.
Sou Flamengo/Palmeiras/Grêmio.	I'm a Flamengo/Palmeiras/Grêmio fan.
Moro em Recife/São Paulo.	I live in Recife/São Paulo.
Estudo inglês.	I'm learning English.

Para falar do que você gosta

Gosto de jogar futebol.	I like to play soccer (AmE)/football (BrE). I like playing soccer/football.
Adoro sair para dançar.	I love to go clubbing.
Não gosto de levantar cedo.	I don't like getting up early.
Detesto essa propaganda.	I hate this commercial.
Sou louco por jogos de computador.	I'm crazy about computer games.
Prefiro o cinema ao vídeo.	I prefer the movies (AmE)/cinema (BrE) to video.
Gosto mais de reggae.	I like reggae better.

Para falar do seu país

O Brasil faz fronteira com o Uruguai ao sul.	Brazil borders Uruguay to the south.
A Floresta Amazônica fica no norte do país.	The Amazon forest is in the north of the country.
Poços de Caldas é uma estação de águas.	Poços de Caldas is a spa.
Há muitos pinheiros no Paraná.	There are lots of pine trees in Paraná.
A região do Pantanal é uma grande planície alagada onde se cria gado.	The Pantanal area is a large flooded plain where cattle are bred.
A Região Nordeste é muito seca, mas tem praias lindas.	The northeast is very dry but there are beautiful beaches there.
Brasília é a capital do Brasil.	Brasilia is the capital of Brazil.
Búzios é um balneário no Oceano Atlântico.	Búzios is a beach resort on the Atlantic.

Para falar da escola

Estou na oitava série.	I'm in eighth grade (AmE)/ in year 8 (BrE).
Não gosto de matemática.	I don't like Math (AmE)/ Maths (BrE).
Minha matéria preferida é física.	My favorite subject is Physics.
Estudo à tarde.	I go to school in the afternoon.
Estudo numa escola pública.	I go to a public school (AmE)/ state school (BrE).
Estou numa escola técnica.	I'm in a technical school.
Faltam dois anos para eu terminar o segundo grau.	I have two years to go before I finish high school.
Jogo no time do colégio.	I play in the school team.
Vou para o colégio de ônibus.	I go to school by bus.

Para falar de roupas

Essa camiseta é muito pequena para mim.	This T-shirt is too small for me.
Essa calça não combina com a camisa.	Those pants (AmE)/trousers (BrE) don't go with the shirt.
Esse vestido fica bem em você.	That dress looks nice on you.
Gosto de jeans largos/apertados.	I like baggy/tight-fitting jeans.
Ele usa roupa de grife.	He wears designer clothes.
uma camisa lisa/xadrez	a plain/checked shirt
uma camisa de mangas curtas/compridas	a short-sleeved/long-sleeved shirt
uma suéter com decote redondo/em V	round/V neck sweater (AmE)/ round/V neck jumper (BrE)

▶ Para saber a respeito dos tamanhos de roupa e dos números de sapatos nos Estados Unidos e na Grã-Bretanha, veja a seção **Tamanhos** no **Guia de aspectos culturais**.

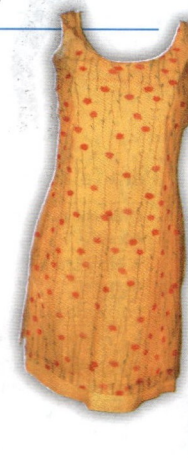

Para falar de esportes

Você assistiu ao jogo ontem à noite?	Did you watch the game last night?
Foi falta!	That was a foul!
Treinamos duas vezes por semana.	We train twice a week.
Sou a capitã do time.	I'm captain of the team.
A semifinal é amanhã.	Tomorrow's the semifinal.
Ela chegou em segundo lugar nos cem metros.	She came second in the one hundred metres.
Eles ganharam o campeonato.	They won the championship.

▶ Para saber a respeito dos esportes mais importantes nos Estados Unidos e na Grã-Bretanha, veja a seção **Esportes** no **Guia de aspectos culturais**.

Para falar do tempo

Faz frio/calor.	It's cold/hot.
Está chovendo.	It's raining.
Está nublado.	It's cloudy.
Fez muito sol ontem.	It was very sunny yesterday.
Nevou todos os dias.	It snowed every day.
Está fazendo dois graus abaixo de zero.	It's two degrees below zero.
Está muito abafado hoje.	It's really muggy today.

Para falar da saúde

Estou com dor de cabeça.	I have a headache.
Não estou me sentindo bem.	I'm not feeling well.
Estou tonto/tonta.	I feel dizzy.
Estou com dor de garganta.	I have a sore throat.
Você está muito resfriado/resfriada.	You have a bad cold.
Ela está com dor de estômago.	She has a stomach ache.
Você tem uma aspirina?	Do you have an aspirin?
Ele está com febre.	He has a temperature.

Para cumprimentar

Oi, como vai?	Hello/Hi, how are you?
Bem, e você?	I'm fine/all right, and you?
Como vão as coisas?	How are things?
Tchau!	Bye!
A gente se vê.	See you!
Até logo.	See you later.
Se cuida!	Take care!
Bom dia.	Good morning.
Boa tarde/Boa noite.	Good afternoon/Good evening.
Boa noite (ao se despedir ou ir dormir).	Good night.

Para agradecer, desculpar-se, pedir licença, etc.

Obrigado.	Thank you./Thanks.
De nada.	You're welcome.
Desculpe.	I'm sorry.
Não foi nada.	That's all right.
Com licença.	Excuse me.
O quê?	Pardon?/Sorry?
Desculpe, não entendi.	Sorry, I didn't catch that.
Pode falar mais devagar, por favor?	Can you speak slowly, please?
Este lugar está livre?	Is this seat free?
Desculpe, isso é seu?	Excuse me, is this yours?

Exclamações

de dor	Ai!	Ouch!
de nojo	Uh!	Ugh!/Yuck!
diante de alguma coisa gostosa	Humm!	Yum!
para chamar a atenção	Ei!	Hey!

Numa loja

Pode-se dizer ...	
How much is this shirt?	Quanto é esta camisa?
I need a bigger size.	Preciso de um tamanho maior.
May I try this on?	Posso provar isso?
Where are the fitting rooms?	Onde fica o provador?
I'd like to see those sandals.	Queria ver essas sandálias.
Can I have a look around?	Posso dar uma olhada?
Do you take credit cards?	Vocês aceitam cartão de crédito?

Você vai escutar ...	
It comes in black, red, and beige.	Temos em preto, vermelho e bege.
That is US$30.	Custa US$30.
We don't have it in your size.	Não temos no seu tamanho.
She can change it if she doesn't like it.	Ela pode trocar se não gostar.

▶ Para saber a respeito dos tamanhos de roupa e dos números de sapatos nos Estados Unidos e na Grã-Bretanha, veja a seção **Tamanhos** no **Guia de aspectos culturais**.

▶ Para saber a respeito da moeda usada nos Estados Unidos e na Grã-Bretanha, veja a seção **Moeda** no **Guia de aspectos culturais**.

Na rua

Pode-se dizer ...	
Can you tell me the way to ...?	Como se vai para ...?
Do you know where the station is?	Você sabe onde fica a estação?
Is this the right way to Richmond?	É este o caminho para Richmond?
Which is the nearest subway (AmE)/underground (BrE) station?	Qual é a estação de metrô mais próxima?
Excuse me, is this Neal Street?	Por favor, essa é a rua Neal?

Você vai escutar ...	
Go straight on.	Siga em frente.
Turn left at the lights.	Dobre à esquerda no sinal/semáforo.
It's on the next street.	Fica na próxima rua.
You have to cross the park.	Você tem que atravessar o parque.

▶ Para saber a respeito dos meios de transporte usados nos Estados Unidos e na Grã-Bretanha, veja a seção **Transporte** no **Guia de aspectos culturais**.

Num restaurante ou num café

Pode-se dizer ...	
Two Cokes, please.	Duas Cocas, por favor.
How much is the hamburger?	Quanto é o hambúrguer?
Sparkling water for me, please.	Para mim, uma água com gás.
Where is the restroom (AmE)/toilet (BrE)?	Onde é o banheiro?
Can I have the check (AmE)/bill (BrE), please?	A conta, por favor.
Can we pay separately?	Podemos pagar separado?
Você vai escutar ...	
Have you booked?	Você fez reserva?
This way, please.	Por aqui, por favor.
Would you like any drinks?	Gostariam de beber alguma coisa?
It comes with fries (AmE)/chips (BrE).	Vem com batata frita.
To eat here or take away?	É para comer aqui ou para levar?

Café (coffee)	
café preto	black coffee
café pingado	coffee with a dash of milk
café com leite	white coffee
café expresso/de máquina	espresso
Café-da-manhã (breakfast)	
torrada	toast
manteiga	butter
geleia	jam
croissant	croissant
iogurte	yoghurt
presunto	ham
queijo	cheese
suco de laranja	orange juice

Carne (meat)	
carne bovina	beef
frango	chicken
carne de porco	pork
salsichas	sausages
filé mignon	steak
filé (de peixe, etc.)	fillet
malpassado	rare
ao ponto	medium
bem passado	well done

Frutos do mar (seafood)	
peixe à milanesa	fish in batter
truta	trout
salmão	salmon
linguado	sole
camarão (pequeno)	shrimp
camarão (médio a graúdo)	shrimp (AmE)/prawn (BrE)
mexilhões	mussels

Legumes e verduras (vegetables)	
tomate	tomato
alface	lettuce
cenoura	carrot
batata	potato
cebola	onion
pimentão	pepper
pepino	cucumber
vagem	beans

Batatas (potatoes)	
batata assada	roast potatoes, jacket potatoes (com casca)
batata frita	fries (AmE)/chips (BrE)
purê de batata	mashed potatoes

Pratos (dishes)	
sopa	soup
salada	salad
arroz	rice
macarrão/massa	pasta
churrasco	barbecue
torta	pie
bolo de carne	meatloaf

Sobremesas (dessert)	
salada de frutas	fruit salad
sorvete	ice cream
pudim de leite	crème caramel
morangos com creme	strawberries and cream
torta de maçã	apple pie
arroz doce	rice pudding

▶ Para saber a respeito do sistema educacional dos Estados Unidos e da Grã-Bretanha, veja a seção **Sistema educacional** no **Guia de aspectos culturais**.

Na sala de aula

Pode-se dizer ...	
How do you pronounce *thought*?	Como se pronuncia *thought*?
Can you spell it?	Você pode soletrar isso?
What's the meaning of *frame*?	O que quer dizer *frame*?
Could you repeat that, please?	Poderia repetir, por favor?
I don't understand.	Não entendo.
I couldn't do exercise 3.	Não consegui fazer o exercício 3.
May I go to the bathroom?	Posso ir ao banheiro?
Do we have to write that down?	Precisamos anotar isso?
What did he give as homework?	Qual foi o dever de casa que ele deu?
We've already done this exercise.	Já fizemos este exercício.
Você vai escutar ...	
Open the book on page 25.	Abram o livro na página 25.
Do exercises 4 and 5 as homework.	Façam os exercícios 4 e 5 como dever de casa.
Work in pairs.	Trabalhem em pares.

Na estação ferroviária

Pode-se dizer ...	
Is this the train to Cambridge?	É esse o trem que vai para Cambridge?
What time is the next train to Brighton?	A que horas é o próximo trem para Brighton?
A round-trip (AmE)/return ticket (BrE) to Richmond, please.	Uma passagem de ida e volta para Richmond, por favor.
Where is platform 3?	Onde é a plataforma 3?
I'm a student. Do I get a discount?	Sou estudante. Tenho algum desconto?
Can I have a timetable?	Você poderia me dar um folheto com os horários?
Você vai escutar ...	
It's £6.20, please.	São £6.20, por favor.
Here's your change.	Aqui está o seu troco.
Next train calls at Tipton, Maple End ...	O próximo trem para em Tipton, Maple End ...
Tickets, please.	As passagens, por favor.

▶ Para saber a respeito dos esportes mais praticados nos Estados Unidos e na Grã-Bretanha, veja a seção **Esportes** no **Guia de aspectos culturais**.

No aeroporto

Pode-se dizer ...	
What time is check-in?	A que horas é o check-in?
Can I take this as hand luggage?	Posso levar isso como bagagem de mão?
How much weight may I carry?	Quantos quilos posso levar?
It's just this suitcase.	É só esta mala.
Você vai escutar ...	
Let me see your passport, please.	Seu passaporte, por favor.
Window or aisle seat?	Janela ou corredor?
You board at gate 4 at 7.45.	Embarque pelo portão 4 às 7:45.
Boarding card, please.	Seu cartão de embarque, por favor.
Flight 301 for São Paulo is now boarding at gate 5.	Para o voo 301, com destino a São Paulo, embarque pelo portão 5.

Na farmácia

Pode-se dizer ...	
I need something for this cold.	Preciso de alguma coisa para este resfriado.
Do you have any cough mixture?	Vocês têm algum xarope para tosse?
Do I need a prescription for this?	Preciso de receita médica para isso?
Can you recommend something for insect bites?	Você poderia me recomendar alguma coisa para picadas de inseto?
I'm allergic to ...	Sou alérgico/alérgica a ...
Remédios	
aspirin(s)	aspirina
vitamin C tablets	comprimidos de vitamina C
rubbing alcohol (AmE)/surgical spirit (BrE)	álcool
Bandaid (AmE)/plaster (BrE)	band-aid
painkiller	analgésico

Ao telefone

Pode-se dizer ...	
Hello! Is Sofia there, please?	Alô! A Sofia está, por favor?
Can I speak to Daniel, please?	Posso falar com o Daniel, por favor?
Could I leave a message for her?	Posso deixar um recado para ela?
Could you tell him Paulo called?	Você poderia dizer que o Paulo telefonou?
Você vai escutar ...	
Sofia speaking.	É a Sofia (quem está falando).
Who's calling?	Quem fala?
One moment, please.	Um momento, por favor.
He's not here now. Can I take a message?	Ele não está no momento. Quer deixar recado?
Wrong number.	É engano.

E-MAIL & INTERNET

E-mail

▶ Em inglês, e-mails são, em geral, mais curtos do que cartas, e tende-se a usar uma linguagem mais informal.

▶ Você pode começar sua mensagem como iniciaria uma carta (*Dear Lúcia*), ou somente com o nome do destinatário (*Lúcia*), ou começar direto com a mensagem, especialmente ao responder um e-mail.

▶ Veja abaixo um exemplo de mensagem de e-mail em inglês:

Vocabulário dos e-mails

To	Para
From	De
Cc	Cc (com cópia)
Subject	Assunto
Attachments	Anexos
Address book	Catálogo de endereços
Send	Enviar
Reply	Responder
Forward	Encaminhar
Delete	Excluir

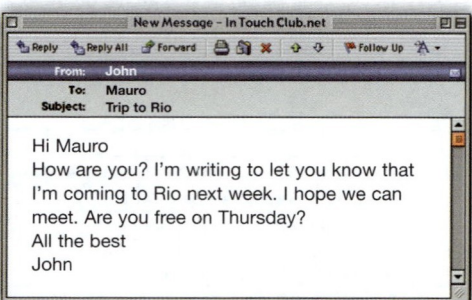

Como ler endereços de e-mail

Lê-se o símbolo @ (arroba) como 'at' em inglês. Leem-se os pontos nos endereços de e-mail como 'dot', e o hífen (-) como 'hyphen'.

Por exemplo, o endereço editor.dicionário-escolar@longman.com seria lido como 'editor dot dicionário hyphen escolar at longman dot com'.

Internet

Para usar a Internet (**the Internet**) precisa-se de um navegador (**browser**), como o Internet Explorer, o Netscape Navigator, etc. É preciso estar conectado (**online**) para acessar sites e páginas da web (**web pages**).

Vocabulário da Internet

back	voltar
forward	avançar
home page	home page
link	link
on line	conectado
off line	não conectado

user name	nome do usuário
password	senha
to download	baixar
to refresh	atualizar
to search	procurar
web page	página da web

Dicionário português-inglês

A, a s A, a ▶ ver "Active Box" **letras do alfabeto** em **letra**

a artigo, pronome & preposição
- **art** & **pron** ▶ ver **o**
- **prep** ▶ ver quadro

à[1] contração de **a+a** ▶ ver **a**

à[2] prep **à brasileira** Brazilian-style, in the Brazilian way: *peixe à brasileira* fish Brazilian-style

aba s **1** (de chapéu) brim **2** (de caixa) flap

abacate s avocado (pl avocados)

abacaxi s **1** (fruta) pineapple: *suco de abacaxi* pineapple juice **2** (dificuldade) problem | **resolver um abacaxi** to resolve a problem

abadia s abbey

abafado, -da adj **1** (tempo, dia) muggy: *Estava muito abafado ontem.* It was very muggy yesterday. **2** (ambiente) stuffy: *Abra a janela, está abafado aqui dentro.* Open the window, it's stuffy in here. **3** (som) muffled

abafar v **1** (um som) to muffle **2 abafar uma notícia/um crime etc.** to keep a piece of news/a crime etc. quiet: *Abafaram o escândalo para proteger a família.* They kept the scandal quiet to protect the family.

abaixar v **1** (a janela, a persiana) to lower **2** (a cabeça, os olhos) to lower **3** (a voz) to lower **4 abaixar o volume/o rádio etc.** to turn the volume/the radio etc. down: *Abaixe um pouco a música.* Turn the music down a little.

abaixar-se v to bend down: *Ele se abaixou para amarrar os sapatos.* He bent down to tie his shoelaces.

abaixo advérbio, preposição & interjeição
- **adv 1** (em local mais baixo) below: *Ela mora no andar abaixo.* She lives on the floor below. **2** (em texto) below: *Veja o exemplo abaixo.* See the example below. **3** (para baixo): *escada abaixo* down the stairs | *morro abaixo* downhill **mais abaixo** farther down: *O ponto de ônibus fica mais abaixo.* The bus stop is farther down.
- **abaixo de** prep below: *Fez cinco graus abaixo de zero.* It was five degrees below freezing.
- **abaixo!** interj **Abaixo o ditador/o presidente etc.!** Down with the dictator/the president etc.!

abaixo-assinado s petition | **fazer um abaixo-assinado** to get up a petition

abajur s lamp

---

abandonado

a preposição

1 = TO

DESTINO

Fomos a Recife. We went to Recife. | *Vamos ao clube?* Shall we go to the club?

2 = ON

DIA DA SEMANA

Sempre saio às sextas. I always go out on Fridays.

3 = AT

HORA

Ela acordou às oito. She woke up at eight.

IDADE

Aos vinte anos ele já era famoso. At (the age of) twenty he was already famous.

PREÇO, COTAÇÃO

abacaxis a R$1,50 cada pineapples at R$1.50 each | *O dólar está a R$2,20 hoje.* The dollar is at R$2.20 today.

VELOCIDADE

Eles iam a 100 km por hora. They were going at 100 km per hour.

4 OUTROS CASOS

DISTÂNCIA

Fica a 50 km da capital. It's 50 km from the capital. | *Ele mora a meia hora do centro.* He lives half an hour from downtown.

PLACAR

Vencemos por 2 a 1. We won 2—1. | *A partida terminou 3 a 3.* The game ended three all.

COMPLEMENTO VERBAL

Dei as chaves a ela. I gave her the keys./I gave the keys to her. | *Expliquei o problema aos meninos.* I explained the problem to the boys.

COM CERTOS VERBOS

Começou a chover. It started to rain.

5 Expressões como **à tarde, ao sul, à mão, à direita** etc. são tratadas no verbete do substantivo correspondente.

---

abalar v **1** (estremecer) to shake: *A explosão abalou o prédio vizinho.* The explosion shook the building next door. **2** (emocionar) to shake up: *A morte da prima a abalou muito.* The death of his cousin really shook him up.

abalo s (emoção forte) shock

abanar v **1** (com a mão) to wave: *As crianças abanaram da janela.* The children waved from the window. **2** (uma bandeira, um lenço) to wave **3** (o rabo) to wag: *O cachorro abanou o rabo quando a viu.* The dog wagged its tail when it saw her. **4** (com leque, jornal, etc.) to fan

abanar-se v (com leque, etc.) to fan yourself

abandonado, -da adj **1** (filho, cachorro) abandoned **2** (carro) abandoned **3** (casa) derelict

abandonar v **1** (uma criança, um cachorro) to abandon **2** (um amigo) to desert: *Nunca vou abandonar meus amigos.* I'll never desert my friends. **3** (o país, o marido, etc.) to leave **4** (um plano, uma ideia, etc.) to abandon: *Acabei abandonando meus estudos.* I ended up abandoning my studies. **5 abandonar um jogo/uma corrida** to pull out of a game/a race

abarrotado, -da adj **abarrotado de algo** crammed full of sth: *uma caixa abarrotada de livros* a box crammed full of books | **abarrotado de gente** packed (with people): *O salão estava abarrotado de gente.* The hall was packed (with people).

abastecer v **1** (de gasolina) to fill up: *Paramos no posto para abastecer.* We stopped at the gas station to fill up. **2** (uma despensa, etc.) to stock up **3 abastecer algo/alguém de algo** to supply sth/sb with sth: *O rio abastece a cidade de água.* The river supplies the city with water.
abastecer-se v **abastecer-se de mantimentos/mercadorias etc.** to stock up on supplies/goods etc.

abastecimento s supply (pl -lies) | **abastecimento de água/energia elétrica** water/electricity supply

abater v **1** (o preço) to reduce **2 abater alguém (a)** (enfraquecer) to knock sb out: *A gripe me abateu muito.* The flu really knocked me out. **(b)** (desanimar) to get sb down: *Não se deixe abater por isso.* Don't let it get you down. **3** (gado) to slaughter

abatido, -da adj **1** (rosto, fisionomia) drawn: *Você está meio abatido hoje.* You're looking rather drawn today. **2** (enfraquecido) weak

abatimento s (desconto) reduction | **fazer um abatimento (em algo)** to make a reduction (in sth)

abcesso s abscess

abdome s abdomen

abdominal adjetivo & substantivo plural
• **adj** (cólica, região) abdominal | **músculos abdominais** abdominals
• **abdominais s pl** (exercícios) sit-ups | **fazer abdominais** to do sit-ups

abecedário s alphabet

abelha s bee: *uma picada de abelha* a bee sting

abelhudo, -da adj nosy: *Deixa de ser abelhudo!* Don't be so nosy!

abençoar v to bless

aberto, -ta adj ▶ ver quadro

abertura s **1** (cerimônia de inauguração) opening ceremony (pl -nies): *a abertura dos Jogos Olímpicos* the opening ceremony of the Olympic Games **2** (de programa de TV) title sequence **3** (orifício) opening

abismado, -da adj astonished: *Estou abismado com a reação dela.* I'm astonished by her reaction.

---

aberto

1 A tradução **open** é empregada na maioria dos contextos:

O portão estava aberto. The gate was open. | *As lojas ficam abertas até as seis.* The stores stay open until six. | *um curso aberto a todos* a course open to all | *Estamos abertos a sugestões.* We're open to suggestions.

2 Exceções:

REFERENTE A TORNEIRA (= running)

Não deixe a torneira aberta! Don't leave the faucet running!

REFERENTE A ZÍPER, CAMISA, ETC. (= undone)

Seu zíper está aberto. Your zipper is undone.

DE IDEIAS AVANÇADAS (= open-minded)

Meus pais são muito abertos. My parents are very open-minded.

---

abismo s **1** (precipício) abyss **2** (distância) gulf: *o abismo entre os ricos e os pobres* the gulf between rich and poor

abóbora substantivo feminino, substantivo masculino & adjetivo
• **s** [fem] (legume) pumpkin ▶ ver **doce de abóbora** em **doce**
• **adj & s** [masc] (cor) orange ▶ ver "Active Box" **cores** em **cor**

abobrinha s zucchini (AmE), courgette (BrE)

abolição s abolition

abolir v **1** (uma lei, direitos, etc.) to abolish: *Alguns feriados foram abolidos.* Some public holidays have been abolished. **2** (deixar de usar) to cut out: *Ele resolveu abolir o cigarro.* He decided to cut out cigarettes. | **abolir algo de algo** to cut sth out of sth: *Vou abolir o açúcar da minha dieta.* I'm going to cut sugar out of my diet.

abordagem s (de tema, problema, etc.) approach: *uma nova abordagem dessa questão* a new approach to this issue

abordar v **1** (uma pessoa) to approach: *Um homem me abordou quando saltei do ônibus.* A man approached me as I got off the bus. **2** (uma questão, um assunto, etc.) to deal with

aborrecer v **1** (chatear) to upset: *Seu e-mail me aborreceu muito.* Your e-mail really upset me. **2** (irritar) to annoy **3** (entediar) to bore
aborrecer-se v **aborrecer-se (com algo/alguém) (a)** (chatear-se) to get upset (about sth/with sb): *Ele se aborreceu com a nota que tirou.* He got upset about his grade. **(b)** (irritar-se) to get annoyed (about sth/with sb)

aborrecido, -da adj **1** (chateado) upset | **aborrecido com algo** upset about sth | **aborrecido com alguém** annoyed with sb: *Estou aborrecido com você.* I'm annoyed with you. **2** (que causa tédio) boring: *um lugar aborrecido para adolescentes* a boring place for teenagers

aborrecimento s (amolação) trouble: *O filho só lhe dá aborrecimento.* Her son gives her nothing but trouble.

abortar v **1** (sofrer um aborto) to miscarry **2** (provocar um aborto) to abort

aborto s **1** (natural) miscarriage | **ter um aborto** to have a miscarriage **2** (provocado) abortion | **fazer um aborto** to have an abortion

abotoar v to button up: *Abotoe a blusa.* Button up your blouse.

abraçado, -da adj **abraçado com alguém** with your arm around sb: *Vi o Mário abraçado com a namorada.* I saw Mario with his arm around his girlfriend.

abraçar v to hug: *Ele me abraçou forte.* He hugged me tight.
abraçar-se v to hug (each other): *Eles se abraçaram ao se despedir.* They hugged (each other) as they said goodbye. ▶ Também existe **to embrace**, que se usa em contextos mais formais

abraço s **1** hug | **dar um abraço em alguém** to give sb a hug: *Me dá um abraço.* Give me a hug. ▶ Usa-se **embrace** em contextos mais formais **2** (no final de carta, e-mail) regards, love: *Um abraço, Joana.* Regards, Joana/Love, Joana ▶ **Love** é um termo mais afetuoso do que **Regards**

abranger v (incluir) to include

abreviação s abbreviation

abreviar v **1** (uma palavra, um nome) to abbreviate **2** (um texto) to cut (down): *Preciso abreviar esse parágrafo.* I need to cut this paragraph. **3** (uma estadia, etc.) to cut short: *Tivemos que abreviar nossas férias.* We had to cut short our vacation.

abreviatura s abbreviation

abridor s opener
abridor de garrafa bottle opener **abridor de lata** can opener

abrigado, -da adj (lugar) sheltered

abrigar v **1** (servir de residência para) to house: *O prédio abriga cem famílias.* The building houses a hundred families. **2** (alojar) to house: *Onde serão abrigados os flagelados?* Where will the victims be housed?
abrigar-se v **abrigar-se de algo** to shelter from sth: *Ela entrou na loja para se abrigar da chuva.* She went into the store to shelter from the rain.

abrigo s **1** (contra chuva, perigo, etc.) shelter: *Buscamos abrigo embaixo de uma marquise.* We took shelter under an awning. **2** (alojamento) refuge: *um abrigo para menores* a children's refuge
abrigo nuclear nuclear shelter

abril s April ▶ ver "Active Box" **meses** em **mês**

abrir v ▶ ver quadro

abrir

1 A tradução **to open** é empregada na maioria dos contextos:

Você se incomoda se eu abrir a janela? Do you mind if I open the window? | *Abra bem a boca.* Open your mouth wide. | *Quero abrir meus presentes.* I want to open my presents. | *Abriram uma discoteca nova na Barra.* They've opened a new club in Barra. | *A que horas abrem as lojas?* What time do the shops open? | *Abra o seu browser.* Open your browser. | *Eu queria abrir uma conta corrente.* I'd like to open a current account.

2 Exceções:
REFERENTE A TORNEIRA (= to turn on)
Abra a torneira de água quente primeiro. Turn on the hot water faucet first.

REFERENTE A ZÍPER, CAMISA, ETC. (= to come undone)
Seu zíper abriu. Your zipper has come undone.

REFERENTE A TEMPO (= to brighten up)
O tempo deve abrir amanhã. The weather should brighten up tomorrow.

REFERENTE A SINAL DE TRÂNSITO (= to be/go green)
O sinal abriu, pode ir. The light's green, you can go.

abrir-se v **abrir-se com alguém** to open up to sb: *Ela se abre com poucas pessoas.* She doesn't open up to many people.

open / closed

abrutalhado, -da adj (pessoa, modos) coarse

abscesso ▶ ver **abcesso**

absolutamente adv **1** (completamente) absolutely: *Você está absolutamente certa.* You're absolutely right. **2** (uso enfático) **absolutamente nada** A tradução é **nothing at all**, se acompanha um verbo na afirmativa, e **anything at all,** se o verbo está na negativa: *Absolutamente nada deu errado.* Nothing at all went wrong. | *Eu não sabia de absolutamente nada.* I didn't know anything at all. **3** (de modo nenhum) not at all: – *Ela reclamou?* – *Absolutamente.* "Did she complain?" "Not at all."

absoluto, -ta adj **1** (silêncio, necessidade, etc.) total, absolute: *um sucesso absoluto* a total success | *Tenho confiança absoluta nela.* I have absolute confidence in her. | **ter certeza absoluta** to be absolutely sure **2 em absoluto (a)** (como resposta) not at all: – *Você está cansado?* – *Em absoluto.* "Are you tired?" "Not at

absorvente

all." **(b)** (com um verbo na negativa) in the slightest: *Não me importo em absoluto com o que eles dizem.* I don't care in the slightest what they say. **3** (pobreza) abject **4** (maioria, poder, etc.) absolute **5** (vencedor) overall

absorvente *adjetivo & substantivo*
- *adj* **1** (papel) absorbent **2** (livro, filme, etc.) absorbing
- *s* absorvente (higiênico) sanitary napkin (AmE), sanitary towel (BrE)

abstrato, -ta *adj* abstract

absurdo, -da *adjetivo & substantivo*
- *adj* **1** (ridículo) absurd: *uma ideia absurda* an absurd idea **2** (inaceitável) outrageous: *um preconceito absurdo* an outrageous prejudice
- **absurdo** *s* **1 ser um absurdo (a)** (ser ridículo) to be nonsense: *É um absurdo o que você acabou de dizer.* What you just said is nonsense. **(b)** (ser inaceitável) to be an outrage **2 Que absurdo!** **(a)** (que ridículo) What nonsense! **(b)** (que horror) What an outrage! **3 cobrar um absurdo** to charge a fortune

abundância *s* abundance: *a abundância de frutas no Brasil* the abundance of fruit in Brazil | **em abundância** in abundance

abusado, -da *adj* **1** (desrespeitoso) rude: *Rubem foi abusado com o professor.* Rubem was rude to the teacher. **2** (cara-de-pau) cheeky

abusar *v* **1 abusar de alguém (a)** (aproveitar-se) to take advantage of sb: *Ele abusa dos pais.* He takes advantage of his parents. **(b)** (sexualmente) to abuse sb **2 abusar da generosidade/boa vontade de alguém** to take advantage of sb's generosity/good will **3 abusar de chocolate/cerveja etc.** to eat too much chocolate/to drink too much beer etc.

abuso *s* **1** (atrevimento) liberty (pl -ties): *Que abuso! Ele abriu a minha mochila sem pedir licença.* What a liberty! He opened my backpack without asking. **2** (de drogas, bebida, etc.) abuse **3** (maus-tratos) abuse
abuso sexual sexual abuse

a/c (= aos cuidados de) c/o

a.C. (= antes de Cristo) B.C.

acabado, -da *adj* **1** (tarefa, obra) finished **2 estar acabado** (envelhecido) to look old: *Ele está muito acabado.* He looks very old.

acabar *v* **1** (terminar) to finish: *Não consigo acabar esta redação.* I can't finish this essay. | *O filme acaba às dez.* The movie finishes at ten. | **acabar bem/mal** to turn out well/badly: *A história acabou bem.* The story turned out well. **2** (não sobrar) to run out: *Vou ficar nos EUA até meu dinheiro acabar.* I'll stay in the U.S. until my money runs out. | *Parem de escrever, o tempo acabou.* Stop writing, the time is up. | **acabou o suco/o pão etc.** we've run out of juice/bread etc. **3** (luz, água) to go off: *Acabou a luz lá em casa.* The power's gone off at our house.

4 (um namoro) to end
5 acabar com algo (a) (parar) to stop sth: *Acabem com essa briga.* Stop arguing. **(b)** (consumir até o fim) to finish off sth: *Ela acabou com o meu esmalte.* She finished off my nail polish. **(c)** (destruir) to ruin sth: *Esse creme acabou com a minha pele.* This cream ruined my skin. **(d)** (extinguir) to put a stop to sth: *Querem acabar com a pirataria de CDs.* They want to put a stop to the pirating of CDs.
6 acabar em algo (a) (ter como desfecho) to end in sth: *A viagem acabou em tragédia.* The trip ended in tragedy. **(b)** (ter como limite): *A rua acaba numa praça.* There's a square at the end of the street.
7 acabar fazendo algo to end up doing sth: *Acabamos indo ao cinema.* We ended up going to the movies.
8 acabar de fazer algo (a) (terminar de fazer) to finish doing sth: *Vou ligar para ele quando acabar de comer.* I'll phone him when I finish eating. **(b)** (ter feito há pouco) to have just done sth: *Ele acabou de chegar.* He has just arrived.

acabar-se *v* **e acabou-se!** and that's that: *Já disse que não, e acabou-se!* I've said no, and that's that!

academia *s* **1 academia (de ginástica)** gym **2** (de cinema, ciências) academy (pl -mies)

acalmar *v* **1** (uma pessoa, os nervos) to calm **2** (vento) to drop
acalmar-se *v* (pessoa, ânimos) to calm down: *Acalme-se!* Calm down!

acampamento *s* **1** (atividade) camping **2** (local) campground (AmE), campsite (BrE) **3** (de militares, sem-terra) camp **4 levantar acampamento** (ir-se embora) to move on

acampar *v* to camp: *Acampamos em Parati.* We camped in Parati. | **ir acampar** to go camping: *Vamos acampar este fim de semana?* Shall we go camping this weekend?

acanhado, -da *adj* (tímido) shy

ação *s* **1 fazer uma boa ação** to do a good deed **2** (conjunto de providências) operation: *uma ação de resgate* a rescue operation **3 entrar em ação** to go into action **4** (em filme, romance, peça teatral) action: *A ação se desenvolve em Berlim.* The action takes place in Berlin. ▶ ver também **filme 5 ficar sem ação** to be at a loss: *Fiquei sem ação quando ele disse aquilo.* I was at a loss when he said that.

acariciar *v* Existe o verbo **to caress**, o qual tem conotações sexuais. Para evitá-las, usa-se **to stroke**: *Ela acariciou de leve a cabeça do bebê.* She gently stroked the baby's head.

acaso *s* accident: *O descobrimento da vacina não foi um acaso.* The discovery of the vaccine was no accident. | **por acaso** by chance: *Encontrei-o por acaso no shopping.* I met him by chance at the mall. | *Você por acaso viu meus óculos?* Have you seen my glasses by any chance?

aceitar *v* ▶ ver quadro

aceitar

1 A tradução **to accept** é empregada na maioria dos contextos:

Tive que aceitar a ajuda dele. I had to accept his help. | *Vocês aceitam cartão (de crédito)?* Do you accept credit cards? | *Ela ainda não aceita a separação dos pais.* She still doesn't accept her parents' separation. | *Ele foi aceito no curso.* He was accepted onto the course.

2 OUTROS USOS

aceitar fazer algo to agree to do sth: *Ela aceitou entrar para o time.* She agreed to join the team. | **ser bem aceito** to be well received: *O show foi bem aceito por todo o Brasil.* The show was well received all over Brazil.

aceitável *adj* acceptable

aceito, -ta *adj* accepted ▶ ver também **aceitar**

acelerado, -da *adj* **1** fast | **em ritmo/passo acelerado** at a fast pace **2 estar acelerado** (motor) to be racing

acelerador *s* accelerator

acelerar *v* **1 acelerar (o carro/a moto etc.)** to accelerate **2 acelerar o passo** to go faster **3** (agilizar) to speed up

acenar *v* **1 acenar (a alguém)** to wave (to sb): *Ele acenou ao passar de carro.* He waved as he drove past. **2 acenar que sim (com a cabeça)** to nod (your head): *Ele não disse nada, mas acenou que sim (com a cabeça).* He didn't say anything, he just nodded (his head).

acender *v* **1** (luz, faróis, etc.) to come on: *A lanterna não está acendendo.* The flashlight won't come on. | **acender a luz/a lanterna etc.** to turn the light/the flashlight etc. on **2** (fósforo, cigarro, etc.) to light: *Com esse vento o fósforo não vai acender.* With this wind the match won't light. | **acender um fósforo/a lareira etc.** to light a match/the fire etc.

acento *s* **1** (sinal gráfico) accent **2** (na pronúncia) stress: *Em "verde" o acento é na primeira sílaba.* In "verde" the stress is on the first syllable.

acento agudo acute accent **acento circunflexo** circumflex accent **acento grave** grave accent

acerca de *prep* about: *Ele fez um comentário malicioso acerca do colega.* He made a malicious comment about his colleague.

acertado, -da *adj* **1** (resposta, questão) correct: *Foram seis as respostas acertadas.* There were six correct answers. **2** (combinado) arranged: *Já está tudo acertado para a nossa viagem.* Everything is arranged for our trip. **3** (preço) agreed **4** (decisão, medida) right: *Acho que você tomou uma decisão acertada.* I think you made the right decision.

acertar *v* **1** (fazer, responder, etc. certo) to be right: *Acho que você é de Libra. Acertei?* I think you're a Libra. Am I right? | **acertar algo** to get sth right: *Nunca acerto as preposições em inglês.* I never get the prepositions right in English. **2** (descobrir) to find: *Será que vamos acertar o caminho de volta?* Do you think we'll find the way back? **3 acertar o relógio** to put your watch right **4** (atingir) to hit: *A bola acertou a minha cabeça.* The ball hit my head. | **não acertar** to miss: *A seta não acertou o alvo.* The arrow missed the target. **5** (ajeitar) to adjust: *Deixa eu acertar a gola da sua blusa.* Let me adjust the collar of your blouse. **6 acertar algo com alguém** (combinar) to arrange sth with sb: *Acertei um cinema com a Bruna.* I've arranged to go to the movies with Bruna.

acervo *s* **1** (de biblioteca, museu, etc.) collection: *A biblioteca tem um bom acervo de livros de arte.* The library has a good collection of art books. **2** (patrimônio) heritage: *o acervo cultural de nossa cidade* our city's cultural heritage

aceso, -sa *adj* **1** (luz, lanterna, farol) on: *Não deixe a luz acesa!* Don't leave the light on! **2** (fósforo, vela, gás, etc.) lit: *um fósforo aceso* a lit match **3 estar aceso (a)** (luz, farol, etc.) to be on **(b)** (cigarro, fósforo, vela, etc.) to be lit: *As velas estavam acesas.* The candles were lit.

acessar *v* (um site, a Internet) to access: *Posso acessar a rede pelo meu celular.* I can access the Internet through my cellphone.

acessível *adj* **1** (de acesso fácil) accessible **2** (preço) affordable **3** (pessoa) approachable

acesso *s* **1** (passagem, entrada) access: *estradas de acesso à cidade* access roads to the city **2** (em informática) access: *acesso gratuito à Internet* free Internet access **3 ter acesso a algo (a)** (a um lugar) to get to sth: *Por aqui teremos acesso à praia.* We can get to the beach this way. **(b)** (a informações, computadores, etc.) to have access to sth **4 ter acesso a alguém** to have access to sb **5** (ataque) fit: *um acesso de fúria* a fit of rage | *um acesso de tosse* a coughing fit

acessório *s* **1** (de vestuário) accessory (pl -ries) **2** (de carro, computador, etc.) accessory (pl -ries)

acetona *s* nail polish remover | **passar acetona na unha** to remove your nail polish

achado *s* **1 a seção de achados e perdidos** the lost-and-found (AmE), the lost property office (BrE) **2 ser um achado** to be a real find: *Este site é um achado.* This website is a real find.

achar *v* **1** (encontrar) to find: *Você achou sua carteira de estudante?* Did you find your student card? **2** (pensar) to think: *Acho que o Pedro está chateado comigo.* I think Pedro is annoyed with me. | *Meu irmão acha a Daniela muito bonita.* My brother thinks Daniela is very pretty. | **acho que sim/que não** I think so/I don't think so | **o que você acha de irmos ao cinema/a um museu etc.?** how about going to the movies/to a

acidentado

museum etc.? | **o que você achou do filme/livro etc.?** what did you think of the movie/book etc.?
achar-se v (considerar-se) **achar-se inteligente/feio etc.** to think you are intelligent/ugly etc.: *Ela se acha linda.* She thinks she's beautiful.

acidentado, -da adjetivo & substantivo
• *adj* **1** (terreno) hilly **2** (estrada) bumpy **3** (tumultuado) eventful: *Foi uma viagem muito acidentada.* It was a very eventful trip.
• *s* (pessoa) casualty (pl -ties): *Uma ambulância levou os acidentados para o hospital.* An ambulance took the casualties to the hospital.

acidental adj (circunstância, morte) accidental

acidente s accident: *O acidente foi causado por um ônibus.* The accident was caused by a bus. | **sofrer um acidente** to have an accident
acidente aéreo plane crash **acidente de carro** car accident

ácido, -da adjetivo & substantivo
• *adj* **1** (com acidez) acidic: *frutas ácidas* acidic fruits **2** (sabor) sharp: *Esta tangerina está muito ácida.* This tangerine is very sharp.
• **ácido** s acid

acima advérbio & preposição
• *adv* **1** (em local mais alto) above: *A piscina fica no andar acima.* The pool is on the floor above. **2** (em texto) above: *duas linhas acima* two lines above **3** (para cima) **rua/escada/morro acima** up the street/stairs/hill | **mais acima** farther up, higher up
• **acima de** prep **1** above: *Estou acima do meu peso normal.* I'm above my normal weight. | *temperaturas acima de 40 graus* temperatures above 40 degrees **2** (idade) over: *pessoas acima de 18 anos* people over 18 **3 acima de tudo** more than anything: *Ela se preocupa com a saúde acima de tudo.* She worries about her health more than anything.

acionar v **1** (um alarme, uma máquina) to activate **2** (a polícia, os bombeiros) to call in: *A tropa de choque foi acionada.* The riot squad was called in.

acne s acne: *Ela tem acne.* She has acne.

aço s steel | **uma porta/uma faca etc. de aço** a steel door/knife etc.
aço inoxidável stainless steel

acocorar-se v to squat down

acolhedor, -a adj welcoming

acolher v **1 (a)** (receber) **acolher alguém** to welcome sb: *Eles nos acolheram com muito carinho.* They welcomed us very warmly. **(b)** (hospedar) to put sb up: *Uma família alemã o acolheu em sua casa.* A German family put him up in their house. **(c)** (abrigar) to take sb in: *uma instituição que acolhe meninos de rua* an institution that takes in street children **2** (um pedido, uma sugestão) to accept

acolhida s **1** (recepção) welcome: *O Príncipe de Gales teve ótima acolhida no Brasil.* The Prince of Wales was given a warm welcome in Brazil. **2** (hospedagem) hospitality: *Queria agradecer-lhes pela acolhida que me deram.* I'd like to thank you for your hospitality. **3** (abrigo) refuge: *Este lugar dá acolhida a mendigos.* This place provides refuge for down-and-outs.

acomodado, -da adj **1 ficar acomodado** to stay: *Os hóspedes ficaram acomodados no chalé.* The guests stayed in the chalet. **2 bem/mal acomodado** comfortable/uncomfortable: *Você está bem acomodado aí no banco de trás?* Are you comfortable there on the back seat? **3** (resignado) resigned

acomodar v **1** (alojar) **acomodar alguém** to put sb up: *Ela acomodou as amigas no quarto de hóspedes.* She put her friends up in the guest room. **2** (arrumar) to put: *Jaime ajudou o pai a acomodar as caixas no carro.* Jaime helped his dad to put the boxes in the car.
acomodar-se v **1** (num sofá, etc.) to make yourself comfortable **2** (por comodismo) to resign yourself to the situation: *Meu pai detesta o emprego, mas se acomodou.* My dad hates his job, but he's resigned himself to the situation. **3 acomodar-se a algo** (adaptar-se) to get used to sth: *Acabei me acomodando a esse estilo de vida.* I've got used to this lifestyle now.

acompanhamento s **1** (guarnição) side order **2** (em música) accompaniment

acompanhar v **1** (fazer companhia a) to go with: *Ele me acompanhou ao ponto de ônibus.* He went with me to the bus stop. ▶ Existe também o verbo **to accompany**, porém é mais formal **2 acompanhar alguém até a porta** to see sb to the door: *Eu te acompanho até a porta.* I'll see you to the door.
3 (ir no mesmo passo) to keep up with: *Você anda muito depressa, não consigo te acompanhar.* You walk too fast, I can't keep up with you.
4 (em música) to accompany
5 (assistir) to follow: *Você tem acompanhado a Copa do Mundo?* Have you been following the World Cup?
6 (uma explicação, um raciocínio) to follow
7 (vir com) to come with: *O que acompanha a massa?* What comes with the pasta?

aconchegante adj (quarto, bar, etc.) cozy

aconchego s **1** (com pessoa) cuddle **2** (de lugar) coziness

aconselhar v **1** (dar conselho a) to give advice: *Ela me aconselhou bem.* She gave me some good advice. | **aconselhar alguém a fazer algo** to advise sb to do sth: *Não aconselho que você ande de moto sem capacete.* I wouldn't advise you to ride a motorcycle without a helmet. **2** (recomendar) to advise: *O médico lhe aconselhou repouso.* The doctor advised him to rest.

aconselhável adj advisable

acontecer v to happen: *O que aconteceu?* What happened? | *Isso não vai mais acontecer.* It won't happen again. | **aconteça o que acontecer** whatever happens: *Não vou desistir, aconteça o que acontecer.* I won't give up whatever happens. | **acontece que** the fact is: *Ele já ligou três vezes; acontece que não quero falar com ele.* He's already called three times; the fact is, I don't want to talk to him.

acontecimento s event: *O Carnaval é um grande acontecimento no Brasil.* Carnival is a great event in Brazil.

acordado, -da adj **1** (na cama) awake: *Ela ainda estava acordada.* She was still awake. **2** (de pé) **estar/ficar acordado** to be/stay up: *Você ficou acordado até muito tarde ontem?* Did you stay up very late last night?

acordar v **1** to wake up: *Acordei tarde hoje.* I woke up late today. | **acordar alguém** to wake sb: *Me acorda às sete?* Will you wake me at seven? **2 acordar de um desmaio** to come around (AmE), to come round (BrE)

acorde s (som musical) chord

acordeão s accordion | **tocar acordeão** to play the accordion

acordo s **1 estar de acordo (com alguém/algo)** to agree (with sb/sth): *Estou de acordo com o Pedro.* I agree with Pedro. **2** agreement | **chegar a um acordo** to reach an agreement: *Finalmente chegaram a um acordo e pararam de brigar.* They finally reached an agreement and stopped fighting. **3 de acordo com** (segundo) according to: *Os preços das pranchas de surfe variam de acordo com o tamanho.* The prices of surfboards vary according to the size.

acostamento s shoulder (AmE), hard shoulder (BrE): *Paramos no acostamento para trocar o pneu.* We stopped on the shoulder to change the tire.

acostumado, -da adj **estar acostumado** to be used to it: *O calor não me incomoda, já estou acostumado.* The heat doesn't bother me, I'm used to it. | **acostumado a/com algo** used to sth: *Ainda não estou acostumado com esse laptop.* I'm still not used to this laptop. | **acostumado a fazer algo** used to doing sth: *Estou acostumada a dormir tarde.* I'm used to going to bed late. ▶ Existe também **to be accustomed to sth/to doing sth**, porém é mais formal

acostumar v **acostumar alguém a fazer algo** to get sb used to doing sth: *Minha mãe me acostumou a comer legumes desde pequena.* My mom got me used to eating vegetables when I was a child.

acostumar-se v to get used to it: *Com o tempo você se acostuma.* In time you get used to it. | **acostumar-se com algo/a fazer algo** to get used to sth/to doing sth: *Já me acostumei a acordar cedo.* I've gotten used to waking up early. ▶ Existe também **to get accustomed to sth/to doing sth**, porém é mais formal

açougue s butcher shop (AmE), butcher's (BrE)

açougueiro s butcher

acreditar v to believe: *Eu acredito que você não fez isso por mal.* I believe that you didn't mean any harm by it. | **não acredito!** I don't believe it! | **acreditar em alguém** to believe sb: *Ele não acreditou em mim.* He didn't believe me. | **acreditar em algo (a)** (em dito, fato) to believe sth: *Você acreditou no que ele disse?* Did you believe what he said? **(b)** (em Deus, etc.) to believe in sth: *Não acredito em fantasmas.* I don't believe in ghosts.

acrescentar v to add: *Acrescentei mais dez pessoas à lista de convidados.* I've added another ten people to the guest list. | *Não tenho nada a acrescentar.* I have nothing to add.

acréscimo s (aumento) increase: *um acréscimo nos preços* an increase in prices

acrobacia s acrobatics | **fazer acrobacias** to do acrobatics

acrobacias aéreas aerobatics

acrobata s acrobat

açúcar s sugar | **com/sem açúcar** with/without sugar: *Um suco de laranja sem açúcar, por favor.* An orange juice without sugar, please.

açúcar mascavo brown sugar

açucareiro s sugar bowl

açude s reservoir

acudir v **acudir alguém** to come to sb's aid: *Uma moça me acudiu quando caí da bicicleta.* A girl came to my aid when I fell off my bike.

acumular v to accumulate

acumular-se 1 (areia, lixo, etc.) to pile up **2** (trabalho) to mount up

acupuntura s acupuncture | **fazer acupuntura** to have acupuncture: *Você já fez acupuntura?* Have you ever had acupuncture?

acusação s accusation ▶ Em contextos legais também se usa **charge**

acusar v **1** (culpar) **acusar alguém de algo/de fazer algo** to accuse sb of sth/of doing sth: *O professor o acusou de ter colado na prova.* The teacher accused him of cheating on the test. ▶ Em contextos legais também se usa **to charge sb with sth/with doing sth 2** (recebimento de carta, etc.) to acknowledge

acústica s (de ambiente) acoustics pl: *A acústica do auditório é péssima.* The acoustics in the auditorium are terrible.

acústico, -ca adj acoustic

adaptação s **1** (a clima, ambiente, etc.) adjustment **2** (de livro para filme, etc.) adaptation

adaptador s adapter

adaptar v **1 adaptar um romance para a televisão/para o teatro** to adapt a story for television/the stage | **adaptar um livro para um musical/filme** to adapt a book into a musical/movie **2 adaptar algo a algo** (ajustar) to

adapt sth to sth: *Eles procuram adaptar o cardápio ao gosto dos clientes.* They try to adapt the menu to their clients' tastes.
adaptar-se *v* **1** (acostumar-se) to adapt: *Meu irmão se adaptou bem à vida americana.* My brother has adapted well to life in America. **2** (adequar-se) to suit: *Este software se adapta às nossas necessidades.* This software suits our needs.

adepto, -ta *s* **1** (de modismo, etc.) fan | **ser adepto de algo** to be into sth: *Não sou adepto do funk.* I'm not into funk. **2** (de religião, etc.) follower: *um adepto do budismo* a follower of Buddhism

adequado, -da *adj* **1** (roupa, momento, pessoa) appropriate: *Este não é o momento adequado para conversarmos.* This isn't the appropriate moment for us to talk. **2** (lugar, instrumento) suitable: *A casa dela não é o lugar mais adequado para a festa.* Her house is not the most suitable place for the party. **3** (suficiente) adequate

adereço *s* accessory (pl -ries)

aderir *v* **aderir a algo (a)** (colar) to stick to sth: *O cartaz não quer aderir à parede.* The poster won't stick to the wall. **(b)** (a campanha, modismo, etc.) to join (in) sth: *Nossa escola aderiu à campanha de reciclagem.* Our school has joined the recycling campaign.

adesivo, -va *adjetivo & substantivo*
- *adj* adhesive ▶ ver também **fita**
- **adesivo** *s* sticker: *Vou colar esse adesivo na minha guitarra.* I'm going to put this sticker on my guitar.

adestrar *v* **1** (um cavalo, um cão) to train **2** (soldados, etc.) to train

adeus *substantivo & interjeição*
- *s* goodbye: *um beijo de adeus* a goodbye kiss | **dizer/dar adeus** to say goodbye: *Não quis partir sem te dar adeus.* I didn't want to leave without saying goodbye to you. | **dar adeus** (acenando) to wave goodbye: *Ele deu adeus da janela.* He waved goodbye from the window.
- **Adeus!** *interj* Goodbye!

adiantado, -da *adjetivo & advérbio*
- *adj* **1** (relógio) fast: *Seu despertador está dez minutos adiantado.* Your alarm clock is ten minutes fast. **2** (avançado) advanced: *o aluno mais adiantado da classe* the most advanced student in the class **3** (quase pronto) advanced: *O projeto está bem adiantado.* The project is quite advanced.
- *adv* **chegar adiantado** to arrive early: *O voo chegou adiantado.* The flight arrived early. | **pagar adiantado** to pay in advance

adiantamento *s* (quantia) advance

adiantar *v* **1** (fazer antes do tempo) to get ahead with: *Quero adiantar meu dever de casa.* I want to get ahead with my homework. **2** adiantar o relógio/despertador etc. to put the clock/alarm clock etc. forward: *Adiantei o despertador 15 minutos para não me atrasar.* I put the alarm clock forward 15 minutes so as not to be late. | **meu/seu etc. relógio adianta** my/your etc. watch gains **3 adiantar dinheiro/pagamento etc. a alguém** to advance money/payment etc. to sb: *Meu pai me adiantou a mesada.* My dad advanced me my allowance. **4 não adianta (fazer algo)** it's no use (doing sth): *Não adianta pedir a opinião dele.* It's no use asking his opinion.

adiantar-se *v* **adiantar-se a alguém** (sobrepujar) to be/get ahead of sb: *Ela se adiantou aos colegas em Física.* She's ahead of her classmates in Physics.

adiante *adv* **1** (na frente) ahead: *Daniel foi adiante e os outros o seguiram.* Daniel went ahead and the others followed him. | *Tem um bar logo adiante do posto de gasolina.* There's a bar just past the gas station. | *Ela mora duas casas adiante.* She lives two houses further on.
2 (no tempo) later: *Adiante vou precisar da sua ajuda.* I'll need your help later.
3 mais adiante (a) (mais à frente) further ahead: *Há um ponto de ônibus mais adiante.* There's a bus stop further ahead. **(b)** (no tempo) later on: *Estudaremos isso mais adiante.* We'll study this later on.
4 ir adiante (com algo) to go ahead (with sth)
5 levar uma ideia adiante to pursue an idea
6 seguir adiante (continuar) to carry on: *Segui adiante, apesar do cansaço.* I carried on despite being tired.

adiar *v* to postpone: *O professor resolveu adiar a prova.* Our teacher decided to postpone the test.

adição *s* (em matemática) addition | **fazer a adição de algo** to add sth up

adicional *adj* additional

adicionar *v* adicionar algo (a algo) to add sth (to sth): *Fica melhor se você adicionar um pouco de creme.* It tastes better if you add a bit of cream.

adivinhar *v* **1** to guess: *Adivinha quem me ligou!* Guess who called me! **2 adivinhar o futuro** to tell the future **3 adivinhar os pensamentos de alguém** to read sb's mind: *Ele parecia adivinhar meus pensamentos.* He seemed to read my mind.

adjetivo *s* adjective

administração *s* **1** (pessoal que dirige) administration **2** (local) administration
Administração de Empresas (curso) Business Administration

admiração *s* **1** (respeito) admiration: *Ele tem muita admiração pelo pai.* He has great admiration for his father. **2** (surpresa) amazement | **causar admiração** to amaze: *uma reação que causou admiração a todos* a reaction that amazed everyone

admirado, -da *adj* **1** (respeitado) admired **2** (surpreso) amazed | **ficar admirado com algo** to

*Diz-se I arrived in Rio ou I arrived to Rio? Veja o verbete **arrive**.*

be amazed at sth: *Fiquei admirada com a energia dela.* I was amazed at her energy.

admirador, -a s admirer

admirar v **1** (uma vista, uma obra de arte) to admire **2** (uma pessoa, uma atitude, etc.) to admire: *Admiro a inteligência dele.* I admire his intelligence. **3 admirar (a alguém)** (surpreender) to surprise (sb): *Não me admira que a Julia tenha feito isso.* It doesn't surprise me that Julia did that. | *Não é de admirar que ele fale inglês tão bem.* It's not surprising that he speaks English so well.

admirar-se v **admirar-se de algo** (surpreender-se) to be amazed at sth: *Eu me admirei da coragem dela.* I was amazed at her courage.

admirável adj amazing

admissão s **1** (de erro, culpa) admission **2 admissão numa escola/num clube etc.** admission to a school/a club etc.

admitir v **1** (um erro, uma culpa) to admit: *Admito que o erro foi meu.* I admit that it was my mistake. **2** (consentir) to allow **3 admitir alguém (em algo)** (permitir a entrada) to admit sb (to sth): *Ela foi admitida numa das melhores escolas do Rio.* She was admitted to one of the best schools in Rio.

adoçante s sweetener

adoção s **1** (de criança) adoption **2** (de normas, sistema) adoption

adoçar v to sweeten

adoidado adv like crazy: *Ele mente adoidado.* He lies like crazy.

adolescência s adolescence

adolescente substantivo & adjetivo
- s teenager: *uma discoteca para adolescentes* a disco for teenagers ▶ ver abaixo
- adj teenage: *Eles têm filhos adolescentes.* They have teenage children. ▶ Existe também o termo **adolescent**, usado em contextos mais técnicos ou formais

adorar v **1** (amar) to adore: *Adoro minha irmã.* I adore my sister. **2** (sentir prazer com) to love: *Ele adora desenho animado.* He loves cartoons. | **adorar fazer algo** to love doing sth: *Adoro ir à praia.* I love going to the beach. **3** (uma divindade) to worship

adormecer v **1** (pegar no sono) to fall asleep **2** (deixar dormente) **adormecer algo** to make sth numb: *A anestesia adormeceu meu rosto.* The anesthetic made my face numb.

adotar v **1** (uma criança) to adopt **2** (uma atitude, um sistema) to adopt

adotivo, -va adj **1** (filho) adopted: *Ela é filha adotiva.* She's adopted. **2** (pais) adoptive

adquirir v **1** (um hábito, uma reputação) to acquire **2** (comprar) to acquire **3** (riqueza) to acquire

adrenalina s adrenaline

adstringente adj (loção) astringent

adultério s adultery

adulto, -ta substantivo & adjetivo
- s adult: *um filme para adultos* an adult movie
- adj (comportamento, ideias) adult | **idade adulta** adulthood

advérbio s adverb

adversário adjetivo & substantivo
- adj opposing: *o time adversário* the opposing team
- s **1** (pessoa) opponent **2** (time) opposition: *Eles conseguiram vencer o adversário.* They managed to beat the opposition.

advertência s warning: *Todo maço de cigarros tem uma advertência sobre o fumo.* All cigarette packs carry a warning about smoking. | **fazer uma advertência a alguém** to give sb a warning: *O árbitro fez uma advertência ao jogador.* The referee gave the player a warning.

advertir v **1** (avisar) **advertir alguém (de/sobre algo)** to warn sb (of/about sth): *Adverti-os dos riscos.* I warned them of the risks. | **advertir alguém para que faça algo** to warn sb to do sth: *Ele me advertiu para que eu tomasse cuidado.* He warned me to be careful. **2** (repreender) **advertir alguém** to give sb a warning: *O diretor o advertiu seriamente.* The principal gave him a stern warning.

advocacia s law

advogado, -da s lawyer

> Em inglês há vários termos que significam *advogado*. **Lawyer** é o termo genérico:
> *Minha mãe é advogada.* My mother is a lawyer.
>
> O advogado que defende seu cliente num tribunal chama-se **attorney** nos Estados Unidos e **barrister** na Grã-Bretanha. O **solicitor** britânico é o advogado que dá assessoria legal, prepara escrituras, testamentos, etc.

aéreo, -rea adj **1** (tráfego, passagem, etc.) air: *ataque aéreo* air raid ▶ ver também **acidente, companhia, linha, ponte, via** **2** (fotografia, vista) aerial **3** (pessoa) scatterbrained

aerobarco s jetfoil

aeróbica s (ginástica) aerobics

aeróbico, -ca adj (exercício, etc.) aerobic

aeromoça s stewardess

aeromodelismo s aeromodeling

aeronáutica s (força aérea) air force: *piloto da aeronáutica* air force pilot

aeronave s aircraft (pl aircraft)

aeroporto s airport: *Onde pego o ônibus para o aeroporto?* Where can I take the bus to the airport? | *Quanto tempo leva até o aeroporto?* How long does it take to get to the airport?

aerossol s aerosol

afastado

afastado, -da adj **1** um bairro/lugar etc. afastado a neighborhood/place far from the city center **2** (braços, pés, pernas) apart: *Faça o exercício com os pés ligeiramente afastados.* Do the exercise with your feet slightly apart. **3 afastado de (a)** (longe de) a long way from: *uma área afastada do centro* an area a long way from the center **(b)** (separado) away from: *Mantenha os braços afastados do corpo.* Keep your arms away from your body. **4** (em relacionamento) **estar afastado** to have drifted apart: *Elas estão afastadas.* They have drifted apart. **5** (parente) distant

afastar v **1 afastar algo (a)** (mover) to move sth away: *Afaste isto daqui.* Move this away from here. | *Afaste isto para lá.* Move this over there. **(b)** (tirar do caminho) to move sth aside: *Ele afastou as malas porque elas estavam no caminho.* He moved the cases aside because they were in the way. **(c)** (pôr de lado) to put sth aside: *Afaste a revista e coma.* Put the magazine aside and eat. **(d)** (separar) to move sth apart **2 afastar algo de algo** to move sth away from sth: *Afaste o sofá da parede.* Move the sofa away from the wall. **3 afastar alguém (de alguém)** (fazer perder o contato) to distance sb (from sb): *O namorado afastou-a dos amigos.* Her boyfriend distanced her from her friends. **4 afastar alguém de um cargo/uma função etc.** to remove sb from a job/position etc.: *O técnico decidiu afastá-lo do time.* The coach decided to remove him from the team.

afastar-se v **1** (distanciar-se) to move away: *Fiquem perto de nós, não se afastem.* Stay close to us, don't move away. **2** (desviar-se) to move aside **3 afastar-se (de alguém)** (perder o contato) to drift apart (from sb): *Eles se afastaram depois da morte dos pais.* After the death of their parents, they drifted apart. **4 afastar-se do assunto** to wander off the subject

afazeres s pl chores: *afazeres domésticos* household chores

afeição s affection | **sentir afeição por alguém** to feel affection for sb

afetado, -da adj (pessoa, modo de falar, etc.) affected

afetar v **1** (emocionalmente) to upset, to affect: *O divórcio dos pais afetou-a muito.* Her parents' divorce upset her a lot. ▶ **To affect** é usado em contextos mais formais **2** (fisicamente) to affect: *O fumo afeta o pulmão.* Smoking affects the lungs. **3** (dizer respeito a) to affect: *Essa lei não afeta os menores de 18 anos.* This law does not affect children under 18.

afeto s affection | **sentir afeto por alguém** to feel affection for sb

afetuoso, -sa adj (pessoa, abraço) affectionate | **ser afetuoso com alguém** to be affectionate toward sb

afiado, -da adj **1** (tesoura, faca) sharp **2** (bem preparado) well prepared: *Os alunos estão afiados em Matemática.* The students are well prepared in Math.

afiar v (uma tesoura, uma faca) to sharpen

aficionado, -da s fan: *O Carlos é um aficionado do futebol.* Carlos is a big soccer fan.

afilhado, -da s **afilhado** godson | **afilhada** goddaughter ▶ Se não se especifica o sexo, usa-se **godchild** (plural **godchildren**)

afim adj (semelhante) similar: *Elas têm gostos afins.* They have similar tastes. ▶ ver também **fim**

afinado, -da adj (instrumento musical, voz) well-tuned | **estar afinado** to be in tune

afinal adv **1** (finalmente) finally: *Recebi seu e-mail afinal.* I finally got your e-mail. **2 afinal de contas (a)** (em conclusão) after all: *Afinal de contas, você vai entrar para o time?* Are you going to join the team after all? **(b)** (uma vez que) after all: *Tire as dúvidas com o professor, afinal de contas ele está aí para isso.* Ask your teacher, after all that's what he's there for. **(c)** (no fim) in the end: *Afinal de contas, saiu mais barato do que eu pensava.* In the end, it cost less than I thought.

afinar v **1** (um instrumento musical) to tune **2** (a ponta de um lápis) to sharpen **3** (tornar-se mais magro) to get thinner

afinidade s **1 ter afinidade (com alguém)** to have things in common (with sb): *Nós nos damos bem porque temos muita afinidade.* We get on well because we have a lot in common. **2 por afinidade** by marriage: *Ela é minha tia por afinidade.* She's my aunt by marriage.

afirmação s statement: *uma afirmação sem fundamento* an unfounded statement

afirmar v to say, to state: *Ele afirmou que dizia a verdade.* He said that he was telling the truth. ▶ **To state** é usado em contextos mais formais ou enfáticos

afirmativo, -va adj (resposta, frase) affirmative

afixar v (um aviso, um cartaz) to post: *A secretária afixou o horário no quadro de avisos.* The secretary posted the timetable on the notice board.

aflição s **1** (ansiedade) anxiety (pl -ties) **2** (mal-estar) **dar aflição a alguém**: *Ver sangue me dá aflição.* I can't stand the sight of blood.

aflito, -ta adj anxious: *Fico muito aflita antes de uma prova final.* I get very anxious before an exam.

afobado, -da adj **1** (apressado) **estar afobado** to be in a rush **2** (nervoso) **estar/ficar afobado** to be/get worried: *Ela ficou afobada com a demora da filha.* She got worried because her daughter was late.

afobar v **afobar alguém (a)** (apressar) to rush sb: *Não me afobe, já estou quase pronta.* Don't rush me, I'm almost ready. **(b)** (tornar nervoso) to get sb worried

afobar-se v **1** (apressar-se) to rush: *Não precisa se afobar, temos tempo de sobra.* There's no need to rush, we have plenty of time. **2** (ficar nervoso) to worry: *Não se afobe, vai dar tudo certo.* Don't worry, everything will be OK.

afogado, -da adj **morrer afogado** to drown

afogador s (em carro) choke

afogar v **1** (uma pessoa, um animal) to drown **2** (carro) to flood: *O motor afogou.* The engine has flooded.

afogar-se v to drown: *Um menino se afogou no mar, no fim de semana.* A boy drowned in the sea over the weekend.

afônico, -ca adj **estar afônico** to have lost your voice: *Ela está afônica.* She's lost her voice. | **ficar afônico** to lose your voice

afora adv **1 pela porta afora** out of the door | **pela estrada afora** down the road | **pela noite afora** through the night | **pela vida afora** throughout your life: *Continuaram amigos pela vida afora.* They remained friends throughout their lives.

África s **1 a África** Africa: *na África* in Africa **2 a África do Sul** South Africa

africano, -na adjetivo & substantivo

• adj African: *música africana* African music

• s (pessoa) African | **os africanos** (povo) Africans

afrouxar v (um nó, um cinto, etc.) to loosen

afta s (mouth) ulcer: *Estou com uma afta na boca.* I have a mouth ulcer.

afundar v **1** (ir ao fundo ou a pique) to sink: *A canoa afundou.* The canoe sank. **2** (fazer ir ao fundo ou a pique) to sink: *Um submarino afundou o navio.* A submarine sank the ship.

agachar-se v to crouch (down)

agarrar v **1** (segurar com firmeza) to grab: *Ela agarrou meu braço quando escorregou.* She grabbed my arm when she slipped. **2** (pegar com violência) to grab: *O policial agarrou o ladrão pelo pescoço.* The policeman grabbed the thief by the neck.

agarrar-se v **1 agarrar-se a alguém/algo** to cling to sb/sth **2** (abraçar-se) to make out (AmE), to snog (BrE): *Eles ficaram se agarrando na festa.* They were making out at the party.

agasalhado, -da adj warmly dressed: *Acho que você não está bem agasalhado.* You don't look very warmly dressed.

agasalhar v **agasalhar alguém (com algo)** to wrap sb up (in sth): *Você deve agasalhar bem o bebê.* You should wrap the baby up well.

agasalhar-se v **agasalhar-se (com algo)** **(a)** (com roupa) to wrap up (in sth): *Agasalhe-se bem – está muito frio lá fora.* Make sure you wrap up warm – it's freezing outside. **(b)** (com manta, etc.) to wrap yourself up (in sth): *Ele se agasalhou com um cobertor velho.* He wrapped himself up in an old blanket.

agasalho s **1** (casaco) coat: *É melhor você pôr um agasalho.* You'd better put a coat on. **2** (suéter) sweater

agência s **1** (companhia) agency (pl -cies) **2** (filial) branch: *Há uma agência do Banco do Brasil aqui perto?* Is there a branch of the Banco do Brasil here?

agência de correio post office **agência de turismo/viagens** travel agency

agenda s **1** (diário) appointment book (AmE), diary (pl -ries) (BrE): *Anotei-o na minha agenda.* I've noted it down in my appointment book. **2** (de telefones, etc.) book

agenda de endereços address book **agenda eletrônica** PDA

agendar v to schedule

agente s **1** (de artista, escritor, etc.) agent: *o agente da modelo* the model's agent **2** (de polícia) agent

agente secreto secret agent

ágil adj agile: *mãos ágeis* agile hands

agilizar v **agilizar algo (a)** (tornar rápido) to streamline sth: *A loja agilizou o atendimento.* The store has streamlined its service. **(b)** (dar andamento a) to get moving on sth: *Precisamos agilizar a organização da festa.* We need to get moving on organizing the party.

agir v to act: *O Jorge estava agindo de forma muito estranha.* Jorge was acting really strangely. | **agir por impulso** to act on impulse | **agir bem/mal** to do the right thing/the wrong thing

agitado, -da adj **1** (dia, período, etc.) hectic: *Tive uma semana agitada.* I've had a hectic week. **2** (inquieto) restless: *Ele anda muito agitado.* He's been very restless. **3** (tenso) tense: *Fico muito agitada antes de uma prova.* I get very tense before a test. **4** (sono) restless **5** (mar) rough

agitar v **1** (um líquido, um frasco) to shake: *Agite o remédio antes de tomá-lo.* Shake the medicine before taking it. **2 agitar os braços** to wave your arms around **3** (animar) to liven up **4** (organizar) to organize | **agitar uma festa/uma viagem etc.** to organize a party/a trip etc.

agito s **1** (evento) event **2** (divertimento) fun

agonia s **1** (ansiedade) agony (pl -nies) **2** (hesitação) agonizing: *Resolve logo se vai ou não, e pare com essa agonia.* Decide now whether you're going or not and stop all this agonizing.

agora adv **1** (neste momento) now: *Tenho que sair agora.* I have to go out now. | **até agora** so far: *Isso é o que estudamos até agora.* This is what we have studied so far. | **a partir de agora/de agora em diante** from now on: *De agora em diante, não como mais chocolate.* I won't eat any more chocolate from now on. **2** (atualmente) nowadays: *Agora não se usa mais*

agosto

esse estilo de calça. People don't wear that style of pants nowadays. **3** (em seguida) now: *Agora olhem para o quadro.* Now look at the board. | **agora mesmo (a)** (em seguida) right away: *Vou te ligar de volta agora mesmo.* I'll call you back right away. **(b)** (há pouco) just now: *Ele passou por aqui agora mesmo.* He was here just now. **4 sábado/domingo etc. agora** (no próximo) this (coming) Saturday/Sunday etc.

agosto s August ▶ ver "Active Box" **meses** em **mês**

agradar v to go down well: *O show da Fernanda Abreu agradou.* Fernanda Abreu's show went down well. | **agradar (a) alguém (a)** (contentar) to please sb: *Fiz isso para agradar a meus pais.* I did it to please my parents. | *É difícil agradar a todos.* It's hard to please everybody. **(b)** (ser agradável) to be nice to sb: *Ela tenta agradar às pessoas, mas ninguém gosta dela.* She tries to be nice to people, but nobody likes her.

agradável adj **1** (pessoa, lugar, sensação) pleasant: *uma surpresa agradável* a pleasant surprise **2** (livro, atividade, passeio) enjoyable: *um livro agradável de ler* an enjoyable book to read

agradecer v **1** (expressar agradecimento) **agradecer a alguém por algo** to thank sb for sth: *Queria te agradecer pela sua hospitalidade.* I'd like to thank you for your hospitality. **2** (sentir gratidão por) to appreciate: *Agradeço o seu interesse.* I appreciate your interest. | *Eu agradeço.* I appreciate it.

agradecido, -da adj grateful: *Estou muito agradecido a vocês.* I am very grateful to you. | **mal agradecido** ungrateful: *uma pessoa mal agradecida* an ungrateful person

agradecimento substantivo & substantivo plural

- **s** appreciation: *um gesto de agradecimento* a gesture of appreciation | **em agradecimento** as a thank you: *Em agradecimento, enviou-me flores.* He sent me flowers as a thank you.

- **agradecimentos** s pl thanks: *Os meus agradecimentos por tudo que fizeram!* Thanks for all you've done!

agravar v **agravar um problema** to make a problem worse: *A tempestade agravou a situação.* The storm made the situation worse. ▶ Existe também **to aggravate**, porém é mais formal
agravar-se v (crise, problema) to get worse, to worsen

agredir v **1** (fisicamente) to attack: *Ela foi agredida na rua por um assaltante.* She was attacked in the street by a mugger. **2** (verbalmente) to attack: *Saí de perto quando ela começou a me agredir.* I moved away when she began attacking me.

agressão s **1** (comportamento) aggression **2** (ato hostil) attack: *Derrubar árvores é uma agressão ao meio ambiente.* Cutting down trees is an attack on the environment.

agressivo, -va adj (pessoa, atitude, etc.) aggressive | **ser agressivo com alguém** to be aggressive toward sb

agrião s watercress: *sopa de agrião* watercress soup

agricultor, -ra s farmer

agricultura s agriculture

agridoce adj sweet-and-sour: *molho agridoce* sweet-and-sour sauce

agronomia s agronomy

agrônomo, -ma s agronomist

agrupar v to group
agrupar-se v **1** (juntar-se) to group together **2** (formar grupos) to get into groups

água s **1** water **2 dar água na boca de alguém** to make sb's mouth water **3 ir por água abaixo** to fall through: *Nossos planos foram por água abaixo.* Our plans fell through.
água benta holy water **água corrente/potável** running/drinking water **água da torneira** tap water **água de coco** coconut water **água doce/salgada** fresh water/salt water **água mineral com/sem gás** sparkling/still mineral water **água oxigenada** peroxide **água sanitária** bleach **água tônica** tonic water

água-de-colônia s cologne

aguado, -da adj (suco, café) watery

aguardar v **aguardar (alguém/algo)** to wait (for sb/sth): *Continuo aguardando uma resposta dele.* I'm still waiting for a reply from him.

aguardente s liquor (AmE), spirit (BrE)
aguardente de cana sugarcane liquor

água-viva s jellyfish (pl jellyfish)

aguçado, -da adj **1** (sentido) keen: *Os cães têm um faro aguçado.* Dogs have a keen sense of smell. **2** (ouvido) sharp

agudo, -da adj **1** (som, voz) high-pitched **2** (forte) severe: *dor aguda* severe pain **3** (ângulo) acute ▶ ver também **acento**

aguentar v ▶ ver quadro
aguentar-se v (equilibrar-se) to keep your balance

águia s eagle

agulha s **1** (de costura) needle | **enfiar uma linha numa agulha** to thread a needle **2** (de injeção) needle **3** (de toca-discos) needle **4** (de bússola) needle
agulha de tricô knitting needle

ah! interj oh!: *Ah! Que lindo!* Oh! How beautiful!

aí advérbio & interjeição

- **adv 1** (nesse lugar) there: *Estarei aí em 10 minutos.* I'll be there in 10 minutes. | *Espera aí, já venho.* Wait there, I'm just coming! | *Deixe isso aí.* Leave that there. **2** (então) then: *Aí eu resolvi dizer a verdade.* Then I decided to tell the truth. | **e aí?** and then what?: *– O cara sacou uma arma. – E aí?* "The guy pulled a gun." "And

aguentar

1 No sentido de tolerar algo ou alguém desagradável, usa-se **to put up with**:

Tivemos que aguentar aquela situação. We had to put up with that situation. | *Não sei como você aguenta esse vizinho.* I don't know how you put up with that neighbour.

Se a frase é negativa ou interrogativa, usa-se **to stand** ou **to bear**, precedido de **can** ou **could**:

Não aguento essa garota. I can't stand that girl./I can't bear that girl. | *Como você aguenta esse calor aqui dentro?* How can you stand the heat in here?/How can you bear the heat in here? | *Ele não aguentava a dor.* He couldn't bear the pain./He couldn't stand the pain.

2 No sentido de suportar um peso, usa-se **to take**:

Esta prateleira não vai aguentar (com) tanto peso. The shelf won't take that much weight.

3 No sentido de controlar-se, usa-se **to be able to stand it**:

Ela não aguentou e começou a chorar. She couldn't stand it and began to cry.

4 No sentido de durar, usa-se **to last**:

Esse uniforme aguenta mais uns meses. This uniform will last a few more months.

5 A tradução de *aguentar fazer algo* varia conforme o sentido:

TER FORÇA FÍSICA

Você aguenta carregar essa caixa sozinha? Can you manage to carry that box by yourself?

TER RESISTÊNCIA PSÍQUICA

Não aguento mais estudar para as provas. I can't stand studying for the exams anymore.

6 EXPRESSÃO

aguentar firme to hold out: *Ele aguentou firme e conseguiu terminar a maratona.* He held out and managed to finish the marathon.

---

then what?" **3 aí dentro/fora** in there/out there: *Vou ficar aqui fora; está muito quente aí dentro.* I'm going to stay out here; it's too hot in there. **4 foi aí que (a)** (nesse lugar) that's where: *Foi aí que comprei o CD.* That's where I bought the CD. **(b)** (então) that's when: *Foi aí que percebi isso.* That's when I realized. **5 por aí (a)** (em lugar indeterminado) around (somewhere): – *Onde está o Jorge? – Está por aí.* "Where's Jorge?" "He's around somewhere." **(b)** (aproximadamente) more or less: *Custou uns R$100, por aí.* It cost R$100, more or less. **6** (com o verbo vir) here: *Aí vem o ônibus.* Here comes the bus.

• *interj* (aplauso) way to go: *Aí, goleiro!* Way to go, keeper!

ai! *interj* **1** (exprimindo dor) ouch! **2** (exprimindo lamento) Oh!: *Ai! Que saudade dele!* Oh, I miss him so much!

aidético, -ca *s* person with AIDS (pl people with AIDS)

AIDS *s* AIDS

ainda *pron & conj* ▶ ver quadro na pág. 436

aipo *s* celery

ajeitar *v* **1** (gravata, etc.) to straighten **2** (o cabelo) to fix **3** (acomodar) to place
ajeitar-se *v* (acomodar-se) to settle yourself: *Ajeitaram-se no sofá para ver um vídeo.* They settled themselves on the sofa to watch a video.

ajoelhado, -da *adj* kneeling | **estar ajoelhado** to be kneeling | **ficar ajoelhado** to kneel down

ajoelhar(-se) *v* to kneel (down)

ajuda *s* **1** (auxílio) help: *Preciso da sua ajuda.* I need your help. | **dar ajuda a alguém** to help sb: *Você me deu uma grande ajuda.* You helped me a lot. | **pedir ajuda a alguém** to ask sb for help: *Peça ajuda ao seu professor.* Ask your teacher for help. **2** (em informática) help: *Clique em Ajuda.* Click on Help.

ajudante *s* assistant

ajudar *v* to help: *Quer que eu te ajude?* Do you want me to help you? | **ajudar alguém a fazer algo** to help sb (to) do sth: *Ele me ajudou a carregar as malas até o carro.* He helped me carry the cases to the car.

ajuizado, -da *adj* sensible: *Ele é muito ajuizado.* He's very sensible.

ajustar *v* **1** (peças) to adjust: *O freio da minha bicicleta foi ajustado.* The brakes on my bike have been adjusted. **2 ajustar algo** (roupa) to take sth in: *Minha mãe vai ajustar esta calça para mim.* My mom is going to take these pants in for me.
ajustar-se *v* **ajustar-se a algo** (adaptar-se) to adjust to sth: *No início foi difícil ela se ajustar à nova situação.* It was difficult for her to adjust to the new situation at first.

ajuste *s* **1** (regulagem) adjustment **2** (acordo) agreement: *um ajuste entre os irmãos* an agreement between the brothers

ala *s* **1** (de prédio, hospital, etc.) wing **2** (grupo de pessoas) section **3** (fileira) line (AmE), row (BrE): *Os alunos formaram duas alas.* The pupils formed two lines.

alagado, -da *adj* flooded: *Vários bairros ficaram alagados.* Several neighborhoods were flooded.

alagar *v* to flood

alargar *v* **1 alargar uma saia etc.** to let out a skirt etc. **2 alargar o cinto** to loosen your belt **3 alargar uma rua/pista etc.** to widen a road/lane etc. **4** (ficar largo) to give: *A sandália alargou um pouco com o uso.* The sandals gave a little with wear.

alarmante *adj* alarming

alarme

ainda

1 Em frases afirmativas e interrogativas traduz-se por **still**, que precede o verbo principal:
Ainda tenho aquela foto. I still have that photo. | *Você ainda gosta dele?* Do you still love him? | *Ainda faltam 15 minutos para o jogo acabar.* There's still another 15 minutes before the game ends.

2 Em frases negativas e interrogativas negativas traduz-se por **yet**, que se segue ao verbo principal:
O filme ainda não começou. The movie hasn't started yet. | *– Eles ainda não chegaram? – Ainda não.* "Haven't they arrived yet?" "Not yet."

3 OUTROS USOS

ainda agora just now: *Ele esteve aqui ainda agora.* He was here just now. | **ainda assim** even so: *Ela tem tudo que quer, e, ainda assim, reclama.* She has everything she wants and even so she complains. | **ainda bem (que)** just as well (that): *Ainda bem que você não foi; a peça é horrível!* Just as well you didn't go; the play's awful! | **ainda que** even though: *Saímos, ainda que estivéssemos cansados.* We went out even though we were tired. | **melhor/pior ainda** even better/worse: *O último CD deles é melhor ainda.* Their latest CD is even better.

---

alarme s **1** (sinal) alarm: *campainha de alarme* alarm bell | **dar o alarme** to raise the alarm | **alarme (contra roubo) (a)** (para casas, etc.) (burglar) alarm **(b)** (para carros) (car) alarm **2** (sobressalto) alarm: *As ameaças do assaltante causaram alarme entre os passageiros.* The mugger's threats caused alarm among the passengers.
 alarme de incêndio fire alarm

alavanca s (manivela) lever
 alavanca de mudanças gear shift (AmE), gear stick (BrE)

albergue s **albergue (da juventude)** (youth) hostel

álbum s album
 álbum de fotos photo album **álbum de recortes** scrapbook

alça s **1** (de blusa, bolsa, etc.) strap: *um vestido de alça* a dress with straps | **sem alça** strapless **2** (de mala, sacola, caixa) strap **3** (de bule, panela) handle

alcachofra s artichoke

alcançar v **1** (com a mão) to reach: *Não consigo alcançar o livro.* I can't reach the book. **2** (chegar até) to reach: *Remamos até alcançar a praia.* We rowed until we reached the beach. | **alcançar alguém** to catch up: *Vamos indo, que ele logo nos alcança.* Let's go – he'll soon catch up. **3** (um objetivo, etc.) to achieve: *Meu irmão não alcançou o resultado esperado.* My brother didn't achieve the result he had hoped for.

alcance s **1 ao alcance (a)** (distância) within reach **(b)** (possibilidade) within your power: *Farei tudo que estiver ao meu alcance para ajudá-la.* I will do everything within my power to help you. **2 fora do alcance** out of reach: *Coloquei o som fora do alcance da minha irmã menor.* I put my stereo out of my little sister's reach. **3** (de binóculo, arma, etc.) range: *um telescópio de longo alcance* a long-range telescope

alcaparra s caper

álcool s alcohol | **sem álcool** alcohol-free

alcoólatra s alcoholic

alcoólico, -ca adj alcoholic: *bebida alcoólica* alcohol | **não alcoólico** nonalcoholic

aldeia s village: *os habitantes da aldeia* the villagers

alegar v **1** (explicar) to claim: *Henrique alegou que não tinha ouvido o sinal.* Henrique claimed that he hadn't heard the bell. **2** (citar como prova) to allege: *O assaltante alegou que estava preso no dia do assalto.* The robber alleged that he was in custody on the day of the robbery.

alegórico, -ca ▶ ver **carro**

alegrar v **1 alegrar alguém (a)** (com notícia, resultado, etc.) to please sb: *A vitória dele alegrou a família.* His win pleased his family. **(b)** (quem está triste) to cheer sb up: *Comprei estes chocolates para te alegrar um pouco.* I bought these chocolates to cheer you up a little.
2 (uma festa, o ambiente) to liven up: *Nossos hóspedes alegram a casa.* Our guests liven the house up.
3 (com cores, decoração) to brighten up: *A parede amarela alegrou o quarto.* The yellow wall has brightened up the room.

alegrar-se v **alegrar-se (com algo)** to be pleased (about sth)

alegre adj **1** (pessoa) cheerful: *Hoje acordei alegre.* I woke up feeling cheerful today. **2** (ambiente, festa) lively: *Ponha uma música alegre.* Put some lively music on. **3** (cor, decoração) bright **4** (meio bêbado) tipsy

alegria s joy | **cantar/chorar de alegria** to sing/weep with joy

aleijado, -da adj crippled

além advérbio, preposição & substantivo

• **adv** (lá ao longe) beyond | **mais além** farther on: *A cachoeira é mais além.* The waterfall is farther on.

• **além de** prep **1** (a mais) apart from: *O que você quer além de suco?* What would you like apart from juice? **2** (assim como) as well as: *Além de difícil, a prova foi muito longa.* The test was long as well as being difficult. **3 além da estrada/da ponte etc.** beyond the road/bridge etc. **4 além disso** besides ▶ Em inglês, é comum o sentido da expressão ficar implícito em vez de ser

traduzido: *Serviram bebidas e mais nada além disso.* They served drinks and nothing else.
- **s o além** the hereafter

Alemanha s **a Alemanha** Germany: *na Alemanha* in Germany

alemão, -mã *adjetivo & substantivo*
- *adj* German
- *s* (pessoa) German | **os alemães** (povo) Germans
- **alemão** *s* (idioma) German

alergia s allergy (pl -gies) | **ter alergia a algo (a)** to have an allergy to sth: *Tenho alergia a poeira.* I have an allergy to dust. **(b)** (antipatia) to be allergic to sth: *Minha irmã tem alergia ao estudo.* My sister is allergic to studying.

alérgico, -ca *adj* **alérgico (a algo)** allergic (to sth): *Ele é alérgico a lã.* He's allergic to wool.

alerta *substantivo & adjetivo*
- *s* warning | **dar o sinal de alerta** to sound the alert | **em alerta** on the alert
- *adj* **alerta (para algo)** alert (to sth)

alertar *v* to alert: *Ela ficou desconfiada e alertou a polícia.* She became suspicious and alerted the police. | **alertar alguém sobre algo** to warn sb about sth

alfabético, -ca *adj* alphabetical | **em ordem alfabética** in alphabetical order

alfabetização s literacy: *uma campanha de alfabetização* a literacy campaign

alfabetizado, -da *adj* able to read and write: *Com cinco anos ele já estava alfabetizado.* He was already able to read and write by the age of five.

alfabetizar *v* **alfabetizar alguém** to teach sb to read and write: *As crianças são alfabetizadas na pré-escola.* Children are taught to read and write in preschool.

alfabeto s alphabet

alface s lettuce: *Você quer alface?* Do you want lettuce?

alfaiate s tailor

alfândega s customs: *Fui parado na alfândega.* I was stopped at customs. | **passar pela alfândega** to go through customs

alfazema s lavender

alfinete s pin
alfinete de segurança safety pin

alga s **1** (no mar) seaweed **2** (em lago, etc.) algae

algarismo s numeral | **em algarismo arábico/romano** in Arabic/Roman numerals

algazarra s hubbub

álgebra s algebra

algemar *v* to handcuff

algemas *s pl* handcuffs

algo *pronome & advérbio*
- *pron* ▶ ver quadro

algo *pronome*

1 EM FRASES AFIRMATIVAS (= something)

Tem algo acontecendo por aqui. There's something going on here. | *Custou algo em torno de R$100.* It cost something in the region of R$100.

2 EM PERGUNTAS E ORAÇÕES COM "IF" (= anything)

Algo mais? Anything else? | *Se você souber de algo, me avise.* If you hear anything, let me know.

Porém, costuma-se usar **something** quando se espera uma resposta afirmativa:

Você tem algo para me contar? Do you have something to tell me?

3 EXPRESSÃO

ou algo assim or something like that

- *adv* somewhat: *uma reação algo inesperada* a somewhat unexpected reaction

algodão s **1** (para uso medicinal) cotton: *uma bolinha de algodão* a cotton ball **2** (tecido) cotton: *um vestido de algodão* a cotton dress **3** (fruto) cotton: *uma plantação de algodão* a cotton plantation

algodão-doce s cotton candy (AmE), candyfloss (BrE)

alguém *pron* ▶ ver quadro

algum, -ma *pron* ▶ ver quadro na pág. 438

alheio, alheia *adj* **1** (de outra pessoa) someone else's: *Júlio foi culpado por erro alheio.* Júlio was blamed for someone else's mistake. **2** (de outras pessoas) other people's: *Não se deve mexer nas coisas alheias.* You shouldn't touch other people's things.

alho s garlic: *um dente de alho* a clove of garlic

alho-poró s leek

ali *adv* **1** (lugar) over there: *A Sandra está ali.* Sandra is over there. | **foi ali que** that's where: *Foi ali que o ônibus bateu.* That's where the bus crashed. | **ali dentro/fora** in/out there: *Coloquei os retratos ali dentro.* I put the pictures in there.

alguém

1 EM FRASES AFIRMATIVAS (= someone, somebody)

Tem alguém batendo na porta. There's someone knocking at the door.

2 EM PERGUNTAS E ORAÇÕES COM "IF" (= anyone, anybody)

Você conhece alguém aqui? Do you know anybody here? | *Se alguém telefonar, diga que já volto.* If anyone calls, tell them I'll be right back.

Porém, costuma-se usar **someone** ou **somebody** quando se espera uma resposta afirmativa:

É alguém que eu conheço? Is it someone I know?

As 2.000 palavras mais importantes do inglês estão assinaladas no texto.

algum -ma

▶ PRONOME ADJETIVO

1 Em frases afirmativas e negativas traduz-se por **some**:

Ela vai precisar de alguma ajuda. She will need some help. | *Algumas pessoas ainda não pagaram.* Some people haven't paid yet.

Porém, quando o pronome vem depois do substantivo traduz-se por **at all**:

não há razão alguma/perigo algum there's no reason at all/no danger at all

2 Em perguntas e orações com "if" traduz-se por **any**:

Houve algum problema? Was there any problem? | *Se você tiver alguma dúvida, me chame.* If you have any questions, call me.

3 A tradução de *alguma coisa* varia dependendo do contexto:

EM FRASES AFIRMATIVAS (= something)

Há alguma coisa errada com meu computador. There's something wrong with my computer.

EM PERGUNTAS E ORAÇÕES COM "IF" (= anything)

Tem alguma coisa para comer? Is there anything to eat? | *Aqui está o meu telefone, se você precisar de alguma coisa.* Here's my number, if you need anything.

4 A tradução de *em/a algum lugar* varia dependendo do contexto:

EM FRASES AFIRMATIVAS (= somewhere)

Conheço-o de algum lugar. I know him from somewhere.

EM PERGUNTAS E ORAÇÕES COM "IF" (= anywhere)

Você viu as minhas chaves em algum lugar? Have you seen my keys anywhere? | *Se você resolver ir a algum lugar, nos avise.* If you decide to go anywhere, let us know.

5 Em perguntas, *alguma vez* traduz-se por **ever**:

Você já foi alguma vez ao Amazonas? Have you ever been to the Amazon?

6 A tradução de *algumas vezes*, no sentido de "poucas vezes", é **a few times**:

Estive lá algumas vezes. I've been there a few times.

▶ PRONOME SUBSTANTIVO

1 Quando significa um, traduz-se por **one**:

Preciso de um lápis. Você tem algum? I need a pencil. Do you have one?

2 Quando significa mais de um, traduz-se por **some**, em frases afirmativas, e por **any**, em frases interrogativas:

Alguns deles são grátis. Some of them are free. | *Me esqueci de comprar ovos. Você tem algum?* I forgot to get some eggs. Do you have any?

| **por ali** that way: *Ele seguiu por ali.* He went that way. **2** (tempo) then: *Até ali as coisas iam bem.* Things were going well until then. | **ali por** around: *Eles só chegaram ali pelas dez horas.* They only arrived at around ten o'clock.

aliado, -da *substantivo & adjetivo*

● **s** ally (pl allies): *os aliados na Segunda Guerra Mundial* the allies in World War II

● **adj** allied: *nações aliadas* allied nations

aliança *s* **1** (anel) wedding ring **2** (entre países, partidos, etc.) alliance

aliar-se *v* **aliar-se contra alguém** to join forces against sb | **aliar-se a alguém** to ally yourself with sb | **aliar-se a algo** to go along with sth

aliás *adv* **1** (por falar nisso) by the way: *Vamos passar o Carnaval em Angra. Aliás, você não quer ir também?* We're going to spend Carnival in Angra. By the way, would you like to come too? **2** (ou melhor) or rather: *O festival começa na sexta, aliás, no sábado.* The festival starts on Friday, or rather, Saturday. **3** (na verdade) in fact: *Ainda não comecei o projeto; aliás, nem escolhi o tema ainda.* I haven't started the project yet; in fact, I haven't even chosen the subject. **4** (além disso) what's more: *Ele é simpático; aliás, é bem bonito também.* He's nice; what's more, he's very good-looking, too.

álibi *s* alibi

alicate *s* **1 alicate (de unhas)** nail clippers *pl*: *Onde está o alicate de unhas?* Where are the nail clippers? ▶ A tradução de *um alicate de unhas* é **a pair of nail clippers** ou **some nail clippers 2** (ferramenta) pliers *pl* ▶ A tradução de *um alicate* é **a pair of pliers** ou **some pliers**

alicerce *s* foundation

alimentação *s* **1** (dieta) diet: *uma alimentação balanceada* a balanced diet **2** (comida) food: *praça de alimentação* food court

alimentar *verbo & adjetivo*

● *v* **1** (ser nutritivo) to be nutritious: *Balas não alimentam.* Candy is not nutritious. **2 alimentar alguém (com algo)** to feed sb (on sth): *Ela alimenta os filhos com produtos naturais.* She feeds her children on natural foods.

alimentar-se *v* **1** to eat: *Você não se alimenta direito.* You don't eat properly. | **alimentar-se de algo** to live on sth: *Joana só se alimenta de legumes e frutas.* Joana lives on nothing but fruit and vegetables.

● *adj* eating: *hábitos alimentares* eating habits

alimentício, -cia *adj* **1** (próprio para comer) food: *gêneros alimentícios* foodstuffs **2** (nutritivo) nutritional: *O feijão tem alto valor alimentício.* Beans have a high nutritional value. **3** (que provê alimento) food: *o setor alimentício* the food industry

alimento *s* food: *alimentos orgânicos* organic foods

alinhado, -da *adj* **1** (elegante) sharp (AmE), smart (BrE) | **estar alinhado** to look sharp | **ser**

alinhado to be a sharp dresser **2** (texto) aligned: **alinhado à esquerda/direita** aligned left/right

alinhar v (um texto) to align | **alinhar à esquerda/direita** to align left/right

alisar v **1 alisar o cabelo (a)** to straighten your hair **(b)** (no cabeleireiro) to have your hair straightened **2** (um tecido, um papel) to smooth out **3** (uma tábua, uma superfície) to smooth **4** (acariciar) to stroke

alistar-se v **alistar-se (em algo)** to enlist (in sth): *Ele vai se alistar no exército.* He's going to enlist in the army.

aliviado, -da adj relieved | **estar/ficar aliviado** to be relieved: *Fiquei aliviada com o fim dos exames.* I was relieved that the exams were over.

aliviar v **1** (a dor, a tensão) to relieve **2** (uma carga) to lighten

alívio s relief: *Foi um alívio saber que tudo deu certo.* It was a relief to know that everything turned out well. | *Que alívio!* What a relief!

alma s **1** (espírito) soul **2** (elemento essencial) heart and soul: *As duas vocalistas são a alma do grupo.* The two vocalists are the heart and soul of the group.
alma do outro mundo ghost **alma gêmea** soul mate

almanaque s almanac

almirante s admiral

almoçar v to have lunch: *Nunca almoço.* I never have lunch. | *Vamos almoçar às duas horas.* We'll be having lunch at two o'clock.

almoço s lunch: *Comemos peixe no almoço.* We had fish for lunch. | **na hora do almoço** at lunchtime

almofada s cushion

almôndega s meatball

alô interj **1** (ao telefone) hello **2** (num encontro) hi, hello

alojamento s **1** (de estudantes) dormitory (pl -ries) (AmE), hall of residence (BrE) **2** (de atletas, etc.) dormitory (pl -ries) **3** (de sem-teto, etc.) hostel **4** (de militares) bunkhouse

alojar v to put up: *Tem espaço para alojar todo mundo no sítio.* There's room to put everyone up at the cottage.
alojar-se v to stay: *Eles vão se alojar num albergue.* They're going to stay in a hostel.

alongamento s **1** (exercício) stretching: *Faça um alongamento depois da caminhada.* Do some stretching after your walk. **2** (aula) stretch class: *Você vai ao alongamento hoje?* Are you going to stretch class today?

alongar v **1** (o corpo, um músculo) to stretch **2** (uma saia, a manga) to lengthen **3** (um prazo) to extend
alongar-se v **1** (no comprimento) to get longer **2** (no falar, escrever) to go on at length

alpendre s porch

alpinismo s climbing | **fazer alpinismo** to go climbing

alpinista s climber

alta s **1** (aumento) rise: *a alta de preços* the rise in prices **2** (de hospital) **ter alta** to be discharged: *O paciente teve alta em dois dias.* The patient was discharged within two days. | **dar alta a alguém** to discharge sb **3** (alta sociedade) high society: *gente da alta* society people

altar s altar

alterado, -da adj (perturbado, irritado) worked up | **estar/ficar alterado** to be/get worked up: *Ele fica alterado por qualquer motivo.* He gets worked up over nothing.

alterar v (modificar) to alter
alterar-se v **1** (modificar-se) to change: *Nada se alterou depois que você partiu.* Nothing has changed since you left. **2** (irritar-se) to get worked up

alternado, -da adj alternate | **em dias alternados** on alternate days

alternar v to alternate: *A enfermeira alternava as noites de plantão.* The nurse alternated her nights on duty. | **alternar algo com algo** to alternate sth with sth: *É bom alternar o estudo com descanso.* It is good to alternate study with relaxation. | **alternar com alguém** to take turns with sb: *Tenho que alternar com meu irmão no computador.* I have to take turns with my brother on the computer.
alternar-se v to take turns

alternativa s alternative: *Não há alternativa.* There's no alternative.

alternativo, -va adj **1** (caminho, transporte) alternative **2** (pessoa, ideias, rock) alternative

altitude s altitude: *a 2.000 metros de altitude* at an altitude of 2,000 meters

alto, -ta adjetivo, advérbio & substantivo

• adj ▶ ver quadro na pág. 440

• **alto** adv **1** (falar, rir) loudly: *Não falem tão alto.* Don't talk so loudly. | *Fale mais alto, não estou te ouvindo.* Speak up, I can't hear you. **2** (voar) high **3** (em posição alta) high up: *O carpinteiro colocou a estante muito alto.* The carpenter put the shelves too high up. **4** (num volume alto) loud | **pôr o som/rádio alto** to put the stereo/radio on loud: *Minha irmã sempre põe a música alto.* My sister always puts her music on loud. **5 por alto** without going into detail: *Ela me contou o problema por alto.* She told me about the problem without going into detail.

• **alto** s top: *no alto do morro* at the top of the hill | **jogar tudo para o alto** to drop everything: *Ele resolveu jogar tudo para o alto e tirar umas férias.* He decided to drop everything and take a vacation.

alto *adjetivo*

1 Para referir-se a pessoas, edifícios e árvores usa-se **tall**:

Ele é muito alto para sua idade. He's very tall for his age. | *Ela é mais alta do que a mãe.* She's taller than her mother. | *o prédio mais alto do mundo* the tallest building in the world

2 Tall é também empregado na descrição de outros objetos estreitos e altos:

uma coluna alta a tall column | *Ponha-as num vaso mais alto.* Put them in a taller vase.

3 Para referir-se a objetos mais largos do que altos, tais como *cercas* e *muros*, usa-se **high**:

Puseram uma cerca mais alta. They put up a higher fence.

4 Com substantivos abstratos, tais como *preço, pressão, qualidade* etc., usa-se **high**:

Ele sofre de pressão alta. He has high blood pressure. | *Ela sempre tira a nota mais alta.* She always gets the highest grade.

5 Para referir-se à posição ou ao nível de algo usa-se **high**:

uma estante alta a high shelf | *O nível de desemprego está muito alto.* Unemployment is very high.

6 Para referir-se a som, volume, usa-se **loud**:

A televisão está alta demais. The television's too loud.

7 Para referir-se a funcionários, cargos etc., usa-se **high-ranking**:

um alto executivo a high-ranking executive

8 Para referir-se ao estado alcoolizado usa-se **tipsy**:

Ele estava meio alto. He was a little tipsy.

9 *Classe alta, farol alto, em voz alta* etc. são tratados no verbete do substantivo correspondente.

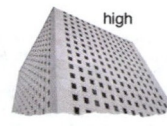
high

low

alto-astral *adjetivo & substantivo*
- *adj* (pessoa, lugar, etc.) upbeat
- *s* (de pessoa, lugar, etc.) good vibe

alto-falante *s* loudspeaker | **anunciar pelos alto-falantes** to announce over the loudspeakers

alto-mar *s* open ocean | **em alto-mar** in the open ocean (AmE), on the open sea (BrE)

altura *s* **1** (estatura) height: *Qual é a sua altura?* How tall are you? | *Tenho 1,65 m de altura.* I am 1.65 m tall.
2 (dimensão) height: *a altura de um prédio* the height of a building | *O armário mede 3 m de altura.* The cupboard is 3 m high.
3 (momento, ocasião) stage: *Em que altura da viagem você adoeceu?* At what stage in the trip did you become ill? | **a certa altura** at some stage: *a certa altura da conversa* at some stage in the conversation | **nesta/nessa altura** at this/that time: *Nessa altura ainda não morávamos no Rio.* We weren't yet living in Rio at the time. | **nesta altura do campeonato** at this stage of the game
4 (lugar) **em que altura ...?** whereabouts ...?: *Em que altura de Ipanema fica a loja?* Whereabouts in Ipanema is the store? | **na altura de** by: *Fica na altura da praça.* It's by the square.

alucinado, -da *adj* **1** (angustiado) frantic: *O pai ficou alucinado ao perder a criança.* The father was frantic when he lost the child. **2** (irritado) infuriated | **estar/ficar alucinado (com algo)** to be driven crazy (by sth): *Fico alucinada com esse barulho.* That noise drives me crazy. | **deixar alguém alucinado** to drive sb crazy **3** **ser alucinado por alguém/algo** to be crazy about sb/sth: *Ela é alucinada pela sobrinha.* She's crazy about her niece. **4** (motorista, olhar) crazed

alucinante *adj* **1** (que irrita) infuriating **2** (ritmo, paixão) wild **3** (calor) stifling

alucinar *v* **alucinar alguém (a)** (irritar) to drive sb crazy: *Esse barulho me alucina.* That noise drives me crazy. **(b)** (enlouquecer) to drive sb crazy

alugar *v* ▶ ver quadro

aluguel *s* **1** (de apartamento, casa) rent | **pagar o aluguel** to pay the rent **2** (de carro, filme, etc.) rental

alumínio *s* aluminum (AmE), aluminium (BrE): *uma panela de alumínio* an aluminum pan ▶ ver também **papel**

aluno, -na *s* student: *um aluno da 6ª série* a student in the 6th grade

alusão *s* **alusão (a algo/alguém)** allusion (to sth/sb)

alvo *s* target | **acertar no alvo** to hit the target

alvoroço *s* uproar: *A chegada da Britney Spears causou o maior alvoroço.* Britney Spears' arrival caused a huge uproar.

amaciante *s* **amaciante (de roupas)** (fabric) softener

amaciar *v* to soften

amado, -da *adjetivo & substantivo*
- *adj* beloved: *minha terra amada* my beloved country
- *s* beloved: *Ele se casou com sua amada.* He married his beloved.

amador, -a *adjetivo & substantivo*
- *adj* amateur: *um ator amador* an amateur actor

alugar

1 Quando quem aluga é o inquilino ou o usuário:

UMA CASA, UM APARTAMENTO (= to rent)

No verão passado alugamos uma casa em Búzios. We rented a house in Búzios last summer.

UM CARRO, UMA BICICLETA, UM TRAJE (= to rent AmE, to hire BrE)

Eles alugaram um carro por duas semanas. They rented a car for two weeks.

UM VÍDEO, UM DVD (= to get out, to rent)

Vamos alugar um vídeo para esta noite? Shall we get out/rent a video for tonight?

2 Quando quem aluga é o proprietário:

UMA CASA, UM APARTAMENTO (= to rent AmE, to let, to rent out BrE)

Ele alugou o apartamento para uma família espanhola. He rented his apartment to a Spanish family. | *Aluga-se.* For rent. (AmE)/To let. (BrE)

UM CARRO, UMA BICICLETA, UM TRAJE (= to rent out AmE, to hire out BrE)

Vocês alugam bicicletas? Do you rent out bicycles?

UM VÍDEO, UM DVD, UM COMPUTADOR (= to rent out)

uma firma que aluga computadores a firm that rents out computers

---

- **s** amateur: *Ele ainda é um amador nesse esporte.* He's still an amateur at this sport.

amadurecer *v* **1** (fruto) to ripen **2** (pessoa) to mature

amaldiçoar *v* to curse

amamentar *v* to breast-feed

amanhã *advérbio & substantivo*

- **adv** tomorrow: *Amanhã é feriado.* Tomorrow is a holiday. | **amanhã de manhã** tomorrow morning | **amanhã à tarde** tomorrow afternoon | **amanhã à noite** tomorrow night | **até amanhã!** see you tomorrow! | **depois de amanhã** the day after tomorrow

- **s 1** (dia) tomorrow: *o jornal de amanhã* tomorrow's newspaper **2** (o futuro) the future: *os jovens de amanhã* the young people of the future

amanhecer *verbo & substantivo*

- **v** to get light: *Partiram quando amanheceu.* They left when it got light.

- **s** dawn: *Ficamos acordados para ver o amanhecer.* We stayed up to see the dawn.

amante *substantivo & adjetivo*

- **s** lover: *O filme é sobre dois amantes.* The movie is about two lovers. | *amantes do cinema* movie lovers

- **adj** loving: *pessoas amantes da natureza* nature-loving people

amar *v* **1** (sentir amor por) to love: *Você me ama?* Do you love me? **2** (ter prazer com) to love: *Amo filmes de suspense.* I love thrillers.

amar-se *v* to love each other: *Eles se amam muito.* They love each other very much.

amarelar *v* to chicken out: *Na hora de pular da pedra, Marcos amarelou.* When it came to jumping off the rock, Marcos chickened out.

amarelo, -la *adjetivo & substantivo*

- **adj 1** (cor) yellow ▶ ver "Active Box" **cores** em **cor 2** (sorriso) forced

- **amarelo s** (cor) yellow ▶ ver "Active Box" **cores** em **cor**

amargo, -ga *adj* **1** (fruta, remédio, gosto) bitter **2** (pessoa) bitter

amargura *s* **1** (desgosto) sorrow **2** (mágoa) bitterness

amargurado, -da *adj* embittered: *uma pessoa amargurada* an embittered person

amarrar *v* **1** (uma corda, um cadarço) to tie | **amarrar o sapato** to tie your shoe (AmE), to tie your shoelace (BrE) | **amarrar algo em algo** to tie sth to sth: *Amarrei o cachorro num poste.* I tied the dog to a lamppost. **2 amarrar alguém** to tie sb up: *O assaltante amarrou a vítima.* The robber tied his victim up. **3** (um barco) to moor

amarrar-se *v* **amarrar-se em algo** to be hooked on sth: *Ele se amarra em futebol.* He's hooked on soccer.

amarrotado, -da *adj* creased: *Minha saia está toda amarrotada.* My skirt is all creased.

amarrotar *v* (a roupa, um tecido) to crease: *Minha roupa amarrotou toda na mala.* My clothes got all creased in the suitcase.

amassado, -da *adj* **1** (roupa) creased **2** (papel) crumpled: *O mapa ficou amassado.* The map got crumpled. **3** (veículo, lata) dented: *O para-choque está todo amassado.* The bumper is all dented.

amassar *v* **1** (uma roupa) to crease: *O cinto de segurança amassou minha blusa.* The seat belt creased my blouse. | *Esse tecido amassa muito.* This fabric creases a lot. **2** (um papel) to scrunch up: *Amassou a carta e jogou-a no lixo.* He scrunched up the letter and threw it in the trash. **3** (uma lata) to crush: *As latas são amassadas e depois recicladas.* The cans are crushed and then recycled. **4** (um veículo) to dent: *O Paulo amassou o carro do pai.* Paulo dented his dad's car. **5** (massa de pão, de torta) to knead **6** (batatas) to mash

amável *adj* kind | **ser amável com alguém** to be kind to sb: *A recepcionista foi muito amável comigo.* The receptionist was very kind to me.

Amazonas *s* **o Amazonas** the Amazon

Amazônia *s* **a Amazônia** Amazonia

amazônico, -ca *adj* Amazon: *a Floresta Amazônica* the Amazon forest

ambição

ambição s ambition: *Sua ambição era quebrar o recorde mundial.* His ambition was to break the world record.

ambicioso, -sa adj ambitious: *um plano ambicioso* an ambitious plan

ambiental adj environmental: *preservação ambiental* environmental conservation

ambientalista adjetivo & substantivo
- **adj** environmental: *a organização ambientalista Greenpeace* the environmental organization Greenpeace
- **s** (pessoa) environmentalist

ambiente substantivo & adjetivo
- **s** 1 (onde se vive) environment: *o ambiente doméstico* the home environment 2 (atmosfera) environment: *um ambiente calmo* a calm environment 3 (recinto) room
- **adj** ▶ ver meio, temperatura

ambíguo, -gua adj 1 (palavra, sentido, etc.) ambiguous 2 (sentimentos) mixed

ambos, -bas pron & adj ▶ ver quadro

ambulância s ambulance

ambulante adj 1 *uma biblioteca ambulante* a mobile library 2 *um circo ambulante* a traveling circus 3 *um vendedor ambulante* a street vendor

ambulatório s (outpatients') clinic

ameaça s threat: *ameaça de morte* death threat | *Ele não levou a sério a ameaça do professor.* He didn't take the teacher's threat seriously.

ameaçar v 1 to threaten: *O assaltante ameaçou-a com um revólver.* The mugger threatened her with a revolver. 2 **ameaçar de fazer algo** to threaten to do sth: *O pai ameaçou deixá-lo sem mesada.* His father threatened to withhold his allowance. 3 (dar indícios de) **ameaçar fazer algo** to threaten to do sth: *Está ameaçando chover.* It's threatening to rain.

ameixa s 1 (fresca) plum 2 (seca) prune

amêndoa s almond: *óleo de amêndoa* almond oil

amendoim s 1 (vários) peanuts pl: *um saco de amendoim* a bag of peanuts | *amendoim torrado* roasted peanuts 2 (a unidade) peanut

ameno, -na adj 1 (clima, temperatura) mild: *um inverno ameno* a mild winter 2 (pessoa, lugar) pleasant

América s (continente) the Americas, America ▶ Tende-se a usar **the Americas** porque o termo **America** significa, geralmente, *Estados Unidos* em inglês: *o maior rio da América* the longest river in the Americas
América Central Central America **América do Norte** North America **América do Sul** South America **América Latina** Latin America

---

ambos -bas

1 NÓS (= we both, both of us)

Ambos esquecemos de fazer o dever. We both forgot to do the homework./Both of us forgot to do the homework.

2 VOCÊS (= you both, both of you)

Segundo ela, ambos serão convidados. According to her, you will both be invited.

3 ELES, ELAS (= they both, both of them)

Tenho dois irmãos, ambos guitarristas. I have two brothers, both of them guitarists.

Quando se usam as construções **we both/you both/they both**, o pronome **both** deve vir antes do verbo principal, a não ser que o verbo principal seja **to be**:

Ambas têm a mesma idade. They are both the same age.

4 EXPRESSÕES

entre ambos between the two of them: *Não há muita diferença entre ambos.* There's not much difference between the two of them. | **ambos os/ambas as** both: *em ambos os casos* in both cases

---

americano, -na adj & s

American significa basicamente *estadunidense*. Para traduzir *do continente americano*, costuma-se usar **in the Americas, from the Americas**, etc., se houver risco de ambiguidade:

a principal cadeia de montanhas americana the main mountain range in the Americas | *o continente americano* the American continent

A tradução de *os americanos* é **Americans** ou **the Americans**, quando se quer referir ao povo dos Estados Unidos, e **people from the Americas** ou **the people from the Americas**, quando se quer referir aos habitantes do continente.

amígdala, amídala s tonsil: *Ela foi operada das amígdalas.* She had her tonsils out.

amigdalite, amidalite s tonsillitis

amigo, -ga substantivo & adjetivo
- **s** friend: *um amigo meu* a friend of mine | *minha melhor amiga* my best friend | **ser muito amigo (de alguém)** to be good friends (with sb): *Eles são muito amigos.* They are good friends. | *Sou muito amiga dela.* I'm good friends with her.
amigo da onça false friend **amigo do peito** bosom buddy

- **adj** (gesto, palavras) friendly

amistoso, -sa adjetivo & substantivo
- **adj** friendly: *uma conversa amistosa* a friendly conversation
- **amistoso** s (jogo) friendly (game)

amizade substantivo & substantivo plural
- **s 1** (relação) friendship | **fazer amizade (com alguém)** to make friends (with sb) **2** (afeição) friendship: *uma prova de amizade* a demonstration of friendship | **sentir amizade por alguém** to be fond of sb
- **amizades s pl** (amigos) friends: *as amizades da escola* school friends

amolar v **1** (um alicate, etc.) to sharpen **2** (importunar) to bother: *Não me amola! Estou tentando estudar.* Don't bother me! I'm trying to study. **3** (aborrecer) to bother: *Os problemas com a filha o amolam muito.* These problems with his daughter really bother him.

amor s **1** (sentimento) love: *um bilhete de amor* a love letter | **amor à primeira vista** love at first sight **2** (pessoa) love: *meu primeiro amor* my first love **3 fazer amor (com alguém)** to make love (to/with sb) **4 ser um amor** to be really nice: *Ele é um amor (de pessoa).* He's really nice. | *Sua irmã foi um amor comigo.* Your sister was really nice to me.

amora s blackberry: *sorvete de amora* blackberry ice cream

amoroso, -sa adj **1** (pessoa, sentimento) loving: *uma mãe amorosa* a loving mother **2 caso amoroso/vida amorosa** love affair/love life **3 problemas amorosos** relationship problems

amor-próprio s **1** (orgulho) pride: *Você feriu o amor-próprio dele.* You hurt his pride. **2** (autoestima) self-respect

amostra s sample: *amostra grátis* free sample

ampère s amp

ampliação s (de foto, imagem) enlargement

ampliar v **1** (uma foto, uma imagem) to enlarge **2** (conhecimentos, estudos) to broaden **3** (uma área, uma rua, etc.) to widen

amplificador s amplifier

amplo, -pla adj **1** (grande) spacious: *um quarto amplo* a spacious bedroom **2** (extenso) broad: *em sentido amplo* in the broadest sense **3** (possibilidades, oportunidades) ample

anabolizante s anabolic steroid

analfabetismo s illiteracy: *o índice de analfabetismo* the illiteracy rate

analfabeto, -ta adjetivo & substantivo
- **adj** illiterate
- **s** illiterate person | **os analfabetos** the illiterate

analgésico s painkiller

analisar v to analyze (AmE), to analyse (BrE)

análise s **1** (estudo) analysis (pl -ses) | **análise sintática** syntactic analysis | **em última análise** in the final analysis **2** (psicanálise) analysis: *Faço análise há um ano.* I've been in analysis for a year.

analista s **1** (quem analisa) analyst **2** (psicanalista) analyst
analista de sistemas systems analyst

anão, anã s **1** (pessoa) dwarf (pl dwarfs ou dwarves) ▶ Muitas pessoas consideram o termo **dwarf** ofensivo **2** (em contos) dwarf
anão de jardim garden gnome

anatomia s anatomy

anchova s anchovy (pl -vies)

âncora substantivo feminino & substantivo masculino
- **s** [fem] (de embarcação) anchor
- **s** [masc e fem] (em jornalismo) anchor

andaime s scaffolding

andamento s **1** (desenvolvimento) progress: *O professor está satisfeito com o andamento do nosso projeto.* Our teacher is satisfied with the progress of our project. | **dar andamento a algo** to get sth started | **em andamento** underway **2** (musical) tempo

andar verbo & substantivo
- **v 1** (caminhar) to walk
2 (ir) to go: *Como andam as coisas com você?* How are things going with you?
3 andar alegre/cansado etc. to have been feeling happy/tired etc.: *Ando muito cansada ultimamente.* I've been feeling very tired lately. | **andar atarefado/preocupado etc.** to have been busy/worried etc., to be busy/worried etc. | **andar com algo** to have been having sth: *Ando com dores no joelho.* I have been having pains in my knee.
4 (ter como companhia) to go around: *Elas andam sempre juntas.* They always go around together.
5 anda! come on!: *Anda! Estamos atrasados!* Come on! We're late!
6 (vestir) to wear: *Ela anda sempre de preto.* She always wears black.
7 (dirigir) to go: *Meu pai só anda a 60 km/h.* My dad never goes faster than 60 km/h.
8 (progredir) to progress
9 andar fazendo algo to have been doing sth: *Ando ouvindo muito o U2.* I've been listening to U2 a lot.
10 ▶ ver também **avião, bicicleta**
- **s 1** (maneira de caminhar) walk: *Ele tem um andar esquisito.* He has a funny walk.
2 (em prédio, casa, etc.) floor: *Em que andar vocês moram?* What floor do you live on? | **uma casa de dois/três etc. andares** a two-story/three-story etc. house (AmE), a two-storey/three-storey etc. house (BrE) | **no andar de baixo/de cima** downstairs/upstairs

anedota s anecdote | **contar uma anedota** to tell an anecdote

anel s **1** (joia) ring: *um anel de prata* a silver ring **2** (de corrente) link

anemia s anemia (AmE), anaemia (BrE) | **estar com anemia** to have anemia

anêmico, -ca adj anemic (AmE), anaemic (BrE)

anestesia s anesthetic (AmE), anaesthetic (BrE) | **anestesia local/geral** local/general anesthetic

anestesiar v to anesthetize (AmE), to anaesthetise (BrE)

anexar v **1** (um documento, etc.) to attach **2** (dentro de uma carta) to enclose **3** (incorporar) to annex

anexo, -xa adjetivo & substantivo

• **adj** **1** (junto) enclosed, (com clipe, grampeado ou em e-mail) attached | **segue (em) anexo** please find enclosed/attached: *Segue anexo meu currículo.* Please find enclosed my résumé. **2** (ao lado) adjoining: *na sala anexa* in the adjoining room

• **anexo** s **1** (de e-mail) attachment: *Não consegui abrir o anexo.* I couldn't open the attachment. **2** (prédio) annex: *o anexo da igreja* the church annex

anfitrião, -ã s anfitrião host | anfitriã hostess | **os anfitriões** (anfitrião e anfitriã) the hosts

Angola s Angola

angolano, -na adjetivo & substantivo

• **adj** Angolan

• **s** (pessoa) Angolan | **os angolanos** (povo) Angolans

ângulo s **1** (em geometria) angle | **ângulo reto/agudo** right/acute angle **2** (de uma foto, etc.) angle **3** (ponto de vista) point of view | **ver as coisas por outro ângulo** to see things from a different angle

angústia s anxiety

angustiado, -da adj anxious: *Ele acordou angustiado.* He woke up feeling anxious.

angustiante adj **1** (momentos, pensamentos, etc.) anxious **2** (situação, problema, etc.) distressing

angustiar v **angustiar alguém (a)** (causar aflição) to make sb anxious: *A falta de notícias está me angustiando.* The lack of news is making me anxious. **(b)** (causar angústia) to distress sb: *A doença do filho os angustia muito.* Their son's illness distresses them greatly.

animação s **1** (alegria) high spirits pl **2** (de lugar, evento) buzz: *Nas ruas, a animação era intensa.* There was a real buzz in the streets. **3** (vontade) enthusiasm: *Faltou animação para levar aquilo adiante.* There wasn't enough enthusiasm to take it any further. **4** (ato de animar) **a animação da festa/pista** livening up the party/the dance floor **5** (desenhos animados) animation

animado, -da adj **1** (alegre) lively: *um lugar animado* a lively place **2** (entusiasmado) **estar animado com algo** to be looking forward to sth: *Estamos muito animados com a nossa formatura.* We're really looking forward to our graduation. | **estar animado para fazer algo** to be looking forward to doing sth: *Ela parece estar animada para correr a maratona.* She seems to be looking forward to running the marathon.
▶ ver também **desenho**

animal substantivo & adjetivo

• **s** (bicho) animal
animal de estimação pet **animal selvagem** wild animal

• **adj** animal: *o reino animal* the animal kingdom

animar v **1** (alegrar) **animar alguém** to cheer sb up: *Ele estava triste, mas consegui animá-lo.* He was sad, but I managed to cheer him up. **2** (encorajar) to encourage | **animar alguém a fazer algo** to encourage sb to do sth: *Os amigos o animaram a viajar.* His friends encouraged him to travel. **3** (um lugar, uma conversa, etc.) to liven up

animar-se v **1** (alegrar-se) to cheer up: *Anime-se, as coisas vão melhorar.* Cheer up, things will get better. **2** (entusiasmar-se) **animar-se a fazer algo** to work up the enthusiasm to do sth: *Ainda não me animei a começar a ginástica.* I still haven't worked up the enthusiasm to start going to the gym. **3** (festa, conversa) to liven up: *A coisa se animou quando eles chegaram.* Things livened up when they arrived.

ânimo substantivo & interjeição

• **s** **1** (entusiasmo) enthusiasm | **perder o ânimo** to lose heart | **ter ânimo de fazer algo** to be in the mood to do sth: *Ele não teve ânimo de estudar.* He wasn't in the mood to study. | **sem ânimo para fazer algo** not to feel like doing sth: *Acordei sem ânimo para correr ontem.* I didn't feel like going running when I woke up yesterday. **2** (estado de espírito) temper: *Os ânimos ficaram exaltados durante o debate.* Tempers became heated during the debate.

• **Ânimo!** interj Cheer up!

aniquilar v **1** (vencer em competição, eleição, etc.) to wipe out: *O Brasil aniquilou o Equador no campeonateo.* Brazil wiped out Ecuador in the championship. **2** (acabar com) to wipe out: *armas que poderiam aniquilar a vida na Terra* arms that could wipe out life on Earth

aniversário s **1** (de nascimento) birthday: *Quando é o seu aniversário?* When is your birthday? | *meu aniversário de 15 anos* my 15th birthday | *Feliz aniversário!* Happy birthday! | **de aniversário** for your birthday: *Ganhei uma prancha de aniversário.* I got a surfboard for my birthday. | **bolo/presente etc. de aniversário** birthday cake/present etc. **2** (festa) birthday party: *Convidei-a para meu aniversário.* I invited her to my birthday party. **3** (de acontecimento) anniversary: *o aniversário da independência do Brasil* the anniversary of Brazil's independence
aniversário de casamento wedding anniversary

anjo s angel
anjo da guarda guardian angel

ano substantivo & substantivo plural
• s **1** (idade) **ter 9/15 etc. anos** to be 9/15 etc. years old ▶ Costuma-se omitir **years old** ao se falar a idade de uma pessoa: *Tenho 17 anos.* I'm 17./I'm seventeen years old. | *Esse prédio tem mais de 100 anos.* This building is over 100 years old. | **quantos anos você/ele etc. tem?** how old are you/is he etc.?: *Quantos anos tem seu irmão?* How old is your brother? | **uma menina de 6 anos/um homem de 40 anos etc.** a six-year-old girl/a forty-year-old man etc., a girl of six/a man of forty etc.
2 (período) year: *Em que ano você nasceu?* What year were you born in? | *Vivi dois anos fora.* I lived abroad for two years. | *Faz um ano que não a vejo.* I haven't seen her for a year. | **de ano em ano/de três em três anos etc.** every year/every three years etc. | **há anos (a)** (há muitos anos) for years: *Moramos aqui há anos.* We've been living here for years. **(b)** (há muito tempo) for ages: *Eu não via o João há anos.* I hadn't seen João for ages. | **(no) ano passado** last year | **(no) ano que vem** next year: *Ano que vem começo a faculdade.* I start college next year. | **o ano todo** all year | **os anos 70, 80 etc.** the 70s/80s etc.: *um filme dos anos 50* a movie from the 50s | **por/ao ano** a year: *duas vezes por ano* twice a year | **todo ano** every year ▶ ver **ano-novo**
3 (em escola, curso) grade: *Em que ano você está?* What grade are you in? | **passar de ano** to move up a grade (AmE), to move up a year (BrE) | **repetir o ano** to repeat the grade (AmE), to repeat the year (BrE)
ano bissexto leap year **ano letivo** academic year
• **anos** s pl Referente a aniversário: *no dia dos meus anos* on my birthday | **fazer anos**: *Gabriel faz anos amanhã.* It's Gabriel's birthday tomorrow.

anoitecer verbo & substantivo
• v [imp] to get dark: *No verão anoitece tarde.* It gets dark late in the summer.
• s nightfall | **ao anoitecer** at nightfall

anônimo, -ma adj (carta, telefonema, autor, etc.) anonymous

ano-novo s New Year: *na véspera do ano-novo* on New Year's Eve | **Feliz Ano-Novo!** Happy New Year!

anoraque s parka
anorexia s anorexia
anoréxico, -ca adj & s anorexic
anormal adj **1** (situação, acontecimento, etc.) unusual **2** (respiração, batimentos, etc.) abnormal **3** (pessoa, comportamento) abnormal
anotação s **1** (nota) note: *caderno de anotações* notebook | **fazer a anotação de algo** to note sth down **2** (em texto) note
anotar v to note down: *Anote o meu telefone.* Note down my phone number.
ânsia s **1** (desejo) longing | **ânsia de/por algo** longing for sth: *ânsia por liberdade* longing for freedom | **ânsia de fazer algo** eagerness to do sth: *Na ânsia de chegar logo, bateu com a moto.* He crashed his motorcycle in his eagerness to arrive quickly. **2** (enjoo) nausea | **ter ânsia de vômito** to feel nauseous | **causar/dar ânsia a alguém** to make sb nauseous
ansioso, -sa adj **1** (angustiado) anxious **2** (desejoso) eager | **estar ansioso por algo** to be looking forward to sth | **estar ansioso para fazer algo** to be eager to do sth: *Ele estava ansioso para vê-la.* He was eager to see her.
Antártica s Antarctica
antártico, -ca adj Antarctic
antecedência s **com antecedência** in advance: *Temos que comprar os ingressos com antecedência.* We have to buy the tickets in advance. | **com três dias/meses etc. de antecedência** three days/months etc. in advance
antecedentes s pl record | **antecedentes criminais** criminal record
antecipadamente adv in advance | **pagar antecipadamente** to pay in advance
antecipar v **1** antecipar algo (uma data, um evento) to bring sth forward: *Anteciparam o jogo para sábado.* They brought the game forward to Saturday. **2** (prever) to anticipate: *Não antecipei que ele reagiria assim.* I didn't anticipate that he would react like that.
antemão adv **de antemão** beforehand: *Ele sabia de antemão quem receberia o prêmio.* He knew beforehand who would receive the award.
antena s **1** (de rádio, de TV) antenna (pl -s) **2** (de animais) antenna (pl -nnae)
antena parabólica satellite dish
anteontem adv the day before yesterday | **anteontem à noite** the night before last

antepassado, -da s ancestor

anterior adj **1** (dia, capítulo, recorde, etc.) previous: *na semana anterior* the previous week **2** (antigo) old: *Minha escola anterior era perto daqui.* My old school was near here. **3** (situado na frente) front

antes advérbio, preposição & conjunção

• **adv 1** (em tempo anterior) before: *Você já esteve aqui antes?* Have you been here before? **2** (em lugar anterior) before: *Não salte do ônibus na Lapa; salte antes.* Don't get off the bus in Lapa; get off before.

• **antes de prep** before: *antes dos exames* before the exams | **antes de fazer algo** before doing sth: *Sempre escovo os dentes antes de dormir.* I always brush my teeth before going to bed.

• **antes que conj** before: *Vou sair antes que ele chegue.* I'll leave before he arrives.

antiácido s antacid

antibiótico s antibiotic

anticaspa adj antidandruff

anticoncepcional adjetivo & substantivo

• **adj** contraceptive: *pílula anticoncepcional* contraceptive pill

• **s** contraceptive

anticorpo s antibody (pl -dies)

antigamente adv **1** (antes) in the past: *Antigamente eu me preocupava mais com essas coisas.* In the past, I used to worry more about these things. **2** (em tempos antigos) in the past

antigo, -ga adj **1** (amigo, música, modelo, etc.) old: *Adoro assistir filmes antigos.* I love watching old movies. **2** (civilização, cultura) ancient: *a Roma antiga* ancient Rome **3** (que não exerce mais o cargo) former: *o antigo treinador* the former coach **4** (de antiquário, etc.) antique: *um espelho antigo* an antique mirror

old

modern

antiguidade s (objeto) antique: *Esse relógio é uma antiguidade.* That watch is an antique.

anti-higiênico adj unhygienic

anti-horário, -ria adj (percurso, direção) counterclockwise (AmE), anticlockwise (BrE) | **no sentido anti-horário** counterclockwise

antipatia s dislike | **ter antipatia por alguém/algo** to dislike sb/sth

antipático, -ca adj (pessoa, atitude) unfriendly, unpleasant ▶ **Unpleasant** expressa maior desagrado do que **unfriendly**: *Que menina mais antipática!* What an unfriendly/unpleasant girl! | **ser antipático com alguém** to be unfriendly/unpleasant to sb

antipatizar v **antipatizar com alguém** to take a dislike to sb: *Ela antipatizou com meu namorado.* She took a dislike to my boyfriend.

antiquado, -da adj **1** (fora de moda) old-fashioned: *um vestido antiquado* an old-fashioned dress **2** (mentalidade, ideias) old-fashioned

antiquário, -ria substantivo

• **s** (pessoa) antique dealer

• **antiquário** s (loja) antique store

antisséptico, -ca adjetivo & substantivo

• **adj** antiseptic: *pomada antisséptica* antiseptic ointment

• **antisséptico** s antiseptic

antissocial adj antisocial: *comportamento antissocial* antisocial behavior

antologia s anthology (pl -gies)

antônimo s antonym

antropófago, -ga s cannibal

antropologia s anthropology

antropólogo, -ga s anthropologist

anual adj **1** annual **2** (com quantidades) **R$50 milhões/20 toneladas etc. anuais** R$50 million/20 tonnes etc. a year

anualmente adv every year: *Milhares de crianças morrem de fome anualmente.* Thousands of children die from hunger every year.

anular verbo & substantivo

• **v 1** (um gol, um ponto) to disallow: *O juiz anulou o gol.* The referee disallowed the goal. **2** (um efeito, uma possibilidade) to eliminate

• **s** (dedo) ring finger

anunciar v **1** (fazer propaganda de) to advertise: *O produto foi anunciado na TV.* The product was advertised on TV. **2** (avisar) to announce: *Já anunciaram o nosso voo?* Have they announced our flight yet?

anúncio s **1** (em revista, jornal, TV) advertisement, ad: *um anúncio de sabonete* a soap ad **2** (em loja, na rua, etc.) advertisement **3** (declaração) announcement
anúncio luminoso neon sign

anzol s fishhook

ao¹ contração de a+o ▶ ver a

ao² conj (quando) when: *Feche a porta ao sair.* Close the door when you leave.

aonde adv where: *Aonde você quer ir?* Where do you want to go? | **aonde quer que** wherever: *Em Londres, aonde quer que você vá, tem um parque.* There's a park wherever you go in London.

apagado, -da adj **1** (luz, gás) off: *A luz da sala estava apagada.* The living room light was off. **2** (fogo) out **3** (cor, desenho) faint **4** (pessoa) dull: *um menino muito apagado* a very dull boy

apagador s eraser

apagão s power outage (AmE), power cut (BrE)

apagar v **1** (fogo, cigarro, etc.) to go out: *A vela apagou com o vento.* The candle went out in the wind. **2** (dormir) to doze off: *Estava tão cansado, que apaguei.* I was so tired I dozed off. **3** (desmaiar) to black out: *Ela apagou de repente.* She suddenly blacked out. **4 apagar algo (a)** (uma lâmpada, a luz) to switch sth off: *Apague a luz quando sair do quarto.* Switch the light off when you leave the room. **(b)** (um incêndio, um cigarro) to put sth out: *Apagou o cigarro.* He put out his cigarette. **(c)** (assoprando) to blow sth out: *Não apague a vela.* Don't blow the candle out. **(d)** (com borracha, apagador) to erase sth **(e)** (em informática) to delete sth: *Vou apagar este arquivo.* I'm going to delete this file. **5 apagar algo da mente** to get sth out of your mind

apaixonado, -da adj **1** (enamorado) in love: *um casal apaixonado* a couple in love | **um beijo/um olhar apaixonado** a loving kiss/look | **estar/ser apaixonado por alguém** to be in love with sb | **ficar apaixonado por alguém** to fall in love with sb **2 ser apaixonado por algo** (ser entusiasta) to love sth: *Sou apaixonado por futebol.* I love soccer.

apaixonar-se v **1 apaixonar-se (por alguém)** to fall in love (with sb): *Ele está sempre se apaixonando.* He's always falling in love. **2 apaixonar-se por algo** to develop a passion for sth: *Acabei me apaixonando por xadrez.* I ended up developing a passion for chess.

apalpar v **1** (tocar) to feel **2** (examinar) to examine: *O médico apalpou minha perna machucada.* The doctor examined my injured leg.

apanhar v **1** (objeto que se joga) to catch: *O goleiro não conseguiu apanhar a bola.* The goalkeeper didn't manage to catch the ball. **2** (ir pegar) to get: *Apanha um iogurte na geladeira para mim?* Can you get a yogurt for me from the refrigerator? **3** (do chão) to pick up: *Abaixou-se para apanhar a caneta.* He bent down to pick up the pen. **4** (coletar) to pick up: *Tenho que apanhar os ingressos.* I have to pick up the tickets. **5** (agarrar) to grab: *Furioso, apanhou tudo o que era seu e foi embora.* Furious, he grabbed all his stuff and left. **6** (um avião, um trem, etc.) to take: *Apanhei o ônibus.* I took the bus. **7** (uma doença) to catch: *Ela vai acabar apanhando uma pneumonia.* She'll end up catching pneumonia. **8** (sol) to get: *Você precisa apanhar mais sol.* You need to get more sun. | **apanhar chuva** to get caught in the rain **9** (capturar) to catch: *Apanharam o ladrão.* They caught the thief. **10** (flagrar) to catch: *A professora o apanhou colando.* The teacher caught him cheating. **11 apanhar alguém** (ir buscar) to pick sb up: *Ela ficou de me apanhar às oito.* She arranged to pick me up at eight. **12** (levar surra) to get a beating **13** (ser derrotado) to be beaten: *A Espanha apanhou feio.* Spain was badly beaten.

aparafusar v to screw

aparar v **1 aparar o cabelo (a)** to trim your hair **(b)** (no cabeleireiro) to have your hair trimmed **2** (as unhas, a barba, a grama) to trim **3** (a ponta de um lápis) to sharpen **4** (segurar) to catch: *Não consegui apará-la quando ela caiu.* I didn't manage to catch her when she fell.

aparecer v **1** (surgir) to appear: *Os primeiros celulares apareceram nos anos 80.* The first cellphones appeared in the eighties. **2** (na TV, num filme) to appear **3** (ser visível) to show: *A cicatriz aparece muito.* The scar really shows. **4** (coisa ou pessoa perdida) to turn up: *Meu livro de inglês finalmente apareceu.* My English book finally turned up. **5** (chegar) to show up: *A briga parou quando a polícia apareceu.* The fight ended when the police showed up. **6** (visitar) to drop by: *Apareça lá em casa.* Drop by at my place. **7** (dar sinal de vida) to show your face: *Ele passou duas semanas sem aparecer.* He went for two weeks without showing his face. **8** (exibir-se) to get noticed

aparelhagem s equipment | **aparelhagem de som** sound equipment

aparelho s **1** (máquina) machine **2** (eletrodoméstico) appliance **3** (dentário) braces pl: *Usei aparelho por um ano.* I wore braces for a year. **4** (de ginástica) apparatus ▶ A palavra **apparatus** é incontável: *um aparelho* a piece of apparatus | *Os aparelhos são novos.* The apparatus is new. **5** (televisão, rádio) set **6** (conjunto de órgãos) system: *o aparelho circulatório* the circulatory system
aparelho auditivo hearing aid **aparelho de barbear** (electric) razor **aparelho de raio X** X-ray machine **aparelho de som** stereo system

aparência s **1** (aspecto) look | **ter aparência limpa/suja etc.** to look clean/dirty etc. **2** (física) appearance: *Ela dá muita importância para a aparência.* She attaches a lot of importance to her appearance. | **ter boa aparência** to look good

aparentar v **1** (idade) **aparentar ter 12/15 etc. anos** to look 12/15 etc. | **aparentar ter mais/menos (idade)** to look older/younger **2 aparentar nervosismo** to look nervous **3 aparentar ser/estar algo** to appear to be sth:

Ele aparentava estar um pouco confuso. He appeared to be a little confused.

aparente *adj* **1** (visível) visible: *com aparente interesse* with visible interest **2** (óbvio) apparent: *sem motivo aparente* for no apparent reason

aparentemente *adv* apparently: *A explosão aparentemente ocorreu durante a noite.* Apparently the explosion occurred during the night.

apartamento *s* apartment (AmE), flat (BrE) **apartamento conjugado** studio apartment

apartar *v* to break up: *O professor apartou a briga.* The teacher broke up the fight.

apatetado, -da *adj* (pessoa, olhar) dazed

apático, -ca *adj* apathetic

apavorado, -da *adj* terrified | **estar/ficar apavorado** to be terrified

apavorante *adj* terrifying: *histórias apavorantes* terrifying stories

apavorar *v* **1** (dar medo a) to terrify: *O que ele contou nos apavorou.* What he said terrified us. **2** (ser apavorante) to be terrifying: *Esses assaltos apavoram.* These muggings are terrifying.
apavorar-se *v* to be terrified

apegado, -da *adj* ser/ficar apegado a alguém/algo to be/get attached to sb/sth: *Ele é muito apegado ao primo.* He is very attached to his cousin.

apegar-se *v* apegar-se a alguém/algo to grow attached to sb/sth

apego *s* attachment | **ter apego a alguém/algo** to be attached to sb/sth: *Tenho muito apego à minha família.* I'm very attached to my family.

apelar *v* **1** (pedir auxílio) **apelar para alguém** to turn to sb: *Nas dificuldades, ele apela para os amigos.* When in difficulty, he turns to his friends. **2 apelar para a ignorância/violência** to resort to violence

apelidar *v* apelidar alguém de algo to nickname sb sth: *Apelidaram-no de "Garrincha".* They nicknamed him "Garrincha".

apelido *s* nickname

apelo *s* **1** (pedido) appeal | **fazer um apelo a alguém** to make an appeal to sb **2** (atração) appeal: *Esta propaganda não tem apelo para os jovens.* The advertisement has no appeal for young people.

apenas *adv* only: *Tenho apenas um irmão.* I have only one brother.

apêndice *s* **1** (em anatomia) appendix (pl appendixes) **2** (em livro, etc.) appendix (pl appendices)

apendicite *s* appendicitis

aperfeiçoar *v* **1** (melhorar) to improve: *Preciso aperfeiçoar meu inglês.* I need to improve my English. **2** (tornar perfeito) to perfect: *Cassius Duran aperfeiçoou sua técnica.* Cassius Duran perfected his technique.

aperitivo *s* **1** (bebida) aperitif | **tomar um aperitivo** to have an aperitif **2** (comida) appetizer

apertado, -da *adj* **1** (nó, abraço) tight: *Ela me deu um abraço apertado.* She hugged me tight. **2** (roupa, sapatos) tight: *Esta camisa está apertada em você.* That shirt is tight on you. **3** (passagem) narrow **4** (ambiente) cramped: *um quarto apertado* a cramped room **5 estar com o tempo apertado** to be pressed for time **6 ter uma vida apertada** to be hard up

apertar *v* **1** (um nó, um parafuso, etc.) to tighten **2** (uma esponja) to squeeze **3** (uma roupa) to take in **4** (um cinto) to tighten **5** (ser apertado) to be tight: *Estes sapatos apertam muito.* These shoes are very tight. **6** (uma tecla, um botão) to press **7** (uma campainha) to ring **8 apertar a mão de alguém** (cumprimentar) to shake sb's hand **9** (chuva) to get harder: *Corre, a chuva está apertando!* Quick, the rain's getting harder.
apertar-se *v* to squash up: *Tivemos que nos apertar no carro.* We had to squash up in the car.

aperto *s* **1** (falta de espaço) crush: *Uma das fãs desmaiou naquele aperto.* One of the fans fainted in the crush. **2** (situação difícil) tough time: *Ela foi solidária na hora do aperto.* She was supportive when I was having a tough time. | **passar um aperto** to go through a tough time **3 um aperto de mão** a handshake **4 um aperto na garganta** a lump in your throat **5 um aperto no coração** a feeling of sadness

apesar de *preposição & conjunção*

- **prep** in spite of, despite: *apesar de você* in spite of you | *apesar das dificuldades* despite the difficulties | *Ele é tímido, apesar de ser tão bonito.* He's shy, despite being so good-looking. | *apesar de ser difícil* despite being difficult | **apesar de tudo** in spite of everything | **apesar disso** despite that

- **apesar de que** *conj* even though

apetite *s* appetite | **abrir o apetite** to work up an appetite | **tirar o apetite** to spoil your appetite

apetitoso, -sa *adj* appetizing

apetrechos *s pl* gear
apetrechos de pesca fishing tackle

apimentado, -da *adj* hot: *molho apimentado* hot sauce

apinhado, -da *adj* **1 apinhado de algo** crammed full of sth: *A sala está apinhada de caixas.* The room is crammed full of boxes. **2 apinhado (de gente)** packed (with people): *O bar estava apinhado.* The bar was packed.

apitar *v* **1 apitar (para alguém)** (com apito) to whistle (at sb), to blow his/your etc. whistle: *O árbitro apitou, interrompendo o jogo.* The referee blew his whistle, halting the game. **2** (um jogo) to referee **3** (trem, chaleira) to whistle

apito *s* whistle | **soprar um apito** to blow a whistle

aplaudir v to applaud: *O público os aplaudiu sem parar.* The audience just kept applauding them. | **aplaudir de pé** to give a standing ovation

aplauso s round of applause: *Um aplauso para a Sílvia!* Let's have a round of applause for Sílvia! ▶ **Applause**, que é incontável, pode ser usado para traduzir o plural *aplausos*: *aplausos estrondosos* thunderous applause

aplicação s **1** (uso) application **2** (dedicação) effort: *Com muita aplicação, você melhora as notas.* With a lot of effort, you can improve your grades. **3** (de dinheiro) investment

aplicado, -da adj **1** (esforçado) hard-working: *um aluno aplicado* a hard-working student **2** (ciência, etc.) applied: *Física aplicada* applied physics

aplicar v **1 aplicar algo** (pôr em prática) to apply sth: *Quero aplicar o que aprendi no curso.* I want to apply what I've learned on the course. **2** (um creme, uma pomada) to apply: *Aplique o creme na área irritada.* Apply the cream to the irritated area. **3** (uma injeção) to give **4** (dinheiro) to invest

aplicar-se v (nos estudos) to apply yourself

apodrecer v to go rotten: *As bananas apodreceram.* The bananas have gone rotten.

apoiar v **1 apoiar algo em algo (a)** (encostar) to lean sth against sth: *Apoie a escada na parede.* Lean the ladder against the wall. **(b)** (descansar) to rest sth on sth: *Ele apoiou a cabeça no meu ombro.* He rested his head on my shoulder. **2** (uma pessoa) to support: *Meus amigos sempre me apoiam.* My friends always support me. **3** (uma opinião, uma proposta, uma ideia) to support **4** (uma campanha, uma greve) to support

apoiar-se v **apoiar-se em algo** (encostar-se) to support yourself on sth: *Ela se apoiou no corrimão para não cair.* She supported herself on the handrail so she wouldn't fall.

apoio s **1** (suporte) support **2** (moral, emocional) support: *Maria me deu muito apoio.* Maria gave me a lot of support. **3** (financeiro) backing

apontador s pencil sharpener

apontar v **1** (indicar) **apontar (para) algo** to point to sth: *Apontei a rua que deveríamos pegar.* I pointed to the road we should take. **2** (direcionar) to point: *Ele apontou a luneta para o céu.* He pointed the telescope at the sky. **3** (um erro) to point out **4** (uma arma) to aim: *Apontou a pistola para o alvo e atirou.* He aimed the gun at the target and fired.

aporrinhar v to pester: *Pare de me aporrinhar com perguntas.* Stop pestering me with questions.

após prep after: *após o almoço* after lunch | **logo após** just after: *logo após a minha chegada* just after I arrived

aposentado, -da adjetivo & substantivo
• **adj** retired | **estar aposentado** to be retired
• **s** retired person (pl retired people)

aposentadoria s **1** (período) retirement **2** (pensão) pension

aposentar-se v to retire: *Meu pai vai se aposentar no ano que vem.* My dad's going to retire next year.

aposento s room

após-guerra s postwar period: *no após-guerra* in the postwar period

apossar-se v **apossar-se de algo** to take possession of sth

aposta s **fazer uma aposta** to make a bet: *Fiz uma aposta com ela.* I made a bet with her. | **ganhar uma aposta** to win a bet

apostar v to bet: *Aposto que eles vão ganhar.* I bet they're going to win. | **apostar em algo** to bet on sth

apostila s course manual

apóstrofo s apostrophe

apreciar v **1** (prezar) to appreciate: *O que aprecio nela é a simplicidade.* What I appreciate in her is her simplicity. **2** (uma pessoa) to think highly of: *Todos os alunos apreciam o Sr. Lopes.* All the students think highly of Mr. Lopes. **3** (admirar) to take in: *Sentamos na areia e ficamos apreciando a vista.* We sat on the sand and took in the view. **4** (gostar) to appreciate: *Ele aprecia uma boa música.* He appreciates good music.

apreensivo, -va adj apprehensive

aprender v to learn | **aprender a fazer algo** to learn to do sth: *Você precisa aprender a dançar.* You need to learn to dance.

aprendiz s apprentice: *um aprendiz de marceneiro* an apprentice joiner

aprendizagem s **1** (escolar) learning **2** (de técnica, ofício) apprenticeship **3** (profissional) training

apresentação substantivo & substantivo plural
• **s** **1** (exibição) presentation: *Eles dão um desconto de 10% com a apresentação da carteira de estudante.* They give a 10% discount upon presentation of the student card. **2** (aparência) presentation: *A professora gostou da apresentação do projeto.* The teacher liked the presentation of the project. **3** (espetáculo) performance: *A apresentação começou uma hora atrasada.* The performance started one hour late.
• **apresentações** s pl (entre pessoas) introductions | **fazer as apresentações** to make the introductions

apresentador, -a s (de TV, rádio) presenter

apresentar v **1** (pessoas) to introduce | **apresentar alguém a alguém** to introduce sb to sb: *Quero lhe apresentar minha namorada, Paula.* I'd like to introduce you to my girlfriend, Paula.

2 (um documento) to show: *Tive que apresentar minha carteira de identidade.* I had to show my ID. **3** (um espetáculo) to perform **4 apresentar uma queixa** to make a complaint

apresentar-se *v* **1** (identificar-se) to introduce yourself: *Apresento-me.* Let me introduce myself. **2** (artista) to perform **3** (comparecer) to report | **apresentar-se à polícia** to report to the police

apressadamente *adv* hurriedly

apressado, -da *adj* hurried | **estar apressado** to be in a hurry

apressar *v* to hurry: *Ele ficou me apressando.* He kept hurrying me.

apressar-se *v* to hurry: *Se eu não me apressar, vou perder a consulta.* If I don't hurry, I'll miss my appointment.

aprimorar *v* (melhorar) to improve: *Ele precisa aprimorar seu inglês.* He needs to improve his English.

aprimorar-se *v* (no vestir) to dress stylishly

aprofundar *v* **aprofundar um buraco/poço etc.** to make a hole/well etc. deeper

aprofundar-se *v* **aprofundar-se num assunto** to go deeper into a subject

aprontar *v* **1** (terminar) to finish: *Ainda não aprontei o trabalho de História.* I still haven't finished my history project. **2** (agir mal) to cause trouble | **aprontar algo** to get up to sth: *Quem sabe o que ele vai aprontar agora.* Who knows what he'll get up to next.

aprontar-se *v* (vestir-se) to get ready: *Tenho que me aprontar para sair.* I have to get ready to go out. | *Você já se aprontou?* Are you ready yet?

apropriado, -da *adj* appropriate: *no momento apropriado* at the appropriate moment

aprovação *s* **1** (consentimento) approval: *Só posso fazer isso com a aprovação dos meus pais.* I can only do it with my parents' approval. **2** (em prova, exame) pass

aprovado, -da *adj* successful: *Foram poucos os candidatos aprovados.* There were few successful candidates.

aprovar *v* **1** (em prova, exame) to pass | **ser aprovado (num exame)** to pass (an exam) **2** (consentir) to agree to: *Meus pais aprovaram minha ida ao acampamento.* My parents agreed to let me go on the camping trip. **3** (achar correto) to approve of: *Não aprovo esta sua atitude.* I don't approve of your attitude.

aproveitar *v* **1 aproveitar algo (a)** (curtir) to enjoy sth: *Quero aproveitar a vida.* I want to enjoy life. **(b)** (usar) to make use of sth: *Aproveitei o tempo livre para ler.* I made use of my free time to read. **(c)** (valer-se de) to take advantage of sth: *Ele aproveitou a distração do professor para sair da sala.* He took advantage of the fact that the teacher wasn't paying attention to leave the classroom. **2 aproveitar (a chance) para fazer algo** to take the opportunity to do sth:

Queria aproveitar (esta chance) para lhe agradecer. I'd like to take the opportunity to thank you.

aproveitar-se *v* **aproveitar-se de alguém/algo** to take advantage of sb/sth: *Ele se aproveitou de mim.* He took advantage of me.

aproximado, -da *adj* approximate

aproximar *v* **1 aproximar algo** to bring sth closer: *Aproxime sua cadeira.* Bring your chair closer. **2 aproximar alguém** to bring sb closer: *A tragédia aproximou a família.* The tragedy brought the family closer.

aproximar-se *v* **1 aproximar-se (de algo) (a)** (pôr-se mais perto) to get closer (to sth): *Aproxime-se da mesa.* Get closer to the table. **(b)** (ir chegando) to approach (sth): *O avião se aproximava do aeroporto.* The plane was approaching the airport. **2 aproximar-se (de alguém)** (para falar, etc.) to come up (to sb): *Ele se aproximou e puxou conversa.* He came up and started talking. **3** (data, estação, festa, etc.) to approach

aptidão *s* **1** (talento) talent, flair: *aptidão musical* musical talent | **ter aptidão para algo** to have a flair for sth **2** (capacidade) ability (pl -ties): *aptidão física* physical ability

apto, -ta *adj* **1** (capaz) able: *Ele não se sente apto para fazer o vestibular.* He doesn't feel able to do the university entrance exam. **2** (autorizado) licensed: *apto para dirigir* licensed to drive

apto. *s* (= **apartamento**) apt.

apurar *v* **1** (um crime, uma denúncia, um caso) to investigate **2** (descobrir) to find out: *Ele quer apurar a verdade.* He wants to find out the truth. **3** (aprimorar) to perfect: *Quero apurar meu sotaque em inglês.* I want to perfect my accent in English. **4** (votos) to count

apuro *s* (situação difícil) **passar por um apuro** to have a difficult time | **estar em apuros** to be in trouble: *Os meninos estavam em apuros.* The boys were in trouble.

aquarela *s* **1** (tinta) watercolor **2** (quadro) watercolor

aquariano, -na *adj & s* Aquarius | **ser aquariano** to be an Aquarius

aquário *s* **1** (para peixes) aquarium **2 Aquário (a)** (signo) Aquarius: *os nativos de Aquário* those born under the sign of Aquarius **(b)** (pessoa) Aquarius: *Ele é Aquário.* He's an Aquarius.

aquático, -ca *adj* **1** (animal, planta, etc.) aquatic **2** (esporte) water: *polo aquático* water polo ▶ ver também **esqui**

aquecedor *s* boiler
aquecedor a gás gas boiler

aquecer *v* **1** (a água, uma comida) to heat (up): *É melhor aquecer a sopa de novo.* It would be best to heat up the soup again. **2 aquecer os músculos** to warm up your muscles **3 aquecer alguém** to warm sb up: *Use essa manta para aquecê-lo.* Use this blanket to warm him up.

4 (motor, máquina) to warm up | **aquecer demais** to overheat

aquecer-se *v* (pessoa, corpo, etc.) to warm up

aquecimento *s* **1** (aparelho) heating: *aquecimento central* central heating **2** (de músculos) warm-up

aqueduto *s* aqueduct

aquele, -la *pron* **1** (com função de adjetivo) that: *Não sei onde pus aquele ingresso.* I don't know where I put that ticket. | *naquela época* in those days **2** (com função de substantivo) that one: *Prefiro aquele (ali).* I prefer that one. | **aquele/aquela que** the one that: *aquele que chegar primeiro* the one that arrives first

aqueles, -las *pron* **1** (com função de adjetivo) those: *Pergunte àqueles alunos ali.* Ask those students over there. | *Me passa aqueles livros?* Can you pass me those books? **2** (com função de substantivo) those: *Minhas irmãs são aquelas.* Those are my sisters. | *Aqueles são os mais caros.* Those are the most expensive ones. | **aqueles/aquelas que** the ones that: *aquelas que comprei* the ones that I bought

aqui *adv* **1** (lugar) here: *Venha aqui.* Come here. | *aqui em casa* here at home | **aqui perto** near here: *Moro aqui perto.* I live near here. | **aqui dentro/fora** in/out here | **até aqui** here: *Ele veio até aqui de bicicleta.* He came here by bike. | **por aqui (a)** (neste lugar) (around) here: *Vou ficar por aqui uns três meses.* I'm going to stay here for three months. **(b)** (nesta direção) this way: *Vamos por aqui.* Let's go this way. **2** (ao telefone) **aqui é...** it's... speaking: *Aqui é o Leandro.* It's Leandro speaking.

aquilo *pron* that: *O que é aquilo?* What's that? | **aquilo que** what: *É verdade aquilo que ele disse.* It's true what he said.

ar *s* **1** (que se respira) air: *ar fresco* fresh air | **ao ar livre** in the open air: *O show vai ser ao ar livre.* The show is going to be in the open air. | **tomar ar** to get some air: *Saímos para tomar ar.* We went out to get some air.
2 (expressão) air: *um ar de superioridade* an air of superiority | **fazer um ar de desprezo/espanto etc.** to give a look of contempt/amazement etc.
3 (impressão) air | **um ar de mistério** an air of mystery | **dar um ar de algo a alguém/algo** to make sb/sth look sth: *A maquiagem te dá um ar de mais velha.* Makeup makes you look older.
4 estar no ar (a) (TV, rádio) to be on the air **(b)** (site) to be up and running: *A página está no ar há um mês.* The web page has been up and running for a month. | **ir ao ar** to be aired: *A entrevista vai ao ar no sábado.* The interview will be aired on Saturday.
5 (ar-condicionado) air conditioning: *Vou ligar o ar.* I'm going to turn on the air conditioning.

árabe *adjetivo & substantivo*
• *adj* **1** (referente ao povo, costumes, etc.) Arab: *a comida árabe* Arab food **2** (referente ao idioma) Arabic: *uma palavra árabe* an Arabic word
• *s* **1** (homem) Arab, (mulher) Arab woman | **os árabes** (povo) the Arabs **2** (idioma) Arabic

Arábia *s* **a Arábia Saudita** Saudi Arabia

arame *s* wire
arame farpado barbed wire

aranha *s* spider

arbitragem *s* **1** (em futebol, basquete, etc.) refereeing **2** (em tênis) umpiring

arbitrar *v* **1** (em futebol, boxe, basquete, etc.) to referee: *Quem vai arbitrar o jogo do Brasil hoje?* Who's going to referee the Brazil game today? **2** (em tênis) to umpire

arbitrário, -ria *adj* arbitrary: *decisão arbitrária* arbitrary decision

árbitro, -tra *s* **1** (em futebol, boxe, basquete, etc.) referee **2** (em tênis) umpire

arbusto *s* shrub

arca *s* chest
arca de Noé Noah's ark

arcar *v* **arcar com algo (a)** (custos, despesas, prejuízos) to bear sth **(b)** (consequências) to deal with sth

arcebispo *s* archbishop

arco *s* **1** (para cabelo) hairband **2** (de instrumento musical) bow: *um arco do violino* a violin bow **3** (para atirar setas) bow: *arco e flecha* bow and arrow **4** (em arquitetura) arch **5** (em geometria) arc

arco-íris *s* rainbow

ar-condicionado *s* **1** (sistema) air conditioning: *O restaurante tem ar-condicionado?* Does the restaurant have air conditioning? **2** (aparelho) air conditioner

arder *v* **1** (olhos, pele, ferida) to sting: *Meus olhos ardem quando nado sem óculos.* My eyes sting when I swim without goggles. **2** (ser picante) to be hot: *Essa pimenta arde muito.* This pepper is very hot. **3 arder em febre** to burn up with a fever **4** (queimar) to burn

árduo, -a *adj* hard: *um trabalho árduo* a hard job | *O ano foi árduo.* It has been a hard year.

área *s* **1** (região) area: *as áreas afetadas pela seca* the areas affected by the drought **2** (extensão de terreno) area: *uma área de 5.000 km²* an area of 5,000 square km **3** (em futebol) penalty area: *A falta foi dentro da área.* The foul was inside the penalty area. **4 área (de serviço)** utility room **5** (do corpo) part **6** (setor) field ▶ Nesta acepção, frequentemente não se traduz a palavra: *Ela trabalha na área de marketing.* She works in marketing.

areia *s* sand ▶ ver também **banco**, **castelo**
areia movediça quicksand

arejar *v* **1** (ventilar) to air: *Vamos abrir as janelas para arejar a sala.* Let's open the windows to air the room. **2** (pessoa) to get some air: *Saí para arejar.* I went out to get some air.

arena s **1** (para espetáculos, jogos, etc.) arena **2** (em boxe) ring
arena de touros bullring

arenque s herring: *arenque marinado* pickled herring

Argentina s **a Argentina** Argentina: *na Argentina* in Argentina

argentino, -na *adjetivo & substantivo*
- *adj* Argentinian
- *s* (pessoa) Argentinian | **os argentinos** (povo) Argentinians

argila s clay

argola *substantivo & substantivo plural*
- *s* **1** (brinco) hoop earring: *argolas de ouro* gold hoop earrings **2** (para prender algo) ring
- **argolas** *s pl* (em ginástica) rings

argumentar v to argue: *Eles argumentaram que Jaime já tinha sido advertido.* They argued that Jaime had already been warned.

argumento s **1** (razão) argument: *Ele não aceitou meus argumentos.* He didn't accept my arguments. **2** (de filme, livro) plot

ariano, -na adj & s Aries | **ser ariano** to be an Aries

árido, -da adj **1** (clima) arid **2** (terreno, região) arid **3** (conversa, livro, etc.) dry

Áries s **1** (signo) Aries: *os nativos de Áries* those born under the sign of Aries **2** (pessoa) Aries: *Sou Áries.* I'm an Aries.

aristocrata s aristocrat

aritmética s arithmetic

arma s **1** (termo genérico) weapon: *A arma estava carregada.* The weapon was loaded. ▶ Usa-se o substantivo plural **arms** para referir-se a armas em contextos relativos à sua venda, fabricação, etc.: *o tráfico de armas* the arms trade **2** (revólver, pistola) gun **3** (recurso) weapon: *Sua melhor arma é o sarcasmo.* Her most effective weapon is sarcasm.
arma biológica biological weapon **arma de fogo** firearm **arma nuclear** nuclear weapon **arma química** chemical weapon

armação s **1** (de óculos, etc.) frame **2** (golpe) fix: *Foi tudo uma armação!* It was all a fix!

armadilha s trap | **cair numa armadilha** to fall into a trap

armamento s weapons pl: *o armamento usado pelos bandidos* the weapons used by the bandits

armar v **1** (com armas) to arm **2** (montar) to put up | **armar uma barraca** to put up a tent **3** **armar um alarme/uma armadilha etc.** to set an alarm/a trap etc. **4** (um esquema, uma surpresa, etc.) to cook up **5** **armar uma briga (com alguém)** to pick a fight (with sb) | **armar confusão** to cause trouble
armar-se v (com armas) to arm yourself

armarinho s (loja) notions store (AmE), haberdashery (BrE)

armário s **1** (termo genérico) cupboard **2** (para roupas) closet (AmE), wardrobe (BrE) | **armário embutido** built-in closet
armário de remédios medicine cabinet

armazém s **1** (loja) grocery store (AmE), grocer's (BrE) **2** (depósito) warehouse

armazenar v **1** (guardar) to store **2** (em informática) to store | **armazenar dados** to store data

aro s **1** (de óculos) rim: *óculos de aro escuro* dark-rimmed glasses **2** (de roda) rim **3** (anel) ring

aroma s **1** (de flor, lavanda) fragrance **2** (de comida, bebida) aroma

arpão s harpoon

arqueologia s archaeology

arqueólogo, -ga s archaeologist

arquibancada s **1** (assento) bleachers (AmE), stand (BrE): *um lugar na arquibancada* a seat in the bleachers **2** (pessoas) crowd: *A arquibancada pôs-se de pé.* The crowd rose to its feet.

arquipélago s archipelago

arquiteto, -ta s architect

arquitetônico, -ca adj architectural

arquitetura s architecture

arquivar v **1** (guardar em arquivo) to file **2** (um inquérito, um processo) to shelve: *O caso foi arquivado.* The case has been shelved.

arquivo s **1** (em informática) file: *um arquivo do Excel* an Excel file | *Clique em Arquivo.* Click on File. | **nome do arquivo** filename **2** (conjunto de documentos) file **3** (móvel) filing cabinet

arrancada s **1** (puxão) tug: *Com uma arrancada, o dentista extraiu meu dente.* With one tug, the dentist pulled out my tooth. **2** (em esporte) start **3** (partida): *O carro morreu logo na arrancada.* The car stalled as soon as it started moving.

arrancar v **1 arrancar algo (a)** (um dente, um prego, um pelo) to pull sth out **(b)** (uma etiqueta, um band-aid, uma roupa) to tear sth off **(c)** (um botão, uma maçaneta) to pull sth off **(d)** (uma raiz, uma planta) to pull sth up
2 arrancar algo de alguém (a) (tirar com violência) to snatch sth from sb: *Arranquei a bola da mão dele.* I snatched the ball from his hand. **(b)** (uma confissão, dinheiro) to get sth out of sb: *Não conseguimos arrancar dela essa informação.* We didn't manage to get the information out of her. **(c)** (risos, aplausos, etc.) to draw sth from sb: *O filme arrancou lágrimas da plateia.* The movie drew tears from the audience.
3 (partir) to pull away: *O carro arrancou ao abrir o sinal.* The car pulled away when the light went green.
arrancar-se v (fugir) to run off: *O bandido se arrancou antes de a polícia chegar.* The robber ran off before the police arrived.

arranha-céu s skyscraper

arranhão s scratch (pl -ches)

arranhar v **1** (ferir, raspar) to scratch: *O espinho arranhou meu braço.* The thorn scratched my arm. **2 arranhar (em) algo (a)** (em idioma) to know a few words of sth: *Ela arranha no inglês.* She knows a few words of English. **(b)** (em instrumento) to play a few notes on sth: *Só arranho no piano.* I can just play a few notes on the piano.

arranhar-se v (ferir-se) to scratch yourself

arranjar v **1** (arrumar) to tidy: *Preciso arranjar meus papéis.* I need to tidy my papers. **2** (conseguir, providenciar) to get: *Ele vai tentar arranjar isso para mim.* He's going to try to get it for me. | *Você me arranja um lápis?* Can you get me a pencil? **3** (encontrar) to find: *Foi difícil arranjar um táxi.* It was difficult to find a taxi. | **arranjar uma maneira/jeito (de fazer algo)** to find a way (of doing sth): *Temos que arranjar uma maneira de chegar até lá.* We need to find a way of getting there. **4** (um namorado, amigos) to find **5** (uma música) to arrange

arranjar-se v **1** (virar-se) to manage: *Ela vai se arranjar bem sozinha.* She'll manage fine on her own. **2** (dar certo) to work out: *Esperamos que tudo se arranje.* We hope that everything works out.

arranjo *substantivo & substantivo plural*
- s **1** (arrumação) arrangement: *Gosto do novo arranjo da sala.* I like the new arrangement of the living room. **2** (de flores) arrangement **3** (musical) arrangement
- **arranjos** *s pl* (preparativos) arrangements: *os arranjos para a festa de formatura* the arrangements for the graduation party

arrasado, -da *adj* **estar/ficar arrasado (com algo)** to be devastated (by sth): *Os fãs ficaram arrasados com a morte dele.* The fans were devastated by his death.

arrasar v **1** (destruir) to flatten: *O bombardeio arrasou a cidade.* The bombing flattened the city. **2** (criticar) to lay into: *O professor arrasou o aluno.* The teacher laid into the student. **3** (derrotar) to thrash: *O Brasil arrasou a Itália.* Brazil thrashed Italy. **4** (entristecer) to devastate **5** (fazer sucesso) to steal the show: *A banda irlandesa arrasou.* The Irish band stole the show.

arrastar v **1** (um objeto) to drag | **arrastar os pés** to drag your feet **2** (uma pessoa) to drag: *Tive que arrastar meu irmão para a escola.* I had to drag my brother to school. **3** (roçar) to drag: *O vestido da noiva estava arrastando no chão.* The bride's dress was dragging on the ground. **4** (vento, água) to carry off

arrastar-se v **1** (rastejar) to crawl: *Os soldados foram se arrastando pelo chão.* The soldiers crawled along the ground. **2** (andar com dificuldade) to drag yourself: *Depois da ginástica, fui me arrastando até em casa.* After the gym, I dragged myself home. **3** (o tempo, as horas, etc.) to drag by: *Essa semana se arrastou.* This week has dragged by.

arrebentação s (no mar) surf

arrebentar v **1** (quebrar) to break: *Ele precisou arrebentar o cadeado para entrar.* He had to break the padlock to get in. | *A corrente da bicicleta arrebentou.* The bicycle chain broke. **2** (partir) to snap: *A corda arrebentou.* The rope snapped. **3** (machucar) to hurt: *Maria arrebentou os pés na caminhada.* Maria hurt her feet on the walk. **4** (ondas) to break **5** (fazer sucesso) to make it big: *A Kelly Key está arrebentando agora.* Kelly Key is making it big now.

arrebitado, -da *adj* (nariz) snub

arredio, -dia *adj* **1** (pessoa) elusive **2** (animal) timid

arredondado, -da *adj* **1** (objeto) rounded: *um decote arredondado* a rounded neck **2** (quantia, conta) round

arredondar v (uma quantia, uma conta, um número) to round up [para cima], to round down [para baixo]

arredores s pl **1** (de local) surroundings: *nos arredores do hotel* in the surroundings of the hotel **2** (de cidade) outskirts: *Ele mora nos arredores de Brasília.* He lives on the outskirts of Brasília.

ar-refrigerado s air conditioning

arregaçar v (as calças, as mangas) to roll up

arregalado, -da *adj* wide-eyed: *um olhar arregalado* a wide-eyed stare

arregalar v **arregalar os olhos** to open your eyes wide

arremesso s **1** throw **2** (em basquete) shot

arrepender-se v **1** (preferir não ter feito) to be sorry: *Você não vai se arrepender.* You won't be sorry. | **arrepender-se de algo/de ter feito algo** to regret sth/doing sth: *Eu me arrependo daquela decisão.* I regret that decision. | *Você vai se arrepender de não ir à festa.* You'll regret not going to the party. **2** (sentir-se culpado) **arrepender-se de um pecado/crime etc.** to repent a sin/crime etc.

arrependido, -da *adj* repentant: *um olhar arrependido* a repentant look | **estar arrependido de algo/de ter feito algo** to regret sth/doing sth: *Ele está arrependido do que fez.* He regrets what he did.

arrependimento s **1** (lamento) regret **2** (de pecado, crime) repentance

arrepiado, -da *adj* **1** **estar/ficar arrepiado (a)** (pelos, cabelo) to be standing on end, to stand on end **(b)** (pele, pessoa) to have/get goosebumps: *Estou arrepiada de frio.* I have goosebumps from the cold. | *Fiquei todo arrepiado.* I got goosebumps all over. **2** (horrorizado) **estar/ficar arrepiado (com algo)** to be horrified (by

---

Diz-se I arrived in Rio ou I arrived to Rio? Veja o verbete **arrive**.

arrepiar

sth): *Ficamos arrepiados com aquele caso.* We were horrified by the case.

arrepiar v **1** (levantar) to ruffle: *O vento arrepiou meu cabelo.* The wind ruffled my hair. **2** (horrorizar) to horrify | **de arrepiar** horrifying: *cenas de arrepiar* horrifying scenes
  arrepiar-se v **1** (de frio) to shiver **2** (de susto, medo, etc.) to shudder

arrepio s **1** (de frio) shiver **2** (de medo) shudder

arriscado, -da adj risky | **estar arriscado a fazer algo** to risk doing sth: *Com esse sol quente, você está arriscado a ter insolação.* In this hot sun, you risk getting sunstroke.

arriscar v **1** (pôr em perigo) to risk: *Os bombeiros arriscam a vida pelos outros.* Firefighters risk their lives for others. **2** (aventurar) to take a chance: *É melhor não arriscar.* It's better not to take a chance. | **arriscar a sorte** to try your luck
  arriscar-se v to take a risk | **arriscar-se a fazer algo** to risk doing sth

arroba s (em e-mail) Em inglês, @ lê-se at

arrogante adj arrogant

arrombar v **1** (um apartamento, uma casa) to break into **2** (uma porta) to break down **3** (uma janela) to break **4** (um cofre) to crack

arrotar v to burp, to belch ▶ **to burp** é mais coloquial

arroto s burp, belch ▶ **burp** é mais coloquial | **dar um arroto** to burp, to belch

arroz s **1** (alimento) rice: *Adoro arroz com feijão.* I love rice and beans. **2** (planta) rice

arroz-doce s rice pudding

arruinar v **1** (estragar) to ruin: *Espero que essa chuva não arruine nossas férias.* I hope this rain doesn't ruin our vacation. **2** (destruir) to destroy: *O incêndio arruinou o museu.* The fire destroyed the museum. **3** (levar à miséria, à falência) to ruin: *As dívidas do pai arruinaram a família.* The father's debts ruined the family.
  arruinar-se v (ir à falência) to be ruined

arrumadeira s (em hotel) chambermaid

arrumado, -da adj **1** (organizado) neat: *O quarto dele nunca está arrumado.* His bedroom is never neat. | *Ela é muito arrumada.* She is very neat. **2** (pronto) ready: *Já estou arrumada para a festa.* I'm ready for the party. **3** (bem-vestido) well-dressed: *A Júlia anda sempre muito arrumada.* Julia is always very well-dressed.

arrumar v **1** (pôr em ordem) to clean up: *Tive que arrumar meu quarto antes de sair.* I had to clean up my room before going out. | **arrumar a cama** to make your bed **2 arrumar a mala** to pack: *Você me ajuda a arrumar a mala?* Would you help me pack? **3** (conseguir) to get hold of: *Quer uma entrada para o show? Eu arrumo para você.* Do you want a ticket for the show? I can get hold of one for you. | **arrumar um emprego (para alguém)** to get a job (for sb): *Quero arrumar um trabalho nos fins de semana.* I want to get a weekend job. **4** (inventar) to come up with: *Ela arrumou uma desculpa para não sair com ele.* She came up with an excuse for not going out with him. **5** (ajeitar) to adjust **6** (confusão, briga) to start: *O Pedro vive arrumando briga.* Pedro is always starting fights.
  arrumar-se v (aprontar-se) to get yourself ready: *Ela passa horas se arrumando para sair.* She spends hours getting herself ready to go out.

arte s **1** art: *um curso de arte* an art course **2** (travessura) **fazer arte** to get up to mischief
  arte marcial martial art **artes plásticas** plastic arts

artéria s artery (pl -ries)

artesanal adj handmade | **papel/vela artesanal** handmade paper/candle

artesanato s **1** (arte) craftwork, crafts pl: *o artesanato brasileiro* Brazilian craftwork **2** (objeto) piece of craftwork: *um artesanato de cerâmica* a piece of pottery | *uma loja de artesanatos* a craft store

Ártico s (o polo Norte) Arctic

ártico, -ca adj arctic

articulação s (do joelho, etc.) joint

artificial adj **1** (flor, luz) artificial **2** (pessoa, sorriso) artificial

artigo s **1** (produto) item: *um artigo de luxo* a luxury item | *artigos em liquidação* sale items | *artigos de malha* knitwear | *artigos de papelaria* stationery **2** (em revista, jornal etc.) article: *Li um artigo sobre isso.* I read an article about that. **3** (em gramática) article | **artigo definido/indefinido** definite/indefinite article

artilheiro, -ra s (em futebol) top goalscorer

artista s **1** (quem se dedica às artes) artist **2** (ator) actor, (atriz) actress (pl -sses)
  artista de televisão TV personality (pl -ties)

artístico, -ca adj artistic

artrite s arthritis

árvore s tree
  árvore de Natal Christmas tree **árvore genealógica** family tree

as art & pron ▶ ver **os**

ás s (carta) ace: *o ás de ouros* the ace of diamonds

asa s **1** (de ave, avião) wing **2** (de xícara, bule) handle

asa-delta s **1** (esporte) hang gliding **2** (equipamento) hang glider | **voar de asa-delta** to go hang gliding

ascendência s ancestry: *um brasileiro de ascendência italiana* a Brazilian of Italian ancestry

ascendente s (em astrologia) ascendant

ascensão s rise | *uma ascensão meteórica* a meteoric rise | **em ascensão** up-and-coming: *uma atriz em ascensão* an up-and-coming actress

ascensorista s elevator operator (AmE), lift operator (BrE)

asco s disgust | **dar asco** to be disgusting | **dar asco em alguém** to disgust sb: *O cheiro de cigarro me dá asco.* The smell of cigarettes disgusts me.

asfalto s **1** (calçamento) road **2** (material) asphalt

asfixiado, -da adj **morrer asfixiado** to suffocate

Ásia s **a Ásia** Asia: *na Ásia* in Asia

asiático, -ca adjetivo & substantivo
- adj Asian
- s (pessoa) Asian | **os asiáticos** (povo) Asians

asilo s **1** (para velhos, doentes, etc.) home **2 asilo (político)** (political) asylum

asma s asthma: *uma crise de asma* an asthma attack

asmático, -ca adj & s asthmatic: *Sou asmático.* I'm asthmatic.

asneira s stupidity | **dizer/fazer uma asneira** to say/do something stupid

aspargo s asparagus: *sopa de aspargo* asparagus soup | *Adoro aspargos.* I love asparagus.
▶ Para se referir a um broto de aspargo, use **asparagus spear**

aspas s quotation marks | **entre aspas** in quotation marks

aspecto s **1** (aparência) look: *Não gosto do aspecto desta comida.* I don't like the look of this food. | **estar com/ter um aspecto bom/ruim etc.** to look good/bad etc.: *Você está com um aspecto saudável.* You look very well. **2** (de questão, problema, etc.) aspect: *Nossa conversa teve aspectos positivos.* There were positive aspects to our conversation. | **sob este/esse aspecto** in this/that respect: *Você tem razão sob esse aspecto.* You are right in that respect.

áspero, -ra adj **1** (pele, superfície) rough **2** (pessoa, palavras) harsh: *Ele foi áspero comigo.* He was harsh with me. **3** (som) harsh

aspiração s (ambição) aspiration

aspirador s **aspirador (de pó)** vacuum cleaner | **passar o aspirador (em algo)** to vacuum (sth)

aspirar v **1** (o ar) to breathe in **2** (com aspirador) to vacuum up **3 aspirar a algo** to aspire to sth: *Todos aspiram a uma vida feliz.* Everyone aspires to a happy life.

aspirina s aspirin | **tomar uma aspirina** to take an aspirin

asqueroso, -sa adj (pessoa, inseto) disgusting

assado, -da adj roast: *carne assada* roast beef | *frango assado* roast chicken | *assado no espeto* spit-roasted

assadura s rash (pl -shes)

assaltante s **1** (de pessoa) mugger **2** (de loja, etc.) robber: *assaltante de banco* bank robber

assaltar v **1 assaltar alguém (a)** to rob sb: *Fui assaltado no ônibus.* I was robbed on the bus. **(b)** (com violência) to mug sb: *O Daniel foi assaltado naquela rua.* Daniel was mugged on that street. **2** (uma loja, um banco, etc.) to rob **3** (uma casa) to break into: *Os ladrões assaltaram a casa de madrugada.* The burglars broke into the house in the early hours of the morning.

assalto s **1** (a pessoa) mugging: *O assalto ocorreu de dia.* The mugging occurred in broad daylight. | *Algumas pessoas não saem à noite por medo de assalto.* Some people don't go out at night for fear of being mugged. **2** (a loja, etc.) robbery (pl -ries): *assalto a banco* bank robbery **3** (a apartamento, etc.) burglary (pl burglaries): *Já houve vários assaltos a casas nesta rua.* There have been several burglaries in this street. **4** (em preço cobrado) rip-off: *Foi um assalto o preço cobrado pelo conserto.* The price they charged for the repair was a rip-off. **5** (em boxe, etc.) round: *Ele ganhou no primeiro assalto.* He won in the first round.

assalto a mão armada armed robbery

assanhado, -da adj **1** (empolgado) excited **2** (safado) fresh

assar v **1** (uma carne, um frango) to roast **2** (um bolo, batatas) to bake **3** (na grelha) to broil **4** (sofrer de calor) to roast: *Você vai assar nesse casaco.* You're going to roast in that coat.

assassinar v **1** (uma pessoa comum) to murder: *Ela foi assassinada pelo marido.* She was murdered by her husband. **2** (um político) to assassinate

assassinato s **1** (de pessoa comum) murder **2** (de um político) assassination

assassino, -na s **1** (de pessoa comum) murderer: *O assassino ainda não foi descoberto.* The murderer has not yet been found. **2** (de um político) assassin

asseado, -da adj clean: *uma pessoa asseada* a clean person

assediar v **ser assediado (por alguém) (a)** (ser perseguido) to be pursued (by sb): *Robbie Williams é assediado pelos fãs onde quer que ele vá.* Robbie Williams is pursued by fans wherever he goes. | *Penelope Cruz é muito assediada.* Penelope Cruz is much sought after. **(b)** (ser importunado) to be hounded (by sb): *assediado pela imprensa* hounded by the press

assédio s attentions pl: *Ele correu para evitar o assédio dos fãs.* He ran off to avoid the attentions of the fans.
assédio sexual sexual harassment
assegurar v **1** (afirmar) to assure: *Ele me assegurou que aquilo não era perigoso.* He assured me that it wasn't dangerous. **2** (garantir) to ensure: *Estudando você assegura uma boa nota.* You can ensure a good grade by studying hard.
assegurar-se v **assegurar-se de algo** to make sure of sth: *Ela se assegurou de que ele vinha.* She made sure he was coming.
assembleia s **1** (reunião) meeting **2** (em política) assembly (pl -blies)
assemelhar-se v **assemelhar-se a algo/alguém** to look like sth/sb
assento s seat: *O assento estava tomado.* The seat was taken.
assessor, -a s adviser, consultant ▸ **adviser** costuma ser usado em contextos políticos, e **consultant,** em contextos comerciais
assessor de imprensa press officer
assíduo, -dua adj (frequentador, colaborador) regular | **um aluno assíduo** a student who attends regularly
assim advérbio & conjunção
• **adv** (deste modo) like this, this way, (desse/daquele modo) like that, that way: *Prefiro fazer isso assim.* I prefer to do it this way. | *Não fale assim comigo!* Don't talk to me like that! | **como assim?** how do you mean?: *– Você fez a maior gafe. – Como assim?* "You made a huge gaffe." "How do you mean?" | **e assim por diante** and so on
• **conj 1 assim (sendo)** so: *Está chovendo, assim, não vai ter passeio.* It's raining, so the outing is off. **2 assim como** like: *O filho, assim como o pai, sofre de diabete.* The son, like his father, has diabetes. **3 assim mesmo** even so: *Ele estava mal, mas assim mesmo foi à festa.* He wasn't feeling well but, even so, he still went to the party. **4 assim que** as soon as: *Te escrevo assim que chegar lá.* I'll write to you as soon as I get there. | **assim que possível** as soon as possible
assimilar v to understand: *Nenhum de nós assimilou bem essa matéria nova.* None of us really understood the new topic.
assinalar v to mark: *Assinale com um x a resposta certa.* Mark the correct answer with an x.
assinante s (de revista, TV a cabo, etc.) subscriber | **assinante de algo** subscriber to sth: *uma oferta para assinantes da Folha* an offer for subscribers to the Folha
assinar v **1** (uma redação, um cheque, etc.) to sign **2** (uma revista, um jornal) to subscribe to
assinatura s **1** (nome) signature **2** (de revista, TV a cabo, etc.) subscription | **fazer assinatura de algo** to take out a subscription to sth: *Ela fez assinatura da revista Time.* She has taken out a subscription to Time magazine.

assistência s **1** (cuidados) care: *a assistência a um doente* care for a sick person | **dar assistência a alguém** to take care of sb: *Ela não dá muita assistência aos filhos.* She doesn't take good care of her children. **2** (ajuda) assistance
assistência médica medical attention: *Ele não teve assistência médica.* He did not receive medical attention. ▸ Quando se trata do serviço, diz-se **health care**: *o direito a assistência médica gratuita* the right to free health care **assistência social** welfare assistance **assistência técnica** technical assistance
assistente s (auxiliar) assistant
assistente social social worker
assistir v **1 assistir (a) algo (a)** (um programa de TV, etc.) to watch sth: *Vamos assistir a um vídeo?* Shall we watch a video? **(b)** (um show, um filme, um jogo) to see sth: *Assisti ao jogo no Maracanã.* I saw the game at Maracanã. **(c)** (uma palestra, uma missa) to attend sth: *Nunca assisti a uma aula dele.* I have never attended any of his lessons. **2 assistir alguém** to take care of sb: *Um médico jovem assistiu minha mãe no hospital.* A young doctor took care of my mother in the hospital.
assoalho s floor
assoar v **assoar o nariz** to blow your nose: *Preciso assoar o nariz.* I need to blow my nose.
assobiar v to whistle
assobio s **1** (som) whistle: *Ouvi um assobio e virei para trás.* I heard a whistle and turned around. **2** (objeto) whistle
associação s **1** association | **associação de moradores** residents' association | **associação de pais e mestres** parent-teacher association **2 por associação (de ideias)** by association (of ideas)
associar v to associate | **associar algo/alguém a algo/alguém** to associate sth/sb with sth/sb: *Associo essa música àquela época.* I associate this song with that time.
associar-se v **associar-se (a alguém)** to join (sb): *Ele quer se associar ao nosso grupo.* He wants to join our group.
assombração s (fantasma) ghost
assombrado, -da adj **1** (espantado) amazed, surprised **2** (lugar) haunted: *uma casa mal assombrada* a haunted house
assombro s amazement | **ser um assombro** to be amazing
assoviar ▸ ver **assobiar**
assovio ▸ ver **assobio**
assumir v **1** (uma obrigação) to take on: *Assumi esse compromisso e não posso desistir agora.* I took on this commitment and I can't back out now. **2 assumir a culpa** to own up: *A Maria e a Helena acabaram assumindo a culpa.* Maria and Helena eventually owned up. **3** (confessar) to admit: *Ela assumiu que ainda gosta do Sérgio.*

She admitted she still loves Sérgio. **4** (uma função, um cargo, etc.) to take on: *O Rodrigo vai assumir o papel do pai na peça.* Rodrigo is going to take on the role of the father in the play. **5** (uma responsabilidade, um risco) to take: *Você tem que assumir responsabilidade pelos seus atos.* You have to take responsibility for your actions.

assunto s **1** (de conversa, discussão, etc.) subject: *Não quero mais falar nesse assunto.* I don't want to talk about the subject anymore. | **mudar de assunto** to change the subject **2** (de filme, peça, etc.) subject **3** (questão) matter

assustado, -da adj **1** frightened | **ficar assustado (com algo)** to be frightened (by sth): *Ficamos assustados com aquele barulho.* We were frightened by the noise. | **deixar alguém assustado** to frighten sb: *Os latidos do cachorro deixaram a criança assustada.* The dog's barking frightened the child. **2** (olhar) frightened

assustador, -a adj frightening

assustar v **1** (causar susto) to scare: *Você me assustou!* You scared me! **2** (amedrontar) to frighten: *O barulho na porta assustou-a.* The noise at the door frightened her.

assustar-se v to be frightened: *Minha mãe se assusta facilmente.* My mother is easily frightened. | **assustar-se com algo** to be frightened by sth

asterisco s asterisk

astigmatismo s astigmatism: *Tenho astigmatismo.* I have astigmatism.

astral adjetivo & substantivo

• adj astrological: *mapa astral* astrological chart

• s (estado de espírito) spirits pl: *Meu astral não anda muito bom.* I'm not in very good spirits.
▶ ver também **alto-astral**, **baixo-astral**

astro s **1** (corpo celeste) star **2** (de cinema, teatro, esporte) star

astrologia s astrology

astrólogo, -ga s astrologer

astronauta s astronaut

astronomia s astronomy

atacante s **1** (em futebol) striker **2** (agressor) attacker

atacar v **1** (agredir) to attack: *O cachorro atacou a menina.* The dog attacked the girl. **2** (um problema) to tackle

atadura s bandage

atalho s **1** (caminho) short cut | **pegar um atalho** to take a short cut **2** (em informática) short cut

ataque s **1** (agressão) attack | **um ataque a alguém** an attack on sb **2** (a nação, cidade) attack | **um ataque a/contra algo** an attack on sth: *o ataque a Nova York* the attack on New York **3** (em esporte) attack **4** (setor da equipe) offense: *Ele jogava no ataque.* He played in the offense. **5** (acesso) fit | **dar/ter um ataque** to have a fit: *Meu pai teve um ataque quando viu meu boletim.* My father had a fit when he saw my report card. | **um ataque de raiva/riso etc.** a fit of anger/laughter etc.: *um ataque de tosse* a fit of coughing **6** (em medicina) attack: *um ataque de asma* an asthma attack

ataque aéreo air raid

atar v to tie: *Ele atou o cachorro às grades da cerca.* He tied the dog to the fence.

atarefado, -da adj **1** (pessoa) busy **2** (dia, semana, etc.) busy

atarraxar v **atarraxar um parafuso** to tighten a screw | **atarraxar uma tampa** to screw a lid on: *Atarraxe bem a tampa no vidro.* Screw the lid of the jar on tightly.

atazanar v to pester

até preposição, advérbio & conjunção

• prep **1** (tempo) until: *Dormi até as dez.* I slept until ten. | **até pouco tempo atrás** until recently | **até agora** so far: *Até agora ele não ligou.* He hasn't called so far. | **até então** until then: *Até então eu nunca tinha pensado nisso.* I had never thought about it until then. | **até quando?** how long?: *Até quando vai a promoção?* How long is the special offer available?

2 (em despedida) **até amanhã** see you tomorrow | **até já** see you in a while | **até logo** goodbye | **até mais tarde** see you later

3 (distância) as far as: *Fomos de carro até São Paulo.* We went by car as far as São Paulo. | **até aqui** up to here

4 (limite superior) up to: *até o teto* up to the ceiling | **até em cima** up to the top

5 (limite inferior) down to: *até o chão* down to the ground | **até embaixo** down to the bottom

6 (quantidade) up to: *O estádio comporta até 200.000 pessoas.* The stadium holds up to 200,000 people.

7 (com infinitivo) until: *Vou esperar até ela chegar.* I'll wait until she arrives.

• adv (mesmo) even: *Até o professor riu.* Even the teacher laughed.

• **até que** conj until: *O aeroporto ficará fechado até que a situação se normalize.* The airport will remain closed until the situation returns to normal.

ateliê s studio

atenção substantivo & interjeição

• s **1** (concentração) attention | **com atenção** carefully: *Leiam as questões com atenção.* Read the questions carefully. | **prestar atenção a algo** to pay attention to sth **2 chamar atenção** to attract attention: *Ela chama atenção aonde quer que vá.* She attracts attention wherever she goes. **3 chamar a atenção de alguém** (repreender) to tell sb off

• **atenção!** interj be careful!

atenciosamente *adv* **Atenciosamente** (em carta) Yours faithfully/Yours sincerely/Sincerely yours

> No inglês britânico, se uma carta inicia com **Dear Sir** ou **Dear Madam**, a forma de despedida é **Yours faithfully**.
> Quando se inicia uma carta com o nome do destinatário, por exemplo, **Dear Mr. Smith** ou **Dear Ms. Jones**, despede-se com **Yours sincerely**.
> No inglês americano usa-se **Sincerely yours** nos dois casos.

atencioso, -sa *adj* **1** (gentil) thoughtful **2** (respeitoso) respectful

atender *v* **1 atender (o telefone)** to answer (the phone): *Você pode atender o telefone?* Can you answer the phone? | *Chama, mas ninguém atende.* It's ringing, but nobody is answering. **2 atender a porta** to answer the door **3** (em loja, restaurante) to serve: *Ainda não fomos atendidos.* We haven't been served yet. **4** (em escritório, aeroporto) to attend to: *A secretária já vai atendê-lo.* The secretary will attend to you right away. **5** (médico) to see patients: *O dentista não atende às sextas-feiras.* The dentist doesn't see patients on Fridays. | **atender alguém** to see sb: *O médico vai poder me atender hoje.* The doctor can see me today.

atendimento *s* **1** (em restaurante, loja, etc.) service **2** (médico) treatment | **horário de atendimento** doctor's office hours

atentado *s* **1 atentado contra alguém** attempt on sb's life: *um atentado contra o Papa* an attempt on the Pope's life **2 atentado a algo** attack on sth: *um atentado a uma base naval* an attack on a naval base

atentamente *adv* attentively

atento, -ta *adj* **1** (concentrado) attentive: *um olhar atento* an attentive look **2** (alerta) careful: *Fique atento ao andar nessa área à noite.* Be careful when walking in that area at night. | **atento a algo (a)** (concentrado) keeping your mind on sth: *Faça os exercícios atento à respiração.* Keep you mind on your breathing when you are doing the exercises. **(b)** (em alerta) on the alert for sth: *A população está atenta a novos possíveis ataques.* The population is on the alert for further possible attacks. **3** (cuidadoso) careful: *Ela é muito atenta em tudo que faz.* She is very careful about everything she does.

aterrizagem, aterrissagem *s* landing

aterrizar, aterrissar *v* to land

aterro *s* stretch of reclaimed land

aterrorizado, -da *adj* terrified | **estar/ficar aterrorizado** to be terrified

atestado *s* certificate
atestado médico medical certificate

ateu, ateia *s* atheist | **ser ateu** to be an atheist

atingir *v* **1** (alcançar) to reach **2** (acertar) to hit: *O tiro o atingiu no peito.* The shot hit him in the chest. **3** (um objetivo) to achieve **4** (afetar) to affect

atiradeira *s* slingshot (AmE), catapult (BrE)

atirar *v* **1** (jogar) to throw: *Ele me pegou no colo e me atirou na piscina.* He picked me up and threw me into the swimming pool. **2 atirar algo (em algo/alguém)** to throw sth (at sth/sb): *Os manifestantes atiraram ovos no político.* The demonstrators threw eggs at the politician. **3 atirar (em alguém)** (com arma) to shoot (at sb)
atirar-se *v* (jogar-se) to throw yourself: *Ela atirou-se de uma ponte.* She threw herself off a bridge.

atitude *s* attitude: *uma atitude egoísta* a selfish attitude | **tomar uma atitude** (reagir) to do something: *Ela assistiu àquilo tudo sem tomar uma atitude.* She watched the whole thing without doing anything. | **tomar uma atitude dura/radical etc.** (comportar-se) to take a tough/extreme etc. line: *Você tomou uma atitude muito dura.* You took a very tough line.

ativar *v* **1** (um mecanismo, um alarme) to activate **2** (a circulação, a digestão) to stimulate

atividade *s* activity (pl -ties)

ativo, -va *adj* active

Atlântico *s* (o oceano) Atlantic

atlântico, -ca *adj* Atlantic

atlas *s* atlas

atleta *s* athlete

atlético, -ca *adj* (pessoa, corpo) athletic

atletismo *s* track and field (AmE), athletics (BrE)

atmosfera *s* **1** (ar) atmosphere **2** (ambiente) atmosphere: *uma atmosfera feliz* a happy atmosphere

ato *s* **1** (ação) act: *um ato de coragem* an act of courage **2** (em teatro, balé, etc.) act: *no segundo ato da peça* in the second act of the play **3 os atos de alguém** sb's actions: *Devemos assumir responsabilidade pelos nossos atos.* We should take responsibility for our actions. **4 no ato** (imediatamente) right away: *Você apareceu e ele se calou no ato.* You appeared and he stopped talking right away.

atolado, -da *adj* **1 atolado (na lama)** stuck in the mud **2 estar atolado de trabalho** to be snowed under with work: *Estou atolado de deveres para fazer.* I'm snowed under with homework.

atômico, -ca *adj* atomic

ator, atriz *s* ator actor | atriz actress (pl -sses)
ator de cinema movie actor **ator de novela** soap actor

atordoar *v* **1** (barulho) to deafen **2** (golpe, confusão, etc.) to stun

atormentar *v* to torment

atração s **1** (fascínio) attraction | **sentir atração por alguém** to be attracted to sb **2** (entretenimento) attraction: *O Corcovado é a principal atração turística da cidade.* Corcovado is the city's major tourist attraction.

atraente adj **1** (pessoa) attractive **2** (lugar, proposta) attractive

atrair v **1** (a atenção, o interesse, etc.) to attract: *O show atraiu um grande número de pessoas.* The show attracted a large number of people. **2** atrair alguém **(a)** (fisicamente, etc.): *A irmã dela me atrai muito.* I'm very attracted to her sister. **(b)** (empolgar) to appeal to sb: *Esse tipo de música não me atrai.* That kind of music doesn't appeal to me.

atrapalhar v **1** (perturbar) to be a hindrance: *Ele atrapalha mais do que ajuda.* He's more of a hindrance than a help. | **atrapalhar alguém/algo** to disturb sb/sth: *Não quero te atrapalhar.* I don't want to disturb you. **2** (estar no caminho) to be in the way: *Essas malas aqui estão atrapalhando.* Those suitcases are in the way. **3** (afetar) to disrupt: *O acidente atrapalhou o trânsito.* The accident disrupted traffic.

atrapalhar-se v (confundir-se) to get mixed up: *Eu me atrapalhei fazendo essas contas.* I got mixed up adding up those numbers.

atrás advérbio & preposição

• **adv 1** (na parte de trás) at the back: *O zíper é atrás.* The zipper is at the back. **2** (em seguida) behind: *Fomos indo, e eles vieram atrás.* We went ahead and they came along behind. **3** (no fundo) in the back: *Meu quarto é atrás.* My bedroom is in the back. **4** (tempo) ago: *um ano atrás* a year ago | *até pouco tempo atrás* until a short time ago **5 não ficar atrás** to be just the same: *Ela é muito esperta, mas o irmão não fica atrás.* She's very intelligent, and her brother's just the same.

• **atrás de** prep **1** (na parte de trás) behind: *atrás do palco* behind the stage **2** (depois) after: *um atrás do outro* one after the other **3 estar/andar atrás de alguém** (à procura de) to be looking for sb: *A Gabriela está atrás de você.* Gabriela is looking for you. | **estar/andar atrás de algo** to be looking for sth: *Ando atrás desse livro há semanas.* I've been looking for that book for weeks.

atrasado, -da adj **1** (em relação a horário, prazo) late: *Estamos meia hora atrasados.* We're half an hour late. | *O voo está atrasado.* The flight's late. | **chegar/começar etc. atrasado** to arrive/start etc. late: *O show começou atrasado.* The show started late. | **estar atrasado com algo** (em trabalho, pagamento, etc.) to be behind with sth: *Estou atrasado com meu dever de casa.* I'm behind with my homework. | **estar com o sono atrasado** to need to catch up on your sleep **2** (relógio) slow: *Meu relógio está atrasado.* My watch is slow. **3** (país, região, etc.) backward

atrasar v **1** (retardar) to delay: *A falta de luz atrasou o início do ensaio.* The power outage delayed the start of the rehearsal. **2** (chegar ou partir atrasado) to be late: *O avião atrasou duas horas.* The plane was two hours late. **3** (um pagamento) to be late with **4** (relógio) to lose: *Meu relógio está atrasando.* My watch is losing time. | **atrasar um relógio** to put a watch/clock back: *Temos que atrasar nossos relógios três horas.* We have to put our watches back three hours.

atrasar-se v **1** (ficar atrasado) to be late: *Acabamos nos atrasando.* We ended up being late. **2 atrasar-se em algo (a)** (nos estudos) to fall behind in sth: *Ele se atrasou em Matemática.* He fell behind in math. **(b)** (em pagamento) to fall behind with sth: *Ela se atrasou nas prestações.* She fell behind with the payments.

atraso s **1** (de avião, em pagamento, em show, etc.) delay: *Houve um atraso de duas horas.* There was a two-hour delay. | **estar com atraso** to be delayed **2** (de pessoa) lateness ▶ Traduz-se pela frase **to be late** na maioria dos casos: *A professora o repreendeu por seu atraso.* The teacher told him off for being late. | **desculpe o atraso!** sorry I'm late! **3 chegar com atraso** to arrive late **4 com uma hora/dez minutos etc. de atraso** an hour/ten minutes etc. late **5** (de país, região) underdevelopment

atrativo, va adjetivo & substantivo

• **adj** attractive

• **atrativo** s attraction: *O prêmio é o maior atrativo desta competição.* The prize is the big attraction of the competition.

atravancar v (impedir a passagem) to block: *Sua bicicleta está atravancando a entrada.* Your bicycle is blocking the entrance.

através de prep **1** (de um lado a outro) across: *através do oceano* across the ocean **2** (por dentro de) through: *através das nuvens* through the clouds **3** (por meio de) through: *Conheci-o através da Paula.* I met him through Paula. **4** (no decorrer de) through: *através dos tempos* through the ages

atravessar v **1** (uma rua, um rio, uma ponte, etc.) to cross: *É melhor atravessarmos no sinal.* We'd better cross at the traffic lights. **2** (um túnel) to go through **3** (uma crise, dificuldades) to go through

atrever-se v to dare: *Ele quis reagir, mas não se atreveu.* He wanted to react, but didn't dare. | **atrever-se a fazer algo** to dare to do sth: *Não me atrevi a lhe pedir isso.* I didn't dare to ask him for it.

atrevido, -da adj (malcriado) cheeky | **ser atrevido com alguém** to be cheeky with sb

atriz s actress (pl -sses): *Ela quer ser atriz.* She wants to be an actress.

atrocidade s atrocity (pl -ties)

---

*Gostaria de saber mais sobre as diferenças entre os **possessivos** em inglês e português? Leia a explicação na seção de gramática.*

atropelado

atropelado, -da adj **morrer atropelado** to be run over and killed

atropelar v **1** (veículo) to run over ▶ O verbo é geralmente usado na voz passiva (**to be run over**): *Um caminhão atropelou a velhinha.* The old lady was run over by a truck. **2** (empurrar) to push

atual adj **1** (do momento) present, current: *a situação atual* the present situation | *a atual namorada dele* his current girlfriend **2** (da época presente) present-day: *o Brasil atual* present-day Brazil

atualidade s (a época presente) present time, today: *uma das atrizes de cinema mais famosas da atualidade* one of the best known movie stars of today

atualizar v **1** (conhecimentos, dados, etc.) to update **2** (um computador) to upgrade
atualizar-se v to keep yourself up to date: *Leio o jornal para me atualizar.* I read the paper to keep myself up to date.

atualmente adv at present: *Atualmente faço natação e musculação.* At present I swim and do weight training.

atuar v **1** (em filme, peça) to act: *Ela já atuou em novelas.* She's already acted in soap operas. **2** (em futebol) to play: *Ele atuou como lateral-esquerdo.* He played outside left. **3** (agir) to act

atum s tuna: *um sanduíche de atum* a tuna sandwich

aturar v to put up with: *Aturei seu mau humor o dia inteiro.* I've put up with your bad mood all day.

audição s **1** (sentido) hearing **2** (teste) audition **3** (concerto) recital: *uma audição de piano* a piano recital

audiência s **1** (os telespectadores, os ouvintes) audience **2** (índice) ratings: *o programa de maior audiência* the program with the highest ratings | **campeão de audiência** top-rated show

áudio s audio: *aparelhos de áudio* audio equipment

audiovisual adj audiovisual

auditório s **1** (sala) auditorium: *A palestra será no auditório.* The lecture will be in the auditorium. **2** (público) audience

auge s peak: *Sua carreira atingiu o auge com esse CD.* His career reached its peak with that CD. | **no auge de algo** at the height of sth: *no auge do verão* at the height of summer

aula s **1** class (pl -sses), lesson ▶ ver a seguir; ver também **sala 2 dar aula (de algo)** to teach (sth): *Ele dava aula num colégio do bairro.* He used to teach at a local school. | *Ela dá aula de História.* She teaches history. ▶ Em nível universitário diz-se **to lecture (in sth)**: *Ele dá aula de Lógica.* He lectures in logic. **3 matar aula** to skip school

---

class, lesson e lecture

Em inglês americano é mais frequente o uso de **class**; **lesson** é mais comum no inglês britânico:
uma aula de inglês an English class/an English lesson | *Hoje tenho aula de violão.* I have a guitar lesson today.

Nos exemplos abaixo, a primeira tradução corresponde a um contexto escolar, e a segunda, a uma aula fora da escola:
Não vai haver aula amanhã. There's no school tomorrow./There's no class tomorrow. | *Ele não veio à aula ontem.* He didn't come to school yesterday./He didn't come to the class yesterday. | *Ela faltou à aula.* She missed school./She missed the class.

Em nível universitário usa-se **lecture**:
Faltei à aula de ontem. I missed yesterday's lecture.

---

aumentar v **1** (quantidade, intensidade, etc.) to increase: *O médico aumentou a dose.* The doctor increased the dose. **2** (popularidade, população, etc.) to grow: *A popularidade das salas de chat aumentou.* The popularity of chat rooms has grown. **3** (preço, febre) to go up: *Os preços aumentaram.* Prices have gone up. | **aumentar o preço da gasolina/das passagens aéreas etc.** to put up the price of gas/airfares etc. **4 aumentar o volume/o rádio/a TV etc.** to turn up the volume/the radio/the TV etc.: *Adoro essa música, aumenta!* I love this song, turn it up! **5** (microscópio, lente) to magnify

aumento s **1** (em quantidade, preço) increase **2** (de salário) raise (AmE), rise (BrE): *Vou pedir aumento ao meu chefe.* I'm going to ask my boss for a raise. **3** (de prédio) extension

ausência s absence

ausentar-se v **ausentar-se (de escola etc.)** to be absent (from school etc.): *Ele se ausentou (da escola) por motivos de saúde.* He was absent (from school) for health reasons. | **ausentar-se (da sala etc.)** to leave (the room etc.): *Ele se ausentou da sala para dar um telefonema.* He left the room to make a phone call.

ausente adj **estar ausente (de algo)** to be absent (from sth): *Quem estava ausente no dia da prova?* Who was absent on the day of the test?

Austrália s **a Austrália** Australia: *na Austrália* in Australia

australiano, -na adjetivo & substantivo
- adj Australian
- s (pessoa) Australian | **os australianos** (povo) Australians

Áustria s **a Áustria** Austria: *na Áustria* in Austria

austríaco, -ca adjetivo & substantivo
- *adj* Austrian
- *s* (pessoa) Austrian | **os austríacos** (povo) Austrians

autenticado, -da *adj* (documento, cópia) authenticated

autêntico, -ca *adj* **1** (legítimo) genuine: *uma caneta Mont Blanc autêntica* a genuine Mont Blanc pen **2** (verdadeiro) genuine: *um caso autêntico* a genuine case **3** (pessoa) genuine

autobiografia *s* autobiography (pl -phies)

autobiográfico, -ca *adj* autobiographical

autodefesa *s* self-defense

autodisciplina *s* self-discipline

autódromo *s* racetrack

autoescola *s* driving school

autoestrada *s* expressway (AmE), motorway (BrE): *Pegamos a autoestrada até São Paulo.* We took the expressway to São Paulo.

autografar *v* to autograph

autógrafo *s* autograph: *Pode me dar seu autógrafo?* Could you give me your autograph?

automático, -ca *adj* automatic

automobilismo *s* (esporte) motor racing

automóvel *s* automobile (AmE), motor car (BrE)

autor, -a *s* **1** (de livro) author **2** (de música) composer **3** (de crime) perpetrator

autorama *s* model racetrack

autorretrato *s* self-portrait

autoridade *s* **1** (direito de ordenar, etc.) authority | **ter autoridade para algo/sobre alguém** to have authority for sth/over sb **2** (conhecedor) authority (pl -ties): *uma autoridade em basquete* an authority on basketball **3** (membro do governo) government official

autorização *s* permission | **dar autorização a alguém para algo** to give sb permission for sth

autorizar *v* to authorize | **autorizar alguém a fazer algo** to give sb permission to do sth, to authorize sb to do sth ▶ **to authorize sb to do sth** é usado em contextos formais: *O coordenador os autorizou a sair cedo.* The coordinator gave them permission to leave early. | *Eles foram autorizados a ingressar no país.* They were authorized to enter the country.

autossuficiente *adj* self-sufficient

auxiliar verbo, adjetivo & substantivo
- *v* to aid: *O acidentado foi auxiliado por várias pessoas.* The injured man was aided by several people. | **auxiliar alguém em algo** to help sb out with sth: *O professor me auxiliou nos exercícios.* The teacher helped me out with the exercises.
- *adj* (verbo) auxiliary
- *s* (assistente) assistant

auxílio *s* **1** (ajuda) help | **com o auxílio de alguém** with sb's help | **com o auxílio de algo** with the aid of sth: *Chegamos lá com o auxílio de um mapa.* We got there with the aid of a map. **2** (financeiro) assistance **3** (para desempregados, etc.) welfare payment

avalanche *s* avalanche

avaliação *s* (de método, resultados, candidatos, etc.) assessment

avaliar *v* **1** (um aluno, um desempenho, etc.) to assess **2** (uma situação, uma proposta, etc.) to consider **3** (estimar o valor de) to value | **avaliar algo em algo** to value sth at sth: *O colar foi avaliado em R$4.000.* The necklace was valued at R$4,000.

avançado, -da *adj* **1** (curso, tecnologia) advanced **2** (na postura, nas ideias) broad-minded

avançar *v* **1 avançar algo** (mover) to move sth forward: *Avance mais um pouco a cadeira.* Move your chair forward a little. **2** (mover-se) to move forward **3 avançar o sinal (de trânsito)** to go through a red light **4** (para outro estágio) to go forward: *Santos conseguiu avançar para as quartas de final.* Santos managed to go forward to the quarter final. **5** (desenvolver-se) to advance: *A ciência avançou muito nas últimas décadas.* Science has advanced a lot in recent decades. **6** (exército, tropa) to advance

avanço *s* advance: *os avanços da tecnologia* advances in technology

ave substantivo & substantivo plural
- *s* bird
- **aves** *s pl* (em cardápio, etc.) poultry

aveia *s* oatmeal: *biscoitos de aveia* oatmeal cookies

avelã *s* hazelnut

ave-maria *s* (oração) Hail Mary (pl Hail Marys)

avenida *s* avenue: *na avenida* on the avenue

avental *s* apron

aventura s **1** (peripécia) adventure: *Ele nos contou suas aventuras durante a viagem.* He told us about his adventures during the trip. **2** (amorosa) fling

aventureiro, -ra *substantivo & adjetivo*
- *s* adventurer
- *adj* **1** (pessoa) adventurous **2 espírito aventureiro** spirit of adventure

averiguar v **1** (verificar) to check: *Vou averiguar se o que ele disse é verdade.* I'm going to check to see if what he said is true. **2** (investigar) to investigate: *A polícia está averiguando o caso.* The police are investigating the case.

aversão s aversion | **ter aversão a algo/alguém** to have an aversion to sth/sb

avessas s pl **às avessas (a)** (de trás para frente) backward **(b)** (de cabeça para baixo) upside down

avesso s **1** (de tecido) reverse | **pelo avesso** inside out **2** (contrário) opposite: *Ela é o avesso das outras garotas.* She's the opposite of the other girls. **3 ser avesso a algo** not to like sth: *Ele é avesso a festas.* He doesn't like parties.

avestruz s ostrich (pl -ches)

aviação s aviation

avião s **1** plane ▶ O termo americano **airplane** e o britânico **aeroplane** são mais formais **2 andar/ir/viajar de avião** to fly: *Fomos de avião.* We flew. **3 mandar uma carta/um embrulho por avião** to send a letter/a parcel (by) airmail
avião a jato jet plane

avisar v **1 avisar alguém (a)** (dar notícia) to tell sb: *Jorge me avisou que íamos ter uma prova.* Jorge told me we were going to have a test. **(b)** (prevenir) to warn sb: *O salva-vidas nos avisou sobre o perigo de nadar ali.* The lifeguard warned us about the dangers of swimming there. **2 sem avisar** without telling anyone: *Ele foi embora sem avisar.* He left without telling anyone.

aviso s **1** (notícia) notice: *A secretária afixou o aviso na porta.* The secretary posted the notice on the door. **2** (advertência) warning: *Obrigado pelo aviso.* Thanks for the warning.

avistar v **avistar algo/alguém** to catch sight of sth/sb

avô, avó s **avô** grandfather | **avó** grandmother | **avós** (avô e avó) grandparents

avoado, -da adj (pessoa) scatterbrained

avos s pl Em inglês, usa-se o número ordinal. Veja exemplo: *um dezesseis avos* one sixteenth

avulso, -sa adj **1** (separado) loose: *umas folhas avulsas* some loose sheets (of paper) **2** (individual) individual: *selos avulsos* individual stamps

axila s armpit

azar *substantivo & interjeição*
- *s* (má sorte) bad luck: *Dizem que gato preto dá azar.* They say black cats bring bad luck. | *Que azar!* What bad luck! | **estar com azar/ter azar** to be unlucky
- **azar!** *interj* too bad!: *Se ele não quiser vir, azar!* If he doesn't want to come, too bad! | **azar o seu!** tough!

azarado, -da adj unlucky

azarar v **azarar alguém** to hit on sb: *Ele ficou me azarando na festa.* He kept hitting on me at the party.

azedar v (leite, creme etc.) to go sour (AmE), to go off (BrE), (comida), to go bad (AmE), to go off (BrE)

azedo, -da adj **1** (sabor, cheiro) sour **2** (leite) sour

azeite s **1** (de oliva) olive oil **2** (óleo de cozinha) cooking oil

azeitona s olive: *pasta de azeitona* olive dip

azia s heartburn | **estar com azia** to have heartburn

azul adj & s blue ▶ ver "Active Box" **cores** em **cor**

azulejo s tile

azul-marinho adj & s navy blue ▶ ver "Active Box" **cores** em **cor**

azul-turquesa adj & s turquoise ▶ ver "Active Box" **cores** em **cor**

B, b s B, b ▶ ver "Active Box" **letras do alfabeto** em **letra**

baba s (saliva) saliva

babá s nanny
babá eletrônica baby alarm

babado s **1** (em roupa) frill **2** (fofoca) piece of gossip: *Tenho uns babados para te contar.* I have some gossip to tell you.

babador s bib

babar v **1** (por apetite, desejo) to drool **2** (bebê) to dribble
babar-se v to drool

babysitter s babysitter

bacalhau s **1** (fresco) cod **2** (seco) dried salt cod

bacana adj cool

bacia s **1** (recipiente) basin **2** (em geografia) basin **3** (em anatomia) pelvis

backup s (em informática) backup | **fazer um backup de algo** to make a backup of sth

bacon s bacon

bactéria s bacterium (pl bacteria)

badalação s (vida social) going out and about: *Ela adora uma badalação.* She loves going out and about.

badalada s (de relógio) chime | **dar três, quatro etc. badaladas** to chime three, four etc. times: *O relógio da igreja deu cinco badaladas.* The church clock chimed five times.

badalado, -da adj **1** (pessoa, grupo) popular: *A banda Capital Inicial está muito badalada no momento.* Capital Inicial are very popular at the moment. **2** (lugar, filme, etc.): *Esse é o restaurante mais badalado da cidade.* This restaurant is the most talked about in the city.

badalar v **1** (sino) to ring **2** (socialmente) to party: *No sábado fomos badalar juntos.* On Saturday we went partying together.

baderna s commotion | **fazer baderna** to cause a commotion

bafo s breath: *Ele estava com um bafo ruim.* He had really bad breath.

bafômetro s Breathalyzer® | **fazer o teste do bafômetro** to take a breath test

baforada s puff of smoke | **dar uma baforada (em algo)** to take a puff (on sth)

bagaço s **1** (de fruta, cana, etc.) pulp **2 estar/ficar um bagaço** to be a wreck

bagageiro s (em carro) luggage rack

bagagem s luggage, baggage: *Tivemos excesso de bagagem.* We had excess baggage.
bagagem de mão hand luggage

bago s **um bago de uva** a grape

baguete s baguette

bagulho s **1** (objeto sem valor) piece of junk: *Você devia jogar esses bagulhos fora.* You should throw that junk out. **2** (maconha) dope

bagunça s **1** (desordem) mess: *Que bagunça!* What a mess! | **fazer bagunça** to make a mess: *Não façam bagunça na sala.* Don't make a mess in the living room. | **ser uma bagunça** (ser desorganizado) to be a shambles **2** (tumulto) **fazer bagunça** to get rowdy: *Os fãs fizeram muita bagunça no show.* The fans got very rowdy at the concert.

bagunçado, -da adj messy: *Meu quarto vive todo bagunçado.* My room is always really messy.

bagunçar v to mess up: *Quem bagunçou meus papéis?* Who's messed up my papers?

bagunceiro, -ra adj **1** (desorganizado) messy **2** (arruaceiro) rowdy

baía s bay: *Baía de Guanabara* Guanabara Bay

bailarino, -na s ballet dancer

baile s ball
baile à fantasia costume ball **baile de Carnaval** Carnival ball **baile de formatura** prom **baile funk** funk night

bainha s hem | **fazer a bainha em algo** to hem sth

bairro s **1** area, neighborhood (AmE), neighbourhood (BrE): *o bairro de Copacabana* the Copacabana area | *Moro num bairro tranquilo.* I live in a quiet neighborhood./I live in a quiet area. ▶ Quando se trata de um bairro com características especiais, usa-se **quarter**: *o bairro japonês* the Japanese quarter **2 a farmácia/padaria etc. do bairro** the local drugstore/bakery etc.
bairro residencial residential neighborhood/residential area

baixa s **1** (de preço, etc.) fall **2** (pessoa morta ou ferida) casualty (pl -ties): *O exército teve 30 baixas.* The army suffered 30 casualties.

baixar v **1** (reduzir) to lower: *Eles vão baixar a tarifa dos ônibus.* They're going to lower bus fares. **2** (reduzir-se) to go down: *Os preços dos computadores baixaram.* Computer prices have gone down. **3** (um arquivo, um programa) to download: *Baixei essas fotos da Internet.* I downloaded these photos from the Internet. **4** (febre, temperatura) to go down: *A febre baixou.* The fever has gone down. **5** (maré) to go out: *A maré está baixando.* The tide's going out. **6** (uma persiana) to lower **7** (uma bandeira) to lower **8** (aparecer) to show up: *O Mario deve baixar hoje.* Mario should show up today. **9** (uma ordem, uma norma) to issue **10 baixar ao hospital** to be admitted to the hospital

baixaria s **1** (falta de classe) **ser uma baixaria** to be really tacky | **que baixaria!** how tacky! **2** (obscenidade): *Só tem baixaria nesse programa.* That show is gross.

baixista s bass player

baixo, -xa *adjetivo, advérbio & substantivo*

• *adj* ▶ ver quadro na pág. 464

• **baixo** *adv* **1** (falar) quietly: *Fale baixo.* Keep your voice down. **2** (voar) low **3 de baixo (a)** bottom: *na gaveta de baixo* in the bottom drawer **(b)** (em prédio) downstairs: *o apartamento de baixo* the apartment downstairs ▶ ver também **roupa 4 na parte de baixo** at the bottom: *na parte de baixo do armário* at the bottom of the cupboard **5 para baixo** down: *Olhe para baixo.* Look down. | *da cintura para baixo* from the waist down **6 por baixo de** under: *Ela pôs uma camiseta por baixo do suéter.* She put on a T-shirt under her sweater.

• **baixo** s **1** (instrumento musical) bass (guitar): *Meu irmão toca baixo numa banda.* My brother plays bass in a band. | **baixo (acústico)** (acoustic) bass **2** (cantor) bass

baixo-astral *adjetivo & substantivo*

• *adj* (pessoa, lugar) gloomy

• *s* bad vibe | **estar de baixo-astral** to be really down

bajulação s toadying

bajular v to suck up | **bajular alguém** to suck up to sb: *Ela está sempre bajulando os professores.* She's always sucking up to the teachers.

baixo -xa *adjetivo*

1 = SHORT

ESTATURA DE UMA PESSOA

Ela é muito baixa. She's very short. | *Você é mais baixo que eu.* You're shorter than me. | *a menina mais baixa da turma* the shortest girl in the class

2 = LOW

A OU DE POUCA ALTURA

O quadro está baixo demais. The picture's too low. | *uma cerca baixa* a low fence | *a prateleira mais baixa* the bottom shelf

PREÇO, NOTA, TEMPERATURA

a um preço mais baixo at a lower price | *a nota mais baixa da classe* the lowest grade in the class

VOLUME, SOM

A música está muito baixa. The music is on very low.

3 = DOWN

ABAIXADO

de cabeça baixa with your head down

4 *Farol baixo, de baixa caloria, em voz baixa,* etc. são tratados no verbete do substantivo correspondente.

---

bala s **1** (doce) candy (AmE), sweet (BrE) **2** (de arma) bullet | **uma bala perdida** a stray bullet **3 estar/ficar uma bala** to be/get furious: *O Daniel ficou uma bala comigo.* Daniel got furious with me.

balada s **1** (noitada) night out: *Conheci minha namorada na balada.* I met my girlfriend on a night out. | **ir para a balada** to go out **2** (canção) ballad

balança s scale
balança de banheiro/cozinha bathroom/kitchen scale

balançar v **1** (carro, avião) to shake: *Sinto medo quando o avião balança.* I get frightened when the plane shakes. **2** (navio) to roll **3** (fazer mover) to shake: *O vento balançava os galhos das árvores.* The wind was shaking the branches of the trees. **4** (uma rede) to swing **5** (uma cadeira de balanço) to rock **6** (embalar) to rock: *A mãe balançou o bebê até ele dormir.* The mother rocked her baby to sleep. **7** (comover) to shake up: *Aquela carta me balançou muito.* That letter really shook me up.
balançar-se v (em rede, balanço, etc.) to swing

balanço s **1** (brinquedo) swing **2** (de barco) rolling **3** (de rede) swaying

balão s **1** (em festa junina, etc.) balloon **2** (aeronave) balloon **3** (em quadrinhos, fotonovela) speech balloon

balbúrdia s **1** (vozerio) roar: *a balbúrdia dos torcedores* the roar of the fans **2** (tumulto) commotion: *Ele criou a maior balbúrdia no bar.* He caused a huge commotion in the bar.

balcão s **1** (em loja, etc.) counter **2** (em aeroporto) desk: *Onde fica o balcão da Varig?* Where's the Varig desk? | *É aqui o balcão de reservas?* Is this the reservation desk? **3** (em bar) bar **4** (varanda) balcony (pl -nies) **5** (em teatro) balcony (pl -nies)
balcão de informações information desk **balcão nobre** first balcony (AmE), dress circle (BrE) **balcão simples** second balcony (AmE), circle (BrE)

balconista s sales assistant

balde s bucket

baldeação s change | **fazer baldeação** to change: *Os passageiros tiveram que fazer baldeação para outro trem.* The passengers had to change to another train.

baldio adj ▶ ver **terreno**

balé s ballet: *uma aula de balé* a ballet class
balé clássico classical ballet **balé moderno** contemporary dance

baleia s **1** whale **2 estar uma baleia (de gordo)** to be enormous

baleiro, -ra s confectioner

baliza s **1** (em futebol) goal **2** (em corrida de cavalo, etc.) (finishing) post **3** (pessoa em desfiles esportivos) lead marcher **4** (em estacionamento) lines pl: *Ele conseguiu estacionar o carro dentro da baliza.* He managed to park the car within the lines. | **fazer baliza** to reverse into a parking space **5** (para um limite) marker **6** (boia) beacon

balneário s (cidade praiana) beach resort

balsa s ferry (pl ferries): *Atravessamos o rio numa balsa.* We crossed the river on a ferry.

bambo, -ba adj **1** (mesa, cadeira, pernas) wobbly: *Essa mesa está bamba.* This table is wobbly. | **ficar de perna bamba** (de nervoso, medo, etc.) to go weak at the knees: *Fiquei de perna bamba quando o vi.* I went weak at the knees when I saw him. **2** (corda) slack **3 ser bamba em algo** to be good at sth: *Ele é bamba em xadrez.* He's good at chess.

bambu s bamboo | **uma cadeira/mesa de bambu** a bamboo chair/table

banal adj banal

banana s **1** (fruta) banana **2 a preço de banana** dirt-cheap: *CDs a preço de banana* dirt-cheap CDs

bananeira s **1** banana tree **2 plantar bananeira** to do a handstand

banca s **1** (em feira, etc.) stall **2 banca (de jornal)** newspaper stand
banca examinadora examination board

bancada s **1** (em banheiro, cozinha) counter **2** (em estádio) bleachers (AmE), stand (BrE) **3** (mesa de trabalho) bench

bancar v **1** (financiar) to finance: *Quem bancou a sua viagem?* Who financed your trip? **2** (fazer-se de) to play: *Pare de bancar o valente!* Stop playing the tough guy! **3 bancar que** (fingir) to pretend that: *Ele bancou que estava bêbado.* He pretended that he was drunk.

bancário, -ria adj **uma conta bancária** a bank account | **feriado bancário** bank holiday

banco s **1** (estabelecimento) bank: *A que horas abre o banco?* What time does the bank open? **2** (de carro) seat: *no banco da frente/de trás* on the front/back seat **3** (de bar, cozinha) stool **4** (de praça, etc.) bench **5** (de igreja) pew
banco de areia sandbank **banco de dados** database **banco de sangue** blood bank **banco dos réus** dock

banda s **1** (de música) band **2** (lado) side **3 por essas/aquelas bandas** around here/there: *Há um bom restaurante por aquelas bandas.* There's a good restaurant around there.
banda larga broadband

band-aid® s Band-Aid® (AmE), plaster (BrE)

bandeira s **1** flag | **bandeira a meio pau** flag at half-mast **2 dar bandeira** to give the game away

bandeirada s (de táxi) minimum charge

bandeirante s **1** (escoteira) Girl Scout **2** (pioneiro) pioneer

bandeirinha s (em futebol) linesman (pl linesmen)

bandeja s tray

bandido, -da s **1** (bandoleiro) bandit **2** (mau-caráter) crook: *Esse bandido me roubou.* That crook ripped me off.

bando s **1** (grupo) group: *Um bando de crianças o cercaram.* A group of children surrounded him. | **um bando de** (muitos) a whole bunch of: *Tinha um bando de gente famosa na festa.* There were a whole bunch of famous people at the party. **2** (de bandidos) gang **3** (de aves) flock

bandolim s mandolin

bangue-bangue s **(filme de) bangue-bangue** western

banha s **1** (de pessoa) flab **2** (para cozinhar) lard

banhado, -da adj **1 banhado de** bathed in: *banhado de suor* bathed in sweat **2 banhado a ouro/prata** gold-plated/silver-plated

banhar-se v (em rio, etc.) to bathe

banheira s bathtub (AmE), bath (BrE)

banheiro s **1** (para banho, etc.) bathroom: *O banheiro é lá em cima.* The bathroom is upstairs. | *Eu gostaria de um quarto com banheiro.* I'd like a room with a bathroom. **2** (toalete) bathroom (AmE), toilet (BrE): *Posso usar o seu banheiro?* Can I use your bathroom? **3** (em cinema, restaurante, etc.) restroom (AmE), toilet (BrE): *Onde fica o banheiro, por favor?* Where's the restroom, please?

banhista s beachgoer

banho s **1** (de chuveiro) shower: *banho quente/frio* hot/cold shower **2** (de banheira) bath **3 tomar banho (a)** (de chuveiro) to take a shower: *Tomo banho à noite.* I take a shower in the evening. **(b)** (de banheira) to take a bath **4 banho de mar** dip in the ocean (AmE), dip in the sea (BrE) | **tomar banho de mar** to go for a dip in the ocean: *Fomos tomar um banho de mar para refrescar.* We went for a dip in the ocean to cool off. **5 banho de sol** sunbathing | **tomar banho de sol** to sunbathe **6 dar um banho de algo em alguém** (encharcar) to tip sth all over sb: *Ela acabou de me dar um banho de Coca-Cola.* She's just tipped Coke all over me.
banho de loja shopping spree

banir v **1 banir alguém de um clube etc.** to ban sb from a club etc. | **banir alguém de um país etc.** to banish sb from a country etc. **2** (abolir, eliminar) to ban

banqueiro, -ra s banker

banqueta s banquette

banquete s banquet

baque s **1** (barulho) thud **2** (batida) crash **3** (abalo, revés) blow: *Os filhos sofreram um baque com a falência do pai.* The children suffered a blow with the bankruptcy of their father.

baqueta s (de tambor) stick

bar s **1** (estabelecimento) bar ▶ Na Grã-Bretanha, os bares típicos, de estilo tradicional, chamam-se **pubs** **2** (num restaurante, etc.) bar: *Vamos ficar no bar até vagar uma mesa.* Let's wait at the bar until a table opens up. | *o bar do hotel* the hotel bar **3** (armário) liquor cabinet (AmE), drinks cabinet (BrE)

baralho s deck of cards (AmE), pack of cards (BrE)

barão s baron

barata s cockroach (pl -ches)

barateiro, -ra adj cheap

barato, -ta adjetivo, advérbio & substantivo

• adj cheap | **mais barato (que)** cheaper (than): *Aquela saia é mais barata.* That skirt's cheaper. | **o mais barato** the cheapest: *Qual é o mais barato?* Which is the cheapest?

• **barato** adv **custar barato** to be cheap: *Meu celular custou barato.* My cellphone was cheap. | **cobrar barato por algo** to charge low prices for sth | **comprar algo barato** to buy sth cheap | **sair mais barato** to work out cheaper

• **barato** s **ser um barato** to be great: *A viagem foi um barato.* The trip was great.

barba s beard: *o rapaz de barba* the guy with the beard | **fazer a barba** to shave | **deixar crescer a barba** to grow a beard: *Ele resolveu deixar crescer a barba.* He decided to grow a beard.

barbante s string

 Gostaria de pedir um hambúrguer em inglês? Consulte **o guia para a comunicação**, no final do livro.

barbaridade

barbaridade s **1** (crueldade) barbarity (pl -ties) **2** (absurdo) outrage: *É uma barbaridade derrubar essas árvores.* It's an outrage to chop down those trees.

bárbaro, -ra *adj* **1** (intenso) terrible: *uma dor bárbara* terrible pain | *Estava um frio bárbaro em Friburgo.* It was terribly cold in Friburgo. **2** (fantástico) great: *O último filme dele é bárbaro.* His latest movie is great. **3** (cruel) barbaric: *um crime bárbaro* a barbaric crime

barbatana s (de peixe) fin

barbeador s razor | **barbeador (elétrico)** electric razor (AmE), electric shaver (BrE)

barbear v to shave
barbear-se v to shave: *Você está precisando se barbear.* You need a shave.

barbearia s barber shop

barbeiragem s (de motorista) piece of bad driving | **fazer uma barbeiragem** to drive badly

barbeiro s **1** (quem trabalha em barbearia) barber **2** (barbearia) barber shop (AmE), barber's (BrE) **3** (motorista) bad driver

barbudo, -da *adj* bearded

barco s **1** boat: *Fizemos um passeio de barco pela baía.* We took a boat trip around the bay. **2 ir/vir de barco** to go/come by boat: *Fomos até a ilha de barco.* We went to the island by boat.
barco a motor motorboat **barco a remo** rowboat **barco à vela** **(a)** (grande) sailing ship, sailing boat **(b)** (pequeno) sailboat (AmE), sailing boat (BrE)

barman s barman (pl -men)

barômetro s barometer

baronesa s baroness

barra s **1** (porção) bar | **uma barra de chocolate/sabão** a bar of chocolate/soap **2** (de balé, ginástica) bar **3** (sinal gráfico) slash **4** (de saia, calça) hem **5** (situação) things pl: *A barra não anda muito boa entre eles.* Things aren't going too well between them. **6** (pedaço de metal) bar **7 forçar a barra** to push it: *Se ela não quer ir, não força a barra.* If she doesn't want to go, don't push it. **8 ser uma barra** (ser difícil) to be tough: *Os exames foram uma barra.* The exams were tough.

barraca s **1** (de praia) sunshade **2** (de acampamento) tent | **armar a barraca** to put the tent up | **desmontar a barraca** to take the tent down **3** (de feira) stall

barraco s **1** (casa) shanty (pl -ties) **2 armar um barraco** to make a scene

barragem s (represa) dam

barranco s (de estrada, rio) embankment

barra-pesada *adj* **1** (pessoa) rough: *Ele anda com uma turma barra-pesada.* He hangs out with a rough crowd. **2** (boate, área, etc.) rough **3** (difícil) rough: *Aquela fase foi barra-pesada.* It was a rough time.

barrar v **barrar alguém (em algo)** to refuse sb entry (to sth): *Ele foi barrado na boate por não ter 18 anos.* He was refused entry to the club because he's under 18.

barreira s **1** (obstáculo) barrier: *O piloto bateu na barreira de proteção.* The driver hit the crash barrier. **2** (em atletismo, etc.) hurdle: *os 200 metros com barreiras* the 200 meter hurdles **3** (em futebol) wall **4** (deslizamento de terra) landslide: *Caiu uma barreira, e a estrada ficou interditada.* There was a landslide and the road was closed. **5** (posto fiscal) checkpoint: *Fomos parados numa barreira na estrada Rio-São Paulo.* We were stopped at a checkpoint on the Rio-São Paulo road.

barriga s **1** (internamente) stomach, tummy (pl -mmies) ▶ **tummy** é característico da linguagem infantil, mas é usado também por adultos | **dor de barriga** stomachache/tummy ache: *Estou com dor de barriga.* I have a stomachache./I have a tummy ache. **2** (pança) belly (pl -llies): *Ele tem uma barriga enorme.* He has a huge belly.

barrigudo, -da *adj* potbellied: *um homem barrigudo* a potbellied man | **estar/ficar barrigudo** to have/get a potbelly

barril s barrel: *um barril de chope* a barrel of draft beer

barro s **1** (argila) clay | **uma escultura de barro** a clay sculpture | **um prato/uma panela de barro** an earthenware plate/pot **2** (lama) mud

barulheira s racket: *Que barulheira é essa?* What's all this racket? | **fazer uma barulheira** to make a racket

barulhento, -ta *adj* noisy: *uma rua barulhenta* a noisy street

barulho s noise: *Parem com esse barulho!* Stop that noise! | **estar com um barulho** to make a noise: *Meu computador está com um barulho esquisito.* My computer is making a strange noise. | **fazer barulho** to make a noise: *Nossos vizinhos fazem muito barulho.* Our neighbors make a lot of noise.

base s **1** (conhecimentos básicos) grounding: *Preciso de mais base em Matemática.* I need more grounding in math. **2** (para esmalte de unhas) base **3** (maquiagem) foundation **4** (parte inferior) base: *a base de um copo* the base of a glass **5** (instalações) base: *base militar* military base | **base espacial** space station

baseado, -da *adjetivo & substantivo*
• *adj* baseado em based on
• **baseado** s (de maconha) joint

basear v **basear algo em algo** to base sth on sth: *Ela baseou o romance numa história verídica.* She based the novel on a true story.
basear-se v **basear-se em algo** **(a)** (livro, filme etc.) to be based on sth: *O filme se baseia num livro de Jorge Amado.* The movie is based on a book by Jorge Amado. **(b)** (pessoa): *Ele se baseou*

em suas notas para fazer o trabalho. He wrote his assignment based on his notes.

básico, -ca *adjetivo & substantivo*

- *adj* **1** (curso, conhecimentos) basic: *inglês básico* basic English **2** (fundamental) basic: *O respeito é uma das coisas básicas num relacionamento.* Respect is one of the basic things in a relationship. **3** (roupa) plain: *Ela usou um vestido bem básico.* She wore a very plain dress.
- **básico** *s* **o básico** (as coisas essenciais) the basics: *Não trouxe muita roupa, só o básico.* I didn't bring many clothes, just the basics.

basquete *s* basketball: *o time de basquete* the basketball team | **jogar basquete** to play basketball

bastante *adj & adv* ▶ ver quadro

bastão *s* **1** (em atletismo) baton **2** (de beisebol) bat **3** (para esquiar) pole **4** (vara) club

bastar *v* **1 bastar (a alguém)** to be enough (for sb): *Essa quantidade (me) basta.* That's enough (for me). | *Basta!* That's enough! **2 basta de (fazer) algo** stop doing sth: *Basta de briga.* Stop fighting. *Basta de reclamar.* Stop complaining.

bastidores *s pl* **1** (de teatro) wings **2 nos bastidores** behind the scenes: *nos bastidores do futebol brasileiro* behind the scenes in Brazilian soccer

batalha *s* battle

batalhar *v* **batalhar por algo** to work hard for sth: | **batalhar para fazer algo** to work hard to do sth: *O Rodrigo teve que batalhar muito para me conquistar.* Rodrigo had to work hard to win me over.

batata *s* potato
batata da perna calf **batata frita (a)** (caseira, em restaurante, etc.) French fries (AmE), chips (BrE) **(b)** (de saco) potato chips (AmE), crisps (BrE)

batata-baroa *s Para explicar o significado desta palavra pode-se dizer a Brazilian vegetable which tastes very similar to parsnip*

batata-doce *s* sweet potato

bate-boca *s* quarrel | **ter um bate-boca (com alguém)** to have a quarrel (with sb)

batedeira *s* mixer

batedor *s* **batedor de carteiras** pickpocket

batelada *s* **uma batelada de algo** a whole load of sth: *uma batelada de documentos* a whole load of documents

---

bastante

▶ ADJETIVO

1 MUITO

COM SUBSTANTIVO NO SINGULAR (= quite a lot of)

Ele ganha bastante dinheiro. He earns quite a lot of money.

COM SUBSTANTIVO NO PLURAL (= quite a few)

Saímos juntos bastantes vezes. We went out together quite a few times.

2 SUFICIENTE (= enough)

Não tenho força bastante para levantar isso. I'm not strong enough to lift this.

▶ ADVÉRBIO

1 MUITO

MODIFICANDO UM VERBO (= quite a lot)

Comi bastante no almoço. I ate quite a lot at lunch.

MODIFICANDO UM ADJETIVO OU UM ADVÉRBIO (= quite)

Foi uma prova bastante difícil. It was quite a difficult exam. | *Ele canta bastante bem.* He sings quite well.

2 SUFICIENTE (= enough)

A Coca está no fim mas tem bastante para nós dois. The Coke is nearly all gone, but there's enough for the two of us.

---

bate-papo *s* chat | **ter um bate-papo (com alguém)** to have a chat (with sb): *Tivemos um bate-papo interessante.* We had an interesting chat. | **ficar no bate-papo (com alguém)** to stay chatting (to sb): *Fiquei no bate-papo com eles até tarde.* I stayed chatting to them until late.

bater *v* **1** (uma porta, com força) to slam: *Não bata a porta do carro.* Don't slam the car door.
2 (à porta) to knock: *Favor bater antes de entrar.* Please knock before entering. | **bater à/na porta** to knock at the door: *Tem alguém batendo na porta.* There's somebody knocking at the door.
3 (uma fotografia) to take: *Deixa eu bater uma foto sua.* Let me take a photo of you.
4 (um recorde) to break: *O atleta bateu todos os recordes.* The athlete broke all the records.
5 (vencer) to beat: *O Brasil bateu a Argentina por 3 sets a 0.* Brazil beat Argentina by 3 sets to 0.
6 (em futebol) **bater uma falta/um escanteio** to take a free kick/a corner: *Marcos bateu a falta de fora da área.* Marcos took the free kick outside the penalty area.
7 (sol, luz) to shine: *Esta luz está batendo no meu rosto.* The light is shining in my face.
8 (relógio) to strike: *O relógio bateu dez horas.* The clock struck ten o'clock.
9 (coração) to beat
10 (ovos) to beat: *Bata as claras em neve.* Beat the egg whites until stiff.
11 (datilografar) to type: *A secretária bate essa carta para você.* The secretary will type that letter for you.

Deve-se dizer on the table ou in the table? Veja o verbete **em**.

12 bater em (a) (acertar) to hit: *A bola bateu na baliza.* The ball hit the goalpost. **(b)** (numa pessoa) to hit **(c)** (num carro, num poste) to crash into: *Ele se distraiu e bateu no carro da frente.* He got distracted and crashed into the car in front.
13 bater com (a) (a cabeça, o joelho, etc.) to bang: *Cuidado para não bater com a cabeça na estante.* Be careful not to bang your head on the shelf. **(b)** (carro) to crash: *Bati com o carro do meu pai.* I crashed my dad's car. ▶ ver **palma, papo, queixo**

bateria s **1** (instrumento) drums pl | **tocar bateria** to play the drums: *Ele toca bateria.* He plays the drums. **2** (de carro, etc.) battery (pl -ries)

baterista s drummer

batida s **1** (acidente) crash: *Houve uma batida horrível na estrada Rio-Santos.* There was a horrible crash on the Rio-Santos highway. | **dar uma batida com o carro** to crash the car: *Dei uma batida com o carro.* I crashed my car. **2** (drinque) cocktail: *batida de limão* lime cocktail **3** (de música) beat **4** (do coração) beat **5** (policial) raid

batido, -da adj **1** (roupa) well-worn **2** (assunto) hackneyed

batizado, -da adjetivo & substantivo
• adj (pessoa) baptized (AmE), christened (BrE)
• **batizado** s (cerimônia) baptism (AmE), christening (BrE)

batizar v (uma pessoa) to baptize (AmE), to christen (BrE)

batom s lipstick | **usar batom** to wear lipstick

batucar v **1** to drum: *Pare de batucar na mesa!* Stop drumming on the table. **2 batucar um samba** to beat out a samba rhythm

baú s trunk

baunilha s vanilla: *sorvete de baunilha* vanilla ice cream

bazar s **1** (loja) dime store (AmE), pound shop (BrE) **2 bazar (de caridade)** (charity) bazaar

bêbado, -da adjetivo & substantivo
• adj drunk | **estar/ficar bêbado** to be/get drunk | **estar bêbado de sono** to be half asleep
• s drunk

bebê s baby (pl -bies)

bebedeira s binge | **tomar uma bebedeira** to go on a binge: *Eles tomaram uma bebedeira de cerveja.* They went on a beer-drinking binge.

bebedouro s drinking fountain

beber v to drink: *Vocês não querem beber nada?* Don't you want to drink anything? | *Só bebo Coca-Cola.* I only drink Coca-Cola. | **beber tudo** to drink it all: *Acabou o suco; bebi tudo.* There's no more juice; I drank it all.

bebida s drink: *bebida alcoólica/não alcoólica* alcoholic/non-alcoholic drink | **tomar uma bebida** to have a drink

beça s **à beça (a)** (precedido de substantivo) loads of: *Veio gente à beça ao meu aniversário.* Loads of people came to my birthday party. **(b)** (precedido de verbo, adjetivo ou advérbio) really: *Gostei à beça do filme.* I really liked the movie. | *É difícil à beça.* It's really difficult. | *Ele canta bem à beça.* He sings really well.

beco s alley | **beco sem saída** (rua) cul-de-sac

bedelho s **meter o bedelho** to stick your nose (into sth): *Para de meter o bedelho na nossa conversa!* Stop sticking your nose into our conversation!

bege adj & s beige ▶ ver "Active Box" **cores** em **cor**

beiço s **1** lip **2 fazer beiço** to pout

beija-flor s hummingbird

beijar v to kiss: *Ele me beijou ao sair.* He kissed me when he left. | **beijar alguém na boca/na testa** to kiss sb on the lips/forehead
beijar-se v to kiss each other: *A gente sempre se beija quando se encontra.* We always kiss each other when we meet. ▶ Também se usa **to kiss**, porém costuma ter conotações românticas ou sexuais: *Nós não nos beijamos na frente dos outros.* We don't kiss in front of other people.

beijo s **1** kiss | **dar um beijo em alguém** to give sb a kiss: *Me dá um beijo.* Give me a kiss. **2 um beijo** (em recado, carta) love: *Mande um beijo para ela.* Send her my love.

beira s **1** (de mesa, papel, etc.) edge: *na beira da cama* on the edge of the bed **2** (margem) **na beira d'água** at the water's edge | **na beira da estrada** on the roadside | **na beira da praia** by the beach | **na beira do rio** on the riverside **3 estar à beira de algo** to be on the verge of sth: *Eu já estava à beira de terminar o namoro.* I was already on the verge of ending the relationship.

beirada s edge | **na beirada de** on the edge of

beira-mar s **à beira-mar** on the seafront: *um restaurante à beira-mar* a restaurant on the seafront

beisebol s baseball: *o time de beisebol* the baseball team | **jogar beisebol** to play baseball

belas-artes s fine arts: *escola de belas-artes* school of fine arts

beleza s beauty: *a beleza de uma paisagem* the beauty of a landscape | *Que beleza!* How beautiful! | **ser/estar uma beleza** to be beautiful: *A vista de lá é uma beleza.* The view from there is beautiful.

belga *adjetivo & substantivo*
• *adj* Belgian: *chocolate belga* Belgian chocolate
• *s* (pessoa) Belgian | **os belgas** (povo) Belgians

Bélgica s **a Bélgica** Belgium: *na Bélgica* in Belgium

beliche s **1** (num quarto) bunkbed **2** (num barco) berth

beliscão s pinch | **dar um beliscão em alguém** to pinch sb | **levar um beliscão de alguém** to be pinched by sb

beliscar *v* **1** (uma pessoa) to pinch **2** (comida) to nibble: *Belisco o tempo todo quando estudo.* I nibble all the time when I am studying.

belo, -la *adj* beautiful: *Eles moram numa bela casa.* They live in a beautiful house.

bem *advérbio, substantivo, interjeição & substantivo plural*
• *adv* **1** (satisfatoriamente) well: *Não falo bem inglês.* I don't speak English well. | *Você agiu bem.* You did well. | *Chegamos bem.* We arrived safely. ▶ Quando alguém lhe pergunta como você vai, você diz **very well** ou **fine**: – *Como vai?* – *Bem, obrigado.* "How are you?" "Fine, thanks."
2 (de saúde) well: *Não estou me sentindo bem.* I'm not feeling well.
3 (recuperado) better: *Peguei uma gripe, mas estou bem agora.* I had the flu, but I'm better now.
4 (bastante) very: *A prova estava bem difícil.* The test was very difficult.
5 (muito) really, very: *Eu gosto do café bem quente.* I like my coffee really hot. | *O teatro fica bem perto do metrô.* The theater is very near the subway.
6 (exatamente) quite: *Não foi bem assim.* It wasn't quite like that. | **bem aqui/ali** right here/there: *Foi bem ali que caí.* It was right there that I fell.
7 está bem (de acordo) all right then, OK: *Está bem, não me conte se não quiser.* All right then, don't tell me if you don't want to.
8 (na aparência) **estar bem** to look fine: *Você está bem assim.* You look fine as you are. | **ficar bem com/de algo** to look good in sth: *Você fica bem com essa calça.* You look good in those pants. | *Não fico bem de amarelo.* I don't look good in yellow. | **ficar bem em alguém** to suit sb: *Essa saia fica bem em você.* That skirt suits you.
9 tudo bem (a) (em encontro, etc.): – *Tudo bem?* – *Tudo bem.* "How are you?" "Fine, thanks." **(b)** (de acordo) all right, OK: – *Vou me atrasar um pouco.* – *Tudo bem.* "I'm going to be a bit late." "All right."
10 (ver, ouvir) properly: *Fale mais alto, não estou te ouvindo bem.* Speak up, I can't hear you properly.
11 (cheirar) good: *Essa comida está cheirando bem.* That food smells good.
12 bem feito! serves you right!: *Bem feito! Eu te avisei para não fazer isso.* Serves you right! I warned you not to do that.

• *s* **1 o bem** good: *o bem e o mal* good and evil
2 para o meu/seu etc. bem for my/your etc. own good: *Fiz isso para o seu bem.* I did it for your own good.

• *interj* **1** (resumindo ou concluindo) well: *Bem, para falar a verdade...* Well, to tell you the truth...
2 muito bem! well done! – *Passei em Matemática!* – *Muito bem!* "I've passed math." "Well done!"

• **bens** *s pl* property: *A família dele tem muitos bens.* His family has a lot of property.

bem-comportado, -da *adj* well-behaved: *Ela é bem-comportada na sala de aula.* She's well behaved in the classroom.

bem-disposto, -ta *adj* feeling good: *Acordei mais bem-disposto.* I woke up feeling better.

bem-educado, -da *adj* polite: *O Paulinho é um garoto bem-educado.* Paulinho is a polite boy.

bem-feito, -ta *adj* **1** (trabalho) well done **2** (corpo) shapely

bem-humorado, -da *adj* good-humored: *uma pessoa bem-humorada* a good-humored person | **estar bem-humorado** to be in a good mood: *Nosso professor está sempre bem-humorado.* Our teacher is always in a good mood.

bem-sucedido, -da *adj* successful

bem-vestido, -da *adj* well-dressed

bem-vindo, -da *adj* welcome: *Bem-vindo ao Rio!* Welcome to Rio!

bênção s blessing | **dar a bênção a alguém** to give sb your blessing

beneficente *adj* **1** (para arrecadar fundos) fund-raising: *um show beneficente* a fund-raising show **2 uma entidade beneficente** a charity

beneficiar *v* to benefit: *A nova lei beneficia os desempregados.* The new law benefits the unemployed.
beneficiar-se *v* to benefit

benefício s benefit | **em benefício de alguém** for sb's benefit

bengala s walking stick

benigno, -na *adj* (tumor) benign

benzer *v* to bless
benzer-se *s* to cross yourself

berço s crib (AmE), cot (BrE)

berinjela s eggplant (AmE), aubergine (BrE): *pasta de berinjela* eggplant dip

bermuda s (bermuda) shorts *pl*: *No verão só uso bermuda.* In the summer I only wear shorts. | *Preciso de uma bermuda nova.* I need a new pair of shorts. | *Vou levar três bermudas.* I'll take three pairs of shorts. ▶ Note que, quando se especifica a quantidade, a tradução é diferente **(a pair of shorts etc.)**

berrante *adj* (cor, roupa) loud

berrar *v* **1** (falar aos berros) to yell | **berrar com alguém** to yell at sb: *Meu pai berrou muito comigo pelo que fiz.* My dad really yelled at me because of what I'd done. **2** (chorar alto) to howl: *A criança berrava de dor.* The child howled in pain.

berro *s* yell | **dar um berro** to yell | **falar aos berros** to bellow

besouro *s* beetle

besta *adjetivo & substantivo*
- *adj* **1** (convencido) cocky: *O Felipe é muito besta.* Felipe is so cocky. **2** (idiota) stupid: *Não seja besta.* Don't be stupid. **3 ficar besta (com algo)** (ficar admirado) to be amazed (at sth): *Fiquei besta com a coragem dele.* I was amazed at his courage.
- *s* **1** (animal) beast **2** (idiota) fool

besteira *s* **1** (qualidade) stupidity | **ser besteira** to be stupid: *Foi besteira minha.* It was stupid of me. | *Acho besteira comprar um som de segunda mão.* I think it's stupid to buy a second-hand stereo. | *Que besteira!* How stupid! **2** (dito sem cabimento) nonsense: *Nunca ouvi tanta besteira!* I've never heard such nonsense! | *Que besteira!* What nonsense! | **dizer/falar besteira (a)** (dizer coisas sem cabimento) to talk nonsense: *Ele só diz besteira.* He just talks nonsense. **(b)** (contar piadas, etc.) to crack jokes **3** (ato) stupid thing: *Laura se arrepende da besteira que fez.* Laura regrets the stupid thing she did. | **fazer uma besteira** to do something stupid **4** (coisa insignificante) **uma besteira** something trivial: *Não se chateie por uma besteira dessa.* Don't get upset over something so trivial.

beterraba *s* beet (AmE), beetroot (BrE): *salada de beterraba* beet salad

bexiga *s* (em anatomia) bladder

bezerro, -ra *s* calf (pl calves)

Bíblia *s* Bible

bíblico, -ca *adj* biblical

bibliografia *s* bibliography (pl -phies)

biblioteca *s* library (pl -ries): *a biblioteca da escola* the school library

bibliotecário, -ria *s* librarian

bica *s* **1** faucet (AmE), tap (BrE): *água da bica* tap water **2 suar em bica** to sweat buckets: *Estou suando em bica.* I'm sweating buckets.

bicampeão, -peã *adjetivo & substantivo*
- *adj* two-time winning: *a equipe bicampeã* the two-time winning team
- *s* two-time champion: *o bicampeão de bodyboarding* the two-time bodyboarding champion

bicarbonato *s* (de sódio) bicarbonate of soda

bíceps *s* biceps

bicho *s* **1** (animal) animal: *bichos da selva* jungle animals **2** (inseto) insect, bug (AmE) **3 ser um bicho (de feio)** to be really ugly **4 virar um bicho** to blow your top
bicho de sete cabeças big deal: *Criar uma página na Internet não é nenhum bicho de sete cabeças.* Creating a home page on the Internet is no big deal. | *Não precisa fazer disso um bicho de sete cabeças.* There is no need to make a big deal out of it. **bicho do mato** loner

bicho-da-seda *s* silkworm

bicicleta *s* **1** bike, bicycle ▶ **bike** é mais coloquial e mais frequente: *Fui dar uma volta de bicicleta.* I went for a ride on my bike. | *Roubaram a minha bicicleta.* My bicycle has been stolen. **2 andar de bicicleta** to cycle: *Fomos andar de bicicleta no domingo.* We went cycling on Sunday. **3 saber andar de bicicleta** to know how to ride a bike: *Ela não sabe andar de bicicleta.* She doesn't know how to ride a bike. **4 ir/vir de bicicleta** to cycle: *Ele vai de bicicleta para a escola.* He cycles to school. | *Vim de bicicleta.* I cycled here./I came on my bike. **5 bicicleta (ergométrica)** exercise bike: *Fiz meia hora de bicicleta.* I did half an hour on the exercise bike. **6** (no futebol) overhead kick: *um gol de bicicleta* an overhead goal | **dar uma bicicleta** to do an overhead kick

bicicletário *s* bicycle rack

bico *s* **1** (de pássaro) beak **2** (boca) mouth | **não abrir o bico** (guardar segredo) not to say a word: *Pedi que ela não abrisse o bico sobre a festa.* I asked her not to say a word about the party. **3** (de sapato) toe: *sapato de bico fino/quadrado/redondo* pointed/square-toed/rounded shoe **4** (de caneta, pena) nib **5** (do peito) nipple **6** (de chaleira, bule) spout **7** (de gás) burner **8** (trabalho) casual job: *Arranjei um bico nas férias.* I got a casual job over the vacation.

bicudo, -da *adj* (pontiagudo) pointed: *sapato bicudo* pointed shoe

bidê *s* bidet

bife *s* (carne) steak: *bife à milanesa* breaded steak | *bife com batatas fritas* steak with French fries | *bife grelhado* grilled steak | **bife ao ponto** medium steak | **bife bem/malpassado** well-done/rare steak: *Quero o meu bife bem passado/malpassado.* I'd like my steak well done/rare.

bifurcação *s* fork: *Há uma bifurcação na trilha ali adiante.* There is a fork in the path up ahead.

bigode *s* **1** (de pessoa) mustache (AmE), moustache (BrE): *Aquele homem de bigode é meu tio.* That man with the mustache is my uncle. **2** (de gato) whiskers *pl*

bijuteria *s* jewelry (AmE), jewellery (BrE): *Adoro usar bijuterias.* I love wearing jewelry. | *uma loja de bijuteria* a jewelry store | **uma bijuteria** a piece of jewelry (AmE), a piece of jewellery (BrE)

bilhão *numeral* billion: *dois bilhões de pessoas* two billion people

bilhar *s* (jogo) pool: *uma mesa de bilhar* a pool table | **jogar bilhar** to play pool: *Você sabe jogar bilhar?* Do you know how to play pool?

bilhete *s* **1** (mensagem) note: *Deixei um bilhete debaixo da sua porta.* I left a note under your door. **2** (passagem) ticket: *bilhete de ida* one-way ticket | *bilhete de volta* return ticket | *bilhete de ida e volta* round-trip ticket
bilhete de loteria lottery ticket **bilhete eletrônico** e-ticket

bilheteria *s* **1** (de cinema, teatro) box office **2** (de estádio, rodoviária, etc.) ticket booth

bilíngue *adj* bilingual: *secretária bilíngue* bilingual secretary

bimestre *s* semester

bimotor *adjetivo & substantivo*
- *adj* twin-engine
- *s* (avião) twin-engine plane

binário, -ria *adj* binary

bingo *s* **1** (jogo) bingo: *Minha mãe adora jogar bingo.* My mother loves playing bingo. **2** (estabelecimento) bingo hall: *Vamos ao bingo?* Shall we go to the bingo hall?

binóculo *s* binoculars *pl*: *Pode me emprestar o seu binóculo?* Could you lend me your binoculars?

biocombustível *s* biofuel

biodegradável *adj* biodegradable: *detergente biodegradável* biodegradable detergent

biodiversidade *s* biodiversity

biografia *s* biography (pl -phies)

biologia *s* biology

biológico, -ca *adj* biological: *o pai biológico* the biological father

biólogo, -ga *s* biologist: *Minha mãe é bióloga.* My mother is a biologist.

biombo *s* screen

bip, bipe *s* **1** (som) beep: *Deixe o seu recado após o bip.* Leave your message after the beep. **2** (aparelho) pager: *Qual é o número do seu bip?* What's the number of your pager?

biquíni *s* bikini: *A Laura é a de biquíni azul.* Laura is the one in the blue bikini.

birra *s* **1** (teimosia) stubbornness **2** (ataque de mau humor) tantrum | **fazer birra** to throw a tantrum

biruta *adjetivo & substantivo*
- *adj* crazy: *Esse menino é meio biruta.* That boy is a little bit crazy.
- *s* windsock

bis *substantivo & interjeição*
- *s* encore: *O público pediu bis.* The audience called for an encore.
- *bis! interj* encore!

bisavô, -vó *s* **bisavô** great-grandfather | **bisavó** great-grandmother | **bisavós** (bisavô e bisavó) great-grandparents

bisbilhotar *v* to pry into: *Minha vizinha vive bisbilhotando a vida dos outros.* My neighbor is always prying into other people's business.

bisbilhoteiro, -ra *adj* nosy: *Deixa de ser bisbilhoteira!* Don't be so nosy!

biscate *s* casual job | **fazer biscate** to do casual work

biscoito *s* **1** (salgado) cracker **2** (doce) cookie (AmE), biscuit (BrE): *biscoito de chocolate* chocolate cookie

bisnaga *s* **1** (pão) baguette **2** (embalagem) tube: *uma bisnaga de creme* a tube of cream

bisneto, -ta *s* **bisneto** great-grandson | **bisneta** great-granddaughter | **bisnetos** (bisneto e bisneta) great-grandchildren

bispo, -pa *s* bishop

bissexto *adj* ▶ ver **ano**

bisturi *s* scalpel

bit *s* (em informática) bit

blasfêmia *s* blasphemy | **dizer blasfêmias** to blaspheme

blazer *s* blazer: *um blazer azul-marinho* a dark blue blazer

blecaute *s* blackout: *O blecaute atingiu a cidade toda.* The blackout hit the whole city.

blefar *v* **1** (no jogo) to bluff **2** (enganar) to deceive

blefe *s* bluff: *Isso é blefe dele.* He's just bluffing.

blindado, -da *adj* armored: *um carro blindado* an armored car

blitz *s* police check: *Tem uma blitz na saída do túnel.* There is a police check as you come out of the tunnel.

bloco *s* **1** (de escrever, etc.) pad **2** (prédio) block: *Moro no bloco B.* I live in block B. **3** (de programa de TV) segment: *Chico Buarque foi entrevistado no primeiro bloco.* Chico Buarque was interviewed in the first segment. **4** (de substância) block: *um bloco de gelo* a block of ice **5 bloco (de carnaval)** Carnival group
bloco de apartamentos apartment block **bloco de carta** writing pad **bloco de desenho** sketchpad **bloco de notas** notepad

blog *s* blog

blogueiro, -ra *s* blogger

bloquear *v* **1** (a passagem, o acesso) to block: *Seu carro está bloqueando a rua.* Your car is blocking the road. **2** (em esporte) to block: *Eles bloquearam facilmente o ataque adversário.* They easily blocked the opposition attack.

bloqueio *s* **1** (na estrada) roadblock: *Tem um bloqueio na estrada lá na frente.* There is a roadblock on the road ahead. **2** (em esporte) block: *Fizemos vários pontos só no bloqueio.* We scored several points just by blocking. **3** (mental) mental block | **estar com bloqueio** to have a mental block. **4** (militar) blockade

blusa s **1** (de mulher) blouse: *Ela estava de blusa vermelha.* She was wearing a red blouse. **2** (suéter) sweater: *Está meio frio, é melhor levar uma blusa.* It's a little cold; you'd better take a sweater.

blusão s **1** (jaqueta) bomber jacket **2** (para esporte) track top: *blusão de ginástica* aerobics top

blush s blush (AmE), blusher (BrE): *Preciso comprar um blush.* I need to buy a blush. | **usar/passar blush** to wear/apply blush: *Passe um pouco mais de blush.* Apply a little more blush.

boa s **estar numa boa** to be doing fine: *Soube que ele está numa boa lá em Londres.* I heard he's doing fine in London.

boa-noite s good night | **dar/dizer boa-noite** to say good night ▶ ver também **noite**

boa-pinta adj good-looking

boas-festas s **desejar boas-festas a alguém** to wish sb a merry Christmas

boas-vindas s welcome | **dar as boas-vindas a alguém** to welcome sb | **festa de boas-vindas** welcome party: *Vamos organizar uma festa de boas-vindas para ela.* We're going to organize a welcome party for her.

boa-tarde s good afternoon | **dar/dizer boa-tarde** to say good afternoon ▶ ver também **tarde**

boate s club, nightclub: *Quer ir a uma boate hoje?* Do you want to go to a club tonight?

boato s rumor: *Estão espalhando boatos sobre você.* They're spreading rumors about you.

bobagem s **1** (dito, crença, assunto, etc.) nonsense: *Esse menino só diz bobagem.* That boy talks nothing but nonsense. | *Ela diz que astrologia é bobagem.* She says that astrology is nonsense. **2** (ato, atitude) something silly: *Fiz uma bobagem.* I did something silly. | *Que bobagem!* How silly! | *Deixe de bobagem.* Stop being silly. | *Acho isso uma grande bobagem.* I think that's really silly. | *Brigamos por uma bobagem.* We argued over a silly thing. | **ser bobagem** to be silly: *É bobagem ter medo de avião.* It's silly to be scared of flying.

bobear v to miss your chance: *O time bobeou e perdeu o jogo.* The team missed their chance and lost the game.

bobo, -ba adj **1** (tolo) silly: *Fui bobo de deixá-lo usar minha bicicleta.* I was silly to let him use my bicycle. | *Não seja boba!* Don't be silly! | *Você pensa que eu sou bobo?* Do you think I'm stupid? | **fazer-se de bobo** to play dumb: *Não se faça de bobo; você sabe do que estou falando.* Don't play dumb; you know what I'm talking about. **2** (sem importância) silly: *É um jogo bobo.* It's a silly game.

boca s **1** (de pessoa, animal) mouth: *Abra bem a boca.* Open your mouth wide. **2** (de calça) bottom: *calça de boca larga* pants with flared bottoms **3** (de garrafa) mouth **4** (de fogão) ring **5** (entrada) entrance: *na boca do túnel* at the entrance to the tunnel **6** **de boca** verbal: *Nosso acordo foi de boca.* We had a verbal agreement. **7** **bater boca** to argue: *Os dois ficaram batendo boca em público.* The two of them were arguing in public. **8** **falar da boca para fora** not to mean it: *Ele fala da boca para fora quando diz isso.* He doesn't mean it when he says that. **9** **ser boa boca** not to be a fussy eater: *Sou boa boca, como qualquer coisa.* I'm not a fussy eater; I'll eat anything.
boca de lobo storm drain **boca de sino** adj flared: *calça boca de sino* flared pants

bocado s **1** (pedaço) piece: *Comi só um bocadinho do bolo.* I only had a little piece of the cake. **2** **um bocado de** (grande quantidade) loads of: *Ela tem um bocado de CDs.* She has loads of CDs. **3** **um bocado de tempo** quite a while: *Tive que esperar um bocado de tempo.* I had to wait quite a while.

bocal s (de instrumento musical) mouthpiece

boçal adj **1** (grosseiro) rude **2** (ignorante) ignorant

bocejar v to yawn

bocejo s yawn | **dar um bocejo** to yawn

bochecha s cheek

bochechar v to gargle

bodas s pl **bodas de ouro/prata** golden/silver wedding anniversary

bode s **1** (animal) goat **2** **vai dar bode** there'll be trouble: *Quando descobrirem o que você fez, vai dar bode.* When they find out what you've done, there'll be trouble.
bode expiatório scapegoat

bodyboard s **1** (prancha) bodyboard: *Ganhei um bodyboard dos meus pais.* I got a bodyboard from my parents. **2** (ou **bodyboarding**) (esporte) bodyboarding: *campeão de bodyboard* bodyboarding champion | **fazer/praticar bodyboarding** to bodyboard: *Faço bodyboarding desde criança.* I've been bodyboarding since I was a child.

bofetada s slap

bofetão s punch | **dar um bofetão em alguém** to punch sb | **levar um bofetão** to get punched: *Na briga, levei um bofetão no braço.* During the fight I got punched in the arm.

boi s bull

boia s **1** (para nadar) float **2** (em navegação) buoy **3** (comida) grub

boiar v **1** (em água) to float **2 estar boiando em algo** to be struggling in sth: *Estou boiando em Matemática.* I'm struggling in math.

boicotar v to boycott

boicote s boycott

boina s beret

bola s **1** (em esporte, jogo) ball | **bola de futebol** soccer ball (AmE), football (BrE) | **bola de tênis/vôlei** tennis/volley ball **2** (de chiclete) bubble: *Fez uma bola bem grande.* I blew a really big bubble. **3 dar bola para alguém** to flirt with sb: *Acho que ele está me dando bola.* I think he's flirting with me. **4 não dar bola para alguém** to ignore sb: *Ela não dá bola para mim.* She ignores me. **5 não dar bola (para algo)** to take no notice (of sth): *Não dê bola para essa fofoca.* Take no notice of the gossip.
bola de gude marble **bola de neve** snowball

bolacha s **1** (biscoito) cracker **2** (bofetada) slap **3** (para chope) coaster (AmE), beermat (BrE)

bolada s **1** (pancada) **levar uma bolada** to get hit with a ball: *Ele levou uma bolada no peito.* He got hit in the chest with the ball. **2** (de dinheiro) tidy sum: *Perdi uma bolada na aposta.* I lost a tidy sum on the bet.

bolar v **bolar algo** to think sth up | **bem bolado** intelligent

boletim s **1** (escolar) report card **2** (na TV, publicação) bulletin **3** (médico) record
boletim de ocorrência police report

bolha s **1** (na pele) blister: *O tênis novo fez uma bolha no meu pé.* My new tennis shoes gave me a blister. **2** (de ar, de sabão) bubble **3** (pessoa) jerk: *Ele é um bolha!* He's a jerk!

boliche s bowling: *pista de boliche* bowling alley | **jogar boliche** to go bowling | **ir jogar boliche** to go bowling

bolinho s cake
bolinho de bacalhau (small) cod cake

Bolívia s **a Bolívia** Bolivia: *na Bolívia* in Bolivia

boliviano, -na *adjetivo & substantivo*
- **adj** Bolivian
- **s** (pessoa) Bolivian | **os bolivianos** (povo) Bolivians

bolo s **1** cake: *bolo de chocolate* chocolate cake **2 vai dar bolo** (dar confusão) there'll be trouble: *Se você for pego colando, vai dar bolo.* If you're caught cheating, there'll be trouble. **3 dar o bolo em alguém** to stand sb up

bolorento, -ta adj moldy (AmE), mouldy (BrE)

bolsa s **1** bag: *bolsa a tiracolo* shoulder bag **2 bolsa (de estudo)** scholarship: *Ela está tentando conseguir uma bolsa.* She's trying to get a scholarship. **3 Bolsa (de Valores)** stock exchange: *Meu pai é corretor da Bolsa.* My father is a stockbroker.

bolsista s scholarship holder

bolso s **1** pocket **2 uma calculadora etc. de bolso** a pocket calculator etc.

bom, boa *adjetivo, substantivo & interjeição*
- **adj** ▶ ver quadro na pág. 474
- **s 1** (qualidade positiva) good thing: *O bom é que é grátis.* The good thing is that it's free. **2** (em votos): *Eu te desejo tudo de bom.* I wish you all the best.
- **bom** *interj* **1** (expressando aprovação ou agrado) good: *Muito bom!* Very good! **2** (resumindo ou concluindo) well: *Bom, o negócio é o seguinte...* Well, the thing is... **3** (para passar a outra ação) right: *Bom, vamos começar.* Right, let's start.

bomba s **1** (explosivo) bomb **2** (de encher bola, pneu, etc.) pump **3 levar bomba (em algo)** to flunk (sth): *Levei bomba em Química.* I flunked chemistry. **4** (doce) cream puff **5** (para fortalecer) steroids *pl* **6** (notícia) bombshell
bomba atômica atomic bomb **bomba de chocolate** chocolate éclair **bomba de gasolina** gas pump (AmE), petrol pump (BrE)

bombardear v **1** (com bombas) to bomb **2** (com mísseis) to bombard **3** (com perguntas, etc.) to bombard: *Os alunos bombardearam o professor com perguntas.* The students bombarded the teacher with questions.

bombardeio s **1** (com bombas) bombing **2** (com mísseis) bombardment

bomba-relógio s time bomb

bombeiro s **1** (para incêndio) firefighter **2** (encanador) plumber ▶ ver também **carro, corpo**

bombom s chocolate

bombordo s port

bom-dia s **dar bom-dia** to say good morning: *Ele chegou e nem deu bom-dia.* He arrived and didn't even say good morning. ▶ ver também **dia**

bondade s **1** (qualidade) kindness **2 tenha a bondade de** would you mind: *Tenha a bondade de atender a porta.* Would you mind answering the door?

bom *adjetivo*

1 A tradução **good** é empregada na maioria dos contextos:

Que boa ideia! What a good idea! | *Tenho boas notícias.* I have some good news. | *Ela é boa pessoa.* She's a good person. | *Você conhece um bom restaurante por aqui?* Do you know a good restaurant around here? | *A festa foi boa.* The party was good. | *Ele é um bom médico.* He's a good doctor.

2 Para se referir a algo gostoso ou agradável, usa-se **good (AmE)** ou **nice (BrE)**:

Este sorvete é muito bom. This ice cream is very good. | *A praia estava boa hoje.* The beach was good today.

3 No sentido de curado, usa-se **better**:

Ainda não estou bom. I'm not better yet. | **ficar bom da gripe/do sarampo etc.** to get over the flu/the measles etc.

4 "É bom", no sentido de ser recomendável, traduz-se por **you should**:

É bom vocês se apressarem. You should hurry up.

5 USO ENFÁTICO

Preciso de uma boa chuveirada. I need a really good shower. | *Tivemos que esperar um bom tempo.* We had to wait a really long time.

6 EXPRESSÕES:

está bom all right: *Está bom, eu vou com você.* All right, I'll come with you. | **ser bom em algo** to be good at sth: *Ela é boa em redação.* She's good at writing compositions. | **tudo bom?** how's it going? | **tudo bom** all right

7 *Boa viagem, boa tarde,* etc. são tratadas no verbete do substantivo correspondente.

bonde s streetcar (AmE), tram (BrE)
bondinho s cable car
bondoso, -sa adj kind: *uma pessoa bondosa* a kind person | **ser bondoso com alguém** to be kind to sb
boné s cap
boneca s (brinquedo) doll
boneco s **1** (brinquedo) male doll **2** (de ventríloquo) dummy (pl dummies) **3** (manequim) dummy (pl dummies)
boneco de neve snowman (pl snowmen)
bonitinho, -nha adj cute
bonito, -ta adj **1** (mulher) beautiful, pretty **2** (homem) good-looking: *O namorado dela é muito bonito.* Her boyfriend's really good-looking. **3** (rosto, corpo, sorriso) nice **4** (filme, foto, quarto, etc.) beautiful **5** (atitude) nice **6 estar bonito** to look nice: *Sua mãe estava bonita ontem.* Your mom looked nice yesterday. | *Essa foto está muito bonita.* This photo's really nice.

bonzinho, -nha adj (pessoa) nice
borboleta s **1** (inseto) butterfly (pl -flies) **2** (em ônibus, etc.) turnstile ▶ ver também **nado**
borbulhar v to bubble
borda s **1** (beira) edge: *na borda da piscina* on the edge of the pool **2** (de copo, xícara) brim | **encher um copo/uma xícara até a borda** to fill a glass/cup to the brim: *Não encha o copo até a borda.* Don't fill the glass to the brim. **3** (de rio, lago) edge

bordado, -da adjetivo & substantivo

• **adj** embroidered: *uma blusa bordada* an embroidered blouse

• **bordado** s embroidery
bordar v to embroider
bordo s **a bordo** on board: *Havia 61 passageiros a bordo.* There were 61 passengers on board.
bordô adj & s maroon ▶ ver "Active Box" **cores** em **cor**
borracha s **1** (de apagar) eraser, rubber (BrE) ▶ **eraser** é a palavra comumente usada no inglês americano; no inglês britânico ela é pouco usada, e é mais formal: *Você me empresta sua borracha?* Would you lend me your eraser? **2** (material) rubber | **botas/luvas de borracha** rubber boots/gloves
borracheiro s tire repairer (AmE), tyre repairer (BrE)
borrão s smudge
borrar v to smudge: *Meu desenho borrou.* My drawing has smudged.
bosque s wood
bota s boot
bota de cano alto high boots

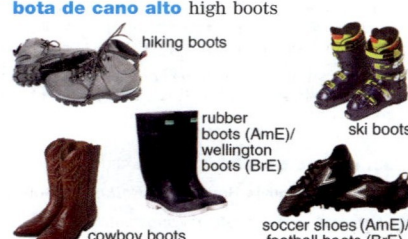

hiking boots
rubber boots (AmE)/wellington boots (BrE)
ski boots
cowboy boots
soccer shoes (AmE)/football boots (BrE)

botânica s botany
botão s **1** (em roupa) button **2** (de campainha, elevador) button **3** (para aumentar o volume, etc.) control **4** (de flor) bud
botar v **1** (pôr) to put: *É melhor botar os CDs aqui.* It's best to put the CDs here. **2** (enfiar) to stick: *Ele botou a carteira na mochila.* He stuck his wallet in his backpack. **3 botar algo** (vestir, calçar) to put sth on: *Vou botar os sapatos.* I'm going to put my shoes on. **4 botar a mesa** to set the table: *Já botaram a mesa para o jantar?* Have you already set the table for dinner?

5 botar defeito em algo to find fault with sth: *Ela bota defeito em tudo.* She finds fault with everything.   **6 botar algo em dia** to catch up on sth: *Preciso botar em dia meus deveres de casa.* I need to catch up on my homework.

bote s   **1** (barco) boat   **2** (de animal) **dar o bote** to lunge
bote de borracha rubber raft (AmE), rubber dinghy (BrE)
bote inflável inflatable boat

boteco s bar

botequim s bar

botijão s cylinder: *um botijão de gás* a gas cylinder

botina s ankle boot

boxe s (esporte) boxing ▶ ver também **luta**

boxeador s boxer

brabo, -ba adj   **1** (intenso) terrible: *uma tosse braba* a terrible cough | *Está um frio brabo.* It's terribly cold.   **2** (barra-pesada) rough: *Ele está andando com uma turma braba.* He's hanging around with a rough crowd.

braçada s   **1** (em natação) stroke   **2** (porção) armful: *uma braçada de rosas* an armful of roses

braçadeira s   **1** (de braço) armband   **2** (de pulso) sweatband   **3** (para cano, etc.) bracket

bracelete s bracelet

braço s   **1** arm: *Machuquei o braço jogando tênis.* I hurt my arm playing tennis. | **dar o braço a alguém** to link arms with sb | **de braço dado** arm in arm: *Saíram da escola de braço dado.* They left school arm in arm. | **de braços cruzados** with your arms folded   **2** (de cadeira, poltrona, etc.) arm   **3** (de violão, de guitarra, etc.) neck   **4** (de rio) branch   **5** (de mar) arm   **6 dar o braço a torcer** to back down: *Ele é teimoso, não dá o braço a torcer.* He's stubborn, he won't back down.

braguilha s fly (pl flies)

branco, -a adjetivo, substantivo masculino & substantivo feminino
• **adj**   **1** (cor) white ▶ ver "Active Box" **cores** em **cor**   **2** (pálido) white: *Ela ficou branca de medo.* She went white with fear.
• **branco** s [masc]   **1** (cor) white ▶ ver "Active Box" **cores** em **cor**   **2 me deu um branco/deu um branco nele etc.** my mind went blank/his mind went blank etc.   **3 em branco** (vazio) blank: *uma folha em branco* a blank sheet
• **s** [masc e fem] **branco** (homem) white man | **branca** (mulher) white woman | **brancos** (homens e mulheres) white people

brando, -da adj   **1** (clima) mild   **2** (vento) gentle   **3** (sol) moderate   **4** (pessoa) gentle   **5 em fogo brando** on a low light

brasa s   **1** ember | **em brasa** red-hot: *carvão em brasa* red-hot coals | **na brasa** charbroiled: *frango na brasa* charbroiled chicken   **2 mandar brasa** to go full blast

Brasil s **o Brasil** Brazil: *no Brasil* in Brazil

brasileiro, -ra adjetivo & substantivo
• **adj** Brazilian
• **s** (pessoa) Brazilian | **os brasileiros** (povo) Brazilians

bravo, -va adj   **1** (animal) ferocious   **2** (mar) rough   **3** (zangado) mad: *Meu pai ficou bravo com aquilo.* My father got mad about that.   **4** (severo) tough: *O Sr. Peres é muito bravo.* Mr. Peres is very tough.   **5** (valente) brave

brecar v (frear) to stop: *O motorista brecou o ônibus a tempo.* The driver stopped the bus in time.

brecha s   **1** (abertura) gap   **2** (tempo livre) moment: *Quando eu tiver uma brecha, te ligo.* I'll call you when I have a moment.   **3** (chance) chance: *Ele aproveitou a brecha para falar com ela.* He took the chance to talk to her.

brechó s secondhand store

brega adj tacky: *uma roupa brega* tacky clothes

breve adjetivo & advérbio
• **adj**   **1** (intervalo, estadia) brief   **2** (telefonema) quick   **3** (sucinto) brief: *uma breve descrição* a brief description | **ser breve** to be brief
• **adv até breve!** see you soon! | **(em) breve** soon: *Em breve terminarei o segundo grau.* I'll finish high school soon.

briga s   **1** (luta) fight: *Tive uma briga na escola hoje.* I had a fight at school today.   **2** (discussão) argument: *Essa conversa vai acabar em briga.* This conversation is going to end in an argument.

brigadeiro s   **1** (doce) chocolate truffle   **2** (na aeronáutica) brigadier

brigar v   **1** (lutar) to fight: *Estavam brigando na rua.* They were fighting in the street.   **2** (discutir) to argue: *Não gosto quando meus pais brigam.* I don't like it when my parents argue.   **3 brigar por algo (a)** (lutar) to fight for sth **(b)** (discutir) to argue over sth   **4 brigar com alguém** (ralhar) to tell sb off: *Minha mãe brigou comigo por causa das minhas notas.* My mother told me off because of my grades.

brilhante adjetivo & substantivo
• **adj**   **1** (luminoso) bright: *estrela brilhante* bright star   **2** (superfície) shiny   **3** (inteligente) bright: *um aluno brilhante* a bright student   **4** (ótimo) brilliant: *uma defesa brilhante* a brilliant save
• **s** diamond: *um anel de brilhante* a diamond ring

brilhar v   **1** (reluzir) to shine: *Os seus olhos brilhavam.* Her eyes were shining.   **2** (destacar-se)

brilho to be outstanding: *Ronaldo brilhou no jogo de ontem.* Ronaldo was outstanding in yesterday's game.

brilho s **1** (de estrela, luz, lâmpada) brightness **2** (de cabelo) shine | **cabelos sem brilho** lackluster hair **3** (batom) lip gloss: *Só uso um brilho na boca.* I only use lip gloss on my lips. **4** (nos olhos) twinkle **5** (de diamante, metal) glitter **6** (em piso, superfície) shine

brincadeira s **1** (gracejo) joke | **brincadeira de mau gosto** bad joke | **de brincadeira** as a joke: *Ela fez isso de brincadeira.* She did it as a joke. | **fora de brincadeira** joking aside | **levar algo na brincadeira** to take sth as a joke: *O professor levou meu comentário na brincadeira.* The teacher took my comment as a joke. | **sem brincadeira** I swear: *Já vi esse filme umas 20 vezes, sem brincadeira.* I swear I've seen that movie about 20 times already. **2** (jogo) game

brincalhão, -lhona *adjetivo & substantivo*

- *adj* funny: *Meu pai é muito brincalhão.* My father is very funny.

- *s* joker

brincar v **1** (gracejar) to kid: *Não se zangue, estou só brincando.* Don't get angry, I'm only kidding. **2** (entreter-se) to play: *Fiquei horas brincando com meu som novo.* I spent hours playing with my new stereo. **3** (criança) to play **4 brincar com alguém** (implicar) to kid sb **5 fazer algo brincando** (com facilidade) to do sth easily: *Meu irmão corre 10 km brincando.* My brother runs 10 km easily.

brinco s (um só) earring, (o par) earrings: *Só uso brinco em uma orelha.* I only wear an earring in one ear. | *Meu namorado me comprou um brinco.* My boyfriend bought me some earrings./My boyfriend bought me a pair of earrings.

brindar v **1** (com bebida) to drink a toast | **brindar algo/alguém** to toast sth/sb, to drink a toast to sth/sb ▶ Ao se propor um brinde, também costuma-se dizer **here's to...**: *Brindemos ao aniversariante!* Here's to the birthday boy!/Let's toast the birthday boy! **2 brindar alguém com algo** (presentear) to give sb sth: *Brindaram o vencedor com um álbum de fotos.* They gave the winner a photo album.

brinde s **1** (com bebida) toast | **fazer um brinde (a algo/alguém)** to propose a toast (to sth/sb) **2** (presente) free gift | **de brinde** free: *Ganhamos uma caneta de brinde.* We got a free pen.

brinquedo s **1** (boneca, carrinho, etc.) toy | **de brinquedo** toy: *um trem de brinquedo* a toy train **2** (num parque de diversões) ride: *Fomos em todos os brinquedos.* We went on all the rides.

brisa s breeze

britânico, -ca *adjetivo & substantivo*

- *adj* British

- *s* **os britânicos** (povo) the British

broche s brooch: *um broche de prata* a silver brooch

brócolis s broccoli

bronca s scolding (AmE), telling-off (BrE) | **dar uma bronca em alguém** to give sb a scolding (AmE)/to give sb a telling-off (BrE): *A Sara deu uma bronca nele.* Sara gave him a scolding. | **levar uma bronca** to get scolded (AmE)/to get told off (BrE): *Se eu me atrasar, vou levar uma bronca.* If I'm late, I'll get scolded.

bronquite s bronchitis

bronze s bronze | **de bronze** bronze: *escultura de bronze* bronze sculpture

bronzeado, -da *adjetivo & substantivo*

- *adj* tanned: *pele bronzeada* tanned skin

- **bronzeado** s suntan: *Esse seu bronzeado é natural?* Is your suntan natural?

bronzeador s suntan lotion | **passar bronzeador (em algo)** to put suntan lotion on (sth): *Passa bronzeador nas minhas costas?* Can you put suntan lotion on my back?

bronzear v (a pele, o corpo) to tan ▶ ver também **óleo**

bronzear-se v to tan

brotar v **1** (vegetal, planta) to sprout **2** (flor) to bud **3 brotar (de algo)** (surgir) to spring up (from sth): *Brotou água (da terra).* Water sprang up from the ground.

broto s **1** (planta) shoot: *broto de bambu* bamboo shoot **2** (flor) bud

browser s browser

bruços s pl **de bruços** face down: *Vire de bruços.* Lie face down.

brusco, -ca *adj* **1** (indelicado) brusque: *uma pessoa brusca* a brusque person **2** (movimento) sudden

bruto, -ta *adjetivo & substantivo*

- *adj* **1** (agressivo) rude: *O vendedor foi bruto comigo.* The sales assistant was rude to me. **2** (grosseiro) heavy: *um móvel bruto* a heavy piece of furniture | *feições brutas* heavy features **3** (peso, lucro) gross **4** (em estado natural) rough: *diamante bruto* rough diamond **5** (petróleo) crude **6** (forte) **um bruto resfriado/susto etc.** a nasty cold/shock etc. **7** (grande) **um bruto sucesso/terreno** a huge success/piece of land

- *s* (pessoa) brute

bruxa s **1** (feiticeira) witch **2** (mulher feia) hag

buço s down

budismo s Buddhism

budista *adj & s* Buddhist: *Ele é budista.* He's a Buddhist.

bueiro s drain

búfalo s buffalo

bufar v **1** (sem fôlego) to pant: *Subiu pela escada e chegou bufando.* He came up by the stairs and arrived panting. **2** (reclamar) to moan

bufê s **1** (comida) buffet: *O bufê do casamento estava delicioso.* The wedding buffet was delicious. **2** (serviço) catering service: *Vamos contratar um bufê para a festa.* We're going to get a catering service for the party. **3** (móvel) sideboard

buffer s buffer

bugiganga s knickknack | **bugigangas** bric-a-brac: *uma loja cheia de bugigangas* a store full of bric-a-brac

bujão s canister: *bujão de gás* gas canister

bula s (de remédio) directions (for use) *pl*

bule s **1** (de café) coffee pot **2** (de chá) teapot

bunda s butt (AmE), bum (BrE)

buquê s bouquet: *um buquê de lírios* a bouquet of lilies

buraco s **1** (cavidade) hole **2** (em rua, estrada) pothole **3** (de agulha) eye **4 estar com um buraco no estômago** to have an empty feeling in your stomach **5** (jogo) rummy: *Você sabe jogar buraco?* Do you know how to play rummy?
buraco da fechadura keyhole

burocracia s bureaucracy

burrice s stupidity: *Que burrice!* How stupid! | **ser burrice** to be stupid: *Isso foi burrice minha.* That was stupid of me. | **fazer uma burrice** to be stupid: *Não faça essa burrice!* Don't be stupid!

burro, -ra *adjetivo & substantivo*

• *adj* **1** (sem inteligência) stupid: *Ele é muito burro.* He's really stupid. **2** (idiota) stupid: *Você foi burra de aceitar isso.* You were stupid to accept.

• *s* (pessoa idiota) fool

• **burro** s **1** (animal) donkey **2 pra burro (a)** (com substantivo) loads of: *Tinha gente pra burro lá.* There were loads of people there. **(b)** (com verbo) loads: *Comi pra burro.* I ate loads. **(c)** (com adjetivo) really: *A prova foi difícil pra burro.* The test was really difficult.

busca s search: *a busca de uma vacina contra a AIDS* the search for an AIDS vaccine | **em busca de algo/alguém** in search of sth/sb: *Fui a várias livrarias em busca desse livro.* I've been to several bookstores in search of that book.

buscador s search engine

buscar v **1** (pegar) to fetch: *Você pode buscar um copo d'água para mim?* Could you fetch me a glass of water? | *Vou buscar uma suéter para você.* I'll go fetch you a sweater. **2** (recolher) **ir/vir buscar algo** to go/come to pick sth up: *Você vem buscar os ingressos?* Will you come to pick up the tickets? | **ir/vir buscar alguém** to go/come to pick sb up: *Fomos buscar a Lúcia no aeroporto.* We went to pick Lúcia up at the airport. **3 mandar buscar algo/alguém** to send for sth/sb: *Pode mandar buscar o pacote.* You can send for the parcel. **4** (procurar) to search for: *Busquei minhas chaves pela casa toda.* I searched for my keys all over the house. **5** (auxílio, informações, alternativas, etc.) to seek

bússola s compass

busto s **1** (de mulher) bust: *Ela tem 84 cm de busto.* She has an 84 cm bust. **2** (de homem) chest **3** (escultura) bust: *um busto em mármore* a marble bust

butique s boutique

buzina s horn | **tocar a buzina** to sound your horn

buzinar v to honk your horn: *O taxista buzinou para o motorista de ônibus.* The taxi driver honked his horn at the bus driver.

byte s (em informática) byte

C, c s C, c ▶ ver "Active Box" **letras do alfabeto** em **letra**

cá *adv* **1** (lugar) here: *Vem cá, Pedro.* Come here, Pedro. | **para cá** (over) here: *Chegue a sua cadeira para cá.* Bring your chair over here. | *Ela está vindo para cá?* Is she coming here? | **do lado de cá** on this side **2** (tempo) **da semana passada/do ano passado etc. para cá** since last week/last year etc. | **de lá para cá** since then: *De lá para cá, muita coisa mudou.* A lot has changed since then. | **de uns tempos para cá** for some time now **3 cá entre nós** between you and me

cabana s cottage

cabeça *substantivo feminino & substantivo masculino*

• *s* [fem] **1** (parte do corpo) head ▶ ver também **dor** **2** (de prego, de agulha) head
3 (unidade) head (pl head) | **por cabeça** per head: *O almoço saiu a R$15 por cabeça.* The lunch came to R$15 per head.
4 de cabeça (a) (saber) by heart: *Não sei o telefone dele de cabeça.* I don't know his phone number by heart. **(b)** (calcular) in your head: *Fiz o cálculo de cabeça.* I worked it out in my head.
5 de cabeça para baixo upside down: *Vire-o de cabeça para baixo.* Turn it upside down.
6 meter na cabeça algo to get sth into your head: *Ele meteu na cabeça que vai morar fora.* He's gotten it into his head that he's going to live abroad.
7 não estar com cabeça para algo/para fazer algo not to be in the mood for sth/to do sth: *Não estou com cabeça para pensar nisso agora.* I'm not in the mood to think about it right now.
8 quebrar a cabeça (pensar muito) to rack your brains

9 tirar algo da cabeça to put sth out of your head
• s [masc e fem] head: *Ele é o cabeça do grupo.* He's the head of the group.

cabeçada s **1** (golpe) headbutt | **levar uma cabeçada** to get headbutted: *Levei uma cabeçada na briga.* I got headbutted during the fight. **2** (em bola) header: *O último gol foi feito com uma cabeçada.* The last goal was scored with a header. **3 dar uma cabeçada (em algo)** to bang your head (on sth) | **dar uma cabeçada na bola** to head the ball

cabeçalho s **1** (de página) header **2** (de publicação, carta, etc.) heading

cabeceira s **1** (de mesa) head of the table: *Meu pai sempre se senta na cabeceira.* My father always sits at the head of the table. **2** (de cama) head ▶ ver também **mesa-de-cabeceira**

cabeleireiro, -ra s **1** (pessoa) hairdresser **2** (estabelecimento) hairdresser (AmE), hairdresser's (BrE): *Vou ao cabeleireiro no sábado.* I'm going to the hairdresser on Saturday.

cabelo s hair | **cabelo liso/crespo** straight/curly hair | **de cabelo preso/solto** with your hair tied back/loose: *Você fica bem de cabelo preso.* You look good with your hair tied back. | **cortar o cabelo (a)** (a própria pessoa) to cut your hair **(b)** (no cabeleireiro) to get your hair cut: *Preciso cortar o cabelo.* I need to get my hair cut.

cabeludo, -da adj **1** (cheio de cabelo) hairy: *braços cabeludos* hairy arms **2** (complicado) tricky: *um problema cabeludo* a tricky problem

caber v **1 caber (em algo)** (em espaço) to fit (into sth): *Esse livro não cabe na minha mochila.* This book won't fit into my backpack. | **caber por algo** to fit through sth: *A mesa não vai caber pela porta.* The table won't fit through the door. **2 caber a alguém (fazer algo)** (competir a) to be up to sb (to do sth): *Cabe a vocês defenderem seus direitos.* It's up to you to defend your rights. **3** (ser apropriado) to be appropriate: *Não cabe falar disso numa festa.* It's not appropriate to talk about that at a party. **4 não caber em si de contente/feliz** to be beside yourself with joy

cabide s **1** (em armário) hanger **2** (de pé) hat stand **3** (na parede) coat rack

cabimento s **(não) ter cabimento** (not) to make sense: *Esta sua ideia não tem cabimento.* Your idea doesn't make sense.

cabine s **1** (provador) changing room **2** (telefônica) booth (AmE), box (BrE) **3** (em avião) cockpit **4** (em navio, barco) cabin **5** (em trem) compartment

cabo s **1** (de panela, colher, etc.) handle **2** (elétrico, telefônico, etc.) cable | **TV/canal a cabo** cable TV/channel **3** (em embarcação) mooring **4** (ponta de terra) cape: *cabo Horn* Cape Horn **5** (militar) corporal: *Ele é cabo do Exército.* He's a corporal in the army. **6 ao cabo de** after: *ao cabo de duas semanas* after two weeks **7 de cabo a rabo** from start to finish: *Li esse livro de cabo a rabo.* I read the book from start to finish. **8 levar a cabo algo** to carry sth out

Cabo Verde s Cape Verde: *em Cabo Verde* in Cape Verde

cabo-verdiano, -na adj & s Cape Verdean

cabra s goat

cabrito, -ta s kid

caça substantivo feminino & substantivo masculino
• s [fem] **1** (ato de caçar) hunting, shooting ▶ Usa-se **shooting** quando a caça é feita com espingarda: *a caça de javali* boar hunting **2** (animal caçado) game **3** (iguaria) game **4 a caça a algo/alguém** the hunt for sth/sb: *a caça aos sequestradores* the hunt for the kidnappers **5 sair à caça de algo** to go in search of sth **caça ao tesouro** treasure hunt **caça submarina** underwater fishing
• s [masc] (avião) fighter

caçador, -a s hunter

caça-níqueis s slot machine

cação s dogfish (pl dogfish)

caçar v **1** (animais em geral) to hunt, to shoot ▶ Usa-se **to shoot** quando a caça é feita com espingarda: *O pai o levava para caçar.* His father used to take him shooting. | **ir caçar** to go hunting, to go shooting **2** (quando se menciona o animal) to shoot, to catch ▶ Usa-se **to shoot** quando a caça é feita com espingarda: *Eles caçaram dois tigres.* They shot two tigers. | *Ele gostava de caçar borboletas.* He liked catching butterflies.

cacau s cocoa: *manteiga de cacau* cocoa butter

cacetada s (pancada) blow

cacete s (porrete) club

cachaça s Para explicar o significado desta palavra pode-se dizer *Brazilian white rum*

cachê s fee

cachecol s scarf (pl scarves)

cachimbo s pipe

cachoeira s waterfall | **tomar banho de cachoeira** to bathe in a waterfall

cachorrinho, -nha s (filhote) puppy (pl puppies)

cachorrinho s (nado) dog paddle (AmE), doggy paddle (BrE) | **nadar cachorrinho** to do the dog paddle (AmE), to do the doggy paddle (BrE)

cachorro s (animal) dog

cachorro-quente s hot dog

caco s **1** (pedaço) bit: *cacos de vidro* bits of glass **2** (pessoa cansada) wreck: *Depois do jogo fiquei um caco.* After the game I was a wreck.

caçoar v to make fun: *Não caçoa não.* Don't make fun. | **caçoar de alguém** to make fun of sb: *Eles ficaram caçoando dela.* They made fun of her.

cacto s cactus (pl cactuses, também cacti)

caçula adjetivo & substantivo
- **adj** youngest: *meu irmão caçula* my youngest brother
- **s** o/a caçula (da família) the youngest (in the family), the baby (of the family)

cada pron **1** (individualmente) each: *Cada aluno recebeu uma cópia.* Each student received a copy. | **cada um/uma** each one | **cada qual** everyone: *Cada qual tem que cuidar de seus pertences.* Everyone has to look after their own belongings.
2 (todo) every: *Em cada dez alunos, dois repetem o ano.* Two in every ten students repeat the year.
3 (em valor, medida ou quantidade) each: *As balas custam dez centavos cada.* The candies cost ten cents each. | **cada vez mais** more and more: *O curso está cada vez mais difícil.* The course is getting more and more difficult. | **cada vez mais cedo/tarde etc.** earlier and earlier/later and later etc. | **cada vez melhor/pior** better and better/worse and worse | **cada vez menos** less and less: *Tenho cada vez menos tempo para praticar esportes.* I have less and less time to do sports.
4 (com expressões de tempo) every: *no dia 5 de cada mês* on the 5th of every month | **(a) cada duas horas/seis meses etc.** every two hours/six months etc. | **(a) cada três/quatro etc. semanas** every three/four etc. weeks | **cada vez que** every time: *cada vez que isso acontece* every time that happens | **um de cada vez** one at a time
5 (com valor intensivo): *O DJ tocou cada música!* The DJ played the most amazing music! | *Você tem cada ideia!* You have the dumbest ideas!

cadarço s shoelace | **amarrar os cadarços** to tie your shoelaces

cadastrar-se v to register: *Você tem que se cadastrar para acessar o site.* You have to register to access the website.

cadastro s **1** (ato de cadastrar-se) registration **2** (dados de uma pessoa) file **3** (lista de clientes etc.) records pl

cadáver s corpse

cadê adv **1** (seguido de singular) where is: *Cadê o Bruno?* Where's Bruno? **2** (seguido de plural) where are: *Cadê as revistas que deixei aqui?* Where are the magazines I left here?

cadeado s padlock | **fechar/trancar algo com cadeado** to padlock sth

cadeia s **1** (prisão) prison **2** (de hotéis, lojas, restaurantes) chain **3** (de emissoras de rádio, TV) network | **em cadeia** on the network: *Vão transmitir o jogo em cadeia nacional.* They are going to broadcast the game on the national network.
4 (sequência) series: *uma cadeia de explosões* a series of explosions **5 uma cadeia de montanhas** a chain of mountains

cadeira substantivo & substantivo plural
- **s** **1** (móvel) chair: *Posso pegar esta cadeira?* Can I take this chair? **2** (em teatro, estádio) seat: *Qual é o número da sua cadeira?* What's the number of your seat? **3** (disciplina) course: *Ela é a professora da cadeira de língua inglesa.* She teaches the English language course.
cadeira de balanço rocking chair **cadeira de braços** armchair **cadeira de rodas** wheelchair
- **cadeiras** s pl (quadris) hips

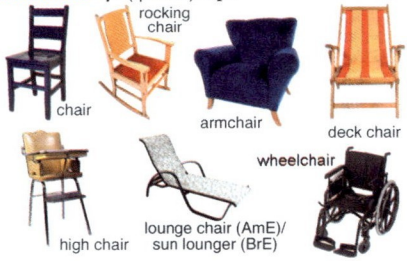

chair, rocking chair, armchair, deck chair, wheelchair, high chair, lounge chair (AmE)/sun lounger (BrE)

cadela s bitch
caderneta s **1** (para anotações) notebook **2** (escolar) record book
caderneta de poupança savings account
caderno s **1** (para anotações) notebook: *caderno de espiral* spiral-bound notebook **2** (para exercícios escolares) exercise book **3** (em jornal) section: *caderno de esportes* sports section
café s **1** (bebida, planta) coffee: *Aceita um café?* Would you like a cup of coffee? **2 café (da manhã)** breakfast: *O que você come no café da manhã?* What do you eat for breakfast? | **tomar café (da manhã)** to have breakfast: *Nunca tomo café.* I never have breakfast. **3** (estabelecimento) café: *Eu te espero no café.* I'll wait for you in the café.
café com leite coffee with milk **café expresso** espresso **café preto** black coffee
cafeína s caffeine | **sem cafeína** decaffeinated
cafeteira s coffee pot: *Ainda tem café na cafeteira?* Is there any coffee left in the pot? | **cafeteira (elétrica)** coffee machine
cafona adj **1** (pessoa, roupa, decoração) tacky **2** (música) corny
cafuné s: *Adoro um cafuné.* I love having my hair stroked. **fazer cafuné em alguém** to stroke sb's hair
cãibra, câimbra s cramp: *uma cãibra na perna* a cramp in the leg | **ter cãibra** to have a cramp
caído, -da adj **1** (abatido) run-down: *A gripe me deixou caída.* The flu left me feeling very run-down. **2 estar caído por alguém** to have a thing for sb: *Sei que você está caído pela Beatriz.* I know you have a thing for Beatriz.

cair v **1** (despencar) to fall down: *O quadro de avisos caiu.* The bulletin board fell down.
2 (levar um tombo) to fall over: *Tropecei e caí na calçada.* I tripped and fell over on the sidewalk.
3 cair de algo to fall off sth: *Ela caiu da bicicleta e se machucou.* She fell off her bike and hurt herself.
4 (cabelo, dente) to fall out: *Por que meus cabelos estão caindo?* Why is my hair falling out?
5 (soltar-se) to come off: *Caiu o botão da minha blusa.* The button of my blouse has come off. ▶ Quando se trata de algo que se está usando, diz-se **to fall off**: *Minha presilha caiu.* My slide fell off.
6 deixar cair to drop: *Deixei cair a bandeja.* I dropped the tray.
7 (jogar-se na água) to take a dip: *Vamos cair na piscina?* Shall we take a dip in the pool?
8 cair a ligação/linha (em telefonema, etc.): *Caiu a ligação.* I got cut off. | *Toda vez que tento fazer o download, cai a linha.* Every time I try to download, I get cut off.
9 (temperatura, febre) to drop: *A temperatura caiu muito esta noite.* The temperature dropped a lot last night.
10 (preço, moeda) to fall: *O dólar caiu ontem.* The dollar fell yesterday.
11 (em qualidade) to go downhill: *Esse restaurante caiu muito.* This restaurant has really gone downhill.
12 (ditadura, governo) to fall
13 (ser vítima de logro) to fall for it: *Inventei uma história e ele caiu direitinho.* I invented a story and he fell for it straightaway.
14 cair bem em alguém (roupa) to look good on sb: *Essa saia está caindo bem em você.* That skirt looks good on you.
15 *aquela pizza/aquele vinho etc. me caiu mal* that pizza/that wine etc. didn't agree with me
16 cair em si to come to your senses: *Ela caiu em si e pediu desculpas.* She came to her senses and apologized.
17 cair num domingo/numa terça etc. to fall on a Sunday/on a Tuesday etc.: *Este ano meu aniversário vai cair num sábado.* This year my birthday falls on a Saturday.
18 *caiu uma chuvarada* there was a downpour | *caiu muita neve* it snowed heavily ▶ ver também **farra**

cais s quay: *o cais do porto* the quayside

caixa substantivo feminino & substantivo masculino
• s [fem] **1** (recipiente) box (pl -xes): *caixa de fósforos* box of matches | *caixa de papelão* cardboard box **2** (de leite, ovos) carton **3** (de bebida alcoólica) crate **4** (em loja) checkout (AmE), cashdesk (BrE): *É para pagar no caixa?* Should I pay at the checkout? **5** (em supermercado) checkout **6** (em banco) cashier's desk
caixa de câmbio/mudanças gearbox **caixa de correio** mailbox (AmE), letterbox (BrE) **caixa de entrada/saída** (em correio eletrônico) inbox/outbox **caixa de ferramentas** toolbox **caixa de som** speaker **caixa postal** PO box, Post Office box

• s [masc e fem] (pessoa) cashier: *Peça ao caixa para trocar esta nota de R$50.* Ask the cashier to change this R$50 bill.
caixa eletrônico cash machine, ATM (AmE), cashpoint (BrE): *Preciso tirar dinheiro no caixa eletrônico.* I need to get some money from the cash machine.

caixão s casket (AmE), coffin (BrE)

caixote s (de madeira) crate: *caixotes de frutas* crates of fruit

caju s cashew fruit: *suco de caju* cashew juice | *castanha de caju* cashew nut

calado, -da adj quiet | **estar/ficar calado** to be quiet: *Ela ficou calada a aula toda.* She was quiet all through the lesson.

calafrio s **1** (de frio ou febre) shiver ▶ Frequentemente o verbo **to shiver** é usado na tradução: *Me deu um calafrio.* I shivered. | **estar com/sentir calafrios** to feel shivery **2** (de medo) shiver (of fear): *Ela sentiu um calafrio.* She felt a shiver (of fear). | **dar calafrios em alguém** (dar medo) to give sb the shivers: *Esse lugar me dá calafrios!* That place gives me the shivers!

calamidade s calamity (pl -ties)

calar v **(fazer) calar alguém** to get sb to be quiet: *A professora não conseguia calar os alunos.* The teacher couldn't get the students to be quiet. ▶ Para expressar irritação usa-se **to get sb to shut up**: *Eu a cutuquei para fazê-la calar.* I jabbed her with my elbow to get her to shut up. | **calar a boca** to shut up: *Calem a boca para ouvirmos o que ele está dizendo.* Shut up so we can hear what he's saying.
calar-se v to go quiet: *Todos se calaram quando ela apareceu.* They all went quiet when she appeared. ▶ Para pedir a alguém que se cale usa-se **be quiet**, ou **shut up**, que soa mais grosseiro: *Calem-se!* Be quiet!/Shut up!

calça s pants pl (AmE), trousers pl (BrE): *Você viu minha calça cinza?* Have you seen my gray pants? ▶ *uma calça* se diz **a pair of pants/trousers** ou **(some) pants/trousers**: *uma calça de linho* a pair of linen pants | *Comprei uma calça branca.* I bought a pair of white pants./I bought some white pants. | *Ela estava usando uma calça marrom.* She was wearing brown pants.

calçada s sidewalk (AmE), pavement (BrE): *Não estacione na calçada.* Don't park on the sidewalk.

calçado s shoe | **calçados** footwear: *seção de calçados* footwear section

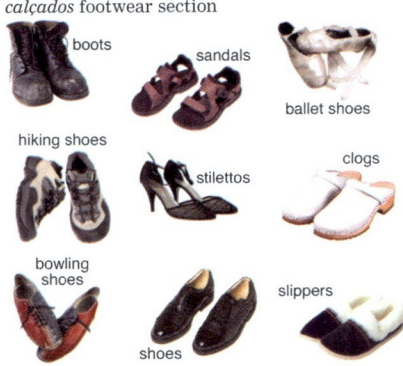

boots, sandals, ballet shoes, hiking shoes, stilettos, clogs, bowling shoes, slippers, shoes

calcanhar s heel: *Estou com uma bolha no calcanhar.* I have a blister on my heel.

calção s **1** (de banho) swimming trunks *pl*: *Esqueci de trazer o calção.* I forgot to bring my swimming trunks. **2** (de ginástica, etc.) shorts *pl* ▶ *um calção* traduz-se por **a pair of swimming trunks** ou **a pair of shorts**: *um calção azul* a pair of blue swimming trunks/a pair of blue shorts

calçar v **1** calçar algo (sapatos, meias) to put sth on: *Estou quase pronto, só falta calçar os sapatos.* I'm nearly ready, I just have to put my shoes on. **2** (usar certo número) to take: – *Quanto você calça? – Calço 39.* "What size shoes do you take?" "I take size 39." **3** (ajustar-se) to fit: *Esse tênis calça bem.* These tennis shoes fit well.

calcinha s panties *pl* (AmE), knickers *pl* (BrE): *calcinha de algodão* cotton panties ▶ *uma calcinha/duas calcinhas* etc. traduz-se por **a pair of panties/two pairs of panties** etc.

cálcio s calcium

calculadora s calculator

calcular v **1** (fazer cálculo de) to work out: *Calcule quanto cada um terá que pagar.* Work out how much each person will have to pay. **2** (estimar) to calculate: *Ele calculou em 200 o número de pessoas no auditório.* He calculated the number of people in the auditorium at 200. **3** (fazer ideia de) to imagine: *Você não calcula o trabalho que isso me deu.* You can't imagine the trouble this has given me.

cálculo s **1** (conta) calculation: *Acho que seu cálculo está errado.* I think your calculation is wrong. | *um cálculo aproximado* a rough calculation | **fazer o cálculo de algo** to work sth out: *Já fiz o cálculo do preço total da viagem.* I've already worked out the total cost of the trip. **2** (estimativa) calculation: *Pelos meus cálculos, eles já devem ter chegado lá.* By my calculations, they must have already gotten there. **3** (em medicina) stone: *cálculo no rim* kidney stone

calda s **1** (de pudim, etc.) sauce: *calda de chocolate* chocolate sauce **2** (de fruta) syrup: *goiaba em calda* guavas in syrup

caldo s **1** (de fruta, etc.) juice: *caldo de cana* sugarcane juice **2** (em culinária) stock | **caldo de galinha/carne/peixe** chicken/beef/fish stock **3** (mergulho forçado) ducking: *Ele me deu um caldo.* He gave me a ducking.
caldo verde cabbage and potato soup

calefação s heating

calendário s calendar

calhar v **1 calhar bem** to go down well: *Um chocolate quente calhava bem agora.* A cup of hot chocolate would go down well now. **2 calhou de eu/ele etc. fazer...** I/he etc. happened to do...: *Calhou de nos encontrarmos na sala de espera.* We happened to meet in the waiting room. **3 vir a calhar** to come at the right time

cálice s **1** (de vinho, licor) glass (pl -sses) **2** (em religião) chalice

caligrafia s **1** (letra) handwriting: *Sua caligrafia está horrível!* Your handwriting is awful! **2** (arte) calligraphy

calma substantivo & interjeição
• s **1** (em ambiente) quiet: *Preciso de calma para estudar.* I need quiet to study. **2 fazer algo com calma** to take your time doing sth: *Faça as coisas com calma.* Take your time. **3 manter/perder a calma** to keep/lose one's cool | **ter calma** to keep calm: *Não se desespere; tenha calma.* Don't despair; keep calm.
• **calma!** *interj* steady!: *Calma! Não precisa empurrar!* Steady! There's no need to push!

calmante s tranquilizer

calmo, -ma *adj* **1** (pessoa, voz) calm: *Respondi-lhe com a voz calma.* I answered him in a calm voice. **2** (ambiente, dia) quiet: *Moramos num lugar calmo.* We live in a quiet place. **3** (mar) calm: *O mar estava calmo ontem.* The sea was calm yesterday.

calo s **1** (na sola do pé, na mão) callus **2** (no dedo do pé) corn

calor s heat: *Não suporto este calor.* I can't bear this heat. | **estar/fazer calor** to be hot: *Está calor hoje.* It's hot today. | *Faz muito calor aqui no verão.* It's very hot here in the summer. | **estar com calor** to be hot | **estar morrendo de calor** to be boiling: *Estou morrendo de calor.* I'm boiling.

calorento, -ta *adj* **1** (pessoa) sensitive to the heat: *Ele é muito calorento.* He's very sensitive to the heat. **2** (lugar, roupa) hot

caloria s calorie: *dieta de baixa caloria* low-calorie diet | **queimar calorias** to burn calories

calota s (de roda) hubcap
calota polar polar ice cap

calouro, -ra s **1** (estudante) freshman (pl freshmen) (AmE), fresher (BrE) **2** (principiante) newcomer: *um show de calouros* a talent show

 Você já leu a explicação de como usar este dicionário?

calvo, -va adj bald: *um homem calvo* a bald man | **ficar calvo** to go bald

cama s **1** bed | **ir para a cama** to go to bed: *Ontem fui para a cama cedo.* Yesterday I went to bed early. | **fazer a cama** to make the bed: *Lá em casa cada um faz a sua cama.* At home everyone makes their own bed. **2 estar/ficar de cama** to be laid up in bed: *Fiquei de cama e não pude ir ao passeio.* I was laid up in bed and couldn't go on the trip.
cama de solteiro single bed **cama de casal** double bed **cama elástica** trampoline

camada s **1** layer: *com uma camada de queijo* with a layer of cheese **2** (de tinta) coat ▶ ver também **ozônio**

câmara s **1** (aposento) chamber: *câmara de gás* gas chamber **2** (assembleia legislativa) house: *Câmara dos Deputados* House of Representatives
câmara de ar inner tube **câmara municipal (a)** (órgão) city council **(b)** (prédio) town hall

camarada adjetivo & substantivo
• adj **1** (compreensível) fair: *Ele foi muito camarada comigo.* He was very fair with me. **2** (preço) fair: *O vendedor me fez um preço camarada.* The salesman gave me a fair price.
• s (amigo) buddy (pl buddies) (AmE), mate (BrE)

camarão s **1** (pequeno) shrimp: *empada de camarão* shrimp pie **2** (médio a grande) prawn

camareiro, -ra s (de hotel, navio) cleaner

camarim s dressing room

camarote s **1** (em teatro) box **2** (em navio) cabin

cambalhota s somersault | **dar uma cambalhota** to do a somersault

câmbio s **1** (taxa) exchange rate **2** (em veículo) transmission ▶ ver também **casa**
câmbio negro blackmarket rate **câmbio oficial** official exchange rate

cambista s **1** (de ingressos) scalper (AmE), tout (BrE) **2** (de valores) moneychanger

camelo s camel

camelô s hawker, street trader

câmera substantivo feminino & substantivo masculino
• s [fem] (de fotografar, de filmar) camera | **em câmera lenta** in slow motion
câmera de vídeo camcorder **câmera digital** digital camera
• s [masc] (operador de câmera) cameraman (pl -men)

caminhada s **1** (na praia, no parque, etc.) walk | **dar/fazer uma caminhada** to go for/take a walk: *Fizemos uma longa caminhada.* We went for a long walk. **2** (por trilha, montanha, etc.) hike

caminhão s truck (AmE), lorry (pl lorries) (BrE)
caminhão de lixo garbage truck (AmE), dust cart (BrE)

caminhar v to walk: *Caminhar faz bem à saúde.* Walking is good for your health.

caminho s **1** (trajeto) way: *Por que caminho você vai?* Which way are you going? | *Qual o melhor caminho para a estação de trem?* What's the best way to the train station? | *Viemos por caminhos diferentes.* We came different ways.
2 a caminho de on the way to: *a caminho de casa/do clube* on the way home/to the club
3 no caminho (para) on the way (to): *No caminho, paramos para tomar um café.* We stopped to have a cup of coffee on the way. | *no caminho para casa/para o hospital* on the way home/to the hospital
4 cortar caminho to take a shortcut: *Cortamos caminho pelo mato.* We took a shortcut through the woods.
5 no meio do caminho halfway there: *O pneu furou no meio do caminho.* The tire burst halfway there.
6 ter muito caminho pela frente to have a long way to go
7 tirar algo do caminho to move sth out of the way
8 (estrada não asfaltada) track

caminhoneiro, -ra s trucker (AmE), lorrydriver (BrE)

caminhonete s van

camisa s shirt
camisa esporte casual shirt **camisa polo** polo shirt **camisa social** dress shirt

camiseta s **1** (blusa) T-shirt **2** (roupa de baixo) undershirt (AmE), vest (BrE)

camisinha s condom | **usar camisinha** to use a condom

camisola s nightgown

campainha s doorbell | **tocar a campainha** to ring the doorbell

campanha s campaign: *campanha contra o fumo* anti-smoking campaign | *A imprensa está fazendo uma campanha contra ela.* The press is waging a campaign against her.

campeão, -peã substantivo & adjetivo
• s champion: *o campeão de bodyboard* the bodyboard champion
campeão de audiência top-rated show
• adj winning: *o time campeão* the winning team

campeonato s championship: *campeonato de skate* skateboarding championship

camping s **1** (atividade) camping | **fazer camping** to go camping **2** (lugar) campground (AmE), campsite (BrE): *Tem um camping por aqui?* Is there a campground around here?

campo s **1** (para esportes) field: *o campo de esportes* the sports field | **campo de futebol** soccer field (AmE), football pitch (BrE) (pl -tches)

| **campo de golfe** golf course | **entrar em campo/sair de campo** to come on/go off: *O Roberto teve que sair de campo.* Roberto had to go off. | **tirar alguém de campo** to take sb off: *O técnico tirou o melhor jogador de campo.* The coach took the best player off.
2 (região campestre) country: *Eles moram no campo.* They live in the country. | *a vida no campo* life in the country | *casa de campo* country home
3 (para agricultura ou pastagens) field: *campo de milho* cornfield
4 (em informática) field
5 (área de conhecimento) field: *pesquisas no campo da psicologia* research in the field of psychology
6 (acampamento) camp: *campo de concentração* concentration camp

camponês, -esa s country person (pl country people): *Ele era filho de camponeses.* His parents were country people. ▶ Em contextos históricos ou relativos ao terceiro mundo usa-se **peasant**: *Exploravam os camponeses.* They exploited the peasants.

campus s (de universidade) campus (pl -ses)

camuflar v to camouflage

camundongo s mouse (pl mice)

camurça s suede: *bolsa de camurça* suede purse

Canadá s **o Canadá** Canada: *no Canadá* in Canada

cana-de-açúcar s sugarcane

canadense adjetivo & substantivo
• *adj* Canadian
• *s* (pessoa) Canadian | **os canadenses** (povo) Canadians

canal s **1** (de TV) channel: *no canal 2* on channel 2 | **mudar de canal** to change channels **2** (braço de mar) channel: *o canal da Mancha* the English Channel **3** (estreito artificial) canal: *o canal do Panamá* the Panama Canal **4** (de dente) root canal: *tratamento de canal* root canal treatment

canário s canary (pl -ries)

canção s song | **canção de ninar** lullaby (pl -bies)

cancelamento s cancellation

cancelar v **1** (uma viagem, um voo, etc.) to cancel: *Madonna cancelou o show no Brasil.* Madonna canceled her show in Brazil. **2** (uma passagem, um cheque) to invalidate **3** (riscar) to cross out

câncer s **1** cancer: *câncer de mama* breast cancer **2 Câncer (a)** (signo) Cancer: *os nativos de Câncer* those born under the sign of Cancer **(b)** (pessoa) Cancerian: *Minha irmã é Câncer.* My sister is a Cancerian.

canceriano, -na adj & s Cancerian | **ser canceriano** to be a Cancerian

candidatar-se v **candidatar-se a algo (a)** (a bolsa de estudo, emprego) to apply for sth: *Meu irmão se candidatou a uma bolsa de estudo.* My brother has applied for a scholarship. **(b)** (em eleição) to run for sth

candidato, -ta s **candidato (a algo) (a)** (a bolsa de estudo, emprego) applicant (for sth): *Os candidatos a bolsas de estudo devem comparecer à secretaria.* Scholarship applicants should report to the general office. **(b)** (em eleição) candidate (for sth)

candidatura s **1** (a um emprego) application **2** (a um cargo) candidacy (pl -cies)

caneca s mug | **uma caneca de chope/leite** a mug of beer/milk

canela s **1** (parte do corpo) shin: *Levei um chute na canela.* I got kicked in the shin. **2** (condimento) cinnamon | **canela em pó/em pau** ground cinnamon/cinnamon stick

caneta s pen ▶ ver também **marca-texto**
caneta esferográfica ballpoint pen: *uma caneta esferográfica azul/preta* a blue/black ballpoint pen **caneta hidrográfica** highlighter pen

caneta-tinteiro s fountain pen

canga s sarong: *Uso canga para ir à praia.* I wear a sarong to go to the beach.

canguru s kangaroo

canhão s **1** (arma) cannon: *tiro de canhão* cannon fire **2 ser um canhão** (ser feio) to be as ugly as sin

canhoto, -ta adjetivo & substantivo
• *adj* left-handed: *Sou canhoto.* I'm left-handed.
• *s* left-handed person (pl left-handed people)

canil s kennel

canivete s penknife (pl penknives)

canja s **1 canja (de galinha)** chicken broth **2 dar uma canja** to give an impromptu performance **3 ser canja** to be a cinch: *Esse jogo vai ser canja.* This game is going to be a cinch.

cano s **1** (hidráulico) pipe **2** (de arma) barrel **3** (de bota) top: *bota de cano alto* high boot **4 entrar pelo cano** to mess up: *Entrei pelo cano nessa prova.* I really messed up in this exam.
cano de descarga outlet pipe

canoa s canoe: *Atravessamos o rio de canoa.* We crossed the river in a canoe.

canoagem s canoeing | **fazer/praticar canoagem** to go canoeing

cansaço s tiredness | **sentir cansaço** to feel tired | **estar morto de cansaço** to be tired out: *Vou dormir, estou morto de cansaço.* I'm going to sleep; I'm tired out.

cansado, -da adj **1** (fatigado) tired: *Pare quando ficar cansado.* Stop when you're tired. **2** (farto) fed up: *Estou cansado da escola.* I'm fed up with school.

cansar v **1 cansar alguém (a)** (fazer sentir cansaço) to tire sb out: *A caminhada nos cansou.* The walk tired us out. **(b)** (fazer ficar farto) to wear sb out: *A teimosia dele cansa qualquer um.* His stubbornness would wear anyone out. **2** (sentir cansaço) to get tired: *Ela cansou logo.* She soon got tired. **3** (ficar farto) to be worn out: *Dei explicações até cansar.* I explained things over and over until I was worn out. **4** (ser cansativo) to be tiring
cansar-se v **1** (fisicamente) to get tired: *Minha avó se cansa à toa.* My grandma gets tired very easily. ▶ *cansar-se* por fazer esforço demais traduz-se por **to wear yourself out**: *Eu me cansei correndo.* I wore myself out running. **2 cansar-se de algo/alguém** to get tired of sth/sb **3 cansar-se de fazer algo** to get tired of doing sth: *Ele se cansou de esperar.* He got tired of waiting.

cansativo, -va adj **1** (fisicamente) tiring: *um dia cansativo* a tiring day **2** (que causa tédio) boring: *um filme cansativo* a boring movie **3** (pessoa) boring

cantada s **dar uma cantada em alguém** to come on to sb

cantar v **1** (uma música) to sing: *O grupo canta principalmente canções românticas.* The group mainly sings romantic songs. **2** (paquerar) to come on to: *Ele cantou a Luísa e levou um fora.* He came on to Luísa and got the brush-off. **3** (números, respostas) to shout out: *Cantei a resposta antes de todos.* I shouted out the answer before anyone else.

cantarolar v to hum

canteiro s **1** (de flores) flowerbed **2** (de obra) construction site (AmE), building site (BrE)

cantil s water bottle

cantina s cafeteria: *Almoço na cantina da escola.* I have lunch in the school cafeteria.

canto s **1** (local) corner: *Deixe sua mochila naquele canto.* Leave your backpack in the corner. **2** (música) singing: *aula de canto* singing classes

cantor, -a s singer: *Ele é meu cantor preferido.* He's my favorite singer.

canudo s (para bebida) straw

cão s **1** (animal) dog: *Cuidado com o cão!* Beware of the dog! **2** (filhote) puppy (pl puppies) **3 um dia/uma vida etc. de cão** an awful day/awful life etc.
cão de guarda guard dog **cão de raça** pedigree dog

caos s chaos | **estar um caos** to be in chaos | **ser/virar um caos** to be/become chaotic

caótico, -ca adj chaotic: *O trânsito neste horário é caótico.* The traffic at this time is chaotic.

capa s **1** (proteção) cover **2** (de revista, livro) cover **3** (de disco) sleeve **4** (roupa) cape **5 capa (de chuva)** raincoat **6 de capa dura/mole** (livro) hardback/paperback

capacete s helmet | **usar capacete** to wear a helmet

capacho s doormat: *Limpem os pés no capacho.* Wipe your feet on the doormat.

capacidade s **1 capacidade (de fazer algo) (a)** (poder) capacity (to do sth) **(b)** (habilidade) ability (to do sth): *a capacidade de falar* the ability to speak **2 capacidade (para algo)** (volume) capacity (for sth): *O teatro tem capacidade para 500 pessoas.* The theater has a capacity of 500.

capaz adj **1** able: *um aluno capaz* an able student **2 ser capaz de fazer algo (a)** (poder) to be able to do sth: *Ele não é capaz de resolver isto sozinho.* He is unable to sort this out by himself. **(b)** (talvez) to be likely to do sth: *É capaz de chover hoje.* It's likely to rain today.

capela s chapel

capengar v to limp: *Ele capengava de uma perna.* He was limping on one leg.

capim s grass

capital *substantivo feminino* & *substantivo masculino*
• s [fem] capital: *a capital de Goiás* the capital of Goiás
• s [masc] (dinheiro) capital: *Meu pai não tem capital para abrir um negócio.* My father doesn't have the capital to start a business.

capitalismo s capitalism

capitalista adj & s capitalist

capitão, -tã s **1** (chefe) captain: *Ele é o capitão do time.* He's the team captain. **2** (militar) captain

capítulo s **1** (de livro) chapter: *Estou no capítulo três.* I'm on chapter three. **2** (de novela, seriado) episode: *Vão reprisar o último capítulo do seriado.* They're going to repeat the last episode of the series.

capô s (de carro) hood (AmE), bonnet (BrE)

capoeira s capoeira: *aula de capoeira* capoeira class | **fazer/praticar capoeira** to do capoeira

capota s roof: *carro sem capota* open-topped car

capotar v to overturn: *O caminhão capotou na curva.* The truck overturned on the bend.

caprichar v to do well | **caprichar em algo** to do sth well

capricho s **1** (cuidado) care | **com capricho** carefully. **2** (teimosia) whim

caprichoso, -sa adj **1** (cuidadoso) meticulous: *Ela é caprichosa no que faz.* She is meticulous in what she does. **2** (teimoso) willful: *uma criança caprichosa* a willful child

capricorniano, -na adj & s Capricorn | **ser capricorniano** to be a Capricorn

Capricórnio s **1** (signo) Capricorn: *os nativos de Capricórnio* those born under the sign of Capricorn **2** (pessoa) Capricorn: *Minha namorada é Capricórnio.* My girlfriend is a Capricorn.

cápsula s **1** (comprimido) capsule: *Tomo vitaminas em cápsulas.* I take vitamin capsules. **2 cápsula (espacial)** (space) capsule

captar v **1** (entender) to catch: *Não consegui captar o que ele disse.* I didn't manage to catch what he said. **2 captar a atenção de alguém** to hold the attention of sb **3 captar um sinal/canal etc.** to pick up a signal/channel etc.

capturar v **1** (um fugitivo, um animal) to capture **2** (um navio, uma cidade) to capture

capuz s hood | **casaco com/sem capuz** coat with/without a hood

caqui s persimmon

cáqui adj & s khaki ▶ ver "Active Box" **cores** em **cor**

cara substantivo feminino & substantivo masculino

• s [fem] **1** (rosto) face | **cara a cara** face to face **2** (expressão) look: *Ela me olhou com cara de zangada.* She gave me an angry look. | **estar/ficar de cara amarrada** to frown | **ter cara de algo** to look sth: *Ele tem cara de inteligente.* He looks intelligent.
3 cara ou coroa? heads or tails?
4 dar de cara com alguém to bump into sb: *Saindo dali dei de cara com o Marcio.* As I was leaving, I bumped into Marcio.
5 de cara straightaway: *Gostei dela logo de cara.* I liked her straightaway.
6 estar na cara to be obvious: *Está na cara que ele está a fim de você.* It's obvious he likes you.
7 não ir com a cara de alguém not to like sb: *Não vou com a cara dele.* I don't like him.
8 meter a cara em algo to put your mind to sth
9 ser a cara de alguém (a) (parecer-se muito com) to be the spitting image of sb **(b)** (fazer o gênero de) to be sb all over: *Esse brinco é a sua cara.* These earrings are you all over.
cara de pau adj cheeky: *Você é muito cara de pau!* You're very cheeky!

• s [masc] **1** (pessoa) guy: *Quem é esse cara?* Who's that guy?

caracol s **1** (animal) snail **2** (cacho de cabelo) curl **3** (forma) spiral: *escada em caracol* spiral staircase

caracteres s pl characters: *caracteres chineses* Chinese characters

característica s characteristic

característico, -ca adj characteristic: *Ele tem um jeito característico de andar.* He has a characteristic way of walking.

caracterizar v **1** (descrever) to describe: *O autor caracterizou bem o personagem principal.* The author described the main character well. **2** (evidenciar) to mark
caracterizar-se v **1** (em teatro) to be made up: *A atriz se caracterizou como escrava.* The actress was made up as a slave. **2 caracterizar-se por algo** (distinguir-se) to be known for sth: *Os cariocas se caracterizam pelo bom humor.* Natives of Rio are known for their good humor. **3 caracterizar-se de algo** (fantasiar-se) to dress up as sth: *Os alunos se caracterizaram de índios.* The students dressed up as Indians.

carambola s starfruit (pl starfruit)

caramelo s **1** (bala) toffee **2** (calda) caramel

caranguejo s crab

caratê s karate: *aula de caratê* karate lesson | *Ele é faixa marrom em caratê.* He's a brown belt in karate. | **fazer caratê** to do karate

caráter s **1** (índole, personalidade) character | **ter bom/mau caráter** to be a good/bad person **2** (honestidade) honesty **3** (social, político, etc.) nature: *um filme de caráter social* a movie of a social nature **4 a caráter** in costume | **vestir-se a caráter** to dress up: *Nós nos vestimos a caráter no Halloween.* We dressed up for Halloween.

carboidrato s carbohydrate

cardápio s menu: *Posso ver o cardápio, por favor?* Could I see the menu, please?

cardeal s cardinal

cardíaco, -ca adj **1** (do coração) heart: *ataque cardíaco* heart attack **2** (pessoa) **ser cardíaco** to have heart problems

cardigã s cardigan

cardume s school

careca adjetivo & substantivo

• adj **1** (pessoa) bald: *um homem careca* a bald man | **ficar careca** to go bald **2 estar careca de saber algo** to know sth (full well): *Estou careca de saber disso.* I know that.

• s (área sem cabelo) bald patch (pl -tches)

carência s **1** (falta) lack: *A carência de vitamina C diminui a resistência às infecções.* Lack of vitamin C lowers your resistance to infection. **2** (afetiva) need

carente adj **1** (necessitado) deprived, needy: *crianças carentes* deprived children | *a população carente* the needy **2** (de afeto) in need of affection **3** (área, bairro) deprived

careta substantivo & adjetivo

• s (trejeito) grimace | **fazer uma careta (para alguém)** to make a face (at sb): *Pare de fazer careta!* Stop making faces!

• adj (pessoa) uncool: *Meus pais são muito caretas.* My parents are so uncool.

carga s **1** (de caneta) cartridge **2** (de caminhão) load **3** (de navio, avião) cargo **4** (de trem) freight **5** (elétrica) charge **6** (de munição, explosivo) charge **7 carga e descarga** loading and unloading: *área para carga e descarga* loading bay
carga horária workload: *Qual é a carga horária deste curso?* What's the workload for this course?

cargo s **1** position: *Ele aceitou o cargo de diretor da escola.* He accepted the position of school principal. **2 estar/ficar a cargo de alguém** to be in sb's hands: *A organização da festa ficou a cargo dos alunos.* The organization of the party was in the students' hands.

cargueiro s cargo ship

caricatura s caricature: *Fiz a caricatura do professor.* I drew a caricature of the teacher.

carícia s caress | **fazer carícias em alguém** to caress sb

caridade s **1** charity: *uma instituição de caridade* a charity **2 fazer uma caridade** to do something charitable

cárie s **1** (cavidade) cavity (pl -ties): *Estou com duas cáries.* I have two cavities. **2** (mal) tooth decay

carimbar v (um documento, uma carta, etc.) to stamp: *A imigração carimbou meu passaporte.* Immigration stamped my passport.

carimbo s **1** (marca) stamp: *Mandei fazer um carimbo com meu nome.* I had a stamp made with my name on it. **2** (do correio) postmark: *O carimbo mostra que a carta foi enviada no dia 5.* The postmark shows the letter was sent on the 5th.

carinho s **1** (afago) affection: *Quem não gosta de um carinho?* Who doesn't enjoy a little affection? | **fazer carinho em alguém** to be affectionate with sb **2** (afeição) affection **3 com carinho (a)** (afetuosamente) affectionately **(b)** (com cuidado) with care: *Trate os seus livros com carinho.* Treat your books with care. **(c)** (em carta, bilhete, etc.) affectionately

carinhoso, -sa adj **1** (pessoa) affectionate: *uma mãe carinhosa* an affectionate mother | **ser carinhoso (com alguém)** to be affectionate (with sb) **2** (beijo, gesto, etc.) affectionate: *um abraço carinhoso* an affectionate hug

carnaval s carnival: *Onde você vai passar o Carnaval?* Where are you spending Carnival? | *Nós nos conhecemos no Carnaval.* We met during Carnival.

carne s **1** (alimento) meat: *Não como carne.* I don't eat meat. **2** (humana) flesh **3 em carne viva** raw: *Meu calcanhar está em carne viva.* My heel is raw. **4 em carne e osso** in the flesh: *Vi a Britney Spears em carne e osso.* I saw Britney Spears in the flesh.
carne assada roast beef **carne branca** poultry **carne de porco** pork **carne de vaca** beef **carne moída** ground beef (AmE), mince (BrE) **carne vermelha** red meat

carnê s payment book

carneiro s **1** (animal) lamb **2** (alimento) lamb: *uma perna de carneiro* a leg of lamb

carne-seca s beef jerky: *feijão com carne-seca* beans with beef jerky

carnívoro, -ra adj carnivorous

caro, -ra adjetivo & advérbio

• adj **1** (dispendioso) expensive: *Foi caro?* Was it expensive? **2** (em carta, e-mail) dear: *Cara Sílvia, como vão as coisas?* Dear Sílvia, how are things?

• **caro** adv **custar caro** to cost a lot: *Minha prancha de surfe custou caro.* My surfboard cost a lot. | **pagar caro (por algo) (a)** (com dinheiro) to pay a lot (for sth): *Paguei caro pela minha passagem.* I paid a lot for my ticket. **(b)** (por erro, etc.) to pay dearly (for sth): *Você vai pagar caro pelo que fez.* You're going to pay dearly for what you've done. | **cobrar caro (por algo)** to charge a lot (for sth): *Ele cobrou caro pelo conserto da bicicleta.* He charged a lot for repairing my bike.

expensive sports car

cheaper city car

caroço s **1** (pequeno) pip: *caroço de laranja* orange pip | **sem caroço** seedless: *uvas sem caroços* seedless grapes **2** (médio a grande) pit (AmE), stone (BrE): *caroço de ameixa* plum pit/plum stone **3** (no corpo, na pele) lump: *Estou com um caroço no pescoço.* I have a lump on my neck.

carona s **1** ride (AmE), lift (BrE): *Você quer uma carona?* Do you want a ride? **2 dar uma carona a alguém** to give sb a ride (AmE), to give sb a lift (BrE): *Eu te dou uma carona.* I'll give you a ride. **3 pedir uma carona (a alguém) (a)** (a um amigo, etc.) to ask (sb) for a ride (AmE), to ask (sb) for a lift (BrE): *Pede uma carona ao Teo.* Ask Teo for a ride. **(b)** (a um estranho) to thumb a ride (from sb): *Ficamos na estrada pedindo carona.* We stood on the side of the road thumbing a ride. **4 ir de carona (a)** (com um amigo, etc.) to get a ride (AmE), to get a lift (BrE): *Vou para casa de carona com o João.* I'm getting a ride home with João. **(b)** (com um estranho) to hitchhike, to hitch: *Fomos de carona de Cabo Frio a Búzios.* We hitchhiked from Cabo Frio to Búzios. **5 pegar carona com alguém (a)** (com um amigo, etc.) to get a ride with sb (AmE), to get a lift with sb (BrE): *Vou pegar carona com a Cecília.* I'll get a ride with Cecília. **(b)** (com um estranho) to hitch a ride with sb: *Pegamos carona com um caminhoneiro.* We hitched a ride with a truck driver. **6 viajar de carona** to hitchhike, to hitch: *Vamos viajar de carona pela Europa.* We're going to hitchhike around Europe.

carpete s fitted carpet

carpintaria s carpentry: *Nossa escola tem uma oficina de carpintaria.* Our school has a carpentry workshop.

carpinteiro, -ra s carpenter

carrapato s tick: *O cavalo estava cheio de carrapatos.* The horse was covered in ticks.

carregador s **1** (aparelho) charger **2** (de malas, etc.) porter

carregar v **1** (levar) to carry: *Deixa que eu carrego isso para você.* Let me carry that for you. **2** (com carga elétrica) to recharge: *Preciso carregar meu celular.* I need to recharge my cellphone. **3** (pôr carga em) to load **4** (uma arma) to load

carreira s **1** (de uma pessoa) career: *O vocalista da banda vai iniciar uma carreira solo.* The lead singer is going to start a solo career. **2** (profissão) profession: *a carreira médica* the medical profession | **seguir uma carreira** to go into a profession: *Ela quer seguir a carreira de modelo.* She wants to go into modeling. **3 às carreiras** in a hurry: *Ele saiu às carreiras.* He left in a hurry.

carreta s tractor-trailer (AmE), articulated lorry (BrE)

carrinho s **1** (para compras, bagagem) cart (AmE), trolley (BrE): *Onde pego um carrinho?* Where can I get a cart? **2** (de criança) buggy (pl buggies) **3** (brinquedo) toy car

carro s car | **ir de carro** to drive: *Fomos a São Paulo de carro.* We drove to São Paulo.
carro alegórico float **carro de bombeiro** fire engine **carro de corrida** race car **carro de passeio** sedan (AmE), saloon (BrE) **carro esporte** sports car **carro fúnebre** hearse

carroça s cart

carroceria s **1** (de carro, ônibus) bodywork **2** (de caminhão) back (of a truck): *Os móveis foram transportados na carroceria.* The furniture was transported in the back of the truck.

carro-leito s sleeping car

carrossel s **1** (num parque de diversões) merry-go-round: *Vamos andar no carrossel?* Shall we ride on the merry-go-round? **2** (numa praça, etc.) merry-go-round (AmE), roundabout (BrE)

carruagem s carriage

carta s **1** (correspondência) letter: *Chegou alguma carta para mim?* Are there any letters for me? | **mandar uma carta para alguém** to send sb a letter | **pôr uma carta no correio** to mail a letter (AmE), to post a letter (BrE): *Preciso pôr esta carta no correio.* I need to mail this letter. **2** (de baralho) card | **dar as cartas** to deal the cards: *É minha vez de dar as cartas.* It's my turn to deal the cards. | **jogar cartas** to play cards **3** (mapa) chart: *carta de navegação* nautical chart
carta de motorista driver's license (AmE), driving licence (BrE) **carta de recomendação** letter of recommendation, reference **carta registrada** registered letter **cartas de tarô** tarot cards

cartão s **1** (de felicitações) card: *cartão de aniversário* birthday card | *Vou mandar um cartão de Natal para a Daniela.* I'm going to send a Christmas card to Daniela. **2 cartão (de crédito)** credit card: *Vocês aceitam cartão (de crédito)?* Do you take credit cards? | *Meu pai pagou no cartão.* My father paid by credit card. **3 cartão vermelho/amarelo** (em futebol) red/yellow card: *O Júnior recebeu cartão vermelho.* Júnior was given a red card.
cartão de embarque boarding card **cartão de memória** memory card **cartão telefônico** phone card

cartão-postal s postcard: *Recebi seu cartão-postal.* I got your postcard.

cartaz s **1** (de publicidade, etc.) poster: *Fizemos cartazes sobre a poluição.* We made posters about pollution. **2** (filme, peça) **entrar em cartaz** to open: *O novo filme de Star Wars entra em cartaz semana que vem.* The new Star Wars movie opens next week. | **estar em cartaz** to be playing, to be on | **ficar em cartaz** to run: *A peça ficou em cartaz durante dois meses.* The play ran for two months. **3** (fama) popularity | **estar com cartaz** to be popular: *A Kylie Minogue está com muito cartaz no momento.* Kylie Minogue is very popular at the moment.

carteira s **1** (de dinheiro) wallet: *Perdi a carteira.* I've lost my wallet. **2** (escolar) desk **3** (documento) membership card
carteira de identidade ID card (AmE), identity card (BrE): *No Brasil, todo mundo tem carteira de identidade.* Everyone has an ID card in Brazil. **carteira de motorista** driver's license (AmE), driving licence (BrE): *Já posso tirar minha carteira de motorista.* I'm old enough to get my driver's license now.

carteiro s mailman (pl mailmen) (AmE), postman (pl postmen) (BrE): *O carteiro já passou?* Has the mailman come yet?

cartela s **1** (em jogo) card **2** (embalagem) blister pack

cartolina s cardboard (AmE), card (BrE): *Fizemos o mapa numa cartolina azul.* We drew the map on blue cardboard.

cartomante s fortuneteller

cartório s **1** (para registro de nascimentos etc.) office of vital statistics (AmE), registry office (BrE) **2** (para autenticar documentos etc.) notary's office

cartucho s **1** (de tinta, de filme) cartridge **2** (de arma de fogo) cartridge

cartunista s cartoonist

carvão s **1** (mineral) coal: *uma mina de carvão* a coal mine **2** (de lenha) charcoal **3** (lápis) charcoal: *desenho a carvão* charcoal drawing

casa s ▶ ver quadro na pág. 488
casa de câmbio exchange office (AmE), bureau de change (BrE) **casa de campo** house in the country **casa de repouso** retirement home **casa de saúde** hospital **casa e comida** room and board: *O preço da excursão inclui casa e comida.* The price of the excursion includes room and board. **casa lotérica** lottery retailer

casa

1 Para se referir à construção, usa-se **house**:

Vão demolir aquela casa. They're going to demolish that house. | *Você mora em casa ou apartamento?* Do you live in a house or an apartment?

2 No sentido de residência, usa-se **house**:

Onde fica a sua casa? Whereabouts is your house?

3 No sentido de lar, usa-se **home**:

Quando viajo, sinto falta de casa. When I travel I miss home.

4 EXPRESSÕES

em casa at home: *Ela não está em casa.* She's not at home. | *Fiquei em casa o dia todo.* I stayed at home all day. | **lá em casa** at home/to my house: *Lá em casa jantamos cedo.* We have dinner early at home. | *Apareça lá em casa mais tarde.* Come around to my house later. | **para casa** home: *Tenho que ir para casa agora.* I have to go home now. | **sair de casa** to leave home: *Ele saiu de casa aos 18 anos.* He left home at 18.

5 Para se referir à casa de alguém em particular usa-se **house**, mas com frequência é omitido o substantivo:

Fiquei na casa da minha avó. I stayed at my grandma's./I stayed at my grandma's house. | *A festa foi na casa do João.* The party was at João's. | *Ontem fui à casa do meu primo.* I went to my cousin's house yesterday.

6 EM JOGO DE TABULEIRO (= square)

Volte três casas. Go back three squares.

casacão s coat, overcoat

casaco s **1** (cardigã) cardigan: *Está frio, vou pôr um casaco.* It's cold; I'm going to put a cardigan on. **2** (casacão) coat, overcoat

casado, -da adj married: *uma mulher casada* a married woman | **ser casado (com alguém)** to be married (to sb): *Ele é casado com minha tia.* He's married to my aunt.

casal s **1** (de pessoas) couple: *Eles parecem um casal feliz.* They seem to be a happy couple. | **de casal** double: *cama de casal* double bed | *quarto de casal* double room **2** (de animais) pair: *um casal de periquitos* a pair of parakeets

casamento s **1** (matrimônio) marriage: *Ele tem um filho do primeiro casamento.* He has a son from his first marriage. | **pedir alguém em casamento** to propose to sb: *Meu irmão pediu a namorada em casamento.* My brother proposed to his girlfriend. **2** (cerimônia) wedding

casar ou **casar-se** v to get married: *Eles se casaram em agosto.* They got married in August. | **casar com alguém** to marry sb: *Ele quer casar comigo.* He wants to marry me. | **casar-se na igreja** to have a church wedding | **casar-se no civil** to have a civil wedding (AmE), to have a registry office wedding (BrE): *Minha irmã se casou no civil.* My sister had a civil wedding.
▶ Esta tradução subentende que a pessoa se casa somente no civil, uma vez que nos países anglo-saxões não há cerimônia civil para aqueles que se casam na igreja

casca s **1** (de laranja, limão, etc.) peel: *casca de maçã* apple peel **2** (de banana) skin **3** (de pão) crust **4** (de coco, noz, ovo) shell: *casca de ovo* eggshell **5** (de queijo) rind: *Pode-se comer a casca?* Can you eat the rind? **6** (de ferida) scab **7** (de árvore) bark

cascata s **1** (cachoeira) waterfall **2** (mentira) fib: *O Felipe está sempre contando cascata.* Felipe is always telling fibs.

cascavel s rattlesnake: *A cascavel é venenosa.* The rattlesnake is poisonous.

casco s **1** (de garrafa) empty (pl empties) **2** (de cavalo, etc.) hoof (pl hooves) **3** (de navio, barco) hull

cascudo s rap on the head | **dar um cascudo em alguém** to give sb a rap on the head | **levar um cascudo de alguém** to get a rap on the head from sb

caseiro, -ra adjetivo & substantivo

• **adj 1** (doce, comida) homemade: *um bolo caseiro* a homemade cake **2** (pessoa) home-loving | **ser caseiro** to be a homebody: *Minha mãe é muito caseira.* My mother is a real homebody.

• **s** (empregado) caretaker

caso substantivo & conjunção

• **s 1** (fato) incident
2 (ocorrência) case: *um dos primeiros casos de dengue* one of the first cases of dengue fever
3 (problema) matter: *Deixa que eu resolvo este caso.* Leave me to sort the matter out. | **criar caso** to cause trouble: *Ele vive criando caso na escola.* He's always causing trouble at school.
4 (amoroso) affair: *Já tive um caso com ele.* I had an affair with him.
5 (situação) case: *Nesse caso, é melhor ficar em casa.* In that case, it's better to stay at home.
6 caso contrário otherwise: *Preciso estudar mais, caso contrário vou ser reprovado.* I need to study more, otherwise I'll fail.
7 em todo caso in any case
8 no caso de algo (se acontecer algo) in case of sth: *No caso de uma emergência, ligue para este número.* In case of emergency, call this number.

• **conj** if: *Caso ele chegue, me avise.* If he arrives, let me know.

caspa s dandruff | **estar com caspa** to have dandruff

casquinha s (para sorvete) cone

cassar v **1** (uma licença) to take away: *Cassaram a carteira de motorista dele.* They've taken away his driver's license. **2** (um político) to ban

cassete s cassette: *Tenho o álbum em cassete.* I have this album on cassette.

cassetete s nightstick (AmE), baton (BrE)

cassino s casino

castanha s chestnut: *castanha assada* roast chestnut

castanha-do-pará s brazil nut

castanho, -nha *adjetivo & substantivo*

- *adj* brown: *olhos castanhos* brown eyes ► ver "Active Box" **cores** em **cor**

- **castanho** s brown ► ver "Active Box" **cores** em **cor**

castelo s castle
castelo de areia sandcastle

castiçal s candlestick

castigar v **castigar alguém (por ter feito algo)** to punish sb (for doing sth) ► Frequentemente usa-se **to ground** no sentido de castigar um menor: *Meu pai me castigou por eu ter chegado tarde.* My father grounded me for arriving late.

castigo s punishment | **ficar de castigo** to be grounded: *Fiquei de castigo por causa das minhas notas.* I was grounded because of my grades.

castrar v (um cão, um gato) to neuter ► Existe o verbo **to castrate,** que é mais técnico

casual adj chance: *um encontro casual* a chance meeting

catálogo s **1** catalog (AmE), catalogue (BrE): *um catálogo de compras* a mail-order catalog **2 catálogo (telefônico)** phone book

catapora s chickenpox: *Minha irmã está com catapora.* My sister has chickenpox.

catar v **catar algo (a)** (recolher) to pick sth up: *Cate os lápis do chão.* Pick the pencils up off the floor. **(b)** (procurar) to search for sth: *Catei o CD em todas as lojas.* I searched for the CD in all the stores.

catarro s catarrh

catástrofe s catastrophe

cata-vento s **1** (para indicar a direção do vento) weather vane **2** (moinho) windmill

catecismo s catechism

catedral s cathedral

categoria s **1** (qualidade) quality | **de (alta) categoria** (high-)quality: *um produto de categoria* a quality product | **de primeira categoria** first-rate | **de segunda categoria** second-rate: *um hotel de segunda categoria* a second-rate hotel **2** (em esporte) class: *categoria infanto-juvenil* junior class

cativeiro s **1** (de animal, pessoa) captivity | **em cativeiro** in captivity: *animais procriados em cativeiro* animals bred in captivity | *A refém ficou 40 dias em cativeiro.* The hostage was held in captivity for 40 days. **2** (esconderijo) hideout: *Os policiais descobriram o cativeiro dos sequestradores.* The police found the kidnappers' hideout.

catolicismo s Catholicism

católico, -ca adj & s Catholic: *Sou católico.* I'm a Catholic.

catorze numeral **1** (número, quantidade) fourteen: *catorze alunos* fourteen students **2** (em data) fourteenth: *no dia catorze de abril* on April 14th

causa s **1** (motivo) cause | **por causa de alguém/algo** because of sb/sth: *Fiquei de castigo por causa dele.* I was grounded because of him. | *Desistimos de ir por causa da chuva.* We decided not to go because of the rain. **2** (ideal) cause: *Eles estão lutando por uma boa causa.* They are fighting for a good cause. **3** (em advocacia) case

causar v **1** (um problema, um acidente, etc.) to cause: *O fumo pode causar câncer.* Smoking can cause cancer. **2 causar alegria/tristeza a alguém** to make sb happy/sad: *Esse filme me causou tristeza.* That movie made me sad. | **causar preocupação a alguém** to worry sb

cauteloso, -sa adj careful: *Você devia ser mais cauteloso ao dirigir.* You should be more careful when driving.

cavado, -da adj **1** (blusa, vestido) low-cut: *uma blusa cavada* a low-cut blouse **2** (biquíni) high-cut

cavalar adj (dose) giant

cavalete s **1** (de pintura) easel **2** (de apoio) trestle

cavalgar v to ride

cavalheiro s gentleman (pl gentlemen): *Ele se portou como um cavalheiro.* He behaved like a gentleman.

cavalo s **1** (animal) horse **2** (peça do xadrez) knight **3** (potência de motor) horsepower (pl horsepower): *motor de 100 cavalos* a 100 horsepower engine
cavalo de corrida racehorse

cavalo-marinho s seahorse

cavanhaque s goatee

cavar v **1** (um buraco, etc.) to dig **2** (procurar) to be after: *Ele está cavando um emprego.* He's after a job.

caverna s cave

cavidade s cavity (pl -ties)

caxumba s mumps

CD s CD | *um CD duplo/virgem* a double/blank CD

CD-player s CD player

CD-ROM s CD-ROM

cebola s onion: *sopa de cebola* onion soup

cebolinha s spring onion

cê-cedilha s c cedilla

cê-dê-efe s egghead (AmE), swot (BrE)

ceder v **1** (dar) to provide: *A igreja cedeu uma sala para os jovens.* The church provided a room for the young people.
2 (emprestar) to lend: *Ela me cedeu seu livro de História.* She lent me her history textbook.
3 (desmoronar) to give way: *A mesa cedeu com o peso da máquina.* The table gave way under the weight of the machine.
4 (não resistir) to give in: *Fui obrigado a ceder.* I was forced to give in. | **ceder a pressões/tentações etc.** to give in to pressure/temptation etc.
5 ceder seu assento (a alguém) to give your seat up (to sb)

cedilha s cedilla: *Essa palavra leva cedilha.* That word has a cedilla.

cedo adv ▶ ver quadro

cédula s (de dinheiro) bill (AmE), note (BrE): *uma cédula de 10 reais* a ten-real bill

cego, -ga adjetivo & substantivo
• adj **1** (privado da visão) blind | **ficar cego** to go blind: *Minha avó está ficando cega.* My grandmother is going blind. **2** (tesoura, apontador, etc.) blunt
• s **cego** blind man | **cega** blind woman | **os cegos** the blind

cegonha s stork

cegueira s blindness

ceia s supper
ceia de Natal Christmas dinner

cela s cell

celebração s **1** (comemoração) celebration: *a celebração dos seus 15 anos* her fifteenth birthday celebration **2** (de missa, etc.) celebration

celebrar v **1** (comemorar) to celebrate: *Ele vai celebrar o aniversário numa boate.* He is going to celebrate his birthday in a nightclub. **2** (uma missa) to celebrate

celeiro s **1** (para produtos agrícolas) barn **2** (depósito de grãos, trigo) granary (pl -ries)

celofane s cellophane

célula s cell

celular s **1** (aparelho) cellphone (AmE), mobile (phone) (BrE): *Ligue para o meu celular.* Call me on my cellphone. **2** (número) cellphone number: *Qual é o seu celular?* What's your cellphone number?

celulite s cellulite

---

cedo

1 ANTES DO HORÁRIO NORMAL OU COMBINADO (= early)

Ele dorme cedo. He goes to bed early. | *Se chegarmos cedo, pegaremos um bom lugar.* If we arrive early, we'll get a good place.

2 NO INÍCIO DA MANHÃ (= early in the morning)

Faço ginástica cedo. I exercise early in the morning.

3 LOGO (= soon)

Ele não vai voltar tão cedo. He won't be back so soon.

4 EXPRESSÕES

mais cedo ou mais tarde sooner or later: *Mais cedo ou mais tarde, ela vai se arrepender.* Sooner or later she'll regret it. | **o mais cedo possível** as soon as possible: *Ele deve consultar um médico o mais cedo possível.* He should go and see a doctor as soon as possible.

---

cem *numeral* **1** a hundred, one hundred ▶ **a hundred** é mais usado do que **one hundred**, mas quando *cem* vem depois de *mil* usa-se sempre **one hundred**: *cem anos atrás* a hundred years ago | *uma nota de cem reais* a hundred-real bill | *Cem mil pessoas assistiram ao show.* A hundred thousand people attended the show. | *dois mil e cem* two thousand one hundred **2 cem por cento** a hundred per cent: *É cem por cento algodão.* It's a hundred per cent cotton.

cemitério s **1** (público) cemetery (pl -ries) **2** (de igreja) churchyard

cena s **1** (de filme, peça, etc.) scene: *as melhores cenas do filme* the best scenes in the movie
2 (de crime, etc.) scene
3 (cenário) scene: *o melhor grupo na cena pop brasileira* the best group on the Brazilian pop scene
4 em cena (no palco) on stage | **entrar em cena** to come on stage: *Ela entra em cena duas vezes na peça.* She comes on stage twice during the play.
5 estar em cena (em cartaz) to be running: *A peça está em cena há três semanas.* The play has been running for three weeks.
6 fazer uma cena (criar caso) to make a scene

cenário s **1** (de filme, peça, etc.) setting **2** (de programa de TV) set **3 o cenário musical/político etc.** the music scene/the political scene etc. **4** (panorama) setting: *O sol, o mar e a areia formavam um lindo cenário.* The sun, sea and sand made a beautiful setting.

cenoura s carrot: *bolo de cenoura* carrot cake

censura s **1** (reprovação) disapproval | **um olhar/tom de censura** a look/tone of disapproval **2** (na mídia, em política) censorship **3** (de filme) rating | **censura livre** G rating (AmE), U certificate (BrE)

ℹ️ Deve-se dizer *on the table* ou *in the table*? Veja o verbete **em**.

censurar v **1** (criticar) to criticize: *Ela censurou os modos da menina.* She criticized the girl's manners. **2** (filme, livro, etc.) to censor: *O filme foi censurado.* The movie was censored. **3** (repreender) to rebuke

centavo s **1** cent: *dez centavos de troco* ten cents change **2 estar sem um centavo** not to have a red cent

centeio s rye: *pão de centeio* rye bread

centelha s spark

centena s **1** (cem) hundred **2 uma centena/centenas de** (muitos) hundreds of: *Já vi isso acontecer uma centena de vezes.* I've seen it happen hundreds of times. | *Tenho centenas de fotos dela.* I have hundreds of photos of her.

centésimo, -ma *numeral* **1** hundredth **2 pela centésima vez** (expressando impaciência) for the hundreth time: *Ela me contou, pela centésima vez, como tudo aconteceu.* She told me, for the hundreth time, how it all happened.

centígrado s centigrade

centímetro s centimeter (AmE), centimetre (BrE): *Tem vinte centímetros de largura.* It's twenty centimeters wide.

cento *numeral* **1** a hundred, one hundred ▶ **a hundred** é mais usado do que **one hundred,** mas quando *cento* vem depois de *mil*, usa-se sempre **one hundred**: *cento e vinte* a hundred and twenty/one hundred and twenty | *três mil cento e vinte dólares* three thousand one hundred and twenty dollars **2 15/30 etc. por cento** 15/30 etc. percent: *30 por cento dos estudantes* 30 percent of students

central *adjetivo & substantivo*
- *adj* central
- *s* (de firma, etc.) head office
central de reservas reservations department
central telefônica telephone exchange

centrar v **1** (posicionar no centro) to center (AmE), to centre (BrE) **2 centrar a atenção/os esforços em algo** to focus your attention/efforts on sth **3** (em futebol) to center (AmE), to centre (BrE)

centro s **1** (meio) center (AmE), centre (BrE): *no centro da praça* in the center of the square **2** (de cidade) downtown (AmE), city centre (BrE): *Gosto de fazer compras no centro.* I like shopping downtown. **3 o centro das atenções** the center of attention **4** (local para atividades) center (AmE), centre (BrE): *um centro esportivo* a sports center
centro comercial shopping mall (AmE), shopping centre (BrE) **centro cultural** cultural center (AmE), cultural centre (BrE) **centro médico** medical center (AmE), medical centre (BrE)

centroavante s (em futebol) center forward (AmE), centre forward (BrE)

CEP s (código postal) zip code (AmE), postcode (BrE)

cera s **1** (substância) wax | **cera quente/fria** (para depilação) hot/cold wax **2** (para chão) floor polish ▶ ver também **lápis**

cerâmica s **1** (arte) pottery: *uma aula de cerâmica* a pottery class **2** (material) pottery: *um vaso de cerâmica* a pottery vase | *um piso de cerâmica* ceramic flooring

cerca *substantivo & preposição*
- *s* fence
cerca viva hedge
- **cerca de** *prep* about: *Esperei cerca de meia hora.* I waited about half an hour.

cercar v **1** (com cerca) to fence off: *Cercaram a piscina do clube.* They fenced off the club swimming pool. **2** (rodear) to surround **3** (assediar) to mob: *As fãs cercam os jogadores nos treinos.* The fans mob the players at the training sessions. **4** (sitiar) to surround: *As tropas cercaram a cidade.* The troops surrounded the city.

cereal s **1** (grão) cereal **2** (alimento) cereal: *Como cereal com frutas de manhã.* I eat cereal with fruit in the morning.

cérebro s (em anatomia) brain

cereja s cherry (pl -rries)

cerimônia s **1** (ato solene) ceremony (pl -nies): *cerimônia de premiação* prize-giving ceremony **2 fazer cerimônia** to stand on ceremony: *Fique à vontade, não faça cerimônia.* Make yourself at home; don't stand on ceremony. | **sem (fazer) cerimônia** nonchalantly: *Sem cerimônia, ele pôs os pés na cadeira.* He nonchalantly put his feet up on the chair.

cerimonioso, -sa *adj* (pessoa, atitude) formal

cerração s fog

certamente *advérbio & interjeição*
- *adv* **1** (com certeza) certainly: *A essa hora a loja certamente estará fechada.* At this time the store will certainly be closed. **2** (definitivamente) definitely: *Esse é certamente o melhor filme que já vi.* This is definitely the best movie I've ever seen.
- **certamente!** *interj* definitely!: – *Você acha que ele virá?* – *Certamente!* "Do you think he'll come?" "Definitely!"

certeiro, -ra *adj* (chute, tiro) accurate

certeza s **1** certainty (pl -ties) **2 dar certeza (de que)** to say for sure (that): *Ela deu certeza de que estaria lá.* She said for sure (that) she'd be there. **3 ter certeza (de algo)** to be sure (of sth): *Tem certeza?* Are you sure? | *Tenho certeza absoluta disso.* I'm absolutely sure of it. **4 ter certeza de que** to be sure (that): *Ele tem certeza de que o show é hoje.* He's sure (that) the show is today.

certidão s certificate
  certidão de nascimento birth certificate

certificado s certificate

certificar-se v **1 certificar-se de que** to make sure (that), to check (that): *Revi os exercícios para me certificar de que estavam corretos.* I looked over the exercises to make sure they were correct. **2 certificar-se de algo** to check sth: *Nós nos certificamos da verdade de suas afirmações.* We checked the truth of his claims.

certo, -ta *adjetivo, pronome, substantivo, advérbio & interjeição*

- **adj** **1** (correto) right
  2 (seguro) sure: *É certo ter aula amanhã.* There's sure to be class tomorrow.
  3 (combinado) set: *Tem dia certo para os jogos.* There are set days for the games.
  4 (convencido) **estar certo de algo** to be sure of sth | **estar certo de que** to be sure (that): *Você está certa de que a prova é dia 9?* Are you sure the test is on the 9th?

- **pron** **1** (seguido de substantivo singular) a certain: *certo dia* on a certain day
  2 (seguido de substantivo plural) certain: *certas pessoas* certain people
  3 até certo ponto to a certain extent
  4 de certo modo in a way: *De certo modo, essa foi a melhor solução.* In a way, that was the best solution.

- **certo** s: **1** *Não sei qual é o certo.* I don't know which is the right one. | *O certo seria você pedir desculpas.* The right thing would be for you to apologize.
  2 o mais certo most probably: *O mais certo é ele chegar amanhã.* He'll most probably arrive tomorrow.

- **certo** *adv* **1** right: *Acho que fiz certo o dever.* I think I did the homework right.
  2 ao certo for sure: *Não sei ao certo quem virá.* I don't know for sure who will come.
  3 dar certo to work: *Espero que esta receita dê certo.* I hope this recipe works. | *Não faça isso porque não vai dar certo.* Don't do that because it won't work.

- **certo!** *interj* right!

cerveja s beer: *Uma cerveja, por favor.* A beer, please. | **cerveja sem álcool** alcohol-free beer

cesariana s cesarean (AmE), Caesarean (BrE)

cessar v to stop: *Quando a música cessou, as luzes acenderam.* When the music stopped, the lights came on. | **cessar de fazer algo** to stop doing sth: *Cessaram de reclamar.* They stopped complaining. | **sem cessar** endlessly

cesta s **1** (de frutas, compras, etc.) basket **2** (de Natal) hamper **3** (em basquete) basket | **fazer cesta** to score a basket

cesta básica food parcel **cesta de lixo** wastepaper basket **cesta de pão** breadbasket

cesto s basket
  cesto de roupa suja hamper (AmE), laundry basket (BrE)

breadbasket shopping basket wicker basket sewing basket hamper (AmE)/ laundry basket (BrE)

cético, -ca *adj* skeptical

cetim s satin: *uma camisola de cetim* a satin nightgown

céu s **1** (firmamento) sky (pl skies): *estrelas no céu* stars in the sky | *se você olhar para o céu* if you look up at the sky **2** (paraíso) heaven: *no céu* in heaven **3 o céu da boca** the roof of your mouth

chá s tea: *Vamos tomar um chá?* Shall we have a cup of tea?
  chá de bebê baby shower **chá de erva** herb tea **chá de panela** bridal shower **chá preto** black tea **chá verde** green tea

chácara s **1** (sítio) farm: *Meu pai cultiva laranjas na chácara.* My father grows oranges on the farm. **2** (casa de campo) country home: *Passo as férias na chácara.* I spend my vacations at my country home.

chacina s massacre

chafariz s fountain

chalé s chalet

chaleira s kettle: *Pus a chaleira no fogo para fazer café.* I put the kettle on to make some coffee.

chama s flame | **em chamas** in flames

chamada s **1** (para verificar a presença) roll call (AmE), register (BrE) | **fazer a chamada** to call the roll (AmE), to take the register (BrE): *O professor não fez a chamada hoje.* Our teacher didn't call the roll today. **2** (telefônica) call: *Recebi uma chamada importante.* I received an important call. | **fazer uma chamada** to make a call | **chamada a cobrar** collect call (AmE), reverse-charge call (BrE) | **chamada interurbana** long-distance call **3** (repreensão) scolding (AmE), telling-off (BrE) | **dar uma chamada em alguém** to give sb a scolding (AmE), to give sb a telling-off (BrE) | **receber uma chamada de alguém** to get a scolding from sb (AmE), to get a telling-off from sb (BrE) **4** (comercial em TV) trailer

chamado, -da *adjetivo & substantivo*

- *adj* called: *uma moça chamada Júlia* a girl called Júlia | **o/a chamado -da** the so-called: *o chamado "rei do hip hop"* the so-called "king of hip hop"
- **chamado** *s* (convocação) call: *Ele recebeu um chamado urgente.* He received an urgent call.

chamar *v* **1** (dizer alto um nome) to call: *Alguém me chamou?* Did somebody call me?
2 chamar alguém de algo (nomear, qualificar) to call sb sth: *Ela me chamou de burra.* She called me stupid. | **ser chamado de algo** to be called sth: *Ele era chamado de "gordo."* He was called "fatty."
3 (pedir, convocar) to call: *Chamamos uma ambulância.* We called an ambulance.
4 mandar chamar alguém to send for sb
5 (convidar) to ask: *Ela me chamou para ir ao cinema.* She asked me to a movie.
6 (tocar) to ring: *O telefone está chamando.* The phone is ringing. | *Chama e ninguém atende.* There's no reply.
7 chamar atenção to attract attention
chamar-se *v* to be called ▶ Para falar de pessoas, usa-se o substantivo **name**. Ver exemplos: *Como você se chama?* What's your name? | *Ele se chama Pedro.* His name is Pedro. | *Como se chama esta rua?* What's this street called?

chamativo, -va *adj* (roupa, cor, etc.) loud, garish

chaminé *s* **1** (de casa) chimney **2** (de fábrica, usina nuclear) smokestack (AmE), chimney (BrE) **3** (de navio) smokestack (AmE), funnel (BrE)

champanhe *s* champagne: *uma taça de champanhe* a glass of champagne

champignon *s* mushroom: *pizza de champignon* mushroom pizza

chance *s* **1** (possibilidade) chance: *Não há chance de isso acontecer.* There's no chance of that happening. | **ter chance de fazer algo** to have a chance of doing sth: *Temos chance de ganhar esse campeonato.* We have a chance of winning this championship. **2** (oportunidade) chance: *Não perca esta chance.* Don't miss this chance.

chantagear *v* to blackmail

chantagem *s* blackmail ▶ **blackmail** é um substantivo incontável e não pode vir precedido de artigo: *Isto é uma chantagem!* That's blackmail! | **fazer chantagem com alguém** to blackmail sb
chantagem emocional emotional blackmail

chão *s* **1** (piso) floor: *o chão da sala* the living room floor **2** (na rua, etc.) ground: *Não jogue papel no chão.* Don't drop litter on the ground.

chapa *s* **1** (grelha) griddle: *bife na chapa* griddled steak **2** (de automóvel) license plate (AmE), number plate (BrE) **3 chapa de raio X** X-ray **4** (de aço, ferro, etc.) sheet

chapado, -da *adj* **1** (completo) brimming: *um copo chapado de cerveja* a glass brimming with beer **2** (drogado) stoned

chapéu *s* hat: *um chapéu de palha* a straw hat

top hat | beret | sombrero | baseball cap | bowler hat | sun hat

charada *s* riddle: *Ele conseguiu decifrar a charada.* He managed to solve the riddle.

charge *s* (political) cartoon

charme *s* **1** charm **2 fazer charme** (fingir falta de interesse) to play hard to get

charmoso, -sa *adj* charming

charrete *s* horse-drawn carriage

charter *s* charter flight: *Fui de charter para Miami.* I took a charter flight to Miami.

charuto *s* cigar

chat *s* chat room

chateado, -da *adj* **1** (aborrecido) upset | **estar/ficar chateado (com algo)** to be/get upset (about sth): *Fiquei chateado com a nota da prova.* I was upset about my test grade. | **estar/ficar chateado (com alguém)** to be/get annoyed (with sb) **2 deixar alguém chateado** to upset sb: *O namorado a deixou chateada.* Her boyfriend upset her.

chatear *v* **1** (aborrecer) to upset: *Seu e-mail me chateou.* Your e-mail upset me. **2** (incomodar, irritar) to annoy: *Essas moscas estão me chateando.* These flies are annoying me.
chatear-se *v* **chatear-se (com algo/alguém)** **(a)** (aborrecer-se) to get upset (about sth/with sb): *Ele se chateou comigo sem motivo.* He got upset with me for no reason. **(b)** (irritar-se) to get annoyed (at sth/with sb): *Ele se chateou com a minha brincadeira.* He got annoyed at my joke.

chatice *s* **1** (tédio) bore: *A festa estava uma chatice.* The party was a bore. **2** (amolação) drag: *É uma chatice ter que acordar cedo.* It's a drag having to get up early.

chato, -ta *adj* **1** (entediante) boring: *Achamos o filme chato.* We thought the movie was boring. **2** (irritante) annoying: *Aquele cara é muito chato.* That guy's really annoying. **3** (embaraçoso) embarrassing: *É chato ter que dizer isso a ele.* It's embarrassing to have to tell him that. **4** (falta de educação) rude: *Seria chato chegar atrasado no jantar.* It would be rude to arrive late for the meal. **5** (plano) flat: *pé chato* flat feet

chave *substantivo & adjetivo*

- *s* **1** (de carro, casa, etc.) key: *Perdi a chave do*

chaveiro

cadeado. I've lost the key to the padlock. **2** (sinal gráfico) wavy bracket (AmE), curly bracket (BrE) **3** (elemento essencial) **a chave do sucesso etc.** the key to success etc.
chave de braço armlock **chave de fenda** screwdriver **chave inglesa** wrench (AmE), spanner (BrE)

• *adj* **-chave** key: *Ele é a pessoa-chave neste campeonato.* He's the key person in this championship.

chaveiro s **1** (porta-chaves) key ring **2** (pessoa) locksmith

checar v to check: *Você checou se a porta está trancada?* Have you checked whether the door's locked?

check-in s check-in | **fazer o check-in** to check in

check-up s (médico) check-up | **fazer um checkup** to have a checkup

chefe s **1** (patrão) boss (pl -sses): *o chefe do meu pai* my father's boss **2** (de organização, governo, seção, etc.) head: *Ele é o chefe dos escoteiros.* He's the head of the scouts. **3** (de gangue) leader: *o chefe da quadrilha* the gang leader **4** (de polícia, bombeiros, etc.) chief **5** (de uma tribo) chief
chefe de cozinha chef

chegada s arrival: *no dia seguinte à sua chegada* the day after your arrival

chegado, -da adj **1 ser chegado a alguém** to be close to sb: *Somos muito chegados a eles.* We are very close to them. **2 ser chegado a algo** to be keen on sth: *Não sou chegada a doces.* I'm not keen on sweet things.

chegar v **1** to arrive: *Chegamos a Nova York num domingo.* We arrived in New York on a Sunday. | *Ele ainda não chegou.* He hasn't arrived yet. | *Chegou uma carta para você.* A letter arrived for you. | **chegar em casa** to get home | **chegar de viagem** to get back
2 (aproximar-se) to come: *Chegue aqui.* Come here. | **chegar para cá/para lá** to move up/to move over: *Se você chegar para cá, vai ter espaço para ele.* If you move up, there'll be room for him. | *Você podia chegar um pouco para lá?* Could you move over a little? | **chegar perto (de algo/alguém)** to get/come close (to sth/sb): *Chegue mais perto; não estou te ouvindo.* Come closer; I can't hear you.
3 (bastar) to be enough: *Uma pizza média chega para nós dois.* A medium pizza is enough for the two of us. | **chega de reclamações/choro etc.** that's enough complaining/crying etc. | **Chega!** That's enough!
4 (mover) to bring: *Chegue sua cadeira mais para perto.* Bring your chair closer.
5 (ocorrer) to come: *O verão chegou cedo este ano.* Summer came early this year.
6 aonde você/ele etc. quer chegar? what are you/is he etc. getting at?: *Não entendo aonde você quer chegar.* I don't understand what you're getting at.
7 chegar à conclusão de que to come to the conclusion that
8 chegar a fazer algo (ir ao ponto de) to actually do sth: *Não cheguei a falar com ela sobre isso.* I didn't actually speak to her about it.
9 chegar em algo (atingir) to reach sth

cheio, -a adj **1 cheio (de algo/alguém)** (repleto) full (of sth/sb): *O metrô estava cheio (de gente).* The subway was full (of people). | *Tive um dia cheio.* I've had a full day. **2 cheio de algo** (coberto) covered in sth: *Meu rosto está cheio de espinhas.* My face is covered in spots. **3 cheio de si** (convencido) full of yourself: *Ela é muito cheia de si.* She's very full of herself. **4** (gordo) full: *um rosto cheio* a full face **5 acertar em cheio (a)** (ao atirar, etc.) to score a direct hit **(b)** (ao responder, adivinhar, etc.) to hit the nail on the head **6 estar cheio de algo/alguém** (estar cansado) to be fed up with sth/sb: *Estou cheio desse barulho!* I'm fed up with that noise!

cheirar v **1** to smell: *Cheirei o iogurte e vi que estava estragado.* I smelled the yoghurt and could tell it had gone bad. **2 cheirar bem/mal** to smell good/bad: *Esse café está cheirando bem.* That coffee smells good. **3 cheirar a algo (a)** to smell of sth: *O armário está cheirando a mofo.* The cupboard smells of mold. **(b)** (parecer) to sound like sth: *Isso me cheira a mentira.* That sounds like a lie to me.

cheiro s cheiro **(de algo)** smell (of sth): *Que cheiro é esse?* What's that smell? | *Tem um cheiro de gás na cozinha.* There's a smell of gas in the kitchen. | **ter um cheiro bom/ruim etc.** to smell good/bad etc.

cheiroso, -sa adj nice-smelling | **ser/estar cheiroso** to smell nice: *Você está sempre cheirosa.* You always smell nice.

cheque s check (AmE), cheque (BrE): *um cheque de R$50* a check for R$50.00 | **depositar/descontar um cheque** to deposit/cash a check | **fazer um cheque** to write a check ▶ ver também **talão**
cheque em branco blank check **cheque sem fundos** bad check (AmE), cheque that bounces (BrE)

chiado s **1** (ruído áspero) hiss, hissing **2** (pio) chirping **3** (de pneu, freio) screech

chiclete s chewing gum ▶ **chewing gum** é incontável. Para referir-se a *um chiclete* você tem que dizer **a piece of chewing gum**: *Não gosto de chiclete.* I don't like chewing gum. | *Ofereci um chiclete a ela.* I offered her a piece of chewing gum. | **mastigar chiclete** to chew gum
chiclete de bola bubble gum

chicote s whip

chifre s horn

Chile s **o Chile** Chile: *no Chile* in Chile

chileno, -na adjetivo & substantivo

• *adj* Chilean

• *s* (pessoa) Chilean | **os chilenos** (povo) Chileans

As 2.000 palavras mais importantes do inglês estão assinaladas no texto.

chilique s fit | **ter um chilique** to have a fit: *Ela vai ter um chilique quando souber disso.* She'll have a fit when she finds out.

chimpanzé s chimpanzee

China s **a China** China: *na China* in China

chinelo s **1** (sandália) flip-flop, thong (AmE): *Onde você comprou esses chinelos?* Where did you buy those thongs? **2** (de usar em casa) slipper ▶ *um chinelo* traduz-se por **a pair of thongs** ou **a pair of slippers,** dependendo do significado da palavra: *Preciso comprar um chinelo novo.* I need to buy a new pair of thongs/a new pair of slippers.

chinês, -esa *adjetivo & substantivo*

• *adj* Chinese: *comida chinesa* Chinese food

• *s* (pessoa) Chinese | **os chineses** (povo) the Chinese

• **chinês** *s* (idioma) Chinese

chip s chip

chique *adj* **1** (roupa, pessoa) stylish | **ser chique** to be stylish | **estar chique** to look stylish: *Você está chique hoje.* You're looking stylish today. **2** (bairro, restaurante, loja) upscale (AmE), posh (BrE)

chocante *adj* **1** (perturbador) shocking: *Foi uma cena chocante.* It was a shocking scene. **2** (incrível) amazing: *O filme é chocante!* The movie is amazing!

chocar *v* **1** (escandalizar, impressionar) to shock: *O crime chocou a população.* The crime shocked the nation. **2** (ovos) to hatch
chocar-se *v* **1 chocar-se com/contra algo** (bater) to crash into sth: *O ônibus se chocou contra um caminhão.* The bus crashed into a truck. **2** (escandalizar-se) to be shocked: *Não me choco com esse tipo de filme.* I'm not shocked by that kind of movie.

chocolate s chocolate: *sorvete de chocolate* chocolate ice cream
chocolate amargo plain chocolate **chocolate ao leite** milk chocolate

chofer s **1** (de ônibus, etc.) driver: *chofer de táxi* taxi driver **2** (particular) chauffeur

chope s draft beer: *Dois chopes, por favor.* Two draft beers, please.

choque s **1** (abalo) shock: *A notícia foi um choque para todos nós.* The news was a shock to all of us. | **estar/ficar em estado de choque** to be in a state of shock/to go into a state of shock **2** (elétrico) (electric) shock | **levar um choque** to get an electric shock **3** (conflito) clash: *choque de gerações* clash of generations **4** (batida) crash: *O choque entre os carros não causou vítimas.* There were no casualties in the car crash.

chorar *v* to cry: *Ela chora à toa.* She cries for the slightest reason. | **chorar de dor** to cry with pain

choro s **1** (ato de chorar) crying | **acabar em choro** to end in tears **2** (música) Para explicar esta acepção pode-se dizer *a type of Brazilian music*

chover *v* to rain: *Parece que vai chover.* It looks like it's going to rain. | **chover a cântaros** to pour down

chuchu s chayote ▶ Como *chuchu* não é um legume muito comum nos Estados Unidos e na Grã-Bretanha, caso precise descrevê-lo em inglês diga: *chuchu is a pear-shaped, pale green vegetable, similar to a small squash*

chulé s foot odor (AmE), foot odour (BrE)

chumbo s **1** (metal) lead **2 estar um chumbo** (estar pesado) to weigh a ton: *Sua mochila está um chumbo!* Your backpack weighs a ton!

chupar *v* **1** (uma bala, um sorvete, etc.) to suck **2** (absorver) to soak up: *A terra chupou toda a água.* The soil soaked up all the water.

chupeta s pacifier (AmE), dummy (BrE)

churrascaria s restaurant specialising in barbecued meat

churrasco s **1** (evento) barbecue: *O churrasco começou tarde.* The barbecue started late. **2** (carne) barbecued meat

churrasqueira s barbecue

churrasquinho s kabob (AmE), kebab (BrE)

chutar *v* **1** (dar pontapé em) to kick: *Ele chutou o colega.* He kicked his classmate. **2** (em futebol) **chutar (a bola)** to shoot **3** (adivinhar) to guess: *Não sei a resposta, mas vou chutar.* I don't know the answer, but I'll guess.

chute s **1** (pontapé) kick | **dar um chute em algo/alguém** to kick sth/sb **2** (em futebol, etc.) shot **3 dar um chute em alguém** (em namorado) to dump sb

chuteira s soccer shoe (AmE), football boot (BrE): *De quem são essas chuteiras?* Whose are these soccer shoes? ▶ *uma chuteira* traduz-se por **a pair of soccer shoes**: *Ganhei uma chuteira no meu aniversário.* I got a pair of soccer shoes for my birthday.

chuva s rain | **um dia de chuva** a rainy day | **pegar/tomar chuva** to get caught in the rain
chuva de granizo hailstorm **chuva de verão** summer shower

chuveiro s shower: *um banho quente de chuveiro* a hot shower | **ligar/desligar o chuveiro** to turn on/off the shower

chuviscar *v* to drizzle

chuvoso, -sa *adj* rainy: *tempo chuvoso* rainy weather

ciberespaço s cyberspace

cicatriz s scar: *Tenho uma cicatriz no joelho.* I have a scar on my knee.

cicatrizar *v* to heal: *A ferida custou a cicatrizar.* The wound took time to heal.

ciclismo s cycling | **praticar ciclismo** to go cycling

ciclista s cyclist

ciclovia s cycle path: *Só ando de bicicleta nas ciclovias.* I only ride on the cycle paths.

cidadania s citizenship: *Tenho cidadania brasileira.* I have Brazilian citizenship.

cidadão, -dã s citizen

cidade s **1** city (pl -ties), town ▶ ver abaixo **2 minha/sua etc. cidade natal** my/your etc. home town **3 a cidade** (o centro) downtown (AmE), the city centre (BrE): *Fomos à cidade fazer compras.* We went downtown to shop.

> **city ou town?**
>
> Em inglês, a palavra **city** costuma ser usada para cidades grandes. Para cidades pequenas usa-se **town**:
>
> *a cidade de São Paulo* the city of São Paulo | *a cidade de Colônia* the town of Colonia | *uma cidade perto da capital* a town near the capital

ciência *substantivo & substantivo plural*

- *s* science
- **ciências** *s pl* (disciplina) science: *Amanhã tenho prova de Ciências.* I have a science test tomorrow.

ciente *adj* **1 estar ciente de algo** to be aware of sth **2 não estar ciente de algo** to be unaware of sth: *Eles não estão cientes do que aconteceu.* They are unaware of what happened.

científico, -ca *adj* scientific: *pesquisa científica* scientific research ▶ ver também **ficção**

cientista s scientist

cifra s figure: *uma cifra de dez mil dólares* a figure of ten thousand dollars

cifrão s **1** (do real) real sign **2** (do dólar) dollar sign

cigano, -na *adjetivo & substantivo*

- *adj* gypsy | **o povo cigano** the Romany
- *s* gypsy (pl -sies)

cigarra s cicada

cigarro s cigarette: *um maço de cigarros* a pack of cigarettes

cílio s eyelash: *cílios longos* long eyelashes

cima s **1 de cima (a)** (no alto) top: *na estante de cima* on the top shelf **(b)** (em prédio, casa) upstairs: *o morador de cima* the person living upstairs | *Meu quarto fica no andar de cima.* My room is upstairs. **(c)** (do alto) from above
2 de cima para baixo from top to bottom: *Revirei o armário de cima para baixo.* I searched the cupboard from top to bottom.
3 lá em cima (a) (no topo) up there: *A mala está lá em cima.* The bag is up there. **(b)** (no andar de cima) upstairs: *Ela está lá em cima.* She's upstairs.
4 em cima de (a) (sobre) on: *Encontrei o bilhete em cima da cama.* I found the message on the bed. **(b)** (no topo) on top of: *uma casa em cima do morro* a house on top of the hill
5 na parte de cima (de) in the top (of): *na parte de cima do armário* in the top of the cupboard
6 para cima (para o alto) up: *Olhe para cima.* Look up. | *Minha casa fica mais para cima.* My house is farther up.
7 por cima on top: *Por que você não usa uma suéter por cima?* Why don't you wear a sweater on top?
8 por cima de over: *por cima do muro* over the wall
9 ainda por cima (além disso) on top of that: *Perdi a carona e ainda por cima estou sem dinheiro.* I missed my ride and on top of that I have no money.
10 dar em cima de alguém (paquerar) to come on to sb
11 partir para cima de alguém (atacar) to attack sb: *Os cães partiram para cima do ladrão.* The dogs attacked the thief.

cimento s cement

cinco *numeral* **1** (número, quantidade, hora) five: *Tirei cinco em Geografia.* I got a five in geography. **2** (em data) fifth: *cinco de agosto* August fifth

cineasta s filmmaker

cinema s **1** (estabelecimento) movie theater (AmE), cinema (BrE): *ao lado do cinema* next to the movie theater | **ir ao cinema** to go to a movie (AmE), to go to the cinema (BrE): *Vamos ao cinema?* Shall we go to a movie? **2** (arte) cinema **3** (disciplina) film: *Ele faz cinema.* He's studying film.

cínico, -ca *adjetivo & substantivo*

- *adj* cynical
- *s* cynic

cinquenta *numeral* fifty

cintilante *adj* sparkling

cinto s **1** belt: *um cinto de couro* a leather belt | **pôr um cinto** to put a belt on **2 cinto (de segurança)** seat belt

cintura s waist ▶ ver também **jogo**

cinza *adjetivo & substantivo*

- *adj* gray (AmE), grey (BrE) ▶ ver "Active Box" **cores** em **cor**
- *s* **1** (substância) ash (pl ashes) **2** (cor) gray (AmE), grey (BrE) ▶ ver "Active Box" **cores** em **cor**

cinzeiro s ashtray

cinzento, -ta *adj & s* gray (AmE), grey (BrE) ▶ ver "Active Box" **cores** em **cor**

circo s circus

circuito s **1** (pista) circuit **2** (elétrico, eletrônico) circuit

circular *adjetivo, substantivo & verbo*

- **adj** circular: *uma pista circular* a circular track
- **s** (carta) circular
- **v** **1** (pessoa) to go around **2** (transporte) to run: *O metrô não circula aos domingos.* The metro doesn't run on Sundays. **3** (boato, rumor) to spread: *A notícia circulou rápido.* The news spread quickly.

círculo s **1** (circunferência) circle: *um círculo de 3 cm de raio* a circle with a 3 cm radius **2** (de relações) circle: *Ele tem um grande círculo de amigos.* He has a wide circle of friends.
círculo vicioso vicious circle

circunflexo, -xa adj ▶ ver **acento**

circunstância s circumstance | **em nenhuma circunstância** under no circumstances: *Em nenhuma circunstância você deve revelar sua senha.* Under no circumstances should you tell anyone your PIN.

cirurgia s surgery: *cirurgia plástica* plastic surgery

cirurgião, -giã s surgeon: *Meu tio é cirurgião.* My uncle is a surgeon.

cisco s speck

cismar v **1 cismar com alguém** (antipatizar com) to take a dislike to sb: *Ele cismou com esse professor de Matemática.* He took a dislike to the math teacher. **2 cismar de fazer algo** (meter na cabeça) to have your mind set on doing sth: *Agora ele cismou de morar fora.* Now he has his mind set on living abroad. **3 cismar em fazer algo** (insistir) to insist on doing sth: *Meu pai cisma em controlar meus estudos.* My father insists on keeping a check on my studies. **4 cismar que** (estar convencido) to get it into your head that: *Ela cismou que meu aniversário é hoje.* She got it into her head that my birthday is today.

cisne s swan

citar v **1** (mencionar) to mention: *Contei-lhe a história sem citar nomes.* I told him the story without mentioning any names. **2** (um autor, uma lei, etc.) to quote

ciúme s **1** (ou **ciúmes**) jealousy **2 estar com/ter ciúmes (de alguém)** to be jealous (of sb) **3 ficar com ciúmes (de alguém)** to get jealous (of sb) **4 deixar alguém com ciúmes** to make sb jealous

ciumento, -ta adj jealous: *um namorado ciumento* a jealous boyfriend

civilizado, -da adj civilized

clara s (de ovo) white

clarão s **1** (de explosão, etc.) flash **2** (de fogo, vaga-lume, etc.) glow: *o clarão da lareira* the glow of the fireplace

clarear v **1** (tornar claro) to brighten up **2 clarear o cabelo (a)** (a própria pessoa) to lighten your hair: *Uso xampu de camomila para clarear o cabelo.* I use camomile shampoo to lighten my hair. **(b)** (no cabeleireiro) to have your hair lightened **3** (amanhecer) to get light: *No verão clareia mais cedo.* In summer it gets light earlier. **4** (tempo, dia) to brighten up **5** (esclarecer) to clarify: *Precisamos clarear essa questão.* We need to clarify this question.

claridade s (luz) light

clarinete s clarinet

clarinetista s clarinetist

claro, -ra *adjetivo, substantivo, advérbio & interjeição*

- **adj 1** (luz, ambiente) bright: *Seu quarto é bastante claro.* Your room is quite bright.
2 (cor) light: *O tapete é azul claro.* The carpet is light blue.
3 (pele, cabelo, pessoa) fair ▶ Para dizer em inglês que alguém tem *olhos claros* tem-se que especificar a cor: *Ele tem olhos claros.* He's got blue/green/grey eyes.
4 (imagem, voz, som) clear
5 (céu) clear
6 (não confuso) clear: *As instruções são claras.* The instructions are clear. | **deixar algo claro** to make sth clear: *Quero deixar isso bem claro.* I want to make this perfectly clear.
7 é claro que... of course...: *– Não sei se devo fazer isso. – É claro que deve.* "I don't know if I should do that." "Of course you should." | **claro que sim/não** of course/of course not
8 ficar claro (ficar evidente) to be clear: *Ficou claro que ela não estava interessada.* It was clear that she wasn't interested.
9 dia claro daylight: *Já era dia claro quando fui dormir.* It was already daylight when I went to sleep.
10 uma noite em claro a sleepless night: *Ele passou a noite em claro.* He spent a sleepless night.

- **claro** s **no claro** in the light: *Tenho que fazer isso no claro.* I need to do this in the light.

- **claro** *adv* (com clareza) clearly: *Fale claro ou ele não vai te entender.* Speak clearly or he won't understand you.

- **claro!** *interj* (certamente) of course!: *– Você quer um? – Claro!* "Do you want one?" "Of course!"

classe s **1** (turma) class (pl classes): *Ela é da minha classe de português.* She's in my Portuguese class. **2** (em avião, trem, etc.) class (pl classes): *Eles só viajam de primeira classe.* They only travel first class. **3** (educação, refinamento) class: *Ela não tem classe.* She has no class.
4 (categoria) **de primeira classe** first-rate: *um músico de primeira classe* a first-rate musician | **de segunda classe** second-rate: *um hotel de segunda classe* a second-rate hotel **5** (social) class (pl classes): *pessoas de classes sociais diferentes* people of different social classes
6 a classe dos médicos/artistas etc. doctors/artists etc.
classe baixa/média/alta lower/middle/upper

*Gostaria de saber mais sobre os **verbos modais**? Há uma explicação na seção de gramática.*

clássico

class **classe econômica/executiva** economy/business class **classe operária** working class

clássico, -ca *adjetivo & substantivo*

- **adj** **1** (habitual) classic: *um exemplo clássico* a classic example **2** (tradicional) classic: *um estilo clássico* a classic style **3** (música, pintura, história) classical

- **clássico** *s* **1** (em futebol) local derby (pl -bies) **2** (da literatura, do cinema, etc.) classic: *"The Wall" é um clássico do Pink Floyd.* "The Wall" is a classic by Pink Floyd.

classificação *s* **1** (distribuição em classes) classification **2** (em esporte) ranking: *a classificação mundial* the world ranking **3** (passagem para a próxima rodada) qualification: *A vitória lhes garantiu a classificação para a final.* The victory guaranteed them qualification for the final. **4** (em concurso, exame): *Qual foi a sua classificação no exame?* How did you do on the test?

classificado, -da *adjetivo & substantivo plural*

- **adj** o primeiro/segundo etc. **classificado** the person in first/second etc. place | **ser o primeiro/segundo etc. classificado** to come first/second etc.

- **classificados** *s pl* classifieds: *Encontrei o emprego nos classificados.* I found the job in the classifieds.

classificar *v* **1** (dividir em categorias) to classify **2 classificar algo/alguém como/de algo** to describe sth/sb as sth: *Fui classificado de irresponsável.* I was described as irresponsible. **3** (organizar) to arrange: *Classificou-os em ordem alfabética.* He arranged them in alphabetical order.

classificar-se *v* **1 classificar-se para algo** to qualify for sth: *Ele não se classificou para as semifinais.* He didn't qualify for the semifinals. **2 classificar-se em primeiro/segundo etc. lugar** to come first/second etc.

classificatório, -ria *adj* qualifying: *um exame classificatório* a qualifying exam

claustrofobia *s* claustrophobia: *Os elevadores me dão claustrofobia.* Elevators give me claustrophobia.

clavícula *s* collarbone

clicar *v* **1** (em informática) to click | **clicar o botão da direita** to right-click: *Clique o botão da direita do mouse.* Right-click on the mouse. | **clicar duas vezes** to double-click **2** (fotografar) to snap away: *Os fotógrafos clicaram quando ele apareceu na janela.* The photographers snapped away when he appeared at the window.

cliente *s* **1** (de loja, restaurante, etc.) customer **2** (de empresa) client

clima *s* **1** (em meteorologia) climate: *um clima úmido* a damp climate **2** (ambiente) atmosphere: *um clima de tensão* a tense atmosphere **3** (romântico) attraction: *Rolou um clima entre eles.* There was an attraction between them.

clímax *s* climax (pl climaxes)

clínica *s* clinic

clipe *s* **1** (vídeo) video: *Você já viu o novo clipe da Madonna?* Have you seen the new Madonna video yet? **2** (para papéis) paper clip

clone *s* clone

cloro *s* chlorine

close, close-up *s* close-up: *O fotógrafo deu um close no rosto da atriz.* The photographer shot a close-up of the actress's face.

clube *s* **1** (recreativo) club **2** (de futebol) club

coadjuvante *adjetivo & substantivo*

- **adj** supporting: *Ele ganhou o prêmio de melhor ator coadjuvante.* He won the award for best supporting actor.

- **s** **1** (ator) supporting actor, (atriz) supporting actress (pl -sses) **2** (em crime) accomplice

coador *s* (de leite, café, chá) strainer

coalhada *s* yoghurt

cobaia *s* guinea pig

coberta *s* **1** (de cama) cover **2** (de navio) deck

coberto, -ta *adj* **1** (protegido) covered: *um quadro coberto com vidro* a picture covered with glass **2 coberto de algo** (repleto de algo) covered in sth: *Meu rosto está coberto de espinhas.* My face is covered in spots. **3 piscina coberta** indoor pool

cobertor *s* blanket

cobertura *s* **1** (de bolo, sorvete) topping: *cobertura de chocolate* chocolate topping **2** (em prédio) penthouse: *Ele mora numa cobertura na praia.* He lives in a penthouse by the beach. **3** (de evento, notícia) coverage

cobra *substantivo & adjetivo*

- **s** (animal) snake

- **adj ser cobra em algo** to be brilliant at sth: *Ela é cobra em Matemática.* She's brilliant at math.

cobrador, -a *s* (em ônibus) conductor

cobrança *s* **1** (de dívida, pagamento) collection **2** (em futebol) **cobrança (de falta)** free kick: *Ronaldinho fez uma cobrança perfeita.* Ronaldinho took a perfect free kick. | **cobrança de pênalti** penalty (kick) **3** (exigência) demand

cobrar *v* **1** (preço) to charge: *Cobraram R$100 pelo serviço.* They charged R$100 for the job. **2** (uma dívida, um pagamento) to collect **3** (em futebol) **cobrar uma falta** to take a free kick: *Quem cobrou a falta?* Who took the free kick? | **cobrar um pênalti** to take a penalty **4 cobrar algo a alguém (a)** (coisa prometida) to remind sb about sth: *Ela anda me cobrando o CD que prometi.* She keeps reminding me about the CD I promised her. **(b)** (coisa devida) to ask sb for sth: *A professora de Matemática me cobrou os*

coisa

deveres que não fiz. The math teacher asked me for the homework I didn't do.

cobre s copper

cobrir v **1** (proteger) to cover: *Ele cobriu a moto com um plástico.* He covered his motorcycle with a plastic sheet. | *O véu cobria o rosto dela.* The veil covered her face. **2** (fazer reportagem sobre) to cover: *Esse canal não vai cobrir a corrida.* This channel isn't going to cover the race. **3** (pagar) to cover: *Eles me deram dinheiro para cobrir as despesas.* They gave me money to cover expenses.

cobrir-se v to cover yourself

Coca-Cola® s Coke® | **Coca-Cola light®** diet Coke®

cocaína s cocaine

coçar v **1** (produzir ou sentir coceira) to itch: *Meu nariz está coçando.* My nose is itching. **2** (com as unhas) to scratch: *É melhor não coçar as picadas.* It's best not to scratch bites.

cócegas s **1 fazer cócegas em alguém** to tickle sb **2 sentir cócegas** to be ticklish **3 estar em cócegas para fazer algo** to be itching to do sth

coceira s itching: *A sarna provoca coceira.* Scabies causes itching. | **sentir coceira** to have an itch

cochichar v to whisper: *Ele cochichou um segredo no meu ouvido.* He whispered a secret in my ear. | *Parem de cochichar!* Stop whispering!

cochilar v to doze: *Na volta, cochilei no ônibus.* I dozed on the bus on the way back.

coco s coconut: *sorvete de coco* coconut ice cream

cocô s poop (AmE), poo (BrE)

cócoras s **de cócoras** squatting | **ficar de cócoras** to squat

código s **1** (número, símbolo, etc.) code **2** (em informática) code

código de barras bar code **código de trânsito** highway code (BrE) ▶ Não existe nada equivalente no inglês americano **código postal** zip code (AmE), post code (BrE)

codorna s quail: *ovos de codorna* quail's eggs

coelho, -lha s rabbit

coentro s cilantro (AmE), coriander (BrE)

coerente adj consistent

cofre s safe

cogitação s **fora de cogitação** out of the question: *Está fora de cogitação viajar com esse tempo.* It's out of the question to travel in this weather.

cogumelo s mushroom | **cogumelo venenoso** toadstool

coice s kick

coincidência s coincidence: *Foi coincidência encontrá-los lá.* It was a coincidence meeting them there. | **por coincidência** by coincidence: *Por coincidência, nascemos no mesmo dia.* By coincidence, we were born on the same day. | **Que coincidência!** What a coincidence!

coincidir v **coincidir (com algo) (a)** (ocorrer ao mesmo tempo) to coincide (with sth): *Meu aniversário vai coincidir com o feriado.* My birthday is going to coincide with the holiday. ▶ Se a coincidência causa inconvenientes, usa-se o verbo **to clash**: *Os horários das duas aulas coincidem.* The times of the two lessons clash. **(b)** (ser igual) to match (sth): *Nossas respostas coincidiram.* Our answers matched.

coisa substantivo & substantivo plural

• s **1** (troço) thing: *O que é essa coisa aí no chão?* What's that thing on the floor?
2 (fato, ocorrência) thing: *Isso é uma das coisas que mais me aborrecem.* That's one of the things that most annoys me.
3 (assunto) matter: *Não interrompa; estamos falando de coisas sérias.* Don't interrupt; we're talking about serious matters.
4 (nada) nothing: *Não há coisa melhor do que viajar.* There's nothing better than traveling.
5 coisa à beça loads of things: *Tenho coisa à beça para fazer.* I have loads of things to do.
6 coisa igual anything like it: *Nunca vi coisa igual!* I've never seen anything like it.
7 coisa de (cerca de) about: *há coisa de uma semana* about a week ago
8 estar/ficar uma coisa (estar/ficar lindo) to look amazing: *Ela ficou uma coisa com aquele corte de cabelo.* She looked amazing with that haircut.
9 não ser lá grande coisa to be nothing special: *O filme não é lá grande coisa.* The movie is nothing special.
10 outra coisa something else: *Queria lhe perguntar outra coisa.* I wanted to ask you something else.
11 qualquer coisa anything: *Ele come qualquer coisa.* He'll eat anything.
12 que coisa! honestly!: *Me deixa em paz! Que coisa!* Leave me alone! Honestly!
13 ser uma coisa (a) (ser lindo) to be gorgeous: *O irmão dela é uma coisa.* Her brother's gorgeous. **(b)** (ser ótimo) to be great: *O show foi uma coisa.* The show was great. **(c)** (ser terrível) to be awful: *Esse programa de TV é uma coisa.* This TV program is awful.
14 uma coisa something: *Quero te contar uma coisa.* I want to tell you something. ▶ ver também **algum**
15 umas coisas some things, a few things: *Preciso comprar umas coisas.* I need to buy some things.

• **coisas** s pl **1** (pertences) things: *Pode deixar suas coisas no meu quarto.* You can leave your things in my room.
2 (interesses) things: *Vou cuidar dessas coisas nas férias.* I'm going to deal with these things over the vacation.

Diz-se *I arrived in Rio* ou *I arrived to Rio*? Veja o verbete **arrive**.

coitado, -da *adjetivo & substantivo*

- *adj* poor: *Coitado/Coitada!* Poor thing! | *Coitado dele!* Poor him! | *Coitada da criança!* The poor child!

- *s* **o coitado do homem/a coitada da mulher etc.** the poor man/woman etc.: *O coitado do homem caiu da escada.* The poor man fell down the stairs.

cola *s* **1** (adesivo) glue: *Preciso de cola para consertar isso.* I need glue to fix this. **2** (em prova) **pedir cola para alguém** to ask to see sb's answers: *Beth me pediu cola no teste.* Beth asked to see my answers on the test.

colaborar *v* **1 colaborar (em algo)** to help out (with sth): *Eles colaboraram na festa.* They helped out with the party. **2 colaborar com algo** to contribute sth: *Cada um vai colaborar com R$10.* Everyone is going to contribute R$10. **3 colaborar com alguém** to work together with sb: *Os alunos vão colaborar com os professores na campanha.* The students are going to work together with the teachers on this campaign.

colagem *s* collage: *Fiz uma colagem com gravuras de revistas.* I made a collage with pictures from magazines.

colante *adj* tight-fitting: *Ela usa roupas muito colantes.* She wears very tight-fitting clothes.

colar *verbo & substantivo*

- *v* **1** (grudar) to stick: *O adesivo não colou no vidro.* The adhesive didn't stick to the glass. | **colar algo em algo (a)** (na parede, etc.) to stick sth on sth: *Colaram o cartaz num poste.* They stuck the poster on a lamppost. **(b)** (num livro, etc.) to stick sth in sth: *Colei os fotos no álbum.* I stuck the photos in the album. **2** (em prova) to cheat: *Eliane colou na prova.* Eliane cheated on the test. | **colar de alguém** to copy from sb: *Pedro foi pego colando do Rafael.* Pedro was caught copying from Rafael. **3** (em informática) to paste: *Agora clique em Colar.* Now click on Paste.

- *s* (joia) necklace: *um colar de pérolas* a pearl necklace

colarinho *s* **1** (de camisa) collar **2** (em chope) head

colateral *adj* ▶ ver **efeito**

colcha *s* quilt
colcha de retalhos patchwork quilt

colchão *s* **1** (de cama) mattress (pl -sses): *um colchão de molas* a spring mattress **2** (de ar) air mattress (AmE), lilo (BrE)

colchete *s* **1** (em roupa) fastener **2** (sinal gráfico) bracket (AmE), square bracket (BrE): *Ponham os números entre colchetes.* Put the numbers in brackets.

colchonete *s* camping mattress

coleção *s* collection: *uma coleção de selos* a stamp collection

colecionador *s* collector: *Diogo é colecionador de carrinhos.* Diogo is a collector of toy cars.

colecionar *v* to collect: *Coleciono borrachas.* I collect erasers.

colega *s* **1** (amigo) friend: *Soube disso por uma colega minha.* I heard about it through a friend of mine. **2** (de escola) classmate (AmE), schoolfriend (BrE): *Convidei todos os meus colegas para a festa.* I invited all my classmates to the party. **3** (de trabalho) colleague: *Ele é colega do meu pai.* He's a colleague of my father's.
colega de quarto roommate

colegial *s* (menino) schoolboy, (menina) schoolgirl | **os colegiais** (menino e menina) schoolchildren: *Os colegiais têm que usar uniforme.* Schoolchildren have to wear a uniform.

colégio *s* school: *Minha irmã estudou neste colégio.* My sister studied at this school.
colégio interno boarding school

coleira *s* (de cachorro) collar

colesterol *s* cholesterol

coleta *s* collection
coleta de bagagem baggage reclaim **coleta de lixo** garbage collection (AmE), rubbish collection (BrE)

colete *s* vest (AmE), waistcoat (BrE): *um colete de couro* a leather vest
colete à prova de balas bullet-proof vest **colete salva-vidas** life preserver (AmE), life jacket (BrE)

coletiva *s* (entrevista) press conference: *Você assistiu à coletiva?* Did you see the press conference? | **dar uma coletiva (a alguém)** to give a press conference (to sb): *Os jogadores deram uma coletiva ontem.* The players gave a press conference yesterday.

coletivo, -va *adjetivo & substantivo*

- *adj* group: *treino coletivo* group training | **transporte coletivo** public transportation (AmE), public transport (BrE)

- **coletivo** *s* **1** (treino) group training session: *A seleção fez um coletivo ontem.* The team held a group training session yesterday. **2** (ônibus) bus: *É mais barato pegar um coletivo.* It's cheaper to get a bus.

colheita *s* harvest: *a colheita de soja* the soy harvest

colher *s* [é] **1** (talher) spoon **2** (conteúdo) spoonful: *Adicione uma colher de açúcar.* Add one spoonful of sugar.
colher de chá teaspoon **colher de sobremesa** dessertspoon **colher de sopa** soupspoon

colher *v* [ê] **1** (frutas, flores) to pick **2** (assinaturas) to collect

colherada *s* spoonful: *uma colherada de xarope* a spoonful of cough syrup

cólica *s* stomach cramps *pl*: *cólica menstrual* period pains

colina s hill: *A igreja fica no alto da colina.* The church is on the top of the hill.

colírio s eyedrops *Use este colírio.* Use these eyedrops.

colisão s collision: *Houve uma colisão entre dois trens.* There was a collision between two trains.

collant s **1** (de balé, ginástica) leotard: *Faço ginástica de collant.* I do gym in a leotard. **2** (meia-calça) leggings: *Essa saia ficaria bonita com um collant por baixo.* That skirt would look good with leggings underneath. **3** (roupa de baixo) pantyhose (AmE), tights (BrE)

colo s **1** (parte da perna) lap: *A criança sentou no colo dela.* The child sat on her lap. **2** (abaixo do pescoço) chest

colocar v **1** (pôr) to put: *Onde você colocou o meu livro?* Where did you put my book? **2** (vestir) **colocar algo** to put sth on: *Ele colocou uma suéter.* He put a sweater on. **3** (questionar) to raise: *Estes problemas foram colocados pelos alunos.* These problems were raised by the students.

colocar-se v (classificar-se) to win a place

Colômbia s **a Colômbia** Colombia: *na Colômbia* in Colombia

colombiano, -na adjetivo & substantivo
- adj Colombian
- s (pessoa) Colombian | **os colombianos** (povo) Colombians

colônia s **1** (perfume) cologne: *Que colônia você usa?* What cologne do you wear? | **pôr uma colônia** to put on some cologne **2** (comunidade) colony (pl -nies): *a colônia alemã em Santa Catarina* the German colony in Santa Catarina **3** (possessão) colony: *O Brasil foi colônia de Portugal.* Brazil was a Portuguese colony.
colônia de férias summer camp

colonial adj colonial: *uma casa colonial* a colonial house

colonizar v to colonize

coloquial adj colloquial: *linguagem coloquial* colloquial language

colorido, -da adj **1** (de cor) colored (AmE), coloured (BrE): *papel colorido* colored paper | *filme colorido* color film **2** (com cores vivas) colorful (AmE), colourful (BrE): *uma camisa bem colorida* a very colorful shirt

colorir v to color (AmE), to colour (BrE) | **colorir algo de verde/rosa etc.** to color sth green/pink etc. (AmE), to colour sth green/pink etc. (BrE)

coluna s **1 coluna (vertebral)** spine: *dor na coluna* backache **2** (em tabela) column: *Os números entram na primeira coluna.* The numbers go in the first column. **3** (em revista, jornal) column: *coluna social* social column **4** (em arquitetura) column

colunista s columnist: *um colunista social* a social columnist

com prep ▶ ver quadro

---

com

1 A tradução **with** é empregada na maioria dos contextos:

Fui ao cinema com o Jorge. I went to the movies with Jorge. | *Venha conosco.* Come with us. | *Com que você o abriu?* What did you open it with? | *Com quem você saiu ontem?* Who did you go out with yesterday? | *Acordei com o rosto inchado.* I woke up with a swollen face. | *Fiquei contente com a nota que tirei.* I was happy with the grade I got.

2 EXCEÇÕES

MODO OU ESTADO, COM CERTOS SUBSTANTIVOS

com cuidado carefully | *com ironia* ironically | *com amor* lovingly | *com dificuldade* with difficulty | *com fome/sede* hungry/thirsty

COM RELAÇÃO A (= to/toward)

ser amável/cruel com alguém to be kind/cruel to sb | *Ela é muito fria com ele.* She's very cold toward him.

REFERINDO-SE À COMBINAÇÃO DE ALIMENTOS (= and)

pão com manteiga bread and butter | *bife com batata frita* steak and French fries

CONTEÚDO (= of)

uma caixa com dez disquetes a box of ten disks

---

coma s **(estado de) coma** coma | **estar em coma** to be in a coma | **entrar em coma** to go into a coma

comandante s captain: *o comandante do navio* the captain of the ship

comando s **1** (em informática, eletrônica) command **2** (de equipe, programa de TV, etc.) command: *Scolari assumiu o comando da Seleção brasileira.* Scolari took command of the Brazilian national team. | **sob o comando de** under the command of **3** (tropa) commando unit

combate s combat: *Muitos soldados morrem em combate.* Many soldiers die in combat.

combater v **1** (lutar contra) to fight **2** (guerrear) to fight: *Meu avô combateu na Segunda Guerra.* My grandfather fought in World War II.

combinação s **1** (mistura) combination: *uma combinação de rock com música latina* a combination of rock and Latin music **2** (acordo) arrangement: *A combinação foi dividir as despesas.* The arrangement was to split the costs. **3** (de cofre) combination **4** (roupa de baixo) slip

combinado, -da adjetivo & substantivo
- adj agreed: *Encontro com vocês no lugar combinado.* I'll meet you in the agreed place. | **está combinado!** agreed! | **como/conforme combinado** as agreed
- **combinado** s agreement: *O combinado foi o grupo tocar cinco músicas.* The agreement was for the band to play five songs.

Gostaria de saber mais sobre as diferenças entre os **artigos** em inglês e português? Leia a explicação na seção de gramática.

combinar v **1** (planejar) to make an arrangement: *É melhor você combinar com ele.* It's better if you make an arrangement with him. | **combinar algo/de fazer algo** to arrange sth/to do sth: *Combinei um cinema com elas hoje.* I've arranged to go to the movies with them today. | *Elas combinaram de se encontrar no clube.* They arranged to meet at the club. | **combinar que** to arrange that: *Combinamos que à noite sairíamos.* We arranged that we would go out in the evening.
2 (acertar) to agree on: *Ainda não combinamos a data da viagem.* We haven't yet agreed on the date for our trip. | **combinar que** to agree that: *Combinamos que não contaríamos aquilo para ninguém.* We agreed that we wouldn't tell anybody about it.
3 combinar (com algo) (a) (harmonizar-se) to match (sth): *A bolsa e o sapato não combinam.* The purse and the shoes don't match. | *Essa blusa combina com a saia.* That blouse matches the skirt. **(b)** (cores) to go well together (with sth): *Verde e roxo combinam.* Green and purple go well together.

combustível s fuel

começar v **1** to start: *Você já começou o curso?* Have you started the course yet? | *Não sei por onde começar.* I don't know where to start. **2 começar fazendo algo** to start by doing sth: *Vamos começar revendo a última lição.* Let's start by going over the last lesson. **3 para começar** to start with: *Eu queria uma sopa, para começar.* I'd like some soup to start with. **4 começar a fazer (algo)** to start to do (sth), to start doing (sth): *Começou a chover.* It started to rain. | *Comecei a estudar espanhol.* I've started learning Spanish.

começo s **1** beginning, start **2 de começo** from the start: *Já de começo, ele mentiu.* He lied right from the start. **3 no começo (a)** (de uma atividade) in the beginning: *No começo tudo era mais fácil.* In the beginning everything was easier. **(b)** (de um livro, filme, período) at the beginning: *no começo do artigo* at the beginning of the article | *Cheguei aqui no começo de abril.* I got here at the beginning of April.

comédia s **1** (teatro) comedy (pl -dies) **2 ser uma comédia** (ser engraçado) to be funny: *Aquela cena foi uma comédia.* That scene was funny.
comédia musical musical comedy **comédia romântica** romantic comedy

comediante s (homem) comedy actor, (mulher) comedy actress

comemoração s **1** (celebração) celebration: *a comemoração do fim do milênio* the millennium celebration **2** (recordação) commemoration | **em comemoração a** in memory of

comemorar v **1** (celebrar) to celebrate: *Onde você comemorou seus 15 anos?* Where did you celebrate your 15th birthday? **2** (recordar) to commemorate

comentar v **1** (mencionar) **comentar que** to mention (that): *Ela comentou que ia viajar.* She mentioned she was going to travel. **2** (conversar sobre) to discuss: *Eles passaram horas comentando o jogo.* They spent hours discussing the game. **3** (criticar) **comentar sobre algo** to make comments about sth: *Todos comentaram sobre a roupa dela.* Everyone made comments about her clothes. **4** (analisar) to comment on: *O professor comentou o texto.* The teacher commented on the text.

comentário s **1** (observação) comment: *Não entendi o comentário dele.* I didn't understand his comment. | **sem comentários** no comment: *– O que você achou da partida? – Sem comentários!* "What did you think of the game?" "No comment." **2** (análise) commentary (pl -ries) **3 fazer um comentário (sobre algo) (a)** (observação) to make a comment (about sth) **(b)** (análise) to do a commentary (on sth)

comentarista s commentator: *um comentarista esportivo* a sports commentator

comer v **1** (um alimento) to eat: *Ela não come carne?* Doesn't she eat meat? | *Comi uma maçã de sobremesa.* I ate an apple for dessert. | **comer como um boi** to eat like a horse **2** (omitir) to leave out **3** (engolir) to swallow: *O caixa eletrônico comeu meu cartão.* The cash machine has swallowed my card. **4** (peça em jogo) to take

comercial substantivo & adjetivo
• s commercial: *Esse canal tem comerciais demais.* This channel has too many commercials.
• adj commercial ▶ ver **centro**

comércio s **1** (lojas) stores pl (AmE), shops pl (BrE): *O comércio fecha cedo aos sábados.* The stores close early on Saturdays. **2** (transação comercial) trade: *comércio internacional* international trade
comércio eletrônico e-commerce

comestível adjetivo & substantivo plural
• adj edible
• **comestíveis** s pl (víveres) provisions

cometa s comet

cometer v **1 cometer um erro** to make a mistake **2 cometer um crime/um pecado/uma falta** to commit a crime/a sin/a foul

comício s rally (pl rallies)

cômico, -ca adjetivo & substantivo
• adj **1** (engraçado) comical, very funny: *uma carta cômica* a comical letter | *Seu irmão é cômico!* Your brother is very funny! **2** (relativo a comédia) **um seriado cômico** a comedy series |

um programa cômico a comedy program (AmE), a comedy programme (BrE)

- **s** (comediante) comedian

comida s food: *A comida da cantina é boa.* The food in the cafeteria is good. | **comida caseira** home cooking | **comida leve/pesada** light/rich food

comida pronta convenience food

comigo pron **1** with me: *Venha comigo.* Come with me. **2 comigo mesmo** with myself, to myself: *Fiquei feliz comigo mesma por ter ganho aquele prêmio.* I was pleased with myself for having won the prize. | *Que menina esquisita, pensei comigo mesmo.* What a strange girl, I thought to myself. **3 deixa comigo** leave it to me: *Deixa comigo, eu compro o que falta.* Leave it to me, I'll buy the rest.

comilão, -lona s glutton

cominho s cumin

comissão s **1** (remuneração) commission: *As vendedoras ganham 3% de comissão.* The sales assistants earn 3% commission. **2** (comitê) committee

comissário, -ria s **1 comissário de bordo** flight attendant **2** (de polícia) commissioner

comitê s committee

como adv, conj & interj ▶ ver quadro

cômoda s chest of drawers, bureau (AmE)

cômodo, -da adjetivo & substantivo

- **adj 1** (confortável) comfortable: *Gosto de usar roupas cômodas.* I like wearing comfortable clothes. **2** (conveniente) convenient

- **cômodo** s room: *Minha casa tem cinco cômodos.* My house has five rooms.

comovente adj moving: *uma cena comovente* a moving scene

comover v to move: *O discurso dele comoveu o público.* His speech moved the audience.

comovido, -da adj **estar/ficar comovido (com algo)** to be moved by (sth)

compacto, -ta adjetivo & substantivo

- **adj** compact

- **compacto** s (disco) single

compaixão s compassion | **ter compaixão por alguém** to take pity on sb

companheiro, -ra s **1** (amigo) comrade **2** (de escola) classmate **3** (de trabalho) colleague **4** (pessoa que acompanha) companion

companhia s **1** (empresa) company (pl -nies): *Meu pai trabalha nessa companhia.* My father works for that company. **2 fazer companhia a alguém** to keep sb company: *Meu cachorro me faz companhia.* My dog keeps me company. **3 ser uma boa companhia** to be good company

companhia aérea airline

comparação s **1** comparison: *Não quero fazer comparações entre vocês.* I don't want to make comparisons between you. **2 em comparação com algo/alguém** in comparison with sth/sb

comparar v **1** to compare: *Compare as duas fotos.* Compare the two photos. **2 comparar algo/alguém com algo/alguém** to compare sth/sb to sth/sb: *Não me compare com ela.* Don't compare me to her.

---

como

1 DE QUE MANEIRA (= how)

Não sei como chegar lá. I don't know how to get there. | *Como se diz isso em inglês?* How do you say that in English? | *Como vai (você)?* How are you?

2 IGUAL A (= like)

Quero uma jaqueta como a da Julia. I want a jacket like Julia's. | *Ele é louro, como o irmão.* He's blond, like his brother.

3 NA CONDIÇÃO DE (= as)

Gosto dele como amigo. I like him as a friend. | *Ela trabalha como consultora.* She works as a consultant.

4 PARA INTRODUZIR EXEMPLOS (= such as, like)

países pobres como a Índia e Uganda poor countries such as India and Uganda

5 QUANDO NÃO SE OUVE OU ENTENDE ALGO (= pardon)

– *Ele se chama Milson.* – *Como?* "He's called Milson." "Pardon?"

6 Em frases do tipo *Como é/foi ...?*, pedindo uma descrição, diz-se **What is/was ... like?**

Como é a namorada dele? What is his girlfriend like? | *Como foi a festa?* What was the party like?

7 Em frases exclamativas é mais comum o uso de **so**:

Como são difíceis esses exercícios! These exercises are so difficult! | *Como é chato meu irmão!* My brother's so annoying!

8 DO JEITO QUE (= the way)

Faça como achar melhor. Do it the way you think best. | *Deixei tudo como estava.* I left everything the way it was.

9 PORQUE (= since)

Como não estudou, foi reprovada. Since she didn't study, she failed.

10 CONFORME (= as)

Como te expliquei, estou sem dinheiro nenhum. As I explained to you, I don't have any money.

11 EXPRESSÕES

como se as if: *Ele me olhou como se não me conhecesse.* He looked at me as if he didn't know me. | **como sempre/como de costume** as usual: *Ele se atrasou, como sempre.* He was late, as usual.

comparecer v **comparecer (a algo)** to show up (for sth): *Muitos não compareceram à reunião.* Many didn't show up for the meeting.

compartilhar v to share: *Compartilhamos bons momentos.* We have shared some good moments.

compartimento s compartment

compasso s **1** (instrumento) compass (pl compasses) **2** (ritmo) beat | **dentro/fora do compasso** in time/out of time

compatível adj compatible: *versão compatível com o Windows NT* version compatible with Windows NT

compatriota s (homem) fellow countryman (pl -men), (mulher), fellow countrywoman (pl -women)

compensação s **1** compensation **2 em compensação** on the other hand: *Adoro Matemática; em compensação detesto Física.* I love math; on the other hand, I hate physics.

compensar v **1 compensar algo** to make up for sth: *Teremos aulas extras para compensar os dias de greve.* We'll have extra classes to make up for the strike days. **2** (valer a pena) to pay: *O crime não compensa.* Crime doesn't pay. | **compensa fazer algo** it pays to do sth

competente adj competent

competição s competition: *uma competição de natação* a swimming competition

competir v **1** (disputar) to compete: *Eles irão competir pelo título nacional.* They're going to compete for the national title. **2 competir a alguém** (ser da responsabilidade de) to be sb's responsibility: *Esta tarefa compete a mim.* This task is my responsibility. | **compete a alguém fazer algo** it's up to sb to do sth: *Compete ao diretor tomar uma decisão.* It's up to the principal to make a decision.

competitivo, -va adj **1** (pessoa) competitive **2** (mercado de trabalho, etc.) competitive

completar v **1** (uma volta, um exercício, os estudos) to complete **2** (um tanque, um copo, etc.) to top up **3 completar 15/20 etc. anos (de idade)** to reach the age of 15/20 etc.

completo, -ta adj **1** (inteiro) complete: *Dei duas voltas completas em torno da lagoa.* I did two complete laps around the lake. **2** (repleto) full: *O ônibus já está completo.* The bus is already full. **3** (nome, endereço) full: *O nome completo dele é Carlos Amorim.* His full name is Carlos Amorim. **4 por completo** completely

complexado, -da adj with a complex: *uma pessoa complexada* a person with a complex

complexo, -xa adjetivo & substantivo
• **adj** complex: *uma situação complexa* a complex situation
• **complexo** s complex: *Ele tem complexo de inferioridade.* He has an inferiority complex.

complicado, -da adj **1** (difícil) complicated **2** (pessoa) complicated

complicar v **1** to complicate **2 para complicar** to complicate matters: *Para complicar, ela foi expulsa da escola.* To complicate matters, she was expelled from school.

complicar-se v to get complicated: *A situação complicou-se.* The situation got complicated.

complô s plot

componente s **1** (de um grupo) member: *os componentes da equipe* the members of the team **2** (elemento) component: *os componentes de um remédio* the components of a drug

compor v **1** (uma música, um texto) to compose: *Ela canta e compõe.* She sings and composes. **2** (um personagem, uma coreografia) to create **3** (fazer parte de) to make up: *as pessoas que compõem a equipe* the people that make up the team

compor-se v **compor-se de algo** (consistir) to consist of sth: *A prova compunha-se de três questões.* The test consisted of three questions.

comportamento s behavior (AmE), behaviour (BrE)

comportar-se v to behave | **comportar-se bem/mal** to behave well/badly

composição s **1** (canção) composition: *uma composição de Chico Buarque* a composition by Chico Buarque **2** (redação) composition **3** (formação) composition: *a composição da água* the composition of water

compositor, -a s (de música) composer

composto, -ta adjetivo & substantivo
• **adj 1 composto de/por** consisting of: *uma turma composta de 30 alunos* a class consisting of 30 students **2** (em gramática) compound: *uma palavra composta* a compound word
• **composto** s (fórmula) complex: *um composto de vitaminas* a vitamin complex

compota s compote: *compota de pêssego* peach compote

compra substantivo & substantivo plural
• **s 1** (ato de comprar) purchase ▶ **purchase** é uma palavra formal: *A compra da casa foi um bom investimento.* Buying the house was a good investment. **2** (coisa comprada) **uma boa compra** a good buy: *Este CD-player foi uma boa compra.* This CD player was a good buy.
• **compras** s pl **1** (o conjunto de coisas compradas) shopping: *Coloque as compras na mesa.* Put the shopping on the table. | **as minhas/suas etc. compras** the things I/you etc. bought: *Fiquei muito contente com as minhas compras.* I'm very pleased with the things I bought. **2 fazer compras (a)** (de comida) to do the shopping **(b)** (de roupa, etc.) to go shopping

comprador, -a s buyer

comprar v to buy: *Onde você comprou isso?* Where did you buy that? | **comprar algo para alguém** to buy sth for sb: *Vou comprar um para você.* I'll buy one for you.

compreender v **1** (entender) to understand: *Não compreendi a explicação.* I didn't understand the explanation. **2** (incluir) to comprise

compreensão s **1** (entendimento) understanding **2** (de texto) comprehension

compreensível adj understandable

compreensivo, -va adj understanding

comprido, -da adj **1** long: *cabelos compridos* long hair **2 ao comprido** lengthwise

comprimento s **1** length: *Medi o comprimento da saia.* I measured the length of the skirt. **2 qual o comprimento de?** how long is/are? **3 ter três/dez etc. metros de comprimento** to be three/ten etc. meters long (AmE), to be three/ten etc. metres long (BrE): *A mesa tem dois metros de comprimento.* The table is two meters long.

comprimido s (pílula) pill

comprometer v (pôr em risco) to compromise: *Esse escândalo compromete a reputação da escola.* This scandal compromises the reputation of the school.
comprometer-se v **1 comprometer-se (a fazer algo)** (prometer) to commit yourself (to doing sth): *Eu me comprometi a ajudá-la.* I have committed myself to helping her. **2 comprometer-se (com alguém)** (em namoro, etc.) to commit yourself (to sb)

comprometido, -da adj **1** (ocupado) **estar comprometido com algo** to be committed to sth **2** (compromissado) **estar comprometido (com alguém)** to go out with sb: *Estou a fim dele, mas ele é comprometido.* I like him, but he's already going out with somebody. **3** (prejudicado) compromised

compromisso s **1** (encontro marcado) engagement: *Tenho um compromisso hoje à noite.* I have an engagement this evening. **2** (obrigação) commitment | **assumir um compromisso** to take on a commitment | **ter o compromisso de fazer algo** to be committed to doing sth: *Temos o compromisso de ajudá-los.* We are committed to helping them. **3 sem compromisso (a)** (orçamento) with no obligation **(b)** (namoro, conversa, etc.) casual: *um namoro sem compromisso* a casual relationship **4** (acordo) agreement

comprovante s **1** (de pagamento) receipt **2** (de identidade, etc.) proof

comprovar v (uma verdade, uma afirmação, etc.) to prove

computação s **1** (informática) computing: *um curso de computação* a computing course **2** (contagem) counting

computador s computer: *no meu computador* on my computer | **jogos/componentes etc. de computador** computer games/components etc.

computadorizado, -da adj computerized

computar v **1** (gastos, prejuízo, etc.) to calculate **2** (processar em computador) to compute

comum adj **1** (corriqueiro) ordinary: *Foi um dia comum como todos os outros.* It was an ordinary day like any other. **2** (usual) common: *É comum os alunos faltarem às aulas às segundas-feiras.* It's common for students to be absent on Mondays. **3** (coletivo) common: *O pátio é de uso comum.* The courtyard is for common use. **4 fora do comum** exceptional: *um aluno fora do comum* an exceptional student **5 ter algo em comum** to have sth in common: *Não temos nada em comum.* We have nothing in common. **6 um amigo em comum** a mutual friend **7 características/pontos de vista etc. em comum** shared characteristics/views etc.

comungar v to take communion: *Comungo todos os domingos.* I take communion every Sunday.

comunhão s (ato religioso) communion | **primeira comunhão** first communion

comunicação s **1** (diálogo) communication **2 Comunicação** (curso) media studies: *Quero fazer Comunicação.* I want to do media studies.
▶ ver também **meio**

comunicar v (avisar) **comunicar algo a alguém** to inform sb of sth
comunicar-se v **comunicar-se (com alguém) (a)** (entrar em contato) to get in touch (with sb): *Estou tentando me comunicar com ela.* I'm trying to get in touch with her. **(b)** (ter diálogo) to communicate (with sb): *Eles se comunicam por e-mail.* They communicate by e-mail.

comunicativo, -va adj communicative

comunidade s community (pl -ties)

comunismo s Communism

comunista adj & s Communist

côncavo, -va adj concave

conceito s **1** (noção) concept **2** (nota) grade: *A maioria dos alunos obteve bons conceitos.* Most students got good grades. **3** (opinião) opinion **4** (reputação) reputation

conceituado, -da adj highly regarded: *Minha escola é bem conceituada.* My school is very highly regarded.

concentração s **1** (mental) concentration **2** (em esporte) training camp

concentrado, -da adj **1** (atento) **estar/ficar concentrado (em algo)** to be concentrating (on sth) | **um ar concentrado** a look of concentration **2** (alimento, substância) concentrated

concentrar v **concentrar algo em algo** (a atenção, esforços, etc.) to focus sth on sth: *Tentei concentrar minha atenção no livro.* I tried to focus my attention on the book. | *Concentrou toda a sua energia nos estudos.* He focused all his energy on his studies.

concentrar-se v **1** (ficar atento) to concentrate: *É difícil me concentrar com esse barulho.* It's difficult for me to concentrate with this noise. | **concentrar-se em algo** to concentrate on sth **2** (em um lugar) to gather: *Os jogadores se concentraram no estádio.* The players gathered in the stadium.

concerto s **1** (espetáculo) concert **2** (peça musical) concerto

concessionária s dealer: *uma concessionária de carros importados* an imported car dealer

concha s **1** (do mar) shell **2** (colher) ladle

concluir v **1** (terminar) to finish: *Concluímos o projeto em cima da hora.* We finished the project at the last minute. **2** (chegar a uma conclusão) to conclude

conclusão s **1** (término) ending: *A conclusão da redação ficou fraca.* The ending of the essay was weak. **2** (dedução) conclusion | **chegar a uma conclusão** to come to a conclusion: *Não consegui chegar a uma conclusão.* I haven't managed to come to a final conclusion.

concordar v to agree | **concordar com alguém** to agree with sb | **concordar com algo** to agree with sth: *Não concordo com essa sua atitude.* I don't agree with your attitude. | **concordar em fazer algo** to agree to do sth: *Todos concordaram em adiar a viagem.* Everyone agreed to postpone the trip.

concorrência s competition

concorrente s (em competição, no mercado de trabalho, etc.) competitor

concorrer v **concorrer a uma bolsa de estudo/um emprego etc.** to apply for a scholarship/job etc. | **concorrer a presidente/ governador etc.** to run for president/governor etc.

concreto, -ta adjetivo & substantivo

• **adj 1** (ligado à realidade) concrete: *um exemplo concreto* a concrete example **2** (verdadeiro) real: *um perigo concreto* a real danger **3** (específico) specific: *Precisamos de dados mais concretos.* We need more specific details.

• **concreto** s (cimento) concrete: *um muro de concreto* a concrete wall

concurso s **1** (de revista, TV, rádio, etc.) competition **2** (de beleza) contest **3** (para um cargo) Para explicar esta acepção pode-se dizer *a selection process based on interviews and tests*

conde s count

condecoração s decoration

condenar v **1** (reprovar) to condemn: *Todos condenaram a atitude dele.* Everyone condemned his attitude. **2 condenar alguém à prisão/morte** to sentence sb to imprisonment/ death: *O juiz condenou-o a cinco anos de prisão.* The judge sentenced him to five years' imprisonment.

condensado, -da adj **1** (vapor) condensed **2** (livro) condensed ▶ ver também **leite**

condessa s countess

condição substantivo & substantivo plural

• s **1** (exigência) condition | **com/sob a condição de (que)** on the condition that: *Vou te contar, com a condição de você fazer segredo.* I'll tell you on the condition that you keep it a secret. **2** (estado, situação) status: *a condição da mulher* the status of women **3 condição física** physical fitness

• **condições** s pl **1** (estado) condition: *Comprei um computador usado, mas em boas condições.* I bought a used computer in good condition. **2 estar em/ter condições de fazer algo** (físicas, mentais) to be able to do sth | **não estar em/ter condições de fazer algo** to be unable to do sth: *Eu não estava em condições de fazer a prova.* I was unable to take the test. **3 ter condições/ condição de fazer algo** (financeiramente) to be able to afford to do sth: *Meu pai não tem condição de comprar um carro.* My dad can't afford to buy a car. | *Se tiver condições, vou viajar ano que vem.* I'm going to go traveling next year if I can afford it.

condicionador s (para cabelo) conditioner

condimento s (tempero) seasoning

condomínio s **1** (conjunto residencial) condo: *Ele mora num condomínio na Barra.* He lives in a condo in Barra. **2** (taxa) service charge

condução s **1** (qualquer transporte) transportation (AmE), transport (BrE): *Aqui não há condução de madrugada.* There's no transportation here in the early morning. **2** (ônibus) bus (pl -ses)

conduta s conduct

conectar v to connect: *Conecte a impressora.* Connect the printer.

conexão s **1** (ligação) connection: *A polícia está investigando a conexão entre as duas gangues.* The police are investigating the connection between the two gangs. **2** (com a Internet) connection: *Caiu a conexão.* The connection has gone down. **3** (entre voos) connection: *Perdemos a conexão para Madri.* We missed the connection to Madrid.

confecção s **1** (preparação) ▶ Traduz-se pelo verbo **to make** na maioria dos casos: *A confecção do bolo demorou duas horas.* It took two hours to make the cake. **2** (empresa) clothing business:

Minha amiga abriu uma confecção. My friend opened a clothing business. | *roupa de confecção* ready-to-wear clothes

confeitaria *s* patisserie

conferência *s* **1** (congresso) conference **2** (palestra) lecture

conferir *v* **1** (verificar) to check: *É melhor conferir a conta.* It's best to check the bill. **2 conferir algo com algo** to check sth against sth: *Ele conferiu a cópia com o original.* He checked the copy against the original. **3 conferir (com algo)** (estar conforme) to tally (with sth) **4 conferir algo a alguém** to award sth to sb: *Conferiram uma medalha ao primeiro colocado.* They awarded a medal to the winner.

confessar *v* **1** (revelar) to confess: *Confesso que estou apaixonada por ele.* I confess that I'm in love with him. **2 confessar um crime/roubo etc.** to confess to a crime/theft etc. | **confessar ter feito algo** to confess to doing sth: *Ele confessou ter sido o mentor do sequestro.* He confessed to being the brains behind the kidnapping. **3 confessar os pecados** to confess your sins

confessar-se *v* (de pecados) to confess

confiança *s* **1** (fé) confidence, trust: *É um homem que não inspira confiança.* He doesn't really inspire confidence. | **ter confiança em alguém** to trust sb: *Não tenho confiança nela.* I don't trust her. | **ter confiança em mim/si etc. mesmo** to have self-confidence: *Você precisa ter mais confiança em si mesmo.* You need to have more self-confidence. | **perder a confiança em alguém** to lose your confidence in sb **2 de confiança** reliable, trustworthy: *Ele é um empregado de confiança.* He's a trustworthy employee. | **digno de confiança** reliable ▶ ver nota em **confiável 3 dar confiança a alguém** (dar intimidade) to encourage sb

confiante *adj* **confiante (em algo)** confident (of sth): *Estamos confiantes na vitória.* We are confident of victory.

confiar *v* **1 confiar em alguém** to trust sb: *Não confio nele.* I don't trust him. **2 confiar algo a alguém** to entrust sth to sb

confiável *adj* **1** (pessoa) reliable, trustworthy ▶ **reliable** refere-se a uma pessoa responsável ou com quem se pode contar, e **trustworthy**, que merece confiança por sua honestidade: *um amigo confiável* a reliable friend **2** (informação, método, etc.) reliable

confidencial *adj* confidential

confirmação *s* confirmation

confirmar *v* to confirm: *Ela confirmou que vai chegar às sete horas.* She confirmed that she'll be arriving at seven o'clock.

confiscar *v* to confiscate: *A professora confiscou o bilhete que ele tinha escrito.* The teacher confiscated the note he had written.

confissão *s* confession

conflito *s* **1** (discórdia) dispute: *A situação criou um conflito familiar.* The situation led to a family dispute. | **conflito de interesses/opiniões** clash of interests/opinions | **entrar em conflito** to clash **2** (militar, político, etc.) conflict

conformar-se *v* to accept the situation: *Temos que nos conformar.* We have to accept the situation. | **conformar-se com algo** to accept sth | **eu não me conformo/ele não se conforma etc. com algo** I/he etc. can't get over sth: *Ela não se conforma com a atitude da amiga.* She can't get over the way her friend behaved.

conforme *conjunção, preposição & advérbio*

• *conj* **1** (como) as: *conforme prometido* as promised | *Fiz tudo conforme você pediu.* I did everything as you asked me to. **2** (à medida que) as: *Conforme chegavam, iam sendo encaminhados ao auditório.* As they arrived, they were sent to the auditorium.

• *prep* (de acordo com) according to: *conforme o quadro abaixo* according to the chart below | *As coisas saíram conforme o previsto.* Things turned out as expected.

• *adv* it depends: – *Você quer entrar para o grupo?* – *Conforme.* "Do you want to join the group?" "It depends."

confortar *v* (consolar) to comfort

confortável *adj* (roupa, sofá, vida, etc.) comfortable: *sapatos confortáveis* comfortable shoes

conforto *s* **1** (material) comfort: *Gosto de viajar com conforto.* I like to travel in comfort. **2** (consolo) comfort: *palavras de conforto* words of comfort

confundir *v* **1 confundir algo/alguém (com algo/alguém)** to confuse sth/sb (with sth/sb): *Ela confundiu um irmão com o outro.* She confused one brother with the other. **2** (deixar confuso) to confuse: *Essa sinalização confunde o motorista.* These street signs confuse drivers. **3** (misturar) **confundir algo** to mix sth up: *Não vá confundir as fotos todas.* Don't go mixing up all the photos. **confundir-se** *v* (enganar-se) to get confused: *Eu me confundi e chamei-a de Sandra.* I got confused and called her Sandra.

confusão *s* **1** (erro) mix-up | **fazer confusão** to get confused: *Fiz confusão e liguei para o número errado.* I got confused and called the wrong number. **2** (mental) confusion: *A sua confusão é compreensível.* Your confusion is understandable. **3** (tumulto) commotion: *Estava a maior confusão na entrada do estádio.* There was a huge commotion at the entrance to the stadium. **4** (problema, briga) trouble | **arrumar confusão** to cause trouble | **dar confusão** to lead to trouble

confuso, -sa *adj* **1** (pouco claro) confusing: *Essas instruções estão muito confusas.* These instructions are very confusing. **2** (mentalmente) confused: *Eu estava confuso em relação a tudo.* I was confused about everything.

congelado, -da *adjetivo & substantivo*

- *adj* **1** (que se congelou) frozen: *um lago congelado* a frozen lake **2** (imagem) frozen: *A imagem ficou congelada na tela.* The image remained frozen on the screen.

- **congelado** *s* (alimento) frozen food: *a seção de congelados* the frozen foods section

congelador *s* freezer: *Vou pôr as bebidas no congelador.* I'm going to put the drinks in the freezer.

congelar *v* **1** (pela ação do frio) to freeze: *É melhor congelar o peixe.* It's best to freeze the fish. | *A cerveja congelou.* The beer froze. **2** (preços, salários) to freeze: *Os preços foram congelados.* Prices were frozen.

congestionado, -da *adj* **1** (ruas, trânsito) congested **2** (nariz) congested **3 olhos congestionados** bloodshot eyes

congestionamento *s* (no trânsito) traffic jam

congratular *v* **congratular alguém (por algo)** to congratulate sb (on sth)

congresso *s* **1** (conferência) conference **2 Congresso** (poder legislativo) Congress ▶ Quando se trata do Congresso dos EUA, a palavra **Congress** não é precedida de artigo: *A lei foi aprovada pelo Congresso.* The law was approved by Congress.

conhaque *s* brandy

conhecer *v* ▶ ver quadro

conhecido, -da *adjetivo & substantivo*
- *adj* (escritor, música, bar, etc.) well-known
- *s* acquaintance: *Ele é um conhecido do meu pai.* He's an acquaintance of my father's.

conhecimento *s* **1** (saber) knowledge: *falta de conhecimento* lack of knowledge ▶ **knowledge** é incontável e não tem plural: *conhecimentos matemáticos* mathematical knowledge | **ser do conhecimento de todos** to be common knowledge **2 tomar conhecimento de algo** (informar-se) to find out about sth: *Tomamos conhecimento do atentado pelo noticiário.* We found out about the attack on the news. **3 não tomar conhecimento de algo** (ignorar) not to acknowledge sth

conjugado *s* studio apartment: *Ela mora num conjugado.* She lives in a studio apartment.

conjunção *s* (em gramática) conjunction

conjuntivite *s* conjunctivitis

conjunto *s* **1** (grupo) set: *um conjunto de regras* a set of rules **2** (de objetos, obras, etc.) series **3** (grupo musical) band: *Tenho dois CDs deste conjunto.* I have two CDs by this band. **4 uma noção de conjunto** an overall idea **5** (roupa) outfit: *um conjunto de short e blusa* an outfit of shorts and a blouse **6 em conjunto** jointly **7** (de edifícios) complex (pl -xes)
conjunto residencial housing complex

conosco *pron* with us: *Eles viajaram conosco.* They traveled with us.

conquista *s* **1** (proeza) achievement **2** (de um país, cidade, etc.) conquest **3** (amorosa) conquest: *Ela é a sua mais nova conquista.* She's his latest conquest.

conquistar *v* **1 conquistar alguém** (uma pessoa, o público, etc.) to win sb over **2** (um título) to win: *O Corinthians perdeu a chance de conquistar o campeonato nacional.* Corinthians lost the chance of winning the national championship. **3** (fama, prestígio, etc.) to achieve **4** (um país, um território, etc.) to conquer

consciência *s* **1** (sentimento moral) conscience | **ter a consciência limpa/pesada** to have a clear/guilty conscience **2** (conhecimento) awareness | **ter/tomar consciência de algo** to

---

conhecer

1 *conhecer* e *conhecer-se* podem ser traduzidos por **to know** ou **to meet**.

to know significa já ter uma relação com alguém, ou saber como alguém ou algo é:

Conheço-a há muito tempo. I've known her for a long time. | *Conheço o Henrique muito bem.* I know Henrique very well.

to meet significa conhecer alguém pela primeira vez:

Eu a conheci numa festa. I met her at a party. | *Nós nos conhecemos numa viagem ao Chile.* We met on a trip to Chile. | *Eles se conheceram em 1999.* They met in 1999.

to meet é mais frequente nos seguintes contextos, mas repare no tempo verbal:

Você conhece o irmão da Patrícia? Have you met Patricia's brother?/Do you know Patricia's brother? | *De onde vocês se conhecem?* Where did you meet? | *Ainda não conheci o namorado dela.* I haven't met her boyfriend yet.

2 No sentido de ir a algum lugar pela primeira vez usa-se **to visit**:

Quero conhecer Nova York. I want to visit New York.

3 No sentido de já ter estado ou não em algum lugar usa-se **to have been to**:

Você conhece Bariloche? Have you been to Bariloche? | *Não conheço a Inglaterra.* I haven't been to England.

4 No sentido de saber da existência de algo ou alguém usa-se **to know (of)**:

Não conheço este caminho. I don't know this way. | *Você conhece uma boa costureira?* Do you know a good dressmaker?

considerável

be/become aware of sth: *Ele tem consciência da gravidade do problema.* He is aware of the seriousness of the problem.

consciente *adj* **1 estar consciente** to be conscious: *O acidentado estava consciente.* The injured man was conscious. **2** (ciente) aware: *Estou consciente da nossa situação.* I'm aware of our situation. **3** (que tem senso de responsabilidade) conscientious: *um médico consciente* a conscientious doctor

conscientizar *v* **conscientizar alguém (de algo)** to raise sb's awareness (of sth): *O objetivo da campanha é conscientizar o público.* The aim of the campaign is to raise public awareness.
conscientizar-se *v* **conscientizar-se de algo** to be aware of sth

conseguir *v* ▶ ver quadro

conselho *s* **1** (recomendação) piece of advice (pl advice): *Vou te dar um conselho.* I'm going to give you a piece of advice. ▶ **advice**, que é incontável, é a tradução de *conselhos* ou de *conselho* em geral: *Ele me deu muitos conselhos úteis.* He gave me lots of useful advice. | *Segui o conselho da professora.* I followed the teacher's advice. | **pedir conselho a alguém** to ask sb's advice: *Fui pedir-lhe conselho.* I went to ask her advice. **2** (reunião) council: *conselho de classe* academic council

consentimento *s* consent

consequência *s* consequence | **em consequência de algo** as a result (of sth): *Em consequência disso, a viagem foi cancelada.* As a result, the trip was canceled.

consertar *v* **1** (reparar) to repair: *Meu irmão consertou a impressora.* My brother repaired the printer. **2** (remediar) **consertar algo** to put sth right

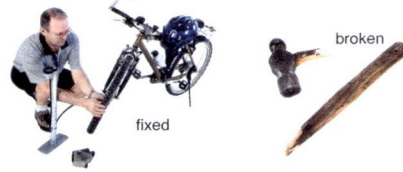

fixed | broken

conserto *s* repair: *Quanto vai custar o conserto?* How much is the repair going to cost? | **ter conserto** Traduz-se por **can be fixed**: *Este computador não tem conserto.* This computer can't be fixed.

conserva *s* (alimento) preserve: *conserva de berinjela* eggplant preserve | **em conserva** canned: *peras em conserva* canned pears

conservador, -a *adj* & *s* conservative ▶ Quando se trata do Partido Conservador da Grã-Bretanha, escreve-se com inicial maiúscula.

conservante *s* preservative

conseguir

1 OBTER (= to get)

Ele conseguiu uma bolsa para estudar na Inglaterra. He got a scholarship to study in England.

Em frases negativas, **to get** é frequentemente usado com **can't** ou **couldn't**:

Ela não conseguiu um emprego. She couldn't get a job.

Para expressar dificuldade pode-se usar **to manage to get**:

Você conseguiu ingresso para o show? Did you manage to get a ticket for the show? | *Consegui um desconto.* I managed to get a discount.

Quando se trata de conseguir uma vaga, etc. usa-se **to find**:

Não conseguimos lugar para estacionar. We couldn't find a place to park. | *Vocês conseguiram um hotel?* Did you find a hotel?

2 ALCANÇAR (= to achieve)

Ela conseguiu seu objetivo. She achieved her objective. | **conseguir fazer algo** to manage to do sth: *Você conseguiu falar com ele?* Did you manage to speak to him? | *Não consigo abrir essa janela.* I can't manage to open this window. | **conseguir que alguém faça algo** to get sb to do sth: *Não foi fácil conseguir que ele parasse de fumar.* It wasn't easy to get him to quit smoking.

conservar *v* **1** (alimentos) to preserve **2** (calor) to conserve **3** (ter) to have: *Conservo até hoje o poema que você me escreveu.* I still have the poem you wrote for me. **4** (um emprego, amigos, etc.) to keep **5** (em bom estado) to take care of

consideração *s* **1** (respeito) respect: *Ele tem muita consideração pelo avô.* He has a lot of respect for his grandfather. **2 em consideração a algo/alguém** out of consideration for sth/sb **3 ser falta de consideração (de alguém)** to be inconsiderate (of sb): *Isso foi falta de consideração sua.* That was inconsiderate of you. **4** (pensamento) consideration | **levar algo em consideração** to take sth into consideration: *Temos que levar em consideração as consequências disso.* We have to take the consequences of this into consideration.

considerar *v* **1** (julgar) to consider: *Considero você minha melhor amiga.* I consider you to be my best friend. **2** (levar em conta) to consider: *Você não considerou o fato de ele estar contundido.* You didn't consider the fact that he was injured. **3** (respeitar) to respect: *Todos o consideram muito.* Everybody respects him a great deal.

considerável *adj* (muito grande) considerable: *um número considerável de clientes* a considerable number of customers | *por um tempo considerável* for a considerable length of time

consigo *pron* **1** (com ele/ela) with him/her: *Ele levou a mochila consigo.* He took the backpack with him. **2** (com eles/elas) with them **3** (com você) with you **4 consigo mesmo** with himself/herself etc.

consistência *s* consistency (pl -cies)

consistente *adj* **1** (espesso) thick: *um molho consistente* a thick sauce **2** (coerente) consistent **3** (refeição) substantial: *um lanche consistente* a substantial snack

consoante *s* consonant

consolação *s* consolation | **prêmio de consolação** consolation prize

consolar *v* to console

consolo *s* consolation

conspiração *s* conspiracy (pl -cies)

constante *adj* (contínuo) constant: *um barulho constante* a constant noise

constar *v* **1 constar de/em algo** (fazer parte de) to be there on/in sth: *Na carteira consta a minha data de nascimento.* My date of birth is there on my ID card. **2** (ser composto de) to consist of: *A gincana vai constar de duas etapas.* The contest will consist of two stages. **3 consta que** apparently: *Consta que ele gravou 400 canções.* Apparently he recorded 400 songs.

constatar *v* **1** (perceber) to notice: *Constatamos uma grande mudança nele.* We noticed a big change in him. **2** (comprovar) to establish

constipação *s* (prisão de ventre) constipation

constituição *s* (conjunto de normas) constitution ▶ Referindo-se à Constituição de um país, escreve-se com inicial maiúscula.

constrangedor, -a *adj* embarrassing: *um silêncio constrangedor* an embarrassing silence

constranger *v* (envergonhar) to embarrass: *Seu comentário me constrangeu.* Your remark embarrassed me.

construção *s* **1** (prédio) building: *Esta área tem muitas construções novas.* This area has many new buildings. | **em construção** under construction: *prédio em construção* building under construction **2** (obra) construction site (AmE), building site (BrE)

construir *v* to build: *Estão construindo um supermercado aqui perto.* They're building a supermarket nearby.

construtora *s* construction company (pl -nies) (AmE), builder (BrE)

cônsul *s* consul

consulado *s* consulate: *Preciso ir ao consulado tirar o visto.* I need to go to the consulate to get a visa.

consulta *s* **1** (pergunta) question: *Tenho uma consulta para lhe fazer.* I have a question to ask you. **2** (com médico, dentista, etc.) consultation: *Quanto ele cobra pela consulta?* How much does he charge for a consultation? | **marcar uma consulta** to make an appointment | **horário de consulta** office hours (AmE), surgery hours (BrE)

consultar *v* **1** (pedir opinião a) to ask, to consult ▶ **to consult** é usado quando se trata de consulta a profissionais: *Consultei meu amigo sobre isso.* I asked my friend about it. | *Ele consultou um especialista.* He consulted a specialist. **2** (buscar informação em) **consultar um dicionário** to look in a dictionary, to look sth up in a dictionary: *Você consultou o dicionário?* Did you look in the dictionary?/Did you look it up in the dictionary? **3** (dar consulta a) to see: *Ele ainda vai consultar dois pacientes antes de mim.* He has another two patients to see before me.

consultório *s* office (AmE), surgery (pl -ries) (BrE): *Onde fica o consultório do seu dentista?* Where's your dentist's office?

consumidor, -a *s* consumer: *os direitos do consumidor* consumer rights

consumir *v* **1** (energia, gasolina) to use **2** (tempo) to take: *O projeto consumiu bastante tempo.* The project took a lot of time. **3** (comida, bebida) to consume

consumo *s* **1** (de energia, gasolina, etc.) consumption: *consumo de energia* energy consumption **2** (de comida, bebida, etc.) consumption **3** (compra) consumption | **meu/seu etc. sonho de consumo** the thing I'd/you'd etc. most like to have | **artigos de consumo** consumer goods

conta *s* **1** (em bar, restaurante) check (AmE), bill (BrE): *A conta, por favor.* The check, please.
2 (de telefone, gás, etc.) bill
3 (em banco, com provedor) account
4 (em aritmética) sum | **fazer a conta de algo** to count sth up: *Você fez a conta de quantas pessoas vêm?* Have you counted up how many people are coming?
5 (de colar) bead
6 dar-se conta de algo to realize sth: *Não me dei conta de que já era meia-noite.* I didn't realize it was already midnight.
7 em conta (preço) affordable: *Os ingressos mais em conta saem por R$25.* The most affordable tickets cost R$25.
8 fazer de conta que (fingir) to pretend (that): *Ele fez de conta que não sabia de nada.* He pretended he didn't know about it.
9 levar algo em conta to take sth into account: *O professor não levou em conta o dever extra que fiz.* My teacher didn't take into account the extra homework I did.
10 não ser da conta de alguém to be none of sb's business: *Não é da sua conta com quem estou saindo.* It's none of your business who I'm going out with.
11 por conta própria through your own efforts: *Ele conseguiu tudo isso por conta própria.* He achieved all that through his own efforts.

12 tomar conta de algo/alguém (cuidar de) to take care of sth/sb ▶ ver também **afinal**
conta-corrente checking account (AmE), current account (BrE)

contabilidade s **1** (ramo) accounting (AmE), accountancy (BrE) **2** (contas) accounts *pl* **3** (departamento) accounts department

contador, -a s (financeiro) accountant
contador de histórias storyteller

contagem s **1** (placar) score | **abrir a contagem** to open the scoring **2** (cômputo) count
contagem regressiva countdown

contagiar v **contagiar alguém (com algo)** to infect sb (with sth)

contagioso, -sa adj contagious

contaminado, -da adj contaminated: *água contaminada* contaminated water

contaminar v to contaminate

contanto que conj provided (that): *Farei isso contanto que você me ajude.* I'll do it provided (that) you help me.

contar v **1** (calcular) to count: *Vamos contar quantos dias faltam para as férias.* Let's count how many days are left until the vacation.
2 (um caso, uma piada, etc.) to tell | **contar (algo) a alguém** to tell sb (sth): *Não conte nada a ela.* Don't tell her anything. | *Ele me contou que você foi assaltado.* He told me that you were mugged.
3 (incluir) to count: *Éramos 30, sem contar as crianças.* There were 30 of us, not counting the children.
4 (valer) to count: *A opinião dele não conta.* His opinion doesn't count.
5 contar com alguém (a) (depender de) to count on sb: *Sei que posso sempre contar com você.* I know I can always count on you. ▶ O imperativo traduz-se por **you can count on me/us** nec.: *Conte comigo para o que precisar.* You can count on me for anything you need. **(b)** (ter) to have sb: *A Itália conta com apenas um bom atacante.* Italy has only one good striker.
6 contar com algo (a) (depender de) to count on sth: *Conto com sua ajuda.* I'm counting on your help. **(b)** (ter) to have sth: *Os atletas contam com patrocínio.* The athletes have sponsorship. **(c)** (prever) to expect sth: *Não contávamos com essa chuva.* We weren't expecting this rain.

contatar v to contact: *Foi difícil contatá-lo.* It was difficult to contact him.

contato s **1** (comunicação) contact | **entrar em contato com alguém** to get in touch with sb | **manter-se em contato (com alguém)** to keep in touch (with sb): *Combinamos de nos manter em contato.* We agreed to keep in touch. | **ter contato com alguém** to be in touch with sb: *Você tem tido contato com ele?* Have you been in touch with him? | **perder contato com alguém** to lose touch with sb **2** (físico) contact

contemporâneo, -nea adjetivo & substantivo

• **adj 1** (atual) contemporary: *música contemporânea* contemporary music **2** (que viveu na mesma época) contemporary: *escritores contemporâneos* contemporary writers

• **s** contemporary (pl -ries): *os contemporâneos dos meus pais* my parents' contemporaries

contentar-se v **contentar-se (com algo)** to be satisfied (with sth): *Ela não se contenta com nada.* She's never satisfied with anything. | **contentar-se em fazer algo** to settle for doing sth: *Tivemos que nos contentar em assistir ao show pela TV.* We had to settle for watching the show on TV.

contente adj **1** (alegre) happy **2** (satisfeito) **contente (com algo/alguém)** pleased (with sth/sb): *Ficamos contentes com a vitória.* We were pleased with the win. | **contente em fazer algo** pleased to do sth: *Fiquei muito contente em receber o seu e-mail.* I was really pleased to receive your e-mail.

conter v **1** (ter) to contain: *Uma fatia de pão contém 70 calorias.* A slice of bread contains 70 calories. **2** (controlar) to control: *A polícia tentou conter os manifestantes.* The police tried to control the demonstrators. **3** (um sentimento, o choro, etc.) to control: *Ele não conseguiu conter a raiva.* He couldn't control his anger. **4 conter os gastos** to cut down on your spending
conter-se v (controlar-se) to control yourself: *Ela teve que se conter para não rir.* She had to control herself so as not to laugh.

conteúdo s **1** (de uma caixa, garrafa, etc.) contents **2** (de um texto, etc.) content ▶ Note que se usa a forma plural **contents** para se referir ao que está contido num recipiente, e a forma singular **content** para se referir ao assunto de ou dados num texto, livro, etc.

contexto s context

contigo pron with you, to you: *Ele está aborrecido contigo.* He's annoyed with you. | *Preciso falar contigo.* I need to talk to you.

continente s continent: *o continente americano* the American continent

continuação s **1** (de rua, processo, etc.) continuation **2** (de livro, filme) follow-up

continuar v **1** (falando, trabalhando, etc.) to carry on, to continue ▶ Nesta acepção, **to continue** é mais formal | **continua!** carry on! | **continuar fazendo/a fazer algo** to carry on doing sth: *Continuamos andando até encontrar um bar.* We carried on walking until we found a bar.
2 continuar algo to continue sth: *Vamos continuar o jogo sem ele.* Let's continue the game without him. | **continuar com algo** to carry on with sth: *Quero continuar com minhas aulas de inglês.* I want to carry on with my English lessons.
3 (permanecer) to still be: *Ele continua em Londres.* He's still in London. | **continua bom/frio**

etc. it's still good/cold etc. | **continua chovendo/nevando** it's still raining/snowing
4 (história, novela, etc.) to continue: *A série continua amanhã.* The serial continues tomorrow.

contínuo, -nua *adjetivo & substantivo*

- *adj* **1** (que não para) continuous: *o barulho contínuo do tráfego* the continuous noise of the traffic **2** (que se repete) continual: *as mudanças contínuas no sistema educacional* the continual changes in the educational system ▶ Mesmo os falantes nativos de inglês muitas vezes confundem estas duas palavras: **continuous** refere-se a algo que é ininterrupto, e **continual** descreve algo que se repete com frequência

- **contínuo** *s* (funcionário) messenger

conto *s* **1** (história) tale **2** (gênero literário) short story (pl -ries)
conto de fadas fairy tale

contornar *v* **1 contornar algo (a)** (circundar) to go around sth: *Contorne a praça e entre naquela rua.* Go around the square and down that street. **(b)** (traçar o contorno de) to go around sth: *Ela contornou o desenho com lápis azul.* She went around the drawing with a blue pencil. **2 contornar uma dificuldade/um problema etc.** to get around a difficulty/a problem etc.

contorno *s* **1** (volta) outline | **fazer o contorno de algo** to go around sth: *A estrada faz o contorno do lago.* The road goes around the lake. **2** (de um rosto) profile

contra *prep*, *adv & s* ▶ ver quadro; ver também **pró**

contrabaixo *s* **1** (instrumento) double bass **2** (músico) doublebass player

contrabandista *s* smuggler

contrabando *s* **1** (ato) smuggling | **fazer contrabando** to be involved in smuggling **2** (mercadoria) contraband

contrabarra *s* (em informática) backslash

contradição *s* contradiction

contraditório, -ria *adj* contradictory

contradizer *v* to contradict: *Ele não gosta que ninguém o contradiga.* He doesn't like anyone to contradict him.

contrair *v* **1** (a musculatura) to tense: *Contraia os músculos da face.* Tense the muscles in your face. **2** (uma doença) to catch: *Ele contraiu pneumonia.* He caught pneumonia. **3 contrair um hábito/um vício** to pick up a habit/a bad habit

contrair-se *v* (musculatura) to contract

contramão *adjetivo & substantivo*

- *adj* **1** (avenida, pista) one-way: *Essa rua é contramão.* This street is one-way. **2** (fora de mão) out of the way: *A faculdade é meio contramão para mim.* The university is a little out of the way for me.

- *s* **andar/dirigir etc. na contramão** to go/drive etc. the wrong way

---

contra

1 INDICANDO OPOSIÇÃO (= against)

Sou contra a pena de morte. I'm against the death penalty. | *Você está sempre contra mim.* You're always against me. | *Eles jogaram contra a Colômbia.* They played against Colombia. | *Quem votou contra?* Who voted against?

2 INDICANDO CONTATO OU DIREÇÃO (= against)

Ponha-o contra a parede. Put it against the wall. | *contra a corrente* against the current

O verbo pode exigir o uso de outra preposição:

Batemos contra um poste. We crashed into a post.

3 INDICANDO PROTEÇÃO (= against)

seguro contra roubo insurance against theft

4 DE FRENTE PARA (= facing)

Ficou contra o sol. He sat facing the sun.

5 EM RESULTADO (= to, against)

10 votos contra 3 10 votes to 3 | *12 votos a favor e 15 contra* 12 votes for and 15 against

6 EXPRESSÕES

dar o contra to say no | **ser do contra** to be awkward

---

contrariar *v* **1** (chatear) to annoy: *Não fiz isso para te contrariar.* I didn't do it to annoy you. **2 contrariar algo** to go against sth: *Ele contrariou as ordens do diretor.* He went against the principal's orders.

contrário, -ria *adjetivo & substantivo*

- *adj* **1** (oposto) opposite: *na direção contrária* in the opposite direction
2 do lado contrário (às avessas) inside out: *Você vestiu a camiseta do lado contrário.* You've put your T-shirt on inside out.
3 (opinião) opposing
4 contrário a algo (pessoa) opposed to sth: *um cientista contrário à clonagem* a scientist opposed to cloning

- **contrário** *s* **1 o contrário** the opposite: *Ele me falou o contrário.* He told me the opposite.
2 ao contrário (a) (pelo contrário) on the contrary: *Isso não o alegrou; ao contrário, irritou-o.* That didn't make him happy; on the contrary, it annoyed him. **(b)** (do jeito errado) the wrong way around: *O seu moletom está ao contrário.* Your sweatshirt is on the wrong way round.
3 ao contrário de algo/alguém unlike sth/sb: *Ao contrário da amiga, Lúcia nunca viajou para o exterior.* Unlike her friend, Lucia has never been abroad.
4 ao contrário do que contrary to what: *Ao contrário do que dizem, não estamos namorando.* Contrary to what they say, we're not dating.

5 do contrário otherwise: *Corra, do contrário vamos perder o início do filme.* Hurry up, otherwise we'll miss the start of the movie.
6 muito pelo contrário quite the opposite

contrastar v to contrast | **contrastar algo com algo** to contrast sth with sth

contraste s contrast

contratar v **1** (uma pessoa) to hire: *Ela foi contratada por uma agência de modelos.* She's been hired by a modeling agency. **2** (um serviço) to hire: *Contrataram um bufê para a festa.* They hired a caterer for the party.

contrato s contract

contribuição s contribution

contribuir v **1** (ajudar) to contribute: *Ele contribuiu de várias maneiras.* He contributed in various ways. | **contribuir para (fazer) algo** contribute to (doing) sth: *Isto contribuiu para o sucesso dela.* That contributed to her success. **2 contribuir com algo** to contribute sth: *Vou contribuir com R$20.* I'm going to contribute R$20.

controlador, -a adj (pessoa) controlling

controlar v **1** (um carro, uma situação, etc.) to control **2 controlar alguém/algo** (ficar de olho em) to keep tabs on sb/sth: *Meus pais ficam me controlando.* My parents are always keeping tabs on me. **3** (os sentimentos, o apetite) to control
controlar-se v to control yourself

controle s **1** control | **estar sob controle** to be under control: *O problema está sob controle.* The problem is under control. | **estar fora de controle** to be out of control **2 perder o controle** (pessoa) to lose control **3 controle (remoto)** remote (control): *Onde está o controle?* Where's the remote?

contudo conj however

contusão s **1** (de jogador, atleta) injury (pl -ries) **2** (hematoma) bruise

convencer v **1** (fazer acreditar) to convince | **convencer alguém de algo** to convince sb of sth: *Acabou convencendo-a de seu amor.* He finally convinced her of his love. **2** (fazer concordar) to persuade | **convencer alguém a fazer algo** to persuade sb to do sth: *Não conseguimos convencê-lo a ir.* We couldn't persuade him to go.
convencer-se v **convencer-se (de que)** to convince yourself (that): *Convenceu-se de que eu tinha razão.* He convinced himself that I was right.

convencido, -da adj **1** (sem modéstia) conceited: *Ela é muito convencida.* She's very conceited. **2** (convicto) convinced: *Eu estava convencido de que ele aceitaria.* I was convinced that he would accept.

convencional adj conventional

conveniente adj **1** (hora, lugar, situação) convenient **2** (vantajoso) convenient: *um arranjo conveniente para ambos* a convenient arrangement for both of them **3 ser conveniente fazer algo** to be best to do sth: *É conveniente chegar lá bem cedo.* It's best to get there quite early.

convênio s **1** (empresa) medical insurance company **2** (seguro-saúde) medical insurance: *Você tem convênio?* Do you have medical insurance? **3** (acordo) agreement

convento s convent

conversa s **1** (bate-papo) talk: *Tivemos uma conversa ótima.* We had a really good talk. | **puxar conversa com alguém** to strike up conversation with sb
2 não ter conversa to have nothing much to say: *Ele não tem conversa.* He has nothing much to say for himself.
3 (mentira) hot air: *Ele diz que sabe dirigir, mas isso é conversa.* He says he can drive, but that's just hot air.
4 deixar de conversa to stop beating around the bush: *Deixe de conversa e fale a verdade.* Stop beating around the bush and tell the truth.

conversação s conversation

conversão s conversion

conversar v **1 conversar (com alguém)** to talk (to sb): *Adoro conversar com ela.* I love talking to her. **2 conversar sobre algo/alguém** to talk about sth/sb: *Conversamos sobre futebol.* We talked about soccer.

conversível adjetivo & substantivo
• **adj** convertible: *um Ford conversível* a Ford convertible
• **s** convertible

converter v **1** (transformar) to convert | **converter algo em algo** to convert sth into sth: *Convertemos o quarto de hóspedes em escritório.* We converted the guest room into an office. **2** (em outra moeda) to convert | **converter dólares em reais** to convert dollars to reais
converter-se v (mudar de religião) to convert | **converter-se a algo** to convert to sth: *Ela se converteu ao islamismo.* She converted to Islam.

convés s deck

convicção s conviction: *Ele falou sem muita convicção.* He spoke without much conviction.

convidado, -da substantivo & adjetivo
• **s** guest: *Os convidados se atrasaram.* The guests were late.
• **adj** guest: *o professor convidado* the guest teacher

Deve-se dizer on the table *ou* in the table? Veja o verbete **em**.

convidar v to invite | **convidar alguém para um churrasco/uma festa etc.** to invite sb to a barbecue/party etc.

convincente adj convincing

convir v **1** (ser conveniente) to be suitable | **convir a alguém** to suit sb: *Esse horário não me convém.* That time doesn't suit me.
2 (ser aconselhável) to be advisable, to be a good idea ▶ **to be a good idea** é menos formal: *Convém reservar antes.* It's advisable to book in advance. | *Não convém você ir sozinha.* It's not a good idea to go on your own.
3 não convém fazer algo (não fica bem) it's inappropriate to do sth: *Não convém ir à festa de jeans.* It's inappropriate to go to the party wearing jeans.

convite s **1** (para festa, jantar, etc.) invitation: *Obrigado pelo convite.* Thank you for the invitation. | **fazer um convite a alguém (para fazer algo)** to invite sb (to do sth) **2** (ingresso) ticket

convivência s contact

conviver v **1 conviver (com alguém)** to live side by side (with sb) **2 conviver com algo (a)** (suportar) to live with sth: *Temos que conviver com a poluição.* We have to live with pollution. **(b)** (ter experiência de) to have experience of sth: *Já convivi muito com esse tipo de problema.* I've had a lot of experience of this kind of problem.

convocar v **1** (uma reunião, uma eleição) to call **2** (uma pessoa) to summon

cooperar v to cooperate: *Eles não quiseram cooperar.* They didn't want to cooperate. | **cooperar com algo/alguém** to cooperate with sth/sb

cooperativa s cooperative

coordenar v to coordinate

copa substantivo & substantivo plural
• s **1** (troféu) cup | **Copa** (torneio) Cup: *a final da Copa do Mundo* the World Cup final **2** (aposento) breakfast room **3** (de uma árvore) top
• **copas** s pl (naipe) hearts

cópia s copy (pl copies) | **fazer uma cópia de algo** to make a copy of sth
cópia impressa hard copy

copiadora s **1** (máquina) copier **2** (loja) copy shop

copiar v **1** (escrevendo, desenhando) to copy: *Copiamos o texto do quadro.* We copied the text from the board. **2** (imitar) to copy: *Ele copia o irmão em tudo.* He copies everything his brother does. **3** (em informática) to copy: *Clique em Copiar.* Click on Copy.

copiloto s **1** (de avião) copilot **2** (de carro) codriver

copo s **1** (de vidro) glass (pl -sses): *Qual é o seu copo?* Which is your glass? **2** (de papel) cup: *um copo de papel* a paper cup

---

a glass of wine ou a wine glass?

a glass of wine/a glass of champagne, etc. fazem referência a um copo cheio de vinho, champanhe, etc. Para se referir ao tipo de copo que se usa para tomar vinho, champanhe, etc. diz-se **a wine glass/a champagne glass**, etc.

Você quer um copo de vinho? Would you like a glass of wine? | *Quebrei um dos copos de conhaque.* I broke one of the brandy glasses.

---

coque s (penteado) bun | **estar de coque** to have your hair in a bun | **fazer um coque** to do your hair in a bun

coqueiro s coconut palm

coqueluche s **1** (doença) whooping cough: *Minha irmã está com coqueluche.* My sister has whooping cough. **2** (moda) craze: *a nova coqueluche do momento* the latest craze

coquetel s **1** (bebida) cocktail **2** (festa) cocktail party

cor [ó] **de cor** by heart: *Sei seu telefone de cor.* I know your phone number by heart.

cor [ô] s **1** color (AmE), colour (BrE): *televisão em cores* color television | **de cor** (colorido) colored (AmE), coloured (BrE) | **de que cor é/são?** what color is/are? (AmE), what colour is/are? (BrE): *De que cor são os olhos dele?* What color are his eyes? | **de cor amarela/vermelha etc.**: yellow/red etc.: *uma fita de cor amarela* a yellow ribbon | **de cor clara/escura** light-colored/dark-colored (AmE), light-coloured/dark-coloured (BrE) | **de cor lisa** plain-colored (AmE), plain-coloured (BrE) ▶ ver "Active Box" **cores**; ver também **lápis**
2 sem cor (pálido) washed out: *Você está muito sem cor.* You're looking very washed out.

coração s **1** (em anatomia) heart **2** (alma, sentimentos) heart: *do fundo do coração* from the bottom of my heart | **ter bom coração** to be kind-hearted **3** (centro) heart: *no coração da cidade* in the heart of the city **4 amigo/amiga do coração** bosom buddy

corado, -da adj **1** (nas faces) flushed **2 ficar corado de vergonha** to blush with embarrassment

coragem substantivo & interjeição
• s **1** (bravura) courage **2 ter coragem de fazer algo (a)** (ser corajoso) to be brave enough to do sth: *Você tem coragem de pegar numa cobra?* Are you brave enough to hold a snake? **(b)** (ser atrevido) to have the nerve to do sth: *Ela teve a coragem de dizer que fui injusta!* She had the nerve to say I was unfair!
• **coragem!** interj chin up!

corajoso, -sa adj brave

Active Box: cores

Os exemplos neste **Active Box** servem de orientação para ajudá-lo a construir frases com as cores:

Azul é a minha cor favorita.	**Blue** is my favorite color.
*Ela estava de **preto**.*	She was wearing **black**.
*Prefiro o **verde**.*	I prefer the **green** one.
*uma camisa polo **branca***	a **white** polo shirt
*Gosto de **vermelho**.*	I like **red**.
*Ela pintou o quarto de **rosa**.*	She painted the room **pink**.
*o homem de terno **marrom***	the man in the **brown** suit

coral s **1** (em música) choir: *o coral da escola* the school choir **2** (em zoologia) coral | **de coral** coral: *brincos de coral* coral earrings

corante s (em alimento) artificial coloring (AmE), artificial colouring (BrE)

corar v to blush

corcunda adjetivo & substantivo
• *adj* hunchbacked
• *s* **1** (pessoa) hunchback **2** (de camelo) hump

corda s **1** (fio) rope **2** (de violão, etc.) string **3** (de pular) jump rope | **pular corda** to skip rope (AmE), to skip (BrE) **4** (de relógio) **dar corda no relógio** to wind your watch **5 dar corda a alguém (a)** (encorajar a falar) to egg sb on **(b)** (paquerar) to give sb the come-on
corda bamba tightrope **cordas vocais** vocal cords

cordão s **1** (joia) chain: *cordão de ouro* gold chain **2** (corda) rope **3** (de calçado) lace

cordeiro s (animal, comida) lamb

cor-de-rosa adj & s pink ▶ ver "Active Box" **cores** em **cor**

coreografia s choreography

coriza s runny nose

córner s corner: *O juiz marcou córner.* The referee gave a corner.

corneta s **1** (em música) cornet **2** (militar) bugle

coro s **1** (cantores) choir: *o coro da igreja* the church choir **2 falar/responder etc. em coro** to chorus: *"É verdade!", disseram em coro.* "It's true!", they chorused.

coroa s **1** (real) crown **2** (de flores) wreath

coronel s colonel

corpete s (blusa) bodice

corpo s **1** (de uma pessoa, de um animal) body (pl -dies): *loção para o corpo* body lotion ▶ Para referir-se ao aspecto físico de uma mulher, costuma-se usar **figure**: *Ela tem um corpo lindo.* She has a nice figure. **2** (cadáver) body (pl -dies): *Encontraram um corpo no rio.* They found a body in the river.
corpo de bombeiros fire department (AmE), fire brigade (BrE) **corpo diplomático** diplomatic corps

correção s correction | **fazer correções** to make corrections

corre-corre s **1** (pressa) rush **2** (tumulto) stampede

corredeira s rapids *pl*

corredor -a s (atleta) runner: *O Brasil tem bons corredores.* Brazil has some good runners.

corredor s **1** (em prédio, casa) corridor **2** (de entrada) hall **3** (em avião, teatro, supermercado) aisle

correio s **1** (sistema) mail (AmE), post (BrE): *O aviso foi enviado pelo correio.* The notice was sent by mail. **2** (agência) post office: *Há um correio aqui perto?* Is there a post office near here? **3** (correspondência) mail (AmE), post (BrE): *A que horas chega o correio?* What time does the mail arrive?
correio de voz voice mail **correio eletrônico** e-mail

corrente adjetivo & substantivo
• *adj* **1** (aceito) current | **de uso corrente** in current use **2** (atual) current: *notícias correntes* current news ▶ ver também **água**
• *s* **1** (de bicicleta, para prender, etc.) chain **2** (joia) chain: *corrente de prata* silver chain **3** (em mar, rio) current
corrente de ar draft (AmE), draught (BrE)

correr v **1** (mover-se rápido) to run | **sair correndo** to rush off
2 (como esporte) to run: *Ela vai correr nos 100 metros.* She's going to run in the 100 meters. ▶ Como exercício, usa-se **to run** ou **to jog**: *Corro todos os dias.* I go running/jogging every day.
3 (dirigir rápido) to go fast, to drive fast: *Não corra tanto.* Don't go so fast.
4 (no dia-a-dia) to rush around: *Corri o dia inteiro.* I rushed around all day.
5 (apressar-se) to hurry: *Corra, estamos atrasados.* Hurry up, we're late. | **fazer algo correndo** to do sth in a hurry | **ir correndo para o hospital/para uma reunião etc.** to rush off to the hospital/to a meeting etc.
6 (suceder) to go: *Tudo correu bem.* Everything went well.
7 (boato, novidade) to get around: *As notícias correram rápido.* The news soon got around.
8 (percorrer) to go around: *Corri todas as lojas do shopping.* I went around all the stores in the mall.
9 (rua) to run: *Esta rua corre paralela à rua*

principal. That street runs parallel to the main street. **10** (líquido) to run: *Esse rio corre para a lagoa.* This river runs into the lake. **11 o tempo corre** time flies ▶ **correr perigo, correr risco** etc. são tratados no verbete do substantivo correspondente

correspondência *s* **1** (cartas) mail: *Meu pai recebe muita correspondência.* My father gets a lot of mail. **2** (correlação) correspondence

corresponder *v* **corresponder a algo** to correspond to sth

corresponder-se *v* **corresponder-se com alguém** to correspond with sb

corretivo *s* **1** (para apagar) correction fluid **2** (cosmético) cover stick (AmE), concealer (BrE)

correto, -ta *adjetivo & substantivo*
- *adj* **1** (certo) correct: *a senha correta* the correct password **2** (atitude) fair **3** (honesto) straight: *Ela é muito correta.* She's very straight.
- **correto** *s* **o correto** the right thing to do: *O correto é pagar antes de entrar.* The right thing to do is to pay before going in.

corrida *s* **1** (carreira) run **2** (competição) race: *corrida automobilística* car race **3** (de táxi) ride: *Quanto é a corrida até o aeroporto?* How much is the ride to the airport?

corrigir *v* **1** (um texto, um exame) to correct: *A professora ainda não corrigiu as provas.* Our teacher hasn't corrected the tests yet. **2** (endireitar) to correct

corrimão *s* handrail

corrupção *s* corruption

corrupto, -ta *s* (pessoa, governo, etc.) corrupt

cortada *s* **1** (no vôlei, tênis) smash | **dar uma cortada** to smash **2 dar uma cortada em alguém** (responder rispidamente) to slap sb down

cortar *v* **1** (com faca, tesoura, etc.) to cut: *Preciso cortar as unhas.* I need to cut my nails.
2 cortar algo de algo to cut sth off sth: *Cortamos um galho da árvore.* We cut a branch off the tree.
3 (ter bom gume) to cut: *Esta faca de pão não corta.* This bread knife doesn't cut.
4 cortar algo (da dieta etc.) to cut sth out (of your diet etc.): *Preciso cortar os doces.* I need to cut out sweet things. | **cortar alguém do time** to drop sb from the team
5 (no vôlei, tênis) to smash
6 cortar alguém/algo (no trânsito) to cut in front of sb/sth
7 ser cortado (ligação, linha) to be cut off: *Minha ligação foi cortada duas vezes.* My call was cut off twice.
8 cortar algo (a luz, a água) to cut sth off: *A luz foi cortada.* The electricity has been cut off.
9 cortar algo (uma árvore) to cut sth down: *Muitas árvores foram cortadas.* Many trees have been cut down.
10 (encurtar caminho) to cut: *Se cortarmos por aqui, chegamos mais rápido.* If we cut through here, we'll get there quicker. ▶ ver também **caminho**

cortar-se *v* (ferir-se) to cut yourself

corte [ó] *s* **1** (ferimento) cut **2** (de cabelo) haircut: *Gostei desse seu novo corte.* I like your new haircut. **3 estar sem corte** (faca, etc.) to be blunt **4 corte de luz** power cut

corte [ô] *s* court: *a corte portuguesa* the Portuguese court

cortesia *s* **1** (gentileza) courtesy (pl -sies): *Eles tiveram a cortesia de nos avisar.* They had the courtesy to warn us. **2 ingresso/caneta etc. de cortesia** free ticket/pen etc.

cortina *s* curtain | **cortina de rolo** window shade (AmE), roller blind (BrE)

coruja *s* owl

corvo *s* crow

coser *v* to sew

cosmético, -ca *adjetivo & substantivo plural*
- *adj* cosmetic: *cirurgia cosmética* cosmetic surgery
- **cosméticos** *s pl* cosmetics

costa *s* (litoral) coast: *a costa do Brasil* the coast of Brazil

Costa Rica *s* **a Costa Rica** Costa Rica: *na Costa Rica* in Costa Rica

costarriquenho, -nha *adj & s* Costa Rican

costas *s* **1** (parte do corpo) back: *Ele tem uma tatuagem nas costas.* He has a tattoo on his back. | **ficar de costas** to turn around | **estar de costas** to have your back turned | **estar de costas para alguém/alguém** to have your back to sth/sb | **deitar de costas** to lie on your back | **virar de costas** to turn around ▶ ver também **dor** **2** (em natação) backstroke: *Gosto de nadar de costas.* I like swimming the backstroke. | *200 m de costas* the 200 m backstroke

costela *s* rib

costeleta *substantivo & substantivo plural*
- *s* chop: *costeleta de porco* pork chop
- **costeletas** *s pl* (barba) sideburns

costumar *v* **1 eu costumo/ele costuma etc. fazer algo** I usually do sth/he usually does sth etc.: *Costumo nadar todos os dias.* I usually go swimming every day. **2 eu/ele etc. costumava fazer algo** I/he etc. used to do sth: *Ela costumava ter cabelo curto.* She used to have short hair.

costume *s* **1** (de uma pessoa) habit | **ter o costume de fazer algo** to be in the habit of doing sth **2** (de um povo) custom **3 de costume** usual: *Ele estava ainda mais bonito do que de costume.* He was looking even more handsome than usual. **4 como de costume** as usual: *Como de costume, ela criou confusão.* She caused trouble as usual.

costura *s* **1** (atividade) sewing **2** (em roupa) seam | **sem costura** seamless

costurar v to sew
costureira s dressmaker
cotado, -da adj **1** (conceituado) highly rated **2** (favorito) favorite (AmE), favourite (BrE): *Ela é a candidata mais cotada.* She's the favorite candidate.
cotidiano, -na adjetivo & substantivo
• **adj** everyday
• **cotidiano** s everyday life
cotonete s cotton bud
cotovelada s **1 dar uma cotovelada em algo** (machucar-se) to bang your elbow on sth: *Dei uma cotovelada na porta.* I banged my elbow on the door. **2 dar uma cotovelada em alguém** (para chamar a atenção) to nudge sb
cotovelo s elbow
couro s leather: *botas de couro* leather boots | **couro cabeludo** scalp
couve s cabbage
couve-de-bruxelas s Brussels sprout
couve-flor s cauliflower
covarde adjetivo & substantivo
• **adj** (pessoa, atitude) cowardly
• **s** coward
covardia s cowardice
covinha s (na face, no queixo) dimple
coxa s **1** (de pessoa) thigh **2** (de galinha) drumstick
cozido, -da adjetivo & substantivo
• **adj** (batatas, legumes) boiled
• **cozido** s stew: *Comi um cozido no almoço.* I ate stew for lunch.
cozinha s **1** (aposento) kitchen **2** (culinária) cuisine: *Gosto da cozinha árabe.* I like Arab cuisine.
cozinhar v **1** to cook: *Já cozinhei o macarrão.* I've already cooked the pasta. **2 cozinhar bem/mal** to be a good/bad cook: *Minha mãe cozinha bem.* My mother is a good cook. **3 cozinhar demais** to overcook: *Os legumes cozinharam demais.* The vegetables are overcooked.
cozinheiro, -ra s cook
crachá s badge
crânio s **1** (em anatomia) skull **2 ser um crânio** (ser inteligente) to be a genius
craque s **1** (esportista) star | **um craque de futebol/de tênis** a soccer/tennis star **2** (especialista) expert: *Ela é craque em Matemática.* She's an expert in math.
cravar v **1 cravar algo em algo (a)** (unhas, garras) to dig sth into sth **(b)** (faca, prego, etc.) to stick sth into sth **2** (em esporte) to clock: *Ele cravou um minuto nos 100 m de peito.* He clocked one minute in the 100 m breaststroke.
cravo s **1** (na pele) blackhead **2** (em culinária) clove **3** (flor) carnation

crawl s crawl: *Nadei 800 metros de crawl.* I swam the 800 meters crawl.
creche s day care center (AmE), crèche (BrE)
crédito s **1** credit **2 a crédito** on credit
creme substantivo & adjetivo
• **s 1** (para a pele) cream | **passar creme em algo** to put cream on sth **2** (em culinária) cream: *morangos com creme* strawberries and cream **3** (sorvete) vanilla: *sorvete de creme* vanilla ice cream
creme chantili whipped cream **creme de barbear** shaving cream **creme de leite** cream **creme de limpeza** cleansing cream **creme hidratante** moisturizing cream
• **adj** (cor) cream ▶ ver "Active Box" **cores** em **cor**
cremoso, -sa adj creamy
crente substantivo & adjetivo
• **s** (protestante) born-again Christian
• **adj estar crente de que** to be convinced that
crepe s **1** (panqueca) crepe **2** (tecido) crepe
crer v **1** (achar) to think: *– Será que ele ainda vem? – Não creio.* "I wonder if he's still coming?" "I don't think so." | **creio que (that)**: *Creio que você vai gostar dela.* I think you'll like her. | **creio que sim** I think so **2** (acreditar) to believe | **crer em algo/alguém** to believe in sth/sb: *Você crê em Deus?* Do you believe in God?
crescer v **1** (tornar-se maior) to grow: *Já parei de crescer.* I've already stopped growing. **2 deixar crescer o cabelo** to grow your hair | **deixar crescer a barba** to grow a beard **3** (criar-se) to grow up: *Ela cresceu em Ipanema.* She grew up in Ipanema. **4 quando eu/você etc. crescer** (ficar adulto) when I/you etc. grow up: *O que você quer ser quando crescer?* What do you want to be when you grow up? **5** (bolo, suflê, etc.) to rise
crescido, -da adj (adulto) grown up: *Minhas irmãs já são crescidas.* My sisters are already grown up.
crescimento s growth
crespo, -pa adj (cabelo) curly
criação s **1** (produção) creation **2** (educação) upbringing: *Ela teve uma criação rígida.* She had a strict upbringing. **3 de criação** foster: *irmão de criação* foster brother | *filho de criação* foster child **4** (de animais) rearing: *criação de cavalos* horse rearing
criado-mudo s bedside table
criança s **1** child (pl children): *quando eu era criança* when I was a child | **desde criança** since I/he etc. was a child: *Faço bodyboard desde criança.* I've been bodyboarding since I was a child. **2 ser criança** (ser infantil) to be childish: *Ele é muito criança.* He's very childish.
criar v **1** (um design, um site, etc.) to create **2** (filhos) to raise: *A tia os criou.* Their aunt raised them. | **ser criado em Minas/Belém etc.** to grow up in Minas/Belém etc.

criatividade

3 criar confusão/problemas etc. to cause trouble/problems etc.
4 (uma música) to compose
5 criar um hábito to acquire a habit | **criar uma reputação** to gain a reputation: *Ele criou fama de antipático.* He has acquired the reputation of being unfriendly.
6 (animais) to rear: *Eles criam gado.* They rear cattle. ▶ Quando se trata de melhorar a raça usa-se **to breed**: *Ele cria cavalos de polo.* He breeds polo horses.
7 (uma escola, uma empresa, etc.) to start
8 criar amizades/inimigos to make friends/enemies
9 criar raízes to put down roots
10 criar juízo to come to your senses
criar-se *v* (crescer) to grow up: *Nós nos criamos juntos.* We grew up together.

criatividade *s* creativity

criativo, -va *adj* creative

criatura *s* creature

crime *s* crime | **cometer um crime** to commit a crime

criminoso, -sa *adj* & *s* criminal

críquete *s* cricket | **jogar críquete** to play cricket

crise *s* **1** (de choro, de raiva) fit **2** (de asma, cardíaca, etc.) attack **3** (familiar, amorosa, econômica) crisis **4 entrar em crise (a)** (pessoa) to have a crisis **(b)** (economia, casamento, etc.) to be in crisis

crisma *s* **1** (sacramento) confirmation **2** (aula) confirmation class

cristal *s* crystal | **de cristal** crystal: *taças de cristal* crystal glasses

cristão, -tã *adj* & *s* Christian

cristianismo *s* Christianity

Cristo *s* Christ | **antes/depois de Cristo** B.C./A.D.: *no ano 700 antes de Cristo* in the year 700 B.C.

crítica *s* **1** (censura) criticism ▶ criticism é incontável e não tem plural: *Eles receberam mais críticas do que elogios.* They got more criticism than praise. | **fazer uma crítica a alguém/algo** to criticize sth/sb **2** (artigo sobre um filme, etc.) review **3 a crítica** (os críticos) the critics: *A crítica não gostou do filme.* The critics didn't like the movie.

crítica literária literary criticism

criticar *v* to criticize

crítico, -ca *adjetivo & substantivo*
- *adj* **1** (situação, momento) critical **2** (comentário, olhar) critical
- *s* critic: *um crítico de cinema* a movie critic

crocante *adj* (biscoito, sorvete, etc.) crunchy

crochê *s* crochet | **fazer crochê** to crochet ▶ ver também **agulha**

crocodilo *s* crocodile

croissant *s* croissant

cromo *s* chrome

crônico, -ca *adj* chronic: *bronquite crônica* chronic bronchitis

cronista *s* **1** (escritor) short story writer **2** (de jornal) columnist

cronológico, -ca *adj* chronological: *em ordem cronológica* in chronological order

cronometrar *v* to time: *Cronometrei o tempo que levei nisso.* I timed how long I took to do it.

cronômetro *s* stopwatch

croquete *s* croquette: *croquete de carne* meat croquette

crosta *s* **1** (de pão) crust **2** (de ferida) scab **3 a crosta terrestre** the earth's crust

cru, crua *adj* **1** (alimento) raw: *carne crua* raw meat **2** (áspero) harsh

crucifixo *s* crucifix (pl -xes)

cruel *adj* **1** cruel **2 dúvida cruel** tough choice

crueldade *s* cruelty (pl -ties) | **ser crueldade** to be cruel: *É crueldade tratar um animal assim.* It's cruel to treat an animal like that.

cruz *substantivo & interjeição*
- *s* cross (pl crosses): *uma cruz de ouro* a gold cross | *Assinale com uma cruz a resposta correta.* Mark the correct answer with a cross.
- **cruzes!** *interj* (my) goodness!

cruzado, -da *adj* **1 com os/de braços cruzados** with his arms folded | **com as/de pernas cruzadas** cross-legged **2 um cheque cruzado** a crossed check (BrE) ▶ Os cheques americanos nunca são cruzados; portanto, não existe termo equivalente no inglês americano **3 fogo cruzado** crossfire ▶ ver também **palavra**

cruzamento *s* **1** (de ruas) crossroads: *O carro enguiçou no cruzamento.* The car broke down at the crossroads. **2** (de animais) cross **3** (de raças) mix

cruzar *v* **1** (atravessar) to cross: *A minha rua cruza a avenida.* My street crosses the highway. **2 cruzar os braços** to fold your arms | **cruzar as pernas/os dedos** to cross your legs/fingers **3** (em futebol) to cross: *O jogador cruzou a bola para a ponta.* The player crossed the ball to the wing. **4** (animal) to breed **5** (informações, resultados) to crosscheck **6 cruzar com alguém** (encontrar-se) to run into sb: *Cruzei com ele na rua.* I ran into him on the street. **7 cruzar um cheque** to cross a check (BrE) ▶ ver nota em **cruzado**

cruzar-se *v* (encontrar-se) to run into each other: *Nós nos cruzamos no shopping.* We ran into each other at the mall.

cruzeiro *s* (viagem) cruise | **fazer um cruzeiro** to go on a cruise

Cuba *s* Cuba

cubano, -na *adjetivo & substantivo*
- *adj* Cuban
- *s* (pessoa) Cuban | **os cubanos** (povo) Cubans

cúbico, -ca adj cubic: *cem metros cúbicos* a hundred cubic meters

cubo s cube: *um cubo de gelo* an ice cube

cueca s underpants pl: *cuecas de algodão* cotton underpants ▶ *uma cueca/duas cuecas etc.* traduz-se por **a pair of underpants/two pairs of underpants etc.**

cuidado substantivo & interjeição
- s **1** care | **com cuidado** carefully: *Dirija com cuidado.* Drive carefully. **2 (ter/tomar) cuidado com algo** (to be) careful with sth: *Cuidado com essa faca!* Careful with that knife! | *Tenha cuidado com esse vaso.* Be careful with that vase. ▶ Frequentemente usa-se **mind** para advertir alguém de um perigo: *Cuidado com a escada.* Mind the step. | *Cuidado com a cabeça ao entrar.* Mind your head when you go in. **3 (tomar) cuidado com alguém** to watch sb: *Tome cuidado com ele.* You'd better watch him.
- **cuidado!** interj **1** careful!: *Cuidado! Está quente!* Careful! It's hot! **2** (ao atravessar uma rua, etc.) watch out!

cuidadoso, -sa adj careful: *Sou cuidadosa com minhas coisas.* I'm careful with my things.

cuidar v **1 cuidar de alguém** to take care of sb **2 cuidar de algo (a)** (ter cuidado com) to take care of sth: *Preciso cuidar melhor da minha saúde.* I need to take better care of my health. **(b)** (responsabilizar-se) to take care of sth: *Uma banqueteira vai cuidar da comida.* A caterer is going to take care of the food.

cuidar-se v to take care of yourself: *Ela agora resolveu se cuidar mais.* She has now decided to take better care of herself. | *Se cuida!* Take care!

cujo, -ja pron **1** (referente a pessoa) whose: *a vizinha cuja filha é da minha escola* the neighbor whose daughter goes to my school ▶ **Whose** pode ser usado para referir-se a uma ou mais pessoas, ou a substantivos singulares que designam um conjunto de pessoas, tais como **family, government, country,** etc. **2** (referente a coisa) of which: *uma música de cujo nome não me lembro* a song the name of which I can't remember

culinária s cooking: *livro de culinária* cookbook

culpa s **1** (responsabilidade) blame | **levar a culpa** to take the blame | **pôr a culpa em alguém** to put the blame on sb: *Não ponha a culpa em mim!* Don't put the blame on me! | **por culpa de algo/alguém** because of sth/sb: *Perdi o ônibus por culpa sua.* I missed the bus because of you. | **ser minha/sua etc. culpa** to be my/your etc. fault: *Foi tudo culpa dela.* It was all her fault. | **ter culpa (de algo)** to be to blame (for sth): *Você não tem culpa de nada.* You're not to blame for anything. **2** (sentimento) guilt | **sentir culpa** to feel guilty

culpado, -da adjetivo & substantivo
- adj guilty: *Eu me senti muito culpado.* I felt very guilty.
- s culprit: *Quem é o culpado?* Who is the culprit?

culpar v **culpar algo/alguém (por algo)** to blame sth/sb (for sth): *Não adianta me culpar pelo seu erro.* There's no point in blaming me for your mistake.

cultivar v **1** (plantas) to grow **2** (a terra) to farm **3 cultivar uma amizade** to cultivate a friendship

culto, -ta adjetivo & substantivo
- adj **1** (pessoa) cultured **2** (linguagem) educated
- **culto** s **1** (de divindade, da natureza, etc.) worship **2** (seita) cult **3** (cerimônia) service

cultura s culture

cultural adj cultural ▶ ver também **centro**

cume s (de montanha, monte) summit

cúmplice s accomplice | **um/uma cúmplice em algo** an accomplice to sth

cumprimentar v **1** (dizer alô) to greet: *Cumprimentei todo mundo ao chegar.* I greeted everyone when I arrived. **2** (felicitar) to congratulate

cumprimentar-se v (dizer alô) to greet each other

cumprimento substantivo & substantivo plural
- s **1** (saudação) greeting **2** (de promessa, dever) fulfillment
- **cumprimentos** s pl compliments: *Transmita meus cumprimentos a ele.* Please give him my compliments.

cumprir v **1** (uma obrigação, um compromisso) to fulfill | **cumprir o seu dever** to do your duty **2** (uma promessa) to keep | **cumprir a palavra** to keep your word **3 cumprir um prazo** to meet a deadline **4** (um papel) to fulfill: *O tio teve que cumprir o papel de pai.* The uncle had to fulfill the role of father. **5** (uma ordem, uma lei) to obey **6** (uma tarefa) to complete **7** (uma pena de prisão) to serve **8 cumprir a alguém fazer algo** to be up to sb to do sth: *Cumpre a você decidir.* It's up to you to decide.

cúmulo s **ser o cúmulo** to be the limit: *Isto é o cúmulo!* That's the limit! | **o cúmulo do absurdo/azar etc.** the height of absurdity/bad luck etc.

cunhado, -da s **cunhado** brother-in-law (pl brothers-in-law) | **cunhada** sister-in-law (pl sisters-in-law) | **meus cunhados** (cunhado e cunhada) A tradução pode ser **my brother-in-law and his wife** ou **my sister-in-law and her husband**

cupim s termite

cupom s coupon

cúpula s **1** (de abajur) lampshade **2** (reunião) summit: *a Cúpula do Rio* the Rio Summit

cura s **cura (de algo)** cure (for sth): *a cura do câncer* the cure for cancer | **ter/não ter cura** to be curable/incurable

curandeiro, -ra s healer

curar v **1** (uma pessoa) to cure | **curar alguém de algo** to cure sb of sth **2** (uma doença) to cure **3** (uma carne, um queijo) to cure

curar-se v **1** (de doença) to recover **2 curar-se de um vício** to kick a habit

curativo s dressing | **fazer um curativo em algo** to put a dressing on sth

curinga s (de baralho) joker

curiosidade s curiosity | **por curiosidade** out of curiosity: *Perguntei por curiosidade.* I asked out of curiosity. | **ter curiosidade (de fazer algo)** to be curious (to do sth)

curioso, -sa *adjetivo & substantivo plural*

• *adj* **1** (pessoa) curious: *Fiquei super curioso.* I got really curious. | *Ele está curioso para conhecê-la.* He's curious to meet you. **2** (fato, fenômeno, etc.) odd **3 o curioso é/foi** the odd thing is/was: *O curioso foi ele se interessar por isso.* The odd thing was that he was interested in it.

• **curiosos** s pl (espectadores) onlookers

currículo s **1** (curriculum vitae) résumé (AmE), CV (BrE) **2** (de um curso) curriculum

curso s **1** (série de aulas) course | **curso de informática/inglês etc.** computer/English etc. course | **fazer um curso** to take a course: *Que curso você faz na universidade?* What course are you taking at the university? **2 a semana/o mês etc. em curso** the current week/month etc. **3** (de um rio) course

curso superior university degree

cursor s cursor

curta-metragem s short

curtir v **1** (gostar de) to like: *Não curto esse tipo de filme.* I don't like this kind of movie. **2** (aproveitar) to enjoy: *Curtimos muito o feriado.* We really enjoyed the holiday.

curto, -ta *adjetivo & substantivo*

• *adj* **1** (de pouco comprimento) short: *cabelo curto* short hair **2** (breve) short: *As férias foram muito curtas.* The vacation was very short. | *num curto espaço de tempo* in a short space of time **3** (escasso) short: *Meu dinheiro anda curto.* My money is running short.

• **curto** s (curto-circuito) short circuit

short

long

curto-circuito s short circuit

curva s **1** (em estrada, rio) bend | **curva fechada** hairpin bend | **fazer uma curva** to take a bend **2** (em desenho, gráfico, etc.) curve **3** (da perna) curve

curvar v (o corpo, a cabeça) to bend

curvar-se v to bend over

curvo, -va *adj* **1** (linha) curved **2** (estrada) winding **3** (costas) rounded

cuspe s spit

cuspir v to spit | **cuspir algo** to spit sth out

custa s **1 à custa de algo/alguém** (financiado por) at the expense of sth/at sb's expense **2 viver à custa de alguém** to live off sb: *Ele vive à custa da mulher.* He lives off his wife. **3 à custa de esforço/sacrifícios etc.** with a lot of hard work/sacrifices etc.

custar v **1** (preço) to cost: *Quanto custou sua bicicleta?* How much did your bike cost? | *Os ingressos vão custar de R$10 a R$20.* The tickets will cost between R$10 and R$20. | **custar barato/caro** to be cheap/expensive **2** (ser difícil) **custar a alguém fazer algo** to be hard for sb to do sth: *Custa-me fazer dieta.* It's hard for me to diet. **3** (demorar) **custar a fazer algo** to take a while to do sth: *Eles custaram a chegar.* They took a while to arrive. **4** (ser penoso) **custa você fazer?** would it hurt you to do?: *Custa você fazer isso por mim?* Would it hurt you to do it for me? **5 custe o que custar** whatever the cost **6 não custa tentar/perguntar etc.** there's no harm in trying/asking etc.

custear v **custear algo** to pay for sth: *Quem está custeando seus estudos?* Who's paying for your studies?

custo s **1** (valor) cost: *o custo da viagem* the cost of the trip **2** (dificuldade) effort: *Foi um custo conseguir chegar até aqui.* It was an effort getting this far. | **a custo** with difficulty

custo de vida cost of living

cutícula s cuticle | **tirar a cutícula** to remove your cuticles

cútis s skin: *um bom creme para a cútis* a good cream for your skin ▶ Quando se fala da qualidade da cútis usa-se **complexion**: *uma cútis perfeita/uma cútis delicada* a perfect complexion/a delicate complexion

cutucar v **cutucar algo/alguém (a)** (com o cotovelo) to nudge sth/sb **(b)** (com o dedo, com um instrumento) to poke sth/sb

D, d s D, d ▶ ver "Active Box" **letras do alfabeto** em **letra**

dado, -da adjetivo, substantivo & conjunção

- **adj 1** (determinado) given: *em dado momento* at a given moment **2** (extrovertido) outgoing: *um menino muito dado* a very outgoing boy **3 ser dado a algo/a fazer algo** (propenso) to be given to sth/to doing sth: *Ela é dada a depressões.* She is given to bouts of depression. ▶ ver também **braço**

- **dado** s **1** (em jogo) dice (pl dice) | **jogar os dados** to throw the dice **2** (informação) information ▶ **information** é um substantivo incontável e em muitos casos equivale a *dados*: *Onde você obteve este dado?* Where did you get this information from? | *Aqui estão os dados que você me pediu.* Here's the information you asked me for. ▶ *dados* também pode ser traduzido por **data**, que é uma palavra mais técnica; como **information**, é sempre seguida de verbo no singular: *Os dados estão sendo processados.* The data is being processed. ▶ ver **base, processamento**
dados pessoais s pl details, personal details

- **dado que** conj given that

daí adv **1** (de onde você está) from there: *Sente-se aqui; daí você não vai ver a vista.* Sit over here; you won't be able to see the view from there. **2** (de dentro desse lugar) out of there: *Saia daí!* Get out of there! **3** (de cima desse lugar) off there: *É melhor você tirar esses copos daí.* You should take those glasses off there. **4 a partir daí/daí por diante** from then on | **daí a uma hora/um mês etc.** an hour/a month etc. later | **daí a pouco** a little bit later **5 e daí?** so what? **6 esse/essa daí** that one: *Vou levar esse daí.* I'll take that one.

dali adv **1** (daquele lugar) from there: *a 500 metros dali* 500 meters from there **2 dali a uma semana/um mês etc.** a week/month etc. later | **dali a pouco** a short time later | **dali em diante** from then on

daltônico, -ca adj color blind (AmE), colour blind (BrE)

dama substantivo & substantivo plural

- **s 1** (senhora) lady (pl ladies) **2** (em dança) partner **3** (em xadrez, baralho) queen: *a dama de copas* the queen of hearts
dama de honra bridesmaid

- **damas** s pl (jogo) checkers (AmE), draughts (BrE): *uma partida de damas* a game of checkers

damasco s apricot

danado, -da adj **1** (zangado) very angry: *Ele está danado com você.* He's very angry with you. **2** (travesso) mischievous **3** (intenso) incredible: *um susto danado* an incredible fright | **estou com uma fome/sede danada** I'm terribly hungry/thirsty | **estar com uma dor/gripe danada** to have a terrible pain/a terrible case of flu

dança s dance: *uma aula de dança* a dance class

dançar v to dance | **tirar alguém para dançar** to ask sb to dance

dançarino, -na s dancer

danificar v to damage

dano s damage | **danos** damage ▶ A palavra **damage** não tem plural **causar danos a algo** to damage sth: *O cigarro causa danos à saúde.* Smoking damages your health.

daqui adv **1** (deste lugar) from here: *Não saia daqui até eu voltar.* Don't move from here until I come back. **2** (deste momento) **daqui a pouco** in a little while | **daqui a uma semana/um ano etc.** in a week's time/in a year's time etc. | **daqui em diante** from now on

dar v ▶ ver quadro na pág. 522
dar-se v **1** (relacionar-se) to have contact: *Vocês se dão com os vizinhos?* Do you have any contact with the neighbors? | **dar-se bem (com alguém)** to get on well (with sb): *Eu e meu pai nos damos muito bem.* My father and I get on very well. **2 dar-se bem/mal** (em prova, teste) to do well/badly: *Ela se deu bem nos exames.* She did well in the exams. **3** (acontecer) to happen: *O mesmo se deu comigo.* The same thing happened to me.

dardo s **1** (que se atira num alvo) dart | **jogar dardos** to play darts **2** (esporte) javelin

data s **1** date **2 um amigo/desejo etc. de longa data** a longtime friend/wish etc.
data de nascimento date of birth **data de validade** expiration date (AmE), expiry date (BrE)

datilografar v to type

d.C. (= **depois de Cristo**) A.D.

DDD (= **discagem direta à distância**) long-distance direct dialing (AmE), long-distance direct dialling (BrE) | **código DDD** area code

DDI (= **discagem direta internacional**) international direct dialing (AmE), international direct dialling (BrE) | **código DDI** country code

de prep ▶ ver quadro na pág. 522

debaixo advérbio & preposição

- **adv** underneath

- **debaixo de** prep under: *debaixo da cama* under the bed

debate s debate | **fazer um debate** to have a debate

débil s (bobo) fool
débil mental (doente) mental case

dar

1 No sentido de *entregar*, *oferecer*, *presentear* ou *transmitir* traduz-se por **to give**:

Dei a chave ao Paulo. I gave Paulo the key./I gave the key to Paulo. | *Me dá seu telefone?* Can you give me your phone number?/Can I have your phone number? | *Ela quer dar uma festa.* She wants to give a party. | *Ele me deu um CD.* He gave me a CD. | *Ainda não lhe deram a notícia.* They still haven't told her the news.

2 BASTAR (= to be enough)

A comida dá para todos. The food is enough for everyone.

3 SER POSSÍVEL

Se der, apareço aí hoje. If possible, I'll drop by today. | **dá para você/ele etc.?** can you/he etc.; could you/he etc.?: *Dá para você chegar às sete?* Could you be here at seven?

4 TOTALIZAR (= to come to)

Dá um total de R$20. It comes to R$20.

5 ESTUDAR (= to cover)

Ainda não demos essa matéria. We haven't covered that topic yet.

6 FALANDO DAS HORAS (= to be)

Já vai dar meia-noite. It's nearly midnight.

7 RELÓGIO (= to strike)

O relógio deu três horas. The clock struck three.

8 AS CARTAS (= to deal)

É sua vez de dar as cartas. It's your turn to deal (the cards).

9 FLORES, FRUTOS (= to produce)

10 OUTROS USOS

dar com algo em algo to bang sth on sth: *Dei com a cabeça na estante.* I banged my head on the shelf. | **dar em algo** to lead to sth: *Isso não vai dar em nada.* That won't lead to anything. | **dar em alguém** to beat sb: *Ela deu nele com um cinto.* She beat him with a belt. | **dar para algo** to face: *A sala dá para o mar.* The living room faces the sea. As expressões *dar aula*, *dar medo*, *dar certo* etc. são tratadas no verbete do substantivo ou adjetivo correspondente.

débito s debit

debochar v **debochar de alguém/algo** to make fun of sb/sth: *Para de debochar de mim.* Stop making fun of me.

debruçar-se v **1** to bend over: *Debruçou-se para pegar a caneta no chão.* He bent over to pick up his pen from the floor. **2 debruçar-se na janela** to lean out of the window

década s decade: *na década passada* in the last decade | **na década de 80/90 etc.** in the 80s/90s etc.

de

1 PERTENCIMENTO

Quando se trata de algo que pertence a alguém, ou de alguém relacionado com outra pessoa, usa-se o nome do possuidor seguido de **'s**:

os óculos da Laura Laura's glasses | *a mãe da menina* the girl's mother

Se o substantivo termina em **s**, usa-se somente o apóstrofo:

os brinquedos das crianças the kids' toys

2 PERTENCIMENTO A UM GRUPO (= of)

uma das meninas one of the girls | *a melhor de todas as músicas deles* the best of all their songs

Quando se trata de algo que é parte de um objeto, não se traduz *de*, e o objeto é mencionado antes da parte:

a tela do computador the computer screen

3 TEMA, FINALIDADE, MATERIAL

O tema, a finalidade ou o material é mencionado primeiro, e não se traduz *de*:

um filme de terror a horror film | *uma jaqueta de couro* a leather jacket

4 IDADE

A idade é mencionada primeiro, e não se traduz *de*:

um menino de 17 anos a 17-year-old boy

5 PROCEDÊNCIA, ORIGEM (= from)

Sou de Minas Gerais. I'm from Minas Gerais. | *De onde você é?* Where are you from?

6 CONTEÚDO (= of)

um copo d'água a glass of water

7 COM SUPERLATIVOS (= in)

o maior país do mundo the largest country in the world

8 DESCRIÇÃO

o menino de óculos the boy with glasses | *a mulher de vestido preto* the woman in the black dress

9 AUTORIA (= by)

uma música dos Beatles a song by the Beatles

10 DESDE (= from)

A aula é das 9 às 11. The class is from 9 o'clock to 11 o'clock.

11 PERÍODO (= in)

de manhã in the morning

12 MEIO DE TRANSPORTE (= by)

de ônibus by bus

decadente adj **1** (vida, sociedade, etc.) decadent **2** (bairro, prédio, etc.) run-down **3** (ator, bailarina, etc.) declining

*Diz-se I arrived in Rio ou I arrived to Rio? Veja o verbete **arrive**.*

decalque s tracing | **fazer um decalque (de algo)** to make a tracing (of sth) (AmE), to do a tracing (of sth) (BrE)

decatlo s decathlon

decente adj decent

decepção s disappointment: *Que decepção!* What a disappointment! | *O filme foi uma decepção.* The movie was a disappointment. | **ter uma decepção** to be disappointed

decepcionado, -da adj disappointed

decepcionante adj disappointing: *O primeiro tempo da partida foi decepcionante.* The first half of the match was disappointing.

decepcionar v **1** (uma pessoa) to disappoint: *Não quero te decepcionar.* I don't want to disappoint you. **2** (experiência, filme, etc.) to be disappointing: *A viagem decepcionou.* The trip was disappointing.
decepcionar-se v to be disappointed: *Os fãs se decepcionaram com o show.* The fans were disappointed with the show.

decididamente adv definitely: *Ele é decididamente o melhor jogador atualmente.* He is definitely the best player at the moment.

decidido, -da adj **1** (pessoa) determined: *uma mulher decidida* a determined woman | **estar decidido a fazer algo** to be determined to do sth: *Ele está decidido a fazer o vestibular.* He is determined to take the university entrance exam. **2 estar decidido** to be decided: *A data já está decidida.* The date is already decided.

decidir v to decide: *Você tem que decidir o que é melhor para você.* You have to decide what's best for you. | **decidir fazer algo** to decide to do sth: *Eles decidiram passar o Natal fora.* They decided to spend Christmas away.
decidir-se v to make up your mind: *Vamos, decida-se!* Come on, make up your mind! | **decidir-se por algo** to decide on sth

decimal adj & s decimal

décimo, -ma numeral tenth: *Ele é o décimo da fila.* He's the tenth in line. | **décimo primeiro/segundo/terceiro etc.** eleventh/twelfth/thirteenth etc.

decisão s decision | **tomar uma decisão** to make a decision

decisivo, -va adj decisive

declaração s **1** (confissão) declaration: *uma declaração de amor* a declaration of love **2** (depoimento) statement: *a declaração do governador* the governor's statement
declaração de guerra declaration of war

declarar v **1** (confessar) to admit **2** (publicamente) to announce **3 declarar guerra** to declare war
declarar-se v **1 declarar-se a alguém** to tell sb how you feel: *Ele se declarou a ela na festa.* He told her how he felt at the party. **2 declarar-se a favor/contra algo** to come out in favor/against sth: *Eles se declararam a favor da mudança.* They came out in favor of the change.

decolagem s (de avião) takeoff

decolar v **1** (avião) to take off **2** (artista) to take off: *O grupo decolou em 2000.* The group took off in 2000.

decoração s **1** (de uma casa, de um bolo) decoration **2** (estilo) decor: *uma decoração moderna* modern decor
decoração de interiores interior design

decorar v **1** (memorizar) to memorize **2** (uma casa, um bolo) to decorate

decorrer verbo & substantivo
• v **1** (tempo) to elapse: *Já decorreram vários anos desde a última vez que nos vimos.* Several years have elapsed since we last met. **2** (acontecer) to come off (AmE), to go off (BrE): *A cerimônia decorreu muito bem.* The ceremony came off very well. **3 decorrer de algo** (resultar) to derive from sth
• s **no decorrer do dia/da semana/dos anos 70 etc.** during the day/the week/the seventies etc. **no decorrer do tempo/da história** in the course of time/of history

decotado, -da adj low-cut: *uma blusa decotada* a low-cut blouse

decote s neckline
decote em V V-neck

dedal s thimble

dedão s **1** (do pé) big toe **2** (da mão) thumb

dedicado, -da adj dedicated

dedicar v **dedicar algo a alguém** to dedicate sth to sb: *Dedicou o poema à namorada.* He dedicated the poem to his girlfriend.
dedicar-se v **dedicar-se a alguém** to devote yourself to sb | **dedicar-se a algo** (aos estudos, a uma causa, etc.) to dedicate yourself to sth

dedicatória s dedication

dedo s **1** (da mão) finger **2** (do pé) toe **3 um dedo de leite/água etc.** a drop of milk/water etc.
dedo anular ring finger **dedo indicador** index finger **dedo médio** middle finger **dedo mindinho** little finger

dedurar v **dedurar alguém (a)** (um colega) to tell on sb **(b)** (um criminoso) to inform on sb

default s default

defeito s **1** (de uma pessoa) fault: *Todos nós temos defeitos.* We all have our faults. **2** (físico) defect: *um defeito de nascença* a birth defect **3** (em um objeto) defect: *um defeito de fabricação* a manufacturing defect ▶ Usa-se **fault** quando se trata de defeitos mecânicos ou técnicos | *O gravador/rádio etc. está com defeito* the tape recorder/radio etc. isn't working **4** (em roupa) flaw **5 pôr defeito em algo** to find fault with sth: *Ela põe defeito em tudo.* She finds fault with everything.

defeituoso, -sa adj (aparelho) faulty

 Há uma lista de **termos gramaticais** no verso da capa.

defender v **1 defender alguém/algo (contra alguém/algo)** to defend sb/sth (against sb/sth): *Ela sempre defende a irmã.* She always defends her sister. **2** (um gol) to save: *O goleiro conseguiu defender o pênalti.* The goalkeeper managed to save the penalty. **3** (uma causa, uma opinião, etc.) to defend

defender-se v **1 defender-se de algo (a)** (de acusações) to defend yourself against sth **(b)** (de um vírus, etc.) to fend sth off **(c)** (de frio, chuva) to protect yourself against sth **2** (justificar-se) to stand up for yourself: *Tive que me defender.* I had to stand up for myself.

defesa s **1** (proteção) defense (AmE), defence (BrE): *mecanismos de defesa* defense mechanisms **2** (grupo de jogadores) defense (AmE), defence (BrE): *A defesa teve uma boa atuação.* The defense performed well. **3** (de goleiro) save: *O goleiro fez uma defesa espetacular.* The goalkeeper made a spectacular save. **4** (em tribunal) defense (AmE), defence (BrE): *o advogado de defesa* the defense lawyer

deficiência s **1** (física, mental, visual) disability (pl -ties) **2** (falta) deficiency (pl -cies): *deficiência de vitaminas* vitamin deficiency

deficiente *adjetivo & substantivo*

• *adj* **1** (pessoa) disabled **2** (incompleto) **deficiente (em algo)** lacking (in sth): *uma alimentação deficiente em proteínas* a diet lacking in proteins **3** (imperfeito) defective: *um sistema deficiente* a defective system

• *s* (pessoa) disabled person ▶ Para referir-se aos deficientes de maneira geral, diz-se **disabled people** ou **the disabled**: *os direitos dos deficientes* the rights of disabled people/the rights of the disabled

deficiente físico physically disabled person
deficiente mental mentally disabled person

definição s **1** (explicação) definition: *Qual é sua definição de sucesso?* What is your definition of success? **2** (determinação) details *pl*: *A definição da equipe foi anunciada ontem.* The details of the team were announced yesterday. **3** (de uma imagem) definition

definido, -da *adj* **1** (resolvido) decided: *A data de lançamento do CD ainda não está definida.* The launch date for the CD has not yet been decided. **2** (determinado) given: *Uma série definida de exercícios.* A given series of exercises. **3** (músculos) defined ▶ ver **artigo**

definir v **1** (explicar) to define: *É difícil definir esta palavra.* It's difficult to define this word. **2** (planos, objetivos) to fix: *Ainda não definiram a data e o local do show.* The date and location of the concert have not yet been fixed. **3** (um jogo, o vencedor) to decide

definir-se v (tomar uma decisão) to make up your mind: *Você precisa se definir.* You need to make up your mind.

definitivamente *adv* **1** (permanentemente) for good: *Eles se mudaram definitivamente para Londres.* They've moved to London for good. **2** (com certeza) definitely: *Pelé era definitivamente o melhor jogador do mundo.* Pele was definitely the best player in the world. | **dizer algo definitivamente** to say sth for definite: *Não posso dizer definitivamente se ela virá.* I can't say for definite if she will come.

definitivo, -va *adj* **1** (conclusão, resposta, decisão, etc.) final **2** (rompimento, garantia, cura, etc.) permanent **3** (vitória, derrota, jogada, etc.) decisive **4** (número, quantidade, quantia) final

deformar v **deformar algo (a)** (o corpo, o rosto) to deform sth **(b)** (sapatos, etc.) to stretch sth out of shape **(c)** (deturpar) to distort sth: *A imprensa às vezes deforma os fatos.* The press sometimes distorts the facts.

deformar-se v **1** (corpo, rosto) to become deformed **2** (sapatos, etc.) to stretch out of shape **3** (imagem) to get distorted

defumado, -da *adj* smoked: *presunto defumado* smoked ham

defunto, -ta s dead person (pl dead people)

degrau s **1** (de escada fixa) step: *Escorreguei no degrau.* I slipped on the step. **2** (de escada portátil) rung

deitado, -da *adj* **1** (estirado) lying down: *Prefiro ver televisão deitado.* I prefer watching television lying down | **deitado no chão/na grama etc.** lying on the floor/the grass etc. | **ficar deitado (em algo)** to lie down (on sth): *Fiquei deitado no sofá e dormi.* I lay down on the sofa and fell asleep. **2** (na cama) in bed: *Quando chegamos, as crianças já estavam deitadas.* When we arrived, the children were already in bed.

deitar v **1** (ou **deitar-se**) (estirar-se) to lie down: *Deitei no chão para fazer o exercício.* I lay down on the floor to do the exercise. | **deitar de bruços** to lie face down | **deitar de costas** to lie on your back | **deitar de lado** to lie on your side **2** (ou **deitar-se**) (ir para a cama) to go to bed: *Minha irmã se deita cedo.* My sister goes to bed early. **3 deitar alguém em algo** to lay sb on sth: *O médico deitou-a na maca.* The doctor laid her on the stretcher.

deixar v ▶ ver quadro

dela *pronome & substantivo*

• *pron* **1** (de pessoa) her: *Os olhos dela são azuis.* Her eyes are blue. | **um amigo/uma prima etc. dela** a friend/a cousin etc. of hers | **ser dela** to be hers: *Esse livro é dela.* That book's hers. **2** (de coisa, de animal) its: *Achei a caixa, mas não acho a tampa dela.* I found the box, but I can't find its lid. ▶ Com animais de estimação, ou pelos quais se sente afeto, tende-se a usar **her**: *a minha cachorra e os filhotes dela* my dog and her puppies

• *s o(s)/a(s)* **dela** hers: *Comprei a minha entrada e a dela.* I bought my ticket and hers.

deixar

1 No sentido de *permitir*, *parar*, *não poder deixar de fazer algo*, ou *fazer ficar*, veja mais abaixo. Os demais usos de *deixar* traduzem-se por **to leave**:

Deixe a chave na gaveta. Leave the key in the drawer. | *Deixei o embrulho no táxi.* I left the package in the taxi. | *Você deixou a luz acesa.* You left the light on. | *O namorado a deixou.* Her boyfriend left her. | *Me deixa em paz!* Leave me alone! | *Meu avô nos deixou este apartamento.* My grandfather left us this apartment.

Quando alguém te deixa de carro, táxi, etc. em algum lugar **they drop you off**:

Pode me deixar aqui. You can drop me off here.

2 PERMITIR (= to let)

Deixe-me ver. Let me see. | *Deixa eu explicar.* Let me explain.

Quando a frase é negativa, costuma-se usar **won't let** ou **wouldn't let**:

Meus pais não querem me deixar ir. My parents won't let me go. | *Quis ajudar mas não me deixaram.* I wanted to help but they wouldn't let me. | **deixar alguém entrar/sair/passar** to let sb in/let sb out/let sb through: *O policial não nos deixou passar.* The policeman wouldn't let us through.

3 EXPRESSÕES

deixar de (fazer) algo to stop doing sth: *Deixa de besteira.* Stop being silly. | *Ele deixou de fumar.* He stopped smoking./He quit smoking. | **não poder deixar de fazer algo** to have to do sth: *Não posso deixar de ir ao aniversário dele.* I have to go to his birthday party. | **deixar alguém cansado/triste etc.** to make sb tired/sad etc.: *As provas a deixam nervosa.* The exams make her tense. | **deixar claro que** to make it clear that: *Ela deixou claro que não quer se envolver.* She made it clear that she doesn't want to get involved.

---

dele *pronome & substantivo*

- **pron 1** (de pessoa) his: *O quarto dele é nos fundos.* His room's at the back. | **uma colega/um tio etc. dele** a colleague/an uncle etc. of his | **ser dele** to be his: *Essa moto é dele.* That motorcycle is his. **2** (de coisa, de animal) its: *Meu computador é lento; preciso aumentar a memória dele.* My computer is slow; I need to increase its memory.
▶ Com animais de estimação, ou pelos quais se sente afeto, tende-se a usar **his**: *O nome dele é Lex.* His name is Lex.

- **s o(s)/a(s) dele** his: *Ele quer me vender o dele.* He wants to sell me his.

delegacia *s* **delegacia (de polícia)** police station: *Onde fica a delegacia mais próxima?* Where's the nearest police station?

delegado, -da *s* **1** (de polícia) police chief **2** (representante) delegate

deles, delas *pronome & substantivo*

- **pron 1** (de pessoas) their: *O time deles ganhou o campeonato.* Their team won the championship. | **uma tia/um primo etc. deles/delas** an aunt/a cousin etc. of theirs | **ser deles/delas** to be theirs: *Esses ingressos são deles.* These tickets are theirs. **2** (de coisas, de animais) their

- **s o/a deles -las; os/as deles -las** theirs: *As delas foram importadas dos EUA.* Theirs were imported from the US. | *Nossa casa fica ao lado da deles.* Our house is next door to theirs.

deletar *v* to delete: *Já deletei o arquivo.* I've already deleted the file.

delicadeza *s* **1** (cortesia) kindness | **foi delicadeza sua** it was kind of you: *Foi delicadeza sua me mandar flores.* It was kind of you to send me flowers. **2** (suavidade) delicacy: *a delicadeza dos traços dela* the delicacy of her features **3 com delicadeza** gently: *Segure o vaso com delicadeza.* Handle the vase gently.

delicado, -da *adj* **1** (cortês) polite | **ser delicado com alguém** to be polite to sb **2** (frágil) delicate: *uma planta delicada* a delicate plant **3** (sensível) delicate: *pele delicada* delicate skin **4** (rosto, traços, etc.) delicate **5** (fase, momento, operação) delicate: *uma situação delicada* a delicate situation

delícia *s* **ser/estar uma delícia** **(a)** (gostoso) to be delicious: *O jantar estava uma delícia.* The dinner was delicious. **(b)** (prazeroso) to be wonderful: *Este lugar é uma delícia.* This place is wonderful. | *Que delícia!* How wonderful!

delicioso, -sa *adj* **1** (gostoso) delicious: *O bolo estava delicioso.* The cake was delicious. **2** (agradável) wonderful: *Essa música é deliciosa.* That music is wonderful.

delineador *s* (de olhos) eyeliner

delinquente *adj & s* delinquent
delinquente juvenil juvenile delinquent

delirar *v* **1** (em medicina) to be delirious: *A menina delirou de febre.* The girl was delirious with fever. **2** (dizer bobagens) to talk nonsense: *Ignore o que ele disse; ele estava delirando.* Ignore what he said; he was talking nonsense. **3** (vibrar) to go wild: *A torcida delirava.* The supporters were going wild. | **delirar de alegria/prazer etc.** to be delirious with joy/pleasure etc.: *Ela delirou de alegria com a chegada dele.* She was delirious with joy when he arrived.

delito *s* crime | **cometer um delito** to commit a crime

demais *adjetivo, advérbio & pronome*

- **adj 1** (depois de substantivo não contável) too much: *Tem luz demais nessa sala.* There's too much light in this room. **2** (depois de substantivo plural) too many: *Você pôs livros demais nessa estante.* You put too many books on this shelf.

3 ser demais (ser muito bom) to be great: *O show foi demais!* The show was great!

● *adv* **1** (depois de verbo) too much: *Ele fuma demais.* He smokes too much. **2** (depois de adjetivo ou advérbio) too: *Esse exercício é fácil demais.* This exercise is too easy. | *É tarde demais.* It's too late.

● *pron* **os demais** others: *Quem dirige mal põe os demais em perigo.* People who drive badly put others at risk.

demão s coat: *Vou dar uma demão de parafina na prancha.* I'm going to put a coat of paraffin on the surfboard.

demasiado, -da *adjetivo & advérbio*

● *adj* **1** (depois de substantivo não contável) excessive: *o consumo demasiado de bebida alcoólica* excessive consumption of alcohol **2** (com substantivo plural) too many: *Passei demasiadas horas estudando.* I spent too many hours studying.

● *adv* **1** (modificando um verbo) too much **2** (modificando um adjetivo ou advérbio) too: *O filme é demasiado longo.* The movie is too long.

demissão s **1** (voluntária) resignation | **pedir demissão** to resign **2** (involuntária) dismissal, redundancy ▶ **dismissal** subentende que houve má conduta ou desrespeito ao contrato por parte do funcionário. Quando ocorre por falta de trabalho, ou por dificuldades da empresa, diz-se **redundancy**

demitir v (mandar embora) to fire (AmE), to sack (BrE)
demitir-se v (pedir demissão) to resign: *Ele se demitiu da firma.* He resigned from the firm.

democracia s democracy (pl -cies)

democrático, -ca *adj* democratic

demolir v to demolish: *Este prédio vai ser demolido.* This building is going to be demolished.

demonstração s **1** demonstration | **fazer uma demonstração de algo** to give a demonstration of sth: *O vendedor fez uma demonstração do equipamento.* The salesclerk gave a demonstration of the equipment. **2** (manifestação) display: *uma demonstração de amizade* a display of friendship **3** (ato público) **fazer uma demonstração** to hold a demonstration: *Os alunos fizeram uma demonstração diante da escola.* The students held a demonstration in front of the school.

demonstrar v **1** (mostrar) to show: *Ela demonstrou falta de experiência.* She showed a lack of experience. **2** (comprovar) to show: *Isto demonstra que eu tinha razão.* This shows I was right. **3** (manifestar) to show: *Ele nunca demonstra seus sentimentos.* He never shows his feelings.

demora s (atraso) delay: *Desculpe a demora.* Sorry for the delay. | **sem demora** without delay

demorado, -da *adj* lengthy: *uma viagem demorada* a lengthy trip

demorar v **1** (tardar a chegar, terminar, etc.) to take a long time: – *Ele está demorando.* – *Então ligue para ele.* "He's taking a long time." "Give him a call then." | **não demorar** not to be long: *Não vou demorar.* I won't be long. | **demorar uma hora/algum tempo etc.** to take an hour/some time etc.: *Demorei meia hora para achar o lugar.* I took half an hour to find the place. | *Quanto tempo vai demorar isso?* How long will this take? | **demorar a fazer (algo)** to take a long time to do (sth): *Ela demorou a se recuperar.* She took a long time to recover. **2** (durar) to last: *A cerimônia demorou três horas.* The ceremony lasted three hours.
demorar-se v (tardar) to take long: *Não se demore no banho.* Don't take long in the bath.

dengue s dengue fever

denso, -sa *adj* **1** (cerrado) dense: *uma vegetação densa* dense vegetation **2** (espesso) thick: *uma tinta densa* thick paint

dentada s bite

dentadura s (prótese) dentures pl, false teeth pl ▶ Usa-se **false teeth** somente na linguagem informal

dente s **1** (de pessoa, animal) tooth (pl teeth) ▶ ver **dor, escova, pasta 2** (de garfo) prong
dente de alho clove of garlic **dente de siso** wisdom tooth (pl wisdom teeth)

dentista s dentist: *Tenho que ir ao dentista hoje.* I have to go to the dentist today.

dentro *advérbio & preposição*

● *adv* **1** (no interior) inside: *Esse bombom tem licor dentro.* This chocolate has liqueur inside. | **aí/aqui dentro** in there/in here: *Você achou minha carteira aí dentro?* Did you find my wallet in there? | **lá dentro (a)** (naquele lugar) in there **(b)** (dentro de casa) indoors: *Está mais agradável lá dentro.* It's nicer indoors. | **de dentro (de algo)** from inside (sth) | **mais para dentro** farther in: *Puxe a cadeira mais para dentro.* Pull your chair farther in. | **para dentro** inside: *É melhor irmos para dentro porque está chovendo.* It's raining; we'd better go inside. | **por dentro** inside: *Gostaria de conhecer o palácio por dentro.* I'd like to see inside the palace. **2 dentro em breve** in a short while: *Dentro em breve estarei aí.* In a short while I'll be there. **3 estar/ficar por dentro de algo** (informado) to know about sth: *Ela não está por dentro do que aconteceu.* She doesn't know about what happened.

● **dentro de** *prep* **1** (espaço) inside: *dentro da caixa* inside the box **2** (tempo) within: *dentro de duas horas* within two hours

dentuço, -ça *adj* **ser dentuço** to have buck teeth

denúncia s **1** (à polícia, a uma autoridade, etc.) complaint: *A polícia vai investigar a denúncia.*

The police are going to investigate the complaint. | **fazer uma denúncia** to make a complaint **2** (na imprensa, na TV, etc.) allegation: *Há denúncias de corrupção no governo.* There are allegations of corruption in the administration.

denunciar v **1 denunciar alguém/algo (à polícia/ao diretor etc.)** to report sb/sth (to the police/the principal etc.) **2** (uma injustiça, um segredo) to expose: *um artigo denunciando o trabalho infantil* an article exposing child labor

deparar v **deparar com algo** to come across sth | **deparar com alguém** to bump into sb: *Deparei com ele na rua.* I bumped into him on the street.

departamento s **1** department **2** ▶ ver **loja**

dependência *substantivo & substantivo plural*

- s (de droga, álcool) addiction: *uma droga que cria dependência* a drug that leads to addiction
- **dependências s pl** premises: *É proibido fumar nas dependências do hotel.* Smoking is prohibited on the hotel premises.

depender v **1** to depend: *– Você vai querer ir? – Depende.* "Do you want to go?" "It depends." | **depender de algo** to depend on sth: *Depende da hora que eu chegar.* It depends on the time I arrive. **2 depender de alguém (a)** to depend on sb: *A melhor coisa é não depender de ninguém.* The best thing is not to depend on anyone. **(b)** (financeiramente) to be financially dependent on sb: *Ele depende dos pais.* He is financially dependent on his parents.

depilação s **1** hair removal **2 fazer depilação** (nas pernas) to have your legs waxed
depilação com cera waxing

depilar v **1** (com cera) **depilar as pernas/as axilas etc.** to wax your legs/underarms etc., to have your legs/your underarms etc. waxed ▶ A segunda tradução subentende que a depilação não é feita pela própria pessoa: *Fui depilar as pernas.* I went to have my legs waxed. **2** (com gilete) to shave

depilar-se v **1** (com cera) to wax your legs/armpits etc. **2** (com gilete) to shave your legs/armpits etc.

depilatório, -ria *adj* **creme depilatório** depilatory cream

depoimento s **1** (declaração) personal account | **dar um depoimento** to give your own version of events **2** (à polícia) statement **3** (em tribunal) testimony (pl -nies)

depois *advérbio, preposição & conjunção*

- *adv* **1** (após) afterwards: *Prefiro comer a salada depois.* I prefer to eat the salad afterwards. **2** (em seguida) then: *Vou almoçar e depois sair.* I'm going to have lunch and then go out. **3** (mais tarde) later: *Eu te conto depois.* I'll tell you later. | **muitos anos depois** many years later | **pouco depois** soon after | **muito depois** much later: *Ele só veio a saber disso muito depois.* He only found out about it much later. **4** (no espaço) after that: *Logo depois tem uma lanchonete.* Right after that there is a diner.

- **depois de** *prep* **1** (no tempo) after: *depois da aula* after the class | **depois de fazer algo** after doing sth | **depois de almoçar/jantar** after lunch/dinner **2** (no espaço) after: *Depois da praça tem um ponto de ônibus.* There's a bus stop after the square.

- **depois que** *conj* after: *Vou sair depois que acabar o programa.* I'm going out after the program finishes.

depor v **1** (à polícia) to make a statement **2** (em tribunal) to give evidence

deportar v to deport

depositar v **1** (pôr) **depositar algo** to put sth down: *O motorista depositou a mala na calçada.* The driver put the suitcase down on the sidewalk. **2** (em banco) to deposit

depósito s **1** (em banco) deposit **2** (armazém) warehouse: *depósito de gêneros alimentícios* food warehouse **3** (reservatório) tank
depósito de lixo garbage dump (AmE), rubbish dump (BrE)

depredar v to wreck

depressa *advérbio & interjeição*

- *adv* **1** (rapidamente) quickly: *Comer depressa faz mal.* Eating quickly is bad for you. **2** (logo) quickly: *Vou voltar depressa.* I'll be quick. | **o mais depressa possível** as quickly as possible

- **depressa!** *interj* quick!

depressão s depression | **entrar em depressão** to get depressed | **estar com depressão** to be depressed

deprimente *adj* depressing

deprimido, -da *adj* depressed | **estar/ficar deprimido** to be/get depressed

deprimir v to depress: *O filme me deprimiu.* The movie depressed me.

deputado, -da s

> O cargo equivalente ao de deputado nos Estados Unidos é o de **representative,** e na Grã-Bretanha, o de **Member of Parliament** ou **MP**. Para se referir a um deputado de outro país usa-se **deputy,** cujo plural é **deputies**.

deque s deck: *Vamos nos sentar no deque?* Shall we sit on the deck?

deriva s **ir à deriva** to drift

derramar v **1** (entornar) to spill: *Desculpa por ter derramado suco em você.* Sorry for spilling juice on you. **2** (verter) to pour: *Derrame a água do balde no tanque.* Pour the water from the bucket into the sink. **3** (lágrimas, sangue) to shed

derrame s **derrame (cerebral)** stroke

derrapar v to skid: *A moto derrapou na curva.* The motorcycle skidded on the bend.

derreter v to melt: *O sorvete derreteu.* The ice cream melted. | *Derreta a manteiga numa panela.* Melt the butter in a saucepan.
  derreter-se v (pessoa) to go (all) gooey

derrota s defeat

derrotar v (um adversário, o inimigo) to defeat: *Eles derrotaram o time visitante.* They defeated the visiting team.

derrubar v **1 derrubar algo (a)** (fazer cair) to knock sth over: *Esbarrei na mesa e derrubei a garrafa.* I bumped into the table and knocked over the bottle. **(b)** (uma construção, um muro) to knock sth down **(c)** (uma árvore) to cut sth down **(d)** (um governo) to bring sth down **2 derrubar alguém (a)** (fazer cair) to knock sb over **(b)** (prejudicar) to bring sb down **(c)** (abater) to lay sb low: *Esse resfriado me derrubou.* That cold really laid me low.

desabafar v to get things off your chest: *Eu estava precisando desabafar.* I needed to get things off my chest. | **desabafar algo (com alguém)** to pour sth out (to sb): *Desabafei minhas mágoas com ele.* I poured out my sorrows to him.
  desabafar-se s **desabafar-se com alguém** to unburden yourself to sb

desabar v to collapse: *A estante desabou em cima de mim.* The shelf collapsed on top of me.

desabotoar v to unbutton

desabrigado, -da adjetivo & substantivo
• *adj* **1** (sem casa) homeless: *A inundação deixou muitas famílias desabrigadas.* The flood left many families homeless. **2** (exposto) exposed: *uma área desabrigada* an exposed area
• *s* **os desabrigados** (sem-teto) the homeless

desacompanhado, -da adj unaccompanied | **viajar desacompanhado** to travel alone

desacordado, -da adj unconscious | **ficar desacordado** to be unconscious: *Ele ficou desacordado por alguns segundos.* He was unconscious for a few seconds.

desacostumado, -da adj **estar desacostumado de fazer algo** not to be used to doing sth: *Estou desacostumado de acordar cedo.* I'm not used to waking up early.

desafiar v **1** (provocar) to challenge: *Ele me desafiou para uma briga.* He challenged me to a fight. **2** (um perigo, a morte, etc.) to defy | **desafiar a sorte** to push your luck

desafinado, -da adj (instrumento) untuned | **estar desafinado** (instrumento, cantor) to be out of tune

desafinar v **1** (cantor) to sing out of tune **2** (instrumento) to go out of tune | **desafinar algo** to put sth out of tune

desafio s challenge

desaforo s provocation

desagradável adj unpleasant: *um cheiro desagradável* an unpleasant smell

desajeitado, -da adj clumsy: *Sou muito desajeitada para costurar.* I'm too clumsy to sew.

desamarrar v to untie

desamassar v **desamassar algo (a)** (um papel) to smooth sth out **(b)** (um metal, um para-choque, etc.) to straighten sth out

desambientado, -da adj **estar/ficar desambientado** to feel out of place

desamparado, -da adj **1** (só) abandoned **2** (sem ajuda) helpless

desanimado, -da adj **1** (pessoa) disheartened **2** (lugar, festa) dull

desanimador, -ra adj disheartening

desanimar v **1** (desencorajar) to dishearten: *O resultado do teste me desanimou.* The test result disheartened me. **2 desanimar de fazer algo** to be put off doing sth: *Com esse frio, desanimei de sair.* With this cold, I've been put off going out.
  desanimar-se v (perder o ânimo) to get discouraged: *Não se desanime.* Don't get discouraged.

desaparafusar v to unscrew

desaparecer v to disappear: *Meu gato desapareceu.* My cat has disappeared.

desaparecido, -da adjetivo & substantivo
• *adj* missing
• *s* missing person

desapontado, -da adj disappointed | **ficar desapontado (com algo)** to be disappointed (at sth): *Ele ficou desapontado com a sua recusa.* He was disappointed at your refusal.

desapontar v to disappoint: *Se você não for, vai desapontá-los.* If you don't go, you'll disappoint them.

desarmamento s disarmament: *desarmamento nuclear* nuclear disarmament

desarmar v **1 desarmar algo** to take sth down: *Me ajuda a desarmar a barraca?* Can you help me take the tent down? **2** (uma pessoa) to disarm: *Os policiais desarmaram o bandido.* The policemen disarmed the robber.

desarrumado, -da adj **1** (pessoa, cabelo) messy, untidy (BrE): *Meu cabelo está desarrumado?* Does my hair look messy? **2** (quarto, casa) messy, untidy (BrE)

desarrumar v **desarrumar algo (a)** (bagunçar) to mess sth up: *Vocês desarrumaram a casa toda.* You've messed up the whole house. **(b)** (desfazer) to unpack sth: *Vou desarrumar minhas malas.* I'm going to unpack my cases.

desastrado, -da adj clumsy

desastre s **1** (acidente, calamidade) disaster: *Todos os passageiros morreram no desastre.* All the passengers died in the disaster. **2** (fracasso) disaster: *Minha apresentação foi um desastre.* My performance was a disaster.

Gostaria de saber mais sobre as diferenças entre os **possessivos** em inglês e português? Leia a explicação na seção de gramática.

desatar v **1** (um nó) to untie **2 desatar a correr** to break into a run | **desatar a rir** to burst out laughing | **desatar a chorar** to burst into tears

desatento, -ta adj inattentive: *um aluno desatento* an inattentive student

desativar v **desativar algo (a)** (uma fábrica, uma empresa) to shut sth down **(b)** (uma bomba) to defuse sth

desatualizado, -da adj **1** (pessoa) out of touch **2** (livro) out of date

desavença s argument

desbastar v **1** (o cabelo) to thin **2** (o mato, a vegetação) to clear

desbocado, -da adj (pessoa) foul-mouthed

desbotado, -da adj faded: *jeans desbotados* faded jeans

desbotar v to fade: *O sol desbotou as cortinas.* The sun has faded the curtains. | *Esse moletom desbotou.* This sweatshirt has faded.

descabelar v **descabelar alguém** to mess up sb's hair: *O vento me descabelou.* The wind messed up my hair.

descafeinado, -da adj decaffeinated: *café descafeinado* decaffeinated coffee.

descalço, -ça adj barefoot, in bare feet: *com os pés descalços* barefoot | *Não entre aqui descalça.* Don't come in here in bare feet. | **andar descalço** to walk barefoot

descansado, -da adj **1** (sem fadiga) rested: *Ele parecia mais descansado.* He looked more rested. **2** (despreocupado) unconcerned | **ficar descansado** not to worry: *Fique descansado.* Don't worry.

descansar v **1** (relaxar) to relax: *Quero descansar no fim de semana.* I want to relax this weekend. **2** (ter uma pausa) to rest: *Descansamos alguns minutos antes de continuar.* We rested for a few minutes before continuing.

descanso s **1** (repouso) rest ▶ Existe também a palavra **break**, que significa uma pausa no que se estava fazendo: *Preciso de um descanso.* I need a rest./I need a break. **2** (para pratos, travessas) tablemat

descanso de tela (em informática) sleep mode

descarado, -da adj cheeky

descaramento s cheek: *Ela teve o descaramento de me chamar de egoísta.* She had the cheek to call me selfish.

descarga s **1** (de vaso sanitário) flush (pl -shes) | **puxar a descarga** to flush the toilet **2** (de mercadorias) unloading: *área de carga e descarga* loading bay **3** (de eletricidade) discharge

descarregado, -da adj (bateria, celular etc.) dead

descarregar v **1** (mercadorias, bagagens) to unload: *Você me ajuda a descarregar as bagagens do carro?* Will you help me unload the luggage from the car? **2** (bateria, pilha) to run down: *A bateria do carro descarregou porque deixei as luzes acesas.* The car battery ran down because I left the lights on. **3 descarregar a raiva/as frustrações etc. em alguém** to take out your anger/frustrations etc. on sb **4** (uma arma) to empty

descartar v **1** (em jogo de cartas) to discard **2** (uma hipótese, uma possibilidade) to discount **descartar-se** v (livrar-se) **descartar-se de algo (a)** (de compromisso) to get out of sth **(b)** (de pessoa, coisas velhas) to get rid of sth

descartável adj disposable: *copos descartáveis* disposable cups

descascar v **1** (uma fruta) to peel **2** (nozes) to shell **3** (pele) to peel: *Meu nariz está descascando.* My nose is peeling.

descendência s descent: *Ela é de descendência alemã.* She is of German descent.

descendente s descendent

descer v **1** (ir para baixo) to go down, (vir para baixo) to come down: *Desci pela escada rolante.* I went down on the escalator. | **descer a ladeira/o morro etc.** to go/come down the slope/hill etc. **2** (de ônibus, bicicleta, animal) to get off: *Vamos descer no próximo ponto.* Let's get off at the next stop. | **descer do ônibus/da bicicleta etc.** to get off the bus/your bike etc. **3** (de automóvel) to get out: *Pare o carro, que eu quero descer.* Stop the car – I want to get out. | **descer do carro** to get out of the car **4** (trazer para baixo) **descer algo** to get sth down: *Pode me ajudar a descer estas caixas?* Can you help me get these boxes down?

descida s **1 a descida** (trecho em declive) the way down: *Diminua a velocidade na descida.* Reduce your speed on the way down. **2** (ladeira) slope: *Minha casa fica naquela descida.* My house is on that slope. **3** (de avião) descent: *O avião se preparou para a descida.* The plane prepared for descent.

desclassificar v (em competição) to disqualify

descoberta s discovery (pl -ries): *a descoberta de fósseis* the discovery of fossils

descobrir v **1** (inventar) to discover: *Ainda não descobriram a cura da AIDS.* They still haven't discovered a cure for AIDS. **2** (vir a saber) to discover: *Descobri que ela é prima do meu namorado.* I discovered she is my boyfriend's cousin. **3** (averiguar) to find out: *Vou descobrir quem inventou essa mentira.* I'm going to find out who made up that lie. **4** (destapar) to uncover

descolar v **1** (soltar) to come unstuck: *O salto do sapato descolou.* The heel of my shoe has come unstuck. **2** (conseguir) to get hold of: *Meus amigos descolaram uns convites para a festa.* My friends got hold of some invitations for the party.

descompostura s dressing down | **passar uma descompostura em alguém** to give sb a dressing down

desconfiado, -da adj suspicious: *Deixa de ser desconfiado!* Don't be so suspicious! | **estar/ficar desconfiado** to be/get suspicious

desconfiar v **1** (suspeitar) to be suspicious: *Você acha que seu pai desconfia?* Do you think your father is suspicious? | **desconfiar de alguém (a)** (achar culpado) to suspect sb: *A polícia passou a desconfiar do marido da mulher assassinada.* The police began to suspect the murdered woman's husband. **(b)** (não ter confiança em) to mistrust sb | **desconfiar de algo (a)** (suspeitar) to suspect sth: *Ele não desconfiou de nada.* He didn't suspect a thing. **(b)** (questionar) to doubt sth: *Ela desconfia do que ele contou.* She doubts what he told her. **2 desconfiar que** (achar) to suspect that: *Desconfio que ninguém vai querer ir.* I suspect that no one will want to go.

desconfortável adj uncomfortable

desconforto s discomfort

descongelar v (uma comida, a geladeira) to defrost

desconhecido, -da adjetivo & substantivo
• **adj** unknown: *A causa do acidente é desconhecida.* The cause of the accident is unknown.
• **s** stranger: *Não fale com desconhecidos.* Don't talk to strangers.

descontar v **1** (diminuir) to deduct: *A professora de Geografia descontou dois pontos do meu teste.* The geography teacher deducted two points from my test. **2** (dar um desconto) **descontar R$50/20% etc. do preço de algo** to knock R$50/20% etc. off the price of sth **3** (ir à forra) **descontar algo** to get your own back for sth: *Descontei tudo o que ele me fez.* I got my own back for everything he did to me. **4 descontar um cheque** to cash a check

desconto s discount | **dar/fazer um desconto** to give a discount: *A escola vai dar um desconto de 15% na mensalidade.* The school is going to give a discount of 15% on the monthly fee.

descontraído, -da adj (pessoa, ambiente) relaxed

descontrolado, -da adj uncontrolled | **estar descontrolado** to be out of control

descontrolar-se v **1** (pessoa) to lose control **2** (situação) to get out of control

desconversar v to change the subject: *Sempre que toco no assunto, ele desconversa.* Every time I mention it, he changes the subject.

descrever v (uma pessoa, um incidente, etc.) to describe

descrição s description

descuidado, -da adj careless: *Ela é descuidada com suas coisas.* She's careless with her things.

descuido s (qualidade) carelessness | **um descuido** a moment of carelessness: *Um descuido pode provocar um acidente.* A moment of carelessness can cause an accident. | **por descuido** through carelessness: *Ele fez o exercício errado por descuido.* He got the exercise wrong through carelessness.

desculpa s **1 pedir desculpas** to say you're sorry, to apologize: *Pedi desculpas, mas não adiantou nada.* I said I was sorry, but it didn't help. **2** (explicação) excuse: *O professor não aceitou minha desculpa.* The teacher didn't accept my excuse. | **arrumar uma desculpa** to come up with an excuse

desculpar v **1 desculpe (a)** (pedindo desculpas) sorry: *Desculpe, esqueci de te ligar.* Sorry, I forgot to call you. | *Desculpe te interromper.* Sorry to interrupt you. | *Desculpe a demora.* Sorry to keep you waiting. **(b)** (chamando a atenção) excuse me: *Desculpe, onde é o banheiro?* Excuse me, where is the bathroom? **2** (perdoar) to forgive: *Ela desculpou o irmão mais uma vez.* She forgave her brother once again.

desculpar-se v (pedir perdão) to apologize: *Ele se desculpou com a professora.* He apologized to his teacher.

desde prep & conj ▶ ver quadro

desdobramento s implication

desdobrar v **1** (um mapa, uma roupa) to unfold **2** (uma bandeira) to unfurl **3** (organizar em grupos) to split: *A professora desdobrou a turma em três grupos.* The teacher split the class into three groups.

desdobrar-se v (esforçar-se) to do your utmost: *Nós nos desdobramos para realizar a tarefa.* We did our utmost to complete the assignment.

desejar v **1** (querer) Nesta acepção traduz-se por **would like**. Veja exemplos: *Com quem deseja falar?* Who would you like to speak to? | *Meus pais desejam que eu seja médico.* My parents would like me to be a doctor. **2 desejar algo a alguém** to wish sb sth: *Desejo a todos um feliz Natal.* I wish you all a Merry Christmas. **3** (almejar) **desejar algo** to wish for sth: *Foi melhor do que qualquer coisa que eu pudesse desejar.* It was better than anything I could have wished for.

desejo s **1** (vontade) wish (pl wishes): *Conhecer a Europa é o seu maior desejo.* His greatest wish is to see Europe. **2** (por uma comida) craving: *Estou com desejo de comer morangos.* I have a craving for strawberries. **3** (ambição) desire

desembaraçado, -da adj **1** (sem timidez) confident **2** (ágil) efficient

desembaraçar v **desembaraçar o cabelo** to comb out your hair

desembaraçar-se v **1** (perder a timidez) to gain confidence: *Só me desembaracei quando fui estudar fora.* I only gained confidence when I went to study abroad. **2 desembaraçar-se de algo/alguém** to get rid of sth/sb: *Consegui me desembaraçar daquele chato.* I managed to get rid of that bore.

---

i Você está em dúvida se deve usar **make** ou **do**? Veja os verbetes **fazer**, **make** e **do**.

desde

1 TEMPO (= since)

Se em português o verbo está no presente, em inglês deve vir no **present perfect** ou no **present perfect continuous**:

Não o vejo desde sexta-feira. I haven't seen him since Friday. | *Estudo aqui desde os nove anos.* I've been studying here since I was nine.

Se em português o verbo está no imperfeito, em inglês deve vir no **pluperfect continuous**:

Ela morava lá desde janeiro. She had been living there since January.

No sentido temporal, *desde que* traduz-se por **since**; quando significa "com a condição de" traduz-se por **as long as**:

Ele mudou muito desde que se casou. He's changed a lot since he got married. | *Você pode ficar aqui desde que não me atrapalhe.* You can stay here as long as you don't disturb me.

EXPRESSÕES

desde então since then: *Ele se formou em línguas e, desde então, trabalha como intérprete.* He graduated with a degree in languages and, since then, he's been working as an interpreter. | **desde quando** since: *Eu não a via desde quando eu tinha dez anos.* I hadn't seen her since I was ten. | **desde quando?** how long?: *Desde quando você o conhece?* How long have you known him? ▶ Quando é usado em tom irônico traduz-se por **since when**: *Desde quando a política te interessa?* Since when have you been interested in politics?

2 LUGAR (= from)

Vim correndo desde a praia. I ran all the way from the beach.

3 VARIEDADE (= from)

desde... até... from... to...: *Vendem desde móveis até relógios de pulso.* They sell everything from furniture to watches.

desembarcar v **1** (de avião) to get off the plane: *Desembarcamos em São Paulo.* We got off the plane in São Paulo. **2** (de navio) to disembark **3** (bagagens, cargas) to unload

desembarque s **1** (de pessoas) disembarkation **2** (no aeroporto) arrivals pl | **setor de desembarque** arrivals hall **3** (de cargas) unloading

desembocar v **desembocar em algo (a)** (desaguar) to flow into sth: *O Douro desemboca no Atlântico.* The Douro river flows into the Atlantic. **(b)** (ir dar) to lead into sth: *Minha rua desemboca numa praça.* My street leads into a square.

desembolsar v **desembolsar algo** to pay sth out: *Tive que desembolsar R$30 para pagar a inscrição.* I had to pay out R$30 to enroll.

desembrulhar v to unwrap: *Você não vai desembrulhar o presente?* Aren't you going to unwrap your present?

desempatar v (em esporte): *A França desempatou no último minuto.* France broke the deadlock in the last minute. **desempatar o jogo** to decide the game

desempenhar v **1** (uma função, uma tarefa) to perform **2** (um papel) to play: *Fernanda Montenegro desempenhou o papel da mãe.* Fernanda Montenegro played the role of the mother. | *O Japão desempenha um papel importante no mundo dos negócios.* Japan plays an important role in the business world.

desempenho s **1** (de aluno, atleta, ator, etc.) performance: *O professor ficou satisfeito com o nosso desempenho.* Our teacher was satisfied with our performance. **2** (de carro, motor) performance

desempregado, -da adjetivo & substantivo
- **adj** unemployed
- **s** unemployed person (pl unemployed people) | **os desempregados** the unemployed

desemprego s unemployment

desencontrar-se v to miss each other: *Por pouco não nos desencontramos.* We almost missed each other.

desencontro s missed rendezvous ▶ Em certos contextos a tradução requer o uso do verbo **to miss**: *O atraso do avião causou um desencontro entre nós.* The plane was late and so we missed each other.

desencorajar v to discourage

desenhar v **1** (traçar um desenho de) to draw **2** (fazer o design de) to design

desenhista s designer

desenho s **1** (arte) drawing: *uma aula de desenho* a drawing class | **fazer um desenho** to do a drawing **2** (forma) design **3** (numa camiseta, etc.) design **4** (técnico) design
desenho animado cartoon **desenho industrial** industrial design

desenrolar v **1** (um mapa, um pôster, etc.) to unroll **2** (um fio, um arame) to unwind
desenrolar-se v (um enredo, acontecimentos) to unfold

desentupir v (uma pia, o nariz) to unblock

desenvolver v (fazer crescer) to develop
desenvolver-se v to develop

desenvolvimento s **1** development **2 em desenvolvimento** developing: *países em desenvolvimento* developing countries

desequilibrar-se v to lose your balance: *Ela se desequilibrou e caiu.* She lost her balance and fell.

deserto, -ta *adjetivo & substantivo*
- *adj* deserted
- **deserto** *s* desert: *o deserto do Saara* the Sahara Desert

desesperado, -da *adj* **1** (sem esperança) desperate: *Ele estava desesperado, tive que ajudá-lo.* He was desperate; I had to help him. **2** (aflito) frantic: *Ela ficou desesperada com a notícia do acidente.* She became frantic at the news of the accident.

desesperar *v* **desesperar alguém (a)** (deixar aflito) to make sb frantic: *Aquela espera estava desesperando-o.* The wait was making him frantic. **(b)** (enfurecer) to drive sb to distraction: *A insistência dele a desesperou.* His insistence drove her to distraction.
desesperar-se *v* **1** (ficar aflito) to get upset: *Não adianta você se desesperar.* There's no point getting upset. **2** (perder a esperança) to despair

desespero *s* despair | **entrar em desespero** to despair | **para desespero meu/dos pais etc.** to my despair/to the despair of my parents etc.

desfavorável *adj* unfavorable: *uma posição desfavorável* an unfavorable position

desfazer *v* **1** (um laço, um nó, uma costura) undo **2** (uma mala) to unpack: *Já desfiz as bagagens.* I've already unpacked the luggage. **3 desfazer um coque/tranças etc.** to undo a bun/braids etc. **4** (uma cama) to unmake **5 desfazer de alguém** to make fun of sb **6** (anular) to dissolve: *Desfizeram a sociedade, mas continuaram amigos.* They dissolved their partnership, but remained friends.
desfazer-se *v* **1** (nó, laço, costura) to come undone **2** (despedaçar-se) to fall apart: *As páginas do livro se desfizeram com o tempo.* The pages of the book fell apart with time. **3** (derreter-se) to melt **4 desfazer-se de algo** (livrar-se de) to get rid of sth: *Ele se desfez das revistas que já tinha lido.* He got rid of the magazines that he had already read.

desfecho *s* **1** (de livro, filme, etc.) ending: *A peça teve um desfecho inesperado.* The play had an unexpected ending. **2** (de situação, discussão, etc.) outcome: *o desfecho da eleição* the outcome of the election

desfeita *s* insult | **fazer uma desfeita a alguém** to insult sb

desfilar *v* **1** (marchar) to parade: *A banda desfilou pelo bairro.* The band paraded through the neighborhood. **2** (modelo) to model: *Gisele Bündchen já desfilou para Versace.* Gisele Bündchen has modeled for Versace before.

desfile *s* parade
desfile de moda fashion show

desforra *s* revenge: *Perdemos o jogo, mas vamos ter uma desforra.* We lost the game, but we'll get our revenge.

desgastante *adj* (trabalho, prova, etc.) taxing | **um dia desgastante** a stressful day

desgastar *v* **1 desgastar algo** (com o tempo, uso) to wear sth out **2 desgastar alguém/uma relação etc.** to take a toll on sb/a relationship etc.
desgastar-se *v* **1** (objeto) to wear out **2** (pessoa) to become jaded **3** (relacionamento) to get stale: *Nossa relação se desgastou.* Our relationship has gotten stale.

desgaste *s* **1** (de peças, aparelhos, etc.) wear and tear **2** (físico, emocional) stress **3** (em relacionamento) deterioration **4** (de pedras, rochas) erosion

desgosto *s* **1** sorrow **2 dar desgosto a alguém** to upset sb

desgostoso, -sa *adj* discontented

desgraça *s* **1** (calamidade) tragedy (pl -dies) **2** (falta de sorte) misfortune

desgraçado, -da *adjetivo & substantivo*
- *adj* (infeliz) miserable | **uma pessoa/vida desgraçada** a miserable person/life
- *s* (maldito) wretch (pl -ches): *Esse desgraçado me embromou.* That wretch cheated me.

desgrudar *v* **1** (descolar) to remove **2 não desgrudar os olhos de algo/alguém** not to take your eyes off sth/sb: *Ele não desgrudou os olhos de Vitória a noite toda.* He didn't take his eyes off Vitória all night. | **não desgrudar os olhos da TV/do computador etc.** to be glued to the TV/the computer etc.: *Eles não desgrudaram os olhos da TV durante o jogo.* They were glued to the TV while the game was on. **3** (ou **desgrudar-se**) **desgrudar(-se) de algo** to tear yourself away from sth: *Ele não consegue se desgrudar do videogame.* He can't tear himself away from his video game. | **não (se) desgrudar de alguém** to be always with sb: *Ela não desgruda do namorado.* She's always with her boyfriend.

desidratação *s* dehydration

design *s* design
design gráfico graphic design

designar *v* **1** (nomear) to appoint: *Designaram-no para o cargo de coordenador.* They appointed him to the post of coordinator. **2** (estabelecer) to specify: *Já designaram o local do evento?* Have they specified the location of the event yet?

designer *s* designer

desigual *adj* **1** (distribuição, tratamento, sociedade) unequal **2** (irregular) uneven

desigualdade *s* inequality (pl -ties)

desiludir *v* to disillusion
desiludir-se *v* to become disillusioned: *Ele se desiludiu com a escola.* He became disillusioned with school.

desilusão *s* (sentimento) disillusionment | **uma desilusão amorosa** a broken romance

desinchar *v* **1 desinchar algo** to reduce the swelling in sth: *A pomada desinchou meu rosto.*

The ointment reduced the swelling in my face. **2 meu joelho/rosto etc. desinchou** the swelling in my knee/face etc. has gone down

desinfetante s disinfectant

desinfetar v to disinfect: *Desinfete a ferida com iodo.* Disinfect the wound with iodine.

desinibido, -da adj uninhibited

desinteressar-se v **desinteressar-se de algo/alguém** to lose interest in sth/sb: *Ele acabou se desinteressando do tênis.* He eventually lost interest in tennis.

desinteresse s lack of interest: *Seu desinteresse pelo estudo é visível.* His lack of interest in studying is obvious.

desistir v **1 desistir (de fazer algo) (a)** (mudar de ideia) to decide not to (do sth): *Eu ia com eles, mas desisti.* I was going to go with them, but I decided not to. **(b)** (abandonar o intento) to give up (doing sth): *Ela desistiu de tentar.* She gave up trying. **2 desistir de algo (a)** (abandonar) to give sth up: *Ele se negou a desistir da luta.* He refused to give up the fight. **(b)** (de um arranjo, trato, etc.) to back out of sth: *Estou pensando em desistir da viagem.* I'm thinking of backing out of the trip.

deslanchar s **1** (banda, carreira, processo, etc.) to take off: *A banda O Rappa deslanchou nos anos 90.* The band O Rappa took off in the nineties. **2** (projeto) to get off the ground

desleixado, -da adj **1** (no comportamento) sloppy **2** (na aparência) scruffy **3** (no trabalho) sloppy

neat/tidy

scruffy

desligado, -da adj **1** (aparelho) off: *Deixei o celular desligado durante a aula.* I left my cellphone off during the class. **2** (distraído) absent-minded: *Você anda muito desligado ultimamente.* You've been very absent-minded lately.

desligar v **1 desligar algo** (aparelho, luz) to turn sth off: *Desligue o computador antes de sair.* Turn off the computer before leaving. **2** (da tomada) to unplug **3 desligar (o telefone)** to hang up (the phone): *Agora preciso desligar, depois nos falamos.* I have to hang up now, we'll talk later.
desligar-se v **1** (distrair-se) to switch off: *Desculpe, me desliguei totalmente.* Sorry, I switched off completely. **2** (afastar-se) **desligar-se de alguém** to drift away from sb: *Ele se desligou do grupo.* He drifted away from the group.

deslizar v **1** (escorregar) to slide **2** (sem querer) to slip: *Deslizou no chão molhado e caiu.* He slipped on the wet floor and fell. **3 deslizar numa onda** (surfista) to ride a wave

deslize s (erro) slip-up | **cometer um deslize** to slip up

deslocado, -da adj **1** (pessoa) out of place: *Eu me sentia deslocado ali.* I felt out of place there. **2** (braço, maxilar, etc.) dislocated

deslocar v (desarticular) to dislocate: *O soco deslocou o maxilar dele.* The punch dislocated his jaw.
deslocar-se v (ir de um lugar a outro) to get around: *Uso o metrô para me deslocar pela cidade.* I use the subway to get around the city.

deslumbrante adj **1** (pessoa) stunning: *Ela estava deslumbrante com aquele vestido.* She looked stunning in that dress. **2** (casa, festa, etc.) amazing

deslumbrar v to dazzle
deslumbrar-se v **deslumbrar-se com algo** to be dazzled by sth

desmaiado, -da adj unconscious: *A moça ficou desmaiada por alguns segundos.* The girl remained unconscious for a few seconds.

desmaiar v **1** (por fraqueza, susto, etc.) to faint: *Ela desmaiou de dor.* She fainted from the pain. **2** (devido a soco, pancada, etc.) to be knocked unconscious: *Ele levou uma pancada na cabeça e desmaiou.* He was hit on the head and knocked unconscious.

desmaio s faint | **ter/sofrer um desmaio** to faint

desmancha-prazeres s spoilsport

desmanchar v **desmanchar algo (a)** (estragar) to ruin sth **(b)** (um penteado) to mess sth up: *O vento desmanchou meu cabelo.* The wind messed up my hair. **(c)** (uma relação) to break sth off: *Eles desmancharam o namoro.* They broke off their relationship. **(d)** (uma costura) to unpick sth
desmanchar-se v **1** (costura) to come undone **2** (dissolver) to dissolve

desmantelar v **desmantelar algo** to break sth up: *Os policiais desmantelaram a quadrilha.* The police broke up the gang.

desmatamento s deforestation

desmazelado, -da adj messy, untidy (BrE)

desmontar v **1 desmontar algo (a)** (uma barraca, uma estante) to take sth down **(b)** (um aparelho, um relógio, um brinquedo) to take sth apart **2** (de animal) to dismount

desmoronar v (muro, prédio) to collapse

desnatado, -da adj skim (AmE), skimmed (BrE): *leite desnatado* skim milk

desnecessário, -da adj unnecessary

desnorteado, -da adj **1** (confuso) bewildered: *Fiquei desnorteado com a notícia.* I was bewildered by the news. **2** (sem direção) off course

desobedecer v **desobedecer (a algo/alguém)** to disobey (sth/sb): *Desobedecemos à professora.* We disobeyed the teacher.

desobediência s disobedience

desobediente adj disobedient

desocupado, -da adj **1** (livre) free: *Este lugar está desocupado?* Is this seat free? **2** (quarto, banheiro) unoccupied **3** (disponível) free: *Ali há dois computadores desocupados.* There are two computers free over there. **4** (ocioso) free: *Como ele estava desocupado, veio me ajudar.* Since he was free, he came and helped me.

desodorante s deodorant

desonesto, -ta adj dishonest

desordem s mess: *Seu quarto está uma desordem.* Your room is a mess. | **fazer desordem** to make a mess

desordenado, -da adj **1** (papéis) out of order **2** (tropa, fila) disorderly **3** (fuga) chaotic

desorganizado, -da adj disorganized

desorientado, -da adj **1** (sem rumo) disoriented **2** (confuso) disoriented

despachado, -da adj **1** (enviado): *O material despachado chegará amanhã.* The material sent will arrive tomorrow. **2** (pessoa) efficient: *uma secretária despachada* an efficient secretary

despachar v to send: *Despacharemos os livros pelo correio.* We'll send the books by mail.

despedaçar v to break: *A bola despedaçou o vidro da janela.* The ball broke the windowpane.
despedaçar-se v to fall apart: *O álbum se despedaçou nas minhas mãos.* The album fell apart in my hands.

despedida s farewell | **abraço de despedida** farewell hug | **festa de despedida** leaving party

despedir v (de emprego) to fire (AmE), to sack (BrE): *O gerente despediu cinco funcionários.* The manager fired five workers.
despedir-se v **despedir-se (de alguém)** (dizer adeus) to say goodbye (to sb): *Jonas se despediu de nós rapidamente.* Jonas quickly said goodbye to us. | *Saí sem me despedir.* I left without saying goodbye.

despejar v **1** (jogar) to throw: *Despeje-o na lixeira.* Throw it in the trash can. **2** (um líquido) to pour: *Ela despejou a sopa na panela.* She poured the soup into the pan. **3** (de apartamento) to evict

despencar v **despencar (de algo)** to fall (from sth): *O homem despencou do terceiro andar.* The man fell from the third floor.

despensa s larder

despenteado, -da adj **1** (cabelos) messy **2 eu estou/ele está etc. despenteado** my/his etc. hair is a mess: *Estou muito despenteada?* Is my hair a real mess?

despentear v **despentear (o cabelo de) alguém** to mess sb's hair up

despercebido, -da adj **passar despercebido** to go unnoticed: *O álbum passou despercebido quando foi lançado.* The album went unnoticed when it was released.

desperdiçar v **1** (dinheiro, tempo, energia) to waste **2** (uma oportunidade) to waste

desperdício s (de dinheiro, comida, etc.) waste

despertador s alarm (clock): *Pus o despertador para as seis.* I set the alarm for six. | *O despertador não tocou.* The alarm clock didn't go off.

despertar v **1** (acordar) to wake up | **despertar alguém** to wake sb up **2 despertar interesse/suspeitas etc.** to arouse interest/suspicion etc.

despesa s expense

despir v **1** (uma pessoa) to undress **2 despir a bermuda/a camiseta etc.** to take off your shorts/T-shirt etc.
despir-se v to undress

despistar v **despistar alguém (a)** (perseguidores) to shake sb off **(b)** (fãs, jornalistas, etc.) to distract sb: *Sósias foram contratados para despistar os fãs.* Look-alikes were employed to distract the fans.

despreocupado, -da adj **1** (pessoa) relaxed: *Estou despreocupado porque já estudei tudo.* I'm relaxed because I've already studied everything. | *Fique despreocupado, que estamos bem.* Relax, we're fine. **2** (tom, risada) carefree

desprevenido, -da adj **1** (descuidado) off your guard: *O ladrão o roubou quando ele estava desprevenido.* The mugger robbed him when he was off his guard. | **pegar alguém desprevenido** to catch sb off their guard **2 estar desprevenido** (estar sem dinheiro) to be short of money

desprezar v **1 desprezar alguém** to despise sb **2 desprezar algo (a)** (não dar valor) to have no time for sth: *Ela despreza roupas caras e joias.* She has no time for expensive clothes and jewelry. **(b)** (não levar em conta) to disregard sth

desprezo s desprezo **(por alguém/algo)** contempt (for sb/sth) | **ter desprezo por alguém** to hold sb in contempt

desproporcional adj **desproporcional (a algo)** out of proportion (to sth): *Esse lado do desenho está desproporcional.* That side of the drawing is out of proportion.

desprovido, -da adj **desprovido de algo (a)** (de algo que se precisa) lacking sth: *uma comunidade desprovida do mínimo necessário para sobreviver* a community lacking the bare necessities to survive **(b)** (de algo ruim) free of sth: *pessoas desprovidas de preconceitos* people free of prejudices

desqualificação s (em esporte) disqualification

desqualificar v (em esporte) to disqualify: *Ele foi desqualificado do torneio.* He was disqualified from the tournament.

desrespeitoso, -sa adj **desrespeitoso (com alguém)** disrespectful (of sb): *uma atitude desrespeitosa* a disrespectful attitude

destacar v **destacar algo (a)** (separar) to detach sth: *Destaque a primeira folha do formulário.* Detach the first sheet of the form. **(b)** (apontar) to highlight sth: *Temos que destacar exemplos disto no texto.* We need to highlight examples of this in the text. **(c)** (fazer sobressair) to make sth stand out

destacar-se v (pessoa) to stand out

destampar v **destampar algo** to take the lid off sth

destaque s **1** (coisa) highlight: *O destaque do mês é a feira de informática.* The highlight of the month is the information technology fair. | **em destaque** highlighted: *as palavras em destaque no texto* the words highlighted in the text **2** (pessoa) star: *Ele foi o destaque do time.* He was the star of the team. | **de destaque** prominent: *um artista de destaque* a prominent artist **3 dar destaque a algo** to give prominence to sth: *A biografia dá mais destaque à infância do cantor.* The biography gives greater prominence to the singer's childhood. **4** (de noticiário) headline

destinatário, -ria s addressee

destino s **1** (rumo) destination: *Nosso destino final era Porto Alegre.* Our final destination was Porto Alegre. | **com destino a** bound for: *o ônibus com destino a Petrópolis* the bus bound for Petrópolis **2** (fatalidade) destiny: *Você acredita em destino?* Do you believe in destiny? **3** (de uma pessoa) fate: *O destino dessas crianças é triste.* The fate of these children is sad.

destro, -tra adj **1** (que usa a mão direita) right-handed **2** (ágil) swift **3** (hábil) skillful (AmE), skilful (BrE)

destroçar v **1** (destruir) to destroy: *Os bombardeios destroçaram a cidade.* The bombing destroyed the city. **2** (despedaçar) to break up

destroços s pl ruins

destruição s destruction

destruir v to destroy: *O incêndio destruiu a casa.* The fire destroyed the house.

destrutivo, -va adj destructive

desumano, -na adj inhumane: *um tratamento desumano* inhumane treatment

desvalorização s (de moeda) devaluation

desvalorizar v **1 desvalorizar alguém/algo** (uma pessoa, um feito) to put sb/sth down **2** (um imóvel, um produto) to lower the value of **3** (uma moeda) to devalue
desvalorizar-se v **1** (pessoa) to put yourself down **2** (imóvel, produto) to lose its value **3** (moeda) to be devalued

desvantagem s disadvantage | **estar em desvantagem** to be at a disadvantage

desviar v **1** (motorista, carro, etc.) to swerve: *O carro desviou para não bater no ciclista.* The car swerved to avoid hitting the cyclist. **2 desviar em algo** (bola) to bounce off sth: *A bola desviou na trave.* The ball bounced off the post. **3 desviar os olhos de algo/alguém** to look away from sth/sb **4 desviar a atenção de alguém** to distract sb's attention: *O barulho desviou a atenção do público.* The noise distracted the audience's attention. **5** (o tráfego) to divert **6** (dinheiro, verbas) to embezzle
desviar-se v **desviar-se (de algo/alguém)** to dodge (sth/sb)

desvio s **1** (no trânsito) diversion **2** (de dinheiro) embezzlement

detalhadamente adv in detail: *Ele explicou detalhadamente o que teríamos que fazer.* He explained in detail what we would have to do.

detalhado, -da adj detailed: *um relato detalhado* a detailed report

detalhe s detail: *um detalhe importante* an important detail | **em detalhes** in detail | **entrar em detalhes** to go into detail

detectar v to detect

detenção s **1** (de um criminoso) arrest **2** (de contrabando) seizure

detentor, -a s (de título, prêmio, etc.) holder: *o detentor do recorde dos 100 m rasos* the holder of the 100 meter record | *a detentora do prêmio Nobel da paz* the holder of the Nobel Peace Prize

deter v **1** (um criminoso) to arrest **2** (um título) to hold: *O Brasil detém o título de pentacampeão mundial de futebol.* Brazil holds the title of five-times World Cup champion. **3** (fazer parar) to hold up: *O acidente deteve o trânsito.* The accident held up the traffic. **4** (manter) to keep: *O que é que está te detendo aqui?* What's keeping you here?
deter-se v (parar) to stop: *Deteve-se no sinal.* He stopped at the traffic light.

detergente s detergent

deteriorar v **1** (alimento) to go bad **2** (danificar) to damage
deteriorar-se v **1** (alimento) to go bad **2** (estado de saúde, situação, relacionamento) to deteriorate

determinado, -da *adj* **1** (decidido) determined: *uma jovem determinada* a determined young woman **2** (certo) certain: *em determinado momento* at a certain point | *em determinados dias* on certain days

determinar *v* **1** (estabelecer) to determine: *O médico não determinou a causa da alergia.* The doctor could not determine the cause of the allergy. **2** (fixar) to decide: *Determinamos o dia e a hora da próxima reunião.* We decided the day and the time of the next meeting. **3** (ordenar) to order: *O juiz determinou a saída de campo de Reginaldo.* The referee ordered Reginaldo to leave the field.

detestar *v* to hate: *Detestei o filme.* I hated the movie. | **detestar fazer algo** to hate doing sth: *Ela detesta acordar cedo.* She hates waking up early. | **detestar que alguém faça algo** to hate sb doing sth

detetive *s* detective

detonar *v* **1** (fazer explodir) to detonate: *Várias bombas foram detonadas.* Several bombs were detonated. **2** (explodir) to go off: *Os fogos detonaram à meia-noite.* The fireworks went off at midnight. **3** (desencadear) to trigger: *O atentado detonou uma crise mundial.* The attack triggered a world crisis. **4** (criticar muito) to trash: *A crítica detonou o filme.* The critics trashed the movie. **5** (devorar) to devour: *Ele detonou um prato de massa.* He devoured a plate of pasta.

detrás *advérbio & preposição*

- *adv* behind | **por detrás** from behind: *O assaltante agarrou-o por detrás.* The mugger grabbed him from behind.

- **detrás de** *prep* behind: *detrás da mesa* behind the table | *detrás dele* behind him

deturpar *v* (um dito, um fato) to distort: *Você deturpou minhas palavras.* You distorted my words.

deus, deusa *s* **1** deus god | deusa goddess (pl -sses) **2** **graças a Deus!** thank God! | **meu Deus!** oh my God! | **pelo amor de Deus!** for heaven's sake!

devagar *advérbio & interjeição*

- *adv* slowly: *Fale devagar.* Speak slowly.

- **devagar!** *interj* slow down!

dever *verbo & substantivo*

- *v* **1** ▶ O verbo auxiliar é tratado no quadro **2 dever algo a alguém** (dinheiro, um favor, etc.) to owe sb sth: *Quanto eu te devo?* How much do I owe you? | *Você me deve R$50.* You owe me R$50. | *Devo uma satisfação a seu irmão.* I owe your brother an explanation.

dever-se *v* **dever-se a algo** to be due to sth: *Isto se deve ao buraco na camada de ozônio.* This is due to the hole in the ozone layer.

- *s* **1** (obrigação) duty (pl -ties): *É seu dever.* It's your duty. | **cumprir o meu/seu etc. dever** to do my/your etc. duty **2 dever (de casa)** homework: *A professora passou algum dever?* Did your teacher assign any homework? | **fazer o dever de casa** to do your homework: *Você já fez o dever de casa?* Have you done your homework yet?

---

dever *verbo auxiliar*

1 SUPOSIÇÃO

EM FRASES AFIRMATIVAS (= must)

Você deve estar cansado. You must be tired. | *Ela deve ter uns 20 anos.* She must be about 20. | *Ele já deve ter ido.* He must have left by now.

EM FRASES NEGATIVAS

Não deve ser muito difícil. It can't be very difficult. | *As lojas não devem abrir no feriado.* I don't expect the stores will be open on the holiday.

2 PROBABILIDADE

EM FRASES AFIRMATIVAS (= should)

Amanhã deve chover. It should rain tomorrow. | *Devemos chegar às sete.* We should get there at seven.

EM FRASES NEGATIVAS

Ele não deve ter entendido nada. He probably didn't understand a word.

3 OBRIGAÇÃO

Usa-se **must**, se a frase está no presente, e **should**, se está no imperfeito ou no futuro do pretérito:

É algo que devemos levar em conta. It is something we must take into account. | *Você devia ter me avisado.* You should have told me.

4 OPINIÃO (= should)

Acho que você deve ir de preto. I think you should go in black. | *Vocês não devem se preocupar com isso.* You shouldn't worry about that.

---

devidamente *adv* **1** (explicado, vestido, etc.) correctly: *A impressora foi devidamente instalada.* The printer was correctly installed. **2** (preenchido, punido, etc.) duly: *Foram todos devidamente avisados.* They were all duly informed.

devido, -da *adjetivo & preposição*

- *adj* due, proper: *com o devido cuidado* with due care | *da maneira devida* in the proper way

- **devido a** *prep* due to: *O espetáculo foi suspenso devido às chuvas.* The show was suspended due to the rain.

devolução *s* **1** (de artigo, mercadoria) return **2** (de dinheiro) refund

devolver *v* **devolver algo (a alguém)** **(a)** (um objeto, uma mercadoria) to return sth (to sb): *Ela ainda não me devolveu os CDs.* She still hasn't returned my CDs. **(b)** (dinheiro) to refund sth (to sb)

Deve-se dizer on the table ou in the table? Veja o verbete **em**.

dez *numeral* **1** (número, quantidade, hora) ten: *às dez horas* at ten o'clock **2** (em data) tenth: *dez de outubro* tenth of October

dezembro *s* December ▶ ver "Active Box" **meses** em **mês**

dezena *substantivo & substantivo plural*
- *s* ten | **uma dezena (de algo) (a)** (quantidade exata) ten (sth): *uma dezena de páginas* ten pages **(b)** (quantidade aproximada) about ten (sth): *Tinha uma dezena de pessoas na fila.* There were about ten people in the line.
- **dezenas** *s pl* (muitos) dozens: *Ela tem dezenas de colares.* She has dozens of necklaces.

dezenove *numeral* **1** (número, quantidade) nineteen **2** (em data) nineteenth: *no dia dezenove de abril* on the nineteenth of April

dezesseis *numeral* **1** (número, quantidade) sixteen **2** (em data) sixteenth

dezessete *numeral* **1** (número, quantidade) seventeen **2** (em data) seventeenth: *Hoje é dia dezessete.* It's the seventeenth today.

dezoito *numeral* **1** (número, quantidade) eighteen: *Éramos dezoito pessoas.* There were eighteen of us. **2** (em data) eighteenth

dia *s* **1** day: *Que dia é hoje?* What day is it today? | *naquele dia* on that day | **ao/por dia** a day: *duas vezes ao dia* twice a day | **bom dia!** good morning! | **de dia (a)** (durante o dia) during the day: *Nunca durmo de dia.* I never sleep during the day. **(b)** (à luz do dia) in the daylight: *Prefiro tirar as fotos de dia.* I'd prefer to take the photos in the daylight. | **de dois em dois/três em três etc. dias** every two/three etc. days | **dia sim, dia não** every other day | **o dia inteiro** all day: *Estive fora o dia inteiro.* I've been out all day. | **no dia anterior/seguinte** the day before/after | **todo dia/todos os dias** every day: *Ela faz ginástica todo dia.* She works out every day. **2 estar em dia com algo** to be up to date with sth: *Estou em dia com os meus deveres de casa.* I'm up to date with my homework. **3** (em data): *Hoje é dia sete de setembro.* Today is the seventh of September. | *Elas chegam no dia dez.* They arrive on the tenth.
dia da semana day of the week ▶ ver "Active Box" **dias da semana dia de folga** day off **dia de semana** weekday **Dia dos Namorados** Valentine's Day ▶ **Valentine's Day** é celebrado no dia 14 de fevereiro. **dia útil** workday

diabete, diabetes *s* diabetes

diabético, -ca *adj & s* diabetic

diabo *s* devil | **que diabo!** what the devil! | **um calor/frio dos diabos** terribly hot/cold

diagnóstico *s* diagnosis (pl diagnoses): *O médico ainda não fez um diagnóstico.* The doctor hasn't yet made a diagnosis.

Active Box: dias da semana

Os exemplos neste **Active box** servem para ajudá-lo a construir frases com os dias da semana. Note-se que, em inglês, eles são escritos com inicial maiúscula.

*Nós poderíamos fazer compras **no sábado de manhã**.*	We could go shopping Saturday morning.
*O que você vai fazer **domingo à noite**?*	What are you doing Sunday night?
*Eu vou estar com ele **na terça**.*	I'll see him on Tuesday.
*Eles não abrem **aos domingos**.*	They're not open on Sundays.
*Saiu um anúncio no jornal **de sexta**.*	There was an advertisement in Friday's paper.
*Faltei à aula **na segunda-feira passada**.*	I missed school last Monday.
*A festa é **na sexta-feira que vem**.*	The party is next Friday.
*Eu a vejo **todas as quintas**.*	I see her every Thursday.
*Nós nos reunimos **uma quarta sim, uma não**.*	We get together every other Wednesday.
*Minhas provas começam **sem ser esta segunda, a outra**.*	My exams start a week on Monday.
*Eles vão embora **sem ser este sábado, o outro**.*	They're leaving the Saturday after next.
*Ela chegou **domingo retrasado**.*	She arrived the Sunday before last.

diagonal *adj & s* diagonal

diagrama *s* diagram

dialeto *s* dialect

diálogo *s* **1** (em filme, romance) dialogue **2** (conversa) conversation

diamante *s* diamond: *um anel de diamantes* a diamond ring

diâmetro *s* diameter

diante *advérbio & preposição*
- *adv* **de agora em diante** from now on | **de janeiro/terça etc. em diante** from January/Tuesday etc. onward ▶ ver também **assim, daí, dali, daqui**

- **diante de** *prep* diante de algo **(a)** (em frente de) in front of sth: *Ele estacionou bem diante da minha casa.* He parked right in front of my house. **(b)** (perante) faced with sth: *Não sei o que eu faria diante de uma situação dessas.* I don't know what I would do faced with a situation like that. | **diante de alguém** in front of sb: *Ele estava sentado diante de mim.* He was sitting in front of me. | *Ela se comportou diante do diretor.* She behaved herself in front of the principal.

dianteira *s* **1** (em corrida, competição) lead | **estar na dianteira** to be in the lead | **tomar a dianteira** to take the lead **2** (de veículo) front **3 estar à dianteira de algo** (estar na liderança) to be at the head of sth

dianteiro, -ra *adj* front: *os pneus dianteiros* the front tires

diária *s* **1** (em hotel) price per night: *Quanto é a diária, por favor?* How much is the price per night, please? **2** (de trabalhador) daily wage

diário, -ria *adjetivo & substantivo*
- *adj* daily: *a vida diária* daily life
- **diário** *s* (caderno) diary

diarista *s* (doméstica) cleaner

diarreia *s* diarrhea (AmE), diarrhoea (BrE)

dica *s* tip | **dar uma dica a alguém (sobre algo)** to give sb a tip (on sth): *Ela me deu uma dica sobre como fazer isso.* She gave me a tip on how to do it.

dicionário *s* dictionary (pl -ries): *um dicionário de inglês* an English dictionary | **procurar algo no dicionário** to look sth up in the dictionary

diesel *adj & s* diesel

dieta *s* **1** (para emagrecer) diet | **estar de dieta/ fazer dieta** to be on a diet: *Estou de dieta./Estou fazendo dieta.* I'm on a diet. ▶ Quando se trata de começar uma dieta, diz-se **to go on a diet**: *Vou ter que fazer dieta.* I'm going to have to go on a diet. **2** (tipo de alimentação) diet: *uma dieta vegetariana* a vegetarian diet

dietético, -ca *adj* diet: *produtos dietéticos* diet products

diferença *s* difference: *Você vê alguma diferença entre os dois?* Do you see any difference between the two? | **diferença de idade/altura etc.** difference in age/height etc. | **uma diferença de dois anos/cinco metros etc.** a difference of two years/five meters etc. | **não faz diferença** it makes no difference

diferenciar *v* **diferenciar algo/alguém (de algo/ alguém)** to differentiate sth/sb (from sth/sb): *Não é possível diferenciar um gêmeo do outro.* It's impossible to differentiate one twin from the other.
diferenciar-se *v* **diferenciar-se (por algo)** to be differentiated (by sth)

diferente *adjetivo & advérbio*
- *adj* **1** different: *Eu faria isso de maneira diferente.* I'd do that in a different way./I'd do that differently. **2 diferente de algo/alguém** different from sth/sb: *Sou muito diferente da minha irmã.* I'm very different from my sister. **3 diferente do que** different than: *Você é diferente do que eu imaginava.* You're different than I imagined. **4 diferentes** (vários) different: *Eles usaram diferentes tipos de madeira.* They used different types of wood.
- *adv* differently: *Nós pensamos diferente.* We think differently.

difícil *adjetivo & advérbio*
- *adj* **1** (complicado) difficult: *uma prova difícil* a difficult test **2** (duro) difficult: *Vai ser difícil convencê-la.* It's going to be difficult to convince her. | **difícil de fazer** difficult to do **3** (pessoa, temperamento) difficult **4** (pouco provável) unlikely: *Acho difícil que ele venha.* I think it's unlikely that he'll come.
- *adv* (escrever, falar) in a complicated way

dificuldade *s* difficulty (pl -ties) | **criar dificuldades** to make things difficult | **ter dificuldade de fazer algo** to find it difficult to do sth: *Ela tem dificuldade de emagrecer.* She finds it difficult to lose weight.

a difficult game (chess)

an easy game (dominóes)

dificultar *v* **dificultar algo (a)** (tornar difícil) to make sth difficult: *Isso vai dificultar minha vida.* That's going to make life difficult for me. **(b)** (um projeto, mudanças) to oppose sth

digerir *v* to digest

digestão *s* digestion | **fazer a digestão** to let your food go down: *Vou nadar depois que fizer a digestão.* I'll go swimming after I've let my food go down.

digitação *s* (de texto) typing, (de dados, números) keying

digital *adj* digital: *um relógio digital* a digital watch ▶ ver também **impressão**

digitalizado, -da *adj* digitized

digitar *v* (um texto) to type, (dados, números) to key in: *Ela digita com dois dedos.* She types with two fingers. | *Digite o endereço do site.* Key in the web address.

dígito *s* digit

dilema s dilemma
diluir v **1** (um suco, uma tinta, etc.) to dilute **2** (um sólido) to dissolve
dimensão s **1** (tamanho) size **2** (de uma questão, de um problema, etc.) extent: *Nós não percebemos a dimensão do problema.* We didn't realize the extent of the problem.
diminuir v **1** (reduzir-se) to decrease: *A poluição na cidade não diminuiu.* Pollution in the city has not decreased. **2** (febre, dor, etc.) subside: *A infecção já diminuiu.* The infection has already subsided. **3** (ruído, chuva) to die down **4** (preço) to decrease **5** (interesse, atenção) to lessen **6 diminuir algo (a)** (reduzir) to reduce sth: *A chuva diminuiu o calor.* The rain reduced the heat. **(b)** (o volume, a TV, etc.) to turn sth down: *Diminua um pouco o rádio.* Turn the radio down a little. **(c)** (a febre, a dor) to reduce sth: *Os remédios diminuíram a dor.* The drugs reduced the pain. **(d)** (o preço) to lower sth **(e)** (em matemática) to take sth away: *Diminua doze de trinta.* Take twelve away from thirty. **7 diminuir (a velocidade)** to slow down
dinâmico, -ca adj dynamic
dinamite s dynamite
dinheirão s fortune: *Ele me deve um dinheirão.* He owes me a fortune.
dinheiro s money | **dinheiro trocado** change: *Você tem dinheiro trocado para pagar o ônibus?* Do you have change for the bus fare? | **em dinheiro** in cash: *Vou pagar em dinheiro.* I'm going to pay in cash. | **estar sem dinheiro** to have no money | **trocar dinheiro** to change money | **um dinheiro** some money: *Pode me emprestar um dinheiro?* Can you lend me some money?
dinossauro s dinosaur
dióxido s **dióxido de carbono** carbon dioxide
diploma s diploma: *um diploma de ensino médio* a high school diploma
diplomacia s **1** (carreira) diplomatic service **2** (tato) diplomacy
diplomado, -da adj certified: *um terapeuta diplomado* a certified therapist
diplomata s diplomat
diplomático, -ca adj **1** (carreira, corpo) diplomatic **2** (pessoa, atitude) diplomatic
dique s dyke
direção s **1** (rumo) direction: *Em que direção vai esse ônibus?* Which direction does this bus go? | **nessa/naquela direção** in this/that direction | **em direção a algo/alguém** toward sth/sb: *Fomos andando em direção ao shopping.* We set off toward the shopping mall. **2** (de veículo) driving: *aulas de direção* driving lessons **3** (controle do volante) steering | **estar na direção** to be driving: *Quem estava na direção?* Who was driving the car? **4** (de filme) direction **5** (de hotel, empresa) management

direita s **1** (lado) right: *Você tem que girar a chave para a direita.* You have to turn the key to the right. | **à direita** on the right: *Pegue a segunda rua à direita.* Take the second turn on the right. | **virar à direita** to turn right **2** (em política) right | **de direita** right-wing

direito, -ta adjetivo, substantivo & advérbio
• **adj 1** (lado) right-hand: *no canto direito da folha* in the right-hand corner of the page **2** (braço, pé, etc.) right **3** (honesto) honest: *uma pessoa direita* an honest person **4** (arrumado) straight: *Meu cabelo está direito?* Is my hair straight? **5** (reto) straight: *Esta fila não está direita.* This line isn't straight.
• **direito s 1** (regalia) right | **ter direito a algo (a)** (poder ter) to be entitled to sth: *Você tem direito a um refrigerante.* You're entitled to a soda. **(b)** (por lei) to have a right to sth: *Todo cidadão tem direito a assistência médica.* Every citizen has a right to medical care. | **ter o direito de fazer algo (a)** (poder fazer) to be entitled to do sth **(b)** (por lei) to have the right to do sth | **dar direito a (fazer) algo** to entitle you to (do) sth: *O convite dá direito a uma bebida.* The invitation entitles you to a drink. **2** (curso) law: *Meu irmão faz Direito.* My brother studies law. **3** (de um tecido) right side
direitos autorais royalties **direitos humanos** human rights
• **direito adv 1** (corretamente) right: *Achei que tinha feito o dever de casa direito.* I thought I'd done the homework right. **2** (bem) very well: *Não o conheço direito.* I don't know him very well. **3** (com boa postura) straight: *Sente-se direito.* Sit up straight.

diretamente adv straight: *Fui da escola diretamente para casa.* I went straight home from school.

direto, -ta adjetivo & advérbio
• **adj 1** (caminho) direct **2** (ônibus, trem, voo) direct **3** (franco) frank: *Fui muito direta com ele.* I was perfectly frank with him. **4** (sem intermediários) direct: *ligação direta* direct connection
• **direto adv 1** (diretamente) straight: *Fui direto para a academia.* I went straight to the gym. | *O ônibus passou direto.* The bus went straight past. | **ir direto ao assunto** to go straight to the point **2** (imediatamente) straightaway: *Fomos direto reclamar com a professora.* We went to complain to our teacher straightaway. **3** (sem intervalo) right through: *Estudei direto o sábado inteiro.* I studied right through the whole of Saturday. **4** (o tempo todo) all the time: *Ele fala palavrão direto.* He swears all the time.

diretor, -a s **1** (de escola) principal (AmE), headteacher (BrE) **2** (de cinema, de empresa) director **3** (de editora, jornal) editor

diretoria s **1** (conjunto de diretores) board of directors **2** (cargo) directorship **3** (sala) director's office

diretório s (em informática) directory (pl -ries)
diretório acadêmico student council

dirigente s (político) leader

dirigir v **1** (um carro, um caminhão, etc.) to drive: *Vou aprender a dirigir ano que vem.* I'm going to learn to drive next year. **2** (uma moto) to ride **3** (um filme, um clipe, uma peça) to direct: *Quem dirigiu esse filme?* Who directed this movie? **4** (uma equipe, uma firma, etc.) to manage **5** (uma campanha) to lead **6 dirigir a atenção para algo/alguém** to turn your attention to sth/sb | **dirigir os olhos para algo/alguém** to turn your eyes toward sth/sb
dirigir-se v **1 dirigir-se a/para** (encaminhar-se) to head toward: *A diretora está se dirigindo para cá.* The principal is heading this way. **2 dirigir-se a alguém** (falar com) to speak to sb: *Ele nem se dirigiu a mim!* He didn't even speak to me!

discagem s **discagem direta** direct dialing (AmE), direct dialling (BrE)

discar v to dial: *Desculpe, disquei o número errado.* Sorry, I dialed the wrong number.

disciplina s **1** (ordem) discipline: *falta de disciplina* lack of discipline **2** (matéria) subject: *Quantas disciplinas você tem esse ano?* How many subjects do you have this year?

discípulo, -la s **1** (aluno) student **2** (seguidor) disciple

disc-jóquei s disc jockey

disco s **1** (CD) CD, compact disc: *Já saiu o novo disco do Capital Inicial.* Capital Inicial's new CD has already come out. **2** (vinil) record: *o melhor disco do Bob Dylan* Bob Dylan's best record **3 gravar um disco** to make a CD, to make a record **4 pôr um disco** to put a CD on, to put a record on **5** (em informática) disk **6** (em atletismo) discus (pl -ses) ▶ ver também **lançamento**
disco rígido hard disk **disco voador** flying saucer

discordar v **discordar (de algo/alguém) (em algo)** to disagree (with sth/sb) (on sth): *Discordo de você nisso.* I disagree with you on this.

discoteca s **1** (danceteria) disco **2** (coleção de discos) record collection

discotecário, -ria s disc jockey

discreto, -ta adj **1** (pessoa, atitude) discreet **2** (roupa, cor, maquiagem) understated

discriminação s discrimination: *discriminação racial* racial discrimination

discriminar v **discriminar alguém** to discriminate against sb: *Na maioria dos países as mulheres são discriminadas.* Women are discriminated against in most countries.

discurso s speech (pl -ches) | **fazer um discurso** to make a speech

discussão s **1** (briga) argument: *Tive uma discussão feia com meu irmão.* I had a nasty argument with my brother. **2** (debate) discussion: *uma discussão sobre drogas* a discussion about drugs

discutir v **1 discutir (com alguém/por causa de algo)** (brigar) to argue (with sb/over sth): *Discutimos por besteira.* We argued over nothing. **2** (um assunto, um fato, um filme, etc.) to discuss: *Eles vivem discutindo futebol.* They're always discussing soccer. **3** (questionar) to question: *Resolvi não discutir o que ele tinha dito.* I decided not to question what he had said.

disfarçar v **1** (a voz) to disguise: *Ela disfarçou a voz no telefone.* She disguised her voice on the telephone. **2** (fingir) to act natural: *Disfarça, que ela está olhando para cá.* Act natural, she's looking this way. **3** (esconder) to hide: *O casaco vai disfarçar a mancha na minha blusa.* My coat will hide the stain on my blouse. **4** (um sentimento, uma emoção) to hide: *Ele não conseguiu disfarçar a sua decepção.* He couldn't hide his disappointment.
disfarçar-se v to disguise yourself | **disfarçar-se de algo** to disguise yourself as sth

disfarce s disguise

disléxico, -ca adj & s dyslexic

disparar v **1 disparar (algo)** (atirar) to fire (sth): *O assaltante disparou três tiros.* The robber fired three shots. | **disparar contra alguém/algo** to fire at sb/sth **2** (alarme, arma) to go off: *Ouvi um revólver disparar.* I heard a gun go off. **3** (quantidade, preços) to shoot up: *O número de sequestros disparou.* The number of kidnappings has shot up. **4** (sair correndo) to rush off: *Leandro disparou para casa.* Leandro rushed off home.

disparo s shot

dispensar v **1 dispensar alguém de algo** (de exame, obrigação, etc.) to excuse sb from sth: *A professora de inglês me dispensou da aula.* The English teacher excused me from the lesson. **2** (prescindir de algo) to do without

dispersar v **1** (uma multidão, manifestantes, etc.) to disperse **2 dispersar a atenção de alguém** to distract sb: *Essa música está dispersando minha atenção.* The music is distracting me.
dispersar-se v **1** (desconcentrar-se) to get distracted: *Ele se dispersa com qualquer coisa.* The slightest thing distracts him. **2** (multidão) to disperse

disponível adj available

dispor v **1** (arrumar) to arrange: *Ele dispôs as frutas na barraca.* He arranged the fruit on the stall. **2 dispor de algo/alguém (a)** (ter) to have sth/sb: *Não disponho de tempo livre hoje.* I don't have any free time today. | *Ele dispõe de vários* *ajudantes*. He has several helpers. **(b)** (contar com) to count on sth/sb: *Pode dispor de minha ajuda*. You can count on my help. | **disponha** any time: – *Muito obrigado! – Disponha*. "Thank you!" "Any time!"

dispor-se *v* **dispor-se a fazer algo (a)** (aceitar) to agree to do sth **(b)** (decidir-se) to decide to do sth: *Ele agora se dispõs a treinar diariamente*. He has now decided to train daily.

disposição *s* **1** (ânimo) enthusiasm | **estar com disposição para (fazer) algo** to feel like (doing) sth | **estar sem disposição para (fazer) algo** not to feel like (doing) sth **2** (arrumação) arrangement **3 estar à disposição de alguém** to be at sb's disposal: *Estou à sua disposição*. I'm at your disposal.

dispositivo *s* (mecanismo) device

disposto, -ta *adj* **1 estar disposto a fazer algo** to be willing to do sth: *Ele está disposto a continuar no time*. He's willing to stay on the team. **2 bem-disposto** feeling well: *Acordei mais bem-disposto*. I woke up feeling better. **3** (arrumado) arranged: *Os livros de História estão dispostos na prateleira de baixo*. The history books are arranged on the bottom shelf.

disputa *s* **1** (rivalidade) rivalry (pl -ries): *Há muita disputa entre elas*. There's a lot of rivalry between them. **2** (briga) dispute **3** (jogo) match

disputado, -da *adj* **1** (que se disputa com muita intensidade) closely fought: *Foi um campeonato disputado*. It was a closely fought championship. **2** (almejado) sought-after: *os lugares mais disputados no teatro* the most sought-after seats in the theater

disputar *v* **1** (competir) to compete for: *Eram 100 candidatos disputando uma vaga*. There were 100 candidates competing for one place. **2** (em esporte) to compete for: *Dois corredores disputaram o primeiro lugar*. Two runners competed for first place.

disquete *s* diskette: *Salvei o texto em disquete*. I saved the text on diskette.

dissertação *s* dissertation: *uma dissertação sobre injustiça social* a dissertation on social injustice

dissolver *v* **1** (liquefazer) to dissolve: *Dissolva o açúcar em 250 ml de água*. Dissolve the sugar in 250 ml of water. **2** (uma manifestação de rua) to break up **3** (um casamento, uma sociedade, uma assembleia) to dissolve
dissolver-se *v* (liquefazer-se) to dissolve: *O sal se dissolve na água*. Salt dissolves in water.

distância *s* distance: *Qual a distância entre as duas cidades?* What is the distance between the two cities? | **a que distância fica/ficam etc.?** how far is/are etc.?: *A que distância fica a sua casa daqui?* How far is your house from here? | **à distância** at a distance | **a pouca distância de** a short distance from: *Moramos a pouca distância da praia*. We live a short distance from the beach. | **a um quarteirão/quilômetro de distância** a block/kilometer away | **uma longa distância** a long way

distanciar *v* **1 distanciar algo (a)** (afastar) to move sth away: *Distancie mais o alvo*. Move the target farther away. **(b)** (separar) to move sth apart: *É melhor distanciar um pouco essas cadeiras*. It's better to move those chairs a little farther apart. **2 distanciar alguém** to drive sb apart: *A briga distanciou os dois amigos*. The dispute drove the two friends apart.
distanciar-se *v* **1** (afastar-se) to move away **2** (pessoas) to drift apart

distante *adj* **1** (no espaço, no tempo) distant **2** (frio) distant: *Ele anda meio distante ultimamente*. He's been kind of distant lately. **3** (expressão, olhar) distant

distinção *s* distinction | **fazer distinção** to make a distinction

distinguir *v* **1 distinguir algo/alguém** (diferenciar) to distinguish sth/sb: *Os insetos são capazes de distinguir cores*. Insects are able to distinguish colors. | **distinguir algo/alguém de algo/alguém** to distinguish sth/sb from sth/sb **2** (pelos sentidos) **distinguir um som/uma silhueta etc.** to make out a sound/silhouette etc.
distinguir-se *v* **1 distinguir-se (por algo)** (diferenciar-se) to be distinguished (by sth): *Essas aves se distinguem pela cor do bico*. These birds are distinguished by the colors of their beaks. **2** (destacar-se) to stand out (thanks to sth): *Ele se distingue por seu talento musical*. He stands out thanks to his musical talent.

distinto, -ta *adj* **1** (diferente) distinct **2** (som, voz) clear **3** (ilustre) distinguished: *o distinto doutor* the distinguished doctor **4** (fino) distinguished: *uma senhora distinta* a distinguished lady

distração *s* **1** (diversão) entertainment ▶ Este substantivo é incontável e, portanto, não tem plural. Traduz-se frequentemente usando o verbo **to do**: *Aqui não tem muitas distrações*. There isn't much entertainment around here./There's not much to do around here. **2** (falta de atenção) Use a expressão **to lose your concentration**. Veja exemplos: *Desculpe, foi distração minha*. Sorry, I lost my concentration. | *Bati no carro da frente por distração*. I lost my concentration and ran into the car in front. **3** (tendência a esquecimentos) absent-mindedness

distraído, -da *adj* **ser distraído** to be absent-minded: *Sou muito distraída*. I'm very absent-minded. | **estar distraído** not to be paying attention: *Ele estava distraído e não nos viu entrar*. He wasn't paying attention and didn't see us come in. ▶ A tradução do exemplo abaixo mostra uma alternativa muito frequente na língua falada: *Desculpe, eu estava distraído.* Sorry, I wasn't paying attention./Sorry, I was miles away.

distrair *v* **1** (divertir) to amuse: *Ele me distrai com suas histórias.* He amuses me with his stories. **2** (tirar a atenção de) to distract: *Não distraia o motorista.* Don't distract the driver.
distrair-se *v* **1 distrair-se com algo** (divertir-se) to amuse yourself with sth | **distrair-se fazendo algo** to amuse yourself (by) doing sth **2** (descuidar-se) to get distracted: *Eu me distraí e quase fui atropelada.* I got distracted and was nearly run over.

distribuição *s* distribution

distribuir *v* **distribuir algo (a)** (dar) to distribute sth: *Vão distribuir brinquedos às crianças da creche.* They're going to distribute toys to the children at the day care center. **(b)** (entregar um a um) to hand sth out: *A professora distribuiu as provas.* The teacher handed out the tests. **(c)** (repartir) to share sth out: *Ele distribuiu seus biscoitos entre os amigos.* He shared his cookies out among his friends.

distrito *s* **1** (divisão administrativa) district **2** (delegacia) police station: *Levaram os presos para o distrito.* They took the prisoners to the police station.

distúrbio *substantivo & substantivo plural*
• *s* **1** (perturbação) disturbance: *Sua chegada causou um certo distúrbio na sala.* His arrival caused some disturbance in the class. **2** (doença) disorder: *distúrbio respiratório* breathing disorder
• **distúrbios** *s pl* (atos violentos) riots: *Houve distúrbios nas ruas depois das eleições.* There were riots in the streets after the elections.

ditado *s* **1** (na escola) dictation | **fazer ditado** to do dictation **2** (provérbio) saying: *um ditado popular* a popular saying

ditadura *s* dictatorship

ditar *v* **1** (uma carta, etc.) to dictate **2** (impor) to dictate: *Agora é ele quem dita as regras aqui.* Now he dictates the rules here.

dito, -ta *adjetivo & substantivo*
• *adj* **dito e feito** no sooner said than done
• **dito** *s* (provérbio) saying

divã *s* couch (pl -ches)

diversão *s* **1** (atividade recreativa) form of entertainment: *sua diversão favorita* his favourite form of entertainment ▶ *diversões* pode ser traduzido pelo substantivo incontável **entertainment** ou pelo verbo **to do**: *Não há diversões para as crianças.* There is no entertainment for the children./There is nothing for the children to do. ▶ ver também **parque 2** (prazer) **fazer algo por diversão** to do sth for fun

diverso, -sa *adjetivo & pronome*
• **adj** (diferente, variado) different: *Eles pensam de modo diverso.* They have a different way of thinking. | *de diversas cores* in different colors
• **diversos** *pron* **1** (variados) various: *Diversos músicos participaram do show.* Various musicians took part in the show. **2** (muitos, diferentes) several: *Já te disse isso diversas vezes.* I've already told you several times.

divertido, -da *adj* **1** (que entretém) fun: *um jogo divertido* a fun game | *um filme divertido* an amusing movie | *Tivemos uma noite divertida.* We had a fun night. | **ser muito divertido** to be great fun: *Nossa viagem foi muito divertida.* Our trip was great fun. | *Teus amigos são muito divertidos.* Your friends are great fun. **2** (cômico) funny: *Ele nos contou histórias muito divertidas.* He told us some very funny stories. | *Sua irmã é tão divertida!* Your sister is so funny! ▶ ver abaixo

---

funny ou fun?

funny se aplica ao que nos faz rir, como histórias, pessoas, etc.
Aquilo que nos diverte, como uma festa, um programa, um grupo de amigos, etc., é **fun** e não **funny**.

---

divertimento *s* entertainment

divertir *v* to entertain
divertir-se *v* to enjoy yourself: *Nós nos divertimos muito na festa.* We really enjoyed ourselves at the party. | *Divirtam-se!* Enjoy yourselves! | **divertir-se com algo/alguém** to find sth/sb amusing: *Eu me divirto com as piadas dele.* I find his jokes amusing.

dívida *s* debt

dividir *v* **1** (partir) to divide: *Heloisa dividiu a pizza em seis fatias.* Heloisa divided the pizza into six slices. **2 dividir os alunos/os competidores etc.** to split the students/competitors etc. up: *O treinador dividiu os nadadores por faixa etária.* The coach split the swimmers up according to age group. **3** (em matemática) to divide: *Você tem que dividir o total por cinco.* You have to divide the total by five. **4** (as despesas, um apartamento, etc.) to share **5** (delimitar) to separate: *O rio São Francisco divide os estados de Alagoas e Sergipe.* The São Francisco river separates the states of Alagoas and Sergipe.
dividir-se *v* (separar-se) to split: *A turma se dividiu em dois grupos.* The class split into two groups.

divino, -na *adj* **1** (de Deus) divine **2** (maravilhoso) divine

divisa *s* (fronteira) border: *na divisa entre a França e a Suíça* on the border between France and Switzerland | **fazer divisa com algo** to border sth

divisão s **1** (separação) division **2** (compartimento) compartment: *um armário com três divisões* a cupboard with three compartments **3** (partilha) sharing: *a divisão das despesas* the sharing of the expenses **4** (em futebol) Division: *um time da segunda divisão* a Second Division team | *a primeira divisão inglesa* the English Premier League

---
divisões no futebol britânico

No futebol britânico, a divisão mais alta chama-se **the Premier League** (na Escócia, **the Scottish Premier League**). A categoria seguinte a esta é **the First Division**, que equivale à segunda de outros países.

---

divorciado, -da *adj* divorced: *Meus pais são divorciados.* My parents are divorced.

divorciar-se *v* divorciar-se (de alguém) to get divorced (from sb)

divórcio s divorce

divulgar *v* **1** (fatos, notícias) to publicize **2** (um serviço, um produto) to publicize **3** divulgar um segredo to reveal a secret

dizer *v* ▶ ver quadro

dó s **1** (pena) ficar com/ter dó de alguém to feel sorry for sb: *Fiquei com dó da criança.* I felt sorry for the kid. **2** (nota musical) C: *dó maior* C major

doação s donation: *doação de órgãos* organ donation

doador, -a s donor: *doadores de sangue* blood donors

doar *v* to donate

dobra s **1** (em papel) fold **2** (em calça) cuff (AmE), turn-up (BrE) **3** (na pele) crease

dobradiça s hinge

dobrar *v* **1** (um papel, um pano, etc.) to fold: *Dobrou a carta e a guardou.* He folded the letter and put it away. **2** (curvar) to bend: *Dobre os braços.* Bend your arms. **3** (virar) to turn: *Dobre à direita.* Turn right. | dobrar a esquina to go around the corner **4** (duplicar) to double: *Os preços dobraram.* Prices have doubled.

dobrar-se *v* (curvar-se) to stoop: *Ele teve que se dobrar para passar pela porta.* He had to stoop to get through the door.

dobro s o dobro double: *Acabei pagando o dobro.* I ended up paying double. | *Há o dobro de alunos que tinha no ano passado.* There's double the students there were last year. | *Tem o dobro do comprimento.* It's double the length.

doce *adjetivo & substantivo*
- *adj* **1** (sabor, alimento, bebida) sweet **2** (pessoa) sweet ▶ ver também **água, flauta, pão**
- *s* um doce something sweet: *Quero comer um doce.* I want something sweet. | doces sweet things: *Estou evitando doces.* I'm avoiding sweet things.
doce de abóbora candied pumpkin doce de leite fudge

docente *adj* corpo docente faculty (AmE), teaching staff (BrE)

dócil *adj* docile

documentário s documentary (pl -ries)

documento *substantivo & substantivo plural*
- s **1** document **2** (em informática) document: *Abra um novo documento.* Open a new document.
- documentos *s pl* (de pessoa, carro) documents: *O policial pediu meus documentos.* The policeman asked for my documents.

---
dizer

1 A tradução pode ser **to say** ou **to tell**.
Usa-se **to say** quando não se menciona a pessoa para a qual é dito algo:

O que você disse? What did you say? | *Eu não disse nada.* I didn't say anything. | *Como se diz "queijo" em francês?* How do you say "cheese" in French? | *Ele disse que sim.* He said yes.

Usa-se **to tell** quando se indica a quem é dito algo:

Ela me disse que vinha. She told me she was coming. | *Por favor, diga a seu irmão que liguei.* Please tell your brother I called.

Nesse caso também se pode usar **to say**, porém seguido de **to**:

Isso não foi o que ela me disse. That's not what she said to me./That's not what she told me. Em *dizer a verdade* e *dizer mentiras* o verbo sempre se traduz por **to tell**:

Eu disse a verdade. I told the truth. | *Não diga mentiras.* Don't tell lies.

2 ORDENS

Mamãe disse para não tocar nisso. Mom said not to touch that. | dizer a alguém para fazer algo to tell sb to do sth: *Diga a ela para esperar.* Tell her to wait. | *O guarda disse às pessoas para se afastarem.* The policeman told the people to move away.

3 EXPRESSÕES

querer dizer to mean: *O que quer dizer "obsoleto"?* What does "obsolete" mean? | *O que você quis dizer com aquilo?* What did you mean by that? | **quer dizer** I mean/that is (to say): *Tem dois, quer dizer, três.* There are two, I mean, three. | *Dia 30, quer dizer, no fim do mês.* The 30th, that is (to say), at the end of the month. | **dizer respeito a algo/alguém** to concern sth/sb: *Este assunto não te diz respeito.* This does not concern you.

doença s disease, illness (pl -sses) ▶ ver quadro

> **disease ou illness?**
>
> Quando se fala de uma doença sem especificá-la pode-se usar tanto **disease** como **illness**. **Disease** é o termo usado mais frequentemente quando a doença é contagiosa:
>
> *uma doença muito grave* a very serious disease/a very serious illness | *uma doença contagiosa* a contagious disease
>
> Quando se especifica a parte do corpo que a doença afeta costuma-se usar **disease**:
>
> *uma doença de pele* a skin disease | *doença cardíaca* heart disease | *doença venérea* venereal disease
>
> Há duas exceções:
>
> *uma doença mental* a mental illness | *uma doença terminal* a terminal illness
>
> Quando se fala em contrair uma doença, por contágio ou não, usa-se **disease**:
>
> *Ela contraiu a doença numa viagem ao Amazonas.* She caught the disease on a trip to the Amazon.
>
> Para referir-se à duração de uma doença, ou ao estado de estar doente, usa-se **illness**:
>
> *Ele morreu ontem, após uma doença de rápida evolução.* He died yesterday after a short illness. | *Ele não pôde vir por motivo de doença.* He couldn't come because of illness.

doente adjetivo & substantivo
- *adj* sick, ill ▶ ver quadro
- *s* **1** (homem) sick man (pl men), (mulher) sick woman, (mulher ou homem) sick person ▶ Para se referir a doentes em geral, use **sick people** ou **the sick**: *Ela cuida de doentes.* She takes care of sick people.
2 ▶ Para os casos em que a doença é especificada, guie-se por estes exemplos: *um doente com câncer* a cancer sufferer/a person who has cancer | *os doentes mentais* people who are mentally ill/the mentally ill

> **sick ou ill?**
>
> Diante de um substantivo usa-se **sick**: *uma criança doente* a sick child
>
> *estar doente* traduz-se por **to be sick**, no inglês americano, e **to be ill**, no inglês britânico:
>
> *Ele está muito doente.* He's very sick./He's very ill.
>
> *gravemente/seriamente doente* traduz-se por **seriously ill**:
>
> *A mãe dele estava gravemente doente.* His mother was seriously ill.

doer *v* ▶ ver quadro

doido, -da adjetivo & substantivo
- *adj* **1** (louco) crazy
2 *estar doido para fazer algo* to be dying to do sth: *Estou doido para ver o filme O Senhor dos Anéis, que acabou de estrear.* I'm dying to see the new Lord of the Rings movie.
3 *ser doido por algo/alguém* to be crazy about sth/sb: *Ela é doida por chocolate.* She's crazy about chocolate.
- *s* (louco) crazy person

doído, -da *adj* **1** (com dor) sore: *Depois da ginástica fiquei doída.* After the workout I felt sore.
2 (que provoca dor) painful: *uma injeção doída* a painful injection
3 (magoado) hurt

dois, duas numeral **1** (número, quantidade) two: *Ganhei dois convites.* I got two invitations.
2 (em data) second: *no dia dois de abril* on the second of April
3 *nós dois/duas* the two of us: *Só fomos nós dois.* Only the two of us went. | *vocês dois/duas* you two, the two of you | *eles dois/elas duas* the two of them
4 (ambos) both | *as duas mãos/os dois brincos etc.* both hands/both earrings etc.: *Ele quebrou as duas pernas.* He broke both legs. | *os dois/as duas* both (of them): *Gosto dos dois.* I like both of them./I like both. | *Os dois apareceram aqui ontem.* They both turned up here yesterday.
5 *nenhum dos dois/nenhuma das duas* neither (of them): *Nenhum dos dois quis vir.* Neither of them wanted to come. ▶ Quando o verbo está na negativa, usa-se **either** ao invés de **neither**: *Ela não comprou nenhum dos dois.* She didn't buy either of them.

dois-pontos s (sinal de pontuação) colon

> **doer**
>
> **1** A tradução em geral é **to hurt**:
>
> *A injeção doeu?* Did the injection hurt? | *Dói quando você puxa meu cabelo.* It hurts when you pull my hair.
>
> Para falar de dores contínuas e não muito fortes use **to ache**. Em relação a dor de garganta, usa-se somente **to hurt**, quer a dor seja forte ou fraca:
>
> *Os pés dele doem.* His feet ache. | *Meu corpo todo dói.* My whole body aches. | *Meu ouvido não está mais doendo.* My ear isn't aching anymore. | *Minha garganta está doendo.* My throat hurts./I have a sore throat.
>
> **2** **to hurt** também é usado em relação a dores não físicas:
>
> *Dói ouvir você dizer isso.* It hurts to hear you say that.

dólar s dollar: *Custou quinze dólares.* It cost fifteen dollars.

dolorido, -da adj (com dor) painful: *Ele ficou com a perna dolorida depois do jogo.* His leg was painful after the game.

doloroso, -sa adj painful

dom s gift

domar v **1** (um animal selvagem) to tame **2** (um cavalo) to break

doméstico, -ca adjetivo & substantivo
- **adj 1** (da casa) domestic: *serviço doméstico* domestic chores **2** (familiar) home: *a vida doméstica* home life
- **doméstica** s (empregada) maid

domicílio s home | **entregar em domicílio** to deliver: *Essas lojas entregam em domicílio.* These stores deliver. | **entrega em domicílio** home delivery

dominar v **1 dominar algo (a)** (ter o controle de) to dominate sth: *O Flamengo dominou a partida desde o começo.* Flamengo dominated the game from the start. **(b)** (um idioma) to have a command of sth: *Não domino bem o francês.* I don't have a good command of French. **(c)** (uma técnica) to be skilled at sth **(d)** (um assunto) to be know all about sth **2 dominar alguém (a)** (fisicamente) to overpower sb **(b)** (psicologicamente) to dominate sb

domingo s Sunday ▶ ver "Active Box" **dias da semana** em **dia**

domínio s **1** (controle) control **2** (de uma língua) command **3** (de uma técnica) mastery **4** (de um assunto) thorough knowledge **5** (de um país, território, etc.) control **6** (em informática) domain

dominó s (jogo) dominoes | **jogar dominó** to play dominoes

dona s **1** (proprietária) owner: *É ela a dona do carro.* She is the owner of the car. **2** (de apartamento, bar) landlady (pl -dies) ▶ ver **dono 3** (forma de tratamento) Mrs.: *Dona Cristina (Barros) ligou.* Mrs. (Cristina) Barros called. **dona de casa** housewife (pl -wives)

donativo s donation

dono s **1** (proprietário) owner **2** (de apartamento, de bar) landlord ▶ ver **dona**

dopado, -da adj **1** (com entorpecente, etc.) drugged **2** (atleta) on drugs **3** (cavalo) doped

dor s **1** (física) pain: *Estou sentindo muita dor.* I'm feeling a lot of pain. ▶ O substantivo **ache**, que indica uma dor contínua, é usado principalmente nas expressões dadas abaixo **2** (moral) grief, pain
dor de cabeça headache: *Estou com dor de cabeça.* I have a headache. **dor de dente** toothache **dor de estômago** stomachache **dor de garganta** sore throat: *Estou com dor de garganta.* I have a sore throat. **dor de ouvido** earache **dor nas costas** backache: *Fiquei com dor nas costas.* I got backache.

dormente adj numb | **estou com o pé/a perna etc. dormente** my foot/leg etc. has gone numb

dormir v **1** to sleep: *Não dormi nada essa noite.* I didn't sleep at all last night. | *Durma bem.* Sleep well. | **dormir como uma pedra** to sleep like a log | **não deixar alguém dormir** to keep sb awake
2 (ir dormir) to go to bed: *Quero dormir cedo hoje.* I want to go to bed early tonight.
3 (cair no sono) to fall asleep: *Dormi no meio do filme.* I fell asleep in the middle of the movie.
4 (estar adormecido) to be asleep: *Estão todos dormindo.* They're all asleep.
5 (na casa de alguém) to stay the night: *Você quer dormir aqui?* Do you want to stay the night? | *Dormi na casa da Claudia ontem.* I stayed the night at Claudia's yesterday.

asleep   awake

dormitório s (em colégio) dormitory (pl -ries)

dosagem s dosage

dose s **1** (de remédio, de vacina) dose **2** (de bebida alcoólica) shot: *uma dose de vodca* a shot of vodka

dourado, -da adj **1** (da cor do ouro) gold | **botões/sandálias etc. dourados** gold buttons/sandals etc. ▶ Também existe **golden**, que é literário e se usa para referir-se à cor da areia, de cabelo, etc. ▶ ver "Active Box" **cores** em **cor 2** (revestido de ouro) gilt: *uma estátua dourada* a gilt statue **3** (comida) brown

doutor, -a s doctor ▶ Como forma de tratamento, **doctor** é usado somente ao se falar com um médico ou médica.

download s downloading: *O vídeo está disponível para download.* The video is available for downloading. | **fazer o download (de algo)** to download (sth)

doze numeral **1** (número, quantidade, hora) twelve: *doze anos* twelve years **2** (em data) twelfth: *doze de outubro* October twelfth

dragão s dragon

drama s **1** (peça) drama: *um drama de Nelson Rodrigues* a drama by Nelson Rodrigues **2** (na vida de uma pessoa) drama **3 fazer drama** to make a fuss: *Pare de fazer drama por tudo.* Stop making such a fuss about everything.

*Diz-se I arrived in Rio ou I arrived to Rio? Veja o verbete **arrive**.*

dramático, -ca *adj* dramatic

dramatizar *v* **1** (um livro, uma história) to dramatize **2** (exagerar) to dramatize: *Não precisa dramatizar tanto!* There's no need to dramatize everything!

dramaturgo, -ga *s* playwright

driblar *v* (em esporte) to dribble

drinque *s* drink | **tomar um drinque** to have a drink

drive *s* (em informática) drive

droga *substantivo & interjeição*

- *s* **1** (entorpecente, etc.) drug | **droga leve/pesada** soft/hard drug **2** (medicamento) drug **3** (coisa sem valor) piece of trash: *Vou jogar essa droga fora.* I'm going to throw that piece of trash out. **4 ser uma droga (a)** (objeto) to be trash: *Essa revista é uma droga.* That magazine is trash. **(b)** (evento, compromisso) to be a washout: *A festa foi uma droga.* The party was a washout.

- **droga!** *interj* damn! | **que droga!** damn it!

drogado, -da *adjetivo & substantivo*

- *adj* drugged
- *s* drug addict

drogar *v* to drug
drogar-se *v* to take drugs

drogaria *s* drugstore (AmE), chemist's (BrE): *Tem uma drogaria aqui perto?* Is there a drugstore near here?

dublado, -da *adj* dubbed: *um filme dublado* a dubbed movie

dublê *s* **1** (para cenas ousadas, etc.) double **2** (para cenas perigosas) (homem) stuntman (pl -men), (mulher) stuntwoman (pl -women)

ducha *s* **1** (banho de chuveiro) shower | **tomar uma ducha** to take a shower **2** (em carro) carwash

duna *s* dune

dupla *s* **1** (par) duo: *a dupla de cantores* the singing duo **2** (em esporte) doubles | **dupla feminina/masculina/mista** women's/men's/mixed doubles

dúplex *s* duplex

duplicar *v* to double: *Nossas chances de ganhar duplicaram.* Our chances of winning have doubled.

duplo, -pla *adj* double: *um CD duplo* a double CD | **dupla nacionalidade** dual nationality

duque, -esa *s* duque duke | **duquesa** duchess (pl -sses) | **os duques** (duque e duquesa) the duke and duchess

duração *s* **1** (de curso, filme, etc.) length ▶ Existe também a palavra **duration**, que é mais formal | **com trinta minutos/duas horas etc. de duração** thirty-minute/two-hour etc.: *um documentário com uma hora de duração* a one-hour documentary | **ter quatro semanas/três meses etc. de duração** to last four weeks/three months etc. | **ser de curta/longa duração** to last a short/long time **2** (de pilha, lâmpada, etc.) life: *lâmpadas de longa duração* long-life bulbs

durante *prep* ▶ ver quadro

durar *v* **1** (objeto, situação) to last: *Estas pilhas duram mais.* These batteries last longer. | **durar muito** to last a long time, to last: *São caros mas duram muito.* They're expensive but they last a long time. | **durar pouco** not to last long, to be short-lived: *Nosso namoro durou pouco.* Our relationship didn't last long. | *A banda durou pouco.* The band was short-lived. **2** (curso, reunião, etc.) **durar uma hora/duas semanas etc.** to last an hour/two weeks etc., to be an hour/two weeks etc. long: *O estágio durou três meses.* The traineeship lasted three months./The traineeship was three months long. ▶ Para expressar que algo dura um tempo demasiadamente longo costuma-se usar **to go on for**: *As reuniões duram horas.* The meetings go on for hours.

Durex® *s* Scotch tape® (AmE), sellotape (BrE)

duro, -ra *adj* **1** (rijo) hard **2** (carne) tough **3** (clima, inverno) harsh **4** (difícil) tough: *Esse jogo vai ser duro.* This game is going to be tough. | *Foi duro dizer isso para ela.* It was tough telling her that. **5** (enérgico) tough | **ser duro com alguém** to be tough on sb **6 dar duro** (trabalhar muito) to work really hard: *Vamos ter que dar duro para passar nos exames.* We're going to have to really work hard to pass the exams. **7 ser/estar duro** (sem dinheiro) to be broke: *Não vou ao cinema porque estou duro.* I'm not going to the movies because I'm broke.

hard

soft

dúvida *s* **1** (indecisão) doubt | **em caso de dúvida** if in doubt | **estar/ficar em dúvida** to be undecided | **sem dúvida** definitely: *Sem dúvida, essa é a melhor opção.* That's definitely the best option. **2** (incompreensão) question (pl questions): *Ainda tenho muitas dúvidas nesta matéria.* I still have a lot of questions on this subject. | **tirar as dúvidas de alguém** to answer sb's queries | **tirar as suas dúvidas com alguém** to put your questions to sb: *Tirei as minhas dúvidas com o professor.* I put my questions to the teacher.

duvidar *v* **duvidar (de algo)** to doubt (sth): *Duvido!* I doubt it! | *Duvidamos da coragem dele.* We doubted his courage. | **duvidar que** to doubt (that): *Duvido que ele venha.* I doubt he'll come. | *Ele duvidava que ela conseguisse fazê-lo.* He

durante

1 Traduz-se por **during** quando significa *no decorrer de* um período ou evento:

Não tenho tempo durante a semana. I don't have time during the week. | *durante a ditadura* during the dictatorship | *Não conversem durante a aula.* No talking during class. | **durante o fim de semana/o feriado** over the weekend/the holiday

2 Traduz-se por **for** quando se refere a uma quantidade de tempo:

Moramos lá durante três anos. We lived there for three years.

3 A tradução de *durante todo o/durante toda a* difere quando se trata de um período ou de um evento:

durante todo o mês/todo o ano/toda a tarde all month/all year/all afternoon; all through the month/the year/the afternoon: *Fica aberto durante todo o ano.* It's open all year./ It's open all through the year. | **durante toda a guerra/o filme/o jogo** all through the war/ the movie/the game; throughout the war/the movie/the game: *Eles falaram durante todo o filme.* They talked all through the movie./ They talked throughout the movie.

doubted that she would be able to do it. | **duvidar de alguém** to doubt sb: *Nunca duvidei de você.* I have never doubted you.

duvidoso, -sa *adj* doubtful

duzentos, -tas *numeral* two hundred: *Duzentas pessoas ficaram desabrigadas.* Two hundred people were left homeless.

dúzia *s* dozen: *uma dúzia de bananas* a dozen bananas | *duas dúzias de ovos* two dozen eggs ▶ Note que a preposição *de* não se traduz, e que o plural traduz-se também por **dozen** | **meia dúzia** half a dozen: *meia dúzia de pessoas* half a dozen people

DVD *s* **1** (disco) DVD: *O vídeo sairá em DVD.* The video will be released on DVD. **2** (aparelho) DVD player

E, e *s* E, e ▶ ver "Active Box" **letras do alfabeto** em **letra**

e *conj* **1** (aditiva) and: *o Júlio e a Sueli* Julio and Sueli | *Tenho um irmão e uma irmã.* I have a brother and a sister. ▶ Em inglês usa-se uma vírgula, em vez da conjunção, entre dois adjetivos que precedem um substantivo, exceto quando se trata de cores: *Ela tem cabelos longos e lisos.* She has long, straight hair. | *uma camiseta azul e vermelha* a red and blue T-shirt **2** (ao dizer as horas) **uma/quatro etc. e meia** half past one/half past four etc. | **duas/dez etc. e quinze** quarter after two/quarter after ten etc. (AmE), quarter past two/quarter past ten etc. (BrE) | **onze e dez/sete e vinte etc.** ten after eleven/twenty after seven etc. (AmE), ten past eleven/twenty past seven etc. (BrE) **3** (em numerais) Ver exemplos: *noventa e oito* ninety-eight | *quarenta e quatro* forty-four **4** (em perguntas) Ver exemplos: *Eu não vou. E você?* I'm not going. What about you? | *E a festa? Quando vai ser?* And what about the party? When's it going to be? | *E como você chegou aqui?* So how did you get here?

écharpe *s* scarf (pl scarves ou scarfs)

eclipse *s* eclipse

eco *s* echo (pl echoes) | **fazer eco** to echo

ecologia *s* ecology

ecológico, -ca *adj* ecological

economia *substantivo & substantivo plural*

• *s* **1** (ato de economizar) saving: *a economia de energia* energy saving | **fazer economia** (poupar) to save **2** (ciência) economics: *Meu irmão estuda Economia.* My brother studies economics. **3** (de um país, uma região) economy (pl -mies)

• **economias** *s pl* (poupança) savings: *Gastei todas as minhas economias neste aparelho de som.* I spent all my savings on this sound system.

econômico, -ca *adj* **1** (pessoa, carro, etc.) economical **2** (crescimento, crise, etc.) economic

economista *s* economist

economizar *v* (dinheiro, energia, etc.) to save

ecoturismo *s* ecotourism

eczema *s* eczema

edição *s* **1** (de livro, revista, etc.) edition: *Saiu a nova edição do dicionário.* The new edition of the dictionary has come out. **2** (em rádio, TV) edition

edifício s building

editar v **1** (um texto) to edit **2** (em informática) to edit: *Clique em Editar.* Click on Edit. **3** (publicar) to publish

editor, -a *substantivo*
- **s 1** (quem escreve ou organiza) editor: *o editor de esportes* the sports editor **2** (quem publica) publisher
- **editor s editor (de textos)** (em informática) text editor
- **editora s** (empresa) publisher

editorial *adjetivo & substantivo*
- *adj* publishing
- *s* (artigo) editorial

edredom s comforter (AmE), duvet (BrE)

educação s **1** (boas maneiras) manners *pl*: *uma pessoa sem educação* a person with no manners | **ser falta de educação** to be rude: *É falta de educação falar alto.* It's rude to talk loudly. | *Que falta de educação!* How rude! **2** (criação) upbringing: *Tive uma educação muito severa.* I had a very strict upbringing. **3** (escolar) education: *Todos têm direito à educação.* Everyone has a right to an education. | **Educação Física** physical education

educacional *adj* (sistema, formação, instituição, etc.) educational: *programas educacionais sobre a AIDS* educational programs about AIDS

educado, -da *adj* polite: *Meus amigos são muito educados.* My friends are very polite.

educar v **1** (instruir) to educate **2** (criar) **educar alguém** to bring sb up **3** (adestrar) to train: *Estamos educando o nosso cão.* We're training our dog.

educativo, -va *adj* (didático) educational: *jogos educativos* educational games

efeito s **1** (resultado) effect | **fazer efeito** to take effect: *O remédio fez efeito rapidamente.* The medicine took effect quickly. **2** (de bola) spin
efeito colateral side effect **efeito estufa** greenhouse effect **efeitos especiais** (em cinema) special effects

efeminado, -da *adj* effeminate

efervescente *adj* effervescent

efetivar v **efetivar alguém** to hire sb full-time (AmE), to take sb on full-time (BrE): *Fui efetivado na loja em que trabalho.* I've been hired full-time at the store where I work.

efetivo, -va *adj* (funcionário) full-time

efetuar v **efetuar algo** to carry sth out
efetuar-se v (realizar-se) to take place

eficaz *adj* **1** (método, tratamento, plano) effective **2** (pessoa) efficient

eficiência s efficiency

eficiente *adj* **1** (pessoa) efficient **2** (sistema, funcionamento, etc.) efficient

egoísmo s selfishness

egoísta *adj* (pessoa, atitude) selfish

égua s mare

ei! *interj* hey!: *Ei! Volte aqui!* Hey! Come back!

ela *pron* ▶ ver quadro

elaborar v (um projeto, um trabalho) to put together

elástico, -ca *adjetivo & substantivo*
- *adj* (pele, músculo, pessoa) supple
- **elástico s 1** (para roupas) elastic **2** (para papéis) rubber band

ele *pron* ▶ ver quadro

elefante s elephant

elegância s elegance

elegante *adj* **1** (pessoa, roupa) elegant **2** (gesto, atitude) elegant

eleger v (por voto) to elect: *Vamos eleger o representante da turma.* We're going to elect the class representative.

eleição s (por voto) election: *as eleições presidenciais* the presidential elections

eleito, -ta *adj* (por voto) elected | **o presidente eleito** the president-elect

eleitor, -a s voter ▶ ver também **título**

elementar *adj* **1** (básico) basic: *noções elementares* basic notions **2** (fácil) simple

elemento s **1** (fator) element **2** (de grupo, equipe) member **3** (indivíduo) type | **ser mau elemento** to be a bad person **4** (informação) fact **5** **estar no seu elemento** (ambiente) to be in your element **6** (em Química, etc.) element

elenco s (de filme, peça) cast

eles, elas *pron* ▶ ver quadro

eletricidade s electricity | **ligar/desligar a eletricidade** to turn on/turn off the electricity

eletricista s electrician

elétrico, -ca *adj* **1** (guitarra, faca, chuveiro, etc.) electric **2** (corrente, luz) electric **3** (aparelhagem, instalação) electrical: *aparelhos elétricos* electrical appliances **4** (agitado) hyper

eletrodoméstico s household appliance

eletrônica s electronics

eletrônico, -ca *adj* electronic ▶ ver também **agenda, caixa, correio, secretária**

elevado, -da *adjetivo & substantivo*
- *adj* (custo, preço, etc.) high
- **elevado s** (viaduto) elevated highway (AmE), elevated motorway (BrE)

elevador s elevator (AmE), lift (BrE) | **subir/descer de elevador** to go up/go down in the elevator

eliminar v (em competição) to eliminate: *O Brasil eliminou a Argentina da Copa.* Brazil eliminated Argentina from the cup.

eliminatória s **1** (em esporte) heat **2** (em concurso) elimination round

ela

1 COMO SUJEITO DA FRASE (= she)

Ela chegou tarde. She arrived late. | *eu e ela* she and I

2 REFORÇADO POR MESMA (= (she) herself)

Ela mesma não entende isso. She doesn't understand it herself.

3 QUANDO SE SEGUE AO VERBO (= her)

Não era ela. It wasn't her.

4 EM FRASES SEM VERBO (= her)

Ela não. Not her.

5 DEPOIS DE PREPOSIÇÃO (= her)

Pensei nela hoje. I thought of her today. | *entre você e ela* between you and her

6 EM COMPARAÇÕES (= her)

Você é mais baixa do que ela. You're shorter than her.

7 AO TELEFONE

– A Rosa está? – É ela. "Is Rosa there?" "Speaking."

8 REFERENTE A COISA (= it)

Ela está apertada na cintura. It's tight around the waist.

ele

1 COMO SUJEITO DA FRASE (= he)

Ele não vai poder ir. He won't be able to go. | *Onde ele foi?* Where's he gone?

2 REFORÇADO POR MESMO (= (he) himself)

Ele mesmo o escolheu. He chose it himself.

3 QUANDO SE SEGUE AO VERBO (= him)

Não era ele. It wasn't him.

4 EM FRASES SEM VERBO (= him)

Ele não. Not him.

5 DEPOIS DE PREPOSIÇÃO (= him)

Vou estudar com ele. I'm going to study with him. | *Pergunte a ele.* Ask him.

6 EM COMPARAÇÕES (= him)

Sou mais velho do que ele. I'm older than him.

7 AO TELEFONE

– O Gustavo está? – É ele. "Is Gustavo there?" "Speaking."

8 REFERENTE A COISA (= it)

Ele é mais caro do que o outro. It's more expensive than the other one.

eliminatório, -ria *adj* (exame, fase) preliminary

elite *s* elite

elogiar *v* to praise: *Elogiaram o seu trabalho.* They praised your work. | **elogiar alguém por algo** to compliment sb on sth

eles/elas

1 COMO SUJEITO DA FRASE (= they)

Eles saíram neste instante. They went out just this minute. | *Onde estão elas?* Where are they? | *eu e eles* they and I

2 REFORÇADO POR MESMOS/MESMAS (= (they) themselves)

entre eles mesmos between themselves

3 QUANDO SE SEGUE AO VERBO (= them)

Não eram eles/elas. It wasn't them.

4 EM FRASES SEM VERBO (= them)

Eles não. Not them.

5 DEPOIS DE PREPOSIÇÃO (= them)

Vou viajar com eles. I'm going away with them. | *Moramos perto delas.* We live near them.

6 EM COMPARAÇÕES (= them)

Vocês são melhores do que eles. You're better than them.

7 REFERENTE A COISA (= they)

O problema com essas sandálias é que elas duram pouco. The problem with these sandals is that they don't last long.

elogio *s* **1** (dito elogioso) compliment | **fazer um elogio a alguém** to pay sb a compliment **2** **elogios** (em geral) praise: *O livro recebeu elogios da crítica.* The book received praise from the critics.

em *prep* ▶ ver quadro na pág. 550

emagrecer *v* to lose weight: *Ela emagreceu muito.* She's lost a lot of weight. | **emagrecer dois/quatro etc. quilos** to lose two/four etc. kilos

e-mail *s* **1** (mensagem) e-mail: *Você recebeu meu e-mail?* Did you get my e-mail? **2** (serviço) e-mail: *Você tem e-mail?* Do you have e-mail?

emaranhado, -da *adj* tangled

embaçado, -da *adj* **1** (vidro) steamed up: *Meus óculos estão embaçados.* My glasses are steamed up. **2** (foto, imagem) blurred

embaçar *v* (vidro, óculos) to steam up | **embaçar algo** to steam sth up

embaixada *s* embassy (pl -ssies)

embaixador, -ra *s* ambassador

embaixatriz *s* (esposa de embaixador) ambassador's wife

embaixo *advérbio & preposição*

- *adv* **1** (na parte de baixo) at the bottom: *Você tem que assinar embaixo.* You have to sign at the bottom **2** (debaixo) underneath: *uma camada de massa com carne embaixo* a layer of pastry with meat underneath **3** **lá embaixo** down there | **mais embaixo** farther down

- **embaixo de** *prep* under: *embaixo da mesa* under the table

embalagem *s* package

em

1 LUGAR

DENTRO DE (= in)

Ponha-o na gaveta. Put it in the drawer. | *O Alex está no banheiro.* Alex is in the bathroom.

MOVIMENTO PARA DENTRO (= into, in)

Entre logo no carro. Get in the car quickly./Get into the car quickly.

SOBRE (= on)

Deixe-o na minha mesa. Leave it on my desk.

CIDADE, PAÍS, REGIÃO (= in)

em Londres in London | *no Chile* in Chile | *no sul* in the south

OUTROS LOCAIS

Ela está em casa. She's at home. | *Ele mora no terceiro andar.* He lives on the third floor. | *na Internet* on the Internet

Quando se quer referir ao lugar ou prédio onde se faz determinada atividade usa-se **in**; quando se faz referência, de forma explícita ou não, à atividade em si usa-se **at**:

Há um caixa eletrônico no banco. There's a cash machine in the bank. | *Você não pode trocar dólares no banco.* You can't change dollars at the bank. | *Ele está no escritório/no clube.* He's at the office/at the club.

Com alguns substantivos omite-se o artigo:

Ela não estava na escola hoje. She wasn't at school today.

2 VEÍCULO

Usa-se **in** em relação a carros e **on** em relação a aviões, ônibus, trens:

Deixe-o no carro. I left it in the car. | *Ele estava no mesmo avião que eu.* He was on the same plane as me.

3 TEMPO

ANOS, MESES, ESTAÇÕES (= in)

em 1987 in 1987 | *em outubro* in October | *no inverno* in winter

DATA, DIA (= on)

no dia/em 3 de janeiro on January 3rd | *no sábado* on Saturday

DURANTE

Sempre nos reunimos no Natal. We always get together at/over Christmas. | *nas férias/no feriado* over the vacation/on the holiday

MARGEM DE TEMPO (= in)

Vou terminar isso em dez minutos. I'll finish this in ten minutes.

4 MEIO, FORMATO (= in)

Escreva em inglês. Write in English. | *músicas em MP3* songs in MP3 format

5 SITUAÇÃO (= in, into)

Ele evita entrar em brigas. He avoids getting into fights. | *em crise* in a crisis

---

embalar *v* **1** (um objeto) to wrap: *Embalei os copos em jornal.* I wrapped the glasses in newspaper. **2** (ninar) to rock

embaraçado, -da *adj* **1** (emaranhado) tangled: *cabelo embaraçado* tangled hair **2** (constrangido) embarrassed: *Alex ficou todo embaraçado.* Alex got all embarrassed.

embaralhar *v* **1** (as cartas) to shuffle **2 embaralhar algo** (papéis, etc.) to mix sth up: *Não embaralhe essas fichas.* Don't mix up those index cards. **3 embaralhar alguém** to mix sb up: *Você me embaralhou com tantas instruções.* You've mixed me up with so many instructions.

embaralhar-se *v* **embaralhar-se (com/em algo)** (confundir-se) to get mixed up (with/on sth): *Eu me embaralhei nessa questão da prova.* I got mixed up on that question in the test.

embarcação *s* vessel

embarcar *v* **1 embarcar (em algo)** (passageiro) to board (sth): *Fui a última a embarcar (no avião).* I was the last to board (the plane). | **embarcar alguém** to have sb board: *Eles embarcaram as famílias com crianças primeiro.* They had the families with children board first. | **embarcar algo (em algo)** to load sth (onto sth) **2 embarcar em algo** (deixar-se levar) to be taken in by sth: *Não embarque na conversa dele.* Don't be taken in by his talk.

embarque *s* boarding: *O embarque é no portão 3.* Boarding is at gate 3. | **setor de embarque** departure hall

emblema *s* emblem

embolsar *v* to pocket: *O campeão embolsou R$2.500.* The champion pocketed R$2,500.

embora *advérbio & conjunção*

• *adv* away | **ir embora (a)** (afastar-se) to go away: *Vá embora!* Go away! **(b)** (partir) to leave: *Vocês já vão embora?* Are you leaving already? | *Vamos embora, Laura.* Let's go, Laura. | **levar algo embora** to take sth away: *Leva esse cachorro embora daqui.* Take that dog away. | **mandar alguém embora** to send sb away: *O professor mandou o aluno embora.* The teacher sent the student away.

• *conj* although: *Jantou, embora estivesse sem fome.* He had dinner although he wasn't hungry.

embreagem *s* clutch | **pisar na embreagem** to step on the clutch

embromar *v* **1** (remanchar) to stall: *Ele ficou embromando e não fez o dever.* He kept stalling and didn't do his homework. **2 embromar alguém** to con sb: *O vendedor quis me embromar.* The sales assistant tried to con me.

embrulhar *v* **1 embrulhar algo/alguém** (envolver) to wrap sth/sb (up): *É melhor embrulhar os pratos em jornal.* It's best to wrap the plates up in newspaper. | *Ela embrulhou o bebê num cobertor.* She wrapped the baby in a blanket. | **embrulhar algo para presente** to gift wrap sth **2 embrulhar o estômago de alguém** to upset sb's stomach | **estar/ficar com o estômago embrulhado** to have/get an upset stomach **3** (enganar) to cheat

embrulho s package ▶ ver também **papel**

emburrado, -da adj sulky | **ficar emburrado** to sulk

embutido, -da adj (microfone, armário, etc.) built-in

emendar v **1** (unir) to join: *Emende um fio no outro com fita isolante.* Join the two wires with insulating tape. **2** (corrigir) to correct **3 emendar o feriado** to make the holiday into a long weekend **4 emendar algo em algo** (ir direto de um a outro) to go straight from sth into sth: *A atriz emendou uma novela na outra.* The actress went straight from one soap opera into the next.
emendar-se v to shape up: *Depois de casado, Carlinhos se emendou.* Carlinhos shaped up once he was married.

emergência s emergency (pl -cies) | **de emergência** emergency: *um pouso de emergência* an emergency landing | *casos de emergência* emergencies

emigração s **1** (de pessoas) emigration **2** (de aves) migration

emigrante s emigrant

emigrar v **1** (pessoas) to emigrate **2** (aves) to migrate

emissora s (de TV, rádio) station

emitir v **1** (som, luz, calor) to emit **2** (selos, um documento, etc.) to issue: *Ainda não emitiram meu passaporte.* They haven't issued my passport yet. **3** (uma nota, um comunicado) to issue | **emitir uma opinião** to give an opinion

emoção s **1** (comoção) emotion | **sentir muita emoção** to feel very emotional **2** (empolgamento) excitement | **que emoção!** how exciting!

emocionado, -da adj (comovido) emotional

emocionante adj **1** (que comove) emotional: *uma cena emocionante* an emotional scene **2** (que empolga) exciting: *um jogo emocionante* an exciting game

emocionar v (comover) to move ▶ **to move** é geralmente usado na voz passiva: *O que ela me disse me emocionou muito.* I was very moved by what she said.
emocionar-se v **emocionar-se (com algo)** to be moved (by sth): *Ele se emocionou muito quando recebeu o prêmio.* He was very moved when he received the prize.

emoldurar v (um quadro, uma foto) to frame

emotivo, -va adj emotional

empacotar v to pack

empada s pie | **empada de camarão/galinha** shrimp/chicken pie

empadão s pie

empanturrar-se v **empanturrar-se (de algo)** to stuff yourself (with sth): *Eu me empanturrei de chocolate.* I stuffed myself with chocolate.

empatado, -da adj tied (AmE), drawn (BrE): *O jogo ficou empatado até o meio tempo.* The game was tied until half-time. | **empatado em um a um/dois a dois etc.** tied at one-one/two-two etc.

empatar v **1 empatar (com alguém) (a)** (em jogo) to tie (with sb) (AmE), to draw (with sb) (BrE): *O Botafogo empatou com o Flamengo.* Botafogo tied with Flamengo. **(b)** (em corrida, concurso, votação) to tie (with sb): *No primeiro turno, os dois candidatos empataram.* The candidates tied in the first round. | **empatar por dois a dois/três a três etc.** to tie at two-two/three-three etc. (AmE), to draw two all/three all etc. (BrE) **2** (fazer um gol de empate) to equalize: *Romário empatou aos 40 minutos.* Romário equalized in the 40th minute.

empate s **1** (em jogo) tie (AmE), draw (BrE): *um empate de zero a zero* a zero—zero tie **2** (em corrida, concurso, votação) tie **3** (em xadrez) stalemate

empenhar-se v to make an effort | **empenhar-se em (fazer) algo** to put your mind to (doing) sth

empenho s **empenho (em algo)** (esforço) commitment (to sth)

emperrar v to jam: *A gaveta emperrou e não abre.* The drawer has jammed and won't open.

empilhar v to stack: *Empilhe os livros ali.* Stack the books over there.

empinado, -da adj **nariz empinado** snub nose

empinar v **1** (uma pipa) to fly **2** (cavalo) to rear

empolgante adj exciting

empolgar v **empolgar alguém** to get sb going: *A banda tocou músicas antigas para empolgar a plateia.* The band played old songs to get the audience going.
empolgar-se v to get involved: *Eu me empolguei com o jogo e nem vi o tempo passar.* I got so involved in the game that I didn't even notice the time going by.

empregado, -da s **1** (em empresa, etc.) employee **2** (doméstico) **empregado** servant | **empregada** maid

emprego s **1** (trabalho em geral) work, employment ▶ **employment** é mais formal: *Ele está à procura de emprego.* He's looking for work./He's looking for employment. | **estar sem emprego** to be out of work, to be unemployed **2** (posição) job: *Ela tem um bom emprego.* She has a good job. | **arrumar um emprego** to get a job

empresa s company (pl -nies)
empresa estatal state-owned company
empresa privada private company

empresário, -ria s **1** (de artista, atleta, etc.) agent **2** (dono ou chefe de empresa) **empresário** businessman (pl -men) | **empresária** businesswoman (pl -women)

emprestado, -da *adj* borrowed | **pedir/pegar algo emprestado** to borrow sth: *Posso pegar emprestado seu walkman?* Can I borrow your Walkman?

emprestar *v* **emprestar algo a alguém** to lend sb sth: *Você me empresta sua caneta?* Can you lend me your pen?

empréstimo *s* loan

empurrão *s* shove | **dar um empurrão em alguém** to give sb a shove

empurrar *v* **1** to push: *Parem de empurrar!* Stop pushing! | *Empurra a mesa mais para lá.* Push the table farther over there. **2 empurrar algo em alguém** to talk sb into taking sth: *O vendedor quis me empurrar a prancha mais cara.* The salesman tried to talk me into taking the most expensive surfboard.

pull

push

encabulado, -da *adj* embarrassed | **ficar encabulado** to get embarrassed

encaixar *v* **1 encaixar algo** (achar espaço) to fit sth in: *Dá para encaixar os patins aí?* Can you fit the skates in there? | **encaixar algo em algo** to fit sth into sth **2 encaixar algo** (montar) to fit sth together: *Você sabe encaixar as peças?* Do you know how to fit the pieces together? **3 encaixar algo com algo** (horários, compromissos) to fit sth in around sth: *Tive que encaixar meus horários com os dela.* I had to fit my times in around hers.

encaixar-se *v* **1** (entrar no encaixe) to fit: *Essa peça não se encaixa aqui.* This piece doesn't fit here. **2 encaixar-se em algo** (juntar-se a) to join sth: *Gostaria de me encaixar nesse grupo de teatro.* I'd like to join that theater group.

encaixotar *v* to pack into a box/into boxes

encalhado, -da *adj* **1** (sem namorado) unattached **2** (mercadoria) unsold **3** (embarcação) beached

encaminhar *v* **1 encaminhar alguém** (conduzir) to take sb: *A secretária encaminhou-o ao diretor.* The secretary took him to the director. **2 encaminhar algo (a)** (enviar) to send sth **(b)** (um processo) to set sth in motion

encaminhar-se *v* (dirigir-se) to head: *Ela se encaminhou para o centro.* She headed downtown.

encanador, -a *s* plumber

encantado, -da *adj* **1** (deslumbrado) delighted | **ficar/estar encantado com algo/alguém** to be delighted with sth/sb **2** (enfeitiçado) enchanted: *um jardim encantado* an enchanted garden

encanto *s* **1** (atrativo) charm **2 ser um encanto** to be delightful: *Essa menina é um encanto.* That girl is delightful. **3** (magia) enchantment | **como por encanto** as if by magic | **quebrar o encanto** to break the spell

encapar *v* (um caderno, um livro) to cover

encaracolado, -da *adj* (cabelo) curly

encarar *v* **1** (fixar os olhos em) to stare at: *Ele ficou me encarando.* He stared at me. **2** (enfrentar) to face | **encarar um problema/uma situação etc.** to face up to a problem/a situation etc. | **encarar a vida** to face up to things

encardido, -da *adj* **1** (roupa) grubby **2** (dentes, pele) discolored (AmE), discoloured (BrE)

encarregado, -da *adjetivo & substantivo*

• *adj* **(estar/ficar) encarregado de (fazer) algo** (to be/to be put) in charge of (doing) sth, (to be/to be made) responsible for (doing) sth: *Ela ficou encarregada de distribuir os convites.* She was put in charge of giving out the invitations. ▶ A tradução com **responsible** é mais formal

• *s* **o encarregado/a encarregada de algo** the person in charge of sth, the person responsible for sth ▶ A tradução com **responsible** é mais formal: *o encarregado da segurança* the person in charge of security/the person responsible for security

encarregar *v* **encarregar alguém de fazer algo** to give sb the job of doing sth: *Encarregou o amigo de recolher o dinheiro.* He gave his friend the job of collecting the money.

encarregar-se *v* **encarregar-se de algo/de alguém** (ser responsável) to take charge of sth/sb: *Ele vai se encarregar das bebidas.* He's going to take charge of the drinks. | **encarregar-se de fazer algo** (comprometer-se) to undertake to do sth: *Eu me encarreguei de avisá-los.* I undertook to warn them.

encarte *s* **1** (de jornal, revista) insert **2** (de CD) insert

encenar *v* **1 encenar uma peça/um musical etc.** to put on a play/a musical etc. **2 encenar algo** (fingir) to put sth on: *Ela encenou uma dor de cabeça para não ir à aula.* She put on a headache so as not to go to class.

encerramento *s* (do ano escolar, de evento) close | **festa/show de encerramento** closing party/show

encerrar *v* **1** (acabar) to end **2 encerrar um assunto** to close a subject: *O assunto está encerrado.* The subject is closed.

encestar *v* (em basquete) to make a basket

encharcado, -da adj **1** (pessoa, roupa) soaked: *Cheguei em casa encharcado.* I was soaked by the time I got home. **2** (rua, terreno) flooded

encharcar v to soak: *A chuva encharcou minha roupa.* The rain soaked my clothes.
encharcar-se v to get soaked

enchente s flood

encher v **1 encher algo (com algo)** (um copo, uma caixa, etc.) to fill sth (with sth) **2** (lotar) to fill: *Os torcedores encheram o estádio.* The fans filled the stadium. | **encher (de gente)** to fill up (with people): *O ônibus começou a encher.* The bus started to fill up. **3 encher um pneu** to pump up a tire (AmE), to pump up a tyre (BrE) | **encher um balão** to blow up a balloon **4** (chatear) to bug: *Não me enche!* Don't bug me!
encher-se v **1 encher-se de algo (a)** (tornar-se cheio) to fill with sth: *No Carnaval a cidade se enche de turistas.* During Carnival the city fills with tourists. **(b)** (fartar-se) to stuff yourself with sth: *Eu me enchi de chocolates.* I stuffed myself with chocolates. **2 encher-se de algo/alguém** (cansar-se) to get fed up (with sth/sb): *Ele acabou se enchendo da namorada.* He finally got fed up with his girlfriend.

enciclopédia s encyclopedia (AmE), encyclopaedia (BrE)

encoberto, -ta adj (nublado) overcast

encobrir v **encobrir algo (a)** (uma falha, um crime) to cover sth up: *Tentaram encobrir o escândalo.* They tried to cover up the scandal. **(b)** (uma vista, etc.) to hide sth: *As nuvens encobriram a montanha.* The clouds hid the mountain.

encolher v **1** (tecido, roupa) to shrink: *Esta calça encolheu muito.* These pants have shrunk a lot. **2 encolher os ombros** to shrug your shoulders

encomenda s **1** (pedido) order | **fazer uma encomenda** to place an order | **feito de encomenda** made to order: *uma bota feita de encomenda* a pair of boots made to order **2** (pacote) package: *Chegou uma encomenda para você.* A package has arrived for you.

encomendar v to order: *Você já encomendou o bolo?* Have you ordered the cake yet? | **encomendar algo a alguém** to order sth from sb

encontrar v **1** (achar) to find: *Finalmente encontrei meu livro de matemática.* I finally found my math book. **2** (ir ter com) to meet: *Você me encontra lá?* Will you meet me there? | *Encontrei-a quando estava saindo do teatro.* I met her as I was coming out of the theater.
encontrar-se v **1** (estar em certo lugar) to be: *O diretor não se encontra na sala dele.* The principal isn't in his office. **2 encontrar-se (com alguém)** to meet up (with sb): *Combinamos de nos encontrar amanhã.* We arranged to meet up tomorrow.

encontro s **1** (de pessoas) meeting | **encontro marcado** appointment **2** (de namorados) date: *Os namorados marcaram um encontro no parque.* The couple made a date in the park. **3 ir/vir de encontro a algo** (chocar-se) to run into sth: *O ônibus foi de encontro ao poste.* The bus ran into the post.

encorajar v **encorajar alguém (a fazer algo)** to encourage sb (to do sth)

encosta s slope

encostar v **1 encostar em algo/alguém** to touch sth/sb: *Não encoste em mim com essas mãos cheias de graxa.* Don't touch me with those greasy hands. **2 encostar algo em algo (a)** (em cima de) to lean sth on sth: *Ela encostou a cabeça no meu ombro e dormiu.* She leaned her head on my shoulder and fell asleep. **(b)** (contra) to lean sth against sth: *Encoste a sua bicicleta no muro.* Lean your bike against the wall.

encosto s (de cadeira, de banco, etc.) back

encrenca s trouble | **meter-se em encrenca** to get into trouble

encrenqueiro, -ra s troublemaker: *Os encrenqueiros foram expulsos da boate.* The troublemakers were thrown out of the club.

encurtar v (uma saia, um fio, etc.) to shorten

endereço s **1** address (pl -sses): *Você precisa me dar seu endereço.* You must give me your address. **2** (em informática) address (pl -sses) | **endereço eletrônico** e-mail address (pl -sses)

endireitar v to straighten: *Endireite a gola da blusa.* Straighten the collar of your blouse.

endividar-se v to get into debt

energético, -ca adjetivo & substantivo
• **adj** energy: *a crise energética* the energy crisis
• **energético** s (bebida) energy drink

energia s **1** (de pessoa) energy: *Acordei cheio de energia hoje.* I woke up full of energy today. **2** (em física) energy (pl -gies): *racionamento de energia* energy rationing | **energia nuclear/solar** nuclear/solar energy | **energia elétrica** electricity

enérgico, -ca adj **1** (com vigor) vigorous: *uma pedalada enérgica* a vigorous bike ride **2** (severo) strict: *um professor enérgico* a strict teacher

enervar v to annoy: *A atitude dele me enervou.* His attitude annoyed me.
enervar-se v to get annoyed | **enervar-se com/por algo** to get annoyed about sth | **enervar-se com alguém** to get annoyed with sb

enfaixar v to bandage: *O médico teve que enfaixar meu braço.* The doctor had to bandage my arm.

enfarte s heart attack: *Meu avô teve um enfarte.* My grandfather had a heart attack.

ênfase s emphasis | **dar ênfase a algo** to put emphasis on sth

enfatizar v to emphasize

Você está em dúvida se deve usar **make** *ou* **do**? *Veja os verbetes* **fazer**, **make** *e* **do**.

enfeitar v to decorate: *Enfeitaram o salão de festas com bolas coloridas.* They decorated the party room with colored balloons.
   enfeitar-se v (pessoa) to get dressed up: *Ela se enfeitou toda para a festa.* She got all dressed up for the party.

enfeite s decoration: *um enfeite de árvore de Natal* a Christmas tree decoration

enfermagem s nursing

enfermaria s ward

enfermeiro, -ra s nurse

enferrujado, -da adj **1** (ferro, metal, etc.) rusty | **ficar enferrujado** to turn rusty (AmE), to go rusty (BrE) **2** (sem prática) rusty: *Eu estava meio enferrujado porque não jogava há algum tempo.* I was a little rusty because I hadn't played for a while.

enferrujar v to rust | **enferrujar algo** to rust sth

enfiar v **enfiar algo (a)** (meter) to put sth: *Ele enfiou os livros na gaveta.* He put the books in the drawer. **(b)** (vestir, calçar) to slip sth on: *Enfiei as calças e saí correndo.* I slipped on my pants and rushed out.

enfim adv **1** (por fim) at last: *Enfim as coisas se resolveram!* Things have resolved themselves at last! | **até que enfim** at last **2** (resumindo) in short: *Enfim, eu não quero ir.* In short, I don't want to go. **3** (bem) well: *Enfim, pelo menos tentamos.* Well, at least we tried.

enforcar v **1** (uma pessoa) to hang **2** (um dia) to include in the vacation: *A escola decidiu enforcar a sexta-feira.* The school decided to include Friday in the vacation.
   enforcar-se v (pessoa) to hang yourself

enfraquecer v to weaken

enfrentar v **1** (a realidade, dificuldades, etc.) to face: *Meu pai teve que enfrentar uma longa fase de desemprego.* My father had to face a long period of unemployment. **2** (em esporte) to face: *O Brasil vai enfrentar a Argentina.* Brazil will face Argentina.

enfumaçado, -da adj smoky

enfurecer v to infuriate: *A postura dele me enfurece.* His attitude infuriates me.
   enfurecer-se v **enfurecer-se (com algo/alguém)** to get furious (about sth/with sb)

enganado, -da adj **1** (errado) mistaken | **estar enganado** to be mistaken: *Você está totalmente enganado.* You're completely mistaken. **2** (traído) betrayed: *Me senti enganada.* I felt betrayed.

enganar v **1** (mentir) to fool: *Ele me enganou, dizendo que não tinha feito aquilo.* He fooled me, saying he hadn't done that. ▶ Também existe **to deceive**, que se usa em contextos mais formais **2** (iludir) to be deceptive: *As aparências enganam.* Appearances are deceptive. **3** (trair) to betray
   enganar-se v **1 enganar-se (em algo)** (errar) to make a mistake (with sth): *Você se enganou nas contas.* You made a mistake with the sums. **2** (iludir-se) to fool yourself: *Não se engane, isso pode acontecer com você também.* Don't fool yourself, it could happen to you too.

engano s **1** (mal-entendido) misunderstanding: *Foi tudo um terrível engano!* It was all a terrible misunderstanding! **2** (erro) mistake: *O garçom cometeu um engano na nota.* The waiter made a mistake on the check. | **por engano** by mistake **3** (ao telefonar) wrong number | **é engano** (dito por quem atende) You have the wrong number. | **desculpe, foi engano** (dito por quem liga) Sorry, I have the wrong number.

engarrafado, -da adj (trânsito) jammed

engarrafamento s (de trânsito) traffic jam

engasgar-se v **engasgar-se (com algo)** to choke (on sth): *Engasgou-se com o pão.* He choked on the bread.

engatinhar v to crawl

engenharia s engineering

engenheiro, -ra s engineer

engenho s **1** (máquina, aparelho) device **2** (de açúcar) sugar plantation

engessado, -da adj in a cast: *Fiquei com a perna engessada seis semanas.* I had my leg in a cast for six weeks.

engessar v **engessar o braço/a perna etc. (a)** (paciente) to have your arm/leg etc. put in a cast: *Tive que engessar o dedo.* I had to have my finger put in a cast. **(b)** (médico) to put the arm/leg etc. in a cast

engolir v **engolir algo (a)** (ingerir) to swallow sth: *Não consigo engolir esse comprimido.* I can't swallow this pill. **(b)** (comer ou beber rápido) to gulp sth down: *Engoliu o café e saiu para a escola.* He gulped down his coffee and went off to school. **(c)** (acreditar) to swallow sth: *Não engoli essa história dele.* I didn't swallow that story of his.

engordar v **1** (pessoa) to put on weight | **engordar dois/cinco etc. quilos** to put on two/five etc. kilos **2** (comida, bebida) to be fattening: *Coca-Cola engorda muito.* Coke is very fattening.

engraçado, -da adjetivo & substantivo

• adj **1** (pessoa, piada, etc.) funny: *a cena mais engraçada do filme* the funniest scene in the movie | **que engraçado!** how funny! **2** (surpreendente) funny: *É engraçado como ela fica tímida na frente dele.* It's funny how she gets shy in front of him.

• **engraçado** s (coisa surpreendente) funny thing: *O engraçado é que nem percebi isso.* The funny thing is that I didn't even realize it.

engravidar v to get pregnant | **engravidar alguém** to get sb pregnant

engraxar v (sapatos) to shine

engrenar v **1 engrenar a primeira/a ré etc.** to put it into first/reverse etc.: *Engrenou a primeira e saiu.* He put it into first and drove off.

2 engrenar em algo to get into sth: *Engrenaram num papo animado.* They got into a lively conversation.

engrossar v **1** (tornar espesso) to thicken: *Adicione farinha para engrossar o molho.* Add flour to thicken the sauce. **2** (ser rude) to get nasty: *Não precisa engrossar comigo!* There's no need to get nasty with me!

enguiçar v (máquina, carro, etc.) to break down

enjoado, -da adj **1** (com náusea) nauseous: *Fiquei enjoado lendo no ônibus.* I got nauseous from reading on the bus. **2 estar/ficar enjoado de algo** to be/get sick of sth: *Ele está enjoado das suas brincadeiras.* He's sick of your jokes.

enjoar v **1** (sentir náusea) to feel nauseous (AmE), to feel sick (BrE): *Enjoei na montanha-russa.* I felt nauseous on the roller coaster. **2 enjoar alguém** (dar náusea) to make sb feel nauseous (AmE), to make sb feel sick (BrE): *Essa torta me enjoou.* That pie made me feel nauseous.

enjoativo, -va adj sickly

enjoo s **1** (náusea) nausea **2** (em carro) carsickness **3** (em barco) seasickness

enlatado, -da *adjetivo, substantivo & substantivo plural*

• **adj** canned (AmE), tinned (BrE): *comida enlatada* canned food

• **enlatado** s (filme) made-for-TV movie

• **enlatados** s pl (alimentos) canned foods (AmE), tinned foods (BrE)

enlouquecer v **1** (ficar maluco) to go crazy **2** (ficar extasiado) to go crazy: *Os torcedores enlouqueceram com o primeiro gol.* The fans went crazy over the first goal. **3 enlouquecer alguém (a)** (deixar irritado) to drive sb crazy: *Esse barulho está me enlouquecendo.* That noise is driving me crazy. **(b)** (deixar extasiado) to make sb go crazy: *A chegada da Madonna enlouqueceu os fãs.* Madonna's arrival made the fans go crazy.

enorme adj enormous: *uma árvore enorme* an enormous tree

enquanto *conjunção, advérbio & preposição*

• **conj 1** (durante o tempo em que) while: *Vou fazer outra coisa enquanto você digita isso.* I'm going to do something else while you type that. **2** (ao passo que) while: *Ele está de férias, enquanto eu ainda estou em provas.* He's on vacation while I'm still in the middle of exams.

• **adv por enquanto** for the time being

• **prep enquanto isso** meanwhile

enredo s (de peça, de filme) plot

enriquecer v **1 enriquecer alguém** to make sb rich: *A loteria já enriqueceu muita gente.* The lottery has already made a lot of people rich. **2** (ficar rico) to get rich: *Ele enriqueceu vendendo carros importados.* He got rich selling imported cars.

enrolado, -da adj (pessoa) mixed up

enrolar v **1 enrolar algo** (um fio, um barbante) to roll sth up **2 enrolar o cabelo** to put your hair in curlers **3 enrolar alguém** (tapear) to give sb a line

enrolar-se v (confundir-se) to get mixed up

enrugar v to wrinkle | **enrugar a testa** to wrinkle your brow

ensaboar v to soap

ensaiar v to rehearse: *Nós ensaiamos às quintas.* We rehearse on Thursdays.

ensaio s **1** (de peça, dança, etc.) rehearsal **2** (texto) essay **3 ensaio (fotográfico)** pictorial **4** (teste) test: *um tubo de ensaio* a test tube **ensaio geral** dress rehearsal

ensanguentado, -da adj covered in blood: *O rosto dele estava ensanguentado.* His face was covered in blood. ▶ Para referir-se a panos e peças de roupa usa-se **bloodstained**: *um lenço ensanguentado* a bloodstained handkerchief

ensinar v to teach: *Minha mãe ensina nesta escola.* My mother teaches at this school. | **ensinar algo a alguém** to teach sb sth: *Ela vai me ensinar inglês.* She's going to teach me English. | **ensinar alguém a fazer algo** to teach sb to do sth: *Quer que eu te ensine a jogar xadrez?* Would you like me to teach you to play chess?

ensino s **1** (ato) teaching: *Algumas escolas estão promovendo o ensino de espanhol.* Some schools are promoting the teaching of Spanish. **2** (sistema educacional) education

ensino a distância distance learning **ensino fundamental** primary education **ensino médio** secondary education **ensino superior** higher education

ensolarado, -da adj sunny

ensopado, -da *adjetivo & substantivo*

• **adj** soaked: *Minha roupa ficou ensopada.* My clothes got soaked.

• **ensopado** s stew: *ensopado de frango* chicken stew

ensurdecedor, -ra adj deafening

entalar v **entalar algo** (prender) to get sth jammed: *Ele entalou a moto entre dois carros.* He got his bike jammed between two cars.

entanto s **no entanto** however | **e no entanto** and yet: *Você reclama de mim e no entanto faz o mesmo.* You complain about me and yet you do the same.

então adv **1** (nesse momento) then: *Aí então ela começou a chorar.* So then she started to cry. **2** (naquele momento) at the time: *coisas que eu então não desconfiava* things I didn't suspect at the time | **até então** until then | **desde então** since then **3** (assim sendo) so: *Esse CD é meu preferido, então cuide bem dele.* This CD is my favorite, so take good care of it. | **pois então** in that case **4** (nesse caso) so: *Então qual é o problema?* So what's the problem?

enteado, -da s enteado stepson | enteada stepdaughter | **enteados** (enteado e enteada) stepchildren

entediar v to bore: *Essa aula me entedia.* That lesson bores me.

entender v **1** (compreender) to understand: *Não entendo alemão.* I don't understand German. | *Você entendeu?* Did you understand? | **entender mal** to misunderstand **2 entender de algo** to know about sth **3 dar a entender que** to make it clear that: *Ele deu a entender que estava a fim dela.* He made it clear that he was interested in her.

entender-se v **entender-se (com alguém)** **(a)** (dar-se bem) to get along (with sb): *Nunca me entendi bem com ele.* I've never gotten along well with him. **(b)** (conciliar-se) to make up (with sb): *Ela acabou se entendendo com o namorado.* In the end she made up with her boyfriend.

entendido, -da *adjetivo & substantivo*
- *adj* **1** (combinado) agreed: *Ficou entendido que jogaríamos amanhã.* It was agreed that we would play tomorrow. **2 ser entendido em algo** to be knowledgeable about sth
- *s* (conhecedor) expert

enterrar v to bury: *A mulher dele foi enterrada ontem.* His wife was buried yesterday.
enterrar-se v (dedicar-se) **enterrar-se em algo** to bury yourself in sth: *Vou me enterrar nos estudos.* I'm going to bury myself in my studies.

enterro s **1** (cerimônia) funeral **2** (ato de sepultar) burial

entidade s **entidade beneficente** charity (pl -ties)

entonação s intonation

entornar v (derramar) to spill: *Entornei suco na toalha.* I spilled juice on the tablecloth.

entortar s **1** (tornar torto) to bend **2** (empenar) to warp

entrada s **1** (num show, numa boate, etc.) admission: *A entrada é proibida para menores de 18 anos.* No admission for under 18s. | **entrada gratuita** admission free **2** (ingresso) ticket: *Já comprei a entrada para o show.* I've already bought my ticket for the show. | **meia entrada** half-price ticket **3** (de prédio, cinema, etc.) entrance: *Combinamos de nos encontrar na entrada do teatro.* We arranged to meet at the entrance to the theater. | **entrada de serviço** service entrance **4** (primeiro prato) appetizer (AmE), starter (BrE): *O que você vai comer de entrada?* What are you going to have as an appetizer? **5** (pagamento) down payment | **dar entrada (em algo)** to make a down payment (on sth) | **dar algo de entrada** to put sth down: *Dei 10% de entrada.* I put 10% down.

entrar v **1** (num local) to come in, to go in ▶ ver quadro **2** (num carro, numa van) to get in: *Deixe as crianças entrarem primeiro.* Let the children get in first. **3** (num avião, ônibus, trem) to get on **4** (caber) to fit in, to fit into: *Esta caixa não vai entrar aqui.* This box won't fit in here. | *Será que essa mesa entra na van?* I wonder if that table will fit into the van? **5 entrar em alguém** (roupa) to fit sb: *Essa calça não entra mais em mim.* These pants don't fit me anymore. **6 entrar numa briga/discussão etc.** to get into a fight/an argument etc. **7 entrar para um clube/uma academia etc.** to join a club/a gym etc. | **entrar para uma escola/faculdade** to get into a school/college **8** (começar a estudar ou trabalhar) to start school, to start work: *Os alunos entram às oito.* The students start school at eight. **9 entrar com algo** (contribuir) to put sth in: *Cada um entrou com R$10.* Each person put in R$10. **10** (penetrar) Ver exemplos: *Entrou areia no meu olho.* I got some sand in my eye. | *Abra a janela para entrar um pouco de ar.* Open the window to let some air in.

---

to go in ou to come in?

Em geral usa-se **to go in** quando a pessoa que fala está do lado de fora, e **to come in** quando ela se encontra do lado de dentro:
Entre sem fazer barulho. Go in quietly. | *Entrei pela porta dos fundos.* I came in through the back door.

Usa-se **to go into** ou **to come into** quando se faz referência ao local onde alguém ou algo entra:
Eu a vi entrar na farmácia. I saw her go into the pharmacy. | *Ele entrou na sala rindo.* He came into the room laughing.

Para pedir permissão para entrar a alguém que esteja do lado de dentro usa-se **to come in**; quando se pede a alguém que está do lado de fora diz-se **to go in**:
Posso entrar? Can I come in?/Can I go in?

Para indicar dificuldade usa-se **to get in**:
O ladrão entrou pela janela do banheiro. The burglar got in through the bathroom window.

---

entre prep ▶ ver quadro

entreaberto, -ta adj (porta, portão) half-open

entrega s (de mercadorias, correio) delivery (pl -ries): *Esse supermercado faz entregas?* Does this supermarket make deliveries?
entrega em domicílio home delivery (pl home deliveries) **entrega de prêmios** prize-giving

entregar s **1** (apresentar) to hand in: *Fui a primeira a entregar a prova.* I was the first to hand in the test. **2** (denunciar) to turn in: *O*

entre

1 DUAS PESSOAS OU COISAS (= between)

Sente-se entre o Gabriel e a Ana. Sit between Gabriel and Ana. | *as diferenças entre o inglês americano e o britânico* the differences between American and British English

2 EM RELAÇÃO A UM GRUPO DE PESSOAS OU COISAS (= among)

Isso é comum entre os adolescentes. That is common among adolescents. | *A herança foi dividida entre eles.* The inheritance was divided among them. | *Seu exame estava entre os melhores.* Your exam was among the best. | **entre outras coisas** among other things

Entre si traduz-se por **between/among themselves)** quando se refere a duas/mais de duas pessoas. Quando se refere a duas ou mais coisas traduz-se por **one another:**

Os dois irmãos brigam muito entre si. The two brothers fight a lot between themselves. | *Os alunos resolveram tudo entre si.* The students decided everything among themselves. | *Os dois países competem entre si.* The two countries compete with one another.

3 COOPERAÇÃO (= between)

Combinamos isso entre nós três. We agreed that between the three of us.

4 INTERCALADO COM (= in among)

Achei essa foto entre meus papéis. I found this photo in among my papers.

5 EM MEDIDAS, QUANTIDADES, ETC. (= between)

a distância entre São Paulo e o Rio de Janeiro the distance between São Paulo and Rio de Janeiro | *Custa entre R$25 e R$30.* It costs between R$25 and R$30.

---

assaltante entregou os companheiros. The robber turned in his companions. **3 entregar algo a alguém (a)** (dar) to give sth to sb: *Você podia entregar esse disquete a ele?* Could you give this diskette to him? **(b)** (uma encomenda, uma mercadoria, etc.) to deliver sth to sb: *O porteiro me entregou as cartas.* The porter delivered the letters to me. **(c)** (um prêmio, um troféu, etc.) to hand sth to sb: *O diretor entregou os diplomas aos alunos.* The director handed the certificates to the students.
entregar-se *v* **1** (render-se) to give yourself up: *Ele se entregou.* He gave himself up. **2 entregar-se a algo/alguém** (dedicar-se) to dedicate yourself to sth/sb: *Ela se entregou à dança.* She dedicated herself to dance.

entrelinha *s* line spacing | **ler nas entrelinhas** to read between the lines

entretanto *conj* however: *Ele foi convidado; entretanto, não veio.* He was invited; however, he didn't come.

entretenimento *s* **1** (diversão) entertainment **2** (passatempo) pastime

entreter *v* **entreter alguém (a)** (distrair) to entertain sb: *Ela entreteve os convidados até o DJ chegar.* She entertained the guests until the DJ arrived. **(b)** (ocupar) to keep sb busy: *Esse trabalho vai me entreter por muitas horas.* This job is going to keep me busy for many hours.
entreter-se *s* **entreter-se com algo** to enjoy sth: *Eu me entretenho muito com esse seriado.* I enjoy the series a lot. **2** (ocupar-se) to pass the time: *Nas férias ele se entreteve fazendo mergulho.* During the vacation he passed the time by going diving.

entrevista *s* interview | **dar uma entrevista** to give an interview
entrevista coletiva press conference

entrevistador, -a *s* interviewer

entrevistar *s* to interview

entristecer *v* **me/nos etc. entristece** it makes me/us etc. sad: *Me entristece vê-la assim.* It makes me sad to see her like that. ▶ Também existe **to sadden**, que se usa em contextos mais formais: *A notícia o entristeceu muito.* The news made him very sad./The news saddened him greatly.

entrosar-se *v* **1** (adaptar-se) to fit in: *Ela não conseguiu se entrosar no colégio novo.* She didn't manage to fit in at the new school. **2** (harmonizar-se) to get along: *Eles se entrosam bem.* They get along well.

entulhado, -da *adj* **entulhado de coisas** crammed with things | **entulhado de gente** packed with people

entulho *s* rubble

entupido, -da *adj* **1** blocked: *A pia está entupida.* The sink is blocked. | **estar com o nariz entupido** to have a blocked nose **2 estar entupido (de comida)** to be full

entupir *s* (tapar) to block
entupir-se *v* **entupir-se de algo** (de comida, bebida, remédio) to stuff yourself with sth

enturmar-se *s* to make friends: *Ele logo se enturmou na escola.* He soon made friends at school.

entusiasmado, -da *adj* excited | **estar/ficar entusiasmado** to be excited: *Ele ficou entusiasmado com o prêmio.* He was excited about the prize. | **deixar alguém entusiasmado** to excite sb: *As notícias me deixaram entusiasmada.* The news excited me.

entusiasmar *v* to excite: *O show entusiasmou a plateia.* The show excited the crowd.
entusiasmar-se *v* to get excited

entusiasmo *s* **entusiasmo (por algo)** enthusiasm (for sth) | **com/sem entusiasmo** enthusiastically/unenthusiastically: *O público aplaudiu com entusiasmo.* The crowd applauded enthusiastically.

envelhecer v to get old
envelope s envelope
  envelope aéreo airmail envelope
envenenar v to poison
envergonhado, -da adj **1** ser envergonhado to be shy **2** estar/ficar envergonhado to be/feel embarrassed
envergonhar v (fazer ter vergonha) to embarrass: *Você me envergonhou.* You embarrassed me.
  envergonhar-se v envergonhar-se de algo **(a)** (ter vergonha) to be embarrassed about sth: *Ela se envergonha de ser gorda.* She's embarrassed about being fat. **(b)** (arrepender-se) to be ashamed of sth: *Eu me envergonho do que fiz.* I'm ashamed of what I did.
enviar s to send | enviar algo a alguém to send sth to sb: *Enviei um e-mail a todos sobre o vírus.* I sent an e-mail to everyone about the virus.
envio s (de dinheiro) remittance
envolvente adj **1** (filme, livro) gripping **2** (pessoa) charming
envolver v **1** (fazer tomar parte) to involve: *Ela acabou me envolvendo na briga.* She ended up involving me in the fight. **2** (implicar) to involve: *um esporte que envolve o uso de equipamentos especiais* a sport that involves the use of special equipment
  envolver-se v **1** envolver-se (em algo) (tomar parte) to get involved (in sth): *Evito me envolver nos problemas dos outros.* I avoid getting involved in other people's problems. **2** envolver-se com algo (comprometer-se) to get involved with sth: *Ele acabou se envolvendo com drogas.* He ended up getting involved with drugs. **3** envolver-se com alguém (amorosamente) to get involved with sb: *Ela não quer se envolver com ninguém da escola.* She doesn't want to get involved with anyone at school.
envolvido, -da adj **1** envolvido com algo (ocupado) busy with sth: *Djavan anda envolvido com a gravação de um CD.* Djavan is busy recording a CD. **2** estar/ficar envolvido em algo (comprometido) to be/get involved in sth: *Ele estava envolvido no sequestro.* He was involved in the kidnapping. **3** estar/ficar envolvido com alguém (em relação amorosa) to be/get involved with sb: *Ela está envolvida com o produtor.* She's involved with the producer.
enxaguar v (uma roupa, o cabelo) to rinse
enxaqueca s migraine | estar com/ter enxaqueca to have a migraine | sofrer de enxaqueca to get migraines
enxergar v **1** (ver) to see: *Você está enxergando daqui?* Can you see from here? | enxergar de longe/de perto to see at a distance/close up: *Não enxergo bem de longe.* I can't see very well at a distance. **2** (dar-se conta de) to realize: *Ele não enxerga que errou.* He doesn't realize he made a mistake.

enxotar v **1** (afastar) to shoo away: *Enxota esse cachorro daqui.* Shoo that dog away. **2** (expulsar) to drive (away): *A polícia enxotou os camelôs das ruas.* The police drove the hawkers from the streets.
enxoval s **1** (de noiva) trousseau **2** (de bebê) layette
enxugar v enxugar algo **(a)** (secar) to dry sth: *Vou enxugar essa louça.* I'm going to dry these dishes. **(b)** (o suor, as lágrimas) to wipe sth: *O tenista enxugou o suor do rosto.* The tennis player wiped the sweat from his face. **(c)** (um texto) to clean sth up
  enxugar-se v to dry yourself: *Posso me enxugar com esta toalha?* Can I dry myself with this towel?
enxuto, -ta adj **1** (seco) dry: *Seu maiô já está enxuto.* Your swimsuit is already dry. **2** (de corpo) trim: *Ela malha muito para ficar enxuta.* She works out a lot to keep trim.
epidemia s epidemic: *uma epidemia de meningite* a meningitis epidemic
epilepsia s epilepsy
epiléptico, -ca adjetivo & substantivo
• **adj** epileptic: *um ataque epiléptico* an epileptic fit
• **s** epileptic
episódio s **1** (parte) episode: *o último episódio da série* the last episode of the series **2** (acontecimento) incident
época s **1** (tempo) time: *Essa música é da época dos meus pais.* This song is from my parents' time. | nessa/naquela época at this/that time **2** (temporada) season: *a época do calor* the hot season **3** (do ano) time of year: *Faz frio nesta época.* It's cold at this time of year. **4** (histórica) times pl, era ▶ **times** é usado com adjetivos (in Victorian/medieval times); era é mais formal e pode ser usado com adjetivos ou com substantivos (the Victorian era/the Cold War era): *na época colonial* in colonial times/in the colonial era | *na época da ditadura* during the dictatorship
equador s **1** (linha) equator **2** o Equador (país) Ecuador: *no Equador* in Ecuador
equatoriano, -na adj & s Ecuadorian
equilibrar v to balance
  equilibrar-se v to balance: *A ginasta se equilibrou na barra.* The gymnast balanced on the beam.
equilíbrio s balance | manter/perder o equilíbrio to keep/lose your balance
equilibrista s **1** (acrobata) acrobat **2** (em corda bamba) tightrope walker
equipamento s **1** (técnico, bélico, eletrônico) equipment: *equipamento de som* sound equipment | *um equipamento* a piece of equipment ▶ **Equipment** não tem plural em inglês: *equipamentos médicos* medical equipment **2** (para

LONGMAN DICIONÁRIO ESCOLAR 559 **escalar**

esporte, acampamento) equipment: *equipamento de mergulho* diving equipment

equipar *v* **equipar algo/alguém (de algo)** to equip sth/sb (with sth)
equipar-se *v* **equipar-se (de algo)** to equip yourself (with sth): *Eles se equiparam bem para a escalada.* They equipped themselves well for the climb.

equipe *s* team: *uma equipe de vinte pessoas* a team of twenty people | *a equipe de basquete* the basketball team | **em equipe** as a team: *Gosto de trabalhar em equipe.* I like to work as a team.

equitação *s* horseback riding (AmE), horse-riding (BrE), riding: *Ela é boa em equitação.* She's good at horseback riding. | **fazer/praticar equitação** to go horseback riding

equivalente *adjetivo & substantivo*
- *adj* **equivalente (a algo)** equivalent (to sth)
- *s* equivalent

equivaler *v* **equivaler a algo** to be equivalent to sth: *Uma libra equivale a 0,454 kg.* A pound is equivalent to 0.454 kg.

equivocado, -da *adj* **estar equivocado** to be wrong, to be mistaken ▶ **mistaken** é um pouco mais formal do que **wrong**: *Acho que você está equivocado.* I think you're wrong./I think you're mistaken.

equívoco *s* **1** (engano) mistake: *É um equívoco achar que essa é a solução.* It's a mistake to think that that's the solution. | **cometer um equívoco** to make a mistake **2** (mal-entendido) misunderstanding

era *s* **1** (época) age: *a era espacial* the space age | *Estamos na era da globalização.* We're in the age of globalization. **2** (em geologia) era

ereção *s* erection

erguer *v* **1 erguer algo (a)** (levantar) to lift sth: *Foi preciso duas pessoas para erguer aquilo do chão.* Two people were needed to lift it off the ground. **(b)** (edificar) to erect sth **2 erguer a cabeça** to raise your head | **erguer a voz/os olhos** to raise your voice/eyes | **erguer os ombros** to shrug your shoulders
erguer-se *v* (ficar de pé) to rise

erótico, -ca *adj* erotic

errado, -da *adj* **1** (incorreto) wrong: *Tomei o ônibus errado.* I took the wrong bus. | *Não há nada de errado nisso.* There's nothing wrong in that. **2** (equivocado) wrong: *Você está errado.* You're wrong. **3 dar errado** to go wrong: *Deu tudo errado.* It all went wrong.

errar *v* **1** (não acertar) to be wrong | **errar uma pergunta/questão** to get a question wrong: *De vinte perguntas, errei cinco.* Out of twenty questions, I got five wrong. | **errar o caminho** to go the wrong way **2** (um alvo, um tiro) to miss: *O jogador errou a cesta.* The player missed the basket. **3** (cometer um erro) to make a mistake: *Sei que errei, e me arrependo.* I know I made a mistake, and I'm sorry.

erro *s* mistake ▶ Também existe **error,** que se usa em contextos mais formais ou técnicos | **cometer/fazer um erro** to make a mistake
erro de digitação typo (pl typos) **erro de ortografia** spelling mistake

erupção *s* **1** (na pele) rash (pl rashes) **2** (de um vulcão) eruption

erva *s* **1** (planta) herb **2** (maconha) dope
erva daninha weed

ervilha *s* pea: *sopa de ervilha* pea soup

esbanjar *v* **1** (dinheiro) to squander **2 esbanjar saúde/energia etc.** to burst with health/energy etc.

esbarrar *v* **1 esbarrar em algo/alguém** (chocar-se) to bump into sth/sb: *Ela esbarrou na mesa e quebrou o vaso.* She bumped into the table and broke the vase. **2 esbarrar com alguém** (encontrar) to bump into sb: *Esbarrei com meu primo no shopping.* I bumped into my cousin at the mall. **3 esbarrar com algo** (problemas, dificuldades) to come up against sth

esboço *s* **1** (de um desenho, pintura) sketch (pl -ches) **2** (ideia geral) outline: *o esboço de um plano* the outline of a plan **3** (de um texto) draft

escada *s* **1** (num edifício, numa casa) stairs *pl*, staircase ▶ Em geral, com verbos de movimento se usa **stairs**. Quando se descreve a escada, usa-se **staircase**: *uma escada de mármore* a marble staircase | **cair da escada** to fall down the stairs | **descer/subir a escada** to go down/up the stairs: *Cuidado ao descer a escada.* Careful as you go down the stairs. | **descer/subir a escada correndo** to run down/up the stairs | **descer/subir pela escada** to take the stairs, to walk down/up the stairs: *Tivemos que subir pela escada.* We had to take the stairs./We had to walk up the stairs. | **lance de escada** flight of stairs
2 (portátil) **ladder** é uma escada que se apoia na parede, e **stepladder,** ou **steps,** uma escada que se pode fechar; **steps** é um substantivo plural: *Onde está a escada?* Where's the stepladder?/Where are the steps?
escada de incêndio fire escape **escada rolante** escalator

escala *s* **1** (em viagem) stopover: *um voo Rio-Curitiba, com escala em São Paulo* a flight from Rio to Curitiba, with a stopover in São Paulo | **fazer escala** to stop over: *Fizemos escala em Madri.* We stopped over in Madrid. **2 escala musical** musical scale **3** (gradação) scale: *numa escala de um a dez* on a scale of one to ten **4** (extensão) scale | **em escala industrial** on an industrial scale | **em grande/pequena escala** on a large/small scale: *produção em grande escala* production on a large scale
escala Richter Richter scale

escalar *s* **1** (uma montanha, etc.) to climb **2** (designar) to select: *O técnico já escalou o time.* The coach has already selected the team.

i Deve-se dizer *on the table* ou *in the table*? Veja o verbete **em.**

escalope s escalope (BrE) ▶ Em inglês americano diz-se **a thin piece of meat**

escancarado, -da *adj* (porta, janela) wide open

escandalizar *v* to shock: *O ataque terrorista escandalizou o mundo.* The terrorist attack shocked the world.

escândalo s **1** scandal | **ser um escândalo** to be scandalous **2 fazer um escândalo** to make a scene: *Ela fez um escândalo no restaurante.* She made a scene in the restaurant.

escandaloso, -sa *adj* **1** (história, situação) scandalous **2** (pessoa, roupa, comportamento) outrageous

escanear *v* to scan: *Preciso escanear estas fotos.* I need to scan these photos.

escangalhar *v* (um aparelho, um brinquedo) to break

escangalhar-se *v* **escangalhar-se de rir** to split your sides laughing

escanteio s (em futebol) corner: *O juiz marcou um escanteio.* The referee awarded a corner.

escapamento s (de veículo) exhaust

escapar *v* **1** (fugir) to escape: *O refém conseguiu escapar do cativeiro.* The hostage managed to escape from the hideout.
2 (sobreviver) to survive: *Só cinco passageiros escaparam do acidente.* Only five passengers survived the accident.
3 (não vir à mente) to escape: *O nome dele me escapa.* His name escapes me.
4 (ser revelado) to come out: *Durante a conversa, algumas verdades escaparam.* A few truths came out during the conversation.
5 (água, gás) to escape
6 escapar das mãos de alguém to slip out of sb's hands: *O copo escapou de suas mãos.* The glass slipped out of his hands.
7 escapar de uma obrigação/um compromisso etc. to get out of an obligation/a commitment etc.
8 deixar escapar algo (a) (perder) to miss sth: *Não deixe escapar essa chance.* Don't miss this opportunity. **(b)** (dizer sem querer) to let slip sth: *João deixou escapar suas reais intenções.* João let slip his real intentions.
9 escapar a alguém (passar despercebido) to get past sb: *Nada escapa à minha mãe.* Nothing gets past my mother.

escarola s escarole endive

escassez s shortage: *a escassez de energia* the energy shortage

escasso, -sa *adj* **1** (recursos, comida, etc.) scarce **2** (população) sparse

esclarecer *v* **esclarecer algo (a)** (uma dúvida, uma questão) to clear sth up **(b)** (um caso, um mistério) to solve sth **(c)** (uma situação) to clarify sth

escocês, -esa *adjetivo & substantivo*
• *adj* **1** (da Escócia) Scottish ▶ Existe também o adjetivo **Scots**, que os escoceses preferem em certos contextos (**a Scotswoman**, **a Scots miner**, etc.). **Scotch** hoje em dia é usado quase que exclusivamente para referir-se ao uísque **2** (saia) tartan: *uma saia escocesa* a tartan skirt
• *s* (pessoa) **escocês** Scot, Scotsman (pl -men) | **escocesa** Scot, Scotswoman (pl -women) | **os escoceses** the Scots

Escócia s **a Escócia** Scotland: *na Escócia* in Scotland

escola s school: *Em que escola você estuda?* What school do you go to? | *Fiz inglês na escola.* I took English at school. | **ir à escola** to go to school: *Não quero ir à escola hoje.* I don't want to go to school today.
escola de samba samba school **escola particular** private school **escola primária** elementary school (AmE), primary school (BrE) **escola pública** public school (AmE), state school (BrE) **escola secundária** secondary school **escola técnica** technical college

escolar *adj* school: *o ônibus escolar* the school bus | **a vida escolar/as férias escolares** school life/the school holidays | **idade escolar** school age | *crianças em idade escolar* children of school age

escolha s choice: *Não tive escolha.* I had no choice. ▶ ver também **múltipla**

escolher *v* to choose: *Você já escolheu o curso que vai fazer?* Have you already chosen the course you're going to take?

escombros s pl wreckage

esconde-esconde s hide-and-seek | **brincar de esconde-esconde** to play hide-and-seek

esconder *v* **1** (pôr em lugar oculto) to hide: *Não me lembro onde escondi a carta.* I don't remember where I hid the letter. **2 esconder algo de alguém** (não revelar) to hide sth from sb
esconder-se *v* **esconder-se (de alguém)** to hide (from sb)

esconderijo s hiding place

escondido, -da *adjetivo & substantivo plural*
• *adj* hidden
• **escondidas** s pl **às escondidas** in secret: *Planejou tudo às escondidas.* He planned everything in secret.

escore s score: *Qual foi o escore?* What was the score?

escorpiano, -na *adj & s* Scorpio | **ser escorpiano** to be a Scorpio

escorpião s **1** (animal) scorpion **2 Escorpião (a)** (signo) Scorpio: *os nativos de Escorpião* those born under the sign of Scorpio **(b)** (pessoa) Scorpio: *Sou Escorpião.* I'm a Scorpio.

escorredor s **1** (de pratos) drainer **2** (de verduras, macarrão, etc.) colander

escorregadio, -a *adj* slippery

escorregador s slide

escorregar v **1 escorregar (em algo)** to slip (on sth): *Escorreguei na ladeira e caí.* I slipped on the slope and fell over. | **escorregar de algo (a)** (de cima) to slip off sth: *Ele escorregou da cadeira.* He slipped off the chair. **(b)** (de dentro) to slip out of sth: *Essa presilha fica escorregando do meu cabelo.* This barrette keeps slipping out of my hair. **2** (ser escorregadio) to be slippery: *Essas pedras escorregam muito.* These stones are very slippery.

escorrer v **1** (tirar a água de) to drain: *Escorra bem o macarrão.* Drain the pasta well. **2** (pingar) to drip: *Chegou em casa escorrendo de suor.* He arrived home dripping with sweat. **3** (lágrimas, sangue) to flow

escoteiro s boy scout

escova s **1** brush **2 fazer escova (a)** (você mesmo) to blow-dry your hair **(b)** (no cabeleireiro) to have a blow-dry
escova de cabelo hairbrush **escova de dentes** toothbrush **escova progressiva** keratin straightening

scrubbing brush
hairbrush
paintbrush
toothbrush
nailbrush

escovar v to brush | **escovar os dentes/o cabelo** to brush your teeth/hair

escravidão s slavery

escravizar v to enslave

escravo, -va adj & s slave

escrever v **1** (uma redação, uma carta, etc.) to write | **escrever (algo) para alguém** to write (sth) to sb: *Vou te escrever um e-mail.* I'll write you an e-mail. | **escrever à mão** to write by hand **2** (grafar) to spell: *Como se escreve seu sobrenome?* How do you spell your surname?

escrita s **1** (língua escrita) writing **2** (caligrafia) writing: *Sua escrita é difícil de ler.* Your writing is difficult to read.

escrito, -ta adjetivo & substantivo

• adj **1** written: *uma prova escrita* a written test **2 por escrito** in writing: *Respondi-lhe por escrito.* I replied to him in writing.

• **escrito** s **1** (texto) piece of writing (pl writings): *Ele guarda seus escritos numa pasta.* He keeps his writings in a folder. **2** (documento) document

escritor, -ra s writer

escritório s **1** (local de trabalho) office **2** (numa casa) study (pl -dies)

escrivaninha s writing desk

escudo s **1** (emblema) crest **2** (proteção) shield

esculachado, -da adj **1** (roupa) scruffy **2** (trabalho) sloppy

escultor, -a s sculptor

escultura s sculpture

escuna s schooner

escurecer v (tornar-se escuro) to get dark: *No verão escurece mais tarde.* In the summer it gets darker later.

escuridão s darkness

escuro, -ra adjetivo & substantivo

• adj **1** (cor, lugar, etc.) dark **2** (cabelo, pele) dark

• **escuro** s dark | **no escuro** in the dark | **ter medo do escuro** to be afraid of the dark

escutar v **escutar (algo/alguém) (a)** (com atenção) to listen (to sth/sb): *Escute o que eu vou dizer.* Listen to what I'm going to say. | *Quer escutar uma música?* Do you want to listen to some music? **(b)** (ouvir) to hear (sth/sb): *Fale mais alto, não estou te escutando.* Speak louder, I can't hear you.

esfaquear v to stab

esfarrapado, -da adj **1** (pessoa, roupa) ragged **2 uma desculpa esfarrapada** a lame excuse

esfera s **1** (bola) sphere **2** (meio) sphere: *na esfera internacional* in the international sphere

esferográfica s ballpoint: *Me empresta a sua esferográfica?* Would you lend me your ballpoint?

esfolar v to graze | **esfolar o joelho** to graze your knee

esfomeado, -da adj starving: *Estou esfomeado!* I'm starving!

esforçado, -da adj hard-working: *Maria é uma aluna esforçada.* Maria is a hard-working student.

esforçar-se v **esforçar-se (para fazer algo)** to make an effort (to do sth): *Vou me esforçar para melhorar minhas notas.* I'm going to make an effort to improve my grades.

esforço s **1** (físico) strain **2** (empenho) effort: *Valeu o esforço.* It was worth the effort. | **fazer esforço (a)** (físico) to strain: *Ele fez tanto esforço, que rompeu os ligamentos.* He strained so much that he tore his ligaments. **(b)** (empenhar-se) to make an effort: *Vou fazer um esforço para melhorar minhas notas.* I'm going to make an effort to improve my grades.

esfregar v **1** (o chão, uma roupa suja, etc.) to scrub **2** (uma panela) to scour **3** (friccionar) to rub | **esfregar as mãos/os olhos** to rub your hands/eyes

esfriar v **1** (ficar frio) to get cold: *Sua comida está esfriando.* Your food is getting cold. **2** (ficar menos quente) to cool down: *Vou esperar o café*

esganiçado

esfriar um pouco. I'll wait for my coffee to cool down a little. **3** (tempo) to get cold: *Esfriou muito durante a noite.* It got very cold during the night.

esganiçado, -da *adj* (voz) shrill

esgarçar *v* to rip: *Ela me puxou pela manga e a esgarçou.* She grabbed me by the sleeve and ripped it.

esgotado, -da *adj* **1** (exausto) exhausted **2** (totalmente vendido) sold out: *Os ingressos estão esgotados.* The tickets are sold out. **3** (livro) out of print

esgotar *v* **1 esgotar alguém** (exaurir) to exhaust sb **2 esgotar algo (a)** (verba, estoque) to run out of sth **(b)** (um assunto, uma matéria) to exhaust sth

esgotar-se *v* **1** (chegar ao fim) to run out: *O prazo esgotou-se.* Time has run out. | *Minha paciência se esgotou.* My patience has run out. **2** (ser vendido) to sell out: *Os ingressos se esgotaram rapidamente.* The tickets sold out quickly.

esgoto *s* drain

esgrima *s* (esporte) fencing | **fazer esgrima** to fence

esguichar *v* **1** (com mangueira, etc.) to squirt: *Ficaram esguichando água um no outro.* They kept squirting water at each other. **2** (sair em jatos) to spurt: *O sangue esguichava do corte.* Blood was spurting from the cut.

esguicho *s* **1** (jato) spurt **2** (peça) spout

eslaide ▶ ver **slide**

esmagar *v* **1** (objeto mole) to squash: *Pisei num tomate e o esmaguei.* I stepped on a tomato and squashed it. **2** (objeto duro) to crush: *A máquina esmagou a mão do operário.* The machine crushed the worker's hand. **3** (um inseto, uma lagartixa, etc.) to squash **4** (vencer) to crush: *Ele esmagou seus concorrentes.* He crushed his opponents.

esmalte *s* **1 esmalte (de unha)** nail polish **2** enamel

esmigalhar *v* **esmigalhar algo (a)** (um biscoito, um pão) to crumble sth up **(b)** (despedaçar) to break sth up

esmola *s* handout | **dar esmola** to give money | **pedir esmola** to beg

esmurrar *v* (uma pessoa, uma porta, etc.) to thump

esnobar *v* **1** to act superior: *Ela tenta esnobar usando roupas de grife.* She tries to act superior by wearing designer clothes. **2 esnobar alguém** to snub sb: *Ele esnobou a ex-namorada na festa.* He snubbed his ex-girlfriend at the party.

esnobe *adjetivo & substantivo*
- *adj* snobbish
- *s* snob: *Ele é visto como esnobe.* He's seen as a snob.

esotérico, -ca *adj* **1** (literatura, doutrinas, etc.) New Age: *livros esotéricos* New Age books **2** (de difícil compreensão) esoteric

espacial *adj* space | **viagem espacial** space travel ▶ ver também **nave**

espaço *s* **1** (lugar vago) space: *Tem espaço no carro para todos nós?* Is there space in the car for all of us? | *espaço livre no disco rígido* free disk space **2** (área) space: *Esse espaço será usado para a sauna.* This space will be used for the sauna. **3 espaço em branco** blank space: *Preencha os espaços em branco com seus dados.* Fill in the blank spaces with your details. **4** (cósmico) space: *a conquista do espaço* the conquest of space **5** (intervalo de tempo) gap **6 ir para o espaço** to go out the window: *Meus planos foram para o espaço!* All my plans went out the window!

espaçoso, -sa *adj* spacious: *Seu quarto é bem espaçoso.* Your room is very spacious.

espada *substantivo & substantivo plural*
- *s* (arma) sword
- **espadas** *s pl* (naipe) spades: *sete de espadas* seven of spades

espaguete *s* spaghetti
espaguete à bolonhesa spaghetti bolognese

espairecer *v* (relaxar) to clear your head: *Saí de casa para espairecer um pouco.* I went out to clear my head a little.

espalhado, -da *adj* **espalhado em/por algo (a)** (jogado) scattered (all) over sth: *Não deixe os CDs espalhados pelo chão.* Don't leave the CDs scattered (all) over the floor. **(b)** (que se alastrou) all over sth: *Estou com picadas espalhadas pelo corpo.* I have bites all over my body.

espalhafatoso, -sa *adj* **1** (roupas, cores) loud **2** (pessoa) loud

espalhar *v* **1** (um creme, uma cera, etc.) to spread: *Espalhe bem o protetor sobre o rosto.* Spread the sunblock all over your face. **2** (dispersar) to scatter **3** (derramar) to spill **4 espalhar que** to spread it around that: *Alguém espalhou que eles estão namorando.* Somebody spread it around that they were dating.

espalhar-se *v* **1** (alastrar-se) to spread: *O fogo se espalhou rapidamente.* The fire spread quickly. **2** (boato, notícia) to spread **3** (pôr-se à vontade) to sprawl

espancar *v* **espancar alguém** to beat sb up

Espanha *s* **a Espanha** Spain: *na Espanha* in Spain

espanhol, -la *adjetivo & substantivo*
- *adj* Spanish
- *s* (pessoa) Spaniard | **os espanhóis** (povo) the Spanish
- **espanhol** *s* (idioma) Spanish: *Você fala espanhol?* Do you speak Spanish?

espantar v **1** (assustar) to frighten **2** (surpreender) to amaze **3** (afastar) **espantar algo/alguém** to drive sth/sb away

espantar-se v **1** (tomar susto) to be frightened: *Ela se espantou com o trovão.* She was frightened by the thunder. **2** (surpreender-se) to be surprised: *Não me espanto de ele ter feito isso.* I'm not surprised he did that.

espanto s (surpresa) amazement: *Para meu espanto, tirei a maior nota da sala.* To my amazement, I got the highest grade in the class.

espantoso, -sa adj amazing

esparadrapo s **1** (Band-Aid) Band-Aid (AmE), plaster (BrE) **2** (tira aderente) sticking plaster

esparramar v **1** (espalhar) to scatter: *O vento esparramou os papéis pela sala.* The wind scattered the papers around the room. **2** (derramar) to spill: *Sem querer, esparramei o molho todo na mesa.* I accidentally spilled the gravy all over the table.

esparramar-se v (largar-se) to sprawl: *Ele se esparramou na cama.* He sprawled on the bed.

espatifar v to smash: *A bola espatifou o vidro.* The ball smashed the window.

espatifar-se v to crash: *O avião se espatifou no chão.* The plane crashed into the ground.

especial adjetivo & substantivo

• adj **1** (distinto) special: *um momento muito especial* a very special moment | **nada de especial** nothing special: *Não tenho nada de especial para te contar.* I have nothing special to tell you. **2** (específico) special: *Existe uma ferramenta especial para isso.* There's a special tool for that. **3** (exclusivo) special: *tratamento especial* special treatment

• s **1** (em TV) special: *Vão reprisar o especial de Natal.* They're going to repeat the Christmas special. **2** **em especial** especially: *A mídia, a televisão em especial, influencia as pessoas.* The media, especially TV, has an influence on people.

especialidade s **1** (particularidade) specialty (pl -ties) (AmE), speciality (pl -ties) (BrE): *Os frutos do mar são a especialidade da casa.* Seafood is the house specialty. **2** (ramo profissional) specialty (pl -ties) (AmE), speciality (pl -ties) (BrE)

especialista s **especialista (em algo)** specialist (in sth): *um especialista em programação visual* a specialist in graphic design

especializado, -da adj **1** (médico, etc.) **especializado (em algo)** specialized (in sth) **2** (trabalhador) skilled

especializar-se v **especializar-se (em algo)** to specialize (in sth)

especialmente adv **1** (principalmente) especially: *Sou fraca em ciências exatas, especialmente em Física.* I'm weak in the sciences, especially physics. **2** (exclusivamente) specially, especially: *Ele veio especialmente para a minha formatura.* He came specially for my graduation.

espécie s **1** (tipo) type **2** (em biologia) species: *animais da mesma espécie* animals of the same species **3** **em espécie** (pagar, receber) in cash

especificar v to specify: *Selecione "salvar" e especifique o nome do arquivo.* Select "save" and specify the filename.

específico, -ca adj specific

espectador, -a s **1** (em teatro, show, cinema) member of the audience ▶ Para traduzir o plural, use **audience**: *Os espectadores aplaudiram ao terminar a peça.* The audience clapped at the end of the play. **2** (em jogos esportivos) spectator: *Havia 50.000 espectadores.* There were 50,000 spectators. **3** (de programas de TV) viewer

espelho s mirror | **olhar-se no espelho** to look at yourself in the mirror
espelho retrovisor rearview mirror

espera s wait: *40 minutos de espera* a 40-minute wait | **sala/período/tempo etc. de espera** waiting room/period/time etc.: *Estou na lista de espera.* I'm on the waiting list. | **estar à espera de algo/alguém** to be waiting for sth/sb

esperança s hope

esperançoso, -sa adj hopeful

esperar v **1** (aguardar) to wait: *Vamos esperar e ver o que acontece.* Let's wait and see what happens. | **esperar (por) alguém/algo** to wait for sb/sth: *Vai lá, que eu te espero.* Go on, I'll wait for you. | **fazer alguém esperar** to keep sb waiting: *Desculpe por fazê-lo esperar.* Sorry to keep you waiting. **2** **ir esperar alguém** (receber) to go to meet sb: *Fomos esperá-la no aeroporto.* We went to meet her at the airport. **3** (ter esperança de) to hope: *Espero que tudo acabe bem.* I hope everything turns out well. | **espero que sim** I hope so | **espero que não** I hope not **4** (ter a expectativa de) to expect: *A equipe jogou melhor do que eu esperava.* The team played better than I expected. | **como era de se esperar** as expected **5** **estar esperando um bebê** to be expecting a baby

esperma s sperm

espernear v **1** (agitar as pernas) to kick **2** (fazer pirraça) to kick up a fuss

espertalhão, -lhona s wise guy

esperto, -ta adj **1** (inteligente) clever **2** (espertalhão) crafty

espesso, -sa adj thick

espessura s thickness | **ter 1 cm/10 m etc. de espessura** to be 1 cm/10 m etc. thick | **de 1 cm/10 m etc. de espessura** 1 cm/10 m etc. thick: *uma camada de espuma de 2 cm de espessura* a layer of foam 2 cm thick | **qual é a espessura de?** how thick is/are?: *Qual é a espessura das paredes?* How thick are the walls?

espetacular

espetacular *adj* (atuação, show, vista) spectacular, impressive ▶ No sentido coloquial de *muito bom, muito bonito*, etc., use **fantastic** ou **wonderful**: *Eles moram numa casa espetacular.* They live in a fantastic house.

espetáculo *s* **1** (apresentação) show: *Tenho que ensaiar para o espetáculo de domingo.* I have to rehearse for Sunday's show. **2** (cena ridícula) spectacle | **dar espetáculo** to make a spectacle of yourself

espevitado, -da *adj* (alegre) bubbly

espião, -piã *s* spy (pl spies)

espiar *v* espiar algo/alguém **(a)** (olhar) to peep at sth/sb **(b)** (espionar) to spy on sth/sb

espichar *v* (esticar) to stretch

espiga *s* (de milho) ear | **espiga de milho** (como alimento) corn on the cob

espinafre *s* spinach

espingarda *s* rifle

espinha *s* **1** (na pele) pimple: *Estou cheia de espinhas no rosto.* My face is covered in pimples. **2** (de peixe) bone **3** (coluna vertebral) spine

espinho *s* **1** (de planta) thorn **2** (de animal) spine

espionagem *s* **1** (atividade) spying: *Ele foi acusado de espionagem.* He was accused of spying. **2** filme de espionagem spy movie

espiral *s* (linha) spiral | **caderno/escada em espiral** spiral notebook/staircase

espiralar *v* (um caderno, uma apostila, etc.) to spiral-bind

espírita *adj* & *s* spiritualist

espiritismo *s* Spiritism

espírito *s* **1** (alma) spirit **2** (sentido) spirit: *o espírito do filme* the spirit of the movie **3** estar com espírito para (fazer) algo to be in the mood for (doing) sth: *Não estou com espírito para sair hoje.* I'm not in the mood for going out today. | **estado de espírito** mood
espírito de porco troublemaker **espírito esportivo** sportsmanship **Espírito Santo** Holy Spirit

espiritual *adj* spiritual

espirituoso, -sa *adj* (pessoa, comentário) witty

espirrar *v* **1** (dar espirro) to sneeze **2** (respingar) to splash **3** (jorrar) to spurt: *Espirrava sangue para todo lado.* There was blood spurting everywhere.

espirro *s* sneeze | **dar um espirro** to sneeze

esponja *s* sponge

espontaneidade *s* spontaneity

espontâneo, -nea *adj* spontaneous

espora *s* (de cavaleiro) spur

esporádico, -ca *adj* occasional: *O grupo faz apresentações esporádicas.* The group gives occasional performances.

esporte *substantivo & adjetivo*

- *s* **1** sport: *Que esporte você pratica?* What sport do you play? **2** por esporte (como diversão) for fun

- *adj* **1** (roupa) casual: *Só uso camisa esporte.* I only wear casual shirts. **2** carro esporte sports car

surfing, windsurfing, canoeing, sailing

esportista *s* (homem) sportsman (pl -men), (mulher) sportswoman (pl -women)

esportiva *s* **levar as coisas na esportiva** to see the funny side | **perder a esportiva** to lose it

esportivo, -va *adj* **1** competição esportiva/comentarista esportivo etc. sports competition/commentator: *jornalismo esportivo* sports journalism | **um evento esportivo** a sporting event **2** (pessoa) sporting: *Ele é muito esportivo.* He's very sporting. ▶ ver também **espírito, loteria**

esposo, -sa *s* esposo husband | esposa wife (pl wives)

espreguiçadeira *s* **1** (tipo cadeira) deck chair **2** (tipo cama) chaise longue (AmE), sun lounger (BrE)

espreguiçar-se *v* to stretch

espremedor *s* **1** (manual) juicer (AmE), squeezer (BrE): *um espremedor de laranja* an orange juicer **2** (elétrico) juicer

espremer *v* **1** (uma esponja, uma fruta, etc.) to squeeze **2** (uma roupa molhada) to wring
espremer-se *v* (comprimir-se) to squeeze: *As pessoas se espremiam no metrô lotado.* People squeezed into the packed subway train.

espuma *s* **1** (de sabão) lather **2** (do mar) foam **3** (de cerveja) head **4** (matéria-prima) foam rubber

espumante *adjetivo & substantivo*

- *adj* (vinho) sparkling

- *s* sparkling wine

esquadro *s* triangle (AmE), set square (BrE)

esquecer *v* **1** (não lembrar) to forget | **esquecer de fazer algo** to forget to do sth: *Esqueci de telefonar para ela.* I forgot to call her. **2** (largar) to leave: *Esqueci meus óculos no carro.* I left my glasses in the car. **3** (não se importar) to forget: *Esqueça essa briga.* Forget about the argument.
esquecer-se *v* esquecer-se (de algo/alguém) to forget (about sth/sb): *Acho que ele se esqueceu de mim.* I think he forgot about me. | **esquecer-se de fazer algo** to forget to do sth

esquecido, -da *adj* (pessoa) forgetful

esquelético, -ca *adj* (pessoa) skinny

Gostaria de uma lista de frases úteis para falar de si mesmo em inglês? Consulte o **guia para a comunicação**, no final do livro.

esqueleto s **1** (em anatomia) skeleton: *o esqueleto humano* the human skeleton **2** (estrutura) skeleton

esquema s **1** (quadro) diagram **2** (esboço) outline **3** (sistema) setup

esquentar v **1** (falando de comida) **esquentar algo** to warm sth up: *Esquentei meu almoço no micro-ondas.* I warmed up my lunch in the microwave. **2** (falando do tempo) to get warmer/hotter ▶ **To get warmer** significa o tempo ficar agradavelmente quente, e **to get hotter** ficar excessivamente quente: *Fez frio à noite, mas agora está esquentando.* It was cold overnight, but now it's getting warmer. | *Dizem que o tempo vai esquentar mais ainda.* They say the weather's going to get even hotter. **3** (falando de festas, shows, etc.) to warm up: *A festa custou a esquentar.* The party took a while to warm up. **4** (falando de roupa) to be warm: *Esse moletom esquenta.* This sweatshirt is warm. **5 esquentar com algo** (preocupar-se) to get uptight about sth

esquerda s **1** (lado) left: *Ultrapasse pela esquerda.* Pass on the left. | **à esquerda** on the left: *É à esquerda ou à direita?* Is it on the left or the right? | **virar à esquerda** to turn left: *Vire à esquerda, depois do sinal.* Turn left after the traffic light. **2** (em política) left | **de esquerda** left-wing

no left turn

straight ahead

turn right

esquerdo, -da adj left: *Não consigo escrever com a mão esquerda.* I can't write with my left hand.

esqui s **1** (equipamento) ski: *Me ajude a colocar os esquis, por favor.* Could you help me put my skis on, please? **2** (esporte) skiing | **de esqui** ski: *botas de esqui* ski boots | *campeonato de esqui* skiing championship | **fazer/praticar esqui** to go skiing

esqui aquático water-skiing

skiing snowboarding

esquiar v to ski: *Você sabe esquiar?* Can you ski? | **ir esquiar** to go skiing

esquilo s squirrel

esquimó s & adj Inuit ▶ Existe o termo **Eskimo**, porém muitos o consideram ofensivo

esquina s corner: *Vou te esperar na esquina.* I'll wait for you on the corner. | **virar/dobrar a esquina** to go around/to turn the corner

esquisito, -ta adj (pessoa, modos, roupa, etc.) strange: *Que esquisito!* How strange!

esquivar-se v **esquivar-se de algo** to dodge sth: *Ele tentou esquivar-se dos golpes.* He tried to dodge the blows. | **esquivar-se de alguém** to avoid sb

esse, -sa pron **1** (com função de adjetivo) No sentido de *esse/essa aí* traduz-se por **that**; no sentido de *esse/essa aqui* traduz-se por **this**: *esse livro que você tem na mão* that book you have in your hand | *essa blusa que estou usando* this blouse I'm wearing **2** (com função de substantivo) that one, this one ▶ ver nota acima: *Comprei esse (aqui) porque estava na liquidação.* I bought this one because it was in the sale.

essencial adj essential

esses, -sas pron **1** (com função de adjetivo) No sentido de *esses/essas aí* traduz-se por **those**; no sentido de *esses/essas aqui* traduz-se por **these**: *Quem são esses meninos (aí)?* Who are those boys? | *Essas camisetas (aqui) estão bem baratas.* These T-shirts are quite cheap. **2** (com função de substantivo) those ones, these ones ▶ ver nota acima: *Comprei esses (aqui) porque ficaram bem em mim.* I bought these ones because they suited me.

estabelecer v **1** (formar) to set up: *Estabelecemos um novo grupo de trabalho.* We set up a new working party. **2** (instituir) to establish: *O colégio estabeleceu novas regras.* The school established new rules. **3 estabelecer um recorde** to set a record **4 estabelecer um acordo** to reach an agreement

estabelecer-se v (fixar residência) to settle: *Eles se estabeleceram nesta cidade há muitos anos.* They settled in this city many years ago.

estabelecimento s **1** (criação) establishment **2** (casa comercial) establishment

estábulo s stable

estação s **1** (de trem) station: *Onde é a estação de trem?* Where's the train station? **2** (de rádio, TV) station **3** (do ano) season: *as quatro estações* the four seasons ▶ ver "Active Box" **estações do ano** na pág. 566 **4** (temporada) season: *a estação das chuvas* the rainy season

estação ferroviária railroad station (AmE), railway station (BrE) **estação rodoviária** bus station (AmE), coach station (BrE)

estacionamento s parking lot (AmE), parking garage (AmE), car park (BrE) ▶ **parking lot** é um estacionamento ao ar livre, e **parking garage** um estacionamento coberto: *Há um estacionamento na esquina.* There's a parking lot on the corner.

estacionar

Active Box: estações do ano

Os exemplos neste **Active Box** servem de orientação para ajudá-lo a construir frases com as estações do ano:

Vamos viajar **no próximo verão**.	We're going away next summer.
Adoro Londres **no outono**.	I love London in the autumn.
Não vou à praia **no inverno**.	I don't go to the beach in the winter.
Fomos a Cuba **no verão passado**.	We went to Cuba last summer.
Eles se conheceram **na primavera** de 2000.	They first met in the spring of 2000.

estacionar v to park: *Pode estacionar aqui?* Can you park here?

estadia s **1** (período) stay: *durante a minha estadia em Nova York* during my stay in New York **2** (hospedagem) accommodation: *Eles pagaram a minha passagem e a estadia.* They paid for my ticket and accommodation.

estádio s (para esportes) stadium: *um estádio de futebol* a soccer stadium

estado s **1** (condição) state: *Olha o estado do meu cabelo!* Look at the state of my hair! | **em perfeito/péssimo/bom etc. estado** in perfect/terrible/good etc. condition | **em estado de pânico/alerta etc.** in a state of panic/alert etc. **2** (de um paciente) condition: *O estado dele é grave.* His condition is serious. **3** (subdivisão de um país) state: *o Estado do Amazonas* the State of Amazonas **4 Estado** (país) state: *chefes de Estado* heads of state

estado civil marital status **estado de espírito** mood **estado de saúde** state of health

Estados Unidos s **os Estados Unidos (da América)** the United States (of America): *nos Estados Unidos* in the United States ▶ Na linguagem coloquial diz-se também **the States** ou **the U.S.**

estadual adj state: *faculdade estadual* state university

estafado, -da adj exhausted

estagiário, -ria s trainee

estágio s **1** (período de prática) traineeship | **fazer estágio** to do a traineeship **2** (fase) stage: *Em que estágio está a doença dele?* What stage is his illness at?

estalar v **1 estalar os dedos** to click your fingers **2 estalar a língua** to click your tongue **3** (lenha) to crackle **4** (rachar) to crack: *A vidraça estalou com o estrondo.* The windowpane cracked in the blast. **5** (ovos) to fry

estaleiro s shipyard

estalo s **1** (som) crack **2** (de dedos) click **3** (da língua) click **4 me/lhe etc. deu um estalo** it clicked: *Quando ele disse aquilo, me deu um estalo.* When he said that, it clicked. | **ter um estalo** to have a flash of inspiration

estampa s **1** (estamparia) design: *uma camiseta com uma estampa* a T-shirt with a design on it **2** (ilustração) picture

estampado, -da adjetivo & substantivo
- **adj** patterned: *um vestido estampado* a patterned dress
- **estampado** s pattern: *Esse maiô tem um estampado bonito.* That swimsuit has a nice pattern on it.

estamparia s (em tecido) pattern: *uma estamparia colorida* a colorful pattern

estampido s bang: *O estampido assustou o cachorro.* The bang frightened the dog.

estante s bookshelf (pl -shelves)

estar v ▶ ver quadro

estatal adj state-owned: *uma companhia estatal* a state-owned company

estatística s **1** (número) statistic **2** (ciência) statistics

estátua s statue

estatura s height: *Tenho estatura mediana.* I am of average height. | **Qual é a sua estatura?** How tall are you?

estável adj stable

este, -ta pron **1** (com função de adjetivo) this: *Este ano vou votar pela primeira vez.* I'm going to vote for the first time this year. **2** (com função de substantivo) this one: *Você quer este?* Do you want this one? ▶ ver também **noite**

esteira s **1** (máquina de ginástica) treadmill: *Fiz meia hora de esteira.* I did half an hour on the treadmill. **2** (de palha) rush mat **3** (vestígio) trail

esteira rolante (a) (para bagagem) carousel **(b)** (para carga) conveyor belt

estêncil s stencil

estender v **1 estender algo (a)** (os braços, as pernas) to stretch sth out **(b)** (um pôster, um mapa, etc.) to spread sth out: *Vou estender o cartaz na mesa para você vê-lo.* I'll spread the poster out on the table for you to see it. **(c)** (um tapete, um tecido, etc.) to lay sth out: *Você me ajuda a estender o tapete no chão?* Will you help me lay the rug out on the floor? **(d)** (uma roupa, para secá-la) to hang sth up **(e)** (uma conversa, um prazo) to extend sth **2 estender a mão** to hold out your hand: *Ele estendeu a mão para me cumprimentar.* He held out his hand to greet me.

estender-se v **1** (ir até) to extend: *A plantação se estende até aquele morro.* The plantation extends as far as that hill. **2** (deitar-se) to lie down: *Ela se estendeu no gramado.* She lay down on the grass. **3** (alastrar-se) to spread: *O fogo se estendeu rapidamente.* The fire spread very

estar

VERBO

1 Em grande parte dos casos, traduz-se por **to be**.

Aqui estão as chaves. Here are the keys. | *Está muito calor aqui.* It's very hot in here. | *Como está sua irmã?* How's your sister? | *A sobremesa estava deliciosa.* The dessert was delicious. | *Alô, a Maria está?* Hello, is Maria there? | **estar em pé/sentado** to be standing/sitting

2 As formas *estive, estiveram, etc.* traduzem-se, em geral, por **was/were**.

Meu primo esteve aqui um mês. My cousin was here for a month. | *Estive em São Paulo ontem.* I was in São Paulo yesterday./I went to São Paulo yesterday.

3 Em frases contendo as palavras *já* ou *nunca*, a tradução é **have/has been**:

Você já esteve em Londres? Have you ever been to London? | *Ela nunca esteve em Nova York.* She has never been to New York.

4 As formas *estive com/esteve com, etc.* traduzem-se por **saw**:

Estivemos com ele semana passada. We saw him last week.

5 DOENÇA

estar com gripe/sarampo etc. to have the flu/measles etc.

6 SENSAÇÃO, SENTIMENTO

estar com fome/raiva etc. to be hungry/angry etc. | **estar sem** to have no, not to have: *Estou sem dinheiro.* I have no money. | *Ela está sem namorado.* She doesn't have a boyfriend.

7 Para se referir à aparência de alguém ou algo, use *to look*:

estar elegante/magro/muito bonito etc. to look elegant/slim/very nice etc.

VERBO AUXILIAR

estar fazendo algo to be doing sth: *Ela está tomando banho.* She's taking a shower. | *Está chovendo?* Is it raining? | **estar para fazer algo** to be about to do sth: *Ele está para chegar a qualquer momento.* He's about to arrive at any moment.

---

quickly. **4** (durar) to go on **5 estender-se a algo/alguém** (abranger) to extend to sth/sb: *Esta proibição estende-se a todos os alunos.* This ban extends to all the students. **6 estender-se sobre/em algo** to dwell on sth: *Não se estenda demais na introdução do projeto.* Don't dwell too much on the introduction to the project.

estepe s (pneu) spare wheel

estéreo *adjetivo & substantivo*
- **adj** (som) stereo
- **s** (aparelho de som) stereo

estereótipo s stereotype

esterilizar v to sterilize

esterlino, -na ▶ ver **libra**

estes, -tas *pron* **1** (com função de adjetivo) these: *Estes livros são da escola.* These books belong to the school. | *Onde você comprou estes brincos?* Where did you buy these earrings? **2** (com função de substantivo) these: *Estas são as melhores faixas do CD.* These are the best tracks on the CD.

estética s **1** (beleza) appearance: *Ela se preocupa com sua estética.* She worries about her appearance. **2** (conceito de beleza) look: *a estética dos anos 1970* the 70s look

esteticista s beautician

estético, -ca *adj* aesthetic

estibordo s starboard

esticada s **dar uma esticada em algum lugar** to go on to somewhere: *Querem dar uma esticada num bar?* Do you want to go on to a bar?

esticado, -da *adj* **1** (corda, fio) taut **2** (braços, pernas, corpo) taut **3** (pele) taut

esticar v **1** (uma corda, um fio) to stretch **2** (os braços, as pernas, o corpo) to stretch **3** (continuar o programa) to go on: *Esticamos na casa da Mariana.* We went on to Mariana's house.

esticar-se v (pessoa) to stretch

estilista s (de moda) (fashion) designer

estilo s **1** style **2** **esse tipo de roupa/lugar não faz o meu estilo** that kind of outfit/place isn't my style **3 com estilo** stylishly: *Ele se veste com estilo.* He dresses stylishly.

estilo de vida lifestyle

estimação s fondness | **de estimação (a)** (objeto) prized **(b)** (animal) pet

estimar v **1 estimar alguém** (gostar) to be fond of sb: *Ela o estima muito.* She's very fond of him. **2** (desejar) to hope: *Estimo que vocês sejam muito felizes.* I hope you'll be very happy. **3** (calcular) to estimate | **estimar algo em algo** to put sth at sth: *A polícia estimou em duzentos o número de manifestantes.* The police put the number of demonstrators at two hundred.

estimativa s estimate

estímulo s **estímulo (para algo/fazer algo)** stimulus (for sth/to do sth)

estojo s **1** (de canetas, instrumento musical) case **2** (de joias) box **3** (de maquiagem) compact **4** (de óculos) case **5** (de unhas) manicure set

estômago s stomach ▶ ver também **dor, embrulhar**

estoque s stock | **em estoque** in stock

estória s ▶ ver **história**

estourado, -da *adj* **1** (que arrebentou) burst: *um cano estourado* a burst pipe **2** (brigão) explosive **3** (exausto) wiped out: *Fiquei estourado depois da corrida.* I was wiped out after the race.

estourar v **1** (bola, cano, pneu) to burst **2** (fogos, bomba) to explode **3** (fazer sucesso) to make it big: *Dido estourou nas paradas de sucesso.* Dido made it big on the charts. **4** (guerra, revolta) to break out **5 estourar (com alguém)** (zangar-se) to blow up (at sb) **6 estar estourando de dor de cabeça** to have a splitting headache

estouro s (explosão) explosion

estrábico, -ca adj cross-eyed

estrada s road: *na estrada* on the road **estrada asfaltada** asphalt road **estrada de ferro** railroad (AmE), railway (BrE) **estrada de rodagem** highway (AmE), road (BrE) **estrada de terra** dirt road

estragado, -da adj **1** (frutas, legumes, carne, etc.) bad **2** (mimado) spoiled: *uma criança estragada* a spoiled child

estragar v **1** (ou **estragar-se**) (apodrecer) to go bad: *As bananas já (se) estragaram todas.* The bananas have all gone bad. **2** (atrapalhar) to spoil: *O tempo nublado estragou nosso passeio.* The cloudy weather spoiled our trip. **3** (mimar) to spoil: *Você vai estragar esse menino.* You're going to spoil that child.

estrago s (também **estragos**) damage sing: *os estragos causados pelas chuvas* the damage caused by the rain

estrangeiro, -ra adjetivo & substantivo

• **adj** foreign: *produtos estrangeiros* foreign products

• **s** (pessoa) foreigner

• **estrangeiro** s **ir para o estrangeiro** to go abroad | **no estrangeiro** abroad

estrangular v to strangle

estranhar v **1 estranhar algo** to find sth strange: *Estranhei a reação dele.* I found his reaction strange. **2 estranhar alguém** (não se adaptar) not to take to sb: *Ela estranhou a nova babá.* She didn't take to the new nanny. **3 estou te estranhando** that's not like you: *Você recusando uma torta? Estou te estranhando.* You, refusing a cake? That's not like you.

estranho, -nha adjetivo & substantivo

• **adj 1** strange: *um barulho estranho* a strange noise | *Achei estranho ela não querer vir.* I found it strange that she didn't want to come. **2** *esse nome/rosto etc. não me é estranho* that name/face etc. is familiar

• **s** stranger: *Não falo com estranhos.* I don't speak to strangers.

estratégia s strategy (pl -gies)

estrear v **1** (peça, filme, etc.) to open: *Hoje vai estrear aquele filme que quero assistir.* That movie I want to see opens today. **2** (roupa) **estrear uma saia/blusa etc.** to wear a skirt/blouse etc. for the first time: *Estou estreando estes sapatos.* I'm wearing these shoes for the first time.

estreia s **1** (de um filme, espetáculo) premiere **2** (de um artista, grupo) debut: *Você estava na estreia da banda?* Were you at the band's debut?

estreito, -ta adjetivo & substantivo

• **adj 1** (de pouca largura) narrow: *uma rua estreita* a narrow street **2** (saia) straight

• **estreito** s (canal) strait: *o estreito de Gibraltar* the Strait of Gibraltar

estrela s **1** (no céu) star **2** (artista, esportista, etc.) star **3** (que indica categoria) star: *um hotel de cinco estrelas* a five-star hotel
estrela cadente shooting star **estrela de cinema** movie star (AmE), film star (BrE)

estrelado, -da adj **1** (céu, noite) starry **2** (ovo) fried

estrela-do-mar s starfish

estrelar v **1 estrelar (em) algo** (em filme, clipe, etc.) to star in sth: *Giovana Antonelli vai estrelar a minissérie.* Giovana Antonelli is going to star in the miniseries. **2** (ovos) to fry

estremecer v **1** (tremer) to shiver **2 estremecer de medo** to shudder

estressado, -da adj stressed: *Ele anda muito estressado.* He has been very stressed.

estressante adj stressful: *um dia estressante* a stressful day

estressar v **estressar alguém** to make sb stressed
estressar-se v to get stressed: *Não vá se estressar com isso.* Don't get stressed about it.

estresse s stress

estria s (na pele) stretch mark

estribilho s chorus

estridente adj (som, voz, gargalhada) shrill

estrofe s (de poesia, canção) verse

estrondo s **1** (grande barulho) rumble **2** (de trovão) rumble **3** (de canhão) boom

estrutura s **1** (de um prédio, etc.) structure **2** (de um idioma, organização, etc.) structure **3** (armação) structure

estudante s student: *um estudante de segundo grau* a high school student

estudar v to study: *Estudo inglês há um ano.* I've have been studying English for a year. | *Você estudou para a prova?* Did you study for the test?

estúdio s (de gravação, de TV, etc.) studio

estudioso, -sa adj studious

estudo substantivo & substantivo plural

• **s** study (pl -dies) | **fazer um estudo de algo** to do a study of sth ▶ ver também **bolsa**

• **estudos** s pl (educação) studies: *Ela abandonou os estudos para ser modelo.* She abandoned her studies to become a model.

---

*Diz-se I arrived in Rio ou I arrived to Rio? Veja o verbete **arrive**.*

estufa s (para plantas) greenhouse ▶ ver também **efeito**

estupidez s **1** (indelicadeza) rudeness | **com estupidez** rudely **2** (idiotice) stupidity | **ser uma estupidez** to be stupid: *Isso é uma estupidez!* That's stupid!

estúpido, -da adj **1** (indelicado) rude | **ser estúpido com alguém** to be rude to sb: *Meu irmão foi estúpido comigo.* My brother was rude to me. **2** (idiota) stupid

estupro s rape

esvaziar v **1** (um copo, uma garrafa, etc.) to empty **2** (um pneu, uma boia) to deflate (AmE), to let down (BrE): *Alguém esvaziou o pneu da minha bicicleta.* Someone deflated the tire on my bike. **3** (um local) to clear: *Os bombeiros esvaziaram o prédio.* The firefighters cleared the building.
esvaziar-se v (pneu, boia) to deflate (AmE), to go down (BrE)

etapa s stage: *na primeira etapa do campeonato* in the first stage of the championship | *uma etapa importante da minha vida* an important stage in my life | **por etapas** in stages

etário, -ria ▶ ver **faixa**

etc. s (= et cetera) etc.

eterno, -na adj eternal: *amor eterno* eternal love

etiqueta s **1** (em roupa, encomenda, etc.) label **2** (com preço) tag **3** (comportamento) etiquette: *regras de etiqueta* rules of etiquette

etnia s ethnic group

eu pron ▶ ver quadro

eucalipto s eucalyptus

eufórico, -ca adj euphoric

euro s (moeda) euro (pl euros): *Posso pagar em euro?* Can I pay in euros?

Europa s a **Europa** Europe: *na Europa* in Europe

europeu, -peia adjetivo & substantivo
- **adj** European: *carros europeus* European cars
- **s** (pessoa) European

eutanásia s euthanasia

evangélico, -ca adj & s Evangelical Christian

evaporar v to evaporate
evaporar-se v to evaporate

evento s event

eventual adj possible: *no caso de um eventual acidente nuclear* in the event of a possible nuclear accident

evidência substantivo
- **s** evidence: *Não há nenhuma evidência de que ela esteja envolvida no caso.* There's no evidence that she's involved. ▶ O substantivo **evidence** não tem plural: *A polícia encontrou novas evidências.* The police have found new evidence. ▶ Traduz-se *uma evidência* por **a piece of evidence** ou **some evidence**: *uma nova evidência* a new piece of evidence

---

eu

1 COMO SUJEITO DA FRASE (= I)
Eu não falo inglês. I don't speak English. | *eu e você* you and I

2 REFORÇADO POR MESMO (= I myself)
Às vezes eu mesmo duvido disso. Sometimes I myself doubt that. | *Eu mesma fiz esse bolo.* I made that cake myself.

3 QUANDO SE SEGUE AO VERBO (= me)
Sou eu. It's me. | *– Quem pegou minha caneta? – Não fui eu.* "Who's taken my pen?" "It wasn't me."

4 EM FRASES SEM VERBO (= me)
Eu também. Me too.

5 DEPOIS DE PREPOSIÇÃO (= me)
Felipe tocou violão para eu cantar. Felipe played the guitar for me to sing.

6 EM COMPARAÇÕES (= me)
Ela é mais velha do que eu. She's older than me.

---

evidente adj obvious: *É evidente que ele não está interessado nela.* It's obvious he's not interested in her.

evitar v **1** (fugir a) to avoid: *Ela evita brigas.* She avoids arguments. | **evitar fazer algo** to avoid doing sth: *Evito comer entre as refeições.* I avoid eating between meals. **2** (uma pessoa) to avoid: *Desde a festa ele tem me evitado.* He's been avoiding me since the party. **3** (impedir) to prevent: *medidas para evitar acidentes* measures to prevent accidents

evolução s **1** (desenvolvimento) evolution: *a evolução da música nos últimos 50 anos* the evolution of music over the past 50 years **2** (em biologia) evolution

evoluir v **1** (desenvolver-se) to evolve: *O futebol japonês evoluiu nos últimos 10 anos.* Japanese soccer has evolved over the last 10 years. **2** (em biologia) to evolve

ex- prefixo ex-: *meu ex-namorado/minha ex-namorada* my ex-boyfriend/my ex-girlfriend ▶ Usa-se **former** quando se fala de cargos: *o ex-presidente do Paraguai* the former president of Paraguay

exagerado, -da adj **1** (pessoa) extreme | **ser exagerado (a)** (ao falar) to exaggerate **(b)** (no comportamento) to go too far **2** (maquiagem, consumo, esforço, etc.) excessive: *o uso exagerado de palavrões* the excessive use of swear words **3** (roupa) overstated: *uma roupa exagerada* an overstated outfit

exagerar v **1** (ao descrever) to exaggerate: *Ele não é tão feio; você está exagerando.* He isn't that ugly; you're exaggerating. **2 exagerar (em algo)** (fazer em excesso) to overdo it (with sth): *Exagerei nos doces e estou passando mal.* I overdid it with the candy and I'm feeling sick. |

Ponha um pouco de blush mas não exagere. Put on a little blush but don't overdo it.

exagero s **1** (ao falar) exaggeration | **ser exagero** to be an exaggeration: *Não seria exagero dizer que ele é o melhor.* It would be no exaggeration to say he's the best. **2** (no vestir, comportamento, etc.) excess

exalar v (um cheiro, um vapor) to give off

exaltado, -da adj **1** (irritado) worked up: *A discussão deixou-o exaltado.* The argument got him all worked up. **2** (ânimo, voz) angry

exame s **1** (escolar, acadêmico) exam, examination ▶ **examination** é mais formal: *Tenho exame de Francês amanhã.* I have a French exam tomorrow. | **fazer um exame** to take an exam (AmE), to do an exam (BrE) ▶ No inglês britânico também se diz **to sit an exam** | **passar/não passar num exame** to pass/to fail an exam **2** (profissional, etc.) test **3** (em medicina) test | **fazer um exame (a)** (paciente) to take an exam **(b)** (médico) to run a test
exame de habilitação (para motoristas) driving test **exame de sangue** blood test **exame médico** medical checkup **exame oral/final** oral/final exam

examinar v **1** (alunos, candidatos) to examine **2** (um paciente) to examine **3** (uma questão, um caso, etc.) to consider

exatamente adv exactly: *Ninguém sabia exatamente o que tinha acontecido.* Nobody knew exactly what had happened.

exato, -ta adj **1** (cifra, medida, descrição) exact **2** (lugar) exact **3** (instante) precise: *neste exato momento* at this precise moment **4** (instrumento) exact **5** (como resposta) exactly: *– É para fazer assim? – Exato.* "Should I do it like this?" "Exactly."

exaustivo, -va adj **1** (cansativo) exhausting: *um dia exaustivo* an exhausting day **2** (muito abrangente) thorough: *uma pesquisa exaustiva* a thorough piece of research

exausto, -ta adj exhausted

exceção s exception | **com exceção de algo/alguém** except sb/sth: *Vieram todos, com exceção do Jorge.* They all came, except Jorge. | **abrir uma exceção** to make an exception

excelente adj excellent

excêntrico, -ca adj (pessoa, modo de vestir, etc.) eccentric

excepcional adj **1** (extraordinário) exceptional **2** (deficiente) handicapped

excessivo, -va adj excessive

excesso s **excesso de algo (a)** (quantidade excessiva) excess sth: *excesso de bagagem* excess baggage | *excesso de peso* excess weight **(b)** (número excessivo) excessive number of sth: *o excesso de carros nas ruas* the excessive number of cars on the roads | **em excesso (a)** (com substantivo) too much: *Frituras em excesso são prejudiciais à saúde.* Too much fried food is bad for your health. **(b)** (com adjetivo) excessively: *Ela é vaidosa em excesso.* She's excessively vain. **(c)** (com verbo) to excess: *Evite comer em excesso.* Avoid eating to excess.

exceto prep **exceto algo** except sth: *Acordo cedo, exceto aos domingos.* I wake up early, except on Sundays. | **exceto eu/ele etc.** except me/him etc.

excluir v **excluir algo/alguém (de algo)** to exclude sth/sb (from sth): *Ele tentou me excluir do grupo.* He tried to exclude me from the group.

excursão s trip: *Você vai na excursão do colégio?* Are you going on the school trip? | **fazer uma excursão** to go on a trip

excursionista s day-tripper

executar v **1 executar algo** (uma tarefa, uma atividade) to carry sth out **2** (em informática) to execute **3** (matar) to execute

executivo, -va adjetivo & substantivo
- **adj** executive: *um cargo executivo* an executive post
- **s** executive: *os executivos de uma emissora de TV* the executives of a TV channel

exemplar adjetivo & substantivo
- **adj** (aluno, comportamento) exemplary
- **s** (de livro, foto) copy (pl copies)

exemplo s example | **dar bom/mau exemplo** to set a good/bad example | **por exemplo** for example | **seguir o exemplo de alguém** to follow sb's example: *Vou seguir seu exemplo.* I'm going to follow your example.

exercer v **1** (profissão) to practice **2 exercer influência/pressão sobre alguém/algo** to exert influence/pressure on sb/sth: *Os amigos exercem grande influência sobre ela.* Her friends exert a great deal of influence on her. | **exercer controle sobre alguém/algo** to exert control over sb/sth **3** (direitos, autoridade) to exercise **4 exercer uma função/uma atividade** to perform a function/an activity | **exercer um cargo** to hold an office

exercício s **1** (escolar) exercise: *um exercício de português* a Portuguese exercise | *um exercício sobre equações* an exercise on equations | **fazer um exercício** to do an exercise **2** (físico) exercise: *Esse exercício é bom para as pernas.* This exercise is good for the legs. | **fazer exercício(s)** to do exercise(s): *Não tenho feito muito exercício.* I haven't been doing much exercise.

exército s army (pl -mies): *Meu pai é do exército.* My father is in the army.

exibido, -da s showoff

exibir v **1** (mostrar) to show off: *O atleta vencedor exibiu seu troféu.* The winning athlete showed off his trophy. **2** (um filme, um seriado) to show: *O filme será exibido a partir de sexta.* The movie will be shown from Friday. **3** (numa exposição) to exhibit **4** (em informática): *Clique em Exibir.* Click on View.

exibir-se v (fazer ostentação) to show off: *Ele adora se exibir para as meninas.* He loves showing off to the girls.

exigência s **1** (imposição) demand: *Ela fez várias exigências.* She made several demands. **2** (requisito) requirement: *Quais são as exigências para uma bolsa de estudo?* What are the requirements for a scholarship?

exigente adj demanding: *um professor exigente* a demanding teacher | **ser exigente com alguém** to expect a lot of sb

exigir v **1** (impor) to demand: *Meus pais exigem que eu tire boas notas.* My parents demand that I get good grades. **2** (pedir) to require: *A escola exige uma autorização dos pais.* The school requires permission from the parents. **3** (coisa devida) to demand: *Exigi uma satisfação do meu namorado.* I demanded an explanation from my boyfriend. **4** (necessitar) to require: *Nosso projeto exigiu muito trabalho.* Our project required a lot of work.

existência s existence

existente adj existing

existir v **1** (ter existência) to exist **2** (haver) **existe/existem** there is/there are: *Existem pessoas assim.* There are people like that. | **não existe/existem** there is/are no: *Não existe vacina para isso.* There is no vaccine for that.

êxito s success | **sem êxito** unsuccessfully: *Tentaram, sem êxito, nos derrotar.* They tried, unsuccessfully, to defeat us. | **ter êxito** to be successful: *O plano teve êxito.* The plan was successful.

exótico, -ca adj (país, planta, etc.) exotic

expectativa s expectation: *As expectativas dos torcedores são grandes.* The fans' expectations are high. | **estar/ficar na (maior) expectativa** to be on tenterhooks: *Fiquei na maior expectativa aguardando os resultados.* I was on tenterhooks waiting for the results. | **estar/ficar na expectativa de algo** to have high hopes of sth: *Ele está na expectativa de ter ganho na loteria.* He has high hopes of winning the lottery.

expedição s expedition | **fazer uma expedição** to go on an expedition

expediente s **1** (horário de trabalho) working day: *O expediente termina às cinco.* The working day ends at five. **2 meio expediente** part-time: *Trabalho meio expediente numa loja.* I work part-time in a shop. **3 ter expediente** (ter iniciativa) to have initiative

experiência s **1** (conhecimento) experience | **ter experiência com/em algo** to have experience with/in sth: *Ele tem experiência com computadores.* He has experience with computers. **2** (vivência) experience: *uma das melhores experiências que vivi* one of the best experiences I've had **3** (teste) experiment

experiente adj experienced: *um cirurgião experiente* an experienced surgeon

experimentar v **1** (falando de comida, bebida, etc.) to try: *Posso experimentar o seu sorvete?* Can I try your ice cream? | *Está uma delícia. Experimente.* It's delicious. Try it. **2** (falando de roupa, sapatos, etc.) **experimentar algo** to try sth on: *Eu queria experimentar essa calça.* I'd like to try on these pants. **3** (falando de coisas ou experiências novas) to try: *Por que você não experimenta o meu provedor?* Why don't you try my provider? **4** (falando de sensações, sentimentos) to experience **5 experimentar fazer algo** (tentar) to try doing sth: *Experimente reformatá-lo.* Try reformatting it.

expirar v **1** (expelir ar) to breathe out: *Expire.* Breathe out. **2** (chegar ao fim) to expire: *O prazo para as inscrições expira amanhã.* The deadline for applications expires tomorrow.

explicação s explanation

explicar v **1** (esclarecer) to explain: *Deixe eu explicar.* Let me explain. | **explicar algo a alguém** to explain sth to sb: *Alguém me explica o que ele quis dizer?* Will somebody explain to me what he meant? **2** (justificar) to explain: *Nada explica essa atitude dele.* Nothing explains his action.

explodir v **1** (detonar) to explode: *O tanque de gasolina explodiu.* The petrol tank exploded. ▶ Quando se trata de bombas, é mais frequente o uso de **to go off**: *A bomba não explodiu.* The bomb didn't go off. | **explodir algo (a)** (um prédio, um carro, etc.) to blow sth up: *Explodiram a ponte.* They blew up the bridge. **(b)** (fogos, etc.) to set sth off (AmE), to let sth off (BrE): *A torcida explodiu morteiros no final do jogo.* The fans set off firecrackers at the end of the game. **2** (de raiva) **explodir (com alguém)** to explode (at sb)

explorar v **1** (abusar de) to exploit: *Estão explorando os empregados nessa firma.* That firm is exploiting its workers. **2** (pesquisar) to explore

explosão s explosion: *Você ouviu a explosão?* Did you hear the explosion?

explosão demográfica population explosion

expor v **1** (obras de arte) to exhibit: *Ele vai expor em uma galeria na cidade.* He's going to exhibit in a gallery in the city. **2** (uma mercadoria) to display **3** (razões, ideias) to exhibit **4 expor algo/alguém** (pôr em risco) to put sth/sb at risk: *Você está expondo sua saúde, fumando.* You're putting your health at risk by smoking. **5 expor algo/alguém a algo** to expose sth/sb to sth: *A substância é exposta a diferentes temperaturas.* The substance is exposed to different temperatures.

expor-se v **1 expor-se a algo** to expose yourself to sth: *Não se exponha ao sol do meio-dia.* Don't expose yourself to the midday sun. **2** (pôr-se em risco) to put yourself at risk

exportação substantivo
• s **1** (atividade) export **2** (produto) export: *exportações de café* coffee exports

exportar v to export

exposição s (de objetos de arte) exhibition: *uma exposição de pinturas* an exhibition of paintings

exposto, -ta adj (produto, quadro, etc.) on display: *o anel exposto na vitrine* the ring on display in the window

expressão s **1** (fisionomia) expression: *uma expressão alegre* a cheerful expression **2** (palavra ou frase) expression

expressar v (um pensamento, um sentimento, etc.) to express
expressar-se v to express yourself: *Não consegui me expressar claramente.* I wasn't able to express myself clearly.

expressivo, -va adj **1** (rosto, olhar, quadro) expressive **2** (pessoa) demonstrative **3** (aumento, mudança) significant

expresso, -sa adjetivo & substantivo

- **adj 1** (carta) express **2 café expresso** espresso **3** (ordens, instruções) express

- **expresso** s **1** (café) espresso (pl -ssos): *Um expresso sem açúcar, por favor.* An espresso with no sugar, please. **2** (trem, ônibus) express (pl -sses)

exprimir v to express
exprimir-se v to express yourself

expulsão s expulsion

expulsar v **expulsar alguém (de algo) (a)** (de lugar) to throw sb out (of sth): *Ele foi expulso do clube.* He was thrown out of the club. **(b)** (em esporte) to send sb off (sth): *O juiz expulsou mais um jogador do campo.* The referee sent another player off the field.

extensão s **1** (dimensão) size: *Qual a extensão da piscina?* What size is the swimming pool? **2** (de telefone) extension: *Ele já atendeu na extensão.* He's already picked up the extension. **3** (parte adicional) extension: *uma extensão da varanda* an extension of the veranda **4** (duração) length **5** (de conhecimentos) extent **6** (de prazo) extension

extenso, -sa adj **1** (amplo) large: *uma sala extensa* a large room **2** (longo) long: *um corredor extenso* a long corridor **3 por extenso** in full: *Escreva seu nome por extenso.* Write your name in full.

exterior adjetivo & substantivo

- **adj 1 o lado exterior** the outside | **o mundo exterior** the outside world **2** (camada) outer **3** (mercado, política) foreign: *comércio exterior* foreign trade

- **s 1** (a parte de fora) outside: *O exterior do prédio é amarelo.* The outside of the building is yellow. **2 no/para o exterior** abroad: *Ele vai viajar para o exterior.* He's going to travel abroad.

externo, -na adj outside: *as paredes externas* the outside walls | **na parte externa** on the outside

extinção s (de animal, planta) extinction | **em extinção** endangered: *uma espécie em extinção* an endangered species

extinguir v **extinguir algo (a)** (uma espécie) to make sth extinct: *A pesca desordenada vai acabar extinguindo as baleias.* Uncontrolled fishing will eventually make whales extinct. **(b)** (um incêndio) to extinguish sth **(c)** (o analfabetismo, a fome, etc.) to wipe sth out
extinguir-se v **1** (espécie) to become extinct **2** (fogo) to be extinguished

extinto, -ta adj **1** (espécie) extinct **2** (vulcão) extinct **3** (banda, programa, cargo, etc.) defunct **4** (língua) dead

extintor s **extintor (de incêndio)** fire extinguisher

extra adjetivo & substantivo

- **adj** extra

- **s** (figurante) extra

extracurricular adj extracurricular: *cursos extracurriculares* extracurricular courses

extrair v **1** (um dente) to extract **2** (minerais, etc.) to mine **3** (dados, informações) to retrieve

extraordinário, -ria adj **1** (incomum) extraordinary **2** (extra) extra: *edição extraordinária* extra edition | *despesas extraordinárias* extra expenses

extraterrestre adj & s alien

extrato s **1** (de banco) statement **2** (resumo) summary (pl -ries)
extrato de tomate tomato puree

extravagante adj (pessoa, roupa) flamboyant

extraviar v to lose: *O correio não costuma extraviar nada.* The postal service doesn't usually lose anything.
extraviar-se v to go astray: *Sua encomenda deve ter se extraviado.* Your order must have gone astray.

extremidade s **1** (ponta) end: *as extremidades de um tubo* the ends of a tube **2** (dos dedos) tip

extremo, -ma adjetivo & substantivo

- **adj 1** (mais afastado) far: *o ponto extremo da sala* the far end of the room **2** (muito intenso) extreme: *cuidado extremo* extreme care
  o Extremo Oriente the Far East

- **s** extreme: *de um extremo a outro* from one extreme to another

extrovertido, -da adj extrovert

F, f s F, f ▶ ver "Active Box" **letras do alfabeto** em **letra**

fá s F: *fá menor/maior* F minor/major

fã s fan: *Sou fã da Sade.* I'm a fan of Sade.

fábrica s factory (pl -ries): *uma fábrica de móveis* a furniture factory ▶ *Uma fábrica de cerveja* é **a brewery**, e *uma fábrica de papel*, **a paper mill**

fabricação s **1** manufacture: *a fabricação de carros* the manufacture of cars | **data de fabricação** date of manufacture **2 de fabricação brasileira/americana etc.** Brazilian-made/American-made etc.: *um Fiat de fabricação brasileira* a Brazilian-made Fiat | **de fabricação caseira** homemade: *bolos de fabricação caseira* homemade cakes

fabricante s manufacturer: *fabricantes de computadores* computer manufacturers

fabricar v to manufacture

faca s knife (pl knives)

facada s **1** (ferimento) stab wound | **dar uma facada/facadas em alguém** to stab sb | **levar uma facada** to get stabbed | **matar alguém a facadas** to stab sb to death **2 dar uma facada em alguém** (pedir dinheiro) to get money out of sb

façanha s feat

face s **1** (rosto) face | **face a face** face to face **2** (lado) face: *a face norte da montanha* the north face of the mountain

fachada s (de um prédio, casa) façade

fácil adjetivo & advérbio

• **adj 1** (simples) easy: *uma prova fácil* an easy test **2** (pessoa, temperamento) easygoing

• **adv** (sem dificuldade) easily: *Encontrei fácil a sua rua.* I found your street easily.

facilidade s **1** (qualidade) ease: *a facilidade com que ele fala inglês* the ease with which he speaks English | **com facilidade** easily: *Ela aprende línguas com muita facilidade.* She learns languages very easily. **2** (aptidão) flair: *Não tenho facilidade para música.* I have no flair for music.

faculdade s **1** (universidade) college, university (pl -ties): *Eu o conheci na faculdade.* I met him at college./I met him at university. | **fazer faculdade** to go to college (AmE), to go to university (BrE) **2** (dentro de uma universidade) faculty (pl -ties): *a Faculdade de Engenharia* the Faculty of Engineering ▶ Usa-se **school** em relação a algumas áreas: *a Faculdade de Medicina* the School of Medicine/the Medical School | *a Faculdade de Arquitetura* the School of Architecture **3** (capacidade) faculty (pl -ties): *faculdades mentais* mental faculties

facultativo, -va adj optional

fada s fairy (pl -ries): *conto de fadas* fairy tale

fadiga s fatigue: *fadiga muscular* muscle fatigue

faísca s spark: *faísca elétrica* electrical spark

faixa s **1 faixa (para pedestres)** (pedestrian) crossing: *Atravesse na faixa.* Cross at the crossing. **2** (de um CD) track **3** (tira de pano) sash (pl -shes) **4** (de caratê, judô) belt: *Meu primo é faixa preta.* My cousin is a black belt. **5** (atadura) bandage **6** (com propaganda) banner

faixa etária age group

fajuto, -ta adj **1** (falsificado) fake: *um documento fajuto* a fake document **2** (de má qualidade) cheap: *uma camiseta fajuta* a cheap T-shirt

fala s **1** (faculdade) speech **2** (maneira de falar) way of speaking: *uma fala pausada* a slow way of speaking **3** (de personagem) lines pl: *No meio da peça ele esqueceu a sua fala.* In the middle of the play he forgot his lines.

falado, -da adj **1** (não escrito) spoken: *na língua falada* in spoken language | **o cinema falado** talkies **2** (famoso) famous: *o falado jogador de tênis* the famous tennis player

falante adjetivo & substantivo

• **adj** (que fala muito) talkative: *Ele é muito falante.* He's very talkative.

• **s** (usuário de língua) speaker: *os falantes de português* Portuguese speakers

falar v **1** (expressar-se) Traduz-se por **to speak** ou **to talk**. **To speak** é ligeiramente mais formal do que **talk**, e é a tradução certa quando se pensa na capacidade de falar. **To talk** é a tradução adequada no sentido de *conversar*: *Não fale alto, ela está dormindo.* Don't talk too loud, she's asleep. | *Eu ia falar mas parei.* I was going to speak, but I didn't. | *Ela não falou a viagem inteira.* She didn't speak the whole way. | **falar com alguém** to talk to sb: *Preciso falar com você.* I need to talk to you. | *Ela não fala mais comigo.* She doesn't talk to me anymore. | **falar de algo/alguém** to talk about sth/sb: *Ela fala muito de vocês.* She talks a lot about you. | **falar em algo/alguém** to talk about sth/sb

2 (uma língua) to speak: *Você fala português?* Do you speak Portuguese? | *Não falo bem inglês.* I don't speak English very well.

3 (dizer) to say: *O que você falou?* What did you say? ▶ Note que **to speak** e **to talk** nunca podem ser usados nesse sentido | **falar algo a alguém** to tell sb sth | **falar a alguém que** to tell sb (that): *Ele me falou que chega amanhã.* He told me he's arriving tomorrow.

4 falar para alguém fazer algo to tell sb to do sth: *O professor já falou para calarmos a boca.*

falecer

The teacher has already told us to be quiet. | *Fale para o Paulo me ligar.* Tell Paulo to call me.
5 falar a verdade/uma mentira to tell the truth/a lie | **para falar a verdade** to tell the truth
6 por falar nisso/nele etc. speaking of that/him etc.: *Por falar em futebol, você viu o jogo ontem?* Speaking of football, did you see the game yesterday?
7 sem falar em algo/alguém not to mention sth/sb
8 ouvir falar de algo to hear of sth: *Nunca ouvi falar deste site.* I've never heard of that website. | **ouvir falar que** to hear (that): *Ouvi falar que você vai se mudar.* I heard you're moving.
9 (ao telefone) to speak: *Alô, quem fala?* Hello, who's speaking? | *Posso falar com a Mary?* Could I speak to Mary, please?
10 falar sério to be serious: *Estou falando sério!* I'm being serious!

falar-se v to speak to each other, to talk to each other ▶ ver nota acima: *Nós nos falamos todo dia pelo telefone.* We speak to each other every day on the phone.

falecer v to pass away

falência s (bancarrota) bankruptcy (pl -cies) | **ir à falência** to go bankrupt

falha s **1** (defeito) fault: *uma falha técnica* a technical fault **2** (erro) error: *O acidente foi provocado por falha humana.* The accident was caused by human error. **3** (omissão) omission **4** (espaço) gap

falhar v **1** (dar defeito) to fail **2** (errar) to be at fault: *Foi o goleiro que falhou.* It was the goalkeeper who was at fault. **3** (não acontecer) to fall through: *Nosso plano falhou.* Our plans fell through.

falido, -da adj (empresa, pessoa) bankrupt

falir v (pessoa, empresa) to go bankrupt

falsificar v (um documento, uma assinatura, dinheiro) to forge

falso, -sa adj **1** (assinatura, documento) false **2** (dinheiro, notas) counterfeit **3** (pessoa) insincere **4** (joia) fake **5** (história, promessa) false **6 alarme falso** false alarm **7 pisar em falso** to lose your footing

falta s **1** (em escola, curso) absence: *Só tive duas faltas este semestre.* I've only had two absences this semester. | **dar falta a alguém** to mark sb absent
2 (carência) lack: *falta de sono* lack of sleep | *falta de recursos* lack of resources ▶ Em contextos mais coloquiais usam-se construções com not enough: *Não terminei por falta de tempo.* I didn't finish it because I didn't have enough time. | **estar/ficar com falta de ar** to be/get breathless
3 (de alguém) **sentir falta de alguém/de algo** to miss sb/sth: *Sentimos sua falta.* We miss you. | *Tenho sentido falta de casa.* I've been missing my family. | **vocês/eles etc. vão me fazer falta** I'll miss you/them etc.: *Ela vai nos fazer muita falta quando for embora.* We'll miss her a lot when she leaves.
4 (em futebol) foul | **cometer uma falta** to commit a foul | **cobrar uma falta** to take a free kick
5 (em tênis) fault
6 (erro) mistake: *A falta foi minha.* It was my mistake.
7 sem falta without fail: *Te devolvo o livro amanhã sem falta.* I'll return the book to you tomorrow without fail.
8 ser uma falta de educação to be rude

faltar v ▶ ver quadro

fama s **1** (notoriedade) fame: *uma cantora de fama internacional* a singer of international fame **2** (reputação) reputation: *um treinador de má fama* a coach with a bad reputation | **ter fama de ser** to have the reputation of being: *Ela tem fama de ser muito exigente.* She has the reputation of being very demanding.

família s **1** family (pl -lies): *Sou de família italiana.* I'm from an Italian family. | *Na minha família somos cinco.* There are five in my family.
2 ser de família to run in the family: *Essa alergia é de família.* The allergy runs in the family.

familiar adjetivo & substantivo
• adj **1** (da família) family: *a vida familiar* family life **2** (conhecido) familiar: *uma voz familiar* a familiar voice | *O seu rosto me é familiar.* Your face is familiar (to me).
• s (parente) family member

faminto, -ta adj starving: *Estávamos famintos.* We were starving.

famoso, -sa adj **1** famous: *um músico famoso* a famous musician **2 ser famoso por algo (a)** (positivo) to be famous for sth: *um restaurante famoso por suas sobremesas* a restaurant famous for its desserts **(b)** (negativo) to be notorious for sth: *um professor famoso por sua rigidez* a teacher notorious for his strictness

fanático, -ca adjetivo & substantivo
• adj **1** fanatical **2 ser fanático por algo** to be fanatical about sth: *Ele é fanático por futebol.* He's fanatical about soccer.
• s fanatic

fantasia s **1** (traje) costume, fancy dress (BrE): *uma fantasia de vampiro* a vampire costume | **baile/festa à fantasia** costume ball/party (AmE), fancy-dress ball/party (BrE) **2** (imaginação) imagination **3** (sonho) fantasy (pl -sies)

fantasiar-se v **fantasiar-se (de algo)** to dress up (as sth): *Ele vai se fantasiar de caubói.* He's going to dress up as a cowboy.

fantasma s ghost

fantástico, -ca adj **1** (incrível) fantastic: *Ele corre com uma rapidez fantástica.* He runs at a fantastic speed. **2** (imaginário) fantastic: *monstros fantásticos* fantastic monsters

fantoche s puppet: *teatro de fantoches* puppet theater

faltar

1 NÃO ESTAR (= to be missing)

Espere, falta o Pedro. Wait a minute, Pedro's missing./Wait a minute, Pedro's not here. | *Estão faltando várias folhas neste livro.* There are several pages missing from this book./This book has several pages missing. | **Está me faltando uma meia.** I'm missing a sock.

2 NÃO HAVER

Vai faltar/faltou luz no bairro. There'll be/there was no electricity in the area.

3 NÃO HAVER SUFICIENTE

Usam-se construções com **not enough**:

Faltam cadeiras. There aren't enough chairs. | *Falta tempo para eu treinar.* I don't have enough time to practice. | *Falta sal no ovo.* The egg needs more salt./There's not enough salt on the egg. | **Estão faltando dois garfos/duas facas.** We need two more forks/knives./We are two forks/knives short.

4 RESTAR

faltam quatro dias/três semanas etc. para... there are four days/three weeks etc. to go until...: *Faltam dois dias para o exame.* There are two days to go until the exam. | **Faltam dois anos/três capítulos etc. para ele...** He has two years/three chapters etc. to go before...: *Falta um ano para ela se formar.* She has one year to go before she graduates. | *Faltam dois capítulos para eu acabar o livro.* I have two chapters to go before I finish the book. | **falta pouco/muito** por exemplos: *Falta pouco para as nossas férias.* It's not long until our vacation. | *Falta muito para o meu aniversário.* My birthday is a long way off. | *Falta muito (para chegarmos)?* Are we almost there? | *Falta muito para você acabar?* Will you be long? | *Falta pouco para eu terminar.* I've almost finished.

5 ESTAR POR FAZER

Usam-se construções com **still have to**:

Falta comprar um cartão de aniversário. I still have to buy a birthday card. (Ou: You still have to, we still have to, etc.) | *Falta você me dar seu endereço.* You still have to give me your address.

6 NÃO COMPARECER (= not to come)

Maria faltou à reunião. Maria didn't come to the meeting. | **faltar (às aulas)** to be absent/away (from school): *Laura faltou de novo.* Laura was absent again. | *Por que você faltou ontem?* Why were you away yesterday? | *Ele faltou às aulas a semana toda.* He was away from school all week.

faqueiro s set of tableware (AmE), set of cutlery (BrE)

farda s uniform

farejar v **1** (cheirar) to sniff **2** (seguir pelo faro) to track

farelo s **1** (de pão) crumb **2** (de madeira) sawdust

farinha s **1** (em geral) flour **2** farinha (de mandioca) cassava flour
  farinha de rosca breadcrumbs **farinha de trigo** (wheat) flour **farinha integral** whole wheat flour (AmE), wholemeal flour (BrE)

farmacêutico, -ca *substantivo & adjetivo*
• s pharmacist, chemist (BrE) ▶ **chemist** é o termo de uso mais frequente no inglês britânico | *Pergunte ao farmacêutico.* Ask the pharmacist.
• adj pharmaceutical

farmácia s **1** pharmacy (pl -cies) (AmE), chemist (BrE): *Tenho que ir à farmácia.* I need to go to the pharmacy. **2** (área de conhecimento, curso) pharmacy

faro s **1** (de animal) sense of smell **2 ter faro para algo** (intuição) to have a nose for sth: *Meu pai tem faro para bons negócios.* My father has a nose for good business deals.

faroeste s western

farol s **1** (de carro, moto) headlight | **farol alto/baixo** high/low beam (AmE), full beam/dipped headlights (BrE) **2** (de bicicleta) light **3** (para navegantes) lighthouse **4** (de trânsito) traffic light: *O farol está fechado.* The traffic light's red.

farolete s parking light (AmE), sidelight (BrE)

farpa s (de madeira) splinter: *Entrou uma farpa no meu dedo.* I got a splinter in my finger.

farpado, -da adj ▶ ver **arame**

farra s **1** (diversão) partying | **cair na farra** to party: *Depois das provas, vou cair na farra.* After the exams I'm going to party. **2 de farra** (de brincadeira) jokingly: *Ela disse isso de farra.* She said it jokingly.

farto, -ta adj **1** (refeição) plentiful **2 estar farto de algo/alguém** to be fed up with sth/sb: *Estou farto das suas brincadeiras sem graça.* I'm fed up with your silly jokes. | *Estou farta deles.* I'm fed up with them.

fascinante adj fascinating

fascinar v to fascinate

fase s phase: *uma nova fase na minha vida* a new phase in my life

fashion adj **1** (pessoa, roupa, etc.) trendy: *uma camisa muito fashion* a very trendy shirt **2** (relativo a moda) fashion: *o mundo fashion* the fashion world

fatal adj **1** (mortal) fatal: *uma doença fatal* a fatal disease **2** (nocivo) fatal: *um erro fatal* a fatal error **3** (inevitável) inevitable: *uma derrota fatal* an inevitable defeat

fatia s slice: *uma fatia de pão* a slice of bread | **em fatias** sliced: *queijo em fatias* sliced cheese

fato s **1** (acontecimento) event: *os fatos marcantes da semana* the main events of the week

fator

2 (dado) fact: *um fato científico* a scientific fact | **o fato é que** the fact is that: *O fato é que ele prometeu fazer e não fez.* The fact is that he promised to do it and he didn't. **3 pelo fato de** because: *Ficou magoada pelo fato de eu não ter ligado.* She was hurt because I hadn't called her. **4 de fato** actually: *Ele é de fato meu melhor amigo.* He's actually my best friend.

fator *s* **1** (elemento) factor: *o fator decisivo* the deciding factor | **o fator tempo/idade etc.** the time/age etc. factor **2** (em protetor solar) factor: *protetor solar fator 15* factor 15 sun block

fatura *s* invoice: *uma fatura de R$500* an invoice for R$500

fauna *s* wildlife

favela *s* shantytown

favelado, -da *s* person from a shantytown (pl people from a shantytown)

favor *s* **1 por favor (a)** (ao fazer um pedido) please ▶ **Please** é mais usado em inglês do que *por favor* em português. Fazer um pedido sem dizer **please** é considerado falta de educação em inglês: *Mãe, me traz um copo d'água?* Mom, could you bring me a glass of water, please? | *Fiquem em silêncio, por favor.* Please be quiet. **(b)** (ao abordar alguém) excuse me: *Por favor, onde fica o banheiro?* Excuse me, where's the bathroom? **2** (gentileza) favor (AmE), favour (BrE) | **fazer um favor para alguém** to do sb a favor (AmE), to do sb a favour (BrE): *Faz um favor para mim?* Could you do me a favor? | **você pode/podia fazer o favor de?** would you... please?: *Você podia fazer o favor de fechar a janela?* Would you shut the window please? | **pedir um favor a alguém** to ask sb a favor (AmE), to ask sb a favour (BrE): *Posso te pedir um favor?* Can I ask you a favor? **3 a favor de algo/alguém** in favor of sth/sb (AmE), in favour of sth/sb (BrE): *Sou a favor do desarmamento nuclear.* I'm in favor of nuclear disarmament. **4 em favor de** in aid of: *uma campanha em favor das crianças carentes* a campaign in aid of needy children

favorável *adj* **ser favorável a algo** to be in favor of sth: *Sou favorável a essas mudanças.* I'm in favor of these changes.

favorecer *v* **1 favorecer alguém** (beneficiar) to be biased toward sb: *O juiz favoreceu o time de vocês.* The referee was biased toward your team. **2** (ficar bem em) to suit: *Essa cor te favorece.* That color suits you.

favorito, -ta *adj & s* **1** (preferido) favorite (AmE), favourite (BrE): *minha sobremesa favorita* my favorite dessert **2** (com mais chance de vencer) favorite (AmE), favourite (BrE): *Ele é o favorito para o título.* He's the favorite for the title.

fax *s* **1** (documento) fax (pl faxes) **2** (aparelho) fax (pl faxes): *Posso mandar o meu currículo por fax?* Can I send my résumé by fax?

faxina *s* (limpeza) cleaning: *Hoje é dia de faxina lá em casa.* Today is cleaning day at home. | **fazer (uma) faxina** to clean

faxineiro, -ra *s* cleaner

fazenda *s* **1** (propriedade) farm **2** (tecido) fabric: *uma fazenda de algodão* a cotton fabric

farm animals

fazer *v* ▶ ver quadro

fazer-se *v* **1 fazer-se de bobo** to act dumb: *Não se faça de bobo!* Don't act dumb! **2** (tornar-se) to become: *O dia se fez noite.* Day became night.

fé *s* **1** (confiança) faith | **ter fé em algo/alguém** to have faith in sth/sb: *Tenho fé na sua capacidade.* I have faith in your ability. **2** (religiosa) faith

---

fechado -da

1 A tradução **closed** é empregada na maioria dos contextos. Pode-se também usar **shut**, que é frequente na língua falada:

A janela está fechada. The window is closed./The window is shut. | *Ela estava de olhos fechados.* She had her eyes closed./She had her eyes shut.

No inglês americano usa-se somente **closed** quando se faz referência a lojas, etc.:

Todos os restaurantes estavam fechados. All the restaurants were closed.

2 Exceções:

fechado à chave traduz-se por **locked**:

A porta estava fechada à chave. The door was locked.

REFERENTE A TORNEIRA (= off)

A torneira está fechada. The faucet is off.

REFERENTE A RUA, PASSAGEM (= closed off)

A rua foi fechada. The street was closed off.

REFERENTE A PESSOA (= reserved)

Ele é muito fechado. He's very reserved.

REFERENTE A SEMBLANTE (= stern)

de cara fechada looking stern

REFERENTE A SINAL DE TRÂNSITO (= red)

O sinal está fechado. The traffic light is red.

REFERENTE A CURVA (= sharp)

uma curva fechada a sharp bend

Você está em dúvida se deve usar **make** ou **do**? Veja os verbetes **fazer**, **make** e **do**.

fazer

VERBO

1 A tradução básica é **to do**:

Façam o primeiro exercício. Do the first exercise. | *O que você vai fazer hoje à noite?* What are you going to do tonight? | *O que é que o seu pai faz?* What does your father do?

2 No sentido de *produzir, fabricar*, ou *preparar*, traduz-se, em geral, por **to make**:

O motor está fazendo um barulho estranho. The engine is making a strange noise. | *Este software foi feito no Brasil.* This software was made in Brazil. | *Vou fazer um bolo para o seu aniversário.* I'm going to make a cake for your birthday.

3 Outros casos:

UMA REDAÇÃO, UM CHEQUE (= to write)

Você já fez sua redação? Have you written your composition yet?

DINHEIRO (= to make)

Ele fez uma fortuna ano passado. He made a fortune last year.

REFERENTE A VELOCIDADES E DISTÂNCIAS (= to do)

Esse carro faz 200 km/h. This car does 200 km/h. | *Fizemos sete quilômetros em uma hora.* We did seven kilometers in one hour.

REFERENTE A PLACARES (= to score)

Juninho fez o gol de empate. Juninho scored the equalizer.

4 FORÇAR (= to make)

fazer alguém fazer algo to make sb do sth: *Ele me fez sair da sala.* He made me leave the room.

5 PROVOCAR, CAUSAR

As piadas dele nos fazem rir. His jokes make us laugh. | **fazer bem a alguém** to do sb good: *O descanso vai te fazer bem.* The rest will do you good. | **fazer mal a alguém** to harm sb: *Eu não queria lhe fazer mal.* I didn't want to harm you. | Frases como *fazer um favor, fazer uma pergunta, fazer confusão*, etc. são tratadas no verbete do substantivo correspondente (**favor, pergunta, confusão**, etc.).

6 FALANDO DE TEMPO DECORRIDO

Use a preposição **for**. Veja os exemplos: *Faz duas noites que eu não durmo.* I haven't slept for two nights. | *Faz três anos que eles se casaram.* They've been married for three years./It's been three years since they got married.

7 FALANDO DO CLIMA (= to be)

Ontem fez muito frio à noite. It was very cold last night. | *Está fazendo 40 graus.* It's 40 degrees. | *Amanhã vai fazer sol.* It'll be sunny tomorrow.

febre s **1** (elevação de temperatura) fever | **estar com/ter febre** to have a temperature: *Tive febre de 39 graus.* I had a temperature of 39 degrees. **2** (doença) fever: *a febre tifóide* typhoid fever **3** (mania) craze

febril adj feverish | **estar febril** to be feverish

fechado, -da adj ▶ ver quadro na pág. 576

fechadura s lock

fechar v ▶ ver quadro na pág. 578

fechar-se v **1** (trancar-se) to shut yourself: *Ele se fechou no quarto para estudar.* He shut himself in his bedroom to study. **2** (retrair-se) to go quiet (AmE), to go all quiet (BrE): *Ela se fecha sempre que toco no assunto.* She goes quiet whenever I mention the subject.

fecho s **1** (de roupa, bolsa, colar, etc.) fastener: *o fecho da saia* the fastener on the skirt **2** (zíper) zipper (AmE), zip (BrE) **3** (trinco) latch (pl -ches): *o fecho do portão* the latch on the gate

feder v to stink

federal adj **1** (relativo à União) federal: *o governo federal* the federal government **2** (muito grande) almighty | **um barulho/uma confusão etc. federal** an almighty racket/an almighty fuss etc.

fedido, -da adj smelly

fedor s stink

feição substantivo & substantivo plural

● s (aspecto) flavor (AmE), flavour (BrE): *uma arte com feição brasileira* an art form with a Brazilian flavor

● **feições** s pl (no rosto) features

feijão s beans pl: *feijão com arroz* beans and rice | *um grão de feijão* a bean

feijoada s black bean stew

feio, -a adjetivo & advérbio

● adj **1** (pessoa, nariz, etc.) ugly: *Ele é tão feio!* He's so ugly! ▶ Também existe o termo **plain,** que é mais suave: *Ela é feia de rosto.* She's rather plain. **2** (roupa, cidade, etc.) ugly: *um prédio muito feio* a very ugly building **3** (atitude, hábito) bad (AmE), nasty (BrE) **4** (dia, tempo) bad **5** (situação) bad (AmE), nasty (BrE) **6** **ser feio** (ser mal-educado) to be rude: *É feio falar de boca cheia.* It's rude to talk with your mouth full.

● **feio** adv (muito) badly: *Ele apanhou feio na briga.* He was badly beaten in the fight.

feira s **1** (na rua) market **2** (de expositores, comerciantes) fair | **feira do estudante/livro** student/book fair

feito, -ta adjetivo, substantivo & conjunção

● adj **1** (produzido) made: *feito à mão* made by hand/handmade | **feito de algo** made of sth: *feito de plástico* made of plastic **2** **um homem feito/uma mulher feita** a grown man/a grown woman **3** (concluído) done: *Meu dever de casa já está feito.* My homework is already done.

fechar

1 A tradução **to close** é empregada na maioria dos contextos. **To shut** é frequente na língua falada quando se quer referir a portas, janelas, etc., mas não é usado, por exemplo, em relação a recipientes ou contas bancárias:

Quer que eu feche a janela? Do you want me to close the window?/Should I shut the window? | *Feche os olhos.* Close your eyes./Shut your eyes. | *Você não fechou o vidro de biscoitos.* You didn't close the cookie jar. | *Fechei minha conta de poupança.* I closed my savings account.

No inglês americano usa-se somente **to close** quando se fala sobre o horário de expediente de lojas, restaurantes, etc.

A que horas fecha o shopping? What time does the mall close?

2 Exceções:

Quando uma loja, uma fábrica, etc. fecha definitivamente, diz-se **to close** ou **to close down**:

Aquele cinema antigo fechou. That old movie theater closed./That old movie theater closed down.

REFERENTE A TORNEIRA (= to turn off)

Feche a torneira de água quente. Turn the hot water faucet off.

REFERENTE A ROUPA (= to fasten)

O vestido fecha atrás. The dress fastens at the back.

REFERENTE AO TEMPO (= to cloud over)

Não fomos à praia porque o tempo fechou. We didn't go to the beach because it clouded over.

REFERENTE A FERIDA (= to heal up)

Este corte está custando a fechar. This cut is taking a long time to heal up.

REFERENTE A SINAL DE TRÂNSITO (= to turn red)

O sinal vai fechar. The traffic light is going to turn red.

REFERENTE A ACORDO ASSINADO (= to sign)

Os dois países fecharam um acordo de paz. The two countries signed a peace agreement.

4 bem feito (para você/ele etc.)! serves you/him etc. right!

- **feito** *s* (façanha) deed
- **feito** *conj* (como) like: *Corri feito louca.* I ran like crazy.

felicidade *substantivo & substantivo plural*

- *s* **1** (contentamento) happiness: *um olhar de felicidade* a look of happiness **2** (sorte) good fortune: *Tivemos a felicidade de saber disso a tempo.* We had the good fortune to find out in time.

- **felicidades** *s pl* (congratulações) congratulations: *Muitas felicidades!* Congratulations!

feliz *adj* happy: *uma vida feliz* a happy life | *Fiquei muito feliz em te ver.* I was very happy to see you. ▶ ver **aniversário, ano-novo, Natal**

felizmente *adv* fortunately: *Tudo acabou bem, felizmente.* Fortunately everything turned out fine.

fêmea *s* female: *um jacaré fêmea* a female alligator

feminino, -na *adjetivo & substantivo*

- *adj* **1** (referente à mulher) female: *o sexo feminino* the female sex | *o público feminino* the female audience **2** (de ou para mulheres) women's: *a equipe feminina de basquete* the women's basketball team | *o banheiro feminino* the women's restroom **3** (característico da mulher) feminine: *gestos femininos* feminine gestures **4** (em gramática) feminine

- **feminino** *s* (em gramática) feminine

feminismo *s* feminism

feminista *adj & s* feminist

fenda *s* **1** (abertura) crack **2** (em saia) slit

fenômeno *s* **1** (fato) phenomenon (pl phenomena): *os fenômenos da natureza* natural phenomena **2 ser um fenômeno** (ser excepcional) to be fantastic: *Este jogador é um fenômeno.* This player is fantastic.

fera *s* **1** (animal) wild animal **2 estar/ficar uma fera** to be/get furious: *Meu pai ficou uma fera porque cheguei tarde.* My dad was furious because I came home late. | **ser uma fera** to be hot-tempered **3 ser fera em algo** (perito) to be a genius at sth: *Ele é fera em computação.* He's a genius at computer science.

feriado *s* holiday: *Dia 7 de setembro é feriado nacional no Brasil.* September 7th is a national holiday in Brazil.

férias *s pl* vacation sing (AmE), holiday sing (BrE): *Vamos para a Bahia nas férias.* We're going to Bahia during the vacation. | *Quando começam as suas férias?* When does your vacation start? | **estar de férias** to be on vacation (AmE), to be on holiday (BrE) | **tirar férias** to take a vacation (AmE), to take a holiday (BrE)

ferida *s* wound

ferido, -da *adjetivo & substantivo*

- *adj* **1** (em acidente, briga, queda) injured: *Ninguém ficou ferido na colisão.* Nobody was injured in the collision. **2** (por arma) wounded **3** (magoado) hurt: *orgulho ferido* hurt pride

- *s* **1** (em acidente, briga, etc.) injured person ▶ O plural costuma ser **injured**: *Houve dois mortos e doze feridos.* There were two dead and twelve injured. **2** (por arma) wounded person: *Levaram o ferido numa maca.* They carried the wounded man on a stretcher. ▶ O plural costuma ser **the wounded**: *os mortos e os feridos* the dead and wounded

ferimento *s* **1** (por acidente, briga, queda) injury (pl -ries): *ferimentos graves* serious injuries **2** (por arma, guerra) wound: *um ferimento a navalha* a knife wound

ferir *v* **1** (em acidente, briga, queda) to injure **2** (com arma, em guerra) to wound: *O policial feriu o bandido no tiroteio.* The policeman wounded the robber in the shootout. **3** (magoar) to hurt: *Suas palavras me feriram muito.* Your words really hurt me.

fermento *s* yeast
fermento em pó baking powder

feroz *adj* **1** (animal) ferocious **2** (pessoa) fierce **3** (ataque, luta) ferocious **4** (indignação, reação, etc.) fierce

ferrado, -da *adj* **1 estar ferrado** (em má situação) to have had it: *Estamos ferrados.* We've had it. **2 estar ferrado no sono** to be sound asleep

ferragens *s pl* **1** (peças de ferro ou metal) hardware *sing*: *uma loja de ferragens* a hardware store **2** (destroços) wreckage *sing*: *Ele ficou preso nas ferragens.* He was trapped in the wreckage.

ferramenta *substantivo & substantivo plural*
- *s* tool
- **ferramentas** *s pl* (em informática) tools: *Clique em Ferramentas.* Click on Tools.

saw
hammer
screwdriver
chisel

ferrão *s* (de inseto) sting

ferrar *v* (um cavalo) to shoe
ferrar-se *v* to do badly: *Ela se ferrou nos exames finais.* She did badly in her finals.

ferro *s* **1** (metal) iron | **de ferro** iron: *um portão de ferro* an iron gate **2** (de passar roupa) iron | **passar a ferro algo** to iron sth ▶ ver também **estrada**

ferrolho *s* bolt

ferro-velho *s* junkyard

ferrovia *s* railroad (AmE), railway (BrE)

ferroviário, -ria *adjetivo & substantivo*
- *adj* rail: *o transporte ferroviário* rail transportation
- *s* (trabalhador) railroad employee (AmE), railway employee (BrE)

ferrugem *s* rust

fértil *adj* fertile

ferver *v* **1** (entrar em ebulição) to boil: *É melhor ferver o leite.* It's best to boil the milk. | *Desligue o fogo quando a sopa ferver.* Turn off the heat when the soup boils. **2 estar fervendo** (estar muito quente) to be boiling: *O café está fervendo.* The coffee is boiling. | *Está fervendo aqui nesta sala.* It's boiling in this room.

festa *s* **1** (celebração) party (pl -ties): *uma festa de quinze anos* a fifteenth birthday party **2 fazer festa em alguém/algo** to make a fuss of sb/sth **3 boas festas!** (no Natal) Merry Christmas!
festa de despedida farewell party **festa junina** a Brazilian festival held in June

festejar *v* to celebrate: *Festejei meu aniversário numa boate.* I celebrated my birthday in a nightclub.

festival *s* festival: *um festival de rock* a rock festival

feto *s* fetus (pl -tuses) (AmE), foetus (pl -tuses) (BrE)

fevereiro *s* February ▶ ver "Active Box" **meses** em **mês**

fiapo *s* **1** (de pano, lã) thread **2** (de cabelo) wisp

fibra *s* **1** (fio) fiber (AmE), fibre (BrE) **2** (em alimento) fiber (AmE), fibre (BrE): *Pão integral contém bastante fibra.* Wholewheat bread contains plenty of fiber.
fibra de vidro fiberglass (AmE), fibreglass (BrE)

ficante *s* (homem) casual boyfriend, (mulher) casual girlfriend

ficar *v* **1** ▶ Quando *ficar* vem acompanhado de um adjetivo a tradução varia conforme o caso ▶ ver quadro na pág. 580
2 (estar situado) to be: *A igreja fica na praça.* The church is on the square. | *Onde fica a academia?* Where is the gym?
3 (permanecer) to stay: *Não fiquem muito tempo no sol.* Don't stay in the sun too long. | *Ela só ficou um dia.* She only stayed one day.
4 (hospedar-se) to stay: *Ficamos num hotel.* We stayed in a hotel. | *Vou ficar na casa de um amigo.* I'm going to stay at a friend's house.
5 (restar) to be left: *Ele comeu quase todas as balas. Só ficou uma.* He ate nearly all the candy. Only one piece was left.
6 (ter relação amorosa breve): *Ele ficou com uma menina na festa.* He made out with a girl at the party.
7 ficar fazendo algo (a) (fazer durante um tempo) Em inglês não se usa o gerúndio neste caso: *Ele fica assistindo TV o dia inteiro.* He watches TV all day. | *Ficamos conversando até tarde.* We talked until late. **(b)** (insistir) to keep doing sth: *Você fica me interrompendo.* You keep interrupting me.
8 ficar sentado/em pé etc. to be sitting/standing etc.: *Fico sentado o dia inteiro no meu trabalho.* I'm sitting the whole day in my job. | *Fiquei duas horas de pé.* I was standing for two hours.
9 ficar com algo (guardar) to keep sth: *Fique com o troco.* Keep the change. | *Você fica com isso para mim?* Will you keep this for me?
10 ficar com fome/medo/raiva etc. to get hungry/frightened/angry etc.: *Ele fica com ciúmes.* He gets jealous. | *Fiquei com frio.* I got cold.

11 ficar com sarampo/dor de cabeça etc. to get the measles/a headache etc.: *Fiquei com dor nas costas.* I got a backache.
12 ficar de fazer algo (a) (combinar) to arrange to do sth: *Ficamos de sair amanhã.* We arranged to go out tomorrow. **(b)** (prometer) to promise to do sth: *Fiquei de ajudá-la.* I promised to help her.
13 ficar em segundo/quarto etc. lugar to come in second/fourth etc.
14 ficar em R$10/R$200 etc. to come to R$10/R$200 etc.: *A viagem ficou em R$2.000.* The trip came to R$2,000.
15 ficar bem em alguém (roupa, etc.) to suit sb: *Essa saia vai ficar bem nela.* That skirt will suit her. ▶ Em inglês usa-se o presente do indicativo se a pessoa está usando a roupa naquele momento: *Essa calça não ficou bem em você.* Those pants don't suit you. | **ficar bem de azul/de saia etc.** to look good in blue/in a skirt etc.: *Ele fica bem de shorts.* He looks good in shorts.
16 ficar sem algo (a) (perder) to lose sth: *Eles ficaram sem lugar.* They lost their place. **(b)** (esgotar) to run out of sth: *Ficamos sem gasolina.* We ran out of gas.
17 ficar bem/mal fazer algo (convém ou não) to be appropriate/inappropriate to do sth

ficção s fiction
ficção científica science fiction ▶ também se diz **sci-fi**

ficha s **1** (de telefone) token: *Esse telefone usa ficha ou cartão?* Does this telephone take tokens or cards? **2** (tíquete) receipt **3** (formulário) form | **preencher uma ficha** to fill out a form (AmE), to fill in a form (BrE): *Preencha essa ficha com seus dados.* Fill out this form with your details. **4** (em jogo) chip **5** (de fichário) index card **6** (médica, na polícia) record: *Ele tem ficha na polícia.* He has a police record. **7** (dados pessoais) details pl: *Ela me deu toda a ficha dele.* She gave me all his details.

fichário s **1** (caderno) file **2** (caixa) card index (pl -xes) **3** (móvel) filing cabinet

fictício, -cia adj fictitious

fidelidade s **1** (em relação amorosa) fidelity **2** (lealdade) loyalty (pl -ties)

fiel adjetivo & substantivo plural
- **adj 1** (em relação amorosa) faithful **2** (leal) loyal: *um amigo fiel* a loyal friend **3** (exato) faithful: *um retrato fiel da situação* a faithful account of the situation **4 ser fiel a uma promessa/aos seus princípios etc.** to be true to a promise/to your principles etc.
- **fiéis s pl** (seguidores de uma religião) believers | **os fiéis** the faithful

fígado s **1** (em anatomia) liver **2** (alimento) liver: *fígado de galinha* chicken liver

figo s fig: *figos em calda* figs in syrup

---

ficar + adjetivo

1 No sentido de *tornar-se* traduz-se em geral por **to get**:
Ele ficou bravo comigo. He got mad at me. | *A que horas fica escuro?* What time does it get dark?

2 Com adjetivos que denotam estados físicos, cores, etc. traduz-se por **to go**:
ficar cego/surdo/louco/vermelho etc. to go blind/deaf/crazy/red etc.

3 Com adjetivos que terminam em **-ed**, derivados de verbos, ou que denotam um estado de espírito (por exemplo, **happy, sad,** etc.), traduz-se em geral por **to be**:
Ele vai ficar surpreso quando você contar para ele. He'll be surprised when you tell him. | *Fiquei decepcionado com a nota que tirei.* I was disappointed with the grade I got. | *Ele fica triste quando a namorada viaja.* He's unhappy when his girlfriend goes away.

4 Usa-se **to be** para descrever o caimento de uma roupa. Note que as formas *ficou/ficaram* se traduzem por **is/are** (presente do indicativo) quando se está falando sobre o que se está vendo naquele momento:
Essa calça ficou larga em mim. These pants are too big for me. | *Isso vai ficar apertado nela.* That'll be too tight for her.

5 Usa-se **to look** para descrever a aparência de uma pessoa ou roupa. Note que as formas *fiquei/ficou* etc. se traduzem por **look/looks** etc. (presente do indicativo) quando se está falando sobre o que se está vendo naquele momento.
Esse boné ficou ótimo em você. That hat looks great on you. | *Eu fico horrível de amarelo.* I look horrible in yellow.

6 Usa-se **to turn out** para expressar resultados:
As fotos ficaram boas. The photos turned out well.

---

figura s **1** (ilustração) picture: *um livro com figuras* a book with pictures **2** (forma) figure: *uma figura geométrica* a geometric figure **3** (pessoa) figure: *Ele é uma figura importante na música pop.* He is an important figure in pop music. **4 estar uma figura** to look silly: *Você está uma figura com esse chapéu.* You look silly in that hat. **5 mudar de figura** to change: *Agora as coisas mudaram de figura.* Things have changed now. **6 ser uma figura** to be a real character: *Teu primo é uma figura.* Your cousin's a real character.

figurante s (em cinema, teatro, televisão) extra

figurinha s (de coleção) card

fila s **1** (de espera) line (AmE), queue (BrE): *Esta é a fila do teatro?* Is this the line for the theater? | **fazer fila** to stand in line (AmE), to queue (BrE) |

furar a fila to cut in line (AmE), to jump the queue (BrE) **2** (de assentos) row: *Nossos lugares são na fila J.* Our seats are in row J.

filar *v* **filar algo (de alguém)** to scrounge sth (from sb)

filarmônica *s* philharmonic

filé *s* **1** (de carne) filet steak (AmE), fillet steak (BrE) **2** (de peixe) filet (AmE), fillet (BrE)

filé mignon filet mignon (AmE), fillet mignon (BrE)

fileira *s* **1** (um atrás do outro) line **2** (um ao lado do outro) row: *uma fileira de casas* a row of houses

filho, -lha *s* filho son | filha daughter | filhos (filho e filha) children: *Minha tia tem dois filhos.* My aunt has two children.
filho -lha adotivo -va adopted child ▶ Usa-se **adopted son** para referir-se a um homem, e **adopted daughter**, a uma mulher **filho -lha único -ca** only child: *Sou filha única.* I'm an only child.

filhote *s* **1** (de cachorro) puppy (pl -ppies) **2** (de gato) kitten **3** (de leão, urso) cub

filial *s* (de empresa, curso) branch (pl -ches)

filipeta *s* flyer

filmadora *s* camcorder

filmagem *s* **1** filming: *duas horas de filmagem* two hours of filming | **equipe de filmagem** film crew **2 as filmagens da novela etc.** the shooting of the soap, etc.

filmar *v* to film: *O seriado foi filmado no Havaí.* The series was filmed in Hawaii.

filme *s* **1** (em cinema, televisão) movie (AmE), film (BrE): *Não gostei do filme.* I didn't like the movie. | **assistir/ver um filme** to watch/see a movie: *Você já viu esse filme?* Have you seen the movie yet? | **passar um filme** to show a movie: *Vão passar esse filme na TV a cabo.* They're going to show that movie on cable TV. **2** (em fotografia) film: *Preciso comprar filme para a máquina.* I need to buy film for my camera. | *um filme de 24 poses* a 24-exposure film
filme de ação action movie **filme de ficção científica** sci-fi movie **filme de guerra** war movie **filme de suspense** thriller **filme de terror** horror movie

filosofia *s* philosophy (pl -phies)

filtro *s* filter
filtro de papel filter paper **filtro solar** sun block

fim *s* **1** (término) end: *o fim da aula* the end of the class | **no fim de algo** at the end of sth: *no fim da rua* at the end of the street **2 sem fim** endless: *uma conversa sem fim* an endless conversation **3** (objetivo) end: *O fim não justifica os meios.* The end does not justify the means. | **ter por fim fazer algo** to aim to do sth **4 ser o fim (da picada)** to be the (absolute) limit **5 estar a fim de algo** to feel like sth: *Estou a fim de um sorvete.* I feel like some ice cream. | **estar a fim de fazer algo** to feel like doing sth: *Estamos a fim de viajar no feriado.* We feel like going away over the holiday. **6 estar a fim de alguém** to like sb (AmE), to fancy sb (BrE): *O Alberto está a fim de você.* Alberto likes you.
fim de semana weekend: *no fim de semana* on the weekend | *no próximo fim de semana* next weekend

final *adjetivo, substantivo masculino & substantivo feminino*

• *adj* final: *prova final* final exam ▶ ver também **reta**

• *s* [masc] **1** (término) end: *Você ficou até o final da festa?* Did you stay until the end of the party? | **no final (de algo)** at the end (of sth): *Fomos à praia no final da tarde.* We went to the beach at the end of the afternoon. | **final de março/junho etc.** the end of March/June etc.: *até final de novembro* until the end of November **2** (de história, filme) ending: *um final feliz* a happy ending **3 no final das contas** in the end

• *s* [fem] (em esporte) final: *Ele já garantiu a vaga na final.* He's already ensured his place in the final. | **chegar à final** to reach the final

finalidade *s* aim

finalista *substantivo & adjetivo*

• *s* finalist: *as finalistas no concurso* the finalists in the competition

• *adj* **a dupla/o jogador etc. finalista** the pair/the player etc. in the final

finalizar *v* **finalizar algo** to finish sth off: *Para finalizar o show, eles tocaram uma música antiga.* They played an old song to finish off the show.

finanças *s pl* (situação econômica) finances

financeiro, -ra *adj* financial: *problemas financeiros* financial problems

fingir *v* to pretend: *Ela fingiu que não sabia da história.* She pretended she didn't know about the story.
fingir-se *v* to pretend to be: *Ele se fingiu de arrependido.* He pretended to be sorry.

fino, -na *adj* **1** (pouco espesso) thin: *um livro fino* a thin book | *uma camada fina* a thin layer **2** (delgado) fine: *um lápis de ponta fina* a pencil with a fine point **3** (cintura, dedos, braços, etc.) thin **4** (voz) high **5** (educado) refined **6** (refinado) fancy (AmE), posh (BrE): *um restaurante fino* a fancy restaurant

fio *s* **1** (de eletrodoméstico) cord (AmE), lead (BrE): *o fio do abajur* the cord of the lamp | **sem fio** cordless: *telefone sem fio* cordless phone **2** (de eletricidade) wire | **sem fio** wireless: *rede sem fio* wireless network **3 um fio de cabelo** a hair **4** (de fibra) thread: *Tem um fio solto no seu suéter.* There's a loose thread on your sweater. **5** (de líquido) trickle: *um fio de calda* a trickle of syrup **6** (encadeamento) string: *um fio de pérolas* a string of pearls **7 horas/dias/meses etc. a fio** hours/days/months etc. on end **8 perder o fio**

da meada to lose the thread: *Não me interrompa, senão perco o fio da meada.* Don't interrupt me or I'll lose the thread. **9 estar por um fio** (em perigo) to hang by a thread: *Minha vida esteve por um fio.* My life hung by a thread.
fio dental dental floss

firma *s* **1** (empresa) firm **2** (assinatura) signature

firme *adjetivo & advérbio*
- *adj* **1** (muro, escada) solid **2** (músculo, barriga, etc.) firm **3** (emprego, namoro, etc.) steady: *um namorado firme* a steady boyfriend **4** (tempo) settled
- *adv* **1 segurar firme (em algo)** to hold (sth) tight **2 namorar firme (com alguém)** to go steady (with sb): *Eles estão namorando firme.* They're going steady.

fiscal *s* inspector: *um fiscal da alfândega* a customs inspector

fiscalizar *v* **1** (vigiar) to monitor **2** (examinar) to examine: *Os guardas fiscalizaram todas as bolsas.* The policemen examined all the bags.

física *s* physics

físico, -ca *adjetivo & substantivo*
- *adj* physical: *atração física* physical attraction
  ▶ ver também **educação, preparo**
- *físico s* **1** (corpo) physique: *Ele tem físico de atleta.* He has an athlete's physique. **2** (cientista) physicist: *físico nuclear* nuclear physicist

fisionomia *s* face: *Nunca esqueço uma fisionomia.* I never forget a face. | **estar com uma fisionomia boa/cansada/triste etc.** to look well/tired/sad etc.

fisioterapeuta *s* physiotherapist

fisioterapia *s* physiotherapy | **fazer fisioterapia** to have physiotherapy

fita *s* **1** (de gravação) tape **2** (tira) ribbon: *Embrulhei o presente com uma fita azul.* I wrapped the present with a blue ribbon.
fita adesiva adhesive tape **fita cassete** cassette tape **fita Durex®** Scotch tape® (AmE), sellotape (BrE) **fita isolante** insulating tape **fita métrica** tape measure **fita virgem** blank tape

fivela *s* **1** (em cinto, bolsa, etc.) buckle **2** (para cabelo) barrette (AmE), slide (BrE)

fixar *v* **1** (pregar) to fix **2** (firmar) to fasten **3** (uma data, um prazo, um preço) to set **4 fixar a atenção em algo/alguém** to focus your attention on sth/sb **5 fixar os olhos/o olhar em alguém/algo** to stare at sb/sth **6 fixar residência** to settle: *Eles fixaram residência em São Paulo.* They settled in São Paulo.
fixar-se *v* **fixar-se em algo** to focus on sth

fixo, -xa *adj* **1** (preso) fixed: *A mesa é fixa na parede.* The table is fixed to the wall. **2** (quantia, data) fixed: *Os jogos são em dias fixos.* The games are on fixed days. **3** (emprego, endereço) permanent

flácido, -da *adj* flabby

flagrante *s* **pegar alguém em flagrante** to catch sb red-handed: *O assaltante foi pego em flagrante.* The robber was caught red-handed.

flagrar *v* to catch: *Ontem flagrei os dois se beijando.* Yesterday I caught the two of them kissing.

flanela *s* flannel: *uma camisa de flanela* a flannel shirt

flash *s* **1** (em câmera) flash (pl -shes): *Sua câmera tem flash?* Does your camera have a flash? **2** (notícia rápida) news bulletin (AmE), newsflash (pl -shes) (BrE): *Interromperam a programação para um flash.* They interrupted the program for a news bulletin.

flauta *s* flute
flauta doce recorder **flauta transversa** flute

flautista *s* flutist (AmE), flautist (BrE)

flecha *s* arrow

flertar *v* to flirt | **flertar com alguém** to flirt with sb

flexão *s* (em ginástica) push-up (AmE), press-up (BrE) | **fazer flexão** to do push-ups (AmE), to do press-ups (BrE): *Fiz 20 flexões.* I did 20 push-ups.

flexível *adj* flexible

fliperama *s* **1** (máquina) pinball machine **2** (local) video arcade

floco *s* flake
floco de neve snowflake **flocos de milho** cornflakes

flor *s* **1** flower: *flores secas* dried flowers **2** (de árvore frutífera) blossom: *flor de laranjeira* orange blossom | **estar em flor** to be in bloom: *As rosas estão em flor.* The roses are in bloom.
▶ Quando se trata de uma árvore frutífera também se diz **in blossom**: *um limoeiro em flor* a lemon tree in blossom/a lemon tree in bloom

rose
daffodil
tulip
gladiola
sunflower

floresta *s* forest: *uma floresta tropical* a tropical forest

floricultura *s* (loja) florist's: *Ela tem uma floricultura.* She owns a florist's.

florista *s* florist

fluência s fluency | **com fluência** fluently: *Ele fala alemão com fluência.* He speaks German fluently.

fluente adj fluent: *Sou fluente em espanhol.* I'm fluent in Spanish.

fluir v **1** (líquido, trânsito) to flow **2** (conversa) to flow: *A conversa passou a fluir mais naturalmente.* The conversation started to flow more naturally.

flúor s fluoride: *pasta dental com flúor* fluoride toothpaste

flutuar v to float

fobia s phobia

foca s seal

focalizar v **1 focalizar uma câmera** to focus a camera **2 focalizar algo (a)** (com câmera, binóculo, etc.) to focus on sth **(b)** (um tema, um problema) to focus on sth

focinheira s muzzle

focinho s **1** (de cachorro, cavalo) muzzle **2** (de porco) snout

foco s **1** (aspecto principal) focus: *o foco das investigações* the focus of the investigations **2** (nitidez) focus | **fora de foco** out of focus **3** (ponto de vista) angle: *Você tem que analisar isso sob outro foco.* You need to consider this from another angle. **4** (de epidemia, conflito) center (AmE), centre (BrE)

fofo, -fa adj **1** (almofada, tapete, etc.) soft **2 ser/estar fofo** (pessoa) to be/look cute: *O Daniel estava muito fofo com aquela roupa.* Daniel looked really cute in that outfit.

fofoca s gossip ▶ **gossip** é incontável e não pode vir precedido do artigo **a**: *Quer ouvir uma fofoca?* Do you want to hear some gossip? | *Tenho muitas fofocas para te contar.* I've got lots of gossip to tell you. | **fazer fofoca** to gossip: *Elas gostam de fazer fofoca.* They like to gossip.

fofoqueiro, -ra substantivo & adjetivo

• s gossip

• adj Não existe um adjetivo correspondente. Use o substantivo: *Ele é tão fofoqueiro!* He's such a gossip! | *Que garota fofoqueira!* She's such a gossip!

fogão s stove (AmE), cooker (BrE)

fogo substantivo & substantivo plural

• s **1** fire | **botar/tocar fogo em algo** to set fire to sth | **pegar fogo** to catch fire: *O prédio pegou fogo de madrugada.* The building caught fire in the early hours of the morning. **2 em fogo brando/alto** on a low/high heat **3 ser fogo (a)** (ser terrível ou difícil) to be terrible: *Essa sua amiga é fogo; fala mal de todo mundo.* That friend of yours is terrible; she runs everyone down. **(b)** (ser excelente) to be awesome (AmE), to be brilliant (BrE): *Esse time é fogo, ganha todas as partidas!* That team is just awesome; they win all their games! **4** (tiros) fire: *sob fogo cerrado* under heavy fire | **abrir fogo** to open fire ▶ ver **arma**

• **fogos** s pl fogos (de artifício) fireworks | **soltar fogos** to set off fireworks (AmE), to let off fireworks (BrE)

fogueira s fire | **fazer uma fogueira** to make a fire

foguete s rocket

folclore s folklore

folclórico, -ca adj (música, arte) folk: *uma canção folclórica* a folk song

fôlego s breath | **sem fôlego** out of breath: *Fiquei sem fôlego depois da corrida.* I was out of breath after the race. | **tomar fôlego** to get your breath back

folga s **1** (tempo livre) **uma folga** some time off: *Vou ter uma folga hoje à tarde.* I'm going to have some time off this afternoon. | **um dia de folga/uma semana de folga etc.** a day off/a week off etc.: *Amanhã é meu dia de folga.* Tomorrow's my day off. **2** (abuso) **ser uma folga/ser muita folga** to be a cheek/to be very cheeky (BrE) | **que folga!** what nerve! (AmE), what a cheek! (BrE)

folgado, -da adj **1** (roupa) baggy **2** (abusado) sassy (AmE), cheeky (BrE): *Ele é muito folgado.* He's very sassy. **3** (desocupado) free

folgar v to have the day off: *Ele folga nas segundas.* He has Mondays off.

folha s **1 folha (de papel)** sheet of paper: *Escreva sua redação numa folha separada.* Write your essay on a separate sheet of paper. **2** (de planta) leaf (pl leaves) ▶ ver também **novo 3** (de jornal, caderno, redação, etc.) page: *Pega uma folha do meu bloco.* Take a page from my notepad. | *Temos que escrever pelo menos uma folha.* We have to write at least a page.

folhear v **folhear um livro/uma revista etc.** to leaf through a book/a magazine etc.: *Eu estava folheando o jornal.* I was leafing through the newspaper. ▶ Quando se folheia rapidamente, diz-se **to flick through**: *Só tive tempo de folhear o artigo.* I only had time to flick through the article.

folheto s leaflet

fome s **1** (necessidade de comer) hunger | **estar com (muita) fome** to be (very) hungry | **ficar com fome** to get hungry | **estar morto/morrendo de fome** to be starving: *Você deve estar morrendo de fome.* You must be starving. | **estar sem fome** not to be hungry: *Coma você, estou sem fome.* You eat it, I'm not hungry. **2** (escassez de comida) famine: *os países atingidos pela fome* the countries hit by famine | **morrer de fome** to starve to death | **passar fome** to starve

fone s (peça de telefone) receiver: *Ele passou o fone para mim.* He passed the receiver to me.
fone de ouvido headphones

fonte s **1** (de energia, informações, etc.) source: *O turismo é uma importante fonte de rendas.* Tourism is an important source of income. |

fora

segundo fontes confiáveis according to reliable sources **2** (chafariz) fountain: *Tem uma fonte no meio da praça.* There's a fountain in the middle of the square. **3** (nascente) spring **4** (têmpora) temple

fora *advérbio, preposição, substantivo & interjeição*
- *adv* **1 fora de algo** outside sth: *fora da caixa* outside the box | *Nunca nos vemos fora da escola.* We never see each other outside school. | *Moramos fora de São Paulo.* We live outside São Paulo.
2 (de casa) out: *Fiquei o dia todo fora.* I was out all day.
3 (viajando) away: *Passei o fim de semana fora.* I spent the weekend away.
4 (no exterior) abroad: *Ele estudou fora.* He studied abroad.
5 de fora (a) (da parte exterior) from outside: *Vista de fora, a casa parece mínima.* Seen from outside, the house looks really small. **(b)** (exposto) showing: *Ela estava usando um top, com a barriga de fora.* She was wearing a top with her midriff showing.
6 do lado de fora outside: *Deixamos o cachorro do lado de fora.* We left the dog outside.
7 estar/ficar fora de si to be beside yourself
8 estar por fora to be in the dark
9 fora de ação/controle/perigo etc. out of action/control/danger etc.: *A foto ficou fora de foco.* The photo is out of focus.
10 lá fora (do lado de fora) outside: *Está frio lá fora.* It's cold outside.
11 por fora on the outside: *O casaco é amarelo por fora e azul por dentro.* The coat is yellow on the outside and blue inside.

- *prep* (com exceção de) apart from: *Fora o Lucas, estamos todos aqui.* Apart from Lucas, we're all here.

- *s* **1** (gafe) blunder | **dar um fora** to make a blunder
2 dar um fora em alguém (a) (fazer ficar sem graça) to put sb in their place **(b)** (num pretendente) to turn sb down

- *interj* fora! get out!

força *s* **1** (física) strength **2 com força (a)** (bater, puxar, etc.) hard: *Não bata a porta com tanta força.* Don't slam the door so hard. **(b)** (apertar, abraçar, etc.) tightly: *Ele me abraçou com muita força.* He hugged me very tightly. **3 à força** by force: *Eles tentaram entrar à força no prédio.* They tried to enter the building by force. **4 dar força a algo** to support sth: *Agradecemos a todos que deram força ao nosso projeto.* We thank everybody who supported our project. | **dar uma força (a alguém)** to help (sb) out: *Eles me deram a maior força.* They really helped me out. **5 fazer força** (fazer um esforço) to make an effort **6** (energia elétrica) power **7** (em Física) force: *a força da gravidade* the force of gravity **8** (militar) force: *as forças armadas* the armed forces
força de vontade willpower

forçado, -da *adj* forced: *um pouso forçado* a forced landing | *um sorriso forçado* a forced smile

forçar *v* **1** (obrigar) to force | **forçar alguém a fazer algo** to force sb to do sth **2** (uma tranca, etc.) to force: *Os ladrões forçaram a porta.* The thieves forced the door. **3** (a vista, a perna, etc.) to strain

forma [ó] *s* **1** (formato) shape: *uma forma cilíndrica* a cylindrical shape | **de forma irregular/retangular** etc. irregular-shaped/rectangular-shaped etc. **2** (modo) way: *É uma forma de prevenir a doença.* It's a way of preventing the disease. | **de forma diferente/correta** etc. in a different/correct etc. way: *Ela se portou de forma estranha hoje.* She behaved in a strange way today. | **de qualquer forma** anyway **3** (condição física) **estar/ficar em (boa) forma** to be/get in (good) shape | **estar fora de forma** to be out of shape **4** (tipo) form

forma [ô] *s* **1** (molde) mold (AmE), mould (BrE) **2** (para bolo, pudim, etc.) pan (AmE), tin (BrE) ▶ ver também **pão**

formação *s* **1** (educação) upbringing: *Ela teve uma formação cristã.* She had a Christian upbringing. **2** (profissional) training **3** (criação) formation

formado, -da *adj* (graduado) **ser formado em Matemática/Letras** etc. to be a graduate in math/languages etc.: *Ela é formada em Economia pela Universidade de Chicago.* She's a graduate in economics from the University of Chicago.

formal *adj* (roupa, pessoa, cerimônia) formal

formar *v* **1** (dar a forma de) to form: *Dobre a folha na diagonal, formando um triângulo.* Fold the sheet diagonally to form a triangle. **2** (uma associação, um grupo, etc.) to form **3** (educar) to train: *Esta escola formou artistas famosos.* The school has trained famous artists. **4** (enfileirar) to line up: *As turmas formaram lado a lado no pátio.* The classes lined up side by side in the playground.
formar-se *v* **1** (tomar forma) to form **2** (diplomar-se) to graduate: *Minha irmã vai se formar este ano em Direito.* My sister is going to graduate this year in law.

formatar *v* (em informática) to format: *Como se formata um texto?* How do you format a text?

formato *s* format

formatura *s* (de escola, universidade) graduation: *Você vai à minha festa de formatura?* Are you coming to my graduation party?

formiga *s* ant

formigueiro *s* ants' nest ▶ O monte que se vê no solo chama-se **anthill**

formulário *s* form: *formulário de inscrição* application form | **preencher um formulário** to fill out a form (AmE), to fill in a form (BrE)

fornecer v **fornecer algo (a alguém)** to supply sth (to sb)

forno s **1** (em cozinha) oven | **acender o forno** to light the oven **2 estar/ser um forno** to be boiling: *Abra a janela; está um forno aqui dentro.* Open the window, it's boiling in here.
forno de micro-ondas microwave oven

forra s **ir à forra** to get revenge: *Pode esperar, que vou à forra!* Just wait, I'll get my revenge!

forrar v **forrar algo (com algo) (a)** (roupa, paredes, etc.) to line sth (with sth): *O paletó vai ser forrado com seda.* The jacket will be lined with silk. **(b)** (sofá, cadeira, etc.) to cover sth (with sth)

forro s **1** (interior) lining: *o forro de uma saia* the lining of a skirt **2** (exterior) cover: *o forro de um sofá* the cover of a sofa

forró s Para explicar o significado desta palavra pode-se dizer *music and dance typical of the northeast of Brazil*

fortalecer v to strengthen: *A natação fortalece os músculos das pernas.* Swimming strengthens your leg muscles.

forte adjetivo, advérbio & substantivo
- **adj** & **adv** ▶ ver quadro
- **s 1** (fortaleza) fort **2** (especialidade) strength

fortuna s **1** (bens) fortune: *Ela herdou a fortuna dos avós.* She inherited her grandparents' fortune. **2 uma fortuna** a fortune: *Ele ganhou uma fortuna na loteria.* He won a fortune on the lottery.

fosco, -ca adj **1** (vidro) frosted **2** (cor) matte

fosforescente adj luminous

fósforo s (para acender) match (pl -ches): *Você tem fósforo?* Do you have a match? | *uma caixa de fósforos* a box of matches/a matchbox ▶ **A box of matches** é uma caixa cheia de fósforos; **a matchbox** é a caixa em si, com ou sem conteúdo. | **acender/riscar um fósforo** to light/strike a match

fossa s **1** (tristeza) depression | **estar na fossa** to be down in the dumps **2** (séptica) septic tank

fóssil s fossil

foto s photo, picture ▶ **picture** é mais coloquial: *a foto do meu namorado* the photo of my boyfriend/the picture of my boyfriend | **tirar uma foto (de algo/alguém)** to take a photo (of sth/sb), to take a picture (of sth/sb): *Tirei muitas fotos na festa.* I took a lot of photos at the party. | *Quero tirar uma foto sua surfando.* I want to take a picture of you surfing.

fotocópia s photocopy (pl -pies)

fotocopiar v to photocopy

fotogênico, -ca adj photogenic

fotografar v to photograph

fotografia s **1** (atividade) photography: *um curso de fotografia* a photography course **2** (imagem) photograph: *um álbum de fotografias* a photograph album

forte

ADJETIVO

1 PESSOA (= strong)

um menino muito forte a very strong boy | *Você tem que ser forte.* You've got to be strong.

2 MUSCULOSO (= muscular)

O João é aquele cara forte ali. João is that muscular guy over there.

3 DOR (= bad, intense)

uma dor de cabeça muito forte a very bad headache

4 CHEIRO, GOSTO (= strong)

um cheiro forte de alho a strong smell of garlic

5 ABRAÇO (= big)

Ele me deu um abraço forte. He gave me a big hug.

6 APERTO DE MÃO (= firm)

7 FILME, PEÇA (= powerful)

8 MOEDA (= strong)

A libra está muito forte. The pound is very strong.

9 CHUVA (= heavy)

10 VENTO, SOL (= strong)

ADVÉRBIO

1 SEGURAR, ABRAÇAR (= tight)

Ele me abraçou forte. He held me tight.

2 CHUTAR, EMPURRAR (= hard)

O jogador chutou forte. The player kicked the ball hard.

fotográfico, -ca adj photographic: *uma memória fotográfica* a photographic memory ▶ ver também **máquina**

fotógrafo, -fa s photographer

foz s mouth: *a foz do rio São Francisco* the mouth of the São Francisco river

fracassado, -da adjetivo & substantivo
- **adj** (tentativa, atentado, etc.) failed
- **s** (pessoa) failure

fracassar v (pessoa, tentativa, operação, etc.) to fail

fracasso s **1** (insucesso) failure **2** (filme, disco, etc.) flop: *O musical foi um fracasso total.* The musical was a complete flop. **3 ser um fracasso (em algo)** to be useless (at sth): *Sou um fracasso de manhã.* I'm useless in the mornings. | *Meu irmão é um fracasso em Química.* My brother's useless at chemistry.

fraco, -ca adj **1** (sem força) weak: *Estou me sentindo muito fraco.* I'm feeling very weak. | *um adversário fraco* a weak opponent **2** (medíocre) poor: *um filme fraco* a poor movie | *Sua redação está muito fraca.* Your essay's very poor.

frágil

3 (pancada, chute, etc.) gentle **4** (sol) weak **5** (chuva) light **6** (luz) dim **7** (café, chá, etc.) weak: *um café fraco* a weak cup of coffee **8 estar/ser fraco em algo** to be weak at sth: *Sempre fui fraca em Álgebra.* I've always been weak at algebra. ▶ ver também **ponto**

frágil *adj* fragile: *um aparelho frágil* a fragile piece of equipment | *Estou me sentindo frágil hoje.* I'm feeling fragile today.

fralda *s* diaper (AmE), nappy (pl nappies) (BrE)

framboesa *s* raspberry (pl -rries): *geleia de framboesa* raspberry jam

França *s* a França France: *na França* in France

francês, -esa *adjetivo & substantivo*

• *adj* French

• *s* (pessoa) **francês** Frenchman (pl -men) | **francesa** Frenchwoman (pl -women) | **os franceses** (povo) the French

• **francês** *s* (idioma) French

franco, -ca *adjetivo & substantivo*

• *adj* **1** (amigo, resposta, etc.) frank **2** (grátis) free: *entrada franca* free admission

• **franco** *s* (moeda) franc

frango *s* chicken: *frango assado* roast chicken

franja *s* **1** (no cabelo) bangs (AmE), fringe (BrE) **2** (em roupa, cortina, etc.) fringe

franzir *v* **1 franzir a testa** to furrow your brow **2 franzir o nariz** to wrinkle your nose **3** (em costura) to pleat

fraqueza *s* weakness (pl -sses)

frasco *s* (de remédio, perfume) bottle

frase *s* sentence: *Como é que eu digo essa frase em inglês?* How do I say this sentence in English?

fratura *s* fracture
  fratura exposta compound fracture

fraturar *v* to fracture: *Fraturei o braço jogando vôlei.* I fractured my arm playing volleyball.

fraudar *s* to defraud

fraude *s* fraud: *fraude eleitoral* election fraud

freada *s* braking | **dar uma freada (brusca)** to brake (suddenly)

frear *v* to brake: *Se eu não freasse, teria batido.* If I hadn't braked, I would have crashed. | **frear o carro/a moto etc.** to brake ▶ Note que **to brake** é um verbo intransitivo.

freguês, -esa *s* customer

freio *s* **1** (em veículo) brake **2** (em cavalo) bridle
  freio de mão emergency brake (AmE), handbrake (BrE)

freira *s* nun

frente *s* **1** (parte anterior) front: *A frente do carro ficou toda amassada.* The front of the car was all dented. | *a porta da frente* the front door **2 em frente (a)** (diante) in front **(b)** (do outro lado da rua) opposite: *a casa em frente* the house opposite **(c)** (adiante) ahead: *Siga em frente e dobre à direita.* Go straight ahead and then turn right. | **em frente a/de algo (a)** (diante de) in front of sth: *Ela marcou comigo em frente do banco.* She arranged to meet me in front of the bank. **(b)** (do outro lado da rua) opposite sth: *Eu moro em frente da escola.* I live opposite the school **3 na frente de algo/alguém** in front of sth/sb: *na frente da televisão* in front of the television | **na minha frente/na frente dele** etc. in front of me/in front of him etc. **4 à frente (para frente)** forward: *Dê dois passos à frente.* Take two steps forward. | **à frente (de algo/alguém)** (na dianteira) ahead (of sth/sb): *Ela está à frente de sua turma.* She's ahead of her class. **5 de frente** (bater, encarar, etc.) head-on: *Ele bateu de frente num caminhão.* He hit a truck head-on. | **virar de frente** to turn to face forward | **de frente para alguém** facing sb: *Ele se sentou de frente para mim.* He sat facing me. **6 de trás para a frente** (blusa, suéter) backward (AmE), back to front (BrE) **7 para a frente** forward: *Puxe a sua cadeira para a frente.* Pull your chair forward. **8** (em meteorologia) front | **uma frente fria/quente** a cold/warm front

frentista *s* (gas station) attendant (AmE), (petrol pump) attendant (BrE)

frequência *s* **1** (assiduidade) frequency | **com (muita) frequência** (very) often: *Eles viajam com frequência para os EUA.* They often travel to the U.S. | **com que frequência?** how often?: *Com que frequência você vai ao cinema?* How often do you go to the movies? **2** (de rádio, onda sonora) frequency (pl -cies)

frequentar *v* **1 frequentar uma boate/um bar** etc. to go to a club/a bar etc.: *Deixamos de frequentar essa praia.* We stopped going to that beach. **2 frequentar uma escola/um curso** etc. to attend a school/a class etc.: *Só frequentei o curso por dois meses.* I only attended the class for two months.

frequente *adj* frequent

frequentemente *adv* often: *Vou frequentemente a festas.* I often go to parties. ▶ Existe também **frequently**, que é mais formal

frescão *s* air-conditioned bus

fresco, -ca *adj* **1** (referente a temperatura) cool: *Está mais fresco aqui dentro.* It's cooler in here. | *Ponha um vestido fresco.* Put on a cool dress. **2** (alimentos) fresh: *frutas frescas* fresh fruit **3 ar fresco** fresh air **4** (cheio de manias) fussy

frescobol *s* Para explicar o significado desta palavra pode-se dizer *a game similar to tennis, played on the beach*

frescura *s* **isso é frescura sua/dele** etc. you're/he's etc. just being fussy | **deixar de frescura** to stop being fussy | **ser cheio de frescura** to be fussy

fresta *s* gap

 As 2.000 palavras mais importantes do inglês estão assinaladas no texto.

fretar v (um avião, etc.) to charter: *A escola fretou um ônibus de excursão.* The school chartered a tour bus.

friagem s chill: *Está muita friagem aqui fora.* It's really chilly out here. | **pegar friagem** to catch a chill

friccionar v (massagear) to rub | **friccionar algo em algo** to rub sth on sth

frigideira s frying pan

frio, fria adjetivo, & substantivo plural

• **adj 1** (referente a temperatura) cold: *um vento frio* a cold wind | *Não gosto de comida fria.* I don't like cold food. | *Está muito frio hoje.* It's very cold today. **2** (indiferente) cold **3** (insensível) unfeeling

• **frio** s **1** cold: *Esse casaco me protege do frio.* This coat protects me from the cold. | **fazer frio** to be cold: *Faz muito frio lá.* It's very cold there. **2 estar com (muito) frio** to be (very) cold | **estar morrendo de frio** to be freezing: *Vamos entrar, estou morrendo de frio.* Let's go in, I'm freezing.

• **frios** s pl (carnes) cold cuts: *Pedi um prato de frios.* I ordered a plate of cold cuts.

friorento, -ta adj **ser friorento** to feel the cold: *Ela é muito friorenta.* She really feels the cold.

frisar v **1** (o cabelo) to curl **2** (enfatizar) to stress

fritar v (um bife, um ovo, etc.) to fry

frito, -ta adj **1** (batata, ovo, etc.) fried **2 estar frito** (estar em má situação) to have had it: *Se ele descobrir, estamos fritos.* If he finds out, we've had it.

fritura s fried food: *Fritura engorda.* Fried food is fattening.

fronha s pillowcase

fronteira s border: *na fronteira paraguaia* on the Paraguayan border ▶ Também existe **frontier**, que é mais formal | **fazer fronteira com algo** to share a border with sth: *O Brasil faz fronteira com o Peru.* Brazil shares a border with Peru.

frota s **1** (de navios) fleet **2** (de táxis, ônibus) fleet

frouxo, -xa adj **1** (largo) loose: *Esta calça está frouxa em mim.* These pants are loose on me. **2** (corda, elástico) slack **3** (pernas) weak **4** (covarde) soft: *Deixa de ser frouxo.* Stop being soft.

frustrante adj frustrating: *um dia frustrante* a frustrating day

fruta s fruit: *No Brasil se come muita fruta.* We eat a lot of fruit in Brazil. ▶ Em geral, a palavra **fruit** é incontável e portanto não tem plural e não pode vir precedida do artigo **a**: *Coma uma fruta.* Eat some fruit./Eat a piece of fruit. | *As frutas fazem bem à saúde.* Fruit is good for you. ▶ Quando se especifica a fruta, a palavra **fruit** é usada como em português: *A maçã é uma fruta.* The apple is a fruit. | *frutas brasileiras, como acerola e jabuticaba* Brazilian fruits, like acerola and jabuticaba ▶ ver também **salada**

fruteira s fruit bowl

fruto s **1** (fruta) fruit **2** (resultado) result | **ser fruto de algo** to be the result of sth: *A vitória foi fruto de muito trabalho.* The victory was the result of a great deal of work.

frutos do mar seafood

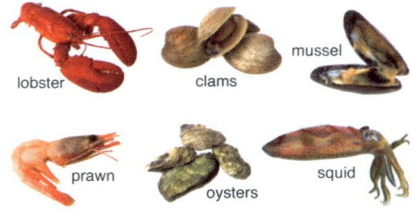

fuga s escape

fugir v **1** (a pé) to run away **2** (de carro, etc.) to get away: *O assaltante fugiu antes de a polícia chegar.* The mugger got away before the police arrived. **3** (de dentro de um lugar) to escape: *Eles fugiram da prisão.* They escaped from prison. **4 fugir de casa** to run away from home **5** (de região, país) to flee

fulano, -na adj **fulano (de tal)** so-and-so | **fulano e beltrano** Tom, Dick and Harry

fulminante adv **1** (fatal) massive: *um ataque cardíaco fulminante* a massive heart attack **2** (violento) devastating: *um golpe fulminante* a devastating blow

fumaça s **1** (de cigarro, fogueira, etc.) smoke **2** (de carro, fábrica) fumes pl

fumante s smoker | **área para fumantes/não fumantes** smoking/nonsmoking area

fumar v to smoke: *Você fuma?* Do you smoke? | *Aqui é proibido fumar.* Smoking is not allowed in here. | **deixar/parar de fumar** to quit smoking (AmE), to give up smoking (BrE)

fumo s **1** (tabaco) tobacco **2** (maconha) dope

função s **1** (papel, cargo) job: *A função do atacante é fazer gols.* The striker's job is to score goals. **2** (uso) function: *Qual é a função desse aparelho?* What's the function of this machine?

funcionamento s **1** (de uma loja, banco, etc.) opening | **horário de funcionamento** opening hours **2** (processo) operation

funcionar v **1** (operar) to work: *O elevador não está funcionando.* The elevator isn't working. | *Como é que funciona isso?* How does this work? **2** (abrir) to open: *O parque de diversões não funciona aos sábados.* The amusement park doesn't open on Saturdays. **3** (dar bom resultado) to work: *A minha ideia funcionou.* My idea worked.

Gostaria de uma lista de frases úteis para falar de si mesmo em inglês? Consulte o **guia para a comunicação**, no final do livro.

funcionário, -ria s **1** (empregado) employee **2** (representante) official: *um alto funcionário do governo* a top government official
funcionário público public employee

fundador, -a adjetivo & substantivo
• **adj** founding
• **s** founder

fundamental adj fundamental: *a diferença fundamental entre elas* the fundamental difference between them | *Na grama, um bom saque é fundamental.* On grass, a good serve is fundamental.

fundar v to found: *Fundamos uma associação.* We founded an association.

fundilho s (de calça, short) seat

fundo, -da adjetivo, substantivo & substantivo plural
• **adj 1** (profundo) deep: *a parte funda da piscina* the deep end of the swimming pool **2** (suspiro) deep **3** (olhos) deep-set ▶ ver também **prato**
• **fundo** s **1** (de aposento, quintal, etc.) back: *no fundo da loja* in the back of the store **2** (de bolsa, mala, etc.) bottom: *O guia estava no fundo da mochila.* The guidebook was at the bottom of the backpack. **3** (do mar, de rio) bed: *no fundo do rio* on the river bed **4** (de piscina) deep end: *Ele pulou no fundo.* He jumped in the deep end. **5** (de recipiente, gaveta, etc.) bottom: *no fundo da garrafa* at the bottom of the bottle **6** (de desenho, quadro) background: *flores num fundo branco* flowers on a white background **7** (íntimo) bottom: *do fundo do meu coração* from the bottom of my heart **8** (de dinheiro) fund **9 no fundo (a)** (no íntimo) deep down: *No fundo, ele é muito inseguro.* Deep down, he's very insecure. **(b)** (realmente) basically: *No fundo, é a mesma coisa.* Basically, it's the same thing.
• **fundos** s pl **1** (de uma casa, etc.) back: *nos fundos do hotel* at the back of the hotel | *a porta dos fundos* the back door **2** (dinheiro) funds: *Estou sem fundos no banco.* I have no funds in the bank. ▶ ver também **cheque**
fundo musical background music

fúnebre adj (sombrio) gloomy: *A casa tem um ar fúnebre.* The house has a gloomy air about it.

funerária s funeral home (AmE), undertaker's (BrE)

furacão s hurricane

furado, -da adj **1 um balde/sapato etc. furado** a bucket/shoe etc. with a hole in it | **estar furado** to have a hole in it/them: *Os dois sapatos estão furados.* Both shoes have holes in them. **2** (orelha) pierced: *Ela tem orelhas furadas?* Does she have pierced ears? **3** (cano) leaking **4 um pneu furado** a flat tire (AmE), a flat tyre (BrE)

furar v **1** (com agulha, etc.) to prick: *Furei o dedo com a agulha.* I pricked my finger with the needle. **2** (fazer um furo) **furar algo (a)** to make a hole in sth: *Ele furou o pacote com o dedo.* He made a hole in the packet with his finger. **(b)** (com furadeira) to drill a hole in sth: *Tivemos que furar a parede.* We had to drill a hole in the wall. **(c)** (com furador) to punch holes in sth: *Furei as folhas para pô-las no meu fichário.* I punched holes in the pages to put them in my file. **3** (um pneu, uma bola) to puncture **4** (a orelha, etc.) to pierce: *Vou furar as orelhas.* I'm going to get my ears pierced. **5** (ganhar furo) to blow out: *O pneu furou.* The tire blew out. **6** (desistir) to poop out: – *Ela veio? – Não, ela furou.* "Did she come?" "No, she pooped out." | **furar com alguém** to poop out on sb (AmE), to blow sb out (BrE): *Não quero furar com você.* I don't want to poop out on you. **7 furar uma greve** to break a strike ▶ ver também **fila**

furioso, -sa adj furious: *Ela está furiosa comigo.* She's furious with me. | **ficar furioso** to be furious: *Meu pai ficou furioso quando soube disso.* My dad was furious when he found out.

furo s **1** (buraco) hole: *A parede está cheia de furos.* The wall is full of holes. **2** (em pneu, bola, etc.) puncture: *O pneu está com um furo.* The tire has a puncture. **3** (mancada) slip-up | **dar um furo** to slip up **4** (jornalístico) scoop

furúnculo s boil

fusível s fuse: *O fusível queimou.* The fuse has blown.

fuso horário s time zone

futebol s soccer (AmE), football (BrE) ▶ ver quadro

futebol americano football (AmE), American football (BrE) **futebol de salão** five-a-side soccer (AmE), five-a-side football (BrE)

ball
soccer uniform (AmE)/ football strip (BrE)
soccer

---

football ou soccer?

No inglês americano, **football** significa *futebol americano* e **soccer** designa o nosso tipo de futebol. No inglês britânico, o termo mais usado para referir-se ao futebol comum é **football**, embora se use, com menos frequência, **soccer**.

uma partida de futebol é **a soccer game** no inglês americano e **a football match** ou **a game of football/soccer** no inglês britânico.

jogar futebol traduz-se por **to play soccer** (AmE) /**to play football** (BrE)

---

fútil adj **1** (pessoa) shallow **2** (banal) trivial

futilidade s **1** (de pessoa) shallowness **2** (coisa sem importância) trivial thing: *Não gaste sua mesada em futilidades.* Don't spend your allowance on trivial things.

futsal s five-a-side football (BrE)

futuro, -ra adjetivo & substantivo
- *adj* future: *meu futuro colégio* my future school | **meu futuro sogro/nosso futuro presidente etc.** my future father-in-law/our future president etc. ▶ *futura esposa* também pode ser traduzido por **wife-to-be**, e *futuro esposo*, por **husband-to-be**
- **futuro** s **1** future: *O que você pretende fazer no futuro?* What do you intend to do in the future? | **num futuro próximo** in the near future **2** (em gramática) future

G, g s G, g ▶ ver "Active Box" **letras do alfabeto** em **letra**

gabarito s (de prova) list of answers (AmE), table of answers (BrE): *o gabarito da prova* the list of answers to the test

gabar-se v **gabar-se (de algo)** to boast (about sth)

gabinete s **1** (em empresa, repartição, etc.) office: *o gabinete do diretor* the principal's office **2** (em casa) study (pl -dies) **3** (em política) cabinet: *O presidente nomeou seu gabinete.* The President named his cabinet.

gado s **1** livestock **2 gado (bovino)** cattle | **gado leiteiro** dairy cattle

gafanhoto s **1** (grilo) grasshopper **2** (em praga) locust

gafe s gaffe | **cometer uma gafe** to make a gaffe

gago, -ga adjetivo & substantivo
- *adj* **ser gago** to have a stutter
- *s* stutterer

gaguejar v to stutter

gaiola s cage

gaita s harmonica (AmE), mouth organ (BrE) | **gaita de foles** bagpipes

gaivota s seagull

galera s (turma) gang

galeria s **1** (com lojas, etc.) shopping center (AmE), shopping centre (BrE) **2** (de arte) gallery (pl -ries) **3** (em teatro) balcony (pl -nies): *Nossos lugares são na galeria.* Our seats are in the balcony. | **galeria de arte** art gallery (pl art galleries)

galês, -esa adjetivo & substantivo
- *adj* Welsh
- *s* (pessoa) **galês** Welshman (pl -men) | **galesa** Welshwoman (pl -women) | **os galeses** (povo) the Welsh

- **galês** s (idioma) Welsh

galho s **1** (de árvore) branch **2 quebrar um galho** (ser útil) to come in handy

galinha s chicken: *sopa de galinha* chicken soup

galo s **1** (animal) rooster (AmE), cock (BrE) ▶ ver também **missa 2** (inchação) bump

galocha s **1** (cada uma) rubber boot **2** (o par) rubber boots pl: *Preciso comprar uma galocha.* I need to buy a pair of rubber boots.

galopar v to gallop

galpão s shed

game s **1** (jogo eletrônico) game **2** (no tênis) game: *Ele venceu dois games.* He won two games.

gancho s **1** (peça) hook **2 fora do gancho** (telefone) off the hook **3** (de calça) crotch (pl -ches)

gangorra s teeter-totter (AmE), seesaw (BrE)

gangue s gang

ganhar v **1** (um prêmio, um concurso, etc.) to win: *Ela ganhou uma bolsa de estudos.* She won a scholarship. **2** (um presente) to get **3** (um jogo, uma aposta, uma guerra) to win: *Ele ganhou a partida.* He won the game. | *Quem ganhou o jogo?* Who won the game? | **ganhar de alguém** to beat sb: *O Brasil ganhou da Itália.* Brazil beat Italy. **4** (peso) to put on: *Ganhei três quilos.* I've put on three kilos. **5** (dinheiro, comissão, etc.) to earn: *Ganhei R$500 este mês.* I earned R$500 this month. | **ganhar bem/mal** to be well/badly paid: *As enfermeiras ganham mal.* Nurses are badly paid. **6** (respeito, admiração, etc.) to earn | **ganhar fama** to achieve fame **7** (levar vantagem) **ganhar (com algo)** to gain (from sth): *Quem ganha com isso?* Who stands to gain from this? **8 ganhar a vida** (sustentar-se) to earn a living **9 ganhar tempo** to gain time **10 sair ganhando** to come out on top

ganso s goose (pl geese)

garagem s garage

garantia s **1** (de produto) warranty (pl -ties) (AmE), guarantee (BrE): *seis meses de garantia* six months' warranty | **estar na garantia** to be under warranty: *O toca-fitas está na garantia.* The cassette player is under warranty. | **sair da garantia** to be no longer under warranty: *Meu computador já saiu da garantia.* My computer is no longer under warranty. | **ter garantia** to be guaranteed: *A televisão tem garantia de três anos.* The television is guaranteed for three years. **2** (certeza) guarantee: *Não há garantia de qualidade.* There's no guarantee of quality.

garantir v **1** (afirmar, prometer) to guarantee, to promise: *A loja não pôde garantir que entregaria*

garçom

o material hoje. The store couldn't guarantee they would deliver the material today. | *Ele garantiu que iria.* He promised he would go. **2** (assegurar) to assure: *O médico lhe garantiu que a mãe se recuperaria.* The doctor assured her that her mother would recover. **3** (tornar certo ou seguro) to ensure: *medidas para garantir a segurança pública* steps to ensure public safety **4** (um produto, a qualidade) to guarantee
garantir-se *v* **1** (precaver-se): *Vou levar dinheiro para me garantir.* I'll take some money just in case. **2 garantir-se contra algo** (defender-se) to protect yourself against sth: *Preciso me garantir contra roubos.* I need to protect myself against robberies.

garçom *s* waiter: *Vou chamar o garçom.* I'll call the waiter.

garçonete *s* waitress (pl -sses)

garfo *s* fork

gargalhada *s* roar of laughter | **cair na gargalhada** to roar with laughter | **dar uma gargalhada** to burst out laughing

gargalo *s* bottleneck | **beber pelo gargalo** to drink from the bottle

garganta *s* **1** (parte do corpo) throat ▶ ver **dor** **2** (entre montanhas) pass

gargantilha *s* choker: *uma gargantilha de ouro* a gold choker

gargarejar *v* to gargle

gari *s* street sweeper

garoar *v* to drizzle: *Garoou a manhã toda.* It drizzled all morning.

garoto, -ta *substantivo masculino & substantivo feminino*
• *s* [masc e fem] **garoto** boy | **garota** girl
• **garoto** *s* [masc] (chope) small draft beer

garra *s* **1** (de animal) claw **2** (de ave) talon **3** (disposição) drive

garrafa *s* bottle: *uma garrafa de limonada* a bottle of lemonade | **em garrafa** bottled: *cerveja em garrafa* bottled beer
garrafa térmica Thermos®

garupa *s* **1** (de bicicleta, moto) pillion: *Posso ir na garupa?* Can I ride pillion? **2** (de cavalo) rump

gás *substantivo & substantivo plural*
• *s* (substância) gas (pl gases) | **com/sem gás** (bebida) sparkling/still ▶ ver também **água**
gás de efeito estufa greenhouse gas **gás lacrimogêneo** tear gas
• **gases** *s pl* (no intestino) gas (AmE), wind (BrE)

gasolina *s* gas, gasoline (AmE), petrol (BrE) ▶ ver também **posto**

gasoso, -sa *adj* **1** (bebida) carbonated (AmE), fizzy (BrE) **2** (água) sparkling

gastar *v* **1** (dinheiro, tempo) to spend: *Já gastei toda a minha mesada.* I've already spent all my allowance. | *Ela gastou muito tempo no shopping.* She spent a long time at the mall. **2** (eletricidade, gasolina, etc.) to use: *Esse carro gasta muita gasolina.* This car uses a lot of gas. **3 gastar algo (a)** (uma roupa, um calçado) to wear sth out **(b)** (um salto) to wear sth down **4** (desperdiçar) to waste: *Desligue a torneira para não gastar água.* Turn the faucet off so as not to waste water.

gasto, -ta *adjetivo & substantivo*
• *adj* **1** (roupa, sapato) worn, worn out ▶ **worn out** não é usado com **very**: *Estes sapatos estão muito gastos.* These shoes are pretty worn. | *uma jaqueta velha e gasta* an old, worn-out jacket **2** (salto, roda) worn: *As rodas do meu skate estão gastas.* The wheels on my skateboard are worn.
• **gasto** *s* (despesa) expense: *Tive muitos gastos este mês.* I've had a lot of expenses this month.

gatilho *s* trigger

gato, -ta *s* **1** (animal) cat | **gato siamês** Siamese cat **2** (menino bonito) hunk: *Ele é um gato!* What a hunk!

gaveta *s* drawer: *Guardo as fotos naquela gaveta.* I keep the photos in that drawer. | **gaveta de cima/baixo** top drawer/bottom drawer

gay *adjetivo & substantivo*
• *adj* gay
• *s* gay man (pl gay men)

gaze *s* **1** (para curativo) gauze **2** (tecido) gauze

geada *s* frost

gel *s* (para cabelo, banho) gel

geladeira *s* refrigerator

gelado, -da *adj* **1** (muito frio) freezing: *Meus pés estão gelados.* My feet are freezing. | *um inverno gelado* a freezing winter **2** (bebida) ice-cold: *uma cerveja bem gelada* an ice-cold beer | *água gelada* ice water **3** (com frio) freezing: *Fiquei gelada quando saí da piscina.* I was freezing when I got out of the swimming pool. **4** (congelado) frozen

gelar *v* **1** (refrigerar) to chill: *Vou pôr as bebidas para gelar.* I'm going to chill the drinks. **2** (tornar frio) to freeze: *O frio gelou meus dedos.* The cold froze my fingers **3** (congelar) to freeze: *A queda de temperatura gelou o lago.* The drop in temperature froze the lake.

gelatina *s* **1** (sobremesa) Jell-o® (AmE), jelly (pl -llies) (BrE) **2** (substância) gelatine

geleia *s* jam: *geleia de morango* strawberry jam | *geleia de laranja* marmalade

gélido, -da *adj* **1** (muito frio) freezing **2** (paralisado) frozen: *gélido de medo* frozen with fear

gelo
• *s* **1** ice: *Quer gelo no seu suco?* Would you like ice in your juice? | **com/sem gelo** with/without ice **2 estar um gelo** (muito frio) to be freezing: *Está um gelo lá fora.* It's freezing outside. **3 dar um gelo em alguém** to give sb the cold

shoulder | **quebrar o gelo** to break the ice: *Ele contou uma piada para quebrar o gelo.* He told a joke to break the ice. **4** (cor) light gray (AmE), light grey (BrE) ▶ ver "Active Box" **cores** em **cor**

• *adj* (cor) light gray (AmE), light grey (BrE) ▶ ver "Active Box" **cores** em **cor**

gema *s* (de ovo) (egg) yolk: *O bolo leva quatro gemas.* The cake needs four egg yolks.

gêmeo, -mea *adjetivo, substantivo & substantivo plural*

• *adj* **1** (filho, irmão, etc.) twin: *minha irmã gêmea* my twin sister | **irmãos gêmeos (a)** (dois homens) twin brothers **(b)** (homem e mulher) twin brother and sister **2** (igual) twin: *torres gêmeas* twin towers

• *s* twin: *gêmeos idênticos* identical twins

• **Gêmeos** *s pl* **1** (signo) Gemini: *os nativos de Gêmeos* those born under the sign of Gemini **2** (pessoa) Gemini: *Ela é Gêmeos.* She's a Gemini.

gemer *v* **1** (de dor, fome, etc.) to groan **2** (animal) to whine

gemido *s* **1** (de pessoa) groan **2** (de animal) whine

geminiano, -na *adj* & *s* Gemini | **ser geminiano** to be a Gemini

gene *s* gene

genealógico, -ca *adj* genealogical ▶ ver também **árvore**

general *s* general

generalizar *v* to generalize: *Ele tem a tendência de generalizar.* He has a tendency to generalize. **generalizar-se** *v* to become widespread

genérico, -ca *adjetivo & substantivo*

• *adj* generic

• **genérico** *s* (medicamento) generic drug

gênero *substantivo & substantivo plural*

• *s* **1** (espécie) kind: *Não gosto desse gênero de roupa.* I don't like that kind of outfit. **2** (em gramática) gender **3** (literário, artístico) genre **4 não faz o meu gênero (a)** (música, filme, etc.) it's not my kind of thing: *Essa banda não faz o meu gênero.* That band isn't my kind of thing. **(b)** (pessoa) he/she's not my type: *O Marcelo não faz o gênero dela.* Marcelo's not her type.

• **gêneros** *s pl* (mercadoria) produce | **gêneros alimentícios** foodstuffs

generoso, -sa *adj* **1** (bondoso) generous: *uma atitude generosa* a generous attitude **2** (grande) generous: *uma fatia generosa de bolo* a generous slice of cake

genético, -ca *adj* genetic

gengibre *s* ginger

gengiva *s* gum

gênio *s* **1** (temperamento) temper | **bom/mau gênio** even/bad temper **2** (pessoa inteligente) genius (pl -ses): *Essa menina é um gênio.* That girl's a genius. | **ser um gênio em algo** to be a genius at sth: *Ele é um gênio em Matemática.* He's a genius at math. **3** (espírito) genie

genital *adj* genital

genro *s* son-in-law (pl sons-in-law)

gente *s* ▶ ver quadro na pág. 592

gentil *adj* kind: *Ele é sempre gentil comigo.* He is always kind to me.

gentileza *s* kindness: *Foi gentileza dela mandar flores.* It was kind of her to send flowers. | **por gentileza** please: *Por gentileza, desligue o celular.* Please switch off your cell phone. | **tenha a gentileza de** would you mind: *Tenha a gentileza de se retirar.* Would you mind leaving?

geografia *s* geography

geográfico, -ca *adj* geographical: *atlas geográfico* geographical atlas

geologia *s* geology

geometria *s* geometry

geração *s* **1** generation: *a nova geração de roqueiros* the new generation of rock musicians | *na geração dos meus pais* in my parents' generation **2 de última geração** state-of-the-art: *um computador de última geração* a state-of-the-art computer

gerador *s* (aparelho) generator

geral *adjetivo & substantivo*

• *adj* **1** (não específico) general: *conhecimentos gerais* general knowledge | **de modo geral** on the whole: *De modo geral, as meninas estudam mais.* On the whole, girls study more. | **em geral** in general: *Em geral, só saio nos fins de semana.* In general, I only go out on weekends. **2** (espanto, alegria, descontentamento, etc.) widespread: *O medo foi geral.* Fear was widespread.

• *s* **1** (em estádio) bleachers (AmE), terraces (BrE): *Assisti o jogo na geral.* I watched the game from the bleachers. **2** (em teatro) gallery

gerar *v* **1** (causar) to create: *A discussão gerou um mal-estar entre eles.* The quarrel created bad feeling between them. **2** (calor, energia, etc.) to generate **3** (filhos) to have

gerenciador *s* (em informática) manager | **gerenciador de arquivos** file manager

gerente *s* manager

gergelim *s* sesame seeds *pl*

germe *s* (micróbio) germ
germe de trigo wheatgerm

gesso *s* **1** (em fratura) plaster **2** (em parede, molde, etc.) plaster

gesticular *v* to gesticulate

gesto *s* **1** gesture | **fazer gestos** to gesticulate: *Ela fala alto e faz muitos gestos.* She talks loudly and gesticulates a lot. | **fazer um gesto para alguém (para que faça algo)** to gesture to sb (to do sth): *Fiz-lhe um gesto para que esperasse.* I gestured to her to wait. | **comunicar-se por gestos** to communicate using sign language

gente

1 PESSOAS (= people)

people é um substantivo plural e, portanto, deve ser usado com o verbo no plural, com **many**, e não com **much**, etc.:

Tinha gente demais na festa. There were too many people at the party. | **gente grande** grown-ups: *um filme para gente grande* a movie for grown-ups

2 Quando se refere a uma pessoa somente, usa-se **somebody** em frases afirmativas, e **anybody** em frases interrogativas e negativas:

Tem gente no banheiro. There's somebody in the bathroom. | *Tem gente aí?* Is there anybody there? | **ser gente fina/ser boa gente** (homem) to be a nice guy, (mulher) to be a nice girl: *O namorado dela é gente fina.* Her boyfriend is a nice guy.

3 A tradução de *a gente* varia conforme a sua função na frase:

COMO SUJEITO: NÓS (= we)

A gente foi à praia ontem. We went to the beach yesterday.

COMO OBJETO OU DEPOIS DE PREPOSIÇÃO: NOS (= us)

Ela viu a gente no clube. She saw us at the club. | *Você não quer ir com a gente?* Don't you want to come with us?

COM VALOR DE POSSESSIVO: NOSSO/NOSSA

da gente our: *na casa da gente* at our house

4 Traduz-se por **guys** quando usado com função de vocativo:

Gente, o filme vai começar! Guys, the movie is about to start!

▶ Para referir-se aos gestos característicos de uma pessoa diz-se **mannerisms**: *Rimos com ele imitando os gestos da Ana.* We laughed at his imitation of Ana's mannerisms. **2** (atitude) gesture: *um gesto carinhoso* an affectionate gesture

gibi s comic: *Adoro ler gibis.* I love reading comics.

gigabyte, giga s gigabyte: *um disco rígido de 30 gigabytes* a 30-gigabyte hard disk

gigante adjetivo & substantivo
- **adj** giant: *uma cobra gigante* a giant snake
- **s** giant

gigantesco, -ca adj gigantic: *um prédio gigantesco* a gigantic building

gilete s razor blade

gim s gin

gim-tônica s gin and tonic

ginásio s (esportivo) gymnasium

ginasta s gymnast

ginástica s **1** (exercício) exercise: *uma aula de ginástica* an exercise class | **fazer ginástica** to work out, to exercise: *Faço ginástica todos os dias.* I work out every day./I exercise every day. **2** (na escola) P.E.: *a professora de ginástica* the P.E. teacher | *Hoje tivemos ginástica.* We had P.E. today. ▶ ver também **academia**

ginástica olímpica gymnastics

ginecologista s gynecologist (AmE), gynaecologist (BrE)

girafa s giraffe

girar v **1** (mover) to turn: *Gire a cabeça para a esquerda.* Turn your head to the left. | *Essa maçaneta não quer girar.* This doorknob won't turn. **2 girar em torno de algo (a)** to revolve around sth: *A Lua gira em torno da Terra.* The Moon revolves around the Earth. **(b)** (concentrar-se) to revolve around sth: *Sua vida gira em torno do esporte.* His life revolves around sports. **(c)** (preço, porcentagem) to be around sth: *O valor da anuidade gira em torno de R$450.* The annual fee is around R$450. **3** (pião) to spin

girassol s sunflower: *semente de girassol* sunflower seeds

giratório, -ria adj ▶ ver **porta**

gíria s slang ▶ O substantivo **slang** é incontável: *uma gíria* a slang word/expression | *as últimas gírias* the latest slang/the latest slang expressions

giz s chalk

glândula s gland

glicose s glucose: *taxa de glicose* glucose level

global adj **1** (geral) overall: *uma visão global dos problemas* an overall view of the problems **2** (mundial) global: *a população global* the global population | *o aquecimento global* global warming

globalização s globalization

globo s **1 globo (terrestre)** globe: *as diversas regiões do globo* the various regions of the globe **2 globo ocular** eyeball

glossário s glossary (pl -ries)

glucose ▶ ver **glicose**

goiaba s guava: *suco de goiaba* guava juice

goiabada s guava jelly

gol s **1** (ponto marcado) goal | **fazer/marcar um gol** to score a goal | **sofrer um gol** to concede a goal **2** (área) goal

gola s collar | **gola alta** crew neck | **gola em V** V-neck: *camiseta com gola em V* V-neck T-shirt | **gola rulê** turtleneck (AmE), polo neck (BrE)

gole s mouthful | **dar um gole em algo** to take a mouthful of sth | **de um gole só** in one gulp

goleiro, -ra s goalkeeper

golfe s golf ▶ ver também **campo**

clubs | golf shoes | golf glove | golf bag | golf balls

golfinho s dolphin

golpe s **1** (pancada) blow: *Ele recebeu um golpe na cabeça.* He got a blow on the head. **2** (emocional) blow: *Aquela perda foi um golpe duro para ela.* The loss was a real blow for her. **3** (ato desonesto) con | **dar um golpe em alguém** to con sb | **golpe baixo** dirty trick **4 golpe (de Estado)** coup (d'état)

gomo s (de fruta) segment

gordo, -da adjetivo & substantivo

• adj **1** (referente a pessoas, animais) fat: *braços gordos* fat arms | *Sou mais gordo do que ele.* I'm fatter than him. | *Esta calça me deixa gorda.* These trousers make me look fat. ▶ A palavra **plump** é mais delicada do que **fat**. Portanto, quando se quer dizer que a pessoa está um pouco gorda, ou que é gordinha, usa-se **plump**: *Ela é baixa e meio gorda.* She's short and a little plump. ▶ Se você quer dizer que a pessoa *está gorda*, no sentido de que engordou, use **she's/he's put on weight**: *Minha mãe está muito gorda.* My mom's put on a lot of weight. **2** (gorduroso) fatty: *carne gorda* fatty meat **3** (quantia) generous: *uma gorjeta gorda* a generous tip

• s **gordo** fat man/fat boy | **gorda** fat woman/fat girl | **os gordos** fat people

gordura s **1** (no corpo) fat **2** (na comida) fat: *Batata frita leva bastante gordura.* French fries contain a lot of fat. **3** (em fogão, pia) grease

gorduroso, -sa adj **1** (pele) greasy: *uma loção para pele gordurosa* a lotion for greasy skin **2** (comida) fatty **3** (superfície, mãos, etc.) greasy

gorila s gorilla

gorjeta s tip: *A gorjeta está incluída?* Is the tip included? | **R$2,00 de gorjeta** R$2.00 (two reals) tip | **dar gorjeta** to tip: *É preciso dar gorjeta?* Should I tip?

gorro s hat: *gorro de lã* woolen hat

gostar v ▶ ver quadro

gosto s **1** (sabor) taste: *um gosto doce* a sweet taste | **estar com gosto bom/ruim etc.** to taste good/bad etc.: *Esse iogurte está com um gosto estranho.* This yogurt tastes strange. | **sem gosto** tasteless: *comida sem gosto* tasteless food | **ter gosto de algo** to taste like sth: *Isso tem gosto de peixe.* This tastes like fish. **2** (no vestir, na decoração, etc.) taste: *Minha namorada tem muito bom gosto.* My girlfriend has very good

---

gostar

1 A tradução na maioria dos casos é **to like**. Note que a preposição *de* não é traduzida:

gosto de chocolate/ela gosta de sorvete etc. I like chocolate/she likes ice cream etc.: *Você gosta de ficção científica?* Do you like science fiction? | *Gostei dos seus amigos.* I liked your friends.

2 Para dizer que você gosta muito de algo, use **I really like…** ou **I love…**:

Gosto muito dessa música. I really like this song./I love this song.

I like… very much soa um pouco mais formal:

Gostei muito do seu poema. I liked your poem very much.

3 Em comparações, use **I prefer… (to…)** ou **I like… better (than…)**:

Gosto mais do azul. I prefer the blue one./I like the blue one better. | *Gosto mais de tênis do que de basquete.* I prefer tennis to basketball./I like tennis better than basketball.

4 EM FRASES SUPERLATIVAS

De qual dos professores você gosta mais? Which of the teachers do you like **best**?

5 O verbo **to like** não pode ser usado sem complemento. Quando o verbo em português ocorre sem complemento, em inglês usa-se o pronome **it** como complemento:

Fiz uma brincadeira com ele, e ele não gostou. I teased him and he didn't like **it**.

6 GOSTAR DE FAZER ALGO

Quando vem seguido de um infinitivo em português, costuma-se usar o gerúndio em inglês, embora o infinitivo também seja empregado:

Você gosta de jogar xadrez? Do you like playing chess? | *Gosto de ler antes de dormir.* I like to read before going to sleep.

Quando se segue a **would**, usa-se sempre o infinitivo:

Você gostaria de ir conosco? Would you like to come with us?

7 Quando vem seguido de **que + subjuntivo** usa-se **to like sb to do sth**:

Eu gostaria que vocês viessem também. I'd like you to come too.

8 Casos que requerem traduções diferentes:

No sentido de aproveitar, curtir, usa-se **to enjoy**:

Você gostou da festa/da viagem? Did you enjoy the party/the trip?

No sentido de amar alguém, usa-se **to love**:

Ela não gosta mais dele. She doesn't love him anymore.

---

*Gostaria de saber mais sobre as diferenças entre os **artigos** em inglês e português? Leia a explicação na seção de gramática.*

gostoso

taste. | **com gosto** tastefully: *Ela se veste com muito gosto.* She dresses very tastefully. **3 a gosto** (à vontade) to taste: *Coloque sal a gosto.* Add salt to taste. | *Sirvam-se a gosto.* Help yourselves to whatever you want. **4 de mau gosto** (brincadeira, comentário) in bad taste: *Achei sua piada de muito mau gosto.* I thought your joke was in very bad taste. **5** (satisfação) pleasure: *Tive o gosto de conhecê-lo pessoalmente.* I've had the pleasure of meeting him personally.

gostoso, -sa *adj* **1** (comida) tasty **2** (férias, ambiente, cheiro, banho) nice

gota *s* **1** (pingo) drop: *uma gota de sangue* a drop of blood **2 ser a gota d'água** to be the last straw: *O que ele fez ontem foi a gota d'água.* What he did yesterday was the last straw.

goteira *s* leak

governador, -a *s* governor

governo *s* **1** (poder) government: *o governo federal* the federal government **2** (sistema) government: *um governo democrático* a democratic government **3** (mandato) administration: *A cidade prosperou durante o seu governo.* The city prospered during his administration. **4** (rumo) control: *O barco ficou sem governo.* The boat went out of control.

gozado, -da *adj* **1** (filme, piada, etc.) funny **2** (estranho) funny

gozar *v* **1 gozar (de) alguém/algo** (ironizar) to make fun of sb/sth **2 gozar (de) algo** (aproveitar, ter) to enjoy sth: *Você precisa gozar mais a vida.* You need to enjoy life more. | *Meus pais gozam de boa saúde.* My parents both enjoy good health.

Grã-Bretanha *s* **a Grã-Bretanha** Britain, Great Britain: *na Grã-Bretanha* in Britain/Great Britain

> A **Grã-Bretanha** compreende três países: Inglaterra, Escócia e País de Gales (**England, Scotland and Wales**). Junto com a Irlanda do Norte (**Northern Ireland**) compõe o Reino Unido (**the United Kingdom**). **Great Britain** é um termo bastante formal, usado somente em contextos políticos. Comumente, as pessoas dizem **Britain**.

graça *substantivo & substantivo plural*

- *s* **1** (brincadeira) joke | **fazer graça** to fool around: *Os meninos vivem fazendo graça na sala de aula.* The boys are always fooling around in class. **2** (comicidade) **achar graça em algo** to find sth funny: *Não acho graça nas piadas dele.* I don't find his jokes funny. | **ter graça (a)** (ser engraçado) to be funny: *Não tem graça o que vocês fizeram.* What you did wasn't funny. **(b)** (ser divertido) to be fun: *Não tem graça sair sozinho.* It's no fun going out on your own. **3 de graça** for free: *Comemos de graça.* We ate for free. **4 ficar sem graça** to be embarrassed: *Fiquei sem graça com aqueles elogios.* I was embarrassed by all those compliments. **5 sem graça (a)** (sem beleza ou vivacidade) dull: *A namorada dele é muito sem graça.* His girlfriend is very dull. **(b)** (chato) boring: *um programa sem graça* a boring activity **(c)** (sem gosto) uninteresting: *uma comida sem graça* uninteresting food **6 ser uma graça** to be pretty: *Essa saia é uma graça.* That skirt is pretty. **7** (no porte, nos movimentos) grace **8** (em religião) grace

- **graças** *s pl* **1 graças a algo/alguém** thanks to sth/sb: *Consegui terminar isso graças à sua ajuda.* I managed to finish it, thanks to your help.

  2 graças a Deus thank God: *Graças a Deus que saímos cedo!* Thank God we left early!

gradativo, -va *adj* gradual: *uma melhora gradativa* a gradual improvement

grade *s* **1** (em janela, cela, etc.) bars *pl* **2** (em jardim, prédio, varanda, etc.) railing **3 grade (de programação)** (program) schedule **4 atrás das grades** (na prisão) behind bars

gráfica *s* (firma) printer (AmE), printer's (BrE)

gráfico, -ca *adjetivo & substantivo*

- *adj* **1** (representação) graphic **2** (artista, arte) graphic **3 acento gráfico** written accent

- **gráfico** *s* (esquema) graph

grafite *s* **1** (lápis) lead **2** (pintura, etc.) graffiti ▶ O substantivo **graffiti** é incontável: *um grafite* a piece of graffiti/some graffiti | *Ele é famoso por seus grafites.* He's famous for his graffiti.

grafiteiro, -ra *s* graffiti artist

grama *substantivo feminino & substantivo masculino*

- *s* [fem] grass: *Não pise na grama.* Don't walk on the grass.

- *s* [masc] gram: *200 gramas de presunto* 200 grams of ham

gramado *s* **1** (em jardim) lawn **2** (campo de futebol) field (AmE), pitch (pl -ches) (BrE)

gramática *s* grammar

grampeador *s* stapler

grampear *v* **1** (folhas) to staple **2** (um telefone) to bug

grampo *s* **1** (de cabelo) barrette (AmE), hairpin (BrE) **2** (de grampeador) staple **3** (escuta telefônica) bug

grande *adj* **1** (referente a tamanho) large, big: *– Uma Coca por favor. – Grande ou pequena?* "A Coke, please." "Large or small?" | *uma caixa grande* a big box | **ficou grande em mim/você etc.** it's too big for me/you etc.: *Esta calça ficou grande em mim.* These pants are too big for me.

2 (referente a altura) tall: *Como seu irmão está grande!* Your brother's so tall!
3 (referente a quantidade) large: *um grande número de erros* a large number of mistakes | *grandes quantidades de comida* large amounts of food | **grande parte de algo** most sth: *Em grande parte dos casos, os alunos têm razão.* In most cases, the students are right.
4 (referente a qualidade, importância) great: *Ele é um grande pintor.* He's a great painter. | *uma grande amiga minha* a great friend of mine
5 (adulto) grown-up: *Eles têm filhos grandes.* They have grown-up children. ▶ Porém, dirigindo-se a uma criança, diz-se **a big boy/girl**: *Não faça isso, você já é grande.* Don't do that, you're a big boy/a big girl now.
6 (extremo) big: *uma grande decepção* a big disappointment ▶ ver também **olho**

granizo *s* hail: *chuva de granizo* hailstorm | **chover granizo** to hail

granja *s* poultry farm

grão *s* **1** (de areia, de sal, etc.) grain **2** (de arroz, etc.) grain | **um grão de feijão** a bean **3** (semente) seed

grão-de-bico *s* chickpeas *pl*

gratificante *adj* gratifying: *uma experiência gratificante* a gratifying experience

grátis *adj* free: *As aulas são grátis.* The classes are free.

grato, -ta *adj* grateful: *Fico muito grato pela sua cooperação.* I'm very grateful for your cooperation.

gratuitamente *s* **1** (sem custo) free of charge: *Os remédios são distribuídos gratuitamente.* The medicines are given out free of charge. **2** (sem motivo) for no reason: *Ele se irritou gratuitamente.* He got annoyed for no reason.

gratuito, -ta *adj* **1** (grátis) free: *A entrada no museu é gratuita.* Entry to the museum is free. **2** (sem motivo) gratuitous: *agressão gratuita* gratuitous violence

grau *s* **1** (de temperatura) degree: *A água ferve a 100 graus centígrados.* Water boils at 100 degrees centigrade. | *Tive 39 graus de febre.* I had a temperature of 39 degrees | **está fazendo dez/trinta etc. graus** it's ten/thirty etc. degrees: *Fazia cinco graus abaixo de zero.* It was five degrees below zero. **2** **primeiro/segundo grau** (nível escolar) elementary school/high school (AmE), primary school/secondary school (BrE): *Estou no primeiro grau.* I'm in elementary school. **3** (título acadêmico) degree: *grau de bacharel em Letras* a Bachelor of Arts degree in Languages/a BA in Languages **4** (nível) degree: *queimaduras de terceiro grau* third-degree burns **5** (de conhecimento, dificuldade, poluição, etc.) level **6** **em maior ou menor grau** to a greater or lesser degree **7** (de um ângulo) degree: *um ângulo de trinta graus* a thirty-degree angle ▶ ver também **primo**

gravação *s* (de fita, videoclipe, etc.) recording

gravador *s* cassette recorder

gravadora *s* record company (pl -nies)

gravar *v* **1** (uma fita, um videoclipe, etc.) to record: *Gravei duas fitas para a festa.* I recorded two tapes for the party. **2** (em metal) to engrave: *Mandei gravar meu nome na pulseira.* I had my name engraved on the bracelet. **3** (memorizar) to memorize

gravata *s* **1** (peça de roupa) tie **2** (golpe) headlock

grave *adj* **1** (acidente, problema, etc.) serious **2** (doença, ferimentos) serious **3** (expressão, ar) serious **4** (som, nota) low **5** **voz grave** deep voice **6** **acento grave** grave accent

gravemente *adv* seriously: *O motorista ficou gravemente ferido.* The driver was seriously injured.

grávida *adj* pregnant | **estar grávida de três/quatro etc. meses** to be three/four etc. months pregnant

gravidade *s* **1** (de um problema, de uma doença) seriousness **2** (em Física) gravity

gravidez *s* pregnancy (pl -cies)

gravura *s* **1** (ilustração) picture: *um livro com gravuras* a book with pictures **2** (arte) engraving: *curso de gravura em metal* a class in metal engraving

graxa *s* **1** (para calçados) shoe polish **2** (para máquinas, motores) grease

Grécia *s* **a Grécia** Greece: *na Grécia* in Greece

grego, -ga *adjetivo & substantivo*
• *adj* Greek: *comida grega* Greek food
• *s* (pessoa) Greek
• **grego** *s* (idioma) Greek

grelha *s* grill | **na grelha** grilled: *salsichas na grelha* grilled sausages

grelhado, -da *adj* grilled: *frango grelhado* grilled chicken

grêmio *s* (estudantil) council

greve *s* strike | **entrar em/fazer greve** to go on strike | **estar em greve** to be on strike

grife *s* label: *a grife Ralph Lauren* the Ralph Lauren label | **roupas/relógios etc. de grife** designer clothes/watches etc.

grilo *s* (inseto) cricket

gringo, -ga *s* foreigner

gripado, -da *adj* **estar/ficar gripado** to have/get the flu

gripe *s* flu: *Estou com uma gripe fortíssima.* I have really bad flu. | **pegar uma gripe** to get the flu

grisalho, -lha *adj* **1** (cabelos) gray (AmE), grey (BrE) **2** (pessoa) gray-haired (AmE), grey-haired (BrE): *um senhor grisalho* a gray-haired man | **ficar grisalho** to go gray

gritar v **1** (falar alto) to shout: *Não grite, que o bebê está dormindo.* Don't shout, the baby's asleep. ▶ Quando se grita para pedir ajuda, pode-se usar **to shout** ou **to cry out**: *Ele gritava pedindo ajuda.* He was shouting for help./He was crying out for help. | **gritar com alguém** (por estar zangado) to shout at sb: *Desculpe por eu ter gritado com você.* Sorry I shouted at you. **2** (de dor, horror etc.) to scream: *Ela gritava de dor.* She was screaming with pain.

grito s **1** (de susto, dor, etc.) scream: *Eu me assustei quando ouvi aquele grito.* I got scared when I heard that scream. | **dar um grito** to scream: *Ela deu um grito quando caiu.* She screamed when she fell. | **dar um grito de dor** to cry out in pain **2** (berro) shout | **dar um grito to shout out** | **falar/reclamar etc. aos gritos** to shout: *Os dois discutiam aos gritos.* The two of them were shouting at each other.

groselha s red currant

grosseiro, -ra adj **1** (pessoa) rude: *Você foi muito grosseiro com ela.* You were very rude to her. **2** (modos) coarse **3** (piada) rude

grosseria s (descortesia) rudeness | **fazer uma grosseria** to be rude | **foi grosseria sua/dele etc.** it was rude of you/him etc. | **que grosseria!** how rude!

grosso, -sa adjetivo & substantivo
- *adj* **1** (corda, camada, livro, etc.) thick **2** (pessoa) rude: *Deixa de ser grosso!* Don't be rude! **3** (voz) deep **4** (molho, sopa) thick ▶ ver também **sal**
- *grosso* s (maioria) bulk: *o grosso dos alunos* the bulk of the students

thick

thin

grossura s **1** (espessura) thickness (pl -sses) | **ter dois centímetros/três metros etc. de grossura** to be two centimeters/three meters etc. thick **2** (grosseria) rudeness

grudar v to stick: *Grudei um adesivo na janela.* I stuck a sticker on the window.

grupo s **1** (de pessoas, animais, coisas) group: *um grupo de amigos* a group of friends | **trabalhar em grupo** to work in groups, to work in a group ▶ A segunda tradução se usa quando há somente um grupo | **dividir-se em grupos** to split up into groups: *Nós nos dividimos em grupos de cinco.* We split up into groups of five. **2** (conjunto musical) group, band: *Meu grupo vai se apresentar no sábado.* My band is performing on Saturday.
grupo sanguíneo blood type

gruta s cave

guarda substantivo masculino & substantivo feminino
- s [masc e fem] **1** (policial) police officer: *O guarda o multou.* The police officer gave him a ticket. **2** (vigia) guard
- s [fem] (de um filho) custody: *Os pais estão disputando a guarda dos filhos.* The parents are fighting over custody of their children.
guarda municipal local police

guarda-chuva s umbrella | **abrir/fechar um guarda-chuva** to put up/put down an umbrella

guarda-costas s bodyguard

guardador, -a s (de carro) parking attendant

guardanapo s napkin

guarda-noturno s night watchman (pl night watchmen)

guardar v ▶ ver quadro

guarda-roupa s (móvel) closet (AmE), wardrobe (BrE)

guarda-sol s (barraca de praia) sunshade

guarda-volumes s baggage room (AmE), left luggage (BrE)

guarita s (casinhola) guardhouse

Guatemala s a **Guatemala** Guatemala

guatemalteco, -ca adj & s Guatemalan

---

guardar

1 PÔR EM SEU DEVIDO LUGAR

guardar algo to put sth away: *Guardem seus livros.* Put your books away. | *Guardem tudo, porque vamos comer agora.* Put everything away; we're going to eat now.

2 COLOCAR

guardar algo no bolso/numa gaveta etc. to put sth in your pocket/in a drawer etc.: *Não me lembro onde guardei as chaves.* I can't remember where I put the keys. | *Onde é que eu guardo as facas?* Where should I put the knives?

3 CONSERVAR (= to keep)

Ela guarda o pão na geladeira. She keeps the bread in the fridge. | *Eu o guardei como lembrança.* I kept it as a souvenir. | *Ainda guardo os desenhos de quando era criança.* I still have the pictures I did when I was a girl. | **guardar um segredo** to keep a secret

4 RESERVAR (= to save)

Vou guardar o seu lugar. I'll save your seat. | *Guardei um pedaço de bolo para você.* I saved you a piece of cake. | **guardar dinheiro** to put money away: *Estou guardando dinheiro para a viagem.* I'm putting money away for the trip.

5 MEMORIZAR (= to remember)

Tenho dificuldade para guardar nomes. I have trouble remembering names.

guerra s war
guerra civil civil war
guerreiro, -ra substantivo & adjetivo
- s **1** (pessoa determinada) fighter **2** (em batalha) warrior
- adj (determinado) determined

guia substantivo masculino & substantivo feminino
- s [masc e fem] (pessoa) guide: *Tivemos uma ótima guia em Bath.* We had a great guide in Bath.
- s [masc] (livro) guide, guidebook: *Você tem um guia de Paris?* Do you have a guidebook to Paris?

Guiana s **a Guiana** Guyana
guianense adj & s Guyanese (pl Guyanese)
guiar v **1** (um veículo) to drive: *Estou aprendendo a guiar.* I'm learning to drive. **2** (orientar) to guide: *Foram na frente para nos guiar.* They went in front to guide us.
guiar-se v **guiar-se por algo** to follow sth: *Nós nos guiamos pelo mapa.* We followed the map. | *Guie-se pelo exemplo dele.* Follow his example.
guichê s **1** (em lojas, repartições, etc.) counter: *Dirija-se ao guichê cinco.* Go to counter five. **2** (de cinema, teatro) ticket booth
guidom, guidão s handlebars pl
guinada s **1** (de carro) swerve | **dar uma guinada** to swerve: *O ônibus deu uma guinada violenta.* The bus swerved violently. **2** (de lancha) turn
guindaste s crane
Guiné-Bissau s **a Guiné-Bissau** Guinea-Bissau
guineense adj & s Guinean
guitarra s (electric) guitar | **tocar guitarra** to play guitar
guitarra acústica acoustic guitar
guitarrista s guitarist, guitar player
gula s greed
guloso, -sa adj greedy

H, h s H, h ▶ ver "Active Box" **letras do alfabeto** em **letra**
hábil adj **1** (jeitoso) skillful (AmE), skilful (BrE): *Os mágicos são hábeis com as mãos.* Magicians are skillful with their hands. **2** (sutil) tactful **3** (inteligente) clever: *Resolveu o problema de maneira hábil.* He solved the problem in a clever way.
habilidade s skill
habilidoso, -sa adj (jeitoso) skilled
habilitação substantivo & substantivo plural
- s **1** (qualificação) qualification | **ter habilitação para algo** to be qualified for sth **2** (carteira de motorista) driver's license (AmE), driving licence (BrE)
- **habilitações** s pl (acadêmicas) qualifications

habitação s housing sem pl: *habitações pobres* low-cost housing
habitante s inhabitant ▶ O plural pode ser traduzido também por **population**: *O país tem cerca de trinta milhões de habitantes.* The country has around thirty million inhabitants./The country has a population of around thirty million. | *os habitantes das zonas rurais* people living in rural areas/the rural population
habitar v **1** (ocupar) to live in, to inhabit: *Alguém habita esta casa?* Does anyone live in this house?/Is this house inhabited? ▶ A tradução **to inhabit** é mais formal **2** (viver) to live: *Os Bororós habitam em Mato Grosso.* The Bororó people live in Mato Grosso.
habitat s habitat
hábito s habit | **ter o hábito de fazer algo** to be in the habit of doing sth: *Sempre tive o hábito de fazer esporte.* I've always been in the habit of playing sports. | **pegar o hábito de fazer algo** to get into the habit of doing sth | **como de hábito** as usual: *Meu irmão, como de hábito, perdeu a chave de casa.* As usual, my brother lost the house key. | **por hábito** out of habit
habituado, -da adj **estar/ficar habituado** to be/get used to it: *Não me incomodo de acordar cedo; estou habituado.* I don't mind getting up early; I'm used to it. | **estar/ficar habituado a fazer algo** to be/get used to doing sth
habitual adj usual: *Fiz os exames médicos habituais.* I had the usual medical checks. | *Ele compôs as canções com seu parceiro habitual.* He composed the songs with his usual partner.

habituar v **habituar alguém a fazer algo** to get sb used to doing sth: *Meus pais me habituaram a comer verduras.* My parents got me used to eating vegetables.
habituar-se v to get used to it: *Acabei me habituando.* I got used to it in the end. | **habituar-se a algo/a fazer algo** to get used to sth/to doing sth: *Ela ainda não se habituou à nova escola.* She hasn't yet gotten used to her new school.

hacker s hacker

Haiti s **o Haiti** Haiti

haitiano, -na adj & s Haitian

hálito s breath: *mau hálito* bad breath

hall s **1** (de uma casa) hall **2** (de um hotel) foyer: *no hall do hotel* in the hotel foyer

haltere s dumbbell

halterofilismo s body building

halterofilista s body builder

hambúrguer s hamburger

hamster s hamster

handebol s handball

hardware s hardware

harmônica s harmonica

harpa s harp

haste s **1** (de bandeira) flagpole **2** (de madeira, plástico, etc.) stick **3** (de metal) rod **4** (de óculos) earpiece

haver v ▶ ver quadro
haver-se v **haver-se com alguém** to deal with sb: *Se ele fizer isso de novo, terá que se haver comigo.* If he does that again, he'll have to deal with me.

haxixe s hashish

heavy metal adj heavy metal: *um músico heavy metal* a heavy metal musician | *uma banda de heavy metal* a heavy metal band

hebraico s (idioma) Hebrew

hectare s hectare

hélice s propeller

helicóptero s helicopter: *Você já voou de helicóptero?* Have you ever flown in a helicopter? | **de helicóptero** by helicopter: *Ele foi levado ao hospital de helicóptero.* He was taken to the hospital by helicopter.

hematoma s bruise

hemisfério s hemisphere | **o hemisfério norte/sul** the northern/southern hemisphere

hemofílico, -ca s hemophiliac (AmE), haemophiliac (BrE)

hemorragia s hemorrhage (AmE), haemorrhage (BrE)

hepatite s hepatitis

heptatlo s heptathlon

herança s inheritance

herdar v **herdar algo (de alguém)** to inherit sth (from sb): *Herdei os olhos azuis de meu pai.* I inherited my blue eyes from my father./I inherited my father's blue eyes.

herdeiro, -ra s **herdeiro (de algo)** heir (to sth): *Eu sou a única herdeira.* I'm the only heir. ▶ Para referir-se a uma mulher que vai herdar muito dinheiro usa-se **heiress** (plural **heiresses**): *Ela é a herdeira de uma grande fortuna.* She's the heiress to a large fortune.

hereditário, -ria adj hereditary: *uma doença hereditária* a hereditary illness

hermético, -ca adj **1** (recipiente, tampa, etc.) airtight: *Guarde num vidro hermético.* Keep in an airtight jar. **2** (linguagem, ideias, etc.) obscure

---

haver

▶ VERBO IMPESSOAL

1 EXISTIR, ESTAR, ACONTECER

Use **there** seguido do verbo **to be** no singular ou plural, conforme o substantivo inglês:

Há um ponto de ônibus logo ali. There's a bus stop just there. | *Há uma farmácia aqui perto?* Is there a drugstore nearby? | *Há duas ou três coisas que precisamos discutir.* There are two or three things we need to discuss. | *Havia uma fila enorme.* There was a huge line. | *Havia muita gente esperando.* There were lots of people waiting. | *Houve um acidente.* There was an accident. | *Houve inundações.* There were floods. | *Vai haver uma reunião hoje à tarde.* There's going to be a meeting this afternoon. | **O que é que há?** What's up? | **O que é que houve?** What happened? | **Não há de quê.** Not at all.

2 EM EXPRESSÕES DE TEMPO

há muito tempo/há duas semanas etc. for a long time/for two weeks etc.: *Há muito tempo não vou à praia.* I haven't been to the beach for a long time. | *Estou viajando há dois meses.* I've been traveling for two months. | **há três meses/um ano etc. atrás** three months/a year etc. ago: *Mudei para cá há duas semanas.* I moved here two weeks ago. | *Isso foi há anos.* That was years ago.

▶ VERBO AUXILIAR (= to have)

haver feito algo to have done sth: *Eu já havia conversado com ele.* I had already talked to him. | **haver que** to have to: *Há que se considerar todas as possibilidades.* You have to consider all the possibilities.

Com relação à estrutura *haver de fazer algo*, o auxiliar português é geralmente traduzido por **will**:

Com certeza você há de convir que esta ideia é péssima. I'm sure you will agree that this is a very bad idea. | *Hei de realizar o meu sonho.* I will realize my dream. | *Haveremos de vencer.* We will win.

herói, -roína s **herói** hero (pl heroes) | **heroína** heroine

heroína s (droga) heroin

hesitar v (vacilar) to hesitate | **hesitar em fazer algo** to hesitate to do sth: *Não hesite em ligar, se tiver dúvidas.* Don't hesitate to call if you have any questions.

heterossexual adj & s heterosexual

hidratante adjetivo & substantivo
- **adj** moisturizing: *creme hidratante* moisturizing cream
- **s** moisturizer

hidratar v (a pele, o cabelo) to moisturize

hidroelétrico, -ca adj hydroelectric: *usina hidroelétrica* hydroelectric power station

hidroginástica s aqua aerobics

hierarquia s hierarchy (pl -chies)

hífen s hyphen: *Escreve-se com hífen?* Is it spelled with a hyphen?

higiene s hygiene: *falta de higiene* lack of hygiene | *higiene pessoal* personal hygiene

higiênico, -ca adj hygienic ▶ ver **papel**

hindu adj & s **1** (da Índia) Indian **2** (em religião) Hindu

hino s anthem | **o hino nacional** the national anthem

hipermetropia s farsightedness | **ter hipermetropia** to be farsighted

hip hop adjetivo & substantivo
- **adj** hip-hop: *o movimento hip hop* the hip-hop movement
- **s** hip-hop: *uma banda de hip hop* a hip-hop band

hipismo s **1** (esporte) horseback riding (AmE), horse riding (BrE) **2** (corrida de cavalos) horseracing

hipnose s hypnosis

hipnotizar v to hypnotize

hipocondríaco, -ca adj & s hypochondriac

hipócrita adjetivo & substantivo
- **adj** hypocritical: *um comentário hipócrita* a hypocritical comment
- **s** (pessoa) hypocrite

hipódromo s racetrack

hipopótamo s hippopotamus (pl -muses), hippo (pl hippos)

hipótese s **1** (possibilidade) possibility (pl -ties): *O técnico não descarta a hipótese de escalar três atacantes.* The coach hasn't dismissed the possibility of selecting three strikers. | **em hipótese alguma/nenhuma** under no circumstances: *Não vou aceitar isso em hipótese alguma.* I'm not going to accept this under any circumstances. | **na hipótese de algo** in the event of sth: *Na hipótese de isso acontecer, peça ajuda.* In the event of this happening, ask for help. | **na melhor/pior das hipóteses** at best/at worst **2** (suposição) hypothesis (pl -ses): *Pesquisadores estão estudando essa hipótese.* Researchers are studying that hypothesis.

histérico, -ca adj hysterical: *um grito histérico* a hysterical scream | *um ataque histérico* a fit of hysteria | **ficar histérico** to get hysterical

história s **1** (narrativa, enredo) story (pl -ries): *um livro de histórias* a book of stories | *a história de um filme* the story of a movie **2** (matéria) history: *uma aula de História* a history lesson **3** (conjunto de dados) story (pl -ries): *Ele me contou a história da sua vida.* He told me the story of his life. **4** (mentira) fib **5 deixe de história** stop complicating matters: *Deixe de história e resolva logo isso.* Stop complicating matters and get this straightened out.

história em quadrinhos comic strip

historiador, -a s historian

histórico, -ca adjetivo & substantivo
- **adj** **1** historical, historic ▶ ver abaixo **2 um museu histórico** a history museum
- **histórico** s (conjunto de dados) history (pl -ries)

---
historical ou historic?

Usa-se **historical** quando é algo relativo à História:
um estudo histórico a historical study

Usa-se **historic** quando é algo célebre:
um evento histórico a historic event

---

hobby s hobby (pl -bbies): *Computação é o meu hobby.* Computing is my hobby.

hoje adv **1** (este dia) today: *Hoje é meu aniversário.* Today's my birthday. | **de hoje (a)** (deste dia) today's: *A aula de hoje foi boa.* Today's class was good. **(b)** (da atualidade) today's: *o mundo de hoje* today's world | *os jovens de hoje* the young people of today | **de hoje a um mês/uma semana etc.** a month/a week etc. from today: *De hoje a um mês estaremos de férias.* A month from today we'll be on vacation. | **de hoje em diante** from today onward: *De hoje em diante vou nadar diariamente.* From today onward I'm going to swim every day. | **hoje à noite** tonight: *Hoje à noite eu te ligo.* I'll call you tonight. | **hoje de manhã/à tarde** this morning/this afternoon **2 hoje (em dia)** (atualmente) nowadays, these days: *Hoje em dia eu já penso diferente.* Nowadays I think differently.

Holanda s **a Holanda** Holland: *na Holanda* in Holland

holandês, -esa adjetivo & substantivo
- **adj** Dutch: *queijo holandês* Dutch cheese
- **s** (pessoa) **holandês** Dutchman (pl -men) | **holandesa** Dutchwoman (pl -women) | **os holandeses** (povo) the Dutch
- **holandês** s (idioma) Dutch

holocausto

holocausto s holocaust: *as vítimas do holocausto* the victims of the holocaust

holofote s **1** (em estádio) floodlight **2** (em teatro) spotlight

holograma s hologram

homem s **1** (pessoa) man (pl men): *Seja homem e fale a verdade!* Be a man and tell the truth! | *Tenho três irmãos: dois homens e uma mulher.* I have two brothers and one sister. **2 o homem** (raça humana) mankind: *a evolução do homem* the evolution of mankind

homem-bomba s suicide bomber

homem-rã s frogman (pl -men)

homenagear v homenagear alguém/algo to pay tribute to sb/sth: *O cantor homenageou seu ídolo.* The singer paid tribute to his idol.

homenagem s tribute | **em homenagem a algo/alguém** as a tribute to sth/sb: *um show em homenagem a Bob Marley* a concert as a tribute to Bob Marley | **fazer uma homenagem a alguém** to pay tribute to sb

homeopatia s homeopathy

homeopático, -ca adj **1** (relativo à homeopatia) homeopathic: *tratamento homeopático* homeopathic treatment **2** (muito pequeno) minute: *em doses homeopáticas* in minute quantities

homicídio s murder ▶ Também existe o termo **manslaughter,** que significa homicídio involuntário | **cometer um homicídio** to commit murder

homossexual adj & s homosexual

Honduras s Honduras: *em Honduras* in Honduras

hondurenho, -nha adj & s Honduran

honesto, -ta adj honest

honra s honor (AmE), honour (BrE): *Minha mãe fez esse bolo em sua honra.* My mother baked this cake in your honor. | *os convidados de honra* the guests of honor | *Sua honra estava em jogo.* His honor was at stake. ▶ ver também **dama**

honrado, -da adj **1** (homenageado) honored (AmE), honoured (BrE): *Fiquei honrado com o seu convite.* I was honored by your invitation. **2** (honesto) honorable (AmE), honourable (BrE): *um homem honrado* an honorable man

hóquei s field hockey | **hóquei no gelo** ice hockey

hora substantivo & substantivo plural

• s **1** (60 minutos) hour: *A consulta durou uma hora.* The consultation lasted an hour. | *Quanto ele cobra por hora?* How much does he charge per hour? | *Falamos horas ao telefone.*

helmet
hockey
gloves
ice skates
hockey stick

We talked for hours on the phone. | **de duas em duas horas** every two hours | **meia hora** half an hour: *Só esperei meia hora.* I only waited half an hour.

2 (horário) time: *na hora do almoço* at lunchtime | *hora de dormir* bedtime | **horas vagas** spare time: *Toco violão nas horas vagas.* I play the guitar in my spare time.

3 **na hora (a)** (naquele momento) at the time: *Na hora, achei que fosse brincadeira.* At the time, I thought it was a joke. **(b)** (pontualmente) on time: *Chegamos na hora.* We arrived on time. **(c)** (instantaneamente) instantly: *O motorista morreu na hora.* The driver was killed instantly. | **na hora de fazer algo** when doing sth | **na hora que** when: *Na hora que você ligou, eu estava no banho.* When you called, I was in the bathtub. | **está na hora de fazer algo** it's time to do sth: *Está na hora de irmos.* It's time for us to go. | **estava na hora (de alguém fazer algo)** it's about time (sb did sth): *Estava na hora de ele ajudar um pouco.* It's about time he helped a little.

4 em cima da hora at the last minute: *Chegamos em cima da hora.* We arrived at the last minute. | *Ela deixa tudo até em cima da hora.* She leaves everything until the last minute.

5 fazer hora to kill time

6 perder a hora (por dormir muito) to oversleep: *Coloquei o despertador para não perder a hora.* I set the alarm clock so I wouldn't oversleep.

7 não vejo a hora de entrar de férias/voltar etc. I can't wait to go on vacation/go back etc.

8 de última hora last-minute: *um convite de última hora* a last-minute invitation

9 (compromisso) appointment: *Minha hora é às três.* My appointment is at three. | **marcar hora** to make an appointment

hora do rush rush hour **hora extra** overtime **hora local** local time

• **horas** s pl (no relógio) o'clock: *São cinco horas.* It's five o'clock. | **às sete horas** at seven o'clock | **que horas são?** what time is it? | **a que horas?** what time?: *A que horas você vai sair?* What time are you going out?

horário adjetivo & substantivo

• adj time: *fuso horário* time zone

• s **1** (hora) time: *A tarifa é mais baixa neste horário.* The rate is cheaper at this time. | *Esse horário é bom para você?* Is that time OK for you? **2** (de aula) period: *Tenho aula de inglês no primeiro horário.* I have an English class first period. **3** (de local) time: *às 2:00, horário de Brasília* at 2:00, Brasília time **4** (de trem, ônibus) schedule (AmE), timetable (BrE) **5** (comercial, de consulta, etc.) hours pl: *horário de visitas* visiting hours

horário de verão daylight saving time (AmE), summer time (BrE) **horário nobre** prime time

horizontal adj horizontal

horizonte s horizon: *a linha do horizonte* the horizon | **no horizonte** on the horizon

hormônio s hormone

horóscopo s horoscope: *Já leu seu horóscopo hoje?* Have you read your horoscope today?

horrível adj **1** (ruim) terrible: *A comida lá é horrível.* The food there is terrible. **2** (intenso) terrible: *um barulho horrível* a terrible noise | *Fez um calor horrível ontem.* It was terribly hot yesterday. **3** (feio) horrible | **estar/ficar horrível** to look horrible: *Fico horrível de marrom.* I look horrible in brown.

horror substantivo & substantivo plural
- s **1** (medo) terror: *um berro de horror* a cry of terror | **ter horror a/de algo (a)** (medo) to be terrified of sth: *Ela tem horror de escuro.* She's terrified of the dark. **(b)** (repulsa) to hate sth: *Tenho horror a fígado.* I hate liver. **2** **que horror!** how awful! **3** **ser um horror** to be awful: *Esse casaco é um horror!* That coat is awful!
- **horrores** s pl **1** (muito) an awful lot: *Aprendi horrores com ele.* I learned an awful lot from him. **2 dizer horrores de algo/alguém** to say terrible things about sth/sb

horroroso, -sa adj **1** (feio) ugly: *um garoto horroroso* an ugly boy | *Ela usou um vestido horroroso.* She wore an ugly dress. **2** (intenso) terrible: *uma dor horrorosa* a terrible pain | *Está um frio horroroso.* It's terribly cold. **3** (assustador) horrific: *um acidente horroroso* a horrific accident

hortaliça s vegetable

hortelã s mint: *chá de hortelã* mint tea

hospedagem s **1** (acolhida) accommodations pl (AmE), accommodation (BrE): *O preço inclui a passagem e a hospedagem.* The price includes transportation and accommodations. **2** (lugar) guesthouse: *Ficamos numa hospedagem barata.* We stayed in a cheap guesthouse.

hospedar v **hospedar alguém** to have sb to stay: *Ela vai hospedar uns amigos durante as férias.* She's going to have some friends to stay during the vacation.
hospedar-se v to stay: *Vamos nos hospedar na casa do Luís.* We're going to stay at Luis' house.

hóspede s **1** (visita) guest: *Teremos hóspedes no fim de semana.* We're going to have guests this weekend. **2** (em hotel) guest: *O hotel está cheio de hóspedes.* The hotel is full of guests. ▶ ver também **quarto**

hospício s psychiatric hospital

hospital s hospital

hospitalidade s hospitality: *Obrigado pela sua hospitalidade.* Thank you for your hospitality.

hostil adj hostile: *uma atitude hostil* a hostile attitude

hotel s hotel: *um hotel de três estrelas* a three-star hotel | *Ficamos num hotel no centro.* We stayed in a hotel downtown.

humanitário, -ria adj humanitarian

humano, -na adjetivo & substantivo plural
- **adj 1** (relativo ao homem) human: *o ser humano* human beings | *falha humana* human error **2** (justo, bondoso) humane: *condições de trabalho humanas* humane working conditions
- **humanos** s pl **os humanos** humans

humildade s humility: *falta de humildade* lack of humility

humilde adj **1** (que mostra humildade) humble **2** (pobre) poor: *uma família muito humilde* a very poor family

humilhante adj humiliating: *uma derrota humilhante* a humiliating defeat

humilhar v to humiliate: *Ele gosta de humilhar as pessoas.* He likes to humiliate people.

humor s **1** (estado de espírito) mood | **de bom/mau humor** in a good/bad mood: *Ela está de bom humor hoje.* She's in a good mood today. **2** (graça) humor (AmE), humour (BrE): *senso de humor* sense of humor
humor negro black humor

humorista s **1** (de TV, teatro) comedian **2** (escritor) humorist

humorístico, -ca adj comedy: *um programa humorístico* a comedy program

húngaro, -ra adjetivo & substantivo
- **adj** Hungarian
- s (pessoa) Hungarian
- **húngaro** s (idioma) Hungarian

Hungria s **a Hungria** Hungary: *na Hungria* in Hungary

I, i s I, i ▶ ver "Active Box" **letras do alfabeto** em **letra**

iate s yacht

iatismo s yachting: *escola de iatismo* yachting school

iceberg s iceberg

ícone s **1** (em informática) icon: *Clique no ícone Vídeo.* Click on the video icon. **2** (símbolo) icon: *Ele é um ícone da cultura pop.* He is an icon of pop culture.

ida s **1** (viagem) **a ida** the trip there (AmE), the journey there (BrE): *A ida me pareceu levar mais tempo que a volta.* The trip there seemed to take much longer than the trip back. | **ida e volta** there and back: *São dez horas de viagem, ida e volta.* It's a ten-hour trip, there and back. | *Você faz ida e volta em duas horas.* You can go there

and back in two hours. | **na ida** on the way (there): *Paramos para comer na ida.* We stopped to eat on the way there. | *na ida para São Paulo* on the way to São Paulo.
2 (passagem) one-way ticket: *Comprei apenas a ida.* I only bought a one-way ticket. | **ida e volta** round-trip ticket (AmE), return ticket (BrE): *Compre uma de ida e volta.* Get a round-trip ticket.
▶ ver também **bilhete**

idade *s* **1** age: *as pessoas da minha idade* people of my age | **ter 14/18 etc. anos de idade** to be 14/18 etc. years old: *Tenho 12 anos de idade.* I'm twelve years old. | **que idade você/ela etc. tem?** how old are you/is she etc.? | **na minha/sua etc. idade** at my/your etc. age | **ter a mesma idade** to be the same age: *Tenho a mesma idade que ele.* I am the same age as him. | **ter idade para algo/fazer algo** to be old enough for sth/to do sth: *Você não tem idade para dirigir.* You're not old enough to drive.
2 de idade (idoso) elderly: *uma senhora de idade* an elderly lady
3 a Idade Média the Middle Ages ▶ ver também **maior, menor**

ideal *adjetivo & substantivo*

• *adj* ideal: *o momento ideal* the ideal moment

• *s* **1** (ambição) ideal: *uma pessoa sem ideais* a person with no ideals **2** (o melhor) ideal thing: *O ideal é que o projeto seja feito em grupo.* The ideal thing is for the project to be done in a group.

idealista *adjetivo & substantivo*

• *adj* idealistic: *um jovem idealista* an idealistic young man

• *s* idealist

ideia *substantivo & substantivo plural*

• *s* **1** (pensamento) idea: *Tive uma ótima ideia!* I've had a great idea! | *Boa ideia!* Good idea! | **mudar de ideia** to change your mind: *Mudei de ideia.* I've changed my mind.
2 não ter/fazer ideia de algo to have no idea of sth: *Você não tem ideia do trabalho que isso me deu.* You have no idea of the trouble I had with this. | **não tenho/faço a mínima ideia** I don't have a clue: – *Cadê o Pedro?* – *Não faço a mínima ideia* "Where's Pedro?" "I don't have a clue."
3 fazer uma ideia errada de algo/alguém to have the wrong idea about sth/sb: *Todos fazem uma ideia errada dele.* Everyone has the wrong idea about him.
ideia fixa obsession: *Vencer se tornou ideia fixa para ele.* Winning became an obsession with him.

• **ideias** *s pl* (pontos de vista) views: *Não concordo com suas ideias políticas.* I don't agree with your political views.

idem *pron* **1** (da mesma forma) likewise **2** (numa lista) ditto

idêntico, -ca *adj* **idêntico (a algo/alguém)** identical (to sth/sb): *gêmeos idênticos* identical twins

identidade *s* **1** (documento) ID (AmE), identity card (BrE) ▶ Existe também o termo **identificação**, usado no inglês americano, porém é mais formal: *O policial pediu a minha identidade.* The police officer asked for my identification. **2** (características) identity (pl -ties)

identificar *v* to identify
identificar-se *v* **1** (apresentar-se) to identify yourself **2 identificar-se com algo/alguém** to identify with sth/sb: *Eu me identifiquei de cara com ele.* I identified with him right away.

idioma *s* language: *o idioma inglês* the English language

idiomático, -ca *adj* idiomatic: *uma expressão idiomática* an idiomatic expression/an idiom

idiota *adjetivo & substantivo*

• *adj* (pessoa, ideia, filme, etc.) stupid

• *s* (pessoa) idiot: *Seu idiota!* You idiot!

idiotice *s* **1** (qualidade) stupidity **2** (coisa) stupid thing | **dizer idiotices** to talk nonsense

ídolo *s* idol

idoso, -sa *adjetivo & substantivo*

• *adj* elderly: *uma senhora idosa* an elderly lady

• *s* **idoso** elderly man (pl elderly men) | **idosa** elderly woman (pl elderly women) | **os idosos** the elderly

old

young

ignorância *s* **1** (falta de conhecimento) ignorance **2 Que ignorância!** (grosseria) How rude! | **partir para a ignorância** to become abusive

ignorante *adjetivo & substantivo*

• *adj* **1** (sem instrução) ignorant **2** (grosseiro) rude

• *s* **1** (pessoa sem instrução) ignoramus (pl -muses) **2** (pessoa grosseira) jerk (AmE), lout (BrE)

ignorar *v* **1** (não saber) not to know: *Eles ignoram as causas do incêndio.* They don't know what caused the fire. **2** (desprezar) to ignore: *Ele me ignorou a noite toda.* He ignored me all evening.

igreja *s* **1** (prédio) church (pl -ches): *Pegamos um táxi até a igreja.* We took a cab to the church. | **frequentar a/ir à igreja** to go to church: *Você vai à igreja?* Do you go to church? **2** (instituição) church (pl -ches): *a Igreja Católica* the Catholic Church

igual *adjetivo, substantivo & advérbio*

- *adj* **1** (partes, direitos, etc.) equal: *em partes iguais* in equal parts **2** (idêntico) exactly the same: *Eles usam roupas iguais.* They wear exactly the same clothes. | **ser igual (a algo/alguém)** to be the same (as sth/sb): *Meus óculos escuros são iguais aos seus.* My sunglasses are the same as yours. | *As duas casas são iguais.* The two houses are the same. | **sem igual** unique: *uma sensação sem igual* a unique sensation **3 igual a** (como) just like: *Você é igual a minha irmã nisso.* You're just like my sister in that. | *Quero um boné igual ao dele.* I want a hat just like his. **4** (em matemática) **é igual a** equals: *Dois mais dois é igual a quatro.* Two plus two equals four.

- *s* equal | **de igual para igual** on equal terms: *Conversamos de igual para igual.* We spoke on equal terms.

- *adv* **1** (sem distinção) the same: *Estavam vestidas igual.* They were dressed the same. | **igual a algo/alguém** (como) the same as sth/sb: *Penso igual a você.* I think the same as you. **2 por igual** evenly: *Espalhe a manteiga por igual.* Spread the butter evenly.

igualar *v* **1** (ser igual) to match **2** (uma superfície) to even out

igualdade *s* (de direitos etc.) equality

igualmente *advérbio & interjeição*

- *adv* equally

- **igualmente** *interj* the same to you: *– Feliz Ano Novo! – Obrigado, igualmente.* "Happy New Year!" "Thank you, the same to you."

ilegal *adj* illegal

ilegível *adj* illegible: *A letra dele é ilegível.* His handwriting is illegible.

ilha *s* island: *Eles vivem numa ilha no Caribe.* They live on an island in the Caribbean.
as Ilhas Britânicas the British Isles

> **island ou isle?**
>
> **island** é a tradução de *ilha* na maioria dos contextos; **isle** é usado somente no nome de algumas ilhas, ou na linguagem literária.

ilimitado, -da *adj* unlimited: *poder ilimitado* unlimited power

ilógico, -ca *adj* illogical: *um argumento ilógico* an illogical argument

iludir *v* to deceive: *Disse a verdade porque não quero te iludir.* I told the truth because I don't want to deceive you.
iludir-se *v* to kid yourself: *Não se iluda, você não vai convencê-lo.* Don't kid yourself; you won't persuade him.

iluminação *s* lighting

iluminado, -da *adj* **1** (sala, monumento, etc.) illuminated | **estar/ficar iluminado** to be lit up | **bem iluminado** well lit **2** (estádio, quadra, piscina) floodlit

iluminar *v* **1 iluminar algo** to light sth up: *O abajur ilumina a sala.* The lamp lights up the room. | *Iluminam a estátua à noite.* They light up the statue at night. **2** (clarear) to give light: *Esta lâmpada não ilumina bem.* This bulb doesn't give enough light.

ilusão *s* **1** (engano) illusion: *uma ilusão de ótica* an optical illusion **2** (sonho) feeling: *Tenho a ilusão de que vai dar tudo certo.* I have the feeling that everything will work out fine. | **perder as ilusões** to lose your illusions

ilusionista *s* illusionist

ilustrar *v* to illustrate

imã *s* magnet

imagem *s* **1** (de TV, etc.) picture: *A imagem está fora de foco.* The picture is out of focus. **2** (figura) picture: *Observe estas duas imagens.* Look at these two pictures. **3** (de artista, empresa, etc.) image: *Estão tentando mudar a imagem da cidade.* They're trying to change the city's image. **4** (reflexo) image: *a minha imagem no espelho* my image in the mirror **5** (conceito) opinion: *Que imagem você tem de mim?* What opinion do you have of me? **6** (estátua) image: *a imagem de Santo Antônio* the image of St. Anthony

imaginação *s* imagination | **na minha/sua etc. imaginação** in my/your etc. imagination | **não ter imaginação** to have no imagination

imaginar *v* **1** (fazer ideia de) to imagine: *Tente imaginar a cena.* Try to imagine the scene. | *Posso imaginar como você está se sentindo.* I can imagine how you're feeling. **2** (supor) to assume: *Vendo você feliz, imaginei que vocês tinham voltado.* Seeing how happy you looked, I assumed you had gotten back together. | *Imagino que sim.* I assume so. **3** (criar) **imaginar algo** to think sth up: *Já imaginei os personagens para a história.* I've already thought up the characters for the story.

imaturo, -ra *adj* immature: *uma garota muita imatura* a very immature girl

imbatível *adj* unbeatable: *Ela é imbatível no basquete.* She's unbeatable at basketball.

imbecil *adjetivo & substantivo*

- *adj* stupid: *Que ideia imbecil!* What a stupid idea!

- *s* idiot

imediações *s pl* vicinity *sing*: *Ele mora nas imediações da escola.* He lives in the vicinity of the school.

imediatamente *adv* immediately

imediato, -ta *adj* immediate: *um remédio de efeito imediato* a drug with an immediate effect |

Tomamos providências imediatas. We took immediate action. | **de imediato** immediately

imenso, -sa *adj* **1** (muito grande) huge: *um país imenso* a huge country | *uma redação imensa* a huge essay **2** (falando de sentimentos) enormous | **uma vontade/felicidade etc. imensa** an enormous desire/feeling of happiness etc.

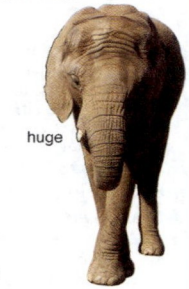

huge

tiny

imigração *s* immigration

imigrante *s* immigrant

imigrar *v* to immigrate: *Muitos imigraram para o Brasil no século XIX.* Many people immigrated to Brazil in the nineteenth century.

imitação *s* **1** (de uma pessoa) impression: *Ele faz muito boas imitações.* He does very good impressions **2** (falando de um relógio, modelo, etc.) imitation ▶ Quando o relógio, etc. é feito com o objetivo de enganar o comprador, usa-se **fake**: *É uma imitação.* It's an imitation./It's a fake. | **relógios/joias etc. de imitação** imitation watches/jewelry etc. (AmE); imitation watches/jewellery etc. (BrE)

imitar *v* **1** (copiar) to imitate: *As crianças tendem a imitar os pais.* Children tend to imitate their parents. **2** (fazer mímica, etc. de) to impersonate: *Ela adora imitar personagens das novelas.* She loves impersonating characters from the soaps. **3** (uma assinatura) to forge

imobilizar *v* (uma pessoa, uma parte do corpo) to immobilize

imoral *adj* immoral

imóvel *adjetivo & substantivo*
- *adj* motionless: *Fiquei imóvel de medo.* I was motionless with fear.
- *s* (propriedade) building | **imóveis** real estate

impaciente *adj* impatient

impacto *s* **1** (colisão) impact **2** (efeito) impact: *A notícia causou grande impacto na população.* The news had a great impact on the public.

ímpar *adj* **1** (número) odd **2** (apartamento, andar) odd-numbered **3** (sem igual) unique: *uma artista ímpar* a unique artist

impasse *s* impasse

impecável *adj* (aparência, trabalho, etc.) impeccable

impedido, -da *adj* **1** (bloqueado) blocked **2** (em futebol) offside: *O jogador estava impedido.* The player was offside.

impedimento *s* **1** (obstáculo) obstacle **2** (em futebol) offside | **cobrar um impedimento** to take a free kick

impedir *v* **1** **impedir alguém de fazer algo** to stop sb from doing sth: *Meu pai me impediu de ir.* My father stopped me from going. | **impedir que alguém/algo faça algo** to stop sb/sth doing sth **2** **impedir algo** to prevent sth: *O policial tentou impedir a fuga dele.* The policeman tried to prevent his escape. **3** (obstruir) to block: *O desabamento impediu a passagem.* The landslide blocked the way.

imperador, -triz *s* **imperador** emperor | **imperatriz** empress (pl -sses)

imperdível *adj* unmissable: *O show é imperdível.* The show is unmissable.

imperfeito, -ta *adj* imperfect

imperial *adj* imperial

imperialismo *s* imperialism

império *s* empire

impermeável *adjetivo & substantivo*
- *adj* waterproof: *um casaco impermeável* a waterproof coat
- *s* (capa de chuva) raincoat

impertinente *adj* (pessoa, resposta, etc.) impertinent

impessoal *adj* impersonal

implante *s* implant | **fazer um implante** to have an implant

implicante *adj* argumentative

implicar *v* **1** **implicar com alguém (a)** (provocar) to pick on sb: *Pare de implicar comigo!* Stop picking on me! **(b)** (antipatizar) to take a dislike to sb: *Impliquei com ele desde que nos conhecemos.* I took a dislike to him from the moment we met. **2** (acarretar) **implicar em algo** to involve sth: *Esta doença pode implicar em perda da mobilidade.* This illness may involve loss of mobility.

implorar *v* **implorar (algo) (a alguém)** to beg (sb) (for sth): *Estou te implorando.* I'm begging you. | **implorar a alguém para que faça algo** to beg sb to do sth: *Ele me implorou para que eu o ajudasse.* He begged me to help him.

impor *v* **1** (condições, silêncio, etc.) to impose **2** **impor respeito** to command respect

impor-se *v* (fazer-se respeitar) to assert yourself: *Você precisa se impor mais.* You need to assert yourself more.

importação *s* import: *produtos de importação* imports

importado, -da *adjetivo & substantivo plural*
- **adj** imported: *CDs importados* imported CDs
- **importados s pl** imported goods: *Sempre olho a prateleira dos importados.* I always look at the imported goods rack.

importância *s* **1** (valor) importance | **dar (muita) importância a algo** to care (a lot) about sth: *Ele dá muita importância aos estudos.* He cares a lot about his studies. | *Dou pouca importância ao dinheiro.* I don't care much about money. | **ter importância** to be important: *Esqueça, não tem importância.* Forget it, it's not important. | **sem importância** unimportant: *um problema sem importância* an unimportant problem **2** (quantia em dinheiro) amount

importante *adjetivo & substantivo*
- **adj** (pessoa, assunto, etc.) important
- **s o (mais) importante é** the (most) important thing is: *O mais importante é que você se sinta feliz.* The important thing is that you're happy.

importar *v* **1** (interessar) to matter: *Não importa o que ele diz.* It doesn't matter what he says. | *Manter o espírito de equipe é o que mais importa.* Keeping up team spirit is what matters most. | **importar a alguém** to matter to sb: *Isso não me importa.* That doesn't matter to me. **2** (produtos, mercadorias) to import: *Esta firma importa carros.* This firm imports cars.

importar-se *v* **1** (incomodar-se) to mind: *Você se importa se eu levar minha irmã?* Do you mind if I take my sister? | **importar-se que alguém faça algo** to mind sb doing sth: *Meus pais não se importam que eu chegue tarde.* My parents don't mind me getting home late. **2** (preocupar-se) **importar-se com alguém/algo** to care about sb/sth: *Ela não se importa mais comigo.* She doesn't care about me anymore.

impossível *adjetivo & substantivo*
- **adj 1** impossible: *Foi impossível achar uma vaga.* It was impossible to find a parking place. | *uma tarefa impossível* an impossible task **2** (pessoa) impossible
- **s o impossível** the impossible: *Aconteceu o impossível.* The impossible happened.

imposto *s* tax (pl taxes): *isento de imposto* tax-free
imposto de renda income tax

imprensa *s* **a imprensa** the press: *Madonna declarou à imprensa que vai se casar.* Madonna announced to the press that she was going to get married. | *O caso saiu na imprensa.* The case appeared in the press.

imprescindível *adj* essential: *O apoio dos meus pais é imprescindível.* My parents' support is essential.

impressão *s* **1** (sensação) impression: *É impressão sua!* That's just your impression! | **ter a impressão de que** to have the feeling (that): *Tenho a impressão de que ela ficou chateada comigo.* I have the feeling she's annoyed with me. **2** (opinião) impression: *Qual é a sua impressão sobre isso?* What's your impression of this? | **ter uma boa/má etc. impressão de alguém** to have a good/bad etc. impression of sb: *Tive uma boa impressão dele.* I had a good impression of him. **3** (ato ou efeito de imprimir) printing: *Essa impressão não ficou tão boa quanto a primeira.* This printing isn't as good as the first.
impressão digital fingerprint

impressionante *adj* **1** (paisagem, desempenho, etc.) impressive ▶ **Impressive** só se usa para referir-se a algo que causa boa impressão **2** (surpreendente) amazing: *A coisa mais impressionante é que ela sobreviveu.* The most amazing thing is that she survived. **3** (chocante) shocking: *As imagens do atentado eram impressionantes.* The pictures of the attack were shocking.

impressionar *v* **1** (causar boa impressão a) to impress: *Ele faz de tudo para impressionar a namorada.* He'll do anything to impress his girlfriend. | *Me impressiona a dedicação dele.* I'm impressed by his dedication. **2** (surpreender) to amaze **3** (chocar) to shock: *A violência daquela cena me impressionou muito.* The violence of the scene really shocked me.

impressora *s* printer
impressora a laser laser printer

imprestável *adj* **1** (pessoa) unhelpful **2** (coisa) useless

imprevisível *adj* unpredictable

imprevisto, -ta *adjetivo & substantivo*
- **adj** unexpected: *uma reação imprevista* an unexpected reaction
- **imprevisto s** something unexpected: *Na última hora houve um imprevisto, e ele não pôde vir.* At the last minute, something unexpected came up and he couldn't come.

imprimir *v* to print

impróprio, -pria *adj* inappropriate | **impróprio para algo/alguém** unsuitable for sth/sb: *uma roupa imprópria para a ocasião* an unsuitable outfit for the occasion | *O filme é impróprio para menores de 18 anos.* The movie is unsuitable for those under 18.

improvisar *v* to improvise

impulso *s* **1** impulse: *Agi por impulso.* I acted on impulse. | *Meu primeiro impulso foi contar-lhe a verdade.* My first impulse was to tell him the truth. **2** **dar impulso a algo** (a atividade, setor, etc.) to boost sth: *A medida visa dar impulso ao turismo.* The measure is aimed at boosting tourism. | **dar novo impulso a algo** to give new impetus to sth: *O disco deu novo impulso à sua carreira.* The record gave new impetus to his career.

Deve-se dizer on the table ou in the table? Veja o verbete em.

imundice, imundície s **1** filth **2 estar uma imundice** to be filthy: *Este tapete está uma imundice.* This rug is filthy.

imundo, -da adj filthy: *Meu tênis ficou imundo.* My tennis shoes got filthy.

imune adj **imune (a algo)** immune (to sth)

imunidade s immunity (pl -ties)

inabitado, -da adj uninhabited: *planetas inabitados* uninhabited planets

inacabado, -da adj unfinished

inaceitável adj unacceptable

inacessível adj inaccessible: *um praia inacessível por terra* a beach inaccessible by land

inacreditável adj unbelievable: *uma história inacreditável* an unbelievable story

inalador s inhaler

inalar v to inhale

inauguração s **1** (de um site, restaurante, exposição, etc.) opening: *festa de inauguração* opening party **2** (de uma cidade, monumento) inauguration

inaugurar v **1** (um site, uma exposição, um restaurante, etc.) to open **2** (uma cidade, um monumento) to inaugurate **3** (usar pela primeira vez) to christen

incapaz adj **incapaz de fazer algo** unable to do sth: *O piloto foi incapaz de impedir o desastre.* The pilot was unable to prevent the disaster.

incendiar v **incendiar algo** to set fire to sth: *Os manifestantes incendiaram um ônibus.* The demonstrators set fire to a bus.

incêndio s fire | **apagar um incêndio** to put out a fire ▶ ver também **alarme, escada**

incêndio criminoso arson

incenso s incense

incentivar v to encourage | **incentivar alguém a fazer algo** to encourage sb to do sth: *O professor me incentivou a estudar.* The teacher encouraged me to study.

incentivo s incentive

incerto, -ta adj uncertain

incesto s incest

inchado, -da adj **1** (olhos, perna, pé, etc.) swollen **2** (barriga, estômago) bloated

inchar v to swell up: *Meus pés incharam no avião.* My feet swelled up on the plane.

incidente s incident | **cheio de incidentes** eventful: *um dia cheio de incidentes* an eventful day

inclinado, -da adj **1** (telhado, terreno) sloping **2** (pessoa, corpo, etc.) leaning **3 estar inclinado a fazer algo** to be inclined to do sth

inclinar v **1** (fazer curvar) to lean: *Inclinei o corpo para a frente.* I leaned my body forward. | *Ela inclinou a cabeça no meu ombro.* She leaned her head on my shoulder. **2** (pender) to lean: *A planta inclinou para o lado.* The plant leaned to the side.

inclinar-se v to lean: *Inclinei-me sobre o parapeito da janela.* I leaned on the windowsill.

incluir v to include: *Incluímos você na lista.* We included you on the list. | *A gorjeta está incluída?* Is the tip included?

inclusive adv **1** (até) including: *Estão todos convidados, inclusive você.* Everyone's invited, including you. **2** (com inclusão) inclusive: *Vai de um a trinta, inclusive.* It goes from one to thirty, inclusive. **3** (também) also: *Existem, inclusive, pessoas que não gostam de ler.* There are also people who don't like reading.

incolor adj colorless (AmE), colourless (BrE)

incomodar v **1** (causar incômodo) to bother: *Esta luz está te incomodando?* Is this light bothering you? | *A dor começou a me incomodar.* The pain started to bother me. | *Desculpe incomodar.* Sorry to bother you. **2** (interromper) to disturb: *Favor não nos incomodar.* Please do not disturb us. **3** (aborrecer) to upset: *A frieza dele me incomodou.* His coldness upset me.

incomodar-se v **1** (importar-se) to mind: *Você se incomoda se eu fechar a janela?* Do you mind if I close the window? | **incomodar-se com algo** to be bothered by sth: *Não me incomodei com o comentário dela.* I wasn't bothered by her comment. **2 incomodar-se (em fazer algo)** (dar-se ao incômodo) to bother (doing sth): *Não se incomode, eu mesma vou.* Don't bother, I'll go myself. | *Não se incomode em nos levar lá.* Don't bother taking us there.

incômodo, -da adjetivo & substantivo

• **adj 1** (desconfortável) uncomfortable: *Que cadeira incômoda!* What an uncomfortable chair! **2** (situação) awkward

• **incômodo** s **1** (desconforto) discomfort **2** (inconveniência) bother: *Posso te dar uma carona, não é incômodo nenhum.* I can give you a ride, it's no bother at all.

incompatível adj incompatible

incompetente adj & s incompetent

incompleto, -ta adj incomplete

inconsciente adjetivo & substantivo

• **adj 1** (sem consciência) unconscious: *O ferido estava inconsciente.* The injured man was unconscious. **2** (sentimento, desejo) subconscious **3** (irresponsável) irresponsible: *um médico inconsciente* an irresponsible doctor

• **s 1** (parte da psique) subconscious **2** (irresponsável) irresponsible person (pl irresponsible people) ▶ Traduz-se pelo adjetivo **irresponsible** na maioria dos casos: *Meu irmão é um inconsciente!* My brother is so irresponsible!

inconscientemente adv unconsciously: *Ela o fez inconscientemente.* She did it unconsciously.

inconveniente *adjetivo & substantivo*
- *adj* **1** (inoportuno) inconvenient: *Eles chegaram numa hora inconveniente.* They arrived at an inconvenient time. **2** (inapropriado) inappropriate **3** (pergunta, comentário) inappropriate **4** (pessoa, comportamento) annoying: *Ele está sendo inconveniente.* He's being annoying.
- *s* **1** (desvantagem) disadvantage: *os inconvenientes de se morar no interior* the disadvantages of living in the country **2** (transtorno) snag: *Surgiram inconvenientes que atrapalharam nossos planos.* Some snags came up that upset our plans.

incorreto, -ta *adj* **1** (errado) incorrect: *uma resposta incorreta* an incorrect answer **2** (moralmente) inappropriate | **de forma incorreta** inappropriately

incrementar *v* **1** (aumentar) to increase: *O Brasil quer incrementar as exportações de carne bovina.* Brazil wants to increase its beef exports. **2** (melhorar) to enhance: *Essas atividades incrementaram o meu currículo.* These activities have enhanced my résumé.

incrível *adj* incredible: *uma história incrível* an incredible view | *Que vista incrível!* What an incredible view! | **por incrível que pareça** incredible as it may seem

indecente *adj* indecent

indeciso, -sa *adj* (pessoa) undecided | **estar/ficar indeciso** to be undecided

indenizar *v* **indenizar alguém (por algo)** to compensate sb (for sth): *A prefeitura vai indenizar os moradores pelos danos.* The city is going to compensate residents for the damage.

independência *s* independence

independente *adj* **1** independent: *Ela sempre foi muito independente.* She has always been very independent. | **tornar-se independente** (colônia, país) to become independent **2 independente de algo** regardless of sth: *independente da idade* regardless of age

Índia *s* a Índia India

indiano, -na *adj & s* Indian

indicação *s* **1** (sinal) indication: *Havia indicações de que a situação piorava.* There were indications that the situation was getting worse. **2** (de caminho) **indicações/uma indicação** directions: *Foi difícil chegar lá sem uma indicação.* It was difficult to get there without directions. | **pedir indicações** to ask for directions **3** (para prêmio, cargo) nomination: *O filme ganhou uma indicação para o Oscar.* The movie got an Oscar nomination. **4** (instrução) instruction: *Prepare a cera conforme as indicações do fabricante.* Prepare the wax according to the manufacturer's instructions. **5** (recomendação) recommendation: *Fui para esse curso por indicação de uma amiga.* I went to that class on a friend's recommendation.

indicado, -da *adj* (adequado) appropriate: *a pessoa indicada para nos representar* the appropriate person to represent us | *Esta seria a atitude indicada.* This would be the appropriate course of action.

indicador *s* **1** (sinal) indicator: *A nota é um indicador do aproveitamento do aluno.* The grade is an indicator of the student's progress. **2** (dedo) index finger **3** (de pressão, temperatura, velocidade) gauge

indicar *v* **1** (mostrar) to indicate: *O ponteiro indica o norte.* The needle indicates north. **2 indicar o caminho (para alguém)** to give (sb) directions: *Ele nos indicou o caminho.* He gave us directions. **3** (recomendar) to recommend: *O médico indicou essa pomada.* The doctor recommended this ointment. **4** (instruir) to tell: *O professor nos indicou as matérias que tínhamos que estudar.* The teacher told us the subjects we had to study. **5** (designar) to nominate: *A turma vai indicar o José como representante.* The class is going to nominate José as a representative. | *O filme foi indicado ao Oscar.* The movie was nominated for an Oscar.

índice *s* **1** (numa publicação) index (pl indexes): *Procure o nome no índice.* Look for the name in the index. **2** (catálogo) catalog (AmE), catalogue (BrE) **3** (taxa) rate: *o índice de natalidade* the birth rate
índice(s) de audiência ratings

indiferente *adj* **1** (pessoa, atitude) indifferent | **ser indiferente a algo/alguém** to be indifferent to sth/sb **2 ser indiferente** (não importar) to make no difference: *É indiferente que seja hoje ou amanhã.* It makes no difference if it's today or tomorrow.

indígena *adjetivo & substantivo*
- *adj* **1** (população, língua, civilização) indigenous, Indian: *as comunidades indígenas da América* the indigenous communities of America **2** (do índio) Indian: *uma reserva indígena* an Indian reservation
- *s* native, Indian ▶ Para traduzir *os indígenas* use **the indigenous people**: *os indígenas do Amazonas* the indigenous people of the Amazon

indigestão *s* indigestion

indigesto, -ta *adj* indigestible: *Pimentão é indigesto.* Peppers are indigestible.

indignado, -da *adj* **indignado (com algo)** angry (at sth): *Ele me escreveu um e-mail indignado.* He wrote me an angry e-mail. | *Fiquei indignada com a atitude dela.* I was angry at the way she acted.

índio, -dia *adj & s* Indian

indireta *s* hint: *Você não percebeu a indireta?* Didn't you get the hint? | **dar uma indireta** to drop a hint

indireto, -ta adj indirect

indiscreto, -ta adj indiscreet: *Que pergunta indiscreta!* What an indiscreet question!

indispensável adj essential: *um livro indispensável para estudantes* an essential book for students

indisposto, -ta adj unwell: *Eu estava indisposto e não pude estudar.* I was unwell and couldn't study.

individual adj individual: *trabalho individual* individual work

indivíduo s individual

índole s nature | **ter boa índole** to be good-natured

indústria s industry (pl -tries): *a indústria automobilística* the automobile industry

industrial adjetivo & substantivo
- **adj** industrial: *uma cidade industrial* an industrial city ▶ ver também **desenho**
- **s** (pessoa) industrialist

inédito, -ta adj **1** (livro, poesias, etc.) previously unpublished, (filme, clipe) previously unseen, (disco, CD) previously unreleased: *um romance inédito* a previously unpublished novel **2** (incomum) unprecedented: *um fato inédito* an unprecedented occurrence

inesperado, -da adj unexpected

inesquecível adj unforgettable: *umas férias inesquecíveis* an unforgettable vacation

inevitável adj inevitable

inexistente adj nonexistent

inexperiente adj inexperienced: *um jovem inexperiente* an inexperienced youth

infalível adj infallible: *um método infalível* an infallible method

infância s childhood: *Você teve uma infância feliz?* Did you have a happy childhood? | *um amigo de infância* a childhood friend ▶ ver também **jardim**

infantil adj **1** (programa, livro, peça, etc.) children's: *um parque infantil* a children's playground | *um filme para o público infantil* a movie for younger audiences **2** (que age como criança) childish: *Ele é tão infantil.* He's so childish. **3 trabalho infantil** child labor | **mortalidade infantil** infant mortality

infarto s heart attack

infecção s infection

infeccionar v to get infected: *O corte infeccionou.* The cut got infected. | **infeccionar algo/alguém (com algo)** to infect sth/sb (with sth)

infelicidade s **1** (sentimento) unhappiness **2** (desgraça) misfortune

infeliz adj **1** (pessoa, vida) unhappy **2** (comentário) unfortunate | **uma ideia infeliz** a bad idea

infelizmente adv unfortunately: *Infelizmente não vou poder ir.* Unfortunately, I won't be able to go.

inferior adjetivo & substantivo
- **adj 1** (de baixo) lower: *o lábio inferior* the lower lip | *no andar inferior da cobertura* on the lower floor of the penthouse **2** (valor, nível, qualidade, etc.) low: *um tecido de qualidade inferior* low-quality cloth | **inferior a** lower than: *uma nota inferior a cinco* a score lower than five
- **s** (subalterno) inferior

infernal adj **1** (calor) scorching: *Está um calor infernal lá fora.* It's scorching outside. **2 um barulho infernal** an infernal racket

inferno s **1** hell **2 ser um inferno** to be hell: *O trânsito aqui é um inferno.* The traffic here is hell. **3 vai para o inferno!** go to hell!

infestar v to infest: *As baratas infestaram a garagem.* The garage was infested with cockroaches.

infiel adj **1** unfaithful: *um namorado infiel* an unfaithful boyfriend **2 ser infiel a algo/alguém** to be unfaithful to sth/sb

infinito, -ta adjetivo & substantivo
- **adj** infinite: *um número infinito de possibilidades* an infinite number of possibilities
- **infinito s o infinito** infinity

inflação s inflation

inflamação s (de ferida, pele, etc.) inflammation

inflamado, -da adj inflamed

inflamar v **1** (sofrer inflamação) to become inflamed: *A ferida inflamou.* The wound became inflamed. **2** (pegar fogo) to flare up: *As madeiras da fogueira inflamaram logo.* The wood on the fire soon flared up. **3** (exaltar) to rouse

inflamável adj inflammable

influência s **influência (sobre algo/alguém)** influence (on sth/sb): *A influência do inglês é muito forte.* The influence of English is very strong. | **ter influência em/sobre algo/alguém** to have an influence on sth/sb: *Ele teve muita influência na minha vida.* He had a great influence on my life. ▶ Usa-se a preposição **over** quando se trata de poder, controle: *Ela tem influência demais sobre ele.* She has too much influence over him.

influenciar v to influence: *Não se deixe influenciar pelos outros.* Don't let yourself be influenced by others.

influir v **influir em algo/alguém** to influence sth/sb: *Que fatores influíram na sua decisão?* What factors influenced your decision?

informação s information: *falta de informação* lack of information ▶ O substantivo **information** não tem plural: *Estas informações são muito* *úteis.* This information is very useful. | **uma informação** some information/a piece of information: *Você poderia me dar uma informação?* Could you give me some information? | *uma informação interessante* an interesting piece of information/some interesting information

informal *adj* (jantar, roupa, linguagem, etc.) informal

informar *v* **1** (dizer) **informar a alguém que/como etc.** to tell sb (that)/how etc.: *Pode me informar onde fica a cantina?* Could you tell me where the cafeteria is? | **informar algo** to provide information on sth: *O delegado não soube informar a causa do incêndio.* The police chief was unable to provide information on the cause of the fire. **2** (comunicar) to announce: *Informaram que o voo foi cancelado.* They announced that the flight was canceled. | **informar algo a alguém** to inform sb of sth: *O professor informou aos alunos a nova data da prova.* The teacher informed the students of the new test date. | **informar alguém de/sobre algo** to inform sb about sth **3** (ser informativo) to provide information: *Essa revista não informa.* This magazine doesn't provide any information.

informar-se *v* **informar-se sobre algo (a)** (lendo, pesquisando, etc.) to find out about sth: *Preciso me informar sobre isso.* I need to find out about this. **(b)** (perguntando) to inquire about sth: *Vou me informar no balcão.* I'll inquire at the desk.

informática *s* information technology ▶ Também é muito usada a abreviatura **IT**, soletrada: *Ela quer estudar informática.* She wants to study information technology. | *Ele é muito bom em informática.* He's very good at IT. | **um curso de informática** a computer course

informatizar *v* to computerize: *A escola vai informatizar a biblioteca.* The school is going to computerize its library.

infravermelho, -lha *adj* infrared

ingênuo, -nua *adj* **1** (sem malícia) naive: *Como você pode ser tão ingênuo?* How can you be so naive? **2** (puro) innocent: *uma criança ingênua* an innocent child

Inglaterra *s* **a Inglaterra** England: *na Inglaterra* in England

> **England, Britain, Great Britain ou United Kingdom?**
>
> A **Inglaterra** é um dos três países que formam a Grã-Bretanha (**Great Britain** ou **Britain**). Os outros dois são a Escócia (**Scotland**) e o País de Gales (**Wales**). A Grã-Bretanha e a Irlanda do Norte compõem o Reino Unido (**the United Kingdom**).

inglês, -esa *adjetivo & substantivo*

• *adj* English: *Você é inglesa?* Are you English?

• *s* **1** (pessoa) **inglês** Englishman (pl -men) | **inglesa** Englishwoman (pl -women) | **os ingleses** (povo) the English

• **inglês** *s* (idioma) English: *Você fala inglês?* Do you speak English?

> **English ou British?**
>
> Não use **English** para se referir a pessoas, cidades etc. que não são da Inglaterra. Denomina-se o povo da Escócia ou do País de Gales de **British**, e não de **English**. Veja a nota em *Inglaterra*.

ingrato, -ta *adj* **1** (pessoa) ungrateful **2** (tarefa) thankless

ingrediente *s* ingredient

íngreme *adj* steep: *uma ladeira íngreme* a steep slope

ingresso *s* **1** (bilhete) ticket: *Já comprei ingresso para a peça.* I've already bought a ticket for the play. **2** (entrada) entry: *A boate proíbe o ingresso de menores de 18 anos.* The club refuses entry to people under 18.

inibido, -da *adj* inhibited

inicial *adjetivo & substantivo*

• *adj* initial: *na fase inicial do campeonato* in the initial phase of the championship

• *s* (letra) initial: *Marquei meus livros com minhas iniciais.* I labeled my books with my initials.

iniciar *v* **1** (começar) to start: *A banda já tinha iniciado o show.* The band had already started their show. **2** (um negócio) to start up

iniciativa *s* initiative | **por iniciativa própria** on your own initiative | **tomar a iniciativa (de fazer algo)** to take the initiative (to do sth)

início *s* start: *no início das aulas* at the start of classes | **dar início a algo** to begin sth: *Deram início à queima de fogos.* They began the fireworks display. | **desde o início** from the start: *Eu te avisei desde o início que ele não era confiável.* I warned you from the start that he wasn't trustworthy. | **no início** at the start

inimigo, -ga *adjetivo & substantivo*

• *adj* enemy: *um ataque inimigo* an enemy attack

• *s* **1** enemy (pl -mies) **2 ser inimigo de algo** to be dead against sth: *Ele é inimigo do cigarro.* He is dead against smoking.

injeção *s* injection ▶ Em contextos menos formais, diz-se **shot** no inglês americano e **jab** no inglês britânico | **dar uma injeção em alguém** to give sb an injection | **tomar uma injeção** to have an injection: *Detesto tomar injeção.* I hate having injections.

injetar *v* **1** (um líquido, um remédio) to inject **2** (capital, recursos) to inject | **injetar algo em algo** to inject sth into sth

injustiça *s* injustice: *Isso foi uma grande injustiça.* That was a great injustice.

injusto, -ta *adj* **1** (pessoa, atitude, sistema) unfair | **ser injusto com alguém** to be unfair to sb: *A professora foi injusta comigo.* The teacher was unfair to me. **2** (governo, sentença) unjust

inocente *adjetivo & substantivo*
- *adj* **1** (sem culpa) innocent: *Ele se diz inocente.* He claims he's innocent. | **fingir-se de inocente** to play the innocent **2** (sem malícia) innocent: *um comentário inocente* an innocent remark
- *s* innocent person (pl innocent people): *O ataque matou muitos inocentes.* The attack killed many innocent people.

inofensivo, -va *adj* harmless

inoxidável *adj* rustproof ▶ ver também **aço**

inquérito *s* inquiry (pl -ries)

inquieto, -ta *adj* **1** (agitado) restless: *As crianças estavam muito inquietas.* The children were very restless. **2 inquieto (com algo)** (aflito) uneasy (about sth): *Esta situação me deixa inquieta.* This situation makes me uneasy.

insatisfeito, -ta *adj* **insatisfeito (com algo/alguém)** dissatisfied (with sth/sb): *Fiquei insatisfeito com o resultado da prova.* I was dissatisfied with the test results.

inscrever *v* **1 inscrever o nome de alguém em algo** to put sb's name down on sth: *Você inscreveu meu nome na lista de espera?* Did you put my name down on the waiting list? **2 inscrever alguém em algo** to enroll sb in sth (AmE), to enrol sb in sth (BrE): *Meu pai me inscreveu num curso de informática.* My dad enrolled me in an IT class.

inscrever-se *v* **inscrever-se em algo** to enroll in sth (AmE), to enrol in sth (BrE): *Vocês já se inscreveram no curso de fotografia?* Have you already enrolled in the photography course? | **inscrever-se num concurso** to enter a competition: *Vou me inscrever no concurso de dança.* I'm going to enter the dance competition.

inscrição *s* **1** (matrícula) enrollment (AmE), enrolment (BrE): *As inscrições se encerram hoje.* Enrollment ends today. **2** (palavra gravada) inscription: *Não consigo ler as inscrições na medalha.* I can't read the inscription on the medal.

insegurança *s* insecurity (pl -ties)

inseguro, -ra *adj* **1** (pessoa) insecure **2** (lugar) unsafe

insensível *adj* **1** (pessoa) insensitive: *insensível à dor* insensitive to pain **2** (parte do corpo) numb

inseparável *adj* inseparable

inserir *v* **1** (incluir) to insert: *Inseri mais um parágrafo na redação.* I inserted another paragraph in the essay. **2** (em informática) to insert: *Clique em Inserir.* Click on Insert.

inseto *s* insect

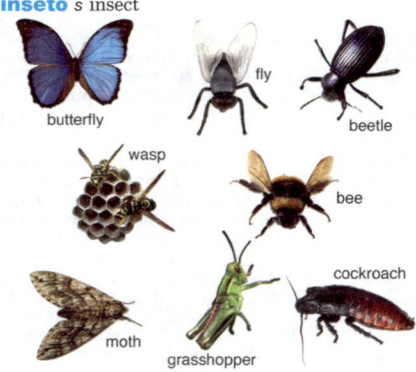

insignificante *adj* insignificant

insistente *adj* (pessoa) insistent: *Não seja tão insistente!* Don't be so insistent!

insistir *v* **insistir (em algo/em fazer algo)** to insist (on sth/on doing sth): *Tanto insistiu, que a mãe cedeu.* He insisted so much that his mother gave in. | *Ele insiste em me convidar para sair.* He insists on inviting me out. | **insistir em que alguém faça algo** to insist (that) sb does sth: *Meu pai insistiu em que eu fizesse o vestibular.* My dad insisted that I take the college entrance exam.

insolação *s* sunstroke | **pegar uma insolação** to get sunstroke

insônia *s* insomnia

insosso, -sa *adj* **1** (comida) tasteless: *O feijão ficou insosso.* The beans are tasteless. **2** (pessoa) dull

inspecionar *v* to inspect

inspiração *s* **1** (criatividade) inspiration **2** (respiração) inhalation

inspirar *v* **1** (respirar) to breathe in: *Inspire e expire lentamente.* Breathe in and out slowly. **2** (uma pessoa) to inspire: *a experiência que inspirou o poeta* the experience that inspired the poet **3 inspirar confiança em alguém** to inspire sb with confidence: *Ela nunca me inspirou confiança.* She has never inspired me with confidence.

inspirar-se *v* **inspirar-se (em algo/alguém)** to be inspired (by sth/sb)

instalar *v* **1** (um aparelho, etc.) to install: *Eles vêm amanhã instalar o telefone.* They're coming tomorrow to install the telephone. **2** (em informática) to install: *Não consegui instalar o programa.* I didn't manage to install the program.

instalar-se *v* **1** (acomodar-se) to settle down: *Ele se instalou em frente da TV.* He settled down in front of the TV. **2** (numa cidade, num país) to settle down **3** (numa residência) to settle in **4** (crise, medo, etc.) to set in: *A guerra civil instalou-se.* Civil war set in.

instantâneo, -nea *adj* **1** (imediato) instant **2** (café) instant

instante *s* moment: *Por um instante pensei que você não viria.* For a moment I thought you wouldn't come. | **num instante** in a moment: *A comida ficará pronta num instante.* The food will be ready in a moment. | **dentro de instantes** in a few moments: *Dentro de instantes anunciarão o vencedor.* In a few moments they will announce the winner.

instável *adj* **1** (pessoa, vida) unstable **2** (tempo) unsettled

instituição *s* institution

instituto *s* (de ensino, pesquisa, etc.) institute **instituto de beleza** beauty salon

instrução *substantivo & substantivo plural*

- *s* **1** (conhecimento) education: *uma pessoa sem instrução* a person with no education **2** (ensino) teaching

- **instruções** *s pl* (explicações) instructions: *Siga as instruções para a instalação.* Follow the instructions for installation.

instrumental *adj* instrumental: *música instrumental* instrumental music

instrumento *s* **1** (musical) instrument: *Não toco nenhum instrumento.* I don't play any instruments. **2** (ferramenta) instrument: *instrumentos cirúrgicos* surgical instruments

instrutor, -a *s* instructor: *Ele é o novo instrutor de natação.* He's the new swimming instructor.

insuficiente *adj* **1** (pouco) insufficient: *O dinheiro foi insuficiente para tudo.* The money was insufficient for everything. **2** (deficiente) inadequate: *O teste mostrou-se insuficiente para avaliar os alunos.* The test proved inadequate for evaluating the students.

insulina *s* insulin

insuportável *adj* (pessoa, calor, dor, etc.) unbearable

integral *adj* (completo) full: *a versão integral da música* the full version of the song ▶ ver também **leite, farinha, pão, tempo**

integrante *adjetivo & substantivo*

- *adj* integral: *O surfe tornou-se parte integrante do seu cotidiano.* Surfing has become an integral part of his everyday life.

- *s* (de uma banda, de uma equipe) member

inteiramente *adv* entirely: *Você está inteiramente enganado.* You are entirely mistaken. | *Ela resolveu dedicar-se inteiramente aos estudos.* She decided to devote herself entirely to her studies.

inteiro, -ra *adj* **1** (todo) whole: *Passei o dia inteiro na praia.* I spent the whole day at the beach. | *A turma inteira ficou de castigo.* The whole class was punished. **2** (ileso) unhurt: *Felizmente, todos saíram inteiros do acidente.* Fortunately, everyone walked away from the accident unhurt. **3** (não partido) whole: *Reservei morangos inteiros para decorar a torta.* I reserved some whole strawberries to decorate the cake.

intelectual *adjetivo & substantivo*

- *adj* intellectual: *atividades intelectuais* intellectual pursuits

- *s* intellectual: *Ele gosta de bancar o intelectual.* He likes to play the intellectual.

inteligência *s* intelligence

inteligente *adj* **1** (pessoa, decisão, etc.) intelligent **2** (livro, filme, etc.) clever ▶ **Intelligent** é usado somente para falar de pessoas, ou das atitudes das pessoas. Em outros casos, usa-se **clever,** que também pode ser usado com relação a pessoas e suas atitudes.

intenção *s* **1** intention: *Quais são as suas intenções?* What are your intentions? | **com a intenção de fazer algo** with the intention of doing sth | **ter a intenção de fazer algo** to intend to do sth: *Não sei se ela tem a intenção de voltar.* I don't know if she intends to come back. | *Ele não teve a intenção de magoá-la.* He didn't intend to hurt her. **2** **com a melhor das intenções** with the best of intentions: *Agi com a melhor das intenções.* I acted with the best of intentions. **3** **com segundas intenções** with an ulterior motive: *Ele me convidou com segundas intenções.* He invited me with an ulterior motive.

intencional *adj* intentional

intensivo, -va *adj* intensive: *Estou fazendo um curso intensivo de inglês.* I'm taking an intensive English course.

intenso, -sa *adj* **1** (dor) acute **2** (trânsito) heavy: *O trânsito ainda está muito intenso.* The traffic is still very heavy. **3** (atividade, processo) intensive: *o intenso desmatamento da selva* the intensive deforestation of the jungle **4** (pessoa, sentimento) intense: *um amor intenso* intense love

interativo, -va *adj* interactive: *jogos interativos* interactive games

intercâmbio *s* exchange: *O instituto promove intercâmbios culturais.* The institute promotes cultural exchanges.

interditado, -da *adj* (rua, prédio) closed

interessado, -da *adj* **interessado (em algo/em fazer algo)** interested (in sth/in doing sth): *Eles não estão interessados nisso.* They're not interested in that. | **interessado em alguém** interested in sb: *Estou interessado nela.* I'm interested in her.

interessante *adj* interesting: *Que interessante!* How interesting!

interessar *v* **1 interessar a alguém (a)** (despertar o interesse de) to interest sb: *A ideia não*

interesse

me interessa muito. The idea doesn't really interest me. **(b)** (dizer respeito a) to concern sb: *Este assunto não lhe interessa.* This matter doesn't concern you. | **interessar alguém em algo** to interest sb in sth: *a única professora que conseguiu me interessar em Matemática* the only teacher who managed to interest me in math **2** (importar) to matter: *O que interessa é a sua saúde.* What matters is your health. | **não interessa** it doesn't matter: *Não interessa se você quer ir ou não.* It doesn't matter whether you want to go or not.

interessar-se *v* **interessar-se por algo** to be interested in sth: *Sempre me interessei por Informática.* I've always been interested in IT.

interesse *s* **1** (passatempo) interest: *Joana tem muitos interesses.* Joana has many interests. **2** interesse (em/por algo) interest (in sth): *um assunto de grande interesse para mim* a subject of great interest to me | *Ela demonstrou interesse pelo que propusemos.* She showed some interest in our proposal. **3 por interesse** (para proveito próprio) for your own ends: *Ela só fez amizade comigo por interesse.* She only made friends with me for her own ends.

interface *s* interface

interfone *s* intercom: *Falei com ele pelo interfone.* I spoke to him over the intercom.

interior *adjetivo & substantivo*

- *adj* **1 a parte interior** the inside: *na parte interior da casa* in the inside of the house **2** (vida, paz) inner

- *s* **1** (a parte interna) inside: *o interior da igreja* the inside of the church | **no interior de algo** inside sth: *no interior do prédio* inside the building **2** (fora da capital) countryside: *Ele é do interior.* He's from the countryside. | *Meus pais moram no interior.* My parents live in the countryside. | **o interior de São Paulo/da Bahia etc.** the countryside of São Paulo/Bahia etc.

intermediário, -ria *adjetivo & substantivo*

- *adj* intermediate: *Estou no nível intermediário de inglês.* I'm at an intermediate level in English.

- *s* **1** (numa transação) middleman (pl -men) **2** (num conflito) mediator

internacional *adj* international

internar *v* (numa clínica, num hospital) to hospitalize: *O policial foi internado em estado grave.* The policeman was hospitalized in a serious condition. | **internar alguém em algo (a)** to put sb in sth: *Tiveram que internar a mãe num asilo para idosos.* They had to put their mother in a nursing home. **(b)** to admit sb to sth: *As vítimas foram internadas no Hospital Central.* The casualties were admitted to the Central Hospital.

internar-se *v* to go into the hospital: *Precisei me internar para fazer uma cirurgia.* I had to go into the hospital to have an operation.

internato *s* boarding school

internauta *s* Internet user

internet *s* Internet: *Compro meus CDs pela Internet.* I buy my CDs on the Internet.

interno, -na *adjetivo & substantivo*

- *adj* **1** (interior) inside: *o bolso interno do casaco* the inside pocket of the coat | **a parte interna** the inside | *a parte interna da perna* the inside of the leg **2 aluno interno** boarder **3** (particular) internal: *Estes produtos são para uso interno da empresa.* These products are for internal use by the company. ▶ ver também **colégio**

- *s* (aluno) boarder: *Os internos visitam a família nos fins de semana.* The boarders visit their families on weekends.

interpretar *v* **1** (dar sentido a) to interpret: *Como você interpretou essa mensagem?* How did you interpret this message? **2** (um papel, um personagem) to play: *Ela interpreta a mãe na novela.* She plays the mother in the soap. **3** (uma música, uma canção) to perform

intérprete *s* **1** (tradutor) interpreter **2** (em cinema, música, teatro) performer

interrogar *v* (um preso, etc.) to question: *O suspeito foi interrogado pela polícia.* The suspect was questioned by the police.

interrogatório *s* interrogation

interromper *v* **1** (uma pessoa, uma conversa, etc.) to interrupt: *Interromperam o programa para dar a notícia.* They interrupted the program to give the news. | *Pare de me interromper!* Stop interrupting me! **2** (o funcionamento de algo, uma competição, etc.) to suspend: *A prova de surfe teve que ser interrompida por falta de ondas.* The surfing event had to be suspended because of a lack of waves. **3** (o trânsito) to block

interruptor *s* switch (pl -ches)

interurbano, -na *adjetivo & substantivo*

- *adj* **1** (telefonema) long-distance: *uma chamada interurbana para você* a long-distance call for you **2** (entre cidades) intercity: *trem interurbano* intercity train

- **interurbano** *s* (telefonema) long-distance call

intervalo *s* **1** (espaço de tempo) interval: *um intervalo de dez minutos* a ten-minute interval **2** (de show, peça) intermission (AmE), interval (BrE) **3** (de aula, programa de TV) break: *Falo com você no próximo intervalo.* I'll speak to you during the next break. **4** (em esporte) halftime: *no intervalo do jogo* at halftime

intestino *s* intestine

intimidade *s* **1** (privacidade) privacy: *Temos que respeitar a intimidade dos outros.* We have to respect the privacy of others. **2** (vida privada) private life: *a intimidade da família* the private life of the family **3** (familiaridade) closeness | **ter intimidade com alguém** to be close to sb: *Não tenho intimidade com ele.* I'm not close to him.

íntimo, -ma *adjetivo & substantivo*
- *adj* **1** (particular) private: *uma festa íntima* a private party | *uma conversa íntima* a private conversation **2** (amigo, amizade) close: *o meu amigo mais íntimo* my closest friend | *uma pessoa íntima da família* a close friend of the family
- **íntimo** *s* (âmago) inner self (pl inner selves): *Jamais revelo meu íntimo.* I never reveal my inner self. | **no íntimo** deep down: *No íntimo, ele se sentia inseguro.* Deep down, he felt insecure.

intolerante *adj* intolerant

intoxicação *s* poisoning | **intoxicação (alimentar)** food poisoning: *Tive uma intoxicação.* I had food poisoning.

intrigado, -da *adj* intrigued | **deixar alguém intrigado** to intrigue sb: *Sua pergunta me deixou intrigada.* Your question intrigued me. | **estar intrigado com algo/alguém** to be intrigued by sth/sb: *Eles estão intrigados com o que ocorreu.* They are intrigued by what happened.

introdução *s* **1** (ato de introduzir) introduction: *a introdução de computadores na escola* the introduction of computers into the school **2** (começo) introduction: *O curso é uma boa introdução à Informática.* The class is a good introduction to IT. **3** (de livro, redação, etc.) introduction: *O livro não tem introdução.* The book has no introduction.

introduzir *v* **1 introduzir algo em algo** to insert sth in sth: *Introduza o plugue na tomada.* Insert the plug in the socket. **2** (um sistema, uma novidade, etc.) to introduce: *Essa moda foi introduzida aqui no ano passado.* This fashion was introduced here last year.

intrometer-se *v* to interfere: *Não se intrometa!* Don't interfere! | **intrometer-se em algo** to interfere in sth: *Não quero me intrometer na sua vida.* I don't want to interfere in your life.

intrometido, -da *adj* interfering

introvertido, -da *adj* introverted

intuição *s* intuition | **ter a intuição de que** to have the feeling (that): *Tive a intuição de que ia ganhar o prêmio.* I had the feeling I was going to win the prize.

inútil *adj* **1** (sem utilidade) useless: *O ventilador é inútil.* This fan is useless. **2** (pessoa) useless **3** (esforço, tentativa) fruitless | **ser inútil fazer algo** to be pointless to do sth: *É inútil chegar lá cedo.* It's pointless to get there early.

invadir *v* **1** (entrar à força) to invade: *A torcida invadiu o campo.* The fans invaded the field. **2** (água) to flood: *A água invadiu a casa.* The water flooded the house.

inválido, -da *adj & s* invalid

inveja *s* envy | **estar com/ter inveja (de alguém)** to be envious (of sb) | **dar/fazer inveja a alguém** to make sb envious: *Ele fala da viagem só para fazer inveja aos amigos.* He only talks about the trip to make his friends envious.

invejar *v* to envy: *Ele inveja o que o amigo tem.* He envies what his friend has.

invejoso, -sa *adj* envious

invenção *s* **1** (criação) invention: *a invenção das máquinas* the invention of machines **2** (mentira) invention: *A história é invenção da mídia.* The story is a media invention.

inventar *v* **1** (criar) to invent: *Alexander Graham Bell inventou o telefone.* Alexander Graham Bell invented the telephone. | *O autor inventou um novo personagem.* The author invented a new character. **2** (uma desculpa, uma mentira, etc.) **inventar algo** to make sth up: *Ela inventou uma história mirabolante.* She made up a far-fetched story. | *Ele não fala a verdade, ele inventa.* He doesn't tell the truth, he just makes it up. **3 inventar de fazer algo** (resolver) to take it into your head to do sth: *Agora ela inventou de aprender japonês.* Now she's taken it into her head to learn Japanese. ▶ ver também **moda**

inverno *s* winter ▶ ver "Active Box" **estações do ano** em **estação**; ver também **jardim**

inverso, -sa *adjetivo & substantivo*
- *adj* **1** (invertido) reverse: *Arrumei meus CDs em ordem inversa.* I organized my CDs in reverse order. **2** (oposto) opposite: *Vamos fazer o caminho inverso.* Let's go the opposite way.
- **inverso** *s* (contrário) opposite: *Eles dizem uma coisa e fazem o inverso.* They say one thing and do the opposite. | **ao inverso de algo/alguém** unlike sth/sb: *Ao inverso dela, gosto de dançar.* Unlike her, I like dancing.

inverter *v* (a ordem, os papéis, etc.) to reverse

invés ao invés de instead of: *Dormi ao invés de sair.* I slept instead of going out.

investigação *s* investigation

investigar *v* **1** (uma denúncia, uma situação, um caso, etc.) to investigate: *A revista investiga a vida pessoal de artistas.* The magazine investigates the private lives of celebrities. **2** (pesquisar) to research: *Os cientistas estão investigando a clonagem humana.* Scientists are researching human cloning.

investimento *s* investment

investir *v* **1 investir algo (em algo)** to invest sth (in sth): *Investi muito tempo nisso.* I invested a lot of time in this. | *Meu pai investiu dinheiro em ações.* My father invested money in stocks. **2 investir contra alguém** to attack sb: *A polícia investiu contra os manifestantes.* The police attacked the demonstrators.

invisível *adj* invisible

iodo *s* iodine

ioga *s* yoga | **fazer ioga** to do yoga

iogurte *s* yogurt (AmE), yoghurt (BrE): *iogurte de morango* strawberry yogurt | **tomar um iogurte** to eat a yogurt

ir v ▶ ver quadro

ir-se v **1** (ir embora) to leave: *Foram-se depois do almoço.* They left after lunch. **2 foi-se o meu tênis/meu relógio etc.** that was the end of my sneakers/my watch etc.

Irlanda s **a Irlanda** Ireland | **a Irlanda do Norte** Northern Ireland

irlandês, -esa *adjetivo & substantivo*
- *adj* Irish
- *s* (pessoa) **irlandês** Irishman (pl -men) | **irlandesa** Irishwoman (pl -women) | **os irlandeses** (povo) the Irish
- **irlandês** s (idioma) Irish

irmão, -mã s **irmão** brother: *Este é meu irmão.* This is my brother. | **irmã** sister | *a minha irmã mais velha* my oldest sister | **irmãos** (irmão e irmã) brother(s) and sister(s) | *Quantos irmãos você tem?* How many brothers and sisters do you have? ▶ Também existe o termo **siblings**, que é mais formal: *Paulo e Ana são irmãos.* Paulo and Ana are brother and sister./Paulo and Ana are siblings.

irônico, -ca *adj* ironic

irracional *adj* irrational: *um preconceito irracional* an irrational prejudice

irradiar v **1** (transmitir) to broadcast: *O jogo não foi irradiado.* The game wasn't broadcast. **2** (emitir) to radiate: *O sol irradia luz e calor.* The sun radiates light and heat. **3 irradiar felicidade/simpatia** to radiate happiness/friendliness
irradiar-se s to radiate

irregular *adj* **1** (superfície, estrada, etc.) uneven: *O piso é irregular.* The floor is uneven. **2** (pessoa, vida) erratic **3** (acontecimento, fato) irregular **4** (conduta, cobrança, etc.) irregular **5** (documento) **estar irregular** not to be in order: *Seu passaporte está irregular.* Your passport is not in order. **6** (em gramática) irregular

irrelevante *adj* irrelevant: *um comentário irrelevante* an irrelevant comment

irrequieto, -ta *adj* restless

irresistível *adj* (atração, vontade, etc.) irresistible: *Senti um desejo irresistível de comer chocolate.* I felt an irresistible desire to eat chocolate.

irresponsável *adj* irresponsible

irritante *adj* (pessoa, voz, barulho) irritating

irritar v **1** (enervar) to irritate: *A voz dele me irrita.* His voice irritates me. **2** (afetar) to irritate: *Este sabonete irrita a minha pele.* This soap irritates my skin.
irritar-se v (enervar-se) to get irritated: *Ele se irrita quando o fazem esperar.* He gets irritated when he's kept waiting. | **irritar-se com/por algo** to be irritated by sth

isca s bait

isento, -ta *adj* **1 isento (de algo/de fazer algo)** exempt (from sth/from doing sth): *Estou isenta de votar, por ser menor.* I'm exempt from voting because I'm under age. **2 isento de impostos** tax-free

islâmico, -ca *adj* Islamic: *o mundo islâmico* the Islamic world

islamismo s Islam

---

ir

▶ **VERBO PRINCIPAL**

1 A tradução **to go** é empregada na maioria dos contextos:

Aonde você vai? Where are you going? | *Como vão os seus estudos?* How are your studies going? | *Já são nove horas. Tenho que ir.* It's already nine o'clock. I have to go. | *Eles foram a Nova York.* They went to New York.

2 Exceções:

Quando se especifica o tipo ou o meio de deslocamento, é usual em inglês empregar um verbo que expresse esse tipo de movimento:

Vou a pé para a escola. I walk to school. | *Você foi de avião ou de ônibus?* Did you fly or take the bus?

REFERENTE AO BEM-ESTAR OU À SAÚDE DE ALGUÉM (= to be)

Como vai o seu irmão? How is your brother?

REFERENTE A RESULTADO (= to do)

Ele foi bem na prova. He did well on the test.

REFERENTE A DURAÇÃO (= to go on)

A festa foi até meia-noite. The party went on until midnight.

▶ **VERBO AUXILIAR**

IR FAZER ALGO

1 Quando se refere ao futuro, em geral emprega-se o auxiliar **will** em inglês. Porém, quando se trata de algo planejado de antemão usa-se **going to do sth**:

Acho que você vai se arrepender disto. I think you'll regret this. | *Ele vai fazer faculdade de medicina.* He's going to study medicine at college.

2 Quando envolve movimento traduz-se por **to go to do sth** ou **to go and do sth**:

Ele foi comprar o jornal. He went to buy the paper. | *Vou ver se ela está dormindo.* I'll go and see if she's asleep.

3 *vamos fazer*, como sugestão, traduz-se por **let's do**, e como pergunta, por **shall we do?**

Vamos comer pizza hoje. Let's eat pizza today. | *Vamos convidar a Laura?* Shall we invite Laura?

IR FAZENDO ALGO

Vou me vestindo enquanto você lancha. I'll be getting dressed while you have a snack.

Diz-se I arrived in Rio ou I arrived to Rio? Veja o verbete **arrive**.

isolado, -da adj **1** (lugar) isolated: *um vilarejo isolado* an isolated village **2** (pessoa) isolated: *Ela se sente muito isolada.* She feels very isolated. **3** (caso, fato) isolated: *ataques isolados* isolated attacks

isolar v **1** (um doente, um colega, etc.) to isolate: *Os médicos isolaram os pacientes.* Doctors isolated the patients. **2** (vedar) to insulate **3** (interditar) **isolar algo** to seal sth off: *A polícia isolou a área.* The police sealed off the area.

isopor s **1** (substância) Styrofoam® (AmE), polystyrene (BrE) **2** (recipiente) cooler: *Pus as bebidas no isopor.* I put the drinks in the cooler.

isqueiro s lighter: *isqueiro descartável* disposable lighter

isso pron **1** (isso aí) that: *O que é isso?* What's that? | *Quem te falou isso?* Who told you that? **2** (isso aqui) this: *Você quer isso?* Do you want this? **3** **isso mesmo!** that's right! **4** **nem por isso** that doesn't/didn't mean (that): *Estava gripada mas nem por isso faltei às aulas.* I had the flu, but that didn't mean I missed school. **5** **por isso** that's why: *Estava impaciente e por isso me irritei.* I was feeling impatient and that's why I got annoyed. | *Foi por isso que vim aqui.* That's why I came here.

isto pron **1** this: *O que é isto?* What's this? **2** **isto é** (em explicação) that is: *Estéril, isto é, sem vida.* Sterile, that is, lifeless.

Itália s **a Itália** Italy: *na Itália* in Italy

italiano, -na adjetivo & substantivo
- **adj** & s Italian
- **italiano** s (idioma) Italian

itálico s italics pl | **em itálico** in italics: *Vou fazer o título em itálico.* I'm going to put the title in italics.

item s item: *o primeiro item da lista* the first item on the list

itinerário s route: *Qual é o itinerário deste ônibus?* What route does this bus take?

J, j s J, j ▶ ver "Active Box" **letras do alfabeto** em **letra**

já advérbio & conjunção
- **adv** ▶ ver quadro na pág. 616
- **já que** conj since: *Já que você não quer ir, vou dar o convite para o Marco.* Since you don't want to go, I'll give the invitation to Marco.

jacaré s **1** (animal) alligator **2** **pegar jacaré** to bodysurf

jaguar s (animal) jaguar

Jamaica s **a Jamaica** Jamaica

jamaicano, -na adj & s Jamaican

jamais adv never: *Ele jamais mentiria.* He would never lie. ▶ Precedido de outra palavra negativa, a tradução correta é **ever**: *Ninguém jamais o viu.* Nobody has ever seen him.

janeiro s January ▶ ver "Active Box" **meses** em **mês**

janela s **1** (numa casa, num quarto, etc.) window **2** (em informática) window

jangada s raft

jantar substantivo & verbo
- **s** **1** (refeição) supper, dinner: *O jantar está pronto?* Is supper ready? ▶ Para algumas pessoas, **dinner** denota uma refeição mais requintada | **comer algo no jantar** to have sth for supper, to have sth for dinner: *Comi lasanha no jantar.* I had lasagna for supper./I had lasagna for dinner. **2** (festa) dinner | **dar um jantar** to hold a dinner party: *Eles vão dar um jantar de despedida.* They're going to hold a farewell dinner party.
- **v** **1** to have supper, to have dinner: *Não almoço, só janto.* I don't have lunch, I just have supper. | *A que horas vocês jantam?* What time do you have dinner? **2** **jantar algo** to have sth for supper, to have sth for dinner: *Jantei só uma sopa.* I just had some soup for supper.

Japão s **o Japão** Japan

japonês, -esa adjetivo & substantivo
- **adj** Japanese
- **s** (pessoa) Japanese (pl Japanese)
- **japonês** s (idioma) Japanese

jaqueta s jacket: *uma jaqueta de couro* a leather jacket

jardim s **1** garden **2** **jardim (de infância)** kindergarten

jardim botânico botanical garden **jardim de**

jardineira

já *advérbio*

1 EM FRASES AFIRMATIVAS (= already)

Eu já almocei. I've already had lunch. | *Eles já tinham visto as fotos.* They had already seen the pictures. | *Já sabemos disso.* We already know.

Note que em frases com modais ou auxiliares, **already** normalmente vem entre o modal ou auxiliar e o verbo principal.

2 Em frases interrogativas traduz-se por **yet**, que vai no final da frase:

Você já terminou? Have you finished yet?

Quando expressa surpresa traduz-se por **already**, também usado no final da frase:

Você já cansou? Acabamos de começar! Are you tired already? We've just started!

No sentido de *algum dia* traduz-se por **ever**:

Você já foi a Miami? Have you ever been to Miami?

3 Como resposta curta traduz-se por **yes**:

– Você já sabia disso? – Já. "Did you already know about that?" "Yes."

4 Quando significa *agora/imediatamente* traduz-se por **right away**:

Vá fazer seu dever já! Go and do your homework right away!

5 USO ENFÁTICO

Já vou! I'm coming! | *Já sei!* I know!

6 EXPRESSÕES

até já! see you soon! | **desde já** as of now: *Desde já vou te avisando: não vou a essa festa.* I'm telling you as of now: I'm not going to that party.

---

inverno conservatory (pl -ries) **jardim público** public park **jardim zoológico** zoo (pl zoos)

jardineira s **1** (calça com peitilho) overalls pl (AmE), dungarees pl (BrE): *uma jardineira* a pair of overalls **2** (vestido) jumper (AmE), pinafore dress (BrE) **3** (vaso) plant pot

jardineiro, -ra s gardener

jarra s **1** (para bebida) pitcher (AmE), jug (BrE): *uma jarra de água* a pitcher of water **2** (para flores) vase

jarro s **1** (para flores) pot **2** (para bebida) pitcher (AmE), jug (BrE)

jato s **1** (de líquido) spray **2** (de ar) jet **3** (de luz) beam **4** (avião) jet: *Ele é piloto de jato.* He's a jet pilot. **5 a jato** (rapidamente) at top speed: *Saímos de lá a jato.* We got out of there at top speed.

jaula s cage

jeans *substantivo & adjetivo*

• s **1** (calça) jeans pl: *Comprei um jeans novo.* I bought a new pair of jeans./I bought some new jeans. **2** (tecido) denim | **de jeans** denim: *uma bolsa de jeans* a denim bag

• adj (calça, macacão, etc.) denim: *Gostei dessa bermuda jeans.* I liked those denim shorts.

jeito s **1** (maneira) way: *Faça desse jeito.* Do it this way.
2 (modo de ser) manner: *Ele tem um jeito esquisito.* He has a strange manner.
3 dar um jeito em algo (a) (arrumar) to clean sth up: *Tenho que dar um jeito no meu quarto.* I have to clean my room up. **(b)** (resolver) to deal with sth: *Precisamos dar um jeito nesta situação.* We need to deal with this situation. **(c)** (consertar) to fix sth: *O técnico deu um jeito no meu DVD.* The repairman fixed my DVD.
4 dar um (mau) jeito em algo (torcer) to twist sth: *Dei um mau jeito no pescoço.* I twisted my neck.
5 de jeito nenhum certainly not: *– Pode me emprestar seu carro? – De jeito nenhum!* "Can you lend me your car?" "Certainly not!" ▶ Note que em inglês a expressão segue-se ao sujeito da frase: *Não vou ligar para ele de jeito nenhum.* I'm certainly not going to call him.
6 de qualquer jeito (a) (desarrumado) anyhow: *Deixei tudo de qualquer jeito.* I left everything anyhow. **(b)** (de qualquer modo) anyway: *Tenho que ir ao centro de qualquer jeito.* I'm going downtown anyway.
7 estar/ficar sem jeito (envergonhar-se) to feel embarrassed: *Fiquei sem jeito quando ele disse aquilo.* I felt embarrassed when he said that.
8 não tem (outro) jeito there's no other way: *Eu não queria fazer isso, mas não tem outro jeito.* I didn't want to do this, but there's no other way.
9 o jeito é fazer algo the thing to do is to do sth: *Como quero passar de ano, o jeito é estudar.* Since I want to pass this year, the thing to do is to study.
10 ter jeito para algo/para fazer algo (dom, habilidade) to have a flair for sth/for doing sth: *Não tenho jeito para línguas.* I don't have a flair for languages. | *Ela tem o maior jeito para dançar.* She has a real flair for dancing.

jeitoso, -sa adj skillful: *Ela é muito jeitosa com as mãos.* She's very skillful with her hands.

jejum s fasting: *três dias de jejum* three days of fasting | **em jejum** fasting: *Passei o dia em jejum* I spent the day fasting. | **fazer jejum** to fast

jiboia s boa constrictor

jipe s jeep

jiu-jítsu s jujitsu | **fazer/lutar jiu-jítsu** to do jujitsu

joalheiro, -ra s jeweler (AmE), jeweller (BrE)

joalheria s jewelry store (AmE), jeweller's (shop) (BrE)

joaninha s ladybug (AmE), ladybird (BrE)

joelheira s **1** (em esporte) knee pad **2** (em medicina) knee bandage **3** (remendo) knee patch (pl knee patches)

joelho s **1** knee: *Dobre os joelhos.* Bend your knees. **2 de joelho** kneeling down: *Ele surfa de* *joelho*. He surfs kneeling down. | **estar de joelho** to be kneeling | **ficar de joelho** to kneel down

jogada s (em jogo) move: *Rivaldo fez uma boa jogada.* Rivaldo made a good move.

jogador, -a s **1** (esportista) player: *jogador de futebol* soccer player **2** (em cassino, etc.) gambler

jogar v **1** (atirar) to throw: *Para de jogar areia em mim!* Stop throwing sand at me! **2 jogar fora (a)** (desfazer-se de) to throw sth away: *Vou jogar fora este tênis.* I'm going to throw these sneakers away. **(b)** (desperdiçar) to throw sth away: *Não jogue fora esta oportunidade.* Don't throw away this opportunity. **3** (em esporte, jogo de salão, etc.) to play: *O craque não jogou ontem.* The star player didn't play yesterday. | *Vou jogar basquete no clube.* I'm going to play basketball at the club. | *Meus pais jogam bridge.* My parents play bridge. **4** (em jogo de azar, etc.) to gamble: *O problema dele é que ele joga.* His problem is that he gambles. | *Joguei R$50 no favorito.* I gambled R$50 on the favorite. | **jogar a dinheiro** to gamble | **jogar na loteria/bolsa** to play the lottery/the stock market **5** (balançar) to rock

jogar-se v (atirar-se) to throw yourself: *Ele se jogou do décimo andar.* He threw himself from the tenth floor.

jogging s **1** (esporte) jogging | **fazer jogging** to go jogging **2** (roupa) sweat suit (AmE), tracksuit (BrE)

jogo s **1** (game): *um jogo de futebol* a soccer game | *Você conhece esse jogo?* Do you know this game? **2 o jogo** (de azar) gambling: *O governo proibiu o jogo.* The government banned gambling. **3** (maneira de jogar) play | **jogo limpo/sujo** fair/unfair play **4** (conjunto de peças) set: *um jogo de pulseiras* a set of bracelets | *um jogo de xadrez* a chess set **5 abrir o jogo (com alguém)** (falar com franqueza) to come clean (with sb): *Ela abriu o jogo comigo.* She came clean with me. | **esconder o jogo** not to give anything away **6 ter jogo de cintura** to be flexible

jogo da velha tic-tac-toe (AmE), noughts and crosses (BrE) **jogo da verdade** truth or dare **Jogos Olímpicos** Olympic Games

checkers (AmE)/ draughts (BrE)

board games

Chinese checkers

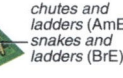
chutes and ladders (AmE)/ snakes and ladders (BrE)

chess

joia s **1** piece of jewelry (AmE), piece of jewellery (BrE): *uma joia muito cara* a very expensive piece of jewelry ▶ Traduz-se por **jewelry/jewellery** a palavra no plural: *Ela usa joias demais.* She wears too much jewelry. | *Minha avó tem muitas joias.* My grandmother has a lot of jewelry. **2 ser joia** (ser excelente) to be great: *A festa foi joia.* The party was great. **3** (taxa de clube) membership fee: *A joia desse clube é muito cara.* The membership fee for this club is very expensive.

bracelet, ring

necklace, earring

jóquei s jockey

jornal s newspaper ▶ ver também **banca**

jornaleiro, -ra s news vendor (AmE), newsagent (BrE)

jornalismo s journalism

jornalista s journalist

jorrar v to gush out

jovem adjetivo & substantivo

• **adj** young: *a moda jovem* young fashion | *a mais jovem da turma* the youngest in the class | *um programa para o público jovem* a program for the younger audience

• **s** (rapaz) young man (pl young men), (moça) young woman (pl young women) | **os jovens** young people

judaico, -ca adj Jewish: *comida judaica* Jewish food

judeu, -dia adjetivo & substantivo

• **adj** Jewish: *o povo judeu* the Jewish people

• **s** (pessoa) Jew | **os judeus** (povo) the Jews

judiar v **judiar de algo/alguém** to ill-treat sth/sb

judô s judo | **fazer/lutar judô** to do judo

judoca s judo player

juiz, -íza s **1** (em futebol, boxe) referee **2** (em tênis, beisebol, etc.) umpire **3** (na Justiça) judge

juízo substantivo & interjeição

• **s 1** (sensatez) common sense | **ter juízo** to be sensible | **não ter juízo** to have no sense: *Aquele menino não tem juízo.* That boy has no sense. **2** (opinião) verdict

• **juízo!** interj behave yourself!

julgamento s **1** (avaliação) judgment: *Errei em meu julgamento sobre ele.* I was wrong in my judgment of him. **2** (na Justiça) trial

julgar v to judge: *Não se deve julgar as pessoas pela aparência.* You shouldn't judge people by their appearance.

julho s July ▶ ver "Active Box" **meses** em **mês**

junho s June ▶ ver "Active Box" **meses** em **mês**

júnior adjetivo & substantivo

- **adj** (iniciante) junior: *uma secretária júnior* a junior secretary

- **s** (em esporte) junior: *campeonato estadual de juniores* junior state championship | *Ele já foi do time dos juniores.* He played for the juniors.

junta s **1** (articulação) joint: *Estou com dor nessa junta.* I have a pain in this joint. **2** (ponto de união) joint: *Precisamos vedar esta junta.* We need to seal this joint. **3** (conselho) board: *junta médica* medical board

juntar v **1 juntar algo (a)** (unir) to join sth together: *Veja se você consegue juntar essas duas peças.* See if you can join these two pieces together. **(b)** (pôr lado a lado) to put sth together: *É melhor juntarmos as camas.* It would be best to put the beds together. **(c)** (recolher) to collect sth: *Juntamos conchas na praia.* We collected shells on the beach. **2 juntar algo a algo** (unir) to join sth to sth: *Juntei o fio azul ao vermelho.* I joined the blue wire to the red one. **3 juntar algo (a algo)** (adicionar) to add sth (to sth): *Junte duas colheres de açúcar.* Add two spoonfuls of sugar. **4 juntar dinheiro** to save up: *Estou juntando dinheiro para viajar.* I'm saving up so that I can go traveling. **5 juntar os amigos/a família etc.** to get your friends/family etc. together: *Conseguimos juntar todo mundo para celebrar.* We managed to get everyone together to celebrate. **6** (aglomerar-se) to gather: *Juntou gente para ver a briga.* People gathered to watch the fight.

juntar-se v **1** (pessoas) to get together: *A turma inteira se juntou no pátio.* The whole class got together in the playground. **2 juntar-se a algo** (associar-se) to join sth: *Ele se juntou ao nosso grupo.* He joined our group. **3** (passar a viver junto) to move in together: *Faz dois anos que eles se juntaram.* It's been two years since they moved in together.

junto, -ta adjetivo, advérbio & preposição

- **adj 1** (em companhia, ao mesmo tempo) together: *O Daniel e o primo moram juntos.* Daniel and his cousin live together. | *Os dois ônibus chegaram juntos.* The two buses arrived together. **2** (próximo um ao outro) close together: *As cadeiras estão muito juntas.* The chairs are very close together.

- **junto** adv Em inglês usa-se **with** seguido do pronome relevante: *Eles resolveram sair e eu fui junto.* They decided to go out and I went with them.

- **junto a** prep next to: *A farmácia fica junto ao cinema.* The pharmacy is next to the movie theater.

- **junto de** prep next to: *Sente-se junto de mim.* Sit next to me.

- **junto com** prep together with: *O disquete veio junto com o livro.* The diskette came together with the book.

jurar v **1** to swear: *Ele jurou que não ia mais fazer aquilo.* He swore he would never do that again. **2 jura?** really?: *– Perdi a carteira. – Jura?* "I've lost my wallet." "Really?"

júri s **1** (em concursos) jury (pl -ries) **2** (na Justiça) jury (pl -ries)

juros s pl interest sing: *Os juros são muito altos.* The interest is very high. | **sem juros** interest-free: *Paguei em três vezes, sem juros.* I paid in three installments, interest-free.

justamente adv **1** (exatamente) just: *Foi isso justamente o que eu disse.* That's just what I said. **2** (com justiça) fairly: *Ela foi castigada justamente.* She was punished fairly.

justiça s **1** (princípio) justice: *Os pais da vítima querem justiça.* The victim's parents want justice. | **fazer justiça com as próprias mãos** to take the law into your own hands **2 a Justiça** (Poder Judiciário) the legal system | **ir/recorrer à Justiça** to go to court | **levar alguém à Justiça** to take sb to court

justificar v **1** (explicar) to justify: *Ele tentou justificar sua decisão.* He tried to justify his decision. **2** (alinhar) to justify: *Justifique o texto.* Justify the text.

justificar-se v (explicar-se) to justify yourself: *Ele se justificou pelo seu erro.* He justified himself for his mistake.

justo, -ta adjetivo & advérbio

- **adj 1** (apertado) tight: *Esta calça está muito justa em você.* Those pants are very tight on you. **2** (imparcial) fair: *uma decisão justa* a fair decision **3** (preciso) very: *naquele justo momento* at that very moment

- **justo** adv just: *Foi justo ali que caí da moto.* It was just there that I fell off my motorcycle.

juvenil adj **1** (para jovens) young people's: *literatura juvenil* young people's literature **2** (dos jovens) youth, teen: *um coral juvenil* a youth choir | *um ídolo juvenil* a teen idol **3** (em esporte) junior: *basquete juvenil* junior basketball **4** (em personalidade) youthful: *Ele é muito juvenil.* He's very youthful.

juventude s **1** (os jovens) youth: *a juventude atual* the youth of today **2** (fase) youth: *na minha juventude* in my youth

K, k s K, k ▶ ver "Active Box" **letras do alfabeto** em **letra**

karaokê s karaoke

kart s go-cart: *corrida de kart* go-cart racing

ketchup s ketchup: *Quero meu cachorro-quente com ketchup.* I want ketchup on my hot dog.

kit s (estojo) kit: *um kit de primeiros-socorros* a first-aid kit

kiwi s kiwi fruit: *sorvete de kiwi* kiwi fruit ice cream

L, l s L, l ▶ ver "Active Box" **letras do alfabeto** em **letra**

-la pron ▶ ver **-lo**

lá advérbio & substantivo

• adv **1** there: *Deixei minha bicicleta lá.* I left my bike there. | **mais para lá** farther over: *Chegue isso mais para lá.* Move this farther over. | **por lá** around there: *Tem muita loja por lá?* Are there a lot of stores around there? **2 lá dentro/fora** inside/outside: *Os meninos estão lá fora.* The boys are outside. | **lá em cima/embaixo** upstairs/downstairs: *Vou lá em cima.* I'm going upstairs. **3 de lá para cá (a)** (no tempo) since then: *De lá para cá engordei cinco quilos.* Since then I've put on five kilos. **(b)** (no espaço) back and forth: *Fiquei de lá para cá o dia inteiro.* I have been going back and forth all day. **4 até lá (a)** (no espaço) there: *Corri até lá.* I ran there. **(b)** (no tempo) by then: *Até lá já estarei na faculdade.* By then I'll be at college. **5 sei lá** I don't know: *Sei lá quando ele vai voltar.* I don't know when he'll be back.

• s (nota musical) A

lã s wool: *uma saia de lã* a wool skirt

lábio s lip

labirinto s **1** (edificação) labyrinth **2** (em jardim) maze

laboratório s laboratory (pl -ries)

laço s **1** (nó com alças) bow | **dar um laço** to tie a bow **2** (fita) ribbon: *A menina estava com um laço no cabelo.* The girl had a ribbon in her hair. **3** (de gravata) knot **4** (vínculo) bond: *O laço entre nós é muito forte.* The bond between us is very strong. | **laços de família** family ties

lacrar v to seal: *Já lacrei a carta.* I've already sealed the letter.

lacre s seal

lacrimejar v to water: *Os olhos dela lacrimejavam.* Her eyes were watering.

lacrimogêneo, -nea adj ▶ ver **gás**

ladeira s slope: *uma ladeira muito íngreme* a very steep slope | **descer/subir uma ladeira** to go down/to go up a slope | **ladeira abaixo/acima** downhill/uphill: *A bola rolou ladeira abaixo.* The ball rolled downhill.

lado s **1** (de objeto, pessoa) side: *os quatro lados da caixa* the four sides of the box

2 (parte oposta à outra) side: *o outro lado da rua* the other side of the street | **desse lado/do outro lado (de algo)** on this side/on the other side (of sth): *O restaurante fica do outro lado da estrada.* The restaurant is on the other side of the street. | **do lado de cá/lá (de algo)** on this/that side (of sth)

3 ao lado (casa, mesa, etc.) next door: *Eles moram no apartamento ao lado.* They live in the apartment next door. | **ao lado de algo/alguém** next to sth/sb: *A loja fica ao lado da igreja.* The store is next to the church. | **ao meu/seu etc. lado** next to me/you etc.: *Eu estava sentada ao lado dele.* I was sitting next to him.

4 de lado (virar, deitar) on your side: *Gosto de dormir de lado.* I like to sleep on my side. | **olhar de lado para algo/alguém** to look sideways at sth/sb

5 deixar algo de lado (abandonar) to put sth aside

6 de um lado para outro back and forth: *Passei a noite andando de um lado para outro.* I spent the night pacing back and forth.

7 do lado de dentro/fora (de algo) inside/outside (sth): *do lado de fora do shopping* outside the shopping mall

8 em algum lado (a) (em frases afirmativas) somewhere **(b)** (em perguntas e frases condicionais) anywhere | **em lado nenhum** anywhere: *Não encontro minhas chaves em lado nenhum.* I can't find my keys anywhere. | **em/por todo lado** everywhere: *Tinha gente por todo lado.* There were people everywhere.

9 lado a lado (junto) side by side: *Jogamos lado a lado no time.* We play side by side on the team.

10 (numa disputa) side | **estar do lado de alguém** to be on sb's side: *Sempre estive do seu lado.* I've always been on your side.

11 pelo lado da mãe/do pai on your mother's/father's side: *Sou Carvalho pelo lado da minha mãe.* I'm a Carvalho on my mother's side.

12 por esse/aquele lado this/that way: *Siga*

por aquele lado. Keep going that way.
13 por um lado... por outro lado on the one hand... on the other hand

ladrão, -dra s

> **thief, burglar ou robber?**
>
> O termo genérico é **thief**, cujo plural é **thieves**:
> *o ladrão que roubou a bicicleta dela* the thief who stole her bike | *Eles não conseguiram pegar os ladrões.* They didn't manage to catch the thieves.
>
> Para referir-se à pessoa que assalta uma casa usa-se **burglar**:
> *Entraram ladrões na casa deles e levaram tudo.* Burglars broke into their house and stole everything.
>
> Para referir-se à pessoa que assalta um banco, ou uma loja, usa-se **robber**:
> *Os ladrões ameaçaram o caixa.* The robbers threatened the cashier.

ladrilho s tile
lagarta s caterpillar
lagartixa s gecko (pl geckos), lizard
lagarto s lizard
lago s **1** lake ▶ Quando se trata do nome de um lago, em inglês se omite o artigo: *o Lago Titicaca* Lake Titicaca **2** (em jardim) pond
lagoa s **1** (pequeno lago) lake **2** (laguna) lagoon
lagosta s lobster
lágrima s tear: *Meus olhos se encheram de lágrimas.* My eyes filled with tears.
lama s mud
lamacento, -ta adj muddy: *um rio lamacento* a muddy river
lambada s (dança) lambada
lamber v (o dedo, um sorvete, etc.) to lick
lamber-se v (animal) to lick yourself
lambida s lick | **dar uma lambida em algo** to have a lick of sth
lambreta s scooter
lambuzar v to smear
lambuzar-se v to smear yourself: *Ele se lambuzou de graxa.* He smeared himself with grease.
lamentar v **1** (lastimar) **lamentar (algo/fazer algo)** to be sorry (for sth/to do sth): *O gerente lamentou o ocorrido.* The manager was sorry for what had happened. | *Lamentei não poder ir à sua formatura.* I was sorry not to be able to go to your graduation. | *Lamento muito, mas essas coisas acontecem.* I'm very sorry, but these things happen. **2** (sentir) **lamentar algo** to be sorry about sth: *Lamentamos muito a morte do seu tio.* We are very sorry about your uncle's death.
lamentar-se v (queixar-se) to complain: *Ela vive se lamentando.* She is always complaining.

lâmina s blade
lâmina de barbear razor blade

electric razor (AmE)/ electric shaver (BrE)
(safety) razor

lâmpada s (light) bulb: *uma lâmpada de 60w* a 60w bulb
lançamento s **1** (de filme, disco) release: *o lançamento do seu novo álbum* the release of his new album | *os lançamentos desse mês* this month's releases **2** (de livro, grife, etc.) launch **3** (de foguete, satélite, navio) launch **4** (em futebol) throw-in
lançar v **1** (um filme, um disco) to release **2** (um livro, um produto) to launch **3** (um foguete, um navio) to launch **4** (uma bomba) to drop **5** (arremessar) to throw
lançar-se v **lançar-se sobre algo/alguém** (atirar-se) to pounce on sth/sb
lance s **1** (de escada) flight **2** (jogada) move: *Houve belos lances no jogo.* There were some nice moves in the game. **3** (negócio) thing: *O lance é emagrecer de maneira saudável.* The thing is to lose weight in a healthy way. **4** (caso) thing: *Meu lance com ela durou pouco.* My thing with her didn't last very long. **5** (em leilão) bid
lancha s speedboat
lanchar v to have a snack: *À noite eu só lancho.* At night I just have a snack.
lanche s snack | **fazer um lanche** to have a snack
lancheira s lunchbox (pl -xes)
lanchonete s snack bar
LAN house s internet café
lanterna s **1** (de bolso) flashlight (AmE), torch (pl -ches) (BrE) **2** (de carro) light **3** (de pendurar) lantern
lanterninha s (em cinema) usher
lápis s pencil | **a lápis** in pencil: *Preenchi o formulário a lápis.* I filled out the form in pencil.
lápis de cera wax crayon **lápis de cor** colored pencil (AmE), coloured pencil (BrE)
lapiseira s mechanical pencil (AmE), propelling pencil (BrE)
laptop s laptop
laquê s lacquer
lar s home

laranja substantivo & adjetivo
- **s** (fruta) orange: *suco de laranja* orange juice
- **adj** (cor) orange ▶ ver "Active Box" **cores** em **cor**

laranjada s orangeade: *Quer uma laranjada?* Would you like some orangeade?

lareira s fireplace | **acender a lareira** to light a fire

largada s (de corrida) start | **dar a largada** to start

largar v **1** largar algo **(a)** (soltar) to let go of sth: *Largue o meu braço.* Let go of my arm. **(b)** (deixar) to leave sth: *Larguei minha mochila na escola.* I left my backpack at school. **(c)** (deixar cair) to drop sth **(d)** (os estudos, um emprego, etc.) to give sth up: *Ele decidiu largar o esporte.* He decided to give up sports. **(e)** (um vício) to give sth up **2** largar alguém **(a)** (soltar) to leave sb alone: *Me larga!* Leave me alone! **(b)** (abandonar) to abandon sb: *Seu pai largou a família.* Their father abandoned his family.

largo, -ga adjetivo & substantivo
- **adj 1** (amplo) wide: *uma rua larga* a wide street **2** (roupa) baggy: *Minha calça está muito larga.* My pants are very baggy. **3** (costas, ombros) broad
- **largo** s (praça) square

largura s width | **ter dois/três etc. metros de largura** to be two/three etc. meters wide | **qual é a largura de?** how wide is/are?: *Qual é a largura do rio?* How wide is the river? | *Qual é a largura das prateleiras?* How wide are the shelves?

laringite s laryngitis

-las pron ▶ ver **-los**

lasanha s lasagna (AmE), lasagne (BrE)

lascar v (tirar um pedaço de) to chip: *Lasquei a unha.* I've chipped my nail.

laser s laser

lata s **1** (recipiente) can: *Comprei quatro latas de Coca.* I bought four cans of Coke. | **em lata** canned: *cerveja em lata* canned beer **2** (material) tin
lata de lixo garbage can (AmE), dustbin (BrE)

latão s brass

latejar v to throb: *Minha cabeça latejava de dor de cabeça.* My head was throbbing.

lateral adjetivo & substantivo
- **adj** side: *o portão lateral* the side gate
- **s 1** (em futebol) winger: *O técnico substituiu os dois laterais.* The coach replaced both wingers. **2** (de prédio, carro, etc.) side

latido s bark

latim s Latin

latino, -na adjetivo & substantivo
- **adj 1** (em sentido amplo) Latin: *música latina* Latin music **2** (da América Latina) Latin American
- **s** Latin American ▶ Também se usa **Latino** para referir-se a um latino-americano que vive nos EUA.

latino-americano, -na adj & s Latin American

latir v to bark

latitude s latitude

lavabo s **1** (banheiro) toilet **2** (pia) washbasin

lavadora s washing machine

lavagem s **1** (de roupa) washing **2 lavagem de dinheiro** money laundering
lavagem a seco dry cleaning

lavanda s **1** (planta) lavender **2** (colônia) lavender water

lavanderia s **1** (estabelecimento) laundry (pl -ries) **2** (parte da casa) laundry room
lavanderia automática laundromat (AmE), launderette (BrE)

lavar v **1** to wash: *Eu lavo a louça.* I'll wash the dishes. | **lavar o rosto/as mãos etc.** to wash your face/hands etc.: *Lavei o rosto para me refrescar.* I washed my face to cool off. | **lavar a cabeça** to wash your hair: *Lavo a cabeça todo dia.* I wash my hair every day. **2 lavar algo a seco** to dry-clean sth

lavar-se v to wash ▶ ver também **máquina**

lazer s leisure: *área de lazer* leisure area

leal adj **1** (pessoa) loyal **2** (animal) faithful

leão, leoa s **1** (animal) **leão** lion | **leoa** lioness (pl -sses) **2 Leão (a)** (signo) Leo: *os nativos de Leão* those born under the sign of Leo **(b)** (pessoa) Leo: *Você é Leão?* Are you a Leo?

lebre s hare

lecionar v to teach: *Meu pai leciona naquela escola.* My father teaches at that school.

legal adj **1** (bacana) nice: *A sua irmã é muito legal.* Your sister is really nice. | *Foi legal vocês terem vindo.* It was nice of you to come. | *Que legal!* How nice! | **ser legal com alguém** to be nice to sb **2 estar/ficar legal** (de aparência) to look good: *Seu cabelo ficou legal mais curto.* Your hair looks good shorter. **3** (conforme a lei) legal

legalizar v to legalize

legenda s **1** (em filme) subtitle **2** (em figura, foto) caption

legendado adj subtitled: *um filme legendado* a subtitled movie

legging s leggings pl: *um legging preto* a pair of black leggings/some black leggings

legítimo, -ma adj **1** (filho, herdeiro) legitimate **2** (autêntico) genuine: *uma camiseta da Calvin Klein legítima* a genuine Calvin Klein T-shirt | *Sou uma loura legítima.* I'm a natural blonde. **3 em legítima defesa** in self-defense (AmE), in self-defence (BrE)

legível adj legible: *uma letra legível* legible handwriting

legume s vegetable: *sopa de legumes* vegetable soup

lei s law: *as leis de trânsito* the traffic laws | *proibido por lei* forbidden by law | **infringir/violar uma lei** to break a law

leilão s auction

leite s milk: *uma caixa de leite* a carton of milk | *O leite acabou.* There's no more milk. ▶ ver também **café, doce, pudim**
  leite condensado condensed milk **leite de coco** coconut milk **leite desnatado** skim milk (AmE), skimmed milk (BrE) **leite de soja** soy milk (AmE), soya milk (BrE) **leite em pó** powdered milk **leite integral** whole milk (AmE), full-fat milk (BrE) **leite semidesnatado** two percent milk (AmE), semi-skimmed milk (BrE)

leito s **1** (cama) bed **2** (de rio) bed

leitor, -a s reader

leitura s **1** (atividade) reading **2** (material) reading matter: *a minha leitura preferida* my favorite reading matter
  leitura dinâmica speed reading

lema s **1** (pessoal) motto: *Seu lema é viver o aqui e o agora.* His motto is to live for the moment. **2** (político, comercial) slogan: *"Paz e amor" era o lema dos anos 60.* "Peace and love" was the slogan of the 60s.

lembrança substantivo & substantivo plural

• s **1** (presente) souvenir: *uma lembrança da Bahia* a souvenir from Bahia **2** (recordação) memory (pl -ries): *lembranças da infância* childhood memories

• **lembranças** s pl (recomendações) regards: *Dê lembranças à sua irmã.* Give my regards to your sister. | *Meus pais mandam lembranças.* My parents send their regards.

lembrar v **1** (ou **lembrar-se**) to remember: *Não lembro o nome dela.* I don't remember her name. | **lembrar(-se) de algo/alguém** to remember sth/sb: *Ele ainda se lembra daquele dia.* He still remembers that day. **2 lembrar a alguém de fazer algo** to remind sb to do sth: *Você me lembra de ligar para ela?* Will you remind me to call her? **3 lembrar algo/alguém a alguém** to remind sb of sth/sb: *Essa música me lembra você.* This song reminds me of you. **4 fazer alguém lembrar algo** to remind sb of sth: *Isso me faz lembrar um filme que vi.* That reminds me of a movie I saw. **5 lembrar algo/alguém** (na aparência) to look like sth/sb: *Ele lembra um primo meu.* He looks like a cousin of mine.

lembrete s reminder: *Pus um lembrete na minha agenda.* I put a reminder in my appointment book.

leme s (peça) rudder | **ao leme** (posição) at the helm

lenço s **1** (para assoar o nariz, etc.) handkerchief **2** (para a cabeça, pescoço) scarf (pl -ves)
  lenço de papel tissue

lençol s sheet

lenda s legend

lenha s firewood

lente s **1** lens (pl -ses) **2 lentes (de contato)** contact lenses: *Perdi uma das minhas lentes.* I've lost one of my contact lenses.
  lente de aumento magnifying glass

lentilha s lentil: *sopa de lentilha* lentil soup

lento, -ta adj slow: *Achamos o filme muito lento.* We found the movie very slow.

leonino, -na adj & s Leo | **ser leonino** to be a Leo

leopardo s leopard

leque s **1** (para abanar) fan **2** (gama) range: *um leque de possibilidades* a range of possibilities

ler v **1** (uma carta, uma revista, etc.) to read: *Você já leu Harry Potter?* Have you read Harry Potter? | *Não tenho tido tempo para ler.* I haven't had time to read. **2 ler algo em voz alta** to read sth out loud: *Tive que ler a minha redação em voz alta.* I had to read my essay out loud. **3 ler a sorte/o futuro de alguém** to read sb's fortune/future

lerdo, -da adj slow

lesão s (ferimento, traumatismo) injury (pl -ries): *Ele já se recuperou da lesão no joelho.* He's already recovered from the knee injury.

lésbica s lesbian

lesma s **1** (animal) slug **2** (pessoa lenta) slowpoke (AmE), slowcoach (pl -ches) (BrE)

leste adjetivo & substantivo

• adj **1** (região) eastern **2** (costa, vento) east: *na costa leste* on the east coast

• s **1** (ponto cardeal) east **2** (região) east: *o leste do Brasil* the east of Brazil/eastern Brazil | *no leste* in the east **3** (direção) **a leste** to the east | **a leste de algo** east of sth: *Fica 100 km a leste de Manaus.* It's 100 km east of Manaus. | **mais ao leste** farther east
  o Leste Europeu Eastern Europe

letivo, -va adj **ano letivo** academic year

letra substantivo & substantivo plural

• s **1** (do alfabeto) letter: *uma palavra de três letras* a three-letter word ▶ ver "Active Box" **letras do alfabeto 2** (caligrafia) writing: *Sua letra é difícil de ler.* Your writing is difficult to read. **3** (de música) words *pl*, lyrics *pl* ▶ **words** é mais coloquial: *A letra dessa música é linda.* The words of this song are beautiful. | **tirar a letra de uma música** to write down the words of a song **4** (num cartaz, num anúncio) lettering **5 tirar de letra algo** to take sth in your stride: *Tenho certeza que você vai tirar de letra essa prova.* I'm sure you're going to take this test in your stride.
  letra de forma capital letters **letra de imprensa** print **letra maiúscula** capital letter **letra minúscula** small letter

Active Box: letras do alfabeto

Os exemplos neste **Active Box** servem de orientação para ajudá-lo a construir frases com as letras:

D de "Daniel".	D for "Daniel".
"xícara" se escreve com "x".	"xícara" is spelled with an "x".
Pense numa palavra que comece com W.	Think of a word that begins with W.
Escreve-se com dois Ts?	Is that with a double T?
"Mercosul" se escreve com M maiúsculo.	"Mercosur" is written with a capital M.

• **Letras** *s pl* (curso) languages: *Quero fazer Letras.* I want to study languages. ▶ Em inglês, é mais comum especificar a língua, ou línguas, estudada: **I want to study Portuguese and English**, etc.

letreiro *s* **1** (aviso) sign: *letreiro luminoso* neon sign **2** (em cinema) subtitle

leucemia *s* leukemia (AmE), leukaemia (BrE)

levado, -da *adj* naughty: *o garoto mais levado da turma* the naughtiest boy in the class

levantamento *s* **1** (pesquisa) survey: *um levantamento do melhor da world music* a survey of the best of world music | **fazer um levantamento (de algo)** to do a survey (of sth) **2** (em vôlei) lift

levantamento de peso weightlifting

levantar *v* **1** (erguer) to lift: *Levante a cabeça.* Lift your head. | *Me ajuda a levantar esta mesa?* Can you help me lift this table? | **levantar a mão** to raise your hand **2** (ou **levantar-se**) (acordar) to get up: *A que horas você se levanta?* What time do you get up? **3** (ou **levantar-se**) (ficar de pé) to get up, to stand up: *Ele se levantou e saiu.* He got up and went out./He stood up and went out. ▶ **Get up** e **stand up** são sinônimos no sentido de *ficar de pé*. No sentido de *acordar, sair da cama*, só se pode usar **get up**. **4 levantar a voz** to raise your voice **5** (arrecadar) to raise: *Conseguimos levantar R$3.000.* We managed to raise R$3,000. **6** (uma hipótese, um ponto) to raise: *Você acabou de levantar um ponto interessante.* You've just raised an interesting point. **7** (o moral, o nível) to raise **8 levantar voo** to take off

levar *v* ▶ ver quadro

leve *adj* **1** (de pouco peso) light: *Sua mala está leve.* Your suitcase is light. **2** (comida) light: *Tomei um café da manhã leve.* I had a light breakfast. **3** (roupa) thin **4** (filme, livro, etc.) light **5** (melhora, preocupação, etc.) slight **6** (sem gravidade) minor: *ferimentos leves* minor injuries **7** (suave) mild: *um leve perfume* a mild perfume **8 de leve (a)** (delicadamente) gently: *Feche a porta de leve.* Close the door gently. **(b)** (superficialmente) superficially: *Tocamos no assunto muito de leve.* We touched on the subject very superficially. **9 ter o sono leve** to be a light sleeper

lhe *pron* ▶ ver quadro na pág. 624

lhes *pron* ▶ ver quadro na pág. 624

liberado, -da *adj* **1** (disponível) freely available: *Hoje a bebida está liberada.* Today

---

levar

1 Na maioria dos contextos a tradução é **to take**:

Não se esqueça de levar o passaporte. Don't forget to take your passport. | *Você me leva até a estação?* Could you take me to the station? | *Leve isto para a sua professora.* Take this to your teacher.

Usa-se **to bring** quando se diz para uma pessoa que se vai levar algo para o lugar em que ela se encontra:

Eu levo as fotos no domingo. I'll bring the photos on Sunday. | *Eu posso levar uma torta.* I can bring a pie.

2 Quando a ênfase está na ação de transportar, usa-se **to carry**:

Ele me ajudou a levar as malas para o carro. He helped me carry the suitcases to the car. | *Tenho que levar tudo isto para a escola amanhã.* I have to carry all this to school tomorrow.

3 Para referir-se à duração de algo, usa-se **to take**:

Levei a tarde toda para fazer esse dever de casa. It took me the whole afternoon to do this homework. | *Não vai levar muito tempo.* It won't take long.

4 COMPRAR (= to take, to have)

Vou levar o verde. I'll take the green one.

5 EXIBIR (= to show)

Estão levando de novo esse filme. They're showing this movie again.

6 UM SUSTO, UMA SURPRESA, A CULPA, ETC. (= to get)

Levei um susto horrível. I got a terrible fright.

7 INGREDIENTES

NO SENTIDO DE CONTER

leva ovos/manteiga etc. it has eggs/butter etc. in it: *Esse bolo leva manteiga?* Does this cake have butter in it?

8 OUTROS USOS

deixar-se levar por algo/alguém to be swayed by sth/sb: *Ele se deixa levar pela opinião dos amigos.* He's swayed by his friends' opinions. | **levar a melhor/pior** to come off better/worse

9 Para expressões como *levar uma bronca, levar um tombo* etc., veja o verbete do substantivo correspondente (*bronca, tombo*, etc.)

liberal

lhe

1 QUANDO SE REFERE A "VOCÊ" (= you)

Tenho um segredo para lhe contar. I have a secret to tell you.

2 QUANDO SE REFERE A "ELE" (= him)

Eu lhe dei seu telefone. I gave him your telephone number.

3 QUANDO SE REFERE A "ELA" (= her)

Estou quites com a Paula, não lhe devo nada. I'm quits with Paula; I don't owe her anything.

4 QUANDO SE REFERE A OBJETO, PLANTA OU ANIMAL (= it)

Esses calços lhe dão maior estabilidade. These wedges give it greater stability.

5 Alguns verbos ingleses requerem o uso de preposição (**to you/to him/for her/for it** etc.). Convém sempre consultar o verbete correspondente ao verbo, por exemplo, *escrever*, *parecer*, etc.:

Isso lhe pareceu estranho também? Did that seem strange **to you** as well?

lhes

1 QUANDO SE REFERE A "VOCÊS" (= you)

Quem lhes contou isso? Who told you that?

2 QUANDO SE REFERE A "ELES" OU "ELAS" (= them)

Dei-lhes o seu recado. I gave them your message.

3 QUANDO SE REFERE A OBJETOS, PLANTAS OU ANIMAIS (= them)

Esses foram os nomes que o biólogo lhes deu. Those were the names the biologist gave them.

4 Alguns verbos ingleses requerem o uso de preposição (**to them/to you/for them/for you** etc.). Convém sempre consultar o verbete correspondente ao verbo, por exemplo, *escrever*, *parecer*, etc.:

Vou lhes escrever hoje à noite. I'm going to write **to them** tonight.

---

drink is freely available. **2** (de mente aberta) liberated: *jovens liberados* liberated young people

liberal *adj* liberal

liberar *v* **1** (um preso, um jogador, um paciente) to release **2** (deixar ir embora) **liberar alguém** to let sb go: *O professor nos liberou ao meio-dia.* The teacher let us go at midday. **3** (verbas, informações) to release **4** (energia, gases) to release

liberdade *s* **1** freedom: *Meus pais me dão bastante liberdade.* My parents give me a lot of freedom. **2 pôr alguém em liberdade** (prisioneiro) to set sb free **3 tomar a liberdade** to take the liberty: *Tomei a liberdade e li a dedicatória no seu livro.* I took the liberty of reading the dedication in your book.

liberdade de expressão freedom of speech

libertar *v* **1** (um prisioneiro, etc.) to free: *Libertaram o suspeito por falta de provas.* They freed the suspect due to lack of evidence. **2** (um país, uma região, etc.) to liberate

libra *s* **1** (moeda) pound: *Custou 30 libras.* It cost thirty pounds. **2** (unidade de peso) pound [= 0.454 kg] **3 Libra (a)** (signo) Libra: *os nativos de Libra* those born under the sign of Libra **(b)** (pessoa) Libra: *Sou Libra.* I'm a Libra.

libra esterlina pound, pound sterling ▶ **pound sterling** só é usado em contextos formais ou técnicos

libriano, -na *adj & s* Libra | **ser libriano** to be a Libra

lição *s* **1** (matéria estudada) lesson **2** (dever de casa) homework **3 dar uma lição em alguém** to teach sb a lesson

lição de vida lesson for life

licença *s* **1** (em situações sociais) **com licença/dá licença** excuse me: *Com licença, posso passar?* Excuse me, can I get past? | **dar licença a alguém** to excuse sb: *Agora me dá licença porque tenho que ir.* Now please excuse me because I have to go. | **pedir licença** to excuse yourself: *Pedi licença e fui atender o telefone.* I excused myself and went to answer the phone. **2** (autorização) permission: *Não tínhamos licença para entrar na sala dele.* We didn't have permission to go into his office. | **dar licença a alguém para fazer algo** to give sb permission to do sth | **pedir licença a alguém para fazer algo** to ask sb for permission to do sth: *Ele pediu licença ao professor para sair da sala.* He asked the teacher for permission to leave the room. **3** (para não trabalhar) leave: *licença médica* sick leave | *três dias de licença* three days' leave | **estar de licença** to be on leave **4** (documento) license (AmE), licence (BrE)

licor *s* liqueur: *licor de laranja* orange liqueur

lidar *v* **lidar com algo/alguém** to deal with sth/sb: *Ela tem jeito para lidar com crianças.* She has a flair for dealing with children.

líder *s* leader

liderança *s* **1** (numa competição) lead: *O piloto brasileiro tomou a liderança logo no início da corrida.* The Brazilian driver took the lead right at the start of the race. **2** (de um partido, país) leadership

liderar *v* to lead

liga *s* **1** (agremiação) league: *a liga de vôlei* the volleyball league **2** (para meias) garter

ligação *s* **1** (telefonema) call | **cair a ligação** A expressão equivalente em inglês é **to be cut off**, e o sujeito da frase é a pessoa que faz a ligação: *Caiu a ligação.* I was cut off./We were cut off. | **fazer uma ligação** to make a call **2** (relação) connection: *Qual a sua ligação com a Elisa?*

*Há uma tabela com os **números** em inglês na seção de gramática.*

What's your connection with Elisa? | *a ligação entre o fumo e o câncer de pulmão* the connection between smoking and lung cancer
ligação a cobrar collect call (AmE), reverse-charges call (BrE) **ligação interurbana** long-distance call

ligada s **dar uma ligada** to call: *É melhor dar uma ligada antes.* It's best to call first. | **dar uma ligada para alguém** to give sb a call: *Você pode me dar uma ligada hoje à noite?* Can you give me a call tonight?

ligado, -da adj **1** (aparelho, luz) on: *Não deixe a televisão ligada quando sair.* Don't leave the television on when you go out. | *O computador está ligado?* Is the computer on? **2** (relacionado) **ligado (a algo)** linked (to sth): *Esse seu medo está ligado a experiências passadas.* This fear of yours is linked to past experiences. **3 ser ligado em algo** (interessado) to be into sth: *Ela é muito ligada em moda.* She's really into fashion. **4** (atento) alert: *É preciso estar sempre ligado nessas situações.* You always need to be alert in these situations. | **ficar ligado em algo** to keep an eye on sth: *Fique ligado no horário, pois o programa começa às nove.* Keep an eye on the time because the program starts at nine. **5** (agitado) wired: *Quanto menos durmo, mais ligado fico.* The less I sleep, the more wired I feel.

ligamento s ligament | **ter uma ruptura de ligamento (em algo)** to have a torn ligament (in sth)

ligar v **1 ligar algo (a)** (um aparelho, a luz) to switch sth on: *Esqueci de ligar o gravador.* I forgot to switch the recorder on. **(b)** (um motor, um carro, etc.) to start sth **(c)** (relacionar) to connect sth: *Na hora eu não liguei os dois fatos.* At the time I didn't connect the two incidents. **2 ligar algo (a algo)** (unir, conectar) to connect sth (to sth): *Esta estrada liga duas cidades importantes.* This road connects two important cities. | *Ligue o scanner ao computador.* Connect the scanner to the computer. **3** (telefonar) **ligar (para alguém/algo)** (telefonar) to call (sb/sth): *Ele disse que ia ligar mais tarde.* He said he'd call later. | *Preciso ligar para a escola.* I need to call the school. **4 ligar (para alguém/algo) (a)** (incomodar-se) to care (about sb/sth): *Não ligo para o que dizem de mim.* I don't care what they say about me. | *Pensei que ele fosse se zangar, mas nem ligou.* I thought he'd be angry, but he didn't even care. **(b)** (interessar-se) to be interested (in sb/sth): *Ele não liga para os estudos.* He isn't interested in his studies. | *Fiz uma sugestão, mas ela não ligou.* I made a suggestion but she wasn't interested. | *Ela não liga mais para mim.* She's not interested in me anymore.

ligeiramente adv slightly: *Estou ligeiramente atrasado.* I'm slightly late.

ligeiro, -ra adj **1** (rápido, breve) quick: *Fizemos uma caminhada ligeira.* We went for a quick walk. | *um telefonema ligeiro* a quick phone call **2** (leve) slight: *Ela tem um ligeiro sotaque baiano.* She has a slight Bahian accent.

light adj **1** (comida) low-cal: *Fiz uma refeição light.* I had a low-cal meal. **2** (bebida) diet: *Me vê uma Coca light, por favor.* I'd like a Diet Coke, please. **3** (filme, programa, dia, etc.) undemanding

lilás adj & s lilac ► ver "Active Box" **cores** em **cor**

lima s (ferramenta) file

limão substantivo & adjetivo
• s **1** (limão-galego) lemon **2** (de cor verde) lime ► O limão de cor verde encontrado no Brasil chama-se **lime** em inglês. Nos EUA e na Grã-Bretanha, **lemons** são de cor amarela. **3** (cor) lime green ► ver "Active Box" **cores** em **cor**
• adj lime-green: *uma sandália limão* a pair of lime-green sandals ► ver "Active Box" **cores** em **cor**

limão(-galego) s lemon ► ver nota em **limão**

limitado, -da adj limited: *por tempo limitado* for a limited time

limitar v to limit: *Limitaram o show a dez músicas.* They limited the show to ten songs.
limitar-se v **1 limitar-se a fazer algo** to limit yourself to doing sth: *O jornal limitou-se a noticiar o fato.* The newspaper limited itself to reporting the incident. **2 limitar-se com algo** to border sth: *O Brasil se limita ao sul com o Uruguai.* Brazil borders Uruguay to the south.

limite s **1** limit | **limite de idade/velocidade** age limit/speed limit **2 sem limites** limitless **3 passar dos limites** to go too far **4** (fronteira) boundary (pl -ries)

limo s slime

limonada s lemonade: *Quero minha limonada sem açúcar.* I want my lemonade without sugar.

limpador s **limpador de para-brisa** windshield wiper (AmE), windscreen wiper (BrE)

limpar v **1** (arrumando, varrendo, etc.) to clean: *Preciso limpar meu quarto.* I need to clean my room. **2** (com pano) to wipe: *Limpe a poeira do disco.* Wipe the dust off the record. **3** (com água) **limpar algo** to wash sth off: *Tente limpar a mancha com água quente.* Try to wash the stain off with hot water. **4** (a pele, o rosto) to cleanse **5** (esvaziar) to clean: *Estava com tanta fome, que limpei o prato.* I was so hungry that I cleaned my plate. **6** (céu) to clear: *Finalmente o céu limpou.* Finally, the sky cleared.
limpar-se v (pessoa) to clean yourself up

limpeza s **1** (ato de limpar) cleaning **2** (higiene) cleanliness ► ver também **creme**
limpeza de pele facial

limpo, -pa adjetivo & advérbio
• adj **1** (sem sujeira) clean: *um banheiro limpo* a clean bathroom **2** (céu) clear **3** (consciência) clear: *Estou com a consciência limpa.* I have a clear conscience. **4 passar a limpo algo** to write sth out neatly **5 tirar a limpo algo** to get

to the bottom of sth: *Quero tirar a limpo esta história.* I want to get to the bottom of this story.
• *adv* **jogar limpo** to play fair

clean

dirty

lindo, -da *adj* beautiful: *Que lugar lindo!* What a beautiful place! | *Ela tem um cabelo lindo.* She has beautiful hair.

lingerie *s* lingerie: *lingerie de seda* silk lingerie

língua *s* **1** (em anatomia) tongue **2** (idioma) language: *Que línguas você fala?* What languages do you speak? | *a língua inglesa* the English language
língua materna mother tongue

linguagem *s* **1** (faculdade de expressão) language: *a linguagem humana* human language **2** (tipo de expressão) language: *a linguagem coloquial* colloquial language | *a linguagem corporal* body language

linguarudo, -da *adj* **ser linguarudo** to be a bigmouth

linguiça *s* sausage

linguística *s* linguistics

linha *s* **1** (traço contínuo) line: *Não pise na linha.* Don't step on the line. **2** (em caderno, em escritos) line: *Não escrevam mais de 20 linhas.* Don't write more than 20 lines. **3 em linha reta** in a straight line **4** (telefônica) line | **não está dando linha** I can't get a line | **linha cruzada** crossed line **5** (de ônibus) route: *Só uso essa linha de ônibus.* I only use this bus route. **6** (ferroviária) track: *O trem saiu da linha.* The train came off the tracks. **7** (de produtos) line: *uma nova linha de cosméticos* a new line of cosmetics **8** (de costura) thread **9** (de pesca) line
linha aérea airline **linha de chegada** finish line

linho *s* (tecido) linen: *calça de linho* linen pants

lipoaspiração *s* liposuction | **fazer (uma) lipoaspiração** to have liposuction

liquidação *s* (de mercadorias) sale | **estar em liquidação (a)** (mercadoria) to be on sale **(b)** (loja) to be having a sale

liquidar *v* **liquidar algo (a)** (mercadorias) to sell sth off: *A butique vai liquidar todo o estoque.* The boutique is going to sell off all its stock. **(b)** (uma dívida) to pay sth off: *Liquidei minha dívida com ele.* I paid off my debt to him. **(c)** (vencer) to wipe sth out: *O time liquidou o adversário no primeiro tempo.* The team wiped out the opposition in the first half.

liquidificador *s* blender

líquido, -da *adjetivo & substantivo*
• *adj* **1** (não sólido) liquid: *sabonete líquido* liquid soap **2** (peso, salário) net
• **líquido** *s* liquid

liso, -sa *adj* **1** (pele, superfície) smooth **2** (cabelo, pelo) straight **3** (sem estamparia) plain: *tecido liso* plain fabric

lista *s* **1** (relação) list **2** (dos alunos) roll (AmE), register (BrE) **3** (telefônica) (phone) book: *Nosso telefone não está na lista.* Our phone number isn't in the book. ▶ ver também **listra**
lista de espera waiting list

listar *v* (relacionar) to list: *Vou listar as coisas a fazer.* I'm going to list the things to do.

listra, lista *s* stripe: *um top com listras azuis* a top with blue stripes

listrado, -da *adj* striped: *calças listradas* striped pants

literal *adj* literal: *no sentido literal da palavra* in the literal sense of the word

literalmente *adv* **1** (verdadeiramente) literally: *Fiquei literalmente paralisado.* I was literally paralyzed. **2** (textualmente) word for word: *Repetiu literalmente o que o outro havia dito.* He repeated word for word what the other one had said.

literatura *s* literature

litoral *s* coast: *no litoral paulista* on the coast of São Paulo state

litro *s* liter (AmE), litre (BrE): *meio litro de leite* half a liter of milk

livrar *v* **livrar alguém de algo** to get sb out of sth: *Livrei-o de uma enrascada.* I got him out of trouble.

livrar-se *v* **1 livrar-se de algo/alguém** to get rid of sth/sb: *Quero me livrar desses livros velhos.* I want to get rid of these old books. | *Finalmente consegui me livrar dela.* I finally managed to get rid of her. **2 livrar-se de (fazer) algo** to get out of (doing) sth: *Livrou-se de ficar em recuperação.* He got out of retaking the exams.

livraria *s* bookstore (AmE), bookshop (BrE) ▶ Em inglês existe a palavra **library,** porém significa *biblioteca.*

livre *adj* **1** (com/em liberdade) free: *um país livre* a free country **2** (sem compromisso) free: *Você está livre hoje à noite?* Are you free tonight? | *tempo livre* free time **3** (desocupado) free: *Estas cadeiras estão livres?* Are these chairs free? **4** (isento) free: *livre de taxas* tax-free ▶ ver também **censura, luta, voo**

livro *s* book
livro de bolso paperback **livro de receitas** cook book (AmE) cookery book (BrE) **livro didático** textbook

lixa *s* **1** (de unhas) nail file **2** (para madeira) sandpaper ▶ **sandpaper** é um substantivo incontável e não pode vir precedido de **a**: *Preciso* *de uma lixa.* I need some sandpaper./I need a piece of sandpaper. | **passar uma lixa em algo** to sand sth down

lixar v **1 lixar as unhas** to file your nails **2 lixar uma madeira/um móvel etc.** to sand down a piece of wood/a piece of furniture etc.

lixeira s **1** (em cozinha, prédio) garbage can (AmE), dustbin (BrE) **2** (em quarto, banheiro) wastebasket

lixeiro s garbage man (pl garbage men) (AmE), dustman (pl -men) (BrE)

lixo s **1** garbage (AmE), rubbish (BrE): *lata de lixo* garbage can | **jogar algo no lixo** to throw sth out: *Jogue isso no lixo.* Throw that out. **2 estar/ficar um lixo** (estar/ficar ruim) to be a mess: *Meu projeto ficou um lixo.* My project is a mess.
lixo atômico/nuclear nuclear waste

-lo, -la *pron* ▶ ver quadro

lobo, -ba s wolf (pl wolves)

lobo-marinho s sea lion

lóbulo s lobe

locadora s **1 locadora (de vídeo)** video rental store **2 locadora (de carros)** car rental agency

local *adjetivo & substantivo*

• *adj* (de uma região, país) local: *a hora local* local time | *costumes locais* local customs

• *s* **1** (cidade, bairro, etc.) place: *o local onde vivo* the place where I live **2** (de evento, show, etc.) venue **3** (instituição, escola, fábrica, etc.) premises *pl*: *Foram encontradas drogas no local.* Drugs were found on the premises. **4** (de acidente, crime) scene: *no local do crime* at the scene of the crime **5** (de uma construção, batalha) site
local de nascimento (a) (de pessoa famosa, etc.) birthplace **(b)** (em formulário) place of birth

localidade s **1** (área) locality (pl -ties) **2** (cidade pequena) town **3** (aldeia) village

localizar v **1** (encontrar) to locate: *Você conseguiu localizar a ilha no mapa?* Did you manage to locate the island on the map? **2** (entrar em contato com) **localizar alguém** to track sb down: *Ainda não consegui localizar o médico.* I haven't managed to track the doctor down yet.

loção s lotion
loção após-barba aftershave

locomotiva s locomotive

locomover-se v to get around: *Com a perna engessada não podia me locomover direito.* With my leg in a cast I couldn't get around very well.

locutor, -a s announcer (AmE), presenter (BrE)
locutor esportivo sports commentator

lodo s mud

lógico, -ca *adj* **1 (é) lógico (que)** of course: *É lógico que eu vou!* Of course I'll go! | *Lógico!* Of course! | **(é) lógico que não** of course not **2** (racional) logical

log in s (em informática) login | **fazer o log in** (conectar-se) to log on

---

-lo/-la

1 QUANDO SE REFERE A "VOCÊ" (= you)

Queria vê-lo, mas você não estava. I wanted to see you, but you weren't in.

2 QUANDO SE REFERE A "ELE" (= him)

Ela vai visitá-lo em Nova York. She's going to visit him in New York.

3 QUANDO SE REFERE A "ELA" (= her)

Fomos encontrá-la no restaurante. We went to meet her at the restaurant.

4 QUANDO SE REFERE A COISA (= it)

A música está tão baixa, que não consigo ouvi-la. The music is so quiet I can't hear it.

---

login s (identificação de um usuário) login name: *Qual é o seu login?* What's your login name?

logo *advérbio & conjunção*

• *adv* **1** (imediatamente) right away: *Se não sairmos logo, vamos perder o voo.* If we don't leave right away, we'll miss the flight. | **logo antes/depois** just before/after | **logo em seguida** right away **2** (em breve) soon: *Tudo vai se resolver logo.* Everything will be straightened out soon. | **logo mais** later on: *Logo mais te ligo.* I'll call you later on **3 até logo!** goodbye!

• *conj* (portanto) so: *Ele está machucado, logo não vai poder jogar.* He's injured, so he won't be able to play.

• **logo que** *conj* as soon as: *Eu te aviso a data logo que souber.* I'll tell you the date as soon as I know it.

log off s (em informática) logout | **fazer o log off** to log off

logotipo s logo: *o logotipo da campanha* the campaign logo

loja s store (AmE), shop (BrE): *loja de produtos naturais* whole food store
loja de conveniência convenience store **loja de departamentos** department store

lombar *adj* **a região lombar** the small of your back: *Sinto dor na região lombar.* I feel pain in the small of my back.

lombinho s (em culinária) tenderloin

lombo s **1** (em culinária) loin: *lombo de porco* loin of pork **2** (em anatomia) lower back

lona s **1** (tecido) canvas | **de lona** canvas: *bolsa de lona* canvas bag **2** (tenda de circo) tent

longa-metragem s feature (film): *filme de longa-metragem* feature film

longe *advérbio & preposição*

• *adv* **1** (no espaço) far: *É longe?* Is it far? ▶ Em frases afirmativas usa-se **far away,** exceto com **too**: *Eles moram longe.* They live far away. | *A cachoeira é muito longe.* The waterfall is very far away. | *É longe demais para ir a pé.* It's too far to walk. **2 ao longe** in the distance: *Ao longe se veem as montanhas.* You can see the mountains

longínquo

in the distance. **3 de longe (a)** (à distância) from a distance: *Visto de longe, não dá para perceber.* Seen from a distance, you don't notice it. **(b)** (em comparações) by far: *Ela é, de longe, a melhor da sala.* She's by far the best in the class. **4 ir longe** (progredir) to go far: *Se ele se dedicar, vai longe!* If he works hard, he'll go far! **5 longe disso** (ao contrário) far from it: – *Você se arrependeu? – Longe disso.* "Do you regret it?" "Far from it."

• **longe de** *prep* far from: *É longe daqui?* Is it far from here? ▶ Em frases afirmativas usa-se **a long way from**: *É longe do centro.* It's a long way from the center.

longínquo, -qua *adj* distant

longitude *s* longitude

longo, -ga *adjetivo & substantivo*

• *adj* **1** long: *uma longa viagem* a long trip **2 ao longo de (a)** (no espaço) along: *Há vários postos de gasolina ao longo da estrada.* There are several gas stations along the road. **(b)** (no tempo) over: *Ao longo do ano ele foi melhorando.* Over the year he got better.

• **longo** *s* (vestido) long dress

-los, -las *pron* ▶ ver quadro

losango *s* diamond

lotação *s* (capacidade) capacity (pl -ties) | **estar com a lotação esgotada** to be sold out

lotado, -da *adj* crowded: *O cinema estava lotado.* The movie theater was crowded.

lotar *v* **1 lotar algo** (no espaço) to pack sth: *Os fãs costumam lotar seus shows.* The fans usually pack his shows. **2** (ficar lotado) to get crowded: *A boate lota nos fins de semana.* The club gets crowded on weekends.

loteria *s* lottery (pl -ries) | **ganhar/jogar na loteria** to win/play the lottery

loteria esportiva sports lottery

louça *s* **1** (conjunto de pratos, etc.) crockery **2** (a ser lavada) dishes *pl* (AmE), washing-up (BrE) | **lavar a louça** to wash the dishes (AmE), to do the washing-up (BrE) **3** (material) china: *É de louça.* It's china.

louco, -ca *adjetivo & substantivo*

• *adj* **1** crazy: *um motorista louco* a crazy driver | **ficar louco** to go crazy | **deixar alguém louco** to drive sb crazy **2 estar louco para fazer algo** to be dying to do sth: *Estou louco para chegar em casa.* I'm dying to get home. **3 ser louco por algo/alguém** to be crazy about sth/sb: *Sou louca por sorvete.* I'm crazy about ice cream. **4 estar/ficar louco de algo** to be/go out of your mind with sth: *Ele ficou louco de raiva.* He went out of his mind with rage.

• *s* (em psiquiatria) **louco** madman (pl -men) | **louca** madwoman (pl -women)

loucura *s* **1** madness | **ser loucura (fazer algo)** to be madness (to do sth): *É loucura viajar debaixo desse temporal.* It's madness to travel in this storm. **2 uma loucura** a crazy thing: *Nunca imaginei que ela fosse fazer uma loucura dessas.* I never thought she'd do such a crazy thing. **3 ter loucura por algo/alguém** to be crazy about sth/sb: *Ele tem loucura pelos filhos.* He's crazy about his children. **4** (em psiquiatria) madness

louro, -ra *adjetivo & substantivo*

• *adj* blonde: *Ele tem cabelo louro.* He has blonde hair. | *uma menina loura* a blonde girl

• *s* **louro** (homem) blond | **loura** (mulher) blonde

• **louro** *s* **1** (animal) parrot **2** (tempero) bay leaf (pl bay leaves)

lua *s* **1** moon | **lua cheia/nova** full/new moon **2 estar/viver no mundo da lua** to be/live in a dream world

lua de mel honeymoon: *Onde eles vão passar a lua de mel?* Where are they going to spend their honeymoon?

luar *s* moonlight | **ao luar** in the moonlight

lucro *s* profit | **ter lucro** to make a profit

lugar *s* **1** (local) place: *Este lugar me traz muitas lembranças.* This place brings back lots of memories for me. **2** (espaço) room: *Não tem mais lugar no armário.* There's no more room in the cupboard. **3 em/para/a algum lugar (a)** (em frase afirmativa) somewhere: *Eu já o vi em algum lugar.* I've seen him somewhere before. **(b)** (em perguntas e frases condicionais) anywhere: *Você vai a algum lugar hoje à noite?* Are you going anywhere tonight? | *Se vocês resolverem ir para algum lugar, me avisem.* If you decide to go anywhere, let me know. | **em/para/a lugar nenhum (a)** (depois de outra palavra negativa) anywhere: *Ele nunca me leva para lugar nenhum.* He never takes me anywhere. **(b)** (em resposta sem verbo) nowhere: – *Onde você foi ontem? – A lugar nenhum.* "Where did you go yesterday?" "Nowhere." **4** (assento) seat: *Só tinha lugar na primeira fila.* There were only seats in the front row. | *Gostaria de um lugar na janela.* I'd like a seat by the window. **5** (colocação) place: *Em que lugar ela chegou na maratona?* What place did she finish in in the marathon? **6** (cargo) job: *Seu pai me arranja um lugar na*

-los/-las

1 QUANDO SE REFERE A "VOCÊS" (= you)

Queria vê-los amanhã. I'd like to see you tomorrow.

2 QUANDO SE REFERE A "ELES" OU "ELAS" (= them)

Ele vai buscá-las às cinco. He'll pick them up at five.

3 QUANDO SE REFERE A COISAS (= them)

Usam aditivos para conservá-los. They use additives to preserve them.

Deve-se dizer on the table *ou* in the table? Veja o verbete **em**.

empresa dele? Can your father get me a job in his firm?
7 em primeiro/segundo lugar (explicando) firstly/secondly

lula s squid (pl squid)

luminária s **1** lamp: *luminária de parede* wall lamp **2** (de papel) lantern

luminoso, -sa *adjetivo & substantivo*
- **adj 1** (sinal) illuminated **2** (dia) bright **3** (tecido) shiny
- **luminoso** s (anúncio) neon sign

luneta s telescope: *uma luneta de longo alcance* a long-range telescope

lupa s magnifying glass (pl -sses)

lustrar v to polish

luta s **1** (em esporte) fight **2** (combate) fight | **a luta contra o câncer/pela democracia etc.** the fight against cancer/for democracy etc. **3** (tarefa difícil) struggle: *Foi uma luta convencê-lo a ir.* It was a struggle to persuade him to go.
luta de boxe boxing match **luta livre** wrestling **luta romana** (Greco-Roman) wrestling

lutador, -a s **1** (esportista) fighter **2** (pessoa esforçada) fighter
lutador de boxe boxer **lutador de jiu-jítsu** jujitsu fighter

lutar v **1** (em esporte) to fight **2** (empenhar-se) to fight: *Tiveram que lutar durante muitos anos.* They had to fight for many years. | **lutar por algo/para fazer algo** to fight for sth/to do sth: *Lutei para conseguir isso.* I fought to achieve this. | *É preciso lutar pela preservação do meio ambiente.* We need to fight to protect the environment. | **lutar contra o preconceito/uma doença etc.** to fight against prejudice/an illness etc.

luto s mourning | **estar de luto** to be in mourning

luva s glove

luxação s sprain

luxo s **1** (riqueza) luxury | **de luxo** luxury: *um hotel de luxo* a luxury hotel **2** (prazer caro) luxury (pl -ries): *Meu único luxo é meu celular.* My only luxury is my cell phone.

luxuoso, -sa adj luxurious: *um apartamento luxuoso* a luxurious apartment

luz s **1** (claridade) light: *Você precisa de mais luz para ler.* You need more light to read by. | *a luz do sol* sunlight **2** (artificial) light | **acender/apagar a luz** to turn on/turn off the light: *Acende a luz, por favor.* Turn on the light, please. **3** (eletricidade) electricity: *Faltou luz o dia inteiro.* There was no electricity all day. | *a conta de luz* the electricity bill **4 à luz de vela** by candlelight **5 dar à luz (alguém)** to give birth (to sb): *Ela deu à luz um menino.* She gave birth to a boy. **6 dar uma luz a alguém** to give sb some guidance: *Você pode me dar uma luz nesta questão?* Can you give me some guidance on this question?

lycra s lycra: *vestido de lycra* lycra dress

M, m s M, m ▶ ver "Active Box" **letras do alfabeto** em **letra**

maca s stretcher: *O ferido foi levado de maca.* The injured man was taken away on a stretcher.

maçã s apple: *suco de maçã* apple juice
maçã do rosto cheekbone

macabro, -bra adj macabre: *uma história macabra* a macabre story

macacão s **1** (inteiriço) jumpsuit **2** (jardineira) overalls pl (AmE), dungarees pl (BrE): *um macacão azul* a pair of blue overalls/some blue overalls **3** (de trabalhador) overall

macaco, -ca *substantivo masculino & substantivo feminino*
- s [masc e fem] (animal) monkey
- **macaco** s [masc] (ferramenta) jack

maçaneta s (de porta) doorhandle

macarrão s pasta: *macarrão ao molho branco* pasta with bechamel sauce

macarronada s pasta with tomato sauce and cheese

macete s trick

machismo s sexism

machista adj & s sexist

macho *adjetivo & substantivo*
- **adj 1** (masculino) male: *um jacaré macho* a male alligator **2** (valente) tough: *Ele é metido a macho.* He thinks he's tough.
- s (animal, homem) male

machucado, -da *adjetivo & substantivo*
- **adj** (pessoa, braço, perna, etc.) sore: *Acabei a pelada todo machucado.* I was sore all over after the game. | *Estou com o cotovelo machucado.* I have a sore elbow.
- **machucado** s (ferida) cut: *Vou fazer um curativo nesse machucado.* I'm going to put a dressing on that cut.

machucar v **1** (uma pessoa) to hurt: *Estes sapatos estão me machucando.* These shoes are hurting me. **2** (o braço, a perna, etc.) to hurt: *Machuquei o pé na trilha.* I hurt my foot on the hike. **3** (emocionalmente) to hurt: *O que ela fez me machucou bastante.* What she did really hurt me.

machucar-se v **1** (ferir-se) to hurt yourself: *Ontem me machuquei na escola.* Yesterday I hurt myself at school. **2** (emocionalmente) to get hurt

macio, -a adj **1** (colchão, sofá, etc.) soft **2** (pele, cabelos) soft **3** (voz) soft **4** (carne) tender

maço s **1** (de cigarros) pack **2** (de notas, folhas, etc.) wad

maconha s marijuana | **fumar maconha** to smoke marijuana

macrobiótico, -ca adj macrobiotic

macumba s **1** (culto) voodoo **2** (despacho) voodoo offering **3 fazer uma macumba** to cast a voodoo spell

madame s **1** (senhora) lady (pl -dies) **2** (forma de tratamento) madam: *Pois não, madame?* Yes, madam?

madeira s **1** (material) wood | **uma cadeira/mesa etc. de madeira** a wooden chair/table etc. | **ser de madeira** to be made of wood: *O cabo é de madeira.* The handle is made of wood. **2** (pedaço) piece of wood: *Pode usar essa madeira.* You can use that piece of wood. **3** (em grande quantidade, para uma construção) lumber (AmE), timber (BrE)

madrasta s stepmother

madrepérola s mother-of-pearl

madrinha s **1** (de batismo) godmother **2** (de casamento) witness (pl -sses)

madrugada s early hours (of the morning) pl: *Esfriou bastante durante a madrugada.* It turned quite cold during the early hours. | **na madrugada de quarta para quinta** in the early hours of Thursday morning | **de madrugada** in the early hours of the morning: *O jornal chega de madrugada.* The newspaper arrives in the early hours of the morning. | **às quatro/cinco etc. horas da madrugada** at four/five etc. o'clock in the morning

madrugar v to get up early: *Meu pai gosta de madrugar.* My father likes to get up early.

maduro, -ra adj **1** (fruto) ripe **2** (pessoa) mature: *O filho mais moço é o mais maduro.* The youngest son is the most mature.

mãe s mother: *Ela veio com a mãe.* She came with her mother.
mãe adotiva adoptive mother **mãe de criação** foster mother **mãe solteira** single mother

maestro, -trina s conductor

máfia s mafia

magia s magic
magia negra black magic

mágica s **1** (arte) magic | **fazer mágica** to do magic **2** (truque) magic trick: *Ele me ensinou umas mágicas.* He taught me some magic tricks.

mágico, -ca adjetivo & substantivo
• adj magic: *uma poção mágica* a magic potion
• s (pessoa) magician

magistério s **1** (carreira) teaching **2** (os professores) teachers pl

magnata s magnate

magnético, -ca adj magnetic

mágoa s bitterness | **com mágoa** bitterly | **guardar mágoa (de alguém/por algo)** to feel bitter (toward sb/about sth)

magoado, -da adj hurt | **ficar magoado com algo** to be hurt by sth: *Fiquei muito magoada com sua atitude.* I was really hurt by what you did.

magoar v to hurt: *Magoei minha amiga, sem querer.* I hurt my friend unintentionally.
magoar-se v to get hurt

magro, -gra adj **1** (pessoa, corpo) slim, thin
▶ Slim tem uma conotação positiva, e não se usa para dizer que alguém está magro demais. Thin é uma palavra mais neutra, e pode indicar também magreza excessiva: *Minha namorada é alta e magra.* My girlfriend is tall and slim. | *Você precisa comer mais, está muito magro.* You need to eat more, you're very thin. **2** (carne) lean: *Só como carnes magras.* I only eat lean meat.

mailing s mailing list: *Estou no mailing da companhia.* I'm on the company's mailing list.

maio s May ▶ ver "Active Box" **meses** em **mês**

maiô s swimsuit

maionese s mayonnaise

maior adjetivo & substantivo
• adj **1** (em tamanho) bigger: *Minha prancha de surfe é maior do que a sua.* My surfboard is bigger than yours. **2** (em idade) older | **pessoas maiores de 14/18 etc. anos** people over 14/18 etc. **3** (mais alto) higher: *uma taxa maior* a higher rate **4** (em importância) major: *sem maiores consequências* without any major consequences **5** (adicional) further: *Para maiores informações, consulte o nosso site.* For further information, consult our site. **6** (em música) major: *ré maior* D major **7 o/a maior (a)** (em tamanho) the biggest: *o maior shopping da cidade* the biggest mall in the city **(b)** (em importância) the greatest: *o maior escritor brasileiro* the greatest Brazilian writer **(c)** (uso enfático) a real: *Estou no maior aperto.* I'm in a real jam. **8 a maior parte de algo** most of sth: *Dormi durante a maior parte do filme.* I slept through most of the movie. | **a maior parte das pessoas** most people

• s **1 os maiores de 14/18 etc. anos** those over 14/18 etc.: *um filme para maiores de 12 anos* a movie for those over 12 **2 ser maior de idade** to be of age

maioria s **1 a maioria dos carros/das pessoas/dos meus amigos etc.** most cars/most people/most of my friends etc.: *a maioria das vezes* most of the time | *a maioria deles* most of them

▶ Na linguagem formal também se usa **the majority of**: *na maioria dos casos* in most cases/in the majority of cases **2** (numa votação) majority (pl -ties)

maioridade s majority | **alcançar a maioridade** to come of age

mais *advérbio, adjetivo & preposição*
- **adv** & **adj** ▶ ver quadro
- **prep** (em matemática) plus: *Dois mais dois são quatro.* Two plus two is four.

maisena s cornstarch (AmE), cornflour (BrE)

maiúscula s capital letter | **com maiúscula** with a capital letter: *"Brazilian" se escreve com maiúscula.* "Brazilian" is spelled with a capital letter. | **em maiúsculas** in capitals

maiúsculo, -la *adj* capital: *letra maiúscula* capital letter | *com H maiúsculo* with a capital H

major s major

mal *advérbio, conjunção & substantivo*
- **adv** **1** (de maneira ruim) badly: *Ele tem jogado mal ultimamente.* He's been playing badly recently. | *Dormi mal esta noite.* I slept badly last night. | *uma carta mal escrita* a badly written letter **2** (de maneira errada) ▶ Na maioria dos casos, este sentido de *mal* corresponde ao prefixo inglês **mis-**, adicionado ao verbo: *Ele interpretou mal o meu comentário.* He misinterpreted my comment. | *Acho que entendi mal o que você falou.* I think I misunderstood what you said. **3** (quase não) hardly: *Nós mal podíamos nos mexer.* We could hardly move. | *Hoje em dia, mal nos cumprimentamos.* We hardly say hello to each other nowadays. **4 passar mal** to feel sick (AmE), to feel unwell (BrE): *Comecei a passar mal depois do jantar.* I started to feel sick after dinner. **5 ficar de mal (com alguém)** to fall out (with sb): *As duas amigas ficaram de mal.* The two friends fell out. **6 falar mal de alguém** to run sb down: *Não gosto de falar mal de ninguém.* I don't like to run anybody down. **7 levar a mal algo** to take sth the wrong way | **não (me) leve a mal** don't take this the wrong way
- **conj** (logo que) no sooner ▶ Na oração introduzida por **no sooner** o verbo deve preceder o sujeito, e a oração principal se inicia com **than**: *Mal chegou em casa, o telefone tocou.* No sooner did he get home than the phone rang.
- **s 1** (coisa ruim) problem: *os males do país* the country's problems | *O mal da política é a corrupção.* The problem with politics is the corruption. **2** (doença) illness: *Ainda não descobriram a cura para este mal.* They haven't yet found a cure for this illness. **3 o mal** (malvadez) evil: *o bem e o mal* good and evil **4 não faz mal** never mind

mal de Alzheimer Alzheimer's disease **mal de Parkinson** Parkinson's disease

mala s **1** (bagagem) suitcase: *Sua mala está muito pesada.* Your suitcase is very heavy. |

---

mais *advérbio e adjetivo*

1 MAIOR QUANTIDADE, MAIOR NÚMERO (= more)

Preciso ler mais. I need to read more. | *Você quer mais?* Would you like some more? | **mais de dois anos/mais de dez** more than two years/more than ten; over two years/over ten: *Há mais de dois milhões de desempregados.* There are over two million unemployed.

2 A MAIOR QUANTIDADE, O MAIOR NÚMERO (= most/the most (antes de um substantivo))

Quem comeu mais foi a Ângela. The person who ate most was Ângela. | *o aluno que fez mais erros* the student who made the most mistakes

3 COMPARATIVOS

O comparativo de adjetivos de uma ou duas sílabas se forma adicionando o sufixo -er. O comparativo de adjetivos de mais de duas sílabas, e de advérbios que terminam em -ly, forma-se com a palavra **more**:

Ele é mais alto do que eu. He's taller than me. | *Agora estou mais feliz.* I'm happier now. | *Esse livro é mais interessante.* This book is more interesting. | *mais educadamente* more politely | **gostar mais** to prefer: *Gosto mais do outro.* I prefer the other one.

4 SUPERLATIVOS

O superlativo de adjetivos de uma ou duas sílabas se forma adicionando o sufixo -est. O superlativo de adjetivos de mais de duas sílabas, e de advérbios que terminam em -ly, forma-se com a palavra **most**:

João é o mais velho da turma. João is the oldest in the class. | *a pessoa mais sortuda do mundo* the luckiest person in the world | *Este é o mais caro.* This is the most expensive one. | *Laura é quem fala inglês mais fluentemente.* Laura's the one who speaks English most fluently.

Porém, quando se trata de somente duas pessoas ou coisas, usa-se o comparativo em inglês:

a mais responsável/a mais alta das duas the more responsible of the two/the taller of the two

5 COM CERTOS PRONOMES

alguém/ninguém/algo mais somebody/nobody/something else | **quem/o que/onde mais?** who/what/where else?: *Não veio ninguém mais.* Nobody else came. | *Onde mais podemos procurar?* Where else can we look?

6 COM "NÃO"

não mais not again: *Não o vi mais.* I never saw him again. | **não mais** (já não): not anymore: *Eles não moram mais aqui.* They don't live here anymore.

---

i Você sabe como funcionam os **phrasal verbs**? Leia a explicação na seção de gramática.

mais *advérbio e adjetivo*

7 POR MAIS QUE (= however much)

Por mais que eu quisesse, não conseguia esquecê-lo. However much I wanted to, I couldn't forget him.

8 EXCLAMAÇÕES

Que bebê mais fofo! What a cute baby!

9 A MAIS

No sentido de "em demasia", traduz-se por **too much**, quando se refere a um substantivo singular, e por **too many**, quando se refere a um substantivo plural:

Você me deu dinheiro a mais. You gave me too much money. | *Comprei ingressos a mais.* I bought too many tickets.

No sentido de "adicional" traduz-se por **extra**:

É melhor levar umas toalhas a mais. It's best to take a few extra towels.

10 EXPRESSÕES

até mais see you later: *Bom, pessoal, até mais.* Well, folks, see you later. | **mais ou menos** more or less/so-so/about: *Somos mais ou menos da mesma idade.* We are more or less the same age. | *– Como vão as coisas? – Mais ou menos.* "How are things?" "So-so." | *Fica a mais ou menos cem quilômetros daqui.* It's about a hundred kilometers from here.

fazer/desfazer a mala to pack/unpack (your suitcase): *Você já fez a mala?* Have you packed yet? **2** (de automóvel) trunk (AmE), boot (BrE): *Ponha isto na mala do carro.* Put that in the trunk of the car.

malabarismo *s* juggling | **fazer malabarismo(s)** to juggle

malabarista *s* juggler

mal-agradecido, -da *adj* **mal-agradecido (com alguém)** ungrateful (toward sb)

malandro, -dra *adjetivo & substantivo*

• *adj* **1** (que não se esforça) idle **2** (esperto) cunning: *O vendedor era bem malandro.* The salesman was really cunning.

• *s* **1** (marginal) crook **2** (preguiçoso) idler

malária *s* malaria

malcriado, -da *adj* (pessoa, resposta) rude

maldade *s* **1** (qualidade) cruelty **2** (ato cruel) cruel ▶ Em inglês é comum usar-se o adjetivo **cruel**: *Fizeram maldades com a refém.* They were cruel to the hostage. | **ser uma maldade** to be cruel | **que maldade!** how cruel! **3** (malícia) malice ▶ Em inglês é comum usar-se o adjetivo **malicious**: *As crianças geralmente não têm maldade.* Children aren't usually malicious.

maldito, -ta *adj* **1** (terrível) damned: *Não consigo estudar com esse maldito barulho.* I can't study with that damned noise. **2** (amaldiçoado) cursed

maldoso, -sa *adj* **1** (mau) vicious **2** (ar, comentário) nasty

mal-educado, -da *adj* rude: *Que menino mal-educado!* What a rude boy!

mal-entendido *s* misunderstanding: *Houve um mal-entendido entre nós.* There was a misunderstanding between us.

mal-estar *s* **1** (indisposição) feeling of discomfort | **sentir um mal-estar** to feel uncomfortable **2** (constrangimento) feeling of unease: *A presença dela criou um mal-estar entre os convidados.* Her presence created a feeling of unease among the guests.

maleta *s* overnight bag

malfeito, -ta *adj* badly done: *Este desenho está muito malfeito.* This drawing is very badly done.

malha *s* **1** (de balé, ginástica) leotard **2** (pulôver) sweater (AmE), jersey (BrE): *Deixei minha malha no carro.* I left my jersey in the car. **3** (tecido) cotton jersey | **de malha** cotton jersey: *um top de malha* a cotton jersey top

malhação *s* (exercício físico) workout: *Faço duas horas diárias de malhação.* I do a two-hour workout every day.

malhado, -da *adj* **1** (corpo) toned: *Ela tem um corpo bem malhado.* She has a well-toned body. **2** (animal) mottled

malhar *v* **1** (fazer ginástica) to work out: *Estou malhando três vezes por semana.* I'm working out three times a week. **2** (criticar) to pan: *A crítica malhou o filme.* The critics panned the movie.

malharia *s* (loja) Nos países anglo-saxões não há malharias. Para explicá-lo em inglês, diga: *a store that only sells cotton jersey clothes*

mal-humorado, -da *adj* **estar mal-humorado** to be in a bad mood: *Não fale comigo, estou mal-humorada.* Don't talk to me, I'm in a bad mood. | **ser mal-humorado** to be bad-tempered

malícia *s* **1** (maldade) malice: *Não houve malícia no comentário que fiz.* There was no malice in the comment I made. **2** (esperteza) deviousness **3** (tom picante) sexiness

malicioso, -sa *adj* **1** (maldoso) malicious **2** (com conotação sexual) sexy

maligno, -na *adj* **1** (tumor) malignant **2** (influência) harmful

maltrapilho, -lha *adjetivo & substantivo*

• *adj* scruffy

• *s* bum (AmE), tramp (BrE)

maltratar *v* **1** (fisicamente) to ill-treat: *Ele maltrata o cachorro.* He ill-treats the dog. **2** (com palavras, atitudes) to abuse

maluco, -ca *adjetivo & substantivo*
- *adj* **1** crazy: *Que ideia maluca!* What a crazy idea! **2 ser maluco por algo/alguém** to be crazy about sth/sb: *Sou maluca por chocolate.* I'm crazy about chocolate.
- *s* crazy person (pl crazy people)

maluquice *s* **1** (atitude de maluco) madness **2 ser uma maluquice** to be crazy: *Comprar essa moto foi uma maluquice.* Buying that motorcycle was crazy.

malvado, -da *adj* wicked

malvisto, -ta *adj* **ser malvisto (por alguém)** to be disliked (by sb): *Teresa é malvista pelas colegas.* Teresa is disliked by her classmates.

mama *s* breast: *câncer de mama* breast cancer

mamadeira *s* bottle

mamãe *s* mom (AmE), mum (BrE)

mamão *s* papaya: *suco de mamão* papaya juice

mamífero *s* mammal

mamilo *s* nipple

manada *s* herd

mancada *s* blunder | **dar uma mancada** to make a blunder

mancar *v* to limp

mancha *s* **1** (de sujeira) stain: *uma mancha de café* a coffee stain **2** (na pele) mark

manchado, -da *adj* **manchado (de algo)** stained (with sth): *O chão está manchado de graxa.* The floor is stained with grease.

manchar *v* (fazer mancha) to stain: *A tinta manchou a roupa.* The paint stained the clothes. | *Esta fruta mancha.* This fruit stains.

manchete *s* (em jornais, revistas) headline: *Você leu as manchetes de hoje?* Have you read today's headlines?

manco, -ca *adj* lame

mandamento *s* (em religião) commandment

mandão, -dona *adj* bossy: *Minha irmã é muito mandona.* My sister is very bossy.

mandar *v* **1** (enviar) to send | **mandar algo para alguém** to send sb sth, to send sth to sb: *Mandei um e-mail para você ontem.* I sent you an e-mail yesterday. **2 mandar alguém fazer algo (a)** (ordenar) to order sb to do sth: *O professor mandou os alunos sentarem.* The teacher ordered the students to sit down. **(b)** (pedir) to tell sb to do sth: *Eu mandei ela te ligar.* I told her to call you. **3** (dar ordens) to give orders: *Ele gosta de mandar.* He likes giving orders. | **mandar em alguém** (ser mandão) to boss sb around: *Ela manda no namorado.* She bosses her boyfriend around. **4 mandar fazer algo** to have sth done: *Mandei entregar as compras.* I had the shopping delivered. **5** (ter o poder) to be in charge: *Agora ele é quem manda aqui.* He's the person in charge here now. **6 mandar alguém embora** (de emprego) to fire sb: *Acho que vou ser mandado embora.* I think I'm going to be fired.

mandato *s* (de político) term (of office)

mandioca *s* manioc

maneira *substantivo & substantivo plural*
- *s* **1** (modo) way: *dessa maneira* this way | *de maneira diferente* in a different way | *De que maneira?* In what way? | *de uma maneira geral* generally | **a maneira de alguém fazer algo/com que alguém faz algo** the way sb does sth: *Gosto da maneira com que ele trata as pessoas.* I like the way he treats people. **2 de qualquer maneira** anyway **3 à minha/sua etc. maneira** my/your etc. way: *Prefiro fazer as coisas à minha maneira.* I prefer to do things my way. **4 de maneira nenhuma** at all: *Não concordo com isso de maneira nenhuma.* I don't agree with that at all. **5 de maneira que** in such a way that: *Ela escreveu as instruções de maneira que eu entendesse.* She wrote the instructions in such a way that I would understand.
- **maneiras** *s pl* (etiqueta) manners: *Ela tem boas maneiras.* She has good manners.

maneirar *v* to go easy: *Você precisa maneirar nos chocolates!* You need to go easy on the chocolates!

maneiro, -ra *adj* great: *Ele é um cara maneiro.* He's a great guy. | *Foi maneiro andar de jet-ski.* It was great riding a jet-ski.

manejar *v* to handle: *Cuidado com as mãos ao manejar a serra.* Careful with your hands when handling the saw.

manequim *substantivo masculino & substantivo feminino*
- *s* [masc e fem] (pessoa) model
- *s* [masc] (boneco) dummy (pl dummies)

manga *s* **1** (de blusa, camisa) sleeve **2** (fruta) mango (pl mangoes): *sorvete de manga* mango ice cream

mangueira *s* (tubo) hose

manhã *s* **1** morning: *Passei a manhã estudando.* I spent the morning studying. | **de manhã** in the morning: *Gosto de caminhar de manhã.* I like to go for a walk in the morning. | **de manhã cedo** early in the morning **2 hoje de manhã** this morning | **amanhã/ontem de manhã** tomorrow/yesterday morning | **na sexta/no domingo etc. de manhã** on Friday/Sunday etc. morning **3 às seis/nove etc. da manhã** at six/nine etc. o'clock in the morning ▶ ver também **café**

mania *s* **1** (hábito pessoal) habit: *Joana tem mania de roer unha.* Joana has a habit of biting her nails. **2** (modismo) craze **3** (obsessão) complex (pl -xes): *mania de perseguição* persecution complex

manicure *s* manicurist

manifestação *s* **1** (política) demonstration: *Os grevistas fizeram uma manifestação no centro da cidade.* The strikers held a demonstration downtown. **2** (demonstração) show: *Me emocionei com aquela manifestação de carinho.* I was moved by their show of affection.

manifestante s demonstrator

manifestar v **1** (expressar) to express: *Todos têm direito de manifestar sua opinião.* Everyone has the right to express their opinion. **2** (revelar) to reveal: *Seu rosto manifestava a tristeza que sentia.* His face revealed the sadness he felt.
  manifestar-se v (opinar) to take a stand | **manifestar-se contra/a favor de algo** to take a stand against/for sth

manipular v **1** (pessoas) to manipulate **2** (resultados, estatísticas, etc.) to manipulate **3** (manusear) to handle

manivela s handle

manjericão s basil

manobra s (de um veículo) maneuver (AmE), manoeuvre (BrE)

manobrar v (um veículo) to maneuver (AmE), to manoeuvre (BrE)

manobrista s (de restaurante, etc.) valet parker

mansão s mansion

manso, -sa adj **1** (animal) tame **2** (mar) calm **3** (pessoa) gentle

manta s blanket

manteiga s butter: *pão com manteiga* bread and butter
  manteiga de cacau cocoa butter

manter v **1** (conservar) to keep: *Por favor, mantenha a porta fechada.* Keep the door shut, please. **2** (sustentar) to support: *Quem mantém a família é a mãe.* The person who supports the family is the mother. **3** (uma promessa, a palavra) to keep: *Ele manteve a palavra.* He kept his word.
  manter-se v **1** (permanecer) to remain: *O placar se manteve o mesmo do primeiro tempo.* The scoreboard remained the same as in the first half. **2** (sustentar-se) to support yourself: *Ele se mantém vendendo sanduíches na praia.* He supports himself by selling sandwiches on the beach. **3** (conservar-se) to keep: *Eu corro para me manter em forma.* I run to keep in shape.

mantimentos s pl supplies: *Já compramos os mantimentos para o acampamento.* We've already bought the supplies for the camping trip.

manual adjetivo & substantivo
• **adj** manual
• **s** manual: *o manual da impressora* the manual for the printer | *um manual de gramática* a grammar manual

manuscrito, -ta adjetivo & substantivo
• **adj** handwritten: *uma carta manuscrita* a handwritten letter
• **manuscrito** s (texto) manuscript

manusear v **1** (pegar com as mãos) to handle: *Lave as mãos antes de manusear os alimentos.* Wash your hands before handling the food. **2** (manejar) to use: *Custei a aprender a manusear esses comandos.* It took me a while to learn how to use these commands.

manutenção s **1** (de máquinas, aparelhos) maintenance: *a manutenção dos elevadores* the maintenance of the elevators **2** (de uma casa) upkeep: *Minha avó ajuda na manutenção da casa.* My grandmother helps with the upkeep of the house.

mão s **1** (parte do corpo) hand: *Levantei a mão.* I raised my hand. | *Ele deixou tudo nas minhas mãos.* He left everything in my hands. **2 dar a mão a alguém** to hold sb's hand: *Me dê a mão.* Hold my hand. | **de mãos dadas (com alguém)** holding hands (with sb): *Vi-os de mãos dadas.* I saw them holding hands. **3 apertar a mão de alguém** to shake hands with sb **4 à mão (a)** (manualmente) by hand: *feito à mão* made by hand/handmade | *escrito à mão* written by hand/handwritten **(b)** (disponível) handy: *Mantenha seus documentos à mão na hora da inscrição.* Keep your documents handy when you enroll. **5** (de tinta) coat: *Já dei a primeira mão.* I've already done the first coat. **6** (de uma rua) direction | **dar mão para algo** to lead to sth: *Essa rua dá mão para a praia?* Does this street lead to the beach? **7 fora de mão** out of the way **8 dar uma mão a alguém** (ajudar) to give sb a hand: *Você pode me dar uma mão com esta mesa?* Can you give me a hand with this table? **9 deixar alguém na mão** to let sb down: *Fui à festa para não deixá-la na mão.* I went to the party so as not to let her down. **10 de segunda mão** secondhand: *um carro de segunda mão* a secondhand car **11 em mão** personally: *A carta foi entregue em mão.* The letter was delivered personally. **12 pôr a mão no fogo por alguém** to vouch for sb: *Por ele ponho minha mão no fogo.* I'll vouch for him.
  mão de obra (a) (trabalhadores) labor (AmE), labour (BrE): *Falta mão de obra especializada.* There is a lack of skilled labor. **(b)** (muito trabalho) hard work: *Deu uma mão de obra enorme arrumar isso tudo.* It was really hard work to fix this all up. **mão dupla** two-way **mão única** one-way: *uma rua de mão única* a one-way street

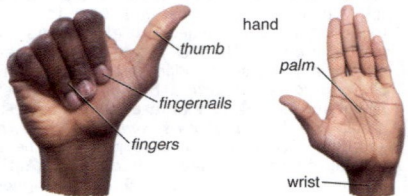

mão-aberta s **ser mão-aberta** to be generous

mapa s map: *o mapa do Brasil* the map of Brazil | **sumir do mapa** to vanish
mapa astral star chart

mapa-múndi s world map

maquete s model

maquiador, -a s makeup artist

maquiagem s makeup: *Nunca uso maquiagem.* I never wear makeup. | *removedor de maquiagem* makeup remover

maquiar v **maquiar alguém** to do sb's makeup
maquiar-se v **1** (pôr) to put makeup on: *Eu só me maquio quando saio.* I only put makeup on when I go out. ▶ Ao falar de uma ocasião em particular usa-se o possessivo: *Vou me maquiar depois de vestida.* I'll put my makeup on when I'm dressed. **2** (usar) to wear make up: *Ela não gosta de se maquiar.* She doesn't like wearing makeup.

máquina s
1 (aparelho) machine **2** (maquinismo) mechanism: *a máquina do relógio* the watch mechanism
máquina de lavar washing machine **máquina de lavar louça** dishwasher
máquina fotográfica camera

camera
lens

maquinista s (de trem, bonde) driver

mar s sea: *o mar Mediterrâneo* the Mediterranean Sea | **mar adentro** out to sea | **no mar** (num barco) at sea: *Passamos dois meses no mar.* We spent two months at sea. | **por mar** by sea ▶ ver também **alto-mar**, **banho**

maracujá s passionfruit: *suco de maracujá* passionfruit juice

maratona s marathon: *Você vai correr a maratona?* Are you going to run the marathon?

maravilha s wonder: *Ele faz maravilhas em cima da prancha.* He does wonders on a surfboard. | **às mil maravilhas** really well: *Os dois irmãos se dão às mil maravilhas.* The two brothers get along really well. | **que maravilha!** how wonderful!

maravilhoso, -sa adj wonderful: *uma surpresa maravilhosa* a wonderful surprise

marca s **1** (sinal) mark **2** (de alimento, roupa, maquiagem) brand: *Só uso essa marca de jeans.* I only wear this brand of jeans. **3** (de veículo, aparelho) make: *De que marca é o seu scanner?* What make is your scanner?
marca registrada registered trademark

marcação s **1** (em jogo) marking **2** **estar de marcação com alguém** to be on sb's case: *Aquele professor está de marcação comigo.* That teacher's always on my case.

marcador s **1** (de livro) bookmark **2** (placar) scoreboard: *O marcador aponta empate.* The scoreboard is showing a tie. **3** (jogador) marker

marcar v **1** (com sinal) to mark: *Marquei o que vai cair na prova.* I marked what's going to be on the test. **2** (uma data, uma hora, um prazo) to set: *Ainda não marcamos a data da viagem.* We haven't set the date of our trip yet. | **marcar um encontro** to arrange a meeting | **marcar hora/uma consulta** to make an appointment: *Preciso marcar uma consulta no dentista.* I need to make an appointment at the dentist. **4** (um assento, um lugar) to reserve ▶ Também existe **to save**, que se usa em contextos menos formais **5** (um gol, uma cesta, etc.) to score **6** (o adversário) to mark: *A sua função é marcar o artilheiro deles.* Your role is to mark their striker. **7** (apontar) to award: *O juiz marcou pênalti.* The referee awarded a penalty. **8** **marcar alguém** (emocionalmente) to leave its mark on sb: *Essa experiência me marcou muito.* That experience really left its mark on me.

marca-texto s (caneta) highlighter

marcha s **1** (de carro, bicicleta, etc.) gear: *Quantas marchas tem sua bicicleta?* How many gears does your bike have? | **passar a marcha** to change gear **2 marcha a ré** reverse | **dar marcha a ré/ir de marcha a ré** to reverse **3** (passo) pace | **em marcha acelerada/lenta** at a fast/slow pace **4** (militar, de protesto) march (pl -ches) **5** (em música) march (pl -ches)

marcial adj martial ▶ ver também **arte**

marco s **1** (demarcação) milestone **2** (moeda) mark

março s March ▶ ver "Active Box" **meses** em **mês**

maré s **1** (no mar) tide: *A maré subiu.* The tide has come in. | *quando a maré baixar* when the tide goes out | **maré alta/baixa** high/low tide **2 uma maré de sorte/azar** a run of good luck/bad luck

marfim s ivory

margarina s margarine: *Passei margarina na torrada.* I spread margarine on the toast.

margem s **1** (de página) margin: *Fiz anotações na margem.* I made notes in the margin. **2** (de rio) bank: *na margem do rio* on the bank of the river/on the riverbank **3** (de lago) shore: *na margem do lago* on the shore of the lake/on the lakeside **4** (possibilidade) margin: *com uma margem de erro* with a margin of error **5 à margem da civilização/sociedade** on the fringes of civilization/society

marginal substantivo masculino & substantivo feminino

- **s** [masc e fem] (pessoa) delinquent
- **s** [fem] (estrada) riverside highway (AmE), riverside road (BrE)

marido s husband

marina s marina

marinha s **1** (instituição) navy (pl -vies) **2** (pintura) seascape
  marinha mercante merchant navy (pl merchant navies)

marinheiro s sailor

marinho, -nha adj **1** (planta, animal, vida) marine **2** (brisa, sal) ocean **3** (biólogo) marine

marionete s puppet: *teatro de marionetes* puppet theater

mariposa s moth

marisco s shellfish (pl shellfish)

marítimo, -ma adj **1** (viagem) ocean (AmE), sea (BrE) **2** (pesca, porto) sea **3** (transporte, navegação) maritime

marketing s marketing: *um grande golpe de marketing* a big marketing stunt

marmelada s **1** (doce) quince jam **2 houve marmelada no jogo** the game was rigged

mármore s marble

marquise s awning

marrom adj & s brown ▶ ver "Active Box" **cores** em **cor**

Marte s Mars: *em Marte* on Mars

martelo s hammer

marxismo s Marxism

marxista adj & s Marxist

mas conj but: *Eu queria ir, mas meu pai não deixou.* I wanted to go but my father wouldn't let me.

mascar v to chew: *Ela vive mascando chiclete.* She's always chewing gum.

máscara s mask

mascavo adj ▶ ver **açúcar**

mascote s mascot: *Ele é o mascote do time.* He's the team mascot.

masculino, -na adj **1** (órgão, público, sexo) male **2** (próprio de ou para o homem) men's: *um perfume masculino* a men's perfume | *a moda masculina* men's fashion | *a prova masculina de natação* the men's swimming event **3** (em gramática) masculine

massa s **1** (macarrão) pasta: *Adoro massa com molho de queijo.* I love pasta with cheese sauce. **2** (de torta, empada) pastry **3** (de pão) dough **4** (mistura pastosa) paste: *massa de tomate* tomato paste **5** (maioria) bulk: *A massa dos alunos passou de ano.* The bulk of the students passed the year. **6** (grande quantidade) mass: *uma massa de água* a mass of water **7 em massa (a)** (com substantivo) mass: *vacinação em massa* mass vaccination **(b)** (com verbo) en masse: *O público adolescente compareceu em massa ao show.* The teenage audience turned up en masse for the concert.
  massa folheada puff pastry

massacrar v **1** (derrotar) to massacre: *Nosso time massacrou o adversário.* Our team massacred the opposition. **2** (matar) to massacre **3** (cansar muito) to kill: *A subida da trilha me massacrou.* The climb up the path killed me.

massagear v to massage

massagem s massage | **fazer uma massagem em alguém** to give sb a massage | **fazer uma massagem nos pés/costas etc. de alguém** to massage sb's feet/back etc.

massagista s (homem) masseur, (mulher) masseuse

mastigar v to chew

mastro s **1** (de bandeira) flagpole **2** (de embarcação) mast

masturbar-se v to masturbate

mata s forest

matar v **1** (tirar a vida) to kill: *Eles mataram o refém.* They killed the hostage. | *A poluição está matando esta floresta.* Pollution is killing this forest. **2 matar a sede** to quench your thirst **3** (uma reunião, etc.) to miss | **matar aula** to cut class **4** (um enigma, uma charada) to solve **5 matar algo** (comida, bebida) to finish sth off: *Deixa que eu mato esse hambúrguer.* Let me finish off this hamburger. **6 matar a saudade (de alguém)** to catch up (with sb) **7 matar o tempo** to kill time **8** (cansar muito) to kill: *O treino hoje me matou!* The training today killed me!

matar-se s **1** (suicidar-se) to kill yourself **2** (esforçar-se) to kill yourself: *Eu me matei de estudar para esse exame.* I killed myself studying for this exam.

mate s **1** (bebida) maté tea: *um mate gelado* an iced maté tea **2** (no xadrez) checkmate ▶ ver também **xeque-mate**

matemática s math (AmE), maths (BrE) ▶ Na linguagem mais formal diz-se **mathematics**: *Sempre fui ruim em Matemática.* I've always been bad at math.

matemático, -ca adjetivo & substantivo
- **adj** (exercício, raciocínio, etc.) mathematical
- **s** (pessoa) mathematician

matéria s **1** (escolar) subject: *Português é minha matéria preferida.* Portuguese is my favorite subject. **2** (em jornal, revista, etc.) item: *Saiu uma matéria no jornal sobre a nossa escola.* There was an item in the paper about our school. **3** (substância) material: *matéria bruta* raw material
  matéria plástica plastic

material substantivo & adjetivo
- **s** **1** (escolar) supplies pl: *Preciso comprar o material que a professora pediu.* I need to buy

the supplies the teacher asked us to get. **2** (equipamento) equipment: *material de mergulho* diving equipment **3** (substância) material: *um material à prova d'água* a waterproof material

- *adj* material

matéria-prima *s* raw material

maternidade *s* **1** (hospital) maternity hospital **2** (condição) maternity

materno, -na *adj* **1** (parentesco) maternal: *minha avó materna* my maternal grandmother **2 língua materna** mother tongue | **leite materno** mother's milk | **amor materno** motherly love

matinal *adj* morning: *a programação matinal da TV* the morning programming on TV

matinê *s* matinée

matiz *s* (de cor) shade

mato *s* **1** scrubland **2** (plantas) scrub

matrícula *s* **1** (inscrição) registration: *Preciso renovar minha matrícula.* I need to renew my registration. | **fazer a matrícula (em algo)** to register (for sth) **2** (taxa) registration fee: *Quanto é a matrícula?* How much is the registration fee?

matricular *v* **matricular alguém (em algo)** to enroll sb (in sth) (AmE), to enrol sb (in sth) (BrE) **matricular-se** *v* **matricular-se em algo** to enroll in sth (AmE), to enrol in sth (BrE): *Vou me matricular na ginástica.* I'm going to enroll in the aerobics class.

maturidade *s* maturity

mau, má *adj* ▶ ver quadro

mau-caráter *s* (pessoa) bad person (pl bad people)

mauricinho *s* preppy guy

maxilar *s* jaw

máxima *s* **1** (temperatura) high: *uma máxima de 42 graus* a high of 42 degrees **2** (ditado) maxim

máximo, -ma *adjetivo & substantivo*

- *adj* **1** (temperatura, altura, etc.) maximum **2** (extremo) greatest: *com o máximo cuidado* with the greatest care **3** (chefe, prêmio) top ▶ ver também **velocidade**

- **máximo** *s* **1** maximum: *um máximo de meia hora* a maximum of half an hour/half an hour maximum **2 achar algo/alguém o máximo** to think sth/sb is great: *Eles acharam o show o máximo.* They thought the concert was great. | *Acho sua mãe o máximo!* I think your mom's great! **3 no máximo (a)** (com números) at most: *Ela tem no máximo 17 anos.* She's 17 at most. **(b)** (com expressões de tempo) at the latest: *Te ligo no máximo às oito.* I'll call you by eight at the latest. **4 ao máximo** as much as possible: *Quero aproveitar minhas férias ao máximo.* I want to enjoy my vacation as much as possible. **5 o máximo** the most: *O máximo que isso vai levar são três horas.* The most this will take is three hours. **6 o máximo possível** as much as possible: *Vou fazer o máximo possível.* I'll do as much as possible. **7 ser o máximo** to be great: *Esse filme é o máximo!* That movie's great!

me *pron* ▶ ver quadro

meados *s pl* mid: *em meados de abril* in mid-April | *até meados dos anos 80* until the mid-eighties

mecânica *s* mechanics

mecânico, -ca *substantivo & adjetivo*

- *s* (pessoa) mechanic

- *adj* **1** (relativo à mecânica) mechanical: *um problema mecânico* a mechanical problem **2** (trabalho, tarefa) mechanical

mecanismo *s* mechanism

---

mau/má

1 A tradução **bad** é empregada na maioria dos contextos:

Ele é mau aluno. He's a bad student. | *Tenho más notícias.* I have bad news. | *por causa do mau tempo* because of the bad weather | *má sorte* bad luck | *Isso me deixou de mau humor.* That put me in a bad mood.

2 EXCEÇÕES

Referindo-se a pessoas cruéis, usa-se **nasty**:

Você foi muito má com ele. You were very nasty to him.

Referindo-se a pessoas egoístas ou severas, usa-se **mean**:

Não seja má e me deixe ir. Don't be mean, let me go.

---

me

1 Como objeto direto ou indireto a tradução em geral é **me**:

Ele disse que me viu na praia. He said he saw me at the beach. | *Me passa o sal, por favor?* Could you pass me the salt, please?

Alguns verbos ingleses requerem o uso de preposição (**to me**/**for me** etc.). Convém sempre consultar o verbete correspondente ao verbo, por exemplo, *escrever, esperar* etc.

Ele me escreve toda semana. He writes **to me** every week. | *Ela estava me esperando.* She was waiting **for me**.

Em outros casos, usa-se um possessivo em lugar do artigo:

Me roubaram o carro. **My** car was stolen.

2 Se tem valor reflexivo, traduz-se, em alguns casos, por **myself**:

Eu me cortei. I've cut myself.

Porém, com a maioria dos verbos pronominais portugueses **me** fica sem tradução:

Eu me levanto às sete. I get up at seven.

Diz-se I arrived in Rio ou *I arrived to Rio?* Veja o verbete **arrive**.

mecha *substantivo & substantivo plural*
- *s* **1** (de cabelo) lock **2** (de vela) wick **3** (de bomba) fuse
- **mechas** *s pl* (tintura no cabelo) highlights | **fazer mechas** to have highlights

medalha *s* **1** medal | **medalha de ouro/prata/bronze** gold/silver/bronze medal **2** (pessoa) medalist (AmE), medallist (BrE): *Ela é medalha de ouro em natação.* She's a swimming gold medalist.

média *s* **1** (número) average **2** (de notas escolares) grade point average (AmE), average grade (BrE): *Este mês minha média subiu.* This month my grade point average went up. **3** (café com leite) latte **4 em média** on average: *Durmo, em média, oito horas por noite.* I sleep eight hours a night on average.

medicamento *s* medicine | **receitar/tomar um medicamento** to prescribe/take a medicine

medicina *s* medicine

médico, -ca *substantivo & adjetivo*
- *s* (pessoa) doctor: *Quero ser médica.* I want to become a doctor. | **ir ao médico** to go to the doctor
- *adj* (exame, tratamento, etc.) medical

medida *s* **1** (dimensão) measurement | **tirar a medida de algo** to measure sth **2** (quantidade) measure **3** (providência) measure: *medidas de segurança* security measures | **tomar medidas** to take measures **4 na medida do possível** as far as possible **5 sob medida** made-to-measure: *calçados sob medida* made-to-measure shoes **6 à medida que** as: *À medida que o Natal se aproxima, aumenta o movimento nas ruas.* As Christmas approaches, the streets get busier.

medieval *adj* medieval

médio, -dia *adjetivo & substantivo*
- *adj* **1** (da média) average: *velocidade média* average speed **2** (comum) average: *o cidadão médio* the average citizen **3** (razoável) average: *um desempenho médio* an average performance ▶ ver também **classe, dedo, ensino, idade, oriente**
- *s* (jogador, em futebol) midfielder

medíocre *adj* mediocre

medir *v* **1** (mensurar) to measure: *Você me ajuda a medir a janela?* Will you help me measure the window? **2 quanto mede/medem? (a)** (falando de pessoa) how tall is/are?: *Quanto a Laura mede?* How tall is Laura? **(b)** (falando de animal, objeto) how big is/are?: *Quanto medem estas prateleiras?* How big are these shelves? | **medir 1,50 m/2 m etc. (a)** (falando de pessoa) to be 1.5 m/2 m etc. tall: *Meu irmão mede 1,90 m.* My brother is 1.9 meters tall. **(b)** (falando de animal, objeto) to measure 1.5 m/2 m etc. **3 medir suas palavras** to weigh your words | **não medir esforços** to spare no effort: *Ela não mediu esforços para nos ajudar.* She spared no effort to help us. **4 medir as consequências** to consider the consequences

meditar *v* **1 meditar sobre algo** to think about sth: *Ele quer que eu medite sobre o que fiz.* He wants me to think about what I did. **2** (fazer meditação) to meditate: *Ele costuma meditar todos os dias.* He usually meditates every day.

Mediterrâneo *s* **o Mediterrâneo** the Mediterranean

mediterrâneo, -nea *adj* Mediterranean: *comida mediterrânea* Mediterranean food

medo *s* **1 medo (de algo/de fazer algo)** fear (of sth/of doing sth): *o medo do escuro* fear of the dark | *o medo de morrer* the fear of dying | **com medo de fazer algo/que** for fear of doing sth/for fear that: *Não liguei antes com medo de te acordar.* I didn't call earlier for fear of waking you up. | **morrer de medo** to be terrified: *Morro de medo de altura.* I'm terrified of heights. | **que medo!** how frightening! **2 estar com/ter medo (que/de algo/de fazer algo)** to be afraid (that/of sth/of doing sth): *Estou com medo do que pode acontecer.* I'm afraid of what might happen. | *Ele tem medo de cachorro.* He's afraid of dogs. | **ficar com medo** to get frightened | **sentir medo (de algo/alguém)** to be afraid (of sth/sb): *Não sinto medo do mar.* I'm not afraid of the ocean.

medonho, -nha *adj* **1** (assustador) frightening: *um monstro medonho* a frightening monster **2** (muito feio) awful: *Que vestido medonho!* What an awful dress!

medroso, -sa *adj* (pessoa) timid

medula *s* bone marrow

medula espinhal spinal cord

mega *adj* mega: *um mega evento* a mega event

megabyte, megabaite *s* megabyte

meia *s* **1** (soquete) sock | **uma meia/um par de meias** a pair of socks: *uma meia de tênis* a pair of tennis socks | *Posso te emprestar uma meia.* I can lend you a pair of socks. **2** (meia-calça) pantyhose (AmE), tights *pl* (BrE): *Minha meia furou.* I have a hole in my pantyhose. **3** (até a coxa) stocking **4** (meia-entrada) half-price ticket (AmE), half (BrE) (pl halves): *Compre duas inteiras e uma meia.* Get two full-price tickets and one half-price ticket. **5** (em número de telefone, etc.) six: *meia três* six three **6 duas/três etc. e meia** half past two/three etc.: *São nove e meia.* It's half past nine. **7** (jogador, em futebol) midfielder ▶ ver também **meio**

meia-calça *s* pantyhose (AmE), tights *pl* (BrE)

meia-estação *s* cool weather: *um bom cobertor para a meia-estação* a good blanket for cool weather | **de meia-estação** cool-weather: *roupa de meia-estação* cool-weather clothes

meia-idade *s* middle age | **de meia idade** middle-aged: *uma senhora de meia idade* a middle-aged lady

meia-irmã *s* half-sister

meia-noite s midnight: *à meia-noite* at midnight | *depois da meia-noite* after midnight

meia-volta s **dar/fazer meia-volta** to turn back: *Demos meia-volta para buscá-los.* We turned back to get them.

meigo, -ga adj (pessoa, voz, jeito) gentle

meio, -a adjetivo, advérbio & substantivo

- **adj** half: *meia maçã* half an apple | *meio quilo* half a kilo | *quatro metros e meio* four and a half meters | *duas horas e meia* two and a half hours ▶ Note que **and a half** vem antes do substantivo **meia hora** half an hour, a half-hour: *Esperei meia hora.* I waited half an hour./I waited a half-hour.

- **adv** **1** (pela metade) half: *uma tarefa meio acabada* a half-finished task **2** (um pouco) rather: *Estou meio cansado.* I'm rather tired.

- **meio** s **1** (centro, metade) middle: *o meio do lago* the middle of the lake | *no meio da noite* in the middle of the night | *no meio da multidão* in the middle of the crowd **2** (ambiente) environment: *Eles cresceram nesse meio.* They grew up in this environment. **3** (método) means (pl means): *meio de acesso* means of access | *meio de transporte* means of transportation | *Não vejo outro meio de resolver isso.* I don't see any other means of solving this. | **por meio de algo** by means of sth: *É mais fácil explicar por meio de exemplos.* It's easier to explain by means of examples. **4 cortar algo ao meio** to cut sth in half: *Corte a torta ao meio.* Cut the pie in half. **5 comprar/dividir algo meio a meio** to go halves on sth: *Dividiram a despesa meio a meio.* They went halves on the expenses. ▶ ver também **meia**
meio ambiente environment: *a destruição do meio ambiente* the destruction of the environment **meio de campo (a)** (posição) midfield: *no meio de campo* in the midfield **(b)** (jogador) midfielder **meio de comunicação** medium (pl media): *os meios de comunicação* the media

meio-dia s midday ▶ Existe também a palavra **noon**, que é mais comum no inglês americano e menos comum no inglês britânico: *A aula termina ao meio-dia.* The lesson ends at midday. | *por volta do meio-dia* around midday

meio-fio s curb (AmE), kerb (BrE)

meio-irmão s half-brother

meios s pl (recursos) means: *Você tem meios para pagar o curso?* Do you have the means to pay for the class?

meio-tempo s **1 nesse meio-tempo** in the meantime: *Nesse meio-tempo, tomei banho.* In the meantime, I took a bath. **2** (de jogo) half: *no primeiro meio-tempo* in the first half

meio-termo s compromise | **chegar a um meio-termo** to reach a compromise

mel s honey ▶ ver **favo**

melado, -da adjetivo & substantivo
- **adj** (pegajoso) sticky
- **melado** s molasses

melancia s watermelon

melão s melon

melhor adjetivo, advérbio, substantivo masculino & substantivo feminino

- **adj** **1** (comparativo) better: *Você fez uma redação melhor do que a dele.* You wrote a better essay than his. **2** (superlativo) best: *minha melhor amiga* my best friend **3 é melhor fazer algo** it's best to do sth: *É melhor sair cedo para não pegar trânsito.* It's best to leave early to avoid the traffic.

- **adv** **1** (comparativo) better: *Ele joga melhor que você.* He plays better than you. **2** (superlativo) best: *Quem canta melhor de todos é o Pedro.* The one who sings best of all is Pedro. **3** (de saúde) better: *Ele ficou doente, mas já está melhor.* He was sick, but he's better now. ▶ ver **ou**

- **s** [masc] **1 o melhor é (você/ele etc.) fazer algo** the best thing is (for you/him etc.) to do sth: *O melhor é você estudar bastante para a prova.* The best thing is for you to study hard for the test. **2 fazer o melhor possível** to do your best: *Vão fazer o melhor possível para agradá-la.* They're going to do their best to please her.

- **s** [fem] ▶ ver **levar**

melhora s **1 melhora (em algo/alguém)** improvement (in sth/sb): *O paciente teve uma grande melhora.* The patient has shown a big improvement. **2 melhoras!** get well soon!

melhorar v **1** (tornar melhor) to improve: *para melhorar o seu desempenho* to improve your performance **2** (tornar-se melhor) to improve: *Parece que o tempo vai melhorar.* It looks like the weather's going to improve. **3** (de saúde) to get better: *Vou voltar às aulas quando melhorar.* I'll go back to school when I get better. | *Como vai? Você melhorou?* How are you? Are you better?

melodia s melody (pl -dies)

membro s **1** (de organização, grupo, etc.) member **2** (em anatomia) limb

memória substantivo & substantivo plural

- **s** **1** memory (pl -ries): *Tenho boa memória para datas.* I have a good memory for dates. | **de memória** by heart: *Ele sabe meu telefone de memória.* He knows my phone number by heart. **2** (em informática) memory (pl -ries) **memória RAM** RAM (memory)

- **memórias** s pl (autobiografia) memoirs

memorizar v to memorize: *Já memorizei o seu endereço.* I've already memorized your address.

mencionar v to mention | **sem mencionar** not to mention: *O cigarro polui o ambiente, sem mencionar o cheiro que deixa.* Cigarettes pollute the environment, not to mention the smell they leave behind.

mendigo, -ga s beggar

menino, -na s **menino** boy | **menina** girl | **os meninos** (menino e menina) the children

menor adjetivo & substantivo

- **adj** **1** (em tamanho) smaller: *A minha prancha é menor do que a sua.* My surfboard is smaller than yours.
  2 (em idade) younger: *meu irmão menor* my younger brother
  3 (mais baixo) lower: *a um preço menor* at a lower price | *um número menor do que cinco* a number lower than five/a number below five
  4 (em música) minor
  5 o/a menor (a) (em tamanho) the smallest: *a menor casa da rua* the smallest house on the street **(b)** (em idade) the youngest: *Qual dos três irmãos é o menor?* Which of the three brothers is the youngest? **(c)** (o mais baixo) the lowest: *o menor número de votos* the lowest number of votes **(d)** (o mínimo) the slightest: *Ele não fez o menor esforço.* He didn't make the slightest effort. | *Não faço a menor ideia.* I don't have the slightest idea.

- **s** (de idade) minor: *um espetáculo proibido para menores* a show forbidden to minors | **ser menor de idade** to be under age | **ser menor de 18/21 etc.** to be under 18/21 etc. | **os menores de 18/21 etc.** under 18s/under 21s etc.

menos advérbio, adjetivo & preposição

- **adv** & **adj** ▶ ver quadro; ver também **mais**

- **prep** **1** (exceto) except, but: *Foram todos, menos o Gabriel.* They all went except Gabriel. | **tudo menos isso** anything but that **2** (em matemática) minus: *Quanto é 57 menos 15?* What's 57 minus 15?

menosprezar v to dismiss

mensagem s message: *Por favor, deixe sua mensagem após o sinal.* Please leave your message after the tone.
mensagem de texto text message

mensal adj monthly: *uma revista mensal* a monthly magazine

mensalidade s monthly fee: *Você já pagou a mensalidade de outubro?* Have you paid the monthly fee for October?

menstruação s menstruation

menstruada adj **estar menstruada** to be having your period | **ficar menstruada** to start your period

menstruar v to menstruate

menta s mint

mental adj mental

mentalidade s mentality (pl -ties) | **ter uma mentalidade aberta/fechada** to have an open/a closed mind

mente s mind | **ter algo em mente** to have sth in mind: *Ele não quer me dizer o que tem em mente.* He won't tell me what he has in mind.

---

menos advérbio & adjetivo

1 MENOR QUANTIDADE, MENOR NÚMERO, COMPARATIVOS

A tradução em geral é **less**; usa-se **fewer** quando o substantivo inglês que se segue é plural:

Sirva-me um pouco menos. Give me a little less. | *Aqui custa muito menos.* It costs much less here. | *Tenho menos tempo do que você.* I have less time than you. | *Eles têm menos matérias do que nós.* They have fewer subjects than us. | *Éramos menos de trinta pessoas.* There were fewer than thirty of us. | *Ela levou menos de uma hora.* She took less than an hour.

2 SUPERLATIVOS

A tradução em geral é **least**, porém usa-se **fewest** quando o substantivo inglês que se segue é plural:

Quem comeu menos foi o João. The person who ate the least was João. | *quando menos se espera* when you least expect it | *a redação com menos erros* the composition with the fewest mistakes

3 A expressão *a menos* traduz-se por **less**:

Depois de um mês, eu pesava três quilos a menos. After a month I weighed three kilos less. | *Moramos a menos de meia hora da praia.* We live less than half an hour away from the beach.

Referente a quantias de dinheiro, traduz-se por *too little*:

O garçom me deu R$5,00 a menos. The waiter gave me R$5.00 too little.

4 A tradução da expressão **de menos** varia conforme o número do substantivo que a precede: se for um substantivo singular, a tradução é **too little**; se for um substantivo plural, **too few**:

Comprei tecido de menos./Comprei cartões de menos. I bought too little material./I bought too few cards.

5 OUTRAS EXPRESSÕES

a menos que unless: *Partimos amanhã, a menos que surja algum problema.* We're leaving tomorrow, unless a problem crops up. | **ao/pelo menos** at least: *Você podia ao menos ter lavado os copos.* You could at least have washed the glasses. | **muito menos** especially: *Não estou com vontade de ir, muito menos com esse tempo.* I don't feel like going, especially in this weather. | **não é para menos** it stands to reason: *Ele está furioso, e não é para menos.* It stands to reason that he's furious.

---

mentir v to lie: *Para de mentir!* Stop lying! | **mentir a idade** to lie about your age

mentira substantivo & interjeição

- **s** lie: *uma mentira deslavada* a barefaced lie | **contar/dizer uma mentira** to tell a lie

- **mentira!** *interj* **1** (acusando) that's a lie!: *Mentira! Não falei nada disso!* That's a lie! I never said that! **2** (não diga) no!: *Você tirou dez? Mentira!* You got ten? No!

mentiroso, -sa *adjetivo & substantivo*
- *adj* dishonest: *um menino muito mentiroso* a very dishonest boy
- *s* liar: *Ele é um mentiroso de marca maior.* He's a big liar.

menu *s* menu: *Garçom, pode trazer o menu?* Waiter, could you bring the menu, please?

mercado *s* market: *Fui ao mercado com minha mãe.* I went to the market with my mother.
mercado de trabalho job market **mercado negro** black market

mercadoria *s* **1** (também **mercadorias**) goods *pl* **2 uma mercadoria** an item of goods

Mercosul *s* (= **Mercado Comum do Sul**) Mercosur: *os países do Mercosul* the countries of Mercosur

mercurocromo *s* Mercurochrome®

merecer *v* to deserve: *Ela merece um bom descanso.* She deserves a good rest. | *Eles não mereciam ficar fora da final.* They didn't deserve to be out of the final.

merecido, -da *adj* deserved: *um prêmio bem merecido* a well-deserved prize

merenda *s* **1** (escolar) school lunch (pl school lunches) **2** (para viagem) packed lunch (pl -ches)

merengue *s* meringue: *torta de limão com merengue* lemon meringue pie

mergulhador, -a *s* diver

mergulhar *v* **1** (pular na água) to dive in | **mergulhar no mar/no rio etc.** to dive into the ocean/the river etc. **2** (como esporte) to dive: *Estou aprendendo a mergulhar.* I'm learning to dive. | **ir mergulhar** to go diving: *Fomos mergulhar em Fernando de Noronha.* We went diving in Fernando de Noronha. ▶ Se o mergulho é feito com um snorkel, diz-se **to go snorkeling**; se é feito com um tanque de ar, diz-se **to go scuba diving**

mergulho *s* **1** (ato) dive: *Que mergulho espetacular!* What a spectacular dive! **2 dar um mergulho (no mar/na piscina etc.)** to go for a swim (in the ocean/in the pool etc.) **3** (esporte) diving: *um curso de mergulho* a diving course ▶ Se você usa um snorkel, diz-se **snorkeling**; se você usa um tanque de ar, diz-se **scuba diving** | **fazer/praticar mergulho** to go diving, to go snorkeling, to go scuba diving

mérito *s* merit | **por mérito** on merit

mero, -ra *adj* sheer: *por um mero acaso* by sheer chance

mês *s* month: *Em que mês cai seu aniversário?* What month is your birthday in? | *no fim do mês* at the end of the month | **mês passado/mês que vem** last month/next month: *O campeonato começa mês que vem.* The championship starts next month. | **por mês** per month: *Quanto você ganha por mês?* How much do you earn per month? | **uma vez /duas vezes etc. por mês** once/twice etc. a month ▶ ver "Active Box" **meses** na pág. 642

mesa *s* **1** (de comer, etc.) table: *A comida está na mesa.* The food is on the table. | *Vamos sentar na mesa.* Let's sit at the table. ▶ **on the table** significa *em cima da mesa*, enquanto **at the table** quer dizer *junto à mesa* | **pôr a mesa** to set the table | **tirar a mesa** to clear the table **2** (de trabalho, estudo, etc.) desk: *O computador fica na minha mesa.* The computer is on my desk. | *Sentei na mesa para trabalhar.* I sat down at the desk to work. ▶ ver nota acima
mesa de cabeceira bedside table **mesa de centro** coffee table **mesa de jantar** dinner table

mesada *s* allowance (AmE), pocket money (BrE): *Já gastei toda a minha mesada.* I've already spent all my allowance.

mesmo, -ma *adjetivo, substantivo, advérbio & conjunção*
- *adj* **1** (igual) same: *Somos da mesma escola.* We're from the same school. | **o mesmo/a mesma que** the same as: *Você tem a mesma bolsa que eu.* You have the same bag as me. | *Eu vou para a mesma academia que ele.* I go to the same gym as him. ▶ Note que depois de **as** usam-se as formas **me, you, him, her, it, us** ou **them** **2** (próprio) Use as formas **myself, yourself, himself, herself, itself, ourselves, yourselves** ou **themselves**, conforme o sujeito da frase. Essas formas devem vir no final da frase: *Eu mesmo fiz esta home page.* I did this home page myself. | *Vocês mesmos podem criar uma música.* You can write a song yourselves. **3** (depois de preposição) **para mim/ele etc. mesmo** for myself/himself etc. | **comigo mesmo/com eles mesmos etc.** with myself/with themselves etc.
- *s* **1 o mesmo/a mesma (a)** (a mesma coisa, pessoa) the same: *O mesmo aconteceu comigo.* The same happened to me. | *Ela continua a mesma.* She's still the same. **(b)** (referente a um objeto ou uma pessoa já mencionados) the same one: *O professor de inglês vai ser o mesmo que tivemos ano passado.* The English teacher will be the same one we had last year. | **o mesmo que** the same as: *Isso é o mesmo que dizer não.* That's the same as saying no. **2 dá no mesmo** it comes to the same thing | **para mim/para ela etc. dá no mesmo** it's all the same to me/to her etc.
- **mesmo** *adv* **1** (realmente) really: *É mesmo?* Really? | *Foi mesmo uma coincidência.* It really was a coincidence. **2** (exatamente) exactly: *É assim mesmo que se usa isso.* That's exactly the way it's used. | *Isso mesmo!* Exactly! | **por isso mesmo que** that's exactly why **3** (até) even: *Mesmo quem gosta dela às vezes se irrita com ela.* Even people who like her get annoyed with her

mesquinho

Active Box: meses

Os exemplos neste **Active Box** servem de orientação para ajudá-lo a construir frases com os meses do ano. Note que em inglês eles são escritos com inicial maiúscula:

*Nós nos mudamos para cá **em abril do ano passado**.*	We moved here last April.
*Eles vão se casar **em julho do ano que vem**.*	They're getting married in July of next year.
*As eleições serão **em novembro**.*	The elections will be in November./The elections will be next November.
*Ele vai se formar **em dezembro deste ano**.*	He's going to graduate this December.
*O festival de jazz se realiza **todo ano em outubro**.*	The jazz festival takes place every October.
*Ela nasceu **no dia 22 de janeiro**.*	She was born on January 22nd.

sometimes. | **mesmo assim** even so | **nem mesmo** not even   **4** (com gerúndio) Construa a frase usando **even if/even though**: *Mesmo se esforçando, ela não tirou uma boa nota.* Even though she worked hard, she didn't get a good grade.   **5** (em expressões de tempo) just: *agora mesmo* just now

- **mesmo que** *conj* even if: *Mesmo que ele me implorasse, eu não iria.* Even if he begged me, I wouldn't go.

mesquinho, -nha *adj* (sovina) mean

mesquita *s* mosque

mestiço, -ça *adjetivo & substantivo*

- *adj*   **1** (pessoa) mixed-race   **2** (animal) crossbred

- *s* (pessoa) person of mixed race (pl people of mixed race)

mestrado *s* Master's degree: *um mestrado em Comunicação* a Master's degree in media studies

mestre, -tra *s*   **1** (professor) teacher   **2** (perito) master: *o mestre do reggae* the master of reggae   **3 ser mestre em fazer algo** to be a past master at doing sth: *Ela é mestre em dar bolo nos outros.* She's a past master at standing people up.

meta *s*   **1** (objetivo) aim: *Minha meta é criar uma banda.* My aim is to form a band.   **2 meta (final)** (em corrida) finish line   **3** (em futebol) goal

metabolismo *s* metabolism

metade *s*   **1** (parte de um todo) half (pl halves) | **a metade de** half of: *A metade dos alunos faltou ontem.* Half the students were absent yesterday. ▶ O verbo deve vir no plural em inglês sometimes.   **2 pela metade (a)** (dividir, cortar, etc.) in half: *Parte a laranja pela metade.* Split the orange in half. **(b)** (recipientes) half full: *O tanque está pela metade.* The tank is half full. | *uma jarra com água pela metade* a pitcher half full of water   **3 pela metade do preço** at half price: *Ele me vendeu o som pela metade do preço.* He sold me the stereo at half price.   **4 na metade do filme/do livro etc.** halfway through the movie/the book etc. | **na metade do caminho** halfway | **na metade do ano que vem/de abril etc.** in the middle of next year/April etc.: *na metade do século XX* in the middle of the 20th century

metal *s* metal

metálico, -ca *adj* metallic

meteorologista *s*   **1** (na TV, no rádio) weather forecaster   **2** (cientista) meteorologist

meter *v* (pôr) to put: *Não sei onde meti minha carteira.* I don't know where I put my wallet. | *Onde é que você meteu a nota de R$10?* Where did you put the R$10 bill?

meter-se *v*   **1** (ir) to go: *Não sei onde minha irmã se meteu.* I don't know where my sister's gone. | *Ele chega em casa e se mete no quarto.* He gets home and goes to his room.   **2 meter-se com alguém** (envolver-se) to get involved with sb: *É melhor você não se meter com esses garotos.* It would be best not to get involved with those boys.   **3 meter-se em algo (a)** (envolver-se) to get involved in sth: *Evito me meter em brigas.* I avoid getting involved in fights. **(b)** (intrometer-se) to butt into sth: *Não se mete na nossa conversa.* Don't butt into our conversation. | **meter-se na vida de alguém** to interfere in sb's business

metido, -da *adj*   **1** (presunçoso) stuck-up: *Ela ficou metida depois de famosa.* She got stuck-up once she got famous.   **2 ser metido a algo** to think you are sth: *Ele é metido a valente.* He thinks he's tough.   **3** (intrometido) nosy: *Deixa de ser metido!* Don't be so nosy!

metódico, -ca *adj* methodical

método *s* method: *um método de medir a velocidade* a method of measuring the speed

metralhadora *s* machine gun

métrico, -ca *adj* metric: *o sistema métrico decimal* the metric system ▶ ver também **fita**

metro *s*   **1** (unidade) meter (AmE), metre (BrE)   **2** (objeto para medir) meter ruler (AmE), metre rule (BrE)

metrô *s* subway (AmE), underground (BrE): *Por favor, onde fica o metrô?* Excuse me, where's the subway? | **de metrô** on the subway (AmE), on the underground (BrE): *Quanto tempo leva até lá de metrô?* How long does it take to get there on the subway?

meu, minha *pronome & substantivo*

- *pron*   **1** (precedendo o substantivo) my: *meu violão* my guitar | *minha melhor amiga* my best friend **2 um primo/tio etc. meu** a cousin/an uncle etc. of mine **3 ser meu/minha** to be mine: *Esses livros são meus.* These books are mine.

- **s** o meu/a minha mine: *O meu é vermelho.* Mine is red.

meus, minhas *pronome & substantivo*

- **pron 1** (precedendo o substantivo) my: *Meus pais chegam amanhã.* My parents arrive tomorrow. **2 uns amigos/primos etc. meus** some friends/cousins etc. of mine **3 ser meus/minhas** to be mine: *Estas canetas são minhas.* These pens are mine.

- **s** os meus/as minhas mine: *Os meus são azuis.* Mine are blue.

mexer *v* **1** (mover) to move: *Faça o exercício sem mexer os ombros.* Do the exercise without moving your shoulders. **2** (um líquido, uma comida) to stir: *Adicione o creme e mexa bem.* Add the cream and stir well. **3 mexer com alguém (a)** (implicar) to tease sb: *Ele vive mexendo comigo.* He's always teasing me. **(b)** (afetar) to get to sb: *Essa história mexeu muito com ela.* That story really got to her. **4 mexer com algo** (trabalhar com) to work with sth: *Ele mexe com computadores.* He works with computers. **5 mexer em algo (a)** (indevidamente) to mess with sth: *Quem andou mexendo nos meus CDs?* Who's been messing with my CDs? **(b)** (para consertar, brincar, etc.) to fiddle with sth

mexer-se *v* **1** (mover-se) to move: *Ele não para de se mexer.* He never stops moving. **2** (agir) to get moving: *Se você não se mexer, não vai conseguir fazer tudo.* If you don't get moving, you won't get everything done.

mexicano, -na *adj & s* Mexican

México *s* o México Mexico

mexido, -da *adj* **1** (ovo) scrambled **2** (desarrumado) messy: *Essa gaveta está toda mexida.* This drawer is all messy.

mexilhão *s* mussel

mi *s* E: *mi menor* E minor

miar *v* to meow

mico *s* **1** (animal) capuchin monkey **2** (situação embaraçosa) embarrassment: *Eu era a única de fantasia. Que mico!* I was the only one in a costume. What an embarrassment!

micróbio *s* microbe

microcomputador, micro *s* PC: *Quero fazer um upgrade no meu micro.* I want to upgrade my PC.

microfone *s* microphone

micro-ondas *s* microwave: *Vou fazer pipoca no micro-ondas.* I'm going to make popcorn in the microwave.

micro-ônibus *s* minibus (pl -ses)

microscópio *s* microscope

mídia *s* media: *O escândalo saiu na mídia.* The scandal came out in the media.

 radio television newspaper

migalha *s* crumb: *migalhas de pão* bread crumbs

mijar *v* to pee

mil *numeral* **1** Traduz-se *mil* por **a thousand** quando nenhum outro número o precede ou se segue a ele: *Custou mil reais.* It cost a thousand reals. ▶ Quando é precedido de outro número, diz-se **thousand**: *dez mil dólares* ten thousand dollars ▶ Quando vem seguido de outro número, diz-se **one thousand**: *mil quatrocentos e cinquenta* one thousand four hundred and fifty ▶ Quando as centenas são arredondadas, por exemplo, 1.200/1.300, etc. é muito comum dizer-se **twelve hundred/thirteen hundred** etc. **2** (em datas) Usa-se **thousand** do ano 2000 em diante: *em 2002* in two thousand and two ▶ Com relação a anos anteriores a 2000, diz-se o ano como se fosse dois pares de números: *em 1984* in nineteen eighty-four **3** (muitos) thousands of: *Já te disse isso mil vezes!* I've already told you that thousands of times! **4 estar a mil** to be in overdrive: *Ela está a mil estudando para as provas.* She's in overdrive studying for the exams.

milagre *s* miracle

milênio *s* millennium (pl millenniums)

milésimo, -ma *numeral* **1** (ordinal) thousandth **2** (fracionário) thousandth: *um milésimo de um metro* a thousandth of a meter

milha *s* mile

milhão *numeral* **1** (número, quantidade) million: *meio milhão* half a million | *três milhões e quatrocentos* three million four hundred ▶ Antes de um substantivo, *de* fica sem tradução: *um milhão de dólares* a million dollars **2 um milhão de vezes/milhões de pessoas etc.** (muitos) a million times/millions of people etc.

milhar *s* **milhares de turistas/anos etc.** thousands of tourists/years etc.

milho *s* **1** (em grão) corn (AmE), sweetcorn (BrE) **2** (na espiga) corn on the cob **3** (planta) corn (AmE), maize (BrE)

milímetro *s* millimeter (AmE), millimetre (BrE)

milionário, -ria *adjetivo & substantivo*

- *adj* **1** (pessoa) **ser milionário** to be a millionaire: *Os pais dele são milionários.* His parents are millionaires. | *uma empresária milionária* a millionaire businesswoman **2** (contrato, investimento) worth millions: *um contrato milionário* a contract worth millions

- *s* (pessoa) millionaire ▶ Existe **millionairess** como forma feminina, mas é muito pouco usada atualmente

militar *adjetivo & substantivo*
- *adj* military: *serviço militar* military service
- *s* member of the military | **os militares** the military

mim *pron* ▶ ver quadro

mimar *v* to spoil

mímica *s* **1** (técnica) mime | **fazer mímica** to mime **2** (brincadeira) charades: *Vamos brincar de mímica.* Let's play charades.

mina *s* **1** (jazida) mine **2 mina (terrestre)** land-mine
mina de carvão coal mine **mina de ouro** goldmine

mineral *adjetivo & substantivo*
- *adj* (substância, recursos, etc.) mineral ▶ ver **água**
- *s* mineral

mingau *s* oatmeal (AmE), porridge (BrE)

minhoca *s* worm

miniatura *s* miniature | **uma versão/casa etc. em miniatura** a miniature version/house etc.

mínima *s* **1** (temperatura) low **2** (em música) half note (AmE), minim (BrE) **3 não dar a mínima para algo/alguém** to take no notice of sth/sb: *Ele não dá a mínima para mim.* He takes no notice of me.

mínimo, -ma *adjetivo & substantivo*
- *adj* **1** (mais baixo) minimum: *A consumação mínima é de R$15.* The minimum charge is R$15. | *o salário mínimo* the minimum wage **2** (menor) slightest: *Não faço a mínima idéia.* I don't have the slightest idea. **3** (risco, diferença, custo) minimal
- **mínimo** *s* minimum: *Reduza o volume ao mínimo.* Turn the volume down to the minimum. | **o mínimo possível** as little as possible | **no mínimo** at least: *Isto vai levar no mínimo duas semanas.* This will take at least two weeks. | **o mínimo que** the least that: *o mínimo que pode acontecer* the least that can happen

minissaia *s* miniskirt

minissérie *s* miniseries (pl -ries)

ministério *s* ministry (pl -tries): *o Ministério da Educação* the Ministry of Education ▶ Referindo-se aos ministérios do governo americano, usa-se **department**, p. ex.: **the Department of Education**

ministro, -tra *s* minister ▶ Tanto no inglês americano como no britânico, **Secretary** é o termo usado em títulos. Por exemplo, **the Secretary of Defense** nos EUA, ou **the Defence Secretary** na Grã-Bretanha, é o responsável pelas questões relativas a defesa
ministro -tra de Relações Exteriores ▶ O equivalente nos EUA é **the Secretary of State**, e na Grã-Bretanha, **the Foreign Secretary**. Para falar do ministro de Relações Exteriores de outro país diz-se **the Foreign Minister**

---

mim

1 COMO COMPLEMENTO VERBAL (= me)
Você confia em mim? Do you trust me? | *Ela mora perto de mim.* She lives near me. | *Isso é para mim?* Is this for me?

2 COMO REFLEXIVO (= myself)
Eu nunca tinha notado isso em mim (mesma). I'd never noticed that about myself.

---

minoria *s* minority (pl -ties) | **ser a minoria** to be in the minority

minúscula *s* (letra) small letter

minúsculo, -la *adj* **1** (muito pequeno) tiny: *mãos minúsculas* tiny hands **2** (letra) small: *Escreve-se com h minúsculo.* It's spelled with a small h.

minuto *s* minute: *Eu me apronto num minuto.* I'll be ready in a minute. | *Um minuto, por favor.* Just a minute, please.

miolo *s* **1** (de pão) soft part **2** (no cérebro) brain

míope *adj* short-sighted

miserável *adjetivo & substantivo*
- *adj* **1** (pobre) miserable: *condições de vida miseráveis* miserable living conditions **2** (pão-duro) mean
- *s* (pessoa digna de pena) wretch

miséria *s* (pobreza) poverty

missa *s* Mass (pl -sses) | **ir à missa** to go to Mass
missa do galo midnight Mass

missão *s* mission

míssil *s* missile

mistério *s* **1** mystery (pl -ries) **2 não tem (nenhum) mistério fazer algo** there's nothing complicated about doing sth: *Não tem nenhum mistério instalar esse programa.* There's nothing complicated about installing this program. | *É fácil, não tem mistério.* It's easy, there's nothing complicated about it. **3 fazer mistério** to be secretive

misterioso, -sa *adj* mysterious

misto, -ta *adjetivo & substantivo*
- *adj* **1** (diversificado) mixed: *salada mista* mixed salad **2** (escola, classe) coed (AmE), mixed (BrE)
- **misto** *s* combination: *um misto de professor e amigo* a combination of teacher and friend

misto-quente *s* grilled ham and cheese sandwich (pl sandwiches)

mistura *s* **1** (de várias coisas) mixture **2** (de chá, tabaco, etc.) blend

misturar *v* **1 misturar (algo e algo)** (juntar) to mix (sth with sth): *Misture bem o açúcar e a manteiga.* Mix the sugar well with the butter. **2 misturar algo (a)** (desordenar) to mix sth up: *Você misturou todas as folhas.* You've mixed up all the pages. **(b)** (confundir) to mix sth up: *Misturei os números e liguei para a pessoa errada.* I

mixed up the numbers and called the wrong person. **3 misturar a salada** to toss the salad
misturar-se *v* **misturar-se (com alguém)** to mix (with sb): *Ele não se mistura com o pessoal da outra turma.* He doesn't mix with the people from the other class.

mito *s* **1** (lenda) myth: *mitos indígenas* Indian myths **2** (pessoa) legend: *Bob Marley se tornou um mito.* Bob Marley has become a legend.

miúdo, -da *adjetivo & substantivo plural*
- **adj** (diminuto) small: *letras miúdas* small print
- **miúdos** *s pl* (de ave) giblets

mixagem *s* (de sons, de imagens) mixing

mixaria *s* (pouco dinheiro) pittance: *Ela ganha uma mixaria.* She earns a pittance.

mobília *s* furniture | **sem mobília** unfurnished

moçambicano, -na *adj & s* Mozambican

Moçambique *s* Mozambique

mochila *s* backpack (AmE), rucksack (BrE)

mochilão *s* (viagem) backpacking tour | **fazer um mochilão** to go backpacking: *Nós três vamos fazer um mochilão pela Europa.* The three of us are going to go backpacking around Europe.

mochileiro, -ra *s* backpacker

moço, -ça *adjetivo & substantivo*
- **adj** (em idade) young: *Minha mãe ainda é moça.* My mother is still young.
- *s* **1 moço** young man (pl young men) | **moça** young woman (pl young women) **2** (como forma de tratamento) **moço** sir | **moça** miss: *Moço, pode me dizer as horas?* Sir, could you tell me the time?

moda *s* **1** (estilo, tendência) fashion: *a moda do piercing* the fashion for piercing | *A moda agora é escrever diário.* The fashion now is to write a diary. | **a última moda** the latest fashion | **de moda** fashion: *revista de moda* fashion magazine **2 (estar) na moda** (to be) in fashion | **virar moda** to become fashionable | **(estar) fora de moda** (to be) out of fashion | **vestido/sapato etc. fora de moda** unfashionable dress/shoes etc. | **sair da moda** to go out of fashion **3** (maneira) way: *Fiz tudo à minha moda.* I did everything my way. | *frango à moda da casa* chicken in the house style **4 inventar moda** to invent excuses: *Deixa de inventar moda e faz o dever.* Stop inventing excuses and do your homework.

modalidade *s* **1** (tipo) form: *uma modalidade de ataque* a form of attack **2** (em esporte) event: *as modalidades de surfe* surfing events

modelo *substantivo masculino & substantivo feminino*
- *s* [masc] **1** (de um aparelho, carro, etc.) model: *Comprei o último modelo.* I bought the latest model. **2** (de uma roupa) design: *um modelo diferente de saia* an unusual skirt design **3** (molde, reprodução) model
- *s* [masc e fem] (pessoa) model

modem *s* (em informática) modem

modernizar *v* to modernize

moderno, -na *adj* modern

modess *s* sanitary napkin (AmE), sanitary towel (BrE)

modéstia *s* modesty

modesto, -ta *adj* **1** (sem vaidade) modest **2** (pobre) modest: *uma casa modesta* a modest house

modificar *v* to modify

modo *substantivo & substantivo plural*
- *s* **1** (maneira) way | **modo de fazer algo** way of doing sth: *Qual o melhor modo de chegar na sua casa?* What's the best way of getting to your house? | *Ele tem um modo de andar esquisito.* He has a strange way of walking. | **do meu/seu etc. modo** my/your etc. way: *Faça isso do seu modo, se quiser.* Do it your way, if you want. **2 de modo nenhum** not at all: *– Estou tapando a sua vista? – De modo nenhum.* "Am I blocking your view?" "Not at all." | *Eu não disse isso de modo nenhum!* I didn't say that at all! | **de qualquer modo** anyway
- **modos** *s pl* (educação) manners: *Que falta de modos!* What bad manners!

módulo *s* module

moeda *s* **1** (peça de metal) coin: *uma moeda de um real* a one-real coin **2** (meio para transações comerciais) currency (pl -cies): *A moeda brasileira é o real.* The currency of Brazil is the real.

moer *v* **1** (café, cana) to grind **2** (carne) to grind (AmE), to mince (BrE) **3 moer alguém** (cansar) to tire sb out

mofado, -da *adj* (pão, armário, etc.) moldy (AmE), mouldy (BrE)

mofo *s* mold (AmE), mould (BrE) | **cheio de mofo** all moldy (AmE), all mouldy (BrE)

moinho *s* **1** mill **2 moinho (de vento)** windmill

moita *s* **1** bush: *O cachorro se escondeu atrás da moita.* The dog hid behind the bush. **2 na moita** on the quiet: *Saiu na moita, sem se despedir.* He left on the quiet, without saying goodbye.

mola *s* (de cama, carro, etc.) spring

moldar *v* to mold (AmE), to mould (BrE)

molde *s* **1** (forma) mold (AmE), mould (BrE): *um molde para fazer velas* a mold for making candles **2** (em costura) pattern **3** (para desenhar) template

moldura *s* frame | **pôr uma moldura em algo** to frame sth

mole *adjetivo & advérbio*
- *adj* **1** (macio) soft **2** (fraco) listless: *O resfriado a deixou mole.* Her cold made her listless. **3** (preguiçoso) lazy: *Deixa de ser mole.* Stop being lazy. **4** (fácil) easy: *uma prova mole* an easy test

- **adv** (facilmente) easily: *Eles vão ganhar esse jogo mole.* They'll win this game easily.

moleza s **1** (maciez) softness **2** (fraqueza) listlessness **3** (preguiça) laziness **4 ser (uma) moleza** (ser fácil) to be easy

molhado, -da adj wet

molhar v **1 molhar algo (a)** (fazer ficar molhado) to get sth wet: *Molhei os sapatos na poça.* I got my shoes wet in the puddle. **(b)** (irrigar) to water sth: *Vou molhar essa planta.* I'm going to water this plant. **2 molhar algo em algo** (mergulhar) to wet sth in sth: *Molhe a esponja na água.* Wet the sponge in the water.

molhar-se v to get wet: *Eu me molhei todo com a chuva.* I got all wet in the rain.

molho [ó] s **1** (de chaves) bunch (pl -ches) **2** (de lenha) bundle

molho [ó] s **1** (caldo) sauce: *massa com molho de tomate* pasta with tomato sauce **2** (para carne) gravy **3** (de salada) dressing **4 pôr algo de molho** (dentro de líquido) to leave sth to soak

molinete s reel

momento s **1** (instante) moment: *Ela se distraiu um momento e deletou o arquivo.* She lost her concentration for a moment and deleted the file. | *Um momento, por favor.* Just a moment, please. | **a qualquer momento** at any moment: *Eles devem chegar a qualquer momento.* They should arrive at any moment. | **até o momento** up to now: *Até o momento só dois voos estão com atraso.* Up to now only two flights have been delayed. | **neste momento** this minute: *Ela saiu daqui neste momento.* She left here just this minute. | **no momento** at the moment: *No momento ele não pode atender.* He can't come to the phone at the moment. **2** (ocasião) time: *A gente conhece os amigos nos momentos de crise.* We find out who our friends are in times of crisis.

monarquia s monarchy (pl -chies)

monge s monk

monitor s (em informática) monitor

monótono, -na adj monotonous

monstro s **1** (em lendas, etc.) monster **2 ser um monstro** (ser muito feio) to be hideous

monstruoso, -sa adj **1** (enorme) huge: *um prédio monstruoso* a huge building **2** (aspecto) hideous

montanha s **1** mountain: *Já escalei esta montanha.* I once climbed that mountain. **2** (serra) mountains pl: *Meus pais tem uma casa na montanha.* My parents have a house in the mountains. **3 uma montanha de algo** a mountain of sth: *Tenho uma montanha de deveres de casa para fazer.* I have a mountain of homework to do.

montanha-russa s roller coaster

montanhismo s mountaineering

montão s **um montão de algo** a load of sth: *um montão de coisas para fazer* a load of things to do

montar v **1 montar algo (a)** (armar) to set sth up: *O técnico vai montar o computador para mim.* The technician is going to set up the computer for me. **(b)** (um carro, uma máquina, etc.) to assemble sth: *Esses carros são montados no Brasil.* These cars are assembled in Brazil. **(c)** (uma peça, um show, etc.) to put sth on: *Nossa turma vai montar um musical.* Our class is going to put on a musical. **2** (subir em cavalo) to mount (up): *Pode montar, nós já vamos sair.* You can mount up, we're about to go. **3** (praticar equitação) to ride: *Estou aprendendo a montar.* I'm learning to ride.

monte s **1** (morro) hill **2** (em denominação) Mount: *Monte Pascoal* Mount Pascoal **3** (de livros, tijolos, areia, etc.) pile **4 um monte de algo** (muitos) lots of sth: *Minha redação tinha um monte de correções.* There were lots of corrections on my essay.

monumento s monument

moradia s **1** (habitação) housing **2** (lar) home

morador, -a s resident: *associação de moradores* residents' association

moral adjetivo, substantivo masculino & substantivo feminino

- **adj** moral

- **s** [masc] (estado de espírito) morale: *Meu moral anda baixo.* My morale is low.

- **s** [fem] **1** (princípios) morality **2** (de uma fábula, história, etc.) moral: *Qual a moral da história?* What's the moral of the story?

morango s strawberry (pl -rries): *sorvete de morango* strawberry ice cream

morar v to live: *Você mora perto da escola?* Do you live near the school? | *Eu moro na Urca.* I live in Urca.

morcego s bat

morder v **1** (ferir) to bite: *O cachorro me morde.* The dog bit me. **2** (começar a comer) **morder algo** to bite into sth: *Quando mordi a maçã, vi que estava estragada.* When I bit into the apple, I saw it was bad. **3** (quebrar com os dentes) to crunch

mordida s bite | **levar uma mordida de algo** to be bitten by sth

mordomia s **1** (regalia) luxury (pl -ries) **2** (associada a um emprego) perk

moreno, -na adj **1** (referente à pele) dark-skinned: *uma mulher morena* a dark-skinned woman | **pele morena** dark skin **2** (bronzeado) brown: *Fiquei moreno só com um dia na praia.* I got brown after just one day on the beach.

mormaço s sultry weather

morno, -na adj lukewarm: *água morna* lukewarm water

morrer v **1** (pessoa, animal) to die: *Ela morreu num desastre de avião.* She died in a plane crash. **2** (carro, motor) to stall: *O carro morreu.* The car stalled. **3 estar morrendo de frio/saudade/vontade etc.** ver o verbete do substantivo

morro s **1** (monte) hill **2** (favela) shantytown

mortadela s mortadella

morte s death ▶ ver também **pena**

morto, -ta *adjetivo & substantivo*

• *adj* **1** (que morreu) dead: *um pássaro morto* a dead bird | *Ela estava morta.* She was dead. **2** (festa, bairro, etc.) dead **3 estar morto de frio/calor** to be freezing cold/to be boiling | **estar morto de medo** to be frightened to death | **estar morto de sede/sono** to be terribly thirsty/sleepy **4** (muito cansado) dead tired: *Estou morta!* I'm dead tired! ▶ ver também **ponto**

• *s* **1** (defunto) dead person (pl dead people) **2** Para falar do número de mortos num acidente, guerra, etc., ou dos mortos em geral, diz-se **(the) dead**. Se se trata de um cadáver, usa-se **a dead body**: *os vivos e os mortos* the living and the dead | *15 mortos e 200 feridos* 15 dead and 200 injured

mosca s (inseto) fly (pl flies)

mosquito s mosquito (pl -toes)

mostarda s mustard: *Quero mostarda no meu cachorro-quente.* I'd like mustard on my hot dog.

mostrador s (de relógio, velocímetro) dial

mostrar v to show: *Quero te mostrar meu vestido novo.* I want to show you my new dress. | *Alguém pode me mostrar onde é o vestiário?* Could somebody show me where the changing room is?

mostrar-se v **1** (revelar-se) to appear to be: *Ele se mostrou interessado no assunto.* He appeared to be interested in the subject. **2** (chamar atenção) to show off: *Ela gosta de se mostrar.* She likes to show off.

motel s motel ▶ **Motel** nos EUA é um hotel barato à beira da estrada. Não tem a mesma conotação que o motel brasileiro.

motim s riot

motivo s **1** reason: *Hoje ele não foi à aula por motivos particulares.* He didn't go to school today for personal reasons. | **o motivo de/para algo** the reason for sth: *Qual foi o motivo disso tudo?* What was the reason for all of this? | **por que motivo** why: *Por que motivo você fez isso?* Why did you do that? | **sem motivo**: *Ela chorou sem motivo.* She cried for no reason. **2** motivo (de um crime/assassinato etc.) motive (for a crime/murder etc.)

motoboy s motorcycle courier

motocicleta, moto s motorcycle (AmE), motorbike (BrE) | **andar de motocicleta** to ride a motorcycle

motociclismo s motorcycling

motociclista s motorcyclist

motoqueiro, -ra s motorcyclist

motor, -a *adj* **coordenação motora** (physical) coordination

motor s **1** (de aparelho elétrico) motor **2** (de carro, barco, avião) engine ▶ ver também **barco**

motorista s driver ▶ ver também **carteira, exame**

mouse s (em informática) mouse (pl mice): *Clique com o botão direito do mouse.* Right-click on the mouse.

móvel *substantivo & adjetivo*

• *s* piece of furniture: *um móvel antigo* a piece of antique furniture ▶ *móveis* traduz-se por **furniture**, que é um substantivo incontável: *Esses móveis são da minha mãe.* This furniture belongs to my mother.

• *adj* mobile

mover v **1** (deslocar) to move: *Me ajuda a mover essa estante para lá?* Will you help me to move this bookcase over there? | *Não consigo mover este braço.* I can't move this arm. **2 mover uma campanha** to run a campaign

mover-se v to move: *Mova-se lentamente ao fazer esse exercício.* Move slowly when doing this exercise.

movimentado, -da *adj* **1** (bairro, shopping, rua, etc.) busy **2** (dia, semana, etc.) busy **3** (restaurante, boate, etc.) popular **4** (música) fast

movimentar v **1** (pôr em movimento) to move: *Movimente as pernas.* Move your legs. **2** (animar) to liven up: *Ele sempre movimenta as festas.* He always livens up parties.

movimentar-se v (mover-se) to move

movimento s **1** (deslocamento) movement | **pôr algo em movimento** to set sth in motion: *O vento pôs o veleiro em movimento.* The wind set the sailboat in motion. **2** (agitação) A tradução varia conforme o contexto. Veja os exemplos: *Tinha muito movimento no shopping.* It was really busy at the mall. | *O movimento aumenta durante o Carnaval.* It gets busier during Carnival. | **de muito movimento** busy: *uma rua de muito movimento* a busy street **3** (atividade organizada) movement: *o movimento ecológico* the ecology movement

MP3 s **1** (aparelho) MP3 player **2** (sistema) MP3

muçulmano, -na *adj & s* Muslim

mudança s **1** (transformação) change: *Aconteceram várias mudanças na escola.* There have been several changes at the school. | **uma mudança de algo** a change in sth: *uma mudança de horário* a change in the time **2** (de um local para outro) move | **estar de mudança** to be moving: *Meus primos estão de mudança para a Bahia.* My cousins are moving to Bahia. **3** (de carro, etc.) transmission

mudar v ▶ ver quadro na pág. 648

mudo, -da *adjetivo & substantivo*

• *adj* **1** (pessoa) mute: *Ela é muda de nascença.* She's been mute from birth. ▶ Existe o termo

mudar

1 A tradução **to change** é empregada na maioria dos contextos:

A professora mudou a data da prova. The teacher changed the date of the test. | *Vou mudar a cor do meu quarto.* I'm going to change the color of my room. | *O Rodrigo mudou muito.* Rodrigo's changed a lot. | *Ela mudou de ideia.* She's changed her mind. | *Quero ir em casa mudar de roupa.* I want to go home and change.

2 No sentido de transferir, usa-se **to change** ou **to switch**:

Mudei as aulas de violão de segunda para sexta. I changed my guitar classes from Monday to Friday./I switched my guitar classes from Monday to Friday.

3 No sentido de deslocar ou deslocar-se, diz-se **to move**:

Mudamos a televisão para o quarto. We moved the television into the bedroom. | *Minha avó se mudou para São Paulo.* My grandmother has moved to São Paulo.

---

dumb, considerado ofensivo por algumas pessoas **2** (telefone) dead: *O telefone está mudo.* The telephone is dead. **3 um filme mudo** a silent movie (AmE), a silent film (BrE) **4** (que não se pronuncia) silent: *Em "lamb" o "b" é mudo.* The "b" in "lamb" is silent. **5 ficar mudo** (de susto, assombro, etc.) to be speechless: *Fiquei mudo quando a vi.* I was speechless when I saw her.
• *s* (pessoa) mute

muito, -ta *adjetivo, pronome & advérbio*
• *adj* & *pron* ▶ ver quadro
• **muito** *adv* ▶ ver quadro

mula *s* mule

muleta *s* crutch (pl -ches) | **andar de muletas** to walk on crutches

mulher *s* **1** woman (pl women) **2** (esposa) wife (pl wives)

multa *s* fine | **dar uma multa a alguém** to give sb a fine: *O guarda me deu uma multa.* The policeman gave me a fine. | **receber uma multa** to get a fine

multar *v* to fine: *O guarda me multou em R$ 200,00.* The policeman fined me R$200.00

multidão *s* crowd: *no meio da multidão* in the middle of the crowd

multimídia *adj* & *s* multimedia: *um show multimídia* a multimedia show

multinacional *adj* & *s* multinational

multiplicar *v* **1** (em matemática) to multiply: *sete multiplicado por nove* seven multiplied by nine **2** (aumentar) to increase

múltiplo, -pla *adj* **1** (variado) multiple: *interpretações múltiplas* multiple interpretations **2** (numeroso) numerous: *em múltiplas situações*

muito -ta

▶ **ADJETIVO**

1 SEGUIDO DE SUBSTANTIVO PLURAL

Na língua falada é mais comum usar **a lot of** em frases afirmativas, e **many** em frases interrogativas ou negativas:

Tenho muitos CDs dessa banda. I have a lot of CDs by this band. | *Você passou muitos dias lá?* Did you spend many days there? | *Não vi muita gente.* I didn't see many people.

2 SEGUIDO DE SUBSTANTIVO INCONTÁVEL

Usa-se **a lot of** em frases afirmativas, e **much** em frases interrogativas ou negativas:

Vocês estão fazendo muito barulho. You're making a lot of noise. | *Esse bolo leva muita manteiga?* Does this cake have much butter in it?

▶ **PRONOME**

Usa-se **a lot** em frases afirmativas, e **much** em frases interrogativas ou negativas:

Tenho muito que fazer hoje. I have a lot to do today. | *Você tem muito que estudar?* Do you have much studying to do?

muitos, no sentido de "muitas pessoas", traduz-se por **many people**:

Muitos querem este emprego. Many people want this job.

▶ **ADVÉRBIO**

1 MODIFICANDO UM VERBO

Usa-se **a lot** em frases afirmativas, e **much** em frases interrogativas ou negativas:

Comi muito. I ate a lot. | *Não estudei muito ontem.* I didn't study much yesterday.

No sentido de "em demasia" traduz-se por **too much**:

Ele bebeu muito e passou mal. He drank too much and got sick.

2 MODIFICANDO UM ADJETIVO OU ADVÉRBIO (= very)

Ele é muito inteligente. He's very intelligent. | *Ela canta muito mal.* She sings very badly.

No sentido de "em demasia" traduz-se por **too**:

Esse café está muito forte. This coffee is too strong.

3 EXPRESSÕES

muito antes long before | **muito depois** much later | **muito mais** much more: *Você comeu muito mais do que eu.* You ate much more than I did. | **muito mais bonito/interessante etc.** much prettier/much more interesting etc. | **muito mais dinheiro/pessoas etc.** a lot more money/people etc.

4 *muito (tempo)* traduz-se por **a long time** em frases afirmativas, e **long**, em frases interrogativas ou negativas:

Eu só descobri isso muito tempo depois. I only discovered that a long time afterwards. | *Não ficamos muito lá.* We didn't stay there long.

in numerous situations **3 múltipla escolha** multiple choice: *A prova será de múltipla escolha.* The test will be multiple choice.

mundial *adjetivo & substantivo*
- *adj* world: *na Segunda Guerra Mundial* in World War II
- *s* world championship: *o mundial de atletismo* the world athletics championship

mundo *s* **1** (Terra) world: *os países do mundo* the countries of the world **2** (esfera) world: *o mundo dos esportes* the world of sports **3 todo mundo** (todos) everyone, everybody: *Eu conhecia todo mundo na festa.* I knew everyone at the party./I knew everybody at the party. **4 um mundo de algo** (muito) loads of sth: *Ela comprou um mundo de coisas.* She bought loads of things.

munição *s* ammunition

município *s* municipality (pl -ties)

mural *s* (pintura) mural

murcho, -cha *adj* **1** (sem viço) wilted **2** (sem energia) listless

murmurar *v* to murmur: *Ela murmurou algumas palavras.* She murmured a few words.

muro *s* wall

murro *s* punch (pl -ches) | **dar um murro em alguém** to punch sb | **levar um murro (de alguém)** to get punched (by sb)

musa *s* (mulher bonita) diva

musculação *s* weight training | **fazer musculação** to do weight training

muscular *adj* muscular: *dor muscular* muscular pain

músculo *s* muscle

musculoso, -sa *adj* muscular

museu *s* museum: *museu de ciências* science museum

musgo *s* moss (pl -sses)

música *s* **1** music: *Ouço música enquanto faço os deveres.* I listen to music while I do my homework. **2** (peça musical) song: *A música nova da banda é ótima.* The band's new song is great.

música ao vivo live music **música de fundo** background music

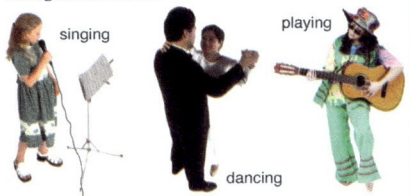
singing   playing   dancing

musical *adj & s* musical ▶ ver também **comédia, escala, fundo**

músico, -ca *s* musician: *Quero ser músico.* I want to be a musician.

mútuo, -tua *adj* mutual: *um amor mútuo* mutual love

N, n *s* N, n ▶ ver "Active Box" **letras do alfabeto** em **letra**

-na *pron* **1** (ela) her: *Viram-na no cinema.* They saw her at the movie theater. **2** (coisa) it: *Deixaram-na cair.* They dropped it.

nabo *s* turnip

nação *s* nation

nacional *adj* **1** (do país) national: *o idioma nacional* the national language **2** (feito no país) domestic: *um vinho nacional* a domestic wine ▶ ver também **hino**

nacionalidade *s* nationality (pl -ties): *Na escola há alunos de várias nacionalidades.* There are students of various nationalities in the school. | *Tenho dupla nacionalidade.* I have dual nationality.

nada *pron & adv* ▶ ver quadro na pág. 650

nadadeira *s* **1** (de nadador) flipper **2** (de peixe) fin **3** (de foca, golfinho) flipper

nadador, -a *s* swimmer: *Meu irmão é bom nadador.* My brother's a good swimmer.

nadar *v* to swim: *Você sabe nadar?* Can you swim? | *Nadei 700 metros.* I swam 700 meters. | **nadar de costas/peito** to swim the backstroke/the breaststroke (AmE), to swim backstroke/breaststroke (BrE) | **nadar em estilo borboleta/crawl** to do the butterfly/the crawl (AmE), to do butterfly/crawl (BrE)

nádega *s* buttock

nado *s* **1** (estilo) stroke **2 a nado** Em inglês usa-se o verbo **to swim** junto com um advérbio ou preposição que indica a direção: *Eles fugiram a nado.* They swam away. | *Atravessei o rio a nado.* I swam across the river.

nado borboleta butterfly stroke **nado de costas** backstroke **nado de peito** breaststroke **nado livre** freestyle

náilon *s* nylon

naipe *s* (no baralho) suit

namorado, -da *s* **1 namorado** boyfriend | **namorada** girlfriend | **ter namorado/namorada** to have a boyfriend/girlfriend **2 ser namorados** to be going out, to be dating (AmE): *Somos namorados há muito tempo.* We've been going out for a long time.

nada

PRONOME

Traduz-se por **nothing** quando o verbo está na afirmativa em inglês, e por **anything**, quando o verbo está na negativa:

Nada deu certo. Nothing went right. | *Não havia nada para comer.* There was nothing to eat./There wasn't anything to eat. | *Você não quer tomar nada?* Don't you want to drink anything?

Usa-se **anything** depois de palavras negativas, como **without** etc.:

sem dizer nada without saying anything

ADVÉRBIO

1 Em geral, traduz-se por **at all**:

Ela não está nada bem. She's not at all well. | *Ele não canta nada.* He can't sing at all.

2 Como resposta a um agradecimento, a expressão *de nada* traduz-se por **not at all** ou **that's OK** ou **that's all right**. **You're welcome** é mais formal, e mais frequente no inglês americano:

– *Obrigada.* – *De nada.* "Thank you." "Not at all."

Com o significado de "sem importância", as traduções variam:

uma coisa de nada a thing of no importance | *Foi um corte de nada.* It was only a little cut.

3 OUTRAS EXPRESSÕES

nada de: *Nada do que ele disse é verdade.* None of what he's said is true. | **nada mais** nothing else/anything else: *Não há nada mais a fazer.* There's nothing else to do. | **não ter nada a ver com algo/alguém** to have nothing to do with sth/sb: *Eles não tiveram nada a ver com o roubo.* They had nothing to do with the robbery. | **ela chora/se ofende etc. por nada** she cries/she takes offense etc. for no reason at all | **quase nada**: *Ela não comeu quase nada.* She hardly ate anything.

namorar *v* **namorar alguém** to date sb (AmE), to go out with sb (BrE): *Ela namora meu primo.* She's dating my cousin. | **estar namorando (a)** (duas pessoas) to be dating (AmE), to be going out with each other (BrE): *O João e a Lúcia estão namorando.* João and Lúcia are dating. **(b)** (uma pessoa) to be going out with someone, to be dating (AmE): *Você está namorando?* Are you dating?

namoro *s* relationship

não *adv & s* ▶ ver quadro

narcotráfico *s* drug trafficking

narina *s* nostril

nariz *s* nose | **assoar o nariz** to blow your nose | **estar com o nariz entupido** to have a stuffed-up nose (AmE), to have a blocked nose (BrE)

não

ADVÉRBIO

1 Para dar uma resposta negativa, usa-se **no**:

– *Você vai ao show?* – *Não.* "Are you going to the concert?" "No." | *Não, obrigado.* No, thank you.

Em geral, completa-se a resposta da seguinte maneira:

– *Você gostou?* – *Não.* "Did you like it?" "No, I didn't." | – *Você sabe nadar?* – *Não.* "Can you swim?" "No, I can't."

2 Quando se trata da negação de um verbo, traduz-se por **not**, que é frequentemente substituído pela forma reduzida **n't**. Se o verbo não é auxiliar nem modal, usa-se o auxiliar **to do**:

Não estou me sentindo bem. I'm not feeling well. | *Não está na gaveta.* It isn't in the drawer. | *Não consigo abri-lo.* I can't open it. | *Não comecem até eu chegar.* Don't start until I get there. | *Ela não gostou do filme.* She didn't like the movie.

3 Quando modifica qualquer outro elemento da frase, também se traduz por **not**:

É óbvio que não. Of course not. | *Por que não?* Why not?

4 Para traduzir *não é/não foi etc.?* usa-se um **tag question** em inglês:

Você vai, não é? You're going, aren't you? | *Isso aconteceu ontem, não foi?* That happened yesterday, didn't it?

5 EM PALAVRAS COMPOSTAS (= non)

uma organização não-governamental a non-governmental organization

SUBSTANTIVO

Traduz-se por **no**:

ouvir um não to get no for an answer | **dizer um não** to say no

narrador, -a *s* **1** (de história) narrator **2** (na TV, etc.) commentator

narrar *v* to tell: *Ela nos narrou todos os fatos.* She told us all the facts.

nasal *adj* nasal

nascença *s* birth | **de nascença** from birth: *Ele é cego de nascença.* He's been blind from birth./He was born blind. | *Essa mancha é de nascença.* This is a birthmark.

nascente *adjetivo & substantivo*

- *adj* **1** (sol) rising **2** (iniciante) emerging: *a nascente música new wave* the emerging new wave music

- *s* **1** (fonte) spring **2** (de rio) source

nascer *verbo & substantivo*

- *v* **1** to be born: – *Onde ele nasceu?* – *Ele nasceu em São Paulo.* "Where was he born?" "He was born in São Paulo." | *Nasci em 1986.* I was born in 1986. **2** (na pele) to come up: *Nasceu uma espinha no meu rosto.* A pimple has come up on my face. **3** (cabelos, penas) to grow **4** (sol) to rise: *O sol nasce às 5:30.* The sun rises at 5:30. **5** (aparecer) to start: *O rap nasceu nos Estados Unidos.* Rap started in the United States. **6 ela nasceu para ser bailarina/professora etc.** she's a born dancer/teacher etc.

- **o nascer do sol** sunrise

nascimento s birth: *Qual a sua data de nascimento?* What's your date of birth? | **de nascimento** by birth: *Sou americana de nascimento.* I'm American by birth.

nata s cream

natação s swimming | **fazer natação** to go swimming: *Faço natação duas vezes por semana.* I go swimming twice a week.

natal *adjetivo & substantivo*

- **adj** home: *Brasília é minha cidade natal.* Brasília is my hometown.
- **Natal** s Christmas: *Passei o Natal com meus pais.* I spent Christmas with my parents. | **no Natal** at Christmas | **de Natal** Christmas: *árvore de Natal* Christmas tree

nativo, -va *adjetivo & substantivo*

- **adj** native: *Essa planta é nativa do Brasil.* This plant is native to Brazil.
- **s** native: *O nativo do Rio de Janeiro é chamado de carioca.* A native of Rio de Janeiro is called a carioca.

nato, -ta *adj* born: *Ele é um atleta nato.* He's a born athlete.

natural *adj* **1** (relativo a natureza) natural: *vegetação natural* natural vegetation **2** (não artificial) natural: *uma loura natural* a natural blonde **3 verduras naturais** organic vegetables | **suco natural** pure juice **4** (espontâneo) natural: *Foi uma reação natural.* It was a natural reaction. **5** (lógico) natural: *A preocupação com as provas é natural.* Worrying about the exams is only natural. **6 ser natural da França/de Recife etc.** (nativo) to be a native of France/of Recife etc.

naturalidade s **1** (espontaneidade) **agir com naturalidade** to act naturally | **falar com naturalidade** to talk openly **2** (local de nascimento) place of birth

naturalmente *advérbio & interjeição*

- **adv 1** (com naturalidade) naturally: *Ele se comportou naturalmente.* He behaved naturally. **2** (com certeza) of course: *Naturalmente ela virá.* Of course she'll come.
- **naturalmente!** *interj* (certamente) of course!

natureza s nature | **por natureza** by nature: *Ela é alegre por natureza.* She's cheerful by nature.

naufragar *v* to be shipwrecked

naufrágio s shipwreck

náusea s nausea ▶ nausea é incontável, e, portanto, não tem plural | **sentir náuseas** to feel sick, to feel nauseous (AmE) | **me/lhe etc. deu náuseas** it made me/him etc. feel sick, it made me/him etc. feel nauseous (AmE): *Esse cheiro me dá náuseas.* That smell makes me feel sick.

naval *adj* naval: *uma batalha naval* a naval battle

navalha s **1** (arma) knife (pl -ves) **2** (de barbeiro) razor

nave s (em igreja) nave
nave espacial spacecraft (pl spacecraft)

navegação s navigation

navegar *v* **1** (na Internet) to surf **2** (um barco, um navio) to sail **3** (um avião) to fly

navio s ship
navio de guerra warship

nazismo s Nazism

nazista *adj & s* Nazi

neblina s fog

necessaire s toiletry bag (AmE), sponge bag (BrE)

necessário, -ria *adjetivo & substantivo*

- **adj** necessary: *É necessário que os pais estejam presentes.* It's necessary for the parents to be present. | **se for necessário** if necessary
- **necessário s o necessário** the essentials: *Compre apenas o necessário para a viagem.* Just buy the essentials for the trip.

necessidade s **1** (coisa indispensável) necessity (pl -ties): *Para meu pai, o carro é uma necessidade.* As far as my dad is concerned, the car is a necessity. **2 necessidade de algo/fazer algo** need for sth/to do sth: *Não há mais necessidade disso.* There's no need for that anymore. | *Sinto necessidade de fazer um esporte.* I feel the need to play some kind of sport. | **em caso de necessidade** if necessary | **por necessidade** out of necessity | **sem necessidade** unnecessarily: *Ele reclamou sem necessidade.* He complained unnecessarily. **3 passar necessidade** to suffer hardship

necessitar *v* **necessitar de algo/alguém** to need sth/sb: *Necessito da sua ajuda.* I need your help.

negar *v* **1** (recusar) to refuse: *Minha mãe negou meu pedido.* My mother refused my request. **2** (contestar) to deny: *Ele negou a acusação.* He denied the accusation.

negar-se *v* **negar-se a fazer algo** to refuse to do sth: *Ela se negou a pedir desculpas.* She refused to apologize.

negativa s (recusa) refusal

negativo, -va *adjetivo, substantivo & interjeição*

- **adj** negative
- **negativo** s (em fotografia) negative
- **negativo** *interj* (não) no: *Negativo! Ninguém vai sair daqui.* No! Nobody's leaving.

negligente adj negligent: *Você está sendo negligente com os estudos.* You're being negligent with your studies.

negociar v to negotiate

negócio s **1** (coisa) thing: *Quem deixou esse negócio aqui?* Who left this thing here? | **o negócio é o seguinte** the thing is **2** (transação comercial) deal: *Você fez um bom negócio.* You made a good deal. **3** (comércio) business (pl -sses): *Ele quer abrir um negócio próprio.* He wants to set up his own business. **4 negócios** (atividade comercial) business ▶ Nessa acepção, **business** não tem plural: *Como vão os negócios?* How's business? | **homem/mulher de negócios** businessman/businesswoman | **viagem de negócios** business trip

negro, -gra *adjetivo, substantivo masculino & substantivo feminino*

• **adj** black (cor) ▶ ver "Active Box" **cores** em **cor**

• **negro** s [masc] (cor) black ▶ ver "Active Box" **cores** em **cor**

• s [masc e fem] (pessoa) black person ▶ Para referir-se aos negros em geral, diz-se **black people** ou **blacks** e, para referir-se aos negros nos Estados Unidos, diz-se **African Americans**

nem conj **1 (nem...) nem...** (neither...) nor...: *Nem eu nem você tiramos boas notas.* Neither you nor I got good grades. | Depois de um verbo na negativa, use **(either...) or...**: *Não gosto nem do vermelho nem do azul.* I don't like either the red one or the blue one. | *Não falo inglês nem espanhol.* I don't speak English or Spanish.
2 nem eu/você/ela etc. ▶ Use **neither** ou **nor**, seguido do verbo auxiliar e sujeito, nessa ordem: *Você não foi ao show? Nem eu.* You didn't go to the show? Neither did I.
3 (sequer) not even: *Ela nem tocou na comida.* She didn't even touch her food.
4 nem todo/toda not every | **nem todos/todas** not all | **nem todo mundo/nem todos** not everyone: *Nem todos pensam como você.* Not everyone thinks like you.
5 nem sempre not always
6 que nem just like: *Gabriel é bonito que nem o irmão.* Gabriel is handsome, just like his brother.
7 (uso enfático) **nem um/nem uma** not a single: *Eles não fizeram nem um gol.* They didn't score a single goal.

nenhum, -ma pron ▶ ver quadro; ver também **jeito, lugar**

neozelandês, -esa *adjetivo & substantivo*

• **adj** New Zealand: *a bandeira neozelandesa* the New Zealand flag

• s (pessoa) New Zealander

nepotismo s nepotism

nervo s **1** (no corpo) nerve **2** (em carne) piece of gristle | **nervos** gristle: *Este bife está cheio de nervos.* This steak is full of gristle.

---

nenhum -ma

▶ PRONOME ADJETIVO

Traduz-se por **no**. Porém, com o verbo na negativa, ou com palavras negativas, traduz-se por **any**:

Não há nenhum perigo. There's no danger./There isn't any danger. | *sem nenhum problema* without any problem

Às vezes, em inglês o substantivo vai para o plural:

Nenhuma menina foi convidada. No girls were invited. | *Não fomos a nenhum concerto.* We didn't go to any concerts.

▶ PRONOME SUBSTANTIVO

1 REFERENTE A UM NÚMERO INDETERMINADO DE PESSOAS OU COISAS (= none)

Nenhum deles é brasileiro. **None** of them **are** Brazilian.

Se o verbo está na negativa em inglês, use **any**:

Não gostei de nenhum dos vestidos. I didn't like any of the dresses.

2 REFERENTE A DUAS PESSOAS OU COISAS (= neither)

Nenhum dos dois é brasileiro. Neither of them is Brazilian.

Se o verbo está na negativa em inglês, use **either**:

Não li nenhum dos dois livros. I haven't read either of the books.

---

nervosismo s nervousness

nervoso, -sa adj **1** (tenso) tense: *Meu pai é muito nervoso.* My father is very tense. **2** (ansioso) nervous: *Fiquei nervoso antes da prova.* I got nervous before the test. **3** (afobado, irritado) worked up **4** (doença) nervous | **o sistema nervoso** the nervous system **5** (célula, fibra, tecido) nerve

neto, -ta s **neto** grandson | **neta** granddaughter | **netos** (neto e neta) grandchildren: *Ele tem dez netos.* He has ten grandchildren.

neurótico, -ca adj neurotic

neutro, -tra adj **1** (cor) neutral **2** (imparcial) neutral **3** (em gramática) neuter

nevar v to snow: *Ontem nevou no Sul.* It snowed in the South yesterday.

neve s snow ▶ ver também **bola**

névoa s mist

nevoeiro s fog: *Pegamos muito nevoeiro na serra.* We hit a lot of fog in the mountains.

nexo s connection | **não ter nexo** to make no sense: *O que você está dizendo não tem nexo.* What you're saying makes no sense. | **sem nexo** incoherent

Nicarágua s **a Nicarágua** Nicaragua

nicaraguense adj & s Nicaraguan

nicotina s nicotine

Nigéria s a **Nigéria** Nigeria
nigeriano, -na adj & s Nigerian
ninguém pron ▶ ver quadro
ninho s nest
nítido, -da adj **1** (imagem, foto) sharp **2** (som, voz) clear
nível s **1** (grau de elevação) level: *O nível do rio baixou rapidamente.* The level of the river has gone down quickly. **2** (padrão) standard: *Os produtos são de nível internacional.* The products are of international standard. **3** (competência) level: *um atleta de nível alto* a high-level athlete **4** (de ensino) level: *Ela tem nível superior.* She's studied at college level.
nível de vida standard of living
-no pron **1** (você) you: *Querem-no como representante da turma.* They want you as class representative. **2** (ele) him: *Viram-no na praia.* They saw him at the beach. **3** (coisa) it: *Compraram-no barato.* They bought it cheaply.
nó s **1** (entrelaçamento) knot | **dar/desfazer um nó** to tie/to untie a knot: *Dê um nó bem apertado.* Tie a tight knot. **2** sentir um nó na garganta to get a lump in your throat: *Senti um nó na garganta, mas não chorei.* I got a lump in my throat, but I didn't cry. **3** (velocidade de embarcação) knot
nó dos dedos knuckle
nobre adjetivo & substantivo

• adj **1** (da nobreza) noble: *uma família nobre* a noble family **2** (atitude, causa) noble **3** horário nobre prime time **4** (bairro, prédio) upscale **5** salão nobre main hall

• s (homem) nobleman (pl -men), (mulher) noblewoman (pl -women) | **nobres** nobles

noção substantivo & substantivo plural

• s idea | **não ter noção de algo** to have no idea of sth: *Você não tem noção do trabalho que isso me deu.* You have no idea of the trouble I had with this. | *As crianças não têm noção de perigo.* Children have no idea of danger. | **perder a noção do tempo** to lose track of the time: *Perdi completamente a noção do tempo.* I completely lost track of the time.

• **noções** s pl (conhecimentos) basic knowledge sing: *Tenho apenas algumas noções sobre Química.* I have only a basic knowledge of chemistry.

nocaute s knockout: *O lutador venceu por nocaute.* The fighter won buy a knockout.
nódoa s stain
noite s **1** night ▶ Referindo-se ao período entre o final da tarde e a hora de se deitar, diz-se também **evening**: *Estudei a noite toda.* I studied all night. | *A nossa noite foi muito legal.* We had a very nice evening./We had a very nice night. | **à/de noite (a)** at night ▶ Referindo-se ao período entre o final da tarde e a hora de se deitar, diz-se também **in the evening**: *Não saio à noite durante a semana.* I don't go out at night during the week./I don't go out in the evening during the week. **(b)** (noite passada) last night: *Choveu à noite.* It rained last night. | **hoje à noite** tonight, this evening ▶ ver nota acima | **ontem à noite** last night, yesterday evening ▶ ver nota acima | **sexta/domingo etc. à noite** on Friday/Sunday etc. night, on Friday/Sunday etc. evening ▶ ver nota acima | **essa noite** (noite passada) last night: *Essa noite quase não dormi.* Last night I hardly slept. **2 boa noite! (a)** (cumprimentando) good evening **(b)** (despedindo-se) good night **3 na noite de Natal** on Christmas Eve
noivado s engagement
noivo, -va s **1** (antes de casar) **noivo** fiancé | **noiva** fiancée: *A noiva dele é minha prima.* His fiancée is my cousin. | **estar/ficar noivo(s)** to be/get engaged **2** (na cerimônia de casamento) **noivo** bridegroom | **noiva** bride | **os noivos** the bride and groom ▶ ver também **vestido**
nojento, -ta adj **1** (que causa repugnância) disgusting **2** (imundo) filthy: *Esta pia está nojenta.* This sink is filthy. **3** (antipático) horrible: *Esse garoto é nojento.* That boy's horrible.
nojo s **1 ter nojo de algo** to find sth revolting: *Tenho nojo de barata.* I find cockroaches revolting. | **dar nojo em alguém** traduz-se por **to find sth revolting**: *Carne crua me dá nojo.* I find raw meat revolting. | **que nojo!** how revolting! **2 estar/ser um nojo** (sujo) to be filthy: *Este bar é um nojo.* This bar is filthy. **3 tomar nojo de algo** (enjoar) to get sick of sth: *Tomei nojo de comida japonesa.* I've gotten sick of Japanese food.
nome s **1** name: *Meu nome é Roberto.* My name is Roberto. | **o primeiro/último nome** first/last name **2 de nome (a)** (de ouvir falar) by name: *Conheço este autor só de nome.* I only know that author by name. **(b)** (famoso) famous: *um cantor de nome* a famous singer **3 em nome de alguém** on behalf of sb: *Gostaria de agradecer em nome de todos nós.* I'd like to thank you on behalf of us all. **4** (em gramática) noun

---

ninguém

1 Traduz-se por **nobody** ou **no one** quando o verbo em inglês está na afirmativa, e por **anybody** ou **anyone** quando o verbo está na negativa:

Ninguém quis comprar uma rifa. Nobody wanted to buy a raffle ticket. | *Não vimos ninguém.* We saw no one./We didn't see anyone. | *Você não conhece ninguém lá?* Don't you know anybody there?

2 *Ninguém mais* traduz-se por **nobody else/no one else** ou **anybody else/anyone else**:

Ninguém mais telefonou. No one else has called. | *Não conte para mais ninguém.* Don't tell anybody else.

nome completo full name **nome de batismo** Christian name

nomear v **1** (identificar pelo nome) to name: *Nomeie os seus artistas preferidos.* Name your favorite artists. **2** (para prêmio) to name: *Ela foi nomeada a melhor atriz coadjuvante.* She was named best supporting actress. **3** (para um cargo) to appoint: *O conselho nomeou um novo diretor.* The board appointed a new director.

nono, -na *numeral* ninth

nora *s* daughter-in-law (pl daughters-in-law)

nordeste *adjetivo & substantivo*
- **adj 1** (região) northeastern **2** (costa, vento) northeast
- **s 1** (ponto cardeal) northeast **2** (região) northeast: *o nordeste do Brasil* the northeast of Brazil/northeastern Brazil | *no nordeste* in the northeast **3** (direção) **a nordeste** to the northeast | **a nordeste de algo** northeast of sth: *80 km a nordeste de Curitiba* 80 km northeast of Curitiba | **mais ao nordeste** farther northeast

norma *s* rule: *Cada escola tem suas normas.* Each school has its own rules. | **ter como norma fazer/não fazer algo** to do sth/not to do sth as a rule: *Tenho como norma não dormir tarde.* I don't sleep late as a rule.

normal *adjetivo & substantivo*
- **adj** normal: *A sua pressão está normal.* Your blood pressure is normal. | *É normal se sentir triste às vezes.* It's normal to feel unhappy sometimes.
- **s** (curso para professores) teacher training

noroeste *adjetivo & substantivo*
- **adj 1** (região) northwestern **2** (costa, vento) northwest
- **s 1** (ponto cardeal) northwest **2** (região) northwest: *no noroeste da Inglaterra* in the northwest of England/in northwest England **3** (direção) **a noroeste** to the northwest | **a noroeste de algo** northwest of sth: *a noroeste de Brasília* northwest of Brasília | **mais ao noroeste** farther northwest

norte *adjetivo & substantivo*
- **adj 1** (região, hemisfério) northern **2** (costa, vento) north: *o Polo Norte* the North Pole
- **s 1** (ponto cardeal) north **2** (região) north: *o norte da França* the north of France/northern France | *no norte* in the north **3** (direção) **ao norte** to the north | **ao norte de algo** north of sth: *50 km ao norte de Salvador* 50 km north of Salvador | **mais ao norte** farther north **4** (orientação) **perder o seu norte** to lose your bearings

nortista *adjetivo & substantivo*
- **adj** northern
- **s** (pessoa) northerner

nos *pron* ▶ ver quadro

nós *pron* ▶ ver quadro

---

nos

1 Como objeto direto ou indireto, a tradução em geral é **us**:

Ele nos viu na praia. He saw us at the beach. | *Ela nos entregou as chaves do apartamento.* She gave us the keys to the apartment.

Alguns verbos ingleses requerem o uso de preposição (**to me/for me**, etc.). Convém sempre consultar o verbete correspondente ao verbo, por exemplo, *escrever, esperar*, etc.

Ele nos escreve sempre. He always writes **to us**. | *Ela estava nos esperando.* She was waiting **for us**.

2 Se tem valor reflexivo, traduz-se, em alguns casos, por **ourselves**:

Nós nos machucamos. We hurt ourselves.

Porém, com a maioria dos verbos pronominais portugueses *nos* fica sem tradução:

Nós nos assustamos. We got frightened.

3 Se expressa reciprocidade, a tradução é **each other**:

Nós nos abraçamos. We hugged each other.

---

nós

1 COMO SUJEITO DA FRASE (= we)

Nós nos vemos todos os dias. We see each other every day.

2 QUANDO SE SEGUE AO VERBO (= us)

Fomos nós. It was us.

3 EM FRASES SEM VERBO (= us)

Nós também. Us too.

4 DEPOIS DE PREPOSIÇÃO (= us)

Os livros foram entregues a nós. The books were delivered to us. | *Espero que este segredo fique entre nós.* I hope this remains a secret between us.

5 EM COMPARAÇÕES (= us)

Eles jogaram melhor do que nós. They played better than us.

6 REFORÇADO POR MESMOS/MESMAS (= we) ourselves)

Chegamos a esta conclusão por nós mesmos. We reached this conclusion by ourselves.

---

nosso, -sa *pronome & substantivo*
- **pron 1** (precedendo o substantivo) our: *nosso professor* our teacher **2 um primo/antepassado etc. nosso** a cousin/ancestor etc. of ours **3 ser nosso/nossa** to be ours: *A pizza vegetariana é nossa.* The vegetarian pizza is ours.
- **s o nosso/a nossa** ours: *O projeto de vocês ficou melhor que o nosso.* Your project was better than ours.

nossos, -sas *pronome & substantivo*
- **pron 1** (precedendo o substantivo) our: *Nossos hóspedes já foram embora.* Our guests have

already left. **2 umas colegas/primas etc. nossas** some colleagues/cousins etc. of ours **3 ser nossos/nossas** to be ours: *Esses vídeos não são nossos.* These videos are not ours.

- **s os nossos/as nossas** ours: *Os nossos foram mais baratos.* Ours were cheaper.

nota s **1** (anotação) note | **tomar nota de algo** to note sth down: *Tome nota do meu telefone.* Note down my phone number. | (em teste, prova) grade (AmE), mark (BrE) | **tirar uma nota alta/baixa em algo** to get a high/low grade in sth (AmE), to get a high/low mark in sth (BrE): *Tirei uma nota baixa em Física.* I got a low grade in physics. **3** (de dinheiro) bill (AmE), note (BrE): *Você troca esta nota de R$50,00?* Can you change this R$50.00 bill? | **cobrar/custar/pagar uma nota** to charge/cost/pay a fortune: *Meu aparelho de som custou uma nota.* My stereo cost a fortune. | **estar cheio da nota** to be rolling in money **4** (de compra) receipt **5** (musical) note **6** (em livro) note ▶ ver também **bloco**
nota de rodapé s footnote **nota fiscal** receipt

notar v to notice: *Ela é uma dessas pessoas que nota tudo.* She's one of those people who notices everything. | *Como você pode notar, este lado está mais curto.* As you may notice, this side is shorter. | *Na subida da serra nota-se a diferença de temperatura.* On the way up into the mountains, you notice the difference in temperature. | **dá/dava etc. para notar que** you can/could etc. tell (that): *Dava para notar que ele estava sem graça.* You could tell he was embarrassed.

notebook s (computador) notebook

notícia s **1** news: *Ouvi essa notícia no rádio.* I heard that news on the radio. ▶ O substantivo **news** não tem plural: *Estas notícias são muito interessantes.* This news is very interesting. | **uma notícia** some news/a piece of news: *Tenho uma boa notícia para você.* I have some good news for you. | *uma notícia inesperada* an unexpected piece of news **2 ter notícias de alguém** to hear from sb: *Fiquei feliz de ter notícias suas.* I was pleased to hear from you.

noticiário s news: *Está na hora do noticiário.* It's time for the news. ▶ Para traduzir o plural, use **news bulletins**: *Ele saiu em todos os noticiários.* He was on all the news bulletins.

noturno, -na adj (trabalho, curso, aula, etc.) night: *Pegamos um voo noturno.* We took a night flight. | **período noturno** nighttime | *Estudo no período noturno.* I study at nighttime.

nova s news: *Quais são as novas?* What's new? ▶ ver também **notícia**

novamente adv again: *Faça o exercício novamente.* Do the exercise again.

novato, -ta adjetivo & substantivo

- **adj** new: *os alunos novatos* the new students

- **s** novice: *O papel vai ser interpretado por um novato.* The role is going to be played by a novice.

Nova York s New York
Nova Zelândia s New Zealand
nove numeral **1** (número) nine **2** (em data) ninth: *em nove de julho* on July ninth
novecentos, -tas numeral nine hundred: *novecentos metros* nine hundred meters
novela s **1** (de TV, rádio) soap (opera): *Você assiste a novela das sete?* Do you watch the seven o'clock soap? **2** (livro) novel
novelo s ball
novembro s November ▶ ver "Active Box" **meses** em **mês**
noventa numeral ninety: *Ela tem noventa anos.* She's ninety years old. ▶ ver também **ano**
novidade s **1** (notícia recente) news: *Tenho uma novidade para te contar.* I have some news to tell you. ▶ ver também **notícia 2** (coisa nova) innovation
novo, -va adj **1** (não usado) new: *meu vestido novo* my new dress | **novo em folha** brand new: *uma bicicleta nova em folha* a brand new bicycle **2** (recente) new: *Ele é novo na nossa classe.* He's new in our class. **3** (jovem) young: *um rapaz novo* a young boy | *minha irmã mais nova* my youngest sister | *o mais novo dos três irmãos* the youngest of the three brothers **4** (adicional) new: *Surgiu uma nova dificuldade.* A new difficulty arose. **5 de novo** again: *Esqueci de novo o seu nome.* I've forgotten your name again. **6 o que há de novo?** what's new?

noz substantivo & substantivo plural

- **s** walnut

- **nozes** **s pl** (de vários tipos) nuts

nu, nua adj **1** (despido) naked: *A artista posou nua para a revista.* The actress posed naked for the magazine. | **nu em pelo** stark naked **2** (descoberto) bare: *com a barriga nua* with a bare midriff **3 a olho nu** with the naked eye: *Dá para ver o eclipse a olho nu?* Can you see the eclipse with the naked eye?

nublado, -da adj (dia, tempo) cloudy

nuca s **a minha/sua etc. nuca** the back of my/your etc. neck: *Estou com uma dor na nuca.* I have a pain in the back of my neck.

nuclear adj nuclear: *armas nucleares* nuclear weapons

nudista adj & s nudist | **uma praia nudista** a nude beach (AmE), a nudist beach (BrE)

numerar v to number

número s **1** (algarismo) number: *Qual é o número do seu celular?* What's your cell phone number? **2** (quantidade) number: *um grande número de pessoas* a large number of people **3** (tamanho) size: *Que número você veste?* What size do you take? | *Ele calça o mesmo número que eu.* He takes the same size as I do. **4** (exemplar) edition: *Achei o primeiro número da revista.* I found the first edition of the magazine. **5** (em um espetáculo) number **6 fazer número** to make

nunca

1 Na maioria dos casos, a tradução é **never**. Porém, se há outra palavra negativa na frase usa-se **ever**:

Ele nunca veio aqui. He's never been here. | *Nunca aparece ninguém por aqui.* Nobody ever comes here. | *Você nunca comete erros?* Do you never make mistakes?/Don't you ever make mistakes?

2 *Nunca mais* traduz-se por **never again** ou **not ever again**:

Nunca mais o vi. I never saw him again. | *Nunca mais faça isso.* Don't you ever do that again.

3 Outras expressões:

mais do que nunca more than ever: *Agora, mais do que nunca, ele precisa de ajuda.* He needs help now more than ever. | **quase nunca** hardly ever: *Aqui quase nunca chove.* It hardly ever rains here.

---

up the numbers: *Ela me convidou só para fazer número.* She only invited me to make up the numbers.

número ímpar/par odd/even number

numeroso, -sa *adj* **1** (grande) large: *uma turma numerosa* a large class **2** (vários) numerous: *Ele já ligou numerosas vezes para você.* He's already called you numerous times.

nunca *adv* ▶ ver quadro

nutricionista *s* nutritionist

nutritivo, -va *adj* nutritious: *um alimento bem nutritivo* a very nutritious food

nuvem *s* **1** (no céu) cloud **2** (de insetos) swarm **3 andar/estar nas nuvens** to be walking on air: *Desde que se apaixonou, ela anda nas nuvens.* Since she fell in love, she's been walking on air. **4 em brancas nuvens** unnoticed: *Não deixe essa data passar em brancas nuvens.* Don't let that date go by unnoticed.

O, o *s* O, o ▶ ver "Active Box" **letras do alfabeto** em **letra**

o, a *art* & *pron* ▶ ver quadro; ver também **que**

obcecado, -da *adj* **ser obcecado por algo/alguém** to be obsessed with sth/sb: *Ele é obcecado por futebol.* He's obsessed with soccer.

obedecer *v* to obey: *Ele não gosta de obedecer ordens.* He doesn't like obeying orders. | *Ela sempre obedece aos pais.* She always obeys her parents.

obediente *adj* obedient

obeso, -sa *adj* obese

objetivo, -va *adjetivo & substantivo*

• *adj* objective

• **objetivo** *s* objective: *O objetivo dele é vencer.* His objective is to win. | *O professor explicou os objetivos do projeto.* The teacher explained the objectives of the project.

objeto *s* **1** (coisa) object **2** (em gramática) object

objetos de uso pessoal personal effects

oboé *s* oboe

obra *s* **1** (em prédio, etc.) construction work: *Não consigo estudar com o barulho da obra.* I can't study with the noise of the construction work. | **obras** (em estrada, etc.) works: *as obras no túnel* the works in the tunnel | **em obras** under repair: *Esse trecho da estrada está em obras.* This section of the road is under repair. **2** (local) construction site (AmE), building site (BrE) **3** (literária, artística) work: *uma obra de arte* a work of art | *as obras completas de Ruth Rocha* the complete works of Ruth Rocha

obra-prima *s* masterpiece

obrigação *s* obligation | **por obrigação** out of obligation: *Fui ao almoço por obrigação.* I went to the lunch out of obligation. | **ter a obrigação de fazer algo** to be obliged to do sth

obrigado, -da *adjetivo & interjeição*

• *adj* **sentir-se obrigado a fazer algo** to feel obliged to do sth ▶ ver também **obrigar**

• *interj* ▶ ver quadro

obrigar *v* to make | **obrigar alguém a fazer algo** to make sb do sth: *O professor obrigou o aluno a se sentar.* The teacher made the student sit down. | **ser obrigado a fazer algo** to be made to do sth: *Fui obrigado a participar.* I was made to take part.

o/a

▶ ARTIGO

1 A tradução é **the**, exceto nos casos indicados mais abaixo:

Onde está o controle remoto? Where's the remote control? | *Eu te espero na estação.* I'll wait for you at the station.

2 Não se usa **the** nos seguintes casos:

Quando se fala de algo em geral:

O esporte faz bem à saúde. Sports are good for your health.

Antes do nome de uma pessoa:

A Vera/o Dr. Castro saiu. Vera/Dr. Castro has gone out.

Com os dias da semana e outras expressões de tempo:

Você vem no sábado? Are you coming on Saturday? | *o verão todo* all summer | *no mês passado* last month

3 Com partes do corpo e objetos de uso pessoal usa-se um possessivo:

Lave o rosto. Wash your face. | *Esqueci o celular.* I forgot my cell phone.

4 Em construções sem substantivo usa-se **the one**:

A de cabelo comprido é a Ana. The one with long hair is Ana. | *Prefiro o azul.* I prefer the blue one. | *O que tirar a melhor nota ganha um prêmio.* The one who gets the best grade wins a prize.

A menos que haja um possessivo:

A minha está quebrada. Mine is broken. | *O do João é o modelo novo.* João's is the new model.

5 Quando *o que* refere-se à oração anterior, traduz-se por **which**:

Todos olharam para mim, o que me deixou sem graça. Everybody looked at me, which made me feel embarassed.

▶ PRONOME PESSOAL

1 QUANDO SE REFERE A "VOCÊ" (= you)

Eu a vi no cinema ontem. I saw you at the movie theater yesterday.

2 QUANDO SE REFERE A "ELE" (= him)

Avise-o, por favor. Please let him know.

3 QUANDO SE REFERE A "ELA" (= her)

Ele a convidou também. He invited her too.

4 QUANDO SE REFERE A COISA (= it)

Comprei-o na liquidação. I bought it in the sale.

obrigatório, -ria *adj* compulsory: *O voto não é obrigatório nessa idade.* Voting is not compulsory at that age.

obsceno, -na *adj* obscene

obrigado -da

(= thank you, thanks)

– *Obrigado! – De nada.* "Thank you!" "You're welcome." | *Muito obrigado.* Thanks very much. | *Não, obrigado.* No, thank you./No, thanks. | **obrigado por (fazer) algo** thank you for (doing) sth: *Obrigado por tudo.* Thanks for everything. | *Muito obrigada pelo presente!* Thanks a lot for the present! | *Obrigado por ter me ajudado.* Thank you for helping me.

observação *s* **1** comment: *A professora fez várias observações no meu dever.* The teacher wrote several comments on my homework. **2 em/sob observação** under observation: *O paciente vai ficar em observação mais uns dias.* The patient is going to remain under observation for a few more days.

observador, -a *adjetivo & substantivo*
- *adj* observant
- *s* observer

observar *v* **1** (olhar) to watch: *Observe o que acontece quando você adiciona a tinta.* Watch what happens when you add the paint. **2** (notar) to notice: *Eu nem observei se ela cortou o cabelo.* I didn't even notice if she'd had her hair cut. **3** (comentar) to remark: *"Minha função e procurar fazer gols," observou Rodrigo.* "My job is to try and score goals," Rodrigo remarked.

obsessão *s* obsession | **ter obsessão por algo/alguém** to be obsessed with sth/sb

obsessivo, -va *adj* obsessive

obstáculo *s* **1** (dificuldade) obstacle **2** (em pista de corrida) hurdle

obstinado, -da *adj* stubborn

obstruir *v* to block: *Sua bicicleta está obstruindo a passagem.* Your bicycle is blocking the way.

obter *v* **obter algo (a)** (um produto, informações) to obtain sth **(b)** (um prêmio, bom resultado) to get sth: *Ela obteve a medalha de prata.* She got the silver medal. **(c)** (êxito, vitória) to achieve sth **(d)** (apoio, proteção) to get sth

obturação *s* (em dente) filling

obturar *v* (um dente) to fill: *O dentista obturou dois dentes cariados.* The dentist filled two cavities.

óbvio, -via *adj* obvious: *Não há uma razão óbvia para isso.* There's no obvious reason for that. | **é óbvio que** (com certeza) of course: *É óbvio que eu quero ir.* Of course I want to go.

ocasião *s* **1** (oportunidade) opportunity (pl -ties), chance ▶ **chance** é um pouco menos formal: *Não tinha te contado por falta de ocasião.* I didn't have the chance to tell you. **2** (momento) occasion: *Ele foi agressivo em várias ocasiões.* He was aggressive on several occasions. **3** (tempo) time: *na ocasião em que o filme foi lançado* at the time the movie was released

oceano s ocean
 oceano Atlântico Atlantic Ocean **oceano Índico** Indian Ocean **oceano Pacífico** Pacific Ocean

ocidental *adjetivo & substantivo*
- *adj* Western: *a cultura ocidental* Western culture
- *s* Westerner

ocidente s **1** (lado) west: *O sol se põe no ocidente.* The sun sets in the west. **2 o Ocidente** (região) the West: *as terras do Ocidente* the countries of the West

oco, oca *adj* hollow: *um tubo oco* a hollow tube

ocorrer v **1** (acontecer) to occur: *Esse tipo de problema ocorre frequentemente.* This type of problem occurs frequently. **2 ocorrer a alguém** (vir à mente) to occur to sb: *Ontem me ocorreu essa ideia.* That idea occurred to me yesterday.

ocular *adj* ▶ ver **globo, testemunha**

oculista s optometrist (AmE), optician (BrE)

óculos s pl **1** (de grau) glasses: *Perdi meus óculos.* I've lost my glasses. **2** (para nadador, esquiador) goggles **3 óculos (escuros)** sunglasses

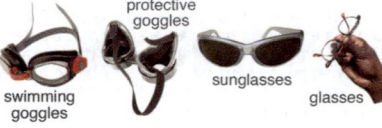

ocultar v to conceal: *Ocultou do amigo a verdade.* He concealed the truth from his friend.

ocupado, -da *adj* **1** (pessoa) busy: *Estou ocupado fazendo meu dever de casa.* I'm busy doing my homework. **2** (telefone) busy (AmE), engaged (BrE): *Vou tentar mais tarde, está ocupado.* I'm going to try later, it's busy. | *Está dando o sinal de ocupado.* I'm getting the busy signal. **3** (assento) taken: *Todos os lugares lá atrás estão ocupados.* All the seats in the back are taken. **4** (banheiro) engaged

ocupar v **1 ocupar espaço/tempo** to take up space/time: *O curso vai ocupar duas semanas.* The course will take up two weeks. **2** (uma pessoa) **ocupar alguém** to occupy sb: *Ocupou os meninos com um vídeo.* She occupied the boys with a video. **3** (uma cidade, um país) to occupy

odiar v to hate: *Maria odeia o professor de História.* Maria hates the history teacher. | *Nós odiamos treinar com chuva.* We hate training in the rain.

ódio s hate | **ter ódio de algo/alguém** to hate sth/sb | **tomar ódio de algo/alguém** to get to hate sth/sb: *Tomei ódio daquele lugar.* I've gotten to hate that place.

odontologia s dentistry

oeste *adjetivo & substantivo*
- *adj* **1** (região) western **2** (costa, vento) west: *na costa oeste* on the west coast

- *s* **1** (ponto cardeal) west **2** (região) west: *o oeste do Brasil* the west of Brazil/western Brazil | *no oeste* in the west **3** (direção) **a oeste** to the west | **a oeste de algo** west of sth: *a oeste de Recife* west of Recife | **mais a oeste** farther west

ofegante *adj* breathless

ofender v to offend: *Seus comentários a ofenderam.* Your comments offended her.
 ofender-se v **ofender-se (com algo)** to be offended (by sth): *Você se ofendeu com o que eu disse?* Were you offended by what I said?

ofensa s insult

oferecer v **1** to offer | **oferecer algo a alguém** to offer sb sth: *Você não vai me oferecer uma Coca?* Aren't you going to offer me a Coke? | *Ele ofereceu ajuda ao amigo.* He offered his friend some help. **2 oferecer um jantar para alguém** to hold a dinner for sb
 oferecer-se v **oferecer-se para fazer algo** to offer to do sth: *Ele se ofereceu para me levar à festa.* He offered to take me to the party.

oferta s **1** (oferecimento) offer: *Recebi uma oferta de estágio.* I got an offer of a traineeship. **2** (presente) giveaway: *A caneta é uma oferta da firma.* The pen is a giveaway from the firm. **3** (em economia) supply: *a oferta e a demanda* supply and demand

oficial *adjetivo & substantivo*
- *adj* official: *o patrocinador oficial da competição* the offical sponsor of the competition
- *s* officer: *um oficial da Marinha* a naval officer

oficina s **1 oficina (mecânica)** garage, shop (AmE), **2** (curso) workshop: *uma oficina de teatro* a theater workshop

oi! *interj* hi!: *Oi, tudo bem?* Hi, how are you?

oitavo, -va *numeral* eighth

oitenta *numeral* eighty: *A corrida teve oitenta participantes.* The race involved eighty participants. ▶ ver também **ano**

oito *numeral* **1** (número, quantidade, hora) eight: *oito pontos de vantagem* eight points advantage **2** (em data) eighth: *no dia oito* on the eighth

oitocentos, -tas *numeral* eight hundred: *oitocentos quilômetros* eight hundred kilometers

olá! *interj* hello!

óleo s **1** (substância) oil: *Troquei o óleo da moto.* I changed the oil in the motorcycle. **2** (bronzeador) suntan lotion: *Passa óleo nas minhas costas?* Will you put some suntan lotion on my back? **3** (de cozinha) oil **4 a óleo** in oils | **quadro a óleo** oil painting
 óleo de girassol sunflower oil **óleo de milho** corn oil

oleoso, -sa *adj* **1** (cabelo, pele) greasy: *xampu para cabelos oleosos* shampoo for greasy hair **2** (substância, superfície) greasy

olfato s smell

olhada s look | **dar uma olhada em algo/alguém** to take a look at sth/sb: *Dê uma olhada no site da revista.* Take a look at the magazine's website.

olhar *verbo, interjeição & substantivo*

- *v* **1** to look: *Eu acenei, mas ele não estava olhando.* I waved but he wasn't looking. | **olhar (para) algo/alguém** (dirigir a vista para) to look at sth/sb: *Olhe este anúncio.* Look at this advertisement. | *Ela não olhou para mim.* She didn't look at me. | **olhar para baixo/cima** to look down/up | **olhar para frente/trás** to look ahead/back **2 olhar alguém fazendo algo** to watch sb doing sth **3** (contemplar) to watch: *Ficamos horas ali olhando o mar.* We stayed there for hours watching the ocean. **4** (tomar conta de) to watch: *Você olha as minhas coisas enquanto entro no mar?* Will you watch my things while I go in the ocean?

olhar-se *v* **1** (a si próprio) to look at yourself: *Eu me olhei no espelho.* I looked at myself in the mirror. **2** (duas pessoas) to look at each other: *Eles se olharam mas não disseram nada.* They looked at each other but didn't say anything.

- **olha** *interj* look: *Olha! Que vista mais linda!* Look! What a beautiful view! | *Olha, prometo não fazer mais isso.* Look, I promise I won't do it again.

- *s* look | **um olhar carinhoso/triste/de desprezo** an affectionate/a sad/a scornful look

olheiras s pl dark rings around your eyes: *Hoje acordei com olheiras.* I woke up today with dark rings around my eyes.

olho s **1** (órgão) eye: *Entrou um cisco no meu olho.* I got a speck in my eye. | **olhos castanhos/claros** brown eyes/light-colored eyes **2 estar de olho em algo/alguém** (interessado) to have your eye on sth/sb: *Estou de olho numa prancha que vi.* I have my eye on a surfboard I saw. | *Faz tempo que ele está de olho nela.* He's had his eye on her for a while. **3 ficar de olho em algo/alguém** to keep an eye on sth/sb: *Vou ficar de olho na programação.* I'll keep an eye on the program schedule. | *Os seguranças ficaram de olho no presidente.* The bodyguards kept an eye on the president. **4 olho grande** envy | **estar/ficar de olho grande em algo** to be envious of sth: *Ele ficou de olho grande na minha bicicleta.* He was envious of my bike. **5 ter o olho maior que a barriga** to have eyes bigger than your stomach **6 passar os olhos em algo** to glance over sth: *Passei os olhos na revista.* I glanced over the magazine.

olho mágico (em porta) peephole (AmE), spyhole (BrE)

Olimpíadas s pl **as Olimpíadas** the Olympics: *as Olimpíadas de Pequim* the Beijing Olympics

olímpico, -ca adj Olympic: *os jogos olímpicos* the Olympic Games | *uma piscina olímpica* an Olympic-sized pool

ombro s shoulder: *Deite a cabeça no meu ombro.* Lay your head on my shoulder.

omelete s omelet (AmE), omelette (BrE): *um omelete de queijo* a cheese omelet

omitir *v* to omit, to leave out ▶ **to leave out** é menos formal: *Conte tudo, não omita nada.* Tell me everything; don't leave anything out.

omoplata s shoulder blade

onça s panther

onda s **1** (no mar, rio, etc.) wave | **pegar onda** to go surfing: *Faz tempo que não pego onda.* It's been a long time since I've been surfing. **2** (de som) wave | **onda curta/média/longa** short/medium/long wave **3** (de assaltos, boatos, etc.) wave **4** (moda) craze: *Dizem que a onda funk não passa de um modismo.* They say the funk craze is just a fad. | **estar na onda** to be in vogue | **entrar na onda** to get in on the act: *Outros artistas estão entrando na onda.* Other artists are getting in on the act. | **entrar na onda de (fazer) algo** to get into (doing) sth **5 ir na onda de alguém** to go along with sb

onde *advérbio & pronome*

- *adv* **1** (em perguntas) where: *Onde você nasceu?* Where were you born? | *Para onde devo ligar?* Where should I call? | *De onde você tirou esta ideia?* Where did you get that idea from? | *Por onde vocês caminharam?* Where did you go for a walk? **2** (o lugar em que) where: *Eu sei onde ele está.* I know where he is. | *Não sei por onde começar.* I don't know where to start.

- *pron* where: *O prédio onde moro tem piscina.* The building where I live has a swimming pool. ▶ O pronome geralmente fica sem tradução quando acompanhado de preposição: *A escola para onde ele foi é muito boa.* The school he went to is very good. ▶ Usa-se **wherever** quando se quer dizer que não importa o lugar: *Sente-se onde você quiser.* Sit wherever you like.

ondulado, -da adj **1** (cabelos) wavy **2 papelão/ferro ondulado** corrugated cardboard/iron

ONG s (= **Organização Não Governamental**) NGO

ônibus s bus (pl buses): *Onde fica o ponto de ônibus?* Where's the bus stop? | *A que horas sai o próximo ônibus para Boston?* What time is the next bus to Boston? | **pegar/perder o ônibus** to catch/miss the bus

ônibus escolar school bus (pl school buses)

on-line, online adj & adv online: *serviços on-line* online services

ontem adv yesterday: *o jogo de ontem* yesterday's game | **ontem de manhã/à tarde** yesterday morning/afternoon | **ontem à noite** last night

ONU s (= **Organização das Nações Unidas**) U.N.

*Você tem dúvidas quanto ao significado das **abreviaturas**? Veja a lista de abreviaturas no verso da capa.*

onze *numeral* **1** (número, quantidade, hora) eleven: *os onze jogadores* the eleven players **2** (em data) eleventh: *onze de fevereiro* eleventh of February

opaco, -ca *adj* **1** (vidro) frosted **2** (foto) matte **3** (não transparente) opaque

opção *s* option: *Não tive outra opção.* I had no option. | *Uma opção seria passar o réveillon na praia.* One option would be to spend New Year at the beach.

opcional *adj* optional: *um acessório opcional* an optional accessory

ópera *s* opera

operação *s* **1** (cirurgia) operation **2** (ação) operation | **em operação** operating: *A usina já entrou em operação.* The plant is already operating. **3** (transação comercial) transaction: *uma operação financeira* a financial transaction **4** (em matemática) operation

operar *v* **1** (paciente) to have an operation: *Não precisei operar.* I didn't need to have an operation. | **operar o joelho/o braço etc.** to have an operation on your knee/arm etc.: *Minha irmã operou o nariz.* My sister had an operation on her nose. **2** (médico, cirurgião) to operate | **operar alguém** to operate on sb: *O médico operou o paciente.* The doctor operated on the patient. **3** (uma máquina) to operate: *Carlos opera o projetor neste cinema.* Carlos operates the movie projector in this theater. **4** (atuar) to operate: *Essa firma só opera no Rio de Janeiro.* This firm only operates in Rio de Janeiro.

operário, -ria *adjetivo & substantivo*

- *adj* **1** (bairro, imprensa) working-class **2 movimento operário** workers' movement **3 a classe/população operária** the working class

- *s* (trabalhador) worker

opinar *v* (dar um parecer) to express an opinion: *Preferi não opinar.* I preferred not to express an opinion. | **opinar sobre algo** to express an opinion on/about sth

opinião *s* **1** opinion | **mudar de opinião** to change your mind: *Mudei de opinião sobre isso.* I changed my mind about that. | **pedir a opinião de alguém (sobre algo)** to ask sb's opinion (on/about sth) **2 na minha/sua etc. opinião** in my/your etc. opinion

oponente *s* opponent

opor *v* **opor resistência** to put up resistence

opor-se *v* **opor-se a algo** to oppose sth: *Meu pai se opôs ao casamento de minha irmã.* My father opposed my sister's marriage.

oportunidade *s* opportunity (pl -ties): *Nunca tive a oportunidade de viajar para o exterior.* I've never had the opportunity to travel abroad.

oposição *s* **1 oposição (a algo/alguém)** opposition (to sth/sb): *Marina enfrentou a oposição dos pais a seu namorado.* Marina had to face her parents' opposition to her boyfriend. **2 em oposição a** as opposed to: *A verdade em oposição à mentira.* The truth as opposed to lies. **3** (em política) **a oposição** the opposition: *os políticos da oposição* opposition politicians

oposto, -ta *adjetivo & substantivo*

- *adj* opposite: *do lado oposto* on the opposite side | *o sexo oposto* the opposite sex | *um resultado oposto ao esperado* an opposite result to the one expected

- **oposto** *s* **o oposto** the opposite: *Aconteceu o oposto.* The opposite happened. | *Sou o oposto dela.* I'm the opposite of her.

oprimir *v* to oppress

optar *v* **optar por algo/alguém** to opt for sth/sb: *Por qual curso você vai optar?* Which course are you going to opt for? | **optar por fazer algo** to opt to do sth

ora *advérbio, conjunção & interjeição*

- *adv* (agora) now | **por ora** for now

- *conj* **1** now: *Ora, deixa de ter medo!* Now, don't be scared! **2 ora... ora...** one moment... the next...: *Ora ela ria, ora ela chorava.* One moment she was laughing, the next she was crying.

- **ora!** *interj* well: *Ora! Veja só quem chegou!* Well! Look who's here!

oração *s* **1** (reza) prayer | **fazer uma oração** to say a prayer **2** (frase) sentence **3** (parte de frase) clause
oração coordenada main clause **oração subordinada** subordinate clause

oral *adj* **1** (falado) oral: *uma prova oral* an oral exam **2** (relativo à boca) oral | **por via oral** orally

órbita *s* (em astronomia) orbit | **estar em órbita** to be in orbit | **entrar em órbita** to go into orbit

orçamento *s* **1** (receita) budget: *o orçamento familiar* the family budget **2** (estimativa) estimate: *Pedi um orçamento ao técnico.* I asked the repairman for an estimate. | **orçamento sem compromisso** free estimate | **fazer um orçamento** to do an estimate

ordem *s* **1** (disposição) order | **em ordem alfabética/cronológica** in alphabetical/chronological order **2** (mandado) order: *Isso são ordens do diretor.* These are the principal's orders. | **às ordens de alguém** to be at sb's disposal: *Estamos às suas ordens.* We're at your disposal. | **dar ordens** to give orders | **por ordem de alguém** on sb's orders: *por ordem do professor* on the teacher's orders **3** (arrumação) order | **estar em ordem** to be in order | **pôr algo em ordem** to put sth in order: *Tenho que pôr meus papéis em ordem.* I have to put my papers in order. **4** (disciplina) order: *É sempre essa falta de ordem nas aulas dele.* There's always a lack of order in his classes. **5** (religiosa) order
ordem dos advogados bar association

ordenado, -da *adjetivo & substantivo*

- *adj* **1** (em ordem) neat (AmE), tidy (BrE): *uma*

escrivaninha ordenada a neat desk **2** (metódico) orderly: *uma vida ordenada* an orderly life
- **ordenado** *s* (salário) wage

ordenar *v* **1** (organizar) to organize: *Quer ordenar os livros para mim?* Do you want to organize the books for me? **2** (determinar) to order: *O general ordenou o ataque.* The general ordered the attack. | *A professora ordenou que os alunos se calassem.* The teacher ordered the students to be quiet.

ordenhar *v* to milk

ordinário, -ria *adj* **1** (de má qualidade) inferior: *um papel ordinário* inferior paper **2** (sem caráter) disreputable: *um sujeito ordinário* a disreputable character

orelha *s* **1** (parte do corpo) ear: *Você tem orelhas furadas?* Do you have pierced ears? **2** (de livro) turned-down page

orelhão *s* (telefone público) phone booth

orfanato *s* orphanage

órfão, -fã *adjetivo & substantivo*
- *adj* orphan: *uma criança órfã* an orphan child
- *s* orphan | **órfão de pai/mãe** fatherless/motherless child | **ser órfão** to be an orphan

orgânico, -ca *adj* organic: *verduras orgânicas* organic vegetables

organismo *s* **1** (corpo) system: *O esporte faz bem para o organismo.* Sports are good for your system. **2** (instituição) organization

organista *s* organist

organização *s* **1** (planejamento) organization: *Fiquei responsável pela organização do passeio.* I was responsible for the organization of the trip. **2** (entidade) organization: *uma organização não governamental* a nongovernmental organization

organizador, -a *substantivo & adjetivo*
- *s* organizer: *o organizador do festival* the festival organizer
- *adj* organizing: *a comissão organizadora* the organizing committee

organizar *v* to organize
organizar-se *v* to get organized

órgão *s* **1** (em anatomia) organ: *os órgãos sexuais* the sexual organs **2** (instrumento musical) organ **3** (entidade) body (pl -dies): *um órgão do governo* a government body

orgasmo *s* orgasm

orgulhar-se *v* **orgulhar-se de alguém/algo** to be proud of sb/sth: *Ele se orgulha do trabalho que fez.* He's proud of the work he did.

orgulho *s* pride: *Ela é o orgulho da família.* She's the pride of the family. | **ter orgulho de algo/alguém** to be proud of sth/sb | **ter orgulho de fazer algo** to be proud to do sth: *Ele tem orgulho de ser brasileiro.* He is proud to be Brazilian.

orgulhoso, -sa *adj* proud: *Estou orgulhoso de você.* I'm proud of you.

orientação *s* **1** (indicação) directions *pl*: *Pode me dar uma orientação sobre que caminho pegar?* Can you give me some directions on how to get there? **2** (supervisão) guidance: *Fizemos o projeto sob a orientação do professor.* We did the project under the teacher's guidance. **3** (aconselhamento) guidance: *orientação vocacional* careers guidance

oriental *adjetivo & substantivo*
- *adj* eastern: *a Europa oriental* eastern Europe
- *s* Oriental ▶ Muitas pessoas consideram o termo **Oriental** ofensivo

orientar *v* **1** (indicar a direção a) to direct: *O guarda está orientando os motoristas.* The policeman is directing motorists. **2** (supervisionar) to guide: *Quem vai orientar vocês neste trabalho?* Who's going to guide you in this work? **3** (aconselhar) to advise: *Ela orienta os jovens em questões como drogas.* She advises young people on matters such as drugs.

orientar-se *v* (geograficamente) to get your bearings

oriente *s* East
Oriente Médio Middle East

origem *s* origin | **país de origem** country of origin | **dar origem a algo** to give rise to sth

original *adjetivo & substantivo*
- *adj* **1** (inicial) original: *Esta era a minha ideia original.* That was my original idea. **2** (inédito) original: *de modo criativo e original* in a creative and original way **3** (extravagante) unusual: *Que fantasia original!* What an unusual costume!
- *s* (matriz) original: *Você quer o original ou a cópia?* Do you want the original or the copy?

orla *s* **1 orla (marítima)** oceanfront **2** (de ilha) coast **3** (de saia, vestido) hem

orquestra *s* orchestra
orquestra sinfônica symphony orchestra

ortografia *s* spelling: *um erro de ortografia* a spelling mistake

ortopedista *s* orthopedist (AmE), orthopaedist (BrE)

orvalho *s* dew

os, as *art & pron* ▶ ver quadro na pág. 662

osso *s* bone ▶ ver também **carne**

ostra *s* oyster

ótica *s* **1** (loja) optometrist (AmE), optician (BrE): *Tem uma ótica aqui perto.* There's an optometrist near here. **2** (em física) optics ▶ ver também **ilusão** **3** (maneira de ver) view | **sob a ótica de algo** from the perspective of sth

otimismo *s* optimism

otimista *adjetivo & substantivo*
- *adj* (pessoa, comentário, visão) optimistic: *Estou*

os/as

▶ ARTIGO

1 A tradução é **the,** exceto nos casos indicados mais abaixo:

Comemos todos os morangos/todas as peras. We ate all the strawberries/all the pears.

2 Não se usa **the** nos seguintes casos:

Quando se fala de algo em geral:

Os médicos não recomendam este remédio. Doctors don't recommend this medicine. | *As laranjas têm vitamina C.* Oranges contain vitamin C.

Com os dias da semana:

Jogo tênis às segundas. I play tennis on Mondays.

3 Com partes do corpo e objetos de uso pessoal usa-se um possessivo:

Preciso lavar as mãos. I need to wash my hands. | *Quero dar as roupas velhas.* I want to give away my old clothes.

4 Em construções sem substantivo usa-se **the ones:**

Posso ver os azuis? Can I see the blue ones? | *as que escolhi* the ones (that) I chose | *As grandes são mais caras.* The big ones are more expensive.

A menos que haja um possessivo:

Os seus são melhores. Yours are better. | *As da Sonia são italianas.* Sonia's are Italian.

▶ PRONOME PESSOAL

1 QUANDO SE REFERE A "VOCÊS" (= you)

Ele as viu na praia. He saw you on the beach.

2 QUANDO SE REFERE A "ELES" OU "ELAS" (= them)

Não os conheço. I don't know them. | *Eu as levei ao parque.* I took them to the park.

3 QUANDO SE REFERE A COISAS (= them)

Eu os esqueci em casa. I've left them at home.

---

muito otimista em relação a isso. I'm very optimistic about this.
• s (pessoa) optimist

ótimo, -ma *adjetivo & interjeição*
• **adj** great: *Você teve uma ótima ideia.* You had a great idea.
• **ótimo!** *interj* great!

otorrino, -na s ear, nose and throat doctor

ou *conj* **1** or: *Não sei se compro o branco ou o azul.* I don't know whether to buy the white one or the blue one. **2** ou... ou... either... or...: *O problema deve ser ou no disco rígido ou na placa-mãe.* The problem must be either on the hard disk or the motherboard. **3 ou seja** in other words **4 ou melhor** or rather: *Eu não tinha ideia do que dizer, ou melhor, de como começar.* I had no idea what to say, or rather, where to start.

ouriço, ouriço-do-mar s sea urchin

ouro *substantivo & substantivo plural*
• s gold | **de ouro** gold: *um cordão de ouro* a gold chain
• **ouros s pl** (naipe) diamonds: *a dama de ouros* the queen of diamonds

ousado, -da *adj* (pessoa, ato, plano) daring

outdoor s billboard

outono s fall (AmE), autumn (BrE) ▶ ver "Active Box" estações do ano em estação

outro, -tra *adj & pron* ▶ ver quadro na pág. 663

outubro s October ▶ ver "Active Box" meses em mês

ouvido s **1** (órgão) ear ▶ ver também **dor 2** (audição) hearing **3 dar ouvidos a alguém** to listen to sb: *Não dei ouvidos a meus pais e me dei mal.* I didn't listen to my parents and things turned out badly for me. **4 de ouvido** by ear: *Toco violão de ouvido.* I play guitar by ear. **5 ter bom ouvido para algo** to have a good ear for sth: *Ele tem bom ouvido para música.* He has a good ear for music.

ouvinte s **1** (de rádio, etc.) listener **2** (aluno) O equivalente nos Estados Unidos é **audit student** ou **auditor,** porém na Grã-Bretanha não existe o conceito. Então, para falar de *ouvinte,* se diria *a student who sits in on classes without being registered*

ouvir *v* ouvir (algo/alguém) **(a)** (escutar o som, a voz) to hear (sth/sb): *Ouvi uns ruídos estranhos.* I heard some strange noises. | *Chamei, mas ela não ouviu.* I called, but she didn't hear me. **(b)** (atentamente) to listen (to sth/sb): *Você ouve rádio?* Do you listen to the radio? | *Não me perturbe, quero ouvir o que ele está dizendo.* Don't disturb me; I want to listen to what he's saying.

ova s **1** (em biologia) egg **2** (em culinária) **ovas** roe: *Você gosta de ovas de peixe?* Do you like fish roe? **3 uma ova!** like hell!

oval *adj* (forma, cabeça, etc.) oval

ovário s ovary (pl -ries)

ovelha s sheep (pl sheep)
ovelha negra black sheep: *Sou a ovelha negra da família.* I'm the black sheep of the family.

overdose s overdose: *Ela morreu de overdose.* She died from an overdose.

ovni s UFO

ovo s **1** egg **2 estar/acordar de ovo virado** to be/wake up in a bad mood
ovo cozido boiled egg **ovo duro** hard-boiled egg **ovo estalado/frito** fried egg **ovos mexidos** scrambled eggs **ovo pochê/quente** poached egg

oxigenado, -da *adj* bleached: *cabelo oxigenado* bleached hair ▶ ver também **água**

oxigênio s oxygen

ozônio s ozone: *a camada de ozônio* the ozone layer

outro -tra

ADJETIVO

1 PRECEDIDO DE ARTIGO OU POSSESSIVO (= other)

a outra luva the other glove | *os outros pratos* the other plates | *minhas outras amigas* my other friends

2 SEM ARTIGO OU POSSESSIVO

Usa-se **another** com um substantivo contável no singular, e **other,** se o substantivo for plural:

Você quer outro café? Would you like another coffee? | *as pessoas de outros países* people from other countries

Porém, se o substantivo plural vem precedido de um número, usa-se **another**:

Vieram outras três meninas. Another three girls came.

3 *outra coisa, outra pessoa, outro lugar*, etc. têm traduções especiais:

Vou te contar outra coisa. I'll tell you **something else**. | *Pergunte a outra pessoa.* Ask **somebody else**. | *Ponha-o em outro lugar.* Put it **somewhere else**.

Em frases interrogativas e negativas usa-se **anything else, anyone else**, etc.

4 Referindo-se ao passado, *outro dia* traduz-se por **the other day**:

Vi sua irmã outro dia. I saw your sister the other day.

Referindo-se ao futuro, traduz-se por **another day**:

Outro dia você me devolve isso. Give it back to me another day.

5 A tradução de *outra vez* é **again**:

Perdemos outra vez. We lost again.

PRONOME

1 OBJETOS

A tradução depende se o pronome vem ou não precedido de artigo, e se está no singular ou no plural:

Gosto mais do outro. I like **the other one** better. | *As outras são mais baratas.* **The others** are cheaper./The **other ones** are cheaper. | *Você quer outro?* Do you want **another one**? | *Não gosto destes. Você tem outros?* I don't like these. Do you have any **others**?

2 PESSOAS

Um quer ir e o outro quer ficar. One of them wants to go and **the other one** wants to stay. | *Os outros partiram cedo.* **The others** left early. | *Ele a deixou por outra.* He left her for **someone else**.

P, p *s* P, p ▶ ver "Active Box" **letras do alfabeto** em **letra**

pá *s* **1** (ferramenta) spade **2** (de moinho, remo, ventilador, etc.) blade **3 ser da pá virada** to be reckless

pá de lixo dustpan

pacato, -ta *adj* **1** (pessoa) mild-mannered **2** (lugar) peaceful

paciência *substantivo & interjeição*

• *s* **1** (calma) patience: *A minha paciência tem limites.* My patience has limits. | **ter paciência** to be patient: *Não tenho paciência com crianças.* I'm not patient with children. **2** (jogo) solitaire (AmE), patience (BrE)

• **paciência!** *interj* let's be patient!

paciente *adjetivo & substantivo*

• *adj* (pessoa) patient: *A professora foi muito paciente com ele.* The teacher was very patient with him.

• *s* (em hospital, etc.) patient: *O paciente receberá alta pela manhã.* The patient will be discharged in the morning.

pacote *s* **1** (embrulho) package **2** (de biscoito, arroz, etc.) packet **3** (de medidas, etc.) package: *um novo pacote econômico* a new economic package

padaria *s* bakery (pl -ries): *Comprei pão na padaria.* I bought bread at the bakery.

padeiro, -ra *s* baker

padrão *s* **1** (base de comparação) standard: *um hotel de padrão internacional.* a hotel of international standard **2** (estampa) pattern **3** (modelo) ideal: *o padrão de beleza* the ideal of beauty

padrão de vida standard of living

padrasto *s* stepfather

padre *s* **1** (pessoa) priest **2** (título) Father: *Padre Jorge* Father Jorge

padrinho *s* **1** (de batismo) godfather | **padrinhos** (madrinha e padrinho) godparents **2** (de casamento) witness (pl -sses)

pagamento *s* **1** (de contas) payment: *pagamento parcelado* payment in installments **2** (salário) pay: *Hoje recebo meu pagamento.* Today I get my pay.

pagar *v* to pay: *Esta firma não paga bem.* This firm doesn't pay well. | **pagar (por) algo** to pay (for) sth: *Meus pais pagam minhas despesas.* My parents pay my expenses. | *Paguei caro por esta*

pager — 664 — LONGMAN DICIONÁRIO ESCOLAR

bicicleta. I paid a lot for this bike. ▶ Quando se trata de dar dinheiro em troca de algo, o uso da preposição **for** é obrigatório em inglês: *Meu pai pagou o jantar.* My father paid for the dinner. | *Tive que pagar o vaso que quebrei.* I had to pay for the vase I broke. | **pagar com cheque/cartão de crédito** to pay by check/credit card (AmE), to pay by cheque/credit card (BrE) | **pagar em dinheiro/em espécie** to pay in cash

pager s pager: *Recebi um recado urgente pelo pager.* I received an urgent message on my pager.

página s page: *na página 30* on page 30 | **na página anterior/seguinte** on the previous/following page

página inicial (em site) homepage **páginas amarelas** yellow pages: *Procure o telefone nas páginas amarelas.* Look for the phone number in the yellow pages.

pagode s **1** (música) Para explicar esta acepção pode-se dizer *It's a style of Brazilian music* **2** (festa) jam session

pai s father: *o pai do André* André's father | **pais** (pai e mãe) parents: *Queria conhecer seus pais.* I'd like to meet your parents. ▶ ver também **órfão**

painel s **1** (de carro) dashboard **2** (de avião) instrument panel **3** (de máquina) control panel **4** (tela) panel: *Este painel foi pintado por Picasso.* This panel was painted by Picasso. **5** (visão geral) overview: *um painel sobre o Romantismo* an overview of Romanticism

pai-nosso s Lord's prayer: *Rezo um pai-nosso antes de dormir.* I say the Lord's prayer before going to sleep.

país s country (pl -ries): *um país democrático* a democratic country

paisagem s **1** (topografia) landscape: *a paisagem urbana* the urban landscape **2** (panorama) scenery: *uma paisagem deslumbrante* breathtaking scenery | *Paramos para apreciar a paisagem.* We stopped to take in the scenery.

paisana s **à paisana (a)** (militar) in civilian clothes **(b)** (policial) in plain clothes

País de Gales s **o País de Gales** Wales

paixão s **1** (sentimento) passion | **sentir/ter paixão por alguém** to be in love with sb **2** (pessoa amada) passion: *Luísa foi a grande paixão dele.* Luisa was his great passion. **3** (objeto amado) passion: *O cinema é a minha maior paixão.* The movies are my greatest passion. | **ter paixão por algo** to have a passion for sth

palácio s palace

paladar s **1** (gosto) flavor (AmE), flavour (BrE) **2** (em anatomia) palate **3** (sentido) taste

palavra s **1** word: *Como se pronuncia essa palavra?* How do you pronounce this word? | **em outras palavras** in other words **2 palavra (de honra)** word (of honor) (AmE), word (of honour) (BrE): *Dou a minha palavra.* I give you my word. **3 dirigir a palavra a alguém** to speak to sb: *Ele nunca mais me dirigiu a palavra.* He never spoke to me again.

palavras cruzadas crossword

palavrão s swearword | **dizer/soltar um palavrão** to swear: *Ele disse um palavrão na frente do professor.* He swore in front of the teacher.

palco s stage: *Os atores entraram no palco sob aplausos.* The actors came on stage to applause.

palestra s talk | **dar uma palestra** to give a talk

paletó s jacket

palha s straw: *um chapéu de palha* a straw hat

palhaçada s **1 palhaçadas** antics: *Rimos muito das palhaçadas dele.* We laughed a lot at his antics. | **fazer palhaçadas** to fool around **2** (ato ou evento ridículo) farce: *A reunião acabou virando uma palhaçada.* The meeting turned into a farce.

palhaço s clown

palheta s **1** (para tocar guitarra, etc.) plectrum, pick (AmE) **2** (de instrumento de sopro) reed **3** (de pintura) palette

pálido, -da adj **1** (rosto, pessoa) pale | **ficar pálido** to go pale: *Fiquei pálida de susto.* I went pale with fright. **2** (cor) pale

palito s **1** (para os dentes) toothpick **2** (de fósforo) matchstick **3 estar um palito** to be a beanpole

palma s **1** (da mão) palm **2 bater palma(s)** to clap: *No fim do discurso, todos bateram palmas.* At the end of the speech, everybody clapped.

palmada s smack | **dar uma palmada em alguém** to smack sb | **levar uma palmada** to get a smack

palmilha s insole

palmito s palm heart: *salada de palmito* palm heart salad

palmo s **1** foot: *a um palmo do chão* a foot off the ground | **palmo a palmo** inch by inch **2 não se enxergava a um palmo do nariz** you couldn't see the hand in front of your face

pálpebra s eyelid

palpite s **1** (opinião) comment | **dar palpite** to make comments: *Não quero ninguém dando palpite durante o jogo.* I don't want anyone making comments during the game. **2** (pressentimento) hunch (pl -ches): *O meu palpite é que o jogo será empate.* My hunch is that the game will be a draw.

Panamá s **o Panamá** Panama

panamenho, -nha adj & s Panamanian

pancada s **1** (soco) blow: *O menino ficou com marcas das pancadas.* The child had bruises from the blows. **2** (baque) crash (pl -shes) | **dar uma pancada em algo** to hit sth: *O ônibus deu uma pancada na traseira do táxi.* The bus hit the back of the taxi. | *Dei uma pancada na quina da mesa.* I hit the corner of the table. **3** (batida) knock **4 uma pancada d'água** a sudden downpour | **pancada de chuva** heavy shower

pancake s pancake

panda s panda

pandeiro s tambourine

pane s breakdown | **sofrer uma pane** to break down

panela s saucepan | **panela de pressão** pressure cooker

panfleto s pamphlet

pânico s panic | **entrar em pânico** to panic: *Quando o vi, entrei em pânico.* When I saw him, I panicked.

pano s **1** (para limpar, cobrir, etc.) cloth **2** (tecido) cloth **3** (em teatro) curtain | **pano de chão** floor cloth **pano de fundo** backdrop **pano de pó** dust cloth (AmE), duster (BrE) **pano de prato** dish towel (AmE), tea towel (BrE)

panqueca s crepe

pântano s swamp

pantera s panther

pantufa s slipper: *um par de pantufas* a pair of slippers

pão s bread ▶ **bread** é um substantivo incontável; assim sendo, *um pão* deve ser traduzido por **a loaf** ou **a loaf of bread**, se for um pão francês ou similar: *Sempre como pão no café da manhã.* I always have bread for breakfast. | *Comprei um pão para o nosso almoço.* I bought a loaf of bread for our lunch. | *Comi dois pães com manteiga.* I had two bread rolls with butter.
| **pão árabe** pita bread (AmE), pitta bread (BrE) **pão com manteiga** bread and butter **pão de forma** sliced bread **pão de ló** sponge cake **pão de queijo** cheese bread **pão doce** sweet bun (AmE), bun (BrE) **pão francês** French bread **pão integral** whole wheat bread (AmE), wholemeal bread (BrE)

pão-duro, -ra *adjetivo & substantivo*

- *adj* tight-fisted
- *s* cheapskate

pãozinho s roll: *Me veja três pãezinhos, por favor.* I'd like three rolls, please.

papa s **1** (mingau) mush **2** (chefe da igreja) pope | **o papa** the Pope

papagaio s **1** (ave) parrot **2** (pipa) kite

papai s daddy (pl -ddies) | **Papai Noel** Santa Claus

papel s **1** (material) paper: *papel reciclado* recycled paper | *duas folhas de papel* two sheets of paper | **de papel** paper: *copo de papel* paper cup
2 (pedaço de papel) piece of paper: *Escreva seu endereço neste papel.* Write your address on this piece of paper.
3 (em teatro, novela, etc.) part | **fazer o papel de alguém** to play the part of sb: *Vou fazer o papel do filho.* I'm going to play the part of the son.
4 (função) role ▶ ver também **lenço**
| **papel-alumínio** tinfoil **papel de carta** writing paper **papel de embrulho** wrapping paper **papel de parede** wallpaper **papel de presente** giftwrap, wrapping paper (BrE) **papel higiênico** toilet paper **papel pardo** brown paper

papelão s **1** (tipo de papel) cardboard **2 fazer um papelão** to make a spectacle

papelaria s stationery store (AmE), stationer's (BrE)

papo s **1** (conversa) chat | **bater um papo** to have a chat | **ter um bom papo** to be a good talker | **não ter papo** to have nothing to say **2** (no rosto) double chin **3 de papo para o ar** lazing around: *Passei o dia de papo para o ar.* I spent the day lazing around.

paquera s **1** (pessoa) love interest: *Estou com uma paquera nova.* I have a new love interest. **2** (flerte) flirting: *a paquera virtual* virtual flirting

paquerar v **paquerar alguém** to flirt with sb: *Seu irmão já me paquerou.* Your brother flirted with me once.

par *substantivo & adjetivo*

- *s* **1** (casal) couple: *o novo par no grupo* the new couple in the group **2** (dupla) pair: *A barata tem um par de antenas.* Cockroaches have a pair of antennae. | **aos pares** in pairs **3** (em dança, jogo) partner: *Meu par ainda não chegou.* My partner still hasn't arrived. **4 estar a par de algo** to be aware of sth: *Já estou a par do que aconteceu.* I'm already aware of what happened. | **pôr alguém a par de algo** to inform sb about sth: *É preciso pôr a polícia a par do caso.* We have to inform the police about the case.
- *adj* **1** (número) even **2** (apartamento, andar) even-numbered

para *prep* ▶ ver quadro na pág. 666

parabenizar *v* to congratulate

parabéns s **1** (por aniversário) **parabéns** happy birthday: *Meus parabéns pelos seus 15 anos.* Happy fifteenth birthday! | *Minha mãe lhe mandou parabéns.* My mom wished you a happy birthday. | **dar os parabéns a alguém** to wish sb a happy birthday | **cantar parabéns** to sing happy birthday **2** (por conquista, sucesso) **parabéns (por algo/ter feito algo)** congratulations (on sth/on doing sth): *Parabéns por ter tirado dez na prova.* Congratulations on getting ten out of ten in the test.

parabólica s satellite dish (pl satellite dishes)

para-brisa s windshield (AmE), windscreen (BrE)

para-choque s bumper

parada s **1** (interrupção) break: *Houve uma parada para o almoço.* There was a break for lunch. | **dar uma parada** to take a break **2** (de

paradeiro

para

1 A tradução **for** é empregada em muitos contextos:

Isto é para você. This is for you. | *Preciso disso para amanhã.* I need it for tomorrow. | *Para que você quer isto?* What do you want that for? | *Ela é muito alta para a sua idade.* She's very tall for her age.

2 Traduz-se por **to** nos casos em que a preposição *para* poderia ser substituída pela preposição **a**, ou quando se faz referência ao lugar para onde se vai:

Dê isso para ele. Give this to him. | *Volto para o Brasil amanhã.* I'm going back to Brazil tomorrow.

3 Outros casos:

DIREÇÃO

Ele está vindo para cá. He's coming over. | *Não olhe para cima/baixo.* Don't look up/down. | *Venha para dentro.* Come inside.

OPINIÕES

para mim/para o João etc.: *Para mim, isso não vai dar certo.* In my opinion, this isn't going to work. | *Para o Jorge, ela é linda.* As far as Jorge is concerned, she's beautiful./Jorge thinks she's beautiful.

SEGUIDO DE INFINITIVO

para fazer algo to do sth: *Estou pronto para sair.* I'm ready to leave. | *Ele telefonou para me convidar.* He called to invite me. | **para não fazer algo** so as not to do sth: *Entrei em silêncio para não te acordar.* I came in quietly so as not to wake you.

PARA QUE (= SO THAT)

Vou repetir para que não haja dúvidas. I'm going to repeat it so that there are no doubts. | *Não te contei para que você não ficasse preocupada.* I didn't tell you so that you wouldn't get worried.

ônibus) stop: *Onde é a próxima parada?* Where's the next stop? | **descer numa parada** to get off at a stop: *Temos que descer na próxima parada.* We have to get off at the next stop. **3** (desfile) parade: *Assistimos à parada pela televisão.* We watched the parade on television. **4** (situação) situation: *Tenho que resolver logo essa parada.* I've got to straighten this situation out soon. **5 parada (de sucessos)** hit parade: *O álbum chegou ao segundo lugar da parada americana.* The album got to number two in the American hit parade.

parada cardíaca heart failure **parada respiratória** respiratory failure

paradeiro s whereabouts: *A polícia ainda não sabe o paradeiro do bandido.* The police still don't know the whereabouts of the robber.

parado, -da adj **1** (pessoa) standing still | **ficar parado** to stand still **2** (veículo) stationary | **estar parado (a)** (veículo, obra, projeto) to be at a standstill **(b)** (elevador, máquina) not to be working **(c)** (relógio) to have stopped **3** (olhar) fixed

parafuso s screw | **apertar um parafuso** to tighten a screw

parágrafo s paragraph ▶ ver também **ponto**

Paraguai s o **Paraguai** Paraguay

paraguaio, -guaia adj & s Paraguayan

paraíso s **1** (em religião) paradise **2** (lugar delicioso) paradise | **ser um paraíso** to be idyllic

para-lama s **1** (de bicicleta) fender (AmE), mudguard (BrE) **2** (de carro) splashguard (AmE), mudflap (BrE)

paralelo, -la adjetivo & substantivo

• adj **1** (linhas) parallel **2** (semelhante) parallel

• **paralelo** s parallel | **estabelecer um paralelo entre duas coisas** to establish a parallel between two things

paralisado, -da adj **1** (que tem paralisia) paralyzed: *Ele está paralisado da cintura para baixo.* He's paralyzed from the waist down. **2** (de emoção, surpresa) stunned: *Fiquei paralisado com a notícia.* I was stunned at the news. **3** (trânsito, atividade) at a standstill: *O tráfego está paralisado por causa da chuva.* The traffic is at a standstill because of the rain.

paralítico, -ca adj paralytic | **ficar paralítico** to become paralysed

parapeito s windowsill

parapente s paraglider | **saltar de parapente** to paraglide

paraquedas s parachute | **saltar de paraquedas** to do a parachute jump

paraquedismo s parachuting | **fazer paraquedismo** to parachute

paraquedista s **1** (esportista) skydiver **2** (soldado) paratrooper

parar v **1** (cessar de andar, funcionar, etc.) to stop: *Paramos para descansar.* We stopped to rest. | *Meu relógio parou.* My watch has stopped. | **parar de fazer algo** to stop doing sth: *Pare de reclamar.* Stop complaining. | *Ainda não parou de chover.* It still hasn't stopped raining. | **sem parar** nonstop: *Ele fala sem parar.* He talks nonstop. **2 parar com algo** (impedir de continuar) to stop sth: *Acho melhor pararmos com essa discussão.* I think we'd better stop this argument now. **3 ir parar em** (ter como destino) to end up in: *Nos perdemos e fomos parar no subúrbio.* We got lost and ended up in the suburbs. **4 você/minha mãe etc. não para** (ser agitado) you are/my mom is etc. always on the go

parasita s **1** (organismo) parasite **2** (pessoa) freeloader (AmE), scrounger (BrE)

parceiro, -ra s **1** (em jogo) partner **2** (companheiro) partner

parcela s **1** (prestação) installment: *pagamento em três parcelas* payment in three installments **2** (de território, população, etc.) part

parcial adj **1** (incompleto) partial: *uma vista parcial da cidade* a partial view of the city **2** (pessoa, atitude) biased

pardo, -da adj (castanho) brown ▶ ver **papel** ▶ ver "Active Box" **cores** em **cor**

parecer v ▶ ver quadro
parecer-se v **1** (na aparência) to be alike: *Elas não se parecem em nada.* They are not at all alike. | **parecer-se com alguém/algo** to look like sb/sth: *Você se parece com sua mãe.* You look like your mother. | *Sua jaqueta de couro se parece com a minha.* Your leather jacket looks like mine. **2** (na personalidade) to be alike: *Nisso nós nos parecemos.* We're alike in that respect.

parecido, -da adj **1** (na aparência) **serem parecidos** to look alike: *As duas irmãs são muito parecidas.* The two sisters look very much alike. | **ser parecido com alguém/algo** to look like sb/sth: *Ele não é nada parecido com o irmão.* He doesn't look at all like his brother. **2 parecido (com alguém/algo)** similar (to sb/sth): *O espanhol é muito parecido com o português.* Spanish is very similar to Portuguese.

parede s wall

parente, -ta s relative | **ser parente (de alguém)** to be related (to sb): *Ele é parente daquele cantor.* He's related to that singer.

parentesco s relationship: *Qual é o parentesco entre eles?* What's the relationship between them?

parênteses s parentheses (AmE), brackets (BrE) | **entre parênteses** in parentheses

páreo s (corrida de cavalos) race

parlamento s parliament

parmesão s parmesan

parque s park
parque de diversões amusement park **parque nacional** national park

parquímetro s parking meter

parquinho s (com brinquedos) children's playground

parte s **1** (porção, seção) part: *as várias partes do armário* the various parts of the cupboard | *a melhor parte do livro* the best part of the book | **a parte de baixo/cima** the bottom/the top | **a parte de trás/da frente** the back/the front | **por partes** bit by bit: *Vou lhe contar o que aconteceu por partes.* I'll tell you what happened bit by bit. **2 a maior parte de** most: *na maior parte dos casos* in most cases **3** (lugar) part: *Nesta parte da cidade há várias discotecas.* There are several discos in this part of town. | **por toda parte** everywhere: *Havia cacos de vidro por toda parte.* There was broken glass everywhere. **4** (de dinheiro, lucro, etc.) share: *É melhor cada um pagar sua parte.* It's better if everyone pays their share. **5** (pessoa) party (pl -ties): *As duas partes assinaram o contrato.* The two parties signed the contract. | **da parte de alguém** from sb: *um recado da parte do professor* a message from the teacher | **foi gentil da sua parte/da parte dele etc.** it was kind of you/kind of him etc.: *Acho que é muito imprudente da parte deles.* I think it's very unwise of them. **6 à parte** different: *Esse é um assunto à parte.* That's a different matter. **7 dar parte de algo/alguém (a alguém)** (comunicar) to report sth/sb (to sb): *Demos parte do roubo à polícia.* We reported the robbery to the police. **8 fazer parte de algo** to be part of sth: *Essa música faz parte da trilha sonora do filme.* This song is part of the soundtrack of the movie. **9 tomar parte em algo** (participar) to take part in sth: *Ele vai tomar parte na festa do colégio.* He's going to take part in the school party.

top
bottom

participação s **1** (envolvimento) involvement: *A minha participação foi pequena.* My involvement was limited. **2** (em filme, programa de TV, etc.) appearance **3** (comunicação) announcement: *participação de casamento* marriage announcement

---

parecer

1 A tradução em geral é **to seem**:
Ele parece saber o que quer. He seems to know what he wants. | *Computação gráfica parece tão difícil!* Computer graphics seems so hard!

2 Quando se trata de algo que ouvimos ou vimos, também se usam **to sound** ou **to look**:
O que ele diz parece interessante. What he says sounds interesting. | *De fora parece enorme.* It looks huge from the outside. | **parecer cansado/preocupado etc.** to look tired/worried etc.: *Ela parecia triste.* She looked sad.

3 Quando precede um substantivo, usa-se **to look like, to sound like** ou **to seem (like)**:
Ela parece uma modelo. She looks like a model. | *Parece uma boa ideia.* It sounds like a good idea. | *Ele parece um cara legal.* He seems like a nice guy./He seems a nice guy.

4 Como verbo impessoal:
me/te etc. parece it seems to me/you etc.: *Me parece um pouco caro.* It seems a little expensive to me. | **parece que** it seems (that)/it looks like: *Parece que não há mais ingressos.* It seems there are no tickets left. | *Parece que vai chover.* It looks like it's going to rain. | *Parece que não.* It doesn't look like it.

Também se pode usar o advérbio **apparently**:
Parece que ele formou uma banda. Apparently he started a band.

participante *adjetivo & substantivo*
- **adj** active: *uma pessoa politicamente participante* a politically active person
- **s** participant: *Todos os participantes foram pagos.* All the participants were paid.

participar *v* **1 participar (de/em algo)** to take part (in sth): *Vou participar da maratona.* I'm going to take part in the marathon. **2** (comunicar) to announce: *Eles participaram seu casamento.* They announced their wedding.

particular *adj* **1** (privado) private: *minha vida particular* my private life | *escola particular* private school **2 em particular (a)** (reservadamente) in private: *Conversei com ela em particular.* I spoke to her in private. **(b)** (em especial) in particular: *Esse problema afeta os adolescentes em particular.* This problem affects teenagers in particular. **3** (característico) particular: *o cheiro particular de um lugar* the particular smell of a place

particularmente *adv* **1** (em termos pessoais) personally: *Eu particularmente gosto desse tipo de música.* I personally like this type of music. **2** (especialmente) particularly: *algumas capitais, particularmente São Paulo* some capitals, particularly São Paulo

partida *s* **1** (saída) departure: *Quais os horários de partida desse ônibus?* What are the departure times of this bus? | *na partida do meu amigo* on my friend's departure | **estar de partida** to be leaving **2** (em corrida) start | **a linha de partida** the starting line | **dar a partida** to start **3** (jogo) game (AmE), match (pl -ches) (BrE): *uma partida de futebol* a soccer game

partido *s* **1** (em política) party (pl -ties) **2 tirar partido de algo** to profit from sth **3 tomar o partido de alguém** to take sb's side

partilhar *v* to share: *Eu e meu irmão partilhamos o mesmo quarto.* My brother and I share the same room.

partir *v* **1** (ir-se embora) to leave: *Meu amigo parte hoje.* My friend leaves today. **2** (pôr-se a caminho) to set off: *Partiram às sete da manhã.* They set off at seven in the morning. **3 partir algo (a)** (dividir) to divide sth: *O garçom partiu a pizza em quatro.* The waiter divided the pizza in four. **(b)** (com as mãos) to break sth: *Parti o biscoito em dois.* I broke the cookie in two. **(c)** (quebrar) to split sth | **partir a cabeça** to split your head open **4 a partir de então** from then on | **a partir de hoje/amanhã etc.** from today/tomorrow etc. onward | **a partir do meio-dia/ano 2000 etc.** from midday/the year 2000 etc. onward **5 partir de algo/alguém** (originar-se) to come from sth/sb: *Essa ideia partiu deles.* The idea came from them. **6 partir para algo (a)** (dedicar-se) to pursue sth: *A cantora resolveu partir para uma carreira solo.* The singer decided to pursue a solo career. **(b)** (adotar certa atitude) to resort to sth: *Reagi quando ele partiu para a agressão.* I fought back when he resorted to aggression. | **partir para outra** to move on: *Decidi esquecê-la e partir para outra.* I decided to forget her and move on. **7 partir para cima de alguém** (agredir) to go for sb: *O cachorro partiu para cima da criança.* The dog went for the child.

partir-se *v* (ou **partir**) (vidro, vaso, etc.) to smash, (corda, barbante, etc.) to snap

partitura *s* **1** (para piano, etc.) (sheet) music **2** (para orquestra) score

parto *s* birth

Páscoa *s* **1** (dos católicos) Easter **2** (dos judeus) Passover

pasmo, -ma *adj* amazed | **ficar pasmo com algo** to be amazed at sth: *Fiquei pasmo com a covardia dele.* I was amazed at his cowardice.

passa *s* raisin

passada *s* **1** (passo grande) stride **2 dar uma passada em** to drop by: *Demos uma passada no clube.* We dropped by the club.

passadeira *s* **1** (pessoa) ironing lady (pl ironing ladies) **2** (tapete) hall carpet

passado, -da *adjetivo & substantivo*
- **adj** **1** (ano, mês, etc.) last: *no verão passado* last summer | *no século passado* in the last century **2 bem/mal passado** (carne) well-done/rare **3** (fruta) rotten **4** (tempo verbal) past
- **passado** *s* past

passageiro, -ra *adjetivo & substantivo*
- **adj** (sem importância) passing: *Foi uma coisa passageira.* It was a passing thing.
- **s** (viajante) passenger

passagem *s* **1** (bilhete de viagem) ticket: *Já comprei nossas passagens.* I've already bought our tickets. **2** (custo da passagem) fare: *A passagem desse ônibus é cara.* The fare on this bus is expensive. **3** (caminho) passageway: *Tem uma passagem daqui para a piscina.* There's a passageway from here to the swimming pool. **4** (ato de passar) veja exemplo: *É proibida a passagem por ali.* You're not allowed through there. **5 de passagem** passing through: *Só estou aqui de passagem.* I'm only passing through. **6 diga-se de passagem** incidentally

passagem subterrânea underpass (AmE), subway (BrE)

passaporte *s* passport | **tirar um passaporte** to get a passport

passar *v* ▶ ver quadro

passar-se *v* **1** (ocorrer) to happen: *Não sei o que se passou com ela.* I don't know what happened to her. **2** (transcorrer) to go by: *Já se passaram cinco dias desde que cheguei.* Five days have gone by since I got here. **3** (história, filme, peça) to take place: *O romance se passa na Inglaterra.* The novel takes place in England.

passarela *s* **1** (em desfile) catwalk **2** (para pedestres) pedestrian bridge

pássaro *s* bird

passar

1 TRANSITAR (= to go by, to go down)

Não passou nenhum ônibus. Not a single bus went by. | *Passam muitos carros nessa rua.* Lots of cars go down this street. | **passar por um lugar** to go past somewhere: *O 172 passa pela minha casa.* The 172 goes past my house.

2 DE VISITA (= to drop in, to drop by)

Passei na casa da Ana. I **dropped in** at Ana's./I **stopped by** Ana's. | *Ele passou lá em casa para me ver.* He **dropped by** to see me.

3 PARA COMPRAR ALGO, RECOLHER ALGO, ETC. (= to stop off)

Tenho que passar na farmácia. I have to stop off at the pharmacy.

4 UMA FRONTEIRA (= to cross)

5 POR UM ESPAÇO (= to go through)

O sofá não vai passar pela porta. The sofa won't go through the door.

6 TERMINAR (= to go)

Minha dor na perna passou. The pain in my leg has gone. | **já passou** it's over: *O pior já passou.* The worst is over.

7 UM TEMPO, AS FÉRIAS, ETC. (= to spend)

Passei dois meses na Flórida. I spent two months in Florida. | *Onde você vai passar o Natal?* Where are you spending Christmas?

8 DAR (= to pass)

Me passa o açúcar, por favor? Would you pass the sugar, please?

9 NOS ESTUDOS, EM ESPORTES

Ele passou para o terceiro ano. He's gone into the third grade. | *Eles passaram para a primeira divisão.* They went into the first division.

10 COPIAR (= to copy)

Passe-o para um disquete. Copy it to a diskette. | **passar algo a limpo** to write sth out neatly: *Passe a carta a limpo.* Write the letter out neatly.

11 ALGO POR UMA SUPERFÍCIE

Passei um pano na mesa. I wiped the table down with a cloth.

12 UMA ROUPA A FERRO (= to iron)

13 UM FILME, UM PROGRAMA (= to show)

Está passando um filme do Spielberg. They're showing a Spielberg movie.

14 UM DEVER DE CASA, UM TRABALHO (= to give)

A professora passou muito dever de casa. The teacher gave a lot of homework.

15 SER APROVADO (= to pass)

A turma toda passou. The whole class passed.

passar

16 APLICAR

passar creme/bronzeador etc. to put some cream/suntan lotion etc. on: *Passe um protetor solar.* Put some sunblock on.

17 TRANSMITIR (= to give)

Passei minha gripe para você. I gave you my flu.

18 EXPRESSÕES

passar bem/mal to do well/feel sick: *Ela passou mal com aquela comida.* She felt sick after that meal. | **fazer-se passar por alguém** to pass yourself off as sb: *Ele se fez passar por médico.* He passed himself off as a doctor.

passatempo s pastime: *Qual é seu passatempo favorito?* What's your favorite pastime?

passe s **1** (em futebol) pass (pl -sses) | **fazer um passe** to pass **2** (contrato de jogador) contract | **vender o passe de um jogador** to sell a player: *O clube vendeu o passe do artilheiro.* The team sold the striker. **3** (licença) pass (pl -sses): *Aqui só entra quem tem passe.* Only people with passes can come in here. **4** (de trem, ônibus) pass (pl -sses)

passear v **1** (a pé) to take a walk: *Fomos passear no centro da cidade.* We took a walk downtown. **2** (de carro) to go for a drive **3** (estar de férias) to be on vacation (AmE), to be on holiday (BrE): *Não moro aqui, estou passeando.* I don't live here, I'm on vacation. **4** (sair) to go out and about: *Minha avó adora passear.* My grandma loves going out and about. | **levar alguém para passear** to take sb out: *Levei minha prima para passear no shopping.* I took my cousin out to the mall.

passeata s march (pl -ches) | **fazer uma passeata (contra/em favor de algo)** to hold a march (against/in favor of sth)

passeio s **1** (excursão) trip: *A escola organizou um passeio ao museu.* The school organized a trip to the museum. **2** (local para visita) place to go: *Há belos passeios em Salvador.* There are nice places to go in Salvador. **3** (a pé) walk | **dar um passeio** to go for a walk **4** (de bicicleta, a cavalo) ride | **dar um passeio** to go for a ride **5** (de carro) drive | **dar um passeio** to go for a drive **6** (de barco) trip **7** (calçada) sidewalk (AmE), pavement (BrE)

passo s **1** (andada) step: *meus primeiros passos* my first steps | **dar um passo à frente/atrás** to take a step forward/back **2** (barulho de passos) footstep: *Ouvi passos lá fora.* I heard footsteps outside. **3** (ritmo) pace: *num passo rápido* at a fast pace **4** **ao passo que** while: *Eu fiquei estudando ao passo que ela saiu.* I studied while she went out. **5** **ficar a um passo daqui/de lá etc.** (perto) to be a stone's throw from here/there etc.:

A casa dela fica a um passo daqui. Her house is a stone's throw from here. **6 passo a passo** step by step

pasta s **1** (de plástico, cartolina) folder **2** (maleta) briefcase **3** (massa) paste
pasta de dente toothpaste

pastel *adjetivo & substantivo*
- **adj** (suave) pastel: *cor pastel* pastel color
- **s** (alimento) samosa | **pastel de camarão/carne/queijo** shrimp/meat/cheese samosa

pastilha s pastille | **pastilha para a garganta/tosse** throat/cough lozenge (AmE), throat/cough pastille (BrE)

pastor, -a s **1** (de rebanho) shepherd **2** (sacerdote) pastor
pastor alemão German Shepherd (AmE), Alsatian (BrE)

pata s **1** (com unhas) paw: *as patas do gato* the cat's paws **2** (casco) hoof (pl hooves): *as patas da vaca* the cow's hooves **3** (a fêmea do pato) duck

patada s **1** kick | **dar uma patada em algo/alguém** (chutar) to kick sth/sb: *Ele deu uma patada na porta.* He kicked the door. **2** (grosseria) put-down | **dar uma patada em alguém** to put sb down

patamar s **1** (de escada) landing **2** (nível) level

patê s pâté: *patê de fígado* liver pâté

paterno, -na adj **1** (parentesco) paternal: *avó paterna* paternal grandmother **2 uma figura paterna** a father figure

patim s **1** (de rodas) roller skate **2** (de gelo) skate

patinação s **1** (com patins de rodas) roller skating **2 patinação (no gelo)** ice skating ▶ ver também **pista**

patinador, -a s skater

patinar v (sobre patins) to skate

patinete s scooter | **andar de patinete** to ride a scooter

patinho, -nha s duckling

pátio s **1** (de colégio) playground **2** (de casa) courtyard

pato, -ta s duck

patrão, -troa s boss (pl -sses)

pátria s nation

patrício, -cia s (compatriota) **patrício** fellow countryman (pl -men) | **patrícia** fellow countrywoman (pl -women)

patrimônio s **1** (bens) property **2** (nacional) heritage

patriótico, -ca adj patriotic

patrocinador, -a s sponsor

patrocinar v to sponsor: *A revista patrocinou o campeonato.* The magazine sponsored the championship.

patrocínio s sponsorship: *com o patrocínio da associação* with the sponsorship of the association

patrulha s **1** (ronda) patrol | **carro de patrulha** patrol car **2** (grupo) patrol: *Fomos parados pela patrulha rodoviária.* We were stopped by the highway patrol.

pau *substantivo & substantivo plural*
- **s 1** (material) wood: *Fixei a barraca com um pedaço de pau.* I secured the tent with a piece of wood. | **um pau** a stick **2** (criticar) **meter o pau em algo** to pan sth: *Os críticos meteram o pau no filme.* The critics panned the movie. | **meter o pau em alguém** to run sb down **3 nem a pau** even if you pay me: *Não vou a essa festa, nem a pau.* I'm not going to that party, even if you pay me.
- **paus** s pl (naipe) clubs: *o rei de paus* the king of clubs

pausa s pause | **dar/fazer uma pausa** to pause

pauta s **1** (linha) lines pl: *um caderno com pauta* an exercise book with lines **2** (assunto) agenda **3** (em música) staff (pl staffs ou staves) (AmE), stave (BrE)

pavão, -voa s **pavão** peacock | **pavoa** peahen

pavio s **1** (de vela) wick **2** (de bomba, rojão) fuse **3 ter pavio curto** to have a quick temper

pavor s horror: *o pavor da guerra* the horror of war | **ter pavor de algo/alguém/fazer algo** to be terrified of sth/sb/doing sth: *Tenho pavor de andar de avião.* I'm terrified of flying.

paz s **1** peace: *um acordo de paz* a peace agreement **2 deixar alguém em paz** to leave sb alone: *Me deixa em paz, por favor.* Leave me alone, please. **3 fazer as pazes (com alguém)** to make up (with sb): *Está na hora de vocês fazerem as pazes.* It's time for you to make up.

pé s **1** (parte do corpo) foot (pl feet): *Meus pés estão doendo.* My feet are hurting. | **de pés descalços** barefoot | **dos pés à cabeça** from head to toe

2 a pé Pode ser traduzido por **on foot**, porém é mais comum em inglês usar o verbo **to walk** seguido de um advérbio ou uma preposição de direção: *Vou a pé para a escola.* I walk to school. | *Vamos andar a pé?* Shall we walk? | *Subimos o morro a pé.* We walked up the hill.

3 estar/ficar em pé to stand up: *Tive que ficar em pé no ônibus.* I had to stand up on the bus.

4 estar de pé (acordado) to be up: *Às seis da manhã já estou de pé.* At six in the morning I'm already up.

5 (de cadeira, mesa, sofá) leg

6 (de copo, lâmpada) base

7 (de planta) tree: *um pé de bananeira* a banana tree

8 (medida) foot (pl feet): *ondas de dez pés* waves ten feet high

9 ao pé da árvore/da menina etc. (perto de) by the tree/the girl etc.

10 ao pé da letra (literalmente) literally: *Não dá para traduzir isto ao pé da letra.* You can't translate it literally.
11 dar no pé (fugir) to run away: *Os ladrões deram no pé.* The thieves ran away.
12 dá pé (em água) you can touch the bottom: *Ali não dá pé.* You can't touch the bottom over there. | *Essa piscina dá pé?* Can you touch the bottom in this pool?
13 pegar no pé de alguém to pester sb: *Para de pegar no meu pé!* Stop pestering me! ▶ ver também **peito, ponta**
pé chato flat feet **pé de atleta** athlete's foot **pé de moleque** peanut brittle **pé de pato** (o par) flippers (pl) **pé de vento** gust of wind

peão s **1** (no xadrez) pawn **2** (trabalhador) laborer (AmE), labourer (BrE)

peça s **1** (em jogo) piece: *Quantas peças tem este quebra-cabeça?* How many pieces does this jigsaw have? **2** (de aparelho, carro, etc.) part: *O motor precisa de peças novas.* The engine needs new parts. **3 peça (de teatro)** play: *A peça vai estrear no sábado.* The play opens on Saturday. **4** (de música) piece **5** (de antiquário, etc.) piece **peça de roupa** item of clothing

pecado s sin

pechincha s bargain: *Este aparelho de som foi uma pechincha.* This sound system was a bargain.

pechinchar s **pechinchar (o preço)** to haggle (over the price)

peculiar adj **1** (típico) particular: *Esta fruta tem um gosto peculiar.* This fruit has a very particular taste. **2** (especial) special: *Deram peculiar atenção ao seu caso.* They paid special attention to your case.

pedaço s **1** piece: *Você aceita um pedaço de bolo?* Would you like a piece of cake? | **cortar algo aos pedaços** to cut sth into pieces **2 caindo aos pedaços** (a) (objeto) falling apart: *Essa cadeira está caindo aos pedaços.* This chair is falling apart. **(b)** (pessoa) exhausted: *Cheguei da viagem caindo aos pedaços.* I got back from the trip exhausted.

pedágio s toll

pedagogia s education

pedal s pedal

pedalar v to cycle: *Pedalo meia hora todos os dias.* I cycle for half an hour every day.

pedalinho s pedal boat (AmE), pedalo (BrE)

pedestre s pedestrian ▶ ver também **faixa**

pediatra s pediatrician (AmE), paediatrician (BrE)

pedicure s pedicurist

pedido s **1 pedido (de algo)** request (for sth): *Ele negou o meu pedido.* He refused my request. | *um pedido de auxílio* a request for help | **a pedido de alguém** at sb's request: *Fiz isso a pedido do professor.* I did that at the teacher's request. **2** (ordem de compra) order: *Houve um atraso na entrega do pedido.* There has been a delay in delivery of the order.
pedido de desculpas apology (pl -gies)

pedinte s beggar

pedir v **1** (solicitar) to ask: *Já pedi, mas ela esquece de trazer.* I've already asked but she keeps forgetting to bring it. | **pedir algo (a alguém)** to ask (sb) for sth: *Você tem que pedir permissão a seus pais?* Do you have to ask your parents for permission? | **pedir a alguém que faça/para fazer algo** to ask sb to do sth: *Pediram a todos que tivessem paciência.* They asked everyone to be patient. | **pedir para fazer algo** to ask to do sth: *Ela pediu para falar com o Mário.* She asked to speak to Mário. | **pedir algo emprestado** to borrow sth: *Não gosto de pedir dinheiro emprestado.* I don't like to borrow money. **2** (em restaurante) to order: *O que você vai pedir de sobremesa?* What are you going to order for dessert? ▶ ver também **desculpa, carona, esmola**

pedra s **1** (mineral) stone **2** (rochedo) rock: *Sentamos nas pedras para olhar o mar.* We sat on the rocks to look at the ocean. **3 pedra (de gelo)** ice cube: *Quantas pedras você quer?* How many ice cubes would you like? **4 chover pedra** to hail: *Choveu pedra em São Paulo.* It hailed in São Paulo. **5 dormir feito uma pedra** to sleep like a log **6** (em túmulo) tombstone (AmE), gravestone (BrE)
pedra preciosa precious stone

pedreiro, -ra s construction worker (AmE), builder (BrE)

pegada s **1** (de pé, sapato) footprint **2** (de animal) track

pegado adv **pegado a algo** right next to sth: *Moro pegado à escola.* I live right next to the school.

pegajoso, -sa adj clammy

pegar v **1** (buscar, tomar) to get: *Pegue um prato e sirva-se.* Get a plate and help yourself. | *Temos que ir lá para pegar os ingressos.* We have to go there to get the tickets.
2 pegar alguém to pick sb up: *Vou te pegar na escola.* I'll pick you up from school.
3 pegar em algo to get hold of sth: *É melhor pegar na ponta do bastão.* It's better to get hold of the end of the bat.
4 (um ônibus, um trem, etc.) to take: *É melhor pegar um avião.* It's better to take a plane.
5 (uma rua) to take: *Pegue a primeira à direita.* Take the first on the right.
6 (uma bola) to catch
7 (uma doença) to catch: *Peguei uma gripe.* I caught the flu.

8 pegar um hábito/uma mania to pick up a habit
9 (virar moda) to catch on: *Essa dança pegou em todo o Brasil.* The dance has caught on all over Brazil.
10 (motor) to start: *O carro não pega de jeito nenhum.* The car just won't start.
11 (surpreender) to catch: *O pai pegou os dois fumando.* Their father caught the two of them smoking.

pegar-se *v* **pegar-se (com alguém)** (brigar) to fight (with sb): *Eles se pegaram por uma coisa à toa.* They fought over something silly.

peito *s* **1** (tórax) chest: *Senti dores no peito.* I felt pains in my chest. **2** (seio) breast **3** (de ave) breast: *peito de galinha* chicken breast ▶ ver também **nadar**, **nado**
peito do pé arch

peitoril *s* **1** (de janela) windowsill **2** (de varanda, etc.) parapet

peixaria *s* fish market (AmE), fishmonger's (BrE)

peixe *s* fish (pl fish): *peixe à milanesa* fish in breadcrumbs

shark
tropical fish
goldfish
salmon

Peixes *s* **1** (signo) Pisces: *os nativos de Peixes* those born under Pisces **2** (pessoa) Pisces: *Sou Peixes.* I'm a Pisces.

pelada *s* soccer game | **jogar uma pelada** to have a game of soccer

pelado, -da *adj* **1** (nu) naked **2** (sem pelo ou cabelo) shaven: *Ele apareceu com a cabeça pelada.* He appeared with a shaven head.

pele *s* **1** (do corpo humano) skin | **pele clara/morena** fair/dark skin | **pele escura** black skin **2** (de animal) skin **3** (em peça do vestuário) fur: *uma gola de pele* a fur collar | *um casaco de pele* a fur coat **4** (casca fina) skin: *Tire a pele do tomate.* Remove the skin of the tomato. **5 ser/estar pele e osso** to be skin and bones (AmE), to be skin and bone (BrE): *O cachorro era só pele e osso.* The dog was nothing but skin and bones. ▶ ver também **limpeza**

pelo *s* **1** (cabelo) hair: *os pelos da perna* the hairs on your legs **2** (de animal) fur ▶ ver também **nu**

pelúcia *s* **1 bicho de pelúcia** soft toy | **urso de pelúcia** teddy bear **2** (tecido) fleece | **casaco de pelúcia** fleece (coat)

peludo, -da *adj* **1** (pessoa, braços, etc.) hairy **2** (animal) furry

pena *s* **1** (de ave) feather **2** (piedade) pity | **ter pena de alguém** to feel sorry for sb: *Tenho pena dele.* I feel sorry for him. | **dar pena a alguém** to grieve sb: *Me deu pena vê-la tão triste.* It grieved me to see her so sad. **3** (lástima) pity | **é uma pena (que)** it's a pity ▶ seguido de oração com ou sem **that**: *Foi uma pena perdermos o campeonato.* It was a pity we lost the championship. **4** (castigo) sentence: *O juiz não decidiu que pena irá aplicar.* The judge hasn't decided what sentence to pass. | **cumprir pena** to serve your sentence **5 valer a pena** to be worth it: *O sacrifício valeu a pena.* The sacrifice was worth it. | **valer a pena fazer algo** to be worth doing sth: *Valeu a pena esperar tanto.* It was worth waiting so long.

pena de morte death penalty (pl death penalties)

pênalti *s* penalty (pl -ties): *O artilheiro marcou um gol de pênalti.* The striker scored a penalty goal.

penca *s* (de frutas, flores) bunch

pendente *adj* **1** (por resolver) outstanding: *Algumas questões ainda ficaram pendentes.* Some questions are still outstanding. **2** (caído) hanging: *com os braços pendentes* with arms hanging

pendrive *s* flash drive, Memory Stick®

pendurar *v* **1 pendurar algo (em algo)** to hang sth (on sth): *Pendurei o quadro na parede.* I hung the picture on the wall. | *Vou pendurar o calção no varal.* I'm going to hang my shorts on the clothesline. **2 pendurar uma conta** to pay later: *Posso pendurar essa conta?* Can I pay this later?

penetrar *v* **1 penetrar (em algo)** to penetrate (sth): *A fumaça penetrou nos meus pulmões.* The smoke penetrated my lungs. **2** (atravessar) to pierce: *Os espinhos penetraram seu pé.* The thorns pierced his foot.

penhasco *s* cliff

pênis *s* penis (pl -ses)

penitenciária *s* prison

penoso, -sa *adj* **1** (sofrido) painful: *uma experiência penosa* a painful experience **2** (difícil) difficult: *um caminho penoso* a difficult route

pensamento *s* thought | **ler o pensamento de alguém** to read sb's mind

pensão *s* **1** (hotel) boarding house **2 pensão completa** Diz-se **a room with all meals included** no inglês americano, e **full board** no inglês britânico | **meia pensão** Diz-se **a room with breakfast and dinner included** no inglês americano, e **half board** no inglês britânico **3** (pagamento) pension: *Minha avó recebe pensão.* My grandmother gets a pension.

pensão alimentícia *s* alimony

pensar v **1** (refletir) to think: *Pense bem antes de responder.* Think carefully before replying. ▶ Traduz-se por **to think about it** quando o verbo subentende "pensar no caso": *Não sei se quero ir; vou pensar.* I don't know if I want to go; I'll think about it. | **pensar em/sobre algo** to think about sth: *Dormi pensando nisso.* I went to sleep thinking about that. | **pensar em alguém** to think about sb: *Não consigo parar de pensar nele.* I can't stop thinking about him. **2** (considerar) **pensar que** to think (that): *Ela pensa que esta é a melhor solução.* She thinks (that) that's the best solution. | **pensar de algo/alguém** to think of sth/sb: *O que os vizinhos vão pensar de nós?* What will the neighbors think of us? | **pensar em fazer algo** to think about doing sth: *Pensei em te ligar.* I thought about calling you. | **pensando bem** on second thoughts | **nem pensar!** no way! **3** (imaginar) to think: *Pensei que fosse chover hoje.* I thought it was going to rain today.

pensativo, -va *adj* thoughtful

pentacampeão, -peã *s* five-times champion

pentatlo *s* pentathlon

pente *s* comb | **passar um pente no cabelo** to comb your hair

penteadeira *s* dressing table

penteado, -da *adjetivo & substantivo*
- *adj* groomed: *Ela está sempre bem penteada.* She's always well-groomed.
- **penteado** *s* hairstyle: *Gostei desse seu penteado.* I like your hairstyle.

pentear v **pentear o cabelo** to comb your hair | **pentear-se** v to comb your hair: *Você vai sair sem se pentear?* Are you going out without combing your hair?

penúltimo, -ma *adjetivo & substantivo*
- *adj* second to last: *no penúltimo dia* on the second to last day
- *s* last but one: *Sou a penúltima na fila.* I'm last but one in the line.

pepino *s* cucumber: *salada de pepino* cucumber salad

pequenininho, -nha *adj* tiny

pequeno, -na *adj* **1** (tamanho) small: *Preciso de um parafuso pequeno.* I need a small screw. **2** (apertado) too small: *Meu sapato já ficou pequeno.* My shoes are too small for me already. **3** (criança) small: *quando eu era pequeno* when I was small **4** (sem importância) small: *Encontrei um pequeno erro.* I found a small mistake.

pera *s* pear

perante *prep* **1** (na frente de) before: *O réu confessou o crime perante as testemunhas.* The defendant confessed to the crime before witnesses. **2** (face a) in the face of: *Ele manteve sua dignidade perante aquela humilhação.* He kept his dignity in the face of humiliation.

perceber v **1** (dar-se conta de) to realize: *Ele não percebeu o risco que corria.* He didn't realize the risk he was taking. **2** (notar) to notice: *Não dá para perceber a mancha na blusa.* You don't notice the stain on the blouse.

percentagem ▶ ver **porcentagem**

percevejo *s* **1** (tachinha) thumbtack (AmE), drawing pin (BrE) **2** (inseto) tick

percorrer v **1** (andar por) A tradução pode ser **to go along**, **to go around**, etc., dependendo do contexto: *Percorri toda a praia atrás de vocês.* I went along the whole beach looking for you. **2** (viajar por) to tour: *Vamos percorrer a Europa toda.* We're going to tour all of Europe. **3** (distância) to cover: *Percorremos mais de 1.000 km em duas semanas.* We covered more than 1,000 km in two weeks.

percurso *s* route: *Qual é o percurso da corrida?* What's the route of the race?

percussão *s* percussion | **tocar percussão** to play percussion

percussionista *s* percussionist

perda *s* **1** (privação) loss (pl -sses) | **perdas e danos** damages **2** (morte) loss (pl -sses): *Ela sofreu muito com a perda da mãe.* She suffered a lot with the loss of her mother. **3** **uma perda de dinheiro/tempo** a waste of money/time

perdão *substantivo & interjeição*
- *s* forgiveness | **pedir perdão a alguém** to say sorry to sb: *Pedi perdão a ela.* I said sorry to her.
- **perdão!** *interj* sorry!

perdedor, -a *adjetivo & substantivo*
- *adj* losing: *o time perdedor* the losing team
- *s* loser | **ser um bom/mau perdedor** to be a good/bad loser

perder v **1** (coisa possuída) to lose: *Perdi minha agenda.* I lost my appointment book. **2** (uma pessoa) to lose: *Ela perdeu a mãe ano passado.* She lost her mother last year. **3** (um avião, um ônibus, etc.) to miss: *Perdemos o avião por causa dele.* We missed the plane because of him. **4** (um show, um jogo, etc.) to miss: *Você não deve perder esse filme.* You mustn't miss that movie. **5** (tempo, dias, etc.) to waste: *Perdemos horas na fila.* We wasted hours in the line. | *Não perca tempo com isso.* Don't waste time on that. **6** (uma competição, uma guerra, etc.) to lose: *Meu time perdeu o campeonato.* My team lost the championship. | *O Guga perdeu.* Guga lost. | **perder de algo/alguém** to lose to sth/sb: *O Flamengo perdeu do Botafogo.* Flamengo lost to Botafogo. | **perder para alguém** to lose to sb: *A Itália perdeu para o Brasil.* Italy lost to Brazil. | **perder por 1 a 0 / 3 a 2 etc.** to lose one-zero/three-two etc. (AmE), to lose one-nil/three-two etc. (BrE) **7** (peso) to lose: *Tenho que perder cinco quilos.* I have to lose 5 kilos. **8** (uma oportunidade, uma vaga, etc.) to miss: *Ela perdeu a chance de viajar.* She missed the chance to travel. **9** (o entusiasmo, o gosto, etc.) to lose | **perder o orgulho** to swallow your pride **10** (não ouvir) to miss: *Perdi o que o professor*

perdido

falou. I missed what the teacher said. **11 pôr tudo a perder** to ruin everything

perder-se *v* **1** (num trajeto) to get lost: *Nós nos perdemos no caminho para lá.* We got lost on the way there. **2** (atrapalhar-se) to get confused: *Eu me perdi com tantas perguntas.* I got confused with so many questions.

perdido, -da *adj* **1** (desorientado) lost | **estar/ficar perdido** to be/get lost: *Ficamos perdidos no centro da cidade.* We got lost downtown. **2 estar/ficar perdido** (sem entender) to be/get lost **3** (sumido) missing: *Ela encontrou o documento perdido.* She found the missing document. ▶ ver também **bala**

perdoar *v* **1 perdoar alguém (por algo)** to forgive sb (for sth): *Perdoe seu irmão.* Forgive your brother. | *Não te perdoo por essa traição.* I won't forgive you for this betrayal. | **perdoar alguém por fazer algo** to forgive sb for doing sth: *O pai a perdoou por ter mentido.* Her father forgave her for lying. **2 perdoar uma dívida** to cancel a debt

perecível *adj* perishable: *alimentos perecíveis* perishable foods

perfeito, -ta *adj* **1** perfect **2 sair perfeito** to go perfectly: *Saiu tudo perfeito na festa.* Everything went perfectly at the party.

perfil *s* **1** (de pessoa) profile: *Ela tem um perfil lindo.* She has a beautiful profile. | *uma foto de perfil* a photo in profile **2** (conjunto de características) profile: *Ele tem o perfil ideal para representar esse papel.* He's got the ideal profile to play this part. **3** (de coisa) outline: *o perfil do morro* the outline of the hill

perfumado, -da *adj* **1** (pessoa, corpo) nice-smelling | **estar perfumado** to smell nice: *Ela está sempre perfumada.* She always smells nice. **2** (flor, vela, etc.) scented

perfumar *v* to perfume

perfumar-se *v* to put on perfume: *Ela se perfumou para sair.* She put on perfume to go out.

perfume *s* **1** (água-de-colônia) A palavra **perfume** em inglês se usa somente quando é perfume para mulheres. Para homens, se usa a palavra **cologne** no inglês americano e **aftershave** (menos preciso, porém mais comum) ou **eau-de-toilette** (mais preciso, porém menos comum) no inglês britânico: *Que perfume você usa?* What perfume/cologne do you wear? | *um perfume francês* a French perfume | **pôr um pouco de perfume** to put some perfume/some cologne on **2** (cheiro de uma flor, etc.) scent: *uma flor sem perfume* a flower without scent

pergunta *s* question | **fazer uma pergunta (a alguém)** to ask (sb) a question: *Posso fazer uma pergunta?* May I ask a question?

perguntar *v* **1** (indagar) to ask: *Pergunte a que horas eles abrem.* Ask what time they open. | **perguntar a alguém** to ask sb: *Pergunte ao guarda.* Ask the policeman. | **perguntar algo a alguém** to ask sb sth: *Perguntei-lhe onde morava.* I asked him where he lived. **2 perguntar por alguém** (pedir notícias de) to ask about sb (AmE), to ask after sb (BrE): *Eles perguntaram por você.* They asked about you.

perguntar-se *v* to wonder: *Fico me perguntando se isso está certo.* I keep wondering if this is right.

periferia *s* (de cidade) suburbs *pl*: *na periferia de São Paulo* in the suburbs of São Paulo

perigo *s* **1** danger | **em perigo** in danger | **fora de perigo** out of danger **2 ser um perigo** to be dangerous: *Essa área à noite é um perigo.* This area is dangerous at night.

perigoso, -sa *adj* dangerous

perímetro *s* **1** (demarcação de área) limits *pl*: *o perímetro urbano* the city limits **2** (em geometria) perimeter

período *s* **1** (tempo) period: *Passei um período no exterior.* I spent a period abroad. | *período de férias* vacation period **2** (escolar) term

periquito *s* parakeet

perito, -ta *adjetivo & substantivo*

• *adj* **ser perito em algo/em fazer algo** to be an expert in sth/at doing sth: *Ele é perito em computação.* He's an expert in computing.

• *s* expert

permanecer *v* **1** (ficar) to remain: *Todos permaneceram sentados.* Everyone remained seated. **2** (passar tempo) to stay: *Permanecemos lá cinco dias.* We stayed there for five days.

permanente *adjetivo & substantivo*

• *adj* **1** (para sempre) permanent: *visto permanente* permanent visa **2** (constante) constant: *uma dor permanente* a constant pain

• *s* (em cabelo) perm | **fazer permanente** to have a perm

permissão *s* permission: *Ele precisa de permissão do pai para viajar.* He needs permission from his father to travel./He needs his father's permission to travel. | **dar permissão a alguém (para algo/para fazer algo)** to give sb permission (for sth/to do sth): *Ela me deu permissão para sair da sala.* She gave me permission to leave the room. | **pedir permissão para fazer algo** to ask for permission to do sth: *Pedi permissão para faltar ao ensaio.* I asked for permission to miss the rehearsal.

permitir *v* **1** (autorizar) to allow: *O síndico não permite bicicletas nesta área do prédio.* The apartment building manager doesn't allow bicycles in this part of the building. **2 permitir a alguém que faça algo/fazer algo (a)** (autorizar) to allow sb to do sth: *O professor permitiu que eu saísse mais cedo.* The teacher allowed me to leave early. **(b)** (admitir) to tolerate sth: *Não permito que me desrespeitem.* I won't tolerate lack of respect. **(c)** (possibilitar) to allow sb to do sth: *Este plugin te permite ver as animações nas páginas da Internet.* This plug-in allows you to see cartoons on Internet pages.

Deve-se dizer on the table *ou* in the table? *Veja o verbete* **em**.

perna s **1** (de pessoa) leg: *Ela tem pernas compridas.* She has long legs. **2 cruzar as pernas** to cross your legs | **de pernas cruzadas (a)** (com uma perna em cima da outra) with your legs crossed: *Ele estava sentado no sofá de pernas cruzadas.* He was sitting on the sofa with his legs crossed. **(b)** (com os joelhos dobrados) cross-legged: *Tivemos que sentar no chão de pernas cruzadas.* We had to sit cross-legged on the floor. **3** (de animal) leg: *perna de galinha* chicken leg **4** (de mesa, cadeira) leg **5 de pernas para o ar** (bagunçado) in a mess: *Meu quarto está de pernas para o ar.* My room is in a mess. **6 passar a perna em alguém** (enganar) to cheat sb ▶ ver também **barriga**

pernil s leg | **pernil (de porco)** leg of pork: *Comemos pernil no Natal.* We had leg of pork at Christmas.

pernilongo s mosquito (pl -toes)

pernoitar v to stay the night: *Pernoitamos num hotel barato.* We stayed the night in a cheap hotel.

pérola s pearl: *colar de pérola* pearl necklace

perpendicular adj perpendicular

perplexo, -xa adj puzzled: *Fiquei perplexa com a pergunta dela.* I was puzzled by her question. | **deixar alguém perplexo** to puzzle sb: *O resultado o deixou perplexo.* The result puzzled him.

perseguição s **1** (caça) chase | **em perseguição a** in pursuit of: *Dois homens correram em perseguição ao ladrão.* Two men ran in pursuit of the thief. **2** (em política, religião) persecution: *a perseguição aos judeus* the persecution of Jews

perseguir v **1** (seguir) to chase: *O policial perseguiu o carro dos assaltantes.* The policeman chased the robbers' car. **2** (em política, religião) to persecute **3** (um ideal, um objetivo) to pursue

persiana s blind | **abaixar/subir a persiana** to close/open the blind

persistente adj persistent

personagem s **1** (em literatura, cinema, etc.) character: *Quem fez o personagem principal?* Who played the main character? **2** (pessoa) figure: *Ele é personagem importante na política.* He is an important figure in politics.

personalidade s personality (pl -ties)

personalizado, -da adj (produto, serviço) personalized

perspectiva s **1** (em desenho) perspective **2** (panorama) view: *Do Corcovado tem-se uma boa perspectiva da cidade.* You have a good view of the city from Corcovado. **3** (expectativa) prospect: *pacientes sem perspectiva de recuperação* patients with no prospect of recovery **4** (ponto de vista) perspective: *Dentro dessa perspectiva, a década de 90 foi muito importante.* From this perspective, the 90s were very important.

pertencer v **pertencer a algo/alguém** to belong to sth/sb: *Isto pertence a quem?* Who does this belong to? | *Esta bicicleta pertence ao meu irmão.* This bicycle belongs to my brother.

pertences s belongings

perto advérbio & preposição

• **adv** nearby: *Carlos mora perto.* Carlos lives nearby. | **de perto** close up: *Olhe a foto de perto.* Look at the photo close up.

• **perto de** prep near: *O estádio fica perto daqui.* The stadium is near here.

perturbar v **1** (atrapalhar) to disturb: *Não (me) perturba!* Don't disturb me! | *O barulho perturbou meu sono.* The noise disturbed my sleep. **2** (abalar) to trouble: *Esses problemas o têm perturbado muito.* These problems have been troubling him a lot. **3** (causar transtorno a) to disrupt: *A passeata perturbou o trânsito.* The march disrupted the traffic.

peru, -rua s (ave) turkey

Peru s **o Peru** (país) Peru

perua s (caminhonete) minivan

peruano, -na adj & s Peruvian

peruca s wig

perverso, -sa adj (mau) twisted

pervertido, -da adjetivo & substantivo

• **adj** (depravado) perverted

• **s** pervert

pesadelo s nightmare | **ter um pesadelo** to have a nightmare

pesado, -da adjetivo & advérbio

• **adj** **1** (caixa, equipamento, etc.) heavy **2** (pessoa) dull **3** (filme, livro, peça) heavy **4** (comida) rich **5** (tenso) tense: *O ambiente ficou pesado depois da discussão.* The atmosphere was tense after the argument. **6** (sono) deep **7** (ar) heavy

• **pesado** adv **trabalhar pesado** to work hard

heavy / light

pêsames s condolences | **dar os pêsames a alguém** to offer sb your condolences

pesar v **1** (medir o peso de) to weigh: *Ele pesou as uvas.* He weighed the grapes. **2** (ter certo peso) to weigh: *Peso 50 quilos.* I weigh 50 kilos. | **Quanto ela/isto etc. pesa?** How much does she/this etc. weigh? **3** (ser pesado) to be heavy: *Sua bolsa pesa muito.* Your bag is very heavy. **4 pesar algo** (avaliar) to weigh sth up: *Você tem que pesar o que diz.* You have to weigh up what you say.

pesar-se *v* to weigh yourself: *Eu me peso toda semana.* I weigh myself every week.

pesca *s* fishing
pesca submarina underwater fishing

pescador, -a *s* **pescador** fisherman (pl -men) | **pescadora** fisherwoman (pl -women)

pescar *v* **1** (apanhar) to catch: *Ele pescou um linguado.* He caught a sole. **2** (fazer pescaria) to fish: *Meu pai pesca em alto-mar.* My father fishes in the ocean. | **ir pescar** to go fishing

pescoço *s* neck: *Esse exercício me deu dor no pescoço.* That exercise gave me a pain in the neck.

peso *s* **1** weight: *Estou acima do meu peso.* I'm overweight. | **ganhar/perder peso** to put on/lose weight: *Preciso perder peso.* I need to lose weight. **2** (haltere) weight: *Estou usando pesos de dois quilos.* I'm using two-kilo weights. **3 de peso** (influente) influential: *um homem de peso* an influential man **4 em peso** (na totalidade) whole: *A escola em peso foi ao jogo.* The whole school went to the game. ▶ ver também **levantamento**

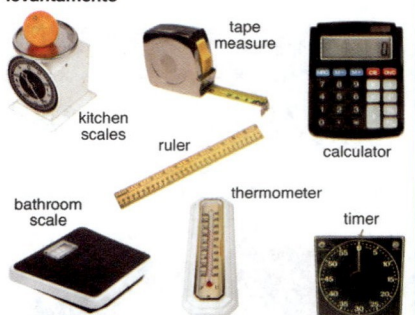

kitchen scales | tape measure | calculator
bathroom scale | ruler | thermometer | timer

pesquisa *s* research | **fazer uma pesquisa** to do research
pesquisa de mercado market research

pesquisar *v* to research: *Temos que pesquisar textos em jornais.* We have to research articles in newspapers. | **pesquisar sobre algo** to research on sth

pêssego *s* peach (pl -ches): *pêssegos em compota* peaches in syrup

pessimismo *s* pessimism

pessimista *adjetivo & substantivo*
• *adj* pessimistic
• *s* pessimist

péssimo, -ma *adj* terrible: *Estou me sentindo péssimo.* I'm feeling terrible. | *um hábito péssimo* a terrible habit

pessoa *s* (indivíduo) person (pl people): *a pessoa mais simpática do grupo* the nicest person in the group | *Quem eram aquelas pessoas?* Who were those people? | **as pessoas** (em geral) people: *As pessoas gostam dele.* People like him. | **uma pessoa** (alguém) somebody: *Uma pessoa já me perguntou isso.* Somebody has already asked me that. | **em pessoa** in person: *Já vi esse ator em pessoa.* I've seen that actor in person. | **por pessoa** per person: *São R$20 por pessoa.* It's R$20 per person.

pessoal *adjetivo & substantivo*
• *adj* personal: *um assunto pessoal* a personal matter | *minha vida pessoal* my personal life
• *s* **1** (grupo de pessoas) people *pl*: *o pessoal que morou aqui antes* the people who lived here before **2** (grupo de amigos) gang: *O pessoal veio aqui para casa ontem.* The gang came over yesterday. **3** (conjunto de funcionários) staff

pestana *s* eyelash (pl -shes)

pestanejar *v* **1** (piscar) to blink: *A luz forte me fez pestanejar.* The bright light made me blink. **2 sem pestanejar** (sem vacilar) without hesitation: *Eles concordaram sem pestanejar.* They agreed without hesitation

peste *s* **1** (pessoa) pest: *Esse menino é uma peste!* That boy's a pest! **2** (doença) plague

pétala *s* petal

petisco *s* savory snack

petit-pois *s* pea

petróleo *s* oil

pia *s* **1** (de banheiro) basin **2** (de cozinha) sink

piada *s* joke: *Vou te contar uma piada.* I'm going to tell you a joke.

pianista *s* pianist

piano *s* piano: *Você toca piano?* Do you play piano?
piano de cauda grand piano

PIB *s* GDP ▶ Abreviatura de **gross domestic product**

picada *s* **1** (de agulha, alfinete, etc.) prick **2** (de abelha, marimbondo) sting **3** (de mosquito, cobra) bite

picanha *s* (carne) sirloin

picante *adj* **1** (comida) spicy **2** (piada, filme, etc.) dirty

picar *v* **1** (legumes, frutas) to chop **2** (com agulha) to prick **3** (abelha, vespa) to sting: *Uma abelha picou a menina.* A bee stung the girl. **4** (mosquito) to bite **5** (fazer sentir coceira) to itch: *Essa suéter pica.* This sweater itches.

picar-se *v* (ferir-se) to prick yourself: *Ela se picou com a tesoura.* She pricked herself with the scissors.

pichação s piece of graffiti ▶ Para traduzir *pichações* use **graffiti**, que é singular e incontável: *muros cheios de pichações* walls full of graffiti

pichador, -a s (grafiteiro) graffitist

pichar v **1** (muros, etc.) to spray with graffiti: *Os meninos picharam as paredes do clube.* The boys sprayed the walls of the club with graffiti. **2** (criticar) to criticize: *O jornal pichou o prefeito.* The newspaper criticized the mayor.

pico s **1** (de uma montanha) peak **2** (de uma onda) crest

picolé s Popsicle® (AmE), ice lolly (pl -llies) (BrE)

picuinha s (provocação) taunting | **fazer picuinha com alguém, ficar de picuinha com alguém** to taunt sb

píer s pier

pifar v to break down: *O aparelho de som pifou.* The sound system has broken down.

pijama s pajamas pl (AmE), pyjamas pl (BrE): *Está quente para usar esse pijama.* It's too hot to wear these pajamas. | *Ganhei um pijama novo.* I got a new pair of pajamas./I got some new pajamas.

pilha s **1** (eletrônica) battery (pl -ries): *Você tem pilhas desse tamanho?* Do you have batteries this size? **2** (monte) pile: *uma pilha de livros* a pile of books **3 andar/estar/ser uma pilha (de nervos)** to be a bundle of nerves

piloto s **1** (de avião) pilot **2** (de carro) racing driver: *um piloto de fórmula 1* a Formula 1 racing driver **3** (de gás) pilot light **4** (em TV, rádio) pilot

pílula s pill: *a pílula anticoncepcional* the (contraceptive) pill

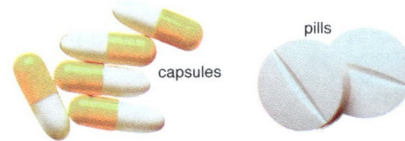

capsules pills

pimenta s pepper

pimenta-do-reino s black pepper

pimentão s pepper | **pimentão amarelo/verde/vermelho** yellow/green/red pepper

pinça s **1** (de sobrancelhas) tweezers pl: *uma pinça* a pair of tweezers/some tweezers **2** (para gelo) tongs pl: *uma pinça* a pair of tongs/some tongs **3** (de siri, caranguejo) claw

pincel s **1** (para pintar) brush (pl -shes) **2 pincel (de barba)** shaving brush

pinga s Para explicar o significado desta palavra, pode-se dizer **Brazilian white rum**

pingado adj **um café pingado** a cup of coffee with milk

pingar v **1** (gotejar) to drip: *A torneira está pingando.* The faucet is dripping. | *Pinga mais um pouco de leite aqui, por favor.* Can you put a drop more milk in here, please? **2 estar pingando** (encharcado) to be dripping wet: *Meu cabelo ainda está pingando.* My hair is still dripping wet. **3** (chover pouco) to spit: *Vamos rápido, que já começou a pingar.* Quick, it's already started spitting.

pingente s pendant: *um pingente de ouro* a gold pendant

pingo s **1** (gota) drip **2 um pingo de algo** a little sth: *Quero só um pingo de purê.* I only want a little mashed potato. ▶ Em frases negativas usa-se **not a bit**: *Ela não me deu um pingo de atenção.* She didn't give me a bit of attention. **3** (na letra i) dot

pingue-pongue s ping-pong: *mesa de pingue-pongue* ping-pong table

pinguim s penguin

pinta s **1** (mancha) dot **2** (no corpo) mole **3** (aparência) look: *Meus pais não gostaram da pinta dele.* My parents didn't like the look of him. | **ter pinta de algo** to look like sth: *Ele tem pinta de estrangeiro.* He looks like a foreigner.

pinta de nascença birthmark

pintar v **1** (com tinta, verniz) to paint: *Por que você não pinta esta cadeira?* Why don't you paint this chair? | *Quero aprender a pintar.* I want to learn to paint. | **pintar algo de azul/amarelo etc.** to paint sth blue/yellow etc. | **pintar as unhas** to paint your nails | **pintar o cabelo** to dye your hair: *Ela pintou o cabelo de louro.* She dyed her hair blonde. **2** (maquiar) **pintar alguém** to make sb up: *Quer que eu te pinte?* Do you want me to make you up? | **pintar os lábios/olhos** to put on lipstick/eye makeup **3** (aparecer) to show up: *Maria pintou lá em casa ontem.* Maria showed up at home yesterday. **4** (acontecer) to crop up: *Pintaram alguns problemas.* Some problems cropped up.

pintar-se v **1** (pôr maquiagem) to put on makeup **2** (usar maquiagem) to wear makeup *Não gosto de me pintar.* I don't like wearing makeup.

pinto s (animal) chick

pintor, -a s **1** (artista) painter **2** (operário) painter

pintura s painting

painting kit — brushes — paints — easel

piolho s louse (pl lice)

pioneiro, -ra adjetivo & substantivo
• **adj** pioneering
• **s** pioneer

pior adjetivo, advérbio & substantivo
• **adj** **1** (comparativo) worse: *O time está cada vez*

piorar

pior. The team is getting worse and worse. | *Não existe nada pior do que isso.* There's nothing worse than that. **2** (superlativo) worst: *meu pior pesadelo* my worst nightmare | *da pior forma possível* in the worst possible way

- **adv 1** (comparativo) worse: *Ele fala inglês pior do que eu.* He speaks English worse than I do. **2** (superlativo) worst: *Quem jogou pior foi o Bruno.* The person who played worst was Bruno.

- **s 1 o/a pior** the worst: *Não sou o pior dos alunos.* I'm not the worst of the students. **2 o pior é que** the worst thing is that: *O pior é que não me lembro.* The worst thing is that I can't remember. **3 o pior de tudo** worst of all **4 na pior das hipóteses** at worst

piorar *v* to get worse: *O tempo piorou.* The weather got worse. | **fazer alguém piorar** (de saúde) to make sb feel worse: *Esse remédio me fez piorar.* This drug made me feel worse. | **piorar algo** to make sth worse: *Isso piorou a poluição na cidade.* This has made pollution in the city worse. | *para piorar (a situação)* to make things worse

pipa s **1** (papagaio) kite | **soltar pipa** to fly a kite **2** (de água) tank

pipoca s popcorn: *Quer pipoca?* Would you like some popcorn? | **pipoca doce/salgada** sweet/salted popcorn

pique s **1** (energia) energy: *Ele tem um pique incrível.* He's got incredible energy. | **com muito pique** feeling very energetic | **perder o pique** to flag **2 ir a pique** (embarcação) to go down

piquenique s picnic | **fazer um piquenique** to go on a picnic

pirado, -da adj crazy | **ser pirado** to be crazy | **deixar alguém pirado** to freak sb out

pirâmide s pyramid

piranha s **1** (para prender o cabelo) hairgrip **2** (peixe) piranha

pirar v to freak out: *Ele pirou quando o namoro terminou.* He freaked out when the relationship ended.

pirata adjetivo & substantivo

- **adj** (não original) pirate: *um CD pirata* a pirate CD

- **s** (ladrão) pirate

piratear v (um vídeo, um CD, um software) to pirate

pires s saucer

pirralho, -lha s brat

pirueta s pirouette | **dar/fazer uma pirueta** to do a pirouette

pirulito s lollipop

pisar v **1 pisar (em algo)** to step (on sth), to tread (on sth) (BrE) : *Não pise na grama.* Don't step on the grass. | *Você pisou no meu pé!* You stepped on my foot! **2 pisar no acelerador/no freio** to step on the accelerator/on the brake

pisca-pisca s (em carro) blinker (AmE), indicator (BrE)

piscar v **1** (com os dois olhos) to blink: *Pisquei quando as luzes se acenderam.* I blinked when the lights came on. **2** (com um olho) to wink | **piscar para alguém** to wink at sb: *Ele piscou para mim quando o professor disse aquilo.* He winked at me when the teacher said that. **3 piscar o farol** to flash your headlights **4** (luz) to flash

pisciano, -na adj & s Pisces | **ser pisciano** to be a Pisces

piscina s (swimming) pool: *uma piscina olímpica* an Olympic-size pool | **cair na piscina** to take a dip in the pool

piso s **1** (chão) floor: *um piso de madeira* a wooden floor **2** (andar) floor: *Fica no terceiro piso.* It's on the third floor.

pista s **1** (de animal, de fugitivo) trail **2** (indicação) clue: *Pode nos dar uma pista?* Can you give us a clue? **3** (para corridas) track **4** (de corrida automobilística) racetrack **5 pista (de dança)** dance floor **6** (de decolagem, pouso) runway **7** (asfalto) road: *O carro derrapou e saiu da pista.* The car skidded and came off the road. **8** (faixa na estrada) lane: *Pegue a pista da direita.* Take the right-hand lane. **9** (em casa de espetáculos) floor: *uma mesa de pista* a floor table
pista de atletismo running track **pista de esqui** piste **pista de patinação** skating rink **pista de skate** skate park **pista dupla** divided highway (AmE), dual carriageway (BrE)

pistache s pistachio: *sorvete de pistache* pistachio ice cream

pistolão s contact: *Conseguiu o estágio porque tinha pistolão.* He got the traineeship through a contact. | **arranjar um pistolão** to get yourself a contact

pitada s pinch (pl -ches): *uma pitada de sal* a pinch of salt

pitoresco, -ca adj picturesque

pivete s **1** (ladrão) young punk **2** (menino crescido) big kid

pizza s pizza: *Você quer pizza de quê?* What do you want on your pizza?

pizzaria s pizzeria

placa s **1** (de veículo) license plate (AmE), number plate (BrE): *um carro com placa de São Paulo* a car with a São Paulo license plate ▶ Para se referir ao número, diz-se **license plate number,** no inglês americano, e **registration number,** no inglês britânico: *A placa do meu carro é LNG 1907.* My car's license plate number is LNG 1907. **2** (ao lado de uma porta, etc.) plaque, sign: *Veja o que diz a placa.* Look at what the plaque says. **3** (de trânsito) roadsign: *A placa diz que é proibido estacionar.* The roadsign says parking is prohibited. **4** (comemorativa) plaque **5** (na pele) blotch (pl -ches): *Ela acordou cheia de placas no rosto.* She woke with blotches all over her

face. **6** (de metal) sheet
placa de som/de vídeo sound/video card

placar s **1** (quadro) scoreboard: *O placar está errado; está 2 a 1.* The scoreboard is wrong; it's 2–1. **2** (escore) score: *Quanto está o placar?* What's the score?

planador s glider

planalto s plateau (pl plateaus ou plateaux)

planar v to glide

planejar v to plan | **planejar fazer algo** to plan to do sth: *Planejamos chegar lá dia 15.* We plan to get there on the 15th.

planeta s planet: *o planeta Terra* planet Earth

planets

planície s plain

planilha s spreadsheet

plano, -na *adjetivo & substantivo*

• **adj** (sem desnível) flat: *um terreno plano* an area of flat land

• **plano** s **1** (projeto) plan: *Quais são seus planos para as férias?* What are your plans for the vacation? **2** (nível) level: *A casa fica num plano mais alto.* The house is built on a higher level. **3 em primeiro/segundo plano** (em foto, imagem, etc.) in the foreground/background
plano de saúde health plan

planta s **1** (vegetal) plant **2** (de uma cidade) map **3** (de uma casa, prédio) plan **4** (do pé) sole

plantão s **1** (serviço) service: *o plantão noturno* the night service | **(estar) de plantão** (to be) on duty | **médico/farmácia de plantão** duty doctor/pharmacy **2** (turno) shift: *O meu plantão é de 12 horas.* My shift is 12 hours.

plantar v to plant

plaqueta s **1** (placa de metal) plate **2** (em informática) chip

plástica s **1** (no rosto) facelift | **fazer (uma) plástica** to have a facelift **2** (corpo) figure: *Ela tem uma bela plástica.* She's got a nice figure.
plástica de nariz nose job

plástico, -ca *adjetivo & substantivo*

• **adj** **1** (material) plastic: *saco plástico* plastic bag **2 artista plástico** artist **3 cirurgião plástico** plastic surgeon

• **plástico** s **1** (material) plastic | **de plástico** plastic: *copo de plástico* plastic cup **2** (cobertura) plastic sheet: *Cubra-o com um plástico.* Cover it with a plastic sheet.

plastificar v to laminate: *Preciso plastificar minha carteira de identidade.* I need to laminate my ID card.

plataforma s platform

plateia s **1** (público) audience: *A plateia aplaudiu de pé.* The audience gave a standing ovation. **2** (setor em teatro) orchestra (AmE), stalls (BrE)

pleno, -na adj full | **em plena luz do dia** in broad daylight | **em pleno domingo/verão etc.** in the middle of a Sunday/in the middle of summer etc. | **em pleno mar** in the middle of the ocean | **em pleno voo** in midair | **estar em plena forma** to be in top form

plugado, -da adj **1** (em informática) connected: *A impressora está plugada no computador.* The printer is connected to the computer. **2** (pessoa) switched on

plugar v (em informática) to connect

plugin s (em informática) plug-in

plugue s plug: *o plugue da televisão* the television plug

pluma s feather

plural adj & s plural: *Qual é o plural de "foot"?* What's the plural of "foot"?

pneu s tire (AmE), tyre (BrE) | **pneu furado** flat (tire) | **pneu sobressalente** spare tire

pneumonia s pneumonia | **pegar uma pneumonia** to get pneumonia

pó s **1** (poeira) dust: *Os livros estão cheios de pó.* The books are covered in dust. | **tirar o pó de algo** to dust sth **2** (substância em pó) powder | **em pó** powdered: *leite em pó* powdered milk **3** (cocaína) coke ▶ ver também **pano, sabão**

pobre *adjetivo & substantivo*

• **adj** **1** (sem dinheiro) poor: *uma família muito pobre* a very poor family **2** (coitado) poor: *Pobre homem!* Poor man!

• **s** (homem) poor man (pl men) | (mulher) poor woman (pl women) | **os pobres** the poor

pobreza s poverty

poça s puddle

pochê adj ▶ ver **ovo**

poço s **1** (fonte) well **2** (de elevador) shaft
poço de petróleo oil well

poder *verbo & substantivo*

• **v** ▶ ver quadro na pág. 680

• **s** **1** (influência, força) power: *o poder da imprensa* the power of the press **2** (controle, governo) power: *Os revolucionários tomaram o poder.* The revolutionaries took power. | **estar no poder** to be in power **3 estar em poder de alguém (a)** (cidade, país, etc.) to be held by sb: *A cidade estava em poder dos alemães.* The city was held by the Germans. **(b)** (documento, quadro, etc.) to be in the hands of sb: *O documento está em poder do FBI.* The document is in the hands of the FBI.

poderoso, -sa adj powerful

pódio s podium

podre adj **1** (carne, fruta, etc.) rotten **2** (exausto) worn out: *Esse calor me deixa podre.*

poeira

poder *verbo*

1 POSSIBILIDADE, CAPACIDADE, PERMISSÃO, PEDIDOS

Use o modal **can** se o verbo em português estiver no presente, e **could**, se estiver no passado ou no futuro do pretérito:

Posso me sentar aqui? Can I sit here? | *Não posso terminá-lo hoje.* I can't finish it today. | *Poderíamos ir nadar.* We could go swimming. | *Você podia me dizer as horas?* Could you tell me the time, please? | *Eu não pude ir porque tive uma prova.* I couldn't go because I had a test.

Com outros tempos verbais usa-se **to be able to**:

Ela não vai poder vir. She won't be able to come. | *Há três meses que ele não tem podido jogar.* He hasn't been able to play for three months.

Para pedir ou dar permissão também se pode usar **may**, que é um pouco mais formal:

Posso entrar? May I come in?/Can I come in? | **não se pode/não se podia etc. fazer algo** you aren't allowed/you weren't allowed etc. to do sth: *Não se pode comer na sala de aula.* You aren't allowed to eat in class.

2 SUPOSIÇÕES, CONJECTURAS

Use o modal **can** se o verbo em português estiver no presente, e **could**, se estiver no passado:

Não pode estar muito longe. It can't be very far away. | *Não podia ter sido ela.* It couldn't have been her. | **pode ser (que)** maybe: – *Você vai querer ir? – Pode ser.* "Do you want to go?" "Maybe." | *Pode ser que ele venha.* He may come./Maybe he'll come. | *Pode ser que ela não tenha entendido.* She may not have understood./Maybe she didn't understand.

3 EXPRESSÃO

até não poder mais: *Dançamos até não poder mais.* We danced and danced. | *Eles se divertiram até não poder mais.* They had a wonderful time.

This heat leaves me worn out. **3 estar podre de sono** to be falling asleep **4 ser podre de rico** to be stinking rich

poeira *s* dust

poeirento, -ta *adj* dusty

poema *s* poem: *um poema de amor* a love poem

poesia *s* **1** (arte) poetry: *Adoro ler poesia.* I love reading poetry. **2** (poema) poem: *Vou te ler uma poesia.* I'm going to read you a poem.

poeta, -tisa *s* poet

poético, -ca *adj* poetic

point *s* hangout: *o point mais badalado do bairro* the most fashionable hangout in the neighborhood

pois *conj* **1** (porque) because: *Não saí pois estava cansado.* I didn't go out because I was tired. **2** (então) so: *Gostou do casaco? Pois fique com ele para você.* Do you like the coat? So keep it for yourself. **3 pois é** (concordando) that's right: *Pois é, as coisas não estão fáceis.* That's right, things aren't easy. **4 pois não (a)** (dando permissão) of course: – *Com licença. – Pois não.* "Excuse me." "Of course." **(b)** (numa loja, num restaurante) yes, please?

polegada *s* inch (pl -ches): *uma televisão de 20 polegadas* a twenty-inch TV

polegar *s* thumb

polêmica *s* controversy (pl -sies) | **causar polêmica** to cause controversy

polêmico, -ca *adj* controversial: *um assunto polêmico* a controversial subject

pólen *s* pollen

polícia *substantivo masculino & substantivo feminino*

- *s* [masc e fem] (homem) policeman (pl -men), (mulher) policewoman (pl -women)
- *s* [fem] (instituição) police
Polícia Federal Federal Police **polícia rodoviária** traffic police

policial *adjetivo & substantivo*

- *adj* police: *uma investigação policial* a police investigation
- *s* (homem) policeman (pl -men), (mulher) policewoman (pl -women) ▶ O termo **police officer** não especifica o sexo e é mais formal: *Ela quer ser policial.* She wants to be a police officer./She wants to be a policewoman. ▶ *os policiais* traduz-se por **the police**: *Os policiais chegaram rapidamente.* The police arrived quickly.

poliglota *adjetivo & substantivo*

- *adj* multilingual
- *s* polyglot

polir *v* to polish

política *s* **1** (campo) politics: *Não gosto de discutir política.* I don't like discussing politics. **2** (série de medidas) policy (pl -cies)

político, -ca *adjetivo & substantivo*

- *adj* (partido, poder, sistema, etc.) political
- *s* (pessoa) politician

politizado, -da *adj* (pessoa, show, etc.) political

polo *substantivo & adjetivo*

- *s* **1** (esporte) polo **2** (da Terra, de ímã) pole
polo aquático water polo **Polo Norte/Sul** North/South Pole
- *adj* ▶ ver **camisa**

polonês, -esa *adjetivo & substantivo*

- *adj* Polish
- *s* (pessoa) Pole
- **polonês** *s* (idioma) Polish

Polônia s a **Polônia** Poland

polpa s flesh

poltrona s **1** (móvel) armchair **2** (de avião, cinema) seat

poluição s pollution

poluir v to pollute

polvilho s cassava flour: *biscoitos de polvilho* cookies made from cassava flour

polvo s octopus (pl -ses)

pomada s ointment

pomba s (branca, da paz) dove

pombo, -ba s pigeon

pônei s pony (pl -nies)

ponta *substantivo feminino & substantivo masculino*

- s [fem] **1** (de alfinete, faca, lápis) point **2** (de língua, nariz, iceberg) tip: *A ponta do seu nariz está vermelha.* The tip of your nose is red. | **ponta do dedo** fingertip | **na ponta dos pés** on tiptoe: *Entrei no quarto na ponta dos pés.* I entered the room on tiptoe. **3** (de cabelo, corda, lenço, mesa) end: *Meus cabelos estão com as pontas quebradas.* I have split ends. **4** (de sapato) toe **5** (em cinema, teatro) bit part: *Ele fez uma ponta nesse filme.* He played a bit part in this movie. **6** (parte do campo de futebol) wing **7** (de terra) point **8 de ponta a ponta (a)** (de um lugar ou objeto) from end to end **(b)** (de um livro, evento, etc.) from start to finish: *Estudei o capítulo de ponta a ponta.* I've studied the chapter from start to finish. **9 uma ponta de tristeza/ressentimento etc.** a hint of sadness/resentment etc. **10 uma (loja de) ponta de estoque** an outlet store

- s [masc e fem] (jogador) winger

pontada s stabbing pain

pontapé s to kick | **dar um pontapé em algo/alguém** to kick sth/sb

pontaria s aim | **fazer pontaria** to take aim | **ter boa/má pontaria** to be a good/bad shot

ponte s bridge

ponte aérea shuttle **ponte levadiça** drawbridge

ponteiro s **1** (de relógio) hand: *o ponteiro das horas* the hour hand **2** (de velocímetro, etc.) needle

ponto s **1** (ponto final) period (AmE), full stop (BrE) **2** (no "i", no "j", em abreviaturas) dot **3** (marca, sinal) dot **4** (em nota escolar, etc.) point (AmE), mark (BrE): *Quantos pontos vale esta pergunta?* How many points is this question worth? | *Ele me tirou pontos por erros de ortografia.* I lost points because I made spelling mistakes. **5** (em jogo, torneio, etc.) point: *Ganhamos por três pontos.* We won by three points. **6** (lugar) place: *em muitos pontos do país* in many places in the country **7** (questão, item) point: *Discordamos nesse ponto.* We disagree on that point. **8** (em ferida, costura) stitch (pl -ches): *Levei dois pontos na testa.* I had two stitches in my forehead. **9** (em geometria) point **10 ao ponto** (diz-se de carne) medium: *Quero meu bife ao ponto.* I want my steak medium. **11 às três/quatro etc. em ponto** at three/four etc. o'clock sharp: *O show começa às nove em ponto.* The show starts at nine o'clock sharp. ▶ Usa-se também a forma mais coloquial **on the dot**: *Eles chegaram às sete em ponto.* They arrived at seven o'clock on the dot. **12 até certo ponto** up to a certain point: *Concordo com você até certo ponto.* I agree with you up to a certain point. **13 estar a ponto de fazer algo** to be on the point of doing sth: *Ele estava a ponto de desistir.* He was on the point of giving up.

ponto cardeal cardinal point **ponto de exclamação/interrogação** exclamation/question mark **ponto (de ônibus)** bus stop: *Esperei no ponto uns quinze minutos.* I waited at the bus stop for about fifteen minutes. **ponto de táxi** taxi stand, taxi rank (BrE) **ponto de vista** (perspectiva) point of view ▶ No sentido de "opinião", traduz-se por **view**: *No meu ponto de vista, os dois estão errados.* In my view, both are wrong. **ponto e vírgula** (sinal de pontuação) semi-colon **ponto fraco** weakness: *Chocolate é o meu ponto fraco.* Chocolate is my weakness. **ponto morto** neutral: *Deixe o carro em ponto morto.* Leave the car in neutral. **ponto parágrafo** end paragraph **ponto turístico** tourist attraction

ponto-com adj **1** (em endereço eletrônico) dot com **2 empresa ponto-com** dot-com company (pl -nies)

pontual adj **1** (pessoa, ônibus, entrega) punctual: *Você é pontual?* Are you punctual? **2 ser pontual** (em determinada ocasião) to be on time: *Ele se irritou porque não fui pontual.* He got annoyed because I wasn't on time.

pontudo, -da adj pointed

pop adjetivo & substantivo

- adj pop: *uma cantora pop* a pop singer

- s (música pop) pop: *o pop dos anos 90* 90s pop

popa s stern

população s population: *a população mundial* the world population

popular adj **1** (do povo) popular: *a música popular brasileira* Brazilian popular music **2** (para o povo) mass: *programas de TV populares* mass TV programs **3** (apreciado) popular: *uma das meninas mais populares da escola* one of the most popular girls in school **4 preços populares** affordable prices

por *preposição & pronome*

- *prep* ▶ ver quadro
- **por que/por quê** *pron* why: *Por que você mentiu para mim?* Why did you lie to me? | *– Não gostei. – Por quê?/Por que não?* "I didn't like it." "Why?"/"Why not?" | *Não entendo por que você não quer ir.* I can't understand why you don't want to go.

pôr *v* ▶ ver quadro

pôr-se *v* **1** pôr-se de pé to stand up: *O aluno pôs-se de pé para responder a pergunta.* The student stood up to answer the question. | **pôr-se de quatro** to get down on your hands and knees **2** pôr-se a fazer algo to start doing sth/to start to do sth: *Como estava feliz, pôs-se a cantar.* He was so happy, he started singing. | *A classe inteira pôs-se a rir.* The whole class started to laugh./The whole class burst out laughing. **3** (sol) to set: *O sol se pôs mais cedo hoje.* The sun set earlier today.

porão *s* **1** (de casa) basement **2** (de navio, avião) hold

porca *s* (de parafuso) nut ▶ ver também **porco**

porção *s* **1** (de comida) portion: *uma porção de batata frita* a portion of French fries **2** **uma porção de** (grande quantidade de) lots of: *Recebi uma porção de comentários no meu blog.* I got lots of comments on my blog.

porcaria *s* **1** (imundice) mess: *Vocês fizeram uma porcaria com as tintas.* You made a mess with the paints. **2** (coisa de má qualidade) **ser uma porcaria** to be crap: *O show foi uma porcaria.* The concert was crap. | **uma porcaria de presente/filme etc.** a crappy present/movie etc.: *Esta firma fez uma porcaria de serviço.* That firm did a crappy job. **3** (gulodices) junk: *Só comi porcaria hoje.* I just ate junk today.

porcentagem percentage

porco, -ca *substantivo*

- *s* **1** (animal) pig ▶ Este é o termo genérico. Também existe a palavra **hog**, que é mais comum no inglês americano. Para referir-se à fêmea use **sow**. **2** (pessoa) pig
- **porco** *s* (carne) pork: *Você come porco?* Do you eat pork? ▶ ver também **costeleta**

porco-espinho *s* porcupine

porém *conj* however

pormenor *s* detail

pornografia *s* pornography

pornográfico, -ca *adj* pornographic: *um filme pornográfico* a pornographic movie

poro *s* pore

porque *conj* because: *Não vou viajar porque estou sem dinheiro.* I'm not going to go away because I don't have any money. ▶ ver também **por**

porquê *s* **o porquê** the reason why: *Quero saber o porquê.* I want to know the reason why. | *o*

---

por *preposição*

1 Expressões como *por telefone, por escrito, passar por um lugar*, etc. são tratadas nos verbetes *telefone, escrito, passar*, etc.

2 LUGAR

Viajamos por todo o país. We traveled all over the country. | *Já o procurei por toda parte.* I've looked for it everywhere. | *Tem que estar por aqui.* It must be around here somewhere. | *Por onde se entra?* Where's the way in?

3 DIREÇÃO

por aqui this way | **por ali/lá** that way: *Ela foi por lá.* She went that way.

4 CAUSA

Fui repreendido por chegar tarde. I was told off for being late. | *É caro por ser importado.* It's expensive because it's imported. | *Foi cancelado por causa da chuva.* It was called off because of the rain. | **por isso** that is why/so: *Não queria encontrá-la, por isso não fui à festa.* I didn't want to meet her; that's why I didn't go to the party. | **por medo/hábito etc.** out of fear/out of habit etc.

5 MEIO

por correio/por e-mail by mail/by e-mail | *Fiz as compras pela Internet.* I did the shopping over the Internet.

6 MODO

por ordem alfabética in alphabetical order | *Escreva seu nome por extenso.* Write your name in full. | *Agrupe-os por tamanho/por cor.* Group them by size/by color.

7 TROCA (= for)

Troquei os brincos por um colar. I exchanged the earrings for a necklace. | *Eu assinei por ela.* I signed for her.

8 PREÇO (= for)

Ele conseguiu uma passagem por R$500. He managed to get a ticket for R$500.

9 MEDIDA (= by)

Mede 10 cm por 5 cm. It measures 10 cm by 5 cm.

10 SENTIMENTOS (= for)

o que sinto por você what I feel for you

11 A FAVOR DE (= for)

Sei que você faria o mesmo por mim. I know you'd do the same for me. | *Ele lutava pelos seus direitos.* He fought for his rights.

12 NO QUE DIZ RESPEITO A

por mim/por ela etc. as far as I'm concerned/as far as she's concerned etc.: *Por mim, façam o que quiserem.* You can do what you like as far as I'm concerned.

---

*Você tem dúvidas quanto ao significado das **abreviaturas**? Veja a lista de abreviaturas no verso da capa.*

por *preposição*

13 PROPORÇÃO

um por pessoa one per person | *cem quilômetros por hora/sessenta palavras por minuto* a hundred kilometers an hour/sixty words a minute | *1.200 bits por segundo* 1,200 bits per second

14 DURAÇÃO (= for)

Ela foi nossa professora por dois meses. She was our teacher for two months.

15 FREQUÊNCIA (= a)

duas vezes por semana/por ano etc. twice a week/a year etc.

16 AINDA NÃO REALIZADO

está por fazer/pintar etc. it is still to be done/painted etc.: *O pior ainda está por vir.* The worst is yet to come.

17 EM OPERAÇÕES ARITMÉTICAS (= by)

multiplicar/dividir por cinco to multiply/to divide by five

18 AGENTE (= by)

escrito/composto etc. por alguém written/composed etc. by sb: *um bolo feito pela minha mãe* a cake made by my mother

19 COM VERBOS COMO PUXAR, AGARRAR, PEGAR (= by)

Puxei-o pela camisa. I pulled him by the shirt.

20 POR MAIS QUE

Por mais que tentasse, não conseguiu chegar a tempo. As hard as he tried, he didn't manage to arrive on time. | *por mais difícil que seja* however difficult it is

porquê de algo the reason for sth: *Não entendi o porquê disso tudo.* I don't understand the reason for all of this.

porquinho-da-índia *s* guinea pig

porre *s* **1** (bebedeira) drinking spree | **de porre** drunk: *Ele chegou em casa de porre.* He arrived home drunk. | **tomar um porre** to get drunk **2 ser/estar um porre** (pessoa, evento, etc.) to be boring: *Esta festa está um porre.* This party's boring.

porta *s* door | **bater à porta** to knock at the door
porta giratória revolving door

porta-aviões *s* aircraft carrier

porta-joias *s* jewelry box (pl jewelry boxes) (AmE), jewellery box (pl jewellery boxes) (BrE)

porta-luvas *s* glove compartment

porta-malas *s* trunk (AmE), boot (BrE)

porta-níqueis *s* purse

portanto *conj* therefore

portão *s* gate
portão de embarque (boarding) gate

porta-retrato *s* photo frame

pôr

1 COLOCAR (= to put)

Onde você pôs os livros? Where did you put the books? | *É melhor pôr a torta na geladeira.* You'd better put the pie in the refrigerator. | *Ele pôs a mão no meu ombro.* He put his hand on my shoulder. | *Puseram o meu nome na lista?* Have they put my name on the list?

2 TOCAR (= to put on)

pôr um disco/uma música etc. to put on a record/some music etc.: *Ponha aquela música que eu gosto.* Put on that song I like.

3 VESTIR (= to put on)

pôr um vestido/uma calça etc. to put on a dress/some pants etc.: *Não quero pôr a mesma blusa de ontem.* I don't want to put on the same shirt I wore yesterday. | **pôr os sapatos/as meias** to put on your shoes on/your socks on: *Vou pôr os sapatos para sairmos.* I'll put my shoes on so we can go out.

4 UM DESPERTADOR (= to set)

pôr o despertador para as sete/nove etc. to set the alarm for seven/nine etc.: *Pus o despertador para as oito.* I've set the alarm for eight.

5 OVOS (= to lay)

portaria *s* (de prédio) reception desk: *Deixei o pacote na portaria.* I left the package at the reception desk.

portar-se *v* to behave: *Ele se portou terrivelmente.* He behaved terribly.

portátil *adj* portable

porta-voz *s* (homem) spokesman (pl -men), (mulher), spokeswoman (pl -women) ▶ Quando não se sabe ou não se quer especificar o sexo da pessoa, usa-se **spokesperson** (cujo plural pode ser **spokespersons** ou **spokespeople**)

porte *s* **1** (postura feminina) carriage **2** (postura masculina) stance **3** (custo postal) postage: *O porte da encomenda já está pago.* The postage is already paid. **4 de grande/médio/pequeno porte** big/medium-sized/small

porteiro *s* **1** (de prédio residencial) janitor (AmE), caretaker (BrE) **2** (de prédio público, hotel, etc.) doorman (pl -men)
porteiro eletrônico intercom

porto *s* port

Portugal *s* Portugal

português, -esa *adjetivo & substantivo*

- **adj** Portuguese: *O sotaque português é bem diferente do nosso.* The Portuguese accent is very different from ours.

- **s** (pessoa) Portuguese (pl Portuguese)

- **português** *s* (idioma) Portuguese: *Você fala português?* Do you speak Portuguese?

Diz-se *I arrived in Rio* ou *I arrived to Rio*? Veja o verbete **arrive**.

posar v to pose: *A modelo posou para uma foto.* The model posed for a photo.

pose s **1** (posição) pose | **fazer uma pose** to pose **2** (foto) exposure: *um filme de doze poses* a twelve-exposure film

pós-escrito s postscript

posição s position: *Fique nesta posição para a foto.* Hold that position for the photo.

positivo, -va adjetivo & substantivo

- **adj** positive
- **positivo** s (em fotografia) print

posse substantivo & substantivo plural

- s **1** (possessão) possession | **ter posse de algo** to be in the possession of sth (AmE), to be in possession of sth (BrE) **2** (solenidade) inauguration | **tomar posse** to take office
- **posses** s pl (bens) property sing

possessivo, -va adj possessive

possesso, -sa adj livid | **ficar possesso** to get livid: *Fico possesso quando algo dá errado.* I get livid when something goes wrong.

possibilidade s possibility (pl -ties): *Considere esta possibilidade.* Consider this possibility. | **ter possibilidade de fazer algo** to have the opportunity to do sth

possível adj **1** (provável) possible: *É possível que chova amanhã.* It's possible it'll rain tomorrow. **2** (realizável) possible: *Não é possível fazer isso em duas horas.* It's not possible to do this in two hours. | *o mais rápido possível* as fast as possible **3** (potencial) possible: *uma possível vitória* a possible win **4 fazer o possível (para fazer algo)** to do your best (to do sth): *Farei o possível para estar lá às oito.* I'll do my best to be there at eight.

possuir v **1** (ser dono de) to own: *O pai dela possui muitas terras.* Her father owns a lot of land. **2** (ter) to possess: *Não possuo uma carteira de identidade.* I don't possess an ID card.

posta s steak: *uma posta de salmão* a salmon steak

postal substantivo & adjetivo

- s (cartão-postal) postcard ▶ ver também **caixa, código**
- **adj** postal

poste s post
poste de luz lamppost

pôster s poster

posterior adj **1** (que fica atrás) rear **2** (no tempo) later: *numa etapa posterior* at a later stage | **posterior a algo** subsequent to sth

postiço, -ça adj false: *unhas postiças* false nails

posto s **1** (em emprego) post **2** (lugar) post: *Voltem a seus postos.* Return to your posts.
posto de gasolina gas station (AmE), petrol station (BrE) **posto de saúde** health center

postura s **1** (física) posture: *um bom exercício para a postura* a good exercise for your posture **2** (atitude) attitude: *A professora teve uma postura muito rígida.* The teacher had a very strict attitude.

potável adj ▶ ver **água**

pote s (de vidro) jar, (de plástico) pot: *um pote de requeijão* a jar of cheese spread | *um pote de iogurte* a pot of yogurt

potência s **1** (de um motor, etc.) power **2** (nação soberana) power: *Os EUA são uma grande potência.* The U.S.A. is a great power.

potente adj (motor, som, voz) powerful

potro, -tra s foal

pouco, -ca adjetivo, pronome & advérbio

- **adj** & **pron** ▶ ver quadro
- **pouco** adv ▶ ver quadro

poupança s (economias) savings pl: *Tenho uma poupança no banco.* I have some savings in the bank. ▶ ver também **caderneta**

poupar v **1** (tempo, dinheiro, combustível, etc.) to save: *É preciso poupar energia.* We must save energy. **2 poupar alguém (de algo)** to save sb (from sth): *Procuro poupar meus pais de preocupações.* I try to save my parents from worry. **3 poupar a vida de alguém** to spare sb's life: *Pouparam a vida dos reféns.* They spared the hostages' lives. | **poupar a sua vida** to save your life

poupar-se v (não se exceder) to take it easy: *Você está doente, poupe-se.* You're sick; take it easy.

pousada s inn: *Ficamos hospedados numa pousada em Parati.* We stayed at an inn in Parati.

pousar v **1** (avião, helicóptero, mosca, etc.) to land: *A asa-delta pousou na areia.* The hang-glider landed on the sand. **2 pousar algo** to put sth down: *A professora pousou o livro na mesa.* The teacher put the book down on the table.

pouso s (de avião, pássaro) landing

povo s (nação) people: *o povo brasileiro* the Brazilian people ▶ **People** vem seguido de um verbo no plural: *O povo da Bahia é muito simpático.* The people of Bahia are very friendly.

povoado s village

praça s (largo) square: *a praça da igreja* the church square

praga s **1** (maldição) curse | **rogar uma praga a alguém** to put a curse on sb **2** (coisa, pessoa importuna) nuisance: *Esse menino é uma praga.* That boy's a nuisance. **3** (de gafanhotos, formigas, etc.) plague **4** (erva daninha) weed

praia s **1** beach (pl -ches): *Vou à praia de manhã cedo.* I go to the beach early in the morning. | *Não tinha ninguém na praia.* There was nobody on the beach. **2 ser a praia de alguém** to be sb's thing: *Trabalhar em loja não é a minha praia.* Working in a store isn't my thing.

pouco

ADJETIVO

Usa-se **little** com substantivos incontáveis e **few** com substantivos contáveis, porém é muito frequente o uso dos negativos **not much** e **not many**, como mostram os exemplos:

Tem muito pouco leite. There's very little milk. | *Sobraram muito poucos ingressos.* There were very few tickets left. | *Há pouco tráfego.* There isn't much traffic. | *Havia pouca gente lá.* There weren't many people there.

PRONOME

1 Usa-se **a little** quando substitui substantivos incontáveis e **a few** quando substitui substantivos contáveis, porém é muito frequente o uso dos negativos **not much** e **not many**:

Para ele basta pouco. For him a little is enough. | *Pegue só uma porque tem poucas.* Just take one because there are only a few/there aren't very many.

2 Quando **pouco** significa *não muito tempo*, traduz-se por construções com **not long**:

Eu o vi há pouco. I saw him not long ago./I saw him recently. | *Falta pouco para o Natal.* It's not long until Christmas. | *Você demorou pouco.* You didn't take long. | **dentro em pouco** soon: *Dentro em pouco vai começar o filme.* The movie is going to start soon.

OUTRAS EXPRESSÕES

aos poucos little by little: *Adicione o açúcar aos poucos.* Add the sugar little by little. | **por pouco não caí/ele não se machucou etc.** I nearly fell/he nearly hurt himself etc.: *Por pouco ela não caiu da bicicleta.* She nearly fell off her bike. | **pouco antes de** just before: *pouco antes da viagem* just before the trip | **pouco a pouco** gradually: *Pouco a pouco foram ficando amigos.* Gradually they became friends. | **pouco mais/menos de** just over/just under: *Meu carro tem pouco mais de dois anos.* My car is just over two years old. | **em pouco menos de seis meses** in just under six months | **um pouco** a little (bit) (AmE), a bit (BrE): *Me dá um pouco?* Can I have a little? | *Ela estava um pouco nervosa.* She was a little nervous. | *Fique mais um pouco.* Stay a little longer. | *Conversamos um pouco.* We chatted for a while.

ADVÉRBIO

1 Quando modifica um verbo, costuma-se traduzir por **not much**:

Vou pouco ao teatro. I don't go to the theater much.

2 Quando modifica um adjetivo, costuma-se traduzir por **not very** ou por um adjetivo negativo:

Ele é pouco comunicativo. He isn't very communicative. | *É muito pouco saudável.* It's very unhealthy.

prancha s board
prancha de surfe surfboard **prancha de windsurfe** windsurfer

pranchetа s **1** (apoio para escrever) clipboard **2** (de arquiteto) drawing board

prata s silver | **de prata** silver: *uma pulseira de prata* a silver bracelet ▶ ver também **bodas**

prateado, -da adj **1** (cor) silver: *sandálias prateadas* silver sandals **2** (revestido de prata) silver-plated: *um castiçal prateado* a silver-plated candlestick ▶ ver "Active Box" **cores** em **cor**

prateleira s shelf (pl -ves): *na última prateleira* on the top shelf

prática s **1** (experiência) practice: *Preciso de prática.* I need practice. **2** (rotina) routine: *Isso é prática da casa.* That's the house routine. **3 na prática** (na realidade) in practice: *Na prática, esse sistema não funciona.* In practice, this system doesn't work. | **pôr algo em prática** to put sth into practice: *Vamos pôr esta ideia em prática.* Let's put this idea into practice.

praticar v **1 praticar um esporte** to play a sport (AmE), to do a sport (BrE): *Você pratica algum esporte?* Do you play any sports? ▶ A tradução difere quando se especifica o tipo de esporte: *Ela pratica natação.* She swims./She goes swimming. | *Eu pratico surfe.* I surf./I go surfing. **2** (treinar) to practice (AmE), to practise (BrE): *Tenho praticado meu inglês com minha amiga americana.* I have been practicing my English with my American friend. **3** (uma profissão) to practice (AmE), to practise (BrE): *Meu pai pratica a advocacia.* My father practices law.

prático, -ca adj **1** practical: *Essa bolsa com divisões é muito prática.* This bag with compartments is very practical. **2 na vida prática** in real life

prato substantivo & substantivo plural

• s **1** (louça) plate: *um prato de cerâmica* a ceramic plate ▶ ver também **pano 2** (comida) dish (pl -shes): *Qual é seu prato favorito?* What's your favorite dish? **3** (parte da refeição) course: *O prato principal foi peixe.* The main course was fish. **4** (de toca-discos) turntable
prato de sobremesa dessert plate **prato de sopa** soup dish (pl -shes) **prato fundo** dish (pl -shes) **prato raso** plate

• **pratos** s pl (em música) cymbals

prazer s **1** pleasure: *É um prazer vê-la de novo.* It's a pleasure to see you again. | *Tive o prazer de ser o primeiro a saber.* I had the pleasure of being the first to know. | **dar prazer a alguém** to please sb: *Me dá muito prazer ouvir isso.* It really pleases me to hear that. **2** (expressões de cortesia) **muito prazer** (ao ser apresentado a alguém) nice to meet you | **foi um prazer** (ao se despedir) it was nice to meet you | **o prazer foi meu** it was nice to meet you, too

---

Gostaria de saber mais sobre as diferenças entre os **artigos** em inglês e português? Leia a explicação na seção de gramática.

prazo s **1** (espaço de tempo) period: *um prazo de duas semanas* a period of two weeks | *o prazo de inscrição* the registration period | **a curto/longo/médio prazo** in the short/medium/long term **2** (tempo determinado) deadline: *O prazo terminou ontem.* The deadline was yesterday. **3 comprar algo a prazo** to buy sth on credit **prazo de validade** expiration date (AmE), expiry date (BrE)

precaução s **1** (prevenção) precaution | **por precaução** as a precaution: *Vou levar um guarda-chuva por precaução.* I'm going to take an umbrella as a precaution. | **tomar precauções** to take precautions **2** (cuidado) caution | **com precaução** cautiously: *Entramos no prédio com toda precaução.* We entered the building very cautiously.

precavido, -da adj cautious

precedente adjetivo & substantivo
- **adj** preceding: *a semana precedente* the preceding week
- **s** precedent | **abrir um precedente** to set a precedent | **sem precedente** unprecedented

precioso, -sa adj precious: *pedras preciosas* precious stones | *Perdi um tempo precioso.* I lost precious time.

precipício s precipice

precipitado, -da adj **1** (imprudente) rash: *uma atitude precipitada* a rash move **2** (apressado) hasty | **de maneira precipitada** hastily

precipitar-se v **1** (agir impetuosamente) to behave rashly: *Ele se precipitou quando decidiu sair do time.* He behaved rashly when he decided to leave the team. **2 precipitar-se de algo** (lançar-se) to jump off sth: *O mergulhador se precipitou do trampolim.* The diver jumped off the diving board. | **precipitar-se contra algo** to rush at sth: *Os cavalos se precipitaram contra a cerca.* The horses rushed at the fence.

precisão s precision: *um instrumento de precisão* a precision instrument | **com precisão** with precision

precisar v **1** (necessitar) to need: *Vou te ajudar no que você precisar.* I will help you with whatever you need. | **precisar de algo** to need sth: *Preciso de sapatos novos.* I need some new shoes. **2 precisar fazer algo** to need to do sth: *Precisamos treinar para o jogo.* We need to train for the game. | ▶ Em frases negativas usa-se **don't/doesn't etc. have to**: *Não precisa esperar.* You don't have to wait. | **precisar que alguém faça algo** to need sb to do sth: *Ela precisa que você vá buscá-la.* She needs you to go and pick her up. **3 precisa-se de algo/alguém** sth/sb wanted: *Precisa-se de vendedora.* Sales assistant wanted. **4** (especificar) to specify: *Ele precisou o lugar onde o acidente aconteceu.* He specified the place where the accident happened.

preciso, -sa adj **1** (certo) accurate: *um teste preciso* an accurate test **2 ser preciso fazer algo** ▶ Use a expressão **have to do sth**, adicionando um sujeito que se encaixe no contexto: *Foi preciso chamar um médico.* We had to call a doctor.

preço s price: *Os preços subiram.* Prices have gone up. | **qual é o preço de?** how much is/are?: *Qual é o preço do ingresso?* How much is the ticket?

precoce adj **1** (pessoa) precocious: *uma menina precoce* a precocious girl **2** (idade, aposentadoria, diagnóstico, etc.) early | **gravidez precoce** teenage pregnancy

preconceito s prejudice | **ter preconceito (contra algo/alguém)** to be prejudiced (against sth/sb)

preconceituoso, -sa adj prejudiced

pré-datado, -da adj postdated: *um cheque pré-datado* a postdated check

predileto, -ta adj & s favorite (AmE), favourite (BrE): *meu filme predileto* my favorite movie | *O meu predileto é o de chocolate.* My favorite is the chocolate one.

prédio s (edifício) building: *um prédio alto* a high building | **prédio (de apartamentos)** (apartment) building: *Ela mora no prédio ao lado.* She lives in the (apartment) building next door.

preencher v **1 preencher algo** (um formulário, um questionário) to fill sth out (AmE), to fill sth in (BrE): *Já preenchi a ficha do hotel.* I've already filled out the hotel registration card. **2** (um espaço, o tempo, uma vaga) to fill: *Ela preenche o tempo vendo TV.* She fills her time watching TV. **3** (exigências, requisitos) to fulfill (AmE), to fulfil (BrE): *O candidato preenche os requisitos.* The candidate fulfills the requirements.

pré-escolar adjetivo & substantivo
- **adj** preschool: *meninos em idade pré-escolar* children of preschool age
- **s** preschool (AmE), nursery school (BrE)

pré-estreia s preview

prefácio s preface

prefeito, -ta s mayor

prefeitura s **1** (prédio) city hall (AmE), town hall (BrE) **2** (cargo de prefeito) mayoralty **3 Prefeitura** (instituição) city council: *a Prefeitura do Rio de Janeiro* the Rio de Janeiro city council

preferência s **1** (predileção) preference: *Você tem preferência por alguma cor?* Have you a preference for any color? | **de preferência** preferably: *Vou comprar uma raquete nova, de preferência importada.* I'm going to buy a new tennis racket, preferably an imported one. **2** (no trânsito) right of way: *A preferência é sempre do pedestre.* Pedestrians always have the right of way. | **dar preferência a alguém** to yield to sb (AmE), to give way to sb (BrE)

preferencial adjetivo & substantivo
- **adj** **1** (rua) main **2** (tratamento, uso, etc.) preferential
- **s** (rua) main road: *Pode seguir, estamos na preferencial.* You can go ahead, we're on the main road.

preferido, -da adj & s favorite (AmE), favourite (BrE): *minha cor preferida* my favorite color | *Ele é o preferido para ser o treinador.* He's the favorite to become the coach.

preferir v ▶ ver quadro

preferível adj preferable: *No Carnaval, Salvador é preferível ao Rio.* During Carnival, Salvador is preferable to Rio. | **é preferível fazer algo** it would be preferable to do sth: *É preferível fazermos isso no fim.* It would be preferable to do this at the end.

prefixo s **1** (em número de telefone) area code **2** (em gramática) prefix (pl -xes)

prega s pleat

pregar v **1** (com pregos) to nail: *Vou pregar esta gravura na parede.* I'm going to nail this print to the wall. **2 pregar um botão** to sew on a button **3** (em religião) to preach: *Eles pregam o cristianismo.* They preach Christianity. **4 não pregar o olho** (não dormir) not to get a wink of sleep: *Não preguei o olho a noite toda.* I didn't get a wink of sleep all night.

prego v nail

preguiça s **1** (moleza) laziness | **me/nos etc. deu preguiça** I/we etc. couldn't be bothered: *Eu tinha que ir treinar mas me deu preguiça.* I had to go training but I couldn't be bothered. | **estou com preguiça de sair/cozinhar etc.** I can't be bothered to go out/cook etc. | **que preguiça!** I'm feeling so lazy! **2** (animal) sloth

preguiçoso, -sa adjetivo & substantivo
- **adj** lazy: *Deixe de ser preguiçoso.* Stop being lazy.
- **s** lazybones

pré-histórico, -ca adj prehistoric

prejudicar v **1** (danificar) to damage: *As drogas prejudicam a saúde.* Drugs damage your health. **2** (afetar) to affect: *Várias coisas prejudicaram meu desempenho.* Several things affected my performance. | *A greve prejudicou os passageiros.* The strike affected the passengers. **3** (atrapalhar) to hinder: *A chuva prejudicou o jogo.* The rain hindered the game.

prejudicar-se v (causar-se mal) to put yourself at a disadvantage: *Ele se prejudicou por ter faltado tanto.* He put himself at a disadvantage by being absent so often.

prejudicial adj harmful: *efeitos colaterais prejudiciais* harmful side effects | **ser prejudicial a algo/alguém** to be harmful to sth/sb: *O excesso de sol é prejudicial à pele.* Too much sun is harmful to the skin. | **ser prejudicial à saúde** to damage your health: *As drogas são prejudiciais à saúde.* Drugs damage your health.

---

preferir

1 A tradução em geral é **to prefer**:

Prefiro o azul. I prefer the blue one. | *Ela prefere o basquete ao vôlei.* She prefers basketball to volleyball.

2 Quando vem seguido de um verbo, a tradução varia se se tratar de preferências em geral, ou em determinada ocasião:

PREFERÊNCIAS EM GERAL

Prefiro tomar banho de manhã. I prefer to take a shower in the morning. | *Ele prefere viajar à noite.* He prefers to travel at night.

EM DETERMINADA OCASIÃO

prefiro ficar/esperar etc. I'd rather stay/wait etc.: *Prefiro ir de ônibus.* I'd rather go by bus. | *As meninas preferem ir à praia.* The girls would rather go to the beach. | **prefiro que você fique/que venha comigo etc.** I'd rather you stayed/you came with me etc./I'd prefer you to stay/come with me etc.: *Prefiro que você não o convide.* I'd rather you didn't invite him./I'd prefer you not to invite him. | *Você prefere que eu espere aqui?* Would you rather I waited here?/Would you prefer me to wait here? | *Eu preferia que você não fumasse na casa.* I'd rather you didn't smoke in the house./I'd prefer you not to smoke in the house.

3 Quando *preferir* é usado no passado para expressar uma escolha, traduz-se por **to choose**:

Eles preferiram ficar em casa. They chose to stay at home.

---

prejuízo s **1** (perda financeira) loss (pl -sses) | **ter/sofrer prejuízo** to make a loss **2** (dano) trouble: *A minha irresponsabilidade só me trouxe prejuízo.* My irresponsibility has only brought me trouble.

preliminar adjetivo & substantivo
- **adj** (prévio) preliminary
- **s** (em esporte) preliminary (pl -ries)

premiado, -da adjetivo & substantivo
- **adj** **1** (filme, ator, livro, etc.) award-winning **2** (bilhete, cartela, etc.) winning
- **s** (pessoa) winner

premiar v **1** (dar prêmio a) to award a prize to, to award prizes to: *A escola premia os melhores alunos do ano.* The school award prizes to the year's best students. **2** (recompensar) to reward: *Ele foi premiado pela sua integridade.* He was rewarded for his integrity.

prêmio s **1** (premiação) prize: *o prêmio de melhor filme* the prize for best movie **2** (recompensa) reward: *um prêmio pela sua participação* a reward for his participation **3** (em seguros) premium ▶ ver também **entrega**

prendedor

prendedor s **1** (de cabelo, de gravata) clip **2** (de papéis) paper clip

prender v **1 prender algo (em algo) (a)** (fixar) to fix sth (on sth): *Prendemos os enfeites com barbante.* We fixed the decorations with string. **(b)** (segurar) to hold sth (in sth): *Ponha o cunho para prender a porta.* Use the wedge to hold the door open. **(c)** (sem querer) to catch sth (in sth): *Prendi o dedo na porta do carro.* I caught my finger in the car door. **2 prender alguém (a)** (capturar) to arrest sb: *Os assaltantes foram presos.* The robbers were arrested. **(b)** (controlar) to keep a hold on sb: *Meus pais me prendem muito.* My parents keep a firm hold on me. **3 prender o cabelo** to tie your hair back **4 prender a respiração** to hold your breath **5 prender a atenção de alguém** to hold sb's attention

prender-se v **1** (agarrar-se) to get caught: *Minha pipa se prendeu nos fios.* My kite got caught in the wires. **2** (em relacionamento) to get tied down: *Não quero me prender tão cedo.* I don't want to get tied down so soon.

preocupação s worry (pl -rries): *Ele tem muitas preocupações.* He has a lot of worries.
▶ Quando a ênfase não está na ansiedade, mas naquilo que importa ou interessa a alguém, usa-se **concern**: *Essa é a minha maior preocupação no momento.* This is my biggest concern at the moment. ▶ **concern** também é usado quando se trata de uma preocupação compartilhada por muitos: *Há uma crescente preocupação com a saúde do presidente.* There is growing concern over the president's health.

preocupado, -da adj worried | **estar preocupado (com algo/alguém)** to be worried (about sth/sb), to be concerned (about sth/sb) ▶ **to be concerned** é mais formal: *Estou preocupada com a minha avó.* I'm worried about my grandma./I'm concerned about my grandma.

preocupar v **1** (causar ansiedade a) to worry ▶ Também existe **to concern**, que é mais formal: *Eu não disse nada, para não preocupá-la.* I didn't say anything because I didn't want to worry her. | **me/o etc. preocupa** I'm/he's etc. worried ▶ Também se pode dizer **I'm/he's etc. concerned**, porém é mais formal: *Suas notas me preocupam.* I'm worried about your grades./I'm concerned about your grades. **2** (importar) **o que me/a etc. preocupa** what I'm/she's etc. concerned about: *A única coisa que a preocupa é sua autoimagem* The only thing she's concerned about is her self-image.

preocupar-se v (ficar ansioso) to worry: *Não se preocupe.* Don't worry. | **preocupar-se com algo/alguém** to worry about sth/sb: *Eu me preocupo muito com ela.* I worry a lot about her. | *Não há com que se preocupar.* There's nothing to worry about.

preparado, -da adjetivo & substantivo

• **adj** **1** (arrumado) ready, prepared: *Está tudo preparado para a viagem.* Everything is ready for the trip. **2** (instruído) qualified: *Esse candidato é muito preparado.* This candidate is very qualified.

• **preparado** s (produto químico) preparation

preparar v to prepare: *Vou preparar um lanche para nós.* I'm going to prepare a snack for us.
preparar-se v **preparar-se para algo** to prepare for sth: *Eles estão se preparando para a estreia.* They're preparing for the first night.

preparativos s pl preparations | **fazer os preparativos** to make the preparations: *Já fizemos todos os preparativos para a festa.* We've already made all the preparations for the party.

preparo s training: *O time não tem preparo para entrar no campeonato.* The team doesn't have the training to enter the championship.
preparo físico physical fitness

preposição s preposition

presença s **1** (de pessoa) presence: *A presença do médico acalmou o paciente.* The presence of the doctor calmed the patient down. | **na presença de alguém** in sb's presence **2 ter presença** to be present: *Todos os alunos tiveram presença.* All the students were present. **3** (personalidade) presence: *Ela tem muita presença no palco.* She has a lot of stage presence.
presença de espírito presence of mind

presenciar v **1** (testemunhar) to witness: *Presenciamos um assalto na praça.* We witnessed a mugging in the square. **2** (estar presente a) to attend: *Todos os pais presenciaram a formatura.* All the parents attended the graduation.

presente adjetivo & substantivo

• **adj** **1** (atual) present: *a presente situação* the present situation **2** (participativo) involved: *Ele é um pai muito presente.* He is a very involved father. **3** (pessoa) present ▶ **present** usa-se depois do substantivo: *As pessoas presentes interferiram na briga.* The people present broke up the fight. | **estar presente em algo** to be present at sth: *Vários artistas famosos estavam presentes no show.* Various famous artists were present at the show.

• **s** **1** (brinde) present: *um presente de aniversário* a birthday present **2** (o tempo atual) present: *É importante viver no presente.* It's important to live in the present. **3 os presentes** those present: *Peço aos presentes que se levantem.* I ask those present to stand up.

presépio s nativity scene

preservativo s **1** (anticoncepcional) condom **2** (em alimento) preservative: *geleia sem preservativos* jam without preservatives

presidente, -ta s **1** (de um país, de uma companhia) president **2** (de um clube, comitê, partido) chairperson

presidiário, -ria s prisoner
presídio s prison
presilha s **1** (de cabelo) barrette (AmE), slide (BrE) **2** (para cinto) fastener
preso, -sa adjetivo & substantivo
- adj **1** (amarrado) fixed: *Estes cabos estão bem presos?* Are these cables firmly fixed? **2** (sem poder sair) stuck: *Fiquei preso no elevador.* I got stuck in the elevator. **3 estar preso** to be imprisoned: *O rapaz esteve preso dois anos.* The boy was imprisoned for two years.
- s (prisioneiro) prisoner

pressa s hurry: *Não há pressa.* There's no hurry. | *Por que tanta pressa?* What's the hurry? | **às pressas** in a hurry: *Fiz tudo às pressas.* I did everything in a hurry. | **estar com pressa** to be in a hurry: *Estou com muita pressa.* I'm in a real hurry. | **sem pressa** unhurriedly

pressão s **1** (do ar, da água) pressure **2** (moral) pressure | **pôr pressão em alguém** to put pressure on sb **3** (colchete) snap (AmE), press stud (BrE) ▶ ver também **panela**

pressentimento s feeling: *Tive um pressentimento ruim.* I had a bad feeling.

pressentir v **1** (sentir com antecipação) to sense **2** (prever) to foresee

pressionar v **1** (apertar) to press: *Pressione a massa com as mãos.* Press the pastry down with your hands. **2 pressionar alguém** to pressure sb: *Ela me pressionou até conseguir o que queria.* She pressured me until she got what she wanted.

prestação s **1** (parcela) installment: *Comprei a televisão em três prestações.* I bought the television in three installments. **2** (pagamento) repayment: *Ele não tinha dinheiro para pagar as prestações do carro.* He couldn't afford to make the repayments on the car.

prestar v **1** (ter utilidade) to be good: *Estes patins ainda prestam.* These skates are still good. | *Minha mochila não presta mais.* My backpack is no good anymore. | **prestar para algo** to be good for sth: *Meus óculos só prestam para ver de perto.* My glasses are only good for close work. **2** (ter bom caráter) to be good: *Este cara não presta!* That guy's no good! **3 prestar atenção (em algo)** to pay attention (to sth): *Preste atenção no que vou dizer.* Pay attention to what I'm going to say. **4** (um exame) to take: *Bruno vai prestar vestibular este ano.* Bruno is going to take the university entrance exam this year. **5** (auxílio, apoio) to provide **6** (um serviço) to provide: *A Cruz Vermelha presta serviços voluntários.* The Red Cross provides voluntary services.

prestar-se v **prestar-se a algo** to lend itself to sth: *Estas tintas se prestam a muitas técnicas.* These paints lend themselves to many techniques.

prestativo, -va adj helpful

prestes adj **prestes a fazer algo** about to do sth: *O show estava prestes a começar.* The show was about to start.

prestígio s prestige | **de prestígio** prestigious: *uma banda de prestígio* a prestigious band

presunto s ham: *sanduíche de presunto* ham sandwich

pretender v **pretender fazer algo** to intend to do sth: *O que você pretende fazer este fim de semana?* What do you intend to do this weekend?

pretexto s excuse | **como pretexto para fazer algo** as an excuse to do sth: *Usou isso como pretexto para não ir.* He used that as an excuse not to go.

preto, -ta adjetivo & substantivo
- adj black ▶ Ver "Active Box" **cores** em **cor**
- **preto** s black ▶ Ver "Active Box" **cores** em **cor**

prevenido, -da adj **1** (precavido) well-prepared: *Um professor prevenido tem sempre exercícios extras.* A well-prepared teacher always has extra exercises ready. **2 estar prevenido** (com dinheiro) to have enough money with you **3 estar prevenido para algo** (preparado) to be prepared for sth

prevenir v **1** (avisar) to warn: *Os alunos foram prevenidos de que a prova seria difícil.* The students were warned that the test would be difficult. **2** (impedir) to prevent: *O uso do capacete pode prevenir lesões cerebrais.* Wearing a helmet can prevent brain damage.

prever v **1** (predizer) to predict: *É impossível prever quanto tempo isso vai levar.* It's impossible to predict how long this will take. **2** (supor) to anticipate: *Eu já previa que isso ia acontecer.* I had already anticipated that that would happen.

pré-vestibular adj **curso pré-vestibular** prep school

prévio, -via adj prior: *O curso não exige nenhum conhecimento prévio.* The course doesn't require any prior knowledge.

previsão s (de duração, custo, etc.) forecast
previsão do tempo weather forecast: *Qual a previsão do tempo para hoje?* What's the weather forecast for today?

prezado, -da adj **Prezado Senhor/Prezada Senhora** Dear Sir/Dear Madam

primário, -ria adj **1** (cor) primary **2** (em educação) elementary (AmE), primary (BrE): *um professor primário* an elementary school teacher

primavera s spring ▶ ver "Active Box" **estações do ano** em **estação**

primeira s **1** (marcha de automóvel) first gear: *Engate a primeira.* Put it in first gear. **2** (em avião, trem) first class | **viajar de primeira** to travel first class **3 de primeira (a)** (categoria) first-class: *O atendimento foi de primeira.* The service was first-class. | *um hotel de primeira* a

Gostaria de saber mais sobre as diferenças entre os **possessivos** em inglês e português? Leia a explicação na seção de gramática.

first-class hotel **(b)** (inicialmente) at first: *Não quis me arriscar de primeira.* I didn't want to take any risks at first.

primeira-dama s first lady (pl -dies)

primeiro, -ra numeral & advérbio

- **numeral** first: *no dia primeiro de abril* on the first of April | *a primeira vez* the first time

- **primeiro** **adv** first: *Primeiro vou ler meus e-mails.* First, I'm going to read my e-mails.

primeiro-ministro, primeira-ministra s prime minister

primo, -ma s cousin
  primo de primeiro/segundo grau first/second cousin **primo-irmão/prima-irmã** first cousin

princesa s princess (pl -sses)

principal adjetivo & substantivo

- **adj** main: *o principal campeonato de surfe* the main surfing championship

- **s o principal** the main thing

príncipe s prince: *o Príncipe Charles* Prince Charles | **os príncipes** (príncipe e princesa) the prince and princess
  príncipe encantado Prince Charming ▶ É usado sem artigo, e, geralmente, sem possessivo: *Ela continua esperando por seu príncipe encantado.* She's still waiting for Prince Charming.
  príncipe herdeiro crown prince

principiante s beginner

princípio s **1** (começo) beginning | **a princípio** to begin with: *A princípio, Júlia ficou envergonhada.* To begin with, Julia was embarrassed. | **do princípio ao fim** from beginning to end: *Repetiu a história do princípio ao fim.* He repeated the story from beginning to end. | **no princípio** in the beginning: *No princípio não notei a diferença.* In the beginning I didn't notice the difference. | **no princípio do ano/filme etc.** at the beginning of the year/movie etc. | **no princípio de abril/setembro etc.** at the beginning of April/September etc. **2** (fundamento, convicção) principle: *os princípios básicos da Física* the basic principles of physics

prioridade s priority (pl -ties)

prisão s **1** (cadeia) prison: *Os sequestradores foram para a prisão.* The kidnappers went to prison. **2** (captura) arrest **3** (recolhimento) imprisonment: *A quadrilha pegou dois anos de prisão.* The gang got two years' imprisonment.
  prisão de ventre constipation

prisioneiro, -ra s prisoner: *Os prisioneiros fizeram greve de fome.* The prisoners went on a hunger strike.

privacidade s privacy

privada s toilet

privado, -da adj **1** (particular) private: *minha vida privada* my private life **2 privado de algo** (desprovido) deprived of sth: *crianças privadas de afeto* children deprived of affection

privar v **privar algo/alguém (de algo)** (impedir) to deprive sth/sb (of sth)
  privar-se v **privar-se de algo** (tirar de si um prazer) to deprive yourself of sth: *Privei-me de chocolate a semana toda.* I've deprived myself of chocolate for a whole week.

privilegiado, -da adj privileged

pró s **os prós e os contras** the pros and cons

proa s bow

problema s **1** (dificuldade, inconveniente) problem: *Estou com um problema sério.* I have a serious problem. | *uma pessoa cheia de problemas* a person with a lot of problems | *Não tem problema.* There's no problem. ▶ É frequente o uso de **trouble**, que é um substantivo incontável: *O problema é que é muito longe.* The trouble is it's a long way away. | *Fiz os exercícios sem nenhum problema.* I did the exercises without any trouble. | **resolver um problema** to solve a problem **2** (em matemática) problem

proceder v **1** (comportar-se) to act: *Não gostei do modo como eles procederam.* I didn't like the way they acted. **2 proceder de algo** (ter origem em) to stem from sth

procedimento s **1** (comportamento) action **2** (abordagem) procedure

processador s (em informática) processor
  processador de texto word processor

processamento s **1** (em informática) processing **2** (de requerimentos, informações, etc.) processing
  processamento de dados data processing

processar v **1** (em informática) to process: *O programa processa os dados automaticamente.* The program processes the data automatically. **2** (uma pessoa, uma firma) to sue

processo s **1** (de realização, de mudança) process (pl -sses): *O processo de aprendizagem é lento.* The learning process is slow. **2** (judicial) case

procura s **1 procura (de algo)** (busca) search (for sth): *a procura de informações na Internet* the search for information on the Internet | **à procura de algo/alguém** in search of sth/sb: *Saiu à procura do cachorro.* He went out in search of the dog. **2 procura (de algo)** (em comércio) demand (for sth) | **ter procura** to be in demand: *Este produto não tem tido muita procura.* This product hasn't been in much demand.

procurar v **1** (catar) to look: *Procure debaixo da cama.* Look under the bed. **2 procurar algo (a)** (catar) to look for sth: *Estou procurando meu lápis.* I'm looking for my pencil. **(b)** (em livro, dicionário) to look sth up: *Procure esse termo na enciclopédia.* Look this term up in the encyclopedia. **(c)** (vestígios, drogas) to search for sth **3 procurar alguém (a)** (catar) to look for sb: *Ontem procurei você por toda parte.* I looked for you everywhere yesterday **(b)** (um fugitivo, um desaparecido) to search for sb **(c)** (fazer contato) to get in touch with sb: *Por que você não me procura mais?* Why don't you get in touch with me more often? **4 procurar fazer algo** to try to do sth: *Procure saber a que horas a loja abre.* Try to find out what time the store opens.

produto s product | **produtos alimentícios** foodstuffs

produtor, -a *adjetivo & substantivo*
- *adj* producing: *um país produtor de café* a coffee-producing country
- *s* **1** (quem produz) producer: *o maior produtor de programas para computadores* the largest producer of computer programs **2** (de cinema, show, grupo, etc.) producer
- **produtora** *s* (companhia) production company (pl production companies): *uma produtora de filmes* a movie production company

produzir *v* **1** (realizar) to produce: *A turma produziu boas redações.* The class produced good essays. **2** (fabricar) to produce: *A fábrica produzirá novos modelos.* The factory will produce new models. **3** (gerar) to produce: *Esta região produz soja.* This region produces soy beans.

produzir-se *v* (enfeitar-se) to get dressed up: *Gosto de me produzir quando vou a festas.* I like to get dressed up when I go to parties.

professor, -a *s* **1** (de ensino básico e médio) teacher: *o professor de matemática* the math teacher **2** (de ensino superior) professor (AmE), lecturer (BrE)

profissão *s* profession: *Qual é a profissão da sua mãe?* What's your mother's profession?

profissional *adj & s* professional ▶ ver também **formação**

profissionalizante *adj* (curso) vocational

profundidade *s* depth | **ter 5 cm/8 m etc. de profundidade** to be 5 cm/8 m etc. deep | **qual a profundidade de?** how deep is/are?: *Qual a profundidade desta piscina?* How deep is the pool?

profundo, -da *adj* **1** (corte) deep **2** (silêncio, sono) deep **3** (desânimo, amor, etc.) deep **4** (pensamento, ideias) profound

programa *s* **1** (de rádio, TV) program (AmE), programme (BrE) **2** (de computador) program **3** (de lazer) activity (pl -ties): *O programa ontem foi ir a uma pizzaria.* Yesterday's activity was to go to a pizzeria. **4** (plano) plan: *Isto não estava no programa.* That wasn't part of the plan. **5** (de matéria escolar) syllabus **6** (panfleto) program (AmE), programme (BrE)

programação *s* **1** (de rádio, TV) programming **2** (em jornal, revista) layout **3** (em informática) programming
programação visual graphic design

programador, -a *s* (em informática) programmer
programador visual graphic designer

programar *v* **1** (planejar) to plan: *Já programamos toda a viagem.* We've already planned the whole trip. **2** (um aparelho eletrônico) to program (AmE), to programme (BrE) **3** (em informática) to program

progredir *v* **1** (desenvolver-se) to progress: *Progredi bastante na escola este semestre.* I've progressed quite a lot in school this semester. **2** (agravar-se) to develop: *Felizmente a doença não progrediu.* Thankfully, the illness didn't develop.

progressiva *s* ▶ ver **escova**

progresso *s* progress ▶ **progress** é um substantivo incontável e não tem plural: *os enormes progressos da ciência* the great progress in science | **fazer progresso** to make progress

proibido, -da *adj* **1** forbidden | **ser/estar proibido** to be forbidden: *Dirigir sem carteira é proibido.* Driving without a driver's license is forbidden. ▶ Em contextos menos formais usa-se **not to be allowed**. O sujeito da frase pode ser tanto a pessoa como aquilo que é proibido: *É proibido comer aqui.* You're not allowed to eat in here./Eating isn't allowed in here. | **"proibido fumar"** "no smoking" | **"proibido estacionar"** "no parking" **2** (livro, partido político, etc.) banned: *armas proibidas* banned weapons

proibir *v* **1** (não permitir) to forbid | **proibir alguém de fazer algo** to forbid sb to do sth: *O médico o proibiu de tomar bebidas alcoólicas.* The doctor forbade him to drink alcohol. ▶ **to forbid** é bastante formal e enfático. Frequentemente se usa **not to allow sb to do sth** ou **to tell sb not to do sth**: *Nos proibiram de jogar futebol no recreio.* We aren't allowed to play soccer during the break. | *O professor o proibiu de usar o walkman em sala.* The teacher told him not to use his Walkman in class. **2 proibir algo** (tornar ilegal) to ban sth: *Armas químicas deveriam ser proibidas.* Chemical weapons should be banned.

projeto *s* **1** (escolar, etc.) project: *um projeto sobre Machado de Assis* a project on Machado de Assis **2** (plano) plan: *o meu projeto de vida* my life plan **3** (de arquitetura, engenharia, etc.) design

projetor *s* **1** (spot) spotlight **2** (aparelho) projector: *projetor de slides* slide projector

prol *s* **em prol de algo/alguém** in aid of sth/sb: *uma campanha em prol de crianças carentes* a campaign in aid of needy children

prolongar *v* to extend: *Prolongamos as férias por mais duas semanas.* We extended the vacation for another two weeks.
prolongar-se *v* (estender-se) to go on: *A aula prolongou-se demais.* The lesson went on too long.

promessa *s* promise | **fazer/cumprir uma promessa** to make/keep a promise

prometer *v* **1** (assegurar) to promise | **prometer algo a alguém** to promise sb sth: *O chefe lhe* *prometeu um aumento.* The boss promised him a raise.   **2 prometer que** to promise (that): *Prometo que não vou mais fumar.* I promise I won't smoke anymore./I promise not to smoke anymore. | **prometer fazer algo** to promise to do sth   **3** (dar sinais de sucesso) to show (a lot of) promise: *Esta banda promete.* This band shows a lot of promise.

promoção s **1** (divulgação) promotion **2 em promoção** (em oferta) on special offer: *artigos em promoção* items on special offer   **3** (em emprego) promotion

promover v **1** (organizar) to organize: *Promovi um encontro dos ex-alunos.* I organized a reunion for former students.   **2** (em emprego) to promote

pronome s pronoun

prontificar-se v **prontificar-se a fazer algo** to offer to do sth: *Já me prontifiquei a ajudá-los.* I've already offered to help them.

pronto, -ta *adjetivo & interjeição*

- **adj**   **1** (preparado) ready: *Me avise quando tudo estiver pronto.* Let me know when everything's ready. | *O almoço está pronto.* Lunch is ready. | *Eu ainda não estava pronta quando ele chegou.* I still wasn't ready when he arrived.   **2 comida pronta** convenience food   **3** (cozido) done: *O bolo ainda não está pronto.* The cake isn't done yet.

- **pronto!** *interj* OK: *Pronto! Podemos começar.* OK, we can start.

pronto-socorro s emergency room (AmE), casualty (BrE)

pronúncia s pronunciation: *A pronúncia dele em inglês é muito boa.* His English pronunciation is very good.

pronunciar v (uma palavra) to pronounce: *Como se pronuncia esta palavra?* How do you pronounce this word?

propaganda s **1** (anúncio comercial) ad: *uma propaganda de sabão em pó* an ad for laundry detergent/a laundry detergent ad ▶ Também existe **advertisement**, que é mais formal, e **advert**, que só se usa no inglês britânico   **2** (divulgação) Usa-se **advertising** para a propaganda comercial, e **propaganda** para a propaganda política tendenciosa ou/e desonesta: *Eles gastam milhões em propaganda.* They spend millions on advertising. | *uma propaganda fascista* fascist propaganda | **fazer propaganda de algo** (de um produto, etc.) to advertise sth   **3** (panfleto) leaflet   **4** (que se recebe pelo correio) junk mail, (que se recebe por e-mail) spam ▶ Ambos os termos indicam que a propaganda é indesejada.

propensão s **propensão (a algo/fazer algo)** tendency (toward sth/to do sth): *Ela tem propensão a engordar.* She has a tendency to put on weight.

propina s (gorjeta) tip

propor v (mudanças, soluções, etc.) to propose | **propor algo a alguém** to propose sth to sb

propor-se v **propor-se a fazer algo (a)** (oferecer-se) to offer to do sth: *A turma se propôs a ajudar na creche.* The class offered to help at the day-care center. **(b)** (tomar a decisão de) to set out to do sth: *Ela se propôs a emagrecer.* She set out to lose weight.

proporção s **1** (quantidade) proportion: *a proporção de analfabetos no país* the proportion of illiterate people in the country   **2** (dimensão) proportion: *um incêndio de grandes proporções* a fire of great proportions   **3** (relação) proportion: *Seu desenho ficou sem proporção.* Your drawing is out of proportion.   **4 à proporção que** as: *À proporção que anoitecia, esfriava.* As it got darker it got colder.

propósito s **1** (intenção) intention: *Ele está cheio de bons propósitos.* He's full of good intentions.   **2** (objetivo) purpose: *Qual é o propósito da viagem?* What's the purpose of the trip?   **3** (decisão) decision: *Tomou o firme propósito de estudar.* He made the firm decision to study.   **4 de propósito** on purpose: *Você fez isso de propósito, não foi?* You did that on purpose, didn't you?

proposta s **1** (sugestão) proposal: *uma proposta de casamento* a marriage proposal   **2** (oferta) offer: *uma proposta de trabalho* a job offer | **aceitar/recusar uma proposta** to accept/refuse an offer

propriedade s **1** (imóvel) property (pl -ties): *propriedade particular* private property   **2** (particularidade) property (pl -ties)

proprietário, -ria s **1** (dono) owner: *o proprietário da fazenda* the owner of the farm   **2** (de imóvel alugado) **proprietário** landlord | **proprietária** landlady (pl -dies)

próprio, -pria *adjetivo & pronome*

- **adj**   **1** (que é de cada um) own: *Um dia quero ter o meu próprio apartamento.* One day I want to have my own apartment. | *Ele acusou o próprio irmão.* He accused his own brother.   **2** (mesmo) A tradução depende do pronome a que se refere: pode ser **myself, yourself, himself, herself, itself, ourselves, yourselves** ou **themselves**: *Eu própria já tive esse problema.* I myself once had the same problem. | *O próprio professor concordou conosco.* The teacher himself agreed with us. | *As próprias garotas me disseram aquilo.* The girls themselves told me that.   **3** (adequado) suitable: *Esta roupa não é própria para ir à festa.* That outfit isn't suitable for going to the party. | *um filme próprio para menores* a movie suitable for children   **4** (hora, momento) right   **5** (típico) real: *Ela é a própria nerd.* She's a real nerd.   **6** (característico) particular: *A banda tem um estilo próprio de tocar.* The band has a particular style of playing.   **7** (em gramática) proper: *um substantivo próprio* a proper noun

- **pron o próprio/a própria** he himself/she herself | **por si próprio/própria** by himself/herself

prorrogação s **1** (de prazo) extension   **2** (em jogo de futebol) extra time: *A Coreia derrotou a*

Itália com o gol de ouro na prorrogação. Korea defeated Italy with a golden goal during extra time.

prosa s prose: *um texto em prosa* a text in prose

prospecto s **1** (de propaganda) brochure **2** (de curso) catalog (AmE), prospectus (pl -ses) (BrE)

prostituta s prostitute

protagonista s main character: *o protagonista da novela* the main character of the soap opera

proteção s protection

proteger v to protect: *O creme protege a pele.* The cream protects the skin.

proteína s protein

protestante adj & s Protestant

protestar v **protestar (contra algo/alguém)** to protest (against sth/sb): *Os alunos vão protestar contra os preços da cantina.* The students are going to protest against the prices in the canteen. | **protestar por algo** to protest for sth: *Os empregados protestaram por maiores salários.* The employees protested for higher wages.

protesto s protest: *uma canção de protesto* a protest song

protetor, -a *adjetivo & substantivo*

• **adj** protective: *uma película protetora* a protective film

• **s 1** (defensor) protector **2** (solar) sunblock: *Posso usar o seu protetor?* Can I use your sun block?

protetor de tela (em informática) screen saver

prova s **1** (em curso) test: *Amanhã temos prova de Geografia.* Tomorrow we have a geography test.
2 (em concurso) exam: *Vou fazer prova para a AMAN.* I'm going to take the exam for AMAN.
3 (esportiva) event: *as provas de natação* the swimming events
4 (demonstração, indício) proof | **ser prova de algo** to be proof of sth: *Isto é uma prova de que algo anda mal.* This is proof that something is wrong. | **uma prova de amizade/carinho** proof of your friendship/affection ▶ **proof** é um substantivo incontável; assim, não tem plural e não é precedido do artigo indefinido: *Eu lhe dei aquilo como uma prova de amizade.* I gave that to her as proof of my friendship.
5 (em ação judicial) piece of evidence: *Encontraram uma nova prova.* They found a new piece of evidence. ▶ O plural *provas* se traduz pelo substantivo incontável **evidence**: *Não há provas contra ele.* There is no evidence against him.
6 à prova d'água/de bala waterproof/bulletproof
7 (de roupa) fitting: *Esta é a última prova.* This is the last fitting.
8 pôr à prova algo to test sth: *Ele quer pôr à prova esta hipótese.* He wants to test this hypothesis.

prova final final exam **prova oral** oral exam

provador s (em loja) dressing room (AmE), fitting room (BrE)

provar v **1** (demonstrar) to prove: *Isto prova que estou certo.* This proves I'm right. **2 provar algo (a)** (uma bebida, uma comida) to try sth: *Posso provar seu sorvete?* Can I try your ice cream? **(b)** (uma roupa) to try sth on: *Quero provar este vestido.* I want to try this dress on.

provável adj probable: *uma provável consequência do efeito estufa* a probable consequence of the greenhouse effect | **é provável** Quando *é provável* é usado com resposta, traduz-se por **probably**: *– Vocês vão se mudar? – É provável.* "Are you going to move?" "Probably." | **é provável que ela venha/vença etc.** she'll probably come/win etc., she's likely to come/win etc.: *É provável que chova.* It will probably rain./It's likely to rain. | *É muito provável que isto volte a acontecer.* It'll very probably happen again./It's very likely to happen again. | *É provável que ele apareça aqui hoje.* He'll probably turn up here today./He's likely to turn up here today. | **o mais provável é que ele volte/que tenha se esquecido etc.** he'll most likely come back/he most likely forgot etc. | **ser pouco provável** to be unlikely: *É pouco provável que isso aconteça.* It's unlikely that that will happen.

provavelmente adv probably: *Provavelmente ele esqueceu.* He probably forgot.

provedor s (em informática) provider: *Qual é o seu provedor?* Who's your provider?

proveito s **1 tirar proveito de algo** to take advantage of sth: *Ele tentou tirar proveito da situação.* He tried to take advantage of the situation. **2 em proveito de algo/alguém** in aid of sth/sb: *uma campanha em proveito das comunidades carentes* a campaign in aid of needy communities **3 sem proveito** (sem serventia) useless: *um presente sem proveito* a useless present

proveniente adj **proveniente de algo** coming from sth: *o trem proveniente de São Paulo* the train coming from São Paulo

provérbio s proverb

proveta s test tube: *um bebê de proveta* a test-tube baby

providência s step | **tomar providências** to take steps

providenciar v to arrange for: *Providenciamos uma van para nos levar ao show.* We arranged for a van to take us to the show.

província s province

provinciano, -na adj provincial

provisório, -ria adj provisional

provocar v **1** (causar) to cause **2** (desafiar) to provoke: *Pare de provocá-lo.* Stop provoking him.

próximo, -ma *adjetivo, substantivo & preposição*

• **adj 1** (seguinte) next: *Vou saltar no próximo*

prudente

ponto. I'm getting off at the next stop. ▶ Quando se refere a ano, dia da semana, mês, etc. omite-se o artigo **the**: *na próxima semana* next week | *Vamos esperar até o próximo ano.* We're going to wait until next year. **2** (no espaço) nearby: *Ela estuda numa escola próxima.* She studies at a nearby school. | **o mais próximo** the nearest: *Onde fica a estação de metrô mais próxima?* Where's the nearest subway station? **3** (no tempo) soon: *As férias estão próximas.* The holidays are soon. **4** (íntimo) **próximo (de alguém)** close (to sb): *um amigo muito próximo* a very close friend **5** (parente) close: *um parente próximo* a close relative

• **s** (o seguinte) next one: *O próximo a fazer gol, ganha.* The next one to score wins. | *Mande entrar a próxima.* Ask the next one to come in.

• **próximo a** *prep* near: *Ele estacionou próximo à esquina.* He parked near the corner.

prudente *adj* **1** (sensato) sensible, wise: *Ela é muito prudente.* She's very sensible. | *Foi uma decisão prudente.* It was a wise decision. ▶ Também existe **prudent**, que é mais formal **2** (cauteloso) cautious: *um motorista prudente* a cautious driver

pseudônimo *s* pseudonym
psicanálise *s* psychoanalysis
psicanalista *s* psychoanalyst
psicologia *s* psychology
psicológico, -ca *adj* psychological: *problemas psicológicos* psychological problems
psicólogo, -ga *s* psychologist
psiu! *interj* **1** (pedindo silêncio) sssh! **2** (chamando) psst!
puberdade *s* puberty
publicação *s* publication: *uma publicação para adolescentes* a publication for teenagers
publicar *v* **1** (editar) to publish: *Já publicaram o segundo volume.* They've already published the second volume. **2** (tornar público) to publish: *Vamos publicar um anúncio do evento.* Let's publish an advertisement for the event.
publicidade *s* **1** (propaganda) advertising: *uma agência de publicidade* an advertising agency **2** (divulgação) publicity
publicitário, -ria *adjetivo & substantivo*

• *adj* advertising: *uma campanha publicitária* an advertising campaign

• *s* (pessoa) advertising executive

público, -ca *adjetivo & substantivo*

• *adj* **1** public **2 escola pública** public school (AmE), state school (BrE)

• **público s 1** (em programa de TV, etc.) audience: *O público aplaudiu.* The audience applauded. **2** (povo) public | **em público** in public: *Nunca cantei em público.* I've never sung in public.

pudim *s* pudding
pudim de leite crème caramel

pudor *s* shame
pugilista *s* boxer
puído, -da *adj* threadbare: *O colarinho está todo puído.* The collar is all threadbare.
pular *v* **1** (saltar) to jump: *Você já pulou do trampolim mais alto?* Have you ever jumped from the top diving board? | **pular de alegria** to jump for joy **2** (transpor, saltando) to jump over: *O cavalo pulou o obstáculo.* The horse jumped over the fence. | *Eles pularam o muro.* They jumped over the wall. **3** (omitir) to skip: *Você pulou uma parte do texto.* You've skipped part of the text. **4 pular corda** to skip
pulga *s* flea
pulmão *s* lung
pulo *s* **1** jump | **dar pulos** to jump up and down **2 dar um pulo em algum lugar** to drop by somewhere: *Vou dar um pulo na sua casa mais tarde.* I'll drop by your house later on.
pulôver *s* pullover
pulsação *s* (do coração) beat
pulseira *s* **1** (bracelete) bracelet: *uma pulseira de prata* a silver bracelet **2** (de relógio) strap
pulso *s* **1** (parte do corpo) wrist: *Uso o relógio no pulso esquerdo.* I wear my watch on my left wrist. **2** (batimento arterial) pulse: *A enfermeira tirou o pulso do doente.* The nurse took the patient's pulse.
punhado *s* **um punhado de algo** a handful of sth: *um punhado de conchas* a handful of shells
punhal *s* dagger
punhalada *s* stab wound | **dar uma punhalada em alguém** to stab sb | **levar uma punhalada** to get stabbed
punho *s* **1** (pulso) wrist: *Luxei o punho jogando vôlei.* I sprained my wrist playing volleyball. **2** (de camisa) cuff **3** (de espada, ferramenta) handle **4** (de rede) loop
punir *v* to punish
punk *adj & s* punk
pupila *s* (do olho) pupil
purê *s* **1** puree **2 purê (de batata)** mashed potatoes (AmE), mashed potato (BrE)
puritano, -na *adjetivo & substantivo*

• *adj* puritanical: *uma educação puritana* a puritanical education

• *s* puritan

puro, -ra *adj* **1** (límpido) pure: *água pura* pure water | **ar puro** fresh air **2** (sem mistura) pure: *ferro puro* pure iron **3** (inocente) pure: *uma mente pura* a pure mind **4** (sem acompanhamento) on its own: *Quero leite puro.* I want milk on its own. | **café puro** black coffee | **uísque/gim etc. puro** straight whiskey/gin etc. (AmE), neat whisky/gin etc. (BrE) **5 a pura verdade** the absolute truth
pus *s* pus

puxado, -da adj 1 (difícil) tough: *uma prova puxada* a tough test 2 (cansativo) tough: *Tive um dia puxado hoje.* I had a tough day today. 3 **olhos puxados** slanting eyes

puxador s (de gaveta, porta) knob

puxão s tug | **dar um puxão em alguém** to give sb a tug

puxar v 1 to pull: *Puxe com força.* Pull hard. | *Para de puxar meu braço.* Stop pulling my arm. 2 **puxar uma cadeira** to pull up a chair 3 (tirar) **puxar algo** (um prego, uma rolha, etc.) to pull sth out: *Não consegui puxar a rolha da garrafa.* I couldn't pull the cork out of the bottle. 4 **puxar a alguém** to take after sb ▶ Em inglês usa-se o presente do indicativo: *Ela puxou à mãe.* She takes after her mother. ▶ ver também **conversa**

puxa-saco adjetivo & substantivo

• **adj** toadying: *um aluno puxa-saco* a toadying student

• **s** toady (pl -dies): *Ele é um puxa-saco do chefe.* He's a toady to the boss.

Q, q s Q, q ▶ ver "Active Box" **letras do alfabeto** em **letra**

quadra s 1 (para esporte) court: *uma quadra de tênis* a tennis court 2 (quarteirão) block: *Eles moram na mesma quadra que nós.* They live on the same block as us.

quadrado, -da adjetivo & substantivo

• **adj** 1 (formato) square: *uma mesa quadrada* a square table 2 (pessoa) square: *Meus pais são meio quadrados.* My parents are rather square.

• **quadrado** s 1 (quadrilátero) square 2 (em matemática) square: *o quadrado de 2* the square of 2

quadragésimo, -ma numeral fortieth

quadril s hip

quadrilha s (de bandidos) gang

quadrinhos s (em revista, jornal) comic strip

quadro s 1 (na parede) picture: *um quadro da Virgem* a picture of the Virgin ▶ Quando se trata de uma pintura, diz-se **painting**: *um quadro de Picasso* a painting by Picasso 2 (gráfico ilustrativo) figure 3 (esquema) table: *Veja o quadro 3.* See table 3. 4 (quadro-negro) blackboard 5 (time) team: *o quadro que venceu o jogo* the team that won the game 6 (conjunto de funcionários) staff

quadro de avisos bulletin board (AmE), noticeboard (BrE)

quadro-negro s blackboard

qual pron ▶ ver quadro na pág. 696

qualidade s quality (pl -ties) | **de qualidade** quality: *um produto de qualidade* a quality product

qualificação s qualification: *uma qualificação profissional* a professional qualification

qualificar-se v **qualificar-se (como/de algo)** to qualify (as sth)

qualquer pron ▶ ver quadro na pág. 696

quando advérbio & conjunção

• **adv** 1 (em pergunta) when: *Quando vocês vão embora?* When are you leaving? 2 (como relativo) when: *o tempo quando ainda havia bonde* in the days when there were still trams

• **conj** 1 (temporal) when: *Quando faz sol, vou à praia.* When it's sunny, I go to the beach. | *Ele se assustou quando os fogos estouraram.* He got frightened when the fireworks went off. 2 (apesar de) when: *Ele fica me ligando, quando sabe que não quero ir à festa.* He keeps calling me when he knows I don't want to go to the party. 3 **quando muito** at the most: *Não vou comer nada, quando muito uma maçã.* I'm not going to eat anything; an apple at the most.

quantia s amount

quantidade s ▶ ver quadro na pág. 697

quanto, -ta pron & adv ▶ ver quadro na pág. 697

quarenta numeral forty: *quarenta dias* forty days ▶ ver também **ano**

quaresma s Lent: *na quaresma* during Lent

quarta s 1 (marcha) fourth gear: *Engrene a quarta.* Put it into fourth gear. 2 (quarta-feira) Wednesday ▶ ver "Active Box" **dias da semana** em **dia**

quarta de final quarter final

quarta-feira s Wednesday ▶ ver "Active Box" **dias da semana** em **dia**

Quarta-feira de Cinzas Ash Wednesday

quarteirão s block: *Eles moram a um quarteirão da praia.* They live a block away from the beach.

quartel s 1 (caserna) barracks 2 (serviço militar) military service

quartel do corpo de bombeiros fire station

quartel-general s headquarters

quarto, -ta numeral & substantivo

• **numeral** fourth: *É a quarta rua depois da praça.* It's the fourth road after the square.

• **quarto** s 1 (de dormir) bedroom: *Quantos quartos tem sua casa?* How many bedrooms are there in your house? | **um apartamento de dois/três etc. quartos** a two-bedroom/three-bedroom etc. apartment 2 (cômodo) room: *meu quarto de*

qual

PRONOME INTERROGATIVO

EM PERGUNTAS DIRETAS OU INDIRETAS (= what)
Qual é o seu telefone? What's your telephone number?
Quando as respostas possíveis são limitadas, usa-se **which one** ou **which**:
Qual das músicas dele você prefere? Which of his songs do you prefer? | *– Vi o filme iraniano. – Qual?* – I saw the Iranian film. – Which one? | *Qual dos três você gosta mais?* Which of the three do you like best?

PRONOME RELATIVO

o qual, a qual, os quais e *as quais* podem ser traduzidos por **whom** quando se referem a pessoas, e por **which**, referindo-se a objetos ou coisas. Estes pronomes, porém, são muito formais em inglês, especialmente **whom**. A primeira tradução de cada exemplo mostra uma alternativa menos formal, sem o pronome, e com a preposição no fim da frase, se necessário:

um homem o qual todos admiram a man everybody admires/a man whom everybody admires | *a amiga com a qual viajei* the friend I traveled with/the friend with whom I traveled | *medidas com as quais eles não concordam* measures they don't agree with/measures with which they don't agree

cada qual e *tal qual* são tratados nos verbetes de *cada* e *tal*, respectivamente.

qualquer

1 Quando designa pessoa, coisa, lugar ou tempo indeterminado, usa-se **any**:
Pergunte a qualquer menina. Ask any girl. | *Pegue uma camiseta qualquer na gaveta.* Take any T-shirt from the drawer. | *Você encontra isso em qualquer papelaria.* You can find this in any stationery store. | *Vai cair um toró a qualquer momento.* It's going to pour down at any moment.

CASOS COM TRADUÇÕES ESPECIAIS

qualquer coisa anything: *Qualquer coisa serve.* Anything will do. | **por qualquer coisa** for the slightest reason: *Ela chora por qualquer coisa.* She cries for the slightest reason. | **de qualquer maneira** anyway: *Mesmo que eu não vá, ele vai de qualquer maneira.* Even if I don't go, he'll be going anyway. | **em qualquer lugar** anywhere: *em qualquer lugar do mundo* anywhere in the world

2 NO SENTIDO DE NÃO IMPORTA QUAL (= any old)

Vista uma camisa qualquer. Just put on any old shirt.

3 A tradução de *qualquer um/uma* varia conforme o caso:

REFERENTE A PESSOAS EM GERAL (= anybody, anyone)
Isso pode acontecer com qualquer um. It could happen to anybody.

ENTRE DUAS PESSOAS (= either ou either one)
– Quer falar com meu pai ou com minha mãe? – Com qualquer um dos dois. "Do you want to speak to my mom or my dad?" "Either (one) of them."

REFERENTE A COISAS EM GERAL (= any, any one)
qualquer um desses livros any of these books/any one of these books

ENTRE DUAS COISAS (= either ou either one)
– Você quer suco ou Coca? – Qualquer um. "Would you like juice or Coke?" "Either."

NO SENTIDO DE TODOS/TODAS (= every)
Qualquer uma das músicas deste CD é boa. Every song on this CD is good.

---

estudos my study room ▶ ver também **colega 3** (quarta parte) quarter | **um quarto de século** a quarter of a century
quarto crescente first quarter **quarto de casal** double room **quarto de hóspedes** guest room **quarto de solteiro** single room **quarto minguante** last quarter

quase *adv* **1** Quando significa praticamente, traduz-se por **nearly** ou **almost**: *Estou quase pronta.* I'm nearly ready./I'm almost ready. | **quase sempre** nearly always: *Quase sempre vou de ônibus.* I nearly always go by bus.
2 Quando significa por pouco, traduz-se por **nearly**: *Eu quase quebrei a perna.* I nearly broke my leg. | *Ela quase foi reprovada no exame oral.* She nearly failed on her oral.
3 Quando vem seguido de um advérbio negativo diz-se **hardly**, e o verbo é usado na afirmativa: *Quase não se ouve a música.* You can hardly hear the music. | **quase nada** hardly anything: *Ela não come quase nada.* She hardly eats anything. | **quase ninguém** hardly anybody: *Não foi quase ninguém.* There was hardly anybody there. | **quase nunca** hardly ever: *Quase nunca o vejo.* I hardly ever see him.

quatorze *numeral* **1** (número, quantidade) fourteen: *quatorze quilômetros* fourteen kilometers **2** (em data) fourteenth: *quatorze de julho* fourteenth of July

quatro *numeral* **1** (número, quantidade, hora) four **2** (em data) fourth

quatrocentos, -tas *numeral* four hundred

que¹ *pron* ▶ ver quadro na pág. 698

que² *conj* ▶ ver quadro na pág. 698

quê *s* **1 o quê** what: *Ela comprou um presente para mim, mas não disse o quê.* She bought a present for me but she didn't say what. | *O quê?* What? | **para quê** what for: *Isso serve para quê?* What's this for? | **por quê** why **2** touch: *Essa música tem um quê de Portishead.* That song has

quebrar

quantidade

1 Para falar da quantidade de algo usa-se **amount**, quando se trata de algo não contável, e **number**, quando se trata de algo contável:

a quantidade de água/sal/manteiga de que preciso the amount of water/salt/butter I need | *Depende da quantidade de horas/páginas/alunos.* It depends on the number of hours/pages/students.

Em lugar de **amount** pode-se também usar **quantity**, que é mais formal:

enormes quantidades de comida huge quantities of food

Também se usa **quantity** quando se estabelece um contraste entre qualidade e quantidade:

A qualidade é mais importante do que a quantidade. Quality is more important than quantity.

2 Quando quantidade significa *muito -ta* ou *muitos -tas*, traduz-se por **a lot of, lots of, how much, how many**, etc. Veja os exemplos:

Que quantidade de comida! What a lot of food! | *Olha a quantidade de roupas que ela trouxe.* Look how many clothes she's brought.

3 EXPRESSÃO

em quantidade in large quantities: *Minha mãe sempre compra queijo em quantidade.* My mom always buys cheese in large quantities.

---

a touch of Portishead. **3** **não tem de quê** not at all: *– Obrigado. – Não tem de quê.* "Thank you." "Not at all."

quebra-cabeça s (jogo) jigsaw | **fazer/montar um quebra-cabeça** to do a jigsaw

quebrado, -da adj **1** (partido) broken: *Esta xícara está quebrada.* This cup is broken. **2** (carro, máquina, motor, etc.) broken-down | **estar quebrado** to have broken down: *O aparelho de som está quebrado.* The sound system has broken down. **3** (elevador, telefone, etc.) out of order **4** (exausto) exhausted: *Fiquei quebrado com a escalada.* I was exhausted by the climb. **5** (falido) bust: *A firma está quebrada.* The firm has gone bust.

quebra-molas s (em rua, estrada) speed bump

quebra-nozes s nutcracker

quebrar v **1** (despedaçar) to break: *O vidro do carro quebrou.* The car window broke. | *Quebrei minha unha abrindo isto.* I broke my nail opening this. **2** (fraturar) to break: *Ele quebrou a perna jogando futebol.* He broke his leg playing soccer. | **quebrar a cabeça (a)** (fraturar) to split your head open **(b)** (fazer esforço mental) to rack your brains: *Tive que quebrar a cabeça para fazer esse dever.* I had to rack my brains to do this homework. **3** (enguiçar) to break down: *O ônibus quebrou na ida.* The bus broke down on

quanto -ta

1 EM FRASES INTERROGATIVAS DIRETAS OU INDIRETAS

Usa-se **how much** quando vem seguido de um substantivo no singular, e **how many**, se o substantivo é plural:

Quanto sobrou de café? How much coffee is there left? | *Quantos alunos tem na sua classe?* How many students are there in your class? | *Há quantos anos você estuda inglês?* How many years have you been studying English?

A tradução de *quanto tempo* ou *há quanto tempo* é **how long**:

Quanto tempo você vai ficar? How long are you going to stay? | *Há quanto tempo vocês moram aqui?* How long have you been living here?

REFERENTE A IDADE (= how old)

Quantos anos você tem? How old are you?

Quando não vem acompanhado de substantivo, usa-se **how much**, se o pronome estiver no singular, e **how many**, se estiver no plural:

– Adicione mais sal. – Quanto? "Add some more salt." "How much?" | *Quantos somos ao todo?* How many are we altogether?

Usa-se **how much** quando se trata de dinheiro ou custo:

Quanto te devo? How much do I owe you? | *Não sei quanto custa.* I don't know how much it is.

2 EM EXCLAMAÇÕES (= what a lot)

Quanta gente! What a lot of people! | *Quanta comida!* What a lot of food!

A tradução é diferente se há referência a tempo:

Há quanto tempo não te vejo! I haven't seen you for **such a long time**!

3 No sentido de tanto quanto, diz-se **as much**, se o pronome estiver no singular, e **as many**, se estiver no plural:

Use quanto precisar. Use as much as you need. | *Leve quantas amigas quiser.* Take as many friends as you like.

4 OUTRAS CONSTRUÇÕES

o quanto how, how much: *Imagino o quanto isso é difícil para você.* I can imagine how difficult this is for you. | *Ele sabe o quanto gosto dele.* He knows how much I like him. | **o quanto antes** as soon as possible | **quanto a mim/quanto a isso etc.** as for me/as for that etc. | **quanto mais/menos** the more/the less: *Quanto mais você lê, mais aprende.* The more you read, the more you learn. | **quanto maior/menor** the bigger/the smaller: *Quanto maior o espaço, melhor.* The bigger the space, the better.

5 *tanto quanto*, *tão quanto* e *tudo quanto* são tratados nos verbetes *tanto*, *tão* e *tudo*, respectivamente.

---

the way. **4** (falir) to go bust: *A loja da esquina*

 Deve-se dizer *on the table* ou *in the table*? Veja o verbete **em**.

que *pronome*

▶ **PRONOME**

1 EM PERGUNTAS (DIRETAS OU INDIRETAS)

Tanto **que** como **o que** traduz-se por **what**:

Que dia é hoje? What day is it today? | *O que você quer comer?* What do you want to eat? | *Perguntei-lhe o que era aquilo.* I asked him what it was.

Quando vem precedido de preposição, nem sempre a preposição é traduzida:

A que horas sai o voo? What time does the flight leave?

Usa-se **which** quando há poucas opções:

Que vinho você quer tomar? Tinto ou branco? Which wine would you like? Red or white?

2 EM EXCLAMAÇÕES

SEGUIDO DE SUBSTANTIVO (= what a/what)

Que bagunça! What a mess! | *Que dia lindo!* What a beautiful day! | *Que olhos lindos!* What beautiful eyes!

SEGUIDO DE ADJETIVO OU DE SUBSTANTIVO QUE SE TRADUZ POR UM ADJETIVO EM INGLÊS (= how)

Que estranho! How strange! | *Que medo!* How frightening!

▶ **PRONOME RELATIVO**

1 Quando é sujeito, traduz-se por **who** quando se refere a pessoas, e por **which** ou **that** quando se refere a coisas:

a menina que viajou comigo the girl who traveled with me | *o romance que ganhou o prêmio* the novel which/that won the prize

2 Quando é objeto, geralmente é omitido em inglês, embora possa ser traduzido por **that**:

Esse é o menino que conheci naquela festa. That's the boy (that) I met at that party. | *Este é o CD que você me emprestou.* This is the CD (that) you lent me.

Note a posição da preposição nos exemplos abaixos:

o programa de que falávamos the program we were talking **about** | *as ferramentas com que trabalho* the tools I work **with**

O uso de **who**, e especialmente de **whom**, para referir-se a pessoas é mais usado na linguagem formal (veja os verbetes **who** e **whom**).

3 *o que* traduz-se por **what**:

Faça o que eu te pedi. Do what I asked you to do. | *Não entendi o que ele disse.* I didn't understand what he said.

Quando significa *qualquer coisa que,* pode-se usar **whatever**:

Faça o que quiser. Do whatever you want./Do what you want.

que *conjunção*

1 Quando introduz uma oração com função de objeto traduz-se por **that,** que se costuma omitir na língua falada:

Acho que ele tem razão. I think (that) he's right. | *Ela disse que estava frio.* She said (that) it was cold. | *Espero que você se recupere logo.* I hope you get better soon.

2 Com verbos que expressam desejos, pedidos, necessidades ou sugestões, usam-se construções com o infinitivo:

Ela pediu que eu não me atrasasse. She asked me not to be late. | *Preciso que você me ajude.* I need you to help me.

Convém consultar o verbete correspondente ao verbo. Alguns, como **suggest,** requerem estruturas especiais.

3 Quando expressa razão, não é traduzido:

Agasalhe-se, que está frio lá fora. Wrap up warm. It's cold out.

4 Em comparações, *(do) que* traduz-se por **than:**

Este é mais bonito (do) que o outro. This one is nicer than the other one.

5 Quando expressa consequência traduz-se por **that,** que se costuma omitir na língua falada:

Ela estava tão nervosa, que roeu todas as unhas. She was so nervous (that) she bit all her nails.

---

queda *s* **1** (diminuição) drop: *uma queda na temperatura* a drop in temperature | *a queda das tarifas aéreas* the drop in air fares | **uma queda de dois graus/três por cento etc.** a drop of two degrees/three percent etc. **2** (tombo) fall: *Eu me machuquei muito na queda.* I hurt myself badly in the fall. **3** (de avião) crash (pl -shes) **4** (de um líder, de um império, etc.) fall **5 ter uma queda por alguém** (gostar de) to have a soft spot for sb: *Ele tem uma queda pela Vivian.* He has a soft spot for Vivian.

queda de cabelo hair loss

queda-d'água *s* waterfall

queijo *s* cheese: *um sanduíche de presunto e queijo* a ham and cheese sandwich ▶ ver também **pão**

queijo parmesão Parmesan cheese

queijo-quente *s* melted cheese

queimada *s* fire: *as queimadas na floresta* the fires in the forest

queimado, -da *adjetivo & substantivo*

• *adj* **1** (comida, fósforo) burned (AmE), burnt (BrE) **2** (lâmpada) burned out (AmE), burnt out (BrE) **3** (bronzeado) tanned: *Quero ficar bem queimada.* I want to get really tanned.

• **queimado** *s* **1 cheiro de queimado** smell of burning: *Vocês estão sentindo cheiro de queimado?* Can you smell burning? **2** (jogo) dodgeball

---

quebrou. The store on the corner went bust.

quebrar-se *v* (partir-se) to break: *A árvore se quebrou em duas.* The tree broke in two.

queimadura s **1** (com fogo) burn: *uma queimadura grave* a severe burn **2** (com líquido fervente) scald **3** (de sol) sunburn

queimar v **1** (incinerar) to burn: *A cozinheira queimou a carne.* The cook burned the meat. | *A floresta queimou a noite toda.* The forest burned the whole night. **2** (com líquido fervente) to scald: *O leite quente queimou minha língua.* The hot milk scalded my tongue. **3** (bronzear) to tan **4** (lâmpada) to burn out (AmE), to go (BrE): *A lâmpada do banheiro queimou.* The bathroom bulb has burned out. **5** (sol) to burn: *O sol está queimando.* The sun is burning.

queimar-se v **1** (causando queimadura) to burn yourself: *Eu me queimei com o ferro de passar.* I burned myself with the iron. **2** (bronzear-se) to get tanned: *Ela não quer se queimar muito.* She doesn't want to get too tanned.

queixa s complaint | **fazer queixa de algo/alguém (para alguém)** to make a complaint about sth/sb (to sb): *Os vizinhos fizeram queixa do barulho.* The neighbors made a complaint about the noise. | **dar queixa (de algo/alguém) na polícia** to go to the police (about sth/sb)

queixar-se v queixar-se (de algo/alguém) to complain (about sth/sb): *Ele está sempre se queixando.* He's always complaining.

queixo s chin | **bater queixo** to shiver

quem pron ▶ ver quadro

quente adj quando se refere a uma coisa escaldante, ou a calor excessivo, traduz-se por **hot**; quando se refere a uma coisa agradavelmente quente, usa-se **warm**: *Cuidado, o café está quente.* Careful, the coffee is hot. | *Está quente hoje.* It's hot today. | *Tivemos um inverno quente este ano.* We had a warm winter this year.

cold

hot

quentinha s takeout (AmE), takeaway (BrE): *Vou pedir uma quentinha para o almoço.* I'm going to order a takeout for lunch.

quer conj **quer... quer não/ou não** whether... or not: *quer você queira, quer não* whether you want to or not | *quer tenha prova ou não* whether there's a test or not | **quer... quer** whether... or whether

---

quem

▶ PRONOME INTERROGATIVO

1 EM PERGUNTAS DIRETAS OU INDIRETAS (= who)

Quem telefonou? Who called? | *Ela quis saber quem era ele.* She wanted to know who he was.

Quando em português o pronome é precedido de preposição, em inglês a preposição segue-se ao verbo:

De quem eles estão falando? **Who** are they talking **about**? | *Pergunte-lhe para quem é.* Ask him **who** it's **for**. | *Com quem ela estava dançando?* **Who** was she dancing **with**?

Em inglês formal pode-se usar **whom** nessas estruturas. Seu uso está explicado em **whom** e **who**.

POSSE

de quem whose: *De quem é esse lápis?* Whose is this pencil? | *Ela não sabia de quem era.* She didn't know whose it was.

2 EM EXCLAMAÇÕES (= who)

– *Será que ela vem?* – *Quem sabe!* "Do you think she'll come?" "Who knows!"

▶ PRONOME RELATIVO

1 COMO SUJEITO (= who)

É você quem tem que decidir./Quem tem que decidir é você. You're the one who has to decide.

Quando vem precedido de um verbo na negativa em português, em inglês usa-se uma construção com **no one** ou **nobody**, ou uma construção com verbo negativo seguido de **anyone** ou **anybody**:

Não há quem o vença. Nobody can beat him. | *Não tenho quem me leve.* I don't have anyone to take me.

2 PRECEDIDO DE PREPOSIÇÃO

O pronome costuma ser omitido em inglês, na língua falada. A preposição segue-se ao verbo:

o menino com quem ela saía the boy she used to go out **with** | *as pessoas de quem lhe falei* the people I talked to you **about**

Em inglês formal pode-se usar **whom** nessas estruturas. Seu uso está explicado em **whom** e **who**.

3 QUALQUER PESSOA (= whoever)

Quem quiser pode ir. Whoever wants to can go. | *Conte para quem você quiser.* Tell whoever you like. | **quem me dera** if only: *Quem me dera poder viajar.* If only I could get away. | **quem quer que seja** whoever: *Você, ele ou quem quer que seja.* You, him or whoever. | **seja quem for** whoever it/he/she is: *Ele trata bem seja quem for.* Whoever it is, he treats them well.

querer v **1** (desejar) to want: *Ele quer um sorvete.* He wants some ice cream. | **querer fazer algo** to want to do sth: *Queremos sair hoje à noite.* We want to go out tonight. | *Ele não quis ir.* He didn't want to go. | **querer que alguém faça algo** to want sb to do sth: *Quero que você venha.* I want you to come. | *Ela queria que eu fosse buscá-la.* She wanted me to go and pick her up.
2 (em oferecimentos e pedidos) Usam-se construções com **want**, na linguagem coloquial, e **would like**, na linguagem mais formal: *Você quer um café?* Would you like some coffee?/Do you want some coffee? | *O que vocês querem fazer este fim de semana?* What do you want to do this weekend?/What would you like to do this weekend? | *Eu queria falar com a Joana.* I'd like to speak to Joana.
3 como/quando/o que etc. você quiser however/whenever/whatever etc. you like: – *O que vamos fazer?* – *O que você quiser.* "What shall we do?" "Whatever you like." | *Podemos ir quando você quiser.* We can go whenever you like.
4 querer dizer (significar) to mean: *O que quer dizer "skirt"?* What does "skirt" mean? | *O que você quis dizer com isso?* What did you mean by that?
5 quer dizer (explicando) that is: *Eu sou do Rio, quer dizer, nasci em Londres, mas fui criado aqui.* I'm from Rio, that is, I was born in London but I was brought up here.
6 quer dizer que (então) so: *Quer dizer que a escola te deu mais uma chance?* So the school has given you another chance?
7 sem querer Ver exemplos: *Desculpe, foi sem querer.* Sorry, it was an accident. | *Quebrei-o sem querer.* I accidentally broke it. | *Eu o ofendi sem querer.* I offended him without meaning to.
8 (amar) to love: *Eu te quero muito.* I love you very much.
querer-se v (amar-se) to love each other

> Quando usado no pretérito perfeito, *querer* às vezes significa *tentar*, numa frase afirmativa, e *recusar-se a*, numa frase negativa, e nesses casos tem traduções diferentes:
> *Eles quiseram nos enganar.* They tried to deceive us. | *Ela não quis me ajudar.* She refused to help me./She wouldn't help me.

querido, -da *adjetivo & substantivo*
• **adj 1** (amado) dear: *uma amiga muito querida* a very dear friend **2** (em correspondência) dear: *Querido Alberto* Dear Alberto
• *s* darling: *Minha querida!* Darling!
quermesse s bazaar: *Vocês vão na quermesse da escola?* Are you going to the school bazaar?
questão s **1** (em prova, exame) question: *Errei a primeira questão.* I got the first question wrong. **2** (problema) problem: *uma questão difícil de se resolver* a difficult problem to solve **3** (assunto) matter: *uma questão pessoal* a personal matter **4 em questão** in question: *O menino em questão continua na escola.* The boy in question is still at the school. **5 fazer questão (de fazer algo) (a)** (insistir) to insist (on doing sth): *Todos fizeram questão de ir.* Everybody insisted on going. | *já que você faz questão* since you insist **(b)** (esforçar-se) to make a point (of doing sth): *Ele fez questão de cumprimentar todo mundo.* He made a point of greeting everyone. **6 ser questão de algo** to be a question of sth: *Ela nunca namorou, mas é uma questão de tempo.* She's never dated anyone, but it's just a question of time.
questionar v **1** (interrogar) to question: *O policial questionou o preso.* The policeman questioned the prisoner. **2** (contestar) to question: *Muitos adolescentes questionam os valores dos pais.* Many teenagers question their parents' values.
questionário s questionnaire
quiabo s okra
quicar v to bounce
quieto, -ta adj **1** (silencioso) quiet: *Ela era tímida e muito quieta.* She was shy and very quiet. **2** (parado) still: *É difícil vê-lo quieto.* It's rare to see him still. **3 ficar quieto** (em silêncio) to keep quiet **4 ficar/parar quieto** (sem mover-se) to keep still
quilo s kilo: *um quilo de açúcar* a kilo of sugar
quilométrico, -ca adj **1** (longo demais) huge: *uma fila quilométrica* a huge line **2 marco quilométrico** kilometer post
quilômetro s kilometer (AmE), kilometre (BrE)
química s chemistry
químico, -ca *adjetivo & substantivo*
• **adj** chemical: *armas químicas* chemical weapons
• *s* (pessoa) chemist
quina s **1** (canto) corner: *a quina da escrivaninha* the corner of the desk **2 de quina** edgewise (AmE), edgeways (BrE): *Vamos colocar a mesa de quina.* Let's stand the table edgewise. **3** (em jogo) five numbers *pl*: *Acertei a quina.* I got the five numbers right.
quinhentos, -tas numeral five hundred: *quinhentos reais* five hundred reals
quinta s **1** (marcha) fifth gear: *Esse carro tem a quinta?* Does this car have a fifth gear? **2** (quinta-feira) Thursday ▶ ver "Active Box" **dias da semana** em **dia** **3** (propriedade rural) farm
quinta-feira s Thursday ▶ ver "Active Box" **dias da semana** em **dia**
quintal s yard
quinto, -ta numeral & substantivo
• **numeral** (em ordem) fifth: *no quinto dia* on the fifth day
• *s* **1** (em ordem) fifth: *o quinto a chegar* the fifth

to arrive **2** (quantidade) fifth: *dois quintos da torta* two fifths of the cake

quinze *numeral* **1** (número, quantidade) fifteen: *Tenho quinze anos.* I'm fifteen years old. **2** (em data) fifteenth: *no dia quinze* on the fifteenth **3** (em hora) quarter: *às três e quinze* at a quarter after three | *quinze para as dez* a quarter of ten **4 quinze dias** two weeks (AmE), a fortnight (BrE): *Passamos quinze dias lá.* We spent two weeks there.

quinzena *s* **a primeira/segunda quinzena de julho** the first/second half of July

quiosque *s* kiosk

quisto *s* cyst

quite *adj* **estar/ficar quites (com alguém)** to be/get straight (with sb)

quotidiano, -na *adj* ▶ ver **cotidiano**

R, r *s* R, r ▶ ver "Active Box" **letras do alfabeto** em **letra**

rã *s* frog

rabanete *s* radish (pl -shes)

rabino *s* rabbi

rabiscar *v* **1** (desenhar) to doodle: *Minha mãe rabisca enquanto fala no telefone.* My mother doodles while she's talking on the phone. **2** (escrever) to scribble: *Rabisquei um bilhete para a professora.* I scribbled a note to the teacher. **3** (riscar) to scribble on: *Os meninos rabiscaram a parede.* The children scribbled on the wall.

rabo *s* **1** (de animal) tail **2** (de pessoa) backside **3 olhar alguém com o rabo do olho** to look at sb out of the corner of your eye
rabo de cavalo *s* ponytail: *Ela costuma fazer um rabo de cavalo.* She usually does her hair in a ponytail.

rabugento, -ta *adj* grumpy

raça *s* **1** (de pessoa) race **2** (de animal) breed: *Qual é a raça do seu cachorro?* What breed is your dog? | **de raça (a)** (cachorro) pedigree **(b)** (cavalo) thoroughbred

ração *s* (de animal) food

rachar *v* **1** (dividir) to split: *Vamos rachar uma pizza?* Shall we split a pizza? **2** (partir-se) to crack: *A parede rachou.* The wall cracked. **3** (cortar) to chop: *Vou rachar lenha para a lareira.* I'll chop some wood for the fire. **4 de rachar** veja exemplos: *Está um calor de rachar.* It's boiling hot. | *um frio de rachar* freezing cold | *um sol de rachar* burning hot sun

racial *adj* racial: *preconceito racial* racial prejudice

raciocinar *v* to think: *Não consigo raciocinar com este barulho.* I can't think with this noise.

raciocínio *s* reasoning

racional *adj* rational

racionamento *s* rationing: *racionamento de luz* electricity rationing

racionar *v* to ration

racismo *s* racism

racista *adj* & *s* racist

radar *s* radar

radiante *adj* **1** (feliz) overjoyed: *Ela ficou radiante com o presente.* She was overjoyed with the present. **2** (luminoso) shining: *estrelas radiantes* shining stars

radical *adj* extreme: *esportes radicais* extreme sports | *Não seja tão radical.* Don't be so extreme.

radicar-se *v* to settle: *Minha irmã se radicou na Austrália.* My sister settled in Australia.

rádio *substantivo masculino & substantivo feminino*
• *s* [masc] **1** (aparelho) radio **2** (em Química) radium
• *s* [fem] (estação) radio station: *Só ouço a rádio Jovem Rio.* I only listen to the Jovem Rio radio station.

radioativo, -va *adj* radioactive: *lixo radioativo* radioactive waste

rádio-cassette *s* radio-cassette

rádio-despertador *s* radio alarm

radiografia *s* X-ray | **fazer/tirar uma radiografia** to have an X-ray

radiopatrulha *s* patrol car

radiotáxi *s* radio cab: *Chame um radiotáxi para mim?* Could you call a radio cab for me?

rafting *s* rafting | **praticar rafting** to go rafting

raia *s* (em piscina, pista) lane: *Meu irmão está na raia quatro.* My brother is in lane four.

rainha *s* queen

raio *s* **1** (durante um temporal) lightning ▶ **lightning** é um substantivo incontável: não tem plural e não pode vir precedido do artigo **a** em inglês. Há também a expressão **bolt of lightning**, que se usa em contextos mais literários ou técnicos: *Ele foi atingido por um raio.* He was struck by lightning./He was struck by a bolt of lightning. | *Caíram vários raios na área.* Lightning struck several times in the area. **2** (de luz) ray: *os raios do Sol* the sun's rays **3** (de roda) spoke **4** (em geometria) radius
raio laser laser beam **raios ultravioleta** *s pl* ultraviolet rays **raio X** X-ray: *Tive que fazer um raio X.* I had to have an X-ray.

raiva *s* **1** (ódio) rage | **estar/ficar com raiva (de alguém)** to be/get angry (with sb) | **dar raiva** to make you angry: *Ele mente tanto, que dá raiva.* He lies so much it makes you angry. **2 ter raiva**

de alguém/algo to hate sb/sth: *Tenho raiva do namorado dela.* I hate her boyfriend. **3** (doença) rabies: *Vacinei o meu cachorro contra a raiva.* I had my dog vaccinated against rabies.

raivoso, -sa *adj* **1** (pessoa) angry **2** (cão) rabid

raiz *s* **1** (de planta, árvore) root **2** (de cabelo) root

rajada *s* **1** (de vento) gust **2** (de tiros) burst

ralador *s* grater

ralar *v* **1** (queijo, cenoura, etc.) to grate **2** (ferir) to graze: *Caí e ralei meu joelho numa pedra.* I fell and grazed my knee on a rock.

ralhar *v* **ralhar com alguém (por algo)** to go on at sb (for sth): *Meu pai ralhou comigo por nada.* My father went on at me for no reason.

ralo, -la *adjetivo & substantivo*
- *adj* **1** (sopa, calda, etc.) watery **2** (cabelos) thin
- **ralo** *s* drain

RAM *s* RAM: *128MB de (memória) RAM* 128MB of RAM

ramal *s* **1** (de telefone) extension: *O meu ramal é 235.* My extension is 235. **2** (ferroviário) branch (pl -ches): *A linha do metrô tem vários ramais.* The subway line has several branches.

ramo *s* **1** (de árvore) branch (pl -ches) **2** (de flores) bunch (pl -ches) **3** (de atividade) industry (pl -tries): *Meu pai trabalha no ramo alimentício.* My father works in the food industry. **4** (de ciência) branch (pl -ches): *A Geometria é um dos ramos da Matemática.* Geometry is a branch of mathematics.

rampa *s* ramp: *uma rampa de skate* a skateboard ramp

rancoroso, -sa *adj* bitter

rançoso, -sa *adj* rancid: *A manteiga ficou rançosa.* The butter has gone rancid.

ranger *v* **1** (assoalho, porta, etc.) to creak **2 ranger os dentes** to grind your teeth

rap *s* rap | **banda de rap** rap band | **cantor de rap** rapper

rapaz *s* boy

rapel *s* rappelling (AmE), abseiling (BrE): *Desci 100 metros de rapel.* I abseiled down 100 meters.

rapidez *s* speed | **com rapidez** quickly: *É preciso fazer tudo com rapidez.* Everything has to be done quickly.

rápido, -da *adjetivo & advérbio*
- *adj* **1** (ligeiro) fast: *O download por esse sistema é rápido.* Downloading is fast with this system. **2** (de curta duração) quick: *Fiz um curso rápido de inglês.* I took a quick English course. | *um telefonema rápido* a quick call
- *adv* **1** (com rapidez) quickly: *As férias passaram muito rápido.* The vacation passed by very quickly. **2** (em alta velocidade) fast: *O novo trem anda mais rápido.* The new train goes faster.

raposa *s* fox (pl -xes)

raptar *v* to abduct: *Raptaram o filho de um empresário.* They abducted the son of a businessman.

raquete *s* racket (AmE), racquet (BrE) | **uma raquete de tênis/squash** a tennis/squash racket (AmE), a tennis/squash racquet (BrE) | **uma raquete de pingue-pongue** a ping-pong paddle (AmE), a table-tennis bat (BrE)

raramente *adv* rarely: *Raramente saio durante a semana.* I rarely go out during the week.

raro, -ra *adj* rare: *Faço coleção de selos raros.* I collect rare stamps.

rascunho *s* rough version: *Tenho que passar a limpo o rascunho das respostas.* I have to write up the rough version of the answers.

rasgar *v* **rasgar algo (a)** (sem querer) to tear sth: *Rasguei a manga na maçaneta.* I tore my sleeve on the doorknob. **(b)** (de propósito) to tear sth up: *Rasgue as fotos que não ficaram boas.* Tear up the photos that are no good.

rasgar-se *v* to tear: *O papel de seda se rasga à toa.* Tissue paper tears easily.

raso, -sa *adj* **1** (não fundo) shallow: *a parte rasa da piscina* the shallow end of the swimming pool **2 uma colher rasa** a level spoonful: *Acrescente duas colheres de chá rasas de açúcar.* Add two level teaspoonfuls of sugar.

raspadinha *s* (loteria) scratch card

raspar *v* **raspar algo (a)** (roçar) to scrape sth: *Raspei o braço no muro.* I scraped my arm on the wall. **(b)** (casca, papel, tinta, etc.) to scrape sth: *Raspe até sair a ferrugem.* Scrape the rust off. **(c)** (as pernas, a cabeça) to shave sth **(d)** (a barba, o bigode) to shave sth off

rasteira *s* **dar uma rasteira em alguém** to trip sb up | **levar uma rasteira** to get tripped up

rastejar *v* to crawl

rastro, rasto *s* **1** (indício) track: *Vamos seguir os rastros que ele deixou.* Let's follow the tracks he left. **2** (na água) wake: *O navio deixava rastros no mar.* The ship left a wake in the sea. **3** (no ar) trail **4 de rastros** crawling

rasurar *v* to cross out: *Rasurei o primeiro parágrafo e comecei de novo.* I crossed out the first paragraph and started again.

ratazana *s* rat

rato *s* **1** (camundongo) mouse (pl mice) **2** (ratazana) rat

ratoeira *s* mousetrap

rave *s* rave: *uma festa rave* a rave party

razão *s* **1** (motivo) reason: *Não há razão para isso.* There's no reason for it. | *por esta razão* for this reason | *a razão por que ela foi embora* the reason why she left | **com razão** with good reason: *Ele ficou chateado com razão.* He was annoyed, and with good reason. | **sem razão** for no reason: *Eles reclamaram sem razão.* They complained for no reason. **2 ter razão** to be right: *Você tem toda razão.* You're absolutely right. | **não ter razão** to be wrong: *Acho que ele não tem razão.* I think he's wrong. | **dar razão a alguém** to agree with sb: *Dou razão a ele.* I agree with him.

razoável *adj* reasonable: *O hotel é bem razoável.* The hotel is very reasonable.

ré *s* reverse | **ir de/dar ré** to reverse: *Dei ré e bati no poste.* I reversed and hit the post. ▶ ver também **marcha 2** (nota musical) D: *em ré maior* in D major

reabastecer *v* (um veículo) to refuel

reação *s* reaction

reagir *v* **reagir (a algo/alguém) (a)** (ter reação) to react (to sth/sb): *O menino reagiu às provocações.* The boy reacted to the provocations. **(b)** (em jogo, luta) to fight back (against sth/sb) **(c)** (em doença) to respond (to sth/sb): *O paciente não reagia mais aos medicamentos.* The patient was no longer responding to the medication.

real *adjetivo & substantivo*

• *adj* **1** (verdadeiro) real: *O filme foi baseado em fatos reais.* The movie was based on real events. | *na vida real* in real life **2** (relativo a monarquia) royal: *a família real* the royal family

• *s* (moeda) real (pl reals ou reais): *Este CD custou 20 reais.* This CD cost 20 reais.

realçar *v* **1** (avivar) **realçar algo** to set sth off: *Esta blusa realça a cor dos seus olhos.* That blouse sets off the color of your eyes. **2** (enfatizar) to highlight: *Os pontos principais foram realçados.* The main points were highlighted.

realidade *s* **1** reality (pl -ties) **2 na realidade** (na verdade) actually: *Na realidade, ele agiu sem pensar.* Actually, he acted without thinking.

realista *adjetivo & substantivo*

• *adj* realistic

• *s* realist

realização *s* **1** (feito) achievement: *Meu pai se orgulha de suas realizações.* My father is proud of his achievements. **2** (satisfação) fulfillment (AmE), fulfilment (BrE): *realização pessoal* personal fulfillment

realizar *v* **1** (um projeto, uma tarefa, uma experiência, etc.) to do | **realizar um filme** to make a movie **2** (um objetivo) to achieve **3** (uma ambição, um sonho) to realize: *Consegui realizar meu maior sonho.* I managed to realize my greatest dream. **4** (um evento, um congresso, etc.) to hold

realizar-se *v* **1** (ambição, sonho) to come true: *Finalmente, seu desejo se realizou.* At last, his wish came true. **2** (pessoa) to feel fulfilled: *Eu me realizei fazendo teatro.* I felt fulfilled doing drama. **3** (evento, congresso, etc.) to take place

realmente *adv* really

reatar *v* (uma amizade, um namoro) to revive

reator *s* reactor
   reator nuclear nuclear reactor

reaver *v* **reaver algo** to get sth back: *Consegui reaver meu dinheiro.* I managed to get my money back.

rebaixar *v* **1** (tornar mais baixo) to lower **2** (em esporte) to relegate: *A derrota rebaixou o time à segunda divisão.* The defeat relegated the team to the second division.

rebaixar-se *v* (humilhar-se) to humiliate yourself: *Não se rebaixe diante dele.* Don't humiliate yourself in front of him.

rebanho *s* **1** (de gado, elefantes) herd **2** (de ovelhas) flock

rebelar-se *v* to rebel: *Os prisioneiros rebelaram-se contra os carcereiros.* The prisoners rebelled against the wardens.

rebelde *adjetivo & substantivo*

• *adj* **1** (filho, temperamento, etc.) rebellious **2** (forças, grupo, líder) rebel

• *s* rebel: *Os rebeldes foram presos.* The rebels were arrested.

rebelião *s* **1** (em presídio) riot **2** (política) rebellion

rebentar *v* **1** (balão, pneu) to burst **2** (guerra) to break out **3** (epidemia) to break out **4** (boato, escândalo) to break

rebobinar *v* to rewind: *Rebobine a fita.* Rewind the tape.

rebocar *v* **rebocar algo (a)** (puxar) to tow sth: *O surfista foi rebocado por um jet-ski.* The surfer was towed by a jet-ski. **(b)** (levar) to tow sth away: *Rebocaram nosso carro.* They towed our car away.

reboque *s* **1** (carro) tow truck **2 a reboque** in tow: *O barco foi levado a reboque.* The boat was taken in tow.

rebuliço *s* **1** (agitação) uproar: *A chegada da pop star causou um grande rebuliço.* The pop-star's arrival caused a great uproar. **2** (de vozes) hubbub

recado *s* message: *Por favor, deixe seu recado após o sinal.* Please leave your message after the tone.

recaída *s* relapse | **ter uma recaída** to have a relapse

recanto *s* corner: *O local da cachoeira era o seu recanto predileto.* The place with the waterfall was his favorite corner.

recarregar *v* (uma bateria, um celular) to recharge

recarregável *adj* rechargeable

recear *v* **recear algo** to be afraid of sth | **recear fazer algo** to be afraid of doing sth: *Receei não encontrá-los.* I was afraid of not finding them. | **recear que** to be afraid (that)

receber *v* **1** (uma carta, um e-mail, um telefonema, etc.) to get, to receive ▶ **to get** é de uso mais frequente na língua falada: *Você recebeu o cartão que te mandei?* Did you get the postcard I sent you? **2** (recepcionar) to have: *Meus pais* *receberam uns amigos para jantar.* My parents had some friends for dinner. **3** (atender) to see: *O gerente não quis me receber.* The manager refused to see me. **4** (um pagamento, o salário) to receive **5** (uma ameaça, um golpe) to receive **6 receber um prêmio** to win a prize

receio *s* fear: *Meu receio é que chova durante a festa.* My fear is that it will rain during the party.

receita *s* **1** (culinária) recipe: *Aprendi esta receita com minha avó.* I learned this recipe from my grandmother. **2** (de medicamento) prescription **3** (renda) proceeds *pl*: *Toda a receita do evento será doada.* All the proceeds from the event will go to charity. **4 a Receita Federal** the IRS (AmE), the Inland Revenue (BrE)

receitar *v* (um remédio) to prescribe | **receitar algo a alguém** to prescribe sth: *O médico me receitou um xarope.* The doctor prescribed me some cough syrup.

recém-nascido, -da *adjetivo & substantivo*
- *adj* newborn
- *s* newborn baby (pl -bies)

recente *adj* recent

recentemente *adv* recently

recepção *s* **1** (local) reception: *Vou te aguardar na recepção.* I'll wait for you in reception. **2** (festa) reception: *Fomos a uma recepção no consulado.* We went to a reception at the consulate.

recepcionista *s* receptionist

recessão *s* recession: *A recessão gerou mais desemprego.* The recession caused more unemployment.

recheio *s* **1** (de bolo, torta, etc.) filling: *recheio de chocolate* chocolate filling **2** (de pizza) topping **3** (de ave, carne, etc.) stuffing **4** (de almofada) stuffing

rechonchudo, -da *adj* chubby

recibo *s* receipt: *Peça um recibo.* Ask for a receipt.

reciclado *adj* recycled: *papel reciclado* recycled paper

reciclar *v* to recycle: *Esta usina recicla o lixo.* This plant recycles garbage.

reciclável *adj* recyclable

recife *s* reef

recinto *s* area: *É proibido fumar neste recinto.* Smoking is forbidden in this area.

recipiente *s* container: *Preciso de um recipiente maior.* I need a larger container.

recital *s* recital

recitar *v* to recite: *Ela adora recitar poesias.* She loves reciting poems.

reclamação *s* complaint: *Cansei de ouvir suas reclamações.* I'm tired of hearing your complaints. | **fazer uma reclamação** to make a complaint

reclamar *v* **1 reclamar (de algo/alguém)** (queixar-se) to complain (about sth/sb): *Para de reclamar de tudo!* Stop complaining about everything! | **reclamar com alguém** to complain to sb: *Os jogadores reclamaram com o juiz.* The players complained to the referee. **2** (exigir) to demand: *O consumidor reclamou seus direitos.* The consumer demanded his rights.

reclinar-se *v* **reclinar-se (em algo)** to lie back (on sth): *Recline-se no sofá.* Lie back on the sofa.

reclinável *adj* reclining: *bancos reclináveis* reclining seats

recobrar *v* **1 recobrar a consciência** to regain consciousness **2 recobrar o tempo perdido** to make up for lost time

recobrar-se *v* (restabelecer-se) to recover: *Ele está se recobrando bem da operação.* He's recovering well from the operation.

recolher *v* **1** (tomar) to collect: *A nave recolheu amostras do solo.* The spaceship collected soil samples. | *O professor vai recolher a prova em dez minutos.* The teacher is going to collect the test in ten minutes. **2** (do chão) **recolher algo** to pick sth up: *Vou recolher os papéis espalhados no chão.* I'll pick up the papers scattered on the floor. **3** (informações, notícias) to gather **4** (impostos, doações) to collect **5** (retirar de circulação) to withdraw: *O governo vai recolher as notas danificadas.* The government is going to withdraw the damaged bills.

recolher-se *v* (deitar-se) to go to bed: *Meus avós se recolhem cedo.* My grandparents go to bed early.

recomeçar *v* to start again: *O barulho recomeçou.* The noise started again. | *Vou recomeçar a dieta.* I'm going to start my diet again.

recomendação *s* **1** (conselho) recommendation | **fazer (uma) recomendação** to make a recommendation | **fazer uma recomendação a alguém** to give sb a recommendation: *Fiz-lhe muitas recomendações.* I gave him lots of recommendations. **2 por recomendação de alguém** on sb's recommendation: *Fui a este médico por recomendação dela.* I went to that doctor on her recommendation. ▶ ver também **carta**

recomendar *v* **1** (indicar) to recommend: *Que prato você recomenda?* What dish do you recommend? | **recomendar algo a alguém** to recommend sth to sb: *Você pode me recomendar um curso de inglês?* Can you recommend an English course to me? **2** (aconselhar) to advise: *Recomendei-lhe que não se atrasasse.* I advised him not to be late.

recompensa *s* reward | **como recompensa (por algo)** as a reward (for sth)

recompensar *v* **recompensar alguém (por algo)** to reward sb (for sth): *Ele foi recompensado por seus esforços.* He was rewarded for his efforts.

reconhecer v **1** (identificar) to recognize: *Estou reconhecendo aquela moça.* I recognize that girl. **2** (admitir) to recognize: *Ele reconhece suas falhas.* He recognizes his faults.

reconstruir v **1** (uma edificação) to rebuild **2** (um acontecimento, fatos) to reconstruct **3 reconstruir sua vida** to rebuild your life

recordação s **1** (lembrança) memory (pl -ries): *Tenho boas recordações da minha infância.* I have good memories of my childhood. **2** (objeto) souvenir: *uma recordação de Miami* a souvenir of Miami

recordar v **1** (estudar de novo) to review (AmE), to revise (BrE): *Tenho que recordar a matéria para a prova.* I have to review the subject for the exam. **2** (trazer à memória) to recall: *Recordamos nossos tempos na escola primária.* We recalled our time at primary school.
recordar-se v **recordar-se de (ter feito) algo** to remember (doing) sth: *Ela não se recorda de mim.* She doesn't remember me. | *Não me recordo de ter trancado a porta.* I don't remember locking the door.

recorde s record: *o recorde mundial* the world record | **bater/deter um recorde** to beat/hold a record: *Ela bateu o recorde nos 100 m rasos.* She beat the 100 meters record.

recordista s record-holder: *o recordista de salto em altura* the high jump record-holder

recorrer v **1 recorrer a algo** (usar) to resort to sth: *Tiveram que recorrer a outros métodos.* They had to resort to other methods. **2 recorrer a alguém** (valer-se de) to turn to sb: *Como sempre, ela recorreu ao pai.* As always, she turned to her father. **3** (em Direito) to appeal: *A defesa vai recorrer.* The defense is going to appeal.

recortar v to cut out: *Recortamos estrelas de papel.* We cut out paper stars. | **recortar algo de algo** to cut sth out of sth: *Recortei uma figura do livro.* I cut a picture out of the book.

recorte s clipping (AmE), cutting (BrE): *recortes de jornal* newspaper clippings

recreativo, -va adj recreational: *atividades recreativas* recreational activities

recreio s **1** (em colégio) break: *na hora do recreio* at break time **2** (distração) recreation

recrutar v to recruit

recuado, -da adj **um prédio recuado/uma casa recuada** a building/house set back from the road

recuar v **1** (mover para trás) to move back: *O policial pediu para que todos recuassem.* The policeman asked everyone to move back. **2** (tropa, invasores) to retreat **3** (desistir) to back out

recuperar v **1 recuperar algo (a)** (reaver) to get sth back: *Recuperei a carteira que tinha perdido.* I got back the wallet I had lost. **(b)** (saúde, energia, etc.) to regain sth **(c)** (tempo perdido, aulas perdidas, etc.) to make up for sth **2 recuperar o sono** to catch up on your sleep **3 recuperar os sentidos** to come around
recuperar-se v **recuperar-se (de algo)** (de doença, choque, etc.) to recover (from sth): *O paciente está custando a se recuperar.* The patient is taking a long time to recover.

recurso substantivo & substantivo plural
• s **1** resource: *os recursos naturais de um país* the natural resources of a country **2** (meio) device: *um recurso usado pelo escritor* a device used by the writer
• **recursos** s pl (bens, dinheiro) money sing: *A família tem muitos recursos.* The family has a lot of money.

recusa s **recusa (em fazer algo)** refusal (to do sth): *a sua recusa em me ajudar* your refusal to help me

recusar s to refuse: *Não tive coragem de recusar.* I didn't dare refuse. | *Ela recusou meu convite.* She refused my invitation.
recusar-se s **recusar-se a fazer algo** to refuse to do sth: *Eles se recusaram a participar.* They refused to take part.

redação s **1** (escolar) essay | **escrever/fazer uma redação** to write/do an essay: *Tivemos que fazer uma redação sobre a poluição.* We had to do an essay on pollution. **2** (modo de escrever) writing **3** (seção) editorial office: *Fiz um estágio na redação do jornal.* I did a traineeship in the editorial office of the newspaper.

rede s **1** (de vôlei, pesca, etc.) net **2** (Internet) web: *páginas acessadas na rede* pages accessed on the web **3** (de computadores) network: *uma rede sem fio* a wireless network **4** (em telecomunicações) network: *uma rede de televisão* a television network **5** (de lojas, hotéis) chain **6** (de dormir) hammock: *Dormi a tarde toda na rede.* I slept the whole afternoon in the hammock. **7** (de contatos, espiões, etc.) network: *uma rede de informantes* a network of informants **8** (elétrica) grid **9** (de esgotos, ferrovias) network
rede de área local local area network

rédea s rein

redigir v to write: *Ela pediu para eu redigir a carta.* She asked me to write the letter.

redondezas s pl vicinity sing ▶ Em geral usa-se **around here**: *Há uma farmácia nas redondezas?* Is there a pharmacy around here?

redondo, -da adj round: *um rosto redondo* a round face | *um número redondo* a round number

redor s **ao redor (de algo)** around (sth): *as ruas ao redor* the streets around | *ao redor da ilha* around the island | **ao meu/seu etc. redor** around me/you etc.

reduzido, -da adj (tamanho, número, salário, etc.) small: *um número reduzido de pessoas* a small number of people

reduzir v **1** (diminuir) to reduce: *Tenho que reduzir meus gastos.* I need to reduce my spending. | **reduzir a velocidade** to slow down **2** (a marcha do carro) to downshift (AmE), to change down (BrE): *Reduza antes de entrar na curva.* Downshift before going into the bend. **3 reduzir algo a algo** to reduce sth to sth: *O incêndio reduziu a casa a cinzas.* The fire reduced the house to ashes.

reduzir-se v **reduzir-se a algo** to be reduced to sth: *Com o acidente, o carro se reduziu a uma bola de metal.* The car was reduced to a lump of metal in the accident.

reembolsar v **1** to refund: *A escola nos reembolsou pelas aulas canceladas.* The school refunded us for the canceled lessons. **2 reembolsar alguém de algo** to reimburse sb for sth: *Você será reembolsado das suas despesas.* You will be reimbursed for your expenses.

reencarnação s reincarnation: *Você acredita em reencarnação?* Do you believe in reincarnation?

reencontrar v **reencontrar alguém** to meet sb again: *Foi ótimo reencontrá-los.* It was great to meet them again.

reencontrar-se v to meet again

refazer v **1** to redo: *Vou refazer as contas.* I'm going to redo the sums. **2 refazer a vida** to rebuild your life

refazer-se v to recover: *Precisei me refazer depois dos exercícios.* I had to recover after the exercises.

refeição s meal: *uma refeição leve* a light meal | **fazer uma refeição** to have a meal: *Faço três refeições por dia.* I have three meals a day.

refeitório s (em escola, fábrica, etc.) canteen

refém s hostage | **fazer alguém refém** to take sb hostage | **manter alguém como refém** to hold sb hostage

referência s reference: *um ponto de referência* a point of reference | **fazer referência a algo/alguém** to refer to sth/sb

referente s **referente a algo/alguém** relating to sth/sb: *o capítulo referente à aula de hoje* the chapter relating to today's class

referir-se v **referir-se a algo/alguém** to refer to sth/sb: *Eu não estava me referindo a você quando disse aquilo.* I wasn't referring to you when I said that.

refil s refill: *Preciso comprar um refil para a minha caneta.* I need to buy a refill for my pen.

refletir v **1** (espelhar) to reflect: *O mar refletia a luz da Lua.* The sea reflected the moonlight. **2** (pensar) to consider: *Você deve refletir bem antes de tomar uma decisão.* You should consider carefully before making a decision. | **refletir sobre algo** to reflect on sth: *Tenho refletido sobre o que fiz.* I've been reflecting on what I did.

reflexo, -xa *adjetivo, substantivo & substantivo plural*

• *adj* reflex: *um ato reflexo* a reflex action

• **reflexo** s **1** (imagem) reflection: *Ela ficou olhando seu reflexo na água.* She looked at her reflection in the water. **2** (motor) reflex (pl -xes): *Ele tem reflexos rápidos.* He has quick reflexes.

• **reflexos** s pl (no cabelo) highlights

reforçar v **reforçar algo (com algo)** to reinforce sth (with sth)

reforço *substantivo*

• s **1** (suporte) backing: *A equipe terá o reforço do ex-campeão.* The team will have the backing of the former champion. **2** (de um muro, parede, etc.) reinforcement **3** (de policiais) backup: *O policial chamou reforço.* The policeman called for backup.

• **reforços** s (tropas) reinforcements

reforma s **1** (em um prédio, em instalações) renovation | **fazer reformas na casa/cozinha etc.** to renovate the house/kitchen etc., to do up the house/kitchen etc. ▶ A tradução **to do up** é mais informal | **a casa/o prédio etc. está em reforma** the house/the building etc. is being renovated **2** (mudança) reform

reforma agrária land reform

reformar v **1** (um prédio, instalações) to renovate, to do up: *O clube está reformando a quadra.* The club is renovating the court. | *Eles reformaram o apartamento.* They did up the apartment. ▶ A tradução **to do up** é mais informal **2** (transformar) to alter: *Mandei reformar meu vestido de dama de honra.* I've sent my bridesmaid dress to be altered.

reformar-se v (regenerar-se) to reform

reformatório s reform school

refrão s chorus (pl -ses): *Adoro o refrão dessa música.* I love the chorus of this song.

refrescante adj refreshing

refrescar v **1** (tempo) to cool down: *Com essa chuva, vai refrescar.* It'll cool down with this rain. **2** (na geladeira) to chill: *Pus o suco na geladeira para refrescar.* I've put the juice in the refrigerator to chill. **3 refrescar a memória** to refresh your memory

refrescar-se v to cool off: *Vou entrar na piscina para me refrescar.* I'm going to get in the pool to cool off.

refresco s fruit drink: *Almocei um cachorro-quente e um refresco.* For lunch I had a hot dog and a fruit drink.

refrigerador s refrigerator

refrigerante s soda

refugiado, -da s refugee: *refugiados políticos* political refugees

refúgio s refuge: *Encontraram refúgio numa cabana abandonada.* They found refuge in an abandoned hut.

regar v to water

regata s **1** (corrida de barcos) regatta **2** (camiseta) singlet

Diz-se I arrived in Rio ou I arrived to Rio? Veja o verbete **arrive**.

regente s **1** (maestro) conductor **2** (governante) regent

reggae s reggae: *uma banda de reggae* a reggae band

região s **1** (território) region **2** (do corpo) region

regime s **1** (dieta) diet | **estar de regime/estar fazendo regime** to be on a diet | **fazer regime** (começar a fazer) to go on a diet: *Tenho que fazer um regime.* I have to go on a diet. **2** (político) regime

regional adj regional: *diferenças regionais* regional differences

registrado, -da adj **1** (carta) registered **2** (velocidade, temperatura, etc.) recorded

registrar v **1** (um imóvel, uma carta, um nascimento, etc.) to register **2** (uma ocorrência, uma informação, etc.) to record
registrar-se v (inscrever-se) to register: *Vou me registrar na maratona.* I'm going to register for the marathon.

registro s **1** (inscrição) registration **2** (de fatos, eventos) record: *Meu diário é um registro da minha vida pessoal.* My diary is a record of my personal life. **3** (livro) register **4** (chave) stopcock: *Feche o registro porque a torneira está pingando.* Turn off the stopcock because the faucet is dripping.

regra s (norma) rule: *Quais são as regras deste jogo?* What are the rules of the game?

regressar v to return: *Minha prima regressa domingo.* My cousin returns on Sunday. | **regressar a/de algum lugar** to return to/from a place: *Ela regressou ontem de Paris.* She returned yesterday from Paris.

regresso s return: *no seu regresso* on your return

régua s ruler

regulamento s regulation

regular adjetivo & verbo
- adj **1** (constante) regular: *em horários regulares* at regular times **2** (suficiente) satisfactory: *Tirei uma nota regular.* I got a satisfactory grade.
- v to regulate: *A lei regula a venda de bebidas a menores.* The law regulates the sale of drinks to minors.

rei s **1** (monarca) king **2** (o melhor) king: *Pelé é o rei do futebol.* Pelé is the king of soccer.

reinar v (governar) to reign

reiniciar v **1** (recomeçar) to start again: *Reiniciei as aulas de piano.* I started my piano lessons again. **2** (em informática) to restart: *Vou reiniciar o computador.* I'll restart the computer.

reino s **1** kingdom **2 o Reino Unido** the United Kingdom
reino animal animal kingdom

rejeitar v to reject

relação substantivo & substantivo plural
- s **1** (relacionamento) relationship: *Temos uma boa relação.* We have a good relationship. **2** (ligação) relationship: *Qual é a relação entre esses dois fatos?* What's the relationship between these two facts? **3 com relação a algo** in relation to sth
- **relações** s pl **1** (laços) relations: *relações de amizade* friendly relations **2 ter relações com alguém (a)** (ter ligação) to have connections with sb: *Temos relações com muitas pessoas em Roma.* We have connections with a lot of people in Rome. **(b)** (fazer sexo) to have intercourse with sb

relacionado, -da adj **1 relacionado a algo/alguém** related to sth/sb: *A crise de energia está relacionada à falta de chuvas.* The energy crisis is related to the lack of rain. **2** (que tem amigos) connected: *Ele é muito bem relacionado.* He is very well-connected.

relacionamento s relationship: *O relacionamento dele com os pais é bom.* He has a good relationship with his parents.

relacionar v **relacionar algo (com algo)** to relate sth (to sth): *O escritor relaciona a violência com a pobreza.* The writer relates violence to poverty.
relacionar-se v **relacionar-se com alguém** (conviver) to relate to sb: *Ele tem facilidade de se relacionar com os outros.* He finds it easy to relate to others.

relâmpago substantivo & adjetivo
- s flash of lightning: *Foi um relâmpago.* It was a flash of lightning. ▶ O plural *relâmpagos* tem como tradução o substantivo incontável **lightning**: *um temporal com trovões e relâmpagos* a storm with thunder and lightning.
- adj **um ataque/uma viagem etc. relâmpago** a lightning attack/trip etc.

relampejar v to flash

relapso, -sa adj negligent

relatar v to tell: *Vou te relatar tudo que aconteceu.* I'm going to tell you everything that happened.

relativo, -va adj **1** (não absoluto) relative: *um sucesso relativo* a relative success **2 relativo a algo/alguém** (referente a) about sth/sb: *Tivemos uma conversa relativa a isso.* We had a conversation about that.

relato s **1** (descrição) account | **fazer um relato de algo** to give an account of sth: *Ele nos fez um relato da expedição.* He gave us an account of the expedition. **2** (relatório) report: *segundo o relato feito pelo engenheiro* according to the engineer's report

relatório s report: *Escreveram um relatório com as conclusões do grupo.* They wrote a report with the group's conclusions.

relaxado, -da adj **1** (descansado) relaxed: *Fiquei relaxada depois da massagem.* I felt relaxed after the massage. **2** (desleixado) negligent: *Você anda relaxada com os seus estudos.* You've been negligent with your studies.

relaxar *v* **1** (tornar relaxado) to relax: *A natação me relaxou.* The swimming relaxed me. **2** (ser relaxante) to be relaxing: *Essa música relaxa.* This music is relaxing.

relembrar *v* to reminisce about: *Ficamos relembrando as férias.* We reminisced about the vacation.

reler *v* to reread: *Preciso reler o último capítulo.* I need to reread the last chapter.

relevante *adj* relevant: *uma informação relevante* a relevant piece of information

relevo *s* **1** (geográfico) terrain **2 em relevo** (em realce) in relief | **de relevo** of note: *o último CD de relevo da banda* the band's latest CD of note

religião *s* religion: *Qual é a sua religião?* What's your religion?

religioso, -sa *adjetivo & substantivo*

- *adj* religious

- *s* (pessoa) **religioso** monk | **religiosa** nun

- **religioso** *s* **casar no religioso** to have a church wedding

relógio *s* **1** (de pulso, de bolso) watch (pl -ches): *um relógio à prova d'água* a waterproof watch **2** (de parede) clock **3** (de água, luz, etc.) meter

watch — date — face — strap — hand

wall clock — grandfather clock — digital clock — alarm clock

relojoaria *s* watch store
remador, -a *s* rower
remar *v* **1** (um barco) to row **2** (uma canoa, um caiaque) to paddle

remédio *s* **1** (medicamento) drug: *um novo remédio contra o câncer* a new cancer drug ▶ Na linguagem coloquial geralmente não se usa o termo **drug**, mas se especifica o tipo de remédio: **pills** (comprimidos), **medicine** (quando é líquido) etc.: *Esqueci de tomar meu remédio.* I forgot to take my pills./I forgot to take my medicine. | *Você está tomando algum remédio?* Are you taking anything? **2** (solução) solution: *Este problema não tem remédio.* There's no solution to this problem.

remela *s* (nos olhos) sleep
remendar *v* **remendar algo** to patch sth up

remetente *adj* (de correspondência) sender

remexer *v* **1 remexer algo (a)** (agitar) to stir sth up: *Batiam os pés, remexendo a água da piscina.* They kicked their feet, stirring up the water in the pool. **(b)** (o solo) to turn sth over: *Remexa a terra antes de plantar.* Turn the earth over before planting. **2 remexer em algo (a)** (em bolsa, gavetas, papéis) to rummage in sth **(b)** (no passado, num assunto) to delve into sth

remo *s* **1** (de barco) oar **2** (de bote, canoa, caiaque) paddle **3** (atividade) rowing: *Ele pratica remo.* He goes rowing. | **a remo** ▶ Em inglês usa-se o verbo **to row** seguido de um advérbio ou preposição que indique a direção: *Vão atravessar a baía a remo.* They're going to row across the bay. | *Voltamos a remo.* We rowed back. | **barco a remo** rowboat (AmE), rowing boat (BrE)

remorso *s* remorse

remoto, -ta *adj* remote: *controle remoto* remote control | **num futuro remoto** in the distant future

remover *v* to remove

remunerar *v* to pay: *O clube não remunera os jogadores há três meses.* The team hasn't paid the players for three months.

renda *s* **1** (tecido) lace: *um vestido de renda* a lace dress **2** (rendimento) income: *imposto de renda* income tax | *uma fonte de renda* a source of income

render *v* **1** (dinheiro, juros) to earn: *O depósito já rendeu bastante no banco.* The deposit has already earned quite a lot in the bank. **2** (durar muito) to go on: *A conversa rendeu umas duas horas.* The conversation went on for about two hours. **3** (falando de comida) to go a long way ▶ A forma negativa traduz-se por **not to go far**: *Feijão rende.* Beans go a long way. | *Camarão não rende muito.* Shrimps don't go very far. **4 render alguém (a)** (com arma, etc.) to hold sb up: *Renderam os seguranças.* They held up the security guards. **(b)** (substituir) to relieve sb

render-se *v* to surrender: *O exército se rendeu.* The army surrendered.

rendimento *s* **1** (desempenho) performance: *O técnico está satisfeito com o rendimento da equipe.* The coach is satisfied with the team's performance. **2** (lucro) earnings *pl*

renovar *v* **1** (uma licença, um visto) to renew **2** (um estoque, uma decoração) to change **3** (modernizar) to update: *O colégio vai renovar os métodos de ensino.* The school is going to update its teaching methods.

rente *adjetivo & advérbio*

- *adj* **rente (a algo)** close (to sth): *A bola passou rente à trave esquerda.* The ball passed close to the left goalpost.

- *adv* **1** short: *Aparou a grama rente.* He cut the grass short. **2 cortar algo rente** to cut sth short: *Vou cortar o cabelo bem rente.* I'm going to have my hair cut really short.

renunciar v renunciar a algo **(a)** (a um cargo) to resign sth **(b)** (a um direito, a uma herança) to give sth up

reparar v **1** (notar) to notice: *Reparei que ela ficou sem graça*. I noticed she got embarrassed. | **reparar em algo/alguém** to notice sth/sb | **se você reparar bem** if you think about it **2** (consertar) to repair: *A falha já foi reparada*. The defect has already been repaired. **3** (uma situação, um mal) to remedy

reparo s (conserto) repair: *Quem vai pagar pelo reparo da bicicleta?* Who's going to pay for the repair of the bike?

repartição s **1** (departamento) bureau: *uma repartição pública* a government bureau **2** (divisão) sharing: *a repartição dos lucros* the sharing of the profits

repartir v **1** (dividir) to share: *Vamos repartir o bolo entre todos aqui*. Let's share the cake among everyone here. **2** (separar) to share out: *Repartiu as tarefas entre os cinco*. He shared out the tasks between the five of them.

repelente s (de mosquitos) repellent

repente s **de repente (a)** (inesperadamente) suddenly: *Tudo aconteceu tão de repente*. Everything happened so suddenly. **(b)** (talvez) maybe: *De repente esta é a melhor solução*. Maybe that's the best solution.

repentino, -na adj sudden: *Ele teve um ataque repentino de choro*. He had a sudden fit of crying.

repercussão s **repercussão (de algo)** publicity (about sth): *O caso teve repercussão na imprensa*. The case got publicity in the press. | **repercussões (de algo)** repercussions (of sth)

repertório s repertoire

repetir v **1** to repeat: *Pode repetir o seu telefone?* Can you repeat your phone number? | *Tivemos que repetir a cena três vezes*. We had to repeat the scene three times. **2 repetir (algo)** (falando de comida, bebida) to have seconds (of sth): *Está delicioso, posso repetir?* It's delicious; can I have seconds?
repetir-se v **1** (acontecimento) to happen again **2** (pessoa) to repeat yourself

replay s replay

repleto, -ta adj **repleto (de algo/alguém)** full (of sth/sb): *O auditório estava repleto de alunos*. The auditorium was full of students.

repolho s cabbage
repolho roxo red cabbage

repor v **repor algo (a)** (pôr de volta) to put sth back: *Quando acabar, reponha os tubos de tinta na caixa*. When you finish, put the tubes of paint back in the box. **(b)** (substituir) to replace sth: *Bebi muita água para repor o que perdi na corrida*. I drank a lot of water to replace what I lost in the race.

reportagem s (de jornal, TV, etc.) report: *uma reportagem sobre a violência urbana* a report on urban violence

repórter s reporter: *um repórter esportivo* a sports reporter

repouso s rest | **fazer repouso** to rest: *O médico me mandou fazer repouso*. The doctor told me to rest.

repreender v **repreender alguém (por algo)** to reprimand sb (for sth)

represa s dam

representante s representative: *Ela é a representante da turma*. She's the class representative.

representar v **1** (ser o representante de) to represent: *Ele vai representar o Brasil no campeonato*. He's going to represent Brazil in the championship. **2** (em peça teatral) to act: *Ela representa bem*. She acts well. **3** (um personagem) to play: *Representei o papel da mãe*. I played the part of the mother. **4** (significar) to represent: *A descoberta representa um grande avanço*. The discovery represents a major breakthrough. **5** (retratar) to show: *Esta figura representa um embrião*. This picture shows an embryo. **6** (simbolizar) to represent: *A pomba branca representa a paz*. The white dove represents peace.

repressão s repression

reprimido, -da adj repressed

reprodução s reproduction

reproduzir v **1** (copiar) to reproduce **2** (procriar) to breed: *Estão tentando reproduzir esta espécie em cativeiro*. They're trying to breed this species in captivity. **3** (uma informação, um relato) to repeat
reproduzir-se v to reproduce: *Os coelhos se reproduzem rapidamente*. Rabbits reproduce quickly.

reprovação s (em exame, curso) failure: *Sua reprovação foi uma surpresa para todos*. His failure was a surprise to everyone.

reprovar v **1** (em exame, curso) to fail: *O professor de Física reprovou três alunos*. The physics teacher failed three students. | **ser reprovado (em algo)** to fail (sth): *Ela foi reprovada em quatro matérias*. She failed four subjects. **2** (criticar) to criticize

réptil s reptile

república s republic

republicano, -na adj & s republican

reputação s reputation: *Ela tem reputação de rebelde*. She has a reputation for being a rebel.

requeijão s cheese spread

requentar v to reheat: *Vou requentar o café*. I'll reheat the coffee.

requerer v to require: *É um trabalho que requer muita paciência*. It's a job that requires a lot of patience.

---

*Gostaria de estudar o vocabulário por temas? Consulte o pequeno **dicionário ilustrado**.*

requintado, -da adj refined

requisito s requisite **(para algo/para fazer algo)** requirement (for sth/for doing sth): *um dos requisitos para o emprego* one of the requirements for the job

reserva substantivo feminino, substantivo masculino & substantivo plural
- s [fem] **1** (em hotel, restaurante, etc.) reservation | **fazer uma reserva** to make a reservation: *Fiz a reserva pela Internet.* I made the reservation over the Internet. **2** (o que se guarda) store: *Em casa sempre tem uma reserva de enlatados.* At home there's always a store of canned food. | **de reserva** spare: *Tenho umas pilhas de reserva.* I have some spare batteries. **3** (parque) reserve | **reserva ecológica** nature reserve **4** (indígena) reservation **5** (militar) reserves *pl*: *Meu pai é da reserva.* My father is in the reserves.
- s [masc e fem] (em esporte) reserve: *um time com dois reservas* a team with two reserves
- **reservas** s pl (energias) reserves: *Usei todas as minhas reservas na maratona.* I used up all my reserves in the marathon.

reservado, -da adj **1** (mesa, hotel, carro, etc.) reserved: *Essa mesa já está reservada.* This table is already reserved. **2** (retraído) reserved: *Meu namorado é muito reservado.* My boyfriend is very reserved. **3** (privado) private: *Fomos conversar num lugar mais reservado.* We went to talk in a more private place. **4** (alocado) allocated: *Coloque sua resposta no espaço reservado.* Put your answer in the allocated space.

reservar v **1** (fazer reserva de) to reserve: *Reservei dois quartos de solteiro para nós.* I reserved two single rooms for us. **2** (poupar) to save: *O jogador reservou as energias para o final.* The player saved his energy for the end.

reservatório s **1** (de água) reservoir **2** (tanque) tank

resfriado s cold: *Você está melhor do resfriado?* Are you over your cold? | **pegar um resfriado** to catch a cold

resfriar-se v (pegar resfriado) to catch a cold

resgatar v **1** (salvar) to rescue: *O salva-vidas resgatou o afogado do mar.* The lifeguard rescued the drowning man from the ocean. **2** (recuperar) to recover: *Os bombeiros conseguiram resgatar os corpos das vítimas.* The firemen managed to recover the bodies of the victims. **3** (o passado, velhos costumes, etc.) to salvage: *Escrevendo esse livro, ele resgatou a história da família.* By writing this book he salvaged the family history.

resgate s **1** (salvamento) rescue: *a equipe de resgate* the rescue team **2** (quantia) ransom: *Pagou um resgate alto pelo filho.* He paid a large ransom for his son. | **exigir um resgate (por alguém)** to demand a ransom (for sb)

residência s residence

residencial adj residential: *um bairro residencial* a residential neighborhood

residente s **1** (morador) resident **2** (médico) resident

residir v (morar) to reside

resistente adj **1** (material, pessoa) tough **2 resistente a algo** resistant to sth

resistir v **1 resistir (a algo/alguém) (a)** (a tentação, apelo, etc.) to resist (sth/sb): *Não resisti e contei-lhe a verdade.* I couldn't resist and told him the truth. | *Ela não pôde resistir ao convite.* She couldn't resist the invitation. **(b)** (aguentar) to hold up (against sth/sb): *Ele conseguiu resistir até o final da maratona.* He managed to hold up until the end of the marathon. **(c)** (opor resistência) to resist (sth/sb): *O ladrão resistiu aos policiais ao ser preso.* The robber resisted the police when arrested. **2** (estrutura) to hold: *A ponte não resistiu e caiu.* The bridge didn't hold and collapsed. | **resistir a algo** to withstand sth: *A casa resistiu ao furacão.* The house withstood the hurricane. **3 resistir a fazer algo** (recusar-se) to resist doing sth: *Ele sempre resiste a admitir que está errado.* He always resists admitting he's wrong.

resmungar v to grumble

resolver v **1** (decidir) to decide: *Você já resolveu para onde vai nas férias?* Have you already decided where you're going over the vacation? | **resolver fazer algo** to decide to do sth: *Ele resolveu ficar por aqui.* He decided to stay here. **2** (solucionar) **resolver algo** to straighten sth out (AmE), to sort sth out (BrE) : *Tenho muita coisa para resolver antes de viajar.* I have a lot to straighten out before leaving. | *Você pode resolver isso para mim?* Can you straighten this out for me? **3** (uma disputa, uma questão) to settle **4** (um problema, um mistério, uma crise) to solve: *Resolvemos o problema conversando.* We solved the problem by talking. **5** (adiantar) to help: *Chorar não resolve.* Crying won't help.

resolver-se v (decidir-se) to make up your mind

respectivo, -va adj respective

respeitar v **1** (estimar) to respect: *Todos o respeitam por sua honestidade.* Everybody respects him for his honesty. | *Respeito muito a sua opinião.* I really respect your opinion. **2** (cumprir) to respect: *Poucos respeitam este regulamento.* Few people respect this regulation.

respeitável adj respectable

respeito s **1** respect: *Ele conquistou o respeito dos colegas.* He won the respect of his colleagues. | **respeito a algo/alguém** respect for sth/sb: *o respeito aos direitos humanos* respect for human rights | **faltar ao respeito com alguém** to show a lack of respect for sb | **impor respeito** to command respect **2 a respeito de algo/alguém** about sth/sb: *O que você pensa a esse respeito?* What do you think about this? **3 dizer respeito a algo/alguém** to concern sth/

sb: *decisões que dizem respeito à minha vida* decisions that concern my life

respeitoso, -sa adj respectful

respiração s **1** (ato) breathing **2** (fôlego) breath | **ficar sem respiração** to get breathless | **prender a respiração** to hold your breath

respiração boca a boca artificial respiration

respirar v to breathe | **respirar fundo** to breathe deeply

responder v **1** (falando) to answer: *O que é que ele respondeu?* What did he answer? | *Ela respondeu que sim.* She answered yes. | **responder (a) uma pergunta/questão etc.** to answer a question etc. | **responder para alguém** to answer sb **2** (escrevendo) to reply: *Escrevi um e-mail para ele, mas ele não respondeu.* I wrote him an e-mail, but he didn't reply. | **responder para alguém** to reply to sb **3** **responder (a alguém)** (ser malcriado) to answer (sb) back: *Não responda aos mais velhos.* Don't answer your elders back. **4** **responder a algo** (reagir) to respond to sth: *Ela está respondendo bem ao novo remédio.* She's responding well to the new drug. **5** **responder por algo/alguém** (responsabilizar-se) to be responsible for sth/sb: *Quem responde por essa criança?* Who's responsible for this child?

responsabilidade s responsibility (pl -ties) | **assumir responsabilidade (por algo/de fazer algo)** to take responsibility (for sth/for doing sth): *O motorista assumiu a responsabilidade pelo acidente.* The driver took responsibility for the accident. | **ser da responsabilidade de alguém** to be sb's responsibility: *As enchentes são da responsabilidade da Prefeitura.* The floods are the city council's responsibility. | **uma função/posição de responsabilidade** a responsible role/position

responsabilizar v **responsabilizar alguém (por algo)** to blame sb (for sth): *Você não pode responsabilizá-los pelos seus erros.* You can't blame them for your mistakes.

responsabilizar-se v **responsabilizar-se (por algo/alguém)** to take responsibility (for sth/sb): *Eu me responsabilizei pela venda dos ingressos.* I took responsibility for the sale of the tickets.

responsável adjetivo & substantivo

• adj **1** (sério) responsible: *um rapaz muito responsável* a very responsible boy **2** (encarregado) **ser responsável por algo/alguém** to be responsible for sth/sb: *Os pais são responsáveis pelos filhos.* Parents are responsible for their children. **3** (culpado) **ser/sentir-se responsável por algo** to be/feel responsible for sth: *Me sinto responsável pelo que aconteceu.* I feel responsible for what happened. **4** (causador) responsible: *o vírus responsável pela doença* the virus responsible for the illness

• s **1** (encarregado) person in charge: *Quem é o responsável aqui?* Who's (the person) in charge here? | **o responsável pelo departamento/pela segurança etc.** the person in charge of the department/of security etc. **2** (por um delito, crime, etc.) **o responsável pelo sequestro/pelo roubo etc.** the kidnapper/the robber etc. ▶ Se não se especifica o ato, usa-se **the person responsible/the people responsible** (no plural), ou, quando se trata de um ato de vandalismo, **the culprit**: *Estão em busca dos responsáveis.* They are looking for the people responsible./They are looking for the culprits.

resposta s **1** (a pergunta) answer: *Estou esperando a sua resposta.* I'm waiting for your answer. **2** (a carta, solicitação, etc.) reply (pl -plies): *Não tive resposta ao meu e-mail.* I got no reply to my e-mail. **3** (reação) response: *uma boa resposta ao tratamento* a good response to the treatment

ressaca s **1** (por excesso de bebida) hangover | **estar de ressaca** to have a hangover **2** (no mar) undertow | **estar de ressaca** to be rough

ressecado, -da adj **1** (pele, lábios, cabelos) dry **2** (terra) parched

ressentido, -da adj resentful: *Você ficou ressentida comigo?* Are you feeling resentful towards me?

ressonância s **ressonância magnética** (exame) MRI scan

ressuscitar v **1** (em religião) to resurrect **2** (em medicina) to resuscitate

restar v **1** **me restam R$5/nos resta um dia etc.** I have R$5 left/we have one day left etc. | **restam dois quilômetros para chegarmos/resta uma semana para eu terminar etc.** we have two kilometers to go before we arrive/I have a week to go before I finish etc.: *Restam duas provas para entrarmos de férias.* We have two exams to go before our vacation starts. **2** **resta saber/ver se** it remains to be seen whether: *Resta saber se ele volta ou não.* It remains to be seen whether he'll come back or not. **3** (permanecer) to remain: *Ainda restam algumas dúvidas.* Some doubts still remain.

restaurante s restaurant: *Vamos a um restaurante japonês?* Shall we go to a Japanese restaurant?

restaurante a quilo Nos países de língua inglesa, não existe o equivalente. Diz-se *a buffet style restaurant where you pay according to the weight of the food you eat*

restituir v **1** (devolver) to return: *Tenho que restituir o livro até amanhã.* I have to return the book by tomorrow. **2** (dinheiro) to refund **3** (forças, energia) to restore

resto substantivo & substantivo plural

• s **1** (a parte que resta) rest: *Não vai dar tempo para ler o resto.* There won't be time to read the rest. **2** **um resto de suco/bolo etc.** some leftover juice/cake etc.: *Ainda tem um resto de sopa na geladeira.* There's still some leftover soup in the refrigerator. **3** (em matemática) remainder

• **restos** s pl **1** (comida que se guarda) leftovers

restrição

2 (que se joga fora) scraps **3** (de matéria orgânica, de animal, etc.) remains | **restos mortais** remains

restrição s **restrição (a algo)** restriction (on sth): *a restrição à propaganda de cigarro* the restriction on cigarette advertising

resultado s **1** (de jogo, concurso, teste) result **2** (em matemática) result **3** (consequência) result: *A sua reprovação é resultado de falta de estudo.* Your failure is a result of lack of study. **4 dar resultado** to work

resultar v **resultar (de/em algo)** to result (from/in sth): *A brincadeira resultou em briga.* The joke resulted in a fight.

resumir v **1** (fazer um resumo de) to summarize: *Temos que resumir o artigo lido na aula.* We have to summarize the article read in class. **2** (expressar em poucas palavras) **resumir (algo)** to sum (sth) up: *Para resumir, acho esta a melhor solução.* To sum up, I think this is the best solution. | **resumindo** in short: *Resumindo, somos muito diferentes.* In short, we're very different.

resumo s summary (pl -ries): *o resumo de um texto* the summary of a text | **em resumo** in short

reta s **1** (linha) straight line: *Trace uma reta no meio do papel.* Draw a straight line down the middle of the paper. **2** (na estrada) stretch (pl -ches): *Esta é a última reta antes de chegarmos.* This is the last stretch before we arrive.
reta final (a) (parte final) last leg: *Estou na reta final do segundo grau.* I'm on the last leg of high school. **(b)** (numa corrida) home stretch (AmE), home straight (BrE): *na reta final* on the home stretch

retalho s (de tecido) scrap

retangular adj rectangular

retângulo s rectangle

retardado, -da adj **1** (pessoa) retarded: *uma criança retardada* a retarded child **2** (atrasado) **crescimento/movimento etc. retardado** delayed growth/movement etc.

reter v **1** (memorizar) to remember: *Tenho dificuldade em reter números de telefone.* I find it difficult to remember phone numbers. **2** (conservar) to retain: *Nosso organismo precisa reter água.* Our system needs to retain water. **3** (controlar) **reter algo** to hold sth back: *Ele não conseguiu reter as lágrimas.* He was unable to hold back his tears.

reticências s ellipsis *sing*

retirar v **1 retirar algo/alguém (de algo)** (remover) to remove sth/sb (from sth): *Retirei o braço para deixá-lo passar.* I removed my arm to let him pass. | *Retiraram as crianças do local.* They removed the children from the site. **2** (uma passagem, um bilhete) to collect: *Retire seu bilhete naquele balcão.* Collect your ticket from that counter. **3** (desdizer-se) **retirar algo** to take sth back: *Retiro o que eu disse ontem.* I take back what I said yesterday.
retirar-se v **retirar-se (de algo)** **(a)** (ir-se) to leave (sth): *Retirou-se da sala zangado.* He left the room angrily. **(b)** (abandonar) to pull out (of sth): *Ela decidiu se retirar da campanha.* She decided to pull out of the campaign.

reto, -ta *adjetivo, advérbio & substantivo*

• **adj** straight: *Mantenha as costas retas durante o exercício.* Keep your back straight during the exercise. | *em linha reta* in a straight line

• **reto** adv **1** (ao indicar o caminho) straight ahead: *Siga reto no sinal.* Go straight ahead at the light. **2** (em linha reta) straight: *Ela passou reto, e não me viu.* She went straight past and didn't see me.

• **reto** s (em anatomia) rectum

retocar v **retocar algo (a)** (a maquiagem, a pintura, etc.) to touch sth up: *Preciso retocar o batom.* I need to touch up my lipstick. **(b)** (um texto) to refine sth: *Passei meia hora retocando minha redação.* I spent half an hour refining my essay.

retoque s touch-up | **dar um retoque em algo** to touch sth up: *Só falta dar um retoque no meu cabelo.* I just have to touch up my hair. | **dar os últimos retoques (em algo)** to put the finishing touches (to sth)

retornar v **1** (voltar) to return: *Retornamos a São Paulo de ônibus.* We returned to São Paulo by bus. **2 retornar a ligação de alguém** to call sb back: *Ele ficou de retornar a minha ligação ainda hoje.* He said he would call me back today.

retorno s **1** (em rua, estrada) break (in the median strip) (AmE), gap (in the central reservation) (BrE): *Temos que entrar no próximo retorno.* We have to turn at the next break. **2** (volta) return: *no meu retorno a Salvador* on my return to Salvador **3** (referente a telefonema) call back | **dar um retorno a alguém** to call sb back **4** (a estado ou época passada) return: *o retorno à adolescência* the return to adolescence

retrasado, -da adj **no ano/mês etc. retrasado** the year/month etc. before last: *na quinta-feira da semana retrasada* on Thursday before last

retratar v **1** (descrever) to portray: *O filme retrata a vida numa favela.* The movie portrays life in a shantytown. **2** (pintar) to paint: *Velázquez retratava as pessoas da corte espanhola.* Velázquez painted members of the Spanish court. **3** (fotografar) to photograph
retratar-se v **retratar-se (de algo)** (desdizer-se) to retract (sth): *Ele se retratou do que disse.* He retracted what he said.

retrato s **1** (fotografia) photo | **tirar um retrato** to take a photo **2** (pintura) portrait: *um retrato a óleo* a portrait in oils **3** (descrição) portrayal

retribuir v (*to* return) | **retribuir um favor/uma gentileza** to return a favor/kindness

retrospectiva s retrospective

retrovisor s rearview mirror

réu, ré s defendant

reunião s **1** (social) get-together, gathering: *Só o vejo em reuniões familiares.* I only see him at family get-togethers./I only see him at family gatherings. ▸ **reunion** é usado para referir-se a reuniões de pessoas que não se veem há muito tempo, especialmente ex-colegas de escola etc. ou familiares.: *Você foi à reunião de ex-alunos?* Did you go to the school reunion? ▸ Quando se trata de uma festa, diz-se **party**: *Vou fazer uma reunião aqui em casa este sábado.* I'm going to have a party here next Saturday. **2** (de trabalho) meeting: *Ele está numa reunião.* He's in a meeting. | **marcar uma reunião** to arrange a meeting

reunir v **1 reunir pessoas** to bring people together **2** (dados) to gather: *Não consegui reunir informações suficientes.* I didn't manage to gather enough information.

reunir-se v (encontrar-se) to meet: *Eles vão se reunir para combinar tudo.* They're going to meet to arrange everything.

revanche s **1** (em esporte) return game (AmE), return match (pl -ches) (BrE) **2** (vingança) revenge

réveillon s New Year's Eve: *Onde vocês vão passar o réveillon?* Where are you going to spend New Year's Eve? | **uma festa de réveillon** a New Year's Eve party

revelação s **1** (em fotografia) development **2** (de um segredo, da verdade, etc.) revelation **3** (pessoa) promising newcomer: *Ela foi eleita a revelação do ano.* She was elected this year's most promising newcomer.

revelar v **1** (uma fotografia) to develop: *Você já mandou revelar os filmes?* Have you sent the films to be developed yet? **2** (um segredo, a verdade, etc.) to reveal

rever v **1** (fazer revisão de) to revise: *Preciso rever o texto antes de imprimi-lo.* I need to revise the text before printing it. **2 rever alguém/algo** (ver novamente) to see sb/sth again: *Gostei de rever minha madrinha.* I enjoyed seeing my godmother again.

reversível adj reversible

reverso s (de moeda, medalha, papel-moeda) reverse

revés s setback | **sofrer um revés** to suffer a setback

revezamento s (em esporte) relay: *uma prova de revezamento* a relay event

revezar v **revezar com alguém** to take turns with sb

revezar-se v to take turns: *Os iatistas se revezavam para poder dormir.* The yacht crew took turns sleeping.

revirar v **revirar algo** to go through sth: *Revirou o armário atrás do boné.* He went through the cupboard looking for his cap.

reviravolta s **1** (com veículo) U-turn **2** (em situação) turnaround

revisão s **1** (de matéria escolar, texto, etc.) review (AmE), revision (BrE) | **fazer uma revisão de algo** to review sth (AmE), to revise sth (BrE) **2** (de veículo, máquina) service: *Levou o carro para a revisão.* He took the car for a service.

revista s **1** (publicação) magazine: *a revista Time* Time magazine **2** (inspeção) search (pl -ches) **3** (teatro) revue

revista em quadrinhos comic

revistar v to search: *A polícia revistou vários carros na fronteira.* The police searched several cars at the border.

reviver v to relive: *Ficamos horas revivendo os bons tempos.* We spent hours reliving the good times.

revolta s **1** (sentimento) disgust **2** (rebelião) revolt

revoltado, -da adj **1** (indignado) disgusted: *Ele ficou revoltado com o jogo e mudou de canal.* He was disgusted by the game and changed channels. **2** (rebelde) disaffected: *um jovem revoltado* a disaffected youth

revoltante adj disgusting: *É revoltante o modo como fomos tratados.* It's disgusting the way we were treated.

revoltar-se v **1 revoltar-se (contra algo/alguém)** (rebelar-se) to revolt (against sth/sb): *O povo se revoltou contra o governo.* The people revolted against the government. **2 revoltar-se com algo** (indignar-se) to be disgusted with sth: *Os alunos se revoltaram com as medidas de disciplina.* The students were disgusted with the disciplinary measures.

revolto, -ta adj **1** (mar) rough **2** (cabelos) ruffled

revolução s revolution

revolucionário, -ria adjetivo & substantivo
- *adj* revolutionary
- *s* (pessoa) revolutionary (pl -ries)

revólver s revolver

rezar v **rezar (por algo/alguém)** to pray (for sth/sb): *Vou rezar pela recuperação do seu pai.* I'm going to pray for your father's recovery. | **rezar uma oração** to say a prayer

riacho s stream

rico, -ca adjetivo & substantivo
- *adj* rich: *uma mulher rica* a rich woman | *um legume rico em vitamina C* a vegetable rich in vitamin C
- *s* (homem) rich man (pl rich men), (mulher) rich woman (pl rich women) | **os ricos** the rich

ridicularizar v **ridicularizar alguém/algo** to make fun of sb/sth

ridículo, -la adj ridiculous: *Ela estava ridícula com aquela roupa.* She looked ridiculous in that outfit. | **Que ridículo!** How ridiculous!

rifa s 1 (sorteio) raffle 2 (bilhete) raffle ticket
rifle s rifle
rígido, -da adj 1 (duro) hard: *músculos rígidos* hard muscles 2 (severo) strict: *um professor muito rígido* a very strict teacher ▶ ver também **disco**
rigoroso, -sa adj 1 (severo) strict: *pais rigorosos* strict parents 2 (controle, dieta, treinamento) strict 3 (inverno) harsh 4 (punição) harsh
rim s kidney
rima s rhyme
rimar v to rhyme
rímel s mascara | **usar rímel** to wear mascara
ringue s ring
rinite s **rinite alérgica** hay fever
rinoceronte s rhino (pl rhinos), rhinoceros (pl rhinoceroses)
rinque s **rinque de patinação** ice rink
rio s 1 river: *o rio Amazonas* the Amazon River 2 **rio abaixo/acima** downstream/upstream
riqueza s 1 (fortuna) wealth 2 (recurso natural) resource
rir v to laugh: *Não conseguíamos parar de rir.* We couldn't stop laughing. | **morrer de rir** to laugh your head off: *Ele morreu de rir.* He laughed his head off. | **rir de algo/alguém** to laugh at sth/sb: *Todos riram da piada dela.* Everyone laughed at her joke.
risada s laugh: *Adoro a sua risada.* I love your laugh. | **dar risada** to laugh | **risadas** laughter ▶ Esta palavra só é usada no singular
risca s 1 (linha) line 2 (no cabelo) part (AmE), parting (BrE) 3 **à risca** to the letter: *Segui à risca as suas instruções.* I followed your instructions to the letter.
riscar v 1 **riscar algo (a)** (rabiscar) to scribble on sth: *Meu irmão riscou a capa do meu caderno.* My brother scribbled on the cover of my exercise book. **(b)** (rasurar) to cross sth out: *Risquei o que tinha escrito e comecei de novo.* I crossed out what I had written and started again. **(c)** (arranhar) to scratch sth: *Riscaram a minha moto.* They scratched my motorcycle. 2 **riscar um fósforo** to strike a match
risco s 1 (possibilidade de perigo) risk | **correr o risco de fazer algo** to risk doing sth: *Você está correndo o risco de ser reprovado.* You risk failing the exam. 2 (traço) line: *Faça um risco vertical no meio da folha.* Draw a vertical line down the middle of the page. 3 (rasura) crossing out (pl crossings out): *Minha redação está cheia de riscos.* My essay is full of crossings out.
riso substantivo & substantivo plural
• s laughter: *um ataque de riso* a fit of laughter
• **risos** s pl laughter sing
risonho, -nha adj 1 (pessoa) cheerful 2 (rosto) smiling

ritmo s 1 (em música) rhythm: *ao ritmo da música* to the rhythm of the music | **ter ritmo** (pessoa, música) to have rhythm 2 (movimento) rhythm: *o ritmo das ondas* the rhythm of the waves 3 (velocidade) rate: *Ande mais depressa, nesse ritmo vamos nos atrasar.* Walk faster; at this rate we're going to be late. | **ritmo de vida** pace of life
ritual s ritual
rival adj & s rival
rixa s feud
robe s robe (AmE), dressing gown (BrE)
robô s robot
robusto, -ta adj robust
roça s (interior) country: *A família dela mora na roça.* Her family lives in the country.
roçar v 1 to brush: *As rodas do patins roçaram o meio fio.* The wheels of the skates brushed the curb. 2 **roçar em algo/alguém** to brush against sth/sb
rocha s rock
rochedo s rock
rock s rock: *uma banda de rock* a rock band
roda s 1 (de veículo) wheel 2 (círculo de pessoas) circle | **fazer uma roda** to form a circle 3 (grupo) circle: *Ela não frequenta essa roda.* She's not part of that circle.
rodada s 1 (de bebidas) round: *mais uma rodada de refrigerantes* another round of sodas 2 (em esporte) round: *a primeira rodada do campeonato* the first round of the championship
roda-gigante s ferris wheel (AmE), big wheel (BrE): *Vamos na roda-gigante?* Shall we go on the ferris wheel?
rodamoinho s 1 (na água) whirlpool 2 (no cabelo) swirl 3 (de vento) whirlwind
rodar v 1 (girar, circular) to go around: *Rodamos o shopping inteiro.* We went around the whole mall. 2 (filmar) to film 3 (em informática) to run 4 (girar rápido) to spin 5 (percorrer) to do: *O carro já rodou muitos quilômetros.* The car's already done a lot of kilometers.
rodear v **rodear algo/alguém** to circle sth/sb: *Os alunos rodearam o professor.* The students circled the teacher. | *A ciclovia rodeia a lagoa.* The bicycle path circles the lake. | **rodeado de algo/alguém** surrounded by sth/sb
rodeio s 1 (de peões) rodeo 2 **fazer rodeios** to beat around the bush: *Não faça rodeios, diga logo o que quer.* Don't beat around the bush, just tell me what you want.
rodela s slice: *rodelas de abacaxi* slices of pineapple | *Corte o tomate em rodelas.* Cut the tomato in slices.
rodízio s 1 (revezamento) rota: *Eles fazem um rodízio para usar o carro.* They have a rota for using the car. 2 (em restaurante) **um rodízio de pizza** all-you-can-eat pizza

rodovia s highway (AmE), motorway (BrE): *uma rodovia interestadual* an interstate highway

rodoviária s bus station: *Onde fica a rodoviária?* Where's the bus station?

rodoviário, -ria adj **1** (rede, transporte) road **2 a polícia rodoviária** the traffic police

roer v **roer algo** to gnaw sth: *O cachorrinho roeu o pé da mesa.* The puppy gnawed the leg of the table. | **roer as unhas** to bite your nails

rolante ▶ ver **escada, esteira**

rolar v **1** (mover, mover-se) to roll **2** (na cama) toss and turn: *Rolei na cama a noite toda.* I tossed and turned all night. **3** (acontecer) to happen: *Quando vai rolar esse show?* When is this show going to happen?

roleta s **1** (em ônibus, etc.) turnstile | **passar na roleta** to go through the turnstile **2** (jogo) roulette **3** (aparelho) roulette wheel

rolha s cork | **tirar a rolha de uma garrafa** to pull the cork out of a bottle

rolo s **1** (de papel, filme) roll: *Quantos rolos você usou?* How many rolls did you take? **2** (para cabelo) curler **3** (confusão) fracas: *Deu um rolo danado no fim da festa.* There was a terrible fracas at the end of the party.

romã s pomegranate

romance s **1** (em literatura) novel: *um romance de Machado de Assis* a novel by Machado de Assis **2** (namoro) romance: *Ele está de romance com a Bianca.* He's having a romance with Bianca.

romano, -na adj & s Roman

romântico, -ca adj & s romantic

rombo s (buraco) hole

romper v **1 romper algo (a)** (um namoro, um noivado) to break sth off: *Romperam o noivado.* They broke off their engagement. **(b)** (um acordo, um contrato) to break sth **2 romper com alguém** (namorado, etc.) to break up with sb: *Márcio rompeu com a namorada.* Márcio broke up with his girlfriend. **3 romper um ligamento** to tear a ligament

romper-se v **1** (corda) to snap **2** (desfazer-se) to break: *A barragem se rompeu.* The dam broke.

roncar v **1** (dormindo) to snore **2** (estômago) to rumble: *Meu estômago está roncando de fome.* My stomach is rumbling.

ronda s round | **fazer a ronda** (polícia, vigia) to do your rounds

roque s (no xadrez) rook: *Seu roque está ameaçado.* Your rook is under threat.

roqueiro, -ra s rocker

rosa adjetivo, substantivo masculino & substantivo feminino

- **adj** (cor) pink ▶ ver "Active Box" **cores** em **cor**
- **s** [masc] pink ▶ ver "Active Box" **cores** em **cor**
- **s** [fem] (flor) rose: *uma rosa vermelha* a red rose

rosário s (em religião) rosary (pl -ries)

rosbife s roast beef

rosca s **1** (biscoito) doughnut **2** (de parafuso) thread

rosto s face: *Você está com tinta no rosto.* You have ink on your face.

rota s route

roteiro s **1** (trajeto) itinerary (pl -ries): *Escolhemos um roteiro para a viagem.* We chose an itinerary for the trip. **2** (de filme) script

rotina s routine: *minha rotina matinal* my morning routine | *um exame médico de rotina* a routine medical exam

rotular v **1** (uma garrafa, uma caixa, etc.) to label **2 rotular alguém (de algo)** to label sb (as sth): *Ela tem mania de rotular as pessoas.* She has a habit of labeling people. | *Ele foi rotulado de mentiroso.* He was labeled as a liar.

rótulo s label

roubar v ▶ ver quadro na pág. 716

roubo s **1** robbery (pl -ries) **2** burglary (pl -ries) **3** theft ▶ ver abaixo

---

robbery, burglary ou theft?

robbery (cujo plural é **robberies**) se usa em referência a roubos a bancos ou lojas:

Houve uma tentativa de roubo. There was an attempted robbery.

burglary (cujo plural é **burglaries**) é usado em referência a roubos a residências, escritórios, etc.:

Há muitos roubos neste bairro. There are a lot of burglaries in this area.

theft é usado nos demais casos:

Fiz queixa na polícia pelo roubo da minha moto. I reported the theft of my motorcycle to the police.

É um roubo!, no sentido de ser um preço absurdo, ou uma loja absurdamente cara, diz-se **It's a rip-off!**

---

rouco, -ca adj hoarse

round s (em luta) round

roupa s clothes pl: *Não sei que roupa devo pôr.* I don't know what clothes to wear. | *Por que você não vai com essa roupa?* Why don't you go in those clothes? ▶ *uma roupa* traduz-se por **an outfit**: *Quero comprar uma roupa nova para a festa.* I want to buy a new outfit for the party. **roupa de baixo** underwear **roupa de banho** swimwear **roupa de cama** bedclothes

roupão s robe (AmE), dressing gown (BrE)

roxo, -xa adjetivo & substantivo

- **adj** **1** (cor) purple ▶ ver "Active Box" **cores** em **cor** **2** (machucado) bruised: *Fiquei com a perna*

roubar

1 A tradução em geral é **to steal**:

Ele foi pego roubando. He was caught stealing. | *Eles roubaram a minha carteira.* They stole my wallet. | **roubar algo de alguém** to steal sth from sb: *Ela roubou o dinheiro de uma colega de sala.* She stole the money from a classmate.

Quando não se especifica o sujeito, é frequente o uso da estrutura abaixo:

roubaram a bicicleta/o walkman etc. dele he had his bike/his Walkman etc. stolen

2 UM BANCO, UMA LOJA, UMA PESSOA (= to rob)

Eles estavam planejando roubar um banco. They were planning to rob a bank.

roubar alguém: quando não se especifica quem cometeu o roubo, usa-se **to rob sb** na voz passiva:

Me roubaram! I've been robbed! | *– Me custou R$ 50. – Te roubaram!* "It cost me R$ 50." "You were robbed!"

3 Para se referir a roubo feito a prédios ou residências usa-se o verbo **to burglarize** no inglês americano, e **to burgle**, no inglês britânico:

Já nos roubaram duas vezes desde que nos mudamos para cá. We've been burglarized twice since we moved here.

---

roxa. My leg was bruised. | **um olho roxo** a black eye

- **roxo** *s* (cor) purple ▶ ver "Active Box" **cores** em **cor**

rua *substantivo & interjeição*
- *s* **1** street: *Ele mora na rua ao lado.* He lives on the next street. | *Onde fica a rua Ipiranga?* Where's Ipiranga Street? | *Toda a rua participou da campanha.* The whole street took part in the campaign. **2 na rua** (fora de casa) out: *Vou comer uma coisa na rua.* I'll eat something out. | **viver na rua** to be out all the time: *Depois que entrou de férias, ele vive na rua.* Since he's been on vacation, he's out all the time.
- **rua!** *interj* get out!

rubéola *s* German measles

rúcula *s* arugula (AmE), rocket (BrE)

rude *adj* **1** (grosseiro) rude: *Ele foi muito rude comigo.* He was very rude to me. **2** (simplório) simple: *um povo rude* simple people

ruela *s* backstreet

ruga *s* wrinkle

rúgbi *s* rugby: *uma partida de rúgbi* a rugby game

ruído *s* noise: *Que ruído foi este?* What was that noise?

ruim *adj* **1** bad: *A viagem foi muito ruim.* The trip was very bad. **2** (falando de comida, bebida) horrible: *Que chocolate ruim!* What horrible chocolate! **3 ser ruim em algo** to be bad at sth: *Sou muito ruim em Matemática.* I'm very bad at math. **4** (falando de pessoa malvada) bad | **ser ruim com alguém** to be nasty to sb **5 achar ruim (com alguém)** to get mad (at sb)

ruína *s* **1** (restos) ruin: *as ruínas de um templo* the ruins of a temple **2** (de uma pessoa, de um país) ruin | **levar alguém à ruína** to lead sb to rack and ruin

ruivo, -va *adjetivo & substantivo*
- *adj* **1** (pessoa) red-haired **2** (cabelos) red
- *s* (pessoa) redhead: *Quem é aquela ruiva?* Who's that redhead?

rulê ▶ ver **gola**

rum *s* rum

rumo *s* **1** (caminho) route: *Que rumo ele tomou?* What route did he take? **2** (de avião, navio) course **3 ir rumo a** to be bound for: *Esse voo vai rumo a Londres.* This flight is bound for London.

rural *adj* rural

Rússia *s* Russia

russo, -sa *adjetivo & substantivo*
- *adj* & *s* Russian
- **russo** *s* (idioma) Russian

rústico, -ca *adj* rustic

S, s *s* S, s ▶ ver "Active Box" **letras do alfabeto** em **letra**

sábado *s* Saturday ▶ ver "Active Box" **dias da semana** em **dia**

sabão *s* (para roupa) detergent
sabão de coco coconut soap **sabão em pó** laundry detergent (AmE), soap powder (BrE)

sabedoria *s* wisdom

saber *v* **1** (ter conhecimento) to know: *Eu não sabia que era tão longe.* I didn't know it was so far. | *– O filme já começou. – Eu sei.* "The movie's already started." "I know." | **saber de algo** to know about sth: *Você sabia disso?* Did you know about this? | *Ele sabe tudo de informática.* He knows all about IT. | **que eu saiba** as far as I know | **sei lá** I don't know **2 saber fazer algo** (ter habilidade) can do sth, to know how to do sth: *Você sabe dirigir?* Can you drive? | *Ela não sabe jogar tênis.* She doesn't know how to play tennis. **3 saber algo (a)** (descobrir) to find sth out: *Procure saber o que aconteceu.* Try to find out what happened. **(b)** (ouvir falar) to hear sth: *Eu soube que ele casou.* I heard he got married.

4 saber de algo/alguém (ter notícias) to hear about sth/sb: *Não soube mais dela.* I didn't hear any more about her.

sábio, -bia *adj* wise

sabonete *s* soap: *sabonete de glicerina* glycerin soap | **um sabonete** a bar of soap

sabor *s* flavor (AmE), flavour (BrE): *Que sabores tem?* What flavors do you have? | *Temos sorvetes de vários sabores.* We have various flavors of ice cream. | **um iogurte com sabor de morango/damasco etc.** a strawberry-flavored/an apricot-flavored yoghurt etc. | **sem sabor** tasteless: *A sopa estava sem sabor.* The soup was tasteless.

saborear *v* to savor (AmE), to savour (BrE)

saboroso, -sa *adj* tasty

saca *s* **1** (sacola) bag: *Ele chegou com várias sacas de compras.* He arrived with several bags of shopping. **2** (saco) sack: *uma saca de arroz* a sack of rice

sacada *s* balcony (pl -nies)

sacar *v* **1** (em esporte) to serve: *Agora é a minha vez de sacar.* It's my turn to serve now. **2** (dinheiro) to withdraw: *Saquei R$50.* I withdrew R$50. **3** (compreender) **sacar algo/alguém** to figure sth/sb out: *Ela não sacou as intenções dele.* She didn't figure out his intentions. | **dá para sacar que** you can tell (that): *Dá para sacar que ele é americano.* You can tell he's American. **4** (uma arma) to pull: *O cara sacou uma faca.* The guy pulled a knife.

saca-rolhas *s* corkscrew

sacerdote *s* priest

saco *s* **1** (de papel) bag: *um saco de pipoca* a bag of popcorn **2** (sacola) bag: *um saco de supermercado* a supermarket bag **3** (saca) sack: *um saco de batatas* a sack of potatoes **4 estar/ser um saco (a)** (tedioso) to be really boring: *O filme é um saco!* The movie is really boring! **(b)** (irritante) to be a pain: *Minha irmã está um saco hoje.* My sister's being a pain today. | **que saco! (a)** (que tédio) how boring! **(b)** (que irritante) what a pain! | **estar/ficar de saco cheio (com algo/alguém)** to be/get fed up (with sth/sb) | **encher o saco de alguém** to annoy sb
saco de dormir sleeping bag

sacola *s* bag

sacrificar *v* **1** (ficar sem) to sacrifice: *Vou ter que sacrificar algumas coisas para poupar dinheiro.* I'm going to have to sacrifice a few things to save money. **2 sacrificar algo** (um animal) to put sth down: *O cachorro teve que ser sacrificado.* The dog had to be put down.
sacrificar-se *v* to sacrifice yourself: *Ela se sacrificou pelos filhos.* She sacrificed herself for her children.

sacrifício *s* **1** sacrifice | **fazer sacrifícios** to make sacrifices **2 ser um sacrifício fazer algo** (ser difícil) to be tough doing sth: *É um sacrifício acordar cedo.* It's tough getting up early.

sacudir *v* to shake: *A explosão sacudiu a casa.* The explosion shook the house. | **sacudir algo de algo (a)** to shake sth off sth: *Sacuda as migalhas da toalha antes de guardá-la.* Shake the crumbs off the tablecloth before putting it away. **(b)** (com a mão, com uma escova) to brush sth off sth: *A professora sacudiu o pó de giz da roupa.* The teacher brushed the chalk dust off her clothes.

sadio, -dia *adj* healthy: *uma alimentação sadia* a healthy diet

safar-se *v* **1** (desembaraçar-se) to manage: *Ela viajou sozinha e se safou muito bem.* She went traveling on her own and managed very well. **2 safar-se de algo** (uma obrigação) to get out of sth: *Ele conseguiu se safar do serviço militar.* He managed to get out of military service. **3** (fugir) to get away | **safar-se de algo** to get away from sth: *O assaltante se safou do cerco da polícia.* The robber managed to get away from the police dragnet.

sagitariano, -na *adj* & *s* Sagittarius | **ser sagitariano** to be a Sagittarius

Sagitário *s* **1** (signo) Sagittarius: *os nativos de Sagitário* those born under the sign of Sagittarius **2** (pessoa) Sagittarius: *Meu pai é Sagitário.* My dad is a Sagittarius.

sagrado, -da *adj* **1** (santo) holy: *a Sagrada Família* the Holy Family **2** (inviolável) sacred: *O direito de opinião é sagrado.* The right to freedom of speech is sacred.

saia *s* skirt | **estar de saia** to be wearing a skirt: *Ela estava de saia jeans.* She was wearing a denim skirt.

saibro *s* (em tênis) clay: *Ele joga bem no saibro.* He plays well on clay.

saída *s* **1** (ação) way out: *Encontro com você na saída da escola.* I'll meet up with you on the way out of school. | **estar de saída** to be on your way out: *Eu estava de saída quando o telefone tocou.* I was on my way out when the phone rang. **2** (porta) exit: *Onde fica a saída?* Where's the exit? **3** (partida) departure: *A saída dos aviões foi prejudicada pela neblina.* The departure of planes was hampered by the fog. **4** (solução) solution: *Só vejo essa saída para o problema.* I see this as the only solution to the problem. | **uma situação sem saída** a hopeless situation ▶ ver também **beco**
saída de praia sarong

sair *v* ▶ ver quadro na pág. 718
sair-se *v* (dar-se) to do: *Como é que você se saiu na prova?* How did you do on the exam? | **sair-se bem/mal** to do well/badly

sal *s* **1** salt **2 sem sal (a)** (comida) unsalted **(b)** (pessoa) dull
sal fino table salt **sal grosso** sea salt

sala *s* **1** (em casa de família) living room (AmE), lounge (BrE) **2 sala (de aula)** classroom **3** (em prédio comercial, etc.) office **4** (em hospital, para

sair

1 IR/VIR PARA FORA (= to go out/to come out)

Não saia sem guarda-chuva. Don't go out without an umbrella. | *Saia daí!* Come out of there! | **sair para o jardim/para a varanda etc.** to go out into the garden/onto the balcony etc.: *O gato saiu para o quintal.* The cat went out into the yard. | **sair da cozinha/do quarto etc.** to go out of the kitchen/the bedroom etc.; to come out of the kitchen/the bedroom etc.

2 IR-SE, PARTIR (= to leave)

Meu voo sai em meia hora. My flight leaves in half an hour. | **sair da escola/do trabalho etc.** to leave school/work etc.: *Meu pai saiu de casa cedo hoje.* My father left home early today. | *Ela saiu da escola ano passado.* She left school last year. | *Saímos de Santos às quatro.* We left Santos at four.

3 PARA FAZER UM PROGRAMA, COMPRAS (= to go out)

Você saiu ontem? Did you go out yesterday?

4 TER UM CASO COM (= to go out, to date (AmE))

Estou saindo com a prima dela. I'm going out with my cousin./I'm dating her cousin.

5 LÍQUIDO (= to come out)

Saía água por todos os lados. There was water coming out everywhere.

6 NA MÍDIA (= to be)

Saí na televisão! I was on television! | *A foto saiu numa revista.* The picture was in a magazine.

7 PUBLICAÇÃO, DISCO (= to come out)

Já saiu a nova edição. The new edition has already come out. | *Saiu um novo CD do Djavan.* Djavan has a new CD out.

8 MANCHAS (= to come out)

Essa mancha não vai sair. This stain won't come out.

9 SOL (= to come out)

Saiu o sol. The sun has come out.

10 RELATIVO A FOTOS (= to come out)

Como é que saíram as fotos? How did the photos come out? | *Você saiu muito bem!* You've come out really well! | *Eu sempre saio com os olhos fechados.* The camera always catches me with my eyes shut.

11 PARECER-SE

ele saiu à mãe/ao pai etc. he takes after his mother/father etc.

12 CUSTAR

sair por algo to come to sth: *Saiu tudo por R$80.* Everything came to R$80.

eventos, etc.) room   **5** (na Internet) room   **6** (em cinema) screen: *O cinema tem três salas.* The movie theater has three screens.   **7** (em aeroporto) lounge
sala de bate-papo chat room **sala de embarque** departure lounge **sala de espera** waiting room **sala de jantar** dining room **sala de operações** operating room (AmE), operating theatre (BrE)

salada s salad: *uma salada de tomate* a tomato salad
salada de frutas fruit salad

salame s salami

salão s   **1** (numa casa) room   **2** (num hotel) lounge   **3 salão (de beleza)** (beauty) salon   **4** (exposição) show: *o salão do automóvel* the motor show ▶ ver também **futebol**

salário s salary (pl -ries) | **o salário mínimo** the minimum wage

> Nos países anglo-saxões não existe o décimo terceiro salário. Para explicá-lo em inglês, diga: *It's a bonus of one month's salary that all workers get every year, usually in December.*

saldo s (de conta em banco) balance | **estar com saldo negativo** to be overdrawn

saleiro s salt shaker (AmE), salt cellar (BrE): *Passa o saleiro, por favor?* Could you pass me the salt cellar, please?

salgadinho s   **1** (em pacote) snack   **2** (em coquetel) canapé

salgado, -da adj   **1** (com sal) salted: *pipoca salgada* salted popcorn   **2** (de sal) savory (AmE), savoury (BrE): *Prefiro comida salgada a doce.* I prefer savory food to sweet.   **3** (sabor) salty: *O feijão está muito salgado.* The beans are very salty.   **4** (preço) steep

saliva s saliva

salmão substantivo & adjetivo

• s   **1** (peixe) salmon: *salmão grelhado* grilled salmon   **2** (cor) salmon pink
salmão defumado smoked salmon

• adj (cor) salmon-pink ▶ ver "Active Box" **cores** em **cor**

salsa s   **1** (tempero) parsley   **2** (música) salsa: *Você dança salsa?* Do you dance salsa?

salsicha s frankfurter, wiener (AmE)

saltar v   **1** (dar pulo) to leap: *Saltei da cama quando tocou o despertador.* I leapt out of bed when the alarm went off.   **2** (pular por cima) to jump over: *Tivemos de saltar uma poça d'água.* We had to jump over a puddle.   **3 saltar (do ônibus)** to get off (the bus): *Vou saltar no próximo ponto.* I'm getting off at the next stop.   **4 saltar de asa-delta** to hang glide | **saltar de paraquedas** to skydive | **saltar de parapente** to go paragliding   **5 saltar sobre algo/alguém** (assaltar) to pounce on sth/sb: *O gato saltou sobre* *o rato.* The cat pounced on the rat. **6** (omitir) to skip: *Você saltou dois parágrafos.* You skipped two paragraphs.

salto s **1** (de sapato) heel | **salto (alto)** (high) heels: *Não gosto de usar salto (alto).* I don't like wearing (high) heels. | *sandália de salto alto* high-heeled sandals | **sem salto** flat: *sapatos sem salto* flat shoes **2** (pulo) leap | **dar um salto** to jump **3** (de trampolim) dive **4** (de canguru, coelho) hop
salto à distância long jump **salto de vara** pole vault **salto em altura** high jump

salvar v **1** to save: *Esse médico salvou a minha vida.* That doctor saved my life. | *Muitos foram salvos do incêndio.* Many were saved from the fire. **2** (em informática) to save: *Salve esta carta em Meus Documentos.* Save this letter in My Documents. | *Clique em Salvar ou Salvar Como.* Click on Save or on Save As.
salvar-se v **1** (sobreviver) to survive: *Ninguém se salvou.* Nobody survived. **2** (escapar) to survive: *Ele se salvou da avalanche.* He survived the avalanche.

salva-vidas s **1** (pessoa) lifeguard **2** (barco) lifeboat ▶ ver também **colete**

salvo, -va *adjetivo & preposição*
- **adj** safe | **estar a salvo** to be safe ▶ ver também **são**
- **prep** (exceto) barring: *Salvo raras exceções, isso é o que costuma acontecer.* Barring rare exceptions, that's what usually happens.

samba s samba

sandália s **1** (o par) sandals pl: *Comprei uma sandália branca.* I bought some white sandals. | *Tenho três sandálias que nunca uso.* I have three pairs of sandals I never wear. **2** (uma) sandal
sandália de dedo, sandália havaiana (o par) thongs (AmE), flip-flops (BrE)

sanduíche s sandwich (pl -ches): *um sanduíche de queijo* a cheese sandwich ▶ A tradução é **a cheese roll** se o sanduíche é feito com pão redondo
sanduíche natural whole wheat sandwich

sangrar v to bleed: *Sua ferida está sangrando.* Your cut is bleeding.

sangue s blood | **doar sangue** to give blood ▶ ver também **exame**

sanitário, -ria *adjetivo & substantivo*
- **adj** **1** (relativo à saúde) health: *medidas sanitárias* health measures **2** (relativo a higiene) sanitary: *material sanitário* sanitary supplies ▶ ver também **vaso**
- **sanitário** s (banheiro) toilet

santo, -ta *adjetivo & substantivo*
- **adj** **1** (relativo à religião) holy: *dia santo* holy day **2** **todo santo dia** every single day
- **s** **1** (pessoa canonizada) saint **2** (em título) Saint: *Santo Agostinho* Saint Austin **3** (pessoa bondosa) saint: *Minha avó é uma santa.* My grandmother is a saint. ▶ ver também **espírito, quinta-feira, sexta-feira**

são, sã *adjetivo & substantivo*
- **adj** **1** (saudável) healthy: *uma pessoa sã* a healthy person **2** (mentalmente) sane **3 são e salvo** safe and sound: *Todos chegaram sãos e salvos.* Everyone arrived safe and sound.
- **São** s Saint: *São Sebastião* Saint Sebastian

sapataria s shoe store (AmE), shoe shop (BrE)

sapateado s tap dancing: *aulas de sapateado* tap dancing classes

sapateiro, -ra s **1** (quem conserta) shoemender (AmE), cobbler (BrE) **2** (vendedor) shoe salesman (pl -men)

sapatilha s **1** (de balé) ballet shoes pl **2** (de ginástica olímpica, etc.) gym shoes pl **3** (sapato raso) flat shoes pl

sapato s **1** (um pé de sapato) shoe **2** (o par) shoes pl: *Esse sapato é lindo.* Those shoes are beautiful. | *sapato de salto alto* high-heeled shoes ▶ *Um sapato* traduz-se por **a pair of shoes**: *Vou levar dois sapatos na mala.* I'm going to take two pairs of shoes in my suitcase.

sapo s toad

saque s **1** (em esporte) serve | **dar um saque** to serve **2** (de dinheiro) withdrawal | **fazer um saque** to make a withdrawal **3** (roubo) looting: *A polícia impediu o saque às lojas.* The police prevented the looting of stores.

sarado, -da adj **1** (curado) healed **2** (malhado) toned

sarampo s measles

sarar v **1** (curar-se) to recover: *O doente sarou.* The patient has recovered. | **sarar de algo** to get over sth: *Já sarei da tosse.* I've already gotten over the cough. **2** (cicatrizar) to heal up: *Meu machucado sarou.* My sore patch has healed up.

sarcástico, -ca adj sarcastic

sarda s freckle

sardinha s sardine

sargento s sergeant

satélite s satellite ▶ ver também **via**

satisfação s **1** satisfaction: *Para a satisfação dos meus pais, tirei boas notas.* To my parents' satisfaction, I got good grades. **2** (explicação) explanation | **dar uma satisfação a alguém** to explain yourself to sb | **dever uma satisfação a alguém** to owe sb an explanation

satisfatório, -ria adj satisfactory

satisfazer v **1** (uma pessoa) to satisfy: *É difícil satisfazê-la.* It's difficult to satisfy her.

2 (a fome) to satisfy: *O sanduíche satisfez minha fome.* The sandwich satisfied my hunger. **3** (a sede) to quench **4** (um desejo, a curiosidade) to satisfy

satisfazer-se *s* (contentar-se) to be satisfied: *Ele não se satisfaz com pouco.* He isn't satisfied with a little.

satisfeito, -ta *adj* **1** (contente) **satisfeito (com algo)** pleased with sth: *Estou muito satisfeito com o meu CD novo.* I'm very pleased with my new CD. **2** (sem motivo para reclamar) **satisfeito (com algo)** satisfied (with sth): *O professor ficou satisfeito com a minha resposta.* The teacher was satisfied with my answer. **3** (farto) full: *Já comi bastante, estou satisfeita.* I've already eaten plenty; I'm full. **4 dar-se por satisfeito** to be satisfied: *Tem gente que nunca se dá por satisfeita.* There are people who are never satisfied. **5 satisfeito consigo mesmo** pleased with yourself

saturado, -da *adj* **saturado (de algo)** **(a)** (repleto) saturated (with sth): *O ar aqui está saturado de fumaça.* The air here is saturated with smoke. **(b)** (cansado) sick (of sth): *Ando saturado dessas queixas constantes.* I'm sick of these constant complaints.

saudade *s* **1** (de casa, cidade, país, etc.) homesickness | **estar/com sentir saudade(s)** (de país, etc.) to be/feel homesick
2 (de uma época, do passado) nostalgia | **estar com/sentir saudade(s)** (do passado, etc.) to feel/get nostalgic
3 estar com/sentir saudade(s) de algo/alguém to miss sb/sth: *Ela sente muita saudade dos irmãos.* She misses her brothers a lot. | *Sinto saudades do tempo em que morei em Londres.* I miss the time I lived in London.
4 matar as saudades (de alguém) to catch up (with sb) | **matar as saudades (de algo)** to satisfy your longing (for sth)

saudar *v* **1** (cumprimentar) to greet: *O deputado saudou os presentes.* The deputy greeted those present. **2** (aclamar) to cheer: *A multidão saudou o Papa.* The crowd cheered the Pope.

saudável *adj* healthy

saúde *substantivo & interjeição*
• *s* health | **estar bem/mal de saúde** to be in good/poor health ▶ ver também **casa**, **posto**
• **saúde!** *interj* **1** (em brinde) cheers! **2** (quando se espirra) bless you!

sauna *s* sauna | **fazer sauna** to take a sauna: *Faço sauna depois da ginástica.* I take a sauna after working out.

saveiro *s* sailboat: *Vamos fazer um passeio de saveiro?* Shall we go on a sailboat ride?

saxofone *s* saxophone

scanner *s* scanner

se *pron & conj* ▶ ver quadro

seca *s* drought

---

se

▸ PRONOME

1 REFLEXIVO

Frequentemente os verbos reflexivos em português traduzem-se por verbos que não requerem pronome reflexivo em inglês. Consulte o verbo que lhe interessa (*assustar-se, levantar-se*, etc.):

Ele não se lembra. He can't remember. | *Ela se queixou ao professor.* She complained to the teacher.

Só em alguns casos usam-se as formas reflexivas **himself, herself, themselves, yourself/yourselves,** correspondentes a *ele, ela, eles/elas, você/vocês*, respectivamente:

Ela está se aprontando. She's getting herself ready. | *Ele se machucou.* He hurt himself. | *Você se cortou?* Did you cut yourself? | *Vocês vão se molhar na chuva.* You're going to get yourselves wet in the rain.

2 RECÍPROCO (= each other)

Eles se olharam. They looked at each other. | *Elas se falam todos os dias.* They speak to each other every day.

3 APASSIVADOR E IMPESSOAL

Na língua falada usa-se **you,** e na língua escrita mais formal, a construção **to be + particípio**:

Se festeja o Carnaval na Inglaterra? Do you celebrate Carnival in England? | *Antes se vivia bem aqui.* You used to be able to live a good life here. | *Diz-se que ela nunca mais foi a mesma depois daquilo.* It is said she was never the same after that.

▸ CONJUNÇÃO

Em geral traduz-se por **if:**

Se não fosse tarde, eu iria com você. If it wasn't so late, I'd go with you. | *Vou perguntar se ele quer ir.* I'll ask him if he wants to go. Para expressar desejo ou arrependimento, usa-se **if only:**

Ah, se eu tivesse esperado! Oh, if only I had waited! | **se bem que** although: *Agora é fácil, se bem que no começo não foi assim.* It's easy now, although it wasn't like that to start with.

---

secador *s* **secador (de cabelo)** hairdryer: *Me empresta seu secador?* Will you lend me your hairdryer?

secadora *s* **secadora (de roupa)** dryer

seção *s* **1** (em loja) department: *a seção de CDs* the CD department | **a seção feminina/masculina** the women's/men's department **2** (em jornal, revista) section: *a seção de economia* the business section **3** (em firma) department **4** (em matemática) section
seção eleitoral polling station

Deve-se dizer on the table *ou* in the table*? Veja o verbete* **em**.

secar v **1** to dry: *A roupa já secou.* The clothes have already dried. | *Vou secar meu cabelo.* I'm going to dry my hair. **2** (rio, lago, etc.) to dry up **3** (ferida) to close up

seco, -ca adj **1** (enxuto) dry: *O chão está seco.* The ground is dry.
2 (sem chuva) dry: *um período seco* a dry spell
3 (ressequido) dry: *Estou com a garganta seca.* My throat is dry.
4 (alimento) dried: *tomates secos* dried tomatoes
5 (ruído) dull: *um estalo seco* a dull crack
6 (frio) short: *Ela foi muito seca comigo.* She was very short with me.
7 estar seco para fazer algo (estar ansioso) to be dying to do sth: *Estou seco para sair de férias.* I'm dying to go on vacation. ▶ ver também **ameixa, lavagem, lavar**

wet   dry

secretaria s **1** (em escola) office: *As mensalidades são pagas na secretaria.* The fees are paid in the office. **2** (ministério) department: *a Secretaria dos Transportes* the Transportation Department

secretária s **1 secretária (eletrônica)** answering machine: *Deixe uma mensagem na secretária.* Leave a message on the answering machine. **2** (escrivaninha) desk

secretário, -ria s secretary (pl -ries)

secreto, -ta adj secret: *um encontro secreto* a secret meeting

século substantivo & substantivo plural
• s (cem anos) century (pl -ries): *no século passado* in the last century | *o século XXI* the 21st century ▶ Em inglês se usam algarismos arábicos para os séculos. O exemplo anterior lê-se **the twenty-first century**
• **séculos** s pl (muito tempo) ages pl: *Não nos víamos há séculos.* We hadn't seen each other for ages.

secundário, -ria adj secondary: *Este é um problema secundário.* That's a secondary problem. ▶ ver também **escola**

seda s silk: *uma blusa de seda* a silk blouse

sedativo s sedative

sede [é] s **1** (local onde um evento acontece) host: *O Brasil foi escolhido sede da Copa de 2014.* Brazil was chosen as host of the 2014 World Cup. **2** (de empresa) head office **3** (de instituição) headquarters: *a sede da ONU* the U.N. headquarters

sede [ê] s thirst: *A água de coco saciou a minha sede.* The coconut water quenched my thirst. | **estar com/sentir sede** to be/feel thirsty: *Estou com muita sede.* I'm very thirsty. | **morrer de sede** to be dying of thirst

sedentário, -ria adj sedentary

sediar v to host: *A França já sediou a Copa do Mundo.* France has already hosted the World Cup.

sedoso, -sa adj (cabelos, tecido) silky

sedutor, -a adj **1** (pessoa, olhar, sorriso) seductive **2** (proposta) tempting

seduzir v **1** (sexualmente) to seduce **2** (fascinar) **seduzir alguém** to draw sb in: *O livro seduz o leitor.* The book draws the reader in. **3** (desencaminhar) to entice: *uma publicidade que seduz os jovens para o vício do cigarro* an advertisement that entices young people into the habit of smoking

segredo s secret: *Vou te contar um segredo.* I'm going to tell you a secret. | **em segredo** in secret

seguido, -da adj **1** in a row: *Estudei dois fins de semana seguidos.* I've spent two weekends in a row studying. **2 em seguida (a)** (então) then: *Inicie o computador e em seguida entre no Windows Explorer.* Start up the computer and then go into Windows Explorer. **(b)** (logo após) straight afterward (AmE), straight afterwards (BrE): *Terminou as provas e viajou em seguida.* He finished the exams and then went on a trip straight afterward. **(c)** (na mesma hora) immediately: *Recebi o produto e, em seguida, o devolvi.* I received the product and returned it immediately.

seguinte adj **1** (que se segue) next: *na manhã seguinte* the next morning **2** (como indicado) following: *Faça a sua pipa da seguinte maneira.* Make your kite in the following way.

seguir v **1** (acompanhar) to follow: *Seguimos o guia da excursão.* We followed the tour guide. **2** (continuar) to carry on: *Siga em frente e vire a primeira à esquerda.* Carry on ahead and take the first turn on the left. | *Temos que seguir até o próximo trevo.* We have to carry on until the next intersection. **3** (ir) to proceed: *Os policiais seguiram imediatamente para o local.* The police proceeded immediately to the scene. | **seguir a pé** to go on foot: *Seguimos a pé até a próxima estação.* We went on foot to the next station. **4** (conselhos, ordens) to follow: *Costumo seguir os conselhos dela.* I usually follow her advice. **5** (uma profissão) **seguir algo** to take sth up: *Ele não quis seguir a carreira do pai.* He didn't want to take up his father's career. **6 a seguir** Veja os exemplos: *A novela a seguir é ótima*. The soap opera coming up next is great. | *Vou pesquisar no site e te informo a seguir*. I'll do some research on the website and then let you know. | *Leia o artigo a seguir*. Read the following article. | *A seguir, derreta a cera*. Next, melt the wax.

seguir-se *v* to follow: *nos meses que se seguiram* in the months that followed

segunda *s* **1** (marcha) second (gear): *Passe a segunda*. Put it in second. **2** (em transporte) second class | **viajar de segunda** to travel in second class (AmE), to travel second class (BrE) ▶ O equivalente nos trens americanos é **coach class**, e nos britânicos, **standard class 3** (segunda-feira) Monday ▶ ver "Active Box" **dias da semana** em **dia**

segunda-feira *s* Monday ▶ ver "Active Box" **dias da semana** em **dia**

segundo, -da *numeral, substantivo, preposição & conjunção*

• *numeral* **1** second: *É a segunda vez que ele falta ao treino*. It's the second time he's missed training. **2 de segunda mão** secondhand: *Comprei uma bicicleta de segunda mão*. I bought a secondhand bike.

• **segundo** *s* (em hora) second

• **segundo** *prep* (de acordo com) according to: *Segundo ele, esta é uma tradição da cidade.* According to him, this is a tradition in the city.

• **segundo** *conj* **1** (conforme) according to what: *Segundo ele me disse, somos primos*. According to what he told me, we're cousins. **2** (à medida que) as: *Segundo iam chegando, recebiam uma senha*. As they arrived, they received a number.

segurança *substantivo feminino & substantivo masculino*

• *s* [fem] **1** (proteção) security: *Por segurança, fecho as janelas quando saio*. For security, I close the windows when I go out. | **segurança nacional** national security **2** (sem risco de perigo) safety: *A empresa está preocupada com a segurança dos passageiros*. The company is concerned about passengers' safety. | **alfinete de segurança** safety pin | **em segurança** safely **3** (autoconfiança) self-assurance: *Durante a entrevista, demonstre segurança*. During the interview, show self-assurance. **4** (convicção) assurance | **com segurança** (agir, afirmar, dirigir, etc.) with assurance

• *s* [masc e fem] **1** (de político, artista, etc.) bodyguard: *A atriz sempre sai com dois seguranças*. The actress always goes out with two bodyguards. **2** (de prédio, fábrica, etc.) security guard ▶ ver também **cinto**

segurar *v* **1** (agarrar) to hold: *Segure a minha mão*. Hold my hand. **2** (fixar) to secure: *As tábuas irão segurar a janela*. The planks will secure the window. **3** (a emoção, o choro, etc.) **segurar algo** to hold sth back **4 segurar algo (contra algo)** (fazer seguro) to insure sth (against sth): *Meus pais seguraram a casa contra incêndio*. My parents insured the house against fire.

segurar-se *v* **1 segurar-se em algo** (apoiar-se) to hold onto sth: *Segure-se no corrimão*. Hold onto the handrail. **2** (controlar-se) to control yourself: *Tive que me segurar para não chorar*. I had to control myself in order not to cry.

seguro, -ra *adjetivo & substantivo*

• *adj* **1** (sem risco) safe: *Aqui vocês estarão seguros*. You'll be safe here. | *É seguro sair a esta hora?* Is it safe to go out at this time? | **sentir-se seguro** to feel safe **2** (certo) **estar seguro de algo/seguro de que** to be sure of sth/sure that ▶ **that** é frequentemente omitido: *Não estou segura de nada*. I'm not sure of anything. | *Você está seguro de que não tem perigo?* Are you sure (that) there's no danger? **3 seguro de si (mesmo)** self-confident: *Ela precisa ser mais segura de si.* She needs to be more self-confident. **4** (firme) secure: *As prateleiras estão seguras?* Are the shelves secure? | *A bicicleta está bem segura no rack*. The bicycle is quite secure on the rack. **5** (confiável) reliable: *um método anticoncepcional seguro* a reliable contraceptive method

• **seguro** *s* **1** (de automóvel, contra incêndios, etc.) insurance ▶ **insurance** é incontável e não pode ser usado no plural, nem precedido do artigo **a**. Para falar de *um seguro* diz-se **an insurance policy**, ou simplesmente **insurance**: *Ele fez um seguro de vida*. He took out a life insurance policy./He took out life insurance. | **pôr algo no seguro** to insure sth **2** (indenização) insurance: *Recebi o seguro do carro*. I got the insurance on the car.

seguro-desemprego *s* unemployment compensation (AmE), unemployment benefit (BrE)

seguro-saúde *s* health insurance

seio *s* breast

seis *numeral* **1** (número, quantidade, hora) six: *Corri seis quilômetros*. I ran six kilometers. | *a novela das seis* the six o'clock soap opera **2** (em data) sixth: *no dia seis de janeiro* on the sixth of January

seiscentos, -tas *numeral* six hundred

seita *s* sect

sela *s* saddle

selar *v* **1** (colocar selo) to put a stamp on: *Você já selou a carta?* Did you put a stamp on the letter? **2** (lacrar) to seal: *Os fiscais selaram a urna*. The inpectors sealed the ballot box. **3** (um acordo) to seal **4** (colocar sela) to saddle: *Os cavalos já foram selados*. The horses have already been saddled.

seleção *s* **1** (escolha) selection: *Já fiz a seleção das fotos*. I've already made a selection of photos. **2** (time) (national) team: *a seleção uruguaia de vôlei* the Uruguayan national volleyball team

selecionar *v* to select

selim *s* (de bicicleta) saddle

selo *s* **1** (postal) stamp: *Onde posso comprar selos?* Where can I buy stamps? **2** (lacre) seal

selva *s* jungle

selvagem *adj* **1** (animal) wild **2** (povo) primitive **3** (ataque) savage

wild

tame

sem *preposição & conjunção*

• **prep 1** without: *Nunca saio sem o meu celular.* I never go out without my cellphone. | *Quero o meu suco sem açúcar.* I'd like my juice without sugar. ▶ Muitas vezes, ao invés de usar **without**, usa-se **with no**: *Ele toma o café sem açúcar.* He has his coffee with no sugar. | *Sem chance de ganhar, o time ficou desanimado.* With no chance of winning, the team became disheartened. ▶ Em frases sem verbo usa-se apenas **no**: *Sem comentários.* No comment. | **sem parar/queixar-se etc.** without stopping/complaining etc.: *Ela entrou sem fazer barulho.* She came in without making any noise. **2 estar sem algo** not to have sth: *Estou sem dinheiro algum.* I don't have any money at all. | **estar sem fome/sono etc.** not to be hungry/sleepy etc.: *Estou sem fome.* I'm not hungry. **3 está sem fazer/pintar etc.** it hasn't been done/painted etc. | **estou sem comer/dormir etc.** I haven't eaten/slept etc. ▶ ver também **graça, fim**

• **sem que** *conj* without | **sem que ele saiba/perceba etc.** without him knowing/realizing etc.: *A carteira dele foi roubada sem que ele notasse.* His wallet was stolen without him noticing.

semáforo *s* traffic light (AmE), traffic lights *pl* (BrE): *O semáforo está verde.* The traffic light is green.

semana *s* week: *Não o vejo há duas semanas.* I haven't seen him for two weeks. | **na semana passada** last week | **na semana que vem** next week ▶ ver "Active Box" **dias da semana** em **dia**

semanal *adj* weekly: *relatórios semanais* weekly reports | *A carga horária semanal é de 40 horas.* The weekly workload is 40 hours.

semelhança *s* similarity (pl -ties): *Havia uma certa semelhança entre eles.* There was a certain similarity between them.

semelhante *adjetivo & pronome*

• **adj** (similar) similar: *Algo semelhante aconteceu comigo.* Something similar happened to me. | *uma ave semelhante ao avestruz* a bird similar to the ostrich

• **pron** (tal) such a: *Eu não esperava semelhante reação.* I wasn't expecting such a reaction.

semente *s* **1** (de planta, vegetal) seed **2** (dentro de fruta) pip

semestral *adj* half-yearly

semestre *s* **1** (seis meses) six months *pl* | **o primeiro/segundo semestre** the first/second half: *no primeiro semestre de 2000* in the first half of 2000 **2** (período escolar) semester (AmE), term (BrE): *O estágio será no segundo semestre.* The traineeship will be in the second semester.

semicírculo *s* semicircle

semidesnatado, -da *adj* ▶ ver **leite**

semifinal *s* semifinal: *na semifinal da Copa do Brasil* in the semifinal of the Brazilian Cup

semifinalista *s* semifinalist

seminário *s* **1** (debate) seminar: *Fizemos um seminário sobre o Romantismo.* We had a seminar on Romanticism. **2** (para padres) seminary (pl -ries)

seminu, -nua *adj* half-naked

sempre *advérbio & conjunção*

• **adv 1** always: *Você está sempre atrasado.* You're always late. | **como sempre** as usual: *Como sempre, o bar estava lotado.* As usual, the bar was full. **2 de sempre** usual: *Vou pedir o prato de sempre.* I'm going to order my usual dish. **3 para sempre (a)** (permanentemente) for good: *Quero viver aqui para sempre.* I want to live here for good. **(b)** (eternamente) forever: *Nada dura para sempre.* Nothing lasts forever. **4 sempre reto/em frente** straight ahead: *Vá sempre em frente e, no sinal, vire à esquerda.* Go straight ahead and, at the light, make a left.

• **sempre que** *conj* whenever: *Lembro de você sempre que venho aqui.* I remember you whenever I come here.

sem-terra *s* landless migrant | **os sem-terra** the landless

sem-teto *s* homeless person (pl homeless people) | **os sem-teto** the homeless

sem-vergonha *s* scoundrel: *O sem-vergonha fugiu com o dinheiro.* The scoundrel ran off with the money.

senado *s* senate

senador, -a *s* senator

senão *conjunção, preposição & substantivo*

• **conj** (do contrário) otherwise: *Faça logo sua reserva, senão não vai conseguir lugar.* Make your reservation right away, otherwise you won't get a seat.

• **prep** (a não ser) but: *Não consegui nada, senão promessas.* I didn't get anything but promises.

senhor

SUBSTANTIVO

1 Para falar de um homem usa-se **gentleman** (plural **gentlemen**) ou **man** (plural **men**); **gentleman** é mais cortês:

o senhor de bigode the gentleman with the mustache

2 Para referir-se a um homem idoso, usa-se **elderly man/old man** (plural **elderly men/old men**):

Um senhor esteve aqui te procurando. An elderly man came here looking for you.

3 Diante de um sobrenome usa-se **Mr.**, que se pronuncia /ˈmɪstər/:

o Senhor (Luís) Moreira Mr. (Luís) Moreira
Nunca se usa **Mr.** seguido somente do primeiro nome.

4 Na linguagem formal, para dirigir-se a um homem sem usar o seu sobrenome diz-se **sir**:

Prezado Senhor Dear Sir | *– Mande-o entrar. – Sim, senhor.* "Tell him to come in." "Yes, sir."

Para chamar a atenção de alguém, em linguagem menos formal, usa-se **excuse me**:

Senhor, é proibido fumar aqui. Excuse me, smoking is not allowed here.

5 Para dirigir-se a um grupo de homens diz-se **gentlemen**:

Senhoras e Senhores Ladies and Gentlemen

6 *o senhor*, equivalente a *você*, traduz-se por **you**; em contextos muito formais acrescenta-se **sir**:

Eu gostaria de falar com o senhor. I'd like to speak to you./I'd like to speak to you, sir.

7 DEUS

o Senhor the Lord

ADJETIVO (= amazing)

um senhor filme an amazing movie

senhora

SUBSTANTIVO

1 Para falar de uma mulher usa-se **lady** (plural **ladies**) ou **woman** (plural **women**); **lady** é mais cortês:

a senhora que mora em frente the lady who lives opposite

2 Para falar de uma mulher idosa usa-se **elderly lady** ou **old lady**:

Minha avó já é uma senhora. My grandmother is already an old lady.

3 Diante de um sobrenome usa-se **Mrs.**, que se pronuncia /ˈmɪsəz/, embora muitas mulheres hoje em dia prefiram o uso de **Ms.**, pronunciado /mɪz/, que não faz distinção de estado civil:

a Senhora (Marta) Rodrigues Mrs. (Marta) Rodrigues/Ms. (Marta) Rodrigues
Nunca se usa **Mrs.** seguido somente do primeiro nome.

4 Na linguagem formal, para dirigir-se a uma mulher sem usar seu sobrenome diz-se **madam**:

Prezada Senhora Dear Madam | *– Dois cafés, por favor. – Sim, senhora.* "Two cups of coffee, please." "Yes, madam."

Para chamar a atenção de alguém, em linguagem menos formal, diz-se **excuse me**:

Senhora, a entrada é ao lado. Excuse me, the entrance is next door.

5 Para dirigir-se a um grupo de mulheres diz-se **ladies**:

Senhoras e Senhores Ladies and gentlemen

6 No sentido de *esposa* traduz-se por **wife**:

a senhora do José José's wife

7 *a senhora*, equivalente a *você*, traduz-se por **you**; em contextos muito formais acrescenta-se **madam**:

A senhora quer alguma ajuda? Would you like any help?/Would you like any help, madam?

ADJETIVO (= amazing)

Eles moram numa senhora casa. They live in an amazing house.

• **s** but: *O vestido é lindo, o único senão é o preço.* The dress is beautiful, the only but is the price.

senha *s* **1** (em informática) password **2** (em caixa eletrônico) PIN number **3** (papel com número) ticket

senhor *s & adj* ▶ ver quadro

senhora *s & adj* ▶ ver quadro

senhorita *s* ▶ ver quadro

sensação *s* **1** (sentimento) feeling: *Tenho a sensação de que ela não gosta de mim.* I have the feeling that she doesn't like me. ▶ Em geral, a palavra inglesa **sensation** denota uma sensação física difícil de caracterizar: *Saltar de bungee jump deve ser uma sensação incrível.* Doing a bungee jump must be an incredible sensation. | **uma sensação de cansaço/liberdade etc.** a feeling of tiredness/freedom etc. **2** (sucesso) sensation: *Ela foi a sensação da festa.* She was the sensation of the party. | **causar sensação** to cause a sensation: *A peça causou sensação.* The play caused a sensation.

sensacional *adj* sensational

sensato, -ta *adj* sensible: *Seja sensato.* Be sensible.

sensibilidade *s* sensitivity

sensibilizar *v* **1** (emocionar) to touch: *A história que ela contou me sensibilizou.* Her story touched me. **2** (conscientizar) to influence: *Queremos sensibilizar a opinião pública.* We

senhorita

1 Diante de um sobrenome, ou de um nome seguido de sobrenome, usa-se **Miss,** embora muitas mulheres hoje em dia preferiram o uso de **Ms.** (pronunciado /mɪz/), que não faz distinção de estado civil:

a senhorita (Jude) Sharpe Miss (Jude) Sharpe/Ms. (Jude) Sharpe

2 Nunca se usa **Miss** seguido somente do primeiro nome:

a senhorita Claudia (Gomes) Claudia/Miss Gomes

3 Usa-se **lady** para referir-se a uma pessoa sem mencionar seu nome:

Você poderia atender essa senhorita? Could you serve that lady?

4 *a senhorita,* equivalente a *você,* traduz-se por **you**:

O que a senhorita deseja? How can I help you?

want to influence public opinion. | **sensibilizar alguém para algo** to sensitize sb to sth
sensibilizar-se *v* to be touched

sensível *adj* **1** (pessoa) sensitive **2** (pele, área do corpo) sensitive: *Meus olhos são sensíveis à claridade.* My eyes are sensitive to the light. **3** (perceptível) noticeable: *Houve uma sensível mudança nele.* There has been a noticeable change in him.

senso *s* **1** (noção) sense: *Não tenho senso de direção.* I have no sense of direction. **2 bom senso** (sensatez) common sense

sensual *adj* sensual

sentado, -da *adj* sitting | **estar/ficar sentado** to be sitting: *Ele estava sentado ao meu lado.* He was sitting next to me.

sentar *v* **1** (ou **sentar-se**) to sit: *Sente aqui perto de mim.* Sit over here near me. | *Tivemos que nos sentar na primeira fila.* We had to sit in the first row. **2** (colocar) to sit: *Ela sentou a criança no sofá.* She sat the child on the sofa.

sit

stand

sentença *s* **1** (frase) sentence **2** (judicial) sentence

sentido, -da *adjetivo & substantivo*

- *adj* (magoado) hurt: *Fiquei sentida com o que você disse.* I was hurt by what you said.

- **sentido** *s* **1** (significado) sense: *Esta palavra tem vários sentidos.* This word has several senses. **2** (órgão) sense: *o sentido do olfato* the sense of smell **3** (razão de ser) sense: *Não vejo sentido em insistir nisso.* I see no sense in insisting on that. | **fazer sentido** to make sense: *Não faz sentido voltar lá de novo.* It doesn't make sense to go back there again. | *A explicação dele fez sentido.* His explanation made sense. | **sem sentido** (sem razão de ser) senseless: *uma agressão sem sentido* a senseless attack | **falar/dizer coisas sem sentido** to talk nonsense: *Ela começou a falar coisas sem sentido.* She started talking nonsense. **4** (aspecto) sense: *Nesse sentido você tem razão.* In that sense you're right. **5** (direção) direction: *Em que sentido o vento está soprando?* Which direction is the wind blowing? | **sentido único** (de rua) one-way **6 perder/recuperar os sentidos** to lose/recover consciousness: *Ele bateu com a cabeça e perdeu os sentidos.* He hit his head and lost consciousness. | **sem sentidos** unconscious ▶ ver também **sexto**

sentimental *adj* **1** (pessoa, música, filme, etc.) sentimental **2** (relativo a amor) romantic: *Ele é meu conselheiro sentimental.* He's my romantic adviser. | *vida sentimental* love life

sentimento *substantivo & substantivo plural*

- **s** feeling: *Ele não expressa seus sentimentos.* He doesn't express his feelings.

- **sentimentos** *s pl* (pêsames) sympathies

sentir *v* **1** (referente a emoções) to feel: *Você não pode imaginar o alívio que senti.* You can't imagine how relieved I felt. | *o que sinto por você* what I feel for you ▶ Com alguns substantivos as traduções variam: *Ela sentiu muito medo.* She was very afraid. **2** (referente a sensações físicas) to feel: *Estou sentindo necessidade de um descanso.* I feel the need for a rest. | *Estou sentindo muito calor.* I'm feeling very hot. **3** (referente a cheiros) **sinto cheiro de gás/café etc.** I can smell gas/coffee etc. **4** (perceber) to sense: *Senti que ele estava irritado.* I sensed he was irritated. **5** (palpar, tocar) to feel: *Sente como é macio.* Feel how soft it is. **6** (pressentir) **sentir que** to have a feeling (that): *Eu senti que isto ia acontecer.* I had a feeling this was going to happen. **7** (lamentar) **sinto muito** I'm sorry | **sentir muito por algo** to be very sorry about sth: *Sinto muito pelo que aconteceu.* I'm very sorry about what happened. | **sinto muito não poder te ajudar/ir à sua festa etc.** I'm sorry I can't help you/I'm sorry I can't come to your party etc.

sentir-se *v* **1** (num estado) to feel: *Você está se sentindo melhor?* Are you feeling better? **2** (considerar-se) to feel: *Ele se sente tão superior.* He feels so superior.

Gostaria de uma lista de frases úteis para falar de si mesmo em inglês? Consulte o **guia para a comunicação**, no final do livro.

separação s separation

separado, -da adj **1** separate: *Tivemos que sentar em lugares separados no avião.* We had to sit in separate seats on the plane. **2** (estado civil) separated: *Meus pais são separados.* My parents are separated.

separar v **1** (discriminar) **separar algo de algo** to separate sth from sth: *Separei as roupas sujas das limpas.* I separated the dirty clothes from the clean ones. **2** (afastar) **separar alguém de alguém** to separate sb from sb: *O professor separou as meninas dos meninos.* The teacher separated the girls from the boys. **3** (reservar) **separar algo** to put sth aside: *Pedi à vendedora para separar o CD para mim.* I asked the sales assistant to put the CD aside for me.

separar-se v **1** (cônjuges) to separate, to split up: *Meus pais estão se separando.* My parents are separating./My parents are splitting up. | **separar-se de alguém** to split up with sb: *Eu me separei do Luís.* I split up with Luís. **2** (afastar-se) to separate: *Depois do segundo grau, os amigos se separaram.* After high school, the friends separated.

sequência s **1** (série) sequence **2** (de filme, disco, etc.) follow-up | **dar sequência a algo** to follow sth up

sequer adv not even: *Os jornais sequer noticiaram o assalto.* The newspapers didn't even report the robbery.

sequestrador, -a s **1** (de uma pessoa) kidnapper **2** (de um avião) hijacker

sequestrar v **1** (uma pessoa) to kidnap **2** (um avião) to hijack

sequestro s **1** (de pessoa) kidnapping **2** (de avião) hijacking

ser verbo & substantivo

- v ▶ ver quadro
- s being: *seres extraterrestres* alien beings
  ser humano human being **ser vivo** living being

sereia s mermaid

sereno, -na adjetivo & substantivo

- adj calm
- **sereno** s night air

seriado s series

série s **1** (conjunto) series (pl series): *Estou com uma série de problemas.* I have a whole series of problems. **2** (escolar) grade (AmE), year (BrE): *Passei para a sétima série.* I've gone into the seventh grade.

série de TV (a) (seriado) TV series **(b)** (novela, romance, etc. seriado) TV serial

sério, -ria adjetivo, advérbio & substantivo

- adj **1** (responsável) responsible: *uma pessoa séria* a responsible person **2** (honesto) trustworthy **3** (compenetrado) serious: *José tem sempre um ar sério.* José always looks so serious. **4** (assunto, doença, problema, etc.) serious

---

ser verbo

1 A tradução é **to be** na maioria dos contextos (veja a conjugação do verbo no verbete **be**):

Ele é alto e louro. He's tall and blond. | *Hoje é terça.* Today is Tuesday. | *A festa foi na casa da Alice.* The party was at Alice's. | *Sou eu, abra a porta.* It's me, open the door. | *Somos amigas.* We're friends.

Quando o verbo indica a profissão de alguém, usa-se o artigo (a/an) se o substantivo for singular:

Ele é escritor. He's a writer. | *Ela é arquiteta.* She's an architect.

2 Outros casos:

como é o seu namorado/a sua casa etc.? what's your boyfriend/your house etc. like?: *Como era o hotel?* What was the hotel like? | **somos cinco/oito etc.** there are five/eight etc. of us | **é da Laura/era do meu avô etc.** it's Laura's/it was my grandfather's etc.; it belongs to Laura/it belonged to my grandfather etc. *Os CDs são do meu primo.* The CDs belong to my cousin./The CDs are my cousin's. | **ele é do Chile/de Londres etc.** he's from Chile/from London etc.; he comes from Chile/from London etc.: *De onde vocês são?* Where are you from?/Where do you come from? | **é de madeira/de metal etc.** it's made of wood/metal etc.

3 Expressões:

a não ser que unless: *Pode ficar com ele, a não ser que você prefira este.* Keep it, unless you prefer this one. | **ou seja**: *Ou seja, não deu certo.* In other words, it didn't work out. | *os dois polos, ou seja, os Polos Norte e Sul* the two Poles, that is to say, the North and South Poles | **se não fosse por**: *Se não fosse por ela, eu ficaria mais tempo.* If it weren't for her, I would stay longer. | *Se não fosse por tua ajuda, eu não teria conseguido acabá-lo.* If it hadn't been for your help, I wouldn't have gotten it finished.

- **sério** adv **falar sério** to be serious: *Estou falando sério com você.* I'm being serious with you.

- **sério** s **1 a sério** seriously: *Você precisa levar os estudos mais a sério.* You need to take your studies more seriously. **2 tirar alguém do sério** to drive sb crazy: *As provocações dele me tiraram do sério.* His provocations drove me crazy.

sermão s **1** (advertência) lecture | **passar um sermão em alguém** to give sb a lecture: *O diretor passou um sermão na turma.* The director gave the class a lecture. **2** (religioso) sermon

serra s **1** (cadeia de montanhas) mountain range **2** (região geográfica) mountains pl: *Passamos as férias de inverno na serra.* We spent the winter vacation in the mountains. **3** (ferramenta) saw

sertanejo, -ja adj **cantor sertanejo** Brazilian country singer | **música sertaneja** Brazilian country music

sertão s backwoods: *no sertão da Bahia* in the backwoods of Bahia

serviço s **1** (em conta de restaurante, etc.) service: *O serviço está incluído?* Is service included? **2** (atividade) service: *O serviço de meteorologia previu chuvas fortes.* The weather service predicted heavy rainfall. | **serviço militar/público** military/public service **3** (trabalho) job: *um serviço malfeito* a job badly done **4** (emprego) work: *Tive que faltar ao serviço.* I had to miss work. **5 elevador/entrada/porta de serviço** service elevator/entrance/door

servir v **1** (ser útil) **servir para algo** Ver exemplos: *Para que serve isto?* What's this for? | *Esse papel não serve para imprimir.* This paper is no good for printing. | *Meus conselhos não serviram para nada.* My advice was useless. | *Isto te serve para alguma coisa?* Is this any use to you? | *este martelo/esta chave de fenda etc. não serve* this hammer/this screwdriver etc. is no use | **servir de algo** Ver exemplos: *Isto pode servir de tampa.* We can use this as a lid. | *A toalha serviu de cobertor.* The towel was used as a blanket. | *Que isso te sirva de lição.* Let that be a lesson to you. **2** (referente a comida, bebidas) to serve: *Quem vai servir?* Who's going to serve? | *Sirva a sua avó primeiro.* Serve Grandma first. | *Serviram champanhe.* They served champagne. | ▶ Para referir-se ao ato de verter a bebida no copo, na taça etc., usa-se **to pour**: *Ele me serviu uma outra dose de uísque.* He poured me another shot of whiskey. **3** (atender) to serve: *o garçom que nos serviu* the waiter who served us **4** (caber) to fit: *Esta saia não serve mais em mim.* This skirt doesn't fit me anymore. **5** (fazer serviço militar) to serve: *Meu irmão serviu na Aeronáutica.* My brother served in the air force.

servir-se v (referente a comida, bebidas) to help yourself: *Sirvam-se, por favor.* Please help yourselves. | **servir-se de algo** to help yourself to sth: *Sirva-se de mais massa.* Help yourself to more pasta. ▶ Para referir-se ao ato de verter a bebida no copo, na taça etc., usa-se **to pour**: *Vou me servir de mais suco.* I'm going to pour myself some more juice.

sessão s **1** (de cinema, teatro) show: *Vamos na sessão das oito?* Shall we go to the eight o'clock show? | **sessão da tarde** matinee **2** (de atividade, tratamento) session: *Depois da cerimônia, houve uma sessão de fotos.* After the ceremony there was a photo session. **3** (reunião) session: *A votação será na próxima sessão.* The vote will take place during the next session.

sessenta numeral sixty | **sessenta e um/sessenta e dois etc.** sixty one/sixty two etc. ▶ ver também **ano**

seta s arrow

sete numeral **1** (número, quantidade, hora) seven: *Vi este filme sete vezes.* I've seen this movie seven times. **2** (em data) seventh: *Viajo dia sete de março.* I leave on the seventh of March.

setecentos, -tas numeral seven hundred

setembro s September ▶ ver "Active Box" **meses** em **mês**

setenta numeral seventy ▶ ver também **ano**

sétimo, -ma numeral seventh

setor s **1** (área de atividade) sector: *o setor de transportes* the transportation sector **2** (seção) section: *A empresa é dividida em vários setores.* The company is divided into various sections.

seu, sua pronome & substantivo

● **pron 1** (seguido de substantivo) your: *Seu almoço está pronto.* Your lunch is ready. ▶ Como possessivo de terceira pessoa (por exemplo, "Pedro saiu com sua irmã", significando "Pedro saiu com a irmã dele"), veja os verbetes *dele/dela* ▶ ver também **vocês 2 um colega/um primo etc. seu** a colleague/a cousin etc. of yours **3 ser seu/sua** to be yours: *Isso é seu.* That's yours.

● s **o seu/a sua** yours: *O seu é este.* Yours is this one.

seus, suas pronome & substantivo

● **pron 1** (seguido de substantivo) your: *Seus óculos estão na mesa.* Your glasses are on the table. ▶ Como possessivo de terceira pessoa (por exemplo, "Ele foi visitar seus avós", significando "Ele foi visitar os avós dele", etc.) veja os verbetes *dele/dela/deles/delas* ▶ ver também **vocês 2 uns colegas/primos etc. seus** some friends/cousins etc. of yours **3 serem seus/suas** to be yours: *Estas meias são suas?* Are these socks yours? **4** (referente a posse, ou posses, de pessoa indeterminada) their: *Cada um tem que cuidar de suas próprias coisas.* Everyone should look after their own things.

● s **os seus/as suas** yours: *Prefiro os seus.* I prefer yours.

● **seus** *pron* (em cálculo aproximado) about: *O pai dela deve ter seus quarenta anos.* Her dad's about forty years old.

severo, -ra adj **1** (rígido) strict: *O instrutor era severo com os alunos.* The instructor was strict with the students. **2** (crítica, punição) severe **3** (grave) severe: *Ela respondeu em tom severo.* She replied in a severe tone.

sexo s **1** (atividade) sex | **fazer sexo (com alguém)** to have sex (with sb) **2** (gênero) sex (pl sexes) | **o sexo feminino/masculino** the female/male sex

sexta s Friday ▶ ver "Active Box" **dias da semana** em **dia**

sexta-feira s Friday ▶ ver "Active Box" **dias da semana** em **dia**

sexto, -ta numeral sixth
sexto sentido sixth sense

sexual adj **1** educação/vida etc. sexual sex education/life etc.: *A atriz é considerada um símbolo sexual.* The actress is considered a sex symbol. **2** relação/orientação etc. sexual sexual relationship/orientation etc.: *a primeira experiência sexual* the first sexual experience ▶ ver também **assédio**

sexualidade s sexuality (pl -ties)

shopping, shopping center s (shopping) mall (AmE), shopping centre (BrE): *O filme está passando nesse shopping.* The movie is on at this mall.

short s shorts pl: *Pus um short.* I put on some shorts./I put on a pair of shorts.

show s concert: *o show da Madonna* the Madonna concert | **fazer um show** to do a concert

si pronome & substantivo

• *pron* **1 si (mesmo(s)/mesma(s))** **(a)** (você) yourself: *Você tem que resolver isto por si mesmo.* You have to straighten that out yourself. **(b)** (ele) himself: *a imagem que ele tem de si mesmo* the image he has of himself **(c)** (ela) herself: *Ela só falou de si mesma.* She only talked about herself. **(d)** (coisa, animal) itself: *um mito que nossa cultura inventou para si mesma* a myth that our culture has invented for itself **(e)** (vocês) yourselves: *Vocês terão que cuidar de si mesmos.* You will have to take care of yourselves. **(f)** (eles, elas) themselves: *Decidiram tudo por si mesmas.* They decided everything themselves. **2 cair em si** to (finally) come to your senses: *Depois de tudo que fez, caiu em si.* After everything he's done, he's finally come to his senses. **3 em si (a)** (com substantivo singular) in itself: *O problema em si não é tão complicado.* The problem in itself is not so complicated. **(b)** (com substantivo plural) in themselves: *Os resultados em si são bons.* The results in themselves are good.

• *s* (nota musical) B

sigilo s secrecy: *O cliente pediu sigilo absoluto.* The client requested absolute secrecy. | **em sigilo** in secret: *O acordo foi feito em sigilo.* The agreement was made in secret.

sigiloso, -sa adj confidential

sigla s acronym: *ONG é a sigla de Organização Não Governamental.* NGO is the acronym for Nongovernmental Organization.

significado s meaning ▶ Também é comum o uso do verbo **to mean**: *Qual é o significado desta palavra?* What is the meaning of this word?/ What does this word mean?

significar v to mean: *O que significa esta expressão?* What does this expression mean? | *A sua amizade significa muito para mim.* Your friendship means a lot to me.

significativo, -va adj significant: *uma queda significativa no rendimento dos alunos* a significant fall in the students' performance

signo s (star) sign: *– Qual é o seu signo? – Meu signo é Áries.* "What's your sign?" "My sign is Aries."

sílaba s syllable

silêncio s silence: *Silêncio, por favor!* Silence, please! | **estar/ficar em silêncio** to be/stay silent: *Ficamos em silêncio por um tempo.* We stayed silent for a while. | **fazer silêncio** to be silent

silencioso, -sa adjetivo & substantivo

• *adj* **1** (sem barulho) quiet: *Meu quarto é silencioso.* My room is quiet. | *Esta impressora é bastante silenciosa.* This printer is quite quiet. **2** (calado) silent: *Ela ficou silenciosa a tarde toda.* She was silent the whole afternoon.

• **silencioso** s (em veículo) muffler (AmE), silencer (BrE)

silhueta s silhouette

silicone s silicone: *um implante de silicone* a silicone implant | **pôr silicone** to have silicone implants

sim advérbio & substantivo

• *adv* yes: *Sim, você tem razão.* Yes, you're right. | *Ele disse que sim.* He said yes. | *– Não é impressionante? – É, sim.* "Isn't it amazing?" "Yes, it is." | *Acho que sim.* I think so.

• *s* yes

simbolizar v to symbolize: *O verde simboliza a esperança.* Green symbolizes hope.

símbolo s symbol

simétrico, -ca adj symmetrical

simpatia s **1** (sentimento) liking: *Senti de imediato simpatia por ela.* I immediately felt a liking for her. | **ter simpatia por alguém** to be fond of sb **2** (qualidade) friendliness: *a simpatia dos brasileiros* the friendliness of Brazilians | **com simpatia** in a friendly way: *Eles nos trataram com muita simpatia.* They treated us in a very friendly way.

simpático, -ca adj nice: *Seu namorado é muito simpático.* Your boyfriend is very nice. | *O presente foi um gesto simpático.* The present was a nice gesture. ▶ Note que a palavra inglesa **sympathetic** significa solidário, compreensivo: *Ela foi bastante compreensiva.* She was very sympathetic.

simpatizar v **1 simpatizar com alguém** to take to sb: *Não simpatizamos muito com o novo vizinho.* We didn't take to the new neighbor very much. **2 simpatizar com algo** to sympathize with sth: *Simpatizei com as ideias dele.* I sympathized with his ideas.

simples adj **1** (não complexo) simple: *A solução era simples.* The solution was simple. **2** (sem formalidade) straightforward: *uma pessoa simples* a straightforward person **3** (modesto) simple: *A casa era simples, mas confortável.* The house was simple, but comfortable. **4** (mero) simple: *Tive um simples resfriado.* I had a simple cold. **5** (um só) single: *Um simples erro pôs tudo a perder.* A single mistake spoiled everything.

simplificar *v* to simplify: *O computador simplificou a minha vida.* Computers have simplified my life.

simulado *s* (prova) practice test (AmE), mock (BrE)

simultâneo, -nea *adj* simultaneous

sinagoga *s* synagogue

sinal *s* **1** (aviso) sign: *As nuvens negras são sinal de tempestade.* The black clouds are a sign of a storm. | **dar sinal/sinais de algo** to show signs of sth: *O paciente dava sinais de melhora.* The patient showed signs of improvement. **2** (gesto) signal | **fazer um sinal** to signal: *Fizemos um sinal para o motorista parar.* We signaled to the driver to stop. **3** (campainha) bell: *Tocou o sinal e fomos para o recreio.* The bell rang and we went off to recess. **4** (de telefone) tone: *Deixe o seu recado depois do sinal.* Leave your message after the tone. | **sinal de discar/de ocupado** dial tone/busy signal (AmE), dialling tone/engaged tone (BrE): *O telefone está dando sinal de ocupado.* I'm getting a busy signal. **5** (vestígio) sign: *Não havia nenhum sinal dele na casa.* There was no sign of him at home. **6** (presságio) sign | **um bom/mau sinal** a good/bad sign **7 sinal (de trânsito)** (traffic) light (AmE), (traffic) lights *pl* (BrE): *O sinal está verde; pode ir.* The traffic light is green; you can go. **8** (pinta) mole: *Tenho um sinal no queixo.* I have a mole on my chin. **9** (de nascimento) birthmark: *Todos os meus irmãos têm este sinal.* All my brothers have this birthmark. **10** (parte de pagamento) deposit: *O sinal do apartamento já foi pago.* The deposit on the apartment has already been paid. **11** (em operação matemática) sign: *Você esqueceu de colocar o sinal de igual.* You forgot to put in the equals sign. **12 dar sinal de vida** to get in touch: *Ele nunca mais deu sinal de vida.* He never got in touch again. **13 em sinal de respeito/protesto etc.** as a sign of respect/protest etc. **14 por sinal** by the way: *Este, por sinal, foi o último álbum do grupo.* This, by the way, was the group's last album.

sinalização *s* (de trânsito) signposting

sinceridade *s* sincerity

sincero, -ra *adj* sincere: *Ele falou de um jeito muito sincero.* He spoke in a very sincere way. | **para ser sincero** to be honest: *Para ser sincero, não gostei da sua amiga.* To be honest, I didn't like your friend.

sincronizado, -da *adj* synchronized

sindicato *s* (trade) union: *o sindicato dos professores* the teachers' union

síndico, -ca *s* (de prédio) superintendent

síndrome *s* syndrome
síndrome de abstinência withdrawal symptoms

sinfonia *s* symphony (pl -nies)

sinfônico, -ca *adj* **1 orquestra sinfônica** symphony orchestra **2** (música) symphonic

singular *adjetivo & substantivo*

• *adj* **1** (único) unique: *Você tem uma maneira singular de se expressar.* You have a unique way of expressing yourself. **2** (em gramática) singular

• *s* singular: *no singular* in the singular

sinistro, -tra *adjetivo & substantivo*

• *adj* sinister: *um lugar sinistro* a sinister place

• **sinistro** *s* (acidente) accident

sino *s* bell

sinônimo, -ma *adjetivo & substantivo*

• *adj* **1** (em gramática) synonymous: *palavras sinônimas* synonymous words **2 ser sinônimo de algo** to be synonymous with sth: *Amizade é sinônimo de confiança e respeito.* Friendship is synonymous with trust and respect.

• **sinônimo** *s* synonym

sinopse *s* (de um filme, novela, etc.) synopsis (pl synopses)

sintético, -ca *adj* **1** (não natural) synthetic: *lã sintética* synthetic wool **2** (abreviado) succinct: *Responda de forma mais sintética.* Reply in a more succinct way.

sintetizador *s* synthesizer

sintoma *s* symptom

sintonizar *v* **1 sintonizar algo** (uma emissora) to tune into sth: *Sintonizei o noticiário americano.* I tuned into the American news. **2 sintonizar o rádio/a TV etc. (em algo)** to tune the radio/the TV etc. (to sth): *Sintonize o rádio na Rádio Cidade.* Tune the radio to Rádio Cidade.

sinuca *s* snooker

sinusite *s* sinusitis

sirene *s* siren

sistema *s* system
sistema educacional education system **sistema nervoso** nervous system **sistema operacional** operating system

site *s* website: *Qual é o endereço do site?* What's the address of the website?
site de busca search engine **site de relacionamentos** social networking site

sítio *s* cottage

situação *s* **1** (posição) situation: *A situação é crítica.* The situation is critical. **2 em boa situação** (econômica) well-off: *A família está em boa situação.* The family is well-off.

situado, -da *adj* situated: *um acampamento situado nas margens de um rio* a campground situated on the banks of a river

situar *v* **1** (num mapa) to locate: *Não consigo situar Samoa neste mapa.* I can't locate Samoa on this map. **2** (construir) to put: *Situaram a quadra de tênis nos fundos da casa.* They put the

Diz-se I arrived in Rio *ou* I arrived to Rio? Veja o verbete **arrive**.

tennis court at the rear of the house. **3** (um filme, um romance) to set: *O filme é situado no Marrocos.* The movie is set in Morocco.

situar-se *v* **1** (estar situado) to be situated: *Os melhores hotéis situam-se na orla marítima.* The best hotels are situated on the seafront. **2** (colocar-se) to situate yourself: *Situei-me entre os dois.* I situated myself between the two of them. **3** (formar opinião) to decide where you stand: *Ainda não me situei em relação a isso.* I haven't yet decided where I stand on that.

skate *s* **1** (prancha) skateboard | **andar de skate** to skateboard **2** (esporte) skateboarding

skatista *s* skateboarder

slide *s* slide

slogan *s* slogan

smoking *s* tuxedo (AmE), dinner jacket (BrE): *Onde se aluga um smoking?* Where can you rent a tuxedo?

só *advérbio & adjetivo*

- *adv* **1** only: *Ele só faz o que quer.* He only does what he wants. **2 não só... como também** not only... but also: *Ele não só canta, como também dança muito bem.* He not only sings, but he also dances really well.

- *adj* **1** (desacompanhado) alone: *Viajei só.* I traveled alone. **2** (solitário) lonely: *um homem muito só* a very lonely man

soar *v* **1** (campainha, sino) to ring **2** (alarme, sirene) to sound **3** (parecer) to sound: *Essa história não me soa bem.* That story doesn't sound right to me.

sob *prep* under: *A pasta estava sob os papéis.* The file was under the papers.

sobra *substantivo & substantivo plural*

- *s* **1** (excesso) surplus **2 de sobra** (bastante) plenty of: *Ele teve tempo de sobra para fazer isso.* He's had plenty of time to do that.

- **sobras** *s pl* (de comida) scraps

sobrancelha *s* eyebrow

sobrar *v* **1** (ter em excesso) to be spare: *Sobraram dois lugares no ônibus.* There were two spare seats on the bus. **2** (restar) to be left over: *Sobrou um pedaço de bolo.* There was a piece of cake left over.

sobre *prep* **1** (a respeito de) about: *Escrevi uma redação sobre isso.* I wrote an essay about that. **2** (em cima de) on: *Deixei o livro sobre a mesa.* I left the book on the table. **3** (por cima de) over: *As balas passaram sobre nossas cabeças.* The bullets went over our heads. **4** (em cálculo) on: *um lucro de 10% sobre as vendas* a profit of 10% on the sales

sobreaviso *s* **estar/ficar de sobreaviso** to be on your guard

sobrecarregar *v* to overload: *Não sobrecarreguem o porta-malas.* Don't overload the trunk.

sobreloja *s* mezzanine: *O escritório fica na sobreloja.* The office is on the mezzanine.

sobremesa *s* dessert: *O que você vai querer de sobremesa?* What would you like for dessert? ▶ ver também **colher**, **prato**

sobrenatural *adj* supernatural

sobrenome *s* surname: *Como se escreve o seu sobrenome?* How do you spell your surname? | *Vou soletrar meu sobrenome.* I'm going to spell my surname.

sobressalente *adj* spare

sobressalto *s* (susto) fright

sobretudo *advérbio & substantivo*

- *adv* especially: *A festa estava perfeita, sobretudo a decoração.* The party was perfect, especially the decorations.

- *s* (casaco) overcoat

sobrevivência *s* survival

sobrevivente *adjetivo & substantivo*

- *adj* surviving

- *s* survivor

sobreviver *v* to survive: *Ninguém sobreviveu.* Nobody survived. | **sobreviver a alguém** to outlive sb: *Ela sobreviveu a seus filhos.* She outlived her children. ▶ Também existe **to survive sb**, que é mais formal | **sobreviver a algo** to survive sth: *Ele sobreviveu às duas guerras.* He survived the two wars.

sobrinho, -nha *s* sobrinho nephew | sobrinha niece | **sobrinhos** (sobrinho e sobrinha) nephew and niece

sóbrio, -a *adj* **1** (não bêbado) sober **2** (roupa) sober

social *adj* **1** (relativo a sociedade) social: *classe social* social class | *Ela tem uma vida social intensa.* She has an intensive social life. **2 banheiro social** guest bathroom **3** (camisa) formal

socialismo *s* socialism

socialista *adj & s* socialist

sociável *adj* sociable

sociedade *s* **1** (meio humano, coletividade) society (pl -ties): *a sociedade brasileira* Brazilian society **2** (companhia) company (pl -nies) **3** (parceria) partnership

sócio, -cia s **1** (de clube) member: *Você é sócio deste clube?* Are you a member of this club? **2** (em negócios) partner

sociologia s sociology

sociólogo, -ga s sociologist

soco s punch (pl -ches) | **dar um soco em alguém/algo** to punch sb/sth: *Tive vontade de dar um soco nele!* I felt like punching him! | **levar um soco (de alguém)** to get punched (by sb)

socorrer v to help

socorro substantivo & interjeição
- s help | **pedir socorro (a alguém)** to shout for help (from sb): *Ouvimos alguém pedindo socorro.* We heard somebody shouting for help.
- **socorro!** interj help!

soda s (bebida) soda water
 soda limonada lemon soda

sofá s sofa

sofá-cama s sofa bed

sofisticado, -da adj sophisticated

sofrer v **1** (padecer) to suffer: *Não gosto de vê-lo sofrer.* I don't like to see him suffer. **2 sofrer algo (a)** (um acidente) to have sth: *Ela sofreu um acidente de carro.* She had a car accident. **(b)** (uma contusão, um infarto, queimaduras) to suffer sth: *O jogador sofreu uma contusão na coxa direita.* The player suffered an injury to his right thigh. **(c)** (uma derrota, um prejuízo, humilhações) to suffer sth | **sofrer mudanças** to undergo changes **3 sofrer de algo** to suffer from sth: *Sofro de sinusite.* I suffer from sinusitis. | **sofrer do coração** to have a heart condition **4 sofrer por algo** to suffer for sth: *Quem nunca sofreu por amor?* Who has never suffered for love?

sofrimento s suffering

sofrível adj (razoável) reasonable: *Falo um espanhol sofrível.* I speak reasonable Spanish.

software s software: *programas de software* software programs ▶ **software** é um substantivo incontável e não pode vir precedido do artigo **a**: *um software novo no mercado* a new piece of software on the market

sogro, -gra s sogro father-in-law | sogra mother-in-law | **sogros** (sogro e sogra) parents-in-law ▶ Na linguagem mais coloquial, diz-se também **in-laws**

soja s soy (AmE), soya (BrE): *leite de soja* soy milk

sol s **1** sun: *Não posso ficar no sol.* I can't stay in the sun. | **tomar sol** to sunbathe **2 fazer sol** to be sunny | **um dia/uma manhã etc. de sol** a sunny day/morning etc. **3** (nota musical) G: *em sol maior* in G major

sola s sole: *sandálias com sola de couro* sandals with leather soles

soldado s soldier

soletrar v to spell

solicitar v (ajuda, informações, etc.) to request

solidão s loneliness

solidariedade s solidarity

solidário, -ria adj sympathetic: *um amigo solidário* a sympathetic friend | **ser solidário com algo/alguém** to be sympathetic toward sth/sb

sólido, -da adjetivo & substantivo
- adj **1** (substância) solid **2** (construção) solid **3** (amizade) solid
- **sólido** s solid

solista s soloist: *a solista do conjunto* the soloist of the group

solitário, -ria adj **1** (pessoa) lonely **2** (que se faz em solidão) solitary: *O surfe é um esporte solitário.* Surfing is a solitary sport. **3** (isolado) lonely: *um lugar solitário* a lonely place

solo substantivo & adjetivo
- s **1** (terra) soil: *As árvores protegem o solo.* The trees protect the soil. **2** (chão) ground: *Muitos aviões foram destruídos, no solo ou em voo.* Many planes were destroyed, both on the ground and in the air. **3** (território) soil: *sua primeira apresentação em solo brasileiro* his first performance on Brazilian soil **4** (música, dança) solo | **cantar/dançar/tocar um solo** to sing/dance/play a solo
- adj solo | **álbum/carreira solo** solo album/career

soltar v **1** (libertar) to release: *Soltaram o preso.* They released the prisoner. **2** (largar) to let go of: *Solta o meu braço, por favor.* Let go of my arm, please. **3** (deixar cair) to drop: *Soltei o embrulho no chão.* I dropped the package on the floor. **4** (desatar) to untie: *Você pode soltar este nó?* Could you untie this knot? | **soltar o cabelo** to let your hair down **5 soltar algo (a)** (um cheiro, fumaça, etc.) to give off sth: *O gambá solta um cheiro horrível.* Skunks give off a horrible smell. **(b)** (um suspiro, um grito, etc.) to let sth out: *Soltou um suspiro profundo.* He let out a deep sigh. | **soltar um palavrão** to swear **6 soltar pipa** to fly a kite

soltar-se v **1** (libertar-se) to get free: *O cachorro consegue se soltar sozinho.* The dog manages to get free by itself. **2** (desprender-se) to come off: *Um botão da camisa se soltou.* One of my shirt buttons has come off. **3** (afrouxar-se) to come loose: *A corda está se soltando.* The rope is coming loose. **4** (desinibir-se) to loosen up: *Finalmente ela se soltou e começou a dançar.* Finally, she loosened up and started dancing.

solteiro, -ra adjetivo & substantivo
- adj single | **ser/estar solteiro** to be single ▶ ver também **mãe**
- s solteiro single man (pl men) | solteira single woman (pl women) | **os solteiros** single people ▶ ver também **cama**

solto, -ta adj **1** (referente a cabelos) Ver exemplos: *Ela estava de cabelo solto.* She was wearing her hair loose. | *Ela fica bonita de cabelo solto.*

solução

She looks pretty with her hair down. **2** (animal) loose | **estar solto (a)** to be loose **(b)** (cachorro) to be loose, to be off the leash ▶ **to be off the leash** significa que o cão está sem correia **3** (corda, parafuso, páginas, etc.) loose: *umas folhas soltas* some loose sheets of paper **4** (prisioneiro, refém) freed

solução s solution: *um problema sem solução* a problem with no solution

soluçar v **1** (com espasmo) to hiccup: *Não consigo parar de soluçar.* I can't stop hiccuping. **2** (chorando) to sob

solucionar v to solve | **solucionar um caso/um problema** to solve a case/a problem

soluço s **1** (espasmo) hiccup | **estar com soluço** to have the hiccups **2** (ao chorar) sob

solúvel adj **1** (substância, aspirina) soluble **2** (café) instant

som s **1** (ruído) sound: *um som metálico* a metallic sound **2** (volume) sound: *O som da TV está muito alto.* The sound of the TV is very loud. **3** (aparelho de som) stereo: *Comprei um som novo.* I've bought a new stereo. **4 um som** (música) some music: *Quer escutar um som?* Do you want to listen to some music?

soma s sum | **fazer uma soma** to do a sum

somar v **somar algo** to add sth up: *Somei os gastos.* I added up the expenses.

sombra s **1** (lugar abrigado do sol) shade: *Prefiro ficar na sombra.* I prefer to stay in the shade. | **à sombra de algo** in the shade of sth: *Sentamos à sombra de uma árvore.* We sat in the shade of a tree. **2** (contorno) shadow: *a sombra da minha mão na parede* the shadow of my hand on the wall | **projetar uma sombra** to cast a shadow **3** (para os olhos) eyeshadow **4 sem sombra de dúvida** without a shadow of a doubt

sombrinha s **1** (guarda-sol) parasol **2** (guarda-chuva) umbrella

somente adv only: *Vieram somente cinco pessoas.* Only five people came.

sonâmbulo, -la s sleepwalker

sondar v **1 sondar algo** (averiguar) to find sth out: *Ela vai sondar se isso é possível.* She's going to find out whether it's possible. **2 sondar alguém** to sound sb out: *Vou sondar meu amigo sobre essa questão.* I'm going to sound out my friend on this matter.

soneca s nap | **tirar uma soneca** to take a nap

sonhar v **1** (dormindo) to dream: *Sonhei que era uma bailarina.* I dreamed I was a ballerina. | **sonhar com algo/alguém** to dream about sth/sb: *Sonhei com você.* I dreamed about you. **2 sonhar em ser algo** to dream of being sth: *Ela sonha em ser médica.* She dreams of being a doctor. | **sonhar em fazer algo** to dream of doing sth: *Sonho em viajar pelo mundo.* I dream of traveling around the world.

sonho s **1** (no sono) dream: *Tive um sonho estranho com você.* I had a strange dream about you. **2** (desejo) dream: *Meu sonho é ir ao Havaí.* My dream is to go to Hawaii. **3** (doce) cream doughnut

sonho de consumo ▶ Pode-se traduzir por **the thing I'd most like to have**: *Meu sonho de consumo é ter uma casa de praia.* The thing I'd most like to have is a beach house.

sono s **1** (repouso) sleep: *Foram dez horas de sono.* I had ten hours of sleep. | **pegar no sono** to fall asleep | **sono leve/pesado** light/deep sleep **2** (necessidade de dormir) **estar/ficar com sono** to be/get sleepy | **estar morrendo de sono** to be falling asleep | **dar sono a alguém** to make sb sleepy: *Esse filme me deu sono.* The movie made me sleepy. | **que sono!** I'm so sleepy!

sonolento, -ta adj sleepy

sonoro, -ra adj **1** (referente ao som) sound | **nível sonoro/onda sonora** sound level/sound wave | **trilha sonora** soundtrack **2 uma voz sonora** a sonorous voice **3** (melodioso) tuneful: *uma melodia sonora* a tuneful melody

sonso, -sa adj **1** (fingido) devious **2 fazer-se de sonso** to play the innocent

sopa s soup: *sopa de legumes* vegetable soup ▶ ver também **colher**, **prato**

soprar v **1** (vento) to blow **2 soprar algo (a)** (para apagar) to blow sth out: *Você vai soprar as velas?* Are you going to blow the candles out? **(b)** (para esfriar) to blow on sth: *Sopre a sopa antes de tomá-la.* Blow on the soup before eating it.

sopro s **1** (aspiração) puff **2** (de vento) gust

sórdido, -da adj (local) seedy: *um bar sórdido* a seedy bar

soropositivo, -va adjetivo & substantivo
• adj HIV-positive
• s person with HIV (pl people with HIV)

sorridente adj smiling

sorrir v to smile | **sorrir para alguém** to smile at sb

sorriso s smile: *um sorriso de felicidade* a happy smile

sorte s **1** (boa estrela) luck: *Que sorte que você chegou!* What luck you arrived! | **boa sorte** good luck: *Boa sorte no jogo amanhã!* Good luck in the game tomorrow! | **dar sorte** to be lucky | **por sorte** luckily | **ter (boa) sorte** to be lucky: *Tive sorte e ganhei a partida.* I was lucky and won the game. | **ter má sorte/não ter sorte** to be unlucky: *Ele não tem sorte com as namoradas.* He's unlucky with his girlfriends. **2 tirar a sorte grande** (em loteria) to hit the jackpot

sortear v **1 sortear (algo)** (tirar à sorte) to draw lots (for sth) **2** (rifar) to raffle: *Vão sortear um aparelho de som.* They're going to raffle a stereo.

sorteio s **1** (em loteria) draw **2** (rifa) raffle

sortido, -da *adj* assorted: *balas sortidas* assorted candies

sortudo, -da *adjetivo & substantivo*
- *adj* lucky: *Como você é sortudo!* You're so lucky!
- *s* lucky person (pl lucky people)

sorvete *s* **1** (com leite) ice cream: *sorvete de chocolate* chocolate ice cream **2** (sem leite) sorbet: *sorvete de limão* lemon sorbet
sorvete de creme vanilla ice cream

sorveteria *s* ice-cream parlor (AmE), ice-cream parlour (BrE)

sósia *s* look-alike: *uma sósia da Madonna* a Madonna look-alike

sossegado, -da *adj* **1** (pessoa) quiet **2** (lugar) peaceful

sossegar *v* to quiet down (AmE), to quieten down (BrE): *Ele não sossegou enquanto não conseguiu o que queria.* He didn't quiet down until he got what he wanted. | **sossegar alguém** to quiet sb down (AmE), to quieten sb down (BrE): *O apresentador conseguiu sossegar o público.* The announcer managed to quiet the audience down.

sossego *s* peace and quiet

sótão *s* attic

sotaque *s* accent: *Você quase não tem sotaque.* You hardly have an accent. | **com sotaque britânico/estrangeiro etc.** with a British/foreign etc. accent: *Ele fala português com um ligeiro sotaque espanhol.* He speaks Portuguese with a slight Spanish accent.

sovaco *s* armpit

sovina *adjetivo & substantivo*
- *adj* stingy: *um velho sovina* a stingy old man
- *s* skinflint

sozinho, -nha *adj* **1** (sem companhia) alone, on your own, by yourself: ▶ É possível usar qualquer uma das três traduções nos exemplos: *Gosto de ficar sozinho às vezes.* I like to be alone sometimes. | *Não quero deixá-lo sozinho.* I don't want to leave him on his own. **2** (sem ajuda) by yourself: *Pode deixar que eu faço isso sozinha.* It's all right, I'll do it by myself. | *Fizemos o filme sozinhos.* We made the movie by ourselves. **3** (solitário) lonely: *Eu me sinto muito sozinho aqui.* I feel very lonely here.

spray *s* spray: *um spray para matar insetos* a spray to kill insects | **em spray** spray: *um filtro solar em spray* a sun block spray

squash *s* squash

standard *adj* standard: *um procedimento standard* a standard procedure

status *s* status

stress ▶ ver **estresse**

suado, -da *adj* sweaty

suar *v* to sweat | **suar em bicas** to be dripping with sweat | **suar frio** to break out in a cold sweat

suave *adj* **1** (pessoa, toque) gentle **2** (música, voz) soft **3** (luz, cor, maquiagem) soft **4** (pele) smooth **5** (cheiro, perfume) delicate **6** (sabor, vinho) smooth **7** (balanço, brisa) gentle **8** (dor) mild

subconsciente *s* subconscious

subdesenvolvido, -da *adj* **um país subdesenvolvido** a developing country, an underdeveloped country ▶ Atualmente prefere-se a primeira tradução

subestimar *v* to underestimate

subida *s* **1 a subida** (o caminho para cima) the way up: *Andamos devagar na subida.* We walked slowly on the way up. | *A subida foi difícil.* The way up was difficult. **2** (ladeira) hill: *Tem uma subida depois do sinal.* There is a hill after the traffic light. **3 uma subida de/em algo** (aumento) a rise in sth: *uma subida no custo de vida* a rise in the cost of living

subir *v* **1** (ir/vir para cima) to go up, to come up ▶ Usa-se **to come up** quando o movimento é em direção ao falante: *A gata subiu no telhado.* The cat went up on the roof. | *Sobe até aqui.* Come up here. | **subir a escada** to go up the stairs, to come up the stairs ▶ Usa-se **to come up the stairs** quando o movimento é em direção ao falante. Quando envolve dificuldade, usa-se **to get up the stairs** ▶ ver também **escada**
2 subir um morro/uma montanha etc. to go up a hill/mountain etc., to come up a hill/mountain etc. ▶ Usa-se **to come up** quando o movimento é em direção ao falante: *Vamos subir esse morro, tem uma vista linda de lá.* Let's go up that hill, there's a beautiful view from there. ▶ Quando envolve um certo grau de dificuldade usa-se **to climb**: *Eles subiram o Pico da Neblina.* They climbed the Pico da Neblina. | *O menino subiu num coqueiro.* The boy climbed a coconut tree.
3 subir (num ônibus, num barco, etc.) to get on (a bus/a boat, etc.): *Só os idosos podem subir pela frente.* Only old people can get on at the front.
4 subir numa bicicleta/num cavalo to get on a bicycle/a horse
5 subir numa cadeira/numa mesa to get up on a chair/on a table: *Ele subiu na cadeira para trocar a lâmpada.* He got up on the chair to change the light bulb. ▶ Se envolve dificuldade, usa-se **to climb onto sth**: *A criança subiu na mesa.* The child climbed onto the table.
6 (preço, temperatura, febre) to go up: *As passagens de ônibus subiram ontem.* Bus fares went up yesterday. | *A febre dele subiu muito.* His fever has gone up a lot.
7 subir algo (levar para cima) to take sth up: *O porteiro vai subir as compras.* The doorman will take the shopping up.
8 (rio, águas) to rise
9 (maré) to come in: *Quando a maré sobe, cobre a praia.* When the tide comes in, it covers the beach.

*Gostaria de escrever um e-mail em inglês? Consulte o **guia para a comunicação**, no final do livro.*

súbito, -ta *adjetivo & advérbio*
- *adj* sudden: *uma súbita crise de asma* a sudden attack of asthma
- *adv* suddenly | **de súbito** suddenly

subjetivo, -va *adj* subjective

subjuntivo *s* (em gramática) subjunctive

sublinhar *v* to underline: *Sublinhe os advérbios na frase.* Underline the adverbs in the sentence.

submarino, -na *adjetivo & substantivo*
- *adj* underwater: *uma corrente submarina* an underwater current
- **submarino** *s* submarine

submeter *v* **1 submeter alguém a algo** to subject sb to sth: *Ele foi submetido a humilhações.* He was subjected to humiliation. **2 submeter algo a algo/alguém** to submit sth to sth/sb: *A firma submeteu o projeto ao cliente.* The firm submitted the project to the client. | **submeter algo a (uma) votação** to put sth to a vote **3** (dominar) to subjugate

submeter-se *v* **1 submeter-se a algo** (ceder) to give in to sth: *Ele se submete a todos os caprichos dela.* He gives in to all her whims. **2 submeter-se a um tratamento/a uma operação** to have treatment/an operation, to undergo treatment/an operation ▶ **to undergo** é mais formal, e sugere algo mais doloroso ou de maior gravidade

submisso, -sa *adj* submissive

subnutrido, -da *adj* undernourished

subornar *v* to bribe: *O motorista tentou subornar o guarda.* The driver tried to bribe the police officer.

suborno *s* **1** (dinheiro) bribe | **aceitar subornos** to accept bribes **2** (ato) bribery: *O suborno é comum nas prisões.* Bribery is common in prisons.

subsidiar *v* to subsidize: *A empresa subsidiou o show.* The company subsidized the concert.

subsistir *v* **1** (existir) to survive: *uma religião que subsiste na Índia* a religion that survives in India **2 subsistir com algo** (sustentar-se) to survive on sth: *Ela subsiste com seu salário de professora.* She survives on her salary as a teacher.

subsolo *s* (de prédio, casa) basement: *no subsolo* in the basement

substância *s* substance

substantivo *s* (em gramática) noun

substituir *v* **1 substituir algo por algo** (trocar) to replace sth with sth: *Substituí meu mouse por um melhor.* I replaced my mouse with a better one. **2** (tomar o lugar de) to replace: *Eles estão procurando alguém para substituir o baterista.* They're looking for somebody to replace the drummer. | *Quem vai te substituir nas férias?* Who's going to replace you over the vacation?

substituto, -ta *adj & s* substitute: *Ele será o substituto do atacante.* He'll be the substitute for the striker.

subterrâneo, -nea *adj* underground: *um estacionamento subterrâneo* an underground parking lot ▶ ver também **passagem**

subtrair *v* (em matemática) to subtract | **subtrair algo de algo** to subtract sth from sth: *Subtraia 8 de 15.* Subtract 8 from 15.

subúrbio *s* **1** (bairro) suburb: *num subúrbio nova-iorquino* in a New York suburb **2 o subúrbio** (região) the suburbs ▶ Em inglês, a expressão **the suburbs** conota bairros residenciais de classe média: *Ele mora no subúrbio.* He lives in the suburbs.

suceder *v* **1 suceder (a alguém)** (acontecer) to happen (to sb): *Alguém sabe o que sucedeu?* Does anybody know what happened? **2 suceder (a) alguém** (em cargo, trono) to succeed sb: *A rainha Elizabeth II sucedeu seu pai.* Queen Elizabeth II succeeded her father.

sucesso *s* **1** success (pl -sses): *Seu primeiro filme foi um sucesso.* Her first movie was a success. | **fazer/ter sucesso** to be successful **2** (música) hit: *os maiores sucessos dos Beatles* the Beatles' greatest hits ▶ ver também **parada**

sucessor, -a *adj* **sucessor (de alguém)** (sb's) successor

suco *s* juice: *suco de laranja* orange juice

suculento, -ta *adj* (fruta, carne) juicy

sudeste *adjetivo & substantivo*
- *adj* **1** (região) southeastern **2** (costa, vento) southeast
- *s* **1** (ponto cardeal) southeast **2** (região) southeast: *no sudeste do país* in the southeast of the country **3** (direção) South-East | **a sudeste** to the southeast | **a sudeste de algo** southeast of sth | **mais ao sudeste** farther southeast

sudoeste *adjetivo & substantivo*
- *adj* **1** (região) southwestern **2** (costa, vento) southwest
- *s* **1** (ponto cardeal) southwest **2** (região) southwest: *o sudoeste americano* the American southwest | *no sudoeste* in the southwest **3** (direção) **a sudoeste** to the southwest | **a sudoeste de algo** southwest of sth: *a sudoeste do oceano Atlântico* southwest of the Atlantic Ocean | **mais a sudoeste** farther southwest

suéter *s* sweater: *uma suéter de lã* a wool sweater

suficiente *adjetivo & substantivo*
- *adj* enough ▶ Também existe a palavra **sufficient** em inglês, usada em contextos mais formais: *Temos tempo suficiente.* We have enough time.
- *s* **o suficiente** enough: *Não estudei o suficiente.* I didn't study enough.

sufocante *adj* **1** (fumaça) suffocating **2** (calor) stifling **3** (cheiro) overpowering

sufocar v **1** to suffocate: *A fumaça nos sufocou.* The smoke suffocated us. | *Quase sufoquei naquele elevador cheio.* I nearly suffocated in that crowded elevator. **2 sufocar uma rebelião/um motim** to suppress a rebellion/a riot

sufoco s **1** (problema) ordeal: *Qual o pior sufoco que você passou?* What's the worst ordeal you've been through? **2** (agitação) hassle: *Foi o maior sufoco para acabar tudo a tempo.* It was a real hassle to get everything done on time. **3 estar um sufoco** (devido a calor) to be stifling: *A sala estava um sufoco.* The room was stifling.

sugerir v **1** to suggest: *Que restaurante você sugere?* What restaurant do you suggest? **2 sugerir algo a alguém** to suggest sth to sb: *Ele fez o que sugeri.* He did what I suggested./He did as I suggested. **3 sugerir fazer algo** to suggest doing sth: *Sugeri estudarmos juntos.* I suggested studying together./I suggested we study together. | **sugerir que alguém faça algo** Ver exemplos: *Sugiro que a gente vá a essa boate nova.* I suggest we go to that new club. | *Ele sugeriu que esperássemos mais uns dias.* He suggested we wait a few more days./He suggested we should wait a few more days.

sugestão s suggestion | **dar/fazer uma sugestão** to make a suggestion: *Posso fazer uma sugestão?* Can I make a suggestion?

Suíça s a Suíça Switzerland

suicidar-se v to commit suicide

suicídio s suicide: *uma tentativa de suicídio* a suicide attempt | **cometer suicídio** to commit suicide

suíço, -ça adjetivo & substantivo

• *adj* Swiss: *chocolate suíço* Swiss chocolate

• *s* suíço Swiss man (pl -men) | **suíça** Swiss woman (pl -women) | **os suíços** (povo) the Swiss

suíte s **1** (em hotel) suite **2** (em residência) private bathroom (AmE), en-suite bathroom (BrE) **3** (em música) suite

sujar v **1 sujar algo** (tornar sujo) to get sth dirty: *Cuidado para não sujar o papel.* Careful not to get the paper dirty. | **sujar a roupa/as mãos etc. de algo** to get sth on your clothes/hands etc.: *Sujei a calça de sorvete.* I got ice cream on my pants. **2 sujar o nome de alguém** to blacken sb's name

sujar-se v to get dirty

sujeira s **1** dirt: *a sujeira nas ruas* the dirt in the streets | **fazer sujeira** to make a mess: *Fizemos a maior sujeira na mesa.* We made a real mess on the table. | **estar uma sujeira** to be a mess: *Esta cozinha está uma sujeira.* This kitchen is a mess. **2** (procedimento incorreto) dirty trick: *Isso foi sujeira sua.* That was a dirty trick you pulled. | **fazer uma sujeira com alguém** to pull a dirty trick on sb

sujeito, -ta adjetivo & substantivo

• *adj* sujeito a algo **(a)** (obrigado) subject to sth: *Ela se recusa a ficar sujeita aos caprichos dele.* She refuses to be subject to his whims. **(b)** (exposto) subject to sth: *O estacionamento ilegal é sujeito a multa.* Illegal parking is subject to a fine.

• **sujeito** s **1** (pessoa) character: *um sujeito esquisito* a strange character **2** (em gramática) subject

sujo, -ja adj dirty

sul adjetivo & substantivo

• *adj* **1** (região, hemisfério) southern **2** (costa, vento, polo) south: *a costa sul* the south coast

• *s* **1** (ponto cardeal) south **2** (região) south: *o sul do Brasil* the south of Brazil/southern Brazil | *no sul da Argentina* in the south of Argentina/in southern Argentina **3** (direção) **ao sul** to the south: *20 km ao sul* 20 km to the south | **ao sul de algo** south of sth: *ao sul de Alagoas* south of Alagoas | **mais ao sul** farther south

sul-africano, -na adj & s South African

sul-americano, -na adj & s South American

sulista adjetivo & substantivo

• *adj* southern

• *s* (pessoa) southerner

sumir v **1** (desaparecer) to disappear: *Meu livro de inglês sumiu.* My English book has disappeared. | *Ela sumiu; nunca mais a vi.* She disappeared; I never saw her again. | **sumir com algo** to swipe sth: *Meu irmão sumiu com o meu CD novo.* My brother swiped my new CD. **2** (sol) to set

sunga s (calção) trunks *pl*: *uma sunga* a pair of trunks/some trunks

suor s sweat

super adv really: *Nós nos damos super bem.* We get on really well.

superar v **1** (dificuldades, problemas, etc.) to overcome **2** (ultrapassar) to exceed: *O resultado superou as expectativas.* The result exceeded our expectations. **3** (ser superior) to outdo: *A equipe feminina superou a masculina.* The women's team outdid the men's.

superar-se v to outdo yourself: *A bailarina se superou na última apresentação.* The ballerina outdid herself in her last performance.

superestimar v to overestimate

superficial adj superficial

superfície s **1** (de objeto, da água) surface **2** (extensão de área) area: *O terreno tem 800 m quadrados de superfície.* The land has an area of 800 square meters. **3** (aparência) surface: *Ele só é calmo na superfície.* He's only calm on the surface.

supérfluo, -flua adj superfluous

super-herói s superhero (pl -oes)

superior adjetivo & substantivo

• *adj* **1** (de cima) **o lábio/a pálpebra superior** the upper lip/lid | **a parte superior** the top, the upper part ▶ A tradução **the upper part** é mais formal **2** (melhor) superior: *Esse vinho é de qualidade superior.* This wine is of superior quality. | **superior a algo** better than sth: *Este hotel é superior ao outro.* This hotel is better than the other one. ▶ Também existe **superior to sth**, que é mais formal **3** (maior, mais alto) **superior (a algo)** greater (than sth), higher (than sth): *A quantidade de turistas foi superior à do ano passado.* The number of tourists was greater than last year. | *qualquer número superior a dez* any number higher than ten/any number above ten ▶ ver também **ensino**

• *s* superior: *Ele desrespeitou seus superiores.* He showed a lack of respect for his superiors.

superlotado, -da *adj* overcrowded: *O metrô fica superlotado a esta hora.* The subway gets overcrowded at this time.

supermercado *s* supermarket

superstição *s* superstition

supersticioso, -sa *adj* superstitious: *Ela é muito supersticiosa.* She's very superstitious.

suplemento *s* **1** (suprimento) supplement: *um suplemento alimentar* a food supplement **2** (de jornal) supplement

supletivo *s* (curso) Veja exemplo: *Ele está fazendo o supletivo.* He's taking a course to get his high school diploma.

supor *v* to suppose: *Suponho que as lojas abrirão amanhã.* I suppose the stores will open tomorrow. | **supondo que** supposing (that)

suportar *v* **1** (uma situação, uma dor, um peso, etc.) to take ▶ No presente, vem acompanhado de **can't**, no passado, de **could/couldn't**: *Ela não suportava a dor.* She couldn't take the pain. | *Eu suporto bem o frio.* I can take the cold just fine. | *Será que a estante vai suportar este peso?* I wonder if the shelf will take this weight? **2** não suporto o calor/ela não suportava o professor etc. (detestar) I can't bear the heat/she couldn't bear the teacher etc. **3** (sustentar) to support: *As colunas suportam a varanda.* The columns support the veranda.

suporte *s* **1** (apoio) support: *suporte técnico* technical support **2** (de prateleira) bracket

suposto, -ta *adj* supposed: *seu suposto envolvimento no crime* his supposed involvement in the crime

supremo, -ma *adj* supreme: *Fiz um esforço supremo para me controlar.* I made a supreme effort to control myself.

surdo, -da *adjetivo & substantivo*

• *adj* **1** (pessoa) deaf | **ficar surdo** to go deaf: *Ele ficou surdo muito jovem.* He went deaf when he was very young. **2** (som) dull

• *s* (pessoa) deaf person ▶ Para referir-se aos surdos em geral, usa-se **deaf people** ou **the deaf**

surdo-mudo, surda-muda *adjetivo & substantivo*

• *adj* deaf and dumb

• *s* deaf-mute ▶ Muitas pessoas consideram esses termos ofensivos em inglês; é melhor dizer **(a person who is) deaf and unable to speak**

surfe *s* surfing: *campeonato de surfe* surfing championship | **fazer/praticar surfe** to surf

surfista *s* surfer

surgir *v* **1** (aparecer) to appear: *De repente surgiu uma moto em alta velocidade.* Suddenly a motorcycle appeared at high speed. | *O sol surgiu no horizonte.* The sun appeared on the horizon. **2** (problemas, dificuldades, etc.) to arise

surpreendente *adj* surprising: *O filme tem um final surpreendente.* The movie has a surprising ending.

surpreender *v* **1** (causar surpresa) to surprise: *A reação dele me surpreendeu.* His reaction surprised me. | **não é de surpreender que** it's not surprising (that) **2** (pegar desprevenido) to surprise: *Surpreendemos os ladrões.* We surprised the thieves.
surpreender-se *v* (ficar surpreso) **surpreender-se (com algo/alguém)** to be surprised (at sth/sb): *Eu me surpreendi com a atitude dele.* I was surprised at the way he acted.

surpresa *s* surprise | **de surpresa** by surprise: *Minha prima chegou de surpresa.* My cousin arrived by surprise. | **fazer uma surpresa para alguém** to give sb a surprise: *Vamos fazer uma surpresa para ela.* Let's give her a surprise. | **pegar alguém de surpresa** to take sb by surprise: *A chuva me pegou de surpresa.* The rain took me by surprise.

surpreso, -sa *adj* surprised: *Fiquei surpreso ao saber o resultado.* I was surprised when I heard the result. | **estar/ficar surpreso com algo/alguém** to be surprised at sth/sb

surra *s* beating | **dar uma surra em alguém (a)** (espancar) to give sb a beating **(b)** (vencer) to thrash sb: *O Guga deu uma surra no adversário.* Guga thrashed his opponent. | **levar uma surra (de alguém) (a)** (apanhar) to get a beating (from sb): *O menino levou uma surra do colega.* The boy got a beating from his classmate. **(b)** (perder) to be thrashed (by sb): *O Vasco levou uma surra.* Vasco was thrashed.

surtar *v* to freak out

surtir *v* **surtir efeito** to have an effect: *O remédio não surtiu efeito.* The drug had no effect.

surto *s* outbreak: *um surto de gripe* an outbreak of the flu

suspeita *s* suspicion | **por suspeita de algo** on suspicion of sth

suspeitar *v* (desconfiar) to suspect: *É melhor não dizer nada; eles podem suspeitar.* It's best not to say anything; they might suspect. | **suspeitar de alguém** to suspect sb: *Todos suspeitaram do marido.* Everyone suspected the husband. | **suspeitar de algo (a)** (estranhar) to be suspicious of sth: *Comecei a suspeitar das saídas do meu* *namorado*. I started to be suspicious of my boyfriend's outings. **(b)** (achar provável) to suspect sth: *A polícia suspeita de um crime passional*. The police suspect a crime of passion. | **suspeitar que** to suspect that: *Suspeitei que alguém estivesse me seguindo*. I suspected that somebody was following me.

suspeito, -ta *adjetivo & substantivo*
- *adj* suspicious: *Tem um homem meio suspeito no portão*. There's a rather suspicious man at the gate.
- *s* suspect: *A polícia prendeu o suspeito*. The police arrested the suspect.

suspender *v* **1** (um aluno, um funcionário, etc.) to suspend: *A aluna foi suspensa por indisciplina*. The student was suspended for disobedience. **2** (uma encomenda, um contrato) to cancel **3** (uma viagem, uma reunião, etc.) **suspender algo** to call sth off: *Tivemos que suspender o churrasco por causa da chuva*. We had to call off the barbecue because of the rain.

suspense *s* suspense | **um filme/um livro de suspense** a thriller

suspirar *v* to sigh

suspiro *s* **1** (gemido) sigh | **dar um suspiro** to sigh **2** (merengue) merengue

sussurrar *v* to whisper

sustentar *v* **1** (manter) to support: *Ela sustenta a família*. She supports her family. **2** (apoiar) to support: *Os pilares sustentam a ponte*. The pillars support the bridge.

susto *s* **1** (sobressalto) fright: *Quase morri de susto*. I nearly died of fright. | **dar um susto em alguém** to give sb a fright: *Essa explosão me deu um susto*. That explosion gave me a fright. | **levar um susto** to get a fright | **que susto!** that gave me such a fright! **2** (alarme falso) scare: *Foi só um susto*. It was just a scare.

sutiã *s* bra

suvenir, souvenir *s* souvenir: *Ele trouxe um suvenir da viagem*. He brought back a souvenir from his trip.

T, t *s* T, t ▶ ver "Active Box" **letras do alfabeto** em **letra**

tabaco *s* tobacco

tabela *s* **1** (quadro) table: *a tabela dos jogos da Copa do Mundo* the table of World Cup games **2** (de preços) table **3** (placar) scoreboard **4** (em basquete) backboard: *A bola bateu na tabela*. The ball hit the backboard. **5** (em informática) table: *Não sei como criar uma tabela*. I don't know how to create a table. | *Clique em Tabela*. Click on Table. **6 cair pelas tabelas** (estar muito cansado) to be worn out: *Estou caindo pelas tabelas*. I'm all worn out.

tablado *s* **1** (palanque) bleachers *pl* (AmE), stand (BrE): *Sentamos no tablado para ver o desfile*. We sat on the bleachers to watch the parade. **2** (palco) stage

tablete *s* bar: *um tablete de chocolate branco* a bar of white chocolate

tabu *s* taboo

tábua *s* **1** (de madeira) plank **2** (de chão) floorboard
tábua de frios selection of cold cuts **tábua de passar roupa** ironing board

tabuleiro *s* (de jogo) board: *um tabuleiro de damas* a checkerboard

taça *s* **1** (copo) glass (pl -sses): *uma taça de vinho* a glass of wine **2 Taça** (troféu) Cup

tacada *s* **1** (em bilhar, sinuca, etc.) shot: *Ele deu a primeira tacada*. He took the first shot. **2** (em golfe) stroke

tacar *v* **1** (atirar) to throw: *Ele tacou a revista em mim*. He threw the magazine at me. **2** (em golfe, bilhar, etc.) to hit: *Ela tacou a bola na caçapa*. She hit the ball into the pocket. **3 tacar fogo em algo** to set fire to sth

tachar *v* **tachar alguém de algo** (acusar) to brand sb as sth: *Ele foi tachado de louco*. He was branded as crazy.

tachinha *s* thumbtack (AmE), drawing pin (BrE)

taco *s* **1** (de bilhar, sinuca) cue **2** (de beisebol) bat **3** (de golfe) club

tal *adjetivo & substantivo*
- *adj* **1** (como esse/essa, como aquele/aquela) Antes de substantivo contável no singular traduz-se por **such a**; antes de substantivo não contável, ou plural, usa-se **such**: *Nunca vi tal coisa*. I've never seen such a thing. | *A escola não admite tal comportamento*. The school doesn't allow such

behavior. | *em tais condições* under such conditions | **de tal maneira** that way: *Eles não deviam tratar o pai de tal maneira.* They shouldn't treat their father that way.
2 (tanto, tanta) Antes de substantivo contável no singular traduz-se por **such a**; antes de substantivo não contável, ou plural, usa-se **such**: *Saí de casa com tal pressa, que esqueci a agenda.* I left home in such a hurry that I forgot my appointment book.
3 o tal/a tal that: *Todo mundo resolveu ir à tal festa.* Everybody's decided to go to that party. | *O tal cara desistiu de comprar minha bicicleta.* That guy decided not to buy my bike.
4 e tal and that sort of thing: *Como sou vegetariana, como legumes, frutas e tal.* Since I'm a vegetarian, I eat vegetables, fruit and that sort of thing.
5 o tal do Roberto/a tal da Carolina that Roberto/that Carolina
6 que tal? how about?: *Que tal uma pizza?* How about a pizza? | *Que tal irmos à praia?* How about going to the beach? | **que tal você achou o filme/o livro etc.?** what did you think of the movie/the book etc.?
7 tal/tais como such as: *acessórios para impressora, tais como cartucho e papel* printer accessories, such as cartridges and paper
8 um/uma tal de somebody called: *Falei com uma tal de Regina.* I spoke to somebody called Regina.
• *s* **ele se acha o tal** he thinks he's it

talão *s* stub
talão de cheques checkbook (AmE), chequebook (BrE)

talco *s* talc ▶ Também se diz **talcum powder** | **passar talco em algo** to put talc on sth

talento *s* talent | **ter talento para algo** to have a talent for sth: *Ela tem talento para a dança.* She has a talent for dancing.

talentoso, -sa *adj* talented: *um músico talentoso* a talented musician

talharim *s* vermicelli: *talharim com molho de tomate* vermicelli with tomato sauce

talher *s* **um talher** a knife/a fork/a spoon | **talheres** cutlery ▶ **Cutlery** é singular: *Todos os talheres estão sujos.* All the cutlery is dirty.

talvez *adv* maybe ▶ Também se diz **perhaps**, que é um pouco mais formal: – *Será que vai chover?* – *Talvez.* "Do you think it'll rain?" "Maybe." | *Talvez eu vá também.* Maybe I'll go too.

tamanco *s* **1** (de salto baixo) clogs *pl*: *um tamanco* a pair of clogs **2** (de salto alto) mules *pl*: *um tamanco* a pair of mules

tamanho, -nha *adjetivo & substantivo*
• *adj* such: *Ele não perde um jogo, tamanha é a sua paixão por futebol.* He doesn't miss a game, such is his passion for soccer.
• **tamanho** *s* size: *Qual é o seu tamanho?* What's your size? | *Visto tamanho 42.* I'm a size 42. ▶ Não se traduz *de* nos seguintes exemplos: *De que tamanho é a piscina?* What size is the swimming pool? | *É do tamanho de uma laranja.* It's the size of an orange. | *Eles são do mesmo tamanho.* They are the same size.
tamanho natural: *uma estátua em tamanho natural* a life-sized statue

tâmara *s* date
também *adv* ▶ ver quadro
tambor *s* drum
tamborim *s* tambourine
tampa *s* **1** (de caixa, panela) lid **2** (de garrafa, tubo, caneta) top **3** (de banheira, ralo) plug
tampa de rosca screw top
tampão *s* (absorvente interno) tampon
tampar *v* **1 tampar uma caixa/uma panela** to put the lid on a box/on a saucepan **2 tampar uma garrafa/um tubo** to put the top on a bottle/on a tube: *Você sempre esquece de tampar a pasta de dente.* You always forget to put the top on the toothpaste.
tampo *s* (de privada) lid
tandem *s* tandem | **andar de tandem** to ride a tandem
tanga *s* **1** (biquíni) bikini briefs *pl*: *uma tanga* a pair of bikini briefs **2** (indígena) loincloth
tangerina *s* tangerine
tanque *s* **1** (reservatório) tank **2 tanque (de gasolina)** (gas) tank (AmE), (petrol) tank (BrE) **3** (de lavar roupa) laundry sink **4** (carro de guerra) tank

tanto, -ta *pronome, advérbio, substantivo & substantivo plural*
• *pron* ▶ ver quadro
• **tanto** *adv* **1** (em intensidade, quantidade) so much: *Eu te amo tanto!* I love you so much! | *Meus pais gastaram tanto com essa viagem!* My parents spent so much on that trip! | **tanto quanto** as much as: *Comi tanto quanto você.* I ate as much as you. | **tanto quanto possível** as much as possible
2 (estudar, trabalhar, etc.) so hard: *Estudei tanto, que tirei dez.* I studied so hard that I got a ten.
3 (tão rápido) so fast: *Corri tanto, que perdi o fôlego.* I ran so fast that I got out of breath.
4 (muito tempo) so long: *Falta tanto para as férias!* There's still so long to go before the holidays. | *Ele demorou tanto, que fomos embora.* He took so long that we left.
5 (com tanta frequência) that often: *Não vou tanto ao cinema.* I don't go to the cinema that often.
6 e tanto quite: *Ela é uma tenista e tanto.* She's quite a tennis player.

também

1 Em geral traduz-se por **too**, **as well** ou **also**. As duas primeiras traduções são mais frequentes na língua falada, e vêm sempre no final da frase:

Eu também estou cansada. I'm tired **too**./I'm tired **as well**. | *O Pedro também foi?* Did Pedro go **too**?/Did Pedro go **as well**?

2 Geralmente **also** vem antes do verbo principal; se a frase tiver um auxiliar ou modal, o advérbio vem entre este e o verbo principal:

A escola também tem uma quadra de tênis. The school also has a tennis court. | *Ela também fala francês.* She can also speak French.

Em frases em que o verbo **to be** ocorre como verbo principal, **also** deve vir depois do verbo:

Bali também é muito interessante. Bali is also very interesting.

3 Quando o verbo está na negativa usa-se **either**:

Eu também não gostei. I didn't like it either.

4 Usa-se **so**, seguido do verbo principal (ou auxiliar ou modal) e do sujeito, em frases do tipo:

Eu cheguei atrasado e o Paulo também. I was late and so was Paulo. | *A Sara já viu esse filme e eu também.* Sara has already seen this movie and so have I.

5 Em respostas curtas:

– *Estou com fome.* – *Eu também.* "I'm hungry." "Me too."/"So am I." | – *A Carmen sabe esquiar.* – *Eu também.* "Carmen can ski." "So can I." | – *Eles jogaram muito bem.* – *Nós também!* "They played very well." "So did we!" | – *Nunca durmo cedo.* – *Eu também não.* "I never go to bed early." "Me neither."/"Neither do I."/"Nor do I."

7 tanto faz it makes no difference: *Para mim, tanto faz.* To me it makes no difference. | *Tanto faz uma coisa ou outra.* It makes no difference if it's one or the other.
8 tanto... quanto/como... (ambos) both... and...: *tanto ele como eu* both he and I | *tanto no Brasil como em Portugal* in both Brazil and Portugal

• **tanto** s **1 um tanto** quite: *Ela ficou um tanto sem jeito.* She was quite embarrassed.
2 um tanto assim this much: *Falta um tanto assim para eu terminar o livro.* I've got about this much to go to finish the book.

• **tantas** s pl **as tantas** late: *Ficamos conversando até as tantas.* We talked until late.

tão adv **1** (antes de um adjetivo ou advérbio) so: *Ela é tão bonita!* She's so pretty! | *Não precisa falar tão alto.* You don't have to talk so loud.
▶ Quando o adjetivo precede um substantivo, usa-se **such a** com substantivos singulares, e

tanto -ta

▶ PRONOME ADJETIVO

1 SEGUIDO DE SUBSTANTIVO NO SINGULAR (= so much)

Ele ganhou tanto dinheiro! He won so much money! | *Fizemos tanta bagunça.* We made so much mess. | *tanto tempo* so much time | **tanto... quanto/como...** as much... as...: *Fiz tanto esforço quanto ele.* I made as much effort as he did.

2 Para expressar sentimentos ou sensações, emprega-se **so** ou **as...as** no caso de *tanto... quanto/como...*). Note que em inglês o sentimento, ou a sensação, é expresso por meio de um adjetivo, e não de substantivo:

senti tanto medo/tanta raiva I felt so afraid/so angry: *Faz tanto calor!* It's so hot! | *Não estou sentindo tanto frio quanto ontem.* I don't feel as cold as I did yesterday.

3 SEGUIDO DE SUBSTANTIVO NO PLURAL (= so many)

Você tem tantas primas! You have so many cousins! | *Não sabia que ele tinha tantos problemas.* I didn't know he had so many problems. | **tantos/tantas... quanto/como...** as many... as...: *Não tenho tantos CDs quanto você.* I don't have as many CDs as you.

4 EM CÁLCULO APROXIMADO

e tantos/tantas odd: *Ela tem vinte e tantos anos.* She's twenty-odd. | *Cento e tantas pessoas compareceram.* A hundred-odd people turned up.

▶ PRONOME SUBSTANTIVO (= this much/that much, this many/that many)

Eu te pedi umas revistas, não precisava trazer tantas. I asked you for a couple of magazines, there was no need to bring this many.

such, com substantivos não contáveis ou plurais: *uma sala tão pequena* such a small room | *um comportamento tão estranho* such strange behavior | *pessoas tão pobres* such poor people
2 tão... quanto/como as... as: *Este vestido é tão bonito quanto o outro.* That dress is as nice as the other one.

tapa s **1** (bofetada) slap | **dar um tapa em alguém** to give sb a slap: *Ela me deu um tapa na cara.* She gave me a slap in the face. | **levar um tapa** to get slapped **2** (batida leve) tap

tapado, -da adj **1** (tampado) covered **2** (ignorante) stupid

tapar v **1** (cobrir) to cover: *Tape a vasilha com um pano.* Cover the dish with a cloth. **2 tapar um buraco/uma fenda** to fill in a hole/a crack **3** (a boca, o nariz, os olhos) to cover **4 tapar o corpo** to cover up your body **5** (uma vista, uma paisagem, etc.) to block: *O prédio ao lado tapou a vista do morro.* The building next door has blocked the view of the hill.

tapear v to cheat: *O vendedor me tapeou.* The salesman cheated me.

tapete s **1** (grande) carpet **2** (pequeno) rug **3** (capacho) doormat

tarado, -da *adjetivo & substantivo*

• *adj* **ser tarado por algo/alguém** (gostar muito) to be crazy about sth/sb, to be mad about sth/sb (BrE): *Sou tarada por chocolate.* I'm crazy about chocolate.

• *s* (depravado) pervert

tardar v to take long: *Eles não vão tardar a chegar.* They won't take long to arrive. | **no mais tardar** at the latest: *Estarei aí às duas, no mais tardar.* I'll be there at two, at the latest.

tarde *substantivo & advérbio*

• *s* afternoon: *boa tarde!* good afternoon! | **às três da tarde** at three in the afternoon | *Estudo no turno da tarde.* I study in the afternoons. | **à/de tarde** in the afternoon: *O museu só abre de tarde.* The museum only opens in the afternoon. | **hoje à tarde** this afternoon | **amanhã/ontem à tarde** tomorrow/yesterday afternoon

• *adv* late: *Fui dormir tarde ontem.* I went to bed late last night.

tarefa s **1** (trabalho) assignment: *as tarefas escolares* school assignments **2** (doméstica) chore **3** (encargo) task: *Recolher o lixo é tarefa da Prefeitura.* Collecting garbage is the task of the city council.

tarifa s **1** (de transporte) fare: *A tarifa dos ônibus aumentou.* Bus fares have gone up. **2** (de serviço) charge: *tarifas bancárias* bank charges | *a tarifa de pedágio* the toll charge **3** (imposto) tariff: *tarifas alfandegárias* customs tariffs

tartaruga s **1** (terrestre) tortoise **2** (marítima) turtle

tortoise

turtle

tática s **1** (método) tactic: *Resolvi mudar de tática.* I decided to change my tactics. **2** (em jogo, guerra) tactics *pl* **3** (em política) tactic

tato s **1** (diplomacia) tact | **ser falta de tato** to be tactless: *Foi muita falta de tato sua.* It was very tactless of you. **2** (sentido) touch

tatuagem s tattoo | **fazer uma tatuagem** to get a tattoo

tatuar v to tattoo: *Mandei tatuar uma rosa nas minhas costas.* I had a rose tattooed on my back.

tatuar-se v to get tattooed: *Vou me tatuar.* I'm going to get tattooed.

taurino, -na *adj & s* Taurus | **ser taurino** to be a Taurus

taxa s **1** (por serviço prestado) fee: *a taxa de matrícula* the enrollment fee **2** (imposto) tax (pl taxes) **3** (índice) rate: *a taxa de crescimento* the growth rate

taxa de câmbio exchange rate **taxa de embarque** airport tax

táxi s taxi | **chamar/pegar um táxi** to call/get a taxi: *É melhor pegarmos um táxi.* It would be better to get a taxi. ▶ ver também **ponto**

taxista s taxi driver

tchau! *interj* bye!

tcheco, -ca *adjetivo & substantivo*

• *adj* & *s* Czech: *a República Tcheca* the Czech Republic

• **tcheco** *s* (idioma) Czech

te *pron* ▶ ver quadro

teatro s theater (AmE), theatre (BrE): *Raramente vou ao teatro.* I rarely go to the theater.

techno *adj & s* techno: *música techno* techno music

tecido s **1** (fazenda) material, fabric ▶ **fabric** é mais formal e mais técnico **2** (em anatomia) tissue: *o tecido muscular* muscle tissue

tecla s key | **apertar uma tecla** to press a key

tecladista s keyboard player

teclado s **1** (para escrever) keyboard: *Onde fica o til neste teclado?* Where's the tilde on this keyboard? | *Comprei um teclado novo.* I bought a new keyboard. **2** (instrumento musical) keyboard

teclar v to key in: *Tecle sua senha.* Key in your password.

técnica s (método) technique

técnico, -ca *adjetivo & substantivo*

• *adj* technical: *assistência técnica* technical assistance

• *s* **1** (perito) technician: *um técnico em computação* a computer technician **2** (em esporte) coach (pl -ches), manager: *o técnico do time* the team coach ▶ Um **coach** se ocupa das sessões de treinamento de um jogador ou de uma equipe esportiva. A pessoa que decide as táticas, a formação da equipe, etc. é o **manager**

tecnologia s technology (pl -gies) | **empresas/produtos etc. de alta tecnologia** hi-tech businesses/products etc.

tédio s boredom | **sentir tédio** to feel bored | **dar tédio a alguém** to be boring: *A longa espera me deu tédio.* The long wait was boring.

teia s web

teia de aranha (a) (recente) spider's web **(b)** (antiga) cobweb

teimar v to insist: *Não adianta teimar.* There's no point insisting. | **teimar em fazer algo** to insist on doing sth: *Ele teimou em sair na chuva.* He insisted on going out in the rain. | **teimar que** to insist (that): *Ela teima que fui eu quem errou.* She insists I was the one in the wrong.

teimoso, -sa *adj* stubborn

tela s **1** (de TV, computador, cinema) screen: *na tela do computador* on the computer screen

te

1 COMO OBJETO DIRETO (= you)
Ele disse que te viu no cinema. He said he saw you at the movies.

2 COMO OBJETO INDIRETO (= you)
Ela te entregou as chaves? Did she give you the keys?

3 Alguns verbos ingleses requerem o uso de preposição (**to you/for you** etc.). Convém sempre consultar o verbete correspondente ao verbo, por exemplo, *escrever, esperar,* etc.:
Eu te escrevo esta semana. I'll write **to you** this week.

2 (de arame) wire mesh **3** (para pintar) canvas (pl canvasses) **4** (quadro) painting: *uma tela de Picasso* a painting by Picasso

telão *s* video screen

telecomunicação *substantivo & substantivo plural*
- *s* telecommunication
- **telecomunicações** *s pl* telecommunications

telecurso *s* television course

teleférico *s* **1** (com cabine) cable car **2** (com cadeira) chairlift

telefonar *v* to phone, to call ▶ No inglês americano **to call** é usado com mais frequência; no inglês britânico é mais comum o uso de **to phone**: *Ela telefonou de Londres.* She phoned from London. | **telefonar para alguém** to phone sb, to call sb: *Preciso telefonar para os meus pais.* I need to phone my parents. | *Eu te telefono amanhã.* I'll call you tomorrow.

telefone *s* **1** (aparelho) telephone, phone ▶ **phone** é de uso mais frequente na língua falada: *O telefone está tocando.* The phone's ringing. | *O telefone não está dando linha.* The phone is dead. | **atender o telefone** to answer the phone: *Você pode atender o telefone?* Can you answer the phone? | **estar no telefone** to be on the phone: *Ele está no telefone com a namorada.* He's on the phone with his girlfriend. | **falar no telefone (com alguém)** to talk on the phone (to sb): *Não gosto de falar no telefone.* I don't like talking on the phone. | *Ele passa o dia falando no telefone.* He spends all day on the phone. | *Fiquei horas falando no telefone com minha irmã.* I was on the phone to my sister for hours./I was talking to my sister on the phone for hours. **2** (número) phone number: *Qual é o seu telefone?* What's your phone number? **3** (chamada) telephone: *Paulo, telefone (para você)!* Paulo, telephone (for you)!
telefone celular cell phone (AmE), mobile phone (BrE) **telefone público** public telephone **telefone sem fio** cordless phone

telefonema *s* phone call | **dar um telefonema** to make a phone call ▶ ver também **ligação**

telefônico, -ca *adj* phone: *uma chamada telefônica* a phone call | *a companhia telefônica* the phone company

telefonista *s* operator

telegrama *s* telegram | **passar um telegrama** to send a telegram
telegrama fonado telephone message

telejornal *s* TV news: *Ele assiste o telejornal todo dia.* He watches the TV news every day.

telenovela *s* TV soap opera

teleobjetiva *s* telephoto lens (pl -lenses)

telepatia *s* telepathy | **por telepatia** by telepathy

telescópio *s* telescope

telespectador, -a *substantivo & adjetivo*
- *s* viewer
- *adj* viewing: *o público telespectador* the viewing public

teletexto *s* teletext

televisão *s* television: *uma televisão de vinte polegadas* a twenty-inch television | **aparelho de televisão** television set | **assistir/ver televisão** to watch television
televisão a cabo cable TV **televisão a cores** color television (AmE), colour television (BrE)

televisionar *v* to televise: *Vão televisionar o jogo?* Are they going to televise the game?

televisivo, -va *adj* **1** (programa) TV: *cobertura televisiva* TV coverage **2 ser televisivo** (pessoa) to be a TV addict

televisor *s* (aparelho) television set

telex *s* telex

telha *s* **1** (para telhado) tile **2 me/lhe etc. dá na telha** I/he etc. feels like it: *Ele aparece aqui quando lhe dá na telha.* He turns up here whenever he feels like it.

telhado *s* roof

tema *s* **1** (de um filme, de uma aula, de um cartaz) subject **2** (música) theme

temer *v* **1 temer algo/alguém** to fear sth/sb: *Eles temem uma derrota na final.* They fear a defeat in the final. | **temer que** to be afraid (that): *Temo que ele se arrependa.* I'm afraid he will regret it. | **temer fazer algo** to be afraid to do sth **2 temer por alguém** to fear for sb | **temer por algo** to fear sth: *Temíamos pelo pior.* We feared the worst.

temor *s* fear

tempão *s* **um tempão** ages: *Já faz um tempão que ele saiu.* It's been ages since he left. | **levar um tempão** to take ages

temperado, -da *adj* **1** (comida) seasoned: *O feijão já está temperado?* Are the beans already seasoned? **2** (clima) temperate

temperamental *adj* temperamental: *uma artista temperamental* a temperamental artist

temperamento *s* temperament

temperar v **1** (uma comida) to season **2** (uma salada) to dress

temperatura s temperature
temperatura ambiente room temperature

tempero s (de comida) seasoning

tempestade s **1** storm **2 fazer uma tempestade num copo d'água** to make a mountain out of a molehill

templo s temple: *um templo budista* a Buddhist temple

tempo s **1** (atmosférico) weather: *Qual a previsão do tempo?* What's the weather forecast? | **faz/fazia etc. tempo bom** it's/it was etc. good weather: *Acho que vai fazer tempo bom amanhã.* I think it'll be good weather tomorrow.
2 (horas, dias, meses, etc.) time: *O tempo passa depressa.* Time passes quickly. | **ter tempo (para algo/para fazer algo)** to have time (for sth/to do sth): *Não tenho tempo para nada.* I don't have time for anything. | **o tempo todo** all the time: *Ela me liga o tempo todo.* She calls me all the time. | **em tempo integral** full-time: *Ele estuda em tempo integral.* He studies full-time.
3 muito tempo Em frases afirmativas, traduz-se por **a long time,** em frases negativas e em perguntas, por **long:** *Passei muito tempo fora.* I spent a long time abroad. | *Faz tempo que você está esperando?* Have you been waiting long? | *Não fiquei muito tempo na festa.* I didn't stay long at the party. | **pouco tempo** not… long: *Estou aqui há pouco tempo.* I haven't been here long. | *pouco tempo depois* not long afterward | **quanto tempo** how long: *Você está aqui há quanto tempo?* How long have you been here? | *Eu não sei quanto tempo ele vai ficar.* I don't know how long he's going to stay. | **um tempo** a while: *Passei um tempo nos EUA.* I spent a while in the US. | **um bom tempo** quite a while: *Conversamos um bom tempo.* We talked for quite a while.
4 antes do tempo ahead of time: *Acabei a prova antes do tempo.* I finished the test ahead of time. | **a tempo** in time: *Eles conseguiram chegar a tempo?* Did they get there in time?
5 nesse meio tempo in the meantime: *Nesse meio tempo, fomos almoçar.* In the meantime, we went for lunch.
6 ao mesmo tempo at the same time: *Terminamos ao mesmo tempo.* We finished at the same time.
7 ganhar tempo to gain time | **perder tempo** to waste time: *Não perca tempo.* Don't waste time.
8 há tempos for ages: *Há tempos não a vejo.* I haven't seen her for ages. | **de todos os tempos** of all time: *a maior banda de todos os tempos* the greatest band of all time
9 (em esporte) half (pl halves) | **no primeiro/segundo tempo** in the first/second half
10 (época) time: *No tempo do meu avô ainda havia bonde.* In my grandfather's time there were still trams.
11 dar um tempo to give it some time: *Dê um tempo e tente de novo.* Give it some time and try again. | **dá um tempo!** give me a break!
12 não dá/deu etc. tempo (para algo/de fazer algo) there isn't/wasn't etc. time (for sth/to do sth): *Não vai dar tempo para isso.* There won't be time for that.
13 está em tempo de eu/você etc. fazer algo there's time for me/you etc. to do sth: *Ainda está em tempo de você desistir.* There's still time for you to back out.
14 (em gramática) tense: *tempos verbais* verb tenses
15 (em música) beat: *A guitarra entra depois de quatro tempos.* The guitar comes in after four beats.

temporada s **1** (espaço de tempo) time: *Vou passar uma temporada com minha avó.* I'm going to spend some time with my grandmother. **2** (época) season: *a temporada de verão* the summer season

temporal s storm | **vai cair/caiu um temporal** there's going to be/there was a storm

temporário, -ria adj temporary

tenda s tent

tendão s tendon

tendência s **1** (inclinação) tendency (pl -cies): *uma tendência a engordar* a tendency to put on weight **2** (da moda) trend: *as novas tendências do verão* the new summer trends

tender v **tender a fazer algo** to tend to do sth: *Ela tende a se irritar com facilidade.* She tends to get irritated easily.

tenente s lieutenant

tênis s **1** (jogo) tennis **2** (calçado) sneakers pl (AmE), trainers pl (BrE): *Comprei um tênis novo.* I bought some new sneakers./I bought a new pair of sneakers. ▶ O singular **sneaker/trainer** se refere a um só pé de sapato: *Coloquei a chave dentro do tênis.* I put the key in my sneaker.
tênis de mesa table tennis

tenista s tennis player

tensão s **1** (de pessoa, em ambiente) tension: *Criou-se uma tensão entre os dois.* There was some tension between them. **2** (voltagem) voltage: *um fio de alta tensão* a high-voltage wire **3** (de uma corda) tension

tenso, -sa adj **1** (pessoa, situação, etc.) tense: *Foi uma semana muito tensa.* It was a very tense week. **2** (corda) taut

tentação s temptation | **cair em tentação** to give into temptation

tennis

racket (AmE)/racquet (BrE)

sneakers (AmE)/trainers (BrE)

tentador, -a adj tempting: *um convite tentador* a tempting invitation

tentar v **1** to try | **tentar fazer algo** to try to do sth: *Vou tentar falar com ela.* I'll try to talk to her. | **tentar algo** to try sth: *Quero tentar o vestibular este ano.* I want to try the college entrance exam this year. **2** (seduzir) to tempt

tentativa s attempt: *na primeira tentativa* at the first attempt | **tentativa de fazer algo** attempt to do sth

teologia s theology

teor s **1** (de uma carta, de um texto) content **2** (proporção) content: *o teor de gordura* the fat content

teoria s theory (pl -ries) | **em teoria** in theory

teoricamente adv theoretically

teórico, -ca adj theoretical: *uma aula teórica* a theoretical lesson

ter verbo & verbo auxiliar
- **v** ▶ ver quadro
- **ter que** v [aux] **1** (para expressar obrigação, necessidade) to have to: *Tivemos que ajudá-lo.* We had to help him. ▶ No presente usa-se também **to have got to**, embora mais frequentemente no inglês britânico: *Temos que estar lá às oito.* We have to be there at eight o'clock./We've got to be there at eight o'clock. ▶ Não se usa o auxiliar **to do** para formar frases negativas ou interrogativas com **to have got to**: *Não tenho que fazê-lo hoje.* I haven't got to do it today./I don't have to do it today. | *Você tem que sair?* Have you got to go out?/Do you have to go out? **2** Para fazer recomendações também se usam os modais **must**, **should** e **ought to**: *Você tem que ouvir este CD.* You must listen to this CD./You've got to listen to this CD. | *Você tem que ir visitá-la.* You should go and see her./You ought to go and see her. **3** Para fazer conjecturas ou expressar certeza, usa-se o modal **must**: *Isso tem que estar aqui.* It must be here.
- **ter feito** v [aux] **1** (pretérito perfeito composto) **eu tenho/você tem etc. feito** I/you etc. have been doing: *Você tem assistido os jogos?* Have you been watching the games? **2** (mais-que-perfeito) **eu/ele etc. tinha feito** I/he etc. had done: *Ele já tinha visto o filme.* He had already seen the movie. **3** (futuro do pretérito composto) **eu/ela etc. teria feito** I/she etc. would have done: *Eu teria ido se pudesse.* I would have gone if I could.

terapeuta s therapist

terapia s therapy (pl -pies): *terapia de família* family therapy

terça s Tuesday ▶ ver "Active Box" **dias da semana** em **dia**

terça-feira s Tuesday ▶ ver "Active Box" **dias da semana** em **dia**

terceira s (marcha) third (gear): *Engrene a terceira agora.* Now put it into third.

---

ter *verbo*

1 **to have** é a tradução na maioria dos contextos:

Eles têm muito dinheiro. They have a lot of money. | *Na semana passada tivemos duas provas.* We had two tests last week. | *Ela teve uma menina.* She had a little girl.

No presente, **to have got** é mais frequente do que **to have** no inglês britânico falado:

Tenho três irmãs. I have three sisters./I've got three sisters.

Note que em inglês tem-se que usar o artigo indefinido nos seguintes contextos:

Ele tem carro/celular/computador. He has **a** car/ **a** cellphone/ **a** computer.

Não se usa o auxiliar **to do** para formar frases negativas e interrogativas com **to have got**:

Não tenho bicicleta. I don't have a bike./I haven't got a bike. | *Você tem patins?* Do you have rollerskates?/Have you got rollerskates?

2 EXCEÇÕES

IDADE

Tenho quatorze anos. I'm fourteen years old. | *Quantos anos tem o João?* How old is João?

SENSAÇÕES, SENTIMENTOS

Tenho muita sede. I'm very thirsty. | *Ele tem medo de trovoada.* He's afraid of thunder. | *Ela tem carinho por mim.* She's fond of me.

MEDIDAS

Tem vários metros de comprimento. It's several meters long. | *Quanto tem de largura?* How wide is it?

3 EXPRESSÕES

não tem de quê you're welcome | **ter a ver**: *Uma coisa não tem nada a ver com a outra.* One thing has nothing to do with the other. | *Isso não tem nada a ver com você.* That has nothing to do with you.

---

terceiro, -ra numeral & substantivo plural
- **numeral** third: *a terceira entrada à direita* the third turn on the right | *o terceiro colocado* the third place
  Terceiro Mundo Third World: *os países do Terceiro Mundo* Third World countries
- **terceiros** s pl [masc] (os outros) others

terço numeral & substantivo
- **numeral** third: *Um terço da turma ficou em recuperação.* A third of the class had to repeat the subject.
- **s** rosary (pl -ries) | **rezar o terço** to say the rosary

terçol s sty (pl sties) | **estar com terçol** to have a sty

térmico, -ca adj thermal: *choque térmico* thermal shock ▶ ver também **garrafa**

Deve-se dizer on the table *ou* in the table? *Veja o verbete* **em**.

terminal *substantivo & adjetivo*

- *s* **1** (de ônibus, voo) terminal **2** (de rede, da Internet) terminal
- *adj* terminal: *a fase terminal da doença* the terminal phase of the illness

terminar *v* **1** No sentido de completar uma coisa que se faz traduz-se por **to finish**: *Não consegui terminar a prova.* I didn't manage to finish the exam. | *Falta quanto para você terminar?* How long will it take you to finish? | **terminar de fazer algo** to finish doing sth: *Ainda não terminaram de reformar a casa.* They haven't finished remodeling the house yet. | ▶ No sentido de chegar ao fim, ou pôr fim a, traduz-se por **to end**: *O curso termina em dezembro.* The course ends in December. | *Eles terminaram o namoro.* They ended their relationship. **2 terminar em confusão/briga etc.** to end in trouble/a fight etc. **3 terminar em algum lugar** to come out somewhere: *Essa rua termina na praça.* This street comes out in the square.

termo *s* **1** (vocábulo) term: *um termo técnico* a technical term **2** (fim) end

termômetro *s* thermometer

terno, -na *adjetivo & substantivo*

- *adj* (afetuoso) affectionate: *um abraço terno* an affectionate hug
- **terno** *s* (roupa) suit

ternura *s* tenderness

terra *substantivo*

- *s* **1** (por oposição ao mar) land: *em terra e no ar* on land and in the air **2** (terreno) land ▶ **land** é incontável, e, portanto, não tem plural: *Ele possui muitas terras.* He owns a lot of land. **3** (pátria) home: *Tenho saudades da minha terra.* I miss my home. **4** (solo) earth **5** (barro) dirt: *uma estrada de terra* a dirt track **6** (lugar) country (pl -ries): *Ele conheceu muitas terras.* He's been to many countries. **7** (em eletricidade) ground (AmE), earth (BrE): *o fio terra* the ground wire
terra natal homeland
- **Terra** *s* (planeta) Earth

terraço *s* terrace

terremoto *s* earthquake

terreno *s* (terra) land: *o terreno atrás da casa* the land behind the house | **um terreno** a piece of land/some land: *Meus pais têm um terreno na costa.* My parents have a piece of land on the coast./My parents have some land on the coast.
terreno baldio empty lot (AmE), piece of waste ground (BrE)

térreo, -rea *substantivo & adjetivo*

- **térreo** *s* Nos EUA, o térreo chama-se **the first floor**, o primeiro andar, **the second floor**, e assim por diante. Na Grã-Bretanha o térreo é **the ground floor**, o primeiro andar, **the first floor**, etc.: *Moro no térreo.* I live on the first floor (AmE)/I live on the ground floor (BrE).
- *adj* **1 no andar térreo** on the first floor (AmE), on the ground floor (BrE) ▶ Ver nota anterior **2 apartamento térreo** first-floor apartment (AmE), ground-floor apartment (BrE)

terrestre *adj* **a vida terrestre** life on Earth | **a crosta terrestre** the Earth's crust

território *s* territory (pl -ries)

terrível *adj* terrible: *Tive um dia terrível!* I've had a terrible day.

terror *s* **1** (pavor) terror **2** (em cinema, literatura) horror | **filme/história de terror** horror movie/story **3 ser um terror** to be mean: *Esse professor é um terror.* That teacher's mean.

terrorismo *s* terrorism

terrorista *adj & s* terrorist

tesão *s* **sentir tesão por alguém** to find sb a turn-on

tese *s* thesis (pl theses)

tesoura *s* scissors *pl*: *Essa tesoura não corta.* These scissors don't cut. | *uma tesoura* a pair of scissors/some scissors

tesouro *substantivo*

- *s* (com dinheiro, joias) treasure ▶ **treasure** é um substantivo incontável e não pode vir precedido do artigo **a**: *Encontraram um tesouro.* They found some treasure.
- **Tesouro** *s* (órgão) Treasury (pl -ries): *o Tesouro nacional* the national Treasury

testa *s* forehead

testamento *s* will | **fazer um testamento** to make a will
o Antigo/Novo Testamento the Old/New Testament

testar *v* **1** (uma pessoa) to test: *Testaram os atletas antes da competição.* They tested the athletes before the competition. **2** (uma máquina) to test **3** (um carro) to test-drive: *Meu pai testou o novo Ford.* My dad test-drove the new Ford.

teste *s* **1** (escolar) test: *teste de Matemática* math test **2** (exame) test
teste antidoping drug test **teste de gravidez** pregnancy test

testemunha *s* witness (pl -sses) | **ser testemunha de algo** to be witness to sth: *Você é testemunha de que cheguei na hora.* You are witness to the fact that I got back on time.
testemunha ocular eyewitness (pl -sses)

testículo *s* testicle

teta *s* teat

teto *s* **1** (de casa) ceiling **2** (de carro) roof
teto solar sunroof

teu, tua *pronome & substantivo*

- *pron* **1** (precedendo o substantivo) your: *Posso pegar tua blusa emprestada?* Can I borrow your blouse? **2 um amigo/primo etc. teu** a friend/cousin etc. of yours **3 ser teu/tua** to be yours:

Esta agenda é tua? Is this appointment book yours?
- **s o teu/a tua** yours: *O teu é o amarelo.* Yours is the yellow one.

teus, tuas *pronome & substantivo*
- *pron* **1** (precedendo o substantivo) your: *Ainda não conheço teus irmãos.* I haven't met your brothers yet. **2 umas colegas/umas fotos etc. tuas** some friends/photos etc. of yours **3 ser teus/tuas** to be yours: *Estes CDs são teus.* These CDs are yours.
- **s os teus/as tuas** yours: *Os teus estão aqui.* Yours are here.

tevê *s* TV: *programas de tevê* TV programs

têxtil *adj* textile: *a indústria têxtil* the textile industry

texto *s* text: *neste trecho do texto* in this part of the text

ti *pron* you

tia *s* ▶ ver **tio**

tigela *s* bowl

tigre *s* tiger

tijolo *s* brick

til *s* tilde: *um A com til* an A with a tilde

time *s* team: *o time campeão* the winning team

tímido, -da *adj* shy: *Ela é meio tímida.* She's a little shy. | *um sorriso tímido* a shy smile

tímpano *s* (no ouvido) eardrum

tingir *v* to dye: *Ela tingiu o cabelo de louro.* She dyed her hair blonde.

tinta *s* **1** (para pintar) paint **2** (para cabelo, roupas) dye **3** (para escrever) ink

tintim *substantivo & interjeição*
- *s* **contar algo tintim por tintim** to give a blow by blow account of sth: *Ele contou tintim por tintim o que aconteceu.* He gave a blow by blow account of what happened.
- **tintim!** *interj* (brindando) cheers!

tinto *adjetivo & substantivo*
- *adj* **vinho tinto** red wine
- *s* (vinho) red: *Você prefere tinto?* Do you prefer red? | *um tinto chileno* a Chilean red

tinturaria *s* (lavanderia a seco) drycleaner

tio, -a *s* **tio** uncle | **tia** aunt | **tios** (tio e tia) aunt and uncle

típico, -ca *adj* **1** (característico) typical: *um exemplo típico* a typical example | **ser típico de alguém/algo** to be typical of sb/sth: *Isso é típico das pessoas apaixonadas.* That's typical of people in love. **2** (de uma região) typical: *uma comida típica do Sul* a typical Southern specialty

tipo *s* **1** (espécie) type ▶ Em inglês usam-se frequentemente **kind** ou **sort** com o mesmo sentido: *Não gosto desse tipo de música.* I don't like this type of music./I don't like this sort of music. | *coisas desse tipo* this type of thing/this kind of thing | *De que tipo de comida você gosta?* What type of food do you like?/What kind of food do you like? **2** (de pessoa) type: *Ela é do tipo extrovertido.* She's the outgoing type. **3** (modelo) type: *Que tipo de prancha você prefere?* What type of surfboard do you prefer? **4** (sujeito) character: *Ele é um tipo estranho.* He's a strange character.

tique *s* **1** (sinal) check (AmE), tick (BrE): *Coloque um tique no que já foi feito.* Put a check by what's already been done. **2** (cacoete) twitch (pl -ches)

tíquete *s* ticket: *Já comprei nossos tíquetes.* I've already bought our tickets.

tira *substantivo feminino & substantivo masculino*
- *s* [fem] **1** (de pano, papel, couro, etc.) strip **2** (de história em quadrinhos) strip
- *s* [masc] (polícia) cop

tiracolo *s* **a tiracolo (a)** (bolsa, câmera, etc.) over your shoulder: *Ela passou com o skate a tiracolo.* She went by with her skateboard over her shoulder. **(b)** (pessoa) in tow: *Ele vive com esse amigo a tiracolo.* He always has that friend in tow.

tira-gosto *s* appetizer

tirar *v* ▶ ver quadro na pág. 746

tiritar *v* to shiver: *Estou tiritando de frio.* I'm shivering with cold.

tiro *s* **1** (disparo) shot: *Vocês ouviram os tiros?* Did you hear the shots? | **dar um tiro (em algo/alguém)** to fire (at sth/sb): *O policial deu um tiro para o alto.* The policeman fired into the air. | **levar um tiro** to get shot **2** (em futebol) kick: *um tiro livre* a free kick **3** (em natação) start **4 ser tiro e queda** to work like a charm: *Tome esse remédio, é tiro e queda.* Take this pill, it works like a charm.

tiro com arco archery

tiroteio *s* **1** (série de disparos) shooting **2** (troca de tiros) shootout

titular *substantivo & adjetivo*
- *s* **1** (de conta bancária, passaporte, etc.) holder **2** (jogador) first-string player (AmE), first-team player (BrE)
- *adj* first-string (AmE), first-team (BrE): *o goleiro titular* the first-string goalkeeper

título *s* title: *Qual o título do livro?* What's the title of the book? | *A equipe conquistou o título.* The team won the title.

toa *s* **à toa (a)** (inutilmente) for nothing: *Não vou me cansar à toa.* I'm not going to tire myself out for nothing. **(b)** (sem razão) for no reason: *Ela chora à toa.* She cries for no reason. **(c)** (sem fazer nada) lazing around: *Passei o dia à toa.* I spent the day lazing around | **ficar à toa** to laze around **(d)** (simples) simple: *um conserto à toa* a simple repair **(e)** (sem importância) trivial: *uma coisa à toa* a trivial thing **(f)** (desprezível) worthless: *um indivíduo à toa* a worthless individual.

tirar

1 Na maioria dos casos traduz-se pelos phrasal verbs **take out**, quando se trata de tirar de dentro, ou **take off**, quando se trata de tirar de cima:

Ele tirou a carteira do bolso. He took his wallet out of his pocket. | *Tire as suas coisas da mesa.* Take your things off the table.

2 No sentido de *arrancar*, usam-se os verbos **pull out/pull off**:

A vendedora tirou a etiqueta com o preço. The salesclerk pulled off the price tag. | *Conseguimos tirar o carro da valeta.* We managed to pull the car out of the ditch.

3 Diz-se **take down** quando se tira algo de um lugar alto:

Vou tirar esse pôster da parede. I'm going to take this poster down off the wall. | *Ela tirou as cortinas para lavá-las.* She took the drapes down to wash them.

4 Outros casos:

A JAQUETA, OS SAPATOS, OS ÓCULOS, ETC. (= to take off)

Tire as botas antes de entrar. Take your boots off before you come in. | **tirar a roupa** to take your clothes off/to get undressed

UMA FOTO, UMA CÓPIA (= to take)

Posso tirar uma foto sua? Can I take a picture of you?

Se a foto for tirada por outra pessoa, diz-se **to have your picture taken**:

Preciso tirar foto para o meu passaporte. I need to have my picture taken for my passport. | **tirar uma radiografia** to have an X-ray

UMA NOTA (= to get)

Quanto você tirou em Química? What did you get in chemistry?

FÉRIAS (= to take)

Meu pai vai tirar uns dias de folga. My dad's going to take a few days off.

UMA MANCHA (= to get off)

Não consigo tirar a tinta desta saia. I can't get the ink off this skirt.

A MESA (= to clear)

Você me ajuda a tirar a mesa? Will you help me clear the table?

PEGAR (= to take)

Quem tirou a minha caneta? Who's taken my pen?

---

toalete substantivo masculino & substantivo feminino

• **s** [masc] (banheiro) restroom (AmE), toilet (BrE): *Onde fica o toalete?* Where's the restroom?

• **s** [fem] **fazer a toalete** to have a wash

toalha s towel
toalha de banho bath towel **toalha de mesa** tablecloth **toalha de rosto** hand towel

tobogã s slide

toca-CD s CD player

toca-discos s record player

tocador m **tocador de DVD** DVD player **tocador de MP3** MP3 player

toca-fitas s cassette player

tocar v **1 tocar em algo (a)** (com a mão) to touch sth: *Não toque nisso, está muito quente.* Don't touch that, it's very hot. **(b)** (usar) to touch sth: *Minha irmã não me deixa tocar nos CDs dela.* My sister doesn't let me touch her CDs. **(c)** (em assunto) to mention sth: *É melhor não tocar neste assunto com ela.* It's best not to mention the subject to her.

2 tocar em alguém to touch sb: *Não toque em mim.* Don't touch me.

3 (um instrumento, uma música) to play: *Você toca piano?* Can you play the piano? | *Quem vai tocar amanhã?* Who's going to play tomorrow?

4 (telefone) to ring: *O telefone ainda não tocou hoje.* The telephone hasn't rung once today.

5 (campainha, sino) to ring: *Os sinos estão tocando.* The bells are ringing. | *Vai ver quem está tocando a campainha, por favor.* Would you see who's ringing the bell, please?

6 tocar a buzina to blow your horn

7 (levar algo adiante) to go forward with: *Precisamos tocar esse projeto.* We need to go forward with this project.

8 (comover) to move: *Suas palavras me tocaram.* Your words moved me.

9 tocar a alguém (dizer respeito) to concern sb: *Esse é um assunto que não lhe toca.* This is a topic that doesn't concern you. | *no que me toca* as far as I'm concerned | **tocar a alguém (fazer algo)** (caber) to be up to sb (to do sth): *Toca a ele resolver esse problema.* It's up to him to straighten out this problem.

tocar-se v **1** (encostar-se) to touch
2 (perceber) to realize: *Ela nem se tocou que estava sendo inconveniente.* She didn't even realize she was being annoying.

tocha s torch (pl -ches)

todo, -da pronome, advérbio & substantivo

• **pron** & **adv** ▶ ver quadro

• **todo** s **1** whole: *as partes de um todo* the parts of a whole **2 ao todo** in total: *Quanto deu ao todo para cada um?* How much was it in total for each one? | *Terei 20 dias de férias ao todo.* I'll have 20 days' worth of vacation in total.

toldo s **1** (de lona ou plástico) blind **2** (marquise) awning

tolerante adj tolerant

tolerar v **1** (aguentar) to tolerate: *Não tolero gente assim.* I can't tolerate people like that.

todo -da

▶ PRONOME ADJETIVO

1 A TOTALIDADE DE, COM SUBSTANTIVOS CONTÁVEIS NO SINGULAR (= whole)

a casa toda/toda a casa the whole house: *Eles comeram a pizza toda./Eles comeram toda a pizza.* They ate the whole pizza. | **o dia todo/a semana toda etc.** the whole day/the whole week etc.; all day/all week etc. | **o tempo todo** the whole time/all the time

A tradução com **whole** é mais enfática:

Ela ficou em casa o dia todo. She stayed in all day. | *Passei a semana toda estudando.* I spent the whole week studying.

2 A TOTALIDADE DE, COM SUBSTANTIVOS NO PLURAL OU SUBSTANTIVOS INCONTÁVEIS (= all)

Mudei todos os meus planos. I've changed all my plans. | *Todos os móveis são antigos.* All the furniture is antique. | **no mundo todo** in the whole world: *não só no Brasil, mas no mundo todo* not just in Brazil, but in the whole world | **todo mundo** everybody/everyone: *Todo mundo riu.* Everybody laughed./Everyone laughed.

3 CADA (= every)

todo dia/todos os dias; toda semana/todas as semanas every day; every week: *Eu o vejo todo domingo./Eu o vejo todos os domingos.* I see him every Sunday.

▶ PRONOME SUBSTANTIVO (= all)

Conte as páginas e veja se estão todas aí. Count the pages to make sure they're all there. | **todos eles/todos vocês etc.** they all/you all etc.: *Todos nós gostamos dele.* We all like him. | **todos** everybody/everyone: *Todos concordaram comigo.* Everybody agreed with me.

▶ ADVÉRBIO (= all)

Eu me atrapalho toda na hora de falar inglês. I get all mixed up when I speak English. | **estar todo sujo/todo desarrumado etc.** to be all dirty/messy etc.: *Meu sapato está todo molhado.* My shoes are all wet. | **de todo** totally: *Ela não está de todo convencida.* She isn't totally convinced. | *O show não foi de todo ruim.* The show wasn't all bad.

2 (admitir) to tolerate: *Nenhuma forma de tortura devia ser tolerada.* No form of torture should be tolerated.

tolo, -la *adjetivo & substantivo*

• *adj* foolish

• *s* fool

tom *s* **1** (de som, de voz) tone: *Ele respondeu com um tom zangado.* He answered in an angry tone. | *em tom de brincadeira* jokingly **2** (de cor) shade: *Não gosto deste tom de verde.* I don't like that shade of green. **3** (em música) key: *Em que tom você vai tocar?* What key are you going to play in?

tomada *s* **1** (no aparelho) plug: *uma tomada de dois pinos* a two-pin plug **2** (na parede) socket, outlet (AmE): *Tem uma tomada atrás da mesa.* There's an outlet behind the desk. **3** (em cinema) take: *Vamos fazer de novo esta tomada.* Let's do the take again. **4** (de uma cidade, etc.) taking

tomar *v* ▶ ver quadro na pág. 748

tomara *interj* tomara! let's hope so! | **tomara que** let's hope: *Tomara que não chova amanhã.* Let's hope it doesn't rain tomorrow.

tomate *s* tomato (pl -toes): *suco de tomate* tomato juice

tombo *s* **1** fall **2 levar um tombo** to fall over

tomografia *s* CT scan

tona *s* **vir à tona (a)** (na água) to surface: *Os restos do barco já estão vindo à tona.* The remains of the boat are beginning to surface. **(b)** (assunto, polêmica) to come up | **trazer à tona um assunto/recordações** to bring up a subject/to bring back memories

tonalidade *s* **1** (de cor) tone **2** (em música) pitch (pl -ches)

tonelada *s* ton (pl tons)

> **a ton** equivale a 907 kg no sistema americano, e a 1.016 kg no britânico. A tonelada métrica (1.000 kg) é conhecida como **metric ton** ou **tonne**.

tônico, -ca *adjetivo & substantivo*

• *adj* (em gramática) stressed

• **tônico** *s* tonic: *um tônico para os cabelos* hair tonic

tonteira *s* dizziness | **sentir tonteira** to feel dizzy | **uma tonteira** a dizzy spell

tonto, -ta *adj* **1** (com tonteira) dizzy | **estar/ficar tonto** to be/get dizzy **2** (embriagado) light-headed: *Ela fica tonta com um copo de cerveja.* She gets light-headed after one glass of beer. **3** (atordoado) dazed **4** (tolo) silly

topada *s* **dar uma topada em algo** to stub your toe on sth

topar *v* **1** (querer) to say yes: *Ela topou?* Did she say yes? | **topar algo/fazer algo** to be up for sth/for doing sth: *Ele topa tudo.* He's up for anything. | *Você topa sair hoje à noite?* Are you up for going out tonight? **2** (concordar) **topar fazer algo** to agree to do sth: *Ele topou me vender o som.* He agreed to sell me the stereo. **3 topar com algo/alguém** to bump into sth/sb: *Topei com o Rodrigo na praia.* I bumped into Rodrigo on the beach.

topete *s* (no cabelo) quiff

tópico *s* (assunto, tema) topic

tomar

1 TRANSPORTES (= to take)

Você tem que tomar o 121. You need to take the 121. | *Tomamos um táxi.* We took a cab.

2 BEBIDAS, COMIDAS, REMÉDIOS (= to drink, to have, to take)

Tomei dois copos de leite. I drank two glasses of milk./I had two glasses of milk. | **tomar algo:** *Você quer tomar alguma coisa?* Do you want a drink? | **tomar um sorvete** to have an ice cream | **tomar café da manhã/chá** to have breakfast/tea | **tomar sopa** to eat soup | **tomar uma aspirina** to take an aspirin | **tomar uma injeção** to have an injection

3 BANHO (= to take AmE, to have BrE)

Tomei uma chuveirada fria. I took a cold shower.

4 TEMPO (= to take)

Escrever essa redação me tomou muito tempo. It took me a long time to write this composition.

5 CONFISCAR (= to take away)

A professora tomou o discman dele. The teacher took away his Discman.

6 UMA CIDADE, ETC. (= to take)

Os invasores tomaram a capital. The invaders took the capital.

7 DANDO ALGO PARA ALGUÉM

toma here you are: *Toma, eu te empresto.* Here you are, you can borrow it.

8 *tomar cuidado, tomar uma decisão, tomar sol*, etc. são tratados no verbete do substantivo correspondente.

topo s **1** (de montanha, edifício) top **2** (de lista, ranking, etc.) top: *O disco chegou ao topo das paradas.* The record got to the top of the charts.

toque s **1** (apalpadela) touch (pl -ches): *Basta um leve toque, e ela acorda.* A light touch is enough to wake her up. **2** (som) playing: *o toque dos tambores* the playing of the drums **3** (de celular) ringtone: *Mudei o toque do meu celular.* I changed the ringtone on my cell phone. **4** (de telefone) ring: *Ela atendeu logo no primeiro toque.* She answered on the very first ring. **5** (de campainha) ring **6** (de sino) ringing **7** (retoque) touch (pl -ches): *Só faltam os toques finais no desenho.* I just have to put the finishing touches to the drawing. **8** (aspecto) touch (pl -ches): *O bar tem um toque oriental.* The bar has an oriental touch. **9 dar um toque em alguém** (dar um conselho discreto) to have a word with sb: *Dei um toque nela, para que parasse de insistir.* I had a word with her to stop her from going on.

torcedor, -a s fan: *Ele é torcedor do Juventude.* He's a Juventude fan.

torcer v **1** (entortar) to twist: *Ele torceu meu braço na briga.* He twisted my arm in the fight. **2** (deslocar) to twist: *Torci o tornozelo descendo do ônibus.* I twisted my ankle getting off the bus. **3** (para tirar a água) to wring **4** (na máquina) to spin **5 torcer por um time** to root for a team (AmE), to support a team (BrE): *Eles torcem pelo Botafogo.* They root for Botafogo. | **torcer por alguém** to root for sb: *Vou ficar torcendo por você no dia da prova.* I'll be rooting for you on the day of the test. | **torcer para que algo aconteça** to keep your fingers crossed (that) sth happens: *Vamos torcer para que eles ganhem.* Let's keep our fingers crossed they win.

torcicolo s stiff neck

torcida s (os torcedores) fans pl: *a torcida do Brasil na Copa* the Brazilian fans at the World Cup

tornar verbo & verbo auxiliar

• v **1** (fazer) to make: *para tornar a vida mais fácil* to make life easier **2 tornar algo em algo** (transformar) to turn sth into sth: *Tornamos a garagem num estúdio.* We turned the garage into a studio.

tornar-se v to become: *Ela se tornou uma grande atriz.* She became a great actress.

• **tornar a** v [aux] **tornar a fazer algo** to start doing sth again: *Tornou a chover.* It's started raining again.

torneio s tournament: *um torneio de vôlei* a volleyball tournament

torneira s faucet (AmE), tap (BrE) | **abrir/fechar a torneira** to turn on/turn off the faucet

torno s **em torno de** around: *em torno de R$1.000* around R$1.000

tornozelo s ankle: *Ela torceu o tornozelo.* She twisted her ankle.

toró s downpour | **vai cair/caiu um toró** it's going to pour down/it poured down

torpedo s **1** (bomba) torpedo **2** (mensagem) text message | **mandar um torpedo para alguém** to text sb

torrada s piece of toast: *Você quer uma torrada?* Would you like a piece of toast? | *Comi duas torradas com manteiga.* I ate two pieces of buttered toast. | *Quantas torradas você quer?* How many pieces of toast do you want? ▶ **toast** é um substantivo incontável e não pode vir precedido nem do artigo **a,** nem de um número; em muitos contextos equivale a *torradas*: *Fiz torradas para comer com a sopa.* I made some toast to eat with the soup. | *Querem mais torradas?* Would you like some more toast?

torradeira s toaster

torrar v **1** (pão) to toast **2** (café) to roast **3** (dinheiro) to blow: *Torrei a mesada em CDs.* I blew my allowance on CDs. **4** (sol) to be roasting: *O sol está torrando hoje.* The sun is roasting today.

torre s **1** (de uma construção) tower **2** (de eletricidade) pylon **3** (em telecomunicações) mast **4** (peça do xadrez) castle

torrencial adj torrential: *chuva torrencial* torrential rain

torresmo s (pork) cracklings (AmE), crackling (BrE)

torta s **1** (coberta com massa) pie: *torta de maçã* apple pie **2** (aberta) tart: *torta de morango* strawberry tart

torto, -ta adj **1** crooked **2 a torto e a direito** left, right and center (AmE), left, right and centre (BrE)

tortura s torture

tosar v **1** (o cabelo) to crop **2** (um cachorro, o pelo) to clip **3** (uma ovelha) to shear

tosse s cough | **um acesso de tosse** a coughing fit

tossir v to cough

tostar v **1** (uma carne, uma torrada) to toast **2** (a pele) to burn

total adjetivo & substantivo

- **adj** total: *a população total do país* the total population of the country

- **s** total: *um total de 500 candidatos para 30 vagas* a total of 500 candidates for 30 vacancies | **no total** in total: *O primeiro tempo teve 37 faltas no total.* In the first half there were 37 fouls in total.

totalmente s totally

totó s foosball (AmE), table football (BrE)

touca s **1** (para ducha) shower cap **2** (para natação) swimming cap

toucinho s bacon

touro s **1** (animal) bull **2 Touro (a)** (signo) Taurus: *os nativos de Touro* those born under Taurus **(b)** (pessoa) Taurus: *Minha mãe é Touro.* My mom's a Taurus.

tóxico, -ca adjetivo & substantivo

- **adj** toxic

- **tóxico s** toxin

trabalhador, -a adjetivo & substantivo

- **adj** hard-working

- **s** worker

trabalhar v to work: *Quero trabalhar nas férias.* I want to work over the vacation. | **trabalhar na IBM/Fiat etc.** to work for IBM/Fiat etc.

trabalheira s hard work: *De nada adiantou essa trabalheira toda.* All that hard work was for nothing. | **dar uma trabalheira** to be hard work

trabalho s **1** (atividade) work: *Ainda temos muito trabalho pela frente.* We still have a lot of work to do. **2** (resultado de uma atividade) work: *Esse disco é considerado o melhor trabalho da banda.* That record is considered to be the band's best work. **3** (escolar) project: *O trabalho de Ciências é para a semana que vem.* The science project is for next week. | **trabalho em grupo** group work **4** (serviço) job: *Ele fez um bom trabalho.* He did a good job. **5** (emprego) work: *Arrumei trabalho num restaurante.* I got work in a restaurant. **6** (local) work: *Ela está no trabalho.* She's at work. **7** (esforço) effort: *Foi um trabalho convencer meu pai!* It was an effort to convince my father! | **dar-se ao trabalho de fazer algo** to go to the effort of doing sth **8 dar trabalho** to be hard work: *Dá trabalho passar esta blusa.* It's hard work ironing this blouse.

trabalho doméstico housework **trabalhos manuais** s pl handicrafts

trabalhoso, -sa adj laborious

traça s moth

traçar v **1** (uma linha, um desenho) to draw **2** (um plano) to draw up **3** (devorar) to wolf (down): *Ele traçou o hambúrguer em um minuto.* He wolfed down the hamburger in one minute.

traço substantivo & substantivo plural

- **s 1** (linha) line: *um traço reto* a straight line **2** (de lápis, pincel) stroke **3** (entre frases) dash (pl dashes) **4** (modo de desenhar) style: *o traço de um artista* the style of an artist **5** (aspecto) trait: *um traço característico do rock brasileiro* a characteristic trait of Brazilian rock **6** (vestígio) trace

- **traços s pl** (do rosto) features: *Ela tem traços finos.* She has fine features.

tradição s tradition

tradicional adj traditional

tradução s translation: *Qual a tradução desta palavra?* What's the translation of this word? | **fazer uma tradução (de algo para algo)** to do a translation (from sth into sth)

tradutor, -a s translator

traduzir v **traduzir algo (de algo para algo)** to translate sth (from sth into sth): *Traduza isso do inglês para o português.* Translate this from English into Portuguese.

tráfego s (trânsito) traffic: *Pegamos muito tráfego na volta.* We hit a lot of traffic on the way back.

traficante s dealer: *traficante de drogas* drug dealer

tráfico s **1 tráfico (de drogas)** (atividade) drug trafficking **2 o tráfico** (os traficantes) drug traffickers

tragada s (em cigarro) puff | **dar uma tragada (num cigarro)** to have a puff (of a cigarette)

tragar v **1** (ao fumar) to inhale: *Ele fuma mas não traga.* He smokes but doesn't inhale. **2** (beber) to down: *Tragou a água de um gole só.* He downed the water in one gulp.

tragédia s tragedy (pl -dies)

trágico, -ca adj tragic: *um acidente trágico* a tragic accident

trago s (gole) sip: *Me dá um trago da sua água?* Can I have a sip of your water?

trailer s **1** (de filme) trailer **2** (veículo) trailer: *Eles moram num trailer.* They live in a trailer.

training s sweat suit (AmE), tracksuit (BrE)

trair v **1** (um amigo, uma causa) to betray: *Você traiu seus companheiros.* You betrayed your comrades. **2 trair o namorado/a mulher etc.** to cheat on your boyfriend/your wife etc.

trair-se v to give yourself away: *Ele se traiu ao dizer aquilo.* He gave himself away when he said that.

traje s **1** (roupa) dress **2** (de um país, de uma região) costume
   traje a rigor evening dress **traje esporte** casual dress

trajeto s route: *Qual o trajeto deste ônibus?* What's the route of this bus?

trama s (enredo) plot: *a trama da novela* the plot of the soap opera

tramar v to plot

trampolim s **1** (em piscina) diving board **2** (para ginastas) trampoline

tranca s **1** (de porta) latch (pl -ches) **2** (de carro) lock

trança s braid (AmE), plait (BrE) | **fazer uma trança** to make a braid (AmE), to do a plait (BrE)

trancar v to lock: *Você lembrou de trancar a porta?* Did you remember to lock the door?
   trancar-se v **trancar-se no quarto/no banheiro etc.** to lock yourself in the bedroom/the bathroom etc.

tranco s **1** (solavanco) jolt | **dar um tranco** to jolt **2 aos trancos e barrancos** in fits and starts

tranquilidade s **1** (no ambiente) calm: *um clima de tranquilidade* an atmosphere of calm | **com tranquilidade** calmly: *Conversamos com tranquilidade.* We talked calmly. **2** (de espírito) peace: *Preciso de tranquilidade para me concentrar no estudo.* I need peace to concentrate on my studies.

tranquilizar v **1** (acalmar) to put sb's mind at ease: *O seu e-mail me tranquilizou.* Your e-mail put my mind at ease. **2** (despreocupar) to reassure: *Falei aquilo para tranquilizá-la.* I said that to reassure her.

tranquilizar-se v **1** (acalmar-se) to feel at ease **2** (despreocupar-se) to be reassured

tranquilo, -la adj **1** (lugar, mar, etc.) peaceful: *um sono tranquilo* peaceful sleep **2** (pessoa) calm

transa s (relação sexual) sex

transar v **transar (com alguém)** to have sex (with sb)

transatlântico s (navio) liner

transbordar v **1** (líquido) to overflow: *O leite transbordou.* The milk overflowed. **2** (rio) to burst its banks **3** (panela) to boil over

transeunte s passerby (pl passersby)

transferidor s protractor

transferir v **1 transferir alguém para algo** to transfer sb to sth: *Vão transferir meu pai para Brasília.* They're going to transfer my father to Brasília. **2 transferir algo para algo** to move sth to sth: *Transferi a consulta para amanhã.* I moved the appointment to tomorrow.

transformador s transformer

transformar v **1** (converter) **transformar algo em algo** to transform sth into sth: *Transformaram o país numa potência mundial.* They transformed the country into a world power. ▶ Quando se trata de transformar algo para um uso diferente, diz-se **to convert sth into sth**: *Meus pais transformaram o quarto num escritório.* My parents converted the room into an office. **2** (mudar de forma radical) to transform: *Este curso transformou a minha vida.* This course transformed my life.

transformar-se v **1** (converter-se) **transformar-se em algo/alguém** to turn into sth/sb: *O sapo se transformou num príncipe.* The frog turned into a prince. **2** (mudar) to change completely: *A expressão dela se transformou.* Her expression changed completely.

transfusão s **transfusão (de sangue)** (blood) transfusion

transição s transition: *uma fase de transição* a transition period

transitar v to pass through

trânsito s traffic: *O trânsito está péssimo hoje.* The traffic is terrible today.

transmissão s **1** (de uma doença) transmission: *a transmissão da AIDS* the transmission of AIDS **2** (de rádio, TV) broadcast | **transmissão ao vivo** live broadcast **3** (de energia elétrica) transmission

transmitir v **1** (rádio, televisão) to broadcast: *Eles vão transmitir o Globo de Ouro.* They are going to broadcast the Golden Globes. | **transmitir ao vivo** to broadcast sth live: *Eles transmitiram o jogo ao vivo.* They broadcast the game live. ▶ Se for pela televisão, também se pode dizer **They're showing the match live.** **2 transmitir notícias/votos para alguém** to convey news/best wishes to sb **3** (uma doença) to transmit: *o mosquito que transmite a malária* the mosquito that transmits malaria

transparente adj **1** (translúcido) transparent **2** (roupa) see-through: *uma saia transparente* a see-through skirt

transpiração s perspiration

transpirar v (suar) to perspire

transplante s transplant

transportar v to transport

transporte s transportation (AmE), transport (BrE)
   transporte público public transportation (AmE), public transport (BrE)

transtornar v **1** (aborrecer) to upset: *As notícias o transtornaram.* The news upset him. **2** (atrapalhar) to disrupt: *As chuvas transtornaram a vida na cidade.* The rain disrupted life in the city.

transtorno s disruption: *O engarrafamento causou grande transtorno.* The traffic jam caused major disruption.

transversal adj **rua transversal** side street | **ser transversal a algo**: *A rua Sacopã é transversal à rua Fonte da Saudade.* Sacopã is a side street off Fonte da Saudade.

trapézio s (em circo) trapeze

trapezista s trapeze artist

trapo s **1** (pano) rag **2 estar/ficar um trapo** (pessoa) to be exhausted: *Fiquei um trapo depois do jogo.* I was exhausted after the game.

trás adv **1 as rodas/as patas etc. de trás** the back wheels/legs etc. | **a parte de trás** the back **2 de trás para frente** backward (AmE), back to front (BrE): *Sua camiseta está de trás para frente.* Your T-shirt is backward. **3 para trás** (andar, voltar, etc.) back: *Fui embora, sem olhar para trás.* I left without looking back. | **com os braços para trás** with your arms behind your back | **com os cabelos para trás** with your hair tied back **4 deixar alguém para trás** to leave sb behind **5 por trás** behind | **por trás de algo** behind sth: *por trás da porta* behind the door

traseira s back: *na traseira do ônibus* at the back of the bus

traseiro, -ra adjetivo & substantivo
- adj rear: *os pneus traseiros* the rear tires
- **traseiro** s (nádegas) bottom

traslado s transfer: *o traslado do aeroporto para o hotel* the transfer from the airport to the hotel

traste s **1** (coisa inútil) piece of junk | **trastes** junk: *Jogue esses trastes fora.* Throw that junk out. **2** (pessoa) rascal

tratado s (em política) treaty (pl -ties): *um tratado de paz* a peace treaty

tratamento s treatment: *tratamento médico* medical treatment

tratar v **1** (medicar) to treat: *o médico que me trata* the doctor who treats me
2 (combinar) to agree: *Já tratei a venda da moto.* I've already agreed the sale of the motorcycle.
3 (no convívio) to treat: *Ela trata todos bem.* She treats everybody well.
4 tratar alguém de algo (dirigir-se a) to address sb as sth: *Trato o diretor de senhor.* I address the principal as "sir".
5 tratar de algo (a) (discutir) to discuss sth: *Vamos tratar de negócios.* Let's discuss business. **(b)** (ter como tema) to deal with sth: *O livro trata da Primeira Guerra.* The book deals with World War I. **(c)** (ocupar-se a) to deal with sth: *Quem trata das contratações é ele.* He's the one who deals with hiring people.
6 tratar de alguém (cuidar) to take care of sb (AmE), to care for sb (BrE)
7 tratar de fazer algo (fazer logo) to see to it that you do sth: *Trata de desligar esse telefone!* See to it that you hang up that phone!
8 tratar algo com alguém (combinar) to arrange sth with sb: *Tratei com ele o conserto da bicicleta.* I arranged the repair of the bike with him.

tratar-se v **1** (cuidar-se) to take care of yourself: *Você precisa se tratar mais.* You need to take better care of yourself.
2 tratar-se com um médico to go to a doctor: *Eu me trato com Dr. Amado também.* I go to Dr Amado too.

trato s **1** (tratamento) treatment **2** (acordo) deal | **fazer um trato com alguém** to make a deal with sb **3 dar um trato em algo** to do something about sth: *Preciso dar um trato no meu cabelo.* I need to do something about my hair.

trator s tractor

trauma s trauma

traumatizado, -da adj traumatized: *Ela ficou traumatizada com o assalto.* She was traumatized by the robbery.

travar v **1** (um veículo) to brake **2** (roda) to lock **3 travar conhecimento com alguém** to get to know sb

trave s (em esporte) post: *A bola passou rente à trave esquerda.* The ball just missed the left post.

travessa s **1** (rua) side street: *numa travessa da avenida Paulista* on a side street off avenida Paulista **2** (para cabelo) barrette (AmE), slide (BrE) **3** (prato) platter (AmE), dish (pl -shes) (BrE)

travessão s **1** (sinal de pontuação) dash (pl dashes) **2** (em esporte) crossbar

travesseiro s pillow

travessia s crossing

travesso, -sa adj naughty

travessura s prank | **fazer uma travessura** to play a prank: *Eles não param de fazer travessuras.* They're always playing pranks. ▶ O plural pode também ser traduzido pelo substantivo incontável **mischief**: *Não faça mais travessuras.* Don't get up to any more mischief.

travesti s transvestite

trazer v **1** to bring: *Você trouxe seu skate?* Did you bring your skateboard? | *Ele trouxe a namorada.* He brought his girlfriend.
2 trazer problemas/sofrimento etc. (para alguém) to cause (sb) trouble/suffering etc. | **trazer sorte/felicidade etc. (para alguém)** to bring (sb) luck/happiness etc. **3** (vir acompanhado de) to bring: *O vento trouxe chuva.* The wind brought rain.

trecho s **1** (de música, de texto) passage: *Toca este trecho de novo.* Play that passage again. **2** (de estrada, de caminho) stretch (pl -ches): *um trecho mais vazio da praia* an emptier stretch of the beach

treco s **1** (coisa) thing **2 ter um treco (a)** (sentir um mal-estar) to be sick (AmE), to be ill (BrE): *Fiquei tão nervosa que quase tive um treco.* I felt so nervous I was almost sick. **(b)** (ficar zangado) to have a fit

treinador, -a s **1** (de atleta, etc.) coach (pl -ches) **2** (de time) coach (pl -ches), manager

treinamento s **1** (para atividades físicas) training **2** (para atividades mentais) practice

treinar v **1** (preparar-se fisicamente) to train: *Os jogadores treinam todos os dias.* The players train every day. **2** (um time) to coach: *Ela treinou o time da escola no ano passado.* She coached the school team last year. **3** (praticar) to practice (AmE), to practise (BrE): *Quero treinar meu inglês.* I want to practice my English.

treino s **1** (para atividades físicas) training session: *o último treino antes da partida* the last training session before the game **2** (para atividades mentais) practice session

trem s train: *Onde fica a estação de trem?* Where's the train station? | **de trem** by train: *Fomos de trem até a Itália.* We went to Italy by train. | **pegar/perder o trem** to catch/miss the train

trema s dieresis (pl diereses)

tremendo, -da adj **1** (enorme) tremendous: *Levei um susto tremendo.* I got a tremendous fright. **2** (excepcional) tremendous: *A procura por ingressos foi tremenda.* The demand for tickets has been tremendous.

tremer v **1** (estremecer) to shake: *A explosão fez o prédio tremer.* The explosion made the building shake. **2** (assustar-se) to tremble: *Tremi só de pensar em entrar no avião.* I trembled just thinking about getting on the plane. **3 tremer de frio** to shiver with the cold

trenó s sled (AmE), sledge (BrE) | **andar de trenó** to go sledding (AmE), to go sledging (BrE)

trepar v (subir) to climb | **trepar numa árvore/escada etc.** to climb a tree/ladder etc.

três numeral **1** (número, hora, quantidade) three: *Meu irmão tem três anos.* My brother is three years old. **2** (em data) third: *Viajo dia três de março.* I travel on the third of March.

trevo s **1** (em rodovia) intersection: *Entre à esquerda depois do trevo.* Make a left after the intersection. **2** (planta) clover (pl clover)

treze numeral **1** (número, quantidade) thirteen: *Visitamos treze cidades.* We visited thirteen cities. **2** (em data) thirteenth: *A passagem está marcada para o dia treze de junho.* The ticket is booked for the thirteenth of June.

trezentos, -tas numeral three hundred: *Paguei trezentos reais por este aparelho de som.* I paid three hundred reals for this sound system.

triangular adj triangular

triângulo s triangle

triatlo s triathlon: *a prova de triatlo* the triathlon event

tribo s tribe

tribunal s court: *O tribunal julgará o caso.* The court will judge the case.

tricampeão, -peã substantivo & adjetivo
• s three-times champion
• adj three-times winning

tricô s **1** knitting **2 de tricô** knitted: *um colete de tricô* a knitted vest

trigêmeos, -meas s triplets

trigésimo, -ma numeral thirtieth: *no trigésimo andar* on the thirtieth floor

trigo s wheat

trilha s **1** (caminho) trail: *Vamos caminhar por esta trilha.* Let's walk along this trail. **2** (atividade) hiking | **fazer trilha** to go hiking **trilha sonora** soundtrack

trilho s (para bonde, trem) track

trimestral adj quarterly: *uma revista trimestral* a quarterly magazine

trimestre s term: *Minhas notas melhoraram no último trimestre.* My grades improved last term.

trinca s veja exemplo: *uma trinca de ás* three aces

trinco s (de porta) latch (pl -ches)

trinta numeral **1** (número, quantidade, hora) thirty: *Éramos trinta pessoas ao todo.* There were thirty of us in all. | *trinta e três* thirty-three | *às sete e trinta* at seven thirty **2** (em data) thirtieth: *no dia trinta de janeiro* on the thirtieth of January ▶ ver também **ano**

trio s **1** (três pessoas) trio **2** (musical) trio

tripé s tripod

triplo, -pla numeral & substantivo
• numeral triple: *em dose tripla* in a triple dose
• **triplo** s **pagar/comer etc. o triplo** to pay/eat etc. three times as much | **o triplo de gasolina/dinheiro etc.** three times as much gas/money etc. | **o triplo de tempo** three times as long | **ter o triplo da idade de alguém** to be three times sb's age: *Tenho o triplo da sua idade.* I am three times your age.

tripulação s crew

tripulante s crew member

triste adj **1** (pessoa, olhar, história, etc.) sad | **estar/ficar triste (com algo)** to be sad (about sth): *Você está triste com o que aconteceu?* Are you sad about what happened? | *Fiquei triste em saber que você está doente.* I was sad to hear you've been sick. | **estar/ficar triste com alguém** Veja exemplos: *Você ficou triste comigo?* Have I upset you? | *Estou triste com ele.* He's upset me. | **sentir-se triste** to feel sad | **deixar alguém triste** to make sb sad: *O filme me deixou triste.* The movie made me sad. **2** (lugar) gloomy

Diz-se I arrived in Rio ou I arrived to Rio? Veja o verbete **arrive**.

 happy
 sad

tristeza s **1** (falta de alegria) sadness: *Há uma tristeza no seu olhar.* There's a look of sadness in your eyes. **2** (de um lugar) gloominess

triturar v (grãos, etc.) to grind

triunfo s **1** (pessoal) triumph **2** (vitória) triumph

trivial adj plain

triz s **por um triz** *Não fazer algo por um triz* traduz-se por **to very nearly do sth**, enquanto *fazer algo por um triz* traduz-se por **to only just do sth**: *Não perdemos o avião por um triz.* We very nearly missed the plane. | *Errei a cesta por um triz.* I only just missed the basket. | **escapar por um triz** to have a narrow escape

troca s **1** (de um para outro) exchange: *uma troca de favores* an exchange of favors | **em troca (de algo)** in exchange (for sth): *Você não ofereceu nada em troca?* Didn't you offer anything in exchange? | **troca de olhares** exchange of glances | **troca de tiros** exchange of gunfire **2** (substituição) changing: *a troca da guarda* the changing of the guard

trocado s change ▶ Este substantivo não tem plural: *Você tem algum trocado?* Do you have any change? | *Preciso de uns trocados.* I need some change.

trocador, -a s (em ônibus) conductor

trocar v ▶ ver quadro

trocar-se v (mudar de roupa) to change: *Ela está no quarto se trocando.* She's in the bedroom changing.

troco s **1** (diferença recebida em dinheiro) change: *Confira se o troco está certo.* Check that the change is right. **2** (dinheiro miúdo) change: *O cobrador disse que estava sem troco.* The conductor said he had no change. **3** **dar o troco (a alguém)** (revidar) to get your own back (on sb): *Dei o troco na hora.* I got my own back there and then.

troço s **1** (coisa) thing: *Para que serve esse troço?* What's that thing for? | *Entrou um troço no meu olho.* I have something in my eye. **2** **ter um troço** to have a fit: *Ele quase teve um troço com a notícia.* He almost had a fit when he heard the news.

troféu s trophy (pl -phies)

trocar

1 A tradução **to change** é empregada na maioria dos contextos:

Como faço para trocar a senha? How do I change my password? | *Preciso trocar esses dólares.* I need to change these dollars. | *Vou trocar a blusa.* I'm going to change my blouse. | *Tivemos que trocar de avião em São Paulo.* We had to change planes in São Paulo.

2 No sentido de dar e receber em troca, usa-se **to exchange**, ou **to swap**, que é mais informal:

No Natal sempre trocamos presentes. At Christmas we always exchange/swap presents. | *Meu pai vai trocar o jipe por um Fiat.* My dad's going to exchange/swap his jeep for a Fiat. | **trocar olhares/beijos** to exchange looks/kisses

UM ARTIGO COMPRADO (= to change, to exchange)

Eu gostaria de trocar essa saia por um tamanho maior. I'd like to exchange/change this skirt for a larger size.

3 CONFUNDIR (= to mix up)

A professora costuma trocar o nome dos alunos. The teacher usually mixes up the students' names.

---

tromba s **1** (de elefante) trunk **2** (em outros animais) snout

trombada s **dar uma trombada em algo/alguém** to run into sth/sb | **levar uma trombada de algo/alguém** Em inglês, geralmente o sujeito da frase é a pessoa que causa o acidente: *Eu levei uma trombada de um caminhão.* A truck ran into me.

trombadinha s bag snatcher

trombone s trombone

trompete s trumpet

tronco s **1** (de árvore) trunk **2** (parte do corpo) torso

trono s throne

tropa s (também **tropas**) troops pl
tropa de choque riot police

tropeção s **dar um tropeção (em algo)** to trip (on sth): *Dei um tropeção e caí.* I tripped and fell.

tropeçar v **1** tropeçar (em algo) (com o pé) to trip (on sth): *Tropecei numa pedra.* I tripped on a rock. **2** **tropeçar em problemas/dificuldades etc.** to come up against problems/difficulties etc.

tropical adj tropical: *frutas tropicais* tropical fruits

trópico s tropic
o trópico de Câncer/Capricórnio the Tropic of Cancer/Capricorn

trote s **1** (de cavalo) trot **2** (em calouros) practical joke | **dar um trote em alguém** to play a joke on sb **3** (por telefone) hoax call | **passar um trote** to make a hoax call

trouxa s **1** (de roupa) bundle **2** (pessoa tola) sucker: *Deixa de ser trouxa!* Don't be a sucker!

trovão s thunder ▶ **thunder** é um substantivo incontável e é a tradução tanto do singular *trovão*, como do plural *trovões*, porém não pode vir precedido do artigo *a*: *Isso foi um trovão ou um avião?* Was that thunder or a plane? | *Ela tem medo de trovões.* She's frightened of thunder.

trovejar v to thunder: *Trovejou a noite toda.* It thundered all night.

trovoada s thunder: *Isso foi trovoada?* Was that thunder? ▶ **thunder** é incontável, não tem plural e não pode ser precedido do artigo *a*: *uma trovoada* a clap of thunder | *As trovoadas estão ficando mais fortes.* The thunder is getting louder.

truque s trick: *Vou te ensinar um novo truque.* I'm going to teach you a new trick.

truta s trout (pl trout)

tu pron ▶ ver quadro; ver também **eu**

tubarão s shark

tuberculose s tuberculosis

tubo s **1** (recipiente) tube: *Preciso de um tubo de cola.* I need a tube of glue. **2** (cano) tube: *Passe o fio por este tubo.* Thread the wire through this tube.

tudo pron **1** (todas as coisas) everything: *Quando cheguei, encontrei tudo desarrumado.* When I arrived, I found everything in a mess. | *apesar de tudo* despite everything | *tudo o que eu faço* everything I do **2** (qualquer coisa) anything: *Ele consegue fazer tudo.* He can do anything. **3** (relativo a situação, evento, etc.) all: *Está tudo terminado entre nós.* It's all over between us. | *Tudo aconteceu tão de repente.* It all happened so suddenly. | **tudo isto/isso** all this/all that: *Você vai comer tudo isso?* Are you going to eat all that? | *Tenho que fazer tudo isto para amanhã.* I have to do all this by tomorrow. **4 tudo bem?** (cumprimento) how are you? | **tudo bem (a)** (resposta a cumprimento) fine, thanks **(b)** (expressando acordo) OK: – *Vou dormir na casa do Zé. – Tudo bem.* "I'm going to stay at Zé's house." "OK."

tufão s typhoon

tulipa s **1** (flor) tulip **2** (copo) beer glass (pl -sses) **3** (conteúdo) glass of beer: *A tulipa custa R$2.* A glass of beer costs R$2.

tumor s tumor

tumulto s **1** (bagunça) ruckus: *Os meninos fizeram um tumulto na lanchonete.* The boys caused a ruckus in the snack bar. **2** (transtorno) disruption: *A chuva forte provocou tumulto na cidade.* The heavy rain caused disruption in the city. **3** (motim) riot: *A polícia tentou conter o tumulto.* The police tried to control the riot.

tumultuar v to disrupt: *O acidente tumultuou o trânsito.* The accident disrupted the traffic. | *Os alunos que tumultuaram a cerimônia foram suspensos.* The students who disrupted the ceremony were suspended.

túnel s tunnel: *O túnel foi interditado.* The tunnel was closed.

turbante s turban

turbulência s turbulence

turfe s (esporte) (horse) racing

turismo s **1** (ramo) tourism **2** (atividade) sightseeing | **fazer turismo (a)** (por uma cidade) to go sightseeing **(b)** (por um país, continente) to tour: *Passamos um mês fazendo turismo pela Europa.* We spent a month touring Europe.

turista s tourist

turístico, -ca adj **1** (relativo a turismo) tourist: *um guia turístico* a tourist guide **2** (frequentado por turistas) touristy: *Os bares na orla são muito turísticos.* The bars along the beachfront are very touristy.

turma s **1** (de amigos) gang: *Hoje vou sair com a minha turma.* Today I'm going out with my gang. **2** (na escola) class (pl -sses): *Fomos da mesma turma.* We were in the same class.

turnê s tour | **fazer uma turnê** to do a tour

turno s **1** (horário) shift ▶ **Shift** se refere a um turno de trabalho. Nos países de língua inglesa, não existe o sistema de turnos escolares. Veja os exemplos: *Estudo no turno da tarde.* I go to school in the afternoons. | *Minha escola tem três turnos.* My school holds three sessions of classes a day. | *Eu e minha amiga não vamos no mesmo turno.* My friend and I don't go to school at the same time of day. **2** (em eleição, competição) round: *no primeiro turno* in the first round

turquesa adj & s turquoise ▶ ver "Active Box" **cores** em **cor**

tutor, -a s guardian

TV s (= **televisão**) TV

---

tu

A tradução **you** é empregada em todos os casos:

Tu tens razão. You're right. | **tu mesmo/mesma** (you) yourself: *Tu mesma me contastes isto.* You yourself told me that./You told me that yourself.

U, u s U, u ▶ ver "Active Box" **letras do alfabeto** em **letra**

UE s (= **União Europeia**) EU

uísque s whiskey (AmE), whisky (BrE)

uivar v **1** (cão, lobo, etc.) to howl **2 uivar de dor** (pessoa) to yell with pain

úlcera s ulcer: *úlcera de estômago* stomach ulcer

ultimamente adv lately: *Não tenho ido a boates ultimamente.* I haven't been out clubbing lately.

último, -ma adjetivo & substantivo

- adj **1** (depois de todos) last: *na última página* on the last page | *em último caso* as a last resort | *Ele ficou em último lugar na corrida.* He came last in the race. **2** (mais recente) latest: *Sabe da última novidade?* Have you heard the latest news? | *Essa cor está na última moda.* That color's the latest fashion. | *o último CD da banda* the band's latest CD **3** (anterior) last: *O último treinador era melhor.* The last coach was better. | *no último domingo* last Sunday **4** (inferior) bottom: *na última prateleira* on the bottom shelf **5** (superior) top: *Moro no último andar.* I live on the top floor. **6 por último** (ao enumerar) lastly | **chegar/rir etc. por último** to arrive/laugh etc. last

- s last: *Eu fui a última a acabar.* I was the last to finish.

ultraleve s microlight

ultrapassado, -da adj (ideias, moda) outdated

ultrapassar v **1** (um carro, uma pessoa) to pass (AmE), to overtake (BrE): *Um motorista louco ultrapassou pela direita.* A crazy driver passed on the right. | *Corri mais rápido e ultrapassei-o.* I ran faster and passed him. **2** (um limite) to go over: *Ultrapassei o limite de bagagem.* I went over the baggage limit.

ultrassonografia, ultrassom s scan | **fazer uma ultrassonografia/um ultrassom** to have a scan ▶ O termo técnico é **ultrasound scan**

ultravioleta adj ultraviolet: *raios ultravioleta* ultraviolet rays

um, uma art, pron & numeral ▶ ver quadro; ver também **uns**

umas art & pron ▶ ver **uns**

umbigo s navel: *de umbigo de fora* showing your navel

umedecer v **1** (fazer ficar úmido) to dampen **2** (ficar úmido) to get damp

---

um/uma

▶ **ARTIGO**

1 A tradução é **a**, exceto diante de substantivo iniciado com som vocálico; nesse caso, a tradução é **an**:

uma criança a child | *uma maçã* an apple | *Foi uma honra para ela.* It was an honor for her. | *Eu o pus numa caixa/num envelope.* I put it in a box/in an envelope.

Diante de substantivos como **uniform** e **university** usa-se **a** porque não se iniciam com som vocálico.

2 EM QUANTIDADE APROXIMADA (= about)

Esperei uma meia hora. I waited about half an hour.

3 USO ENFÁTICO (= so)

Estou com uma sede! I'm so thirsty!

▶ **PRONOME** (= one)

Pegue um, o que quiser. Take one, whichever one you like. | *Um quis ir ao cinema e o outro ao teatro.* One wanted to go to the movies and the other one to the theater. | *um dia desses* one of these days | **um a um** one by one: *Ela rasgou as fotos, uma a uma.* She tore up the photos one by one. | **um de cada vez** one at a time: *Falem um de cada vez, por favor.* Speak one at a time please.

Cada um e *qualquer um* são tratados nos verbetes de **cada** e **qualquer**, respectivamente.

▶ **NUMERAL** (= one)

Ele tem só um irmão. He only has one brother.

---

umidade s **1** (na atmosfera) humidity **2** (numa parede, num piso) damp

úmido, -da adj **1** damp **2** moist **3** humid ▶ ver quadro

damp, moist ou humid?

Referindo-se a roupa, pano, etc. [= damp]
As toalhas ainda estão úmidas. The towels are still damp.

Referindo-se a areia, solo, ar [= moist, damp]
O solo está úmido. The soil is moist./The soil is damp.

Referindo-se a uma casa, uma parede, etc. [= damp]
O porão é muito úmido. The basement is very damp.

Falando do clima [= humid]
uma região de clima úmido a region with a humid climate

---

unha s **1** (da mão) nail | **fazer as unhas (a)** to do your nails **(b)** (com manicure) to have your nails

único

done | **roer as unhas** to bite your nails **2** (do pé) toenail **3** (de animal) claw
unha encravada ingrowing toenail

único, -ca *adjetivo & substantivo*

- *adj* **1 o único/a única** the only: *o único sobrevivente* the only survivor **2** (um só) single: *Façam fila única.* Form a single line. **3** (sem igual) unique: *um sabor único* a unique flavor ▶ ver **filho**

- *s* **o único/a única** the only one: *João foi o único que ajudou.* John was the only one to help. | *os únicos que não vieram* the only ones who didn't come

unidade *s* **1** (medida padrão) unit: *unidade de medida* unit of measurement **2** (união) unity

unido, -da *adj* **1** (família, grupo) close: *Somos um grupo de amigas muito unido.* We are a very close group of friends. **2 um esforço unido** a joint effort

uniforme *substantivo & adjetivo*

- *s* uniform: *o uniforme da escola* the school uniform | **de uniforme** in uniform

- *adj* **1** (movimento, tamanho) uniform **2** (superfície) even

unir *v* **1** (peças) to join: *Ele uniu os dois fios.* He joined the two wires. **2** (lugares) to link: *O canal do Panamá une o Atlântico ao Pacífico.* The Panama Canal links the Atlantic to the Pacific. **3 unir a família/amigos etc.** to bring the family/friends etc. together: *Aquela tragédia acabou unindo-os.* The tragedy ended up bringing them together. **4** (causa, interesse) to unite: *A guerra uniu os dois países.* The war united the two countries.
unir-se *v* **1 unir-se a algo** (ligar-se) to join sth: *Esta estrada se une àquela outra logo adiante.* This road joins that other one further ahead. **2 unir-se a alguém** (juntar-se) to join sb: *O baterista se uniu a outros para formar uma nova banda.* The drummer joined some others to form a new band.

unissex *adj* unisex: *um cabeleireiro unissex* a unisex hairdresser

universal *adj* **1** (geral) universal: *uma lei universal* a universal law **2 história/literatura universal** world history/literature

universidade *s* university (pl -ties): *Em que universidade você estuda?* Which university do you study at? | **entrar para a universidade** to go to college (AmE), to go to university (BrE)

universitário, -ria *adjetivo & substantivo*

- *adj* university: *um professor universitário* a university lecturer

- *s* (aluno) university student

universo *s* universe

uns, umas *art & pron* ▶ ver quadro; ver também **um**

---

uns/umas

▶ **ARTIGO** (= some)
Preciso comprar uns óculos escuros. I need to buy some sunglasses.

EM QUANTIDADE APROXIMADA (= around, about (BrE))
Havia umas duas mil pessoas lá. There were around two thousand people there. | *Ele deve ter uns 17 anos.* He must be about 17 years old.

▶ **PRONOME** (= some)
Uns vêm agora e os outros vêm mais tarde. Some are coming now and the others will come later. | *Uns gostam de futebol, outros preferem tênis.* Some like football, others prefer tennis. | *umas semanas antes* some weeks before

---

upgrade *s* upgrade | **fazer um upgrade em algo** to upgrade sth

upload *s* upload | **fazer o upload de algo** to upload sth: *Você já fez o upload do arquivo?* Have you already uploaded the file?

urbanizado, -da *adj* built-up: *uma área urbanizada* a built-up area

urbano, -na *adj* urban: *um grande centro urbano* a large urban center

urgência *s* urgency | **com urgência** urgently | **em caso de urgência** in an emergency | **ter urgência em fazer algo** to need to do sth urgently: *Tenho urgência em falar com ele.* I need to speak to him urgently.

urgente *adj* urgent: *Tem um recado urgente da sua mãe.* There's an urgent message from your mother. | *É urgente!* It's urgent!

urina *s* urine

urinar *v* to urinate
urinar-se *v* to wet yourself

urna *s* **1** (para votos) ballot box (pl -xes) **2** (para cinzas) urn

urso, -sa *s* bear
urso de pelúcia teddy bear

urso-branco *s* polar bear

urubu *s* buzzard

Uruguai *s* **o Uruguai** Uruguay

uruguaio, -a *adj & s* Uruguayan

usado, -da *adj* **1** (utilizado) used: *Esse é o termo usado.* That's the term used. **2** (de segunda mão) used: *Comprei uma prancha usada.* I bought a used surfboard. **3 sentir-se usado (por alguém)** to feel used (by sb)

usar v **1** to use **2** to wear ▶ ver abaixo

> **use ou wear?**
>
> No sentido de *utilizar*, a tradução é **to use**: *Uso muito o scanner.* I use the scanner a lot. | *Posso usar seu telefone?* Can I use your phone?
>
> Falando de roupas, sapatos, óculos, chapéus, joias, perfume, maquiagem, etc., a tradução é **to wear**: *Ele estava usando um boné.* He was wearing a cap. | *Você usa batom?* Do you wear lipstick?

usina s **1** (elétrica) power plant **2** (fábrica) plant

usina hidroelétrica hydroelectric power plant (AmE), hydroelectric power station (BrE) **usina nuclear** nuclear power plant (AmE) nuclear power station (BrE)

uso s use | **de uso diário** for daily use

usuário, -ria s user: *os usuários do metrô* subway users | *um ótimo programa de computador para os usuários* a great computer program for users

utensílio s **1** (de cozinha) utensil **2** (ferramenta) tool

útero s womb ▶ Também existe a palavra **uterus**, usada em contextos mais científicos

UTI s (= **Unidade de Terapia Intensiva**) intensive care unit | **na UTI** in intensive care: *Ele continua na UTI.* He's still in intensive care.

útil adj **1** (ferramenta, serviço) useful **2** (pessoa) helpful | **ser útil a alguém** to be of help to sb: *Espero poder lhe ser útil.* I hope I can be of help to you. **3 dia útil** workday **4 vida útil** useful life

utilizar v to use: *Ninguém utiliza esta entrada.* Nobody uses this entrance.

uva s grape: *suco de uva* grape juice

V, v s V, v ▶ ver "Active Box" **letras do alfabeto** em **letra**

vaca s **1** (animal) cow **2** (carne) beef

vacilar v (hesitar) to waver: *Vacilei muito até tomar essa decisão.* I wavered a lot before making this decision.

vacina s vaccine | **tomar vacina** to be vaccinated

vacinar v **vacinar alguém/algo (contra algo) (a)** (aplicar vacina) to vaccinate sb/sth (against sth): *o médico que me vacinou* the doctor who vaccinated me **(b)** (fazer ser vacinado) to have sb/sth vaccinated (against sth): *Você já vacinou o seu cachorro?* Have you had your dog vaccinated?

vadiar v **1** (faltar às obrigações) to slack off: *Ela vadiou tanto, que repetiu de ano.* She slacked off so much she had to repeat the year. **2** (andar à toa) to wander: *Ele ficou vadiando pelas ruas.* He wandered the streets.

vadio, -dia adj **1** (pouco estudioso) idle: *um aluno vadio* an idle student **2** (desocupado) idle

vaga s **1** (em escola, curso) place: *Não há mais vagas.* There are no more places. **2** (em hotel) vacancy (pl -cies) **3** (para estacionar) parking place: *Ficamos meia hora atrás de uma vaga.* We spent half an hour looking for a parking place. **4** (emprego) vacancy (pl -cies)

vagabundo, -da adjetivo & substantivo

• **adj** (de má qualidade) rough: *O hotel era muito vagabundo.* The hotel was very rough.

• **s** **1** (canalha) swine **2** (vadio) bum (AmE), tramp (BrE)

vaga-lume s (inseto) glowworm

vagão s **1** (de passageiros) car (AmE), carriage (BrE) **2** (de carga) wagon

vagão-leito s sleeping car

vagão-restaurante s restaurant car

vagar verbo & substantivo

• **v** **1** (lugar, mesa, apartamento) to become free: *Vagou um lugar do meu lado.* A seat became free beside me. **2** (quarto de hotel, emprego) to become vacant

• **s com vagar** slowly | **com mais vagar** more slowly

vagaroso, -sa adj slow

vagem s green bean

vagina s vagina

vago, -ga adj **1** (lugar, mesa, etc.) free: *Esta cadeira está vaga?* Is this chair free? **2** (impreciso) vague: *Tenho a vaga impressão de que já vi esse filme.* I have the vague feeling I've already seen this movie. | *uma resposta vaga* a vague reply

vaia s booing | **dar uma vaia em alguém** to boo sb | **levar uma vaia** to get booed

vaiar v to boo

vaidoso, -sa adj vain

vale s **1** (em geografia) valley: *A casa fica num vale.* The house is in a valley. **2** (comprovante de dívida) voucher: *A loja me deu um vale no valor da calça.* The store gave me a voucher to the value of the pants.

valente adj brave

valer v **1 valer R$200/muito etc. (a)** (ter valor) to be worth R$200/a lot etc.: *Esse anel não vale tanto assim.* This ring isn't worth that much. **(b)** (custar) to cost R$200/a lot etc.: *Quanto vale uma moto dessas?* How much does a bike like this cost? **2 valer a pena** to be worth it: *O sacrifício valeu a pena.* The sacrifice was worth it. **3 valer por algo** to be as good as sth: *Essa barra de chocolate vale por uma refeição.* That bar of chocolate is as good as a meal. **4 não vale fazer algo** (não é permitido) you're not allowed to do sth: *Não vale olhar.* You're not allowed to look. **5** (ser válido) to be valid: *Esta carteira de estudante não vale mais.* This student card is no longer valid. **6** (ser importante) to matter: *Sua opinião vale muito para mim.* Your opinion matters a lot to me.

vale-refeição s meal ticket (AmE), luncheon voucher (BrE)

valete s (em baralho) jack: *o valete de ouros* the jack of diamonds

vale-transporte s travel voucher

validade s expiration date (AmE), expiry date (BrE): *Qual é a validade deste remédio?* What's the expiration date of this drug? | **perder a validade** to expire

válido, -da adj valid

valioso, -sa adj valuable: *uma joia valiosa* a valuable jewel

valise s bag: *uma valise de viagem* a travel bag

valor substantivo & substantivo plural

• s **1** (o que algo vale) value: *O valor da casa aumentou.* The value of the house increased. | *Aquele relógio tinha valor sentimental para mim.* That watch had sentimental value for me. **2** (preço) price: *Estudantes pagam 50% desse valor.* Students pay half that price. **3** (quantia) amount: *Qual foi o valor da sua conta de celular?* What was the amount of your cell phone bill? **4 dar valor a algo** to appreciate sth: *Deveríamos dar mais valor à nossa cultura.* We should appreciate our culture more. | **ter valor** to be important: *A saúde tem muito valor para mim.* Health is very important to me. **5** (de pessoa) merits pl: *A mídia reconheceu o valor dela.* The media recognized her merits.

• **valores** s pl **1** (convicções) values **2** (coisas de valor) valuables

valorizar v **1** (dar valor a) to value: *Sempre valorizei a tua amizade.* I've always valued your friendship. **2** (aumentar o valor de) to increase the value of: *Esses acessórios valorizam o carro.* These accessories increase the value of the car.
valorizar-se v to give yourself credit: *Ela não se valoriza.* She doesn't give herself credit.

valsa s waltz (pl -zes)

válvula s valve

vampiro s vampire

van s van: *Vamos alugar uma van para o passeio.* We're going to rent a van for the outing.

vandalismo s vandalism: *um ato de vandalismo* an act of vandalism

vanguarda s **1** (frente) head: *na vanguarda do desfile* at the head of the parade **2** (nas artes) avant-garde: *a vanguarda brasileira* the Brazilian avant-garde | **artista/movimento de vanguarda** avant-garde artist/movement **3** (nas ciências, etc.) vanguard

vantagem s **1** (proveito) advantage: *Esse sistema tem várias vantagens.* This system has several advantages. | **levar vantagem (sobre alguém)** to have an advantage (over sb) | **tirar vantagem de algo** to take advantage of sth **2** (no esporte) lead: *com uma vantagem de sete pontos* with a seven point lead **3 contar vantagem** (gabar-se) to boast: *Sua amiga adora contar vantagem.* Your friend loves to boast. **4 achar vantagem (alguém) fazer algo** to think it would be better (for sb) to do sth: *Acho vantagem você comprar um novo.* I think it would be better for you to buy a new one.

vão, vã adjetivo & substantivo

• adj vain: *um esforço vão* a vain effort

• **vão** s **1** (espaço) gap **2 em vão** in vain
vão da escada stairwell **vão da porta** doorway

vapor s **1** (de água) steam: *ferro a vapor* steam iron **2** (gás) vapor (AmE), vapour (BrE)

vaquinha s **fazer uma vaquinha** to get up a collection

vara s **1** (pau) cane: *uma vara de bambu* a bamboo cane **2** (em atletismo) pole
vara de pescar fishing rod

varal s (para roupa) clothesline

varanda s **1** (de uma casa) porch (-ches) (AmE), veranda (BrE) **2** (de um apartamento) balcony (pl -nies): *um apartamento com varanda* an apartment with a balcony | **ir para a varanda** to go out onto the balcony

varejo s retail | **comprar/vender a varejo** to buy/sell retail | **o preço no varejo** the retail price

variado, -da adj varied: *um público variado* a varied audience

variar v **1** (alterar) to vary: *Este restaurante sempre varia o cardápio.* This restaurant always varies its menu. **2** (ser variado) to vary: *Os preços de computadores variam muito.* Computer prices vary a lot. **3 para variar (a)** (para mudar) for a change: *Vou de vestido, para variar.* I'm going to wear a dress for a change. **(b)** (como sempre) as usual: *Ela se atrasou, para variar.* She was late, as usual.

variedade s variety (pl -ties)

varíola s smallpox

vários, -rias adj **1** (muitos, diferentes) several: *por vários motivos* for several reasons | *Há vários tipos de feijão.* There are several types of beans. | *várias vezes* several times **2** (variados) various: *A loja tem camisetas de várias cores.* The store has T-shirts in various colors.

variz s varicose vein

varrer v to sweep

vasculhar v to search: *Vasculhei meu armário e não encontrei a blusa.* I searched my closet and couldn't find my blouse.

vasilha s **1** (para líquidos) pitcher (AmE), jug (BrE) **2** (para alimentos) bowl

vaso s **1** (para flores cortadas) vase **2** (para plantas com raiz) pot
vaso sanitário toilet **vaso sanguíneo** blood vessel

vassoura s broom

vasto, -ta adj vast: *um vasto estádio* a vast stadium

vazamento s (de água, gás, óleo) leak

vazar v **1** (líquido, gás, recipiente) to leak: *O leite está vazando.* The milk's leaking. **2** (segredo, notícia) to leak out: *Não quero que esta notícia vaze na escola.* I don't want this piece of news to leak out at school.

vazio, -a adjetivo & substantivo

• **adj** empty: *O cinema estava vazio.* The movie theater was empty.

• **vazio** s (sensação) emptiness: *uma sensação de vazio* a feeling of emptiness

empty

full

veado s (animal) deer (pl deer)

vedar v **1** (uma garrafa, um tanque, etc.) to seal **2 vedar o acesso** to cut off access

vegetação s vegetation

vegetal s & adj vegetable

vegetariano, -na adj & s vegetarian: *comida vegetariana* vegetarian food | *Sou vegetariano.* I'm a vegetarian.

veia s vein

veículo s (para pessoas, carga) vehicle
veículo de comunicação medium (pl media)

vela s **1** (de cera) candle | **à luz de vela** by candlelight | **apagar/acender uma vela** to put out/light a candle | **a vela está acesa/apagada** the candle is lit/out **2** (de barco) sail | **barco a vela** sailboat (AmE), sailing boat (BrE) **3** (esporte) sailing | **praticar vela** to go sailing **4** (de carro) spark plug

veleiro s yacht

velejar v to sail: *Estou aprendendo a velejar.* I'm learning to sail.

velhice s old age: *na minha velhice* in my old age

velho, -lha adjetivo & substantivo

• **adj** (objeto, pessoa) old: *Dei minhas roupas velhas.* I gave away my old clothes. | *quando eu ficar velho* when I'm old | **mais velho** older: *meu irmão mais velho* my older brother | *Ela é mais velha do que eu.* She's older than me. | **o mais velho** the oldest: *Sou o mais velho da classe.* I'm the oldest in the class.

• **s** (pessoa) **velho** old man (pl -men) | **velha** old woman (pl -men) ▶ Para referir-se aos velhos em geral, usa-se **old people** ou **the old**

velocidade s speed: *Qual é o limite de velocidade?* What's the speed limit? | **em alta velocidade** at high speed | **a toda velocidade** at top speed
velocidade máxima (em estrada) speed limit

velocímetro s speedometer

velódromo s velodrome

velório s wake

veloz adj fast: *um carro muito veloz* a very fast car

fast

slow

veludo s velvet: *um vestido de veludo* a velvet dress
veludo cotelê corduroy

vencedor, -a *substantivo & adjetivo*
- **s** winner: *Quem foi o vencedor?* Who was the winner?
- **adj** winning: *o time vencedor* the winning team

vencer *v* **1** (em esporte) to win: *Ela venceu a prova nos últimos metros.* She won the race in the final meters. | **vencer alguém** to beat sb: *O Brasil venceu a Argentina por 3 a 1.* Brazil beat Argentina 3—1. **2** (uma batalha, uma guerra) to win **3** (prazo, garantia) to run out: *O prazo vence hoje.* The deadline runs out today. **4** (prazo de validade) to expire: *Esse remédio já venceu.* This drug has already expired. **5** (pagamento) to be due: *A conta vence amanhã.* The bill is due tomorrow. **6** (problemas, dificuldades) to overcome: *Ela venceu todas as dificuldades para ser médica.* She overcame all the difficulties to become a doctor.

vencimento *substantivo & substantivo plural*
- **s 1** (data de pagamento) due date: *O vencimento do aluguel é segunda-feira.* The due date of the rent is on Monday. **2** (de prazo, garantia etc.) end **3** (de gêneros alimentícios) expiration date (AmE), sell-by date (BrE)
- **vencimentos s pl** (salário) wages

venda *s* **1** (de produto, imóvel) sale | **à venda** for sale: *O apartamento não está à venda.* The apartment isn't for sale. | **pôr algo à venda** to put sth up for sale **2** (para os olhos) blindfold

vendar *v* to blindfold

vendaval *s* gale

vendedor, -a *s* **1** (em loja) sales assistant **2** (numa empresa) **vendedor** salesman (pl -men) | **vendedora** saleswoman (pl -men) **3** (de rua) hawker | **vendedor de pipoca/sorvetes etc.** popcorn/ice cream etc. seller **4** (de imóvel) vendor

vender *v* to sell: *Quero vender minha bicicleta.* I want to sell my bike. | *Esse livro não vendeu bem no Brasil.* This book didn't sell well in Brazil. | **vender algo para alguém** to sell sth to sb: *Não quer me vender seu computador?* Don't you want to sell me your computer? | **vender algo por R$20/R$100 etc.** to sell sth for R$20/R$100 etc.

veneno *s* **1** (para ratos, etc.) poison **2** (de cobra) venom **3 ser um veneno para alguém** (fazer mal) not to agree with sb: *Comida apimentada é um veneno para mim.* Spicy food doesn't agree with me.

venenoso, -sa *adj* poisonous

veneta *s* **1 deu-me/deu-lhe etc. na veneta fazer algo** I took it into my head/he took it into his head etc. to do sth: *Deu-lhe na veneta mudar de curso.* She took it into her head to change courses. **2 ser de veneta** (pessoa) to be capricious

veneziana *s* Venetian blind

Venezuela *s* **a Venezuela** Venezuela

venezuelano, -na *adj & s* Venezuelan

ventania *s* gale

ventar *v* to be windy: *Está ventando muito.* It's very windy.

ventilador *s* fan

vento *s* wind: *um vento frio* a cold wind

ver *verbo & substantivo*
- *v* ▶ ver quadro

  ver-se *v* **1** (encontrar-se) to see each other: *Eles se viram ontem na escola.* They saw each other at school yesterday. | *Tchau, nos vemos no sábado.* Bye, see you on Saturday. **2** (em determinada situação) to find yourself: *De repente me vi cercado de crianças.* Suddenly, I found myself surrounded by children. **3** (imaginar-se) to see yourself: *Eu já me vejo nas passarelas.* I can already see myself on the catwalk.

- **s** (opinião) **a meu ver** in my opinion: *A meu ver, o time está jogando bem.* In my opinion, the team is playing well.

veranear *v* to spend the summer: *Veraneamos em Petrópolis.* We spent the summer in Petrópolis.

veranista *s* vacationer (AmE), holidaymaker (BrE)

verão *s* summer ▶ ver "Active Box" **estações do ano** em **estação**

verbo *s* verb: *um verbo irregular* an irregular verb

verdade *s* **1** truth | **ser verdade** to be true: *Não sei se o que ela disse é verdade.* I don't know if what she said is true. | **é verdade?** really? | **dizer/falar a verdade** to tell the truth **2 na verdade** actually: *Na verdade, eu não queria ir.* Actually, I didn't want to go.

verdadeiro, -ra *adj* true: *O filme é baseado num caso verdadeiro.* The movie is based on a true story. | *uma verdadeira amiga* a true friend

verde *adjetivo & substantivo*
- *adj* **1** (cor) green ▶ ver "Active Box" **cores** em **cor 2** (fruta) unripe
- *s* (cor) green ▶ ver "Active Box" **cores** em **cor**

verdura *s* (também **verduras**) greens *pl*: *Quase não como verduras.* I hardly eat any greens. | **uma verdura** a green vegetable

verdureiro *s* greengrocer

vereador, -a *s* councilor (AmE), councillor (BrE)

vergonha *s* **1** (acanhamento) shyness | **ter vergonha de alguém** to be shy of sb **2** (embaraço) embarrassment: *Passei uma vergonha danada por sua causa.* I suffered a real embarrassment because of you. **3 ter/ficar com vergonha (a)** (por acanhamento) to be shy **(b)** (por embaraço) to be/feel embarrassed | **ter/ficar com vergonha de fazer algo (a)** (por acanhamento) to be too shy to do sth: *Ela tem vergonha de pedir ajuda.* She's too shy to ask for help. **(b)** (por embaraço) to be/feel embarrassed doing sth: *Fiquei com vergonha de pedir dinheiro emprestado a ele.* I felt embarrassed asking him for a loan. **4** (pudor)

Você está em dúvida se deve usar **make** *ou* **do**? *Veja os verbetes* **fazer, make** *e* **do**.

ver *verbo*

1 Na maioria dos contextos traduz-se por **to see**:

Vi seu primo ontem. I saw your cousin yesterday. | *Eu já tinha visto o filme.* I'd already seen the movie. | *Quando é que eu vou te ver?* When am I going to see you? | *Vá ver o que está acontecendo.* Go and see what's going on. | *Não te vi entrar.* I didn't see you come in. | *Nós os vimos fumando no banheiro.* We saw them smoking in the bathroom.

No sentido de *enxergar*, é precedido de **can** ou **could**:

Não vejo muito bem sem óculos. I can't see very well without my glasses. | *Você consegue ver o nome da rua?* Can you see the name of the street? | *Não se via nada.* You couldn't see a thing.

2 Quando significa *observar* traduz-se por **to look**:

Veja como ficou bonito o cartaz. Look at how nicely the poster came out.

3 Quando significa *assistir* traduz-se por **to watch**:

Eles estavam vendo televisão. They were watching TV. | *Vamos ver um vídeo?* Shall we watch a video?

4 Quando signifca *dar-se conta de* traduz-se por **to realize**:

Ele viu que não ia dar tempo para tudo. He realized there wouldn't be time for everything.

5 Quando significa *considerar*, usa-se **to think**:

Não vejo a graça. I don't think it's funny. | *Não vejo nada de mal no que ela faz.* I don't think there's anything wrong with what she does.

6 EXPRESSÕES

vai ver que... probably...: *Vai ver que eles perderam o avião.* They probably missed the plane. | **vamos ver** let's see: *Vamos ver quando o Mário chegar.* Let's see when Mário gets here. | **viu?** you see?: *Viu? Eu tinha razão.* You see? I was right.
ter a ver é tratado em *ter*

shame | **ter vergonha** to be ashamed: *Não tenho a menor vergonha de dizer isso.* I'm not at all ashamed to say so.

vergonhoso, -sa *adj* shameful: *um comportamento vergonhoso* shameful behavior

verídico, -ca *adj* true: *uma história verídica* a true story

verificar *v* to check: *Verifique se o telefone está fora do gancho.* Check if the phone is off the hook.

verme *s* worm

vermelho, -lha *adjetivo & substantivo*

- *adj* **1** (cor) red ▶ ver "Active Box" **cores** em **cor** **2** (de vergonha) red: *Ela fica vermelha quando recebe elogios.* She goes red whenever she gets compliments. **3** (olhos) red

- **vermelho** *s* (cor) red ▶ ver "Active Box" **cores** em **cor**

verniz *s* **1** (couro) patent leather: *sapatos de verniz* patent leather shoes **2** (para madeira) varnish

verruga *s* wart

versão *s* **1** (explicação) version: *Quero ouvir a sua versão da história.* I want to hear your version of the story. **2** (tradução) prose: *uma versão para o inglês* an English prose **3 em versão original** (filme) in the original version

verso *s* **1** (de papel, etc.) back: *no verso da folha* on the back of the page **2** (cada linha de poema) line: *O último verso é o mais bonito.* The last line is the most beautiful. **3** (poesia) verse

vértebra *s* vertebra (pl vertebrae)

vertical *adj* vertical: *uma linha vertical* a vertical line | *Coloque a haste em posição vertical.* Position the rod vertically.

vertigem *s* dizziness | **dar vertigem a alguém** to make sb dizzy | **sentir vertigem** to feel dizzy

vesgo, -ga *adj* cross-eyed

vespa *s* **1** (inseto) wasp **2** (moto) scooter

véspera, vésperas *s* **1 na véspera** the day before: *Choveu na véspera.* It rained the day before. | **na véspera do exame/da nossa partida etc.** the day before the exam/the day before we left etc. ▶ Quando se trata de grandes eventos, festividades ou eleições, usa-se **eve**: *na véspera do Natal* on Christmas Eve | *nas vésperas do novo milênio* on the eve of the new millennium | *nas vésperas das eleições* on the eve of the elections **2** (logo antes) just before: *nas vésperas do campeonato* just before the championship

vestiário *s* **1** (em clube, estádio, etc.) locker room (AmE), changing room (BrE) **2** (em teatro) cloakroom

vestibular *s* college entrance exam (AmE), university entrance exam (BrE): *Vou fazer vestibular para Medicina.* I'm going to take the college entrance exam for medicine.

vestido *s* dress (pl -sses)
vestido de noite evening dress (pl -sses)
vestido de noiva wedding dress (pl -sses)

vestígio *s* trace

vestir *v* **1** (usar) to wear: *Todas as meninas vestiam preto.* All the girls were wearing black. | *Não sei o que vestir para a festa.* I don't know what to wear to the party. **2** (falando de tamanhos) to take: *Visto tamanho 42.* I take a size 42. | *Que número você veste?* What size do you take? **3** (pôr) **vestir algo** to put sth on: *É melhor você vestir uma suéter.* You'd better put a sweater on.

vestuário

4 vestir bem to fit well: *Esta calça não veste bem.* Those pants don't fit well.
vestir-se v **1** (pôr uma roupa) to get dressed: *Vou me vestir.* I'm going to get dressed. **2 vestir-se bem/mal** to dress well/badly: *Ela se veste tão mal!* She dresses so badly!

vestuário s clothing: *uma peça de vestuário* an item of clothing | *as despesas com o vestuário* spending on clothes

veterinária s veterinary medicine

veterinário, -ria *substantivo & adjetivo*

• s (pessoa) vet ▶ Existem também os termos **veterinarian** no inglês americano, e **veterinary surgeon** no inglês britânico, usados em contextos mais formais

• *adj* veterinary: *clínica veterinária* veterinary clinic

véu s veil

vexame s disgrace: *A apresentação foi um vexame!* The performance was a disgrace! | **dar vexame** to make a fool of yourself: *Não dê vexame na porta da escola!* Don't make a fool of yourself at the school gate!

vez s **1** (frequência) time: *Esta semana fui três vezes à academia.* This week I went to the gym three times. | **uma vez/duas vezes** once/twice: *Vou repetir mais uma vez.* I'm going to repeat it once more. | *Já vi esse filme duas vezes.* I've already seen that movie twice. | **às vezes** sometimes: *Às vezes acordo de mau humor.* Sometimes I wake up in a bad mood. | **de vez em quando** now and again: *De vez em quando estudamos juntos.* Now and again we study together. | **muitas/poucas vezes** often/seldom: *Isso aconteceu comigo poucas vezes.* That's seldom happened to me. | **outra vez** again | **todas as vezes** every time: *todas as vezes que nos encontramos* every time we meet
2 (ocasião) turn: *Aguarde a sua vez de falar.* Wait your turn to speak. | **um de cada vez** one at a time: *Fale um de cada vez.* Speak one at a time. | **de uma vez só** all in one go: *Beba o remédio de uma vez só.* Swallow the medicine all in one go. | **de uma vez por todas** once and for all: *Vamos esquecer este assunto de uma vez por todas.* Let's forget this matter once and for all.
3 em vez de algo/fazer algo instead of sth/doing sth: *Acabei comprando a azul em vez da branca.* I ended up buying the blue one instead of the white one.
4 (em multiplicação) times: *Cinco vezes seis são trinta.* Five times six is thirty.

via *substantivo & preposição*

• s **1** (rua, estrada) road | **via expressa** freeway (AmE), motorway (BrE) **2 via aérea** airmail **3 por via oral** orally **4** (de documento) copy (pl copies) | **primeira via** original | **segunda via** copy: *Já pedi uma segunda via da conta.* I've asked for a copy of the bill. **5 por via das dúvidas** just in case: *Vou ligar para lá, por via das dúvidas.* I'll give them a call just in case.

• *prep* (por meio de) via: *via satélite* via satellite

viaduto s overpass (pl -sses) (AmE), flyover (BrE)

viagem s trip: *uma viagem ao exterior* a trip abroad | *Eles ganharam uma viagem a Miami.* They won a trip to Miami. ▶ Existem também os termos **journey**, usado quando se quer referir a viagens longas ou difíceis, **travel**, que significa o ato de viajar, e **voyage**, usado quando se quer referir a uma viagem longa ou difícil por mar: *uma viagem pelo deserto* a journey across the desert | *Foi uma longa viagem.* It was a long journey. | *guia de viagem* travel guide | *as viagens de Cristóvão Colombo* the voyages of Christopher Columbus | **boa viagem!** have a good trip! ▶ ver também **agência**

viajante s traveler (AmE), traveller (BrE)

viajar v **1** (ir, passear) to travel: *Vamos viajar para Buenos Aires.* We're going to travel to Buenos Aires. | *Adoro viajar.* I love traveling. | **viajar de avião/carro/trem** to travel by plane/car/train
2 (partir de viagem) to go away: *Você vai viajar na Páscoa?* Are you going away at Easter? | *Eles viajam todo fim de semana.* They go away every weekend. | **estar viajando** to be away: *O João está viajando?* Is João away?

viatura s patrol car: *As viaturas policiais chegaram rapidamente.* The police patrol cars arrived quickly.

viável *adj* viable

vibrar v **1 vibrar (de alegria)** to be thrilled: *Vibramos de alegria com a notícia.* We were thrilled at the news. **2** (tremer) to vibrate

vice-campeão, -peã *substantivo & adjetivo*

• s runner-up (pl runners-up)

• *adj* second-place: *o time vice-campeão* the second-place team

vice-presidente, -ta s vice-president

vice-versa *adv* vice versa

viciado, -da *adjetivo & substantivo*

• *adj* **viciado em algo** addicted to sth: *Sou viciada em chocolate.* I'm addicted to chocolate.

• s addict: *os viciados em drogas* drug addicts

viciar-se v **viciar-se (em algo)** to get addicted (to sth)

vício s addiction, vice: *Fumar provoca vício.* Smoking causes addiction. | *Ficar no computador virou um vício.* Being on the computer became an addiction. ▶ **vice** é usado para referir-se a algo verdadeiramente imoral, ou de forma humorística: *É o meu único vício.* It's my only vice.

vicioso, -sa *adj* ▶ ver **círculo**

vida s **1** (existência) life (pl lives): *A vida é curta.* Life is short. | *a vida estudantil* student life | *A vida noturna lá é boa?* Is the nightlife good there? | **com vida** alive: *Ele foi retirado com vida pelos bombeiros.* He was pulled out alive by the firefighters. | **para toda a vida** for as long as I live: *Guardarei esta lembrança para toda a vida.* I'll keep this memory for as long as I live. **2 ganhar a vida** to earn a living ▶ ver **custo** **3 feliz/louco da vida** really happy/annoyed **4** (ao indicar o caminho) **toda a vida** as far as you can go: *Continue nessa rua toda a vida.* Keep going on this street as far as you can go.

vidente s clairvoyant

vídeo s **1** (videoteipe) video | **em vídeo** on video | **filmar/gravar em vídeo** to videotape (AmE), to video (BrE): *Gravamos a festa em vídeo.* We videotaped the party. **2** (equipamento) VCR (AmE), video (pl videos) (BrE): *Meu vídeo quebrou.* My VCR has broken down. **3** (filme, etc.) video (pl videos): *Ficamos em casa assistindo a um vídeo.* We stayed at home watching a video. **4** (videoclipe) video (pl videos) **5** (tela de TV) screen ▶ ver também **câmera**, **locadora**

videocassete s **1** (fita) video (pl videos) **2** (equipamento) VCR (AmE), video (pl videos) (BrE)

videoclipe s video (pl videos)

videoclube s video store

videogame s video game

videokê, **videoquê** s **1** (local) video karaoke: *Nós nos divertimos muito no videokê.* We had a great time at the video karaoke. **2** (equipamento) video karaoke machine

videoteipe s videotape

vidraça s windowpane

vidrado, -da adj **ser vidrado em algo/alguém** to be crazy about sth/sb: *Sou vidrado nessa música.* I'm crazy about this song. | *Ele era vidrado naquela menina.* He was crazy about that girl.

vidro s **1** (material) glass: *É de vidro.* It's made of glass. | **um pedaço/caco de vidro** a piece of glass **2** (frasco) jar: *Guarde o molho num vidro.* Keep the sauce in a jar. | *um vidro de maionese* a jar of mayonnaise ▶ Quando se trata de um vidro vazio não se diz *a jar of mayonnaise*, mas **a mayonnaise jar** **3** (de perfume) bottle **4** (de uma janela) windowpane: *O vidro precisa ser trocado.* The windowpane needs replacing. **5** (janela de carro) window: *Posso abrir o vidro?* Can I open the window?

vigarista s con artist

vigésimo, -ma numeral twentieth

vigia substantivo feminino & substantivo masculino
- s [fem] **1** (vigilância) guard | **estar/ficar de vigia** to be on guard **2** (janela em barco) porthole
- s [masc e fem] **1** (de banco, etc.) security guard **2** (militar) sentry (pl -ries)
vigia noturno night watchman (pl -men)

vigiar v **1** (ficar atento a) to keep an eye on: *Os vizinhos vigiaram a casa enquanto estivemos fora.* The neighbors kept an eye on the house while we were away. **2** (prisioneiros, a fronteira, etc.) to guard

vigor s **1** (energia) energy: *Acordei cheio de vigor.* I woke up full of energy. **2 entrar em vigor** to come into force: *O Mercosul entrou em vigor em 1995.* Mercosur came into force in 1995.

vila s **1** (vilarejo) town **2** (em um beco) close **3** (área) district
vila olímpica Olympic village

vilão, -lã s (em filme, novela etc.) villain

vinagre s vinegar

vinagrete s vinaigrette

vinco s crease

vínculo s link

vinda s **1** (ato de vir) Traduz-se pelo verbo **to come**. Veja exemplos: *Foi confirmada a vinda da banda ao Brasil.* It has been confirmed that the band is coming to Brazil. | *desde a vinda dos portugueses* since the Portuguese came **2 a vinda** (volta) the trip back: *A vinda foi mais rápida do que a ida.* The trip back was quicker than the trip there.

vingança s revenge

vingar v to avenge
vingar-se v to get your own back, to get your revenge ▶ O uso de **revenge** subentende que se trata de uma ofensa séria: *Nós nos vingaremos.* We'll get our own back./We'll get our revenge. | **vingar-se de alguém** to get your own back on sb, to get your revenge on sb: *Ela vai se vingar de você.* She's going to get her own back on you./She's going to get her revenge on you. | **vingar-se de algo** to get your own back for sth, to get your revenge for sth: *Vou me vingar de tudo que ele me fez.* I'm going to get my own back for everything he did to me./I'm going to get my revenge for everything he did to me.

vingativo, -va adj vindictive

vinheta s **1** (em rádio, TV) station break **2** (em texto, software, website) vignette

vinho s wine: *Você aceita um copo de vinho?* Would you like a glass of wine?
vinho branco white wine **vinho de mesa** table wine **vinho espumante** sparkling wine **vinho tinto** red wine

vinil s (disco) vinyl record

vinte numeral **1** (número, quantidade, hora) twenty **2** (em data) twentieth ▶ ver também **ano**

viola s viola

violão s guitar | **tocar violão** to play guitar: *Estou aprendendo a tocar violão.* I'm learning to play guitar.

violar v **1** (uma lei, um juramento) to break **2** (um templo, um lugar sagrado) to desecrate

violência s violence: *cenas de violência* scenes of violence

violento, -ta adj **1** (pessoa, ataque, etc.) violent **2** (clipe, cena, etc.) violent

violinista s violinist

violino s violin: *aulas de violino* violin lessons

violoncelo s cello

vir v ▶ ver quadro

virada s (mudança) turn: *na virada do milênio* at the turn of the millennium | **dar uma virada** **(a)** (promover mudanças) to turn over a new leaf: *Este ano vou dar uma virada na minha vida.* This year I'm going to turn over a new leaf in my life. **(b)** (estudar muito) to cram: *Tive que dar uma virada para passar na prova.* I had to cram to pass the test. **(c)** (dar uma guinada) to turn: *Dê uma virada para a direita.* Turn to the right.

vira-lata adj & s mongrel

virar v **1** (mudar de lado, posição, etc.) to turn: *Vire o espelho para cá.* Turn the mirror this way. | **virar de frente** to face forward | **virar de lado** to turn sideways | **virar de costas** to turn your back | **virar do avesso** to turn inside out **2 virar a esquina** to turn the corner | **virar à direita/esquerda** to turn right/left **3** (na cama) to turn over **4** (entornar) to tip: *José virou a xícara de leite na toalha.* José tipped the cup of milk on the tablecloth. **5** (tornar-se) to become: *Ela virou cantora.* She became a singer. **6** (tempo) to change: *Acho que o tempo vai virar.* I think the weather's going to change. **7** (capotar) to overturn: *O caminhão virou na pista.* The truck overturned on the road. **8 virar a cara** (evitar olhar) to turn away: *Ele passou por mim e virou a cara.* He walked past me and turned away.

virar-se v **1** (voltar-se) to face: *Vire-se para cá.* Face this way. | **virar-se para algo/alguém** to turn to sth/sb: *João virou-se para mim e disse que ia embora.* João turned to me and told me he was leaving. **2** (safar-se) to get by: *Pode deixar que eu me viro sozinho.* Don't worry, I'll get by on my own.

virgem adjetivo & substantivo
- *adj* **1** (cassete, CD) blank **2** (mulher) virgin | **ser virgem** to be a virgin **3** (floresta, mata) virgin
- *s* **1** (mulher) virgin **2 Virgem (a)** (signo) Virgo: *os nativos de Virgem* those born under Virgo **(b)** (pessoa) Virgo: *Meu irmão é Virgem.* My brother's a Virgo.

virgindade s virginity

virginiano, -na adj & s Virgo | **ser virginiano** to be a Virgo

vírgula s **1** (sinal de pontuação) comma **2** (em matemática) point ▶ Nos países de língua inglesa, usa-se **point** (.) em vez de vírgula: *dez vírgula cinco (10,5)* ten point five (10.5)

virilha s groin

virtual adj **1** (em informática) virtual: *namoro virtual* virtual romance **2** (potencial) potential: *um candidato virtual para a presidência* a potential candidate for the presidency

vírus s virus (pl -ses)

visão s **1** (vista) sight: *Sua visão foi recuperada.* His sight was restored. **2** (ponto de vista) point of view: *Temos visões diferentes sobre este assunto.* We have different points of view on the subject. **3** (intuição) feeling: *O rapaz tem visão para negócios.* The boy has a feeling for business. **4** (aparição) vision

visar v **1** (mirar) **visar algo** to aim at sth: *Visei o gol e chutei.* I aimed at the goal and hit the shot. **2** (ter por objetivo) **visar algo/fazer algo** to be aimed at sth/to aim to do sth: *empresas que só visam lucro* businesses that are only aimed at profit | *leis que visam proteger o consumidor* laws that aim to protect the consumer

viseira s visor

visita s **1** (ato de visitar) visit | **fazer uma visita a alguém** to visit sb: *Fizemos uma visita aos meus avós.* We visited my grandparents. **2** (pessoa) visitor: *Meus pais quase não recebem visitas em casa.* My parents hardly ever have visitors at home.

visitante substantivo & adjetivo
- *s* visitor
- *adj* visiting: *o time visitante* the visiting team

visitar v **1** (uma pessoa) to visit **2** (uma cidade, um museu, etc.) to visit: *Visitei alguns museus durante a viagem.* I visited some museums during the trip.

visível adj visible

vista s **1** (visão) sight: *Ele perdeu a vista num acidente.* He lost his sight in an accident. **2 à primeira vista** at first sight: *À primeira vista,*

---

vir

1 Na maioria dos contextos traduz-se por **to come**:

Venha cá. Come here. | *Aí vem o ônibus.* Here comes the bus. | *Ele veio com a mãe.* He came with his mother. | *Ela veio me buscar.* She came to pick me up. | *A encomenda virá na próxima semana.* The order will come next week. | *Esta palavra vem do Latim.* This word comes from Latin.

2 Quando significa *voltar*, traduz-se por **to come back** ou **to be back**:

Ele vem de Londres amanhã. He's coming back from London tomorrow. | *Já venho.* I'll be back in a moment.

3 EXPRESSÕES

na terça-feira/na semana etc. que vem next Tuesday/next week etc.: *Eles vão se casar no mês que vem.* They're getting married next month. | **não me venha com desculpas/histórias etc.** don't give me any excuses/stories etc. | **vir fazendo algo** to have been doing sth: *Venho dizendo isso há meses.* I've been saying that for months. | **vir fazer (algo)** to come to do (sth): *O que você veio fazer aqui?* What did you come here to do? | *O técnico veio consertar a televisão.* The technician came to fix the television.

as duas pareciam irmãs. At first sight, they looked like sisters. | *amor à primeira vista* love at first sight | **conhecer alguém de vista** to know sb by sight | **perder alguém de vista** to lose sight of sb **3** (paisagem) view: *A vista do Corcovado é linda.* There's a nice view from Corcovado. **4** **à vista** in one go: *Comprei o som à vista.* I bought the stereo in one go. **5** **à vista de todos** in full view of everyone **6** **até à vista!** see you! **7** **tendo em vista** bearing in mind ▶ ver também **ponto**

visto *s* **1** (de país) visa **2** **pelo visto** by the looks of it: *Pelo visto, você gosta de rock.* By the looks of it, you like rock music.
visto de entrada/saída entry/exit visa

vistoso, -sa *adj* eye-catching: *Você devia usar roupas mais vistosas.* You should wear more eye-catching clothes.

visual *substantivo & adjetivo*
- *s* **1** (aparência) appearance: *Você deve cuidar mais do seu visual.* You should take more care of your appearance. **2** (vista) view: *Daqui de cima o visual é lindo.* From up here the view is lovely.
- *adj* visual

visualizar *v* (na tela) to view

vital *adj* **1** (fundamental) vital: *um assunto de vital importância* a matter of vital importance **2** **ciclo vital** life cycle | **órgão vital** vital organ

vitalidade *s* vitality

vitamina *s* **1** (nutriente) vitamin: *a vitamina A* vitamin A **2** (alimento) smoothie: *Você quer uma vitamina de banana?* Would you like a banana smoothie?

vitaminado, -da *adj* with added vitamins

vitela *s* (carne) veal

vítima *s* **1** (de assalto, sequestro, doença, etc.) victim **2** **fazer-se de vítima** to feel sorry for yourself: *Pare de se fazer de vítima.* Stop feeling sorry for yourself.

vitória *s* **1** (em guerra, eleição, campanha, etc.) victory (pl -ries): *Ganharam uma grande vitória.* They won a great victory. **2** (em esporte) win: *A vitória garantirá a classificação.* The win ensures qualification. **3** (conquista) achievement: *Passar no vestibular foi uma vitória.* Passing the college entrance exam was an achievement.

vitrine *s* (store) window (AmE), (shop) window (BrE): *Queria experimentar um short que vi na vitrine.* I'd like to try on some shorts I saw in the window. | *Vi o livro numa vitrine.* I saw the book in a store window. ▶ ver vitrines, como atividade de lazer, traduz-se por **window shopping**: *Adoro ver vitrines.* I love window shopping.

viúvo, -va *substantivo & adjetivo*
- *s* viúvo widower | viúva widow
- *adj* widowed: *uma mãe viúva* a widowed mother | **ser viúvo** to be a widower/widow | **ficar viúvo** to be widowed

viva *substantivo & interjeição*
- *s* cheer
- **viva!** *interj* hooray!: *Viva, vencemos!* Hooray, we won!

viver *v* **1** (existir) to live: *Meu avô viveu muito tempo.* My grandfather lived a long time. **2** (estar vivo) to be alive: *O passarinho ainda vive.* The little bird is still alive. **3** (residir) to live: *Eles foram viver na Inglaterra.* They went to live in England. **4** (experimentar) to experience: *a pior coisa que já vivi* the worst thing I've ever experienced | **viver uma experiência** to have an experience **5** (fazer o personagem de) to play: *O ator foi escalado para viver um mordomo.* The actor was chosen to play a butler. **6** **ela vive zangada/eu vivo cansado etc.** she's always angry/I'm always tired etc. | **vivo cometendo esse erro/ele vive reclamando etc.** I'm always making that mistake/he's always complaining etc. **7** (sustentar-se) **viver com algo** to live on sth: *A família vive com muito pouco dinheiro.* The family lives on very little money. | **viver de algo** to make a living from sth: *Ele vive dos sanduíches que vende na praia.* He makes a living from the sandwiches he sells on the beach. **8** **viver às custas de alguém** to live off sb **9** (dedicar-se) **viver para algo/alguém** to live for sth/sb: *Ela vive para a família.* She lives for her family.

víveres *s* provisions

vivo, -va *adj* **1** (que tem vida) living: *os seres vivos* living beings | **ser/estar vivo** to be alive: *Sua avó ainda é viva?* Is your grandmother still alive? | **manter-se vivo** to stay alive **2** **ao vivo** live | **disco/transmissão etc. ao vivo** live record/broadcast etc. **3** (cor, olhos) bright **4** (esperto) smart: *Ele foi vivo e arranjou o melhor lugar.* He was smart and got the best place. **5** (cheio de energia) lively: *uma pessoa alegre, viva* a lively, cheerful person

vizinhança *s* neighborhood (AmE), neighbourhood (BrE): *os bares da vizinhança* the neighborhood bars | *A vizinhança toda assinou a petição.* The whole neighborhood signed the petition.

vizinho, -nha *substantivo & adjetivo*
- *s* neighbor (AmE), neighbour (BrE): *Os vizinhos reclamaram do barulho.* The neighbors complained about the noise.
- *adj* neighboring (AmE), neighbouring (BrE): *num prédio vizinho* in a neighboring building

voador, -a *adj* flying ▶ ver também **disco**

voar *v* **1** (pássaro, avião, etc.) to fly **2** (andar de avião) to fly: *Voamos dez horas de Paris para cá.* We flew ten hours from Paris to here. **3** (tempo, dia, etc.) to fly by: *As férias voaram.* The vacation has flown by. **4** (ser levado pelo vento) to blow about: *Os papéis estão voando todos.* The papers are all blowing about. | **5** (ir depressa) to race: *Tomei café e voei para a praia.* I had breakfast and raced to the beach. | **ir voando** to race: *Fomos voando até a casa dele.* We raced to his house. | **sair voando** to race out: *Acordei tarde e saí voando de casa.* I woke up late and raced out of the house. **6 voar para cima de alguém** (em briga) to go for sb: *O cara voou para cima de mim.* The guy went for me.

vocabulário *s* vocabulary

vocação *s* vocation: *Ele tem vocação para médico.* He has a vocation to be a doctor.

vocal *substantivo & adjetivo*

- *s* vocals *pl*: *Quem faz o vocal na banda é o Daniel.* The person who does the vocals in the band is Daniel.

- *adj* vocal: *as cordas vocais* the vocal cords | *o melhor grupo vocal feminino* the best female vocal band

vocalista *s* lead singer

você *pron* ▶ ver quadro; ver também **eu**

vocês *pron* ▶ ver quadro; ver também **eu**

vodca *s* vodka

vogal *s* (letra) vowel

volante *s* (de veículo) steering wheel

vôlei, voleibol *s* volleyball: *o campeão de vôlei* the volleyball champion

você

A tradução **you** é empregada em todos os casos:

Você tem que conhecê-lo. You must meet him. | *Eu sei que não foi você.* I know it wasn't you. | *Preciso falar com você.* I need to speak to you. | *você e a Ana* you and Ana | *Você também.* You too. | *Ele é mais alto do que você.* He's taller than you. | **você mesmo/mesma** (you) yourself: *Você mesmo disse isso.* You said that yourself. | *Você tem que acreditar em você mesma.* You need to believe in yourself.

vocês

1 A tradução **you** é empregada em todos os contextos em que a palavra exerce a função de pronome pessoal:

Vocês gostaram do filme? Did you enjoy the movie? | *Nós estávamos falando de vocês.* We were talking about you. | *Vocês também.* You too. | *Algum de vocês viu meus óculos?* Have any of you seen my glasses? | **vocês mesmos/mesmas** (you) yourselves

2 Quando **de vocês** é usado como pronome possessivo (*seu/sua/seus/suas*), a tradução é **your**, se acompanhar um substantivo, e **yours** se funcionar como um pronome substantivo:

Precisamos do apoio de vocês. We need your support. | *Isso aqui é de vocês?* Is this yours?

volt *s* volt

volta *s* **1** (retorno) return: *a volta da banda ao Brasil* the band's return to Brazil ▶ Na língua falada tende-se a usar um verbo em inglês: *Falo com você na volta.* I'll talk to you when I get back. | *A volta às aulas foi difícil.* Going back to school was hard. | **estar de volta** to be back: *Ela disse que estaria de volta às três.* She said she'd be back at three. | **na volta** on the way back: *Na volta passamos por São Paulo.* On the way back we went through São Paulo.

2 (em pista, piscina) lap: *uma prova de 78 voltas* a race of 78 laps | *Quantas voltas você fez?* How many laps did you do? | **dar cinco/dez etc. voltas na pista** to do five/ten etc. laps of the track

3 à/em volta (de algo/alguém) around (sth/sb): *as casas em volta do lago* the houses around the lake | *as coisas à sua volta* the things around you

4 às voltas com algo/alguém busy with sth/sb: *Ando às voltas com o vestibular.* I'm busy with the college entrance exam.

5 dar uma volta (a pé) to take a walk: *Fomos dar uma volta na praia.* We went to take a walk on the beach. | **dar uma volta de carro/bicicleta** to go for a drive/bike ride: *Quer dar uma volta de bicicleta?* Do you want to go for a bike ride?

6 dar voltas (girar) to spin

7 por volta de around: *Vou chegar por volta das oito horas.* I'll get there around eight o'clock.

8 volta e meia now and then: *Volta e meia ele fala nisso.* He mentions it now and then. ▶ ver também **bilhete, ida**

voltagem *s* voltage: *Qual a voltagem aqui?* What's the voltage here?

voltar *v* **1** (ir de volta) to go back, to return: *Quando seu amigo inglês volta para Londres?* When is your English friend going back to London?/When is your English friend returning to London?

2 (vir de volta) to come back, to return: *Voltem logo.* Come back soon. | *Quando vocês voltarem para o Brasil, iremos a Natal.* When you return to Brazil, we'll go to Natal. ▶ Frequentemente usam-se **to be back** e **to get back** para expressar a ideia de estar/chegar de volta: *Já volto.* I'll be back shortly. | *A que horas eles voltam da escola?* What time do they get back from school?

3 (avião, navio) to return: *Houve um problema e o avião teve que voltar.* There was a problem and the plane had to return.

4 (a cabeça, as costas, o rosto) to turn: *Ele voltou as costas para nós.* He turned his back on us.

5 (recomeçar) to return: *A febre voltou.* The fever returned.

6 voltar a algo (a um assunto, uma questão) to return to sth | **voltar a fazer algo** (recomeçar) to start doing sth again: *Voltei a roer as unhas.* I started biting my nails again.

7 voltar a si (após um desmaio) to come round

8 voltar atrás (em planos) to change your mind:

ⓘ Deve-se dizer *on the table* ou *in the table*? Veja o verbete **em**.

O técnico voltou atrás e deu nova chance ao jogador. The coach changed his mind and gave the player another chance.
voltar-se *v* (virar-se) to turn around: *Ele se voltou para ver quem tinha chamado.* He turned around to see who had called.

volume *s* **1** (de som) volume | **aumentar/diminuir o volume** to turn up/turn down the volume: *Aumenta o volume, adoro esta música.* Turn up the volume; I love this song. **2** (quantidade) volume: *o volume de água no corpo* the volume of water in the body **3** (de livro) volume: *Só li o primeiro volume.* I've only read the first volume. **4** (de bagagem) piece: *Minha bagagem tem três volumes.* I have three pieces of luggage.

volumoso, -sa *adj* large: *um pacote volumoso* a large packet

voluntário, -ria *substantivo & adjetivo*
- *s* volunteer: *Trabalhei como voluntário numa instituição de caridade.* I worked as a volunteer for a charity.
- *adj* voluntary

volúvel *adj* **1** (pessoa) fickle **2** (humor) changeable

vomitar *v* to be sick, to vomit ▶ **to vomit** é mais formal | **estar com vontade de vomitar** to feel nauseous (AmE), to feel sick (BrE): *Estou com vontade de vomitar.* I feel nauseous. | **vomitar algo** to bring sth up: *Vomitei o jantar todo.* I brought up the whole dinner. ▶ Também se pode usar **to vomit,** que é mais formal: *Ela vomitou sangue.* She vomited blood.

vômito *s* vomit

vontade *s* ▶ ver quadro; ver também **força**

voo *s* **1** flight: *O voo está atrasado.* The flight is delayed. | **voo doméstico/internacional** domestic/international flight **2 levantar voo** to take off: *O avião ainda não levantou voo.* The plane hasn't taken off yet.

voo livre hang gliding

vos *pron* you

vós *pron* you

vosso, -sa *pronome & substantivo*
- *pron* **1** (precedendo o substantivo): *Vossa Excelência* Your Excellency **2 ser vosso/vossa** to be yours
- *s* **o vosso/a vossa** yours ▶ ver também **meu**

vossos, -sas *pronome & substantivo*
- *pron* **1** (precedendo o substantivo) your **2 ser vossos/vossas** to be yours
- *s* **os vossos/as vossas** yours ▶ ver também **meu**

votação *s* vote

votar *v* to vote: *Eu ainda não posso votar.* I can't vote yet. | **votar em algo/alguém** to vote for sth/sb: *Votei no seu irmão para o grêmio.* I voted for your brother for the student council. | **votar a favor de/contra algo** to vote for/against sth

---

vontade

1 DESEJO

a vontade de alguém what sb wants/wanted etc.: *Essa não era a vontade dele.* That wasn't what he wanted. | **fazer a(s) vontade(s) de alguém** to do what somebody wants: *Ele sempre faz as vontades dela.* He always does what she wants.

PRECEDIDO DE "ESTAR COM" OU "TER"

estar com/ter vontade de fazer algo to feel like doing sth: *Eu não estava com vontade de estudar.* I didn't feel like studying. | *Eles estão com vontade de comer pizza.* They feel like eating pizza. | *– Você vem? – Não estou com muita vontade.* "Are you coming?" "I don't really feel like it." | **estar com vontade de ir ao banheiro** to need to go to the toilet

COM O VERBO "DAR"

dá vontade de desistir/matá-lo etc. you feel like giving up/killing him etc.: *Com esse calor, dá vontade de ficar na piscina.* With this heat, you feel like staying in the pool. | **me deu vontade de chorar/de vê-lo etc.** I felt like crying/seeing him etc.: *De repente me deu vontade de comer chocolate.* I suddenly felt like eating chocolate. | **não me deu vontade/não lhe deu vontade etc.** I didn't feel like it/she didn't feel like it etc.: *Não fui porque não me deu vontade.* I didn't go because I didn't feel like it.

COM O VERBO "MORRER"

estar morrendo de vontade de fazer algo to be dying to do sth: *Estou morrendo de vontade de ver esse filme.* I'm dying to see that movie.

EM FRASES EXCLAMATIVAS

que vontade de te ver/de conhecê-la etc.! I'm dying to see you/to meet her etc.!

COM O VERBO "PERDER"

perder a vontade de fazer algo to lose interest in doing sth: *Acabamos perdendo a vontade de sair.* We ended up losing interest in going out.

2 DISPOSIÇÃO (= will)

Fiz isso contra a minha vontade. I did this against my will. **boa/má vontade** good will/ill will: *Esse professor tem boa vontade com todos.* That teacher has good will toward everybody.

3 A expressão *à vontade*, significando "sem fazer cerimônia", traduz-se por **at ease**; no sentido de "com fartura" traduz-se por **plenty of**:

Não me sinto à vontade com eles. I don't feel at ease with them. *Fique à vontade.* Make yourself at home. | *Tinha bebida à vontade na festa.* There were plenty of drinks at the party.

voto *substantivo & substantivo plural*

- *s* **1** (em eleição) vote: *30 votos a favor e 20 contra* 30 votes in favor and 20 against **2** (em religião) vow

  voto em branco blank ballot paper **voto nulo** spoiled ballot paper **voto secreto** secret ballot

- **votos** *s pl* (de felicidades, boa sorte, etc.) wishes: *nossos votos de um feliz Natal* our best wishes for a merry Christmas | **fazer votos de que** to hope that: *Faço votos de que tudo dê certo.* I hope everything goes well.

vovô, -vó *s* vovô grandpa | vovó grandma

voz *s* **1** voice: *Você está com uma voz estranha.* Your voice sounds strange. **2 em voz alta** out loud: *Tive que ler a minha redação em voz alta.* I had to read my essay out loud. | **em voz baixa** quietly **3 ter voz** to have a say: *Os alunos têm voz no conselho de classe.* The students have a say on the school council. **4 viva voz** (em aparelho) speaker phone: *Atendi a ligação no viva voz.* I took the call on speaker phone.

vulcão *s* volcano

vulgar *adj* vulgar

vulnerável *adj* vulnerable

vulto *s* (figura indistinta) figure: *Vimos um vulto no jardim.* We saw a figure in the garden.

W, w *s* W, w ▶ ver "Active Box" **letras do alfabeto** em **letra**

walkie-talkie *s* walkie-talkie

walkman *s* Walkman® (pl -mans)

windsurfe *s* windsurfing: *um campeonato de windsurfe* a windsurfing championship | **fazer/praticar windsurfe** to go windsurfing

windsurfista *s* windsurfer

X, x *s* X, x ▶ ver "Active Box" **letras do alfabeto** em **letra**

xadrez *s* **1** (jogo) chess: *Você sabe jogar xadrez?* Do you know how to play chess? **2** (tecido) check | **uma saia/uma camisa etc. de xadrez** a check skirt/shirt etc. **3** (cadeia) jail

xale *s* shawl: *um xale de lã* a wool shawl

xampu *s* shampoo: *xampu anticaspa* anti-dandruff shampoo

xará *s* namesake: *Ela é minha xará.* She's my namesake.

xarope *s* **1** (para tosse) cough syrup **2** (concentrado) concentrate: *xarope de guaraná* guaraná concentrate

xeque *s* (no xadrez) check

xeque-mate *s* (no xadrez) checkmate | **dar xeque-mate** to checkmate

xereta *adj* nosy: *Deixa de ser xereta!* Don't be so nosy!

xerocar *v* to photocopy

xerox *s* **1** (cópia) photocopy (pl -pies) | **tirar xerox de algo** to take a photocopy of sth **2** (máquina) photocopier: *Esta loja tem xerox?* Is there a photocopier in this store?

xícara *s* **1** (recipiente) cup: *Quebrei uma das xícaras.* I broke one of the cups. **2** (conteúdo) cup: *Adicione uma xícara de açúcar.* Add a cup of sugar.

---

a cup of coffee ou a coffee cup?

A cup of coffee/tea significa uma xícara cheia de café ou de chá. Para referir-se ao recipiente em si diz-se **a coffee cup/a teacup**, etc.

Não posso tomar mais de uma xícara de café ao dia. I can't drink more than one cup of coffee a day. | *Preciso comprar umas xícaras de chá.* I need to buy some teacups.

cup

mug

xilofone *s* xylophone

xingar v **xingar alguém** to swear at sb: *O jogador xingou o juiz.* The player swore at the referee. | **xingar alguém de algo** to call sb sth

xixi s pee | **fazer xixi** to have a pee

Z, z s Z, z ▶ ver "Active Box" **letras do alfabeto** em **letra**

zaga s fullback line: *Você vai jogar na zaga.* You're going to play on the fullback line.

zagueiro, -ra s fullback

zangado, -da adj **1** angry, mad (AmE): *uma cara zangada* an angry look **2 estar zangado (com alguém)** to be angry (with sb), to be mad (at sb) (AmE): *Ele está zangado comigo porque menti.* He's mad at me because I lied.

zangar v **zangar com alguém** to get angry with sb, to get mad at sb (AmE)
zangar-se v **zangar-se (com alguém/algo)** to get angry (with sb/at sth), to get mad (at sb/sth) (AmE): *Ele se zangou comigo porque me atrasei.* He got angry with me because I was late.

zapear v (por canais de TV) to channel-surf

zarpar s **zarpar (para/rumo a)** to set sail (for/bound for): *O veleiro zarpa amanhã para Angra.* The yacht sets sail for Angra tomorrow.

zebra s zebra

zelador, -a s janitor (AmE), caretaker (BrE)

zerar v to clear: *Zerei minhas dívidas com ele.* I cleared my debts to him.

zero numeral **1** zero: *Ele tirou zero em Química.* He got zero in chemistry. ▶ ver quadro **2 abaixo de zero** below zero: *cinco graus abaixo de zero* five degrees below zero **3 começar do zero** to start from scratch **4 estar a zero** (sem dinheiro) to be broke: *Estou a zero, me empresta R$10?* I'm broke, can you lend me R$10?

nil ou zero?

No inglês britânico, o zero em um número de várias cifras costuma ser lido como se fosse a letra **o**
Meu telefone é quatro oito zero um... My telephone number is four eight o one...

Em matemática diz-se **nought** ou **zero:**
zero vírgula cinco nought point five/zero point five

Em placar esportivo diz-se **love** em tênis, e **nil** em futebol, rúgbi, etc.
quinze-zero fifteen-love | *Ganhamos de 3 a 0.* We won 3 nil.

zero-quilômetro adjetivo & substantivo
• **adj** brand-new: *uma bicicleta zero-quilômetro* a brand-new bike
• **s** (carro) brand-new car

ziguezague s zigzag: *um movimento de ziguezague* a zigzag movement

zíper, zipe s zipper (AmE), zip (BrE) | **abrir o zíper** to undo your zipper (AmE), to undo your zip (BrE): *Não estou conseguindo abrir o zíper.* I can't undo my zipper. ▶ A tradução difere quando se menciona a peça do vestuário: *Ela abriu o zíper do vestido.* She unzipped her dress. | **fechar o zíper** to do your zipper up (AmE), to do your zip up (BrE): *Fecha o meu zíper, por favor.* Can you do my zipper up, please? ▶ A tradução difere quando se menciona a peça do vestuário: *Ele fechou o zíper da jaqueta.* He zipped his jacket up.

zodíaco s zodiac: *São doze os signos do zodíaco.* There are twelve signs of the zodiac.

zoeira s racket: *Parem com essa zoeira!* Stop that racket!

zombar v **zombar de algo/alguém** to make fun of sth/sb: *Eles ficaram zombando dela.* They made fun of her.

zona s **1** (área) district: *uma zona residencial* a residential district | *na zona norte da cidade* in the northern district of the city **2** (geográfica) zone: *a zona sul do Brasil* the southern zone of Brazil **3** (militar) zone **4** (bagunça) mess: *Meu armário está uma zona.* My closet is a mess.

zonzo, -za adj dizzy

zoo s zoo

zoologia s zoology

zoológico, -ca *adjetivo & substantivo*
- *adj* zoological ▶ ver também **jardim**
- **zoológico** *s* zoo

zoólogo, -ga *s* zoologist

zoom, zum *s* (lente) zoom lens (pl -lenses)

zumbido *s* **1** (de inseto) buzz **2** (de motor, máquina) hum

zura *adj* stingy

Termos gramaticais usados neste dicionário

adjetivo
Adjetivo é a palavra que acompanha o substantivo para indicar qualidade, forma, tamanho, estado, etc. Por exemplo, em *Este dicionário é útil*, a palavra *útil* é adjetivo.

advérbio
Advérbio é a palavra que modifica o verbo, o adjetivo, ou outro advérbio, exprimindo determinada circunstância: lugar (*aqui*), tempo (*agora*), etc. Por exemplo, quando acompanha um verbo, pode indicar o modo como se faz a ação, como *rápido* em *Vim rápido*; quando acompanha um adjetivo ou advérbio, pode indicar grau, como *muito* em *Isto é muito difícil* e *É muito tarde*.

artigo
Os artigos são palavras que acompanham o substantivo, indicando quando se trata de um objeto, pessoa, etc. indeterminado ou específico. Na frase *Entrou um cachorro aqui*, *um* indica que não se trata de um cachorro em particular. Na frase *Você trouxe os livros?*, *os* indica que se trata de livros específicos.

conjunção
Conjunção é a palavra usada para ligar orações, ou termos de uma oração. Em *Fui com Paulo e Beto*, *e* é uma conjunção. Outras conjunções indicam causa, consequência, etc. Em *Ele se deu bem porque estudou*, *porque* é uma conjunção que exprime causa.

interjeição
Interjeição é a palavra usada para saudar alguém (*alô!*), chamar-lhe a atenção (*ei!*), indicar um estado de ânimo (*ufa!*, *ai!*, *viva!*) ou descrever um som (*bam!*).

intransitivo
Denomina-se intransitivo o verbo que não necessita de objeto direto ou indireto. Por exemplo, na frase *Ana está dormindo*, *dormir* é um verbo intransitivo.

numeral
Numeral é a palavra que indica quantidade (*sete*, *vinte e dois*) ou posição em uma série (*segundo*, *quinto*).

preposição
As preposições são palavras que indicam posição (*sobre*, *em*, *dentro de*), movimento (*a*, *para*, *até*), posse (*de*), companhia (*com*), entre outras coisas. Em frases como *Ela foi para casa* e *Essa é a bicicleta de Carolina*, *para* e *de* são preposições.

pronome
Os pronomes são palavras que se referem a pessoas (*eu*, *você*, *ela*, *mim*), substituem partes da frase (*o*, *a*), são usadas em perguntas e em orações subordinadas (*que*, *qual*, *onde*). Nas frases *Que dia é hoje?* e *Deixe-o onde está*, *que*, *o* e *onde* são pronomes.

substantivo
Substantivo é a palavra que se refere a uma pessoa, uma coisa, um lugar, etc. Na frase *Posso usar sua lapiseira?*, *lapiseira* é substantivo. O substantivo também pode se referir a um fato (*festa*, *roubo*) ou a uma qualidade (*inteligência*, *bondade*).

substantivo plural
Os substantivos plurais são substantivos sempre, ou quase sempre, usados no plural (como *óculos* ou *algemas*) ou que têm outro significado quando usados no plural (como *damas*, referindo-se ao jogo).

transitivo
Denomina-se transitivo o verbo que requer um objeto direto ou indireto. Numa frase como *Comprei uma bicicleta*, *comprar* é um verbo transitivo. Outros exemplos de verbos transitivos são *dizer* e *visitar*.

verbo
Verbo é a palavra que descreve uma ação ou um estado, e que indica uma pessoa gramatical, um tempo e um modo. Nas frases *Saí cedo* e *Estou cansado*, *saí* e *estou* são verbos.

verbo auxiliar
Verbo auxiliar é o verbo usado junto com um verbo principal para formar locuções verbais que expressam ideias diferentes (obrigação, desejo, etc.). Numa locução verbal como *tenho que estudar*, *tenho* é o auxiliar, e indica obrigação.

verbo com partícula ou *phrasal verb*
Os *phrasal verbs* são construções do inglês formadas por um verbo e uma ou mais partículas como *out*, *away*, *off*, *up*. Essas construções têm um significado específico que muitas vezes não corresponde ao significado das palavras que as compõem. Por exemplo, *put* significa, em geral, 'pôr', mas *put up with* significa 'suportar', 'aguentar'.

Contrato de licença de monousuário: Longman Dicionário Escolar
(somente para dicionários com CD-ROM)

IMPORTANTE: LEIA COM ATENÇÃO

Este é um contrato de vinculação legal entre você (usuário ou comprador) e a Pearson Education Limited. Ao adquirir esta licença, qualquer software ou material impresso que a acompanhe, ou ao realizar qualquer uma das atividades permitidas, você estará sujeito às condições abaixo.

Caso não esteja de acordo com qualquer das condições contratuais, devolva imediatamente ao fornecedor a publicação completa, que inclui: esta licença, o software, o material impresso, a embalagem e quaisquer outros componentes, juntamente com a nota fiscal para obter um re-embolso integral.

VOCÊ TEM PERMISSÃO PARA:

- ✔ Usar (carregar em memória temporária ou armazenar permanentemente) apenas uma cópia do software em um computador por vez. Se esse computador estiver vinculado a uma rede e não estiver acessível a outros computadores, o software poderá ser instalado. Se desejar usar o software em rede ou por Internet, você deverá consultar a versão de Licença para Multiusuário ou a versão de Licença para Internet. Essas licenças estão disponíveis no endereço de e-mail no final deste contrato.
- ✔ Usar o software em sala de aula, desde que esteja instalado em apenas um computador.
- ✔ Transferir o software de um computador para outro, desde que seja utilizado em apenas um computador por vez.
- ✔ Imprimir extratos de tela individuais do disco para (a) estudar isoladamente ou (b) incluí-los em seus projetos ou trabalhos em sala de aula.
- ✔ Fazer fotocópia de extratos de tela individuais para seu trabalho escolar ou em sala de aula.

VOCÊ NÃO PODE:

- ✘ Alugar, arrendar ou vender o software ou qualquer parte da publicação.
- ✘ Copiar qualquer parte da documentação, exceto onde o contrário é estabelecido especificamente.
- ✘ Fazer cópias ou backup do software.
- ✘ Reverter engenharia, descompilar ou desmontar o software ou criar um produto derivado do conteúdo dos bancos de dados ou de qualquer software incluído neles.
- ✘ Usar o software em mais de um computador por vez.
- ✘ Instalar o software em qualquer computador de rede ou servidor de maneira que possa ser acessado por mais de um computador na rede.
- ✘ Incluir qualquer material ou software do disco em qualquer outro produto ou material de software, exceto como o permitido em "Você tem permissão para".
- ✘ Usar o software de qualquer modo não especificado acima sem a prévia autorização por escrito da Pearson Education Limited.
- ✘ Imprimir mais de uma página por vez.

APENAS UMA CÓPIA

Esta licença é para apenas uma cópia de software monousuário.

A PEARSON EDUCATION LIMITED RESERVA-SE O DIREITO DE RESCINDIR ESTA LICENÇA POR COMUNICAÇÃO ESCRITA E TOMAR MEDIDAS PARA COMPENSAR QUAISQUER PREJUÍZOS CAUSADOS À PEARSON EDUCATION LIMITED CASO VOCÊ VIOLE QUALQUER CLÁUSULA DESTE CONTRATO.

A Pearson Education Limited é a proprietária do software, e você é o proprietário somente do disco no qual o software é fornecido.

GARANTIA LIMITADA

A Pearson Education Limited garante que o disco ou o CD-ROM em que o software é fornecido está isento de defeitos no material e de fabricação durante o uso normal de noventa (90) dias a partir da data de recebimento. Esta garantia é limitada a *você* (comprador ou usuário) e intransferível. A Pearson Education Limited não garante que os recursos do software atendam às suas necessidades ou que a mídia seja compatível com qualquer sistema do computador no qual é utilizado ou que o funcionamento do software será ilimitado ou isento de erros.

Você assume a responsabilidade por selecionar o software para alcançar os resultados que pretende e pela instalação, pelo uso e pelos resultados obtidos dele. A responsabilidade total da Pearson Education Limited, e seu único recurso, será a substituição gratuita dos componentes que não são abrangidos por esta garantia.

Esta garantia será anulada em caso de acidente, abuso, mau uso, manutenção ou modificação que não seja executada pela Pearson Education Limited. Em nenhuma circunstância a Pearson Education Limited será responsável por quaisquer danos que resultem da instalação do software, mesmo que tenha sido avisada da possibilidade de tais danos. A Pearson Education Limited não será responsável por quaisquer perdas ou danos de qualquer natureza resultantes da confiança no, ou da reprodução do, ou de quaisquer erros no conteúdo da publicação.

A Pearson Education Limited não limita sua responsabilidade legal por morte ou ferimento pessoal causado por sua negligência.

Este contrato de licença será regido, interpretado e examinado em conformidade com a lei inglesa.

Assistência técnica: somente usuários registrados têm direito à ajuda e a orientações técnicas gratuitas. Como usuário registrado, você pode receber ajuda técnica ao escrever para elt-support@pearsoned-ema.com ou para seu representante local.

Novas versões e atualizações: como usuário registrado, você poderá obter novas versões e atualizações ou conseguir desconto ao atualizar para uma versão multiusuário do software.

Registro: para se registrar como usuário, escreva para o endereço abaixo ou envie um e-mail para elt-support@pearsoned-ema.com.

Longman Dictionaries Division
Pearson Education Limited
Edinburgh Gate
Harlow
Essex
CM20 2JE
England

Longman Dicionário Escolar

Guia de Estudo Dirigido

Vocabulário

Amplie seu vocabulário	2
Combinações fixas	4
Aprenda inglês com o CD-ROM	6
Falsos cognatos	8
Expressões idiomáticas	10
Computadores	12

Gramática

Preposições, verbos modais, verbos	13–15

Guia para escrever

Como escrever uma redação	16
Como escrever uma carta formal	17
Pontuação	18–19
Letras maiúsculas	19
Como escrever um currículo	20–21
E-mails	22

Comunicar-se

Comunicando-se em inglês por meio de mensagens instantâneas (MSN)	23
O inglês coloquial	24
Guia para comunicar-se	25–26

Prática de exame

Teste de leitura	27–29
Teste de escrita	29–31
Teste oral	31–32

VOCABULÁRIO

Amplie seu vocabulário

Novas combinações

Às vezes, você pode formar um novo vocábulo combinando dois substantivos que já conhece. Por exemplo, você já conhecia a palavra LIFE, mas conhecia também LIFEBOAT, LIFESTYLE ou LIFETIME?

A Escolha uma palavra da caixa e combine-a com HOUSE, NIGHT ou SUN (por exemplo, SUNshine) para formar um outro substantivo. Verifique suas respostas no dicionário.

> shine   club   wife   plant   dress   glasses   work   light   time

B Agora procure as palavras BOOK, HEAD e WORK no dicionário. Quantas novas palavras você pode formar a partir dessas, adicionando-lhes outros substantivos? Anote as novas palavras e aprenda-as.

C Muitas palavras inglesas foram formadas a partir da combinação de dois ou mais vocábulos (por exemplo, SLEEPING BAG). Observe as palavras das listas 1 e 2. Combine as palavras da lista 1 com as da lista 2, forme uma nova palavra e, em seguida, escreva-a.

1 skim   flight   post   flower   ironing   eye   train   dining
2 station   bed   board   shadow   attendant   milk   room   office

D a) Revezando com um colega, escolha um dos verbos com partícula abaixo, procure o seu significado no dicionário e, em seguida, faça uma mímica para mostrar o que ele significa.

> go back   call back   get down   try on   give up   hang up
> put away   add up   break down   take over

b) Agora consulte o seu dicionário e verifique quais outras preposições você pode usar para formar mais verbos com partícula a partir de GO, CALL, MAKE e TAKE.

E Descubra quais adjetivos da lista 1 significam o mesmo que os da lista 2. Se você não tiver certeza do significado das palavras, consulte-as em seu dicionário.

1 annoyed   fascinating   starving   simple   dull   exhausted   smart   miserable
2 tired   easy   angry   intelligent   boring   sad   interesting   hungry

zoologia

xingar v **xingar alguém** to swear at sb: *O jogador xingou o juiz.* The player swore at the referee. | **xingar alguém de algo** to call sb sth

xixi s pee | **fazer xixi** to have a pee

Z, z s Z, z ▶ ver "Active Box" **letras do alfabeto** em **letra**

zaga s fullback line: *Você vai jogar na zaga.* You're going to play on the fullback line.

zagueiro, -ra s fullback

zangado, -da adj **1** angry, mad (AmE): *uma cara zangada* an angry look **2 estar zangado (com alguém)** to be angry (with sb), to be mad (at sb) (AmE): *Ele está zangado comigo porque menti.* He's mad at me because I lied.

zangar v **zangar com alguém** to get angry with sb, to get mad at sb (AmE)
zangar-se v **zangar-se (com alguém/algo)** to get angry (with sb/at sth), to get mad (at sb/sth) (AmE): *Ele se zangou comigo porque me atrasei.* He got angry with me because I was late.

zapear v (por canais de TV) to channel-surf

zarpar s **zarpar (para/rumo a)** to set sail (for/bound for): *O veleiro zarpa amanhã para Angra.* The yacht sets sail for Angra tomorrow.

zebra s zebra

zelador, -a s janitor (AmE), caretaker (BrE)

zerar v to clear: *Zerei minhas dívidas com ele.* I cleared my debts to him.

zero numeral **1** zero: *Ele tirou zero em Química.* He got zero in chemistry. ▶ ver quadro **2 abaixo de zero** below zero: *cinco graus abaixo de zero* five degrees below zero **3 começar do zero** to start from scratch **4 estar a zero** (sem dinheiro) to be broke: *Estou a zero, me empresta R$10?* I'm broke, can you lend me R$10?

> **nil ou zero?**
>
> No inglês britânico, o zero em um número de várias cifras costuma ser lido como se fosse a letra **o**
> *Meu telefone é quatro oito zero um...* My telephone number is four eight o one...
>
> Em matemática diz-se **nought** ou **zero**:
> *zero vírgula cinco* nought point five/zero point five
>
> Em placar esportivo diz-se **love** em tênis, e **nil** em futebol, rúgbi, etc.
> *quinze-zero* fifteen-love | *Ganhamos de 3 a 0.* We won 3 nil.

zero-quilômetro adjetivo & substantivo
- **adj** brand-new: *uma bicicleta zero-quilômetro* a brand-new bike
- **s** (carro) brand-new car

ziguezague s zigzag: *um movimento de ziguezague* a zigzag movement

zíper, zipe s zipper (AmE), zip (BrE) | **abrir o zíper** to undo your zipper (AmE), to undo your zip (BrE): *Não estou conseguindo abrir o zíper.* I can't undo my zipper. ▶ A tradução difere quando se menciona a peça do vestuário: *Ela abriu o zíper do vestido.* She unzipped her dress. | **fechar o zíper** to do your zipper up (AmE), to do your zip up (BrE): *Fecha o meu zíper, por favor.* Can you do my zipper up, please? ▶ A tradução difere quando se menciona a peça do vestuário: *Ele fechou o zíper da jaqueta.* He zipped his jacket up.

zodíaco s zodiac: *São doze os signos do zodíaco.* There are twelve signs of the zodiac.

zoeira s racket: *Parem com essa zoeira!* Stop that racket!

zombar v **zombar de algo/alguém** to make fun of sth/sb: *Eles ficaram zombando dela.* They made fun of her.

zona s **1** (área) district: *uma zona residencial* a residential district | *na zona norte da cidade* in the northern district of the city **2** (geográfica) zone: *a zona sul do Brasil* the southern zone of Brazil **3** (militar) zone **4** (bagunça) mess: *Meu armário está uma zona.* My closet is a mess.

zonzo, -za adj dizzy

zoo s zoo

zoologia s zoology

zoológico, -ca *adjetivo & substantivo*
- *adj* zoological ▶ ver também **jardim**
- **zoológico** *s* zoo

zoólogo, -ga *s* zoologist

zoom, zum *s* (lente) zoom lens (pl -lenses)

zumbido *s* **1** (de inseto) buzz **2** (de motor, máquina) hum

zura *adj* stingy

Longman Dicionário Escolar

Guia de Estudo Dirigido

Vocabulário

Amplie seu vocabulário	2
Combinações fixas	4
Aprenda inglês com o CD-ROM	6
Falsos cognatos	8
Expressões idiomáticas	10
Computadores	12

Gramática

Preposições, verbos modais, verbos	13–15

Guia para escrever

Como escrever uma redação	16
Como escrever uma carta formal	17
Pontuação	18–19
Letras maiúsculas	19
Como escrever um currículo	20–21
E-mails	22

Comunicar-se

Comunicando-se em inglês por meio de mensagens instantâneas (MSN)	23
O inglês coloquial	24
Guia para comunicar-se	25–26

Prática de exame

Teste de leitura	27–29
Teste de escrita	29–31
Teste oral	31–32

Amplie seu vocabulário

Novas combinações

Às vezes, você pode formar um novo vocábulo combinando dois substantivos que já conhece. Por exemplo, você já conhecia a palavra LIFE, mas conhecia também LIFEBOAT, LIFESTYLE ou LIFETIME?

A Escolha uma palavra da caixa e combine-a com HOUSE, NIGHT ou SUN (por exemplo, SUNshine) para formar um outro substantivo. Verifique suas respostas no dicionário.

| shine   club   wife   plant   dress   glasses   work   light   time |

B Agora procure as palavras BOOK, HEAD e WORK no dicionário. Quantas novas palavras você pode formar a partir dessas, adicionando-lhes outros substantivos? Anote as novas palavras e aprenda-as.

C Muitas palavras inglesas foram formadas a partir da combinação de dois ou mais vocábulos (por exemplo, SLEEPING BAG). Observe as palavras das listas 1 e 2. Combine as palavras da lista 1 com as da lista 2, forme uma nova palavra e, em seguida, escreva-a.

1 skim   flight   post   flower   ironing   eye   train   dining
2 station   bed   board   shadow   attendant   milk   room   office

D a) Revezando com um colega, escolha um dos verbos com partícula abaixo, procure o seu significado no dicionário e, em seguida, faça uma mímica para mostrar o que ele significa.

| go back   call back   get down   try on   give up   hang up
put away   add up   break down   take over |

b) Agora consulte o seu dicionário e verifique quais outras preposições você pode usar para formar mais verbos com partícula a partir de GO, CALL, MAKE e TAKE.

E Descubra quais adjetivos da lista 1 significam o mesmo que os da lista 2. Se você não tiver certeza do significado das palavras, consulte-as em seu dicionário.

1 annoyed   fascinating   starving   simple   dull   exhausted   smart   miserable
2 tired   easy   angry   intelligent   boring   sad   interesting   hungry

F Cadeias de palavras
Aprenda palavras em grupos. Adicione três palavras a cada um dos grupos de palavras abaixo. Caso necessite de ajuda, consulte a seção multimídia do CD-ROM que acompanha o Longman Dicionário Escolar. Com um colega, construa uma frase com cada uma das palavras.

1 violin   piano   ....
2 windsurfing   scuba diving ....
3 car   ferry   ....
4 bored   happy   ....
5 daisy   tulip   ....

G Onde fica cada coisa?

a) Observe as palavras da caixa. Em que parte da sua casa (*kitchen*, *bathroom*, *living room*) você encontraria cada um destes itens? Construa uma frase com cada palavra.

> toaster   sink   pillow   shower   toothpaste   sofa   saucepan
> armchair   remote control   microwave   towel   rug   trash can

Exemplo: The jug is in our kitchen.
The .... is in our kitchen.
The .... is in our living room.
The .... is in our bathroom.

b) Que outros objetos você encontraria em cada aposento? Faça uma lista em seu caderno e tente decorar as palavras.

H Em quais refeições você come os alimentos listados na caixa? Construa uma frase com cada uma das palavras.

> chips   zucchini   jam   potatoes   cookies   yogurt
> grapes   meat   cheese   cake   strawberries   ham

Exemplo: I eat chips for a snack.
I eat .... for a snack.
I eat .... for dinner.
I eat .... for breakfast.

Agora veja a seção *Num restaurante ou num café*, nas páginas A40–A41 do dicionário. Em quais refeições você come os alimentos nela listados? Construa uma frase com cada palavra.

Combinações fixas

Em inglês, há muitas combinações fixas ou usuais de palavras. Quanto mais combinações aprender, mais natural será o seu inglês. Por exemplo, o equivalente a "ver televisão" é *"watch* television", e não *"see* television".

Quando você aprender uma palavra nova, verifique no **Longman Dicionário Escolar** as palavras que a acompanham. Desse modo, verá que algumas combinações são usuais, e que outras não costumam ocorrer.

Tente fazer os exercícios abaixo com a ajuda do dicionário.

A Complete as seguintes frases com MAKE ou DO:

1 .... the dishes!
2 .... a decision!
3 .... your hair!
4 .... an effort!
5 .... the beds, please!
6 .... breakfast, please!
7 .... no mistakes!
8 .... sure you have locked the door!
9 .... an appointment!
10 .... your homework!

B Complete as frases abaixo com HAVE ou TAKE. Mude a forma verbal, se necessário.

1 If you .... a temperature, ... a couple of aspirins and go to bed.
2 If you .... the earlier train, you will .... time to do more in New York.
3 I'm .... Spanish lessons now so I .... lots of new words to learn.
4 I usually .... a size 12, but this coat is perfect, thank you. Do you .... credit cards?
5 I'm going to take this camera back. It doesn't .... very good photographs.
6 I'm going to .... a shower, then go out.

C Complete as frases abaixo com os verbos da caixa. Mude a forma verbal, se necessário.

| reserve   pass   catch   keep   fall   see |

1 I .... the test! I'm so happy.
2 I need to .... a table at the restaurant.
3 I .... asleep in front of the TV last night.
4 I'm going to .... a diary of my vacation this year.
5 I .... a bad cold last week. I felt terrible.
6 I want to .... that new movie. What time does it start?

D Complete as frases abaixo com os adjetivos da caixa.

| soft   easy   polite   sweet   gentle   friendly |

1 This dessert is too .... – I can't eat it.
2 It's important to be .... when you talk to your teachers.
3 The sofa is so .... – I fell asleep on it!
4 A little .... exercise every day helps to keep your body in good shape.
5 I was happy that the test was so ....
6 The people at work are very .... They helped me a lot on my first day.

E Escolha a palavra adequada para completar as seguintes frases:

1 It's a **serious/hard/dark** problem.
2 Her hair is very **wide/thick/broad**.
3 It's a **long/tall/full** way to the airport.
4 The scenery was very **handsome/fine/beautiful**.
5 I saw that movie a **tiny/small/short** time ago.
6 The air is so **light/clear/clean** in the country.

Aprenda inglês com o CD-ROM

Aprenda novas palavras

Veja a seção **Dicionário ilustrado** no CD-ROM do **Longman Dicionário Escolar**. Procure as palavras NOVAS em cada um dos seguintes grupos e faça estas atividades.

A Roupa

Imagine que você está em um casamento, ou no topo de uma montanha, ou numa entrevista de trabalho, etc. Faça uma lista das roupas que você poderia usar em cada uma dessas situações. Descreva a roupa que cada uma das outras pessoas está usando.

B Comida

Veja a seção Gastronomia e procure:

Dez alimentos que você come com frequência
Dez alimentos que você ou sua família raramente consomem
Dez alimentos de que você não gosta

Faça uma lista de todas essas palavras e aprenda as que você ainda não conhecia. Verifique amanhã de quantas delas você se lembra.

C Transportes

Escolha um destino no atlas e planeje sua viagem imaginária. Veja a seção Transportes e procure palavras que descrevam os diferentes meios de transporte que você vai usar (pelo menos sete!). Escreva uma breve descrição da viagem, explicando onde e por que você trocou de meio de transporte.

Pratique a pronúncia

No CD-ROM, você ouvirá a pronúncia correta de cada palavra. Além disso, poderá praticá-la, gravando sua voz e ouvindo-a.

D Quando a palavra tem mais de uma sílaba, uma delas é sempre pronunciada com maior intensidade. Ouça as palavras no CD-ROM e circule a sílaba que recebe o acento tônico. Verifique suas respostas no dicionário.

(li)vely   compare   garden   parent   employment   enclose   provoke   fantastic

E a) Observe as palavras de cada um dos grupos abaixo. Ouça-as no CD-ROM e circule a sílaba em que recai o acento tônico. O acento tônico muda de lugar!

1 photo   photograph   photographer
2 increase (s) increase (v)
3 interest   interesting
4 seventeen   seventy
5 inform   information
6 prefer   preference
7 Japan   Japanese
8 economy   economics

b) Pratique sua pronúncia gravando as palavras acima e ouvindo-as no CD-ROM.

Há muitas palavras em inglês pronunciadas da mesma maneira, mas que têm significados diferentes e são escritas de formas distintas. Por exemplo, *there* e *their* têm pronúncias quase iguais, mas significados diferentes.

F a) Ouça estas palavras no CD-ROM. Em cada grupo, há duas palavras que soam igual e uma que soa diferente. Qual é a palavra que soa diferente em cada grupo e o que ela significa?

1 mail   male   mall
2 war   wear   where
3 sail   sale   seal
4 suit   sweet   suite
5 plane   plan   plain
6 board   bored   beard

b) Pratique a pronúncia dessas palavras gravando-as e ouvindo-as.

G Em cada frase abaixo, uma das palavras em negrito não é adequada. Circule a palavra correta para completar a frase. Procure-as no CD-ROM, se necessitar de ajuda.

1 I want to **dye**/**die** my hair.
2 Do not **waste**/**waist** your money!
3 We need to buy **too**/**two** new chairs for the living room.
4 Would you like a **peace**/**piece** of cake?
5 I worked all day without a **brake**/**break**.
6 This weekend we are going to a book **fare**/**fair** in Tucson.

VOCABULÁRIO

Falsos cognatos

Às vezes, encontramos palavras muito similares em inglês e português e que têm o mesmo significado. Por exemplo, as palavras *university* e *dictionary* correspondem a 'universidade' e 'dicionário', embora sejam pronunciadas de maneiras diferentes.

Os falsos cognatos, entretanto, são palavras muito parecidas em ambas as línguas, mas que possuem significados muito diferentes em cada uma delas. Por exemplo, a palavra *library* significa 'biblioteca' em português, enquanto 'livraria' corresponde a *bookstore* em inglês. A similaridade entre as palavras *library* e 'livraria' pode nos levar a pensar que elas têm o mesmo significado, e nos confundir.

Para evitar erros, deve-se verificar o significado das palavras que se assemelham em ambas as línguas, caso pareçam não fazer sentido no contexto. Segue abaixo uma lista de falsos cognatos muito comuns.

Não confunda a palavra inglesa...	que em português significa...	com a palavra portuguesa...	que em inglês significa...
actual	exato, verdadeiro	atual	current
actually	na verdade	atualmente	at present, currently
advise	aconselhar	avisar	to let somebody know
agenda	pauta de reunião	agenda	appointment book
assist	ajudar, auxiliar	assistir	to attend, to watch
assume	supor	assumir	to take on
balcony	sacada	balcão	counter
cigar	charuto	cigarro	cigarette
college	faculdade	colégio	school
comprehensive	abrangente	compreensivo	understanding
conference	congresso	conferência	lecture
cup	xícara	copo	glass
data	dados	data	date
deception	fraude	decepção	disappointment
educated	culto -a, instruído -a	educado	polite, well-mannered
exit	saída	êxito	success
expert	especialista	esperto	clever, smart
exquisite	belo -a, refinado -a	esquisito	odd, strange
fabric	tecido	fábrica	factory
idiom	expressão idiomática	idioma	language
intend	pretender, ter a intenção de	entender	to understand
jar	pote	jarra	pitcher
lamp	luminária	lâmpada	light bulb
large	grande	largo	wide

VOCABULÁRIO

lecture	palestra, aula	leitura	reading
legend	lenda	legenda	subtitle
library	biblioteca	livraria	bookstore
lunch	almoço	lanche	snack
novel	romance	novela	soap opera
parents	pais	parentes	relatives
preservative	conservante	preservativo	condom
pretend	fingir	pretender	to intend, to plan
professor	professor -a universitário -a	professor	teacher
push	empurrar	puxar	to pull
realize	perceber, dar-se conta	realizar	to carry out, to accomplish
record	gravar	recordar	to remember, to recall
résumé	currículo	resumo	summary
reunion	re-encontro	reunião	get-together, gathering
suburb	bairro residencial de classe média	subúrbio	poor area
syllabus	currículo de um curso	sílaba	syllable
sympathetic	compreensivo -a, solidário -a	simpático	nice

A Observe as seguintes frases (1–3). Use a informação do quadro acima para decidir qual das duas figuras (A ou B) ilustra cada frase.

1 A photo of me and my parents

2 A glass jar

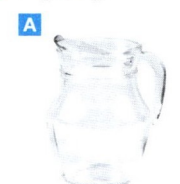 

3 Pushing a car

Expressões idiomáticas

Uma expressão idiomática é um grupo de duas ou mais palavras que possui um significado especial, diferente do significado de cada uma das palavras que o compõem, quando usadas separadamente.

Se alguém lhe diz que uma pessoa *has cold feet*, você não consegue deduzir o que significa a expressão com base no significado das palavras que a formam: *has* + *cold* + *feet*. Nesse caso, não significa que os pés de tal pessoa estão frios, mas sim que ela, por medo, desistiu de algo.

Lembre-se

- Consulte sempre o significado das expressões idiomáticas no **Longman Dicionário Escolar** e certifique-se de que o entendeu.
- Verifique se a expressão idiomática em questão é usada apenas na linguagem coloquial ou é uma gíria. Caso seja, use-a com cautela.
- As expressões idiomáticas não podem ser traduzidas literalmente.
- Tenha em mente que aprender novas expressões idiomáticas e empregá-las pode ser divertido, mas que não se deve usá-las em excesso.

A Seguem abaixo exemplos de expressões idiomáticas em inglês que fazem referência a diferentes partes do corpo (1–8). Consulte o dicionário para conhecer seus significados e ligue-as às definições (a–h).

1 I'm all <u>ears</u>.
2 <u>Chin</u> up!
3 Let's <u>face</u> it!
4 She turned her <u>nose</u> up at it.
5 We really let our <u>hair</u> down.
6 It's always at the back of my <u>mind</u>.
7 She's always pulling my <u>leg</u>.
8 You're a pain in the <u>neck</u>.

a) Don't be sad.
b) We had a wonderful time.
c) I want to know all about it.
d) It wasn't good enough for her.
e) I often think about it.
f) You are really annoying me.
g) We must accept that it's the truth.
h) She often teases me.

VOCABULÁRIO

B Relacione as seguintes expressões idiomáticas com as imagens.
Tente deduzir seu significado e, em seguida, consulte o dicionário para verificar se você acertou.

1 it rings a bell
2 to have butterflies in your stomach
3 to be up the creek
4 talk of the devil
5 to dig in your heels
6 to be rolling in it
7 to put down roots
8 a shoulder to cry on
9 to make a splash
10 to drive somebody up the wall

Computadores

A Leia o texto abaixo. Com a ajuda do dicionário, preencha as lacunas com a palavra adequada. Lembre-se de que você deve usar cada vocábulo apenas uma vez. Tenha em mente que duas palavras não serão utilizadas.

```
switch on   connected   laptop   game   chat room   keyboard
digital   memory   delete   download   log off   program
```

I love my new computer! It's a birthday present from my parents. The (1) .... is so easy to type on and because it's a (2) .... I can carry it around.

I (3) .... my computer as soon as I get home from school each day. I often talk to my school friends in our own (4) .... Dad bought me a new computer (5) .... yesterday, and I needed a new (6) .... to play it. He's going to buy a (7) .... camera so we can store photos on it as well. The computer has so much (8) .... – we'll never run out of space.

Because we're (9) .... to the Internet, I can (10) .... all kinds of information really quickly. It's just great!

B Leia as perguntas abaixo e indique a resposta correta.

Perguntas
1 Which button do you click on before you close a document?
2 What's the name of the little line which moves when you type?
3 What's another word for an Internet address?
4 Your PC starts acting strangely. What could be the problem?
5 What are you doing if you are looking at lots of different Internet sites?
6 What do you do after you finish using the Internet?

Respostas
a) The cursor
b) Surfing the net
c) Log off
d) A computer virus
e) Save
f) A website

Gramática

Se você precisar de ajuda para fazer os exercícios abaixo, consulte o Guia de Gramática nas páginas A22–A30 de seu **Longman Dicionário Escolar**. No CD-ROM você também encontrará outros exercícios sobre preposições e verbos com partícula.

Preposições

A Complete o texto abaixo com as preposições da caixa. Lembre-se de que você não deve usar a mesma preposição mais de uma vez.

| at   by   at   of   on   to |

My family all love going to the beach. Last weekend, we got up early (1) .... catch an early bus to our favorite beach. The trip took 3 hours! When we got there, my parents were very tired because (2) .... the long, hot trip. So we decided to stop (3) .... a restaurant and have a cold drink. It was a nice restaurant (4) .... a cool street with lots of tall green trees. Then we walked to the beach. There were lots of people (5) .... the beach that day. The ocean was blue and we swam in it for a long time. We left the beach about 8 pm and got the bus home. Next time we are going to go (6) .... car, so we can stop when we want to!

B Escolha a preposição correta para as frases abaixo.

1 I saw Pedro *with*/*at* Adriana at the movies.
2 My brother was born *on*/*in* June 2002.
3 My parents will be home *by*/*on* 10 p.m. this evening.
4 João is a friend *to*/*of* my brother's.
5 We met *on*/*at* my house yesterday.
6 Our English class is *to*/*from* 10–11.30 a.m.

Verbos modais

C Com a ajuda do dicionário, complete as frases abaixo com o verbo modal correto.

1 John **can**/**ought**/**need** drive a car, but not a truck.
2 **Would**/**Might**/**Could** I have some more of that chocolate ice cream?
3 I suppose I **must**/**ought**/**shall** to say I'm sorry. But it's not my fault!
4 Do you think he **need**/**would**/**can** like to come with us?
5 I **need**/**will**/**could** to buy some new shoes. My feet have grown.
6 I **may**/**would**/**will** love you forever. I promise!

GRAMÁTICA

D Escolha uma palavra da caixa para completar cada frase. Use o dicionário para conferir suas respostas.

| might   can   need   should   won't   may |

1 Silvia's train is delayed. It's possible that she .... arrive late for the party.
2 This CD is great! You .... listen to it.
3 If you understand that your behavior was wrong, you .... go now.
4 It's very hot. .... I open the window?
5 Do you .... to go to the supermarket today?
6 I don't know why my computer .... work.

Verbos

E Complete o texto abaixo com o *past simple* dos verbos que aparecem entre parênteses.

Last week Jo (1) .... (INVITE) me to her birthday party. It (2) .... (BE) difficult to decide what to buy her. In the end, I (3) .... (BUY) her a book! When I (4) .... (GIVE) her the present, she (5) .... (OPEN) it immediately and (6) .... (SAY) that she really (7) .... (LIKE) it.

F Corrija o erro com o *past simple* nas seguintes frases.

1 Ana ~~buyed~~ .... some new summer clothes in the store.
2 We ~~swimmed~~ .... in the ocean on Saturday.
3 My little brother ~~drawn~~ .... a funny picture.
4 I ~~meted~~ .... my friends at the restaurant last night.
5 Gonçalo ~~leaved~~ .... school at 4:30 p.m. yesterday.
6 I ~~spoken~~ .... to my grandmother on the phone this morning.

G Complete as frases abaixo com o *present simple* dos verbos HAVE ou DO.

My brother and I (1) .... a very funny dog called Bouncer. Bouncer (2) .... short legs and a long tail. When I (3) .... my homework, Bouncer sits on my feet! We (4) .... to take him to the park every day because he (5) .... not like staying inside.

H Consulte o dicionário e relacione os verbos com partícula da lista A com os verbos da lista B, ligando-os com um traço.

A	B
keep on	represent
fill out	increase
cross out	exercise
go up	complete
work out	continue
look into	investigate
stand for	delete

I Agora complete as seguintes frases usando os verbos com partícula do exercício H.

1 Please .... the form using a pencil.
2 I .... at the gym for two hours every day.
3 My bike was stolen last week. The police will .... it.
4 Stop! If you .... doing that, I'll get really angry.
5 ASAP .... as soon as possible.
6 .... all the words that are wrong.
7 The price of gas .... every year!

J Imagine que na semana passada você foi a uma festa muito entediante. Sublinhe a palavra adequada que dá sentido a cada frase.

1 There were **few/little** people at the party.
2 **Someone/Anyone** complained about the loud music.
3 There weren't **much/many** of my friends there.
4 There wasn't **anywhere/somewhere** for me to sit down.
5 The food **was/were** not very good.
6 The room wasn't big **too/enough** for us to dance in.

GUIA PARA ESCREVER

Como escrever uma redação

- Estruture seu texto de modo claro, apresentando uma introdução, uma argumentação e uma conclusão.
- Lembre-se de rever a pontuação.
- Não use contrações como *don't* ou *can't*, que são empregadas apenas na linguagem oral ou coloquial. Em seu lugar, utilize as formas *do not* e *cannot*.

Como organizar seu texto

1 Em primeiro lugar, introduza o assunto e o objeto de sua análise.
2 Desenvolva seus principais argumentos. Organize sua argumentação em parágrafos. Lembre-se de que você deve abrir um novo parágrafo para cada argumento.
3 Use palavras que você conheça bem, mas evite termos muito informais.
4 Termine com um resumo dos argumentos que você apresentou e, por último, escreva sua conclusão.

A Assinale a palavra correta para completar cada frase abaixo.

Many people believe 1) *that/which/the* cities are very polluted. There are several 2) *ways/methods/ideas* of looking at the problem of pollution in cities.

3) *First/Firstly/Begin* of all, there is a lot of traffic in cities. Lots of people have jobs in the city, so there are lots of cars, buses and trams. The fumes from transportation cause air pollution.

4) *Secondly/Second/Then*, cities are very densely populated places, and there is a higher use of power such as electricity in homes. This means the air is more polluted.

5) *In addition/On addition/To addition*, there is probably more garbage from homes which needs to be taken away.

6) *On the other hand/On another hand/In the other hand*, many modern cities do have lots of parks and green space. These are for people to relax and walk in the fresh air.

7) *Similar/Similarly/In similar*, many people in cities try to walk or bike to work. This means there is less air pollution from traffic.

8) *To sum up/To add up/To sum to*, cities may be quite polluted, but some people are trying to help by changing the way they live.

9) *On my opinion/In my opinion/To my opinion*, it is important to have lots of parks in cities to have a balance between the buildings and nature.

Como escrever uma carta formal

Lembre-se:
- Use o mesmo grau de formalidade em todo o texto.
- Não utilize contrações como *I'm*, *I've* ou *you'd*.
- Evite usar abreviações como *etc.* e *p. ex.*
- Certifique-se de usar a pontuação correta.

A Leia com atenção a carta abaixo, enviada por uma estudante brasileira a uma escola nos EUA.

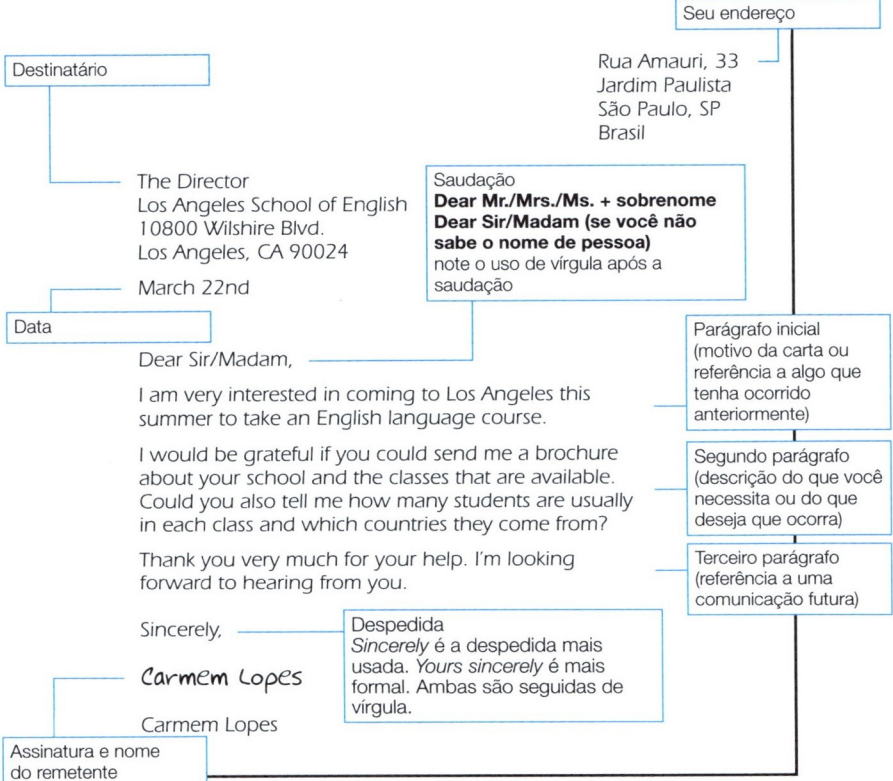

B Escreva uma carta para o Marina Hotel, Princess Avenue, Los Angeles, CA, para solicitar um folheto informativo e perguntar sobre as tarifas das acomodações. Use a carta do exercício anterior como modelo.

Pontuação

Por que é tão difícil pontuar corretamente em inglês?

Não é tão difícil! Você deve apenas se lembrar do seguinte:

Use a vírgula (**comma**):
- para fazer uma pausa entre as partes de uma frase: *You can come with us, or you can go with Paul.*
- para separar uma fala ou citação do resto da frase: *"Hello", she said.*
- depois de certos advérbios, conjunções e locuções conjuntivas: *However, it's easy to treat.*
- para separar os elementos de uma enumeração: *I'm going to the movies with Mark, Sue, Andy, and John.*

Use os dois-pontos (**colon**):
- para introduzir uma enumeração: *You will need: sugar, flour, eggs, and milk.*

Use o ponto-e-vírgula (**semicolon**):
- para separar duas partes de uma frase (embora seja pouco empregado hoje em dia): *You have studied hard; I am sure you will pass the test.*

Use o apóstrofo (**apostrophe**):
- para representar letras omitidas: *can't, I'll, there's*
- para indicar posse: *Andy's computer*

Use as aspas (**quotation marks**):
- para indicar as palavras ditas por uma pessoa (discurso direto): *"Sorry, I'm late", she said.*

Use o travessão (**dash**):
- para adicionar uma informação pontual a uma frase: *They built their home – a huge mansion – in 1980.*

Use o ponto de interrogação (**question mark**):
- no final de uma pergunta: *What's your name?*

Use o ponto de exclamação (**exclamation mark**):
- no final de uma frase que expresse uma emoção forte: *I'm so happy to be here!*

Use o ponto (**period**):
- para encerrar uma frase: *We are going home.*
- para indicar abreviação de palavras: *Mrs., Dr., St., etc.*

A Leia com atenção as seguintes frases. De que sinais de pontuação elas necessitam?

1 Fruit that we need oranges apples bananas grapes and pears
2 He didn't know the woman said in a surprised voice
3 Mr Jones birthday is on Monday 16th October
4 Look she shouted it's behind the door
5 Can I speak to Dr Brown please

Letras maiúsculas

Use inicial maiúscula (**capital letters**):
- no início de uma frase: *He lives in London.*
- nos nomes de lugares, pessoas, instituições, línguas, religiões e nas nacionalidades: *Japanese, New York, Buddhism*
- nos dias da semana e meses: *Tuesday, April*
- nos títulos e cargos seguidos do nome da pessoa: *Professor Smith*

A Leia o texto abaixo e adicione os sinais de pontuação e as letras maiúsculas necessárias.

alice woke up at eight o'clock oh no she thought its very late she got up and quickly took a shower ate her breakfast and ran out of the house to catch the bus to the bank where she worked when she got there the door was locked she was surprised she didn't know what to do someone walked past and said to her you cant get any money from the bank today its closed its sunday I don't believe it alice said to herself how could I be so silly

GUIA PARA ESCREVER

Como escrever um currículo

Um currículo (**résumé**, no inglês americano) é um documento que informar a sua formação e experiência profissional. Essas informações podem ser organizadas da maneira e na ordem que você preferir. Deve-se identificar claramente cada seção com um título, ser conciso, centrar-se no que é relevante e colocar a informação mais importante em primeiro lugar. Expresse-se com clareza e não utilize contrações ou linguagem informal. Você encontra abaixo exemplos do tipo de informação mais usual num currículo.

DADOS PESSOAIS (Personal details)
Inclua seu nome, endereço, número de telefone e/ou de celular e o seu e-mail.

FORMAÇÃO (Education and training)
Indique as escolas e universidades em que você estudou, começando pela mais recente. Inclua os nomes das instituições e o ano de conclusão.

EXPERIÊNCIA PROFISSIONAL (Experience)
Enumere sua experiência profissional na ordem inversa, começando pela mais recente. Não se esqueça de indicar o cargo que exerceu em cada emprego, o nome da empresa e as datas de início e fim do trabalho. Inclua também os trabalhos temporários, de meio expediente ou voluntários.

HABILIDADES (Skills)
Cite as habilidades que possam ser úteis para o cargo ao qual você está se candidatando, assim como o seu conhecimento de línguas e domínio de informática.

HOBBIES (Hobbies)
Cite os seus hobbies e forneça informação sobre os tipos de atividades que eles envolvem.

REFERÊNCIAS (References)
Forneça o nome e o endereço de duas pessoas que você conheça bem ou para as quais tenha trabalhado. Assim, seu futuro empregador poderá contatá-las e obter informações sobre você.

Em inglês, essas pessoas recebem o nome de **referees**. Lembre-se de que seus familiares nunca poderão ser seus **referees**.

Nos EUA, as referências geralmente não são incluídas no currículo. Em vez disso, adiciona-se a frase **references upon request**, isto é, referências serão fornecidas caso solicitadas.

Filipe Gonçalves

Rua Gomes Carneiro, 34, São Paulo, SP, Brasil
94276423
felipe.goncalves@gmail.com

Education:

2007 – B.A. History and Politics. Received departmental honors

Work Experience:

Summer 2006 – Assistant in the marketing department of the city museum:
- helped create information sheets for children
- assisted in promotional events

2003–2006 – Cashier at the University bookstore

Skills:

- Computer literate
- Fluent in Portuguese and Spanish
- English: upper-intermediate level

Hobbies: Film, Reading, Running, and Volleyball

References: upon request

A Imagine que você quer conseguir um trabalho de verão num país de língua inglesa. Planeje e escreva seu currículo.

E-mails

E-mails formais

As mensagens de e-mail dirigidas a empresas e instituições costumam ser formais. Assim, podem ser usadas as mesmas saudações e despedidas utilizadas nas cartas formais.

E-mails informais

Os e-mails enviados a amigos, por sua vez, costumam ser escritos em estilo informal.

Você pode iniciar a mensagem das seguintes maneiras:
- *Hi!*
- *Hi* + nome
- *Dear* + nome (ligeiramente mais formal)
- Nome
- Sem nome e sem saudação (inicia-se a mensagem diretamente)

Você pode terminar a mensagem das seguintes maneiras:
- *All the best/Best* + seu nome
- *Best wishes* + seu nome
- *Regards* (ligeiramente mais formal) + seu nome
- *Love* (somente para amigos e familiares) + seu nome
- *Talk to you soon/later* + seu nome
- Seu nome
- A primeira letra do seu nome (informal)

Quando você escrever para os amigos ou pessoas íntimas, poderá também usar *smileys* (emoticons). Procure saber mais sobre os *smileys* na seção sobre mensagens de texto (SMS) deste guia.

A Leia o e-mail ao lado e use a sua imaginação para responder a Jo.

B Seu computador enlouqueceu. As palavras desta mensagem que você enviou a um amigo apareceram fora de ordem. O que você queria dizer?

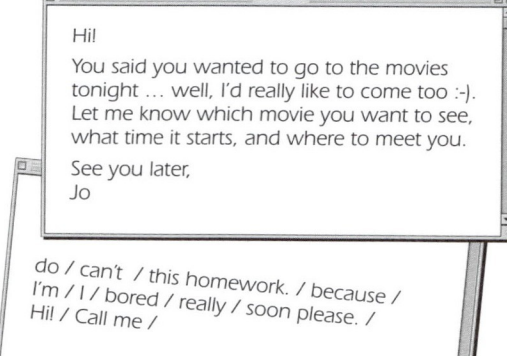

Hi!
You said you wanted to go to the movies tonight ... well, I'd really like to come too :-).
Let me know which movie you want to see, what time it starts, and where to meet you.

See you later,
Jo

do / can't / this homework. / because / I'm / I / bored / really / soon please. / Hi! / Call me /

Comunicando-se em inglês por meio de mensagens instantâneas (MSN)

Quero enviar mensagens instantâneas aos meus amigos de língua inglesa. Quais são as abreviações mais comuns?

Tente usar algumas das abreviações abaixo e veja como é divertido! Nas abreviações que aparecem sem explicação, procure adivinhar o que elas significam.

2DAY	today	**THX**	thanks	**TTYL**	talk to you later
2MORO	tomorrow	**C**	see	**QT**	cutie
2NITE	....	**CU**	see you	**XLNT**	excellent!
OXOX	hugs and kisses	**ETA**	edited to add	**HRU**	How are you?
2	to, two, too	**IRL**	in real life	**L8**	late
PCM	please call me	**NVM**	never mind	**:-)**	I'm very happy
TXT	text	**FONE**	phone	**LOL**	laughed out loud / lots of luck
4	....	**UR**	you're	**ROTFL/ROFL**	rolling on the floor laughing
PLZ	....	**FYI**	for your information	**121**	one to one (to start a private conversation)
B	be	**W8**	wait	**411**	information
BRB	be right back	**G2G**	got to go	**LUV**	....
OK	okay	**WAN2**	want to	**:-(**	I'm very sad
RUOK	Are you okay?	**GR8**	....	**:-o**	I'm surprised
B4	....	**WB**	write back	**IM**	I'm
SUM1	someone	**H8**	hate	**:-•**	a kiss for you
NO1	no one	**WKND**	weekend	**MSG**	message
L8R	later	**IMHO**	in my humble opinion		
BBL	be back later	**TTFN**	ta ta for now		
TY	thank you				

A Imagine que você recebeu a seguinte mensagem instantânea no MSN. O que ela significa? Responda-a usando algumas das abreviações que você acabou de aprender.

HI...HRU? SORRY IM GOING 2 B L8 2NITE. :-(I CANT LEAVE TILL 6. WAN2 EAT L8R? PLZ TXT ME IF U CAN B4 5.
G2G OXOX

O inglês coloquial

O inglês americano coloquial é usado entre pessoas que se conhecem bem. Você pode utilizá-lo em seu trabalho, ao transcrever o que alguém disse, mas use-o com cautela. Não se esqueça de sempre consultar as palavras coloquiais no dicionário e certificar-se de que compreendeu seu significado antes de usá-las.

No **Longman Dicionário Escolar** há muitos exemplos de palavras coloquiais. Procure as palavras que aparecem assinaladas com o termo *informal*.

A Leia as seguintes frases. Com a ajuda do dicionário, substitua as palavras sublinhadas por palavras mais formais.

1 Joe always wears <u>cool</u> clothes. (.....................)
2 Peter's really a <u>pal</u>! He's always there to help. (.....................)
3 I have a great <u>bunch</u> of friends at school. (.....................)
4 Sarah loves music and goes to all the local <u>gigs</u>. (.....................)
5 I like my friend Rachel: She is <u>pretty laid-back</u>. (.....................) (.....................)

B Leia as seguintes frases e tente descobrir o significado das palavras e expressões coloquiais sublinhadas. Em seguida, consulte o dicionário para verificar se você acertou.

1 I really <u>messed up</u> the test. I didn't study and got all the answers wrong.
2 There's a boy at school who's a real <u>brain</u>. He knows so much about everything!
3 Learning to drive is <u>a piece of cake</u>. It's not as difficult as you think.
4 I met Tony the other day and we <u>hit it off</u> right away. I really liked him.
5 I <u>don't have a clue</u> what to do on Saturday. I can't think of anything I want to do.
6 It's <u>a good thing</u> I checked that word in the dictionary. It meant something very different!

Guia para comunicar-se

O **Longman Dicionário Escolar** contém uma seção (Guia para comunicação, páginas A35–A44) que o ajudará a se comunicar em diferentes situações, por exemplo, para falar sobre você, seu país, seus hobbies, etc. A seguir você encontrará frases e construções que poderá usar para expressar concordância ou discordância, dar e pedir opiniões, fazer sugestões, fazer convites.

Concordância e discordância

Concordância	Discordância (diplomática)	Discordância (categórica)
I couldn't agree more.	Yes, but …	That's not true.
You are right!	I know, but …	I disagree (with you).
Exactly!	I take your point, but …	I think you are wrong.
I agree.	I am not sure …	
I suppose so.		
I think so too.		

Opiniões

Como dar sua opinião	Como pedir uma opinião
I think (that) …	What do you think of …?
I believe (that) …	What do you think about …?
In my opinion, …	Do you think …?
If you ask me, …	

Sugestões

Como fazer uma sugestão	Como aceitar uma sugestão	Como rejeitar uma sugestão
Let's …	Yes.	Sorry, I can't.
Why don't we …?	Good idea!	How about … instead?
What/How about …?	That sounds great!	I would prefer to …
Do you want to …?	OK/All right.	
Shall we …?	Sure!	

Convites

Como fazer um convite	Como aceitar um convite	Como recusar um convite
Do you want to …?	Yes, I'd like that.	Sorry, I can't.
Would you like to …?	That sounds great!	Sorry, but I'm going to …
I was wondering if you would like to …?	Yes, OK.	Thanks for asking me, but …
Do you fancy …?	Great. I'd love to.	I'd rather not, if you don't mind.

COMUNICAR-SE

A Assinale a resposta adequada para as seguintes frases:

1 Hello! Would you like to go out for a meal this evening?
   A I'd love to, thanks.   **B** That's not true.   **C** I agree with that.
2 Do you think we should go by bus or by train?
   A That sounds great!   **B** If you ask me, neither!   **C** I'm sorry, we can't.
3 In my opinion, that CD is too expensive.
   A I'd rather not.   **B** I think so too.   **C** I'd love to.
4 Do you want to go to a party next Friday?
   A I agree.   **B** I think you're wrong.   **C** Thanks for asking me, but no.

B Complete os seguintes diálogos:

1 I like going to the beach when I'm on holiday.
   I couldn't .... more. I love being by the sea.
2 Why don't we go out tonight?
   I'd .... to stay at home actually.
3 The most difficult subject at school is maths.
   That's not .... English is much more difficult!
4 Do you fancy a game of tennis this evening?
   .... , I'm going round to see Susan.
5 Being a pilot is the best job in the world.
   I .... , but it can be very tiring.
6 What do you think about computer games?
   If you .... me, they're boring.

C Responda às afirmações abaixo com suas próprias opiniões e ideias. Você também pode fazer este exercício com um colega.

Exemplo:
It's good to learn to play the guitar.
I agree. If you can play the guitar you can play your favorite songs.

1 It's better to live in the town than in the country.
   ....
2 It's important to do a lot of sport.
   ....
3 It's a good idea to learn another language.
   ....
4 It's nice to have a pet at home.
   ....

Prática de exame

Teste de leitura

A Here are some sentences about a vacation. Choose the right word (A, B or C) to complete each sentence.

1 I .... our vacation last summer.
   A wanted **B** wished **C** loved

2 The .... there was long, but I didn't get bored.
   A travel **B** trip **C** way

3 My parents and I .... at a great hotel.
   A passed **B** stayed **C** lived

4 We had wonderful .... there.
   A meal **B** food **C** dish

5 We .... a fantastic castle in the town.
   A visited **B** traveled **C** stayed

6 And the weather was great most ....
   A time **B** days **C** week

B Complete these conversations by choosing A, B or C.

1 Why weren't you at school yesterday?
   A I was sick.
   B He didn't tell me.
   C It was late.

2 Have you finished your science project?
   A Me too.
   B Not yet.
   C So do I.

3 Where do we have to go next?
   A The math classroom.
   B Thirteen students.
   C Forty-five minutes.

4 What do you want to do this evening?
   A See you later then!
   B Listen to our CDs!
   C What a great idea!

PRÁTICA DE EXAME

C Read the text below and choose the correct word (A, B or C) for each space.

Tennis is a very popular game. It (1) .... enjoyed by people all over the world. You can play tennis inside (2) .... outdoors. The game is called "singles" (3) .... two people are playing together and "doubles" (4) .... four people are in the game. A tennis player called Andy Roddick hit the (5) .... ball in any game. The ball traveled (6) .... 153 miles per hour.

1 **A** is   **B** are   **C** being
2 **A** but   **B** if   **C** or
3 **A** when   **B** what   **C** why
4 **A** if   **B** so   **C** as
5 **A** fast   **B** faster   **C** fastest
6 **A** at   **B** on   **C** to

D Read the text below and choose the correct word (A, B, C or D) for each space.

Like many young girls, Clara's ambition (1) .... become a ballerina started when she was very young. Her mother says she (2) .... always dancing in the yard at home. Clara used to take jazz dance classes too (3) .... they were very expensive, so she stopped and just did ballet. This year, Clara (4) .... a prize in a national dance competition. It was the (5) .... exciting moment of her life, but Clara says that ballet is not only about dancing and beautiful costumes. (6) .... is also an exhausting hobby.

1 **A** for   **B** to   **C** of   **D** on
2 **A** was   **B** did   **C** has   **D** been
3 **A** because   **B** if   **C** when   **D** but
4 **A** won   **B** win   **C** winning **D** wins
5 **A** much   **B** more   **C** many   **D** most
6 **A** There   **B** It   **C** She   **D** One

E Read the text about a website and decide if the sentences below are correct or incorrect.

Last year the website broke all its records for number of hits, but it has been a fantastic success ever since the site started four years ago. It is hardly surprising because the idea is so good. A site where you could find your old friends from school was certain to be popular. The site is now being developed and members can use it to organize school reunions and to give information about local meetings.

1 The website has now been active for a year. ....
2 The writer is surprised at the success of the site. ....
3 The website puts people in touch with each other. ....
4 New features of the site have recently been added. ....
5 The website also offers advice on friendship. ....

Teste de escrita

A Read the descriptions of some things you can see in a town. What is the word for each one?

1 People go there to eat. R _ _ _ _ _ _ _ _ _
2 You can sit on it in a park. B _ _ _ _
3 When you catch a train, you need to go here. S _ _ _ _ _ _
4 People go to see sports here. S _ _ _ _ _ _
5 You can find lots of things to read in this place. L _ _ _ _ _ _
6 You visit this place to learn something new. M _ _ _ _ _

PRÁTICA DE EXAME

B Your friend is coming to visit next week. Look at the What's On? guide and write a letter (approximately 75 words) to him/her, saying what you want to do in the week. Tell him/her the times and how much each thing costs.

WHAT'S ON?
MAY 1st–7th

Movie Theater

Movies start at 7 p.m. Admission $5.00.

Monday	Comedy
Wednesday	Cartoon
Thursday	Adventure
Saturday	Romance

Sports

Schedule of activities:

Basketball	Every morning 9:30 a.m.–11:30 a.m. ($4.00)
Ping-Pong	Every morning 10:30 a.m.–12:00 p.m. ($4.00)
Tennis	Every afternoon 2:30 p.m.–4:00 p.m. ($4.00)
Swimming	Every day 10:00 a.m.–4:00 p.m. ($2.50 per hour)
Dance class	Monday, Wednesday, Thursday 6:00 p.m.–7:00 p.m. ($5.00)

Miscellaneous

Tuesday	Dance, live band. 7:30 p.m. Admission $5.00
Saturday	Trip to water park. $15.00 (Bus leaves at 9:00 a.m., arrives back at 5:00 p.m.).

What is your favorite TV show? Write a description/review (approximately 75 words) of this show for the school magazine.

D **a) You are going to visit a friend. Write him/her an e-mail.**

Write about 30 words. Say:
- when you will arrive
- how you will get there
- what you want to do on your visit

b) You went to your friend's party last weekend. Write him/her an e-mail.

Write about 40 words:
- thank him for the party
- suggest you meet tomorrow in town
- ask him to bring you something

E This is part of an e-mail which a friend sent you. Read the message and write your reply. Write about 100 words.

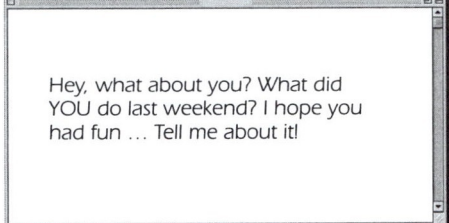

Hey, what about you? What did YOU do last weekend? I hope you had fun ... Tell me about it!

Teste oral

A With a partner, ask and answer the following questions.

A How many brothers and sisters do you have?
What kind of clothes do you like wearing?
What food do you enjoy eating?
What do you like doing on weekends?
Which subjects do you like best at school?

B What's your favorite time of year?
What do you usually do in the evenings?
Who is your best friend? What is she/he like?
How often do you watch television?
What's your favorite show?
Which country would you like to visit?

B Now say three things about each of the following topics.

Example: <u>your home town</u>
I enjoy living there.
It has great stores and there are lots of things to do.
There is a river in the town which is very beautiful.

- your hobbies
- your family
- your home
- your school
- your family vacations
- your favorite sport
- your friends
- your country

C a) Look at the following information. Imagine you do not know anything about the health club so ask your partner some questions about it.

Health Club:
- when/open?
- buy/eat?
- $/children?
- sports/play?
- time/close?

b) Now think of two more questions to ask about the club.

NEW HEALTH CLUB

☆ OPENS MARCH 24
☆ EVERY DAY 6 a.m. – 10 p.m.

- Gym
- Swimming pool
- Aerobics classes
- Basketball/Volleyball
- Racketball
- Climbing wall

Great cafeteria!

$15 per day (adults)
$8 per day (under 16s)

☎ 555-2121